GW01606407

Varga György – Lázár A. Péter

# Angol–magyar szótár

## English–Hungarian dictionary

Szerkesztők
*Varga György — Lázár A. Péter*

A jelen szótár a szerzők 2000-ben megjelent
***Angol–magyar kéziszótárának***
rövidített változata

Az eredeti mű készítésében segítségükre volt

*Vizi Katalin* olvasószerkesztőként,
*Csides Csaba, Gollob Szabolcs* és *Szemere Pál*
kiejtési szerkesztőként,
*Gázsity Mila, Kőrös László*
*Marion Merrick* és *Rádai Péter* anyaggyűjtéssel,
*Lénárt Zoltán, Novák Attila* és *Varga Tamás*
számítógépes tanácsokkal,

akiknek a szerzők ezúton mondanak ismét köszönetet.

ISBN: 963 679 148 1
ISSN: 1586-5479

**1. kiadás**


A kiadásért felel: Rácsay László ügyvezető
Műszaki vezető: Labancz László ügyvezető
Fedélterv: Gerecz Tibor
Borító: © AQUILA
A nyomás a debreceni
Kinizsi Nyomdában készült a 2001. évben
Felelős vezető: Bördős János ügyvezető igazgató

Varga György – Lázár A. Péter

# Angol–magyar szótár

## English–Hungarian dictionary

SZÓTÉR KÖNYVEK
AQUILA KIADÓ * BUDAPEST

## KIEJTÉSI JELEK

| *Magánhangzók* | | *Mássalhangzók* | |
|---|---|---|---|
| jel | példaszó | jel | példaszó |
| iː | **tea** | b | **bad** |
| ɪ | **it** | d | **did** |
| e | **bed** | ð | **this** |
| æ | **cat** | dʒ | **Joe** |
| ɑː | **car** | f | **fat** |
| ɒ | **got** | g | **got** |
| ɔː | **war** | h | **hit** |
| uː | **too** | j | **you** |
| ʊ | **put** | k | **key** |
| ʌ | **but** | l | **let** |
| ɜː | **bird** | m | **met** |
| ə | **a̲go** | n | **not** |
| eɪ | **way** | ŋ | **ring** |
| əʊ | **go** | p | **pick** |
| aɪ | **my** | r | **red** |
| aʊ | **how** | s | **sit** |
| ɔɪ | **boy** | ʃ | **ship** |
| ɪə | **here** | t | **to** |
| eə | **air** | tʃ | **chip** |
| ʊə | **pure** | θ | **thing** |
| eɪə | **player** | v | **van** |
| əʊə | **lower** | w | **win** |
| aɪə | **tire** | z | **zero** |
| aʊə | **tower** | ʒ | **measure** |
| ɔɪə | **employer** | | |

# A, a /eɪ/

**@** /æt/ ❶ „kukac", @ jel ❷ ☞at
**A0** 841 x 1189 mm-es papírméret, A0
**A** ❶ „ötös", „jeles" ❷ iskolaév első szemesztere ❸ zenei A ❹ zenei „lá"
**a** /ə/ egy [határozatlan névelő mássalhangzó előtt] *a sound* egy hang
**AAA** = Automobile Association of America
**aback** /əˈbæk/ *be taken aback* meg van döbbenve/hökkenve, meghökken
**abacus** /ˈæbəkəs/ *TBSZ* **abacuses** VAGY **abaci** /ˈæbəsaɪ/ golyós számológép, szorobán
**abandon** /əˈbændən/ *FNÉV*
fesztelen viselkedés
**abandon** *IGE*
❶ elhagy, felad ❷ lemond, átenged
**abase** /əˈbeɪs/ megaláz
**abasement** /əˈbeɪsmənt/ megalázás
**abate** /əˈbeɪt/ ❶ enyhít, csökkent ❷ csökken, alábbhagy ❸ véget vet, hatálytalanít
**abatement** /əˈbeɪtmənt/ ❶ enyhítés, mérséklés ❷ csillapodás
**abattoir** /ˈæbətwɑː/ mészárszék
**abbey** /ˈæbɪ/ (fő)apátság
**abbot** /ˈæbət/ apát
**abbreviate** /əˈbriːvɪeɪt/ rövidít
**abbreviation** /əˌbriːvɪˈeɪʃən/ rövidítés
**abdicate** /ˈæbdɪkeɪt/ lemond [pl. trónról]
**abdication** /ˌæbdɪˈkeɪʃən/ lemondás [trónról]
**abdomen** /ˈæbdəmən/ alhas
**abdominal** /æbˈdɒmɪnəl/ alhasi, abdominális
**abduct** /æbˈdʌkt/ elrabol, megszöktet
**abduction** /æbˈdʌkʃən/ elrablás, megszöktetés
**aberration** /ˌæbəˈreɪʃən/ aberráció
**abhor** /əbˈhɔː/ gyűlöl, irtózik/iszonyodik vmitől
**abhorrence** /əbˈhɒrəns/ undor, utálat
**abhorrent** /əbˈhɒrənt/ rémisztő, undort keltő
**abide** /əˈbaɪd/, **abided** /əˈbaɪdɪd/ VAGY **abode** /əˈbəʊd/, **abided** /əˈbaɪdɪd/ VAGY **abode** /əˈbəʊd/ ❶ tartózkodik, lakik ❷ *abide by smth* kitart/megmarad vmi mellett
**ability** /əˈbɪlɪtɪ/ képesség, tehetség *to the best of my ability* legjobb tudásom szerint
**abject** /ˈæbdʒekt/ nyomorult, aláváló
**ablaze** /əˈbleɪz/ ❶ *be ablaze* lángban áll *set smth ablaze* lángba borít ❷ lángvörös az izgatottságtól
**able** /ˈeɪbəl/ ❶ képes, alkalmas *be able to do smth* meg tud tenni vmit ❷ ügyes, rátermett
**abled** /ˈeɪbəld/ egészséges, nem fogyatékos
**ABM** = anti-ballistic missile
**abnormal** /æbˈnɔːməl/ rendellenes, szabálytalan, abnorm(ál)is
**abnormality** /ˌæbnɔːˈmælətɪ/ ❶ rendellenesség, abnormitás ❷ szörny(űség)
**aboard** /əˈbɔːd/ a fedélzeten [pl. repülőn]
**abode** /əˈbəʊd/ lakóhely, lakhely
**abolish** /əˈbɒlɪʃ/ eltöröl, megszüntet
**abolition** /ˌæbəˈlɪʃən/ ❶ eltörlés, megszüntetés ❷ a négerek rabszolgaságának eltörlése
**abolitionist** /ˌæbəˈlɪʃənɪst/ rabszolga-felszabadítás híve, abolicionista
**A-bomb** /ˈeɪbɒm/ atombomba
**abominable** /əˈbɒmɪnəbəl/ förtelmes, undorító
**Aboriginal** /ˌæbəˈrɪdʒənəl/ ausztrál bennszülött
**aborigine** /ˌæbəˈrɪdʒənɪ/ *FNÉV* őslakó, bennszülött
**Aborigine** /ˌæbəˈrɪdʒənɪ/ bennszülött ausztrál
**abort** /əˈbɔːt/ ❶ elvetél ❷ semmi sem lesz belőle ❸ lefúj, felhagy vmivel
**abortion** /əˈbɔːʃən/ ❶ abortusz, vetélés ❷ kudarc
**abortive** /əˈbɔːtɪv/ sikertelen, elvetélt, abortált
**abound** /əˈbaʊnd/
**abound in** *abound in smth* bővelkedik vmiben, bőviben van vminek
**about** /əˈbaʊt/ *HAT.SZÓ*
❶ mindenfelé, körös-körül a közelben *there is no one about* senki sincs a közelben *be up and about* fenn van ❷ körülbelül, nagyjából *it is about time* lassan ideje volna ❸ *be about to do smth* készül (vmit) tenni
**about** *ELÖLJ.*
❶ -ról/-ről *what is it about?* miről szól? *how/what about going out tonight?* mit szólnál ahhoz, ha este szórakozni mennénk? ❷ -nál/-nél *he had a gun about him* fegyver volt nála
**about-face** VAGY **about-turn** ❶ hátraarc *make an about-face/about-turn* hátraarcot hajt végre ❷ (száznyolcvan fokos) fordulat
**above** /əˈbʌv/ *FNÉV*

*the above* a fentiek *it follows from the above that* {MONDAT} a fentiekből következik, hogy {MONDAT}

**above** *MNÉV*
fenti, fent/előbb említett

**above** *HAT.SZÓ*
❶ felett, felül, fenn *from above* felülről ❷ a fentiekben *as (stated/mentioned) above* mint fentebb mondottuk

**above** *ELÖLJ.*
fölé, fölött *above all* mindenekelőtt, legfőképp *be above smb* meghaladja a képességeit *he is not above cheating* a csalás sem áll távol tőle

**abrasion** /ə'breɪʒən/ ❶ ledörzsölés, (le)horzsolás ❷ lekopás, ledörzsölődés

**abrasive** /ə'breɪsɪv/ *FNÉV*
csiszolóanyag

**abrasive** *MNÉV*
❶ dörzsölő, érdes *abrasive paper* csiszolópapír, smirgli ❷ nyers [pl. modor]

**abreast** /ə'brest/ egymás mellett, párhuzamosan *be/keep abreast of smth* lépést tart vmivel

**abridgment** VAGY **abridgement** /ə'brɪdʒmənt/ ❶ rövidítés, kivonat ❷ (jog)korlátozás

**abridge** /ə'brɪdʒ/ (meg)rövidít, lerövidít

**abroad** /ə'brɔ:d/ ❶ külföldön *live abroad* külföldön él *from abroad* külföldről ❷ külföldre *travel abroad* külföldre utazik

**abrupt** /ə'brʌpt/ ❶ hirtelen, váratlan ❷ nyers (modor)

**abscissa** /æb'sɪsə/ *TBSZ* **abscissae** /æb'sɪsi:/ abszcissza *axis of abscissae* abszcissza(tengely)

**absence** /'æbsəns/ távollét hiány(zás) *in the absence of smb/smth* vkinek/vminek a hiányában *leave of absence* távollét a munkából, szabadság

**absent** *MNÉV* /'æbsənt/
hiányzó, távollévő *be absent* hiányzik, nincs jelen

**absent** *IGE* /æb'sent/
*absent ⁝oneself⁝ from smth* távol marad vmitől

**absentee** /ˌæbsən'ti:/ *FNÉV* távol maradó

**absenteeism** /ˌæbsən'ti:ɪzəm/ munkahelyi távolmaradás [r.szerint gyakori]

**absent-minded** /ˌæbsənt'maɪndɪd/ szórakozott

**absolute** ❶ korlátlan, abszolút ❷ teljes, abszolút

**absolutely** /ˌæbsə'lu:tlɪ/ ❶ teljesen, feltétlenül ❷ *absolutely not* egyáltalán nem ❸ *absolutely!* pontosan!

**absolution** /ˌæbsə'lu:ʃən/ ❶ felmentés vád alól ❷ feloldozás bűnök alól

**absolutism** /'æbsəlu:tɪzəm/ abszolutizmus, önkényuralom

**absolve** /əb'zɒlv/ felment, feloldoz ⓘ *NEM* ~~abszolvál~~

**absorb** /əb'sɔ:b/ VAGY /əb'zɔ:b/ ❶ elnyel, felszív ❷ beolvaszt ❸ *be absorbed in smth* elmélyed vmiben

**absorption** /əb'sɔ:pʃən/ ❶ abszorpció ❷ elmerülés, elmélyedés

**abstain** /əb'steɪn/ tartózkodik (amitől: *from*)

**abstention** /əb'stenʃən/ tartózkodás

**abstinence** /'æbstɪnəns/ tartózkodás, önmegtartóztatás, antialkoholizmus

**abstinent** /'æbstɪnənt/ ❶ önmegtartóztató ❷ alkoholtól tartózkodó

**abstract** *FNÉV* /'æbstrækt/
❶ tartalmi kivonat, összefoglalás ❷ *in the abstract* elvontan

**abstract** *MNÉV* /'æbstrækt/
elvont, absztrakt

**abstract** *IGE*
❶ /æb'strækt/ absztrahál ❷ /'æbstrækt/ kivonatol, tartalmi kivonatot készít ❸ eltulajdonít

**abstraction** /æb'strækʃn/ ❶ elvonás, absztrakció ❷ elvont fogalom, absztrakció ❸ szórakozottság

**absurd** /əb'sɜ:d/ *FNÉV*
abszurditás *the theatre of the absurd* abszurd színház/színjátszás

**absurd** *MNÉV*
képtelen, nevetséges, abszurd

**absurdity** /əb'sɜ:dətɪ/ képtelenség, abszurdum

**abundance** /ə'bʌndəns/ ❶ bőség, sokaság *in abundance* bőven ❷ bővelkedés, jólét *live in abundance* bőségben/jólétben él

**abundant** /ə'bʌndənt/ bő(séges), kiadós

**abuse** /ə'bju:s/ *FNÉV*
❶ visszaélés [droggal, alkohollal] ❷ túlkapás *police abuse* rendőri túlkapás ❸ helytelen használat, rongálás ❹ gyaláz(kod)ás, mocskolódás ❺ kegyetlen/durva bánásmód

**abuse** /ə'bju:z/ *IGE*
❶ visszaél vmivel ❷ rosszul bánik vkivel, sérteget, mocskol ❸ kegyetlenkedik, durván bánik vkivel

**abusive** /ə'bju:sɪv/ gyalázkodó, sértegető

**abyss** /ə'bɪs/ szakadék, végtelen mélység

**A/C** VAGY **a/c** = account; current account; air conditioning; alternating current

**acacia** /ə'keɪʃə/ akác

**academic** /ˌækə'demɪk/ *FNÉV*
egyetemi oktató, tudós ⓘ *NEM* ~~akadémikus~~ [= tudós]

**academic** *MNÉV*
❶ akadémiai ❷ egyetemi, főiskolai ❸ tanulmányi ❹ tudományos ❺ elméleti, akadémikus

**academician** /əˌkædə'mɪʃən/ akadémikus, akadémiai tag

**academic year** tanév

**academy** /ə'kædəmɪ/ ❶ akadémia ❷ (tudományos) akadémia *the Hungarian Academy of Science* Magyar Tudományos Akadémia

**accede** /ək'si:d/ ❶ beleegyezik (amibe: *to*), hozzájárul (amihez: *to*) *accede to a request* kérést

teljesít ❷ *accede to an office* hivatalba lép
**accelerate** /ək'seləreɪt/ ❶ siettet, gyorsít ❷ gyorsul
**acceleration** /əkˌselə'reɪʃən/ ❶ gyorsulás ❷ siettetés, gyorsítás
**acceleration lane** felhajtó [autópályára]
**accelerator** /ək'seləreɪtə/ ❶ gázpedál ❷ gyorsító [anyag]
**accent** /'æksənt/ FNÉV
❶ hangsúly ❷ ékezet, hangsúlyjel ❸ kiejtés(mód), akcentus *foreign accent* idegenszerű kiejtés
**accent** IGE /æk'sent/
hangsúlyoz
**accentuate** /ək'sentʃueɪt/ hangsúlyoz, kiemel
**accentuation** /əkˌsentʃu'eɪʃən/ hangsúlyozás, kiemelés
**accept** /ək'sept/ elfogad, átvesz
**acceptable** /ək'septəbəl/ elfogadható
**acceptance** /ək'septəns/ ❶ elfogadás, tudomásul vétel, beleegyezés *meet with general acceptance* általános helyeslésre talál ❷ átvétel [árué]
**access** /'æksəs/ FNÉV
❶ belépés, bemenet *access only* kivéve célforgalom [behajtani tilos tábla kiegészítése] ❷ hozzáférhetőség, megközelíthetőség
**access** IGE
számítógépes információhoz/adatállományhoz hozzáfér
**accessible** /ək'sesɪbəl/ hozzáférhető, megközelíthető, elérhető, nyitott
**accession** /ək'seʃən/ ❶ birtokbalépés, birtokbavétel ❷ *accession to office* hivatalba lépés *accession to the throne* trónra lépés ❸ gyarapodás
**accessory** /ək'sesərɪ/ FNÉV
❶ bűntárs, társtettes *accessory after the fact* bűnpártoló, orgazda *accessory before the fact* felbujtó, bűnsegéd ❷ tartozék, kellék ❸ kellék [szövegszerk.] ❹ kiegészítő [ruhához]
**accessory** MNÉV
mellékes, járulékos, mellék-, pót-
**access road** bekötőút, bekötőszakasz
**accident** /'æksɪdənt/ ❶ véletlen *by accident* véletlenül *more by accident than by design* tervezetlenül, véletlenül ❷ baleset, szerencsétlenség *have an accident* balesetet szenved
**accidental** /ˌæksɪ'dentəl/ FNÉV
(zenei) módosítójel
**accidental** MNÉV
❶ véletlen, esetleges ❷ mellékes, pót-
**accidentally** /ˌæksɪ'dentəlɪ/ ❶ véletlenül, akaratlanul ❷ történetesen
**accident insurance** balesetbiztosítás
**accident-prone** könnyen/gyakran balesetet szenvedő
**acclimatization** /əˌklaɪmetaɪ'zeɪʃən/ ❶ hozzászoktatás, akklimatizálás ❷ meghonosodás, akklimatizálódás
**acclimatize** /ə'klaɪmətaɪz/ ❶ megszokik, akklimatizálódik ❷ megszoktat, akklimatizál *become/get acclimatized* meghonosodik, megszokik
**accommodate** /ə'kɒmədeɪt/ ❶ alkalmazkodik *accommodate ⸗oneself⸗ to smth* alkalmazkodik vmihez ❷ elszállásol, elhelyez *the hostel accommodates 200 people* a szállás 200 ember befogadására alkalmas
**accommodation** /əˌkɒmə'deɪʃən/ ❶ alkalmazkodás ❷ elhelyezés, elszállásolás ❸ ⚠ NEM MEGSZÁML. szállás(hely) *accommodation for 2000 people* férőhely 2000 ember számára
**accompaniment** /ə'kʌmpənɪmənt/ ❶ kíséret ❷ kísérőzene, kíséret ❸ kísérőjelenség
**accompanist** /ə'kʌmpənɪst/ [zenei] kísérő
**accompany** /ə'kʌmpənɪ/ ❶ elkísér ❷ hangszeren kísér ❸ vmi velejárójaként/kísérőjelenségeként szolgál
**accomplice** /ə'kʌmplɪs/ bűnrészes, bűntárs
**accomplish** /ə'kʌmplɪʃ/ befejez, megvalósít
**accomplished** /ə'kʌmplɪʃt/ ❶ tökéletes, kész *an accomplished fact* befejezett tény ❷ művelt ❸ kiváló *an accomplished musician* kiváló/képzett zenész
**accomplishment** /ə'kʌmplɪʃmənt/ ❶ befejezés, teljesítés ❷ teljesítmény, eredmény
**accord** /ə'kɔːd/ FNÉV
❶ egyetértés, összhang *with one accord* egyhangúlag *of ⸗one's⸗ own accord* önszántából ❷ megegyezés, egyezség ⓘ NEM ~~akkord~~
**accord** IGE
❶ összhangban van, (meg)egyezik (amivel: *with*) ❷ nyújt, (meg)ad
**accordance** /ə'kɔːdəns/ egyetértés, (meg)egyezés *in accordance with smth* összhangban vmivel, vminek megfelelően
**accordingly** /ə'kɔːdɪŋlɪ/ ezért, tehát, következésképp
**according to** /ə'kɔːdɪŋ tu/ szerint, vminek megfelelően, vki véleménye szerint
**accordion** /ə'kɔːdɪən/ (tangó)harmonika
**accost** /ə'kɒst/ megszólít
**account** /ə'kaunt/ FNÉV
❶ számla *have an account with a bank* folyószámlája van egy banknál ❷ elszámolás, számla *settle an account* számlát rendez ❸ elszámolási/beszámolási kötelezettség, beszámoló *call smb to account* felelősségre von vkit *give an account of smth* számot ad vmiről ❹ azonosító
KIFEJEZÉSEKBEN: *take smth into account* figyelembe vesz vmit *on no account* semmi esetre sem, semmiképpen
**account** IGE
tart, tekint (vkit vminek)
**account for** *account for smth* ❶ elszámol vmivel/vkivel, számot ad vmiről/vkiről ❷

magyaráz, indokol/igazol, magyarázatul szolgál (vmire)

**accountability** /əˌkauntəˈbɪlətɪ/ felelősségrevonhatóság

**accountable** /əˈkauntəbəl/ felelős (amiért: *for*, akinek: *to*)

**accountancy** /əˈkauntənsɪ/ könyvelés, könyvvitel

**accountant** /əˈkauntənt/ könyvelő, könyvvizsgáló *chief accountant* főkönyvelő

**accounting** /əˈkauntɪŋ/ könyvelés, számvitel

**account number** számlaszám

**accredit** /əˈkredɪt/ megbízólevéllel ellát, akkreditál

**accreditation** /əˌkredɪˈteɪʃən/ minősítés

**accrue** /əˈkruː/ növekszik, felszaporodik

**accumulate** /əˈkjuːmjəleɪt/ ❶ felhalmoz, (össze)gyűjt ❷ felhalmozódik, (fel)gyülemlik

**accumulation** /əˌkjuːmjəˈleɪʃən/ ❶ felhalmozás, összegyűjtés ❷ felhalmozódás

**accumulator** /əˈkjuːmjuleɪtə/ akkumulátor

**accuracy** /ˈækjərəsɪ/ pontosság, szabatosság, hitelesség

**accurate** /ˈækjurət/ pontos, szabatos

**accusative** /əˈkjuːzətɪv/ tárgyeset

**accuse** /əˈkjuːz/ (meg)vádol (akit amivel: *smb of smth*)

**accustom** /əˈkʌstəm/ hozzászoktat (amihez: *to*) *be accustomed to smth* hozzá van szokva vmihez

**AC/DC** = alternating current or direct current; bisexual

**ace** /eɪs/ *FNÉV*

❶ ász ❷ egyes (szám) [kockában, dominóban] ❸ kiválóság, sztár ❹ ász [teniszben] ❺ csúcs [= maximum]

**ace** *MNÉV*

csúcs, szuper

**acetate** /ˈæsəteɪt/ ecetsavas só, acetát

**acetic** /əˈsetɪk/ ecetes, ecet-

**acetify** /əˈsetɪfaɪ/ ❶ megsavanyít ❷ megsavanyodik, megecetesedik

**ache** *FNÉV* /eɪk/

fájás, fájdalom

**ache** *IGE*

fáj

**achieve** /əˈtʃiːv/ ❶ véghezvisz, teljesít, megvalósít ❷ kivív, elér

**achievement** /əˈtʃiːvmənt/ ❶ teljesítés, véghezvitel ❷ teljesítmény, tett, eredmény

**Achilles' heel** /əˌkɪliːz ˈhiːl/ Achilles-sarok, gyenge/sebezhető pont

**acid** /ˈæsɪd/ *FNÉV*

❶ sav ❷ kábítószer, LSD

**acid** *MNÉV*

fanyar, kellemetlenül savanyú vagy keserű

**acidproof** saválló

**acid rain** savas eső

**acidity** /əˈsɪdətɪ/ savasság, savtartalom, savanyúság

**acknowledge** /əkˈnɒlɪdʒ/ ❶ elismer, beismer ❷ méltányol ❸ nyugtáz, visszaigazol

**acknowledged** /əkˈnɒlɪdʒd/ ❶ (el)ismert *an acknowledged fact* tudott dolog ❷ tekintélyes

**acknowledgment** VAGY **acknowledgement** /əkˈnɒlɪdʒmənt/ ❶ elismerés, beismerés ❷ elismerés, elismervény

**acknowledgements** köszönetnyilvánítás

**acne** /ˈæknɪ/ pattanás

**acorn** /ˈeɪkɔːn/ makk

**acorns** /ˈeɪkɔːnz/ makk [kártyában]

**acoustic** /əˈkuːstɪk/ hallási, akusztikai, hang-

**acoustics** /əˈkuːstɪks/ ❶ hangtan, akusztika ❷ akusztika(i viszonyok)

**acquaint** /əˈkweɪnt/ megismertet *be acquainted with smb/smth* ismer vkit/vmit *become/get acquainted with smb/smth* megismerkedik vkivel/vmivel

**acquaintance** /əˈkweɪntəns/ ❶ ismeretség ❷ ismerős ❸ tudás, személyes tapasztalat

**acquire** /əˈkwaɪə/ (meg)szerez, szert tesz (vmire), megtanul

**acquired immune deficiency syndrome, AIDS** szerzett immunhiányos betegség/szindróma

**acquisition** /ˌækwɪˈzɪʃən/ ❶ eszközbeszerzés, akvizíció ❷ elsajátítás

**acquit** /əˈkwɪt/ ❶ felment, mentesít (akit ami alól: *smb of/on smth*) ❷ kiegyenlít, kifizet [adósságot] nyugtáz

**acquittal** /əˈkwɪtəl/ ❶ felmentés, felmentő ítélet ❷ teljesítés

**acre** /ˈeɪkə/ 4840 négyszög-yard [= kb. 4000 nm]

**acrobat** /ˈækrəbæt/ ❶ légtornász, akrobata ❷ hintapolitikus

**acrobatic** /ˌækrəˈbætɪk/ akrobatikus

**acrobatics** /ˌækrəˈbætɪks/ ❶ akrobatika ❷ akrobatikus mutatvány

**acronym** /ˈækrənɪm/ betűszó

**across** /əˈkrɒs/ *HAT.SZÓ*

odaát, túl, átellenben *she lives across* szemben lakik

**across** *ELÖLJ*

át, keresztben, keresztül *don't go across here* ne menj itt át *she lives across the street* szemben lakik *across the board* általános(an), fűnyíróelven

**act** /ækt/ *FNÉV*

❶ tett, cselekedet *catch smb in the act* tetten ér *put on an act* megjátssza magát ❷ törvény ❸ felvonás ⓘ *NEM* ~~akt~~

**act** *IGE*

❶ szerepet játszik, alakít, megjátszik (vmit) *act the part of smth* vmilyen minőségben működik, szerepet játszik ❷ cselekszik működik ❸ intézkedik ❹ hat [gyógyszer]

**act on** *act on smth* ❶ hatással van vmire ❷ vmi szerint eljár, követ [tanácsot]

**act out** *act smth out* eljátszik [szerepet]

**act up** ❶ rendetlen(kedik), rosszul viselkedik ❷ rendetlenkedik, baj van vele [pl. motorral]

**acting** *FNÉV* /ˈæktɪŋ/
színjátszás, színészi játék

**acting** *MNÉV*
helyettes, ügyvezető, megbízott, mb.

**action** /ˈækʃən/ ❶ cselekedet, tett *man of action* tettek embere ❷ cselekvés, ténykedés, működés *come into action* működésbe lép *take action* intézkedik, cselekszik *be out of action* nem működik ❸ *see smb in action* vkit lát, amint az vmi rá jellemzőt tesz ❹ hatás ❺ cselekmény, mozgás *where the action is* ahol az igazi/izgalmas dolgok történnek ❻ kereset, per *legal action* kereset, per ❼ csata, ütközet *be killed in action* hősi halált hal, elesik (csatában) ❽ *action!* felvétel! [filmforgatáson] ⓘ *NEM* ~~akció~~ [= kedvezmény], ⓘ *NEM* ~~akció~~ [= művelet]

**action plan** akcióterv, cselekvési terv

**action replay** visszajátszás, replay

**activate** /ˈæktɪveɪt/ ❶ mozgásba/működésbe hoz ❷ aktivál, beindítja a reakciót ❸ radioaktívvá tesz

**active** /ˈæktɪv/ ❶ aktív, cselekvő, tevékeny, *take an active part in smth* tevékeny szerepet vállal vmiben ❷ ható, hatékony ❸ működő, éles [pl. vezeték, vulkán]

**activist** /ˈæktɪvɪst/ aktivista, mozgalmár

**activity** /ækˈtɪvətɪ/ tevékenység, ténykedés, aktivitás

**act of God** ❶ vis maior ❷ elemi csapás

**actor** /ˈæktə/ színész

**actress** /ˈæktrɪs/ színésznő

**actual** /ˈæktʃuəl/ ❶ valóságos, tényleges *in actual fact* valójában, ténylegesen ❷ jelenlegi, mostani ⓘ *NEM* ~~aktuális~~ [= időszerű]

**actuality** /ˌæktʃuˈælətɪ/ valóság, valódiság

**actually** /ˈæktʃəlɪ/ való(já)ban, tulajdonképpen, igazság szerint

**actuary** /ˈæktʃuərɪ/ biztosítási matematikus, aktuárius

**acupuncture** /ˈækjupʌŋktʃə/ akupunktúra

**acute** /əˈkjuːt/ ❶ hegyes, éles ❷ hegyesszögű [háromszög] ❸ érzékeny, nagy érzékenységű ❹ éles elméjű ❺ heveny, akut

**ad** = after date; adverb; advertisement

**AD** = active duty; anno Domini

**ad** /æd/ hirdetés

**adage** /ˈædɪdʒ/ bölcs mondás, bölcsesség

**adamant** /ˈædəmənt/ hajthatatlan, hajlíthatatlan

**Adam's apple** /ˌædəmz ˈæpəl/ ádámcsutka

**adapt** /əˈdæpt/ ❶ alkalmaz, alkalmassá tesz *adapt* ⸗*oneself*⸗ *to smth* alkalmazkodik vmihez ❷ átalakít, átdolgoz *adapt smth for the stage/screen* színpadra/filmre alkalmaz

**adaptability** /əˌdæptəˈbɪlətɪ/ ❶ alkalmazhatóság, felhasználhatóság ❷ alkalmazkodó-képesség

**adaptable** /əˈdæptəbəl/ ❶ alkalmazható, felhasználható ❷ alkalmazkodó, rugalmas

**adaptation** /ˌædəpˈteɪʃən/ ❶ alkalmazás, hozzáillesztés ❷ alkalmazkodás ❸ átdolgozás, adaptáció

**adapter** VAGY **adaptor** /əˈdæptə/ ❶ átdolgozó ❷ adapter, csatlakozó ❸ elosztó, T-dugó

**add** /æd/ ❶ összead, hozzáad (amihez: *to*) ❷ hozzátesz

**add to** *add smth to smth* ❶ hozzáad, hozzátesz ❷ hozzájön (vmihez még vmi) *it adds to their problems* növeli gondjaikat

**add up** ❶ összegszerűen kijön, stimmel *it just doesn't add up* semmi értelme sincs, érthetetlen összead ❷ *add smth up* összead

**add up to** *add up to smth* ❶ kitesz [összeget] ❷ világosan mutat *what it adds up to is that* *{MONDAT}* ez végső soron azt jelenti, hogy {MONDAT}

**adder** /ˈædə/ vipera

**addict** /ˈædɪkt/ *FNÉV*
rabja (káros szenvedélynek) *a drug addict* kábítószeres, drogos

**addict** /əˈdɪkt/ *IGE*
*be/become addicted* a rabja lesz, függésbe kerül (aminek/amitől: *to*)

**addiction** /əˈdɪkʃən/ káros szenvedélynek hódolás, függőség (aminek/amitől: *to*) *addiction to drugs* kábítószer-függőség

**addictive** /əˈdɪktɪv/ függőséget okozó

**addition** /əˈdɪʃən/ ❶ hozzáadás, összeadás ❷ toldás, pótlás, kiegészítés ❸ toldaléképület, plusz szoba ❹ *in addition* ráadásul, azonkívül ❺ *in addition to* vmin/vkin kívül/felül *in addition to maths* matekon kívül/felül

**additional** /əˈdɪʃənəl/ pótlólagos, járulékos, további, újabb

**additive** /ˈædətɪv/ adalék(anyag) *free from artificial additives* mesterséges adalék(anyag)-mentes

**address** /əˈdres/ *FNÉV*
❶ cím, címzés ❷ *form of address* megszólítás, megszólítási mód ❸ előadás, beszéd

**address** *IGE*
❶ címez, küld [levelet] (akinek: *to*) ❷ beszédet intéz [hallgatósághoz], üdvözöl [hallgatóságot] ❸ megszólít (vkit vminek) szólít ❹ *address* ⸗*oneself*⸗ *to smth* hozzáfog/nekikezd vmihez ❺ aposztrofál ❻ *address a problem* kezeli a problémát

**addressee** /ˌædrəˈsiː/ címzett

**adept** /əˈdept/ hozzáértő, ügyes *be adept at/in smth* jártas vmiben, ért vmihez

**adequacy** /ˈædɪkwəsɪ/ vmi adekvát/megfelelő volta

**adequate** /ˈædɪkwət/ kielégítő, megfelelő, adekvát

**adhere** /ədˈhɪə/ ❶ tapad/ragad (amihez: *to*) ❷ ragaszkodik, kitart (akihez/amihez, aki/ami mellett: *to*)

**adherence** /əd'hɪərəns/ ❶ tapadás, ragadás ❷ pontos betartás [pl. szabályé] ❸ ragaszkodás, hűség
**adherent** /əd'hɪərənt/ támogató, híve (vminek/vkinek)
**adhesion** /əd'hi:ʒən/ ❶ adhézió ❷ (oda)tapadás, (oda)ragadás ❸ lenövés [orvosilag]
**adhesive** /əd'hi:sɪv/ *FNÉV*
ragasztó(anyag)
**adhesive** *MNÉV*
ragadós, ragasztós
**ad hoc** /æd 'hɒk/ ad hoc, alkalmi, egyszeri alkalomra szóló *ad hoc committee* ad hoc bizottság
**adieu** /ə'dju:/ *TBSZ* **adieus** VAGY **adieux** /ə'dju:z/ isten vele! viszontlátásra! *bid smb adieu* búcsút int vkinek
**adios** /ˌædɪ'ɒs/ viszontlátásra!
**adj.** = adjacent; adjective; adjustment
**adjacent** /ə'dʒeɪsənt/ szomszédos, határos
**adjective** /'ædʒəktɪv/ melléknév
**adjoin** /ə'dʒɔɪn/ közös határral rendelkezik vmivel *A adjoins B* A-nak közös határa van B-vel, A érintkezik B-vel
**adjoining** /ə'dʒɔɪnɪŋ/ szomszédos, határos, érintkező
**adjourn** /ə'dʒɜ:n/ ❶ elnapol, (el)halaszt, felfüggeszt [pl. tárgyalást, pert, mérkőzést] ❷ elnapolódik, berekesztődik
**adjunct** /'ædʒʌŋkt/ ❶ járulék, függelék, kiegészítés ❷ segéd, társ ❸ szabad bővítmény/határozó ⓘ *NEM* ~~adjunktus~~
**adjust** /ə'dʒʌst/ ❶ elintéz, rendez [pl. ügyet] ❷ hozzáigazít *adjust (oneself) to the new situation* alkalmazkodik az új helyzethez ❸ (meg)igazít, beállít ❹ *adjust mutually* összecsiszolódik
**adjustable** /ə'dʒʌstəbəl/ (be)állítható, szabályozható
**adjustment** /ə'dʒʌstmənt/ ❶ elintézés, rendezés [ügyé] ❷ *adjustment of an insurance claim* kárrendezés ❸ szabályozás, beállítás, hangolás
**adjutant** /'ædʒʊtənt/ szárnysegéd, segédtiszt
**admin.** = administration
**admin** adminisztratív jellegű munka
**administer** /əd'mɪnɪstə/ ❶ kormányoz, igazgat, adminisztrál ❷ vkinek vmit nyújt/ad (akinek: *to*) *administer medicine to smb* orvosságot bead vkinek *administer the last rites* feladja az utolsó kenetet
**administration** /ədˌmɪnɪ'streɪʃn/ ❶ (köz)igazgatás, ügyintézés, adminisztráció ❷ igazgatóság, intendatúra ❸ nyújtás, szolgáltatás *administration of justice* igazságszolgáltatás ❹ kormány(zat), államapparátus ❺ orvosság (be)adása
**administrative** /əd'mɪnɪstrətɪv/ közigazgatási, adminisztratív
**administrator** /əd'mɪnɪstreɪtə/ ❶ ügyintéző, adminisztrátor ❷ végrendeleti végrehajtó, gyám, hagyatéki gondnok
**admirable** /'ædmərəbəl/ csodálatra méltó
**admiral** /'ædmərəl/ admirális, tengernagy
**admiralty** /'ædmərəltɪ/ admiralitás, tengernagyi hivatal *the Admiralty* tengerészeti minisztérium
**admiration** /ˌædmə'reɪʃən/ csodálat *be filled with admiration* elmerül a csodálatában
**admire** /əd'maɪə/ bámul, csodál, nagyrabecsül
**admissible** /əd'mɪsəbəl/ megengedhető, elfogadható
**admission** /əd'mɪʃən/ ❶ belépés, beengedés, felvétel ❷ belépődíj *admission free a* belépés díjtalan *admission $3.50* a belépőjegy ára 3 dollár 50 cent ❸ beismerés, elismerés *by/on his own admission* saját bevallása szerint
**admit** /əd'mɪt/ ❶ beenged, bebocsát, felvesz *admit one* [belépőjegyen:] egy személy részére ❷ befogad *the cinema admits 800 people* a mozi befogadóképessége 800 fő ❸ elismer, beismer, bevall *it must be admitted that {MONDAT}* be kell látni, hogy {MONDAT} ❹ megenged, lehetővé tesz
**admittance** /əd'mɪtəns/ bemenet beengedés *no admittance* belépni tilos *gain admittance* bebocsátást nyer
**admittedly** /əd'mɪtɪdlɪ/ kétségkívül, bevallottan, be kell vallani, hogy {MONDAT}
**admonish** /əd'mɒnɪʃ/ figyelmeztet, (meg)int, (meg)dorgál
**admonition** /ˌædmə'nɪʃən/ figyelmeztetés, (meg-)intés, (meg)dorgálás
**admonitory** /əd'mɒnɪtərɪ/ figyelmeztető, intő, dorgáló
**ado** /ə'du:/ hűhó, felhajtás *without much/further ado* minden teketória/további nélkül
**adobe** /ə'dəʊbɪ/ vályog(tégla)
**adolescence** /ˌædə'lesəns/ serdülőkor
**adolescent** /ˌædə'lesənt/ *FNÉV*
serdülő, kamasz
**adolescent** *MNÉV*
❶ serdülő(korú) ❷ serdülőkorra jellemzően viselkedő
**adopt** /ə'dɒpt/ ❶ örökbefogad ❷ magáévá tesz, elfogad, felvesz [nevet, szokást], alkalmaz [módszert] ❸ hoz, elfogad *adopt a resolution* határozatot/döntést hoz
**adoption** /ə'dɒpʃn/ ❶ örökbefogadás ❷ elfogadás
**adoptive** /ə'dɒptɪv/ ❶ örökbefogadó ❷ örökbefogadott
**adoration** /ˌædə'reɪʃən/ imádat, rajongás, tisztelet
**adore** /ə'dɔ:/ imád, rajong vkiért/vmiért
**adorn** /ə'dɔ:n/ (föl)díszít, ékesít
**adornment** /ə'dɔ:nmənt/ dísz(ítés), ék(esség)
**adrenal gland** /ə'dri:nəl glænd/ mellékvese
**adrenaline** /ə'drenəlɪn/ adrenalin
**adrift** /ə'drɪft/ *MNÉV/HAT.SZÓ* ❶ hányódó, hányódva

A

❷ céltalanul sodródó/sodródva *go adrift* célját veszti
**adsorb** /æd'sɔ:b/ felszív, elnyel, adszorbeál
**adsorption** /æd'sɔ:pʃən/ elnyelés, adszorpció
**adult** /'ædʌlt/ FNÉV
❶ felnőtt ❷ kifejlett, érett példány
**adult** MNÉV
❶ felnőtt, nagykorú ❷ felnőtt(es), érett ❸ felnőtteknek szóló, szex-, pornográf
**adulterate** /ə'dʌltəreɪt/ (meg)hamisít, pancsol
**adulteration** /əˌdʌltə'reɪʃən/ (meg)hamisítás, borhamisítás
**adulterer** /ə'dʌltərə/ házasságtörő
**adulterous** /ə'dʌltərəs/ MNÉV házasságtörő
**adultery** /ə'dʌltərɪ/ házasságtörés
**adulthood** /'ædʌlthud/ felnőttkor
**adv.** = advance; adverb; advertisement
**advance** /əd'vɑ:ns/ FNÉV
❶ (előre)haladás, fejlődés ❷ előleg ❸ emelkedő tőzsdei ár, hossz ❹ *in advance* előre, előzetesen előlegképpen
**advance** MNÉV
előzetes, előre történő
**advance** IGE
❶ halad, előrejut, előbbre jut *advance in age* öregszik ❷ előrehoz [időben] ❸ előnyomul *advance against* megtámad ❹ rangban elő(re)lép ❺ előleget ad, megelőlegez ❻ elősesegít, előmozdít ❼ előléptet
**advanced** /əd'vɑ:nst/ ❶ haladó, progresszív ❷ előrehaladott, fejlett *advanced in years* idős, koros
**advancement** /əd'vɑ:nsmənt/ ❶ haladás, előlépés, előmenetel ❷ előrehozatal ❸ előléptetés ❹ előmozdítás, fellendítés
**advances** /əd'vɑ:nsɪz/ közeledés, közeledési kísérlet *he didn't respond to her advances* nem reagált közeledési kísérleteire
**advantage** /əd'vɑ:ntɪdʒ/ FNÉV
❶ előny, fölény *have an advantage over smb* előnyben van vkivel szemben *have/gain an advantage over smb* előnyt szerez vkivel szemben *advantage X* előny az adogatónál/ fogadónál [teniszben] ❷ nyereség, haszon *take advantage of smb/smth* kihasznál vkit/ vmit
**advantage** IGE
❶ elősegít, kedvez vkinek ❷ hasznára válik
**advantageous** /ˌædvən'teɪdʒəs/ előnyös, hasznos
**advent** /'ædvent/ ❶ megérkezés, megjelenés, eljövetel ❷ ádvent
**adventure** /əd'ventʃə/ ❶ kaland, kockázat ❷ merész vállalkozás ❸ izgalom ❹ számítógépes kalandjáték
**adventurer** /əd'ventʃərə/ ❶ kalandokat szerető ember ❷ kalandor ❸ számítógépes kalandjátékot játszó ember
**adventurous** /əd'ventʃərəs/ VAGY **adventuresome** /əd'ventʃəsəm/ kalandos, merész, vakmerő
**adverb** /'ædvɜ:b/ határozószó
**adversary** /'ædvəsərɪ/ ellenség *the Adversary* a Sátán
**adverse** /'ædvɜ:s/ ❶ ellenséges, ellentétes, ellenkező ❷ kedvezőtlen [pl. időjárás]
**adversity** /əd'vɜ:sətɪ/ szerencsétlenség, csapás, hányattatás
**advert** /'ædvɜ:t/ reklám/hirdetés [elsősorban újságban]
**advertisement** /əd'vɜ:tɪsmənt/ VAGY **advertizement** /əd'vɜ:tɪzmənt/ hirdetés, reklám
**advertize** /'ædvətaɪz/ ❶ hirdet, reklámoz *advertize for smth* hirdetés útján keres vmit ❷ nyilvánosságra hoz, publikussá tesz
**advice** /əd'vaɪs/ ❶ ↯ NEM MEGSZÁML. tanács *two pieces of advice* két tanács *take smb's advice* megfogadja vki tanácsát *legal advice* jogi tanács(ok) *medical advice* orvosi tanács(ok) *act on smb's advice* vkinek a tanácsára tesz vmit ❷ értesítés
**advisability** /ədˌvaɪzə'bɪlətɪ/ vminek tanácsos volta, ajánlatosság
**advisable** /əd'vaɪzəbəl/ ajánlatos, tanácsos, ajánlott
**advise** /əd'vaɪz/ ❶ tanácsol, ajánl ❷ értesít, tájékoztat, tudósít (amiről: *of*)
**advisedly** /əd'vaɪzɪdlɪ/ szántszándékkal, tudatosan
**adviser** VAGY **advisor** /əd'vaɪzə/ ❶ tanácsadó ❷ pedagógia/tanulmányi tanácsadó
**advisory** /əd'vaɪzərɪ/ tanácsadó(i)
**advocate** /'ædvəkət/ FNÉV
❶ szószóló, védelmező, közbenjáró ❷ védő-(ügyvéd)
**advocate** /'ædvəkeɪt/ IGE
pártol, hirdet támogat
**aegis** /'i:dʒɪs/ égisz, védelem, védőszárny *under the aegis of smth* vminek az égisze alatt
**aerial** /'eərɪəl/ FNÉV
antenna
**aerial** MNÉV
❶ légi ❷ légies, könnyű, könnyed
**aerobics** /eə'rəubɪks/ aerobik
**aerodynamic** /ˌeərəudaɪ'næmɪk/ aerodinamikai, aerodinamikus
**aerodynamics** /ˌeərəudaɪ'næmɪks/ aerodinamika
**aeronautic** /ˌeərə'nɔ:tɪk/ VAGY **aeoronautical** /ˌeərə'nɔ:tɪkəl/ repüiés(tan)i, légi, repülő
**aeroplane** /'eərəpleɪn/ repülőgép
**aerosol** /'eərəsɒl/ aeroszol(os) palack
**aerospace** /'eərəspeɪs/ ❶ légtér ❷ világűr
**aesthete** /'i:sθi:t/ esztéta
**aesthetic** /i:s'θetɪk/ VAGY **aesthetical** /i:s'θetɪkəl/ ❶ esztétikus ❷ esztétikai
**aesthetics** /i:s'θetɪks/ esztétika
**aether** /'i:θə/ éter
**affable** /'æfəbəl/ barátságos, kedves
**affair** /ə'feə/ ❶ ügy, eset *Ministry of Foreign Affairs* Külügyminisztérium *state of affairs* az

ügy állása ❷ viszony *have an affair with smb* viszonya van vkivel
**affect** /əˈfekt/ ❶ hat, hatással van vmire, befolyásol, érint *be affected by smth* vmi érinti/elszomorítja, hatással van rá ❷ megtámad *be affected* meg van támadva [egészség] ❸ színlel, tettet, megjátszik
**affectation** /ˌæfekˈteɪʃən/ színlelés, tettetés, affektáltság
**affected** /əˈfektɪd/ ❶ mesterkélt, modoros ❷ színlelt, tettetett
**affection** /əˈfekʃən/ szeretet, vonzalom *have an affection for smb* gyengéd érzelmeket táplál vki iránt
**affectionate** /əˈfekʃənət/ szerető, gyengéd
**affectionately** /əˈfekʃənətlɪ/ gyengéden *yours affectionately* / *affectionately yours* szeretettel ölel
**affective** /æˈfektɪv/ indulati
**affiliate** /əˈfɪlɪət/ *FNÉV*
társult vállalat, tagvállalat, tagszervezet
**affiliate** /əˈfɪlɪeɪt/ *IGE*
❶ tagként felvesz [társaságba] *become affiliated to/with* beolvad vmibe ❷ kapcsolatban van *be affiliated to/with smb/smth* kapcsolatban van vkivel/vmivel
**affiliation** /əˌfɪlɪˈeɪʃən/ ❶ belépés [társaságba], csatlakozás, felvétel [tagként] ❷ beolvasztás [vállalaté] ❸ elkötelezettség
**affinity** /əˈfɪnətɪ/ ❶ rokonság, rokoni viszony ❷ vonzódás, affinitás (amihez: *for/to*) ❸ [kémiai] affinitás
**affirm** /əˈfɜːm/ ❶ állít, megerősít ❷ jóváhagy
**affirmative** /əˈfɜːmətɪv/ igenlő, megerősítő, állító *in the affirmative* igenlően
**affix** /ˈæfɪks/ *FNÉV*
toldalék, affixum
**affix** /əˈfɪks/ *IGE*
hozzáerősít, hozzáragaszt, hozzáfűz
**afflict** /əˈflɪkt/ ❶ kínoz [betegség] *be afflicted with bad eyesight* rossz a látása ❷ (le)sújt, szomorít
**affliction** /əˈflɪkʃən/ szenvedés, csapás, nyomorúság
**affluence** /ˈæfluəns/ bőség, gazdagság
**affluent** ❶ jómódú, tehetős ❷ bőséges
**afford** /əˈfɔːd/ ❶ megteheti, futja neki vmire megengedheti magának *he can't afford it* nem engedheti meg magának ❷ ad, nyújt *it affords a great view* szép kilátást nyújt
**affront** *FNÉV* /əˈfrʌnt/
sértés
**affront** *IGE*
megsért, meggyaláz, megszégyenít
**afloat** /əˈfləʊt/ ❶ vízen, tengeren *be afloat* úszik, lebeg, hajón/tengeren van/utazik ❷ *keep afloat* nem merül el
**afoot** /əˈfʊt/ mozgásban, kialakulóban *there are new plans afoot* új tervek vannak születőben
**afraid** /əˈfreɪd/ *be afraid (of smth/smb)* fél (vmitől/vkitől) *be afraid that* {MONDAT} (attól) fél, hogy {MONDAT} *don't be afraid* ne félj! *be afraid to do* / *of doing smth* fél / nem mer megtenni vmit *I'm afraid* {MONDAT} attól tartok, hogy {MONDAT}, sajnos {MONDAT}
**afresh** /əˈfreʃ/ újra, elölről
**after** /ˈɑːftə/ *HAT.SZÓ*
később *the day after* a következő nap
**after** *ELÖLJ.*
❶ után, azután, utána, mögött *after breakfast* reggeli után *long after* jóval utána *after you!* csak Ön után! *day after day* nap nap után ❷ *half after seven* fél nyolc ❸ XY szerint, [műalkotásról] XY modorában
**after** *KÖTŐSZÓ*
miután *after he left* miután elment
**after all** végülis, elvégre
**aftermath** /ˈɑːftəmæθ/ következmény, utóhatás, utóélet
**afternoon** *FNÉV/HAT.SZÓ* délután *in/during the afternoon* délután, a délután folyamán *in the afternoons* délutánonként
**afters** /ˈɑːftəz/ desszert, sütemény
**aftershave** VAGY **aftershave lotion** borotválkozás utáni arcvíz
**afterthought** utógondolat, utólag jött gondolat
**afterwards** /ˈɑːftəwədz/ VAGY **afterward** /ˈɑːftəwəd/ utóbb, később, azután
**again** /əˈgen/ újból, újra, megint, ismét *time and again* ismételten *all over again* újra, elölről
**against** /əˈgenst/ ❶ ellen, szemben, ellenére *against a blue background* kék háttér előtt *against the law* ellenkezik a törvénnyel, jogszerűtlen, szabálytalan *against the wind* széllel szemben ❷ ellenében, fejében *against a receipt* nyugta ellenében ❸ neki-, oda- *lean against the wall* nekitámaszkodik a falnak
**agape** /əˈgeɪp/ ❶ tátott szájjal ❷ csodálkozva
**age** /eɪdʒ/ *FNÉV*
❶ (élet)kor *what age are you? what's your age?* hány éves (vagy)? *he is twenty years of age* 20 éves *at the age of 15* / *at age 15* 15 éves kor(á)ban *come of age* nagykorúvá válik, elér egy érett fejlődési szakaszt *for his age* korához képest ❷ kor(szak), emberöltő, generáció *in this day and age* VAGY *in our age* korunkban *for ages* régen
**age** *IGE*
❶ öregszik ❷ öregít ❸ érik [pl. sajt]
**aged** ❶ /ˈeɪdʒɪd/ idős, öreg ❷ /eɪdʒd/ (-)éves, -korú *aged 19* 19 éves
**ageing** VAGY **aging** *MNÉV/FNÉV* öregedő/öregedés
**ageless** /ˈeɪdʒləs/ időtlen, kortalan örökifjú örökkévaló
**age-long** évszázados
**agency** /ˈeɪdʒənsɪ/ ❶ ügynökség, képviselet, (képviseleti) iroda *dating agency* partnerközvetítő ügynökség *news agency* hírügynök-

ség ❷ tevékenység, közbenjárás, hatóerő *by/ through the agency of smth* vminek a segítségével/közreműködésével
**agenda** /əˈdʒendə/ napirend, napirendi pontok *what's on the agenda?* mi a napirend?
**agent** /ˈeɪdʒənt/ ❶ ügynök, képviselő *double agent* kettős ügynök *real estate agent* ingatlanügynök ❷ közeg, (ható)anyag, reagens *cleansing agent* tisztító anyag/ágens
**agglomeration** /əˌglɒməˈreɪʃən/ ❶ összegyűlés, összegyűjtés ❷ felhalmozódás, (kusza) tömeg ⓘ NEM ~~agglomeráció~~
**aggravate** /ˈægrəveɪt/ ❶ súlyosbít ❷ bosszant, idegesít
**aggravation** /ˌægrəˈveɪʃən/ ❶ súlyosbítás, szigorítás ❷ (fel)bosszantás
**aggregate** /ˈægrəgət/ FNÉV
❶ összeg ❷ adalékanyag, töltőanyag
**aggregate** /ˈægrəgət/ MNÉV
összesített, együttes
**aggregate** /ˈægrəgeɪt/ IGE
❶ összegyűlik, felhalmozódik ❷ felhalmoz ❸ (számszerűleg) kitesz, (vmilyen összegre) rúg
**aggregation** /ˌægrəˈgeɪʃən/ ❶ összesítés ❷ (fel)halmozódás ❸ felhalmozás
**aggression** /əˈgreʃən/ támadás, agresszió
**aggressive** /əˈgresɪv/ támadó, agresszív
**aggressor** /əˈgresə/ támadó (fél), agresszor
**aggrieve** /əˈgriːv/ bosszant, jogaiban sért
**aggro** /ˈægrəʊ/ balhé, (utcai) verekedés
**agile** /ˈædʒaɪl/ fürge, gyors, agilis
**agility** /əˈdʒɪlətɪ/ fürgeség, gyorsaság, agilitás
**aging** VAGY **ageing** /ˈeɪdʒɪŋ/ MNÉV/FNÉV öregedő/öregedés
**agitate** /ˈædʒɪteɪt/ ❶ felkavar, felizgat, nyugtalanságot szít ❷ agitál (aki/ami mellett: *for*)
**agitated** /ˈædʒɪteɪtɪd/ feldúlt, izgatott
**agitation** /ˌædʒɪˈteɪʃən/ ❶ izgalom, nyugtalanság ❷ izgatás, nyugtalanítás ❸ agitáció (aki/ami mellett: *for*)
**agitator** /ˈædʒɪteɪtə/ ❶ izgató, lázító ❷ agitátor ❸ keverő(gép)
**AGM** = annual general meeting
**agnosticism** /əgˈnɒstɪsɪzəm/ agnoszticizmus
**ago** /əˈgəʊ/ ezelőtt *ten minutes ago* tíz perce
**agonize** /ˈægənaɪz/ kínlódik, gyötrődik (amin: *over*)
**agonizing** /ˈægənaɪzɪŋ/ gyötrelmes, fájdalmat okozó
**agony** /ˈægənɪ/ ❶ nagy fájdalom, gyötrelem, gyötrődés ❷ haláltusa, agónia
**agrarian** /əˈgreərɪən/ mezőgazdasági, agrár
**agree** /əˈgriː/ ❶ egyetért (amivel/akivel: *with*) *I couldn't agree more* teljesen egyetértek ❷ beleegyezik (amibe: *to*), hozzájárul (amihez: *to*) *I agree that* {MONDAT} egyetértek abban, hogy {MONDAT} ❸ megegyezik, megállapodik, egyezséget köt (akivel: *with*, amiről: *on, about, as to*) *(that is) agreed* ebben megegyeztünk!
**agreeable** /əˈgriːəbəl/ ❶ kellemes, szeretetre méltó ❷ *be agreeable to smth* hozzájárul vmihez, beleegyezik vmibe
**agreement** /əˈgriːmənt/ ❶ egyezmény, megállapodás, szerződés *conclude / enter into an agreement* szerződést/megállapodást köt (akivel: *with*) ❷ ↯ NEM MEGSZÁML. beleegyezés, egyetértés ❸ egyeztetés [nyelvtani]
**agricultural** /ˌægrɪˈkʌltʃərəl/ mezőgazdasági, agrár-
**agriculture** /ˈægrɪkʌltʃə/ ❶ földművelés, mezőgazdaság ❷ mezőgazdaságtan
**aground** /əˈgraʊnd/ *run aground* zátonyra fut
**ah** /ɑː/ ó! óh!
**aha** /ɑːˈhɑː/ na ugye! / ahá!
**ahead** /əˈhed/ ❶ elő(bb)re ❷ elől ❸ később, a későbbiekben *plan ahead* előre tervez
**ahead of** *ahead of smb/smth* vki/vmi előtt/elé, vkit/vmit megelőzve *ahead of schedule* határidő előtt *be ahead of time* idő előtt érkezik *smth lies ahead of smb* vmi vár rá (a jövőben)
**ahoy** /əˈhɔɪ/ vigyázz! *ship ahoy!* hajó a láthatáron!
**aid** /eɪd/ FNÉV
❶ segítség, segély *in aid of smth* vminek támogatására/megsegítésére *first aid* elsősegély ❷ segédeszköz *hearing aid* hallókészülék *visual aid* vizuális segédeszköz ❸ segéderő, segítőtárs
**aid** IGE
segít, támogat, segítséget nyújt
**aide** VAGY **aid** tanácsadó, segítőtárs
**Aids** VAGY **AIDS** /eɪdz/ = **acquired immune deficiency syndrome** AIDS, szerzett immunhiányos betegség/szindróma
**ail** /eɪl/ ❶ gyengélkedik ❷ *what ails you?* mi fáj? / mi bánt?
**ailment** /ˈeɪlmənt/ könnyebb betegség, gyengélkedés
**aim** /eɪm/ FNÉV
❶ cél *take aim* céloz *with the aim of doing smth* azzal a céllal, hogy valamit tesz *miss aim* célt téveszt ❷ cél(kitűzés), szándék
**aim** IGE
❶ (meg-)céloz, célba vesz (akit/amit: *at*) ráirányít (amire: *at*) *be aimed at* irányul (vkire/vmire) ❷ *aim at doing smth, aim to do smth* szándékozik/igyekszik vmit megtenni *what are you aiming at?* mire célzol? hova akarsz kilyukadni?
**aimless** /ˈeɪmləs/ céltalan
**air** /eə/ FNÉV
❶ levegő *by air* repülővel, repülőgéppel ❷ hangulat, érzés *an air of excitement* az izgalom légköre ❸ *on the air* adásban [rádióban] *off the air* adáson kívül
**air** IGE
❶ szellőzik ❷ (ki)szellőztet, levegőztet, (meg-)

szárít ❸ megszellőztet, nyilvánosságra hoz ❹ közvetít, sugároz [rádióban, televízióban]
**airbag** VAGY **air bag** légzsák
**airbed** felfújható gumi/műanyag matrac
**airborne** /ˈeəbɔːn/ ❶ légi, légi-, légi úton szállított ❷ levegőben lévő ❸ repülős, légideszantos *airborne division* repülőezred
**air-conditioned** légkondicionált, klimatizált
**air-conditioning** ❶ légkondícionáló, klímaberendezés ❷ légkondicionálás, klimatizálás
**aircraft** TBSZ **aircraft** repülőgép
**aircraft carrier** repülőgép-anyahajó
**airer** /ˈeərə/ (ruha)szárító (állvány), ruhaszárító keret, fregoli
**air force** légierő
**airgun** légpuska, légpisztoly
**air hostess** légi utaskísérő, stewardess
**airily** /ˈeərɪlɪ/ könnyedén, fesztelenül
**airiness** /ˈeərɪnəs/ ❶ levegősség ❷ könnyedség, fesztelenség
**airing** /ˈeərɪŋ/ ❶ szellőztetés ❷ levegőzés ❸ megszellőztetés *give smth an airing* megszellőztet vmit
**airless** /ˈeələs/ levegőtlen, szellőzetlen
**airlift** FNÉV/IGE légihíd / légihídon szállít
**airline** légitársaság
**airliner** nagy utasszállító repülőgép
**airmail** MNÉV/HAT.SZÓ légiposta (*by/via*) *airmail* légipostával
**airplane** repülőgép
**air pollution** levegőszennyezettség
**airport** repülőtér, légikikötő
**air raid** légitámadás
**air rifle** légpuska
**airs** /ˈeəz/ *put on airs* adja az előkelőt, megjátssza magát
**airscrew** légcsavar, propeller
**airship** léghajó
**airsick** légibeteg
**airspace** légtér
**air terminal** repülőtéri terminál
**airtight** légmentes(en záródó)
**air traffic controller** légiközlekedés-irányító, repülésirányító
**airy** /ˈeərɪ/ ❶ levegős, szellős ❷ légies ❸ könnyed
**aisle** /aɪl/ ❶ mellékhajó, oldalhajó [templomban] ❷ (közlekedő)folyosó [pl. repülőn]
**ajar** /əˈdʒɑː/ félig nyitott [ajtó] *be ajar* félig nyitva van
**akin** /əˈkɪn/ rokon (jellegű), hasonló (amihez: *to*)
**Ala.** Alabama
**à la** /ˌɑːˈlɑː/ VAGY /ˈælə/ szerint, stílusában, módra
**à la carte** /ˌɑːlɑːˈkɑːt/ VAGY /æləˈkɑːt/ étlap szerint
**alarm** /əˈlɑːm/ FNÉV
❶ rémület, ijedelem *false alarm* vaklárma ❷ riadó, vészjel *sound/give/raise the alarm* vészjelet ad, riaszt ❸ riasztóberendezés ❹ vekker, ébresztőóra
**alarm** IGE
❶ megrémül ❷ (fel)riaszt, alarmíroz
**alarm bell** vészcsengő
**alarm clock** ébresztőóra, vekker
**alarming** /əˈlɑːmɪŋ/ aggályos, aggasztó
**alarm signal** vészjel
**alarm system** riasztórendszer
**alas** /əˈlæs/ ó jaj!
**Alas.** = Alaska
**albatross** /ˈælbətrɒs/ albatrosz, viharmadár
**albeit** /ɔːlˈbiːɪt/ habár, noha
**albino** /ælˈbiːnəʊ/ albínó
**album** /ˈælbəm/ ❶ album ❷ (lemez)album, nagylemez
**albumen** VAGY **albumin** /ˈælbjʊmɪn/ (tojás-) fehérje
**alcohol** /ˈælkəhɒl/ alkohol, szeszes ital
**alcohol addict** alkoholbeteg, alkoholfüggő
**alcohol addiction** alkoholfüggőség
**alcoholic** /ˌælkəˈhɒlɪk/ FNÉV
alkoholbeteg, alkoholista
**alcoholic** MNÉV
szeszes, alkoholos *alcoholic drink* szeszesital
**alcoholism** /ˈælkəhɒlɪzəm/ iszákosság, alkoholizmus
**alcove** /ˈælkəʊv/ hálófülke, alkóv
**ale** /eɪl/ [komló nélküli] világos sör
**alehouse** kocsma, söröző
**alert** /əˈlɜːt/ FNÉV
riadó(készültség), harckészültség, légiriadó *on the alert* készenlétben, ugrásra készen
**alert** MNÉV
*be alert* éber, óvatos
**alert** IGE
riaszt, készültséget elrendel
**alga** /ˈælgə/ TBSZ **algae** /ˈældʒiː/ alga, moszat
**algebra** /ˈældʒɪbrə/ algebra
**algebraic** /ˌældʒɪˈbreɪɪk/ algebrai
**algorithm** /ˈælgərɪðəm/ algoritmus
**alias** /ˈeɪlɪəs/ FNÉV/HAT.SZÓ álnév/más néven
**alibi** /ˈæləbaɪ/ ❶ alibi *prove an alibi* alibit igazol ❷ kifogás
**alien** /ˈeɪlɪən/ FNÉV
idegen, külföldi, idegen állam polgára
**alien** MNÉV
❶ idegen, külföldi ❷ idegen, idegenszerű *alien concept* idegen fogalom
**alienate** /ˈeɪlɪəneɪt/ elidegenít
**alienation** /ˌeɪlɪəˈneɪʃən/ ❶ elidegenítés ❷ elidegenülés, elidegenedés ❸ elmagányosodás
**alight** /əˈlaɪt/ MNÉV
❶ égő ❷ égő, világos *the windows were alight* világosak voltak az ablakok
**alight** /əˈlaɪt/, **alighted** VAGY **alit** /əˈlɪt/, **alighted** VAGY **alit** /əˈlɪt/ IGE
❶ leszáll (amiről: *from*) ❷ rászáll, leszáll [madár] (amire: *on*)
**align** /əˈlaɪn/ ❶ (fel)sorakozik, sorba áll ❷ (fel-) sorakoztat, sorba állít *align (oneself)* iga-

zodik/csatlakozik (amihez/akihez: *with*)
**alignment** /əˈlaɪnmənt/ ❶ sorbaáll(ít)ás, felsorakoztatás, csoportosulás *in alignment* egy sorban vmivel ❷ elkötelezett / azonos elveket valló emberek/országok csoportja
**alike** /əˈlaɪk/ MNÉV
*be alike* hasonló, egyforma
**alike** HAT.SZÓ
egyformán, hasonlóan, egyaránt
**alimony** /ˈælɪmənɪ/ tartásdíj, eltartás
**alit** ☞ alight
**alive** /əˈlaɪv/ ❶ élő, életben (lévő) *be alive* él, életben van ❷ eleven, élénk, életteli *be alive with smth* nyüzsög vmitől
**alkali** /ˈælkəlaɪ/ alkáli(a), lúg
**alkaline** /ˈælkəlaɪn/ alkalikus, lúgos
**all** /ɔːl/ NÉVELŐFÉLE
❶ mind, az egész *all night* egész éjjel *all my breakfast* az egész reggelim *she drank it all* az egészet megitta ❷ mindegyik, mindenki, minden *all the children* mindegyik gyerek *they all went home* mindegyikük hazament ❸ teljesen, nagyon *be all ears* nagyon figyel
**all** HAT.SZÓ
❶ összesen, teljesen, egészében *be all alone* teljesen egyedül van *be all for smth* nagyon pártol vmit ❷ egyenlő, mind [sportban, szám után] *the score is two all* kettő–kettő az eredmény *thirty all* harminc mind [teniszben] ❸ *not all that* nem annyira ❹ *be all there* figyel, helyén van az esze
**all** NÉVMÁS
❶ mindenki [több közül] *all of them* mindegyikük ❷ az egész, minden [több/sok közül] *she gave all she had* mindenét odaadta *and all* meg minden *that's all* kész, ennyi, vége
KIFEJEZÉSEKBEN: *not at all* egyáltalán nem [tagadásban, kérdésben] *he doesn't agree at all* egyáltalán nem ért egyet *not at all* szívesen, szót sem érdemel [köszönetre válaszként]
**allegation** /ˌæləˈgeɪʃən/ kijelentés, állítás, vád
**allege** /əˈledʒ/ állít, kijelent, vmivel bizonyíték nélkül vádol
**alleged** /əˈledʒd/ állítólagos
**allegedly** /əˈledʒɪdlɪ/ állítólag
**allegiance** /əˈliːdʒəns/ hűség, elkötelezettség, lojalitás (amihez: *to*)
**allegorical** /ˌæləˈgɒrɪkəl/ jelképes, allegorikus
**allegory** /ˈæləgərɪ/ allegória
**alleluia** VAGY **hallelujah** /ˌælɪˈluːjə/ halleluja
**allergen** /ˈælədʒen/ allergén
**allergic** /əˈlɜːdʒɪk/ allergiás (amire: *to*)
**allergist** /ˈælədʒɪst/ allergológus
**allergy** /ˈælədʒɪ/ allergia
**alleviate** /əˈliːvɪeɪt/ enyhít, csillapít, könnyít
**alleviation** /əˌliːvɪˈeɪʃən/ enyhítés, könnyítés, csillapítás
**alley** /ˈælɪ/ ❶ köz, utca ❷ kerti fasor ❸ *blind alley* zsákutca ❹ *bowling alley* tekepálya
**All Fools' Day** bolondok napja, április elseje
**alliance** /əˈlaɪəns/ szövetség *enter into an alliance* szövetségre lép (akivel: *with*) *in alliance* szövetségben (akivel: *with*)
**allied** /ˈælaɪd/ ❶ szövetséges *the Allied Powers the Allies* a szövetséges hatalmak ❷ kapcsolódó, hozzátett (amihez: *with/to*)
**Allies** *the Allies* a szövetséges hatalmak
**alligator** /ˈælɪgeɪtə/ alligátor VAGY aligátor
**all-in wrestling** szabadfogású birkózás
**alliteration** /əˌlɪtəˈreɪʃən/ betűrím, alliteráció
**alliterative** /əˈlɪtərətɪv/ betűrímes, alliteráló
**allocate** /ˈæləkeɪt/ ❶ kioszt, kiutal, juttat (amire: *for*) ❷ megállapít, meghatároz, allokál [helyet]
**allocation** /ˌæləˈkeɪʃən/ ❶ kiosztás, kiutalás, juttatás ❷ elhelyezés, allokáció
**allot** /əˈlɒt/ kioszt, kiró *allotted time* a vmire szánt idő
**allotment** /əˈlɒtmənt/ ❶ kiosztás, kiutalás, juttatás ❷ hobbikert, kiskert
**all-out** teljes (mellszélességgel/erőbedobással végzett)
**all over** ❶ mindenütt, szanaszét, mindenfelé ❷ vége *it's all over* véget ér, vége van ❸ jellemző, tipikus *that's Joan all over* ez jellemző Joanra, Joan már csak ilyen ❹ újra, elölről
**allow** /əˈlaʊ/ ❶ (meg)enged, engedélyez *allow smb to do smth* megengedi vkinek, hogy vmit tegyen *be allowed to* szabad vkinek *be not allowed* nincs megengedve, tilos ❷ beenged, kienged ❸ ad, szán vmire *allow two days for smth* két napot szán vmire ❹ megenged, lehetővé tesz *allow smb to do smth* lehetővé tesz vki számára vmit ❺ megad, elismeri vminek a jogosságát *the referee allowed the goal* a játékvezető megadta a gólt
**allow for** *allow for smth* ❶ figyelembe/tekintetbe/számításba vesz *allow for inflation at 6 per cent* 6 %-os inflációval számol ❷ ráhagy, figyelembe vesz [időt] *allow for finding smth* ráhagy valamennyi időt, amíg vmit megtalál
**allowance** /əˈlaʊəns/ ❶ juttatás, térítés, engedélyezett összeg *entertainment allowance* reprezentációs költségtérítés *travelling allowance* úti átalány ❷ engedmény, csökkentés, kedvezmény *tax allowance* adókedvezmény ❸ zsebpénz, kártyapénz
**alloy** /ˈælɔɪ/ FNÉV
ötvözet
**alloy** /əˈlɔɪ/ IGE
❶ ötvöz, elegyít ❷ elront, rontja vminek a értékét/minőségét
**all right** MNÉV/HAT.SZÓ ❶ rendben/biztonságban/egészségben levő ❷ megfelelő, nem túl jó és nem túl rossz ❸ rendben lévő, megengedhető ❹ egyetért, rendben van
**all the same** ❶ mégis mindennek ellenére *she*

*decided to leave all the same* mégis úgy döntött, hogy elmegy ❷ mindegy, nem számít (akinek: *to*) *it's all the same to me* nekem mindegy

**all-time** minden eddigi/korábbi, minden idők [pl. legmagasabb] *reach an all-time low* minden korábbinál alacsonyabbra süllyed

**all-weather** minden időjárási körülmények között [használható]

**allude** /ə'lu:d/ hivatkozik, utal, céloz (amire/akire: *to*)

**allure** /ə'lʊə/ FNÉV
csábítás, vonzerő ⓘ NEM ~~allűr~~

**allure** IGE
csábít, csalogat, vonz, megkísért

**allurement** /ə'lʊəmənt/ vonzás, vonzerő, csábítás, varázs, báj

**allusion** /ə'lu:ʒən/ célzás, utalás, hivatkozás, említés

**allusive** /ə'lu:sɪv/ célzó, utaló

**ally** /'ælaɪ/ FNÉV
❶ szövetséges *the Allies* a szövetséges hatalmak ❷ segítőtárs

**ally** /ə'laɪ/ IGE
❶ összeköt, összead *be allied with smb* ❷ szövetkezik / szövetségre lép (akivel: *with/to*)

**alma mater** /ˌælmə 'mɑ:tə/ ❶ alma mater, a régi iskola ❷ az iskola/főiskola/egyetem dala

**almanac** /'ɔ:lmənæk/ naptár, évkönyv, almanach

**almighty** /ɔ:l'maɪtɪ/ mindenható *the Almighty* a Mindenható ❷ rettentő/borzasztó nagy

**almond** /'ɑ:mənd/ mandula

**almost** /'ɔ:lməʊst/ majdnem, szinte, közel

**alms** /ɑ:mz/ alamizsna

**aloft** /ə'lɒft/ ❶ fenn, fent a magasban, odafenn

**alone** /ə'ləʊn/ ❶ egyedül ❷ HÁTRAVETVE: csak(is), kizárólag
KIFEJEZÉSEKBEN: *let/leave smb/smth alone* békén hagy vkit/vmit *leave me alone* hagyjál békén, na menj már *let alone smth* eltekintve vmitől, nem is szólva vmiről

**along** /ə'lɒŋ/ ELÖLJ./HAT.SZÓ ❶ mentén, hosszában *all along* (mind)végig, kezdettől fogva ❷ tovább, előre *move along* (tovább)megy

**alongside** /ə'lɒŋsaɪd/ ELÖLJ./HAT.SZÓ ❶ hosszában, mellett/mellé ❷ mellett, együtt (amivel: *with*)

**aloof** /ə'lu:f/ távolságtartó, tartózkodó

**aloud** /ə'laʊd/ hangosan, fennhangon

**alpha** /'ælfə/ ❶ alfa [a görög ábécé első betűje] ❷ csillagkép alfája / legfényesebb csillaga ❸ kitűnő osztályzat

**alphabet** /'ælfəbət/ ábécé, betűrend

**alphabetical** /ˌælfə'betɪkəl/ betűrendes, ábécé szerinti, alfabetikus *in alphabetical order* ábécérendben, betűrendben

**alpine** /'ælpaɪn/ alpesi, havasi

**alpinist** /'ælpɪnɪst/ hegymászó, alpinista

**already** /ɔ:l'redɪ/ már

**Alsatian** /æl'seɪʃən/ német juhász(kutya), farkaskutya

**also** /'ɔ:lsəʊ/ is, szintén

**altar** /'ɔ:ltə/ oltár

**altar boy** ministráns

**altar-cloth** oltárterítő

**altarpiece** /'ɔ:ltəpi:s/ oltárkép

**alter** /'ɔ:ltə/ ❶ (meg)változik, átalakul, módosul ❷ (meg)változtat, átalakít, módosít ❸ kasztrál, ivartalanít

**alteration** /ˌɔ:ltə'reɪʃən/ ❶ (meg)változás, átalakulás, módosulás ❷ (meg)változtatás, átalakítás, módosítás

**altercation** /ˌɔ:ltə'keɪʃən/ perlekedés, veszekedés, civakodás

**alternate** /ɔ:l'tɜ:nət/ MNÉV
❶ változó, váltakozó ❷ minden második *on alternate days* másodnaponként ❸ alternatív

**alternate** /'ɔ:ltəneɪt/ IGE
❶ váltja egymást, cserélődik ❷ váltogat, felváltva használ/végez

**alternately** /ɔ:l'tɜ:nətlɪ/ váltakozva, felváltva

**alternating current** /ˌɔ:ltəneɪtɪŋ 'kʌrənt/ váltakozó áram, váltóáram

**alternation** /ˌɔ:ltə'neɪʃən/ ❶ váltakozás ❷ váltogatás

**alternative** /ɔ:l'tɜ:nətɪv/ FNÉV
választás (lehetőségek közül), lehetőség

**alternative** MNÉV
vagylagos, alternatív, más, nem hagyományos

**alternatively** /ɔ:l'tɜ:nətɪvlɪ/ ❶ vagylagosan ❷ vagy pedig

**although** /ɔ:l'ðəʊ/ bár, ámbár, habár, jóllehet

**altitude** /'æltɪtju:d/ magasság *at high altitudes* nagy magasság(ok)ban

**alto** /'æltəʊ/ ❶ kontratenor ❷ alt ❸ mélyhegedű, brácsa

**altogether** ❶ teljesen, egészen, összesen ❷ egészében véve, mindent összevéve

**altruism** /'æltruɪzəm/ önzetlenség, emberbarátság, altruizmus

**altruist** /'æltruɪst/ FNÉV emberbarát, altruista

**altruistic** /ˌæltru'ɪstɪk/ MNÉV önzetlen, emberbaráti, altruista

**alumina** /ə'lu:mɪnə/ timföld

**aluminium** /ˌælə'mɪnɪəm/ VAGY **aluminum** /ə'lu:mɪnəm/ alumínium

**aluminium foil** alufólia

**alumnus** /ə'lʌmnəs/ TBSZ **alumni** /ə'lʌmnaɪ/ volt diák, öregdiák

**always** /'ɔ:lweɪz/ VAGY /'ɔ:lwəz/ ❶ mindig, folyton ❷ örökké

**am** VAGY **a.m.** VAGY **AM** reggel, délelőtt

**AM** = amplitude modulation

**am** /æm/ [a *be* e.sz. 1.sz. alakja] vagyok

**A major** a-dúr

**amalgam** /ə'mælgəm/ ❶ amalgám ❷ keverék

**amalgamate** /ə'mælgəmeɪt/ ❶ egybeolvad, egyesül ❷ keveredik, egybeolvaszt, egyesít ❸ egybemos, összemos

**amalgamation** /əˌmælgə'meɪʃən/ ❶ egybeolvadás, egyesülés, fúzió ❷ egybeolvasztás, egyesítés ❸ egybemosás, összemosás

**amass** /ə'mæs/ felhalmoz, gyűjt

**amateur** /'æmətə/ VAGY /'æmətʃə/ *FNÉV*
műkedvelő, amatőr

**amateur** *MNÉV*
tapasztalatlan, amatőr, szakszerűtlen

**amaze** /ə'meɪz/ meghökkent, ámulatba ejt *be amazed to hear smth* elképedve hall vmit

**amazed** /ə'meɪzd/ meghökkent, ámuló, meglepett

**amazement** /ə'meɪzmənt/ elképedés, meghökkenés, ámulat, meglepetés

**amazing** /ə'meɪzɪŋ/ bámulatos, csodálatos

**ambassador** /æm'bæsədə/ nagykövet

**amber** /'æmbə/ ❶ borostyánkő ❷ sárga [forgalmi jelzőlámpa színe]

**ambience** VAGY **ambiance** /'æmbɪəns/ környezet, légkör

**ambient** /'æmbɪənt/ ❶ körülvevő ❷ szobahőmérsékleten tárolható

**ambiguity** /ˌæmbɪ'gju:ətɪ/ ❶ vmi többjelentésű/sokjelentésű volta ❷ kétértelműség, félreérthetőség

**ambiguous** /æm'bɪgjʊəs/ ❶ többjelentésű, sokjelentésű ❷ félreérthető, kétértelmű

**ambition** /æm'bɪʃən/ ❶ becsvágy, ambíció ❷ kitűzött/elérendő cél

**ambitious** /æm'bɪʃəs/ ❶ nagyravágyó, ambiciózus ❷ igényes, nagyratörő

**ambivalent** /æm'bɪvələnt/ kétértelmű, ambivalens (amivel kapcsolatban: *towards/about*)

**amble** /'æmbəl/ *FNÉV/IGE* poroszkál(ás), baktat(ás), lépked(és)

**ambrosia** /æm'brəuzɪə/ ❶ ambrózia ❷ parlagfű

**ambulance** /'æmbjələns/ ❶ mentőautó, mentőkocsi ❷ mentőszolgálat, a mentők, mentőközpont ⓘ *NEM* ~~ambulancia~~

**ambush** /'æmbʊʃ/ *FNÉV*
❶ elrejtőzés, lesben állás ❷ les(hely), rejtek(hely) *wait in ambush* lesben áll

**ambush** *IGE*
leselkedik, lesben áll, lesből támad

**ameba** VAGY **amoeba** /ə'mi:bə/ amőba

**amen** /ɑ:'men/ ámen, úgy legyen

**amend** /ə'mend/ ❶ megjavul, jó útra tér ❷ (meg)javít, jobbít ❸ módosít, megváltoztat, kiegészít [pl. törvényt]

**amendment** /ə'mendmənt/ ❶ módosítás, helyesbítés, javítás, kiegészítés ❷ jogszabálymódosítás, alkotmánymódosítás ❸ [amerikai] alkotmánykiegészítés

**amends** /ə'mendz/ kárpótlás, kártalanítás *make amends* kárpótol, kártalanít (amiért: *for*)

**amenities** /ə'mi:nətɪz/ ❶ felszerelés, felszereltség ❷ *the amenities of life* az életet kellemessé/kényelmessé tevő dolgok

**amiability** /ˌeɪmɪə'bɪlətɪ/ szeretetreméltóság

**amiable** /'eɪmɪəbəl/ szeretre méltó, barátságos

**amicable** /'æmɪkəbəl/ barátságos, baráti, békés

**amicably** /'æmɪkəblɪ/ barátilag, békésen

**amid** /ə'mɪd/ VAGY **amidst** /ə'mɪdst/ között, közepette

**A minor** a-moll

**amiss** /ə'mɪs/ *MNÉV/HAT.SZÓ* helytelen(ül), rossz (-ul), félre *take smth amiss* rossz néven / zokon vesz

**ammonia** /ə'məunɪə/ ❶ ammónia ❷ szalmiákszesz

**ammoniac** /ə'məunɪək/ ammóniás, ammónia-

**ammunition** /ˌæmjʊ'nɪʃən/ ❶ lőszer, muníció ❷ fegyvertár, muníció [vitában]

**amnesia** /æm'ni:zɪə/ emlékezetvesztés, emlékezetkihagyás, amnézia

**amnesty** /'æmnəstɪ/ közkegyelem, amnesztia

**amoeba** VAGY **ameba** /ə'mi:bə/ amőba

**amok** /ə'mɒk/ *run amok* ámokfutást rendez

**among** /ə'mʌŋ/ VAGY **amongst** /ə'mʌŋst/ ❶ között, közt, körében *among other things* többek között, többek közt ❷ közé

**amoral** /eɪ'mɒrəl/ erkölcs nélküli, amorális

**amorous** /'æmərəs/ szerelmi, szerelmes

**amortization** /əˌmɔ:taɪ'zeɪʃən/ ❶ törlesztés [kölcsöné] ❷ amortizáció, értékcsökkenés

**amortize** /ə'mɔ:taɪz/ ❶ törleszt [kölcsönt] ❷ amortizál

**amount** /ə'maunt/ *FNÉV*
összeg, mennyiség

**amount** *IGE*
❶ *amount to smth* kitesz, elér [összeget], rúg [összegre] ❷ *amount to (doing/being) smth* annyit jelent, hogy {MONDAT}

**amp** /æmp/ erősítő

**ampere** /'æmpeə/ amper

**ampersand** /'æmpəsænd/ & [= és jele]

**amphibian** /æm'fɪbɪən/ *FNÉV* ❶ kétéltű állat ❷ kétéltű jármű

**amphibious** /æm'fɪbɪəs/ kétéltű

**amphitheatre** /'æmfɪθɪətə/ ❶ amfiteátrum, körszínház ❷ auditórium, előadóterem

**ample** /'æmpəl/ bő(séges), terjedelmes, tágas

**amplification** /ˌæmplɪfɪ'keɪʃən/ ❶ (ki)bővítés, (meg)növelés ❷ erősítés

**amplifier** /'æmplɪfaɪə/ (hang)erősítő

**amplify** /'æmplɪfaɪ/ ❶ erősít ❷ nagyít, bővít, részletez (amit: *on*)

**amplitude** /'æmplɪtju:d/ ❶ nagyság, bőség ❷ kilengés, amplitúdó

**amply** /'æmplɪ/ bőségesen, bőven

**ampoule** /'æmpu:l/ VAGY **ampule** /'æmpju:l/ ampulla

**amputate** /'æmpjʊteɪt/ csonkol, amputál

**amputation** /ˌæmpjʊ'teɪʃən/ csonkolás, amputálás

**amuck** /ə'mʌk/ *run amuck* ámokfutást rendez

**amulet** /'æmjʊlət/ talizmán, amulett

**amuse** /ə'mju:z/ szórakoztat, mulattat *be not amused* egyáltalán nem örül, bosszankodik (amin: *at/by*)

**amusement** /ə'mju:zmənt/ ❶ szórakozás, mulatság ❷ szórakoztatás, mulattatás
**amusement park** vidámpark
**amusing** /ə'mju:zɪŋ/ szórakoztató, mulattató, élvezetes
**an** /ən/ egy [magánhangzó előtt]
**anachronism** /ə'nækrənɪzəm/ anakronizmus
**anachronistic** /əˌnækrə'nɪstɪk/ anakronisztikus
**anaconda** /ˌænə'kɒndə/ anakonda, óriáskígyó
**anaesthesia** VAGY **anesthesia** /ˌænəs'θi:zɪə/ ❶ érzés nélküliség, érzéketlenség ❷ érzéstelenítés
**anaesthetic** VAGY **anesthetic** *FNÉV/MNÉV* /ˌænəs'θetɪk/ érzéstelenítő [szer]
**anaesthetist** VAGY **anesthetist** /ə'ni:sθətɪst/ érzéstelenítő orvos, aneszteziológus
**anaesthetize** VAGY **anesthetize** /ə'ni:sθətaɪz/ érzéstelenít
**anagram** /'ænəgræm/ anagramma
**anal** /'eɪnəl/ ❶ anális ❷ (betegesen) rendmániás
**analogous** /ə'næləgəs/ hasonló, megfelelő, analóg (amivel: *with/to*)
**analogue** VAGY **analog** /'ænəlɒg/ analógia, hasonló jelenség
**analogy** /ə'nælədʒɪ/ ❶ hasonlóság, analógia ❷ összehasonlítás *by analogy* analógia alapján (amivel: *with*)
**analysis** /ə'næləsɪs/ *TBSZ* **analyses** /ə'næləsi:s/ ❶ elemzés, részletes vizsgálat, analízis ❷ pszichoanalízis
**analyst** /'ænəlɪst/ ❶ elemző *systems analyst* rendszerszervező ❷ vegyész ❸ pszichoanalitikus
**analytical** /ˌænə'lɪtɪkəl/ elemző, analitikai
**analyze** /'ænəlaɪz/ ❶ elemez, részleteiben vizsgál, analizál ❷ pszichoanalízist végez
**anamnesis** /ˌænæm'ni:sɪs/ anamnézis, kórelőzmény
**anarchic** /ə'nɑ:kɪk/ VAGY **anarchical** /ə'nɑ:kɪkəl/ zűrzavaros, anarchisztikus, anarchikus
**anarchism** /'ænəkɪzəm/ anarchizmus
**anarchist** /'ænəkɪst/ anarchista
**anarchy** /'ænəkɪ/ anarchia, zűrzavar
**anathema** /ə'næθəmə/ ❶ egyházi átok, kiátkozás, anatéma ❷ utált ember/dolog
**anatomic** /ˌænə'tɒmɪk/ VAGY **anatomical** /ˌænə'tɒmɪkəl/ anatómiai
**anatomist** /ə'nætəmɪst/ anatómus
**anatomy** /ə'nætəmɪ/ ❶ bonctan, anatómia ❷ boncolás ❸ test(felépítés) ❹ életmód
**ancestor** /'ænsestə/ előd, ős
**ancestral** /æn'sestrəl/ ősi, egykori
**ancestry** /'ænsestrɪ/ származás, eredet
**anchor** /'æŋkə/ *FNÉV*
❶ horgony, vasmacska *come to / drop anchor* horgonyt vet, lehorgonyoz *weigh anchor* horgonyt felszed ❷ műsorvezető, bemondó
**anchor** *IGE*
❶ (le)horgonyoz, horgonyt vet ❷ (le)rögzít, biztosít
**anchorage** /'æŋkərɪdʒ/ ❶ horgony(zó)hely ❷ lerögzítés ❸ megszilárdítás, alapozás
**anchovy** /'æntʃəvɪ/ szardella
**ancient** /'eɪnʃənt/ ❶ régi, ősi, antik, ókori *in ancient history* az ókorban ❷ öreg, vén
**ancillary** /æn'sɪlərɪ/ alárendelt, segéd-, kisegítő
**and** /ænd/ ❶ és, s, meg, valamint *and so on / and so forth* és a többi, stb. ❷ pedig, viszont, de ❸ egyre csak *it rained and rained* egyre csak esett ❹ és akkor, ezért ❺ -val, -vel *bacon and eggs* szalonnás tojás ❻ -ni *come and play with me* gyere játszani
**anecdotal** /ˌænɪk'dəutəl/ anekdótába illő
**anecdote** /'ænɪkdəut/ adoma, anekdóta
**anew** /ə'nju:/ újra, újból
**angel** /'eɪndʒəl/ ❶ angyal ❷ pénzember, mecénás
**angelic** /æn'dʒelɪk/ angyali
**anger** /'æŋgə/ *FNÉV*
harag, düh, méreg, bosszúság
**anger** *IGE*
(fel)dühít, (fel) bosszant
**angle** /'æŋgəl/ *FNÉV*
❶ szög, dőlésszög *right angle* derékszög *at an angle* ferdén, nem merőlegesen ❷ sarok ❸ szempont, szemszög
**angle** *IGE*
❶ ferdén állít be ❷ (egyoldalúan) állít be, elferdít, csúsztat ❸ horgászik
**angler** /'æŋglə/ horgász
**Anglican** /'æŋglɪkən/ anglikán
**anglicism** /'æŋglɪsɪzəm/ ❶ anglicizmus, brit nyelvi sajátosság más nyelvben
**anglicize** /'æŋglɪsaɪz/ angolosít, angolossá tesz, anglicizál
**angling** /'æŋglɪŋ/ horgászás, horgászat
**Anglo-Saxon** /ˌæŋgləu'sæksən/ angolszász
**angrily** /'æŋgrɪlɪ/ haragosan, mérgesen
**angry** /'æŋgrɪ/ ❶ mérges, dühös (akire: *with/at*, amiért / ami miatt: *at/about*) ❷ viharos
**anguish** /'æŋgwɪʃ/ kín, gyötrelem, gyötrődés
**angular** /'æŋgjulə/ ❶ szögletes ❷ csontos, szikár ❸ szög- [pl. sebesség]
**angularity** /ˌæŋgju'lærətɪ/ szögletesség
**animal** /'ænɪməl/ ❶ állat ❷ állatszerűen viselkedő ember
**animal husbandry** állattenyésztés
**animal kingdom** állatvilág
**animate** /'ænɪmət/ *MNÉV*
élő, élettel teli
**animate** /'ænɪmeɪt/ *IGE*
élénkít, életet lehel vmibe
**animated** /'ænɪmeɪtɪd/ élénk, élettel teli
**animated cartoon** rajzfilm
**animation** /ˌænɪ'meɪʃən/ ❶ élénkség, elevenség ❷ rajzfilmkészítés
**animator** /'ænɪmeɪtə/ ❶ animátor, rajzfilmes ❷ tevékenység szervezője/vezetője
**animosity** /ˌænɪ'mɒsətɪ/ ellenségeskedés, gyűlölet

**anise** /ˈænɪs/ ánizs
**ankle** /ˈæŋkəl/ boka
**annalist** /ˈænəlɪst/ évkönyvíró, krónikás
**annals** /ˈænəlz/ ❶ évkönyv, krónika ❷ történelem
**annex** VAGY **annexe** /ˈæneks/ *FNÉV*
❶ épületszárny, toldaléképület, melléképület ❷ függelék, melléklet
**annex** *IGE* /əˈneks/
❶ (hozzá)csatol, mellékel ❷ hozzátold, hozzáépít ❸ bekebelez, elfoglal, elcsatol
**annexation** /ˌænəkˈseɪʃən/ elfoglalás, bekebelezés, elcsatolás
**annihilate** /əˈnaɪəleɪt/ megsemmisít
**annihilation** /əˌnaɪəˈleɪʃən/ ❶ megsemmisülés ❷ megsemmisítés
**anniversary** /ˌænɪˈvɜːsərɪ/ évforduló
**annotate** /ˈænəteɪt/ ❶ jegyzetekkel ellát *annotated edition* jegyzetekkel/magyarázatokkal ellátott kiadás ❷ jegyzete(ke)t készít (amiről: *on*)
**annotation** /ˌænəˈteɪʃən/ ❶ magyarázó jegyzet, kommentár ❷ széljegyzet
**announce** /əˈnaʊns/ ❶ bejelent, kihirdet, közöl ❷ bemond [műsort]
**announcement** /əˈnaʊnsmənt/ közlemény, hirdetmény, bejelentés
**announcer** /əˈnaʊnsə/ ❶ bejelentő, közlő ❷ műsorközlő, bemondó
**annoy** /əˈnɔɪ/ bosszant, idegesít
**annoyance** /əˈnɔɪəns/ bosszúság, zaklatás, nyűg *with annoyance* bosszúsan
**annoyed** /əˈnɔɪd/ bosszús, haragszik (akire: *with*, amire: *at*)
**annoying** /əˈnɔɪɪŋ/ bosszantó, kellemetlen
**annual** /ˈænjʊəl/ *FNÉV*
❶ egynyári növény ❷ évkönyv
**annual** *MNÉV*
❶ évenkénti, éves, évenként bekövetkező ❷ évi
**annual general meeting, AGM** évi rendes közgyűlés
**annually** /ˈænjʊəlɪ/ évenként, minden évben
**annul** /əˈnʌl/ érvénytelenít, megsemmisít, visszavon
**annular** /ˈænjʊlə/ gyűrűs, gyűrűszerű
**annulment** /əˈnʌlmənt/ érvénytelenítés, megsemmisítés, megszüntetés
**anode** /ˈænəʊd/ anód, pozitív pólus
**anoint** /əˈnɔɪnt/ felken
**anomalous** /əˈnɒmələs/ rendellenes
**anomaly** /əˈnɒməlɪ/ anomália, rendellenesség
**anon.** = anonymous; anonymously
**anonymity** /ˌænəˈnɪmətɪ/ anonimitás, névtelenség
**anonymous** /əˈnɒnɪməs/ névtelen, ismeretlen
**anorak** /ˈænəræk/ anorák, széldzseki
**another** /əˈnʌðə/ ❶ más, (egy) másik ❷ még egy, újabb, további ❸ *one another* egymás
**answer** /ˈɑːnsə/ *FNÉV*
❶ válasz, felelet *in answer* válaszul/válaszolva (amire: *to*) ❷ megoldás [feladaté] ❸ viszontválasz
**answer** *IGE*
❶ válaszol, felel ❷ jelzésre reagál *answer the door* csengetésre/kopogásra ajtót nyit *answer the telephone* felveszi a telefont ❸ megfelel (aminek: *ø/to*) *answer (to) the description* megfelel a leírásnak
**answer back** *answer (smb) back* felesel, visszabeszél (vkinek)
**answerable** /ˈɑːnsərəbəl/ ❶ felelős ❷ megválaszolható, megoldható
**answering machine** VAGY **answerphone** /ˈɑːnsəfəʊn/ üzenetrögzítő
**ant** /ænt/ hangya
**antagonism** /ænˈtægənɪzəm/ ellenséges érzület, kibékíthetetlen ellentét, antagonizmus
**antagonist** /ænˈtægənɪst/ ellenfél
**antagonistic** /ænˌtægəˈnɪstɪk/ antagonisztikus, ellenséges
**antagonize** /ænˈtægənaɪz/ ❶ ellenszegül, szembeszáll ❷ szembeállít
**ante** /ˈæntɪ/ tét [pl. szerencsejátékban] *up the ante* emeli a tétet, magasabb ajánlatot tesz
**antecedence** /ˌæntɪˈsiːdəns/ elsőbbség, vmi korábbi volta
**antecedent** /ˌæntɪˈsiːdənt/ *FNÉV*
❶ előzmény, antecedens ❷ előtétel ❸ előtag [aránypáré]
**antecedent** *MNÉV*
megelőző, korábbi
**antecedents** ❶ ősök ❷ előélet
**antedate** /ˌæntɪˈdeɪt/ ❶ időbelileg megelőz ❷ korábbra keltez, antedatál
**antelope** /ˈæntɪləʊp/ antilop
**ante meridiem** /ˌæntɪ məˈrɪdɪəm/ dél előtt, 0–12 óráig
**antenatal** /ˌæntɪneɪtəl/ szül(et)és előtti
**antenna** /ænˈtenə/ ❶ antenna ❷ *TBSZ* **antennae** /ænˈteniː/ csáp, tapintószerv ❸ érzék, érzékenység
**anterior** /ænˈtɪərɪə/ ❶ előbbi, megelőző ❷ elülső
**anteroom** /ˈæntɪruːm/ előszoba
**anthem** /ˈænθəm/ ❶ egyházi ének/himnusz ❷ dicsőítő ének, himnusz *national anthem* (nemzeti) himnusz
**anthill** hangyaboly
**anthology** /ænˈθɒlədʒɪ/ antológia
**anthropological** /ˌænθrəpəˈlɒdʒɪkəl/ embertani, antropológiai
**anthropologist** /ˌænθrəˈpɒlədʒɪst/ antropológus
**anthropology** /ˌænθrəˈpɒlədʒɪ/ embertan, antropológia
**anti-** /ˈæntɪ/ VAGY /ˈæntaɪ/ ellen-, vmi elleni, anti-
**anti-ballistic missile, ABM** anti-ballisztikus rakéta, ballisztikusrakéta-elleni rakéta
**antibiotic** /ˌæntɪbaɪˈɒtɪk/ *FNÉV/MNÉV* ❶ antibiotikum ❷ antibiotikus
**antibody** /ˈæntɪbɒdɪ/ ❶ antirészecske ❷ ellenanyag, ellentest
**anticipate** /ænˈtɪsɪpeɪt/ ❶ előre lát, vár ❷ idő

előtt (meg)tesz, megelőz, elébe vág ❸ előrebocsát, előre jelez
**anticipation** /ænˌtɪsɪˈpeɪʃən/ ❶ megelőzés, elébevágás *in anticipation* várakozva, számítva (amire: *of*) ❷ előrelátás, várakozás, megérzés
**anticlimax** /ˌæntɪˈklaɪmæks/ antiklimax, izgalom/csúcspont utáni unalmas dolog
**anticlockwise** /ˌæntɪˈklɒkwaɪz/ az óramutató járásával ellentétes(en)
**anticyclone** /ˌæntɪˈsaɪkləun/ anticiklon
**antidote** /ˈæntɪdəut/ ❶ ellenméreg ❷ ellenszer
**anti-febrile** /ˌæntɪˈfiːbraɪl/ FNÉV/MNÉV lázcsillapító
**anti-freeze** FNÉV fagyálló (folyadék)
**antigen** /ˈæntɪdʒən/ ellenanyagképző, antigén
**antimony** /ˈæntɪmənɪ/ antimon
**antipathetic** /ˌæntɪpəˈθætɪk/ ellenszenvet mutató (amivel szemben: *to*) ⓘ NEM ~~antipatikus~~
**antipathy** /ænˈtɪpəθɪ/ ellenszenv, idegenkedés, antipátia (amivel szemben: *to*)
**antiperspirant** izzadásgátló szer, dezodor
**antiq** = antiquarian; antiquary; antiquity
**antiquarian** /ˌæntɪˈkweərɪən/ FNÉV
❶ régész ❷ régiségkereskedő ❸ régiséggyűjtő ❹ antikvárius
**antiquarian** MNÉV
régészeti, régi dolgokkal foglalkozó
**antiquary** /ˈæntɪkwərɪ/ FNÉV ❶ régész ❷ régiségkereskedő ❸ régiséggyűjtő ❹ antikvárius
**antiquated** /ˈæntɪkweɪtɪd/ elavult, ósdi
**antique** /ænˈtiːk/ FNÉV
régiség [pl. bútor, ékszer]
**antique** MNÉV
❶ ókori, antik ❷ ódon, régimódi
**antiquity** /ænˈtɪkwətɪ/ ❶ ókor, ókoriak ❷ antikvitás, régiség(ek)
**anti-Semite** /ˌæntɪˈsiːmaɪt/ FNÉV antiszemita
**anti-Semitic** /ˌæntɪsəˈmɪtɪk/ MNÉV antiszemita
**anti-Semitism** /ˌæntɪˈsemətɪzəm/ antiszemitizmus, zsidóellenesség
**antiseptic** /ˌæntɪˈseptɪk/ FNÉV/MNÉV fertőzésgátló, antiszeptikus (szer), antiszeptikum
**antisocial** /ˌæntɪˈsəuʃəl/ ❶ társadalomellenes ❷ együttélés-ellenes, antiszociális
**antithesis** /ænˈtɪθəsɪs/ TBSZ **antitheses** /ænˈtɪθəsiːz/ ❶ ellentét, antitézis ❷ szembeállítás ❸ különbözőség
**antithetic** /ˌæntɪˈθetɪk/ VAGY **antithetical** /ˌæntɪˈθetɪkəl/ ellentétes
**antler** /ˈæntlə/ agancs
**antonym** /ˈæntənɪm/ ellentétes értelmű/jelentésű szó, antonima
**anus** /ˈeɪnəs/ végbélnyílás
**anvil** /ˈænvɪl/ üllő
**anxiety** /æŋˈzaɪətɪ/ aggodalom, aggódás, szorongás (ami miatt: *for/about*)
**anxious** /ˈæŋkʃəs/ ❶ aggódó, nyugtalan (ami/aki miatt: *for/about* ❷ aggasztó, nyugtalanító ❸ nagyon kívánó, sóvár *be anxious to do smth* alig várja, hogy vmit megtehessen
**any** /ˈenɪ/ HAT.SZÓ
valamivel, semmivel [r.szerint kérdésben, tagadásban] *can you stay any longer?* tudsz még maradni? *it doesn't look any different* semmi különbség, ugyanolyan, mint eddig
**any** NÉVELŐFÉLE
❶ bármi, bármely(ik), akármi *you can have any (of them)* bármelyiket elveheted *any time* bármikor *any minute* minden percben, bármikor *any number/amount* sok, rengeteg ❷ bárki, bármelyikük *as any teacher knows* mint ahogy bármelyik/minden tanár tudja ❸ akárki, valaki, bárki, akárki ❹ valamennyi, akármennyi [r.szerint kérdésben, tagadásban] *have you got any money?* van pénzed? *if any* ha egyáltalán bármi/valami *in any case* mindenesetre *at any rate* mindenesetre
**anybody** /ˈenɪbɒdɪ/ VAGY **anyone** /ˈenɪwʌn/ ❶ valaki [r.szerint kérdésben, tagadásban] *not anybody* senki ❷ akárki, bárki *anybody else* bárki más
**anyhow** /ˈenɪhau/ ❶ akárhogy, valahogy ❷ mindenesetre, különben is, egyébként
**anything** /ˈenɪθɪŋ/ ❶ valami [r.szerint kérdésben, tagadásban] *not anything* semmi *anything else?* parancsol még valamit? *as easy as anything* úgy megy, mint a karikacsapás *or anything* vagy valami más ❷ akármi, bármi ❸ *anything but* egyáltalán nem, korántsem
**anyway** /ˈenɪweɪ/ ❶ mindennek ellenére ❷ mindenesetre, különben is
**anywhere** /ˈenɪweə/ ❶ valahol [r.szerint kérdésben, tagadásban] *not anywhere* sehol ❷ valahova, bárhova, bárhol [r.szerint kérdésben, tagadásban] sehova *anywhere else* bárhol másutt
**aorta** /eɪˈɔːtə/ főütőér, aorta
**apart** /əˈpɑːt/ ❶ vmilyen távolságra *fifteen metres apart* tizenöt méter(nyi)re egymástól ❷ szét-, széjjel-, külön- *come apart* szétjön, szétesik *live apart* külön(váltan) él KIFEJEZÉSEKBEN: *joking apart* félretéve a tréfát *tell/know smth/smb apart* meg tud vkiket/vmiket különböztetni
**apart from** ❶ eltekintve vmitől ❷ vmin felül, azon felül, hogy (MONDAT)
**apartheid** /əˈpɑːtheɪt/ apartheid, faji elkülönítés/megkülönböztetés
**apartment** /əˈpɑːtmənt/ ❶ lakás ❷ lakosztály
**apathetic** /ˌæpəˈθetɪk/ fásult, egykedvű, apatikus
**apathy** /ˈæpəθɪ/ fásultság, közönyösség, apátia
**ape** /eɪp/ FNÉV
emberszabású majom
**ape** IGE
majmol, utánoz, imitál
**aperture** /ˈɑːpətʃə/ ❶ nyílás, rés, rekesz ❷ lencsenyílás [fényképezőgépen]
**apex** /ˈeɪpeks/ TBSZ **apexes** VAGY **apices** /ˈeɪpɪsiːz/ csúcs, csúcspont, tetőpont

**aphasia** /əˈfeɪzɪə/ afázia, beszédképtelenség, beszédzavar

**aphasiac** /əˈfezɪæk/ VAGY **aphasic** /əˈfeɪzɪk/ FNÉV/MNÉV afáziás

**aphorism** /ˈæfərɪzəm/ bölcs mondás, aforizma

**apices** ☞ apex

**apiece** /əˈpiːs/ HÁTRAVETVE: egyenként, darabonként *five cents apiece* darabonként öt cent

**aplenty** /əˈplentɪ/ HÁTRAVETVE: rengeteg *she had problems aplenty* rengeteg problémája volt

**apocalypse** /əˈpɒkəlɪps/ apokalipszis

**apocalyptic** /əˌpɒkəˈlɪptɪk/ világ végére vonatkozó, apokaliptikus

**apologetic** /əˌpɒləˈdʒetɪk/ bocsánatkérő, apologetikus

**apologize** /əˈpɒlədʒaɪz/ mentegetődzik, elnézést/bocsánatot kér (akitől: *to* amiért: *for*)

**apology** /əˈpɒlədʒɪ/ ❶ bocsánatkérés, mentegetődzés ❷ védőirat, apológia

**apoplectic** /ˌæpəˈplektɪk/ ❶ gutaütéses, szélhűdéses ❷ gutaütésre hajlamos ❸ gutaütésszerű, nagyon ideges

**apoplexy** /ˈæpəpleksɪ/ szélütés, gutaütés

**apostle** /əˈpɒsəl/ apostol

**apostolic** /ˌæpəˈstɒlɪk/ ❶ apostoli ❷ pápai

**apostrophe** /əˈpɒstrəfɪ/ ❶ hiányjel, aposztróf (') ❷ megszólítás

**apothecary** /əˈpɒθəkərɪ/ gyógyszerész, patikus

**apotheosis** /əˌpɒθɪˈəusɪs/ ❶ megdicsőülés ❷ dicsőítés, (fel)magasztalás, apoteózis

**appal** VAGY **appall** /əˈpɔːl/ megdöbbent, meghökkent, megrémít *be appalled* megdöbben/megrémül (amitől: *at/by*)

**appalling** /əˈpɔːlɪŋ/ megdöbbentő, szörnyű

**apparatus** /ˌæpəˈreɪtəs/ ❶ készülék, berendezés, felszerelés ❷ kommunista hatalmi szervezet ❸ *digestive apparatus* emésztőrendszer

**apparel** /əˈpærəl/ felszerelés, ruházat

**apparent** /əˈpærənt/ ❶ látható, nyilvánvaló ❷ látszólagos

**apparently** /əˈpærəntlɪ/ ❶ nyilván(valóan) ❷ látszólag

**apparition** /ˌæpəˈrɪʃən/ kísértet, jelenés, látomás

**appeal** /əˈpiːl/ FNÉV

❶ fellebbezés *Court of Appeal* fellebbviteli bíróság *lodge an appeal* fellebbez ❷ kérés, felhívás *appeal to boycott* bojkottfelhívás ❸ vonzerő, varázs *sex appeal* szexepil

**appeal** IGE

❶ fellebbez (akihez: *to*, ami ellen: *against*) ❷ folyamodik, fordul (akihez: *to*, amiért: *for*) ❸ hatást tesz/gyakorol vkire, tetszik vkinek (akinek: *to*)

**Appeal Court** VAGY **Appeals Court** fellebbviteli bíróság

**appealing** /əˈpiːlɪŋ/ ❶ megindító ❷ rokonszenves, vonzó, megnyerő

**appear** /əˈpɪə/ ❶ megjelenik, jelentkezik, mutatkozik ❷ feltűnik, szerepel ❸ látszik, tűnik vmilyennek *he appears (to be) happy* boldognak látszik/tűnik

**appearance** /əˈpɪərəns/ ❶ megjelenés, jelentkezés *put in an appearance* megjelenik ❷ feltűnés, szereplés ❸ látszat, külső megjelenés *to/by all appearances,* {MONDAT} a látszat azt mutatja, hogy {MONDAT} *judge by appearances* a látszat alapján ítél

**appease** /əˈpiːz/ ❶ lecsillapít, lecsendesít ❷ kielégít, enyhít [pl. kíváncsiságot]

**appeasement** /əˈpiːzmənt/ ❶ csillapítás, lecsendesítés ❷ kielégítés, enyhítés

**appellant** /əˈpelənt/ fellebbező

**appellate court** /əˈpelət kɔːt/ fellebbviteli bíróság, másodfokú bíróság

**append** /əˈpend/ ráakaszt, hozzáilleszt, hozzátold

**appendectomy** /ˌæpənˈdektəmɪ/ vakbélműtét

**appendicitis** /əˌpendɪˈsaɪtɪs/ vakbélgyulladás

**appendix** /əˈpendɪks/ TBSZ **appendixes** VAGY **appendices** /əˈpendɪsiːz/ ❶ függelék, toldalék, melléklet ❷ féregnyúlvány, vakbél

**apperception** /ˌæpəˈsepʃən/ ❶ tudatos észlelés, appercepció ❷ tudatosulás

**appertain** /ˌæpəˈteɪn/ tartozik (amihez/akihez: *to*)

**appetite** /ˈæpətaɪt/ ❶ étvágy ❷ vágy, kedv *whet smb's appetite* felkelti vkinek az (ét-)vágyát

**appetizer** /ˈæpətaɪzə/ FNÉV étvágygerjesztő/étvágycsináló ital/előétel

**appetizing** /ˈæpətaɪzɪŋ/ kívánatos, étvágygerjesztő

**applaud** /əˈplɔːd/ (meg)tapsol, dicsér, üdvözöl vmit

**applause** /əˈplɔːz/ taps, tetszésnyilvánítás, dicséret *a big round of applause* nagy taps

**apple** /ˈæpəl/ ❶ alma ❷ *the apple of {one's} eye* a szeme fénye

**appliance** /əˈplaɪəns/ eszköz, szerkezet, berendezés *domestic appliance* háztartási gép

**applicable** /əˈplɪkəbəl/ VAGY /ˈæplɪkəbəl/ alkalmazható, alkalmazandó, érvényes (amire: *to*)

**applicant** /ˈæplɪkənt/ FNÉV pályázó, kérelmező, kérvényező

**application** /ˌæplɪˈkeɪʃən/ ❶ alkalmazás, felhasználás, használat ❷ kérvény, kérelem, pályázat (ahova: *to*, amiért: *for*) ❸ szorgalom, igyekezet ❹ applikáció, (számítógépes) alkalmazás

**application form** igénylőlap, jelentkezési lap

**apply** /əˈplaɪ/ ❶ kér, kérvényt benyújt (akihez: *to*, amiért: *for*) ❷ alkalmaz, felhasznál, (amire: *to*) ❸ vonatkozik, érvényes (amire/akire: *to*) *this rule does not apply to you* ez a szabály nem vonatkozik önre ❹ felken, felhord [pl. festéket, kenőcsöt] *apply liberally* bőségesen kenje be

**appoint** /əˈpɔɪnt/ ❶ kinevez, kijelöl ❷ kijelöl, kitűz, megjelöl [helyet, időt]

**appointment** /əˈpɔɪntmənt/ ❶ kinevezés [pl.

állásba] ❷ megbeszélés, megbeszélt találkozó *make an appointment* megbeszél egy időpontot, előzetesen bejelenti magát (akinél: *with*)

**appointments diary** határidőnapló, naptár

**appraisal** /əˈpreɪzəl/ ❶ értékelés ❷ felbecsülés, értékbecslés

**appraise** /əˈpreɪz/ ❶ értékel [pl. alkalmazott munkáját] ❷ felbecsül, megbecsli vminek az értékét

**appreciate** /əˈpriːʃɪeɪt/ ❶ méltányol, becsül, elismer *I would appreciate it if* {MONDAT} hálás lennék, ha {MONDAT} ❷ helyesen ítél meg, tisztában van vmivel *I appreciate that* {MONDAT} tisztában vagyok azzal, hogy {MONDAT} ❸ értékben/árban emelkedik, felértékelődik

**appreciation** /əˌpriːʃɪˈeɪʃən/ ❶ méltánylás, megbecsülés, elismerés ❷ értékelés, kritika, méltatás (amié: *of*) ❸ helyes megítélés, megértés ❹ értékemelkedés

**apprehend** /ˌæprɪˈhend/ ❶ letartóztat, elfog ❷ megért, felfog

**apprehensible** /ˌæprɪˈhensɪbəl/ megérthető, felfogható

**apprehension** /ˌæprɪˈhenʃən/ ❶ félelem, aggódás, rossz előérzet ❷ megértés, felfogás ❸ elfogás, letartóztatás

**apprehensive** /ˌæprɪˈhensɪv/ ❶ félénk nyugtalan, aggódó (ami/aki miatt: *about/for*) ❷ értelmes, jó felfogású

**apprentice** /əˈprentɪs/ tanonc, segéd, tanuló, gyakornok

**apprenticeship** /əˈprentɪsʃɪp/ ❶ tanoncság, tanulóidő ❷ gyakornokoskodás

**approach** /əˈprəʊtʃ/ FNÉV
❶ közeledés, (meg)közelítés (amié: *of*) ❷ odavezető/bekötő út (ahova: *to*) ❸ szemlélet(mód), hozzáállás (amihez: *to*)

**approach** IGE
❶ (meg)közelít, közelebb megy ❷ megkér, szól vkinek (amiért: *about*) ❸ megközelít [pl. problémát], hozzááll

**approachable** /əˈprəʊtʃəbəl/ ❶ megközelíthető, hozzáférhető ❷ barátságos

**appropriate** /əˈprəʊprɪət/ MNÉV
helyénvaló, alkalmas, illő (amire: *to/for*)

**appropriate** /əˈprəʊprɪeɪt/ IGE
❶ fordít/félretesz, előirányoz (amire: *for*) ❷ eltulajdonít, saját részére fordít

**appropriation** /əˌprəʊprɪˈeɪʃən/ ❶ ráfordítás, előirányzat ❷ eltulajdonítás

**approval** /əˈpruːvəl/ jóváhagyás, helybenhagyás *meet with smb's approval* elnyeri vkinek a beleegyezését

**approve** /əˈpruːv/ ❶ elismer(ően vélekedik) (amiről: *of*) ❷ hozzájárul, beleegyezik, jóváhagy

**approx** = approximate; approximately

**approximate** /əˈprɒksɪmət/ MNÉV
(meg)közelítő, hozzávetőleges

**approximate** /əˈprɒksɪmeɪt/ IGE
(meg)közelít, közel jár vmihez

**approximation** /əˌprɒksɪˈmeɪʃən/ ❶ (meg)közelítés, közeledés ❷ közelítő becslés (amié: *of*) *rough approximation* durva (érték)becslés

**apricot** /ˈeɪprɪkɒt/ ❶ sárgabarack, kajszibarack ❷ sárgabarackszín

**April** /ˈeɪprɪl/ április

**April fool** április bolondja

**apron** /ˈeɪprən/ ❶ kötény ❷ forgalmi előtér [repülőtéren]

**apropos** /ˌæprəˈpəʊ/ apropó, erről jut eszembe

**apt** /æpt/ ❶ találó [pl. válasz] ❷ hajlamos (amire: *to do smth*) ❸ jó fejű, értelmes

**aptitude** /ˈæptɪtjuːd/ adottság, rátermettség

**aquaplane** ❶ vízisí-deszkázik, vízisíel ❷ vizes úton (meg)csúszik [jármű]

**aquarium** /əˈkweərɪəm/ akvárium

**Aquarius** /əˈkweərɪəs/ ❶ Vízöntő [állatövi jegy] ❷ Vízöntő [jegyű ember]

**aquatic** /əˈkwætɪk/ vízi, vízi-

**aqueous** /ˈeɪkwɪəs/ vizes, vízi

**Arab** /ˈærəb/ FNÉV/MNÉV arab

**arabesque** /ˌærəˈbesk/ mérlegállás

**Arabian** /əˈreɪbɪən/ arábiai

**Arabic** /ˈærəbɪk/ arab [nyelv]

**arable** /ˈærəbəl/ (meg)művelhető [föld]

**arbiter** /ˈɑːbɪtə/ döntőbíró, döntnök

**arbitrary** /ˈɑːbɪtrərɪ/ ❶ önkényes, önhatalmú ❷ tetszés szerinti, tetszőleges

**arbitrate** /ˈɑːbɪtreɪt/ választott bíróként / döntőbíróként eljár/dönt

**arbitration** /ˌɑːbɪˈtreɪʃən/ választott bírói eljárás/döntés, döntőbíráskodás

**arbitrator** /ˈɑːbɪtreɪtə/ ❶ döntőbíró, választott bíró ❷ békeközvetítő

**arboretum** /ˌɑːbəˈriːtəm/ TBSZ **arboreta** /ˌɑːbəˈriːtə/ VAGY **arboretums** arborétum

**arbour** /ˈɑːbə/ lugas

**arc** /ɑːk/ ❶ körív ❷ (villamos) ív

**arcade** /ɑːˈkeɪd/ ❶ árkád *shopping arcade* fedett üzletsor ❷ játékterem, játékautomata-sor

**arch-** /ɑːtʃ/ fő-, vezető-

**arch** /ɑːtʃ/ FNÉV
❶ bolthajtás, boltív ❷ lábboltozat ❸ ravaszkás/pajkos ember

**arch** MNÉV
ravaszkás, pajkos

**arch** IGE
boltívet alkot, boltoz

**archaic** /ɑːˈkeɪɪk/ régies, archaikus

**archaism** /ˈɑːkeɪɪzəm/ régies kifejezés/szó

**archangel** /ˈɑːkeɪndʒəl/ arkangyal

**archbishop** /ɑːtʃˈbɪʃəp/ érsek

**archduke** /ɑːtʃˈdjuːk/ főherceg

**archenemy** /ɑːtʃˈenəmɪ/ ősellenség

**archeological** /ˌɑːkɪəˈlɒdʒɪkəl/ régészeti, archeológiai

**archeologist** /ˌɑːkɪˈɒlədʒɪst/ régész, archeológus

**archeology** /ˌɑːkɪˈɒlədʒɪ/ régészet, archeológia
**Archer** /ˈɑːtʃə/ ❶ Nyilas [állatövi jegy] ❷ Nyilas [jegyű ember]
**archer** /ˈɑːtʃə/ íjász
**archery** /ˈɑːtʃərɪ/ íjazás, íjászat
**archetypal** /ˌɑːkɪˈtaɪpəl/ őstípusi
**archetype** /ˈɑːkɪtaɪp/ őstípus, ősmodell
**archipelago** /ˌɑːkɪˈpeləgəʊ/ szigetvilág
**architect** /ˈɑːkɪtekt/ ❶ (tervező) építész, építészmérnök ❷ vmi kitervelője/szülője
**architectural** /ˌɑːkɪˈtektʃərəl/ építészeti
**architecture** /ˈɑːkɪtektʃə/ ❶ építészet, építőművészet ❷ architektúra [számítógépé]
**archival** /ɑːˈkaɪvəl/ archív
**archive** /ˈɑːkaɪv/ MNÉV/IGE ❶ archív ❷ archivál
**archives** /ˈɑːkaɪvz/ ❶ levéltár, archívum ❷ filmarchívum
**archivist** /ˈɑːkɪvɪst/ levéltáros
**arch support** /ˈɑːtʃ səpɔːt/ talpbetét
**archway** /ˈɑːtʃweɪ/ ❶ bolthajtás alatti átjáró ❷ boltíves folyosó
**arctic** /ˈɑːktɪk/ ❶ (északi-)sarki, sarkvidéki ❷ igen hideg
**Arctic Circle** Északi-sarkkör
**Arctic Ocean** Északi Jeges-tenger
**ardent** /ˈɑːdənt/ lelkes, heves, szenvedélyes
**ardour** /ˈɑːdə/ lelkesedés, hév, szenvedély
**arduous** /ˈɑːdjʊəs/ ❶ meredek ❷ nehéz, fáradságos
**are** /eə/ FNÉV
ár [területmérték]
**are** /ɑː/ IGE
☞ be
**area** /ˈeərɪə/ ❶ terület, felület *grey area* bizonytalan terület, bizonytalanság ❷ felszín, terep ❸ térség, tér *disaster area* katasztrófasújtotta terület ❹ kutatási terület, tudományterület
**area code** körzetszám
**arena** /əˈriːnə/ ❶ aréna ❷ porond, manézs
**aren't** /ɑːnt/ [= are not] *you aren't old* nem vagy te öreg
**argentine** /ˈɑːdʒəntaɪn/ ezüstszerű, ezüstös
**argon** /ˈɑːgən/ argon
**argot** /ˈɑːgəʊ/ argó, alvilági zsargon
**arguable** /ˈɑːgjʊəbəl/ ❶ megvitatható, vitára érdemes ❷ vitatható, kétséges
**argue** /ˈɑːgjuː/ ❶ (meg)vitat, érvekkel alátámaszt, érvel (ami mellett: *for*, ami ellen: *against*) ❷ vitat, kételkedik, vitatkozik (akivel: *with*, amiről: *over/about*)
**argument** /ˈɑːgjʊmənt/ ❶ érv, indok, bizonyíték (ami mellett: *for*, ami ellen: *against*) ❷ érvelés, józan ész ❸ vita, szóváltás
**argumentation** /ˌɑːgjʊmənˈteɪʃən/ ❶ fejtegetés, bizonyítás ❷ érvelés, indokolás, okfejtés
**argumentative** /ˌɑːgjʊˈmentətɪv/ vitatkozni szerető
**aria** /ˈɑːrɪə/ ária
**arid** /ˈærɪd/ száraz
**aridity** /əˈrɪdətɪ/ szárazság
**arise** /əˈraɪz/, **arose** /əˈrəʊz/, **arisen** /əˈrɪzən/ ❶ felmerül, keletkezik ❷ fakad, ered, adódik (ahonnan: *from*) ❸ felkel, emelkedik
**aristocracy** /ˌærɪˈstɒkrəsɪ/ főnemesség, arisztokrácia
**aristocrat** /ˈærɪstəkræt/ főnemes, arisztokrata
**aristocratic** /ˌærɪstəˈkrætɪk/ főnemesi előkelő, arisztokratikus
**arithmetic** /əˈrɪθmətɪk/ FNÉV
számtan, aritmetika
**arithmetic** /ˌærɪθˈmetɪk/ VAGY **arithmetical** /ˌærɪθˈmetɪkəl/ MNÉV
számtani, aritmetikai
**ark** /ɑːk/ bárka
**arm** /ɑːm/ FNÉV
❶ kar *babe in arms* karon ülő (gyerek) *keep smb at arm's length* távol tart magától vkit, megfelelő távolságot tart *arm in arm* karonfogva, egymást átkarolva ❷ (ruha)ujj ❸ ág [folyóé, fáé] ❹ ág(azat) [vállalaté]
**arm** IGE
❶ fegyverkezik ❷ felfegyverez (amivel: *with*)
**armada** /ɑːˈmɑːdə/ hajóhad, armada
**Armageddon** /ˌɑːməˈgedən/ totális pusztulás, világvége
**armament** /ˈɑːməmənt/ ❶ fegyverzet, hadi felszerelés ❷ fegyverkezés
**armature** /ˈɑːmətʃə/ ❶ armatúra, forgórész ❷ (védő)fegyverzet, felszerelés ⓘ NEM ~~armatúra~~ [= foglalat]
**armband** karszalag
**armchair** /ˈɑːmtʃeə/ karosszék, fotel
**armed** /ɑːmd/ fegyveres, felfegyverzett
**armful** /ˈɑːmfʊl/ két karral átfogható
**armistice** /ˈɑːmɪstɪs/ fegyvernyugvás, fegyverszünet
**armour** /ˈɑːmə/ FNÉV
❶ fegyverzet, páncél ❷ vasalás, vértezet, páncélzat
**armour** IGE
❶ véd, burkol ❷ felfegyverez, páncéloz
**armoured** /ˈɑːməd/ ❶ páncélozott, páncél- ❷ páncélkocsikkal ellátott, páncélos
**armoured car** ❶ páncélgépkocsi ❷ fegyveres személyzettel ellátott gépkocsi
**armoury** /ˈɑːmərɪ/ fegyverraktár
**armpit** hónalj
**armrest** kartámasz, karfa
**arms** /ɑːmz/ ⱡ NEM MEGSZÁML ❶ fegyver *take up arms* fegyvert fog *lay down ≈one's≈ arms* leteszi a fegyvert, megadja magát *small arms* kézi lőfegyver ❷ *coat of arms* címer
**arsms race** fegyverkezési verseny
**arms reduction** fegyverzetkorlátozás, haderőcsökkentés
**army** /ˈɑːmɪ/ ❶ hadsereg, haderő, katonaság *join the army* katonának megy/áll, katonai

pályára lép *be in the army* katona, katonáskodik, szolgál ❷ sereg, tömeg

**aroma** /əˈrəumə/ ❶ illat, aroma ❷ hangulat

**aromatic** /ˌærəˈmætɪk/ ❶ fűszeres illatú/ízű, zamatos, aromás ❷ aromás [vegyület]

**aromatize** /əˈrəumətaɪz/ ízesít

**arose** ☞ arise

**around** /əˈraund/ HAT.SZÓ

❶ (körös)körül, mindenfelé ❷ a közelben, errefelé *do you know your way around?* ismerős vagy errefelé? ❸ hátrafelé *turn around* megfordul, hátrafordul

KIFEJEZÉSEKBEN: *see you around!* viszlát, hamarosan találkozunk

**around** ELÖLJ.

❶ körül, minden oldalon *sit around the table* körbeülik az asztalt ❷ körbe, mindenfelé *walk around the town* bejárják/körbesétálják a várost ❸ közelében, környékén *she lives around Dublin* Dublin környékén lakik ❹ körülbelül

**arousal** /əˈrauzəl/ ❶ felkorbácsolás, érzés felkeltése *arousal of hatred* gyűlöletkeltés ❷ szexuális izgatás

**arouse** /əˈrauz/ ❶ felébreszt ❷ (fel)kelt, (fel-)ébreszt [pl. érzést]

**arraign** /əˈreɪn/ vádat emel, vád alá helyez (amiért: *for/on*)

**arraignment** /əˈreɪnmənt/ ❶ vádemelés, vád alá helyezés ❷ vádirat

**arrange** /əˈreɪndʒ/ ❶ (el)rendez, rendbe hoz/tesz ❷ elintéz, megszervez ❸ átdolgoz, átír [zeneileg] ❹ intézkedik, gondoskodik (amiről: *for*) *I've arranged for a taxi* rendeltem egy taxit ❺ megegyezik, megállapodik (akivel: *with*, amiben: *for/about*)

**arrangement** /əˈreɪndʒmənt/ ❶ elrendezés, rendberakás *flower arrangement* virágkompozíció ❷ előkészület, intézkedés *make arrangements* előkészületeket tesz vmire, intézkedik (amire/amiről: *for*, akivel: *with*) ❸ elintézés, megállapodás *by arrangement* megegyezés/megállapodás szerint *come to an arrangement* megegyezésre jut, megállapodik (akivel: *with*) ❹ átirat, hangszerelés [zenei] (amire: *for*)

**array** /əˈreɪ/ FNÉV

❶ sor, elrendezés *in battle array* csatarendben ❷ pompa, ékes ruházat ❸ számsor

**array** IGE

❶ elrendez, sorba állít ❷ (fel)díszít, ékes ruhába öltöztet

**arrears** /əˈrɪəz/ hátralék, lemaradás *pay in arrears* utólag fizet *be in arrears* el van maradva (amivel: *with*)

**arrest** /əˈrest/ FNÉV

❶ letartóztatás, őrizetbe vétel *under arrest* őrizetben *you are under arrest* le van tartóztatva ❷ feltartóztatás, megakadályozás ❸ lefoglalás, zár alá vétel

**arrest** IGE

❶ letartóztat, őrizetbe vesz ❷ feltartóztat, megakadályoz, lefékez, megállít *the spread of the disease has been arrested* a betegség terjedését megakadályozták ❸ leköt, megragad [pl. figyelmet] ❹ lefoglal, zár alá vesz

**arrester** /əˈrestə/ ❶ ütköző/fékező berendezés ❷ villámhárító

**arrival** /əˈraɪvəl/ ❶ (meg)érkezés *on arrival* érkezéskor, érkezés után ❷ újonnan érkezett [pl. dolog, személy] *new arrival* jövevény [pl. újszülött] ❸ *arrivals* „érkezés" [felirat]

**arrive** /əˈraɪv/ ❶ (meg)érkezik (ahova: *in/at*) *arrive in Budapest* megérkezik Budapestre *arrive at the station* megérkezik az állomásra ❷ elérkezik, megérkezik ❸ eléri célját

**arrogance** /ˈærəgəns/ gőg, önteltség

**arrogant** /ˈærəgənt/ gőgös, öntelt

**arrow** /ˈærəu/ ❶ nyílvessző ❷ nyíl

**arse** /ɑːs/ FNÉV

segg

**arse** IGE

**arse around** idétlenkedik, szarakodik

**arsehole** /ˈɑːshəul/ ❶ segglyuk ❷ segg(fej)

**arsenal** /ˈɑːsənəl/ ❶ (lőszer- és) fegyverraktár ❷ fegyvergyár ❸ fegyverarzenál

**arsenic** /ˈɑːsənɪk/ arzén

**arson** /ˈɑːsən/ gyújtogatás

**art** /ɑːt/ FNÉV

❶ művészet *work of art* műalkotás *fine art* képzőművészet, szépművészet ❷ művészeti ág *form of art* VAGY *art form* művészeti ág, művészeti kifejezésmód ❸ (kész) művészet, nehéz dolog

**art** IGE

*thou art* a *be* régies/bibliai e.sz. 2.sz. alakja

**artefact** ❶ tárgyi lelet, kezdetleges szerszám ❷ ember készítette tárgy

**arterial** /ɑːˈtɪərɪəl/ ❶ ütőéri, artériás

**arterial road** országút, főút

**arteriosclerosis** /ɑːˌtɪərɪəuskləˈrəusɪs/ érelmeszesedés

**artery** /ˈɑːtərɪ/ ❶ ütőér, artéria ❷ főútvonal, fővonal ❸ fősodor [folyóé]

**artesian well** /ɑːˈtiːzɪən/ artézi kút

**artful** /ˈɑːtful/ ügyes, ravasz, rafinált

**art gallery** képtár, képcsarnok, galéria

**arthritis** /ɑːˈθraɪtɪs/ ízületi gyulladás

**arthrosis** /ɑːˈθrəusɪs/ ❶ ízület ❷ degeneratív ízületi betegség

**artichoke** /ˈɑːtɪtʃəuk/ articsóka

**article** /ˈɑːtɪkəl/ FNÉV

❶ cikk, árucikk ❷ cikk, újságcikk ❸ törvénycikk, cikk(ely), szakasz, pont [pl. szerződésben] ❹ névelő

**article** IGE

❶ *be articled* szerződést köt, szerződve van (akivel: *to/with*) ❷ részletez [vádpontokat]

**Articles of Association** társasági szerződés

**articulate** /ɑːˈtɪkjulət/ MNÉV

A

❶ világos, tagolt [beszéd] ❷ világosan beszélő [ember] ❸ ízelt testű [állat]

**articulate** /ɑːˈtɪkjuleɪt/ *IGE*

❶ világosan/tagoltan/érthetően ejt/beszél, tisztán artikulál ❷ világosan fejezi ki magát/gondolatait ❸ ízenként összeilleszt

**articulated lorry** nyergesvontatós teherautó, kamion

**articulation** /ɑːˌtɪkjuˈleɪʃən/ ❶ tagolás, tagolt beszéd, artikuláció ❷ világos beszéd ❸ összeillesztés, összekapcsolás

**artifact** ❶ tárgyi lelet, kezdetleges szerszám ❷ ember készítette tárgy

**artifice** /ˈɑːtɪfɪs/ ❶ ügyesség, lelemény ❷ csel, ravaszság

**artificial** /ˌɑːtɪˈfɪʃəl/ ❶ mesterséges, nem természetes ❷ mesterkélt

**artillery** /ɑːˈtɪlərɪ/ tüzérség

**artisan** /ˌɑːtɪˈzæn/ kézműves, mesterember

**artist** /ˈɑːtɪst/ ❶ művész ❷ festő(művész) ⓘ *NEM* ~~artista~~

**artiste** /ɑːˈtiːst/ énekes/táncos színész

**artiste agent** impresszárió

**artistic** /ɑːˈtɪstɪk/ ❶ művészi, művész- *artistic community* művésztársadalom ❷ művészeti

**artistry** /ˈɑːtɪstrɪ/ művészi képesség/érzék

**artless** /ˈɑːtləs/ mesterkéletlen, egyszerű, természetes, eszköztelen, sallangmentes

**arts** /ɑːts/ bölcsészet(tudomány)

**artwork** illusztrációs anyag

**Aryan** /ˈeərɪən/ árja, észak-európai

**as** /æz/ *ELÖLJ.*

❶ mint *he's as old as me* annyi idős, mint én *such as* éppen olyan/úgy, mint ❷ -ként, mint, minőségében *I like him as an artist* szeretem, mint festőművészt

**as** *KÖTŐSZÓ*

❶ (a)mint, ahogy(an) *as I said* amint mondtam *do as you are told* tégy, ahogy mondtam ❷ amint éppen, amikor ❸ mert ❹ bár, ellenére *clever as he is, I don't like him* bármilyen okos, nem szeretem

KIFEJEZÉSEKBEN: *so as to* azért, hogy *in so far as* amennyiben, már ami *as a rule* rendszerint, általában

**asap** VAGY **ASAP** /ˈeɪsæp/ amint csak lehet, mihamarább [= as soon as possible]

**asbestos** /æsˈbestəs/ azbeszt

**ascend** /əˈsend/ (fel)emelkedik, felszáll felmegy *ascend the throne* trónra lép

**ascension** /əˈsənʃən/ ❶ felmászás, felemelkedés ❷ mennybemenetel

**Ascension Day** áldozócsütörtök

**ascent** /əˈsent/ ❶ felemelkedés ❷ felszállás ❸ megmászás ❹ felfelé vezető út, hegyoldal, emelkedő

**ascetic** /əˈsetɪk/ *FNÉV/MNÉV* aszkéta

**asceticism** /əˈsetɪsɪzəm/ aszkézis, önsanyargatás

**ASCII** /ˈæskɪ/ = American Standard Code for Information Interchange

**ascorbic acid** /əˌskɔːbɪk ˈæsɪd/ aszkorbinsav

**ascribe** /əˈskraɪb/ tulajdonít (akinek/aminek: *to*)

**aseptic** /eɪˈseptɪk/ fertőzésmentes, baktériummentes, steril, aszeptikus

**asexual** /eɪˈsekʃuəl/ ❶ nem nélküli, aszexuális ❷ szexualitás/nemiség nélküli

**as far as** ❶ -ig [távolságban] ❷ ahogy, amint *as far as I know* tudomásom szerint ❸ *as far as smth is concerned* ami vmit illet

**as for** ami vmit/vkit illet

**as from** kezdődően [időponttól]

**as good as** *as good as (MNÉV)* szinte/gyakorlatilag *(MNÉV)*

**ash** /æʃ/ ❶ hamu ❷ kőris(fa)

**ashamed** /əˈʃeɪmd/ megszégyenült *be ashamed* szégyell (amit: *of*) *you should be ashamed of yourself* szégyelld magad!

**ash bin** VAGY **ash can** szemétláda

**ashen** /ˈæʃən/ hamuszerű, hamuszürke

**ashes** hamvak *be burnt to ashes* porig ég

**ashore** /əˈʃɔː/ parton, partra

**ashtray** hamutartó

**Ash Wednesday** hamvazószerda

**aside** /əˈsaɪd/ *FNÉV*

❶ félreszólás [színházban] ❷ halkan mondott mellékes megjegyzés

**aside** *HAT.SZÓ*

félre(-), el-, oldalra *put aside* félretesz *set aside* oldalt lép, ellép

**aside from** *aside from smth* ❶ eltekintve vmitől ❷ vmin kívül

**as if** mintha *he speaks as if he knew/knows the answer* úgy beszél, mintha tudná a választ

**ask** /ɑːsk/ ❶ (meg)kérdez *ask smb smth* megkérdez vkitől vmit *ask smb a question* vkinek feltesz egy kérdést *don't ask me!* fogalmam sincs! *if you ask me* ha kíváncsi vagy a véleményemre ❷ kér (vkit vmiért: *smb for smth*) *ask smb to do smth* megkér vkit, hogy vmit megtegyen *ask smb's advice* vkinek a tanácsát kéri *ask smb a favour* szívességet kér vkitől *ask $300 for the CD player* 300 dollárt kér a CD-lejátszóért ❸ követel, kér *ask to see the manager* követeli, hogy beszélhessen a vezetővel *is that asking too much?* túl sokat követelek / várok el? ❹ meghív *ask smb to dinner* meghív vkit ebédre

**ask about** VAGY **ask after** *ask about/after smb/smth* kérdezősködik vki után/felől

**ask around** kérdezősködik

**ask for** *ask for smb/smth* ❶ kér *ask for help* segítséget kér ❷ kedvezőtlen hatása lesz, rossz vért szül *that's asking for trouble!* ennek rossz vége lesz! *you asked for it* magadnak köszönheted! ❸ keres *did anyone ask for me?* keresett valaki?

**ask in** *ask smb in* behívat, bekéret

**ask out** *ask smb out* meghív, randevúra hív

**asleep** /əˈsliːp/ ❶ alva, álomban *be fast/sound asleep* mélyen alszik *fall asleep* elalszik ❷ elzsibbadva, elzsibbadt *my arm is asleep* elzsibbadt a karom
**as long as** amennyiben, ha
**as of** -tól, kezdődően [időponttól]
**asp** /æsp/ mérgeskígyó
**asparagus** /əˈspærəgəs/ spárga [növény]
**aspect** /ˈæspekt/ ❶ oldal, nézőpont, szempont, szemszög ❷ fekvés [épületé] *west-facing aspect* nyugati fekvés ❸ megjelenés, kinézet ❹ igeszemlélet, (ige)aspektus
**asphalt** /ˈæsfælt/ aszfalt
**asphyxia** /æsˈfɪksɪə/ fulladás
**asphyxiate** /æsˈfɪksɪeɪt/ ❶ megfullad ❷ megfullaszt, megfojt *be asphyxiated* megfullad(t)
**asphyxiation** /æsˌfɪksɪˈeɪʃən/ légzésbénulás, fulladás
**aspic** /ˈæspɪk/ kocsonya, aszpik
**aspiration** /ˌæspəˈreɪʃən/ ❶ törekvés, vágyakozás ❷ hehezetes ejtés, hehezet
**aspire** /əˈspaɪə/ vágyakozik, törekszik, vágyik (amire: *after/to*)
**aspirin** /ˈæsprɪn/ aszpirin, lázcsillapító
**ass** /æs/ ❶ szamár ❷ buta/ostoba ember ❸ segg, fenék
**assail** /əˈseɪl/ megtámad, megrohamoz, letámad
**assailant** /əˈseɪlənt/ támadó
**assassin** /əˈsæsɪn/ gyilkos [fontos emberé]
**assassinate** /əˈsæsɪneɪt/ meggyilkol/megöl [fontos személyt]
**assassination** /əˌsæsɪˈneɪʃən/ gyilkosság [fontos emberé]

**assault** /əˈsɔːlt/ FNÉV
❶ (meg)támadás, ostrom, roham *make an assault* rohamot indít (ami ellen: *on*) ❷ tettlegesség, erőszak *indecent assault* szexuális erőszak

**assault** IGE
❶ megtámad, (meg)ostromol, (meg)rohamoz ❷ tettleg bántalmaz, erőszakot követ el

**assemble** /əˈsembəl/ ❶ összegyűlik, gyülekezik ❷ összegyűjt ❸ összeállít, összeszerel
**assembly** /əˈsemblɪ/ ❶ gyűlés, gyülekezet, összejövetel *general assembly* közgyűlés, nagygyűlés ❷ képviselőtestület, önkormányzati testület ❸ sorakozó, gyűlés [iskolában] ❹ összeszerelés, összeállítás
**assembly hall** ❶ nagyterem, díszterem ❷ szerelőcsarnok
**assembly line** szerelőszalag, futószalag

**assent** /əˈsent/ FNÉV
beleegyezés, jóváhagyás

**assent** IGE
jóváhagy, helyesel, hozzájárul (amihez: *to*)

**assert** /əˈsɜːt/ ❶ állít, kijelent ❷ érvényesít, megvéd *assert »oneself«* jogait hangsúlyozza, előtérbe tolja magát *assert »one's« right to do smth* érvényesíti jogát vmire
**assertion** /əˈsɜːʃən/ ❶ állítás, kijelentés ❷ követelés, igényérvényesítés
**assertive** /əˈsɜːtɪv/ magabiztos, határozott
**assess** /əˈses/ ❶ értékel ❷ felbecsül, megállapít [kárt, értéket] ❸ előír, kivet [adót] ❹ felértékel [valutát]
**assessment** /əˈsesmənt/ ❶ értékelés ❷ felbecsülés, felértékelés *continuous assessment* folyamatos értékelés/osztályozás ❸ kármegállapítás, kárfelvétel ❹ adókivetés
**assessor** /əˈsesə/ ❶ értékelő ❷ törvényszéki szakértő ❸ adóbecslő ❹ kárbecslő
**asset** /ˈæset/ ❶ aktíva, aktívum, eszköz, vagyontárgy ❷ előny, nyereség, erősség (akinek: *to*)
**asshole** /ˈæshəʊl/ ❶ segglyuk ❷ segg(fej)
**assiduous** /əˈsɪdjʊəs/ szorgalmas, kötelességtudó
**assign** /əˈsaɪn/ ❶ kijelöl, megállapít, megjelöl [pl. helyet, időpontot] (ahova: *to*) ❷ kinevez, kijelöl, beoszt ❸ tulajdonít (aminek: *to*) ❹ átad, átenged, átruház, engedményez (akinek: *to*)
**assignation** /ˌæsɪgˈneɪʃən/ ❶ kijelölés, megállapítás [időponté, helyé] ❷ átruházás ❸ titkos találka
**assignment** /əˈsaɪnmənt/ ❶ kijelölés, kinevezés ❷ átruházás, engedményezés ❸ feladat [iskolai]
**assimilate** /əˈsɪməleɪt/ ❶ hasonlóvá válik, hasonul ❷ (el)keveredik, beolvad ❸ hasonít, hasonlóvá tesz ❹ magába olvaszt, beolvaszt, elnyel ❺ hasonít, asszimilál [hangot]
**assimilation** /əˌsɪməˈleɪʃən/ ❶ hasonlóvá válás, hasonulás ❷ hasonlóvá tevés, hasonítás ❸ beolvadás, asszimilálódás ❹ beolvasztás, magába olvasztás ❺ hasonulás, asszimiláció [hangé]
**assist** ❶ támogat, segít, kisegít ❷ elősegít, hozzájárul (amiben/amihez: *in/with*)
**assistance** /əˈsɪstəns/ segítség, támogatás, segély *come to smb's assistance* vkinek a segítségére siet

**assistant** /əˈsɪstənt/ FNÉV
❶ kisegítő *clerical assistant* kisegítő irodai alkalmazott ❷ helyettes ❸ segéd

**assistant** MNÉV
segéd-, helyettes pót-

**associate** /əˈsəʊʃɪət/ FNÉV
társ, tag, munkatárs

**associate** /əˈsəʊʃɪət/ MNÉV
társ-, tag-, kisegítő

**associate** /əˈsəʊʃɪeɪt/ IGE
❶ társul ❷ társít, asszociál *be associated* kapcsolatban van (akivel/amivel: *with*)

**association** /əˌsəʊsɪˈeɪʃən/ ❶ egyesülés, társulás (akivel, amivel: *with*) ❷ egyesület, szövetség, társaság *articles of association* társasági szerződés ❸ társítás, asszociáció *association of ideas* képzettársítás
**Association football** labdarúgás, futball [ellentétben a rögbivel]

A

**assonance** /ˈæsənəns/ összehangzás, rím, asszonánc
**as soon** ezzel az erővel akár *we could as soon go home* ezzel az erővel akár haza is mehetnénk
**as soon as** mihely(s)t, amint *as soon as she arrives* amint megérkezik
**assort** /əˈsɔːt/ ❶ kiválogat, osztályoz ❷ érintkezik (akivel: *with*) ❸ összefér, összeegyeztethető (akivel: *with*)
**assortment** /əˈsɔːtmənt/ ❶ választék, készlet ❷ osztályozás, szortírozás
**assume** /əˈsjuːm/ ❶ feltételez, feltesz ❷ magára vállal vállal [pl. felelősséget]
**assuming** /əˈsjuːmɪŋ/ MNÉV elbizakodott, öntelt
**assuming** KÖTŐSZÓ *assuming (that)* {MONDAT} feltéve, hogy {MONDAT}
**assumption** /əˈsʌmpʃən/ ❶ feltevés, feltételezés *on the assumption that* {MONDAT} feltételezve, hogy {MONDAT} ❷ vállalás [pl. felelősségé] ❸ felvétel, magára öltés [pl. jellegé] ❹ tettetés, színlelés
**assurance** /əˈʃɔːrəns/ ❶ ígéret, biztosíték, garancia ❷ bizonyosság ❸ (ön)bizalom, magabiztosság ❹ biztosítás *life assurance* életbiztosítás
**assure** /əˈʃɔː/ ❶ megígér, biztosít *I can assure you that* {MONDAT} biztosíthatlak, hogy {MONDAT} ❷ biztossá tesz, biztosít ❸ bebiztosít [pl. helyet, jegyet] ❹ biztosítást köt, biztosít
**asterisk** /ˈæstərɪsk/ csillag, * jel, aszteriszk
**asthma** /ˈæsmə/ asztma
**asthmatic** /æsˈmætɪk/ asztmás
**as though** mintha *he speaks as though he knew/knows the answer* úgy beszél, mintha tudná a választ
**as to** ami vmit/vkit illet *as to Sue, she isn't here* ami Sue-t illeti, ő nincs itt
**astonish** /əˈstɒnɪʃ/ meglep, megdöbbent *be astonished to hear that* {MONDAT} megdöbbenve hallja, hogy {MONDAT}
**astonishing** meglepő, megdöbbentő
**astonishment** /əˈstɒnɪʃmənt/ csodálkozás, meglepetés *to smb's astonishment* vkinek a meglepetésére
**astound** /əˈstaʊnd/ meglep, meghökkent, megdöbbent
**astral** /ˈæstrəl/ csillag-, asztrál-
**astray** /əˈstreɪ/ félre, rossz irányba(n) *go astray* eltéved, hibázik *lead smb astray* tévútra visz
**astride** /əˈstraɪd/ lovaglóülésben
**astrologer** /əˈstrɒlədʒə/ csillagjós
**astrology** /əˈstrɒlədʒɪ/ csillagjóslás, asztrológia
**astronaut** /ˈæstrənɔːt/ [amerikai] űrhajós, asztronauta
**astronomer** /əˈstrɒnəmə/ csillagász
**astronomic** /ˌæstrəˈnɒmɪk/ VAGY **astronomical** /ˌæstrəˈnɒmɪkəl/ ❶ csillagászati ❷ nagyösz–szegű, csillagászati
**astronomy** /əˈstrɒnəmɪ/ csillagászat, asztronómia
**as well** ❶ is, szintén *this morning as well* ma délelőtt is ❷ *might as well* (ezzel az erővel) akár *we might as well go to the movies* ezzel az erővel akár moziba is mehetnénk
**as well as** ugyanúgy, is, valamint *yesterday as well as today* tegnap is, nemcsak ma / tegnap, valamint ma
**as yet** mostanáig
**asylum** /əˈsaɪləm/ ❶ men(edék)hely, menház ❷ menedékjog ❸ elmegyógyintézet, elmekórtani intézet
**asymmetric** /ˌeɪsɪˈmetrɪk/ VAGY /ˌæsɪˈmetrɪk/ VAGY **asymetrical** /ˌeɪsɪˈmetrɪkəl/ VAGY /ˌæsɪ ˈmetrɪkəl/ aszimetrikus
**asymmetric bars** felemás korlát
**asymmetry** /eɪˈsɪmətrɪ/ VAGY /æˈsɪmətrɪ/ aszimetria
**at** /æt/ ❶ -on/-en/-ön, -ban/-ben, -nál/-nél [hely, állapot] *at home* otthon *at school* iskolában ❷ -kor [idő] *at 12 o'clock* tizenkettőkor *at Christmas* karácsonykor *at dawn* hajnalban *at night* éjjel *at (the age of) 12* VAGY *at age 12* 12 éves korában *at first* először *at last* végre ❸ -ra/-re, neki [cél] *shoot at smth/smb* rálő vmire/vkire ❹ -ért, miatt *be surprised at smb/smth* vki/vmi miatt meg van lepve ❺ -ban/-ben [pl. készség, tantárgy] *be good at smth / doing smth* jó vmiben ❻ -ért [érték, ár] *buy smth at $14* 14 dollárért vásárol meg vmit ❼ egyenként, vmilyen egységár(on), à *buy five packs at $7* öt csomagot vesz egyenként hét dollárért ❽ „kukac", @ jel KIFEJEZÉSEKBEN: *not at all* egyáltalán nem
**ate** ☞eat
**atelier** /əˈtelɪeɪ/ műterem, stúdió
**atheism** /ˈeɪθɪɪzəm/ ateizmus
**atheist** /ˈeɪθɪɪst/ FNÉV ateista
**atheistic** /ˌeɪθɪˈɪstɪk/ MNÉV ateista
**athlete** /ˈæθliːt/ ❶ sportoló ❷ atléta
**athletic** /æθˈletɪk/ ❶ atlétikai ❷ izmos, kisportolt, atlétikus [alkat]
**athletics** /æθˈletɪks/ ❶ atlétika ❷ sport
**atishoo** /əˈtɪʃuː/ hapci!
**atlas** /ˈætləs/ ❶ atlasz, térkép ❷ Atlasz-csigolya ❸ kariatida
**atm** = atmosphere; atmospheric
**ATM** = automated teller/telling machine
**atmosphere** /ˈætməsfɪə/ légkör, atmoszféra
**atmospheric** /ˌætməˈsferɪk/ VAGY **atmospherical** /ˌætməˈsferɪkəl/ légköri
**atmospherics** /ˌætməˈsferɪks/ légköri zavarok [rádiózásban]
**atom** /ˈætəm/ atom
**atomic** /əˈtɒmɪk/ ❶ atom- ❷ kicsiny, atomméretű
**atomization** /ˌætəmaɪˈzeɪʃən/ ❶ szétporladás, atomizálódás ❷ szétporlasztás, atomizálás ❸ szétforgácsolás, részekre szedés

**atomize** /ˈætəmaɪz/ ❶ szétporlaszt, atomizál ❷ szérforgácsol, részekre szed
**atomizer** /ˈætəmaɪzə/ porlasztókészülék, porlasztó
**atone** /əˈtəʊn/ vezekel/lakol (amiért: *for*), jóvátesz
**atonement** /əˈtəʊnmənt/ jóvátétel, vezeklés (amiért: *for*)
**atop** /əˈtɒp/ rajta, a tetején, felül
**atop of** *atop of smth* vmin, vmi tetején
**atrium** /ˈeɪtrɪəm/ ❶ átrium ❷ szívpitvar
**atrocious** /əˈtrəʊʃəs/ ❶ szörnyű, iszonyú, kegyetlen ❷ pocsék, rettenetes
**atrocity** /əˈtrɒsətɪ/ rémtett, atrocitás
**atrophy** /ˈætrəfɪ/ sorvadás, elcsökevényesedés
**"at" sign** VAGY **@ sign** kukac, @ jel
**attach** /əˈtætʃ/ ❶ csatlakozik, hozzákapcsolódik (amihez: *to*) ❷ csatol, hozzákapcsol, rögzít (amihez: *to*) *attached please find* csatoltan megküldöm, mellékelem *attach high hopes to smth* nagy reményt fűz vmihez *be attached* gyengéd szálak fűzik (akihez: *to*) ❸ letartóztat ❹ lefoglal
**attaché** /əˈtæʃeɪ/ attasé, követségi titkár
**attaché case** diplomatatáska
**attachment** /əˈtætʃmənt/ ❶ hozzáfűzés, hozzákapcsolás, hozzáerősítés ❷ tartozék, kellék ❸ ragaszkodás, szeretet ❹ letartóztatás ❺ lefoglalás [vagyontárgyé], letiltás ❻ csatolt irat, melléklet
**attack**/əˈtæk/ FNÉV
❶ támadás, roham (ami ellen: *on*) *be/come under attack* támadás alatt áll ❷ roham *heart attack* szívroham
**attack** IGE
❶ megtámad, megrohamoz, megrohan ❷ rátámad, kritizál ❸ károsít, megtámad ❹ nekiront, ráveti magát [pl. ételre]
**attain** /əˈteɪn/ elér, megvalósít [célt], megszerez [pl. tudást] *attain to smth* vmihez jut, elér vmit
**attainment** /əˈteɪnmənt/ ❶ elérés [célé], megszerzés [pl. tudásé] ❷ elért eredmény, tudás
**attempt** /əˈtempt/ FNÉV
❶ kísérlet, próba *at the third attempt* harmadszorra, harmadjára *make an attempt to do smth / at doing smth* megkísérel/megpróbál vmit tenni *in an attempt to do smth* kísérletképpen ❷ merénylet *an attempt on smb's life* merényletkísérlet vki ellen
**attempt** IGE
❶ megkísérel, megpróbál ❷ kísérletet tesz vmi elérésere/legyőzésére *attempt the peak* megkísérli megmászni a csúcsot
**attend** /əˈtend/ ❶ látogat, jelen van, részt vesz *attend lectures* előadásokra jár ❷ ápol, gondoz, ellát (akit: *on*) ❸ (oda)figyel, foglalkozik (amire/amivel: *to*)
**attendance** /əˈtendəns/ ❶ jelenlét, megjelenés ❷ részvétel, látogatottság érdeklődés ❸ jelenlevők, résztvevők, hallgatóság (száma) *an attendance of 8,000* nyolcezres közönség ❹ ápolás, gondozás, ellátás
**attendant** /əˈtendənt/ FNÉV
❶ szolgálatot teljesítő személy, kezelő *car park attendant* parkolóőr ❷ gondozó, kiszolgáló ❸ velejáró, következmény ❹ jelenlevő, (vmin) részt vevő ❺ látogató, rész(t)vevő
**attendant** MNÉV
❶ velejáró, vmivel együtt járó ❷ ügyeletes
**attention** /əˈtenʃən/ FNÉV
❶ figyelem, gondosság *pay attention to smth* (oda)figyel/ügyel/vigyáz (amire: *to*) *pay no attention to smth* nem törődik vmivel, nem ügyel vmire *attract attention* figyelmet kelt *call/draw smb's attention to smth* felhívja vki figyelmét vmire *bring to smb's attention* felhívja vki figyelmét *to the attention of Mr. X* Mr. X figyelmébe [üzeneten] ❷ gondozás, karbantartás, kezelés *need a lot of attention* sok törődést/odafigyelést igényel ❸ vigyázzállás *stand at attention* vigyázzban áll
**attention!** IND.SZÓ
vigyázz! [vezényszó]
**attentive** /əˈtentɪv/ odafigyelő, figyelmes
**attest** /əˈtest/ ❶ tanúsít, igazol, hitelesít ❷ bizonyít, tanúsít (amit: *to*)
**at that** sőt még … is, ráadásul
**attic** /ˈætɪk/ ❶ padlás(szoba), manzárd(szoba)
**attire** /əˈtaɪə/ ruházat, öltözet
**attitude** /ˈætɪtjuːd/ ❶ viselkedés, magatartás, hozzáállás (amihez: *to/towards*) ❷ pozitív/magabiztos attitűd ❸ (test)tartás, helyzet, póz *strike an attitude* pózol [pl. tükör előtt]
**attitudes** eszmeiség, gondolkodás
**attn.** = attention
**attorney** /əˈtɜːnɪ/ VAGY **attorney at law** ❶ ügyvéd, jogtanácsos ❷ meghatalmazott, jogi képviselő *letter/power of attorney* ügyvédi meghatalmazás
**attorney general** ❶ főállamügyész ❷ US igazságügy-miniszter
**attract** /əˈtrækt/ ❶ vonz, magához vonz [pl. mágnes] ❷ vonz, felkelt [figyelmet] *be attracted* vonzódik (akihez: *to*)
**attraction** /əˈtrækʃən/ ❶ vonzás [mágnesé] ❷ vonzás, vonz(ó)erő, vonzódás ❸ attrakció *tourist attraction* idegenforgalmi látványosság
**attractive** /əˈtræktɪv/ ❶ vonzó, ingerlő ❷ bájos, csinos, vonzó
**attribute** /ˈætrɪbjuːt/ FNÉV
❶ (jellemző) tulajdonság ❷ (nyelvtani) jelző
**attribute** /əˈtrɪbjuːt/ IGE
tulajdonít vkinek/vminek vmit (akinek/aminek: *to*)
**attribution** /ˌætrɪˈbjuːʃən/ ❶ tulajdonítás ❷ tulajdonság
**attributive** /əˈtrɪbjʊtɪv/ (csak) jelzői (használatú)
**aubergine** /ˈəʊbəʒiːn/ FNÉV/MNÉV ❶ padlizsán ❷ padlizsánszínű

**auction** /ˈɔːkʃən/ *FNÉV*
árverés, aukció *put smth up for auction* elárverez *sell at/by auction* elárverez
**auction** *IGE*
elárverez
**auctioneer** /ˌɔːkʃəˈnɪə/ árverésvezető, kikiáltó
**audacious** /ɔːˈdeɪʃəs/ ❶ vakmerő, merész ❷ szemtelen, arcátlan
**audacity** /ɔːˈdæsətɪ/ ❶ vakmerőség, merészség ❷ szemtelenség, arcátlanság
**audibility** /ˌɔːdɪˈbɪlətɪ/ hallhatóság
**audible** /ˈɔːdɪbəl/ hallható
**audience** /ˈɔːdɪəns/ ❶ hallgatóság, közönség ❷ kihallgatás, meghallgatás, audiencia *seek audience* kihallgatást kér (akitől: *with*)
**audio** /ˈɔːdɪəʊ/ audio-, hang-
**audiovisual** /ˌɔːdɪəʊˈvɪʒʊəl/ audiovizuális
**audit** /ˈɔːdɪt/ *FNÉV*
könyvvizsgálat, revízió, auditálás
**audit** *IGE*
(meg)vizsgál, ellenőriz, auditál
**audition** /ɔːˈdɪʃən/ *FNÉV*
meghallgatás, próbaéneklés, próbaszereplés
**audition** *IGE*
meghallgat [pl. énekest, előadót]
**auditive** /ˈɔːdɪtɪv/ hallási, auditív
**auditor** /ˈɔːdɪtə/ ❶ számvevő, revizor, auditor ❷ (meg)hallgató
**auditorium** /ˌɔːdɪˈtɔːrɪəm/ előadóterem, auditórium
**auditory** /ˈɔːdɪtərɪ/ hallási, hallás-, halló-
**auger** /ˈɔːgə/ nagy kézifúró
**augment** /ɔːgˈment/ ❶ gyarapodik, növekszik ❷ gyarapít, nagyobbít, növel
**augmentation** /ˌɔːgmənˈteɪʃən/ ❶ gyarapodás, növekedés ❷ gyarapítás, növelés
**augur** /ˈɔːgə/ *FNÉV*
jövendőmondó, augur
**augur** *IGE*
❶ (meg)jósol, (meg)jövendöl ❷ vminek az előjelét jelenti
**August** /ˈɔːgəst/ augusztus
**aunt** /ɑːnt/ ❶ nagynéni ❷ néni *agony aunt* „Okos Kata", újság tanácsadó rovatának szerkesztője
**auntie** VAGY **aunty** /ˈɑːntɪ/ ❶ nagynéni, nagynéném ❷ néni, nénikém
**aura** /ˈɔːrə/ ❶ aura, kisugárzás ❷ roham előérzete
**aural** /ˈɔːrəl/ fül-, halló, hallási
**aurist** /ˈɔːrɪst/ fülorvos, fülész
**aurora** /əˈrɔːrə/ ❶ hajnalhasadás, hajnalpír ❷ északi- / déli-sarki fény
**auspices** /ˈɔːspɪsɪz/ védnökség *under the auspices of smb/smth* vkinek/vminek az égisze alatt, vkinek a védnöksége alatt
**auspicious** /ɔːˈspɪʃəs/ kedvező, sikerrel kecsegtető, sokat ígérő
**austere** /ɔːˈstɪə/ ❶ szigorú, kemény ❷ egyszerű, mértékletes, szerény
**austerity** /ɔːˈsterətɪ/ ❶ takarékosság, megszorítás ❷ mértékletesség, egyszerűség
**authentic** /ɔːˈθentɪk/ ❶ hiteles, igazi, autentikus ❷ hitelt érdemlő, igaz, autentikus
**authenticate** /ɔːˈθentɪkeɪt/ hitelesít
**authentication** /ɔːˌθentɪˈkeɪʃən/ hitelesítés
**authenticity** /ˌɔːθenˈtɪsətɪ/ hitelesség
**author** /ˈɔːθə/ *FNÉV*
❶ szerző, író ❷ kiagyaló, kiötlő
**author** *IGE*
❶ alkot, ír, szerez ❷ megkezd, kezdeményez, értelmi szerzője vminek
**authoring** /ˈɔːθərɪŋ/ multimédiás anyagok létrehozása (elektronikus kiadványszerkesztés céljaira), authoring
**authoritarian** /ɔːˌθɒrɪˈteərɪən/ tekintélyelvű, tekintélyuralmi, autoriter, parancsuralmi
**authoritarianism** tekintélyuralom
**authoritative** /ɔːˈθɒrɪtətɪv/ ❶ határozott, parancsoló, ellentmondást nem tűrő ❷ irányadó, mérvadó, megbízható
**authority** /ɔːˈθɒrətɪ/ ❶ hatalom, tekintély autoritás (amiben: *on*) ❷ hatóság, főfelügyelet *the authorities* a hatóságok *local authority* helyi szerv/hatóság ❸ meghatalmazás, (írásos) felhatalmazás ❹ forrás(mű) ❺ feladatkör
**authorization** /ˌɔːθəraɪˈzeɪʃən/ ❶ felhatalmazás ❷ meghatalmazás ❸ engedély
**authorize** /ˈɔːθəraɪz/ felhatalmaz, meghatalmaz, engedélyez *be authorized to do smth* fel van hatalmazva arra, hogy vmit megtegyen
**autistic** autisztikus, autista
**auto** /ˈɔːtəʊ/ autó
**autobiographical** /ˌɔːtəˌbaɪəˈgræfɪk/ VAGY **autobiographical** /ˌɔːtəˌbaɪəˈgræfɪkəl/ önéletrajzi
**autobiography** /ˌɔːtəʊbaɪˈɒgrəfɪ/ önéletrajz
**autocracy** /ɔːˈtɒkrəsɪ/ önkényuralom, parancsuralom
**autocrat** /ˈɔːtəkræt/ zsarnok, diktátor
**autocratic** /ˌɔːtəˈkrætɪk/ VAGY **autocratical** /ˌɔːtəˈkrætɪkəl/ autokratikus, parancsuralmi
**autocross** /ˈɔːtəʊkrɒs/ autós terepverseny
**autograph** /ˈɔːtəʊgrɑːf/ *FNÉV*
❶ sajátkezű aláírás ❷ autogram
**autograph** *IGE*
aláír, dedikál
**automate** /ˈɔːtəmeɪt/ automatizál
**automated teller machine** VAGY **automated telling machine** bankautomata, pénzkiadó automata, ATM
**automatic** /ˌɔːtəˈmætɪk/ *FNÉV*
revolver, önműködő fegyver
**automatic** *MNÉV*
❶ önműködő, automata, automatikus, ön- ❷ gépies, önkéntelen ❸ rendszeresen történő, automatikus
**automatically** /ˌɔːtəˈmætɪklɪ/ ❶ önműködően, automatikusan ❷ gépiesen
**automation** /ˌɔːtəˈmeɪʃən/ automatizálás

**automatize** /ɔːˈtɒmətaɪz/ automatizál
**automaton** /ɔːˈtɒmətən/ *TBSZ* **automatons** VAGY **automata** /ɔːˈtɒmətə/ ❶ robot ❷ gépies/ gépszerű ember
**automobile** /ˈɔːtəməbiːl/ *US* gépkocsi, gépjármű
**automotive** /ˌɔːtəˈməʊtɪv/ ❶ önmagától mozgó, önjáró ❷ autóval/gépjárművel kapcsolatos
**autonomous** /ɔːˈtɒnəməs/ önrendelkezésű, autonóm
**autonomy** /ɔːˈtɒnəmɪ/ önrendelkezés, autonómia
**autopilot** /ˈɔːtəʊpaɪlət/ robotpilóta
**autopsy** /ˈɔːtɒpsɪ/ boncolás
**autosuggestion** /ˌɔːtəʊsəˈdʒestʃən/ önszuggesztió
**autumn** /ˈɔːtəm/ ősz *autumn colours* őszi színek
**autumnal** /ɔːˈtʌmnəl/ őszi(es)
**auxiliary** /ɔːgˈzɪlɪərɪ/ *MNÉV* segéd-, kiegészítő, kisegítő
**auxiliary verb** VAGY **auxiliary** segédige
**avail** /əˈveɪl/ *FNÉV*
haszon, hasznosság *to no avail* eredménytelenül, hiába
**avail** *IGE*
❶ segít, hasznára/előnyére van, használ *it avails nothing to cry* a sírás nem segít ❷ *avail ⁝oneself⁝ of smth* vminek hasznát veszi, igénybe vesz vmit
**availability** /əˌveɪləˈbɪlətɪ/ elérhetőség, hozzáférhetőség, megszerezhetőség
**available** /əˈveɪləbəl/ rendelkezésre álló, kapható, elérhető, megszerezhető (aki számára: *to*)
**avalanche** /ˈævəlɑːntʃ/ lavina, (hó)görgeteg
**avant-garde** /ˌævɒŋˈgɑːd/ *FNÉV/MNÉV* úttörő, avantgárd
**ave** /ˈɑːveɪ/ üdvözlégy, üdvözlet
**avenge** /əˈvendʒ/ megbosszul *avenge ⁝oneself⁝* bosszút áll (akin: *on*)
**avenger** /əˈvendʒə/ bosszúálló
**avenue** /ˈævənjuː/ ❶ fasor, felhajtó ❷ sugárút ❸ mód, lehetőség vmire
**average** /ˈævərɪdʒ/ *FNÉV*
❶ átlag *on average* átlagban/átlagosan ❷ *average (of grades)* átlag(eredmény) [egyetemi/főiskolai]
**average** *MNÉV*
❶ átlagos ❷ közepes, átlagos, átlag- *of average height* átlagos magasságú
**average** *IGE*
❶ átlagol, átlagot számít ❷ átlagot elér, átlagosan kitesz *we averaged 50 kilometres a day* átlag napi 50 kilométert tettünk meg
**averse** /əˈvɜːs/ *be averse to smth* idegenkedik/irtózik vmitől
**aversion** /əˈvɜːʃən/ idegenkedés, irtózás (amitől: *to*)
**avert** /əˈvɜːt/ ❶ elfordít ❷ eltérít, megakadályoz, elfordít *avert ⁝one's⁝ eyes from smth* elfordítja tekintetét vmiről
**aviary** /ˈeɪvɪərɪ/ röpde, volier, madárház
**aviation** /ˌeɪvɪˈeɪʃən/ repülés légi közlekedés
**avid** /ˈævɪd/ mohó, kapzsi (amire: *for*)
**avidity** /əˈvɪdətɪ/ mohóság, kapzsiság
**avocado** /ˌævəˈkɑːdəʊ/ *FNÉV/MNÉV* ❶ avokádó ❷ avokádószín(ű)
**avocation** /ˌævəʊˈkeɪʃən/ kedvtelés, hobbi
**avoid** /əˈvɔɪd/ ❶ kikerül ❷ távolmarad (vmitől) ❸ elkerül
**avoidable** /əˈvɔɪdəbəl/ elkerülhető
**avoidance** /əˈvɔɪdəns/ elkerülés *tax avoidance* adóelkerülés, adóeltitkolás
**avow** /əˈvaʊ/ elismer, beismer
**avowal** /əˈvaʊəl/ elismerés, beismerés
**await** /əˈweɪt/ ❶ vár *a long-awaited vacation* rég várt szabadság ❷ készen áll vki fogadására
**awake** /əˈweɪk/ *MNÉV*
ébren *be wide awake* nagyon is / teljesen ébren van
**awake** /əˈweɪk/, **awaked** VAGY **awoke** /əˈwəʊk/, **awaked** VAGY **awoken** /əˈwəʊkən/ *IGE*
❶ felébred ❷ felébreszt ❸ *awake* ráébred, tudatára ébred (aminek: *to*) ❹ ráébreszt (amire: *to*)
**awaken** /əˈweɪkən/ ❶ felébred ❷ felébreszt *awaken smb* tudatára ébreszt vkit (aminek: *to*)
**awakening** /əˈweɪkənɪŋ/ ❶ ébredés ❷ hirtelen ráébredés, rádöbbenés *rude awakening* keserű csalódás/ráébredés
**award** /əˈwɔːd/ *FNÉV*
díj, jutalom *Academy Award* Oszkár-díj
**award** *IGE*
❶ megítél [pl. jogban, sportban] ❷ odaítél, adományoz [pl. kitüntetést
**aware** /əˈweə/ *be aware of smth* tudatában van vminek *be aware that* {MONDAT}, tud(omása van) arról / tudatában van annak, hogy {MONDAT}, tisztában van vmivel
**awareness** /əˈweənəs/ tudatosság *raise smb's awareness* vkiben tudatosítja vmi fontosságát
**awash** /əˈwɒʃ/ ❶ (vízzel) elárasztott ❷ *be awash with smth* sok van neki, tele *the area is awash with oil* a terület bővelkedik olajban
**away** /əˈweɪ/ *MNÉV*
idegenbeli *away match* idegenben játszott [mérkőzés]
**away** *HAT.SZÓ*
❶ el, messze, távol *be away on holiday* szabadságon van *it's miles away* messze van *three months away* három hónap múlva ❷ el, messze, távolra (amitől: *from*) *go away* elmegy ❸ el [biztonságos helyre] *put smth away* elrak, eltesz ❹ el [hogy megszűnjön/elmúljon] *die away* fokozatosan megszűnik, elhal *dance the night away* végigtáncolja az éjszakát ❺ állandóan *write away* állandóan ír, írogat
KIFEJEZÉSEKBEN: *right away* rögtön, nyomban, tüstént
**awe** /ɔː/ félelem, tisztelet *stand in awe* félve tisztel (akit: *of*)
**awesome** /ˈɔːsəm/ ❶ félelmetes ❷ klassz, dögös

**awful** /ˈɔːfəl/ ❶ borzasztó, rettenetes, szörnyű ❷ óriási, rengeteg *make an awful fuss about smth* nagy hűhót csap vmi miatt
**awfully** /ˈɔːflɪ/ szörnyen, rettenetesen *I'm awfully sorry* borzasztóan sajnálom
**awkward** /ˈɔːkwəd/ ❶ ügyetlen, félszeg, esetlen ❷ kényelmetlen, kínos, alkalmatlan *awkward situation* kellemetlen helyzet *awkward silence* kínos csend
**awl** /ɔːl/ ár [szerszám]
**awning** /ˈɔːnɪŋ/ ❶ sátortető, napellenző ❷ ponyva(tető), (vászon)ernyő [üzleté/kirakaté] ❸ előtető
**awoke** ☞ awake
**awry** /əˈraɪ/ MNÉV/HAT.SZÓ ❶ ferde ❷ ferdén, fonákul *go awry* balul üt ki, félresiklik, nem sikerül
**ax** VAGY **axe** /æks/ FNÉV
❶ fejsze, balta ❷ leépítés, létszámcsökkentés, elbocsátás *get / be given the ax* leépítik, elbocsátják ❸ eltörlés, félretétel, polcra tevés [tervé]
**ax** VAGY **axe** IGE
❶ leszállít, csökkent [költségeket, költségvetést] ❷ megszüntet [állást, tervet] *2,500 jobs have been axed* 2500 munkahelyet szüntettek meg ❸ *be axed* leépítik, elbocsátják
**axiom** /ˈæksɪəm/ axióma
**axiomatic** /ˌæksɪəˈmætɪk/ axiomatikus
**axis** /ˈæksɪs/ TBSZ **axes** /ˈæksiːz/ ❶ tengely ❷ növény/virág tengelye
**ayatollah** /ˌaɪəˈtɒlə/ ayatollah, ajatollah
**aye** /aɪ/ IND.SZÓ /FNÉV
❶ igen ❷ „igen" szavazat
**aye** /eɪ/ HAT.SZÓ
mindig
**A–Z** /ˌeɪtəˈzed/ térkép utcanévjegyzékkel
**azure** /ˈæʒə/ VAGY /ˈæʒjʊə/ VAGY /ˈæzjʊʒə/ FNÉV/ MNÉV
❶ kékség, felhőtlen kék égbolt ❷ azúr(kék)/ égszínkék (szín)

# B, b /biː/

**b.** = billion; book; born
**B** = bishop; British; Bible; book; born
**B** ❶ zenei „h" hang ❷ „négyes", „jó"
**BA** = Bachelor of Arts; bank acceptance
**babe** /beɪb/ ❶ csaj, maca ❷ csecsemő, baba
**babel** /ˈbeɪbəl/ zűrzavar, hangzavar
**baboon** /bəˈbuːn/ pávián
**baby** /ˈbeɪbɪ/ ❶ csecsemő, (kis)baba ❷ gyerek-, bébi- ❸ bébi, kicsi, mini ⓘ NEM ~~baba~~ [= játék]
**baby boom** demográfiai hullám (csúcsa)
**baby buggy** (összecsukható) gyerekkocsi
**baby car** kisautó
**baby carriage** gyerekkocsi, mélykocsi
**baby grand** rövid zongora
**babyhood** /ˈbeɪbɪhʊd/ csecsemőkor, kisgyerekkor
**baby minder** bébiszitter, gyerekfelügyelő
**baby's bottle** cumisüveg
**baby's dummy** cumi
**babysit** bébiszittel, gyerekre vigyáz
**babysitter** bébiszitter, gyerekfelügyelő
**baby tooth** tejfog
**babywalker** baba-járókeret
**bachelor** /ˈbætʃələ/ ❶ agglegény, legényember ❷ bachelori fokozat ❸ bachelori fokozat tulajdonosa
**bacillus** /bəˈsɪləs/ TBSZ **bacilli** /bəˈsɪlaɪ/ bacilus

**back** /bæk/ FNÉV
❶ hát (emberé), vmi háta, hátulja, hátsó része ❷ hátlap ❸ hátvéd
KIFEJEZÉSEKBEN: *break* ‹*one's*› *back* halálra dolgozza magát *put/get smb's back up* feldühösít vkit *see the back of smb/smth* megszabadul vkitől/vmitől *with* ‹*one's*› *back to the wall* szorongatott helyzetben

**back** MNÉV
hátsó, hátulsó

**back** HAT.SZÓ
❶ hátra(felé), vissza *is he back?* visszajött? ❷ régen *back in 1984* még 1984-ben

**back** IGE
❶ támogat ❷ tesz, fogad [pl. lovat] ❸ kísér [szólistát] ❹ tolat, hátrál
**back out** ❶ kihátrál, kivonja magát (ami alól: *of*) ❷ lehátrál vmiről
**back up** *back smb/smth up* ❶ támogat ❷ másol(atot készít)

**back alley** mellékutca
**backbend** törzshajlítás hátra
**backbite** /ˈbækbaɪt/, **backbit** /ˈbækbɪt/, **backbitten** /ˈbækbɪtən/ (háta mögött) rágalmaz/szid
**backbone** ❶ (hát)gerinc ❷ könyvgerinc ❸ gerinc, jellem
**back burner** *put smth on the back burner* félretesz, elhalaszt, későbbre tesz
**back crawl** hátúszás (kartempója)
**back-door** titkos, rejtett, hátsó
**backer** /ˈbækə/ ❶ támogató ❷ kezes ❸ csendestárs
**backfire** visszafelé sül el (aki kárára: *on*)
**backgammon** /ˈbækgæmən/ triktrak, backgammon
**background** háttér
**backhand** fonák/visszakezes ütés
**backhanded** ❶ visszakézből történő ❷ kétértelmű, kétes, kétélű
**backhander** /ˈbækhændə/ ❶ fonák/visszakezes ütés ❷ rejtett támadás ❸ kenőpénz
**backing** /ˈbækɪŋ/ ❶ hátlap ❷ támogatás, támogatók ❸ fogadás, tét ❹ zenei kíséret
**backlog** hátralék, felgyülemlett munka
**backpack** hátizsák
**backside** ❶ hátsó rész, far ❷ hátsó, ülep
**backsight** irányzék
**backslash** /ˈbækslæʃ/ fordított „per" jel, \
**backspace** /ˈbækspeɪs/ ⇦ billentyű
**backstreet** mellékutca
**backstroke** ❶ hátúszás ❷ visszakezes/fonák ütés
**back support** hátsó fekvőtámasz
**backtrack** visszalép, visszatáncol (amitől: *from*)
**backup** /ˈbækʌp/ másolat, tartalék

**backward** /ˈbækwəd/ MNÉV
❶ hátra/vissza irányuló ❷ fejletlen

**backward** HAT.SZÓ
visszafelé, hátrafelé

**backwards** /ˈbækwədz/ hátra, visszafelé, hátra-

felé *backwards and forwards* ide-oda, előre-hátra *know smth backwards (and forwards)* ismeri, mint a tenyerét
KIFEJEZÉSEKBEN: *bend/fall/lean over backwards to do smth* majd hanyattesik, hogy vmit megtegyen

**bacon** /ˈbeɪkən/ szalonna, bacon

**bacterium** /bækˈtɪərɪəm/ TBSZ **bacteria** /bækˈtɪərɪə/ baktérium

**bad** /bæd/, **worse** /wɜːs/, **worst** /wɜːst/ ❶ rossz, hibás ❷ gonosz, bűnös ❸ súlyos ❹ beteg *feel bad* rosszul érzi magát
KIFEJEZÉSEKBEN: *not half bad* nagyon jó *(that's) too bad* (milyen) (nagy) kár!

**bade** ☞bid

**badge** /bædʒ/ ❶ jelvény ❷ vmi jelképe/jele

**badger** /ˈbædʒə/ borz

**badly** /ˈbædlɪ/ ❶ rosszul ❷ nagyon, csúnyán

**badminton** /ˈbædmɪntən/ tollaslabda

**bad-tempered** /bædˈtempəd/ rosszkedvű

**bag** /bæg/ ❶ zsák, zacskó, szatyor ❷ (kézi)táska, retikül ❸ zsákmány
KIFEJEZÉSEKBEN: *the match is in the bag* a meccs már a miénk / megnyertük *computers aren't really my bag* a számítógépekben nem vagyok igazán otthon

**bagel** /ˈbeɪgəl/ bagel

**baggage** /ˈbægɪdʒ/ US ↳ NEM MEGSZÁML. csomag, poggyász

**baggy** /ˈbægɪ/ lötyögő, kitérdelt, lógó

**bagpiper** (skót) dudás

**baguette** VAGY **baguet** /bæˈget/ bagett

**bail** /beɪl/ FNÉV
óvadék *out on bail* óvadék ellenében szabadlábon

**bail** IGE
**bail out** *bail smb out* ❶ óvadék ellenében szabadlábra helyez ❷ vállalatot megment

**bait** /beɪt/ csalétek

**bake** /beɪk/ ❶ (meg)süt ❷ sül

**baker** /ˈbeɪkə/ pék

**baker's** *the baker's (shop)* péküzlet, pékség

**bakery** /ˈbeɪkərɪ/ pékség, péküzlet

**baking powder** sütőpor

**baking sheet** tepsi

**baking soda** szódabikarbóna

**Balance** /ˈbæləns/ ❶ Mérleg [állatövi jegy] ❷ Mérleg [jegyű ember]

**balance** /ˈbæləns/ FNÉV
❶ mérleg ❷ egyensúly ❸ mérleg, szaldó ❹ maradék, hátralévő rész
KIFEJEZÉSEKBEN: *be/hang in the balance* még nem dőlt el, kockán forog *on balance* mindent egybevéve

**balance** IGE
egyensúlyba hoz, egyensúlyban tart

**balcony** /ˈbælkənɪ/ ❶ balkon, loggia, erkély ❷ színházi erkély

**bald** /bɔːld/ kopasz, csupasz

**ball** /bɔːl/ ❶ labda ❷ golyó, gömb ❸ estély, bál ❹ here, tök
KIFEJEZÉSEKBEN: *on the ball* jólértesült, eszes, intelligens *play ball with smb* (korrektül) együttműködik vkivel

**ballad** /ˈbæləd/ népdal, ballada

**ball bearing** golyóscsapágy

**ballerina** /ˌbæləˈriːnə/ balerina

**ballet** /ˈbæleɪ/ balett

**ballgame** ❶ labdajáték ❷ US baseball(meccs)

**balloon** /bəˈluːn/ ❶ léggömb, léghajó ballon ❷ „buborék” [képregényben]

**ballot** /ˈbælət/ ❶ titkos szavazás ❷ szavazócédula ❸ szavazat

**ballpoint** VAGY **ballpoint pen** golyóstoll

**ballroom** bálterem

**bamboo** /bæmˈbuː/ bambusz(nád)

**bamboo shoot** bambuszrügy

**ban** /bæn/ FNÉV
tiltás, tilalom

**ban** IGE
❶ betilt, megtilt ❷ eltilt (amitől: *from*)

**banal** /bəˈnɑːl/ elcsépelt, banális

**banality** /bəˈnælətɪ/ közhely, banalitás

**banana** /bəˈnɑːnə/ banán

**band** /bænd/ ❶ csapat, banda, zenekar ❷ szalag, csík ❸ pánt ❹ sáv ❺ hullámsáv

**bandage** /ˈbændɪdʒ/ FNÉV
❶ kötés, pólya ❷ sebtapasz

**bandage** IGE
❶ bekötöz, bepólyál ❷ sebtapasszal leragaszt

**B and B** = bed and breakfast

**bandit** /ˈbændɪt/ bandita

**b&w** VAGY **B and W** = black and white

**bandwidth** /ˈbændwɪdθ/ (hullám)sávszélesség

**bang** /bæŋ/ FNÉV
❶ csattanás, durranás ❷ ütés

**bang** IGE
❶ üt, ver ❷ bevág, becsap ❸ beüt, bever ❹ csattan, durran ❺ becsapódik

**bangle** /ˈbæŋgəl/ karkötő, karperec

**banjo** /ˈbændʒəʊ/ bendzsó

**bank** /bæŋk/ FNÉV
❶ bank ❷ (folyó)part ❸ töltés, földhányás

**bank** IGE
❶ bankba tesz, betesz ❷ bankban tartja a pénzét ❸ bankot ad [szerencsejátékban]
**bank on** *bank on smb* számít vkire

**bank account** bankszámla

**bank balance** banki egyenleg

**banker** /ˈbæŋkə/ bankár

**banker's card** bankkártya

**bank holiday** munkaszüneti nap

**banking** /ˈbæŋkɪŋ/ ❶ bank(i) tevékenység ❷ bankszakma ❸ (folyó)part

**banking account** csekkszámla, folyószámla

**banking hours** bank nyitvatartási ideje

**banking house** bankház

**banking law** banktörvény

**banking sector** bankszektor
**banknote** bankjegy
**bankroll** bankjegyköteg
**bankrupt** /ˈbæŋkrʌpt/ *become/go bankrupt* csődbe jut, tönkremegy
**bankruptcy** /ˈbæŋkrʌptsɪ/ csőd
**bank statement** számlakivonat
**banner** /ˈbænə/ ❶ zászló, lobogó ❷ transzparens ❸ szalagreklám [web-oldalon] ❹ szalagcím
**banquet** /ˈbænkwɪt/ díszebéd, díszvacsora
**baptism** /ˈbæptɪzəm/ keresztség, keresztelés
**baptism of fire** tűzkeresztség
**baptist** /ˈbæptɪst/ baptista
**baptize** /ˈbæptaɪz/ ❶ vminek (el)keresztel ❷ megkeresztel
**bar** /bɑː/ FNÉV
❶ bár, drinkbár ❷ korlát, (fém)rúd, sorompó, gát ❸ tábla/rúd *a bar of chocolate* egy tábla csokoládé ❹ *at the bar* a vádlottak padján ❺ *the Bar* ügyvédi kamara ❻ ütem(jel), taktus(jel)
KIFEJEZÉSEKBEN: *behind bars* rács mögött
**bar** IGE
❶ elzár, lezár ❷ gátol ❸ helytelenít, tiltakozik vmi ellen ❹ (meg)vonalaz
KIFEJEZÉSEKBEN: *no holds barred* minden korlátozás/gátlás nélkül(i), visszafogottság nélkül(i)
**barbarian** /bɑːˈbeərɪən/ VAGY **barbaric** /bɑːˈbærɪk/ barbár
**barbecue** /ˈbɑːbɪkjuː/ ❶ faszenes grill(sütő) ❷ sütés a szabadban ❸ roston sült hús
**barbed wire** szögesdrót, drótakadály
**barber** /ˈbɑːbə/ borbély, fodrász
**barber shop** férfi fodrászat
**barber's** /ˈbɑːbəz/ férfi fodrászat
**bar code** vonalkód
**bare** /beə/ ❶ csupasz, kopár ❷ kevés, puszta
**barefoot** /ˈbeəfut/ VAGY **barefooted** /ˈbeəfutɪd/ MNÉV/HAT.SZÓ mezítlábas/mezítláb
**barely** /ˈbeəlɪ/ alig, épp hogy (csak)
**bargain** /ˈbɑːgɪn/ FNÉV
❶ alku, üzlet ❷ alkalmi vétel
KIFEJEZÉSEKBEN: *into/in the bargain* (még) ráadásul
**bargain** IGE
❶ alkudozik, alkuszik ❷ becserél/elcserél (vmit vmire)
**barge** /bɑːdʒ/ FNÉV
❶ uszály ❷ bárka ❸ csónak, hajó
**barge** IGE
**barge into** *barge into smth* beleütközik vmibe
**baritone** /ˈbærɪtəʊn/ bariton
**barium** /ˈbeərɪəm/ bárium
**bark** /bɑːk/ FNÉV
❶ (fa)kéreg ❷ (kutya)ugatás ❸ gép [pl. gépfegyver] ugatása
**bark** IGE
❶ ugat ❷ köhög, „ugat" ❸ vakkant, ugat, kiált ❹ utcán hangosan/kiáltozva reklámoz
KIFEJEZÉSEKBEN: *bark up the wrong tree* rossz helyen kereskedik
**barkeeper** ❶ csapos, italmérő ❷ vendéglős
**barley** /ˈbɑːlɪ/ árpa
**barmaid** /ˈbɑːmeɪd/ felszolgálónő
**barman** /ˈbɑːmən/ TBSZ **barmen** /bɑːmən/ ❶ csapos ❷ felszolgáló
**barn** /bɑːn/ ❶ csűr, magtár ❷ pajta, szín
**barnyard** gazdasági udvar, tanyaudvar
**barometer** /bəˈrɒmɪtə/ légnyomásmérő, barométer
**baron** /ˈbærən/ ❶ báró ❷ mágnás *oil baron* olajmágnás
**baroness** /ˈbærənes/ báróné, bárónő
**baronet** /ˈbærənɪt/ baronet
**baroque** /bəˈrɒk/ VAGY /bəˈrəuk/ barokk
**barrack** /ˈbærək/ bérkaszárnya ⓘ NEM ~~barakk~~
**barracks** /ˈbærəks/ kaszárnya, laktanya
**barrage** /ˈbærɑːʒ/ FNÉV
❶ duzzasztógát ❷ völgyzáró gát
**barrage** IGE
tűz alá vesz, ostromol
**barrel** /ˈbærəl/ ❶ hordó ❷ henger, dob [gépé] ❸ barrel, hordó [mértékegység]
**barrel organ** kintorna, verkli
**barricade** /ˈbærɪkeɪd/ vagy /bærɪˈkeɪd/ torlasz, barikád
**barrier** /ˈbærɪə/ ❶ akadály ❷ korlát, sorompó
**barrister** /ˈbærɪstə/ barrister [ügyvéd]
**barrow** /ˈbærəu/ talicska, taliga, targonca
**bartender** /ˈbɑːtendə/ csapos
**barter** /ˈbɑːtə/ FNÉV
barter(üzlet/ügylet), cserekereskedelem
**barter** IGE
elcserél (amire: *for*)
**basalt** /ˈbæsɔːlt/ VAGY /bəˈsɔːlt/ bazalt
**base** /beɪs/ FNÉV
❶ alap, alapzat ❷ támaszpont, bázis ❸ lúg, lúgos anyag, bázis
KIFEJEZÉSEKBEN: *off base* US teljesen téves/helytelen
**base** MNÉV
közönséges, aljas, hitvány
**base** IGE
*be based* vhol van a székhelye
**base on** *base smth on smth* alapoz/alapít vmit vmire
**baseball** baseball
**basement** /ˈbeɪsmənt/ alagsor
**bases** ☞ basis
**bashful** /ˈbæʃful/ szégyenlős, szemérmes
**basic** /ˈbeɪsɪk/ ❶ alapvető, alap- ❷ kezdetleges
**basic training** alapkiképzés
**basic wage** alapbér
**basil** /ˈbæzɪl/ bazsalikom
**basilica** /bəˈzɪlɪkə/ bazilika
**basin** /ˈbeɪsæn/ ❶ medence ❷ mosdó(kagyló) ❸ vízgyűjtő terület
**basis** /ˈbeɪsɪs/ TBSZ **bases** /ˈbeɪsiːz/ alap, bázis ❷ rend, rendszer

**basket** /bɑːskɪt/ kosár

**basketball** kosárlabda

**basketwork** /ˈbɑːskɪtwɜːk/ ❶ kosárfonás, vesszőfonás ❷ fonott áru

**bass** /beɪs/ ❶ basszus ❷ basszus hangszer ❸ gordon, nagybőgő

**bass clef** basszuskulcs, F kulcs

**bass guitar** bassz(us)gitár

**basset** /ˈbæsət/ VAGY **basset hound** tacskó

**bassoon** /bəˈsuːn/ fagott

**bastard** /ˈbɑːstəd/ VAGY /ˈbæstəd/ fattyú

**bastion** /ˈbæstɪən/ bástya ⓘ *NEM* ~~bástya~~ [= sakkban]

**bat** /bæt/ ❶ ütő [pl. pingpong, krikett] ❷ denevér
KIFEJEZÉSEKBEN: *off the bat* gondolkodás nélkül, kapásból *off one's own bat* saját szakállára, egymaga *have bats in the belfry* kótyagos, bolondos *like a bat out of hell* villámgyorsan *go full bat* igen siet *go on a bat* berúg

**batch** /bætʃ/ ❶ tétel, szállítmány ❷ csomó, adag

**bath** /bɑːθ/ *TBSZ* **baths** /bɑːðz/ *FNÉV*
❶ fürdő ❷ fürdőkád ❸ fürdőszoba

**bath** /bɑːθ/ *IGE*
❶ (meg)fürdik ❷ (meg)fürdet

**bathe** ❶ (meg)fürdet ❷ áztat, mos, (meg)tisztít ❸ fürd(őz)ik, úszkál

**bathing cap** fürdősapka

**bathing costume** VAGY **bathing suit** fürdőruha

**bathing trunks** fürdőnadrág

**bath mat** fürdőszobaszőnyeg, (kád)kilépő

**bathrobe** /ˈbɑːθrəʊb/ köntös, fürdőköpeny

**bathroom** /ˈbɑːθruːm/ VAGY /ˈbɑːθrʊm/ fürdőszoba

**bath sheet** VAGY **bath towel** fürdőlepedő

**baton** /ˈbætɒn/ VAGY /bəˈtɑːn/ ❶ karmesteri pálca ❷ (rendőri) gumibot

**battalion** /bəˈtæljən/ zászlóalj

**batter** /ˈbætə/ *FNÉV*
tészta [massza]

**batter** *IGE*
(rendszeresen) bántalmaz

**battery** /ˈbætrɪ/ ❶ elem, telep ❷ akku(mulátor) ❸ (nagyüzemi) baromfiketrec

**battle** /ˈbætəl/ ❶ csata, ütközet ❷ harc, csata

**battleship** csatahajó

**bay** /beɪ/ ❶ öböl ❷ (ablak)fülke, bemélyedés ❸ babér ❹ pej
KIFEJEZÉSEKBEN: *keep/hold smb at bay* ❶ biztos távolságban tart magától ❷ sakkban tart

**bayonet** /ˈbeɪənɪt/ *FNÉV* szurony, bajonett

**B and B** VAGY **B&B** = bed and breakfast

**BC** Krisztus/időszámításunk előtt [= before Christ]

**bcc** = blind copy; blind carbon copy

**BCE** = Before Christian Era

**BCE** időszámításunk előtt [nem-keresztény használatban] [= Before Common Era]

**be** /biː/, **was** /wɒz/ és **were** /wɜː/, **been** /biːn/ alakjai: **am** /æm/, **are** /ɑː/, **is** /ɪz/
FŐIGEKÉNT: ❶ van, létezik *there's a dog there* van ott egy kutya ❷ van *it was at seven* hétkor volt ❸ járt/volt vhol *he's been to the USA* járt/volt az USA-ban
SEGÉDIGEKÉNT: ❶ [kapcsolóige] *dad is a cop* a papa rendőr ❷ [folyamatos] *I'm singing* énekelek ❸ [szenvedő] *it was composed in 1980* 1980-ban írták ❹ [kötelesség] *he is to finish it* be kell fejeznie ❺ [szándék] *the President is to speak on TV* az elnök beszélni fog a tv-ben
KIFEJEZÉSEKBEN: *be it/that as it may* akárhogy legyen is

**beach** /biːtʃ/ ❶ tengerpart, tópart ❷ parti strand(fürdő)

**beach mattress** gumimatrac

**beacon** /ˈbiːkən/ ❶ jelzőtűz, jelzőfény ❷ átkelőhelyet jelző narancssárga lámpa

**bead** /biːd/ üveggyöngy, gyöngyszem

**beads** /biːdz/ olvasó, rózsafüzér

**beagle** /ˈbiːgəl/ vadászkopó

**beak** /biːk/ ❶ csőr [madáron] ❷ horgas orr

**beam** /biːm/ *FNÉV*
❶ gerenda ❷ fénysugár, sugárnyaláb
KIFEJEZÉSEKBEN: *on the beam* a helyes/jó út(vonal)on járó, normális *off (the) beam* dilis, buggyant

**beam** *IGE*
❶ ragyog, sugárzik (akire: *at*, amitől: *with*) ❷ sugároz

**bean** /biːn/ bab
KIFEJEZÉSEKBEN: *full of beans* eleven, mozgékony *spill the beans* köp, titkot elárul

**bear** /beə/ *FNÉV*
❶ medve ❷ rosszkedvű/mogorva ember

**bear** /beə/, **bore** /bɔː/, **borne** /bɔːn/ *IGE*
❶ hord, visel, (magánál) tart, visz ❷ szül, terem [„születik" értelemben 3. alakja: **born** /bɔːn/] *when was he born?* mikor született? ❸ (el)tűr, elvisel
**bear out** *bear smth out* megerősít, igazol

**beard** /bɪəd/ ❶ szakáll ❷ horog

**bearer** /ˈbeərə/ ❶ tulajdonos [iraté] ❷ levél/irat átadója ❸ bemutató [pl. csekké]

**beast** /biːst/ ❶ állat ❷ vadállat, fenevad

**beat** /biːt/ *FNÉV*
❶ ütés, (szív)verés, dobbanás ❷ dobogás ❸ ritmus, ütem ❹ körzet, őrjárati útvonal

**beat** *MNÉV*
kimerült, fáradt *dead beat* halálfáradt

**beat** /biːt/, **beat** /biːt/, **beaten** /ˈbiːtən/ *IGE*
❶ (meg)üt, (meg)ver ❷ megver, legyőz, túltesz vkin ❸ dobog, ver
KIFEJEZÉSEKBEN: *beat a retreat* visszavonul(ót fúj) *it's raining to beat the hand* úgy esik, mintha dézsából öntenék
**beat up** *beat smb/smth up* ❶ felver [habot] ❷ összever/megver vkit

**beautician** /bjuːˈtɪʃən/ kozmetikus

**beautiful** /ˈbjuːtɪfʊl/ ❶ szép, gyönyörű ❷ nagyszerű

**beauty** /ˈbjuːtɪ/ ❶ szépség ❷ szépség, szép nő
**beauty mark** anyajegy
**beauty parlour** VAGY **beauty salon** VAGY **beauty shop** kozmetikai szalon, szépségszalon
**beauty spot** ❶ szép hely/táj ❷ anyajegy
**beaver** /ˈbiːvə/ hód
**became** ☞become
**because** /bɪˈkɒz/ mert, mivel(hogy)
**because of** miatt, következtében
**become** /bɪˈkʌm/, **became** /bɪˈkeɪm/, **become** /bɪˈkʌm/ lesz/válik vmivé
**bed** /bed/ ❶ ágy *go to bed* lefekszik ❷ (virág)ágy, ágyás ❸ meder
**bed and breakfast** ❶ szoba reggelivel ❷ fizetővendéglátás
**bedclothes** VAGY **bed linen** ágynemű
**bedpan** ❶ ágytál ❷ (nyeles) ágymelegítő
**bedroom** hálószoba *double/single bedroom* egyágyas/kétágyas szoba
**bedside table** éjjeliszekrény
**bedsit** /ˈbedsɪt/ garzonlakás
**bedspread** /ˈbedspred/ ágyterítő
**bed table** éjjeliszekrény
**bedtime** lefekvés ideje
**bedtime story** esti mese
**bee** /biː/ méh
KIFEJEZÉSEKBEN: *a bee in* ⟨*one's*⟩ *bonnet* vkinek a bogara/rögeszméje
**beech** /biːtʃ/ bükk(fa)
**beef** /biːf/ ❶ NEM MEGSZÁML. marhahús ❷ húsmarha, vágómarha
**beefeater** testőr a Towerban
**beefsteak** marhasült, marhaszelet
**beehive** méhkas, kaptár
**beekeeper** méhész
**been** ☞be
**beep** /ˈbiːp/ FNÉV
❶ duda(szó), autóduda hangja ❷ csipogás, pittyegés, sípolás
**beep** IGE
❶ dudál, tülköl ❷ csipog, pittyeg, sípol
**beeper** /ˈbiːpə/ ❶ csipogó, személyhívó ❷ távkapcsoló
**beer** /bɪə/ sör
**beer marquee** VAGY **beer tent** sörsátor
**beer mat** söralátét
**beery** /ˈbɪərɪ/ sörszagú
**beet** /biːt/ ❶ cukorrépa ❷ *(red) beet* cékla
**beetle** /biːtəl/ FNÉV bogár
**beet root** /ˈbiːtruːt/ cékla
**beet sugar** répacukor
**before** /bɪˈfɔː/ HAT.SZÓ
már, előbb, előzőleg, korábban
**before** ELÖLJ.
❶ előtt [időben] ❷ előtt [térben] ❸ elé
KIFEJEZÉSEKBEN: *before long* hamarosan
**before** KÖTŐSZÓ
❶ mielőtt ❷ inkább, mint (hogy)
**beforehand** előzőleg, előzetesen, előre

**beg** /beg/ ❶ koldul ❷ könyörög, esdekel
KIFEJEZÉSEKBEN: *go begging* elvehető, mindenkié, szabad préda *beg the question* megkerüli a kérdést *I beg to differ* ha szabad ellentmondanom
**began** ☞begin
**beggar** /ˈbegə/ koldus
**begin** /bɪˈgɪn/, **began** /bɪˈgæn/, **begun** /bɪˈgʌn/ ❶ (el/meg)kezd, hozzáfog vmihez ❷ belekezd vmibe ❸ (el/meg)kezdődik
KIFEJEZÉSEKBEN: *to begin with* először is *can't (even) begin to do smth* egyáltalán nem képes vmit megtenni
**beginner** /bɪˈgɪnə/ kezdő
**beginning** /bɪˈgɪnɪŋ/ kezdet
**begun** ☞begin
**behalf** /bɪˈhɑːf/ *on behalf of smb* / *on smb's behalf* vki nevében/helyett
**behave** /bɪˈheɪv/ viselkedik, viseli magát
**behaviour** /bɪˈheɪvɪə/ viselkedés(mód), magatartás(mód), magaviselet
**behead** /bɪˈhed/ lefejez
**behind** /bɪˈhaɪnd/ FNÉV
hátsó, far, ülep
**behind** HAT.SZÓ
❶ hátul ❷ hátra
**behind** ELÖLJ.
❶ mögött ❷ mögé
**beige** /beɪʒ/ beige, nyersgyapjúszínű, bézs
**being** /ˈbiːɪŋ/ FNÉV
❶ lét, létezés *come into being* létrejön ❷ lény, teremtmény
**being** IGE
❶ *be* folyamatos alakja ❷ lévén
KIFEJEZÉSEKBEN: *for the time being* egyelőre, jelenleg (még)
**belch** /beltʃ/ FNÉV
böffentés, böfögés
**belch** IGE
❶ böffent, böfög ❷ okád [füstöt, tüzet]
**belief** /bɪˈliːf/ ❶ hit, hiedelem ❷ bizalom, hit ❸ vélekedés
**believe** /bɪˈliːv/ ❶ (el)hisz gondol, vél ❷ hisz, hívő
**believe in** ❶ *believe in smth/smb* hisz vmiben/vkiben ❷ *believe in smth/smb* bízik vmiben/vkiben
**believer** /bɪˈliːvə/ hívő
**bell** /bel/ FNÉV
❶ harang ❷ csengő
KIFEJEZÉSEKBEN: *ring a bell with smb* emlékeztet vkit vmire, eszébe juttat vkinek vmit, rémlik vkinek *sound as a bell* makkegészséges
**bell** IGE
❶ csengőt/harangot felköt ❷ bőg [szarvas]
KIFEJEZÉSEKBEN: *fine, but who will bell the cat?* jó, de ki teszi majd a csengőt a macska nyakába? [= ki vállalja a kockázatot?]
**bellboy** liftesfiú, londiner
**bellflower** harangvirág

**bellow** /ˈbeləʊ/ *FNÉV/IGE* ordít(ás), bőg(és), bömböl(és)
**belly** /ˈbelɪ/ ❶ has ❷ gyomor ❸ vmi gyomra/belseje
**belly button** köldök
**belong** /bɪˈlɒŋ/ vkié, vkihez/vhová tartozik, vhová való
**belongings** /bɪˈlɒŋɪŋz/ (személyes) holmi
**below** /bɪˈləʊ/ *HAT.SZÓ*
❶ alul, lent, alább ❷ le, alulra ❸ az alábbiakban
**below** *ELÖLJ.*
❶ alatt ❷ alá
**belt** /belt/ ❶ öv, szíj ❷ (gép)szíj, szalag ❸ övezet, sáv, zóna
KIFEJEZÉSEKBEN: *under ›one's‹ belt* megszerezve/elérve
**belt bag** övtáska
**bench** /bentʃ/ ❶ pad ❷ kispad, tartalékosok padja ❸ munkaasztal, munkapad
**bend** /bend/ *FNÉV*
hajlás, görbület, kanyar, (út)kanyarulat
KIFEJEZÉSEKBEN: *round the bend* dilis *drive/send smb round the bend* megőrjít, őrületbe kerget
**bend** /bend/, **bent** /bent/, **bent** /bent/ *IGE*
❶ (meg)hajlít, (el)görbít ❷ (meg)hajlik, (meg)hajol, elgörbül ❸ kanyarodik
KIFEJEZÉSEKBEN: *bend the rules* megerőszakolja a szabályt, szemet húny, lazít kissé a szabályon
**beneath** /bɪˈniːθ/ *HAT.SZÓ*
lent, alul
**beneath** *ELÖLJ.*
❶ alatt ❷ alá
**beneficiary** /ˌbenəˈfɪʃərɪ/ ❶ kedvezményezett ❷ haszonélvező
**benefit** /ˈbenəfɪt/ *FNÉV*
❶ juttatás ❷ jótétemény ❸ jótékony(sági) rendezvény ❹ előny, haszon *for the benefit of smb* vki kedvéért
**benefit** *IGE*
❶ hasznára van vmi ❷ hasznát látja vminek
**benign** /bɪˈnaɪn/ jóindulatú [daganat]
**bent** /bent/ *FNÉV*
tehetség, rátermettség (amire: *for*)
**bent** *MNÉV*
❶ korrupt, romlott ❷ görbe, hajlott ❸ *be bent on doing smth* vmire eltökélt
**bent** *IGE*
☞bend
**berry** /ˈberɪ/ bogyó(féle)
**berth** /bɜːθ/ fekhely [hajón/vonaton]
KIFEJEZÉSEKBEN: *give smb a wide berth* nagy ívben (ki/el)kerül vkit
**beside** /bɪˈsaɪd/ *ELÖLJ.* ❶ mellett ❷ mellé ❸ vmin kívül *beside the point* lényegtelen
**besides** /bɪˈsaɪdz/ *HAT.SZÓ*
❶ ezenkívül, azonkívül, emellett, amellett ❷ egyébként is, különben is
**besides** *ELÖLJ.*
(vkin/vmin) kívül, mellett
**best** *MNÉV*
❶ legjobb! ❷ legnagyobb
KIFEJEZÉSEKBEN: *do/try ›one's‹ best* megtesz/megpróbál minden tőle telhetőt *to the best of ›one's‹ knowledge* legjobb tudása szerint *look ›one's‹ best* legelőnyösebb színében mutatkozik *even their best wasn't adequate* a legjobb tudásuk/teljesítményük sem volt elegendő *journalism at its best* újságírás, ahogy/amikor a legjobban művelik *it's all for the best* jól van ez így
**best** *HAT.SZÓ*
❶ legjobban ❷ [összetételekben] leginkább
KIFEJEZÉSEKBEN: *at best* legfeljebb *you had best go* legjobb/legokosabb volna menned
**best before** *best before 13/05/2005* szavatosságát megőrzi 2005/05/13
**best man** a vőlegény tanúja
**bestseller** ❶ bestseller ❷ sikerkönyvek szerzője ❸ jól fogyó termék
**bestselling** jól fogyó
**bet** /bet/ *FNÉV*
❶ fogadás (tétje) ❷ vélemény, tipp
**bet** /bet/, **bet** /bet/, **bet** /bet/ *IGE*
❶ fogad ❷ fogad, megtesz
KIFEJEZÉSEKBEN: *you bet!* az biztos!
**betray** /bɪˈtreɪ/ ❶ hűtlenül elárul ❷ elárul vmit, árulkodik vmiről
**betrayal** /bɪˈtreɪəl/ elárulás
**better** *MNÉV*
❶ jobb ❷ nagyobb(ik) ❸ jobban van *get better* javul, gyógyul
KIFEJEZÉSEKBEN: *better luck next time!* legközelebb több sikert! sebaj, legközelebb jobban megy majd! *for better or (for) worse* jóban–rosszban, történjék akármi *get the better of smb* legyőz, felülkerekedik vkin
**better** *HAT.SZÓ*
jobban
KIFEJEZÉSEKBEN: *had better do smth* ajánlatos/tanácsos vmit tennie *we'd better go* jobb, ha megyünk / mennünk kéne *you would do better to see a doctor* jól tennéd, ha orvoshoz mennél *you'd be better to see a specialist* jobban tennéd / jobb volna, ha szakorvost keresnél *think better of smth* meggondolja magát *go one better than smb* túltesz vkin *know better than do smth* több esze van annál, mint hogy vmit tegyen *should know better (than to...)* több esze (is) lehetne (, mint hogy...)
**betting shop** fogadóiroda
**between** /bɪˈtwiːn/ *HAT.SZÓ*
közben, közöttük *in between* közbül
**between** *ELÖLJ.*
❶ között ❷ közé ❸ közül ❹ összeadva, együtt *they have a million between them* kettejüknek együtt egymillciója van
KIFEJEZÉSEKBEN: *between you and me (and the bedpost/gatepost)* ez maradjon köztünk

*between ourselves* köztünk szólva
**beverage** /ˈbevərɪdʒ/ ital
**beware** /bɪˈweə/ vigyáz *beware of the dog* óvakodj a kutyától, „harapós kutya"
**beyond** *HAT.SZÓ*
❶ vmin túl ❷ vmely időn után/túl *for 2050 and beyond* 2050-re és azutánra ❸ azon túl ❹ afelett, azon kívül
**beyond** *ELÖLJ.*
❶ túl, mögött ❷ túl, kívül, felett, fölül *beyond the ocean* az óceánon túl
KIFEJEZÉSEKBEN: *be beyond smb* magas vkinek, meghaladja a képességeit *live beyond ‹one's› income* többet költ, mint keres
**B flat** [zenei] b, bé *B flat major* b-dúr, bé-dúr *B flat minor* b-moll, bé-moll
**bias** /baɪəs/ *FNÉV*
elfogultság, egyoldalúság, előítélet
**bias** *IGE*
❶ eltérít, másfelé terel ❷ befolyásol *be*
**biased** VAGY **biassed** /baɪəst/ elfogult
**bib** /bɪb/ ❶ előke, partedli ❷ kötény mellrésze
**Bible** /ˈbaɪbəl/ biblia
**biblical** /ˈbɪblɪkəl/ bibliai
**bibliography** /ˌbɪblɪˈɒgrəfɪ/ bibliográfia
**bicarbonate** /baɪˈkɑːbənət/ VAGY **bicarbonate of soda** szódabikarbóna
**bicycle** /ˈbaɪsɪkəl/ kerékpár, bicikli
**bid** /bɪd/ *FNÉV*
❶ vételi ajánlat, árajánlat ❷ tender ❸ licit, bemondás ❹ kísérlet, próbálkozás
**bid** /bɪd/, **bid** /bɪd/ VAGY **bade** /beɪd/, **bid** /bɪd/ VAGY **bidden** /bɪdən/ *IGE*
❶ licitál, árajánlatot tesz ❷ megparancsol
KIFEJEZÉSEKBEN: *bid farewell* búcsút mond
**bidding** /ˈbɪdɪŋ/ ❶ kínálat, ajánlat [árverésen] ❷ licit(álás) ❸ pályáztatás *competitive bidding* versenytárgyalás
**biennial** /baɪˈenɪəl/ *FNÉV*
❶ kétnyári növény ❷ biennálé
**biennial** *MNÉV*
kétévenkénti, kétéves
**bifocal** /baɪˈfəʊkəl/ bifokális
**big** /bɪg/ ❶ nagy ❷ fontos, nagy ❸ nagy, felnőtt ❹ nagybani, nagyléptékű
**bigamist** /ˈbɪgəmɪst/ bigámista
**bigamy** /ˈbɪgəmɪ/ bigámia
**big business** nagytőke
**big game** nagyvad
**big-headed** beképzelt, öntelt
**big-hearted** jószívű, nagylelkű, jólelkű
**big-mouthed** /ˈbɪgmaʊðd/ ❶ nagyszájú, hangos(kodó) ❷ nagyszájú, beképzelt
**big-name** neves
**big time** igazi siker *hit the big time* befut, népszerű lesz
**big-time** nagystílű, befutott, népszerű
**big top** cirkusz(i sátor), cirkuszsátor
**big wheel** óriáskerék
**bike** /baɪk/ *FNÉV*
bicikli
**bike** *IGE*
biciklizik, bringázik
**bike lane** VAGY **bike trail** bicikliút, kerékpársáv
**bikini** /bɪˈkiːnɪ/ bikini
**bilateral** /baɪˈlætərəl/ kétoldali, kétoldalú
**bilberry** /ˈbɪlbərɪ/ áfonya
**bile** /baɪl/ epe
**bilingual** /baɪˈlɪŋgwəl/ kétnyelvű
**bill** /bɪl/ *FNÉV*
❶ számla ❷ törvénytervezet ❸ *US* bankjegy ❹ csőr ❺ plakát, hirdetmény ❻ jegyzék, bizonyítvány ❼ váltó, kötelezvény
KIFEJEZÉSEKBEN: *that will fill the bill* ez megfelel a kívánalmaknak *that fits the bill* beleillik a képbe
**bill** *IGE*
❶ számlát küld vkinek (amiről: *for*) ❷ felszámít ❸ plakáton hirdet
**billboard** /ˈbɪlbɔːd/ ❶ hirdetőtábla ❷ óriásplakát
**billiard parlour** biliárdterem
**billiards** /ˈbɪlɪədz/ biliárd
**billion** /ˈbɪljən/ ❶ milliárd [$10^9$] ⓘ *NEM* ~~billió~~ ❷ sok, (kis)millió
**billionaire** /ˌbɪlɪəˈneə/ milliárdos
**billow** /ˈbɪləʊ/ ❶ nagy hullám ❷ felhő *billows of smoke* füstfelhők
**bin** /bɪn/ ❶ szemetes, szemétgyűjtő, hulladékgyűjtő ❷ tartó, láda, doboz
**bind** /baɪnd/, **bound** /baʊnd/, **bound** /baʊnd/ ❶ (össze)köt, megköt(öz) ❷ beköt [könyvet] ❸ bekötöz [sebet] ❹ kötelez *be bound by smth* kötelezi vmi ❺ (meg)köt, megkeményedik
**binder** /ˈbaɪndə/ ❶ könyvkötő ❷ iratgyűjtő
**binding** /ˈbaɪndɪŋ/ *FNÉV*
kötés, borító
**binding** *MNÉV*
kötelező (érvényű)
**bingo** pompás! / telitalálat!
**binoculars** /bɪˈnɒkjʊləz/ VAGY /baɪˈnɒkjʊləz/ kétcsövű látcső/távcső
**biochemical** /ˌbaɪəʊˈkemɪkəl/ biokémiai
**biochemistry** /ˌbaɪəʊˈkemɪstrɪ/ biokémia
**bioenergy** /ˌbaɪəʊˈenədʒɪ/ bioenergia
**biogas** /ˈbaɪəʊgæs/ biogáz
**biography** /baɪˈɒgrəfɪ/ életrajz
**biological** /ˌbaɪəˈlɒdʒɪkəl/ biológiai
**biologist** /baɪˈɒlədʒɪst/ biológus
**biology** /baɪˈɒlədʒɪ/ biológia
**biomass** /ˈbaɪəʊmæs/ biomassza
**biophysics** /ˌbaɪəʊˈfɪzɪks/ biofizika
**biorhythm** /ˈbaɪəʊrɪðəm/ bioritmus
**birch** /ˈbɜːtʃ/ nyír(fa)
**bird** /bɜːd/ ❶ madár ❷ csaj, tyúk ❸ sitt, börtön
KIFEJEZÉSEKBEN: *birds of a feather* hasonszőrűek *birds of a feather (flock together)* madarat tolláról, embert barátjáról *the bird has flown* elszállt a

madár(ka) *kill two birds with one stone* két legyet üt egy csapásra *a bird in the hand is worth two in the bush* jobb ma egy veréb, mint holnap egy túzok *give smb the bird* kifütyül vkit / US beint vkinek *get the bird* elbocsátják *a little bird told me* csiripelték a verebek

**bird dog** vadászkutya

**birdie** /ˈbɜːdɪ/ madárka *birdie!* most/itt repül a kismadár!

**bird's eye view** madártávlat(i kép)

**birdwatcher** /ˈbɜːdwɒtʃə/ madármegfigyelő, madárlesre járó természetbarát

**birth** /bɜːθ/ ❶ születés, származás ❷ szülés

**birth control** születésszabályozás, családtervezés

**birthday** születésnap

**birthmark** anyajegy

**birthplace** ❶ születési hely ❷ szülőház ❸ szülőföld

**birth rate** születési arány(szám)

**biscuit** /ˈbɪskɪt/ (apró)sütemény, keksz, süti
KIFEJEZÉSEKBEN: *that takes the biscuit!* ez mindennek a teteje!

**bishop** /ˈbɪʃəp/ ❶ püspök ❷ futó [sakkfigura]

**bison** /ˈbaɪsən/ bölény

**bit** /bɪt/ FNÉV
❶ darab(ka), falat *to bits* darabokra ❷ egy kevés/kis ❸ rész ❸ pénzdarab ❹ bit ❺ zabla ❻ fúrófej
KIFEJEZÉSEKBEN: *bit by bit* apránként, lassanként *not a bit* egyáltalán nem

**bit** IGE
☞bite

**bitch** /bɪtʃ/ ❶ szuka ❷ tyúk, spiné

**bite** /baɪt/ FNÉV
❶ harapás ❷ csípés, marás ❸ falat

**bite** /baɪt/, **bit** /bɪt/, **bitten** /bɪtən/ IGE
❶ (meg)harap ❷ (meg)mar ❸ (meg)csíp
KIFEJEZÉSEKBEN: *be bitten by smth* hirtelen kedvet érez vmihez *bite the dust* fűbe harap *be bitten by the photography bug* egyszerre beleszeretett a fényképezésbe *once bitten twice shy* akit a kutya egyszer megharapott, mindig óvatos marad

**bitten** ☞bite

**bitter** /ˈbɪtə/ ❶ keserű ❷ metsző, zord [hideg] ❸ elkeseredett, keserves

**bitters** /ˈbɪtəz/ gyomorkeserű

**bizarre** /bɪˈzɑː/ bizarr, különös

**black** /blæk/ FNÉV
❶ fekete szín ❷ fekete ruha, gyászruha ❸ néger, fekete

**black** MNÉV
❶ fekete ❷ fekete (bőrű), néger ❸ fekete, illegális ❹ sötét, baljós

**black** IGE
❶ befeketít ❷ tisztít [cipőt]
**black out** ❶ megfeketedik ❷ *black smth out* elsötétít

**black and white** fekete–fehér

**blackberry** szeder

**blackbird** feketerigó

**blackboard** (iskolai) tábla

**blackcurrant** fekete ribiszke

**blacken** /ˈblækən/ ❶ feketére fest ❷ befeketít ❸ megfeketedik

**black eye** véraláfutásos szem, monokli

**blackhead** mitesszer

**blackleg** /ˈblækleg/ sztrájktörő

**blacklist** feketelista

**black magic** fekete mágia, boszorkányság

**blackmail** FNÉV/IGE (meg)zsarol(ás)

**black market** feketepiac

**black marketeer** feketéző

**blackout** /ˈblækaʊt/ ❶ áramszünet ❷ tudatkihagyás ❸ elsötétítés

**black pudding** véreshurka

**blacksmith** (patkoló)kovács

**black tie** csokornyakkendő és szmoking [mint előírt viselet]

**bladder** /ˈblædə/ ❶ húgyhólyag ❷ (futball)belső

**blade** /bleɪd/ ❶ penge ❷ kardlap ❸ lapát [turbináé, ablaktörlőé] ❹ szárny [propelleré] ❺ lap, toll [evezőé] ❻ szál [pl. fű]

**blame** /bleɪm/ FNÉV
szemrehányás, felelősség *lay the blame (for smth) on smb* vkit okol vmiért

**blame** IGE
❶ hibáztat, okol *blame smb for smth* vkit vmiért hibáztat ❷ bírál, kritizál ⓘ NEM ~~blamál~~

**blank** /blæŋk/ FNÉV
❶ nyomtatvány, űrlap ❷ űrlap üres kockája ❸ hiányt jelző jel, „—" jel

**blank** MNÉV
❶ üres, kitöltetlen ❷ üres, kifejezéstelen

**blanket** /ˈblæŋkət/ FNÉV
takaró, pokróc

**blanket** MNÉV
mindenre kiterjedő, általános

**blast** /blɑːst/ FNÉV
❶ széllökés, szélroham ❷ robbanás ❸ légnyomás [robbanáskor]
KIFEJEZÉSEKBEN: *(at) full blast* teljes erőből/sebességgel, „gőzerővel"

**blast** IGE
❶ robbant ❷ elpusztít, szétrombol

**blaze** /bleɪz/ FNÉV
láng, tűz

**blaze** IGE
❶ lángol, lobog, ragyog ❷ *blaze a trail* utat tör, új utakat jár be

**blazer** /ˈbleɪzə/ dzseki, blézer

**bleach** /bliːtʃ/ ❶ (ki)fehérít [ruhát] ❷ (ki)szőkít ❸ kifehéredik ❹ kiszőkül

**bleak** /bliːk/ ❶ puszta, kopár, sivár ❷ zord, szigorú [időjárás]

**bleat** /bliːt/ béget, mekeg

**bleed** /bliːd/, **bled** /bled/, **bled** /bled/ ❶ vérzik ❷ vért vesz ❸ (ki)véreztet

**bleep** /bliːp/ FNÉV

❶ személyhívó ❷ csipogás, fütyülés

**bleep** *IGE*

❶ személyhívón hív ❷ csipog, fütyül ❸ káromkodást sípszóval/füttyel helyettesít

**bleeper** /'bli:pə/ személyhívó

**blend** /blend/ *FNÉV*

keverék, elegy

**blend** *IGE*

❶ vegyül, (össze)keveredik ❷ kever

**blender** /'blendə/ turmixgép, gyümölcsprés

**bless** /bles/ ❶ (meg)áld *(may)* ❷ megszentel

KIFEJEZÉSEKBEN: *(God) bless you!* egészségedre! [tüsszentéskor] *bless me! / (God) bless my soul!* istenem! *well I'm blessed!* édes istenem!

**blew** ☞blow

**blind** /blaɪnd/ *FNÉV*

❶ *the blind* a vakok ❷ ablakredőny, roló

**blind** *MNÉV*

❶ vak ❷ rosszul látható

KIFEJEZÉSEKBEN: *turn a blind eye to smth* szemet húny vmi fölött *be blind to smb's faults* nem veszi észre a másik hibáit *a blind bit of* az égvilágon semmi/semekkora *it doesn't make a blind bit of difference* az égvilágon semmit nem számít

**blind** *IGE*

megvakít, elvakít

**blind alley** zsákutca

**blink** /blɪŋk/ *FNÉV*

❶ pislogás, pislantás, hunyorítás ❷ *be on the blink* elromlott, hibás, nem működik

**blink** *IGE*

❶ pislog, hunyorít ❷ pislákol

**blister** /'blɪstə/ *FNÉV*

❶ (víz)hólyag ❷ felhólyagzott/felpattogzott festék

**blister** *IGE*

felhólyagzik, felhólyagosodik

**blizzard** /'blɪzəd/ hóvihar

**blob** /blɒb/ ❶ csöpp ❷ paca, folt

**block** /blɒk/ *FNÉV*

❶ háztömb, épülettömb ❷ tömb, kocka ❸ tuskó, rönk, tőke ❹ akadály ❺ blokk [diszken] ❻ építőkocka ❼ (le)szerelés [futballban] ⓘ *NEM* ~~blokk~~ [= számla], ⓘ *NEM* ~~blokk~~ [= füzet]

KIFEJEZÉSEKBEN: *be a chip off the old block* tiszta apja

**block** *IGE*

❶ elzár, eltorlaszol ❷ megakadályoz, (meg)gátol ❸ (le)szerel [futballban]

**block capital** VAGY (nagybetű) nyomtatott nagybetű

**block of flats** bérház, lakóház, lakóház bérlakásokkal

**blond** VAGY **blonde** *MNÉV*

szőke [férfi, illetve nő]

**blood** /blʌd/ ❶ vér ❷ származás, eredet, (vér)rokonság

KIFEJEZÉSEKBEN: *my blood is up* fel vagyok háborodva *it makes his blood boil* felháborítja, feldühíti *there's bad/ill blood between them* harag van közöttük

**blood bath** vérfürdő

**blood count** vérsejtszám

**blood donor** véradó

**bloodhound** véreb

**blood orange** vérnarancs

**blood pudding** VAGY **blood sausage** *US* véres hurka

**bloodshot** véraláfutásos, gyulladt

**blood test** vérvizsgálat

**blood type** vércsoport

**bloody** /'blʌdɪ/ ❶ véres ❷ véreskezű ❸ gyilkos, kegyetlen ❹ francos, kurva

**bloodyminded** csökönyös, makacs

**bloom** /blu:m/ *FNÉV*

❶ virág ❷ virágzás ❸ hamvasság [szilván, szőlőn]

**bloom** *IGE*

virágzik, virul

**blossom** /'blɒsəm/ *FNÉV*

❶ (gyümölcsfa)virág ❷ virágzás

**blossom** *IGE*

kivirul, virágzik

**blot** /blɒt/ *FNÉV*

❶ folt, paca ❷ szégyenfolt

**blot** *IGE*

❶ betintáz, bepacáz ❷ kitöröl

**blotter** /'blɒtə/ itatós(papír)

**blouse** /blaʊz/ ❶ blúz ❷ paraszting ❸ zubbony

**blow** /bləʊ/ *FNÉV*

❶ fújás, fúvás ❷ ütés, csapás

**blow** /bləʊ/, **blew** /blu:/, **blown** /bləʊn/ *IGE*

❶ fúj ❷ fúj [szél] ❸ kiolvad, kimegy [biztosíték]

KIFEJEZÉSEKBEN: *blow smb's mind* elképeszt *it just blew my mind* elszállt tőle az agyam *I'll be blowed if {MONDAT}* akármi legyek, ha {MONDAT} *blow chunks* rókázik *blow it!* a francba! *blow {one's} top/stack/lid* (majd) felrobban a méregtől

**blow off** ❶ *blow smb/smth off* elfúj, lefúj ❷ elrepül [pl. kalap]

**blow out** ❶ *blow smth out* elfúj [gyertyát] ❷ kialszik [gyertya]

**blow up** ❶ *blow smth up* felnagyít [fényképet] ❷ *blow smth up* felfúj, eltúloz ❸ *blow smth up* felrobbant ❹ felrobban

**blown** ☞blow

**blue** /blu:/ *FNÉV*

❶ kék (szín/ruha) ❷ kékítő ❸ *out of the blue* hirtelen, a semmiből

**blue** *MNÉV*

❶ kék ❷ erotikával/szexszel kapcsolatos ❸ levert, szomorú, rosszkedvű

**bluebell** /'blu:bel/ harangvirág

**blueberry** /'blu:bərɪ/ áfonya

**blue cheese** márványsajt

**blue-collar** fizikai [pl. dolgozó]

B

**bluejacket** haditengerész
**blue pencil** cenzúráz, (ki/meg)húz
**blueprint** *FNÉV*
terv(rajz), tervezet
**blueprint** *IGE*
tervrajzot/tervet készít
**blues** ❶ rossz hangulat ❷ blues (zene)
**bluff** /blʌf/ *FNÉV*
❶ ámítás, becsapás ❷ blöff
**bluff** *MNÉV*
nyersen/bántóan nyílt/őszinte
**bluff** *IGE*
blöfföl
**blunder** /ˈblʌndə/ *FNÉV*
baklövés, melléfogás
**blunder** *IGE*
❶ mellléfog, bakot lő ❷ eltol, elront
**blunt** /blʌnt/ *MNÉV*
❶ tompa, életlen ❷ nyers (modorú)
**blunt** *IGE*
❶ (le)tompít, kicsorbít ❷ csökkent, tompít
**blur** ❶ elhomályosít ❷ elmaszatol, elken, összemos ❸ összemosódik
**blurb** /blɜːb/ fül(szöveg)
**blush** /blʌʃ/ *FNÉV*
❶ (el)pirulás, (szégyen) ❷ hajnalpír
KIFEJEZÉSEKBEN: *at first blush* első pillantásra/látásra/ránézésre *spare my blushes* ne dicsérj szembe
**blush** *IGE*
elpirul, elvörösödik, szégyenkezik
**B major** h-dúr
**B minor** h-moll
**boa** /ˈbəʊə/ ❶ (toll/szőrme) boa ❷ óriáskígyó
**boar** /bɔː/ ❶ kan(disznó) ❷ vadkan, vaddisznó
**board** /bɔːd/ *FNÉV*
❶ deszka, lap ❷ parketta ❸ (iskolai) tábla ❹ testület, bizottság, zsűri ❺ fedélzet ❻ kártya [számítógépben] ❼ kosárpalánk
KIFEJEZÉSEKBEN: *go by the board* el lehet felejteni, keresztet lehet vetni rá *take smth on board* megért/elfogad
**board** /bɔːd/ *IGE*
❶ felszáll, beszáll ❷ kosztot ad vkinek ❸ étkezik, kosztol
**board and lodging** étkezés és szállás
**board game** társasjáték
**boarding pass** beszállókártya
**boarding house** panzió
**boarding school** bentlakásos iskola
**boast** ❶ dicsekszik, kérkedik ❷ dicsekedhet/büszkélkedhet vmivel
**boastful** /ˈbəʊstful/ kérkedő, dicsekvő
**boat** /bəʊt/ ❶ csónak ❷ hajó ❸ (mártásos) csésze
KIFEJEZÉSEKBEN: *when my boat comes home* ha megütöm a főnyereményt *miss the boat* lemarad vmiről, elszalaszt egy alkalmat *rock the boat* megkeveri/megváltoztatja a viszonyokat/helyzetet
**bob** /bɒb/ *FNÉV*
❶ (fej)biccentés ❷ meghajlás [térdhajlítással] ❸ kurtított farok [lóé] ❹ bubifrizura
**bob** *IGE*
❶ fel-le mozog ❷ térdet hajt vki előtt
**bobby** /ˈbɒbɪ/ brit rendőr
**bobcat** /ˈbɒbkæt/ vadmacska
**bodily** /ˈbɒdɪlɪ/ testi
**body** /ˈbɒdɪ/ ❶ test ❷ test, tárgy ❸ holttest ❹ testület ❺ karosszéria
**bodybag** hullazsák
**body cavity** testüreg
**body clock** biológiai óra
**body count** emberveszteség
**bodyguard** ❶ testőr ❷ testőrség
**body jewel** VAGY **body piercing** testékszer
**bodysearch** *FNÉV/IGE* motoz(ás)
**bogeyman** /ˈbəʊgɪmæn/ *TBSZ* **bogeymen** /ˈbəʊgɪmen/ mumus
**boil** /bɔɪl/ *FNÉV*
❶ forrás(pont) ❷ kelés, furunkulus
**boil** *IGE*
❶ (fel)forral ❷ (fel)forr, (meg)fő
**boil down** ❶ *boil smth down* lepárol ❷ *boil smth down* röviden összefoglal
**boiler** /ˈbɔɪlə/ ❶ kazán ❷ főznivaló/vén csirke
ⓘ *NEM* ~~bojler, boyler~~
**boiling point** forráspont
**bold** /bəʊld/ ❶ merész, bátor ❷ szemtelen ❸ fett, (fél)kövér [betűfajta] ❹ szembeötlő
**boldface** VAGY **boldface type** (fél)kövér
**bollard** /ˈbɒləd/ terelőoszlop, korlát
**bolt** /bəʊlt/ *FNÉV*
❶ anyáscsavar ❷ tolózár, retesz ❸ villámcsapás ❹ futás, nekiiramodás
KIFEJEZÉSEKBEN: *shoot ≥one's≤ bolt* kimeríti az erőforrásait, utolsó erejét is felhasználja
**bolt** *IGE*
❶ bereteszel ❷ felugrik, nekiiramodik
**bomb** /bɒm/ *FNÉV*
❶ bomba ❷ pokolgép ❸ bombasiker
KIFEJEZÉSEKBEN: *it costs a bomb* egy vagyonba kerül *spend a bomb* egy vagyont (el)költ
**bomb** *IGE*
❶ bombáz, bombát dob vmire ❷ pokolgéppel felrobbant
**bomb crater** bombatölcsér
**bomb disposal** bomba-hatástalanítás
**bomber** /ˈbɒmə/ ❶ bombázó(gép) ❷ pokolgépes merénylő
**bombing** /ˈbɒmɪŋ/ ❶ bombatámadás ❷ pokolgépes támadás
**bombproof** bombabiztos
**bomb scare** VAGY **bomb threat** bombariadó
**bond** /bɒnd/ *FNÉV*
❶ kapocs, kötelék ❷ kötés, ragasztás ❸ kötvény
**bond** /bɒnd/ *IGE*
összeragaszt, összeköt
**bone** /bəʊn/ *FNÉV*
❶ csont ❷ (hal)szálka, halcsont

KIFEJEZÉSEKBEN: *have a bone to pick with smb* elintéznivalója van vkivel *close to the bone* sikamlós, illetlen *make no bones about smth* nem titkol/szégyell vmit, nincsenek skrupulusai vmivel kapcsolatban

**bone** *IGE*
kicsontoz

**boneless** /ˈbəʊnləs/ csont/szálka nélküli

**bonnet** /ˈbɒnɪt/ motorháztető

**bonus** /ˈbəʊnəs/ ❶ külön juttatás, prémium, jutalom ❷ bónusz, jutalom

**bony** /ˈbəʊnɪ/ ❶ szálkás ❷ csontsovány

**booby prize** vigaszdíj, citromdíj

**booby trap** rejtett akna/pokolgép

**book** /bʊk/
❶ könyv ❷ üzleti könyv ❸ előírás(ok) ❹ csomag, levél *a book of matches* egy levél gyufa
KIFEJEZÉSEKBEN: *be in smb's bad/black books* kegyvesztett vkinél *be in smb's good books* kegyben áll vkinél *one for the books* ilyen se volt még! / micsoda kivételes eset!

**book** *IGE*
❶ (le)foglal, megrendel ❷ megbüntet [szabálysértésért] ❸ (el)könyvel, beír [tételt] ❹ jegyet vált
**book in** bejelentkezik, szobát foglal
**book out** kijelentkezik
**book up** *I'm booked up* be vagyok táblázva

**bookcase** könyvespolc, könyvszekrény

**bookend** könyvtámasz

**booking office** ❶ pénztár ❷ szállásfoglalást intéző iroda

**bookkeeper** könyvelő

**bookkeeping** könyvelés, könyvvitel

**booklet** /ˈbʊklət/ brosúra, füzet

**bookmark** VAGY **bookmarker** /ˈbʊkmɑːkə/ könyvjelző, olvasójel

**bookseller** könyvkereskedő

**bookshelf** *TBSZ* **bookshelves** könyvespolc

**bookshop** VAGY **bookstore** *US* könyvesbolt

**bookstall** VAGY **bookstand** könyvesbódé

**book token** könyvutalvány

**bookworm** könyvmoly

**boom** /buːm/ *FNÉV*
❶ konjunktúra ❷ gyors növekedés ❸ mikrofonrúd

**boom** *IGE*
fellendül, virágzik

**boomerang** /ˈbuːməræŋ/ bumeráng

**boost** /buːst/ *FNÉV*
❶ erősítés, fokozás, ösztönzés ❷ emelkedés, fellendülés ❸ felemelés, fellökés

**boost** *IGE*
❶ reklámoz ❷ fellendít, ösztönöz ❸ erősít, fokoz ❹ felemel, fellök

**boot** /buːt/ *FNÉV*
❶ magasszárú cipő, csizma *high boots* csizma ❷ csomagtartó [autóban]
KIFEJEZÉSEKBEN: *give smb the boot* kirúg [állásból] *get the boot* kirúgják *to boot* ráadásul, még hozzá *it's cold and damp to boot* hideg van, ráadásul nyirkos *the boot is on the other foot/leg* a helyzet (már/most) épp az ellenkező *put the boot in* durva eszközökhöz folyamodik

**boot** *IGE*
❶ indít, bootol ❷ kirúg, elbocsát ❸ kerékbilincset tesz föl

**booth** /buːð/ ❶ bódé, elárusítóhely ❷ fülke ❸ boksz [vendéglőben]

**bootlace** cipőfűző

**bootleg** /ˈbuːtleg/ *FNÉV*
❶ zugpálinka ❷ csempészett alkohol ❸ csempészáru ❹ kalózfelvétel

**bootleg** /ˈbuːtleg/ *MNÉV*
❶ csempészett, csempész- ❷ kalóz(felvétellel készített)

**bootleg** *IGE*
❶ zugpálinkát főz ❷ alkoholt csempész

**boot tree** ❶ (csizma)sámfa ❷ kaptafa

**border** /ˈbɔːdə/ *FNÉV*
❶ határ, államhatár ❷ szegély, vmi széle

**border** *IGE*
❶ szegélyez, beszeg ❷ határol, határos vmivel ❸ körülvesz, körbevesz

**borderline** határ(vonal)

**bore** /bɔː/ *FNÉV*
❶ unalmas ember/dolog ❷ furat, kaliber, belső átmérő

**bore** *IGE*
❶ untat ❷ (ki)fúr ❸ ☞bear

**boredom** /ˈbɔːdəm/ unalom

**boring** /ˈbɔːrɪŋ/ unalmas, untató

**born** /bɔːn/ *MNÉV*
-szülött *first-born* elsőszülött

**born** *IGE*
☞bear

**-borne** /bɔːn/ (vmi által) szállított, vmiben lévő *airborne* légi

**borne** ☞bear

**borough** /ˈbʌrə/ ❶ városrész, kerület ❷ választókerület

**borrow** /ˈbɒrəʊ/ kölcsönvesz, kölcsönkér

**borrowing** /ˈbɒrəʊɪŋ/ ❶ kölcsönfelvétel ❷ (nyelvi) átvétel, kölcsönzés, kölcsönszó

**boss** /bɒs/ *FNÉV*
❶ főnök, igazgató ❷ *US* pártvezér

**boss** *IGE*
irányít, parancsolgat (vkinek)

**botanic** /bəˈtænɪk/ növénytani, botanikus

**botany** /ˈbɒtənɪ/ növénytan, botanika

**both** /bəʊθ/ *NÉVMÁS*
❶ mindkét, mindkettő ❷ mind a kettő, mindketten *both of you* mindkettőtök

**both** *KÖTŐSZÓ*
*both … and* mind … mind …, … is, … is

**bother** /ˈbɒðə/ *FNÉV*
❶ bosszúság, baj, méreg ❷ zaklatás, alkalmatlankodás

**bother** *IGE*
❶ nyaggat, zaklat ❷ alkalmatlankodik ❸ gondot csinál vmiből
**bothersome** /ˈbɒðəsəm/ kellemetlen(kedő), bosszantó
**bottle** /ˈbɒtəl/ *FNÉV*
❶ üveg ❷ egy üvegnyi *drink a whole bottle* megiszik egy egész üveggel
KIFEJEZÉSEKBEN: *hit the bottle* az alkoholhoz menekül *be on the bottle* iszik, alkoholista
**bottle** *IGE*
❶ palackoz ❷ befőz, üvegben eltesz
**bottle up** *bottle smth up* elfojt, magába fojt
**bottlefeed** üvegből/mesterségesen táplál
**bottleneck** ❶ útszűkület, torlódás ❷ lassító tényező, akadály
**bottle opener** sörnyitó
**bottom** /ˈbɒtəm/ ❶ vmi feneke/alja ❷ alap(zat) ❸ nadrág [pizsamáé] ❹ fenék
**bottomless** /ˈbɒtəmləs/ feneketlen
**bottom line** ❶ a végösszeg feletti vonal ❷ lényeg/végeredmény, a dolog lényege
**bough** /baʊ/ (nagyobb) faág
**bought** ☞buy
**boulevard** /ˈbuːlvɑːd/ sugárút (fasorral)
**bounce** /baʊns/ *FNÉV*
❶ ugrálás, szökellés ❷ visszapattanás, ugrás ❸ csekk visszadobása/„visszajövetele"
**bounce** *IGE*
❶ pattog, pattan ❷ [csekket] visszadob ❸ [fedezet nélküli csekk] visszajön
**bouncer** /ˈbaʊnsə/ ❶ kidobóember ❷ visszadobott csekk
**-bound** vhová tartó
**bound** /baʊnd/ *FNÉV*
ugrás *in leaps and bounds* rohamléptekkel
**bound** *MNÉV*
❶ vhova tartó ❷ kötött ❸ *be bound to do smth* köteles vmit tenni ❹ valószínű, bizonyos
**bound** *IGE*
❶ határol ❷ ☞bind
**boundary** /ˈbaʊndərɪ/ határ, határvonal, mezsgye
**bounty** /ˈbaʊntɪ/ ❶ jótékonyság, nagylelkűség ❷ teljesítménybér, prémium
**bouquet** /bʊˈkeɪ/ ❶ csokor ❷ buké
**bourbon** /ˈbɜːbən/ bourbon-whiskey
**bow** *FNÉV*
❶ /bəʊ/ íj ❷ /bəʊ/ vonó ❸ /bəʊ/ csomó, (szalag)csokor ❹ /baʊ/ meghajlás, fejbólintás ❺ /baʊ/ hajóorr
**bow** *IGE*
❶ /baʊ/ meghajol, fejet hajt (aki előtt: *to*) ❷ /baʊ/ lehajtja a fejét ❸ /bəʊ/ (meg)hajlít
**bowel** /ˈbaʊəl/ ❶ bél ❷ vmi gyomra/belseje
**bowl** /bəʊl/ *FNÉV*
❶ tál, csésze ❷ medence, kád ❸ *US* stadion
KIFEJEZÉSEKBEN: *life isn't a bowl of cherries* az élet nem (egy) lakodalmas menet
**bowl** *IGE*
❶ gördít, gurít ❷ tekézik ❸ gördül, gurul
**bowler hat** keménykalap
**bowling alley** ❶ tekecsarnok ❷ tekepálya
**bow tie** /bəʊˈtaɪ/ csokornyakkendő
**bow-wow** /baʊˈwaʊ/ *FNÉV/IGE* ugat(ás)
**box** /bɒks/ *FNÉV*
❶ doboz, láda, szekrény ❷ fülke, helyiség ❸ boksz [pl. étteremben] ❹ ökölvívás ⓘ *NEM* ~~boksz~~ [cipőtisztító]
**box** *IGE*
❶ bokszol ❷ dobozba/rekeszbe csomagol
**boxer** /ˈbɒksə/ ❶ ökölvívó ❷ bokszer [kutya] ⓘ *NEM* ~~bokszer~~ [szerszám]
**boxer shorts** VAGY **boxers** /ˈbɒksəz/ boxeralsó
**box hit** nagy kasszasiker
**boxing** /ˈbɒksɪŋ/ boksz, ökölvívás
**Boxing Day** karácsony másnapja
**boxing gloves** VAGY **boxing mitts** bokszkesztyű
**boxing match** bokszmérkőzés
**boxing ring** szorító
**box office** [pl. filmszínházi] jegypénztár
**boy** /bɔɪ/ *FNÉV*
❶ fi ❷ fia vkinek ❸ vki fiúja/barátja
**boy** *IND.SZÓ*
öregem! / apám!
**boycott** /ˈbɔɪkɒt/ *FNÉV/IGE* bojkott(ál)
**boyfriend** barát, vki fiúja
**bpi** VAGY **BPI** = bits per inch; bytes per inch
**bps** VAGY **BPS** = bits per second
**Br** = Britain; British; brother
**BR** = bedroom; British Rail
**bra** /brɑː/ melltartó
**brace** /breɪs/ *FNÉV*
❶ fogszabályzó ❷ kapcsos zárójel ❸ támasz, dúc, merevítő
**brace** *IGE*
megtámaszt, merevít
**bracelet** /ˈbreɪslət/ karperec, karkötő
**braces** /ˈbreɪsɪz/ nadrágtartó
**bracket** /ˈbrækɪt/ ❶ tartó, konzol ❷ zárójel ❸ kategória, „tól–ig"
**brag** /ˈbræg/ henceg, kérkedik
**brain** /breɪn/ ❶ agyvelő ❷ agy, ész
**brain drain** agyelszívás, brain drain
**brain trust** VAGY **brains trust** agytröszt, tanácsadó-csoport
**brainwash** agymosást végez, manipulál
**brake** /breɪk/ *FNÉV*
❶ fék ❷ csalit(os)
**brake** *IGE*
(le)fékez
**brake light** féklámpa
**braking distance** fékút
**bran** /ˈbræn/ korpa [étkezési]
**branch** /brɑːntʃ/ *FNÉV*
❶ (fa)ág ❷ ágazat, szakma, szakág(azat) ❸ üzletág ❹ fiók(üzlet), fiókiroda
**branch** *IGE*
elágazik, szétágazik

**brand** /brænd/ FNÉV
❶ védjegy, márka(név) ❷ bélyeg, stigma
**brand** IGE
❶ bélyeget beéget ❷ (meg)bélyegez
**brand new** vadonatúj
**brandy** /ˈbrændɪ/ ❶ brandy, konyak ❷ pálinka
**brass** /brɑːs/ ❶ sárgaréz ❷ *the brass* rézfúvósok
**brass knuckles** bokszer
**brave** /breɪv/ ❶ bátor, merész ❷ derék
**bravery** /ˈbreɪvərɪ/ bátorság
**bravo** /ˈbrɑːvəu/ ❶ orgyilkos ❷ telefon- ill. rádió-összeköttetésnél és betűzésnél a B betű szava
**bray** /breɪ/ ordít, bőg [szamár]
**breach** /briːtʃ/ FNÉV
❶ vmi megszegése/megsértése ❷ rés, hasadás
**breach** IGE
rést üt / áttör
**bread** /bred/ FNÉV ↯ NEM MEGSZÁML.
❶ kenyér ❷ megélhetés
KIFEJEZÉSEKBEN: *know on which side* ⸢*one's*⸣ *bread is buttered* tudja, hogyan érvényesítse az érdekeit
**bread** IGE
kiránt, paníroz
**bread and butter** ❶ vajaskenyér ❷ megélhetés, „kenyér" ❸ kenyéradó
**breadbin** VAGY **breadbox** kenyeresdoboz
**breadboard** ❶ gyúródeszka ❷ kenyérvágó deszka
**breadcrumb** /ˈbredkrʌm/ ❶ kenyérbél ❷ (kenyér/zsemle)morzsa, prézli
**bread roll** zsemle
**breadth** /bredθ/ ❶ szélesség ❷ széles látókör, nyitottság
**breadwinner** kenyérkereső
**break** /breɪk/ FNÉV
❶ törés, hasadás, rés ❷ megszakítás, megszakadás ❸ (iskolai óraközi) szünet
KIFEJEZÉSEKBEN: *give smb a break* hagy lehetőséghez/szóhoz jutni *give me a break!* hallgass/ugyan már! hagyjál már!
**break** /breɪk/, **broke** /brəuk/, **broken** /brəukən/ IGE
❶ (össze)tör, eltör, átszakít ❷ (össze)törik, eltörik, (meg)szakad ❸ megdönt [csúcsot] ❹ megfejt, feltör ❺ megszakít, félbeszakít [pl. látogatást] ❻ betör [lovat] ❼ megszeg, megsért ❽ közöl *break the news to smb* a hírt közli vkivel
KIFEJEZÉSEKBEN: *break even* anyagilag egyenesbe jön *break loose* elszabadul, kiszabadul, kitör *break cover* kitör rejtekhelyéről *break new/fresh ground* újjal kísérletezik, felfedezéseket tesz
**break away** ❶ letörik, leszakad, elszakad ❷ elmenekül
**break down** ❶ *break smth down* lerombol, lebont ❷ *break smth down* letör, lever ❸ elromlik ❹ kiborul, összetör
**break in** ❶ *break smth in* betör, feltör [ajtót] ❷ félbeszakít
**break into** *break into smth* ❶ betör vhova ❷ vmire fakad, vmibe kezd *break into a song* dalra
**break off** ❶ *break smth off* letör vmit ❷ *break smth off* megszakít, félbeszakít ❸ félbeszakad, abbamarad ❹ letörik
**break through** áttörést ér el
**break up** ❶ *break smth up* darabokra tör, (szét)darabol ❷ darabokra törik ❸ *break smth up* feloszlat ❹ felbomlik, szétoszlik ❺ *break smth up* felbont ❻ *break smth up* feltép, felszed ❼ bezárja kapuit [iskola]
**break with** *break with smb/smth* ❶ szakít vkivel ❷ felhagy vmivel
**breakdown** ❶ üzemzavar, meghibásodás ❷ *(nervous) breakdown* idegösszeomlás ❸ (fel/le)bontás, részletezés
**breakdown lorry** autódaru
**breakfast** /ˈbrekfəst/ reggeli
**break-in** betörés
**breakthrough** ❶ áttörés, jelentős eredmény
**breakup** ❶ felbomlás, (szét)szóródás ❷ szétválás, különválás
**breast** /brest/ ❶ mell, emlő ❷ szügy [lóé] ❸ melle(húsa) *chicken breast* csirkemell
KIFEJEZÉSEKBEN: *make a clean breast of smth* bevall, tiszta vizet önt a pohárba
**breastfeed** /ˈbrestfiːd/, **breastfed** /ˈbrestfed/, **breastfed** /ˈbrestfed/ szoptat
**breast pocket** ❶ ingzseb ❷ szivarzseb
**breaststroke** mellúszás
**breath** /breθ/ lélegzet, lehelet *under* ⸢*one's*⸣ *breath* halkan, suttogva
**breathalyze** /ˈbreθəlaɪz/ (alkohol)szondáz
**breathalyzer** /ˈbreθəlaɪzə/ szonda, alkoholszonda
**breathe** /briːð/ ❶ lélegzik, lélegzetet vesz ❷ lehel
KIFEJEZÉSEKBEN: *breathe down smb's neck* a nyakán van/ül vkinek [és zavarja]
**breathless** /ˈbreθləs/ ❶ kifulladt ❷ izgatott
**bred** ☞ breed
**breed** /briːd/ FNÉV
fajta, nem, állatfaj
**breed** /briːd/, **bred** /bred/, **bred** /bred/ IGE
❶ tenyészt, szaporít, nevel ❷ szaporodik ❸ okoz, előidéz
**breeze** /briːz/ szellő, szél
KIFEJEZÉSEKBEN: *shoot the breeze* dumál, beszélget
**brethren** /ˈbreðrən/ ☞ brother
**brew** ❶ főz [pl. sört] ❷ forr, fő ❸ áll, érik [tea] ❹ kifőz, kitervel
**brewery** /ˈbruːərɪ/ sörfőzde, sörgyár
**bribe** (meg)veszteget, lepénzel
**bribery** /ˈbraɪbərɪ/ (meg)vesztegetés
**brick** /brɪk/ tégla

KIFEJEZÉSEKBEN: *drop a brick* tapintatlan megjegyzést tesz, ostobán elszólja magát *make bricks without straw* nehéz és hiábavaló munkába fog *like a ton of bricks* nagy erővel, durván *he came down on me like a ton of bricks* egészen nekem esett/támadt

**bricklayer** VAGY **brickmason** kőműves

**brickyard** téglagyár

**bride** /braɪd/ menyasszony [esküvő napján]

**bridegroom** /ˈbraɪdgruːm/ vőlegény [esküvő napján]

**bridge** /brɪdʒ/ *FNÉV*

❶ híd ❷ híd [fogazatban] ❸ bridzs ❹ orrnyereg KIFEJEZÉSEKBEN: *burn one's bridges* felégeti a hida(ka)t maga mögött *don't cross your bridges before you get/come to them* a gonddal nem érdemes előbb foglalkozni, mint muszáj

**bridge** *IGE*

❶ hidat épít ❷ áthidal, átível

**bridle** /ˈbraɪdəl/ kantár

**bridle bit** zabla

**brief** *MNÉV*

rövid, tömör

**brief** *IGE*

eligazít(ást tart), tájékoztat(ót tart)

**briefcase** /ˈbriːfkeɪs/ aktatáska

**briefing** /ˈbriːfɪŋ/ eligazítás, tájékoztatás

**briefs** /briːfs/ alsó(nadrág)

**brigade** /brɪˈgeɪd/ ❶ dandár ❷ brigád

**bright** /braɪt/ ❶ fényes, világos, élénk ❷ tiszta, derült ❸ okos, eszes

**brighten** /ˈbraɪtən/ ❶ (ki)fényesít ❷ (ki)fényesedik ❸ felderít, felvidít ❹ felderül, felvidul

**brilliant** /ˈbrɪljənt/ *FNÉV*

briliáns

**brilliant** *MNÉV*

❶ ragyogó, fényes ❷ pompás, briliáns

**brim** /brɪm/ ❶ szél, perem ❷ karima [kalapé]

**bring** /brɪŋ/, **brought** /brɔːt/, **brought** /brɔːt/ ❶ hoz, elhoz ❷ jövedelmez

**bring about** *bring smth about* előidéz

**bring around** *bring smb/smth around* ❶ elhoz, magával hoz ❷ magához térít

**bring down** *bring smth down* ❶ lehoz ❷ leszállít [árat] ❸ lelő, eltalál

**bring forward** *bring smth forward* ❶ bemutat, előhoz ❷ elő(bb)re hoz

**bring in** *bring smb/smth in* ❶ behoz ❷ bevezet ❷ hoz, jövedelmez

**bring off** *bring smb/smth off* ❶ véghezvisz, sikerre visz, tető alá hoz

**bring out** *bring smb/smth out* ❶ kihoz, elővesz ❷ kihangsúlyoz, kihoz ❸ kihoz, megjelentet [terméket]

**bring round** *bring smb/smth round* ❶ elhoz, magával hoz ❷ magához térítít ❸ megnyer vminek (aminek: *to*)

**bring to** *bring smb to* magához térít

**bring up** *bring smb/smth up* ❶ felhoz ❷ felhoz, (meg)említ ❸ felnevel ❹ kiokád

**brink** /brɪŋk/ vmi széle *on the brink of smth* vmi szélén/határán

**brisk** /brɪsk/ fürge, eleven, mozgékony

**bristle** /ˈbrɪstəl/ *FNÉV*

sörte

**bristle** *IGE*

❶ felborzol ❷ *bristle (up)* felborzolódik

**bristle with** *bristle with smth* hemzseg vmitől

**bristly** /ˈbrɪstlɪ/ szúrós, tüskés, borostás

**Britain** /ˈbrɪtən/ Nagy-Britannia, Anglia

**British** /ˈbrɪtɪʃ/ brit *the British* a britek

**Britisher** /ˈbrɪtɪʃə/ *US* brit ember

**Briton** /ˈbrɪtən/ brit ember

**brittle** /ˈbrɪtəl/ törékeny, merev

**bro.** = brother

**broad** ❶ széles ❷ tágas, széles ❸ átfogó, tág ❹ durva, közönséges

**broadcast** /ˈbrɔːdkɑːst/ *FNÉV*

(rádió/tévé)adás, közvetítés, műsorsugárzás

**broadcast** /ˈbrɔːdkɑːst/, **broadcast** /ˈbrɔːdkɑːst/, **broadcast** /ˈbrɔːdkɑːst/ *IGE*

közvetít/sugároz

**broaden** /ˈbrɔːdən/ ❶ szélesít ❷ bővül, szélesedik

**broadminded** /ˈbrɔːdmaɪndɪd/ ❶ nyitott gondolkodású ❷ toleráns, megértő

**brocade** /brɒˈkeɪd/ brokát

**broccoli** /ˈbrɒkəlɪ/ brokkoli

**brochure** /ˈbrəʊʃə/ brosúra, füzet

**broil** /brɔɪl/ ❶ roston süt ❷ roston sül ❸ perzselődik a napon

**broiler** /ˈbrɔɪlə/ ❶ *US* grillsütő ❷ rántani való csirke, broiler ❸ (tűz)forró nap

**broke** /brəʊk/ *MNÉV*

égett [anyagilag]

**broke** *IGE*

☞ break

**broken** /ˈbrəʊkən/ ❶ törött, eltört ❷ tört *in broken English* tört angolsággal

**broken-down** elromlott, hasznavehetetlen

**broken line** VAGY **broken white line** szaggatott vonal, terelővonal

**broker** /ˈbrəʊkə/ ❶ bróker, tőzsdeügynök ❷ közvetítő, ügynök

**brontosaur** /ˈbrɒntəsɔː/ VAGY **brontosaurus** /ˌbrɒntəˈsɔːrəs/ brontoszaurusz

**bronze** /brɒnz/ *FNÉV*

❶ bronz ❷ bronzérem

**bronze** *IGE*

(napon) lesül

**brooch** /brəʊtʃ/ melltű, bross

**brook** /brʊk/ patak, csermely

**broom** /bruːm/ nyírfasöprű

**broomstick** seprűnyél

**Bros.** fivérek, testvérek [cégnévben]

**broth** /brɒθ/ húsleves, erőleves

**brother** /ˈbrʌðə/ (fiú)testvér, fivér

**brotherhood** /ˈbrʌðəhʊd/ testvériség

**brother-in-law** *TBSZ* **brothers-in-law** VAGY **brother-in-laws** sógor
**brought** ☞bring
**brouhaha** /ˈbruːhɑːhɑː/ felhajtás, hajcihő ⓘ *NEM* ~~bruhaha~~
**brow** /braʊ/ ❶ szemöldök ❷ homlok
**brown** *MNÉV*
barna
**brown** *IGE*
❶ (meg)barnít [ételt] ❷ (meg)barnul
**brownie** /ˈbraʊnɪ/ kakaós sütemény
**brownish** /ˈbraʊnɪʃ/ barnás
**brown paper** csomagolópapír
**browse** /braʊz/ ❶ legel(észik) ❷ böngészik ❸ olvasgat ❹ böngész, browse-ol
**browser** /ˈbraʊzə/ böngésző, browser
**bruise** /bruːz/ *FNÉV*
horzsolás, zúzódás, folt
**bruise** *IGE*
(fel/meg)horzsol, foltot ejt vmin
**brush** /brʌʃ/ *FNÉV*
❶ kefe ❷ (ki)kefélés ❸ ecset
**brush** *IGE*
❶ kefél ❷ (le)söpör ❸ (épp hogy) hozzáér
**brush up** *brush smth up* felelevenít/felfrissít vmit *brush up (on) her French* felfrissíti a franciatudását
**brussels sprout** /ˌbrʌsəlz ˈspraʊts/ kelbimbó
**brutal** /ˈbruːtəl/ ❶ állati ❷ brutális, durva, kegyetlen
**brutality** /bruˈtælətɪ/ ❶ állatiasság ❷ brutalitás, durvaság, kegyetlenség
**B sharp** [zenei] „hisz"
**bubble** /ˈbʌbəl/ *FNÉV*
buborék
**bubble** *IGE*
❶ bugyborékol, bugyog ❷ pezseg, fortyog ❸ büfizik ❹ (meg)büfiztet [babát]
**bubble bath** pezsgőfürdő
**bubble gum** rágógumi
**bubble-jet** buboréksugaras
**buck** /bʌk/ *FNÉV*
❶ bak, hím ❷ dollár ❸ fűrészbak ❹ bak [tornaszer]
KIFEJEZÉSEKBEN: *pass the buck* másra hárítja a felelősséget
**buck** *IGE*
❶ ugrándozik [ló] ❷ lehajít, ledob [ló lovast] ❸ megfordít, visszafordít [tendenciát]
**buck up** ❶ lelkesít/felvidít ❷ felvidul
**bucket** /ˈbʌkɪt/ vödör, csöbör
KIFEJEZÉSEKBEN: *kick the bucket* elpatkol *come down in buckets* mintha dézsából öntenék
**buckle** /ˈbʌkəl/ *FNÉV*
csat, kapocs
**buckle** *IGE*
(be/fel)csatol
**buckle down to** *buckle down to smth* hozzálát, nekifog vminek

**buckskin** ❶ szarvasbőr ❷ kecskebőr
**bud** /bʌd/ *FNÉV*
❶ rügy, bimbó ❷ *US* haver, öreg(em)
**bud** *IGE*
rügyezik, bimbózik
**buddy** /ˈbʌdɪ/ haver, koma
**budge** /bʌdʒ/ ❶ moccan, (el)mozdul *he won't budge* egy tapodtat se mozdulna, nem tágít ❷ (el)mozdít, megmozdít
**budget** /ˈbʌdʒɪt/ *FNÉV*
költségvetés, büdzsé
**budget** *MNÉV*
kis költségvetésű, takarékos
**budget** *IGE*
❶ beoszt (pénzt/időt) ❷ költségvetést készít
**budgetary** /ˈbʌdʒɪtərɪ/ költségvetési
**buffalo** /ˈbʌfələʊ/ ❶ bivaly ❷ bölény
**buffer** /ˈbʌfə/ ❶ lökhárító ❷ átmeneti tároló, buffer
**buffer state** ütközőállam
**buffer zone** ütközőövezet, ütközőzóna
**buffet** /ˈbʊfeɪ/ ❶ büfé ❷ svédasztal
**buffet car** /ˈbʊfeɪ kɑː/ büfékocsi
**buffet lunch** /ˈbʊfeɪ lʌntʃ/ svédasztal
**bug** /bʌg/ *FNÉV*
❶ poloska ❷ rovar ❸ bacilus ❹ lehallgatókészülék, poloska ❺ programhiba
**bug** *IGE*
❶ bepoloskáz, lehallgatókészülékkel felszerel ❷ bosszant
**bugaboo** /ˈbʌgəbuː/ VAGY **bugbear** mumus
**buggy** /ˈbʌgɪ/ *FNÉV*
❶ összecsukható babakocsi ❷ homokjárgány ❸ kis speciális jármű *golf buggy* golfkocsi
**buggy** *MNÉV*
❶ poloskás ❷ buggyant, dilis
**bugle** /ˈbjuːgəl/ *FNÉV/IGE* kürt(öl)
**build** /bɪld/ *FNÉV*
❶ szerkezet, felépítés ❷ (test)alkat
**build** /bɪld/, **built** /bɪlt/, **built** /bɪlt/ *IGE*
❶ épít ❷ építtet ❸ gyárt, épít, készít ❹ kialakít, felépít, létrehoz ❺ nő, fokozódik *the wind is building* erősödik a szél
**build on** ❶ *build on smb/smth* épít/alapoz vmire/vkire ❷ hozzáépít ❸ *build on smb/smth* számít vkire/vmire
**build up** *build smth up* ❶ befalaz, elfalaz ❷ beépít [területet] ❸ kiépít, felépít
**builder** /ˈbɪldə/ ❶ építész, építőmester ❷ építtető, építési vállakozó
**building** /ˈbɪldɪŋ/ ❶ építés ❷ épület
**building community** lakásépítő szövetkezet(i bank), lakásszövetkezet
**building contractor** építési vállalkozó
**building estate** lakótelep
**building site** ❶ épít(kez)ési terület ❷ telek
**built** ☞build
**built-in** /ˌbɪltˈɪn/ beépített [pl. szekrény]
**built-up** beépített [pl. terület]

B

**bulb** /bʌlb/ ❶ gumó, (virág)hagyma ❷ villanykörte, égő

**bulge** /bʌldʒ/ FNÉV
kidudorodás dudor, duzzanat

**bulge** IGE
❶ kidülled, kidudorodik ❷ kihasasodik (amitől: *with*)

**bulk** /bʌlk/ FNÉV
❶ tömeg, terjedelem ❷ vmi zöme/nagyja ❸ *in bulk* ömlesztve, nagyban

**bulk** IGE
❶ ömlesztve/nagyban szállít ❷ (nagy) tömeggé érik össze

**bulky** /ˈbʌlkɪ/ terjedelmes, testes

**Bull** /bʊl/ ❶ Bika [állatövi jegy] ❷ Bika [jegyű ember]

**bull** /bʊl/ ❶ bika *bull elephant* elefántbika ❷ [pápai] bulla ❸ ár(folyam)emelkedésre játszó tőzsdejátékos, bull ❹ céltábla középpontja, tízes
KIFEJEZÉSEKBEN: *take the bull by the horns* megküzd a problémával/veszéllyel *(like) a bull in a china shop* (mint) elefánt a porcelánboltban *shoot the bull* dumál, cseveg

**bulldog** ❶ bulldog ❷ szívós/bátor ember

**bulldoze** /ˈbʊldəʊz/ ❶ lebulldózerez ❷ nyomul, furakszik ❸ átver, keresztülvisz, keresztülnyom

**bulldozer** /ˈbʊldəʊzə/ bulldózer

**bullet** /ˈbʊlɪt/ ❶ golyó, lövedék ❷ bekezdéstagoló „golyó", bullet

**bulletin** /ˈbʊlətɪn/ ❶ hivatalos jelentés/közlemény ❷ közlöny, bulletin

**bulletin board** hirdetőtábla, faliújság

**bulletin board system** elektronikus hirdetőtábla

**bulletproof** MNÉV/IGE golyóálló(vá tesz)

**bullfight** bikaviadal

**bullhorn** megafon, kézi hangosbeszélő

**bullock** /ˈbʊlək/ ökör, tulok

**bull's eye** /ˈbʊlzaɪ/ céltábla közepe, tízes

**bully** /ˈbʊlɪ/ FNÉV
❶ erőszakos alak ❷ buli [jégkorongban]

**bully** MNÉV
príma, klassz

**bully** IGE
terrorizál, erőszakoskodik vkivel

**bulrush** /ˈbʊlrʌʃ/ buzogány(os gyékény)

**bum** /bʌm/ FNÉV
❶ fenék, ülep ❷ csavargó, hajléktalan ❸ csavargás
KIFEJEZÉSEKBEN: *be on the bum* el van romolva

**bum** MNÉV
értéktelen, vacak

**bum** IGE
❶ csavarog ❷ kér, kunyerál

**bumblebee** dongó, poszméh

**bummer!** a fenébe! / de ciki! / de kínos!

**bump** /bʌmp/ FNÉV
❶ tompa ütés, ütődés, koccanás, ütközés ❷ daganat ❸ hepehupa

**bump** IGE
❶ (tompán) megüt ❷ beleüt
**bump into** *bump into smb* beleszalad vkibe, véletlenül találkozik vkivel

**bumper** /ˈbʌmpə/ FNÉV
❶ lökhárító ❷ ütköző

**bumper** MNÉV
nagy, rekord-

**bumpy** /ˈbʌmpɪ/ rázós, hepehupás

**bun** /bʌn/ ❶ kis (édes) cipó, sütemény ❷ US zsemle(féle) ❸ konty

**bunch** /bʌntʃ/ ❶ csomó, köteg, nyaláb, fürt ❷ csokor

**bundle** /ˈbʌndəl/ FNÉV
❶ csomó, nyaláb, köteg ❷ bugyor

**bundle** IGE
csomóba/kötegbe köt
**bundle up** *bundle smb up* melegen felöltöztet/bebugyolál

**bung** ❶ *bung (up)* bedugaszol, bezár ❷ megdob vmivel *bung me a cigarette* vágj hozzám egy cigit!

**bungee** VAGY **bungie** /ˈbʌndʒiː/ bungee-ugrás

**bungle** /ˈbʌŋgəl/ FNÉV
❶ kontárkodás ❷ hiba, tévedés

**bungle** IGE
eltol, elfuserál

**bunk** /bʌŋk/ FNÉV
❶ hálóhely [hajón/vonaton] ❷ emeletes ágy ❸ *do a bunk* lelép, meglép

**bunk** IGE
❶ átráz, átver, átvág ❷ lelép, meglép

**bunk bed** emeletes ágy

**bunker** /ˈbʌŋkə/ ❶ bunker ❷ terepakadály [golfpályán]

**bunny** /ˈbʌnɪ/ VAGY **bunny rabbit** nyuszi

**buoy** /bɔɪ/ FNÉV
bója

**buoy** IGE
felszínen tart, fenntart

**burden** /ˈbɜːdən/ FNÉV
❶ teher, málha ❷ vmi terhe/súlya ❸ rakomány ❹ refrén

**burden** IGE
❶ megterhel, megrak ❷ terhel, fáraszt

**bureau** /ˈbjʊərəʊ/ TBSZ **bureaux** VAGY **bureaus** /ˈbjʊərəʊz/ ❶ hivatal, iroda ❷ minisztériumi osztály ❸ fiókos szekrény, komód

**bureaucracy** /bjʊəˈrɒkrəsɪ/ ❶ közigazgatási hivatali gépezet, hivatalnoki kar ❷ bürokrácia

**bureaucrat** /ˈbjʊərəkræt/ ❶ hivatalnok ❷ bürokrata

**bureaucratic** /ˌbjʊərəˈkrætɪk/ bürokratikus

**burger** /ˈbɜːgə/ ❶ hamburger ❷ -burger *soya burger* szójaburger

**burglar** /ˈbɜːglə/ betörő

**burglar alarm** riasztó

**burglary** /ˈbɜːglərɪ/ betörés(es lopás)

**burial** /ˈberɪəl/ temetés

**burlesque** /bɜːˈlesk/ ❶ burleszk, bohózat ❷ tréfás utánzás, paródia

**burn** /bɜːn/ FNÉV
❶ égés(i seb), égett hely ❷ seb(esülés)

**burn** /bɜːn/, **burnt** /bɜːnt/ VAGY **burned** /bɜːnd/, **burnt** VAGY **burned** IGE
❶ (el)éget, megéget, kiéget ❷ csíp, éget, mar ❸ (el)ég, megég ❹ világít, fénylik

**burn down** ❶ leég ❷ *burn smth down* felgyújt, feléget

**burn out** ❶ *burn smth out* kiéget ❷ végigég, elég ❸ kiég ❹ kiég, beég [gép]

**burner** /ˈbɜːnə/ égő, láng *four-burner stove* négylángú tűzhely
KIFEJEZÉSEKBEN: *put smth on the back burner* későbbre halaszt vmit *put smth on the front burner* vmit sürgősként kezel

**burning** /ˈbɜːnɪŋ/ ❶ égető, forró ❷ kínzó, égető, sürgős

**burnt** ☞burn

**burp** /bɜːp/ ❶ büfög, böfög ❷ büfizik ❸ (meg)büfiztet

**burst** /bɜːst/ FNÉV
❶ szétrobbanás, (szét)repedés ❷ kitörés *burst of laughter* felharsanó nevetés

**burst** /bɜːst/, **burst** /bɜːst/, **burst** IGE
❶ szétrepeszt, átszakít, kidurrant ❷ kifakaszt [kelést] ❸ szétrobbant ❹ szétreped, kidurran, szétpukkad ❺ erővel vmilyen állapotba hoz *burst smth open* beszakít/betör vmit

**burst in** ❶ *burst smth in* betör (vmit) ❷ beront (vhová) ❸ közbevág

**burst into** *burst into smth* hirtelen vmibe kezd *burst into tears* könnyekre fakad

**burst out** ❶ hirtelen vmibe kezd *burst out laughing* nevetésben tör ki ❷ kifakad [szavakkal]

**burst tyre** durrdefekt

**bury** /ˈberɪ/ ❶ (el)temet, elás ❷ rejt, dug, temet *bury ⁝one's⁝ head in the sand* homokba dugja a fejét

**bus** /bʌs/ FNÉV
❶ (autó)busz ❷ busz [számítógépes]
KIFEJEZÉSEKBEN: *miss the* bus elszalasztja az alkalmat

**bus** IGE
❶ buszon szállít/visz ❷ buszon megy ❸ iskolásokat másik városrészbe szállít, hogy feketék/fehérek együtt járhassanak

**bus boy** kisegítő pincér, leszedő

**bush** /bʊʃ/ ❶ bokor, cserje ❷ lakatlan vidék ❸ kocsmai cégér
KIFEJEZÉSEKBEN: *beat about the bush* kerülgeti a forró kását, kertel, köntörfalaz

**bushel** /ˈbʊʃəl/ véka [gabonamérték: GB kb. 36 liter, US kb. 35 liter]

**bush fire** bozóttűz

**bushy** /ˈbʊʃɪ/ ❶ bokros, bozótos ❷ bozontos

**busily** /ˈbɪzɪlɪ/ serényen, szorgalmasan

**business** /ˈbɪznɪs/ ❶ üzlet ❷ munka, ügy, dolog *on business* hivatalos ügyben/úton ❸ vállalat, cég, vállalkozás ❹ foglalkozás, szakma ❺ munkahely *keep smb in business* állást jelent/biztosít vkinek
KIFEJEZÉSEKBEN: *none of your business* semmi közöd hozzá *mind your own business* törődj a magad dolgával *not be in the business of doing smth* nem célja, hogy {MONDAT} *do business with smb* szót ért vkivel

**business card** névjegykártya

**business hours** ❶ félfogadás ❷ nyitvatartás, ügyfélfogadás

**businesslike** gyakorlatias, tárgyszerű

**business lunch** hivatalos/üzleti ebéd

**businessman** /ˈbɪznɪsmən/ TBSZ **businessmen** /ˈbɪznɪsmən/ üzletember

**business manager** vállalatvezető, igazgató

**businesswoman** /ˈbɪznɪswʊmən/ TBSZ **businesswomen** /ˈbɪznɪswʊmən/ üzletasszony

**bus lane** buszsáv

**bus line** buszjárat

**busman** /ˈbʌsmən/ TBSZ **busmen** /ˈbʌsmən/ autóbuszvezető

**bus service** autóbuszjárat

**bus shelter** autóbuszváró, buszmegálló bódé

**bus station** autóbusz-végállomás

**bust** /bʌst/ FNÉV
❶ mellszobor ❷ felsőtest ❸ (női) mell ❹ mellbőség ❺ kudarc, csőd

**bust** /bʌst/, **bust** /bʌst/ VAGY **busted**, **bust** /bʌst/ VAGY **busted** IGE
❶ betör ❷ kipukkaszt ❸ kipukkad ❹ letartóztat ❺ lefokoz

**bustard** /ˈbʌstəd/ túzok

**-buster** /ˈbʌstə/ -törő, -romboló, -irtó

**bustle** /bʌsəl/ FNÉV
sürgés-forgás, nyüzsgés

**bustle** IGE
sürög, sürgölődik, nyüzsög

**busy** /ˈbɪzɪ/ ❶ nem ér rá, elfoglalt *be busy doing smth* vmivel foglalkozik, vmit csinál ❷ dolgos, tevékeny ❸ forgalmas ❹ túlzsúfolt

**busy signal** „foglalt", „mással beszél" jelzés

**busybody** /ˈbɪzɪbɒdɪ/ kotnyeles(kedő) alak

**but** /bʌt/ HAT.SZÓ
csupán *we've got but few* csak néhány van

**but** KÖTŐSZÓ
❶ hanem, de, azonban ❷ *cannot but go* nem tehet mást, mint hogy megy

**but** ELÖLJ.
kivéve *everyone but her* az ő kivételével mindenki *the last but one* utolsó előtti

**butane** /ˈbjuːteɪn/ butángáz

**butcher** /ˈbʊtʃə/ FNÉV
❶ mészáros, hentes ❷ gyilkos, hóhér

**butcher** IGE
❶ (le)mészárol ❷ tönkretesz

**butcher's** *the butcher's* hentes(üzlet), húsbolt

B

**butler** /ˈbʌtlə/ főkomornyik

**butt** /bʌt/ *FNÉV*

❶ puskatus ❷ csikk ❸ ülep, fenék

**butt** *IGE*

❶ öklel, üt ❷ beleütközik

**butt in** közbevág *butt in on a conversation* félbeszakítja a beszélgetést

**butter** /ˈbʌtə/ *FNÉV*

vaj

**butter** *IGE*

megvajaz

**butterfly** /ˈbʌtəflaɪ/ ❶ lepke, pillangó ❷ *butterfly (stroke)* pillangóúszás

KIFEJEZÉSEKBEN: *have butterflies* ideges/izgatott

**buttermilk** /ˈbʌtəmɪlk/ író

**buttocks** /ˈbʌtəks/ far, ülep

**button** /ˈbʌtən/ *FNÉV*

❶ gomb ❷ *US* jelvény

KIFEJEZÉSEKBEN: *on the button* hajszálpontosan *bright as a button* vág az esze, mint a borotva

**button** *IGE*

❶ gombol ❷ gombolódik

**button up** ❶ *button smth up* begombol ❷ gombolódik

**buttonhole** ❶ gomblyuk ❷ *US* gomblyukba tűzött virág

**buy** /baɪ/, **bought** /bɔːt/, **bought** /bɔːt/ ❶ vásárol, (meg)vesz ❷ meghív *buy smb a drink* meghív vkit meg egy italra ❸ bevesz, elhisz ❹ vásárló(értéke van), vmi vehető rajta

KIFEJEZÉSEKBEN: *he's bought it* neki annyi, kinyiffant *buy time* időt húz, időt (próbál) nyer(ni)

**buy into** *buy into smth* részvényeket vesz

**buy out** *buy smth out* üzletrészt/vállalatot megvásárol, kivásárol

**buy up** *buy smth up* felvásárol vmit

**buyer** /ˈbaɪə/ ❶ vevő, vásárló ❷ beszerző

**buyout** /ˈbaɪaʊt/ vállalatfelvásárlás, cégfelvásárlás

**buzz** /bʌz/ *FNÉV*

❶ zümmögés, dongás ❷ berregés, búgás

**buzz** *IGE*

❶ zümmög, dong ❷ zúg ❸ búg, berreg

**by-** mellék-, másodlagos

**by** /baɪ/ *HAT.SZÓ*

❶ közel *close by* egész közel, vki/vmi mellett *walk by* elmegy vki mellett ❷ félre *set some money by* félretesz egy kis pénzt

**by** *ELÖLJ.*

❶ [szenvedő] *written by Gogol* Gogol írta ❷ [idő] -ra, -re *by January* januárra *by the time* mire ❸ [hely] mellett, közelében, -nál, -nél *by the sea* a tenger mellett ❹ [vmi használatával/eszközével] *made by hand* kézi, kézzel gyártott ❺ vmi révén *by hiding* azzal, hogy elbújik ❻ [jármű] *by car* autóval ❼ [mérték] *by 20 cms* 20 centivel *by the dozen* tucatszám(ra) *be paid by the hour* órára fizetik ❽ [szorzás/osztás] *three feet by two* háromszor két láb ❾ szerint, értelmében *by this rule* e szabály alapján ❿ fogva *by the arm* karjánál fogva

KIFEJEZÉSEKBEN: *one by one* egyenként *by and by* hamarosan, idővel *by the way/by* mellesleg, erről jut eszembe, apropó *by far* sokkal, messze *by and by* lassacskán, hamarosan

**bye** /baɪ/ VAGY **bye-bye** /baɪˈbaɪ/ viszlát! / szia(sztok)!

**by-election** VAGY **bye-election** időközi választás, pótválasztás

**bylane** /ˈbaɪleɪn/ mellékutca

**byline** újságcikk első sora a szerző nevével

**bypass** /ˈbaɪpɑːs/ *FNÉV*

kitérő, kerülőút, terelőút

**bypass** *IGE*

megkerül, kikerül, elkerül

**bypass operation** VAGY **bypass surgery** bypass-műtét

**by-product** melléktermék

**bystander** bámészkodó, ácsorgó járókelő

**bystreet** mellékutca

**byte** /baɪt/ byte, bájt

**byway** mellékút, másodrendű út

# C, c /siː/

**c** = calorie; cent(s); centre; centigrade; centimetre; century; chapter; city; cubic
**C** = Celsius/Centigrade; Calorie
**C** ❶ „hármas", közepes ❷ százdolláros ❸ zenei „c" hang ❹ zenei „dó"
**CA** = calcium; Central America
**cab** /kæb/ ❶ taxi ❷ vezetőfülke
**cabaret** /ˈkæbəreɪ/ kabaré(műsor)
**cabbage** /ˈkæbɪdʒ/ ❶ káposzta ❷ önmagáról alig tudó beteg, „káposzta"
**cabin** /ˈkæbɪn/ ❶ (utas)fülke, kabin kajüt ❷ kunyhó ⓘ *NEM* (öltöző)~~kabin~~
**cabinet** /ˈkæbɪnət/ ❶ szekrény, vitrin, tárló ❷ szekrény, doboz ❸ ház [pl. számítógépé] ❹ kormány(tanács), kabinet
**cabinet maker** műbútorasztalos
**cabinet minister** miniszter (a kabinet tagja)
**cable** /ˈkeɪbəl/ *FNÉV*
❶ kábel, vezeték ❷ kábel, drót ❸ távirat ❹ csavart minta [kötött ruhán]
**cable** *IGE*
❶ táviratoz ❷ táviratilag küld
**cable car** drótkötélpálya
**cable company** kábeltévé-társaság
**cable railway** drótkötélpálya
**cable television** kábeltévé, kábeltelevízió
**cableway** /ˈkeɪbəlweɪ/ drótkötélpálya
**cabman** /ˈkæbmən/ *TBSZ* **cabmen** /ˈkæbmən/ taxisofőr, taxis
**cabriolet** /ˈkæbrɪəleɪ/ cabriolet, kabrió
**cacao** /kəˈkaʊ/ kakaóbab
**cache** /kæʃ/ gyorsítótár, gyorstároló
**cachepot** /kæʃˈpəʊ/ kaspó, növénytartó cserép
**cactus** /ˈkæktəs/ *TBSZ* **cactuses** /ˈkæktəsɪz/ *VAGY* **cacti** /ˈkæktaɪ/ kaktusz
**CAD** = computer aided design
**caddy** /ˈkædɪ/ ❶ *US* bevásárlókocsi [bolti] ❷ teás dobozka ❸ golfütőhordozó
**cadet** /kəˈdet/ rendőrtiszti/katonai főiskolás, kadét
**caesarean** *VAGY* **caesarian** /sɪˈzeərɪən/ *VAGY* **Caesarean section** császármetszés
**cafe** *VAGY* **café** /ˈkæfeɪ/ kávéház
**cafeteria** /ˌkæfəˈtɪərɪə/ önkiszolgáló étterem, büfé, étkezde
**caffeine** /ˈkæfiːn/ koffein
**cage** /keɪdʒ/ ❶ kalitka, ketrec ❷ bányalift
**cake** /keɪk/ ❶ sütemény, tészta *fancy cake* cukrászsütemény, torta ❷ ↯ *NEM MEGSZÁML.* torta ❸ pogácsa, szelet *fish cake* halpogácsa ❹ darab *a cake of soap* egy darab szappan ⓘ *NEM* ~~keksz~~
KIFEJEZÉSEKBEN: *have ⸗one's⸗ cake and eat it (too)* a kecskét is jóllakatni és a káposztát is meghagyni *it sells like hot cakes* veszik, mint a cukrot
**cake pan** *VAGY* **cake tin** tepsi, sütő
**calamity** /kəˈlæmətɪ/ balsors, csapás, szerencsétlenség
**calcium** /ˈkælsɪəm/ kálcium *calcium intake* kalciumbevitel
**calculate** /ˈkælkjʊleɪt/ ❶ kiszámít, kiszámol ❷ tervez
**calculate on** *calculate on smth* számol vmivel, számít vmire
**calculation** /ˌkælkjʊˈleɪʃən/ ❶ költségvetés, terv, kalkuláció ❷ számítás *cold calculation* hideg számítás
**calculator** /ˈkælkjʊleɪtə/ kalkulátor, számológép
**calculus** /ˈkælkjʊləs/❶ differenciál- és integrálszámítás ❷ epekő, vesekő
**caldron** *VAGY* **cauldron** /ˈkɔːldrən/ katlan, üst
**calendar** /ˈkæləndə/ ❶ naptár ❷ határidőnaptár, határidőnapló
**calendar clock** ébresztőóra, vekker
**calf** /kɑːf/ *TBSZ* **calves** /kɑːvz/ ❶ borjú *in calf* vemhes ❷ borjúbőr ❸ lábikra
**calibre** /ˈkæləbə/ ❶ kaliber, belső átmérő ❷ minőség, kaliber, kiválóság
**call** /kɔːl/ *FNÉV*
❶ kiáltás *call for help* segélykiáltás *give me a call* szólj, kiálts *within call* hallótávolságon belül ❷ (telefon)hívás *make a call* telefonál ❸ látogatás *make/pay a call on smb* meglátogat vkit ❹ felhívás, felszólítás *call for bids* versenyfelhívás, tenderfelhívás, tenderkiírás ❺ ügyelet, készültség *be on call* készültségben van ❻ hívó szó, hívás ❼ elhivatottság, hivatás(érzet) ❽ bemondás, hívás [kártya] ❾ madárfütty, madárhang

**call** *IGE*

❶ (ki)kiált, kiabál vmit ❷ hív, szólít, szól vkinek ❸ nevez, titulál, aposztrofál *be called smth* vminek hívják ❹ felhív [telefonon] ❺ meglátogat (akit: *on*), megáll vhol, beugrik vkihez (akihez: *at smb's place*) *has the postman called?* volt/járt itt a postás? ❻ [rendszeresen] jön, jár *the milkman calls every day* a tejes mindennap jár ❼ felszólít, felhív ❽ összehív, hirdet *call an election* választást ír ki

KIFEJEZÉSEKBEN: *call the tune/shots* rendelkezik, parancs(nok)ol *call to mind* emlékszik *call smth into question* megkérdőjelez vmit *call smb to order* rendreutasít *call it a day* befejezi a napi munkát

**call at** *call at smth* megáll vhol, érint vmit, kiköt vhol

**call back** ❶ *call smb back* visszahív vkit ❷ *call smb back* (telefonon) visszahív

**call by** benéz, beugrik útközben *call by at the shop* benéz a boltba

**call for** ❶ *call for smb* hív vkit *call for the waiter* hívja a pincért ❷ *call for smth* követel ❸ *call for smth* (meg)kíván, igényel, követel ❹ *call for smb* vkiért / vki elé megy (és elhoz)

**call in** ❶ beszól [telefonon] ❷ *call smb in* beszólít, behív(at), bekér(et) ❸ *call smth in* bevon, kivon [forgalomból] ❹ *call smth in* behajt, bekér [kölcsönt]

**call off** *call smb/smth off* ❶ lemond, lefúj ❷ abbahagy ❸ elhív, elszólít, visszahív

**call on** *call on smb/smth* ❶ meglátogat ❷ felszólít ❸ igénybe vesz

**call out** ❶ felkiált ❷ *call smb/smth out* kihív ❸ *call smb/smth out* kihív, kivezényel ❹ *call smb/smth out* sztrájkra szólít fel

**call up** ❶ *call smb up* felhív [telefonon] ❷ *call smth up* felidéz, felelevenít, visszahoz ❸ *call smb up* behív [hadseregbe]

**callbox** telefonfülke

**callcard** névjegy

**caller** /ˈkɔːlə/ ❶ látogató ❷ telefonáló, hívó fél

**call forwarding** hívástovábbítás

**call holding** hívástartás

**calling** /ˈkɔːlɪŋ/ ❶ hívás ❷ hivatás, (élet)pálya ❸ látogatás ❹ kiáltás

**calling card** névjegykártya

**call limiting** híváskorlátozás

**call number** könyvtári könyv jelzete

**callous** /ˈkæləs/ ❶ kérges, bőrkeményedéses ❷ érzéketlen, lelketlen

**call-out charge** kiszállási díj

**call transfer** hívás-átirányítás

**call-up** katonai behívó

**call waiting** hívás-várakoztatás

**calm** /kɑːm/ *FNÉV*

❶ szélcsend ❷ csend nyugalom

**calm** *MNÉV*

❶ csendes, nyugodt *keep calm* nyugodt marad ❷ hidegvérű, szenvtelen

**calm** *IGE*

lecsendesít, lecsillapít

**calm down** ❶ lecsendesedik, lecsillapul, csillapodik ❷ *calm smb down* lecsendesít, lecsillapít

**calorie** /ˈkæləri/ kalória *count/watch one's calories* fogyókúrázik, számolja a kalóriákat

**calves** ☞calf

**camcorder** /ˈkæmkɔːdə/ kamkorder

**came** ☞come

**camel** /ˈkæməl/ teve

**camera** /ˈkæmrə/ fényképezőgép, kamera

**cameraman** /ˈkæmrəmæn/ *TBSZ* **cameramen** /ˈkæmrəmen/ (film)operatőr, kameraman

**camomile** /ˈkæməmaɪl/ kamilla

**camp** /kæmp/ *FNÉV*

❶ tábor(hely), sátortábor *pitch camp* tábort üt *break camp* tábort bont ❷ tábor, láger *labour camp* munkatábor ❸ [politikai] tábor

**camp** *MNÉV*

❶ nőies(kedő), férfiatlan(kodó) ❷ groteszk, bizarr, affektált

**camp** *IGE*

táboroz, kempingezik

**camp out** ❶ a szabadban alszik ❷ ideiglenes kényelmetlenségre rendezkedik be

**camp up** *camp it up* affektál, túljátszik vmit

**campaign** /kæmˈpeɪn/ *FNÉV*

❶ hadjárat ❷ mozgalom, kampány, korteshadjárat

**campaign** *IGE*

❶ kampányol (ami mellett: *for*) ❷ hadjáratban részt vesz

**campaign tour** kampánykörút

**camp bed** kempingágy, pótágy

**camp chair** kempingszék

**camper** /ˈkæmpə/ ❶ táborozó, kempingező ❷ lakóautó

**camper van** lakóautó

**campfire** tábortűz

**camping** /ˈkæmpɪŋ/ táborozás, kempingezés ⓘ *NEM* ~~camping, kemping~~

**campsite** táborhely, kemping

**campstool** kempingszék, tábori szék

**camp stove** kempingfőző

**campus** /ˈkæmpəs/ (egyetemi) campus

**can** /kæn/ *FNÉV*

❶ kanna *petrol can* benzines kanna ❷ konzerv(doboz) ❸ sitt, hűvös ❹ budi, klozet

**can** /kən/ VAGY /kæn/ *IGE*

SEGÉDIGEKÉNT: múltideje **could** /kʊd/, tagadása **can't** /kɑːnt/ VAGY **cannot** /kəˈnɒt/ VAGY /ˈkænɒt/ ❶ [képesség] tud vmit tenni, képes vmire, -hat/-het *she can swim* tud úszni ❷ [érzékszervi/gondolati igékkel] *I can smell it burning* érzem, hogy ég *can you see it?* látod? ❸ [engedély] *can I use the phone?* használhatom a telefont? ❹ [kérésben] *can you help me?* segítene? ❺ [valószínűség] *what can it be?* mi

lehet az? ❻ [valószínűtlenség] *she can't be home yet* még nem lehet otthon
FŐIGEKÉNT: /kæn/ befőz, konzervál, konzervet készít
**canal** /kə'næl/ FNÉV
❶ csatorna ❷ Mars-csatorna
**canal** IGE
csatornáz, csatornával ellát
**canalize** /'kænəlaɪz/ ❶ csatornáz ❷ irányít, folyat, vezet
**canary** /kə'neərɪ/ kanári
**canasta** /kə'næstə/ kanaszta
**cancel** /'kænsəl/ ❶ lemond, levesz a napirendről, levesz a műsorról, töröl ❷ áthúz, kihúz, (ki)töröl ❸ érvénytelenít, megsemmisít ❹ felold [módosítójellel] ❺ visszavon, „mégse" [számítógéppel]
**cancel out** *cancel smth out* kiolt *the two cancel each other out* a kettő kioltja egymást
**cancellation** /ˌkænsə'leɪʃən/ ❶ lemondás, törlés ❷ áthúzás, törlés *cancellation of a flight* járattörlés ❸ érvénytelenítés
**Cancer** /'kænsə/ ❶ Rák [állatövi jegy] ❷ Rák [jegyű ember] ❸ *Tropic of Cancer* Ráktérítő
**cancer** /'kænsə/ rák(betegség)
**cancerous** /'kænsərəs/ rákos, daganatos
**candid** /'kændɪd/ őszinte, nyílt
**candidacy** /'kændɪdəsɪ/ [politikai] jelöltség
**candidate** /'kændɪdət/ ❶ [politikai] jelölt ❷ állásjelölt ❸ vizsgázó ⓘ NEM ~~kandidátus~~
**candied** /'kændɪd/ cukrozott, (le)cukrozva, eltett, kandírozott
**candle** /'kændəl/ gyertya
**candlestick** gyertyatartó
**candy** /'kændɪ/ cukorka, édesség
**candyfloss** /'kændɪflɒs/ vattacukor
**cane** /keɪn/ FNÉV
❶ nád ❷ sétabot ❸ nádpálca ❹ nádfonatú, nád-
**cane** IGE
❶ megbotoz, pálcával fenyít ❷ náddal befon ❸ megver [sportban]
**cane chair** nádszék
**cannabis** /'kænəbɪs/ ❶ kannabisz, vadkender ❷ marihuána
**canned** /kænd/ ❶ konzervált, konzerv- ❷ előre felvett, „konzerv" [pl. zene, nevetés]
**cannery** /'kænərɪ/ konzervgyár
**cannibal** /'kænɪbəl/ emberevő, kannibál
**cannibalism** /'kænɪbəlɪzəm/ emberevés
**cannon** /'kænən/ ágyú, löveg
**cannon fodder** ágyútöltelék
**cannot** /kæ'nɒt/ VAGY /'kænɒt/ [= can not]
**canoe** /kə'nu:/ FNÉV/IGE kenu(zik)
**can opener** konzervnyitó
**canopy** /'kænəpɪ/ ❶ előtető ❷ baldachin ❸ babakocsi-tető ❹ szószék mennyezete
**can rose** kannarózsa
**can't** /kɑ:nt/ [= cannot] *I can't go* nem mehetek
**cant** /kænt/ FNÉV
❶ álszenteskedés, frázispufogtatás ❷ szakmai zsargon, tolvajnyelv ❸ ferdeség, ferde felület
**cant** IGE
❶ megdönt ❷ ferdén/rézsútosan áll, lejt ❸ frázisokat pufogtat
**cantaloup** VAGY **cantaloupe** /'kæntəlu:p/ sárgadinnye
**cantata** /kæn'tɑ:tə/ VAGY /kən'tɑ:tə/ kantáta
**canteen** /kæn'ti:n/ ❶ étkezde [gyárban, hadseregben], *students' canteen* menza ❷ kulacs ❸ tábori étkészlet
**cantilever** /'kæntɪli:və/ tartókar, konzol
**can't've** /'kɑ:ntəv/ [= cannot have] *he can't've been there* nem lehetett ott
**canvas** /'kænvəs/ ❶ vászon, kanavász ❷ olajfestmény
**canvass** ❶ korteskedik, kampányol ❷ házal ❸ megvitat, meghány-vet
**canyon** /'kænjən/ kanyon, szurdok
**cap** /kæp/ FNÉV
❶ sapka, sisak ❷ fejkötő, fityula ❸ kupak, fedél ❹ fedő, tető
KIFEJEZÉSEKBEN: *if the cap fits (wear it)* akinek nem inge, ne vegye magára
**cap** IGE
❶ sapkával ellát, fed *snow-capped* hófedte ❷ felülmúl, lefőz *to cap it all* mindennek a tetejébe ❸ válogatottba bevesz ❹ maximál, felső határt szab
**capability** /ˌkeɪpə'bɪlətɪ/ képesség, adottság, „tudás" [gépé]
**capable** /'keɪpəbəl/ ❶ képes, alkalmas (amire: *of*) ❷ ügyes, hozzáértő, tehetséges
**capacious** /kə'peɪʃəs/ tág, tágas, nagy befogadóképességű
**capacity** /kə'pæsətɪ/ ❶ térfogat, felvevőképesség, befogadóképesség, (tároló)kapacitás, terhelhetőség *measure of capacity* űrmérték ❷ kapacitás ❸ tehetség, képesség ❹ minőség *in his capacity as legal adviser* jogtanácsosi minőségében ❺ [elektromos] kapacitás
**capacity measure** űrmérték
**cape** /keɪp/ hegyfok
**caper** /'keɪpə/ FNÉV
❶ ugrabugrálás *cut capers* ugrabugrál, szökdécsel ❷ kapribogyó
**caper** IGE
ugrál, ugrabugrál, szökdécsel
**capillary** hajszálcsöves, kapilláris
**capital** /'kæpɪtəl/ FNÉV
❶ főváros, székváros ❷ nagybetű ❸ tőke *working capital* forgótőke *make capital (out) of smth* tőkét kovácsol vmiből, hasznára fordít vmit ❹ oszlopfő
**capital** MNÉV
❶ fő-, fontos, legfőbb *of capital importance* nagy/döntő fontosságú ❷ főbenjáró ❸ verzál, nagy- [betű]
**capital account** tőkeszámla

**capital allocation** tőkejuttatás
**capital asset** állóeszköz
**capital construction** nagyberuházás
**capital flow** tőkeáramlás
**capital gain** tőkenyereség
**capital goods** termelési eszközök
**capital injection** tőkeinjekció
**capital-intensive** tőkeigényes
**capitalism** /ˈkæpɪtəlɪzəm/ kapitalizmus
**capitalist** /ˈkæpɪtəlɪst/ FNÉV/MNÉV kapitalista
**capitalization** /ˌkæpɪtəlaɪˈzeɪʃən/ ❶ tőkésítés, feltőkésítés ❷ kapitalizálódás ❸ nagybetűvel írás
**capitalize** /ˈkæpɪtəlaɪz/ ❶ tőkével lát el ❷ tőkét felbecsül ❸ nagybetűvel ír
**capitalize on** *capitalize on smth* hasznára fordít vmit, hasznot húz vmiből
**capital offence** halálbüntetéssel járó / főbenjáró bűn
**capital punishment** halálbüntetés
**capital reserves** tőketartalék
**capital transfer tax** örökösödési adó
**capitulate** /kəˈpɪtjʊleɪt/ ❶ megadja magát, kapitulál ❷ beadja a derekát
**capitulation** /kəˌpɪtjʊˈleɪʃən/ kapituláció
**cappuccino** /kæpəˈtʃiːnəʊ/ VAGY /kɑːpəˈtʃiːnəʊ/ cappuccino, kapucsínó, kapucíner
**Capricorn** /ˈkæprɪkɔːn/ ❶ Bak [állatövi jegy] ❷ Bak [jegyű ember] ❸ *Tropic of Capricorn* Baktérítő
**capsize** /ˈkæpsaɪz/ felborul [hajó]
**capsule** /ˈkæpsjuːl/ ❶ kapszula ❷ űrkabin
**capt.** VAGY **Capt.** = captain
**captain** /ˈkæptɪn/ FNÉV
❶ százados ❷ kapitány ❸ kapitány [sportban] ❹ US főpincér
**captain** IGE
(kapitányként) vezet/parancsnokol
**caption** /ˈkæpʃən/ ❶ képaláírás, képszöveg ❷ [hivatalos] akta, dokumentum
**captivate** /ˈkæptɪveɪt/ meghódít, megnyer (magának), elbájol
**captive** ❶ foglyul ejtett, rab *take smb captive* fogságba ejt vkit *hold smb captive* fogva tart ❷ rögzített *captive balloon* rögzített léggömb
**captivity** /kæpˈtɪvətɪ/ fogság, rabság
**capture** /ˈkæptʃə/ FNÉV
❶ elfogás, fogságba ejtés ❷ zsákmány
**capture** IGE
❶ elfog, fogságba ejt ❷ bevesz [várat] ❸ megragad, megörökít ❹ megkaparint, markába kaparint, megszerez ❺ megragad [figyelmet] ❻ [adatot] rögzít
**car** /kɑː/ ❶ kocsi, autó *by* car kocsival, autóval ❷ (vasúti) kocsi, vagon ❸ fülke [lifté], gondola/kosár [léghajóé]
**carafe** /kəˈræf/ üvegkancsó
**car alarm** autóriasztó
**caramel** /ˈkærəməl/ égetett cukor, karamella
**carat** /ˈkærət/ karát *24-carat* 24-karátos
**caravan** /ˈkærəvæn/ ❶ lakókocsi, lakókonténer ❷ US konvoj, karaván
**caravanner** /ˈkærəvænə/ lakókocsizó
**caraway** /ˈkærəweɪ/ kömény
**carbine** /ˈkɑːbaɪn/ karabély
**car body** kocsiszekrény, karosszéria
**carbohydrate** /ˌkɑːbəʊˈhaɪdreɪt/ szénhidrát
**car bomb** gépkocsibomba
**carbon** /ˈkɑːbən/ ❶ szén ❷ indigó ❸ indigós másolat
**carbonated** /ˈkɑːbəneɪtɪd/ szénsavas
**carbon copy** ❶ indigós másolat ❷ vkinek a (kiköpött) mása ❸ vmi utánzata ❹ email-es másolat
**carbon dioxide** széndioxid szénsav(gáz)
**carbon monoxide** szénmonoxid
**carburetor** VAGY **carburettor** /ˌkɑːbəˈretə/ karburátor, porlasztó
**carcase** VAGY **carcass** /ˈkɑːkəs/ ❶ hulla, tetem, dög ❷ vminek az üres váza
**carcinogenic** /ˌkɑːsɪnəˈdʒenɪk/ rákkeltő, karcinogén
**card** /kɑːd/ FNÉV
❶ hitelkártya ❷ telefonkártya ❸ csekk-kártya ❹ névjegykártya ❺ (játék)kártya *lay ⁓one's⁓ cards on the table* nyílt kártyával játszik *it's in the cards* azt veti ki a kártya, *have a card up ⁓one's⁓ sleeve* van még egy ütőkártyája/aduja ❻ levelezőlap ❼ kartotéklap ❽ kártoló, gyapjúfésű ❾ kártya, lap [számítógépben]
**card** IGE
❶ igazoltat, kéri az igazolványt igazolványt ❷ kártol
**cardboard** karton(papír)
**card-carrying** tagdíjfizető, tényleges
**card catalogue** cédulakatalógus, kartoték
**card file** cédulagyűjtemény [kutatáshoz]
**cardholder** (hitel)kártyatulajdonos
**cardigan** /ˈkɑːdɪgən/ kardigán
**cardinal** /ˈkɑːdɪnəl/ FNÉV
bíboros
**cardinal** MNÉV
legfőbb, sarkalatos
**cardinal number** tőszám
**card-operated** kártyás, kártyával működő
**cardphone** kártyás telefon
**card trick** kártyamutatvány
**cards** /kɑːdz/ kártya *play cards* kártyázik *house of cards* kártyavár
KIFEJEZÉSEKBEN: *be in/on the cards* valószínű(nek tűnik)
**care** /keə/ FNÉV
❶ gond *free from care* gondtalan(ul), gond nélkül(i) ❷ gondosság, gondoskodás, törődés *take care of smth/smb* vigyáz vmire/vkire, gondját viseli vminek/vkinek, gondoskodik vmiről/vkiről *take care (not to do smth)* vigyázz (nehogy vmit tegyél) ❸ ellátás *medical care* orvosi ellátás ❹ gondozás, ápolás *skin care* bőrápolás ❺

*care of* címén, leveleivel *Mr Jones, care of Mrs Smith* Mr Jonesnak Mrs Smith címén

**care** *IGE*

❶ törődik, érdekli, gondol vmivel (akivel/amivel: *about/for*) *I don't care* bánom is én! *for all I care* felőlem (akár), énmiattam (ugyan) ❷ [udvarias kérdés/ajánlat] *would you care to* volna szíves

**care for** *care for smb/smth* ❶ törődik vkivel, gondoz vkit ❷ vmit szeretne, kér *would you care for some coffee?* volna kedved egy kávéhoz? *I don't really care for tea* nem igazán szeretem a teát

**career** /kə'rɪə/ *FNÉV*

❶ (élet)pálya, hivatás pályafutás karrier ❷ rohanás

**career** *IGE*

rohan/száguld

**careerism** /kə'rɪərɪzəm/ karrierizmus, a karrier minden elé helyezése

**careerist** /kə'rɪərɪst/ karrierista

**careers office** pályaválasztási tanácsadó iroda

**carefree** /'keəfriː/ gondtalan

**careful** /'keəful/ ❶ gondos, figyelmes ❷ óvatos, elővigyázatos *be careful* vigyázz

**care label** ruhába varrt tisztítási információ

**careless** /'keələs/ ❶ gondatlan, figyelmetlen ❷ zavartalan, gondtalan

**caress** /kə'res/ *FNÉV*

dédelgetés, átölelés, simogatás

**caress** *IGE*

átölel, dédelget, simogat

**caret** /'kærɪt/ hiányjel, betoldásjel

**caretaker** ❶ gondnok ❷ gondviselő

**cargo** /'kɑːgəʊ/ szállítmány, teher, rakomány

**cargo warehouse** teheráruraktár

**caricature** /'kærɪkətʃʊə/ karikatúra

**caricaturist** /'kærɪkətʃʊərɪst/ karikaturista

**caries** /'keərɪz/ *dental caries* fogszuvasodás

**car key** kocsikulcs

**carnage** /'kɑːnɪdʒ/ mészárlás, vérontás

**carnal** /'kɑːnəl/ testi, érzéki, szexuális

**carnation** /kɑː'neɪʃən/ szegfű

**carnival** /'kɑːnɪvəl/ ❶ *US* búcsú [vásár], vurstli ❷ farsang, karnevál

**carol** /'kærəl/ ❶ (vallási) ének, örömének ❷ karácsonyi ének

**carousel** /ˌkærə'sel/ ❶ körtár [diavetítőn] ❷ körhinta ❸ poggyász-futószalag, csomagszállító-szalag

**carp** /kɑːp/ *FNÉV*

ponty

**carp** *IGE*

nyafog, morog

**car park** parkoló(ház)

**carpenter** /'kɑːpəntə/ ács(mester)

**carpentry** /'kɑːpəntrɪ/ ácsmesterség

**carpet** /'kɑːpɪt/ szőnyeg ⓘ *NEM* ~~kárpit~~

KIFEJEZÉSEKBEN: *sweep smth under the carpet* szőnyeg alá söpör, megpróbál nem tudomást venni vmiről

**carpeted** szőnyeggel takart/borított ⓘ *NEM* ~~kárpitozott~~

**carphone** /'kɑːfəʊn/ gépkocsi-(mobil)telefon

**car pool** telekocsi

**car rental** gépkocsikölcsönzés

**carriage** /'kærɪdʒ/ ❶ kocsi, jármű ❷ (vasúti) kocsi, vagon ❸ szállítás, fuvarozás ❹ fuvardíj ❺ kocsi [írógépé] ❻ testtartás, járás

**carriageway** úttest

**carrier** /'kærɪə/ ❶ [műanyag] (bevásárló)szatyor ❷ szállítóvállalat, szállítmányozó ❸ bacilusgazda ❹ szállítójármű, csapatszállító [jármű/hajó] ❺ keret, bicikli-csomagtartó ❻ hordár, küldönc ❼ hordozóanyag

**carrier bag** [műanyag] (bevásárló)szatyor

**carrier pigeon** postagalamb

**carrion** /'kærɪən/ dög, hulla

**carrot** /'kærət/ sárgarépa

**carrousel** /ˌkærə'sel/ ❶ körtár [diavetítőn] ❷ körhinta ❸ poggyász-futószalag, csomagszállító-szalag

**carry** /'kærɪ/ *FNÉV*

hordtávolság, röptávolság, röppálya

**carry** *IGE*

❶ (el)visz, (el)szállít, cipel, hord, visel *carry guns* fegyvert visel ❷ terjeszt *carry diseases* betegséget terjeszt ❸ terjed *their voices carried a mile* hangjaik egy mérföldre hallhatóak voltak ❹ tart, támaszt ❺ viselkedik *carry ⁝oneself⁝ badly* rosszul viselkedik ❻ tart, árul [üzlet] ❼ közöl, lehoz [újság hírt] ❽ marad *18 and 5 are 23, carry 2* tizennyolc meg öt az huszonhárom, marad kettő *carry two and six is eight* [a megmaradt] kettő meg hat az nyolc ❾ elfogad, megszavaz ❿ *carry a 2-year guarantee* kétéves garancia van rajta *carry interest* kamatozik

KIFEJEZÉSEKBEN: *carry the day* sikert arat *carry a torch for smb* (reménytelenül) szerelmes vkibe *it won't carry you very far* nem mész vele sokra

**carry away** *get carried away* elragadtatja magát

**carry off** *carry smth off* ❶ megvalósít, véghezvisz ❷ elvisz, elnyer

**carry on** folytat *carry on doing smth* tovább csinál/folytat vmit

**carry on with** *carry on with smb/smth* ❶ folytat vmit ❷ viszonyt folytat vkivel

**carry out** *carry smth out* ❶ végrehajt, elvégez ❷ bevált, megvalósít ❸ elvisz, becsomagoltat [elvitelre árusító étteremből]

**carry through** *carry smb/smth through* ❶ végigcsinál, megvalósít ❷ [nehézségeken] átsegít vkit

**carry bag** szatyor, hordtáska

**carrycot** /'kærɪkɒt/ mózeskosár

**carrying strap** gurtni

**carry-on** *MNÉV/FNÉV* repülőgépre vihető (kézipoggyász)

---

**carryout** /ˈkærɪaʊt/ ❶ elvitelre árusított étel ❷ elvitelre árusító étterem
**car showroom** autószalon
**carsick** autózástól hányingere van
**cart** /kɑːt/ FNÉV
❶ taliga, talicska, kordé ❷ [bolti] bevásárlókocsi ❸ (könnyű) lovaskocsi ❹ kocsi *watering cart* locsolókocsi
KIFEJEZÉSEKBEN: *put the cart before the horse* fordított sorrendben csinál vmit
**cart** IGE
❶ fuvaroz, (el)szállít ❷ hord, cipel
**cart off** *cart smth off* elszállít, elvisz, elhord
**car theft** autólopás, gépkocsilopás
**car thief** autótolvaj
**cartographer** /kɑːˈtɒgrəfə/ kartográfus, térképész
**cartography** /kɑːˈtɒgrəfɪ/ kartográfia, térképészet
**carton** /ˈkɑːtən/ ❶ [tejes/joghurtos stb.] doboz ❷ karton(doboz), láda *a carton of cigarettes* egy karton cigaretta ❸ lőlap ⓘ NEM ~~karton(papír)~~
**cartoon** /kɑːˈtuːn/ FNÉV
❶ karikatúra ❷ rajzfilm ❸ (rajz)vázlat ⓘ NEM ~~karton~~
**cartoonist** /kɑːˈtuːnɪst/ ❶ karikaturista ❷ rajzfilmes, rajzfilmkészítő
**car transporter** autószállító
**cartridge** /ˈkɑːtrɪdʒ/ ❶ töltény, patron ❷ lejátszófej [lemezjátszón] ❸ (szalag)kazetta ❹ cartridge [számítógépes]
**cartridge belt** töltényöv
**cartridge case** töltényhüvely
**cartwheel** /ˈkɑːtwiːl/ cigánykerék
**carve** /kɑːv/ ❶ vés, (ki)farag ❷ vág, (fel)szeletel, szel, trancsíroz
**cascade** /kæˈskeɪd/ ❶ zuhatag, vízesés ❷ zuhatagszerű/vízesésszerű alak/mozgás ❸ lépcsőzetes elrendezés [számítástechnika]
**case** /keɪs/ ❶ láda, doboz ❷ szekrény ❸ tok, burok, tartó *pillow case* párnahuzat ❹ [jogi] ügy, eset, kereset, per *hear the case* tárgyalja az ügyet *lose the case* elveszíti a pert ❺ eset *in that case* ebben az esetben *in case* feltéve, hogy, amennyiben *just in case* arra az esetre, ha, ha netalán *in the case of cars* autók esetében, autóknál *in case of fire* tűz esetén *that's not the case here* arról itt nincs szó / az itt nem igaz / nem áll fenn ❻ *state/make* ⸢*one's*⸣ *case* kifejti/előterjeszti az álláspontját ❼ bizonyítékok/érvek *the case for the defence* a védelem bizonyítékai ❽ nyelvtani eset ❾ [betűfajta] *upper case* nagybetű, verzál
KIFEJEZÉSEKBEN: *in any case* mindenesetre, mindenképpen *in no case* semmi esetre sem *just in case* biztos, ami biztos, minden eshetőségre (készen)
**case history** kórelőzmény, anamnézis
**case report** kórleírás
**case sheet** beteglap
**case study** esettanulmány
**caseworker** szociális előadó
**cash** /kæʃ/ FNÉV
❶ készpénz *hard cash* készpénz *pay in cash* készpénzben fizet ❷ pénz *be out of cash / be short of cash* nincs pénze, pénzszűkében van
**cash** IGE
[csekket] bevált
**cash in** *cash smth in* (kész)pénzre vált
**cash in on** *cash in on smth* kihasznál vmit, hasznára fordít vmit
**cash book** csekk-könyv
**cash card** készpénzkártya, ATM-kártya
**cash desk** pénztár
**cash dispenser** bankjegykiadó automata
**cash flow** pénzáramlás
**cashier** /kəˈʃɪə/ FNÉV
pénztáros
**cashier** IGE
elbocsát/felfüggeszt [katonatisztet]
**cash in hand** MNÉV/HAT.SZÓ zsebbe/zsebből / számla nélkül (történő)
**cash machine** pénzkiadó automata
**cashmere** /ˈkæʃmɪə/ kasmír(szövet)
**cashpoint** pénzkiadó/bankjegykiadó automata
**cash register** pénztárgép
**casing** /ˈkeɪsɪŋ/ ❶ burkolat, foglalat, tok ❷ abroncs [autógumin]
**casino** /kəˈsiːnəʊ/ (játék)kaszinó
**cask** /kɑːsk/ hordó
**casket** /ˈkɑːskɪt/ ❶ (ékszer)ládika ❷ US koporsó
**casserole** /ˈkæsərəʊl/ ❶ fedett edény/lábos ❷ fedett edényben készült ragu/pörkölt
**cassette** /kəˈset/ kazetta
**cassette player** kazettás magnó
**cassette recorder** kazettás magnó
**cassette tape** szalagkazetta
**cassock** /ˈkæsək/ reverenda
**cast** /kɑːst/ FNÉV
❶ szereposztás *strong cast* jó szereposztás ❷ dobás, hajítás ❸ gipszkötés *plaster cast* gipszkötés ❹ minta, öntvény ❺ fajta, típus *cast of mind* lelkület, észjárás
**cast** /kɑːst/, **cast** /kɑːst/, **cast** /kɑːst/ IGE
❶ dob, vet, hajít *the die is cast* a kocka el van vetve *cast long shadows* hosszú árnyékot vet *cast light on smth* fényt derít/vet vmire ❷ szereposztást készít, szerepet oszt ❸ ledob, levet, levedlik ❹ önt *cast a statue* szobrot önt ❺ elveszít *cast its calf* elvetél [tehén] ❻ (ki)számol, kivet *cast smb's fortune* jósol / sorsot vet vkinek
KIFEJEZÉSEKBEN: *cast doubt on smth* megkérdőjelez, kételyeket támaszt vmivel kapcsolatban *cast a spell on smb* megront, elvarázsol
**cast away** *be cast away* hajótöröttként partra vetődik
**caste** /kɑːst/ kaszt
**caster** /ˈkɑːstə/ ❶ cukorszóró, borsszóró ❷ bútorgörgő, önbeálló görgő

C

**caster sugar** porcukor
**castigate** /ˈkæstɪgeɪt/ ❶ fenyít, büntet ❷ (meg)bírál, fedd
**cast iron** öntöttvas
**castle** /ˈkɑːsəl/ *FNÉV*
❶ vár, kastély ❷ bástya [sakkban]
KIFEJEZÉSEKBEN: *castles in the air / in Spain* légvárak, álmodozás
**castle** *IGE*
sáncol, rosál
**castor** /ˈkɑːstə/ ❶ cukorszóró, borsszóró ❷ bútorgörgő, önbeálló görgő
**castor oil** ricinusolaj
**castrate** /kæˈstreɪt/ kasztrál, kiherél
**castration** /kæˈstreɪʃən/ kasztrálás, kiherélés
**casual** /ˈkæʒuəl/ *FNÉV*
❶ alkalmi munkás ❷ lezser de drága ruhát hordó, futballmeccsen verekedő fiatal ('60-as években)
**casual** *MNÉV*
❶ nemtörődöm, közömbös ❷ hétköznapi, sportos, lezser ❸ alkalmi, nem rendszeres, ad hoc
**casualty** /ˈkæʒuəltɪ/ ❶ halálos baleset ❷ sérülés ❸ halott ❹ sebesült ❺ vminek az áldozata ❻ baleseti osztály
**casualty list** háborús veszteséglista
**casualty ward** baleseti osztály
**cat** /kæt/ ❶ macska ❷ macskaféle ❸ szipirtyó, boszorkány, bestia ❹ kilencágú (tengerész)korbács
KIFEJEZÉSEKBEN: *when the cat's away, the mice will play* nincs itthon a macska, cincognak az egerek *there is no room to swing a cat* olyan szűk a hely, hogy mozdulni se lehet *see which way the cat jumps* kivár(ja a fejleményeket) *let the cat out of the bag* elárul egy titkot *like a cat on a hot tin roof* feszeng *rain cats and dogs* zuhog, mintha dézsából öntenék *cat and dog life* kutya-macska barátság
**catalogue** /ˈkætəlɒg/ *FNÉV*
❶ jegyzék, katalógus ❷ áruházi (reklám)katalógus ⓘ *NEM* katalógus [előadáson]
**catalogue** *IGE*
jegyzékbe vesz, katalogizál, lajstromoz
**catalytic converter** /ˌkætəˌlɪtɪk kənˈvɜːtə/ katalizátor [autóban]
**catastrophe** /kəˈtæstrəfɪ/ katasztrófa, szerencsétlenség
**catastrophic** /ˌkætəˈstrɒfɪk/ végzetes, katasztrofális
**catch** /kætʃ/ *FNÉV*
❶ fogás, zsákmány ❷ (csapó)zár, zárnyelv, retesz ❸ csel, trükk, csapda ❹ zenei kánon ❺ biztosítóretesz [fegyveren] ❻ kitámasztó [redőnyé, spalettáé] ❼ elfogás, elkapás
**catch** /kætʃ/, **caught** /kɔːt/, **caught** /kɔːt/ *IGE*
❶ (meg)fog, megragad, elfog, elkap [tekintetet] *catch hold of smth* megragad vmit ❷ elfog, megfog *they caught the thief* elfogták a tolvajt ❸ felszáll *catch the 44* menj a 44-essel ❹ elér, vmire/vmikorra odaér *catch the bus* eléri a buszt *catch the 10 o'clock news* eléri a 10 órás híreket ❺ becsíp, beakad vmije *he caught his finger in the door* becsípte az ujját az ajtóba ❻ rajtakap *catch smb in the act* tetten ér vkit ❼ felfog, megért ❽ megragad, ábrázol ❾ (meg)akad, fog, záródik
KIFEJEZÉSEKBEN: *catch cold* megfázik, meghűl *catch fire* meggyullad, tüzet fog *catch the waiter's eye* próbáld idehívni a pincért
**catch on** ❶ sikere van/lesz, divatba jön ❷ megért vmit, „kapcsol" ❸ beválik
**catch on to** *catch on to smth* kapcsol vmivel kapcsolatban *catch on to what's going on* rájön/megérti, hogy mi folyik
**catch up** ❶ *catch smb up* utolér/beér vkit ❷ felzárkózik ❸ *catch smth up* bepótol vmit
**catch up on** *catch up on smth* bepótol vmit, behozza a lemaradását vmiben
**catch up with** *catch up with smb/smth* utolér, felzárkózik vkihez, beér
**catching** /ˈkætʃɪŋ/ ❶ ragályos, ragadós ❷ vonzó, magával ragadó
**catchment area** /ˈkætʃmənt ˈeərɪə/ ❶ iskola vonzáskörzete ❷ vízgyűjtő terület ❸ felvevőpiac
**catchword** ❶ (divatos) jelszó, szlogen ❷ élőfej [lexikonban] ❸ végszó
**categorical** /ˌkætəˈgɒrɪkəl/ kategorikus
**categorize** /ˈkætəgəraɪz/ osztályoz, kategorizál, besorol
**category** /ˈkætəgərɪ/ kategória, osztály
**cater** /ˈkeɪtə/ élelmet szállít, élelemmel ellát *cater (at) a wedding* gondoskodik az esküvői ételekről
**cater for** *cater for smb* kiszolgál, gondoskodik vkiről
**cater to** *cater to smth* vmilyen [r.szerint negatív] igényt kielégít
**catering** /ˈkeɪtərɪŋ/ ellátás, élelmezés
**caterpillar** /ˈkætəpɪlə/ ❶ hernyó ❷ hernyótalp
**caterpillar track** hernyótalp
**caterpillar tractor** hernyótalpas traktor
**cathedral** /kəˈθiːdrəl/ székesegyház
**cathode** /ˈkæθəud/ katód
**Catholic** *FNÉV/MNÉV* katolikus
**cat's eye** macskaszem, prizma
**cattle** /ˈkætəl/ marha, jószág *two head of cattle* két szarvasmarha
**cattle truck** marhavagon, marhaszállító teherautó
**catwalk** ❶ kifutó [divatbemutatón] ❷ keskeny gyalogjáró
**Caucasian** /kɔːˈkeɪʒən/ *FNÉV/MNÉV* fehérbőrű [besorolásként]
**caught** ☞ catch
**cauliflower** /ˈkɔːlɪflauə/ kelvirág, karfiol
**causation** /kɔːˈzeɪʃən/ ❶ műveltetés ❷ okozás
**causative** /ˈkɔːzətɪv/ műveltető
**cause** /kɔːz/ *FNÉV*
❶ ok *give cause for smth* okot ad vmire ❷

ügy *a good cause* jó ügy ❸ jogcím, indítóok, indítóok

**cause** *IGE*
❶ okoz, előidéz ❷ [okság kifejezése] *his illness caused him to miss a month* a betegsége miatt mulasztott egy hónapot

**caution** /ˈkɔːʃən/ *FNÉV*
❶ óvatosság, elővigyázatosság ❷ figyelmeztetés, intés ❸ a letartóztatott jogainak ismertetése ⓘ *NEM* ~~kaució~~

**caution** *IGE*
❶ figyelmeztet, (óva) int (ami ellen: *against*) ❷ megint, figyelmeztetést ad (ami miatt: *for*)

**cautious** /ˈkɔːʃəs/ óvatos, elővigyázatos (amivel: *about/with*)

**cavalcade** /ˌkævəlˈkeɪd/ ❶ (ünnepélyes) felvonulás ❷ autós/lovas felvonulás ⓘ *NEM* ~~kavalkád~~

**cavalry** /ˈkævəlrɪ/ lovasság

**cave** /keɪv/ *FNÉV*
❶ barlang ❷ üreg

**cave** *IGE*
**cave in** ❶ beomlik ❷ összeomlik, megtörik *cave in to the terrorists' demands* enged a terroristák követeléseinek

**cave painting** barlangrajz

**cavern** /ˈkævən/ barlang, üreg

**caviar** VAGY **caviare** /ˈkævɪɑː/ kaviár

**cavity** /ˈkævətɪ/ üreg, odú, lyuk

**cayenne** /keɪˈen/ VAGY **cayenne pepper** peperóni

**CBE** = Commander of the (Order of the) British Empire

**cc** = carbon copy; copies; cubic centimetre; chapters

**ccw** = counterclockwise

**CD** = Civil Defense; compact disk

**CD player** CD-(le)játszó

**CD-ROM** /ˌsiːdiːˈrɒm/ CD-ROM, számítógépes kompakt lemez

**CDW** CASCO [= collison damage waiver]

**CE** = common era; Commander (of the Order) of the British Empire

**cease** /siːs/ *FNÉV* megállás, szünet

**cease** *IGE* ❶ abbahagy, megszüntet, beszüntet ❷ abbamarad, megszűnik

**ceasefire** tűzszünet

**ceaseless** /ˈsiːsləs/ szakadatlan, szüntelen

**cedar** /ˈsiːdə/ cédrusfa

**ceilidh** /ˈkeɪlɪ/ tradicionális ír/skót tánc(mulatság)

**ceiling** /ˈsiːlɪŋ/ ❶ mennyezet, plafon ❷ plafon, csúcs, maximum

**celebrate** /ˈseləbreɪt/ ❶ (meg)ünnepel ❷ dicsőít, megénekel ❸ *celebrate Mass* misézik

**celebration** /ˌseləˈbreɪʃən/ ❶ (meg)ünneplés ❷ dicsőítés

**celebrity** /səˈlebrətɪ/ híres ember, híresség

**celery** /ˈselərɪ/ zeller

**celestial** /səˈlestɪəl/ ❶ mennyei ❷ égi

**celibacy** /ˈselɪbəsɪ/ ❶ (papi) nőtlenség(i fogadalom), cölibátus ❷ fogadott szűzesség [apácáé]

**cell** /sel/ ❶ cella, zárka ❷ (akkumulátor)cella ❸ sejt [szervezetben] ❹ szobácska, cella ❺ [titkos] sejt

**cellar** /ˈselə/ pince

**cellist** /ˈtʃelɪst/ csellista, gordonkaművész

**cello** /ˈtʃeləʊ/ cselló, gordonka

**cello concerto** gordonkaverseny

**celluloid** /ˈseljʊlɔɪd/ celluloid *on celluloid* (mozi)filmen

**Celsius** /ˈselsɪəs/ Celsius, celziusz

**Celt** /kelt/ VAGY /selt/ *FNÉV/MNÉV* kelta (ember)

**Celtic** /ˈkeltɪk/ VAGY /ˈseltɪk/ *FNÉV/MNÉV* ❶ kelta ❷ kelta nyelv

**cembalo** /ˈtʃembələʊ/ csembaló

**cement** /səˈment/ *FNÉV*
❶ cement ❷ (fog)cement, ragasztóanyag, tömítőanyag

**cement** *IGE*
❶ cementez ❷ (össze)ragaszt, tömít ❸ megerősít, megszilárdít

**cement mixer** betonkeverő

**cement silo** cementsiló

**cemetery** /ˈsemətrɪ/ temető

**censor** /ˈsensə/ *FNÉV*
cenzor

**censor** *IGE*
cenzúráz, megvizsgál

**censorship** /ˈsensəʃɪp/ cenzúra, cenzúrázás

**censure** /ˈsenʃə/ *FNÉV*
feddés, bírálat, megrovás ⓘ *NEM* ~~cenzúra~~

**censure** *IGE*
elítél, (meg)fedd, megró

**census** /ˈsensəs/ ❶ népszámlálás, összeírás ❷ felmérés, számlálás *traffic census* forgalomszámlálás

**cent** /sent/ ❶ cent ❷ „fillér", „fitying"

**centenary** /senˈtiːnərɪ/ *FNÉV*
százéves, századik centenáriumi

**centenary** *MNÉV*
százéves/századik évforduló, centenárium

**centennial** /senˈtenɪəl/ *US* százéves/századik évforduló, centenárium

**centigrade** /ˈsentɪgreɪd/ **Celsius** /ˈselsɪəs/ Celsius/celziusz fok

**centigram** VAGY **centigramme** /ˈsentɪgræm/ centigramm

**centimetre** /ˈsentɪmiːtə/ centiméter

**centipede** /ˈsentɪpiːd/ százlábú

**central** /ˈsentrəl/ ❶ központi, centrális, középső ❷ fő, központi ❸ a (város)központban lévő

**Central Europe** Közép-Európa

**central heating** központi fűtés

**centralization** /ˌsentrəlaɪˈzeɪʃən/ központosítás, centralizáció

**centralize** /ˈsentrəlaɪz/ központosít, centralizál

**centrally** /ˈsentrəlɪ/ ❶ központilag, a központból ❷ a (város)központban

**central reservation** elválasztósáv

iː tea ɪ it e bed æ cat ɜː bird ə ago eɪ way əʊ go aɪ my aʊ how eə air
ɑː car ɒ got ɔː war ʊ put uː too ʌ but ɪə here ʊə pure ɔɪ boy
θ thing ð this tʃ chip dʒ Joe ʃ ship ʒ measure s sit ŋ ring j you w win

**centre** /ˈsentə/ *FNÉV*
❶ középpont, központ *centre of commerce* kereskedelmi gócpont ❷ vminek a belseje ❸ centrum, központ, center *leisure centre* szabadidő-központ ❹ politikai centrum/közép *left of centre* balközép ❺ középcsatár, center

**centre** *IGE*
❶ összpontosít, középpontba helyez *be centred on/around/round smth* vmire összpontosul, vmi körül forog ❷ középre ad [labdát] ❸ középre helyez/tesz ❹ centríroz, centíroz

**centred dot** golyóbis, „bajusz”, bullet [szöveg tagolására]

**centrefold** ❶ színes újság dupla / kihajtható tripla középső oldala ❷ (ruhátlan) nő (képe) újság dupla középső oldalán

**centre forward** középcsatár

**centre-half** *TBSZ* **centre-halves** középfedezet

**centre reservation** elválasztósáv [autópályán]

**-centric** /ˈsentrɪk/ -centrikus, -központú

**centrist** /ˈsentrɪst/ centrista, közép-

**century** /ˈsentʃərɪ/ (év)század

**CEO** = chief executive officer

**cep** /sep/ vargánya

**ceramic** /səˈræmɪk/ kerámia, cserép- *ceramic tile* csempe

**ceramics** /səˈræmɪks/ ❶ kerámia(ipar), agyagművesség ❷ kerámia-termékek

**cereal** /ˈsɪərɪəl/ ❶ gabonanövény, gabonafelék, gabonaneműek ❷ zabpehely/kukoricapehely

**ceremonial** /ˌserəˈməunɪəl/ szertartásos

**ceremony** /ˈserəmənɪ/ szertartás, ünnepély

**certain** /ˈsɜːtən/ ❶ biztos, bizonyos *it's certain that* {MONDAT} bizonyos, hogy {MONDAT} *for certain* biztosra, biztosan ❷ biztos vmiben (amiben: *of/about*) ❸ bizonyos, egynémely, valami(féle) *it's got a certain charm* van egyfajta bája *a certain* egy bizonyos *a certain Ms Brown* egy bizonyos Ms Brown ❹ biztos(an bekövetkező) *certain death* biztos halál
KIFEJEZÉSEKBEN: *make certain that* {MONDAT} megbizonyosodik/meggyőződik róla, hogy {MONDAT} *make certain of doing smth* biztosít vmit, tesz vmiről

**certainly** /ˈsɜːtənlɪ/ ❶ biztosan, kétségkívül, tényleg(esen) ❷ [válaszként] *certainly!* hogyne! feltétlenül! szívesen! *certainly not!* semmi esetre sem!

**certainty** /ˈsɜːtəntɪ/ biztosság, bizonyosság *know smth for a certainty* biztosan tud vmit

**certificate** /səˈtɪfɪkət/ *FNÉV*
❶ bizonyítvány, igazolás, igazolvány, bizonylat *birth/death certificate* születési/halotti bizonyítvány *certificate of quality* minőségtanúsítvány ❷ [iskolai] bizonyítvány, oklevél

**certificate** /səˈtɪfɪkeɪt/ *IGE*
igazol, bizonyít

**certified public accountant** *US* ❶ mérlegképes könyvelő ❷ okleveles könyvvizsgáló

**certify** /ˈsɜːtɪfaɪ/ ❶ igazol, tanúsít, igazolást ad vmiről *this is to certify that* {MONDAT} ezennel igazoljuk, hogy {MONDAT} ❷ vmilyennek nyilvánít/minősít *certify the prisoner insane* elmebetegnek nyilvánít ❸ elmebetegnek nyilvánít

**cesarean** VAGY **cesarian** /sɪˈzeərɪən/ VAGY **Cesarean section** császármetszés

**cessation** /seˈseɪʃən/ ❶ megszűnés ❷ megszüntetés, felfüggesztés

**cesspit** /ˈsespɪt/ VAGY **cesspool** /ˈsespuːl/ ciszterna, emésztőgödör

**cf** = compare

**CF** = cost and freight; cubic foot/feet

**C flat** cesz

**C flat major** cesz dúr

**C flat minor** cesz moll

**cg** = centigram; centigrams

**ch** = chapter; check; chief; church

**chafe** /tʃeɪf/ ❶ (fel)horzsol, kidörzsöl ❷ felháborodik, dühöng (amin: *at/under*)

**chaff** /tʃɑːf/ *FNÉV*
pelyva

**chaff** *IGE*
ugrat vkit, évődik vkivel

**chaffinch** /ˈtʃæfɪntʃ/ pinty

**chain** /tʃeɪn/ *FNÉV*
❶ lánc, láncolat *gold chain* aranylánc *chain of ideas* gondolatsor *mountain chain* hegylánc ❷ lánc, bilincs *in chains* rabláncon ❸ lánc [kémiában]

**chain** *IGE*
leláncol, megláncol, megbilincsel

**chain reaction** láncreakció

**chain saw** láncfűrész

**chainsmoke** láncdohányzik, egyik cigiről a másikra gyújt

**chair** /tʃeə/ *FNÉV*
❶ szék *sit in/on a chair* széken ül *take a chair* helyet foglal ❷ tanszék ❸ elnök ❹ elnöki szék *be in the chair* elnököl

**chair** *IGE*
❶ elnököl [ülésen/bizottságban] *she chaired the meeting/committee* ő volt az ülés/bizottság elnöke ❷ levezényel

**chairlift** libegő

**chairman** /ˈtʃeəmən/ *TBSZ* **chairmen** /ˈtʃeəmən/ ❶ (férfi) elnök [bizottságban/gyűlésen] ❷ elnök, igazgató, cég elnöke

**chairmanship** /ˈtʃeəmənʃɪp/ elnökség, igazgatóság, elnöklet

**chairperson** /ˈtʃeəpɜːsən/ elnök

**chairwoman** /ˈtʃeəwumən/ *TBSZ* **chairwomen** /ˈtʃeəwɪmɪn/ ❶ (női) elnök, elnökasszony [bizottságban/gyűlésen] ❷ elnökasszony, igazgatónő

**chalet** /ˈʃæleɪ/ ❶ (alpesi) faház ❷ nyaraló, faház

**chalk** /tʃɔːk/ *FNÉV* ↳ *NEM MEGSZÁML*
❶ kréta ❷ mészkő
KIFEJEZÉSEKBEN: *as alike/different as chalk and cheese* ég és föld (különbség) *he can't tell /*

*doesn't know chalk from cheese* összetéveszti a szezont a fazonnal

**chalk** IGE

❶ krétával fölír ❷ bekrétáz, krétával megjelöl

**challenge** /'tʃælɪndʒ/ FNÉV

❶ kihívás, erőpróba ❷ feladat ❸ kétségbevonatal, megkérdőjelezés

**challenge** IGE

❶ kihív, feladat elé állít *challenge smb to a game* kihív egy partira *studying Latin really challenges me* a latintanulás komoly erőpróbát jelent számomra ❷ kétségbevon, megkérdőjelez ❸ ellentmondásra késztet ❹ kérdőre/felelősségre von

**challenge cup** vándorserleg, vándordíj

**challenged** /'tʃælɪndʒd/ fogyatékos, hiányos, nem teljesértékű *visually challenged* látási problémákkal küzdő, csökkentlátó *cerebrally challenged* csökkent értelmű, butácska

**challenging** /'tʃælɪndʒɪŋ/ ❶ erőpróbát jelentő, nehéz feladat elé állító ❷ állásfoglalásra/reagálásra késztető

**chamber** /'tʃeɪmbə/ ❶ szoba, terem ❷ kamara, ház [parlamenté] ❸ kamra, üreg [testben]

**chamberlain** /'tʃeɪmbəlɪn/ kamarás

**chambermaid** szobaasszony, szobalány

**chamber music** kamarazene

**chamber of commerce** kereskedelmi kamara

**chamber orchestra** kamarazenekar

**chamber pot** éjjeliedény

**chameleon** /kə'mi:lɪən/ ❶ kaméleon ❷ köpönyegforgató, kaméleon

**chamomile** /'kæməmaɪl/ kamilla

**champagne** /ʃæm'peɪn/ pezsgő

**champion** /'tʃæmpɪən/ FNÉV

❶ bajnok ❷ vmi (él)harcosa

**champion** IGE

síkraszáll vmiért, vmely ügyet támogat

**championship** /'tʃæmpɪənʃɪp/ ❶ bajnokság ❷ bajnoki cím ❸ vmi melletti síkraszállás

**chance** /tʃɑ:ns/ FNÉV

❶ véletlen *by chance* véletlenül *by any chance* egészen véletlenül ❷ lehetőség, esély, alkalom *stand a (good) chance of doing smth* esélye van vmi megtételére *(the) chances are that* {MONDAT} igen valószínű, hogy {MONDAT} *give smb a chance* alkalmat/esélyt ad vkinek vmire *the chance of a lifetime* az életben egyszer adódó lehetőség ❸ kockázat *take chances* kockáztat

**chance** MNÉV

véletlen(szerű)

**chance** IGE

❶ feltesz (amire: *on*) *chance all* ⁝one's⁝ *money* az összes pénzét felteszi ❷ megkockáztat vmit *let's chance our luck / let's chance it* kockáztassuk meg, próba–szerencse ❸ véletlenül történik vmi *I chanced to meet them* véletlenül/éppen találkoztam velük

**chance on** *chance on smth* (véletlenül) rá-akad/rábukkan vmire

**chancellor** /'tʃɑ:nsələ/ ❶ kancellár ❷ *Lord Chancellor* lordkancellár ❸ rektor [egyetemé]

**Chancellor of the Exchequer** az angol pénzügyminiszter

**chandelier** /ˌʃændə'lɪə/ csillár

**change** /tʃeɪndʒ/ FNÉV

❶ változás *make changes* változtat ❷ változtatás, váltás *change of directors* igazgatóváltás ❸ változatosság *for a change* kivételesen, a változatosság kedvéért *a change from work* kikapcsolódás ❹ csere *oil change* olajcsere ❺ (pénz)váltás ❻ *(small/loose) change* apró(pénz) *in change* apróban ❼ a visszajáró *keep the change* nem kérek vissza / a többi a magáé ❽ váltás *a change of clothes* egy váltás ruha

KIFEJEZÉSEKBEN: *ring the changes* változatossá tesz vmit (amit: *on*)

**change** IGE

❶ (meg/át)változtat, módosít *he has changed his address* elköltözött *change colour* elpirul, elsápad ❷ (meg/át)változik, módosul *change for the better* jobbra fordul, javul *change (in)to smth* átalakul/átváltozik vmivé ❸ (ki/le/fel)cserél, vált *change places with smb* helyet cserél vkivel *change* ⁝one's⁝ *clothes* átöltözik *change the baby's nappy* pelenkáz *change the sheets* ágyneműt cserél, új/friss ágyneműt húz *change gear* sebességet vált *change trains for London* átszáll London felé ❹ (fel)vált, átvált [pénzt] *change a pound* felvált egy fontot *change dollars for/into Slovene money* dollárt szlovén pénzre vált ❺ átszáll (ahol: *at,* ami felé: *for*) *change for London* átszáll London felé ❻ átöltözik *change out of a suit into smth more comfortable* leveszi az öltönyt és vmi kényelmesebbet vesz fel

KIFEJEZÉSEKBEN: *change* ⁝one's⁝ *mind* meggondolja magát *change hands* gazdát cserél

**change over** áttér, átáll (amire: *to*)

**changeability** /ˌtʃeɪndʒə'bɪlɪtɪ/ változékonyság

**changeable** /'tʃeɪndʒəbəl/ változékony

**change of life** klimax

**change of voice** mutálás

**changing booth** próbafülke

**changing cubicle** fürdőkabin, öltöző

**changing of the guard** őrségváltás

**changing room** öltöző

**changing top** pelenkázóasztal, pólyázóasztal

**channel** /'tʃænəl/ FNÉV

❶ csatorna, meder ❷ tengerszoros ❸ út, csatorna *go through the official channels* a hivatalos/„szolgálati" utat járja végig ❹ TV-csatorna

**channel** IGE

❶ áramoltat, vezet, irányít, terel, kanalizál *channel* ⁝one's⁝ *energies into smth constructive* vmi konstruktív dologra használja/fordítja az energiáit ❷ csatornáz, csatornát épít ❸ csatornán vezet ❹ [médiumként] közvetít

C

**chant** /tʃɑːnt/ *FNÉV*
❶ egyhangú dallam ❷ egyházi ének, zsolozsma ❸ vallásos ének

**chant** *IGE*
❶ kántál, skandál ❷ vallásos énekel énekel

**chaos** /ˈkeɪɒs/ káosz, zűrzavar

**chaotic** /keɪˈɒtɪk/ zűrzavaros

**chap** /tʃæp/ *FNÉV*
❶ pasas ❷ repedés, kicserepesedés

**chap** *IGE*
kicserepesedik, fölrepedezik *chapped lips* cserepes ajkak

**chapel** /ˈtʃæpəl/ ❶ kápolna ❷ imaterem, imaház ❸ istentisztelet ❹ nyomdász- ill. újságíró-szakszervezet

**chaplain** /ˈtʃæplɪn/ káplán, lelkész *prison chaplain* börtönlelkész

**chapter** /ˈtʃæptə/ ❶ fejezet *in Chapter XIII* a XIII. fejezetben *a sad chapter in history* a történelem szomorú fejezete ❷ káptalan

**char** ❶ elszenesedik, szénné ég ❷ elszenesít, szénné éget ❸ takarít(ónőként dolgozik)

**character** /ˈkærəktə/ ❶ jelleg, jellemző vonás, saját(os)ság ❷ jellem, karakter *man of character* jellemes ember ❸ karakter, betű ❹ szereplő, alak, figura ❺ alak, pofa

**characteristic** /ˌkærəktəˈrɪstɪk/ *FNÉV*
❶ jellegzetesség, ismertetőjel, stílusjegy ❷ [logaritmus] karakterisztikum(a)

**characteristic** *MNÉV*
tipikus, jellegzetes, jellemző (akire/amire: *of*)

**characterization** /ˌkærəktəraɪˈzeɪʃən/ ❶ jellemzés ❷ jellemábrázolás

**characterize** /ˈkærəktəraɪz/ ❶ jellemez ❷ leír, ábrázol

**charcoal** /ˈtsɑːkəʊl/ ❶ faszén ❷ rajzszén

**charge** /tʃɑːdʒ/ *FNÉV*
❶ költség díj *charges* költségek *free of charge* díjmentes(en), ingyen(es) *15 per cent service charge* 15 százalék felszolgálási díj *charge for heating* fűtési díj ❷ támadás, roham ❸ vád, vádaskodás *bring a charge against smb* vádat emel vki ellen *be arrested on a charge of murder* gyilkosság vádjával letartóztatják *be open to charges* (könnyen) hibáztatható ❹ töltés *the battery is on charge* az akku fel van töltve ❺ töltet, töltés *a strong emotional charge* erős érzelmi töltet ❻ vezetés, felügyelet, felelősség *the person in charge* a főnök/vezető *in/under my charge* az én vezetésem alatt *be in charge of smth* felelős vmiért *take charge of smth* gondjaiba vesz

**charge** *IGE*
❶ (fel)számít, kér *how much did they charge you for it?* mennyit kértek érte? ❷ (meg)vádol (amivel: *with*) ❸ (meg)támad ❹ megterhel [számlát], vkinek a számlájára ír ❺ (meg/fel)tölt [fegyvert, akkumulátort] ❻ megbíz *he charged her with looking after the kids* megbízta, hogy vigyázzon a gyerekekre

**chargeable** /ˈtsɑːdʒəbəl/ ❶ vádolható ❷ tulajdonítható ❸ felszámítható

**charge card** [egy fajta] hitelkártya

**charger** /ˈtʃɑːdʒə/ ❶ töltő [akkumulátoros készüléké] ❷ alapkészülék [vezeték nélküli telefoné] ❸ harci mén, csataló

**chariot** /ˈtʃærɪət/ harci szekér, versenyszekér

**charisma** /kəˈrɪzmə/ személyes varázs, karizma

**charismatic** /ˌkærɪzˈmætɪk/ karizmatikus

**charitable** /ˈtʃærɪtəbəl/ ❶ jótékony, bőkezű ❷ igazságos, jószívű, jóindulatú ❸ jótékonysági

**charity** /ˈtʃærətɪ/ ❶ jótékonyság, könyörület(esség), irgalmasság ❷ jótékonykodás, jótett ❸ karitatív szervezet ❹ alamizsna *live on charity* alamizsnából él ❺ igazságosság, jóindulat

**charity shop** jótékony célú használtcikk-kereskedés

**charlady** /ˈtʃɑːleɪdɪ/ takarítónő, bejárónő

**charlatan** /ˈʃɑːlətən/ ❶ kuruzsló, sarlatán ❷ csaló, kókler

**charm** /tʃɑːm/ *FNÉV*
❶ báj, varázs *turn on the charm* bedobja a bájait ❷ igézet, varázslat *works like charms* csodásan működik ❸ amulett

**charm** *IGE*
❶ elvarázsol, megbabonáz, elbűvöl ❷ bűvöl *charm snakes* kígyót bűvöl

**charming** /ˈtʃɑːmɪŋ/ bájos, elragadó, aranyos

**chart** /tʃɑːt/ *FNÉV*
❶ diagram, grafikon, (folyamat)ábra ❷ táblázat ❸ (tengerészeti) térkép

**chart** *IGE*
❶ térképez ❷ grafikonon ábrázol ❸ vázol, ábrázol

**charter** /ˈtʃɑːtə/ *FNÉV*
❶ okirat, alapokmány, charta ❷ bérbevétel, bérbeadás [járművé] *yachts available for charter* bérelhető jachtok

**charter** *IGE*
❶ kibérel, bérbe vesz [járművet] ❷ bérbe ad [járművet]

**chartered accountant** ❶ okleveles könyvvizsgáló ❷ mérlegképes könyvelő

**chartered airplane** VAGY **chartered plane** chartergép, charterjárat

**charter flight** charterjárat

**charts** *the charts* slágerlista

**charwoman** /ˈtʃɑːwʊmən/ *TBSZ* **charwomen** /ˈtʃɑːwɪmɪn/ takarítónő, bejárónő

**chase** /tʃeɪs/ *FNÉV*
❶ vadászat, üldözés, kergetés *car chase* autós üldözés *give smb chase* üldöz vkit ❷ vadászat

**chase** *IGE*
❶ üldöz, kerget, utánaszalad ❷ kikerget, kizavar ❸ kergetőzik ❹ *chase smb about smth* nyaggat vkit vmivel kapcsolatban

**chaser** /ˈtʃeɪsə/ ❶ üldöző ❷ kísérő [ital]

**chassis** /ˈʃæsɪ/ *TBSZ* **chassis** /ˈʃæsɪz/ alváz

[gépkocsié/repülőé] ⓘ NEM ~~sasszé, sasszi~~
**chastise** /tʃæ'staɪz/ megfenyít, megbüntet
**chastity** /'tʃæstətɪ/ ❶ szűziesség, erkölcsösség ❷ szűzesség
**chat** /tʃæt/ FNÉV
❶ beszélgetés, csevegés *have a chat* beszélget ❷ chat, csati [online]
**chat** IGE
(el)beszélget, cseveg, diskurál
**chat up** *chat smb up* ❶ „fűz", felszedni próbál ❷ rábeszélni próbál
**chatline** parti-vonal, chatline
**chatter** /'tʃætə/ FNÉV
❶ fecsegés, csevegés ❷ csicsergés, csiripelés ❸ karattyolás, rikoltozás [majomé] ❹ fogvacogás
**chatter** IGE
❶ csicsereg, csiripel ❷ fecseg ❸ karattyol, rikoltozik [majom] ❹ vacog [fog] ❺ zörög, kopog [gép]
**chatterbox** csacsogó, locsifecsi
**chauffeur** /'ʃəʊfə/ VAGY /ʃəʊ'fɜː/ sofőr [vki szolgálatában] ⓘ NEM ~~soför~~ [= autós]
**chauvinism** /'ʃəʊvɪnɪzəm/ ❶ sovinizmus, nacionalizmus ❷ elvakultság *male chauvinism* férfi-sovinizmus ❸ férfi-sovinizmus
**chauvinist** /'ʃəʊvənɪst/ ❶ soviniszta, nacionalista ❷ elvakult ember ❸ férfi-soviniszta
**cheap** /tʃiːp/ ❶ olcsó, olcsón *buy smth cheap* olcsón vesz vmit *on the cheap* olcsón ❷ egyszerűen, „olcsón" *he got off cheap* olcsón megúszta ❸ kínos *feel cheap* szégyenkezik ❹ értéktelen, vacak, közönséges
**cheaply** /'tʃiːplɪ/ olcsón
**cheat** /tʃiːt/ FNÉV
csaló
**cheat** IGE
❶ csal *cheat at cards* csal a kártyában ❷ rászed *cheat smb out of smth* csalással megszerez vkitől vmit ❸ *cheat (on) smb* megcsal vkit
**check** /tʃek/ FNÉV
❶ akadály, gátló/visszafogó körülmény *keep a check on smth* ellenőrzése alatt tart vmit, féken tart *hold smb/smth in check* féken tart, sakkban tart, visszatart ❷ ellenőrzés, vizsgálat, kontroll(vizsgálat) *give smth a check* ellenőriz, megvizsgál vmit *run a check on smth* vizsgálatot végez vmire vonatkozóan ❸ sakk *be in check* sakkban van ❹ US csekk ❺ US éttermi számla ❻ „pipa", kipipálás, ✓ jel ❼ kockás minta ❽ ruhatári cédula/jegy
**check** IND.SZÓ
sakk!
**check** IGE
❶ ellenőriz, átvizsgál ❷ megnéz, meggyőződik vmiről *I'll go and check (up)* megyek, megnézem ❸ kipipál [listán], ✓ jellel lát el) ❹ féken/sakkban tart, visszafojt [haragot stb.] ❺ sakkot ad ❻ *check (in)* felad [poggyászt] ❼ ruhatárba tesz, bead
**check in** ❶ (check-inhez) jelentkezik [reptéren] ❷ bejelentkezik [szállodában] ❸ US visszavisz [könyvet könyvtárba]
**check out** ❶ kijelentkezik [szállodából] ❷ ellenőriz ❸ egybevág ❹ megnéz, megfigyel *check this/it out!* ezt figyeld! ezt nézd meg! ❺ US kikölcsönöz [könyvet]
**check up** *check smth up* megvizsgál, ellenőriz, utánanéz (vminek)
**check up on** ellenőriz/megvizsgál vkit/vmit, utánanéz vkinek/vminek
**checkbook** US csekkfüzet, csekk-könyv
**checkbox** kocka, négyzet [ahová a ✗ ill. ✓ jel kerül]
**checked** /tʃekt/ kockás
**checkered** /'tʃekəd/ US ❶ tarka(barka), sokszínű ❷ színes kockás ❸ hányatott [élet]
**checkers** /'tʃekəz/ US dámajáték
**check-in** ❶ bejelentkezés, check-in [repülőtéren] ❷ bejelentkezés [szállodában]
**checking account** folyószámla
**check-in time** megjelenési idő [reptéren]
**checklist** ❶ névsor, jegyzék ❷ teendők/ellenőrizendők listája
**checkmark** /'tʃekmɑːk/ pipa, ✓ jel
**checkmate** FNÉV
❶ matt *put/place the king in checkmate* mattot ad a királynak ❷ ártalmatlanná tétel
**checkmate** IGE
❶ bemattol, mattot ad ❷ ártalmatlanná tesz
**checkout** ❶ pénztár [önkiszolgáló boltban] ❷ kijelentkezés [szállodából]
**checkpoint** ellenőrző pont [határon]
**checks and balances** fékek és ellensúlyok, hatalommegosztás
**checkup** ❶ ellenőrzés ❷ kivizsgálás, felülvizsgálat, kontrollvizsgálat
**cheek** /tʃiːk/ FNÉV
❶ arc *cheek by jowl* bizalmas közelségben ❷ farpofa ❸ szemtelenség *have the cheek to do stmh* van képe, hogy (MONDAT)
**cheek** IGE
szemtelenkedik/pimaszkodik vkivel
**cheeky** /'tʃiːkɪ/ pimasz, szemtelen
**cheer** /tʃɪə/ FNÉV
❶ éljenzés, drukkolás, szurkolás *give a cheer* hajrázik, éljenez ❷ jókedv, jó hangulat, vidámság ❸ étel, lakoma *good cheer* eszem-iszom
**cheer** IGE
❶ éljenez, drukkol, szurkol *cheer for the team* biztatja a csapatot ❷ *cheer smb (on)* megéljenez, megtapsol
**cheer up** ❶ felvidul ❷ felvidít, felderít
**cheerful** /'tʃɪəful/ ❶ víg, jókedvű, vidám, derűs ❷ szívesen végzett/tett, lelkes
**cheerio** /ˌtʃɪərɪ'əʊ/ ❶ viszontlátásra! viszlát! ❷ egészségére! [iváskor]
**cheerleader** US ❶ szurkolókórus irányítója ❷ mazsorett

**cheers** /tʃɪəz/ ❶ egészségére! [iváskor] ❷ kösz! ❸ OK! / rendben! ❹ viszlát! szia(sztok)!
**cheese** /tʃi:z/ sajt *cheese (melted) on toast* (sajtos) melegszendvics
KIFEJEZÉSEKBEN: *say cheese!* ott repül a kismadár! *as alike/different as chalk and cheese* ég és föld (különbség) *he can't tell / doesn't know chalk from cheese* összetéveszti a szezont a fazonnal
**cheesecake** /'tʃi:zkeɪk/ ❶ túrótorta ❷ (fél)meztelen nők ábrázolása [magazinban, filmen, stb.]
**cheese curd** túró
**cheesy** /'tʃi:zɪ/ ❶ sajtszerű, sajtszagú ❷ negédes, erőltetett [mosoly]
**cheetah** /'tʃi:tə/ gepárd
**chef** /ʃef/ VAGY **chef de cuisine** /ˌʃef də kwɪ'zi:n/ (fő)szakács, séf
**chemical** /'kemɪkəl/ *FNÉV*
vegyszer, vegyianyag, kemikália
**chemical** *MNÉV*
❶ vegyi, kémiai, vegy- ❷ vegyszeres, kemikáliákat felhasználó
**chemical engineer** vegyészmérnök
**chemical fertilizer** műtrágya
**chemical weapon** vegyifegyver
**chemist** /'kemɪst/ ❶ vegyész ❷ gyógyszerész, patikus
**chemistry** /'kemɪstrɪ/ ❶ vegytan, kémia ❷ testi tulajdonságok együttese ❸ [megmagyarázhatatlan] vonzódás két ember között
**chemist's** *the chemist's* ❶ illatszerbolt ❷ gyógyszertár, patika
**chemotherapy** /ˌki:məʊ'θerəpɪ/ kemoterápia
**cheque** /tʃek/ csekk *pay by cheque* csekkel fizet *write smb a cheque* kitölt egy csekket vkinek *cash a cheque* csekket bevált
**chequebook** csekkfüzet, csekk-könyv
**cheque card** csekk-kártya
**chequered** /'tʃekəd/ ❶ tarka(barka), sokszínű ❷ színes kockás ❸ hányatott, eseménydús *chequered career* eseménydús pályafutás
**chequered flag** indítózászló [autóversenyen]
**cherish** /'tʃerɪʃ/ ❶ dédelget, babusgat ❷ becsben tart, ápol [érzelmet, emléket], táplál [reményt, illúziókat]
**cherry** /'tʃerɪ/ ❶ cseresznye(fa) ❷ meggy(fa)
KIFEJEZÉSEKBEN: *the cherry on the cake/top* a hab a tortán *life isn't a bowl of cherries* az élet nem habostorta *lose ≥one's≤ cherry* elveszti a szüzességét [férfi/nő]
**chess** /tʃes/ sakk(játék)
**chess board** sakktábla
**chessman** /'tʃesmən/ *TBSZ* **chessmen** /'tʃesmən/ sakkfigura, sakkbábu
**chesspiece** sakkfigura, sakkbábu [a gyalogok kivételével]
**chess problem** sakkfeladvány
**chest** /tʃest/ ❶ mell, mellkas *get smth off ≥one's≤ chest* beszél arról, ami a szívét nyomja ❷ láda, doboz, szekrény
**chestnut** /'tʃesnʌt/ *FNÉV*
❶ gesztenye(fa) *horse chestnut* vadgesztenye *sweet/Spanish chestnut* szelídgesztenye *pull smb's chestnuts out of the fire* (utolsó pillanatban) bajból kiment ❷ pej ló ❸ szakállas vicc
**chestnut** *MNÉV*
gesztenyebarna, gesztenyeszínű
**chest of drawers** fiókos szekrény, komód, sublót
**chetah** /'tʃi:tə/ gepárd
**chew** ❶ rág, megrág *chew the rag* régi sérelmeken rágódik ❷ *chew the fat* diskurál, cseveg *chew the cud* hosszan kérődzik vmin, jól megfontol vmit (mielőtt dönt)
**chew over** *chew smth over* rágódik, (el)gondolkozik vmin
**chewing gum** /'tʃu:ɪŋ gʌm/ rágógumi
**chewy** /'tʃu:ɪ/ rágós, szívós
**chic** /ʃi:k/ *FNÉV*
elegancia, sikk(esség)
**chic** *MNÉV*
divatos, menő, sikkes
**Chicano** /tʃɪ'kɑ:nəʊ/ mexikói (származású) amerikai
**chiccory** /'tʃɪkərɪ/ cikória
**chick** /tʃɪk/ ❶ kiscsirke, (napos)csibe ❷ csibe, pipi, nő
**chicken** /'tʃɪkən/ *FNÉV*
❶ csirke, csibe ❷ (gyáva) nyúl ❸ pipi [= nő]
KIFEJEZÉSEKBEN: *don't count your chickens before they're hatched* ne igyál előre a medve bőrére
**chicken** *IGE*
**chicken out** megfutamodik, begyullad, elbizonytalanodik
**chicken breast** ❶ csirkemell ❷ galambmell [anatómiában]
**chick pea** /'tʃɪk pi:/ csicseriborsó
**chickenpox** bárányhimlő
**chicken-run** baromfiudvar
**chicory** /'tʃɪkərɪ/ cikória
**chide** /tʃaɪd/, **chid** /tʃɪd/ VAGY **chided, chid** /tʃɪd/ VAGY **chidden** /'tʃɪdən/ VAGY **chided** szid, korhol, lehord
**chief** /tʃi:f/ *FNÉV*
❶ főnök, vezér ❷ indiánfőnök *too many chiefs and not enough Indians* sok a főnök, a munkát meg kevesen végzik ❸ hülye/ostoba alak *you're a chief* hülye vagy
KIFEJEZÉSEKBEN: *in chief* főképpen, leginkább
**chief** *MNÉV*
fő, legfőbb *chief advisor* főtanácsadó *chief organizer* fő szervező *chief speaker* vezérszónok *chief sponsor* fő szponzor
**chief accountant** főkönyvelő
**chief executive officer** vezérigazgató
**chief inspector** (fő)felügyelő
**chief justice** főbíró

**chiefly** /ˈtʃiːflɪ/ főleg, elsősorban
**chief of staff** ❶ főcsoportfőnök, vezérkari főnök ❷ főtanácsadó, stábfőnök
**chieftain** /ˈtʃiːftən/ ❶ törzsfőnök, (törzsi) vezér ❷ klán-vezér
**chihuahua** /tʃɪˈwɑːwə/ csivava, csihuahua
**child** /tʃaɪld/ *TBSZ* **children** /ˈtʃɪldrən/ gyerek, gyermek
**child abuse** gyermek fizikai/szexuális bántalmazása/zaklatása
**child benefit** családi pótlék
**childbirth** (gyerek)szülés
**child care** óvodai/bölcsődei ellátás
**childhood** /ˈtʃaɪldhʊd/ gyermekkor
**childish** /ˈtʃaɪldɪʃ/ ❶ gyerekes, éretlen ❷ gyermeki *childish voice* gyermeki hang
**childless** /ˈtʃaɪldləs/ gyermektelen
**childlike** /ˈtʃaɪldlaɪk/ gyermeki
**childminder** gyerekfelvigyázó, bébiszitter, pótmama
**child molesting** gyermek szexuális bántalmazása/zaklatása
**child prodigy** csodagyerek
**childproof** gyerek által nem tönkretehető
**children's** gyerek-, gyermek- *children's bicycle* gyerekbicikli
**children's home** gyermekotthon
**child's** gyerek-, gyermek- *child's bicycle* gyerekbicikli
**child's play** gyerekjáték
**child support** gyerektartás(i díj)
**chili** /ˈtʃɪlɪ/ ❶ chili ❷ csili-paprika ❸ chilis étel *chili beans* chilis bab
**chill** *FNÉV*
❶ hideg, fagy *take the chill off smth* vmit kissé felmelegít ❷ fagyos hangulat ❸ meghűlés *catch a chill* meghűl, megfázik
**chill** /tʃɪl/ *MNÉV*
hűvös, hideg, fagyos *chill wind* fagyos szél
**chill** *IGE*
❶ (meg)fagyaszt, (le)hűt (meg)dermeszt ❷ hűtéssel edz
**chilli** /ˈtʃɪlɪ/ ❶ chili ❷ csili-paprika ❸ chilis étel *chili beans* chilis bab
**chilly** /ˈtʃɪlɪ/ ❶ hideg, hűvös *feel chilly* fázik, remeg, borzong ❷ hűvös, barátságtalan ❸ ijesztő, aggasztó
**chime** /tʃaɪm/ *FNÉV*
harangjáték, harangszó
**chime** *IGE*
cseng-bong, szól
**chimney** /ˈtʃɪmnɪ/ ❶ kémény ❷ (olaj)lámpaüveg, cilinder
**chimney stack** gyárkémény
**chimney swallow** füsti fecske
**chimney-sweep** kéményseprő
**chimp** /tʃɪmp/ csimpánz
**chimpanzee** /ˌtʃɪmpənˈziː/ csimpánz
**chin** /tʃɪn/ áll *punch smb on the chin* állba vág
**china** /ˈtʃaɪnə/ porcelán (edény)
**Chinatown** kínai negyed
**chinaware** ⁑ *NEM MEGSZÁML.* porcelán edény(ek)
**chinchilla** /ˌtʃɪnˈtʃɪlə/ csincsilla
**Chinese** /tʃaɪˈniːz/ *FNÉV*
❶ kínai ember ❷ kínai nyelv ❸ kínai konyha/ételek
**Chinese** *MNÉV*
kínai
**Chinese gooseberry** kivi, kiwi
**chink** /tʃɪŋk/ *FNÉV*
❶ rés, hasadék ❷ nyaláb, csóva ❸ hiba, tévedés ❹ *a chink in* ⁝*one's*⁝ *armour* gyengeség, gyenge pont ❺ csengés [üvegé, fémé]
**chink** *IGE*
csörget [pénzt], megcsendít [poharakat]
**chip** /tʃɪp/ *FNÉV*
❶ mikrochip, chip ❷ forgács, szilánk, darabka ❸ (ki)csorbulás, csorba ❹ zseton ❺ dohány, pénz
KIFEJEZÉSEKBEN: *he's a chip off the old block* kiköpött olyan, mint az apja *have a chip on* ⁝*one's*⁝ *shoulder* ingerlékeny, bosszankodó
**chip** *IGE*
❶ apróra vág, farag ❷ letör, eltör, kicsorbít ❸ letörik, kicsorbul
**chip away** ❶ *chip smth away* széttör, darabokra tör ❷ vmiből darabkákat tör le *chip away at the rock* a sziklát farigcsálja
**chip in** ❶ beleszól, hozzászól ❷ hozzájárul/beszáll vmivel *chip in (with) a pound* egy fonttal beszáll
**chipmunk** /ˈtʃɪpmʌŋk/ amerikai mókus, földimókus
**chips** /tʃɪps/ ❶ hasábburgonya ❷ *US* rósejbni, burgonyaszirom
KIFEJEZÉSEKBEN: *when the chips are down* mikor döntésre kerül sor *have had* ⁝*one's*⁝ *chips* vége van, neki annyi/lőttek
**chip shop** fish and chips-et árusító bolt
**chiropodist** /kɪˈrɒpədɪst/ pedikűrös, lábápoló
**chiropody** /kɪˈrɒpədɪ/ lábápolás, pedikűr
**chirp** csiripel, csicsereg
**chirpy** /ˈtʃɜːpɪ/ vidám, víg
**chisel** /ˈtʃɪzəl/ véső
**chit-chat** /ˈtʃɪt tʃæt/ *FNÉV*
csevegés, fecsegés
**chit-chat** *IGE*
cseveg, fecseg, pletykál
**chive** /tʃaɪv/ metélőhagyma, snidling
**chlorine** /ˈklɔːriːn/ klór
**chloroform** /ˈklɒrəfɔːm/ kloroform
**chlorophyl** VAGY **chlorophyll** /ˈklɒrəfɪl/ klorofill, levélzöld
**chocaholic** VAGY **chocoholic** /ˌtʃɒkəˈhɒlɪk/ édességfüggő ember
**chock-a-block** /ˌtʃɒkəˈblɒk/ *MNÉV/HAT.SZÓ* agyonzsúfolt(an), sűrű(n) *chock-a-block with cars* telisteli kocsikkal
**chock-full** /tʃɒkˈfʊl/ telisteli, zsúfolt

**chocolate** /ˈtʃɒklət/ ❶ ↯ NEM MEGSZÁML. csokoládé *a piece/bar of chocolate* egy tábla csokoládé *plain chocolate* étkezési csokoládé ❷ bonbon ❸ kakaó *hot chocolate* kakaó

**choice** /tʃɔɪs/ FNÉV
❶ választás *by choice* saját elhatározásból *make* ‹*one's*› *choice* választ ❷ választási lehetőség *have no (other) choice* nincs más választása ❸ választék

**choice** MNÉV
❶ válogatott, legjobb minőségű ❷ jól megválasztott

**choir** /kwaɪə/ énekkar, kórus

**choir boy** kóristafiú, karénekes

**choirmaster** karvezető

**choke** /tʃəʊk/ FNÉV
❶ megfojtás, megfullasztás ❷ megfulladás ❸ elfojt(ód)ás ❹ fojtószelep, szivató

**choke** IGE
❶ (meg)fojt, fojtogat, (meg)fullaszt ❷ fulladozik [nevetéstől/dühtől] ❸ fullad(ozik), megfullad *choke to death on a fish bone* megfullad egy halszálkától ❹ elfojt, eltöm ❺ eltömődik

**cholera** /ˈkɒlərə/ kolera

**choleric** /ˈkɒlərɪk/ hirtelen haragú, kolerikus

**cholesterol** /kəˈlestərɒl/koleszterin

**choosy** /tʃu:zɪ/ finnyás, válogatós (amiben: *about*)

**choose** /tʃu:z/, **chose** /tʃəuz/, **chosen** /tʃəuzən/ ❶ (ki)választ, megválaszt *choose between the two* választ a kettő közül ❷ dönt *do as you choose* tégy, ahogy határozol *choose to do smth* úgy dönt, hogy tesz vmit

**choosey** /ˈtʃu:zɪ/ finnyás, válogatós (amiben: *about*)

**chop** /ˈtʃɒp/ FNÉV
❶ csapás, vágás, ütés ❷ (csontos) hússzelet KIFEJEZÉSEKBEN: *get the chop* elbocsátják

**chop** IGE
❶ (fel)aprít, vagdal, (fel)vág, (szét)darabol, (fel)szeletel ❷ csökkent, megszüntet *chop support/funding for smth* leáll vminek a támogatásával ❸ felváltva mond/tesz ezt és azt
**chop up** *chop smth up* felszeletel, felvág, felaprít

**chopper** /tʃɒpə/ ❶ húsvágó bárd ❷ helikopter ❸ magas kormányú motor, chopper ❹ magas kormányú gyerekbicikli, ugrató kerékpár

**chopping block** vágódeszka

**chopstick** /ˈtʃɒpstɪk/ evőpálcika *a pair of chopsticks* egy pár evőpálcika

**chop suey** /ˌtʃɒpˈsu:ɪ/ chop suey, kínai zöldséges hús rizzsel

**choral** /ˈkɔ:rəl/ énekkari, kórus- *choral music* kórusmuzsika

**chorale** /kɒˈrɑ:l/ korál [zenei]

**chord** /kɔ:d/ ❶ húr ❷ (hang)szál ❸ akkord ⓘ NEM ~~kord~~

**chore** /tʃɔ:/ mindennapi (házi) munka *the daily chores* a mindennapi rutinmunkák

**choreographer** /ˌkɒrɪˈɒgrəfə/ VAGY /ˌkɔ:rɪˈɒgrəfə/ koreográfus

**choreography** /ˌkɒrɪˈɒgrəfɪ/ VAGY /ˌkɔ:rɪˈɒgrəfɪ/ koreográfia

**chorus** /ˈkɔ:rəs/ FNÉV
❶ refrén ❷ kórus, énekkar ❸ kórus [zenedarab] ❹ táncosok/énekesek/színészek mellékszerepben, tánckar

**chorus** IGE
szajkóz, kórusban mond

**chorus girl** (tánckari) görl, táncos mellékszereplő

**chorus line** tánckar

**chorus master** karigazgató

**chose** ☞choose

**chosen** ☞choose

**christen** /ˈkrɪsən/ ❶ (meg)keresztel ❷ vmilyen (bece)névre keresztel, elnevez

**Christendom** /ˈkrɪsəndəm/ ❶ kereszténység ❷ a keresztény világ

**Christian** /ˈkrɪstʃən/ FNÉV/MNÉV ❶ keresztény, keresztyén (ember) ❷ keresztényi, keresztyéni

**Christian Socialist** keresztényszocialista

**Christianity** /ˌkrɪstɪˈænətɪ/ kereszténység

**Christian name** keresztnév

**Christmas** /ˈkrɪsməs/ karácsony *Father Christmas* Mikulás

**Christmas carol** karácsonyi ének

**Christmas cracker** [gyerekeknek karácsonyra adott] durranó cukorka, benne kis ajándékkal

**Christmas Eve** karácsonyest(e), dec. 24-e

**Christmas pudding** [r.szerint égő brandyvel leöntött] gazdag édesség

**Christmas tree** karácsonyfa

**chrome** /krəum/ króm

**chrome steel** krómacél

**chrome yellow** élénksárga, krómsárga

**chromium** /ˈkrəumɪəm/ króm, króm-

**chromosome** /ˈkrɒməsəum/ kromoszóma

**chronic** /ˈkrɒnɪk/ ❶ idült, tartós, krónikus ❷ állandó, javíthatatlan

**chronicle** /ˈkrɒnɪkəl/ FNÉV
krónika

**chronicle** IGE
(krónikában/krónikásként) feljegyez

**chronicle play** történelmi dráma

**chronicler** /ˈkrɒnɪklə/ krónikás

**chronological** /ˌkrɒnəˈlɒdʒɪkəl/ időrendi, kronologikus

**chronology** /krəˈnɒlədʒɪ/ időrend(i tábla/sor), kronológia

**chrysanthemum** /krəˈsænθəməm/ krizantém

**chubby** /ˈtʃʌbɪ/ pufók

**chuck** /tʃʌk/ FNÉV
❶ (el)dobás, (el)hajítás ❷ *give smb the chuck* kirúg [állásából]

**chuck** IGE
(el)dob, (el)hajít
**chuck out** kidob *chuck smb out* ❶ vkit

vhonnan kidob/kihajít ❷ vmit kidob/kiszór/elhajít

**chuck-full** /tʃʌkˈfʊl/ telisteli, zsúfolt

**chuckle** /ˈtʃʌkəl/ FNÉV/IGE kuncog(ás)

**chum** /tʃʌm/ FNÉV

pajtás, cimbora

**chum** IGE

**chum up with** *chum up with smb* összebarátkozik vkivel

**chunk** /tʃʌŋk/ ❶ tömb, gombóc, darab *a chunk of meat* húsdarab ❷ nagy rész/darab/mennyiség

**chunky** /ˈtʃʌŋkɪ/ ❶ tömzsi ❷ vastag, tömör ❸ keménykötésű, tagbaszakadt

**church** /tʃɜːtʃ/ ❶ templom ❷ istentisztelet *go to church* templomba megy/jár ❸ egyház ❹ papi/egyházi pálya *enter/join the Church* papnak megy

**churchgoer** templomba járó ember

**Church of England** *the Church of England* az anglikán egyház

**church wedding** (hagyományos) egyházi esküvő

**churchyard** /ˈtʃɜːtʃjɑːd/ templomkert, temető(kert)

**churn** ❶ köpül ❷ kavarog ❸ felkavar *my stomach started to churn* felkavarodott/összerándult a gyomrom

**churn out** *churn smth out* ont, gyárt, [gépszerűen] kiköp

**chute** /ʃuːt/ csúsztató, csúszda

**chutes and ladders** „ki nevet a végén" (szerű) társasjáték

**CIA** = Central Intelligence Agency

**CIC** = Commander in Chief

**cider** /ˈsaɪdə/ ❶ almabor ❷ US almalé

**cigar** /sɪˈgɑː/ szivar

**cigarette** VAGY **cigaret** /ˌsɪgəˈret/ cigaretta

**cigarette butt** csikk, cigarettavég

**cigarette case** cigarettatárca

**cigarette end** csikk, cigarettavég

**cigarette holder** (cigaretta)szipka

**cigarette lighter** öngyújtó

**cigarette paper** cigarettapapír

**C-in-C** VAGY **C in C** = Commander-in-Chief

**cinder** /ˈsɪndə/ hamu, parázs, salak *be burnt to a cinder* szénné ég

**cine-camera** /ˈsɪnɪkæmrə/ filmfelvevő

**cine-film** /ˈsɪnɪfɪlm/ keskenyfilm, mozifilm

**cinema** /ˈsɪnəmə/ ❶ filmszínház, mozi ❷ film [mint művészet]

**cinema complex** multiplex mozi

**cinema goer** mozilátogató, néző

**cinematography** /ˌsɪnɪməˈtɒgrəfɪ/ filmművészet, filmkészítés

**cinnamon** /ˈsɪnɪmən/ fahéj(as) *cinnamon roll* fahéjas tekercs

**cipher** /ˈsaɪfə/ FNÉV

❶ titkosírás *in cipher* rejtjeles, rejtjelezett ❷ jelentéktelen ember ❸ zéró, nulla

**cipher** IGE

titkosírással ír, rejtjelez

**circle** /ˈsɜːkəl/ FNÉV

❶ kör, körvonal ❷ karika, köralak *circles round the eyes* karikás szemek *stand in the circle* a körben áll ❸ körforgás, ciklus, körpálya ❹ kerület, körzet ❺ kör, körök, társaság *in political circles* politikusi körökben ❻ erkély [színházban]

**circle** IGE

❶ bekarikáz ❷ *circle (round) smth* kering, körbejár, körüljár, köröz vmi körül ❸ körülvesz, körülfog, körülkerít, övez

**circuit** /ˈsɜːkɪt/ ❶ kör, kerület ❷ körforgás ❸ körút [munkavégzés során] ❹ áramkör

**circuit board** kártya, lap [számítógépben]

**circuit diagram** kapcsolási rajz

**circular** /ˈsɜːkjʊlə/ FNÉV

körlevél, hirdetmény

**circular** MNÉV

❶ köralakú, kör- ❷ körkörös, körben járó/forgó

**circulate** /ˈsɜːkjʊleɪt/ ❶ körbe forog, kering, cirkulál ❷ forgalomban van, közkézen forog ❸ körforgásba/forgalomba hoz, terjeszt ❹ forgolódik [partin]

**circulation** /ˌsɜːkjʊˈleɪʃən/ ❶ körforgás, keringés, cirkulálás ❷ forgalom, közkézen forgás *coins in circulation* forgalomban lévő fémpénzek ❸ példányszám [sajtóterméké]

**circumcise** /ˈsɜːkəmsaɪz/ körülmetél

**circumcision** /ˌsɜːkəmˈsɪʒən/ körülmetélés

**circumspect** /ˈsɜːkəmspekt/ körültekintő, óvatos

**circumspection** /ˌsɜːkəmˈspekʃən/ körültekintés, óvatosság

**circumstance** /ˈsɜːkəmstəns/ ❶ körülmény, viszony, állapot *in/under these circumstances* ezen körülmények között *in/under no circumstances* semmi esetre sem, semmi szín alatt ❷ részlet, körülmény, mozzanat ❸ eset, véletlen ❹ anyagi körülmények *in reduced circumstances* korlátozott anyagi körülmények között ❺ ceremónia, pompa *pomp and circumstance* hivatalos pompa

**circumstantial** /ˌsɜːkəmˈstænʃəl/ ❶ körülményektől függő ❷ részletes ❸ véletlen, esetleges

**circumstantial evidence** közvetett bizonyíték

**circus** /ˈsɜːkəs/ ❶ cirkusztársulat ❷ cirkusz ❸ [kör alakú] tér, körönd ❹ cirkusz, rumli

**circus trailer** cirkuszkocsi

**CIS** = Commonwealth of Independent States

**cistern** /ˈsɪstən/ ❶ öblítőtartály [vécéé] ❷ víztartály, víztároló

**citadel** /ˈsɪtədəl/ fellegvár, citadella

**citation** /saɪˈteɪʃən/ ❶ idézet ❷ idézés ❸ hivatalos dicséret

**cite** /saɪt/ ❶ idéz ❷ megidéz, beidéz ❸ hivatalosan megdicsér

**citizen** /ˈsɪtɪzən/ ❶ állampolgár ❷ (városi) polgár

**citizenry** /ˈsɪtɪzənrɪ/ polgárság

**citizenship** /ˈsɪtɪzənʃɪp/ állampolgárság
**citrus** /ˈsɪtrəs/ VAGY **citrus tree** citrus(fa)
**city** /ˈsɪtɪ/ város ⓘ NEM ~~city~~ [= központ]
**city centre** belváros, városközpont, centrum
**city dweller** városlakó
**city hall** városháza
**city planning** várostervezés
**cityscape** /ˈsɪtɪskeɪp/ városkép
**city-state** városállam
**civic** /ˈsɪvɪk/ ❶ városi, város- ❷ polgári
**civil** /ˈsɪvəl/ ❶ polgári, polgár- ❷ udvarias ❸ békés, civilizált ⓘ NEM ~~civil~~
**civil action** polgári per
**civil aviation** polgári repülés
**civil defence** polgári védelem
**civil disobedience** polgári engedetlenség
**civil engineer** általános mérnök, építőmérnök
**civil engineering** mélyépítés, általános/építő mérnöki tanulmányok/munka
**civilian** /sɪˈvɪlɪən/ FNÉV
polgári/civil személy, civil
**civilian** MNÉV
civil, polgári *the civilian population* a polgári lakosság
**civilization** /ˌsɪvɪlaɪˈzeɪʃən/ civilizáció, kultúra
**civilize** /ˈsɪvɪlaɪz/ ❶ civilizál ❷ művel, jómodorra oktat
**civil marriage** polgári házasság
**civil movement** civilmozgalom
**civil organization** civilszervezet
**civil rightist** VAGY **civil righter** jogvédő, polgárjogi harcos, (állam)polgári jogok harcosa
**civil rights** [nem-politikai jellegű] (állam)polgári jogok, polgárjogok
**civil servant** köztisztviselő, állami hivatalnok
**civil service** ❶ közigazgatás ❷ a köztisztviselői/hivatalnoki kar
**civil war** polgárháború
**ckw.** = clockwise
**cl** = centilitre(s); class
**claim** /kleɪm/ FNÉV
❶ igény, követelés *lay claim to smth* igényt tart/támaszt vmire, követel/igényel vmit *put in a claim for/on* kártérítési igényét bejelenti vmire, kártérítést igényel (vmiért) ❷ jog, (jog)alap, jogcím *have a (rightful) claim on/to smth* törvényes joga van vmihez ❸ állítás *make a claim* állít
**claim** IGE
❶ igényel, követel, jogot formál vmire ❷ jelentkezik vmiért ❸ vállal *a small group claimed responsibility for the bomb* egy kis csoport vállalt felelősséget a pokolgépért ❹ követel *claim hundreds of lives* százak életét követeli ❺ állít *he claims that* (MONDAT) azt állítja, hogy (MONDAT) ❻ *claim for/on smth* kártérítést igényel (vmiért)
**claim adjuster** biztosítási kárbecslő
**claimant** /ˈkleɪmənt/ ❶ igénylő, igényjogosult ❷ vminek a követelője
**clam** /klæm/ kis ehető kagyló
**clamour** /ˈklæmə/ FNÉV
❶ zaj, lárma, moraj ❷ zajos/tömeges követelés/panasz(kodás)
**clamour** IGE
lármázik, zajong, zúg
**clamour for** *clamour for smth* (zajosan/tömegesen) követel
**clamorous** /ˈklæmərəs/ zajos, lármás
**clamp** /klæmp/ FNÉV
❶ kerékbilincs ❷ kampó, szorító, csíptető
**clamp** IGE
❶ járművet kerékbilinccsel lezár *I've been clamped again* megint kerékbilincset tettek a kocsimra ❷ összekapcsol, összeszorít, összefog, leszorít
**clamp down on** *clamp down on smth* szigorít, korlátoz, leállít
**clan** /klæn/ klán, (skót) törzs
**clandestine** /klænˈdestɪn/ titkos, titkon/lopva végzett
**clang** /klæŋ/ FNÉV/IGE cseng(és), zeng(és) [fémtárgyé]
**clank** /klæŋk/ FNÉV
(lánc)csörgés
**clank** IGE
(tompán) ❶ cseng, csörög ❷ csörget
**clansman** /ˈklænzmən/ TBSZ **clansmen** /ˈklænzmən/ klán tagja
**clap** /klæp/ FNÉV
❶ taps *give smb a clap* megtapsol vkit ❷ csattanás, dörgés
**clap** IGE
❶ (meg)tapsol *clap* ⫶*one's*⫶ *hands* tapsol ❷ ütöget, üt, vereget *clap smb on the back* megveregeti vkinek a vállát ❸ csap, vág *she clapped her hand over his mouth* a szájára csapott
**clapper boy** csapó
**claret** /ˈklærət/ FNÉV
(bordói) vörösbor
**claret** MNÉV
vöröses-bordó
**clarification** /ˌklærəfɪˈkeɪʃən/ tisztázás, világossá tétel
**clarify** /ˈklærəfaɪ/ ❶ tisztáz, magyaráz ❷ leszűr
**clarinet** /ˌklærəˈnet/ klarinét
**clarion** /ˈklærɪən/ harsona *the clarion call of duty* a kötelesség hívó szava
**clarity** /ˈklærətɪ/ világosság, tisztaság
**clash** /klæʃ/ FNÉV
❶ összeütközés, konfliktus, összecsapás *border clashes* határmenti összecsapások *clash of opinions* véleményellentét *clash of interests* érdekellentét ❷ csattanás, összeütődés
**clash** IGE
❶ összeütközik, összecsap *police and demonstrators clashed* a rendőrség összecsapott a tüntetőkkel ❷ ütközik vmivel, nem illik össze vmivel *the trousers and the shirt clash* a nad-

rág és az ing üti egymást ❸ ellenkezik, ellentmond ❹ ütközik [két program]

**clasp** /klɑːsp/ *FNÉV*

❶ kapocs, csat ❷ kampó ❸ ölelés, fogás, szorítás

**clasp** *IGE*

❶ bekapcsol, összekapcsol ❷ erősen tart, átfog, (át)ölel, átkarol

**class** /klɑːs/ *FNÉV*

❶ [társadalmi/rendszertani/iskolai] osztály ❷ (tan)óra, foglalkozás [iskolai/egyetemi] ❸ *US* évfolyam, osztály ❹ osztály [szolgáltatási/minőségi kategória] *first/top class* első osztály(ú) ❺ stílus(érzék), elegancia

**class** *IGE*

❶ osztályoz, csoportosít ❷ besorol (ahová: *among/with*) ❸ jellemez, minősít (amilyennek: *as*)

**class fellow** ❶ osztálytárs ❷ évfolyamtárs

**classic** /ˈklæsɪk/ *FNÉV*

❶ remekíró, klasszikus ❷ remekmű, klasszikus mű/darab

**classic** *MNÉV*

klasszikus, modellértékű *a classic case/example of smth* vmi klasszikus példája

**classical** /ˈklæsɪkəl/ ❶ [görög/római] klasszikus *classical authors* klasszikus szerzők ❷ klasszikus, hagyományos *classical Marxist theory* klasszikus marxi elmélet

**classical music** komolyzene, klasszikus zene

**classicism** /ˈklæsɪsɪzəm/ ❶ [görög/római] klasszicizmus ❷ [modern kori] klasszicizmus

**classicist** /ˈklæsɪsɪst/ ❶ klasszicista ❷ a klasszikusok tanulmányozója

**classification** /ˌklæsɪfɪˈkeɪʃən/ osztályozás, beosztás, besorolás

**classified** /ˈklæsɪfaɪd/ *FNÉV*

apróhirdetés

**classified** *MNÉV*

❶ bizalmas, titkos *classified information* titkos információ ❷ osztályozott, osztályokba sorolt

**classified ad** apróhirdetés

**classify** /ˈklæsɪfaɪ/ ❶ osztályoz, besorol ❷ titkosít, titkossá nyilvánít

**classmate** ❶ osztálytárs ❷ *US* évfolyamtárs

**classroom** /ˈklɑːsruːm/ VAGY /ˈklɑːsrʊm/ tanterem, osztály, szaktanterem

**classroom test** ❶ zárthelyi ❷ dolgozat

**class struggle** VAGY **class war** osztályharc

**classwork** iskolai munka, osztálymunka

**clatter** /ˈklætə/ *FNÉV*

❶ zörgés, csattogás *a clatter of dishes* edénycsörömpölés *clatter of hoofs* lódobogás ❷ zsibongás, moraj

**clatter** *IGE*

❶ zörög, csörömpöl, zörget ❷ zsibong, morajlik

**clause** /klɔːz/ ❶ [jogi] cikkely, paragrafus, klauzula ❷ mellékmondat, tagmondat

**claustrophobia** /ˌklɔːstrəˈfəʊbɪə/ klausztrofóbia

**claustrophobic** ❶ klausztrofóbiás ❷ klausztrofóbiát okozó

**clavicembalo** /ˌklævɪˈtʃembələʊ/ klavicsembaló

**claw** /klɔː/ *FNÉV*

❶ karom *in smb's claws* vkinek a karmában / körmei között ❷ (rák)olló ❸ szöghúzó vég [kalapácson]

**claw** *IGE*

❶ karmol(ászik) ❷ megkarmol ❸ (karmával) megragad

**claw back** *claw smth back* ❶ visszaszerez, foggal-körömmel ismét megszerez ❷ egyik kézzel visszaveszi, amit a másikkal adott

**clay** /kleɪ/ agyag, cserép

**clean** /kliːn/ *FNÉV*

tisztítás *give the bottle a good clean* alaposan megtisztítja az üveget

**clean** *MNÉV*

❶ tiszta ❷ tiszta, üres *clean sheet* üres papír ❸ nem szennyező ❹ jogtiszta, korrekt ❺ sima, akadálymentes ❻ ártatlan, nem bűnös *clean record* büntetlen előélet ❼ illegális drogot/fegyvert nem rejtegető ❽ sugárzásmentes KIFEJEZÉSEKBEN: *come clean* töredelmesen bevall, kipakol, (amivel kapcsolatban: *about*) *make a clean breast of smth* bevall, tiszta vizet önt a pohárba

**clean** *HAT.SZÓ*

teljesen *I clean forgot* teljesen elfelejtettem *clean through* teljesen/pont keresztül *get clean away* könnyedén elmenekül

**clean** *IGE*

❶ (ki/meg)tisztít, (meg)mos, (ki/le)takarít *clean ≥one's≤ teeth* fogat mos ❷ kibelez

**clean out** *clean smth out* ❶ kitisztít, kitakarít ❷ kifoszt, kirabol ❸ *be cleaned out* egy vas/fillér nélkül marad

**clean up** *clean smth up* ❶ (ki)takarít, (ki/meg)tisztít *clean up this mess* takarítsd össze ezt a rendetlenséget! ❷ nyer, besöpör

**cleaner's** VAGY **cleaners** *the cleaner's/cleaners* ruhatisztító, száraztisztító *at the cleaner's/cleaners* a tisztítónál

**cleaning lady** takarítónő, bejárónő

**cleaning rug** felmosórongy, felmosóruha

**cleanliness** /ˈklenlɪnəs/ tisztaság, rendesség *cleanliness is next to godliness* a tisztaság Istennek tetsző erény

**cleanly** /ˈklenlɪ/ *MNÉV*

tiszta, rendes

**cleanly** /ˈkliːnlɪ/ *HAT.SZÓ*

tisztán, szépen

**cleanse** /klenz/ ❶ (meg/ki)tisztít [sebet] ❷ megtisztít, purgál

**cleanser** tisztítószer, súrolószer, lemosószer

**clean-shaven** simára/frissen borotvált

**clear** /klɪə/ *FNÉV*

*be in the clear* megúszta, túl van vmin

**clear** *MNÉV*

❶ tiszta, világos ❷ áttetsző, átlátszó ❸ világos, nyilvánvaló, (tisztán érthető) *make smth (absolutely) clear* megmagyaráz, teljesen érthetővé tesz vmit *make ⁒oneself⁒ clear* megérteti magát ❹ szabad, akadálymentes *clear of snow* hó(akadály)mentes *clear view* jó látási viszonyok *the signal "all clear" was sounded* lefújták a riadót *road clear* az út járható, zöld út *the coast is clear* tiszta a levegő ❺ teljes, egész *two clear days* két teljes nap ❻ *be clear about smth* biztos/bizonyos vmiben ❼ (világosan) ért vmit *I'm still not clear how it works* még mindig nem egészen világos/értem, hogy működik

**clear** *HAT.SZÓ*

❶ teljesen, egészen *keep/stay/steer clear of smth* elkerül vmit, óvakodik/tartózkodik vmitől *jump clear of the bus* elugrik a busz elől *stand clear of the door* félreáll az ajtóból ❷ tisztán, világosan, érthetően

**clear** *IGE*

❶ (meg/ki)tisztít ❷ megtisztul, kitisztul ❸ felment, tisztáz *he was cleared of the charge* felmentették a vád alól ❹ kiürít, szabaddá tesz *clear the table* leszedi / szabaddá teszi az asztalt *clear ⁒one's⁒ throat* torkát köszörüli ❺ leküzd, vesz *clear the fence/hurdle* átugorja a kerítést / veszi az akadályt *clear customs* átjut a vámon ❻ kiegyenlít [adósságot] ❼ bevált [csekket]

**clear away** ❶ *clear smth away* eltávolít, eltakarít ❷ felszáll, feltisztul [köd]

**clear out** ❶ meglép, meglóg, lelép ❷ *clear smth out* elpakol, kidob(ál)

**clear up** ❶ kiderül, kitisztul [idő] ❷ tisztáz, kiderít ❸ kitakarít, rendberak

**clearance** /ˈklɪərəns/ ❶ megtisztítás, szabaddá tétel [pályáé] ❷ vámkezelés, vámvizsgálat ❸ tér, hézag, távolság, térköz ❹ engedély

**clearance sale** végkiárusítás, szezonvégi kiárusítás

**clear-cut** ❶ éles körvonalú ❷ világos, tiszta, egyértelmű

**clearing** /ˈklɪərɪŋ/ ❶ (erdei) tisztás ❷ vámolás, vámkezelés ❸ megtisztítás, szabaddá tétel ❹ tisztázás, felmentés

**clearly** /ˈklɪəlɪ/ ❶ világosan, érthetően, jól láthatóan ❷ nyilván(valóan)

**clearway** gyorsforgalmi út

**cleavage** /ˈkli:vɪdʒ/ ❶ hasadás, meghasadás ❷ szakadás, szakadék ❸ dekoltázs

**cleave** /kli:v/, **cleaved** VAGY **cleft** /kleft/ VAGY **clove** /kləuv/, **cleaved** VAGY **cleft** /kleft/ VAGY **cloven** /ˈkləuvən/ ❶ (ketté)hasít, széthasít ❷ (szét)hasad

**cleft** /kleft/ *FNÉV*

hasadék, rés, repedés

**cleft** *IGE*

☞cleave

**cleft spine** spina bifida, nyitott gerinc

**clemency** /ˈklemənsɪ/ amnesztia *executive clemency* elnöki kegyelem

**clench** /klentʃ/ ❶ összeszorít *clench ⁒one's⁒ fist* ökölbe szorítja a kezét ❷ megragad, megmarkol

**clergy** /ˈklɜ:dʒɪ/ [keresztény] papság, klérus

**clergyman** /ˈklɜ:dʒɪmən/ *TBSZ* **clergymen** /ˈklɜ:dʒɪmən/ pap, lelkész

**clerical** /ˈklerɪkəl/ *FNÉV*

❶ pap, lelkész ❷ irodai dolgozó, írnok

**clerical** *MNÉV*

❶ papi, lelkészi ❷ írnoki, irodai *clerical error* elírás *clerical work* irodai munka ❸ klerikális

**clericalism** /ˈklerɪkəlɪzəm/ klerikalizmus, (túlzott) egyházi hatalom

**clerical worker** írnok, hivatalnok, irodai dolgozó

**clerk** /klɑ:k/ ❶ irodai dolgozó, hivatalnok, tisztviselő ❷ fogalmazó ❸ irattáros ❹ *US* elárusító, eladó ❺ pap, lelkész

**clever** /ˈklevə/ ❶ okos, eszes *too clever by half* beképzelt ❷ ügyes ❸ leleményes, ötletes ❹ ravasz *clever tricks* ravasz trükkök

**cliché** /ˈkli:ʃeɪ/ klisé, közhely, frázis

**click** /klɪk/ *FNÉV*

❶ kattanás, kattintás ❷ klikkelés, rákattintás ❸ kopogás, csattogás ❹ csettintőhang

**click** *IGE*

❶ kattan, kattint ❷ *click on smth* ráklikkel/rákattint vmire ❸ kopog, csattog ❹ *click ⁒one's⁒ heels (together)* összevágja a bokáját ❺ bekattan vkinek *it finally clicked (with her)* végül bekattant neki

**client** /ˈklaɪənt/ ❶ ügyfél, kliens ❷ vevő, vásárló ❸ kliensgép [távoli számítógép] ❹ védenc, pártfogolt

**clientele** /ˌkli:ɑnˈtel/ VAGY /ˌklaɪənˈtel/ ügyfélkör

**cliff** /klɪf/ szikla, kőszirt

**cliffhanger** /klaɪənt/ ❶ szoros küzdelem ❷ az izgalmas részeknél „függőben maradó" folytatásos film/történet ❸ bizonytalan, drámai helyzet

**climacteric** /klaɪˈmæktərɪk/ a változás kora, klimax

**climate** /ˈklaɪmət/ ❶ éghajlat, klíma ❷ légkör, atmoszféra *political climate* politikai légkör

**climatic** /klaɪˈmætɪk/ éghajlati *climatic change* éghajlatváltozás ⓘ *NEM* ~~klimaxos~~

**climax** /ˈklaɪmæks/ *FNÉV*

❶ tetőpont, csúcspont ❷ orgazmus ⓘ *NEM* ~~klimax~~

**climax** *IGE*

❶ tetőpontjára hág, eléri a csúcsot ❷ *climax in smth* vmiben kiteljesedik/kicsúcsosodik ❸ orgazmusa van

**climb** /klaɪm/ *FNÉV*

❶ emelkedés ❷ mászás

**climb** *IGE*

❶ mászik, kúszik, kecmereg ❷ megmászik (vmit), felmászik (vmire) *climb the ladder* felmászik a létrára

**climbing frame** mászóka [játszótéren]
**climbing plant** kúszónövény
**clinch** ❶ megköt *clinch the deal* megköti az üzletet/egyezséget ❷ eldönt, döntőnek bizonyul ❸ legörbíti a szeg hegyét
**cling** /klɪŋ/, **clung** /klʌŋ/, **clung** /klʌŋ/ ❶ belekapaszkodik (amibe: *to*), ragaszkodik (amihez: *to*) ❷ (oda)tapad (amihez: *to*) ❸ nem tágít, nem szűnik *the smell of cigarette smoke clings* a cigarettaszag sokáig nem megy el
**clingfilm** fólia, folpack
**clinic** /ˈklɪnɪk/ ❶ (szak)rendelő(intézet), ambulancia ❷ klinika ❸ (szak)rendelés ❹ klinikai bemutató/előadás ❺ fogadóóra [képviselőé]
**clinical** /ˈklɪnɪkəl/ ❶ klinikai, kórházi ❷ hűvös, tárgyilagos
**clinical thermometer** lázmérő
**clink** /klɪŋk/ FNÉV
❶ csengés, csörgés, csörömpölés ❷ *the clink* sitt, börtön
**clink** IGE
❶ csörög ❷ csörget, zörget *clink glasses (together)* koccint
**clip** /klɪp/ FNÉV
❶ kapocs, csíptető, csat *paper clip* gemkapocs *tie clip* nyakkendőtű ❷ tölténytár ❸ nyírás ❹ (egyszerre) lenyírt gyapjú ❺ újságkivágás ❻ legyintés, csapás ❼ film)klip
**clip** IGE
❶ (össze)csíptet, (össze)kapcsol ❷ (össze)-csíptethető, (össze)kapcsolható, (össze)kapcsolódik ❸ (meg/le)nyír, vagdal, vág ❹ [birkát] nyír ❺ (ki)lyukaszt
**clipboard** /ˈklɪpbɔːd/ ❶ vágólap ❷ csipeszes írótábla
**clip-on earring** klipsz
**clipping** /ˈklɪpɪŋ/ ❶ nyírás ❷ lenyírt anyag ❸ újság(cikk)kivágás
**clique** /kliːk/ klikk
**clitoris** /ˈklɪtərɪs/ VAGY /ˈklaɪtərɪs/ csikló, klitorisz
**cloak** /kləuk/ FNÉV
❶ köpönyeg, köpeny, palást ❷ lepel, ürügy
**cloak** IGE
❶ beborít, vmivel fed *cloaked in mystery* titok fedi ❷ leplez
**cloakroom** /ˈkləukruːm/ ❶ ruhatár, csomagmegőrző ❷ illemhely [középületben]
**clock** /klɒk/ FNÉV
❶ óra [fali/álló] *put/set the clock back* visszaállítja az órát *put/set the clock ahead/forward/on (an hour)* előreállítja az órát (egy órával) *watch the clock* az időt/órát figyeli/nézi [hogy mikor van vége a munkaidőnek] ❷ sebességmérő ❸ kilométeróra
KIFEJEZÉSEKBEN: *round/around the clock* 24 órán át, éjjel-nappal *work against the clock* az idő szorításában dolgozik, versenyt fut az idővel *put/set the clock back* visszaforgatja a történelem kerekét
**clock** IGE
❶ mér, stoppol [időt] ❷ vmennyivel megy [a kilométeróra szerint] *we clocked 100 mph on the motorway* száz mérfölddel mentünk a sztrádán ❸ megüt, megsuhint
**clock in** VAGY **clock on** ❶ bélyegez [munkába érkezéskor] ❷ munkába érkezik
**clock out** VAGY **clock off** ❶ bélyegez [munkából távozáskor] ❷ munkából távozik
**clock radio** ébresztős rádió, rádiós ébresztőóra
**clockwise** az óramutató (járásának) irányában
**clockwork** ❶ felhúz(hat)ós, rugós *clockwork train* rugós játékvonat ❷ óramű
**clog** /klɒg/ FNÉV
❶ béklyó ❷ akadály, vmi akadályozója ❸ facipő, klumpa
**clog** IGE
❶ eltöm, teletöm *get clogged* eldugul ❷ eltömődik, elzáródik
**cloister** /ˈklɔɪstə/ ❶ kerengő ❷ kolostor
**clone** /kləun/ FNÉV
❶ klón ❷ utánzat, vkit utánzó ember ❸ [számítógép] klón
**clone** IGE
klónoz
**close** FNÉV
❶ /kləuz/ befejezés, vmi vége ❷ /kləus/ elhatárolt/zárt földterület / füves térség ❸ /kləus/ sikátor, köz
**close** /kləus/ MNÉV
❶ közeli *close to the shops* a boltokhoz közel(i) *get close* közeledik ❷ sűrű, tömött, szoros ❷ fülledt, levegőtlen ❸ (egész) közeli *close friend* jó barát ❹ alapos, pontos *on closer inspection/examination* közelebbről megvizsgálva ❺ zárkózott, hallgatag ❻ kevésen múló, szoros *the results were very close* szoros volt az eredmény ❼ zárt (=„magas") [magánhangzó]
**close** /kləus/ HAT.SZÓ
közel, szorosan *close to smth* vmihez közel *close on 100* közel/majdnem 100 *close to 200* közel/majdnem 200 *close by* közvetlenül mellette, közel vmihez *close at hand* kéznél, közel az emberhez
KIFEJEZÉSEKBEN: *be close home* vkinek húsba vág *his remarks were close home* megjegyzései elevenen/kellemetlenül érintettek
**close** /kləuz/ IGE
❶ bezár, becsuk, lezár *close the gap* felzárkózik ❷ (be)zárul, záródik, becsukódik ❸ bezár [intézmény] lezár, befejez ❹ megszüntet, beszüntet ❺ végződik, befejeződik, zárul ❻ köt *close a deal* üzletet köt ❼ ér vmennyit, zár [pl. tőzsdén] *the pound closed at $1.33* a font 1,33 dolláron zárt
**close down** ❶ *close smth down* zár, befejez [adást] ❷ *close smth down* bezár [intézményt] ❸ zárul [adás]
**close up** ❶ *close smth up* összevon, össze-

szorít, összébb zár ❷ bezárul, összezárul ❸ begyógyul [seb]
**closed** /kləʊzd/ ❶ zárt, zárva *closed on Mondays* hétfőn(ként) zárva ❷ válogatott, zártkörű ❸ bezárkózó, zárt *closed society* zárt társadalom ❹ zárt, egységes
**closed chain** VAGY **closed cirrcuit** zártláncú
**closedown** /ˈkləʊzdaʊn/ ❶ bezárás [intézményé], leállítás ❷ műsorzárás
**closed season** *US* vadászati tilalom
**closefisted** /kləʊsˈfɪstɪd/ szűkmarkú, fösvény
**closefitting** /kləʊsˈfɪtɪŋ/ testhezálló
**closely** /ˈkləʊslɪ/ ❶ szorosan ❷ gondosan, figyelmesen
**closemouthed** /ˈkləʊsmaʊθt/ szűkszavú
**closeness** /ˈkləʊsnəs/ ❶ zárkózottság ❷ dohosság, fülledtség ❸ közelség
**close season** vadászati tilalom
**close shave** hajszálon múló helyzet/megmenekülés
**closet** /ˈklɒzət/ *FNÉV*
❶ *US* faliszekrény, beépített szekrény ❷ *come out of the closet* nyíltan vállalja / hirdeti homoszexualitását ⓘ *NEM* ~~klozet~~
**closet** *MNÉV*
❶ titkos *a closet communist* kriptokommunista *a closet homosexual* meleg mivoltát titkoló homoszexuális ❷ túl elméleti *closet strategist* szobastratéga
**closet** *IGE*
*be closeted (together)* össze van(nak) zárva
**close thing** hajszálon múló helyzet/megmenekülés
**close-up** /ˈkləʊsʌp/ közeli felvétel, közelkép, premier plán
**closure** /ˈkləʊʒə/ bezárás [vállalaté/intézményé]
**clot** /klɒt/ *FNÉV*
(vér)csomó, rög
**clot** *IGE*
(össze)csomósodik, megalvad
**cloth** /klɒθ/ ❶ anyag, szövet(anyag), posztó, vászon *cloth coat* szövetkabát ❷ rongy *clean it with a damp cloth* nedves ronggyal tisztítja
**clothe** /kləʊð/ ❶ (fel)öltöztet, ruház *clothed warmly* melegen öltözött ❷ fed, rejt, takar
**clothes** /kləʊðz/ ruha, ruházat, ruhanemű *beautiful clothes* szép ruha *put on* ⸗*one's*⸗ *clothes* felöltözik
**clothes brush** /ˈkləʊðzbrʌʃ/ ruhakefe
**clotheshanger** /kləʊðzhæŋə/ ruhaakasztó, vállfa
**clothesline** /ˈkləʊðzlaɪn/ (ruha)szárítókötél
**clothes louse** /ˈkləʊðzlaʊs/ *TBSZ* **clothes lice** /ˈkləʊðzlaɪs/ ruhatetű
**clothespeg** /ˈkləʊzspeg/ ruhaszárító csipesz
**clothespin** /ˈkləʊzpɪn/ *US* ruhaszárító csipesz
**clothing** /ˈkləʊðɪŋ/ ⍼ *NEM MEGSZÁML* öltözet, ruházat *article of clothing* ruha(darab) *protective clothing* védőruha, védőöltözék
**cloud** /klaʊd/ *FNÉV*
felhő *cloud of smoke* füstfelhő *mushroom cloud* gombafelhő *cloud of mosquitoes* szúnyograj, szúnyogfelhő *clouds of war* háborús fellegek *have* ⸗*one's*⸗ *head in the clouds* fellegekben jár, álmodozik
KIFEJEZÉSEKBEN: *every cloud has a silver lining* minden rosszban van valami jó, borúra derű
**cloud** *IGE*
❶ felhőbe borít ❷ beborul, elhomályosul ❸ elront, beárnyékol ❹ elken, elmaszatol, összezavar
**cloud over** ❶ befelhősödik *the sky clouded over* befelhősödött ❷ (az arca) elkomorul
**clouded** /ˈklaʊdɪd/ ❶ felhős ❷ zavaros [folyadék]
**cloudy** /ˈklaʊdɪ/ ❶ felhős, borús ❷ homályos, zavaros ❸ halvány
**clout** /klaʊt/ *FNÉV* ❶ pofon, ütés, csapás ❷ kompetencia, erő, puvoár, befolyás (akinél: *with*)
**clove** /kləʊv/ *FNÉV*
❶ szegfűszeg ❷ gerezd [fokhagymáé]
**clove** *IGE*
☞cleave
**cloven** ☞cleave
**cloven hoof** hasított köröm, pata
**clover** /ˈkləʊvə/ ❶ lóhere *four-leaved clover* négylevelű lóhere ❷ *be in clover* felveti a pénz, gazdagságban él
**clover leaf** /ˈkləʊvəliːf/ *TBSZ* **clover leaves** /ˈkləʊvəliːvz/ ❶ lóhere levele ❷ lóhere (alakú kereszteződés)
**clown** /klaʊn/ *FNÉV*
❶ bohóc ❷ bohóc, idétlen(kedő) ember *the class clown* az osztály bohóca
**clown** *IGE*
bohóckodik, bolondozik
**cloying** /klɔɪɪŋ/ émelyítő, édeskés *cloying sentimentalism* szirupos érzelgősség
**cloze test** [hiányzó szavak beírásából álló] „cloze”-teszt
**club** /klʌb/ *FNÉV*
❶ klub, egyesület *stamp club* bélyeg-klub ❷ mulató ❸ bunkó(sbot), furkósbot ❹ golfütő ❺ kormányzár ❻ treff
**club** *IGE*
(bottal) (meg)üt, ütlegel
**club law** ököljog
**clubs** treff *seven of clubs* treff hetes
**club sandwich** *US* emeletes szendvics
**club soda** szódavíz
**cluck** ❶ kotyog [kotlósé] ❷ *cluck over smb* anyáskodik vki fölött, kotlós módjára viselkedik vkivel
**clue** /kluː/ *FNÉV* ❶ nyom, nyomravezető jel, bűnjel ❷ kulcs [megfejtéshez], vminek a nyitja *not have a clue* fogalma sincs *I haven't a clue* gőzöm sincs ❸ sütnivaló, ész *that guy hasn't a clue* annak az alaknak semmi esze
**clueless** *be clueless* ❶ fogalma sincs vmiről ❷ egyáltalán nem ért vmit/vmihez

**clumsy** /ˈklʌmzɪ/ ❶ esetlen, ügyetlen ❷ tapintatlan ❸ nehezen kezelhető
**clung** ☞cling
**cluster** /ˈklʌstə/ *FNÉV*
❶ nyaláb, csomó, csoport ❷ fürt ❸ hangcsoport ❹ *US* katonai kitüntetés [szalagon] ❺ klaszter
**cluster** *IGE*
összegyűlik, összeverődik, csoportosul, vhol összpontosul
**clutch** /klʌtʃ/ *FNÉV*
❶ megragadás, megfogás, szorítás *get into smb's clutches* vkinek a fogságába / karmai közé kerül ❷ kuplung ❸ egy fészekalja [tojás/csibe] ❹ csoport, csapat
**clutch** *IGE*
❶ megragad, szorosan megfog, (oda)szorít ❷ megpróbál elkapni/belekapaszkodni ❸ (ki)költ [tojást/csibét]
**clutter** /ˈklʌtə/ *FNÉV*
összevisszaság, zűrzavar, rendetlenség
**clutter** *IGE*
összevisszaságot/zűrzavart csinál
**clutter up with** *clutter smth (up) with smth* telezsúfol, teletöm vmit vmivel
**cm** = centimetre(s)
**C major** c-dúr
**Cmdr.** = Commander
**C minor** c-moll
**Co.** = Company
**Co** = company; county
**c/o** = care of
**coach** /kəʊtʃ/ *FNÉV*
❶ távolsági autóbusz ❷ vasúti kocsi ❸ edző, mesteredző ❹ privát tanár ❺ *US* turistaosztály, harmadosztály ❻ hintó *coach and four* négyesfogat
**coach** *IGE*
❶ [magántanítványt] felkészít *she coaches me in French* franciából korrepetál ❷ távolsági buszon szállít
**coach box** bak, kocsisülés
**coach driving** (fogat)hajtás, hajtóverseny
**coachman** /ˈkəʊtʃmən/ *TBSZ* **coachmen** /ˈkəʊtʃmən/ kocsis, (fogat)hajtó
**coachwork** karosszéria
**coal** /kəʊl/ *FNÉV*
❶ szén ❷ széndarab, parázs
KIFEJEZÉSEKBEN: *carry coals to Newcastle* a Dunába vizet hord
**coal** *IGE*
❶ szénnel ellát ❷ szenet vesz fel
**coal dust** szénpor
**coalition** /ˌkəʊəˈlɪʃən/ koalíció *broad/grand coalition* nagykoalíció
**coalition government** koalíciós kormány
**coal mine** szénbánya
**coal miner** szénbányász
**coal scuttle** szeneskanna, szenesvödör
**coal shovel** szeneslapát
**coarse** /kɔːs/ ❶ durva, vastag, nyers ❷ közönséges, goromba
**coarse-grained** durva szemcséjű
**coast** /kəʊst/ ❶ tengerpart ❷ lesiklás, legurulás
**coastal** /ˈkəʊstəl/ (tenger)parti, partmenti *coastal trade/fishing* partmenti kereskedelem/halászat *coastal waters* parti vizek
**coaster** /ˈkəʊstə/ ❶ parti hajó ❷ poháralátét, „szett"
**coast guard** ❶ parti őrség ❷ parti őrség tagja
**coat** /kəʊt/ *FNÉV*
❶ kabát, zakó (kosztüm)kabát, felöltő *turn ⁝one's⁝ coat* köpönyeget forgat ❷ bunda, szőr [állaté] ❸ takaró, réteg, bevonat
**coat** *IGE*
bevon vmivel *be coated with dust* por lepi/fedi
**coat hanger** vállfa
**coating** /ˈkəʊtɪŋ/ ❶ bevonat, réteg ❷ kabátszövet
**coat of arms** címer(pajzs)
**coat of mail** páncéling, sodronyvért, ingvért
**co-author** *FNÉV/IGE* társszerző(ként szerez/ír)
**coax** /kəʊks/ ❶ (csalogatással/hízelgéssel) rávesz (amire: *into*) *coax smb into coming out* előcsalogat vkit ❷ (hízelgéssel) kicsikar vkiből vmit *he coaxed a smile out of her* mosolyt csalt ki belőle
**cob** /kɒb/ ❶ kukoricacső *corn on the cob* csöves kukorica ❷ kis zömök ló ❸ hím hattyú ❹ puffancs, kis cipó
**cobalt** /ˈkəʊbɔːlt/ kobalt
**cobblestone** /ˈkɒbəlstəʊn/ macskakő, utcakő
**cobra** /ˈkəʊbrə/ kobra
**cobweb** pókháló
**cocaine** /kəʊˈkeɪn/ kokain
**cock** /ˈkɒk/ *FNÉV*
❶ kakas ❷ hím [madáré] *cock robin* hím vörösbegy ❸ (víz)csap ❹ kakas [lőfegyveren] ❺ kis szénakazal/boglya ❻ farok, fasz
**cock** *IGE*
❶ felállít, felemel *cock its hind leg* felemeli a hátsó lábát *cock the/its ears* fülét hegyezi ❷ felgyűr, felhajt *cock ⁝one's⁝ hat* félrecsapja a kalapját ❸ kakast felhúz
**cockade** /kɒˈkeɪd/ ❶ sapkarózsa ❷ kakastoll [kalapon] ⓘ *NEM* ~~kokárda~~
**cock-a-doodle-do** /ˌkɒkəduːdəlˈduː/ kukurikú
**cockatoo** /ˌkɒkəˈtuː/ kakadu
**cockchafer** /ˈkɒktʃeɪfə/ cserebogár
**cocker** /ˈkɒkə/ VAGY **cocker spaniel** /ˌkɒkə ˈspænjəl/ cocker spániel
**cock fight** VAGY **cock fighting** kakasviadal
**cockle** /ˈkɒkəl/ ehető szívkagyló
**Cockney** /ˈkɒknɪ/ ❶ londoni (munkás)ember ❷ Cockney kiejtés
**cockpit** /ˈkɒkpɪt/ ❶ pilótafülke, kormányállás ❷ gyakori háborúk színhelye ❸ kakasviadali tér
**cockroach** /ˈkɒkrəʊtʃ/ svábbogár
**cockscomb** /ˈkɒkskəʊm/ ❶ kakastaraj ❷ csörgősipka, udvaribolond sipkája

C

iː tea ɪ it e bed æ cat ɜː bird ə ago eɪ way əʊ go aɪ my aʊ how eə air
ɑː car ɒ got ɔː war ʊ put uː too ʌ but ɪə here ʊə pure ɔɪ boy
θ thing ð this tʃ chip dʒ Joe ʃ ship ʒ measure s sit ŋ ring j you w win

**cocktail** ❶ koktél [ital] ❷ koktél [előétel/desszert] *fruit cocktail* gyümölcskoktél
**cocktail party** koktélparti
**cocoa** /ˈkəʊkəʊ/ ❶ kakaó(por) ❷ kakaó
**cocoa bean** kakaóbab
**coconut** /ˈkəʊkənʌt/ kókuszdió
**cod** /kɒd/ VAGY **codfish** /ˈkɒdfɪʃ/ tőkehal
**code** /kəʊd/ *FNÉV*
❶ jelrendszer, kód ❷ rejtjel(es ábécé) *break/crack a code* titkosírást/rejtjelet megfejt ❸ *dialling/area code* körzetszám, körzetkód/város-kód [telefonszámban] ❹ törvénykönyv, jogszabálygyűjtemény, kódex
**code** *IGE*
❶ rejtjelez ❷ kódol [programot]
**code of practice** (működési) szabályzat
**code word** jelige
**codex** /ˈkəʊdeks/ *TBSZ* **codices** /ˈkəʊdɪsiːz/ kódex
**cod liver oil** tőkemájolaj, „csukamájolaj"
**co-ed** koedukált, koedukációs
**co-education** /ˌkəʊedjʊˈkeɪʃən/ koedukáció
**coerce** /kəʊˈɜːs/ ❶ kényszerít (amire: *into*) ❷ elnyom(ás alatt tart)
**coercion** /kəʊˈɜːʃən/ ❶ kényszer(ítés), nyomásgyakorlás ❷ korlátozás, elnyomás
**coexist** /ˌkəʊɪgˈzɪst/ egyidejűleg van/létezik
**coexistence** /ˌkəʊɪgˈzɪstəns/ együttélés, egyidejű létezés
**coexistent** /ˌkəʊɪgˈzɪstənt/ egyidejűleg létező
**coffee** /ˈkɒfɪ/ kávé *black coffee* fekete(kávé) *instant coffee* instant kávé *white coffee* tejeskávé
**coffee bar** tejbár, kávézó, büfé
**coffe bean** kávészem, kávébab
**coffee break** uzsonnaszünet, kávészünet
**coffee grinder** kávédaráló
**coffee grounds** kávéalj, zacc
**coffee machine** ❶ kávéfőzőgép ❷ italautomata, kávé-automata
**coffee maker** kávéfőzőgép
**coffe mill** kávédaráló
**coffee shop** ❶ (esz)presszó, kávézó ❷ kávéüzlet
**coffee spoon** mokkáskanál, kávéskanál
**coffee table** dohányzóasztal
**coffin** /ˈkɒfɪn/ koporsó
**cog** /kɒg/ ❶ fogaskerék ❷ fog [fogaskeréké] ❸ gépezet láncszeme *just a cog in the machine* csak egy fogaskerék a gépezetben
**cog gear wheel** fogaskerék
**cognac** /ˈkɒnjæk/ konyak
**cog railway** fogaskerekű vasút
**cog wheel** fogaskerék
**coherence** /kəʊˈhɪərəns/ VAGY **coherency** /kəʊˈhɪərənsɪ/ összefüggés, koherencia, következetesség
**coherent** /kəʊˈhɪərənt/ koherens, összefüggő, következetes
**cohesion** /kəʊˈhiːʒən/ kohézió, (össze)tapadás, összetartás
**cohesive** /kəʊˈhiːsɪv/ kohéziós, összefüggő, összetartó
**coil** /kɔɪl/ *FNÉV*
❶ tekercs, orsó, fonat, gyűrű ❷ [villamos] tekercs(elés) ❸ spirál [fogamzásgátló]
**coil** *IGE*
❶ felteker, felgöngyölít, felcsavar ❷ felcsavarodik, kígyózik, felgöngyölödik
**coin** /kɔɪn/ *FNÉV*
fémpénz, érme, pénzdarab *toss/flip a coin* feldob egy pénzt *the other side of the coin* az érem másik oldala
KIFEJEZÉSEKBEN: *pay smb in their own coin* visszafizet valakinek [neki tett rosszat]
**coin** *IGE*
❶ készít, ver [pénzt] ❷ alkot, létrehoz [új szót]
KIFEJEZÉSEKBEN: *be coining it / be coining money* csak úgy dől hozzá a pénz
**coincide** /ˌkəʊɪnˈsaɪd/ ❶ egybevág, összeillik, megegyezik ❷ [időben] egybeesik
**coincidence** /kəʊˈɪnsɪdəns/ ❶ egybevágás, összeillés, megegyezés ❷ [időbeli] egybeesés ❸ véletlen, koincidencia
**coincidental** /kəʊˌɪnsɪˈdentəl/ véletlen(szerű), a véletlennek köszönhető
**coke** /kəʊk/ ❶ koksz ❷ kóla, (Coca) Cola
**col.** = college; colony; colour(ed); column
**cola** /ˌkəʊlə/ kóla, cola
**cold** /kəʊld/ *FNÉV*
❶ hideg, fagy ❷ megfázás, meghűlés, nátha *catch (a) cold* meghűl, megfázik *have a cold* náthás, meg van hűlve
KIFEJEZÉSEKBEN: *be (left out) in the cold* nem törődnek vele, mellőzik *come in from the cold* kellemetlen helyzete véget ér
**cold** *MNÉV*
❶ hideg *as cold as ice* jéghideg *be/feel cold* fázik *grow cold* kihűl, lehűl *go cold with fear* jeges rémület vesz rajta erőt *pour/throw cold water on smth* lehűti a lelkesedést *in cold blood* hidegvérrel ❷ hűvös, barátságtalan, közönyös ❸ hideg, hidegfejű, józan ❹ frigid ❺ „hideg" [játékban] *you're getting colder!* hideg, hideg, hidegebb! ❻ eszméletlen *knock smb cold* leterít, kiüt
KIFEJEZÉSEKBEN: *stop cold* megtorpan
**cold** *HAT.SZÓ*
egyenesen, teljesen *turn smb down cold* határozottan elutasít vkit
**cold cuts** felvágottak
**cold cream** arckrém, bőrápoló krém
**cold feet** *have cold feet* be van gyulladva/ijedve *get cold feet* begyullad, beijed
**cold-hearted** kőszívű, szívtelen
**cold pack** hideg borogatás, priznic
**cold shoulder** *give smb the cold shoulder* hűvösen/barátságtalanul kezel vkit
**cold spell** VAGY **cold snap** rövid ideig tartó hideg [idő]
**cold storage** ❶ hűtőházi raktározás, mélyhűtés

❷ félretétel, „jegelés" *put the plan into cold storage* pihenteti / jegeli a tervet
**cold store** hűtőház, hűtőkamra
**cold turkey** elvonási / abbahagyáskor fellépő tünetek [drogosnál]
**cold war** hidegháború
**cole** /kəʊl/ kelkáposzta
**coleslaw** /ˈkəʊlslɔː/ káposztasaláta [répával/dresszinggel)
**colewort** /ˈkəʊlwɜːt/ kelkáposzta
**coll** = collective; college; colloquial
**collaborate** /kəˈlæbəreɪt/ ❶ együttműködik, közösen dolgozik (amin/amiben: *on*) ❷ együttműködik az ellenséggel, kollaborál
**collaboration** /kəˌlæbəˈreɪʃən/ ❶ együttműködés ❷ kollaborálás [ellenséggel]
**collaborative** /kəˈlæbərətɪv/ együttműködésen alapuló, együttes
**collaborator** /kəˈlæbəreɪtə/ ❶ munkatárs, közreműködő ❷ kollaboráns
**collage** /ˈkɒlɑːʒ/ VAGY /kəˈlɑːʒ/ kollázs
**collapse** /kəˈlæps/ *FNÉV*
❶ összeomlás, összedőlés, beszakadás, ledőlés ❷ csőd, kudarc ❸ összeomlás [számítógép(es rendszeré)] ❹ ájulás
**collapse** *IGE*
❶ összeomlik, összeroppan ❷ összeesik, összerogy, elájul ❸ kudarcba fullad, csődöt mond ❹ összeomlik [számítógép(es rendszer)] ❺ összecsukható, összetolható, összecsukódik ❻ összecsuk, összehajt, összetol
**collapsible** /kəˈlæpsəbəl/ összecsukható, összehajtható
**collar** /ˈkɒlə/ *FNÉV*
❶ gallér *what size (of) collar is your shirt?* milyen nyakméretű az inged? ❷ nyakörv ❸ hám KIFEJEZÉSEKBEN: *hot under the collar* dühös, mérges, izgatott
**collar** *IGE*
❶ megfog, megragad ❷ elcsen ❸ bevarr, bevisz, letartóztat
**collarbone** kulcscsont
**collateral damage** polgári/civil veszteségek
**colleague** /ˈkɒliːg/ kolléga, munkatárs
**collect** /kəˈlekt/ *HAT.SZÓ*
❶ „R" beszélgetéssel ❷ utánvéttel *send smth collect* utánvéttel küld
**collect** *IGE*
❶ (össze)gyűjt, összeszed, beszed *collect ⁘one's⁘ thoughts* összeszedi a gondolatait *collect ⁘oneself⁘* összeszedi magát ❷ gyűjt *collect stamps* bélyeget gyűjt ❸ összegyűlik ❹ vkiért/vmiért megy *collect the kids from school* elhozza a gyereket az iskolából ❺ beszed, behajt
**collectable** VAGY **collectible** /kəˈlektəbəl/ ❶ gyűjtők tárgya, szokásosan gyűjtött dolog [bélyeg, érme stb] ❷ értékes (mű)tárgy/ritkaság
**collect call** „R" beszélgetés [a hívott fél fizet]
**collected** /kəˈlektɪd/ ❶ higgadt, összeszedett ❷ összegyűjtött, gyűjteményes, összes
**collection** /kəˈlekʃən/ ❶ (össze)gyűjtés ❷ vmi elhozatala vhonnan ❸ gyűjtés ❹ gyűjtemény ❺ gyűjtemény(es kötet) ❻ adománygyűjtés ❼ postaláda-ürítés, levelek elvitele
**collection box** gyűjtőláda
**collective** *FNÉV*
kollektíva, munkatársi közösség
**collective** /kəˈlektɪv/ *MNÉV*
együttes, közös, kollektív
**collective farm** ❶ kolhoz ❷ mezőgazdasági termelőszövetkezet
**collective property** köztulajdon, társadalmi tulajdon
**collectivize** /kəˈlektɪvaɪz/ ❶ társadalmi tulajdonba vesz, társadalmasít ❷ államosít
**collector** /kəˈlektə/ ❶ gyűjtő ❷ behajtó, pénzbeszedő, pénzbehajtó ❸ jegyszedő ❹ áramszedő
**collector's item** [gyűjtőnek értékes] ritkaság/(mű)tárgy
**collect package** utánvétcsomag
**college** /ˈkɒlɪdʒ/ ❶ főiskola ❷ egyetem ❸ egyetemi intézet/kar/fakultás ❹ angliai egyetemi „college" ❺ (nagyobb) iskola ❻ kollégium, testület ⓘ NEM ~~kolléga~~, ⓘ NEM ~~kollégium~~ [= diákszálló]
**college boards** általános amerikai egyetemi/főiskolai felvételi vizsga
**collide** /kəˈlaɪd/ ❶ összeütközik ❷ beleütközik (amibe: *with*) ❸ összeütközésbe kerül (amivel: *with*)
**collie** /ˈkɒlɪ/ skót juhászkutya, collie
**collision** /kəˈliːʒən/ ❶ (össze)ütközés, ellentét ❷ összeütközés, karambol
**collision damage waiver, CDW** CASCO (biztosítás)
**colloquial** /kəˈləʊkwɪəl/ társalgási/hétköznapi nyelvi
**colloquialism** /kəˈləʊkwɪəlɪzəm/ hétköznapi/társalgási nyelvi kifejezés
**colon** /ˈkəʊlən/ ❶ vastagbél ❷ kettőspont
**colonel** /ˈkɜːnəl/ ezredes
**colonel-general** vezérezredes
**colonial** /kəˈləʊnɪəl/ *FNÉV*
gyarmatosító, gyarmatos [gyarmaton élő ember]
**colonial** *MNÉV*
❶ gyarmati ❷ gyarmattartó, gyarmat- ❸ koloniális [stílus] ❹ Amerika brit gyarmat-korából való ❺ gyarmatosítóra valló/jellemző
**colonize** /ˈkɒlənaɪz/ gyarmatosít
**colony** /ˈkɒlənɪ/ ❶ gyarmat ❷ kolónia, külföldiek csoportja ❸ *a colony of artists / an artists' colony* művésztelep ❹ telep, kolónia [állatokból] *a colony of ants* hangyakolónia
**colorado beetle** /ˌkɒləˈrɑːdəʊ ˈbiːtəl/ krumplibogár, koloradóbogár
**colossal** /kəˈlɒsəl/ óriási, roppant (méretű) ⓘ NEM ~~kolosszális~~ [kiváló]

**colour** /ˈkʌlə/ *FNÉV*
❶ szín *what colour shoes?* milyen színű cipő? ❷ arcszín *change colour* elsápad *be/look off colour* rossz színben/bőrben van ❸ bőrszín ❹ színezet, színesség *give/add/lend colour to the story* életszerűvé teszi a történetet

**colour** *IGE*
❶ (be/ki)fest, (be/ki)színez ❷ színez [hajat] ❸ (el)színeződik ❹ elpirul *he coloured with embarrassment* elpirult zavarában ❺ színez, módosít

**colour-blind** színvak
**-coloured** -színű *cream-coloured* krémszínű
**colourfast** színtartó
**colourful** /ˈkʌləful/ ❶ élénk, sokszínű, tarka ❷ izgalmas, mozgalmas
**colouring** /ˈkʌlərɪŋ/ ❶ színezés ❷ színezet ❸ színezék, színezőanyag *artificial colouring* mesterséges színezék ❹ arcszín, bőrszín
**colourless** /ˈkʌlələs/ ❶ színtelen, fakó ❷ unalmas, egyhangú
**colours** ❶ [hovatartozást jelölő] jel(vény)/sapka *get/win* ⸗*one's*⸗ *colours* bekerül a válogatott csapatba ❷ (nemzeti) zászló/színek ❸ igazi jelleg *show* ⸗*one's*⸗ *true colours* kimutatja a foga fehérét
**colour supplement** VAGY **colour supp** /ˈkʌlə sʌp/ [vasárnapi] színes újságmelléklet
**colt** /kəult/ (kis)csikó
**column** /ˈkɒləm/ ❶ oszlop *an Ionic column* ión oszlop *a column of smoke* füstoszlop *a column of figures* számoszlop *a column of soldiers* menetoszlop ❷ (újság)rovat *gossip column* pletykarovat ❸ hasáb, kolumna
**columnist** /ˈkɒləmnɪst/ jegyzetíró, (tárca)cikkíró
**coma** /ˈkəumə/ ❶ ájulás, kóma ❷ üstökös csóvája

**comb** /kəum/ *FNÉV*
❶ fésű ❷ fésülés *it needs a good comb* ráfér egy alapos fésülés ❸ lép [méheké]

**comb** *IGE*
❶ fésül ❷ átfésül, átvizsgál *comb the area for smb/smth* átfésüli a területet, hogy megtaláljon vkit/vmit ❸ kártol

**combat** /ˈkɒmbæt/ *FNÉV*
küzdelem, harc, csata, ütközet *be killed in combat* ütközetben elesik *single combat* párharc, párviadal *mortal combat* életre–halálra szóló küzdelem

**combat** /ˈkɒmbæt/ VAGY /kəmˈbæt/ *IGE*
❶ küzd, verekszik, harcol (vmivel/vkivel ill. vmi/vki ellen) ❷ megtámad ❸ legyőz vkit/vmit

**combination** /ˌkɒmbɪˈneɪʃən/ ❶ kombináció, egyesítés, összetétel, össszevonás, együttműködés ❷ vminek a kombinációja ❸ egyesülés ❹ vegyület ❺ (szám)kombináció ❻ oldalkocsis motorkerékpár
**combination lock** kombinációs zár/lakat

**combine** /ˈkɒmbaɪn/ *FNÉV*
❶ vállalat-kombinát, vállalat-együttes ❷ kartell ❸ kombájn ⓘ *NEM* ~~kombi~~ [gépkocsi], ⓘ *NEM* ~~kombiné~~

**combine** /kəmˈbaɪn/ *IGE*
❶ összeköt, összekapcsol, egyesít *combine forces* egyesíti az erőket, szövetkezik (*with* vkivel) ❷ összefog, egyesül, szövetkezik ❸ (össze)keveredik, (össze)vegyül

**combine harvester** kombájn, arató–cséplőgép

**combustible** /kəmˈbʌstəbəl/ *FNÉV*
gyúlékony anyag

**combustible** *MNÉV*
❶ éghető, gyúlékony ❷ ingerlékeny, könnyen haragra gyúló

**come** /kʌm/ *FNÉV*
geci, sperma

**come** /kʌm/, **came** /keɪm/ **come** /kʌm/ *IGE*
FŐIGEKÉNT: ❶ jön, eljön, megjön ❷ (meg)érkezik *come as a shock to smb* sokként ér vkit ❸ jár, jön ❹ (el/be)következik *the weeks to come* az elkövetkező hetek ❺ származik *where do you come from?* hová való(si), honnan származik? ❻ ér vmeddig *she comes up to my shoulder* a vállamig ér ❼ kerül *the address comes above the date* a címzés a dátum fölé kerül *come to power* hatalomra kerül ❽ kisül, kijön, lesz belőle vmi ❾ árusítják, gyártják, előfordul ❿ elélvez
KIFEJEZÉSEKBEN: *come, come!* ugyan, ugyan! ejnye, ejnye! *come now!* ugyan már! *how come?* hogyhogy? *come to think of it,* {MONDAT} ha jobban belegondolok, {MONDAT} / most ahogy így mondod, {MONDAT} *come to pass* (meg)történik
SEGÉDIGESZERŰEN: ❶ [vmivé válás:] *come undone* kigombolódik, kinyílik, szétjön *come true* valósággá/valóra válik *come right* megjavul ❷ [fokozatosság:] *come to know smb/smth* megismer vkit/vmit *come to like smb/smth* megszeret vkit/vmit *I have come to believe that* {MONDAT} kezdem azt hinni, hogy {MONDAT} *I came to realize that* {MONDAT} rájöttem, hogy {MONDAT}
**come about** ❶ megtörténik, előadódik, vhogy esik *how did this come about?* hogyan történt ez? ❷ megfordul, irányt változtat [hajó]
**come across** ❶ *come across smb/smth* ráakad/rábukkan (vkire/vmire) ❷ sikere/hatása van *the speech came across well* a beszédnek jó visszhangja volt ❸ *it came across my mind that* {MONDAT} az jutott eszembe / ötlött fel bennem, hogy {MONDAT} ❹ *come across as smth* vmilyennek tűnik/látszik *she came across as nervous* idegesnek tűnt
**come along** ❶ fejlődik, halad, alakul ❷ javul [egészségileg] ❸ *come along smb/smth* szembejön, vkinek az útjába kerül ❹ *come along smb/smth* utána következik ❺ *come along!* gyerünk!
**come apart** szétjön, szétesik, darabokra hullik

**come back** ❶ visszajön, visszatér ❷ eszébe jut *it came back to me* ismét emlékeztem rá / eszembe jutott ❸ ismét divatba jön ❹ szóban visszavág (akinek: *at*)

**come between** *come between smb* vkik közé áll, bajt okoz *nothing can come between us* semmi nem állhat közénk

**come by** *come by smth* (meg)szerez, megkap *where did you come by that photo?* honnét szerezted azt a képet?

**come down** ❶ lejön, lejjebb jön ❷ csökken ❸ [utókorra] rászáll, (rá)marad ❹ lecsúszik [anyagilag, erkölcsileg] *come down in the world* lecsúszik, romlik a helyzete ❺ egyetemet befejezi ❻ [mérlegelést követően] dönt vki javára *the court came down on the side of the owner* a bíróság a tulajdonos javára döntött ❼ ágynak esik *come down with the flu* influenzával ágynak dől ❽ esik *it's coming down in buckets* mintha dézsából öntenék

**come down to** *come down to smth* a lényege vminek *it comes down to two rules* a dolog lényege két szabály / a dolog két szabályban összefoglalható

**come in** ❶ bejön, belép, (be/meg)érkezik *come in!* szabad! tessék! ❷ vmilyen helyen végez *come in second* másodiknak jön/fut be ❸ befolyik [pénz] ❹ szerephez jut *where do I come in?* mi az én szerepem? hol lépek be én? *it may come in handy/useful* ez még igen hasznos lehet, ez még jól fog jönni ❺ divatba jön ❻ hatalomra/mandátumhoz jut ❼ jön, jár [bejárónő] ❽ emelkedik, közeledik [dagály]

**come in for** *come in for smth* részesül vmiben *the police come in for a lot of criticism* a rendőrséget sok bírálat éri

**come into** *come into smth* ❶ örököl [pénzt] ❷ kerül, jut vhová *come into existence* létrejön, megszületik *come into power* hatalomra jut *come into office* hivatalba lép ❸ *come into ⁝one's⁝ own* megmutatja, mit tud

**come of** *come of smth* ❶ kisül, származik *no good will come of this* ebből semmi jó nem lesz ❷ származik *come of a big family* nagy családból származik

**come off** ❶ lejön, leesik, leszakad, lemállik vmiről ❷ lejár, levehető *does it come off or is it fixed?* lejár, vagy rögzítve van? ❸ *come off it!* ugyan már!

**come on** ❶ jön, közeledik ❷ [program szerint] következik, sorra kerül ❸ színre lép [színész] ❹ elkezd *it came on to rain* eleredt az eső ❺ *you go first, I'll come on later* menj előre, én majd követlek/jövök ❻ jól fejlődik/halad/alakul ❼ *come on!* gyerünk! rajta!

**come out** ❶ kijön ❷ megjelenik [könyv/lemez] ❸ kitudódik, kiderül ❹ kijön, eltűnik [folt] ❺ kijön, sikerül [(vmi) fénykép(en)] ❻ fellép (ami ellen: *against*, ami mellett: *for*) ❼ vmilyen helyen végez *come out first* első lesz ❽ *come out (on strike)* sztrájkba lép,

**come over** ❶ átjön ❷ átnéz, átlátogat ❸ átpártol, jobb belátásra jut/tér ❹ sikere/hatása van *the speech came over well* a beszédnek jó visszhangja volt ❺ elfogja vmely érzés *what's come over him?* mi lelte? mi ütött bele?

**come round** ❶ magához tér ❷ jobb belátásra jut ❸ megnyugszik ❹ átjön, átnéz, átugrik

**come to** ❶ *come to smth* vhová jut/érkezik *come to an end* véget ér *come to smb's attention* tudomására jut vkinek *come to the conclusion that* {MONDAT} arra a következtetésre jut, hogy {MONDAT} *come to hand* megérkezik [levél] *come to the point* rátér a lényegre *what's the/this world coming to?* hová tart a világ? *come to a standstill* leáll ❷ *come to smth*[összeget] kitesz *how much does it come to?* mennyire jön ki? ❸ visszanyeri eszméletét *he slowly came to (himself)* lassan magához tért ❹ *come to smth* szó van vmiről *when it comes to fighting, he's the best* ha verekedésről van szó, ő a legjobb ❺ *come to smb* eszébe jut *it will come to you later* majd eszedbe jut ❻ *come to that* {MONDAT}, ami azt illeti, {MONDAT} *have it coming to ⁝one⁝* nem kerülheti el, számíthat rá, hogy {MONDAT}

**come up** ❶ felbukkan, megjelenik ❷ felmerül, előjön, szóba kerül *the issue never came up* soha nem jött szóba a kérdés ❸ közbejön *something has come up* vmi közbejött ❹ odajön, közel jön

**come up against** *come up against smth* szembesül/találkozik [problémával], beleütközik [nehézségbe]

**come up to** *come up to smth* felér vmivel *come up to expectations* beváltja a hozzá fűzött reményeket

**come up with** *come up with smth* előhozakodik, előáll, kirukkol vmivel

**comeback** ❶ visszatérés [vmennyi idő után] *the old actor made/staged a comeback last year* az öreg színész tavaly visszatért (a színpadra) ❷ újra fellendülés, vhová visszatalálás ❸ visszavágás, csattanós válasz

**comedian** /kəˈmiːdɪən/ ❶ humorista ❷ vígjátéki színész, komikus

**comedy** /ˈkɒmədɪ/ ❶ vígjáték, komédia ❷ komikum, vmi komikus/humoros volta

**comet** /ˈkɒmɪt/ üstökös

**comfort** /ˈkʌmfət/ *FNÉV*

❶ kényelem, jólét ❸ vigasz(talás) *take comfort from smth* vigyaszt lel vmiben *her mother was a comfort to her* anyja (ottléte) vigaszt jelentett neki

**comfort** *IGE*

vigasztal, vigaszt nyújt, megnyugtat

**comfortable** /ˈkʌmftəbəl/ ❶ kényelmes *make ⁝oneself⁝ comfortable* kényelembe helyezi magát ❷ anyagilag gondtalan ❸ *be/feel more comfortable* könnyebben/jobban érzi magát

**comforter** /ˈkʌmfətə/ ❶ vigasztaló, vigaszt nyújtó ❷ *US* tűzdelt paplan, dunyha ❸ cumi

**comfortless** /ˈkʌmfətləs/ ❶ kényelmetlen ❷ vigasztalan, vigasztalhatatlan

**comic** /ˈkɒmɪk/ *FNÉV*

❶ képregény(gyűjtemény) ❷ komikus, humorista

**comic** *MNÉV*

❶ tréfás, komikus ❷ vígjátéki, komédiai, vígjáték-, komédia-

**comical** /ˈkɒmɪkəl/ mulatságos, komikus ⓘ *NEM* ~~komikus~~ [színész]

**comic book** képregény(gyűjtemény)

**comics** képregény [újságban]

**comic strip** képregény

**coming** ❶ jövő, közelgő, elkövetkezendő *the coming year* a jövő év *a coming man* a jövő embere ❷ feltörekvő, sikerre törő

**comma** /ˈkɒmə/ ❶ vessző ❷ *inverted commas* idézőjel

**command** /kəˈmɑːnd/ *FNÉV*

❶ parancs ❷ parancsnokság *be in command* parancsnok(ol) ❸ hadseregcsoport ❹ rendelkezés vmivel *command of a language* nyelvtudás ❺ [számítógépes] utasítás, parancs

**command** *IGE*

❶ (meg)parancsol, elrendel ❷ parancsnokol, parancsnokként irányít vmit ❸ rendelkezik (vkivel/vmivel) ❹ kiérdemelve kap *command respect* tiszteletet kelt/parancsol

**command economy** tervutasításos gazdálkodás

**commander** /kəˈmɑːndə/ ❶ parancsnok ❷ rendőrfőnök

**commander-in-chief** fővezér, főparancsnok

**commandment** /kəˈmɑːndmənt/ ❶ parancsolat *the Ten Commandments* a Tízparancsolat ❷ parancs, szigorú törvény/szabály

**commando** /kəˈmɑːndəʊ/ ❶ kommandó [egység] *commando raid* rajtaütés ❷ kommandós

**command performance** ❶ államfőnek tartott színielőadás ❷ udvari díszelőadás

**commemorate** /kəˈmeməreɪt/ ❶ megünnepel [vki/vmi emlékét], megemlékezik (vkiről/vmiről) ❷ őrzi vki emlékét [emlékmű]

**commemoration** /kəˌmeməˈreɪʃən/ megemlékezés, megünneplés *in commemoration of smb/smth* vki/vmi emlékére

**commence** /kəˈmens/ ❶ (el)kezd ❷ kezdetét veszi

**commend** /kəˈmend/ ❶ (be)ajánl *commend {one's} soul to God* Istennek ajánlja lelkét ❷ dicsér *the new volume has a lot to commend it* az új kötetet sok minden miatt dicsérhetjük / sok dicséretes tulajdonsága van

**commendable** /kəˈmendəbəl/ dicséretes, dicsérnivaló

**commensurable** /kəˈmenʃərəbəl/ ❶ (össze)mérhető (amivel: *with*) ❷ arányos (amivel: *to*)

**commensurate** /kəˈmenʃərət/ ❶ egyenlő ❷ vminek megfelelő, vmivel arányban álló *salary commensurate with experience* a tapasztalattal arányban álló fizetés

**comment** /ˈkɒment/ *FNÉV*

❶ megjegyzés *favourable comments* pozitív megjegyzések ❷ magyarázat, kommentár, hírmagyarázat ❸ nyilatkozás *no comment* nincs megjegyeznivalóm, nem kívánok semmit hozzáfűzni

**comment** /ˈkɒment/ *IGE*

❶ megjegyzést tesz / megjegyzést fűz (amire/amihez: *on*) *comment that* {MONDAT} megjegyzi, hogy {MONDAT} ❷ magyaráz vmit

**commentary** /ˈkɒmənterɪ/ ❶ kommentár, magyarázat, fejtegetés ❷ közvetítés *a commentary on the basketball game on TV* tévés kosárlabda-közvetítés

**commentator** /ˈkɒmənteɪtə/ ❶ kommentátor, hírmagyarázó ❷ (közvetítő) riporter

**commerce** /ˈkɒmɜːs/ kereskedelem

**commercial** /kəˈmɜːʃəl/ *FNÉV*

reklámfilm, reklám [rádió/tévé]

**commercial** *MNÉV*

❶ kereskedelmi ❷ kommerciális, kereskedelmi, (kereskedelmi) haszonért történő *commercial radio* kereskedelmi rádió(adó) *commercial television* kereskedelmi televízió(adó) ❸ kommersz

**commercial break** reklámszünet, reklámblokk [tévében/rádióban]

**commercial design** reklám-tervezés

**commercialism** /kəˈmɜːʃəlɪzəm/ haszonlesés, kommercializmus

**commercialize** /kəˈmɜːʃəlaɪz/ ❶ elüzletiesít, kommercializál, kommerszesít ❷ üzleti/kereskedelmi alapokra helyez

**commissar** /ˌkɒmɪˈsɑː/ komisszár, politikai biztos

**commissary** /ˈkɒmɪsərɪ/ ❶ géhás/élelmezési tiszt ❷ *US* kantin/étkezde [filmgyárban/laktanyában]

**commission** /kəˈmɪʃən/ *FNÉV*

❶ bizottság ❷ komissió, jutalék, kezelési költség [pl. pénzváltáskor] ❸ megbízás [munkára] *letter of commission* megbízólevél ❹ jutalék, bizományi díj, közvetítői díj ❺ tiszti kinevezés ❻ elkövetés, véghezvitel [bűncselekményé]

**commission** *IGE*

❶ megbíz [munkával] *commission smb to paint a portrait* megbíz vkit egy portré készítésével ❷ megrendel [munkát] *commission a portrait* megrendel egy portrét ❸ elrendel *commission an inquiry* vizsgálatot rendel el

**commissionaire** /kəˌmɪʃəˈneə/ portás, ajtónálló

**commissioner** /kəˈmɪʃənə/ ❶ biztos, megbízott ❷ bizottsági tag ❸ ombudsman

**commissioner for oaths** közjegyző
**commissioner of police** rendőrfőnök
**commit** /kə'mɪt/ ❶ elkövet ❷ állást foglal, nyilatkozik (ami ügyében: *on*) ❸ *commit ⁝oneself⁝ to smth* elkötelezi magát vmi mellett ❹ (el)rendel *he was found guilty and commited to prison* bűnösnek találták és börtönbüntetésre ítélték
**commitment** /kə'mɪtmənt/ ❶ (el)kötelezettség, kötelesség, kötelezettség-vállalás ❷ kényszer, kötelezettség *without commitment to buy anything* vásárlási kötelezettség nélkül ❸ odaadás, lelkesedés
**committed** odaadó, elkötelezett
**committee** /kə'mɪtɪ/ bizottság *be/sit on the committee* tagja a bizottságnak, benne van a bizottságban
**commodity** /kə'mɒdətɪ/ árucikk [r.szerint mezőgazdasági/nyersanyag]
**commodity exchange** árutőzsde
**commodore** /'kɒmədɔː/ ❶ sorhajókapitány, (kereskedelmi) hajóskapitány ❷ repülőezredes ❸ jachtklub-elnök
**common** /'kɒmən/ FNÉV
❶ a közös/hasonló *have smth in common with smb* közösek vmiben, közös vonásuk vmi *we have nothing in common* semmi hasonló/közös nincs bennünk ❷ közös földterület, közlegelő *the village common* a falu rétje KIFEJEZÉSEKBEN: *out of the common* szokatlan *in common with smth/smb* hasonlóan vmihez/vkihez
**common** MNÉV
❶ gyakori, szokásos, mindennapos, megszokott *words in common currency/use* közhasználatú szavak ❷ közönséges, egyszerű *common people* egyszerű emberek ❸ közös, azonos *this feature is common to both of them* ez a vonás mindkettőjük sajátja / közös bennük *highest common factor* legnagyobb közös osztó ❹ közös, együttes, köz- *common land* közös tulajdonú föld *common knowledge* köztudomású dolog *by common consent* mindenki szerint *on common ground* közös alapon/véleményen *the common good* a közjó, a köz java ❺ közönséges, ordenáré
**common cold** *the common cold* nátha, megfázás
**common denominator** ❶ közös nevező ❷ közös vonás/pont, azonosság
**common divisor** közös osztó
**Common Era** a keresztény időszámítás
**common factor** közös osztó
**common fraction** közönséges tört
**common ground** egyetértési/közös pont(ok), (vélemény)azonosság(ok)
**common law** [angolszász] szokásjog(rendszer)
**common-law husband** férfi élettárs
**common-law marriage** élettársi viszony/kapcsolat, együttélés
**common-law wife** női élettárs
**commonly** /'kɒmənlɪ/ ❶ általában, rendszerint ❷ közönségesen, közönséges módon
**commonplace** FNÉV
❶ közhely ❷ mindennapos/megszokott dolog
**commonplace** MNÉV
❶ mindennapos, megszokott ❷ közhelyes
**Commons** *the Commons* az (angol) alsóház
**common sense** józan ész
**commonsense** józan ész diktálta, praktikus
**communal** /'kɒmjʊnəl/ VAGY /kə'mjuːnəl/ ❶ közösségi, közös ❷ községi ⓘ NEM ~~kommunális~~
**commune** /'kɒmjuːn/ FNÉV
❶ közösség ❷ [francia/belga] közigazgatási egység ❸ kommuna
**commune** /kə'mjuːn/ IGE
gondolatot cserél, társalog vkivel
**communicate** /kə'mjuːnɪkeɪt/ ❶ közöl [információt], megértet, gondolatat átadja ❷ átad, közöl [hőt] ❸ áldozik, úrvacsorát vesz ❹ érintkezik, kommunikál, közlekedik ❺ átad [betegséget] ❻ egymásba nyílik
**communication** /kəˌmjuːnɪ'keɪʃən/ ❶ kommunikáció, összeköttetés, érintkezés, kapcsolat(tartás) *be in radio communication* rádiókapcsolatban áll ❷ hír, értesítés, közlemény
**communication cord** vészfék
**communications** [közúti/telefonos/számítógépes] összeköttetés, kapcsolat, információcsere, (tele)kommunikáció
**communicative** /kə'mjuːnɪkətɪv/ ❶ közlékeny, beszédes ❷ kommunikatív
**Communion** *Holy Communion* áldozás, úrvacsora *take/receive Communion* úrvacsorát vesz
**communiqué** /kə'mjuːnɪkeɪ/ (hivatalos) közlemény, kommüniké
**communism** /'kɒmjʊnɪzəm/ ❶ kommunizmus ❷ („létező") szocializmus
**communist** /'kɒmjʊnɪst/ FNÉV/MNÉV kommunista
**community** /kə'mjuːnətɪ/ ❶ közösség *community singing* közös éneklés ❷ (kisebbségi) csoport *the black community* a fekete/néger közösség *the academic community* a tudóstársadalom ❸ közösség, közös mivolt *community of interests* érdekközösség ❹ *the Community* az Európai Közösség
**community antenna television** (közösségi) kábeltévé
**community care** otthoni szociális ellátás
**community centre** művelődési ház, közösségi ház, faluház
**community college** ❶ (körzeti) művelődési központ ❷ alapképzést nyújtó főiskola
**commute** /kə'mjuːt/ FNÉV
ingázva megtett út/távolság
**commute** IGE
❶ ingázik [autóval/vonaton] (ami között: *from/to, between*) ❷ átváltoztat, enyhít [büntetést] ❸ felcserél, kicserél (amire: *into/for*)

**commuter** /kə'mju:tə/ ingázó, bejáró
**commuter belt** alvóvárosok övezete, város körüli (agglomerációs) övezet, ahol a dolgozni bejárók élnek
**commuter train** ingázók vonata
**commuting** /kə'mju:tɪŋ/ ingázás *within easy commuting distance of the city* a várostól naponta vasúton elérhető távolságra
**comp.** = comparative; compare; composition; comprehensive
**compact** /'kɒmpækt/ FNÉV
➊ (tükrös) púdertartó ➋ kisautó ➌ megállapodás, egyezség
**compact** /'kɒmpækt/ VAGY /kəm'pækt/ MNÉV
➊ tömött, tömör ➋ [célszerűen kialakított] kicsi/mini, kompakt ➌ tömény, összefogott
**compact** /kəm'pækt/ IGE
összenyom, tömörít
**compact disc** VAGY **compact disk** kompaktlemez, CD
**compact disc player** VAGY **compact disk player** CD-lejátszó
**companion** /kəm'pænjən/ ➊ társ ➋ élettárs, partner ➌ vminek a párja ➍ kézikönyv, útmutató
**company** /'kʌmpənɪ/ ➊ társaság, vállalat ➋ (szín)társulat ➌ társaság *swear in company* csúnyán beszél társaságban ➍ társasági ember *be good company* jó társalgó ➎ [katonai] század
**company act** társasági törvény
**company car** vállalati gépkocsi, cégautó
**company law** cégjog
**company manager** vállalatigazgató
**company officer** csapattiszt
**comparable** /'kɒmpərəbəl/ VAGY /kəm'pærəbəl/ ➊ összehasonlítható (amivel: *with/to*) ➋ fogható, hasonlítható (amihez: *with/to*)
**comparative** FNÉV
középfok [melléknévé]
**comparative** /kəm'pærətɪv/ MNÉV
➊ összehasonlító/összevető (jellegű), komparatív ➋ viszonylagos, komparatív
**comparatively** /kəm'pærətɪvlɪ/ ➊ viszonylag ➋ összevető/komparatív jelleggel
**compare** ➊ összehasonlít (amivel: *to/with*), összevet *compared to smth* vmihez képest ➋ (össze)hasonlít, (össze)hasonlíthatónak tart *I couldn't compare it with the previous version* nem hasonlítható össze az előző változattal ➌ [melléknevet] fokoz ➍ felér, versenyezhet (amivel: *with*)
**comparison** /kəm'pærɪsən/ ➊ összehasonlítás, összevetés *draw/make a comparison with smth* összehasonlítást végez vmivel *comparison of data* adategyeztetés *by/in comparison with smth* vmivel összevetve, vmihez képest *stand/bear comparison with smth* (ki)állja az összehasonlítást vmivel ➋ (melléknév)fokozás
**compartment** /kəm'pɑ:tmənt/ ➊ fülke, rekesz, kamra ➋ komponens
**compass** /'kʌmpəs/ ➊ iránytű, tájoló *points of the compass* világtájak ➋ *a compass* VAGY *(a pair of) compasses* körző ➌ tevékenységi/érdeklődési kör
**compassion** /kəm'pæʃən/ szánalom, részvét (aki iránt: *for/on*)
**compass point** égtáj
**compatibility** /kəm,pætə'bɪlətɪ/ összeegyeztethetőség, összeférhetőség, kompatibilitás
**compatible** /kəm'pætɪbəl/ FNÉV
vmely [bizonyos típusú] más számítógéppel használható gép
**compatible** MNÉV
➊ összeférő, összeillő ➋ összeegyeztethető, együtt használható, kompatíbilis
**compatriot** /kəm'pætrɪət/ honfitárs
**compel** /kəm'pel/ ➊ (ki)kényszerít ➋ kivált
**compensate** /'kɒmpənseɪt/ ➊ ellensúlyoz, kompenzál ➋ kártalanít, kárpótol, kompenzál (amiért: *for*)
**compensation** /,kɒmpən'seɪʃən/ ➊ kártérítés, kárpótlás, kártalanítás *in compensation for smth* vmiért kárpótlásul ➋ ellensúlyozás, kompenzálás
**compere** VAGY **compére** /'kɒmpeə/ műsorvezető, konferanszié
**compete** /kəm'pi:t/ versenyez, konkurál, verseng (akivel: *against/with*, amiért: *for*)
**competence** /'kɒmpətəns/ ➊ illetékesség, hatáskör, kompetencia ➋ képesség, szakértelem ➌ (nyelvi) kompetencia, nyelvtudás
**competent** /'kɒmpɪtənt/ ➊ ügyes, hozzáértő, alkalmas vmire *competent in smth* ért vmihez, alkalmas vmire ➋ elegendő, kellő *competent knowledge of English* megfelelő angol nyelvtudás ➌ illetékes
**competition** /,kɒmpə'tɪʃən/ ➊ verseny ➋ verseny, versenyhelyzet, konkurencia ➌ konkurens, versenytárs ➍ pályázat
**competitive** /kəm'petətɪv/ ➊ versennyel járó, kompetitív, verseny- ➋ szívesen versengő ➌ versenyképes
**competitor** /kəm'petɪtə/ ➊ versenyző, induló, rivális ➋ versenytárs, konkurens, rivális, konkurencia
**compilation** /,kɒmpɪ'leɪʃən/ ➊ összeállítás, szerkesztés ➋ különféle forrásokból összeállított gyűjtemény, kompiláció
**compile** /kəm'paɪl/ összeállít, [gyűjteménybe] szerkeszt, kompilál
**complacency** /kəm'pleɪsənsɪ/ önelégültség, (meg-) elégedettség
**complacent** /kəm'pleɪsənt/ önelégült, elégedett magával
**complain** /kəm'pleɪn/ ➊ panaszkodik (amire: *about*, akinek: *to*), reklamál, elpanaszol vmit ➋ [betegségre] panaszkodik (amire: *of*)
**complainant** /kəm'pleɪnənt/ panasztevő, panaszos, felperes

**complaint** /kəm'pleɪnt/ ❶ panasz(kodás), panaszbejelentés, reklamáció *lodge/make a complaint against smb with smb* vkit vkinél/vhol bepanaszol, panaszt tesz vkinél vki ellen ❷ betegség, bántalom

**complement** /'kɒmplɪmənt/ FNÉV
❶ kiegészítés, kiegészítő ❷ teljes mennyiség/létszám ❸ állítmánykiegészítő, alanykiegészítő ❹ kötelező bővítmény, vonzat

**complement** IGE
kiegészít, (ki)pótol

**complementary** /ˌkɒmplɪ'mentərɪ/ kiegészítő

**complementary angle** kiegészítő szög, pótszög

**complementary colour** kiegészítő/komplementer szín

**complete** /kəm'pliːt/ MNÉV
❶ teljes, egész, hiánytalan ❷ befejezett, kész, elkészült ❸ tökéletes, teljes *a complete surprise* tökéletes meglepetés

**complete** IGE
❶ befejez *complete work on the book* befejezi a munkát a könyvön ❷ kiegészít ❸ letölt [büntetést] ❹ kitölt *complete this form* töltse ki ezt az űrlapot

**completion** /kəm'pliːʃən/ ❶ befejezés, vmi elkészülte *completion date* befejezés időpontja ❷ hiánypótlás, kiegészítés

**complex** /'kɒmpleks/ FNÉV
❶ összesség, az egész, komplexum ❷ komplexum, együttes, centrum *a sports complex* sportkomplexum *shopping complex* bevásárlóközpont ❸ komplexus/komplexum *persecution complex* üldözési mánia *inferiority complex* kisebbrendűségi komplexus

**complex** MNÉV
❶ bonyolult, komplikált ❷ összetett, komplex

**complexion** /kəm'plekʃən/ arcszín, arcbőr

**complexity** /kəm'pleksətɪ/ bonyolultság, összetettség, komplexitás

**complex sentence** alárendelő összetett mondat

**compliance** /kəm'plaɪəns/ ❶ *compliance with smth* vmi teljesítése/betartása *in compliance with smth* vmi szerint, vminek megfelelően ❷ szolgálatkészség, előzékenység, engedékenység

**complicate** /'kɒmplɪkeɪt/ ❶ bonyolít, komplikál *to complicate matters (further)* hogy a dolog (még) bonyolultabb legyen ❷ nehezít, súlyosbít

**complication** /ˌkɒmplɪ'keɪʃən/ ❶ bonyodalom, nehézség ❷ bonyolultság, szövevényesség ❸ szövődmény *new complications set in* új komplikációk léptek föl

**complicity** /kəm'plɪsətɪ/ bűnrészesség

**compliment** /'kɒmplɪmənt/ FNÉV
bók *pay smb a compliment* bókot mond / bókol vkinek *angle/fish for compliments* dicséretet próbál kicsalni vkiből

**compliment** IGE
dicsér, bókot mond, gratulál (amihez: *on*)

**complimentary** /ˌkɒmplɪ'mentərɪ/ ❶ hízelgő, bókoló, dicsérő ❷ tisztelet- *complimentary copy* tiszteletpéldány *complimentary ticket* tiszteletjegy

**compliments** üdvözlet, jókívánság *send smb ⁝one's⁝ compliments* üdvözletét küldi vkinek *with the author's compliments* tisztelete jeléül a szerző

C

**comply** /kəm'plaɪ/ ❶ teljesít, eleget tesz vminek (aminek: *with*) ❷ engedelmeskedik vminek (aminek: *with*)

**component** /kəm'pəunənt/ alkatrész, alkotórész, komponens, alkotóelem

**component part** alkotóelem, alkatrész

**compose** /kəm'pəuz/ ❶ szerez, komponál, ír, költ ❷ ír [levelet] ❸ *compose ⁝oneself⁝* lecsillapodik, összeszedi magát ❹ rendez, elsimít [vitás pontokat] ❺ (ki)szed [nyomdász, szöveget] ❻ *be composed of smth* áll vmiből, alkotja/képezi vmi

**composed** /kəm'pəuzd/ nyugodt, higgadt

**composer** /kəm'pəuzə/ zeneszerző, komponista

**composition** /ˌkɒmpə'zɪʃən/ ❶ zeneszerzés, versírás ❷ (zene)mű, szerzemény ❸ összetétel, szerkezet ❹ fogalmazás ❺ elrendezés, kompozíció ❻ (betű)szedés ❼ beállítottság, természet

**compost** /'kɒmpəst/ FNÉV/IGE komposzt(ál)

**composure** /kəm'pəuʒə/ higgadtság, nyugalom *lose ⁝one's⁝ composure* kijön a sodrából

**compote** /'kɒmpɒt/ VAGY /'kɒmpəu/ kompót

**compound** /'kɒmpaund/ FNÉV
❶ szóösszetétel ❷ keverék, vegyület, vegyülék ❸ [kerítés övezte] terület *factory compound* gyártelep, gyárterület

**compound** /'kɒmpaund/ MNÉV
összetett *compound eye* összetett szem *compound word* összetett szó

**compound** /kəm'paund/ IGE
❶ súlyosbít, komplikál *compound an error* súlyosbítja a hibát ❷ összekever, elegyít (amit: *from/of*, amivé: *into*) ❸ *compound a felony* eláll a feljelentéstől

**compound interest** kamatos kamat

**compound fraction** emeletes tört

**compound sentence** mellérendelő összetett mondat

**comprehension** /ˌkɒmprɪ'henʃən/ felfogás, felfogóképesség, értelem *be beyond smb's comprehension* nem képes megérteni

**comprehensive** /ˌkɒmprɪ'hensɪv/ ❶ átfogó, széleskörű, minden részletre kiterjedő ❷ képességtől független, általános középiskolai oktatás

**comprehensive school** VAGY **comprehensive** általános középiskola

**compress** /'kɒmpres/ FNÉV
❶ borogatás *apply a cold compress to smth* hideg borogatást tesz vmire ❷ szorítókötés

**compress** /kəm'pres/
❶ összeprésel, összesűrít, összenyom ❷ tömörít [fájlt]

**compression** /kəmˈpreʃən/ ❶ összepréselés, összesűrítés, összenyomás ❷ tömörítés, sűrítés ❸ tömörítés [fájlé]
**comprise** /kəmˈpraɪz/ ❶ tartalmaz, magába foglal ❷ alkot, áll vmiből
**compromise** /ˈkɒmprəmaɪz/ *FNÉV*
kiegyezés, kompromisszum
**compromise** *IGE*
❶ kompromisszumot köt, kiegyezik ❷ kompromittál
**compromising** /ˈkɒmprəmaɪzɪŋ/ ❶ kompromittáló ❷ szégyenteljes, kompromittált
**compulsion** /kəmˈpʌlʃən/ ❶ kényszer, erőszak *be under compulsion* kényszer (hatása) alatt áll ❷ (kényszeres/erős) késztetés
**compulsive** /kəmˈpʌlsɪv/ megrögzött, kényszeres *compulsive eating* kényszeres evés *compulsive shopper* kényszeres vásárló
**compulsory** /kəmˈpʌlsərɪ/ kötelező
**computation** /ˌkɒmpjʊˈteɪʃən/ VAGY **computations** ❶ számítás, kalkuláció ❷ számítás/kalkuláció eredménye
**computational** /ˌkɒmpjʊˈteɪʃənəl/ ❶ számítási ❷ számítógépes
**compute** /kəmˈpjuːt/ (ki)számít
**computer** /kəmˈpjuːtə/ számítógép(es), kompjúter(es), computer(es)
**computeracy** /kəmˈpjuːtərəsɪ/ számítógépes műveltség, számítógép-ismeret, komputeres ismeretek
**computer aided** számítógéppel segített, számítógéppel végzett
**computerate** /kəmˈpjuːtərət/ számítógépes „írástudó", számítógép-ismerő
**computer game** számítógépes játék
**computer geek** kompúterbuzi, számítógépbuzi
**computer graphics** számítógépes grafika
**computer hacker** ❶ hacker, internetes kalóz, komputerkalóz [aki hálózatokba tör be] ❷ hacker, nagy internetező
**computerization** /kəmˌpjuːtəraɪˈzeɪʃən/ számítógépesítés, kompjúterizálás
**computerize** /kəmˈpjuːtəraɪz/ számítógépesít, kompjuterizál
**computer literacy** számítógépes műveltség, számítógépismeretek
**computer literate** számítógépes műveltséggel, számítógépismerettel rendelkező
**computer programmer** számítógépes programozó, számítógép-programozó
**computer science** számítástechnika
**computer virus** számítógépvírus
**computing** /kəmˈpjuːtɪŋ/ számítógépekkel folyó munka
**comrade** /ˈkɒmreɪd/ ❶ bajtárs, fegyvertárs ❷ elvtárs
**con** /kɒn/ *FNÉV*
ellenérv *the pros and cons* a mellette és az ellene szóló érvek
**con** *IGE*
❶ átver, átvág ❷ rávesz, befűz *con smb into (doing) smth* befűz vkit, hogy csináljon meg vmit
**con artist** szélhámos, csaló
**concave** /kɒnˈkeɪv/ homorú, konkáv
**conceal** /kənˈsiːl/ ❶ elrejt, eldug ❷ (el)titkol *conceal how ⸗one⸗ feels* elrejti, hogyan érez
**concealment** /kənˈsiːlmənt/ ❶ elrejtés, eltitkolás ❷ rejtekhely
**concede** /kənˈsiːd/ ❶ (meg)enged, elismer, beismer *she conceded that point* ebben a kérdésben engedett ❷ átenged, átad ❸ véletlenül hagy/enged *concede a goal* beenged egy gólt
**conceited** /kənˈsiːtɪd/ beképzelt, önhitt, öntelt
**conceivable** /kənˈsiːvəbəl/ elképzelhető *it is conceivable that* {MONDAT} elképzelhető, hogy {MONDAT} *the best conceivable* a lehető legjobb
**conceive** /kənˈsiːv/ ❶ kigondol, kieszel ❷ (meg-) ért *I can't conceive why* {MONDAT} el sem tudom képzelni, hogy miért {MONDAT} ❸ vhogyan elképzel/ért/felfog *they conceived of the world as flat* laposnak képzelték a Földet ❹ megfogan
**concentrate** /ˈkɒnsəntreɪt/ *FNÉV*
sűrítmény, koncentrátum
**concentrate** *IGE*
❶ összpontosít, koncentrál *concentrate on (doing) smth* figyelmét vmire összpontosítja ❷ összpontosul, koncentrálódik, tömörül
**concentrated** /ˈkɒnsəntreɪtɪd/ ❶ összpontosított, koncentrált *concentrated attention* koncentrált figyelem ❷ tömény [oldat]
**concentration** /ˌkɒnsənˈtreɪʃən/ ❶ összpontosítás, koncentrálás *powers of concentration* összpontosító-képesség ❷ összpontosító-képesség *lose ⸗one's⸗ concentration* elveszti az összpontosító-képességét ❸ sűrítés *degree of concentration* töménységi fok, koncentráció(s fok)
**concentration camp** koncentrációs tábor
**concentric** /kənˈsentrɪk/ koncentrikus
**concept** /ˈkɒnsept/ ❶ fogalom ❷ fölfogás ⓘ NEM ~~koncepció~~
**conception** /kənˈsepʃən/ ❶ (meg)fogamzás, teherbeesés ❷ felfogás, elgondolás, elképzelés ❸ (el/meg)tervezés, megfogantatás, „megszülés"
**conceptual** /kənˈseptʃuəl/ fogalmi
**conceptually** /kənˈseptʃuəlɪ/ fogalmilag
**conceptualize** /kənˈseptʃuəlaɪz/ fogalmat/elképzelést alkot vmiről
**concern** /kənˈsɜːn/ *FNÉV*
❶ vki dolga/ügye *this isn't our concern* ez nem ránk tartozik ❷ gond, aggodalom, nyugtalanság ❸ érdekesség, fontosság ❹ vállalkozás, vállalat *a family concern* családi vállalkozás
**concern** *IGE*
❶ szól vkiről/vmiről ❷ tartozik vkire, érint/illet, vonatkozik vkire/vmire *it doesn't*

*concern us* ez ránk nem vonatkozik ❸ törődik *concern {oneself} with smth* foglalkozik/törődik vmivel ❹ *to (all) whom it may concern* mindenkinek, akit illet

**concerned** /kən'sɜːnd/ ❶ érdekelt, érintett *the parties/people concerned* az érdekelt felek/emberek ❷ aggódó, nyugtalankodó *be concerned for smb* nyugtalankodik/aggódik vki miatt ❸ foglalkozik vmivel *be concerned with a show trial* egy kirakatperről szól ❹ szó van vmiről, vmi érintve van *big money is concerned here* itt nagy pénzekről van szó KIFEJEZÉSEKBEN: *as far as I am concerned* ami engem illet, részemről

**concerning** /kən'sɜːnɪŋ/ ❶ vonatkozólag, illetőleg, illetően *concerning taxes* az adókat illetően ❷ hivatkozva *concerning your request of 22 April* április 22-i kérésére hivatkozva

**concert** /'kɒnsət/ VAGY /'kɒnsɜːt/ *FNÉV*

❶ egyetértés, összhang *be in concert with smth* egybecseng vmivel *in concert with smb* vkivel egyetértésben/együttműködve ❷ hangverseny, koncert *in concert* élőben, koncerten

**concert** /kən'sɜːt/ *IGE*

❶ megbeszél, megállapodik ❷ (el)rendez

**concerted** /kən'sɜːtɪd/ megbeszélt, megállapodott, közös

**concertgoer** hangversenylátogató

**concert hall** hangversenyterem

**concertina** /ˌkɒnsə'tiːnə/ concertina, [kis] harmonika

**concert master** *US* koncertmester, hangversenymester

**concerto** /kən'tʃɜːtəʊ/ VAGY /kən'tʃeətəʊ/ concerto, versenymű

**concert pitch** normál A hang

**concert tour** koncertkörút

**concession** /kən'seʃən/ ❶ engedmény *make a concession to smb* engedményt tesz vkinek ❷ engedély, jog(osítvány) ❸ koncesszió *win a concession* koncessziót elnyer

**concessive** /kən'sesɪv/ megengedő

**concierge** /ˌkɒnsɪ'eəʒ/ ❶ portás, kapus ❷ hotelportás, recepciós

**concise** /kən'saɪs/ tömör, világos, lényegretörő

**concise dictionary** kéziszótár

**concisely** /kən'saɪslɪ/ tömören, lényegretörően

**conciseness** /kən'saɪsnəs/ tömörség, lényegretörőség

**conclave** /'kɒŋkleɪv/ ❶ konklávé ❷ zárt ülés *sit/meet in conclave* zárt megbeszélést tart

**conclude** /kən'kluːd/ ❶ (ki)következtet ❷ befejez *to conclude* egyszóval, végül tehát ❸ (meg)köt, elintéz *conclude an agreement* tető alá hoz egy megállapodást/egyezményt

**conclusion** /kən'kluːʒən/ ❶ következtetés *draw/reach a conclusion / come to a conclusion* következtet(ést von le) *jump to conclusions* elhamarkodva következtet ❷ befejezés, vég *in conclusion* vég(ezet)ül, befejezésül ❸ megkötés, tető alá hozás *the conclusion of the agreement* az egyezmény megkötése

**conclusive** /kən'kluːsɪv/ (per)döntő, meggyőző

**concord** /'kɒŋkɔːd/ ❶ egyetértés összhang, harmónia ❷ egyez(tet)és [szám/eset stb. szerint] ❸ szerződés

**concordance** /kən'kɔːdəns/ szómutató, konkordancia

**concourse** /'kɒŋkɔːs/ csarnok, folyosó

**concrete** /'kɒnkriːt/ *FNÉV*

beton *reinforced concrete* vasbeton

**concrete** /'kɒnkriːt/ *MNÉV*

❶ tömött, szilárd ❷ konkrét, kézzelfogható ❸ beton(ból való)

**concrete jungle** betondzsungel, betonrengeteg

**concretely** /'kɒnkriːtlɪ/ konkrétan, kézzelfoghatóan ⓘ *NEM* ~~konkrétan~~ [= azazhogy]

**concrete mixer** betonkeverő

**concubinage** /kɒn'kjuːbɪnɪdʒ/ (élettársi) együttélés

**concubine** /'kɒŋkjʊbaɪn/ ágyas

**concussion** /kən'kʌʃən/ *concussion (of the brain)* agyrázkódás

**condemn** /kən'dem/ ❶ (el)ítél, támad ❷ (el)ítél (amire: *to*) *condemn to death* halálra ítél ❸ kárhoztat, ítél (amire: *to*) *the accident condemned her to a wheelchair* a baleset tolókocsihoz kötötte ❹ elmarasztal, marasztal [bíróság] ❺ elárul *his nervousness condemned him* idegessége elárulta

**condemnation** /ˌkɒndem'neɪʃən/ elítélés, megbélyegzés, elutasítás

**condense** /kən'dens/ ❶ sűrít, cseppfolyósít ❷ tömörít, sűrít [írást] ❸ (le)párol, párologtat ❹ (össze)sűrűsödik, cseppfolyósodik, lecsapódik

**condensed milk** VAGY **sweetened condensed milk** sűrített/kondenzált tej

**condenser** /kən'densə/ ❶ kondenzátor ❷ gyűjtőlencse

**condescend** /ˌkɒndɪ'send/ leereszkedik (akihez: *to*)

**condescending** /ˌkɒndɪ'sendɪŋ/ leereszkedő

**condescension** /ˌkɒndɪ'senʃən/ leereszkedés

**condition** /kən'dɪʃən/ *FNÉV*

❶ állapot, helyzet, kondíció ❷ feltétel *under the agreement's conditions* az egyezmény feltételei szerint/értelmében *on condition that {MONDAT}* azzal a feltétellel, hogy {MONDAT} *lay down / set conditions* feltételeket szab *on no condition* semmi esetre sem, semmilyen körülmények között ❸ panasz, betegség

**condition** *IGE*

❶ megszab, meghatároz, szabályoz *be conditioned by smth* függ vmitől ❷ kondicionál vmire ❸ helyrehoz, kondi-cionál *condition the hair* kondicionálja a hajat

**conditional** /kənd'ɪʃənəl/ *FNÉV*

feltételes mód *present/real conditional* feltételes jelen(idő)

C

iː tea ɪ it e bed æ cat ɜː bird ə ago eɪ way əʊ go aɪ my aʊ how eə air
ɑː car ɒ got ɔː war ʊ put uː too ʌ but ɪə here ʊə pure ɔɪ boy
θ thing ð this tʃ chip dʒ Joe ʃ ship ʒ measure s sit ŋ ring j you w win

**conditional** *MNÉV*
❶ feltételes, feltételhez kötött, vmitől függő *be conditional on smth* vmitől függ ❷ feltételes [mód]
**conditional clause** VAGY **conditional sentence** feltételes mondat
**conditional discharge** feltételes szabadlábra helyezés
**conditioned reflex** VAGY **conditioned response** feltételes reflex
**conditioned stimulus** feltételes inger
**conditions** /kənˈdɪʃənz/ körülmények, viszonyok *working conditions* munkakörülmények, munkafeltételek *driving conditions* útviszonyok
**condole** /kənˈdəʊl/ *condole with smb on/over smth* részvétét kifejezi vkinek vmi miatt
**condolence** /kənˈdəʊləns/ részvétnyilvánítás *offer condolences* részvétet nyilvánít *please accept my condolences on your father's death* fogadja részvétemet apja halála miatt
**condom** /ˈkɒndəm/ koton, óvszer, kondom
**condominium** /ˌkɒndəˈmɪnɪəm/ ❶ társasház ❷ társasházi lakás ❸ komdominium
**conduct** /ˈkɒndʌkt/ *FNÉV*
❶ vezetés, igazgatás ❷ magaviselet, magatartás, viselkedés ❸ életvitel, életvezetés ❹ alakulása/menete vminek
**conduct** /kənˈdʌkt/ *IGE*
❶ vezet ❷ vezényel ❸ igazgat, vezet, irányít ❹ tart, végez *conduct a survey/inquiry* felmérést/vizsgálatot végez ❺ *conduct ›oneself‹* viselkedik ❻ vezet [elektromosságot, hőt]
**conducted tour** idegenvezetős kirándulás/utazás/városnézés
**conductive education** konduktív pedagógia
**conductor** /kənˈdʌktə/ ❶ karmester ❷ vezető [áramé, hőé] *poor conductor* rossz hővezető ❸ villámhárító ❹ kalauz ❺ *US* vonatkísérő, vonatkalauz
**cone** /kəʊn/ ❶ kúp ❷ kúp alakú terelőbója ❸ (fenyő)toboz ❹ (fagylalt)tölcsér
**confection** /kənˈfekʃən/ csemege, édesség ⓘ *NEM* ~~konfekció~~
**confectioner** /kənˈfekʃənə/ cukrász
**confectionery** /kənˈfekʃənərɪ/ ❶ (cukrász)sütemény(ek), édesség ❷ cukrászat ❸ cukrászda ⓘ *NEM* ~~konfekció~~
**confederacy** /kənˈfedərəsɪ/ ❶ államszövetség, konföderáció ❷ összeesküvés
**confederate** /kənˈfedərət/ *FNÉV*
❶ (konföderáción belüli) szövetséges ❷ bűntárs, bűnsegéd
**confederate** /kənˈfedərət/ *MNÉV*
(konföderáción belül) szövetséges, tag-
**confederate** /kənˈfedəreɪt/ *IGE*
❶ konföderációba egyesít ❷ konföderációba egyesül/szövetkezik
**confederation** /kənˌfedəˈreɪʃən/ államszövetség, konföderáció
**confer** /kənˈfɜː/ ❶ adományoz [címet/fokozatot] (akinek: *on*) ❷ tárgyal, beszél ⓘ *NEM* ~~konferál~~
**conference** /ˈkɒnfrəns/ ❶ konferencia, értekezlet, tanácskozás *be in conference* értekezik ❷ *US* liga [sportkluboké/csapatoké]
**conference centre** konferenciaközpont, kongresszusi központ
**conference table** tárgyalóasztal [irodában]
**confess** /kənˈfes/ ❶ bevall, beismer (amit: *Ø/to*) ❷ gyón, meggyón ❸ gyóntat
**confession** /kənˈfeʃən/ ❶ beismerés, bevallás, vallomás *confession of failure* kudarc beismerése ❷ vallomás ❸ gyónás *hear smb's confession* gyóntat vkit ❹ confession (of faith) hitvallás ❺ felekezet, hitvallás
**confessor** /kənˈfesə/ gyóntatópap
**confetti** /kənˈfetɪ/ konfetti
**confidence** /ˈkɒnfɪdəns/ ❶ bizalom *have confidence in smb* megbízik vkiben *take smb into ›one's‹ confidence* bizalmába avat vkit ❷ magabiztosság, önbizalom ❸ bizalmas közlés, titok *in strict confidence* szigorúan bizalmasan ❹ *motion of no confidence* bizalmatlansági indítvány
bizalomépítő, bizalomerősítő
**confidence man** csaló, szélhámos
**confidence trick** csalás, szélhámosság
**confident** /ˈkɒnfɪdənt/ magabiztos, bizakodó *be confident of smth* bizonyos/bízik vmiben
**confidential** /ˌkɒnfɪˈdenʃəl/ ❶ bizalmas, titkos *confidential communication* bizalmas közlés *keep this strictly confidential* tartsd ezt szigorúan titokban ❷ megbízható, bizalmas, bizalmi ❸ bizalomról árulkodó, bizakodó *a confidential voice* bizakodó hang
**confidentially** /ˌkɒnfɪˈdenʃəlɪ/ ❶ bizalmasan ❷ bizalmaskodva ❸ köztünk szólva, bizalmasan megvallva
**confidentiality** /ˌkɒnfɪˌdenʃɪˈælətɪ/ titkosság, bizalmasság
**confiding** /kənˈfaɪdɪŋ/ bizalomteli, jóhiszemű
**configuration** /kənˌfɪgjəˈreɪʃən/ ❶ alakzat, elrendezés ❷ [számítógépes] kiépítés ❸ [számítógépes] konfiguráció, beállítás
**configure** /kənˈfɪgə/ konfigurál, beállít
**confine** /kənˈfaɪn/ ❶ korlátoz, korlátok között tart *confine ›oneself‹ to smth* vmire szorítkozik *be confined to smth* korlátozódik vmire ❷ bebörtönöz, becsuk *be confined to quarters/barracks* laktanyafogságra ítélik
**confinement** /kənˈfaɪnmənt/ ❶ bezárás ❷ bezártság(érzet), elszigeteltség ❸ laktanyafogság ❹ *solitary confinement* magánzárka ❺ szülés
**confirm** /kənˈfɜːm/ ❶ megerősít, megszilárdít [hatalmat stb.] ❷ megerősít, hitelesít, visszaigazol *either confirm or deny it* se megerősíteni, se cáfolni ❸ megerősít/konfirmál [repülőjegyet] ❹ megerősít vkit [hivatalában] ❺ konfirmál, bérmál

**confirmation** /ˌkɒnfəˈmeɪʃən/ ❶ megerősítés, hitelesítés, visszaigazolás ❷ konfirmáció, bérmálás
**confiscate** /ˈkɒnfɪskeɪt/ elkoboz, lefoglal, konfiskál
**confiscation** /ˌkɒnfɪsˈkeɪʃən/ elkobzás, lefoglalás, konfiskálás
**conflict** /ˈkɒnflɪkt/ *FNÉV*
❶ összeütközés, viszály ❷ ellentét, ellentmondás, konfliktus
**conflict** /kənˈflɪkt/ *IGE*
(össze)ütközik, konfliktusba/ellentmondásba kerül, ellenkezik
**conflict check** normakontroll
**conflict-free** konfliktusmentes
**conform** /kənˈfɔːm/ ❶ alkalmazkodik vmihez, betart vmit *conform to the rules* betartja a szabályokat ❷ megfelel vminek *conform to safety standards* megfelel a biztonsági előírásoknak ❸ megfelel(ni próbál), alkalmazkodik [elvárásokhoz]
**conformist** /kənˈfɔːmɪst/ konformista
**conformity** /kənˈfɔːmətɪ/ összhang, (meg)egyezés, alkalmazkodás *in conformity with smth* vmi szerint, vminek megfelelően
**confront** /kənˈfrʌnt/ ❶ szembeszáll [nehézséggel] ❷ *be confronted with smth* szembe találja magát vmivel [nehézséggel] ❸ szembesít
**confrontation** /ˌkɒnfrʌnˈteɪʃən/ ❶ szembenállás, konfrontáció, összecsapás ❷ szembesítés
**confuse** /kənˈfjuːz/ ❶ összezavar, zavarba hoz *get confused* megzavarodik, összezavarodik, zavarba jön ❷ összetéveszt vkit/vmit vkivel/vmivel ❸ összezavar, zavarossá tesz *you're just confusing the issue* csak elkened a kérdést
**confused** /kənˈfjuːzd/ ❶ zavaros, összevissza ❷ összezavart, zavarban levő, zavarodott, megtévedt
**confusion** /kənˈfjuːʒən/ ❶ (zűr)zavar, összevisszaság, szervezetlenség, fejveszettség *everything was in confusion* minden a feje tetején állt ❷ (össze)tévesztés
**congested** /kənˈdʒestɪd/ ❶ zsúfolt, tömött, összetorlódott ❷ vértolulásos
**congestion** /kənˈdʒestʃən/ ❶ zsúfoltság, dugó, torlódás ❷ vértolulás
**congrats** /kənˈgræts/ gratulálok!
**congratulate** /kənˈgrætjʊleɪt/ *gratulate smb on smth* gratulál vkinek vmihez
**congratulations** /kənˌgrætjʊˈleɪʃənz/ *FNÉV*
szerencsekívánat, gratuláció (amihez: *on*) *give him / pass on our congratulation* adja át neki szerencsekívánatainkat
**congratulations** *IND.SZÓ*
gratulálok!
**congregation** /ˌkɒŋgrəˈgeɪʃən/ ❶ gyülekezet, hívek ❷ egyházközség ❸ kongregáció
**congress** /ˈkɒŋgres/ kongresszus, nagygyűlés
**Congress** Kongresszus [az USA törvényhozása] *lose the support of Congress* elveszíti a Kongresszus támogatását
**congressman** /ˈkɒŋgresmən/ *TBSZ* **congressmen** /ˈkɒŋgresmən/ kongresszusi tag, képviselő [az USA törvényhozásában]
**congresswoman** /ˈkɒŋgreswʊmən/ *TBSZ* **congresswomen** /ˈkɒŋgreswɪmɪn/ képviselőnő [az USA törvényhozásában]
**coniferous** /kəʊˈnɪfərəs/ VAGY /kɒˈnɪfərəs/ tobozos, toboztermő, tűlevelű
**conjugate** /ˈkɒndʒʊgeɪt/ ragoz [igét]
**conjugation** /ˌkndʒʊˈgeɪʃən/ igeragozás
**conjunction** /kənˈdʒʌŋkʃən/ ❶ kötőszó ❷ kapcsolat *in conjunction with smb* együttműködve vkivel ❸ (össze) találkozás/összejátszás [körülményeké/eseményeké]
**conjunctivitis** /kənˌdʒʌŋktɪˈvaɪtɪs/ kötőhártyagyulladás
**conjure** /ˈkʌndʒə/ ❶ elővarázsol ❷ bűvészkedik, varázsol
**conjurer** VAGY **conjuror** /ˈkɒndʒərə/ bűvész
**conjuring trick** bűvésztrükk, bűvészmutatvány
**conker** /ˈkɒŋkə/ vadgesztenye
**con man** szélhámos, csaló
**connect** /kəˈnekt/ ❶ összeköt, összekapcsol ❷ kapcsolatba/összefüggésbe hoz, rokonít *be connected* rokonságban van ❸ kapcsol [telefonon] ❹ csatlakozik, csatlakozása van (amihez: *to/with*) ❺ beköt, bekapcsol, csatlakoztat [áramba/hálózatba] *the terminals are connected to the server* a terminálok a szerverhez csatlakoznak
**connection** /kəˈnekʃən/ ❶ összefüggés, kapcsolat *in connection with smb/smth* vkivel/vmivel kapcsolatban ❷ [telefonos] kapcsolat/kapcsolás *wrong connection* téves kapcsolás ❸ összekötés, (össze)kapcsolás ❹ összeköttetés, kapcsolat ❺ csatlakozás [járműveké] ❻ rokoni kapcsolat, rokonság ❼ érintkezés, kontakt, bekötés, csatlakoz(tat)ás
**connective tissue** kötőszövet
**connoisseur** /ˌkɒnəˈsɜː/ műértő
**conquer** /ˈkɒŋkə/ ❶ meghódít, leigáz ❷ legyőz győz ❸ meghódít, legyőz, leküzd *the mountain was conquered in 1791* a hegyet 1791-ben hódították meg *she conquered her fear* úrrá lett a félelmén
**conqueror** /ˈkɒŋkərə/ hódító, győző
**conquest** /ˈkɒŋkwest/ ❶ (meg)hódítás, legyőzés ❷ meghódított terület ❸ meghódított nő/férfi, „trófea"
**conscience** /ˈkɒnʃəns/ ❶ lelkiismeret *bad/guilty conscience* rossz lelkiismeret *in all conscience* nyugodt lelkiismerettel ❷ meggyőződés *prisoner of conscience* politikai/vallási meggyőződéséért elítélt ember ❸ lelkifurdalás
**conscientious** /ˌkɒnʃɪˈenʃəs/ ❶ lelkiismeretes ❷ céltudatos
**conscientious objector** katonai szolgálatot meggyőződésből megtagadó ember, szolgálatmegtagadó
**conscious** /ˈkɒnʃəs/ ❶ öntudaton/eszméletén

levő ❷ *be conscious of smth* tudatában van vminek *be conscious that* {MONDAT} tisztában van vele, hogy {MONDAT} ❸ tudatos, szándékos

**-conscious** -centrikus, vmivel sokat törődő, vmivel sokat foglalkozó *money-conscious* pénzcentrikus *media-conscious politician* médiatudatos politikus *self-conscious* félénk, önfigyelő *calorie-conscious* étrendjére odafigyelő

**consciousness** /ˈkɒnʃəsnəs/ ❶ öntudat, eszmélet *regain consciousness* visszanyeri eszméletét, magához tér ❷ tudatosság, tudat, szemlélet ❸ vminek a tudata *a consciousness of danger* a veszély érzése/tudata

**conscript** /ˈkɒnskrɪpt/ FNÉV
sorkatona

**conscript** /kənˈskrɪpt/ IGE
(be)soroz, behív *conscript smb for military service* behív katonai szolgálatra

**conscription** /kənˈskrɪpʃən/ ❶ kötelező (sor)katonai szolgálat ❷ (be)sorozás

**consecutive** /kənˈsekjʊtɪv/ egymásutáni, egymásra következő *on three consecutive days* három egymást követő napon

**consensus** /kənˈsensəs/ közvélemény, (köz)megegyezés, konszenzus *reach consensus on smth* vmiben konszenzusra jut

**consent** /kənˈsent/ FNÉV
beleegyezés, hozzájárulás *age of consent* törvényes felnőttkor

**consent** IGE
beleegyezik, hozzájárul, jóváhagy (amibe/amihez/amit: *to*) *he never consented to the marriage* soha nem egyezett bele a házasságba

**consequence** /ˈkɒnsɪkwəns/ ❶ következmény *as a consequence of smth* vmi következtében ❷ fontosság *of no consequence* jelentéktelen ⓘ NEM ~~konzekvensség~~

**consequent** /ˈkɒnsɪkwənt/ vmi nyomán fellépő *flooding consequent on/to the rains* az esőzések után bekövetkező áradás ⓘ NEM ~~konzekvens~~

**consequential** /ˌkɒnsɪˈkwenʃəl/ ❶ fontos (következményekkel járó) ❷ fontoskodó ⓘ NEM ~~konzekvens~~

**consequently** /ˈkɒnsɪkwəntlɪ/ következésképp(en) ⓘ NEM ~~konzekvensen~~

**conservancy** /kənˈsɜːvənsɪ/ természetvédelem

**conservation** /ˌkɒnsəˈveɪʃən/ ❶ fenntartás, megőrzés, konzerválás ❷ természetvédelem, környezetvédelem

**conservation area** védett [városi/építészeti ill. természeti] övezet/körzet

**conservationist** /ˌkɒnsəˈveɪʃənɪst/ természetvédő, környzetvédő

**conservatism** /kənˈsɜːvətɪzəm/ konzervativizmus

**conservative** /kənˈsɜːvətɪv/ FNÉV
❶ konzervatív ember ❷ konzervatív párt támogatója

**conservative** MNÉV
❶ konzervatív, hagyományos ❷ konzervatív párti ❸ óvatos *at a conservative estimate* óvatos becslés szerint

**conservatoire** /kənˈsɜːvətwɑː/ konzervatórium, zeneakadémia, zeneiskola

**conservatory** /kənˈsɜːvətrɪ/ ❶ üvegház, télikert ❷ konzervatórium, zeneakadémia, zeneiskola

**conserve** /ˈkɒnsɜːv/ FNÉV
(édes) befőtt ⓘ NEM ~~konzerv~~

**conserve** /kənˈsɜːv/ IGE
❶ megóv, megőriz, konzervál ❷ tartósít, konzervál

**consider** /kənˈsɪdə/ ❶ megfontol, elgondolkozik vmiről, fontolóra vesz *I'm considering changing my job* azon gondolkodom, hogy állást változtatok ❷ tekintetbe/figyelembe vesz *consider all side effects* minden mellékhatással számol ❸ vminek tekint/tart *I consider her the best candidate* a legjobb jelöltnek tartom

**considerable** /kənˈsɪdərəbəl/ jelentős, jelentékeny, számottevő, tetemes

**considerate** /kənˈsɪdərət/ figyelmes, előzékeny (akivel: *to/towards*)

**consideration** /kənˌsɪdəˈreɪʃən/ ❶ megfontolás, átgondolás, figyelem *take into consideration* tekintetbe/figyelembe vesz ❷ szempont, megfontolás, indíték, meggondolás, tényező ❸ figyelmesség, előzékenység, tekintet vmire *in consideration of smth* tekintettel vmire
KIFEJEZÉSEKBEN: *on/under no consideration* semmi esetre sem

**considering** /kənˈsɪdərɪŋ/ ❶ figyelembe/tekintetbe véve, tekintettel vmire *it's not bad considering that* {MONDAT} nem rossz, ha meggondoljuk, hogy {MONDAT} ❷ ha meggondoljuk

**consignment** /kənˈsaɪnmənt/ ❶ küldemény, szállítmány ❷ bizomány *on consignment* bizományba ❸ (el)küldés [áruké] ❹ bizományos áru

**consist** /kənˈsɪst/
**consist in** *consist in smth* áll vmiben/vmiből/vmennyiből
**consist of** *consist of smth* vmiből áll/ összetevődik

**consistence** /kənˈsɪstəns/ VAGY **consistency** /kənˈsɪstənsɪ/ ❶ következetesség ❷ állag, összetétel, konzisztencia

**consistent** /kənˈsɪstənt/ ❶ következetes, elvhű ❷ állandó, állhatatos ❸ összeegyeztethető (amivel: *with*)

**consolation** /ˌkɒnsəˈleɪʃən/ vigasz(talás)

**consolation prize** vigaszdíj

**console** /ˈkɒnsəʊl/ FNÉV
❶ kapcsolótábla, irányítótábla, vezérlőpult, konzol ❷ díszes tartópillér ⓘ NEM ~~konzol~~ [= falikar]

**console** /kənˈsəʊl/ IGE
vigasztal, vigaszt nyújt

**consolidate** /kənˈsɒlɪdeɪt/ ❶ megerősít, megszilárdít, konszolidál ❷ egyesít, összevon [cégeket] ❸ megszilárdul, konszolidálódik ❹ egyesül, összevonódik
**consolidation** /kənˌsɒlɪˈdeɪʃən/ ❶ megerősítés, megszilárdítás ❷ megszilárdulás, megerősödés ❸ ismétlés, ismétlő lecke
**consommé** /kənˈsɒmeɪ/ VAGY /ˈkɒnsəmeɪ/ (zöldséges) erőleves/húsleves
**consonant** /ˈkɒnsənənt/ *FNÉV*
mássalhangzó *consonant letter* mássalhangzóbetű, mássalhangzót jelölő betű
**consonant** *MNÉV*
egybehangzó (amivel: *with/to*)
**consort** /ˈkɒnsɔːt/ ❶ házastárs [uralkodóé] ❷ régizene-együttes
**consortium** /kənˈsɔːtɪəm/ *TBSZ* **consortiums** VAGY **consortia** /kənˈsɔːtɪə/ konzorcium
**conspicuous** /kənˈspɪkjuəs/ szembetűnő, feltűnő, nyilvánvaló
**conspiracy** /kənˈspɪrəsɪ/ összeesküvés
**conspirator** /kənˈspɪrətə/ összeesküvő
**conspire** /kənˈspaɪə/ összeesküszik, konspirál (ami ellen: *against*)
**constable** /ˈkɒnstəbəl/ ❶ (köz)rendőr ❷ királyi vár kapitánya
**constant** /ˈkɒnstənt/ *FNÉV*
konstans, állandó
**constant** *MNÉV*
❶ állandó, változatlan ❷ kitartó, állhatatos, hű
**constellation** /ˌkɒnstəˈleɪʃən/ ❶ csillagok állása, konstelláció ❷ csoport [sztároké]
**consternation** /ˌkɒnstəˈneɪʃən/ megdöbbenés, megrökönyödés
**constipated** /ˈkɒnstɪpeɪtɪd/ székrekedéses
**constipation** /ˌkɒnstɪˈpeɪʃən/ székrekedés, szorulás
**constituency** /kənˈstɪtjuənsɪ/ ❶ választókerület ❷ vmely választókörzet választói ❸ [támogatói] csoport
**constituent** /kənˈstɪtjuənt/ *FNÉV*
❶ alkotórész, alkotóelem ❷ [nyelvtani] összetevő ❸ választópolgár, szavazó
**constituent** *MNÉV*
tag-, alkotó-, összetevő
**constituent assembly** alkotmányozó (nemzet)gyűlés
**constituent part** alkotórész, alkotóelem
**constitute** /ˈkɒnstɪtjuːt/ alkot, alakít, képez, kitesz
**constitution** /ˌkɒnstɪˈtjuːʃən/ ❶ alkotmány ❷ alapszabály, szabályzat ❸ szervezet, alkat ❹ összetétel, megalkotás
**constitutional** ❶ alkotmányos, alkotmány- ❷ alkotmányozó ❸ szervezeti, alkati
**constitutionalism** /ˌkɒnstɪˈtjuːʃənəlɪzəm/ alkotmányosság, jogállamiság
**constitutionality** /ˌkɒnstɪˌtjuːʃəˈnæləti/ alkotmányosság
**constrain** /kənˈstreɪn/ ❶ korlátoz, korlátok közé szorít, limitál ❷ kényszerít
**constraint** /kənˈstreɪnt/ ❶ kényszer(ítés) ❷ korlát(ozás), restrikció ❸ visszafogottság, tartózkodás *show constraint* tartózkodóan viselkedik
**construct** /ˈkɒnstrʌkt/ *FNÉV*
konstruktum, fogalom
**construct** /kənˈstrʌkt/ *IGE*
❶ (meg/fel)épít, (meg)alkot, (meg)szerkeszt ❷ rajzol, szerkeszt
**construction** /kənˈstrʌkʃən/ ❶ építés, építkezés ❷ építőipar ❸ szerkesztés ❹ szerkezet, konstrukció
**construction set** mechanikai építőszekrény
**construction site** építési terület, építkezés
**construction worker** építőmunkás
**constructive** /kənˈstrʌktɪv/ ❶ építő, alkotó, konstruktív ❷ szerkezeti, strukturális ❸ vélelmezhető, vélelmezett
**constructor** építő, (meg)alkotó (meg)szerkesztő ⓘ *NEM* ~~konstruktőr~~
**construe** /kənˈstruː/ értelmez, magyaráz [vki szavait] ⓘ *NEM* ~~konstruál~~
**consul** /ˈkɒnsəl/ ❶ konzul ❷ római consul/konzul
**consular** /ˈkɒnsjʊlə/ konzuli *consular section* konzuli osztály
**consulate** /ˈkɒnsjʊlət/ ❶ konzulátus, főkonzulátus ❷ konzulság
**consul general** főkonzul
**consult** /kənˈsʌlt/ ❶ utánanéz [könyvben] ❷ tanácsot/felvilágosítást kér *consult a doctor on/about it* fordulj vele orvoshoz
**consultancy** /kənˈsʌltənsɪ/ ❶ tanácsadás ❷ tanácsadó cég ❸ tanácsadói állás
**consultant** /kənˈsʌltənt/ ❶ (szak)tanácsadó, konzultáns ❷ szakorvos, specialista ❸ tanácskérő ❹ témavezető, konzulens ❺ (szak)lektor
**consultation** /ˌkɒnsəlˈteɪʃən/ ❶ tanácskozás, konzultáció (akivel: *with*, amiről: *on/about*) ❷ (orvosi) konzílium
**consulting hour** ❶ rendelés(i idő) ❷ fogadóóra
**consulting room** rendelő
**consume** /kənˈsjuːm/ ❶ (el)fogyaszt [élelmet/italt] ❷ felhasznál, felemészt ❸ elpusztít, felemészt
**consumer** /kənˈsjuːmə/ ❶ fogyasztó ❷ [elektromos] fogyasztó
**consumer durables** tartós fogyasztási cikkek
**consumer goods** fogyasztási cikkek
**consumerism** /kənˈsjuːmərɪzəm/ ❶ fogyasztó(i érdek)védelem ❷ konzumerizmus, fogyasztói szemlélet
**consumer price index, CPI** fogyasztói árindex
**consumption** /kənˈsʌmpʃən/ ❶ fogyasztás, felhasználás *unfit for consumption* fogyasztásra alkalmatlan ❷ tüdővész, tébécé
**contact** /ˈkɒntækt/ *FNÉV*
❶ érintkezés, kapcsolat, kontaktus *make*

*contact with smb* kapcsolatot teremt, érintkezésbe lép vkivel *get in contact with smb* kapcsolatba lép vkivel, megkeres *eye contact* szemkontaktus, összenézés ❷ ismerős, kapcsolat ❸ érintkezés, kapcsolás [villamosság]

**contact** *IGE*
kapcsolatba/érintkezésbe lép (vkivel), (meg/fel)keres

**contact lens** kontaktlencse

**contagious** /kən'teɪdʒəs/ [tapintás útján] fertőző, ragályos

**contain** /kən'teɪn/ ❶ tartalmaz, magába foglal, vmi van benne ❷ fékez, visszatart, türtőztet *contain ⁒oneself⁒* uralkodik magán, türtőzteti magát ❸ féken tart, megfékez *try to contain the epidemy* küzd a járvánnyal ❹ bezár, közrefog *the angle contained by these two sides* e két oldal által bezárt szög

**container** /kən'teɪnə/ ❶ tartály, tartó ❷ konténer

**containment** /kən'teɪnmənt/ megfékezés, visszatartás, sakkban tartás

**contaminate** /kən'tæmɪneɪt/ (be)szenynyez, (meg)fertőz

**contamination** /kənˌtæmɪ'neɪʃən/ ❶ szennyez(őd)és ❷ szennyezettség ❸ fertőzöttség

**contd.** = continued

**contemplate** /'kɒntempleɪt/ ❶ megfontol, fontolgat, elgondol ❷ szemlél ❸ elmélkedik

**contemplation** /ˌkɒntəm'pleɪʃən/ szemlélődés, elmélkedés

**contemporary** /kən'tempərərɪ/ *FNÉV*
❶ kortárs ❷ vkivel egyidős ember, kortárs

**contemporary** *MNÉV*
❶ egykorú, kortárs(i) ❷ jelenkori, mai

**contempt** /kən'tempt/ megvetés, lenézés, semmibe vétel *hold smb in (utter) contempt* teljes megvetéssel kezel vkit *be beneath contempt* megvetés(ünk)re sem érdemes

**contemptible** /kən'temptəbəl/ megvetendő, utálatos, hitvány

**contend** /kən'tend/ ❶ versenyez, verseng (amiért: *for*) ❷ harcol, küzd (amivel: *against*) ❸ [határozottan] állít *police*

**content** /'kɒntent/ *FNÉV*
❶ tartalom, tárgy [könyvé] ❷ vmilyen tartalma vminek *lead content* ólomtartalom *fat content* zsírtartalom ❸ elégedettség, megelégedés ❹ „igen" szavazat [a Lordok Házában]

**content** /kən'tent/ *MNÉV*
elégedett

**content** /kən'tent/ *IGE*
❶ kielégít, kedvére tesz *content ⁒oneself⁒ with smth* megelégszik vmivel ❷ „tart", tartja a tétet

**contented** /kən'tentɪd/ elégedett

**contention** /kən'tenʃən/ ❶ [határozott] állítás ❷ versengés, verseny ❷ vita, szembenállás

**contents** /'kɒntents/ ❶ tartalom ❷ *the contents of the bag* a táska tartalma ❸ tartalom(jegyzék) *table of contents* tartalomjegyzék

**contest** /'kɒntest/ *FNÉV*
verseny, küzdelem, mérkőzés *beauty contest* szépségverseny

**contest** /kən'test/ *IGE*
❶ küzd, verseng vmiért *contest a seat on the council* indul a tanácstagi mandátumért ❷ (el)vitat, megtámad *contest the judges' decision* megtámadja a bírák döntését ❸ vitatkozik

**contestant** /kən'testənt/ versenyző

**context** /'kɒntekst/ ❶ szövegösszefüggés, szövegkörnyezet, kontextus *quote smb out of context* a szövegösszefüggésből kiragadva idéz vkit ❷ összefüggés, kontextus *within its social context* társadalmi kontextusában

**contiguous** /kən'tɪgjuəs/ határos/érintkező/szomszédos [amivel: *to*]

**continent** /'kɒntɪnənt/ világrész, kontinens

**Continent** *the Continent* „a kontinens" [(Nyugat-)Európa Nagy-Britannia nélkül]

**continental** /ˌkɒntɪ'nentəl/ ❶ szárazföldi, kontinentális ❷ európai, kontinentális

**continental breakfast** kontinentális reggeli [péksütemény, vaj, dzsem, kávé]

**contingency** /kən'tɪndʒensɪ/ véletlenség, lehetőség, eshetőség

**contingent** /kən'tɪndʒənt/ *FNÉV*
kontingens, részleg

**contingent** *MNÉV*
❶ *be contingent on smth* vmilyen (véletlen) eseménytől függ ❷ véletlen, esetleges

**continuation** /kənˌtɪnju'eɪʃən/ ❶ folytat(ód)ás ❷ vmi meghoszabbítása/folytatása

**continue** /kən'tɪnju:/ ❶ folytat, tovább csinál vmit *continue to fight* tovább harcol ❷ folytatódik, tart, tovább megy

**continued** /kən'tɪnju:d/ folytatódó, folyamatos tovább tartó

**continuing education** felnőttoktatás

**continuous** /kən'tɪnjuəs/ folyamatos, összefüggő

**continuous tense** folyamatos (ige)idő, „ing"-es (ige)idő

**continuous white line** záróvonal

**contour** /'kɒntuə/ *FNÉV*
körvonal, kontúr

**contour** *IGE*
❶ utat épít a hegyeket kikerülve ❷ térképen szintvonalakat jelöl

**contra-** /'kɒntrə/ ellen-, kontra-

**contraband** /'kɒntrəbænd/ ❶ csempészet ❷ csempészáru

**contrabass** /ˌkɒntrə'beɪs/ gordon, nagybőgő

**contrabassoon** /ˌkɒntrəbə'su:n/ basszusfagott

**contraception** /ˌkɒntrə'sepʃən/ fogamzásgátlás, születésszabályozás

**contraceptive** /ˌkɒntrə'septɪv/ *FNÉV/MNÉV* fogamzásgátló (szer)

**contract** /'kɒntrækt/ *FNÉV*
❶ szerződés, megegyezés, megállapodás ❷ megbízás

**contract** /kən'trækt/ *IGE*
❶ összehúz, összevon ❷ összehúzódik, összeszemegy ❸ összevon [ejtésben] ❹ köt, létrehoz *contract an alliance* szövetséget köt ❺ szerződik (amire: *for*)
**contract out** /'kɒntrækt/ ❶ *contract out of smth* felbontja a szerződést ❷ *contract smth out* kiad, vállalkozásba ad [munkát]
**contract bridge** kontrakt bridzs
**contracted** /kən'træktɪd/ [ejtésben] összevont
**contraction** /kən'trækʃən/ ❶ összehúzás, összevonás ❷ összehúzódás ❸ *contraction of debts* adósság-felhalmozás ❹ szülési fájások
**contractor** /kən'træktə/ ❶ (szerződéses) vállalkozó ❷ szállító
**contractual** /kən'træktʃuəl/ szerződéses, szerződéssel rögzített
**contradict** /ˌkɒntrə'dɪkt/ ❶ ellentmond vkinek, ellenkezik vkivel ❷ ellentmond vminek, ellentmondásban van vmivel *the alibis contradict each other* az alibik ellentmondanak egymásnak
**contradiction** /ˌkɒntrə'dɪkʃən/ ❶ ellentmondás ❷ ellentét *in (direct) contradiction to smth* szöges ellentétben vmivel ❸ ellentmondás, ellenkezés
**contradictory** /ˌkɒntrə'dɪktərɪ/ ellentmondó, ellentétes
**contraindication** /ˌkɒntrəˌɪndɪ'keɪʃən/ kontraindikáció, ellenjavallat

**contrary** /'kɒntrərɪ/ *FNÉV*
ellentét, az ellenkező(je vminek) *on the contrary* (épp) ellenkezőleg *to the contrary* ellenkező értelemben *if I don't hear (anything) to the the contrary, let's meet at 7 pm* ha nem történik semmi, ami ellene szólna, találkozzunk 7-kor

**contrary** *MNÉV*
❶ /'kɒntrərɪ/ ellenkező, ellentétes ❷ /kən'treərɪ/ makacs, nyakas, akaratos
**contrary to** *contrary to smth* ❶ szemben/ellentétben vmivel, vmitől eltérően ❷ ellenére *contrary to our advice* tanácsunk ellenére

**contrast** /'kɒntrɑːst/ *FNÉV*
❶ ellentét, kontraszt, szembeállítás *in contrast with/to smth* vmivel ellentétben *by contrast* ezzel szemben, viszont ❷ ellentétet/kontrasztot mutató dolog ❸ kontraszt [képernyőn]

**contrast** /kən'trɑːst/ *IGE*
❶ ellentétbe/kontrasztba állít, szembeállít ❷ elüt, ellentétben/kontrasztban áll (amivel: *with*)
**contravene** /ˌkɒntrə'viːn/ megsért, áthág
**contravention** /ˌkɒntrə'venʃən/ megsértés, áthágás
**contribute** /kən'trɪbjuːt/ ❶ ad(akozik) hozzájárul ❷ szerepet játszik / közreműködik vmiben ❸ publikál *contribute (articles) to the weekly* (cikkeket) ír a hetilapba
**contribution** /ˌkɒntrɪ'bjuːʃən/ ❶ hozzájárulás, szerep, közreműködés (amiben: *to*) ❷ közlemény, cikk ❸ (pénz)adomány ❹ hozzájárulás, járulék
**contributor** /kən'trɪbjʊtə/ közreműködő, munkatárs [újságé]

**control** /kən'trəʊl/ *FNÉV*
❶ fennhatóság, irányítás, felügyelet, befolyás, hatalom, ellenőrzés *take/gain control of smth* hatalma/irányítása alá von, megszerzi vmi fölött a hatalmat/irányítást *lose control (of oneself)* elveszti az önuralmat/kontrollt *keep smth under control* ellenőrzés alatt tart vmit *get out of control* kitör, elszabadul *bring smth under control* megfékez, uralma alá hajt vmit ❷ kormányzás, vezérlés, irányítás *mission control* bevetés-irányítóközpont

**control** *IGE*
❶ irányít, vezérel [gépet stb.] szabályoz felügyel ❷ megfékez korlátoz ⓘ *NEM* ~~kontrollál~~ [= megvizsgál]
**control group** kontrollcsoport
**controllable** /kən'trəʊləbəl/ ❶ vezethető, kormányozható irányítható ❷ ellenőrizhető
**controller** /kən'trəʊlə/ ❶ irányító, kezelő ❷ számvevő ❸ kontroller
**control panel** vezérlőasztal
**controls** vezérlőberendezés, vezérlőasztal, vezér(lő)mű
**control tower** irányítótorony
**controversial** /ˌkɒntrə'vɜːʃəl/ vitatott, vitatható, ellentmondásos
**controversy** /'kɒntrəvɜːsɪ/ ellentét, vita
**conundrum** /kə'nʌndrəm/ ❶ találós kérdés, rejtvény ❷ talány, rejtély
**convene** /kən'viːn/ ❶ összehív, egybehív ❷ összegyűlik, gyülekezik
**convenience** /kən'viːnɪəns/ ❶ kényelem *at your earliest convenience* mihamarább (amint Önnek megfelel) *marriage of convenience* érdekházasság ❷ előny, érdek *marriage of convenience* érdekházasság ❸ [hasznos] eszköz, szolgáltatás, komfort *all the latest conveniences* minden modern komfort ❹ *(public) convenience* nyilvános illemhely
**convenience food** gyorsétel [mélyhűtött/konzerv]
**convenience store** *US* késő ig nyitvatartó élelmiszerbolt, minidiszkont, miniábécé
**convenient** /kən'viːnɪənt/ ❶ kényelmes, alkalmas, megfelelő ❷ jól/kapóra jövő *the strike is politically convenient for the government* a sztrájk politikailag kapóra jön a kormánynak ❸ jó fekvésű *our place is very convenient for the shops* a lakásunkhoz jó közel vannak a boltok
**convent** /'kɒnvənt/ zárda, kolostor
**convention** /kən'venʃən/ ❶ egyezmény, megállapodás ❷ konvenció, szokás(rend) ❸ összejövetel, konferencia ❹ *US* [(al)elnök-jelölő] (párt)kongresszus
**conventional** /kən'venʃənəl/ ❶ hagyományos,

konvencionális ❷ sablonos, bevett ❸ hagyományos [= nem nukleáris] *conventional warfare* konvencionális hadviselés ❹ szerződéses

**conversant** /kənˈvɜːsənt/ ❶ *conversant with smth* jártas vmiben, jól ismer vmit ❷ [idegen nyelven] beszélgetni képes

**conversation** /ˌkɒnvəˈseɪʃən/ társalgás, beszélgetés *carry on / have/hold a conversation* elbeszélget, beszélgetést folytat

**conversational** /ˌkɒnvəˈseɪʃənəl/ ❶ társalgási, hétköznapi [stílus] ❷ beszélt, hétköznapi *conversational French* francia társalgás

**converse** /ˈkɒnvɜːs/ FNÉV
ellentét, vminek a fordítottja/ellentettje

**converse** /ˈkɒnvɜːs/ MNÉV
ellentétes, fordított

**converse** /kənˈvɜːs/ IGE
(el)beszélget

**conversely** /kənˈvɜːslɪ/ VAGY /ˈkɒnvɜːslɪ/ (ezzel szemben) viszont, ugyanakkor

**conversion** /kənˈvɜːʃən/ ❶ átváltás ❷ átalakítás, átállítás, átállás *conversion from coal to gas heating* szénfűtésről gázfűtésre történő átállás ❸ szófaji átcsapás, konverzió ❹ megtérés ❺ megtérítés ❻ konvertálás, konverzió [számítógépes]

**conversion table** átszámítási táblázat

**convert** /kənˈvɜːt/ ❶ átvált ❷ átalakít, átállít ❸ átalakul, átalakítható *the sofa converts into a bed* a dívány ággyá alakítható ❹ átáll vmire ❺ konvertál (amivé: *into*) ❻ megtérít *be converted* megtér ❼ megnyer vminek

**converter** /kənˈvɜːtə/ átalakító, konverter *catalytic converter* katalizátor [autóban]

**convertibility** /kənˌvɜːtəˈbɪlətɪ/ átválthatóság, konvertibilitás

**convertible** /kənˈvɜːtəbəl/ FNÉV
nyitható tetejű (sport)kocsi, kabrió

**convertible** MNÉV
❶ átalakítható, átváltoztatható ❷ átváltható ❸ konvertibilis [valuta]

**convertible hood** VAGY **convertible top** nyitható tető [autón]

**convey** /kənˈveɪ/ ❶ szállít, visz ❷ közvetít, átad, továbbít ❸ kifejez, megértet, éreztet ❹ átruház (akire: *to*)

**conveyer** VAGY **conveyor** /kənˈveɪə/ ❶ fuvaros, szállít(mányoz)ó ❷ szállítószalag

**conveyer belt** VAGY **conveyor belt** szállítószalag

**convict** /ˈkɒnvɪkt/ FNÉV
fegyenc, elítélt

**convict** /kənˈvɪkt/ IGE
elítél, bűnösnek mond ki (amiben: *of*)

**conviction** /kənˈvɪkʃən/ ❶ elítélés, ítélet *no previous convictions* büntetlen előélet ❷ meggyőződés ❸ meggyőző

**convince** /kənˈvɪns/ meggyőz (amiről: *of*) *convince me that* (MONDAT) győzz meg (róla), hogy (MONDAT)

**convinced** /kənˈvɪnst/ meggyőződéses

**convoy** /ˈkɒnvɔɪ/ FNÉV
❶ konvoj, (jármű/hajó)karaván védőkísérettel *cars in convoy* komvojban haladó autók ❷ védőkíséret

**convoy** IGE
konvojt/védőkíséretként kísér, konvojnak védőkíséretet ad

**convulse** /kənˈvʌls/ (meg)rázkódik *be convulsed with laughter* gurul a nevetéstől

**convulsion** /kənˈvʌlʃən/ rángatódzás, vonaglás *convulsions of laughter* röhögőgörcs

**coo** /kuː/ FNÉV/IGE ❶ turbékol(ás) ❷ gügyög(és)

**cook** /kʊk/ FNÉV
szakács, szakácsnő
KIFEJEZÉSEKBEN: *too many cooks spoil the broth* sok bába közt elvész a gyerek

**cook** IGE
❶ (meg)főz, (el)készít ❷ fő *this will have to cook an hour* ennek egy órán át főnie kell ❸ (meg)hamisít *cook the books* könyvelést (meg)hamisít
KIFEJEZÉSEKBEN: *cook smb's goose* bajba kever vkit, bajt hoz vkire
**cook up** *cook smth up* kitalál vmit, előáll vmivel

**cookbook** szakácskönyv

**cooked** /kʊkt/ főtt, meleg *cooked lunch* meleg ebéd

**cooked breakfast** (angolos) villásreggeli

**cooker** /ˈkʊkə/ ❶ tűzhely, főző, rezsó ❷ főzni való gyümölcs

**cooker hood** páraelszívó, szagelszívó

**cookery** /ˈkʊkərɪ/ főzés, szakácsművészet

**cookery book** szakácskönyv

**cookie** VAGY **cooky** /ˈkʊkɪ/ US ❶ (apró)sütemény ❷ cookie, kuki, „bitsüti"

**cooking** /ˈkʊkɪŋ/ ❶ sütés, főzés *do the cooking* főz ❷ főzés, szakácsművészet ❸ főzésre való, főző-

**cooking oil** főzőolaj

**cooking range** VAGY **cooking stove** tűzhely

**cool** /kuːl/ FNÉV
❶ hűvösség ❷ nyugalom, közöny

**cool** MNÉV
❶ hűvös, hideg ❷ közömbös, szenvtelen *cool as a cucumber* rendíthetetlen nyugalmú ❸ bő, „laza" *he makes a cool million a year* laza/bő milliót keres évente ❹ klassz, „laza"

**cool** HAT.SZÓ
nyugodtan *play it cool* nyugisan viselkedik, nem veszti el az önuralmát

**cool** IGE
❶ (le)hűt, hűsít ❷ (le)hűl, kihűl ❸ mérséklődik, lelohad

**cool bag** VAGY **coolbox** hűtőtáska

**cooler** /ˈkuːlə/ ❶ hűtőedény ❷ US hűtőtáska ❸ US légkondicionáló ❹ hűvös, sitt

**cooling tower** hűtőtorony

**coon** /kuːn/ US mosómedve

**co-op** /ˈkəʊɒp/ szövetkezet *housing co-op* lakásszövetkezet *farming co-op* mezőgazdasági termelőszövetkezet

**cooper** /ˈkuːpə/ kádár, pintér

**cooperate** /kəʊˈɒpəreɪt/ együttműködik, kooperál

**cooperation** /kəʊˌɒpəˈreɪʃən/ ❶ együttműködés, kooperáció ❷ segítőkészség, segítség *I appreciate your cooperation* hálás vagyok segít(őkész)ségéért

**cooperator** /kəʊˈɒpəreɪtə/ együttműködő/kooperáló

**cooperative** /kəʊˈɒpərətɪv/ *FNÉV*

szövetkezet

**cooperative** *MNÉV*

❶ szövetkezeti ❷ segítőkész, együttműködő(kész)

**cooperative farm** (mezőgazdasági) termelőszövetkezet

**coordinate** /kəʊˈɔːdɪnət/ *FNÉV*

koordináta *system of coordinates* koordinátarendszer

**coordinate** /kəʊˈɔːdɪnət/ *MNÉV*

egyenrangú, egyenlő

**coordinate** /kəʊˈɔːdɪneɪt/ *IGE* koordinál

egyeztet, összhangba hoz

**coordinate axis** koordinátatengely

**coordination** /kəʊˌɔːdɪˈneɪʃən/ ❶ koordináció, mellérendelés ❷ összhangba hozás

**cop** /kɒp/ *FNÉV*

❶ zsaru, rendőr ❷ letartóztatás

**cop** *IGE*

❶ elcsíp, elkap, rajtakap vmin ❷ *cop it* megbánja, megkapja ❸ *cop that!* ezt nézd meg! ezt kapd ki!

**cope** /kəʊp/ *FNÉV*

papi köpeny, vecsernyepalást

**cope** *IGE*

boldogul *she copes on her own perfectly* tökéletesen boldogul/győzi egymaga

**cope with** *cope with smth* megbirkózik/boldogul vmivel

**copier** /ˈkɒpɪə/ (fény)másoló(gép)

**copious** /ˈkəʊpɪəs/ bőséges, kiadós

**copper** /ˈkɒpə/ ❶ vörösréz ❷ fillér, krajcár ❸ zsaru

**coppersmith** rézműves

**cops and robbers** rabló–pandúr *play cops and robbers* rabló–pandúrt játszik

**copy** /ˈkɒpɪ/ *FNÉV*

❶ másolat, kópia ❷ utánzat ❸ példány ❹ (szedésre küldendő) kézirat ❺ *(advertising) copy* reklámszöveg *she writes copy* reklámszövegeket ír megrendelésre ❻ szöveg *fair copy* tisztázat *rough copy* piszkozat

**copy** *IGE*

❶ (át/le)másol ❷ átír ❸ (le)tisztáz ❹ utánoz, követ ❺ vkiről másol [csalással] *he copied it from/off his friend* a barátjáról másolta ❻ ír [adatot/információt] ❼ megért, „vesz" *do you copy?* vette? érti?

**copy out** *copy smth out* kiír, kimásol

**copybook** szépírásfüzet, irka

**copyholder** ❶ kézirattartó/papírtartó [számítógépes munkánál] ❷ örökhaszonbérlő [jobbágy]

**copyright** *FNÉV*

❶ szerzői jog, copyright *hold/own the copyright* övé a copyright *breach/violation/infringement of copyright* a szerzői jog megsértése ❷ szerzői joggal / copyrighttal védett

**copyright** *IGE*

szerzői jogot biztosít/fenntart

**copywriter** /ˈkɒpɪraɪtə/ copywriter, reklámszöveg-író

**coquettish** /kɒˈketɪʃ/ kacér, kokettáló

**coral** /ˈkɒrəl/ ❶ korall ❷ korallszínű

**coral reef** korallzátony

**cord** /kɔːd/ *FNÉV*

❶ kötél, zsineg, zsinór ❷ elektromos vezeték/zsinór ❸ *US* öl [= kb. 3,5 $m^3$] ❹ kordbársony

**cord** *IGE*

kötéllel/zsineggel megköt

**cordial** /ˈkɔːdɪəl/ szívélyes, barátságos

**cordiality** /ˌkɔːdɪˈæləti/ szívélyesség, meleg fogadtatás

**cordially** /ˈkɔːdɪəlɪ/ ❶ szívélyesen, barátságosan *you're cordially invited to the wedding* szeretettel meghívjuk az esküvőre ❷ szívből *hate smth cordially* szívből gyűlöl

**cordless** /ˈkɔːdləs/ zsinór nélküli

**cordon** /ˈkɔːdən/ *FNÉV*

❶ kordon ❷ (kitüntetés)szalag

**cordon** *IGE*

**cordon off** *cordon smth off* kordonnal lezár/körülvesz

**cordon bleu** /ˌkɔːdən ˈblɜː/ mesteri, mester-[szakácsművészetről] *cordon bleu cook* mesterszakács ⓘ *NEM* ~~cordon bleu~~ [étel]

**cords** /kɔːdz/ ❶ kord(bársony) nadrág *a pair of cords* egy kordnadrág ❷ kordzakó

**corduroy** /ˈkɔːdərɔɪ/ kord(bársony)

**corduroys** /ˈkɔːdərɔɪz/ kordbársony nadrág, kordnadrág

**core** /kɔː/ *FNÉV*

❶ mag *apple core* almamag ❷ vmi középpontja/magva *the core of the problem* a probléma lényege/magva ❸ vmi veleje/lényege ❹ ér [vezetékben] *two-core* kéteres

**core** *IGE*

(ki)magoz

**corespondent** /ˌkəʊrɪˈspɒndənt/ házasságtöréssel vádolt házasfél feltételezett partnere

**coriander** /ˌkɒrɪˈændə/ koriánder

**cork** /kɔːk/ *FNÉV*

❶ parafa *cork tiles* parafa-lapok ❷ dugó

**cork** *IGE* bedugaszol

**cork up** *cork smth up* magában tart, magába fojt

**corkscrew** *FNÉV*

❶ dugóhúzó ❷ spirál(is)

**corkscrew** *IGE*

csigavonalban/spirálisan száll/halad

**corn** /kɔ:n/ ❶ gabona(szem/mag) ❷ búza ❸ *US* kukorica ❹ *US* édeskukorica ❺ tyúkszem

**corn circle** gabonakör

**corn cob** kukoricacsutka

**corned** /kɔ:nd/ (be/le)sózott

**corner** VAGY **corner kick** szöglet(rúgás)

**corner** /'kɔ:nə/ *FNÉV*

❶ sarok, szeglet *just round the corner* itt a közelben, egy saroknyira ❷ szorult helyzet *be in a tight corner* szorult helyzetben *drive smb into a corner* sarokba szorít vkit ❸ szöglet(rúgás) KIFEJEZÉSEKBEN: *turn the corner* túljut a nehezén *cut corners* (le)egyszerűsít vmit [r.szerint a minőség rovására]

**corner** *IGE*

❶ sarokba szorít ❷ ural *corner the market* teljes piaci ellenőrzést valósít meg

**corner flag** szögletzászló

**corner kick** szöglet(rúgás)

**corner shop** későig nyitvatartó bolt, minidiszkont

**cornerstone** ❶ sarokkő, alappillér, sarkalatos pont ❷ alapkő *lay the cornerstone of the new theatre* lerakja az új színház alapkövét

**cornet** /'kɔ:nɪt/ ❶ szárnykürt, kornett, piszton ❷ [tölcsér alakú] papírzacskó ❸ fagylalttölcsér

**corn field** ❶ búzatábla ❷ *US* kukoricatábla

**cornflakes** kukoricapehely

**cornflour** /'kɔ:nflaʊə/ kukoricaliszt

**cornflower** /'kɔ:nflaʊə/ búzavirág

**cornflower-blue** búzakék

**cornmeal** /'kɔ:nmi:l/ kukoricaliszt

**corn on the cob** csöves kukorica

**corn plaster** tyúkszemtapasz

**coronary thrombosis** VAGY **coronary** szívtrombózis

**coronation** /ˌkɒrə'neɪʃən/ koronázás

**coroner** /'kɒrənə/ halottkém

**corporal** /'kɔ:pərəl/ tizedes, káplár

**corporate** /'kɔ:pərət/ ❶ testületi, kollektív ❷ vállalati, cégi ❸ közületi *individual and corporate customers* egyéni és közületi ügyfelek ❹ egységes

**corporate body** jogi személy

**corporate image** vállalat-imidzs

**corporation** /ˌkɔ:pə'reɪʃən/ ❶ társaság, vállalat ❷ városi tanács

**corporation tax** társasági adó

**corps** /kɔ:/ *TBSZ* **corps** /kɔ:z/ ❶ testület ❷ alakulat, hadtest

**corpse** /kɔ:ps/ hulla, tetem

**corpulent** /'kɔ:pjulənt/ testes

**correct** /kə'rekt/ *MNÉV*

korrekt, helyes, megfelelő

**correct** *IGE*

❶ kijavít, helyesbít, korrigál ❷ javít [dolgozatot] ⓘ *NEM* ~~korrigál~~, ~~korrektúráz~~

**correction** /kə'rekʃən/ ❶ (ki)javítás, kiigazítás, helyesbítés, korrigálás ❷ büntetés, fenyítés *house of correction* fegyintézet ⓘ *NEM* ~~korrektúra~~

**correction fluid** VAGY **correcting fluid** javítófolyadék

**correspond** /ˌkɒrə'spɒnd/ ❶ megfelel (aminek: *to*), megegyezik / összhangban van (amivel: *with*) ❷ levelez

**correspondence** /ˌkɒrə'spɒndəns/ ❶ megfelelés, (meg)egyezés, kapcsolat ❷ levelezés [kapcsolattartás] ❸ levelezés [az iratok]

**correspondence clerk** kereskedelmi levelező

**correspondence course** levelező oktatás/tagozat

**correspondence student** levelező hallgató

**correspondent** /ˌkɒrə'spɒndənt/ *FNÉV*

❶ tudósító ❷ levelező

**correspondent** *MNÉV*

vminek megfelelő, vmihez illő (amihez: *with*)

**corresponding** /ˌkɒrə'spɒndɪŋ/ ❶ megfelelő, járulékos ❷ hasonló, megfelelő, párhuzamos *the corresponding period last year* a tavalyi év megfelelő időszaka

**corridor** /'kɒrɪdɔ:/ folyosó *in the corridor* a folyosón

**corrigenda** /ˌkɒrɪ'dʒendə/ sajtóhibák listája, hibajegyzék

**corroborate** /kə'rɒbəreɪt/ megerősít, alátámaszt, igazol

**corrode** /kə'rəʊd/ ❶ kimar, korrodál ❷ rozsdásodik, korrodálódik

**corrosion** /kə'rəʊʒən/ ❶ rozsdásodás, korrózió ❷ rozsda ❸ romlás, korrózió *corrosion of moral standards* erkölcsi értékek korróziója

**corrosive** /kə'rəʊsɪv/ ❶ korrodáló, maró, korróziót okozó ❷ bomlasztó, gyengítő ❸ heves, erőteljes [támadás]

**corrugated** /'kɒrugeɪtɪd/ barázdált, hullámos, redős

**corrugated cardboard** hullámpapír

**corrupt** /kə'rʌpt/ *MNÉV*

❶ megvesztegethető, korrupt ❷ romlott, erkölcstelen ❸ elrontott / [szövegromlás folytán] romlott [szöveg]

**corrupt** *IGE*

❶ elront, elzülleszt, erkölcstelenné tesz ❷ megveszteget, korrumpál ❸ rombol, ront, tönkretesz

**corruptible** /kə'rʌptəbəl/ megvesztegethető, korrumpálható

**corruption** /kə'rʌpʃən/ ❶ romlás, romlottság ❷ (meg)vesztegetés, korrupció, korrumpálódás *be riddled with corruption* keresztül-kasul átjárja a korrupció ❸ elváltozott/elferdített (szó)alak/ejtés

**corset** /'kɔ:sɪt/ VAGY **corsets** /'kɔ:sɪts/ fűző

**cortex** /'kɔ:teks/ *TBSZ* **cortices** /'kɔ:tɪsi:z/ (agy-) kéregállomány, agykéreg

**cosily** /'kəʊzɪlɪ/ kényelmesen, barátságosan, meghitten

**cosiness** /ˈkəʊzɪnəs/ kényelmesség, barátságosság, meghittség, melegség

**cosmetic** /kɒzˈmetɪk/ *FNÉV*
kozmetikum, szépítőszer, kozmetikai szer *cosmetics industry* kozmetikai ipar

**cosmetic** *MNÉV*
❶ kozmetikai ❷ felszíni, kozmetikai, kozmetikázó

**cosmetician** /ˌkɒzməˈtɪʃən/ kozmetikus

**cosmetic surgery** kozmetikai sebészet, [esztétikai célú] plasztikai sebészet

**cosmic** /ˈkɒzmɪk/ kozmikus

**cosmonaut** /ˈkɒzmənɔːt/ [orosz] űrhajós, kozmonauta

**cosmopolitan** /ˌkɒzməˈpɒlɪtən/ *FNÉV*
világpolgár, kozmopolita

**cosmopolitan** *MNÉV*
❶ nemzetközi, soknemzetiségű ❷ kozmopolita, a világra nyitott ❸ kozmopolita [növény/állat]

**cost** /kɒst/ *FNÉV*
❶ ár *at cost* áron *at all costs / at any cost / whatever the cost* bármibe kerül is, bármi áron *at the cost of his own life* tulajdon élete árán ❷ költség, kiadás ⓘ *NEM* ~~koszt~~
KIFEJEZÉSEKBEN: *to ꞉one's꞉ cost* saját kárán

**cost** /kɒst/, **cost** /kɒst/, **cost** /kɒst/ *IGE*
❶ vmibe kerül *costs the earth* egy vagyonba kerül *it cost me four thousand* négy ezresembe került ❷ **costed, costed** beáraz, megállapítja az árát vminek ⓘ *NEM* ~~kóstol~~

**cost-effective** előnyös, kifizetődő, költséghatékony

**cost-free** *MNÉV/HAT.SZÓ* díjmentes(en)

**costing** /ˈkɒstɪŋ/ kalkuláció

**costly** /ˈkɒstlɪ/ ❶ költséges, drága ❷ sokba kerülő *a costly delay* drága késlekedés ❸ sokat követelő *a costly war* nagy emberáldozatot követelő háború

**cost of living** megélhetési költségek

**cost price** önköltségi ár

**cost sensitive** költségérzékeny

**costume** /ˈkɒstjuːm/ ❶ öltözék, öltözet *national costume* nemzeti viselet, népviselet ❷ fürdőruha ⓘ *NEM* ~~kosztüm~~

**costume designer** jelmeztervező

**cosy** kényelmes, barátságos, meghitt

**cot** /kɒt/ ❶ kunyhó ❷ gyerekágy ❸ tábori/összecsukható ágy

**cot death** bölcsőhalál

**cottage** /ˈkɒtɪdʒ/ ❶ vidéki/falusi ház ❷ villa, nyaraló ❸ nyilvános vécé

**cottage cheese** túró

**cottage industry** háziipar

**cotton** /ˈkɒtən/ *FNÉV*
❶ gyapot ❷ gyapot, pamut ❸ *US* vatta ⓘ *NEM* ~~koton~~

**cotton** *IGE*
**cotton on** kapiskál(ni kezd) *I'm cottoning on to what he's saying* már pedzem/értem, mit mond

**cotton balls** *US* vatta

**cotton bud** vattás (fül)tisztítópálcika

**cotton candy** *US* vattacukor

**cotton wool** vatta

**couch** /ˈkaʊtʃ/ *FNÉV*
dívány, kanapé

**couch** *IGE*
*be couched in smth* megfogalmaz

**couch potato** VAGY **couch rat** VAGY **couch tomato** képernyő előtt kanapén heverő, ki nem mozduló ember

**couchette** /kuːˈʃet/ fekvőhely(es kocsi), couchette

**cougar** /ˈkuːgə/ puma

**cough** /kɒf/ *FNÉV*
köhögés, köhintés

**cough** *IGE*
❶ köhög ❷ köpköd, köhög [motor]
**cough up** *cough smth up* ❶ kiköhög/felköhög vmit ❷ kiköhög, kinyög *cough it up!* ki vele! ❸ leszurkol, kipenget

**cough drops** VAGY **cough sweet** köhögés elleni cukorka

**cough syrup** köhögés elleni szirup, kanalas orvosság

**could** /kʊd/, tagadása **couldn't** /ˈkʊdənt/ VAGY **could not** /kʊdˈnɒt/ ❶ [múltbéli képesség] tudott vmit tenni, képes volt vmire *we couldn't get tickets* nem tudtunk jegyet szerezni ❷ [*can* helyett függő beszédben] *I knew you could help* tudtam, hogy tudsz segíteni ❸ [feltételes képesség] tudna ❹ [cél kifejezése] *he turned the volume down so that we could speak* lehalkította, hogy beszélhessünk ❺ [érzékszervi/gondolati igékkel múltban] *I could smell smth burning* éreztem, hogy vmi ég ❻ [engedélykérés] *could I use the phone?* használhatnám a telefont? ❼ [kérés jelenben] *could you help me?* segítenél? ❽ [valószínűség] *it could be about 40 kilos* 40 kiló lehet *could she have arrived yet?* megérkezhetett már? ❾ [valószínűtlenség] *she couldn't have left* nem mehetett el ❿ [javaslat] *you could try* megpróbálhatnád

**couldn't** /ˈkʊdənt/ [= could not] *he couldn't come* nem tudott jönni

**couldn't've** /ˈkʊdəntəv/ [= could not have] *he could't've been there* nem lehetett ott

**could've** /ˈkʊdəv/ [= could have] *he could've been there* ott lehetett volna

**council** /ˈkaʊnsəl/ ❶ tanács [testület] ❷ tanácskozás, tanácsülés *hold a council / be/meet in council* tanácskozik ❸ önkormányzat *city council* városi önkormányzat

**council estate** (tanácsi/önkörmányzati) lakótelep

**council flat** tanácsi/önkörmányzati lakás

**council house** tanácsi/önkörmányzati (tulajdonú) ház

**councilman** /ˈkaunsəlmən/ *TBSZ* **councilmen** /ˈkaunsəlmən/ önkormányzati tisztviselő
**councilwoman** /ˈkaunsəlwumən/ *TBSZ* **councilwomen** /ˈkaunsəlwɪmɪn/ önkormányzati tisztviselőnő
**counsel** /ˈkaunsəl/ *FNÉV*
jogi képviselő, jogtanácsos, ügyész *counsel for the defence* (védő)ügyvéd, a védelem képviselője
**counsel** *IGE*
❶ tanácsol, javasol, ajánl ❷ segély- ill. tanácsadó-szolgálatot tart
**counselling** /ˈkaunsəlɪŋ/ (lelki/orvosi) tanácsadó szolgálat / segélyszolgálat / tanácsadás
**counsellor** VAGY **counselor** /ˈkaunsələ/ ❶ tanácsadó ❷ *US* jogtanácsos ügyvéd ❸ *US* felügyelő [nyári táborban]
**counselor-at-law** jogtanácsos, ügyvéd
**count** /kaunt/ *FNÉV*
❶ számolás, számítás, (össze/meg)számlálás *keep count of smth* számon tart vmit *lose count of smth* számolást eltéveszt/abbahagy ❷ számolás eredménye, összeg ❸ vádpont *guilty on all counts* bűnös minden vádpontban ❹ rászámolás [bokszban] *out for the count* kiszámolták/kiütötték ❺ gróf [nem angol]
**count** *IGE*
❶ (meg)számlál, (meg)számol ❷ (bele)számít/sorol *six people counting us* hatan, minket is be(le)számítva ❸ vminek tart/tekint *they count her among the greatest pianists* a legnagyobb zongoristák közé sorolják ❹ számít *what he says doesn't count* nem számít, amit mond ❺ vminek számít
KIFEJEZÉSEKBEN: *count* ⸗*one's*⸗ *chickens before they're hatched* előre iszik a medve bőrére
**count down** visszaszámol
**count in** *count smb in* be(le)számít, számít vkire, tervez vkivel *if you go by coach, you can count me in* ha busszal mentek, akkor rám is számíthattok
**count on** *count on smb/smth* ❶ számít vkire, bízik vkiben ❷ számít vmire, remél vmit
**count out** *count smb/smth out* ❶ kiszámol, leszámol [pénzt] ❷ rászámol vkire [ökölvívásban] ❸ nem számít be, nem számít vkire *if you go by air, you can count me out* ha repülővel mentek, engem hagyjatok ki
**countable noun** megszámlálható/számszerű főnév
**countdown** /ˈkauntdaun/ ❶ visszaszámlálás ❷ döntést közvetlenül megelőző időszak
**countenance** /ˈkauntənəns/ arc (kifejezés), tekintet
**counter-** /ˈkauntə/ ellen-
**counter** /ˈkauntə/ *FNÉV*
❶ pult ❷ (pénztár)ablak ❸ söntés ❹ *US* előkészítő-felület [konyhaszekrényen] ❺ számláló(készülék) ❻ bábu [társasjátékban] ❼ hárítás [vívásban] ❽ visszaütés [bokszban]
KIFEJEZÉSEKBEN: *over the counter* recept nélkül *under the counter* titokban, feketén
**counter** *MNÉV/HAT.SZÓ*
ellentétes(en) *act counter to smth* vmi ellenében / vmivel ellentétben cselekszik *run counter to international law* ellenkezik a nemzetközi joggal
**counter** *IGE*
ellenáll vkinek/vminek, szembeszáll, visszavág, visszaver vmit *they countered this charge with the claim that* {*MONDAT*} azzal válaszoltak erre a vádra, hogy kijelentették: {MONDAT}
**counterattack** /ˈkauntərətæk/ *FNÉV/IGE* ellentámad(ás)
**counterbalance** /ˈkauntəbæləns/ *FNÉV*
ellensúly, ellensúlyozás
**counterbalance** /ˌkauntəˈbæləns/ *IGE*
❶ (ki)ellensúlyoz ❷ kiegyenlít, (ki)ellensúlyoz, kompenzál
**counterclockwise** /ˌkauntəˈklɒkwaɪz/ *MNÉV/HAT. SZÓ* *US* az óramutató járásával ellentétes(en)
**counterculture** /ˌkauntəˈkʌltʃə/ ellenkultúra, alternatív társadalom/kultúra
**counterespionage** /ˌkauntərˈespɪənɑːʒ/ kémelhárítás
**counterexample** /ˌkauntərɪgˈzɑːmpəl/ ellenpélda
**counterfeit** /ˈkauntəfɪt/ *MNÉV*
❶ hamis [pénz] ❷ tettetett, megjátszott
**counterfeit** *IGE*
❶ hamisít [pénzt] ❷ tettet, szimulál, megjátszik
**counterfoil** /ˈkauntəfɔɪl/ (ellenőrző) szelvény [csekken/utalványon]
**counterintelligence** /ˌkauntərɪnˈtelɪdʒəns/ kémelhárítás
**counterpane** /ˈkauntəpeɪn/ ágytakaró
**counterpart** /ˈkauntəpɑːt/ ❶ kolléga [hasonló funkciójú/beosztású ember másik szervezetben] ❷ vminek megfelelője
**counterpoint** /ˈkauntəpɔɪnt/ *FNÉV/IGE* ellenpont(oz), kontrapunkt(oz)
**counterpoison** /ˌkauntəˈpɔɪzən/ ellenméreg
**counterproductive** /ˌkauntəprəˈdʌktɪv/ célszerűtlen, nemkívánatos eredményre vezető
**counterrevolution** /ˌkauntəˌrevəˈluːʃən/ ellenforradalom
**counterrevolutionary** /ˌkauntəˌrevəˈluːʃənrɪ/ ellenforradalmi
**countersign** ellenjegyez
**countertenor** /ˌkauntəˈtenə/ kontratenor
**counterweight** /ˈkauntəweɪt/ ellensúly
**countess** /ˈkauntɪs/ ❶ grófnő ❷ grófné
**countless** /ˈkauntləs/ számos, számtalan
**count noun** megszámlálható/számszerű főnév
**country** /ˈkʌntrɪ/ ❶ ország *native country* szülőföld, haza ❷ vidék *in the country* vidéken, falun ❸ vidék, táj
KIFEJEZÉSEKBEN: *go to the country* választásokat ír ki

**country code** országkód, ország-azonosító
**countryman** /ˈkʌntrɪmən/ *TBSZ* **countrymen** /ˈkʌntrɪmən/ ❶ vidéki ember/lakos ❷ földi, honfitárs
**country report** országjelentés, országtanulmány
**country risk** országkockázat
**countryside** vidéki táj, vidék *spoil the countryside* elcsúfítja a tájat
**county** /ˈkaʊntɪ/ megye
**county court** megyei bíróság
**county town** megyeszékhely
**coup de grace** /ˌkuː də ˈgrɑːs/ kegyelemdöfés
**coup d'état** /ˌkuː deɪˈtɑː/ államcsíny, puccs
**coupé** VAGY **coupe** /ˈkuːpeɪ/ ❶ kupé [kétajtós gépkocsi] ❷ zárt hintó ⓘ *NEM* ~~kupé~~ [vasúti]

**couple** /ˈkʌpəl/ *FNÉV*
❶ pár *a couple of hounds* egy pár vadászkutya ❷ néhány, pár *in a couple of minutes* pár perc múlva ❸ (ember)pár *a nice couple* szép pár *engaged couple* jegyespár

**couple** *IGE*
❶ összekapcsol, párosít, összeköt ❷ párosul *be coupled with smth* párosul vmivel

**coupon** /ˈkuːpɒn/ ❶ szelvény, kupon, jegy ❷ megrendelőlap *fill in this coupon* töltse ki ezt a megrendelőt
**coupon privatization** kuponos privatizáció
**courage** /ˈkʌrɪdʒ/ bátorság, merészség *lose courage* elbátortalanodik *take courage* nekibátorodik
**courageous** /kəˈreɪdʒəs/ bátor, merész
**courgette** /kʊəˈʒet/ cukkini
**courier** /ˈkʊrɪə/ ❶ gyorsposta *courier mail* futárposta ❷ írógépszerű „kurír" betűtípus ❸ idegenvezető, turista(csoport-)kísérő
**course** /kɔːs/ ❶ tanfolyam, kurzus *take/do a course of lectures* előadássorozatot hallgat ❷ (út)irány, útvonal, pálya *steer a middle course* középutat követ ❸ folyamat, sor, idő *in the course of smth* vmi során/folyamán ❹ lefolyás, lezajlás, menet ❺ cselekvési irány/terv ❻ (verseny)pálya *golf course* golfpálya ❼ fogás *a three-course dinner* háromfogásos vacsora KIFEJEZÉSEKBEN: *of course* természetesen, persze, hogyne
**course book** tankönyv, kurzuskönyv

**court** /kɔːt/ *FNÉV*
❶ bíróság, törvényszék, tárgyalóterem *take smb to court* (be)perel vkit *in court* bíróság előtt *be settled out of court* peren kívül rendezik ❷ bíróság, a bírák ❸ (sport)pálya [tenisz/squash/tollaslabda] ❹ (zsák)utca ❺ épülettömb ❻ [nagy] belső udvar ❼ (királyi) udvar ❽ udvar(tartás)

**court** *IGE*
❶ hízeleg, kegyeit keresi vkinek *court old age pensioners* a nyugdíjasoknak próbál kedvezni ❷ keres *court popularity* hajhássza a népszerűséget ❸ teszi a szépet, udvarol

**courteous** /ˈkɜːtɪəs/ előzékeny, illedelmes
**courtesy** /ˈkɜːtəsɪ/ ❶ jómodor, illedelmesség, illem ❷ szívesség *(by) courtesy of smb* vki szívességéből / szíves jóvoltából
**courtesy car** ❶ szállodavendég rendelkezésére bocsátott gépkocsi ❷ kölcsönautó [javítás idejére]
**courthouse** /ˈkɔːthaʊs/ *US* bíróság (épülete), törvényszék

**court-martial** /ˌkɔːt ˈmɑːʃəl/ *FNÉV*
❶ hadbíróság, haditörvényszék ❷ hadbírósági/haditörvényszéki tárgyalás

**court-martial** *IGE*
hadbíróság/haditörvényszék elé állít

**court of appeal** fellebbviteli bíróság
**court of honour** becsületbíróság
**court of justice** VAGY **court of law** bíróság, törvényszék
**court order** bírósági határozat
**courtroom** tárgyalóterem
**courtship** /ˈkɔːtʃɪp/ udvarlás
**courtyard** [nagy] belső udvar
**cousin** /ˈkʌzɪn/ ❶ unokatestvér *first cousin* első(fokú) unokatestvér *first cousin once removed* első unokatestvér gyereke *second cousin* másodfokú unokatestvér ❷ (távoli) rokon
**couture** /kuːˈtʊə/ VAGY **haute couture** /ˌəʊt kuːˈtʊə/ divattervezés

**cover** /ˈkʌvə/ *FNÉV*
❶ fedő, tető, fedél ❷ takaró, terítő, huzat ❸ fedél, címoldal ❹ fedél, menedék, fedezék, védelem, rejtekhely *take cover* elrejtőzik, fedél alá bújik, fedezékbe vonul *under cover of smth* vminek a leple alatt ❺ biztosíték, biztosítás ❻ fedőszerv, fedővállalkozás ❼ teríték ❽ (levél)boríték *under separate cover* külön levélben/borítékban

**cover** *IGE*
❶ (be)fed, (be/el)takar, (be/el)borít *cover the food* letakarja az ételt ❷ fed, lep, ellep, elborít *dust covered the furniture* por fedte a bútorokat ❸ megtesz [utat/távolságot] ❹ kiterjed *the town covers fifteen square miles* a város tizenöt négyzetmérföldön terül el ❺ tudósít, ír, közvetít, hírt ad *CBS did not cover the race* a CBS nem közvetítette a versenyt ❻ felölel/érint vmit, kiterjed/érvényes vmire *the insurance does not cover theft* a biztosítás lopásra nem terjed ki ❼ *cover smb (with a gun)* fedez vkit, fegyverrel sakkban tart vkinek a támadóját ❽ fedez, elég vmire *four thousand will cover the costs of damage* négyezer elég lesz a kártérítésre ❾ véd, védelmez, fedez [sportban]
**cover up** ❶ felöltözik ❷ *cover smth up* (el)leplez ❷ *cover smth up* eltussol, elhallgat vmit

**coverage** /ˈkʌvərɪdʒ/ ❶ tájékoztatás, tudósítás, közvetítés *get massive media coverage* sokat szerepel a médiában ❷ kiterjedés [biztosításé]

❸ biztosíték, fedezet ❹ lefedettség

**coveralls** /ˈkʌvərɔːlz/ kezeslábas, overáll

**cover design** kötésterv

**cover girl** nő címlapfényképen

**covering** /ˈkʌvərɪŋ/ réteg, takaró

**covering letter** VAGY **cover letter** *US* kísérőlevél

**coverlet** /ˈkʌvələt/ ágytakaró

**cover name** fedőnév

**cover organization** fedőszerv

**cover story** címlapsztori

**covert** /ˈkʌvət/ VAGY /ˈkəuvɜːt/ rejtett, burkolt

**cow** /kau/ *FNÉV*

❶ tehén [szarvasmarha] ❷ nőstény *a cow elephant* elefánttehén ❸ spiné, tyúk *(you) silly cow!* (te) ostoba tyúk!

KIFEJEZÉSEKBEN: *till the cows come home* ítéletnap(já)ig, az idők végezetéig

**cow** *IGE*

megfélemlít

**coward** /ˈkauəd/ *FNÉV* gyáva

**cowardice** /ˈkauədɪs/ gyávaság

**cowardly** /ˈkauədlɪ/ *MNÉV* gyáva *cowardly behaviour* gyáva viselkedés

**cowboy** /ˈkaubɔɪ/ ❶ marhapásztor, cowboy ❷ [képesítés nélküli] kontár

**cower** /ˈkauə/ lekuporodik, meglapul

**cowgirl** marhapásztorlány, cowgirl

**cowherd** gulyás, csordás

**cowl** /kaul/ ❶ kámzsa, csuklya ❷ kéménysisak, füstfogó, füstgyűjtő

**cowl neck** VAGY **cowl neckline** kámzsagallér

**coworker** /kəuˈwɜːkə/ munkatárs

**cowslip** /ˈkauslɪp/ kankalin

**cox** /kɒks/ ❶ kormányos [evezős hajón] ❷ kormányos/kapitány [mentőhajón]

**coxcomb** /ˈkɒkskəum/ ❶ kakastaraj ❷ csörgősapka ❸ piperkőc, gigerli

**coxswain** /ˈkɒksən/ VAGY /ˈkɒkswein/ ❶ kormányos [evezős hajón] ❷ kormányos/kapitány [mentőhajón]

**coy** /kɔɪ/ félénk, szemérmes, tartózkodó

**coyote** /ˈkɔɪəut/ VAGY /kɔɪˈəutɪ/ prérifarkas, kojot

**cozy** /ˈkəuzɪ/ *US* kényelmes, barátságos, meghitt

**cpi** = characters per inch

**cpl.**= corporal

**cps** = characters per second

**CPU** = central processing unit

**Crab** /kræb/ ❶ Rák [állatövi jegy] ❷ Rák [jegyű ember]

**crab** /kræb/ *FNÉV*

❶ (tengeri) rák ❷ csörlő

**crab** *IGE*

morog, zsémbeskedik

**crabby** /ˈkræbɪ/ morgós, zsémbes(kedő)

**crab louse** lapostetű

**crabwise** /ˈkræbwaɪz/ VAGY **crabways** /ˈkræbweɪz/ rák módjára

**crack** /kræk/ *FNÉV*

❶ repedés, rés ❷ csattanás, durranás, reccsenés ❸ [véletlen] (be)ütés, (be)verés ❹ szellemesség, megjegyzés ❺ punci ❻ crack [kokainfajta]

KIFEJEZÉSEKBEN: *have a crack at smth* megpróbálkozik vmivel *at the crack of dawn* hajnalhasadáskor *the crack of doom* világvége, ítéletnap

**crack** *IGE*

❶ (szét/el)reped, (szét/el)pattan ❷ (szét)repeszt, feltör ❸ számítógépbe „betör", számítógépet „feltör" ❹ csattant, pattant ❺ csattan, pattan ❻ beüt, bever ❼ recseg, (meg)reccsen ❽ megtörik *crack under torture* kínzás hatására megtörik

KIFEJEZÉSEKBEN: *crack a joke* elsüt/megereszt egy viccet *let's get cracking* gyerünk, munkára / csapjunk bele

**crack down** *crack down on smb* fellép vmi ellen

**crack up** ❶ elneveti magát ❷ *crack smb up* (meg)nevettet vkit ❸ öszeomlik, összeroppan, megőrül ❹ mondják, tartják vmilyennek *this place isn't what it's cracked up to be* ez a hely nem is olyan, mint amilyennek híresztelik ❺ szétzúzódik, összetörik, lezuhan [repülőgép]

**cracked** /krækt/ ❶ repedt, hasadt ❷ dilis, ütődött

**cracker** /ˈkrækə/ ❶ sós keksz, kréker ❷ pukkantó, durrantó ❸ számítógépes kalóz, cracker ❹ szuper/bomba dolog

**cracking** /ˈkrækɪŋ/ ❶ szupergyors ❷ klassz

**crackjaw** /ˈkrækdʒɔː/ *FNÉV/MNÉV* nyelvtörő (szó)

**crackle** /ˈkrækəl/ *FNÉV*

ropogás, recsegés, sercegés

**crackle** *IGE*

ropog, serceg, recseg

**crackling** /ˈkræklɪŋ/ pörc, ropogós sertésbőrke/malacbőr

**crackup** /ˈkrækʌp/ idegösszeomlás

**cradle** /ˈkreɪdəl/ *FNÉV*

❶ bölcső *rock the cradle* ringatja a bölcsőt *from the cradle to the grave* a bölcsőtől a sírig ❷ lengőállvány

**cradle** *IGE*

karjában tart [babát, mintha bölcsőben tartaná]

**craft** /krɑːft/ *FNÉV*

❶ szakma, mesterség *village crafts* népi mesterségek ❷ szakértelem ❸ szakma [kéviselői] ❹ ravaszság, ügyeskedés fortély ❺ *TBSZ* **craft** /krɑːft/ jármű

**craft** *IGE*

megmunkál, (kézimunkával) készít

**craft, design and technology** technikaoktatás, technika [tárgy]

**craftsman** /ˈkrɑːftsmən/ *TBSZ* **craftsmen** /ˈkrɑːftsmən/ mesterember, kézműves

**craftsmanship** /ˈkrɑːftsmənʃɪp/ ❶ mívesség ❷ szakmabeli/mesterségbeli tudás

**cram** /kræm/ ❶ (tele/bele)töm, (tele/bele)zsúfol,

megtölt, teletölt ❷ fejébe ver, (be)magoltat ❸ magol, bemagol

**cramp** /kræmp/ *FNÉV*

❶ görcs *get (a) cramp* görcsöt kap, begörcsöl ❷ kampó, szorító, csíptető

**cramp** *IGE*

❶ összeszorít, összekapcsol, összefog ❷ gátol, akadályoz

**cranberry** /ˈkrænbərɪ/ áfonya

**crane** /kreɪn/ ❶ daru *lift the piano with a crane* daruval húzza fel a zongorát ❷ daru(madár)

**crane truck** daruskocsi

**crank** /kræŋk/ *FNÉV*

❶ pedálkar ❷ forgattyú, indítókar, kurbli ❸ különc, bogaras alak ❹ morgós/mogorva alak

**crank** *IGE*

felkurbliz, kézi forgattyúval beindít

**crap** /kræp/ *FNÉV*

❶ szar ❷ szarás *have a crap* szarik ❸ hülyeség, baromság, vacak, szar *a load of (old) crap* egy rakás marhaság

**crap** *IGE*

szarik *crap ‹one's› pants* beszarik, összeszarja magát

**crape** /kreɪp/ fekete krepp/gyászfátyol-szövet

**crappy** /ˈkræpɪ/ szar, pocsék

**crash** /kræʃ/ *FNÉV*

❶ baleset, összeütközés, karambol *train/plane crash* vonat- / repülőbaleset ❷ csattanás, robaj, recsegés-ropogás ❸ összeomlás [(számítógépes) rendszeré] ❹ kudarc, katasztrófa, csapás, csőd ❺ pénzügyi krach, csőd, árfolyamzuhanás

**crash** *MNÉV*

gyorsított, intenzív, radikális

**crash** *HAT.SZÓ*

nagy csattanással/robajjal *the plates landed crash on the tile* a tányérok csörömpölve landoltak a csempén

**crash** *IGE*

❶ [balesetet okozva] összetör ❷ balesetben összetörik/összeütközik *the car crashed* a kocsi karambolozott *the car crashed into a tree* a kocsi beleszaladt egy fába ❸ lezuhan ❹ ront, csörtet ❺ (szét/össze)zúz, nekiüt, nekiver ❻ (szét/össze)zúz, nekiütődik, nekiverődik ❼ összeomlik, csődöt mond, befuccsol ❽ összeomlik, lefagy [számítógép(es rendszer)]

**crash course** gyorstalpaló (tanfolyam)

**crash helmet** bukósisak

**crate** /kreɪt/ láda, rekesz

**crater** /ˈkreɪtə/ ❶ (vulkán)kráter ❷ bombatölcsér, kráter ❸ holdkráter

**cravat** /krəˈvæt/ nyaksál, sál

**crave** /kreɪv/ *crave for/after smth* vágyakozik/ sóvárog vmi után, erősen kíván, megőrül vmiért

**craving** /ˈkreɪvɪŋ/ ❶ erős vágy(akozás), sóvárgás, ácsingózás ❷ kívánás, kívánósság

**crawfish** /ˈkrɔːfɪʃ/ ❶ (folyami) rák ❷ languszta

**crawl** ❶ csúszik, mászik, kúszik ❷ vánszorog ❸ nyüzsög *the kitchen was crawling with ants* a konyha hemzsegett a hangyáktól ❹ krallozik, ollózik

**crawler** /ˈkrɔːlə/ ❶ csúszómászó ❷ talpnyaló ❸ utasra vadászó taxi

**crawler lane** lassú sáv [autópályán]

**crawling-peg devaluation** csúszóleértékelés

**crayfish** /ˈkreɪfɪʃ/ ❶ folyami rák ❷ languszta

**crayon** /ˈkreɪən/ pasztellkréta, zsírkréta

**craze** /kreɪz/ divat, őrület

**crazy** /ˈkreɪzɪ/ ❶ őrült, bolond *a crazy idea* őrült ötlet *drive smb crazy* megőrjít vkit ❷ őrülten szeret/kedvel

KIFEJEZÉSEKBEN: *like crazy* mint az őrült/fene

**creak** /kriːk/ *FNÉV*

❶ nyikorgás, csikorgás, recsegés ❷ . recsegés-ropogás

**creak** *IGE*

❶ csikorog, nyikorog ❷ recseg–ropog

**creaky** /ˈkriːkɪ/ csikorgó(s), nyikorgó(s), recsegő(s)

**cream** /kriːm/ *FNÉV*

❶ tejszín, tejföl *sour cream* tejföl ❷ krém *cream of mushroom soup* gombakrém-leves ❸ [kozmetikai/gyógyászati] krém ❹ vmi legjava/krémje *the cream of New York society* a new yorki társaság krémje

**cream** *MNÉV*

vajszínű, krémszínű

**cream** *IGE*

❶ krémmé (ki)kever ❷ lefölöz ❸ péppé ver, legyőz

**cream off** *cream smth off* lefölöz, kiválogat

**cream out** esik, elesik, letér a pályáról [sízés közben]

**cream cheese** ömlesztett sajt, krémsajt

**cream-coloured** vajszínű, krémszínű

**creamed potatoes** krumplipüré

**creamy** /ˈkriːmɪ/ ❶ tejszínszerű, krémszerű ❷ tejszínt tartalmazó [tej]

**crease** /kriːs/ *FNÉV*

❶ ránc, gyűrődés ❷ vasalt él ❸ kris [maláj tőr]

**crease** *IGE*

❶ (össze)ráncol, (össze)gyűr ❷ (meg)ráncosodik, (össze)gyűrődik

**create** /krɪˈeɪt/ ❶ (meg)teremt, (meg)alkot, létrehoz *create jobs* állást/munkahelyet teremt ❷ előidéz, kelt, kivált ❸ vmilyen rangra emel *create smb Prince of Wales* vkit velszi hercegi rangra emel

**creation** /krɪˈeɪʃən/ ❶ teremtés, alkotás, létrehozás ❷ alkotás, mű, kreáció ❸ teremtmény ❹ világ, teremtés *the whole of creation* az egész teremtés/világ

**creative** /krɪˈeɪtɪv/ kreatív, alkotó, teremtő

**creativity** /ˌkriːeɪˈtɪvətɪ/ kreativitás, alkotóképesség, teremtőképesség

**Creator** /krɪˈeɪtə/ *the Creator* a Teremtő

**creature** /ˈkriːtʃə/ ❶ teremtmény, lény ❷ teremtés

[ember] ❸ ösztönlény *creature of habit* a megszokás rabja ❹ vki eszköze/kreatúrája

**crèche** /kreʃ/ VAGY /kreɪʃ/ ❶ bölcsőde ❷ óvoda ❸ betlehem

**credence** /ˈkriːdəns/ vmi elhivése/hitele *not give much credence to smth* nem sok hitelt ad vminek

**credentials** /krəˈdenʃəlz/ ❶ megbízólevél [követé] ❷ ajánlólevél

**credibility** /ˌkredəˈbɪlətɪ/ ❶ (szava)hihetőség *lose credibility with smb* szavahihetőségét veszíti vkinél ❷ hitel, kiszámíthatóság, megbízhatóság

**credible** /ˈkredəbəl/ ❶ (el)hihető ❷ hitelt érdemlő, hiteles

**credit** /ˈkredɪt/ FNÉV

❶ hitel *buy smth on credit* hitelbe vesz vmit *commercial/commodity credit* áruhitel *accord/grant credit* hitelt nyújt ❷ hitel(képesség) *his credit is good* hitelképes ❸ hitel, bizalom *give credit to smth* hitelt ad vminek ❹ követelés, pozitívum *my account is in credit* követelésem van, a számlám egyenlege pozitív ❺ vmi elhitele *place credit in smb* hisz vkinek, vkinek hitele van nála ❻ megbecsülés, dicséret *give smb credit for smth* megbecsül vkit vmiért ❼ dicsőség, becsület, jó hírnév *Jim's a credit to the team* Jim a csapat büszkesége *he already has four films to his credit* máris négy filmet mondhat (büszkén) magáénak ❽ kredit, tanegység

**credit** IGE

❶ elhisz vmit, hitelt ad vminek *this claim is hard to credit* ennek az állításnak nehéz hitelt adni ❷ javára ír /jóváír vkinek vmit *the money has been credited to her account* a pénzt jóváírták neki

**credit with** *credit smb with smth* vmit vkinek tulajdonít *we credited him with more common sense* több józan észt tételeztünk fel róla

**creditable** /ˈkredɪtəbəl/ ❶ dicséretre méltó ❷ hitelképes

**credit account** hitelszámla

**credit card** hitelkártya

**credit entry** jóváírás [könyvelésben]

**credit interest** hitelkamat

**creditor** /ˈkredɪtə/ hitelező

**credit rating** hitelbírálat, hitelminősítés

**credits** stáblista [film végén]

**credit side** „követel" oldal

**credit standing** hitelképesség

**credit titles** stáblista

**creditworthy** /ˈkredɪtwɜːðɪ/ ❶ hitelképes ❷ szavahihető

**credo** /ˈkriːdəʊ/ VAGY /ˈkreɪdəʊ/ ❶ hitvallás, krédó ❷ hitvallás, ars poetica

**credulity** /krəˈdjuːlətɪ/ hiszékenység

**credulous** /ˈkredjʊləs/ hiszékeny

**creed** /kriːd/ ❶ hitvallás, krédó ❷ hitvallás, ars poetica

**creek** /kriːk/ ❶ hosszú/keskeny öböl ❷ *US* patak

**creep** /kriːp/ FNÉV

antipatikus alak

**creep** /kriːp/, **crept** /krept/, **crept** /krept/ IGE

❶ csúszik, mászik, kúszik, vánszorog ❷ lopódzik, lopakodik ❸ lassan halad/mozog *the number has crept up from 500 to 800* lassacskán 500-ról 800-ra emelkedett a szám ❹ (be)szivárog, becsúszik *errors creep in* hibák csúsznak be ❺ kúszik [növény] ❻ borzong *it made my flesh creep* libabőrös lett tőle a hátam

**creeper** /ˈkriːpə/ ❶ kúszónövény ❷ kúszómadár

**creeper lane** lassú sáv meredek útszakaszon teherautók számára

**creeps** *the creeps* libabőr, borzongás, hidegrázás *it gives me the creeps* a hátamon futkározik tőle a hideg

**cremate** /krɪˈmeɪt/ (el)hamvaszt

**cremation** /krɪˈmeɪʃən/ hamvasztás

**crematorium** /ˌkreməˈtɔːrɪəm/ TBSZ **crematoriums** VAGY **crematoria** /ˌkreməˈtɔːrɪə/ krematórium

**crematory** /ˈkremətərɪ/ FNÉV

krematórium

**crematory** /ˈkremətərɪ/ MNÉV

hamvasztásos, krematóriumban történő

**crème de menthe** /ˌkrem də ˈmɒnθ/ mentalikőr

**crème de cacao** /ˌkrem də kɑːˈkɑːəʊ/ VAGY /ˌkreɪm də ˈkəʊkəʊ/ csokoládélikőr

**crept** ☞ creep

**crescendo** /krəˈʃendəʊ/ crescendo *rise to a crescendo* egyre erősödik/hangosodik

**crescent** /ˈkrezənt/ ❶ holdsarló, félhold ❷ félkör alakú tárgy [házsor, kard] ❸ az iszlám félhold ❹ görbe utca

**crescent roll** kifli

**crest** /krest/ ❶ taraj, bóbita ❷ sisakforgó, sisakdísz ❸ hullámtaréj ❹ hegygerinc ❺ vmi teteje / legmagasabb foka *ride the crest of the wave* népszerűsége tetőpontján jár

**crestfallen** /ˈkrestfɔːlən/ szárnyaszegett, csüggedt

**crew** /kruː/ FNÉV

❶ legénység, személyzet ❷ csapat, brigád *a repair crew* karbantartó brigád ❸ társaság, banda

**crew** IGE

❶ hajón szolgál ❷ ☞ crow

**crew cut** kefehaj, sörtehaj

**crib** /krɪb/ FNÉV

❶ gyerekágy ❷ viskó, kunyhó ❸ jászol ❹ betlehem ❺ puska [iskolában] ❻ crib, pontszerző kártyajáték

**crib** IGE

puskázik

**crib death** bölcsőhalál

**cricket** /ˈkrɪkɪt/ ❶ tücsök ❷ krikett ❸ *not cricket* nem fair

**cricketer** /ˈkrɪkɪtə/ krikettjátékos

**crime** /kraɪm/ ❶ bűncselekmény, bűntett *crime against humanity* emberiség elleni bűntett *com-*

*mit a violent crime* erőszakos bűncselekményt követ el ❷ bűnözés ❸ vétek, bűn *it's crime that {MONDAT}* vétek, hogy {MONDAT}
**crime fiction** bűnügyi regény, krimi
**criminal** /ˈkrɪmɪnəl/ *FNÉV*
bűnöző *a hardened criminal* megrögzött bűnöző
**criminal** *MNÉV*
❶ bűnös ❷ bűnözési ❸ büntetőjogi, bűnvádi ❹ bűnös, megengedhetetlen *a criminal waste of money* szörnyű pénzpocsékolás
**criminal act** bűntett
**criminal code** büntető törvénykönyv
**criminal law** büntetőjog
**criminal offence** bűntett
**criminalize** /ˈkrɪmɪnəlaɪz/ ❶ cselekményt bűntényként kezel / bűnténynek tekint, kriminalizál ❷ vkit bűnösként kezel
**criminal record** büntetett előélet
**criminology** /ˌkrɪmɪˈnɒlədʒɪ/ kriminalisztika, kriminológia
**crimson** /ˈkrɪmzən/ karmazsin(vörös), sötét bordó
**cringe** ❶ összekuporodik, meglapul ❷ megalázkodik, hajlong (aki előtt: *to/before*) ❸ szégyenérzetet érez
**cripple** /ˈkrɪpəl/ *FNÉV*
nyomorék
**cripple** *IGE*
❶ megnyomorít, nyomorékká tesz ❷ tönkretesz
**crippled** /ˈkrɪpəld/ nyomorék
**crisis** /ˈkraɪsɪs/ *TBSZ* **crises** /ˈkraɪsiːz/ válság, krízis
**crisis line** segélyvonal
**crisp** /krɪsp/ *FNÉV*
burgonyaszirom
**crisp** ❶ ropogós, omlós ❷ friss, kemény, ropogós ❸ friss, csípős, éles, száraz/hűvös [levegő] ❹ hullámos [haj] ❺ eleven, határozott ❻ éles, metsző [hang]
**crispy** /ˈkrɪspɪ/ ❶ ropogós, omlós ❷ friss, kemény, ropogós
**crisscross** /ˈkrɪskrɒs/ *MNÉV*
cikcakkos, cikkcakk alakú
**crisscross** *HAT.SZÓ*
keresztül–kasul, összevissza
**criterion** /kraɪˈtɪərɪən/ *TBSZ* **criteria** /kraɪˈtɪərɪə/ ismérv, kritérium
**critic** /ˈkrɪtɪk/ ❶ műbíráló, kritikus ❷ vmi bírálója
**critical** /ˈkrɪtɪkəl/ ❶ bíráló, kritikus, kritikusi, kritikai *be a critical success* siker a kritikusoknál ❷ válságos, kritikus ❸ nagy, jelentős ❹ (mindent) kritizáló
**criticism** /ˈkrɪtɪsɪzəm/ ❶ (mű)bírálat, (mű)-kritika ❷ kritizálás, bírálás *come in for a good deal of criticism* sok kritika éri
**criticize** /ˈkrɪtɪsaɪz/ ❶ (meg)bírál, kritizál ❷ elbírál, minősít
**critique** /krɪˈtiːk/ [írott] kritika, bírálat
**croak** ❶ brekeg ❷ krákogva/rekedten beszél ❸ elpatkol
**crochet** /ˈkrəʊʃeɪ/ VAGY /krəʊˈʃeɪ/ *FNÉV/IGE* horgol(ás)
**crochet hook** /ˈkrəʊʃeɪ hʊk/ horgolótű
**crockery** /ˈkrɒkərɪ/ cserépedények
**crocodile** /ˈkrəʊkədaɪl/ ❶ krokodil ❷ krokodilbőr ❸ párban haladó iskolások/óvodások oszlopa
**croissant** /ˈkrwɑːsɒŋ/ kifli, croissant
**crony** /ˈkrəʊnɪ/ (régi) haver [r.szerint protekcióval kapcsolatban]
**crook** /krʊk/ *FNÉV*
❶ csaló, szélhámos ❷ kanyarulat, görbület
**crook** *IGE*
(be/meg)hajlít, (be/meg)görbít
**crooked** /ˈkrʊkɪd/ ❶ görbe, girbe-gurba ❷ hajlott (hátú) ❸ nem egyenes, korrupt
**crop** /krɒp/ *FNÉV*
❶ termés, termény ❷ művelés *be under/in crop* művelés alatt áll/van ❸ a jelentkezők/felvettek, a „termés" *this year's crop of students* az idei diáktermés ❹ rövid haj/frizura ❺ lovaglóostor ❻ begy
**crop** *IGE*
❶ rövidre vág, levág ❷ lelegel ❸ begyűjt [termést] ❹ terem *the potatoes have cropped nicely* szépen termett a krumpli
**crop up** felbukkan, felmerül, előkerül
**croquet** /ˈkrəʊkeɪ/ VAGY /ˈkrəʊkɪ/ krokett [játék]
**croquette** /krəʊˈket/ panírozott hús/hal/krumpli pogácsa/ropogós
**cross** /krɒs/ *FNÉV*
❶ kereszt ❷ kereszt *make the sign of the cross* keresztet vet ❸ kereszt (alakú tárgy) *gold cross* arany kereszt ❹ érdemkereszt ❺ szenvedés, megpróbáltatás *bear ‹one's› cross* viseli a keresztjét ❻ keresztezés, hibrid, keverék
**cross** *MNÉV*
haragos, mogorva *be cross with smb* mérges vkire
**cross** *IGE*
❶ átmegy, áthalad, átkel, áthajt *cross the road* átkel az úton ❷ keresztez, keresztbe megy/halad *the rail crosses the road* a vasút keresztezi a közutat ❸ keresztbe tesz/rak *cross ‹one's› arms* összefonja a karját *keep ( ‹one's› ) fingers crossed* szorít vmiért/vkiért ❹ *cross ‹oneself›* keresztet vet ❺ keresztezik egymást [pl. levelek] ❻ keresztez [fajtákat] ❼ ellentmond vkinek, ellenkezik vkivel ❽ keresztez [csekket]
**cross off** *cross smb/smth off* kihúz, kiikszel
**cross out** *cross smb/smth out* kihúz, áthúz
**cross over** ❶ elmegy [= elhuny] ❷ más területre átkalandozik
**crossbeam** keresztgerenda, tartógerenda
**crossbones** lábszárcsontok [halálfejjel]
**crossbreed** /ˈkrɒsbriːd/, **crossbred** /ˈkrɒsbred/, **crossbred** /ˈkrɒsbred/ [fajtákat] keresztez
**cross-country** *FNÉV*
❶ terepverseny ❷ mezei futás
**cross-country** *MNÉV*
mezei, terep-

**cross-cultural** több kultúrát érintő, kultúra-közi
**cross-examination** keresztkérdések feltétele
**cross-examine** keresztkérdéseket tesz fel, keresztkérdésekkel faggat
**cross-eyed** kancsal, bandzsa
**crossfire** kereszttűz
**crossing** /ˈkrɒsɪŋ/ ❶ átkelés [tengeren], áthaladás [úttesten] ❷ útkereszteződés ❸ vasúti átjáró *level crossing* sorompós kereszteződés ❹ (faj)kereszteződés
**cross-legged** *MNÉV/HAT.SZÓ* törökülésben / keresztbe tett lábakkal (ülő)
**cross-purposes** *be at cross-purposes with smb* két malomban őröl vkivel
**cross-question** keresztkérdéseket tesz fel, keresztkérdésekkel faggat
**cross rate** keresztárfolyam
**cross-refer** kereszt-hivatkozik, kereszt-utal *arrows cross-refer (you) from one entry to another* nyilak küldenek az egyik szócikktől a másikig
**cross-reference** kereszthivatkozás, keresztutalás
**crossroads** ❶ útkereszteződés ❷ keresztút ❸ válaszút *be at a crossroads* válaszúthoz ért
**cross section** keresztmetszet
**cross spider** keresztespók
**cross stitch** keresztöltés
**cross-street** keresztutca
**crosswise** keresztbe(n), haránt
**crossword** /ˈkrɒswɜːd/ VAGY **crossword puzzle** keresztrejtvény *do a crossword puzzle* keresztrejtvényt fejt
**crotch** /krɒtʃ/ ❶ (az ember) lába köze ❷ nadrágszárak találkozása
**crouch** lekuporodik
**croupier** /ˈkruːpɪə/ krupié
**crouton** /ˈkruːtɒn/ pirított zsemlekocka

**crow** /krəʊ/ *FNÉV*

❶ kukorékolás ❷ varjú
KIFEJEZÉSEKBEN: *as the crow flies* légvonalban, toronyiránt *eat crow* kellemetlenséget (kell le)nyel(nie)

**crow** *IGE*

kukorékol
**crow over** *crow over smth* kárörvend vmin, kárörvendően beszél vmiről
**crowbar** /ˈkrəʊbɑː/ bontórúd, emelőrúd, pajszer

**crowd** /kraʊd/ *FNÉV*

❶ tömeg, zsúfoltság, tolongás ❷ a (nagy) tömeg, a többség ❸ rendetlenség *a crowd of books* egy csomó könyv

**crowd** *IGE*

❶ tolong, megtölt vmit, özönlik/csődül vhová ❷ teletöm, bezsúfol, összezsúfol, összeszorít *crowd all the kids into the taxi* az összes gyereket bepréseli a taxiba
**crowded** /ˈkraʊdɪd/ tömött, zsúfolt, túlnépesedett *a crowded tram* zsúfolt villamos

**crown** /kraʊn/ *FNÉV*

❶ korona ❷ brit szálloda [1–5] minősítése, „csillag" *three-crown hotel* háromcsillagos szálloda ❸ uralkodó ❹ bajnokság ❺ fejtető, fejebúbja ❻ tető, csúcs [fáé] ❼ fog-korona

**crown** *IGE*

❶ megkoronáz ❷ fed, borít *mist crowned the hills* köd fedte a hegyeket ❸ koronáz, betetéz ❹ [fogra] koronát húz / rak fel
**crown jewels** koronaékszerek
**crown prince** trónörökös
**crown princess** trónörökösnő
**crow's foot** /ˈkrəʊzfʊt/ **crow's feet** /ˈkrəʊzfiːt/ szarkaláb (szem körül)
**crucial** /ˈkruːʃəl/ ❶ döntő, kritikus, válságos ❷ klassz, dögös
**crucible** /ˈkruːsəbəl/ ❶ olvasztótégely ❷ tűzpróba *the crucible of war* a háború pokla
**crucifix** /ˈkruːsəfɪks/ feszület
**crucifixion** /ˌkruːsəˈfɪkʃən/ ❶ keresztrefeszítés ❷ keresztrefeszítést ábrázoló mű
**crucify** /ˈkruːsɪfaɪ/ ❶ keresztre feszít ❷ (meg)kínoz, kíméletlenül nekitámad
**crude** ❶ nyers, finomítatlan, éretlen ❷ nyers, durva, közönséges ❸ kezdetleges, durva *crude forgery* közönséges másolat ❹ hozzávetőleges *crude estimate* durva becslés
**crude oil** nyersolaj
**crudity** /ˈkruːdətɪ/ nyersség, kezdetlegesség
**cruel** /ˈkruːəl/ ❶ kegyetlen ❷ súlyos, fájdalmas
**cruelty** /ˈkruːəltɪ/ ❶ kegyetlenség ❷ borzalom
**cruet** /ˈkruːɪt/ ❶ [ecetes/olajos] üvegcse ❷ ecetes/olajos üvegcse állványa

**cruise** /kruːz/ *FNÉV*

tengeri (luxus)utazás, hajóút

**cruise** *IGE*

❶ hajókázik, hajózik, vitorlázik ❷ *cruise (along)* [gyorsan/egyenletesen] halad, hajt, megy [gépkocsi/repülő]
**cruise liner** [nagy] tengeri luxushajó
**cruiser** /ˈkruːzə/ ❶ cirkáló [hadihajó] ❷ yacht, nagy motorcsónak ❸ rendőrautó, járőrkocsi
**cruising speed** utazósebesség

**crumb** /ˈkrʌm/ *FNÉV*

❶ morzsa ❷ kenyérbél ❸ morzsányi vmiből
**crumble** ❶ málladozik, (el/szét)morzsolódik ❷ (el/szét)morzsol, (szét)mállaszt ❸ omladozik, düledezik, roskadozik ❹ gyengül *our hopes crumbled* reményeink szertefoszlottak
**crumple** /ˈkrʌmpəl/ ❶ összegyűr ❷ (össze)gyűrődik

**crunch** /krʌntʃ/ *FNÉV*

❶ ropogás, csikorgás, recsegés ❷ a döntő/válságos pillanat *when/if it comes to the crunch, he will support you* a döntő pillanatban támogatni fog

**crunch** *IGE*

❶ ropogtat ❷ ropog, csikorog, recseg ❸ csikorgat, ropogtat

**crusade** /kruːˈseɪd/ *FNÉV*
❶ kereszteshadjárat ❷ kampány

**crusade** *IGE*
hadjáratot/kampányt folytat, hadjáratban/kampányban vesz részt

**crusader** /kruːˈseɪdə/ ❶ keresztes vitéz/lovag ❷ hadjárat/kampány folyatója

**crush** /krʌʃ/ *FNÉV*
❶ tolongás, zsúfoltság ❷ összenyomás, szétnyomás, összepréselés ❸ préselt gyümölcslé

**crush** *IGE*
❶ (szét/össze)zúz, összeprésel, (szét/össze)nyom ❷ (szét/össze)nyomódik ❸ darál, megőröl ❹ tolong, (át/be)furakodik, (át)préseli magát ❺ szétzúz, felmorzsol [ellenállást]

**crust** /krʌst/ *FNÉV*
❶ kéreg ❷ kenyérhéj ❸ sercli

**crust** *IGE*
❶ kéreggel/réteggel bevon ❷ (rétegszerűen) lerakódik

**crusty** /ˈkrʌstɪ/ ❶ héjas, kérges ❷ zsémbes, mogorva ❸ ciki(s), vacak

**crutch** /krʌtʃ/ ❶ mankó ❷ támasz, mankó ❸ (ember) lába köze

**cry** /kraɪ/ *FNÉV*
❶ sírás *have a cry* kisírja magát ❷ kiabálás, (fel)kiáltás (amitől: *of*) *cry for help* segélykiáltás ❸ kiáltás [madáré] ❹ felfordulás, hűhó, izgatottság
KIFEJEZÉSEKBEN: *a far cry from smth* össze sem hasonlítható/vethető vmivel

**cry** *IGE*
❶ sír, zokog *it made her cry* sírnia kellett tőle *cry* ⸢*oneself*⸣ *to sleep* álomba sírja magát *cry* ⸢*one's*⸣ *heart/eyes out* keservesen zokog ❷ kiabál, kiált(ozik), ordít, felkiált
KIFEJEZÉSEKBEN: *it's no use crying over spilt milk* késő bánat – ebgondolat *cry wolf* farkast kiált
**cry out against** *cry out against smth* hevesen tiltakozik
**cry out for** *cry out for smth* égető szüksége van vmire

**cryonics** /kraɪˈɒnɪks/ test hibernálása, míg a betegségre orvosságot találnak

**crypt** /krɪpt/ altemplom, kripta

**cryptic** /ˈkrɪptɪk/ rejtélyes, titokzatos

**crypto-** /ˈkrɪptəʊ/ titkos, kripto-

**crystal** /ˈkrɪstəl/ ❶ kristály *a crystal wine glass* kristály borospohár ❷ *US* óraüveg ❸ detektoros

**crystal ball** kristálygömb

**crystallize** /ˈkrɪstəlaɪz/ ❶ (ki)kristályosít ❷ kristállyá válik, kristályosodik ❸ (ki)kristályosodik ❹ (le/be)cukroz(va eltesz)

**CSE** = Certificate of Secondary Education

**CS gas** tömegoszlató gáz, könnygáz

**C sharp** cisz

**CST** = Central Standard Time

**ct** = carat(s); cent(s); certificate; county; court

**cu cm** = cubic centimetre(s)

**cu. ft.** = cubic foot; cubic feet

**cu. in.** = cubic inch(es)

**cub** /kʌb/ ❶ (állat)kölyök [vadállaté] ❷ fiatal, tapasztalatlan ember ❸ kiscserkész(fiú)

**cube** /kjuːb/ *FNÉV*
❶ kocka *cut smth into cubes* kockára vág vmit ❷ köb *the cube of 2 is 8* a 2 köbe 8

**cube** *IGE*
❶ köbre emel *two cubed is eight* a kettő köbre emelve nyolc ❷ kockára vág / felkockáz

**cube root** köbgyök *the cube root of 8 is 2* a 8 köbgyöke 2

**cubic** /ˈkjuːbɪk/ VAGY **cubical** /ˈkjuːbɪkəl/ ❶ kocka alakú ❷ köb- ❸ harmadfokú *cubic equation* harmadfokú egyenlet

**cubicle** /ˈkjuːbɪkəl/ ❶ öltöző, kabin [uszodában] ❷ fülke *changing cubicle* próbafülke ❸ olvasófülke [könyvtárban]

**cubic measure** űrmérték

**cubism** /ˈkjuːbɪzəm/ kubizmus

**cubist** /ˈkjuːbɪst/ kubista (festő)

**cuckoo** /ˈkʊkuː/ kakukk

**cuckoo clock** kakukkos óra

**cucumber** /ˈkjuːkʌmbə/ (kígyó)uborka

**cuddle** /ˈkʌdəl/ *FNÉV*
ölelés, ölelkezés

**cuddle** *IGE*
❶ (át/meg)ölel, magához ölel ❷ ölelkezik

**cue** /kjuː/ *FNÉV*
❶ végszó [szerepé] *give smb his cue* végszót ad vkinek ❷ utasítás, (be)intés *take* ⸢*one's*⸣ *cue from smb* igazodik vkihez, vki példáját követi ❸ (biliárd)dákó

**cue** *IGE*
*cue smb (in)* beint/beszámol vkinek, megadja/beadja a végszót/jelet

**cue ball** ❶ biliárd ❷ snooker

**cuff** /kʌf/ ❶ kézelő, mandzsetta, ruhaujj ❷ felhajtás, hajtóka [nadrágon]
KIFEJEZÉSEKBEN: *off the cuff* rögtönözve, kapásból

**cuisine** /kwɪˈziːn/ ❶ konyha(művészet) ❷ étel(különlegesség)

**cul-de-sac** /ˌkʊldəˈsæk/ VAGY /ˌkʌldəˈsæk/ zsákutca

**culinary** /ˈkʌlɪnərɪ/ konyhaművészeti, étkezési, kulináris

**cull** /kʌl/ összeszed, összegyűjt

**culminate** /ˈkʌlmɪneɪt/ tetőz, kulminál, kicsúcsosodik vmiben *two years of clashes culminated in full-scale war* a két éve húzódó összecsapások totális háborúvá szélesedtek ki

**culmination** /ˌkʌlmɪˈneɪʃən/ tetőpont, csúcs, kulminálás

**culprit** /ˈkʌlprɪt/ bűnös, elkövető *we caught the culprit* elfogtuk a tettest *inflation is the culprit* az infláció a bűnös

**cult** /kʌlt/ ❶ tisztelet, kultusz, rajongás *his books have a cult following* könyveinek van

egy kialakult rajongótábora ❷ vallási kultusz
**cult book** kultuszkönyv
**cult film** VAGY **cult movie** kultuszfilm
**cultivate** /'kʌltɪveɪt/ ❶ művel [földet] ❷ (ki)-művel, (ki)fejleszt, gyakorol, művel, kultivál (tudományt) ❸ barátkozik vkivel ⓘ NEM ~~kultivál~~ [= kedvel]
**cultivated** /'kʌltɪveɪtɪd/ ❶ művelt ❷ (meg)művelt [föld]
**cultivation** /ˌkʌltɪ'veɪʃən/ ❶ (meg)művelés ❷ műveltség
**cultural** /'kʌltʃərəl/ művelődési, kulturális
**culture** /'kʌltʃə/ ❶ kultúra *tribal culture* törzsi kultúra ❷ művelődés, műveltség *a woman of culture* művelt nő ❸ tenyésztés *bee culture* méhészet ❹ (baktérium)tenyészet
**cultured** /'kʌltʃəd/ ❶ művelt, kulturált ❷ (ki)tenyésztett
**culture shock** kultúr-sokk, kulturális sokk [más kultúra befogadásának nehézségei]
**cum** egyszerre, és [kombináció jelölésére] *bathroom-cum-toilet* fürdőszoba és vécé együtt
**cumbersome** /'kʌmbəsəm/ ügyetlen, ormótlan
**cumin** /'kʌmɪn/ kömény
**cumquat** /'kʌmkwɒt/ savanyúnarancs, kamkvat
**cumulative** /'kju:mjulətɪv/ ❶ halmozódó, kumulálódó ❷ halmazati
**cumulus** /'kju:mjuləs/ gomolyfelhő
**cunning** /'kʌnɪŋ/ FNÉV
ravaszság, fortély
**cunning** MNÉV
❶ ravasz, furmányos, fortélyos ❷ US csinos, aranyos
**cunt** /kʌnt/ picsa, pina
**cup** /kʌp/ FNÉV
❶ csésze ❷ pohár ❸ (virág)kehely ❹ serleg, kupa ❺ bajnokság ❻ köpöly [orvosi] ❼ melltartó-kosár ❽ mértékegység [főzésnél: kb. 2 dl] ❾ (golf)lyuk
KIFEJEZÉSEKBEN: *not ⁝one's⁝ cup of tea* nem az esete/kedvence, nem neki való
**cup** IGE
*cup ⁝one's⁝ hands* két tenyeréből tölcsért formál
**cupboard** /'kʌbəd/ (fali)szekrény *kitchen cupboard* konyhaszekrény
**cup final** kupadöntő
**cupful** /'kʌpful/ csészényi
**curable** /'kjuərəbəl/ gyógyítható
**curative** /'kjuərətɪv/ gyógyhatású, gyógy-
**curator** /kju'reɪtə/ múzeum-igazgató, galéria-igazgató ⓘ NEM ~~kurátor~~
**curb** /kɜ:b/ FNÉV
❶ fék, akadály *keep a curb on smth* féken tart, korlátoz ❷ US járdaszegély
**curb** IGE
megzaboláz, megfékez, visszafog
**curb stone** járdaszegélykő
**curd** /kɜ:d/ VAGY **curds** /kɜ:dz/ aludttej sűrűje
**curd cheese** túró
**curdle** /'kɜ:dəl/ ❶ megalvaszt ❷ megalvad ❸ megfagyaszt, megdermeszt ❹ megfagy, megdermed *make smb's blood curdle* megfagyasztja a vért vki ereiben
**cure** /kjuə/ FNÉV
❶ gyógyítás, gyógymód, kezelés, kúra ❷ pácolás, füstölés [élelmiszeré]
**cure** IGE
❶ kigyógyít, kikúrál (amiből: *of*) ❷ besóz ❸ füstöl ❹ érlel, pácol ⓘ NEM ~~kúrál~~
**cure-all** csodaszer
**curettage** /kjuə'retɪdʒ/ küret, méhkaparás
**curfew** /'kɜ:fju:/ kijárási tilalom *impose a curfew* kijárási tilalmat vezet be
**curiosity** /ˌkjuəri'ɒsətɪ/ ❶ kíváncsiság ❷ érdekesség, ritkaság
KIFEJEZÉSEKBEN: *curiosity killed the cat* aki kíváncsi, hamar megöregszik
**curious** /'kjuərɪəs/ ❶ kíváncsi (amire: *about*) *be curious to know what happened* szeretné tudni, mi történt ❷ furcsa, különös
**curiously** /'kjuərɪəslɪ/ ❶ kíváncsian ❷ különös módon
**curl** /kɜ:l/ FNÉV
❶ göndör (haj)fürt ❷ karika *curls of smoke* füstkarikák
**curl** IGE
❶ göndörít(tet) [hajat] ❷ göndörödik, csavarodik ❸ tekeredik, kígyózik ❹ csavar, görbít *curl ⁝one's⁝ lip* ajkát biggyeszti
**curler** /'kɜ:lə/ hajcsavaró
**curling pin** hajcsavaró
**curling tongs** VAGY **curling irons** hajsütővas
**curly** /'kɜ:lɪ/ göndör, fodros
**curly bracket** kapcsos zárójel, { ill. } jel
**curly kale** fodorkel
**currant** /'kʌrənt/ ❶ ribiszke, ribizli ❷ fekete/korinthoszi mazsola
**currency** /'kʌrənsɪ/ ❶ pénznem, valuta, deviza ❷ forgalom, közhasználat *gain currency* (el)terjed
**currency basket** valutakosár
**current** /'kʌrənt/ FNÉV
❶ ár, áram(lat), sodrás *drift with the current* úszik az árral, sodródik ❷ áram
**current** MNÉV
❶ folyó, jelenlegi, mostani *current issue* a legfrissebb szám ❷ forgalomban levő, közhasználatú, elterjedt ⓘ NEM ~~kurrens~~ [= keresett]
**current account** folyószámla
**current assets** forgóeszközök, forgótőke
**current collector** áramszedő
**current expenses** rezsi(költségek)
**currently** /'kʌrəntlɪ/ jelenleg, ez idő szerint
**curriculum** /kə'rɪkjuləm/ TBSZ **curriculums** VAGY **curricula** /kə'rɪkjulə/ tanterv, tanmenet, tananyag
**curriculum vitae** /kəˌrɪkjuləm 'vi:taɪ/ VAGY /'vaɪti:/ [hivatalos] önéletrajz

**curry** /ˈkʌrɪ/ *FNÉV*
❶ curry, köri ❷ curryvel készült (hús)étel
**curry** *IGE*
❶ (le)csutakol, vakar [lovat] ❷ kikészít, cserez ❸ curryvel fűszerez/készít
**curse** /kɜːs/ *FNÉV*
❶ átok ❷ csapás, átok ❸ káromkodás
**curse** *IGE*
❶ (meg)átkoz ❷ káromol, átkoz ❸ káromkodik, átkozódik
**cursive** /ˈkɜːsɪv/ ❶ kurzív, kézírásos ❷ kurzív (nyomtatott) betű
**cursor** /ˈkɜːsə/ kurzor
**cursory** /ˈkɜːsərɪ/ futólagos, futó, felületes *a cursory glance* futó pillantás
**curtain** /ˈkɜːtən/ függöny
**curtain call** kitapsolás, visszatapsolás
**curtain fire** zárótűz
**curtain hook** függönycsipesz
**curtain rail** VAGY **curtain rod** (függöny)karnis, függönyrúd
**curtsy** VAGY **curtsey** /ˈkɜːtsɪ/ pukedli, meghajlás térdhajtással
**curve** /kɜːv/ ❶ görbület, görbe, kanyar(ulat) ❷ görbe, grafikon ❸ csavart labda
**curve ball** csavart labda
**curved** /kɜːvd/ görbe, hajlott, hajlított
**cushion** /ˈkʊʃən/ *FNÉV*
(dísz)párna, vánkos
**cushion** *IGE*
❶ enyhít, tompít *cushion the shock* tompítja a sokkot ❷ véd, megóv ❸ kipárnáz, párnával ellát
**cushion of air** légpárna
**custard** /ˈkʌstəd/ puding, (tej)sodó
**custard pie** torta [börleszkben hajigálásra]
**custard powder** pudingpor
**custodian** /kʌˈstəʊdɪən/ ❶ gondnok, igazgató [pl. múzeumé] ❷ gondnok, gyám, vmi/vki őre
**custodianship** /kʌˈstəʊdɪənʃɪp/ ❶ gondnokság, igazgatóság ❷ gyámság
**custody** /ˈkʌstədɪ/ ❶ felügyelet, őrizet, (meg)őrzés *be awarded/granted custody of the child* nála helyezik el a gyereket ❷ őrizet(be vétel), előzetes letartóztatás
**custom** /ˈkʌstəm/ ❶ szokás *social customs* társadalmi szokások ❷ vevőkör, vásárlókör ❸ megrendelés
**customary** /ˈkʌstəmərɪ/ szokásos, rendes
**custom-built** (egyedi) rendelésre készült/gyártott, testreszabott
**customer** /ˈkʌstəmə/ ❶ vevő, vásárló, fogyasztó, vendég ❷ alak, pofa
**customer service** vevőszolgálat
**customer-supplied** hozott *customer-supplied material* hozott anyag
**custom-free** vámmentes
**custom house** vámház, vámhivatal
**customization** /ˌkʌstəmaɪˈzeɪʃən/ ❶ (egyedi) rendelésre készítés/gyártás ❷ testreszabás
**customize** /ˈkʌstəmaɪz/ ❶ egyedi megrendelésre készíttet/csináltat ❷ testre szab
**custom-made** (egyéni kívánság szerint) rendelésre készített/csináltatott
**custom-make** kívánság szerint / egyedi rendelésre készít
**customs** /ˈkʌstəmz/ ❶ vám, vámvizsgálat ❷ vám(illeték) *pay customs duty on smth* vámilletéket fizet vmire
**customs clearance** vámkezelés
**customs dues** vámtartozás
**customs fee** vámilleték
**customs inspection** vámellenőrzés
**customs officer** VAGY **customs official** vámtisztviselő, vámtiszt
**customs regulations** vámszabályok
**cut** /kʌt/ *FNÉV*
❶ vágás, metszés, nyírás ❷ vágás, seb ❸ csökkentés *a cut in prices* árcsökken(t)és, árleszállítás ❹ újságkivágás ❺ részesedés ❻ szelet ❼ fazon *the cut of the suit* az öltöny fazonja ❽ vágás, szerkesztés
KIFEJEZÉSEKBEN: *a cut above smth/smb* egy fokkal jobb vminél/vkinél
**cut** *MNÉV*
❶ vágott, metszett ❷ leszállított [ár] *cut prices* leszállított árak
**cut** /kʌt/, **cut** /kʌt/, **cut** /kʌt/ *IGE*
❶ (meg/el/le/fel)vág, metsz, nyír *have/get ›one's‹ hair cut* hajat vágat ❷ (ki)szab [ruhát] ❸ vágható, vágódik ❹ szerkeszt, vág, kivág, kicenzúráz ❺ meghúz, megszerkeszt [írást] ❻ emel, elvág [kártyát] ❼ kihagy, elbliccel ❽ csökkent, leszállít, redukál
KIFEJEZÉSEKBEN: *cut ›one's‹ (first) teeth* jönnek a fogai *cut corners* (le)egyszerűsít [a minőség rovására] *cut smb short* félbeszakít vkit *it cuts both ways* kétféleképpen értelmezhető / így is, úgy is igaz *cut smb dead* tudomást sem vesz vkiről *to cut a long story short* száz szónak is egy a vége
**cut back** ❶ *cut smth back* visszametsz, visszavág ❷ *cut back (on) smth* csökkent vmit, lefarag vmiből, leépít vmit
**cut down** ❶ *cut smth down* kivág, ledönt [fát] ❷ *cut smb/smth down* lekaszabol ❸ *cut down (on) smth* csökkent, lejjebb szállít
**cut in** ❶ közbevág ❷ bevág [gépkocsi elé] ❸ *cut in line US* bevág vki elé a sorban ❹ működni kezd, bekattan ❺ lekér
**cut off** *cut smb/smth off* ❶ levág, elvág ❷ szétkapcsol, megszakít *we were cut off* szétkapcsoltak bennünket ❸ elvág vmitől *be cut off from the army* elvágják a seregtől ❹ kitagad
**cut out** ❶ *cut smth out* kivág ❷ *cut smth out* kiszab [ruhát] ❸ *cut smth out* leszokik/lemond vmiről ❹ *cut it out!* hagyd abba! / elég volt! ❺ kihagy, leáll [gép] ❻ *be*

*cut out for smth* vmire termett/alkalmas
**cut up** *cut smth up* ❶ felszel, felvág, összevág ❷ „levág" [művet bíráló] ❸ *be cut up about smth* nagyon feldúlja/bántja vmi
**cutaway** keresztmetszeti *cutaway drawing* keresztmetszeti/„kivágott" rajz
**cute** /kju:t/ aranyos, helyes
**cutlery** /ˈkʌtləri/ NEM MEGSZÁML. evőeszköz(ök)
**cutlet** /ˈkʌtlət/ ❶ hússzelet ❷ húspogácsa
**cutoff point** plafon, limit
**cut-price** ❶ leértékelt/leszállított árú ❷ leértékelt/leszállított áron árusító
**cut-rate** ❶ leértékelt/leszállított árú ❷ leértékelt/leszállított áron árusító
**cutter** /ˈkʌtə/ ❶ vágógép ❷ (film)vágó ❸ vágószerszám ❹ vágó [munkás]
**cutting** /ˈkʌtɪŋ/ FNÉV
❶ dugvány ❷ újságkivágás ❸ (le/be)vágás, metszés, szabás ❹ vágás, editálás, szerkesztés
**cutting** /ˈkʌtɪŋ/ MNÉV
❶ vágó, metsző, éles ❷ metsző, csípős, éles
**cutting bench** editálóasztal, vágóasztal
**cutting edge** ❶ írás/beszéd éle ❷ élvonal *at the cutting edge of smth* vmi élvonalában
**cutting room** vágószoba
**cuttlefish** /ˈkʌtəlfɪʃ/ szépia, tintahal
**c.v.** VAGY **cv** VAGY **CV** = curriculum vitae
**cw** = clockwise
**cyanide** /ˈsaɪənaɪd/ cián
**cyber-** /ˈsaɪbə/ cyber-, kiber-
**cybernetic** /ˌsaɪbəˈnetɪk/ kibernetikai ⓘ NEM ~~kibernetikus~~
**cybernetics** /ˌsaɪbəˈnetɪks/ kibernetika
**cyberspace** /ˈsaɪbəspeɪs/ virtuális űr/világ
**cyclamen** /ˈsɪkləmən/ ciklámen
**cycle** /ˈsaɪkəl/ FNÉV
❶ körforgás, ciklus ❷ időszak, ciklus ❸ mondakör, ciklus ❹ bicikli
**cycle** IGE
kerekezik, biciklizik
**cycle path** kerékpárút
**cyclic** /ˈsaɪklɪk/ ciklikus, ciklusos
**cycling tour** biciklitúra
**cycling trail** bicikliút
**cyclist** /ˈsaɪklɪst/ kerékpáros, biciklista
**cyclone** /ˈsaɪkləʊn/ forgószél, ciklon
**cyder** /ˈsaɪdə/ almabor
**cylinder** /ˈsɪlɪndə/ ❶ henger ❷ palack ⓘ NEM ~~cilinder~~ [kalap]
**cymbal** /ˈsɪmbəl/ cintányér ⓘ NEM ~~cimbalom~~
**cynic** /ˈsɪnɪk/ FNÉV
cinikus
**cynical** /ˈsɪnɪkəl/
cinikus
**cynicism** /ˈsɪnɪsɪzəm/ ❶ cinizmus ❷ cinikus megjegyzés
**cypress** /ˈsaɪprəs/ ciprus(fa)
**Cyrillic** /səˈrɪlɪk/ cirill(betűs)
**cyst** /sɪst/ ciszta
**czar** /zɑ:/ cár
**czardas** /ˈtʃɑ:dæʃ/ csárdás
**czarist** /ˈzɑ:rɪst/ ❶ cári ❷ a cárizmusból való

# D, d /diː/

**d.** = date; day; deceased; pence; penny; died
**d'** [= do] *d'you smoke?* dohányzol?
**'d** ❶ [= had] *you'd lost it* elvesztetted ❷ [= would] *you'd be here* itt volnál
**D** = Democrat; Democratic
**D** ❶ „kettes", elégséges ❷ zenei D hang ❸ zenei re/ré
**dab** /dæb/ FNÉV
❶ megérintés ❷ darabka, csöppnyi [vmiből] *a dab of paint* egy kis festék
**dab** IGE
❶ megérint, megnyomogat, megtöröl ❷ felrak, odapacsmagol [pl. festéket, sminket]
**dabble** /ˈdæbəl/ ❶ megnedvesít, meglocsol ❷ pancsol ❸ felületesen foglalkozik vmivel
**dachshund** /ˈdækshʊnd/ dakszli, rövid szőrű tacskó
**dactyloscopy** /ˌdæktɪˈlɒskəpɪ/ daktiloszkópia
**dad** /dæd/ apu(ka), papa
**daddy** /ˈdædɪ/ apu(ka), papa
**daemon** /ˈdiːmən/ démon
**daffodil** /ˈdæfədɪl/ nárcisz
**daft** /dɑːft/ VAGY **daffy** /ˈdæfɪ/ buggyant, dilis
**dagger** /ˈdægə/ ❶ tőr ❷ utalójel [a † jel]
**daily** /ˈdeɪlɪ/ FNÉV
❶ napilap ❷ bejárónő
**daily** MNÉV
mindennapos, napi
**daily** HAT.SZÓ
minden nap, naponta
**dainty** /ˈdeɪntɪ/ ❶ finom, kecses, ízléses ❷ finnyás, kényes
**dairy** /ˈdeərɪ/ tejgazdaság, tejüzem
**daisy** /ˈdeɪzɪ/ százszorszép *push up the daisies* alulról szagolja az ibolyát
**dale** /deɪl/ völgy
**dalliance** /ˈdælɪəns/ ❶ tétovázás ❷ flörtölés
**dally** /ˈdælɪ/ ❶ tétlenkedik, késlekedik (amin: *over*) ❷ flörtöl
**dam** /dæm/ FNÉV
❶ (völgyzáró) gát, duzzasztógát, vízlépcsőrendszer ❷ anyaállat
**dam** IGE
❶ elzár, gátat emel ❷ elfojt [érzést]
**damage** /ˈdæmɪdʒ/ FNÉV
❶ kár, károkozás (aminek: *to*) *brain damage* agyi károsodás ❷ ár, költség
**damage** IGE
megrongál, megkárosít
**damages** /ˈdæmɪdʒɪz/ kártérítés
**damask** /ˈdæməsk/ FNÉV/MNÉV ❶ damaszt ❷ damaszkuszi acél(ból készült)
**dame** /deɪm/ úrhölgy, nő ⓘ NEM ~~dáma~~ [= hölgy], NEM ~~dáma~~ [= kártyafigura]
**dammit** /ˈdæmɪt/ a szentségit! a fenébe
**damn** /dæm/ FNÉV
fitying *I don't care/give a damn* teszek rá
**damn** MNÉV/HAT.SZÓ
átkozott(ul), piszkos(ul), rohadt(ul)
**damn** IGE
❶ (el)átkoz ❷ elítél, lehúz [művet]
**damn!** VAGY **damn it!** IND.SZÓ
a fenébe! / a francba!
**damnation** /dæmˈneɪʃən/ kárhozat
**damned** /dæmd/ MNÉV/HAT.SZÓ ❶ kárhozott ❷ átkozott(ul), piszkos(ul) piszkos(ul), rohadt(ul) *damned expensive* rohadt drága
**damp** /dæmp/ FNÉV
nedvesség
**damp** MNÉV
nyirkos, dohos
**damp** IGE
❶ be/megnedvesít ❷ tompít, elnyom ❸ csökkent [hullám amplitúdót]
**dampen** /ˈdæmpən/ ❶ be/megnedvesít ❷ tompít, elnyom
**damper** /ˈdæmpə/ ❶ hangtompító hangfogó, szordinó ❷ lehangoló esemény *put a damper on smb* lehűti vkinek a hangulatát
**damp-proof** szigetel
**damsel** /ˈdæmsəl/ leányka
**dance** /dɑːns/ FNÉV
❶ tánc, táncolás ❷ táncmulatság, bál
**dance** IGE
❶ táncol, eltáncol ❷ megtáncoltat ❸ ugrándozik, élénken mozog
**dancefloor** /ˈdɑːnsflɔː/ táncparkett
**dance hall** táncos mulató(hely), tánccterem

**dandelion** /ˈdændɪlaɪən/ pitypang, gyermekláncfű
**dandruff** /ˈdændrəf/ (haj)korpa
**dandy** /ˈdændɪ/ ❶ gigerli, piperkőc ❷ pompás
**Dane** /deɪn/ ❶ dán ember ❷ viking ❸ *Great Dane* dán dog
**danger** /ˈdeɪndʒə/ ❶ veszély *a danger to smb/smth* veszélyes vkire/vmire, veszélyeztet vmit *be in danger* veszélyben van *be out of danger* túl van a veszélyen ❷ *danger* vigyázat [felirat] ❸ vmi veszélye
**dangerous** /ˈdeɪndʒərəs/ veszélyes
**dangerously** /ˈdeɪndʒərəslɪ/ ❶ veszélyesen ❷ súlyosan *be dangerously ill* súlyos beteg
**dangle** /ˈdæŋgəl/ ❶ fityeg ❷ lógat, lóbál ❸ biztat vkit vmivel, kecsegtet
**dare** /deə/ FNÉV
bátorság
**dare** IGE
❶ mer, merészel *how dare you?* hogy merészel? ❷ dacol/szembeszáll vkivel/vmivel)
**daredevil** /ˈdeədevɪl/ FNÉV/MNÉV fenegyerek
**daren't** /deənt/ [= dare not] *she daren't drink it* nem meri meginni
**daresay** *I daresay* {MONDAT} merem mondani/állítani (hogy) {MONDAT}
**daring** /ˈdeərɪŋ/ FNÉV
merészség, vakmerőség
**daring** MNÉV
merész, vakmerő
**dark** /dɑːk/ FNÉV
❶ sötétség ❷ sötétedés *after dark* sötétedés után ❸ tudatlanság *be in the dark* nem tud vmiről
**dark** MNÉV
❶ sötét ❷ sötét árnyalatú *dark green* sötétzöld ❸ sötétbőrű ❹ sötéthajú ❺ homályos, sötét *the dark side of things* a dolgok árnyoldala
**darken** /ˈdɑːkən/ elsötétít, elhomályosít
**darkroom** sötétkamra
**darkness** /ˈdɑːknəs/ ❶ sötétség, homály(osság) ❷ tudatlanság, homály
**darling** /ˈdɑːlɪŋ/ FNÉV
❶ kedves, kedvesem, drágám ❷ kedvenc *smb's darling* valaki kedvence/kegyeltje
**darling** MNÉV
kedves, aranyos
**darn** /dɑːn/ stoppol(ás) [ruhaneműt/ruhaneműé]
**darning** /ˈdɑːnɪŋ/ ❶ stoppolás [ruhaneműé] ❷ megstoppolandó ruhák
**dart** /dɑːt/ FNÉV
❶ dárda ❷ dobónyíl [„darts" játékban] ❸ szökellés *make a dart for smth* hirtelen vmi felé lódul
**dart** IGE
❶ szökken, lendül ❷ kiölt, kidug [pl. nyelvet, fullánkot]
**dartboard** dobótábla [„darts" játékban]
**darts** /dɑːts/ „darts" [játék]
**dash** /dæʃ/ FNÉV
❶ nekiiramodás, futás *make a dash* fut, nekiiramodik (amiért: *for*) ❷ vágta [rövidtávfutás] *100-metre dash* 100 méteres síkfutás ❸ (neki)ütődés, csattanás ❹ egy csepp(nyi)/ csipet(nyi) *a dash of pepper* egy csipetnyi bors ❺ gondolatjel
**dash** IGE
❶ nekiiramodik, rohan *we must dash (off)* rohannunk kell ❷ összetör, nekicsap (aminek: *to/against*) ❸ meghiúsít [reményt] ❹ *dash it!* a fene egye meg!
**dashboard** /ˈdæʃbɔːd/ műszerfal
**data** /ˈdeɪtə/ ❶ tények ❷ adat(ok) ❸ adatforgalom
**database** /ˈdeɪtəbeɪs/ adatbázis, adattár
**date** /deɪt/ FNÉV
❶ datolya ❷ időpont, dátum *up to date* korszerű, modern *out of date* elavult, korszerűtlen *to date* a mai napig *set a date* időpontot kitűz (amiét: *for*) *date of birth* születési idő ❸ találka, randevú, randi ❹ barát(nő), partner
**date** IGE
❶ keltez ❷ ered [időponttól] ❸ eredeztet, visszavezeti az eredetét ❹ elavul ❺ *date smb* randevúzik/jár vkivel
**date back** visszanyúlik [vmi története] (ameddig: *to*)
**date from** származik/kelteződik [vmely időből]
**dated** /ˈdeɪtɪd/ elavult, avitt
**dative** /ˈdeɪtɪv/ VAGY **dative case** részeshatározó(s eset), datívusz
**datum** /ˈdeɪtəm/ TBSZ **data** /ˈdeɪtə/ adat, tény ⓘ NEM ~~dátum~~
**daub** /dɔːb/ FNÉV
❶ vakolat ❷ darab, egy kis mennyiség, csipet ❸ mázolmány
**daub** IGE
❶ beken (amivel: *with*) ❷ pingál, ügyetlenül mázol
**daughter** /ˈdɔːtə/ leánygyermek, vkinek a lánya
**daughter-in-law** /ˈdɔːtərɪnlɔː/ TBSZ **daughters-in-law** /ˈdɔːtəzɪnlɔː/ VAGY **daughter-in-laws** /ˈdɔːtərɪnlɔːz/ meny, menye vkinek
**daunt** /dɔːnt/ megijeszt, elcsüggeszt, elriaszt
**dauntless** /ˈdɔːntləs/ rettenthetetlen
**dawn** /dɔːn/ FNÉV
❶ hajnal, virradat, pirkadat *dawn is breaking* hajnalodik ❷ vminek a kezdete/hajnala
**dawn** IGE
virrad, pitymallik, hajnalodik
**dawn on** *dawn on smb* elkezdi sejteni, elkezd derengeni neki
**day** /deɪ/ ❶ nap [24 óra] *every day* mindennap *every other day* minden másnap *three times a day* naponta háromszor *all day (long)* egész nap(on át) *some day* egy napon *the other day* a minap, a napokban *day by day / day after*

*day* napról napra, nap mint nap *the day after tomorrow* holnapután *the day before yesterday* tegnapelőtt ❷ nappal, nap *by day* nappal *day and night* éjjel–nappal ❸ vminek az idején *in our days* manapság, napjainkban KIFEJEZÉSEKBEN: *let's call it a day* mára elég/ ennyi *at the end of the day* végül, végső soron
**daybreak** hajnal(hasadta), pirkadat
**day care** VAGY **day care centre** ❶ bölcsöde ❷ napközi ❸ felügyelet [magatehetetlen emberekre]
**daydream** *FNÉV/IGE* ábrándozás/ábrándozik, álmodozás/álmodozik
**daylight** (nappali) világosság, napvilág *in broad daylight* fényes nappal
**daytime** nappal
**day-to-day** naponta ismétlődő
**day trip** egynapos kirándulás
**daze** /deɪz/ *FNÉV*
kábulat, zavar *in a daze* kábultan
**daze** *IGE*
(el)kábít, elbódít meghökkent
**dazedly** /ˈdeɪzɪdlɪ/ kábultan, kábulatban
**dazzle** /ˈdæzəl/ *FNÉV*
káprázat
**dazzle** *IGE*
❶ (el)vakít, elkápráztat ❷ csodálattal tölt el, elkápráztat
**dB** = decibel(s)
**DC** = direct current; District of Columbia
**D-day** /ˈdiːdeɪ/ ❶ a II. világháborús partraszállás napja ❷ a nagy nap
**dead** /ded/ *FNÉV*
❶ halott *the dead* a halottak *smb's dead* vki halottai ❷ kellős közepe vminek *in the dead of night* az éjszaka kellős közepén
**dead** *MNÉV*
❶ halott ❷ már nem használt / használható, halott, holt *go dead* használhatatlanná válik, elnémul ❸ teljes *dead silence* teljes csend
**dead** *HAT.SZÓ*
❶ hirtelen *stop dead* hirtelen megáll ❷ teljesen *dead certain* egészen/teljesen biztos *dead tired* hullafáradt *dead slow* [felirat] egészen lassan, lépésben
**deaden** /ˈdedən/ ❶ tompul, gyengül csökken ❷ tompít, gyengít csökkent
**dead end** ❶ zsákutca ❷ kiúttalanság, zsákutca
**deadline** határidő *meet a deadline* betartja a határidőt
**deadlock** holtpont
**deadly** /ˈdedlɪ/ *MNÉV*
❶ halálos, halált okozó *deadly enemy* halálos ellenség ❷ halálszerű, halál- *deadly appearance* halálszerű kinézet
**deadly** *HAT.SZÓ*
nagyon, halálosan *deadly dull* dögunalmas
**deaf** /def/ ❶ süket *the deaf* a süketek, a siketek ❷ oda nem figyelő, süket (amire: *to*) *turn a deaf ear to smth* nem akar meghallgatni/ meghallani vmit
**deaf-aid** hallásjavító (készülék)
**deaf-and-dumb** /ˌdefənˈdʌm/ süketnéma
**deafen** /ˈdefən/ (meg)süketít
**deafening** fülsiketítő
**deaf-mute** süketnéma
**deal** /diːl/ *FNÉV*
❶ ügylet, megállapodás *done deal* áll az alku *it's a deal* áll az alku ❷ bánásmód, eljárás *square deal* korrekt bánásmód ❸ mennyiség *a great/good deal (of smth)* jó sok, egy csomó ❹ osztás [kártyában] *whose deal is it?* ki oszt?
**deal** /diːl/, **dealt** /delt/, **dealt** /delt/ *IGE*
❶ foglalkozik (amivel: *with*) ❷ oszt [kártyát] ❸ ad, kioszt, részesít *deal out smth* oszt (akik között: *to*) ❹ ad [ütést] *deal a blow* megüt ❺ kereskedik (amivel: *in*)
**dealer** /ˈdiːlə/ ❶ kereskedő, forgalmazó, díler ❷ márkakereskedő ❸ (kártya)osztó ❹ játékvezető ❺ kábítószer-kereskedő
**dealership** /ˈdiːləʃɪp/ ❶ márkaképviselet ❷ márkakereskedés ❸ márkaszerviz
**dealing** /ˈdiːlɪŋ/ ❶ viselkedés, bánásmód ❷ módszer, ügylet, üzlet *plain dealing* becsületes módszer/ügylet
**dealt** ☞ deal
**dean** /diːn/ ❶ esperes ❷ dékán ❸ doyen
**dear** /dɪə/ *FNÉV*
kedves(em), drágám
**dear** *MNÉV*
❶ kedves, drága ❷ értékes, fontos ❸ költséges, drága
**dear** *HAT.SZÓ*
drágán *cost smb dear* sokba van az vkinek
**dear** *IND.SZÓ*
*dear me! oh dear! dear dear!* te jó ég! atyaúristen!
**dearly** /ˈdɪəlɪ/ ❶ nagyon, erősen *love smb dearly* nagyon szeret vkit ❷ keményen, drágán *pay dearly* keményen megfizet (amiért: *for*)
**dearth** /dɜːθ/ hiány, ínség (amiből: *of*)
**death** /deθ/ ❶ halál *burn to death* halálra ég *sentence smb to death* halálra ítél ❷ haláleset, halálozás, halál ❸ pusztulás, halál
**deathbed** halálos ágy
**deathbell** lélekharang
**death cap** gyilkos galóca
**death certificate** halotti bizonyítvány, halálozási anyakönyvi kivonat
**deathless** /ˈdeθləs/ halhatatlan
**deathly** /ˈdeθlɪ/ ❶ halálos ❷ halálszerű, halál- *deathly silence* síri csönd
**death notice** halálozási hír, halálhír [újságban]
**death penalty** halálbüntetés
**death row** siralomház *on death row* siralomházban
**death warrant** ❶ kivégzési parancs ❷ halálos ítélet

C

**debase** /dɪˈbeɪs/ ❶ leront [minőséget] ❷ leértékel, devalvál
**debasement** /dɪˈbeɪsmənt/ ❶ lealacsonyítás ❷ leértékelés, devalválás
**debate** /dɪˈbeɪt/ FNÉV
❶ vita ❷ megbeszélés *heated debate* heves vita
**debate** IGE
❶ vitatkozik ❷ megvitat
**debilitate** /dəˈbɪlɪteɪt/ legyengít
**debility** /dəˈbɪlɪtɪ/ gyengeség, legyengülés
**debit** /ˈdebɪt/ FNÉV
tartozik oldal [könyvelés] *to the debit of smb* vkinek a terhére
**debit** IGE
számlát megterhel
**debris** /ˈdeɪbriː/ VAGY /dəˈbriː/ törmelék, roncs
**debt** /det/ adósság, tartozás
**debtor** /ˈdetə/ adós
**debut** VAGY **début** /ˈdeɪbjuː/ debütálás, bemutatkozás, első fellépés *make ⁅one's⁆ debut* debütál, bemutatkozik
**decade** /ˈdekeɪd/ (év)tized ⓘ NEM ~~dekád~~
**decadence** /ˈdekədəns/ hanyatlás, romlás, dekadencia
**decadent** /ˈdekədənt/ hanyatló, dekadens
**decaffeineated** /diːˈkæfɪneɪtɪd/ koffeinmentes
**decamp** /dɪˈkæmp/ ❶ tábort bont ❷ szedi a sátorfáját, meglóg
**decampment** /dɪˈkæmpmənt/ ❶ táborbontás ❷ megfutamodás
**decapitate** /dɪˈkæpɪteɪt/ lefejez
**decapitation** /dɪˌkæpɪˈteɪʃən/ lefejezés
**decathlete** /dɪˈkæθliːt/ tízpróbázó
**decathlon** /dɪˈkæθlən/ tízpróba
**decay** /dɪˈkeɪ/ FNÉV
❶ romlás, hanyatlás *fall into decay* romba dől, elpusztul ❷ rothadás, szuvasodás ❸ radioaktív bomlás
**decay** IGE
❶ romlik, hanyatlik, pusztul ❷ korhad, szuvasodik *decayed tooth* odvas fog *decayed with age* elaggott ❸ rádioaktívan bomlik
**decease** /dɪˈsiːs/ FNÉV
halál
**decease** IGE
meghal
**deceased** /dɪˈsiːst/ FNÉV/MNÉV halott *the deceased* a halott, az elhunyt, néhai
**deceit** /dɪˈsiːt/ ❶ csalás, megtévesztés ❷ csalárdság, átverés
**deceitful** /dɪˈsiːtfəl/ csaló, becstelen, álnok
**deceive** /dɪˈsiːv/ ❶ becsap, megtéveszt, átver ❷ megcsal [házastársat]
**decelerate** /diːˈseləreɪt/ ❶ lelassul, csökken a sebessége ❷ lassít, csökkenti a sebességet
**deceleration** /ˌdiːseləˈreɪʃən/ ❶ sebességcsökkenés ❷ sebességcsökkentés
**December** /dɪˈsembə/ december
**decency** /ˈdiːsensɪ/ illem, tisztességtudás
**decent** /ˈdiːsənt/ ❶ illedelmes, tisztességes, decens ❷ megfelelő, tisztességes [pl. fizetés, megélhetés] ❸ rendes, derék [dolog]
**deception** /dɪˈsepʃən/ ❶ csalódás ❷ csalás, fortély
**deceptive** /dɪˈseptɪv/ megtévesztő
**decide** /dɪˈsaɪd/ ❶ dönt, eldönt elhatároz ❷ meggyőz ❸ meghatároz, eldönt [eredményt]
**decide on** *decide on smb/smth* vki/vmi mellett dönt
**decided** /dɪˈsaɪdɪd/ ❶ határozott, kifejezett, szemmel látható ❷ magabiztos
**decidedly** /dɪˈsaɪdɪdlɪ/ ❶ határozottan, kifejezetten, világosan ❷ magabiztosan
**decider** /dɪˈsaɪdə/ FNÉV győztes (gól, találat stb.)
**decilitre** /ˈdesɪliːtə/ deciliter
**decimal** /ˈdesɪməl/ FNÉV
tizedes tört
**decimal** MNÉV
❶ tízes, tízes alapú, decimális ❷ tizedes, tizedes rendszerű
**decimal point** tizedespont, tizedesvessző
**decimate** /ˈdesəmeɪt/ ❶ (meg)tizedel ❷ elpusztít, (meg)tizedel
**decimation** /ˌdesəˈmeɪʃən/ ❶ (meg)tizedelés ❷ elpusztítás, (meg)tizedelés
**decipher** /dɪˈsaɪfə/ ❶ kibetűz, el tud olvasni ❷ megfejt [pl. kódot]
**decision** /dɪˈsɪʒən/ ❶ döntés, elhatározás *come to a decision* dönt, határoz, elhatározásra jut ❷ döntési képesség
**decisive** /dɪˈsaɪsɪv/ ❶ döntő, határozott ❷ nyilvánvaló, döntő [pl. többség]
**deck** /dek/ FNÉV
❶ fedélzet [hajón] ❷ szint, emelet [emeletes járművön] ❸ kártyacsomag *deck of cards* csomag/pakli kártya ❹ lemezjátszó/magnó deck
**deck** IGE
díszít, (ki)dekorál *deck ⁅oneself⁆ out* kicsípi magát
**deckchair** nyugágy
**-decker** /dekə/ fedélzettel/emelettel rendelkező [jármű]
**declaration** /ˌdekləˈreɪʃən/ nyilatkozat, kimondás, (ki)hirdetés, nyilatkozattétel *declaration of war* hadüzenet
**declare** /dɪˈkleə/ ❶ kijelent, mond, nyilatkozik *have nothing to declare* nincs elvámolnivalója ❷ nyilvánít *declare smth open/closed* vmit megnyitottnak/bezártnak nyilvánít *declare war on smb* hadat üzen vkinek ❸ kinyilvánít
**declination** /ˌdeklɪˈneɪʃən/ elhajlás, eltérés
**decline** /dɪˈklaɪn/ FNÉV
hanyatlás, csökkenés (amiben: *in*) *be on the decline* hanyatlóban van
**decline** IGE
❶ gyengül, hanyatlik ❷ lejt, lehajlik ❸ elhárít, udvariasan elutasít ❹ ragoz [főnevet]
**decode** /diːˈkəʊd/ dekódol, megfejt
**decoder** /diːˈkəʊdə/ dekóder

**décolletage** /ˌdeɪkɒlˈtɑːʒ/ dekoltázs
**decolonization** /ˌdiːkɒlənaɪˈzeɪʃən/ függetlenné tétel, gyarmati státusz megszüntetése
**decolonize** /diːˈkɒlənaɪz/ függetlenné tesz, gyarmati státuszt megszüntet
**decompose** /ˌdiːkəmˈpəʊz/ ❶ szétbomlik, elrothad ❷ szétbont
**decomposition** /ˌdiːkɒmpəˈzɪʃən/ ❶ felbomlás, rothadás, oszlás ❷ szétbontás
**decongestant** /ˌdiːkənˈdʒestənt/ dugulást megszüntető szer [pl. orrcsepp]
**dedicated** /ˈdedɪkeɪtɪd/ ❶ elkötelezett ❷ speciálisan vmely célra szolgáló [program]
**dedication** /ˌdedɪˈkeɪʃən/ ❶ felszentelés ❷ elkötelezettség ❸ ajánlás [könyvben]
**deduce** /dɪˈdjuːs/ ❶ leszármaztat, levezet ❷ következtet (amiből: *from*)
**deduct** /dɪˈdʌkt/ levon, kivon (amiből: *from*)
**deduction** /dɪˈdʌkʃən/ ❶ dedukció, következtetés ❷ származtatás ❸ levonás
**deductive** /dɪˈdʌkʃən/ levezető, deduktív
**deed** /diːd/ ❶ tett, cselekedet ❷ okirat, okmány *title deed* tulajdonlevél, tulajdoni lap
**deejay** /ˈdiːdʒeɪ/ lemezlovas, DJ
**deem** /diːm/ tart/tekint vminek/vmilyennek
**deep** /diːp/ FNÉV
❶ mélység ❷ tenger ❸ közepe/mélye vminek *in the deep of the night* az éjszaka közepén
**deep** MNÉV
❶ mély ❷ mély, sötét *deep blue* mélykék ❸ mélyről jövő, mély *take a deep breath* vegyen egy mély lélegzetet ❹ nagyfokú, mély *deep sleep* mély álom ❺ komoly, súlyos, nagy *be in deep trouble* nagy bajban van ❻ alapos, mély *deep understanding* alapos ismeret (amiről: *of*)
**deep** HAT.SZÓ
❶ mélyen, mélyre *several metres deep* több méter mélyen/mélyre ❷ jócskán *deep into the night* jócskán benne az éjszakában
**deepen** /ˈdiːpən/ ❶ mélyebbé válik ❷ erősödik ❸ sötétebbé válik ❹ mélyít ❺ elmélyít, fokoz
**deepfreeze** /ˈdiːpfriːz/ FNÉV
mélyhűtő(láda)
**deepfreeze** /diːpˈfriːz/, **deepfroze** /diːpˈfrəʊz/, **deepfrozen** /diːpˈfrəʊzən/ IGE
mélyhűt
**deeply** /ˈdiːplɪ/ ❶ mélyen *sigh deeply* nagyot sóhajt ❷ mélyen, erősen, nagyon *you'll deeply regret this* nagyon meg fogod ezt bánni
**deer** /dɪə/ TBSZ **deer** /dɪə/ őz, szarvas
**deerskin** szarvasbőr, őzbőr
**deface** /dɪˈfeɪs/ elcsúfít, megrongál
**defacement** /dɪˈfeɪsmənt/ elcsúfítás, megrongálás
**defamation** /ˌdefəˈmeɪʃən/ rágalmazás, becsmérlés
**defamatory** /dɪˈfæmətərɪ/ rágalmazó, becsmérlő
**defame** /dɪˈfeɪm/ rágalmaz, becsmérel, vki becsületébe gázol
**default** /dɪˈfɔːlt/ FNÉV
❶ mulasztás ❷ késedelmes teljesítés, nem teljesítés ❸ alap(érték)-beállítás
**default** IGE
❶ mulasztást követ el ❷ fizetési kötelezettségnek nem tesz eleget
**defeat** /dɪˈfiːt/ FNÉV
❶ vereség, kudarc *suffer a defeat* vereséget szenved ❷ bukás
**defeat** IGE
❶ legyőz, megver ❷ meghiúsít [tervet] ❸ elvet
**defecate** /ˈdefəkeɪt/ ürít, székel
**defecation** /ˌdefəˈkeɪʃən/ székletürítés
**defect** /ˈdiːfekt/ VAGY /dɪˈfekt/ FNÉV
hiány, hiányosság, defektus ⓘ NEM ~~defekt~~
**defect** /dɪˈfekt/ IGE
❶ elszakad [pl. párttól] ❷ disszidál
**defection** /dɪˈfekʃən/ ❶ elszakadás, elpártolás ❷ disszidálás
**defective** /dɪˈfektɪv/ ❶ hiányos, hibás ❷ *mentally defective* értelmi fogyatékos
**defector** /dɪˈfektə/ FNÉV ❶ elszakadó, elpártoló ❷ disszidens
**defence** VAGY **defense** /dɪˈfens/ ❶ védelem *in defence* védelmére (aminek/akinek: *of*) ❷ honvédelem *Ministry of Defence* Honvédelmi Minisztérium ❸ védekezőképesség, védőeszközök, védelem ❹ védekezés, önvédelem ❺ védelem [bíróságon] ❻ védés [pl. disszertációé]
**defend** /dɪˈfend/ ❶ (meg)véd, oltalmaz (amitől: *against/from*) ❷ véd, védőként működik [bíróságon] ❸ érvet felhoz, megvéd ❹ megvéd [pl. disszertációt]
**defendant** /dɪˈfendənt/ alperes, vádlott
**defender** /dɪˈfendə/ FNÉV ❶ védő ❷ védőjátékos
**defensible** /dɪˈfensəbəl/ védhető, igazolható
**defensive** /dɪˈfensɪv/ FNÉV
védekező állás/álláspont *be on the defensive* védekező állásban van, védekezik
**defensive** MNÉV
védekező
**defer** /dɪˈfɜː/ elhalaszt, késleltet
**deference** /ˈdefərəns/ ❶ alkalmazkodás, belenyugvás (amihez/amibe: *to*) ❷ tisztelet *with due deference* illő tisztelettel
**deferment** /dɪˈfɜːmənt/ ❶ (el)halasztás ❷ haladék
**deferral** /dɪˈfɜːrəl/ ❶ (el)halasztás ❷ haladék
**defiance** /dɪˈfaɪəns/ kihívás *in defiance* fittyet hányva (aminek: *of*)
**defiant** /dɪˈfaɪənt/ MNÉV kihívó
**deficiency** /dɪˈfɪʃənsɪ/ ❶ hiány, elégtelenség ❷ hiányosság, tökéletlenség
**deficient** /dɪˈfɪʃənt/ ❶ hiányos, elégtelen (amilyen vonatkozásban: *in*) ❷ fogyatékos
**deficit** /ˈdefɪsɪt/ hiány, deficit, veszteség
**defile** /ˈdiːfaɪl/ FNÉV
❶ hegyszoros ❷ libasorban vonulás
**defile** /dɪˈfaɪl/ IGE
❶ bemocskol ❷ meggyaláz ❸ megbecstelenít

❹ libasorban vonul(tat)/ lép(tet)
**defilement** /dɪˈfaɪlmənt/ ❶ beszennyezés ❷ mocsok, tisztátalanság
**define** /dɪˈfaɪn/ ❶ meghatároz, definiál ❷ (pontosan) meghatároz, behatárol
**definite** /ˈdefənɪt/ határozott
**definite article** határozott névelő
**definitely** /ˈdefənɪtlɪ/ ❶ kétségkívül, okvetlenül ❷ határozottan ❸ (hogyne,) persze!
**definition** /ˌdefəˈnɪʃən/ ❶ meghatározás, definíció *by definition* természeténél fogva ❷ felbontóképesség, képélesség
**definitive** /dɪˈfɪnətɪv/ ❶ végleges ❷ döntő ❸ tökéletes [aminél jobb már nem születhet]
**deflate** /diːˈfleɪt/ ❶ kienged, kiereszt [pl. gázt, levegőt] ❷ leereszt [pl. léggömböt]
**deflation** /diːˈfleɪʃən/ leengedés, leeresztés [léggömbé, gumié]
**deflect** /dɪˈflekt/ ❶ elhajlik, eltérül ❷ elhajlít, eltérít
**deflection** VAGY **deflexion** /dɪˈflekʃən/ ❶ kitérés, elhajlás, irányváltoztatás ❷ kilendülés, kilengés [mutatóé] ❸ elhajlítás, eltérítés
**deform** /dɪˈfɔːm/ ❶ megváltoztatja vminek az alakját, deformál ❷ eltorzít, elcsúfít
**deformation** /ˌdiːfɔːˈmeɪʃən/ ❶ alakváltozás, vetemedés, deformálódás ❷ (el)torzulás, deformáció ❸ (el)torzítás, deformáció
**deformity** /dɪˈfɔːmətɪ/ ❶ testi fogyatékosság ❷ jellemhiba, jellemferdülés
**defrost** /diːˈfrɒst/ ❶ leolvad, felolvad ❷ leolvaszt [hűtőszekrényt] ❸ fagymentesít
**defroster** /diːˈfrɒstə/ fagymentesítő
**deft** /deft/ ügyes, fürge
**defuse** /diːˈfjuːz/ ❶ hatástalanít [bombát] ❷ veszélytelenít, kihúzza vminek a méregfogát
**defy** /dɪˈfaɪ/ ❶ kihív ❷ ellenszegül, dacol ❸ felszólít *defy smb to do smth* felszólít vminek a megtételére
**degenerate** /dɪˈdʒenərət/ *FNÉV*
korcs, degenerált ember
**degenerate** /dɪˈdʒenərət/ *MNÉV*
korcs, degenerált
**degenerate** /dɪˈdʒenəreɪt/ *IGE*
❶ elkorcsosul, degenerálódik ❷ elfajzik
**degeneration** /dɪˌdʒenəˈreɪʃən/ elfajulás, elkorcsosulás, leépülés
**degenerative** /dɪˈdʒenərətɪv/ leépülést okozó, degeneratív
**degradable** /dɪˈgreɪdəbəl/ ❶ lebontható ❷ lealacsonyítható, lefokozható ❸ (könnyen/természetes módon) lebomló
**degradation** /ˌdegrəˈdeɪʃən/ ❶ degradálódás, lealacsonyodás ❷ lefokozás, lealacsonyítás, degradálás ❸ kopás
**degrade** /dɪˈgreɪd/ ❶ lealacsonyodik, degradálódik ❷ lefokoz, lealacsonyít, degradál
**degrading** /dɪˈgreɪdɪŋ/ megalázó, csúfos
**degree** /dɪˈgriː/ ❶ hőfok, fok ❷ fok [geometriai] ❸ fok [szélességi/hosszúsági] ❹ fokozat, mérték ❺ tudományos fokozat ❻ egyetemi/főiskolai végzettség, diploma
**dehumanization** /diːˌhjuːmənaɪˈzeɪʃən/ ❶ elembertelenedés ❷ elembertelenítés
**dehumanize** /diːˈhjuːmənaɪz/ emberi mivoltából kivetkőztet, dehumanizál
**dehydrate** /diːˈhaɪdreɪt/ ❶ kiszárad, dehidrálódik ❷ víztelenít, dehidrál
**dehydration** /ˌdiːhaɪˈdreɪʃən/ ❶ kiszáradás, dehidráció ❷ kiszárítás, dehidrálás
**de-ice** /ˈdiːaɪs/ jégtelenít
**deity** /ˈdiːətɪ/ istenség
**deject** /dɪˈdʒekt/ lehangol, elkedvetlenít
**dejected** /dɪˈdʒektɪd/ csüggedt, kedvetlen, lehangolt
**dejection** /dɪˈdʒekʃən/ csüggedtség, levertség
**del** = delegate; delegation; delete; deletion
**delay** /dɪˈleɪ/ *FNÉV*
❶ késés, késedelem ❷ késleltetés
**delay** *IGE*
❶ késleltet ❷ elhalaszt, elodáz
**delegate** /ˈdelɪgət/ *FNÉV*
meghatalmazott, képviselő, delegátus
**delegate** /ˈdelɪgeɪt/ *IGE*
❶ kiküld, megbíz ❷ átruház [pl. hatáskört]
**delegation** /ˌdelɪˈgeɪʃən/ ❶ küldöttség, delegáció ❷ átruházás [pl. jogköré]
**delete** /dɪˈliːt/ töröl, kihúz (ahonnan: *from*)
**deletion** /dɪˈliːʃən/ törlés, kihúzás
**deli** /ˈdelɪ/ csemegeüzlet, büfé és kávézó egyben
**deliberate** /dɪˈlɪbərət/ *MNÉV*
❶ szándékos ❷ megfontolt, körültekintő
**deliberate** /dɪˈlɪbəreɪt/ *IGE*
❶ megfontol ❷ megtárgyal, megvitat
**deliberately** /dɪˈlɪbərətlɪ/ szándékosan
**deliberation** /dɪˌlɪbəˈreɪʃən/ ❶ megfontolás, mérlegelés ❷ tanácskozás ❸ megfontoltság
**delicacy** /ˈdelɪkəsɪ/ ❶ gyengédség ❷ gyengeség, törékenység ❸ csemege, ínyencfalat
**delicate** /ˈdelɪkət/ ❶ finom, gyengéd ❷ gyenge, kényes, törékeny ❸ finom, ízletes
**delicatessen** /ˌdelɪkəˈtesən/ ❶ csemegeüzlet, büfé és kávézó egyben ❷ csemegeáru, finom élelmiszer
**delicious** /dɪˈlɪʃəs/ pompás, nagyon finom
**delight** /dɪˈlaɪt/ *FNÉV*
öröm, élvezet *to smb's delight* vki örömére *take delight in smth* örül vminek, örömét leli vmiben
**delight** *IGE*
örömöt/élvezetet szerez
**delightful** /dɪˈlaɪtful/ elragadó, bűbájos, nagyszerű
**delineate** /dɪˈlɪnɪeɪt/ ❶ ábrázol, vázol ❷ körvonalaz, ismertet
**delineation** /dɪˌlɪnɪˈeɪʃən/ ❶ ábrázolás ❷ leírás, körvonalazás
**delinquency** /dɪˈlɪŋkwənsɪ/ bűnözés, vétség *juvenile delinquency* fiatalkori bűnözés

**delinquent** /dɪˈlɪŋkwənt/ *FNÉV*
❶ bűnöző, tettes *juvenile delinquent* fiatalkorú bűnöző/bűnelkövető ❷ delikvens

**delinquent** *MNÉV*
bűnöző, bűnelkövető

**delirious** /dɪˈlɪrɪəs/ ❶ félrebeszélő, önkívületben lévő ❷ izgatott

**delirium** /dɪˈlɪrɪəm/ félrebeszélés, önkívület

**deliver** /dɪˈlɪvə/ ❶ kézbesít, szállít, leszállít [árut] ❷ ad, elküld [pl. ütést] ❸ ad, tart [előadást] ❹ szül ❺ segédkezik [szülésnél] ❻ megszabadít (amitől: *from*)

**deliverance** /dɪˈlɪvərəns/ ❶ megszabadítás (amitől: *from*) ❷ átadás, leszállítás

**delivery** /dɪˈlɪvərɪ/ ❶ leszállítás, kézbesítés, átadás ❷ szülés ❸ előadás(mód)

**delivery room** szülőszoba

**delta** /ˈdeltə/ ❶ delta [görög betű] ❷ torkolatvidék, delta [folyóé]

**delude** /dɪˈluːd/ félrevezet, becsap, áltat (amivel: *into*)

**deluge** /ˈdeljuːdʒ/ *FNÉV*
özönvíz, áradat

**deluge** *IGE*
eláraszt, elönt (amivel: *with*)

**delusion** /dɪˈluːʒən/ ❶ félrevezetés, megtévesztés ❷ káprázat, tévhit

**delusive** /dɪˈluːsɪv/ VAGY **delusory** /dɪˈluːsərɪ/ megtévesztő

**deluxe** VAGY **de luxe** /dəˈlʌks/ különleges minőségű, luxus, de lux

**delve** /delv/ ás, turkál, kotorászik (amiben: *in/into*)

**demagnetize** /diːˈmægnətaɪz/ mágnesességet megszüntet, demagnetizál

**demagogic** /ˌdeməˈgɒdʒɪk/ VAGY **demagogical** /ˌdeməˈgɒdʒɪkəl/ *MNÉV* demagóg

**demagogue** /ˈdeməgɒg/ *FNÉV* demagóg

**demagoguery** /ˈdeməgɒgərɪ/ VAGY **demagogy** /ˈdeməgɒgɪ/ demagógia

**demand** /dɪˈmɑːnd/ *FNÉV*
❶ követelés, kívánság *on demand* bemutatásra/látra fizetendő [váltó], bemutatóra szóló [csekk] ❷ igény, kereslet (amire: *for*) *supply and demand* kereslet–kínálat *be in demand* keresett, kapós ❸ felszólítás

**demand** *IGE*
❶ kér, követel *demand smth of smb* kér/követel vmit vmitől ❷ megkövetel, igényel, elengedhetetlenné tesz

**demanding** /dɪˈmɑːndɪŋ/ ❶ igényes ❷ nagy igénybevételt jelentő

**demarcate** /ˈdiːmɑːkeɪt/ elhatárol, megállapítja vminek a határát

**demarcation** /ˌdiːmɑːˈkeɪʃən/ ❶ elhatárolás ❷ határmegállapítás *line of demarcation* demarkációs vonal

**demijohn** /ˈdemɪdʒɒn/ demizson

**demilitarization** /diːˌmɪlɪtəraɪˈzeɪʃən/ ❶ lefegyverzés ❷ katonaság kivonása

**demilitarize** /diːˈmɪlɪtəraɪz/ ❶ demilitarizál, lefegyverez ❷ katonaságot kivon

**demise** /dɪˈmaɪz/ ❶ elmúlás, bukás, szomorú vég ❷ haláleset

**demo** /ˈdeməʊ/ ❶ demonstráció, tüntetés ❷ demó- [pl. szalag, szoftver]

**demobilization** /diːˌməʊbɪlaɪˈzeɪʃən/ leszerelés [katonai]

**demobilize** /diːˈməʊbɪlaɪz/ leszerel [katonát]

**democracy** /dɪˈmɒkrəsɪ/ demokrácia

**democrat** /ˈdeməkræt/ *FNÉV* demokrata

**democratic** /ˌdeməˈkrætɪk/ demokratikus

**democratize** /dɪˈmɒkrətaɪz/ demokratizál

**demographer** /dɪˈmɒgrəfə/ demográfus

**demographic** /ˌdeməˈgræfɪk/ demográfiai

**demography** /dɪˈmɒgrəfɪ/ demográfia

**demolish** /dɪˈmɒlɪʃ/ ❶ lerombol, lebont ❷ megcáfol [érvet] ❸ felfal, elpusztít

**demolition** /ˌdeməˈlɪʃən/ lerombolás, lebontás

**demon** /ˈdiːmən/ gonosz szellem, démon

**demonic** /diːˈmɒnɪk/ ördögi, démoni (eredetű)

**demonstrate** /ˈdemənstreɪt/ ❶ (be)bizonyít, kimutat ❷ bemutat, szemléltet ❸ tüntet (ami ellen: *against*)

**demonstration** /ˌdemənˈstreɪʃən/ ❶ (be)bizonyítás ❷ bemutatás, szemléltetés ❸ megnyilvánulás (amié: *of*) ❹ tüntetés

**demonstrative** /dɪˈmɒnstrətɪv/ *FNÉV*
mutató névmás

**demonstrative** *MNÉV*
❶ érzéseit nyíltan megmutató ❷ meggyőző, kifejező

**demonstrator** /ˈdemənstreɪtə/ ❶ tüntető ❷ bemutató (ember) [pl. terméket]

**demoralization** /diːˌmɒrəlaɪˈzeɪʃən/ elcsüggesztés, demoralizálás

**demoralize** /diːˈmɒrəlaɪz/ elcsüggeszt, demoralizál

**demote** /dɪˈməʊt/ ❶ lefokoz, alacsonyabb beosztásba helyez ❷ alsóbb osztályba sorol [tanulót]

**demotion** /dɪˈməʊʃən/ ❶ lefokozás, alacsonyabb beosztásba helyezés ❷ alsóbb osztályba sorolás [tanulóé]

**demotivate** /diːˈməʊtɪveɪt/ elveszi a lelkesedését, demotivál

**demur** /dɪˈmɜː/ *FNÉV*
❶ habozás, akadékoskodás ❷ ellenkezés

**demur** *IGE*
❶ habozik, aggályoskodik ❷ ellenkezik, tiltakozik (amivel kapcsolatban: *at*)

**den** /den/ ❶ barlang, odú [állaté] ❷ dolgozószoba, „barlang"

**denial** /dɪˈnaɪəl/ tagadás, cáfolat

**denim** /ˈdenɪm/ farmeranyag, denim

**denims** /ˈdenɪmz/ farmernadrág

**denominate** /dɪˈnɒmɪneɪt/ nevez, elnevez

**denomination** /dɪˌnɒmɪˈneɪʃən/ ❶ megnevezés, elnevezés ❷ felekezet ❸ címlet ❹ kiszerelés

**denominational** /dɪˌnɒmɪˈneɪʃənəl/ felekezeti
**denominator** /dɪˈnɒmɪneɪtə/ nevező [törté] *common denominator* közös nevező
**denotation** /ˌdiːnəʊˈteɪʃən/ ❶ jelentés, értelem ❷ denotátum
**denote** /diːˈnəʊt/ ❶ kifejez, jelent ❷ jelez, mutat
**dénouement** VAGY **denouement** /deɪˈnuːmɒn/ (vég)kifejlet, kimenetel
**denounce** /dɪˈnaʊns/ elítélően nyilatkozik, elítél
**dense** /dens/ ❶ sűrű, tömör ❷ lassú felfogású
**density** /ˈdensətɪ/ ❶ sűrűség ❷ fajsúly ❸ adatsűrűség *high-density disk* nagy adatsűrűségű lemez
**dent** /dent/ *FNÉV*
❶ horpadás ❷ belenyúlás, csökkentés [pl. vagyoné, megtakarításé]
**dent** *IGE*
(be)horpaszt
**dental** /ˈdentəl/ *FNÉV*
foghang
**dental** *MNÉV*
❶ fog(i), fogászati ❷ fog-, dentális [hang]
**dental plate** műfogsor, protézis
**dentist** /ˈdentɪst/ fogász, fogorvos
**dentist's surgery** VAGY **dentist's office** *US* fogászati rendelő
**denture** /ˈdentʃə/ műfogsor
**denunciate** /dɪˈnʌnsɪeɪt/ ❶ elítél ❷ nyilvánosan leleplez, bevádol
**denunciation** /dɪˌnʌnsɪˈeɪʃən/ ❶ elítélés ❷ nyilvános leleplezés, bevádolás
**deny** /dɪˈnaɪ/ ❶ tagad, cáfol ❷ megtagad, visszautasít ❸ megtagad *deny* ⁓*oneself*⁓ *smth* megtagad magától vmit ❹ megtagad, elutasít [pl. elvet]
**deodorant** /diːˈəʊdərənt/ dezodor(áló szer)
**deodorize** /diːˈəʊdəraɪz/ szagtalanít, dezodorál
**dep** = depart; department; departure; deposit
**depart** /dɪˈpɑːt/ ❶ elutazik, eltávozik, indul ❷ meghal ❸ eltér, elfordul [pl. elvektől] (amitől: *from*)
**department** /dɪˈpɑːtmənt/ ❶ rész, részleg, osztály, ágazat ❷ tanszék ❸ vki dolga/felelőssége *that's not my department* ez nem rám tartozik ❹ minisztérium *Department of Justice* Igazságügyi Minisztérium *Department of State US* Külügyminisztérium
**departmental** /ˌdiːpɑːtˈmentəl/ ❶ ágazati ❷ minisztériumon belüli ❸ tanszéki
**department store** áruház
**departure** /dɪˈpɑːtʃə/ ❶ elutazás, indulás *time of departure* az indulás időpontja, indulási idő *take* ⁓*one's*⁓ *departure* elmegy, eltávozik ❷ eltérés, eltávolodás [pl. elvektől] (amitől: *from*) ❸ kezdeményezés, új terület *a new departure* új terület/irány/eljárás
**depend** /dɪˈpend/ ❶ függ (akitől/amitől: *on*), múlik (akin/amin: *on*) *it (all) depends* (az) attól függ ❷ számít vkire/vmire (akire/amire: *on*) ❸ vkinek/vminek a támogatásából él (akiéből/amiéből: *on*)
**dependable** /dɪˈpendəbəl/ megbízható
**dependant** VAGY **dependent** /dɪˈpendənt/ ❶ alattvaló, alárendelt [ember] ❷ eltartott [családtag]
**dependence** /dɪˈpendəns/ ❶ függőség, függés, (amitől/akitől: *on*) ❷ bizalom (akiben, amiben: *on*) ❸ hiánybetegség, függőség (amitől: *on*) [pl. importtól, édességtől, kábítószertől]
**dependency** /dɪˈpendənsɪ/ ❶ gyarmat ❷ alárendelt (személy) ❸ hiánybetegség, függőség (amitől: *on*) [pl. importtól, édességtől, kábítószertől]
**dependent** /dɪˈpendənt/ ❶ eltartott [családtag] ❷ függő, alárendelt *be dependent* függ (amitől: *on*)
**depict** /dɪˈpɪkt/ ábrázol, lefest, leír
**depilate** /ˈdepɪleɪt/ szőrtelenít, depilál
**deplete** /dɪˈpliːt/ kimerít, kiürít [készletet]
**depletion** /dɪˈpliːʃən/ ❶ kimerülés, kiürülés ❷ kimerítés, kiürítés [készleté]
**deplorable** /dɪˈplɔːrəbəl/ ❶ szörnyű ❷ szánalomra méltó, siralmas
**deplore** /dɪˈplɔː/ ❶ sajnál, szán ❷ helytelenít
**deploy** /dɪˈplɔɪ/ hadrendbe állít, telepít [csapatot, fegyverzetet]
**deployment** /dɪˈplɔɪmənt/ hadrendbe állítás, telepítés [csapaté, fegyverzeté]
**deport** /dɪˈpɔːt/ ❶ kitoloncol, hazatoloncol, deportál ❷ kitelepít, deportál
**deportation** /ˌdiːpɔːˈteɪʃən/ ❶ kitoloncolás, deportálás ❷ kitelepítés, száműzés
**depose** /dɪˈpəʊz/ ❶ lemondat, eltávolít, letesz [posztról] ❷ eskü alatt tanúvallomást tesz
**deposit** /dɪˈpɒzɪt/ *FNÉV*
❶ letét, foglaló ❷ (bank)betét, betételhelyezés ❸ üvegbetét, betétdíjas üveg ❹ üledék, lerakódás
**deposit** *IGE*
❶ letétbe helyez ❷ betétet elhelyez, betesz [bankba] ❸ lerak [üledéket]
**deposition** /ˌdepəˈzɪʃən/ ❶ elmozdítás, lemondatás [posztról] ❷ lerakódás, üledék ❸ eskü alatt tett vallomás
**depositor** /dɪˈpɒzɪtə/ *FNÉV* betétes [bankban]
**depot** /ˈdepəʊ/ VAGY /ˈdiːpəʊ/ ❶ raktár ❷ kiképző állomás ❸ *US* állomás [vasút, busz] ❹ remíz, buszgarázs
**depravation** /ˌdeprəˈveɪʃən/ ❶ megrontás ❷ romlottság
**deprave** /dɪˈpreɪv/ megront, lezülleszt
**depraved** /dɪˈpreɪvd/ romlott, elfajzott
**depravity** /dɪˈprævətɪ/ romlottság, züllöttség
**depreciate** /dɪˈpriːʃɪeɪt/ ❶ elértéktelenedik, leértékelődik ❷ leértékel, devalvál [pénzt] ❸ lekicsinyel, lebecsül [vminek az értékét]
**depreciation** /dɪˌpriːʃɪˈeɪʃən/ ❶ elértéktelenedés ❷ elértéktelenítés, devalválás ❸ lekicsinylés ❹ értékcsökkenés, amortizáció

**depress** /dɪ'pres/ ❶ megnyom ❷ elszomorít, elkedvetlenít ❸ lelohaszt, pangást idéz elő [üzletmenetben]
**depressant** /dɪ'presənt/ *FNÉV/MNÉV* ❶ lehangoló ❷ nyugtató(szer)
**depression** /dɪ'preʃən/ ❶ horpadás, benyomódás ❷ pangás, hanyatlás [üzletmenetben] ❸ levertség, lehangoltság, depresszió ❹ alacsony légnyomású légtömeg(ek)
**depressive** /dɪ'presɪv/ lehangoló, leverő, depresszív
**deprivation** /ˌdeprɪ'veɪʃən/ VAGY **deprival** /dɪ'praɪvəl/ ❶ megfosztás ❷ nélkülözés
**deprive** /dɪ'praɪv/ *deprive smb of smth* megfoszt vkit vmitől
**deprived** nincstelen, hátrányos helyzetű
**Dept.** VAGY **dept.** = department
**depth** /depθ/ ❶ mélység ❷ teljesség, mélység [pl. gondolaté, érzésé] *in the depth of winter* tél közepén ❸ magasság, mélység [vízé] KIFEJEZÉSEKBEN: *in depth* részletesen, mélységében *in-depth* részletes, részletekbe menő
**deputation** /ˌdepju'teɪʃən/ küldöttség, delegáció
**depute** /dɪ'pju:t/ ❶ felhatalmaz, delegál ❷ kiküld
**deputize** /'depjʊtaɪz/ helyettesít (akit: *for*)
**deputy** /'depjʊtɪ/ ❶ helyettes, megbízott *by deputy* helyettes/helyettesítés útján ❷ képviselő, képviselőház tagja
**derail** /di:'reɪl/ ❶ kisiklat [vonatot] *be/get derailed* kisiklik ❷ eltérít, vakvágányra vezet [pl. megbeszélést]
**derailment** /di:'reɪlmənt/ kisiklás
**derange** /dɪ'reɪndʒ/ ❶ szétzilál, összezavar ❷ őrületbe kerget
**derangement** /dɪ'reɪndʒmənt/ ❶ működési zavar ❷ elmezavar, háborodottság
**derby** /'dɑ:bɪ/ ❶ verseny, mérkőzés, derbi ❷ keménykalap
**deregulate** /di:'regjʊleɪt/ szabályozást megszüntet, deregulál
**deregulation** /di:ˌregjʊ'leɪʃən/ szabályozás megszüntetése, dereguláció
**derelict** /'derəlɪkt/ *FNÉV*
❶ elhagyott tárgy ❷ elhagyatott/lezüllött ember
**derelict** *MNÉV*
❶ gazdátlan, elhagyott ❷ hanyag, kötelességmulasztó
**dereliction** /ˌderə'lɪkʃən/ ❶ birtokfeladás ❷ gazdátlanul hagyás ❸ kötelességelmulasztás, hanyagság
**deride** /dɪ'raɪd/ kigúnyol, kinevet
**derision** /dɪ'rɪʒən/ kicsúfolás, kigúnyolás
**derisive** /dɪ'raɪsɪv/ VAGY **derisory** /dɪ'raɪsərɪ/ gúnyos
**derivation** /ˌderɪ'veɪʃən/ ❶ származtatás, származás, eredet ❷ származék ❸ (szó)képzés
**derivative** /dɪ'rɪvətɪv/ *FNÉV*
❶ származékszó ❷ [vegyi] származék ❸ differenciálhányados, derivált
**derivative** *MNÉV*
❶ derivatív, származtatott ❷ derivált [vegyület] ❸ származtatott, képzett [szó]
**derive** /dɪ'raɪv/ ❶ származik, ered (amiből: *from*) ❷ származtat, nyer (amiből: *from*) *derive pleasure from smth* örömét leli vmiben
**dermal** /'dɜ:məl/ bőrrel kapcsolatos, bőr-
**dermatologist** /ˌdɜ:mə'tɒlədʒɪst/ bőrgyógyász
**dermatology** /ˌdɜ:mə'tɒlədʒɪ/ bőrgyógyászat
**derogate** /'derəgeɪt/ csökkent, enyhít (amit: *from*)
**derogation** /ˌderə'geɪʃən/ ❶ csökkentés, enyhítés ❷ könnyítés, feltétel elengedése
**derogatory** /dɪ'rɒgətərɪ/ ❶ lekicsinylő, elítélő ❷ méltatlan (amihez: *to*) ❸ csökkentő, enyhítő
**derrick** /'derɪk/ ❶ mozgódaru ❷ fúrótorony(állvány)
**dervish** /'dɜ:vɪʃ/ dervis
**descale** /di:'skeɪl/ vízkőtlenít
**descaler** /di:'skeɪlə/ *FNÉV* vízkőtlenítő (szer)
**descend** /dɪ'send/ ❶ leereszkedik, lemegy *descend the stairs* lemegy a lépcsőn ❷ származik (ahonnan: *from*) ❸ száll [örökségként] (akire: *on*)
**descendant** /dɪ'sendənt/ leszármazott, utód, ivadék
**descent** /dɪ'sent/ ❶ leszállás, leereszkedés ❷ (le)származás, család *be of Italian descent* olasz származású
**describe** /dɪ'skraɪb/ ❶ leír, jellemez, ecsetel ❷ meghúz, rajzol
**description** /dɪ'skrɪpʃən/ leírás, ecsetelés
**descriptive** /dɪ'skrɪptɪv/ deskriptív, leíró
**desensitize** /di:'sensɪtaɪz/ csökkenti/megszünteti vminek az érzékenységét
**desert** /'dezət/ *FNÉV*
❶ sivatag ❷ pusztaság, sivatag *cultural desert* kultúrposvány ❸ érdem
**desert** /dɪ'zɜ:t/ *IGE*
❶ elhagy, otthagy [pl. helyet, partnert, pártot] ❷ megszökik, dezertál [pl. katonaságtól]
**desertion** /dɪ'zɜ:ʃən/ szökés, elhagyás, dezertálás
**deserve** /dɪ'zɜ:v/ (ki)érdemel *deserve well/ill* jót/rosszat érdemel (akitől: *of*)
**deservedly** /dɪ'zɜ:vɪdlɪ/ megérdemelten, jogosan
**deserving** /dɪ'zɜ:vɪŋ/ (arra) érdemes *in deserving circumstances* jogos esetekben
**design** /dɪ'zaɪn/ *FNÉV*
❶ tervezet, vázlat ❷ elgondolás, tervezés ❸ kivitel(ezés), konstrukció ❹ terv, szándék ❺ (szabás)minta ❻ formatervezés, dizájn
**design** *IGE*
❶ tervez ❷ szándékol, kitervel
**designate** /'dezɪgnət/ *FNÉV*
kijelölt személy, jelölt *minister designate* miniszterjelölt
**designate** /'dezɪgneɪt/ *IGE*
❶ kijelöl, kiválaszt *designate smb as smb* vminek jelöl vkit ❷ jelez, (meg)jelöl

D

**designation** /ˌdezɪɡˈneɪʃən/ ❶ kijelölés, kinevezés (amire: *to*) ❷ megnevezés, rang, cím

**designer** /dɪˈzaɪnə/ *FNÉV*

❶ tervező ❷ cselszövő, kitervelő ❸ autókonstruktőr

**designer** /dɪˈzaɪnə/ *MNÉV*

❶ márkás ❷ formatervezett ❸ mesterséges, mesterkélt

**desirable** /dɪˈzaɪrəbəl/ ❶ kívánatos ❷ izgató, kívánatos

**desire** /dɪˈzaɪə/ *FNÉV*

❶ vágy, kívánság, óhaj ❷ nemi vágy

**desire** *IGE*

❶ kíván, óhajt, vágyik vmire ❷ megkíván ❸ megkövetel

**desirous** /dɪˈzaɪrəs/ vágyódó, sóvárgó

**desist** /dɪˈzɪst/ eláll, visszakozik (amitől: *from*)

**desk** /desk/ ❶ íróasztal, iskolapad ❷ pult, asztal *cash desk* pénztár

**desktop** /ˈdesktɒp/ ❶ asztali számítógép, számítógépes „munkaasztal" ❷ íróasztal ábrázolása számítógép képernyőjén a könnyebb navigálás céljából, desktop

**desolate** /ˈdesələt/ *MNÉV*

❶ elhagyatott, kietlen, sivár [hely] ❷ lesújtott, reményvesztett [ember]

**desolate** /ˈdeseleɪt/ *IGE*

❶ elpusztít, kietlenné tesz [helyet] ❷ lesújt, elszomorít [embert]

**desolation** /ˌdesəˈleɪʃən/ ❶ pusztulás, sivárság ❷ lesújtottság, reményvesztettség

**despair** /dɪˈspeə/ *FNÉV*

kétségbeesés *drive smb to despair* kétségbeesésben kerget

**despair** *IGE*

❶ kétségbeesik ❷ elveszti a reményt (amivel kapcsolatban: *of*)

**despatch** /dɪˈspætʃ/ *FNÉV*

❶ jelentés, értesítés ❷ elküldés ❸ sietség *with dispatch* gyorsan

**despatch** *IGE*

❶ elküld, útjára indít [pl. küldöncöt] ❷ (gyorsan) elintéz, fölfal ❸ másvilágra küld

**despatcher** /dɪˈspætʃə/ forgalomirányító, menetirányító, diszpécser

**despatches** /dɪˈspætʃɪz/ ❶ gyorsjelentés ❷ katonai jelentés

**desperate** /ˈdespərət/ ❶ (mindenre) elszánt ❷ reménytelen, kétségbeesett ❸ *be desperate for smth* égető szüksége van vmire *be desperate to do smth* nagy szüksége van arra, hogy megtegyen vmit ❹ borzasztó, reménytelen [pl. helyzet]

**desperation** /ˌdespəˈreɪʃən/ ❶ elszántság ❷ kétségbeesés *drive smb to desperation* végső kétségbeesésbe hajszol *in desperation* kétségbeesésében

**despicable** /dɪˈspɪkəbəl/ VAGY /ˈdespɪkəbəl/ megvetendő, alávaló

**despise** /dɪˈspaɪz/ megvet, utál

**despite** /dɪˈspaɪt/ vmi ellenére/dacára *despite the circumstances* a körülmények ellenére

**despondency** /dɪˈspɒndənsɪ/ reménytelenség, reményvesztettség (ami miatt: *about/at*)

**despondent** /dɪˈspɒndənt/ csüggedt, reményvesztett (ami miatt: *about/at*)

**despot** /ˈdespɒt/ *FNÉV* zsarnok, despota

**despotic** /desˈpɒtɪk/ *MNÉV* zsarnok(i), önkényes(kedő), önkényuralmi

**despotism** /ˈdespətɪzəm/ zsarnokság, önkényuralom, despotizmus

**dessert** /dɪˈzɜːt/ édesség [főétkezés után]

**destination** /ˌdestɪˈneɪʃən/ rendeltetési hely, cél(állomás), úticél

**destine** /ˈdestɪn/ ❶ szán (amire: *for*) ❷ *be destined for smth* vmire rendeltetve van

**destiny** /ˈdestənɪ/ sors, végzet

**destitute** /ˈdestɪtjuːt/ ❶ nyomorgó, szűkölködő ❷ nélkülöző (amit: *of*)

**destitution** /ˌdestɪˈtjuːʃən/ szegénység, nyomor, szűkölködés

**destroy** /dɪˈstrɔɪ/ elpusztít, megsemmisít, (le-)rombol

**destroyer** /dɪˈstrɔɪə/ ❶ romboló ember ❷ romboló(hajó)

**destruction** /dɪˈstrʌkʃən/ ❶ (le)rombolás, pusztítás, megsemmisítés ❷ pusztulás, romlás ❸ vkinek a veszte

**destructive** /dɪˈstrʌktɪv/ ❶ romboló, pusztító ❷ ártalmas ❸ destruktív

**detach** /dɪˈtætʃ/ elválaszt, leválaszt (amitől: *from*)

**detachable** /dɪˈtætʃəbəl/ levehető, leválasztható

**detached** /dɪˈtætʃt/ ❶ különálló, elkülönített ❷ elfogulatlan, tárgyilagos

**detached house** családi ház, külön álló ház

**detachment** /dɪˈtætʃmənt/ ❶ leválasztás ❷ elfogulatlanság, függetlenség ❸ különítmény [pl. katonai]

**detail** /ˈdiːteɪl/ VAGY /dɪˈteɪl/ *FNÉV*

❶ részlet *in detail* részletesen *go into details* részletekbe bocsátkozik ❷ részletek *have an eye for detail* ügyel/odafigyel a részletekre ❸ katonai különítmény

**detail** *IGE*

❶ részletez ❷ kirendel [osztagot]

**detain** /dɪˈteɪn/ ❶ őrizetbe vesz, fogva tart ❷ feltart, akadályoz

**detainee** /ˌdiːteɪˈniː/ rab, fogvatartott, őrizetes

**detect** /dɪˈtekt/ észlel, észrevesz, kimutat

**detection** /dɪˈtekʃən/ kiderítés, érzékelés

**detective** /dɪˈtektɪv/ *FNÉV/MNÉV* nyomozó, fürkésző, detektív

**detector** /dɪˈtektə/ érzékelőműszer, detektor

**détente** /ˈdeɪtɒnt/ enyhülés, détente

**detention** /dɪˈtenʃən/ ❶ fogvatartás, letartóztatás ❷ visszatartás

**deter** /dɪˈtɜː/ elrettent, elijeszt (amitől: *from*)

**detergent** /dɪˈtɜːdʒənt/ mosószer, tisztítószer
**deteriorate** /dɪˈtɪərɪəreɪt/ ❶ megromlik, romlik az állapota ❷ elront, rontja vminek az állapotát
**deterioration** /dɪˌtɪərɪəˈreɪʃən/ rosszabbodás, állagromlás, állapotromlás
**determinate** /dɪˈtɜːmɪnət/ ❶ (meg)határozott ❷ döntő, végérvényes
**determination** /dɪˌtɜːmɪˈneɪʃən/ ❶ meghatározás ❷ elszánás, elszántság, (eltökélt) szándék
**determinative** /dɪˈtɜːmɪnətɪv/ *FNÉV*
determináns, névelőféle
**determinative** *MNÉV*
döntő, meghatározó
**determine** /dɪˈtɜːmɪn/ ❶ eldönt, elhatároz ❷ meghatároz, megállapít ❸ meghatároz, kontrollál [mennyiséget]
**determined** /dɪˈtɜːmɪnd/ ❶ eltökélt, elszánt ❷ vmire rendelt
**determiner** /dɪˈtɜːmɪnə/ determináns, névelőféle
**deterrent** /dɪˈtɜːrənt/ *FNÉV/MNÉV* elrettentő (dolog/példa)
**detest** /dɪˈtest/ gyűlöl, megvet, utál
**dethrone** /dɪˈθrəʊn/ trónról megfoszt, detronizál
**detonate** /ˈdetəneɪt/ ❶ (fel)robban ❷ (fel)robbant
**detonation** /ˌdetəˈneɪʃən/ ❶ robbanás, detonáció ❷ detonáció [zaj]
**detonator** /ˈdetəneɪtə/ gyújtószerkezet, gyutacs, detonátor
**detour** /ˈdiːtʊə/ *FNÉV*
terelőút, kerülő (út)
**detour** *IGE*
elterel [forgalmat]
**detoxicate** /diːˈtɒksɪkeɪt/ VAGY **detoxify** /diːˈtɒksɪfaɪ/ méregtelenít
**detoxification** /diːˌtɒksɪfɪˈkeɪʃən/ méregtelenítés
**detract** /dɪˈtrækt/ ❶ levon (amiből: *from*) ❷ elvesz vminek az értékéből
**detraction** /dɪˈtrækʃən/ ❶ levonás (amiből: *from*) ❷ elvétel vminek az értékéből
**detriment** /ˈdetrɪmənt/ kár, hátrány (amiben/aminek: *to*)
**detrimental** /ˌdetrɪˈmentəl/ káros, hátrányos (amire nézve: *to*)
**deuce** /ˈdjuːs/ ❶ kettes [kártyában, kockajátékban] ❷ negyven mind, egyenlő [teniszben]
**devaluation** /diːˌvæljuˈeɪʃən/ leértékelés, devalváció
**devalue** /diːˈvæljuː/ leértékel
**devastate** /ˈdevəsteɪt/ elpusztít, letarol
**devastating** /ˈdevəsteɪtɪŋ/ ❶ pusztító [vihar] ❷ nagyszerű, ellenállhatatlan
**devastation** /ˌdevəsˈteɪʃən/ ❶ pusztulás ❷ pusztítás
**develop** /dɪˈveləp/ ❶ (ki)fejlődik, kialakul ❷ mutatkozik, jelentkezik ❸ (ki)fejleszt, kialakít ❹ kifejt [érvelést] ❺ (meg)kap [betegséget] *develop a cold* megfázik ❻ előhív [filmet]
**developer** /dɪˈveləpə/ *FNÉV* ❶ fejlesztő, építő ❷ előhívó(szer)
**development** /dɪˈveləpmənt/ ❶ (ki)fejlődés ❷ fejlemény ❸ (ki)fejlesztés ❹ kifejtés, kidolgozás ❺ előhívás [filmé]
**developmental** /dɪˌveləpˈmentəl/ ❶ fejlődési ❷ fejlesztési
**deviant** /ˈdiːvɪənt/ deviáns
**deviate** /ˈdiːvɪeɪt/ ❶ eltér, elhajlik (amitől: *from*) ❷ a bevett normáktól eltér
**deviation** /ˌdiːvɪˈeɪʃən/ eltérés, elhajlás (amitől: *from*), deviancia
**device** /dɪˈvaɪs/ ❶ eszköz, szerkezet *heat-seeking device* hőkereső/hőérzékelő eszköz ❷ fogás, trükk *rhetorical device* retorikai eszköz/fogás ❸ bomba ⓘ *NEM* ~~deviza~~
**devil** /ˈdevəl/ *FNÉV*
❶ ördög, sátán *talk of the devil* nem kell az ördögöt a falra festeni ❷ démon, gonosz szellem ❸ ördögi/ördögszerű dolog *a devil of a smth* ördögi egy vmi
**devil** *IGE*
❶ megfűszerez, megbolondít ❷ gyötör, ingerel
**devious** /ˈdiːvɪəs/ ❶ kanyargó(s) ❷ fondorlatos, körmönfont, mesterkedő
**devise** /dɪˈvaɪz/ *FNÉV*
végrendelkezés [ingatlanról] ⓘ *NEM* ~~deviza~~
**devise** *IGE*
❶ kigondol, kieszel, kitervel ❷ örökül hagy [ingatlant] (akinek: *to*)
**devoid** /dɪˈvɔɪd/ mentes (amitől: *of*)
**devolve** /dɪˈvɒlv/ ❶ rászáll (akire: *on*) ❷ átruház, áthárít (akire: *to/on*)
**devote** /dɪˈvəʊt/ szentel, szán (akinek/aminek: *to*)
**devotion** /dɪˈvəʊʃən/ ❶ odaadás, rajongás (aki iránt: *to*) ❷ szentelés (aminek: *to*)
**devotional** /dɪˈvəʊʃənəl/ hitéleti, vallásos
**devour** /dɪˈvaʊə/ ❶ elnyel, (fel)fal ❷ *be devoured by smth* gyötör ❸ bekebelez [pl. vállalatot]
**devout** /dɪˈvaʊt/ ❶ hithű, ájtatos ❷ őszinte [pl. remény]
**dew** /djuː/ harmat
**dewy** /ˈdjuːɪ/ harmatos, nedves
**dexterity** /dekˈsterətɪ/ (kéz)ügyesség, fürgeség
**dexterous** /ˈdekstərəs/ VAGY **dextrous** /ˈdekstrəs/ ügyes (amiben: *in*)
**diabetes** /ˌdaɪəˈbiːtiːz/ cukorbetegség, cukorbaj, diabétesz
**diabetic** /ˌdaɪəˈbetɪk/ *FNÉV/MNÉV* cukorbeteg, cukorbajos, diabéteszes
**diabolical** /ˌdaɪəˈbɒlɪkəl/ VAGY **diabolic** /ˌdaɪəˈbɒlɪk/ ❶ ördögi ❷ gyenge, botrányos
**diachronic** /ˌdaɪəˈkrɒnɪk/ diakrón, diakronikus
**diacritic** /ˌdaɪəˈkrɪtɪk/ VAGY **diacritic mark** diakritikus jel, mellékjel
**diagnose** /ˈdaɪəgnəʊz/ megállapít, diagnosztizál
**diagnosis** /ˌdaɪəgˈnəʊsɪs/ *TBSZ* **diagnoses** /ˌdaɪəgˈnəʊsiːz/ kórisme, diagnózis
**diagonal** /daɪˈægənəl/ *FNÉV/MNÉV* ❶ átló ❷ átlós, rézsútos

D

**diagram** /ˈdaɪəgræm/ ábra, diagram
**diagrammatic** /ˌdaɪəgrəˈmætɪk/ vázlatos, diagramszerű
**dial** /ˈdaɪəl/ *FNÉV*
❶ óralap, számlap ❷ tárcsa [telefoné] ❸ tekerő, tárcsa [pl. rádión] ❹ pofázmány, kép
**dial** *IGE*
tárcsáz [telefonon]
**dialect** /ˈdaɪəlekt/ nyelvjárás, dialektus
**dialectical** /ˌdaɪəˈlektɪkəl/ dialektikus
**dialling tone** tárcsahang, vonal [telefonban]
**dialogue** /ˈdaɪəlɒg/ ❶ párbeszéd ❷ tárgyalás, párbeszéd
**dialysis** /daɪˈæləsɪs/ művesekezelés, dialízis
**diameter** /daɪˈæmɪtə/ ❶ átmérő ❷ nagyítás, nagyítási képesség [távcsőé]
**diametrical** /ˌdaɪəˈmetrɪkəl/ ❶ átmérőn fekvő ❷ *in diametrical opposition* homlokegyenest ellenkező (amivel: *to*)
**diamond** /ˈdaɪəmənd/ ❶ gyémánt ❷ rombusz ❸ káró *jack of diamonds* káró bubi
**diaper** /ˈdaɪəpə/ *US* pelenka
**diaphragm** /ˈdaɪəfræm/ ❶ rekeszizom ❷ membrán ❸ diafragma [terhességmegelőző eszköz] ❹ (fény)rekesz
**diarist** /ˈdaɪərɪst/ *FNÉV* naplóíró
**diarrhoea** VAGY **diarrhea** /ˌdaɪəˈrɪə/ hasmenés
**diary** /ˈdaɪərɪ/ napló, határidőnapló, naptár
**dibble** /ˈdɪbəl/ *FNÉV*
ültetőfa
**dibble** *IGE*
ültet [ültetőfával]
**dice** /daɪs/ *FNÉV*
dobókocka
**dice** *IGE*
❶ kockákra vág, felkockáz ❷ kockázik, kockajátékot játszik
**dicey** /ˈdaɪsɪ/ rizikós, rázós
**dick** /dɪk/ ❶ pasi, pasas ❷ farok, fasz
**dickhead** /ˈdɪkhed/ ostoba alak, faszfej
**dictate** /dɪkˈteɪt/ *FNÉV*
parancs(szó) *follow the dictates of fashion* követi a divatot
**dictate** *IGE*
❶ tollbamond, diktál (akinek: *to*) ❷ parancsol, követeléseket támaszt ❸ meghatároz
**dictation** /dɪkˈteɪʃən/ tollbamondás, diktálás
**dictator** /dɪkˈteɪtə/ diktátor, zsarnok
**dictatorial** /ˌdɪktəˈtɔːrɪəl/ parancsoló, parancsuralmi, diktatórikus
**dictatorship** /dɪkˈteɪtəʃɪp/ diktatúra
**diction** /ˈdɪkʃən/ ❶ előadásmód, stílus ❷ ékesszólás
**dictionary** /ˈdɪkʃənərɪ/ ❶ szótár [nyomtatott] ❷ lexikon
**did** ☞ do
**didactic** /daɪˈdektɪk/ *MNÉV* ❶ oktató(-) ❷ kioktató, didaktikus
**didactics** /daɪˈdektɪks/ oktatástan, didaktika
**didn't** /ˈdɪdənt/ [= did not] *we didn't hear it* nem hallottuk
**didst** /ˈdɪdst/ a *do* régies e.sz. 2. személyű alakja
**die** /daɪ/ *FNÉV*
❶ sajtoló (szerszám) ❷ dobókocka, játékkocka *the die is cast* a kocka el van vetve
**die** *IGE*
❶ meghal (amitől/amiben: *of*) *die a {MNÉV} death {MNÉV}* halált hal ❷ *be dying* haldoklik ❸ elromlik, leáll [gép]
KIFEJEZÉSEKBEN: *die hard* nehezen múlik el / hal ki *never say die* soha ne add föl, ne csüggedj
**die away** elhalkul, elhal
**die down** ❶ elenyészik, elalszik [tűz] ❷ lecsillapodik [pl. érzés, izgalom]
**die out** ❶ kihal ❷ kialszik [tűz]
**die-cast** fröccsöntéssel/présöntéssel készít
**die-hard** *FNÉV/MNÉV* ❶ vaskalapos (ember) ❷ végsőkig kitartó (ember)
**diesel** /ˈdiːzəl/ ❶ dízelolaj ❷ dízelmotor
**diet** /ˈdaɪət/ *FNÉV*
❶ étrend ❷ diéta, fogyókúra *go on a diet* fogyókúrázni kezd ❸ diéta, országgyűlés
**diet** *MNÉV*
diétás, fogyókúrás
**diet** *IGE*
diétázik, fogyókúrázik
**dietary** /ˈdaɪətərɪ/ étrendi, diétás
**differ** /ˈdɪfə/ ❶ különbözik, eltér (amitől/amiben: *from/in*) ❷ nem ért egyet vkivel, más véleményen van (akivel: *with* amiben: *about/ on/ over)*
**difference** /ˈdɪfərəns/ ❶ különbség (amik között: *between*) *it makes no difference* nem számít, mindegy *it makes all the difference* ez egész más ❷ különbözet ❸ véleménykülönbség
**different** /ˈdɪfərənt/ ❶ különböző, eltérő (amitől *from/than/to*) ❷ más, másik ❸ különféle, több ❹ más, szokatlan [nem feltétlenül tetsző]
**differential** /ˌdɪfəˈrenʃəl/ *FNÉV*
❶ differencia, különbség ❷ differenciál(mű)
**differential** *MNÉV*
megkülönböztető
**differentiate** /ˌdɪfəˈrenʃɪeɪt/ megkülönböztet (akitől/amitől: *from*)
**differentiation** /ˌdɪfərenʃɪˈeɪʃən/ megkülönböztetés (akitől/amitől: *from*)
**difficult** /ˈdɪfɪkəlt/ ❶ nehéz, bajos [dolog] *make smth difficult* megnehezít (aki számára: *for*) ❷ problémás, nehéz [ember] ❸ problémát okozó, keménykedő [ember]
**difficulty** /ˈdɪfɪkəltɪ/ ❶ nehézség, nehéz jelleg *with difficulty* nehezen ❷ probléma, nehézség
**diffidence** /ˈdɪfɪdəns/ félénkség, bátortalanság
**diffident** /ˈdɪfɪdənt/ félénk, bátortalan
**diffuse** /dɪˈfjuːs/ *MNÉV*
❶ szórt, szétterjedt [pl. fény] ❷ terjengős

**diffuse** /dɪ'fju:z/ *IGE*
szétszór, szétterít, terjeszt
**diffusion** /dɪ'fju:ʒən/ szétszóródás, szétterjedés, diffúzió
**dig** /dɪg/, **dug** /dʌg/, **dug** /dʌg/ ❶ ás, kiás, felás ❷ csíp, kedvel ❸ keres, kutat (amit / ami után: *for*)
**dig in** ❶ *dig smth in* beás [pl. földbe] ❷ beássa magát, beletemetkezik [földbe, munkába] *dig ⁝oneself⁝ in* fedezéket ás, beássa magát, beleveti magát [munkába]
**dig into** *dig into smth* ❶ belevág, belemélyeszt ❷ részletesen megvizsgál, beleássa magát
**dig out** *dig smth out* kiás
**dig up** *dig smth up* ❶ kiás [földből] ❷ felszínre hoz, előkotor
**digest** /'daɪdʒest/ *FNÉV*
❶ kivonat ❷ sajtószemlézõ, tallózó
**digest** /daɪ'dʒest/ *IGE*
❶ megemészt [táplálékot] ❷ megért, megemészt [pl. olvasmányt, eseményt] ❸ kivonatol
**digestion** /daɪ'dʒestʃən/ emésztés
**digestive** /daɪ'dʒestɪv/ *FNÉV/MNÉV* ❶ emésztő, emésztési ❷ emésztést elősegítő (szer)
**digger** /'dɪgə/ földmunkás
**digit** /'dɪdʒɪt/ ❶ szám(jegy) *single-digit* egyszámjegyű [pl. infláció] ❷ ujj [kézen/lábon]
**digital** /'dɪdʒɪtəl/ digitális
**digitalization** /ˌdɪdʒɪtəlaɪ'zeɪʃən/ ❶ digitalizálás ❷ digitálisszal történő kezelés
**digitalize** /'dɪdʒɪtəlaɪz/ ❶ digitalizál ❷ digitálisszal kezel
**digitization** /ˌdɪdʒɪtaɪ'zeɪʃən/ digitalizálás
**digitize** /'dɪdʒɪtaɪz/ digitalizál
**dignitary** /'dɪgnətərɪ/ méltóság, notabilitás, magas rangú ember
**dignity** /'dɪgnətɪ/ ❶ méltóság, rang *beneath ⁝one's⁝ dignity* méltóságán aluli ❷ nemes jellem ❸ magas rang
**digress** /daɪ'gres/ eltér/elkalandozik (amitől: *from*)
**digression** /daɪ'greʃən/ eltérés, elkalandozás, kitérő (amitől: *from*)
**digressive** /daɪ'gresɪv/ eltérő, elkalandozó (amitől: *from*)
**digs** /dɪgz/ albérlet *live in digs* albérletben lakik
**dike** /daɪk/ *FNÉV*
❶ árvízvédelmi gát/töltés ❷ árok
**dike** *IGE*
gáttal véd
**dike reeve** gátőr
**dilapidated** /dɪ'læpɪdeɪtɪd/ rozoga, ütött-kopott
**dilapidation** /dɪˌlæpɪ'deɪʃən/ ❶ rozogaság ❷ rongálódás, tönkremenetel
**dilatation** /ˌdaɪleɪ'teɪʃən/ ❶ tágulás, dilatáció ❷ kitágítás
**dilemma** /dɪ'lemə/ VAGY /daɪ'lemə/ dilemma
**diligence** /'dɪlɪdʒəns/ ❶ iparkodás, szorgalom ❷ gondosság ❸ postakocsi, delizsánsz
**diligent** /'dɪlɪdʒənt/ ❶ iparkodó, szorgalmas ❷ gondos
**dill** /dɪl/ ❶ kapor ❷ tökkelütött alak
**dilly–dally** /'dɪlɪdælɪ/ bizonytalankodik, vacakol, tököl
**dilute** /daɪ'lu:t/ *MNÉV*
hígított, felereszt ett
**dilute** *IGE*
hígít, gyengít (amivel: *with*)
**dilution** /daɪ'lu:ʃən/ ❶ hígítás ❷ híg oldat ❸ (részvény)hígulás
**dim** /dɪm/ *MNÉV*
❶ homályos, halvány ❷ komor *take a dim view of smth* sötét színben lát / kétkedve szemlél vmit ❸ tompaagyú, lassú felfogású
**dim** *IGE*
❶ elhomályosul, elsötétül ❷ elhomályosít, elsötétít ❸ *dim the headlights* tompított fényre vált, tompít
**dime** /daɪm/ tízcentes [pénzdarab]
**dimension** /daɪ'menʃən/ ❶ kiterjedés, dimenzió ❷ méret ❸ szempont
**diminish** /dɪ'mɪnɪʃ/ ❶ csökken, kisebbedik, fogyatkozik ❷ csökkent, kisebbít
**diminution** /ˌdɪmɪ'nju:ʃən/ ❶ kisebbedés, csökkenés ❷ kisebbítés, csökkentés
**diminutive** /dɪ'mɪnjutɪv/ *FNÉV/MNÉV* ❶ pöttöm, csepp ❷ kicsinyítő (képző)
**din** /dɪn/ *FNÉV*
lárma, zsivaly *kick up a din* nagy zajt csap
**din** *IGE*
❶ lármázik, zajong ❷ mondogat *din smth into smb* egyre hajtogat vmit vkinek
**dine** /daɪn/ ❶ ebédel/vacsorázik ❷ megebédeltet/megvacsoráztat *wine and dine smb* vendégül lát
**dine out** étteremben ebédel/vacsorázik
**diner** /'daɪnə/ ❶ étkező ember ❷ étkezde, büfé ❸ étkező(kocsi) [vonaton]
**dinette** /daɪ'net/ ❶ étkezőnek/ebédlőnek használt helyiség ❷ ebédlőgarnitúra [bútor]
**ding–dong** /dɪŋ'dɒŋ/ ❶ bimm–bamm, harangszó ❷ csetepaté
**dinghy** /'dɪŋɪ/ ❶ kis csónak ❷ dingi [vitorláshajó]
**dining car** étkezőkocsi
**dining room** ❶ ebédlő [helyiség] ❷ étterem, étkező [pl. szállodában]
**dink** /dɪŋk/ két keresetből élő, gyermektelen [pár] [= double/dual income, no kids]
**dinky** /dɪŋkɪ/ *FNÉV*
két keresetből élő, még gyermektelen pár [= double/dual income, no kids yet]
**dinky** /'dɪŋkɪ/ *MNÉV*
❶ csinos kicsi, cuki ❷ jelentéktelen, kicsi
**dinner** /'dɪnə/ ❶ főétkezés [délben/este], ebéd/vacsora ❷ díszvacsora, fogadás
**dinner jacket** szmoking
**dinner party** vacsora *give a dinner party* vacsorát/fogadást ad
**dinner service** VAGY **dinner set** étkészlet

**dino** /ˈdaɪnəʊ/ FNÉV dinoszaurusz, „dinó"

**dinosaur** /ˈdaɪnəsɔː/ ❶ dinoszaurusz ❷ nagyon öreg/elavult dolog/személy

**diocese** /ˈdaɪəsɪs/ (fő)egyházmegye

**dioptre** /daɪˈɒptə/ dioptria

**dioxide** /daɪˈɒksaɪd/ dioxid

**dip** /dɪp/ FNÉV

❶ megmártózás, fürdés ❷ lejjebb ereszkedés, lejtés [terepé] ❸ csökkenés [profité]

**dip** IGE

❶ belemerül (amibe: *into*) ❷ bemárt, merít (amibe: *into*) ❸ leszáll, leereszkedik ❹ lejt, ereszkedik [terep] ❺ tompít *dip the headlights* tompított fényre vált

**dip into** *dip into smth* ❶ beleolvas vmibe, megnéz vmit ❷ *dip into ⸗one's⸗ savings* hozzányúl a megtakarított pénzéhez

**diphtheria** /dɪfˈθɪərɪə/ torokgyík, diftéria

**diphthong** /ˈdɪfθɒŋ/ diftongus, kettőshangzó

**dipl** = diplomat; diplomatic

**diploma** /dɪˈpləʊmə/ oklevél, bizonyítvány, mesterlevél [r.szerint nem egyetemi szintű] ⓘ NEM ~~diploma~~

**diplomacy** /dɪˈpləʊməsɪ/ ❶ diplomácia ❷ diplomatikus/diplomáciai képesség, tapintat

**diplomat** /ˈdɪpləmæt/ diplomata

**diplomatic** /ˌdɪpləˈmætɪk/ ❶ diplomáciai ❷ diplomatikus, tapintatos

**dipper** /ˈdɪpə/ ❶ búvármadár ❷ merőkanál ❸ *the Big Dipper* Göncölszekér

**dipstick** ❶ olajszintmérő pálca ❷ tesztcsík

**dipswitch** tompítókapcsoló [autóban]

**dire** /daɪə/ szörnyű, súlyos, [szükség, veszély] *be in dire need* nagy szüksége van (amire: *of*) *dire straits* sanyarú/nehéz helyzet

**direct** /dəˈrekt/ VAGY /daɪˈrekt/ MNÉV

❶ egyenes, közvetlen [pl. út] ❷ nyílt, közvetlen [pl. válasz, ember] ❸ pontos, direkt *direct opposite* szöges ellentét ❹ közvetlen [rokoni kapcsolat] ⓘ NEM ~~direkt~~ [= szántszándékkal]

**direct** HAT.SZÓ

❶ közvetlenül, direkt módon ❷ közbenső megállás/kitérés nélkül ⓘ NEM ~~direkt~~ [= szántszándékkal]

**direct** IGE

❶ irányít ❷ menedzsel, irányít ❸ utasít *as directed* az utasításnak megfelelően ❹ rendez [filmet, színdarabot] *directed by X* rendezte X ❺ útbaigazít, eligazít (ahova: *to*)

**direct current** egyenáram

**direction** /dɪˈrekʃən/ VAGY /daɪˈrekʃən/ ❶ irány ❷ irányultság, igazodás ❸ irányítás, vezetés, ❹ parancs, utasítás

**directions** ❶ tanács, iránymutatás, [használati] utasítás ❷ útbaigazítás

**directive** /dəˈrektɪv/ FNÉV

utasítás, direktíva

**directive** MNÉV

irányító, irányításra hajlamos

**directly** /dəˈrektlɪ/ ❶ egyenesen, közvetlenül ❷ máris, mindjárt ⓘ NEM ~~direkt~~ [= szántszándékkal]

**director** /dəˈrektə/ ❶ igazgató *board of directors* igazgatótanács ❷ rendező [filmé, színdarabé]

**directorate** /dəˈrektərət/ igazgatóság [testület]

**directory** /dəˈrektərɪ/ ❶ telefonkönyv ❷ címtár ❸ (al)könyvtár [fájlok listája]

**directory enquiries** VAGY **directory inquiries** (telefon)tudakozó

**dirge** /dɜːdʒ/ gyászdal, gyászének

**dirt** /dɜːt/ FNÉV

❶ kosz, piszok ❷ föld, sár ❸ szenny, szennyes/mocskos beszéd/írás ❹ botrány, szenny

**dirt** HAT.SZÓ

nevetséges(en), rettentő(en) *dirt cheap* nevetségesen olcsó(n)

**dirt road** földút

**dirt track** FNÉV/MNÉV salakpálya, salakpályás [motorsportban]

**dirty** /ˈdɜːtɪ/ MNÉV

❶ koszos, piszkos, szennyes ❷ pocsék, ronda [pl. időjárás] ❸ obszcén, malac, sikamlós ❹ mocskos, piszok [pl. nagy]

**dirty** IGE

❶ bepiszkolódik, beszennyeződik ❷ bepiszkít, beszennyez

**disability** /ˌdɪsəˈbɪlətɪ/ ❶ alkalmatlanság ❷ rokkantság ❸ akadályoztatás, jogképesség hiánya

**disability pension** rokkantnyugdíj

**disable** /dɪsˈeɪbəl/ ❶ alkalmatlanná/képtelenné tesz, megbénít [embert, gépet] ❷ jogtól megfoszt ❸ kikapcsol, működésen kívül helyez [pl. számítógépet]

**disabled** /dɪsˈeɪbəld/ munkaképtelen, nyomorék, fogyatékos, mozgássérült

**disablement** /dɪsˈeɪbəlmənt/ ❶ megbénítás ❷ rokkantság, munkaképtelenség, fogyatékosság

**disadvantage** /ˌdɪsədˈvɑːntɪdʒ/ FNÉV

❶ hátrány *be at a disadvantage* hátrányos helyzetben van *be to smb's disadvantage* vki számára hátrányos ❷ veszteség, kár

**disadvantage** IGE

megkárosít, hátrányos helyzetbe hoz

**disadvantaged** /ˌdɪsədˈvɑːntɪdʒd/ hátrányos helyzetű

**disadvantageous** /ˌdɪsædvənˈteɪdʒəs/ hátrányos, előnytelen

**disaffiliate** /ˌdɪsəˈfɪlɪeɪt/ ❶ elszakad [szervezettől] ❷ kizár [szervezetből]

**disagree** /ˌdɪsəˈgriː/ ❶ nem ért egyet (akivel: *with*, amiről: *about/over*) ❷ nem felel meg egymásnak, különbözik (amiben: *on*) ❸ árt, nem tesz jót (akinek: *with*) *wine disagrees with me* a bor nem tesz jót nekem

**disagreeable** /ˌdɪsəˈgriːəbəl/ ❶ kellemetlen ❷ modortalan

**disagreement** /ˌdɪsəˈgriːmənt/ ❶ nézeteltérés,

véleménykülönbség (akivel: *with,* amiről: *about/over*) ❷ különbözés, meg nem felelés
**disallow** /ˌdɪsəˈlaʊ/ ❶ nem ismer el, elutasít ❷ nem ad meg [gólt]
**disappear** /ˌdɪsəˈpɪə/ ❶ eltűnik ❷ felszívódik, lelép ❸ kihal [pl. állat] ❹ eltüntet
**disappearance** /ˌdɪsəˈpɪərəns/ ❶ eltűnés ❷ felszívódás, lelépés ❸ kihalás [pl. állaté]
**disappoint** /ˌdɪsəˈpɔɪnt/ ❶ kiábrándít, csalódást okoz ❷ meghiúsít [tervet, reményt] ❸ cserbenhagy
**disappointed** /ˌdɪsəˈpɔɪntɪd/ csalódott (akiben/amiben: *at/in/with*) *be disappointed to hear smth* csalódottan hall vmit
**disappointing** /ˌdɪsəˈpɔɪntɪŋ/ kellemetlen, csalódást keltő, lehangoló
**disappointment** /ˌdɪsəˈpɔɪntmənt/ ❶ csalódottság, kiábrándultság *to smb's disappointment* vkinek a csalódására ❷ csalódást okozó ember
**disapproval** /ˌdɪsəˈpruːvəl/ rosszallás, helytelenítés *to smb's disapproval* vkinek a rosszallását kiváltva
**disapprove** /ˌdɪsəˈpruːv/ ❶ kifogásol, helytelenít (amit: *of*) ❷ nem hagy jóvá, elvet
**disarm** /dɪsˈɑːm/ ❶ lefegyverez ❷ leszerel ❸ leszerel [érvvel/érzelemmel]
**disarmament** /dɪsˈɑːməmənt/ lefegyverzés, leszerelés
**disarming** /dɪsˈɑːmɪŋ/ lefegyverező [pl. mosoly]
**disarray** /ˌdɪsəˈreɪ/ rendetlenség, zűrzavar
**disaster** /dɪˈzɑːstə/ ❶ szerencsétlenség, katasztrófa ❷ borzasztó (esemény/személy)
**disastrous** /dɪˈzɑːstrəs/ katasztrofális
**disavow** /ˌdɪsəˈvaʊ/ nem ismer el, (meg)tagad
**disavowal** /ˌdɪsəˈvaʊəl/ (meg)tagadás
**disband** /dɪsˈbænd/ ❶ felbomlik, szétszóródik ❷ feloszlat, szélnek ereszt
**disbelief** /ˌdɪsbɪˈliːf/ hitetlenség
**disbelieve** /ˌdɪsbɪˈliːv/ ❶ nem hisz el, nem hajlandó elhinni
**disc** VAGY **disk** /dɪsk/ ❶ korong, dis(z)k, lemez ❷ korong, pakk [jégkorongban] ❸ hajlékony lemez, dis(z)k ❹ porckorong
**discard** /dɪsˈkɑːd/ ❶ eldob, megszabadul vmitől ❷ letesz [kártyát] ❸ felhagy [vmivel]
**disc brake** VAGY **disc brakes** tárcsafék
**disc drive** diszk meghajtó, drájv, drive
**discern** /dɪˈsɜːn/ észrevesz, észlel, felismer
**discernment** /dɪˈsɜːnmənt/ jó ítélőképesség,

**discharge** /dɪsˈtʃɑːdʒ/ VAGY /ˈdɪstʃɑːdʒ/ *FNÉV*
❶ kirakás, kirakodás ❷ kisülés [elektromos] ❸ elbocsátás [állásból] (ahonnan: *from*) ❹ kiengedés [pl. kórházból] ❺ leszerelés [katonaságtól] ❻ tehermentesítés ❼ kiürítés, kibocsátás [pl. váladéké, lövedéké]

**discharge** /dɪsˈtʃɑːdʒ/ *IGE*
❶ kirak ❷ kisüt [elektromosan] ❸ elbocsát [állásból] *be/become discharged* elbocsátják ❹ kienged [kórházból] ❺ leszerel vkit [katonaságtól] *be/become discharged* leszerel(ik) ❻ tehermentesít ❼ kibocsát, kilő [pl. váladékot, lövedéket] ❽ kienged [pl. börtönből]
**disciple** /dɪˈsaɪpəl/ ❶ tanítvány ❷ követő
**disciplinary** /ˈdɪsəplɪnərɪ/ fegyelmi, fegyelemmel kapcsolatos

**discipline** /ˈdɪsəplɪn/ *FNÉV*
❶ fegyelem ❷ fegyelmezés ❸ fegyelmezőeszköz ❹ tudományág

**discipline** *IGE*
❶ fegyelmez ❷ büntet, fenyít

**disc jockey** ❶ lemezlovas, diszkós, dídzsé ❷ zenés rádióműsor vezetője
**disclose** /dɪsˈkləʊz/ ❶ elárul, leleplez, felfed ❷ közzétesz
**disclosure** /dɪsˈkləʊʒə/ ❶ elárulás, leleplezés, felfedés ❷ közzététel
**disco** /ˈdɪskəʊ/ /ˈdɪskətek/ diszkó
**discolour** /dɪsˈkʌlə/ ❶ elszíntelenedik, elszíneződik ❷ elszíntelenít
**discolouration** /dɪsˌkʌləˈreɪʃən/ ❶ elszíntelenedés, elszíneződés ❷ folt, elszíneződés
**discomfort** /dɪsˈkʌmfət/ ❶ kényelmetlenség ❷ szégyenérzet, aggodalom
**disconcert** /ˌdɪskənˈsɜːt/ ❶ zavarba hoz, lehangol ❷ aggodalomra ad okot
**disconcerting** /ˌdɪskənˈsɜːtɪŋ/ nyugtalanító
**disconnect** /ˌdɪskəˈnekt/ ❶ szétkapcsol ❷ szétkapcsol [pl. telefont]

**discontent** /ˌdɪskənˈtent/ *FNÉV*
elégedetlenség (amivel: *with*)

**discontent** *IGE*
elégedetlenné tesz

**discontentment** /ˌdɪskənˈtentmənt/ elégedetlenség (amivel: *with*)
**discontinuance** /ˌdɪskənˈtɪnjʊəns/ VAGY **discontinuation** /ˌdɪskəntɪnjʊˈeɪʃən/ abbahagyás, önkéntes megszüntetés
**discontinue** /ˌdɪskənˈtɪnjuː/ ❶ megszüntet, abbahagy ❷ nem gyárt tovább [terméket]
**discontinuity** /ˌdɪskəntɪˈnjuːətɪ/ ❶ szakaszosság, nem egybefüggőség ❷ diszkontinuitás, folytonossághiány
**discontinuous** /ˌdɪskənˈtɪnjʊəs/ szakaszos, nem egybefüggő

**discord** /ˈdɪskɔːd/ *FNÉV*
❶ civódás, viszály(kodás) ❷ hangzavar ❸ rossz hangzás, disszonancia

**discord** /dɪsˈkɔːd/ *IGE*
nem ért egyet (akivel: *with*, amiben: *over*)

**discordance** /dɪsˈkɔːdəns/ diszkordancia
**discordant** /dɪsˈkɔːdənt/ ❶ nem egyező, ellentétes [vélemény] ❷ disszonáns
**discotheque** /ˈdɪskətek/ diszkó

**discount** /ˈdɪskaʊnt/ *FNÉV*
engedmény ⓘ *NEM* ~~diszkont~~ [= olcsó üzlet]

**discount** /dɪsˈkaʊnt/ *IGE*
❶ engedményt tesz, leszállítja az árat ❷ leszámítol, diszkontál

**discourage** /dɪsˈkʌrɪdʒ/ ❶ elkedvetlenít, elbátortalanít *be/become discouraged* elkedvetlenedik ❷ ellenez, helytelenít ❸ elveszi a kedvét, meggátol
**discouragement** /dɪsˈkʌrɪdʒmənt/ ❶ elkedvetlenítés ❷ helytelenítés ❸ elbátortalanítás
**discourse** /ˈdɪskɔːs/ FNÉV
❶ társalgás ❷ értekezés, tanulmány ❸ szöveg, diskurzus
**discourse** /dɪsˈkɔːs/ IGE
értekezik, beszél (amiről: *on*)
**discourteous** /dɪsˈkɜːtɪəs/ udvariatlan
**discourtesy** /dɪsˈkɜːtəsɪ/ udvariatlanság
**discover** /dɪˈskʌvə/ ❶ felfedez ❷ felfed, feltár, leleplez ❸ észrevesz, rájön
**discoverer** /dɪˈskʌvərə/ FNÉV felfedező
**discovery** /dɪˈskʌvərɪ/ ❶ felfedezés ❷ leleplezés
**discredit** /dɪsˈkredɪt/ FNÉV
❶ kétely ❷ rossz hírnév *bring discredit* szégyent hoz (akire/amire: *on*) *to smb's discredit* vkit lejáratva, vkinek rossz hírét keltve ❸ szégyenfolt [ember/dolog]
**discredit** IGE
hírbe hoz, rossz hírét kelti vkinek
**discreditable** /dɪsˈkredɪtəbəl/ szégyenletes, szégyenteljes, méltatlan
**discreet** /dɪˈskriːt/ megfontolt, tapintatos, diszkrét
**discrepancy** /dɪsˈkrepənsɪ/ ellentmondás, eltérés, diszkrepancia
**discrete** /dɪˈskriːt/ ❶ különálló, egyedi ❷ diszkrét [statisztikában]
**discretion** /dɪˈskreʃən/ ❶ megítélés, belátás *at smb's discretion* vkinek a belátása/tetszése szerint ❷ megfontoltság, körültekintés
**discretionary** /dɪˈskreʃənərɪ/ belátás szerinti, diszkrecionális
**discriminate** /dɪˈskrɪmɪneɪt/ különbséget tesz, megkülönböztet (amitől: *from*, amik között: *between*)
**discriminating** /dɪˈskrɪmɪneɪtɪŋ/ ❶ megkülönböztetni képes ❷ diszkrimináló, hátrányosan/előnyösen megkülönböztető
**discrimination** /dɪˌskrɪmɪˈneɪʃən/ ❶ megkülönböztetés, különbségtétel ❷ megkülönböztetett bánásmód
**discriminatory** /dɪsˈkrɪmɪnətərɪ/ diszkriminatív, megkülönböztető
**discus** /ˈdɪskəs/ diszkosz
**discuss** /dɪˈskʌs/ ❶ megvitat, megtárgyal, megbeszél ❷ kifejt, tárgyal [témát]
**discussion** /dɪˈskʌʃən/ vita, megbeszélés, tárgyalás *be under discussion* megbeszélés tárgyát képezi, tárgyalják
**disdain** /dɪsˈdeɪn/ FNÉV
lenézés, megvetés
**disdain** IGE
lenéz, megvet *disdain to do smth* méltóságon alulinak tartja, hogy vmit (meg)tegyen
**disdainful** /dɪsˈdeɪnful/ megvető, lenéző (akivel szemben: *of/towards*)
**disease** /dɪˈziːz/ betegség, kór, megbetegedés
**diseased** /dɪˈziːzd/ beteg, kóros, megbetegedett [szerv/ember]
**disembark** /ˌdɪsɪmˈbɑːk/ ❶ repülőgépről/hajóról leszáll ❷ repülőgépről/hajóról letesz [utast]
**disembarkation** /ˌdɪsembɑːˈkeɪʃən/ ❶ repülőgépről/hajóról történő leszállás ❷ repülőgépről/hajóról történő leszállítás
**disengage** /ˌdɪsɪnˈgeɪdʒ/ ❶ kikapcsol(ódik) ❷ kikapcsol, kiszabadít, szétválaszt (amitől: *from*)
**disengagement** /ˌdɪsɪnˈgeɪdʒmənt/ ❶ kiszabadulás, szétkapcsolódás ❷ kiszabadítás, szétkapcsolás
**disfavour** /dɪsˈfeɪvə/ FNÉV
❶ kegyvesztettség ❷ helytelenítés, rosszallás
**disfavour** IGE
kegyvesztettként kezel
**disfigure** /dɪsˈfɪgə/ elcsúfít, eltorzít
**disfigurement** /dɪsˈfɪgəmənt/ elcsúfítás, eltorzítás
**disgorge** /dɪsˈgɔːdʒ/ ❶ kiokád, kihány ❷ kibocsájt, okád [pl. füstöt]
**disgrace** /dɪsˈgreɪs/ FNÉV
❶ szégyen, szégyenfolt *bring disgrace on smb/smth* szégyent hoz vkire/vmire ❷ kegyvesztettség *be in disgrace* kegyvesztett lesz (akinél: *with*) ❸ szégyenteljes dolog, szégyen
**disgrace** IGE
❶ szégyenére van/válik ❷ megszégyenít
**disgraceful** /dɪsˈgreɪsful/ szégyenletes
**disguise** /dɪsˈgaɪz/ FNÉV
❶ álruha *in disguise* álruhában ❷ álarc ❸ tettetés, színlelt dolog
**disguise** IGE
❶ álruhába öltöztet *disguise ⸢oneself⸣ as smth* vminek álcázza magát ❷ palástol, leplez
**disgust** /dɪsˈgʌst/ FNÉV
undor, utálat (aki/ami iránt: *at*)
**disgust** IGE
undort kelt *be disgusted* undort kelt, felháborodik (amin: *at/with*)
**disgusting** /dɪsˈgʌstɪŋ/ ❶ gusztustalan, undorító ❷ felháborító
**dish** /dɪʃ/ FNÉV
❶ tál, edény *do/wash the dishes* elmosogat ❷ étel, fogás ❸ szatellit-antenna, műholdvevő, „lavór" ❹ csaj, nő
**dish** IGE
❶ tálal, edénybe tesz ❷ elbaltáz, elront
**dish out** *dish smth out* kioszt
**disharmony** /dɪsˈhɑːmənɪ/ diszharmónia
**dishcloth** /ˈdɪʃklɒθ/ ❶ mosogatórongy ❷ konyharuha
**dishearten** /dɪsˈhɑːtən/ elcsüggeszt, elbátortalanít
**dishevelled** /dɪˈʃevəld/ zilált, kócos
**dishonest** /dɪsˈɒnɪst/ becstelen

**dishonesty** /dɪsˈɒnəstɪ/ becstelenség

**dishonour** /dɪsˈɒnə/ *FNÉV*
❶ gyalázat ❷ becstelen/gyalázatos dolog

**dishonour** *IGE*
❶ megszégyenít, meggyaláz ❷ nem fogad el, nem vált be [csekket]

**dishonourable** /dɪsˈɒnərəbəl/ szégyenteljes

**dishonoured** /dɪsˈɒnəd/ beváltatlan

**dishrack** edényszárító rács

**dish towel** konyharuha

**dishwasher** VAGY **dishwashing machine** mosogatógép

**dishwater** mosogatólé

**disillusion** /ˌdɪsɪˈluːʒən/ kiábrándít

**disillusionment** /ˌdɪsɪˈluːʒənmənt/ kiábrándulás, kiábrándultság, csalódás

**disinclination** /ˌdɪsɪnklɪˈneɪʃən/ idegenkedés, ellenszenv (ami iránt: *for/towards*)

**disinclined** /ˌdɪsɪnˈklaɪnd/ vonakodó, idegenkedő

**disinfect** /ˌdɪsɪnˈfekt/ fertőtlenít

**disinfectant** /ˌdɪsɪnˈfektənt/ fertőtlenítő(szer)

**disinfection** /ˌdɪsɪnˈfekʃən/ fertőtlenítés

**disinformation** /ˌdɪsɪnfəˈmeɪʃən/ dezinformáció, félreinformálás

**disinherit** /ˌdɪsɪnˈherɪt/ kizár [örökségből]

**disintegrate** /dɪsˈɪntegreɪt/ ❶ felbomlik, szétesik, szétmállik ❷ felbomlaszt, szétmállaszt

**disintegration** /dɪsˌɪntɪˈgreɪʃən/ ❶ felbomlás, szétesés ❷ felbomlasztás

**disinterested** /dɪsˈɪntrəstɪd/ ❶ pártatlan, elfogulatlan ❷ közömbös, közönyös

**disjoin** /dɪsˈdʒɔɪn/ szétválaszt

**disjoint** /dɪsˈdʒɔɪnt/ ❶ kificamít ❷ ízekre szed, feldarabol [ízületeknél]

**disjunct** /dɪsˈdʒʌŋkt/ *FNÉV*
mondathatározó-szó

**disjunct** *MNÉV*
elkülönített, szétválasztott

**disk** /dɪsk/ ❶ korong, dis(z)k, lemez ❷ korong, pakk [jégkorongban] ❸ hajlékony lemez, dis(z)k ❹ porckorong

**disk drive** diszk meghajtó, drájv, drive

**diskette** /dɪˈsket/ diszk(ett), floppi(lemez)

**disk operating system, DOS** lemez-operációs rendszer

**dislike** /dɪsˈlaɪk/ *FNÉV*
ellenszenv, nemtetszés, idegenkedés (amitől: *of*)

**dislike** *IGE*
nem szeret/kedvel

**dislocate** /ˈdɪsləkeɪt/ ❶ kificamít *be dislocated* kificamodik ❷ kizökkent, összezavar

**dislocation** /ˌdɪsləˈkeɪʃən/ ❶ kificamodás ❷ kizökkenés, zavar

**dislodge** /dɪsˈlɒdʒ/ kimozdít, kiszabadít (ahonnan: *from*)

**disloyal** /dɪsˈlɔɪəl/ hűtlen

**disloyalty** /dɪsˈlɔɪəltɪ/ hűtlenség

**dismal** /ˈdɪzməl/ komor, lehangoló

**dismantle** /dɪsˈmæntəl/ ❶ szétszed ❷ megszüntet, ellehetetlenít [intézményt]

**dismay** /dɪsˈmeɪ/ *FNÉV*
rémület, félelem

**dismay** *IGE*
elrémít, megrémít, megdöbbent *be dismayed at/by smth* elborzasztja vmi

**dismember** /dɪsˈmembə/ feldarabol [testet]

**dismemberment** /dɪsˈmembəmənt/ feldarabolás [testé]

**dismiss** /dɪsˈmɪs/ ❶ elbocsát [alkalmazottat] ❷ elenged, távozást engedélyez *dismissed!* lelépni! ❸ elutasít [pl. kérelmet, keresetet]

**dismissal** /dɪsˈmɪsəl/ ❶ elbocsátás ❷ elutasítás

**dismissive** /dɪsˈmɪsɪv/ elutasító, lenéző

**dismount** /dɪsˈmaʊnt/ leszáll [pl. lóról]

**disobedience** /ˌdɪsəˈbiːdɪəns/ engedetlenség, szófogadatlanság

**disobedient** /ˌdɪsəˈbiːdɪənt/ engedetlen, szófogadatlan

**disobey** /ˌdɪsəˈbeɪ/ ❶ nem fogad szót, nem engedelmeskedik ❷ megszeg [szabályt]

**disorder** /dɪsˈɔːdə/ *FNÉV*
❶ rendetlenség, (zűr)zavar ❷ zavargás ❸ rendellenesség, zavar, betegség

**disorder** *IGE*
❶ összezavar ❷ tönkretesz [egészséget]

**disorderly** /dɪsˈɔːdəlɪ/ ❶ rendetlen, féktelen ❷ rendzavaró [pl. magatartás]

**disorganization** /dɪsˌɔːgənaɪˈzeɪʃən/ szétzüllesztés, tönkretétel

**disorganize** /dɪsˈɔːgənaɪz/ bomlaszt, szétzülleszt

**disown** /dɪsˈəʊn/ megtagad, kitagad, elhatárolja magát

**disparage** /dɪsˈpærɪdʒ/ leszól, becsmérel

**disparagement** /dɪsˈpærɪdʒmənt/ becsmérlés, leszólás, lenézés

**dispatch** /dɪˈspætʃ/ *FNÉV*
❶ jelentés, értesítés ❷ elküldés ❸ sietség *with dispatch* gyorsan

**dispatch** *IGE*
❶ elküld, útjára indít [pl. küldöncöt] ❷ (gyorsan) elintéz, fölfal ❸ másvilágra küld

**dispatcher** /dɪˈspætʃə/ forgalomirányító, menetirányító, diszpécser

**dispatches** /dɪˈspætʃɪz/ ❶ gyorsjelentés ❷ katonai jelentés

**dispel** /dɪˈspel/ ❶ szétoszlat [pl. ködöt] ❷ eloszlat [pl. aggodalmat]

**dispensable** /dɪˈspensəbəl/ mellőzhető, nélkülözhető

**dispensation** /ˌdɪspənˈseɪʃən/ ❶ adományozás, szétosztás, elosztás [jutalomé, büntetésé, adományé] ❷ felmentés (ami alól: *from*) ❸ rendelkezés, döntés, törvény

**dispense** /dɪˈspens/ ❶ igazságot szolgáltat ❷ kioszt, szétoszt ❸ adagol ❹ elkészít [gyógyszert] ❺ felment (ami alól: *from*)

**dispenser** /dɪsˈpensə/ ❶ gyógyszerész ❷ adagoló, automata [pl. pénz-, ital-]

**dispersal** /dɪˈspɜːsəl/ ❶ szétszóródás, feloszlás, elterjedés ❷ szétszórás, elterjesztés
**disperse** /dɪˈspɜːs/ ❶ szétszóródik, feloszlik, elterjed ❷ feloszlat [tömeget] ❸ elterjeszt [híreket]
**dispersion** /dɪˈspɜːʃən/ ❶ szétszórás, feloszlat ❷ szétszórtság ❸ diaszpóra
**dispirit** /dɪˈspɪrɪt/ elcsüggeszt, lelohaszt
**displace** /dɪsˈpleɪs/ ❶ kimozdít, elmozdít (helyéről) ❷ helyébe lép, felvált ❸ kiszorít [hajó vízmennyiséget]
**displaced person** hontalan, menekült
**displacement** /dɪsˈpleɪsmənt/ ❶ elmozdítás ❷ vízkiszorítás [hajóé]
**displacement activity** pótcselekvés
**display** /dɪˈspleɪ/ FNÉV
❶ bemutatás, megmutatás [pl. árué] *be on display* ki van állítva ❷ bemutató ❸ megnyilatkozás [érzelmeké] ❹ kijelző, képernyő
**display** IGE
❶ kiállít, bemutat [árut] ❷ bizonyít, megmutat, bizonyságot tesz [képességről] ❸ kiír, kijelez, megjelenít [képernyőn]
**displease** /dɪsˈpliːz/ nemtetszést okoz
**disposable** /dɪˈspəʊzəbəl/ ❶ egyszer használatos, eldobható ❷ rendelkezésre álló ❸ fogyó [pl. anyag]
**disposal** /dɪˈspəʊzəl/ ❶ megszabadulás (vmitől) ❷ lerakás, hasznosítás, ártalmatlanítás *waste disposal* szemétlerakás, hulladékhasznosítás ❸ elrendezés, kezelés ❹ rendelkezés (ami felett: *of*) *be at smb's disposal* vkinek rendelkezésére áll
**dispose** /dɪˈspəʊz/ ❶ (el)rendez, kezel, elintéz ❷ *be disposed to do smth* hajlandó/kész vmit megtenni ❸ elrendel, rendelkezik
**dispose of** *dispose of smth* ❶ rendelkezik vmi fölött, diszponál vmiről ❷ elad, túlad vmin, megszabadul vkitől/vmitől
**disposed** /dɪˈspəʊzd/ vmilyen hajlamos/szándékú *be well-disposed* kedvel (akit: *towards*)
**disposition** /ˌdɪspəˈzɪʃən/ ❶ hajlam, természet ❷ intézkedés, rendelkezés ❸ elrendezés, elosztás ❹ testalkat, diszpozíció
**disproportion** /ˌdɪsprəˈpɔːʃən/ aránytalanság, egyenlőtlenség (amik között: *between*)
**disproportionate** /ˌdɪsprəˈpɔːʃənət/ aránytalan (amihez képest: *to*)
**disprove** /dɪsˈpruːv/ megcáfol
**disputation** /ˌdɪspjʊˈteɪʃən/ vita, megvitatás
**dispute** /dɪsˈpjuːt/ FNÉV
❶ vita, vitatkozás [pl. bérről] *be in dispute with smb* vitában áll vkivek *be beyond dispute* vitán felüli, vitathatatlan *in/under dispute* a vita tárgya ❷ veszekedés
**dispute** IGE
❶ vitat, kétségbe von ❷ veszekszik
**disqualification** /dɪsˌkwɒlɪfɪˈkeɪʃən/ kizárás, diszkvalifikálás
**disqualify** /dɪsˈkwɒlɪfaɪ/ ❶ alkalmatlanná/képtelenné tesz (amire: *for*) ❷ alkalmatlanná/képtelenné nyilvánít (amire: *for*) ❸ kizár, diszkvalifikál
**disquiet** /dɪsˈkwaɪət/ FNÉV
nyugtalanság, nyugtalankodás, aggódás
**disquiet** IGE
nyugtalanít, aggaszt
**disquietude** /dɪsˈkwaɪətjuːd/ nyugtalanság
**disregard** /ˌdɪsrɪˈɡɑːd/ FNÉV
semmibevevés (amié: *for/of*)
**disregard** IGE
nem vesz figyelembe, semmibe vesz
**disrepair** /ˌdɪsrɪˈpeə/ elhanyagoltság, rossz állapot
**disrepute** /ˌdɪsrɪˈpjuːt/ rossz hírnév *fall into disrepute* rossz hírbe keveredik
**disrespect** /ˌdɪsrɪˈspekt/ tiszteletlenség (aki iránt: *for*)
**disrespectful** /ˌdɪsrɪˈspektfʊl/ tiszteletlen, udvariatlan
**disrupt** /dɪsˈrʌpt/ ❶ szétszakít, szétszaggat ❷ szétzilál, megzavar
**disruption** /dɪsˈrʌpʃən/ ❶ szétszakadás ❷ szétszakítás ❸ szétzilálás, megzavarás
**disruptive** /dɪsˈrʌptɪv/ bomlasztó, szétziláló
**dissatisfaction** /ˌdɪssætɪsˈfækʃən/ elégedetlenség (akivel, amivel: *at/with*)
**dissatisfied** /dɪsˈsætɪsfaɪd/ elégedetlen (amivel, akivel: *at/with*)
**dissatisfy** /dɪsˈsætɪsfaɪ/ elégedetlenné tesz
**dissect** /dɪˈsekt/ ❶ felboncol [állatot, növényt] ❷ elemez, ízekre szed
**dissection** /dɪˈsekʃən/ ❶ felboncolás ❷ elemzés, ízekre szedés
**disseminate** /dɪˈsemɪneɪt/ (el)terjeszt [pl. hírt, információt]
**dissemination** /dɪˌsemɪˈneɪʃən/ (el)terjesztés [pl. híré, információé]
**dissension** /dɪˈsenʃən/ véleményeltérés, széthúzás
**dissent** /dɪˈsent/ FNÉV
véleménykülönbség
**dissent** IGE
más véleményen van, másként gondolkodik
**dissertation** /ˌdɪsəˈteɪʃən/ értekezés, diplomamunka, disszertáció (amiről: *on*)
**disservice** /dɪˈsɜːvɪs/ rossz szolgálat, kár
**dissever** /dɪˈsevə/ ❶ szétválik, leválik ❷ elválaszt, leválaszt
**dissidence** /ˈdɪsɪdəns/ elvi ellentét, nézeteltérés
**dissident** /ˈdɪsɪdənt/ FNÉV/MNÉV másként gondolkodó, szakadár ⓘ NEM ~~disszidens~~
**dissimilar** /dɪˈsɪmɪlə/ különböző (amitől/akitől: *to/from*)
**dissimilarity** /dɪˌsɪmɪˈlærətɪ/ különbözőség (amitől/akitől: *to/from*)
**dissimulate** /dɪˈsɪmjʊleɪt/ ❶ eltitkol, leplez [érzést] ❷ színlel, tetteti magát

**dissimulation** /dɪˌsɪmjʊ'leɪʃən/ ❶ eltitkolás, leplezés [érzésé] ❷ színlelés, tettetés
**dissipate** /'dɪsɪpeɪt/ ❶ szétoszlik, szétforgácsolódik ❷ szétoszlat, eloszlat [pl. ködöt] ❸ elűz [pl. érzést] ❹ elherdál, elkótyavetyél
**dissipation** /ˌdɪsɪ'peɪʃən/ ❶ szétforgácsolódás ❷ szétforgácsolás ❸ eloszlatás ❹ (el)tékozlás ❺ kicsapongás
**dissociate** /dɪ'səʊʃɪeɪt/ elkülönít, elválaszt, elhatárol (amitől: *from*)
**dissociation** /dɪˌsəʊsɪ'eɪʃən/ ❶ elkülönülés ❷ elkülönítés
**dissolute** /'dɪsəlu:t/ léha, kicsapongó
**dissolution** /ˌdɪsə'lu:ʃən/ ❶ feloszlatás [pl. szervezeté] ❷ eltörlés [intézményé]
**dissolve** /dɪ'zɒlv/ ❶ (fel)olvad, (fel)oldódik (amiben: *in*) ❷ (fel)olvaszt, felold ❸ eloszlik [tömeg, felhő] ❹ feloszlat [szervezetet, tömeget]
**dissonance** /'dɪsənəns/ ❶ rossz hangzás, disszonancia ❷ össze nem egyeztethetőség
**dissonant** /'dɪsənənt/ ❶ rosszul hangzó, disszonáns ❷ nem össszeegyeztethető, eltérő
**dissuade** /dɪ'sweɪd/ *dissuade smb from smth* lebeszél vkit vmiről
**dissuasion** /dɪ'sweɪʒən/ lebeszélés (amiről: *from*)
**distance** /'dɪstəns/ *FNÉV*
táv(olság), messzeség (amitől: *from/to*, amik között: *between*) *be within walking distance* gyalogtávolságra van
**distance** *IGE*
❶ eltávolít ❷ *distance ⁞oneself⁞* elhatárolja magát (amitől: *from*)
**distant** /'dɪstənt/ ❶ távoli ❷ visszafogott, tartózkodó
**distaste** /dɪs'teɪst/ ellenszenv (aki/ami iránt: *for*)
**distasteful** /dɪs'teɪstful/ utálatos, visszataszító, ízléstelen
**distemper** /dɪ'stempə/ ❶ állatbetegség ❷ falfesték, diszperzit
**distend** /dɪ'stend/ ❶ felfúvódik ❷ felfúj *distended stomach* puffadt has
**distension** /dɪ'stenʃən/ ❶ felfúvódás, puffadás ❷ felfúvás, kitágítás
**distil** /dɪ'stɪl/ ❶ lepárol, desztillál ❷ leszűr, kivonatol, lerövidít
**distillate** /'dɪstɪlət/ párlat
**distillation** /ˌdɪstɪ'leɪʃən/ ❶ lepárlás, desztillálás ❷ párlat
**distiller** /dɪ'stɪlə/ szeszfőző [ember/szervezet/készülék]
**distillery** /dɪ'stɪlərɪ/ szeszfőzde
**distinct** /dɪ'stɪŋkt/ ❶ különböző, világosan megkülönböztethető ❷ világos, pontosan érthető ❸ határozott, észrevehető mértékű
**distinction** /dɪ'stɪŋkʃən/ ❶ megkülönböztetés ❷ kiválóság, hír(név) *author of distinction* neves/kitűnő szerző ❸ kitüntetés *with distinction* kitüntetéssel [pl. egyetemen]
**distinctive** /dɪ'stɪŋktɪv/ megkülönböztethető, megkülönböztető [jegy]
**distinguish** /dɪ'stɪŋgwɪʃ/ ❶ megkülönböztet (amik között: *between/from*) ❷ észrevesz, kivesz [pl. sötétben] ❸ kiemel, kitüntet *distinguish ⁞oneself⁞ by doing smth* kitűnik vmivel
**distinguished** /dɪ'stɪŋgwɪʃt/ ❶ kiváló, kitűnő ❷ előkelő *a distinguised-looking gentleman* előkelő úr
**distort** /dɪ'stɔ:t/ ❶ eltorzít ❷ elferdít, meghamisít
**distorted** /dɪ'stɔ:tɪd/ ❶ eltorzult, torz [pl. arc] ❷ torz, hamis [pl. beszámoló]
**distortion** /dɪ'stɔ:ʃən/ ❶ (el)torzulás ❷ (el)torzítás ❸ ferdítés, meghamisítás
**distract** /dɪ'strækt/ ❶ eltérít, elvon [pl. figyelmet] (amitől: *from*) ❷ megzavar
**distraction** /dɪ'strækʃən/ ❶ elterelés, elvonás [pl. figyelemé] ❷ (meg)zavarás [munkában] ❸ nyugtalanság, zaklatottság, őrület *drive smb to distraction* őrületbe kerget / megőrjít
**distrain** /dɪ'streɪn/ lefoglal, végrehajt
**distraint** /dɪ'streɪnt/ (le)foglalás, végrehajtás
**distraught** /dɪ'strɔ:t/ megzavarodott, háborodott (ami miatt: *with*)
**distress** /dɪ'stres/ *FNÉV*
❶ bánat, gyötrelem ❷ nyomor, ínség ❸ baj, szorultság ❹ lefoglalás, zálogolás
**distress** *IGE*
❶ lehangol, elszomorít ❷ bajba sodor ❸ zálogol, (le)foglal
**distressed** /dɪ'strest/ ❶ szomorú, vigasztalan, lehangolt ❷ szegény, ínséges
**distribute** /dɪ'strɪbju:t/ ❶ kioszt, szétoszt, feloszt (akik között: *among*) ❷ szétszór, eloszt [pl. vetést] (amin: *over*) ❸ terjesztőként/disztributorként működik
**distribution** /ˌdɪstrɪ'bju:ʃən/ ❶ eloszlás, megoszlás, disztribúció ❷ szórás, felosztás ❸ kiosztás, szétosztás ❹ terjesztés [árué]
**distributor** /dɪ'strɪbjʊtə/ ❶ szétosztó, elosztó ❷ (gyújtás)elosztó [motorban] ❸ nagykereskedő, terjesztő, disztributor
**district** /'dɪstrɪkt/ ❶ kerület, körzet ❷ választókerület
**distrust** /dɪs'trʌst/ *FNÉV*
bizalmatlanság, gyanakvás, bizalomvesztés
**distrust** *IGE*
nem hisz vkinek/vminek, bizalmatlan vkivel/vmivel szemben
**distrustful** /dɪs'trʌstful/ bizalmatlan (akivel/amivel szemben: *of*)
**disturb** /dɪ'stɜ:b/ ❶ (meg)zavar, háborgat ❷ nyugtalanít
**disturbance** /dɪ'stɜ:bəns/ ❶ zavarás, háborgatás ❷ zavargás ❸ zavaró tényező
**disturbed** /dɪ'stɜ:bd/ zavart, zavarodott [személyiség]
**ditch** /dɪtʃ/ *FNÉV*
❶ (vizes)árok, csatorna ❷ *last-ditch effort*

végső elkeseredettségben végzett cselekvés

**ditch** *IGE*

❶ árkot ás ❷ árokba fordít [járművet] ❸ kiadja az útját, dob [pl. barátot/barátnőt]

**ditchwater** állott víz *dull as ditchwater* unalmas, semmilyen

**dither** /ˈdɪðə/ *FNÉV*

❶ tétovázás, habozás ❷ izgalom, cidri

**dither** *IGE*

tétovázik, habozik

**ditto** /ˈdɪtəʊ/ *FNÉV/HAT.SZÓ* ❶ dettó, dittó, ugyanaz a dolog ❷ ugyancsak, dittó ❸ macskaköröm ❹ fotokópia, fénymásolat

**ditty** /ˈdɪtɪ/ dal(ocska), vers(ecske)

**diurnal** /daɪˈɜːnəl/ ❶ (egy)napi ❷ nappali, napközbeni ❸ naponkénti, mindennapos

**diva** /ˈdiːvə/ ünnepelt énekesnő, díva

**divan** /dɪˈvæn/ ❶ pamlag, dívány ❷ díván [régi török államtanács, ill. ülésterme]

**dive** /daɪv/ *FNÉV*

❶ fejes(ugrás), alámerülés [vízben] ❷ zuhanórepülés, zuhanás ❸ műesés [pl. futballban] ❹ rosszhírű bár, lebuj

**dive** /daɪv/, **dived** VAGY **dove** /dəʊv/, **dived** VAGY **dove** /dəʊv/ *IGE*

❶ fejest ugrik, lemerül [vízben] ❷ zuhanórepülést hajt végre, zuhan [repülőgép]

**diver** /ˈdaɪvə/ ❶ búvár ❷ műugró

**diverge** /daɪˈvɜːdʒ/ eltér, elágazik (amitől: *from*)

**divergence** /daɪˈvɜːdʒəns/ elágazás, eltérés

**divergent** /daɪˈvɜːdʒənt/ elágazó, többféle

**diverse** /daɪˈvɜːs/ ❶ különböző, különféle ❷ sokféle, változatos

**diversification** /daɪˌvɜːsɪfɪˈkeɪʃən/ diverzifikálás, a befektetések megosztása

**diversify** /daɪˈvɜːsɪfaɪ/ ❶ változatossá tesz ❷ tevékenységeit megosztja, több lábra áll ❸ befektetéseit megosztja, diverzifikál

**diversion** /daɪˈvɜːʃən/ ❶ elterelés, terelőút ❷ eltérítés [figyelemé] ❸ elterelő hadművelet ❹ szórakozás, szórakozóhely

**diversity** /daɪˈvɜːsətɪ/ különféleség, változatosság

**divert** /daɪˈvɜːt/ ❶ eltérít, elterel [forgalmat, folyót] ❷ eltérít, elterel [figyelmet] ❸ szórakoztat

**divide** /dɪˈvaɪd/ *FNÉV*

❶ választóvonal [pl. Észak–Dél között] ❷ megosztottság ❸ vízválasztó

**divide** *IGE*

❶ (fel)oszt, szétoszt (amik/akik között: *among/between*) ❷ kettéoszt, megoszt [pl. véleményt] ❸ eloszt [amennyivel: *by*) ❹ megoszlik [pl. szavazat] ❺ elválaszt [szót]

**divide up** *divide smth up* feloszt, (ki)adagol

**divided highway** osztottpályás úttest

**dividend** /ˈdɪvɪdend/ ❶ osztalék ❷ osztandó [számtani] ❸ előny, haszon *pay dividends* megéri, meghozza a gyümölcsét

**divider** /dɪˈvaɪdə/ ❶ elválasztó [pl. füzetben], leválasztó [pl. szobában] ❷ elválasztó sáv [autópályán]

**divination** /ˌdɪvɪˈneɪʃən/ ❶ jövendölés, jövőbelátás

**divine** /dɪˈvaɪn/ *FNÉV*

❶ pap, lelkész ❷ isten

**divine** *MNÉV*

❶ isteni, isten kegyelméből való ❷ pompás

**divine** *IGE*

❶ (meg)jósol ❷ megsejt

**diving** /ˈdaɪvɪŋ/ ❶ vízbe ugrás, alámerülés ❷ műugrás [sport] ❸ zuhanórepülés, zuhanás

**divinity** /dɪˈvɪnətɪ/ ❶ istenség ❷ hittudomány, teológia

**divisible** /dɪˈvɪzɪbəl/ osztható

**division** /dɪˈvɪʒən/ ❶ osztás, megosztás (amire: *into*) ❷ részleg, ágazat, (fő)osztály ❸ hadosztály, szakasz [katonai] ❹ szavazás [parlamenti] ❺ véleménykülönbség ❻ osztás (számtani) ❼ válaszfal ❽ sejtosztódás

**divisive** /dɪˈvaɪsɪv/ véleménykülönbséget okozó, megosztó

**divisor** /dɪˈvaɪzə/ osztó [számtani]

**divorce** /dɪˈvɔːs/ *FNÉV*

(el)válás [házastársaké] *get a divorce* elválik (akitől: *from*)

**divorce** *IGE*

❶ elválik vkitől ❷ elválaszt [házasfeleket] *get divorced* elválik (akitől: *from*)

**divulge** /daɪˈvʌldʒ/ elhíresztel, kifecseg, elárul

**DIY** = Do-It-Yourself

**DIYer** ezermester [= do-it-yourselfer]

**dizzy** /ˈdɪzɪ/ ❶ szédülő(s) *feel dizzy* szédül ❷ szédítő [pl. magasság] ❸ szédült, bolond

**DJ** = disc jockey; District Judge

**DK** nem tudom [pl. kérdőíven] [= don't know]

**DNA** = deoxyribonucleic acid

**do** /duː/ *TBSZ* **dos** VAGY **do's** /duːz/ *FNÉV*

❶ parti, társasági esemény ❷ *dos and don'ts* a viselkedés szabályai, amit szabad és amit nem ❸ /dəʊ/ dó [szolmizációs hang]

KIFEJEZÉSEKBEN: *make do with smth* megelégszik/beéri vmivel

**do** /duː/, **did** /dɪd/, **done** /dʌn/, e.sz. 3.sz. **does** /dəz/, erős alakja: /dʌz/ *IGE*

FŐIGEKÉNT: ❶ tesz, megtesz, elvégez *what's he doing?* mit csinál? *do {one's} best* megteszi a tőle telhetőt *do the cooking/cleaning/shopping* megfőz/kitakarít/bevásárol ❷ (el)készít, (meg)csinál, rendbe tesz *do the rooms* kitakarít ❸ csinál [foglalkozásszerűen], foglalkozik vmivel, szolgál *what do you do?* mivel foglalkozol? ❹ becsap, átver ❺ eljátszik, megszemélyesít ❻ megfelel, elegendő, megteszi *that will do* ez (így) jó/elég lesz, megfelel ❼ vmilyen eredményt ér el, vhogyan teljesít *she's doing well at school* jól tanul ❽ megnéz [mindent] *they did London in three days* három nap alatt megnézték Londont

KIFEJEZÉSEKBEN: *how do you do?* üdvözlöm! [bemutatkozáskor használatos üdvözlés] *the car was doing sixty* a kocsi 60 mérföldes sebességgel ment *well done!* ez derék/igen! *be done* kész van, végzett, ki van merülve, „kivan" *do smb a favour* szívességet tesz vkinek *„I do"* igen [„igen" válasz az anyakönyvvezető kérdésére]
SEGÉDIGEKÉNT:
[kérdésben:] *did you see her?* látta(d)?
[tagadásban:] *I don't know* nem tudom
[igepótlóként:] *did you eat it? – yes, I did* megetted? igen(, megettem) *no, I didn't* nem(, nem ettem meg) *you like him, don't you?* ugye szereted/tetszik? *so do I* én is (úgy teszek)
[nyomatékosításra:] ❶ *I did see it* tényleg láttam ❷ *do come in* tessék befáradni/bejönni
[felszólításban:] *don't go!* ne menj(etek)

**do away with** *do away with smb/smth* ❶ megszüntet ❷ elpusztít, megöl
**do in** *do smb in* ❶ kicsinál, megöl ❷ kikészít, kifáraszt
**do up** *do smth up* ❶ begombol, bekapcsol, becippzároz ❷ átalakít, rendbe hoz [ruhát, házat] ❸ kifest, kikészít [arcot]
**do with** *do with smb/smth* ❶ elégnek talál, beéri vele ❷ szüksége van vmire, tudna mit kezdeni vmivel *I could do with a cup of tea* de meginnék egy csésze teát ❸ *have smth to do with smb/smth* köze van vkihez/vmihez, kapcsolata van vkivel/vmivel
**do without** *do without smb/smth* megvan vki/vmi nélkül *I could do without this noise* meglennék e nélkül a zaj nélkül

**DOB** = date of birth
**doc** /dɒk/ doki
**docent** /dəʊ'sənt/ ❶ egyetemi oktató/előadó ❷ tárlatvezető, idegenvezető [múzeumban]
**docile** /'dəʊsaɪl/ engedelmes
**docility** /dəʊ'sɪlɪtɪ/ engedelmesség
**dock** /dɒk/ *FNÉV*
❶ (hajó)dokk, kikötő *go into dry dock* szárazdokkba áll ❷ vádlottak padja
**dock** *IGE*
❶ kiköt, dokkol ❷ dokkba állít, dokkol ❸ összekapcsolódik, dokkol ❹ összekapcsol, dokkol
**docker** /'dɒkə/ dokkmunkás
**dockland** dokknegyed
**dockyard** /'dɒkjɑːd/ ❶ hajógyár ❷ hajójavító üzem
**doctor** /'dɒktə/ *FNÉV*
❶ orvos, doktor ❷ doktor [tudományos fokozat] ❸ javító, mester
**doctor** *IGE*
❶ hamisít, manipulál [okmányt/adatokat/statisztikát] ❷ megszerel, megreparál ❸ kasztrál [kutyát/macskát]
**doctoral student** doktorandusz, PhD-hallgató
**doctorate** /'dɒktərət/ doktorátus [egyetemi fokozat]
**doctor's office** rendelő
**doctrine** /'dɒktrɪn/ tan(tétel), doktrína, [vallási/politikai] dogma
**document** /'dɒkjumənt/ *FNÉV*
okirat, okmány
**document** *IGE*
okmányokkal igazol, dokumentál
**documentary** /ˌdɒkjʊ'mentərɪ/ *FNÉV*
❶ dokumentumműsor ❷ *documentary (film)* dokumentumfilm
**documentary** *MNÉV*
❶ okirati, okmányszerű, okirattal történő ❷ dokumentum-, dokumentumszerű
**documentation** /ˌdɒkjumen'teɪʃən/ ❶ bizonyítékokkal való alátámasztás, dokumentáció ❷ kísérő dokumentumok, dokumentáció
**document shredder** iratmegsemmisítő
**dodge** /dɒdʒ/ *FNÉV*
❶ félreugrás, kitérés ❷ csel, trükk *tax dodge* adóelkerülés, adóeltitkolás
**dodge** *IGE*
❶ kikerül [közeledő tárgyat], félreugrik ❷ kihúzza magát [kötelezettség alól] ❸ ravaszkodik, mesterkedik
**dodger** /'dɒdʒə/ svindler, csaló *fare dodger* bliccelő ember [pl. buszon]
**dodgy** /'dɒdʒɪ/ ❶ rizikós, bizonytalan, rázós ❷ nem egyenes, becstelen
**doe** /dəʊ/ ❶ dámvadtehén, őzsuta ❷ nőstény menyét/nyúl/patkány
**does** ☞ do
**doeskin** /'dəʊskɪn/ őzbőr
**doesn't** /'dʌzənt/ [= does not] *he doesn't see us* nem lát bennünket
**dog** /dɒg/ *FNÉV*
❶ kutya, eb *a dog's life* kutyasors, rossz sors ❷ hím [egyes emlősöké] ❸ fickó, alak *lucky dog* szerencsés fickó ⓘ *NEM* ~~dog~~
KIFEJEZÉSEKBEN: *go to the dogs* tönkremegy, rossz sorsra jut *every dog has his day* vak tyúk is talál szemet *let sleeping dogs lie* ne ébresszük fel az alvó oroszlánt
**dog** *IGE*
nyomában/sarkában van vminek *be dogged by bad luck* üldözi a balszerencse
**dog cart** ❶ kutyafogat, kutyaszekér ❷ könnyű lovaskocsi
**dog catcher** sintér
**dog days** kánikula
**doge** /dəʊdʒ/ dózse
**dog-eared** szamárfüles [könyv, újság]
**dogfight** ❶ kutyaviadal ❷ vadászgépek harca
**dogged** /'dɒgɪd/ kitartó, makacs
**doggish** /'dɒgɪʃ/ ❶ kutyaszerű ❷ barátságtalan
**doggy-bag** VAGY **doggie bag** /'dɒgɪbæg/ étteremben adott zacskó/doboz a megmaradt étel hazavitelére

**doghouse** kutyaól
**dogma** /ˈdɒgmə/ hittétel, dogma
**dogmatic** /dɒgˈmætɪk/ dogmatikus
**dogmatism** /ˈdɒgmətɪzəm/ dogmatizmus
**dogmatize** /ˈdɒgmətaɪz/ dogmatikus kijelentés(eke)t tesz
**dogsled** VAGY **dog sledge** VAGY **dog sleigh** kutyaszán
**doh** /dəʊ/ dó [szolmizációs hang]
**do-it-yourself** /ˌduːɪtjəˈself/ „csináld magad"

**dole** /dəʊl/ *FNÉV*
munkanélküli-segély *be on the dole* munka nélkül van, segélyből él

**dole** *IGE*
**dole out** *dole smth out* kioszt, szétoszt, alamizsnát oszt

**doleful** /ˈdəʊlfʊl/ szomorú, gyászos
**doll** /dɒl/ ❶ baba [játék] ❷ (butácska) csinibaba, libuska
**dollar** /ˈdɒlə/ ❶ dollár ❷ egydolláros [érme, papírpénz]
**dollar store** olcsó áruk boltja
**dolly** /ˈdɒlɪ/ baba [játék] ❷ targonca ❸ kamerakocsi, krán ❹ sulyok, sulykolófa
**dolomite** /ˈdɒləmaɪt/ dolomit
**dolorous** /ˈdɒlərəs/ bús, fájdalmas
**dolour** /ˈdɒlə/ fájdalom, bú
**dolphin** /ˈdɒlfɪn/ delfin
**dolphinarium** /ˌdɒlfɪˈneərɪəm/ delfinárium
**domain** /dəˈmeɪn/ VAGY /dəʊˈmeɪn/ ❶ tárgykör, terület ❷ birtok, domínium ❸ (szak)terület ❹ domain [internetes]
**dome** /dəʊm/ kupola ⓘ *NEM* ~~dóm~~
**domed** /dəʊmd/ ❶ kupolás ❷ boltozatos

**domestic** /dəˈmestɪk/ *FNÉV*
háztartási alkalmazott, cseléd

**domestic** *MNÉV*
❶ házi, családi ❷ háztartási ❸ házias ❹ belföldi, hazai *Gross Domestic Product, GDP* bruttó hazai termék

**domesticate** /dəˈmestɪkeɪt/ VAGY **domesticize** /dəˈmestɪsaɪz/ ❶ megszelídít (állatot) ❷ háztartási munkához hozzászoktat ❸ meghonosít
**domestication** /dəˌmestɪˈkeɪʃən/ ❶ megszelídítés ❷ háziasítás, háztartási munkához hozzászoktatás ❸ meghonosítás
**domicile** /ˈdɒmɪlsaɪl/ állandó lakhely/lakóhely
**dominance** /ˈdɒmɪnəns/ túlsúly, dominancia

**dominant** /ˈdɒmɪnənt/ *FNÉV*
❶ uralkodó, túlsúlyban lévő, domináns ❷ domináns [genetikában]

**dominant** *MNÉV*
domináns [zenei]

**dominate** /ˈdɒmɪneɪt/ ❶ uralkodik vkin/vmin, túlsúlyban van ❷ elural
**domination** /ˌdɒmɪˈneɪʃən/ ❶ uralkodás, uralom (ami fölött: *over*) ❷ eluralkodás
**domineer** /ˌdɒmɪˈnɪə/ zsarnokoskodik (akivel: *over*)
**domineering** /ˌdɒmɪˈnɪərɪŋ/ zsarnokoskodó, zsarnokoskodásra hajlamos
**Dominican** /ˌdɒmɪˈniːkən/ domonkosrendi, dominikánus
**dominion** /dəˈmɪnjən/ ❶ uralom, uralkodás ❷ domínium
**domino** /ˈdɒmɪnəʊ/ dominó

**don** /dɒn/ *FNÉV*
oktató, tanár [angliai egyetemen]

**don** *IGE*
felvesz, feltesz [ruhát, kalapot]

**donate** /dəʊˈneɪt/ adományoz, ajándékoz
**donation** /dəʊˈneɪʃən/ adomány, ajándék

**done** /dʌn/ *MNÉV*
❶ kész *tell me when you're done* szólj, ha kész vagy ❷ kimerült, elfáradt ❸ elkészített, megsült, megfőtt

**done** *IGE*
☞do

**donkey** /ˈdɒŋkɪ/ ❶ szamár ❷ buta ember, szamár
**donor** /ˈdəʊnə/ *FNÉV* ❶ adományozó ❷ szervadományozó, véradományozó, donor
**don't** /dəʊnt/ [= do not] *we don't want this* nem akarjuk ezt
**donut** /ˈdəʊnʌt/ (farsangi) fánk

**doom** /duːm/ *FNÉV*
❶ balsors, végzet *meet* ⟨*one's*⟩ *doom* utoléri a végzete ❷ ítélet *the day of doom* a végítélet napja

**doom** *IGE*
elítél *be doomed to failure* kudarcra van ítélve, meg van pecsételve a sorsa

**Doomsday** /ˈduːmzdeɪ/ az utolsó ítélet (napja)
**doona** /ˈduːnə/ paplan, dunyha
**door** /dɔː/ ajtó *front door* bejárati ajtó *behind closed doors* zárt ajtók mögött *answer the door* ajtót nyit [pl. csengetésre] KIFEJEZÉSEKBEN: *show smb the door* kiutasít, ajtót mutat vkinek *show smb to the door* kikísér *next door* a szomszéd(ban)
**doorbell** (ajtó)csengő
**door case** VAGY **door frame** ajtótok, ajtókeret
**doorkeeper** kapus, portás
**doorknob** kilincs, fogantyú [gombos]
**doorman** /ˈdɔːmən/ *TBSZ* **doormen** /ˈdɔːmən/ kapus, (szálloda)portás, ajtónálló
**doormat** lábtörlő
**doorplate** névtábla [ajtón/kapun]
**doorpost** ajtófélfa

**doorstep** /ˈdɔːstep/ *FNÉV*
küszöb, bejárati ajtó előtti lépcsőfok *on* ⟨*one's*⟩ *doorstep* egészen közel vkihez, közvetlen közel

**doorstep** *IGE*
❶ házal [ügynök] ❷ politikai támogatásért járja a házakat

**doorstop** ajtómegállító, ajtóütköző
**doorway** kapualj, ajtónyílás

**dope** /dəʊp/ *FNÉV*
❶ kábítószer, doppingszer ❷ ostoba alak ❸ „füles", bizalmas értesülés, drót

**dope** *IGE*
❶ kábítószert/doppingszert ad ❷ kábítószerez, doppingol

**dorm** /ˈdɔːm/ ❶ hálóterem ❷ diákotthon, kollégium

**dormant** /ˈdɔːmənt/ ❶ alvó, szunnyadó *lie dormant* nyugvóponton/rejtve marad ❷ rejtett *dormant partner* csendestárs

**dormitory** /ˈdɔːmɪtəri/ ❶ hálóterem ❷ diákotthon, kollégium

**dorsal** /ˈdɔːsəl/ háton levő, háti

**dorsal fin** hátuszony

**DOS** = Department of State; Director of Studies; disk operating system

**dosage** /ˈdəʊsɪdʒ/ ❶ adagolás ❷ adag, dózis

**dose** /dəʊs/ *FNÉV*
❶ adag, dózis ❷ kellemetlenség

**dose** *IGE*
adagol [orvosságot]

**dosh** /dɒʃ/ dohány, lé, pénz

**doss** /dɒs/ *FNÉV*
rövid alvás, szunyóka

**doss** *IGE*
**doss down** ledől (aludni) [csak úgy vhová]

**dosser** /ˈdɒsə/ *FNÉV* ❶ hajléktalan ❷ hajléktalanszálló

**dossier** /ˈdɒsɪeɪ/ dosszié, akta [vkiről]

**dost** /dʌst/ a *do* régies e.sz. 2.sz. alakja

**dot** /dɒt/ *FNÉV*
❶ pont [írásjel, ékezet] ❷ kipontozott/szaggatott vonal része ❸ *on the dot* hajszálpontosan

**dot** *IGE*
❶ pontot tesz [betűre], (ki)pontoz ❷ tarkít, szegélyez (amivel: *with*)

**dote** /dəʊt/ *dote on smb* majomszeretettel csüng vkin ⓘ *NEM* ~~dotál~~ [= díjaz, fizet, támogat]

**doth** /dʌθ/ a *do* régies e.sz. 3.sz. alakja

**dotted** /ˈdɒtɪd/ ❶ foltos, pöttyös ❷ pontozott, pontokból álló

**dotty** /ˈdɒtɪ/ hülye, dilis

**double** /ˈdʌbəl/ *FNÉV*
❶ kétszerese/duplája vminek ❷ hasonmás, alteregó ❸ dublőr, dublőz, kaszkadőr ❹ kétágyas szoba
KIFEJEZÉSEKBEN: *at/on the double* nagyon gyorsan/hamar

**double** *MNÉV*
❶ kétszeres, kettős, dupla ❷ kétszemélyes ❸ kettős (célú) *lead a double life* kettős életet él ❹ álnok, hamis

**double** *HAT.SZÓ*
kétszeresen, kétszer annyi(t) *fold smth double* ketté hajt, összehajt

**double** *IGE*
❶ megkettőződik, megkétszereződik ❷ megkettőz, megdupláz
**double as** *double as smth* még egy funkciót ellát, két funkciót lát el *this armchair doubles as a bed* ez a fotel ágyként is szolgál
**double back** ❶ visszafut visszakanyarodik ❷ visszahajlik ❸ *double smth back* visszahajt
**double down** *double smth down* behajt [lapot], szamárfület csinál
**double over** meggörnyed
**double up** ❶ kétrét hajlik/görnyed *double up with laughter* összegörnyed / hasát fogja a nevetéstől ❷ osztozik a hálószobán (akivel: *with*)

**double agent** kettős ügynök

**double-barrelled** ❶ kettős, dupla ❷ duplacsövű, ikercsöves [fegyver] ❸ kétértelmű

**double bass** gordon, nagybőgő

**double bed** franciaágy

**double-breasted** /ˌdʌbəl ˈbrestɪd/ kétsoros [kabát]

**double-check** (alaposan/ismét) ellenőriz/megvizsgál

**double chin** toka

**double decker** kétszintes/emeletes autóbusz

**double-digit** kétszámjegyű [pl. infláció]

**double-edged** ❶ kettős élű [kés] ❷ kétértelmű, kétélű

**double figures** kétjegyű szám

**double glazing** dupla üvegezés

**double line** záróvonal

**double or quits** VAGY **double or nothing** dupla vagy semmi

**double-park** (szabályosan) parkoló autó mellé áll [hogy az nem tud kiállni]

**double room** kétágyas szoba [r.szerint franciaággyal]

**doubles** páros (mérkőzés) [pl. teniszben]

**double-talk** *FNÉV/IGE* kétértelmű beszéd, kétértelműen beszél

**doublethink** kettős/kétlaki gondolkodás

**double time** ❶ dupla fizetség [pl. hétvégi munkáért] ❷ futólépés

**double yellow lines** úttestre festett kettős sárga vonal [parkolás tiltására]

**doubly** /ˈdʌblɪ/ kétszeresen, duplán

**doubt** /daʊt/ *FNÉV*
kétség *have doubts about smth* kétségei vannak vmiről *beyond (a shadow of) doubt* minden kétségen kívül *in doubt* bizonytalanságban, kétségben *without doubt* kétségkívül *no doubt* {MONDAT} kétség sincs afelől, hogy {MONDAT}

**doubt** *IGE*
kételkedik (vmiben), kétségbe von (vmit) *I doubt if/whether* {MONDAT} kétlem, hogy {MONDAT}

**doubtful** /ˈdaʊtful/ ❶ kétséges, kétes ❷ kételkedő ❸ bizonytalan, kétes ❹ gyanús, kétes

**doubtless** /ˈdaʊtləs/ *MNÉV/HAT.SZÓ* kétségtelen(-ül), kétségkívül

**douche** /duːʃ/ zuhany, tus

**dough** /dəʊ/ ❶ tészta ❷ dohány, lé, zsozsó

**doughnut** /ˈdəʊnʌt/ (farsangi) fánk

**dour** /dʊə/ morcos, savanyú
**dove** /dʌv/ ❶ galamb ❷ galamb [= nem a katonai erő, hanem a tárgyalás híve]
**dovecote** /ˈdʌvkəʊt/ galambdúc
**dovetail** /ˈdʌvteɪl/ FNÉV
fecskefark, fecskefarkkötés
**dovetail** IGE
❶ fecskefarkszerűen összeilleszt ❷ összeillik, [pl. terv] ❸ összeállít [pl. időbeosztást]
**dowel** /ˈdaʊəl/ VAGY **dowel pin** tipli, csap
**down** /daʊn/ FNÉV
❶ lefelé irányuló mozgás ❷ *ups and downs* örömök és viszontagságok, jó és rossz ❸ *have a down on smb/smth* rosszindulatúan viszonyul vkihez/vmihez ❹ pihe, pehely
**down** MNÉV
❶ lefelé irányuló, lemenő, alsó *the down lift* a lefelé menő lift ❷ dél felé irányuló/haladó *the down train* a dél felé menő vonat
**down** HAT.SZÓ
❶ le, lefelé *down!* feküdj! / fekszik! [kutya] ❷ lent ❸ dél felé, délre ❹ *be down* szomorú, rossz hangulat(ban van), leégve *be down in the mouth* el van kenődve/szontyolodva ❺ *be down* nem működik, rossz ❻ olcsóbb *the price is down (by) 15 per cent* az ár 15%-kal lement ❼ *be down for smth* elő van jegyezve, tervben van
**down to** ❶ -ig, egészen vmeddig *down to the last secretary* egészen az utolsó titkárnőig ❷ *be down to smb* felelős ❸ *be down to smth* vminek köszönhető/betudható
**down with** ❶ beteg *be down with cold* náthásan fekszik ❷ *down with smth/smb!* le vele! *down with the minister!* le a miniszterrel!
**down** ELÖLJ.
❶ fentről le *down the hill* le a hegyről *down the river* a folyón lefelé ❷ (végig) vmin *down the street* végig az utcán
**down** IGE
❶ lelök, lever ❷ felhajt [italt] ❸ leszállásra kényszerít ❹ lelő, leszed [repülőgépet] ❺ legyőz, megadásra kényszerít [ellenfelet]
**down-and-out** *be down-and-out* le van égve/csúszva [ember]
**down-at-heel** lerongyolódott [ember]
**downbeat** /ˈdaʊnbiːt/ ❶ levert, depressziós ❷ pesszimista
**downcast** /ˈdaʊnkɑːst/ ❶ lehangolt, levert, depressziós ❷ lesütött [szem]
**down comforter** paplan, dunyha
**downfall** ❶ leesés, lehullás ❷ esés, bukás, kudarc
**downgrade** FNÉV
❶ lejtő, lefelé menő út ❷ hanyatlás, romlás *be on the downgrade* hanyatlóban van [pl. egészségileg]
**downgrade** IGE
❶ leminősít, áthelyez [alacsonyabb munkakörbe] ❷ lekicsinyít, elbagatellizál
**downhearted** lehangolt, szomorú, csüggedt
**downhill** MNÉV/HAT.SZÓ ❶ hegyről/le(felé menő), völgymenet ❷ *go downhill* romlásnak indul
**download** /daʊnˈləʊd/ letölt, downloadol
**downmarket** /ˈdaʊnmɑːkɪt/ olcsó(bb), igénytelen(ebb)
**downmost** legalsó
**down payment** vásárláskor fizetendő összeg [részletfizetésnél]
**downplay** /daʊnˈpleɪ/ elbagatellizál
**downpour** /ˈdaʊnpɔː/ felhőszakadás
**downright** /ˈdaʊnraɪt/ MNÉV
❶ őszinte, egyenes [ember] ❷ teljes, tiszta [pl. hazugság]
**downright** HAT.SZÓ
❶ egyenesen, szinte ❷ határozottan
**downside** /ˈdaʊnsaɪd/ vmi rossz/negatív oldala, árnyoldal
**downsize** /ˈdaʊnsaɪz/ ❶ (le)kicsinyít, kisebbre vesz ❷ leépít, elbocsát
**downstairs** /daʊnˈsteəz/ FNÉV/MNÉV
lenti/földszinti (rész) [házban]
**downstairs** HAT.SZÓ
❶ a földszinten, lent ❷ le, lefelé [lépcsőn]
**downtime** /ˈdaʊntaɪm/ ❶ holtidő, gép/rendszer működésen kívüli ideje ❷ alkalmazott munkán kívül töltött ideje
**down-to-earth** ❶ gyakorlatias, praktikus ❷ reális, kézzelfogható
**downtown** /daʊnˈtaʊn/ FNÉV/MNÉV belváros(i), üzleti negyed(beli)
**downturn** hanyatlás, csökkenő irányzat
**downward** /ˈdaʊnwəd/ HAT.SZÓ/MNÉV lefelé (irányuló)
**downwards** /ˈdaʊnwədz/ lefelé
**dowry** /ˈdaʊrɪ/ hozomány
**doyen** /ˈdɔɪən/ doyen, korelnök [férfi ]
**doyenne** /dɔɪˈen/ doyen, korelnök [nő]
**doz.** = dozen
**doze** /dəʊz/ FNÉV
szendergés, bóbiskolás
**doze** IGE
szundikál, bóbiskol
**doze off** elszundít, elbóbiskol
**dozen** /ˈdʌzən/ tucat *two dozen eggs* két tucat tojás *dozens of people* több tucat ember
**dpi** pont per inch/hüvelyk [= dot per inch]
**dpt** = department; deponent
**Dr** = Doctor; Drive
**drab** /dræb/ FNÉV
szajha, ribanc
**drab** MNÉV
❶ szürkésbarna, seszínű ❷ unalmas, szürke
**draconian** /drəˈkəʊnɪən/ szigorú, drákói
**draft** /drɑːft/ FNÉV
❶ fogalmazvány, piszkozat ❷ átutalási megbízás [banki] ❸ összeírás, sorozás
**draft** MNÉV
vázlatos, tervezett

**draft** *IGE*
❶ fölvázol, vázlatot készít, megfogalmaz ❷ piszkozatot ír ❸ *US* besoroz, behív
**draftsman** /ˈdrɑːftsmən/ *TBSZ* **draftsmen** /ˈdrɑːftsmən/ (műszaki) rajzoló
**drag** /dræg/ *FNÉV*
❶ húzás, vonszolás *walk with a drag* húzza a lábát ❷ akadály, kolonc, teher *be a drag on smb* nyűg/teher vki nyakán ❸ unalmas dolog, dögunalom ❹ légellenállás
**drag** *IGE*
❶ húz, vonszol [nehéz tárgyat] ❷ söpri a földet, maga után vonszol [pl. ruhát] ❸ kotor [víz fenekén ❹ lassan halad, vontatottan folyik [előadás]
**drag along** *drag smb/smth along* magával hurcol
**drag on** (hosszan) elhúzódik [időben]
**drag up** *drag smth up* elővonszol [témát]
**draggled** /ˈdrægəld/ loncsos, lucskos
**dragon** /ˈdrægən/ ❶ sárkány ❷ házisárkány [nő] ❸ ázsiai kistigris ❹ heroin *chase the dragon* heroint adagol
**dragonfly** szitakötő
**dragoon** /drəˈguːn/ dragonyos
**drain** /dreɪn/ *FNÉV*
❶ csatorna, vízelvezető ❷ nagy igénybevétel (amié: *on*)
**drain** *IGE*
❶ lecsapol ❷ kimerül, kiszárad ❸ kiszárít ❹ kiürít [poharat] ❺ elhasznál, kiszipolyoz
**drainage** /ˈdreɪnɪdʒ/ ❶ lecsapolás, csatornázás ❷ csatornahálózat ❸ vízelvezetés ❹ szennyvíz
**draining board** *FNÉV* edényszárító
**drainpipe** vízlevezető cső, ereszcsatorna
**drake** /dreɪk/ gácsér *play ducks and drakes* kacsáztat [követ vizen]
**dram** /dræm/ ❶ dram [súlyegység: *GB* kb. 1,7 gramm, *US* kb. 3,9 gramm] ❷ egy csepp/korty ital ❸ drachma
**drama** /ˈdrɑːmə/ ❶ színdarab, dráma ❷ drámaírás, drámairodalom ❸ izgalom, dráma
**dramatic** /drəˈmætɪk/ ❶ drámai, drámához kapcsolódó ❷ drámáról szóló ❸ izgalmas, drámai
**dramatics** ❶ szín(ház)művészet, színjátszás ❷ színpadiasság ❸ hisztéria *cut the dramatics* elég a hisztiből
**dramatist** /ˈdræmətɪst/ drámaíró
**dramatization** /ˌdræmətaɪˈzeɪʃən/ dramatizálás, színrevitel, színpadra alkalmazás
**dramatize** /ˈdræmətaɪz/ ❶ dramatizál, színre/színpadra alkalmaz ❷ felfúj, nagy felhajtást/izgalmat/drámát csinál vmiből
**dramaturgist** /ˈdræmətɜːdʒɪst/ drámaíró
**dramaturgy** /ˈdræmətɜːdʒɪ/ dráma, dramaturgia
**drank** ☞ drink
**drape** /dreɪp/ *IGE/FNÉV* szövettel bevon(ás)
**draper** /ˈdreɪpə/ szövetkereskedő
**drapery** /ˈdreɪpərɪ/ ❶ szövetáru-üzlet ❷ szövetosztály [áruházban] ❸ drapéria
**drapes** /dreɪps/ VAGY **draperies** /ˈdreɪpərɪz/ sötétítőfüggöny
**drastic** /ˈdræstɪk/ drasztikus
**drastically** /ˈdræstɪklɪ/ drasztikusan
**draught** /drɑːft/ ❶ huzat, cúg ❷ korty, huzat ❸ merülés(i magasság) ❹ vonszolás, húzás ❺ csapolás *on draught* csapolt [pl. sör]
**draughts** /drɑːfts/ dámajáték
**draughtsman** /ˈdrɑːftsmən/ *TBSZ* **draughtsmen** /ˈdrɑːftsmən/ (műszaki) rajzoló
**draughty** /ˈdrɑːftɪ/ huzatos
**draw** /drɔː/ *FNÉV*
❶ húzás, vontatás ❷ vonz(ó)erő *box-office draw* sikeres darab/film ❸ döntetlen [mérkőzés] ❹ sorshúzás, lottóhúzás
**draw** /drɔː/, **drew** /druː/, **drawn** /drɔːn/ *IGE*
❶ rajzol ❷ (ki)húz *draw water* vizet húz *draw lots* sorsot húz ❸ előkap, előhúz [pl. fegyvert], merít [pl. bátorságot] ❹ felvesz, húz [pénzt, fizetséget] ❺ vonz, vonzerőt jelent ❻ közeledik, mozog *draw near* közelít ❼ döntetlenre ad [mérkőzést] ❽ (be)szív [pl. levegőt] ❾ levon, kialakít [következtetést, véleményt]
**draw along** *draw smb/smth along* ❶ magával von/húz ❷ maga után von [következményt]
**draw aside** ❶ félrevonul ❷ *draw smb/smth aside* félrevon
**draw back** ❶ visszahúzódik ❷ *draw smb/smth back* visszahúz ❸ visszakozik
**draw in** ❶ rövidül [nap] ❷ begördül [pl. vonat] ❸ *draw smb/smth in* behúz, bevon ❹ *draw smth in* beszív [levegőt]
**draw near** ❶ közeledik, közelebb húzódik [távolságban] ❷ közeleg [időben]
**draw off** ❶ eltávolodik, visszavonul ❷ *draw smth off* lehúz [ruhadarabot] ❸ kiereszt [vizet]
**draw on** ❶ közeledik [éjszaka] ❷ *draw on smth* igénybe vesz (vmit/vkit), merít (vmiből) [pl. tapasztalatból] ❸ *draw on smth* hozzányúl [pl. megtakarított pénzhez] ❹ *draw on smth* szív (egyet) [pl. cigarettából]
**draw out** ❶ hosszabbodik [nap] ❷ *draw smth out* elhúz, elnyújt [pl. megbeszélést]
**draw to** közeledik *draw to a close* vége felé jár
**draw up** ❶ előáll, odaáll [jármű] ❷ megáll [kocsi] ❸ felsorakozik [csapat] ❹ *draw smth up* megfogalmaz, megszövegez, megtervez
**drawback** /ˈdrɔːbæk/ hátulütő, hátrány
**drawbridge** felvonóhíd
**drawer** ❶ /drɔː/ fiók ❷ /ˈdrɔːə/ váltó kibocsátója ❸ /ˈdrɔːə/ rajzoló
**drawers** /drɔːz/ alsónadrág, gatya
**drawing** /drɔːɪŋ/ ❶ rajz ❷ rajzolás ❸ húzás [pl. sorsjegyé]
**drawing board** rajztábla *go back to the drawing* újra kezd/megpróbál vmit

D

**drawing pin** rajzszög
**drawing room** ❶ fogadószoba, társalgó ❷ hálófülke [vonaton]
**drawl** /drɔːl/ *FNÉV*
vontatott/lassú beszéd(stílus)
**drawl** *IGE*
vontatottan/lassan beszél
**drawn** /drɔːn/ *MNÉV*
❶ megnyúlt, fáradt [arc] ❷ döntetlen(re adott) [mérkőzés]
**drawn** *IGE*
☞ draw
**dray** /dreɪ/ söröskocsi, stráfkocsi
**dread** /dred/ *FNÉV*
félelem, rettegés *be in dread of smb/smth* fél/retteg vkitől/vmitől
**dread** *IGE*
*dread smth* fél/retteg vmitől *dread to think that* {MONDAT} elborzad a gondolattól, hogy {MONDAT}
**dreadful** /ˈdredfʊl/ ❶ félelmetes, félelmet keltő ❷ szörnyű, borzasztó
**dream** /driːm/ *FNÉV*
❶ álom *have a dream* álmodik ❷ álmodozás ❸ ábránd, (vágy)álom
**dream** /driːm/, **dreamed** VAGY **dreamt** /dremt/, **dreamed** VAGY **dreamt** *IGE*
❶ álmodik (amiről: *about*) ❷ ábrándozik, álmodik (amiről: *about/of*) ❸ *not dream of (doing) smth* álmában se jutna eszébe vmi(t megtenni)
**dream up** *dream smth up* kitervel, kigondol [r.szerint fondorlatosan]
**dreamer** /ˈdriːmə/ *FNÉV* ❶ álmodozó, fantaszta ❷ nem gyakorlatias / nem e világban élő ember
**dreamless** /ˈdriːmləs/ álom nélküli, nyugodt [alvás]
**dreamlike** álomszerű
**dreamt** ☞ dream
**dream world** álomvilág
**dreamy** /ˈdriːmɪ/ ❶ álmodozó ❷ halvány, nehezen kivehető ❸ álomszerű, csodás
**dreariness** /ˈdrɪərɪnəs/ ❶ kietlenség, kopárság, sivárság ❷ unalmasság, sivárság
**dreary** /ˈdrɪərɪ/ ❶ kietlen, kopár, sivár ❷ unalmas, sivár
**dredge** /dredʒ/ *FNÉV*
kotrógép, kotróhajó
**dredge** *IGE*
❶ (ki)kotor [medret] ❷ kotorva keres [mederben] (amit/akit: *for*) ❸ (be)hint
**dredger** /ˈdredʒə/ ❶ kotróhajó, úszókotró, kotrógép ❷ cukorszóró
**dreggy** /ˈdregɪ/ üledékes, zavaros
**dregs** /dregz/ ❶ üledék, alj *coffee dregs* zacc ❷ söpredék, vminek az alja *dregs of society* a társadalom alja
**drench** /drentʃ/ *FNÉV*
❶ folyékony orvosság [állaté] ❷ eláztatás
**drench** *IGE*
❶ átáztat (amivel: *with*) *drenched to the skin* csuromvíz, bőrigázott ❷ orvossággal megitat [állatot]
**dress** /dres/ *FNÉV*
❶ ruha [női] ❷ *(MNÉV) dress* vmilyen (stílusú) öltözék *evening dress* estélyi öltözék/ruha, frakk
**dress** *IGE*
❶ (fel)öltözik, öltözködik *be dressed in smth* vmibe van öltözve ❷ (fel)öltöztet *get dressed* öltözködik, felöltözik ❸ kiöltözik, díszbe öltözik ❹ ellát/bekötöz [sebet] ❺ el(ő)készít [ételt] ❻ rendbehoz, megigazít, elrendez [pl. frizurát, kirakatot] ❼ kikészít [bőrt, szövetet], védőréteggel lát el [felületet]
**dress down** *dress smb/smth down* ❶ lecsutakol [lovat] ❷ lehord, legorombít
**dress up** ❶ *dress smb up* felöltöztet, beöltöztet [pl. gyereket] (aminek: *as/in*) ❷ kiöltözik
**dressage** /ˈdresɑːʒ/ ❶ idomítás, dresszírozás ❷ díjlovaglás
**dress ball** jelmezbál
**dress circle** ❶ első emeleti páholy ❷ erkély első sor
**dresser** /ˈdresə/ ❶ konyhakredenc, konyhaszekrény ❷ toalettasztal, fésülködőasztal ❸ öltöztető(nő) [színházban] ❹ kirakatrendező
**dressing** /ˈdresɪŋ/ ❶ öltöz(köd)és ❷ kötözés, kötszer [seben] ❸ öntet [pl. salátán] ❹ töltelék [ételben] ❺ elkészítés [sütéshez húsé, szárnyasé] ❻ kikészítés [bőré/textilé]
**dressing-down** lehordás, megszidás *give smb a dressing-down* letol, lehord
**dressing gown** házikabát, köntös
**dressing room** *FNÉV* öltöző [pl. színházban]
**dressing table** öltözőasztal, toalettasztal
**dressmaker** /ˈdresmeɪkə/ női szabó, varrónő
**dress rehearsal** főpróba
**drew** ☞ draw
**dribble** /ˈdrɪbəl/ *FNÉV*
❶ csöpögés, szivárgás ❷ nyáladzás ❸ csel(ezés) [labdajátékban]
**dribble** *IGE*
❶ csöpög, szivárog ❷ cseppent ❸ nyáladzik ❹ cselez [labdajátékban]
**driblet** /ˈdrɪblət/ csöpp, kis mennyiség
**dried** /draɪd/ szárított, aszalt
**drier** /ˈdraɪə/ *FNÉV*
szárító [gép]
**drier** /ˈdraɪə/ *MNÉV*
☞ dry
**driest** /ˈdraɪəst/ *MNÉV* ☞ dry
**drift** /drɪft/ *FNÉV*
❶ áramlás, sodródás ❷ vándorlás, áramlás
**drift** *IGE*
❶ úszik, lebeg, sodródik [vízben, levegőben] *drift with the current* úszik az árral ❷ felhalmozódik [pl. hó, levelek] ❸ irányul, halad, sodródik ❹ sodor, úsztat

**drifter** /ˈdrɪftə/ ❶ sodródó ember ❷ húzóhálós halászcsónak

**drifty** /ˈdrɪftɪ/ sodródó(s), sodródásra hajlamos

**drill** /drɪl/ FNÉV

❶ fúró(gép) ❷ fúró(fej) ❸ gyakorlatozás, kiképzés [katonai] ❹ gyakorlat, riadó *fire drill* tűzriadó, tűzvédelmi gyakorlat ❺ gyakorlat, sulykolás, drill [pl. nyelvtani]

**drill** IGE

❶ fúr, kifúr, átfúr ❷ gyakorlatozik [katona] ❸ gyakorlatoztat, kiképez ❹ begyakoroltat, sulykol, drillez

**drill bit** fúrófej

**drill chuck** tokmány [fúrógépé]

**drily** /ˈdraɪlɪ/ ❶ szárazon ❷ unalmasan

**drink** /drɪŋk/ FNÉV

❶ ital *a drink of water* egy kis/pohár víz *have a drink* iszik vmit/egyet *soft drink* alkoholmentes ital ❷ adag ital [r.szerint szeszes]

**drink** /drɪŋk/, **drank** /dræŋk/, **drunk** /drʌŋk/ IGE

❶ iszik ❷ italozik, iszik, részegeskedik ❸ iszik, üríti poharát (amire / akinek az egészségére: *to*) *drink a toast to smb* iszik vkinek az egészségére

**drink down** *drink smth down* ❶ felhajt [italt] ❷ italba fojt [pl. bánatot, nézeteltérést]

**drink in** *drink smth in* ❶ beszív, magába szív ❷ alig tud betelni vmivel

**drink up** *drink smth up* ❶ az utolsó cseppig ürít vmit ❷ magába szív [nedvességet]

**drink driving** ittas vezetés

**drip** /drɪp/ FNÉV

❶ csöpögés ❷ csepp, csöpp ❸ eresz, csurgó ❹ infúzió *be put on a drip* infúziót kötnek be neki

**drip** IGE

❶ csöpög (amitől: *with*) ❷ csöpögtet, csöppent

**dripping** VAGY **drippings** /ˈdrɪpɪŋz/ sült(hús)zsír, pecsenyelé

**drive** /draɪv/ FNÉV

❶ kocsikázás, autózás *go for a drive* kocsikázik egyet ❷ kocsiút, kocsifelhajtó ❸ (meg)hajtás *front-wheel drive* elsőkerék-meghajtás ❹ hadjárat, toborzó, (reklám-) kampány ❺ ösztön ❻ labda nagy erejű előreadása, „megküldése" ❼ energia, lendület ❽ drájv, drive, (lemez)meghajtó

**drive** /draɪv/, **drove** /drəʊv/, **driven** /ˈdrɪvən/ IGE

❶ hajt, űz, vezet ❷ vezet, irányít [járművet] ❸ elvisz [járművön] ❹ működtet, hajt [gépet] ❺ kényszerít, belekerget, ösztönöz *drive smb to despair* kétségbe ejt *drive smb to do smth* arra kényszerít vkit, hogy vmit megtegyen ösztönöz ❻ „megküld" [labdát továbbít] ❼ beüt, becsavar

KIFEJEZÉSEKBEN: *drive smth home to smb* megértet vkivel vmit, eljuttat vmit vkihez

**drive at** *drive at smth* akar vmit, céloz vmire *what are you driving at?* mire akarsz kilyukadni?

**drive away** ❶ elhajt [autóval] ❷ *drive smb/smth away* elűz, elhajt, elsodor, útjából kitérít

**drive in** ❶ behajt [járművel] ❷ *drive smth in* bever [szöget], behajt [csavart]

**drive out** ❶ kihajt [járművel] ❷ *drive smb out* kiűz, kikerget ❸ *drive smth out of smb's head* kiver vmit vkinek a fejéből

**drive-in** FNÉV

❶ autósvendéglő ❷ autósmozi

**drive-in** MNÉV

autós-

**drivel** /ˈdrɪvəl/ FNÉV

❶ nyál [szájból csorgó] ❷ badar beszéd

**drivel** IGE

❶ nyáladzik ❷ ostobaságokat beszél

**driven** /ˈdrɪvən/ ❶ űzött ❷ motivált, ösztönzött ❸ vmilyen hajtású, vmi által hajtott *motor-driven* villamos motor által hajtott

**driver** /ˈdraɪvə/ ❶ (jármű)vezető ❷ hajtó, kocsis ❸ gépész ❹ golfütő ❺ driver, meghajtó [program]

**driver's license** US (gépjárművezetői) engedély, jogosítvány

**drive-through** FNÉV/MNÉV autóval bejárható, autós- (pl. mosó, állatkert)

**driveway** ❶ út ❷ kocsiút, kocsifeljáró

**driving** /ˈdraɪvɪŋ/ ❶ (meg)hajtó ❷ nagyerejű [pl. eső]

**driving instructor** járművezető-oktató

**driving lesson** járművezető-képző foglalkozás/óra

**driving licence** (gépjárművezetői) engedély, jogosítvány

**driving school** autósiskola

**driving test** gépjárművezetői vizsga

**driving under the influence** ittas vezetés

**drizzle** /ˈdrɪzəl/ FNÉV/IGE szitáló eső / permetez, szitál [eső]

**droll** /drəʊl/ bohókás, szórakoztató

**drollery** /ˈdrəʊlərɪ/ bohóság, móka

**dromedary** /ˈdrɒmədərɪ/ egypúpú teve, dromedár

**drone** /drəʊn/ FNÉV

❶ here [méh] ❷ zümmögés, zaj ❸ here, semmittevő (ember), parazita

**drone** IGE

❶ zümmög, zúg ❷ monoton hangon beszél

**drool** /dru:l/ ❶ nyáladzik, folyik a nyála ❷ csorog a nyála [gyönyörűségtől] (amitől: *over*)

**droop** /dru:p/ FNÉV

❶ lekonyulás, elernyedés ❷ elszontyolodás, elkedvetlenedés

**droop** IGE

❶ lekonyul, leereszkedik ❷ lehorgaszt ❸ elszontyolodik, elkedvetlenedik

**droopy** /ˈdru:pɪ/ ❶ lankadt, lelógó, petyhüdt ❷ elszontyolodott, elkedvetlenedett

**drop** /drɒp/ FNÉV

❶ csepp, csöpp *drop in the bucket/ocean* egy

D

csepp a tengerben ❷ egy kis mennyiség [folyadékból] *a drop of coffee* egy kis kávé ❸ cukorka, drazsé ❹ (le)esés ❺ visszaesés, hanyatlás, csökkenés [áré, gazdaságé, fizetésé] (amiben: *in*)

**drop** IGE
❶ csöpög, csepeg ❷ leesik, lehanyatlik [tárgy, gazdaság,] ❸ csökken, süllyed [pl. hőmérséklet, ár] ❹ leejt, ledob, elejt [tárgyat, megjegyzést] ❺ kitesz, letesz [járműből vhol] ❻ abbahagy, félbehagy, felhagy [pl. tervvel] *drop everything* mindent félbehagy ❼ kihagy, kifelejt (ahonnan: *from*) ❽ összeesik, elesik
KIFEJEZÉSEKBEN: *drop smb a line* ír vkinek egy pár sort *the penny has dropped* leesett a tantusz
**drop back** ❶ hátramarad ❷ visszaszokik [pl. dohányzásra] (amire: *into*)
**drop behind** lemarad, a sor végére marad
**drop in** beugrik, benéz *drop in on smb* benéz vkihez [rövid időre, látogatóba]
**drop off** ❶ leesik, lehull ❷ hanyatlik, csökken [pl. érdeklődés] ❸ elalszik, elbóbiskol *drop off to sleep* elalszik ❹ *drop smb off* vmeddig visz, kitesz [járműből]
**drop out** ❶ kimarad [iskolából] ❷ a peremre sodródik, kiszorul ❸ kivonul [társadalomból] ❹ kiesik [versenyből] ❺ *drop smb/smth out* kihagy vkit/vmit vhonnan

**drop cloth** porvédő anyag, lepel
**drop curtain** felvonásvégi függöny
**drop-off** ❶ szakadék, meredély ❷ csökkenés, meredek esés [pl. forgalomé]
**dropout** /ˈdrɒpaʊt/ ❶ iskolából kimaradó tanuló ❷ a társadalom peremére sodródó ember ❸ a társadalomból kivonuló ember ❹ információkimaradás, dropout
**droppage** /ˈdrɒpɪdʒ/ ❶ leejtés ❷ leejtett mennyiség ❸ esedék, veszteség
**droppings** állati ürülék
**drops** /drɒps/ cseppek [gyógyszer]
**dropseat** lehajtható ülőke
**dropshot** ejtés, rövidítés [pl. teniszben]
**droptable** /ˌdrɒpˈteɪbəl/ lehajtható asztal
**dross** /drɒs/ ❶ salak, üledék ❷ vacak dolog ❸ ponyva(irodalom)
**drought** /draʊt/ ❶ szárazság, aszály ❷ hiány

**drove** /drəʊv/ FNÉV
falka, csorda, nyáj

**drove** IGE
☞ drive

**droves** /drəʊvz/ embertömeg *in droves* tömegesen
**drown** /draʊn/ ❶ vízbe fullad, megfullad ❷ vízbe fojt ❸ eláraszt, elönt [vízzel] ❹ elfojt, elnyom [hangot]

**drowse** /draʊz/ FNÉV
álmosság, szundikálás

**drowse** IGE
❶ elálmosodik ❷ elszundít, elszunyókál ❸ *drowse time away* céltalanul tölti az időt, lustul

**drowsiness** /ˈdraʊzɪnəs/ álmosság
**drowsy** /ˈdraʊzɪ/ ❶ álmos ❷ álmosító ❸ csendes, álmos [pl. falu]
**drudge** /drʌdʒ/ FNÉV/IGE kuli(zik)
**drudgery** /ˈdrʌdʒərɪ/ kulimunka

**drug** /drʌg/ FNÉV
❶ gyógyszer ❷ kábítószer, drog *be on drugs* drogos, drogozik, kábítószert szed ❸ doppingszer *take drugs* doppingol

**drug** IGE
❶ kábítószert tesz vmibe ❷ kábítószert ad be vkinek, belő

**drug addict** kábítószerfüggő, narkós, drogbeteg
**drug addiction** narkománia, kábítószer-függőség
**druggist** /ˈdrʌgɪst/ US gyógyszerész
**drugstore** /ˈdrʌgstɔ:/ US gyógyszertár, patika, drogéria [gyógyszert és más apró cikkeket áruló üzlet]
**drug trafficking** drog/kábítószercsempészet, kábítószerkereskedelem

**drum** /drʌm/ FNÉV
❶ dob ❷ vminek a dobja [pl. keréké] ❸ henger [pl. gépé] ❹ dobolás ❺ tartály ❻ dobhártya

**drum** IGE
❶ dobol, dobon játszik ❷ dobol [pl. asztalon] ❸ *drum smth into smb* belever vkinek a fejébe
**drum out** *drum smb out* kidob, kiutasít, kizár
**drum up** *drum smth up* összeszed, összetrombitál, gründol [pl. támogatást]

**drum brake** dobfék
**drumfire** pergőtűz
**drum major** zenekarvezető, tamburmajor
**drummer** /ˈdrʌmə/ dobos
**drumming** /ˈdrʌmɪŋ/ ❶ dobolás, dobszó ❷ dobolás, kopogás [pl. asztalon]
**drumstick** ❶ dobverő ❷ csirke alsó combja

**drunk** /drʌŋk/ MNÉV
ittas, részeg *dead/blind drunk* tökrészeg

**drunk** IGE
☞ drink

**drunkard** /ˈdrʌŋkəd/ FNÉV részeges/iszákos
**drunken** /ˈdrʌŋkən/ ittas, részeg

**dry** /draɪ/ FNÉV
szárazság

**dry** /draɪ/, **drier** VAGY **dryer** /draɪə/, **driest** VAGY **dryest** /draɪəst/ MNÉV
❶ száraz, kiszáradt *go dry* megszárad, kiszárad ❷ szomjas(ságot okozó) ❸ üres, semmivel sem megkent [kenyér] ❹ józan, száraz ❺ alkoholtilalommal rendelkező, száraz [pl. állam] ❻ unalmas, száraz ❼ fanyar [humor]

**dry** IGE
❶ (meg)szárad ❷ (el)apad, kiszárad ❸ (meg-)szárít ❹ kiszárít, aszal
**dry out** ❶ kiszárad ❷ *dry smth/smb out* kiszárít ❸ *dry smb out* leszoktat az alkoholról
**dry up** ❶ belesül [szerepbe] ❷ teljesen ki-

szárad [pl. folyómeder], bedugul [információforrás] ❸ *dry smth up* teljesen kiszárít
**dry battery** szárazelem
**dry bob run** nyári bobpálya
**dry cleaner's** száraztisztító, vegytisztító
**dry dock** szárazdokk
**dryer** /ˈdraɪə/ FNÉV szárító [gép]
**dry goods** ❶ méteráru, rövidáru ❷ szárított áru [pl. dohány, tea, kávé]
**drying** /ˈdraɪɪŋ/ ❶ száradó ❷ szárító ❸ szárítás
**drying line** teregetőkötél
**dry land** szárazföld
**dryly** /ˈdraɪlɪ/ ❶ szárazon ❷ unalmasan
**dry milk** tejpor
**dry nurse** szárazdajka
**dry-roast** MNÉV/IGE szárazon pirít(ott)/ pörköl(t)
**dry-salt** sózással tartósít
**DSc** = Doctor of Science
**DTP** = desktop publishing
**dual** /ˈdjuːəl/ FNÉV
duális, kettesszám
**dual** /ˈdjuːəl/ MNÉV
❶ kettős ❷ duálisban lévő
**dual carriageway** osztottpályás úttest, autópálya, autósztráda
**dualism** /ˈdjuːəlɪzəm/ ❶ dualizmus ❷ kettősség, dichotómia
**duality** /djuːˈælətɪ/ kettősség, dichotómia
**dub** /dʌb/ ❶ elnevez, vminek hív *dub smth/smb smth* vkit/vmit vminek nevez ❷ *dub smb (knight)* lovaggá üt ❸ szinkronizál
**dubiety** /djʊˈbaɪətɪ/ bizonytalanság, két(ség)esség
**dubious** /ˈdjuːbɪəs/ ❶ két(ség)es, bizonytalan (amiben: *about*) ❷ kétséget okozó, aggályos, nem becsületes
**dubitable** /ˈdjuːbɪtəbəl/ két(ség)es, kétségbe vonható, kételkedésre okot adó
**dubitation** /ˌdjuːbɪˈteɪʃən/ kétely, kételkedés
**ducal** /ˈdjuːkəl/ hercegi, hercegségi
**duchess** /ˈdʌtʃɪs/ ❶ hercegnő ❷ hercegné
**duchy** /ˈdʌtʃɪ/ hercegség, hercegi birtok
**duck** /dʌk/ FNÉV
❶ kacsa, réce [állat] ❷ kacsa [étel] ❸ alak, fazon ❹ sűrű vászon ❺ kétéltű katonai jármű KIFEJEZÉSEKBEN: *play ducks and drakes* kacsáztat [követ vizen]
**duck** IGE
❶ *duck (down)* lehúzza a fejét, lebukik [vmi elől] ❷ alábukik, lemerül ❸ vízbe merít/buktat
**duckbilled platypus** /ˌdʌkbɪld ˈplætɪpəs/ kacsacsőrű emlős
**duckfooted** lúdtalpas
**duckling** /ˈdʌklɪŋ/ kiskacsa
**duct** /dʌkt/ ❶ csatorna, járat ❷ (cső)vezeték
**ductile** /ˈdʌktaɪl/ ❶ hajlékony, alakítható [pl. fém] ❷ befolyásolható, alakítható [ember]
**ductility** /dʌkˈtɪlətɪ/ ❶ hajlékonyság, alakíthatóság [pl. fémé] ❷ alakíthatóság, formálhatóság [jellemé]
**duct tape** szigetelőszalag
**dude** /djuːd/ US ❶ városi ember ❷ turista [keleti patvidéki, vadnyugaton] ❸ pali, pasas ❹ haver(om), öreg(em)
**dudgeon** /ˈdʌdʒən/ harag, neheztelés *in high dudgeon* haragosan, neheztelve
**due** /djuː/ FNÉV
❶ követelés, járandóság *give her her due* megadja neki, ami illeti/jár, megadja neki az illő tiszteletet ❷ jogcím
**due** MNÉV
❶ esedékes *be/become/fall due* esedékessé válik ❷ *be due to smb* jár vkinek vmilyen összeg ❸ kellő, megfelelő *in due course* kellő/ megfelelő időben ❹ *due to smth* tulajdonítható vminek, miatt, vminek/vminek betudhatóan
**due** HAT.SZÓ
pontosan *due north (of here)* egyenesen északra (innen)
**duel** /ˈdjuːəl/ FNÉV/IGE párbaj(ozik)
**duellist** /ˈdjuːəlɪst/ VAGY **dueller** /ˈdjuːələ/ FNÉV párbajozó
**duet** /djʊˈet/ duett, duó, kettős
**duffel** /ˈdʌfəl/ ❶ puha vastag gyapjúszövet ❷ düftin ❸ US turistafelszerelés, kempingfelszerelés
**duffel bag** VAGY **duffle bag** vállra akasztható, zsinórral összehúzott táska
**duffel coat** VAGY **duffle coat** lazán viselt erős sportkabát [r.szerint csuklyás]
**dug** FNÉV
❶ tőgy ❷ csöcs [öregasszonyé]
**dug** /dʌg/ IGE
☞ dig
**dugout** /ˈdʌgaʊt/ ❶ fedezék ❷ kispad [sportmérkőzésen, fedett helyen] ❸ fatörzscsónak
**duke** /djuːk/ herceg, fejedelem
**dukedom** /ˈdjuːkdəm/ ❶ hercegi uradalom/ birtok ❷ hercegi rang
**duke's** /djuːks/ hercegi
**dulcimer** /ˈdʌlsɪmə/ cimbalom
**dull** /dʌl/ MNÉV
❶ unalmas, egyhangú [dolog, ember] ❷ lassú észjárású, buta ❸ felhős, komor [időjárás] ❹ tompa, matt, fakó [szín] ❺ tompa, életlen [pl. kés] ❻ tompa [fájdalom]
**dull** IGE
❶ elbutul ❷ (el)butít ❸ (el)tompul ❹ tompít ❺ enyhít [fájdalmat] ❻ kifakul ❼ kifakít
**duly** /ˈdjuːlɪ/ illendően, ahogy kell/illik, megfelelően
**dumb** /dʌm/ ❶ néma *deaf and dumb* süketnéma *strike smb dumb* elnémít *be struck dumb* elképed ❷ hallgatag, nem beszélő [pl. bűnöző] ❸ buta
**dumbfound** VAGY **dumfound** /ˈdʌmfaʊnd/ megdöbbent, elnémít
**dumb show** némajáték, pantomim
**dumb waiter** ❶ zsúrkocsi ❷ US ételszállító lift
**dummy** /ˈdʌmɪ/ FNÉV
❶ utánzat, mű-/ál- dolog, vminek látszó tárgy

❷ próbababa, próbabábu ❸ cumi, cucli ❹ stróman ❺ „asztal” [bridzsjátékban] ❻ makett, vakpéldány [nyomdai]

**dummy** *IGE*
cselez, passzolást mímel [labdajátékban]

**dummy cartridge** vaktöltény

**dump** /dʌmp/ *FNÉV*
❶ lerakodóhely, szemétlerakó-telep *rubbish dump* szeméttelep ❷ katonai raktár

**dump** *IGE*
❶ lerak, lehány ❷ kiteszi a szűrét, dob ❸ dömpingáron exportál

**dumper** /ˈdʌmpə/ VAGY **dumpcart** VAGY **dumper truck** VAGY **dump truck** billenőkocsi, dömper, billencs

**dumping** dömping

**dumping price** dömpingár

**dumping-ground** lerakodóhely, szemétlerakótelep, szeméttelep

**dumpling** /ˈdʌmplɪŋ/ ❶ gombóc [húsos vagy édes töltettel] ❷ kis tömzsi ember

**dumps** /dʌmps/ *be (down) in the dumps* szomorú, lehangolt

**dump truck** dömper, billenős teherautó

**dumpy** /ˈdʌmpɪ/ köpcös, tömzsi

**dung** /dʌŋ/ *FNÉV*
trágya, ganéj, gané

**dung** *IGE*
trágyáz, ganajoz

**dungarees** /ˌdʌŋgəˈriːz/ kertésznadrág, mellesnadrág, suszternadrág, munkaruha, overáll

**dung beetle** ganajtúró

**dungeon** /ˈdʌndʒən/ ❶ vártorony ❷ (vár)börtön, tömlöc

**dung fly** trágyalégy

**dunk** /dʌŋ/ ❶ mártogat, tunkol [pl. kenyeret] ❷ belemárt [folyadékba] ❸ zsákol [kosárlabdában]

**dunk shot** zsákolás [kosárlabdában]

**dunno** /dəˈnəʊ/ = (I) don’t know

**duo** /ˈdjuːəʊ/ duó

**dupe** /djuːp/ *FNÉV*
balek

**dupe** *IGE*
becsap, rászed, palira vesz

**dupery** /ˈdjuːpərɪ/ becsapás, palira vétel

**duplex** /ˈdjuːpleks/ *FNÉV*
❶ kétszintes lakás/ház ❷ kétlakásos ház, ikerház

**duplex** *MNÉV*
kettős, dupla

**duplicate** /ˈdjuːplɪkət/ *FNÉV*
❶ másolat, másolt darab [pl. kulcs] ❷ másodpéldány, másolat [pl. irat] *in duplicate* két példányban

**duplicate** /ˈdjuːplɪkət/ *MNÉV*
kétszeres, dupla

**duplicate** /ˈdjuːplɪkeɪt/ *IGE*
❶ (le)másol, másolatot készít [pl. kulcsról] ❷ fénymásolatot készít, (le)másol [pl. iratot] ❸ utánoz, megismétel [pl. teljesítményt]

**duplication** /ˌdjuːplɪˈkeɪʃən/ ❶ megkettőzés, megduplázás ❷ (le)másolás

**duplicator** /ˈdjuːplɪkeɪtə/ másológép, stencilgép

**duplicity** /djuːˈplɪsətɪ/ kétszínűség, kétkulacsosság

**durability** /ˌdjʊərəˈbɪlətɪ/ tartósság

**durable** /ˈdjʊərəbəl/ tartós, hoszantartó

**duration** /djʊəˈreɪʃən/ ❶ (idő)tartam *for the duration of smth* vminek az idejére ❷ futamidő, lejárat

**duress** /djʊəˈres/ ❶ kényszerítés, súlyos fenyegetés *under duress* erőszak/kényszer hatására ❷ lefogás, bebörtönzés

**durex** /ˈdjʊəreks/ koton, kondom

**during** /ˈdjʊərɪŋ/ alatt, közben, során, folyamán [idő] *during the film* a film alatt

**dusk** /dʌsk/ alkony, szürkület *from dawn to dusk* virradattól napnyugtáig

**dusky** /ˈdʌskɪ/ ❶ sötét színű ❷ barnabőrű, sötétbőrű ❸ homályos

**dust** /dʌst/ *FNÉV*
❶ por ❷ vminek a pora / porított alakja *gold dust* aranypor ❸ (házi) szemét ❹ hamvak, maradványok ❺ portörlés, portalanítás

**dust** *IGE*
❶ leporol, portalanít ❷ beporoz, behint [pl. cukorral, növényvédőszerrel]

**dust down** *dust smth/smb down* ❶ letöröl, portalanít ❷ lehord, leszid

**dust off** *dust smth off* leporol, újra elővesz

**dust up** *dust smb up* rátámad vkire

**dust ball** porcica [bútor alatt]

**dustbin** /ˈdʌstbɪn/ szemetes, szemétláda, kuka

**dustbin liner** szemeteszsák [szemetesbe]

**dustcart** szemeteskocsi

**dust cloth** por(törlő)rongy

**dust cover** ❶ porvédő fedél ❷ védőborító, védőhuzat

**duster** /ˈdʌstə/ ❶ por(törlő)rongy ❷ takarításhoz felvett védőruha, porköpeny ❸ szóró(eszköz) [pl. cukorhoz, növényvédőszerhez]

**dusting** /ˈdʌstɪŋ/ ❶ meghintés [pl. cukorral] ❷ porolás, portörlés

**dust jacket** védőborító [könyvön]

**dustman** /ˈdʌstmən/ *TBSZ* **dustmen** /ˈdʌstmən/ kukás, szemetes(ember)

**dust pan** szemeteslapát

**dustsheet** porvédő anyag, lepel [bútor/áruk védelmére]

**dusty** /ˈdʌstɪ/ ❶ poros ❷ halvány, fakó [pl. szín] ❸ porszerű ❹ sivár, porlepte, unalmas

**Dutch** /dʌtʃ/ *FNÉV*
❶ *the Dutch* a hollandok ❷ a holland nyelv KIFEJEZÉSEKBEN: *in Dutch* bajban *double Dutch* érthetetlen dolog, halandzsa

**Dutch** *MNÉV*
❶ holland ❷ *go Dutch (with smb)* megosztják a számlát, ki–ki alapon esznek/isznak

**duteous** /ˈdjuːtɪəs/ ❶ kötelességtudó ❷ engedelmes, szófogadó
**dutiable** /ˈdjuːtɪəbəl/ vámköteles
**dutiful** /ˈdjuːtɪful/ ❶ kötelességtudó ❷ engedelmes, szófogadó
**duty** /ˈdjuːtɪ/ ❶ kötelesség *be (in) duty bound to do smth* becsületbeli kötelességének érzi, hogy vmit megtegyen ❷ szolgálat *on/off duty* szolgálatban/szolgálaton kívül *be on night duty* éjszakai műszakban van ❸ engedelmesség, tiszteletadás ❹ vám, illeték *stamp duty* illetékbélyeg
**duty-bound** kötelezettség által vezérelt
**duty-free** vámmentes
**duty free shop** vámmentes bolt
**duvet** /ˈduːveɪ/ paplan, dunyha
**duvet jacket** VAGY **duvet** steppelt kabát
**DVD** = digital video disc; digital versatile disc
**dwarf** /dwɔːf/ TBSZ **dwarfs** VAGY **dwarves** /dwɔːvz/ FNÉV
törpe
**dwarf** IGE
❶ eltörpít *be dwarfed* eltörpül (ami mellett: *by*) ❷ akadályozza vmi növekedését
**dwarfish** /ˈdwɔːfɪʃ/ törpe, apró
**dwell** /dwel/, **dwelt** /dwelt/, **dwelt** /dwelt/ ❶ lakik ❷ marad, tartózkodik, időzik
**dwell on** *dwell on smth* hosszan időzik vminél, hosszan fejteget vmit
**-dweller** /ˈdwelə/ lakos, lakó *city-dweller* városlakó, városi ember
**dwelling** /ˈdwelɪŋ/ lakóhely, lakás, tartózkodási hely
**dwindle** /ˈdwɪndəl/ VAGY **dwindle away** (egyre) csökken, fogy
**dye** /daɪ/ FNÉV
❶ festék, színezék ❷ (szín)árnyalat
**dye** IGE
(meg)fest, befest, színez [pl. hajat, ruhát]
**dyer** /ˈdaɪə/ (ruha)festő, kelmefestő
**dying** /ˈdaɪɪŋ/ ❶ halotti ❷ elhaló [pl. hang]
**dying wish** utolsó kívánság
**dyke** /daɪk/ FNÉV
árvédelmi gát/töltés
**dyke** IGE
gáttal véd, gátat épít
**dyke reeve** gátőr
**dynamic** /daɪˈnæmɪk/ ❶ dinamikai, dinamikus ❷ erőteljes
**dynamics** /daɪˈnæmɪks/ dinamika
**dynamism** /ˈdaɪnəmɪzəm/ dinamizmus
**dynamite** /ˈdaɪnəmaɪt/ FNÉV
❶ dinamit ❷ robbanásszerű/sokkoló dolog [pl. esemény]
**dynamite** MNÉV
❶ robbanást előidéző ❷ robbanásszerű hatást előidéző
**dynamite** IGE
dinamittal (fel)robbant
**dynamo** /ˈdaɪnəməʊ/ dinamó, generátor
**dynamometer** /ˌdaɪnəˈmɒmɪtə/ dinamométer
**dynast** /ˈdɪnəst/ VAGY /ˈdɪnæst/ uralkodó, dinaszta
**dynastic** /dɪˈnæstɪk/ uralkodóházhoz tartozó, dinasztikus
**dynasty** /ˈdɪnəstɪ/ uralkodóház, dinasztia
**d'you** [= do you] *d'you smoke?* dohányzol?
**dysentery** /ˈdɪsəntrɪ/ vérhas, dizentéria
**dysfunction** /dɪsˈfʌŋkʃən/ működési zavar
**dysfunctional** /dɪsˈfʌŋkʃənəl/ diszfunkcionális
**dyestuff** /ˈdaɪstʌf/ festőanyag, színezék
**dz.** = dozen; dozens

D

# E, e /iː/

**e** = electron; engineer; engineering; entrance
**E** = east; eastern; English
**E** ❶ „egyes", elégtelen ❷ zenei E hang

**each** /iːtʃ/ *HAT.SZÓ*
egyenként, darabja *they are 60 p each* darabja 60 pennybe kerül

**each** *NÉVMÁS*
mindegyik, mindenki, minden (egyes) *each time* minden (egyes) alkalommal

**each other** egymást *with each other* egymással
**eager** /ˈiːgə/ buzgó, lelkes *be eager to do smth* ég a vágytól, hogy vmit megtehessen
**eagle** /ˈiːgəl/ sas
**eaglet** /ˈiːglət/ sasfiók
**ear** /ɪə/ ❶ fül *be all ears* csupa fül ❷ hallás [pl. zenei, nyelvi] ❸ figyelem, odafigyelés *give/lend an ear to smb* meghallgat vkit ❹ fogó, fül [edényé] ❺ (gabona)kalász
**earache** /ˈɪəreɪk/ fülfájás
**ear drop** fülönfüggő
**ear drops** fülcsepp
**ear drum** dobhártya
**-eared** /ɪəd/ -fülű, -füles
**earl** /ɜːl/ angol gróf, earl
**earldom** /ˈɜːldəm/ ❶ angol grófi rang ❷ grófság, birtok

**early** /ˈɜːlɪ/ *MNÉV*
❶ korai *in the early 1940s* a negyvenes évek elején ❷ régi, korai *in the early days/years* a hőskorban ❸ közeli, minél közelebbi

**early** *HAT.SZÓ*
❶ korán *early in the morning* korán reggel ❷ régen ❸ időnek előtte *die early* fiatalon meghal

**earmark** /ˈɪəmɑːk/ *FNÉV*
❶ ismertetőjel ❷ fülbélyeg [tenyészállaton]

**earmark** *IGE*
❶ megjelöl, előjegyez ❷ előirányoz vmilyen célra, pántlikáz [pénzösszeget]

**earn** /ɜːn/ ❶ (meg)keres [pénzt] *earn a living by doing smth* abból él, hogy vmit csinál ❷ kiérdemel [pl. dicséretet] ❸ szerez, biztosít

**earnest** /ˈɜːnəst/ *FNÉV*
❶ foglaló, bánatpénz, letét ❷ zálog, előjel *an earnest of smth* vminek az előjele

**earnest** *MNÉV*
komoly, megfontolt *in earnest* komolyan, igazán

**earnestness** /ˈɜːnəstnəs/ komolyság *in all earnestness* abszolút komolyan
**earnings** /ˈɜːnɪŋz/ ❶ kereset *take-home earnings* tiszta jövedelem [levonások után] ❷ üzleti haszon
**earphones** /ˈɪəfəunz/ fejhallgató, fülhallgató
**earpiece** fülhallgató
**ear plug** füldugó
**earring** fülbevaló
**earshot** hallótávolság *within / out of earshot* hallótávolságon belül/kívül
**ear-splitting** VAGY **ear piercing** fülsiketítő, fülsértő

**earth** /ɜːθ/ *FNÉV*
❶ a Föld *the planet Earth* a Föld bolygó ❷ (száraz)föld, talaj ❸ virágföld ❹ föld(elés)

**earth** *IGE*
földel [elektromosan]

**earthen** /ˈɜːθən/ föld-, agyag-
**earthenware** /ˈɜːθənweə/ ✎ *NEM MEGSZÁML.* agyagedény, kőedény
**earthly** /ˈɜːθlɪ/ ❶ földi, (e)világi ❷ lehetséges, elképzelhető
**earthquake** földrengés
**earthy** /ˈɜːθɪ/ ❶ földes ❷ földszerű ❸ földi(es), világias, gyakorlati
**earwax** fülzsír
**earwitness** fültanú

**ease** /iːz/ *FNÉV*
❶ könnyedség *with ease* könnyedén, játszi könnyedséggel ❷ nyugalom, jólét *be/feel at ease* nyugodt *be/feel ill at ease* zavarban van, kényelmetlenül érzi magát ❸ *at ease* „pihenj" helyzetben

**ease** *IGE*
❶ enyhül, csillapodik [pl. fájdalom, feszültség] ❷ enyhít, csillapít [pl. fájdalmat, feszültséget] ❸ laza mozdulattal tesz vmit

**ease off** VAGY **ease up** ❶ enyhül, csökken [pl. feszültség] ❷ *ease smth off/up* (meg)lazít, kiereszt [pl. kötelet, erőfeszítést] ❸ esik, lereszkedik [árfolyam]

**easel** /ˈiːzəl/ festőállvány
**easily** /ˈiːzɪlɪ/ ❶ könnyen, könnyedén ❷ kétségkívül
**east** /iːst/ FNÉV/MNÉV/HAT.SZÓ kelet, keleti, keletre / kelet felé
**eastbound** kelet felé menő [pl. vonat, út]
**Easter** /ˈiːstə/ húsvét
**easterly** /ˈiːstəlɪ/ ❶ keleti, kelet felőli [pl. szél] ❷ kelet felé vezető/mutató [pl. irány]
**eastern** /ˈiːstən/ keleti
**easternmost** /ˈiːstəməust/ VAGY **eastmost** /ˈiːst məust/ legkeletibb
**eastward** /ˈiːstwəd/ keleti (irányú) ❷ keletre, kelet felé
**eastwards** /ˈiːstwədz/ keletre, kelet felé
**easy** /ˈiːzɪ/ MNÉV
❶ könnyű, kényelmes *easy life* gondtalan élet ❷ könnyed, fesztelen ❸ enyhe, szigor nélküli [pl. törvény] ❹ toleráns, nem követelőző ❺ kényelmes, laza [ruha] *easy fit* kényelmes szabású (ruha)
KIFEJEZÉSEKBEN: *I'm easy* mindegy, nem bánom
**easy** HAT.SZÓ
könnyen *take smth easy* lazán áll hozzá vmihez *take it easy!* nyugi! *easier said than done* könnyebb mondani, mint megtenni
**easy chair** karosszék, fotel
**eat** /iːt/, **ate** /et/ VAGY /eɪt/, **eaten** /ˈiːtən/ ❶ eszik *eat well* jó étvágya van, jó koszton él ❷ étkezik, eszik vhol ❸ kimar [pl. sav] ❹ fölemészt, fölesz [pl. pénzt, energiát]
KIFEJEZÉSEKBEN: *eat humble pie* megalázkodik
**eat away** *eat smb/smth away* ❶ kimar [pl. sav] ❷ kikezd, rombol [pl. idegeket]
**eat in** otthon eszik
**eat out** étteremben eszik
**eat up** *eat smth up* ❶ mindent megeszik, fölesz ❷ elhasznál, fölemészt [pl. pénzt, energiát]
**eaten** ☞eat
**eatery** /ˈiːtərɪ/ étkezde, étterem, kajálda
**eau de Cologne** /ˌəudəkəˈləun/ kölni(víz) [hígabb]
**eau de toilette** /ˌəudətwɑːˈlet/ kölni(víz) [töményebb]
**eaves** /iːvz/ eresz
**eavesdrop** /ˈiːvzdrɒp/ hallgató(d)zik, titokban kihallgat (akit: *on*)
**ebb** /eb/ FNÉV
❶ apály *the tide is on the ebb* apály van ❷ hanyatlás, esés
**ebb** IGE
❶ apad ❷ hanyatlik, visszaesik *ebb away* megfogyatkozik
**ebony** /ˈebənɪ/ FNÉV
❶ ébenfa ❷ ébenfekete szín
**ebony** MNÉV
❶ ébenfa- ❷ ébenfekete
**ebullience** /ɪˈbʌlɪəns/ forrás, forrongás [pl. érzelmeké]
**ebullient** /ɪˈbʌlɪənt/ forró, túláradó [pl. érzés
**e-business** /ˈiːbɪznɪs/ elektronikus kereskedelem
**EC** = European Community; European Commission
**eccentric** /ɪkˈsentrɪk/ FNÉV
különc
**eccentric** MNÉV
❶ különc ❷ körhagyó, külpontos
**eccentricity** /ˌeksenˈtrɪsətɪ/ ❶ különcség ❷ külpontosság, excentricitás
**ECG** = electocardiogram; electrocardiograph
**ecclesiastic** /ɪˌkliːzɪˈæstɪk/ FNÉV/MNÉV ❶ egyházi, papi ❷ pap
**ecclesiastical** /ɪˌkliːzɪˈæstɪkəl/ egyházi, papi
**echelon** /ˈeʃəlɒn/ ❶ harclépcső [katonáké/hajóké/repülőgépeké] ❷ ranglétra
**echo** /ˈekəu/ FNÉV
❶ visszhang ❷ telefon- ill. rádió-összeköttetésnél és betűzésnél az E betű szava
**echo** IGE
❶ visszhangzik ❷ visszhangoz (amit/amitől: *with/to*) ❸ elismétel, visszhangoz
**echoic** /eˈkəuɪk/ ❶ visszhangszerű ❷ hangutánzó, hangfestő
**eclectic** /ɪˈklektɪk/ sokféle dolgot ötvöző, eklektikus
**eclecticism** /ɪˈklektɪsɪzəm/ eklekticizmus
**eclipse** /ɪˈklɪps/ FNÉV
❶ fogyatkozás [napé, holdé] *total/partial eclipse* teljes/részleges fogyatkozás ❷ elhalványulás, hanyatlás *be in eclipse* hanyatlóban van
**eclipse** IGE
❶ elhomályosít, eltakar [égitest másikat] ❷ felülmúl, túlszárnyal [pl. teljesítményt]
**ecliptic** /ɪˈklɪptɪk/ nappálya
**eclogue** /ˈeklɒg/ ekloga
**eco-friendly** /ˈiːkəufrendlɪ/ környezetbarát
**E. coli** kólifertőzés
**ecological** /ˌiːkəˈlɒdʒɪkəl/ VAGY /ˌekəˈlɒdʒɪkəl/ ökológiai
**ecologically** /ˌiːkəˈlɒdʒɪkəlɪ/ VAGY /ˌekəˈlɒdʒɪklɪ/ ökológiailag, ökológiai szempontból
**ecologist** /ɪˈkɒlədʒɪst/ ökológus
**ecology** /ɪˈkɒlədʒɪ/ ökológia, környezettan
**e-commerce** /ˈiːkɒmɜːs/ elektronikus kereskedelem
**economic** /ˌiːkəˈnɒmɪk/ VAGY /ˌekəˈnɒmɪk/ ❶ (köz-) gazdasági ❷ nyereséges, profitot hozó
**economical** /ˌiːkəˈnɒmɪkəl/ VAGY /ˌekəˈnɒmɪkəl/ ❶ takarékos, beosztó ❷ gazdaságos
**economically** /ˌiːkəˈnɒmɪklɪ/ VAGY /ˌekəˈnɒ mɪklɪ/ ❶ takarékosan ❷ (köz)gazdaságilag
**economics** /ˌiːkəˈnɒmɪks/ VAGY /ˌekəˈnɒmɪks/ ❶ közgazdaságtan, közgazdaságtudomány ❷ gazdaságosság, gazdasági oldal
**economist** /ɪˈkɒnəmɪst/ ❶ közgazdász ❷ takarékos/beosztó ember
**economize** /ɪˈkɒnəmaɪz/ takarékosan bánik / takarékoskodik (amivel: *on*)

E

**economy** /ɪˈkɒnəmɪ/ *FNÉV*
❶ gazdaság ❷ takarékosság *false economy* látszatmegtakarítás
**economy** *MNÉV*
gazdaságos, nagyobb és fajlagosan olcsóbb
**economy class** turistaosztály [repülőgépen]
**ecstasy** /ˈekstəsɪ/ ❶ elragadtatás, eksztázis ❷ ecstasy [drog]
**ecstatic** /ɪkˈstætɪk/ elragadtatott, eksztatikus
**ecu** /ˈekjuː/ ecu [= European Currency Unit]
**ecumenical** /ˌiːkjʊˈmenɪkəl/ ökumenikus
**ecumenical council** egyetemes zsinat
**eczema** /ˈeksɪmə/ ekcéma, bőrkiütés
**ed.** = edited (by); edition; editor; education
**eddy** /ˈedɪ/ *FNÉV*
örvény, forgatag
**eddy** *IGE*
örvénylik, forog
**edema** /ɪˈdiːmə/ ödéma
**edge** /edʒ/ *FNÉV*
❶ szél, perem *be on the edge of smth* vminek a szélén van [pl. őrületnek] ❷ (vágó)él ❸ előny *have an edge* előnyben van (akivel/amivel szemben: *on/over*) ❹ szegély *a book with gilt edges* aranyvágású könyv
**edge** *IGE*
❶ (meg)élesít ❷ szegélyez, (be)szeg ❸ húzódik, fokozatosan közelít ❹ (közelebb) húz [pl. széket]
**edge in** ❶ befurakodik, közelebb nyomul ❷ *edge in a word* sikerül pár szót közbevetnie [a társalgásba], meg tud szólalni
**edge out** *edge smb out* kis különbséggel legyőz [pl. sportban, választáson]
**-edged** /edʒd/ vmilyen/vhány élű *double-edged* kétélű, kétértelmű
**edgy** /ˈedʒɪ/ ❶ éles, éllel rendelkező ❷ ideges, ingerült
**edible** /ˈedɪbəl/ ehető, étkezési, ét(i)-
**edict** /ˈiːdɪkt/ rendelet
**edification** /ˌedɪfɪˈkeɪʃən/ épülés, tanulság
**edifice** /ˈedɪfɪs/ ❶ épület, építmény ❷ szerkezet, intézmény
**edify** /ˈedɪfaɪ/ tanít, oktat
**edifying** /ˈedɪfaɪɪŋ/ épületes, tanulságos
**edit** /ˈedɪt/ ❶ szerkeszt [könyvet, újságot, adást] ❷ kiad, vminek a kiadójaként működik ❸ összeállít, vág, szerkeszt [pl. filmet]
**edition** /ɪˈdɪʃən/ kiadás [pl. könyvé] *limited edition* kispéldányszámú
**editor** /ˈedɪtə/ ❶ (fő)szerkesztő ❷ rovatvezető ❸ szerkesztőprogram
**editorial** /ˌedɪˈtɔːrɪəl/ *FNÉV*
vezércikk
**editorial** *MNÉV*
❶ szerkesztői ❷ szerkesztőségi
**editor in chief** főszerkesztő
**editorship** /ˈedɪtəʃɪp/ ❶ szerkesztői tevékenység ❷ szerkesztés *under the editorship of smb* vki szerkesztésében
**educate** /ˈedjʊkeɪt/ ❶ oktat, iskoláztat, nevel ❷ idomít, szoktat ❸ kiművel, fejleszt [pl. készséget, ízlést]
**educated** /ˈedjʊkeɪtɪd/ ❶ művelt, tanult ❷ kifinomult [pl. készség, ízlés]
**education** /ˌedjʊˈkeɪʃən/ ❶ nevelés, oktatás ❷ műveltség ❸ (köz)oktatás *Minister of Education* oktatási miniszter ❹ neveléstudomány, pedagógia ❺ idomítás, szoktatás
**educational** /ˌedjʊˈkeɪʃənəl/ ❶ nevelési, oktatási, tan- [intézmény] ❷ ismeretterjesztő, oktató [pl. film] ❸ képzettségbeli
**educationalist** /ˌedjʊˈkeɪʃənəlɪst/ VAGY **educationist** /ˌedjʊˈkeɪʃənɪst/ oktatási szakember
**educative** /ˈedjʊkətɪv/ nevelő, oktató (hatású)
**educator** /ˈedjʊkeɪtə/ nevelő, pedagógus
**EEC** = European Economic Community
**EEG** = electroencephalogram; electroencephalograph
**eel** /iːl/ angolna
**efface** /ɪˈfeɪs/ ❶ kitöröl, olvashatatlanná tesz [írást] ❷ elfelejt [emléket] ❸ elfeledtet [emléket] ❹ háttérbe szorul, szerényen meghúzódik ❺ háttérbe szorít
**effacement** /ɪˈfeɪsmənt/ ❶ kitörlés ❷ elfelejtés [emléké] ❸ háttérbe szorulás, meghúzódás ❹ háttérbe szorítás
**effect** /ɪˈfekt/ *FNÉV*
❶ (ki)hatás, következmény, eredmény (akire/amire: *on*) *have an effect* hat, hatással van (akire/amire: *on*) ❷ hatásosság, hatás, impresszió ❸ hatály *take effect* életbe/hatályba lép ❹ értelem *to {MNÉV} effect* vmilyen hatással/eredménnyel ❺ *in effect* valójában, ténylegesen ❻ effekt [pl. filmben, zenében]
**effect** *IGE*
❶ okoz, eredményez ❷ kivált, előidéz [eredményt] ❸ megvalósít, elér [célt, változást]
**effective** /ɪˈfektɪv/ ❶ hatásos, hathatós, hatékony ❷ hatásos, találó ❸ tényleges, valóságos ❹ hatályban levő, érvényes, hatályos
**effectively** /ɪˈfektɪvlɪ/ ❶ eredményesen, hatékonyan, hatásosan ❷ lényegében, gyakorlatilag
**effectiveness** /ɪˈfektɪvnəs/ ❶ hatékonyság ❷ hatásosság
**effects** /ɪˈfekts/ ❶ hatásmechanizmus ❷ *personal effects* ingóságok, tulajdon
**effectual** /ɪˈfektʃʊəl/ ❶ megfelelő, hatékony ❷ kötelező erejű/érvényű
**effeminacy** /ɪˈfemɪnəsɪ/ elpuhultság, nőiesség [férfiról]
**effeminate** /ɪˈfemɪnət/ elpuhult, nőies [férfi]
**effervesce** /ˌefəˈves/ ❶ pezseg, gyöngyözik [folyadék] ❷ pezseg [jókedvtől]
**effervescence** /ˌefəˈvesəns/ ❶ pezsgés, habzás ❷ pezsgés [jókedvtől]
**effervescent** /ˌefəˈvesənt/ ❶ habzó, pezsgő ❷ pezsgő [jókedvtől]
**efficiency** /ɪˈfɪʃənsɪ/ ❶ hathatósság, hatékony-

ság ❷ eredményesség ❸ hatásfok, teljesítmény ❹ eredményes/megfelelő működés
**efficient** /ɪ'fɪʃənt/ ❶ hatható, hatékony ❷ eredményes ❸ termelékeny
**effort** /'efət/ ❶ erőkifejtés, erőfeszítés ❷ megkísérlés ❸ teljesítmény, eredmény
**effortless** /'efətləs/ megerőltetés nélküli
**EFL** ❶ az angol mint idegennyelv ❷ angolnyelvtanítással kapcsolatos [= English as a Foreign Language]
**e.g.** = for example
**egalitarian** /ɪˌgælɪ'teərɪən/ egyenlőségre törekvő [ember, társadalom]
**egalitarianism** /ɪˌgælɪ'teərɪənɪzəm/ egyenlősdi
**egg** /eg/ FNÉV
❶ tojás *bad egg* záptojás ❷ tojásétel ❸ pete
KIFEJEZÉSEKBEN: *put all ⁝one's⁝ eggs into one basket* mindent egy lapra tesz fel
**egg** IGE
❶ tojással dobál ❷ *egg smb on* nógat, noszogat
**egg beater** ❶ habverő ❷ helikopter
**egg cell** pete
**egg cup** tojástartó [lágy-/keménytojáshoz]
**egg flip** VAGY **egg nog** *US* tojáslikőr
**egg grenade** tojásgránát
**egg plant** padlizsán, törökparadicsom
**egg timer** homokóra [r.szerint tojásfőzéshez]
**egg whisk** habverő
**egg white** tojásfehérje
**egis** /'iːdʒɪs/ égisz *under the egis of smth* vminek az égisze alatt
**egocentric** /ˌiːgəʊ'sentrɪk/ önző, egocentrikus
**egoism** /'iːgəʊɪzəm/ önzés, egoizmus
**egoist** /'iːgəʊɪst/ önző ember, egoista
**egotism** /'egətɪzəm/ VAGY /'iːgətɪzəm/ beképzeltség, önzés, énközpontúság
**egotist** /'egətɪst/ VAGY /'iːgətɪst/ önző / önmagával eltelt ember
**egress** /'iːgres/ VAGY **egression** /ɪ'greʃən/ FNÉV
(szabad) kijárat, kivezető út, kiút
**egress** /ɪ'gres/ IGE
kimegy, eltávozik
**egressive** /ɪ'gresɪv/ kilégző, egresszív
**eh** /eɪ/ ❶ hogy mondod? ❷ ugye? ❸ na nem!
**eider** /'aɪdə/ VAGY **eider duck** dunnalúd
**eiderdown** /'aɪdədaʊn/ paplan, dunyha
**eight** /eɪt/ FNÉV
❶ nyolcevezős (csónak) ❷ nyolcas [kártyában, korcsolyázásban]
**eight** SZNÉV
nyolc
**eighteen** /eɪ'tiːn/ tizennyolc
**eighteenth** /eɪ'tiːnθ/ ❶ tizennyolcadik ❷ tizennyolcad
**eighth** /eɪtθ/ ❶ nyolcadik [rövidítve 8th ill. 8[th]] ❷ nyolcad *two eighths* két nyolcad
**eight hundred number** VAGY **800 number** zöld szám [telefonszám, Nagy-Britanniában]
**eightieth** /'eɪtɪəθ/ nyolcvanadik
**eighty** /'eɪtɪ/ nyolcvan *the eighties* a nyolcvanas évek *be in ⁝one's⁝ eighties* nyolcvanas éveiben jár
**eighty-something** nyolcvan-egynéhány éves (ember)
**either** /'aɪðə/ VAGY /'iːðə/ NÉVMÁS
bármelyik(et stb.) [kettő közül] *you can take either* bármelyiket elveheted a kettő közül *either of them* bármelyik a kettő közül
**either** NÉVELŐFÉLE
❶ egyik, valamelyik [a kettő közül] *either way* akár így, akár úgy / így is úgy is *in either case* akár így, akár úgy / így is úgy is ❷ mindkettő *on either side* mindkét oldalon/ oldalán
**either** KÖTŐSZÓ
❶ se(m) *I haven't seen it either* én sem láttam *I can't, either* én se tudok ❷ vagy … vagy … *either X or Y* vagy X vagy Y
**either–or** MNÉV vagy–vagy, kötelezően választandó [pl. helyzet]
**ejaculate** /ɪ'dʒækjʊleɪt/ ❶ (ki)lövell, ejakulál [ondót] ❷ felkiált
**ejaculation** /ɪˌdʒækjʊ'leɪʃən/ ❶ (ki)lövellés, magömlés, ejakuláció ❷ (fel)kiáltás
**eject** /ɪ'dʒekt/ ❶ kilövell, kilökődik ❷ kidob, kivet, elűz ❸ kilakoltat, birtokától megfoszt ❹ katapultál [repülőgépből]
**ejection** /ɪ'dʒekʃən/ ❶ kivetés, kilövellés ❷ kilakoltatás ❸ birtokfosztás ❺ katapultálás [repülőből]
**EKG** = electrocardiogram; electrocardiograph
**elaborate** /ɪ'læbərət/ MNÉV
❶ gondosan kidolgozott, részletesen kimunkált ❷ bonyolult
**elaborate** /ɪ'læbəreɪt/ IGE
❶ részletesen/alaposan kidolgoz/kialakít ❷ részletes(ebb)en kifejt (amit: *on*) *would you elaborate on that?* kifejtenéd ezt részletesen?
**elaboration** /ɪˌlæbə'reɪʃən/ ❶ részletes kidolgozás ❷ fejtegetés ❸ kifejtés
**élan** /eɪ'lɑːn/ elán, lendület
**elapse** /ɪ'læps/ (el)múlik, (el)telik [idő]
**elastic** /ɪ'læstɪk/ FNÉV
gumiszalag, gumizsinór, gumizás
**elastic** MNÉV
❶ ruganyos, rugalmas ❷ rugalmas [pl. gondolkodás]
**elasticity** /ˌiːlæ'stɪsətɪ/ rugalmasság
**elastoplast** /ɪ'læstəplɑːst/ sebtapasz
**elate** /ɪ'leɪt/ megmámorosít
**elation** /ɪ'leɪʃən/ lelkesedés, emelkedett/mámoros hangulat
**elbow** /'elbəʊ/ FNÉV
❶ könyök ❷ könyök(rész) [ruháé] ❸ kanyar(ulat), könyök [pl. folyóé, csőé]
**elbow** IGE
lökdös, tolakszik, könyököl *elbow ⁝one's⁝ way* furakszik
**elbowroom** ❶ mozgástér, szabad terület [egy-

E

más melletti ülések közötti távolság] ❷ mozgási lehetőség, mozgástér

**elder** /'eldə/ *FNÉV*
❶ idősebb/tekintélyes/rangidős ember ❷ presbiter ❸ bodza, bodzavirág, bodzafa

**elder** *MNÉV*
❶ idősebb [kettő közül] *elder brother/sister* báty/nővér *smb's elder son/daughter* idősebb fia/lánya vkinek ❷ rangidős

**elderly** /'eldəlɪ/ idős, koros

**eldest** /'eldəst/ legidősebb [pl. gyerek]

**elect** /ɪ'lekt/ *MNÉV*
❶ (ki)választott ❷ *HÁTRAVETVE:* megválasztott (de még hivatalba nem lépett) tisztviselő *President elect* megválasztott elnök

**elect** *IGE*
❶ (meg)választ, kiválaszt *elect smb smth* vmivé megválaszt vkit ❷ dönt *elect to do smth* úgy dönt, hogy vmit tesz

**election** /ɪ'lekʃən/ választás *general election* általános választás

**elective** /ɪ'lektɪv/ *FNÉV*
fakultatív tantárgy, speciálkollégium

**elective** *MNÉV*
❶ választási, választásra jogosult ❷ választott [pl. tisztségviselő] ❸ szabadon választható, fakultatív [tárgy]

**elector** /ɪ'lektə/ ❶ választó, szavazó ❷ *US* elektor ❸ választófejedelem

**electoral** /ɪ'lektərəl/ ❶ választási, választói ❷ *US* elektori

**electorate** /ɪ'lektərət/ ❶ választók, választókerület ❷ választófejedelemség

**electric** /ɪ'lektrɪk/ ❶ villamos, elektromos ❷ izgalmas, felvillanyozó

**electrical** /ɪ'lektrɪkəl/ elektromossággal kapcsolatos, villamos-

**electrician** /ˌiːlek'trɪʃən/ ❶ villanyszerelő ❷ elektromos műszerész

**electricity** /ˌiːlek'trɪsətɪ/ ❶ villamosság, elektromosság, villany(áram) ❷ izgalom

**electricity meter** fogyasztásmérő, villanyóra

**electricity works** elektromos művek

**electric shock** áramütés

**electrify** /ɪ'lektrɪfaɪ/ ❶ villamossággal feltölt ❷ villamosít ❸ felvillanyoz ❹ izgalmassá tesz

**electro-** /ɪ'lektrəʊ/ elektro-, villamos

**electrocardiogram** /ɪˌlektrəʊˌkɑːdɪəʊ'græm/ elektrokardiogram, EKG

**electrocardiograph** /ɪˌlektrəʊˌkɑːdɪəʊ'grɑːf/ elektrokardiográf

**electrocute** /ɪ'lektrəkjuːt/ ❶ villamosszékben kivégez ❷ halálosan megüt [áram] *be electrocuted* halálos áramütést szenved

**electrocution** /ɪˌlektrə'kjuːʃən/ ❶ villamosszékben történő kivégzés ❷ halálos áramütés

**electrode** /ɪ'lektrəʊd/ elektróda

**electroencephalogram** /ɪˌlektrəʊɪn'sefələ græm/ elektroenkefalogram, EEG

**electroencephalograph** /ɪˌlektrəʊɪn'sefələ grɑːf/ elektroenkefalográf

**electrolysis** /ˌiːlek'trɒləsɪs/ ❶ elektrolízis ❷ elektromos eltávolítás [pl. szőrzeté]

**electrolyte** /ɪ'lektrəlaɪt/ elektrolit

**electromagnet** /ɪˌlektrəʊ'mægnət/ elektromágnes

**electron** /ɪ'lektrɒn/ elektron

**electronic** /ˌiːlek'trɒnɪk/ elektronikus

**electronics** /ˌiːlek'trɒnɪks/ elektronika

**electrostatic** /ɪˌlektrəʊ'stætɪk/ elektrosztatikus

**elegance** /'elɪgəns/ elegancia, finomság, választékosság

**elegant** /'elɪgənt/ ❶ elegáns, finom, előkelő ❷ egyszerű, elegáns [pl. gondolat]

**elegiac** /ˌelɪ'dʒaɪək/ ❶ elégikus ❷ gyászos (hangulatú)

**elegy** /'elədʒɪ/ elégia, gyászdal

**element** /'eləmənt/ ❶ elem [kémiai] ❷ rész, elem, tényező *element of truth* egy kis igazság ❸ (alkotó)elem, alkatrész ❹ fűtőszál

**elemental** /ˌelə'mentəl/ ❶ elemi, elementáris [erő] ❷ alapvető/szerves [rész]

**elementary** /ˌelə'mentərɪ/ ❶ elemi, alapfokú ❷ kezdetleges, alapvető, alap- ❸ kezdő, alapfokú [pl. könyv, tanfolyam]

**elements** /'eləmənts/ ❶ az elemek, a négy elem *brave the elements* dacol az elemekkel ❷ alapfogalmak, elemi ismeretek

**elephant** /'eləfənt/ elefánt

**elevate** /'eləveɪt/ ❶ (fel)emel ❷ (fel)magasztal ❸ előléptet

**elevated** /'eləveɪtɪd/ ❶ felemelt ❷ magasztos ❸ kapatos

**elevated railway** VAGY **elevated railroad** magasvasút

**elevating** /'eləveɪtɪŋ/ (fel)emelő

**elevation** /ˌelə'veɪʃən/ ❶ emelkedés [pl. repülőgépé] ❷ emelés ❸ kiemelkedés, domb, magaslat ❹ tengerszint feletti magasság ❺ emelkedettség, fennköltség

**elevator** /'eləveɪtə/ ❶ *US* lift, felvonó ❷ emelő (gép)

**eleven** /ɪ'levən/ *FNÉV*
tizenegy, csapat [pl. futball-, krikett-]

**eleven** *SZNÉV*
tizenegy

**eleven plus** (angliai) középiskolát megelőző vizsga [régebben, 11 éves korban]

**elevenses** /ɪ'levənzɪz/ tízórai

**eleventh** /ɪ'levənθ/ ❶ tizenegyedik [rövidítve 11th ill. 11[th]] *at the eleventh hour* a tizenkettedik órában, az utolsó percben ❷ tizenegyed *two elevenths* két tizenegyed

**elf** /elf/ *TBSZ* **elves** /elvz/ tündér, manó, törpe

**elicit** /ɪ'lɪsɪt/ ❶ kiszed, elmondat [pl. titkot, igazságot] (akitől/akiből/akivel: *from*) ❷ kivált [pl. reakciót]

**elicitation** /ɪˌlɪsɪ'teɪʃən/ ❶ kiszedés, elmondatás [pl. titoké, igazságé] ❷ kiváltás [pl. reakcióé]

**eligibility** /ˌelɪdʒəˈbɪlətɪ/ ❶ (ki)választhatóság, alkalmasság ❷ partiképesség [r.szerint férfié]
**eligible** /ˈelɪdʒəbəl/ ❶ (ki)választható, alkalmas, megfelelő (amire: *for*) *be eligible to do smth* alkalmas arra, hogy valamit tegyen ❷ alkalmas, partiképes [r.szerint férfi]
**eliminate** /ɪˈlɪmɪneɪt/ ❶ kiküszöböl, kirekeszt, kihagy (ahonnan: *from*) ❷ felszámol, megsemmisít ❸ kiesik [versenyben] ❹ kiejt [versenyben] ❺ kizár [versenyből]
**elimination** /ɪˌlɪmɪˈneɪʃən/ ❶ kiküszöbölés, kirekesztés, kizárás *by a process of elimination* kizárásos alapon ❷ kizárás [versenyből] ❸ kiesés [versenyből]
**elision** /ɪˈlɪʒən/ ❶ hangkiesés ❷ hangkihagyás
**élite** VAGY **elite** /ɪˈliːt/ VAGY /eɪˈliːt/ *FNÉV*
❶ legmagasabb rangú személyek, vezetők ❷ elit
**élite** VAGY **elite** *MNÉV*
kiemelkedő, exkluzív, elit
**elitist** /ɪˈliːtɪst/ VAGY /eɪˈliːtɪst/ elitista
**elixir** /ɪˈlɪksə/ varázsital, elixír
**elk** /elk/ jávorszarvas
**ellipse** /ɪˈlɪps/ ellipszis
**ellipsis** /ɪˈlɪpsɪs/ *TBSZ* **ellipses** /ɪˈlɪpsiːz/ ❶ ..., pont, pont, pont [kihagyás jelzése] ❷ mondattani kihagyás, ellipszis
**elliptical** /ɪˈlɪptɪkəl/ ❶ tojásalakú, elliptikus ❷ (szó)kihagyásos, elliptikus [szerkezet]
**elm** /elm/ szilfa
**elocution** /ˌeləˈkjuːʃən/ ékesszólás, szónoki képesség
**elongate** /ˈiːlɒŋgeɪt/ ❶ (meg-) nyúlik ❷ (meg-) hosszabbít, (ki)nyújt
**elongation** /ˌiːlɒŋˈgeɪʃən/ ❶ (meg)hosszabbodás ❷ (meg)hosszabbítás ❸ toldalék
**elope** /ɪˈləup/ *elope (with smb)* megszökik (vkivel)
**elopement** /ɪˈləupmənt/ (meg)szökés
**eloquence** /ˈelɒkwəns/ ❶ ékesszólás ❷ szónoki képesség
**eloquent** /ˈelɒkwənt/ ❶ ékesszóló ❷ sokatmondó
**else** /els/ ❶ *HÁTRAVETVE:* egyéb, más *what else* mi más(t) *who else* ki más(t) *somebody else* valaki más *nothing else* semmi más(t) ❷ *or else* (más)különben, ellenkező esetben
**elsewhere** máshol, máshová
**ELT** = English Language Teaching
**elucidate** /ɪˈluːsɪdeɪt/ megmagyaráz
**elucidation** /ɪˌluːsɪˈdeɪʃən/ magyarázat, tisztázás
**elusive** /ɪˈluːsɪv/ kitérő [pl. válasz]
**elves** ☞elf
**e-mail** /ˈiːmeɪl/ *FNÉV*
❶ elektronikus levelezés, e-mailezés ❷ elektronikus levél
**e-mail** *IGE*
e-mailt / elektronikus levelet küld
**E major** e-dúr
**emancipate** /ɪˈmænsɪpeɪt/ felszabadít, emancipál
**emancipation** /ɪˌmænsɪˈpeɪʃən/ felszabadítás, emancipáció
**embalm** /ɪmˈbɑːm/ ❶ bebalzsamoz ❷ megóv a feledéstől
**embankment** /ɪmˈbæŋkmənt/ ❶ rakpart ❷ (védő)gát, töltés
**embargo** /ɪmˈbɑːgəu/ *FNÉV*
kiviteli/behozatali tilalom, embargó *be under an embargo* embargó hatálya alatt van / alá tartozik
**embargo** *IGE*
embargó alá helyez, behozatali/kiviteli tilalom alá helyez
**embark** /emˈbɑːk/ ❶ beszáll [hajóra/repülőre] ❷ beszállít, berak [hajóra/repülőre]
**embark on** *embark on smth* nekilát, belefog [pl. vállalkozásba]
**embarkation** /ˌembɑːˈkeɪʃən/ ❶ hajóra/repülőre szállás, behajózás ❷ hajóra/repülőre szállítás
**embarrass** /ɪmˈbærəs/ ❶ zavarba hoz ❷ pénzügyi nehézséget okoz
**embarrassment** /ɪmˈbærəsmənt/ ❶ zavar, szorult helyzet ❷ megszorultság, pénzzavar
**embassy** /ˈembəsɪ/ nagykövetség
**embattled** /ɪmˈbætləd/ ❶ ellenség által körülvett, ostromlott ❷ hadrendben álló ❸ csipkézett, fogazott
**embed** /ɪmˈbed/ ❶ beágyazódik ❷ beágyaz (amibe: *in*)
**embellish** /ɪmˈbelɪʃ/ ❶ (föl)díszít, (ki)dekorál ❷ megszépít, kiszínez [pl. történetet]
**embellishment** /ɪmˈbelɪʃmənt/ ❶ dísz(ítés), ékesség) ❷ megszépítés, kiszínezés [pl. történeté]
**ember** /ˈembə/ izzó parázs, zsarátnok
**embers** /ˈembəz/ ❶ parázs, zsarátnok ❷ végső fellobbanás/felizzás [pl. érzelemé]
**embezzle** /ɪmˈbezəl/ (el)sikkaszt
**embezzlement** /ɪmˈbezəlmənt/ (el)sikkasztás
**embezzler** /ɪmˈbezlə/ sikkasztó
**embitter** /ɪmˈbɪtə/ elkeserít, megkeserít
**emblem** /ˈembləm/ jelkép(es ábrázolás), embléma
**emblematic** /ˌembləˈmætɪk/ VAGY **emblematical** /ˌembləˈmætɪkəl/ jelképes, emblematikus
**embodiment** /ɪmˈbɒdɪmənt/ ❶ megtestesülés ❷ megtestesítés
**embody** /ɪmˈbɒdɪ/ ❶ magába foglal ❷ megtestesít
**embolden** /ɪmˈbəuldən/ (fel)bátorít
**embolic** /ɪmˈbɒlɪk/ érelzáródásos, embóliás
**emboss** /ɪmˈbɒs/ ❶ dombormővel díszít, domborít ❷ dombornyomást készít
**embossed** /ɪmˈbɒst/ dombornyomásos
**embrace** /ɪmˈbreɪs/ *FNÉV*
❶ ölelés ❷ szeretkezés, ölelés
**embrace** *IGE*
❶ megölel, átölel ❷ megragad [alkalmat], felkarol, magáévá tesz [pl. hitet] ❸ magába foglal, felölel ❹ körbevesz, körülölel
**embroider** /ɪmˈbrɔɪdə/ ❶ (ki)hímez (amivel: *with*) ❷ díszít, szépít, kiszínez [pl. történetet] (amivel: *with*)

**embroidery** /ɪmˈbrɔɪdərɪ/ ❶ hímzés ❷ szépítés, kiszínezés, sallang [pl. történetben]
**embryo** /ˈembrɪəʊ/ magzat, embrió *in embryo* kezdetleges formában
**embryonic** /ˌembrɪˈɒnɪk/ kezdetleges, embrionális
**em dash** hosszú gondolatjel [— jel]
**emerald** /ˈemərəld/ FNÉV/MNÉV smaragd(zöld)
**emerge** /ɪˈmɜːdʒ/ ❶ előbukkan, kibújik ❷ felmerül, jelentkezik [pl. kérdés] ❸ kiderül, nyilvánvalóvá válik [pl. igazság] ❹ kikerül [vmilyen helyzetből]
**emergence** /ɪˈmɜːdʒəns/ ❶ felbukkanás, előbukkanás ❷ felmerülés, jelentkezés [pl. problémáé] ❸ kiemelkedés [pl. gyarmati sorból], függetlenné válás
**emergency** /ɪˈmɜːdʒənsɪ/ szükséghelyzet, vészhelyzet *in case of emergency* veszély/szükség esetén *state of emergency* szükségállapot
**emergency landing** kényszerleszállás
**emergency room, ER** sürgősségi osztály
**emigrant** /ˈemɪgrənt/ FNÉV kivándorló
**emigrate** /ˈemɪgreɪt/ kivándorol, emigrál (ahonnan: *from*, ahová: *to*)
**emigration** /ˌemɪˈgreɪʃən/ kivándorlás, emigráció
**émigré** VAGY **emigré** /ˈemɪgreɪ/ FNÉV emigráns
**eminence** /ˈemɪnəns/ ❶ kitűnőség, kiválóság ❷ magas rang/méltóság *rise to eminence* magas rangra emelkedik ❸ magaslat, hegycsúcs
**Eminence** VAGY **Eminency** /ˈemɪnənsɪ/ eminenciás *your Eminence* eminenciás uram
**eminent** /ˈemɪnənt/ kiemelkedő, kiváló
**eminently** /ˈemɪnəntlɪ/ rendkívül(i módon), a legnagyobb mértékben
**emirate** /ˈemərət/ emirátus, emírség
**emissary** /ˈemɪsərɪ/ FNÉV [r.szerint titkos] (ki-) küldött, megbízott
**emission** /ɪˈmɪʃən/ ❶ kibocsátás, kiáramlás, kisugárzás [vmilyen anyagé, hőé, fényé] ❷ károsanyag-kibocsátás, emisszió ❸ kibocsátott dolog [pl. káros anyag, fény, hő]
**emit** /ɪˈmɪt/ ❶ kibocsát, kisugároz [pl. hőt, fényt, hangot, szagot] ❷ ad, sugároz [műsort] ❸ kibocsát, forgalomba hoz [pénzt]
**emolument** /ɪˈmɒljʊmənt/ javadalmazás, nyereség, fizetség, jövedelem
**emotion** /ɪˈməʊʃən/ ❶ érzés, érzelem ❷ indulat, érzelem
**emotional** /ɪˈməʊʃənəl/ ❶ érzelmi ❷ érzelmes ❸ érzelmeket keltő
**emotionless** /ɪˈməʊʃənləs/ érzelem nélküli, szenvtelen
**emotive** /ɪˈməʊtɪv/ ❶ érzelmi, erős érzelmeket keltő, affektív ❷ megindító, felkavaró
**empathic** /ɪmˈpæθɪk/ VAGY **empathetic** /ˌempəˈθetɪk/ beleérző, empatikus
**empathize** /ˈempəθaɪz/ beleérzi magát, együttérez (akivel: *with*)
**empathy** /ˈempəθɪ/ empátia, beleérzés, átélés
**emperor** /ˈempərə/ császár
**emphasis** /ˈemfəsɪs/ TBSZ **emphases** /ˈemfəsiːz/ nyomaték, hangsúly
**emphasize** /ˈemfəsaɪz/ hangsúlyoz, aláhúz, kiemel
**emphatic** /ɪmˈfætɪk/ ❶ nyomatékos, emfatikus ❷ határozott, világos
**emphatically** /ɪmˈfætɪklɪ/ ❶ nyomatékosan, határozottan ❷ félreérthetetlenül
**empire** /ˈempaɪə/ FNÉV
❶ birodalom ❷ nagyvállalat, birodalom
**empire** MNÉV
❶ empire (stílusú) ❷ birodalmi
**empiric** VAGY **empirical** /ɪmˈpɪrəkəl/ tapasztalati, empirikus
**empiricism** /ɪmˈpɪrəsɪzəm/ empirizmus
**empiricist** /ɪmˈpɪrəsɪst/ empirista
**employ** /ɪmˈplɔɪ/ FNÉV
alkalmazás, szolgálat *be in smb's employ* vkinek a szolgálatában áll
**employ** IGE
❶ alkalmaz, foglalkoztat *be employed* dolgozik, alkalmazásban van ❷ (fel)használ, alkalmaz [pl. erőszakot]
**employee** /ˌemplɔɪˈiː/ VAGY /emˈplɔɪiː/ alkalmazott, munkavállaló
**employer** /ɪmˈplɔɪə/ munkaadó, munkáltató, alkalmazó
**employment** /ɪmˈplɔɪmənt/ ❶ alkalmaz(tat)ás, foglalkoztatás ❷ állás, munka *be out of employment* állástalan, nincs munkája ❸ alkalmazás, igénybevétel [pl. erőszaké]
**empower** /ɪmˈpaʊə/ ❶ képessé tesz ❷ felhatalmaz, feljogosít
**empowerment** /ɪmˈpaʊəmənt/ vmire képessé tétel (amire: *for*)
**empress** /ˈemprəs/ ❶ császárnő ❷ császárné
**emptiness** /ˈemptɪnəs/ üresség, űr
**empty** /ˈemptɪ/ MNÉV
❶ üres *on an empty stomach* éhgyomorra ❷ lakatlan, üres ❸ gyenge, erőtlen, üres [pl. mentség]
**empty** IGE
❶ (ki)ürül, megüresedik ❷ elnéptelenedik ❸ ömlik, torkollik (amibe: *into*) ❹ (ki)ürít, kiborít [rakományt] (amibe: *into*) ❺ beleönt (amibe: *into*)
**empty-handed** MNÉV/HAT.SZÓ ❶ üreskezű ❷ üres kézzel
**emulate** /ˈemjʊleɪt/ ❶ versenyez, verseng, vetélkedik, felülmúlni igyekszik ❷ emulál [másik számítógépes rendszerhez hasonlóan viselkedik] ❸ emulál [hardver-/szoftver-módosítással alkalmassá tesz más rendszer funkcióinak ellátására]
**emulation** /ˌemjʊˈleɪʃən/ ❶ versengés, vetélkedés ❷ utánzás, emuláció [számítógépes]
**emulsifier** /ɪˈmʌlsɪfaɪə/ FNÉV ❶ emulgeálószer ❷ emulgeálókészülék, emulgátor
**emulsify** /ɪˈmʌlsɪfaɪ/ emulgeál
**emulsion** /ɪˈmʌlʃən/ FNÉV/IGE emulzió(val bevon)
**enable** /ɪˈneɪbəl/ ❶ lehetővé tesz *enable smb to*

*do smth* lehetővé teszi vkinek azt, hogy vmit megtegyen ❷ képessé tesz

**enact** /ɪ'nækt/ elrendel, törvénybe iktat

**enactment** /ɪ'næktmənt/ ❶ törvénybe iktatás ❷ törvényerőre emel(ked)és

**enamel** /ɪ'næməl/ FNÉV

❶ zománc(réteg) ❷ máz, zománc(festék)

**enamel** IGE

zománcfestékkel (be)fest, zománcoz

**enamelware** NEM MEGSZÁML. zománcáru, edényáru

**en bloc** /ɒn'blɒk/ teljes egészében, mindenestül

**enc.** = enclosed; enclosure; encyclopedia

**encage** /ɪn'keɪdʒ/ ketrecbe zár

**encamp** /ɪn'kæmp/ ❶ letáboroz, tábort ver *be encamped* táboroz ❷ lehorgonyoz, letáboroz, nem tágít

**encampment** /ɪn'kæmpmənt/ ❶ táborozás ❷ tábor(hely) [r.szerint katonai] ❸ szekértábor

**encapsulate** /ɪn'kæpsjuleɪt/ ❶ betokosodik ❷ tokba zár ❸ tömören megfogalmaz/jellemez

**encapsulation** /ɪnˌkæpsjʊ'leɪʃən/ ❶ betokosodás ❷ tokba zárás ❸ tömör megfogalmazás/ jellemzés

**encase** /ɪn'keɪs/ ❶ beborít ❷ ládába zár, bedobozol

**encash** /ɪn'kæʃ/ csekket bevált

**encephalogram** /en'sefələʊgræm/ agyröntgen (-kép), enkefalogram

**encephalograph** /en'sefələʊgrɑːf/ agyröntgengép, enkefalográf

**encephalography** /enˌsefə'lɒgrəfɪ/ agyröntgen, enkefalográfia

**enchant** /ɪn'tʃɑːnt/ ❶ elvarázsol, megbabonáz ❷ elbűvöl, magával ragad

**enchantment** /ɪn'tʃɑːntmənt/ ❶ (el)varázsolás, varázslat ❷ bűvölet, varázs

**encipher** /ɪn'saɪfə/ rejtjelez, bekódol, sifríroz

**encircle** /ɪn'sɜːkəl/ ❶ körülkerít, körülvesz, bekerít ❷ bekarikáz, karikával (meg)jelöl

**encl.** = enclosed; enclosure

**enclose** /ɪn'kləʊz/ ❶ bekerít, körülkerít, körülzár (amivel: *with*) ❷ mellékel, csatol [levélhez]

**enclosure** /ɪn'kləʊʒə/ ❶ bekerítés, körülkerítés ❷ kerítés, sövény ❸ bekerített/körülzárt terület ❹ melléklet [levélhez]

**encode** /ɪn'kəʊd/ (be)kódol, rejtjelez

**encompass** /ɪn'kʌmpəs/ ❶ körülfog, körbevesz ❷ magába foglal, lefed, tartalmaz

**encore** /'ɒŋkɔː/ FNÉV

❶ újrázás ❷ ráadás [előadás végén]

**encore** IGE

megismételtet, újráztat [előadás végén]

**encore** IND.SZÓ

hogy volt!

**encounter** /ɪn'kaʊntə/ FNÉV

❶ (szembe)találkozás *close encounter* veszélyes/közeli találkozás [pl. állattal] ❷ összeütközés, összecsapás

**encounter** IGE

❶ (szembe)találkozik [pl. problémával] ❷ összecsap, megmérkőzik [ellenféllel]

**encourage** /ɪn'kʌrɪdʒ/ ❶ (fel)bátorít, buzdít ❷ támogat, előmozdít

**encouragement** /ɪn'kʌrɪdʒmənt/ ❶ bátorítás, buzdítás ❷ támogatás

**encroach** /ɪn'krəʊtʃ/ ❶ birtokol, bitorol ❷ beavatkozik, betolakodik, sért

**encroachment** /ɪn'krəʊtʃmənt/ ❶ beavatkozás ❷ jogtalan használat, visszaélés

**encyclical** /ɪn'sɪklɪkəl/ enciklika, pápai körlevél

**encyclopedia** VAGY **encyclopaedia** /ɪnˌsaɪklə'piːdɪə/ enciklopédia, (nagy)lexikon

**encyclopedic** VAGY **encyclopaedic** /ɪnˌsaɪklə'piːdɪk/ enciklopédikus

**end** /end/ FNÉV

❶ vég, végződés, végpont *come to an end* véget ér, befejeződik *put an end to smth* véget vet vminek *in the end* a végén, végül ❷ csonk, vég, maradék, csikk [pl. cigarettáé, szöveté] ❸ cél (-kitűzés) *the end justifies the means* a cél szentesíti az eszközt *to this end* ebből a célból ❹ halál, a vég *the end is near* közel a halál órája ❺ oldal, rész *my end of the agreement* az egyezség engem illető része

KIFEJEZÉSEKBEN: *odds and ends* apró–cseprő dolgok, lim–lom *make (both) ends meet* kijön a pén/zéből, addig nyújtózik, amíg a takarója ér *at the end of the day* mindent egybevetve, végül is *on end* egyfolytában, megállás nélkül VAGY élére állítva

**end** IGE

❶ befejeződik, véget ér ❷ befejez, bevégez, véget vet

**end in** *end in smth* ❶ vmire végződik [pl. szó] ❷ vhogyan végződik, vmibe torkollik

**end up** befejeződik, véget ér vhol/vhogyan végzi *end up doing smth* végül addig jut, hogy (meg)tesz

**endanger** /ɪn'deɪndʒə/ veszélyeztet, kockáztat

**en dash** rövid gondolatjel [– jel]

**endear** /ɪn'dɪə/ megkedveltet, megszerettet (akivel: *to*)

**endearment** /ɪn'dɪəmənt/ ❶ gyengédség, kedveskedés, becézés ❷ gyengéd/becéző kifejezés/szó

**endeavour** /ɪn'devə/ FNÉV

törekvés, igyekezet, erőfeszítés

**endeavour** IGE

*endeavour to do smth* igyekszik/törekszik vmire, megkísérel vmit, azon van hogy vmit megtegyen

**ending** /'endɪŋ/ ❶ befejeződés, végződés *happy ending* hepiend ❷ végződés [pl. rag]

**endless** /'endləs/ ❶ végtelen, szűnni nem akaró ❷ végtelenített [pl. szállítószalag]

**endorse** /ɪn'dɔːs/ jóváhagy, támogat

**endorsement** /ɪn'dɔːsmənt/ jóváhagyás, hozzájárulás, támogatás

**endoscope** /ˈendəskəʊp/ testüregvizsgáló műszer, endoszkóp
**endoscopy** /enˈdɒskəpɪ/ testüregvizsgálat, endoszkópia
**endow** /ɪnˈdaʊ/ ❶ alapítványt tesz ❷ járadékot biztosít ❸ felruház [pl. tehetséggel]
**endowment** /ɪnˈdaʊmənt/ ❶ alapítvány, alapítványtétel ❷ juttatás, dotáció ❸ adottság
**endurance** /ɪnˈdjʊərəns/ állóképesség, kitartás *beyond/past endurance* elviselhetetlen, kibírhatatlan
**endure** /ɪnˈdjʊə/ ❶ elvisel, kibír ❷ fennmarad, talpon marad
**enduring** /ɪnˈdjʊərɪŋ/ ❶ tartós, maradandó ❷ kitartó
**end user** végfelhasználó
**enemy** /ˈenəmɪ/ ellenség, ellenfél *enemy troops* ellenséges csapatok
**energetic** /ˌenəˈdʒetɪk/ energikus
**energetics** /ˌenəˈdʒetɪks/ energetika, energiagazdálkodás
**energize** /ˈenədʒaɪz/ erőt ad, felvillanyoz, stimulál
**energy** /ˈenədʒɪ/ ❶ életerő, erély, energia ❷ hajtóerő, energia
**enervate** /ˈenəveɪt/ elgyengít, elerőtlenít
**enervation** /ˌenəˈveɪʃən/ ❶ elerőtlenedés, enerváltság ❷ elerőtlenítés
**enfant terrible** /ˌɒnfɒn təˈriːblə/ (vminek a) fenegyerek(e)
**enfeeble** /ɪnˈfiːbəl/ elgyengít
**enfeeblement** /ɪnˈfiːbəlmənt/ elgyengítés, elerőtlenítés
**enfold** /ɪnˈfəʊld/ ❶ beburkol (amibe: *in*) ❷ beredőz (amivel: *with*) ❸ *enfold smb (in ⁝one's⁝ arms)* karjaiba vesz / átölel vkit
**enforce** /ɪnˈfɔːs/ ❶ kierőszakol, kikényszerít ❷ érvényre juttat, végrehajt [pl. törvényt]
**enforcement** /ɪnˈfɔːsmənt/ ❶ kikényszerítés, érvényesítés ❷ végrehajtás [pl. törvényé] *law enforcement officer* rendőr
**enfranchise** /ɪnˈfræntʃaɪz/ ❶ választójogot ad ❷ felszabadít [rabszolgát]
**enfranchisement** /ɪnˈfræntʃɪzmənt/ ❶ választójoggal való felruházás ❷ felszabadulás [rabszolgáé] ❸ felszabadítás [rabszolgáé]
**eng.** = engine; engineer; engineering
**Eng.** = England; English
**engage** /ɪnˈgeɪdʒ/ ❶ lefoglal, elfoglal, leköt [pl. figyelmet] *be engaged in smth* el van foglalva vmivel, dolgozik vmin ❷ összekapcsolódik, kapcsolatba kerül (amivel: *with*) ❸ összekapcsol, összeköt (amivel: *with*) *engage the clutch* fölengedi/kiengedi a kuplungot ❹ összeakaszkodik, harcba keveredik [egymással] ❺ harcba kezd, megtámad [pl. ellenséget] ❻ felvesz, alkalmaz
**engage in** ❶ *engage in smth* hozzáfog vmihez, nekilát vminek [foglalkozásszerűen], vmire adja a fejét ❶ *engage smb in smth* bevon vkit vmibe [pl. beszélgetésbe]
**engaged** /ɪnˈgeɪdʒd/ ❶ (el)foglalt *be engaged* nincs ideje, foglalt ❷ „foglalt” felirat [nyilvános WC-n] ❸ „foglalt” jelzés [telefonban] ❹ *be engaged (to be married)* el van jegyezve, jegyes (akivel: *to*)
**engagement** /ɪnˈgeɪdʒmənt/ ❶ megbeszélés, megbeszélt találkozó, program *have a previous engagement* már más programja van ❷ kötelezettség, ígéret *meet ⁝one's⁝ engagements* kötelezettségeinek eleget tesz ❸ alkalmazás, szerződ(tet)és [r.szerint rövidebb] ❹ eljegyzés, jegyesség ❺ ütközet, összeakaszkodás
**engaging** /ɪnˈgeɪdʒɪŋ/ megnyerő, kellemes
**engine** /ˈendʒɪn/ ❶ motor, gép ❷ mozdony, gép ❸ eszköz, program *search engine* keresőprogram [interneten]
**-engined** /ˈendʒɪnd/ -motoros *twin-engined* kétmotoros *diesel-engined* dízelmotoros
**engine driver** mozdonyvezető
**engineer** /ˌendʒɪˈnɪə/ FNÉV
❶ mérnök *electrical engineer* villamosmérnök *mechanical engineer* gépészmérnök ❷ gépész, gépkezelő ❸ szerelő *telephone engineer* telefonszerelő ❹ *US* mozdonyvezető
**engineer** IGE
❶ tervez épít, konstruál ❷ kiötöl, mesterkedik, kitervel [r.szerint titokban]
**engineering** /ˌendʒɪˈnɪərɪŋ/ ❶ mérnöki tudomány, műszaki tudományok ❷ (meg)tervezés, (meg)konstruálás
**English** /ˈɪŋglɪʃ/ FNÉV
❶ angol (nyelv) *speak English* tud/beszél angolul *in English* angolul *her English is good* jól tud angolul ❷ angol [tantárgy] ❸ *the English* az angolok
**English** MNÉV
angol [pl. ember, nyelv]
**English Channel** *the English Channel* La Manche csatorna
**English horn** angolkürt
**engrave** /ɪnˈgreɪv/ ❶ bevés, gravíroz *be engraved on ⁝one's⁝ memory* emlékezetébe vésődik ❷ rovátkol, peremez [pl. érmét]
**engraver** /ɪnˈgreɪvə/ vésnök
**engraving** /ɪnˈgreɪvɪŋ/ ❶ metszés, vésés ❷ metszet, véset
**engulf** /ɪnˈgʌlf/ elnyel, beborít, eláraszt
**engulfment** /ɪnˈgʌlfmənt/ elnyelés, beborítás, elárasztás
**enhance** /ɪnˈhɑːns/ ❶ növel, emel [pl. hírnevet] ❷ erősít, fokoz, javít
**enhancement** /ɪnˈhɑːnsmənt/ ❶ növelés, emelés [pl. hírnévé] ❷ erősítés, fokozás, javítás
**enigma** /ɪˈnɪgmə/ rejtély, talány
**enigmatic** /ˌenɪgˈmætɪk/ VAGY **enigmatical** /ˌenɪgˈmætɪkəl/ rejtélyes, enigmatikus
**enjoy** /ɪnˈdʒɔɪ/ ❶ élvez, tetszik neki, szívesen tesz *enjoy ⁝oneself⁝* jól érzi magát, jól szórakozik ❷ élvez, bír [pl. vagyont, egészséget]

❸ *enjoy!* US érezze jól magát! / jó mulatást! / jó/kellemes étkezést!

**enjoyable** /ɪnˈdʒɔɪəbəl/ élvezetes, kellemes

**enjoyment** /ɪnˈdʒɔɪmənt/ ❶ élvezet, gyönyör (-űség) *get enjoyment out of smth* örömét leli vmiben ❷ élvezés, -élvezet [jogé]

**enlarge** /ɪnˈlɑːdʒ/ ❶ (meg)növekedik, (ki)szélesedik ❷ (meg)nagyobbodik, kiterjed *the photo enlarges well* a fénykép jól nagyítható ❸ (meg-) nagyobbít, megnövel ❹ (fel)nagyít [fényképet] ❺ kienged, megnagyobbít [pl. ruhát] ❻ kiterjeszt, növel [pl. tudást]

**enlarge on** *enlarge on smth* kifejt, részletesebben bemutat

**enlargement** /ɪnˈlɑːdʒmənt/ ❶ (meg)nagyobbodás, (ki)tágulás ❷ (meg)nagyobbítás, kiterjesztés ❸ nagyítás [fényképé] ❹ kiengedés, megnagyobbítás [pl. ruháé]

**enlighten** /ɪnˈlaɪtən/ megértet, felvilágosít (amit/amiről: *on*)

**enlightenment** /ɪnˈlaɪtənmənt/ ❶ felvilágosodás ❷ felvilágosítás

**enlist** /ɪnˈlɪst/ ❶ beáll/felcsap katonának ❷ jelentkezik, hívéül szegődik (ahová/aminek: *in*) ❸ besoroz [katonának] ❹ megnyer, maga mögött tud [pl. támogatást]

**enlistment** /ɪnˈlɪstmənt/ ❶ (be)sorozás, toborzás ❷ megnyerés, maga mögött tudás

**enliven** /ɪnˈlaɪvən/ felderít, felélénkít

**enmity** /ˈenmətɪ/ ellenségeskedés, gyűlölködés

**enormity** /ɪˈnɔːmətɪ/ ❶ szörnyűség, gazság ❷ hatalmasság, óriási méret

**enormous** /ɪˈnɔːməs/ óriási, hatalmas

**enormously** /ɪˈnɔːməslɪ/ rendkívüli módon, hatalmasan, nagyon

**enough** /ɪˈnʌf/ HAT.SZÓ
❶ eléggé, meglehetősen *large enough* elég/kellően nagy *oddly enough* elég furcsa módon ❷ eleget *you don't read enough* nem olvasol eleget

**enough** NÉVMÁS
elég, elegendő *enough beer* elég sör *have you had enough?* eleget ettél/ittál/vettél?

**enquire** VAGY **inquire** /ɪnˈkwaɪə/ érdeklődik, tudakozódik, informálódik (amiről: *about/into*)

**enquiry** VAGY **inquiry** /ɪnˈkwaɪərɪ/ ❶ érdeklődés, tudakozódás (amiről: *about/into*) *directory enquiries* telefonszám-tudakozó ❷ vizsgálat, oknyomozás (amiről: *into*)

**enrage** /ɪnˈreɪdʒ/ felbőszít

**enrich** /ɪnˈrɪtʃ/ ❶ gazdagít, gyarapít ❷ feljavít, gazdagít [pl. ételt] ❸ dúsít, koncentráltabbá tesz

**enrichment** /ɪnˈrɪtʃmənt/ ❶ (meg)gazdagodás ❷ gazdagítás, javítás ❸ dúsítás

**enrol** VAGY **enroll** /ɪnˈrəʊl/ ❶ beiratkozik [pl. tanfolyamra], listára föliratkozik ❷ beirat, listára fölvétet [pl. iskolába]

**enrolment** VAGY **enrollment** /ɪnˈrəʊlmənt/ ❶ jelentkezés, felvétel [pl. iskolába] ❷ jelentkezettek/beiratkozottak listája

**en route** /ɒnˈruːt/ úton, útban (ahonnan: *from*, ahova: *to/for*)

**ensemble** /ɒnˈsɒmbəl/ FNÉV együttes [ruha, zenei, tánc-]

**ensign** /ˈensaɪn/ ❶ (nemzeti) zászló [r.szerint hajón] ❷ US (tengerész)zászlós ❸ (rang)jelzés

**enslave** /ɪnˈsleɪv/ rabszolgává tesz, leigáz

**enslavement** /ɪnˈsleɪvmənt/ leigázás, rabszolgasorba taszítás

**ensnare** /ɪnˈsneə/ tőrbe csal, csapdába csal

**ensue** /ɪnˈsjuː/ következik, származik (ahonnan/amiből: *on/from*)

**ensure** /ɪnˈʃɔː/ ❶ gondoskodik (vmiről), biztosít ❷ védelmez, biztosít

**entail** ❶ vele jár, maga után von [következményként] ❷ örökségi jogutódlást korlátoz ❸ hitbizományul hagy (akire: *on*)

**entangle** /ɪnˈtæŋgəl/ belekever, belegabalyít *entangle ⁒oneself⁒* belegabalyodik (amibe: *in*)

**entanglement** /ɪnˈtæŋgəlmənt/ ❶ belekeveredés, belegabalyodás (amibe: *in*) ❷ bonyolult (szerelmi) viszony ❸ drótakadály [pl. harctéren]

**enter** /ˈentə/ ❶ belép, bemegy [pl. szobába] ❷ elér, belép [időben] ❸ behatol, bemegy ❹ jelentkezik, benevez [pl. versenyre] ❺ benevez, elindít [pl. lovat versenyen] (ahol: *for/in*) ❻ bevesz, felvesz, bevisz [pl. listára, számítógépbe] (ahova/amibe: *in*) *enter a word in the dictionary* felvesz egy szót a szótárba

**enter into** *enter into smth* belekezd, belebocsátkozik *enter into an agreement* megállapodást köt (akivel: *with*)

**enter on** *enter on smth* megkezd [működést], hozzáfog [tevékenységhez]

**enterprise** /ˈentəpraɪz/ ❶ vállalkozás, terv ❷ vállalkozó szellem/kedv ❸ vállalat, vállalkozás

**enterprising** /ˈentəpraɪzɪŋ/ vállalkozó szellemű

**entertain** /ˌentəˈteɪn/ ❶ szórakoztat ❷ vendégül lát ❸ foglalkozik/(el)játszik [gondolattal]

**entertainer** /ˌentəˈteɪnə/ FNÉV ❶ szórakoztató, művész ❷ vendéglátó, házigazda

**entertainment** /ˌentəˈteɪnmənt/ ❶ szórakozás, mulatság ❷ szórakoztatás ❸ megvendégelés, vendéglátás, reprezentáció

**enthral** VAGY **enthrall** /ɪnˈθrɔːl/ elbűvöl, lebilincsel

**enthuse** /ɪnˈθjuːz/ ❶ áradozik (amiről: *about/over*) ❷ föllelkesít, fölbuzdít

**enthusiasm** /ɪnˈθjuːzɪæzəm/ lelkesedés, rajongás (amiért: *for/about*)

**enthusiast** /ɪnˈθjuːzɪæst/ FNÉV rajongó *football enthusiast* futballrajongó

**enthusiastic** /ɪnˌθjuːzɪˈæstɪk/ lelkes, rajongó *be enthusiastic about smth* lelkesedik vmiért

**entice** /ɪnˈtaɪs/ (el)csábít, csalogat

**enticement** /ɪnˈtaɪsmənt/ ❶ (el)csábítás, csalogatás ❷ csábítás, vonzerő

**entire** /ɪnˈtaɪə/ teljes, egész (mértékű)

**entirely** /ɪnˈtaɪəlɪ/ ❶ teljesen ❷ kizárólag, teljesen csak

E

**entirety** /ɪnˈtaɪərətɪ/ teljesség, egész *in its entirety* teljes egészében
**entitle** /ɪnˈtaɪtəl/ ❶ feljogosít *entitle smb to do smth* feljogosít arra, hogy vmit tegyen *be entitled to smth* joga van vmihez, igényjogosult ❷ címet ad, címmel lát el [pl. könyvet] *the book is entitled X* a könyv címe X
**entity** /ˈentətɪ/ ❶ entitás ❷ személy [pl. jogi]
**entomb** /ɪnˈtu:m/ ❶ sírba helyez, eltemet ❷ befogad, vminek a helyéül szolgál
**entombment** /ɪnˈtu:mmənt/ ❶ elföldelés, eltemetés ❷ befogadás, vminek a helyéül szolgálás
**entourage** /ˈɒntʊrɑ:ʒ/ kíséret [fontos személyé]
**entrails** /ˈentreɪlz/ belek, belső részek
**entrance** /ˈentrəns/ FNÉV
❶ bejárat, ajtó, kapu ❷ belépés, bemenetel ❸ belépési/bemeneteli jog *refuse entrance* megtiltja a belépést/behajtást ❹ színre lépés
**entrance** /ɪnˈtrɑ:ns/ IGE
elbájol, elragad
**entrant** /ˈentrənt/ ❶ belépő, (pálya)kezdő ❷ jelentkező [pl. versenyre]
**entrap** /ɪnˈtræp/ tőrbe csal, csőbe húz (amibe: *into*)
**entreat** /ɪnˈtri:t/ kér, esedezik, könyörög (amiért: *for*)
**entreaty** /ɪnˈtri:tɪ/ esedezés, könyörgés
**entrée** /ˈɒntreɪ/ ❶ belépés, belépő [pl. magasabb körökbe] ❷ előétel ❸ US főétel
**entrench** /ɪnˈtrentʃ/ elsáncol, bezár *entrench oneself* beássa magát, beletemetkezik vhova
**entrenchment** /ɪnˈtrentʃmənt/ ❶ beletemetkezés ❷ lövészárok, fedezék
**entrepreneur** /ˌɒntrəprəˈnɜ:/ FNÉV vállalkozó
**entrepreneurial** /ˌɒntrəprəˈnɜ:rɪəl/ vállalkozói
**entrust** /ɪnˈtrʌst/ megbíz, rábíz (amivel: *with* akire: *to*)
**entry** /ˈentrɪ/ ❶ belépés *no entry* belépni/behajtani tilos ❷ belépő [pl. színészé] ❸ bejárat, kapu, ajtó ❹ bejegyzés, feljegyzés [pl. naptárban] ❺ címszó, szócikk [pl. szótárban] ❻ (be)nevezett személy/versenyző
**entwine** /ɪnˈtwaɪn/ körülfon, egymásba fon *with their arms entwined* kart karba öltve
**enumerate** /ɪˈnju:məreɪt/ felsorol
**enumeration** /ɪˌnju:məˈreɪʃən/ felsorolás
**enunciate** /ɪˈnʌnsɪeɪt/ ❶ kiejt, artikulál [hangot] ❷ kinyilvánít, kijelent
**enunciation** /ɪˌnʌnsɪˈeɪʃən/ ❶ kiejtés, artikulálás [hangé] ❷ kijelentés, kinyilatkoztatás
**envelop** /ɪnˈveləp/ ❶ beburkol, beborít [pl. lángokkal, köddel] (amivel: *in*) ❷ elrejt, elködösít ❸ (kör)bekerít [ellenséget]
**envelope** /ˈenvələʊp/ ❶ boríték ❷ beburkolás, beborítás ❸ burkolat, csomagolás
**envenom** /ɪnˈvenəm/ ❶ megmérgez ❷ elmérgesít, elkeserít
**enviable** /ˈenvɪəbəl/ irigylésre méltó
**envious** /ˈenvɪəs/ irigy (amire: *of*)
**environment** /ɪnˈvaɪrənmənt/ ❶ környezet, miliő *working environment* munkakörülmények ❷ (öko)környezet
**environmental** /ɪnˌvaɪrənˈmentəl/ környezeti, környezet-
**environmentalist** /ɪnˌvaɪrənˈmentəlɪst/ ❶ környezetvédő ❷ környezetvédelmi szakember ❸ környezettel törődő ember
**environs** /ɪnˈvaɪrənz/ agglomeráció, környék, város külső övezete
**envisage** /ɪnˈvɪzɪdʒ/ VAGY **envision** /ɪnˈvɪʒən/ ❶ elképzel, lelki szemeivel lát ❷ előre lát, mérlegel
**envoy** /ˈenvɔɪ/ követ, küldött
**envy** /ˈenvɪ/ FNÉV
irigység (ami miatt: *at/of/towards*) *green with envy* sárga az irigységtől
**envy** IGE
irigyel *I envy you* irigyellek *he envies me my travels* irigyel az utazásaimért
**enwind** /ɪnˈwaɪnd/ ráfonódik, rácsavarodik
**enwrap** /ɪnˈræp/ beborít, beburkol
**enzyme** /ˈenzaɪm/ enzim
**épée** /ˈepeɪ/ ❶ párbajtőr ❷ párbajtőrvívás
**épée fencing** párbajtőrvívás, párbajtőrözés
**épéeist** párbajtőröző, párbajtőrvívó
**epenthesis** /eˈpenθəsɪs/ (hang)betoldás
**ephemeral** /ɪˈfemərəl/ kérészéletű
**epic** /ˈepɪk/ FNÉV
❶ eposz, hősköltemény ❷ eposzi jellegű mű [pl. könyv, film]
**epic** MNÉV
❶ epikai, epikus, hősies ❷ óriási
**epicentre** /ˈepɪsentə/ központ, epicentrum [földrengésé]
**epicure** /ˈepɪkjʊə/ FNÉV ínyenc
**epicurean** /ˌepɪkjʊˈri:ən/ FNÉV ínyenc, epikuroszi
**epidemic** /ˌepɪˈdemɪk/ FNÉV/MNÉV járvány(os)
**epigon** /ˈepɪgɒn/ VAGY **epigone** /ˈepɪgəʊn/ epigon
**epigram** /ˈepɪgræm/ epigramma
**epigrammatic** /ˌepɪgrəˈmætɪk/ epigrammatikus, rövid, velős
**epilate** /ˈepɪleɪt/ szőrtelenít, epilál
**epilation** /ˌepɪˈleɪʃən/ szőrtelenítés, epilálás
**epilator** /ˈepɪleɪtə/ szőrtelenítő, epilátor
**epilepsy** /ˈepɪlepsɪ/ epilepszia
**epileptic** /ˌepɪˈleptɪk/ epileptikus
**epilogue** /ˈepɪlɒg/ utószó, epilógus
**epiphany** /ɪˈpɪfənɪ/ ❶ hirtelen megvilágosodás, reveláció ❷ *Epiphany* Vízkereszt
**episcopal** /ɪˈpɪskəpəl/ ❶ püspöki ❷ episzkopális (egyház)
**episcope** /ˈepɪskəʊp/ episzkóp
**episode** /ˈepɪsəʊd/ ❶ epizód ❷ részlet, epizód [pl. filmsorozatban]
**episodic** /ˌepɪˈsɒdɪk/ ❶ epizódszerű, mellék- ❷ epizódokból/részekből álló
**epistemological** /ɪˌpɪstɪməˈlɒdʒɪkəl/ ismeretelméleti, episztemológiai

**epistemology** /ɪˌpɪstɪˈmɒlədʒɪ/ ismeretelmélet, episztemológia
**epistle** /ɪˈpɪsəl/ ❶ levél ❷ episztola, apostoli levél
**epitaph** /ˈepɪtɑːf/ sírfelirat
**epithet** /ˈepɪθet/ jelző
**epitome** /ɪˈpɪtəmɪ/ ❶ kivonat, rövid foglalat, lényeg ❷ vmi megtestesítője, két lábon járó vmi *she's the epitome of laziness* maga a (megtestesült) lustaság
**epitomize** /ɪˈpɪtəmaɪz/ kivonatol, összefoglal, lényegileg megtestesít
**epoch** /ˈiːpɒk/ kor(szak)
**epoch-making** korszakalkotó
**epos** /ˈepɒs/ hősköltemény, eposz
**epoxy** /ɪˈpɒksɪ/ VAGY **epoxide resin** /ɪˌpɒksaɪd ˈrezɪn/ epoxigyanta
**eqpt.** = equipment
**equal** /ˈiːkwəl/ FNÉV
❶ egyenrangú (ember) *treat smb as one's equal* önmagával egyenrangúként kezel vkit ❷ azonos/egyenlő mennyiség
**equal** MNÉV
❶ egyenlő, azonos [pl. méretű, számú] (amivel/akivel: *to/with*) *on equal terms* egyenlő feltételek mellett ❷ elég jó/erős (amihez: *to*) *be equal to the situation* megállja a helyét, jól alkalmazkodik a helyzethez
**equal** IGE
❶ egyenlő, (meg)egyezik *x equals y* x egyenlő y ❷ felér, elér vmilyen magasságot/szintet ❸ beállít [csúcsot]
**equality** /ɪˈkwɒlətɪ/ egyenlőség, egyformaság
**equalization** /ˌiːkwəlaɪˈzeɪʃən/ ❶ kiegyenlítés ❷ kiegyenlítődés
**equalize** /ˈiːkwəlaɪz/ ❶ kiegyenlítődik ❷ (ki)egyenlít [pl. sportban]
**equalizer** /ˈiːkwəlaɪzə/ ❶ (ki)egyenlítő gól ❷ hangszínszabályzó, equalizer
**equally** /ˈiːkwəlɪ/ egyaránt, egyformán
**equal sign** VAGY **equals sign** egyenlőségjel
**equate** /ɪˈkweɪt/ ❶ egyenlővé tesz, kiegyenlít (amivel: *with*) ❷ azonosnak/egyenlőnek tekint
**equation** /ɪˈkweɪʃən/ ❶ egyenlet [matematikai] ❷ kiegyenlítés
**equator** /ɪˈkweɪtə/ egyenlítő
**equatorial** /ˌekwəˈtɔːrɪəl/ ❶ egyenlítői ❷ forró
**equestrian** /ɪˈkwestrɪən/ FNÉV
lovas, lovagló
**equestrian** MNÉV
lovas(-), lovagló-, ló- *equestrian sport* lovassport, lósport
**equilateral** /ˌiːkwɪˈlætərəl/ egyenlő oldalú [háromszög]
**equilibrium** /ˌiːkwɪˈlɪbrɪəm/ ❶ egyensúly ❷ kiegyensúlyozottság
**equinox** /ˈiːkwɪnɒks/ napéjegyenlőség
**equip** /ɪˈkwɪp/ ❶ felszerel, berendez (amivel: *with*) ❷ képessé tesz, megadja a megfelelő tudást (amire: *for*) ❸ felöltöztet
**equipment** /ɪˈkwɪpmənt/ ↯ NEM MEGSZÁML. felszerelés, berendezés
**equitable** /ˈekwɪtəbəl/ igazságos, méltányos
**equity** /ˈekwətɪ/ ❶ méltányosság, jogosság ❷ saját tőke ❸ (törzs)részvény
**equity capital** részvénytőke
**equivalence** /ɪˈkwɪvələns/ egyenlőség, azonosság
**equivalent** /ɪˈkwɪvələnt/ FNÉV
❶ egyenérték ❷ megfelelő, azonos értékű (dolog), ekvivalens [pl. szó, szolgáltatás]
**equivalent** MNÉV
egyenértékű, azonos értékű (amivel: *to*)
**equivocal** /ɪˈkwɪvəkəl/ ❶ kétértelmű ❷ kérdéses, kétes
**equivocate** /ɪˈkwɪvəkeɪt/ kétértelműen beszél, mellébeszél
**er** /ɜː/ ööö, izé
**ER** = Queen Elizabeth [= Elizabetha Regina]; emergency room
**era** /ˈɪərə/ kor(szak), éra
**eradicate** /ɪˈrædɪkeɪt/ kipusztít, kiirt
**eradication** /ɪˌrædɪˈkeɪʃən/ kipusztítás, kiirtás
**erase** /ɪˈreɪz/ ❶ kitöröl, kiradíroz ❷ (le)töröl [pl. hangszalagot] ❸ kitöröl [emléket]
**eraser** /ɪˈreɪzə/ US radír
**erasure** /ɪˈreɪʒə/ ❶ törlés ❷ törlés helye
**ere** /eə/ KÖTŐSZÓ/ELÖLJ. (mi)előtt *ere the morning comes* mielőtt megvirrad
**erect** /ɪˈrekt/ MNÉV/HAT.SZÓ
❶ egyenes(en), függőleges(en) ❷ felálló, merev [hímvessző]
**erect** IGE
❶ (fel)állít [pl. sátrat] ❷ épít, összeállít [pl. házat] ❸ létesít, felállít [pl. intézményt]
**erection** /ɪˈrekʃən/ ❶ (fel)állítás [pl. sátoré] ❷ emelés, építés [pl. szoboré, épületé] ❸ épület, építmény ❹ felállítás, létesítés [intézményé] ❺ merevedés, erekció [hímvesszőé]
**erg** /ɜːg/ erg [energia egysége]
**ergo** /ˈɜːgəʊ/ ebből következően, ergó
**ergonomical** /ˌɜːgəˈnɒmɪkəl/ VAGY **ergonomically designed** ergonomikus
**ergonomics** /ˌɜːgəˈnɒmɪks/ ergonómia
**ermine** /ˈɜːmɪn/ ❶ hermelin, hölgymenyét ❷ hermelin (prém)
**erode** /ɪˈrəʊd/ ❶ erodálódik ❷ (ki)mar, erodál [pl. sav, rozsda] ❸ kimos, elmos [víz], erodál ❹ kikezd, erodál [pl. barátságot]
**erogenous** /ɪˈrɒdʒənəs/ erogén
**erosion** /ɪˈrəʊʒən/ kimarás, erodálódás, erózió
**erosive** /ɪˈrəʊsɪv/ eróziós, eróziót okozó
**erotic** /ɪˈrɒtɪk/ erotikus, érzéki
**erotica** /ɪˈrɒtɪkə/ erotikus irodalom/kép/film
**eroticism** /ɪˈrɒtəsɪzəm/ erotika, érzékiség
**err** /ɜː/ téved, hibázik *to err is human* tévedni emberi dolog
**errand** /ˈerənd/ megbíz(at)ás, küldetés *go on errands / run errands* megbízásokat / apró ügyeket intéz el

**errand boy** kifutó(fiú), küldönc
**errant** /'erənt/ ❶ kóbor, vándor(ló) ❷ tévelygő, eltévelyedett [ember]
**errata** /ɪ'rɑːtə/ (sajtó)hibajegyzék, errata [kiadványban]
**erratic** /ɪ'rætɪk/ ❶ vándorló [fájdalom] ❷ rendetlen, egyenetlen [pl. működés] ❸ kiszámíthatatlan [ember]
**erratum** /ɪ'rɑːtəm/ TBSZ **errata** /ɪ'rɑːtə/ sajtóhiba
**erroneous** /ɪ'rəunɪəs/ hibás, téves
**error** /'erə/ ❶ hiba, tévedés *be in error* téved *make/commit an error* hibát követ el, hibázik ❷ eltévelyedés, botlás
**errorproof** hibamentes, hiba ellen bebiztosított
**ersatz** /'eəzæts/ VAGY /'ɜːzæts/ FNÉV/MNÉV pót(-szer), utánzat
**erudite** /'erudaɪt/ VAGY /'erjudaɪt/ tudós, tanult [ember, mű]
**erudition** /ˌeru'dɪʃən/ műveltség, tudományos képzettség
**erupt** /ɪ'rʌpt/ ❶ kitör [tűzhányó] ❷ kitör, „kivirágzik" [pl. bőrkiütéstől] (amiben: *in*) ❸ kibújik [fog]
**eruption** /ɪ'rʌpʃən/ ❶ kitörés [pl. tűzhányóé, járványé, indulaté] ❷ kitörés [bőrkiütésé] ❸ fogzás
**Esc.** = escudo; escudos; escape
**escalate** /'eskəleɪt/ ❶ eszkalálódik, bővül, terjed ❷ kiterjeszt, fokoz
**escalation** /ˌeskə'leɪʃən/ ❶ kiterjedés, eszkalálódás, eszkaláció ❷ kiterjesztés, eszkaláció [pl. háborúé]
**escalator** /'eskəleɪtə/ mozgólépcső
**escalope** /'eskəlɒp/ hússzelet [r.szerint borjú]
**escapade** /ˌeskə'peɪd/ kaland, virtus(kodás)
**escape** /ɪ'skeɪp/ FNÉV
❶ (meg)szökés, (meg)menekülés (ahonnan: *from*) ❷ (el)szivárgás, kiszabadulás [pl. gázé] ❸ menekülés [pl. valóságtól]
**escape** IGE
❶ (el)menekül, elszökik, megszökik (ahonnan: *from*) *there's no escaping (the fact) that* {MONDAT} nem lehet nem tudomásul venni azt, hogy {MONDAT} ❷ elillan, szökik [pl. gáz] ❸ elkerül [pl. veszélyt, figyelmet]
**escapee** /ɪˌskeɪ'piː/ VAGY /ɪ'skeɪpiː/ szökevény
**escape route** ❶ menekülő út [lejtőn szemben fölfelé] ❷ menekülési mód/irány, menekvés
**escargot** /ˌeskɑː'gəu/ (fokhagymás vajas mártással fogyasztott) éti csiga
**escort** /'eskɔːt/ FNÉV
❶ (védő)kíséret, fedezet *under escort* védőkíséret mellett ❷ kísérő (személy), kíséret ❸ hostess
**escort** /ɪ'skɔːt/ IGE
❶ (el)kísér ❷ udvarol vkinek, kísérget
**E sharp** eisz
**ESOL** = English for Speakers of Other Languages
**esophagus** /iː'sɒfəgəs/ nyelőcső, özofágusz
**esoteric** /ˌesəu'terɪk/ ❶ titokzatos, csak beavatottak számára érthető, ezoterikus ❷ nehezen érthető
**esp.** = especially
**ESP** = English for Specific/Special Purposes
**especial** /ɪ'speʃəl/ különleges, saját(ság)os
**especially** /ɪ'speʃəlɪ/ főleg, különösen, különösképpen
**espionage** /'espɪənɑːʒ/ kémkedés *industrial espionage* ipari kémkedés
**esplanade** /ˌesplə'neɪd/ sétány, korzó
**espouse** /ɪ'spauz/ ❶ támogat, sajátjának érez [ügyet] ❷ menyegzőt tart, feleségül/férjül vesz
**espresso** /es'presəu/ ❶ eszpresszó kávé, „olasz" kávé ❷ eszpresszógép ⓘ NEM ~~eszpresszó~~ [= szórakozóhely]
**espy** /ɪ'spaɪ/ észrevesz, meglát
**Esq.** VAGY **Esqr** = Esquire
**esquire** /ɪ'skwaɪə/ ❶ úr [levélcímzésben név után] ❷ nemes(ember) ❸ fegyvernök
**essay** /'eseɪ/ ❶ tanulmány, esszé ❷ kísérlet (amire vonatkozó: *at*) ❸ fogalmazás, esszé
**essayist** /'eseɪɪst/ tanulmányíró, esszéíró
**essence** /'esəns/ ❶ lényeg, központi gondolat, esszencia *in essence* lényegét tekintve, alapjában véve ❷ kivonat, tömény oldat, eszencia ❸ illatszer
**essential** /ɪ'senʃəl/ ❶ lényeges ❷ alapvető, nélkülözhetetlen (amihez: *to/for*) ❸ eszenciális [pl. aminosav]
**essentially** /ɪ'senʃəlɪ/ lényegében, elsősorban alapjában (véve)
**essentials** /ɪ'senʃəlz/ FNÉV ❶ lényeg ❷ nélkülözhetetlen dolgok *the bare essentials* a legszükségesebbek, a legszükségesebb dolgok ❸ alapvetés, vminek az alapjai *essentials of English grammar* az angol nyelvtan alapjai [pl. könyvcím]
**est.** = established; estate; estimate; estimated
**establish** /ɪ'stæblɪʃ/ ❶ (meg)alapít, létesít, létrehoz [pl. céget] ❷ megteremt, kiépít, [pl. hírnevet, szokást] (ahol/amiként: *in/as*) *establish ⁝oneself⁝* elfogadtatja magát, megveti a lábát ❸ megállapít, kimutat
**established** /ɪ'stæblɪʃt/ megalapozott, elfogadott, bevett [pl. szokás, tény]
**established church** államvallás
**establishment** /ɪ'stæblɪʃmənt/ ❶ létesítés, alapítás [pl. intézményé, cégé] ❷ intézmény, cég, szervezet ❸ megállapítás, kimutatás [tényé] ❹ *the Establishment* a (mindenkori intézményes) hatalom (birtokosai)
**estate** /ɪ'steɪt/ ❶ (föld)birtok, (föld)terület, park *housing estate* lakóterület, lakótelep ❷ vagyon ❸ hagyaték, hagyatéki vagyon ❹ (társadalmi) rend ❺ rang *of low estate* alacsony/egyszerű származású ❻ kombi (autó)
**estate agent** ingatlanügynök
**esteem** /ɪ'stiːm/ FNÉV
❶ tisztelet, megbecsülés *hold smb in high esteem* nagyra becsül vkit *self-esteem* önbecsü-

lés ❷ vélemény *in my esteem* nézetem/véleményem szerint

**esteem** IGE

❶ tisztel, (meg)becsül, nagyra tart ❷ értékel, tart [vminek/vmilyennek]

**esthete** /ˈiːsθiːt/ esztéta

**esthetic** /iːsˈθetɪk/ VAGY **esthetical** /iːsˈθetɪkəl/ esztétikus, esztétikai

**esthetics** /iːsˈθetɪks/ esztétika

**estimable** /ˈestɪməbəl/ becses, becsülendő, tiszteletre méltó

**estimate** /ˈestɪmət/ FNÉV

❶ becslés, felbecsülés *in my estimate* véleményem/nézetem szerint *at a conservative estimate* óvatos becslés szerint ❷ várakozás, becslés ❸ költségvetés, díjkalkuláció

**estimate** /ˈestɪmeɪt/ IGE

❶ felbecsül, értékel (amire/amennyire: *at*) ❷ vár, becsül ❸ előirányoz, megbecsül, kalkulációt készít (amire: *for*)

**estimation** /ˌestɪˈmeɪʃən/ ❶ becslés, vélemény, megítélés *in my estimation* becslésem/véleményem szerint ❷ (nagyra)becsülés

**estrange** /ɪˈstreɪndʒ/ elidegenít (akitől: *from*) *become estranged from smb* elhidegül vkitől

**estrangement** /ɪˈstreɪndʒmənt/ ❶ elidegenedés, elhidegülés (akitől: *from*, akik között: *between*) ❷ elidegenítés

**estrogen** /ˈiːstrədʒən/ ösztrogén

**estuary** /ˈestjʊərɪ/ (folyó-)torkolat

**ET** = Eastern time; extraterrestrial

**et al** = et alia

**et alia** /et ˈeɪlɪə/ és mások

**etalon** /ˈetəlɒn/ etalon

**etc.** = et cetera

**et cetera** /ɪtˈsetrə/ stb., satöbbi, és így tovább

**etch** /etʃ/ gravíroz, marat, karcol

**etching** /ˈetʃɪŋ/ ❶ gravírozás, rézkarcolás ❷ rézkarc *come up and see my etchings* „gyere, megmutatom a bélyeggyűjteményemet"

**eternal** /ɪˈtɜːnəl/ ❶ örök(ös), örökkévaló, örökérvényű ❷ szüntelen

**eternal triangle** szerelmi háromszög

**eternity** /ɪˈtɜːnətɪ/ örökkévalóság

**ether** /ˈiːθə/ ❶ éter ❷ [rádióhullámok helye] éter

**ethereal** /ɪˈθɪərɪəl/ éteri, könnyed, légies

**ethic** /ˈeθɪk/ FNÉV/MNÉV etika(i), erkölcs(i)

**ethical** /ˈeθɪkəl/ ❶ etikai, erkölcsi ❷ etikus, erkölcsös

**ethics** /ˈeθɪks/ etika, erkölcstan

**ethnic** ❶ faji, etnikai ❷ népi, paraszti ❸ kisebbségi

**ethnographer** /eθˈnɒgrəfə/ néprajztudós, néprajzkutató, etnográfus

**ethnography** /eθˈnɒgrəfɪ/ néprajz, etnográfia

**ethological** /ˌeθəˈlɒdʒɪkəl/ etológiai

**ethologist** /ɪˈθɒlədʒɪst/ etológus

**ethology** /ɪˈθɒlɒdʒɪ/ etológia

**ethos** /ˈiːθɒs/ ethosz, étosz, erkölcsiség

**ethyl** /ˈeθəl/ etil

**ethylene** /ˈeθəliːn/ etilén

**etiology** /ˌiːtɪˈɒlədʒɪ/ kórok(tan), etiológia

**etiquette** /ˈetɪket/ illem, etikett ⓘ NEM ~~etikett~~ [= címke]

**etymologic** /ˌetɪˈmɒlədʒɪk/ VAGY **etymological** /ˌetɪməˈlɒdʒɪkəl/ szótörténeti, etimológiai

**etymology** /ˌetɪˈmɒlədʒɪ/ etimológia, szótörténet

**EU** = European Union

**eucalyptus** /ˌjuːkəˈlɪptəs/ eukaliptusz

**Eucharist** /ˈjuːkərɪst/ ❶ oltáriszentség ❷ úrvacsora

**eucharistic** /ˌjuːkəˈrɪstɪk/ eucharisztikus

**euclidean** VAGY **euclidian** /juːˈklɪdɪən/ euklideszi [geometria]

**eulogize** /ˈjuːlədʒaɪz/ (fel)magasztal, dicsőít

**eulogy** /ˈjuːlədʒɪ/ magasztalás, dicshimnusz

**eunuch** /ˈjuːnək/ eunuch

**euphemism** /ˈjuːfəmɪzəm/ szépítő kifejezés, eufémizmus

**euphemistic** /ˌjuːfəˈmɪstɪk/ szépített, eufemisztikus

**euphoria** /jʊˈfɔːrɪə/ eufória

**euphoric** /jʊˈfɒrɪk/ eufórikus

**Eur** = Europe; European

**eureka** /jʊˈriːkə/ heuréka! / megvan!

**eurhythmics** VAGY **eurythmics** /jʊˈrɪðmɪks/ mozgásművészet, mozdulatművészet

**Euro** /ˈjʊərəʊ/ FNÉV

❶ euro [európai valuta] ❷ az európai egyesítés pártolója

**Euro** MNÉV

❶ európai ❷ az európai egyesítést pártoló

**Euro-compatible** eurokonform

**European** /ˌjʊərəˈpɪən / európai

**European Commission, EC** Európai Bizottság

**European Community, EC** Európai Közösség

**European Currency Unit, ECU** ECU

**European Economic Community, EEC** Európai Gazdasági Közösség

**Europeanization** /jʊərəˌpɪənaɪˈzeɪʃən/ ❶ (el)európaiasodás ❷ (el)európaiasítás

**European Monetary System, EMS** Európai Monetáris Rendszer

**European Union, EU** Európai Unió

**euthanasia** /juːθəˈneɪzɪə/ fájdalommentes/kegyes halál, eutanázia

**evacuate** /ɪˈvækjʊeɪt/ ❶ kiürít, evakuál [pl. várost] ❷ kiürít [beleket]

**evacuation** /ɪˌvækjʊˈeɪʃən/ ❶ kiürítés, evakuálás [pl. városé] ❷ kiürítés [beleké]

**evacuee** /ɪˌvækjʊˈiː/ FNÉV evakuált/evakuálandó

**evade** /ɪˈveɪd/ ❶ kitér vmi elől, kihúzza magát vmi alól ❷ kitérő választ ad, elmismásol ❸ elmenekül, elkerül [pl. ellenséget, veszélyt]

**evaluate** /ɪˈvæljʊeɪt/ megbecsül, értékel

**evaluation** /ɪˌvæljʊˈeɪʃən/ becslés, értékelés

**evaluative** /ɪˈvæljʊətɪv/ értékelési

**evangelical** /ˌiːvənˈdʒelɪkəl/ FNÉV/MNÉV ❶ evangéliumi ❷ evangélikus/protestáns (ember)

**evangelist** /ɪ'væ ndʒəlɪst/ ❶ evangélista ❷ hittérítő, hitszónok, evangelizátor
**evangelization** /ɪˌvændʒəlaɪ'zeɪʃən/ evangelizáció
**evangelize** /ɪ'vændʒəlaɪz/ ❶ evangéliumot/igét hirdet, térít ❷ evangelizációt végez
**evaporate** /ɪ'væpəreɪt/ ❶ (el)párolog, elillan ❷ (el)párologtat, elgőzölögtet
**evaporated milk** sűrített tej
**evaporation** /ɪˌvæpə'reɪʃən/ ❶ (el)párolgás, kigőzőlés ❷ elpárologtatás, besűrítés
**evasion** /ɪ'veɪʒən/ ❶ kikerülés ❷ kijátszás, megkerülés [pl. törvényé] ❸ mellébeszélés
**evasive** /ɪ'veɪsɪv/ ❶ kitérő, mellébeszélő [pl. válasz] ❷ kitérő mozdulatokat végző *take evasive action* kitérő mozdulatokat végez
**eve** /iːv/ előest *Christmas Eve* karácsonyeste, szenteste *New Year's Eve* szilveszter *on the eve of smth* vminek az előestéjén

**even** /'iːvən/ MNÉV
❶ egyenletes, sík, sima ❷ egyenlő (akivel/amivel: *with*) ❸ kiegyenlített, egyenesben lévő [pl. számla] *break even* egyenesbe jön, ledolgozza veszteségeit *get/be even with smb* leszámol vkivel, egyenlít ❹ igazságos, méltányos [pl. szétosztás] ❺ páros [szám] ❻ egyenletes, szabályos [pl. sebesség]

**even** KÖTŐSZÓ
❶ még … is *even if* {MONDAT} még akkor is, ha {MONDAT} *not even if* {MONDAT} még akkor sem, ha {MONDAT} *even more* még inkább *even now* még most is *even so* mégis, ennek ellenére ❷ még vmilyenebb *even hotter* még forróbb ❸ sőt, még inkább, hanem egyenesen *she looks cheerful, even happy* nem csak vidámnak tűnik, hanem egyenesen boldognak ❹ éppen, pont akkor *even as* éppen amikor *even then* éppen akkor *even so* mégis, ennek ellenére *even though* annak ellenére, hogy

**even** IGE
(ki)egyenesít, kiegyenlít
**even out** ❶ kiegyenlítődik [pl. ár] ❷ *even smth out* kiegyenesít [pl. sorokat]
**even up** *even smth up* egyenlővé/igazságosabbá tesz
**even-handed** elfogulatlan, pártatlan
**evening** /'iːvnɪŋ/ ❶ este *this evening* ma este *on Sunday evening* vasárnap este *in the evening* az esti órákban, este ❷ est(e) [pl. előadás, fogadás] *musical evening* zenés est
**evening dress** ❶ estélyi ruha/öltözet ❷ frakk
**evening gown** estélyi ruha [női]
**evening star** esthajnalcsillag
**evensong** /'iːvənsɒŋ/ esti ima/istentisztelet, vecsernye
**event** /ɪ'vent/ ❶ esemény *social event* társadalmi esemény *sporting event* sportesemény ❷ (verseny)szám, esemény ❸ eset *in the event* végül is, ebben az esetben *in any event* mindenesetre *in either event* bármelyik esetben [kettő közül] *at all events* mindenesetre, bármi is történjék
**eventful** /ɪ'ventful/ eseménydús
**eventual** /ɪ'ventʃuəl/ végső, végleges
**eventuality** /ɪˌventʃʊ'ælətɪ/ eshetőség *be prepared for every eventuality* minden eshetőségre föl van készülve
**eventually** /ɪ'ventʃuəlɪ/ végül (is)
**ever** /'evə/ ❶ valaha, valamikor, bármikor, valaha *if you're ever in Hungary* ha bármikor Magyarországon jársz *have you ever been to London?* jártál valaha Londonban? *hardly ever* alig valamikor, szinte soha *never ever* soha–soha ❷ mindig, egyre csak, örökké *ever since* azóta is *they lived happy ever after* boldogan éltek, míg meg nem haltak *as ever* mint mindig *for ever* (mind)örökre ❸ [nyomatékosítás] *what ever is he doing?* mi a fenét csinál? ❹ nagyon, a lehető leg- *come as fast as ever you can* olyan hamar gyere, ahogy csak tudsz *ever so good* nagyon jó, igen jó *thank you ever so much* nagyon szépen köszönöm ❺ *Yours ever* VAGY *Ever yours* Barátsággal [levél végén]
**evergreen** FNÉV/MNÉV örökzöld

**everlasting** FNÉV
❶ örökkévalóság ❷ szalmavirág, szárazvirág

**everlasting** MNÉV
❶ örökkévaló, maradandó ❷ örökös, szűnni nem akaró ❸ állandó, folytonos
**evermore** mindig, örökké, mindörökké
**every** /'evrɪ/ ❶ mind(en) *every pupil* minden tanuló *every time* minden alkalommal *every day* mindennap *every other/second* minden második *every now and then/again* hébe–hóba, néha *every one* mind(enki), mindegyik *every one of you* mindannyiótok ❷ *every bit as* éppen olyan, mint
**everybody** /'evrɪbɒdɪ/ mindenki *everybody else* mindenki más, a többiek mind(annyian)
**everyday** /'evrɪdeɪ/ mindennapi, megszokott, hétköznapi *everyday life* mindennapi élet
**everyone** /'evrɪwʌn/ mindenki *where's everyone else?* hol vannak a többiek?
**everything** /'evrɪθɪŋ/ ❶ minden ❷ a legfontosabb dolog, minden ❸ *and everything* és így tovább, és a többi, meg minden
**everywhere** /'evrɪweə/ ❶ mindenütt, mindenhol ❷ mindenhová
**evict** /ɪ'vɪkt/ ❶ kilakoltat (ahonnan: *from*) ❷ törvényesen visszaszerez [birtokot]
**eviction** /ɪ'vɪkʃən/ ❶ kilakoltatás ❷ törvényes visszaszerzés [birtoké]

**evidence** /'evɪdəns/ FNÉV
NEM MEGSZÁML ❶ bizonyíték, (tanú)bizonyság (amiről: *of/for*) ❷ tanúvallomás, tanúskodás *give (one's) evidence* tanúskodik ❸ *be in evidence* látható, feltűnő ⓘ NEM ~~evidencia~~

**evidence** *IGE*
❶ bizonyít, igazol ❷ nyilvánvalóvá tesz
**evident** /ˈevɪdənt/ nyilvánvaló, világos, evidens
**evil** /ˈiːvəl/ *FNÉV*
❶ gonoszság, bűn, rossz *the evils of smth* vmi kártékonysága / hátrányos/kellemetlen hatásai/ következményei ❷ az emberben lakozó gonosz
**evil** *MNÉV*
❶ rossz *have an evil tongue* mindenkiről rosszat mond *fall on evil days* rossz sorsra jut ❷ gonosz ❸ nagyon kellemetlen, borzasztó [pl. időjárás, szag] ❹ végzetes, szerencsétlen
**evil-minded** rosszindulatú
**Evil One** *the Evil One* a Sátán, a Gonosz
**evoke** /ɪˈvəʊk/ ❶ fölelevenít, fölidéz [pl. emléket] ❷ megidéz [pl. szellemet] ❸ kivált [pl. reakciót]
**evolution** /ˌiːvəˈluːʃən/ ❶ kialakulás, evolúció ❷ fejlődéstörténet ❸ felfejlődés [csapatoké], helyzetváltoztatás ❹ gyökvonás
**evolutionary** /ˌiːvəˈluːʃənərɪ/ evolúciós, fejlődési
**evolve** /ɪˈvɒlv/ ❶ kialakul, kibontakozik, (ki-) fejlődik ❷ felszabadul [pl. gáz] ❸ kialakít, kifejleszt ❹ kifejt, levezet [pl. tételt] (amiből) ❺ fejleszt [hőt, gázt]
**ewe** /juː/ anyajuh
**ex.** = extra; examination; example; except; exchange; excursion; executive; express
**ex-** /eks/ volt, egykori, korábbi
**ex** /eks/ *FNÉV*
❶ az x betű ❷ volt partner, „ex" [férj/feleség/barát(nő)]
**ex** *ELÖLJ.*
❶ nélkül, kivételével *ex interest* kamat nélkül ❷ -ból, -tól *ex officio* hivatalból ❸ vmin kívül [vhonnan kiszállított ár(on)]
**exacerbate** /ɪgˈzæsəbeɪt/ ❶ súlyosbít, rosszabbá tesz ❷ elkeserít
**exacerbation** /ɪgˌzæsəˈbeɪʃən/ ❶ súlyosbítás, rosszabbá tétel ❷ elkeserítés
**exact** /ɪgˈzækt/ *MNÉV*
❶ pontos, egzakt *to be exact* hogy pontos legyek, pontosabban szólva *the exact date* a pontos dátum ❷ precíz, részletekre ügyelő
**exact** *IGE*
❶ (ki)követel, behajt [pl. pénzt] ❷ kicsikar [pl. ígéretet] ❸ (meg)követel [pl. engedelmességet] (akitől: *from*)
**exacting** /ɪgˈzæktɪŋ/ szigorú, nagy gondosságot/ odafigyelést követelő
**exactitude** /ɪgˈzæktɪtjuːd/ pontosság, precizitás
**exactly** /ɪgˈzæktlɪ/ ❶ pontosan *not exactly* nem egészen, nem igazán, nem éppen ❷ úgy van, jól mondod
**exaggerate** /ɪgˈzædʒəreɪt/ (el)túloz vmit, túlzásba visz/esik
**exaggeration** /ɪgˌzædʒəˈreɪʃən/ túlzás
**exalt** /ɪgˈzɔːlt/ ❶ (fel)dicsér, (fel)magasztal [pl. erényt] ❷ magas rangra emel
**exaltation** /ˌegzɔːlˈteɪʃən/ ❶ felemelés, (fel)magasztalás [pl. erényé] ❷ túlfűtöttség, túláradó boldogság
**exalted** /ɪgˈzɔːltɪd/ ❶ magas (rangú) [pl. társaság] ❷ emelkedett [pl. érzelem] ❸ túlfűtött, egzaltált
**exam** /ɪgˈzæm/ vizsga [oktatásban]
**examination** /ɪgˌzæmɪˈneɪʃən/ ❶ vizsga *take an examination* vizsgázik *pass an examination* átmegy a vizsgán ❷ vizsgálat, ellenőrzés [pl. orvosi, minőségi] *be under examination* kivizsgálás alatt van *undergo/have a medical examination* orvosi vizsgálatnak veti alá magát ❸ áttanulmányozás [pl. dokumentumoké] ❹ kihallgatás [pl. vádlotté]
**examination board** VAGY **examination committee** vizsgabizottság
**examine** /ɪgˈzæmɪn/ ❶ (meg)vizsgál [pl. beteget] ❷ tanulmányoz, vizsgál ❸ bevizsgál, ellenőriz, átvizsgál ❹ vizsgáztat [oktatásban] ❺ kihallgat [pl. vádlottat] (amiről: *on*) ❻ vizsgálatot tart [egy ügyben]
**examinee** /ɪgˌzæmɪˈniː/ vizsgázó, jelölt
**examiner** /ɪgˈzæmɪnə/ ❶ vizsgáló ❷ vizsgáztató ❸ vizsgálóbiztos
**example** /ɪgˈzɑːmpəl/ ❶ példa *for example* például *by way of example* például ❷ minta, példa [követendő] *set an example* példát mutat
**exasperate** /ɪgˈzæspəreɪt/ felbőszít, felhergel *be exasperated* fel van bőszítve (ami által: *at/by*)
**exasperation** /ɪgˌzæspəˈreɪʃən/ ❶ felbosszantás, felingerlés *drive smb to exasperation* a végsőkig felbosszant ❷ elkeseredés *do smth in exasperation* elkeseredésében tesz vmit
**exc** = excellent; except; exception; excursion
**Exc.** = Excellency
**excavate** /ˈekskəveɪt/ (ki)ás, feltár [pl. romokat]
**excavation** /ˌekskəˈveɪʃən/ (ki)ásás, ásatás, feltárás [pl. régi emlékeké]
**excavator** /ˈekskəveɪtə/ ❶ ásatást végző ember, régész ❷ kotrógép, exkavátor
**exceed** /ɪkˈsiːd/ ❶ felülmúl, meghalad [pl. számban, árban] ❷ túllép, meghalad [pl. sebességet]
**exceedingly** /ɪkˈsiːdɪŋlɪ/ rendkívül(i mértékben)
**excel** /ɪkˈsel/ ❶ kitűnik, kiemelkedik (amiben: *at/in*) ❷ felülmúl *excel ⸗oneself⸗* felülmúlja önmagát, kitesz magáért
**excellence** /ˈeksələns/ ❶ kiválóság, kitűnőség ❷ kiemelkedő teljesítmény, érdem
**excellency** /ˈeksələnsɪ/ ❶ kiválóság, kitűnőség ❷ *Your Excellency* Kegyelmes/Excellenciás Uram/ Asszonyom *His/Her Excellency* Őkegyelmessége/Őexcellenciája ❸ kiváló/kitűnő tulajdonság
**excellent** /ˈeksələnt/ ❶ kitűnő, kiváló ❷ jeles, kiváló [osztályzat]
**except** /ɪkɪˈsept/ *IGE* kivesz, kivételt tesz [pl. vkivel] (ahonnan: *from*)
**except** *ELÖLJ.*
kivéve, kivételével *except them* őket kivéve

**except for** kivéve, kivételével *except for them* őket kivéve

**except** *KÖTŐSZÓ*

❶ kivéve *can do everything except cook* mindent tud, csak főzni nem ❷ de, csakhogy, csak éppen *we could visit her, except it's too late* meglátogatnánk, de túl késő van

**excepted** /ɪk'septɪd/ *HÁTRAVETVE:* kivéve, kivételével *present company excepted* a jelenlévők kivételével

**excepting** /ɪk'septɪŋ/ kivéve, kivételével *excepting us* bennünket kivéve, a mi kivételünkkel

**exception** /ɪk'sepʃən/ ❶ kivétel (ami alól: *to*) *make an exception* kivételt tesz ❷ kifogás, ellenvetés *take exception to smth* kifogásol vmit KIFEJEZÉSEKBEN: *take exception* megsértődik/megbántódik (ami miatt: *at/to*)

**exceptionable** /ɪk'sepʃənəbəl/ kifogásolható

**exceptional** /ɪk'sepʃənəl/ kivételes, kimagasló

**exceptionally** /ɪk'sepʃənəlɪ/ ❶ kivételesen ❷ rendkívül(i módon), módfelett

**excerpt** /'eksɜːpt/ ❶ szemelvény ❷ kivonat (amiből: *from*)

**excess** /ɪk'ses/ *FNÉV*

❶ túl sok (amiből: *of*) *an excess of patience* túlzott türelem ❷ felesleg, többlet *in excess of smth* vmit meghaladó, vminél több

**excess** /'ekses/ *MNÉV*

többlet-, a szokásosnál több

**excess baggage** túlsúly [repülőgépes utazáskor]

**excessive** /ɪk'sesɪv/ (el)túlzott, túlságos

**exch** = exchange; exchequer

**exchange** /ɪks'tʃeɪndʒ/ *FNÉV*

❶ csere, (ki)cserélés *in exchange* cserébe (amiért: *for*) ❷ *(telephone). exchange* telefonközpont ❸ tőzsde *stock exchange* részvénytőzsde *rate of exchange* tőzsdei árfolyam ❹ átváltás, pénzváltás ❺ pénz, valuta, deviza *foreign exchange* valuta *rate of exchange* devizaárfolyam, valutaárfolyam ❻ adok–kapok, -csere, -váltás [pl. ütéseké]

**exchange** *IGE*

kicserél, elcserél, becserél, vált (amire/amiért: *for*)

**exchange rate** (átváltási) árfolyam

**exchequer** /ɪks'tʃekə/ ❶ *the Exchequer* államkassza, (állam)kincstár ❷ [brit] pénzügyminisztérium *Chancellor of the Exchequer* [brit] pénzügyminiszter

**excise** /'eksaɪz/ *FNÉV*

❶ fogyasztási/jövedéki adó ❷ fogyasztási adók hivatala, adóhivatal

**excise** /ɪk'saɪz/ *IGE*

kimetsz, kivág

**excise tax** jövedéki adó

**excision** /ɪk'sɪʒən/ kivágás

**excitability** /ɪkˌsaɪtə'bɪlətɪ/ ingerlékenység, ingerelhetőség

**excitable** /ɪk'saɪtəbəl/ ingerlékeny, ingerelhető

**excitation** /ˌeksɪ'teɪʃən/ ❶ (fel)izgatás, ingerlés ❷ izgatottság

**excite** /ɪk'saɪt/ ❶ felizgul, izgalomba / izgalmi állapotba jön/kerül [vmi jó miatt] ❷ (fel)izgat ❸ gerjeszt [pl. érdeklődést, érzelmet]

**excited** /ɪk'saɪtɪd/ izgatott, felizgult *get excited* izgul (ami miatt: *about*)

**excitement** /ɪk'saɪtmənt/ ❶ izgatottság, izgalmi állapot ❷ izgalmas esemény, izgalom

**exciting** /ɪk'saɪtɪŋ/ izgalmas, izgató

**exclaim** /ɪk'skleɪm/ (fel)kiált (ami miatt: *at*)

**exclamation** /ˌekslə'meɪʃən/ (fel)kiáltás

**exclamation mark** VAGY **exclamation point** *US* felkiáltójel

**exclamative** /ɪk'sklæmətɪv/ felkiáltó (jellegű) [pl. mondat/szó]

**exclamatory** /ɪk'sklæmətərɪ/ (fel)kiáltó

**exclude** /ɪk'skluːd/ ❶ nem enged be, kizár (ahonnan: *from*) ❷ kizár, kirekeszt [pl. lehetőséget] ❸ kiállít, kizár [sportjátékból]

**excluding** /ɪk'skluːdɪŋ/ kivételével, kivéve

**exclusion** /ɪk'skluːʒən/ kirekesztés, kizárás

**exclusive** /ɪk'slkuːsɪv/ *FNÉV*

kizárólagos tudósítás, exkluzív riport

**exclusive** *MNÉV*

❶ kizárólagos, egyedüli jogot biztosító ❷ zártkörű, exkluzív [pl. klub] ❸ *HÁTRAVETVE:* kivéve, kizárásával *2003 exclusive* a 2003-as évet nem számítva ❹ *exclusive of smth* vmit nem számítva, vmi nélkül

**excommunicate** /ˌekskə'mjuːnɪkeɪt/ kiközösít, kiátkoz [egyházból]

**excommunication** /ˌekskəˌmjuːnɪ'keɪʃən/ kiátkozás, kiközösítés, egyházi átok

**excrement** /'ekskrəmənt/ ürülék, széklet

**excrete** /ɪk'skriːt/ kiválaszt, salakanyagot termel [ember/állat]

**excretion** /ɪk'skriːʃən/ kiválasztás, salakanyagtermelés

**excruciate** /ɪk'skruːʃɪeɪt/ gyötör, kínoz

**excruciating** /ɪk'skruːʃɪeɪtɪŋ/ kínzó, gyötrelmes, szörnyű [pl. fájdalom]

**excursion** /ɪk'skɜːʃən/ ❶ [szervezett/csoportos] kirándulás *go on an excursion* kirándul ❷ elkalandozás [tárgytól] ❸ elhajlás ❹ pályától való eltérés [bolygóé]

**excursion class** turistaosztály

**excursion ticket** olcsó retúrjegy

**excuse** /ɪk'skjuːs/ *FNÉV*

❶ mentség, ok, igazolás ❷ ürügy, kifogás ❸ lehetőség, ürügy *find an excuse* ürügyet talál (amire: *for*) ❹ kiment *make one's excuse* kimenti magát

**excuse** /ɪk'skjuːz/ *IGE*

❶ megbocsát, elnéz (amiért/amit: *for*) *please excuse my handwriting* bocsáss meg a kézírásomért *excuse me!* pardon! / bocsánat! / elnézést! *excuse me, do you have the time?* bocsánat/elnézést, van órája? ❷ felmentést ad, felment (ami alól: *from*) ❸ *excuse ⁒oneself⁒* kimenti magát

KIFEJEZÉSEKBEN: *excuse me?* tessék? / nem értem

**ex-directory** titkos [telefonszám]

**exec.** = executive; executor

**execute** /ˈeksəkjuːt/ ❶ kivégez [elítéltet] ❷ végrehajt, teljesít, elvégez ❸ megvalósít [pl. tervet] ❹ eljátszik, előad [pl. zenedarabot, táncot] ❺ végrehajt [végrendeletet], végrehajtóként működik

**execution** /ˌeksəˈkjuːʃən/ ❶ kivégzés ❷ végrehajtás, teljesítés [pl. parancsé] ❸ megvalósítás [pl. tervé] ❹ előadás, eljátszás [pl. zenedarabé] ❺ végrehajtás [végrendeleté]

**executioner** /ˌeksəˈkjuːʃənə/ hóhér, ítéletvégrehajtó

**executive** /ɪɡˈzekjʊtɪv/ FNÉV

❶ végrehajtó hatalom *Chief Executive* az Egyesült Államok elnöke ❷ felső vezető

**executive** MNÉV

❶ végrehajtási, végrehajtó *chief executive officer, CEO* vezérigazgató ❷ adminisztratív, közigazgatási ❸ exkluzív, luxus, luxusigényeket kielégítő

**executive clemency** US elnöki kegyelem

**executive privilege** US mentelmi jog

**executor** /ɪɡˈzekjʊtə/ végrendeleti végrehajtó

**executrix** /ɪɡˈzekjʊtrɪks/ végrendeleti végrehajtó [nő]

**exemplar** /ɪɡˈzemplɑː/ példa, minta(példány), modell

**exemplary** /ɪɡˈzemplərɪ/ ❶ mintaértékű, példaszerű ❷ elrettentő [büntetés]

**exemplification** /ɪɡˌzemplɪfɪˈkeɪʃən/ ❶ szemléltetés [példával] ❷ példa

**exemplify** /ɪɡˈzemplɪfaɪ/ ❶ például szolgál, példáz ❷ példát ad, példaként felhoz ❸ hiteles másolatot készít

**exempli gratia, e.g.** /egˌzemplɪ ˈɡrɑːtɪə/ például, a példa kedvéért

**exempt** /ɪɡˈzempt/ MNÉV

❶ mentes (ami alól: *from*) ❷ felmentett, mentesített (ami alól: *from*)

**exempt** IGE

*exempt smb from smth* felment/mentesít vkit vmi alól [fizetés/szolgálat alól]

**exemption** /ɪɡˈzempʃən/ ❶ mentesség (ami alól: *from*) ❷ felmentés (ami alól: *from*)

**exercise** /ˈeksəsaɪz/ FNÉV

❶ gyakorlás, gyakorlat [fizikai, szellemi] ❷ gyakorlat, feladat ❸ hadgyakorlat ❹ cselekvés ❺ joggyakorlás, hatalomgyakorlás

**exercise** IGE

❶ gyakorol, testgyakorlást végez, edz ❷ gyakorol(tat), gyakorlatoztat, idomít [pl. katonát, állatot] ❸ folytat, gyakorol [pl. jogot, hatalmat ❹ aggaszt *exercise smb's patience* próbára teszi vkinek a türelmét

**exercise bike** szobabicikli

**exercise book** (jegyzet)füzet

**exert** /ɪɡˈzɜːt/ ❶ fáradozik, igyekszik ❷ *exert ⁒oneself⁒* erőlködik, megerőlteti magát ❸ gyakorol [pl. nyomást] (akire/amire: *on*)

**exertion** /ɪɡˈzɜːʃən/ ❶ erőfeszítés, megerőltetés ❷ erőfeszítést igénylő gyakorlat, megerőltetés

**exeunt** /ˈeksɪənt/ „színről távoznak" [színpadi utasítás]

**exhalation** /ˌekshəˈleɪʃən/ ❶ kilégzés ❷ kigőzölgés, kipárolgás

**exhale** /eksˈheɪl/ ❶ kilélegzik, kifúj ❷ kigőzölög, elpárolog ❸ kibocsát [pl. gőzt, gázt]

**exhaust** /ɪɡˈzɔːst/ FNÉV

❶ kipufogás ❷ kipufogó(cső), kipufogórendszer ❸ kipufogógáz

**exhaust** IGE

❶ kimerít, felhasznál [erőt] ❷ kifáraszt [embert] ❸ kimerít [pl. tárgykört] ❹ elfogyaszt, felél [pl. pénzt, tartalékot]

**exhausted** /ɪɡˈzɔːstɪd/ ❶ kimerült ❷ üres, kiürült

**exhausting** /ɪɡˈzɔːstɪŋ/ fárasztó, kimerítő

**exhaust pipe** kipufogó(cső)

**exhaustion** /ɪɡˈzɔːstʃən/ ❶ kipufogás ❷ kiürülés, kimerülés ❸ kiürítés, kimerítés

**exhaustive** /ɪɡˈzɔːstɪv/ kimerítő, alapos, mindenre kiterjedő

**exhibit** /ɪɡˈzɪbɪt/ FNÉV

❶ kiállított tárgy ❷ tárgyi bizonyíték, bűnjel ❸ US kiállítás, bemutatás

**exhibit** IGE

❶ bemutat, kiállít, közszemlére tesz ❷ megmutat, felmutat bizonyságot tesz [pl. tulajdonságról] ❸ benyújt [bizonyítékként]

**exhibition** /ˌeksɪˈbɪʃən/ ❶ kiállítás, bemutató ❷ mutatvány, megmutatkozás *an exhibition of foolishness* a butaság megnyilvánulása ❸ bemutatás [pl. filmé] ❹ ösztöndíj

**exhibitioner** /ˌeksɪˈbɪʃənə/ ösztöndíjas ⓘ NEM ~~exhibicionista~~

**exhibitionism** /ˌeksɪˈbɪʃənɪzəm/ magamutogatás, exhibicionizmus

**exhibitionist** /ˌeksɪˈbɪʃənɪst/ FNÉV magamutogató, exhibicionista

**exhibitor** /ɪɡˈzɪbɪtə/ FNÉV kiállító [személy/szervezet]

**exhilarate** /ɪɡˈzɪləreɪt/ felvidít, felderít

**exhilaration** /ɪɡˌzɪləˈreɪʃən/ ❶ vidámság, derültség, jókedv ❷ felvidítás, jókedvre derítés

**exhort** /ɪɡˈzɔːt/ ❶ figyelmeztet ❷ buzdít, serkent *exhort smb to do smth* arra buzdít, hogy vmit megtegyen ❸ lelkére beszél vkinek

**exhortation** /ˌegzɔːˈteɪʃən/ ❶ figyelmeztetés, intés ❷ buzdítás ❸ figyelmeztető/buzdító beszéd/írásmű

**exhumation** /ˌekshjʊˈmeɪʃən/ kihatolás, exhumálás

**exhume** /eksˈhjuːm/ kihantol, exhumál

**exigence** /ˈeksɪdʒəns/ VAGY **exigency** /ˈeksɪdʒənsɪ/ (sürgős) szükség, megszorultság, kényszerhelyzet

E

**exigent** /ˈeksɪdʒənt/ ❶ sürgős, égető ❷ követelődző

**exile** /ˈeksaɪl/ *FNÉV*

❶ száműzetés, számkivetés, számkivetettség ❷ száműzött, menekült (ember) *political exile* politikai menekült (ember)

**exile** *IGE*

száműz (ahonnan: *from*, ahova: *to*)

**exist** /ɪɡˈzɪst/ ❶ létezik, él, van ❷ fennáll, megvan ❸ el van, vegetál, nehezen él

**existence** /ɪɡˈzɪstəns/ ❶ lét(ezés), fennállás *be in existence* létezik, van, fennáll *come into existence* létrejön ❷ életmód, létezés

**existent** /ɪɡˈzɪstənt/ létező, (még) meglévő

**existentialism** /ˌegzɪˈstenʃəlɪzəm/ egzisztencializmus

**existentialist** /ˌegzɪˈstenʃəlɪst/ egzisztencialista

**exit** /ˈeksɪt/ VAGY /ˈegzɪt/ *FNÉV*

❶ kijárat ❷ távozás (ahonnan: *from*) *make a quick exit* gyorsan távozik

**exit** *IGE*

❶ távozik, elmegy (ahonnan: *from*) ❷ „színről távozik", „el" [színpadi utasítás]

**exit poll** a szavazatukat leadottak körében készülő előzetes közvéleménykutatás, exit poll

**exit visa** kiutazóvízum

**exodus** /ˈeksədəs/ kivonulás, menekülés

**exonerate** /ɪɡˈzɒnəreɪt/ *exonerate smb from smth* felment/tisztáz vmi alól

**exoneration** /ɪɡˌzɒnəˈreɪʃən/ felmentés, tisztázás

**exorbitance** /ɪɡˈzɔːbɪtəns/ eltúlzottság, mértéktelenség [pl. ár, követelés]

**exorbitant** /ɪɡˈzɔːbɪtənt/ túlzó, eltúlzott, mértéktelen [pl. ár, követelés]

**exorcism** /ˈeksɔːsɪzəm/ ördögűzés

**exorcist** /ˈeksɔːsɪst/ ördögűző

**exotic** /ɪɡˈzɒtɪk/ különös, egzotikus

**exotica** /ɪɡˈzɒtɪkə/ távolról származó, különös, egzotikus tárgyak/művek

**exp** = expenses; expired; export; express

**expand** /ɪkˈspænd/ ❶ (ki)terjed, kibővül, tágul ❷ beszédesebbé válik, felenged ❸ kiterjeszt, megnövel ❹ kibővít, kitágít, ❺ kifejt, bővebben elmond (amit: *on*)

**expander** /ɪkˈspændə/ expander [izomerősítő]

**expanse** /ɪkˈspæns/ ❶ kiterjedés, terjedelem [területé] ❷ nagy terület

**expansion** /ɪkˈspænʃən/ ❶ bővülés, terjeszkedés, expanzió ❷ (ki)bővítés, kiterjesztés, kitágítás ❸ (bővebb) kifejtés

**expansionary** /ɪkˈspænʃənərɪ/ ❶ bővülő, terjeszkedő ❷ bővítő, bővítési [pl. politika]

**expansive** /ɪkˈspænsɪv/ ❶ terjedő, kiterjedt ❷ nagylelkű, nagyvonalú ❸ közlékeny

**expat** /ˌeksˈpæt/ *FNÉV/MNÉV* ❶ [hazájából] száműzött ❷ hazájától távol élő/dolgozó (ember)

**expatriate** /eksˈpætrɪət/ *MNÉV/FNÉV*

❶ [hazájából] száműzött ❷ hazájától távol élő/dolgozó (ember)

**expatriate** /eksˈpætrɪeɪt/ *IGE*

[hazájából] száműz

**expatriation** /eksˌpætrɪeɪʃən/ száműz(et)és

**expect** /ɪkˈspekt/ ❶ vár, elvár, számít vmire *expect smth to happen* azt várja, hogy vmi megtörténik *be expected to do smth* elvárják tőle, hogy vmit megtegyen ❷ valószínűnek tart *I expect so* azt hiszem, valószínűnek tartom ❸ vár [gyereket] *she is expecting (a baby)* gyermeket vár

**expectancy** /ɪkˈspektənsɪ/ várakozás, kilátás *life expectancy* várható élettartam, életkilátás

**expectant** /ɪkˈspektənt/ *FNÉV*

várományos [pl. örökségé]

**expectant** *MNÉV*

❶ várakozó, várakozással teli ❷ állapotos, terhes

**expectation** /ˌekspekˈteɪʃən/ várakozás, remény *against/contrary to (all) expectations* (minden) várakozással ellentétben *beyond expectation* várakozáson felül(i) *come/live up to expectations* beválik

**expecting** /ɪkˈspektɪŋ/ állapotos, terhes

**expedience** /ɪkˈspiːdɪəns/ VAGY **expediency** /ɪkˈspiːdɪənsɪ/ hasznosság, célszerűség

**expedient** /ɪkˈspiːdɪənt/ *FNÉV*

❶ kisegítő dolog [pl. eszköz, terv] ❷ kiút

**expedient** *MNÉV*

alkalmas, hasznos, célszerű

**expedite** /ˈekspədaɪt/ ❶ siettet, előmozdít ❸ (el)szállít, expediál

**expedition** /ˌekspəˈdɪʃən/ ❶ felfedező út, expedíció ❷ hadjárat ❸ (az) expedíció (tagjai) ❹ gyorsaság, fürgeség

**expeditionary** /ˌekspəˈdɪʃənərɪ/ külföldön bevetett [haderő]

**expeditious** /ˌekspəˈdɪʃəs/ gyors, késedelem nélküli

**expel** /ɪkˈspel/ ❶ kiűz (ahonnan: *from*) ❷ kiutasít [pl. országból] ❸ kicsap [iskolából]

**expend** /ɪkˈspend/ (rá)fordít [pl. pénzt, energiát, időt] (amire: *on*)

**expenditure** /ɪkˈspendɪtʃə/ ❶ kiadás, költség ❷ fogyasztás, felhasználás

**expense** /ɪkˈspens/ ❶ költség, kiadás, ár [pl. pénz, idő, energia] *at the expense of smth* (még) vminek az árán (is) ❷ kár, teher *at the expense of* vminek a rovására

**expense account** reprezentációs költség(ek)/költségtérítés

**expensive** /ɪkˈspensɪv/ ❶ költséges, drága ❷ súlyos, nagy árat követelő [pl. hiba]

**experience** /ɪksˈpɪərɪəns/ *FNÉV*

❶ élmény *an unforgettable experience* felejthetetlen élmény ❷ ⚷ *NEM MEGSZÁML.* tapasztalat, tapasztalás, jártasság

**experience** *IGE*

átél, (meg)tapasztal [pl. sikert, kudarcot]

**experienced** /ɪkˈspɪərɪənst/ tapasztalt gyakorlott, jártas (amiben: *in/at*)

**experiential** /ɪkˌspɪərɪ'enʃəl/ tapasztalati

**experiment** /ɪk'sperɪmənt/ *FNÉV*
kísérlet, próba (amin: *on*) *carry out / perform an experiment* kísérletet hajt végre

**experiment** *IGE*
kísérletezik, próbál(kozik) (amivel: *on/with*)

**experimental** /ɪkˌsperɪ'mentəl/ kísérleti, próba-, nem végleges

**experimentation** /ɪkˌsperɪmen'teɪʃən/ kísérletezés

**expert** *FNÉV/MNÉV* /'ekspɜːt/ ügyes, jártas, szakértő (ember) (amiben: *at/in/on*)

**expertise** /ˌekspɜː'tiːz/ szakértelem, szaktudás

**expiration** /ˌekspɪ'reɪʃən/ ❶ lejárat [határidőé] ❷ esedékesség, lejárat [pl. kölcsöné] ❸ vminek a vége, kilehelés

**expire** /ɪk'spaɪə/ ❶ letelik, lejár [pl. határidő] ❷ esedékessé válik, lejár [pl. követelés] ❸ kileheli a lelkét, elhal

**expiry** /ɪk'spaɪərɪ/ ❶ lejárat [határidőé] ❷ esedékesség, lejárat [pl. kölcsöné] ❸ vminek a vége, kilehelés

**explain** /ɪk'spleɪn/ ❶ (meg)magyaráz, indokol (akinek: *to*) *explain* ⁝*oneself*⁝ világosabban fejti ki nézetét ❷ magyarázkodik, megpróbál kimagyarázni vmit *explain* ⁝*oneself*⁝ kimagyarázza magát
**explain away** *explain smth away* kimagyaráz (vmit), mentséget hoz föl

**explanation** /ˌeksplə'neɪʃən/ ❶ magyarázat, értelmezés ❷ megfejtés

**explanatory** /ɪk'splænətərɪ/ VAGY **explanative** /ɪk'splænətɪv/ (meg)magyarázó, értelmező

**expletive** /ɪk'spliːtɪv/ *FNÉV*
❶ töltelékszó ❷ káromkodás

**expletive** *MNÉV*
kitöltő, kiegészítő [pl. szó]

**explicit** /ɪk'splɪsɪt/ ❶ világos, kifejezett ❷ szókimondó, nyílt(an beszélő) ❸ nem szégyenlős, szexualitását vállaló

**explode** /ɪk'spləʊd/ ❶ felrobban ❷ kirobban, kitör *explode in(to) laughter* nevetésben tör ki ❸ felrobbant ❹ megdönt [pl. elméletet]

**exploit** /'eksplɔɪt/ *FNÉV*
(hős)tett

**exploit** /ɪk'splɔɪt/ *IGE*
❶ kiaknáz, hasznosít [pl. természeti kincset] ❷ kizsákmányol, kihasznál [pl. dolgozót]

**exploitation** /ˌeksplɔɪ'teɪʃən/ ❶ kiaknázás, hasznosítás ❷ kizsákmányolás

**exploration** /ˌeksplə'reɪʃən/ ❶ kutatás, felderítés, feltárás ❷ felfedező út, expedíció ❸ vizsgálat, feltárás [orvosi]

**exploratory** /ɪk'splɒrətərɪ/ kutató, felderítő, puhatolózó

**explore** /ɪk'splɔː/ ❶ kutató/felfedező utat tesz ❷ felderít, megvizsgál, szondáz [pl. lehetőséget] ❸ megvizsgál, feltár [orvos]

**explorer** /ɪk'splɔːrə/ ❶ felfedező, kutató ❷ szonda [orvosi]

**explosion** /ɪk'spləʊʒən/ ❶ (fel)robbanás, detonáció *population explosion* népességrobbanás ❷ kirobbanás, kitörés [pl. dühé, nevetésé] ❸ felpattanás [hangé]

**explosive** /ɪk'spləʊsɪv/ *FNÉV*
❶ robbanószer, robbanóanyag ❷ felpattanó hang, plozíva

**explosive** *MNÉV*
❶ robbanó, robbanásra hajlamos ❷ indulatot keltő, ellentmondásos

**exponent** /ɪk'spəʊnənt/ ❶ példa, példaként szolgáló dolog ❷ képviselő [pl. irányzaté] ❸ (hatvány)kitevő

**exponential** /ˌekspə'nenʃəl/ ❶ exponenciálisan növekvő, exponenciális ❷ (hatvány)kitevőt tartalmazó, exponenciális

**export** /'ekspɔːt/ ❶ kivitel, export ❷ exportcikk

**export** /ɪk'spɔːt/ ❶ kivisz, exportál ❷ adatokat továbbít számítógépből másik gépbe

**exportation** /ˌekspɔː'teɪʃən/ (áru)kivitel, export(álás)

**exporter** /ɪk'spɔːtə/ exportőr

**expose** /ɪk'spəʊz/ ❶ kitesz (pl. hatásának) ❷ leleplez, felfed, kiad [visszaélést, bűnözőt] ❸ megvilágít, exponál [filmet] ❹ otthagy, hagy éhenhalni/megfagyni [csecsemőt] ❺ *expose* ⁝*oneself*⁝ mutogatja magát [nemi szervét]

**exposé** /ek'spəʊzeɪ/ expozé

**exposed** /ɪk'spəʊzd/ kitett [pl. veszélynek], szabadon álló, védtelen (aminek / amivel szemben: *to*)

**exposition** /ˌekspə'zɪʃən/ ❶ megvilágítás, (meg-) magyarázás ❷ nagy vásár/kiállítás [r.szerint ipari] ❸ bemutatás, indítás [pl. színdarabban]

**expository** /ɪk'spɒzɪtərɪ/ VAGY /ɪk'spɒzɪtɪv/ ismertető, magyarázó [pl. írás]

**exposure** /ɪk'spəʊʒə/ ❶ kitettség [pl. veszélynek] ❷ kihűlés (miatti halál) *die of exposure* halálra fagy, megfagy ❸ leleplezés, felfedés ❹ felvétel, kép, kocka ❺ megvilágítás(i idő), expozíció [filmé]

**exposure meter** fénymérő, megvilágításmérő

**expound** /ɪk'spaʊnd/ (meg)magyaráz, kifejt [álláspontot] (akinek: *to*, amit: *on*)

**express** /ɪk'spres/ *FNÉV*
❶ gyorsvonat, expressz ❷ expressz küldemény, expresszlevél *send smth by express* expressz küld vmit

**express** *MNÉV*
❶ nyílt, világos, pontos ❷ kifejezett *express wish* határozott kívánság ❸ gyors, expressz

**express** *HAT.SZÓ*
gyorsküldeményként, expressz

**express** *IGE*
❶ kifejez, kifejezésre juttat [pl. érzelmet, véleményt] *express* ⁝*oneself*⁝ kifejezi magát ❷ kiprésel, kisajtol [pl. folyadékot] (ahonnan: *from / out of*) ❸ expressz küld

**expression** /ɪk'spreʃən/ ❶ kifejezés, kinyilvánítás [pl . gondolaté, érzésé] *give expression* kifejezésre juttat, kimutat (amit: *to*) *find expression* kifejezést nyer, kifejeződik (amiben: *in*) ❷ nyelvi kifejezés ❸ szófordulat, kifejezés ❹ kifejezőkészség ❺ kifejezés, formula [matematikai] ❻ arckifejezés

**expressionism** /ɪkˈspreʃənɪzəm/ expresszionizmus

**expressionless** /ɪkˈspreʃənləs/ kifejezéstelen, rezzenéstelen, üres [arc]

**expressive** /ɪkˈspresɪv/ kifejező (amit: *of*), beszédes, expresszív

**express letter** expresszlevél

**expressly** /ɪkˈspreslɪ/ határozottan, kifejezetten

**expressway** autóút, autópálya, autósztráda

**expulsion** /ɪkˈspʌlʃən/ ❶ kiűzetés ❷ kiűzés, eltávolítás (ahonnan: *from*)

**expurgate** /ˈekspɜːgeɪt/ megtisztít [pl. könyvet, színdarabot illetlen részektől]

**expurgation** /ˌekspɜːˈgeɪʃən/ megtisztítás, cenzúrázás [pl. könyvé]

**exquisite** /ɪkˈskwɪzɪt/ ❶ kitűnő, tökéletes, remekbe szabott ❷ éles, nagymértékű [pl. öröm, fájdalom]

**extemporaneous** /ɪkˌstempəˈreɪnɪəs/ rögtönzött, azonnali

**extempore** /ɪkˈstempərɪ/ *FNÉV/MNÉV* rögtönzött, rögtönözve

**extemporize** /ɪkˈstempəraɪz/ rögtönöz, improvizál

**extend** /ɪkˈstend/ ❶ (ki)terjed, elterül, (el)húzódik [térben/időben] ❷ nő, kiterjed [pl. hatáskör] ❸ megnagyobbít, kiterjeszt, növel ❹ (meg)ad, nyújt [segítséget, barátságot] *extend a welcome* szívélyesen fogad/köszönt (akit: *to*) ❺ meghosszabbít [pl. határidőt] ❻ kinyújt [pl. kezet] ❼ megfeszít, végsőkig hajszol [pl. testrészt, erőt, állatot]

**extendible** /ɪkˈstendəbəl/ kihúzható [pl. antenna]

**extensible** /ɪkˈstensəbəl/ VAGY **extensile** /ɪkˈstensaɪl/ kiterjeszthető, kinyújtható

**extension** /ɪkˈstenʃən/ ❶ megnyúlás, kiterjedés, (ki)tágulás [térben, időben] ❷ (ki-) nyújtás, kiterjesztés [térben, időben] ❸ (ki)bővítés, fejlesztés ❹ hozzátoldott épületrész, toldalék ❺ (egyetemi) levelező oktatás, továbbképző tanfolyam ❻ mellék(állomás) [telefoné] ❼ kiterjesztés [file-é]

**extension cord** VAGY **extension lead** /ɪkˌstenʃən ˈliːd/ hosszabbító (zsinór/kábel)

**extensive** /ɪkˈstensɪv/ ❶ kiterjedt, nagymértékű ❷ széleskörű, átfogó

**extent** /ɪkˈstent/ mérték, kiterjedés

**extent** /ɪkˈstent/ ❶ terjedelem, nagyság, méret ❷ mérték, fok *to some extent / to a certain extent* egy bizonyos fokig/mértékig *to a large extent* nagymértékben *to the extent of 5,000 pounds* ötezer font erejéig

**extenuate** /ɪkˈstenjʊeɪt/ enyhít, szépít

**extenuation** /ɪkˌstenjʊˈeɪʃən/ enyhítés, szépítés, mentegetés [pl. bűné, hibáé]

**exterior** /ɪkˈstɪərɪə/ *FNÉV*
❶ külső, megjelenés ❷ szabadtéri jelentet ábrázoló festmény

**exterior** *MNÉV*
külső, kívülről való (amihez képest: *to*)

**exterminate** /ɪkˈstɜːmɪneɪt/ kiirt, kipusztít [állatot, embert]

**extermination** /ɪkˌstɜːmɪˈneɪʃən/ kiirtás, kipusztítás [állaté, emberé]

**external** /ɪkˈstɜːnəl/ ❶ külső, vmin kívüli (amin: *to*) ❷ külsőleg használatos *for external use* külsőleg [gyógyszer] ❸ külföldi, külországi

**externality** /ˌekstɜːˈnælətɪ/ külsőség

**extinct** /ɪkˈstɪŋkt/ ❶ kihalt, letűnt [állatfaj] ❷ nem létező, elmúlt [dolog, mítosz] ❸ már nem működő [vulkán] ❹ hatályon kívüli, hatályon kívül helyezett [pl. törvény]

**extinction** /ɪkˈstɪŋkʃən/ ❶ kihalás [állatfajé] ❷ kialvás [pl. tűzé] ❸ kioltás, eloltás [pl. tűzé] ❹ megszűnés, kiirtás [népé] ❺ szertefoszlás [pl. reményé] ❻ eltörlés [pl. törvényé]

**extinguish** /ɪkˈstɪŋgwɪʃ/ ❶ kiolt, elolt [pl. tüzet] ❷ kiöl, kiolt [pl. érzést] ❸ kiirt [pl. fajt] ❹ kiolt [életet] ❺ eltöröl [pl. törvényt]

**extinguisher** /ɪkˈstɪŋgwɪʃə/ tűzoltókészülék

**extirpate** /ˈekstɜːpeɪt/ (gyökerestől) kiirt

**extirpation** /ˌekstɜːˈpeɪʃən/ (gyökerestől) kiirtás

**extol** /ɪkˈstəʊl/ (fel)magasztal, dicsőít [érdemet, jó tulajdonságot]

**extort** /ɪkˈstɔːt/ ❶ kierőszakol, kikényszerít (akiből/akitől: *from*) ❷ kizsarol

**extortion** /ɪkˈstɔːʃən/ ❶ kierőszakolás, kikényszerítés (akiből/akitől: *from*) ❷ kizsarolás

**extortionate** /ɪkˈstɔːʃənət/ uzsora-, uzsora jellegű [pl. ár]

**extortioner** /ɪkˈstɔːʃənə/ VAGY **extortionist** /ɪkˈstɔːʃənɪst/ *FNÉV* zsaroló

**extra** /ˈekstrə/ *FNÉV*
❶ többlet, extra [pl. kiadás, ár] ❷ statiszta [filmben] ❸ rendkívüli kiadás [pl. újságé] ❹ ráadás [főműsor után] ❺ extra(felszerelés) [pl. autóban]

**extra** *MNÉV*
❶ mellék-, többlet- [pl. díj] *extra money* többletpénz *extra point* pluszpont *extra task* pluszfeladat ❷ különleges, kivételes, extra

**extra** *HAT.SZÓ*
többletként felszámolt [összeg] *drinks are extra* az ital nincs benne az árban

**extract** /ˈekstrækt/ *FNÉV*
❶ kivonat, részlet, szemelvény ❷ eszencia, sűrítmény

**extract** /ɪkˈstrækt/ *IGE*
❶ kihúz, eltávolít [pl. fogat] (ahonnan: *from*) ❷ kiszed, kihúz [pl. pénzt, vallomást] ❸ kivon, lepárol ❹ kivonatol [könyvet, számlát] ❺ merít [pl. örömöt] (ahonnan: *from*) ❻ *extract the root* gyököt von (amiből: *of*)

**extraction** /ɪkˈstrækʃən/ ❶ kihúzás, eltávolítás

[pl. fogé] ❷ kivonás, kinyerés ❸ kivonat, párlat ❹ származás, eredet
**extractor** /ɪkˈstræktə/ prés *juice extractor* gyümölcsprés, gyümölcscentrifuga
**extracurricular** /ˌekstrəkəˈrɪkjulə/ iskolán/tananyagon kívüli [pl. tevékenység, foglalkozás]
**extradite** /ˈekstrədaɪt/ kiszolgáltat, kiad (ahonnan: *from*, ahova: *to*) [bűnözőt]
**extradition** /ˌekstrəˈdɪʃən/ kiadatás
**extrajudicial** /ˌekstrədʒuˈdɪʃəl/ peren kívüli
**extramarital** /ˌekstrəˈmærɪtəl/ házasságon kívüli [viszony]
**extramural** /ˌekstrəˈmjuərəl/ ❶ intézményen kívüli [pl. előadás] ❷ külső, a város határain kívül történő
**extraordinarily** /ɪkˈstrɔːdənərɪlɪ/ ❶ furcsán, különös módon ❷ rendkívüli mértékben, nagymértékben
**extraordinary** /ɪkˈstrɔːdənərɪ/ ❶ furcsa, szokatlan ❷ rendkívüli, különleges ❸ műsoron kívüli, rendkívüli [pl. gyűlés] ❹ különleges megbízatású *ambassador extraordinary* rendkívüli nagykövet
**extrapolate** /ɪkˈstræpəleɪt/) ❶ kivetít, extrapolál (ahonnan: *from*) ❷ kikövetkeztet
**extraterrestrial** /ˌekstrətəˈrestrɪəl/ földönkívüli
**extraterritorial** /ˌekstrəterɪˈtɔːrɪəl/ VAGY **exterritorial** /ˌeksterɪˈtɔːrɪəl/ területen kívüli
**extra time** hosszabbítás [sportban]
**extrauterine** /ˌekstrəˈjuːtəraɪn/ méhenkívüli
**extravagance** /ɪkˈstrævəgəns/ ❶ tékozlás, pazarlás ❷ szertelenség, szeszély
**extravagant** /ɪkˈstrævəgənt/ ❶ tékozló, pazarló ❷ túlzott, túl magas [ár]
**extravaganza** /ɪkˌstrævəˈgænzə/ különlegesség, különcség [pl. kiállítás, színdarab]
**extravert** /ˈekstrəvɜːt/ extrovertált / kifelé forduló ember

**extreme** /ɪkˈstriːm/ *FNÉV*

❶ véglet, szélsőség *in the extreme* végtelenül, nagymértékben ❷ *go to extremes* szélsőséges eszközökhöz nyúl *be driven to extremes* szélsőséges módon cselekszik ❸ szélső érték [pl. statisztikai]

**extreme** *MNÉV*

❶ végső, utolsó ❷ szélső, legtávolabbi [pl. országrész] ❸ szélsőséges [pl. vélemény, irányzat] *extreme leftist* szélsőbalos *extreme rightist* szélsőjobbos
**extreme unction** utolsó kenet
**extremist** /ɪkˈstriːmɪst/ szélsőséges beállítottságú ember
**extremity** /ɪkˈstremətɪ/ ❶ szélsőség, legszigorúbb eszköz *resort to extremities* szélsőséges/szigorú eszközökhöz folyamodik ❷ végtag, legtávolabbi szerv
**extricate** /ˈekstrɪkeɪt/ kiszabadít (ahonnan: *from*)
**extrication** /ˌeksrɪˈkeɪʃən/ kiszabadítás (ahonnan: *from*)
**extrinsic** /ɪksˈtrɪnzɪk/ külső(dleges)
**extrovert** /ˈekstrəvɜːt/ extrovertált / kifelé forduló ember
**extrude** /ɪkˈstruːd/ ❶ kilök, kitaszít (ahonnan: *from*) ❷ kisajtol, extrudál
**extrusion** /ɪkˈstruːʒən/ ❶ kilökés, kitaszítás ❷ (vulkanikus eredetű) kibukkanás
**exuberance** /ɪgˈzjuːbərəns/ ❶ bőség, gazdagság, bujaság [növényzeté] ❷ túláradó érzelem
**exuberant** /ɪgˈzjuːbərənt/ ❶ bő, dús, buja [növényzet] ❷ túláradó [érzelem]
**exult** /ɪgˈzʌlt/ örvendezik, ujjong (amin: *at/in/over*)
**exultant** /ɪgˈzʌltənt/ örvendező, ujjongó
**exultation** /ˌegzʌlˈteɪʃən/ örvendezés, diadalittasság
**exurbia** /eksˈɜːbɪə/ VAGY **exurbs** /eksˈɜːbz/ gazdag előváros

**eye** /aɪ/ *FNÉV*

❶ szem [emberé, állaté] *look smb (deep) in the eye* mélyen vkinek a szemébe néz, far kasszemet néz vkivel *keep an eye open/out* nyitva tartja a szemét (amire: *for*) *keep an/ ⁝one's⁝ eye on smb* rajta tartja a szemét vkin, szemmel tart vkit *clap/lay/set ⁝one's⁝ eyes on smb/smth* megpillant vkit/vmit *⁝one's⁝ mind's eye* lelki szemei vkinek ❷ tekintet, pillantás, figyelem *catch someone's eye* elkapja vkinek a tekintetét *catch/strike the eye* magára vonja a figyelmet *make eyes at smb* csábos/csábító pillantást vet vkire *be very much in the public eye* sokat szerepel a nyilvánosság előtt, szem előtt van ❸ látás, érzék, „szem", (amihez: *for*) *have a (good) eye for smth* van érzéke vmihez ❹ vélemény, álláspont *to my eye* véleményem szerint *in smb's eyes* vkinek a véleménye szerint *in the eyes of smth* vminek az értelmében, véleménye szerint [testületé] *in the eyes of the law* a törvény értelmében ❺ vminek a közepe/magja ❻ szem [viharé/hurrikáné] ❼ válogatott/legjobb húsrész *eye of round* fehérpecsenye ❽ nyílás, karika [pl. szerszámon, tűn] *eye of the needle* a tű foka

KIFEJEZÉSEKBEN: *an eye for an eye* szemet szemért *see eye to eye with smb* egyetért vkivek *more than meets the eye* több, mint amit a felszín mutat *with an eye to smth* figyelemmel/tekintettel vmire

**eye** *IGE*

❶ szemmel tart ❷ megnéz, kinéz magának, vágyakozva tekint vmire/vkire
**eye up** *eye smb up* végigmér vkit, megnéz magának, bámul

**eyeball** *FNÉV*

szemgolyó *eyeball to eyeball* szemtől szembe, farkasszemet nézve

**eyeball** *IGE*

provokatívan bámul
**eyebrow** /ˈaɪbrau/ szemöldök *raise ⁝one's⁝ eyebrows* összeráncolja a homlokát, meglepődik *not raise an eyebrow* szeme sem rebben

**eye-catching** ❶ szembetűnő, szembeötlő ❷ szemrevaló
**eye contact** szemkontaktus
**-eyed** /aɪd/ -szemű
**eyeful** /'aɪfʊl/ ❶ látvány, teljes kép ❷ kellemes látvány ❸ szemrevaló nő, bombázó
**eyeglass** cvikker, monokli
**eyehole** ❶ nézőlyuk, kémlelőnyílás ❷ fűzőlyuk [pl. cipőn]
**eyelash** szempilla
**eyeless** /'aɪləs/ vak, világtalan
**eyelet** /'aɪlət/ ❶ fűzőlyuk, fűzőkarika, őzni ❷ kémlelőnyílás
**eyelevel** szemmagasságban lévő
**eyelid** szemhéj *she didn't stir an eyelid* arcizma sem rándult *without so much as batting an eyelid* szemrebbenés nélkül
**eyeliner** szemkihúzó (ceruza)
**eye-opener** ❶ meglepetés, kijózanító dolog *it was (quite) an eye-opener* lehullott a szeméről a hályog ❷ pohár pálinka [reggel]
**eyepatch** szem(le)kötő
**eyepiece** ❶ kereső [kamerában] ❷ szemlencse
**eye shade** szemellenző, szemvédő
**eye shadow** szemfesték
**eyeshot** /'aɪʃɒt/ látótávolság *within / out of eyeshot* látótávolságon belül/kívül
**eyesight** /'aɪsaɪt/ látóképesség, látás
**eyesore** /'aɪsɔː/ FNÉV szemet sértő dolog *that buildinng is a real eyesore* ez az épület bántja a szemet / nem illik oda
**eye-strain** szem-megerőltetés
**eyetooth** TBSZ **eyeteeth** szemfog
**eyewash** ❶ szemvíz ❷ porhintés, badarság
**eyewitness** szemtanú
**eyrie** VAGY **eyry** /'ɪərɪ/ sasfészek

# F, f /ef/

**f** = feet; female; feminine; following; foot

**F** = Fahrenheit; female; franc(s); France; French; Friday

**F** ❶ „egyes", elégtelen ❷ zenei „f" hang ❸ zenei „fa"/„fá"

**fa** VAGY **fah** /fɑː/ fa [zenei]

**fable** /ˈfeɪbəl/ ❶ tanmese, állatmese ❷ mítosz, legenda ❸ igaztalan történet, mese(beszéd)

**fabled** /ˈfeɪbəld/ ❶ mesebeli ❷ híres, legendás

**fabric** /ˈfæbrɪk/ ❶ szövet, anyag ❷ szövedék, szövés ❸ szerkezet, építmény ❹ összetétel

**fabricate** /ˈfæbrɪkeɪt/ ❶ összetákol, fabrikál ❷ kitalál, fabrikál [pl. történetet]

**fabrication** /ˌfæbrɪˈkeɪʃən/ ❶ gyártás, készítés ❷ kitaláció, koholmány

**fabric conditioner** *FNÉV* öblítő(szer)

**fabulous** /ˈfæbjʊləs/ ❶ nagyszerű, mesés ❷ mesébe illő, mesei

**facade** VAGY **façade** /fəˈsɑːd/ ❶ homlokzat ❷ arculat, külszín, felszín

**face** /feɪs/ *FNÉV*

❶ arc *look smb in the face* vkinek a szemébe néz *face to face* szemtől szembe ❷ arckifejezés, arc *make/pull faces* grimaszt vág, grimaszol ❸ arculat, külszín, látszat *on the face of it* ránézésre, látszólag ❹ tisztelet, tekintély *lose face* presztízsveszteséget szenved *save* {one's} *face* megőrzi a tekintélyét ❺ merészség, arcátlanság *have the face to do smth* van képe/mersze (hogy) {MONDAT} ❻ felszín, homlokzat, fal, előlap [pl. óráé, bányáé] *turn smth face down/up* írott oldalával lefelé/fölfelé fordít vmit

**face** *IGE*

❶ néz vmerre *the house faces south* a ház dél felé néz ❷ odafordul vmihez/vkihez ❸ szembenéz, számol, dacol [pl. tényekkel] *let's face it* nézzünk szembe a tényekkel

**face about** hátrafordul, megfordul *face about!* hátra arc!

**face down** *face smb down* szembeszáll vkivel, lehurrog

**face up to** *face up to smth* szembeszáll vmivel

**facecloth** VAGY **face flannel** mosdókesztyű, arctörlő/kéztörlő törülköző

**faceless** /ˈfeɪsləs/ ❶ arctalan ❷ egybemosódó

**facelift** ❶ ráncfelvarrás [arcé] ❷ kicsinosítás, felújítás

**face-off** ❶ bedobás [jégkorongban] ❷ konfrontáció, szembenállás

**facer** /ˈfeɪsə/ ❶ hirtelen nehézség ❷ tasli, pofon

**facet** /ˈfæsɪt/ ❶ csiszolt felület/lap [pl. drágakövön] ❷ kis, sima felület [pl. csonton, fogon] ❸ oldal, szempont, tényező

**facetious** /fəˈsiːʃəs/ tréfás, tréfálkozó

**face value** névérték

**facial** /ˈfeɪʃəl/ *FNÉV*

arcápolás, masszázs, arcgyalulás

**facial** *MNÉV*

❶ arc-, arcbeli ❷ homlok-

**facile** /ˈfæsaɪl/ *GB*, /ˈfæsəl/ *US* ❶ könnyű, könnyed [pl. győzelem] ❷ ügyes, könnyen szerzett, felületes [pl. eredmény]

**facilitate** /fəˈsɪlɪteɪt/ (meg)könnyít, előmozdít, elősegít

**facilitator** /fəˈsɪlɪteɪtə/ csoport-tevékenység szervezője/vezetője, facilitátor

**facilities** /fəˈsɪlɪtɪz/ ❶ lehetőség(ek), szolgáltatás(ok) *sports/sporting facilities* sportolási lehetőségek ❷ alkalmatosság ❸ mellékhelyiség, WC

**facility** /fəˈsɪlɪtɪ/ ❶ képesség, adottság, tehetség ❷ lehetőség, rendszer ❸ épület, hely, központ [pl. raktározási] ❹ könnyedség

**facing** /ˈfeɪsɪŋ/ *FNÉV*

❶ borítás, burkolat [falé] ❷ hajtóka, szegély [ruháé]

**facing** *MNÉV*

szemben lévő, szemközti *on the facing page* a szemközti lapon

**facsimile** /fækˈsɪməlɪ/ ❶ hasonmás, fakszimile ❷ telefax

**fact** /fækt/ ❶ tény, megtörtént dolog *facts and figures* tények és adatok *owing to the fact that* {MONDAT} annak következtében, hogy {MONDAT} ❷ igazság, tény *is this fact or fiction?* ez igaz, vagy kitaláció? *in (actual) fact / as a matter of fact* való(já)ban, sőt, tulajdonképpen

**fact-finding** *FNÉV/MNÉV* ❶ ténymegállapítás, tényfeltárás ❷ ténymegállapító, tényfeltáró

**faction** /ˈfækʃən/ ❶ párt, klikk ❷ (párt)viszály ❸ frakció, képviselőcsoport

**factitious** /fækˈtɪʃəs/ mesterkélt, hamis

**factor** /ˈfæktə/ *FNÉV*

❶ tényező, faktor ❷ együttható [matematikai] ❸ faktorálási szolgáltatást nyújtó cég/szervezet ❹ napvédelmi fok, faktor

**factor** *IGE*

❶ törzstényezőkre bont ❷ faktorál

**factorial** /fækˈtɔːrɪəl/ *FNÉV* faktoriális

**factoring** /ˈfæktərɪŋ/ adósságfelvásárlás, faktoring, faktorálás

**factory** /ˈfæktərɪ/ gyár, üzem

**factory hand** gyári munkás

**factory outlet** gyári üzlet

**factual** /ˈfæktʃʊəl/ ténybeli

**faculty** /ˈfækəltɪ/ ❶ alapkészség, alapképesség [pl. hallás, látás] ❷ képesség, tehetség (amire: *for*) ❸ kar, fakultás [egyetemen/főiskolán] *faculty of arts* VAGY *faculty of humanities* bölcsész(ettudományi) kar *faculty of law* jogi kar *faculty of science* VAGY *faculty of sciences* természettudományi kar ❹ tantestület, tanári/professzori kar ❺ tantestület, tanári/professzori kar tagja

**fad** /fæd/ ❶ (divat)hóbort ❷ szeszély

**fade** /feɪd/ *FNÉV*

elhomályosulás

**fade** *IGE*

❶ elhomályosul, elhalványul, kifakul ❷ (el-)hervad, elvirágzik ❸ (el)halkul, eltűnik [pl. hang, kép] ❹ elhomályosít, kifakít ❺ fokozatosan eltüntet [pl. hangot, képet]

**fade away** VAGY **fade out** ❶ fokozatosan elhalványul/eltűnik [pl. kép, hang] ❷ *fade smth away/out* fokozatosan elhalványít/eltüntet [pl. képet, hangot]

**faded** /ˈfeɪdɪd/ fakó

**faeces** VAGY **feces** /ˈfiːsiːz/ ürülék, fekália

**fag** /fæg/ *FNÉV*

❶ kulimunka, robot ❷ felsőst kiszolgáló alsós diák ❸ cigi

**fag** *IGE*

robotol, kulizik

**faggot** /ˈfægət/ ❶ rőzsenyaláb ❷ májashurkás fasírt ❸ buzi, buzeráns ⓘ *NEM* ~~fagott~~

**fail** /feɪl/ *FNÉV*

❶ elégtelen [osztályzat] ❷ *without fail* feltétlenül, minden bizonnyal

**fail** *IGE*

❶ nem sikerül (vkinek) *I tried but failed* megpróbáltam, de hiába ❷ *fail to do smth* nem tesz meg vmit, nem képes vmit megtenni ❸ elmulaszt, mulasztást követ el, elfelejt *fail to telephone smb* elfelejt fölhívni vkit ❹ megbukik [vizsgán] ❺ megbuktat [vizsgán] ❻ elromlik, meghibásodik, tönkremegy [pl. gép] ❼ tönkremegy [vállalkozás] ❽ romlik, hanyatlik [egészség]

**failing** /ˈfeɪlɪŋ/ *FNÉV*

hiba, hiányosság, gyengeség

**failing** *ELÖLJ.*

vminek a hiányában, vmi nélkül *failing that* ellenkező esetben, ha az nem megy

**failure** /ˈfeɪljə/ ❶ kudarc, balsiker *end in failure* kudarccal végződik ❷ hiány, elégtelenség ❸ (le)romlás [egészségé], elégtelenség *heart failure* szívelégtelenség ❹ (el)mulasztás, megszegés ❺ hiba, meghibásodás [pl. gépé] ❻ csőd (-bemenetel), bukás

**faint** /feɪnt/ *FNÉV*

ájulás *fall down in a faint* elájul

**faint** *MNÉV*

❶ gyenge, bágyadt ❷ hal(o)vány, gyenge *I haven't the faintest idea* halvány sejtelmem sincs ❸ csekély, kicsi

**faint** *IGE*

elájul

**fair** /feə/ *FNÉV*

❶ vásár, kiállítás ❷ piac

**fair** *MNÉV*

❶ becsületes, tisztességes, igazságos *to be fair* a tisztesség kedvéért ❷ elég jó ❸ szőke, világos [haj, arc] ❹ kedvező, viharmentes [időjárás] ❺ közepes [osztályzat]

**fair** VAGY **fair and square** *HAT.SZÓ*

❶ tisztességesen, méltányosan *play fair (and square)* tisztességes eszközökkel játszik ❷ jól, alaposan *hit smb fair and square* jól megvertem

**fair copy** tisztázat

**fairground** vásártér, piactér

**fairly** /ˈfeəlɪ/ ❶ becsületesen, méltányosan ❷ elég(gé), meglehetősen [pl. jó(l)] *it's fairly warm today* ma elég meleg van

**fairness** /ˈfeənəs/ ❶ becsületesség, méltányosság *in all fairness* hogy igazságosak legyünk (akivel: *to*) *add smth in fairness* az igazság kedvéért hozzátesz vmit *out of fairness* méltányosságból ❷ szépség

**fair play** ❶ szabályos játék ❷ tisztességes eljárás/viselkedés

**fair sex** *the fair sex* a szebbik nem

**fairy** /ˈfeərɪ/ *FNÉV*

❶ tündér ❷ buzi, homokos

**fairy** *MNÉV*

tündéri, tündérszerű, tündér-

**fairy tale** (tündér)mese, varázsmese

**fait accompli** /ˌfet əˈkɒmplɪ/ *TBSZ* **faits accomplis** /ˌfez əˈkɒmplɪ/ kész/megváltoztathatatlan helyzet

**faith** /feɪθ/ ❶ hit, bizalom (akiben: *in*) ❷ ígéret *in good faith* jóhiszeműen ❸ istenhit, istenfélés ❹ vallás, hit

**faithful** /ˈfeɪθfəl/ *FNÉV*

❶ *the faithful* a hívők ❷ *the faithful* az igazhitűek [iszlámban] ❸ a hűségesek *party faithfuls* párthívek, hűséges szavazók

**faithful** *MNÉV*
❶ hű(séges) (akihez/amihez: *to*) ❷ hű, pontos [pl. másolat] ❸ igazhitű [iszlámban]
**faithfully** /ˈfeɪθfəlɪ/ ❶ hűségesen ❷ pontosan, híven [pl. idéz, másol] ❸ *Yours faithfully* Őszinte híve [levél végén]
**faithless** /ˈfeɪθləs/ ❶ hitetlen ❷ hűtlen, szószegő
**fake** /feɪk/ *FNÉV*
❶ hamisítvány, utánzat [pl. műtárgyé] ❷ hamisító, szélhámos
**fake** *MNÉV*
hamis, nem igazi, koholt
**fake** *IGE*
❶ (meg)hamisít [pl. aláírást] ❷ tettet, színlel ❸ próbálkozik
**fakir** /ˈfeɪkɪə/ VAGY /fəˈkɪə/ fakír
**falafel** VAGY **felafel** /fəˈlɑ:fəl/ VAGY /fəˈlæfəl/ falafel, felafel [közel-keleti étel]
**falcon** /ˈfɔ:lkən/ VAGY /ˈfælkən/ sólyom
**falconer** /ˈfɔ:lkənə/ VAGY /ˈfælkənə/ solymász
**falconry** /ˈfɔ:lkənrɪ/ VAGY /ˈfælkənrɪ/ solymászat
**fall** /fɔ:l/ *FNÉV*
❶ (le)esés *have a fall* elesik ❷ (le)hullás, omlás [pl. hóé, sziklááé] ❸ esés, csökkenés [pl. áré, hőmérsékleté] (amié: *in*) ❹ bukás, vminek a veszte/eleste *the fall of communism* a kommunizmus bukása ❺ *the Fall* a bűnbeesés ❻ *US* ősz
**fall** /fɔ:l/, **fell** /fel/, **fallen** /ˈfɔ:lən/ *IGE*
❶ elesik, leesik, lehull [pl. ember, gyümölcs] ❷ esik, csökken [pl. ár, hőmérséklet, kereslet] ❸ meghal, elesik ❹ elbukik, megbukik, elesik [pl. kormány, vár] ❺ csalódik, elszomorodik ❻ közeledik, eljön *night is falling* alkonyodik ❼ megtörténik, esik *the New Year falls on a Saturday* Újév napja szombatra esik ❽ vhova tartozik *it falls under this category* ebbe a kategóriába tartozik ❾ lelóg, leomlik [pl. haj]
SEGÉDIGESZERŰEN: vmilyen állapotba kerül *fall asleep* elalszik *fall vacant* megüresedik
KIFEJEZÉSEKBEN: *fall between two stools* két szék között a földre esik *fall in love* szerelmes lesz (akibe/amibe: *with*)
**fall apart** ❶ szétesik, darabokra hullik ❷ összezavarodik, szétesik [pl. ember]
**fall back** ❶ visszahúzódik, visszavonul, meghátrál ❷ hátraesik, hátrahanyatlik
**fall behind** hátramarad, lemarad (amivel: *with*)
**fall down** ❶ leesik, lezuhan ❷ leomlik, ledől [pl. épület] ❸ kudarcot vall [pl. terv]
**fall for** ❶ *fall for smb/smth* bedől vkinek/vminek [pl. csalónak, trükknek] ❷ *fall for smb* beleszeret/belezúg vkibe
**fall in** ❶ beomlik ❷ (fel)sorakozik *fall in!* sorakozz! ❸ *fall smb in* (fel)sorakoztat
**fall into** *fall into smth* ❶ beleesik, belekerül [pl. vhova, állapotba, cselekvésbe] *fall into the hands of the enemy* az ellenség kezébe kerül *fall into a rage* dühbe gurul ❷ (fel-)oszlik, (fel)oszthatóvá válik, tagolódik
**fall off** ❶ leesik ❷ csökken, fogy [pl. bevétel] ❸ hanyatlik, romlik [egészség]
**fall on** *fall on smb/smth* ❶ (rá)esik ❷ nekiesik, nekitámad ❸ ráveti magát, nekiesik [pl. ételnek]
**fall out** ❶ kiesik (ahonnan: *of*) ❷ sorból kilép [katona] *fall out!* oszolj! ❸ lelép *fall out!* lelépni! ❹ *fall out* összevész (akivel: *with*)
**fall over** ❶ felborul, felbukik *be pushed and fall over* meglökik és elesik ❷ leesik, lehull
**fall through** kudarcba fullad, meghiúsul
**fall to** *fall to smth* nekiesik, nekilát [pl. ételnek, munkának] *fall to!* láss hozzá!
**fallacious** /fəˈleɪʃəs/ megtévesztő, félrevezető
**fallacy** /ˈfæləsɪ/ ❶ téveszme, tévedés *popular fallacy* közkeletű/elterjedt téveszme ❷ hamis érv(elés)
**fallen** /ˈfɔ:lən/ *MNÉV*
❶ lesüllyedt, megsüllyedt ❷ (le)hullott ❸ züllött, lesüllyedt [pl. nő]
**fallen** *IGE*
☞ fall
**fallibility** /ˌfæləˈbɪlɪtɪ/ esendőség, gyarlóság
**fallible** /ˈfæləbəl/ esendő, gyarló
**fallopian tube** /fəˌləupɪənˈtju:b/ petevezeték
**fallout** /ˈfɔ:laut/ ❶ nukleáris robbanás radioaktív hulladéka ❷ mellékhatások
**fallow** /ˈfæləu/ *FNÉV*
ugar
**fallow** *MNÉV*
❶ parlagon fekvő *leave the land fallow* parlagon hagyja / ugaroltatja a földet ❷ fakó, kese
**fallow** *IGE*
ugaroltat [földet]
**fallow deer** /ˈfæləu dɪə/ dámvad, dámszarvas
**falls** /fɔ:lz/ *TBSZ* vízesés *Niagara Falls* Niagara-vízesés
**false** /fɔ:ls/ ❶ téves, hamis, ál- ❷ megtévesztő, valótlan, ál- ❸ hűtlen, csalfa (akihez: *to*) ❹ nem valódi, hamis, mű- [pl. fog, ékszer]
**false alarm** vaklárma
**false colours** *sail under false colours* ❶ más ország zászlaja alatt hajózik [megtévesztésül] ❷ hamis színben tünteti fel önmagát
**falsehood** /ˈfɔ:lshud/ ❶ hamisság ❷ csalás, hazugság
**false start** ❶ kiugrás [pl. futóversenyen] ❷ téves kezdeményezés, rossz kezdés *make a false start* rosszul indul ❸ rossz mondatkezdés *make a false start* rosszul kezdi a mondatot
**false teeth** műfogsor
**falsetto** /fɔ:lˈsetəu/ fejhang, falzett
**falsification** /ˌfɔ:lsɪfɪˈkeɪʃn/ (meg)hamisítás
**falsify** /ˈfɔ:lsɪfaɪ/ ❶ hamisít, megmásít ❷ rácáfol, megcáfol
**falsity** /ˈfɔ:lsɪtɪ/ hamisság, csalárdság
**falter** /ˈfɔ:ltə/ ❶ botladozik, meg-megbotlik ❷

F

habozik, tétovázik ❸ ingadozik, gyengén szerepel [pl. vállalkozás]
**fame** /feɪm/ hír(név) ⓘ NEM ~~fáma~~
**famed** /feɪmd/ híres, nevezetes (amiről: *for*)
**familial** /fəˈmɪlɪəl/ családi [pl. vonás]
**familiar** /fəˈmɪlɪə/ ❶ gyakori, megszokott, ismerős (akinek: *to*) ❷ *be familiar with smth* jártas vmiben, ismer vmit ❸ bizalmaskodó, közvetlen ❹ bizalmas, kötetlen
**familiarity** /fəˌmɪlɪˈærɪtɪ/ ❶ jártasság, ismeret (amiben/amié: *with*) ❷ bizalmasság, meghittség ❸ bizalmaskodás
**familiarize** /fəˈmɪlɪəraɪz/ hozzászoktat, megismertet (amivel: *with*)
**family** /ˈfæmɪlɪ/ ❶ család ❷ gyerekek *start a family* családot alapít, gyerekei lesznek ❸ csoport, család [pl. növény, gyártmány]
KIFEJEZÉSEKBEN: *be in the family way* másállapotban van, gyereket vár
**family doctor** családorvos, háziorvos
**famine** /ˈfæmɪn/ éhség, éhínség
**famous** /ˈfeɪməs/ ❶ híres, jól ismert (amiről: *for*) ❷ nevezetes, megjegyzésre méltó ❸ nagyszerű, remek
**famously** /ˈfeɪməslɪ/ remekül, pompásan
**fan** /fæn/ FNÉV
❶ legyező ❷ ventillátor *extractor fan* szagelszívó [pl. konyhában] ❸ legyezőszerűen szétterülő dolog [pl. páva farka] ❹ rajongója vminek/vknek, szurkoló
**fan** IGE
❶ legyez, levegőztet ❷ szít, fújtat [pl. tüzet, veszekedést]
**fanatic** /fəˈnætɪk/ FNÉV fanatikus (ember)
**fanatical** /fəˈnætɪkəl/ MNÉV fanatikus, rajongó
**fanaticism** /fəˈnætɪsɪzəm/ fanatizmus
**fan belt** ékszíj
**fanciful** /ˈfænsɪfəl/ ❶ képzeletszőtte, irreális ❷ mintás, cizellált
**fancy** /ˈfænsɪ/ FNÉV
❶ kedv, vágy (amire: *to*) *take a fancy to smth/smb* kedvet kap vmihez/vkihez ❷ képzelet, képzelőerő ❸ képzelődés, alaptalan feltevés *flight of fancy* csapongó képzelet
**fancy** MNÉV
❶ díszes, tarka ❷ képzeletbeli ❸ bonyolult [pl. tánclépés]
**fancy** IGE
❶ tetszik, kedvére van ❷ elképzel, elgondol ❸ gondol, hisz, képzel *I don't fancy that* {MONDAT} nem hinném, hogy {MONDAT}
**fancy dress** jelmez
**fanfare** /ˈfænfeə/ fanfár, harsonaszó
**fang** /fæŋ/ ❶ agyar [pl. vaddisznóé] ❷ tépőfog [pl. kutyáé] ❸ méregfog [kígyóé] ❹ foggyök ❺ fog [emberé]
**fan heater** ventillátoros hősugárzó
**fanlight** /ˈfænlaɪt/ felülvilágító ablak
**fanny** /ˈfænɪ/ ❶ fenék, popsi ❷ punci, nuni
**fanny pack** zipzáros övtáska
**fantasize** /ˈfæntəsaɪz/ fantáziál (amiről: *about*)
**fantastic** /fænˈtæstɪk/ ❶ nagyszerű, fantasztikus ❷ óriási, fantasztikus ❸ a fantázia világába tartozó, fantasztikus
**fantasy** /ˈfæntəsɪ/ ❶ fantázia, csapongás ❷ képzelődés, kitaláció ⓘ NEM ~~fantázia~~
**FAO** = Food and Agriculture Organization
**FAQ** = frequently asked questions
**far** /fɑː/, **farther** /fɑːðə/ VAGY **further** /ˈfɜːðə/, **farthest** /ˈfɑːðəst/ VAGY **furthest** /ˈfɜːðəst/ MNÉV
❶ távoli, messzi ❷ túlsó, távolabbi ❸ szélsőséges, szélső- [pl. bal, politikában]
**far** /fɑː/, **farther** /ˈfɑːðə/ VAGY **further** /ˈfɜːðə/, **farthest** /ˈfɑːðəst/ VAGY **furthest** /ˈfɜːðəst/ HAT.SZÓ
❶ messze, távol, messzire *how far?* meddig? milyen messze? ❷ vmilyen fokig/mértékig *go far* kitart [pénz] *go too far* túl messzire megy, túlzásba visz vmit *as/so far as I know* amenynyire én tudom ❸ vmely ideig *so far* eddig, mostanáig ❹ messzi, távolra, jócskán vhova *work far into the night* késő éjszakáig dolgozik ❺ nagyon, túlságosan *far better/ worse* sokkal jobb/rosszabb *far too cold* túl hideg *by far the best/worst* messze a legjobb/legrosszabb
**farad** /ˈfærəd/ farád [kapacitás]
**faraway** ❶ távoli, messzi ❷ révedező, a semmibe meredő [pl. tekintet]
**farce** /fɑːs/ ❶ bohózat, komédia ❷ bohózatba illő / komikus jelenet/helyzet
**farcical** /ˈfɑːsɪkəl/ ❶ nevetséges, bohózatba illő, komikus ❷ takonykóros [állat]
**fare** /feə/ FNÉV
❶ viteldíj ❷ utas [pl. taxiban] ❸ ellátás, koszt, étel *good fare* jó konyha
**fare** IGE
boldogul, halad, megy a sora *fare well/badly* jól/rosszul megy a sora
**fare dodger** bliccelő
**fare thee well** /ˌfeə ðiː ˈwel/ Isten veled!
**farewell** /ˌfeəˈwel/ FNÉV
búcsú, istenhozzád *bid farewell* elbúcsúzik (akitől: *to*)
**farewell** IND.SZÓ
Isten vele(d)!
**far-fetched** /ˌfɑːˈfetʃt/ valószínűtlen, túlzott
**far-flung** /ˌfɑːˈflʌŋ/ ❶ kiterjedt [pl. kapcsolatrendszer] ❷ távoli
**far-gone** /ˌfɑːˈgɒn/ ❶ előrehaladott (állapotban levő) ❷ nagyon beteg/részeg/eladósodott *be too far-gone to do smth* túlságosan is {MNÉV} ahhoz, hogy vmit meg tudjon tenni
**farm** /fɑːm/ FNÉV
❶ gazdaság, farm *dairy farm* tejgazdaság *sheep farm* juhtenyészet ❷ tanya(si ház)
**farm** IGE
❶ gazdálkodik ❷ (meg)művel [földet]
**farm out** *farm smth out* ❶ bérbe ad [földet, munkaerőt] ❷ alvállalkozásba kiad [munkát]

**farmer** /ˈfɑːmə/ gazda, farmer ⓘ NEM ~~farmer (nadrág)~~
**farmhand** VAGY **farm labourer** mezőgazdasági munkás
**farmhouse** lakóház [farmon]
**farming** /ˈfɑːmɪŋ/ gazdálkodás, mezőgazdasági tevékenység
**farmland** mezőgazdasági terület, föld
**farmstead** /ˈfɑːmsted/ tanyasi ház [épületekkel]
**farmyard** /ˈfɑːmjɑːd/ gazdasági udvar, parasztudvar
**far-reaching** /ˌfɑːriːtʃɪŋ/ messzeható, messzirevezető [pl. következmény]
**farrier** /ˈfærɪə/ ❶ patkolókovács ❷ állatorvos
**farrow** /ˈfærəu/ FNÉV
egyhasi malacok, egy ellés malac
**farrow** IGE
malacozik, ellik [disznó]
**far-sighted** ❶ távollátó ❷ előrelátó, körültekintő
**fart** /fɑːt/ FNÉV
❶ fing ❷ *old fart* vén szaros, trotyli, unalmas alak
**fart** IGE
fingik
**fart about** VAGY **fart around** szarakodik, tökölődik
**farther** /ˈfɑːðə/ MNÉV
további, távolabbi *on the farther side of the street* az utca másik/túlsó oldalán
**farther** HAT.SZÓ
*farther (off )* ❶ tovább, messzebb ❷ távolabbra, messzebbre, tovább ❸ nagyobb mértékben/mértékig
**farthermost** /ˈfɑːðəməust/ legtávolabbi
**farthest** /ˈfɑːðəst/ MNÉV
legmesszebbi, legtávolabbi [térben, időben]
**farthest** HAT.SZÓ
legmesszebb(re)
**fascinate** /ˈfæsɪneɪt/ ❶ elbűvöl, megigéz ❷ megbénít, elkápráztat [tekintettel, pl. kígyó]
**fascinating** /ˈfæsɪneɪtɪŋ/ elbűvölő
**fascination** /ˌfæsɪˈneɪʃən/ ❶ elbűvölés, megigézés ❷ megbénítás, elkápráztatás [tekintettel] ❸ vonzerő, varázs
**fascism** /ˈfæʃɪzəm/ fasizmus
**fascist** /ˈfæʃɪst/ fasiszta
**fashion** /ˈfæʃən/ FNÉV
❶ divat *be in fashion* divatos ❷ mód, szokás ❸ szabás, fazon
**fashion** IGE
alakít, formál (amiből: *out of / from*, amilyenné/amivé: *into*)
**fashionable** /ˈfæʃənəbəl/ ❶ divatos, elegáns ❷ előkelő [pl. étterem, társaság]
**fast** /fɑːst/ FNÉV
böjt
**fast** MNÉV
❶ gyors, sebes ❷ sietős, „siet" *my watch is a few minutes fast* az órám pár percet siet ❸ szilárd, erős ❹ színtartó, nem színeresztő ❺ nagy érzékenységű [pl. film]
**fast** HAT.SZÓ
❶ gyorsan ❷ nagyon, erősen, szilárdan [pl. tart, esik] *be fast asleep* mélyen alszik ❸ előbb, „siet" *the bus is running 15 minutes fast* a busz 15 perccel előbb érkezik
**fast** IGE
❶ böjtöl ❷ koplal
**fasten** /ˈfɑːsən/ ❶ rögzül, záródik, kapcsolódik ❷ köt [pl. cement] ❸ odaerősít ❹ bezár [ajtót] ❺ megköt [cipőfűzőt] ❻ felhúz [cipzárt] ❼ bekapcsol [biztonsági övet
**fastener** /ˈfɑːsənə/ ❶ retesz, kallantyú, zár ❷ kapocs, gombolás [ruhán, pl. cipzár]
**fastidious** /fæˈstɪdɪəs/ finnyás, kényes
**fast lane** ❶ belső/előző sáv (autópályán) ❷ *life in the fast lane* feszes tempó, izgalmas életforma
**fastness** /ˈfɑːstnəs/ ❶ gyorsaság ❷ szilárdság ❸ színtartóság [pl. festéké] ❹ erőd(ítmény), menedék
**fat** /fæt/ FNÉV
❶ zsír, háj ❷ zsiradék [pl. növényben]
**fat** MNÉV
❶ kövér, hájas [pl. ember, hús] ❷ vastag, tömött [pl. pénztárca, bankszámla]
**fat** IGE
❶ hízik ❷ hizlal
**fatal** /ˈfeɪtəl/ végzetes, halálos, fatális
**fatality** /fəˈtælɪtɪ/ VAGY /feɪˈtælɪtɪ/ ❶ halálos áldozato(ka)t követelő baleset ❷ haláleset *fatalities* a halálos áldozatok (száma) ❸ halálos volta vminek [pl. betegségnek]
**fatally** /ˈfeɪtəlɪ/ halálosan, tragikus végűen
**fate** /feɪt/ ❶ sors, végzet ❷ halál, vég *meet with a terrible fate* nem kerüli el a sorsát, meghal ❸ elkerülhetetlen jövő, sors
**fateful** /ˈfeɪtfəl/ életbevágó, végzetes
**father** /ˈfɑːðə/ FNÉV
❶ apa, atya, apám ❷ vminek kitalálója/ feltalálója/atyja (amié: *of*) ❸ *our fathers* atyáink, őseink, eleink ❹ atya [pap megszólítása]
**father** IGE
❶ nemz [gyermeket] ❷ feltalál, kigondol
**Father Christmas** Télapó, Mikulás
**fatherhood** /ˈfɑːðəhud/ apaság, apai felelősség
**father-in-law** TBSZ **fathers-in-law** VAGY **father-in-laws** após
**fatherland** /ˈfɑːðəlænd/ szülőföld, szülőhaza
**fatherly** /ˈfɑːðəlɪ/ atyai, apai (tulajdonságokkal rendelkező)
**fathom** /ˈfæðəm/ FNÉV
öl [hosszmérték, kb. 1,8 m]
**fathom** IGE
❶ mélységet mér ❷ megért, felfog
**fathomless** /ˈfæðəmləs/ feneketlen
**fatigue** /fəˈtiːg/ FNÉV
❶ kimerültség ❷ fáradság, vesződség

**fatigue** *IGE*
(ki)fáraszt *be fatigued* ki van merülve
**fatten** /ˈfætən/ ❶ meghízik ❷ (meg)hizlal
**faucet** /ˈfɔːsɪt/ *US* (víz)csap
**fault** /fɔːlt/ *FNÉV*
❶ hiba, fogyatékosság *find fault with smth/smb* kifogásol / hibásnak talál vmit/vkit ❷ hiba, vétség mulasztás *be at fault* hibás, hibázik ❸ szervahiba [pl. teniszben]
**fault** *IGE*
hibát talál [pl. érvelésben]
**faultless** /ˈfɔːltləs/ hibátlan
**faulty** /ˈfɔːltɪ/ hibás, meghibásodott, rossz
**faun** /fɔːn/ faun
**fauna** /ˈfɔːnə/ állatvilág, fauna
**favour** /ˈfeɪvə/ *FNÉV*
❶ kegy, jóindulat *be in favour* jóindulatot/pártfogást élvez (akiét: *with*) *be out of favour* kegyvesztett ❷ szívesség *ask a favour of smb* szívességet kér vkitől *do smb a favour and {MONDAT}* szívességet tesz vkinek azzal, hogy {MONDAT} ❸ kedvezés, részrehajlás *be in favour of smth* vmi mellett van, támogat vmit
**favour** *IGE*
❶ támogat, pártfogol [pl. gondolatot, cselekvést] ❷ előnyben részesít [r.szerint túlzottan]
**favourable** /ˈfeɪvərəbəl/ ❶ kedvező, jó ❷ megnyerő, kedvező [pl. fogadtatás] ❸ előnyös
**favourably** /ˈfeɪvərəblɪ/ kedvezően, pozitívan *speak favourably* kedvezően nyilatkozik (akiről/vmiről: *of*)
**favourite** /ˈfeɪvərɪt/ *FNÉV*
❶ kedvenc, kegyenc ❷ kivételezett személy ❸ esélyes, favorit [pl. versenyen]
**favourite** *MNÉV*
kedvenc, legkedvesebb
**favouritism** /ˈfeɪvərɪtɪzəm/ ❶ kivételezés, részrehajlás, protekcionizmus
**fawn** /fɔːn/ *FNÉV*
őzgida, őzborjú
**fawn** *MNÉV*
őzbarna
**fawn** *IGE*
**fawn on** *fawn on smb* ❶ hízelkedőn felugrik/dörgölőzik [pl. kutya] ❷ hízeleg
**fax** /fæks/ *FNÉV*
❶ faxüzenet ❷ faxgép
**fax** *IGE*
(el)faxol
**fay** /feɪ/ tündér
**FBI** = Federal Bureau of Investigation
**fear** /fɪə/ *FNÉV*
❶ félelem, rettegés ❷ lehetőség, valószínűség [r.szerint rossz dologé] ❸ *for fear of/that {MONDAT}* hogy nehogy {MONDAT}
**fear** *IGE*
❶ *fear smb/smth* fél/tart vkitől/vmitől *I fear that {MONDAT}* attól tartok, hogy {MONDAT} ❷ félt, aggódik (aki/ami miatt: *for*)

**fearful** /ˈfɪəfəl/ ❶ félelmetes ❷ szörnyű, borzalmas ❸ félős, félénk, ijedős (amitől: *of*)
**fearless** /ˈfɪələs/ ❶ bátor, rettenthetetlen ❷ nem félő (amitől: *of*)
**fearsome** /ˈfɪəsəm/ ijesztő, rémisztő
**feasibility** /ˌfiːzəˈbɪlɪtɪ/ ❶ megvalósíthatóság ❷ valószínűség
**feasibility study** megvalósíthatósági tanulmány
**feasible** /ˈfiːzəbəl/ ❶ keresztülvihető, megvalósítható ❷ valószínű
**feast** /fiːst/ *FNÉV*
❶ ünnepség, (ünnepi) lakoma ❷ ünnep(nap), ünnepi esemény [pl. vallási]
**feast** *IGE*
❶ lakomát csap, lakmározik (amiből: *on*) ❷ gyönyörködik vmiben ❸ megvendégel
**feat** /fiːt/ ❶ (hős)tett, teljesítmény, fegyvertény ❷ merész mutatvány
**feather** /ˈfeðə/ *FNÉV* ❶ (madár)toll ❷ tollazat *be in full feather* teljes díszben pompázik ❸ toll [pl. evezőé]
**featherbed** derékalj, dunyha
**feather duster** tollseprű
**featherweight** /ˈfeðəweɪt/ *FNÉV*
pehelysúly [ökölvívásban]
**featherweight** *MNÉV*
súlytalan, jelentéktelen, habkönnyű [ügy]
**feathery** /ˈfeðərɪ/ ❶ tollszerű ❷ habkönnyű
**feature** /ˈfiːtʃə/ *FNÉV*
❶ tulajdonság, jellegzetesség ❷ arcvonás, (jellemző) vonás ❸ főcikk, nagy cikk [pl. újságban] ❹ fő attrakció [pl. műsorban]
**feature** *IGE*
❶ szerepeltet, (fő)szereplőként felvonultat ❷ kiemel, fő helyen közöl, feltűnően mutat be ❸ szerepel, fontos szerepet játszik
**feature film** nagyjátékfilm
**featureless** /ˈfiːtʃələs/ jellegtelen, érdektelen
**febrile** /ˈfiːbraɪl/ VAGY /ˈfebraɪl/ ❶ lázas ❷ lázt okozó ❸ lázzal kapcsolatos
**February** /ˈfebruərɪ/ február
**feces** VAGY **faeces** /ˈfiːsiːz/ ürülék
**feckless** /ˈfekləs/ ❶ haszontalan, felelőtlen ❷ tehetetlen
**fecund** /ˈfekənd/ termékeny
**fecundate** /ˈfekəndeɪt/ termékennyé tesz, megtermékenyít
**fecundity** /fɪˈkʌndɪtɪ/ termékenység
**FED** /fed/ *the FED* az USA központi jegybankja [= Federal Reserve Board]
**fed** = federal; federated; federation
**fed** ☞ feed
**federal** /ˈfedərəl/ ❶ szövetségi, föderatív [pl. állam] ❷ *US* államszövetségi, központi
**federalism** /ˈfedərəlɪzəm/ föderalizmus
**federalist** /ˈfedərəlɪst/ *FNÉV/MNÉV US* föderalista
**federation** /ˌfedəˈreɪʃən/ (állam)szövetség, föderáció, szövetségi állam
**fee** /fiː/ *FNÉV*

❶ (munka)díj, tiszteletdíj [pl. orvosnak] ❷ (tan)díj [pl. iskolai] ❸ illeték, vminek a díja/ára *entrance fee* belépti díj ❹ hűbér(birtok)

**fee** IGE
díjaz, díjat ad

**feeble** /ˈfiːbəl/ ❶ gyenge, erőtlen ❷ ócska, gyenge [pl. vicc]

**feed** /fiːd/ FNÉV
❶ etetés, táplálás *the baby gets six feeds a day* a babát napjában hatszor etetik ❷ táplálék, abrak [állaté] ❸ evés, táplálkozás *have a good feed* jót eszik, bezabál ❹ vezeték [pl. üzemanyagé]

**feed** /fiːd/, **fed** /fed/, **fed** /fed/ IGE
❶ táplálkozik, eszik (amit: *on*) ❷ táplál, etet [embert, állatot] (amivel: *with/on*) ❸ adagol, táplál, etet [pl. gépet anyaggal] ❹ táplál, pénzt dobál bele [pl. automatába] ❺ megetet, bead [pl. nem igaz dolgot] *they tried to feed me a stupid story* egy ostoba történetet akartak megetetni velem

**feed up** ❶ *feed smb up* felhizlal, feltáplál ❷ *be fed up (with smth)* elege van vmiből

**feedback** /ˈfiːdbæk/ visszajelzés, visszacsatolás, feedback

**feeder** /ˈfiːdə/ ❶ evő ❷ etető, adagoló [pl. gépé] *document feeder* lapadagoló [pl. fénymásológépé] ❸ szárnyvonal, mellékvonal

**feel** /fiːl/ FNÉV
❶ tapintás, fogás ❷ érzék(elés), érzet ❸ hangulat *get the feel of smth* hozzászokik vmihez

**feel** /fiːl/, **felt** /felt/, **felt** /felt/ IGE
❶ (meg)érez, érzékel, vhogyan érzi magát *feel fine* jól érzi magát *feel it necessary to do smth* szükségesnek tartja, hogy {MONDAT} ❷ (meg-)tapint, érint, kitapint *feel smb's pulse* kitapintja vkinek a pulzusát ❸ keres, kotor *feel in ⁞one's⁞ pockets/bag* zsebében/táskájában keresgél ❹ vmilyennek vél/érez ❺ vmilyennek érződik/tűnik *my feet feel cold* fázik a lábam ❻ gondol, vél *she feels that {MONDAT}* úgy véli, hogy {MONDAT}

**feel for** *feel for smb/smth* ❶ keresgél vmit ❷ együttérez vkivel

**feel like** *feel like smth* kedve van vmihez *feel like doing smth* kedve támad vmire

**feel out** *feel smb out* kipuhatolja vki véleményét

**feeler** /ˈfiːlə/ ❶ tapogató, csáp [rovaré] ❷ tapogató(d)zás *put out feelers* kipuhatolja/teszteli a véleményeket, tapogatódzik

**feeling** /ˈfiːlɪŋ/ FNÉV
❶ érzés, érzelem ❷ gondolat, érzet, vélemény *have mixed feelings* vegyes érzelmei vannak (amiről: *on*) ❸ érzékelés, érzékelőképesség *lose all feeling in ⁞one's⁞ limbs* nem érzi a végtagjait ❹ hangulat, (rossz)érzés, felzúdultság *public feeling* közhangulat

**feeling** MNÉV
(együtt)érző *give smb a feeling look* érzésekkel telve néz vkire

**fee-paying** ❶ önköltséges, térítéses, térítésköteles ❷ tandíjas

**feet** ☞ foot

**feign** /feɪn/ színlel, tettet

**felafel** /fəˈlɑːfəl/ VAGY /fəˈlæfəl/ felafel, falafel

**felicitate** /fəˈlɪsɪteɪt/ gratulál, szerencsét kíván

**felicitations** /fəˌlɪsɪˈteɪʃənz/ jókívánság, gratuláció

**felicitous** /fəˈlɪsɪtəs/ alkalmas, találó, helyénvaló [pl. megjegyzés]

**felicity** /fəˈlɪsɪtɪ/ ❶ boldogság ❷ találó kifejezés

**feline** /ˈfiːlaɪn/ FNÉV/MNÉV ❶ macskaféle, macska- ❷ macskaszerű, macskatermészetű

**fell** /fel/ FNÉV
❶ (nyers)bőr, szőrme ❷ kopár/sziklás hegyoldal ❸ hegy ❹ lápos/mocsaras vidék

**fell** /fel/ MNÉV
❶ kegyetlen, vad ❷ könyörtelen, halálos

**fell** /fel/ IGE
❶ ☞ fall ❷ kivág, ledönt [fát] ❸ leüt, földre küld, kiüt [embert] ❹ beszeg [pl. ruhát]

**fella** VAGY **feller** /ˈfelə/ fickó, pasas

**fellow** /ˈfeləʊ/ ❶ fickó, pasas ❷ társ, pajtás *fellows at school* iskolatársak ❸ kutató, ösztöndíjas ❹ brit tudományos társaság tagja

**fellowship** /ˈfeləʊʃɪp/ ❶ (baráti) társaság, közösség ❷ szövetség, azonos/hasonló gondolkodás ❸ tagság [brit tudományos társaságban] ❹ ösztöndíj [végzett hallgatóknak]

**felon** /ˈfelən/ FNÉV bűnöző, gonosztevő

**felonious** /fəˈləʊnɪəs/ bűnös, büntetendő

**felony** /ˈfelənɪ/ bűntett, bűncselekmény

**felt** /felt/ FNÉV
nemez, filc

**felt** IGE
❶ ☞ feel ❷ filcesedik ❸ összetapad [pl. szőr] ❹ filccel bevon

**felt-tip pen** VAGY **felt-tipped pen** filctoll

**fem.** = feminine; female

**female** /ˈfiːmeɪl/ FNÉV
❶ nő, asszony ❷ nőstény ❸ nőszemély

**female** MNÉV
❶ női ❷ nőstény- ❸ bibés [virág] ❹ aljzatszerű, lyukkal ellátott [pl. csatlakozás]

**feminine** /ˈfemənɪn/ ❶ női(es), a női nemre jellemző ❷ nőnem(ű) [nyelvtanilag]

**feminism** /ˈfemənɪzəm/ feminizmus

**feminist** /ˈfemənɪst/ FNÉV/MNÉV feminista

**feminization** /ˌfemənɪˈzeɪʃən/ ❶ elnőiesedés ❷ elnőiesítés

**femur** /ˈfiːmə/ TBSZ **femurs** VAGY **femora** /ˈfemərə/ combcsont

**fen** /fen/ mocsár, láp

**fence** /fens/ FNÉV
❶ kerítés, sövény ❷ orgazda, nepper

**fence** IGE
❶ vív ❷ megpróbál előnyre szert tenni, előnyősebb pozícióért küzd (amiért: *for*) ❸ elkerít, körülkerít ❹ kertel, köntörfalaz ❺ orgazdaként működik, lopott árut vásárol

**fence in** *fence smb/smth in* ❶ kerítéssel vesz körül, körbekerít ❷ bekerít, nem enged ki, körbezár
**fence off** *fence smth off* kerítéssel választ el, elkerít [pl. baleset ellen]
**fencer** /ˈfensə/ vívó
**fencing** /ˈfensɪŋ/ ❶ vívás ❷ kerítés(anyag) ❸ kertelés, köntörfalazás ❹ orgazdaság
**fend** /fend/ *fend for ꟷoneselfꟷ* gondoskodik önmagáról, megáll a saját lábán
**fend off** *fend smth off* elhárít [pl. ütést, nehéz kérdést]
**fender** /ˈfendə/ ❶ kandallórács [szén kiömlése ellen] ❷ *US* sárhányó, sárvédő
**fenny** /ˈfenɪ/ mocsaras, lápos
**ferment** /ˈfɜːmənt/ *FNÉV*
❶ erjesztő (anyag) ❷ erjedés, fermentáció ❸ forrongás, zavargás
**ferment** /fəˈment/ *IGE*
❶ (meg)erjed ❷ (meg)erjeszt, fermentál ❸ forrongást/zavargást okoz
**fermentation** /ˌfɜːmenˈteɪʃən/ ❶ erjedés, fermentáció ❷ erjesztés, fermentáció ❸ forrongás, zavargás
**fern** /fɜːn/ páfrány
**ferocious** /fəˈrəʊʃəs/ vad, kegyetlen
**ferocity** /fəˈrɒsɪtɪ/ vadság, kegyetlenség
**ferret** /ˈferɪt/ *FNÉV*
❶ vadászmenyét, vadászgörény ❷ fürkésző/kutakodó ember ❸ selyempaszomány
**ferret** *IGE*
❶ menyéttel/görénnyel vadászik ❷ kifürkész, fölkutat
**ferret out** *ferret smth out* ❶ fölkutat, kinyomoz ❷ rejtekhelyéről kiűz [pl. állatot, bűnözőt]
**ferris wheel** /ˈferɪs wiːl/ óriáskerék
**ferroconcrete** /ˌferəʊˈkɒŋkriːt/ vasbeton
**ferrous** /ˈferəs/ vastartalmú, vas-
**ferry** /ˈferɪ/ *FNÉV*
komp, rév *car ferry* autószállító komp
**ferry** *IGE*
❶ átkel [komppal] ❷ átszállít [komppal] ❸ szállít, visz [pl. gyereket iskolába autóval]
**ferryman** /ˈferɪmən/ *TBSZ* **ferrymen** /ˈferɪmən/ révész
**fertile** /ˈfɜːtaɪl/ *GB*, /ˈfɜrtəl/ *US* ❶ termékeny, szapora [pl. állat, gyümölcs] ❷ bőven termő, termékeny [talaj] ❸ szaporodásra képes, termékeny ❹ ötletdús, termékeny, gazdag
**fertility** /fɜːˈtɪlɪtɪ/ termékenység
**fertilization** /ˌfɜːtəlaɪˈzeɪʃən/ ❶ (meg)termékenyítés ❷ trágyázás
**fertilize** /ˈfɜːtəlaɪz/ ❶ (meg)termékenyít ❷ trágyáz
**fertilizer** /ˈfɜːtəlaɪzə/ ❶ trágya ❷ *(artificial) fertilizer* műtrágya
**fervent** /ˈfɜːvənt/ VAGY **fervid** /ˈfɜːvɪd/ forró, heves, buzgó
**fervour** /ˈfɜːvə/ ❶ forróság ❷ buzgalom, buzgóság
**festival** /ˈfestɪvəl/ ❶ ünnep, fesztivál [pl. vallási] ❷ ünnepi játékok, fesztivál
**festive** /ˈfestɪv/ ❶ ünnepi(es) *in a festive mood* ünnepi hangulatban ❷ vidám
**festivity** /feˈstɪvɪtɪ/ ❶ ünnep(ség) *festivities* ünnepségsorozat ❷ vidámság, vigasság
**festoon** /feˈstuːn/ *FNÉV*
girland, füzér
**festoon** *IGE*
földíszít [pl. füzérrel] (amivel: *with*)
**fetal** /ˈfiːtəl/ magzati
**fetch** /fetʃ/ *FNÉV*
❶ csel, trükk ❷ (megteendő) út, távolság [pl. hajóé]
**fetch** *IGE*
❶ érte megy és elhoz *fetch the doctor* kerítsd elő az orvost *fetch!* hozd ide! [parancs kutyának] ❷ vmilyen árat ér el, vmilyen árért elad *fetch a high price* jó árat ér el
**fete** VAGY **fête** /feɪt/ *FNÉV*
vurstli, búcsú, ünnep(ség)
**féte** VAGY **fête** *IGE*
ünnepel
**fetid** /ˈfetɪd/ büdös
**fetish** /ˈfetɪʃ/ ❶ bálvány, fétis ❷ túlzott tiszteletben tartás, fetisizálás *have a fetish about smth* kényes vmire ❸ fétis [szexuális izgalmat keltő tárgy]
**fetishism** /ˈfetɪʃɪzəm/ fetisizmus
**fetter** /ˈfetə/ *FNÉV*
❶ lábbilincs, béklyó *be in fetters* bilincsbe van verve ❷ kényszerhelyzet, béklyó *escape from the fetters of ꟷone'sꟷ marriage* megszabadul házassága béklyójától
**fetter** *IGE*
❶ béklyóz, (meg)bilincsel ❷ megköti a kezét, megbéklyóz
**fetus** /ˈfiːtəs/ magzat
**feud** /fjuːd/ *FNÉV*
❶ ellenségeskedés, viszály [r.szerint családok közötti] ❷ hűbérbirtok
**feud** *IGE*
acsarkodik, viszálykodik [r.szerint két család] (akivel: *with*)
**feudal** /ˈfjuːdəl/ ❶ feudális, hűbéri ❷ viszállyal kapcsolatos
**feudalism** /ˈfjuːdəlɪzəm/ hűbéri rendszer, feudalizmus
**feudalistic** /ˌfjuːdəˈlɪstɪk/ feudális, hűbéri
**fever** /ˈfiːvə/ ❶ (magas) láz ❷ (lázzal járó) betegség *hay fever* szénanátha *scarlet fever* skarlát *yellow fever* sárgaláz ❸ hév, izgatottság (amitől: *of*)
**feverish** /ˈfiːvərɪʃ/ ❶ lázas ❷ láz miatti, láz- ❸ heves
**few** /fjuː/ ❶ kevés, nem sok *have few friends* kevés barátja van *for the next few years* a következő néhány évben ❷ [névelővel] *a few*

(egy)néhány, pár *a few days longer* még egy pár napig ❸ a kisebbség/kevesek *the chosen few* a kiválasztottak, a kiváltságosok
**fez** /fez/ fez
**fiancé** /fɪ'ɒnseɪ/ vőlegény
**fiancée** /fɪ'ɒnseɪ/ menyasszony
**fiasco** /fɪ'æskəʊ/ kudarc, fiaskó
**fib** /fɪb/ *IGE/FNÉV* füllent(és), lódít(ás)
**fibre** /'faɪbə/ ❶ rost, szál [pl. gyapjú-, izom-, ideg-, növényi] ❷ jellem, belső tulajdonság
**fibreglass** üvegszál
**fibre optics** üvegszál-optika, száloptika
**fibrillation** /ˌfaɪbrɪ'leɪʃən/ fibrillálás, izomremegés
**fibrillate** /'faɪbrɪleɪt/ fibrillál
**fibrous** /'faɪbrəs/ szálas, rostos
**fibula** /'fɪbjʊlə/ *TBSZ* **fibulas** VAGY **fibulae** /'fɪbjʊliː/ szárkapocscsont
**fickle** /'fɪkəl/ ingatag, szeszélyes
**fiction** /'fɪkʃən/ ❶ regényirodalom, próza ❷ kitalálás, nem igaz történet
**fictional** /'fɪkʃənəl/ regényszerű, novellaszerű, próza-
**fictitious** /fɪk'tɪʃəs/ képzelt, kitalált, fiktív
**ficus** /'fiːkəs/ fikusz

**fiddle** /'fɪdəl/ *FNÉV*

❶ hegedű [r.szerint könyűzenében] ❷ becstelenség, csalás ❸ nagy kézügyességet igénylő tevékenység

KIFEJEZÉSEKBEN: *as fit as a fiddle* makkegészséges

**fiddle** *IGE*

❶ játszadozik, babrál (amivel: *with*) ❷ hamis számokat tüntet föl, játszik a számokkal [pl. könyvelésben] ❸ hegedűn játszik

**fiddle about** VAGY **fiddle around** piszmog, vacakol

**fiddle with** *fiddle with smth* piszkál, hozzányúl vmihez [máséhoz]

**fiddler** /'fɪdlə/ hegedűs
**fiddlestick** (hegedű)vonó
**fiddly** /'fɪdlɪ/ ❶ nagy kézügyességet igénylő ❷ szöszmötölő, apró részletekkel foglalkozó
**fidelity** /fɪ'delɪtɪ/ ❶ hűség, lojalitás (aki/ami iránt: *to*) ❷ hűség [pl. partnerhez] ❸ hűség, pontosság [pl. fordításé] ❹ valószerűség, hű ábrázolás [pl. művészeti, hang-]

**fidget** /'fɪdʒət/ *FNÉV*

izgő–mozgó ember

**fidget** *IGE*

❶ izeg–mozog, babrál *stop fidgeting* hagyd abba a mocorgást ❷ idegesít

**fidgety** /'fɪdʒətɪ/ ideges, izgő–mozgó

**fiduciary** /fɪ'djuːʃɪərɪ/ *FNÉV*

ügygondnok, megbízott

**fiduciary** *MNÉV*

❶ bizalmas, bizalmi ❷ megbízotti [pl. kötelezettség]

**field** /fiːld/ *FNÉV*

❶ mező, föld [pl. termelésre, legeltetésre] ❷ pálya, mező [sportban] ❸ tér, terület [pl. érdeklődési, tudomány-] ❹ tér, mező [pl. harcé]

**field** *IGE*

❶ megfog és visszadob [labdát krikettben/ baseballban] ❷ csapatban szerepel ❸ kiállít [pl. csapatot] ❹ kemény kérdésekre (jól/ügyesen) válaszol *she had to field some difficult questions* néhány kemény kérdést kellett megválaszolnia

**field army** szárazföldi hadsereg
**fielder** /'fiːldə/ mezőnyjátékos [pl. krikettben]
**field event** dobó- és ugrószám [atlétikában]
**field glasses** látcső, távcső
**field hockey** gyephoki, gyeplabda
**field mouse** *TBSZ* **field mice** mezei egér
**field practice** terepgyakorlat
**field sports** terepsportok [vadászat, halászat]
**field trip** VAGY **field study** terepgyakorlat
**fieldwork** terepgyakorlat, helyszíni gyakorlat
**fiend** /fiːnd/ ❶ ördög, gonosz szellem ❷ megszállottja/rabja vminek
**fiendish** /'fiːndɪʃ/ ❶ kegyetlen, heves ❷ pokolian/ördögien nehéz [pl. kérdés]
**fierce** /fɪəs/ ❶ vad, vérszomjas [pl. állat] ❷ heves, erőteljes [pl. vita, érvelés] ❸ ádáz, késhegyre menő [pl. küzdelem]
**fiery** /'faɪərɪ/ ❶ tüzes, tűzpiros ❷ heves, szenvedélyes [pl. temperamentum, érvelés]
**fiesta** /fɪ'estə/ fesztivál, búcsú, ünnep
**fifteen** /fɪf'tiːn/ tizenöt
**fifteenth** /fɪf'tiːnθ/ tizenötödik
**fifth** /fɪfθ/ ❶ ötödik [rövidítve 5th ill. 5[th]] ❷ ötöd *two fifths* két ötöd
**fifthly** /'fɪfθlɪ/ ötödször, ötödsorban
**fiftieth** /'fɪftɪəθ/ ötvenedik
**fifty** /'fɪftɪ/ ötven *the fifties* az ötvenes évek *be in* ⁝*one's*⁝ *fifties* ötvenes éveiben jár
**fig.** = figurative; figuratively; figure; figures
**fig** /fɪg/ ❶ füge ❷ füge, fityisz *not care/give a fig* fütyül rá (amire: *for*)

**fight** /faɪt/ *FNÉV*

❶ küzdelem, harc *put up a good fight* jól küzd ❷ verekedés ❸ veszekedés ❹ küzdeni akarás, küzdőszellem ❺ bokszmérkőzés

**fight** /faɪt/, **fought** /fɔːt/, **fought** /fɔːt/ *IGE*

❶ harcol, küzd (amiért/akiért: *for*, aki/ami ellen: *against*) ❷ verekszik ❸ veszekszik (amin: *over/about*) ❹ küzd / felveszi a küzdelmet vmivel/vkivel

**fight back** *fight smth back* ❶ leküzd (vmit) ❷ visszafojt [pl. könnyeket]

**fight off** *fight smb off* erőszakkal távol tart

**fighter** /'faɪtə/ ❶ harcos, katona ❷ bokszoló ❸ (nagy) küzdő ❹ vadász(repülő)gép
**fig leaf** *TBSZ* **fig leaves** fügefalevél
**figurative** /'fɪgjʊrətɪv/ képletes, jelképes, átvitt [pl. értelem] *in a figurative sense* átvitt értelemben

**figure** /fɪgə/ *GB*, /'fɪgjər/ *US FNÉV*

❶ alak, emberi alak ❷ alak, megjelenés, termet *keep ⁝one's⁝ figure* tartja az alakját, karcsú marad ❸ személyiség, figura [pl. politikai] ❹ szám(jegy) *be good/bad at figures* jól/rosszul tud számolni ❺ ábra, illusztráció ❼ figura, alakzat [műkorcsolyázásban]

**figure** *IGE*

❶ szerepel, megjelenik [pl. listán] ❷ gondol, vél *I figured you'd come at eight* arra számítottam, hogy nyolckor jössz

**figure out** *figure smth/smb out* ❶ rájön vminek a nyitjára ❷ kiismer vkit

**figurehead** ❶ orrszobor [hajón] ❷ névleges vezető, előretolt figura

**figure of speech** szókép, metafora

**figure skating** műkorcsolyázás

**figurine** /ˈfɪgəriːn/ *GB*, /ˌfɪgjəˈriːn/ *US* szobrocska

**filament** /ˈfɪləmənt/ ❶ rost, szál ❷ izzószál

**filch** /fɪltʃ/ (el)csen, (el)lop

**file** /faɪl/ *FNÉV*

❶ iratgyűjtő, dosszié ❷ akta, iratcsomó (akiről/amiről: *on*) ❸ sor, oszlop [pl. embereké] *in single file* libasorban, egymás után ❹ (adat-) állomány, file, fájl ❺ reszelő

**file** *IGE*

❶ iratgyűjtőbe helyez, lefűz ❷ iktat, lefűz ❸ hivatalosan benyújt [pl. kérelmet, keresetet] *file a lawsuit* pert indít ❹ egyesével/libasorban menetel/vonul ❺ reszel, ráspolyoz

**file for** *file for a divorce* válókeresetet nyújt be

**filename** fájlnév, filenév

**filet** /ˈfɪlət/ VAGY /ˈfɪleɪ/ *FNÉV*

csont nélküli hússzelet, filé

**filet** *IGE*

kicsontoz, filéz

**filial** /ˈfɪlɪəl/ gyermeki [pl. kötelesség, tisztelet]

**filing cabinet** iratszekrény

**filings** reszelék

**fill** /fɪl/ *FNÉV*

❶ töltés, (teljes) töltet ❷ kapacitás *have ⁝one's⁝ fill* amennyit csak bír [pl. enni, inni], elege van vmiből

**fill** *IGE*

❶ (meg)telik (amivel: *with*) ❷ (meg)tölt (amivel: *with*) ❸ betölt [pl. állást, szerepet] *fill a vacancy/office/post* (üres) állást betölt ❹ eleget tesz [pl. követelménynek] ❺ (be)töm [fogat] ❻ elkészít [receptet] ❼ teljesít [rendelést]

**fill in** ❶ *fill smth in* kitölt [pl. nyomtatványt] ❷ *fill in the time* eltölti az időt ❸ vkit informál / képbe helyez (amiről: *on*) ❹ helyettesít, vkinek a helyébe lép (akiébe: *for*)

**fill out** ❶ kigömbölyödik, meghízik ❷ *fill smth out* kitölt [pl. nyomtatványt]

**fill up** ❶ megtelik (amivel/akivel: *with*) ❷ *fill smth up* teletölt, megtölt ❸ kitölt [pl. nyomtatvány rovatait]

**filler** /ˈfɪlə/ ❶ töltőanyag, kitt [pl. repedések kitöltésére] ❷ töltelékanyag [pl. újságban, hely kitöltésére] ❸ töltelékszó

**fillet** /ˈfɪlɪt/ *FNÉV*

❶ csont nélküli hússzelet, filé ❷ hajpánt, nyakpánt

**fillet** *IGE*

kicsontoz, filéz

**filling** /ˈfɪlɪŋ/ *FNÉV*

❶ (fog)tömés ❷ töltelék [ételben]

**filling** *MNÉV*

laktató, kiadós [pl. étel]

**filling station** benzinkút

**fillip** /ˈfɪlɪp/ *FNÉV*

❶ pattintás, fricska ❷ ösztönzés *give smb a fillip* ösztönöz/serkent

**fillip** *IGE*

❶ fricskát ad, megfricskáz, ujjával pattint ❷ serkent, ösztönöz

**film** /fɪlm/ *FNÉV*

❶ film [fényképezőgépben, moziban] ❷ vékony réteg, hártya *cling film* folpakk, fólia

**film** *IGE*

❶ filmre vesz, felvesz ❷ mutat [pl. filmen] *the scene filmed beautifully* a jelenet jól mutatott (a filmen) ❸ bevon [pl. réteggel]

**film star** filmsztár, filmcsillag

**film strip** diasorozat, diafilm

**filmy** /ˈfɪlmɪ/ ❶ fátyolszerűen vékony, áttetsző ❷ hártyás

**Filofax** /ˈfaɪləʊfæks/ filofax, dokumentum-rendező, gyűrűs határidőnapló

**filter** /ˈfɪltə/ *FNÉV*

szűrő, filter [pl. autóban, fényképezőgépen]

**filter** *IGE*

❶ (be)szivárog ❷ szűr

**filter out** *filter smth out* kiszűr

**filter through** *filter through smth* átszűrődik, átszivárog [pl. fény, hír]

**filter paper** szűrőpapír

**filter tip** ❶ füstszűrő ❷ füstszűrős cigaretta

**filter-tipped** füstszűrős [cigaretta]

**filth** /ˈfɪlθ/ ❶ piszok, szenny ❷ erkölcstelenség, szenny, fertő

**filthy** /ˈfɪlθɪ/ ❶ piszkos, szennyes, mocskos ❷ erkölcstelen, szennyes

**filtration** /ˈfɪltreɪʃən/ átszűrődés

**fin** /fɪn/ ❶ uszony [pl. halé] ❷ farokrész, uszony [pl. autóé, bombáé]

**final** /ˈfaɪnəl/ *FNÉV*

❶ döntő [pl. sportmérkőzés] ❷ záróvizsga, államvizsga

**final** *MNÉV*

❶ végső, utolsó ❷ befejezett [tény] *that's final* ez az utolsó szavam ❸ jogerős [ítélet]

**finale** /fɪˈnɑːlɪ/ ❶ zárótétel, finálé [pl. zenében] ❷ befejezés

**finalist** /ˈfaɪnəlɪst/ döntő résztvevője

**finality** /faɪˈnælɪtɪ/ véglegesség, megfellebbezhetetlenség, visszavonhatatlanság

**finalization** /ˌfaɪnəlaɪˈzeɪʃən/ véglegesítés

**finalize** /ˈfaɪnəlaɪz/ véglegesít

**finally** /ˈfaɪnəlɪ/ ❶ végül (is), utoljára ❷ véglegesen, megváltozhatatlanul
**finals** /ˈfaɪnəlz/ ❶ államvizsga, (szak)záróvizsga ❷ érettségi

**finance** /ˈfaɪnæns/ VAGY /fəˈnæns/ *FNÉV*
❶ pénzügy *Minister of Finance* pénzügyminiszter ❷ pénz, finanszírozás

**finance** *IGE*
finanszíroz, pénzt ad vmire

**finance house** hitelintézet
**finances** /ˈfaɪnænsɪz/ VAGY /fəˈnænsɪz/ pénzügyek
**financial** /faɪˈnænʃəl/ VAGY /fəˈnænʃəl/ pénzügyi
**financially** /faɪˈnænʃəlɪ/ VAGY /fəˈnænʃəlɪ/ pénzügyileg, pénzügyi szempontból
**financier** /faɪˈnænsɪə/ *GB*, /ˌfɪnənˈsɪər/ *US* ❶ pénzember, pénzügyi szakértő ❷ bankár
**financing** /ˈfaɪnænsɪŋ/ VAGY /fəˈnænsɪŋ/ finanszírozás
**finch** /fɪntʃ/ pintyőke

**find** /faɪnd/ *FNÉV*
❶ felfedezés ❷ lelet

**find** /faɪnd/, **found** /faund/, **found** /faund/ *IGE*
❶ (meg)talál, rátalál *find ≥one's≤ way* odatalál (ahova: *to*) *find ≥one's≤ way about/around* kiismeri magát, eligazodik ❷ vmilyennek/vhol talál *find smb attractive* vonzónak talál vkit *find smb in bed* ágyban talál vkit ❸ vmilyennek talál/ítél, megállapít *I find it strange that {MONDAT}* különösnek találom, hogy {MONDAT} ❹ előteremt, megszerez [pl. pénzt]
KIFEJEZÉSEKBEN: *find ≥one's≤ feet* hozzászokik a körülményekhez
**find out** ❶ *find smth out* megtudakol, megérdeklődik ❷ *find smth out* felfedez, kiderít, rájön ❸ *find smb out* rajtakap [pl. bűnözőt]

**finder** /ˈfaɪndə/ ❶ kereső [fényképezőgépen] ❷ vmi megtalálója
**finding** /ˈfaɪndɪŋ/ ❶ (tény)megállapítás [pl. bizottságé, bíróságé] ❷ lelet, talált tárgy

**fine** /faɪn/ *FNÉV*
bírság, pénzbüntetés

**fine** *MNÉV*
❶ szép, kitűnő, nagyszerű ❷ finom, vékony [pl. ceruza] ❸ szép, tiszta [pl. időjárás] *one fine day* egy szép napon ❹ finom apró(szemcsés) [pl. cukor] *cut smth fine* apróra vagdal [pl. húst] ❺ egészséges *be/feel fine* jól érzi magát, egészséges ❻ nagyszerű, megfelelő *that's fine by/with me* nekem megfelel, felőlem mehet ❼ tiszta, szennyeződésmentes *fine gold* színarany

**fine** *IGE*
❶ megbírságol ❷ derít, tisztít [pl. italt] ❸ letisztít, finomít [pl. tervet]

**fine art** VAGY **fine arts** szépművészet
**finesse** /fɪˈnes/ ❶ fortély, rafinéria ❷ finomság, ügyelés az apró részletekre

**finger** /ˈfɪŋgə/ *FNÉV*
❶ ujj ❷ ujj [kesztyűn] ❸ egy ujjnyi mérték [szélesség/magasság] ❹ rudacska, rúd *fish finger* halrudacska ❺ finger [hálózati névkereső] ❻ mutató [pl. műszeren]
KIFEJEZÉSEKBEN: *have a finger in every pie* mindenbe beleüti az orrát *keep ≥one's≤ fingers crossed that {MONDAT}* reméli, hogy {MONDAT}, szorít, hogy {MONDAT}

**finger** *IGE*
❶ hozzányúl, megtapogat ❷ megfelelő ujjakkal eljátszik [pl. zongorán]

**-fingered** /ˈfɪŋgəd/ -ujjú, -ujjas *light-fingered* lopós, enyveskezű
**fingermark** ujjnyom
**fingernail** köröm
**fingerprint** *FNÉV/IGE* ujjlenyomat(ot vesz vkitől)
**fingertip** ❶ ujjhegy, ujjcsúcs *have smth at ≥one's≤ fingertips* kisujjában van ❷ ujjvédő
**finicky** /ˈfɪnɪkɪ/ VAGY **finicking** /ˈfɪnɪkɪŋ/ **finical** /ˈfɪnɪkəl/ ❶ kényes, válogatós ❷ szőrszálhasogató

**finish** /ˈfɪnɪʃ/ *FNÉV*
❶ vég, befejezés ❷ hajrá, finis [pl. versenyé] *fight to the finish* a végsőkig harcol ❸ célvonal ❹ felület, bevonat [pl. festésé]

**finish** *IGE*
❶ befejeződik, végződik ❷ befejez, végez, elkészül ❸ tökéletesít, befejez ❹ kikészít [pl. anyagot] ❺ elfogyasztja a maradékot ❻ vhol / vmilyen helyen végez *finish third* harmadikként végez ❼ kegyelemlövéssel/kegyelemdöféssel megöl
**finish off** ❶ *finish smb/smth off* elintéz vkit/vkit ❷ *finish smth off* befejez ❸ *finish smth off* megeszi/megissza a maradékot
**finish up** vhol végzi, vhol kiköt *we finished up in the pub* a kocsmában végeztük
**finish with** ❶ *finish with smth* végez vmivel, befejez vmit ❷ *finish with smb* befejezi a kapcsolatot vkivel

**finished** /ˈfɪnɪʃt/ ❶ befejezett, kész [pl. áru] ❷ tökéletes ❸ *be finished* vége van, nem bírja tovább [pl. cég]
**finisher** /ˈfɪnɪʃə/ ❶ végső munkafázisokat végző munkás/eszköz ❷ kegyelemdöfés
**finishing** /ˈfɪnɪʃɪŋ/ *FNÉV* ❶ befejezés [pl. futballban] ❷ kikészítés, kidolgozás
**finish line** célvonal
**finite** /ˈfaɪnaɪt/ ❶ véges [számú, mennyiségű] ❷ ragozott (igealak)
**Finno-Ugric** /ˌfɪnəʊˈjuːgrɪk/ finnugor
**fiord** VAGY **fjord** /ˈfiːɔːd/ VAGY /fjɔːd/ fjord
**fir** /fɜː/ VAGY **fir tree** (erdei)fenyő, fenyő(fa)

**fire** /faɪə/ *FNÉV*
❶ tűz *be on fire* ég, lángokban áll *catch fire* meggyullad, tüzet fog *make a fire* tüzet rak *set fire to smth* meggyújt *set smth on fire* meggyújt, felgyújt ❷ tűzvész, tűz ❸ kandalló, tűz *open fire* kandalló [tüzelésre] ❹ tüzelés, tűz [lőfegyverből] *open fire* tüzet nyit ❺ hév, szenvedély
KIFEJEZÉSEKBEN: *there's no smoke without fire* nem zörög a haraszt, ha a szél nem fújja

**fire** *IGE*
❶ meggyullad, tüzet fog ❷ elsül [pl. lőfegyver] ❸ elsüt [lőfegyvert] ❹ elbocsát, kirúg [állásból] *be fired* el van bocsátva, ki van rúgva ❺ lelkesít, hevít
**fire at** *fire at smth/smb* rálő vmire/vkire
**fire away** *fire away!* ki vele!
**fire off** *fire smth off* elsüt [lőfegyvert]
**fire alarm** ❶ tűzjelző [készülék] ❷ tűzjelzés
**firearm** lőfegyver
**fireball** ❶ tűzgolyó [atomrobbanásnál] ❷ gömbvillám
**firebird** ❶ tűzmadár ❷ amerikai sárgarigó
**fire bomb** gyújtóbomba
**fire brigade** tűzoltóság, tűzoltók
**firecracker** petárda
**fire curtain** vasfüggöny
**fire department** VAGY **fire service** tűzoltóság
**fire engine** tűzoltóautó
**fire escape** tűzlépcső
**fire extinguisher** tűzoltókészülék
**firefighter** *FNÉV* tűzoltó
**firefly** szentjánosbogár
**fireguard** VAGY **firescreen** ❶ védőrostély [kandallóé] ❷ tűz elleni védősáv
**fire hydrant** tűzcsap
**fireman** /ˈfaɪəmən/ *TBSZ* **firemen** /ˈfaɪəmən/ tűzoltó [férfi]
**fireplace** kandalló
**fireproof** *MNÉV/IGE* tűzálló(vá tesz)
**fire-resistant** tűzálló
**fire station** tűzoltóállomás, tűzoltóság
**firewall** tűzzáró fal, tűzfal [számítógépes is]
**firewood** tűzifa
**fireworks** *TBSZ* tűzijáték
**firing line** tűzvonal, első vonal
**firing-party** VAGY **firing squad** ❶ díszlövést leadó szakasz ❷ kivégzőosztag

**firm** /fɜːm/ *FNÉV*
cég, vállalkozás, vállalat

**firm** *MNÉV*
❶ szilárd, erős ❷ határozott, szilárd [pl. vélemény, elutasítás] *stand firm* szilárdan áll / tartja magát ❸ erős, kemény [pl. kézfogás]

**firm** *IGE*
❶ megszilárdul, megerősödik ❷ megszilárdít, megerősít

**first** /fɜːst/ *FNÉV*
❶ első osztály, jeles [diploma minősítése] *get a first in maths* jelesre végez matematikából ❷ kiemelkedő teljesítmény *strike a first* kiemelkedő teljesítményt nyújt
KIFEJEZÉSEKBEN: *at first* először, kezdetben *from the (very) first* kezdettől fogva

**first** *HAT.SZÓ*
❶ elsőként ❷ kezdetben ❸ előbb, először *first of all / first off* először (is), mindenekelőtt *in the first place* először is *on a first come first served basis* érkezési sorrendben

**first** *SZNÉV*
első [rövidítve 1st ill. 1[st]] *at first sight* első látásra
**first aid** elsősegély
**first aid dressing** gyorstapasz
**first base** ❶ első alappont [baseballban] ❷ kiindulópont
**firstborn** elsőszülött
**first class** *FNÉV/MNÉV* elsőosztály(ú)
**first communion** első áldozás
**first-degreee** első fokú, enyhe [égési seb]
**first degree murder** *US* előre megfontolt szándékkal elkövetett emberölés, gyilkosság
**first family** *US* elnöki család
**first floor** ❶ első emelet ❷ *US* földszint
**first gear** első/legalacsonyabb sebességi fokozat
**first hand** VAGY **at first hand** első kézből [pl. információ]
**firsthand** *MNÉV/HAT.SZÓ* elsőkézből (való)
**first lady** *US* elnök/kormányzó felesége
**first language** anyanyelv, első nyelv
**firstling** /ˈfɜːstlɪŋ/ elsőszülött
**firstly** /ˈfɜːstlɪ/ először (is)

**first name** *FNÉV*
keresztnév, utónév *be on first-name terms* keresztnéven szólítják egymást, tegeződnek

**first name** *IGE*
keresztnéven szólít
**first night** színházi bemutató
**first offender** büntetlen előéletű letartóztatott
**first officer** első tiszt [pl. hajón, repülőn]
**first person** első személy [pl. nyelvtani] *tell a story in first person* első személyben mond el egy történetet
**first-rate** elsőrendű, elsőosztályú
**firth** ❶ folyótorkolat ❷ tengeröböl

**fiscal** /ˈfɪskəl/ *FNÉV*
ügyész

**fiscal** *MNÉV*
❶ pénzzel kapcsolatos, fiskális ❷ kincstári, költségvetési
**fiscal year** költségvetési év

**fish** /fɪʃ/ *TBSZ* **fish** VAGY **fishes** *FNÉV*
❶ hal *ten fish* tíz hal *sokféle hal* fishes ❷ halétel, halhús, hal ❸ ember, alak

**fish** *IGE*
halászik, horgászik (amire: *for*) *fish in troubled waters* zavarosban halászik
**fish out** *fish smb/smth out* ❶ kihalász, kifog [embert, tárgyat] ❷ előkotor, előhalász
**fish and chips** sülthal sültkrumplival
**fishbone** halszálka
**fishbowl** gömb alakú akvárium *work in a fishbowl* mindenki szeme láttára dolgozik
**fisher** halász, horgász
**fisherman** /ˈfɪʃəmən/ *TBSZ* **fishermen** /ˈfɪʃəmən/ halász
**Fishes** /ˈfɪʃɪz/ ❶ Halak [állatövi jegy] ❷ Halak/Hal [jegyű ember]
**fish finger** VAGY **fish stick** halrudacska

**fishing boat** halászhajó
**fishing line** horgászzsinór
**fishing rod** horgászbot
**fishing tackle** horgászfelszerelés
**fishknife** *TBSZ* **fishknives** halkés
**fishmonger** halkereskedő
**fishpond** halastó
**fishtail** ❶ halfarok ❷ halfarok alakú dolog
**fish tank** akvárium
**fishy** /ˈfɪʃɪ/ ❶ halszerű, halízű, halszagú ❷ gyanús *smth is fishy here* itt valami bűzlik
**fission** /ˈfɪʃən/ ❶ (mag)hasadás *nuclear fission* atommaghasadás ❷ osztódás [sejté]
**fissure** /ˈfɪʃə/ *FNÉV*
(szikla)hasadék, repedés
**fissure** *IGE*
❶ reped, hasad ❷ repeszt, hasít
**fist** /fɪst/ ❶ ököl ❷ egy ökölnyi mennyiség
**fistfight** ökölharc
**fistful** /ˈfɪstfʊl/ maréknyi, öklömnyi
**fistula** /ˈfɪstjʊlə/ *TBSZ* **fistulas** VAGY **fistulae** /ˈfɪstjʊliː/ sipoly, fisztula
**fit** /fɪt/ *FNÉV*
❶ roham, görcs, kitörés [pl. düh-, nevetés-] *by/in fits and starts* ötletszerűen, rendszertelenül ❷ hozzáillés, passzolás *beautiful fit* nagyszerűen álló [pl. ruha]
**fit** *MNÉV*
❶ megfelelő, alkalmas, használható (amire: *for*) *fit for service* (katonai) szolgálatra alkalmas ❷ helyes, illő, célszerű *do as you see fit* tégy belátásod szerint ❸ egészséges, „fitt" *be/feel fit* jó erőnlétnek örvend, „fitt"
**fit** *IGE*
❶ megfelel, alkalmas, illik [pl. ruha] (amire/akihez: *smth/smb*) ❷ megfelel vminek, arányban áll vmivel ❸ (hozzá)illeszt, beleilleszt [pl. gondolatba] ❹ fölszerel *we must have new locks fitted* új zárakat kell fölszereltetnünk
**fit in** ❶ *fit in with smth* illeszkedik vmihez / összhangban áll vmivel ❷ *we'll try to fit you in next week* megpróbáljuk a jövő hétre beiktatni
**fit out** *fit smb/smth out* felszerel, ellát
**fitful** /ˈfɪtfəl/ ❶ görcsös ❷ szeszélyes, rapszodikus, rendszertelen
**fitness** /ˈfɪtnəs/ ❶ alkalmasság, megfelelés ❷ kondíció, erőnlét, fittség ❸ testkultúra
**fitted** /ˈfɪtɪd/ beépített [pl. szekrény]
**fitter** /ˈfɪtə/ ❶ (épület)lakatos ❷ szabó
**fitting** /ˈfɪtɪŋ/ *FNÉV*
❶ csőidom ❷ próba [szabónál]
**fitting** *MNÉV*
alkalmas, megfelelő, illő
**fittings** /ˈfɪtɪŋz/ felszerelési cikkek, berendezés, szerelvények, „fitting"
**five** /faɪv/ *FNÉV*
❶ ötdolláros, ötfontos, stb. ❷ ötös [kártyában]
**five** *SZNÉV*
öt
**five-a-side** *FNÉV* kispályás futball
**fiver** /ˈfaɪvə/ ötös [bankjegy/érme]
**fix** /fɪks/ *FNÉV*
❶ szorultság, nehéz helyzet *be in a fix* nehéz/szorult helyzetben / csávában van ❷ csalás, vesztegetés ⓘ *NEM* ~~fix~~
**fix** *IGE*
❶ (meg)erősít, rögzít *fix smth in one's mind* emlékezetébe vés ❷ elrendez, megállapít, kitűz [pl. időpontot] ❸ megjavít, rendbehoz ❹ (el)készít *can I fix you a drink?* csinálhatok/keverhetek neked egy italt? ❺ csal, megumbuldál ❻ ivartalanít [állatot] ❼ elintéz, ártalmatlanná tesz, megöl ❽ ellátja a baját, elintéz *that'll fix him* ettől majd észhez tér ❾ fixál [pl. fényképet]
**fix up** *fix smb/smth up* ❶ elhelyez, elszállásol ❷ elkészít [pl. szobát
**fixated** /ˈfɪkseɪtɪd/ *be fixated* görcsösen csak ugyanarról beszél/ír (amiről: *on*)
**fixation** /fɪkˈseɪʃən/ ❶ rögzítés ❷ (lelki) fixáció ❸ mániákus/görcsös ragaszkodás (amihez/akihez: *about/with*)
**fixative** /ˈfɪksətɪv/ rögzítő(szer), fixáló
**fixedly** /ˈfɪksədlɪ/ kitartóan, határozottan
**fixer** /ˈfɪksə/ ❶ szerelő, ezermester ❷ rögzítőszer, fixír ❸ elintézőember [r.szerint vesztegetéssel]
**fixings** /ˈfɪksɪŋz/ ❶ körítés, [ételhez] ❷ felszerelés, berendezés
**fixture** /ˈfɪkstʃə/ ❶ tartozék, kellék, beépített berendezési tárgy [pl. fürdőkád] ❷ verseny, mérkőzés, esemény [kitűzött időpontja]
**fizz** /fɪz/ *FNÉV*
❶ sistergés ❷ buborék
**fizz** *IGE*
❶ sistereg ❷ pezseg
**fizzle** /ˈfɪzəl/ *FNÉV*
❶ sistergés ❷ pezsgés ❸ kudarc
**fizzle** *IGE*
sistereg, pezseg
**fizzy** /ˈfɪzɪ/ szénsavas, pezsgő [folyadék]
**fjord** VAGY **fiord** /ˈfiːɔːd/ VAGY /fjɔːd/ fjord
**fl.** = floor; florin; flourished; fluid; guilder(s)
**FL** = Florida; foreign language
**Fla.** = Florida
**flab** /flæb/ petyhüdt bőr [pl. fogyókúra után]
**flabbergast** /ˈflæbəgɑːst/ megdöbbent, elképeszt *be flabbergasted* megdöbben, elképed
**flabby** /ˈflæbɪ/ ❶ petyhüdt, ernyedt ❷ elpuhult
**flaccid** /ˈflæksɪd/ VAGY /ˈflæsɪd/ petyhüdt, ernyedt
**flag** /ˈflæg/ *FNÉV*
zászló, lobogó *fly the {MNÉV} flag* kitűzi a {MNÉV} lobogót
**flag** *IGE*
❶ fellobogóz ❷ zászlójelet ad ❸ zászlóval megállít [járművet] ❹ (le)lóg, lekonyul
**flag down** *flag smth down* leint [pl. taxit]
**flagellant** /ˈflædʒələnt/ önostorozó, flagelláns

F

**flagellate** /ˈflædʒələt/ *FNÉV*
ostoros véglény
**flagellate** /ˈflædʒəleɪt/ *IGE*
ostoroz, korbácsol
**flagellation** /ˌflædʒəˈleɪʃən/ ostorozás, korbácsolás
**flaggy** /ˈflægɪ/ ❶ lekonyuló ❷ kőkockákból álló ❸ laminált, lemezelt
**flagpole** zászlórúd
**flagrancy** /ˈfleɪgrənsɪ/ ❶ botrányos/vérlázító volta vminek ❷ égetően sürgős volta vminek
**flagrant** /ˈfleɪgrənt/ ❶ botrányos, vérlázító ❷ égetően sürgős
**flagship** ❶ parancsnoki hajó, zászlóshajó ❷ vezető termék/cég, zászlóshajó
**flagstaff** zászlórúd
**flag station** VAGY **flag stop** feltételes megálló
**flagstone** kőlap, járdalap
**flail** /fleɪl/ *FNÉV*
cséphadaró
**flail** *IGE*
❶ cséphadaróval csépel ❷ csapkod, hadonászik, vagdalkozik
**flair** /fleə/ ❶ érzék, szimat *have a flair for smth* jó érzéke/orra van vmihez ❷ stílus
**flake** /fleɪk/ *FNÉV*
❶ pehely, pihe [pl. szappan-, hó-] ❷ leváló réteg/lemez [pl. csontról] ❸ csodabogár
**flake** *IGE*
❶ rétegesen leválik ❷ hámlik [bőr]
**flake off** ❶ rétegesen leválik ❷ hámlik [bőr]
**flaky** /ˈfleɪkɪ/ ❶ pelyhes ❷ réteges ❸ rizikós
**flambé** /ˈflɒmbeɪ/ *FNÉV/IGE* flambíroz(ott étel)
**flambeau** /ˈflæmbəʊ/ *TBSZ* **flambeaux** /ˈflæmbəʊ/ VAGY **flambeaus** ❶ fáklya ❷ többágú díszített gyertyatartó
**flamboyance** /flæmˈbɔɪəns/ ❶ színpompásság ❷ feltűnő/hivalkodó viselkedés/hozzáállás
**flamboyant** /flæmˈbɔɪənt/ ❶ színpompás, rikító ❷ feltűnő, hivalkodó
**flame** /fleɪm/ *FNÉV*
❶ láng *be in flames* lángokban áll, lángol *burst into flames* kigyullad ❷ lángvörös ❸ lángolás, szenvedély ❹ szerelmese vkinek *old flame* régi szerelem
**flame** *IGE*
❶ ég, lobog ❷ (fel)lángol [pl. tűz, szenvedély]
**flame out** ❶ lángba borul, meggyullad ❷ leáll [repülőgép motorja]
**flamenco** /fləˈmeŋkəʊ/ flamenco [tánc]
**flameproof** VAGY **flame resistant** tűzálló
**flamingo** /fləˈmɪŋgəʊ/ flamingó
**flammable** /ˈflæməbəl/ gyúlékony
**flan** /flæn/ gyümölcskosár, tortácska
**flange** /flændʒ/ karima, perem [pl. keréké]
**flank** /flæŋk/ *FNÉV*
❶ lágyék [emberé], horpasz [állaté] ❷ szárny, épületrész ❸ szárny [hadseregé]
**flank** *IGE*
❶ mellette áll, szegélyez (amivel: *by/with*) *flanked by his friends* barátaival az oldalán ❷ oldalról támad ❸ oldalról véd
**flannel** /ˈflænəl/ *FNÉV*
❶ flanell ❷ (törlő)ruha ❸ arctörlő/kéztörlő törülköző ❹ hízelgés ❺ mellébeszéd
**flannel** *IGE*
hízelegve mellébeszél
**flannelboard** filctábla
**flannels** /ˈflænəlz/ *TBSZ* kasanadrág, flanellnadrág
**flap** /flæp/ *FNÉV*
❶ fedő, hajtóka, fül [pl. zsebé, sapkáé] ❷ csapkodás (hang) [pl. szárnyé]
**flap** *IGE*
❶ csapkod [pl. szárnnyal] ❷ repül [pl. nagy madár] ❸ megcsap, megüt, odasóz
**flap down** *flap smth down* lecsap, odavág
**flapjack** ❶ (vastag) palacsinta ❷ zabpogácsa, zabpelyhes keksz ❸ púderkompakt
**flapper** /ˈflæpə/ ❶ kereplő, csapó ❷ fiatal / repülni tanuló madár ❸ uszony ❹ kéz
**flappy** /ˈflæpɪ/ laza, lelógó
**flap seat** lecsapható szék
**flare** /fleə/ *FNÉV*
❶ fellobbanás, lobogó láng ❷ jelzőfény ❸ felfortyanás, dühkitörés ❹ szélesedő rész
**flare** *IGE*
❶ felloban, lobogva ég ❷ kiszélesedik, kitágul [pl. orrlyuk] ❸ kiszélesít, kiöblösít
**flare up** ❶ lángra lobban, felvillan ❷ felfortyan [ember] ❸ kitör [pl. harc]
**flared** /fleəd/ trapéz-szabású [nadrág]
**flares** /fleəz/ trapéznadrág
**flare-up** ❶ fellobbanás ❷ felfortyanás ❸ veszekedés
**flash** /flæʃ/ *FNÉV*
❶ (fel)villanás, fellobbanás ❷ felvillanó fény, jelzőfény ❸ pillanat *in/like a flash* egy pillanat alatt, szempillantás alatt ❹ *news flash* gyorshír, rövidhír, bejátszás ❺ vaku
**flash** *MNÉV*
❶ gyors(an történő), hirtelen ❷ feltűnő, mutatós, csiricsáré
**flash** *IGE*
❶ (fel)villan, fellobban, felcsillan *it flashed across my mind that {MONDAT}* átvillant az agyamon, hogy {MONDAT} ❷ (el)surran, száguld ❸ (fel)villant, fellobbant ❹ (hirtelen) megvilágít ❺ gyorsan / egy pillanatra megmutat ❻ mutogat [nemi szervét]
**flashbulb** villanólámpa
**flasher** /ˈflæʃə/ *FNÉV* ❶ villogó [pl. autóé] ❷ szatír, exhibicionista, mutogatós
**flashgun** villanólámpa, vaku
**flashlight** ❶ villanófény, vaku ❷ *US* zseblámpa
**flashy** /ˈflæʃɪ/ mutatós, feltűnő, csiricsáré
**flask** /flɑːsk/ ❶ (lapos) palack, flaska ❷ lombik ❸ termosz
**flat** /flæt/ *FNÉV*
❶ lakás ❷ síkság, lapály ❸ lapos felület, lap

❹ defekt [keréké] ❺ bé [zenei módosítójel]

**flat** *MNÉV*

❶ lapos *flat roof* lapostető ❷ sima, sík, egyenletes ❸ kieresztett levegőjű, lapos [pl. kerék] *have a flat tyre* defektje van, defektes ❹ kimerült [pl. elem] ❺ erejét vesztett, romlott [pl. ital] ❻ unalmas, élettelen, lapos ❼ alacsony [zenében], fél hanggal leszállított *G flat* gesz ❽ kifejezett, határozott *flat refusal/ denial* kerek–perec visszautasítás/tagadás ❾ elhangolódott, hamis *the piano is flat* a zongora le van hangolódva

**flat** *HAT.SZÓ*

❶ laposan, lapjával ❷ nyíltan, kereken *I told him flat that* (MONDAT) kerek–perec megmondtam neki, hogy (MONDAT) ❸ hamisan [énekel, zenél] ❹ teljesen, egészen *be flat broke* teljesen le van égve [anyagilag]

**flat out** ❶ teljes erőbedobással ❷ teljes sebességgel

**flat** *IGE*

❶ lelapul, lelaposodik ❷ lelapít ❸ fél hanggal leszállít

**flat fee** VAGY **flat rate** *FNÉV/MNÉV* átalánydíj(as)

**flat feet** lúdtalp

**flatfish** lepényhal

**flatfoot** ❶ lúdtalp ❷ hekus, zsaru

**flatfooted** ❶ lúdtalpas ❷ ügyetlen, kétbalkezes

**flat iron** ❶ vasaló [nem elektromos] ❷ pántvas, laposvas

**flatlet** /ˈflætlət/ kis lakás, garzon

**flatly** /ˈflætlɪ/ ❶ laposan ❷ kereken, határozottan [pl. megmond]

**flat tax** átalányadó

**flatten** /ˈflætən/ ❶ lelapul, odalapul [pl. falhoz] (amihez: *against*) ❷ leereszt [pl. gumi] ❸ (le-) lapít ❹ ellaposít, unalmassá tesz ❺ félhanggal leszállít [zenében]

**flatter** /ˈflætə/ ❶ hízeleg, (túl)dicsér ❷ legyezgeti a hiúságát *they were flattered that* (MONDAT) legyezgette a hiúságukat, hogy (MONDAT) ❸ előnyös/jobb színben tüntet föl ❹ *flatter ⫶oneself⫶* áltatja magát (amivel: *on*)

**flattering** /ˈflætərɪŋ/ hízelgő

**flattery** /ˈflætərɪ/ hízelgés

**flatulence** /ˈflætjʊləns/ ❶ felfúvódás, szélgörcs ❷ dagályosság, terjengősség

**flatulent** /ˈflætjʊlənt/ ❶ felfúvódott, szeles [gyomor] ❷ dagályos, terjengős [stílus]

**flaunt** /flɔːnt/ büszkélkedik, hivalkodik vmivel *flaunt ⫶one's⫶ new dress* büszkén mutogatja az új ruháját

**flaunty** /ˈflɔːntɪ/ büszkélkedő, hivalkodó

**flautist** /ˈflɔːtɪst/ fuvolajátékos, fuvolás

**flavour** /ˈfleɪvə/ *FNÉV*

❶ íz, zamat ❷ ízesítés ❸ különleges/jellemző tulajdonság

**flavour** *IGE*

(meg)ízesít, fűszerez

**flavouring** /ˈfleɪvərɪŋ/ ❶ ízesítés ❷ ízesítő anyag, ízesítés

**flaw** /flɔː/ *FNÉV*

❶ hiba [pl. árué, jellemé] ❷ repedés, hasadás

**flaw** *IGE*

❶ elromlik ❷ elront ❸ megreped ❹ megrepeszt (meg)repeszt

**flawless** /ˈflɔːləs/ hibátlan, makulátlan

**flax** /flæks/ ❶ len ❷ lenfonal

**flaxen** /ˈflæksən/ ❶ lenből készült, len- ❷ lenszínű, lenszőke [haj]

**flay** /fleɪ/ ❶ (meg)nyúz [állatot] ❷ lehúz, keményen bírál ❸ megvág, becsap, kicsikar

**flea** /fliː/ bolha

**flea market** bolhapiac

**fleck** /flek/ *FNÉV*

❶ petty, pötty ❷ szeplő

**fleck** *IGE*

pettyez, tarkít

**fled** ☞flee

**fledgling** VAGY **fledgeling** /ˈfledʒlɪŋ/ ❶ fiatal madár ❷ zöldfülű, kezdő, újdonsült

**flee** /fliː/, **fled** /fled/, **fled** /fled/ (el)menekül, (el)szökik

**fleece** /fliːs/ *FNÉV*

gyapjú [állaté]

**fleece** *IGE*

❶ (meg)nyír [pl. állatot] ❷ kifoszt, megkopaszt, megvág

**fleecy** /ˈfliːsɪ/ gyapjúszerű, gyapjas

**fleet** /fliːt/ *FNÉV*

❶ flotta, hajóhad ❷ gépkocsipark

**fleet** *MNÉV*

gyors, fürge

**fleeting** /ˈfliːtɪŋ/ múló, rövid ideig tartó

**Flemish** /ˈflemɪsh/ *FNÉV/MNÉV* flamand (nyelv)

**flesh** /fleʃ/ ❶ hús [emberé, állaté, gyümölcsé] ❷ testi lét, testiség *in the flesh* életnagyságban, teljes valójában, személyesen *pleasures of the flesh* testi örömök/gyönyörök

**flesh and blood** ❶ emberi természet ❷ rokonság, család

**fleshly** /ˈfleʃlɪ/ érzéki, testi

**fleshy** /ˈfleʃɪ/ ❶ húsos ❷ kövér, jó húsban levő

**flew** ☞fly

**flex** /fleks/ *FNÉV*

vezeték, huzal [elektromos]

**flex** *IGE*

(meg)feszít, hajlít [izmot]

**flexibility** /ˌfleksɪˈbɪlɪtɪ/ ❶ hajlékonyság, hajlíthatóság ❷ rugalmasság, flexibilitás

**flexible** /ˈfleksɪbəl/ ❶ hajlékony, hajlítható ❷ rugalmas, flexibilis

**flick** /flɪk/ *FNÉV*

❶ pöccintés, fricska ❷ csettintés, pattintás *at the flick of a finger* egy szempillantás alatt, gombnyomásra

**flick** *IGE*

❶ kinyúlik, előbújik [egy pillanatra] ❷ kiölt,

F

kidug [pl. állat a nyelvét] ❸ megpöccint, megcsap [pl. lovat, kapcsolót]
**flick through** *flick through smth* átlapoz, gyorsan elolvas, átfut

**flicker** /ˈflɪkə/ *FNÉV*
❶ reszkető fény/láng ❷ rövid ideig tartó érzés *a flicker of excitement* egy csöpp izgalom

**flicker** *IGE*
❶ pislákol [pl. tűz, gyertya, remény] ❷ megrezzen, meglebben [pl. szempilla]

**flick knife** *TBSZ* **flick knives** rugós kés/bicska

**flier** /ˈflaɪə/ ❶ pilóta ❷ repülőutas *frequent flier* törzsutas [repülőtársaságé] ❸ röplap

**flies** /flaɪz/ zsinórpadlás

**flight** /flaɪt/ *FNÉV* ❶ repülés ❷ repülőút ❸ (repülő)járat *charter flight* charter-járat ❹ repülőraj [pl. madaraké, repülőgépeké] ❺ szárnyalás, csapongás [képzeleté] ❻ lépcsősor [két lépcsőforduló/emelet között] ❼ (el)menekülés, megfutamodás *take to flight* megfutamodik *in full flight* hanyatt–homlok menekülve

**flight attendant** légiutas-kísérő

**flight data recorder** légiadat-rögzítő

**flight deck** ❶ felszállófedélzet [repülőgép-anyahajón] ❷ pilótafülke

**flight engineer** fedélzeti mérnök

**flightless** repülésképtelen [pl. madár]

**flight number** járatszám [repülőgépé]

**flighty** /ˈflaɪtɪ/ ❶ könnyelmű, léha ❷ felületes, ingatag

**flimsy** ❶ laza szövésű, vékony [anyag] ❷ törékeny, gyenge ❸ gyenge, gyarló

**flinch** /flɪntʃ/ ❶ (meg)hátrál, visszavonul (ahonnan: *from*) ❷ hátrahőköl *without flinching* szemrebbenés nélkül

**fling** /flɪŋ/ *FNÉV*
❶ dobás, hajítás ❷ szórakozás, kirúgás a hámból ❸ lendület *in full fling* teljes lendületben

**fling** /flɪŋ/, **flung** /flʌŋ/, **flung** /flʌŋ/ *IGE*
❶ hajít, dob ❷ hirtelen kimegy, kiviharzik (ahonnan: *out of*) ❸ *fling open* hirtelen kivágódik [pl. ajtó, ablak] ❹ *fling smth open* hirtelen kinyit/kivág [pl. ajtót, ablakot]

**flint** /flɪnt/ ❶ kova(kő) ❷ tűzkő

**flip** /flɪp/ *FNÉV*
❶ fricska, pattintás ❷ feldobás [pl. pénzdarabé] ❸ szaltó [r.szerint levegőben] ❹ tojáslikőr, flip

**flip** *IGE*
❶ fricskáz, csettint ❷ feldob [pl. pénzdarabot] ❸ hirtelen megránt ❹ megdühödik
**flip over** *flip smth over* átfordít, megfordít [pl. lapot, palacsintát]
**flip through** *flip through smth* átlapoz, gyorsan elolvas, átfut

**flip chart** flipchart (tábla)

**flippancy** /ˈflɪpənsɪ/ nyegleség, pikírtség

**flippant** /ˈflɪpənt/ nyegle, pikírt

**flipper** /ˈflɪpə/ ❶ uszony [állaté] ❷ (láb)uszony [békaemberé] ❸ kéz ⓘ *NEM* ~~flipper~~

**flip side** ❶ hanglemez másik/„B" oldala ❷ a másik oldal, ellenérv

**flirt** /flɜːt/ *FNÉV*
kacér nő

**flirt** *IGE*
❶ kacérkodik, flörtöl (akivel: *with*) ❷ (el-)játszik vmivel [pl. gondolattal] (amivel: *with*)

**flirtation** /flɜːˈteɪʃən/ ❶ kacérkodás, flörtölés ❷ rövid kapcsolat, flört ❸ átmeneti/múló foglalkozás/kapcsolat vmivel (amivel: *with*)

**flirtatious** /flɜːˈteɪʃəs/ kacérkodó, flörtölő

**flit** /flɪt/ *FNÉV*
❶ szökkenés [pl. madáré] ❷ meglógás [pl. fizetési kötelezettség elől] bérleményéből

**flit** *IGE*
❶ szökken [pl. madár] ❷ elhurcolkodik, meglóg [pl. kötelezettségek elől] dár] ❸ (át)villan [gondolat]

**flitch** /flɪtʃ/ ❶ füstölt (sertés)oldalas ❷ halszelet ❸ deszka, gerenda

**flittermouse** /ˈflɪtəmaus/ *TBSZ* **flittermice** /ˈflɪtəmaɪs/ denevér

**float** /fləut/ *FNÉV*
❶ úszó tárgy ❷ úszó [pl. horgászzsinóron, víztartályban] ❸ dobogó, stráfkocsi ❹ *US* ital benne fagylalttal *coke float* kóla fagylalttal ❺ úszótalp [hidropláné] ❻ tutaj, kikötőhíd

**float** *IGE*
❶ úszik, lebeg ❷ felszínen marad ❸ sodródik ❹ úsztat ❺ felszínen tart ❻ sodor ❼ vízre bocsát [hajót] ❽ forgalomba hoz, kibocsát [pl. kölcsönt] ❾ tőzsdére bevezet [vállalat részvényeit] ❿ lebegtet [árfolyamot, valutát]

**floatation** VAGY **flotation** /fləuˈteɪʃən/ ❶ kibocsátás [kölcsöné] ❷ tőzsdei bevezetés [vállalaté/részvényé] ❸ lebegtetés [devizáé]

**flock** /flɒk/ *FNÉV*
❶ nyáj, falka, raj [pl. birkáké/madaraké] ❷ (ember)tömeg ❸ [egyházi] nyáj ❹ pihe, pehely [pl. paplan töltésére]

**flock** *IGE*
csoportosul, csoportosan/tömegesen megy

**flog** /flɒg/ ❶ korbácsol, ostoroz ❷ elad, árul

**flood** /flʌd/ *FNÉV*
❶ ár(adás), árvíz *the river is in flood* a folyó kiöntött ❷ nagy mennyiség, áradat ❸ *the Flood* a vízözön, az özönvíz

**flood** *IGE*
❶ (ki)árad, kiönt [pl. folyó] ❷ eláraszt, elönt [pl. várost, piacot] ❸ tömegestől jön

**floodgate** zsilip

**floodlight** /ˈflʌdlaɪt/ *FNÉV*
❶ reflektorfény ❷ díszkivilágítás

**floodlight** /ˈflʌdlaɪt/, **floodlighted** VAGY **floodlit** /ˈflʌdlɪt/, **floodlighted** VAGY **floodlit** *IGE*
kivilágít

**floor** /flɔː/ *FNÉV*
❶ padló *dance floor* táncparkett ❷ emelet *first floor GB* első emelet, *US* földszint *ground floor GB*

földszint ❸ fenék [pl. tengeré, hajóé] *ocean floor* tengerfenék ❹ dobogó, pulpitus *Mr. X has the floor* Mr. X-é a szó/dobogó
KIFEJEZÉSEKBEN: *from the floor* közönség soraiból [pl. hozzászólás]

**floor** *IGE*
❶ parkettáz ❷ földhöz vág, leteper, padlóra küld ❸ letaglóz, lever *the bad news floored everyone* a rossz hír mindenkit letaglózott
KIFEJEZÉSEKBEN: *floor it* dönget, hajt, tép

**floor-board** padlódeszka
**floor cloth** felmosórongy, felmosóruha
**flooring** /ˈflɔːrɪŋ/ padló(zat), padlóburkolat
**floor plan** alaprajz
**floor-polish** padlófény, padlóviasz
**floor show** műsor [pl. bárban]

**flop** /flɒp/ *FNÉV*
❶ pottyanás, esés (hangja) *belly flop* hasas [ugrás] ❷ bukás, kudarc

**flop** *IGE*
❶ lepottyan, lezöttyen ❷ lepottyant, leejt ❸ megbukik, rosszul szerepel [pl. színdarab]

**floppy** /ˈflɒpɪ/ *FNÉV*
hajlékony lemez, floppy

**floppy** *MNÉV*
(le)lógó, lötyögő

**floppy disk** VAGY **floppy disc** hajlékony lemez, floppy
**flora** /ˈflɔːrə/ növényvilág, flóra
**floral** /ˈflɔːrəl/ virágos, virág-
**florist** /ˈflɒrɪst/ ❶ virágárus ❷ virágkertész
**floss** /flɒs/ ❶ (hernyó)selyem *dental floss* fogselyem ❷ pihe, pehely
**flotation** VAGY **floatation** /fləʊˈteɪʃən/ ❶ kibocsátás [kölcsöné] ❷ tőzsdei bevezetés [vállalaté/részvényé] ❸ lebegtetés [devizáé]
**flotilla** /fləˈtɪlə/ kis hajóraj, flottilla

**flounder** /ˈflaʊndə/ *FNÉV*
lepényhal

**flounder** *IGE*
❶ hánykolódik [pl. hal szárazon] ❷ evickél, bukdácsol ❸ belezavarodik [pl. beszédbe]

**flour** /flaʊə/ *FNÉV*
❶ liszt ❷ porított anyag, liszt

**flour** *IGE*
belisztez, liszttel megszór

**flourish** /ˈflʌrɪʃ/ *FNÉV*
❶ cikornya, kacskaringó ❷ cifrázat [írásé] ❸ széles/feltűnő mozdulat ❹ tus [zenei]

**flourish** *IGE*
❶ virágzik, virul [pl. növény, ember] ❷ tevékenykedik ❸ hadonászik, gesztikulál

**floury** /ˈflaʊərɪ/ ❶ lisztes ❷ puha, porladó
**flout** /flaʊt/ ❶ (ki)csúfol, megcsúfol *flout the rules* semmibe veszi a szabályokat ❷ szándékosan félreért/félremagyaráz

**flow** /fləʊ/ *FNÉV*
❶ folyás, ömlés, áradat *flow of spirits* (túláradó) jókedv ❷ áramlás ❸ dagály ❹ menstruáció

**flow** *IGE*
❶ folyik, ömlik, hömpölyög ❷ áramlik, kering ❸ emelkedik [víz dagálykor] ❹ menstruál

**flowchart** VAGY **flow diagram** folyamatábra

**flower** /flaʊə/ *FNÉV*
❶ virág *a bunch of flowers* egy csokor virág ❷ virágzás *be in flower* virágzik ❸ (vminek/vkinek a) legjava ❹ vminek/vkinek a pompája/virágkora

**flower** *IGE*
❶ virágzik, virágba borul ❷ (ki)virul, legszebb korát éli

**flower girl** ❶ virágáruslány ❷ koszorúslány [esküvőn]
**flowery** /ˈflaʊərɪ/ ❶ virágos ❷ cirkalmas, szóvirágokkal teli [beszéd]
**flown** ☞fly
**fl. oz.** = fluid ounce
**flu** /fluː/ influenza
**fluctuate** /ˈflʌktʃʊeɪt/ hullámzik, fluktuál
**fluctuation** /ˌflʌktʃʊˈeɪʃən/ fluktuáció
**flue** /fluː/ ❶ kéménycső, kürtő ❷ pihe, pehely ❸ vonóháló [halászé]
**fluency** /ˈfluːənsɪ/ folyékonyság, gördülékenység, akadozásmentesség
**fluent** /ˈfluːənt/ folyékony, könnyed, gördülékeny [pl. beszéd, stílus]

**fluff** /flʌf/ *FNÉV*
❶ pehely, pihe ❷ porpihe, porcica ❸ belesülés, sikertelen kísérlet [pl. szerepbe]
KIFEJEZÉSEKBEN: *in a fluff* mérgesen

**fluff** *IGE*
❶ felborzol [pl. tollazatot] ❷ bolyhoz, bolyhosít ❸ kudarcot vall *fluff ⁝one's⁝ lines* belesül a szerepébe [színész]

**fluffy** /ˈflʌfɪ/ ❶ bolyhos ❷ könnyű, laza [haj]

**fluid** /ˈfluːɪd/ *FNÉV*
❶ folyadék ❷ folyékony anyag

**fluid** *MNÉV*
❶ folyékony, cseppfolyós ❷ gáznemű ❸ átmeneti/cseppfolyós állapotban levő

**fluidity** /fluːˈɪdɪtɪ/ ❶ folyékony halmazállapot ❷ folyékonyság, cseppfolyósság ❸ átmeneti/cseppfolyós állapot
**fluke** /fluːk/ ❶ lepényhal ❷ mázli *by a fluke* mázlista módon, mázlival ❸ horgonyhegy
**fluky** /ˈfluːkɪ/ ❶ szerencsés, mázlis ❷ változékony, kiszámíthatatlan [időjárás]
**flung** ☞fling
**flunk** /flʌŋk/ ❶ megbukik [pl. vizsgán] *I flunked maths* megbuktam matekból ❷ megbuktat
**flunk out** kibukik [iskolából]
**fluoresce** /flɔːˈres/ fluoreszkál
**fluorescence** /flɔːˈresəns/ fluoreszkálás
**fluorescent** /flɔːˈresənt/ ❶ fluoreszkáló, fényes ❷ fluoreszcens
**fluorescent lamp** fénycső
**fluorine** /ˈflʊəriːn/ fluor

F

**flurry** /ˈflʌrɪ/ *FNÉV*
❶ roham, zápor [pl. szél-, eső, hó] ❷ izgalom, izgatottság
**flurry** *IGE*
(fel)izgat, (fel)idegesít
**flush** /flʌʃ/ *FNÉV*
❶ áradás, áradat ❷ tisztítás [vízsugárral] ❸ (ki)pirulás, elvörösödés ❹ felhevülés, fellobbanás [érzelemé] ❺ flöss, színsor
**flush** *MNÉV*
❶ csordultig telt, túláradó (amivel: *with*) ❷ egy síkban/szinten levő/fekvő (amivel: *with*) *flush left/right* balra/jobbra zárva [szöveg]
**flush** *IGE*
❶ (el)áraszt, (el)önt ❷ vízsugárral kitisztít, (le)öblít [pl. WC-t] ❸ elpirul, elvörösödik ❹ pirulásra késztet ❺ egy szintre hoz, (síkba) állít ❻ felrebben, felszáll
**flush toilet** vízöblítéses vécé
**flute** /fluːt/ *FNÉV*
❶ fuvola ❷ barázda, horony
**flute** *IGE*
❶ fuvolán (el)játszik ❷ rovátkol, hornyol
**flutist** /ˈfluːtɪst/ fuvolás, fuvolaművész
**flutter** /ˈflʌtə/ *FNÉV*
❶ szárnycsapkodás ❷ izgalom, izgatottság ❸ (kisebb) szenzáció ❹ erős/felgyorsult szívdobogás ❺ kisösszegű fogadás ❻ ingadozás, vibrálás [elektromos eszközé]
**flutter** *IGE*
❶ csapkod [szárnnyal] ❷ szárnycsapkodással odébbszáll ❸ lobog [zászló] ❹ izgalomba jön, ideges lesz ❺ (fel)izgat, (fel)idegesít ❻ megrezegtet, meglebbent [pl. szempillát] ❼ gyorsan dobog/ver [szív]
**flux** /flʌks/ ❶ folyás ❷ áramlás, keringés ❸ állandó mozgás/változás *be in a state of flux* állandóan változó állapotban van
**fly** /flaɪ/ *FNÉV*
❶ légy [rovar] ❷ műlégy [horgászé] ❸ slicc, gombolás [nadrágon] ❹ sátorlap [külső] ❺ *the flies* zsinórpadlás
**fly** *MNÉV*
agyafúrt
**fly** /flaɪ/, **flew** /fluː/, **flown** /fləʊn/ *IGE*
❶ repül, száll, átrepül *who flew the Atlantic first?* ki repülte át először az Atlanti Óceánt? ❷ vezet [repülőgépet] ❸ repülőgépen visz/ szállít ❹ lobog [zászló] ❺ lobogtat [zászlót], fellobogóz ❻ siet, rohan [idő] *how time flies* hogy rohan az idő ❼ elmenekül, megszökik *the bird has/is flown* a madárka meglépett/elröpült ❽ hirtelen mozdulatot tesz *the door flew open* kivágódott az ajtó
KIFEJEZÉSEKBEN: *fly high* nagyra tör, nagyratörő céljai vannak, virágzik *fly off the handle* dühbe gurul, begorombul
**fly about** ide–oda röpdös
**fly in** repülőgépen (meg)érkezik
**fly off** ❶ elrepül, elszáll [madár] ❷ elrohan
**fly agaric** /ˈflaɪ ˈæɡərɪk/ légyölő galóca
**flyaway** ❶ laza, könnyen lerepülő ❷ könnyelmű, meggondolatlan
**flybill** ❶ röplap, röpcédula ❷ reklámcédula
**flyer** /ˈflaɪə/ ❶ pilóta ❷ repülőutas *frequent flyer* törzsutas [repülőtársaságé] ❸ röplap
**flyflap** légycsapó
**fly floor** VAGY **fly gallery** zsinórpadlás
**fly front** rejtett gombolás
**fly fungus** légyölő galóca
**flying** /ˈflaɪɪŋ/ gyorsan elmúló, rövid ideig tartó, villám- [pl. látogatás]
**Flying Dutchman** repülő hollandi
**flying saucer** repülő csészealj, UFO
**flying start** repülőrajt, kitűnő start *get off to a flying start* repülőrajtot vesz, kitűnően kezd
**flykick** kapáslövés
**flyover** felüljáró
**flypaper** légypapír
**flysheet** ❶ sátor lengőajtaja ❷ külső sátorlap ❸ repülőcédula, röplap
**flytrap** légyfogó, légycsapda
**flyweight** /ˈflaɪweɪt/ *FNÉV/MNÉV* légsúly(ú) *light flyweight* papírsúly(ú)
**flywheel** lendkerék
**FM** = Field-Marshal; Frequency Modulation
**foal** /fəʊl/ *FNÉV/IGE* ❶ csikó *be in foal* vemhes, hasas ❷ csikózik, ellik [csikót]
**foam** /fəʊm/ *FNÉV*
❶ hab, tajték ❷ habgumi
**foam** *IGE*
habzik, tajtékzik
**foamy** /ˈfəʊmɪ/ habos, habzó, habszerű
**fob** /fɒb/ *FNÉV*
❶ órazseb ❷ óralánc ❸ fityegő [kulcstartón]
**fob** *IGE*
**fob off** *fob smb/smth off* ❶ figyelmen kívül hagy, leráz ❷ *fob smth off on smb* rásóz/ rátukmál vmit vkire *fob smb off with smth* rásóz vkire vmit
**fob chain** óralánc
**focal** /ˈfəʊkəl/ gyújtóponti, fokális
**focus** /ˈfəʊkəs/ *TBSZ* **focuses** VAGY **foci** /ˈfəʊsaɪ/ *FNÉV*
❶ gyújtópont, fókusz *be in focus* éles, jól van fókuszálva [kép] *be out of focus* nem éles [kép] *bring into focus* élesre állít ❷ köz(ép)pont, figyelem középpontja
**focus** *IGE*
❶ beélesedik, élessé válik [lencse, kép] ❷ élesre állít [lencsét] ❸ összpontosít, koncentrál (amire: *on*) ❹ összefut, konvergál
**fodder** /ˈfɒdə/ *FNÉV*
❶ takarmány, abrak ❷ töltelék, agyonhasználható anyag/ember *cannon fodder* ágyútöltelék
**fodder** *IGE*
takarmányoz, abrakol(tat)
**foe** /fəʊ/ ellenség

**foetal** /ˈfiːtəl/ magzati
**foetus** /ˈfiːtəs/ magzat
**fog** /fɒg/ FNÉV
❶ köd ❷ homály, fátyol [filmen] ❸ sötétség, bizonytalanság
**fog** IGE
❶ ködbe borul, elhomályosul ❷ ködbe borít, elködösít, elhomályosít ❸ háttérbe szorít, elködösít, összekuszál
**fogbound** ❶ ködborította ❷ köd által megbénított [pl. közlekedés]
**fogey** VAGY **fogy** /ˈfəugɪ/ régimódi ember *old fog(e)y* régimódi/maradi ember
**foggy** /ˈfɒgɪ/ ❶ ködös, párás ❷ halvány [pl. elgondolás] *not have the foggiest (idea)* halvány sejtelme sincs
**foil** /fɔɪl/ FNÉV
❶ vékony fémlemez ❷ alufólia ❸ kontraszt, ellentét, ellenpont ❹ (vívó)tőr ❺ vadcsapást elterelő szag
**foil** IGE
meghiúsít, megelőz [pl. kísérletet]
**foist** /fɔɪst/
**foist off** *foist smth off* elsóz, túlad vmin
**foist on** *foist smth on smb* rásóz/rátukmál vkire vmit
**fol.** = folio; followed; following
**-fold** /fəuld/ ❶ -szoros *threefold* háromszoros ❷ -szorosan *threefold* háromszorosan ❸ -szorosára *threefold* háromszorosára
**fold** /fəuld/ FNÉV
❶ ránc, hajtás [pl. ruhán] ❷ gyűrődés, talajegyenetlenség ❸ karám, akol ❹ nyáj [juhoké, hivőké]
**fold** IGE
❶ összehajlik, összecsukódik [pl. asztal] ❷ (össze)hajt ❸ összekulcsol, összefon *fold ⸗one's⸗ arms* karját összefonja *fold ⸗one's⸗ hands* kezét összekulcsolja ❹ becsomagol ❺ becsuk, tönkremegy [vállalkozás] ❻ bedobja a lapot, terít
**fold in** ❶ *fold smth in* belekever, beledolgoz [ételbe] ❷ *fold smb in ⸗one's⸗ arms* karjába zár
**fold up** ❶ összeomlik [pl. idegileg] ❷ tönkremegy, becsuk [vállalkozás] ❸ összecsukódik *it folds up* összecsukható [pl. ágy] ❹ *fold smth up* összecsuk, összehajt
**foldaway** összecsukható, összehajtható
**folder** /ˈfəuldə/ ❶ iratgyűjtő, dosszié, mappa ❷ mappa [számítógépen]
**folding** /ˈfəuldɪŋ/ ❶ összecsukható, összehajtható ❷ lehajtható, felhajtható
**folding rule** VAGY **folding ruler** colstok
**folding screen** spanyolfal
**folding shutter** spaletta, zsalugáter
**folia** ☞folium ⓘ NEM ~~fólia~~
**foliage** /ˈfəulɪɪdʒ/ lomb(ozat), levélzet
**folic acid** folsav
**folio** /ˈfəulɪəu/ ❶ (könyv)lap ❷ folio méretű / ívrét alakú könyv, fóliáns
**folk** /fəuk/ FNÉV
nép, emberek
**folk** MNÉV
népi(es), nép-
**folk music** népzene
**folklore** /ˈfəuklɔː/ ❶ folklór ❷ folklorisztika
**folklore museum** tájház
**folk medicine** népi gyógymód
**folks** /fəuks/ TBSZ ❶ hozzátartozók, szülők *my folks* a családom, az enyéim ❷ emberek [megszólításban]
**folk song** népdal
**folksy** /ˈfəuksɪ/ ❶ közvetlen modorú, egyszerű ❷ népies(kedő)
**folk tale** népmese
**foll.** = following
**follicle** /ˈfɒlɪkəl/ tüsző
**follicular** /fəˈlɪkjulə/ tüsző-, tüszős
**follow** /ˈfɒləu/ ❶ követ, utána következik [pl. térben, időben] *letter follows* levél megy ❷ követi vminek az irányát *the road follows the river* az út a folyó mentén halad ❸ utána megy, követ *we are being followed* követnek minket ❹ figyelemmel kísér, követ *follow the conversation* figyelemmel kíséri a beszélgetést ❺ (meg)ért, világosan lát *I didn't quite follow you* nem egészen értettem, amit mondtál ❻ elfogad, megfogad, követ [pl. tanácsot, szokást] *follow smb's advice* megfogadja vkinek a tanácsát ❼ (logikusan) következik *it follows (from the above) that* {MONDAT} ebből / az előbbiekből az következik, hogy {MONDAT}
KIFEJEZÉSEKBEN: *follow suit* követ, ugyanúgy cselekszik *as follows* a következő(képpen), az alábbiak *follow in smb's footsteps* vkinek a nyomdokaiba lép
**follow on** *follow on smth* következik vmiből
**follow out** VAGY **follow through** *follow smth out/through* végigcsinál/megvalósít
**follow up** *follow smth up* vmi nyomán/alapján cselekszik/lép *we followed up her proposal* javaslata alapján cselekedtünk
**follower** /ˈfɒləuə/ ❶ követő ❷ tanítvány, tisztelő
**following** ❶ következő *(on) the following day* a következő napon, másnap ❷ az alábbiakban említendő, következő
**follow-up** ❶ vmit követő cselekvés ❷ ellenőrzés ❸ utókezelés, ellenőrzés, kontroll
**folly** /ˈfɒlɪ/ ostobaság, butaság, dőreség
**foment** /fəˈment/ ❶ ösztökél, szít [pl. gyűlöletet] ❷ meleg borogatást ad, melegít
**fomentation** /ˌfəumenˈteɪʃən/ ❶ ösztökélés, szítás [pl. gyűlöleté] ❷ (meleg) borogatás
**fond** /fɒnd/ ❶ szerető, gyöngéd *fond farewell* meleg búcsú ❷ kedvenc, dédelgetett [elképzelés, r.szerint hiábavaló] ❸ *be fond of smth/smb* szeret/kedvel vmit/vkt

**fondant** /ˈfɒndənt/ cukormassza, fondant
**fondle** /ˈfɒndəl/ cirógat, (meg)simogat
**fondly** /ˈfɒndlɪ/ ❶ szeretően, szeretettel ❷ hiszékenyen, naivul
**fondue** /ˈfɒndjuː/ fondü
**font** /fɒnt/ ❶ betű(típus), font ❷ keresztelőkút, szenteltvíztartó
**food** /fuːd/ ❶ táplálék, élelem ❷ ennivaló *give smb food and drink* ad vkinek enni–inni ❸ szellemi táplálék *give smb food for thought* elgondolkodtat
**food canal** emésztőcsatorna
**food chain** táplálékIánc
**food processor** konyhai robotgép
**foodstuff** élelmiszer
**fooey!** /ˈfuːiː/ fúj!

**fool** /fuːl/ FNÉV
❶ bolond, hülye (ember) *All Fool's Day* április elseje, bolondok napja *play the fool* adja a hülyét *make a fool of smb* hülyét csinál vkiből ❷ udvari bolond, bohóc

**fool** IGE
❶ a bolondját járatja vkivel, hülyéskedik ❷ becsap, rászed
**fool about** VAGY **fool around** ❶ idétlenkedik, vacakol, haszontalanságokkal tölti az időt ❷ *fool about/around with smb* viccel, felelőtlenül bánik vkivel ❸ sok partnerrel létesít szexuális kapcsolatot (akivel: *with*)
**fool into** *fool smb into doing smth* behúz/berángat vkit vmibe, rávesz vmi ostobaságra
**foolhardy** /ˈfuːlhɑːdɪ/ vakmerő, felelőtlen
**foolish** /ˈfuːlɪʃ/ bolond, buta, nevetséges
**foolproof** /ˈfuːlpruːf/ ❶ könnyen kezelhető, elronthatatlan ❷ tévedhetetlen
**fool's errand** fölöslegesen töltött idő *be sent on a fool's errand* fölöslegesen küldik el

**foot** /fʊt/ TBSZ **feet** /fiːt/ FNÉV
❶ láb(fej) *get to one's feet* fölállt *keep (on) one's feet* talpon marad [pl. jégen] *rise to one's feet* fölállt, fölemelkedik ❷ lábrész, láb [pl. zoknié] ❸ alja / alsó része / lába vminek [pl. hegynek] ❹ versláb ❺ gyalogság ❻ TBSZ **foot** VAGY **feet** láb [hosszmérték, kb. 30,5 cm] *he's six feet tall* hat láb magas *she's five foot two* öt láb és két hüvelyk magas
KIFEJEZÉSEKBEN: *on foot* gyalog *be on one's feet* (ismét) talpon van [pl. betegség után] *be under foot* a földön / láb alatt van *have cold feet* be van gyulladva/ijedve *find one's feet* talpra áll, egyenesbe jön *put one's foot down* sarkára áll *put one's feet up* pihen [lábát fölrakva]

**foot** IGE
❶ *foot it* táncol ❷ *foot the bill* állja a cehhet
**footage** /ˈfʊtɪdʒ/ ❶ hossza [lábban mérve] ❷ egy láb hosszra eső ár ❸ filmrészlet, filmfelvétel *file footage* archív felvétel
**foot-and-mouth disease** száj- és körömfájás
**football** /ˈfʊtbɔːl/ ❶ futball-labda ❷ labdarúgás, futball ❸ US amerikai futball, rögbi
**footballer** /ˈfʊtbɔːlə/ labdarúgó, futballista
**football pools** totó
**footboard** /ˈfʊtbɔːd/ ❶ lábtámasz, lábdeszka [pl. ágyon] ❷ lépcsődeszka, hágcsó
**footbrake** lábfék
**footbridge** gyaloghíd, palló
**-footed** /ˈfʊtɪd/ ❶ -lábú *four-footed* négylábú ❷ vmilyen járású/léptű *heavy-footed* súlyos léptű
**footer** /ˈfʊtə/ ❶ foci ❷ *-footer* vhány láb (hosszú/magas ember/dolog) *a six-footer* hat láb magas [183 centis] ember ❸ lábléc
**foot fault** lábhiba [teniszben]
**foot ferry** személyszállító komp
**foothold** lábhely, talpalatnyi hely *find a foothold* állást/lábhelyet talál [pl. hegymászó] *get/gain a foothold* megveti a lábát
**footing** /ˈfʊtɪŋ/ ❶ lábhely, talpalatnyi hely *lose one's footing* elveszti a lába alól a talajt, megcsúszik ❷ (megalapozott) körülmények *the company is on a firm footing* a cégnek jó a helyzete / szilárd lábakon áll ❸ alap(zat), lábazat
**footlights** /ˈfʊtlaɪts/ rivaldafény
**footman** /ˈfʊtmən/ TBSZ **footmen** /ˈfʊtmən/ inas, lakáj
**footmark** lábnyom
**footnote** lábjegyzet
**footpath** ösvény, gyalogút
**footprint** lábnyom
**footrest** lábtámasz
**Footsie** = Financial Times Stock Exchange 100 Index
**footsie** /ˈfʊtsɪ/ ❶ lábérintés *play footsie with smb* lábakat az asztal alatt összeérintve flörtöl vkivel ❷ összejátszás *the two sides played footsie with each other* a két oldal összejátszott
**foot soldier** gyalogos (katona)
**footsore** lábfájós, lábát fájlaló
**footstep** ❶ lépés, vki lépte ❷ lépésnyi távolság ❸ nyomdok *follow in smb's footsteps* vkinek a nyomdokába lép
**footstool** zsámoly, lábtartó
**footway** gyalogút [pl. hídon]
**footwear** ⌊ NEM MEGSZÁML lábbeli, cipő
**footwork** lábmunka [pl. sportban]
**fop** /fɒp/ FNÉV ficsúr, piperkőc
**foppish** /ˈfɒpɪʃ/ MNÉV hiú, piperkőc
**for.** = foreign; forester; forestry

**for** /fɔː/, gyenge alak /fə/ ELÖLJ.
❶ számára, részére, -nak/-nek, felé, irányában *this is for you* ez a tiéd, ezt neked hoztam/vettem ❷ végett, céljából, valamire *what's it for?* mire való? / mi a rendeltetése? ❸ vki/vmi helyett/nevében/képviseletében *can you stand in for me?* be tudsz ugrani helyettem? *Member of Parliament for Glasgow* Glasgow parlamenti képviselője ❹ miatt, -tól/-től *can't see*

*for the fog* nem lát a köd miatt ❺ [idő] vmely időre/időpontra *he'll be home for Easter* húsvétra itthon lesz, [vmennyi ideje] *I haven't seen him for a long time* hosszú ideje / régen nem láttam ❻ [távolság] *walk for a mile* egy mérföldet gyalogol ❼ -ért, cserébe *we bought it for a hundred pounds* száz fontért vettük ❽ mellette [pl. ügy] *I'm (all) for it* (teljesen) mellette vagyok, (melegen) támogatom ❾ képest, viszonyítva *be tall for* ⁝*one's*⁝ *age* korához képest magas ❿ [különféle vonzatokkal:] *wait for smth/smb* vmire/vkire vár *be famous for smth* híres vmiről
KIFEJEZÉSEKBEN: *but for smth* ha vmi nem lenne / ha vmi nem lett volna *be in for smth* minden bizonnyal vmilyen következménnyel kell számolnia *I, for one* én például [pl. véleménynyilvánításkor] *as for me* ami engem illet *how are you for time?* hogy állsz idővel?

**for** *KÖTŐSZÓ*
❶ hogy, ha *wait for her to speak* várja, hogy megszólaljon ❷ mivel, mert *the president couldn't attend for he was too busy* az elnök úr nem tudott megjelenni, mert elfoglalt volt

**forage** /'fɒrɪdʒ/ *FNÉV*
❶ takarmány, abrak [lovaknak, marháknak] ❷ takarmányozás ❸ támadás, megszállás

**forage** *IGE*
❶ takarmánnyal ellát [lovat, marhát] ❷ keres, kutat ❸ (rá)támad, megszáll

**foray** /'fɒreɪ/ *FNÉV*
❶ behatolás, fosztogatás ❷ kiruccanás, rövid kirándulás [pl. más területre]

**foray** *IGE*
❶ fosztogat, betör, behatol ❷ kiruccan, rövid kirándulást tesz [pl. más területre]

**forbade** ☞forbid

**forbear** VAGY **forebear** /'fɔːbeə/ *FNÉV*
ős, előd

**forbear** /fɔː'beə/, **forbore** /fɔː'bɔː/ **forborne** /fɔː'bɔːn/ *IGE*
❶ tartózkodik vmitől (amitől: *from*) ❷ tűr, elvisel ❸ megáll / nem tesz meg vmit (amit: *from*) *forbear to do smth / doing smth* meg tudja állni, hogy {MONDAT}

**forbearance** /fɔː'beərəns/ ❶ türelem ❷ megbocsátás

**forbid** /fə'bɪd/, **forbade** /fə'beɪd/ VAGY /fə'bæd/ VAGY **forbad** /fə'bæd/, **forbidden** /fə'bɪdən/ ❶ (meg)tilt *forbid smb to do smth* megtiltja vkinek, hogy {MONDAT} *smoking is forbidden here* itt tilos a dohányzás ❷ eltilt *forbid smb smth* eltilt vkit vmitől
KIFEJEZÉSEKBEN: *God forbid!* Isten őrizz!

**forbidden** ☞forbid

**forbidding** /fə'bɪdɪŋ/ ❶ visszataszító ❷ félelmetes, fenyegető, vésztjósló

**forbore** ☞forbear

**forborne** ☞forbear

**force** /fɔːs/ *FNÉV*
❶ erő(szak), erőkifejtés *by force* erőszakkal *use force* erőszakot alkalmaz ❷ erősség, erő [pl. gravitációs] ❸ hatalom, erő [pl. személyiség, ország] *the force behind smth* mozgatórugó ❹ osztag, sereg, erő, különítmény *land forces* szárazföldi erők *air force* légierő *police force* rendőrség ❺ érvény(esség) *be in force* érvényben/hatályban van ❻ kényszer(ítés)
KIFEJEZÉSEKBEN: *join/combine forces* összefog (akivel: *with*)

**force** *IGE*
❶ kényszerít, kierőszakol, forszíroz *be forced to do smth* kénytelen vmit megtenni, belekényszerül vmibe *force an entry* / ⁝*one's*⁝ *way into smth* behatol ❷ erőszakol [pl. ki-, be-] *force smth into smth* beleerőszakol vmibe vmit *force smth open* feltör, felfeszít [pl. ládát] ❸ magára erőltet *she forced a smile* mosolyt erőltetett magára ❹ üvegházban/melegítéssel termeszt

**force down** *force smth down* ❶ lenyom, leszorít ❷ *force smth down smb's throat* erőszakkal elfogadtat, lenyom vkinek a torkán

**force on** *force smth on smb* rákényszerít vkire vmit

**force through** *force smth through* keresztülhajt, kierőszakol

**forced** /fɔːst/ ❶ kikényszerített, kényszerből (meg)tett ❷ erőltetett, kényszeredett

**forced entry** erőszakos behatolás

**forced labour** kényszermunka

**forced landing** kényszerleszállás

**forced page** oldaltörés [szövegszerk.]

**force-feed** ❶ töm, erőszakkal/mesterségesen táplál/etet ❷ teletöm [pl. (nem kívánt) ismeretekkel] (amivel: *with*)

**forceful** /'fɔːsfəl/ erős, erőteljes, erélyes

**force majeure** /'fɔːs mæ'ʒɜː/ külső behatás előidézte ok/tényező, vis maior

**forceps** /'fɔːseps/ fogó, csipesz

**forces** fegyveres testület *armed forces* haderő *join the forces* bevonul

**forcible** /'fɔːsəbəl/ ❶ erőszakos ❷ erőteljes, energikus

**forcing house** üvegház, hajtatóház

**ford** /fɔːd/ *FNÉV*
gázló

**ford** *IGE*
átgázol, gázlón áthalad [folyón]

**fore** /fɔː/ *FNÉV*
❶ vminek az eleje/orra [pl. hajóé] ❷ előtér, elülső helyzet, vezető pozíció *come to the fore* előtérbe kerül

**fore** *MNÉV/HAT.SZÓ*
elöl (lévő), elülső, első, előre

**forearm** /'fɔːrɑːm/ *FNÉV*
al(só)kar

**forearm** /ˌfɔːr'ɑːm/ *IGE*
❶ előre felfegyverez ❷ támadást előkészít

F

**forearm balance** VAGY **forearm stand** alkaron állás
**forebear** VAGY **forbear** /ˈfɔːbeə/ FNÉV ős, előd
**forebode** /fɔːˈbəʊd/ ❶ megjósol, előre jelez [bajt] ❷ (előre) megsejt
**foreboding** /fɔːˈbəʊdɪŋ/ rossz előjel, balsejtelem *with foreboding* rossz előérzettel
**forecast** /ˈfɔːkɑːst/ FNÉV
❶ előrejelzés, prognózis *weather forecast* időjárás-előrejelzés *economic forecast* gazdasági előrejelzés ❷ jóslás, jóslat
**forecast** /ˈfɔːkɑːst/, **forecast** /ˈfɔːkɑːst/ VAGY **forecasted**, **forecast** /ˈfɔːkɑːst/ VAGY **forecasted** IGE
❶ előre jelez [pl. időjárást, helyzetet] ❷ előre lát, megjósol
**forecastle** /ˈfəʊksəl/ ❶ orrbástya [régi hajón] ❷ orrfelépítmény, orrfedélzet [mai hajón]
**forecourt** /ˈfɔːkɔːt/ ❶ előudvar ❷ előtér [szerviz előtt pl. üzemanyag árusítására] ❸ alapvonal és háló közötti terület [pl. teniszben]
**forefather** /ˈfɔːfɑːðə/ ős(apa), előd
**forefinger** /ˈfɔːfɪŋgə/ mutatóujj
**forefoot** /ˈfɔːfʊt/ TBSZ **forefeet** /ˈfɔːfiːt/ mellső láb [négylábúé]
**forefront** /ˈfɔːfrʌnt/ elülső/vezető helyzet, előtér *be in the forefront* előtérben / az érdeklődés homlokterében van
**forego** /fɔːˈgəʊ/, **forewent** /fɔːˈwent/ **foregone** /fɔːˈgɒn/ ❶ megelőz, előtte jár [térben, időben] ❷ lemond vmiről, nem vesz igénybe vmit [pl. kedvezményt]
**foregoing** /ˌfɔːˈgəʊɪŋ/ FNÉV/MNÉV megelőző(ek), előbb említett(ek), fenti(ek) *it follows from the foregoing that* {MONDAT} a fentiekből következik, hogy {MONDAT}
**foregone** ☞ forego
**foregone conclusion** előre eldöntött / elkerülhetetlen dolog/tény
**foreground** /ˈfɔːgraʊnd/ ❶ előtér [pl. fényképé] ❷ központ, előtér *be in the foreground* a figyelem középpontjában van
**forehand** /ˈfɔːhænd/ tenyeres [ütés]
**forehanded** /ˈfɔːhændɪd/ ❶ előrelátó, takarékos ❷ jómódú
**forehead** /ˈfɒrɪd/ VAGY /ˈfɔːhed/ homlok
**foreign** /ˈfɒrɪn/ ❶ külföldi, idegen *foreign language* idegen nyelv ❷ idegen, távol álló (amitől: *to/from*) ❸ testidegen
**foreign affairs** külügy(ek) *Ministry of Foreign Affairs* külügyminisztérium
**foreigner** /ˈfɒrɪnə/ FNÉV külföldi, idegen
**foreign minister** VAGY **foreign secretary** külügyminiszter
**foreign policy** külpolitika
**foreign trade** külkereskedelem
**Foreign Office** [a brit] Külügyminisztérium
**foreleg** /ˈfɔːleg/ mellső láb [négylábúé]
**forelock** /ˈfɔːlɒk/ ❶ lelógó / homlokra lógó haj ❷ üstök [pl. lóé] ❸ sasszeg
**foreman** /ˈfɔːmən/ TBSZ **foremen** /ˈfɔːmən/ művezető
**foremast** /ˈfɔːmɑːst/ előárboc
**foremost** /ˈfɔːməʊst/ MNÉV/HAT.SZÓ legelső(ként) *first and foremost* legelőször (is)
**forename** /ˈfɔːneɪm/ keresztnév
**forenoon** /ˈfɔːnuːn/ délelőtt
**forensic** /fəˈrensɪk/ bírósági, törvényszéki
**forensic expert** kriminológus
**forensic medicine** törvényszéki orvostan
**forensic science** kriminológia
**foremilk** /ˈfɔːmɪlk/ előtej
**foreplay** [szexuális] előjáték
**forerunner** /fɔːˈrʌnə/ ❶ előfutár, (elő)hírnök ❷ előjel, előfutár [pl. betegségé]
**foresee** /fɔːˈsiː/, **foresaw** /fɔːˈsɔː/, **foreseen** /fɔːˈsiːn/ előre lát, (meg)sejt
**foreseeable** /fɔːˈsiːəbəl/ előre látható, borítékolható *in the foreseeable future* belátható időn belül
**foreshadow** /fɔːˈʃædəʊ/ előreveti vmi árnyékát, sejtet
**foresight** /ˈfɔːsaɪt/ ❶ jövőbe látás ❷ előrelátás, körültekintés *have the foresight to do smth* van benne annyi előrelátás, hogy megtegyen vmit ❸ célgömb
**foreskin** /ˈfɔːskɪn/ fityma, előbőr
**forest** /ˈfɒrəst/ FNÉV
❶ erdő(ség) ❷ -erdő [pl. oszlopok/kezek]
**forest** IGE
erdősít, fásít
**forestage** /ˈfɔːsteɪdʒ/ előszínpad
**forestall** /fɔːˈstɔːl/ ❶ megelőz, elébe megy vminek ❷ felvásárol [spekulációs célból]
**forestation** /ˌfɒrəsˈteɪʃən/ erdőtelepítés
**forester** /ˈfɒrəstə/ erdőkerülő, erdész
**forestry** /ˈfɒrəstrɪ/ ❶ erdészet [tudomány] ❷ erdőség
**foreswear** /fɔːˈsweə/, **foreswore** /fɔːˈswɔː/, **foresworn** /fɔːˈswɔːn/ esküvel (meg)tagad, ünnepélyesen lemond
**foretaste** /ˈfɔːteɪst/ FNÉV
ízelítő (amiből: *of*)
**foretaste** /fɔːˈteɪst/ IGE
ízelítőt ad, ízelítőül szolgál
**foretell** /fɔːˈtel/, **foretold** /fɔːˈtəʊld/, **foretold** /fɔːˈtəʊld/ előre megmond, megjósol
**forethought** /ˈfɔːθɔːt/ ❶ előre megfontolt szándék ❷ előrelátás, gondoskodás
**foretold** ☞ foretell
**foretooth** /ˈfɔːtuːθ/ metszőfog
**forever** /fəˈrevə/ FNÉV
örökkévalóság *it took her forever to do smth* egy örökkévalóságig tartott, amíg vmit megtett
**forever** VAGY **for ever** HAT.SZÓ
❶ örökké, örökre ❷ folyton, állandóan
**forewarn** /fɔːˈwɔːn/ (előre) figyelmeztet, óva int (amire/amitől: *of/about*) *forewarn smb that* {MONDAT} előre figyelmeztet vkit, hogy {MONDAT}

**forewent** ☞forego
**forewoman** /ˈfɔːwʊmən/ TBSZ **forewomen** /ˈfɔːwɪmɪn/ művezető [nő]
**foreword** /ˈfɔːwɜːd/ előszó [pl. könyvben]
**forex** /ˈfɒreks/ = foreign exchange
**for example** például
**forfeit** /ˈfɔːfɪt/ FNÉV
❶ bánatpénz, pönálé ❷ zálog [játékban] ❸ elkobzott [vagyon] ❹ eljátszott jog
**forfeit** IGE
eljátszik, elveszít [pl. jogot]
**forfeit money** bánatpénz
**forfeiture** /ˈfɔːfɪtʃə/ ❶ elkobzás [vagyoné] ❷ elvesztés, eljátszás [pl. jogé]
**forgave** ☞forgive
**forge** /fɔːdʒ/ FNÉV
kovácsműhely
**forge** IGE
❶ kovácsol ❷ kitalál, kohol [pl. vádat] ❸ hamisít [pl. aláírást]
**forger** /ˈfɔːdʒə/ ❶ kovács ❷ hamisító
**forgery** /ˈfɔːdʒərɪ/ ❶ hamisítás ❷ hamisítvány ❸ koholmány
**forget** /fəˈget/, **forgot** /fəˈgɒt/, **forgotten** /fəˈgɒtən/ ❶ elfelejt, nem emlékszik vmire *I forget her name* nem jut eszembe a neve ❷ megfeledkezik (amiről/akiről: *about*) *clean forget about smth* teljesen megfeledkezik vmiről *forget to do smth* megfeledkezik vmiről, elfelejt/elmulaszt vmit megtenni *forget doing smth* elfelejti, hogy vmit megtett ❸ félretesz, elfeledkezik [pl. nézeteltérésről] ❹ nem számol vmivel *just forget that restaurant* hanyagold azt az éttermet
KIFEJEZÉSEKBEN: *forget it* nem számít, nem érdekes, felejtsd el
**forgetful** /fəˈgetfəl/ feledékeny
**forget-me-not** /fəˈgetmɪnɒt/ nefelejcs
**forgettable** /fəˈgetəbəl/ feledhető, felejthető
**forgivable** /fəˈgɪvəbəl/ bocsánatos
**forgive** /fəˈgɪv/, **forgave** /fəˈgeɪv/, **forgiven** /fəˈgɪvən/ ❶ megbocsát vkinek (amiért: *for*) ❷ megenged, megbocsát *forgive me, but* {MONDAT} már megbocsásson, de {MONDAT}
**forgiveness** /fəˈgɪvnəs/ megbocsátás, jóindulat *ask smb's forgiveness* bocsánatot kér vkitől
**forgo** /fɔːˈgəʊ/, **forwent** /fɔːˈwent/, **forgone** /fɔːˈgɒn/ lemond vmiről, nem vesz igénybe vmit [pl. kedvezményt]
**forgot** ☞forget
**forgotten** ☞forget
**for instance** például
**fork** /fɔːk/ FNÉV
❶ villa [evőeszköz, kerékpár-] ❷ vasvilla ❸ elágazás
**fork** IGE
❶ vasvillával hány/dob ❷ elágazik ❸ útelágazásnál vmerre megy *fork right* útelágazásnál jobbra megy
**forklift** VAGY **forklift truck** emelővillás targonca
**forlorn** /fəˈlɔːn/ VAGY /fɔːˈlɔːn/ ❶ elhagyatott, kétségbeesett [pl. arc] ❷ elhanyagolt, elhagyatott [pl. épület]
**form** /fɔːm/ FNÉV
❶ alak, forma ❷ mód, forma ❸ nyelvtani alak *third form* harmadik alak ❹ űrlap, formanyomtatvány *application form* jelentkezési lap ❺ erőnlét, forma [pl. sportban] *be in good/bad form* jó/rossz formában van ❻ forma, eljárás ❼ osztály [iskolában] *sixth form* angol középiskola végzős osztálya
**form** IGE
❶ (ki)alakul, formálódik ❷ (ki)alakít, formál ❸ létrehoz [pl. szervezetet] ❹ képez [nyelvtani alakot] ❺ kialakít [pl. véleményt] ❻ alkot, képez, vmilyen alakot ölt
**formal** /ˈfɔːməl/ ❶ formális, hivatalos *receive a formal invitation* hivatalos meghívót kap ❷ szertartásos, távolságtartó, merev ❸ egyenesre alakított [pl. kert] ❹ formai, formális
**formalism** /ˈfɔːməlɪzəm/ formalizmus
**formality** /fɔːˈmælɪtɪ/ ❶ külsőség, formaság ❷ szertartásosság
**formalize** /ˈfɔːməlaɪz/ ❶ formálissá tesz ❷ írásban lefektet, formálisan megfogalmaz
**formally** /ˈfɔːməlɪ/ hivatalosan, előírásosan
**format** /ˈfɔːmæt/ FNÉV
❶ alak, formátum [pl. könyvé] ❷ kialakítás, formátum [pl. újságé/műsoré]
**format** IGE
❶ format(t)ál [lemezt] ❷ formáz, formát kialakít [pl. könyvét]
**formation** /fɔːˈmeɪʃən/ ❶ (ki)alakulás, képződés [pl. felhőké] ❷ (meg)alakítás ❸ alakulat *battle formation* harcrend ❹ képződmény
**formative** MNÉV (ki)alakuló, formálódó
**former** /ˈfɔːmə/ ❶ előbbi, korábbi, (meg)előző *his former wife* előző felesége ❷ régi, egykori *the former champion* a korábbi bajnok *he was like his former self* ismét korábbi önmaga volt ❸ *the former* az előbb/korábban említett, az előző, az első
**formerly** /ˈfɔːməlɪ/ azelőtt, korábban, valamikor
**formidable** /ˈfɔːmɪdəbəl/ VAGY /fəˈmɪdəbəl/ ❶ félelme(te)s ❷ félelmetesen nehéz
**form letter** formalevél, levélminta
**form teacher** osztályfőnök
**formula** /ˈfɔːmjʊlə/ TBSZ **formulas** VAGY **formulae** /ˈfɔːmjʊliː/ ❶ képlet ❷ recept, összetétel [pl. italé] ❸ megállapodás, formula ❹ csecsemőtápszer ❺ versenyautó-kategória
**formulaic** /ˌfɔːmjʊˈleɪɪk/ ❶ előre formázott ❷ rögzített szófordulat(ok)at tartalmazó
**Formula One** Forma-1
**formulate** /ˈfɔːmjʊleɪt/ ❶ megfogalmaz, megszövegez ❷ kialakít [pl. rendszert]
**formulation** /ˌfɔːmjʊˈleɪʃən/ ❶ megszövegezés, megfogalmazás ❷ kialakítás [pl. rendszeré]

**forsake** /fə'seɪk/, **forsook** /fə'sʊk/, **forsaken** /fə'seɪkən/ elhagy, lemond vmiről
**forswear** /fɔː'sweə/, **forswore** /fɔː'swɔː/, **forsworn** /fɔː'swɔːn/ esküvel (meg)tagad, ünnepélyesen lemond
**fort** /fɔːt/ erőd(ítmény) *hold the fort* tartja a frontot
**forte** /'fɔːteɪ/ FNÉV/HAT.SZÓ ❶ forte [zenében] ❷ vki erős oldala / erőssége *singing is not my forte* az éneklés nem az erősségem
**forth** /fɔːθ/ ❶ előre, ki *back and forth* oda–vissza ❷ tovább *from this day forth* a mai naptól kezdve *and so forth* és így tovább
**forthcoming** /'fɔːθkʌmɪŋ/ ❶ közelgő, hamarosan elkövetkező ❷ hamarosan megjelenő [pl. könyv] ❸ készséges
**forthright** /'fɔːθraɪt/ MNÉV/HAT.SZÓ egyenes(en), nyílt(an)
**forthwith** /fɔːθ'wɪθ/ azonnal, haladéktalanul, azonnali hatállyal
**forties** /'fɔːtɪz/ ❶ *the forties* a negyvenes évek ❷ *be in* ⁒*one's*⁒ *forties* negyvenes éveiben jár ❸ negyvenegynéhány [pl. fok]
**fortieth** /'fɔːtɪəθ/ negyvenedik
**fortification** /ˌfɔːtɪfɪ'keɪʃən/ ❶ erőd(ítmény), sánc ❷ megerősítés, megszilárdítás
**fortify** /'fɔːtɪfaɪ/ ❶ megszilárdít, erődítményt emel ❷ megerősít, erősítésként hozzáad [pl. vitamint]
**fortissimo** /fɔː'tɪsɪməʊ/ fortissimo
**fortnight** /'fɔːtnaɪt/ két hét *once a fortnight* kéthetenként
**fortnightly** /'fɔːtnaɪtlɪ/ FNÉV
kéthetenkénti / kéthetenként megjelenő kiadvány
**fortnightly** /'fɔːtnaɪtlɪ/ MNÉV/HAT.SZÓ
kéthetenként(i), kéthetenként (megjelenő)
**fortress** /'fɔːtrəs/ erőd(ítmény)
**fortuitous** /fɔː'tjuːɪtəs/ ❶ véletlen(szerű), váratlan ❷ szerencsés
**fortunate** /'fɔːtʃənət/ szerencsés
**fortunately** /'fɔːtʃənətlɪ/ ❶ szerencsére ❷ szerencsésen
**fortune** /'fɔːtʃən/ ❶ vagyon [r.szerint nem meghatározott mértékű] *make a fortune* vagyonokat keres ❷ szerencse, véletlen *try* ⁒*one's*⁒ *fortune* szerencsét próbál ❸ sors, végzet ❹ jövő, jövendő *tell fortunes* jövendőt mond, jósol [pl. kártyából]
**fortune-teller** jövendőmondó, jós(nő)
**forty** /'fɔːtɪ/ negyven *the forties* a negyvenes évek *be in* ⁒*one's*⁒ *forties* negyvenes éveiben jár
**forty winks** szundítás, szunyókálás *have forty winks* szundít egyet, kicsit ledől
**forum** /'fɔːrəm/ TBSZ **forums** VAGY **fora** /'fɔːrə/ fórum
**forward** /'fɔːwəd/ FNÉV
❶ csatár [pl. futballban] ❷ elöl játszó játékos, bedobó játékos [labdajátékban]
**forward** MNÉV
❶ elülső, elöl lévő ❷ előre irányuló/haladó ❸ haladó [pl. szellem]
**forward** HAT.SZÓ
❶ előre, elöl *be a step forward* lépéselőnyben van ❷ tovább *from that day forward* attól a naptól fogva ❸ vissza, előre *bring the date forward to the fifth* vminek az időpontját/dátumát ötödikére előrehozza ❹ előtérbe, a figyelem középpontjába *push* ⁒*oneself*⁒ *forward* előtérbe tolja önmagát
**forward** IGE
❶ továbbít, továbbküld ❷ (el)küld ❸ előmozdít, elősegít
**forwarder** /'fɔːwədə/ szállítmányozó, speditőr
**forwarding** /'fɔːwədɪŋ/ ❶ szállítmányozás, szállítás ❷ továbbítás, utána küldés
**forwarding agent** szállítmányozó
**forward-looking** előretekintő, progresszív
**forwardness** /'fɔːwədnəs/ ❶ haladás, előrehaladottság ❷ pimaszság ❸ buzgóság
**forward planner** (előjegyzési) naptár
**forward roll** előrebukfenc
**forwards** /'fɔːwədz/ előre [térben, időben]
**forwent** ☞ forgo
**fossil** /'fɒsəl/ FNÉV
❶ kövület ❷ régimódi/maradi ember
**fossil** MNÉV
megkövesedett, megkövült, fosszilis
**fossil fuel** fosszilis tüzelőanyag
**fossilize** /'fɒsəlaɪz/ ❶ megkövül, rögzül ❷ rögzít, megszilárdít
**foster** /'fɒstə/ ❶ felnevel, táplál [átmenetileg] ❷ elősegít, előmozdít
**foster child** TBSZ **foster children** fogadott/nevelt gyermek
**foster father** nevelőapa
**foster mother** nevelőanya
**fought** ☞ fight
**foul** /faʊl/ FNÉV
❶ övön aluli ütés ❷ szabálytalanság [futballban] (akivel szemben: *against/on*)
**foul** MNÉV
❶ undorító, visszataszító, ocsmány [pl. szag, modor, beszéd] ❷ szörnyű, borzasztó, viharos [időjárás] ❸ aljas, aláváló, gaz [tett] ❹ piszkos, koszos, szennyes
**foul** IGE
❶ bemocskol, bepiszkít ❷ (oda)piszkít [pl. kutya] ❸ szabálytalanságot követ el vki ellen, „faultol" [sportban]
**foul-mouthed** trágár, mocskosszájú
**foul play** ❶ tisztességtelen eljárás ❷ csalás ❸ gazság, becstelenség ❹ szabálytalanság, fault [sportban]
**found** /faʊnd/ ❶ ☞ find ❷ alapít, létesít [pl. intézményt] ❸ alapoz (amire: *on*) *be founded on smth* vmin alapul/nyugszik ❹ olvaszt, önt [fémet]
**foundation** /faʊn'deɪʃən/ ❶ alapítás ❷ alap *lay the foundations of smth* lerakja vminek az alapjait ❸ alap(elv), megalapozottság *be with-*

*out foundation* alaptalan ❹ alapítvány ❺ alapozókrém

**founder** /ˈfaʊndə/ *FNÉV*

❶ alapító, adományozó ❷ olvasztár, öntő(munkás)

**founder** *IGE*

❶ elsüllyed [hajó] ❷ megfeneklik [hajó] ❸ lesántul [ló] ❹ kudarcot vall [pl. terv]

**foundling** /ˈfaʊndlɪŋ/ lelenc, talált gyermek

**foundry** /ˈfaʊndrɪ/ öntöde, öntőműhely

**fount** ❶ /faʊnt/ forrás, kút(fő) ❷ /fɒnt/ VAGY /faʊnt/ (nyomdai) betűkészlet

**fountain** /ˈfaʊntɪn/ ❶ forrás, kút ❷ szökőkút, ivókút ❸ kiömlés

**fountain pen** töltőtoll

**four** /fɔː/ *FNÉV*

❶ négy, négyes ❷ négyes [kártyában] KIFEJEZÉSEKBEN: *on all fours* négykézláb

**four** *SZNÉV*

négy

**four-leaved clover** VAGY **four-leaf clover** négylevelű lóhere

**four-letter word** káromkodás, trágárság

**fourscore** nyolcvan

**foursome** *FNÉV* ❶ négyes, négyfős tevékenység [pl. sportban] ❷ négyesfogat

**four-stroke** VAGY **four-cycle** négyütemű

**fourteen** /ˌfɔːˈtiːn/ tizennégy

**fourteenth** /ˌfɔːˈtiːnθ/ tizennegyedik

**fourth** /fɔːθ/ *FNÉV*

negyed (hangköz), kvart

**fourth** *SZNÉV*

❶ negyedik [rövidítve 4th ill. 4$^{th}$] ❷ negyed *three fourths* három negyed

**fourthly** /ˈfɔːθlɪ/ negyedszer, negyedsorban

**four-wheel drive, 4WD** *FNÉV/MNÉV* négykerék-meghajtás(ú), összkerékhajtás(ú)

**fowl** /faʊl/ *FNÉV*

❶ baromfi ❷ madár, szárnyas ❸ baromfihús

**fowl** *IGE*

szárnyasra vadászik

**fowler** /ˈfaʊlə/ madarász, szárnyasvadász

**fox** /fɒks/ ❶ róka ❷ rókaszőr(me), róka ❸ ravasz ember, ravaszdi *sly old fox* vén róka

**foxhole** rókalyuk

**foxhound** kopó

**fox hunt** VAGY **fox hunting** rókavadászat

**foxterrier** /ˈfɒksterɪə/ foxterrier, foxi

**foxtrot** *FNÉV/IGE* ❶ foxtrott(ot táncol) ❷ betűzésnél az X betű szava

**foxy** /ˈfɒksɪ/ ❶ ravasz, furfangos ❷ rőt, vöröses

**foyer** /ˈfɔɪeɪ/ VAGY /ˈfɔɪə/ ❶ előcsarnok, foyer [színházban] ❷ társalgó, hall [szállóban]

**fr.** = fragment; franc; from

**Fr** = Father; France; French; Friar; Friday

**fracas** /ˈfrækɑː/ civakodás, hangos veszekedés

**fraction** /ˈfrækʃən/ ❶ tört(szám) ❷ töredék, törtrész, kis rész ❸ csipetnyi, kicsi *he's a fraction stupid* egy kicsit buta ⓘ NEM ~~frakció~~

**fractional** /ˈfrækʃənəl/ ❶ törtalakú, tört- ❷ jelentéktelen

**fractionally** /ˈfrækʃənəlɪ/ csekély/jelentéktelen mértékben

**fracture** /ˈfræktʃə/ *FNÉV*

törés [pl. csonté, csővezetéké]

**fracture** *IGE*

❶ (el)törik [pl. csont] ❷ eltör [csontot] *fracture one's collar-bone* eltörik a kulcscsontja, eltöri a kulcscsontját *be fractured* eltörik

**fragile** /ˈfrædʒaɪl/ *GB*, /ˈfrædʒəl/ *US* ❶ törékeny ❷ gyenge, beteges, törékeny

**fragility** /frəˈdʒɪlɪtɪ/ ❶ törékenység ❷ gyengeség

F

**fragment** /ˈfrægmənt/ *FNÉV*

töredék, rész(let), levált darab, tört rész

**fragment** /frægˈment/ *IGE*

❶ darabokra hullik ❷ darabokra tör/repeszt

**fragmentation** /ˌfrægmənˈteɪʃən/ ❶ szilánkosodás ❷ szétrepedés

**fragrance** /ˈfreɪgrəns/ kellemes illat/szag

**fragrant** /ˈfreɪgrənt/ illatos, jó szagú/illatú

**frail** ❶ törékeny, gyenge [pl. egészség, szerkezet] ❷ gyarló

**frailty** /ˈfreɪltɪ/ ❶ törékenység ❷ gyarlóság

**frame** /freɪm/ *FNÉV*

❶ keret, ráma ❷ (al)váz [járműé] *bicycle frame* ❸ (tartó)szerkezet, váz [pl. épületé] ❹ (test)alkat ❺ filmkocka, képmező ❻ osztott web-oldal, frame ❼ járókeret

**frame** *IGE*

❶ (be)keretez, keretbe foglal ❷ kifejez, képez, alkot [pl. mondatot] ❸ összeállít, (meg-) szerkeszt ❹ hamisan megvádol

**frame of mind** kedélyállapot, hangulat

**frame of reference** ❶ vonatkozási/értelmezési keret/tartomány ❷ koordinátarendszer

**frame saw** keretfűrész

**framework** ❶ szerkezet, váz, keret ❷ rendszer, váz

**franc** /fræŋk/ frank [pénznem]

**franchise** /ˈfræntʃaɪz/ *FNÉV*

❶ választójog ❷ koncesszió, franchise

**franchise** *IGE*

franchise rendszerbe ad

**Franciscan** /frænˈsɪskən/ ferences

**Franco–** /ˈfræŋkəʊ/ francia– *Franco–Italian border* francia–olasz határ

**frank** őszinte, nyílt, egyenes *to be (quite) frank* őszintén szólva

**frankfurter** /ˈfræŋkfɜːtə/ virsli

**frankly** /ˈfræŋklɪ/ őszintén, nyíltan *frankly speaking* őszintén szólva

**frantic** /ˈfræntɪk/ ❶ tomboló, viharos [pl. boldogság, félelem] ❷ eszeveszett, rettentő, őrjítő [pl. rohanás]

**frappé** VAGY **frappe** /ˈfræpeɪ/ ❶ tejturmix, frappé ❷ koktél, frappé [apróra tört jéggel] ❸ hideg/jeges üdítő

**fraternal** /frəˈtɜːnəl/ testvéri, (fele)baráti

**fraternity** /frəˈtɜːnɪtɪ/ ❶ testvéri(es)ség, testvéri együttérzés ❷ baráti társaság, egyesülés, szövetség *medical fraternity* orvosi szövetség ❸ közösség, rend, férfitársaság

**fraternization** /ˌfrætənaɪˈzeɪʃən/ összebarátkozás, bratyizás (amivel: *with*)

**fraternize** /ˈfrætənaɪz/ barátkozik, bratyizik (akivel: *with*)

**fratricide** /ˈfrætrɪsaɪd/ ❶ testvérgyilkosság ❷ testvérgyilkos

**fraud** /frɔːd/ ❶ csalás, szélhámosság ❷ csaló, szélhámos, szédelgő

**fraudulence** /ˈfrɔːdjʊləns/ csalás, szélhámosság

**fraudulent** /ˈfrɔːdjʊlənt/ ❶ csaló, csalárd ❷ tisztességtelen, csalással szerzett ❸ hamisított

**fraught** /frɔːt/ ❶ teli, telve (amivel: *with*) *be fraught with smth* vmitől terhes, vmivel járó [pl. veszéllyel] ❷ ideges, feszült

**fray** /freɪ/ FNÉV
összetűzés, csata *be ready for the fray* harcra kész

**fray** IGE
❶ kirojtosodik, kikopik, foszladozik ❷ elkoptat, elnyű ❸ kikezd, megtámad [pl. idegeket]

**frazzle** /ˈfræzəl/ FNÉV
❶ teljes kifáradás, kimerültség *be worn to a frazzle* teljesen ki van merülve ❷ (ki)rojtosodás, (ki)rongyosodás

**frazzle** IGE
❶ teljesen kimerít/kifáraszt ❷ elnyű, elkoptat

**freak** /friːk/ FNÉV
❶ csodabogár, fura szerzet *freak of nature* szörnyszülött, torzszülött ❷ furcsaság *by some strange freak* különös módon ❸ csodabogár, különc ❹ vminek az őrültje/bolondja *cinema freak* mozibolond

**freak** MNÉV
szokatlan, váratlan [pl. időjárás]

**freak** IGE
berezel, betojik

**freckle** /ˈfrekəl/ FNÉV
❶ szeplő ❷ folt

**freckle** IGE
❶ befoltosodik ❷ szeplőssé válik ❸ pettyez, szeplőssé tesz

**freckled** /ˈfrekəld/ szeplős, foltos

**free** /friː/ MNÉV
❶ szabad, független, önálló *of ⸗one's⸗ own free will* önszántából, önként *get free* kiszabadul *set smb free* szabadlábra helyez, kiszabadít ❷ korlátlan, szabad *give smb free access* korlátlan lehetőséget/hozzáférést ad/enged (akinek: *to*) ❸ ingyenes, díjmentes *for free* ingyen, ingyenesen ❹ nem (el)foglalt, szabad [pl. ülőhely, ember] *is this seat free?* szabad ez a hely? ❺ akadálymentes, nem rögzített, szabad [pl. út, vminek a vége] ❻ mentes, nem tartalmazó (amitől/amit: *from/of*) *trouble free* gondmentes *duty free* vámmentes

**free** HAT.SZÓ
❶ ingyen *travel free* ingyen utazik ❷ ellenőrizetlenül, szabadon *run free* szabadon van [pl. kutya, bűnöző]

**free** IGE
❶ kiszabadít, elenged [pl. börtönből] (ahonnan: *from*) ❷ szabaddá tesz, kiszabadít [pl. beszorult dolgot] (ahonnan: *from*) ❸ szabadságot ad vkinek *free smb to do smth* lehetővé teszi vkinek, hogy vmit tegyen

**free agent** ❶ független / kötöttségektől mentes ember ❷ szabadon igazolható sportoló

**freebie** VAGY **freebee** /ˈfriːbiː/ FNÉV/MNÉV potya, ingyenes (dolog)

**freedom** /ˈfriːdəm/ ❶ szabadság, függetlenség (amitől: *from*) ❷ szabadságjog [pl. szólás-, vallás-] ❸ (elő)jog, használati jog

**freefone** VAGY **freephone** a hívott által fizetett telefonhívás, zöld szám

**free-for-all** általános verekedés/veszkedés

**freehold** FNÉV/MNÉV/HAT.SZÓ korlátlan tulajdonú / tehermentes(en) (ingatlan)

**freeholder** korlátlan tulajdont / tehermentes ingatlant birtokló ingatlantulajdonos

**free house** nem egy bizonyos sörgyár termékeit kínáló söröző

**free kick** szabadrúgás [pl. futballban]

**freelance** /ˈfriːlɑːns/ FNÉV
független személyiség [pl. politikában, újságírásban], szabadúszó

**freelance** MNÉV/HAT.SZÓ
független(ül) [pl. politikában, újságírásban], szabadúszó(ként) *work freelance* szabadúszik, szabadúszóként dolgozik

**freelance** IGE
szabadúszik, szabadúszóként dolgozik

**freelancer** /ˈfriːlɑːnsə/ FNÉV független személyiség [pl. politikában, újságírásban]

**freely** /ˈfriːlɪ/ ❶ készségesen *I freely admit that {MONDAT}* készséggel elismerem, hogy {MONDAT} ❷ nyíltan, kendőzetlenül *speak freely* nyíltan beszél ❸ akadálytalanul, olajozottan ❹ bőkezűen

**freemason** szabadkőműves

**freemasonry** ❶ szabadkőművesség ❷ természetes egyetértés, bajtársiasság

**free of charge** MNÉV/HAT.SZÓ ingyen(es), ingyenesen, díjmentes(en)

**freesia** /ˈfriːzɪə/ frézia

**freestanding** magában álló, önálló

**freestyle** *freestyle (swimming)* gyorsúszás

**free style wrestling** szabadfogású birkózás

**freethinker** szabadgondolkodó

**free throw** ❶ szabaddobás [labdajátékban] ❷ büntetődobás

**free verse** szabadvers

**freeway** US (autó)sztráda, autóút [ingyenes]

**freewheel** szabadonfutó kerék [pl. biciklié]

**free will** szabad/önálló akarat *of ⸗one's⸗ own free will* szabad akaratából

**freeze** /fri:z/ *FNÉV*
❶ fagy(ás) ❷ befagyasztás, rögzítés [áraké, béreké] ❸ leállítás *put a freeze on smth* felfüggeszt, leállít vmit
**freeze** /fri:z/, **froze** /frəuz/, **frozen** /ˈfrəuzən/ *IGE*
❶ (meg)fagy, befagy *freeze to death* megfagy, halálra fagy ❷ megfagyaszt, lefagyaszt ❸ nagyon hideg van, fagy *be freezing* majd megfagy ❹ megmerevedik, mozdulatlanná válik *freeze, police!* rendőrség, senki se mozduljon! ❺ mozdulatlanságra kényszerít ❻ befagyaszt, rögzít [árakat, béreket] ❼ lefagy [számítógép(es rendszer)]
**freeze over** befagy [pl. vízfelület]
**freeze-dried** liofilizált
**freeze-dry** liofilizál
**freezer** fagyasztó(szekrény), mélyhűtő
**freezer bag** fagyasztózacskó
**freezing compartment** fagyasztórész [jégszekrényé]
**freight** /freɪt/ *FNÉV*
❶ teher(áru), fuvar, szállítmány ❷ teherszállítás ❸ fuvardíj
**freight** *IGE*
❶ fuvaroz, szállít ❷ megrak, megterhel [hajót, repülőt]
**freighter** /ˈfreɪtə/ ❶ teherhajó ❷ teherszállító repülőgép ❸ szállítmányozó
**freight train** *US* tehervonat
**French** /frentʃ/ *FNÉV*
❶ francia (nyelv) *speak French* tud/beszél franciául *in French* franciául *his French is good* jól tud franciául ❷ francia [tantárgy] ❸ *the French* a franciák
**French** /frentʃ/ *MNÉV*
francia [ember, nyelv]
**french** *IGE*
❶ smárol ❷ orális–genitális szexet végez
**French bean** zöldbab, vajbab
**French fried potatoes** VAGY **French fries** sültburgonya, hasábburgonya
**French horn** vadászkürt
**French kiss** nyelves / nyitott szájjal adott csók
**French leave** *take French leave* angolosan távozik
**French letter** gumióvszer, kondom
**French loaf** VAGY **French bread** VAGY **French stick** bagett, franciakenyér
**Frenchman** /ˈfrentʃmən/ *TBSZ* **Frenchmen** /ˈfrentʃ mən/ francia (férfi)
**French quotation marks** „lúdlábas" idézőjelek, «……»
**Frenchwoman** /ˈfrentʃwumən/ *TBSZ* **Frenchwomen** /ˈfrentʃwɪmɪn/ francia nő
**frenetic** /frəˈnetɪk/ ❶ őrjítő, eszeveszett ❷ viharos, frenetikus [pl. siker]
**frenzied** /ˈfrenzɪd/ őrjítő, sietős [pl. tevékenység]
**frenzy** /ˈfrenzɪ/ *FNÉV*
őrjöngés, dühöngés *in a frenzy* őrjöngve
**frenzy** *IGE*
őrületbe kerget
**freon** /ˈfri:ɒn/ freon
**frequency** /ˈfri:kwənsɪ/ ❶ gyakoriság ❷ frekvencia, rezgésszám ❸ hullámsáv [pl. rádióé]
**frequent** /ˈfri:kwent/ *MNÉV*
gyakori, ismétlődő *frequent pulse* gyors érverés
**frequent** /frɪˈkwent/ *IGE*
gyakran/törzsvendégként látogat
**frequent flyer** törzsutas
**fresco** /ˈfreskəu/ freskó
**fresh** /freʃ/ *FNÉV*
❶ hűvösség, frissesség ❷ vízár ❸ áradás
**fresh** *MNÉV*
❶ friss [pl. étel] ❷ nem fagyasztott, friss [pl. gyümölcs] ❸ édes [víz] ❹ új, frissen kapott/szerzett/készített [pl. hír] ❺ új(abb), friss, üde *take a fresh look at smth* újra megnéz vmit ❻ élénk, egészséges, friss *look fresh* frissnek tűnik *fresh as a daisy* üde ❼ tiszta, friss *go out for a bit of fresh air* kimegy levegőzni ❽ erős, friss [szél] ❾ szemtelen, rámenős, durva [pl. modor]
**fresh** *HAT.SZÓ*
frissen, újonnan *be fresh out of smth* éppen kifogyott vmije
**freshen** /ˈfreʃən/ ❶ felfrissül, megélénkül [szél] ❷ felfrissít
**freshen up** ❶ felfrissül [ember] ❷ *freshen smb up* felfrissít vkit
**freshly** /ˈfreʃlɪ/ frissen [pl. mosott, főtt]
**freshman** /ˈfreʃmən/ *TBSZ* **freshmen** /ˈfreʃmən/ elsőéves (egyetemista/főiskolás), gólya
**fresh paint** frissen mázolva [felirat]
**freshwater** ❶ édesvízi ❷ tapasztalatlan [pl. tengerész] ❸ kis, jelentéktelen [pl. egyetem]
**fret** /fret/ *FNÉV*
❶ izgatottság, ingerültség *get in a fret* izgatottá/ingerültté válik ❷ érintő [pl. gitáron]
**fret** *IGE*
❶ idegeskedik, aggályoskodik *fret (oneself)* emészti magát, bosszankodik (amin: *about/over*) ❷ dörzsöl, koptat ❸ rozsdásodik ❹ bosszant, idegesít
**fret and fume** dúl–fúl
**fretful** /ˈfretfəl/ bosszús, mérges, nyűgös
**fretsaw** /ˈfretsɔ:/ lombfűrész
**Freudian** /ˈfrɔɪdɪən/ freudi
**FRG** = Federal Republic of Germany
**Fri.** = Friday
**friar** /ˈfraɪə/ szerzetes, barát
**friary** /ˈfraɪərɪ/ klastrom, rendház
**fricassee** /ˈfrɪkəseɪ/ VAGY /ˌfrɪkəˈsi:/ becsinált, frikasszé
**friction** /ˈfrɪkʃən/ ❶ súrlódás ❷ dörzsölés, szétdörzsölődés [pl. kötélé] ❸ veszekedés, súrlódás
**Friday** /ˈfraɪdeɪ/ péntek *Thank God it's Friday! / TGIF* hál' istennek már péntek van!

F

**fridge** /frɪdʒ/ fridzsider, hűtőszekrény
**fridge–freezer** mélyhűtővel egybeépített hűtőszekrény
**fried** /fraɪd/ ❶ sült ❷ rántott
**friend** /frend/ ❶ barát *be friends with smb* jóban van / barátkozik vkivel *make friends (with smb)* összebarátkozik (vkivel) ❷ barátja/pártolója vminek ❸ vki/vmi pártján álló ember
**friendly** /ˈfrendlɪ/ *FNÉV*
barátságos mérkőzés
**friendly** *MNÉV*
❶ barátságos, kedves (akivel: *to/towards*) ❷ baráti viszonyban lévő (akivel: *with*) *be friendly with smb* baráti kapcsolatban van vkivel ❸ nyitott, alkalmazkodó (amire/amihez: *to*)
**friendship** /ˈfrendʃɪp/ barátság
**fries** /fraɪz/ sültkrumpli
**frieze** /friːz/ ❶ szegélydísz [tapétán] ❷ párkánymező, fríz [épületen]
**frigate** /ˈfrɪgət/ fregatt
**fright** /fraɪt/ ijed(t)ség, ijedelem, rémület *be in a fright* fél, meg van rémülve *give smb a fright* frászt hoz vkire
**frighten** /ˈfraɪtən/ megijeszt, megrémít
**frighten away** VAGY **frigthten off** *frighten smb/smth away/off* elriaszt, elijeszt
**frightened** /ˈfraɪtənd/ ❶ ijedt, rémült *be frightened to death* VAGY *be frightened out of ≥one's≤ wits* halálra van rémülve ❷ ijedős
**frightful** /ˈfraɪtfəl/ szörnyű, borzasztó, rémes
**frightfully** /ˈfraɪtfəlɪ/ ❶ ijesztően ❷ szörnyen, borzasztóan, *be frightfully late* szörnyen el van késve
**frigid** /ˈfrɪdʒɪd/ ❶ orgazmusképtelen, frigid ❷ jeges, rideg [pl. modor] ❸ hideg, jeges
**frigidity** /frɪˈdʒɪdɪtɪ/ ❶ frigiditás ❷ közöny, ridegség ❸ jegesség, hideg időjárás
**frill** /frɪl/ *FNÉV*
❶ fodor [ruhán] ❷ tollgallér [állaté]
**frill** *IGE*
fodroz, fodorral díszít
**frills** /frɪlz/ ❶ póz, affektálás ❷ nélkülözhető dolog, extra *no-frills* extra szolgláltatást nem nyújtó [pl. repülőút]
**fringe** /frɪndʒ/ *FNÉV*
❶ rojt, szegély, perem ❷ frufru
**fringe** *MNÉV*
konvenció nélküli, alternatív, kísérleti [pl. színház]
**fringe** *IGE*
❶ rojttal beszeg, rojtoz ❷ szegélyez (amivel: *with*)
**fringe benefit** járulékos juttatás
**Frisbee** /ˈfrɪzbɪ/ frizbi
**frisk** /frɪsk/ ugrándozik, szökdécsel
**frisky** /ˈfrɪskɪ/ vidám, játékos kedvű
**fritter** /ˈfrɪtə/ *FNÉV*
bundás/sült gyümölcs *apple fritters* bundás alma
**fritter** /ˈfrɪtə/
apróra vág/tör
**fritter away** *fritter smth away* elfecsérel, elpazarol [pl. időt, pénzt]
**frivol** /ˈfrɪvəl/ ❶ frivol módon viselkedik ❷ *frivol away smth* elfecsérel, elpazarol [időt/pénzt frivolságokra]
**frivolity** /frɪˈvɒlɪtɪ/ ❶ könnyelműség, frivolság ❷ haszontalanság
**frivolous** /ˈfrɪvələs/ ❶ könnyelmű, frivol ❷ haszontalan
**frizzle** /ˈfrɪzəl/ ❶ göndörödik [haj] ❷ göndörít, bodorít [hajat] ❸ megég [pl. húz]
**fro** /frəʊ/ *to and fro* ide–oda
**frock** /frɒk/ ❶ (női) ruha ❷ barátcsuha ❸ köpeny
**frock coat** szalonkabát ⓘ *NEM* ~~frakk~~
**frog** /frɒg/ ❶ béka ❷ francia (ember)
**frogman** /ˈfrɒgmən/ *TBSZ* **frogmen** /ˈfrɒgmən/ békaember
**frolic** /ˈfrɒlɪk/ *FNÉV*
bolondozás, móka
**frolic** *IGE*
bolondozik, mókázik
**frolicsome** /ˈfrɒlɪksəm/ játékos kedvű, pajkos
**from** /frɒm/, /ˈfrʌm/ ❶ -ból/-ből, -tól/-től, -ról/-ről [térben] *from Paris to London* Párizsból Londonba ❷ óta, fogva, kezdődőleg [időben] *from time to time* időről időre ❸ -tól/-től, kezdődően [pl. ár] ❹ távol, el, vmilyen távolságra *the station is two miles (away) from our house* az állomás két mérföldnyire van a házunktól ❺ elől, ellen, -tól/-től *protect smb from danger* megvéd vkit a veszélytől ❻ vmivel szemben, -tól/-től [különbség] *be different from smth/smb* különbözik vmitől/vkitől ❼ -ból/-ből [valósi] *where do you come from / where are you from?* hová való vagy? ❽ -ból/-ből [készült] *bread is made from flour* a kenyér lisztből készül ❾ miatt, -tól/-től, -ban/-ben *suffer from pneumonia* tüdőgyulladásban szenved ❿ -ból/-ből (ítélve) *from the way they look,* (MONDAT) kinézetükből ítélve (MONDAT)
**front** /frʌnt/ *FNÉV*
❶ elülső rész, eleje vminek (aminek: *of*) *at the front* elöl, vminek az elején *in front* elöl *in front of* előtt ❷ homlokzat, elülső rész [épületé] ❸ parti sétány [tengerparton] ❹ arcvonal, első vonal, front ❺ kiállás, fellépés *show a united front* egységesen áll ki ❻ arculat, magatartás *put on a brave front* bátor külsőt ölt ❼ (időjárási) front
**front** *MNÉV*
❶ el(ül)ső, mellső [pl. láb, fog] ❷ fedő, takaró [pl. szervezet] ❸ elöl képzett [hang]
**front** *IGE*
❶ vmerre néz [pl. épület] (amire: *onto*) ❷ homlokzatot képez/alkot
**frontal** /ˈfrʌntəl/ ❶ elülső, homlok- ❷ homlok-

zati, homloknézeti ❸ közvetlen, frontális ❹ front-, frontjellegű [időjárási]
**front door** bejárati ajtó, főbejárat
**front garden** előkert
**frontier** /ˈfrʌntɪə/ VAGY /frʌnˈtɪə/ ❶ (ország)határ ❷ határterület
**front line** ❶ frontvonal, arcvonal ❷ élvonal
**front page** címoldal
**front room** nappali (szoba) [kisebb házban]
**front runner** FNÉV befutó, esélyes [pl. választáson, állás betöltésekor]
**front-wheel drive** FNÉV/MNÉV fronthajtás(ú), elsőkerék-meghajtás(ú)
**frost** /frɒst/ FNÉV
❶ zúzmara, dér ❷ fagy, hideg *there is ten degrees of frost* mínusz tíz fok van ❸ hűvös fogadtatás, hűvösség ❹ bukás, kudarc
**frost** IGE
❶ megfagy, befagy ❷ lefagyaszt, megfagyaszt
**frost over** befagy megfagy [r.szerint nagyobb felület]
**frost up** befagy, megfagy
**frostbite** fagyás(i sérülés)
**frosted glass** tejüveg, mattüveg
**frostiness** /ˈfrɒstɪnəs/ fagyosság, fagyos modor
**frost line** fagyhatár
**frostproof** MNÉV fagyálló
**frostwork** ❶ jégvirág [ablakon] ❷ jégvirágszerű díszítés
**frosty** /ˈfrɒstɪ/ ❶ fagyos, jeges ❷ zúzmarás, jégvirágos ❸ kimért, fagyos [pl. hangulat]
**froth** /frɒθ/ FNÉV
hab, tajték [r.szerint folyadékon]
**froth** IGE
habzik, tajtékzik [r.szerint folyadék]
**frothy** /ˈfrɒθɪ/ habos, habzó
**frown** /fraʊn/ FNÉV
❶ szemöldökráncolás ❷ rosszalló arckifejezés
**frown** IGE
❶ szemöldököt ráncol ❷ rosszall, helytelenít (amit: *on*)
**frozen** /ˈfrəʊzən/ ❶ ☞ freeze ❷ fagyasztott, mélyhűtött, mirelit ❸ befagyott [pl. pénz]
**fructify** /ˈfrʌktɪfaɪ/ ❶ megtermékenyít ❷ gyümölcsöt terem ❸ termőre fordul ❹ termőre fordít
**fructose** /ˈfrʌktəʊs/ fruktóz, gyümölcscukor
**fructuous** /ˈfrʌktʃʊəs/ termékeny, produktív
**frugal** /ˈfru:gəl/ ❶ takarékos, beosztó ❷ mértékletes, egyszerű [pl. étkezés]
**frugality** /fru:ˈgælɪtɪ/ ❶ takarékosság ❷ mértékletesség, egyszerűség [pl. étkezésé]
**fruit** /fru:t/ FNÉV
❶ ⚠ NEM MEGSZÁML gyümölcs ❷ gyümölcsféle ❸ eredmény, következmény *bear fruit* meghozza a gyümölcsét, eredménye van
**fruit** IGE
gyümölcsöt hoz/terem
**fruitcake** gyümölcskenyér
**fruit extractor** ❶ gyümölcscentrifuga ❷ gyümölcsprés
**fruiterer** /ˈfru:tərə/ gyümölcskereskedő
**fruitfly** gyümölcslégy
**fruitful** /ˈfru:tfəl/ ❶ gyümölcsöző, eredményes ❷ termékeny [pl. föld, állat]
**fruition** /fru:ˈɪʃən/ teljesülés, megvalósulás [pl. tervé, vágyé] *come / be brought to fruition* valóra válik, megvalósul
**fruitless** /ˈfru:tləs/ ❶ eredménytelen, hiábavaló ❷ terméketlen, meddő
**fruit machine** félkarú rabló, nyerőgép
**fruity** /ˈfru:tɪ/ ❶ gyümölcsízű, zamatos ❷ zengő hangú ❸ szaftos, erotikus [pl. történet]
**frustrate** /ˈfrʌstreɪt/ ❶ meghiúsít vmit ❷ csalódást okoz vkinek, frusztrál
**frustration** /frʌˈstreɪʃən/ ❶ meghiúsulás ❷ csalódás, csalódottság, frusztráció
**FRY** = Federal Republic of Yugoslavia
**fry** /fraɪ/ FNÉV
❶ sült [pl. hús] ❷ (sült) belsőség ❸ barbecue parti ❹ halivadék, apróhal
**fry** IGE
❶ sül [olajban/zsírban] ❷ süt [olajban/zsírban] ❸ megég, lesül [pl. napon] ❹ megsül, nagyon melege van
**fryer** /ˈfraɪə/ ❶ sütőedény, serpenyő ❷ US sütni való csirke
**frying pan** tepsi, serpenyő *out of the frying pan into the fire* csöbörből vödörbe
**f-stop** blendenyílás [fényképezőgépé]
**FT** = Financial Times
**ft., ft** = foot; feet
**ftp** VAGY **FTP** = **file transfer protocol** FNÉV/IGE
❶ ftp fájl-küldő protokol/szoftver ❷ ftp-z [ftp-vel fájlokat küld/kap]
**fuchsia** /ˈfju:ʃə/ FNÉV/MNÉV ❶ fukszia ❷ bordó szín(ű)
**fuck** /fʌk/ FNÉV
❶ baszás ❷ a szexuális partner *be a good fuck* jó az ágyban ❸ a franc(ot)/ lófasz(t) *who the fuck cares?* ki a lófaszt érdekel?
**fuck** IND.SZÓ
bassza meg!
**fuck** IGE
baszik, megbasz *fuck you!* baszd meg!
**fuck about** VAGY **fuck around** ❶ vacakol, tököl ❷ *fuck smb about/around* basztat, csesztet
**fuck off** ❶ eltűnik, elkotródik ❷ abbahagyja a basztatást
**fuck up** *fuck smth up* elbasz, elcsesz
**fucking** /ˈfʌkɪŋ/ kibaszott, kurva [nyomatékosításra]
**fuddle** /ˈfʌdəl/ FNÉV
zavar *get in a fuddle* megzavarodik
**fuddle** IGE
megrészegít [ital]
**fudge** /fʌdʒ/ FNÉV
❶ krém [édesség] ❷ elkenés [problémáé] ❸

lapzárta utáni hír (helye) [újságban]

**fudge** *IGE*

❶ kohol, kitalál ❷ elken, elmasztol, ködösít, mellébeszél

**fuel** /ˈfjuːəl/ *FNÉV*

üzemanyag, fűtőanyag *add fuel to the fire* olajat önt a tűzre

**fuel** *IGE*

❶ fűtőanyaggal/üzemanyaggal ellát ❷ tüzel, szít [érzést]

**fuel-efficient** alacsony fogyasztású

**fuel injection** üzemanyag-befecskendezés

**fue!ling station** üzemanyagtöltő állomás, benzinkút

**fuel pump** üzemanyagkút, benzinkút

**fugal** /ˈfjuːgəl/ fúga alakú, fúgaszerű, fúga-

**fugitive** /ˈfjuːdʒɪtɪv/ *FNÉV/MNÉV* ❶ menekülő, menekült ❷ szökevény ❸ számkivetett ❹ múló, múlékony

**fugue** /fjuːg/ fúga ⓘ *NEM* ~~fuga~~

**führer** VAGY **fuehrer** /ˈfjʊərə/ führer

**fulcrum** /ˈfʌlkrəm/ VAGY /ˈfʊlkrəm/ *TBSZ* **fulcrums** VAGY **fulcra** /ˈfʌlkrə/ VAGY /ˈfʊlkrə/ alátámasztási pont, forgáspont, támaszték

**fulfil** VAGY **fulfill** /fʊlˈfɪl/ ❶ teljesít, végrehajt ❷ elvégez [pl. feladatot] ❸ eleget tesz [pl. kérésnek] ❹ kielégít [pl. igényt]

**fulfilment** VAGY **fulfillment** /fʊlˈfɪlmənt/ ❶ beteljesülés, megvalósulás *get a sense of fulfilment* a beteljesülés érzése tölti el ❷ teljesítés, beváltás

**full** /fʊl/ *FNÉV*

teljesség *in full* teljesen, teljes mértékben *to the full* teljesen, a legnagyobb mértékben

**full** *MNÉV*

❶ tele (amivel: *of*) *be full to the brim* csordulásig tele van *don't talk with your mouth full* tele szájjal ne beszélj ❷ tömve, tele *be full* tele van *on a full stomach* teli gyomorral/hassal ❸ teljes, hiánytalan [pl. igazság, név] *in full view of the cameras* a kamerák előtt ❹ legteljesebb, legnagyobb mértékű *at full speed* teljes sebességgel

**full** *HAT.SZÓ*

❶ pontosan, éppen *full on the head* pont a feje közepén/közepébe *kiss smb full on the lips* száján csókol vkit ❷ nagyon *know smth full well* nagyon (is) jól tud vmit

**fullback** hátvéd [pl. futballban]

**full-blooded** ❶ telivér, fajtiszta ❷ erőteljes, életerős

**full-blown** ❶ (teljesen) kifejlett/kinyílt [pl. virág] ❷ teljesmértékű, széleskörű

**full board** teljes panzió

**full-bodied** testes [bor]

**full-court press** egészpályás védekezés/letámadás

**full-figured** arányos testű / telt [nő]

**full house** ❶ telt ház [pl. színházban] ❷ full [pókerben]

**full-length** ❶ teljes nagyságú, teljes alakos [pl. kép] ❷ földig érő [pl. ruha] ❸ normál/teljes hosszúságú [pl. film]

**full member** teljes jogú / rendes tag

**full moon** telihold

**full-scale** ❶ eredeti/teljes méretű/nagyságú ❷ teljes, mindenre kiterjedő

**full-size** ❶ teljes nagyságú/méretű ❷ teljesen kifejlett

**full stop** ❶ pont [írásjel] ❷ és kész! *(MONDAT)*, *full stop* (MONDAT) és kész! *I'm not going, full stop* nem megyek és kész

**full time** rendes játékidő vége [pl. futballban]

**full-time** teljes munkaidejű/állású [dolgozó] *full-time student* nappali tagozatos (hallgató)

**fulltimer** *FNÉV* főállású (dolgozó)

**fully** /ˈfʊlɪ/ ❶ teljesen, teljes mértékben ❷ részletesen ❸ egész, teljes *it took fully an hour* egy teljes órán át tartott

**fully-fledged** VAGY **full-fledged** ❶ teljes(en kifejlett) tollazatú [madár] ❷ kész, teljesen kiképzett [pl. orvos]

**fully-grown** VAGY **full-grown** teljesen kifejlett [pl. növény, állat]

**fulminate** /ˈfʊlmɪneɪt/ ❶ kifakad, kikel (ami/aki ellen: *against*) ❷ durran, robban

**fumble** /ˈfʌmbəl/ kotorászik, turkál (amit keresve: *for*) *fumble for the right word* keresi a megfelelő szót

**fume** /fjuːm/ ❶ füstöl, füstöt/gőzt/gázt bocsát ki ❷ füstöl, gőzöl, párologtat ❸ bosszankodik, füstölög, dúl-fúl

**fun** /fʌn/ *FNÉV*

tréfa, móka, szórakozás *have fun* szórakozik, mulat *have fun!* érezd jól magad! *for fun* szórakozásból *for the fun of it* szórakozásból *make fun of smb / poke fun at smb* kigúnyol vkit, tréfát űz vkiből

**fun** /fʌn/ *MNÉV*

szórakoztató, vicces, mókás

**function** /ˈfʌŋkʃən/ *FNÉV*

❶ rendeltetés, szerep, funkció ❷ működés, funkció [pl. testi] ❸ társadalmi esemény, rendezvény [társasági], fogadás ❹ függvény [matematikai] *be the function of smth* vminek a függvénye

**function** *IGE*

működik, ténykedik, dolgozik [ember, gép]

**function as** vmiként funkcionál/szolgál *this armchair also functions as a bed* ez a fotel ágyként is szolgál

**functional** /ˈfʌŋkʃənəl/ ❶ (szigorúan) funkcionális, sallangmentes ❷ (normálisan) működő ❸ igazi, működő [nem dísz]

**function key** funkcióbillentyű

**function room** különterem [pl. szállodában]

**fund** /fʌnd/ *FNÉV*

❶ anyagi alap, fedezet, forrás ❷ alap, alapkezelő *pension fund* nyugdíjalap

**fund** *IGE*
finanszíroz, pénzel
**fundamental** /ˌfʌndəˈmentəl/ ❶ vminek az alapját képező ❷ sarkalatos, fontos, alapvető, lényegi
**fundamentalism** /ˌfʌndəˈmentəlɪzəm/ fundamentalizmus
**fundamentally** /ˌfʌndəˈmentəlɪ/ ❶ alapvetően, alapjaiban ❷ alapjában (véve)
**fundamentals** /ˌfʌndəˈmentəlz/ alapelemek, vminek az alapjai
**fundraiser** /ˈfʌndreɪzə/ vmilyen (jótékony/politikai) célra pénzt gyűjtő akció/esemény
**funds** /fʌndz/ *TBSZ* ❶ pénzeszköz, anyagiak *be short of funds* kevés pénze van ❷ pénzügyi alap, pénzeszköz [pl. kormányé]
**funeral** /ˈfju:nərəl/ temetés
**funeral director** temetkezési vállalkozó
**funeral parlour** VAGY **funeral home** *US* ❶ temetkezési iroda ❷ ravatalozó
**fun fair** /ˈfʌnfeə/ ❶ vidámpark ❷ vurstli
**fungicide** /ˈfʌndʒɪsaɪd/ VAGY /ˈfʌngɪsaɪd/ gombaölőszer
**fungus** /ˈfʌngəs/ *TBSZ* **funguses** VAGY **fungi** /ˈfʌndʒaɪ/ VAGY /ˈfʌndʒɪ/ VAGY /ˈfʌngaɪ/ ❶ gomba(féle) ❷ gombásodás, gomba
**funicular** /fju:ˈnɪkjʊlə/ VAGY **funicular railway** drótkötélpálya, sikló
**funk** /fʌŋk/ *FNÉV*
❶ bűz ❷ funky zene ❸ gyávaság *in a (blue) funk* félve, begyulladva
**funk** *IGE*
fél, be van gyulladva *funk doing smth* fél/tart vmitől / vminek a megtételétől
**funky** /ˈfʌŋkɪ/ *FNÉV*
funky(zene)
**funky** *MNÉV*
menő, divatos, dögös
**funnel** /ˈfʌnəl/ *FNÉV*
❶ tölcsér ❷ kémény [mozdonyé, hajóé] ❸ kürtő
**funnel** *IGE*
❶ tölcsérrel tölt ❷ kiözönlik [tömeg]
**funnies** /ˈfʌnɪz/ komikus rajzsorozat
**funnily** /ˈfʌnɪlɪ/ ❶ tréfásan, viccesen ❷ különösen, furcsán *funnily enough* furcsa módon
**funny** ❶ mulatságos, tréfás, vicces *funny ha ha* vicces (nem pedig különös) ❷ különös, furcsa *funny peculiar* különös (nem pedig vicces) ❸ nem egyenes, nem becsületes, csalárd ❹ beteg [kicsit] *feel funny* nem érzi jól magát
**fur** /fɜ:/ *FNÉV*
❶ szőr(zet), bunda [állaté] ❷ szőrme, prém [ruházat állati szőrből] ❸ üledék, vízkő
**fur** *IGE*
❶ vízkővel bevonódik, üledékesedik ❷ lepedékessé válik [nyelv] ❸ vízkővel/üledékkel bevon/belep ❹ prémmel bélel/díszít
**furious** /ˈfjʊərɪəs/ ❶ dühös, mérges (akire/amire: *with/at*) ❷ tomboló, vad [pl. időjárás]
**furl** /fɜ:l/ *FNÉV*
hajtás, vég [pl. összetekert anyagon]
**furl** *IGE*
összecsuk, összeteker, felgöngyöl [pl. zászlót, vitorlát, esernyőt]
**furlong** /ˈfɜ:lɒŋ/ távolságmérték [220 yard]
**furlough** /ˈfɜ:ləʊ/ eltávozási engedély, szabadság [pl. katonai] *be on furlough* szabadságon van
**furnace** /ˈfɜ:nəs/ ❶ kemence ❷ kazán ❸ atomreaktor
**furnish** /ˈfɜ:nɪʃ/ ❶ berendez, bebútoroz ❷ ellát, megad *furnish smb with smth* ellát, vkinek a rendelkezésére bocsát vmit
**furnishings** /ˈfɜ:nɪʃɪŋz/ bútorzat, berendezés
**furniture** /ˈfɜ:nɪtʃə/ ↯ *NEM MEGSZÁML.* bútor(zat) *a piece of furniture* egy bútor(darab)
**furore** /fjʊˈrɔ:rɪ/ izgalom, felzúdulás
**furrier** /ˈfʌrɪə/ ❶ szőrmekészítő, szűcs ❷ szőrmekereskedő, szűcs
**furriery** /ˈfʌrɪərɪ/ ❶ prémáru, szőrmeáru ❷ szűcsmesterség
**furrow** /ˈfʌrəʊ/ ❶ barázda ❷ vájat, horony ❸ ránc, redő
**furry** /ˈfɜ:rɪ/ ❶ bolyhos, szőrös ❷ vízköves ❸ lepedékes
**further** /ˈfɜ:ðə/ *MNÉV*
újabb, további *until further notice* további intézkedésig *without further ado* minden további teketória nélkül
**further** *HAT.SZÓ*
❶ tovább, messzebb, távolabb *go further* továbblép, továbbmegy, tovább vizsgál ❷ különben, továbbá, sőt
**further** *IGE*
elősegít, előmozdít
**furtherance** /ˈfɜ:ðərəns/ támogatás, előmozdítás *in furtherance of smth* vmi előmozdítása érdekében
**furthermore** /ˌfɜ:ðəˈmɔ:/ ráadásul, sőt
**furthermost** /ˈfɜ:ðəməʊst/ legtávolabbi, legmesszebb fekvő/lévő
**furthest** /ˈfɜ:ðəst/ *MNÉV/HAT.SZÓ* legtávolabb(i), legmesszebb (eső)
**furtive** /ˈfɜ:tɪv/ titkos, lopott, lopva ejtett [pillantás]
**fury** /ˈfjʊərɪ/ ❶ düh, dühöngés *fly into a fury* dühbe gurul ❷ hév, szenvedély
**furuncle** /fjʊəˈrʌnkəl/ furunkulus
**fuse** /fju:z/ *FNÉV*
❶ biztosíték [elektromos] *blow the fuse* kivágja a biztosítékot ❷ gyújtózsinór, kanóc ❸ gyutacs
**fuse** *IGE*
❶ kiég, kiolvad [biztosíték] ❷ kivág [biztosítékot] ❸ gyutaccsal felszerel ❹ megolvad, összeolvad [fém] ❺ megolvaszt, összeolvaszt [fémet] ❻ egyesül, fuzionál
**fuse box** biztosítószekrény, biztosítékdoboz
**fuselage** /ˈfju:zəlɑ:ʒ/ (repülőgép)törzs

F

**fusion** /ˈfjuːʒən/ ❶ összeolvadás [pl. fémeké] ❷ (mag)fúzió *nuclear fusion* magfúzió ❸ szövetkezés, koalíció ❹ egyesülés, fúzió, fuzionálás [pl. cégeké]

**fuss** /fʌs/ *FNÉV*

❶ zaj, zsivaj ❷ hűhó, fakszni *kick up a fuss* nagy hűhót csap (ami miatt: *about*) ❸ felzúdulás *make a fuss of smb/smth* nagy hűhót csap vki/vmi körül

**fuss** *IGE*

❶ izgul [szükségtelenül] ❷ idegesít, zavar ❸ *not be fussed* nem érdekli (ami: *about*)

**fussy** /ˈfʌsɪ/ ❶ kicsinyeskedő, akadékoskodó (ami miatt: *about*) ❷ válogatós [pl. étel miatt]

**futile** /ˈfjuːtaɪl/ *GB*, /ˈfjuːtəl/ *US* ❶ hiábavaló [cselekvés] ❷ jelentéktelen

**futility** /fjuːˈtɪlɪtɪ/ ❶ hiábavalóság ❷ értelmetlenség, jelentéktelenség

**future** /ˈfjuːtʃə/ *FNÉV*

❶ jövő, jövendő *in (the) future* a jövőben, ez után ❷ sors, jövő ❸ jövő(idő) [nyelvtani]

**future** *MNÉV*

❶ jövő(beli) *my future wife* leendő feleségem, jövendőbelim ❷ jövő [nyelvtani]

**future tense** jövő(idő)

**futurism** /ˈfjuːtʃərɪzəm/ futurizmus

**futuristic** futurisztikus

**futurity** /fjuːˈtʃʊərɪtɪ/ ❶ jövőbeliség, jövő ❷ jövőidejűség

**futurologist** /ˌfjuːtʃəˈrɒlədʒɪst/ futurológus

**futurology** /ˌfjuːtʃəˈrɒlədʒɪ/ jövőkutatás, futurológia

**fuzz** /fʌz/ ❶ bolyh, pihe ❷ *the fuzz* rendőrség, jard

**fuzzy** /ˈfʌzɪ/ ❶ borzas [pl. haj] ❷ homályos, életlen [pl. kép] ❸ bolyhos [pl. ruha]

**fwy** = freeway

**FX** = foreign exchange

**fylfot** /ˈfɪlfɒt/ horogkereszt

**FYROM** = Former Yugoslav Republic of Macedonia

# G, g /dʒiː/

**g.** = general(ly); genitive; gram(s); guinea
**G** = gravity; gay; German
**G** ❶ korhatár nélküli [film] ❷ zenei G ❸ zenei „szó"
**Ga.** = Georgia
**GA** = General American; general of the army; Georgia; General Assembly
**gabble** /ˈgæbəl/ *FNÉV*
fecsegés, locsogás, zsibongás
**gabble** *IGE*
❶ fecseg, locsog ❷ makog, motyog
**gable roof** nyeregtető
**gadfly** /ˈgædflaɪ/ bögöly
**gadget** /ˈgædʒɪt/ bigyó, szerkentyű
**gaffer** /ˈgæfə/ ❶ fővilágosító ❷ főnök, góré
**gaffer tape** szigetelőszalag
**gag** /gæg/ *FNÉV*
❶ szájpecek ❷ vicces mondás, geg
**gag** *IGE*
❶ betöm, felpeckel ❷ elnémít, elhallgattat ❸ fulladozik vmin ❹ gegeket rögtönöz
**gaga** /ˈgɑːgɑː/ ❶ szenilis, bolond ❷ *be gaga over/about smb* bele van zúgva vkibe
**gage** /geɪdʒ/ *FNÉV US*
❶ mérőeszköz, mérce ❷ méret, űrtartalom, mérték ❸ nyomtáv *narrow gage* keskeny nyomtávú ❹ kaliber ❺ sablon, idomszer ❻ ringló (szilva) ⓘ *NEM* ~~gázsi~~
**gage** *IGE US*
❶ (meg)mér ❷ kalibrál
**gag man** /ˈgægmən/ *TBSZ* **gag men** /ˈgægmen/ humorista, komikus
**gain** /geɪn/ *FNÉV*
❶ nyereség, haszon ❷ gyarapodás, növekedés
**gain** *IGE*
❶ nyer, elnyer, megnyer, szerez, keres, gyűjt, kap *gain a fortune on the deal* egy vagyont nyer az üzleten *gain ⸗oneself⸗ a reputation* hírnévre tesz szert *gain speed* sebességet nyer, felgyorsul *gain ground* tért nyer, erősödik, terjed ❷ siet [óra] ❸ hízik *gain two pounds* két fontot hízik ❹ gyarapszik, gyarapodik
**gain on** *gain on smb/smth* ❶ utolér, megközelít ❷ tért hódít vmivel szemben

**gains** /geɪnz/ ❶ nyereség, haszon, profit ❷ zsákmány
**gains tax** nyereségadó
**gal.** = gallon(s)
**gala** /ˈgɑːlə/ VAGY /ˈgeɪlə/ VAGY /ˈgælə/ gála, díszünnepély
**gala dinner** díszvacsora
**gala dress** ünnepi dísz(ruha)
**gala night** gálaelőadás
**galaxy** /ˈgæləksɪ/ ❶ galaxis, csillagrendszer ❷ hírességek/sztárok gyülekezete
**gale** /geɪl/ ❶ fenyérmirtusz ❷ viharos szél ❸ *gales of laughter* hangos nevetés
**gall.** = gallon(s)
**gall** /gɔːl/ *FNÉV*
❶ merészség, pimaszság ❷ epe ❸ gubacs
**gall** *IGE*
❶ bosszant, bánt, dühít ❷ felhorzsol, feltör
**gall bladder** epehólyag
**gallery** /ˈgælərɪ/ ❶ galéria, képtár ❷ karzat, erkély
**galley** /ˈgælɪ/ ❶ gálya ❷ konyhafülke [repülőn] ❸ hajókonyha
**galley slave** ❶ gályarab ❷ rabszolga, kuli(zó ember)
**gallon** /ˈgælən/ gallon [Angliában 4,5 liter, Amerikában: 3,8 liter]
**gallop** /ˈgæləp/ *FNÉV*
❶ vágta, galopp *at a gallop* vágtában ❷ galoppozás ❸ kapkodás, sietség
**gallop** *IGE*
❶ vágtat, vágtázik ❷ *gallop through smth* gyorsan megcsinál/összecsap vmit
**galloping inflation** vágtató infláció
**gallows** /ˈgæləuz/ akasztófa, bitófa
**gallows bird** akasztófáravaló ember, akasztófavirág
**gall wasp** /ˈgɔːlwɒsp/ gubacsdarázs
**galore** /gəˈlɔː/ bőven, bőségben *shoppers galore* rengeteg bevásárló
**galoshes** /gəˈlɒʃɪz/ hócipő, sárcipő, kalucsni
**galvanic** /gælˈvænɪk/ ❶ galvanikus, galván- ❷ élénkítő/felvillanyozó hatású
**galvanize** /ˈgælvənaɪz/ felvillanyoz
**gambit** /ˈgæmbɪt/ ❶ lépés, „húzás" *opening*

*gambit* nyitólépés, kezdet ❷ panel, elem [társalgásban]

**gamble** /ˈgæmbəl/ FNÉV
lutri, hazardírozás

**gamble** IGE
❶ hazárdjátékot/szerencsejátékot játszik, (pénzben) játszik *gamble at poker* pókerezik ❷ vmire számít/alapoz ❸ kockáztat, kockára tesz *gamble with smb's life* vki életét kockáztatja

**gambler** /ˈgæmblə/ kártyás, szerencsejátékos

**gambol** ugrándozik, ugrabugrál, szökdécsel

**gambrel** /ˈgæmbrəl/ manzárdtető

**game** /geɪm/ FNÉV
❶ játék *board game* társasjáték ❷ játszma *a game of cards* kártyaparti *play a good game* jó játékos ❸ gém [teniszben] ❹ fair/korrekt játék *play the game* korrektül játszik ❺ (titkos) vállalkozás, terv ❻ tevékenység, munka ❼ vad *big game* nagyvad ❽ vadpecsenye

**game** MNÉV
bátor, keménykötésű

**game** IGE
hazárdjátékot/szerencsejátékot játszik

**game bag** vadásztáska

**game bird** szárnyas vad

**gamekeeper** vadőr

**game laws** vadászati törvények

**game licence** vadászati engedély

**game park** vadaspark

**game point** gémlabda, játéklabda

**game reserve** vadrezervátum

**games** ❶ csapatjátékok, labdajátékok [iskolai foglalkozás] ❷ sportverseny, játékok

**game show** TV-vetélkedő, televíziós vetélkedő

**games master** testnevelőtanár

**gaming** /ˈgeɪmɪŋ/ szerencsejáték

**gaming licence** vadászigazolvány

**gaming room** rulett-terem, játékterem

**gaming table** játékasztal [kaszinóban]

**gamut** /ˈgæmət/ skála, spektrum

**gander** /ˈgændə/ gúnár

**gang** /gæŋ/ FNÉV
❶ banda ❷ csoport, brigád ❸ *the gang* a srácok/fiúk/banda

**gang** IGE
**gang up** összeáll, szövetkezik (aki ellen: *on/against*)

**gangster** /ˈgæŋstə/ gengszter

**gangway** ❶ közlekedőfolyosó, folyosó, járófolyosó ❷ kikötőhíd, stég

**gaol** /dʒeɪl/ FNÉV
börtön, fegyház

**gaol** IGE
bebörtönöz, börtönbe zár/küld

**gaolbird** /ˈdʒeɪlbɜːd/ börtöntöltelék

**gaoler** /ˈdʒeɪlə/ börtönőr

**gap** /gæp/ ❶ rés, hasadék, nyílás *generation gap* generációs szakadék ❷ hézag, kiesés [emlékezetben] ❸ hiány, foghíj, szakadék, űr *fill/stop a gap* hiányt pótol

**gape** /geɪp/ ❶ szájtátva/csodálkozva bámul (amit: *at*) ❷ bámészkodik ❸ tátong

**gaping** /ˈgeɪpɪŋ/ tátongó *a gaping wound* tátongó seb

**gap-toothed** hiányos fogazatú, foghíjas

**garage** /ˈgærɑːʒ/ VAGY /ˈgærɪdʒ/ VAGY /gəˈrɑːʒ/ ❶ garázs ❷ autószervíz, járműjavító, benzinkút

**garage sale** (használtcikk)árusítás (magán)garázsban

**garbage** /ˈgɑːbɪdʒ/ ❶ (házi/irodai) hulladék/szemét ❷ hülyeség, szamárság

**garbage bag** szemeteszsák, szemeteszacskó

**garbage can** US hulladékgyűjtő, szemetes, kuka, szemétvödör

**garbage collector** kukás, szemetes(ember)

**garbage container** szemétgyűjtő konténer

**garbage incinerator** szemétégető

**garbage man** kukás, szemetes(ember)

**garbage truck** szemeteskocsi, kukásautó

**garble** /ˈgɑːbəl/ összezavar, összekever, elferdít, megcsonkít [szöveget/történetet]

**garden** /ˈgɑːdən/ FNÉV
❶ kert *front garden* előkert ❷ virágoskert

**garden** IGE
kertészkedik

**garden centre** gazdabolt

**gardener** /ˈgɑːdənə/ kertész

**garden gate** kertkapu

**garden gnome** kertitörpe

**gardening** /ˈgɑːdənɪŋ/ kertészkedés, kertészet *do the gardening* kertészkedik

**gardening tool** kerti szerszám

**garden of remembrance** szóróparcella

**garden parasol** VAGY **garden sunshade** kerti ernyő

**garden party** gardenparti, kerti fogadás/ünnepély

**garden path** *lead smb up the garden path* hintába ültet, bevisz az erdőbe

**garden restaurant** kertvendéglő

**garden rose** tearózsa

**garden suburb** kertváros

**garden sunshade** VAGY **garden parasol** kerti ernyő

**garden variety** mezei, közönséges

**gargle** /ˈgɑːgəl/ FNÉV
❶ gargalizálás ❷ toroköblítő víz

**gargle** IGE
gargalizál, torkot öblít

**gargoyle** /ˈgɑːgɔɪl/ vízköpő

**garish** /ˈgeərɪʃ/ feltűnő, csicsás, rikító

**garland** /ˈgɑːlənd/ FNÉV
❶ virágfüzér, girland ❷ versfüzér

**garland** IGE
virágfüzérrel díszít

**garlic** /ˈgɑːlɪk/ ↯ NEM MEGSZÁML. fokhagyma *a head of garlic* egy fokhagyma

**garlic bread** fokhagymás kenyér/pirítós

**garlic press** fokhagymaprés

**garlicky** /ˈgɑːlɪkɪ/ fokhagymás
**garment** /ˈgɑːmənt/ ruha, öltözet
**garnish** /ˈgɑːnɪʃ/ FNÉV
❶ ételdíszítés, körítés ❷ fizetés-letiltás
**garnish** IGE
❶ díszít, körít [ételt] ❷ letilt [fizetést]
**garnishee** /ˌgɑːnɪˈʃiː/ FNÉV US
fizetés-letiltás *put a garnishee on smb's pay* letiltatja vki fizetését
**garnishee** IGE US
letilt [fizetést]
**garret** /ˈgærət/ padlásszoba, manzárd
**garrison** /ˈgærɪsən/ helyőrség
**garter** /ˈgɑːtə/ ❶ harisnyakötő, harisnyatartó ❷ zoknitartó ❸ US nadrágtartó
**gas** /gæs/ FNÉV
❶ gáz *natural gas* földgáz ❷ US benzin
**gas** IGE
elgázosít, gázzal megmérgez
**gas balloon** gázballon
**gas board** gázszolgáltató
**gas bottle** gázpalack
**gas burner** gázégő, [konyhai] gáztűzhely
**gas chamber** gázkamra
**gas cooker** gáztűzhely, gázrezsó
**gas cylinder** gáztartály
**gas engine** gázmotor
**gaseous** /ˈgæsɪəs/ VAGY /ˈgæʃəs/ VAGY /ˈgæʃɪəs/ gáznemű, gázszerű
**gas escape** gázszivárgás
**gas fire** ❶ gáztűzhely ❷ gázkályha, gázkandalló
**gas-fired** gáztüzelésű, gáztüzeléses
**gas fitter** gáz(vezeték)szerelő
**gas fittings** gázcsövek, gázvezeték [lakásban]
**gas guzzler** /ˈgæsgʌzlə/ benzinfaló jármű
**gash** /gæʃ/ FNÉV
mély vágás, seb
**gash** IGE
(mélyen) megvág/bevág, összeszabdal
**gas-heated** gázfűtéses, gázfűtésű
**gas helmet** gázálarc
**gas holder** ❶ (gázgyári) gáztartály ❷ gázmérőműszer
**gas light** ❶ gázláng ❷ gázlámpa
**gas lighter** gázöngyújtó
**gas main** gáz(fő)vezeték
**gas man** TBSZ **gas men** ❶ gázszerelő ❷ gázleolvasó
**gas mask** gázálarc
**gas meter** gázóra
**gasohol** /ˈgæsəhɒl/ gazohol
**gas oil** gázolaj
**gasoline** VAGY **gasolene** /ˈgæsəliːn/ US benzin
**gas oven** ❶ gáztűzhely, gázsütő ❷ gázkamra
**gasp** /gɑːsp/ ❶ eláll a lélegzete, tátva marad a szája (amitől: *at*) ❷ *gasp for breath* levegő után kapkod ❸ *gasp smth out* zihálva/lihegve elmond vmit
**gas pedal** US gázpedál
**gasping** /ˈgɑːspɪŋ/ halálosan szomjas
**gas pipe** gázcső
**gas range** gáztűzhely
**gas ring** gázrózsa [gáztűzhelyen]
**gas station** US benzinkút
**gas stove** ❶ gázkályha ❷ gáztűzhely
**gassy** /ˈgæsɪ/ szénsavas
**gas tank** US benzintartály
**gas tight** gázbiztos, gázt át nem eresztő
**gastric** /ˈgæstrɪk/ gyomor-
**gastronomy** /gæˈstrɒnəmɪ/ konyhaművészet, gasztronómia
**gas turbine** gázturbina
**gas works** gázgyár, gázművek
**gate** /geɪt/ ❶ kapu ❷ kijárat, kapu [repülőtéren] ❸ látogatók/nézők száma [meccsen] ❹ bevétel [meccsen] ❺ síkapu
**gâteau** /ˈgætəʊ/ VAGY /gɑːˈtəʊ/ TBSZ **gâteaux** /ˈgætəʊz/ VAGY /gɑːˈtəʊz/ (tejszínes) torta
**gatehouse** kapusbódé, őrházikó
**gatekeeper** kapus, kapunyitó
**gate pole** műlesikló kapu
**gatepost** kapufélfa *between you and me and the gatepost* magunk között szólva
**gateway** ❶ kapualj, kapubejárat, kapunyílás ❷ út vmihez, vminek a kulcsa
**gather** /ˈgæðə/ ❶ (össze)szed, (össze/be)gyűjt *gather information* értesüléseket szerez ❷ begyűjt, betakarít, leszed [virágot] ❸ következtet, kivesz *I gather from the papers that* {MONDAT} úgy értesültem az újságból, hogy {MONDAT} ❹ gyülekezik, csoportosul, vki köré gyűlik KIFEJEZÉSEKBEN: *gather speed* (fel)gyorsul *gather dust* porosodik
**gathering** /ˈgæðərɪŋ/ ❶ összejövetel ❷ gennyedés
**gaucho** /ˈgaʊtʃəʊ/ [dél-amerikai] marhapásztor
**gaudy** csicsás, rikító, hivalkodó
**gauge** /geɪdʒ/ FNÉV
❶ mérőeszköz, mérce ❷ méret, űrtartalom, mérték ❸ nyomtáv *narrow gauge* keskeny nyomtávú ❹ kaliber ❺ sablon, idomszer ❻ ringló (szilva)
**gauge** IGE
❶ (meg)mér ❷ kalibrál ❸ felmér, felbecsül
**gauntlet** /ˈgɔːntlət/ ❶ védőkesztyű ❷ páncélkesztyű, vaskesztyű ❸ *throw down the gauntlet to smb* kesztyűt dob vki elé [kihívásként] ❹ vesszőfutás *run the gauntlet* vesszőt fut
**gauze** /gɔːz/ ❶ géz ❷ US kötés
**gauzy** /ˈgɔːzɪ/ fátyolszerű, átlátszó
**gave** ☞ give
**gavel** /ˈgævəl/ kis [árverező/bírói] kalapács
**gay** /geɪ/ FNÉV
meleg/homoszexuális férfi
**gay** MNÉV
❶ meleg, homoszexuális [férfi] ❷ élénk [színű], tarka ❸ vidám, jókedvű

**gaze** /geɪz/ *FNÉV*
nézés, bámulás *meet smb's gaze* állja/viszonozza vki pillantását ⓘ *NEM* ~~géz~~

**gaze** *IGE*
❶ bámészkodik, nézelődik ❷ hosszan/mereven néz, bámul (amire: *at*)

**gazebo** /gəˈziːbəʊ/ kilátóerkély

**gazelle** /gəˈzel/ gazella

**gazette** /gəˈzet/ hivatalos lap, közlöny

**gazetteer** /ˌgæzəˈtɪə/ helységnévtár [lexikonban]

**GB** = Great Britain

**GBE** = Knight Grand Cross of the British Empire; Dame Grand Cross of the British Empire

**GBH** = grievous bodily harm

**gcd** VAGY **GCD** = greatest common divisor

**GCE** = General Certificate of Education

**G-clef** G-kulcs, violinkulcs

**GCSE** = General Certificate of Secondary Education

**Gdn(s)** = garden(s)

**GDP** = gross domestic product

**gear** /gɪə/ *FNÉV*
❶ sebesség *first gear* első sebesség ❷ működés, üzem *be out of gear* ki van kapcsolva, nem működik ❸ fogaskerék, meghajtás ❹ felszerelés, holmi ❺ készülék, szerkezet

**gear** *IGE*
fogaskerékkel lát el / összeköt
**gear down** csökkent [fordulatszámot]
**gear to** *gear smth to smth* vmit vmihez igazít
**gear up** ❶ *gear smb up for smth* felkészít vkit vmire ❷ *be geared up* fel van ajzva/spannolva ❸ növel [fordulatszámot]

**gear lever** VAGY **gearshift lever** sebváltó (kar), sebességváltó

**gear wheel** fogaskerék

**gear box** ❶ sebváltó(mű) ❷ fogaskerékház

**gear shift** VAGY **gear stick** seb(esség)váltó

**geese** ☞ goose

**gee whiz!** jesszasz! jesszus!

**geisha** /ˈgeɪʃə/ VAGY **geisha girl** gésa

**gel** /dʒel/ *FNÉV*
gél, zselé

**gel** *IGE*
❶ megzselésedik ❷ (haj)zseléz

**gelatine** /ˈdʒelətiːn/ zselatin

**gelatinous** /dʒəˈlætɪnəs/ kocsonyás, zselatinszerű

**gem** /dʒem/ drágakő, ékkő

**Gemini** /ˈdʒemɪnaɪ/ ❶ Ikrek [állatövi jegy] ❷ Ikrek/Iker [jegyű ember]

**gemstone** /ˈdʒemstəʊn/ drágakő, ékkő

**gen.** = gender; general; genitive

**Gen.** = General; Genesis

**gender** /ˈdʒendə/ ❶ nyelvtani nem ❷ *(natural) gender* [biológiai] nem

**gender studies** nem-tudományok

**gene** /dʒiːn/ gén

**genealogical** /ˌdʒiːnɪəˈlɒdʒɪkəl/ genealógiai, származástani

**genealogy** /ˌdʒiːnɪˈælədʒɪ/ ❶ származástan, genealógia ❷ származás, családfa ❸ családfakutatás

**gene-manipulated** génmanipulált

**gene manipulation** genetikai manipulácó, génkezelés

**gene pool** génállomány

**gene therapy** génterápia

**genera** ☞ genus

**general** /ˈdʒenərəl/ *FNÉV*
❶ tábornok ❷ rendfőnök

**general** *MNÉV*
❶ általános, közös, köz- ❷ általános, átfogó ❸ fő, nagy vonalakban vázolt
KIFEJEZÉSEKBEN: *in general* rendszerint, általában, általában véve

**general agreement** keretegyezmény, keretmegállapodás

**General Certificate of Secondary Education, GCSE** angliai középiskolai „érettségi" vizsga(tárgy) [1988 után]

**general delivery** *US* postán maradó küldemény

**general education** általános műveltség

**general election** képviselőválasztás, országos választás

**general interest** közérdek

**generality** /ˌdʒenəˈrælɪtɪ/ ❶ általánosság ❷ túlnyomó többség

**generalization** /ˌdʒenərəlaɪˈzeɪʃən/ általánosítás

**generalize** /ˈdʒenərəlaɪz/ ❶ általánosít (amiből: *from*) ❷ kiterjeszt, általánossá tesz

**general knowledge** általános műveltség

**generally** /ˈdʒenərəlɪ/ ❶ rendszerint, többnyire ❷ általánosságban ❸ széles körben, általánosan

**general pardon** közkegyelem, amnesztia

**general partner** beltag

**general practice** ❶ nem szakosodott praxis ❷ ügyvédi iroda ❸ társas magánorvosi rendelő

**general practitioner** családi/körzeti orvos

**general public** nagyközönség

**general purpose** univerzális [gép stb.]

**general seating** *US* ülés/ültetés az érkezés sorrendjében

**general staff** vezérkar

**general store** vegyeskereskedés

**general strike** általános/országos sztrájk

**generate** /ˈdʒenəreɪt/ ❶ létrehoz, előállít, fejleszt, termel, teremt *generate jobs* munkahelyet teremt ❷ okoz előidéz, kivált

**generation** /ˌdʒenəˈreɪʃən/ ❶ nemzedék, generáció ❷ létrehozás, alkotás, előállítás, termelés, teremtés ❸ fejlesztés [hőé/áramé]

**generation gap** a nemzedékek közti különbség, nemzedéki/generációs ellentét

**generative** /ˈdʒenərətɪv/ ❶ teremtő, alkotó, generáló, létrehozó ❷ termelő, fejlesztő

**generator** /ˈdʒenəreɪtə/ ❶ dinamó, generátor ❷ alkotó, létrehozó

**generic** /dʒə'nerɪk/ ❶ általános ❷ márkátlan
**generosity** /ˌdʒenə'rɒsɪtɪ/ ❶ bőkezűség, nagylelkűség ❷ nagylelkű/bőkezű gesztus
**generous** /'dʒenərəs/ ❶ nagylelkű, bőkezű ❷ bőséges, kiadós
**genesis** /'dʒenəsɪs/ keletkezés, teremtés, eredet
**genetic** /dʒə'netɪk/ genetikai, örökléstani ⓘ NEM ~~genetikus~~ [tudós]
**genetic engineer** génsebész
**genetic engineering** génsebészet
**geneticist** /dʒə'netɪsɪst/ FNÉV genetikus
**genetics** /dʒə'netɪks/ örökléstan, genetika
**genie** /'dʒi:nɪ/ TBSZ **genies** dzsinn ⓘ NEM ~~zseni~~
**genital** /'dʒenɪtəl/ nemzőszervi, genitális
**genitals** /'dʒenɪtəlz/ VAGY **genitalia** /ˌdʒenɪ'teɪlɪə/ (külső) nemi szervek
**genitive** /'dʒenɪtɪv/ genitívusz, birtokos eset
**genius** /'dʒi:nɪəs/ TBSZ **geniuses** VAGY **genii** /'dʒi:nɪaɪ/ ❶ géniusz, zseni ❷ tehetség *a genius for languages* nyelvtehetség
**genocidal** /ˌdʒenə'saɪdəl/ népirtó, fajirtó
**genocide** /'dʒenəsaɪd/ genocídum, népirtás
**genre** /'ʒɒnrə/ ❶ műfaj ❷ fajta, típus
**genre painting** ❶ életkép ❷ zsánerfestészet
**genteel** /dʒen'ti:l/ finomkodó, előkelősködő
**gentile** VAGY **Gentile** /'dʒentaɪl/ nem-zsidó
**gentle** /'dʒentəl/ ❶ finom, gyengéd ❷ nemes ❸ szelíd, finom, udvarias, nyájas ❹ enyhe [éghajlat/lejtő]
**gentleman** /'dʒentəlmən/ TBSZ **gentlemen** /'dʒentəlmən/ ❶ úr, úriember ❷ férfi, úr *Ladies and gentlemen!* Hölgyeim és uraim!
**gentleman farmer** TBSZ **gentlemen farmers** (nem a birtokából élő) kerttulajdonos/földtulajdonos
**gentlemanlike** /'dʒentəlmənlaɪk/ úri(emberi), úriemberhez méltó
**gentlemanly** /'dʒentəlmənlɪ/ úri, úriemberi, úriemberhez méltó
**gentlemen** /'dʒentəlmən/ ❶ US Tisztelt Uraim! [levélben] ❷ férfiak [felirat]
**gentlemen's** férfi-, úri [üzlet nevében]
**gentlemen's agreement** becsületbeli megállapodás
**gentlewoman** /'dʒentəlwumən/ TBSZ **gentlewomen** /'dʒentəlwɪmɪn/ úrinő, úrihölgy
**gently** /'dʒentlɪ/ gyengéden, óvatosan
**gentry** /'dʒentrɪ/ nemesség
**genuine** /'dʒenjuɪn/ ❶ eredeti, valódi, hiteles ❷ őszinte, valódi, átélt
**genus** /'dʒi:nəs/ TBSZ **genuses** VAGY **genera** /'dʒenərə/ [állati/növényi] nem(zetség), genus
**geocentric** /ˌdzɪəu'sentrɪk/ geocentrikus, földközpontú
**geodesy** /dʒɪ'ɒdəsɪ/ földméréstan, geodézia
**geographer** /dʒɪ'ɒgrəfə/ földrajztudós
**geographical** /ˌdzi:əu'græfɪkəl/ földrajzi
**geographically** /ˌdzi:əu'græfɪklɪ/ földrajzilag, földrajzi értelemben
**geography** /dʒɪ'ɒgrəfɪ/ földrajz
**geological** /ˌdzi:əu'lɒdʒɪkəl/ földtani, geológiai
**geologically** /ˌdzi:əu'lɒdʒɪklɪ/ földtani/geológiai értelemben
**geologist** /dʒɪ'ɒlədʒɪst/ geológus
**geology** /dʒɪ'ɒlədʒɪ/ földtan, geológia
**geometric** /ˌdzi:ə'metrɪk/ VAGY **geometrical** /ˌdzi:ə'metrɪkəl/ mértani, geometriai
**geometry** /dʒɪ'ɒmetrɪ/ mértan, geometria
**geopolitical** /ˌdʒi:əupə'lɪtɪkəl/ geopolitikai
**geopolitics** /dʒi:əu'pɒlɪtɪks/ geopolitika
**Georgian** /'dʒɔ:dʒɪən/ ❶ György-korabeli ❷ Georgia állam-beli ❸ grúz
**geothermal** /dʒi:əu'θɜ:məl/ geotermikus
**Ger.** = German; Germany
**geranium** /dʒə'reɪnɪəm/ muskátli
**gerbera** /'dʒɜ:bərə/ gerbera
**gerbil** VAGY **gerbille** /'dʒɜ:bəl/ versenyegér
**geriatric** /ˌdʒerɪ'ætrɪk/ geriátriai
**geriatrics** /ˌdʒerɪ'ætrɪks/ geriátria
**germ** /dʒɜ:m/ ❶ csíra *the germ of an idea* ötletcsíra ❷ baktérium
**German** /'dʒɜ:mən/ FNÉV
❶ német ember ❷ német nyelv ❸ német nyelvtudás
**German** MNÉV
német
**Germanic** /ˌdʒɜ:'mænɪk/ FNÉV/MNÉV germán (nyelv)
**German measles** rubeola
**German shepherd** farkaskutya, német juhász(kutya)
**germ carrier** bacilusgazda
**germicide** /'dʒɜ:mɪsaɪd/ fertőtlenítő(szer)
**germ killer** fertőtlenítő(szer)
**germ warfare** bakteriológiai hadviselés
**gerontology** /ˌdʒerən'tɒlədʒɪ/ gerontológia
**gerrymander** /'dʒerɪmændə/ választási csalás
**gerund** /'dʒerənd/ gerund(ium), ing-es alak
**gestation** /dʒe'steɪʃən/ ❶ terhesség ❷ vemhesség
**gestation period** terhességi/vemhességi idő(szak)
**gesticulate** /dʒe'stɪkjuleɪt/ gesztikulál
**gesticulation** /dʒeˌstɪkju'leɪʃən/ gesztikulálás, taglejtés
**gesture** /'dʒestʃə/ FNÉV
❶ taglejtés, gesztus ❷ gesztus
**gesture** IGE
❶ gesztikulál ❷ int, mutat vmit
**get** /get/, **got** /gɒt/, **got** /gɒt/ (US 3-ik alakja főigeként és segédigeszerűen **gotten** /gɒtən/, segédigeként *got*)
FŐIGEKÉNT:
❶ (meg)kap, (meg/be)szerez, szert tesz vmire *I got his letter* megkaptam a levelét *get a shock* sokkot kap *get it cheap* olcsón megkapja/megszerzi ❷ elkap, elfog, megbüntet, elcsíp ❸ hall, (meg)ért, felfog *got it?* érted? világos? *you've got me wrong* félreértettél ❹ (el)jut, (el)ér, (el)kerül vhova *get there on time* időben odaér

G

*how far have you got?* meddig jutottatok? *get out!* kifelé! ❺ vhova juttat *get that dog out!* *vidd ki azt a kutyát he can't get his hand in* nem fér be a keze *get smb into trouble* bajba kever/juttat vkit ❻ készít *get dinner* vacsorát készít ❼ járműre száll, járművel megy *get the 23 bus* menj a 23-as busszal ❽ válaszol *get the phone* fölveszi a telefont ❾ bosszant *it gets me* dühít ❿ eltalál, megüt
KIFEJEZÉSEKBEN: *you've got me there* most megfogtál / kifogtál rajtam *you get few young people here* errefelé kevés fiatal van/akad *get ‹oneself› together* összeszedi/összekapja magát
SEGÉDIGEKÉNT:
❶ [a *have got* részeként] van neki *we haven't got any milk* nincs tejünk ❷ [a *have got to* részeként] kell *we've got to buy some milk* kell tejet vennünk
SEGÉDIGESZERŰEN: ❶ [műveltető szerkezetben] *get him to clean the flat* takaríttasd ki vele a lakást ❷ [műveltető szerkezetben] *get the printer fixed* megjavíttatja a nyomtatót ❸ [műveltető szerkezetben] *let's get going* gyerünk, igyekezzünk ❹ [kellemetlenség kifejezésére] *she got her money stolen* ellopták a pénzét ❺ [lesz/válik vmivé/vkivé/vmilyenné] *get old* megöregszik *get ready* elkészül ❻ [vmilyenné tesz] *get breakfast ready* elkészíti a reggelit *get it wrong* elrontja ❼ [szenvedő] *get broken* eltörik *get lost* elvész, eltéved ❽ [cselekvés kezdete kifejezésére] *get talking* beszédbe elegyedik ❾ [fokozatosság kifejezésére] *get to know smb/smth* megismer vmit/vkit *get to like smb* megkedvel vkit ❿ [alkalom/lehetőség kifejezése] *I never get to talk to her* sose jutok oda/hozzá, hogy beszéljek vele

**get about** ❶ utazik, mozog, jön–megy ❷ terjed [hír] ❸ talpraáll [beteg]

**get across** ❶ *get smth across to smb* megértet vmit vkivel ❷ *get across smb* bosszant vkit ❸ *get across smth* átjut ❹ *get smth across* átjuttat

**get ahead** boldogul, halad

**get along** ❶ boldogul, halad ❷ megy, halad ❸ távozik *I must be getting along* sietnem kell

**get along with** ❶ összefér/kijön/megvan vkivel ❷ *get along with you!* ugyan már!

**get around** ❶ utazik, mozog, jön-megy ❷ terjed [hír] ❸ talpraáll [beteg] ❹ *get around smth* megold vmit, elbír vmivel ❺ *get around smth* megkerül, kijátszik vmit

**get around to** *get around to smth* hozzájut, sort kerít, érkezése van vmire

**get at** *get at smb/smth* ❶ hozzáfér, hozzájut vmihez ❷ céloz/utal vmire ❸ megkörnyékez, próbál megvesztegetni/megfélemlíteni ❹ izélget, macerál, nyaggat

**get away** ❶ elszabadul, eljön *I just couldn't get away earlier* de nem tudtam előbb szabadulni ❷ elmenekül, megszökik ❸ figyelmen kívül hagy

**get away with** *get away with smth* megússzik vmit

**get back** ❶ *get smth back* visszakap, visszaszerez ❷ visszatér, visszamegy, visszajut ❸ [párt] ismét hivatalba/hatalomra kerül ❹ hátrébb húzódik ❺ *get ‹one's› own back* megbosszul, bosszút áll

**get back at** *get back at smb/smth* megbosszul, bosszút áll

**get back to** *get back to smb about smth* majd keres vkit / visszatér vmire

**get by** elmegy, megfelel

**get by on** *get by on one salary* egy fizetésből megél

**get down** ❶ *get smth down* leír, lejegyez vmit ❷ *get smth down* lenyel vmit ❸ *get smb down* lehangol/elkedvetlenít vkit ❹ *get down on ‹one's› knees* letérdel

**get down to** *get down to smth* rátér vmire, (komolyan) foglalkozni kezd vmivel

**get in** ❶ bejut, bekerül, felveszik [pl. egyetemre] ❷ *get smb in* felvesz, bejuttat [pl. egyetemre] ❸ beérkezik, megérkezik ❹ hazaér(kezik) ❺ megválasztják, bejut ❻ beszáll [járműbe] ❼ *get smb in* hív, hívat [szerelőt/orvost] ❽ *get smth in* bead, lead [dolgozatot/munkát] ❾ *get smth in* betakarít ❿ behajt [adót, kinnlevőséget]

**get into** ❶ *get into smth* (be)jut/(be)kerül/keveredik vhová *get into trouble* bajba jut ❷ *get smb into smth* juttat vhová ❸ *get into smth* beszáll vmibe [járműbe] ❹ *get into smth* jut, kerül [vmilyen állapotba] *get into a rage* dühbe gurul ❺ *get into smth* bebújik [ruhába] ❻ *get into smth* megszokik vmit, beleszokik vmibe ❼ *get into smth* felvesz *get into a habit* szokást fölvesz ❽ *what's got into her?* mi ütött belé? ❾ *get into smth* érdeklődni kezd vmi iránt

**get off** ❶ *get off smth* leszáll, kiszáll [járműből] ❷ *get smth off* levesz [ruhát] ❸ *get smth off* elküld [levelet, csomagot] ❹ megússza, elmenekül *get off with a fine* pénzbüntetéssel megússza ❺ *get smb off* megment, felmentet, kimos vmiből ❻ *get off to sleep* elalszik ❼ *get smb off* letesz (aludni), elaltat ❽ *get smb off* felizgat, izgalomba hoz

**get off to** *get off to smth* indul, kezdődik vhogyan

**get off with** *get off with smb* viszonyt kezd vkivel

**get on** ❶ *get on smth* felszáll, felül [járműre/lóra] ❷ halad, boldogul, megy neki vmi *get on well at school* jól tanul, jól megy neki az iskola ❸ múlik *time's getting on* telik/múlik az idő ❹ öregszik ❺ (tovább) folytat vmit, továbbmegy ❻ kijön/megvan vhogyan (vkivel) *they get on quite well* egész jól kijönnek ❼ *get on one's feet* feláll, lábra áll ❽ *get on smb's nerves* vki idegeire megy

**get on for** *get for smth* közeledik *be getting on for 70* hetven felé közeledik

**get on with** ❶ *get on with smth* halad/boldogul vmivel ❷ *get on with smth* folytat ❸ *get on well with smb* jól megvan vkivel ❹ *get on with you!* ugyan/menj már!

**get onto** *get onto smb/smth* ❶ megkeres vkit ❷ nyomára jut, lebuktat ❸ bejut, beválasztják vhová *get onto the City Council* bekerül a városi önkormányzatba

**get out** ❶ *get out (of the car)* kiszáll (a kocsiból) ❷ kiszabadul, kijut, kimegy ❸ *get smb/smth out* kiszabadít, kijuttat, kiment ❹ *get smb/smth out* kihúz, kivesz, kihoz, kiszed *get a tooth out* fogat kihúz ❺ kiszivárog ❻ kinyög ❼ *get smb/smth out* megjelentet, kihoz, publikál ❽ *get out (of here)!* tűnés! el innen!

**get out of** ❶ *get out of (doing) smth* kibújik vmi alól ❷ *get smb out of (doing) smth* kiment vmiből, felment vmi alól ❸ *get smth out of smb* kiprésel, kierőszakol, kiszed *they got the secret out of her* kiszedték belőle a titkot ❹ *get smth out of smth* nyer vmit vmiből *what does she get out of that?* mire megy vele? *get a kick out of smth* élvez vmit

**get over** ❶ *get over smth* túlteszi magát vmin, kihever vmit *he can't get over it* nem tudja elfeledni ❷ *get smth over (with)* végez vmivel, túlesik vmin *let's get it over (with)!* essünk túl rajta! ❸ *get smth over to smb* megértet vmit vkivel ❹ legyőz [akadályt/nehézséget]

**get round** ❶ terjed [hír] ❷ *get round smth* megkerül, megold vmit ❸ *get round smth* megkerül, kijátszik vmit ❹ *get round smb* levesz a lábáról, jobb belátásra bír

**get round to** *get round to (doing) smth* sort kerít / érkezése van vmire

**get through** ❶ *get through smth* átjut/átverődik vmin, eljut (vhova) ❷ *get smb through smth* átjuttat, átsegít ❸ *get smth through smth* áterőszakol *get a bill through (Parliament)* törvénytervezetet a parlamenten keresztülvisz ❹ végére jut, befejez, végez (vmivel) ❺ *get through smth* megesz, elfogyaszt, elkölt, elver *get through the money in a month* a pénzt egy hónap alatt elveri ❻ elér [telefonon] ❼ *get through to smb* közel férkőzik vkihez ❽ *get smth through to smb* megértet vmit vkivel

**get together** ❶ *get together with smb* összejön, gyülekezik ❷ *get smb/smth together* összeszed, összehív

**get up** ❶ felkel, felébred ❷ *get smb up* felkelt, felébreszt ❸ feláll, talpraáll ❹ feltámad [szél] ❺ *get smth up* szervez, rendez *get up a little group* kis csoportot szervez ❻ vminek (be)öltözik ❼ *get smth up* feljuttat, felvisz (vhova) ❽ felmegy/felmászik vhova

**get up to** *get up to smth* vmiben töri a fejét

**get-together** baráti összejövetel

**geyser** /ˈgiːzə/ VAGY /ˈgaɪzə/ ❶ gejzír ❷ vízmelegítő, gázbojler

**G flat** gesz

**ghastly** /ˈgɑːstlɪ/ ❶ rettenetes, szörnyű, rémes ❷ holtsápadt

**gherkin** /ˈgɜːkɪn/ apró uborka [ecetben savanyításra]

**ghetto** /ˈgetəʊ/ ❶ gettó ❷ nyomornegyed ❸ elkülönült városrész

**ghettoize** /ˈgetəʊaɪz/ ❶ gettósodik ❷ gettósít

**ghettoization** /ˌgetəʊaɪˈzeɪʃən/ gettósodás

**ghost** /gəʊst/ FNÉV

❶ szellem, kísértet ❷ lélek *the Holy Ghost* Szentlélek ❸ néger [vki más helyett / annak neve alatt író szerző] ❹ szellemkép

**ghost** IGE

négerként ír/dolgozik

**ghostbuster** /ˈgəʊstbʌstə/ szellemirtó

**ghost image** szellemkép

**ghostly** /ˈgəʊstlɪ/ ❶ kísérteties, ijesztő ❷ szellemszerű

**ghost train** szellemvasút

**GI** /dʒiː ˈaɪ/ amerikai katona [főleg a II. világháborúban]

**giant** /ˈdʒaɪənt/ ❶ óriás, gigász ❷ óriás, zseni ❸ óriásvállalat, vállalatóriás ❹ óriás(i) *giant size packet* óriás csomagolás

**giant panda** óriás panda

**giant slalom** óriásműlesiklás

**giaour** /ˈdʒaʊə/ gyaur, hitetlen

**gibberish** /ˈdʒɪbərɪʃ/ ❶ hadaró/zavaros beszéd ❷ zagyvaság, szamárság

**gibbon** /ˈgɪbən/ gibbon

**giblets** /ˈdʒɪbləts/ aprólék, belsőségek

**giddiness** /ˈgɪdɪnəs/ (meg)szédülés

**giddy** /ˈgɪdɪ/ ❶ szédülő ❷ szédítő ❸ szeles, meggondolatlan

**gift** /gɪft/ ❶ ajándék, adomány ❷ olcsó/könnyű dolog/kérdés, „ajándék" ❸ tehetség, érzék *a gift for music* zenei tehetség

**gift certificate** VAGY **gift coupon** ajándékutalvány

**gifted** /ˈgɪftɪd/ tehetséges

**gift horse** *don't/never look a gift in the mouth* ajándék lónak ne nézd a fogát

**gift shop** ajándékbolt

**gift tax** örökösödési adó

**gift token** VAGY **gift voucher** ajándékutalvány

**giftwrap** /ˈgɪftræp/ díszesen (be)csomagol

**giftwrapping** /ˈgɪftræpɪŋ/ díszcsomagolás

**giga-** /gɪgə/ VAGY /gaɪgə/ giga-

**gigantic** /dʒaɪˈgæntɪk/ óriási, gigantikus, hatalmas

G

iː tea ɪ it e bed æ cat ɜː bird ə ago eɪ way əʊ go aɪ my aʊ how eə air
ɑː car ɒ got ɔː war ʊ put uː too ʌ but ɪə here ʊə pure ɔɪ boy
θ thing ð this tʃ chip dʒ Joe ʃ ship ʒ measure s sit ŋ ring j you w win

**giggle** /ˈgɪgəl/ *FNÉV*
❶ vihogás, kuncogás ❷ móka, hecc
**giggle** *IGE*
vihog, kuncog
**gigolo** /ˈdʒɪgələʊ/ dzsigoló, selyemfiú
**GI Joe** ❶ [főleg II. világháborús] amerikai katona ❷ katonafigura, katona-baba
**gild** /gɪld/, **gilded** VAGY **gilt** /gɪlt/, **gilded** VAGY **gilt** /gɪlt/ ❶ (be)aranyoz ❷ [megtévesztésül] szépít
**gill** ❶ /gɪl/ kopoltyú ❷ *be green/white about/around the gills* rossz színben van, sápadt ❸ /dʒɪl/ űrmérték [= 1/4 pint, azaz kb. 1,5 deciliter]
**gilt** /gɪlt/ *FNÉV*
❶ aranyozás, aranybevonat ❷ értékálló/kockázatmentes részvény ❸ fiatal emse
**gilt** *MNÉV*
aranyozott
**gimmick** /ˈgɪmɪk/ ötlet, trükk, reklámfogás
**gin** /dʒɪn/ borókapálinka, gin
**ginger** /ˈdʒɪndʒə/ *FNÉV*
❶ gyömbér ❷ vörös(esszőke), narancssárgás--barna ❸ lendület, elevenség
**ginger** *MNÉV*
narancssárgás-barna
**ginger ale** szénsavas [alkoholmentes] gyömbérital
**ginger beer** szénsavas gyömbérital/gyömbérsör
**gingerbread** /ˈdʒɪndʒəbred/ gyömbéres „mézeskalács"
**gingerly** /ˈdʒɪndʒəlɪ/ *MNÉV/HAT.SZÓ* elővigyázatos(an), óvatos(an)
**gipsy** VAGY **gypsy** /ˈdzɪpsɪ/ ❶ cigány ❷ *US* vándor (életmódot folytató ember)
**giraffe** /dʒəˈrɑːf/ zsiráf
**girdle** /ˈgɜːdəl/ *FNÉV*
❶ csípőszorító, fűző ❷ koszorú, övezet
**girdle** *IGE*
körbevesz, övez, körülvesz
**girl** /gɜːl/ ❶ lány, leány, kislány ❷ lánya vkinek
**girlfriend** ❶ barátnő, partner *his girlfriend* a barátnője ❷ szerető ❸ barátnő, női barát
**girl guide** cserkészlány
**girlhood** /ˈgɜːlhʊd/ leányság, leánykor
**girlish** /ˈgɜːlɪʃ/ lányos
**girl scout** cserkészlány
**giro** /ˈdʒaɪrəʊ/ ❶ zsiró, giro, zsirórendszer ❷ segélyek fizetésére használt giro-csekk
**girth** /gɜːθ/ ❶ kerület, körméret ❷ heveder [lovon, szamáron]
**gismo** VAGY **gizmo** /ˈdʒɪzməʊ/ bigyó, szerkentyű, kütyü
**gist** /dʒɪst/ vmi veleje/magja/lényege
**give**, /gɪv/, **gave** /geɪv/, **given** /ˈgɪvən/ ❶ ad, odaad, megad, átad *give me the pen / give the pen to me* add nekem a tollat *the judge gave her two years* a bíró két évet adott neki ❷ tart, rendez, *give a party/dinner* partit/vacsorát rendez/ad ❸ okoz [fájdalmat/problémát] ❹ elismer *I'll give you that* ezt elismerem ❺ jön, előáll vmivel ❻ közöl, (meg)mond *give me an example* mond egy példát
KIFEJEZÉSEKBEN: *I don't give a damn* teszek rá / nem érdekel *give or take a few* plusz–mínusz egynéhány *give me a break* hagyjál már! / ne csináld már! hagyj békén!
SEGÉDIGESZERŰEN: *give smth a kick* megrúg vmit *give a deep sigh* mélyet sóhajt *give the metal a good polish* ledörzsöli/megtisztogatja a fémet *give smb to understand that* (MONDAT) értésére adja vkinek, hogy (MONDAT)
**give away** *give smb/smth away* ❶ odaad, elajándékoz ❷ eljátszik [esélyt] ❸ elárul *her accent gave her away* akcentusa elárulta ❹ beárul, elárul, feljelent
**give back** *give smb/smth back* visszaad
**give in** ❶ bead ❷ meghátrál, megadja magát ❸ enged (aminek: *to*)
**give off** *give smth off* kibocsát, áraszt
**give on** ❶ vhová nyílik/vezet [ajtó/ablak] ❷ vhová néz *the window gives on the garden* az ablak a kertre néz
**give out** ❶ *give smth out* kiad, kioszt, szétoszt ❷ *give smth out* ad, kibocsát [hangot] ❸ *give smth out* kihirdet, bejelent, közöl ❹ elfogy, kimerül, kifogy, végét járja ❺ lerobban, lemerül
**give over** ❶ abbahagy ❷ abbamarad
**give over to** ❶ *give smth over to smb/smth* átad/átenged vmit vkinek vmilyen célra ❷ *give smth over to smth* vminek szentel vmit
**give up** ❶ *give smth up* abbahagy, lemond/leszokik vmiről ❷ *give smth up* abbahagy ❸ *give smth up* felad *I can't guess: I give it up* nem tudok rájönni: feladom ❹ *give smb up* lemond vkiről *give smb up for lost/dead* elveszettnek/halottnak tekint vkit ❺ *give smth up* átad, átenged ❻ *give smb up* kiszolgáltat, felad [rendőrségen] ❼ alábbhagy, megszűnik
**giveaway** /ˈgɪvəweɪ/ ❶ áruló jel/nyom ❷ potya/könnyű dolog/feladat ❸ reklámajándék ❹ szinte ingyenes *giveaway prices* reklámárak
**giveaway show** VAGY **giveaway program** rádióműsor nyereményekkel
**given** /ˈgɪvən/ *FNÉV*
adott dolog/tény(ező), adottság
**given** *MNÉV*
❶ (meg)adott, megszabott ❷ *be given to smth* hajlamos vmire
**given** *ELÖLJ.*
figyelembe véve *given their youth* fiatal korukat figyelembe véve
**given** *IGE*
☞ give
**given name** keresztnév, utónév
**given that** ha figyelembe vesszük *given that they're so young* figyelembe véve, hogy ilyen fiatalok
**give or take** plusz–mínusz

**giver** /ˈgɪvə/ ❶ adakozó, adományozó ❷ váltókibocsátó
**give way** elsőbbségadás kötelező [felirat]
**gizmo** VAGY **gismo** /ˈgɪzməʊ/ bigyó, szerkentyű, kütyü
**gizzard** /ˈgɪzəd/ zúza
**glacier** /ˈglæsɪə/ VAGY /ˈgleɪʃə/ gleccser
**glad** /glæd/ ❶ *be glad* örül (aminek: *about*) ❷ örvendetes *glad tidings* jó hírek ❸ *be glad to do smth* örömmel tesz vmit
**gladiator** /ˈgleɪdɪeɪtə/ gladiátor
**gladiolus** /ˌglædɪˈəʊləs/ TBSZ **gladioluses** VAGY **gladioli** kardvirág, gladiólusz
**gladly** /ˈglædlɪ/ örömmel, szívesen, örömest
**gladness** /ˈglædnəs/ öröm, boldogság
**glamorous** /ˈglæmərəs/ elbűvölő, ragyogó
**glamour** /ˈglæmər/ ❶ varázs, báj, vonzerő, vonzás, csillogás ❷ nemi vonzerő, szépség
**glance** /glɑːns/ FNÉV
❶ gyors/futó pillantás *at first glance* első ránézésre *at a glance* rögtön, első pillantásra ❷ felcsillanás/felvillanás, ragyogás
**glance** IGE
❶ rápillant, pillantást vet (akire/amire: *at*) ❷ néz, pillant ❸ csillog, ragyog
**gland** /glænd/ mirigy
**glans** /glænz/ TBSZ **glandes** /ˈglændiːz/ makk [péniszen]
**glare** /gleə/ FNÉV
❶ mérges tekintet, átható pillantás ❷ vakító fény, vakítás, ragyogás *the glare of publicity* a nyilvánosság kereszttüze
**glare** IGE
❶ *glare at smb* mereven/ellenségesen bámul/méreget vkit ❷ ragyog, tűz [nap] ❸ rikít [szín] ❹ ordít, kirí [hiba]
**glass** /glɑːs/ FNÉV
❶ ⸸ NEM MEGSZÁML. üveg ❷ üvegáru, üvegedények ❸ pohár *a glass of wine* egy pohár bor ❹ tükör ❺ *glass* barométer
**glass** IGE
üvegez, üveggel fed
**glass case** üvegszekrény, vitrin
**glasses** szemüveg *a new pair of glasses* új szemüvegre
**glass fibre** üvegszál
**glass wool** üveggyapot
**glassworks** üveggyár
**glassy** /ˈglɑːsɪ/ ❶ üveges, üvegszerű ❷ üveges, kifejezéstelen,
**glaucoma** /glɔːˈkəʊmə/ zöldhályog, glaukóma
**glaze** /gleɪz/ FNÉV
❶ (üveg)máz, zománc ❷ máz, bevonat
**glaze** IGE
❶ zománcoz ❷ (be)üvegez ❸ mázzal bevon
**glaze over** megüvegesedik, élettelenné válik [szem]
**glazed tile** (kerámia)csempe
**glazier** /ˈgleɪzɪə/ üvegező, üveges
**glazing** /ˈgleɪzɪŋ/ ❶ üvegezés, üvegesszakma ❷ ablaküveg
**gleam** /gliːm/ FNÉV
felcsillanás, felvillanás, megvillanás
**gleam** IGE
felvillan felcsillan, fénylik, ragyog, csillog
**glean** /gliːn/ összegyűjt, összegyűjtöget
**glee** /gliː/ vidámság, széles jókedv
**gleeful** /ˈgliːful/ jókedvű, vidám
**glib** /glɪb/ folyékony/sima beszédű
**glide** /glaɪd/ FNÉV
❶ csúszás ❷ csúszó lépés [táncnál] ❸ siklás ❹ surranás
**glide** IGE
❶ (el)suhan, (el)surran, (el)siklik ❷ siklik [madár] ❸ vitorlázó repülővel repül
**glider** /ˈglaɪdə/ vitorlázó repülőgép
**glimmer** /ˈglɪmə/ FNÉV
pislákolás, felvillanás, felcsillanás
**glimmer** IGE
pislákol, fénylik, (halványan) csillog
**glimpse** /glɪmps/ FNÉV
(futó) pillantás *catch a glimpse of smb/smth* megpillant vkit/vmit
**glimpse** IGE
megpillant, futólag/félszemmel meglát
**glisten** /ˈglɪsən/ [nedvesen] csillog
**glister** /ˈglɪstə/ csillog, fénylik
**glitch** /glɪtʃ/ ❶ (gép)hiba, meghibásodás ❷ programhiba
**glitter** /ˈglɪtə/ FNÉV
❶ csillogás, ragyogás, szikrázó/csillogó fény ❷ vonzerő, csillogás
**glitter** IGE
fénylik, csillog, ragyog, szikrázik
**glitzy** /ˈglɪtsɪ/ harsány, hivalkodó, csillogó
**global** /ˈgləʊbəl/ ❶ globális, világméretű, világ- ❷ átfogó, globális
**globalism** /ˈgləʊbəlɪzəm/ globalizmus
**globalization** /ˌgləʊbəlaɪˈzeɪʃən/ globalizáció
**global music** világzene
**global warming** globális felmelegedés
**globe** /gləʊb/ ❶ golyó, gömb, glóbusz ❷ földgömb, glóbusz ❸ a Föld
**globetrotter** /ˈgləʊbtrɒtə/ világjáró
**gloom** /gluːm/ ❶ lehangoltság, komorság ❷ homály
**gloominess** /ˈgluːmɪnəs/ ❶ sötétség, homály ❷ komorság, lehangoltság
**gloomy** /ˈgluːmɪ/ ❶ bús, komor, nyomasztó ❷ sötét, homályos
**glorification** /ˌglɔːrɪfɪˈkeɪʃən/ dicsőítés, felmagasztalás
**glorify** /ˈglɔːrɪfaɪ/ ❶ dicsőít, feldicsér ❷ imád, dicsőít, magasztal ❸ vmilyen névvel megtisztel, amit az nem érdemel meg, „csúfol"
**glorious** /ˈglɔːrɪəs/ ❶ dicső(séges), csodálatra méltó, fényes ❷ ragyogó, tündöklő ❸ pompás
**glory** /ˈglɔːrɪ/ FNÉV

❶ dicsőség *glory be to God* dicsőség Istennek ❷ ragyogás, pompa, szépség, tündöklés ❸ büszkeség *the glory of the country* az ország büszkesége

**glory** IGE

**glory in** *glory in smth* ❶ örül/örvendezik vminek, büszkélkedik vmivel ❷ kérkedik vmivel

**gloss** /glɒs/ FNÉV

❶ máz, fény ❷ máz, látszat ❸ széljegyzet, magyarázat ⓘ NEM ~~glossza~~ [= írás]

**gloss** IGE

magyarázó (szél)jegyzetekkel/glosszákkal ellát, magyaráz

**gloss over** *gloss over smth* elkendőz, eltitkol, elsiklik vmi fölött

**glossary** /ˈglɒsərɪ/ glosszárium, magyarázó szójegyzék

**glossy** /ˈglɒsɪ/ sima, fényes

**glossy magazine** VAGY **glossy** népszerű képes folyóirat

**glove** /glʌv/ kesztyű

KIFEJEZÉSEKBEN: *be hand in glove with smb* jó viszonyban/kapcsolatban van vkivel

**glove box** VAGY **glove compartment** kesztyűtartó [autóban]

**glove puppet** kesztyűsbáb

**glow** /gləu/ FNÉV

❶ izzás, parázslás ❷ ragyogás, izzás, kihevülés, felhevülés

**glow** IGE

❶ izzik, parázslik ❷ ragyog, izzik ❸ pirul, lángol *glow with happiness/pride* pirul/lángol a boldogságtól/büszkeségtől

**glow plug** gyújtógyertya

**glow worm** szentjánosbogár

**glue** /glu:/ FNÉV

❶ enyv ❷ ragasztó *sniff glue* szipuzik

**glue** IGE

❶ enyvez ❷ (meg/össze)ragaszt ❸ *be glued to smth/smb* hozzátapad vmihez/vkihez

**gluey** /ˈglu:ɪ/ ❶ ragacsos ❷ ragasztós, enyves

**gluhwein** /ˈglu:vaɪn/ forralt bor

**glutton** /ˈglʌtən/ falánk/nagyevő ember

**gluttonous** /ˈglʌtənəs/ falánk, mohó, torkos

**gluttony** /ˈglʌtənɪ/ torkosság, falánkság

**glycerin** /ˈglɪsərɪn/ VAGY **glycerine** /ˈglɪsərɪn/ VAGY /ˈglɪsəri:n/ glicerin

**gm.** = gram(s), gramme(s)

**GM** = General Manager; Grand Master; genemanipulated; gene manipulation

**G major** g-dúr

**G-man** TBSZ **G-men** FBI nyomozó, FBI-ügynök

**G minor** g-moll

**GMT** = Greenwich Mean Time

**gnarled** /nɑ:ld/ ❶ bütykös, csomós, göcsörtös ❷ bütykös [kéz]

**gnarly** /ˈnɑ:lɪ/ ❶ ciki(s), elavult, ízléstelen ❷ vacak, kellemetlen, csúnya

**gnash** /næʃ/ *gnash {one's} teeth* fogát csikorgatja

**gnat** /næt/ szúnyog

**gnat bite** szúnyogcsípés

**gnaw** /nɔ:/ ❶ rágcsál, rág vmit ❷ gyötör, emészt

**gnome** /nəum/ ❶ törpe, manó *garden gnome* kerti törpe ❷ gnóm

**GNP** = gross national product

**gnu** /nu:/ gnú

**go** /gəu/ FNÉV

❶ forduló, sor *it's my go* én jövök ❷ próbálkozás, kísérlet *have a go at smth* megpróbál vmit ❸ (tett)erő, lendület, energia ❹ divat *it's all the go* ezért őrül meg mindenki ❺ *have a go at smb* (le)szid, lebaltáz vkit ❻ sürgés-forgás *it's all go* nagy a jövés-menés *be on the go* ténykedik, sürög-forog

**go** /gəu/, **went** /went/, **gone** /gɒn/ IGE

FŐIGEKÉNT: ❶ (el)megy, halad, (el)indul, (el)utazik *when does the train go?* mikor megy/indul a vonat? *go by bus* busszal megy *the road goes to the station* az út az állomásra megy *come and go* jön–megy *get going* megindul, elindul, beindul *go too far* (túl) messzire megy *go as/so far as to...* odáig megy, hogy {MONDAT} *let smb go* elbocsát ❷ vhova való/megy, (bele)fér *where does this book go?* hova való/menjen ez a könyv? *this sheet won't go into the bag* ez a papír nem fog beleférni ❸ működik, jár *keep smth going* mozgásban tart *set/get smth going* elindít, mozgásba hoz ❹ érvényes, elfogadott *that goes without saying* ez magától értetődő ❺ van, létezik *are there any jobs going?* vannak üres állások? ❻ meghal, elmegy ❼ eltűnik, elvész *my pen is gone* eltűnt a tollam ❽ fogy, romlik *her sight is going* romlik a látása ❾ szól, vhogy hangzik, vmit mond, vmilyen hangot ad *the story goes that* {MONDAT} az a hír járja, hogy {MONDAT} *ducks go "quack"* a kacsa úgy csinál, hogy „háp" ❿ halad, folyik

KIFEJEZÉSEKBEN: *to go* elvitelre *ready, steady, go!* felkészülni, vigyázz, rajt! *going, going, gone* először, másodszor, (senki többet) harmadszor *one, two, three, go!* egy, kettő, három, rajt! *where do we go from here?* na és most mi lesz? *let go of smth* elenged/elereszt vmit *two weeks to go before Easter* két hét van hátra húsvétig

SEGÉDIGESZERŰEN: ❶ [jövő idő kifejezésére] *they're going to work* dolgozni fognak ❷ [vmivé válik] *go bad* megromlik *go wrong* elromlik *go red* elvörösödik, elpirul

**go about** ❶ járkál, jár ❷ *go about smth* tesz, végez ❸ *go about smth* hozzáfog vmihez, nekilát vminek ❹ megfordul [hajó] ❺ *go about with smb* járkál/mászkál vkivel

**go across** *go across smth* átmegy [vmely területen]

**go after** *go after smb/smth* kerget, utánajár, megszerezni próbál

**go against** *go against smb/smth* ❶ ellene fordul vkinek/vminek ❷ ellenkezik vmivel *go against their principles* ellenkezik az elveikkel

**go ahead** ❶ előremegy ❷ *go ahead (with smth)* folytat *go ahead (with your story)* folytasd (a mesélést) ❸ tessék (csak) *go ahead* tessék ❹ halad, folyik

**go along** halad, végigmegy

**go along with** *go along with smb/smth* ❶ elkísér vkit ❷ egyetért vkivel/vmivel ❸ *go along with you!* ugyan már! / menjél már!

**go around** ❶ körbemegy ❷ *go round smth* megkerül vmit ❸ terjed [betegség] ❹ *go round to (see) smb* benéz/átnéz/beugrik vkihez ❺ forog *my head is going round* szédülök ❻ *go around with smb* járkál/mászkál vkivel ❼ jut *there's enough to go around* jut mindenkinek ❽ motoszkál *a tune is going round in my head* egy dallam jár a fejemben

**go at** *go at smb/smth* ❶ nekimegy, nekiesik, rátámad ❷ hozzálát, nekilát vminek *he went at the steak* nekiesett a húsnak

**go back** ❶ visszamegy, visszatér ❷ visszanyúlik, származik ❸ régi barátok *Sue and I go back twenty years* Sue-val húsz éve barátok vagyunk

**go back on** *go back on smb/smth* ❶ megszeg, visszavon *go back on one's word* megszegte a szavát ❷ cserbenhagy *my eyes are going back on me* romlik a látásom

**go beyond** *go beyond smth* túlmegy vmin

**go by** ❶ *go by smth* elmegy, elhalad vmi mellett *a car goes by* egy autó halad el ❷ (el)múlik, (el)telik ❸ *go by smth* tartja magát vmihez ❹ *go by smth* ítél vmiből

**go down** ❶ lemegy, csökken ❷ zuhan, bukik, süllyed [presztizsben/színvonalban] ❸ elsüllyed [hajó] ❹ lenyugszik, lemegy ❺ lelohad [daganat], lelapul, leereszt ❻ meghibásodik [gép] ❼ lemegy [nyeléssel] ❽ feljegyzik *go down in history as a hero* az utókor hősként fog róla emlékezni

**go down with** *go down with smth* ❶ vhogyan fogadják, vmilyen sikere van (akinél: *with*) ❷ [fertőző betegséggel] ágynak esik/dől

**go for** *go for smb/smth* ❶ megtámad, nekitámad/nekiesik vkinek ❷ megpróbál megszerezni ❸ (ki)választ ❹ érdeklődik/vonzódik vmi iránt ❺ áll, vonatkozik, igaz *this goes for you too* ez rád is vonatkozik ❻ [összegért] elkel

**go in for** *go in for smth* ❶ részt vesz, indul [versenyen] ❷ vmivel foglalkozik, vmi iránt érdeklődik

**go into** *go into smth* ❶ bemegy (vhova, vmibe) ❷ vmennyi megvan vmennyiben *4 goes into 20 five times* a 4 a 20-ban ötször van meg ❸ vmilyen pályára megy/lép ❹ felhasználódik *a lot of work has gone into this project* sok munkát fektettünk ebbe a programba ❺ belemerül, belemegy vmibe ❻ megvizsgál, kivizsgál

**go in with** *go into smb* társul, csatlakozik vkihez

**go off** ❶ elmegy, távozik ❷ felrobban, elsül ❸ megszólal [pl. óra] ❹ kikapcsol, kialszik ❺ *go off smth* felhagy vmivel, abbahagy vmit ❻ vhogyan sikerül/megy ❼ megromlik [étel] ❽ elmúlik, elmegy *the pain went off after a week* egy hét múlva megszűnt a fájdalom ❾ *go off smth* leszokik vmiről, felhagy vmivel ❿ csökken a színvonala

**go off with** *go off with smb/smth* ❶ meglép/lelép vmivel ❷ megszökik/meglép vkivel



**go on** ❶ *go on doing smth* folytat vmit *went go on reading* tovább olvas ❷ *go on to (do) smth* áttér/rátér vmire *go on to explain smth* áttért/rátért vminek a magyarázatára ❸ folyik, tart, zajlik, történik, halad *what's going on?* mi történik/folyik itt? ❹ bekapcsolódik, felgyullad ❺ vmi nyomon halad/elindul, vmire támaszkodik/hagyatkozik ❻ szedni kezd *go on the pill* szedni kezdi a tablettát ❼ előremegy ❽ viselkedik *if you go on like this* ha így folytatod ❾ *go on with you!* ugyan már! / menjél már!

**go on at** *go on at smb* nyaggat/gyötör vkit, panaszkodik vkinek

**go on for** *go on for smth* vmennyi felé jár/közeledik *be getting on for 70* hetven felé közeledik

**go on with** *go on with smth* folytat vmit

**go out** ❶ kimegy, kijár, eljár *go out to work* munkába/dolgozni jár ❷ eljár szórakozni ❸ jár vkivel ❹ kikerül, nyilvánosságra kerül ❺ kialszik [tűz/fény] ❻ elalszik, kidől ❼ visszavonul [tengerár] ❽ kimegy a divatból ❾ *our hearts/thoughts go out for them* együtt érzünk velük ❿ sztrájkba lép

**go over** ❶ átmegy, átkel ❷ átpártol, áttér (ahonnan: *from*, ahová: *to*) áttértem a vegetárius kosztra ❸ *go over smth* átvizsgál, átnéz, megvizsgál ❹ *go over smth* átismétel, ismét átnéz/megnéz ❺ vhogy fogadják, vmilyen sikere van (akinél: *with*)

**go round** ❶ körbemegy ❷ *go round smth* megkerül vmit ❸ terjed, járkál körbe [betegség] ❹ *go round to (see) smb* benéz/átnéz vkihez ❺ forog *my head is going round* szédülök ❻ *go around with smb* járkál, mászkál, mutatkozik vkivel ❼ jut *there's enough to go around* van/jut elég/mindenkinek

**go through** ❶ *go through smth* átél, megél *this country has gone through too many wars* ez az ország túl sok háborút élt meg *if you knew what he's gone through* ha tudnád,

iː tea ɪ it e bed æ cat ɜː bird ə ago eɪ way əʊ go aɪ my aʊ how eə air
ɑː car ɒ got ɔː war ʊ put uː too ʌ but ɪə here ʊə pure ɔɪ boy
θ thing ð this tʃ chip dʒ Joe ʃ ship ʒ measure s sit ŋ ring j you w win

min ment keresztül ❷ *go through smth* elkölt, elhasznál, nyakára hág ❸ *go through (smth)* átmegy, keresztülmegy *the bill has gone through (Parliament)* a törvényjavaslatot elfogadták ❹ *go through smth* átismétel, elpróbál, átvesz ❺ *go through smth* átvizsgál, átkutat ❻ létrejön, összejön

**go through with** *go through with smth* véghezvisz, végigcsinál, végigvisz

**go to** *go to smb/smth* ❶ megy, jár vhova *go to school/church* iskolába/templomba jár ❷ átél, kijut neki vmiből, magára vállal vmit *he went to a lot of trouble for me* sok gondot vállalt a kedvemért

**go together** ❶ összeillik ❷ járnak [szerelmesek]

**go under** ❶ elmerül ❷ tönkremegy, elpusztul [vállalkozás]

**go up** ❶ felmegy ❷ *go up to smb* odalép vkihez ❸ emelkedik, nő, felmegy *prices are going up again* megint mennek fel az árak ❹ épül, emelkedik ❺ levegőbe repül ❻ felmegy [függöny]

**go with** *go with smb/smth* ❶ megy vmivel, illik vmihez ❷ együtt jár vmivel ❸ *go with a girl* jár egy lánnyal ❹ választ *I'll go with the big one* a nagyot veszem ❺ egyetért vkivel, hasonul vkihez *I can go with them in everything* egyetértek velük mindenben

**go without** *go without smth* ❶ megvan vmi nélkül, nem nélkülöz vmit *go without food* koplal ❷ *it goes without saying that* (MONDAT) mondani se kell, hogy (MONDAT)

**goad** ❶ ösztökél, noszogat ❷ nyaggat *goad smb into (doing) smth* addig nyaggat vkit, amíg meg nem tesz vmit

**goal** /gəul/ ❶ cél *goal in life* életcél ❷ kapu [sportban] *keep goal* véd ❸ gól *score/kick a goal* gólt rúg/lő *by two goals to one* kettőegyre *own goal* öngól

**goalkeeper** kapus [sportban]

**goal kick** kapus-kirúgás

**goal line** alapvonal, gólvonal

**goalpost** kapufa

**Goat** /gəut/ ❶ Bak [állatövi jegy] ❷ Bak [jegyű ember]

**goat** /gəut/ kecske

KIFEJEZÉSEKBEN: *get smb's goat* felbosszant

**goatee** /gəu'ti:/ kecskeszakáll

**goatherd** /'gəuthɜ:d/ kecskepásztor

**goatskin** /'gəutskɪn/ kecskebőr

**gob** /gɒb/ gombóc [ragacsos/nedves dologból]

**gobble** burukkol [pulyka]

**gobbledegook** VAGY **gobbledygook** /'gɒbəldɪ gu:k/ cirkalmas nyelvezet, halandzsa

**go-between** közvetítő, közbenjáró

**goblin** /'gɒblɪn/ gonosz manó, kobold

**go-cart** ❶ kézikocsi ❷ (összecsukható) gyerekkocsi ❸ baba-járókeret ❹ go-kart

**god** /gɒd/ ❶ Isten *God Almighty* Mindenható Isten *for God's sake!* az isten szerelmére! *thank God* hála Isten(nek) *God forbid!* Isten őrizz! ❷ isten(ség) *make a god of smth* istenít/bálványozz vmit

**godchild** /'gɒdtʃaɪld/ TBSZ **godchildren** /'gɒd tʃɪldrən/ keresztgyerek

**goddam** VAGY **goddamn** /'gɒd'dæm/ MNÉV átkozott, rohadt, istenverte

**goddam** VAGY **goddamn** /'gɒd'dæm/ HAT.SZÓ átkozottul, rohadtul, istenverte módon

**goddaughter** keresztlány

**goddess** /'gɒdes/ istennő

**godfather** ❶ keresztapa ❷ maffiafőnök, keresztapa

**god-forsaken** Isten háta mögötti [hely]

**godless** /'gɒdləs/ ❶ ateista, istentelen ❷ istentelen, bűnös, gonosz

**godlike** /'gɒdlaɪk/ isteni

**godly** /'gɒdlɪ/ istenes, istenfélő

**godmother** keresztanya

**godparent** keresztszülő

**gods** *the gods* (színházi) kakasülő, karzat

**godson** keresztfiú

**gofer** /'gəufə/ kifutófiú, küldönc

**goggle** /'gɒgəl/ ❶ kidüllled [a szeme] ❷ (kidülledt szemmel) bámul

**goggles** /'gɒgəlz/ védőszemüveg, úszószemüveg *ski goggles* síszemüveg

**going** FNÉV

❶ (el)távozás, elmenetel ❷ tempó, haladás ❸ *rough/hard going* rossz út(viszonyok) ❹*while the going is good* amíg lehet / amíg szépen vagyunk

**going** /'gəuɪŋ/ MNÉV

❶ jelenlegi *going price* napi ár ❷ (jól) menő

**going-over** ❶ (alapos) átnézés/vizsgálat ❷ leszidás ❸ leckéztetés, verés

**goitre** /'gɔɪtə/ golyva

**goitrous** /'gɔɪtrəs/ golyvás

**go-kart** /'gəuka:t/ gokart

**gold** /gəuld/ ❶ arany ❷ aranypénz ❸ arany(sárga) szín ❹ aranyérem ❺ aranylemez

**gold bar** aranyrúd

**gold digger** aranyásó

**gold dust** aranypor

**golden** /'gəuldən/ ❶ aranyból való, arany- ❷ sikeres, sikerrel kecsegtető, sikert hozó ❸ aranysárga, aranyfényű

**golden age** aranykor

**golden anniversary** US aranylakodalom

**golden chain** aranyeső

**golden goal** aranygól [a hosszabbítás utáni első gól]

**golden goose** aranytojást tojó „liba"

**golden handshake** nyugdíjba vonuláskor/elbocsátáskor adott pénz

**golden jubilee** ötvenéves évforduló [r.szerint uralkodóvá koronázásé]

**golden mean** arany középút
**golden rain** aranyeső [növény]
**golden share** aranyrészvény
**golden wedding** VAGY **golden wedding anniversary** aranylakodalom
**gold fever** aranyláz
**goldfinch** tengelice
**goldfish** aranyhal
**goldfish bowl** ❶ gömbölyű üvegedény, gömbakvárium ❷ *live in a goldfish bowl* a nyilvánosság előtt él, kirakatban él
**gold medal** aranyérem
**gold mine** aranybánya
**gold-plated** aranyveretes, arannyal bevont
**gold reserve** aranyfedezet
**gold rush** aranyláz
**goldsmith** aranyműves
**gold standard** aranyalap
**golem** /ˈgəʊləm/ gólem

**golf** /gɒlf/ *FNÉV*
❶ golf ❷ telefon- ill. rádió-összeköttetésnél és betűzésnél a G betű szava

**golf** *IGE*
golfozik

**golf ball** ❶ golflabda ❷ gömbfej [írógépen] ❸ gömbfejes írógép
**golf club** ❶ golfütő ❷ golfklub
**golf course** golfpálya
**golfer** /ˈgɒlfə/ golfozó, golfjátékos
**golf links** golfpálya [r.szerint tengerparton]
**golf trolley** kézikocsi [golfban]
**goliath** /gəˈlaɪəθ/ góliát, óriás
**golly** az iskoláját!
**goloshes** /gəˈlɒʃɪz/ [cipő fölött hordott] sárcipő, kalucsni, hócipő
**gondola** /ˈgɒndələ/ ❶ gondola ❷ kabin [drótkötélpályán] ❸ gondola, (léghajó)kosár ❹ gondola [boltban/áruházban]

**gone** /gɒn/ *MNÉV*
❶ elveszett, reménytelen, [betegségben] előrehaladott *he was too far gone to understand* túl volt már azon, hogy felfoghatta volna ❷ eltűnt *it's gone* eltűnt, elveszett ❸ *be gone* elvan, távol van *I won't be gone long* nem maradok sokáig ❹ terhes *be six months gone* hat hónapos terhes ❺ *be gone on smb* bele van esve vkibe

**gone** *ELÖLJ.*
után, később vminél *she's gone eighty* nyolcvan éves is elmúlt *until gone four o'clock* négy utánig

**gone** *IGE*
☞ go

**gong** /gɒŋ/ ❶ gong ❷ plecsni, kitüntetés
**gonna** /ˈgɒnə/ VAGY /ˈgənə/ *going to* gyors ejtésű alakja
**gonorrhea** VAGY **gonorrhoea** /ˌgɒnəˈrɪə/ gonorrea, tripper

**good** /gʊd/ *FNÉV*
❶ haszon, jó, előny *do good* jót tesz, használ ❷ jótett, jóság *do a lot of good for the city* sok jót tesz a városért ❸ a jók ❹ előny, haszon, érdek *for the good of smth/smb* vminek/vkinek a javára ❺ *for good (and all)* végleg(esen), örökre ❻ jó [érdemjegy] ❼ haszon, profit *I'm twenty dollars to the good* húsz dollárt nyertem

**good** /gʊd/, **better** /ˈbetə/, **best** /best/ *MNÉV*
❶ jó *good news* jó hír(ek) *it's a good thing/ job that* {MONDAT} jó/szerencse, hogy {MONDAT} *good God/heavens!* te jó isten/ég! ❷ kellemes, jó *have a good time* jól mulat, jól érzi magát ❸ kedves, jó, szíves *it was very good of him* nagyon kedves volt tőle ❹ ért vmihez, jó vmiben *be good at maths* jó matekból ❺ hasznos, jó, egészséges *milk is good for you* a tej egészséges ❻ érvényes ❼ sikeres *make (it) good* boldogul, sikerre viszi, befut ❽ helyes, jó, erkölcsös, jó magaviseletű *good conduct* jó viselkedés *there's a good dog!* jó kutya! ❾ *good deal of trouble* sok / jó nagy baj *a good many/few* jópár/jónéhány
KIFEJEZÉSEKBEN: *no good talking about it* kár a szót vesztegetni rá *good on/for you!* gratulálok! *good for him!* jó neki! *make good* jóvátesz, orvosol, pótol *as good as new* majdnem új, mint újkorában *so far so good* eddig/idáig rendben is van/volna

**good afternoon** jó napot!
**good book** *the good book* a Biblia
**goodbye** /gʊdˈbaɪ/ viszlát, viszontlátásra! *say goodbye* elbúcsúzik
**good day** jónapot!
**good evening** jó estét!
**good-for-nothing** *FNÉV/MNÉV* semmirekellő, mihaszna (ember)
**Good Friday** nagypéntek
**good-humoured** /ˌgʊdˈhjuːməd/ jókedvű, jóindulatú
**goodie** VAGY **goody** /ˈgʊdɪ/ pozitív hős, „a jó" szereplő, jó fiú
**good-looking** jóképű, csinos
**good luck** sok szerencsét!
**good morning** ❶ napot! ❷ jó reggelt!
**good-natured** jószívű, jó természetű/indulatú
**goodness** /ˈgʊdnəs/ ❶ jóság ❷ vmi java, legjobb része ❸ *my goodness! / goodness me!* te jó Isten! *thank goodness* hála Isten! *for goodness' sake* az Isten szerelmére
**good night** jó éjszakát!
**goods** /gʊdz/ ❶ áruk, javak, árucikkek *consumer goods* fogyasztói javak ❷ ingóságok
KIFEJEZÉSEKBEN: *deliver the goods* teljesíti az ígéretét
**good-sized** jókora, méretes, jó nagy
**goods lift** teherlift
**goods train** tehervonat
**goods truck** VAGY **goods van** tehervagon
**goods waggon** VAGY **goods wagon** (vasúti) teherkocsi

**good-tempered** jó természetű/kedélyű
**goodwill** ❶ jóakarat, jóérzés ❷ a kialakított vevőkör és a név [cégé], goodwill
**good word** jó szó, kedvező vélemény *put in a good word for smb* néhány jó szót szól vki érdekében
**goody** /ˈgʊdɪ/ ❶ finomság, nyalánkság ❷ szenteskedő (ember) ❸ pozitív hős, „a jó" *the goodies and* a jó fiúk ❹ ami szem-szájnak ingere
**gooey** /guːɪ/ ❶ ragacsos, édes ❷ érzelgős, szirupos, csöpögős
**goose** /guːs/ TBSZ **geese** /giːs/ liba, lúd *cook smb's goose* keresztülhúzza vki számítását *kill the goose that lays/laid the golden egg(s)* megeszi/levágja az aranytojást tojó tyúk(ot)
**gooseberry** /ˈgʊzbərɪ/ VAGY /ˈgʊzbrɪ/ ❶ egres ❷ a nem kívánt harmadik, „elefánt"
**goose bumps** VAGY **goose flesh** VAGY **goose pimples** libabőr *get the goose bumps/flesh/pimples* beleborzong (amibe: *from*)
**goosegog** /ˈgʊzgɒg/ egres
**goosestep** /ˈguːsstep/ díszlépés [nyújtott térddel]
**gopher** /ˈgəʊfə/ ❶ gopher, internetes keresőrendszer ❷ [amerikai] hörcsög
**gorge** /gɔːdʒ/ völgytorok, szurdok
**gorgeous** /ˈgɔːdʒəs/ ragyogó, isteni, pompás
**gorilla** /gəˈrɪlə/ ❶ gorilla ❷ gorilla, víziló, behemót [ember] ❸ gorilla, testőr
**gory** /ˈgɔːrɪ/ ❶ véres, (alvadt) vérrel borított ❷ véres, naturális
**gosh** /gɒʃ/ jaj! / hú! / Jézus! *by gosh* a mindenit! / jesszasz!
**go-slow** ❶ forgalomlassítás ❷ munkalassítás [mint sztrájkforma]
**gospel** /ˈgɒspəl/ ❶ evangélium ❷ színtiszta igazság, szentírás ❸ [néger] gospel zene

**gossip** /ˈgɒsɪp/ FNÉV
❶ ↳ NEM MEGSZÁML. pletyka *two items of gossip* két pletyka ❷ pletykálkodás ❸ pletykafészek

**gossip** /ˈgɒsɪpɪ/ IGE
pletykál

**gossip column** pletykarovat
**gossipy** /ˈgɒsɪpɪ/ ❶ pletykás, pletykálkodó ❷ pletykáló, pletykával teli
**got** ☞ get
**gotcha!** /ˈgɒtʃə/ ❶ megvagy! megvan! ❷ hu! hú! [ráijesztésként]

**Gothic** /ˈgɒθɪk/ FNÉV
❶ gót nyelv ❷ gót(ikus) stílus, gótika ❸ gótikus [= horror] irodalom/film ❹ gót [betű]

**Gothic** MNÉV
❶ gót ❷ gótikus

**gotta** /ˈgɒtə/ *have/has got to* „lezser" alakja
**gotten** ☞ get
**goulash** /ˈguːlæʃ/ paprikás pörkölt
**gourd** /gʊəd/ dísztök
**gourmand** /ˈgʊəmənd/ nagyevő/nagyivó ⓘ NEM ~~ínyenc~~
**gourmet** /ˈgʊəmeɪ/ ínyenc
**gout** /gaʊt/ köszvény
**gouty** /ˈgaʊtɪ/ köszvényes
**gov.** VAGY **Gov.** = governor; government
**govern** /ˈgʌvən/ ❶ kormányoz, vezet, irányít, igazgat, uralkodik (vmin) ❷ befolyásol, meghatároz ❸ vonatkozik *rules governing the use of seat belts* biztonságiöv-használatra vonatkozó szabályok
**governess** /ˈgʌvənəs/ nevelőnő
**governing** /ˈgʌvənɪŋ/ vezető, irányító
**government** /ˈgʌvənmənt/ ❶ közigazgatás, államigazgatás, kormányzás ❷ kormány(zat) *government agency* állami szerv ❸ kormányzati, kormány-, állami ❹ irányítás, vezetés
**governmental** /ˌgʌvənˈmentəl/ kormányzati, közigazgatási, kormány-
**government security** állampapír
**governor** /ˈgʌvənə/ ❶ kormányzó ❷ helytartó ❸ börtönigazgató ❹ igazgató [banké] ❺ igazgatótanácsi tag
**Govt.** = government
**gown** /gaʊn/ ❶ talár [bírói/egyetemi] ❷ női (estélyi) ruha ❸ köntös ❹ (munka)köpeny
**goy** /gɔɪ/ FNÉV gój, nem zsidó ember
**GP** = General Practitioner; General Purpose
**gph** = gallons per hour
**GPO** = general post office
**gr.** = grade; grain(s); gram(s); gross; group
**grab** ❶ megragad, megmarkol ❷ felkap, elkap *grab a sandwich* felkap/bekap egy szendvicset
**grab at** *grab at smth* utánakap vminek, megpróbál megragadni/megmarkolni vmit
**grabs** *be up for grabs* szabad préda, mindenki viheti/használhatja

**grace** /greɪs/ FNÉV
❶ báj, kellem, kecsesség ❷ jóérzés, tisztesség ❸ kegy, jóindulat, isteni kegyelem, malaszt *by the grace of God* Isten kegyelméből *fall from grace* kegyvesztett lesz ❹ haladék *a month's grace* egy hónap haladék ❺ asztali ima/áldás *say grace* asztali imát mond

**grace** IGE
❶ díszít, ékesít ❷ megtisztel, kitüntet (amivel: *with/by*)

**graceful** /ˈgreɪsful/ ❶ kecses, bájos ❷ könnyed, elegáns
**graceless** /ˈgreɪsləs/ ❶ esetlen, darabos ❷ faragatlan, udvariatlan
**gracious** /ˈgreɪʃəs/ ❶ kegyes, szíves, kedves *our gracious King* kegyes királyunk ❷ könyörületes, irgalmas ❸ *(good) gracious! / goodness gracious!* én/édes Istenem!

**grade** /greɪd/ FNÉV
❶ fokozat, kategória ❷ US (általános iskolai) osztály ❸ osztályzat, jegy ❹ US lejtő, emelkedő
KIFEJEZÉSEKBEN: *make the grade* sikert ér el, boldogul, előre jut

**grade** IGE
❶ osztályoz, (szét)válogat ❷ javít, osztályoz

*grade papers* dolgozatot javít ❸ nehézség szerint rangsorol / sorba rak

**graded** /ˈgreɪdɪd/ fokozatosan nehezedő *graded exercises* egyre nehezedő gyakorlatok

**gradual** /ˈgrædʒʊəl/ fokozatos

**graduate** /ˈgrædʒʊət/ *FNÉV*
❶ egyetem(i oktatás) első szintjén diplomát szerzett ember ❷ diplomás ❸ *US* vmilyen iskolát végzett ember *a high-school graduate* középéskolai végzettségű ember

**graduate** /ˈgrædʒʊət/ *MNÉV US*
posztgraduális *a graduate student* posztgraduális hallgató

**graduate** /ˈgrædʒʊeɪt/ *IGE*
❶ (el)végez [egyetemet], diplomát szerez (ahol: *from*) ❷ fokokra/szintekre (be)oszt *graduated salary scale* fizetési fokozatok ❸ *US* elvégez vmilyen iskolát

**graduation** /ˌgrædʒʊˈeɪʃən/ ❶ egyetemi avatás, diplomaosztó ünnepség ❷ *US* érettségi-osztó ünnepség

**Graeco-Roman wrestling** VAGY **Greco-Roman wrestling** /ˌgriːkəʊˌ rəʊmən ˈreslɪŋ/ kötöttfogású birkózás

**graffiti** /græˈfiːtɪ/ VAGY /grəˈfiːtɪ/ falfirka, graffiti

**graft** /grɑːft/ *FNÉV*
❶ oltóág, oltvány ❷ átültetett bőr/szövet ❸ átültetés ❹ korrupció, (meg)vesztegetés ❺

**graft** *IGE*
❶ átültet bőrt/szövetet ❷ áttesz, átültet, átmásol

**grain** /greɪn/ ❶ szem [por/homok/gabona stb.] ❷ gabona ❸ egy szemernyi/csöppnyi *a* ❹ erezet iránya, szálirány

**grainy** /ˈgreɪnɪ/ szemcsés

**gram** /græm/ gramm

**grammar** /ˈgræmə/ ❶ nyelvtan ❷ nyelvtan(könyv) ❸ nyelvhelyesség, nyelvhasználat *bad grammar* kifogásolt nyelvhelyesség

**grammarian** /grəˈmeərɪən/ nyelvtaníró, nyelvész, nyelvleíró

**grammar school** ❶ gimnázium ❷ *US* általános iskola

**grammatical** /grəˈmætɪkəl/ ❶ nyelvileg helyes), grammatikus, jólformált ❷ nyelvtani

**gramme** /græm/ gramm

**gran** /græn/ nagyi, nagymama

**granary** /ˈgrænərɪ/ VAGY /ˈgreɪnərɪ/ ❶ magtár, hombár ❷ „éléskamra" [országé/területé]

**granary bread** VAGY **granary loaf** teljes őrlésű lisztet / gabonaszemeket tartalmazó fehérkenyér

**grand** /grænd/ *FNÉV*
❶ hangversenyzongora *baby grand* rövid zongora ❷ *TBSZ* **grand** egy „lepedő", ezer dollár/font

**grand** *MNÉV*
❶ pompás, ragyogó ❷ nemes, előkelő ❸ nagyszabású

**grandad** /ˈgrændæd/ ❶ nagypapa ❷ [udvariatlan megszólítás] öreg! / papa!

**grand-aunt** /ˈgrændɑːnt/ nagynéni [szülő nagynénje ill. nagyszülő lánytestvére]

**grandchild** /ˈgræntʃaɪld/ *TBSZ* **grandchildren** unoka

**granddad** /ˈgrændæd/ ❶ nagypapa ❷ [udvariatlan megszólítás] öreg! / papa!

**granddaughter** /ˈgrændɔːtə/ lányunoka

**grand duchess** ❶ nagyhercegnő, főhercegnő ❷ nagyhercegné, főhercegné

**grand duchy** nagyhercegség

**grand duke** nagyherceg, főherceg

**grandfather clock** padlón álló nagy (inga)óra

**grandfather** /ˈgrænfɑːðə/ nagyapa

**grandiose** /ˈgrændɪəʊz/ nagyszerű, grandiózus, nagyratörő

**grand jury** [12–23 tagú] vádtanács, esküdtszék

**grand larceny** nagy értékre elkövetett lopás

**grandma** /ˈgrænmɑː/ nagymama, nagyi

**grandmaster** (sakk)nagymester *international grandmaster* nemzetközi (sakk)nagymester

**grandmother** /ˈgrænmʌðə/ ❶ nagyanya, nagymama ❷ [megszólításban] néni!

**Grand Old Man** nagy öreg [szakmáé]

**grandpa** /ˈgrænpɑː/ nagypapa

**grandparent** /ˈgrændpeərənt/ nagyszülő

**grand piano** (hang)versenyzongora

**grand round** nagyvizit

**grand-scale** nagyléptékű

**grandson** /ˈgrænsʌn/ fiúunoka

**grandstand** tribün, lelátó

**grand-uncle** nagybácsi [szülő nagybátyja ill. nagyszülő fiútestvére]

**granite** /ˈgrænɪt/ gránit

**grannie** VAGY **granny** /ˈgrænɪ/ nagyi

**granola** /grəˈnəʊlə/ *US* (édes) müzli

**grant** /grɑːnt/ *FNÉV*
❶ ösztöndíj [pályázható] ❷ ösztöndíj [rendszeres] ❸ (pénz)segély *a home improvement grant* lakás-átalakítási támogatás

**grant** *IGE*
❶ engedélyez, megenged, megad ❷ teljesít [kérést], meghallgat [imát] ❸ adományoz, átruház ❹ folyósít, nyújt, megad, kiutal *grant a loan* kölcsönt nyújt

**grant application** ösztöndíjpályázat

**granted** /ˈgrɑːntɪd/ ❶ igen/rendben/így van, de *granted, but* … rendben, de … ❷ *granted that* … még ha … is *granted that she should help, it doesn't mean she will* ha segítenie kellene is, nem biztos, hogy fog ❸ *take smth for granted* természetesnek vesz / (kérdés nélkül) elfogad vmit *take smb for granted* nem törődik vkivel, nem figyel (eléggé) vkire

**granular** /ˈgrænjʊlər/ szemcsés

**granulated** /ˈgrænjʊleɪtɪd/ granulált, szemcsés

**granulation** /ˌgrænjʊˈleɪʃən/ granulálás, szemcsézés, (meg)darálás

**granule** /ˈgrænjuːl/ ❶ granulátum ❷ szemcse *a granule of sugar* cukorszem

G

iː tea ɪ it e bed æ cat ɜː bird ə ago eɪ way əʊ go aɪ my aʊ how eə air
ɑː car ɒ got ɔː war ʊ put uː too ʌ but ɪə here ʊə pure ɔɪ boy
θ thing ð this tʃ chip dʒ Joe ʃ ship ʒ measure s sit ŋ ring j you w win

**granulous** /ˈgrænjuləs/ szemcsés
**grape** /greɪp/ szőlő(szem)
**grapefruit** /ˈgreɪpfruːt/ *TBSZ* **grapefruit** VAGY **grapefruits** grepp, grépfrút, citrancs
**grapeshot** /ˈgreɪpʃɒt/ kartács
**grape sugar** szőlőcukor
**grapevine** ❶ „drót" *I heard it on/through the grapevine* csicseregték a verebek ❷ szőlőtőke
**graph** /grɑːf/ ❶ grafikon, diagram ❷ gráf
**graphic** /ˈgræfɪk/ ❶ szemléletes, festői, képszerű ❷ grafikai, rajz- ❸ naturalista, [erőszakot/szexet] (túl) nyersen ábrázoló ⓘ *NEM* ~~grafikus~~ [rajzoló], *NEM* ~~grafikon~~
**graphically** /ˈgræfɪklɪ/ ❶ grafikusan, szemléletesen, élénken ❷ naturalistán ❸ grafikon(ok)/ábrák segítségével
**graphic artist** grafikusművész, grafikus, rajzoló
**graphic arts** grafika, rajzművészet
**graphics** /ˈgræfɪks/ ❶ grafika, rajz, ábra, illusztráció ❷ rajzolás, grafika ❸ írástan
**graphite** /ˈgræfaɪt/ grafit
**graphologist** /græˈfɒlədʒɪst/ grafológus
**graphology** /græˈfɒlədʒɪ/ grafológia
**graph paper** kockás papír, milliméterpapír
**grapple** /ˈgræpəl/
**grapple with** *grapple with smth* küszködik vmivel
**grasp** /grɑːsp/ *FNÉV*
❶ fogás, szorítás, megragadás *I kept his hand in my grasp* szorításomban tartottam a kezét ❷ hatalom *be in smb's grasp* vki hatalmában/markában van ❸ *be within ⁒one's⁒ grasp* elérhető közelségbe került vkihez ❹ felfogóképesség, felfogás *be beyond smb's grasp* meghaladja vki képességeit
**grasp** *IGE*
❶ megragad, megfog ❷ megért, felfog
**grasp at** utánakap vminek, kap vmi után, kap vmin
**grass** /grɑːs/ *FNÉV* ⁴ *NEM MEGSZÁML*
❶ fű *a blade of grass* fűszál ❷ gyep, pázsit ❸ „fű", marihuána
**grass** *IGE*
❶ füvesít ❷ beköp, befúj, besúg
**grasshopper** /ˈgrɑːshɒpə/ szöcske
**grass roots** a közemberek/tagok *at (the) grass roots level* a legalsó szinten *grass roots initiative* alulról jövő kezdeményezés
**grass snake** sikló(kígyó)
**grass widow** szalmaözvegy [nő]
**grass widower** szalmaözvegy [férfi]
**grate** /ˈgreɪt/ *FNÉV*
(tűz)rostély
**grate** *IGE*
❶ reszel [pl, sajtot] ❷ csikorog, nyikorog *grate on smb's nerves* idegeire megy vkinek
**grateful** /ˈgreɪtful/ ❶ hálás (akinek: *to*, amiért: *for*) ❷ kellemes
**gratefulness** /ˈgreɪtfulnəs/ hála
**grater** /ˈgreɪtə/ konyhai (sajt)reszelő
**gratify** /ˈgrætɪfaɪ/ ❶ kielégít *gratify ⁒one's⁒ passions* kiéli/kielégíti szenvedélyeit ❷ örömöt/megelégedést okoz/hoz
**gratis** /ˈgrætɪs/ VAGY /ˈgreɪtɪs/ *MNÉV/HAT.SZÓ* ingyen(es), grátisz
**gratitude** /ˈgrætɪtjuːd/ hála
**gratuitous** /grəˈtjuːɪtəs/ ❶ fölösleges, indokolatlan ❷ ingyenes, díjtalan
**gratuity** /grəˈtjuːətɪ/ borravaló
**grave** /ˈgreɪv/ *FNÉV*
sír *beyond the grave* a másvilágon
**grave** *MNÉV*
❶ súlyos, nehéz, komoly, szomorú ❷ komoly, ünnepélyes, komor ❸ tompa [hangsúlyjel]
**grave accent** tompa ékezet
**gravel** /ˈgrævəl/ *FNÉV*
kavics, murva, sóder
**gravel** *IGE*
kaviccsal/murvával/sóderrel szór be / borít
**gravel road** kavicsos út
**gravely** /ˈgreɪvlɪ/ komolyan, komoran, ünnepélyesen
**graven** /ˈgreɪvən/ vésett *graven image* „faragott kép"
**gravestone** sírkő
**graveyard** /ˈgreɪvjɑːd/ temető
**graveyard shift** éjszakai műszak
**gravitate** /ˈgrævɪteɪt/ ❶ gravitál ❷ elmozdul/tendál vmi irányába ❸ *gravitate to/towards smth* vonzódik vmihez, húz vmi felé
**gravitation** /ˌgrævɪˈteɪʃən/ vonzódás, elmozdulás
**gravitational** /ˌgrævɪˈteɪʃənəl/ gravitációs
**gravity** /ˈgrævɪtɪ/ ❶ gravitáció, nehézségi erő ❷ súly(osság), komolyság ❸ ünnepélyesség, komorság
**gravy** /ˈgreɪvɪ/ húslé, szaft, mártás, szósz
**gravy boat** mártásos/szószos csésze/edény
**gravy ladle** mártásoskanál, szószoskanál
**gray** /greɪ/ *MNÉV US*
❶ szürke ❷ ősz *turn/go gray* megőszül ❸ borongós, szürke, gyászos ❹ névtelen, anonim
**gray** *IGE US*
❶ elszürkül ❷ elszürkít ❸ megőszül ❹ megőszít
**grayish** /ˈgreɪɪʃ/ szürkés
**graze** /greɪz/ *FNÉV*
horzsolás, dörzsölt seb
**graze** *IGE*
❶ legeltet ❷ legel(észik) ❸ (meg)horzsol ❹ (meg)érint, súrol
**Gr. Br.** VAGY **Gr. Brit.** = Great Britain
**grease** /griːs/ *FNÉV*
❶ (olvasztott) zsír, zsiradék ❷ kenőzsír, kenőanyag ❸ hajlakk, hajolaj ❹ kenőpénz
**grease** *IGE*
❶ bezsíroz, beken, kiken ❷ (be)zsíroz, (meg)olajoz, (meg)ken ❸ *grease smb's palm* megveszteget, megken

**greaseproof** zsírálló, zsírhatlan, zsír át nem eresztő
**greaseproof paper** zsírpapír
**greasy** /ˈgriːsɪ/ ❶ zsíros ❷ síkos, csúszós [út]
**great** /greɪt/ *FNÉV*
❶ *the great* a(z) előkelőségek ❷ nagy név, nagyság
**great** *MNÉV*
❶ nagy, jelentős, jelentékeny, számottevő *to a great extent* nagy mértékben ❷ terjedelmes, jókora ❸ nagy, kiváló, kimagasló, nagyszerű ❹ nagyszabású ❺ remek, klassz, kiváló, príma ❻ vmit sokat/szívesen csináló *great walker* nagy túrázó ❼ *a great many cars* számos autó *a great number of towns* sok város *a great deal of petrol* sok / nagy mennyiségű benzin
**great-aunt** nagynéni [szülő nagynénje ill. nagyszülő lánytestvére]
**Great Dane** dán dog
**greatest common divisor** legnagyobb közös osztó
**great-grand-** déd- *great-grandchild* dédunoka *great-grandmother* dédanya
**great-hearted** jószívű, nagylelkű
**greatly** /ˈgreɪtlɪ/ nagyon, igen, jelentősen, nagy mértékben
**great master** sakknagymester
**great-nephew** unokaöcs/unokahúg fia ill. a testvér unokája
**greatness** /ˈgreɪtnəs/ nagyság
**great-niece** unokaöcs/unokahúg lánya ill. a testvér lányunokája
**great-uncle** nagybácsi [szülő nagybátyja ill. nagyszülő fiútestvére]
**Great Week** Nagyhét
**Grecian** /ˈgriːʃən/ [ókori] görög(ös) *Grecian urn* görög váza
**greed** /griːd/ kapzsiság, mohóság
**greediness** /ˈgriːdɪnəs/ kapzsiság, mohóság
**greedy** /ˈgriːdɪ/ ❶ kapzsi, mohó ❷ mohó, falánk
**Greek** /griːk/ *FNÉV*
❶ görög (férfi/nő) ❷ görög (nyelv) ❸ görög nyelvtudás
KIFEJEZÉSEKBEN: *it's (all) Greek to me* ez nekem (teljesen) kínai
**Greek** *MNÉV*
görög
**Greek bread** pita
**Greek Catholic** görögkatolikus
**green** *FNÉV*
❶ zöld [szín] ❷ pázsit, gyep ❸ rét, legelő
**green** ❶ zöld *grow green* kizöldül ❷ zöld, éretlen ❸ tapasztalatlan, éretlen, zöldfülű ❹ természetbarát, környezetkímélő ❺ sápadt, elzöldült, zöldes
**greenback** /ˈgriːnbæk/ zöldhasú, (egy)dolláros papírpénz
**green belt** zöldövezet [város körül]
**green beret** zöldsapkás
**green card** ❶ zöld [autóbiztosítási] kártya ❷ *US* munkavállalásra jogosító igazolvány, zöld kártya
**greenery** /ˈgriːnərɪ/ zöldnövényzet, lomb, zöldfelület
**green-eyed** ❶ zöld szemű ❷ irigy, féltékeny
**greengage** /ˈgriːngeɪdʒ/ ringló
**greengrocer** zöldséges, zöldségboltos
**greengrocer's** *the greengrocer's* a zöldséges, zöldség–gyümölcs üzlet
**greenhouse** üvegház, melegház
**greenhouse effect** melegház-hatás, üvegházhatás, üvegház-jelenség
**greenish** /ˈgriːnɪʃ/ zöldes
**green onion** ❶ mogyoróhagyma ❷ zöldhagyma
**green pepper** zöldpaprika, zöldbors
**greens** ❶ zöldségfélék [főzeléknek] ❷ zöld [díszítés növényekből]
**green salad** friss/zöld saláta
**green tea** zöld tea
**Greenwhich Mean Time** greenwichi középidő
**greet** /griːt/ ❶ üdvözöl, köszönt ❷ fogad *greet the speech with loud cheers* a beszédet hangos éljenzéssel fogadják
**greeting** /ˈgriːtɪŋz/ ❶ üdvözlet, köszöntés ❷ jókívánság, üdvözlet
**gregarious** /grɪˈgeərɪəs/ ❶ társaságkedvelő ❷ nyájban élő [állat]
**Gregorian chant** gregorián ének
**gremlin** /ˈgremlɪn/ bajkeverő kobold/szörny
**grenade** /grɪˈneɪd/ (kézi)gránát
**grenadine** /ˈgrenədiːn/ gránátalma-ital
**grew** ☞ grow
**grey** /greɪ/ *MNÉV*
❶ szürke ❷ ősz(hajú) *go/turn grey* megőszül ❸ borongós, szürke, gyászos ❹ névtelen, anonim
**grey** *IGE*
❶ elszürkül ❷ elszürkít ❸ megőszül ❹ megőszít ❺ idősödik [lakosság]
**grey economy** árnyékgazdaság, szürkegazdaság
**grey-haired** ősz hajú
**greyhound** /ˈgreɪhaund/ agár
**greyish** /ˈgreɪɪʃ/ szürkés
**grey matter** szürkeállomány, agyállomány
**grid** /grɪd/ ❶ rács, rácsozat, védőrács, fedőrács ❷ hálózat ❸ térképháló ❹ indítóhely [autóversenyen]
**gridded** /ˈgrɪdɪd/ kockás, hálózatos [térkép]
**griddle** /ˈgrɪdəl/ serpenyő, (palacsinta)sütő
**gridlines** /ˈgrɪdlaɪnz/ rácsozat, hálózat, koordináta-rendszer
**gridlock** /ˈgrɪdlɒk/ ❶ súlyos forgalmi dugó/akadály ❷ leküzdhetetlen akadály, holtpont
**grief** /griːf/ ❶ szomorúság, bánat, fájdalom ❷ baj, kudarc
**grievance** /ˈgriːvəns/ sérelem, panasz



G

**grieve** /griːv/ ❶ búsul, bánkódik, szomorkodik ❷ elszomorít, bánt, fájdalmat okoz vkinek
**grieve for** *grieve for smb/smth* vágyódik/búsul vki/vmi után
**grievous** /ˈgriːvəs/ súlyos [tévedés/baleset/sebesülés]
**grievous bodily harm, GBH** súlyos testi sértés
**griffin** VAGY **griffon** VAGY **gryphon** /ˈgrɪfən/ griff(madár)
**grill** /grɪl/ FNÉV
❶ rács, rostély, grill ❷ roston sült hús/étel, rostonsült ❸ grillsütő
**grill** IGE
❶ roston süt ❷ vallat, faggat, kérdezget ❸ szid
**grille** /grɪl/ ❶ védőrács, rostély [gépkocsi elején] ❷ beszélőablak [jegykiadóban]
**grilled cheese** /ˌgrɪld ˈtʃiːz/ melegszendvics
**grim** /grɪm/ ❶ zord, félelmetes, riasztó, félelmet keltő ❷ eltökélt, ádáz ❸ rémes, pocsék
**grimace** /grɪˈmeɪs/ VAGY /ˈgrɪməs/ FNÉV/IGE fintor/grimasz(okat vág)
**grimy** /ˈgraɪmɪ/ koszos, maszatos, szurtos
**grin** /grɪn/ FNÉV
vigyor(gás)
**grin** IGE
vigyorog
**grind** /graɪnd/ FNÉV
❶ lélekölő/unalmas munka ❷ magolás, biflázás ❸ megterhelés, fáradság ❹ folyton magoló, magánéletet nem élő diák
**grind** /graɪnd/, **ground** /graʊnd/, **ground** /graʊnd/ IGE
❶ őröl, darál, porrá tör ❷ köszörül, élesít ❸ csikorog *grind to a halt* csikorogva/döcögve megáll ❹ csikorgat *grind ⸗one's⸗ teeth* fogát csikorgatja
**grind away** magol
**grind down** *grind smth down* elnyom, kizsákmányol
**grind out** *grind smth out* ❶ termel, ont *grind out romantic stories* ontja a romantikus történeteket ❷ ont *the juke box ground out its monotonous music* a zenegép ontotta az egyhangú zenét
**grinder** /ˈgraɪndə/ ❶ daráló, őrlő ❷ köszörű(gép) ❸ köszörűs ❹ őrlőfog
**grinding** /ˈgraɪndɪŋ/ (fel)őrlő, nyomasztó
**grindstone** csiszolókő, köszörűkő
**grip** /grɪp/ FNÉV
❶ megragadás, megfogás, megmarkolás *come/get to grips with smth* megbirkózik vmivel, nekigyürkőzik vminek *have a grip on the audience* magával ragadja a hallgatóságot ❷ markolat ❸ fogás(mód) ❹ felfogóképesség *have a good grip of a subject* jól ismer egy témát ❺ sporttáska, utazótáska ❻ influenza
**grip** IGE
❶ megragad, (meg)fog ❷ fog *the brake doesn't grip* a fék nem fog ❸ elfog, magával ragad, hatalmába kerít *be gripped in panic* pánik ragadja magával ❹ befog [szerszámot]
**gripes** *the gripes* kólika, hascsikarás
**grippe** /grɪp/ influenza
**grisly** /ˈgrɪslɪ/ hátborzongató, rémséges
**grist** /grɪst/ őrlendő gabona
**grit** /grɪt/ FNÉV
❶ éles szemcsés homok, kőpor ❷ határozottság, eltökéltség
**grit** IGE
❶ homokkal/kaviccsal beszór ❷ *grit ⸗one's⸗ teeth* összeszorítja a fogát
**grits** /grɪts/ búzadara, kukoricadara
**grizzled** /ˈgrɪzləd/ őszes/őszülő
**grizzly** /ˈgrɪzlɪ/ VAGY **grizzly bear** grizli, (amerikai) szürkemedve
**groan** /grəʊn/ FNÉV
nyögés, sóhajtás
**groan** IGE
nyög, sóhajt
**groats** /grəʊts/ (zab)dara
**grocer** /ˈgrəʊsə/ fűszeres
**groceries** /ˈgrəʊsərɪz/ (árusított/vásárolt) élelmiszerek
**grocer's** /ˈgrəʊsəz/ fűszerüzlet *at the grocer's (shop)* a fűszeresnél
**grocery** VAGY US **grocery store** /ˈgrəʊsərɪ/ fűszerüzlet, élelmiszerbolt
**grog** /grɒg/ grog
**groggy** /ˈgrɒgɪ/ bizonytalan(ul álló), tántorgó, szédülő
**groin** /grɔɪn/ ❶ ágyék ❷ pénisz ❸ hullámtörő gát
**grommet** /ˈgrɒmɪt/ ❶ fűzőkarika, fűzőlyuk [cipőn, sátron]
**groom** /gruːm/ FNÉV
❶ lovász(fiú) ❷ vőlegény
**groom** IGE
❶ ápol [lovat] ❷ *groom ⸗oneself⸗* csinosítja magát ❸ nyalogat, tisztogat [állat másikat] ❹ előkészít/felkészít vkit vmire (amire: *for*)
**groomsman** /ˈgruːmzmən/ TBSZ **groomsmen** /ˈgruːmzmən/ ❶ vőfély ❷ násznagy
**groove** /gruːv/ ❶ rovátka, horony, barázda, vájat, árok ❷ rutin, megszokás *in the same old groove* a megszokott mederben
**grope** /grəʊp/ *grope for/after (smth)* tapogatózva keres vmit *grope ⸗one's⸗ way* tapogatózva keresi az utat
**groper** /ˈgrəʊpə/ szatír
**gross** FNÉV
❶ vminek a zöme *in gross, by the gross* egyben, nagyban, tömegében ❷ tizenkét tucat, nagytucat [= 144]
**gross** /grəʊs/ MNÉV
❶ bruttó, össz- *gross weight* bruttó súly ❷ goromba, súlyos, durva ❸ trágár, durva, közönséges ❹ kövér, hájas ❺ pocsék, ocsmány
**gross** IGE
bruttó bevételt jelent/hoz *their earnings grossed*

*4 million* (bruttó) négymilliós bevételük volt
**gross domestic product** bruttó hazai termék
**gross national product** nemzeti össztermék, bruttó nemzeti termék
**gross turnover** összforgalom
**grotesque** /grəʊˈtesk/ groteszk
**grouch** /grautʃ/ FNÉV
❶ morgás, panasz(kodás), zokszó ❷ zsémbes/mogorva ember
**grouch** IGE
zsémbeskedik, morog
**grouchy** /ˈgrautʃɪ/ morgó, zsörtölődő
**ground** /graund/ FNÉV
❶ föld *above ground* a föld színén ❷ talaj *clear the ground for smth* előkészíti a talajt vmi számára *cover much ground* nagy utat/távot tesz meg ❸ terület, terep, tér *gain ground* tért hódít/nyer, terjed *lose/give ground* hátrál, visszavonul ❹ téma, terület *we covered no new ground* nem tértünk át új témára ❺ (tenger)fenék ❻ alap *on a blue ground* kék alapon ❼ föld, földelés [vezeték]
KIFEJEZÉSEKBEN: *break fresh/new ground* úttörő/újító munkát végez *hold/stand one's ground* állja a sarat
**ground** /graund/ MNÉV
őrölt [pl. kávé]
**ground** IGE
❶ megfeneklik, zátonyra fut ❷ megfenekeltet, zátonyra futtat ❸ felszállást letilt/betilt, repülőgépeket lehoz/leparancsol ❹ repüléstől/lovaglástól/vezetéstől eltilt ❺ szobafogságra ítél [gyereket] ❻ alapoz (amire: *on*) ❼ alapul (amire: *on*) ❽ földel [vezetéket] ❾ ☞ grind
**ground colour** ❶ alapszín ❷ alapozás [festékkel]
**ground connection** földelés
**ground control** földi irányítás/irányítóközpont
**ground crew** repülőtéri személyzet
**grounded** /ˈgraundɪd/ megalapozott, alapos [gyanú]
**ground floor** földszint
**ground forces** szárazföldi erők/hadsereg
**ground glass** tejüveg
**groundhog** amerikai mormota
**ground ivy** földiborostyán, kerek repkény
**groundless** /ˈgraundləs/ ❶ alaptalan, indokolatlan ❷ feneketlen
**groundnut** amerikai mogyoró, földimogyoró
**ground plan** alaprajz, tervrajz
**ground plot** telek
**ground rule** (alap)szabály, játékszabály
**grounds** ❶ alap, ok *have good grounds for smth* jó oka van vmire *on what grounds?* milyen alapon/jogon? ❷ zacc ❸ sportpálya ❹ kert, udvar [nagyobb épület körül]
**ground squirrel** (amerikai) ürge/hörcsög
**ground staff** ❶ repülőtéri személyzet ❷ pályamesterek/pályafenntartók [sportpályán]
**ground-to-air** föld–levegő [rakéta]
**ground-to-ground** föld–föld [rakéta]
**groundwater** talajvíz
**groundwork** alap(ozás) *lay the groundwork of smth* lerakja/megteremti vmi alapját
**group** /gru:p/ FNÉV
❶ csoport ❷ csoport, frázis, szerkezet [nyelvészet] ❸ együttes, zenekar
**group** IGE
❶ csoportosít, osztályoz ❷ csoportokba rendeződik, csoportosul
**group match** csoportmérkőzés
**group practice** orvosi munkaközösség
**group session** csoportfoglalkozás
**group therapy** csoportterápia
**group winner** csoportgyőztes
**grouse** /graus/ FNÉV
TBSZ **grouses** VAGY **grouse** /graus/ nyírfajd
**grouse** IGE
dörmög, morog, zúgolódik
**grout** /graut/ FNÉV/IGE fuga/fugáz
**grove** /grəuv/ ❶ liget, berek, erdőcske *orange grove* narancsliget ❷ fasor
**grovel** /ˈgrɒvəl/ ❶ csúszik-mászik/megalázkodik (aki előtt: *before/to*) ❷ lábhoz lapul/fekszik
**grow** /grəu/, **grew** /gru:/, **grown** /grəun/
FŐIGEKÉNT: ❶ nő, növekszik, növekedik ❷ nő, terem ❸ termeszt, termel ❹ fejlődik, gyarapodik ❺ növeszt *grow a beard* szakállt növeszt
SEGÉDIGESZERŰEN: ❶ [válik vmivé/vmilyenné] *grow fat* meghízik *grow louder* felhangosodik *grow old* megöregszik ❷ [kezd vmit tenni] *grow to like smb* megszeret vkit
**grow into** *grow into smth* ❶ vmivé válik ❷ belenő vmibe *grow into the coat* belenő a kabátba ❸ megszokik vmit
**grow out of** *grow out of smth* ❶ kinő *she'll soon grow out of the coat* hamar kinövi a kabátot ❷ kinő [szokást] ❸ ered/származik vmiből
**grow up** ❶ felnő ❷ (ki)fejlődik, kialakul
**grower** /ˈgrəuə/ ❶ termelő, termesztő ❷ vhogyan termő [növény] *slow grower* lassú termő
**growl** /graul/ FNÉV
❶ morgás ❷ dörmögés, morgás
**growl** IGE
❶ morog ❷ dörmög, morog, zúgolódik
**grown** MNÉV
felnőtt, megnőtt, meglett
**grown** IGE
☞ grow
**grown-up** FNÉV
felnőtt
**grown-up** MNÉV
felnőtt
**growth** /grəuθ/ ❶ növekedés, (ki)fejlődés *reach full growth* teljesen kifejlődik ❷ gyarapodás, növekedés, szaporulat ❸ kinövés ❹ daganat, tumor
**grub** /grʌb/ FNÉV
❶ nyű, hernyó, lárva ❷ kultivátor ❸ kaja

**grub** *IGE*
❶ (fel)ás, feltúr, kiás ❷ gyökereket feltép
**grudge** /grʌdʒ/ *FNÉV*
neheztelés, harag, ellenszenv
**grudge** *IGE*
*grudge smb smth* irigyel/sajnál vkitől vmit
**grudging** /ˈgrʌdʒɪŋ/ vonakodó, kelletlen
**gruesome** /ˈgru:səm/ hátborzongató, rémítő
**grumble** /ˈgrʌmbəl/ *FNÉV*
❶ morgás, zúgolódás *without a grumble* mukkanás nélkül ❷ morgás, morajlás, dübörgés
**grumble** *IGE*
❶ morog, zúgolódik (ami miatt: *about*) ❷ panaszkodik ❸ dörög, morajlik, dübörög
**grummet** /ˈgrʌmɪt/ fűzőkarika, fűzőlyuk
**grunt** /grʌnt/ *FNÉV*
❶ röfögés, röffentés ❷ kopasz, baka
**grunt** *IGE*
❶ röfög, röffen ❷ morog, felmordul *grunt smth out* morog vmit
**gryphon** /ˈgrɪfən/ griff(madár)
**G sharp** gisz
**Gt. Br.** VAGY **Gt. Brit.** = Great Britain
**guarantee** /ˌgærənˈti:/ *FNÉV*
❶ kezesség, szavatolás, jótállás, garancia *be under guarantee* garanciális ❷ kezes, jótálló ❸ biztosíték, zálog
**guarantee** *IGE*
❶ szavatol vmit, jótáll, garanciát vállal (vmire) ❷ megígér, garantál
**guarantor** /ˌgærənˈtɔ:/ kezes, jótálló
**guaranty** /ˈgærəntɪ/ ❶ kezesség, szavatolás, jótállás, garancia ❷ biztosíték, zálog
**guard** /gɑ:d/ *FNÉV*
❶ őr *security guard* biztonsági őr *on guard* őrség(b)en ❷ őrség *change guard* leváltja az őrséget ❸ őrizet *under armed guard* fegyveres őrizettel ❹ elővigyázatosság, éberség, figyelem *be off one's guard* elővigyázatlan *be/stand on guard* résen van/áll ❺ *of the old guard* régi vágású ❻ kalauz, vonatkísérő ❼ -védő *shin guard* lábszárvédő ❽ védőjátékos
**guard** *IGE*
❶ őriz, óv, véd, védelmez ❷ féken/kordában tart
**guarded** /ˈgɑ:dɪd/ megfontolt, tartózkodó
**guardian** /ˈgɑ:dɪən/ ❶ gondnok, gyám ❷ védelmező
**guardian angel** őrangyal
**guardianship** /ˈgɑ:dɪənʃɪp/ gyámság, gondnokság
**guardianship suit** gyermek-elhelyezési per
**guard rail** ❶ korlát, mellvéd ❷ karfa [korláton]
**guard ship** őrhajó
**guardsman** /ˈgɑ:dzmən/ *TBSZ* **guardsmen** /ˈgɑ:dzmən/ testőr, testőrség tagja
**guard's van** teherkocsi [ahol a kalauz utazik]
**gubernatorial** /ˌgu:bənəˈtɔ:rɪəl/ kormányzói
**guerilla** VAGY **guerrilla** /gəˈrɪlə/ gerilla, gerillaharcos, partizán

**guess** /ges/ *FNÉV*
találgatás, becslés *have/take/make a guess* találgat
**guess** *IGE*
❶ kitalál, találgat *guess (at) smth* találgat, igyekszik kitalálni vmit *keep smb guessing* bizonytalanságban tart ❷ *guess a riddle* rejtvényt megfejt ❸ úgy vél/hisz/gondol *I guess so* azt hiszem
**guest** /gest/ ❶ vendég, látogató ❷ vendég [szállodában] ❸ vendégelőadó, vendégművész
**guest conductor** vendégkarmester
**guesthouse** /ˈgesthaus/ (vendég)fogadó, panzió, vendégház
**guest of honour** díszvendég
**guestroom** vendégszoba
**guests' book** vendégkönyv [múzeumban]
**guest star** sztárvendég
**guest worker** vendégmunkás
**guffaw** /gʌˈfɔ:/ *FNÉV*
röhögés *give a loud guffaw* hangosan röhög
**guffaw** *IGE*
röhög, rötyög
**guidance** /ˈgaɪdəns/ ❶ tanács(adás) útmutatás ❷ irányítás, vezetés, vezérlés
**guidance counsellor** tanulmányi/pályaválasztási tanácsadó
**guide** /gaɪd/ *FNÉV*
❶ idegenvezető, kalauz ❷ útikönyv ❸ szakkönyv ❹ útmutató, ismertető, tájékoztató *railway guide* vasúti menetrend ❺ *girl guide* cserkészlány
**guide** *IGE*
vezet, irányít, kalauzol
**guide book** útikönyv, útikalauz
**guided composition** irányított fogalmazás
**guide dog** vakvezető kutya
**guided tour** idegenvezetéses városnézés
**guidelines** irányelvek, főbb elvek, alapszabályok
**guidepost** (út)irányjelző tábla
**guild** /gɪld/ ❶ céh, ipartestület ❷ egyesület, egylet, szövetség
**guile** /gaɪl/ fortély, fondorlat, csalárdság
**guileful** /ˈgaɪlful/ csalárd, fondorlatos
**guileless** /ˈgaɪlləs/ nyílt, őszinte
**guillemet** /ˈgɪləmet/ «kacsaláb», „lúdláb" idézőjel
**guillotine** /ˈgɪləti:n/ *FNÉV*
❶ nyaktiló, guillotine ❷ papírvágó gép
**guillotine** *IGE*
guillotine-nal lenyakaz
**guilt** /gɪlt/ ❶ bűnösség, vétkesség *the guilt lies with them* a felelősség az övék ❷ bűntudat
**guiltless** /ˈgɪltləs/ ártatlan, bűntelen
**guilty** /ˈgɪltɪ/ ❶ bűnös, vétkes (amiben: *of*) *plead not guilty* bűnösségét nem ismeri be ❷ vétkes, felelős (amiben: *of*) ❸ bűntudatos
**guinea** /ˈgɪnɪ/ ❶ régi angol aranypénz [105 penny] ❷ digó, olasz
**guinea fowl** gyöngytyúk

**guinea pig** /ˈgɪnɪpɪg/ ❶ tengerimalac ❷ kísérleti nyúl
**guise** /gaɪz/ ❶ (megtévesztő) külső, látszat
**guitar** /gɪˈtɑː/ gitár *play the guitar* gitározik
**gulf** /gʌlf/ ❶ öböl ❷ szakadék, (nézet)különbség, ellenségesség
**gull** /gʌl/ sirály
**gullibility** /ˌgʌlɪˈbɪlɪtɪ/ hiszékenység
**gullible** /ˈgʌlɪbəl/ hiszékeny, naiv, (könnyen) rászedhető/becsapható
**gulp** /gʌlp/ FNÉV
❶ nyelés, kortyolás ❷ falat, nyelet, korty
**gulp** IGE
❶ (mohón) (el/le)nyel ❷ nyel egyet
**gulp back** *gulp smth back* lenyel, visszafojt
**gum** /gʌm/ FNÉV
❶ íny, foghús ❷ ragasztó(szer) ❸ rágógumi ❹ csipa
**gum** IGE
(meg)ragaszt *gum up* eldugít, eltömít
**gumbo** ❶ okra, gombó ❷ okrás, zöldséges húsleves
**gumboot** /ˈgʌmbuːt/ gumicsizma
**gummy** /ˈgʌmɪ/ ❶ ragadós, nyúlós ❷ csipás
**gumption** /ˈgʌmpʃən/ ❶ gyors döntésképesség, lélekjelenlét ❷ leleményesség, életrevalóság
**gun** /gʌn/ FNÉV
❶ lőfegyver, puska, pisztoly, ágyú *machine gun* géppuska/géppisztoly ❷ *stick to one's guns* nem enged (az álláspontjából) ❸ US fegyveres (gyilkos), bandita ❹ ágyúlövés, díszlövés ❺ szórópisztoly
**gun** IGE
**gun down** *gun smb down* lelő, legyilkol
**gunboat** ágyúnaszád
**gun control** fegyvertartást szabályozó törvény
**gun dog** vadászkutya
**gunfight** tűzharc
**gunfire** ágyúzás
**gun lock** závárzat
**gunman** /ˈgʌnmən/ TBSZ **gunmen** /ˈgʌnmən/ fegyveres, bandita
**gunpoint** *at gunpoint* puskával/pisztollyal kényszerítve
**gunpowder** lőpor, puskapor
**gunshot** puskalövés, pisztolylövés *within gunshot* lőtávolon belül
**gun stock** puskatus, puskaagy
**gurgle** /ˈgɜːgəl/ FNÉV
❶ gagyogás, gurgulázás ❷ csobogás, csörgedezés
**gurgle** IGE
❶ gagyog, gurgulázik ❷ csörgedezik, csobog
**guru** /ˈgʊruː/ ❶ lelki tanácsadó, guru ❷ szaktekintély
**gush** /gʌʃ/ FNÉV
❶ feltörés, (fel)bugyogás ❷ ömlengés, áradozás
**gush** IGE
❶ (sugárban) ömlik, dől, kibuggyan, feltör ❷ ömleng, áradozik (amiről/akiről: *over*)
**gushing** /ˈgʌʃɪŋ/ ömlengő, áradozó
**gust** /gʌst/ FNÉV
❶ kitörés *gust of wind* szélroham ❷ kitörés [indulaté]
**gust** IGE
száguld, dühöng [szél]
**gusto** /ˈgʌstəʊ/ gusztus, élvezet *with gusto* élvezettel/örömmel
**gut** /gʌt/ FNÉV
❶ bél ❷ bélhúr
**gut** MNÉV
ösztönös, emocionális, zsigeri
**gut** IGE
❶ kibelez, kizsigerel ❷ tönkretesz, kiéget
**gutless** /ˈgʌtləs/ gyáva, nyámnyila
**guts** /ˈgʌts/ ❶ belek, zsigerek ❷ mersz, eltökéltség ❸ vmi veleje/lényege ❹ *hate smb's guts* szívből utál vkit
**gutstring** bélhúr
**gutter** /ˈgʌtə/ ❶ (eső)csatorna, ereszcsatorna, csorgó ❷ csatorna, vízlevezető árok ❸ tekepálya
**guy** /gaɪ/ ❶ ember, férfi, pasas ❷ US ember *come on, guys* gyerünk, emberek! ❸ bábu
**gym** /ˈdʒɪm/ ❶ tornaterem, tornacsarnok ❷ torna, gimnasztika
**gymnasium** /dʒɪmˈneɪzɪəm/ tornaterem, edzőterem, tornacsarnok ⓘ NEM ~~gimnázium~~
**gymnastic** /dʒɪmˈnæstɪk/ torna-, testedző, gimnasztikai
**gymnastics** /dʒɪmˈnæstɪks/ ❶ torna, gimnasztika, sportgimnasztika ❷ verseny, torna
**gymnastics apparatus** tornaszer
**gym shoe** tornacipő
**gymslip** tornatrikó, tornaruha
**gym suit** tornaruha
**gynaecological** VAGY **gynecological** /ˌgaɪnɪkəˈlɒdʒɪkəl/ nőgyógyászati
**gynaecologist** VAGY **gynecologist** /ˌgaɪnɪˈkɒlədʒɪst/ nőgyógyász
**gynaecology** VAGY **gynecology** /ˌgaɪnɪˈkɒlədʒɪ/ nőgyógyászat
**gypsum** /ˈdʒɪpsəm/ (szobrász)gipsz ⓘ NEM ~~gipsz~~ [orvosi]
**gypsy** VAGY **gipsy** /ˈdʒɪpsɪ/ cigány

G

# H, h /eɪtʃ/

**h.** = height; high; hour(s); hundred; husband
**H** = head; heroin; high; hydrogen; hour
**ha** = hectare(s)
**ha** /hɑː/ a! á! há!
**haberdasher** /ˈhæbədæʃə/ rövidáru-kereskedő
**haberdashery** /ˈhæbədæʃərɪ/ rövidáru
**habilitate** /həˈbɪlɪteɪt/ tanári fokozatot szerez, habilitál [egyetemen]
**habilitation** /həˌbɪlɪˈteɪʃən/ habilitáció
**habit** /ˈhæbɪt/ ❶ szokás *make a habit of smth* szokást csinál vmiből ❷ magatartás, viselkedés ❸ megszokás
**habitable** /ˈhæbɪtəbəl/ lakható
**habitat** /ˈhæbɪtæt/ előfordulási hely, élőhely
**habitation** /ˌhæbɪˈteɪʃən/ ❶ (vhol) lakás ❷ lakóhely
**habitual** /həˈbɪtʃuəl/ szokásos, megszokott
**hack** /hæk/ FNÉV
❶ zugújságíró ❷ alacsony rangú pártpolitikus
**hack** IGE
❶ szétüt, szétcsap [apró darabokra] ❷ meg bír csinálni, elbír vmivel *I can hack it* elbírok vele ❸ hackerkedik
**hacker** /ˈhækə/ internetes kalóz, hacker
**hackney** /ˈhæknɪ/ FNÉV
❶ igásló ❷ bérkocsi ⓘ NEM ~~hakni(zik)~~
**hackney** IGE
agyonhasznál, elcsépel
**had** ☞ have
**had as soon** jobban szeretne *I had as soon stay here* jobb(an) szeretnék itt maradni
**had best** a legjobb(an jár/teszi), ha {MONDAT} *had best (not) do smth* a legjobban akkor jár, ha (nem) tesz vmit
**had better** jobb(an tesz) / jobb(an jár), ha {MONDAT} *had better (not) do smth* jobban teszi, ha (nem) tesz vmit
**had rather** VAGY **had sooner** *she had rather/ sooner I stayed* jobb szeretné, ha maradnék
**haddock** /ˈhædək/ tőkehal
**hadn't** /ˈhædənt/ [= had not]
**haemoglobin** /ˌhiːməˈgləubɪn/ hemoglobin
**haemophilia** /ˌhiːməˈfɪlɪə/ vérzékenység
**haemophiliac** /ˌhiːməˈfɪlɪæk/ FNÉV vérzékeny
**haemophilic** /ˌhiːməuˈfɪlɪk/ VAGY /ˌheməuˈfɪlɪk/ MNÉV vérzékeny
**haemorrhage** /ˈhemərɪdʒ/ FNÉV
vérzés *internal haemorrhage* belső vérzés
**haemorrhage** IGE
vérzése van, vérzik
**haemorrhoids** /ˈhemərɔɪd/ aranyér
**hag** /hæg/ boszorkány
**haggard** /ˈhægəd/ ❶ szikár, ösztövér ❷ elkínzott, elgyötört [pl. arc]
**haggis** /ˈhægɪs/ birkabelsőségből és hagymából készült skót nemzeti étel
**haggle** /ˈhægəl/ alkudozik, alkuszik (akivel: *with*, amiről: *over/about*)
**hail** /heɪl/ FNÉV
❶ jégeső ❷ zápor, vminek a zápora [pl. golyóké] ❸ üdvözlés, köszöntés
**hail** IGE
❶ esik [jég] *it's hailing* jégeső esik ❷ záporozik [pl. golyók] ❸ megszór, záport zúdít vkire [pl. golyózáport] ❹ üdvözöl, odakiált vkinek ❺ vmiért kiált *hail a taxi* taxiért kiált, taxit hív [utcán]
**hailstone** jég, jégdarab [jégesőkor]
**hailstorm** jeges zivatar, jégverés
**hair** /heə/ ❶ hajszál ❷ szőrszál ❸ NEM MEGSZÁML frizura, haj *brush* ⁝*one's*⁝ *hair* megkeféli a haját ❹ NEM MEGSZÁML szőr, szőrzet, haj(zat)
KIFEJEZÉSEKBEN: *split hairs* szőrszálhasogatóan viselkedik
**hairbrush** hajkefe
**haircut** /ˈheəkʌt/ ❶ hajvágás ❷ frizura
**hairdo** /ˈheəduː/ frizura [nőé]
**hairdresser** fodrász
**hair drier** VAGY **hair dryer** FNÉV hajszárító
**hairless** /ˈheələs/ ❶ kopasz ❷ szőrtelen, sima
**hairnet** hajháló
**hairpiece** vendéghaj
**hairsplitter** FNÉV szőrszálhasogató
**hairsplitting** FNÉV/MNÉV szőrszálhasogatás, szőrszálhasogató
**hairspray** hajlakk
**hairspring** hajszálrugó
**hairstyle** frizura, hajviselet

**hairy** /ˈheəri/ szőrös
**halberd** /ˈhælbəd/ alabárd
**hale** /heɪl/ *FNÉV*
egészséges
**hale** *IGE*
húz, vonszol, hurcol
**half** /hɑːf/ *TBSZ* **halves** /hɑːvz/ *FNÉV*
❶ fél, vminek a fele *cut smth in half* félbevág *a litre and a half* másfél liter ❷ vminek az egyik fele ❸ félidő [pl. második, sportban] ❹ *TBSZ* **halves** VAGY **halfs** pohár, fél korsó [sör] ❺ *TBSZ* **halves** VAGY **halfs** fedezet, half [pl. futballban] ❻ *TBSZ* **halves** VAGY **halfs** fél (jegy), gyerekjegy, félárú jegy ❼ fél óra *(at) half past two* fél három(kor) *(at) half after two US* fél három(kor) *(at) half two* fél három(kor)
**half** *MNÉV*
fele számú/mennyiségű *I've worked here half my life* fél életemet itt dolgoztam le *half a litre* fél liter *half an hour* fél óra
**half** *HAT.SZÓ*
félig, felerészben *not half* nagyon is! / mi az hogy!
**half-asleep** *be half-asleep* félálomban van
**half-awake** *be half-awake* félálomban van
**halfback** fedezet, half [pl. futballban]
**half board** *FNÉV/MNÉV* félpanzió(s) [ellátás]
**half-brother** féltestvér [fiú]
**half-hearted** /hɑːfˈhɑːtɪd/ ❶ bátortalan ❷ tessék–lássék módon cselekvő
**half-heartedly** /hɑːfˈhɑːtɪdlɪ/ bátortalanul, tessék–lássék módon
**halfmast** félárboc *at half-mast* félárbocra eresztett/eresztve
**half note** félhang(jegy) [zenei]
**halfpenny** /ˈheɪpnɪ/ VAGY /ˈhɑːfpenɪ/ *TBSZ* **halfpence** /ˈhɑːfpens/ VAGY **halfpennies** ❶ fél penny ❷ fél pennys érme
**half-price** *MNÉV/HAT.SZÓ* félár(on)
**half-sister** féltestvér [lány]
**half term** szünidő [néhány nap félév közben]
**half time** félidő, szünet [sportban]
**halfway** *HAT.SZÓ/MNÉV* félúton (levő), féltávnál (levő)
**half-wit** *FNÉV* féleszű, bolond
**half-witted** *MNÉV* féleszű
**halibut** /ˈhælɪbət/ óriási laposhal
**hall** /hɔːl/ ❶ előszoba ❷ (nagy)terem ❸ folyosó ❹ előcsarnok [pl. szállodáé]
**hallelujah** /ˌhælɪˈluːjə/ halleluja
**hallmark** /ˈhɔːlmɑːk/ *FNÉV*
❶ fémjel [nemesfémen] ❷ jellemző (vonás), jegy
**hallmark** *IGE*
fémjellel ellát [nemesfémet]
**hallo** /həˈləʊ/ ❶ halló [telefonban] ❷ szervusz [találkozáskor] ❸ hé! [figyelemfelhívás]
**hall of fame** dicsőségcsarnok
**hall of residence** kollégium
**Hallowe'en** VAGY **Halloween** /ˌhæləʊˈiːn/ Mindenszentek napjának előestéje
**hallucinate** /həˈluːsɪneɪt/ hallucinál
**hallucination** /həˌluːsɪˈneɪʃən/ hallucináció
**hallway** ❶ előszoba ❷ folyosó
**halo** /ˈheɪləʊ/ ❶ gyűrű, fényudvar [nap/hold körül] ❷ dicsfény, glória
**halogen** /ˈhælədʒen/ halogén
**halon** /ˈhælɒn/ halon
**halt** /hɔːlt/ *FNÉV*
megállás, szünet *come to a halt* megáll
**halt** *IGE*
❶ megállít megáll ❷ tétovázik, habozik
**halve** /hɑːv/ ❶ megfelez ❷ felére csökkent
**halves** ☞ half
**ham** /hæm/ ❶ sonka ❷ (felső)comb [pl. disznóé] ❸ ripacs [színész] ❹ rádióamatőr
**hamburger** /ˈhæmbɜːgə/ ❶ hamburger ❷ fasírt
**ham-fisted** VAGY **ham-handed** kétbalkezes
**hamlet** /ˈhæmlət/ falucska
**hammer** /ˈhæmə/ *FNÉV*
❶ kalapács ❷ verő, ütő, kalapács [pl. gépé, hangszeré] ❸ kalapács(csont) [fülben] ❹ kakas [fegyveré] ❺ kalapács [sporteszköz]
**hammer** *IGE*
❶ kalapál ❷ kovácsol ❸ belever [vmit vkinek a fejébe] ❹ tönkrever
**hammer in** *hammer smth in* belever vmit [vkinek a fejébe]
**hammer out** *hammer smth out* ❶ elintéz, rendez [pl. nézeteltérést] ❷ tető alá hoz [megállapodást/szerződést]
**hammer and sickle** sarló–kalapács
**hammer drill** ütvefúrógép
**hammer throw** kalapácsvetés
**hammock** /ˈhæmək/ függőágy
**hamper** /ˈhæmpə/ *FNÉV*
❶ fedeles kosár, piknikkosár ❷ szennyeskosár
**hamper** *IGE*
(meg)akadályoz, (meg)gátol
**hamster** /ˈhæmstə/ hörcsög
**hamstring** /ˈhæmstrɪŋ/ térdín
**hand** /hænd/ *FNÉV*
❶ kéz *be good with ⸗one's⸗ hands* ügyes keze van, ügyeskezű *hold hands* fogják egymás kezét *hands up!* fel a kezekkel! *be at hand* kéznél/közelben van *by hand* kézzel, kézi kézbesítéssel *hands off!* el a kezekkel! *shake hands* kezet fog/ráz (akivel: *with*) ❷ mutató [pl. óráé, műszeré] ❸ kézírás, aláírás ❹ kézben tartott kártyák ❺ munkáskéz *all hands on deck!* mindenki a fedélzetre! ❻ szakértő(je vminek) *be an old hand* tapasztalt/vén róka (amiben: *at*) ❼ rész, szerep(vállalás) *have a hand in smth* része/szerepe van vmiben ❽ ellenőrző szerep, felelősség *have smth in hand* (jól) kézben tart vmit *get out of hand* elvadul, elszabadul, *be in the hands of smth* vkinek a kezében van [pl. döntés] ❾ gazda, tulajdonos *change hands* gazdát cserél

H

KIFEJEZÉSEKBEN: *on the one hand* egyrészt *on the other (hand)* másrészt *be at hand* közel van [időben] *be on hand* rendelkezésre/készen áll *give/lend smb a (helping) hand* segítséget nyújt vkinek (amiben: *with*) *off hand* rögtön, kapásból *out of hand* rögtön, kapásból

**hand** IGE

❶ (át)ad, átnyújt (akinek: *to*) *please hand it back tomorrow* légy szíves holnap add vissza ❷ *(have to) hand it to smb that* {MONDAT} elismeri, hogy {MONDAT} [vki sikerét]

**hand down** ❶ *hand smth down* az utókorra hagy ❷ *hand smth down* kihirdet, nyilvánosságra hoz [pl. döntést, ítéletet]

**hand in** *hand smth in* bead, benyújt

**hand on** *hand smth on* ❶ továbbad, továbbít ❷ továbbad, utódaira hagy

**hand out** *hand smth out* ❶ kioszt, szétoszt ❷ osztogat [pl. tanácsot]

**hand over** ❶ *hand smb/smth over* átad, kezére ad [pl. bűnözőt rendőrségnek] (akinek: *to*) ❷ *hand smth over to smb* átruház, átad

**handbag** /ˈhændbæg/ női táska, retikül

**handball** ❶ kézilabda [fallabdázáshoz hasonló, Magyarországon ismeretlen játék] ❷ *(team) handball* kézilabda ❸ kezezés [pl. futballban]

**handbill** röplap, szórólap

**handbook** kézikönyv

**handbrake** kézifék

**handcuff** megbilincsel

**handcuffs** bilincs

**hand drill** kézifúró

**-handed** /ˈhændɪd/ vmilyen kezű, vmennyi kezű *left-handed compliment* kétes értékű bók *single-handed* egyesegyedül [pl. csinál vmit] *catch smb red-handed* rajtakap vkit

**-hander** /ˈhændə/ vmilyen kezű ember *left-hander* balkezes ember

**handful** /ˈhændful/ FNÉV ❶ maréknyi, kézben fogható mennyiségű ❷ kevés *only a handful of them arrived* csak egy páran érkeztek meg ❸ nehezen kézbentartható *that child is quite a handful* ez a gyerek nehezen kezelhető

**handgrip** ❶ kézszorítás ❷ (betekert) fogantyú [pl. teniszütőé] ❸ sporttáska, utazótáska

**handheld** kézi, kézben fogható

**handicap** /ˈhændɪkæp/ FNÉV

❶ fogyatékosság [testi, szellemi] ❷ hátrányos helyzet ❸ előny/hátrány, hendikep [sportversenyen] ❹ hendikepes verseny

**handicap** IGE

hátrányos helyzetbe hoz

**handicapped** /ˈhændɪkæpt/ fogyatékos

**handicraft** /ˈhændɪkrɑːft/ kézműipar

**handily** /ˈhændɪlɪ/ ❶ ügyesen ❷ kényelmesen, könnyen

**handiwork** /ˈhændɪwɜːk/ ❶ kézimunka, kézzel végzett munka ❷ vki munkája/műve [pl. terroristáké]

**handkerchief** /ˈhæŋkətʃɪf/ zsebkendő

**handle** /ˈhændəl/ FNÉV

❶ fogantyú, fül ❷ nyél [szerszámé] ❸ markolat [pl. kardé] ❹ kilincs *door handle* ajtókilincs

KIFEJEZÉSEKBEN: *fly off the handle* dühbe gurul, kijön a béketűrésből

**handle** IGE

❶ hozzányúl vmihez, megérint ❷ kezel *handle with care* óvatosan kezelendő/mozgatandó ❸ irányít, kezel ❹ bánik vkivel/ vmivel, kezel ❺ foglalkozik/kereskedik vmivel *we don't handle antiques* régiségekkel nem foglalkozunk ❻ kezez [pl. futballban]

**handlebar** kormány(szarv) [kerékpáré]

**handler** /ˈhændlə/ ❶ idomár ❷ kezelő *baggage handler* csomagkezelő munkás [pl. repülőtéren]

**hand luggage** kézipoggyász

**handmade** kézzel készített

**handout** ❶ alamizsna [pl. pénz, étel] ❷ kiosztott írásos anyag [pl. előadáson]

**handover** átadás [pl. hatalomé]

**handpick** gondosan kiválaszt/kiválogat

**handrail** karfa, korlát

**handset** kézibeszélő [pl. telefoné]

**handshake** /ˈhændʃeɪk/ kézfogás, kézszorítás

**handsome** /ˈhænsəm/ ❶ jóképű, vonzó [r.szerint férfi] ❷ erős vonásokkal rendelkező [r.szerint nő] ❸ tekintélyes, csinos, takaros [összeg]

**hands-on** gyakorlati(as), gyakorlati jellegű [pl. képzés] *hands-on experience* közvetlen/gyakorlati tapasztalat (amiben: *in*)

**handstand** kéz(en)állás

**hand-to-hand** közeli, kézi- [pl. harc]

**handwriting** kézírás

**handy** /ˈhændɪ/ ❶ egyszerű, könnyen kezelhető, hasznos [pl. eszköz] *come in handy* jól/kapóra jön, jól használható ❷ kéznél levő, közeli ❸ ügyes [ember] (amivel: *with*)

**handyman** /ˈhændɪmən/ TBSZ **handymen** /ˈhændɪmən/ ezermester, mindenes

**hang** /hæŋ/ FNÉV

esés [ruháé]

KIFEJEZÉSEKBEN: *get/have the hang of smth* ráérez vmire, kezd belejönni vmibe, belelendül

**hang** /hæŋ/, **hung** /hʌŋ/, **hung** /hʌŋ/ IGE

❶ függ, lóg ❷ (fel)akaszt [pl. függönyt, ruhát, ajtót] ❸ bemutat [kiállításon] ❹ tapétáz ❺

**hang, hanged, hanged** felakaszt [bűnöst]

**hang about** VAGY **hang around** ❶ kószál, csellengl ❷ késlekedik *hang about!* várj egy kicsit!

**hang on** ❶ (bele)kapaszkodik (amibe: *to*) ❷ várakozik, kapcsolásra vár *hang on!* várj egy kicsit! *can you hang on?* tudod tartani a vonalat? ❸ kitart, kitartóan viselkedik ❹ *hang on smth* függ vmitől, múlik vmin

**hang onto** *hang onto smth* ragaszkodik vmihez, nem akar megszabadulni vmitől

**hang out** agyonüti az időt, lófrál *hang out with smb* (együtt) lóg/jár vkivel
**hang together** ❶ összetart [pl. csoport] ❷ összhangban van, egységes egészet alkot
**hang up** ❶ befejezi/megszakítja a telefonbeszélgetést ❷ *hang smth up* felakaszt [pl. ruhát] ❸ *be hung up* fenntartásai/gátlásai vannak (ami miatt: *on/about*)
**hangar** /ˈhæŋə/ hangár
**hanger** /ˈhæŋə/ ❶ akasztó ❷ vállfa
**hang-glider** ❶ sárkányrepülő [szerkezet] ❷ sárkányrepülő [ember]
**hanging** /ˈhæŋɪŋ/ FNÉV akasztás [büntetés]
**hangings** /ˈhæŋɪŋz/ ❶ függöny, drapéria ❷ falra akasztott dolog
**hangman** /ˈhæŋmən/ TBSZ **hangmen** /ˈhæŋmən/ hóhér
**hangout** gyakori/szokott tartózkodási hely [pl. kocsma]
**hangover** másnaposság, macskajaj
**hang-up** (lelki/pszichikai) probléma, gátlás
**hanker** /ˈhæŋkə/
**hanker after** VAGY **hanker for** *hanker after/for smth* vágyódik vmire, sóvárog/ácsingózik vmi után
**hankie** VAGY **hanky** /ˈhæŋkɪ/ zsebkendő
**hanky-panky** /ˌhæŋkɪˈpæŋkɪ/ ❶ hókuszpókusz, trükk ❷ etyepetye
**haphazard** /hæpˈhæzəd/ MNÉV/HAT.SZÓ véletlenszerű(en), esetleges(en)
**happen** /ˈhæpən/ ❶ (meg)történik (akivel/amivel: *to*) *what's happened to it?* mi történt vele? ❷ *happen to do smth* úgy adódik, hogy {MONDAT} *I happened to be there when {MONDAT}* éppen ott voltam, amikor {MONDAT}
**happening** /ˈhæpənɪŋ/ FNÉV ❶ történés, esemény ❷ happening
**happily** /ˈhæpɪlɪ/ ❶ boldogan ❷ szerencsére
**happiness** /ˈhæpɪnəs/ ❶ boldogság ❷ szerencse
**happy** /ˈhæpɪ/ ❶ boldog (ami miatt: *about/with*) *be happy to do smth* szívesen/örömmel tesz meg vmit *Happy Birthday!* Boldog születésnapot! *Happy New Year!* Boldog Új Évet! ❷ szerencsés [pl. esemény]
**happy hour** vendéglátóhely kedvezményes időszaka, happy hour
**Hapsburg** /ˈhæpsbɜːg/ Habsburg
**hara-kiri** /ˌhærəˈkɪrɪ/ harakiri
**harangue** /həˈræŋ/ FNÉV
nagyhangú szónoklat [rábeszélve vmire]
**harangue** IGE
nagy szónoklatot mond [rábeszélve vmire]
**harass** /ˈhærəs/ VAGY /həˈræs/ molesztál, zaklat
**harassment** /ˈhærəsmənt/ VAGY /həˈræsmənt/ zaklatás, molesztálás *sexual harassment* szexuális zaklatás
**harbinger** /ˈhɑːbɪndʒə/ előhírnök, előjel
**harbour** /ˈhɑːbə/ FNÉV
❶ kikötő ❷ menedék(hely)
**harbour** IGE
❶ menedéket ad ❷ rejteget [pl. bűnözőt] ❸ táplál [vmilyen érzést, pl. irigységet]
**hard** /hɑːd/ MNÉV
❶ kemény, merev, szilárd [nem puha] ❷ nehéz, nehezen érthető [nem könnyű] ❸ erőteljes, erős *give smth a hard push* jól meglök vmit ❹ kitartó, kemény *hard work* kemény munka ❺ kellemetlen, nehéz *give smb a hard time* kellemetlen perceket okoz vkinek ❻ szigorú, kemény *be hard on smb* szigorú(an bánik) vkivel ❼ zord, hideg [időjárás, tény] ❽ nehezen [pl. él] *be hard up* anyagi nehézségei vannak ❾ szilárd (alapokon álló) *hard evidence* megdönthetetlen bizonyíték
KIFEJEZÉSEKBEN: *no hard feelings!* szent a béke! nincs harag!
**hard up** *be hard up* nehéz helyzetben van, hiányt szenved [r.szerint anyagilag] (amiben: *for*)
**hard** HAT.SZÓ
erősen, keményen *it's raining hard* nagyon esik *work hard* keményen dolgozik
KIFEJEZÉSEKBEN: *be hard hit* keményen érint (ami: *by*) *die hard* szívósan tartja magát [pl. gondolat]
**hard-and-fast** szigorú, megváltoztathatatlan [pl. szabály]
**hardback** kemény kötésű/fedelű [könyv]
**hardball** ❶ US baseball ❷ agresszív / megalkuvást nem ismerő viselkedés *play hardball* megalkuvást nem ismerő módon viselkedik
**hardboard** furnér, préselt fa
**hardboiled** keményre főtt [pl. tojás]
**hardbound** kemény kötésű/fedelű [könyv]
**hard core** kemény mag [pl. mozgalomé]
**hard-core** ❶ a kemény maghoz tartozó ❷ megrögzött, makacs ❸ kemény [pl. pornó]
**hard disk** merevlemez, winchester
**hard disk drive, HDD** merevlemez-meghajtó
**harden** /ˈhɑːdən/ ❶ (meg)keményedik, megköt ❷ (meg)keményít, megszilárdít ❸ megedződik, hozzászokik vmihez ❹ megedz, hozzászoktat *harden smb to smth* érzéketlenné tesz, hozzászoktat (amihez: *to*)
**hard-earned** nehéz munkával (meg)szerzett/ elért
**hardened** /ˈhɑːdənd/ ❶ megrögzött, profi [pl. bűnöző] ❷ atomtámadásnak ellenálló
**hardhat** ❶ védősisak [pl. építkezésen] ❷ építőmunkás ❸ konzervatív ember
**hardhat area** balesetveszély, védősisak viselése kötelező [felirat]
**hardheaded** ❶ gyakorlatias, üzleti alapon gondolkodó ❷ keményfejű, konok
**hardiness** /ˈhɑːdɪnəs/ erő, nagy ellenállóképesség
**hardliner** FNÉV/MNÉV keményvonalas, a kemény vonal híve
**hardly** /ˈhɑːdlɪ/ ❶ alig, aligha, nemigen ❷ szinte soha *hardly ever* szinte soha, alig
**hard of hearing** nagyothalló

**hard-pressed** nehéz/nyomasztó helyzetben lévő
**hard-set** ❶ kemény, merev, szilárd [talaj] ❷ makacs, hajthatatlan [ember] ❸ farkaséhes
**hardship** /ˈhɑːdʃɪp/ ❶ nehézség, viszontagság ❷ nélkülözés, gond
**hard shoulder** útpadka [r.szerint autópályán]
**hardware** /ˈhɑːdweə/ *NEM MEGSZÁML.* ❶ hardver, hardware ❷ felszerelés, berendezés [pl. fegyverzet] ❸ vasáru, konyhafelszerelés
**hardware store** vasárubolt
**hardworking** szorgalmas, dolgos
**hardy** /ˈhɑːdɪ/ szívós, edzett, ellenálló
**hare** /heə/ (mezei) nyúl *run with the hare and hunt with the hounds* kettős játékot játszik
**harebrained** kelekótya, bolondos
**harem** /ˈhɑːriːm/ hárem
**hark** /hɑːk/ ❶ hallga! ❷ hallgat(ódzik)
**hark back** visszanyúl vmihez [örökösen, a múltba] (amihez: *to*)
**harlequin** /ˈhɑːləkwɪn/ ❶ paprikajancsi ❷ bohóc ❸ harlekin
**harlot** /ˈhɑːlət/ szajha
**harlotry** /ˈhɑːlətrɪ/ szajhaság
**harm** /hɑːm/ *FNÉV*
kár, ártalom *do smb/smth harm* árt vkinek/vminek *mean no harm* semmi rosszat nem akar
**harm** *IGE*
árt, bajt okoz *wouldn't harm a fly* a légynek se ártana
**harmful** /ˈhɑːmfəl/ ártalmas (akinek: *to*)
**harmless** /ˈhɑːmləs/ ❶ ártalmatlan (akire/amire: *to*) ❷ ártatlan [pl. vicc]
**harmonic** ❶ összehangzó, egybehangzó, harmonikus ❷ harmonikus, arányos
**harmonica** /hɑːˈmɒnɪkə/ szájharmonika
**harmonious** /hɑːˈməʊnɪəs/ ❶ összehangzó, harmonikus ❷ egyetértő, harmonikus ❸ kellemes/jó hangzású
**harmonium** /hɑːˈməʊnɪəm/ harmónium
**harmonization** /ˌhɑːmənaɪˈzeɪʃən/ harmonizáció
**harmonize** /ˈhɑːmənaɪz/ ❶ összhangban van, harmonizál [pl. szín, hang] (amivel: *with*) ❷ összehangol, (össze)egyeztet [pl. véleményt]
**harmony** /ˈhɑːmənɪ/ ❶ összhang, harmónia, egyetértés *be in harmony with smth* egybecseng/egybevág vmivel
**harness** /ˈhɑːnəs/ *FNÉV*
❶ lószerszám, hám ❷ szíjzat, kantár [pl. gyereken]
**harness** *IGE*
❶ felszerszámoz, befog [lovat] ❷ hasznosít, jó irányba terel [energiát]
**harp** /hɑːp/ *FNÉV*
hárfa
**harp** *IGE*
**harp on** *harp on smth* folyton ugyanazon (a témán/dolgon) lovagol
**harpist** /ˈhɑːpɪst/ hárfás, hárfaművész
**harpoon** /hɑːˈpuːn/ *FNÉV/IGE* (meg)szigony(oz)
**harpsichord** /ˈhɑːpsɪkɔːd/ csembaló
**harrier** /ˈhærɪə/ ❶ kutya, kopó [nyúlvadászaton] ❷ mezei futó
**harrow** /ˈhærəʊ/ *FNÉV*
borona
**harrow** *IGE*
❶ boronál ❷ kínoz, izgat, zaklat
**harrowing** /ˈhærəʊɪŋ/ szívszaggató
**harry** /ˈhærɪ/ ❶ zaklat, meg-megtámad [ellenséget] ❷ kínoz, zaklat [pl. adóst]
**harsh** /hɑːʃ/ ❶ érdes, bántó [érzékszerveknek, pl. hang] ❷ nyers, szigorú, kegyetlen [pl. bánásmód, büntetés]
**harum-scarum** /ˈheərəm ˈskeərəm/ *MNÉV/HAT.SZÓ* hebehurgya, szeleburdi (módon)
**harvest** /ˈhɑːvəst/ *FNÉV*
❶ aratás, betakarítás [gabonáé], szüret [gyümölcsé] ❷ termés, gyümölcs ❸ vminek a gyümölcse *reap the harvest of smth* élvezi/learatja vminek a gyümölcsét
**harvest** *IGE*
❶ arat [gabonát], (le)szüretel [gyümölcsöt] ❷ learatja vminek a gyümölcsét
**harvester** /ˈhɑːvəstə/ ❶ arató(munkás) ❷ aratógép, kombájn
**has** ☞ have
**hash** /hæʃ/ *FNÉV*
❶ vagdalék, vagdalthús ❷ zagyvalék, kotyvalék *make a hash of smth* elront/eltol vmit ❸ hasis
**hash** *IGE*
felvagdal, összevág
**hash browns** reszelt/apróra vágott sült krumpli
**hashish** /ˈhæʃɪʃ/ hasis [kábítószer]
**hash mark** # jel, kettős kereszt
**hasn't** /ˈhæzənt/ [= has not]
**hassle** /ˈhæsəl/ *FNÉV*
❶ gond, bajlódás ❷ szóváltás, veszekedés
**hassle** *IGE*
❶ molesztál, zaklat ❷ vitatkozik
**haste** /heɪst/ sietség *do smth in haste* sietve/gyorsan csinál vmit *make haste!* igyekezz! KIFEJEZÉSEKBEN: *more haste, less speed* lassan járj, tovább érsz
**hasten** /ˈheɪstən/ ❶ siet, igyekszik ❷ siettet, sürget ❸ *hasten to do smth* siet vmit megtenni
**hastily** /ˈheɪstɪlɪ/ gyorsan, sietve
**hasty** /ˈheɪstɪ/ ❶ sietős, gyors [pl. étkezés] ❷ meggondolatlan, elhamarkodott [pl. döntés]
**hat** /hæt/ kalap *raise ⸢one's⸣ hat to smb* kalapot emel vki előtt *hats off!* le a kalappal!
**hatch** /hætʃ/ *FNÉV*
❶ (ki)költés ❷ kikelés ❸ egy fészekalja tojás ❹ nyílás, lejáró [pl. hajón, falon] *serving hatch* átadóablak, tálalóablak
**hatch** *IGE*
❶ kinyílik [tojás] ❷ kikel [tojásól] ❸ (ki)költ ❹ érlelődik, formálódik [pl. terv] ❺ kieszel, forral [pl. tervet]

**hatchback** /ˈhætʃbæk/ felnyitható hátsó ajtójú / ötajtós autó
**hatchet** /ˈhætʃɪt/ fejsze, bárd *bury the hatchet* elássa a csatabárdot
**hatch mark** # jel, kettős kereszt
**hate** /heɪt/ *FNÉV*
gyűlölet
**hate** *IGE*
❶ gyűlöl, utál ❷ sajnál *hate to do smth* sajnálja, hogy vmit tennie kell / nem szívesen tesz vmit, de {MONDAT}
**hateful** /ˈheɪtfəl/ gyűlöletes, förtelmes
**hatpin** kalaptű
**hat rack** csomagtartó, kalaptartó [vonatban]
**hatred** /ˈheɪtrɪd/ gyűlölet, utálat (amié: *for/of*)
**hatter** /ˈhætə/ ❶ kalapkészítő, kalapos ❷ kalapkereskedő, kalapos
**haughtiness** /ˈhɔːtɪnəs/ gőg, fennhéjázás
**haughty** /ˈhɔːtɪ/ gőgös, fennhéjázó
**haul** /hɔːl/ *FNÉV*
❶ húzás, vontatás ❷ távolság [vontatásé] ❸ fogás, zsákmány
**haul** *IGE*
❶ húz, von(tat) ❷ szállít(mányoz), fuvaroz
**haulage** /ˈhɔːlɪdʒ/ ❶ húzás, vontatás ❷ szállítás, szállítmányozás ❸ szállítási költség
**haunch** /hɔːntʃ/ ❶ csípő [emberé] ❷ hátsó láb [négylábú állaté]
**haunt** ❶ (meg)kísért [pl. szellem] ❷ gyakran látogat, frekventál [helyet]
**have** /hæv/ e.sz. 3.sz. **has** /hæz/, gyenge alakok: /(h)əz/, /z/, **had** /hæd/ gyenge alakok: /(h)əd/, /d/
FŐIGEKÉNT: **have** /hæv/, **had** /hæd/, **had** /hæd/ ❶ van vmije *have time for smth* van ideje vmire ❷ vmilyen tulajdonságot mutat *have the cheek to do smth* azt az arcátlanságot követi el, hogy {MONDAT} ❸ meghív, vendégül lát *we're having some people for/to dinner* pár ember lesz nálunk vacsorára ❹ megenged, eltűr *I won't have that* ezt nem tűröm ❺ elfogad *not have smth for an answer* nem fogad el vmit válaszként ❻ szül *she's having a baby soon* rövidesen szülni fog ❼ átél, elszenved, tapasztal *have a cut on ⸗one's⸗ finger* elvágja az ujját ❽ becsap, rászed *we've been had* minket jól átvertek ❾ kell/muszáj tennie vmit, kénytelen vmit (meg-) tenni *I have to go* mennem kell
GOT-TAL KIEGÉSZÍTVE: ❶ van vmije *they've got plenty of money* rengeteg pénzük van ❷ átél, elszenved, tapasztal *she's got a bad cold* nagyon meg van fázva ❸ kell/muszáj tennie vmit, kénytelen vmit (meg)tenni *I've got to go* mennem kell
KIFEJEZÉSEKBEN: *have a good time* jól érzi magát *do you have the time?* meg tudná mondani, hány óra? *have (got) nothing against smb/smth* nincs kifogása vkivel/vmivel szemben *have (got) to do with smth* (vmi) köze van vmihez *we have / we've got nothing to do with this* semmi közünk nincs ehhez
SEGÉDIGESZERŰEN: **have** /hæv/, **had** /hæd/, **had** /hæd/ ❶ fogyaszt *have breakfast/lunch/dinner* (meg)reggelizik/(meg)ebédel/(meg)vacsorázik *what will you have?* mit fogsz kérni? *have a drink* iszik egy italt *have a cigarette* elszív egy cigarettát ❷ tart, rendez *have a party* partit rendez ❸ (egy kicsit) csinál vmit *have a walk* sétál egy kicsit, sétálni megy ❹ [műveltetés kifejezésére] *have smth done* megcsináltat vmit *have ⸗one's⸗ hair cut* levágatja a haját *have smb do smth* vkivel megcsináltat vmit ❺ [vmi elszenvedésének a kifejezésére] *she had her throat cut* elvágták a nyakát
SEGÉDIGEKÉNT: **have** /hæv/, **had** /hæd/ ❶ [perfekt igealak kifejezésére:] *I have lived in Budapest for ten years* tíz éve élek Budapesten *I had lived in Budapest for ten years when I met my wife* tíz éve éltem Budapesten, mikor megismertem a feleségemet *have you seen her today?* láttad ma már? ❷ [múltidejű feltétel kifejezésére:] *if I had known her, I wouldn't have done it* ha ismertem volna, nem tettem volna meg *had he come earlier, he would have been able to have lunch* ha korábban jött volna, kaphatott volna ebédet
**have in** ❶ *have smth in* rendelkezik vmivel, van vmiből készlete ❷ *have smb in* kihív *I'll have the plumber in to fix the tap* jön a vízvezeték-szerelő, hogy megcsinálja a csapot
**have off** *have a day off* kivesz egy napot / egy nap szabadságot
**have on** ❶ *have (got) smth on* hord/visel vmit *she had a lovely dress on* gyönyörű ruhát viselt ❷ *have (got) nothing on* semmi dolga nincs, nincs programja/elfoglaltsága
**have out** *have smth out* vmit eltávolíttat, kihúzat *have a tooth out* kihúzatja egy fogát, fogat húzat
**haven** /ˈheɪvən/ ❶ menedékhely ❷ kikötő
**haven't** /ˈhævənt/ [= have not]
**havoc** /ˈhævək/ pusztulás, pusztítás, rombolás *play havoc with smth* tönkretesz vmit *wreak havoc* mindent lerombol
**haw** /hɔː/ *FNÉV*
❶ galagonya ❷ galagonyabogyó ❸ nevetés ❹ hümmögés
**haw** *IND.SZÓ*
ha-ha [nevetés hangja]
**haw** *IGE*
❶ hümmög, hebeg ❷ nevet ❸ balra fordul [pl. ló] ❹ balfelé irányít [pl. lovat]
**hawk** /hɔːk/ *FNÉV*
❶ héja, karvaly ❷ héja [katonai erő híve]
**hawk** *IGE*
❶ solymászik ❷ házal, ügynökösködik [áruval] ❸ terjeszt [pl. pletykát] ❹ krákog
**hawker** /ˈhɔːkə/ ❶ solymász ❷ vándor-árus



H

**hawk-eyed** ❶ sasszemű, élesszemű ❷ részletekre odafigyelő
**hawking** /ˈhɔːkɪŋ/ solymászat
**hawthorn** /ˈhɔːθɔːn/ galagonya(bokor)
**hay** /heɪ/ ❶ széna ❷ körtánc
KIFEJEZÉSEKBEN: *hit the hay* ledöglik, ledobja magát, lefekszik *make hay while the sun shines* addig üsd a vasat, amíg meleg
**hay fever** szénanátha
**haycock** szénaboglya
**haystack** szénaboglya
**haywire** zavaros, összekuszált *go haywire* bedilizik, összezavarodik
**hazard** /ˈhæzəd/ FNÉV
❶ kockajáték ❷ kockázat, rizikó, veszély (amire nézve: *to*) *health hazard* egészségveszélyeztetés ❸ nehéz lépés [pl. játékban, sportban] ⓘ NEM ~~hazárd~~
**hazard** IGE
❶ (meg)kockáztat *hazard a guess* megpróbál saccolni/tippelni ❷ kockára tesz, veszélyeztet ❸ merészel [pl. megjegyezni]
**hazardous** /ˈhæzədəs/ kockázatos, veszélyes
**haze** /heɪz/ FNÉV
❶ köd, pára ❷ homály, köd, zűrzavar
**haze** IGE
❶ elhomályosul, bepárásodik ❷ elhomályosít, bepárásít
**hazel** /ˈheɪzəl/ FNÉV
❶ mogyoró ❷ mogyoróbokor ❸ mogyorófa [anyag] ❹ mogyoróbarna szín
**hazel** MNÉV
mogyoróbarna [szín]
**hazelnut** mogyoró
**haziness** /ˈheɪzɪnəs/ homályosság, párásság
**hazy** /ˈheɪzɪ/ ❶ ködös, párás ❷ homályos, bizonytalan, ködös
**H-bomb** = hydrogen bomb
**HDD** = hard disk drive
**he-** hím állat *he-goat* bakkecske
**he** /hiː/ FNÉV
hím(nemű egyed) *is it a he or a she?* fiú vagy lány? [gyerekről], hím vagy nőstény? [állatról]
**he** NÉVMÁS
❶ ő [hímnemű] ❷ az ember *he who* az, aki
**head** /hed/ FNÉV
❶ fej [emberé, állaté, szerkezeté, bútoré] *at the head of smth* vminek az élején/élén [pl. listának] *take smth into ⸗one's⸗ head* fejébe vesz vmit *go to ⸗one's⸗ head* fejébe száll [ital, dicsőség] ❷ fej, egy fejhossz *win by a head* egy fejjel / kevéssel győz ❸ fő, darab *per head* fejenként *two hundred head of cattle* kétszáz szarvasmarha ❹ vminek a vezetője/feje, főnök *head of marketing* marketingigazgató ❺ hab [söré] ❻ tetőpont, csúcspont ❼ fej [növényé], kalász [búzáé]
KIFEJEZÉSEKBEN: *be above smb's head* meghaladja képességeit *be head and shoulders above smb/smth* messze felülmúl vkit/vmit *be head over heels in love with smb* fülig szerelmes vkibe
**head** IGE
❶ vezet, élén áll vminek [pl. cégnek] ❷ vmilyen irányba megy, vhova igyekszik (amerre: *towards/for*) *we are heading home* hazafelé vesszük az irányt *head for a place* vhova igyekszik ❸ fejjel ellát ❹ felirattal/fejjel ellát ❺ fejel [labdát]
**head away** *head smth away* elfejel
**head off** *head smb/smth off* ❶ eltérít [pl. iránytól, szándéktól] ❷ elhárít, megelőz
**headache** /ˈhedeɪk/ ❶ fejfájás *have a headache* fáj a feje ❷ fejtörés(t okozó dolog)
**headband** homlokszalag, fejpánt
**headboard** fejrész [ágyé]
**headcheese** disznósajt
**headdress** fejdísz
**-headed** /ˈhedɪd/ -fejű, -fejes *hard-headed* keményfejű
**headed** felirattal ellátott, fejléces *headed notepaper* cégjelzéses levélpapír
**header** /ˈhedə/ ❶ fejes(ugrás) ❷ kötőtégla ❸ fejelés, fejes(gól) [futballban] ❹ header, fejléc [információ e-mail elején] ❺ élőfej, fejléc [szövegszerk.]
**headfirst** MNÉV/HAT.SZÓ ❶ fejjel lefelé/előre ❷ fejjel a falnak, megondolatlan(ul)
**headgear** (védő)sisak
**headguard** fejvédő
**headheight** fejmagasság
**headhunt** /ˈhedhʌnt/ ❶ kiemelt posztra munkaerőt keres, fejekre vadászik ❷ fontos munkaerőt riválisi cégeknél keres, átcsábít
**headhunter** /ˈhedhʌntə/ fejvadász
**heading** /ˈhedɪŋ/ ❶ cím, címsor ❷ rovat
**head-lamp** fényszóró [járművön]
**headland** /ˈhedlənd/ ❶ tengerbe nyúló földnyelv ❷ forgó [szántó végén]
**headless** /ˈhedləs/ ❶ fejetlen, fej nélküli ❷ vezető nélküli
**headlight** fényszóró [járművön]
**headline** /ˈhedlaɪn/ FNÉV
❶ főcím [újságban, könyvben] ❷ főhír, legfontosabb hír [pl. televízióban]
**headline** IGE
❶ főcímet ad ❷ felhívja a figyelmet vmire
**headlong** MNÉV/HAT.SZÓ ❶ hirtelen, meggondolatlan(ul) ❷ gyors(an), hanyatt–homlok
**headmaster** iskolaigazgató [férfi]
**headmistress** iskolaigazgatónő
**head of department** ❶ osztályvezető ❷ tanszékvezető
**head office** központi iroda
**head of state** államfő
**head-on** MNÉV/HAT.SZÓ frontális(an)
**headphones** fejhallgató, fülhallgató
**headpiece** ❶ fejfedő ❷ fejléc, fejrész [oldal tetején]

**headquarters** /ˈhedkwɔːtəz/ ❶ főhadiszállás ❷ központ, központi iroda
**headrest** fejtámasz, fejtámla
**head restraint** fejtámla [autó ülésén]
**headroom** ❶ híd alatti magasság/hely hajók számára ❷ belső magasság, hely a fejnek
**heads** /hedz/ fej [pénzérme oldala] *heads or tails* fej vagy írás
**headset** fejhallgató, fülhallgató, headset
**headstand** fejenállás
**headstone** sírkő fejrésze, fejfa [kőből]
**headstrong** nyakas, önfejű
**head teacher** iskolaigazgató
**head voice** fejhang
**head waiter** főpincér
**headway** (előre)haladás *make headway* halad, boldogul
**headwind** ellenszél
**headword** címszó [pl. szótárban]
**headwork** ❶ szellemi munka ❷ fejjáték [futballban]
**heal** /hiːl/ ❶ (meg)gyógyul, (be)gyógyul ❷ (meg)gyógyít (amit: *of*)
**health** /helθ/ ❶ egészség *be in good health* jó egészségnek örvend *be in poor health* beteg(eskedik) *drink smb's health* vkinek az egészségére iszik ❷ egészségügy
**health care** egészségügy, betegellátás
**health club** fitness klub
**health food** egészséges étel
**healthful** jótékony hatású, egészséges
**health insurance** ❶ egészségbiztosító, betegbiztosító ❷ egészségbiztosítás, betegbiztosítás
**health officer** tisztiorvos
**health resort** üdülőhely, fürdőhely
**health service** egészségbiztosítási szolgáltatás, orvosi kezelés
**health visitor** védőnő
**healthy** /ˈhelθɪ/ ❶ egészséges [pl. ember, gazdaság] ❷ egészséget hozó/adó, egészséges [pl. levegő] ❸ egészséges, szép [pl. profit]

**heap** /hiːp/ *FNÉV*
❶ halom, rakás ❷ tömeg, nagy mennyiség *have heaps of money* tenger sok pénze van

**heap** *IGE*
❶ *heap (smth up)* felhalmoz, halomba rak ❷ elhalmoz *heap smb with work* elhalmoz vkit munkával

**hear** /hɪə/, **heard** /hɜːd/, **heard** /hɜːd/ ❶ (meg-)hall *we can't hear you* nem hallunk benneteket *can hear well* jól hall ❷ értesül vmiről, hall (akiről/amiről: *of/about*, akitől: *from*) *from what I hear* értesüléseim szerint ❸ (meg-) hallgat, kihallgat, tárgyalást tart *the judge heard the case* a bíró tárgyalást tartott az ügyben ❺ *hear smb's confession* gyóntat
**hearing** /ˈhɪərɪŋ/ ❶ hallás *at first hearing* első hallásra *be hard of hearing* nagyot hall ❷ hallótávolság *within hearing* hallótávolságon belül *out of hearing* hallótávolságon kívül ❸ meghallgatás, kihallgatás, tárgyalás
**hearing aid** hallókészülék
**hearing dog** siketvezető kutya
**hearsay** /ˈhɪəseɪ/ hallomás, mendemonda
**hearse** /hɜːs/ ❶ halottaskocsi ❷ ravatal
**heart** /hɑːt/ *FNÉV* ❶ szív ❷ lélek, szív *at heart* lelke mélyén, alapjában véve *be close to smb's heart* közel áll a szívéhez *break smb's heart* összetöri vkinek a szívét *have ‹one's› heart in smth* szívvel–lélekkel csinál vmit *open ‹one's› heart to smb* kiönti a szívét/lelkét vkinek *take smth to heart* szívére/lelkére vesz vmit *with all ‹one's› heart* teljes szívéből ❸ szív alakú dolog, szív [pl. rajz] ❹ kőr *queen of hearts* kőr dáma ❺ mag, központi rész *in the heart of the city* a város szívében ❻ bátorság, elhatározás *not find it in ‹one's› heart to do smth* nincs szíve megtenni vmit KIFEJEZÉSEKBEN: *by heart* könyv nélkül, kívülről *have a change of heart* megváltoznak érzései *lose heart* elcsügged
**heartache** szívfájdalom, szerelmi bánat
**heart attack** szívroham
**heartbeat** szívverés, szívdobogás
**heartbreak** nagy szomorúság
**heartbreaking** szívettépő, szívfacsaró
**heartburn** gyomorégés
**heart condition** szívpanasz, szívelégtelenség
**-hearted** /ˈhɑːtɪd/ -szívű *kind-hearted* kedves
**hearten** /ˈhɑːtən/ (fel)bátorít *be heartened by smth* felbátorodik vmin, erőt merít vmiből
**heart failure** szívbénulás, szívszélhűdés
**heartfelt** őszinte, szívből jövő [pl. köszönet]
**hearth** /hɑːθ/ ❶ kandalló, tűzhely ❷ család(i tűzhely), otthon ❸ kovácsműhely
**heartily** /ˈhɑːtɪlɪ/ ❶ bőségesen, jó étvággyal ❷ erősen [pl. nevet] ❸ teljesen, egészen
**heartland** központi/legfontosabb terület
**heartless** /ˈhɑːtləs/ szívtelen, könyörtelen
**heartrending** szívszorító, szívszaggató
**hearts** /hɑːts/ kőr *queen of hearts* kőr dáma
**heart seizure** szívelégtelenség, szívbénulás
**heartsome** /ˈhɑːtsəm/ ❶ bátorító, felvidító ❷ vidám, jókedélyű
**heartthrob** ❶ szívverés ❷ vkinek a szíve csücske ❸ szívdöglesztő/nőfaló férfi
**heart-to-heart** bizalmas, őszinte [pl. beszélgetés]
**heart transplant** szívátültetés
**heartwarming** szívmelengető
**hearty** ❶ szívélyes, őszinte [pl. üdvözlés] ❷ erős, jó erőben lévő ❸ bőséges [étkezés]

**heat** /hiːt/ *FNÉV*
❶ hő(ség), forróság ❷ hőmérséklet, hőfok ❸ hév, izgalom, feszültség *in the heat of the moment* a pillanat hevében *turn on the heat* nagyobb sebességre kapcsol ❹ tüzelés [nőstényé] *be on heat* szexuális izgalomban van ❺ időfutam, előfutam [sportversenyen]

H

**heat** *IGE*
❶ (föl)melegszik ❷ (be)fűt, (föl)melegít, hevít ❸ tűzbe hoz vkit
**heated** /ˈhiːtɪd/ ❶ forró, tüzes ❷ heves, felfokozott
**heater** /ˈhiːtə/ fűtőkészülék, hősugárzó
**heathen** /ˈhiːðən/ *FNÉV/MNÉV* pogány
**heather** /ˈheðə/ hanga, erika
**heating** /ˈhiːtɪŋ/ fűtés *central heating* központi fűtés
**heating element** fűtőelem
**heat-resistant** hőálló
**heave** /hiːv/ *FNÉV*
❶ (fel)emelés, (felfelé) lökés ❷ emelkedés, dagadás [kebelé] ❸ dobás, lökés [sportban]
**heave** *IGE*
❶ dagad, emelkedik ❷ zihál, liheg *heave a sigh of relief* megkönnyebbülten sóhajt ❸ (fel-) emel, (fel)húz ❹ dob, hajít
**heaven** /ˈhevən/ menny, ég *the heavens opened* megnyíltak az ég csatornái ❷ boldogság *be in heaven* a mennyekben érzi magát *be in the / ⁝one's⁝ seventh heaven* a hetedik mennyországban érzi magát ❸ Isten, az Úr *for Heaven's sake* az Isten szerelmére! / az Istenért! *Good Heavens!* jóságos ég!
**heavenly** /ˈhevənlɪ/ ❶ mennyei, égi ❷ pompás
**heavily** /ˈhevɪlɪ/ súlyosan, nagyon *drink heavily* erősen iszik
**heavy** /ˈhevɪ/ *FNÉV*
❶ nehézfiú ❷ komoly/súlyos szerep [negatív, r.szerint férfi-] ❸ komoly újság *the heavies* a komoly újságok
**heavy** *MNÉV*
❶ nehéz, súlyos [tárgy, ember] ❷ kemény, súlyos, nehéz [pl. tél, étel] ❸ nagyfokú, erős, nagyerejű [pl. eső, büntetés, forgalom] *be a heavy drinker/smoker* keményen iszik/dohányzik ❹ nehéz, kemény [pl. munka] ❺ zsúfolt, fárasztó, nehéz [pl. nap]
**heavy artillery** nehéztüzérség
**heavy-duty** nagy igénybevételre tervezett, strapabíró [pl. cipő, teherautó]
**heavy-handed** ❶ vaskezű, zsarnoki ❷ érzéketlen, tuskó ❸ ügyetlen, esetlen
**heavy industry** nehézipar
**heavy-set** erős felépítésű, nagydarab, kövér
**heavy truck** *US* kamion
**heavyweight** *FNÉV/MNÉV* ❶ nehézsúly(ú) *light heavyweight* félnehézsúly(ú) ❷ fontos (ember), nehézsúly(ú) ember, nagyágyú
**Hebrew** /ˈhiːbruː/ *FNÉV/MNÉV* héber (ember/nyelv)
**hectare** /ˈhekteə/ hektár
**hectic** /ˈhektɪk/ mozgalmas, hektikus
**hector** /ˈhektə/ *FNÉV*
❶ hencegő alak, szájhős ❷ erőszakos(kodó) alak
**hector** *IGE*
❶ henceg, szájhősködik ❷ megfélemlít
**he'd** /hiːd/ ❶ [= he had] ❷ [= he would]

**hedge** /hedʒ/ *FNÉV*
❶ sövény(kerítés) ❷ védőfal ❸ védelem, ellenintézkedés ❹ magát el nem kötelező álláspont
**hedge** *IGE*
❶ sövénnyel bekerít ❷ nem ad egyenes választ, nem vall színt
**hedgehog** /ˈhedʒhɒg/ sündisznó
**hedge trimmer** sövénynyíró
**hedonism** /ˈhedənɪzəm/ hedonizmus
**hedonist** /ˈhedənɪst/ *FNÉV* hedonista
**hedonistic** /ˌhedəˈnɪstɪk/ *MNÉV* hedonista
**heed** /hiːd/ *FNÉV*
figyelem, odafigyelés *take heed of smth* vigyáz vmire, megszívlel vmit
**heed** *IGE*
odafigyel vmire *heed smb's warning* odafigyel vkinek a figyelmeztetésére
**heedful** /ˈhiːdfəl/ gondos, odafigyelő (amire: *of*)
**heedless** /ˈhiːdləs/ figyelmetlen, nem odafigyelő (amire: *of*)
**heel** /hiːl/ *FNÉV*
❶ sarok [lábé, cipőé, harisnyáé] *turn on ⁝one's⁝ heel* sarkon fordul ❷ sercli, sarok [pl. kenyéré]
**heel** *IGE*
❶ (meg)sarkal [cipőt] ❷ nyomon követ, sarkában van (vkinek) ❸ követ, szorosan mögötte megy [kutya, r.szerint felszólítás]
**-heeled** /hiːld/ -sarkú *high-heeled* magas sarkú
**heelpost** ajtófélfa
**hefty** /ˈheftɪ/ ❶ izmos, erős ❷ nagy (mennyiségű) [pl. pénz] ❸ nehéz, terjedelmes
**hegemony** /hɪˈgemənɪ/ vezető szerep, uralkodás, hegemónia
**he-goat** /ˈhiːgəʊt/ bakkecske
**heifer** /ˈhefə/ üsző
**height** /haɪt/ ❶ magasság ❷ belmagasság ❸ magaslat, fennsík ❹ tetőpont *at the height of smth* vminek a tetőpontján
**heighten** /ˈhaɪtən/ ❶ emelkedik, nő ❷ fölemel, magasra emel ❸ fokozódik [pl. izgalom] ❹ fokoz, növel [pl. örömet, izgalmat]
**heights** /haɪts/ fennsík, magaslat
**heinous** /ˈheɪnəs/ szörnyű, förtelmes
**heir** /eə/ örökös (amié: *to*) *be heir to smb* örököl vkitől
**heir apparent** *TBSZ* **heirs apparent** törvényes örökös (amié: *to*)
**heiress** /ˈeəres/ örökösnő
**heist** /haɪst/ *FNÉV*
❶ rablás ❷ nagy fogás, zsákmány
**heist** *IGE*
(el)rabol, ellop
**held** ☞ hold
**helical** /ˈhelɪkəl/ csigavonalú, spirális
**helicopter** /ˈhelɪkɒptə/ helikopter
**heliport** /ˈhelɪpɔːt/ helikopter-leszállóhely, helikopter-repülőtér
**helium** /ˈhiːlɪəm/ hélium

**helix** /'hi:lɪks/ *TBSZ* **helixes** VAGY **helices** /'helɪsi:z/ csavar, csiga, spirál
**he'll** /hɪl/ VAGY /hi:l/ [= he will]
**hell** /hel/ ❶ pokol *to hell with smb/smth* pokolra vkivel/vmivel, vesszen ❷ szenvedés, pokol *(all) hell breaks loose* elszabadul a pokol ❸ franc, fene, pokol [káromkodásban] *go to hell!* menj a fenébe! *what the hell are you doing?* mi a francot csinálsz?
KIFEJEZÉSEKBEN: *come hell or high water* akármi legyen is, ha fene fenét eszik is *for the hell of it* csak úgy, viccből *give smb hell* jól letol vkit
**Hellene** /'heli:n/ *FNÉV* görög/hellén ember
**Hellenic** /he'li:nɪk/ *MNÉV* görög, hellén
**Hellenistic** /ˌhelɪ'nɪstɪk/ a görög kultúráról szóló, a görög kultúrához kapcsolódó
**hello** /hə'ləʊ/ ❶ halló [telefon felvételekor] ❷ szervusz [köszönés találkozáskor] ❸ hé! [figyelemfelhívás, meglepetés]
**helm** /helm/ ❶ kormányrúd, hajókormány *who's at the helm?* ki a kormányos? ❷ irányítás [pl. cégé] *who's at the helm?* ki a főnök?
**helmet** /'helmɪt/ sisak, fejvédő *crash helmet* bukósisak
**helmsman** /'helmzmən/ *TBSZ* **helmsmen** /'helmzmən/ kormányos
**helot** /'helət/ ❶ helóta [ókori Spártában] ❷ rabszolga

**help** /help/ *FNÉV*
❶ segítség *can I be of help?* segíthetek? *with the help of smth* vminek a segítségével, vmi által *be beyond help* menthetetlen, nem lehet rajta segíteni *help!* segítség! ❷ segítő ember/dolog, segítség *be a help* sokat segít, nagy segítség ❸ háztartási alkalmazott, bejárónő ❹ súgó [szövegszerk.]

**help** *IGE*
❶ segít (amiben: *with*) *help smb (to) do smth* segít vkinek vmiben *can/may I help you?* segíthetek? parancsoljon! [pl. üzletben] *can't be helped* menthetetlen, elkerülhetetlen *so help me God!* Isten engem úgy segéljen! ❷ elősegít, hozzásegít *help smb's development* hozzájárul vkinek a fejlődéséhez ❸ könnyebbé tesz, segít *shouting won't help* a kiabálás nem segít ❹ megáll, nem tehet vmiről, kénytelen vmit megtenni [r.szerint *can/can't* után] *can't help it* nem tehet róla [de meg kell tennie] *I can't help laughing* nevetnem kell, nem tudom megállni a nevetést *if I can help it* ha csak egy módom is van rá, már amennyire rajtam múlik ❺ ad, kiszolgál [pl. étkezésnél] *help ⸗oneself⸗* kiszolgálja magát, vesz magának (amiből: *to*) *help smb to smth* ad vkinek vmit [ételt]
**help into** *help smb into smth* udvariasságból felad/felsegít vkire vmit [ruhát]
**help out** *help smb out* kisegít vkit (amivel: *with*)
**helper** /'helpə/ *FNÉV* ❶ segítő, pártfogó ❷ *US* háztartási alkalmazott, bejárónő
**helpful** /'helpfəl/ ❶ segítőkész, szolgálatkész ❷ hasznos [pl. tanács]
**helping** /'helpɪŋ/ adag [ételből] *second helping* repeta
**helpless** /'helpləs/ ❶ gyámoltalan, tehetetlen ❷ védtelen
**helpline** /'helplaɪn/ segélyvonal [telefonos]

**helter-skelter** /ˌheltə'skeltə/ *FNÉV*
❶ csúszda [vidámparkban] ❷ rendetlenség, összevisszaság

**helter-skelter** *MNÉV/HAT.SZÓ*
összevissza, rendetlen(ül)

**hem** /hem/ *FNÉV*
szegély, felhajtás [szoknyáé, ruháé]

**hem** *IGE*
❶ (be)szeg, felhajt [ruhát] ❷ rövidebbre vesz, felhajt [ruhát]

**hemisphere** /'hemɪsfɪə/ ❶ félgömb ❷ félteke [földé] ❸ agyfélteke
**hemline** ruha szegélye/hossza, szegélyvonal
**hematuria** /ˌhi:mə'tjʊəriə/ vérvizelés
**hemoglobin** /ˌhi:mə'gləʊbɪn/ hemoglobin
**hemophilia** /ˌhi:mə'fɪlɪə/ vérzékenység
**hemophiliac** /ˌhi:mə'fɪlɪæk/ vérzékenységben szenvedő ember
**hemophilic** /ˌhi:mə'fɪlɪk/ vérzékeny

**hemorrhage** /'hemərɪdʒ/ *FNÉV*
vérzés *internal hemorrhage* belső vérzés

**hemorrhage** *IGE*
vérzése van, vérzik

**hemorrhoids** /'hemərɔɪd/ aranyér
**hemp** /hemp/ kender
**hen** /hen/ ❶ tyúk, tojó ❷ nőstény [madáré]
**hence** /hens/ ❶ ennélfogva, ezért ❷ ezentúl, mostantól fogva *two weeks hence* mához két hétre ❸ innen(től számítva) *300 metres hence* innen 300 méterre
**henceforth** /hens'fɔ:θ/ VAGY **henceforward** /hens'fɔ:wəd/ ezentúl, a továbbiakban
**henchman** /'hentʃmən/ *TBSZ* **henchmen** /'hentʃmən/ csatlós, bérenc
**hen house** tyúkól
**hen party** női buli/parti
**henpecked** /'henpekt/ *MNÉV* papucs [férj]
**hepatitis** /ˌhepə'taɪtɪs/ májgyulladás
**heptagon** /'heptəgən/ hétszög
**heptagonal** /hep'tægənəl/ hétszögű
**heptameter** /hep'tæmɪtə/ heptameter
**heptathlon** /hep'tæθlən/ héttusa, heptatlon
**her** /hə/, (erős alak: /hɜ:/) [nőnem] ❶ őt *I can't see her* nem látom (őt) ❷ neki *give her some water* adj neki vizet ❸ [elöljáróval] neki, vele stb. *for her* neki, számára *with her* vele ❹ ő *is that her?* ő az? ❺ az ő [vmije] *her chair* az ő széke *one of her friends* egyik barátja

**herald** /'herəld/ *FNÉV*
❶ hírnök ❷ heraldikus, címertan-szakértő ❸ előfutár, hírnök [pl. eseményé]

**herald** *IGE*

❶ előre jelez, beharangoz ❷ előjelként szolgál, előre jelez
**heraldry** /'herəldrɪ/ heraldika, címertan
**herb** /hɜ:b/ GB, /ɜ:rb/ US ❶ fű, fűszernövény ❷ gyógynövény
**herbal** /'hɜ:bəl/ füvekből készített/készült, gyógy- [pl. tea]
**herbalist** /'hɜ:bəlɪst/ ❶ gyógynövénytermesztő ❷ gyógynövény-kereskedő
**herbarium** /hɜ:'beərɪəm/ TBSZ **herbariums** VAGY **herbaria** /hɜ:'beərɪə/ ❶ növénygyűjtemény ❷ herbárium
**herculean** VAGY **Herculean** /ˌhɜ:kju'li:ən/ herkulesi, óriási erő(kifejtés)t igénylő
**herd** /hɜ:d/ ❶ csorda, gulya, nyáj ❷ csordás, gulyás, pásztor ❸ embertömeg
**herdsman** /'hɜ:dzmən/ TBSZ **herdsmen** /'hɜ:dzmən/ csordás, gulyás, pásztor
**here** /hɪə/ ❶ itt *they're all here* mindannyian itt vannak ❷ ide *come here!* gyere ide! ❸ ez a pont, ezen a ponton, itt *we certainly agree here* ebben természetesen egyetértünk KIFEJEZÉSEKBEN: *here and there* itt–ott, hébe–hóba *here you are!* tessék / itt van *(for) here or to go?* itt fogyasztja vagy elviszi? *here's to X* igyunk X egészségére
**hereafter** ezentúl, a továbbiakban
**hereby** /'hɪəbaɪ/ ezennel *I hereby declare the session open* az ülést ezennel megnyitom
**hereditary** /hə'redətərɪ/ ❶ örökölhető, öröklött [pl. betegség] ❷ örökletes, örökös
**heredity** /hə'redətɪ/ ❶ (át)öröklés ❷ árörökítés
**herein** /hɪər'ɪn/ ebben, itt *herein lies the problem* épp itt van a probléma
**hereinafter** /ˌhɪərɪn'ɑ:ftə/ alább, a továbbiakban [pl. okiratban]
**heresy** /'herəsɪ/ eretnekség
**heretic** /'herətɪk/ FNÉV eretnek
**heretical** /hə'retɪkəl/ MNÉV eretnek
**herewith** /hɪə'wɪð/ ezzel, ezennel
**heritage** /'herɪtɪdʒ/ örökség
**hermaphrodite** /hɜ:'mæfrədaɪt/ hermafrodita
**hermetic** /hɜ:'metɪk/ ❶ hermetikus(an záródó) ❷ hermetikus [mitológiában]
**hermit** /'hɜ:mɪt/ remete
**hermitage** /'hɜ:mɪtɪdʒ/ remetelak
**hernia** /'hɜ:nɪə/ sérv
**hero** /'hɪərəu/ ❶ hős, bátor ember ❷ nagy, hosszúkás szendvics
**heroic** /hə'rəuɪk/ hősi(es)
**heroically** /hə'rəuɪklɪ/ hősiesen
**heroin** /'herəuɪn/ heroin
**heroine** /'herəuɪn/ hősnő
**heroism** /'herəuɪzəm/ hősiesség, bátorság
**heron** /'herən/ TBSZ **herons** VAGY **heron** (szürke) gém
**herpes** /'hɜ:pi:z/ herpesz(vírus)
**herring** /'herɪŋ/ TBSZ **herring** /'herɪŋ/ VAGY **herrings** hering KIFEJEZÉSEKBEN: *red herring* elterelő manőver/művelet
**herringbone** halszálkaminta
**hers** /hɜ:z/ [nőnem] az övé/övéi *the book is hers* a könyv az övé *the books are hers* a könyvek az övéi *hers is blue* az övé kék *a friend/book of hers* egyik barátja/könyve
**herself** /hɜ:'self/ ❶ (ön)maga, saját maga [nő] *she saw herself* látta saját magát *she bought herself a drink* vásárolt magának egy italt *she's beside herself* magánkívül van ❷ (saját) maga, ő maga [nyomatékosításra] *she told us herself* ő maga mondta nekünk ❸ a régi önmaga *she's more herself now* most már inkább hasonlít korábbi önmagához ❹ *(all) by herself* teljesen egyedül, egymaga
**Herts.** = Hertfordshire
**he's** /hɪz/ VAGY /hi:z/ ❶ [= he is] ❷ [= he has]
**hesitancy** /'hezɪtənsɪ/ habozás, döntésképtelenség
**hesitant** /'hezɪtənt/ habozó, döntésképtelen
**hesitate** /'hezɪteɪt/ ❶ habozik, tétovázik, hezitál ❷ vonakodik vmit megcsinálni
**hesitation** /ˌhezɪ'teɪʃən/ határozatlanság, tétovázás, hezitálás *without hesitation* feltétlenül, minden további nélkül
**heterogeneous** /ˌhetərəu'dʒi:nɪəs/ különféle, vegyes, heterogén
**heterosexual** /ˌhetərəu'sekʃuəl/ heteroszexuális
**heuristic** /hjuə'rɪstɪk/ heurisztikus
**hew** /hju:/, **hewed** /hju:d/, **hewed** /hju:d/ VAGY **hewn** /hju:n/ ❶ (ki)vág, levág [fát/ágat fejszével] ❷ kivág, formáz, készít [pl. csónakot fatuskóból] ❸ átküzd, átverekszik
**hewn** ☞ hew
**hexagon** /'heksəgən/ hatszög
**hexagonal** /hek'sægənəl/ hatszögű
**hexahedron** /ˌheksə'hi:drən/ hexaéder
**hexameter** /hek'sæmɪtə/ hexameter
**hey** /heɪ/ hé! [figyelemfelkeltés, meglepetés]
**heyday** /'heɪdeɪ/ csúcspont, virágkor
**hey presto** csiribí–csiribá, íme
**HF** = high frequency
**Hg** = mercury
**hi** /haɪ/ szia(sztok)! [találkozáskor]
**hiatus** /haɪ'eɪtəs/ ❶ hézag, kihagyás, hiátus ❷ hanghiány, hiátus
**hibernate** /'haɪbəneɪt/ téli álmot alszik, áttelel
**hibernation** /ˌhaɪbə'neɪʃən/ téli álom/alvás
**hiccough** VAGY **hiccup** /'hɪkʌp/ FNÉV
❶ csuklás ❷ fennakadás, apró probléma
**hiccough** VAGY **hiccup** IGE
csuklik
**hick** /hɪk/ paraszt, bunkó, tahó
**hickey** /'hɪkɪ/ szívásnyom, kiszívás [bőrön]
**hid** ☞ hide
**hidden** /'hɪdən/ MNÉV
rejtett, mögöttes [pl. jelentés] *hidden agenda* hátsó/rejtett/titkos szándék

**hidden** *IGE*
☞ hide

**hide** /haɪd/ *FNÉV*
❶ leshely, rejtek, magasles ❷ bőr, irha [állaté]

**hide** /haɪd/, **hid** /hɪd/, **hidden** /hɪdən/ *IGE*
❶ (el)rejtőzik, (el)bújik *hide in the bushes* elrejtőzik a bokrokban *where are my glasses hiding?* hová tűnt a szemüvegem? ❷ (el)rejt, eldug ❸ eltitkol *hide smth from smb* eltitkol vmit vki elől ❹ elver, megkorbácsol

**hide-and-seek** bújócska
**hideaway** /ˈhaɪdəweɪ/ búvóhely, rejtekhely
**hideous** /ˈhɪdɪəs/ ronda, förtelmes
**hideout** /ˈhaɪdaʊt/ búvóhely, rejtekhely
**hiding** /ˈhaɪdɪŋ/ ❶ rejtőzés *be in hiding* rejtekhelyen van *go into hiding* elrejtőzik ❷ vereség [pl. sportban] ❸ elverés, elpáholás
**hierarchic** /ˌhaɪərˈɑːkɪk/ VAGY **hierarchical** /ˌhaɪərˈɑːkɪkəl/ hierarchikus
**hierarchy** /ˈhaɪərɑːkɪ/ hierarchia
**hieroglyph** /ˈhaɪərəglɪf/ ❶ hieroglifa ❷ nehezen olvasható/értelmezhető írás/kép
**hieroglyphic** /ˌhaɪərəˈglɪfɪk/ ❶ képírású, képírásos, hieroglif(ikus) ❷ titokzatos, rejtett
**hi-fi** /ˌhaɪˈfaɪ/ = high fidelity

**high** /haɪ/ *FNÉV*
❶ magas fok/érték *all-time high* valaha elért legmagasabb érték/magasság ❷ magasnyomású légköri képződmény ❸ *on high* magaslat, menny ❹ *be on a high* fel van dobva, fenn van [kábítószertől]

**high** *MNÉV*
❶ magas *how high is it?* milyen magas? *three metres high* három méter magas *it's too high for me* nem érem el ❷ magasztos, felemelő *high ideals* magasztos eszmék ❸ magas fekvésű/frekvenciájú [hang] ❹ magas szintű/fokú *have a high opinion of smth/smb* jó véleménye van vmiről/vkiről ❺ fontos, befolyásos, magas rangú *have friends in high places* befolyásos barátai vannak ❻ csúcs-, a legmagasabb ponton lévő *it's high summer* a nyár derekán járunk ❼ értékes, magas *have high standards* magasra teszi a mércét ❽ előrehaladott [idő] *it's high time* legfőbb ideje

**high** *HAT.SZÓ*
❶ magasan, magasban *the pound remained high* a font árfolyama magas(an) maradt ❷ magasra *rise high* magasra emelkedik ❸ erősen, nagymértékben

**high altar** főoltár
**high and dry** magányos, elhagyatott *leave smb high and dry* cserbenhagy vkit
**high-and-mighty** gőgös, dölyfös, arrogáns
**high-blown** fennhéjázó, beképzelt
**high-born** előkelő származású
**highbrow** /ˈhaɪbraʊ/ *FNÉV/MNÉV* entellektüel, sznob
**high chair** etetőszék
**high-class** ❶ első osztályú [áru] ❷ a társadalom felső rétegéhez tartozó
**high-coloured** ❶ élénk színű [pl. festmény] ❷ pirospozsgás, piros arcú ❸ túlzott, kiszínezett [elbeszélés]
**high-definition** nagy felbontású/felbontóképességű [pl. televízió]
**high dive** toronyugrás
**higher** /ˈhaɪə/ *MNÉV* ❶ magasabb, felsőbb ❷ magasabb rendű [pl. állat]
**higher education** felsőfokú/főiskolai/egyetemi oktatás
**highest common factor** legnagyobb közös osztó
**high-fidelity** kiváló hangvisszaadású, hifi
**high-five** két ember jobb tenyere fejük fölött összeütésével történő üdvözlése
**high-flier** VAGY **high-flyer** sikeres / nagyra törő ember
**high-frequency** nagyfrekvenciás, nagyfrekvenciájú
**high-grade** ❶ kiváló minőségű ❷ magas oktánszámú [benzin]
**high-handed** önkényes, erőszakos
**high-hat** *MNÉV/IGE* magas lóról beszél, lekezelő(en bánik vkivel)
**high jump** magasugrás
**high jumper** magasugró
**highland** /ˈhaɪlənd/ *FNÉV/MNÉV* felvidék(i)
**highlander** /ˈhaɪləndə/ ❶ hegyi/felvidéki lakos ❷ a skót felföld lakója
**high-level** ❶ magas színvonalú ❷ magasszintű ❸ emberi nyelvhez közelebb álló, mint a gép nyelvéhez [programnyelvről]
**high life** előkelő világ/élet

**highlight** /ˈhaɪlaɪt/ *FNÉV*
❶ legnagyobb megvilágítást kapott rész [festményen, fényképen] ❷ kiemelkedő/legfontosabb mozzanat/esemény [pl. sporteseményé, operáé] ❸ világos csík [hajban] ❹ kiemelés [szövegszerk.]

**highlight** *IGE*
❶ (ki)hangsúlyoz, kiemel ❷ éles megvilágításba helyez, kiemel

**highlighter** /ˈhaɪlaɪtə/ kiemelőfilc, kiemelőtoll
**highly** /ˈhaɪlɪ/ ❶ nagyon, nagymértékben *highly unlikely* nagyon valószínűtlen ❷ nagyon jól *she's highly paid* nagyon jó/magas fizetése van ❸ kedvezően, nagyon jól *speak highly of smb/smth* nagyon kedvezően nyilatkozik vmiről/vkiről
**highly-strung** ideges, túlfeszített, vibráló
**highness** /ˈhaɪnəs/ ❶ magasság ❷ fenségesség, magasztosság ❸ *His/Her (Royal) Highness* őfelsége [fenség említésekor] *Your Highness* őfelsége [megszólításkor]
**high-pitched** ❶ éles, magas [hang] ❷ meredek, nagy esésű [tető]
**high-powered** ❶ nagy teljesítményű ❷ erőteljes, dinamikus [pl. ember, módszer]

H

**high-profile** fontos, központi helyet betöltő
**high-ranking** magas rangú, fontos pozíciót betöltő
**high-resolution** magas/nagy felbontású
**high-rise** sokemeletes lakóépület, toronyház
**high road** ❶ főút(vonal) ❷ egyenes/legjobb út [vmi eléréséhez]
**high school** középiskola
**high seas** nyílt tenger [ami nem tartozik egy országhoz sem]
**high season** főszezon
**high security** teljesen biztonságos, erősen őrzött [pl. börtön]
**high society** felsőbb/divatos társadalmi réteg
**high-speed** ❶ nagy sebességű [pl. vonat] ❷ nagy érzékenységű [film]
**high street** főutca
**high-strung** ideges, túlfeszített, vibráló
**high technology** VAGY **high tech** VAGY **hi tech** /ˌhaɪˈtek/ csúcstechnológia
**high tide** ❶ dagály ❷ siker csúcspontja
**high treason** ❶ felségárulás ❷ hazaárulás
**high voltage** *FNÉV/MNÉV* nagyfeszülstség(ű)
**high water** ár, dagály *come hell or high water* akármi legyen is, ha fene fenét eszik is
**highway** főút, országút
**Highway Code** KRESZ
**highwayman** /ˈhaɪweɪmən/ *TBSZ* **highwaymen** /ˈhaɪweɪmən/ betyár, útonálló
**high wind** szélvész, orkán
**hijack** /ˈhaɪdʒæk/ ❶ eltérít [repülőgépet] ❷ feltartóztat/kirabol [járművet]
**hijacker** /ˈhaɪdʒækə/ géprabló, légikalóz, gépeltérítő

**hike** /haɪk/ *FNÉV*
❶ (gyalog)túra, kirándulás ❷ áremel(ked)és

**hike** *IGE*
❶ gyalogol, kirándul ❷ hirtelen fölemel [pl. árat]
**hiker** /ˈhaɪkə/ turista
**hilarious** /hɪˈleərəs/ vidám, mulatságos
**hilarity** /hɪˈlærɪtɪ/ vidámság, nevetés
**hiliter** /ˈhaɪlaɪtə/ kiemelőfilc, kiemelőtoll
**hill** /hɪl/ ❶ domb, (kisebb) hegy ❷ halom [pl. köveké] ❸ *the Hill* Capitolium [az USA kongresszusa]
KIFEJEZÉSEKBEN: *be over the hill* túljutott élete delén, hanyatlóban van
**hillbilly** *FNÉV/MNÉV* tahó, paraszt
**hillock** /ˈhɪlək/ halmocska, dombocska
**hilt** /hɪlt/ markolat, nyél [pl. kardé] *up to the hilt* nyakig, teljesen [pl. eladósodott]
**hilly** /ˈhɪlɪ/ dombos, hegyes
**him** /hɪm/ [hímnem] ❶ őt *I want him* őt akarom ❷ neki *give him some water* adj neki vizet ❸ [elöljáróval] neki, vele stb. *for him* neki, számára *with him* vele ❹ ő *is that him?* ő az?
**himbo** /ˈhɪmbəu/ vonzó, de üresfejű (fiatal) férfi
**himself** /hɪmˈself/ ❶ (ön)maga, saját maga [férfi] *he saw himself* látta magát *he bought himself a drink* vásárolt magának egy italt *he's beside himself* magánkívül van ❷ (saját) maga, ő maga [nyomatékosításra] *he told us himself* ő maga mondta nekünk ❸ a régi önmaga *he's more himself now* most már inkább hasonlít korábbi önmagához ❹ *(all) by himself* teljesen egyedül, egymaga

**hind** /haɪnd/ *TBSZ* **hinds** VAGY **hind** *FNÉV*
szarvastehén

**hind** *MNÉV*
hátsó, hátulsó [r.szerint állat lába]
**hinder** /ˈhɪndə/ ❶ feltart, akadályoz ❷ meggátol, visszatart (amitől: *from*)
**Hindi** /ˈhɪndɪ/ *FNÉV/MNÉV* hindi (nyelv)
**hindmost** /ˈhaɪndməust/ leghátulsó *the devil take the hindmost* meneküljön ki merre lát, hulljon a férgese
**hindrance** /ˈhɪndrəns/ ❶ gát, akadály ❷ gátló körülmény
**hindsight** utólagos bölcsesség *say smth with the wisdom/benefit of hindsight* utólag mond bölcseket
**Hindu** /hɪnˈduː/ VAGY /ˈhɪnduː/ hindu
**Hinduism** /ˈhɪnduɪzəm/ hinduizmus

**hinge** /hɪndʒ/ *FNÉV*
❶ csuklópánt, zsanér ❷ sarkalatos pont

**hinge** *IGE*
❶ beakaszt [ajtót] ❷ zsanérral ellát
**hinge on** *hinge on smth* ❶ forog/fordul vmi körül ❷ függ, múlik vmin

**hint** /hɪnt/ *FNÉV*
❶ célzás, utalás *drop a hint* célzást tesz (amire: *about*) *take a hint* (el)érti a célzást ❷ tipp, ötlet *give smb a hint* ötletet/tippet ad vkinek ❸ kis mennyiségű dolog

**hint** *IGE*
céloz(gat) (amire: *at*) *hint to smb that {MONDAT}* vkinek értésére adja, hogy {MONDAT}
**hinterland** /ˈhɪntəlænd/ hátország
**hip** /hɪp/ ❶ csípő ❷ csipkebogyó ❸ tetőél
**hip, hip, hurrah!** hip, hip, hurrá!
**hipbone** csípőcsont
**hip joint** csípőízület
**hippie** VAGY **hippy** /ˈhɪpɪ/ hippi
**hippo** /ˈhɪpəu/ víziló
**hippocampus** /ˌhɪpəuˈkæmpəs/ *TBSZ* **hippocampi** /ˌhɪpəuˈkæmpaɪ/ hippokampusz, tengeri ló
**hip pocket** farzseb, oldalzseb
**hippodrome** /ˈhɪpədrəum/ cirkusz, aréna
**hippopotamus** /ˌhɪpəˈpɒtəməs/ *TBSZ* **hippopotamuses** VAGY **hippopotami** /ˌhɪpəˈpɒtəmaɪ/ víziló
**hippy** /ˈhɪpɪ/ hippi
**hip roof** kontytető [házon]

**hire** /haɪə/ *FNÉV*
❶ (ki)bérelés, bérbevétel *for hire* „szabad" [jelzés taxin] ❷ fizetés, díjazás *work for hire* díjazás ellenében dolgozik

**hire** *IGE*
❶ (ki)bérel, bérbe vesz [pl. autót] ❷ szer-

ződtet, alkalmaz [r.szerint rövidebb időre]
**hire out** ❶ *hire smth out* bérbe ad vmit ❷ *hire ꞉oneself꞉ out* elszegődik
**hire purchase** részletvásárlás *buy/get smth on hire purchase* részletre vásárol vmit
**hirer** /ˈhaɪərə/ bérlő
**his** /hɪz/ [hímnem] ❶ az ő [vmije] *his chair* az ő széke *one of his friends* egyik barátja ❷ az övé/övéi *the pencil is his* a ceruza az övé *the pencils are his* a ceruzák az övéi *his is green* az övé zöld *a friend/book of his* egyik barátja/könyve
**Hispanic** /hɪˈspænɪk/ ❶ spanyol nyelvterületről származó ❷ *US* latin-amerikai
**hiss** /hɪs/ *FNÉV*
❶ sziszegés [pl. kígyóé] ❷ pisszegés [pl. színházban] ❸ kifütyülés, lehurrogás
**hiss** *IGE*
❶ sziszeg [pl. kígyó] ❷ sziszegve mond ❸ csendre int, pisszeg ❹ lehurrog, kifütyül
**histamine** /ˈhɪstəmiːn/ hisztamin
**histology** /hɪˈstɒlədʒɪ/ szövettan
**historian** /hɪˈstɔːrɪən/ történész
**historic** /hɪˈstɒrɪk/ történelmi jelentőségű, sorsdöntő [esemény, épület]
**historical** /hɪˈstɒrɪkəl/ ❶ történelmi, történelemhez kapcsolódó ❷ történelmi (tárgyú)
**history** /ˈhɪstrɪ/ ❶ történelem history *make history* bevonul a történelembe *go down in history as smth* vmiként bevonul a történelembe ❷ vminek a története *the history of the Hungarian language* a magyar nyelv története ❸ múlt, történet, előzmény *have a history of heart problems* szívpanaszai hosszú időre nyúlnak vissza ❹ előélet, priusz ⓘ *NEM* ~~história~~ [= történet]
**histrionic** /ˌhɪstrɪˈɒnɪk/ ❶ színpadias, túldramatizált, teátrális ❷ színészi
**histrionics** /ˌhɪstrɪˈɒnɪks/ ❶ színpadiasság, túldramatizálás ❷ hisztéria
**hit** /hɪt/ *FNÉV*
❶ ütés ❷ találat ❸ siker, sláger ❹ találó megjegyzés, telitalálat
**hit** /hɪt/, **hit** /hɪt/, **hit** /hɪt/ *IGE*
❶ (meg)üt [pl. labdát], (el)talál, elüt *the bullet hit him in the head* a golyó a fején találta ❷ nekimegy, nekiütközik (aminek: *against*) ❸ elérkezik vhová, célba talál ❹ érint, sújt [r.szerint negatívan] *be hit by inflation* sújtja az infláció *be hard hit by smth* érzékenyen érint, nagy csapás számára vmi ❺ (el)talál, (ki)talál
KIFEJEZÉSEKBEN: *hit the bottle* ivásra adja a fejét *hit the hay/sack* lefekszik *hit the nail on the head* fején találja a szöget
**hit back** visszavág, éles választ ad
**hit on** *hit on smth* rábukkan/rálel vmire/vkire
**hit-and-miss** találomra/vaktában történő
**hit-and-run** ❶ cserbenhagyásos *a hit-and-run accident* cserbenhagyásos baleset ❷ cserbenhagyó [pl. autóvezető] ❸ rajtaütésszerű [támadás, majd gyors menekülés]
**hitch** /hɪtʃ/ *FNÉV*
❶ akadály, fennakadás, nehézség *without a hitch* simán, gond nélkül ❷ (meg)rántás
**hitch** *IGE*
❶ odaköt, ráerősít vmire *the rope was hitched over the pole* a kötelet ráhurkolták/ráerősítették az oszlopra ❷ (autó)stoppol, stoppal megy *hitch a ride* stoppol, leint egy autót
**hitchhike** /ˈhɪtʃhaɪk/ *FNÉV/IGE* autóstop(pal utazik), autóstoppol(ás)
**hitchhiker** /ˈhɪtʃhaɪkə/ *FNÉV* (autó)stoppos
**hitching post** lókikötő oszlop
**hi-tech** VAGY **high tech** /ˌhaɪˈtek/ *FNÉV/MNÉV* csúcstechnológia, csúcstechnológiát képviselő
**hither** /ˈhɪðə/ ide, erre
**hitherto** /ˌhɪðəˈtuː/ eddig, (mind)ezideig, az eddigiekben
**hit man** ❶ bérgyilkos ❷ kellemetlen feladatra fölbérelt ember
**hit-or-miss** találomra/vaktában történő
**HIV** = human immunodeficiency virus
**hive** /haɪv/ *FNÉV*
❶ kaptár, (méh)kas ❷ méhraj, méhkas ❸ nyüzsgés, méhkas *the office was a hive of activity* a hivatal méhkashoz hasonlított
**hive** *IGE*
❶ [méheket] bekaptároz ❷ kényelmesen elhelyez (vkit)
**hives** /haɪvz/ csalánkiütés, bőrkiütés
**hl** = hectolitre; hectolitres
**h'm** VAGY **hmm** /m/ hm!
**HM** = Her/His Majesty; heavy metal
**HMS** = Her/His Majesty's Service; Her/His Majesty's Ship
**HMSO** = His/Her Majesty's Stationery Office
**ho.** = house
**ho** ❶ hé! / állj! ❷ *land ho!* föld!
**hoard** /hɔːd/ *FNÉV*
titkos/felhalmozott készlet
**hoard** *IGE*
felhalmoz, készletez
**hoard up** *hoard smth up* eltárol, felhalmoz, összehord
**hoarding** /ˈhɔːdɪŋ/ ❶ deszkafal, deszkakerítés [r.szerint építkezésnél] ❷ óriásplakát
**hoarfrost** /ˈhɔːfrɒst/ dér, zúzmara
**hoarse** /hɔːs/ rekedt [hang, ember]
**hoarsen** /ˈhɔːsən/ ❶ bereked ❷ berekeszt, rekedtté tesz
**hoary** /ˈhɔːrɪ/ ❶ ősz, deres [haj, ember] ❷ (ős-)régi, ósdi [pl. vicc]
**hoax** /həʊks/ *FNÉV*
tréfa, beugratás, felültetés
**hoax** *IGE*
beugrat, megtréfál, felültet
**hob** /hɒb/ ❶ platni [főzőkészüléken] ❷ kandallóállvány [melegítésre] ❸ manó, törpe

**hobbit** /ˈhɒbɪt/ manó, kobold

**hobble** /ˈhɒbəl/ *FNÉV*
❶ bicegés ❷ béklyó [lónak]

**hobble** *IGE*
❶ biceg ❷ megbéklyóz [lovat]

**hobby** /ˈhɒbɪ/ kedvenc időtöltés, hobbi

**hobbyhorse** vesszőparipa

**hobgoblin** /hɒbˈgɒblɪn/ pajkos manó

**hobnail** bakancsszeg

**hobnob** /ˈhɒbnɒb/ bratyizik

**hobo** /ˈhəubəu/ csavargó

**hock** /hɒk/ ❶ csülök ❷ hátsó láb térdízülete [disznóé] ❸ rajnai fehér bor ❹ zaci

**hockey** /ˈhɒkɪ/ ❶ gyeplabda ❷ jégkorong

**hockey stick** hokibot, hokiütő

**hocus–pocus** /ˌhəukəs ˈpəukəs/ *FNÉV*
hókuszpókusz, szemfényvesztés

**hocus–pocus** *IGE*
hókuszpókuszt/szemfényvesztést művel

**hod** /hɒd/ téglahordó saroglya

**hodgepodge** /ˈhɒdʒpɒdʒ/ zagyvalék

**Hodgkin's disease** /ˈhɒdʒkɪnz dɪziːz/ Hodgkin-kór

**hoe** /həu/ *FNÉV*
kapa

**hoe** *IGE*
kapál, sarabol

**hog** /hɒg/ ❶ disznó, sertés ❷ hússertés ❸ kapzsi/falánk disznó [ember]
KIFEJEZÉSEKBEN: *go the whole hog* vmit végigcsinál/végigvisz, semmit sem hagy ki

**hogpen** *US* sertésól

**hogshead** /ˈhɒgzhed/ ❶ űrmérték [= kb. 240 liter] ❷ hordónyi folyadék [= kb. 240 liter] ❸ nagy hordó

**hogwash** /ˈhɒgwɒʃ/ ❶ hülyeség, marhaság ❷ moslék

**hoist** /hɔɪst/ *FNÉV*
❶ felvonás, emelés ❷ emelőszekezet

**hoist** *IGE*
felvon, felhúz, felemel [pl. zászlót, súlyt]

**hold** /həuld/ *FNÉV*
❶ fogás *get/lay/take hold of smth* megfog, elkap vmit *lose hold of smth* elereszt vmit ❷ kapaszkodó, fogás [hegymászásnál] ❸ kézszorítás ❹ befolyás, hatalom ❺ fogás [birkózásban] ❻ rak(odó)tér [pl. repülőgépen] ❼ hold [telefonon] *put smb on hold* „hold"-ra tesz
KIFEJEZÉSEKBEN: *get hold of smb* megtalál, elkap *put smth on hold* felfüggeszt, elhalaszt

**hold** /həuld/, **held** /held/, **held** /held/ *IGE*
❶ tart, fog [kézzel, kézben] *hold hands* fogják egymás kezét ❷ (meg)tart, elbír, megmarad, változatlanul/úgy/igaz marad, tartósnak bizonyul *the good weather held for three weeks* a jó idő három hétig tartott ❸ (vhol/vhogyan) tart *the meeting will be held on Tuesday* a megbeszélést kedden tartják *hold the line!* tartsa a vonalat! ❹ birtokában tart, fogva tart *hold smb hostage* túszként tart fogva ❺ (vissza)tart *hold ⁝one's⁝ breath* visszafojtja a lélegzetét *hold ⁝one's⁝ tongue* csendben marad ❻ (birtokában) tart, megvéd *hold the fort* tartja a frontot *hold ⁝one's⁝ own* állja a sarat, tartja magát ❼ tartalmaz, magába foglalni képes *the room holds 500* a teremnek 500 fő a befogadóképessége
KIFEJEZÉSEKBEN: *hold good* érvényes, alkalmazható (akire/amire: *for*) *hold the road* jó az úttartása [gépjárműnek] *hold it!* állj(unk) meg egy pillanatra

**hold back** ❶ tartózkodik vmitől, vonakodva tesz vmit ❷ *hold smth back* visszatart ❸ *hold smth back* eltitkol

**hold down** ❶ *hold smth down* lent/alacsonyan tart [pl. árakat] ❷ *hold smb down* szabadságukban korlátoz, elnyom

**hold on** ❶ kitart [nehézségek ellenére] ❷ vár, kitart [r.szerint telefonon] *hold on a minute!* várj egy pillanatig

**hold on to** *hold on to smth* ❶ megkapaszkodik vmiben ❷ ragaszkodik vmihez

**hold out** ❶ kinyújt, (oda)tart [pl. kezet] ❷ kecsegtet vmivel *I don't hold out much hope that {MONDAT}* szerintem nincs sok reményünk arra, hogy {MONDAT} ❸ kitart [pl. készlet] *how long do our supplies hold out?* mennyi ideig tartnak készleteink? ❹ elvisel, kitart

**hold together** ❶ összetart, együtt marad ❷ *hold smb/smth together* összetart / együtt tart vkit/vmit ❸ kijön, stimmel *the story doesn't hold together* nem stimmel a dolog

**hold up** *hold smb/smth up* ❶ (fel)emel, magasba emel ❷ példaként (fel)mutat ❸ feltart(óztat), megvárakoztat ❹ kirabol

**holdall** /ˈhəuldɔːl/ utazótáska, sporttáska

**holder** /ˈhəuldə/ ❶ tartó *cigarette holder* szipka ⓘ *NEM* ~~cigarettatárca~~ ❷ birtokos, tulajdonos *card holder* kártyabirtokos *account holder* számlatulajdonos ❸ viselő [pl. címé]

**holding** /ˈhəuldɪŋ/ ❶ megfogás, alátámasztás ❷ birtok, tulajdon ❸ vagyon(rész), tőkerész [vállalatban] ❹ holding, vállalatcsoport

**hold-up** ❶ forgalmi akadály ❷ fegyveres rablótámadás

**hole** /həul/ ❶ lyuk, üreg, gödör *watering hole* itató [állatnak] ❷ vacok, odú [állaté], szegényes lakóhely [emberé] ❸ nehéz helyzet, kutyaszorító ❹ gyenge pont, lyuk [érvelésben] *pick holes* hibát keres (amiben: *in*) ❺ lyuk [golfpályán]
KIFEJEZÉSEKBEN: *make a hole in smth* jócskán hozzányúl [pl. megtakarításhoz] *watering hole* kocsma

**hole-in-the-wall** (kész)pénz-/bankjegykiadó automata

**holiday** /ˈhɒlɪdeɪ/ *FNÉV*
❶ ünnep, munkaszüneti nap *bank holiday* banki szünnap, ünnepnap ❷ szabadság, vakáció *be*

*(away) on holiday* szabadságon van *go on holiday* szabadságra megy ❸ (meghatározott idejű) mentesség [összetételekben] *tax holiday* átmeneti adókedvezmény/adómentesség ❹ kedvezményes időszak

**holiday** *IGE*
szabadságon van, szabadságát tölti

**holiday home** üdülő [saját ház/lakrész]

**holidaymaker** *FNÉV* turista, üdülő, nyaraló

**holiness** /ˈhəʊlɪnəs/ ❶ szentség ❷ őszentsége

**holistic** /həʊˈlɪstɪk/ holisztikus

**holler** /ˈhɒlə/ *FNÉV/IGE* kiabál(ás), ordít(ás)

**hollow** /ˈhɒləʊ/ *FNÉV*
❶ üreg, mélyedés ❷ medence, völgy

**hollow** *MNÉV*
❶ üreges, lyukas [pl. fog, oszlop] ❷ beesett [pl. arc], mélyen ülő [szem] ❸ tompa, visszhangzó [hang] *in a hollow voice* síri hangon ❹ üres, hamis [pl. ígéret] ❺ éhes

**holocaust** /ˈhɒləkɔːst/ ❶ *the Holocaust* a Holocaust ❷ világégés, tömeges mészárlás/pusztítás ❸ égőáldozat

**hologram** /ˈhɒləgræm/ hologram

**holy** /ˈhəʊlɪ/ szent, megszentelt

**Holy Communion** áldozás, szentáldozás

**Holy See** Szentszék

**Holy Trinity** Szentháromság

**homage** /ˈhɒmɪdʒ/ ❶ hódolat, mély tisztelet *pay/do homage to smb* tisztelettel adózik vkinek ❷ hűbéri eskü

**home** /həʊm/ *FNÉV*
❶ otthon, lakás, ház *at home* otthon *be at home* otthon van, szívesen veszi a látogatókat *feel/be at home in smth* otthonos/jártas vmiben *make smth a home* belak [lakást] ❷ haza, születési hely ❸ család, otthon *come from a poor home* szegény családból származik ❹ vminek a szülőhazája / származási helye

**home** *MNÉV*
❶ hazai, otthoni, bel- ❷ belföldi, hazai, bel- ❸ házi, hazai, otthon készült ❹ otthon játszott [mérkőzés], otthon játszó [csapat]

**home** *HAT.SZÓ*
❶ haza(felé) *I must be home by eleven* tizenegyre haza kell érnem *go home* hazamegy *on the/ ≥one's≤ way home* hazafelé menet *see smb home* hazakísér ❷ otthon *be home* otthon van ❸ a megfelelő helyre, célba *put the ball home* a hálóba juttatja a labdát, gólt ér el [pl. futballban] ❹ a helyére *drive/ hammer a nail home* szöget beüt
KIFEJEZÉSEKBEN: *bring/drive smth home to smb* (végre) megértet vkivel vmit

**home** *IGE*
❶ visszatér, hazarepül [madár/repülő] ❷ visszairányít [pl. repülőgépet rádióirányítással] ❸ hazaküld
**home in on** *home in on smth* megcéloz, fókuszba vesz

**home affairs** belügyek, belpolitika

**home banking** otthonról/számítógépről elérhető bankszolgáltatások

**homecoming** ❶ hazatérés [hosszabb távollét után] ❷ *US* végzett diákok visszatérésének napja/ünnepe

**home economics** háztartástan

**homegrown** ❶ hazai/belföldi termésű ❷ belföldi/hazai készítésű/gyártású

**homeland** szülőföld, anyaország

**homeless** /ˈhəʊmləs/ *MNÉV* hajléktalan

**homely** /ˈhəʊmlɪ/ ❶ egyszerű, mindennapos [pl. étel] ❷ otthonias, családias [ember] ❸ *US* csúnya, egyszerű

**homemade** ❶ otthon/házilag készült ❷ hazai, belföldön készült

**Home Office** [a brit] Belügyminisztérium

**homeopath** /ˈhəʊmɪɒpæθ/ homeopata

**homeopathic** /ˌhəʊmɪəˈpæθɪk/ hasonszenvi

**homeopathy** /ˌhəʊmɪˈɒpəθɪ/ hasonszenvi gyógymód, homeopátia

**homeowner** lakástulajdonos, háztulajdonos

**homepage** honlap, nyitólap, homepage

**homer** /ˈhəʊmə/ ❶ postagalamb ❷ hazafutás [baseballban]

**homeroom** saját osztályterem

**home run** hazafutás [baseballban]

**Home Secretary** [a brit] belügyminiszter

**homesick** hazavágyódó, honvágyat érző

**homesickness** /ˈhəʊmsɪknəs/ honvágy

**homespun** ❶ otthon/belföldön/házilag szőtt, házi szövésű ❷ egyszerű, mesterkéletlen

**home team** hazai csapat

**home town** szülőváros

**home truth** kellemetlen igazság [az egyénről]

**homeward** /ˈhəʊmwəd/ hazafelé menő/vezető

**homewards** /ˈhəʊmwədz/ hazafelé

**homework** /ˈhəʊmwɜːk/ *NEM MEGSZÁML.* ❶ házi feladat, lecke *do your homework* csináld meg a leckédet *two difficult pieces of homework* két nehéz házi feladat ❷ előkészület vmire *do ≥one's≤ homework* (alaposan) fölkészül ❸ otthoni munka

**homey** /ˈhəʊmɪ/ otthonos, kényelmes

**homicidal** /ˌhɒmɪˈsaɪdəl/ ❶ emberölő, gyilkos ❷ emberölésre hajlamos

**homicide** /ˈhɒmɪsaɪd/ ❶ emberölés ❷ gyilkosság

**homily** /ˈhɒmɪlɪ/ ❶ hitszónoklat, homilia ❷ prédikáció, lelki fröccs

**homing** /ˈhəʊmɪŋ/ ❶ hazataláló [pl. madár] ❷ célkövető [pl. rakéta]

**homo-** /ˈhəʊməʊ/ homo-

**homo** /ˈhəʊməʊ/ *FNÉV* homokos

**homoeopath** /ˈhəʊmɪɒpæθ/ homeopata

**homoeopathic** /ˌhəʊmɪəˈpæθɪk/ hasonszenvi

**homoeopathy** /ˌhəʊmɪˈɒpəθɪ/ hasonszenvi gyógymód, homeopátia

**homogeneity** /ˌhəʊməʊdʒəˈniːətɪ/ egyneműség, hasonneműség, homegen(e)itás

H

**homogeneous** /ˌhəʊməʊˈdʒiːnɪəs/ egynemű, homogén
**homogenize** /həˈmɒdʒənaɪz/ egyneműsít, homogenizál
**homograph** /ˈhɒməgrɑːf/ homográf
**homography** /həˈmɒgrəfɪ/ homográfia
**homonym** /ˈhɒmənɪm/ homonima
**homonymy** /həˈmɒnəmɪ/ homonímia
**homophobia** /ˌhəməʊˈfəʊbɪə/ homoszexuálisokkal szembeni ellenségesség
**homophone** /ˈhɒməfəʊn/ FNÉV homofón
**homophonic** /ˌhɒməˈfɒnɪk/ MNÉV homofón
**homophony** /həˈmɒfənɪ/ homofónia
**homosexual** /ˌhəʊməʊˈsekʃʊəl/ homoszexuális
**homosexuality** /ˌhəʊməʊˌsekʃʊˈælətɪ/ homoszexualitás
**homy** /ˈhəʊmɪ/ otthonos, kényelmes
**hon.** = honor; honorable; honorably; honorary
**Hon.** = Honorable; Honorary

**hone** /həʊn/ FNÉV
fenőkő

**hone** IGE
élesít, fen [borotvát kövön]

**honest** /ˈɒnəst/ MNÉV
❶ becsületes, tisztességes [pl. ember, cselekvés] ❷ őszinte, nyílt ❸ rendes, tiszteletreméltó [r.szerint nő]

**honest** HAT.SZÓ
igazán! / becsületszavamra! / Isten bizony!

**honestly** /ˈɒnəstlɪ/ ❶ becsületesen ❷ nyíltan, őszintén *honestly (speaking), (MONDAT)* őszintén szólva {MONDAT} ❸ komolyan, őszintén *honestly, I don't know what you mean* komolyan mondom, nem tudom, mire gondolsz
**honesty** /ˈɒnəstɪ/ ❶ becsület(esség), tisztesség ❷ egyenesség, őszinteség
**honey** /ˈhʌnɪ/ ❶ méz ❷ édesem! szívem! [megszólítás]
**honeycomb** ❶ lép, méhsejt ❷ méhsejtszerű elrendezés [pl. tégláké]
**honeydew** ❶ mézharmat ❷ sárgadinnye
**honeydew melon** sárgadinnye

**honeymoon** FNÉV
❶ mézeshetek ❷ kezdeti békés időszak, mézeshetek

**honeymoon** IGE
nászúton van, mézesheteit tölti

**honk** ❶ gágog ❷ dudál ❸ okádik, rókázik
**honker** ❶ dudáló ember ❷ orr, ormány

**honky-tonk** /ˈhɒŋkɪtɒŋk/ FNÉV
❶ lebuj, mulató ❷ ragtime zongorajáték

**honky-tonk** MNÉV
❶ vidám zongorajáték ❷ csicsás, olcsó ❸ lebujba való, lebujban dolgozó

**honorarium** /ˌɒnəˈreərɪəm/ TBSZ **honorariums** VAGY **honoraria** /ˌɒnəˈreərɪə/ tiszteletdíj, honorárium
**honorary** /ˈɒnərərɪ/ ❶ tiszteletbeli, dísz- [pl. elnök] ❷ címzetes [pl. professzor]

**honour** /ˈɒnə/ FNÉV
❶ becsület, becsületesség *give smb {one's} word of honour that (MONDAT)* szavát adja vkinek, hogy {MONDAT} ❷ megbecsülés, tisztelet *in honour of smb* vki tiszteletére *guard of honour* díszegység ❸ dísz, büszkeség *be an honour to smth* vminek a büszkesége [pl. iskoláé] ❹ megtiszteltetés *have the honour to do smth* van szerencséje vmit csinálni [pl. vkit bemutatni] ❺ [bíró címe/megszólítása] *Your Honour* bíró úr!

**honour** IGE
❶ (meg)tisztel, (meg)becsül *be (deeply) honoured that (MONDAT)* (nagyon) megtisztelve érzi magát, hogy {MONDAT} ❷ kitüntet ❸ kifizet, bevált [pl. csekket] ❹ betart, megtart [pl. megállapodást] ⓘ NEM ~~honorál~~ [= díjaz]

**honourable** /ˈɒnərəbəl/ ❶ tiszteletre méltó, dicséretes ❷ tisztességes, becsületes ❸ [képviselőtárs címe/megszólítása] *my Honourable friend* (tisztelt) képviselőtársam
**honours** /ˈɒnəz/ ❶ kitüntetés, érdemjel ❷ tiszteletadás *pay last honours to smb* megadja a végtisztességet vkinek *do the honours (of the house)* a háziasszony/házigazda szerepét tölti be ❸ egyetemi fokozat *graduate with first-class honours* kitüntetéssel végez
**hood** /hʊd/ ❶ csuklya, kapucni ❷ tető, fedő ❸ lehajtható tető [pl. gyerekkocsié, autóé] ❹ US motorháztető
**hoodlum** /ˈhuːdləm/ gengszter
**hoodwink** /ˈhʊdwɪŋk/ rászed, becsap

**hoof** /huːf/ TBSZ **hoofs** VAGY **hooves** /huːvz/ FNÉV
pata [pl. lóé]

**hoof** IGE
❶ patával/lábbal megrúg ❷ *hoof it* gyalogol

**hoof and mouth disease** száj- és körömfájás

**hook** /hʊk/ FNÉV
❶ kampó, horog [pl. képé, horgászé, kabáté] ❷ kapocs [pl. ruhán] ❸ (telefon)kampó [ahová a kagylót akasztják] ❹ csapda ❺ figyelmet lekötő dolog, csapda ❻ horog(ütés)

**hook** IGE
❶ horoggal (meg)fog [halat] ❷ felakaszt, ráakaszt (amire: *over*) ❸ sarlóz ❹ horogütést visz be, behúz ❺ becsap, rászed ❻ bottal akaszt [jégkorongban]
**hook up** bekapcsolódik, rácsatlakozik [vmilyen rendszere] (ahova: *to*)

**hooker** /ˈhʊkə/ utcalány, kurva
**hookey** VAGY **hooky** /ˈhʊkɪ/ lógós, iskolakerülő *play hookey* iskolát kerül, lóg
**hooligan** /ˈhuːlɪgən/ huligán
**hooliganism** /ˈhuːlɪgənɪzəm/ huliganizmus
**hoop** /huːp/ ❶ abroncs, gyűrű [pl. hordón] ❷ (hulahopp)karika ❸ abroncs [szoknyáé] ❹ kapu [krokettjátékban] ❺ gyűrű [kosárlabdában]
**hooper** /ˈhuːpə/ kádár, bodnár
**hoop-la** /ˈhuːplɑː/ ❶ karikadobás [játék] ❷ csinnadratta, felhajtás

**hooray** /hʊ'reɪ/ hurrá!

**hoot** /hu:t/ *FNÉV*

❶ huhogás [bagolyé] ❷ tülkölés [pl. autóé, hajóé] ❸ kiabálás, lehurrogás ❹ szórakoztató/megnevettető dolog [pl. színdarab]

KIFEJEZÉSEKBEN: *not care/give a hoot / two hoots* fütyül/tesz vmire

**hoot** *IGE*

❶ huhog [bagoly] ❷ dudál, tülköl [pl. autó, hajó] ❸ kiabál, lehurrog, kifütyül

**hooter** /'hu:tə/ ❶ duda ❷ sziréna ❸ orr, ormány

**hoover** /'hu:və/ *FNÉV/IGE* porszívó(zik)

**hooves** /hu:vz/ ☞hoof

**hop** /hɒp/ *FNÉV*

❶ ugrás, szökkenés ❷ szökdécselés, ugrálás, tánc ❸ komló

**hop** *IGE*

❶ szökdécsel, ugrál [ember] ❷ ugrik [állat] ❸ átugrik [másik oldalra] ❹ föllép vmire, utazik vmivel *we hopped the train* fölszálltunk a vonatra ❺ táncol ❻ egyik (hasonló) helyről a másikra megy/jár *go island-hopping* szigetről szigetre utazik

**hope** /həʊp/ *FNÉV*

❶ remény *give up hope* föladja a reményt *hold out little/much hope* kevés/sok reményt fűz vmihez [r.szerint tagadásban] *be beyond/past hope* reménytelen [dolog, beteg] *in the hope of doing smth* abban a reményben, hogy (MONDAT) ❷ reménysugár, remény [ember] *you're my only/last hope* te vagy az egyetlen/utolsó reményem

**hope** *IGE*

remél, reménykedik, bízik (amiben: *for*) *hope to do smth* abban reménykedik, hogy tehet vmit *hope for the best* a legjobbakat reméli *(I) hope to see you soon* remélem, hogy rövidesen újra találkozunk *I hope so* remélem, (hogy) igen *I hope not* remélem, (hogy) nem

**hope chest** kelengyeláda

**hopeful** /'həʊpfəl/ *FNÉV*

❶ széprényű ember *young hopefuls* széprényű ifjak ❷ önjelölt [pl. politikus]

**hopeful** *MNÉV*

❶ reménykedő, bizakodó *be hopeful that (MONDAT)* reménykedik abban, hogy (MONDAT) ❷ reményteljes, ígéretes

**hopefully** /'həʊpfəlɪ/ ❶ reményteljesen ❷ remélhetőleg

**hopeless** /'həʊpləs/ ❶ reménytelen ❷ reményvesztett ❸ nagyon rossz, tehetségtelen

**hopper** /'hɒpə/ ugráló/szökdécselő (ember) *job hopper* vándormadár

**hops** /hɒps/ komló

**hopscotch** /'hɒpskɒtʃ/ ugróiskola [játék]

**hop, step and jump** VAGY **hop, skip and jump** hármasugrás

**horde** /hɔ:d/ horda, csorda

**horizon** /hə'raɪzən/ ❶ látóhatár, horizont ❷ látókör *broaden* ⟨*one's*⟩ *horizon(s)* kiszélesíti a látókörét

**horizontal** /ˌhɒrɪ'zɒntəl/ *FNÉV/MNÉV* vízszintes, horizontális (vonal)

**horizontal bar** nyújtó [tornaszer]

**hormonal** /hɔ:'məʊnəl/ hormonális

**hormone** /'hɔ:məʊn/ hormon

**horn** /hɔ:n/ *FNÉV*

❶ szarv, agancs ❷ csáp, tapogató [pl. csigáé] ❸ szarv alakú dolog ❹ szarubó1 készült tárgy [pl. fésű] ❺ kürt [hangszer] *English horn* angolkürt ❻ kürt, duda [autóé, hajóé]

KIFEJEZÉSEKBEN: *lock horns* összeakasztják a bajuszukat (ami miatt: *over*)

**horn** *IGE*

❶ szarvval lát el ❷ szarvval felnyársal, felöklel

**horner** /'hɔ:nə/ ❶ szaruműves ❷ kürtös

**hornet** /'hɔ:nɪt/ lódarázs *stir up a hornet's nest* darázsfészekbe nyúl

**horn-rimmed** szarukeretes

**horny** /'hɔ:nɪ/ ❶ szarus, szaruszerű ❷ durva, kérges ❸ [nemileg] fölizgult, begerjedt

**horoscope** /'hɒrəskəʊp/ horoszkóp, csillagjóslat

**horrendous** /hɒ'rendəs/ iszonyú, borzasztó

**horrible** /'hɒrəbəl/ rettenetes, szörnyű

**horrid** /'hɒrɪd/ ronda, utálatos

**horrific** /hɒ'rɪfɪk/ ijesztő, (el)rettentő

**horrify** /'hɒrɪfaɪ/ megdöbbent, (el)rettent *be horrified to hear smth* elborzadva hall vmit

**horror** /'hɒrə/ ❶ rémület, rettegés, horror *be filled with horror* megrémül, elborzad, tele van rémülettel *to smb's horror* (legnagyobb) rémületére ❷ rémség, borzalom

**horror film** horrorfilm

**hors-d'oeuvre** /ɔ: 'dɜ:vrə/ *TBSZ* **hors-d'oeuvres** VAGY **hors-d'oeuvre** /ɔ: 'dɜ:vrə/ előétel

**horse** /hɔ:s/ ❶ ló *to horse!* lóra! [vezényszó] *take horse* lóra ül *don't look a gift horse in the mouth* ajándék lónak ne nézd a fogát ❷ lovasság *light horse* könnyű lovasság ❸ bak, ló [tornaszer] ❹ bak, állvány [fűrészeléshez] ❺ ló [sakkban] ❻ lóerő

KIFEJEZÉSEKBEN: *flog a dead horse* hiábavaló erőfeszítést tesz, halottnak beöntést ad *hold your horses!* ne siesd el a dolgokat

**horseback** ló háta *on horseback* lóháton

**horsebox** lószállító utánfutó

**horsecar** ❶ lóvasút ❷ lószállító teherkocsi

**horse chestnut** vadgesztenye

**horse-drawn** lóvontatású, lóvontatta

**horsefly** bögöly

**Horse Guards** lovas testőrség

**horsehair** *FNÉV/MNÉV* lószőr(ből készült)

**horseman** /'hɔ:smən/ *TBSZ* **horsemen** /'hɔ:smən/ *FNÉV* lovas

**horsepower, HP** lóerő

**horse race** lóverseny

**horse racing** lóversenyzés, lósport

**horseradish** torma

**horseshoe** ❶ patkó ❷ patkó alakú dolog
**horse trailer** lószállító utánfutó
**horsewoman** /'hɔːswʊmən/ TBSZ **horsewomen** /'hɔːswɪmɪn/ lovas [nő], lovarnő
**horticultural** /ˌhɔːtɪ'kʌltʃərəl/ kertészeti
**horticulture** /'hɔːtɪkʌltʃə/ kertművelés
**horticulturist** /'hɔːtɪkʌltʃərɪst/ (mű)kertész
**hosanna** /həʊ'zænə/ hozsánna
**hose** /həʊz/ FNÉV
❶ (gumi)tömlő, locsolócső ❷ harisnya ❸ testhez simuló nadrág
**hose** IGE
*hose smth (down)* ❶ megöntöz [kertet] ❷ lelocsol, lemos [pl. autót]
**hosepipe** (gumi)tömlő, locsolócső
**hosier** /'həʊzɪə/ harisnya- és kötöttáru-kereskedő
**hosiery** /'həʊzɪərɪ/ ❶ harisnyaáru, kötöttáru ❷ harisnyabolt, kötöttáru-kereskedés
**hospice** /'hɒspɪs/ ❶ hospice-ház ❷ idősek otthona
**hospitable** /'hɒspɪtəbəl/ vendégszerető, vendégváró (akivel: *to/towards*)
**hospital** /'hɒspɪtəl/ ❶ kórház ❷ javítóműhely
**hospitality** /ˌhɒspɪ'tælətɪ/ ❶ vendégszeretet ❷ vendéglátás [étellel, itallal]
**hospitalization** /ˌhɒspɪtəlaɪ'zeɪʃən/ kórházba szállítás/utalás
**hospitalize** /'hɒspɪtəlaɪz/ kórházba szállít/utal
**host** /həʊst/ FNÉV
❶ vendéglátó, házigazda [férfi] ❷ vendéglátó hely/ország *play host to smth* vminek a helyszínéül szolgál ❸ vendéglős, vendégfogadós ❹ hordozó, gazda [pl. élősködőké] ❺ műsorvezető [stúdióbeli] ❻ sereg, tömeg *a host of* sok, temérdek ❼ hazai csapat
**host** IGE
❶ vendégül lát ❷ vminek a helyszínéül szolgál, vendégül lát
**hostage** /'hɒstɪdʒ/ ❶ túsz *take smb hostage* túszként fogva tart vkit ❷ zálog
**hostel** /'hɒstəl/ ❶ szállás, fogadó *youth hostel* ifjúsági szállás ❷ otthon, szálló [pl. nővéreké]
**hostess** /'həʊstɪs/ ❶ háziasszony ❷ légikisasszony, stewardess *air hostess* légikisasszony ❸ US [asztalhoz kísérő] pincérnő
**hostile** /'hɒstaɪl/, US /'hɒstəl/ ❶ ellenséges *be hostile to smth* ellenez vmit ❷ ellenséghez tartozó, ellenséges [pl. terület] ❸ rosszindulatú [pl. betegség]
**hostilities** /hɒ'stɪlətɪz/ ellenségeskedés
**hostility** /hɒ'stɪlətɪ/ ellenségesség, ellenséges érzelem/viszony (akivel szemben: *to*)
**hot** /hɒt/ ❶ forró *how hot is it?* mennyire meleg/forró? *be/feel/hot* nagyon melege van ❷ csípős, fűszeres, égető ❸ heves, szenvedélyes [pl. indulat] *get hot* indulatba jön
**hot air** üres fecsegés
**hot-air balloon** hőlégballon
**hotbed** vminek a melegágya [pl. bűnözésé]
**hot-blooded** forróvérű, szenvedélyes
**hotchpotch** /'hɒtʃpɒtʃ/ keverék, zagyvalék
**hot dog** hot dog
**hotel** /həʊ'tel/ szálloda, hotel
**hotel chain** szállodalánc
**hotelier** /həʊ'telɪeɪ/ szállodás
**hothead** meggondolatlan/hirtelen ember
**hot-headed** lobbanékony, heves
**hothouse** /'hɒthaʊs/ ❶ melegház ❷ vmi színtere/központja
**hotkey** gyorsbillentyű
**hot line** ❶ forró drót [telefonvonal] ❷ segélyvonal [telefonos]
**hotly** /'hɒtlɪ/ ❶ szenvedélyesen, érzelemmel telve ❷ forró nyomon [pl. követ]
**hot pants** ❶ forrónadrág ❷ erős nemi vágy
**hotplate** ❶ főzőlap, platni ❷ tányérmelegítő
**houmous** VAGY **houmus** /'hʊmʊs/ humusz
**hound** /haʊnd/ FNÉV
vadászkutya, kopó *pack of hounds* kutyafalka *ride to hounds* rókavadászatra megy
KIFEJEZÉSEKBEN: *run with the hare and hunt with the hounds* kettős játékot játszik
**hound** IGE
❶ vadászkutyával vadászik ❷ üldöz, hajt [pl. főnök beosztottat]
**hour** /aʊə/ ❶ óra [időtartam, 60 perc] *it took (him) three hours to do smth* három óráig tartott, hogy vmit megtegyen *be paid by the hour* órabérben van, óránként fizetik *office hours* munkaidő [hivatalban], fogadóóra [pl. iskolában] *lunch hour* ebédidő *visiting hours* látogatási idő [pl. kórházban] ❷ egész óra, 00 perc *on the hour* órakor/egészkor ❸ óra [időpont, 24 órás rendszerben] *the plane leaves at 1700 hours / seventeen hundred hours* a repülőgép 17 órakor indul
KIFEJEZÉSEKBEN: *after hours* munkaidő/zárás után *in the small hours* kora hajnalban
**hourglass** homokóra
**hourly** /'aʊəlɪ/ MNÉV/HAT.SZÓ ❶ óránként(i) ❷ gyakori
**house** /haʊs/ TBSZ **houses** /'haʊzɪz/ FNÉV
❶ ház, épület ❷ vmilyen célra szolgáló épület [pl. állatkertben] ❸ család, dinasztia, ház *the House of Windsor* a Windsor-ház ❹ üzlet, vállalkozás ❺ parlamenti képviselők, törvényhozás, ház [r.szerint ahol kettő van] *the House* a Ház *lower house* alsóház *upper house* felsőház ❻ határozatképesség ❼ előadás nézői, színházi nézőközönség *have a full/empty house* telt/üres ház mellett játszik [pl. színház]
**house** /haʊz/ IGE
❶ elszállásol, elhelyez ❷ befogad, otthont/védelmet ad/nyújt vkinek/vminek
**house arrest** házi őrizet
**housebreaker** betörő
**housebreaking** betöréses lopás
**housecleaning** nagytakarítás

**housefly** házilégy

**household** *FNÉV*

❶ háztartás ❷ háznép, család ❸ udvartartás

**household** *MNÉV*

házi, háztartási, háztartással kapcsolatos

**household name** VAGY **household word** általánosan bevett / mindennapi szó/fogalom

**household word** általánosan elterjedt szó, jól ismert fogalom

**housekeeping** házvezetés, háztartás

**housemaid** szobalány

**House of Commons** [a brit] alsóház

**House of Lords** [a brit] Lordok Háza

**House of Representatives** [USA] Képviselőház

**house rule** házszabály [parlamentben]

**house search** házkutatás

**house-to-house** házról házra járó

**housetrain** ❶ szobatisztaságra szoktat, bilire szoktat ❷ rendre szoktat

**housewarming** *FNÉV* házszentelő, lakásszentelő [parti]

**housewife** ❶ /ˈhaʊswaɪf/ *TBSZ* **housewives** /ˈhaʊswaɪvz/ háziasszony ❷ /hʌzif/ *TBSZ* **housewifes** varrókészlet, varródoboz

**housework** házi/háztartási munka

**housing** /ˈhaʊzɪŋ/ ❶ lakásépítés ❷ lakáshelyzet ❸ ház, burkolat [pl. motoré]

**housing estate** lakótelep

**hove** ☞ heave

**hover** /ˈhɒvə/ ❶ lebeg ❷ *hover (around)* álldogál, lézeng [és ezzel zavar vkit] ❸ habozik (amik között: *between*)

**hovercraft** /ˈhɒvəkrɑːft/ légpárnás hajó

**how** /haʊ/ *FNÉV*

vminek a mikéntje *the how and the why* vminek a hogyanja és miértje

**how** *HAT.SZÓ*

❶ hogy(an)? miként? mi módon? *how are you?* hogy vagy? *how come?* hogy lehet? / hogyhogy? *know how to do it* tudja, hogy kell csinálni ❷ mennyire, milyen mértékben *how old is she?* hány éves? mennyi idős? *how tall are you?* milyen magas vagy? ❸ [érzelem kifejezésére] milyen, mennyire *how nice/kind of you* milyen kedves tőled

KIFEJEZÉSEKBEN: *how do you do?* /ˌhaʊ djə ˈduː/ örvendek [első találkozáskor] *how about (going to the cinema)?* mit szólnál ahhoz, ha (moziba mennénk)?

**however** /haʊˈevə/ *HAT.SZÓ*

❶ bármennyire is *however hot it is, we'll go* bármilyen meleg van, megyünk ❷ azonban, viszont

**however** *KÖTŐSZÓ*

akárhogy, ahogy(an) csak *you can go however you like* úgy mész, ahogy csak akarsz

**howl** /haʊl/ *FNÉV*

❶ üvöltés, vonítás ❷ röhögés, vonítás

**howl** *IGE*

❶ vonít, üvölt [r.szerint állat] ❷ röhög, vonít *howl with laughter* nagyon/hangosan röhög

**howler** /ˈhaʊlə/ ❶ üvöltő (ember) ❷ baklövés, vaskos tévedés

**howling** /ˈhaʊlɪŋ/ ordító, égbekiáltó [pl. hiba]

**HP** = high pressure; horsepower

**HQ** = headquarters

**hr.** = hour(s)

**HR** = Human Resource(s)

**HRH** = His/Her Royal Highness

**hrs.** = hours

**HTML** = hypertext markup language

**HTTP** = hypertext transfer protocol

**hub** /hʌb/ ❶ kerékagy ❷ középpont *the hub of the universe* a világ közepe ❸ csomópont [pl. közlekedési]

**hubbub** /ˈhʌbʌb/ lárma, zsivaj, zűrzavar

**hubcap** dísztárcsa [autó kerekén]

**huckleberry** /ˈhʌkəlbərɪ/ áfonya

**huddle** *huddle (together)* összecsődül, összegyűlik ❷ *huddle (up)* összezsúfol, befülleszt

**hue** /hjuː/ (szín)árnyalat

**huff** /hʌf/ *FNÉV*

hirtelen harag *in a huff* sértődötten

**huff** *IGE*

❶ dúl–fúl, dühöng ❷ feldühít ❸ liheg, fúj(tat)

**huffy** /ˈhʌfɪ/ VAGY **huffish** /ˈhʌfɪʃ/ ❶ rosszkedvű, morcos ❷ durcás

**hug** /hʌg/ *FNÉV*

átkarolás, (meg)ölelés

**hug** *IGE*

❶ átkarol, (meg)ölel ❷ magához ölel/szorít

**huge** /hjuːdʒ/ hatalmas, óriási

**hugely** /ˈhjuːdʒlɪ/ roppantul, mérhetetlenül

**Huguenot** /ˈhjuːgənəʊ/ hugenotta

**huh** /hʌ/ (na) ugye? / nemde? / mi? [meglepetés/rosszallás kifejezésére]

**hulk** /hʌlk/ ❶ hajótest [használaton kívüli, rossz] ❷ nagy darab/melák ember, izomkolosszus

**hull** /hʌl/ *FNÉV*

❶ héj, hüvely [borsóé, babé] ❷ test, törzs [hajóé, repülőgépé, rakétáé]

**hull** *IGE*

(ki)fejt, (le)hámoz, hántol [pl. borsót]

**hullabaloo** /ˌhʌləbəˈluː/ hűhó, felzúdulás

**hullo** /həˈləʊ/ ❶ halló [telefonban] ❷ szervusz [találkozáskor] ❸ hé! / helló! [figyelemfelhívás, meglepetés]

**hum** /hʌm/ *FNÉV*

❶ zümmögés, döngicsélés [állaté] ❷ zúgás, moraj(lás) [motoré, embereké]

**hum** *IGE*

❶ zümmög, döngicsél ❷ zúg, morog, morajlik ❸ dúdol ❹ zsong, pezseg (amitől: *with*) *the room was humming (with activity)* a terem zsongott (a tevékenységtől)

**human** /ˈhjuːmən/ *FNÉV*

ember

**human** *MNÉV*

❶ humán, emberi, emberre jellemző *to err is*

*human* tévedni emberi dolog ❷ kedves, emberi ⓘ NEM ~~humán~~ [pl. tárgyak], NEM ~~humánus~~
**human being** ember
**hum and haw** /ˌhʌm ənd ˈhɔː/ habozik, tétovázik
**humane** /hjuːˈmeɪn/ ❶ emberséges, humánus, humanisztikus ❷ humán
**human immunodeficiency virus, HIV** emberi immunhiány-vírus
**humanism** /ˈhjuːmənɪzəm/ humanizmus
**humanist** /ˈhjuːmənɪst/ FNÉV humanista
**humanistic** /ˌhjuːməˈnɪstɪk/ MNÉV humanista
**humanitarian** /hjuˌmænɪˈteərɪən/ emberbaráti
**humanities** /hjuˈmænətɪz/ TBSZ bölcsészet(tudomány)
**humanity** /hjuˈmænətɪ/ ❶ az emberiség ❷ emberi természet ❸ emberiesség, humánum
**humanization** /ˌhjuːmənaɪˈzeɪʃən/ humanizálás
**humanize** /ˈhjuːmənaɪz/ ❶ emberivé/emberségessé válik, humanizálódik ❷ emberivé/emberségessé tesz, humanizál
**humankind** /ˌhjuːmənˈkaɪnd/ az emberiség
**humanly** /ˈhjuːmənlɪ/ emberileg
**human resources** emberi erőforrások, humánerőforrás
**human resources manager** emberi erőforrás-igazgató, személyügyi vezető
**human rights** személyiségjog(ok), emberi jogok
**humble** /ˈhʌmbəl/ MNÉV
❶ szerény, alacsony rangú/származású *in my humble opinion, IMHO* szerény véleményem szerint ❷ alázatos
KIFEJEZÉSEKBEN: *eat humble pie* beismeri tévedését, megalázkodik
**humble** IGE
❶ megalázkodik *humble :oneself:* megalázkodik ❷ megaláz, megszégyenít
**humblebee** dongó, poszméh
**humbug** /ˈhʌmbʌg/ ❶ szélhámosság, csalás, szemfényvesztés, humbug ❷ szélhámos, csaló
**humdrum** /ˈhʌmdrʌm/ egyhangú, monoton
**humid** /ˈhjuːmɪd/ nyirkos, nedves
**humidify** /hjuˈmɪdɪfaɪ/ megnedvesít
**humidity** /hjuˈmɪdɪtɪ/ nyirkosság, páratartalom *relative humidity* relatív páratartalom
**humiliate** /hjuˈmɪlɪeɪt/ megaláz, lealacsonyít
**humiliation** /hjuˌmɪlɪˈeɪʃən/ megalázás, lealacsonyítás
**humility** /hjuˈmɪlətɪ/ ❶ alázatosság ❷ szerény helyzet, szerénység
**hummus** /ˈhumus/ humusz
**humoresque** /ˌhjuːməˈresk/ humoreszk [zenei]
**humorist** /ˈhjuːmərɪst/ humorista, kabarészerző
**humorous** /ˈhjuːmərəs/ mulatságos, humoros
**humour** /ˈhjuːmə/ FNÉV ❶ humor, komikum *have a sense of humour* van humorérzéke ❷ hangulat, kedély(állapot) *be in good humour* jókedvében van *be out of humour* rossz hangulatban van ❸ testnedv
**hump** /hʌmp/ FNÉV
❶ púp [pl. tevéé, emberé] ❷ dombocska ❸ lehangoltság ❹ fekvőrendőr
**hump** IGE
❶ púpossá/görbévé tesz ❷ cipel, hátán visz ❸ dug, kefél
**humpback** púpos ember
**humph** /hʌmf/ hm!
**humpty** /ˈhʌmptɪ/ ülőke, puff
**humpty-dumpty** /ˌhʌmptɪ ˈdʌmptɪ/ ❶ köpcös ember ❷ leesve tönkremenő dolog
**humpy** /ˈhʌmpɪ/ ❶ púpos ❷ dombos
**humus** /ˈhumus/ humusz
**Hun** /hʌn/ FNÉV ❶ hun ❷ barbár pusztító
**hunch** /hʌntʃ/ FNÉV
❶ púp, dudor ❷ nagy darab [pl. kenyér] ❸ gyanú, előérzet *have a hunch* ráérez
**hunch** IGE
púpossá/görbévé tesz
**hunch up** meggörbíti a hátát, görnyed *sit hunched up* összegörnyedve ül
**hunchback** FNÉV púpos
**hunchbacked** MNÉV púpos
**hund.** = hundred; hundreds
**hundred** /ˈhʌndrəd/ száz *two hundred* kétszáz *hundreds of people* több száz ember
**hundredth** /ˈhʌndrədθ/ ❶ századik ❷ század (-rész)
**Hung.** = Hungarian; Hungary
**hung** /hʌŋ/ MNÉV
❶ függő, bizonytalan ❷ döntésképtelen
**hung** IGE
☞ hang
**Hungarian** /hʌŋˈgeərɪən/ FNÉV
❶ magyar (ember) ❷ magyar (nyelv) ❸ magyar nyelvtudás
**Hungarian** MNÉV
magyar
**Hungary** /ˈhʌŋgərɪ/ Magyarország *Republic of Hungary* Magyar Köztársaság
**hung ceiling** álmennyezet
**hunger** /ˈhʌŋgə/ FNÉV
❶ éhség ❷ éhezés *die of hunger* éhen hal ❸ vágy(ódás) (ami után: *for*)
**hunger** IGE
❶ éhezik, koplal ❷ vágyódik, sóvárog (ami után: *for/after*)
**hunger strike** éhségsztrájk
**Hunglish** /ˈhʌŋglɪʃ/ magyaros (hibás) angolság, Hunglish, „mangol"
**hungry** /ˈhʌŋgrɪ/ ❶ éhes, éhező *go hungry* éhen marad ❷ éhséget okozó ❸ éhes, szomjas, vágyódó (amire: *for*) *be hungry for power* hatalomvágya van
**hunker** /ˈhʌŋkə/ guggol *hunker down* leguggol
**hunt** /hʌnt/ FNÉV
❶ vadászat ❷ hajtóvadászat, hajsza (aki után: *for*) ❸ vadászterület ❹ vadásztársaság
**hunt** IGE
❶ vadászik ❷ űz, üldöz [vadat] ❸ keres, ku-

tat, vadászik vmire [pl. bűnözőt, tárgyat] (akit/amit: *for*)
**hunt down** *hunt smb down* kézre kerít [pl. bűnözőt]
**hunter** /ˈhʌntə/ vadász [ember, állat]
**hunting ground** ❶ vadászterület *the happy hunting ground* az örök vadászmezők ❷ vkik kedvelt helye, vmi lelőhelye
**hunting knife** vadászkés
**huntsman** /ˈhʌntsmən/ *TBSZ* **huntsmen** /ˈhʌntsmən/ vadász
**hurdle** /ˈhɜːdəl/ ❶ gát, akadály ❷ nehézség, akadály
**hurdler** /ˈhɜːdlə/ gátfutó
**hurdles** /ˈhɜːdəlz/ akadályfutás, gátfutás
**hurdy–gurdy** /ˌhɜːdɪˈgɜːdɪ/ tekerőlant, nyenyere
**hurl** /hɜːl/ *FNÉV*
hajítás, erőteljes dobás
**hurl** *IGE*
❶ (oda)hajít, odalök ❷ üvölt, kiabál *hurl abuse at smb* sértéseket vág vki fejéhez ❸ okádik, rókázik
**hurrah** /həˈrɑː/ VAGY **hurray** /həˈreɪ/ *FNÉV*
éljenzés, hurrázás
**hurrah** VAGY **hurray** *IND.SZÓ*
éljen! / hurrá!
**hurrah** VAGY **hurray** *IGE*
(meg)éljenez, hurráz
**hurricane** /ˈhʌrɪkən/ forgószél, hurrikán
**hurried** /ˈhʌrɪd/ (el)sietett, sietős, hirtelen
**hurry** /ˈhʌrɪ/ *FNÉV*
sietség *be in a hurry* siet
**hurry** *IGE*
❶ siet, igyekszik ❷ siettet, sürget ❸ sürgősen odaküld/odarendel [pl. orvost]
**hurry off** elsiet, sietve távozik
**hurry up** ❶ *hurry up!* siess! ❷ *hurry smb/smth up* siettet/sürget vkit/vmit
**hurt** /hɜːt/ *FNÉV*
❶ kár, ártalom [r.szerint érzelmi] ❷ sebesülés, sérülés ❸ seb
**hurt** /hɜːt/, **hurt** /hɜːt/, **hurt** /hɜːt/ *IGE*
❶ megsért, megsebesít *be/get hurt* megsérül *hurt oneself* megsérül ❷ fáj *where does it hurt?* hol fáj? *my leg arm hurts* fáj a karom ❸ fájdalmat okoz *these shoes hurt my foot* ez a cipő szorítja a lábamat ❹ megbánt/megsért vkit *hurt smb's feelings* megbánt vkit *be deeply hurt* mélyen megsértődik
**hurtful** /ˈhɜːtfəl/ sértő, bántó, ártalmas (akinek/aminek: *to*)
**hurtle** /ˈhɜːtəl/ *FNÉV*
robaj
**hurtle** *IGE*
**hurtle into** *hurtle into smth* száguld, zuhan [robajjal]
**husband** /ˈhʌzbənd/ *FNÉV*
férj *make a good husband* jó férj válik belőle *husband and wife* házaspár, férj–feleség
**husband** *IGE*
gazdálkodik/takarékoskodik vmivel
**husbandry** /ˈhʌzbəndrɪ/ ❶ (mező)gazdaság, gazdálkodás *animal husbandry* állattenyésztés ❷ gazdálkodás vmivel
**hush** /hʌʃ/ *FNÉV*
csend, hallgatás
**hush** *IND.SZÓ*
pszt, csitt
**hush** *IGE*
❶ elcsendesül, elnémul ❷ lecsendesít, elhallgattat ❸ megnyugszik ❹ megnyugtat
**hush up** *hush smth up* elhallgat, eltitkol
**husk** /hʌsk/ *FNÉV*
❶ hüvely, burok, héj [gyümölcsé, magé] ❷ burkolat, burok
**husk** *IGE*
kifejt, lehántol, hüvelyez
**huskiness** /ˈhʌskɪnəs/ ❶ rekedtség ❷ tagbaszakadtság
**husky** /ˈhʌskɪ/ *FNÉV*
eszkimó kutya, husky
**husky** *MNÉV*
❶ rekedt, fátyolos [hang] ❷ héjas, hüvelyes ❸ tagbaszakadt, erős
**hussar** /hʊˈzɑː/ huszár
**hustle** /ˈhʌsəl/ *FNÉV*
❶ lökdösődés ❷ sietség, sürgés–forgás
**hustle** *IGE*
tolakodik, lökdösődik
**hustler** /ˈhʌslə/ ❶ lökdösődő (ember) ❷ *US* csaló, szélhámos ❸ *US* prostituált, kurva
**hut** /hʌt/ kunyhó, bódé
**hutch** /hʌtʃ/ ❶ ketrec, láda [r.szerint nyulaknak] ❷ pohárszék, kredenc
**hyacinth** /ˈhaɪəsɪnθ/ jácint
**hyaena** /haɪˈiːnə/ hiéna
**hybrid** /ˈhaɪbrɪd/ *FNÉV*
korcs, keverék, hibrid
**hybrid** *MNÉV*
❶ hibrid, keresztezett [növény], korcs [állat] ❷ keverék [pl. nyelv]
**hybridize** /ˈhaɪbrɪdaɪz/ ❶ kereszteződik ❷ keresztez ❸ keverék/hibrid alakot hoz létre
**hydra** /ˈhaɪdrə/ vízikígyó, hidra
**hydrant** /ˈhaɪdrənt/ tűzcsap *fire hydrant* utcai tűzcsap
**hydraulic** /haɪˈdrɔːlɪk/ hidraulikus
**hydraulics** /haɪˈdrɔːlɪks/ vízerőtan, hidraulika
**hydric** /ˈhaɪdrɪk/ ❶ hidrogéntartalmú, hidrogén- ❷ nedvességtartalmú, nedves
**hydrocarbon** /ˌhaɪdrəʊˈkɑːbən/ szénhidrogén
**hydrocephalic** /ˌhaɪdrəuseˈfælɪk/ vízfejű
**hydroelectric** /ˌhaɪdrəʊɪˈlektrɪk/ a víz erejét alkalmazó, vízi-
**hydrofoil** /ˈhaɪdrəfɔɪl/ szárnyashajó
**hydrogen** /ˈhaɪdrədʒən/ hidrogén
**hydrolysis** /haɪˈdrɒləsɪs/ vízbontás, hidrolízis
**hydrometer** /haɪˈdrɒmɪtə/ hidrométer

**hydrophobia** /ˌhaɪdrəʊˈfəʊbɪə/ ❶ veszettség ❷ víziszony
**hydrophobic** /ˌhaɪdrəʊˈfɒbɪk/ víziszonyban szenvedő
**hydroplane** /ˈhadrəpleɪn/ hidroplán
**hydrotherapy** /ˌhaɪdrəʊˈθerəpɪ/ vízgyógyászat, hidroterápia
**hyena** /haɪˈiːnə/ hiéna
**hygiene** /ˈhaɪdʒiːn/ higiénia, egészségügy
**hygienic** /haɪˈdʒiːnɪk/ higiéniás, higiénikus
**hygrometer** /haɪˈgrɒmɪtə/ (lég)nedvességmérő, higrométer
**hygroscope** /ˈhaɪgrəskəʊp/ légnedvességmérő, higroszkóp
**hygroscopic** /ˌhaɪgrəˈskɒpɪk/ nedvszívó, higroszkópos
**hymen** /ˈhaɪmen/ szűzhártya
**hymn** /hɪm/ (egyházi) himnusz ⓘ NEM ~~himnusz~~ [országé]
**hymnal** /ˈhɪmnəl/ VAGY **hymn book** (egyházi) énekeskönyv
**hype** /haɪp/ ❶ erőltetett/hamis hírverés ❷ harsány, de kétes értékű reklámszöveg
**hyper-** /ˈhaɪpə/ hiper-
**hyperactive** /ˌhaɪpərˈæktɪv/ hiperaktív
**hyperbola** /haɪˈpɜːbələ/ hiperbola
**hyperbole** /haɪˈpɜːbəlɪ/ túlzás, nagyítás ⓘ NEM ~~hiperbola~~
**hyperbolic** /ˌhaɪpəˈbɒlɪk/ ❶ hiperbolikus ❷ nagyító, túlzó, hiberbolikus
**hypercritical** /ˌhaɪpəˈkrɪtɪkəl/ túl(zottan) kritikus
**hyperlink** /ˈhaɪpəlɪŋk/ hiperlink, hiperkapocs
**hypersensitive** túlérzékeny
**hypersonic** /ˌhaɪpəˈsɒnɪk/ hiperszonikus, legalább ötszörös hangsebességű
**hypertension** /ˌhaɪpəˈtenʃən/ magas vérnyomás, hipertónia
**hypertonic** /ˌhaɪpəˈtɒnɪk/ magas nyomású
**hypertext** /ˈhaɪpətekst/ hipertext
**hyphen** /ˈhaɪfən/ kötőjel
**hyphenate** /ˈhaɪfəneɪt/ kötőjellel összekapcsol
**hyphenation** /ˌhaɪfəˈneɪʃən/ kőtőjellel írás
**hypnopaedia** VAGY **hypnopedia** /ˌhɪpnəʊˈpiːdɪə/ hipnopédia
**hypnosis** /hɪpˈnəʊsɪs/ hipnózis
**hypnotherapist** /ˌhɪpnəʊˈθerəpɪst/ VAGY **hypnotist** /ˈhɪpnətɪst/ hipnotizőr
**hypnotherapy** /ˌhɪpnəʊˈθerəpɪ/ hipnoterápia, hipnózis
**hypnotic** /hɪpˈnɒtɪk/ hipnotikus
**hypnotism** /ˈhɪpnətɪzəm/ hipnotizálás
**hypnotize** /ˈhɪpnətaɪz/ ❶ hipnotizál ❷ megigéz
**hypochondria** /ˌhaɪpəʊˈkɒndrɪə/ képzelt betegség, hipochondria
**hypochondriac** /ˌhaɪpəʊˈkɒndrɪæk/ FNÉV képzelt beteg, hipochonder
**hypochondriac** MNÉV képzelődő, hipochondriás
**hypocrisy** /hɪˈpɒkrəsɪ/ képmutatás
**hypocrite** /ˈhɪpəkrɪt/ FNÉV képmutató, álszent
**hypocritical** /ˌhɪpəˈkrɪtɪkəl/ MNÉV képmutató, álszent, álságos
**hypodermic** bőr alatti, bőr alá fecskendezett
**hypodermic needle** injekcióstű
**hypophysis** /haɪˈpɒfɪsɪs/ TBSZ **hypophyses** /haɪˈpɒfɪsiːz/ hipofízis, agyalapi mirigy
**hypotension** /ˌhaɪpəʊˈtenʃən/ alacsony vérnyomás
**hypotenuse** /haɪˈpɒtenjuːz/ átfogó [derékszögű háromszögé]
**hypothalamus** /ˌhaɪpəˈθæləməs/ TBSZ **hypothalami** /ˌhaɪpəˈθæləmaɪ/ agyalapi mirigy
**hypothesis** /haɪˈpɒθəsɪs/ TBSZ **hypotheses** /haɪˈpɒθəsiːz/ feltevés, hipotézis
**hypothesize** /haɪˈpɒθesaɪz/ hipotézist állít föl, vélelmez
**hypothetical** /ˌhaɪpəˈθetɪkəl/ feltételezett, hipotetikus
**hysterectomy** /ˌhɪstəˈrektəmɪ/ méheltávolítás
**hysteria** /hɪˈstɪərɪə/ hisztéria
**hysteric** /hɪˈsterɪk/ hisztérikus
**hysterical** /hɪˈsterɪkəl/ ❶ hisztérikus ❷ hisztérikusan nevető ❸ nagyon mulatságos
**hysterics** /hɪˈsterɪks/ TBSZ **hysterics** /hɪˈsterɪks/ ❶ hisztériás roham/kitörés ❷ hisztériakeltés ❸ nevetőgörcs
**Hz** = hertz

# I, i /aɪ/

**i.** = intransitive; island; isle(s)
**I** = interstate; Island(s); Isle(s)
**I** /aɪ/ én *I know you* ismerlek
**iamb** /ˈaɪæm/ jambus
**iambic** jambikus, jambusos
**IC** = integrated circuit; intensive care; Jesus Christ
**ice** /aɪs/ FNÉV
❶ jég ❷ sörbet, vizes gyümölcsfagylalt ❸ fagylalt *two ices* két fagyi
KIFEJEZÉSEKBEN: *cut no ice (with smb)* nincs jelentősége (vki szerint), nem(igen) hat meg vkit
**ice** IGE
❶ (jégbe)hűt ❷ cukormázzal bevon
**ice over** VAGY **ice up** befagy
**ice age** jégkorszak
**iceberg** /ˈaɪsbɜːg/ (úszó) jéghegy
**icebox** ❶ jégszekrény ❷ hűtőszekrény
**ice-breaker** ❶ jégtörő(hajó) ❷ helyzetet oldó tevékenység, ami „megtöri a jeget"
**ice bucket** jegesvödör
**ice cap** jégsapka, jégtakaró
**ice cream** fagylalt
**ice cream cone** fagylalttölcsér
**ice cream parlour** fagylaltozó
**ice cream sundae** fagylaltkehely
**ice cube** jégkocka
**iced** /aɪst/ ❶ jégbehűtött ❷ cukormázzal bevont
**ice field** jégmező
**ice float** VAGY **ice floe** úszó jégtábla
**ice hockey** jégkorong, jéghoki
**ice hockey stick** jégkorong-bot
**ice lolly** jégkrém-nyalóka
**iceman** /ˈaɪsmən/ TBSZ **icemen** /ˈaɪsmən/ jeges
**ice pick** jégcsákány
**ice rink** korcsolyapálya, (mű)jégpálya
**ice show** jégrevü
**ice skate** FNÉV
korcsolya
**ice skate** IGE
korcsolyázik
**icicle** /ˈaɪsɪkəl/ jégcsap
**icing** /ˈaɪsɪŋ/ cukorbevonat, cukormáz bevonat
**icon** /ˈaɪkɒn/ ❶ ikon, szentkép ❷ bálvány *icon* ❸ számítógépes ikon
**ICU** = intensive care unit
**icy** /ˈaɪsɪ/ ❶ jeges, hideg ❷ jéggel borított, jégfedte
**id.** = idem
**ID** = identification; identity
**I'd** /aɪd/ ❶ [= I would] *I'd go* mennék ❷ [= I had] *she knew I'd gone* tudta, hogy mentem
**ID card** = identity card
**idea** /aɪˈdɪə/ ❶ eszme, ötlet, gondolat, elgondolás, elképzelés *the idea!* mi nem jut eszedbe! *I haven't the slightest/faintest idea* (a halványabb) fogalmam/sejtelmem sincs ❷ terv, elképzelés *the idea was for them to leave* úgy tervezték, hogy indulnak ❸ fogalom, képzet, eszme, idea, elképzelés
**ideal** /aɪˈdɪəl/ FNÉV
ideál, példakép, eszménykép
**ideal** MNÉV
eszményi, ideális
**idealism** /aɪˈdɪəlɪzəm/ idealizmus
**idealist** /aɪˈdɪəlɪst/ FNÉV idealista
**idealistic** /aɪˌdɪəˈlɪstɪk/ MNÉV idealista
**idealize** /aɪˈdɪəlaɪz/ idealizál, eszményít
**ideally** /aɪˈdɪəlɪ/ ❶ ideálisan, ideális módon ❷ ideális esetben, elvileg
**identical** /aɪˈdentɪkəl/ ❶ ugyanaz ❷ megegyező, ugyanolyan *yours is identical to/with his* a tiéd ugyanolyan, mint az övé
**identically** /aɪˈdentɪklɪ/ azonosan, ugyanúgy, megegyezően
**identical twin** egypetéjű iker
**identification** /aɪˌdentɪfɪˈkeɪʃən/ ❶ azonosítás ❷ személyazonosság megállapítása ❸ (személyazonossági) irat
**identify** /aɪˈdentɪfaɪ/ ❶ azonosít, azonosságot megállapít, felismer ❷ bemutatkozik *identify oneself as B.* B.-ként mutatkozik be
**identify with** ❶ *identify with smb/sthm* azonosságot vállal / azonosul vkivel/vmivel ❷ *identify smb with smb* azonosít vkit vkivel
**identity** /aɪˈdentɪtɪ/ ❶ azonosság, identitás ❷ azonosságtudat, önazonosság
**identity card** személyazonossági igazolvány/kártya
**ideological** /ˌaɪdɪəˈlɒdʒɪkəl/ ideológiai

**ideology** /ˌaɪdɪˈɒlədʒɪ/ ideológia
**idiom** /ˈɪdɪəm/ ❶ idióma ❷ nyelv(ezet), stílus
**idiomatic** /ˌɪdɪəˈmætɪk/ VAGY **idiomatical** /ˌɪdɪəˈmætɪkəl/ ❶ idiomatikus, idiómaszerű ❷ természetesen hangzó, idiomatikus
**idiot** /ˈɪdɪət/ idióta, hülye
**idiotic** /ˌɪdɪˈɒtɪk/ hülye, ostoba
**idiot-proof** elronthatatlan, kétbalkezesek által is használható
**idle** MNÉV
❶ tétlen, dologtalan, elfoglaltság nélküli ❷ henye, lusta ❸ álló, nem működő ❹ haszontalan, üres, alaptalan
**idle** IGE
❶ henyél, tétlenkedik ❷ üresen jár/fut [gép/motor]
**idol** /ˈaɪdəl/ bálvány
**idolatry** /aɪˈdɒlətrɪ/ ❶ bálványimádás ❷ vmi bálványozása
**idolize** /ˈaɪdəlaɪz/ bálványoz
**I'd've** /ˈaɪdəv/ [= I would have]
**idyl** VAGY **idyll** /ˈɪdəl/ GB, /ˈaɪdəl/ US ❶ idill ❷ pásztorköltemény
**idyllic** /ɪˈdɪlɪk/ GB, /aɪˈdɪlɪk/ US idilli, idillikus
**i.e.** [kimondva aɪ ˈiː VAGY *that is*] azaz(hogy), vagyis
**if** /ɪf/ ❶ hogyha, ha, feltéve hogy *if it rains, we'll play cards* ha esik, majd kártyázunk *if I were you* (én) a te helyedben, neked lennék *if you like* ha úgy tetszik ❷ ha, amikor *if I drink a lot* ha/mikor sokat iszom ❸ bár, igaz, ha ... is *it was a nice dinner, if a bit expensive* finom vacsora volt, ha egy kissé drága is ❹ bár, noha *if he's a drunkard, he's at least honest* ha részeges is, legalább becsületes ❺ *even if* még ha... is ❻ *if only because* ha másért nem (is), hát mert ❼ *if only* bár, bárcsak ❽ vajon, ...-e *I don't care if she's here* nem érdekel, itt van-e
**iffy** /ˈɪfɪ/ kétséges, bizonytalan (kimenetelű)
**IG** = Inspector General
**igloo** /ˈɪgluː/ iglu, jégkunyhó
**ignite** /ɪgˈnaɪt/ ❶ meggyújt ❷ meggyullad
**ignition** /ɪgˈnɪʃən/ gyújtás
**ignition key** slusszkulcs
**ignorance** /ˈɪgnərəns/ ❶ tudatlanság ❷ vmi nem tudása/ismerete
**ignorant** /ˈɪgnərənt/ ❶ tudatlan *be ignorant of smth* nincs tudomása vmiről ❷ ostoba, oktalan
**ignore** /ɪgˈnɔː/ nem vesz tudomásul, semmibe vesz, ignorál
**ikon** /ˈaɪkɒn/ ❶ ikon, szentkép ❷ bálvány *an icon of pop music* popzenei bálvány ❸ számítógépes ikon
**I'll** /aɪl/ [= I will] *I'll be there* ott leszek
**ill** /ɪl/ FNÉV
❶ baj, vmi rossz/negatív oldala/hatása ❷ rossz *speak ill of smb* rosszat mond vkiről
**ill** /ɪl/, **worse** /wɜːs/, **worst** /wɜːst/ MNÉV
❶ *be ill* beteg *her father's ill* beteg az apja *fall ill* megbetegszik ❷ rossz/súlyos állapotú ❸ rossz *ill fortune/luck* balszerencse *ill omen* rossz előjel *ill health* gyenge egészség ❹ *feel/be ill at ease* feszeng
**ill** HAT.SZÓ
❶ rosszul, nem jól/kielégítően *be ill-treated* rosszul bánnak vele *ill-informed* rosszul informált ❷ alig, elégtelenül, rosszul *can ill afford the time* nemigen jut rá ideje
**illegal** /ɪˈliːgəl/ törvénybe ütköző, illegális, szabályellenes
**illegal alien** illegálisan az USA-ban tartózkodó külföldi/bevándorló
**illegality** /ˌɪliːˈgælɪtɪ/ jogtalanság, jogellenesség, törvénytelenség
**illegibility** /ɪˌledʒɪˈbɪlɪtɪ/ olvashatatlanság
**illegible** /ɪˈledʒɪbəl/ olvashatatlan, kivehetetlen
**illegitimate** /ˌɪləˈdʒɪtəmət/ ❶ házasságon kívül született ❷ törvényellenes, jogtalan, jogellenes
**illicit** /ɪˈlɪsɪt/ tiltott, jogellenes, törvényellenes
**illiteracy** /ɪˈlɪtərəsɪ/ ❶ írni-olvasni nem tudás, analfabetizmus ❷ tanulatlanság, iskolázatlanság
**illiterate** /ɪˈlɪtərət/ ❶ írástudatlan, analfabéta ❷ tanulatlan, iskolázatlan
**illness** /ˈɪlnəs/ betegség
**illogical** /ɪˈlɒdʒɪkəl/ ésszerűtlen, logikátlan
**illuminate** /ɪˈluːmɪneɪt/ ❶ megvilágít, kivilágít ❷ beragyog, bevilágít ❸ megvilágít, megmagyaráz ❹ színes iniciálékkal/ábrákkal díszít
**illuminated** /ɪˈluːmɪneɪtɪd/ megvilágított, kivilágított ⓘ NEM ~~illuminált~~
**illumination** /ɪˌluːmɪˈneɪʃən/ ❶ megvilágítás, kivilágítás, bevilágítás ❷ fény, (meg)világítás, fényviszonyok ❸ színes iniciálék/ábrák
**illusion** /ɪˈluːʒən/ ❶ (érzék)csalódás, káprázat, illúzió ❷ illúzió, ábránd
**illusionist** /ɪˈluːʒənɪst/ illuzionista, bűvész
**illusive** /ɪˈluːsɪv/ VAGY **illusory** /ɪˈluːsərɪ/ csalóka, látszólagos
**illustrate** /ˈɪləstreɪt/ ❶ illusztrál, szemléltet ❷ megvilágít, (meg)magyaráz
**illustration** /ˌɪləˈstreɪʃən/ ❶ illusztráció, ábra, kép ❷ szemléltetés, illusztrálás *by way of illustration* példaképpen, szemléltetésképpen
**illustrative** /ˈɪləstrətɪv/ VAGY /ˈɪləstreɪtɪv/ szemléltető, illusztráló
**I'm** /aɪm/ [= I am] *I'm here* itt vagyok
**image** /ˈɪmɪdʒ/ ❶ elképzelés, képzet ❷ tükörkép ❸ imázs, imágó, arculat, összkép, imidzs ❹ hasonmás *the very/spitting image of his father* kiköpött az apja ❺ kép, szókép ❻ (faragott) kép, szobor
**imaginable** /ɪˈmædʒɪnəbəl/ elképzelhető
**imaginary** /ɪˈmædʒɪnərɪ/ ❶ képzeletbeli, képzelt ❷ imaginárius [szám]
**imagination** /ɪˌmædʒɪˈneɪʃən/ ❶ képzelet, képzelőtehetség, fantázia ❷ képzelődés, kitaláció
**imaginative** /ɪˈmædʒɪnətɪv/ fantáziadús, képzeletgazdag
**imagine** /ɪˈmædʒɪn/ ❶ (el)képzel, (el)gondol *I*

*can imagine the scene* el tudom képzelni a jelenetet *just imagine* képzeld csak ❷ képzelődik *you're imagining things* képzelődsz ❸ vél, hisz *I imagine he's very angry* gondolom, nagyon mérges
**imbalance** /ɪm'bæləns/ kiegyensúlyozatlanság, egyenlőtlenség, egyensúlyhiány *trade imbalance* kereskedelmi mérleghiány
**IMHO** VAGY **imho** = in my humble opinion
**imitate** /'ɪmɪteɪt/ utánoz, másol
**imitation** /ˌɪmɪ'teɪʃən/ ❶ utánzás, követés ❷ utánzat, hamisítvány, mesterséges, mű-
**imitation leather** műbőr
**immaterial** /ˌɪmə'tɪərɪəl/ lényegtelen
**immature** /ˌɪmə'tjuə/ ❶ kiforratlan, kifejletlen, kialakulatlan ❷ éretlen
**immaturity** /ˌɪmə'tjuərɪtɪ/ éretlenség, (ki)fejletlenség, kiforratlanság, kialakulatlanság
**immediate** /ɪ'mi:dɪət/ ❶ azonnali, sürgős ❷ közeli, közvetlen *my immediate family* a szűkebb családdom
**immediately** /ɪ'mi:dɪətlɪ/ ❶ azonnal, rögtön *immediately after it* rögtön utána ❷ közvetlenül
**immense** /ɪ'mens/ óriási, roppant, tömérdek
**immerse** /ɪ'mɜ:s/ be(le)márt, (meg/be)merít, alámerít
**immersion** /ɪ'mɜ:ʃən/ VAGY /ɪ'mɜ:ʒən/ ❶ belemerítés, be(le)mártás, (alá/meg)merítés ❷ keresztelés [megmerítkezéssel] ❸ elmerülés, elmélyedés (amiben: *in*) ❹ „megmerítkezős" nyelvtanítási módszer
**immersion heater** merítőforraló, merülőforraló
**immigrant** /'ɪmɪgrənt/ bevándorló
**immigrate** /'ɪmɪgreɪt/ bevándorol
**immigration** /ˌɪmɪ'greɪʃən/ bevándorlás
**immigration office** ❶ útlevélkezelés ❷ bevándorlási iroda
**immigration officer** ❶ útlevélkezelő ❷ bevándorlási tisztviselő
**immobile** /ɪ'məubaɪl/ *GB*, /ɪ'məubəl/ *US* mozdulatlan, rögzített
**immobility** /ˌɪməu'bɪlɪtɪ/ mozdulatlanság, rögzítettség
**immobilization** /ɪˌməubəlaɪ'zeɪʃən/ ❶ megbénítás, mozdulatlanságra/tétlenségre kárhoztatás ❷ kerékbilincs elhelyezése ❸ rögzítés [törésé]
**immobilize** /ɪ'məubəlaɪz/ ❶ mozdulatlanságra kárhoztat, megbénít ❷ kerékbilinccsel lát el ❸ rögzít [törést]
**immobilizer** /ɪ'məubəlaɪzə/ kerékbilincs
**immoderate** /ɪ'mɒdərət/ mértéktelen, túlzott, túlzó, szertelen
**immodest** /ɪ'mɒdɪst/ ❶ szerénytelen, elbizakodott ❷ szemérmetlen
**immodesty** /ɪ'mɒdəstɪ/ ❶ szerénytelenség, elbizakodottság ❷ szemérmetlenség
**immoral** /ɪ'mɔ:rəl/ ❶ erkölcstelen ❷ tisztességtelen
**immorality** /ˌɪmə'rælɪtɪ/ ❶ erkölcstelenség ❷ tisztességtelenség
**immortal** /ɪ'mɔ:təl/ halhatatlan
**immortality** /ˌɪmɔ:'tælɪtɪ/ halhatatlanság
**immovable** /ɪ'mu:vəbəl/ mozdíthatatlan, szilárd, rendíthetetlen
**immovable property** VAGY **immovable estate** ingatlanvagyon, ingatlan
**immune** /ɪ'mju:n/ ❶ mentelmi jogot élvező, mentes(ülő) [pl. diplomáciailag] (amitől: *from*) ❷ immunis, védett (amivel szemben: *to*)
**immune deficiency** immunhiány
**immunity** /ɪ'mju:nətɪ/ ❶ mentelmi jog, mentesség (ami alól: *from*) ❷ immunitás, védettség (amivel szemben: *to*)
**immunization** /ˌɪmju:naɪ'zeɪʃən/ ❶ (védő)oltás, immunizálás ❷ mentesítés
**immunize** /'ɪmju:naɪz/ immunissá tesz
**immunology** /ˌɪmju:'nɒlədʒɪ/ immunológia
**IMO** VAGY **imo** = in my opinion
**imp** /ɪmp/ ❶ manó, kobold ❷ huncut/vásott kölyök

**impact** /'ɪmpækt/ *FNÉV*
❶ ütközés/nekiütődés (ereje) ❷ hatás, kihatás (amire: *on*)

**impact** /ɪm'pækt/ *IGE*
hatással/kihatással van (amire: *on*)
**impair** /ɪm'peə/ elront, megrongál *impaired health* meggyengült egészség
**impalpable** /ɪm'pælpəbəl/ ❶ (ki)tapinthatatlan, megfoghatatlan ❷ felfoghatatlan
**impartial** /ɪm'pɑ:ʃəl/ pártatlan, elfogultság/részrehajlás nélküli, elfogulatlan
**impartiality** /ɪmˌpɑ:ʃɪ'ælɪtɪ/ pártatlanság, elfogulatlanság
**impasse** /æm'pɑ:s/ zsákutca, holtpont
**impatience** /ɪm'peɪʃəns/ türelmetlenség
**impatient** /ɪm'peɪʃənt/ türelmetlen
**impeccable** /ɪm'pekəbəl/ ❶ feddhetetlen ❷ kifogástalan
**impediment** /ɪm'pedɪmənt/ ❶ akadályoztatás, akadály ❷ hiba, fogyatékosság *speech impediment* beszédhiba
**impel** /ɪm'pel/ ösztökél, hajt, űz
**impending** /ɪm'pendɪŋ/ küszöbön álló, közelítő/közelgő
**impenetrable** /ɪm'penɪtrəbəl/ ❶ áthatolhatatlan, átjárhatatlan, áttörhetetlen ❷ átláthatatlan, felderíthetetlen

**imperative** *FNÉV*
❶ parancsoló/felszólító mód ❷ imperatívusz *moral imperative* erkölcsi kötelesség

**imperative** /ɪm'perətɪv/ *MNÉV*
❶ kényszerítő, okvetlen szükséges *it's imperative that he return* feltétlenül szükséges, hogy visszatérjen ❷ felszólító ❸ parancsoló, ellentmondást nem tűrő
**imperceptible** /ˌɪmpə'septɪbəl/ nem észlelhető/érzékelhető

**imperfect** /ɪm'pɜːfɪkt/ tökéletlen, hiányos
**imperfection** /ˌɪmpə'fekʃən/ tökéletlenség, hiány(osság)
**imperial** /ɪm'pɪəriəl/ ❶ császári, birodalmi ❷ régi brit mértékegység-rendszer szerinti
**imperialism** /ɪm'pɪəriəlɪzəm/ imperializmus
**imperialist** /ɪm'pɪəriəlɪst/ FNÉV imperialista
**imperialistic** /ɪmˌpɪəriə'lɪstɪk/ MNÉV imperialista, imperialisztikus
**impermanent** /ɪm'pɜːmənənt/ nem állandó/tartós
**impermeable** /ɪm'pɜːmiəbəl/ ❶ áthatolhatatlan ❷ vízhatlan
**impersonal** /ɪm'pɜːsənəl/ személytelen
**impersonate** /ɪm'pɜːsəneɪt/ ❶ megszemélyesít, utánoz, alakít, parodizál ❷ vkinek kiadja magát
**impersonation** /ɪmˌpɜːsə'neɪʃən/ megszemélyesítés, utánzás, paródia
**impertinence** /ɪm'pɜːtɪnəns/ szemtelenség
**impertinent** /ɪm'pɜːtɪnənt/ ❶ szemtelen, pimasz ❷ irreleváns, tárgyhoz nem tartozó
**impervious** /ɪm'pɜːviəs/ ❶ áthatolhatatlan ❷ vmivel szemben érzéketlen
**impetus** /'ɪmpɪtəs/ ❶ ösztönzés, lendület, lökés *gain impetus* lendületbe jön, erőre kap ❷ lendület, tehetetlenség
**implacable** /ɪm'plækəbəl/ engesztelhetetlen, kérlelhetetlen
**implant** /'ɪmplɑːnt/ FNÉV implantátum *an artificial heart implant* műszív
**implant** /ɪm'plɑːnt/ beültet, beplántál
**implausible** /ɪm'plɔːzəbəl/ valószínűtlen, valószerűtlen
**implement** /'ɪmpləmənt/ FNÉV eszköz, szerszám, felszerelés
**implement** IGE végrehajt, megvalósít, kivitelez, teljesít
**implementation** /ˌɪmpləmen'teɪʃən/ végrehajtás, megvalósítás, kivitelezés, teljesítés
**implication** /ˌɪmplɪ'keɪʃən/ ❶ következmény, folyomány (amire nézve: *for*) ❷ burkolt célzás *by implication* közvetve, célozva
**implicit** /ɪm'plɪsɪt/ implicit, hallgatólagos, beleértett
**implore** /ɪm'plɔː/ könyörög, kér, esedezik
**imply** /ɪm'plaɪ/ ❶ magában foglal, jár vmivel, implikál ❷ céloz/utal vmire, jelez
**impolite** /ˌɪmpə'laɪt/ udvariatlan (akivel: *to*)
**import** /'ɪmpɔːt/ FNÉV ❶ import, (áru)behozatal❷ importáru, importált áru ❸ fontosság, horderő
**import** /ɪm'pɔːt/ IGE ❶ behoz, importál ❷ adatokat fogad számítógépbe másik gépből
**importance** /ɪm'pɔːtəns/ fontosság, jelentőség
**important** /ɪm'pɔːtənt/ ❶ fontos, jelentős ❷ fontos, befolyásos
**import duty** behozatali vám
**importer** /ɪm'pɔːtə/ importőr
**import quota** importkontingens, importkvóta
**import tariffs** importvám
**impose** /ɪm'pəʊz/ ❶ kivet, ró, kiszab *impose a tax/duty on smth* adót/vámot vet ki vmire ❷ előír, bevezet *impose strict conditions on smth* szigorú feltételeket vezet be
**imposing** /ɪm'pəʊzɪŋ/ impozáns, impresszív, tiszteletet parancsoló
**impossibility** /ɪmˌpɒsə'bɪlɪti/ lehetetlenség, képtelenség
**impossible** /ɪm'pɒsəbəl/ lehetetlen, képtelen
**impossibly** /ɪm'pɒsəbli/ lehetetlenül, képtelenül
**impostor** /ɪm'pɒstə/ szélhámos, csaló
**impotence** /'ɪmpətəns/ ❶ tehetetlenség, cselekvésképtelenség ❷ impotencia
**impotent** /'ɪmpətənt/ ❶ tehetetlen, gyenge, cselekvésképtelen ❷ impotens
**impound** /ɪm'paʊnd/ lefoglal, zár alá vesz
**impracticable** /ɪm'præktɪkəbəl/ kivihetetlen, megvalósíthatatlan, járhatatlan, nem célravezető
**impractical** /ɪm'præktɪkəl/ ❶ nem életrevaló ❷ kivihetetlen, megvalósíthatatlan, járhatatlan
**imprecise** /ˌɪmprɪ'saɪs/ nem pontos, pontatlan
**impregnable** /ɪm'pregnəbəl/ ❶ legyőzhetetlen, bevehetetlen ❷ áthatolhatatlan
**impregnate** /'ɪmpregneɪt/ ❶ telít, átitat, impregnál (amivel: *with*) ❷ átitatódik, impregnálódik ❸ megtermékenyít
**impregnation** /ˌɪmpreg'neɪʃən/ ❶ telítés, átitatás ❷ telítődés, átitatódás ❸ megtermékenyítés ❹ megtermékenyülés
**impresario** /ˌɪmprə'sɑːriəʊ/ ❶ operaigazgató, balettigazgató ❷ színházi producer/szponzor
**impress** /ɪm'pres/ ❶ vmilyen hatást tesz, meghat ❷ rányom, belenyom vmit vmire/vmibe
**impression** /ɪm'preʃən/ ❶ benyomás, hatás, impresszió ❷ nyom, nyomat, benyomódás, lenyomat ❸ utánzás, paródia ❹ utánnyomás ❺ harapásminta
**impressionism** /ɪm'preʃənɪzəm/ impresszionizmus
**impressionist** /ɪm'preʃənɪst/ FNÉV ❶ impresszionista ❷ parodista
**impressionist** /ɪm'preʃənɪst/ MNÉV impresszionista
**impressive** /ɪm'presɪv/ impresszív, impozáns
**imprint** /'ɪmprɪnt/ FNÉV ❶ lenyomat, nyom ❷ cégjelzés, kiadó neve, impresszum
**imprint** /ɪm'prɪnt/ IGE ❶ (bele)nyom/(bele)vés vmit vmibe ❷ imprintingel
**imprison** /ɪm'prɪzən/ bebörtönöz, fogságba ejt
**imprisonment** /ɪm'prɪzənmənt/ ❶ bebörtönzés ❷ börtönbüntetés
**improbability** /ɪmˌprɒbə'bɪlɪti/ valószínűtlenség
**improbable** /ɪm'prɒbəbəl/ valószínűtlen
**improper** /ɪm'prɒpə/ ❶ helytelen, nem helyénvaló/megfelelő ❷ illetlen
**improper fraction** áltört

**improperly** /ɪm'prɒpəlɪ/ ❶ helytelenül, nem helyénvaló/megfelelő módon ❷ tévesen, helytelenül ❸ illetlenül
**improve** /ɪm'pru:v/ ❶ (meg)javít, tökéletesít, fejleszt ❷ javul, (előre)halad, fejlődik, alakul
**improvement** /ɪm'pru:vmənt/ ❶ javítás, tökéletesítés, fejlesztés ❷ javulás, (előre)haladás
**improvisation** /ˌɪmprəvɪ'zeɪʃən/ rögtönzés, improvizáció
**improvise** /'ɪmprəvaɪz/ ❶ rögtönöz, improvizál ❷ összetákol, összeeszkábál
**imprudence** /ɪm'pru:dəns/ meggondolatlanság, átgondolatlanság
**imprudent** /ɪm'pru:dənt/ meggondolatlan, átgondolatlan
**impudence** /'ɪmpjudəns/ szemtelenség, arcátlanság, pimaszság
**impudent** /'ɪmpjudənt/ szemtelen, pimasz
**impulse** /'ɪmpʌls/ ❶ ihlet, sugallat *on (an) impulse* hirtelen ötlettől vezérelve ❷ ösztönzés, indíték, indítás, lökés ❸ impulzus [elektromos]
**impulsive** /ɪm'pʌlsɪv/ lobbanékony, impulzív, hirtelen ötlettől vezérelve cselekvő
**impure** /ɪm'pjuə/ ❶ tisztátalan, szennyes ❷ erkölcstelen
**impurity** /ɪm'pjuərɪtɪ/ ❶ tisztátalanság ❷ erkölcstelenség ❸ szennyeződés
**in.** = inch(es)
**IN** = Indiana
**in** /ɪn/ MNÉV
❶ befelé menő/irányuló ❷ divatos ❸ szűkkörű, csak a beavatottak által ismert
**in** ELÖLJ.
❶ [hely] -ban/-ben, -on/-en/-ön *in the bathroom* a fürdőszobában *in the window* az ablakban *in the picture/tree* a képen/fán ❷ [irány] -ba/-be *get in the car* beszáll a kocsiba ❸ [hely/intézmény] *in school* iskolában ❹ [tevékenység] *be in insurance* egy biztosítónál dolgozik ❺ közben, alatt, révén *in studying languages* nyelvtanulás közben ❻ [időpont] -kor, alatt, idején *in February* februárban ❼ [időtartam] alatt *in two days* két nap alatt ❽ [időpont] múlva *in an hour* egy óra múlva ❾ [időtartam] óta *in days* napok óta ❿ [eszköz/mód/tekintet/szempont] *in ink/pencil* tintával/ceruzával *in writing* írásban *in oil* olajjal *in length* hosszúságra (nézve) *in tears* könnyek között
**in that** ❶ amennyiben ❷ annyiban, hogy
**in** HAT.SZÓ
❶ benn, bent, belül *with sugar in* (benne) cukorral ❷ be, befelé *jump in* beugrik *come in!* tessék! szabad! ❸ otthon, bent, házon belül *spend the evening in* otthon tölti az estét ❹ *be in* megjött, befutott, megérkezett ❺ divatos *black is in* a fekete divatos ❻ szezonja van [pl. gyümölcsnek] ❼ kormányon/uralmon ❽ a part felé *swim in* kiúszik
KIFEJEZÉSEKBEN: *be in at smth* jelen van vminél *be in for smth* várhat vmit, számíthat vmire, vmi vár rá *day in day out* nap nap után *be in for smth* benevezett vmibe, indul vhol, részt vesz vmiben *be in on smth* részt vesz vmiben, tájékozva van vmiről, be van avatva vmibe
**inability** /ˌɪnə'bɪlɪtɪ/ alkalmatlanság
**inaccessible** /ˌɪnək'sesɪbəl/ hozzáférhetetlen, megközelíthetetlen
**inaccuracy** /ɪn'ækjərəsɪ/ pontatlanság
**inaccurate** /ɪn'ækjərət/ pontatlan
**inactive** /ɪn'æktɪv/ tétlen, inaktív
**inadequacy** /ɪn'ædəkwəsɪ/ ❶ alkalmatlanság, elégtelenség, vmi nem megfelelő volta ❷ hiba, gyengeség
**inadequate** /ɪn'ædəkwət/ ❶ elégtelen, nem elegendő/kielégítő ❷ alkalmatlan, meg nem felelő, inadekvát
**inadequately** /ɪn'ædəkwətlɪ/ elégtelenül, nem megfelelő/kielégítő / inadekvát módon
**inadvertent** /ˌɪnəd'vɜ:tənt/ figyelmetlen
**inadvisable** /ˌɪnəd'vaɪzəbəl/ nem tanácsos, célszerűtlen
**inalienable** /ɪn'eɪlɪənəbəl/ elidegeníthetetlen
**in and out** kívül-belül *I know her in and out* tökéletesen ismerem
**inanimate** /ɪn'ænɪmət/ élettelen
**inapplicable** /ˌɪnə'plɪkəbəl/ nem alkalmazható, alkalmazhatatlan, nem használható
**inappropriate** /ˌɪnə'prəuprɪət/ ❶ alkalmatlan, nem megfelelő (amire: *for*) ❷ helytelen
**inapt** /ɪn'æpt/ alkalmatlan, nem megfelelő, oda nem való/illő
**inarticulate** /ˌɪnɑ:'tɪkjulət/ összefüggéstelen [beszéd]
**inaudible** /ɪn'ɔ:dɪbəl/ nem hallható
**inaugural** /ɪ'nɔ:gjurəl/ köszöntő, (föl)avató, megnyitó/ünnepi
**inaugurate** /ɪ'nɔ:gjureɪt/ ❶ felavat, beiktat, hivatalába iktat ❷ bevezet, jelez [új rendszert/korszakot]
**inauguration** /ɪˌnɔ:gju'reɪʃən/ ❶ felavatás, beiktatás ❷ bevezetés
**inbound** /'ɪnbaund/ befelé [= a beszélő felé] haladó/tartó
**in-built** /'ɪnbɪlt/ szerves(en hozzátartozó), beépített
**inc.** = included; including; inclusive; income; incorporated
**incalculable** /ɪn'kælkjuləbəl/ ❶ kiszámíthatatlan, megjósolhatatlan ❷ felbecsülhetetlen, felmérhetetlen
**incandescent lamp** izzó(lámpa)
**incapability** /ɪnˌkeɪpə'bɪlɪtɪ/ tehetetlenség, képtelenség/alkalmatlanság (amire: *of*)
**incapable** /ɪn'keɪpəbəl/ ❶ tehetetlen, képtelen (amire: *of*) ❷ cselekvőképtelen, cselekvésképtelen
**incapacitate** /ˌɪnkə'pæsɪteɪt/ képtelenné/alkalmatlanná tesz (amire: *for*)
**incapacity** /ˌɪnkə'pæsətɪ/ ❶ tehetetlenség, cse-

lekvőképtelenség, cselekvésképtelenség ❷ alkalmatlanság (amire: *for*)

**incarnate** /ˈɪnkɑːneɪt/ megtestesít

**incarnation** /ˌɪnkɑːˈneɪʃən/ ❶ megtestesülés, inkarnáció ❷ megelőző élet

**incense** /ˈɪnsens/ FNÉV

füstölő

**incense** /ɪnˈsens/ IGE

dühít, felháborít

**incentive** /ɪnˈsentɪv/ ösztönzés, ösztönző *give smb an incentive* ösztönzést ad

**incentive pay** (cél)prémium

**incessant** /ɪnˈsesənt/ folytonos, szakadatlan

**incest** /ˈɪnsest/ vérfertőzés, incesztus

**incestuous** /ɪnˈsestjuəs/ vérfertőző

**inch** /ɪntʃ/ FNÉV

hüvelyk, inch [= 2,54 cm]

KIFEJEZÉSEKBEN: *inch by inch* apránként *every inch* minden ízében, tetőtől talpig

**inch** IGE

❶ *inch* ≷*one's*≶ *way through smth* átaraszol, átfurakszik *inch (along)* lassan mászik/halad ❷ *inch smth along* lassan vonszol

**incidence** /ˈɪnsɪdəns/ ❶ elterjedtség, előfordulás ❷ (véletlen) esemény

**incident** /ˈɪnsɪdənt/ ❶ (szokatlan) esemény ❷ incidens, bonyodalom

**incidental** /ˌɪnsɪˈdentəl/ ❶ esetleges, mellékes ❷ *incidental to smth* vmivel járó

**incidentally** /ˌɪnsɪˈdentəlɪ/ mellékesen, mellesleg, egyébként

**incinerate** /ɪnˈsɪnəreɪt eléget, elhamvaszt

**incinerator** /ɪnˈsɪnəreɪtə/ ❶ szemétégető, hulladékégető ❷ krematórium

**incisor** /ɪnˈsaɪzə/ metszőfog

**incite** /ɪnˈsaɪt/ szít, felbujt (amire: *to*)

**incitement** /ɪnˈsaɪtmənt/ izgatás, felbujtás

**incl.** = including, inclusive

**inclination** /ˌɪnklɪˈneɪʃən/ ❶ szándék ❷ hajlam, hajlamosság (amire: *to*) ❸ meghajtás *inclination of the head* fejbólintás ❹ lejtő

**incline** /ɪnˈklaɪn/ ❶ hajlik vmi felé *incline to think similarly* hajlik arra, hogy hasonlóan gondolkozzon ❷ hajlik vmi felé ❸ késztet, indít ❹ lejtősödik, lejt

**inclined** /ɪnˈklaɪnd/ *be inclined* hajlik vmi felé *be inclined to think that* (MONDAT) hajlik arra, hogy azt higgye, hogy (MONDAT)

**include** /ɪnˈkluːd/ ❶ tartalmaz, magába foglal *service is included (in the bill)* a számla tartalmazza a felszolgálást ❷ bevesz, hozzávesz, felvesz, beleszámít

**included** /ɪnˈkluːdɪd/ HÁTRAVETVE: beleértve *service included* felszolgálási díjjal (együtt)

**including** /ɪnˈkluːdɪŋ/ beleértve, vmivel együtt

**inclusion** /ɪnˈkluːʒən/ belefoglalás, felvétel, hozzáadás, beleszámítás, hozzászámítás

**inclusive** /ɪnˈkluːsɪv/ ❶ teljes, mindent magába foglaló *ninety pounds inclusive of the heating* kilencven font fűtéssel együtt ❷ HÁTRAVETVE: bezárólag *from 4th to 8th inclusive* negyedikétől nyolcadikáig

**income** /ˈɪnkʌm/ jövedelem

**income bracket** jövedelem-kategória

**income certificate** jövedelem-igazolás

**income redistribution** jövedelem-elosztás

**incomes policy** jövedelem-politika

**income supplement** jövedelem-kiegészítés

**income tax** jövedelemadó

**income tax return** jövedelemadó-bevallás

**incoming** /ˈɪnkʌmɪŋ/ ❶ bejövő, beérkező ❷ hivatalba lépő [kormány/miniszter]

**incoming tide** dagály

**incomparable** /ɪnˈkɒmpərəbəl/ összehasonlíthatatlan (amivel: *to/with*)

**incompatibility** /ˌɪnkəmpætəˈbɪlɪtɪ/ ❶ össze nem illés ❷ összeférhetetlenség, összeegyeztethetetlenség

**incompatible** /ˌɪnkəmˈpætɪbəl/ ❶ összeférhetetlen, összeegyeztethetetlen ❷ össze nem illő

**incompetence** /ɪnˈkɒmpətəns/ ❶ hozzá nem értés, alkalmatlanság ❷ illetéktelenség

**incompetent** /ɪnˈkɒmpətənt/ ❶ (szakmailag) hozzá nem értő, alkalmatlan ❷ illetéktelen

**incomplete** /ˌɪnkəmˈpliːt/ nem teljes, hiányos

**incomprehensible** /ɪnˌkɒmprɪˈhensɪbəl/ ❶ érthetetlen, megfoghatatlan ❷ kivehetetlen, olvashatatlan

**incomprehension** /ɪnˌkɒmprɪˈhenʃən/ értetlenség, értetlenkedés

**inconceivable** /ˌɪnkənˈsiːvəbəl/ elképzelhetetlen, elgondolhatatlan, hihetetlen

**inconclusive** /ˌɪnkənˈkluːsɪv/ ❶ nem meggyőző ❷ hatástalan, sehová nem vezető

**inconsequent** /ɪnˈkɒnsɪkwənt/ ❶ jelentéktelen, lényegtelen ❷ logikailag nem következő

**inconsiderable** /ˌɪnkənˈsɪdərəbəl/ jelentéktelen

**inconsiderate** /ˌɪnkənˈsɪdərət/ tapintatlan

**inconsistency** /ˌɪnkənˈsɪstənsɪ/ ❶ következetlenség, (belső) ellentmondás ❷ összeegyeztethetetlenség, ellentmondás ❸ változékonyság, kiszámíthatatlanság

**inconsistent** /ˌɪnkənˈsɪstənt/ ❶ következetlen ❷ összeegyeztethetetlen, ellentmondó (amivel/aminek: *with*) ❸ kiszámíthatatlan

**inconsolable** /ˌɪnkənˈsəʊləbəl/ vigasztalhatatlan

**incontestable** /ˌɪnkənˈtestəbəl/ vitathatatlan

**inconvenience** /ˌɪnkənˈviːnɪəns/ FNÉV

alkalmatlanság, alkalmatlankodás, kellemetlenség, kényelmetlenség

**inconvenience** IGE

zavar, kényelmetlenséget okoz

**inconvenient** /ˌɪnkənˈviːnɪənt/ nem megfelelő, alkalmatlan, kellemetlen

**incor.** VAGY **incorp.** = incorporated

**incorporate** /ɪnˈkɔːpəreɪt/ ❶ beépít ❷ felölel, magába foglal, tartalmaz ❸ bekebelez ❹ alapít [céget]

**incorporated company** részvénytársaság
**incorporation** /ɪnˌkɔːpəˈreɪʃən/ ❶ beépítés ❷ felölelés, magába foglalás, tartalmazás ❸ bekebelezés ❹ cégalapítás
**incorrect** /ˌɪnkəˈrekt/ ❶ helytelen, hibás ❷ inkorrekt
**incorrigible** /ɪnˈkɒrɪdʒəbəl/ javíthatatlan, megrögzött
**incorruptible** /ˌɪnkəˈrʌptəbəl/ ❶ megvesztegethetetlen ❷ elpusztíthatatlan
**increase** /ˈɪŋkriːs/ *FNÉV*
❶ növekedés, fokozódás, szaporodás (amié: *in*) *be on the increase* növekedik ❷ szaporulat, növekmény, többlet
**increase** /ɪnˈkriːs/ *IGE*
❶ növel, fokoz, emel, szaporít ❷ növekedik, szaporodik, fokozódik, emelkedik
**increasingly** /ɪnˈkriːsɪŋlɪ/ egyre inkább, növekvő mértékben, mindinkább
**incredible** /ɪnˈkredɪbəl/ hihetetlen
**incredulity** /ˌɪnkrəˈdjuːlɪtɪ/ kétkedés, hitetlenkedés
**incredulous** /ɪnˈkredjʊləs/ hitetlen, kétkedő, hitetlenkedő
**increment** /ˈɪŋkrəmənt/ növedék, szaporulat, hozadék, növekmény
**incriminate** /ɪnˈkrɪmɪneɪt/ ❶ gyanúba kever ❷ hibáztat, vádol
**incubation** /ˌɪŋkjʊˈbeɪʃən/ ❶ kotlás, költés ❷ lappangás
**incubator** /ˈɪŋkjʊbeɪtə/ ❶ inkubátor ❷ keltetőszekrény, termosztát, csíráztató
**incumbent** /ɪnˈkʌmbənt/ *FNÉV*
hivatalban lévő politikus/tisztviselő
**incumbent** *MNÉV*
❶ hivatalban lévő ❷ *be incumbent on smb* vkire hárul/tartozik [kötelesség]
**incur** /ɪnˈkɜː/ ❶ magára von [haragot] ❷ vmire szert tesz, vmit felhalmoz *incur debts* adósságba veri magát ❸ vmit szenved *incur losses* veszteségeket szenved
**incurable** /ɪnˈkjʊərəbəl/ ❶ gyógyíthatatlan ❷ megrögzött, javíthatatlan
**ind.** = independence; independent; indirect; industrial; industry
**indebted** /ɪnˈdetɪd/ ❶ lekötelezett *be indebted to smb for smth* vkinek vmiért le van kötelezve ❷ eladósodott
**indecency** /ɪnˈdiːsənsɪ/ illetlenség
**indecent** /ɪnˈdiːsənt/ illetlen, szemérmetlen
**indecent assault** nemi erőszak
**indecent exposure** közszeméremsértés
**indecipherable** /ˌɪndɪˈsaɪfərəbəl/ ❶ kibetűzhetetlen, kivehetetlen ❷ megfejthetetlen
**indecision** /ɪnˈdɪsɪʒən/ határozatlanság
**indecisive** /ˌɪndɪˈsaɪsɪv/ ❶ határozatlan(kodó), bizonytalan(kodó), tétovázó ❷ (semmit el) nem döntő
**indeed** /ɪnˈdiːd/ ❶ valósággal, csakugyan ❷ igazán nagyon ❸ sőt *indeed, I was happy* sőt örültem neki ❹ meghiszem azt
**indefensible** /ˌɪndɪˈfensəbəl/ tarthatatlan, igazolhatatlan, nem védhető/tartható
**indefinable** /ˌɪndɪˈfaɪnəbəl/ meghatározhatatlan, definiálhatatlan
**indefinite** /ɪnˈdefənət/ ❶ határozatlan, bizonytalan, meg nem határozott ❷ korlátlan, határozatlan
**indefinitely** /ɪnˈdefənətlɪ/ ❶ határozatlanul, bizonytalanul ❷ határozatlan időre
**indelible** /ɪnˈdeləbəl/ kitörölhetetlen
**indelible ink** vegytinta
**indemnify** /ɪnˈdemnɪfaɪ/ ❶ kárpótol, kártalanít ❷ biztosít (ami ellen: *from/against*)
**indemnity** /ɪnˈdemnɪtɪ/ ❶ kártérítés, jóvátétel ❷ biztosíték ❸ hadisarc, jóvátétel
**indent** /ˈɪndent/ *FNÉV*
❶ beljebb írás/szedés, behúzás ❷ bevágás, (be)horpadás, rovátka ❸ árurendelés
**indent** /ɪnˈdent/ *IGE*
❶ beljebb ír/szed, behúz ❷ bevág, behorpaszt, rovátkol ❸ behorpad ❹ rendel [árut]
**indentation** /ˌɪndenˈteɪʃən/ ❶ bekezdés(sel írás), behúzás ❷ rovátkolás, bemetszés ❸ horpadás
**independence** /ˌɪndɪˈpendəns/ függetlenség (amitől/akitől: *from*)
**independent** /ˌɪndɪˈpendənt/ ❶ független (amitől/akitől: *of*) ❷ önálló ❸ független, pártatlan
**independently** /ˌɪndɪˈpendəntlɪ/ ❶ függetlenül (amitől/akitől: *of*) ❷ önállóan
**in-depth** /ˌɪnˈdepθ/ mélyenszántó, mélyreható, részletekbe menő
**indescribable** /ˌɪndɪˈskraɪbəbəl/ leírhatatlan, elmondhatatan
**indestructible** /ˌɪndɪˈstrʌktəbəl/ elpusztíthatatlan
**index** /ˈɪndeks/ *FNÉV*
❶ (betűrendes) névmutató, tárgymutató ❷ katalógus, kartotékok ❸ *TBSZ* **indexes** VAGY **indices** /ˈɪndɪsiːz/ jelzőszám, mutatószám, index(szám) ❹ *TBSZ* **indexes** VAGY **indices** /ˈɪndɪsiːz/ index *link pensions to an index* indexálja a nyugdíjakat ❺ mutató jel: ☞ ❻ regiszter [könyv oldalán] *thumb index* bevágott regiszter [könyv oldalán] ❼ (hatvány)kitevő ⓘ *NEM* ~~index~~ [= leckekönyv], *NEM* ~~index~~ [gépkocsin], *NEM* ~~tilalmi lista~~
**index** *IGE*
❶ tárgymutatóval/névmutatóval ellát ❷ tartalomjegyzékbe iktat/felvesz ❸ indexál [fizetést/kamatot] ⓘ *NEM* ~~indexel~~
**index finger** mutatóujj
**index-link** indexál [fizetést/kamatot]
**India** /ˈɪndɪə/ telefon- ill. rádió-összeköttetésnél és betűzésnél az I betű szava
**India ink** tus
**Indian** /ˈɪndɪən/ ❶ indiai ❷ *(American/Red) Indian* indián
**Indian corn** kukorica
**Indian file** libasor

**Indian ink** tus
**Indian summer** vénasszonyok nyara
**indicate** /ˈɪndɪkeɪt/ ❶ jelez, mutat, feltüntet ❷ kinyilvánít, jelez ❸ indokol, indokolttá tesz, javall ❹ indexel
**indication** /ˌɪndɪˈkeɪʃən/ ❶ feltüntetés, utalás ❷ jel ❸ javallat, indikáció
**indicative** /ɪnˈdɪkətɪv/ (ki)jelentő mód
**indicator** /ˈɪndɪkeɪtə/ ❶ mutató ❷ index, irányjelző ❸ jelzőkészülék ❹ indikátor, mutató ❺ jelzőanyag
**indicator light** index, irányjelző
**indices** ☞ index
**indict** /ɪnˈdaɪt/ vádol
**indictment** /ɪnˈdaɪtmənt/ vádirat
**indifference** /ɪnˈdɪfərəns/ közöny, közömbösség
**indifferent** /ɪnˈdɪfərənt/ ❶ közömbös, érzéketlen (akivel/amivel szemben: *to/towards*) ❷ közömbös, érdektelen, mellékes ❸ középszerű, közepes, semmilyen ❹ nem fontos, nem lényeges
**indigenous** /ɪnˈdɪdʒənəs/ vhol honos (ahol: *to*)
**indigestible** /ˌɪndɪˈdʒestɪbəl/ ❶ (meg)emészthetetlen, nehezen emészthető ❷ nehezen felfogható/feldolgozható
**indigestion** /ˌɪndɪˈdʒestʃən/ emésztési zavar
**indignant** /ɪnˈdɪgnənt/ méltatlankodó, felháborodott, indignált
**indignation** /ˌɪndɪgˈneɪʃən/ felháborodás, méltatlankodás, megbotránkozás (amin: *at*)
**indigo** /ˈɪndɪgəʊ/ indigószínű, sötét kékes-lila ⓘ *NEM* ~~indigó~~ [másolópapír]
**indirect** /ˌɪndɪˈrekt/ ❶ közvetett, indirekt ❷ nem egyenes, kerülő, kitérő
**indirectly** /ˌɪndɪˈrektlɪ/ közvetve
**indirect object** indirekt/másodlagos tárgy
**indirect speech** függő beszéd
**indiscernible** /ˌɪndɪˈsɜːnəbəl/ felismerhetetlen, (szabad szemmel) nem látható
**indiscipline** /ɪnˈdɪsɪplɪn/ fegyelmezetlenség
**indiscreet** /ˌɪndɪˈskriːt/ tapintatlan, tolakodó
**indiscretion** /ˌɪndɪˈskreʃən/ ❶ tapintatlanság, neveletlenség, tolakodás ❷ félrelépés
**indiscriminate** /ˌɪndɪˈskrɪmɪneɪt/ válogatás nélküli, válogatás nélkül / összevissza (történő)
**indispensable** /ˌɪndɪˈspensəbəl/ nélkülözhetetlen, elengedhetetlen
**indisposed** /ˌɪndɪˈspəuzd/ ❶ indiszponált, gyengélkedő ❷ nem hajlik/hajlandó vmire
**indisposition** /ˌɪndɪspəˈzɪʃən/ ❶ gyengélkedés, indiszpozíció ❷ idegenkedés
**indisputable** /ˌɪndɪˈspjuːtəbəl/ vitathatatlan, kétségtelen, kétségbevonhatatlan
**indistinct** /ˌɪndɪˈstɪnkt/ homályos, nem világos, kivehetetlen
**individual** /ˌɪndɪˈvɪdjuəl/ *FNÉV*
❶ egyén, egyed, individuum ❷ magánember, magánszemély
**individual** *MNÉV*
❶ egyéni, individuális ❷ sajátos, egyedi
**individualism** /ˌɪndɪˈvɪdjuəlɪzəm/ individualizmus
**individualist** /ˌɪndɪˈvɪdjuəlɪst/ *FNÉV* individualista
**individuality** /ˌɪndɪvɪdjuˈælɪtɪ/ egyéniség, individualitás
**individually** /ˌɪndɪˈvɪdjuəlɪ/ ❶ egyénileg, különkülön, egyénenként, egyedenként ❷ egyéni/sajátos módon
**indivisible** /ˌɪndɪˈvɪzəbəl/ oszthatatlan
**indoor** /ɪnˈdɔː/ ❶ szobai, házi, szoba- ❷ fedettpályás
**indoors** /ɪnˈdɔːz/ otthon, bent (a szobában)
**induce** /ɪnˈdjuːs/ ❶ rábír/rávesz vkit vmire ❷ megindítja a szülést *she has to be induced* meg kell indítani a szülést ❸ előidéz, okoz
**inducement** /ɪnˈdjuːsmənt/ ösztönzés
**induction** /ɪnˈdʌkʃən/ ❶ (elektromos) indukció ❷ következtetés ❸ szülés megindítása
**indulge** /ɪnˈdʌldʒ/ ❶ kényeztet, kedvébe jár vkinek ❷ kielégít *indulge his every whim* minden szeszélyét teljesíti ❸ megenged magának [élvezetet, szórakozást]
**indulge in** *indulge in smth* nem tagad meg magáról vmit, átengedi magát vminek
**indulgence** /ɪnˈdʌldʒəns/ ❶ elnézés, engedékenység ❷ élvezet, kényeztetés, szórakozás, szenvedély ❸ bűnbocsánat
**indulgent** /ɪnˈdʌldʒənt/ elnéző, engedékeny
**industrial** /ɪnˈdʌstrɪəl/ ❶ ipari ❷ iparosodott
**industrially** /ɪnˈdʌstrɪəlɪ/ ❶ iparilag ❷ az ipar szempontjából
**industrial action** munkavállalói akció/megmozdulás, sztrájk
**industrial chamber** iparkamara, ipartestület
**industrial dispute** munkaadók és munkavállalók közötti ellentét
**industrial estate** iparpark, business-park
**industrialist** /ɪnˈdʌstrɪəlɪst/ (nagy)iparos, gyáros
**industrialize** /ɪnˈdʌstrɪəlaɪz/ iparosít
**industrial park** iparpark, business-park
**industrial relations** munkaadók és munkavállalók közötti viszony
**industrial unrest** munkaadói elégedetlenkedés/elégedetlenség, sztrájkhangulat
**industry** /ˈɪndʌstrɪ/ ❶ (az) ipar ❷ ipar(ág) ❸ szorgalom, iparkodás
**inedible** /ɪnˈedɪbəl/ ehetetlen
**ineffective** /ˌɪnɪˈfektɪv/ ❶ hatástalan, hiábavaló ❷ tehetetlen, erőtlen
**inefficiency** /ˌɪnɪˈfɪʃənsɪ/ elégtelenség, hatástalanság, szakszerűtlenség
**inefficient** /ˌɪnɪˈfɪʃənt/ elégtelen, hatástalan, nem hatékony, szakszerűtlen
**ineligible** /ˌɪnɪˈlɪdʒəbəl/ ❶ vmire szóba nem jöhető/jogosult ❷ nem választható
**inept** /ɪnˈept/ ❶ ügyetlen ❷ nem helyénvaló, oda nem illő
**inequality** /ˌɪnɪˈkwɒlɪtɪ/ egyenlőtlenség, igazságtalanság

**inequitable** /ˌɪnɪˈkwɪtəbəl/ méltánytalan, igazságtalan
**inequity** /ɪnˈekwɪtɪ/ méltánytalanság
**inert** /ɪˈnɜːt/ mozdulatlan
**inertia** /ɪˈnɜːʃə/ ❶ inercia, tehetetlenség ❷ tunyaság, tétlenség, tehetetlenség
**inescapable** /ˌɪnɪˈskeɪpəbəl/ elkerülhetetlen
**inessential** /ˌɪnɪˈsenʃəl/ lényegtelen
**inevitable** /ɪnˈevɪtəbəl/ ❶ elkerülhetetlen, kikerülhetetlen ❷ elmaradhatatlan *his inevitable jokes* az ő elmaradhatatlan viccei
**inexact** /ˌɪnɪgˈzækt/ pontatlan, nem egzakt
**inexactitude** /ˌɪnɪgˈzæktɪtjuːd/ pontatlanság, nem-egzaktság
**inexcusable** /ˌɪnɪkˈskjuːzəbəl/ megbocsáthatatlan
**inexhaustible** /ˌɪnɪgˈzɔːstɪbəl/ kimeríthetetlen
**inexpensive** /ˌɪnɪkˈspensɪv/ olcsó
**inexperienced** /ˌɪnɪkˈspɪərɪənst/ tapasztalatlan
**inexpert** /ɪnˈekspɜːt/ hozzá nem értő
**inexplicable** /ˌɪnɪkˈsplɪkəbəl/ megmagyarázhatatlan, érthetetlen
**inexpressible** /ˌɪnɪkˈspresɪbəl/ kimondhatatlan, leírhatatlan
**inexpressive** /ˌɪnɪkˈspresɪv/ kifejezéstelen
**inextinguishable** /ˌɪnɪkˈstɪŋwɪʃəbəl/ (ki)olthatatlan
**inextricable** /ˌɪnɪkˈstrɪkəbəl/ ❶ kibogozhatatlan, megoldhatatlan ❷ szétválaszthatatlan, különválaszthatatlan
**infallibility** /ɪnˌfæləˈbɪlɪtɪ/ csalhatatlanság, tévedhetetlenség
**infallible** /ɪnˈfæləbəl/ ❶ csalhatatlan, tévedhetetlen ❷ biztos/garantált hatású
**infamous** /ˈɪnfəməs/ ❶ hírhedt, rossz hírű (amiről: *for*) ❷ gyalázatos
**infamy** /ˈɪnfəmɪ/ gyalázat(osság), aljasság
**infancy** /ˈɪnfənsɪ/ ❶ csecsemőkor, kisgyerekkor ❷ vmi kezdeti szakasza ❸ kiskorúság
**infant** /ˈɪnfənt/ ❶ kisgyermek ❷ óvodás
**infanticide** /ɪnˈfæntɪsaɪd/ ❶ gyermekgyilkosság ❷ gyermekgyilkos
**infantile** /ˈɪnfəntaɪl/ gyerekes, gyermeteg
**infant prodigy** csodagyerek
**infantry** /ˈɪnfəntrɪ/ gyalogság
**infant school** óvoda, iskolaelőkészítő [7 illetve 8 év alatt]
**infect** /ɪnˈfekt/ (meg/el)fertőz
**infection** /ɪnˈfekʃən/ fertőzés, ragály
**infectious** /ɪnˈfekʃəs/ ❶ ragályos, fertőző ❷ ragadós *infectious laughter* ragadós nevetés
**infer** /ɪnˈfɜː/ következtet (amire: *to*)
**inference** /ˈɪnfərəns/ következtetés
**inferior** /ɪnˈfɪərɪə/ *FNÉV*
alárendelt, beosztott
**inferior** *MNÉV*
❶ rosszabb (minőségű), alábbvaló (aminél: *to*) ❷ alsóbbrendű, alacsonyabbrendű ❸ lejjebb fekvő
**inferiority** /ɪnˌfɪərɪˈɒrɪtɪ/ alábbvalóság, alsóbbrendűség
**inferiority complex** kisebb(rendű)ségi érzés
**infernal** /ɪnˈfɜːnəl/ pokoli
**inferno** /ɪnˈfɜːnəʊ/ pokol *raging inferno* iszonyatos pokol
**infertile** /ɪnˈfɜːtaɪl/, terméketlen
**infertility** /ˌɪnfəˈtɪlɪtɪ/ terméketlenség
**infest** /ɪnˈfest/ eláraszt, ellep
**infidelity** /ˌɪnfɪˈdelɪtɪ/ hűtlenség
**infiltrate** /ˈɪnfɪltreɪt/ ❶ beszivárog, beszűrődik ❷ beépül ❸ beszivárogtat
**infinite** /ˈɪnfɪnət/ ❶ végtelen, határtalan ❷ óriási, határtalan, mérhetetlen
**infinitive** /ɪnˈfɪnətɪv/ főnévi igenév
**infinity** /ɪnˈfɪnɪtɪ/ ❶ végtelen(ség) ❷ végtelen (nagy szám)
**infirmary** /ɪnˈfɜːmərɪ/ gyengélkedő, betegszoba *school infirmary* iskolai betegszoba
**inflame** /ɪnˈfleɪm/ ❶ elmérgesít ❷ meggyújt, lángra lobbant ❸ feldühít ❹ gyulladást okoz
**inflammable** /ɪnˈflæməbəl/ ❶ gyúlékony ❷ robbanásveszélyes [helyzet] ❸ lobbanékony, ingerlékeny
**inflammation** /ˌɪnfləˈmeɪʃən/ gyulladás
**inflammatory** /ɪnˈflæmətərɪ/ ❶ gyújtó hatású ❷ gyulladást okozó
**inflatable** /ɪnˈfleɪtəbəl/ felfújható
**inflatable mattress** gumimatrac
**inflate** /ɪnˈfleɪt/ ❶ felfúj ❷ elbizakodottá/beképzeltté tesz ❸ inflál, inflációt okoz
**inflation** /ɪnˈfleɪʃən/ ❶ infláció ❷ felfújás
**inflation-proof** infláció-követő
**inflection** /ɪnˈflekʃən/ ❶ flexió [rag/jel] ❷ ragozás
**inflexibility** /ɪnˌfleksɪˈbɪlɪtɪ/ ❶ hajlíthatatlanság, merevség ❷ hajthatatlanság, nyakasság
**inflexible** /ɪnˈfleksɪbəl/ ❶ nem hajlékony, merev ❷ hajthatatlan, nyakas, makacs
**inflict** /ɪnˈflɪkt/ ❶ kiró, kiszab, mér (akire: *on*) ❷ okoz [fájdalmat] (akinek: *on*) *inflict a blow on smb* ütést mér vkire
**in-flight** /ˌɪnˈflaɪt/ repülőúton alatt történő, fedélzeti
**influence** /ˈɪnfluəns/ *FNÉV*
❶ hatás, befolyás (amire/akire: *on*) ❷ hatás *be a bad influence on children* rossz hatással van a gyerekekre
**influence** *IGE*
befolyásol, kihat, hat
**influential** /ˌɪnfluˈenʃəl/ befolyásos
**influenza** /ˌɪnfluˈenzə/ influenza
**influx** /ˈɪnflʌks/ beömlés, beáramlás
**inform** /ɪnˈfɔːm/ tájékoztat, értesít, tudósít vkit vmiről, közöl vmit vkivel, felvilágosítást nyújt vkinek vmiről (amiről: *about/of*) *keep smb informed* folyamatosan tájékoztat
**inform on** *inform on smb* feljelent vkit
**informal** /ɪnˈfɔːməl/ ❶ nem-hivatalos *an informal talk* nem-hivatalos tárgyalás ❷ hétköznapi, mindennapos [pl. öltözék] ❸ kötetlen, fesztelen, közvetlen, „laza"
**informality** /ˌɪnfɔːˈmælɪtɪ/ ❶ nem-hivatalos jelleg ❷ kötetlenség, fesztelenség, közvetlenség

I

**informant** /ɪnˈfɔːmənt/ ❶ besúgó ❷ [pl. szociológiai] adatközlő, adatszolgáltató
**information** /ˌɪnfəˈmeɪʃən/ *NEM MEGSZÁML.* ❶ információ, értesülés, hír *two pieces of information* két információ ❷ felvilágosítás, értesítés, tájékoztatás, információ ❸ *US* (telefonos) tudakozó
**information science** informatika
**information scientist** informatikus
**information superhighway** információs (szuper)sztráda
**information technology** információ-technológia, számítástechnika
**informative** /ɪnˈfɔːmətɪv/ hasznos (információkkal szolgáló), tanulságos
**informed** /ɪnˈfɔːmd/ ❶ jólértesült *informed opinion* jólértesült körök ❷ értelmes, információn alapuló, intelligens döntés
**informer** /ɪnˈfɔːmə/ besúgó, nyomravezető
**infrared** /ˌɪnfrəˈred/ infravörös
**infrastructure** /ˈɪnfrəstrʌktʃə/ infrastruktúra
**infrequent** /ɪnˈfriːkwənt/ ritka
**infringe** /ɪnˈfrɪndʒ/ megszeg, áthág, sért
**infringement** /ɪnˈfrɪndʒmənt/ ❶ megszegés, áthágás ❷ szabálytalanság [futballban]
**infuriate** /ɪnˈfjʊərɪeɪt/ (fel)dühít, felbőszít
**infuse** /ɪnˈfjuːz/ ❶ beolt/eltölt vkit vmivel, vmit plántál vkibe ❷ forró vízben áll ❸ forró vízben állni hagy
**infuser** /ɪnˈfjuːzə/ teatojás
**infusion** /ɪnˈfjuːʒən/ ❶ forró vízben állás ❷ forró vízben áztatás ❸ főzet ⓘ *NEM* ~~infúzió~~ [= folyadék]
**ingenious** /ɪnˈdʒiːnɪəs/ ❶ ügyes, találékony [ember] ❷ ügyes, hasznos [gép] ❸ ötletes, szellemes, ügyes
**ingenuity** /ˌɪndʒəˈnjuːɪtɪ/ leleményesség
**ingot** /ˈɪŋgət/ (fém)rúd
**ingrained** /ɪnˈgreɪnd/ ❶ beleivódott, beleszívódott ❷ megrögzött, beivódott
**ingratitude** /ɪnˈgrætɪtjuːd/ hálátlanság
**ingredient** /ɪnˈgriːdɪənt/ ❶ hozzávaló [receptben] ❷ alkotórész ❸ tartozék, kellék
**inhabit** /ɪnˈhæbɪt/ lakik, lakója/lakosa vminek
**inhabitant** /ɪnˈhæbɪtənt/ lakó, lakos
**inhalation** /ˌɪnhəˈleɪʃən/ ❶ belélegzés, belehelés, beszívás ❷ levegővétel ❸ letüdőzés [cigarettáé] ❹ inhalálás
**inhale** /ɪnˈheɪl/ ❶ belehel, belélegzik, beszív ❷ levegőt vesz ❸ leszív [cigarettát] ❹ inhalál
**inhaler** /ɪnˈheɪlə/ inhalátor, inhaláló készülék
**inherent** /ɪnˈherənt/ VAGY /ɪnˈhɪərənt/ inherens
**inherit** /ɪnˈherɪt/ ❶ (meg)örököl, örökül kap ❷ örököl [tulajdonságot]
**inheritable** /ɪnˈherɪtəbəl/ ❶ örökletes ❷ örökölhető
**inheritance** /ɪnˈherɪtəns/ ❶ örökség, hagyaték ❷ öröklés
**inheritance tax** örökösödési adó
**inheritor** /ɪnˈherɪtə/ örökös
**inhibit** /ɪnˈhɪbɪt/ ❶ gátol, akadályoz ❷ zavar, gátlásossá tesz
**inhibit from** *inhibit smb from smth* (meg)gátol/(meg)akadályoz vkit vmiben
**inhibited** /ɪnˈhɪbɪtɪd/ gátlásos
**inhibition** /ˌɪnhɪˈbɪʃən/ gátlás
**inhuman** /ɪnˈhjuːmən/ VAGY **inhumane** /ˌɪnhjuˈmeɪn/ embertelen
**inhumanity** /ˌɪnhjuˈmænɪtɪ/ embertelenség, kegyetlenség
**initial** /ɪˈnɪʃəl/ *FNÉV*
kezdőbetű
**initial** *MNÉV*
kezdeti
**initial capital** indulótőke, kezdőtőke
**initially** /ɪˈnɪʃəlɪ/ kezdetben, eleinte
**initiate** /ɪˈnɪʃɪeɪt/ ❶ elindít, kezdeményez, kezd ❷ beavat (amibe: *into*)
**initiation** /ɪˌnɪʃɪˈeɪʃən/ ❶ bevezetés ❷ beavatás, felavatás ❸ indítás, kezdeményezés
**initiation rite** beavatási szertartás/rítus
**initiative** /ɪˈnɪʃətɪv/ kezdeményező készség, kezdeményezés
**inject** /ɪnˈdʒekt/ ❶ (be)fecskendez ❷ beolt (amivel: *with*)
**injection** /ɪnˈdʒekʃən/ ❶ (be)fecskendezés ❷ bejuttatás, befecskendezés
**injunction** /ɪnˈdʒʌŋkʃən/ parancs, (bírói/bírósági) meghagyás, végzés, határozat
**injure** /ˈɪndʒə/ ❶ megsebesít, megsért, bántalmaz *be/get injured* megsérül ❷ megbánt, sért ❸ árt, kárt okoz vminek
**injured** /ˈɪndʒəd/ *FNÉV*
sérült, sebesült *the injured* a sérültek
**injured** *MNÉV*
❶ (meg)sebesült, (meg)sérült *fatally injured* halálosan megsebesült ❷ megbántott, sértett
**injury** /ˈɪndʒərɪ/ ❶ sérülés, sebesülés ❷ károsodás, sérelem, hátrány ❸ sérelem
**injustice** /ɪnˈdʒʌstɪs/ igazságtalanság *do smb an injustice* igazságtalanul bánik vkivel
**ink** /ɪŋk/ tinta *write in ink* tintával ír
**inkjet printer** tintasugaras nyomtató
**inkpad** festékpárna
**inky** /ˈɪŋkɪ/ ❶ tintás, tintafoltos ❷ (tinta)fekete, koromsötét
**inlaid** /ɪnˈleɪd/ berakásos, intarziás
**inland** /ˈɪnlænd/ *MNÉV*
❶ belső, (az ország)belsejéből való *inland waters* belvizek ❷ belföldi *inland trade* belkereskedelem
**inland** /ɪnˈlænd/ *HAT.SZÓ*
az ország belsejébe(n)
**-in-law** /ˈɪnlɔː/ [a házastárs rokona] *daughter-in-law* meny *mother-in-law* anyós
**inlay** /ˈɪnleɪ/ ❶ (fa)berakás, intarzia ❷ (beragasztott) (fog)tömés
**inmate** /ˈɪnmeɪt/ ❶ börtönlakó ❷ páciens

**inn** /ɪn/ ❶ vendéglő ❷ (vendég)fogadó
**innate** /ɪ'neɪt/ veleszületett, velünkszületett
**innavigable** /ɪ'nævɪgəbəl/ hajózhatatlan
**inner** /'ɪnə/ ❶ belső ❷ legbensőbb, titkos
**inner city** slumosodó városmag/központ
**inner ear** belső fül
**innermost** /'ɪnəməust/ (leges)legbelső
**innocence** /'ɪnəsəns/ ártatlanság
**innocent** /'ɪnəsənt/ *FNÉV*
ártatlan/jámbor ember/lélek
**innocent** *MNÉV*
❶ ártatlan (amiben: *of*) ❷ ártatlan, ártalmatlan ❸ naiv, tudatlan, ártatlan
**innocuous** /ɪ'nɒkjuəs/ ártalmatlan
**innovate** /'ɪnəveɪt/ újít, megújít
**innovation** /ˌɪnə'veɪʃən/ ❶ újítás, új szokás/dolog ❷ innováció, újítás
**innovative** /'ɪnəveɪtɪv/ újító (szándékú/jellegű), innovatív
**innovator** /'ɪnəveɪtə/ újító, innovátor
**innumerable** /ɪ'nju:mərəbəl/ számtalan
**inoculate** /ɪ'nɒkjuleɪt/ ❶ beolt (amivel: *with*, ami ellen: *against*) ❷ szemez [növényt]
**inoculation** /ɪˌnɒkju'leɪʃən/ oltás *certificate of inoculation* oltási bizonyítvány
**inoperable** /ɪn'ɒpərəbəl/ ❶ nem operálható, műtétileg nem gyógyítható ❷ nem járható/megvalósítható
**inoperative** /ɪn'ɒpərətɪv/ ❶ üzemképtelen ❷ érvénytelen, érvényen kívüli
**inorganic** /ˌɪnɔ:'gænɪk/ szervetlen
**in-patient** /'ɪnpeɪʃənt/ (benn)fekvő beteg
**input** /'ɪnput/ *FNÉV*
❶ (adat)input, bemenő információ ❷ bevitel ❸ felhasználás, ráfordítás
**input** *IGE*
❶ [adatot] gépbe táplál ❷ inputként/adatként bevisz
**inquest** /'ɪŋkwest/ (hivatalos) vizsgálat, nyomozás (ami ügyében: *into/on*) *coroner's inquest* halottkémi szemle
**inquire** /ɪn'kwaɪə/ érdeklődik, tudakozódik, kérdezősködik (amiről: *about/of*) *inquire smth of smb* vkitől vmi iránt érdeklődik
**inquire into** *inquire into smth* vizsgálatot folytat vmilyen ügyben
**inquiring** /ɪn'kwaɪərɪŋ/ ❶ érdeklődő ❷ kérdő *an inquiring look* kérdő tekintet
**inquiringly** /ɪn'kwaɪərɪŋlɪ/ érdeklődőn, kérdőn
**inquiry** /ɪn'kwaɪərɪ/ ❶ érdeklődés, tudakozódás, kérdezősködés (amiről/akiről: *about*) ❷ (hivatalos) vizsgálat, kivizsgálás ❸ *directory enquiries* tudakozó [telefonszolgálat]
**inquisition** /ˌɪŋkwɪ'zɪʃən/ faggatás, vallatás
**inquisitive** /ɪn'kwɪzətɪv/ (tolakodóan) kíváncsi
**inquisitor** /ɪn'kwɪzɪtə/ ❶ faggató, vallató ❷ inkvizítor
**ins.** = inches; inspector; insulated; insurance
**insane** /ɪn'seɪn/ őrült, elmebeteg, elmebajos
**insanity** /ɪn'sænɪtɪ/ elmebaj, elmezavar
**insatiable** /ɪn'seɪʃəbəl/ kielégíthetetlen
**inscribe** /ɪn'skraɪb/ ❶ ráír, beír, rávés, bevés, rányomtat ❷ ajánl [könyvet]
**inscription** /ɪn'skrɪpʃən/ ❶ felírás, felirat, (rá)vésés ❷ ajánlás [művön/műben]
**inscrutable** /ɪn'skru:təbəl/ kifürkészhetetlen
**insect** /'ɪnsekt/ ❶ rovar ❷ bogár, rovar, csúszómászó
**insecticide** /ɪn'sektɪsaɪd/ rovarirtó
**insect powder** rovarirtó por
**insecure** /ˌɪnsɪ'kjuə/ ❶ bizonytalan, labilis, ingatag ❷ önbizalomhiányos
**insecurity** /ˌɪnsɪ'kjuərɪtɪ/ ❶ bizonytalanság, ingatagság ❷ önbizalomhiány
**insemination** /ɪnˌsemɪ'neɪʃən/ megtermékenyítés
**inseminate** /ɪn'semɪneɪt/ megtermékenyít
**insensible** /ɪn'sensɪbəl/ ❶ eszméletlen, öntudatlan ❷ érzéketlen (amire / ami iránt: *to*) ❸ *be insensible of smth* tudatában van vminek
**insensitive** /ɪn'sensɪtɪv/ ❶ érzéketlen, tapintatlan ❷ érzéketlen (amire: *to*)
**inseparable** /ɪn'sepərəbəl/ elválaszthatatlan
**insert** /ɪn'sɜ:t/ ❶ behelyez, beilleszt, beszúr ❷ betesz [hirdetést] ❸ beszúr [szövegszerk.]
**insert** /'ɪnsɜ:t/ ❶ behelyezés, beillesztés, beszúrás ❷ melléklet, melléklap, betétlap ❸ újságoldalak közötti reklámanyag ❹ [szövegszerk.] beszúrás
**insertion** /ɪn'sɜ:ʃən/ ❶ beszúrás, beillesztés ❷ közzététel [hirdetésé] ❸ hirdetés
**in-service** munkahelyi, munkaidő alatti
**inside** /ɪn'saɪd/ *FNÉV*
❶ vmi belseje ❷ út külső [= járda/leállósáv felőli felőli] oldala
KIFEJEZÉSEKBEN: *inside out* (ki)fordítva *turn smth inside out* felforgat, átkutat *know smth inside out* ismeri, mint a tenyerét
**inside** *MNÉV*
❶ belső, benti *the inside lane* a külső [= járda/leállósáv felőli] oldal ❷ bennfentes, bizalmas, csak a beavatottak számára érthető
**inside** *HAT.SZÓ*
❶ be *look inside* benéz ❷ (oda)bent *sit down inside* bent leül ❸ belül
**inside** *ELÖLJ.*
❶ vmin belül, vmi belsejében *inside the building* az épületen belül ❷ belül *inside two weeks* két héten belül
**inside of** ❶ vmin belül *inside of a week* egy héten belül ❷ *US* vmi belsejében
**insider** /ɪn'saɪdə/ beavatott, bennfentes
**insight** /'ɪnsaɪt/ ❶ bepillantás *give smb an insight into smth* bepillantást enged vmibe, megértet vmit ❷ éleselméjűség, éleslátás
**insignia** /ɪn'sɪgnɪə/ jelvények, jelek, szimbólumok [beosztásé/rangé/hatalomé]
**insignificance** /ˌɪnsɪg'nɪfɪkəns/ jelentéktelenség
**insignificant** /ˌɪnsɪg'nɪfɪkənt/ jelentéktelen

I

**insincere** /ˌɪnsɪnˈsɪə/ őszintétlen, hamis
**insincerity** /ˌɪnsɪnˈserɪtɪ/ kétszínűség, hamisság
**insinuate** /ɪnˈsɪnjʊeɪt/ célozgat vmire, (burkoltan) állít, inszinuál
**insinuation** /ɪnˌsɪnjʊˈeɪʃən/ (gyanúsító) célzás/célozgatás, inszinuáció
**insist** /ɪnˈsɪst/ ❶ ragaszkodik (amihez: *on*) ❷ erősködik, kitart vmi mellett, (váltig) állít
**insistence** /ɪnˈsɪstəns/ ❶ ragaszkodás vmihez, kitartás vmi mellett ❷ állhatatosság, szívósság
**insistent** /ɪnˈsɪstənt/ ❶ *be insistent on smth* ragaszkodik vmihez ❷ rendíthetetlen, kitartó
**insofar** /ɪnsəˈfɑː/ *insofar as* amennyiben, amennyire
**insole** /ˈɪnsəʊl/ talpbélés, talpbetét
**insoluble** /ɪnˈsɒljʊbəl/ ❶ megoldhatatlan ❷ oldhatatlan, nem oldódó
**insolvency** /ɪnˈsɒlvənsɪ/ fizetésképtelenség, fizetőképtelenség
**insolvent** /ɪnˈsɒlvənt/ fizetésképtelen, fizetőképtelen
**insomuch** /ˌɪnsəʊˈmʌtʃ/ ❶ *insomuch that/as* amennyire, amennyiben ❷ *insomuch as* mivelhogy, minthogy
**inspect** /ɪnˈspekt/ (hivatalosan) megvizsgál, ellenőriz, megszemlél
**inspection** /ɪnˈspekʃən/ (hivatalos) szemle/ellenőrzés/vizsgálat
**inspector** /ɪnˈspektə/ ❶ ellenőr *ticket inspector* (jegy)ellenőr ❷ felügyelő ❸ tanfelügyelő, szakfelügyelő
**inspectorate** /ɪnˈspektərət/ ❶ tanfelügyelőség ❷ felügyelőség
**inspiration** /ˌɪnspɪˈreɪʃən/ ❶ ihlet, sugallat, sugalmazás, inspiráció ❷ belégzés
**inspire** /ɪnˈspaɪə/ ❶ sugalmaz/inspirál, ihletet ad vmihez, megihlet ❷ ösztönöz, lelkesít (amire: *to*) ❸ belélegez
**inspired** /ɪnˈspaɪəd/ ihletett, inspirált
**inst.** = instant(aneous); institute; institution
**instability** /ˌɪnstəˈbɪlɪtɪ/ instabilitás
**install** VAGY **instal** /ɪnˈstɔːl/ ❶ bevezet(tet), beszerel(tet), felszerel(tet) ❷ beiktat ❸ installál, telepít [programot]
**installation** /ˌɪnstəˈleɪʃən/ ❶ bevezetés, felszerelés, beszerelés ❷ beiktatás ❸ installáció [műtárgy] ❹ installálás, telepítés [programé] ❺ szerelvény, berendezés ❻ bázis, telep
**installment** VAGY **instalment** /ɪnˈstɔːlmənt/ ❶ folytatás, rész [regényé/tévéfilmé] ❷ részletfizetés ❸ (törlesztő)részlet ❹ bevezetés, felszerelés, beszerelés
**installment plan** VAGY **instalment plan** részletvásárlás
**instance** /ˈɪnstəns/ ❶ eset, példa *for instance* például ❷ eljárási szakasz *in the first instance* első fokon ❸ *at smb's instance* vki kívánságára/követelésére
**instant** /ˈɪnstənt/ *FNÉV*
❶ pillanat, másodperc *not for an instant* egy pillanatra sem ❷ *the instant that* {MONDAT} amint {MONDAT} / rögtön, hogy {MONDAT}
**instant** *MNÉV*
azonnali, egyszeriben/rögtön történő/elérhető *instant dislike* azonnali antipátia
**instantaneous** /ˌɪnstənˈteɪnɪəs/ azonnali
**instant coffee** instant kávé, neszkávé
**instant glue** pillanatragasztó
**instantly** /ˈɪnstəntlɪ/ azonnal, egyszeriben
**instant replay** visszajátszás [közvetítésben]
**instead** /ɪnˈsted/ helyette, ehelyett, inkább
**instead of** helyett, ahelyett hogy *instead of wine* bor helyett
**instep** /ˈɪnstep/ ❶ láb(fej) felső része, rüszt ❷ cipő/zokni felsőrésze
**instigate** /ˈɪnstɪgeɪt/ ❶ kezd(ményez), (el)indít ❷ szít [lázadást] ❸ felbujt vmire
**instigation** /ˌɪnstɪˈgeɪʃən/ ❶ uszítás, felbujtás ❷ kezdeményezés
**instil** VAGY **instill** /ɪnˈstɪl/ belenevel vkibe vmit
**instillation** /ˌɪnstɪˈleɪʃən/ vminek a belenevelése vkibe
**instinct** /ˈɪnstɪŋkt/ ösztön
**instinctive** /ɪnˈstɪŋktɪv/ ösztönös
**institute** /ˈɪnstɪtjuːt/ *FNÉV*
❶ intézet ❷ intézmény
**institute** *IGE*
megindít, felállít, bevezet, létrehoz
**institution** /ˌɪnstɪˈtjuːʃən/ ❶ intézmény, szokás ❷ intézmény, intézet, létesítmény ❸ (elmegyógy)intézet ❹ öregek otthona, szeretetotthon ❺ nevelőotthon ❻ régi bútor(darab)
**institutional** /ˌɪnstɪˈtjuːʃənəl/ ❶ intézményi, intézményes ❷ intézeti
**institutionalize** /ˌɪnstɪˈtjuːʃənəlaɪz/ ❶ intézményesít, meghonosít ❷ intézetbe rak
**in-store** áruházi, bolti
**instr.** = instructor; instrument; instrumental
**instruct** /ɪnˈstrʌkt/ ❶ útbaigazít, tájékoztat ❷ utasít, instruál ❸ oktat, tanít (amire: *in*)
**instruction** /ɪnˈstrʌkʃən/ ❶ utasítás, parancs ❷ oktatás, tanítás
**instruction manual** használati/kezelési utasítás
**instructive** /ɪnˈstrʌktɪv/ tanulságos, hasznos
**instructor** /ɪnˈstrʌktə/ ❶ oktató *driving instructor* (gép)járműoktató ❷ egyetemi/főiskolai előadó
**instrument** /ˈɪnstrəmənt/ ❶ eszköz, szerszám ❷ műszer ❸ hangszer ❹ értékpapír
**instrument board** kapcsolótábla, műszerfal
**instrumental** /ˌɪnstrəˈmentəl/ ❶ hangszeres, instrumentális ❷ műszeres ❸ *be instrumental in smth* közreműködik, jelentős szerepe van vmiben
**instrumentalist** /ˌɪnstrəˈmentəlɪst/ hangszeres zenész
**instrumentation** /ˌɪnstrəmenˈteɪʃən/ ❶ zenekarra hangszerelés ❷ műszerezettség, műszerek

**instrument panel** kapcsolótábla, műszerfal
**insubstantial** /ˌɪnsəbˈstænʃəl/ ❶ testetlen, anyagtalan ❷ sovány, híg [étel]
**insufferable** /ɪnˈsʌfərəbəl/ kibírhatatlan, elviselhetetlen
**insufficiency** /ˌɪnsəˈfɪʃənsɪ/ elégtelenség
**insufficient** /ˌɪnsəˈfɪʃənt/ elégtelen, nem elegendő (amire: *for*)
**insulate** /ˈɪnsjʊleɪt/ ❶ szigetel ❷ elszigetel, elkülönít (amitől: *from*)
**insulating tape** szigetelőszalag
**insulation** /ˌɪnsjʊˈleɪʃən/ ❶ szigetelés ❷ szigetelőanyag
**insulator** /ˈɪnsjʊleɪtə/ szigetelőanyag
**insulin** /ˈɪnsjʊlɪn/ inzulin
**insult** /ˈɪnsʌlt/ FNÉV
sértés, sértegetés, inzultus
**insult** /ɪnˈsʌlt/ IGE
megsért, sérteget
**insuperable** /ɪnˈsuːpərəbəl/ ❶ legyőzhetetlen ❷ leküzdhetetlen
**insurance** /ɪnˈʃʊərəns/ ❶ biztosítás *the insurance covers damage by flooding* a biztosítás kiterjed az árvízkárra ❷ biztosítási összeg
**insurance agent** biztosítási ügynök
**insurance assessor** kárbecslő
**insurance broker** biztosítási ügynök
**insurance fund** biztosítópénztár
**insurance policy** biztosítás(i kötvény) *take out an insurance policy* biztosítást köt
**insure** /ɪnˈʃʊə/ ❶ biztosít *insure the house against fire* tűz(kár) ellen biztosítja a házat ❷ biztosít vmit *insure his power in the country* biztosítja a hatalmát az országban
**insurer** /ɪnˈʃʊərə/ a biztosító (fél)
**insurgency** /ɪnˈsɜːdʒənsɪ/ felkelés, lázadás
**insurgent** /ɪnˈsɜːdʒənt/ FNÉV/MNÉV felkelő, lázadó, rebellis
**insurmountable** /ˌɪnsəˈmaʊntəbəl/ leküzdhetetlen, legyőzhetetlen
**insurrection** /ˌɪnsəˈrekʃən/ felkelés, lázadás, zendülés
**int.** = interest; internal; international; interval
**intact** /ɪnˈtækt/ érintetlen, ép, sértetlen
**intangible** /ɪnˈtændʒəbəl/ ❶ megfoghatatlan, nem tapintható, nem kézzelfogható
**intangible value** eszmei érték
**integer** /ˈɪntɪdʒə/ egész szám
**integral** /ˈɪntəgrəl/ VAGY /ɪnˈtegrəl/ szervesen hozzátartozó, integráns, lényeges
**integral calculus** integrálszámítás
**integrate** /ˈɪntɪgreɪt/ ❶ integrálódik, beilleszkedik (amibe/ahová: *with/into*) ❷ bevon, beilleszt vhová ❸ integrál
**integrated** /ˈɪntɪgreɪtɪd/ ❶ rendezett, harmonikus ❷ faji (stb.) egyenjogúságot biztosító
**integrated circuit** integrált áramkör
**integration** /ˌɪntəˈgreɪʃən/ ❶ (társadalmi) beilleszkedés integráció, integrálás ❷ bevonás/beillesztés ❸ integrálás
**integrity** /ɪnˈtegrɪtɪ/ ❶ becsületesség, tisztesség, integritás ❷ sértetlenség, egység
**intellect** /ˈɪntəlekt/ értelem, intellektus
**intellectual** /ˌɪntəˈlektʃʊəl/ FNÉV
értelmiségi
**intellectual** MNÉV
szellemi, észbeli, értelmi, intellektuális
**intelligence** /ɪnˈtelɪdʒəns/ ❶ ész, értelem, felfogás, intelligencia ❷ hírszerzés ❸ [hírszerzéstől származó] értesülés, hír
**intelligence quotient** intelligencia-hányados
**intelligent** /ɪnˈtelɪdʒənt/ ❶ értelmes, intelligens, okos, eszes ❷ intelligens, „okos", önállóan feladatot megoldó [gép, rendszer]
**intelligentsia** /ɪnˌtelɪˈdʒentsɪə/ értelmiség
**intelligibility** /ɪnˌtelɪdʒəˈbɪlɪtɪ/ érthetőség
**intelligible** /ɪnˈtelɪdʒəbəl/ érthető, felfogható
**intend** /ɪnˈtend/ ❶ szándékozik, tervez ❷ szán vmit vkinek/vminek
**intense** /ɪnˈtens/ nagyfokú, erő(telje)s, heves
**intensification** /ɪnˌtensɪfɪˈkeɪʃən/ (fel)erősítés, fokozás, növelés, fokozódás
**intensify** /ɪnˈtensɪfaɪ/ ❶ (fel)erősít, fokoz, növel ❷ (fel)erősödik, fokozódik, növekedik
**intensity** /ɪnˈtensɪtɪ/ erősség, intenzitás
**intensive** /ɪnˈtensɪv/ ❶ beható, alapos, intenzív ❷ belterjes [gazdálkodás]
**-intensive** -igényes, -igényű *capital-intensive* tőkeigényes
**intensive care** intenzív kezelés/ápolás
**intensive care unit** intenzív osztály
**intent** /ɪnˈtent/ FNÉV
szándék, cél *with good/evil intent* jó/bűnös szándékkal
**intent** MNÉV
❶ *be intent on (doing) smth* (határozott) szándéka, hogy tegyen vmit ❷ átható, fürkésző
**intention** /ɪnˈtenʃən/ szándék, törekvés *have no intention of doing smth* nem áll szándékában vmit tenni
**intentional** /ɪnˈtenʃənəl/ szándékos, akaratlagos
**-intentioned** /ɪnˈtenʃənd/ -szándékú
**inter** /ɪnˈtɜː/ eltemet, elhantol
**interact** /ˌɪntərˈækt/ ❶ egymásra hat ❷ kommunikál, interakciót folytat
**interaction** /ˌɪntərˈækʃən/ ❶ kölcsönhatás, egymásra hatás ❷ interakció, együttműködés
**interactive** /ˌɪntərˈæktɪv/ ❶ kölcsönható ❷ interaktív, kétirányú, párbeszédes [eszköz/program]
**interchange** /ˈɪntətʃeɪndʒ/ FNÉV
❶ kicserélés, csere ❷ többszintű kereszteződés/csomópont
**interchange** /ˌɪntəˈtʃeɪndʒ/ IGE
(ki)cserél, felcserél
**interchangeable** /ˌɪntəˈtʃeɪndʒəbəl/ felcserélhető, kicserélhető, behelyettesíthető
**intercity** /ˌɪntəˈsɪtɪ/ (nagy)városokat összekötő, (nagy)városok közötti

I

**intercom** /ˈɪntəkɒm/ ❶ házi telefon ❷ kaputelefon
**intercontinental** /ˌɪntəkɒntɪˈnentəl/ interkontinentális, kontinensek közötti
**intercourse** /ˈɪntəkɔːs/ ❶ érintkezés ❷ *(sexual) intercourse* szexuális érintkezés
**interdepartmental** /ˌɪntədiːpɑːtˈmentəl/ ❶ részlegek/osztályok közötti ❷ tanszékek közötti ❸ minisztériumok közötti
**interdisciplinary** /ˌɪntəˈdɪsəplɪnərɪ/ interdiszciplináris
**interest** /ˈɪntrəst/ FNÉV
❶ érdeklődés ❷ érdekesség *be of interest to smb* fontossággal bír vki számára ❸ érdek *in the interests of smth* vmi érdekében ❹ kamat *rate of interest* kamatláb *carry interest* kamatozik *return smth with interest* kamatostul visszaad ❺ érdekeltség, részesedés [üzleti] ❻ érintettség
**interest** IGE
❶ érdekel ❷ érdekeltté tesz vkit vmiben
**interest-bearing** kamatozó
**interest charges** kamatteher
**interested** /ˈɪntrəstɪd/ ❶ érdekelt, érintett ❷ érdeklődő *be interested in smth* érdeklődik vmi iránt, érdekli vmi ❸ érdeke vmi, érdeke fűződik vmihez *I'm interested that he (should) get it* érdekem, hogy megkapja
**interest gains** kamatnyereség
**interesting** /ˈɪntrəstɪŋ/ érdekes
**interestingly** /ˈɪntrəstɪŋlɪ/ ❶ érdekesen ❷ érdekes (módon) / érdekes, (hogy)
**interest payment** kamatkiadás
**interest rate** kamatláb
**interest subsidy** kamattámogatás
**interface** /ˈɪntəfeɪs/ ❶ interface, csatoló(felület) ❷ találkozási/érintkezési felület/pont
**interfere** /ˌɪntəˈfɪə/
**interfere in** *interfere in smth* beavatkozik vmibe
**interfere with** *interfere with smb/smth* ❶ gátol, zavar, akadályoz ❷ piszkál/bánt vmit, hozzányúl vmihez ❸ ütközik vmivel *her plans interfere with the work schedule* a tervei ütköznek a munkarenddel
**interference** /ˌɪntəˈfɪərəns/ ❶ beavatkozás (amibe: *in*) ❷ interferencia, vételi zavar
**interim** /ˈɪntərɪm/ ideiglenes, átmeneti
**interim report** évközi/előzetes jelentés
**interior** /ɪnˈtɪərɪə/ FNÉV
❶ vmi belseje ❷ lakásbelső, belső tér, beltér ❸ ország/szárazföld belseje
**interior** MNÉV
belső, beltéri
**interior decorator** VAGY **interior designer** belsőépítész, lakberendező
**interior decoration** VAGY **interior design** belsőépítészet, lakberendezés
**interiorize** /ɪnˈtɪərɪəraɪz/ magáévá tesz, magába épít, interiorizál
**interior minister** belügyminiszter
**interior ministry** belügyminisztérium
**interjection** /ˌɪntəˈdʒekʃən/ ❶ indulatszó ❷ közbevetés, közbeiktatás
**interlace** /ˌɪntəˈleɪs/ ❶ összefűz, összefon ❷ összefűződik, összefonódik, összeszövődik ❸ telesző, tarkít vmivel
**interlock** /ˌɪntəˈlɒk/ ❶ összeilleszt, egymásba illeszt, összekapcsol ❷ egymásba kapcsolódik, összekapcsolódik
**interlude** /ˌɪntəˈluːd/ ❶ közjáték, felvonásköz ❷ [zenei] közjáték
**intermediary** /ˌɪntəˈmiːdɪərɪ/ FNÉV közvetítő
**intermediate** /ˌɪntəˈmiːdɪət/ ❶ közbeeső, közbülső ❷ középfokú ❸ középhaladó
**interminable** /ɪnˈtɜːmɪnəbəl/ végeérhetetlen, szűnni nem akaró
**intermission** /ˌɪntəˈmɪʃən/ ❶ szünet [pl. moziban] ❷ szünet, szünetel(tet)és
**intermittent** /ˌɪntəˈmɪtənt/ szórványos, elszórt
**intermittent fever** váltóláz
**intern** VAGY **interne** /ɪnˈtɜːn/ VAGY **internee** /ˌɪntɜːˈniː/ FNÉV
❶ (segéd)orvos ❷ internált ❸ gyakorló tanár ❹ gyakornok
**intern** /ɪnˈtɜːn/ IGE
❶ internál, bebörtönöz ❷ segédorvosként dolgozik ❸ segédorvosként alkalmaz
**internal** /ɪnˈtɜːnəl/ ❶ belső ❷ belföldi, bel-
**internal combustion engine** belső égésű motor
**internally** /ɪnˈtɜːnəlɪ/ ❶ belsőleg *"not to be taken internally"* „csak külsőleg" ❷ helyben, cégen belül
**internal medicine** belgyógyászat
**international** /ˌɪntəˈnæʃənəl/ FNÉV
❶ nemzetközi mérkőzés ❷ válogatott játékos ❸ internacionálé
**international** MNÉV
❶ nemzetközi ❷ világhírű
**international car registration** felségjel [járműé]
**international date line** dátumválasztó vonal
**internationalism** /ˌɪntəˈnæʃənəlɪzəm/ nemzetköziség, internacionalizmus
**internationalist** /ˌɪntəˈnæʃənəlɪst/ internacionalizmus híve, internacionalista
**internationally** /ˌɪntəˈnæʃənəlɪ/ nemzetközileg
**internee** /ˌɪntɜːˈniː/ internált
**internist** /ˈɪntɜːnɪst/ VAGY /ɪnˈtɜːnɪst/ belgyógyász, általános orvos
**interpellate** /ɪnˈtɜːpeleɪt/ interpellál
**interpellation** /ɪnˌtɜːpəˈleɪʃən/ interpelláció
**interpellator** /ɪnˈtɜːpəleɪtə/ **interpellant** /ˌɪntəˈpelənt/ FNÉV interpelláló
**interpersonal** /ˌɪntəˈpɜːsənəl/ interperszonális, emberek közötti
**interplay** /ˈɪntəpleɪ/ kölcsönhatás, összjáték
**interpolate** /ɪnˈtɜːpəleɪt/ beszúr, közbeszúr, betold, közbeékel, közbevet
**interpolation** /ɪnˌtɜːpəˈleɪʃən/ beszúrás, közbeszúrás, betoldás, közbevetés

**interpret** /ɪnˈtɜːprɪt/ ❶ értelmez, interpretál, magyaráz ❷ interpretál [művet] ❸ tolmácsol
**interpretation** /ɪnˌtɜːprɪˈteɪʃən/ ❶ értelmezés, magyarázat, szövegértelmezés *interpretation of dreams* álomfejtés ❷ előadás, interpretáció [műé] ❸ tolmácsolás
**interpreter** /ɪnˈtɜːprətə/ tolmács
**interrogate** /ɪnˈterəgeɪt/ (ki)kérdez, kihallgat, vallat, faggat
**interrogation** /ɪnˌterəˈgeɪʃən/ ❶ (ki)kérdezés, vizsgáztatás ❷ kihallgatás, vallatás
**interrogation mark** kérdőjel
**interrogative** /ˌɪntəˈrɒgətɪv/ kérdő
**interrogative pronoun** kérdő névmás
**interrogator** /ɪnˈterəgeɪtə/ kihallgató(tiszt), vallató
**interrupt** /ˌɪntəˈrʌpt/ félbeszakít, megzavar, megakaszt
**interruption** /ˌɪntəˈrʌpt/ félbeszakítás, közbevágás, közbeszólás
**intersect** /ˌɪntəˈsekt/ ❶ metszi/keresztezi egymást ❷ kereszteződik
**intersection** /ˌɪntəˈsekʃən/ ❶ metszőpont, metszéspont ❷ metszés, keresztezés ❸ útkereszteződés, csomópont

**interstate** /ˈɪntəsteɪt/ *FNÉV US*
[államok közötti] autópálya, autósztráda

**interstate** *MNÉV*
❶ tagállamok közötti ❷ államok közötti

**interval** /ˈɪntəvəl/ ❶ időköz, intervallum *at two-minute intervals* kétperces időközönként ❷ térköz ❸ szünet [pl. moziban/színházban] ❹ [zenei] hangköz, intervallum
**intervene** /ˌɪntəˈviːn/ ❶ közbelép (amibe: *in*) ❷ közbejön ❸ közbenjár
**intervening** /ˌɪntəˈviːnɪŋ/ közbülső, közéeső
**intervention** /ˌɪntəˈvenʃən/ ❶ beavatkozás, közbelépés, intervenció ❷ vmi közbejötte ❸ közbenjárás

**interview** /ˈɪntəvjuː/ *FNÉV*
❶ elbeszélgetés, (munkahelyi) felvételi beszélgetés ❷ interjú

**interview** *IGE*
❶ elbeszélget vkivel [felvételin] ❷ meginterjúvol

**interviewee** /ˌɪntəvjuːˈiː/ ❶ felvételi beszélgetés résztvevője ❷ interjúalany
**interviewer** /ˈɪntəvjuə/ kérdező, interjúkészítő
**interweave** /ˌɪntəˈwiːv/, **interweaved** VAGY **interwove** /ˌɪntəˈwəuv/, **interweaved** VAGY **interwoven** /ˌɪntəˈwəuvən/ ❶ összefon, egybefűz ❷ összefonódik, egybefűződik
**intestate** /ɪnˈtesteɪt/ VAGY /ɪnˈtestət/ végrendelet nélkül
**intestine** /ɪnˈtestɪn/ bél *large/small intestine* vastagbél/vékonybél
**intimacy** /ɪnˈtɪməsɪ/ ❶ meghittség, bizalmasság ❷ szexuális/intim kapcsolat

**intimate** /ˈɪntɪmət/ *FNÉV*
(kebel)barát

**intimate** /ˈɪntɪmət/ *MNÉV*
❶ meghitt, bizalmas, intim ❷ közeli, alapos [ismeret]

**intimation** /ˌɪntɪˈmeɪʃən/ (burkolt) célzás/utalás
**intimidate** /ɪnˈtɪmɪdeɪt/ megfélemlít
**intimidation** /ɪnˌtɪmɪˈdeɪʃən/ megfélemlítés
**intl.** VAGY **intnl.** = international
**into** /ˈɪntə/ (mássalh. előtt), /ˈɪntu/ (magánh. előtt) ❶ [irány] -ba/-be, -ra/-re *fall into a ditch* árokba esik *translate into German* németre fordít ❷ [változás/eredmény] *roll the clay into a ball* golyóvá gyúrja az agyagot ❸ megvan [*four into twenty goes five times* négy a húszban ötször van meg ❹ *be into smth* érdekli vmi, bolondja vminek *be into basketball* a kosárlabda érdekli/izgatja
**intolerable** /ɪnˈtɒlərəbəl/ kibírhatatlan, elviselhetetlen
**intolerance** /ɪnˈtɒlərəns/ intolerancia (akivel/amivel szemben: *of*)
**intolerant** /ɪnˈtɒlərənt/ intoleráns, türelmetlen
**intonation** /ˌɪntəˈneɪʃən/ hanglejtés, intonáció
**intoxicate** /ɪnˈtɒksɪkeɪt/ (meg)részegít, mámorít, mámorossá tesz
**intoxicated** /ɪnˈtɒksɪkeɪtɪd/ részeg, illuminált
**intoxication** /ɪnˌtɒksɪˈkeɪʃən/ részegség, mámor, illumináltság
**intr.** = intransitive; introduce(d); introducing; introduction; introductory
**intractable** /ɪnˈtræktəbəl/ ❶ hajthatatlan, konok, engedetlen ❷ leküzdhetetlen
**intranet** /ˈɪntrənet/ munkahelyi számítógép-hálózat
**intrans.** = intransitive
**intransitive** /ɪnˈtrænsɪtɪv/ tárgyatlan
**intrauterine device** /ˌɪntrəˌjuːtəraɪn dɪˈvaɪs/ spirál [fogamzásgátló]
**intravenous** /ˌɪntrəˈviːnəs/ intravénás
**intravenous drips** infúzió
**in tray** bejövő/elintézendő iratok/tennivalók tálcája/dossziéja
**intricacy** /ˈɪntrɪkəsɪ/ bonyolultság, szövevényesség
**intricate** /ˈɪntrɪkət/ komplikált, szövevényes

**intrigue** /ˈɪntriːg/ *FNÉV*
cselszövés, áskálódás, intrika

**intrigue** /ɪnˈtriːg/ *IGE*
❶ érdekel, izgat *be intrigued by machines* izgatják a gépek ❷ intrikál, áskálódik

**intriguing** /ɪnˈtriːgɪŋ/ izgalmas, érdekfeszítő
**intrinsic** /ɪnˈtrɪnsɪk/ benső, belülről fakadó, inherens, valódi, lényegi
**intro** /ˈɪntrəu/ ❶ bevezetés, bevezető kurzus ❷ bemutatás *arrange an intro to the head* összehozza az igazgatóval
**introduce** /ˌɪntrəˈdjuːs/ ❶ bemutat *introduce Kate to/and John* bemutatja Kate-et Johnnak ❷ bevezet/beavat vmibe ❸ bevezet, meghonosít, elterejszt, divatba hoz ❹ bevezet, behoz [törvényt/tiltást]

I

**introduction** /ˌɪntrəˈdʌkʃən/ ❶ bemutatás ❷ bevezetés, beavatás ❸ bevezetés [könyvben] ❹ bevezetés [tantárgyba], bevezető kurzus
**introductory** /ˌɪntrəˈdʌktərɪ/ ❶ bevezető ❷ bevezető (szintű)
**introductory price** bevezető ár
**introspection** /ˌɪntrəʊˈspekʃən/ önelemzés
**introspective** /ˌɪntrəʊˈspektɪv/ önelemző
**introversion** /ˌɪntrəʊˈvɜːʃən/ befelé fordulás
**introvert** /ˈɪntrəʊvɜːt/ befelé forduló egyén
**introverted** /ˈɪntrəʊvɜːtɪd/ befelé forduló
**intrude** /ɪnˈtruːd/ ❶ behatol vhova ❷ *intrude on smb* alkalmatlankodik vkinek, zaklat vkit
**intruder** /ɪnˈtruːdə/ betolakodó
**intrusion** /ɪnˈtruːʒən/ ❶ alkalmatlankodás, zaklatás ❷ betolakodás
**intrusive** /ɪnˈtruːsɪv/ ❶ tolakodó, alkalmatlankodó, zaklató ❷ hiátustöltő, betüremkedő [hang]
**intuit** /ɪnˈtjuːɪt/ ösztönösen megérez/megért vmit / ráérez vmire
**intuition** /ˌɪntjʊˈɪʃən/ intuíció, (ösztönös) megérzés
**intuitive** /ɪnˈtjuːɪtɪv/ intuitív
**inundate** /ˈɪnʌndeɪt/ eláraszt, elönt
**inundation** /ˌɪnʌnˈdeɪʃən/ elárasztás, elöntés
**inv.** = invention; inventor; inventory; invoice
**invade** /ɪnˈveɪd/ megrohan, megszáll
**invader** /ɪnˈveɪdə/ *FNÉV* támadó, betolakodó, megszálló
**invalid** /ˈɪnvəliːd/ VAGY /ˈɪnvəlɪd/ *FNÉV*
rokkant
**invalid** /ɪnˈvælɪd/ *MNÉV*
❶ érvénytelen, lejárt, semmis ❷ érvénytelen, helytelen
**invalid** /ˈɪnvəliːd/ VAGY /ˈɪnvəlɪd/ *IGE*
*invalid smb out of the army* leszerel vkit a hadseregből
**invalidate** /ɪnˈvælɪdeɪt/ ❶ érvénytelenít, hatálytalanít ❷ vmi érvénytelenségét megmutatja
**invalid chair** tolószék
**invalidity** /ˌɪnvəˈlɪdɪtɪ/ ❶ érvénytelenség ❷ rokkantság
**invalidity benefit** rokkantsági nyugdíj
**invalidity pension** rokkantsági nyugdíj
**invaluable** /ɪnˈvæljʊəbəl/ felbecsülhetetlen
**invariability** /ɪnˌveərɪəˈbɪlɪtɪ/ változatlanság, állandóság, egyformaság
**invariable** /ɪnˈveərɪəbəl/ változatlan, állandó, egyforma
**invariably** /ɪnˈveərɪəblɪ/ ❶ mindig, állandóan ❷ változatlan/egyforma módon
**invasion** /ɪnˈveɪʒən/ ❶ invázió, megrohanás, megszállás ❷ megsértés, beavatkozás
**invent** /ɪnˈvent/ ❶ feltalál ❷ kigondol, kitalál
**invention** /ɪnˈvenʃən/ ❶ feltalálás, kigondolás, kitalálás ❷ találmány ❸ találékonyság, invenció ❹ koholmány, kitaláció
**inventive** /ɪnˈventɪv/ leleményes, találékony
**inventor** /ɪnˈventə/ feltaláló
**inventory** /ɪnˈventərɪ/ ❶ leltár ❷ *US* (áru)készlet
**inverse** /ɪnˈvɜːs/ *FNÉV*
vmi fordítottja/ellenkezője/ellentettje
**inverse** *MNÉV*
ellenkező, megfordított
**inverse proportion** VAGY **inverse ratio** VAGY **inverse relation** fordított arányosság
**inversion** /ɪnˈvɜːʃən/ ❶ megfordítás ❷ megfordítottság, vmi fordított volta ❸ inverzió, szórendcsere, fordított szórend
**invert** /ɪnˈvɜːt/ ❶ megfordít, felcserél ❷ felborít, megfordít
**inverted comma** idézőjel [‘ és “] *in inverted commas* idézőjelben
**invest** /ɪnˈvest/ befektet, beruház (amibe: *in*)
**invest with** ❶ *invest smb with smth* felruház vkit vmivel ❷ *invest smth with smth* tulajdonít vminek vmit
**investigate** /ɪnˈvestɪgeɪt/ ❶ megvizsgál, kivizsgál, tanulmányoz ❷ nyomoz, kutat
**investigation** /ɪnˌvestɪˈgeɪʃən/ vizsgálat, nyomozás, kutatás, tanulmányozás (amié: *into*)
**investigative journalism** oknyomozó/tényfeltáró újságírás
**investigator** /ɪnˈvestɪgeɪtə/ nyomozó, kutató, vizsgáló
**investment** /ɪnˈvestmənt/ ❶ befektetés, beruházás, tőkeelhelyezés, tőkekihelyezés ❷ befektetett/beruházott tőke
**investment bank** befektetési bank
**investment company** befektetőcég
**investment incentive** beruházás-ösztönzés
**investor** /ɪnˈvestə/ beruházó, (tőke)befektető, tőkekihelyező
**invigilate** /ɪnˈvɪdʒəleɪt/ felvigyáz [vizsgát], felügyel [vizsgán]
**invigilation** /ɪnˌvɪdʒəˈleɪʃən/ felvigyázás, felügyelet [vizsgán]
**invincibility** /ɪnˌvɪnsɪˈbɪlɪtɪ/ legyőzhetetlenség
**invincible** /ɪnˈvɪnsɪbəl/ (le)győzhetetlen
**invisibility** /ɪnˌvɪzəˈbɪlɪtɪ/ láthatatlanság
**invisible** /ɪnˈvɪzəbəl/ láthatatlan
**invisible ink** vegytinta
**invitation** /ˌɪnvɪˈteɪʃən/ ❶ meghívás (ahová/amire: *to*) ❷ meghívó ❸ felszólítás, felhívás vmire *invitation to tender* versenyfelhívás, tenderfelhívás, tenderkiírás
**invite** /ɪnˈvaɪt/ ❶ meghív, elhív ❷ felszólít, felhív, felkér *invite smb to speak* felkér vkit, hogy beszéljen *invite bids for a contract* pályázatot ír ki egy szerződésre ❸ kihív *invite trouble* kihívja a bajt
**inviting** /ɪnˈvaɪtɪŋ/ hívogató, csábító, vonzó
**invoice** /ˈɪnvɔɪs/ *FNÉV*
számla *settle an invoice* számlát kiegyenlít/rendez
**invoice** *IGE*
❶ számláz, számlát küld ❷ számlát készít
**involuntary** /ɪnˈvɒləntərɪ/ akaratlan, önkéntelen
**involve** /ɪnˈvɒlv/ ❶ bevon, belekever vmibe ❷

jelent, magával hoz, vmivel jár, maga után von ❸ vmiről szó van, érint
**involved** /ɪnˈvɒlvd/ bonyolult
**involvement** /ɪnˈvɒlvmənt/ bevonás, bekeverés(ed)és
**invulnerability** /ɪnˌvʌlnərəˈbɪlɪtɪ/ sebezhetetlenség, sérthetetlenség
**invulnerable** /ɪnˈvʌlnərəbəl/ sebezhetetlen
**inward** /ˈɪnwəd/ *MNÉV*
❶ benső, belső, benti ❷ befelé ható/mozgó ❸ lelki, szellemi
**inward** *HAT.SZÓ*
befelé
**inwards** /ˈɪnwədz/ befelé
**iodine** /ˈaɪədiːn/ jód
**iodine deficiency** jódhiány
**ion** /ˈaɪən/ ion
**IOU** /aɪ əʊ ˈjuː/ elismervény adósságról
**IQ** = intelligence quotient
**IQ test** intelligencia-teszt
**IRA** = Irish Republican Army
**irascible** /ɪˈræsəbəl/ ingerlékeny
**iris** /ˈaɪərɪs/ ❶ szivárványhártya, írisz ❷ nőszirom, írisz
**Irish** /ˈaɪərɪʃ/ *FNÉV*
*the Irish* az írek
**Irish** *MNÉV*
ír [nyelv/ember]
**Irishman** /ˈaɪrɪʃmən/ *TBSZ* **Irishmen** /ˈaɪrɪʃmən/ ír (férfi)
**Irishwoman** /ˈaɪrɪʃwʊmən/ *TBSZ* **Irishwomen** /ˈaɪrɪʃwɪmɪn/ ír nő
**irk** /ɜːk/ bosszant, kellemetlenül érint
**irksome** /ˈɜːksəm/ bosszantó, kellemetlen
**iron** /ˈaɪən/ *FNÉV*
❶ vas *cast iron* öntöttvas ❷ vasaló
KIFEJEZÉSEKBEN: *strike while the iron is hot* addig üsd a vasat, amíg meleg
**iron** *IGE*
❶ (ki)vasal [ruhát] ❷ megvasal [pl. ajtót]
**iron out** *iron smth out* ❶ kivasal vmiből vmit ❷ elsimít [nehézséget]
**Iron Age** vaskor(szak)
**iron curtain** vasfüggöny
**iron dust** vaspor, vasreszelék
**ironic** /aɪˈrɒnɪk/ VAGY **ironical** /aɪˈrɒnɪkəl/ ironikus
**ironically** /aɪˈrɒnɪklɪ/ ❶ ironikusan, gúnyosan ❷ *ironically, (MONDAT)* a sors iróniája, hogy (MONDAT)
**ironing board** vasalódeszka
**ironing stand** VAGY **ironing table** vasalóállvány
**ironize** /ˈaɪrənaɪz/ ironizál
**iron lung** vastüdő
**iron-on** rávasalható, ruhára vasalható
**iron ore** vasérc
**iron resolve** vasakarat
**ironwork** /ˈaɪənwɜːk/ lakatosáru, vasáru
**iron works** /ˈaɪənwɜːks/ vasmű
**irony** /ˈaɪərənɪ/ irónia, gúny
**Iroquois** /ˈɪrəkwɔɪ/ irokéz
**irrational** /ɪˈræʃənəl/ ❶ irracionális ❷ oktalan, alaptalan
**irreconcilable** /ˌɪrekənˈsaɪləbəl/ összeegyeztethetetlen (amivel: *with*)
**irrecoverable** /ˌɪrɪˈkʌvərəbəl/ ❶ pótolhatatlan, jóvátehetetlen ❷ behajthatatlan [adósság]
**irredeemable** /ˌɪrɪˈdiːməbəl/ pótolhatatlan, jóvátehetetlen
**irredentism** /ˌɪrɪˈdentɪzəm/ irredentizmus
**irredentist** /ˌɪrɪˈdentɪst/ irredenta
**irrefutable** /ˌɪrɪˈfjuːtəbəl/ megdönthetetlen, megcáfolhatatlan
**irregular** /ɪˈregjʊlə/ ❶ szabálytalan, rendellenes, rendhagyó ❷ egyenletlen, nem egyforma *work irregular hours* kötetlen munkaidőben dolgozik ❸ elfogadhatatlan, szabályellenes ❹ rendhagyó [nyelvtanilag]
**irregularity** /ɪˌregjʊˈlærɪtɪ/ ❶ szabálytalanság, rendellenesség ❷ egyenetlenség ❸ elfogadhatatlanság, szabályellenesség ❹ rendhagyóság
**irrelevance** /ɪˈreləvəns/ vmi nem a tárgyhoz tartozó volta / irreleváns volta
**irrelevant** /ɪˈreləvənt/ nem a tárgyhoz tartozó, irreleváns
**irreparable** /ˌɪˈrepərəbəl/ helyrehozhatatlan, orvosolhatatlan, jóvátehetetlen
**irreplaceable** /ˌɪrɪˈpleɪsəbəl/ pótolhatatlan
**irreproachable** /ˌɪrɪˈprəʊtʃəbəl/ feddhetetlen
**irresistible** /ˌɪrɪˈzɪstəbəl/ ellenállhatatlan
**irresolute** /ɪˈrezəluːt/ határozatlan, tétovázó
**irresolution** /ɪˌrezəˈluːʃən/ határozatlanság, habozás, tétovázás
**irrespective** /ˌɪrɪˈspektɪv/ *irrespective of smth* tekintet nélkül vmire, függetlenül vmitől
**irresponsibility** /ˌɪrɪspɒnsəˈbɪlɪtɪ/ felelőtlenség, meggondolatlanság
**irresponsible** /ˌɪrɪˈspɒnsəbəl/ felelőtlen, meggondolatlan
**irresponsive** /ɪˌrɪˈspɒnsɪv/ nem (szívesen) reagáló
**irretrievable** /ɪˌrɪˈtriːvəbəl/ ❶ jóvátehetetlen, visszaszerezhetetlen, pótolhatatlan, jóvátehetetlen ❷ visszakereshetetlen [adat]
**irreverence** /ɪˈrevərəns/ tiszteletlenség
**irreverent** /ɪˈrevərənt/ tiszteletlen
**irreversible** /ˌɪrɪˈvɜːsɪbəl/ megmásíthatatlan, visszavonhatatlan, visszafordíthatatlan
**irrevocable** /ɪˈrevəkəbəl/ visszavonhatatlan
**irrigable** /ˈɪrɪgəbəl/ öntözhető
**irrigate** /ˈɪrɪgeɪt/ ❶ (meg)öntöz ❷ (ki)öblít
**irrigation** /ˌɪrɪˈgeɪʃən/ ❶ öntözés, öntözőrendszer ❷ öblítés, irrigálás
**irritability** /ˌɪrɪtəˈbɪlɪtɪ/ ingerlékenység
**irritable** /ˈɪrɪtəbəl/ ingerlékeny, érzékeny
**irritate** /ˈɪrɪteɪt/ ❶ (fel)ingerel, felbosszant, irritál ❷ ingerel, irritál [bőrt/szemet]
**irritation** /ˌɪrɪˈteɪʃən/ ❶ ingerültség, bosszúság, bosszankodás ❷ ingerlés, irritálás

**Is.** = island; isle
**is** /ɪz/ ☞be
**ISBN** = International Standard Book Number
**ISDN** = integrated system digital network
**isl.** = island; isle
**Islam** /ˈɪslɑːm/ VAGY /ˈɪzlɑːm/ ❶ iszlám ❷ az iszlám országok
**Islamic** /ɪzˈlæmɪk/ iszlám, muzulmán
**Islamism** /ɪzˈlɑːmɪzəm/ iszlám (vallás)
**island** /ˈaɪlənd/ sziget *safety/traffic island* járdasziget
**islander** /ˈaɪləndə/ szigetlakó
**isle** /aɪl/ sziget
**isn't** /ˈɪzənt/ [= is not] *he isn't here* nincs itt
**ISO** = International Standardization Organization
**isolate** /ˈaɪsəleɪt/ ❶ elszigetel, izolál, elkülönít ❷ izolál [anyagot]
**isolation** /ˌaɪsəˈleɪʃən/ ❶ elszigetelés, izoláció, elkülönítés ❷ elkülönültség, elvonultság
**isolation hospital** járványkórház
**isolation ward** elkülönítő [kórházban]
**isolation period** elkülönítési idő
**isotope** /ˈaɪsətəʊp/ izotóp
**Israelite** /ˈɪzrɪəlaɪt/ izraeli ⓘ NEM ~~izraelita~~ [= zsidó]
**ISSN** = International Standard Serial Number
**issue** /ˈɪʃuː/ VAGY /ˈɪsjuː/ FNÉV
❶ kérdés, téma, vitapont, eset *at issue* terítéken, szőnyegen ❷ szám [újságé] ❸ kibocsátás, megjelentetés, forgalomba hozatal ❹ *government issue* kincstári tulajdon ❺ utód, ivadék *without issue* utód nélkül ❻ részvény
**issue** IGE
❶ kibocsát, forgalomba hoz ❷ kiad, megjelentet [újságot/könyvet/okiratot] ❸ ellát, felszerel vmivel, kiad vmit vkinek *issue them with protective clothes / issue protective clothes to them* ellátja őket védőruházattal
**issue from** *issue from smth* keletkezik/származik/ered vhonnan/vmiből
**issueless** /ˈɪʃuːləs/ gyermektelen
**IT** = information technology
**it** /ɪt/ ❶ [élettelenre] *put it back* tedd vissza [= azt] ❷ [ismeretlen/érdektelen neműre] *when is it due?* mikorra várja [a babát]? ❸ [állatra utaló] *take the cat and put it in the basket* fogd a macskát és tedd a kosárba ❹ [mellékmondatra utal] *I've lost the bag but it doesn't matter* elvesztettem a táskát, de [= ez] nem baj ❺ [idő(járás)/távolság] *it's hot* meleg van *it's 20 miles to Paris* 20 mérföld Párizsig ❻ [alanyváró] *it's easy (for them) to criticize* könnyű kritizálniuk ❼ [tárgyváró] *I hate it when you don't listen* utálom, ha nem figyelsz ❽ [kiemelés] *it was him that saw the snake* ő látta meg a kígyót ❾ [vegyes használatok] *it's me* én vagyok az *that's it!* ez az! *and that's it* és kész(en van)
**ital.** = italic; italics; italicized
**Italian** /ɪˈtæliən/ FNÉV
❶ olasz (ember) ❷ olasz (nyelv) ❸ olasz nyelvtudás
**Italian** MNÉV
olasz
**italic** /ɪˈtælɪk/ kurzív ❷ dőlt *Italic font* dőlt font/betű(típus)
**italics** /ɪˈtælɪks/ ❶ dőlt betű/szedés ❷ kurzív betű/szedés ❸ dőlt/kurzív kiemelés *my italics / italics mine* kiemelés tőlem
**itch** ❶ viszket ❷ *be itching for smth / to do smth* erősen vágyik vmire
**itchy** /ˈɪtʃɪ/ viszketős, viszkető
**it'd** /ˈɪtəd/ ❶ [= it had] *it'd been raining all morning* egész délelőtt esett ❷ [= it would] *it'd be good* jó lenne
**item** /ˈaɪtəm/ FNÉV
❶ darab *an item of furniture* egy bútor *an item of news* egy hír ❷ tétel, adat, bejegyzés, rekord ❸ (áru)cikk
**itemize** /ˈaɪtəmaɪz/ tételenként részletez
**itinerary** /aɪˈtɪnərərɪ/ útiterv, úti program
**it'll** /ˈɪtəl/ [= it will] *it'll be worse* rosszabb lesz
**it's** /ɪts/ ❶ [= it is] *it's worse* rosszabb ❷ [= it has] *it's been stolen* ellopták
**its** /ɪts/ (annak a / az ő) ...-ja *the cat and its basket* a macska és a kosara
**itself** /ɪtˈself/ (ő/az) maga *the cat can see itself* a macska látja magát *the bathroom itself* maga a fürdőszoba *(all) by itself* (teljesen) egyedül, magában, magától
**itsy-bitsy** /ˌɪtsɪ ˈbɪtsɪ/ ici-pici
**IUCD** = intrauterine contraceptive device
**IUD** = intrauterine device
**I've** /aɪv/ [= I have] *I've seen them* láttam őket
**ivory** /ˈaɪvərɪ/ ❶ elefántcsont ❷ elefántcsont tárgy/szobrocska
**ivy** /ˈaɪvɪ/ repkény, borostyán *poison ivy* szömörce

# J, j /dʒeɪ/

**J** = joule(s); Journal; Judge; Justice
**Ja.** = January
**jab** /dʒæb/ *FNÉV*
döfés, ütés, szúrás, lökés
**jab** *IGE*
döf, üt, szúr, lök
**jabberwocky** /ˈdʒæbəwɒkɪ/ nonszensz vers
**Jack** /dʒæk/ *every man Jack* boldog–boldogtalan, mindenki az égvilágon
**jack** /dʒæk/ *FNÉV*
❶ kocsiemelő, emelőbak ❷ bubi, jung, jumbó [kártyában] ❸ hím [szamáré] ❹ jack csatlakozó
**jack** *IGE*
**jack up** *jack smth up* ❶ felemel/megemel [autót] ❷ felemel [árat]
**jackal** /ˈdʒækɔːl/ VAGY /ˈdʒækəl/ sakál
**jackdaw** /ˈdʒækdɔː/ szarka
**jacket** /ˈdʒækɪt/ ❶ kabát, zakó ❷ főtt krumplihéj ❸ könyvborító ❹ burok, burkolat, köpeny ❺ lemeztasak ❻ diszk külső tasakja
**jacket flap** fül [könyvborítón]
**jacket potato** héjában főtt krumpli
**jackhammer** /ˈdʒækhæmə/ légkalapács
**jack-in-the-box** dobozból kiugró rugós krampusz
**jackknife** /ˈdʒæknaɪf/ *TBSZ* **jackknives** /ˈdʒæknaɪvz/ ❶ zsebkés, bicska ❷ csukafejes előre
**jack-of-all-trades** [semmihez nem eléggé értő] ezermester
**jackpot** /ˈdʒækpɒt/ főnyeremény
**jacuzzi** /dʒəˈkuːzɪ/ vízmasszázs(os fürdőkád)
**jade** /dʒeɪd/ ❶ gebe ❷ jade [kő]
**jagged** /ˈdʒægɪd/ ❶ csipkézett, szaggatott, fogazott ❷ csontrészeg, merevrészeg
**jaguar** /ˈdʒægjʊə/ *GB*, /ˈdʒægwɑːr/ *US* jaguár
**jail** /dʒeɪl/ *FNÉV*
börtön, fegyház
**jail** *IGE*
bebörtönöz
**jailbird** börtöntöltelék
**jailer** /ˈdʒeɪlə/ börtönőr
**jalopy** /dʒəˈlɒpɪ/ tragacs
**jam** /dʒæm/ *FNÉV*
❶ dzsem, lekvár ❷ (forgalmi) dugó ❸ beszorulás, elakadás ❹ pác/slamasztika
**jam** *IGE*
❶ (be/tele)zsúfol, (be/tele)présel ❷ (be)zsúfolódik, (be)préselődik ❸ eláraszt vmivel ❹ (erősen) nyom/szorít ❺ megakaszt, elakaszt ❻ beszorul, (el)akad, akadozik ❼ zavar [rádióadást]
**jam jar** lekvárosüveg
**jam-packed** zsúfolásig/csordultig teli
**Jan.** = January
**janissary** /ˈdʒænɪsərɪ/ VAGY **janizary** /ˈdʒænɪzərɪ/ janicsár
**janitor** /ˈdʒænɪtə/ ❶ portás, kapus ❷ gondnok ❸ házfelügyelő
**January** /ˈdʒænjʊərɪ/ január
**Japanese** /ˌdʒæpəˈniːz/ *FNÉV*
❶ a japán (nyelv) ❷ *the Japanese* a japánok
**Japanese** *MNÉV*
japán
**Japanese garden** japánkert
**Japanese quince** VAGY **japonica** /dʒəˈpɒnɪkə/ japánbirs
**jar** /dʒɑː/ *FNÉV*
❶ befőttesüveg, lekvárosüveg ❷ rázkódás, lökés, ütődés
**jar** *IGE*
❶ roncsol, sért *jar on smb's nerves* vkinek az idegeire megy ❷ meglök, megtaszít, megráz ❸ ütközik, ellenkezik, üti egymást
**jardin anglais** /ʒɑːˌden ɒŋˈlez/ angolkert
**jargon** /ˈdʒɑːgən/ (szak)zsargon
**jasmine** /ˈdʒæzmɪn/ jázmin
**javelin** /ˈdʒævlɪn/ ❶ gerely *throwing the javelin* gerelyvetés, gerelyhajítás ❷ gerelyvetés, gerelyhajítás ❸ dárda
**jaw** /dʒɔː/ ❶ állkapocs ❷ duma, dumálás, tracscsolás ❸ pofa ❹ satupofa
**jay** /dʒeɪ/ mátyásmadár, szajkó
**jaywalk** /ˈdʒeɪwɔːk/ összevissza/szabálytalanul közlekedik
**jaywalker** /ˈdʒeɪwɔːkə/ összevissza/szabálytalanul közlekedő gyalogos
**jazz** /dʒæz/ ❶ dzsessz, jazz ❷ (üres) duma, szöveg
**jazzy** /ˈdʒæzɪ/ ❶ élénk, rikító (színű) ❷ dzsessz-szerű

**JC** = Jesus Christ; Julius Caesar; junior college
**jct.** VAGY **jctn.** = junction
**J.D.** = juvenile delinquency; juvenile delinquent; Doctor of Law; Jane Doe; John Doe
**Je.** = June
**jealous** /ˈdʒeləs/ ❶ féltékeny (akire: *of*) ❷ irigy (amire: *of*)
**jealousy** /ˈdʒeləsɪ/ ❶ féltékenység, féltékenykedés ❷ irigység
**jeans** /dʒiːnz/ farmer(nadrág)
**jeep** VAGY **Jeep** /dʒiːp/ dzsip, terepjáró
**jeer** /dʒɪə/ *FNÉV*
gúnyolódás, gúnyos röhögés/nevetés
**jeer** *IGE*
❶ *jeer (at) smb* gúnyosan nevet vkin, kinevet/kigúnyol vkit ❷ *jeer smb off the stage* lehurrog, kifütyül
**jell** /dʒel/ ❶ (meg)kocsonyásodik, megalvad, zselésedik ❷ összeérik [gondolatok]
**jell-o** VAGY **jello** /ˈdʒeləʊ/ (gyümölcs)puding, zselé
**jelly** /ˈdʒelɪ/ *FNÉV*
❶ kocsonya ❷ zselé ❸ gyümölcskocsonya ❹ puding
**jelly** *IGE*
(meg)kocsonyásodik (meg)kocsonyásít
**jellyfish** /ˈdʒelɪfɪʃ/ medúza
**jemmy** /ˈdʒemɪ/ feszítővas
**jeopardize** /ˈdʒepədaɪz/ veszélyeztet
**jeopardy** /ˈdʒepədɪ/ veszély
**jerk** /ˈdʒɜːk/ *FNÉV*
❶ rántás ❷ lökés, taszítás ❸ rándulás, rángatódzás, rázkódás, zökkenés ❹ ostoba alak ❺ [súlyemelésnél] lökés
**jerk** *IGE*
❶ (meg)ránt, (meg)lök, (meg)lódít, taszít ❷ zötyög, rázkódik, rángatózik
**jerky** /ˈdʒɜːkɪ/ rázkódó(s), döcögő(s), zötyögő(s)
**jerry-build** /ˈdʒerɪbɪld/, **jerry-built** /ˈdʒerɪbɪlt/, **jerry-built** /ˈdʒerɪbɪlt/ hevenyészve épít/készít
**jerry can** marmon-kanna
**jersey** /ˈdʒɜːzɪ/ ❶ gyapjúpulóver ❷ jersey(szövet) ❸ (sport)mez
**jessamine** /ˈdʒesəmɪn/ jázmin
**jest** /dʒest/ *FNÉV*
❶ tréfa, vicc(elődés) *in jest* tréfából ❷ nevetség tárgya ① *NEM* ~~gesztus~~
**jest** *IGE*
tréfálkozik
**jester** /ˈdʒestə/ udvari bolond
**Jesuit** /ˈdʒezjuɪt/ jezsuita
**Jesus!** /ˈdʒiːzəs/ VAGY **Jesus Christ!** /ˌdʒiːzəs ˈkraɪst/ Jézus! / Jézus Isten!
**jet** /dʒet/ *FNÉV*
❶ sugárhajtású (repülő)gép ❷ sugár [víz/gőz/gáz] ❸ fúvóka, nyílás, gázégő
**jet** *IGE*
(ki)lövell, kispriccel
**jet aeroplane** VAGY **jet aircraft** sugárhajtású repülőgép
**jet engine** sugárhajtómű
**jet fighter** sugárhajtású vadászgép
**jetlag** /ˈdʒetlæg/ hosszú repülőút/időeltolódás miatti fáradtság
**jet-propelled** sugárhajtású, lökhajtásos
**jet set** /ˈdʒetset/ elegáns/világjáró gazdagok
**jet setter** /ˈdʒetsetə/ *FNÉV* elegáns/világjáró gazdag
**jet ski** /ˈdʒetskiː/ jet-ski, jet-sí
**jettison** /ˈdʒetɪsən/ ❶ (járműből) könnyítésül kidob ❷ megszabadul vmitől
**jetty** /ˈdʒetɪ/ kikötőhíd, stég, kis móló
**jetway** utashíd [repülőtéren]
**Jew** /ˈdʒuː/ *FNÉV* zsidó
**jewel** /ˈdʒuːəl/ ❶ ékszer, ékkő ❷ kő [órában] ❸ éke/dísze
**jeweller** VAGY **jeweler** /ˈdʒuːələ/ ékszerszakértő, ékszerkészítő, ékszerész
**jeweller's** VAGY **jeweler's** /ˈdʒuːələz/ ékszerbolt
**jewellery** VAGY **jewelry** /ˈdʒuːəlrɪ/ ↯ *NEM MEGSZÁML.* ékszer(ek)
**jewellery box** VAGY **jewelry box** ékszerdoboz, (ékszeres) szelence
**Jewish** /ˈdʒuːɪʃ/ *MNÉV* zsidó
**Jew's-harp** /ˈdʒuːz hɑːp/ doromb
**jibe** /dʒaɪb/ (ki)gúnyol, gúnyolódik (akin: *at*)
**jiffy** /ˈdʒɪfɪ/ pillanat, szempillantás
**jiffy bag** kipárnázott/párnás boríték/zacskó
**jig** /dʒɪg/ *FNÉV*
gyors/vidám tánc
**jig** *IGE*
❶ dzsiggel ❷ rázkódik, ugrál
**jiggle** /ˈdʒɪgəl/ (meg)rázogat, ütöget
**jigsaw** /ˈdʒɪgsɔː/ ❶ lombfűrész ❷ kirakó/összerakó játék, puzzle ❸ rejtély, rejtvény
**jigsaw puzzle** kirakó/összerakó játék, puzzle
**jimmy** /ˈdʒɪmɪ/ feszítővas
**jingle** /ˈdʒɪŋgəl/ *FNÉV*
❶ (reklám)dalocska ❷ csilingelés, csöngés ❸ (össze)csengés [pl. rímeké]
**jingle** *IGE*
❶ csilingel, csörög, csöng ❷ csörget
**jingoism** /ˈdʒɪŋgəʊɪzəm/ sovinizmus, hazafiaskodás, nacionalizmus
**jingoist** /ˈdʒɪŋgəʊɪst/ soviniszta, nacionalista
**jingoistic** /ˌdʒɪŋgəʊˈɪstɪk/ soviniszta, sovén
**jinni** VAGY **jinnee** /ˈdʒɪnɪ/ *TBSZ* **jinn** /ˈdʒɪn/ szellem, dzsinn
**jitters** /ˈdʒɪtəz/ drukk, ijedség *it gives her the jitters* frászt kap tőle
**jittery** /ˈdʒɪtərɪ/ izgulós
**jive** /dʒaɪv/ ❶ jive [tánc] ❷ jive zene ❸ *US* duma, süketelés ❹ városi feketék beszéde/nyelvezete
**Jl.** VAGY **Jly** = July
**Jnr** = Junior
**job** /dʒɒb/ *FNÉV*
❶ állás, foglalkozás, álláshely *part-time job* félállás, részmunkaidő(s állás) *nine-to-five job* nyolcórás állás *be out of job* nincs állása ❷

munka, dolog, tennivaló *the man for the job* a megfelelő ember a feladatra *do a good job of smth* jól megcsinál vmit, jó munkát végez ❸ kötelesség ❹ nehéz feladat, nehézség ❺ példány, darab, munka *a wonderful job* gyönyörű darab ❻ plasztikai műtét ❼ bűntény, „balhé" *pull a job* csinál egy balhét
KIFEJEZÉSEKBEN: *make the best of a bad job* a lehetőségekhez képest jól elvégez *it is a good job that (MONDAT)* szerencse, hogy {MONDAT}

**job** *IGE*
❶ alkalmi munkát vállal ❷ darabbérben dolgozik ❸ *job in smth* kereskedik vmivel ❹ részvényeket ad-vesz
**job out** *job smth out* (szerződésbe/alvállalkozóknak) kiad
**job application** álláspályázat
**jobber** /ˈdʒɒbə/ ❶ (tőzsde)ügynök ❷ darabbérben dolgozó munkás ❸ alkalmi munkavállaló
**job centre** munkaügyi központ, állásközvetítő iroda
**job creation** munkahelyteremtés
**job description** munkaköri leírás
**job generation** munkahelyteremtés
**job hopper** vándormadár
**job hunter** álláskereső
**jobless** /ˈdʒɒbləs/ *FNÉV/MNÉV* munkanélküli *50 thousand jobless* 50 ezer munkanélküli
**job satisfation** munka okozta elégedettségérzet

**jockey** /ˈdʒɒkɪ/ *FNÉV*
❶ zsoké, lovas ❷ disc jockey, lemezlovas

**jockey** *IGE*
❶ *jockey smb into smth* rávesz/rábeszél vkit vmire ❷ *jockey for position* helyezkedik, pozícióharcot folytat [pl. állásért]
**jodhpurs** /ˈdʒɒdpəz/ lovaglónadrág

**jog** /dʒɒg/ *FNÉV*
❶ (meg)lökés, taszítás, rázás ❷ kocogás, dzsogolás

**jog** *IGE*
❶ meglök, megtaszít ❷ zötyölődik, zötyög ❸ felráz, összeráz ❹ kocog, dzsogol ❺ *jog smb's memory* felfrissíti vki emlékezetét ❻ *jog along* halad, telik-múlik
**jogger** /ˈdʒɒgə/ kocogó
**jogging** /ˈdʒɒgɪŋ/ kocogás, dzsogolás
**joggle** /ˈdʒɒgəl/ (könnyen) megráz

**join** /dʒɔɪn/ *IGE*
❶ (össze)kapcsol, (össze/egybe)illeszt, (egybe/össze)köt ❷ csatlakozik, társul *I'll join you* majd csatlakozom hozzátok *join me for a drink* tarts velem egy italra ❸ találkozik, kapcsolatba kerül, (össze)kapcsolódik, csatlakozik ❹ belép [tagként] *join the navy* haditengerésznek áll ❺ beiratkozik *join a course* kurzust felvesz
KIFEJEZÉSEKBEN: *join forces with smb* egyesíti vkivel az erőit
**join in** részt vesz vmiben, bekapcsolódik vmibe, csatlakozik vmihez/társasághoz
**join up** katonának megy
**join with in** *join with smb in (doing) smth* egyesül/összeáll vmire, bekapcsolódik vmibe
**joiner** /ˈdʒɔɪnə/ asztalos
**joinery** /ˈdʒɔɪnərɪ/ asztalosmesterség

**joint** /dʒɔɪnt/ *FNÉV*
❶ ízület ❷ csukló, ereszték ❸ hússzelet

**joint** *MNÉV*
közös, együttes, egyesült
**joint committee** vegyesbizottság
**joint custody** megosztott gyermekelhelyezés
**jointly** /ˈdʒɔɪntlɪ/ közösen, együttesen
**joint owner** társtulajdonos
**joint ownership** tulajdonközösség, társtulajdon
**joint stock company** részvénytársaság
**joint venture** vegyesvállalat

**joke** /dʒəʊk/ *FNÉV*
❶ tréfa, móka, vicc *tell/make/crack a joke* mond/elsüt egy viccet *see the joke* érti, mi a vicc vmiben *dirty joke* disznó vicc ❷ megviccelés, megtréfálás *play a joke on smb* megtréfál ❸ könnyű dolog, „(kész) vicc"

**joke** *IGE*
tréfál, viccel *you must be joking!* ugye viccelsz? te viccelsz!
**joker** /ˈdʒəʊkə/ ❶ vicces/tréfás kedvű ember, mókamester ❷ dzsóker, joker, dzsoli

**jolly** /ˈdʒɒlɪ/ *MNÉV*
vidám, jókedvű ⓘ *NEM* ~~dzsoli~~

**jolly** *HAT.SZÓ*
nagyon, igen *jolly difficult* igen nehéz *jolly well* igencsak, nagyonis

**jolt** /ˈdʒəʊlt/ *FNÉV*
zökkenés, lökés, döcögés

**jolt** *IGE*
❶ zökkent, lökdös ❷ zökken, döcög, zötyködik
**Joneses** /ˈdʒəʊnzɪz/ *keep up with the Joneses* lépést tart a többiekkel [birtoklásban]
**jostle** /ˈdʒɒsəl/ ❶ lökdös ❷ tolakodik, lökdösődik

**jot** /dʒɒt/ *FNÉV*
jottányi *not a jot* semmi(t) sem

**jot** *IGE*
*jot smth down* lefirkant, leír, lejegyez
**joule** /dʒuːl/ joule
**journal** /ˈdʒɜːnəl/ ❶ napló *keep a journal* naplót vezet ❷ folyóirat
**journalese** /ˌdʒɜːnəˈliːz/ újságstílus, újságnyelv
**journalism** /ˈdʒɜːnəlɪzəm/ újságírás
**journalist** /ˈdʒɜːnəlɪst/ újságíró
**journalistic** /ˌdʒɜːnəˈlɪstɪk/ újságírói, hírlapi

**journey** /ˈdʒɜːnɪ/ *FNÉV*
utazás, út *a train/car journey* vonatút/autóút

**journey** *IGE*
utazik
**jovial** /ˈdʒəʊvɪəl/ kedélyes, vidám, joviális
**joviality** /ˌdʒəʊvɪˈælɪtɪ/ kedélyesség, vidámság
**jowl** /dʒaʊl/ (alsó) állkapocs

J

**joy** /dʒɔɪ/ ❶ öröm, vidámság ❷ öröm(forrás) *smb's pride and joy* vki öröme és büszkesége
**joyful** /ˈdʒɔɪfəl/ örömteli, vidám
**joystick** /ˈdʒɔɪstɪk/ ❶ joystick ❷ botkormány
**Jr.** = Journal; Junior
**Ju.** = June
**jubilee** /ˈdʒuːbɪliː/ évforduló, jubileum *silver/golden/diamond jubilee* 25/50/60 évforduló
**judge** /dʒʌdʒ/ FNÉV
❶ bíró, bírónő ❷ bíráló, zsűritag
**judge** IGE
❶ bíróként ítél, ítélkezik, ítéletet mond [ügyben] ❷ bíróként/zsűritagként ítélkezik/dönt ❸ felbecsül, (meg)ítél, véleményt alkot *judge for yourself* győződjön meg (róla) maga ❹ ítél, következtet (amiből: *by*) ❺ vmilyennek ítél/tart *they judged it (to be) unprofitable* haszontalannak ítélték
**judgement** VAGY **judgment** /ˈdʒʌdʒmənt/ ❶ ítélet, döntés *pass judgement* ítéletet mond ❷ ítélőképesség ❸ vélemény, nézet, megítélés ❹ *last judgment / day of judgment* ítéletnap, végítélet
**judicial** /dʒʊˈdɪʃəl/ bírósági, bírói
**judiciary** /dʒʊˈdɪʃərɪ/ *the judiciary* ❶ a bírói testület ❷ igazságszolgáltatás [mint hatalmi ág]
**judo** /ˈdʒuːdəʊ/ cselgáncs, dzsúdó
**judoist** /ˈdʒuːdəʊɪst/ VAGY **judoka** /ˈdʒːdəʊkə/ cselgáncsozó
**jug** /dʒʌg/ FNÉV
❶ kancsó *measuring jug* mérőedény, mérőpohár ❷ US kulacs, (zárható) vizespalack
**jug** IGE
❶ párol [r.szerint nyúlhúst] ❷ csattog [fülemüle]
**juggle** /ˈdʒʌgəl/ ❶ zsonglőrködik ❷ bűvészkedik vmivel, manipulál
**juggler** /ˈdʒʌglə/ ❶ zsonglőr ❷ bűvész
**juice** /dʒuːs/ ❶ lé, nedv ❷ gyümölcslé *tomato juice* paradicsomlé ❸ sav, testnedv
**juice box** üdítősdoboz [szívószállal]
**juicy** /ˈdʒuːsɪ/ ❶ lédús, leves, szaftos ❷ pikáns, szaftos, botrányszagú ❸ sok pénzt ígérő, „zsíros"
**jukebox** /ˈdʒuːkbɒks/ ❶ (elektromos) zenegép ❷ wurlitzer
**Jul.** = July
**Juliett** /dʒuːlɪˈet/ telefon- ill. rádió-összeköttetésnél és betűzésnél a J betű szava
**July** /dʒʊˈlaɪ/ VAGY /dʒəˈlaɪ/ július
**jumble** /ˈdʒʌmbəl/ összevisszaság, rendetlenség
**jumble sale** jótékony célú vásár [használt árukból]
**jumbo** /ˈdʒʌmbəʊ/ óriási *jumbo-sized* óriási
**jump** /dʒʌmp/ FNÉV
❶ ugrás ❷ megugrás, felszökés ❸ ugróakadály, ugrató
**jump** IGE
❶ ugrál, ugrik *jump down smb's throat* torkának ugrik vkinek *jump rope* ugrókötelez ❷ átugrik vmit/vmin ❸ ugrál *jump from one subject to another* egyik témáról a másikra ugrál ❹ megugrik, felszökik [pl. ár]
KIFEJEZÉSEKBEN: *jump the (traffic) lights* pirosban megy át *jump the gun* jeladás előtt rajtol *jump the queue* vki elé áll a sorban, tolakszik
**jump at** *jump at smth* két kézzel kap vmin, mohón elfogad
**jump on** *jump on smb* lehord, leszid
**jump to** *jump to a conclusion* túl gyorsan levon vmely következtetést
**jumper** /ˈdʒʌmpə/ ❶ ugró ❷ pulóver ❸ US ujjatlan (kötény)ruha
**jumper cable** indítókábel, „bika"
**jumping pole** ugrórúd
**jumping sheet** mentőponyva
**jump lead** /ˈdʒʌmp liːd/ indítókábel, „bika"
**jump rope** US ugrókötél
**jump-start** ❶ lendületesen indul/indít ❷ indítókábellel, „bikával" indít
**jumpy** /ˈdʒʌmpɪ/ ❶ ideges, izgatott ❷ izgága
**Jun.** = June; Junior
**junction** /ˈdʒʌŋkʃən/ ❶ csomópont, útkereszteződés ❷ (vasúti) elágazás, csomópont
**juncture** /ˈdʒʌŋktʃə/ ❶ összetalálkozás, egybeesés ❷ helyzet, (idő)pont
**June** /dʒuːn/ június
**jungle** /ˈdʒʌŋgəl/ ❶ dzsungel, őserdő ❷ (átláthatatlan) dzsungel
**jungle gym** mászóka
**Junior** /ˈdʒuːnɪə/ ifjabb *Martin Pinter Junior* ifjabb Martin Pinter
**junior** /ˈdʒuːnɪə/ FNÉV
❶ US harmadéves (hallgató) ❷ US harmadik osztályos (középiskolás) ❸ GB alsós [= „junior school"-ba járó]
**junior** MNÉV
❶ ifjabb, fiatalabb *my junior* fiatalabb nálam ❷ ifjú, ifjúsági ❸ kezdő, alacsony(abb) beosztású *junior to me* (szolgálati) beosztottam
**junior clerk** gyakornok, kezdő alkalmazott
**junior college** alapképzést nyújtó főiskola
**junior event** ifjúsági versenyszám
**junior school** alsó tagozat [7–11s]
**juniper** /ˈdʒuːnɪpə/ boróka
**junk** /dʒʌŋk/ FNÉV
❶ hulladék, ócskaság, limlom ❷ dzsunka
**junk** IGE
kidob, kiszór, elhajít
**junk food** alacsony tápértékű étel
**junkie** VAGY **junky** /ˈdʒʌŋkɪ/ ❶ drogos, narkós ❷ vmin szenvedélyes kedvelője *they're real coffee junkies* a kávé náluk igazi kábítószer
**junk mail** reklámanyag, szórólap [postában]
**junk shop** régiségbolt
**junkyard** ❶ szeméttelep, ócskavastelep ❷ használtcikk-piac

**junta** /ˈdʒʌntə/ VAGY /ˈhʊntə/ junta
**jurisdiction** /ˌdʒʊərɪsˈdɪkʃən/ (törvénykezési) hatáskör, illetékesség
**jurist** /ˈdʒʊərɪst/ jogász, jogtudós
**juror** /ˈdʒʊərə/ esküdt, esküdtszéki tag
**jury** /ˈdʒʊərɪ/ ❶ esküdtszék *the jury's still out* az esküdtszék még nem döntött ❷ zsűri
**jury box** az esküdtek/esküdtszék padjai
**juryman** /ˈdʒʊərɪmən/ *TBSZ* **jurymen** /ˈdʒʊərɪmən/ esküdt(széki tag)

**just** /dʒʌst/ *MNÉV*
igazságos, jogos, igaz, fair, becsületes

**just** *HAT.SZÓ*
❶ épp(en), egészen, pont(osan) *just as we were leaving* pont amint indultunk *just the same* ugyanaz *that's just it* pont erről van szó / hát ez az ❷ csak, csupán *just coffee, please* csak kávét kérek ❸ éppen/pont [időben] *they've just left* pont most mentek el *just now* épp most ❹ kicsivel, épp(en) hogy *just before Easter* nem sokkal húsvét előtt ❺ egyszerűen *just perfect* egyszerűen tökéletes *it seems to have just disappeared* úgy látszik, egyszerűen eltűnt
KIFEJEZÉSEKBEN: *that's just my luck!* ilyen az én formám!

**justice** /ˈdʒʌstɪs/ ❶ igazság, igazságosság ❷ igazságszolgáltatás ❸ bíró
KIFEJEZÉSEKBEN: *do justice to smb/smth* méltón/megfelelően érzékel(tet), érvényre juttat vmit *the photos do justice to her beauty* a képek méltóak a szépségéhez *we couldn't do full justice to her talents* képességei nem tudtak megfelelően érvényesülni
**justifiable** /ˈdʒʌstɪfaɪəbəl/ igazolható, (meg)indokolható, jogos
**justification** /ˌdʒʌstɪfɪˈkeɪʃən/ ❶ megokolás, megindoklás ❷ igazolás, mentség, indok, jogcím ❸ egalizálás, sorkizárás
**justified** /ˈdʒʌstɪfaɪd/ ❶ védhető, igazolható, indokolt, jogos ❷ sorkizárt, egalizált
**justify** /ˈdʒʌstɪfaɪ/ ❶ igazol, (meg)indokol, megokol ❷ indokol, indok/ok (lehet) vmire *nothing can justify such behaviour* az efféle viselkedést semmi nem igazolhatja ❸ egalizál, sort kizár
**jut** /dʒʌt/ *jut out* kiáll, kiugrik, kiszögellik
**jute** /dʒuːt/ juta
**juvenile** /ˈdʒuːvənaɪl/ *GB*, /ˈdʒuːvənəl/ *US* ❶ ifjúsági, fiatalkori, fiatalkorú ❷ gyerekes, gyermeteg
**juvenile court** fiatalkorúak bírósága
**juvenile delinquency** fiatalkori bűnözés
**juvenile delinquent** fiatalkori bűnöző, bűnelkövető
**Jy.** = July

J

# K, k /keɪ/

**k.** = karat; kilogram(s); king; knight; knot
**K** = king; Kelvin; potassium; kilobyte; Knight
**K** (az) 1000(-es szám) *a £30K salary* egy [évi] harmincezer fontos fizetés
**K–12** /ˌkeɪ ˈtwelv/ óvodától a középiskola végéig terjedő
**kabob** /kəˈbɑːb/ kebab
**kail** VAGY **kale** /keɪl/ kel(káposzta)
**kaleidoscope** /kəˈlaɪdəskəʊp/ kaleidoszkóp
**kaleidoscopic** /kəˌlaɪdəˈskɒpɪk/ tarkabarka
**kangaroo** /ˈkæŋgəˈruː/ kenguru
**karaoke** /ˌkærɪˈəʊkɪ/ VAGY /ˌkɑːrəˈəʊkiː/ karaoke
**karat** /ˈkærət/ karát
**karate** /kəˈrɑːtɪ/ karate,
**karateka** /kəˈrɑːtɪkə/ karatéző
**kayak** /ˈkaɪæk/ kajak
**Kb** = kilobit(s)
**KB** = kilobyte(s)
**kcal** = kilocalorie(s)
**keel** /kiːl/ FNÉV
fenéksúlyos tőke, hajótőke, gerinc, tőkesúly
**keel** IGE
hajót oldalára fordít/borít
**keen** ❶ buzgó, lelkes *be keen to do smth* nagyon szeretne vmit tenni *be keen on smb/smth* szeret/kedvel vkit/vmit ❷ élénk, heves, intenzív *keen competition* erős verseny ❸ éles, jó *a keen mind* éles elme *keen eyesight* éles látás ❹ éles, metsző *a keen wind* metsző szél
**keep** /kiːp/
❶ létfenntartás(hoz élelem) *earn ⁝one's⁝ keep* megkeresi a kenyérrevalót ❷ vártorony
**keep** /kiːp/, **kept** /kept/, **kept** /kept/ IGE
FŐIGEKÉNT: ❶ tart vmit (vhol) *keep order* rendet tart ❷ megtart *keep the change* tartsa meg az aprót ❸ őriz, vigyáz vmire, fenntart *keep the goal* (kapusként) véd ❹ vezet *keep a diary* naplót vezet *keep a shop* boltot vezet ❺ megtart, tiszteletben tart, teljesít *she has kept her word* megtartotta a szavát ❻ megtart [ünnepet] ❼ eltart [családot] ❽ feltart, visszatart *keep smb from work* megakadályoz vkit a munkában ❾ eláll, nem romlik meg [ennivaló]
SEGÉDIGESZERŰEN: ❶ [*ing*-es alakkal] vmit folyamatosan tesz *keep (on) going* tovább csinál/folytatódik, nem hagyja abba *prices keep (on) increasing* az árak egyre emelkednek ❷ [vmilyen állapotban/vmilyennek marad] *keep quiet* csendben van/marad *keep left/right* bal/jobb oldalon marad, balra/jobbra hajt ❸ [műveltetés]: vmilyen állapotban/vmilyennek megtart] *the illness kept her in bed* betegsége miatt ágyban kellett maradnia *keep the kids amused* gondoskodik róla, hogy a gyerekek szórakozzanak *I'm sorry to have kept you waiting* elnézést, hogy megvárakoztattam
KIFEJEZÉSEKBEN: *keep ⁝one's⁝ shirt/hair on* nem kapja fel a vizet
**keep at** *keep at smth* ❶ megállás nélkül csinál, nem hagy abba vmit ❷ *keep smb at smth* csináltat vkivel vmit
**keep away** ❶ *keep away from smth* távol marad vmitől ❷ *keep smb away from smth* távol tart vkit vmitől
**keep back** ❶ távol/háttérben marad ❷ *keep smth back* elhallgat/visszatart vmit ❸ *keep smth back* visszatart / magánál tart vmit
**keep down** *keep smth down* ❶ hatalmában tart, elnyom ❷ leszorít, kordában tart, szinten tart, nem enged feljebb ❸ *keep it down* lehalkítja a hangját ❹ lenyel, leerőszakol *keep the medicine down* lenyeli a gyógyszert
**keep from** ❶ *keep smth from smb* eltitkol/elhallgat vmit vki elől ❷ *keep smb from (doing) smth* visszatart vkit vmitől, (meg)akadályoz vkit vmiben ❸ *keep from doing smth* megáll vmit
**keep in with** *keep in with smb* jó viszonyban marad vkivel
**keep off** ❶ távolmarad, elmarad ❷ *keep smth off* távol tart, elhárít vmit ❸ *keep off smth* távolmarad vmitől *keep off the grass* fűre lépni tilos
**keep on** ❶ *keep smb on* megtart [alkalmazottat] ❷ *keep smth on* magán tart, nem vet le [ruhát] ❸ *keep on about smth* egyre csak vmiről beszél *keep on at smb* (egyre) nyaggat/szekíroz vkit

**keep out** ❶ távol marad, kinn marad *the notice reads "keep out"* a feliraton az áll: „tilos a bemenet" ❷ *keep smth out* kizár, távol tart ❸ *keep out of smth* nem avatkozik be, távolmarad

**keep to** ❶ *keep to smth* tartja magát vmihez, követ vmit, nem tér el vmitől ❷ *keep ⁅oneself⁆ to ⁅oneself⁆* nem érintkezik senkivel, magának való ❸ *keep to smth* vhol marad *keep to the left* balra tart/hajt ❹ *keep smth to ⁅oneself⁆* megtart magának, nem árul el

**keep together** ❶ együtt marad ❷ *keep smb/smth together* együtt tart

**keep up** ❶ folytatódik ❷ *keep smth up* fenn tart, magasban tart ❸ *keep smth up* folytat *keep up the good work* csak így tovább! ❹ *keep smb up* nem hagy lefeküdni ❺ *keep smth up* fenntart, üzemeltet ❻ *keep up appearances* megőrzi a látszatot

**keep up with** *keep up with smb* lépést tart vkivel/vmivel, nem akar lemaradni *keep up with the Joneses* lépést tart a többiekkel, nem akar elmaradni [anyagiakban]

**keeper** /ˈkiːpə/ őr, őrző, felügyelő *zoo keeper* állatkerti gondozó

**keep-fit** testedző, kondicionáló

**keeping** /kiːpɪŋ/ ❶ őrzés, őrizet *in safe keeping* biztos őrizetben/kezekben ❷ *be in keeping with smth* összhangban/harmóniában van vmivel, illik vmihez

**keeps** /ˈkiːps/ *for keeps* örökbe, örökre

**keepsake** /ˈkiːpseɪk/ emlék(tárgy)

**keg** /keg/ (kis sörös) hordócska

**kennel** /ˈkenəl/ ❶ kutyaól, kutyaház ❷ *US* kutyatenyészet

**kept** ☞keep

**kerb** /kɜːb/ járdaszegély

**kerbstone** járdaszegély(kő)

**kerchief** /ˈkɜːtʃɪf/ fejkendő, kendő

**kernel** /ˈkɜːnəl/ ❶ belső rész, bél [csonthéjasé] ❷ mag, lényeg, vmi magva/veleje

**kerosene** VAGY **kerosine** /ˈkerəsiːn/ ❶ kerozin ❷ *US* petróleum, kőolaj

**kerosene lamp** *US* petróleumlámpa

**ketchup** /ˈketʃəp/ kecsap, kecsöp

**kettle** /ˈketəl/ ❶ (tea)vízforraló kanna *electric kettle* elektromos teafőző ❷ üst, katlan

**kettledrum** /ˈketəldrʌm/ üstdob

**key** /kiː/ *FNÉV*

❶ kulcs *ignition key* slussszkulcs *cut keys* kulcsot másol ❷ billentyű [számítógép/hangszer] ❸ kulcsfontosságú ❹ jelmagyarázat ❺ vmi nyitja/kulcsa/magyarázata ❻ megoldás, kulcs [pl. tankönyvben] ❼ hangnem, kulcs *off key* hamis(an) ❽ kis (korall)sziget

**key** *IGE*

❶ *key (up)* (fel)hangol [hangszert] ❷ *key up* felizgat, felajz, felcsigáz ❸ kulccsal bezár ❹ rögzít, kiékel ❺ rögzít (amihez: *to*) ❻ vmivel kapcsolatba hoz

**key in** *key smth in* begépel, bevisz [adatot]

**keyboard** /ˈkiːbɔːd/ ❶ billentyűzet, klaviatúra ❷ billentyűs hangszer (elektronikus) ❸ keyboard, billentyűzet

**keyboards** /ˈkiːbɔːdz/ billentyűs hangszer

**keyhole** kulcslyuk

**keyless** /ˈkiːləs/ nem kulcsra járó

**key money** letét(i díj), kaució [bérelt lakásba költözéskor]

**keynote** /ˈkiːnəʊt/ ❶ alaphang, hangnem ❷ alapeszme, alapgondolat, alapelgondolás

**keypad** /ˈkiːpæd/ ❶ kisebb billentyűzet [pl. távirányítóé] ❷ számbillentyűzet [számítógépen]

**key ring** kulcskarika

**keystroke** /ˈkiːstrəʊk/ leütés [billentyűzeten]

**keyword** kulcsszó

**kg** = kilogram(s)

**khaki** /kækɪ/ VAGY /ˈkɑːkɪ/ ❶ khaki, keki (szövet/szín) ❷ kekiszínű, khakiszínű [sárgás-barna]

**khakis** /ˈkækɪz/ VAGY /ˈkɑːkɪz/ (kekiszínű) katonanadrág

**kHz** = kilohertz

**KIA** = killed in action

**kick** /kɪk/ *FNÉV*

❶ rúgás *give the door a kick* belerúg az ajtóba ❷ kedvtelés, élvezet *get a kick out of smth* élvezetet talál vmiben ❸ új/friss érdeklődés/mánia/hobbi ❹ erő, energia *this rum has a real kick to it* ez a rum szinte rúg ❺ lökés, rúgás [fegyveré]

**kick** *IGE*

❶ (meg/bele)rúg ❷ gólt rúg ❸ rugdal, rugdalózik, rúgkapál ❹ (vissza)rúg, üt [fegyver] ❺ abbahagy *kick the habit* leszokik

KIFEJEZÉSEKBEN: *kick the bucket* feldobja a talpát *kick smb upstairs* felfelé buktat vkit

**kick about** VAGY **kick around** ❶ hányódik ❷ utazgat, ide–oda vetődik, jön–megy ❸ *kick smb around* durván bánik vkivel

**kick against** VAGY **kick at** *kick against/at smth* kapálódzik/rugdalódzik vmi ellen

**kick back** visszaüt, visszahat

**kick in** ❶ bedob vmennyit, vmennyivel beszáll ❷ hatni kezd [gyógyszer]

**kick off** ❶ (el)indul, (el)kezdődik ❷ kezdőrúgást rúg ❸ *kick smth off* kiköp, kiad, kidob ❹ *kick smth off* lerúg [cipőt]

**kick out** *kick smb out* kirúg vkit vhonnan

**kick over** *kick smth over* felrúg vmit

**kick up** ❶ felrúg ❷ kavar, kezd, csap *kick up a fuss/row* balhét csap

**kickball** baseballszerű [amerikai] játék

**kickboxer** /ˈkɪkbɒksə/ kickbox-versenyző

**kickboxing** /ˈkɪkbɒksɪŋ/ kickbox(ing)

**kicking** /ˈkɪkɪŋ/ *be alive and kicking* él és virul

**kickoff** kezdőrúgás [futballban]

**kickstand** kitámasztó [(motor)kerékpáré]

**kid** /kɪd/ *FNÉV*



K

❶ kölyök, srác ❷ *US* kicsi, kisebb *kid sister* (kis)húg ❸ öcsi, öcskös ❹ srác, fiatal ember ❺ gödölye

**kid** *IGE*

❶ ugrat, heccel, húz *you're kidding* ne viccelj! / te viccelsz! ❷ becsap

**kid-glove** kesztyűs kézzel / finoman/tapintatosan történő [bánásmód]

**kidnap** /ˈkɪdnæp/ elrabol [embert]

**kidnapper** /ˈkɪdnæpə/ emberrabló

**kidney** /ˈkɪdnɪ/ vese

**kidney bean** spanyolbab, kidney bab

**kidney machine** művese

**kids' stuff** VAGY **kid stuff** gyerekjáték

**kill** /kɪl/ *FNÉV*

❶ teríték, zsákmány ❷ elejtés [vadé]

**kill** *IGE*

❶ halált okoz, halálos, elpusztít, vki halálát okozza *the storm killed three people* a viharban hárman meghaltak *people were killed in the crash* a balesetben emberek vesztették életüke ❷ (meg)öl, (meg)gyilkol elesik ❸ fájdalmat okoz *my feet/shoes are killing me* majd meghalok, úgy fáj (ebben a cipőben) a lábam ❹ véget vet, tönkretesz, megszüntet *kill the pain* megszünteti a fájdalmat *his remark killed the conversation* megjegyzése véget vetett a beszélgetésnek ❺ leszavaz [törvényjavaslatot] ❻ agyonüt, üt [egyik szín a másikat]
KIFEJEZÉSEKBEN: *kill two birds with one stone* két legyet üt egy csapásra *kill time (by doing smth)* vmivel agyonüti/elüti az időt *be dressed to kill* kicsípte magát, ki van öltözve

**killer** /ˈkɪlə/ ❶ gyilkos ❷ gyilkos *killer whale* gyilkos bálna

**killjoy** /ˈkɪldʒɔɪ/ *FNÉV* ünneprontó

**kilo-** /ˈkiːləʊ/ kilo-

**kilo** /ˈkiːləʊ/ ❶ kiló *a kilo of apples* egy kiló alma ❷ telefon- ill. rádió-összeköttetésnél és betűzésnél a K betű szava

**kilobit** /ˈkɪləbɪt/ kilobit, kilóbit

**kilobyte** /ˈkɪləʊbaɪt/ kilobyte, kilóbájt

**kilocalorie** /ˈkɪləkælərɪ/ kilokalória

**kilogramme** /ˈkɪləgræm/ kilogramm

**kilometre** /ˈkɪləmiːtə/ VAGY /kɪˈlɒmətə/ kilométer

**kilowatt** /ˈkɪləwɒt/ kilowatt

**kilt** /kɪlt/ skótszoknya

**kimono** /kɪˈməʊnəʊ/ ❶ kimonó ❷ pongyola

**kimono sleeve** egybeszabott ujj

**kin** /kɪn/ rokonság *his next of kin* legközelebbi hozzátartozója

**kind** /kaɪnd/ *FNÉV*

❶ fajta, típus, válfaj *this kind of thing* (az) ilyesmi *these kind of watches / this kind of watch / these kinds of watches / these kinds of watch* az ilyenfajta órák ❷ jelleg, természet *nothing of the kind* semmi ilyesféle ❸ *communion in both kinds* két szín alatt való áldozás ❹ *two/three of a kind* két/három egyforma [kártyában] ❺ *in kind* természetben(i)

**kind of** ❶ olyasmi, olyan *I had a kind of (a) feeling* volt egy olyan érzésem ❷ valahogy *I kind of liked it* valahogy tetszett

**kind** *MNÉV*

kedves, jó *kind to animals* jó az állatokhoz *very kind of you* igen kedves öntől *would you be so kind as to...? / would you be kind enough to...?* volna olyan szíves...?

**kindergarten** /ˈkɪndəgɑːtən/ ❶ óvoda ❷ általános iskola előkészítő osztálya

**kindle** /ˈkɪndəl/ ❶ meggyújt ❷ felkelt [érdeklődést]

**kindling** /ˈkɪndlɪŋ/ gyújtós, aprófa

**kindly** ❶ kedvesen, szívélyesen ❷ *will you kindly...?* volnál olyan szíves...?

**kinetic** /kɪˈnetɪk/ mozgási, kinetikus

**kinetic art** ❶ kinetikus művészet ❷ mozgó szobor, mobil

**king** /kɪŋ/ ❶ király, uralkodó ❷ király, vezér *cotton king* gyapotkirály *king of beasts* az állatok királya ❸ király [sakk/kártya]

**kingdom** /ˈkɪŋdəm/ ❶ királyság, birodalom ❷ terület, birodalom, fennhatóság

**kingdom come** ❶ másvilág ❷ egy örökkévalóság

**kingship** /ˈkɪŋʃɪp/ királyi rang, királyság

**king-size** VAGY **king-sized** extra méretű, extra nagy *king-size hangover* ritka nagy másnaposság

**kinky** /ˈkɪŋkɪ/ ❶ csomós ❷ göndör ❸ szeszélyes, bogaras ❹ deviáns, bizarr

**kinship** /ˈkɪnʃɪp/ ❶ rokonság, rokoni kötelék ❷ hasonlóság, rokon érzés

**kiosk** /ˈkiːɒsk/ ❶ bódé ❷ kerti ház, pavilon ❸ telefonfülke, telefonbódé

**kipper** /ˈkɪpə/ sózott/füstölt hering

**kiss** /kɪs/ *FNÉV*

❶ csók *French kiss* nyelves csók ❷ puszi *blow smb a kiss* puszit dob/fúj vkinek

**kiss** *IGE*

❶ megpuszil, megcsókol *kiss goodbye to one's last chance* az utolsó esélyétől is elbúcsúzik *kiss hands* kezet csókol ❷ csókolózik

**kiss of life** mesterséges lélegeztetés

**kit** /kɪt/ ❶ felszerelés, (szerszám)készlet, egységcsomag *survival kit* túlélő-készlet, túlélőfelszerelés *first-aid kit* elsősegély-felszerelés ❷ [katonai/sport] felszerelés/szerelvény ❸ csomag, készlet ❹ lapra csomagolt áru *come in a kit / kit form* lapra csomagoltan/csomagolva árulják

**kit bag** (katonai) szerelvényzsák, málhazsák

**kitchen** /ˈkɪtʃən/ konyha

**kitchen appliances** konyhafelszerelés(ek)

**kitchenette** /ˌkɪtʃəˈnet/ garzonkonyha

**kitchen garden** konyhakert

**kitchen paper** VAGY **kitchen roll** papírtörlő

**kitchen sink** (konyhai) mosogató

KIFEJEZÉSEKBEN: *everything but the kitchen sink* minden az égadta világon
**kitchen unit** beépített konyhabútor
**kitchenware** NEM MEGSZÁML. konyhaedény
**kite** /kaɪt/ ❶ (papír)sárkány *fly a kite* sárkányt ereget ❷ „kísérleti léggömb" *fly a kite* teszteli a közvéleményt ❸ héja [madár]
**kitsch** /kɪtʃ/ NEM MEGSZÁML. giccs
**kitten** /ˈkɪtən/ kismacska, cica
**kitty** /ˈkɪtɪ/ ❶ közös kassza ❷ gyűjtés, összeadott pénz *have a kitty* pénzt dob össze ❸ kassza, talon [kártyában] ❹ cicus
**kiwi** /ˈkiːwiː/ ❶ kivi [madár] ❷ *Kiwi* új-zélandi
**kiwi fruit** kivi, kiwi [gyümölcs]
**KKK** = Ku Klux Klan
**kleenex** /ˈkliːneks/ papírzsebkendő
**kleptomania** /ˌkleptəˈmeɪnɪə/ kleptománia
**kleptomaniac** /ˌkleptəˈmeɪnɪæk/ kleptomániás
**km** = kilometre(s); kingdom
**knack** /næk/ fortély, ügyesség, tehetség *once you get the knack of it* ha az ember (egyszer) rájön a dolog nyitjára
**knapsack** /ˈnæpsæk/ hátizsák
**knave** /neɪv/ ❶ bubi [kártya] ❷ csibész, gazember
**knead** /niːd/ ❶ dagaszt, gyúr ❷ gyúr, masszíroz
**knee** /niː/ ❶ térd *go down on* ≥*one's*≤ *knees* letérdel ❷ könyökcső
**kneecap** /ˈniːkæp/ ❶ térdkalács ❷ térdvédő, térdvért
**knee-deep** MNÉV
térdig érő
**knee-deep** HAT.SZÓ
térdig *kne-deep in work* nyakig a munkában
**knee-high** MNÉV
térdmagasságig érő
**knee-high** HAT.SZÓ
térdmagasságig
**knee jerk** térdreflex
**kneel** /niːl/, **kneeled** /niːld/ VAGY **knelt** /nelt/, **kneeled** /niːld/ VAGY **knelt** /nelt/ térdel, térdepel *kneel down* letérdel
**knee sock** térdzokni
**knell** /nel/ FNÉV
lélekharang (kongása/szava)
**knelt** IGE
☞kneel
**knew** ☞know
**knife** /naɪf/ TBSZ **knives** /naɪvz/ FNÉV
kés, tőr *knife and fork* kés–villa
**knife** IGE
megkésel, megszúr
**knight** /naɪt/ FNÉV
❶ lovag ❷ lovag [nemesi cím] ❸ ló, huszár
**knight** IGE
lovaggá üt
**knighthood** /ˈnaɪthud/ lovagi rang
**knight's castle** lovagvár
**knit** /nɪt/ FNÉV
sima [kötés]
**knit** /nɪt/, **knitted** VAGY **knit** /nɪt/, **knitted** VAGY **knit** /nɪt/ IGE
❶ köt [kötőtűvel] ❷ sima szemet köt ❸ megköt, összeforr
**knitting needle** kötőtű
**knitwear** NEM MEGSZÁML. kötöttáru
**knives** ☞knife
**knob** /nɒb/ ❶ gomb *knobs on the TV* a TV gombjai ❷ fogantyú, gomb, kilincs ❸ dudor, csomó, bütyök
**knock** /nɒk/ FNÉV
❶ kopogás *there was a knock* kopogtak ❷ pech, csapás ❸ kopogás [motorban]
**knock** IGE
❶ kopog(tat) [ahol/amin: *at/on*] *knock on/at the door* kopog az ajtón ❷ (meg)üt, (meg)ütöget, (meg)kopogtat ❸ nekiütődik, nekiverődik ❹ izélget, cikiz ❺ kopog [motor]
KIFEJEZÉSEKBEN: *take a knock* kudarcot vall, vereséget szenved *knock on wood* lekopogom / hadd kopogjam le
**knock about** VAGY **knock around** ❶ hányódik, cselleng, kallódik ❷ utazgat, csavarog, jönmegy ❸ *knock smb about* összever, ütlegel ❹ bemelegít, ütöget egyet [tenisz előtt]
**knock against** *knock against smb/smth* ❶ nekiütődik, beleütődik ❷ összetalálkozik (vkivel)
**knock back** ❶ *knock smth back* bedob [italt] ❷ *knock smb back smth* vkinek vmennyibe kerül ❸ *knock smb back* megdöbbent, földhöz vág
**knock down** ❶ *knock smth down* lerombol, lebont ❷ *be knocked down* elüti [jármű] ❸ *knock smth down* csökkent, leszállít [árat] ❹ *knock smb down to smth* lealkuszik *knock smb down to two hundred* ❺ *knock smth down* szétszed, szétszerel
**knock into** *knock smth into smb* belever *knock some sense into him / his head* beszél a fejével
**knock off** ❶ *knock smth off* (el)enged [vmit árból] ❷ *knock (smth) off* abbahagy/befejez vmit *knock it off!* hagyd abba! ❸ összecsap, összedob vmit ❹ *knock smth off* ellop vmit ❺ *knock off smth* kirabol *knock off the post office* kirabolja a postahivatalt ❻ *knock smb off* kinyír
**knock out** *knock smb/smth out* ❶ kiüt ❷ knockout-ol ❸ kidönt, kiüt [drog/alkohol] ❹ kiver, kiejt [csapatot] ❺ tönkretesz ❻ *knock smb out* elképeszt
**knock over** ❶ *knock smb over* elüt [járművel] ❷ *knock over smth* feldönt, lever, ledönt ❸ *knock over smth* kirabol
**knock together** *knock smth together* összeüt, összedob vmit
**knock up** ❶ *knock smth up* összecsap, összetákol, összeüt ❷ *knock smb up* felébreszt

K

❸ bemelegít, ütöget [tenisz előtt] ❹ *knock smb up* kifáraszt ❺ *knock smb up* US felcsinál
**knockdown** ❶ leszállított, csökkentett árú ❷ szétszedhető
**knocker** /ˈnɒkə/ (ajtó)kopogtató
**knock-on** dominóelven működő, továbbgyűrűző (hatású)
**knockout** ❶ kiütés *a knockout blow* kiütés [bokszban] ❷ kieséses [verseny]

**knot** /nɒt/ FNÉV

❶ csomó ❷ göb, bütyök, görcs ❸ bonyodalom, slamasztika ❹ csomó [= kb. 1,85 km/h]

**knot** IGE

(össze/meg)csomóz, összeköt

**know** /nəu/ FNÉV

*be in the know* jólértesült, beavatott

**know** /nəu/, **knew** /nju:/, **known** /nəun/ IGE

❶ tud, ismer *as/so far as I know* ha jól tudom *for all I know* amennyire én tudom *let smb know about smth* tudat vkivel vmit ❷ tud [nyelvet] *she knows German* tud németül ❸ ismer vmit/vkit *get/come to know smb* megismer vkit ❹ *know how to do smth* tud vmit csinálni *know how to ride a bycicle* tud biciklizni ❺ megismer, felismer *I'd know her again if I saw her* ráismernék, ha látnám *not know smb from Adam* fogalma sincs, hogy néz ki
KIFEJEZÉSEKBEN: *you should know better (than to talk to strangers)* több eszed is lehetne (mint hogy idegenekkel szóba állj) *should have known better* több esze lehetett volna
**know about** *know about smth* járatos vmiben, ért vmihez
**know apart** *know smth apart* megkülönböztet(ni képes)
**know from** *know smth from smth* megkülönböztet(ni képes)
**know-how** ❶ hozzáértés, szakértelem, szaktudás ❷ gyártási eljárás, technológiai tudás
**knowing** /ˈnəuɪŋ/ sokatmondó
**knowingly** /ˈnəuɪŋlɪ/ ❶ sokatmondóan ❷ tudatosan, szándékosan
**knowledge** /ˈnɒlɪdʒ/ ❶ tudás(anyag), tudomány, ismeret(ek) *knowledge of German* német nyelvtudás *common knowledge* (köz)tudott (dolog), köztudomású❷ tudomás *without my knowledge* tudtom nélkül
**knowledgeable** /ˈnɒlɪdʒəbəl/ jólértesült, nagy tudású, (jól)informált, tájékozott

**known** /nəun/ MNÉV

❶ ismert, tudott, ismeretes *become known* ismertté válik, kitudódik *make smth known to smb* tudat vmit vkivel ❷ *be known as smth* ismerik/híres mint vmi

**known** IGE

☞ know

**knuckle** /ˈnʌkəl/ FNÉV

❶ ujjízület, ujjperec ❷ *knuckle of pork* sertéscsülök

**knuckle** IGE

**knuckle down** alaposan nekilát, nekigyürkőzik (aminek: *to*)
**knuckles** /ˈnʌkəlz/ *brass knuckles* bokszer [fegyver]

**KO** /keɪ ˈəu/ FNÉV

knock-out

**KO** IGE

knock-out-ol, kiüt
**koala** /kəuˈɑ:lə/ VAGY **koala bear** koala(medve)
**kohlrabi** /ˌkəulˈrɑ:bɪ/ kalarábé, karalábé
**kph** = kilometres per hour
**KY jelly** /ˌkeɪwaɪ ˈdʒelɪ/ [vazelinféle] kenőcs

# L, l /el/

**l** = large; left; length; line; litre(s); longitude
**L** = large; Latin; learner driver; left; pound(s); longitude; latitude
**£** = font (sterling)
**la** /lɑː/ [zenei] lá
**lab.** = Labour; laboratory
**lab** /læb/ labor
**label** /ˈleɪbəl/ *FNÉV*
❶ címke, matrica, cédula ❷ hanglemezcég, lemezkiadó ❸ tartalomcímke [fájlé]
**label** *IGE*
❶ címkével/cédulával ellát, címkéz ❷ osztályoz, besorol, minősít
**laboratory** /ləˈbɒrətrɪ/ laboratórium
**labor union** *US* (munkás)szakszervezet
**labour** /ˈleɪbə/ *FNÉV*
❶ ↯ *NEM MEGSZÁML.* munka *charge for labour* munkadíjat számít fel ❷ munkaerő, munkásság, dolgozók ❸ szülés, vajúdás ⓘ *NEM* ~~labor~~
**labour** *IGE*
❶ dolgozik, robotol, munkálkodik, fáradozik ❷ bukdácsolva/küszködve halad
**labour camp** munkatábor
**labour costs** munkaerőköltség
**laboured** /ˈleɪbəd/ ❶ nehézkes, erőlködő ❷ erőltetett, izzadságszagú
**labourer** /ˈleɪbərə/ kétkezi/fizikai munkás
**labour exchange** munkaközvetítő hivatal
**labour force** munkaerő
**labour-intensive** munkaigényes
**labour market** munkaerőpiac
**labour pains** szülési fájdalmak
**labour supply** munkaerő-kínálat
**labour-saving** munkavégzést könnyítő, munkát kímélő
**labour union** *US* (munkás)szakszervezet
**labyrinth** /ˈlæbərɪnθ/ ❶ útvesztő, labirintus ❷ labirintus [fülben]
**lace** /leɪs/ *FNÉV*
❶ cipőfűző ❷ csipke ❸ zsinór, szalag
**lace** *IGE*
❶ *lace (smth up)* befűz [cipőt] ❷ csipkéz
**lacework** ↯ *NEM MEGSZÁML.* csipke
**lack** /læk/ *FNÉV*
hiány *for lack of smth* vmi hiányában
**lack** *IGE*
hiányzik vmije, nincs (meg) vmije
**lacking** /ˈlækɪŋ/ ❶ *be lacking* hiányzik, nem áll rendelkezésre ❷ *be lacking in smth* hiányt szenved vmiben
**laconic** /ləˈkɒnɪk/ lakonikus, szűkszavú
**laconically** /ləˈkɒnɪkəl/ lakonikusan, szűkszavúan
**lad** /læd/ ❶ ifjú, legény ❷ srác, fiú
**ladder** /ˈlædə/ *FNÉV*
❶ létra ❷ ranglétra ❸ felszaladt szemek [harisnyán]
**ladder** *IGE*
❶ felszalad a szem [harisnyán] ❷ kiszakít [harisnyát]
**laddie** VAGY **laddy** /ˈlædɪ/ fiúcska, legény, srác
**la-di-da** /ˌlɑːdɪˈdɑː/ affektáló, finomkodó [hang/modor]
**ladies' room** „női mosdó", „hölgyek"
**ladies' wear** ↯ *NEM MEGSZÁML.* női ruházat
**ladle** /ˈleɪdəl/ merőkanál, merítőkanál
**Lady** ❶ arisztokrata feleségének/lányának a címe *Sir John and Lady Burton* Sir John és [felesége] Lady Burton ❷ *Our Lady* Miasszonyunk
**lady** /ˈleɪdɪ/ ❶ hölgy, nő *ladies and gentlemen!* hölgyeim és uraim! ❷ úrinő
**ladybird** katicabogár
**ladybug** *US* katicabogár
**lady friend** barátnő [férfié partnerként]
**Ladyship** /ˈleɪdɪʃɪp/ *Her Ladyship* őméltósága, a méltóságos asszony
**lady's maid** komorna
**lag** /læg/ *FNÉV*
lemaradás
**lag** *IGE*
**lag behind** elmarad(ozik), lemarad(ozik), hátramarad
**lager** /ˈlɑːgə/ lager [fajtájú sör] ⓘ *NEM* ~~láger~~
**lager and lime** sör lime-lével/zöldcitromlével
**lagoon** /ləˈguːn/ lagúna
**lah-di-dah** /ˌlɑːdɪˈdɑː/ affektáló, finomkodó
**laid** ☞ lay
**laid-back** /ˈleɪdbæk/ nyugis, nyugodt, „laza"

**lain** ☞ lie
**lake** /leɪk/ tó, állóvíz
**lama** /ˈlɑːmə/ láma [buddhista pap]
**lamb** /læm/ ❶ bárány ❷ bárányhús
**lambskin** /ˈlæmskɪn/ báránybőr
**lame** ❶ bicegő, sánta ❷ gyönge, halvány, erőtlen [kifogás/próbálkozás]
**lame duck** ❶ cselekvésképtelen ember/cég ❷ *US* hamarosan leköszönő politikus
**lament** /ləˈment/ *FNÉV*
panasz, jajveszékelés, sirám
**lament** *IGE*
❶ (meg)sirat vmit ❷ fájlal vmit, panaszkodik, siránkozik (amin: *for*)
**lamentable** /ˈlæməntəbəl/ siralmas, szánalmas, hitvány
**lamentation** /ˌlæmənˈteɪʃən/ siralom, siránkozás, jajveszékelés
**laminate** /ˈlæmɪnət/ *FNÉV*
(laminált) műanyag igazolvány
**laminate** /ˈlæmɪneɪt/ *IGE*
laminál, rétegel
**lamp** /læmp/ lámpa
**lamp-post** lámpaoszlop
**lampshade** lámpaernyő
**LAN** /læn/ = local area network
**lance** /lɑːns/ lándzsa
**lance corporal** tizedes
**lancet** /ˈlɑːnsɪt/ sebészkés, szike
**land** /lænd/ *FNÉV*
❶ föld, szárazföld *make land* földet ér *by land* szárazföldön ❷ föld, földbirtok, ingatlan *land prices* ingatlanárak ❸ ország, föld *native land* szülőföld ❹ vidék, táj ❺ *NEM MEGSZÁML* termőföld, talaj *good land* jó föld
**land** *IGE*
❶ leszáll, földet ér [repülő(vel)] ❷ letesz, földre tesz [repülőt] ❸ partra száll, kiszáll [utas] ❹ partra szállít/tesz, hajóból kirak ❺ érkezik, esik, földet ér ❻ oszt, ad, mér *land a blow/punch on smb's nose* orrbaver vkit ❼ kihúz, kifog [halat]
**land in** *land smb in smth* vhová / vmilyen helyzetbe hoz/juttat vkit *land smb in a mess* nehéz/csúnya helyzetbe hoz
**landed** /ˈlændɪd/ ❶ földbirtokos, földbirtokkal rendelkező ❷ föld-, ingatlan-
**landed property** földbirtok
**landfill** /ˈlændfɪl/ ❶ hulladék/szemétlerakó ❷ hulladék, szemét
**land forces** szárazföldi hadsereg
**landing** /ˈlændɪŋ/ ❶ (lépcső)pihenő, lépcsőforduló ❷ kikötés földreszállás, landolás
**landing field** [ideiglenes/kisebb] fel- és leszállópálya
**landing gear** futószerkezet, futómű
**landing mat** ugrószőnyeg
**landing net** szák
**landlady** /ˈlændleɪdɪ/ ❶ háziasszony, házinéni, szállásadónő ❷ panzió-tulajdonosnő
**land law** földtörvény
**land-locked** szárazföldi [tenger(part) nélküli]
**landlord** /ˈlændlɒːd/ ❶ háziúr, szállásadó ❷ panzió-tulajdonos
**landmark** /ˈlændmɑːk/ ❶ feltűnő tereptárgy, tájékozódási pont ❷ határkő
**landmass** /ˈlændmæs/ földterület, kontinens
**landmine** taposóakna, szárazföldi/gyalogsági akna
**land mortgage** földjelzálog
**landowner** /ˈlændəunə/ földbirtokos
**land register** telekkönyv
**land registry** földhivatal, telekkönyvi hivatal
**landscape** /ˈlændskeɪp/ ❶ (festői) táj, vidék ❷ tájkép ❸ tájképfestés ❹ fekvő oldalbeállítás
**landscape architect** tájkert-tervező
**landscape architecture** tájkertészet
**landscape garden** angolkert, tájkert
**landside** /ˈlændsaɪd/ repülőtér érkezési oldala
**landslide** /ˈlændslaɪd/ *FNÉV*
❶ földcsuszamlás ❷ földcsuszamlás-szerű győzelem/siker
**landslide** *MNÉV*
földcsuszamlás-szerű [óriási/meglepő]
**landslip** [kisebb] földcsuszamlás, földomlás
**land surveying** földmérés
**land tax** ingatlanadó, földadó
**lane** /leɪn/ ❶ utca, utcácska, köz, átjáró, sikátor ❷ (forgalmi) sáv *inside lane* külső sáv *outside lane* belső sáv ❸ pálya [sportolóé] KIFEJEZÉSEKBEN: *(life) in the fast lane* feszes tempó, izgalmas életforma
**langouste** /ˈlɒŋguːst/ languszta
**language** /ˈlæŋgwɪdʒ/ ❶ *NEM MEGSZÁML* a nyelv ❷ nyelv *first/native language* anyanyelv, első nyelv ❸ nyelvezet, beszédmód *use bad language* csúnyán beszél *language! / mind your language!* hogy beszélsz! ❹ nyelv, kommunikációs eszköz *body language* testnyelv
**language laboratory** nyelvi laboratórium
**languid** /ˈlæŋwɪd/ bágyadt, erőtlen, ernyedt
**languish** /ˈlæŋwɪʃ/ ❶ senyved ❷ hervad, kókadozik ❸ *languish for smth* epekedik vmi után
**lank** /læŋk/ sima, egyenes, tartás nélküli [haj]
**lanky** /ˈlæŋkɪ/ langaléta, hórihorgas
**lanolin** /ˈlænəlɪn/ lanolin
**lantern** /ˈlæntən/ ❶ lámpás, lanterna ❷ bevilágító, ablakos kupola, lanterna
**lap** /læp/ *FNÉV*
❶ öl *sit on smb's lap* vki ölébe ül ❷ kör, futam [sportban] ❸ úti állomás ❹ nyalakodás, lefetyelés ❺ fülcimpa
**lap** *IGE*
❶ nyalakodik, nyaldos, szürcsöl, lefetyel ❷ *lap (against) smth* (neki)verődik, (neki)csapódik vminek ❸ egy kört/futamot megtesz ❹ betakar, beborít, körülvesz
**lap up** *lap smth up* ❶ felnyal, fellefetyel ❷ habzsol/iszik vmit

**lapel** /lə'pel/ kihajtós gallér, (kabát)hajtóka
**lap of honour** tiszteletkör
**lapse** /læps/ *FNÉV*
❶ botlás, hiba, elcsúszás *memory lapse* emlékezet-kihagyás ❷ múlás, telés [időé] ❸ elévülés, igénymúlás, lejárat [pl. jogé]
**lapse** *IGE*
❶ (le)romlik *standards have lapsed* leromlott a színvonal ❷ hibázik, téved ❸ elmúlik [idő] ❹ elévül, érvényét/hatályát veszíti
**lapse into** *lapse into a coma* kómába zuhan
**lapse of the tongue** nyelvbotlás
**larceny** /'lɑːsənɪ/ lopás *grand/petty larceny* nagy/kis értékre elkövetett lopás
**larch** /lɑːtʃ/ vörösfenyő
**lard** /lɑːd/ *FNÉV*
sertészsír, disznózsír
**lard** *IGE*
megtűzdel, (meg)spékel, teletűzdel vmivel
**larder** /'lɑːdə/ (élés)kamra, spájz
**large** /'lɑːdʒ/ *FNÉV*
*at large* ❶ szabadlábon, szabadon ❷ általában/egészében (véve)
KIFEJEZÉSEKBEN: *by and large* nagyjából, általában
**large** *MNÉV*
❶ nagy (méretű) ❷ *(as) large as life* (teljes) életnagyságú ❸ széleskörű, átfogó, széleskörű ❹ megértő, nagyvonalú
**largely** /'lɑːdʒlɪ/ nagyrészt, jórészt, főként
**largeness** /'lɑːdʒnəs/ ❶ nagyság, nagy terjedelem, terjedelmesség ❷ megértő felfogás, nagyvonalúság
**large-scale** nagyarányú, nagyszabású
**large-sized** nagyméretű
**lark** /lɑːk/ pacsirta
**larva** /'lɑːvə/ *TBSZ* **larvae** /'lɑːviː/ lárva
**larynx** /'lærɪnks/ gége(fő)
**laser** /'leɪzə/ lézer
**laser disk** lézerdiszk, lézerlemez
**lash** /læʃ/ *FNÉV*
❶ ostorszár, korbács-szár ❷ ostorcsapás, korbácsütés ❸ (hirtelen) csapás ❹ szempilla
**lash** *IGE*
❶ megkorbácsol, (meg)üt, csap ❷ hevesen támad, kikel vki ellen ❸ csapkod, csap ❹ ütődik, nekivágódik, csapódik *lash (against) the rocks* nekiverődik a szikláknak
**lash out** *lash out at/against smb* kirohan vki ellen
**lashings** /'læʃɪŋz/ rengeteg vmiből *lashings of cream* rengeteg tejszín
**lass** /læs/ ❶ lány, lányka, kislány ❷ barátnő [partner]
**lasso** /lə'suː/ VAGY /'læsəʊ/ lasszó, pányva
**last** /lɑːst/ *FNÉV*
❶ vmi vége/utója *at last* végül, végre ❷ a legutolsó hír/dolog ❸ kaptafa *stick to the last* marad a kaptafánál
**last** *MNÉV*
❶ (leg)utolsó, végső *the last but one* utolsó előtti ❷ múlt, legutóbbi *last night* tegnap éjszaka *last year* tavaly *last week* a múlt héten *for the last week* az utolsó hét napban *last Tuesday* a múlt/előző kedden
**last** *HAT.SZÓ*
❶ utoljára, utolsónak, utolsóként *when did you last see her?* mikor láttad utoljára? *last but not least* végül, de nem utolsósorban ❷ legvégül
**last** *IGE*
❶ tart *last 50 minutes* 50 perces ❷ fennmarad, tart, kitart, megmarad *the watch won't last (for) long* az óra nem sokáig bírja ❸ kitart, elég *the water will only last three days* a víz csak három napig tart ki / lesz elég
**last out** ❶ *last out without water* kihúzza víz nélkül ❷ *last smb out* túlél vkit
**lasting** /'lɑːstɪŋ/ tartós, maradandó, időtálló
**last judgment** ítéletnap, az utolsó ítélet
**lastly** /'lɑːstlɪ/ végül/legvégül (pedig)
**last-minute** utolsó percekben történő
**last name** vezetéknév
**last post** takarodó [trombitán/kürtön fújva]
**last rites** utolsó kenet
**last straw** az utolsó csepp a pohárba(n)
**last word** ❶ az utolsóként hozzászólás/felszólalás joga ❷ az utolsó szó ❸ a legújabb/legmodernebb dolog
**latch** /lætʃ/ *FNÉV*
❶ tolózár, retesz ❷ *be on the latch* belülről kilinccsel, kívülről csak kulccsal nyitható
**latch** *IGE*
elreteszel [ajtót]
**latchkey** /'lætʃkiː/ kapukulcs, lakáskulcs
**latchkey child** kulcsos gyerek
**late** /leɪt/ *MNÉV*
❶ *be late* (el)késik *be 2 minutes late for the meeting* 2 percet késik az értekezletről ❷ késő *it's late* késő van ❸ késői *in the late eighties* a nyolcvanas évek vége felé ❹ néhai ❺ egykori, korábbi
KIFEJEZÉSEKBEN: *of late* újabban, (a leg)utóbbi időben
**late** *HAT.SZÓ*
❶ későn *arrive five minutes late* öt perccel később érkezik *late in the evening* késő este ❷ későig, sokáig ❸ mostanáig, eddig, korábban
**late booking** „last minute" helyfoglalás
**latecomer** /'leɪtkʌmə/ későnjövő
**lately** /'leɪtlɪ/ ❶ mostanában, újabban, utóbbi időben ❷ nemrég, korábban, mostanáig
**latency** /'leɪtənsɪ/ ❶ lappangó/rejtett/szunnyadó volta vminek ❷ lappangás(i idő)
**lateness** /'leɪtnəs/
**latent** /'leɪtənt/ ❶ lappangó, rejtett, szunnyadó ❷ bújtatott
**later** /'leɪtə/ *MNÉV*
későbbi

**later** *HAT.SZÓ*
később, utóbb *later on* később *see you later!* viszontlátás(ra)! *sooner or later* előbb–utóbb

**latest** /ˈleɪtəst/ *FNÉV*
❶ *the latest* a legfrissebb/legújabb hírek ❷ *at the latest* legkésőbb

**latest** *MNÉV*
legutolsó, legutóbbi

**latest** *HAT.SZÓ*
(leg)utoljára, legutóbb, legutolsónak

**lathe** /leɪð/ eszterga(pad)

**lather** /ˈlɑːðə/ *FNÉV*
❶ (szappan)hab ❷ hab [lovon izzadságtól]

**lather** *IGE*
❶ habzik, habos lesz ❷ beszappanoz ❸ megruház, eldönget

**Latin** /ˈlætɪn/ *FNÉV*
❶ latin (nyelv) ❷ latin nyelvtudás

**Latin** *MNÉV*
❶ latin ❷ latin nyelvű ❸ újlatin, neolatin

**Latino** /ləˈtiːnəʊ/ *FNÉV/MNÉV* dél- v. közép-amerikai származású

**latitude** /ˈlætɪtjuːd/ ❶ (földrajzi) szélesség, szélességi fok ❷ mozgástér

**latter** /ˈlætə/ *the latter* ❶ utóbbi *I chose the latter* az utóbbit választottam ❷ későbbi *in the latter days of his life* élete alkonyán

**latter-day** modern, újmódi, mai

**lattice** /ˈlætɪs/ rácsozat, rács

**laugh** /lɑːf/ *FNÉV*
❶ nevetés, kacagás *give a laugh* elneveti magát ❷ derültség, móka, szórakoztató dolog ❸ nevetséges dolog *that's a laugh!* nevetséges!

**laugh** *IGE*
nevet, kinevet vkit (akit: *at*) *nobody laughs at his jokes* senki nem nevet a viccein *laugh to* ⸗*oneself*⸗ nevet magában
  **laugh at** *laugh at smth* (csak) nevet vmin, nem törődik vmivel, fittyet hány vminek
  **laugh off** *laugh smth off* ❶ nevetve lehurrog [előadást] ❷ bagatellizál

**laughable** /ˈlɑːfəbəl/ nevetséges

**laughingly** /ˈlɑːfɪŋlɪ/ ❶ nevetve ❷ tréfából, viccből

**laughing matter** nevetség tárgya, tréfadolog

**laughter** /ˈlɑːftə/ ⅟ *NEM MEGSZÁML.* nevetés

**launch** /lɔːntʃ/ *FNÉV*
❶ vízre bocsátás ❷ elindítás, vminek a útjára bocsátása ❸ motoroshajó

**launch** *IGE*
❶ vízre bocsát [hajót] ❷ kilő, fellő, elindít, felbocsát ❸ (el)indít, kezd *launch an attack* támadást indít ❹ alapít [céget]
  **launch into** *launch into smth* beleveti magát vmibe

**launch pad** (rakéta)indítóállvány, indítóállás

**launching site** kilövőhely

**launder** /ˈlɔːndə/ ❶ mos ❷ mosódik, mosható *launder well* jól mosható ❸ pénzt mos

**launderette** /ˌlɔːnˈdret/ VAGY **laundromat** /ˈlɔːndrəmæt/ (automata) mosószalon

**laundry** /ˈlɔːndrɪ/ ❶ mosoda ❷ szennyes ❸ kimosott fehérnemű

**laureate** /ˈlɔːrɪət/ ❶ díjas *Nobel laureate in physics* fizikai Nobel-díjas ❷ (babér)koszorús *poet laureate* koszorús költő

**laurel** /ˈlɒrəl/ ❶ babér ❷ babér, dicsőség
KIFEJEZÉSEKBEN: *rest on* ⸗*one's*⸗ *laurels* ül a babérjain

**lava** /ˈlɑːvə/ láva

**lavatory** /ˈlævətərɪ/ vécé, WC

**lavender** /ˈlævəndə/ ❶ levendula ❷ halványlila

**lavish** /ˈlævɪʃ/ *MNÉV*
❶ pazarló, bőkezű ❷ pazar, bőséges

**lavish** *IGE*
pazarol, tékozol

**law** /lɔː/ ❶ törvény, jogszabály *make/pass laws* törvényeket alkot/hoz *break the law* megsérti/megszegi a törvényt *be against the law* szabálytalan, illegális ❷ jog *study law* jogot tanul ❸ bíróság, per *go to law* bírósághoz fordul ❹ (természeti) törvény ❺ szabály, játékszabály

**law-abiding** jogtisztelő, törvénytisztelő

**law expenses** perköltségek

**law firm** [nagy] ügyvédi iroda

**lawful** /ˈlɔːfəl/ törvényes, jogos, jogszerű

**lawless** /ˈlɔːləs/ ❶ törvény által nem szabályozott ❷ a törvénnyel szembehelyezkedő

**law lord** angol felsőház jogtudós tagja

**lawmaker** /ˈlɔːmeɪkə/ törvényhozó

**lawn** /lɔːn/ gyep, pázsit

**lawn tennis** füvespályás tenisz

**law school** jog(tudomány)i egyetem, egyetemi jogi kar/intézet

**lawsuit** per, kereset

**lawyer** /ˈlɔːjə/ ügyvéd

**lax** /læks/ ❶ engedékeny ❷ laza, ernyedt ❸ fegyelmezetlen, hanyag

**laxative** /ˈlæksətɪv/ *FNÉV/MNÉV* hashajtó

**lay** /leɪ/ *FNÉV*
❶ fekvés, helyzet ❷ ballada

**lay** *MNÉV*
❶ laikus [világi] ❷ nem szakember

**lay** /leɪ/, **laid** /leɪd/, **laid** /leɪd/ *IGE*
❶ (le)fektet, (le)helyez, (fel)tesz (fel)terít *lay the table* (meg)terít(i az asztalt) *lay the fire* tüzet rak *lay a trap* csapdát állít ❷ tojik [tojást] ❸ tervez, kitervel, elrendez *lay plans* terveket sző ❹ [fogadást] tesz *lay fifty pounds on the favourite* ötven fontot tesz a favoritra ❺ ☞lie
KIFEJEZÉSEKBEN: *lay* ⸗*oneself*⸗ *open to smth* kiteszi magát vminek *lay a ghost/spirit* kísértetet elűz *be lay* ⸗*one's*⸗ *life on the line* életét kockáztatja
  **lay aside** *lay smth aside* ❶ félretesz, megtakarít vmit ❷ felhagy vmivel, félbehagy vmit
  **lay by** *lay smth by* félretesz, megtakarít vmit
  **lay down** *lay smth down* ❶ letesz [fegyvert]

❷ lefektet [alapokat] ❸ lefektet, kimond, leszögez, előír

**lay into** *lay into smb* nekitámad/nekiesik vkinek

**lay off** ❶ *lay smb off* elbocsát, elküld [dolgozót] ❷ *lay off smth* abbahagy vmit, felhagy vmivel ❸ *lay off (smth)* abbahagy ❹ békén hagy *lay off me!* hagyj békén!

**lay on** ❶ *lay smth on* feltálal, (fel)kínál, nyújt vmit ❷ bevezet [pl. gázt] ❸ felhord [festéket] ❹ vki vállára rak [felelősségként] ❺ túloz *lay it on* színezi a történetet ❻ szemérmetlenül hízeleg

**lay out** *lay smb/smth out* ❶ elrendez, kiterít ❷ megtervez, elrendez ❸ kiterít, felravataloz [halottat] ❹ leterít, kiüt ❺ kiad [pénzt] (amire: *on/for*)

**lay over** várakozik átszálláskor

**lay up** ❶ *lay smth up* felhalmoz, beszerez ❷ *be laid up with smth* ágyhoz van kötve vmivel

**layby** /ˈleɪbaɪ/ sztráda menti pihenő(hely)/ parkoló

**layer** /ˈleɪə/ FNÉV

❶ réteg ❷ tojó

**layer** IGE

rétegesen (le)rak *potatoes layered with cheese* sajttal rakott krumpli

**layette** /leɪˈet/ babakelengye

**layman** /ˈleɪmən/ TBSZ **laymen** /ˈleɪmən/ ❶ laikus, nem szakember ❷ laikus, nem egyházi ember

**layoff** létszámcsökkentés, elbocsátás, leépítés

**layout** ❶ elrendezés, beosztás, terv(rajz), alaprajz ❷ oldalkép, oldal-elrendezés, layout

**laziness** /ˈleɪzɪnəs/ lustaság, restség

**lazy** /ˈleɪzɪ/ ❶ lusta, henyélő, rest ❷ kényelmes, nyugodt

**lb.** = pound

**LCD** VAGY **lcd** = least common denominator; liquid crystal display

**LCM** VAGY **lcm** = lowest common multiple

**Ld.** = limited; Lord

**LD** = lethal dose; long distance

**L-driver** tanulóvezető

**lead** FNÉV

❶ /led/ ólom ❷ grafit, ceruzabél ❸ plomba ❹ mérőón ❺ /liːd/ vezetés, útmutatás, irányítás ❻ főszerep ❼ vezető szerep, vezetés ❽ (elektromos) vezeték, kábel ❾ hívás [kártyában] ❿ póráz

**lead** /liːd/, **led** /led/, **led** /led/ IGE

❶ vezet, irányít ❷ elöl megy, vezető szerepe van, élen jár ❸ vhová visz/vezet [út] ❹ visz *spending led him into debt* a költekezés adósságba vitte ❺ rábír, rávesz, késztet *he led me to believe that* {MONDAT} elhitette velem, hogy {MONDAT} ❻ vezet, él *lead a carefree life* gondtalan életet él ❼ kezd, hív, nyit [kártyában] ❽ vezényel [zenekart] ❾ vezetésre áll [sportban]

**lead on** *lead smb on* ❶ rászed, megtéveszt, becsap ❷ belevisz vkit vmibe ❸ előremegy, vezet, utat mutat vkinek

**lead up to** vhová/vmeddig elvezet

**leaded petrol** /ˌledɪd ˈpetrəl/ ólmozott benzin

**leader** /ˈliːdə/ ❶ vezető, vezér ❷ vezető csapat ❸ vezércikk ❹ első hegedűs, koncertmester ❺ US karvezető, karmester

**leadership** /ˈliːdəʃɪp/ ❶ vezetés ❷ vezető szerep/hely ❸ vezetői képesség [emberé] ❹ vezetőség, vezető(i) testület

**lead-free** /ˌledˈfriː/ FNÉV/MNÉV ❶ ólommentes, ólmozatlan ❷ ólommentes/ólmozatlan benzin

**leading** /ˈliːdɪŋ/ vezető, legfőbb, fő-

**leading article** vezércikk

**leading edge** vezető hely(zet) *at the leading edge of smth* vminek az élvonalában

**leading lady** női főszereplő

**leading man** férfi főszereplő

**leading part** ❶ vezérszerep ❷ főszerep

**leading question** rávezető kérdés

**lead poisoning** /ˌled ˈpɔɪzənɪŋ/ ólommérgezés

**lead seal** /ˌled ˈsiːl/ fémzár, plomba

**lead shot** /ˌled ˈʃɒt/ sörét

**lead singer** /ˌliːd ˈsɪŋə/ vezető énekes [zenekarban]

**leaf** /liːf/ TBSZ **leaves** /liːvz/ FNÉV

❶ levél *fallen leaves* avar *come into leaf* kizöldül ❷ lap [könyvé] ❸ ablakszárny, ajtószárny ❹ lehajtható asztallap ❺ füst, fólia [fém, r.szerint arany/ezüst]

KIFEJEZÉSEKBEN: *turn over a new leaf* új életet kezd, tiszta lappal kezd

**leaf** IGE

**leaf through** *leaf through smth* átlapoz

**leafless** /ˈliːfləs/ kopár, levelét elhullatott

**leaflet** /ˈliːflət/ FNÉV

❶ röpcédula ❷ reklámcédula, szórólap

**leaflet** /ˈliːflət/ IGE

röpcédulát/reklámcédulát terjeszt/szór

**leafy** /ˈliːfɪ/ ❶ leveles, lombos ❷ zöld, erdős

**league** /liːg/ ❶ liga [sportban] ❷ szövetség, liga ❸ osztály, klasszis, „súlycsoport" ❹ angol hosszmérték [kb. 3 mérföld = 4,8 km]

**league table** ❶ éremtáblázat, ponttáblázat ❷ rangsor

**leak** /liːk/ FNÉV

❶ lék, hasadék, hézag ❷ szivárgás, csepegés ❸ hír-kiszivárgás

**leak** IGE

❶ szivárog, (ki)folyik *oil is leaking out (of a hole)* (egy lyukon) szivárog ki az olaj ❷ (át)ereszt ❸ kiszivárogtat

**leak out** ❶ kiszivárog [hír] ❷ *leak smth out* kiszivárogtat [hírt]

**leakage** /ˈliːkɪdʒ/ ❶ szivárgás, kifolyás ❷ kiszivárgott anyag

**leaky** /ˈliːkɪ/ ❶ lyukas, léket kapott, áteresztő ❷ nem titoktartó, (véletlenül) kiszivárogtató

L

**lean** /ˈliːn/ *MNÉV*
❶ sovány [hús] ❷ karcsú, szikár ❸ karcsúsított [vállalat] ❹ terméketlen *lean year* szűk esztendő

**lean** /liːn/, **leaned** VAGY **leant** /lent/, **leaned** VAGY **leant** /lent/ *IGE*
❶ hajol, hajlik, hajladozik, megdől *lean forward* előrehajol ❷ (neki)támaszkodik, nekidől ❸ (neki)támaszt, nekidönt *lean it (up) against the wall* a falnak dönti
**lean against** ❶ *lean against smth* nekidől vminek, rádől vmire, (neki)támaszkodik vminek ❷ *lean smth against smth* nekitámaszt/nekidönt vmit vminek
**lean on** *lean on smb/smth* ❶ rábízza magát vmire/vkire, támaszkodik vktre/vmire ❷ [erőszakosan/fenyegetve] kényszerít vkit
**lean out** kihajol (amin: *of*)
**lean over** *lean over backwards* kezét-lábát töri, hogy vmit megtegyen
**lean towards** *lean towards smth* hajlik vmi [álláspont] felé

**leaning** /ˈliːnɪŋ/ hajlam, vonzalom, ambíció

**leant** ☞ lean

**leap** /liːp/ *FNÉV*
❶ ugrás *take a leap* ugrik ❷ megugrás, felszökés [mennyiségé]
KIFEJEZÉSEKBEN: *by leaps and bounds* rohamosan, ugrásszerűen

**leap** /liːp/, **leaped** VAGY **leapt** /lept/, **leaped** VAGY **leapt** /lept/ *IGE*
❶ ugrik, szökell ❷ átugrik vmit
**leap at** *leap at smth* kap vmin
**leap out** kiugrik, szembeszökik

**leapt** ☞ leap

**leap year** szökőév

**learn** /lɜːn/, **learned** VAGY **learnt** /lɜːnt/, **learned** VAGY **learnt** /lɜːnt/ ❶ tanul, megtanul *learn to be a dancer* táncosnak tanul ❷ értesül vmiről, megtud vmit *learn about/of smth* értesül vmiről

**learned** /ˈlɜːnɪd/ ❶ tanult, művelt, tudós ❷ tudományos

**learner** /ˈlɜːnə/ ❶ tanuló *slow learner* gyenge tanuló ❷ tanulóvezető

**learner driver** tanulóvezető

**learner plate** „tanulóvezető" tábla

**learning** /ˈlɜːnɪŋ/ tudás, tudomány, műveltség

**lease** /liːs/ *FNÉV*
bérlet, haszonbérlet *buy a house on lease* házat bérel
KIFEJEZÉSEKBEN: *take a new lease of/on life* újjászületik, felfrissül, új életet kezd *give smb a new lease of/on life* új életet ad vkinek

**lease** *IGE*
❶ bérbead ❷ bérbevesz, kibérel ❸ lízingbe ad ❹ lízingel

**lease plan** lízing-konstrukció

**leash** /liːʃ/ *FNÉV*
póráz *dogs must be kept on leash* a kutyákat pórázon kell tartani

**leash** *IGE*
❶ pórázon tart ❷ ellenőrzése alatt tart, rövid pórázon tart

**least** /ˈliːst/ *MNÉV*
❶ legkisebb, legkevesebb, legcsekélyebb, legjelentéktelenebb *this one costs (the) least* ez kerül a legkevesebbe ❷ *not in the least* egyáltalán nem *not in the least upset* egyáltalában nem feldúlt ❸ *at (the very) last* legalább

**least** *HAT.SZÓ*
❶ a legkevésbé ❷ *least of all* a legkevésbé sem ❸ *not least* nem utolsósorban
KIFEJEZÉSEKBEN: *least said, soonest mended* ne szólj szám, nem fáj fejem

**least common multiple** legkisebb közös többszörös

**leather** /ˈleðə/ [kikészített] bőr

**leatherette** /ˌleðəˈret/ műbőr

**leatherwork** ❶ bőripar ❷ bőrkárpitozás

**leathery** /ˈleðərɪ/ ❶ bőrszerű, kemény ❷ rágós

**leave** /liːv/ *FNÉV*
❶ eltávozás, szabadság ❷ engedély *without leave from him* engedélye nélkül ❸ búcsú *take leave of smb* búcsút vesz vkitől

**leave** /liːv/, **left** /left/, **left** /left/ *IGE*
❶ elmegy, elutazik *leave (the city)* elmegy/elindul (a városból) *leave for the city* elindul a városba ❷ hagy, elhagy, hátrahagy, otthagy (vmit/vkit) (vhol/vkinél) *leave the keys with the secretary* a titkárnőnél hagyja a kulcsokat ❸ [vmilyen állapotban] hagy *leave smth open* nyitva hagy *leave smb cold* hidegen hagy vkit ❹ *be left* (meg)marad *one beer is left* egy sör maradt ❺ rábíz *they'll leave it to you to...* rád fogják bízni, hogy... ❻ ráhagy, örökül hagy (akire: *to*) ❼ hátrahagy ❽ marad *two from six leaves four* hatból kettő az négy
KIFEJEZÉSEKBEN: *leave smth at that* annyiban hagyja (a dolgot) *leave smb/smth alone* békén hagy vkit/vmit *leave smb/smth be* úgy hagy, békén hagy, nem nyúl hozzá *leave smb/smth standing* messze/sokkal jobb vkinél/vminél *leave well alone* nem bolygatja, nehogy elrontsa / nem akar a jó elrontója lenni
**leave about** *leave smb/smth about* elszórva/szétdobálva hagy
**leave off** ❶ abbamarad, megszűnik, eláll ❷ *leave smth off* abbahagy vmit, felhagy vmivel ❸ abbahagy ❹ *leave off!* hagyjál már/békén!
**leave out** *leave smth/smb out* kihagy, kifelejt (amiből: *of*)

**leaven** /ˈlevən/ *FNÉV*
élesztő, kovász

**leaven** *IGE*
❶ (meg)keleszt, (élesztővel) erjeszt ❷ átformál

**leaves** /liːvz/ ❶ zöld [kártyában] ❷ ☞ leaf

**lecture** /ˈlektʃə/ *FNÉV*
❶ előadás (amiről: *on*) ❷ feddés, leckéztetés

**lecture** *IGE*
❶ előad (amiről: *on*), előadást tart ❷ (meg)leckéztet, (meg)fedd
**lecture hall** előadó(terem)
**lecturer** /ˈlektʃərə/ ❶ előadó ❷ adjunktus
**led** ☞lead
**ledge** /ledʒ/ ❶ párkány, polc, sziklapárkány, él, szegély ❷ szirt
**ledger** /ˈledʒə/ ❶ főkönyv, naplófőkönyv ❷ keresztgerenda ❸ pótvonal [kottában]
**leech** /liːtʃ/ ❶ pióca ❷ pióca, vki szipolyozója/kihasználója
**leek** /liːk/ póréhagyma
**leer** /lɪə/ *FNÉV*
kéjsóvár/rosszindulatú/kárörvendő tekintet
**leer** *IGE*
**leer at** *leer at smb* kéjsóváran bámul vkire
**leeway** /ˈliːweɪ/ mozgástér
**left** /left/ *FNÉV*
❶ baloldal *keep to the left* balra tart *take the next turning on/to your left* a legközelebbi utcánál forduljon balra ❷ balkéz ❸ baloldal [politikailag] ❹ balkezes ütés
**left** *MNÉV*
❶ bal, baloldalon lévő, bal kézre eső, balkéz felőli *take a left turn* balra fordul ❷ baloldali (gondolkodású)
**left** *HAT.SZÓ*
balra, bal felé *turn left* balra fordul
**left** *IGE*
☞leave
**left-back** balhátvéd
**left-footed** ballábas
**left-hand** ❶ bal, baloldali, balkéz felőli ❷ balra / bal felé tartó ❸ balkezes, bal kézzel végzett
**left-hander** ❶ balkezes ember ❷ balkezes ütés
**leftist** /ˈleftɪst/ balos, baloldali
**left luggage** ❶ megőrzőben hagyott poggyász ❷ poggyászmegőrző
**left luggage locker** csomagmegőrző szekrény/automata
**left luggage office** poggyászmegőrző
**leftover** maradék, maradvány
**leftovers** *the leftovers* a maradék (étel)
**leftward** /ˈleftwəd/ *MNÉV*
❶ baloldali ❷ bal felé / balra (tartó)
**leftward** VAGY **leftwards** /ˈleftwədz/ *HAT.SZÓ*
❶ baloldalon ❷ bal felé / balra
**left wing** ❶ a baloldal, bal szárny ❷ baloldal [sportban]
**left-wing** /leftˈwɪŋ/ baloldali (gondolkodású)
**leg.** = legend; legislation; legislature
**leg** /leg/ ❶ láb(szár) ❷ szár [pl. nadrágé] ❸ bútorláb ❹ (út)szakasz, pályaszakasz
KIFEJEZÉSEKBEN: *find ~one's~ legs* magára talál, talpraáll *pull smb's leg* ugrat vkit
**legacy** /ˈlegəsɪ/ örökség, hagyaték
**legal** /ˈliːgəl/ ❶ törvényes, jogos, jogszerű, törvény által megengedett ❷ jogi ❸ törvényben megszabott/előírt *a legal requirement* törvényes kötelesség ❹ „legal" méretű [22 × 36 cm]
**legal action** *take legal action* jogi útra terel vmit
**legal age** felnőttkor, szavazóképes kor
**legal entity** jogi személy
**legal force** joghatály, jogerő
**legality** /lɪˈgælətɪ/ törvényesség, jogszerűség
**legalization** /ˌliːgəlaɪˈzeɪʃən/ törvényessé tétel, legalizálás
**legalize** /ˈliːgəlaɪz/ törvényessé tesz, legalizál
**legally** /ˈliːgəlɪ/ ❶ törvényesen, jogosan, legálisan ❷ jogi értelemben, jogilag
**legal separation** különélés
**legend** /ˈledʒənd/ ❶ legenda, monda, rege ❷ ⌁ *NEM MEGSZÁML.* mondavilág ❸ legendás alak ❹ (kép)szöveg, jelmagyarázat [(tér)képen]
**legendary** /ˈledʒəndərɪ/ ❶ mesebeli, mondai, mondabeli ❷ legendás, híres (amiről: *for*)
**-legged** /legɪd/ -lábú *four-legged* négylábú *long-legged* hosszú lábú
**leggings** /ˈlegɪŋz/ ❶ testhez simuló nadrág, macskanadrág ❷ lábszárvédő ❸ lábszármelegítő ❹ rugdalózó
**legible** /ˈledʒɪbəl/ (jól/világosan) olvasható
**legion** /ˈliːdʒən/ ❶ légió, csapat ❷ számtalan, seregnyi



**legionary** ❶ légionárius ❷ légiós
**legionnaire's disease** VAGY **legionnaire disease** /ˌliːdʒəneəz dɪˈziːz/ légiósbetegség
**legislate** /ˈledʒɪsleɪt/ törvényt hoz/alkot
**legislation** /ˌledʒɪsˈleɪʃən/ ❶ törvényhozás, jogalkotás ❷ ⌁ *NEM MEGSZÁML.* törvény(ek)
**legislative** /ˈledʒɪslətɪv/ *MNÉV* jogalkotó(i), törvényalkotó(i), törvényhozó(i)
**legislator** /ˈledʒɪsleɪtə/ *FNÉV* törvényalkotó, törvényhozó, jogalkotó
**legislature** /ˈledʒɪsleɪtʃə/ törvényhozás, törvényhozó testület
**legitimacy** /lɪˈdʒɪtɪməsɪ/ legitimáció, legitimitás
**legitimate** /lɪˈdʒɪtɪmət/ *MNÉV*
❶ törvényes, legitim, jogos ❷ törvényes [gyermek] ❸ érthető, jogos, logikus, ésszerű
**legitimate** /lɪˈdʒɪtɪmeɪt/ *IGE*
❶ legitimál, törvényesít, legalizál ❷ igazol
**legitimation** /lɪˌdʒɪtɪˈmeɪʃən/ törvényesítés, legalizálás, igazolás, hitelesítés
**legitimize** /lɪˈdʒɪtɪmaɪz/ ❶ legitimál, törvényesít, legalizál ❷ igazol
**leg of mutton** ürücomb
**leg rest** lábtámasz
**leisure** /ˈleʒə/ *GB*, /ˈliːʒər/ *US* ❶ szabadidő ❷ *at ~one's~ leisure* majd ha ideje engedi
**leisure centre** szabadidőközpont, szórakoztató központ/centrum
**leisurely** /ˈleʒəlɪ/ *GB*, /ˈliːʒərlɪ/ *US MNÉV*
ráérő, kényelmes, tempós, komótos
**leisurely** *HAT.SZÓ*
kényelmesen, tempósan, komótosan

iː tea ɪ it e bed æ cat ɜː bird ə ago eɪ way əʊ go aɪ my aʊ how eə air
ɑː car ɒ got ɔː war ʊ put uː too ʌ but ɪə here ʊə pure ɔɪ boy
θ thing ð this tʃ chip dʒ Joe ʃ ship ʒ measure s sit ŋ ring j you w win

**leisure shoes** sportos cipő, szabadidőcipő
**leisure suit** utcai (műanyag) melegítő, dzsogging
**leisure wear** ⱡ *NEM MEGSZÁML* szabadidőruha, szabadidő-ruházat
**lemming** /ˈlemɪŋ/ lemming
**lemon** /ˈlemən/ *FNÉV*
❶ citrom ❷ citromsárga ❸ ostoba/antipatikus alak ❹ vacak/hitvány termék
**lemon** *MNÉV*
(citrom)sárga
**lemonade** /ˌleməˈneɪd/ ❶ citromízű szörp ❷ limonádé
**lemon juice** citromlé
**lemon peel** citromhéj
**lemon squash** limonádé
**lemon squeezer** citromnyomó
**lemur** /ˈliːmə/ maki, lemúr
**lend** /lend/, **lent** /lent/, **lent** /lent/ ❶ kölcsönöz, kölcsönad *lend at 12 pc interest* 12 százalék kamatra ad kölcsönt ❷ ad, kölcsönöz *lend dignity to smth* méltóságot kölcsönöz vminek
**length** /leŋθ/ ❶ hossz(úság) *its length is 8 metres / it's 8 metres in length* 8 méter hosszú ❷ hossz [lóé/csónaké] *his horse won by two lengths* két hosszal győzött a lova ❸ darab *a length of string* egy darab spárga ❹ időtartam *at length* hosszasan, hosszadalmasan *at full length* hosszadalmasan
KIFEJEZÉSEKBEN: *go to any length(s) to do smth / go to great lengths to do smth* nem kímél fáradságot, hogy {MONDAT}
**lengthen** /ˈleŋθən/ ❶ (meg)hosszabbít ❷ (meg)hosszabbodik
**lengthwise** /ˈleŋθwaɪz/ hosszába(n)
**lengthy** /ˈleŋθɪ/ hosszadalmas, terjengős
**lenient** /ˈliːnɪənt/ elnéző, enyhe, nem szigorú
**lens** /lenz/ ❶ lencse [üveg] ❷ objektív ❸ szemlencse ❹ kontaklencse
**Lent** /lent/ (nagy)böjt
**lent** ☞ lend
**lentil** /ˈlentɪl/ lencse
**Leo** /ˈliːəʊ/ ❶ Oroszlán [állatövi jegy] ❷ Oroszlán [jegyű ember]
**leopard** /ˈlepəd/ (hím) leopárd
KIFEJEZÉSEKBEN: *the leopard doesn't change his spots* kutyából nem lesz szalonna
**leotard** /ˈliːətɑːd/ (torna)dressz, balett-trikó
**leper** /ˈlepə/ leprás, bélpoklos
**leprosy** /ˈleprəsɪ/ lepra
**lesbian** /ˈlezbɪən/ *FNÉV/MNÉV* leszbikus
**less** /les/ *MNÉV*
❶ kisebb, csekélyebb, kevesebb *less beer* kevesebb sör *no less than a hundred* nem kevesebb száznál *grow less* fogy, csökken ❷ kevesebb *less problems* kevesebb gond
**less** *HAT.SZÓ*
❶ kevésbé, kisebb mértékben, nem annyira *less and less* egyre kevésbé ❷ kevesebbet, kevesebbszer ❸ *much/still less* nemhogy ❹ *the less* {MNÉV}, *the* {KÖZÉPFOK} minél kevésbé {MNÉV}, annál {KÖZÉPFOK} ❺ *the less* kevésbé
**less** *ELÖLJ.*
híján *5 pounds less 3 pence* 3 penny híján 5 font
**lessee** /leˈsiː/ (haszon)bérlő
**lessen** /ˈlesən/ ❶ kisebbedik, csökken ❷ kisebbít, csökkent
**lesser** /ˈlesə/ ❶ kisebbik ❷ kevésbé
**lesson** /ˈlesən/ ❶ tanítás, (tanítási) óra, tanóra *take lessons in German* németórákat vesz ❷ tanulság, lecke *draw a lesson from smth* levonja a tanulságot vmiből
**lessor** /ˈlesə/ (haszon)bérbeadó
**lest** /lest/ nehogy… *I called them lest they (should) worry* felhívtam őket, hogy ne aggódjanak
**let** /let/ *FNÉV*
❶ bérbeadás, bérlet *long let* hosszú távú bérlet ❷ bérbe adott ház/ingatlan ❸ semmis ütés [teniszadogatásban] ❹ akadály *without let or hindrance* semmitől nem akadályozva
**let** /let/, **let** /let/, **let** /let/ *IGE*
❶ hagy, enged *let me play* engedj játszani! *let smth pass* elszalaszt *let go (of) smth* elereszt/elenged vmit *let smb/smth alone* békén hagy vkit/vmit ❷ [műveltetés] *let smb know smth* vkivel tudat vmit, vkit értesít vmiről ❸ [felsz. mód 1.sz.] *let's go now* induljunk, menjünk *let us pray* imádkozzunk *let's not waste time on this* erre ne pazaroljunk időt *let me see* hadd lássam, hadd nézzem ❹ [felsz. mód 3.sz.] *let him do what he likes* csináljon, amit akar ❺ bérbead, kiad *to let* kiadó
KIFEJEZÉSEKBEN: *let alone* nemhogy
**let down** *let smb/smth down* ❶ leenged, lereszt ❷ leenged [ruhát] ❸ cserbenhagy
**let in on** *let smb in on a secret* beavat egy titokba vkit
**let into** ❶ *let smb into smth* beenged/beereszt vkit vmibe ❷ *let smb into a secret* beavat vkit egy titokba
**let off** ❶ *let smb off* elenged, elereszt *be let off lightly* olcsón megússza ❷ *let smb off* leenged [járműről] ❸ *let smth off* elfolyat, kienged [folyadékot]
**let on** ❶ *let smb on smth* fölenged vkit vmire
**let out** ❶ *let smth/smb out* kiereszt, kienged, elenged vmit/vkit ❷ *let smth out* kienged *he let out a cry of pain* fájdalomkiáltást hallatott ❸ *let smth out* kienged, kibővít [ruhát] ❹ *let smth out* kifecseg, kiszivárogtat, elárul ❺ *let smth out* bérbead
**let up** csökken, enyhül
**let up on** *let up on smb* kevésbé szigorúan bánik vkivel, megenyhül vki iránt
**letdown** ❶ csalódás ❷ cserbenhagyás, átejtés
**lethal** /ˈliːθəl/ halálos
**lethargic** /lɪˈθɑːdʒɪk/ letargikus, fásult
**lethargy** /ˈleθədʒɪ/ letargia, közöny, fásultság

**let's** /lets/ [= let us] felsz. mód t.sz. 1.sz. kifejezése *let's sing* énekeljünk

**letter** /ˈletə/ ❶ levél ❷ betű
KIFEJEZÉSEKBEN: *to the letter* szó szerint

**letter bomb** levélbomba

**letter box** ❶ levélszekrény ❷ postafiók

**letter carrier** postás, kézbesítő

**letterhead** ❶ cégjelzés, fejléc [levélpapíron] ❷ cégjeles/fejléces levélpapír

**lettering** /ˈletərɪŋ/ ❶ feliratozás, címfestés ❷ betűfajta, betűtípus

**lettering stencil** betűsablon

**letter of credence** megbízólevél

**letter of credit** hitellevél

**letter of intent** szándéklevél

**letter of recommendation** ajánlólevél

**letter opener** levélnyitó/papírvágó kés

**letter-perfect** ❶ betűhű, szószerinti ❷ szerepét/leckéjét tökéletesen tudó ❸ tökéletesen / szóról szóra megtanult

**letter-size** *US* „letter" oldalméret [22 × 28 cm]

**letter spacing** betűköz

**letterweight** /ˈletəweɪt/ levélnehezék

**lettuce** /ˈletəs/ fejessaláta

**leukemia** VAGY **leukaemia** /luːˈkiːmɪə/ fehérvérűség, leukémia

**level** /levəl/ *FNÉV*
❶ szint, felület, felszín *on/at two levels* két szinten ❷ színvonal ❸ (víz)szintező

**level** *MNÉV*
❶ sík, egyszintű, vízszintes *level with smth* vmivel azonos magasságú/szintű, egy szinten lévő ❷ egyenlő, egyforma, egyenletes *level spoonful* csapott kanál

**level** *HAT.SZÓ*
*level with smth* egy szinten vmivel

**level** *IGE*
❶ (el)egyenget, szintez, egy szintre hoz, kiegyenlít ❷ lerombol, földdel tesz egyenlővé
**level at** ❶ *level smth at smb/smth* ráirányít, rászegez ❷ *level smth at smb/smth* intéz, mér, emel *level accusations at smb* vádat emel vki ellen *level a blow at smb* ütést mér/intéz vkire
**level off** ❶ egyenesbe fordul, nem emelkedik tovább, egyenletessé válik ❷ kiegyenlítődik ❸ *level smth off* kiegyenlít

**level crossing** szintbeli vasúti kereszteződés

**lever** /ˈliːvə/ VAGY /ˈlevə/ *FNÉV*
❶ emelő(rúd) ❷ kar, emelőkar, fogantyú

**lever** *IGE*
❶ emelővel (meg/fel)emel ❷ *lever smb out of smth* elmozdít/kimozdít vkit [állásból]

**leverage** /ˈliːvərɪdʒ/ VAGY /ˈlevərɪdʒ/ ❶ emelőerő, emelőhatás ❷ [kétes/nemhivatalos] befolyás

**levitate** /ˈlevɪteɪt/ lebeg [mutatványként]

**levitation** /ˌlevɪˈteɪʃən/ lebegés [mutatványként]

**levy** /ˈlevɪ/ kiró, kivet, kiszab *levy a tax on smth* adót vet ki vmire

**lexical** /ˈleksɪkəl/ lexikális, szókészleti, szótári, szavakkal kapcsolatos

**lexicon** /ˈleksɪkən/ ❶ egyéni szókincs ❷ szókészlet, szókincs [nyelvé] ⓘ *NEM* lexikon

**lg.** = large; long

**lgth.** = length

**liability** /ˌlaɪəˈbɪlətɪ/ ❶ felelősség, kötelezettség ❷ (pénzügyi) elkötelezettség, felelősség ❸ hajlam(osság)

**liability insurance** gépjármű-felelősségbiztosítás

**liable** /ˈlaɪəbəl/ ❶ hajlamos vmit csinálni *this textile is liable to tear* ez az anyag könnyen szakad ❷ kitéve vminek *be liable to smth* ki van téve vminek ❸ [anyagilag] felelős vmiért ❹ vmi alá esik *be liable to a fine* büntetés alá esik

**liaise** /liːˈeɪz/ kapcsolatot tart, összekötőként működik

**liaison** /liːˈeɪzən/ ❶ összeköttetés, kapcsolat ❷ (szerelmi) viszony ❸ hangátkötés

**liar** /ˈlaɪə/ *FNÉV* hazug, hazudozó

**lib** /lɪb/ emancipációs/egyenlősítő mozgalom *women's lib* nőmozgalom

**libel** /ˈlaɪbəl/ *FNÉV*
❶ rágalmazás, becsületsértés ❷ rágalmazó/dehonesztáló megjegyzés

**libel** *IGE*
(meg)rágalmaz, becsületsértést követ el

**libel action** rágalmazási per

**libeller** /ˈlaɪbələ/ rágalmazó, becsületsértő

**libellous** VAGY **libelous** /ˈlaɪbələs/ rágalmazó, becsületsértő

**liberal** /ˈlɪbərəl/ *FNÉV*
liberális (párt tagja)

**liberal** *MNÉV*
❶ megértő, befogadó (gondolkodású) ❷ liberális, engedékeny ❸ bőséges, bő *liberal helping* jókora adag ❹ bőkezű, nagylelkű, nagyvonalú ❺ szabadelvű, liberális

**liberal arts** ❶ bölcsészet(tudományok) ❷ általános műveltséget oktató tudományok [bölcsészet, matematika, tudományelmélet]

**liberalism** /ˈlɪbərəlɪzəm/ liberalizmus

**liberalization** /ˌlɪbərəlaɪˈzeɪʃən/ liberalizáció

**liberate** /ˈlɪbəreɪt/ ❶ felszabadít, megszabadít ❷ szabadon bocsát

**liberation** /ˌlɪbəˈreɪʃən/ ❶ felszabadítás, megszabadítás ❷ felszabadulás, megszabadulás

**liberator** /ˈlɪbəreɪtə/ felszabadító

**liberty** /ˈlɪbətɪ/ szabadság *be at liberty to do smth* szabadságában áll vmit tenni
KIFEJEZÉSEKBEN: *take the liberty to do* smth bátorkodik tenni vmit *take liberties with smb* megenged magának vmit vkivel szemben

**libido** /lɪˈbiːdəʊ/ libidó

**Libra** /ˈliːbrə/ ❶ Mérleg [állatövi jegy] ❷ Mérleg [jegyű ember]

**librarian** /laɪˈbreərɪən/ könyvtáros

**librarianship** /laɪˈbreərɪənʃɪp/ könyvtárosság

**library** /ˈlaɪbrərɪ/ ❶ könyvtár *public library*

közkönyvtár ❷ sorozat, könyvár
**library picture** archív/korábbi felvétel/kép
**library ticket** könyvtári jegy, olvasójegy
**librettist** /lɪ'bretɪst/ szövegkönyvíró
**libretto** /lɪ'bretəu/ szövegkönyv
**lice** ☞louse
**licence** VAGY **license** /'laɪsəns/ *US* ❶ engedély *driving licence* jogosítvány *gun licence* fegyvertartási engedély ❷ liszensz *under licence* licensz alapján ❸ szabadság *(poetic) licence* írói/költői szabadság
**license** VAGY **licence** /'laɪsəns/ engedélyez, engedélyt ad (ki)
**licensed** /'laɪsənst/ ❶ engedéllyel rendelkező ❷ alkohol-árusítási engedéllyel rendelkező ❸ okleveles, képesített
**license plate** *US* rendszám(tábla)
**licensing hours** törvényes alkoholárusítás(i idő)
**licensing law** alkoholárusítási rendelet
**lichee** /laɪ'tʃi:/ licsi, lichee
**lick** /lɪk/ *FNÉV*
❶ csöpp *a lick of paint* egy csöpp festék ❷ nyalás *the cat gave the photo a lick* a macska megnyalta a képet
KIFEJEZÉSEKBEN: *a lick and a promise* cicamosdás *US* tessék-lássék munka
**lick** *IGE*
❶ nyal, megnyal, nyaldos, nyalogat *lick ⁑one's⁑ lips* a szája szélét nyalogatja *lick ⁑one's⁑ wounds* a sebeit nyalogatja ❷ *lick (up)* (fel)lefetyel, felnyal ❸ nyaldos [lángok épületet] ❹ lebír, legyőz
**lick into** *lick smth into shape* helyrepofoz
**lid** /lɪd/ ❶ fedő, fedél ❷ szemhéj ❸ tető, maximum, korlátozás
KIFEJEZÉSEKBEN: *take the lid off smth* leleplez vmit, feltárja az igazságot vmiről
**lido** /'li:dəu/ ❶ strand(fürdő) ❷ vízparti strand
**lie** /laɪ/ *FNÉV*
❶ hazugság *tell a lie* hazudik *a pack/tissue of lies* szemenszedett hazugság *white lie* ártatlan hazugság *give the lie to smb* meghazudtol vkit ❷ fekvés, helyzet, pozíció ❸ pozíció [golfban]
KIFEJEZÉSEKBEN: *the lie of the land* a dolgok állása, a pillanatnyi helyzet
**lie** *IGE*
❶ **lie** /laɪ/, **lied** /laɪd/, **lied** /laɪd/ hazudik, hazudozik *lie in/through ⁑one's⁑ teeth* hazudik, mint aki könyvből olvassa ❷ **lie** /laɪ/, **lay** /leɪ/, **lain** /leɪn/ fekszik, hever ❸ fekszik, elterül [pl. város] ❹ megszáll, lakik [hotelban/ismerősnél] ❺ horgonyoz, vesztegel [hajó] ❻ [pl. kereset, fellebbezés] fenntartható, elfogadható *the appeal lies* a fellebbezésnek helye van ❼ nyugszik [eltemetve]
SEGÉDIGESZERŰEN: *lie in wait for smth/smb* lesben áll vmire/vkire *the responsibility lies with him* övé a felelősség
KIFEJEZÉSEKBEN: *lie at smb's door* vki lelkén szárad *lie heavy/heavily on smth* nyomaszt vkit *lie in state* [ismert személy] fel van ravatalozva *lie low* meghúzza magát
**lie about** VAGY **lie around** ❶ szanaszét hever ❷ tétlenkedik, lustálkodik
**lie back** hátradől
**lie behind** mögötte van vminek *what lies behind his friendliness?* mi lehet amögött, hogy ilyen barátságos?
**lie by** ❶ pihen, nyugszik, használatlanul hever ❷ kéznél van
**lie down** ❶ lefekszik, lehever ❷ fekszik, heverészik
**lie in** tovább ágyban marad, lustálkodik
**lie up** ❶ ágyban marad [betegen] ❷ elrejtőzik, rejtekhelyre bújik
**lie detector** hazugságvizsgáló (készülék)
**lie-down** hunyás, szundítás, leheveredés
**lie-in** lustálkodás, későbbig ágyban maradás
**lieu** /lu:/ *in lieu* helyette, cserébe *in lieu of smth* vmi helyett/helyébe, vmiért cserébe
**Lieut.** = lieutenant
**lieutenant** /lef'tenənt/ *GB*, /lu:'tenənt/ *US* ❶ (fő)hadnagy ❷ helyettes
**lieutenant-colonel** alezredes
**lieutenant-general** altábornagy
**life** /laɪf/ *TBSZ* **lives** /laɪvz/ ❶ élet *bring smb to life* feléleszt *come to life* magához tér, feléled *true to life* élethű *such is life* ilyen az élet *life of crime* bűnöző életmód *for dear life* ahogy csak bírja *seek the life of smb* vkinek az életére tör *take smb's life* kioltja vki életét *not for the life of me* ha agyonütnek sem ❷ élet, a nagyvilág *see life* világot lát ❸ természet *paint from life* természet után fest ❹ élet(tartam), élethossz *for life* életfogytiglan ❺ életerő, erő, energia ❻ életfogytig tartó büntetés *sentence to life* életfogytigra ítél ❼ életrajz
KIFEJEZÉSEKBEN: *upon my life!* becsületszavamra! *not on your life* semmi esetre sem *(as) large as life* (teljes) életnagyságban
**life-and-death** ❶ életre–halálra folyó ❷ életfontosságú
**life belt** mentőöv
**life boat** mentőcsónak
**life buoy** /'laɪf bɔɪ/ mentőöv
**life expectancy** várható élettartam
**life guard** strandőr, úszómester
**life imprisonment** életfogytiglani szabadságvesztés
**life instinct** fajfenntartási ösztön
**life insurance** életbiztosítás
**life jacket** mentőmellény
**lifeless** /'laɪfləs/ ❶ élettelen, holt ❷ halovány, erőtlen, élettelen
**lifelike** /'laɪflaɪk/ életszerű, élethű
**lifeline** /'laɪflaɪn/ ❶ mentőkötél ❷ életvonal
**lifelong** /'laɪflɒŋ/ életen át tartó, életre szóló
**life member** örökös tag

**life membership** örökös tagság
**life-or-death** ❶ életre–halálra folyó ❷ életfontosságú
**life preserver** ❶ mentőmellény ❷ mentőöv
**lifer** /ˈlaɪfə/ ❶ életfogytos rab ❷ gyökér [továbbszolgáló]
**lifesaver** ❶ életmentő ❷ „életmentő" étel/ital ❸ mentőöv ❹ úszómester
**life saving** elsősegélynyújtás/lélegeztetés
**life savings** egy élet összespórolt pénze, egy életen át félretett pénz
**life sciences** élettudományok
**life sentence** életfogytiglani börtönbüntetés
**life size** életnagyságú
**life span** élettartam
**lifestyle** életstílus, életvitel
**life's work** életmű
**lifetime** élet, vki ideje/élete
**life work** életmű

**lift** /lɪft/ *FNÉV*
❶ lift, felvonó ❷ (fel)emelés ❸ (fel)emelkedés ❹ „fuvar" *give smb a lift* kocsival elviszi vkit *give smb a lift home* hazavisz vkit

**lift** *IGE*
❶ (fel)emel *lift( up) the chair* felemeli a széket *lift the receiver* felveszi a kagylót/telefont ❷ felemelkedik, lejön, lejár *the top won't lift* a teteje nem jön le ❸ levesz, kivesz, leemel, kiemel ❹ felszáll, felemelkedik *the fog lifts* felszáll a köd ❺ felold, megszüntet *lift the embargo/ban* feloldja az embargót/tilalmat ❻ ollóz, plagizál
**lift off** ❶ felemelkedik, felszáll [pl. repülő] ❷ (el)indul, kezdődik [akció/terv]
**lift-off** ❶ felszállás, felemelkedés [űrhajóé] ❷ (el)indulás, kezdet [akcióé/tervé]
**ligament** /ˈlɪgəmənt/ (ín)szalag *he's torn a ligament* ínszalagszakadása van
**ligature** /ˈlɪgətʃə/ ❶ ér elkötése ❷ ligatúra, ikerbetű [pl. æ] ❸ kötőív [zenében]

**light** /laɪt/ *FNÉV*
❶ fény, világosság, (meg)világítás *have you got enough light to read?* látsz olvasni? *the light of day* nappali világos(ság) ❷ megvilágítás, szemlélet, látásmód *throw new light on smth* vmit új megvilágításba helyez *show smb in a bad light* rossz színben tüntet föl vkit ❸ fény, lámpa *turn the lights on* meggyújtja a villanyt ❹ jelzőlámpa *the lights are changing to red* a lámpa pirosra vált ❺ tűz, láng *have you got a light?* kaphatnék tüzet? *set light to smth* meggyújt vmit
KIFEJEZÉSEKBEN: *in (the) light of smth* vmi fényében / figyelembevételével, vmire tekintettel *come to light* napvilágra kerül, kiderül *bring smth to light* kiderít *according to one's lights* saját értékrendje/látásmódja szerint *the light's on but nobody's home* vki csak testben van jelen

**light** *MNÉV*
❶ világos ❷ halvány (színű) ❸ sovány, alacsony zsírtartalmú ❹ könnyű *a kilo (too) light* egy kilóval könnyebb, mint kéne ❺ jelentéktelen, gyenge, enyhe *light traffic* enyhe forgalom *light wind* enyhe szél *light smoker* gyenge dohányos ❻ szórakoztató, könnyed, nem komoly ❼ könnyű [étel/bor]
KIFEJEZÉSEKBEN: *make light of smth* könnyen/könnyedén vesz vmit

**light** *HAT.SZÓ*
*travel light* kevés csomaggal utazik

**light** /laɪt/, **lighted** /laɪt/ VAGY **lit** /laɪt/, **lighted** /laɪt/ VAGY **lit** /laɪt/ *IGE*
❶ gyújt, meggyújt, begyújt *lightt a cigarette* rágyújt *lighted match* meggyújtott gyufa ❷ meggyullad ❸ megvilágít ❹ leszáll [lóról/járműről]
**light on** *light on smth* rábukkan vmire
**light up** ❶ *light smth up* kivilágít, bevilágít ❷ kigyullad, megvilágosodik, kivilágosodik ❸ bekapcsolja a (köz)világítást ❹ rágyújt ❺ felderül, felragyog
**light bulb** (villany)égő, villanykörte
**light emitting diode** LED dióda
**lighten** /ˈlaɪtən/ ❶ megvilágosodik, kivilágosodik, kiderül ❷ könnyebbít, (meg)könnyít ❸ felvidul *her mood lightened* megkönnyebbült
**lighter** /ˈlaɪtə/ ❶ öngyújtó ❷ lámpagyújtogató
**light flyweight** papírsúly
**light-hearted** /laɪtˈhɑːtɪd/ ❶ vidám, gondatlan ❷ komolytalan, könnyed
**light heavyweight** /ˌlaɪt ˈhevɪweɪt/ félnehézsúly
**lighthouse** /ˈlaɪthaus/ *TBSZ* **lighthouses** /ˈlaɪt hauzɪz/ világítótorony
**light industry** könnyűipar
**lighting** /ˈlaɪtɪŋ/ (meg)világítás
**lighting electrician** VAGY **lighting technician** világosító
**lightly** /ˈlaɪtlɪ/ ❶ könnyen, könnyedén, gyengéden ❷ kevéssé, alig ❸ megfontolatlanul, könnyelműen
**light meter** fénymérő
**light middleweight** nagyváltósúly
**lightning** /ˈlaɪtnɪŋ/ *NEM MEGSZÁML.* villám(lás)
**lightning bug** *US* szentjánosbogár
**lightning conductor** VAGY **lightning rod** VAGY **lightning arrester** villámhárító
**light pen** VAGY **light pencil** ❶ fényceruza ❷ vonalkódolvasó ceruza
**Light Rail Vehicle** helyiérdekű vasút
**lights-out** lámpaoltás, villanyleoltás
**lightweight** /ˈlaɪtweɪt/ ❶ átlagnál könnyebb ember/dolog ❷ könnyűsúly(ú ökölvívó)
**light welterweight** /ˌlaɪtˈweltəweɪt/ kisváltósúly
**light wood** gyújtós
**light year** ❶ fényév ❷ kismillió év
**lignite** /ˈlɪgnaɪt/ lignit
**likable** /ˈlaɪkəbəl/ szeretetreméltó
**-like** /laɪk/ -szerű, -forma

**like** /laɪk/ *FNÉV*
❶ *likes and dislikes* kedvelt és nem kedvelt

dolgok ❷ hasonló dolog/ember, vmihez/vkihez fogható dolog/ember
KIFEJEZÉSEKBEN: *and the like* és hasonlók

**like** *MNÉV*
❶ hasonló *be of like mind* hasonlóan gondolkodnak ❷ ilyen, hasonló *and like sports* és hasonló sportok
KIFEJEZÉSEKBEN: *as like as two peas in a pod* egyformák, mint két tojás

**like** *HAT.SZÓ*
❶ valószínűleg *(as) like as not* valószínű(leg) *like enough* valószínűleg ❷ szóval, izé, hát, figyelj, érted

**like** *ELÖLJ.*
❶ vmihez/vmire hasonló, vmilyen *what's it like?* milyen? *look like the right person* megfelelő embernek tűnik ❷ ahogy, mint *cry like a baby* bőg, mint egy csecsemő *look like new* újnak néz ki ❸ jellemző/rávalló *it's (just) like her!* ez (igazán) jellemző rá! ez rá vall! ❹ hajlandó vmire, hangulata/kedve van vmit tenni *feel like crying* sírni van kedve ❺ például, úgy (is) mint ❻ *something like* körülbelül
KIFEJEZÉSEKBEN: *that's something like it* ezt már nevezem, ez már hasonlít

**like** *KÖTŐSZÓ*
❶ (mint) ahogy *like you make pea soup* ahogy a borsólevest csinálod *like I said* mint mondtam ❷ mintha *she acts like she's the boss* úgy csinál, mintha ő lenne a főnök

**like** *IGE*
❶ szeret, kedvel, tetszik neki *szeretem a tejet* I like milk *how do you like it?* hogy tetszik? *I like the way she speaks* szeretem/tetszik, ahogy beszél ❷ akar, óhajt, kíván *if you like* ha úgy tetszik ❸ [kívánság] szeret, kér *I'd like to go along* szeretnék veletek menni *I'd like her to come too* szeretném, ha ő is jönne *would you like a cup of coffee?* kérsz egy (csésze) kávét?
KIFEJEZÉSEKBEN: *if you like* ha úgy tetszik / hogy úgy mondjam *I like that!* ez aztán a teteje mindennek! ez azért sok!

**likeable** /ˈlaɪkəbəl/ szeretetreméltó
**likelihood** /ˈlaɪklɪhud/ valószínűség *in all likelihood* alighanem, minden bizonnyal

**likely** /ˈlaɪklɪ/ *MNÉV*
❶ valószínű *that is likely to happen* könnyen megeshet *he's likely to be late* valószínűleg késni fog ❷ megfelelő, ígéretes
KIFEJEZÉSEKBEN: *(that's) a likely story!* persze! / tudod, mikor hiszem el!

**likely** *HAT.SZÓ*
*(most/very) likely* valószínűleg

**liken** /ˈlaɪkən/ (össze)hasonlít
**likeness** /ˈlaɪknəs/ ❶ hasonlóság ❷ arckép, képmás, ábrázolás
**likewise** /ˈlaɪkwaɪz/ ❶ hasonlóképpen, éppúgy, szintúgy ❷ azonkívül
**liking** /ˈlaɪkɪŋ/ szeretet, tetszés *be to ⸗one's⸗ liking* kedve szerint / kedvére való
**lilac** /ˈlaɪlək/ ❶ orgona [virág] ❷ lila szín
**lily** /ˈlɪlɪ/ liliom
**lily of the valley** gyöngyvirág
**Lima** /ˈliːmə/ telefon- ill. rádió-összeköttetésnél és betűzésnél az L betű szava
**limb** /lɪm/ ❶ (vég)tag ❷ vastag faág
**limbo** /ˈlɪmbəu/ ❶ ą pokol tornáca ❷ bizonytalanság *be in limbo* bizonytalanságban van
**lime** /laɪm/ ❶ lime, zöldcitrom ❷ zöldcitrom-fa ❸ hárs(fa) ❹ mész
**lime green** citromzöld
**lime kiln** mészégető kemence
**limelight** rivaldafény, reflektorfény
**limerick** /ˈlɪmərɪk/ limerick, tréfás ötsoros vers
**limestone** /ˈlaɪmstəun/ mészkő

**limit** /ˈlɪmɪt/ *FNÉV*
❶ határ, korlát, határ, övezet *I know my limits* ismerem a képességeimet ❷ felső határ, korlátozás, keret *set a limit to smth* határt szab vminek ❸ határ, korlát *be off limits to smb* tilos terület vki számára

**limit** *IGE*
korlátoz, limitál, határt szab vminek

**limitation** /ˌlɪmɪˈteɪʃən/ ❶ korlátozás, limitálás ❷ korlátok *know ⸗one's⸗ limitations* ismeri a saj't korlátait
**limited company** VAGY **limited liability company** korlátolt felelősségű társaság
**limited partner** kültag
**limitless** /ˈlɪmɪtləs/ határtalan, korlátlan
**limo** /ˈlɪməu/ limuzin
**limousine** /ˈlɪməziːn/ VAGY /ˌlɪməˈziːn/ limuzin

**limp** /lɪmp/ *FNÉV*
bicegés, sántítás, sántikálás

**limp** /lɪmp/ *MNÉV*
puha, petyhüdt, fonnyadt, szottyadt

**limp** *IGE*
❶ biceg, sántít, sántikál ❷ biceg, egyenetlen

**linden** VAGY **linden tree** /ˈlɪndən/ hárs(fa)

**line** /laɪn/ *FNÉV*
❶ vonal, egyenes, sor *below the line* a vonal alá *wavy line* hullámvonal *white line* záróvonal *be in line with smth* egy vonalban van vmivel ❷ sor *line of houses* házsor *fall into line with smb* beáll a sorba, felzárkózik vkihez ❸ sor *thiry-two lines to the page* oldalanként harminckét sor ❹ (származási) ág, leszármazás, család ❺ (telefon)vonal *hold the line* tartja a vonalat ❻ kötél *clothes line* ruhaszárító kötél ❼ [politikai] (irány)vonal ❽ tájékoztatás *give smb a line on smth* tájékoztat vkit vmiről ❾ foglalkozás, szakma, terület *that's not in my line* ehhez nem értek
KIFEJEZÉSEKBEN: *take a strong line with smb* erélyesen lép fel vkivel szemben *in line with smth* vmivel összhangban *keep in line with smb* lépést tart vkivel *hard lines!* nagy pech! *don't give me that line about not having money!* ne meséld nekem, hogy nincs pénzed

---

*be on the line* kockán forog *draw the line at smth* vhol megvonja a határt

**line** *IGE*

❶ *line smth up* (meg)vonalaz, (meg/be)vonalkáz ❷ (fel)sorakozik ❸ (fel)sorakoztat, sorbaállít ❹ (ki)bélel, megtöm ❺ szegélyez

**line up** ❶ sorbaállít, sorba rak, felsorakoztat ❷ felsorakozik ❸ sorbaáll (amiért: *for*) ❹ *line smth up* megszervez vmit ❺ *line smb up for smth / to do smth* megnyer vminek, rávesz/szerződtet vmire

**lineage** ❶ /ˈlɪnɪɪdʒ/ (le)származás, családfa ❷ /ˈlaɪnɪdʒ/ vonalkázás, vonalozás

**linear** /ˈlɪnɪə/ lineáris, egyenes irányú

**linear equation** elsőfokú egyenlet

**linear function** elsőfokú/lineáris függvény

**linear measure** hosszmérték

**line fishing** horgászat

**linen** /ˈlɪnən/ ❶ vászon(anyag) ❷ asztalnemű ❸ fehérnemű *bed linen* ágynemű

**linen basket** szennyeskosár, ruháskosár

**linen bin** szennyesláda, szennyestartó

**line of battle** csatasor

**liner** /ˈlaɪnə/ ❶ tengerjáró/óceánjáró hajó, személyhajó ❷ bélés, bélelőanyag *bin liner* szemeteszsák [szemetesvödörben] ❸ szemkiemelő (festék)

**lines** /laɪnz/ ❶ írásbeli büntetés *the teacher gave them fifty lines* büntetéstből ötven sort le kell írniuk ❷ szerep [színészé]

**lineup** /ˈlaɪnʌp/ ❶ gyanúsítottak sorbaállítása [azonosításhoz] ❷ felállás, összeállítás [csapaté, zenekaré] ❸ műsor, program

**linger** /ˈlɪŋgə/ ❶ elidőzik ❷ cselleng, őgyeleg

**linger on** ❶ nem szűnik/múlik *the pain lingered on* a fájdalom még sokáig nem múlt el ❷ tovább él [szokás]

**lingerie** /ˈlænʒərɪ/ női fehérnemű

**lingering** /ˈlɪŋgərɪŋ/ ❶ még meglévő/továbbélő ❷ lassan eltűnő, szűnni nem akaró

**linguist** /ˈlɪŋgwɪst/ ❶ idegen nyelveket beszélő ember ❷ nyelvész

**linguistic** /lɪŋˈgwɪstɪk/ ❶ nyelvi ❷ nyelvészeti, nyelvtudományi

**linguistically** /lɪŋˈgwɪstɪklɪ/ ❶ nyelvileg ❷ nyelvészetileg

**linguistics** /lɪŋˈgwɪstɪks/ nyelvészet

**lining** /ˈlaɪnɪŋ/ bélés

KIFEJEZÉSEKBEN: *every cloud has a silver lining* minden rosszban van valami jó

**link** /lɪŋk/ *FNÉV*

❶ láncszem, (lánc)tag ❷ összekötő kapocs, összeköttetés *the missing link* a hiányzó láncszem ❸ összefüggés ❹ kapocs, link [www-n] ❺ csatolás [szövegszerk.] ❻ kézelőgomb

**link** *IGE*

❶ *link smth (up) with smth* összeköt, összekapcsol, összefűz ❷ *link arms* kart karba ölt ❸ kapcsol [közvetítésben]

**link with** *link (up) with smth* összekapcsolódik vmivel, kapcsolódási pontjai vannak

**linking verb** kapcsolóige, kopula

**linkman** /ˈlɪŋkmən/ *TBSZ* **linkmen** /ˈlɪŋkmən/ [tévében/rádióban] stúdióbeli műsorvezető

**links** /lɪŋks/ golfpálya

**link verb** kapcsolóige, kopula

**lino** /ˈlaɪnəʊ/ linóleum

**lino cut** /ˈlaɪnəʊ kʌt/ linóleummetszet

**linoleum** /lɪˈnəʊlɪəm/ linóleum

**linseed** /ˈlɪnsiːd/ lenmag

**lint** /lɪnt/ ❶ tépés, gyolcs, géz ❷ gyapotpihe

**Lion** /ˈlaɪən/ ❶ Oroszlán [állatövi jegy] ❷ Oroszlán [jegyű ember]

**lion** /ˈlaɪən/ ❶ oroszlán ❷ híres ember

KIFEJEZÉSEKBEN: *make a lion of smb* ünnepel vkit *be thrown/tossed to the lions* az oroszlánok elé vetik, bajba taszítják

**lion cub** oroszlánkölyök

**lioness** /ˈlaɪənes/ nőstényoroszlán

**lions' den** VAGY **lion's den** oroszlánbarlang

**lion's share** *the lion's share of smth* vmi oroszlánrésze

**lip** /lɪp/ ajak, száj

**lip gloss** ajakfény

**liposuction** /ˌlɪpəʊˈsʌkʃən/ zsírleszívás

**lipread** /ˈlɪpriːd/, **lipread** /ˈlɪpred/, **lipread** /ˈlɪp red/ szájról olvas

**lip-service** nem őszinte tisztelet *pay lip-service to smth* nem őszintén/meggyőződésből támogat/érdeklődik/tisztel

**lipstick** /ˈlɪpstɪk/ (ajak)rúzs

**lip synch** /ˈlɪp sɪŋk/ *FNÉV/IGE* playbackel(és), tátog(ás)

**liq.** = liquid; liquour

**liqueur** /lɪˈkjʊə/ VAGY /lɪˈkɜː/ likőr

**liquid** /ˈlɪkwɪd/ *FNÉV*

folyadék

**liquid** /ˈlɪkwɪd/ *MNÉV*

❶ folyékony, cseppfolyós, híg ❷ tiszta, sima, átlátszó ❸ kellemes, tiszta [hang] ❹ változékony, bizonytalan ❺ likvid, folyósítható

**liquid air** folyékony levegő

**liquidate** /ˈlɪkwɪdeɪt/ ❶ megsemmisít, likvidál ❷ likvidál, felszámol [céget] ❸ csődbe jut/megy ❹ kiegyenlít [tartozást]

**liquidation** /ˌlɪkwɪˈdeɪʃən/ ❶ felszámolás ❷ csőd ❸ adósság rendezése

**liquidator** /ˈlɪkwɪdeɪtə/ felszámolóbiztos

**liquid crystal display** VAGY **liquid crystal readout** folyadékkristályos kijelző

**liquidity** /lɪˈkwɪdətɪ/ likviditás, fizetőképesség

**liquidizer** /ˈlɪkwɪdaɪzə/ gyümölcscentrifuga

**liquid manure** hígtrágya

**liquid measure** űrmérték

**liquor** /ˈlɪkə/ ❶ égetett szesz ❷ szeszesital

**liquorice allsorts** /ˌlɪkərɪs ˈɔːlsɔːts/ medvecukor

**lisp** /lɪsp/ *FNÉV*

selypítés, pöszeség, pösze beszéd

L

**lisp** *IGE*
❶ selypít, pöszén beszél, pösze ❷ pöszén/selypítve mond vmit

**list** /lɪst/ *FNÉV*
❶ jegyzék, névsor, lista *shopping list* bevásárlólista ❷ szolgálat [katonai] *be on the active list* tényleges szolgálatban van

**list** *IGE*
❶ felsorol, elsorol ❷ listára/jegyzékbe vesz ❸ katonának áll ❹ kíván/vágyik vmit

**listed building** műemléképület

**listen** ❶ figyel *listen!* idefigyelj! idehallgass! ❷ (meg)hallgat hallgat *listen to Bach* Bachot hallgat ❸ *listen to smb* hallgat vkire

**listen for** *listen for smth* figyel [hogy el ne szalasszon vmit]

**listen in to** *listen in to smth* belehallgat vmibe

**listen in on** *listen in on smth* lehallgat vmit *listen in on their phone calls* lehallgatja/kihallgatja a telefonjaikat

**listen out for** *listen out for smth* figyel [hátha meghall vmit]

**listen to** *listen to smth* hallgat vmit *listen to music* zenét hallgat

**listener** /ˈlɪsənə/ ❶ (rádió)hallgató ❷ figyelmes/hálás/türelmes közönség *she's a good listener* figyelmesen végighallgat

**listings** /ˈlɪstɪŋz/ mozi-, színházi, és egyéb események műsornaptára

**listless** /ˈlɪstləs/ kedvetlen, fásult, közömbös

**lit.** = litre(s); literary; literature

**lit** ☞ light

**litany** /ˈlɪtənɪ/ ❶ litánia, vecsernye ❷ litánia, hosszú (panasz)áradat

**litchi** /laɪˈtʃiː/ licsi, litchi [kínai gyümölcs]

**lite** /laɪt/ alacsony zsírtartalmú

**liter** /ˈliːtə/ *US* liter

**literacy** /ˈlɪtərəsɪ/ ❶ írni–olvasni tudás ❷ műveltség, olvasottság ❸ tájékozottság, ismeret

**literal** ❶ szó szerinti ❷ szóról szóra történő [fordítás] ❸ prózai, képzeletszegény

**literally** /ˈlɪtərəlɪ/ ❶ szó szerint, valóban *literally thousands* szó szerint ezrek ❷ szó szerint, szabályosan *she literally shivered with cold* szabályosan rázta a hideg ❸ szóról szóra

**literary** /ˈlɪtərərɪ/ irodalmi

**literary history** irodalomtörténet

**literate** /ˈlɪtərət/ ❶ írni-olvasni tudó ❷ művelt, olvasott ❸ tájékozott

**literature** /ˈlɪtrətʃə/ ❶ irodalom ❷ szakirodalom ❸ dokumentumok, dokumentáció, információs anyag

**litigate** /ˈlɪtɪgeɪt/ perel, pereskedik

**litigation** /ˌlɪtɪˈgeɪʃən/ per(eskedés)

**litmus paper** /ˈlɪtməs peɪpə/ lakmuszpapír

**litmus test** ❶ lakmuszpapíros teszt ❷ vmi igazi / mindent eldöntő tesztje

**litre** /ˈliːtə/ liter

**litter** /ˈlɪtə/ *FNÉV*
❶ szemét, hulladék ❷ egyszerre született kölykök, alom ❸ alom(szalma) ❹ macskaalom [tálcán] ❺ hordszék, hordágy

**litter** *IGE*
❶ széjjelhány, szétszór, teleszór ❷ [rendetlenül] összevissza hever ❸ almoz, almot készít ❹ kölykezik

**litter basket** VAGY **litter bin** szemetes(edény), hulladékgyűjtő (edény)

**little** /ˈlɪtəl/ *MNÉV*
[fokozva: **smaller**, **smallest**] kis, kicsi *a little garden* egy kis kert *a little boy* egy kisfiú *the little ones* a gyerekek, a kicsik *a little bit* egy kissé/kicsit

**little** /ˈlɪtəl/, **less** /les/, **least** /liːst/ *SZNÉV*
kevés, csekély, kis *(very/too) little wine* (nagyon/túl) kevés bor *a little wine* egy kis bor *there is little hope* kevés a remény *there is a little hope* van egy kevés remény

**little** /ˈlɪtəl/, **less** /les/, **least** /liːst/ *NÉVMÁS*
❶ kevés *a little* egy kevéssé/kissé/kicsit *in little* kicsiben *little by little* apránként, lassanként ❷ kis/kevés idő *after a little* egy kis idő múlva

**little** /ˈlɪtəl/, **less** /les/, **least** /liːst/ *HAT.SZÓ*
❶ kevéssé, alig *she little knew* {MONDAT} / *little did she know that* {MONDAT} mit tudta ő / aligha tudta, hogy {MONDAT} ❷ ritkán, keveset

**little finger** kisujj

**little-known** alig ismert, kevéssé ismert

**little owl** kuvik

**little toe** kisujj [lábon]

**liturgical** /lɪˈtɜːdʒɪkəl/ liturgikus, liturgiai

**liturgy** /ˈlɪtədʒɪ/ liturgia

**livable** /ˈlɪvəbəl/ ❶ élhető, [minőségi/jó] életre megfelelő/alkalmas ❷ lakható, lakásnak alkalmas ❸ *be livable with* elviselhető, együtt lehet vele élni

**live** /laɪv/ *MNÉV*
❶ élő, eleven *live lion cub* élő/igazi oroszlánkölyök ❷ egyenes, élő [adás] *live in concert* élőben koncerten ❸ működő, valódi, aktív *live ammunition* éles lőszer *live wire* áram alatt lévő vezeték ❹ (még mindig) élő/aktuális ❺ tüzes, izzó *live match* izzó gyufa

**live** /laɪv/ *HAT.SZÓ*
egyenes/élő adásban, élőben, egyenesben

**live** /lɪv/ *IGE*
❶ él, életben van, létezik *live to be a hundred* száz évig él *long live the king!* éljen a király! ❷ megél/megér vmit ❸ lakik, él *where do you live?* hol laksz?

**live by** *live by smth* ❶ vmiből él *live by fishing* halászatból él ❷ vmi szerint / vmit követve él

**live down** *live smth down* kihever vmit, túlteszi magát vmin

**live in** bent lakik [szolgálati helyén]

**live off** *live off smth* vmiből/vkiből él

**live on** ❶ tovább él ❷ *live on smth* vmiből/vmin él

**live out** ❶ *live out smth* elél vmeddig ❷ *live smth out* kiél vmit ❸ leél *live out my life in this hole* ebben a lyukban leélni az életemet ❹ nem bentlakó, nem szolgálati helyén lakik
**live through** átél, megél, kihúz
**live up** *live it up* éli a világát, éli az életet
**live up to** méltó vmire, felér vkihez/vmihez *live up to expectations* megfelel a várakozásnak
**live with** *live with smb/smth* ❶ vkivel (együtt) él ❷ együtt él vmivel *live with the situation* elfogadja a helyzetet
**liveable** /ˈlɪvəbəl/ ❶ élhető, életre alkalmas ❷ lakható, lakásnak alkalmas ❸ *livable with* elviselhető, együtt lehet vele élni
**live birth** /ˌlaɪv ˈbɜːθ/ élveszületés
**live-in** /ˌlɪvˈɪn/ ❶ [munkahelyén] bentlakó ❷ *live-in boyfriend/girlfriend/lover* élettárs
**livelihood** /ˈlaɪvlɪhʊd/ megélhetés, kenyérkereset, kenyérkereső foglalkozás
**lively** /ˈlaɪvlɪ/ ❶ élénk, fürge, eleven ❷ *make it lively for smb / give smb a lively time* jól megtáncoltat
**liver** /ˈlɪvə/ máj
**live rail** /ˌlaɪv ˈreɪl/ áramvezető sín
**liver sausage** ❶ májashurka ❷ kenőmájas
**liver transplant** májátültetés
**liverwurst** /ˈlɪvəwɜːst/ *US* ❶ májashurka ❷ kenőmájas
**livery** /ˈlɪvərɪ/ ❶ egyenruha, libéria ❷ öltözék, öltözet ❸ megkülönböztető megjelenés [cégé]
**lives** ☞ life
**livestock** /ˈlaɪvstɒk/ állatállomány, jószág
**live weight** /ˌlaɪv ˈweɪt/ élősúly
**livid** /ˈlɪvɪd/ ❶ kékes (színű) ❷ haragos *livid (with anger)* dühtől elkékült ❸ hal(o)vány [arc]

**living** /ˈlɪvɪŋ/ *FNÉV*
❶ megélhetés, kenyérkereset *earn a / one's living* keresi a kenyerét *cost of living* létfenntartási költségek ❷ *the living and the dead* az elevenek és a holtak

**living** *MNÉV*
❶ élő, eleven, életben lévő *a living language* élő nyelv ❷ *the living image of smb* vki élethű/kiköpött mása
**living room** nappali (szoba), nagyszoba
**living standard** életszínvonal
**living wage** létminimumot biztosító kereset
**lizard** /ˈlɪzəd/ gyík
**ll.** = lines
**'ll** [= will] *I'll be here* itt leszek
**llama** /lɑːmə/ *TBSZ* **llamas** VAGY **llama** /lɑːmə/ láma [állat]
**LMT** = local mean time
**-load** /ləʊd/ -rakomány *a lorry-load of sand* egy teherautónyi homok

**load** /ləʊd/ *FNÉV*
❶ teher, rakomány ❷ teher, súly, tehertétel ❸ (meg)terhelés ❹ terhelés, terhelhetőség [szerkezeté] ❺ (fegyver)töltet ❻ *loads of smth / a load of smth* egy csomó/rakás
KIFEJEZÉSEKBEN: *be a load off smb's mind* nagy kő esett le a szívéről

**load** *IGE*
❶ megterhel, (meg)rak ❷ megtölt [fegyvert] ❸ betölt [filmet, kazettát] ❹ elhalmoz vkit vmivel ❺ betölt, tölt [programot]
**load down** *load smth down* megrak *loaded down with worries* gondjai súlya alatt
**loaded** /ˈləʊdɪd/ ❶ (meg)terhelt, megrakott ❷ részrehajló ❸ rávezető [kérdés] ❹ töltött [fegyver] ❺ *be loaded* tele van lével/dohánnyal ❻ *be loaded* fel van töltve, be van állítva, részeg
**loaf** /ləʊf/, *TBSZ* **loaves** /ləʊvz/ ❶ cipó, vekni *a loaf of bread* egy (vekni) kenyér ❷ pogácsa, szelet *meat loaf* húspogácsa *walnut loaf* püspökkenyér
KIFEJEZÉSEKBEN: *half a loaf is better than no bread* jobb ma egy veréb, mint holnap egy túzok
**loafer** /ˈləʊfə/ ❶ mokasszincipő ❷ munkát/felelősséget kerülő ember
**loaf sugar** süvegcukor

**loan** /ləʊn/ *FNÉV*
❶ kölcsön *take out a loan* kölcsönt vesz föl ❷ kölcsönadás, kölcsönzés *on loan* kölcsönbe

**loan** *IGE*
kölcsönad, kölcsönbe ad, kölcsönöz
**loanword** /ˈləʊnwɜːd/ jövevényszó, kölcsönszó
**loath** /ləʊθ/ vonakodó *be loath to do smth* vonakodva/kelletlenül tesz vmit
**loathe** /ləʊð/ utál, gyűlöl, ki nem állhat
**loaves** ☞ loaf

**lobby** /lɒbɪ/ *FNÉV*
❶ előcsarnok, hall ❷ parlamenti folyosó ❸ lobbi, érdekcsoport ❹ érdekérvényesítő csoport, mozgalom, lobbi

**lobby** *IGE*
lobbizik, (képviselőket) befolyásol
**lobbyist** /ˈlɒbɪɪst/ lobbista
**lobe** /ləʊb/ ❶ lebeny ❷ fülcimpa
**lobotomy** /ləˈbɒtəmɪ/ lobotómia
**lobster** /ˈlɒbstə/ tengeri rák, homár *spiny/rock lobster* languszta
**lo-cal** /ˈləʊ kæl/ alacsony kalóriaértékű

**local** /ˈləʊkəl/ *FNÉV*
❶ helybeli (lakos) ❷ helyi buszjárat ❸ személyvonat ❹ a házbeli kocsma *have a pint at the local* iszik a kocsmában egy korsóval

**local** *MNÉV*
❶ helyi, helybeli ❷ lokális, helyi
**local anaesthetic** helyi érzéstelenítés
**local authority** önkormányzat
**local colour** helyi jellegzetesség/színezet
**local elections** önkormányzati választás(ok)
**local historian** helytörténész
**local history** helytörténet
**locality** /ləʊˈkælɪtɪ/ helyszín, körzet, kerület
**localize** /ˈləʊkəlaɪz/ ❶ korlátoz, helyhez köt ❷

lokalizál, vmi helyét meghatározza
**locally** /ˈləʊkəlɪ/ ❶ helyileg ❷ a környéken *live locally* errefelé lakik
**local tax** helyi/önkormányzati adó
**local time** helyi idő *at 5 o'clock local time* helyi idő szerint ötkor
**locate** /ləʊˈkeɪt/ ❶ megállapítja vmi helyét, felderít, megtalál ❷ elhelyez, telepít ❸ *be located* található ❹ *US* letelepedik
**location** /ləʊˈkeɪʃən/ ❶ elhelyezés, fekvés ❷ hely(szín), terület ❸ *on location* külsőben [filmfelvétel] ❹ helyzet-meghatározás, helyzet-megállapítás
**loci** ☞ locus
**lock** /lɒk/ *FNÉV*
❶ zár *pick a lock* zárat fölnyit, betör ❷ hajózsilip ❸ szorítás ❹ závár(zat) ❺ elakadás, beszorulás, rögzített helyzet, megakadás ❻ hajfürt
KIFEJEZÉSEKBEN: *lock, stock and barrel* mindenestül / szőröstül–bőröstül, teljesen
**lock** *IGE*
❶ bezár, (kulccsal) becsuk ❷ (be)zárul, záródik *the door won't lock* nem lehet bezárni az ajtót ❸ elzár ❹ *be locked together* összeszorítva tartják egymást ❺ beszorul, megakad, elakad ❻ zsilippel elzár ❼ zsilipel [hajót]
**lock away** *lock smb/smth away* ❶ elzár ❷ (elmegyógy)intézetbe zár
**lock in** *lock smb/smth in* bezár, becsuk *lock ⸗oneself⸗ in* bezárkózik
**lock onto** *lock onto smth* rátapad vmire [pl. rakéta a célpontra]
**lock out** *lock smb/smth out* kicsuk, kizár
**lock up** *lock smb/smth up* ❶ bezár [épületet] ❷ elzár vmit ❸ *lock ⸗oneself⸗ up* bezárkózik ❹ becsuk/lecsuk ❺ elmegyógyintézetbe zár
**locker** /ˈlɒkə/ ❶ öltözőszekrény ❷ hűtőraktár
**locker room** öltöző [szekrényekkel]
**locket** /ˈlɒkɪt/ medalion
**lockjaw** /ˈlɒkdʒɔː/ tetanusz
**locksmith** /ˈlɒksmɪθ/ (zár)lakatos
**locomotion** /ˌləʊkəˈməʊʃən/ helyváltoztatás
**locomotive** /ˌləʊkəˈməʊtɪv/ mozdony
**locust** /ˈləʊkəst/ sáska
**loden** /ˈləʊdən/ lóden
**lodge** /ˈlɒdʒ/ *FNÉV*
❶ portásfülke, kapusfülke ❷ házikó, lak ❸ *Masonic lodge* szabadkőműves-páholy
**lodge** *IGE*
❶ lakik, megszáll *lodge with friends* ismerősöknél lakik ❷ szállást ad vkinek ❸ megakad, fennakad ❹ benyújt [írásban] *lodge a complaint* panaszt nyújt be ❺ letesz, elhelyez (akinél/ahol: *with*) ❻ beledöf [lándzsát], beleereszt [golyót]
**lodger** /ˈlɒdʒə/ lakó, albérlő
**lodging** /ˈlɒdʒɪŋ/ szállás *board and lodging* szállás és ellátás
**lodgings** bútorozott szoba/lakás
**loess** /ˈləʊes/ VAGY /ˈləʊəs/ lösz
**loft** /lɒft/ ❶ padlás(szoba), padlástér ❷ [templomi] karzat
**loft conversion** tetőtér-beépítés
**loftiness** /ˈlɒftɪnəs/ ❶ fennköltség, magasztosság ❷ gőg
**lofty** /ˈlɒftɪ/ ❶ fennkölt, emelkedett, magasztos ❷ gőgös, fennhéjázó
**log** /lɒg/ *FNÉV*
❶ tuskó, szálfa, hasábfa ❷ útinapló, repülési napló ❸ *ship's log* hajónapló ❹ logfile, logfájl ❺ logaritmus
KIFEJEZÉSEKBEN: *sleep like a log* alszik, mint a bunda
**log** *IGE*
❶ útinaplóba beír ❷ naplófile-t/logfájlt készít ❸ *log (up)* megtesz [távolságot hajó/repülő] ❹ kivág [fákat]
**log in** VAGY **log on** bejelentkezik, belogol (ahová: *to*)
**log off** VAGY **log out** kijelentkezik, kilogol (ahonnan: *of*)
**logarithm** /ˈlɒgərɪðəm/ logaritmus
**logarithmic** /ˌlɒgəˈrɪðmɪk/ logaritmikus, logaritmus-
**logarithmic table** logaritmustábla
**log book** ❶ hajónapló, menetnapló ❷ tanfolyami napló ❸ forgalmi (engedély)
**logic** /ˈlɒdʒɪk/ logika ⓘ *NEM* ~~logikus~~
**logical** /ˈlɒdʒɪkəl/ ❶ logikai ❷ logikus
**logically** /ˈlɒdʒɪklɪ/ ❶ logikailag ❷ logikusan, ésszerűen ❸ elvileg, elméletileg
**logician** /ləˈdʒɪʃən/ logikatudós
**logistic** /ləˈdʒɪstɪk/ (munka)szervezési, logisztikai
**logistics** /ləˈdʒɪstɪks/ ❶ (munka)szervezés, logisztika ❷ katonai utánpótlás (megszervezése)
**logo** /ˈləʊgəʊ/ logó, embléma, (reklám)jel
**logotype** /ˈlɒgətaɪp/ logó, embléma, jel
**loin** /lɔɪn/ vesepecsenye
**loincloth** /ˈlɔɪnklɒθ/ ágyékkötő
**loins** /lɔɪnz/ ágyék, lágyék
**loiter** /ˈlɔɪtə/ ❶ lézeng, ténfereg, lebzsel ❷ lassan (másokat feltartva) halad, vánszorog
**loll** /lɒl/ henyél, hentereg, lustálkodik
**loll out** ❶ *the dog's tongue lolls out* kilóg a kutya nyelve ❷ kilógatja a nyelvét
**lollipop** VAGY **lollypop** /ˈlɒlɪpɒp/ ❶ nyalóka ❷ pálcás jégkrém/jégrúd
**lollipop lady** VAGY **lollypop woman** iskolák előtti átkelésnél segítő női alkalmazott
**lollipop man** iskolák előtti átkelésnél segítő férfi alkalmazott
**lolly** /ˈlɒlɪ/ pálcás jégkrém/jégrúd
**Londoner** /ˈlʌndənə/ *FNÉV* londoni
**lone** /ləʊn/ magányos, egyedüli
**lonely** /ˈləʊnlɪ/ ❶ magányos, egyedülálló ❷ magában álló [ház] ❸ néptelen
**lonely hearts club** társkereső klub

**lonely hearts column** társkereső rovat
**lone mother** elvált/egyedülálló anya
**lone parent** elvált/egyedülálló szülő
**lonesome** /ˈləʊnsəm/ ❶ magányos ❷ elhagyatott

**long** /lɒŋ/ FNÉV
hosszú idő, sok idő *for long* sokáig, hosszú ideig *before long* hamarosan, kisvártatva *at (the) longest* legfeljebb
KIFEJEZÉSEKBEN: *the long and short of it is,* {MONDAT} száz szónak is egy a vége, {MONDAT}

**long** MNÉV
❶ hosszú *long hair* hosszú haj *it's 25 metres long* 25 méter hosszú ❷ hosszú, hosszan tartó *long journey* hosszú utazás *a long time ago* régen *for a long time* hosszú ideig, sokáig *take long to do smth / be long in doing smth* lassan csinál vmit *don't be long!* ne maradj sokáig! ❸ bővében vminek *be long on smth* bővelkedik vmiben
KIFEJEZÉSEKBEN: *it'll go a long way* (még) sokáig kitart *have come a long way* sokat fejlődött

**long** HAT.SZÓ
❶ hosszú ideje/ideig, hosszú időn át, sokáig *how long?* mennyi ideig? meddig? *stay as long as you like* maradj, amíg akarsz *long ago* régen *he's long gone* rég elment ❷ *as/so long as* {MONDAT} (mind)addig amíg/ameddig / amennyiben {MONDAT} *you can go as long as you promise to be back before midnight* elmehetsz, amennyiben megígéred, hogy éjfélre itthon vagy
KIFEJEZÉSEKBEN: *so long!* viszontlátásra!

**long** /lɒŋ/ IGE
❶ vá(gyód)ik (ami után: *for/after*) ❷ nagyon szeretne *I'm longing to see her again* bár megint/újra látnám

**long-distance** MNÉV
❶ hosszú távú ❷ távolsági

**long-distance** HAT.SZÓ
távolból, távolsági hívással

**long-distance runner** hosszútávfutó
**long dozen** tizenhárom

**longer** /ˈlɒŋgə/ MNÉV
hosszabb

**longer** HAT.SZÓ
❶ hosszabbra, hosszabban, tovább *no longer / not any longer* már nem *he no longer works* már nem dolgozik ❷ régebben *she has lived here longer* ő él itt régebben

**longevity** /lɒnˈdʒevɪtɪ/ ❶ hosszú élet ❷ élettartam
**longhand** kézírás *in longhand* kézírással
**long hundred** tíz tucat
**longish** /ˈlɒŋɪʃ/ meglehetősen/igen hosszú
**longitude** /ˈlɒndʒɪtjuːd/ földrajzi hosszúság
**longitudinal** /ˌlɒndʒɪˈtjuːdɪnəl/ ❶ hosszanti, hosszirányú ❷ hosszúsági fok szerinti ❸ kronologikus, időben haladó
**long johns** hosszú alsónadrág, jégeralsó
**long jump** távolugrás
**long-lasting** sokáig tartó
**long-life** FNÉV/MNÉV ❶ tartós(an fogyasztható) [tej/gyümölcslé] ❷ tartóstej
**long-range** ❶ hosszú távú/lejáratú, távlati ❷ nagy hatósugarú
**long short story** kisregény, nagynovella
**long shot** ❶ totál kép ❷ [aligha sikerülő] próbálkozás
**long-sighted** távollátó, messzelátó
**long-term** hosszú távú, hosszú időre szóló
**long-time** régen / hosszú ideje tartó
**long ton** „hosszú tonna" [kb. 1016 kg]
**long vacation** nyári szünet
**long wave** hosszúhullám
**long weekend** hosszú hétvége/víkend [előtte vagy utána 1–2 nappal megtoldva]
**long-winded** /lɒŋˈwɪndɪd/ ❶ szószátyár, bőbeszédű ❷ bő lére eresztett
**longwise** /ˈlɒŋwaɪz/ hosszában, hosszirányban
**loo** /luː/ vécé, klozet

**look** /lʊk/ FNÉV
❶ tekintet, pillantás *have/take a look at smth* megnéz vmit *give smb an angry look* dühös pillantást vet vkire ❷ arckifejezés ❸ kinézet, megjelenés, külső *I don't like the look of this* nem tetszik ez nekem

**look** IGE
❶ néz *look (here)!* ide figyelj! *look the other way* másfelé néz, elfordul *look at the bird!* nézd a madarat! ❷ vmilyennek látszik/tűnik *look tired* fáradtnak néz ki *what did he look like?* milyennek látszott *it looks like it's going to snow* úgy néz ki, mintha havazni akarna *she looks her age* annyinak látszik, amennyi ❸ vhová/vmerre néz *look east* északra néz ❹ tervez, szándékozik *we're looking to move* költözködni készülünk ❺ vigyáz *look where you're stepping!* vigyázz, hová lépsz!
KIFEJEZÉSEKBEN: *look before you leap* először gondolkodj, aztán cselekedj
**look about** ❶ körülnéz ❷ *look about for smth* keres vmit
**look after** *look after smb/smth* gondoz, gondoskodik vkiről
**look ahead** előretekint, gondol a jövőre
**look around** ❶ körülnéz ❷ *look around for smth* keres vmit
**look at** *look at smb/smth* ❶ (meg)néz vmit, ránéz vmire ❷ vhogyan lát vmit, tekint vmire *I look at her differently now* most már másként tekintek rá ❸ megvizsgál, megszemlél ❹ megfontol, fontolgat *he wouldn't look at such an offer* el se kezdene gondolkodni egy ilyen ajánlaton
**look back** ❶ *look back on/to smth* visszanéz, visszatekint vmire ❷ visszanéz, visszalátogat ❸ *never look back* sikert sikerre halmoz, megszalad neki, egyre felfelé tart a karrierje
**look down** ❶ lefelé néz ❷ *look down smth* végignéz vmin *look down a list* végignézi a

L

listát ❸ *look down ≥one's≤ nose at smb* lenéz vkit
**look down on** *look down on smb* lenéz vkit
**look for** *look for smb/smth* ❶ keres *look for the keys* a kulcsokat keresi ❷ *look for trouble* keresi a bajt
**look forward to** *look forward to (doing) smth* alig/örömmel vár vmit
**look in** benéz *look in on smb* vkihez benéz/bekukkant
**look into** *look into smth* ❶ belenéz ❷ (meg/ki)vizsgál vmit
**look on** ❶ *look on smth* [nézőként] (végig)néz ❷ *look on smb as smth* vkit vminek tekint/tart *we look on him as a friend* barátunknak tekintjük
**look onto** *look onto smth* vmerre néz *the office windows look onto the lake* az iroda ablakai a tóra néznek
**look out** ❶ kinéz *look out of the window* kinéz az ablakon ❷ vigyáz *look out!* vigyázz! ❸ *look smth out* kinéz/elővesz vmit
**look out for** *look out for smb* keres, vár, figyel vkit [hátha meglát]
**look out on** *the office windows look out on the lake* az iroda ablakai a tóra néznek
**look over** *look smth over* (futva) átnéz vmit
**look round** ❶ körülnéz, néz(g)elődik ❷ *look round for smth* keres vmit
**look through** *look through smb/smth* ❶ átnéz, átvizsgál vmit ❷ keresztülnéz vkin [szándékkal/szórakozottságból]
**look to** ❶ *look to smb for smth* vkitől vár vmit, vmire számít vkitől ❷ *look to smth* vigyáz/odafigyel vmire
**look up** ❶ felnéz ❷ javul *business/trade is looking up* élénkül az üzlet ❸ *look smth up* utánanéz vminek, kikeres vmit *look smth up in the dictionary* megnéz vmit a szótárban ❹ *look smb up* felkeres, meglátogat ❺ *look smb up and down* végigmér/méreget vkit
**look up to** *look up to smb* felnéz vkire
**lookalike** hasonmás
**looker-on** néző
**looking-glass** tükör
**look-out** ❶ őrködés *keep a lookout* őrt áll ❷ őrszem, figyelő ❸ őrhely ❹ kilátás, távlat ❺ *be on the lookout for smth* keres/kutat vmit
**looks** /ˈluks/ ❶ külső *judge by looks* külső alapján ítél ❷ csinos/előnyös külső
**loom** /luːm/ *FNÉV*
szövőszék
**loom** *IGE*
feldereng, (fenyegetően) tornyosul *loom large* nyomasztónak tűnik
**loop** /luːp/ *FNÉV*
❶ hurok, karika ❷ spirál [fogamzásgátló] ❸ hurok(vágány) ❹ looping [műrepülésben] ❺ hurok [műkorcsolyában] ❻ zárt áramkör
**loop** *IGE*
❶ hurkot készít ❷ hurkol
**loo paper** vécépapír
**loophole** /ˈluːphəul/ ❶ joghézag, kiskapu ❷ menekülési lehetőség, kibúvó
**loo roll** vécépapír
**loose** /luːs/ *MNÉV*
❶ laza, tág, bő ❷ laza, lötyögő, mozgó *loose tooth* mozgó fog *loose button* mozgó/lógó gomb *loose soil* laza talaj *come/get/work loose* meglazul, kibomlik ❸ szabad, elengedett *break/cut loose* elszabadul *let/turn the dog loose* elereszti a kutyát ❹ ömlesztett *buy smth loose* kimérve vesz vmit ❺ szabados, laza *loose translation* szabad fordítás
KIFEJEZÉSEKBEN: *on the loose* szabadon, elszabadulva
**loose** /luːs/ *IGE*
❶ el/ki/megold(oz), kibont ❷ elsüt [fegyvert] ❸ *loose smb's tongue* megoldja a nyelvét
**loose end** ❶ vminek meg nem erősített vége ❷ eldolgozatlan/kifejtetlen rész ❸ *be at a loose end / at lose ends* semmi dolga, ráérő ideje van
**loose-fitting** bő (szabású), tág, laza
**loosely** /ˈluːslɪ/ szabadon, pontatlanul, lazán
**loosen** /ˈluːsən/ ❶ kibont, (meg)lazít, kienged ❷ kibomlik, kitágul, (meg)lazul ❸ old [köhögést] ❹ oldódik [köhögés] ❺ *loosen smb's tongue* megoldja vkinek a nyelvét
**loosen up** ❶ (be)melegít, lazít ❷ felenged *loosen up after a few drinks* pár ital után felenged ❸ *loosen smth up* meglazít, kiold ❹ *loosen smth up* fölenged, föllazít [izmot]
**loose part** pótalkatrész
**loot** /luːt/ *FNÉV*
❶ zsákmány ❷ szajré, zsákmány
**loot** *IGE*
❶ fosztogat, rabol ❷ kifoszt, kirabol
**lop** /lɒp/ ❶ lenyes, levág ❷ lecsíp [árból]
**lope** /ləup/ *FNÉV/IGE* szökell(és), nyargal(ás)
**lopsided** /ˌlɒpˈsaɪdɪd/ ❶ féloldalas, aszimmetrikus ❷ torzított, egyoldalú(an beállított)
**lord** /lɔːd/ ❶ úr, nemes ❷ *my lord* [főnemes megszólítása] ❸ befolyásos ember *media lord* médiamogul ❹ *my lord and master* uram és parancsolóm ❺ *(the) Lord God* (az) Úr Isten *Good Lord!* Uram Isten!
**Lord Mayor** /lɔːd ˈmeə/ főpolgármester
**lordship** /ˈlɔːdʃɪp/ *your lordship* méltóságod
**Lord's Prayer** *the Lord's Prayer* Miatyánk
**lorry** /ˈlɒrɪ/ tehergépkocsi, teherautó, kamion
**lose** /luːz/, **lost** /lɒst/, **lost** /lɒst/ ❶ elveszt, elveszít, elhagy *lose the key* elhagyja a kulcsot *lose speed* veszít a sebességéből ❷ veszít *lose a million pounds* egymillió fontot veszít ❸ megrövidít *the delays lost them thousands* ezrekbe kerültek nekik a késések, ezreket veszítettek a késések miatt ❹ elveszteget, elpocsékol *lose no time* nem késlekedik ❺ lekésik vmit *lose*

*⁒one's⁒ train* lekési a vonatot ❻ elveszít [mérkőzést/vitát/pert] (akivel szemben: *to*) ❼ késik *lose two minutes* két percet késik
KIFEJEZÉSEKBEN: *lose weight* (le)fogy *lose count* eltéveszti a számolást *lose ⁒oneself⁒ in smth, be lost in smth* elmerül vmiben, belemélyed vmibe *lose interest in smth* már nem érdekli vmi *lose ⁒one's⁒ way* eltéved *lose ⁒one's⁒ nerve* elbátortalanodik *sorry, you've lost me* bocsánat, nem tudtalak követni *lose sleep over smth* álmatlan éjszakákat okoz neki vmi
**lose out** ❶ *lose out on smth* veszít vmin ❷ veszít, vesztes, a rövidebbet húzza ❸ *lose out to smb* lemarad vki mögött
**loser** /ˈluːzə/ ❶ vesztes *be a bad loser* nehezen viseli a vereséget ❷ peches ember *born loser* született vesztes
**loss** /lɒs/ ❶ vmi elvesztése *loss of hearing* a hallás elvesztése ❷ veszteség, kár *suffer heavy losses* súlyos veszteségeket szenved
KIFEJEZÉSEKBEN: *be at a loss* zavarban van, tanácstalan *be at a loss for words* nem talál szavakat
**loss adjuster** kárfelbecslő, kárfelmérő
**loss of life** emberveszteség
**lost** /lɒst/ *MNÉV*
❶ elveszett, elvesztett *lost chance* elvesztett/elszalasztott lehetőség *get lost* eltéved ❷ elveszett, elpusztult, odaveszett *all the crew were lost* az egész legénység odaveszett ❸ kárba veszett *good advice is lost on him* felesleges neki a jótanács
KIFEJEZÉSEKBEN: *get lost!* tűnj el! hagyj békén!
**lost** *IGE*
☞lose
**lost and found office** VAGY **lost and found** *US* talált tárgyak osztálya
**lost property office** VAGY **lost property** talált tárgyak osztálya
**lot** /lɒt/ *FNÉV*
❶ *the lot* az egész *the whole lot of you* mind ahányan vagytok ❷ csoport, adag ❸ árverési tétel, árutétel ❹ telek *empty lot* grund, beépítetlen telek ❺ sorshúzás *draw lots* sorsot húz *decide by lot* sorhúzással dönt ❻ sors, osztályrész *fall to smb's lot* vkinek osztályrészül jut ❼ filmstúdió
**lot** *SZNÉV*
❶ sok *a lot of cats/milk* sok macska/tej *lots of cats/milk* sok macska/tej ❷ *a lot* sokkal *this is a lot more interesting* ez sokkal érdekesebb ❸ nagyon *thanks a lot* köszönöm szépen
**lotion** /ˈləʊʃən/ kozmetikai krém, testápoló *after shave lotion* borotválkozás utáni krém
**lottery** /ˈlɒtərɪ/ ❶ lottó ❷ rizikós dolog, lutri
**lottery ticket** lottószelvény
**lotus** /ˈləʊtəs/ lótusz
**loud** /laʊd/ *MNÉV*
❶ hangos ❷ lármás, lármázó ❸ feltűnő, rikító
**loud** *HAT.SZÓ*
hangosan *read it out loud* hangosan felolvassa
**loudly** /ˈlaʊdlɪ/ ❶ hangosan ❷ lármásan, lármázva ❸ feltűnő/rikító módon
**loudspeaker** /ˈlaʊdspiːkə/ ❶ hangosbeszélő, hangosbemondó ❷ hangszóró, hangfal
**lounge** /laʊndʒ/ *FNÉV*
❶ nappali (szoba) ❷ hall, előcsarnok társalgó ❸ (szállodai) bár
**lounge** *IGE*
*lounge (about/around)* lebzsel, henyél
**lounger** /ˈlaʊndʒə/ ❶ semmittevő/lebzselő ❷ kempingágy
**louse** /laʊs/ *TBSZ* **lice** /laɪs/ tetű
**lousy** /ˈlaʊzɪ/ ❶ tetves ❷ pocsék, rohadt, tetű *lousy weather* ocsmány idő ❸ *be lousy with smth* tömve van vmivel, dugig van vmivel ❹ tömve pénzzel, gazdag
**louver** VAGY **louvre** /ˈluːvə/ VAGY **louvre blind** VAGY **louver blind** zsalu, reluxa, redőny
**lovable** /ˈlʌvəbəl/ ❶ szeretetreméltó, kedves ❷ aranyos
**love** /lʌv/ *FNÉV*
❶ szeretet ❷ szerelem *fall in love with smb* beleszeret vkibe *make love to smb* szeretkezik vkivel ❸ vmi kedvelése/szeretete *love of/for music* zeneszeretet ❹ vki kedvese *my first love* első szerelmem *yes, (my) love* igen, édesem ❺ üdvözlet *send/give smb ⁒one's⁒ love* üdvözletét küldi vkinek ❻ semmi [teniszben] *15–love* 15:0
KIFEJEZÉSEKBEN: *there's not much love lost between them* nem állhatják egymást *for the love of it* kedvtelésből *not for love or money* semmi áron nem/sem
**love** *IGE*
❶ szeret, kedvel, élvezetet talál vmiben *she loves this weather* szereti ezt az időt ❷ szeret vkit, szerelmes vkibe *love thy neighbour* szeresd felebarátodat ❸ [feltételes] szeretne *I'd love an ice cream* szeretnék egy fagylaltot *will you be able to come? I'd love to but I'm busy* el tudsz jönni? szeretnék, de nem érek rá
**loveable** /ˈlʌvəbəl/ ❶ szeretetreméltó ❷ aranyos
**love affair** [szerelmi] viszony
**loveless** /ˈlʌvləs/ szeretet/szerelem nélküli
**lovely** /ˈlʌvlɪ/ ❶ csinos, kedves, szeretetreméltó ❷ pompás, remek, finom ❸ kösz(önöm) *that's lovely, Steve* köszönöm, Steve
**lovemaking** /ˈlʌvmeɪkɪŋ/ szeretkezés
**lover** /ˈlʌvə/ ❶ szerető, kedves ❷ *music lover* zenekedvelő *lover of art* művészetkedvelő
**loving** /ˈlʌvɪŋ/ szerető, szerelmes, kedves
**lovingly** /ˈlʌvɪŋlɪ/ szerelmesen, kedvesen
**low** /ləʊ/ *FNÉV*
❶ alacsony érték *all-time low* minden korábbinál alacsonyabb szint ❷ tehénbőgés
**low** *MNÉV*
❶ alacsony *low building* alacsony épület *low*

L

*price* alacsony ár ❷ alacsonyan/mélyen lévő ❸ sekély ❹ kevés *get/run low* fogy *the fuel is getting/running low* fogytán az üzemanyag ❺ halk, csendes ❻ mély [hang] ❼ lehangolt, rosszkedvű, kedvetlen ❽ alantas, közönséges ❾ alacsony származású

**low** *HAT.SZÓ*
❶ alacsonyan, mélyen, alacsonyra, mélyre ❷ halkan ❸ mély hangon
KIFEJEZÉSEKBEN: *lie low* lapul, rejtőz(köd)ik *play low* kicsiben játszik

**low** *IGE*
bőg [tehén]

**low-alcohol** alacsony/kis alkoholtartalmú
**low beam** tompított fény

**low-brow** /ˈləʊbraʊ/ *FNÉV*
nem intellektuális / kifinomult ízlésű ember

**low-brow** *MNÉV*
nem intellektuális / kifinomult ízlésű, művészetek iránt nem érdeklődő

**low-budget** kis költségvetésű
**low-cal** /ˈləʊ kæl/ alacsony kalóriaértékű

**lower** /ˈləʊə/ *MNÉV*
alsó, alsóbb *lower leg* lábszár

**lower** *IGE*
❶ leszállít [árat] ❷ leenged, leereszt *lower the coffin* lebocsátja a koporsót *lower the flag to half-mast* félárbocra engedi a lobogót ❸ kisebbít, csökkent, lehalkít, tompít ❹ (le)süllyed, csökken, leszáll
KIFEJEZÉSEKBEN: *not lower ⦃oneself⦄ to do smth* nem alacsonyodik odáig, hogy (MONDAT)

**lower case letter** kisbetű
**lower middle-class** *FNÉV/MNÉV* alsó középosztály(beli)
**lowermost** /ˈləʊəməʊst/ (leges)legalsó
**lowest common multiple** legkisebb közös többszörös
**low-fat** alacsony zsírtartalmú, sovány
**low-flying** alacsonyan szálló/repülő
**low gear** első sebesség [gépkocsié]
**low-grade** rossz minőségű, silány
**low-income** alacsony jövedelmű
**low-key** visszafogott
**lowland** /ˈləʊlənd/ alföld
**low-level** alacsony szintű
**lowly** /ˈləʊlɪ/ egyszerű, alacsony származású
**low-lying** /ˌləʊˈlaɪɪŋ/ alacsony (fekvésű)
**low-necked** dekoltált, mély kivágású
**low pitched** ❶ mély [hang] ❷ lapos, nem meredek [háztető]
**low-priced** olcsó, alacsony árú
**low-rise** egy-két emeletes [épület]
**low season** holtszezon
**low-tar** alacsony kátránytartalmú
**low-tech** /ləʊˈtek/ hagyományos technikát alkalmazó
**low tide** apály
**low water** apály, (leg)alacsony(abb) vízállás
**low water mark** legalacsonyahb vízállás
**loyal** /ˈlɔɪəl/ hű, lojális
**loyalty** /ˈlɔɪəltɪ/ hűség, lojalitás
**loyalty card** törzsvásárlói kártya
**L-plate** /ˈel pleɪt/ „tanulóvezető" tábla
**£.s.d.** VAGY **LSD** font/shilling/penny rövidítése a tizedes rendszer előtt
**Lsd** /ˌel es ˈdiː/ ❶ LSD ❷ dohány, lóvé
**l.s.t.** = local standard time
**Lt.** = lieutenant
**Ltd.** = Limited
**ltr.** = letter; lighter
**L2** második nyelv, idegennyelv
**lubricant** /ˈluːbrɪkənt/ kenőanyag
**lubricate** /ˈluːbrɪkeɪt/ ken, olajoz, zsíroz
**lubrication** /ˌluːbrɪˈkeɪʃən/ kenés, olajozás
**lucerne** /luːˈsɜːn/ lucerna
**lucid** /ˈluːsɪd/ ❶ világos, tiszta ❷ érthető
**luck** /lʌk/ ❶ szerencse *bring smb luck* szerencsét hoz vkinek *hard luck* balszerencse *that's just my luck!* ilyen az én formám ❷ jószerencse ❸ siker *good luck!* sok sikert! *I wish you (the best of) luck* sok sikert! *better luck next time!* több sikert legközelebbre! ❹ véletlen *by luck* véletlenül
**luckily** /ˈlʌkɪlɪ/ szerencsére, hál' Isten, hálistennek *luckily for us* szerencsénkre
**lucky** /ˈlʌkɪ/ ❶ szerencsés *third time lucky* harmadszorra menni fog ❷ szerencsét hozó
**lucky dip** zsákbamacska [ajándékhúzás zsúron]
**lucrative** /ˈluːkrətɪv/ jövedelmező
**luddite** /ˈlʌdaɪt/ fejlődésellenes/technikaellenes ember, „gépromboló"
**ludicrous** /ˈluːdɪkrəs/ nevetséges, nevetni való
**ludo** /ˈluːdəʊ/ „Ki nevet a végén" játék

**lug** /lʌg/ *FNÉV*
fogó, fogantyú [edényen]

**lug** *IGE*
hurcol vonszol, cipel

**luggage** /ˈlʌgɪdʒ/ ↯ *NEM MEGSZÁML.* poggyász, csomag *personal luggage* kézipoggyász
**luggage compartment** csomagtartó [autóban]
**luggage label** poggyászcímke
**luggage locker** ❶ poggyásztér [autóbuszban] ❷ csomagmegőrző
**luggage rack** csomagtartó, poggyásztartó
**luggage trolley** ❶ bőröndhúzó kiskocsi ❷ [reptéri] kofferkuli
**lukewarm** /ˈluːkwɔːm/ ❶ langyos ❷ langyos, közömbös, se hideg se meleg
**lullaby** /ˈlʌləbaɪ/ altató(dal)
**lumbago** /lʌmˈbeɪgəʊ/ lumbágó

**lumber** /ˈlʌmbər/ *FNÉV*
❶ ócskaság, kacat, limlom ❷ *US* faanyag

**lumber** *IGE*
❶ vonszolódik, vánszorog, döcög ❷ limlommal/kacattal telerak ❸ fát termel ki

**lumberjack** favágó, fatelepi munkás
**lumbermill** fűrésztelep

**lumber room** lomtár, kacatos szoba
**lumber yard** fatelep
**lump** /lʌmp/ *FNÉV*
❶ göröngy, rög, darab, rakás, csomó ❷ *a lump of sugar* egy darab kockacukor ❸ gombóc *a lump in ⟨one's⟩ throat* gombóc a torkában ❹ dudorodás, púp, daganat
**lump** *IGE*
❶ *lump it* kénytelen elviselni ❷ összehord, összedobál
**lump along** baktat, vánszorog
**lump together** *lump smth together* egy kalap alá vesz, összevon, egyben kezel
**lump sum** ❶ átalány(összeg) ❷ egy összeg
**lumpy** /ˈlʌmpɪ/ ❶ darabos, csomós *the sauce is lumpy* csomós a mártás ❷ göröngyös
**lunacy** /ˈluːnəsɪ/ elmebaj, őrültség
**lunar** /ˈluːnə/ hold körüli, hold-
**lunar eclipse** holdfogyatkozás
**lunatic** /ˈluːnətɪk/ *FNÉV/MNÉV* elmebeteg, őrült
**lunatic asylum** elmegyógyintézet
**lunch** /lʌntʃ/ *FNÉV*
❶ ebéd *have lunch* ebédel *working lunch* munkaebéd *take a packed/bag lunch to work* hideg ebédet visz a munkahelyére ❷ tízórai, uzsonna *take lunch to school* tízórait visz magával az iskolába
**lunch** *IGE*
❶ ebédel ❷ tízóraizik, uzsonnázik
**lunch box** ❶ uzsonnatáska ❷ ebédszállító táska/doboz
**lunch break** ebédszünet
**luncheonette** /ˌlʌntʃəˈnet/ falatozó, étkezde
**lung cancer** tüdőrák
**lungs** /lʌŋz/ tüdő
KIFEJEZÉSEKBEN: *at the top of ⟨one's⟩ lungs* ahogy tüdővel bírja, torkaszakadtából
**lurch** /lɜːtʃ/ *FNÉV*
❶ (meg)ingás, billegés, megbillenés, dülöngélés ❷ *leave smb in the lurch* cserbenhagy, benne hagy a pácban
**lurch** *IGE*
billeg, tántorog, dülöngél
**lure** /ljʊə/ VAGY /lʊə/ *FNÉV*
❶ csáb(ítás), vonzerő, csábító/vonzó dolog ❷ csalétek, csali
**lure** *IGE*
csábít, csalogat, odavonz, odacsal
**lurk** /lɜːk/ ❶ leselkedik, ólálkodik ❷ rejlik
**lush** /lʌʃ/ friss, burjánzó, buja
**lust** /lʌst/ *FNÉV*
❶ testi/nemi vágy ❷ vágy
**lust** *IGE*
**lust after** VAGY **lust for** *lust after/for smb* testi vágyat érez vki iránt
**lustful** /ˈlʌstfəl/ (testi) vággyal teli
**lusty** /ˈlʌstɪ/ életerős, egészségtől duzzadó
**lute** /luːt/ lant
**Lutheran** /ˈluːθərən/ evangélikus, lutheránus
**lutist** /ˈluːtɪst/ lantművész, lantos
**luxurious** /lʌgˈzjʊərɪəs/ fényűző, pazar, luxus
**luxury** /ˈlʌkʃərɪ/ ❶ fényűzés, luxus ❷ luxuscikk ❸ luxuskategóriás, luxuskivitelű, luxus-
**lychee** /ˈlaɪtʃiː/ licsi, lychee
**lynch** /lɪntʃ/ (meg)lincsel
**lynx** /lɪŋks/ hiúz
**lyre** /ˈlaɪə/ líra [hangszer] ⓘ *NEM* ~~líra~~ [költészet]
**lyric** /ˈlɪrɪk/ lírai
**lyrical** /ˈlɪrɪkəl/ ❶ lírai ❷ érzelgős
**lyricist** /ˈlɪrɪsɪst/ ❶ dalszövegíró ❷ lírai költő, lírikus
**lyrics** /ˈlɪrɪks/ dalszöveg ⓘ *NEM* ~~líra~~ [költészet]

L

# M, m /em/

**m** = male; married; masculine; metre(s); minor; mile; minute; month

**M** = major; male; married; medium; motorway; Monday

**'m** [= am] vagyok *I'm lazy* lusta vagyok

**mac** /mæk/ esőkabát

**mace** /meɪs/ ❶ buzogány ❷ jogar ❸ szerecsendió

**machete** /məˈʃetɪ/ VAGY /məˈtʃeɪtɪ/ machete, széles pengéjű kés

**machine** /məˈʃiːn/ ❶ gép ❷ automata *drinks machine* italautomata ❸ gépezet *propaganda machine* propaganda-gépezet ❹ gépi, gépesített, gép- ❺ számítógépes

**machine gun** géppuska, gépfegyver, géppisztoly *light machine gun* géppisztoly

**machinery** /məˈʃiːnərɪ/ NEM MEGSZÁML. ❶ gépezet, szerkezet, gépi felszerelés ❷ szervezet, gépezet, mechanizmus

**machine tool** szerszámgép

**macho** /ˈmætʃəʊ/ VAGY /ˈmɑːtʃəʊ/ macsó

**mackerel** /ˈmækərəl/ makréla

**mackintosh** /ˈmækɪntɒʃ/ esőkabát

**macro** /ˈmækrəʊ/ makró(parancs)

**macrovirus** /ˈmækrəʊvaɪrəs/ makróvírus

**mad** /mæd/ ❶ őrült, bolond *go mad* megőrül *drive smb mad* megőrjít vkit *like mad* eszeveszetten ❷ *be mad about/on smth* bolondul vmiért ❸ dühös, haragszik (akire: *with/at*, ami miatt: *about*) *it made me hopping mad* nagyon földühített ❹ őrült, veszett, vad *mad dog* veszett kutya

**madam** /ˈmædəm/ ❶ asszonyom ❷ tanárnő ❸ néni ❹ madám [bordélyban]

**madame** /məˈdɑːm/ VAGY /ˈmædɑːm/ TBSZ **mesdames** /ˈmeɪdæm/ asszonyom, madame

**mad cow disease** kergemarha-kór

**madden** /ˈmædən/ megőrjít

**made** /meɪd/ MNÉV

❶ sikeres, befutott ❷ biztos sikerre számító *she's made for life* egy életre garantált a sikere *get it made* befut

**made** IGE

☞ make

**made-to-measure** mérték utáni, mérték után készült

**made-up** ❶ kifestett, kikészített, kisminkelt ❷ kitalált, kiagyalt

**madhouse** zűrzavar, bolondokháza

**madly** /ˈmædlɪ/ őrülten, vadul

**madman** /ˈmædmən/ TBSZ **madmen** /ˈmædmən/ bolond, őrült

**madrigal** /ˈmædrɪgəl/ madrigál

**maelstrom** /ˈmeɪlstrɒm/ VAGY /ˈmeɪlstrəm/ ❶ örvény(lés) ❷ vad forgatag, kavargás

**maffia** VAGY **mafia** /ˈmæfɪə/ VAGY /ˈmɑːfɪə/ maffia

**maffioso** VAGY **mafioso** /ˌmæfɪˈəʊsəʊ/ maffiózó

**magazine** /ˌmægəˈziːn/ ❶ képes folyóirat, képeslap, magazin ❷ tölténytár ❸ (film)kazetta ❹ fegyverraktár, lőszerraktár

**magenta** /məˈdʒentə/ bíborszínű, bordó

**maggot** /ˈmægət/ kukac, féreg, nyű

**Magi** /ˈmeɪdʒaɪ/ *the Magi* napkeleti bölcsek, Háromkirályok

**magic** /ˈmædʒɪk/ FNÉV

❶ mágia, varázslat ❷ bűvészet

**magic** MNÉV

varázslatos, bűvös

**magical** /ˈmædʒɪkəl/ varázslatos, bűvös

**magic carpet** varázsszőnyeg

**magic eye** ❶ varázsszem ❷ fotocella

**magician** /məˈdʒɪʃən/ ❶ bűvész ❷ varázsló

**magic wand** varázspálca

**magistrate** /ˈmædʒɪstreɪt/ rendőrbíró

**magma** /ˈmægmə/ magma

**magnate** /ˈmægneɪt/ VAGY /ˈmægnət/ mágnás, báró *oil magnate* olajmágnás

**magnesium** /mægˈniːzɪəm/ magnézium

**magnet** /ˈmægnɪt/ ❶ mágnes ❷ vonzerő

**magnetic** /mægˈnætɪk/ mágneses

**magnetic card** mágneskártya

**magnetic disk** mágneslemez

**magnetic field** mágneses mező

**magnetic storm** mágnesvihar

**magnetic tape** ❶ mágnesszalag ❷ magnószalag

**magnification** /ˌmægnɪfɪˈkeɪʃən/ ❶ (fel)nagyítás ❷ nagyítás(i érték)

**magnificent** /mæg'nɪfɪsənt/ pazar, pompás
**magnifier** /'mægnɪfaɪə/ nagyító(üveg)
**magnify** /'mægnɪfaɪ/ ❶ (föl)nagyít, kinagyít ❷ (el)túloz, fölfúj, fölnagyít
**magnifying glass** nagyító
**magnitude** /'mægnɪtju:d/ ❶ nagyság, terjedelem, méret ❷ fényesség, fényrend [csillagé]
**magnolia** /mæg'nəulɪə/ magnólia
**magpie** /'mægpaɪ/ szarka
**Magyar** /'mægja:/ FNÉV/MNÉV magyar
**maharajah** /ˌma:hə'ra:dʒə/ maharadzsa
**mahogany** /mə'hɒgənɪ/ mahagóni [fa/szín]
**maid** /meɪd/ ❶ szolgáló(lány), (cseléd)lány ❷ fiatal lány, hajadon *old maid* vénkisasszony ❸ vénkisasszony
**maiden** /'meɪdən/ hajadon
**maidenhood** /'meɪdənhud/ hajadonság, leányság
**maiden name** leánykori név
**maiden speech** szűzbeszéd
**maiden trip** VAGY **maiden voyage** hajó első útja
**maidservant** szolgálólány
**mail** /meɪl/ *FNÉV*
❶ posta *second class mail* másodosztályú küldemény ❷ postavonat ❸ küldemény, levél, üzenet, posta ❹ vértezet, páncél *coat of mail* páncéling
**mail** *IGE*
postára ad, bedob
**mail box** ❶ [utcai] postaláda ❷ postaláda, levélszekrény
**mail bomb** levélbomba
**mail carrier** postás, kézbesítő, levélhordó
**mail coach** postakocsi
**mailer** levelezőrendszer
**mailing list** ❶ címlista, címjegyzék ❷ [internetes] levelezési lista
**mailman** /'meɪlmæn/ *TBSZ* **mailmen** /'meɪlmen/ levélhordó, postás, kézbesítő
**mail merge** körlevél [szövegszerk.]
**mail order** postai árurendelés, csomagküldés
**maim** /meɪm/ megcsonkít
**main** /meɪn/ *FNÉV*
❶ fővezeték, fővonal ❷ *in the main* általában, nagyrészt, javarészt
**main** *MNÉV*
fő-, legfőbb, legfontosabb *the main point* a lényeges kérdés
**mainboard** alaplap
**main clause** főmondat
**main course** főétel, főfogás
**mainland** /'meɪnlænd/ szárazföld *between the mainland and the islands* a szárazföld és a szigetek között
**mainly** /'meɪnlɪ/ főként, többnyire, javarészt
**main mast** nagyárboc, főárboc
**mains** /meɪnz/ ❶ főcsap ❷ fővezeték, fővonal ❸ (elektromos) hálózat *work off the mains* hálózatról működik
**main signal** szemafor
**mainstream** főáram, fősodor, fő áramlat
**main street** (kisvárosi) főutca
**maintain** /meɪn'teɪn/ VAGY /mən'teɪn/ ❶ megtart, fenntart, őriz *maintain the lead* megtartja a vezetést ❷ karbantart ❸ (el)tart, ellát ❹ fenntart, állít, erősítget
**maintenance** /'meɪntənəns/ ❶ karbantartás, szerviz ❷ (el)tartás, ellátás ❸ tartásdíj
**main verb** főige
**maintenance order** tartásdíjfizetés-kötelezettség
**maize** /meɪz/ kukorica
**majestic** /mə'dʒestɪk/ fenséges, magasztos
**majesty** /'mædʒəstɪ/ fenség, magasztosság
**Majesty** felség *Your Majesty* Felséged
**majolica** /mə'dʒɒlɪkə/ majolika
**major** /'meɪdʒə/ *FNÉV*
❶ őrnagy ❷ dúr hangnem ❸ alapszak, főszak, major szak ❹ vmilyen szakos hallgató *history major* történészhallgató
**major** *MNÉV*
❶ nagyobb, fontosabb, főbb, fő- *major repairs* nagyobb javítások *major investor* nagybefektető ❷ dúr *G major* G dúr ❸ idősebb *Jameson major* az idősebb Jameson [két fivér közül]
**major** *IGE*
főszaknak választ, főszakként tanul (amit: *in*)
**majorette** /ˌmeɪdʒə'ret/ mazsorett
**major general** vezérőrnagy
**majority** /mə'dʒɒrɪtɪ/ ❶ többség, szótöbbség *be in the majority* többségben van ❷ nagykorúság ❸ többségi
**major league** profi liga
**major scale** dúr skála
**make** /meɪk/ *FNÉV*
gyártmány, márka, *what make is it?* milyen gyártmány?
**make** /meɪk/, **made** /meɪd/, **made** /meɪd/ *IGE*
❶ csinál, készít, gyárt *make a cake* süteményt készít *make a shirt out of smth* inget készít vmiből *make noise/trouble* zajt/bajt csinál *be made of smth* vmiből készült/való ❷ [főnévvel] tesz, hoz, elkövet *make a discovery/effort/offer* felfedezést/erőfeszítést/ajánlatot tesz ❸ vkit/vmit vmilyenné tesz *make smb popular* népszerűvé tesz vkit *make smb angry* dühbe hoz ❹ vkit (meg)tesz vmivé *make smb director* igazgatóvá tesz ❺ [műveltetés] *make smb laugh* megnevettet *the poem made her cry* a verstől elsírta magát *what makes you think so?* mitől/miből gondolod? *the photo made her look young* a fotón fiatalnak nézett ki *make ⁝oneself⁝ understood* megérteti magát ❻ keres [pénzt] ❼ elér, eljut *make the train* eléri a vonatot *make the party / make it to the party* odaér a partira ❽ becsül *what time do you make it?* mennyi idő lehet szerinted? ❾ kitesz *two and two make four* kettő meg kettő az

négy ❿ lesz, válik belőle *this makes excellent reading* ez kitűnő olvasmány
KIFEJEZÉSEKBEN: *I'm not made of money!* nem lopom én a pénzt! *make do with/without smth* beéri/megelégszik vmivel
**make away with** *make away with smb/smth* ❶ eltesz vkit láb alól ❷ ellop vmit, meglép vmivel
**make for** *make for smth* ❶ vhová igyekszik/tart ❷ lehetővé tesz, megenged, biztosít
**make of** vmilyen jelentőséget tulajdonít vminek *make too much of a problem* túl nagy jelentőséget tulajdonít egy bajnak
**make off** meglép, lelép
**make out** ❶ *make smth out* elkészít, megír, kiállít ❷ *make smth out* kivesz, (jól) lát, megkülönböztet, kibetűz ❸ *make smb out* megért, kiismer, eligazodik vkin ❹ kitalál, rájön ❺ *make smth out to be* (MNÉV) vmit (MNÉV)-nek beállít ❻ halad, boldogul
**make over** *make smth over* ❶ átruház, átirat ❷ átalakít, újrakészít
**make up** *make smth up* ❶ kitalál ❷ *make smb up* kikészít, sminkel, kifest ❸ elkészít, összecsomagol, összeállít ❹ rendberak/rendbetesz *make up a bed* beágyaz ❺ alkot, képez, kitesz *be made up of smth* áll vmiből ❻ kitesz *make up a four in tennis* pont kitesznek két párost a teniszhez ❼ kiegészít, kikerekít, kipótol *make it up to 100 pounds* kipótolhatom száz fontra ❽ visszafizet, megad ❾ *make smth up* pótol/behoz vmit ❿ kibékül
**make up for** *make up for smth* ❶ pótol/behoz vmit ❷ kárpótol (amiért: *for*)
**make up to** *make up to smb* ❶ hízeleg vkinek ❷ *make it up to smb* meghálál vkinek vmit (amit: *for*)
**make-believe** illúzió, álmok, álomvilág
**makeover** /ˈmeɪkəuvə/ (arculat-)átalakítás
**maker** /ˈmeɪkə/ ❶ vmi készítője *film maker* filmkészítő ❷ *the makers* a gyártó
**makeshift** FNÉV/MNÉV ideiglenes, kisegítő/átmeneti (megoldás)
**make-up** ❶ kikészítés, smink ❷ összeállítás, elrendezés, felállás ❸ (lelki) alkat ❹ pótdolgozat, pót-teszt, pótzárthelyi
**make-up artist** maszkmester
**make-up table** sminkasztal
**making** /meɪkɪŋ/ gyártás/készítés *map making* térképkészítés *film making* filmkészítés
KIFEJEZÉSEKBEN: *be in the making* készülőben van
**malady** /ˈmælədɪ/ ❶ működési zavar, baj ❷ betegség, baj
**malapropism** /ˈmæləprɒpɪzəm/ ❶ idegen szó téves használata ❷ rosszul használt idegen szó
**malaria** /məˈleərɪə/ malária
**male** /meɪl/ FNÉV
hím(állat)
**male** MNÉV
❶ hímnemű *male monkey* hím majom *male choir* férfikar *male ward* férfi kórterem ❷ apa, hím [csatlakozó]
**male chauvinism** férfi-sovinizmus
**male chauvinist** VAGY **male chauvinist pig** férfi-soviniszta
**male plug** dugó, dugasz
**male screw** apacsavar
**malevolence** /məˈlevələns/ rosszakarat, rosszindulat
**malevolent** /məˈlevələnt/ rosszindulatú, rosszakaratú
**malfunction** /mælˈfʌŋkʃən/ meghibásodik, hibásan működik
**malice** /ˈmælɪs/ rosszakarat, rosszindulat
**malicious** /məˈlɪʃəs/ rosszindulatú, kaján
**malign** /məˈlaɪn/ ❶ rosszindulatú ❷ rossz, veszélyes, ártalmas
**malignant** /məˈlɪgnənt/ ❶ rosszindulatú, rosszakaratú ❷ rosszindulatú [daganat]
**mall** /mɔːl/ bevásárlóközpont, bevásárlócentrum
**malleable** /ˈmælɪəbəl/ ❶ hajlítható, képlékeny ❷ fogékony, alakítható [jellem]
**mallet** /ˈmælɪt/ ❶ fakalapács, sulyok, döngölő, szobrászbunkó ❷ ütő [krokett/póló]
**mallow** /ˈmæləu/ mályva
**malnutrition** /ˌmælnjuˈtrɪʃən/ rosszul tápláltság, alultápláltság, hiányos táplálkozás
**malpractice** /mælˈpræktɪs/ vétkes gondatlanság, mulasztás, műhiba
**malt** /mɔːlt/ maláta
**maltreat** /mælˈtriːt/ rosszul/kegyetlenül bánik vkivel
**maltreatment** /mælˈtriːtmənt/ rossz/kegyetlen bánásmód
**mammal** /ˈmæməl/ emlős
**mammoth** /ˈmæməθ/ ❶ mamut ❷ mamutvállalat, mamutcég ❸ óriási, óriás, gigászi
**man** /mæn/ TBSZ **men** /men/ FNÉV
❶ férfi *tall man* magas férfi ❷ ember, az ember *prehistoric man* ősember ❸ alkalmazott, ember, munkás ❹ (köz)katona ❺ férj *man and wife* házasok ❻ játékos [sportban]
KIFEJEZÉSEKBEN: *as one man* egy emberként, egyszerre *to a man* egytől egyig *man alive!* US szűzanyám! *to the last man* az utolsó szálig
**man** IND.SZÓ
apám! / öregem! *man, was it great!* öregem, de klassz volt!
**man** IGE
legénységgel ellát
**manacle** /ˈmænəkəl/ FNÉV/IGE (meg)bilincs(el)
**manage** /ˈmænɪdʒ/ ❶ irányít, igazgat, vezet ❷ [menedzserként] menedzsel ❸ intéz, kezel, ellát *manage a conflict* konfliktust kezel ❹ sikerül, megbirkózik, boldogul *manage to do smth* sikerül vmit megtennie *can you manage that bag?* tudod vinni azt a táskát? ❺ győz,

elbír vmivel *I can't manage another mouthful* nem fér belém egy falat se ❻ [programjába] beilleszt *could you manage Friday for the meeting?* megfelelne, ha péntekre tennénk az értekezletet? ❼ megél (amiből: *on*)
**manageable** /ˈmænɪdʒəbəl/ ❶ kezelhető ❷ engedékeny
**management** /ˈmænɪdʒmənt/ ❶ igazgatás, vezetés, irányítás ❷ vezetőség, igazgatóság, vállalatvezetés, menedzsment
**management training** menedzserképzés
**manager** /ˈmænɪdʒə/ ❶ menedzser, igazgató, vezető *deputy manager* igazgatóhelyettes *general manager* vezérigazgató ❷ menedzser *manager of a pop group* popzenekar menedzsere ❸ szövetségi kapitány
**manageress** /ˌmænɪdʒəˈres/ vezetőnő, menedzserasszony, igazgatónő
**managerial** /ˌmænəˈdʒɪərɪəl/ menedzseri, vezetői, vezetési, igazgatói
**managing director** ügyvezető igazgató
**mandarin** /ˈmændərɪn/ ❶ mandarin [tisztviselő] ❷ mandarin [nyelvjárás] ❸ hatalmasság
**mandatary** VAGY **mandatory** /ˈmændətərɪ/ *FNÉV* megbízott, meghatalmazott
**mandatory** /ˈmændətərɪ/ kötelező
**mandolin** /mændəˈlɪn/ mandolin
**mane** /meɪn/ ❶ sörény ❷ sörény, sűrű haj
**manege** VAGY **manège** /mæˈneɪʒ/ ❶ lóidomítás ❷ lovaglóiskola
**maneuver** /məˈnuːvə/ *FNÉV US*
❶ hadművelet, manőver ❷ hadgyakorlat ❸ manőverezés, mesterkedés, ügyeskedés
**maneuver** *IGE US*
❶ manőverez ❷ manőverez, ügyeskedik
**maneuvering room** *US* mozgástér, cselekvési lehetőség/szabadság
**manganese** /ˈmæŋgəniːz/ mangán
**manger** /ˈmeɪndʒə/ jászol
**mango** /ˈmæŋgəʊ/ mangó
**mangy** /ˈmeɪndʒɪ/ ❶ rühes ❷ kopott(as)
**manhandle** /ˈmænhændəl/ tettleg bántalmaz
**manhole** /ˈmænhəʊl/ csatornanyílás
**manhood** /ˈmænhʊd/ ❶ férfikor ❷ férfiasság ❸ férfiak összessége
**mania** /ˈmeɪnɪə/ ❶ mániás elmezavar, mánia ❷ szenvedély, mánia
**maniac** /ˈmeɪnɪæk/ ❶ (dühöngő) őrült ❷ vmi (szenvedélyes) bolondja
**manic-depressive** *FNÉV/MNÉV* mániás-depressziós
**manicure** /ˈmænɪkjʊə/ *FNÉV/IGE* manikűr(öz)
**manicurist** /ˈmænɪkjʊərɪst/ *FNÉV* manikűrös
**manifest** /ˈmænɪfest/ *MNÉV*
nyilvánvaló, szemmel látható
**manifest** *IGE*
kimutat/elárul *manifest itself* megnyilvánul, nyilvánvalóvá válik, megmutatkozik
**manifestation** /ˌmænɪfeˈsteɪʃən/ megmutatkozás, megnyilvánulás, manifesztálódás
**manifesto** /ˌmænɪˈfestəʊ/ kiáltvány, manifesztum, nyilatkozat
**manifold** /ˈmænɪfəʊld/ sokféle, változatos, különféle
**man in the street** átlagember, az utca embere
**manipulate** /məˈnɪpjʊleɪt/ ❶ irányít, manipulál ❷ mesterkedik/ügyeskedik vmivel, kezel, bánik vmivel
**manipulation** /məˌnɪpjʊˈleɪʃən/ manipulálás, manipuláció
**mankind** /mænˈkaɪnd/ emberiség
**manly** /ˈmænlɪ/ férfias
**manmade** /mænˈmeɪd/ mesterséges, szintetikus, mű-
**manna** /ˈmænə/ manna
**manned** /mænd/ ember vezette, pilótás
**mannequin** /ˈmænɪkɪn/ ❶ manöken ❷ próbababa, kirakati baba
**manner** /ˈmænə/ ❶ mód, módszer *in this manner* ily módon, így ❷ egyéni stílus, modor ❸ [művészeti] stílus ❹ fajta, féle
**mannered** /ˈmænəd/ mesterkélt, keresett, modoros
**manners** /ˈmænəz/ ❶ modor *good manners* jómodor, jólneveltség *it is bad manners to drink like that* nem illik így inni ❷ jómodor
**mannikin** /ˈmænɪkɪn/ ❶ emberke, törpe ❷ tanbábu, szemléltető bábu ❸ manöken ❹ modell
**manoeuvre** /məˈnuːvə/ *FNÉV*
❶ hadművelet ❷ hadgyakorlat ❸ manőverezés, mesterkedés *room for manoeuvre* mozgástér, cselekvési lehetőség
**manoeuvre** *IGE*
❶ manőverez ❷ manőverez, mesterkedik
**manoeuvring room** mozgástér
**man-of-war** VAGY **man-o'-war** /ˌmænəˈwɔː/ *TBSZ* **men-of-war** VAGY **men-o'-war** /ˌmenəˈwɔː/ hadihajó
**manometer** /məˈnɒmɪtə/ nyomásmérő, manométer
**manor** /ˈmænə/ ❶ uradalom ❷ nemesi birtok
**manor house** udvarház, nemesi kastély
**manpower** munkaerő, (munkás)létszám
**manpower management** munkaerő-gazdálkodás
**man's** férfi- *man's socks* férfizokni
**manservant** *TBSZ* **menservants** (személyi) inas
**mansion** /ˈmænʃən/ kúria, (kis) kastély
**mansions** /ˈmænʃənz/ bérpalota
**man-sized** férfinak is elegendő, emberes
**manslaughter** /ˈmænslɔːtə/ gondatlanságból/erős fölindulásból elkövetett emberölés
**mantelpiece** kandallópárkány
**mantle** /ˈmæntəl/ ❶ (ujjatlan bő) köpeny/köpönyeg ❷ köpeny [puhatestűeké]
**manual** /ˈmænjʊəl/ *FNÉV*
kézikönyv, használati utasítás
**manual** *MNÉV*
kézi, kézzel történő, manuális

M

**manual labour** fizikai munka
**manually** /ˈmænjʊəlɪ/ kézzel, kézi erővel, manuálisan
**manual worker** fizikai munkás
**manufacture** /ˌmænjʊˈfæktʃə/ FNÉV
gyártás, előállítás, (tömeg)termelés
**manufacture** IGE
gyárt, készít, előállít
**manufacturer** /ˌmænjʊˈfæktʃərə/ gyártó (cég)
**manure** /məˈnjʊə/ FNÉV
trágya
**manure** IGE
trágyáz
**manure heap** trágyadomb
**manuscript** /ˈmænjʊskrɪpt/ kézirat
**many** /ˈmenɪ/, **more** /mɔː/, **most** /məʊst/ számos, sok *how many?* hány? *a good/great many* szép/nagy számú *many of us* sokan közülünk *one too many* eggyel több (a kelleténél *twice as many* kétszer annyi
KIFEJEZÉSEKBEN: *in so many words* szóról szóra (így), pont ezekkel a szavakkal
**many-sided** sokoldalú
**map** /mæp/ FNÉV
térkép *map of the world* világtérkép *off the map* Isten háta mögött ⓘ NEM ~~mappa~~
**map** IGE
(föl)térképez, térképet készít vmiről
**maple** /ˈmeɪpəl/ juhar(fa), jávor(fa)
**Mar.** = March
**marathon** /ˈmærəθən/ ❶ maratoni futás/verseny ❷ maratoni, hosszú
**marble** /ˈmɑːbəl/ ❶ márvány ❷ színes üveggolyó
**marbles** /ˈmɑːbəlz/ ❶ üvvegolyó-gurítás ❷ (józan) ész *he's lost his marbles / he hasn't got all his marbles* nincs ki minden kereke
**marc** /mɑːk/ ❶ törköly ❷ törkölypálinka
**March** /mɑːtʃ/ március
**march** /mɑːtʃ/ FNÉV
❶ menetelés, menet *at a march* menetben ❷ haladás *the march of time* az idők múlása ❸ induló ❹ menet, fölvonulás, demonstráció
**march** IGE
❶ menetel, gyalogol, masíroz *quick march! / maaa-arch!* iiin-dulj! ❷ masíroztat
**marcher** /ˈmɑːtʃə/ fölvonuló
**Mardi Gras** /ˌmɑːdɪ ˈɡrɑː/ húshagyó keddi karnevál
**mare** /meə/ kanca [ló/szamár]
**margarine** /ˌmɑːdʒəˈriːn/ margarin
**marge** /mɑːdʒ/ margarin
**margin** /ˈmɑːdʒɪn/ ❶ lapszél, margó, perem, szegély ❷ különbség, eltérés, különbözet *by a decisive margin* jelentős különbséggel ❸ mozgástér ❹ árkülönbözet, árrés, haszonkulcs ❺ hibahatár, tűrés
**marginal** /ˈmɑːdʒɪnəl/ ❶ lapszéli, oldalszéli ❷ marginális ❸ csekély jelentőségű/méretű/mértékű
**marginalize** /ˈmɑːdʒɪnəlaɪz/ marginalizál
**marginally** /ˈmɑːdʒɪnəlɪ/ csekély mértékben
**marginal note** széljegyzet
**margin of error** (megengedett) hibahatár
**marihuana** VAGY **marijuana** /ˌmærɪˈwɑːnə/ marihuána
**marina** /məˈriːnə/ kishajó-kikötő, jachtkikötő
**marinate** /ˈmærɪneɪt/ marinál
**marine** /məˈriːn/ FNÉV
❶ tengerész ❷ tengerészgyalogos
**marine** MNÉV
tengeri *marine insurance* hajókár-biztosítás
**marionette** /ˌmærɪəˈnet/ ❶ marionett, zsinórbábu ❷ (zsinóron rángatott) báb
**marital** /ˈmærɪtəl/ ❶ házastársi ❷ házassági
**marital status** családi állapot
**maritime** /ˈmærɪtaɪm/ ❶ tengeri- *maritime law* tengerjog ❷ tengermelléki
**marjoram** /ˈmɑːdʒərəm/ majoránna
**mark** /mɑːk/ FNÉV
❶ jel, nyom, jegy, folt *the mark on your jacket* a zakódon lévő folt ❷ (megkülönböztető) jelzés, bélyeg, vmi jele *as a mark of respect* a tisztelet jeléül ❸ osztályzat, jegy ❹ cél(tábla), célpont *hit the mark* célba talál *miss the mark* célt téveszt *be wide of the mark* célt téveszt, elhibáz, melléfog ❺ mérték, szint *be up to the mark* megüti a szintet ❻ kézjegy, kereszt ❼ gép/műszer állása/fokozata *cook for 30 minutes at gas mark 4* négyes lángon harminc percig főz ❽ tárgy *that's beside the mark* nem érinti a lényeget, nem tartozik a tárgyhoz ⓘ NEM ~~márka~~ [= típus]
KIFEJEZÉSEKBEN: *on your marks, get set, go!* elkészülni, vigyázz, rajt!
**mark** IGE
❶ megjelöl, jelzéssel/jellel lát el ❷ foltot/nyomot hagy vmin ❸ foltosodik, foltos lesz, meglátszik rajta a folt ❹ jellemez *qualities that mark a good doctor* a jó orvosra jellemző tulajdonságok ❺ osztályoz [tanulót] ❻ jelent, jelöl *marks a stage* szakaszt nyit/jelöl ❼ figyel vmire, megjegyez [intelmet]
KIFEJEZÉSEKBEN: *mark time* egy helyben topog/jár, helybenjár *(you) mark my words!* majd meglátod / majd csak figyelj!
**mark down** *mark smth down* ❶ leszállít [árat] ❷ lepontoz [dolgozatot] ❸ beír, fölvesz [listába] ❹ vminek/vkinek vél/gondol/elkönyvel
**mark off** *mark smth off* ❶ megjelöl ❷ elhatárol
**mark out** ❶ *mark smth out* kijelöl, megjelöl [vonalat] ❷ *mark smb out for/as smth* vkit vmire kijelöl, predesztinál
**mark up** *mark smth up* ❶ fölemel [árat] ❷ fölértékel [valutát]
**markdown** /ˈmɑːkdaʊn/ árleszállítás
**marked** /ˈmɑːkt/ észrevehető, föltűnő, kifejezett
**markedly** /ˈmɑːkɪdlɪ/ föltűnően, kifejezetten, határozottan

**marker** /ˈmɑːkə/ ❶ (ki)jelölő dolog ❷ marker/jelölő toll ❸ könyvjelző ❹ pontjelző, találatjelző [sportban] ❺ emberfogó [sportban]
**marker pen** marker/jelölő toll, marker
**market** /ˈmɑːkət/ *FNÉV*
❶ piac, vásár, piactér, vásártér, vásárcsarnok ❷ piac *put smth on the market* piacra dob ❸ piac, vásárlókedv, vevők *there's no market for this kind of machine* nincs az ilyen gépre ❹ tőzsde
**market** *IGE*
❶ értékesít, elad ❷ piacra/vásárra visz, piacon árusít, vásároz
**marketable** /ˈmɑːkətəbəl/ eladható, értékesíthető, piacképes, forgalomképes
**market collapse** VAGY **market crash** tőzsdekrach
**market dues** helypénz
**market economy** piacgazdaság
**market forces** piaci erők/mechanizmusok
**market garden** piacra termelő kertészet
**market hall** vásárcsarnok
**marketing** /ˈmɑːkətɪŋ/ ❶ marketing, piacszervezés ❷ értékesítés, piacra vitel ❸ *US go marketing* élelmiszert vásárol(ni megy)
**marketing director** marketing-igazgató
**marketing expert** marketinges, marketingszakember
**marketing manager** marketing-igazgató
**marketing research** piackutatás
**market leader** piacvezető
**market-oriented** piacorientált
**marketplace** ❶ piactér, vásártér ❷ piac *on the marketplace* a piacon
**market research** gazdaságkutatás, piackutatás
**market researcher** gazdaságkutató, piackutató
**market share** piaci részesedés
**market woman** kofa(asszony)
**markup** /ˈmɑːkʌp/ ❶ haszonkulcs, árrés, felár ❷ áremelés ❸ felértékelés
**marmalade** /ˈmɑːməleɪd/ ❶ narancsdzsem, narancslekvár ❷ citrusfélékből készült dzsem
**marmot** /ˈmɑːmət/ mormota
**marquee** /mɑːˈkiː/ ❶ (mozi/színház)bejárat fölötti előtető ❷ nagy (mutatványos) sátor, lacikonyhasátor, sörsátor
**marquis** VAGY **marquess** /ˈmɑːkwɪs/ márki
**marquise** /mɑːˈkiːz/ ❶ márkinő ❷ márkiné ❸ előtető [bejárat felett]
**marriage** /ˈmærɪdʒ/ házasság
**marriage bureau** társkereső iroda
**marriage guidance** házassági tanácsadás
**marriage of convenience** érdekházasság
**marriage portion** hozomány
**married** /ˈmærɪd/ ❶ házas *be married to smb* vki házastársa *get married* összeházasodik ❷ nős ❸ férjezett
**married couple** házaspár
**married life** házasélet
**marrieds** /ˈmærɪdz/ *young marrieds* fiatal/ifjú házasok
**marrow** /ˈmærəʊ/ ❶ velő, csontvelő *be frozen to the marrow* csontig fagy ❷ *(vegetable) marrow* tök
**marrowbone** /ˈmærəʊbəʊn/ velőscsont
**marry** /ˈmærɪ/ ❶ (meg/össze)házasodik, házasságot köt *marry money* pénzéért házasodik össze vkivel ❷ feleségül vesz, elvesz ❸ férjhez megy vkihez ❹ férjhez ad ❺ összead, összeesket ❻ összekapcsol, (össze)párosít
**marry into** *marry into a family* benősül egy családba
**marry off** *marry smb off* férjhez ad, kiházasít
**marsh** /mɑːʃ/ mocsár, mocsárvidék, láp
**marshal** /ˈmɑːʃəl/ *FNÉV*
❶ marsall, tábornagy ❷ udvarmester ❸ *US* bírósági tisztviselő ❹ rendőrparancsnok ❺ versenybíró, segéd
**marshal** *IGE*
❶ (el)rendez, rendbeszed ❷ vezet, terelget
**marshal in** *marshal smb in* (szertartásosan) bevezet, beterelget
**marshalling yard** rendezőpályaudvar
**marsh fever** mocsárláz, malária
**marshland** /ˈmɑːʃlænd/ mocsár(vidék), láp
**marshmallow** /mɑːʃˈmæləʊ/ mályvacukor
**marshy** /ˈmɑːʃɪ/ mocsaras, mocsári
**marsupial** /mɑːˈsuːpɪəl/ *FNÉV* erszényes (állat)
**marten** /ˈmɑːtən/ nyuszt, nyest
**martial** /ˈmɑːʃəl/ harcias, hadi, harci
**martial art** harcművészet
**martial law** rögtönítélő bíráskodás
**Martian** /ˈmɑːʃən/ *FNÉV*
marslakó
**Martian** *MNÉV*
Mars-béli, Mars-
**martin** /ˈmɑːtɪn/ *house martin* házifecske *sand martin* parti fecske
**martini** /mɑːˈtɪnɪ/ ❶ martini ❷ vodkából/ginből és vermutból készült koktél
**martyr** /ˈmɑːtə/ vértanú, mártír
**martyrdom** /ˈmɑːtədəm/ vértanúság, vértanúhalál
**marvel** /ˈmɑːvəl/ *FNÉV*
csoda, csodálatos dolog *do/work marvels* csodát tesz
**marvel** *IGE*
csodálkozik, ámul, bámul (amin: *at*)
**marvellous** VAGY **marvelous** /ˈmɑːvələs/ csodálatos, ámulatos, bámulatos
**marzipan** /ˈmɑːzɪpæn/ marcipán
**mas.** VAGY **masc.** = masculine
**mascara** /mæsˈkɑːrə/ szempillafesték ⓘ *NEM* ~~maskara~~
**mascot** /ˈmæskət/ talizmán, szerencsetárgy, kabala
**masculine** /ˈmæskjʊlɪn/ ❶ férfias ❷ hímnem(ű) [nyelvtanilag]

M

**masculinity** /ˌmæskjuˈlɪnətɪ/ férfiasság, férfias jelleg

**mash** /mæʃ/ *FNÉV*
❶ krumplipüré ❷ darakeverék, takarmánykeverék ❸ malátalé ❹ cefre

**mash** *IGE*
(össze)zúz, (össze)tör

**mashed potatoes** burgonyapüré, krumplipüré

**mask** /mɑːsk/ *FNÉV*
❶ álarc, maszk ❷ (védő)maszk [pl. sebészé]

**mask** *IGE*
álcáz, leplez

**masked ball** álarcosbál, maszkabál

**masking tape** védőszalag, éltakaró-szalag

**masochism** /ˈmæsəkɪzəm/ mazochizmus

**masochist** /ˈmæsəkɪst/ mazochista

**mason** /ˈmeɪsən/ szabadkőműves

**masonic** /məˈsɒnɪk/ *MNÉV* szabadkőműves

**masonite** *US* /ˈmeɪsənaɪt/ farostlemez

**masonry** /ˈmeɪsənrɪ/ ❶ kőművesmunka ❷ falazat ❸ szabadkőművesség

**masquerade** /ˌmæskəˈreɪd/ *FNÉV*
❶ komédia, képmutatás ❷ álarcos/jelmezes mulatság, álarcosbál ❸ maskara, álöltözet

**masquerade** *IGE*
*masquerade as smth* vminek kiadja magát

**mass** /mæs/ *FNÉV*
❶ tömeg [fizikai] ❷ tömeg, halom, csomó ❸ tömeg *masses* tömegek ❹ többség, zöm ❺ mise *high mass* nagymise *go to mass* misére megy/jár *say mass (the) mass* misét mond ❻ mise [zenemű]

**mass** *MNÉV*
tömeges, tömegméretű

**massacre** /ˈmæsəkə/ *FNÉV*
❶ mészárlás, öldöklés, vérfürdő ❷ csúfos vereség [sportban]

**massacre** *IGE*
❶ (le)mészárol, halomra gyilkol ❷ csúfosan megver [sportban]

**massage** /ˈmæsɑːʒ/ *FNÉV*
masszázs, masszírozás, gyúrás

**massage** *IGE*
❶ masszíroz, gyúr ❷ [statisztikát] manipulál

**massage bath** masszázsfürdő

**massage bench** gyúrópad

**massage parlour** masszázsszalon

**mass demand** tömegigény

**mass disaster** tömegkatasztrófa

**masseur** /mæˈsɜː/ masszőr, gyúró

**mass hysteria** tömegpszichózis

**massive** /ˈmæsɪv/ ❶ nagyméretű, masszív, erős ❷ komoly, súlyos

**mass media** tömegkommunikációs eszközök, (tömeg)média

**mass murder** tömeggyilkosság

**mass murderer** tömeggyilkos

**mass noun** megszámlálhatatlan / nem számszerű főnév

**mass-produce** tömegcikkként termel/gyárt

**mass-production** tömegtermelés

**mast** /ˈmɑːst/ ❶ árboc ❷ antennatorony ❸ zászlórúd ❹ (bükk)makk

**master** /ˈmɑːstə/ *FNÉV*
❶ úr, gazda *be* ⁝one's⁝ *own master* a maga ura ❷ tanár, tanító *maths master* matektanár ❸ tanítómester ❹ kapitány [hajóé] ❺ mester *old master* régi nagy festő ❻ [megszólítás] fiatalúr ❼ mesterpéldány, master ❽ magiszteri /„master" fokozat tulajdonosa

**master** *IGE*
❶ megtanul/elsajátít, mesterévé válik vminek ❷ megfékez, úrrá lesz vmi felett

**master bedroom** fő/nagy hálószoba

**master class** mesterkurzus

**master copy** mesterpéldány, eredeti példány

**master key** tolvajkulcs, álkulcs

**masterly** /ˈmɑːstəlɪ/ mesteri, ügyes

**mastermind** /ˈmɑːstəmaɪnd/ *FNÉV*
(a háttérből irányító) nagy koponya

**mastermind** *IGE*
❶ kieszel, kitervel ❷ a háttérből irányít

**master of ceremonies** szertartásmester

**masterpiece** mestermű, remekmű, főmű

**master stroke** mesterfogás, huszárvágás

**master switch** főkapcsoló

**masterwork** remekmű, főmű

**mastery** /ˈmɑːstərɪ/ ❶ uralom, hatalom *mastery over/of his fear* felülkerekedés a félelmén ❷ vmi kiváló ismerete, vmiben jártasság

**masthead** fejléc, impresszum [újságé]

**mastiff** /ˈmæstɪf/ szelindek

**masturbate** /ˈmæstəbeɪt/ maszturbál

**masturbation** /ˌmæstəˈbeɪʃən/ maszturbálás

**mat** /mæt/ *FNÉV*
❶ gyékény, lábtörlő, szőnyeg ❷ birkózószőnyeg ❸ asztali szett

**mat** *MNÉV*
fénytelen, matt

**match** /mætʃ/ *FNÉV*
❶ mérkőzés, meccs ❷ gyufa *box of matches* doboz gyufa ❸ vki/vmi párja [értékben/kiválóságban] *find/meet* ⁝one's⁝ *match* emberére akad ❹ összeillő/illő dolog ❺ parti *a good match* jó parti

**match** *IGE*
❶ illik/megy vmihez, összeillik *the carpets match the wallpaper a* szőnyegek illenek a tapétához ❷ összeillőt, vmihez illőt keres ❸ vetekszik vkivel/vmivel *can't be matched for service* kiszolgálásban nincs párja ❹ vmihez (hozzá)igazít

**match up to** VAGY **match up with** *match up to smth* megfelel vminek, felér vmivel

**matchbox** gyufásdoboz, gyufaskatulya

**matchless** /ˈmætʃləs/ páratlan, egyedülálló

**matchmaker** házasságszerző

**matchplay** döntő játszma/mérkőzés

**match point** mérkőzést eldöntő pont, meccslabda, mérkőzéslabda
**matchstick** gyufaszál
**mate** /meɪt/ *FNÉV*
❶ pajtás, társ, koma ❷ társ, pár [állaté] ❸ segéd *builder's mate* építőmunkás ❹ első tiszt ❺ matt
**mate** *IGE*
❶ párosodik, párzik ❷ párosít, pároztat, fedeztet ❸ megmattol, mattot ad
**material** /məˈtɪərɪəl/ *FNÉV*
❶ anyag, matéria ❷ anyag, szövet
**material** *MNÉV*
❶ anyagi, tárgyi, fizikai *material needs* anyagi szükségletek ❷ lényeges, fontos ❸ *material to smth* vmihez/vhová (oda)tartozó, releváns ❹ anyagias
**material costs** anyagköltség(ek)
**material damage** anyagi kár
**material expenditures** dologi kiadások
**materialism** /məˈtɪərɪəlɪzəm/ ❶ anyagiasság ❷ materializmus, anyagelvűség
**materialist** /məˈtɪərɪəlɪst/ materialista
**materialistic** /məˌtɪərɪəˈlɪstɪk/ ❶ materialista, materialisztikus ❷ materiális
**materialization** /məˌtɪərɪəlaɪˈzeɪʃən/ ❶ megvalósulás ❷ testet öltés, materializálódás
**materialize** /məˈtɪərɪəlaɪz/ ❶ testet ölt, materializálódik ❷ megvalósul
**maternal** /məˈtɜːnəl/ ❶ anyai *maternal feelings/instincts* anyai érzelmek/ösztönök ❷ anyai ágon/ágról való
**maternity** /məˈtɜːnɪtɪ/ ❶ anyaság ❷ szülészeti osztály
**maternity allowance** VAGY **maternity benefit** anyasági segély [az államtól]
**maternity dress** kismamaruha
**maternity hospital** szülőotthon
**maternity leave** szülési szabadság
**maternity nurse** szülésznő
**maternity pay** anyasági támogatás
**maternity ward** szülészet(i osztály)
**math** /mæθ/ *US* matek
**mathematical** /ˌmæθəˈmætɪkəl/ matematikai
**mathematician** /ˌmæθəməˈtɪʃən/ matematikus
**mathematics** /ˌmæθəˈmætɪks/ matematika
**maths** /mæθs/ matek
**matinée** /ˈmætɪneɪ/ délutáni előadás [mozi/színház]
**matrices** ☞ matrix
**matrimony** /ˈmætrɪmənɪ/ házasság
**matrix** /ˈmeɪtrks/ matrix
**matron** /ˈmeɪtrən/ ❶ főnővér ❷ gondnoknő, intézetvezetőnő, gazdaságis (nő)
**matt** VAGY **matte** /mæt/ tompa, fénytelen, matt
**matted** /ˈmætɪd/ összeragadt, összegubancolódott
**matter** /ˈmætə/ *FNÉV*
❶ tárgy, téma, tartalom, ügy, dolog, kérdés *matters* fontos kérdések *the matter in/at hand* a terítéken lévő ügy *let the matter drop* ❷ anyag *waste matter* hulladékanyag ❸ vmi dolga/kérdése *a matter of time* idő kérdése ❹ baj *what's the matter (with her)?* mi a baj(a)? ❺ anyag, dolgok *reading matter* olvasnivaló ❻ *a matter of* összesen, körülbelül, csupán *in a matter of weeks* pár héten belül ❼ genny, váladék ❽ *no matter* mindegy, akármilyen {*MNÉV*} *no matter what/how* nem számít, mi/hogy
KIFEJEZÉSEKBEN: *as a matter of fact* tulajdonképpen, valójában, ami azt illeti, voltaképp *for that matter* ha már itt tartunk, mellesleg *as a matter of course* magától értetődően, automatikusan
**matter** *IGE*
❶ fontos, lényeges, számít *what does it matter?* mit számít? *not that it matters* nem mintha számítana ❷ gennyezik
**matter-of-fact** tárgyilagos, prózai, gyakorlati(as)
**matting** /ˈmætɪŋ/ fonat, szőnyeg
**mattress** /ˈmætrəs/ ágybetét, matrac
**mature** /məˈtʃʊə/ *MNÉV*
❶ érett, fejlett, kifejlett ❷ megfontolt, átgondolt ❸ esedékes, lejárt [fizetendő] ❹ idősebb, öregebb, tapasztaltabb
**mature** *IGE*
❶ megérik, beérik ❷ megérlel ❸ esedékessé válik, lejár

M

**maul** /mɔːl/ (szét)marcangol, (szét/meg)tép
**mausoleum** /ˌmɔːsəˈliːəm/ VAGY /ˌmɔːsəˈlɪəm/ mauzóleum
**mauve** /məʊv/ mályvaszínű, halványlila
**maverick** /ˈmævərɪk/ ❶ maga útján járó ember ❷ pártjától/csoportjától eltérően szavazó/gondolkodó politikus ❸ elbitangolt marha
**maw** /mɔː/ gyomor, bendő, begy
**maxi** /ˈmæksɪ/ maxi
**maxim** /ˈmæksɪm/ aforizma
**maximal** /ˈmæksɪməl/ maximális, maximum
**maximization** /ˌmæksɪmaɪˈzeɪʃən/ maximálás
**maximize** /ˈmæksɪmaɪz/ maxim(aliz)ál
**maximum** /ˈmæksɪməm/ maximum
**May** /meɪ/ május
**may** /meɪ/ *FNÉV*
galagonya
**may** *SEGÉDIGE*
❶ [lehetőség] *she may be there* talán ott van *the rope may break* elszakadhat a kötél*we may as well go* akár mehetünk is *may have missed the bus* lehet, hogy lekéste a buszt ❷ [kívánság] *may she rest in peace* nyugodjék békében ❸ [engedély] *may I come in, sir?* bejöhetek, uram? ❹ [célhatározásban] *so that she may decide* hogy dönthessen
**maybe** /ˈmeɪbɪ/ talán, esetleg
**May beetle** VAGY **May bug** cserebogár
**May Day** /ˈmeɪdeɪ/ ❶ május elseje ❷ má… ta-vaszünnep/mulatság [május első hétfőj…

iː tea ɪ it e bed æ cat ɜː bird ə ago eɪ way əʊ go aɪ my aʊ how
ɑː car ɒ got ɔː war ʊ put uː too ʌ but ɪə here ʊə pure
θ thing ð this tʃ chip dʒ Joe ʃ ship ʒ measure s sit ŋ ring j you

**mayflower** ❶ kankalin ❷ galagonya
**mayfly** /ˈmeɪflaɪ/ ❶ kérész ❷ műlégy
**mayo** /ˈmeɪəʊ/ majonéz
**mayonnaise** /ˌmeɪəˈneɪz/ majonéz
**mayor** /meə/ polgármester
**mayoress** /ˌmeəˈres/ ❶ polgármesterné ❷ polgármesternő
**maypole** /ˈmeɪpəʊl/ májusfa
**maze** /meɪz/ útvesztő, labirintus
**mazout** VAGY **mazut** /məˈzuːt/ pakura
**mazurka** VAGY **mazourka** /məˈzɜːkə/ mazurka
**Mb** = megabit; megabits
**MB** = megabyte; megabytes
**MBA** = Master of Business Administration
**MBE** = Member of the Order of the British Empire
**MC** = master of ceremonies; Member of Congress
**MCP** = male chauvinist pig
**mdnt.** = midnight
**ME** = managing editor; Master of Education; Medical Examiner
**me** /miː/ ❶ engem ❷ nekem ❸ [elöljáróval] nekem, velem stb. *from me* tőlem ❹ én *it's me!* én vagyok (az)!
**mead** /miːd/ ❶ [régi angol] mézsör ❷ rét, mező
**meadow** /ˈmedəʊ/ rét, mező, legelő
**meagre** /ˈmiːgə/ sovány, csekély(ke)
**meal** /miːl/ ❶ étkezés ❷ durva liszt
**mean** /miːn/ FNÉV
❶ átlag, középérték ❷ középút
**mean** MNÉV
❶ fukar, zsugori, szűkmarkú ❷ aljas, gonosz *mean trick* aljas csel ❸ átlag(os), átlag- ❹ harapós, komisz [kutya] ❺ silány, vacak, hitvány ❻ egyszerű, szegény(es)
**mean** /miːn/, **meant** /ment/, **meant** /ment/ IGE
❶ jelent *what does this word mean?* mit jelent ez a szó? ❷ vhogyan gondol/ért *what did she mean by (saying) that?* mit akart ezzel (mondani)? *what do you mean, black?* hogyhogy fekete? *Monday, I mean Tuesday* hétfőn, akarom mondani kedden ❸ szándékozik, akar *I didn't mean to hurt her* nem akartam megbántani *mean well* jót akar ❹ jelentősége van / vmit jelent vki számára ❺ vkinek szán ❻ illik, ildomos *be (not) meant to do smth* (nem) illik, (nem) kívánatos vmit tenni *you're not meant to say such things* nem illik ilyesmit mondanod
KIFEJEZÉSEKBEN: *mean business* komolyan akar vmit, nem tréfál/vacakol
**meander** /mɪˈændə/ ❶ kanyarog, kígyózik ❷ bandukol ❸ mesében elkalandozik
**meaning** /ˈmiːnɪŋ/ FNÉV
❶ jelentés, értelem ❷ értelem *the meaning of life* az élet értelme
**meaning** MNÉV
jelentőségteljes, sokatmondó
**meaningful** /ˈmiːnɪŋfəl/ ❶ jelentéssel bíró ❷ értelmes, tartalmas ❸ sokatmondó, jelentőségteljes
**meaningless** /ˈmiːnɪŋləs/ értelmetlen
**means** /miːnz/ TBSZ **means** /miːnz/ ❶ eszköz, mód, út *any means* bármilyen eszköz *by any means* mindenáron *means of travel* közlekedési eszköz ❷ *by means of smth* vmi segítségével, vmi által/révén *by some means or other* (vagy) így vagy úgy ❸ vagyon, jövedelem *live beyond one's means* tovább nyújtózkodik, mint a takarója ér
KIFEJEZÉSEKBEN: *by all means* feltétlenül, okvetlenül, hogyne *by no means* semmi esetre se, semmiképp(en)
**meant** ☞ mean
**meantime** /ˈmiːntaɪm/ FNÉV
*in the meantime* (idő)közben, ezalatt
**meantime** HAT.SZÓ
(idő)közben, ezalatt
**meanwhile** /ˈmiːnwaɪl/ addig, (e)közben, ezalatt, (idő)közben
**measles** /ˈmiːzəlz/ kanyaró *German measles* rubeola
**measurable** /ˈmeʒərəbəl/ (le/meg)mérhető
**measure** /ˈmeʒə/ FNÉV
❶ intézkedés, rendszabály lépés *take/use strong measures* határozott lépéseket tesz ❷ mérték, fok *in some measure* bizonyos mértékben/fokig *a measure of* némi (kis) ❸ méret, nagyság *made to measure* rendelés szerint, mérték után *take smb's measure* mértéket vesz vkiről ❹ mérce ❺ mérték(egység) *liquid measure* űrmérték *dry measure* súlymérték ❻ mérőeszköz, mérőedény ❼ ütem, versmérték
KIFEJEZÉSEKBEN: *give smb short measure* becsap, megrövidít vkit *give full measure* „jól megmér" vmit [bőven ad] *for good measure* ráadásképp *measure for measure* szemet szemért
**measure** IGE
❶ (meg)mér, kimér, lemér, fölmér ❷ mértéket vesz vkiről ❸ vmilyen méretű *the hall measures 14 by 12 metres* a terem 14 × 12 méteres
**measure against** *measure smth against smth* hozzámér vmit vmihez
**measure up** megfelel *measure up to the job* felnő a feladathoz, beváltja a hozzá fűzött reményeket
**measurement** /ˈmeʒəmənt/ ❶ felmérés, lemérés, megmérés ❷ méret *breast measurement* mellméret *take smb's measurements* mértéket vesz vkiről
**measuring cup** mérőpohár
**measuring jug** mérőedény, mérőpohár
**meat** /miːt/ ❶ hús ❷ lényeg, mondanivaló, gondolat, tartalom
KIFEJEZÉSEKBEN: *one man's meat is another man's poison* ami az egyiknek orvosság, a másiknak méreg
**meat ball** húsgombóc, húspogácsa
**meat grinder** húsdaráló

**meaty** /ˈmiːtɪ/ ❶ húsos ❷ velős, magvas
**mechanic** /mɪˈkænɪk/ (gép)lakatos, szerelő, műszerész
**mechanical** /mɪˈkænɪkəl/ ❶ gépi, mechanikai, önműködő ❷ gépies, mechanikus
**mechanical engineer** gépész(mérnök)
**mechanical engineering** gépészet
**mechanism** /ˈmekənɪzəm/ szerkezet, gépezet, mechanizmus
**mechanization** /ˌmekənaɪˈzeɪʃən/ gépesítés
**mechanize** /ˈmekənaɪz/ gépesít
**med.** = medical; medicine; medium
**medal** /ˈmedəl/ érem, érme
**medallion** /məˈdælɪən/ (nagyobb) érem, érem alakú ékszer
**medalist** VAGY **medallist** /ˈmedəlɪst/ éremnyertes/éremtulajdonos, bajnok
**meddle** /ˈmedəl/ beleártja magát, belekotnyeleskedik (amibe: *in/with*)
**media** /ˈmiːdɪə/ *the (mass) media* tömegkommunikációs/tömegtájékoztatási eszközök, a médiák/média
**media centre** sajtóközpont
**media coverage** médiák figyelme, szerepeltetés a médiában *get media coverage* foglalkozik vele a média
**mediaeval** /ˌmedɪˈiːvəl/ középkori
**media mogul** sajtómágnás
**media monitor** médiafigyelő
**median** /ˈmiːdɪən/ ❶ középérték, medián ❷ oldalfelező, középvonal
**median strip** elválasztó sáv [autópályán]
**mediate** /ˈmiːdɪeɪt/ ❶ közvetít, közbenjár ❷ közvetítéssel létrehoz *mediate a ceasefire* közvetítése nyomán tűzszünet jön létre
**mediation** /ˌmiːdɪˈeɪʃən/ közvetítés, közbenjárás
**medic** /ˈmedɪk/ ❶ orvostanhallgató, medikus ❷ egészségügyi katona
**medical** /ˈmedɪkəl/ ❶ orvostudományi, orvosi, egészségügyi
**medical card** ❶ tb-kártya ❷ beteglap
**Medical Examiner** boncmester
**medical jurisprudence** törvényszéki orvostan
**medically** /ˈmedɪkəlɪ/ orvosilag, egészségügyileg
**medical officer** ❶ tisztiorvos ❷ katonaorvos
**medical representative** orvoslátogató
**medical school** orvosi egyetem, orvosegyetem
**medical student** orvostanhallgató
**medical tourism** gyógyturizmus
**medicament** /məˈdɪkəmənt/ orvosság, gyógyszer
**medicate** /ˈmedɪkeɪt/ ❶ gyógyít, gyógykezel ❷ gyógyszerel
**medication** /ˌmedɪˈkeɪʃən/ ❶ gyógyszer ❷ gyógyszerezés ❸ gyógykezelés
**medicinal** /məˈdɪsənəl/ gyógyító, gyógyhatású, gyógy-
**medicine** /ˈmedsən/ VAGY /ˈmedɪsən/ ❶ orvostudomány, gyógyászat ❷ orvosság, gyógyszer
**medicine ball** medicinlabda
**medicine cabinet** házipatika
**medicine man** TBSZ **medicine men** vajákos, csodadoktor
**medieval** /ˌmedɪˈiːvəl/ középkori
**mediocre** /ˌmiːdɪˈəʊkə/ középszerű, közepes
**meditate** /ˈmedɪteɪt/ ❶ fontolgat, latolgat vmit, elmélkedik (amin: *on*) ❷ meditál
**meditation** /ˌmedɪˈteɪʃən/ elmélkedés, meditáció
**meditative** /ˈmedɪtətɪv/ VAGY /ˈmedəteɪtɪv/ elmélkedő, meditatív
**medium** /ˈmiːdɪəm/ TBSZ **media** /ˈmiːdɪə/ FNÉV
❶ közvetítő eszköz, médium ❷ közép(út) *happy medium* arany középút ❸ közeg ❹ médium [hipnózisban/szellemidézésben]
**medium** MNÉV
❶ közepes, közép- ❷ közepesen átsütött
**medium-sized** középnagyságú
**medium-sized business** VAGY **medium-size business** középvállalkozás, középvállalat
**medium wave** középhullám
**medium wine** félszáraz/félédes bor
**medlar** /ˈmedlə/ naspolya
**medley** /ˈmedlɪ/ ❶ keverék, egyveleg ❷ [zenei] egyveleg ❸ vegyesúszás
**meek** /miːk/ szelíd, nyájas, jámbor, béketűrő
**meet** /miːt/, **met** /met/, **met** /met/ ❶ találkozik, összejár/összejön vkivel *we met on Sundays* vasárnaponként összejártunk *our eyes met* összenéztünk ❷ megismerkedik vkivel *I met my wife here* a feleségemet itt ismertem meg *meet Mr Stone* bemutatom Stone urat ❸ összegyűlik, összejön, ülésezik, összeül, egybegyűlik ❹ elébe megy vkinek, kimegy vki elé *meet smb at the station* kimegy vki elé az állomásra ❺ vkire/vmire talál/akad *meet one's death* halálát leli ❻ összeér [két dolog] ❼ eleget tesz vminek, kielégít vmit *meet smb's expectations* megfelel vki várakozásainak *meet the demand* kielégíti a keresletet ❽ vhogy fogad *the speech was met favourably* a beszédet kedvezően fogadták ❾ kifizet [adósságot]
KIFEJEZÉSEKBEN: *meet smb halfway* kompromisszumos megoldást talál vkivel *there's more (in/to smth) than meets the eye* több/bonyolultabb annál, mint amennyit a felszín mutat
**meet with** *meet with smb/smth* ❶ szembetalálja magát vmivel *they met with an accident* balesetük volt ❷ tárgyal/értekezik vkivel
**meeting** /ˈmiːtɪŋ/ ❶ találkozás ❷ összejövetel, gyűlés, értekezlet
**meeting point** találkozóhely [reptéren]
**mega-** /ˈmegə/ ❶ mega- ❷ igen nagy
**megabit** megabit
**megabyte** megabyte, megabájt
**megahertz** /ˈmegəhɜːts/ megahertz
**megalomania** /ˌmegələʊˈmeɪnɪə/ megalománia
**megalomaniac** /ˌmegələʊˈmeɪnɪæk/ megalomániás
**megaphone** /ˈmegəfəʊn/ megafon

**melancholia** /ˌmelənˈkəʊlɪə/ depresszió, kedélybetegség, búskomorság
**melancholic** /ˌmelənˈkɒlɪk/ kedélybeteg
**melancholy** /ˈmelənkəlɪ/ *FNÉV*
kedélybetegség, búskomorság
**melancholy** *MNÉV*
❶ búskomor ❷ szomorú, lehangoló
**mellow** /ˈmeləʊ/ *MNÉV*
❶ érett [bor/gyümölcs] ❷ meleg, lágy, finom [szín] ❸ kedélyes, vidám
**mellow** *IGE*
❶ (meg)érik ❷ (meg)érlel ❸ (meg)lágyul [szín] ❹ (meg)lágyít [színt]
**melodic** /məˈlɒdɪk/ dallamos, melodikus
**melody** /ˈmelədɪ/ ❶ dal, ének, dallam ❷ dallam, melódia
**melody string** dallamhúr
**melon** /ˈmelən/ dinnye *watermelon* görögdinnye
**melt** /melt/ ❶ (meg)olvaszt elolvaszt ❷ olvad, elolvad, megolvad ❸ ellágyul, elérzékenyül ❹ elérzékenyít
**melt away** ❶ elolvad ❷ szétszéled, szétoszlik ❸ eltűnik
**melt into** *melt into smth* ❶ be(le)olvad vmibe ❷ be(le)olvaszt vmibe
**meltdown** /ˈmeltdaʊn/ atomreaktor-katasztrófa
**melting point** olvadáspont
**melting pot** olvasztótégely
**member** /ˈmembə/ ❶ tag *member of the family* családtag ❷ testrész, (vég)tag
**Member of Congress** kongresszusi képviselő
**Member of Parliament** parlamenti képviselő
**membership** /ˈmembəʃɪp/ ❶ tagság(i viszony) *renew ⁝one's⁝ membership* megújítja a tagságát ❷ a tagok, a tagság
**membership card** tagsági (igazolvány)
**member state** tagköztársaság, tagállam
**membrane** /ˈmembreɪn/ ❶ sejthártya ❷ hártya, membrán
**memento** /məˈmentəʊ/ szuvenír, emlék(tárgy) ⓘ *NEM* ~~mementó~~
**memo** /ˈmeməʊ/ ❶ feljegyzés, emlékeztető, memorandum ❷ feljegyzés, jegyzet *make a memo* feljegyez vmit
**memoir** /ˈmemwɑː/ életrajz
**memoirs** /ˈmemwɑːz/ emlékiratok
**memo pad** jegyzetblokk, jegyzettömb
**memorable** /ˈmemərəbəl/ emlékezetes
**memorandum** /ˌmeməˈrændəm/ **memorandums** VAGY **memoranda** /ˌmeməˈrændə/ ❶ memorandum, emlékeztető, feljegyzés ❷ (diplomáciai) jegyzék
**memorial** /məˈmɔːrɪəl/ emlékmű
**memorial plate** VAGY **memorial plaque** emléktábla, emlékplakett
**memorial service** búcsúztatás [temetőben]
**memorize** /ˈmeməraɪz/ memorizál, megjegyez
**memory** /ˈmemərɪ/ ❶ emlékezet, emlékezőtehetség *if my memory serves me (well* ha nem csal az emlékezetem *from memory* emlékezetből *to the best of my memory* legjobb emlékezetem szerint ❷ emlék, emlékkép ❸ vkinek az emléke *in memory of smb* vki emlékére ❹ memória(egység)
**men** /men/ ☞ man
**menace** /ˈmenəs/ *FNÉV*
❶ fenyegetés, veszély ❷ fenyegető/veszélyes ember ❸ bosszantó/rémes alak
**menace** *IGE*
fenyeget, veszélyeztet
**ménage** /meɪˈnɑːʒ/ háztartás
**menagerie** /məˈnædʒərɪ/ állatsereglet
**mend** /mend/ *FNÉV*
❶ folt [javítás helye] ❷ *on the mend* javulóban, lábadozóban
**mend** *IGE*
❶ (meg)javít, kijavít *mend ⁝one's⁝ ways* megjavul, jó útra tér ❷ megfoltoz ❸ javul, javulóban/gyógyulófélben van
**menial** /ˈmiːnɪəl/ alantas, fizikai [munka]
**menopausal** /ˌmenəʊˈpɔːzəl/ klimaxos
**menopause** /ˈmenəʊpɔːz/ [női] klimax
**men's** /menz/ ❶ férfi- [sportban] *men's national team* férfiválogatott ❷ férfi- *mens' wallet* férfi pénztárca
**menses** /ˈmensiːz/ havivérzés, menstruáció
**mens' room** VAGY **mens room** férfivécé
**menstrual period** /ˌmenstruəl ˈpɪərɪəd/ havivérzés, menstruáció
**menstruate** /ˈmenstrueɪt/ menstruál
**menstruation** /ˌmenstruˈeɪʃən/ havivérzés, menstruáció
**menswear** VAGY **men's wear** /ˈmenzweə/ ↯ *NEM MEGSZÁML.* férfi konfekció/ruházat
**mental** /ˈmentəl/ észbeli, elmebeli, szellemi
**mental defective** *FNÉV* szellemi fogyatékos
**mental deficiency** VAGY **mental handicap** szellemi fogyatékosság
**mental home** VAGY **mental hospital** elmegyógyintézet
**mental hygiene** mentálhigiénia
**mentality** /menˈtælɪtɪ/ gondolkodásmód, mentalitás, alkat
**mentally handicapped** szellemileg fogyatékos
**mental note** *make a mental note of smth* jól megjegyez vmit
**menthol** /ˈmenθɒl/ mentol
**mention** /ˈmenʃən/ *FNÉV*
❶ (meg)említés *get a mention* megemlít(őd)ik ❷ *honourable mention* elismerés, dicséret
**mention** *IGE*
(meg)említ, szóvá tesz, beszél vkinek vmiről *I mentioned this to John* említettem ezt Johnnak *not to mention smth* nem is említve vmit / nem is beszélve vmiről *don't mention it!* szóra sem érdemes!
**mentor** /ˈmentɔː/ tanító, mentor, tanácsadó
**menu** /ˈmenjuː/ ❶ étlap, étrend, menü ❷ [szá-

mítógépes] menü ⓘ *NEM* [pl. turista] ~~menü~~

**meow** /mɪˈaʊ/ *IND.SZÓ*
miaú, nyau

**meow** *IGE*
nyávog

**mercenary** /ˈmɜːsənərɪ/ zsoldos(katona)

**merchandise** /ˈmɜːtʃəndaɪz/ *FNÉV*
❶ áru(cikk) ❷ vmely film/előadás/esemény kapcsán árusított termékek (pl. kulcstartók]

**merchandise** *IGE*
❶ terjeszt, forgalmaz ❷ filmhez kapcsolódóan egyéb termékeket [jelvények/kulcstartók stb.] gyárt/terjeszt

**merchant** /ˈmɜːtʃənt/ (nagy)kereskedő

**merchant bank** kereskedelmi bank

**merchant navy** ❶ kereskedelmi flotta ❷ kereskedelmi hajó legénysége

**merchant seaman** *TBSZ* **merchant seamen** kereskedelmi tengerész/matróz

**merciful** /ˈmɜːsɪfəl/ irgalmas, könyörületes

**mercifully** /ˈmɜːsɪfəlɪ/ szerencsére

**merciless** /ˈmɜːsɪləs/ irgalmatlan, könyörtelen

**mercury** /ˈmɜːkjʊrɪ/ higany

**mercy** /ˈmɜːsɪ/ ❶ irgalom, kegyelem, könyörület(esség) *have mercy on smb* megkönyörül vkin *leave smb to the mercies of smb* vkit kiszolgáltat vki kénye-kedvének ❷ szerencse *it's a mercy that...* szerencse, hogy...

**mercy killing** euthanázia

**mere** /mɪə/ puszta, merő *the mere thought* (már) maga a gondolat *by a mere twelve votes* mindössze tizenkét szavazattal

**merely** /ˈmɪəlɪ/ csupán, mindössze(sen), pusztán

**merge** /ˈmɜːdʒ/ ❶ egybeolvaszt, egyesít *merge two firms* egyesít két céget ❷ egybeolvad ❸ egyesül, fuzionál, találkozik

**merger** /ˈmɜːdʒə/ ❶ fúzió ❷ cégfúzió

**meridian** /məˈrɪdɪən/ ❶ délkör, meridián ❷ csúcspont, tetőpont

**meringue** /məˈræŋ/ habcsók(figura)

**merit** /ˈmerɪt/ *FNÉV*
❶ érdem *certificate of merit* elismerő oklevél ❷ előny, érdem, jó tulajdonság *judge smth on its merits* a konkrét esetet mérlegelve ítél

**merit** *IGE*
(ki)érdemel, megérdemel, vmire érdemes

**mermaid** /ˈmɜːmeɪd/ hableány, sellő

**merry** /ˈmerɪ/ ❶ vidám, jókedvű ❷ spicces

**merry-go-round** ❶ körhinta, ringlispíl ❷ forgatag, zaj

**merrymaking** /ˈmerɪmeɪkɪŋ/ mulatság, vidámság, vigalom

**merrythought** húzócsont, „kívánó" csont

**mesdames** ☞ madam, madame

**mesh** /meʃ/ *FNÉV*
❶ háló *wire mesh* drótháló ❷ hálószem, hálólyuk ❸ szemnagyság/lyukbőség

**mesh** *IGE*
❶ összekapcsolódnak [fogaskerekek] ❷ összeillik [minőségek/elképzelések]

**mesmerize** /ˈmezməraɪz/ ❶ megigéz, rabul ejt ❷ hipnotizál, delejez

**mess** /mes/ *FNÉV*
❶ rendetlenség *the kitchen's in a mess* rendetlenség van a konyhában *you look a mess* szörnyen nézel ❷ baj *be in a (bad) mess* nagy bajban/pácban van ❸ kantin, étkezde [hajón/hadseregben] ❹ kutyapiszok *make a mess on the carpet* odapiszkít a szőnyegre ❺ *make a mess of smth* elront/tönkretesz vmit

**mess** *IGE*
együtt étkezik [étkezdében]

**mess about** VAGY **mess around** ❶ cselleng, lézeng, vacakol ❷ mellébeszél, hablatyol ❸ *mess smb about/around* bosszant vkit, szórakozik/vacakol vkivel ❹ *mess about/around with smb/smth* babrál, piszmog vmivel

**mess up** *mess smth up* eltol, elfuserál, elront, összekuszál

**mess with** *mess with smb/smth* ❶ kapcsolatba kerül vmivel, kezd/próbálkozik vmivel *mess with stolen goods* lopott árukkal kereskedik ❷ bosszant vkit, vacakol/szórakozik vkivel

**message** /ˈmesɪdʒ/ ❶ üzenet, közlés, értesítés ❷ mondanivaló, üzenet

**messenger** /ˈmesɪndʒə/ hírnök, hírvivő

**messiah** VAGY **Messiah** /məˈsaɪə/ messiás

**mess kit** tábori étkészlet/főzőeszközök

**mess room** kantin, étkezde [hajón/hadseregben]

**mess tin** csajka [katonai]

**messy** /ˈmesɪ/ ❶ rendetlen ❷ rendetlenséggel/piszokkal járó ❸ sok bajjal járó

**met** ☞ meet

**metabolism** /məˈtæbəlɪzəm/ anyagcsere

**metal** /ˈmetəl/ ❶ fém, fém- ❷ zúzottkő

**metal detector** fémdetektor

**metallurgical** /ˌmetəˈlɜːdʒɪkəl/ kohászati

**metallurgy** /meˈtælədʒɪ/ kohászat, fémgyártás

**metalwork** ❶ fémmegmunkálás ❷ fémmunka

**metaphor** /ˈmetəfə/ VAGY /ˈmetəfɔː/ metafora

**metaphorical** /ˌmetəˈfɒrɪkəl/ metaforikus

**metaphorically** /ˌmetəˈfɒrɪklɪ/ képletesen, metaforikusan, átvitt értelemben

**meteor** /ˈmiːtɪə/ meteor

**meteorite** /ˈmiːtɪəraɪt/ meteorit

**meteorological** /ˌmiːtɪərəˈlɒdʒɪkəl/ meteorológiai

**meteorological office** meteorológiai intézet

**meteorologist** /ˌmiːtɪəˈrɒlədʒɪst/ meteorológus

**meteorology** /ˌmiːtɪəˈrɒlədʒɪ/ meteorológia

**meter** /ˈmiːtə/ ❶ mérőóra, gázóra, villanyóra, fogyasztásmérő *parking meter* parkolóóra *gas meter* gázóra ❷ *US* méter ❸ *US* versmérték

**methanol** /ˈmeθənɒl/ faszesz, metilalkohol

**method** /ˈmeθəd/ ❶ módszer, eljárás, metódus ❷ rendszeresség

**methodical** /məˈθɒdɪkəl/ módszeres, rendszeres, tervszerű

M

**Methodist** /ˈmeθədɪst/ metodista
**methodology** /ˌmeθəˈdɒlədʒɪ/ módszertan
**meticulous** /məˈtɪkjʊləs/ aprólékos(kodó)
**Met Office** meteorológiai szolgálat/intézet
**metre** /ˈmiːtə/ ❶ versmérték, ütem ❷ méter
**metric** /ˈmetrɪk/ ❶ méter- és kilogram-rendszerű, metrikus *go metric* metrikus rendszerre tér át ❷ időmértékes
**metrical** /ˈmetrɪkəl/ időmértékes
**metrics** /ˈmetrɪks/ verstan, metrika
**metric system** méter- és kilogramm-rendszer, tízes/metrikus rendszer [nem angolszász]
**metro** /ˈmetrəʊ/ metró
**metronome** /ˈmetrənəʊm/ metronóm
**metropolis** /məˈtrɒpəlɪs/ ❶ főváros ❷ világváros, metropolisz
**metropolitan** /ˌmetrəˈpɒlɪtən/ *FNÉV*
metropolita
**metropolitan** *MNÉV*
❶ fővárosi, nagyvárosi ❷ központi
**mezzanine** /ˈmetsəniːn/ VAGY /ˈmezəniːn/ ❶ magasföldszint, félemelet ❷ *US* első emeleti erkély első sorai [színházban]
**mezzo-soprano** /ˌmetsəʊsəˈprɑːnəʊ/ mezzoszoprán
**MF** = medium frequency
**mg** = milligram; milligrams
**mgmt** = management
**mgr.** = manager
**mgt.** = management
**MHz** = megahertz
**mi** = mile; miles
**MIA** = missing in action
**miaow** /mɪˈaʊ/ *FNÉV/IGE* nyávog(ás)
**mice** ☞ mouse
**micro** /ˈmaɪkrəʊ/ ❶ mikró, mikrohullámú sütő ❷ mikroprocesszor ❸ mikrokomputer
**microbe** /ˈmaɪkrəʊb/ mikroba
**microbiologist** /ˌmaɪkrəʊbaɪˈɒlədʒɪst/ mikrobiológus
**microbiology** /ˌmaɪkrəʊbaɪˈɒlədʒɪ/ mikrobiológia
**microchip** /ˈmaɪkrəʊtʃɪp/ mikrochip
**microcook** /ˈmaɪkrəʊkʊk/ mikróban készít
**microeconomic** /ˌmaɪkrəʊiːkəˈnɒmɪk/ mikrogazdasági
**microeconomics** /ˌmaɪkrəʊiːkəˈnɒmɪks/ mikrogazdaságtan
**microeconomy** /ˌmaɪkrəʊɪˈkɒnəmɪ/ mikrogazdaság
**microorganism** /ˌmaɪkrəʊˈɔːgənɪzəm/ mikroorganizmus
**microphone** /ˈmaɪkrəfəʊn/ mikrofon
**microprocessor** /ˌmaɪkrəʊˈprəʊsesə/ mikroprocesszor
**microscope** /ˈmaɪkrəskəʊp/ mikroszkóp
**microscopic** /ˌmaɪkrəˈskɒpɪk/ ❶ mikroszkopikus, parányi ❷ mikroszkópos
**microwave** /ˈmaɪkrəʊweɪv/ *FNÉV*
❶ mikrósütő ❷ mikrohullám
**microwave** *IGE*
mikróban készít
**microwaveable** VAGY **microwavable** mikrósütőben használható
**microwave oven-proof** mikrósütőben használható
**mid-** /mɪd/ közép(ső), vmi közötti, -közi
**midday** ❶ dél, délidő ❷ déli, délidei
**middle** /ˈmɪdəl/ *FNÉV*
❶ közép, vmi közepe *in the middle* középen ❷ derék *round the middle* deréktájon
**middle** *MNÉV*
középső, közép- *middle size* közepes méret
**middle age** középkor
**middle-aged** középkorú
**Middle Ages** *the Middle Ages* a középkor
**middle class** VAGY **middle classes** középosztály(ok)
**middle-class** ❶ középosztálybeli ❷ kispolgári
**middle course** *take/follow a/the middle course* (a) középutat választ(ja)
**middle finger** középső ujj
**middle manager** középvezető
**middle name** középső név
**middle-of-the road** /ˌmɪdələvðəˈrəʊd/ középutas, átlagos, óvatos
**middle sized** közepes (méretű)
**middleweight** középsúly *light middleweight* nagyváltósúly
**middling** /ˈmɪdlɪŋ/ *MNÉV/HAT.SZÓ* közepes(en)
**midfield** ❶ középpálya ❷ a középpályások
**midfielder** középpályás (játékos)
**midge** /mɪdʒ/ szúnyog
**midget** /ˈmɪdʒɪt/ törpe [ember]
**midland** /ˈmɪdlənd/ ❶ vmely ország középső területe ❷ ország középső részéből való
**midlife crisis** /ˌmɪdlaɪf ˈkraɪsɪs/ középkorúak élet-krízise
**midnight** /ˈmɪdnaɪt/ éjfél
**midpoint** /ˈmɪdpɔɪnt/ középpont
**midst** /mɪdst/ *in the midst of smth* vmi közepén vmi/vki között, vmi közepette
**midsummer** /ˈmɪdsʌmə/ ❶ nyárközép, a nyár dereka ❷ nyári napforduló
**Midsummer Day** Szent Iván napja
**midterm** VAGY **midterm exam** VAGY **midterm test** zárthelyi/évközi teszt/dolgozat
**midtown** *MNÉV/HAT.SZÓ US* a városközpont közelében [de nem a centrumban] (lévő)
**midway** *MNÉV/HAT.SZÓ* ❶ feleúton, félúton (lévő) ❷ félidőben
**midweek** *MNÉV/HAT.SZÓ* a hét közepén (történő)
**midwife** /ˈmɪdwaɪf/ *TBSZ* **midwives** /ˈmɪdwaɪvz/ bába, szülésznő *male midwife* szülész, férfi bába
**midwifery** /ˌmɪdˈwɪfərɪ/ szülészet
**might** /maɪt/ *FNÉV*
erő *with/by might and main* minden/teljes erővel
**might** *SEGÉDIGE*
❶ [lehetőség] *she might be there* lehet, hogy

már ott van *the rope might break* elszakadhat a kötél *she might have been hit by the bus* elüthette volna a busz *we might (just) as well go* akár mehetünk is ❷ [lehetőség múltidejű főmondattal *may* helyett] *I thought she might be there* azt gondoltam, esetleg már ott van ❸ [engedély] *might I come in, sir?* bejöhetek, uram? ❹ [engedély múltidejű főmondattal a *may* helyett] *I asked him if I might enter* megkérdeztem, bejöhetek-e ❺ [célhatározásban] *so that she might decide* hogy dönthessen ❻ [célhatározásban múltidejű főmondattal *may* helyett] *we gave her enough information so that she might decide* elég információt adtunk neki, hogy dönthessen ❼ [tanácsadás, feddés] *you might say hello!* köszönhetnél!

**mightn't** /ˈmaɪtənt/ [= might not]

**mighty** /ˈmaɪtɪ/ hatalmas, nagy, erős *mighty king* hatalmas király

**migrant** /ˈmaɪgrənt/ FNÉV
vándormadár

**migrant** MNÉV
vándorló, nomád *migrant labour* vándor munkások

**migrate** /maɪˈgreɪt/ vándorol [madár/hal/nép], költözik [madár]

**migration** /maɪˈgreɪʃən/ ❶ migráció, népességvándorlás, népességmozgás ❷ vándorlás, költözés [állatoké]

**mike** /maɪk/ ❶ mikrofon ❷ telefon- ill. rádióösszeköttetésnél és betűzésnél az M betű szava

**mild** /maɪld/ ❶ enyhe *mild winter/fever* enyhe tél/láz ❷ szelíd, kedves ❸ könnyű, gyenge [cigaretta/étel]

**mildew** /ˈmɪldjuː/ penész

**mildewy** /ˈmɪldjuːɪ/ penészes

**mildly** /ˈmaɪldlɪ/ ❶ szelíden ❷ kevéssé, enyhén, alig ❸ *to put it mildly* enyhén szólva

**mile** /maɪl/ ❶ mérföld (kb.1,6 km) *sea mile* tengeri mérföld (kb.18,5 km)
KIFEJEZÉSEKBEN: *you can see a mile away/off* messziről nyilvánvaló *miles from nowhere* az Isten háta mögött

**mileage** /ˈmaɪlɪdʒ/ ❶ mérföldek száma, mérföldtávolság *what mileage does it do per gallon?* milyen távon fogyaszt egy gallont? ❷ mérföldpénz *be paid a mileage* „kilométerpénzt" kap ❸ haszon, eredmény *this scheme has a lot of mileage left* ebben a tervben még sok lehetőség van

**mileage allowance** kilométerpénz

**milepost** /ˈmaɪlpəust/ US mérföldkő

**milestone** /ˈmaɪlstəun/ ❶ mérföldkő ❷ mérföldkő, fontos esemény

**militarism** /ˈmɪlɪtərɪzəm/ militarizmus

**militarist** /ˈmɪlɪtərɪst/ FNÉV militarista

**militaristic** /ˌmɪlɪtəˈrɪstɪk/ MNÉV militarista

**militarize** /ˈmɪlɪtəraɪz/ militarizál

**military** /ˈmɪlɪtərɪ/ FNÉV
*the military* a hadsereg, a katonaság

**military** MNÉV
❶ katonai, hadi, harci, katona- ❷ katonás

**military band** rezesbanda

**military intelligence** katonai hírszerzés

**military hospital** katonakórház

**military police** tábori csendőrség

**military policeman** TBSZ **military policemen** tábori csendőr

**military service** kötelező katonai szolgálat

**militia** /məˈlɪʃə/ polgárőrség, nemzetőrség

**militiaman** /mɪˈlɪʃəmən/ TBSZ **militiamen** /mɪˈlɪʃəmən/ nemzetőr, polgárőr

**milk** /mɪlk/ FNÉV
tej *skimmed milk* lefölözött tej
KIFEJEZÉSEKBEN: *it's no use crying over spilt milk* késő bánat – ebgondolat *cry over spilt milk* a megváltoztathatatlanon bánkódik

**milk** IGE
❶ (meg)fej ❷ tejel ❸ „megfej" vkit ❹ kígyót „megfej" [mérgét leveszi]

**milk float** tejszállító kocsi [tejesemberé]

**milk glass** tejüveg

**milkmaid** fejőlány, fejőnő

**milkman** /ˈmɪlkmən/ TBSZ **milkmen** /ˈmɪlkmən/ tejesember

**milk powder** tejpor

**milk round** tejesember területe/körútja

**milk shake** turmix, shake

**milk tooth** TBSZ **milkteeth** tejfog

**mill** /mɪl/ FNÉV
❶ malom ❷ gyár, üzem *paper mill* papírgyár ❸ őrlő, daráló *pepper mill* borsdaráló ❹ megpróbáltatás *go through the mill* kálváriát jár

**mill** IGE
őröl, darál zúz

**millenary** /ˈmɪlənərɪ/ FNÉV
❶ ezer év, ezredév ❷ millennium

**millenary** MNÉV
ezredév(es)

**millennial** /mɪˈlenɪəl/ ❶ ezerévenkénti, millenniumi ❷ ezeréves, az ezredik évfordulóval kapcsolatos

**millennium** /mɪˈlenɪəm/ ❶ ezer év, ezredév, millennium ❷ ezredik évforduló

**miller** /ˈmɪlə/ ❶ molnár ❷ malomtulajdonos

**millet** /ˈmɪlət/ köles

**millibar** /ˈmɪlɪbɑː/ millibar

**milligramme** VAGY **milligram** /ˈmɪlɪgræm/ milligramm

**millilitre** /ˈmɪlɪliːtə/ milliliter

**millimetre** /ˈmɪlɪmiːtə/ milliméter

**million** /ˈmɪlɪən/ millió *two million* kétmillió *a chance in a million* egy a millióhoz esély

**millionaire** /ˌmɪlɪəˈneə/ milliomos

**millionairess** /ˌmɪljəˈneərɪs/ milliomosnő

**millionth** /ˈmɪlɪənθ/ (egy)milliomodik

**millstone** malomkő

**mime** /maɪm/ FNÉV

M

❶ némajáték ❷ pantomim

**mime** *IGE*
némajátékkal ábrázol, elmutogat vmit

**mimic** *MNÉV*
❶ alakutánzó, környezet-utánzó ❷ megjátszott, tettetett

**mimic** *IGE*
❶ utánoz, parodizál ❷ hasonlít vmire

**min.** = minimum; minor; minute(s)

**minaret** /ˌmɪnəˈret/ VAGY /ˈmɪnəret/ minaret

**mince** /mɪns/ *FNÉV*
❶ darált marhahús, vagdalthús ❷ *US* mazsolás/almás/rumos töltelék

**mince** *IGE*
❶ apróra vagdal, darál [húst] ❷ tipeg
KIFEJEZÉSEKBEN: *not mince matters* nem szépítget/kertel/köntörfalaz

**minced meat** /ˈmɪnst miːt/ darált marhahús

**mincemeat** /ˈmɪnsmiːt/ ❶ mazsolás/almás/rumos töltelék ❷ vagdalthús

**mincepie** /ˈmɪnspaɪ/ pite/„kosárka" mazsolás/almás/rumos töltelékkel

**mincing machine** /ˈmɪnsɪŋ məˈʃiːn/ húsdaráló

**mind** /maɪnd/ *FNÉV*
❶ értelem, elme, ész *have smth in mind* vmire gondol *it never crossed my mind* sose jutott eszembe *put it out of your mind* ne gondolj rá *be on smb's mind* aggasztja/nyomasztja vmi *with this in mind* erre való tekintettel ❷ észbeli képesség *be in ≥one's≤ right mind* épelméjű ❸ emlékezet *keep smth in mind* gondol vmire, nem feledkezik meg vmiről *go out of ≥one's≤ mind* kimegy a fejéből ❹ figyelem *keep ≥one's≤ mind on smth* vmire összpontosítja figyelmét ❺ szándék, elhatározás, kedv *have a mind to do smth* kedve van vmit tenni *change ≥one's≤ mind* meggondolja magát *make up ≥one's≤ mind* dönt, elhatározza magát ❻ vélemény, gondolkodásmód *to my mind* véleményem szerint, szerintem *change ≥one's≤ mind* megváltozik a véleménye *be of the same mind on smth* egy véleményen van vmiben ❼ elme, koponya, szellem ❽ lélek *peace of mind* lelki nyugalom *state of mind* lelkiállapot, kedv *in his mind's eye* lelki szemei előtt ❾ szellem *mind over matter* a szellem elsődlegessége az anyaghoz képest
KIFEJEZÉSEKBEN: *time out of mind* számtalanszor *great minds think alike* nagy szellemek, ha találkoznak *give smb a piece of ≥one's≤ mind* megmondja vkinek a magáét

**mind** *IGE*
❶ vigyáz vmire/vmivel *mind the step* vigyázz a lépcsőn! ❷ törődik vmivel, figyel/ügyel vmire, figyelembe vesz *don't mind me* ne törődj velem *mind where you put it* vigyázz, hova teszed! *mind you don't drop it* vigyázz, le ne ejtsd! *mind your own business* törődjön a maga dolgával ❸ kifogásol, ellenez *I don't mind* nem bánom, nekem mindegy *if you don't mind* ha nincs kifogása ellene *do you mind if...?* nem baj, ha...? *would you mind opening the windows?* megtenné, hogy kinyitja az ablakokat? ❹ felügyel, vigyáz, ügyel vkire/vmire *mind the dog* vigyáz a kutyára *mind my suitcase while I make a call* figyelj a bőröndömre, amíg telefonálok
KIFEJEZÉSEKBEN: *never mind!* nem baj! nem számít! *mind (you)* {MONDAT} ne felejtsd/felejtsük el, hogy {MONDAT}

**-minded** /maɪndɪd/ ❶ vmilyen hajlamú/beállítottságú ❷ vmivel törődő, vmi fontosságát belátó *safety-minded* a biztonságra odafigyelő

**minder** /ˈmaɪndə/ ❶ kezelő, felvigyázó [gépé] ❷ (híresség/bűnöző) testőr(e) ❸ politikus/jelölt tanácsadója, PR-embere

**mindless** /ˈmaɪndləs/ esztelen, értelmetlen

**mind reader** gondolatolvasó

**mindset** /ˈmaɪndset/ gondolkodásmód

**mine** /maɪn/ *FNÉV*
❶ bánya ❷ kincsestár, tárház *a mine of information* információs kincsestár ❸ akna *lay a mine* aknát rak

**mine** *NÉVMÁS*
az enyém/enyémek *the pen is mine* a toll enyém *the pens are mine* a tollak enyémek *mine is here* az enyém itt van *a friend/book of mine* egy barátom/könyvem

**mine** *IGE*
❶ bányászik, fejt *mine for coal* szenet bányászik ❷ aláaknáz, elaknásít ❸ aknával elpusztít

**mine detector** aknakereső

**minefield** ❶ aknamező ❷ veszélyes terep

**miner** /ˈmaɪnə/ bányász

**mineral** /ˈmɪnərəl/ ❶ ásvány ❷ ásványvíz ❸ „ásvány", élettelen [barkochba-játékban]

**mineral kingdom** az ásványvilág

**mineralogical** /ˌmɪnərəˈlɒdʒɪkəl/ásványtani

**mineralogist** /ˌmɪnəˈrælədʒɪst/ ásványtudós

**mineralogy** /ˌmɪnəˈrælədʒɪ/ ásványtan

**mineral water** ásványvíz

**mingle** /ˈmɪŋgəl/ ❶ összekever, elegyít *with mingled feelings* vegyes érzelmekkel ❷ (össze)keveredik, összevegyül *mingle with the crowd* elvegyül a tömegben

**miniature** /ˈmɪnətʃə/ *GB*, /ˈmɪnɪətʃər/ *US* *FNÉV*
❶ miniatúra, miniatűr ❷ *in miniature* kicsiben

**miniature** *MNÉV*
kis méretű, miniatűr

**miniaturize** /ˈmɪnətʃəraɪz/ *GB*, /ˈmɪnɪətʃəraɪz/ *US* miniatürizál

**minibus** /ˈmɪnɪbʌs/ mikrobusz

**minimal** /ˈmɪnɪməl/ minimális, csekély

**minimization** /ˌmɪnɪmaɪˈzeɪʃən/ ❶ minimálisra csökkentés ❷ lekicsinylés, bagatellizálás

**minimize** /ˈmɪnɪmaɪz/ ❶ minimálisra csökkent ❷ lekicsinyel, bagatellizál

**minimum** /ˈmɪnɪməm/ ❶ minimum ❷ minimális, minimum-

**mining** /ˈmaɪnɪŋ/ bányászat, bányászás
**mining engineer** bányamérnök
**mini-series** /ˈmɪnɪsɪəri:z/ rövid tévésorozat
**mini skirt** miniszoknya
**minister** /ˈmɪnɪstə/ ❶ miniszter ❷ lelkész
**ministerial** /ˌmɪnɪˈstɪərɪəl/ ❶ miniszteri, minisztereket érintő ❷ lelkészi, lelkipásztori
**minister of state** ❶ (minisztériumi) államtitkár ❷ (állam)miniszter
**minister without portfolio** tárca nélküli miniszter
**ministry** /ˈmɪnɪstrɪ/ ❶ (szak)tárca, minisztérium ❷ lelkészek, papság
**mini system** mini hifitorony, minitorony
**minium** /ˈmɪnɪəm/ minium
**mink** /mɪŋk/ ❶ nyérc ❷ nercprém
**minor** /ˈmaɪnə/ FNÉV
❶ kiskorú (személy) ❷ moll hangnem ❸ mellékszak, „minor" tárgy
**minor** MNÉV
❶ kisebb, kicsi, csekélyebb, csekély *a minor change* kis(ebb) változás ❷ kiskorú ❸ fiatalabbik *Newman minor* ifjabb Newman ❹ moll *G minor* G moll *in a minor key* mollban
**minority** /maɪˈnɒrɪtɪ/ ❶ kisebbség, minoritás *be in the minority* kisebbségben van ❷ kisebbségi ❸ kiskorúság
**minority report** különvélemény *produce a minority report* különvéleményt jelent be
**minor scale** moll hangsor
**minstrel** /ˈmɪnstrəl/ dalnok, kobzos
**mint** /mɪnt/ FNÉV
❶ pénzverde ❷ forrás, eredet ❸ egy vagyon *he must be making a mint!* rengeteg pénzt kereshet! ❹ menta ❺ mentolos édesség KIFEJEZÉSEKBEN: *be in mint condition* vadonatúj (állapotban van)
**mint** IGE
[pénzt] ver
**mint sauce** mentamártás
**minuend** /ˈmɪnjʊend/ a kisebbítendő
**minuet** /ˌmɪnjʊˈet/ menüett
**minus** /ˈmaɪnəs/ FNÉV
❶ mínuszjel ❷ hátrány, rosszpont
**minus** MNÉV
❶ mínusz, negatív ❷ „alá" *a B and a B minus* egy 4-es és egy 4-es alá [osztályzat]
**minus** ELÖLJ.
❶ -ból, mínusz *five minus two leaves three* öt mínusz kettő az három ❷ nélkül
**minute** /ˈmɪnɪt/ FNÉV
❶ perc *two minutes past four* két perccel négy után *on the minute / to the minute* percnyi pontossággal ❷ pillanat, perc *I won't be a minute* egy perc, és kész vagyok *have you got a minute?* van egy perce? ❸ *the minute* amint, ahogy
**minute** /maɪˈnju:t/ MNÉV
❶ parányi, apró ❷ aprólékos, részletes
**minute hand** /ˈmɪnɪt hænd/ percmutató
**minutes** /ˈmɪnɪts/ jegyzőkönyv, emlékeztető *take minutes* jegyzőkönyvet vezet
**miracle** /ˈmɪrəkəl/ csoda
**miraculous** /mɪˈrækjʊləs/ csodálatos
**mirage** /ˈmɪrɑ:ʒ/ VAGY /məˈrɑ:ʒ/ délibáb, káprázat *pursue a mirage* délibábot kerget
**mirror** /ˈmɪrə/ FNÉV
tükör *shaving mirror* borotválkozó tükör
**mirror** IGE
❶ (vissza)tükröz ❷ hasonlít vmire, tükörképe vminek ❸ tükröz [webhelyet]
**mirror image** tükörkép
**mirror site** (webhely)tükröző site, tükör-site
**mirth** /mɜ:θ/ felhőtlen boldogság/jókedv
**misalliance** /ˌmɪsəˈlaɪəns/ rangon aluli házasság
**misappropriate** /ˌmɪsəˈprəʊprɪeɪt/ (el)sikkaszt
**misappropriation** /ˌmɪsəprəʊprɪˈeɪʃən/ sikkasztás, hűtlen kezelés
**misbehave** /ˌmɪsbɪˈheɪv/ illetlenül viselkedik
**misbehaviour** /ˌmɪsbɪˈheɪvjə/ illetlen/helytelen viselkedés
**misc.** = miscellaneous; miscellany
**miscalculate** /mɪsˈkælkjʊleɪt/ hibásan/tévesen számít, elszámítja magát
**miscalculation** /ˌmɪskælkjʊˈleɪʃən/ hibás/téves számítás, számítási tévedés
**miscarriage** /mɪsˈkærɪdʒ/ vetélés, abortusz
**miscarry** /mɪsˈkærɪ/ ❶ elvetél, abortál ❷ kudarcot vall, rosszul sül el, célt téveszt
**miscellaneous** /ˌmɪsəˈleɪnɪəs/ vegyes
**mischief** /ˈmɪstʃɪf/ csíny(tevés), rosszalkodás *be up to mischief* rosszban sántikál
**mischievous** /ˈmɪstʃɪvəs/ csintalan, pajkos
**misconception** /ˌmɪskənˈsepʃən/ tévképzet
**misdemeanour** /ˌmɪsdɪˈmi:nə/ vétség, kihágás
**miser** /ˈmaɪzə/ FNÉV fösvény, zsugori
**miserable** /ˈmɪzrəbəl/ ❶ nyomorult, boldogtalan, szánalmas, siralmas ❷ gyatra, hitvány
**miserliness** /ˈmaɪzəlɪnəs/ fösvénység, fukarság, zsugoriság
**miserly** /ˈmaɪzəlɪ/ zsugori, fösvény, fukar
**misery** /ˈmɪzərɪ/ boldogtalanság, nyomor(úság)
**misfire** /ˌmɪsˈfaɪə/ FNÉV
❶ rosszul elsülés [fegyveré] ❷ gyújtáshiba [motoré], hibás gyújtás [motorban] ❸ csütörtököt mondás, rosszul elsülés [viccé]
**misfire** IGE
❶ csütörtököt mond, rosszul sül el ❷ nem gyújt [motor] ❸ nem jön be, nem sül el [vicc]
**misfortune** /mɪsˈfɔ:tʃən/ balszerencse, szerencsétlenség, baj, csapás
**misgiving** /mɪsˈgɪvɪŋ/ bizalmatlanság, aggály, kétség, rossz előérzet
**mishap** /ˈmɪshæp/ ❶ baleset, szerencsétlenség ❷ balszerencse
**mishear** /mɪsˈhɪə/, **misheard** /mɪsˈhɜ:d/, **misheard** /mɪsˈhɜ:d/ rosszul hall vmit/vkit
**misinform** /ˌmɪsɪnˈfɔ:m/ hibásan tájékoztat, félretájékoztat

M

**misinformation** /ˌmɪsɪnfəˈmeɪʃən/ félretájékoztatás, téves információ/informálás
**misinterpret** /ˌmɪsɪnˈtɜːprɪt/ rosszul értelmez, félreért, félremagyaráz
**misinterpretation** /ˌmɪsɪntɜːprəˈteɪʃən/ hibás/téves értelmezés, félreértelmezés
**misjudge** /ˌmɪsˈdʒʌdʒ/ rosszul/tévesen ítél meg
**mislay** /mɪsˈleɪ/, **mislaid** /mɪsˈleɪd/, **mislaid** /mɪsˈleɪd/ elveszít, elhány, (eltesz és) nem talál
**mislead** /mɪsˈliːd/, **misled** /mɪsˈled/, **misled** /mɪsˈled/ félrevezet, becsap, megtéveszt
**misleading** /mɪsˈliːdɪŋ/ félrevezető, megtévesztő
**mismanage** /ˌmɪsˈmænɪdʒ/ rosszul vezet/kezel vmit, rosszul gazdálkodik vmivel
**mismatch** /ˈmɪsmætʃ/ FNÉV
rossz / nem megfelelő összeill(eszt)és
**mismatch** /ˌmɪsˈmætʃ/ IGE
❶ rosszul/tévesen illeszt össze ❷ nem (igazán) jól illik össze
**misplace** /ˌmɪsˈpleɪs/ rossz helyre tesz, elhány, (eltesz és) nem talál
**misprint** /ˈmɪsprɪnt/ sajtóhiba, betűhiba
**mispronounce** /ˌmɪsprəˈnaʊns/ rosszul ejt ki
**misread** /mɪsˈriːd/, **misread** /mɪsˈred/, **misread** /mɪsˈred/ ❶ rosszul olvas ❷ rosszul ítél meg, félreért, félremagyaráz
**misrepresent** /ˌmɪsreprɪˈzent/ hamisan állít be, elferdítve ad elő / tálal
**misrepresentation** /ˌmɪsreprɪzenˈteɪʃən/ elferdítés, hamis/elferdített beállítás / tálalás
**Miss** /mɪs/ ❶ kisasszony *Miss Newby* Newby kisasszony ❷ tanárnő [megszólításban] ❸ kisasszony [megszólítás]
**miss** /mɪs/ FNÉV
elhibázás, eltévesztés, elvétés
KIFEJEZÉSEKBEN: *give smth a miss* kihagy vmit
**miss** IGE
❶ elhibáz, eltéveszt, elvét, mellémegy, nem talál (meg) *he missed (it)* nem találta(a el) *miss smb in the crowd* nem találja meg a tömegben *miss each other* elkerülik egymást *miss the point* nem érti meg a lényeget ❷ elmulaszt, elszalaszt, lemarad vmiről *miss the bus* lekésik a buszról ❸ megúszik vmit *narrowly miss* nem sokon múlik, hogy... ❹ hiányol *miss smb a lot* nagyon hiányzik vki ❺ hiányol [keres] *I didn't miss the key till I got home* nem hiányzott a kulcs, míg haza nem értem ❻ *be missing* hiányzik, nincs meg, elveszett, eltűnt *have two teeth missing* hiányzik két foga
KIFEJEZÉSEKBEN: *miss the boat/bus* elszalaszt vmely esélyt
**miss out** ❶ *miss smb/smth out* kihagy vkit/vmit ❷ *miss out (on smth)* veszít (vmit), kimarad vmiből
**missile** /ˈmɪsaɪl/ GB, /ˈmɪsəl/ US ❶ lövedék, hajítófegyver ❷ rakéta *nuclear missile* atomrakéta
**missing** /ˈmɪsɪŋ/ hiányzó, elveszett, eltűnt
**missing in action** ütközetben eltűnt
**missing link** ❶ hiányzó láncszem ❷ az állatok és ember közötti közbülső kapocs
**missing person** eltűnt személy
**mission** /ˈmɪʃən/ ❶ bevetés, [harci] feladat ❷ küldöttség *trade mission* kereskedelmi misszió ❸ küldetés, megbízás ❹ hivatás, misszió, küldetéstudat ❺ [vallási] misszió(s telep)
**missionary** /ˈmɪʃənərɪ/ hittérítő, misszionárius
**mission control** (bevetés)irányítóközpont
**misspell** /ˌmɪsˈspel/, **misspelled** VAGY **misspelt** /mɪsˈspelt/, **misspelled** VAGY **misspelt** /mɪsˈspelt/ hibával/hibásan/rosszul ír
**mist** /mɪst/ FNÉV
❶ köd ❷ fátyol [könnyes szem előtt]
**mist** IGE
❶ *mist smth (up)* elhomályosít, bepárásít ❷ *her eyes misted over* elhomályosodott a szeme/tekintete
**mistake** /mɪˈsteɪk/ FNÉV
hiba, tévedés, botlás *make a mistake* hibát követ el, hibáz, téved *by mistake* tévedésből, véletlenül
KIFEJEZÉSEKBEN: *and no mistake* kétségtelenül, nem vitás, annyi szent *make no mistake about it* arra mérget vehetsz
**mistake** /mɪˈsteɪk/, **mistook** /mɪˈstʊk/, **mistaken** /mɪˈsteɪkən/ IGE
eltéveszt, elvét, összetéveszt *I'd mistaken the address* eltévesztettem a címet
**mistake for** *mistake smb/smth for smb/smth* összetéveszt vkit/vmit vkivel/vmivel)
**mistaken** /mɪˈsteɪkən/ *be mistaken about smb/smth* téved vkivel/vmivel kapcsolatban
**mistletoe** /ˈmɪsəltəʊ/ fagyöngy
**mistook** ☞ mistake
**mistranslate** /ˌmɪstrænzˈleɪt/ rosszul fordít
**mistress** /ˈmɪstrəs/ ❶ úrnő, a ház úrnője ❷ gazda [nő] *the dog and its mistress* a kutya és gazdája ❸ szerető [nő] ❹ tanárnő *the new German mistress* az új némettanárnő
**mistrust** /mɪsˈtrʌst/ FNÉV
bizalmatlanság
**mistrust** IGE
nem bízik vkiben/vmiben
**mistrustful** /mɪsˈtrʌstfəl/ bizalmatlan
**misty** /ˈmɪstɪ/ ködös, homályos
**misunderstand** /ˌmɪsʌndəˈstænd/, **misunderstood** /ˌmɪsʌndəˈstʊd/, **misunderstood** /ˌmɪsʌndəˈstʊd/ félreért, rosszul ért
**misunderstanding** /ˌmɪsʌndəˈstændɪŋ/ ❶ félreértés ❷ nézeteltérés
**misuse** /mɪsˈjuːs/ FNÉV
❶ rossz/helytelen célra (fel)használás ❷ visszaélés
**misuse** /mɪsˈjuːz/ IGE
❶ rossz célra használ fel *misuse one's time* rosszul használja föl/ki az idejét ❷ tévesen/helytelenül használ ❸ rosszul bánik vkivel/vmivel
**mite** /maɪt/ ❶ atka ❷ pici/falat ❸ hangyányi *a*

*mite annoyed* egy hangyányit bosszús
**mitigate** /ˈmɪtɪgeɪt/ enyhít, csillapít, mérsékel
**mitigating circumstances** enyhítő körülmények
**mitt** /mɪt/ ❶ egyujjas/ujjatlan kesztyű *oven mitt* konyhai fogókesztyű ❷ baseball-kesztyű ❸ bokszkesztyű
**mitten** /ˈmɪtən/ ❶ egyujjas kesztyű ❷ ujjatlan kesztyű
**mix** /mɪks/ *FNÉV*
❶ keverék ❷ összeállítás, összetétel ❸ felvett zeneszám végső változata
**mix** *IGE*
❶ (össze)kever, vegyít, elegyít *mix butter and flour* vajat és lisztet összekever ❷ (össze)kombinál *mix business with pleasure* összekombinálja a munkát és a szórakozást ❸ keveredik, elegyedik, vegyül ❹ készít [ételt/italt/orvosságot] *mix a hot drink* forró italt kever/készít ❺ barátkozós *mix well (with the others)* könnyen barátkozik a többiekkel ❻ érintkezik, összejár vkivel ❼ mixel, kever [hangot]
**mix up** ❶ *get/be mixed up* összezavarodik, megzavarodik ❷ *mix smth/smb up* összekever, összezavar, összetéveszt ❸ *mix smth up* összekavar/összezavar/összekutyul
**mixed** /mɪkst/ ❶ kevert, vegyes ❷ vegyes, koedukált
**mixed blessing** nem egyértelmű áldás / jó is, rossz is
**mixed company** mindkét nemű társaság
**mixed doubles** vegyespáros
**mixed grill** vegyestál, vegyes sült-tál
**mixed metaphor** képzavar
**mixed pickles** vegyes savanyúság
**mixed relay** vegyesváltó
**mixed school** vegyes/koedukációs iskola
**mixer** /ˈmɪksə/ ❶ keverő (gép) *food mixer* háztartási robotgép *concrete mixer* betonkeverő ❷ alkoholhoz keverhető üdítőital/gyümölcslé ❸ keverő, mixer [hangmérnök] ❹ *good mixer* könnyen barátkozó ember ⓘ *NEM* ~~mixer~~ [bárban]
**mixer tap** keverőcsap
**mixture** /ˈmɪkstʃə/ ❶ keverék, elegy ❷ orvosság, keverék
**mix-up** zűrzavar, fejetlenség, kavarodás
**mk.** = mark
**mkt.** = market
**ml.** = mail; millilitre(s)
**mm.** = measures; thousands; millimetre(s)
**Mme.** = Madame
**mngr.** = manager
**mo.** = month; months
**Mo.** = Monday
**MO** = manually operated; money order
**moan** /məʊn/ *FNÉV*
❶ nyögés, nyögdécselés, sóhaj ❷ panaszkodás, nyafogás
**moan** *IGE*
❶ nyög, nyögdécsel, sóhajt, sóhajtozik ❷ jajgat, panaszkodik, nyafog
**moat** /məʊt/ várárok, vizesárok
**mob** /mɒb/ *FNÉV*
❶ tömeg, csőcselék ❷ tömeg, (ember)had ❸ *the mob / the Mob* a maffia
**mob** *IGE*
❶ megrohan, megtámad [tömeg] ❷ körülvesz, összecsődül vki körül
**mobile** /ˈməʊbaɪl/ *GB*, /ˈməʊbəl/ *US FNÉV*
❶ mobil(telefon) ❷ mobil [szobor]
**mobile** *MNÉV*
❶ mozgatható, mozgó ❷ könnyen mozgó/közlekedő, mozgékony
**mobile face** gumiarc
**mobile home** lakásnak használt lakókocsi
**mobile library** mozgókönyvtár
**mobile phone** mobil [telefon]
**mobile provider** mobilszolgáltató
**mobile telephone** mobiltelefon
**mobility** /məʊˈbɪlɪtɪ/ ❶ mozgékonyság ❷ mobilitás
**mobilization** /ˌməʊbəlaɪˈzeɪʃən/ mozgósítás, mobilizálás
**mobilize** /ˈməʊbəlaɪz/ ❶ mozgósít ❷ háborúra készülődik [hadsereg]
**mobster** /ˈmɒbstə/ gengszter, maffiózó
**mob war** maffiaháború, gengszterháború
**moccasin** /ˈmɒkəsɪn/ mokaszin(cipő) *a pair of moccasins* egy pár mokaszin
**mock** /mɒk/ ❶ gúny *make mock of smb* kigúnyol/kicsúfol vkit ❷ próbavizsga, gyakorlóvizsga
**mock** *MNÉV*
hamis, ál-, mű-, látszat-, -utánzat *mock modesty* álszerénység
**mock** *IGE*
❶ (ki)gúnyol, kinevet, kicsúfol *mock (at) smb* kigúnyol/kicsúfol vkit ❷ utánoz
**mockery** /ˈmɒkərɪ/ ❶ (ki)gúnyolás, (ki)csúfolás ❷ komolytalan/túl könnyű dolog, „vicc"
**mock exam** próbavizsga, gyakorlóvizsga, szimulált vizsga
**mockingbird** /ˈmɒkɪŋbɜːd/ sokszavú poszáta
**mock turtle soup** hamis teknőcleves
**mock-up** [méretazonos] modell, makett
**mod con** /mɒd ˈkɒn/ (modern) komfort *with all mod cons* összkomfortos
**modal** /ˈməʊdəl/ *FNÉV*
modális/módbeli segédige
**modal** *MNÉV*
modális, módbeli
**modal auxiliary** VAGY **modal verb** módbeli/modális segédige
**mode** /məʊd/ ❶ szokás, mód(ozat), divat *mode of life* életmód ❷ (üzem)mód ❸ hangnem
**model** /ˈmɒdəl/ *FNÉV*
❶ makett, modell *a model aeroplane* repülőmodell ❷ manöken, (divat)modell ❸ modell [pl. festőé] ❹ minta, modell *on the Austrian model* osztrák mintára ❺ mintakép, minta *role*

M

*model* példakép ❻ modell *new VW model* új VW modell ❼ vmi példája/mintája/mintaképe ❽ példás, példaértékű

**model** IGE

❶ mintáz, formál, alakít ❷ makettet/modellt készít ❸ (divat)modellként dolgozik ❹ modellként hord *she's modelling a black silk dress* fekete selyemruhát mutat be

**modelling clay** gyurma

**modem** /ˈməʊdəm/ modem

**moderate** /ˈmɒdərət/ FNÉV

mérsékelt/higgadt/józan ember

**moderate** /ˈmɒdərət/ MNÉV

❶ mérsékelt, higgadt, józan ❷ közepes

**moderate** /ˈmɒdəreɪt/ IGE

❶ mérsékel, enyhít, csökkent, visszafog ❷ mérséklődik, enyhül ❸ [vitavezetőként] moderál ❹ közvetít

**moderation** /ˌmɒdəˈreɪʃən/ ❶ (ön)mérséklet ❷ mérséklődés, csökkenés ❸ mérséklés, csökkentés

**moderator** /ˈmɒdəreɪtə/ ❶ közvetítő ❷ vizsgabizottság elnöke ❸ vitavezető, moderátor

**modern** /ˈmɒdən/ ❶ korszerű, modern ❷ újkori, újabb kori, mai

**modern history** újkori történelem

**modernism** /ˈmɒdənɪzəm/ modernizmus

**modernist** /ˈmɒdənɪst/ FNÉV modernista

**modernistic** /ˌmɒdəˈnɪstɪk/ ❶ modernista ❷ modernisztikus, (túl) modern

**modernity** /mɒˈdɜːnɪtɪ/ ❶ modernség, korszerűség ❷ modernitás

**modernization** /ˌmɒdənaɪˈzeɪʃən/ modernizáció, modernizálás, modernizálódás

**modernize** /ˈmɒdənaɪz/ korszerűsít, modernizál

**modern pentathlon** öttusa

**modest** /ˈmɒdɪst/ ❶ szerény (amivel kapcsolatban: *about*) ❷ igénytelen, egyszerű ❸ mérsékelt, szerény, csekély

**modesty** /ˈmɒdəstɪ/ szerénység *in all modesty* álszerénység nélkül

**modification** /ˌmɒdɪfɪˈkeɪʃən/ módosítás, változ(tat)ás

**modify** /ˈmɒdɪfaɪ/ módosít, megváltoztat

**modish** /ˈməʊdɪʃ/ divatos

**modular** /ˈmɒdjʊlə/ ❶ elemes, összerakható ❷ moduláris, modulos szerkezetű

**modulate** /ˈmɒdjʊleɪt/ ❶ árnyal, modulál ❷ hangnemet/hangszínt változtat ❸ szabályoz, alakít

**modulation** /ˌmɒdjʊˈleɪʃən/ hangnemváltozás, moduláció

**module** /ˈmɒdjuːl/ modul, elem, egység

**mogul** /ˈməʊgəl/ ❶ mogul, nagymogul ❷ mogul, császár *moguls of the film industry* a filmipar császárai

**moist** /mɔɪst/ [kellemesen] nedves

**moisten** /ˈmɔɪsən/ ❶ megnedvesít, benedvesít ❷ nedvesedik

**moisture** /ˈmɔɪstʃə/ nedvesség

**moisturize** /ˈmɔɪstʃəraɪz/ nedvesít

**moisturizing cream** hidratálókrém

**molar** /ˈməʊlə/ őrlőfog, zápfog

**mold** /məʊld/ FNÉV US

❶ penész(folt) [kenyéren/sajton] ❷ (öntő)forma, öntőminta ❸ televény(föld) ❹ jellem, típus

**mold** IGE US

❶ (meg)mintáz, (meg)formál ❷ formál, alakít [jellemet] dagaszt ❸ rásimít vmire

**molasses** /məˈlæsɪz/ US melasz

**mole** /məʊl/ ❶ vakond ❷ tégla, beépített ügynök ❸ hullámtörő, kikötőgát ❹ anyajegy

**molecular** /məˈlekjʊlə/ molekuláris

**molecule** /ˈmɒlɪkjuːl/ molekula

**molehill** /ˈməʊlhɪl/ vakondtúrás

KIFEJEZÉSEKBEN: *make a mountain out of a molehill* bolhából elefántot csinál

**moleskin** /ˈməʊlskɪn/ ❶ vakondprém ❷ pamutbársony

**molest** /məˈlest/ (szexuálisan) zaklat

**molestation** /ˌməʊleˈsteɪʃən/ (szexuális) háborgatás, zaklatás

**mollusc** VAGY **mollusk** /ˈmɒləsk/ puhatestű

**mollycoddle** /ˈmɒlɪkɒdəl/ kényeztet, babusgat

**mom** /mɒm/ mama

**moment** /ˈməʊmənt/ ❶ pillanat *in a moment* azonnal *at this moment* e pillanatban *for the moment* pillanatnyilag, egyelőre ❷ nyomaték ❸ jelentőség

KIFEJEZÉSEKBEN: *the moment (that)* amint

**momentarily** /ˈməʊməntərɪlɪ/ ❶ egy pillanatra ❷ US hamarosan

**momentary** /ˈməʊməntərɪ/ pillanatnyi, futólagos

**momentum** /məʊˈmentəm/ ❶ mozgásmennyiség, impulzus(momentum) ❷ lendület *gain momentum* lendületbe jön, erőre kap

**Mon.** = Monday

**monarch** /ˈmɒnək/ uralkodó

**monarchic** /məˈnɑːkɪk/ monarchikus

**monarchist** /ˈmɒnəkɪst/ monarchista, királypárti

**monarchy** /ˈmɒnəkɪ/ monarchia, királyság

**monastery** /ˈmɒnəstərɪ/ kolostor

**monastic** /məˈnæstɪk/ szerzetesi, kolostori *monastic order* szerzetesrend

**Monday** /ˈmʌndeɪ/ hétfő

**monetarism** /ˈmʌnɪtərɪzəm/ monetarizmus, monetáris szemlélet

**monetarist** /ˈmʌnɪtərɪst/ monetarista

**monetary** /ˈmʌnɪtərɪ/ pénzügyi, monetáris, pénz-

**monetary policy** pénzpolitika, pénzügypolitika, monetáris politika

**monetary restraint** monetáris korlátozás

**monetary system** pénzrendszer

**monetary unit** pénzegység

**money** /ˈmʌnɪ/ *NEM MEGSZÁML* pénz, vagyon *make/earn money* pénzt keres *raise money* pénzt gyűjt [vmilyen célra] *have money to burn / be made of money* felveti a pénz *money talks* a pénz beszél *come into money* örököl *marry money* pénzért házasodik
KIFEJEZÉSEKBEN: *for my money* énszerintem
**moneybags** pénzeszsák, dúsgazdag ember
**moneybox** persely
**moneychanger** pénzváltó
**money down** előleg
**moneyed** /ˈmʌnɪd/ gazdag, pénzes, vagyonos
**money-intensive** pénzigényes
**money laundering** pénzmosás
**moneymaker** jól jövedelmező üzlet/termék
**money market** ❶ devizatőzsde ❷ devizapiac, pénzpiac
**money order** pénzesutalvány
**money wages** nominálbér
**mongoose** /ˈmɒŋguːs/ mongúz
**mongrel** /ˈmʌŋgrəl/ ❶ korcs ❷ keverék
**monitor** /ˈmɒnɪtə/ *FNÉV*
❶ monitor, képernyő ❷ jelző/nyomonkövető berendezés ❸ monitor [stúdióban] ❹ külföldi rádióadásokat figyelő szakértő ❺ hetes, napos, ügyeletes [iskolában] ❻ monitor, kis hadihajó
**monitor** *IGE*
nyomon követ, figyel, [folyamatosan] ellenőriz
**monitor screen** monitor, képernyő
**monk** /mʌŋk/ szerzetes, barát
**monkey** /ˈmʌŋkɪ/ *FNÉV*
❶ majom ❷ *monkey on ›one's‹ back* súlyos gond [r.szerint drog]
**monkey** *IGE*
**monkey about** VAGY **monkey around** ❶ majomkodik, hülyéskedik ❷ *monkey about/around with smth* babrál/vacakol vmivel
**monkey bars** mászóka
**monkey bread** majomkenyér, baobab
**monkey nut** amerikai mogyoró
**monkey wrench** állítható csavarkulcs, franciakulcs
KIFEJEZÉSEKBEN: *throw the monkey wrench into the machine* beleköp a levesbe
**monochrome** /ˈmɒnəkrəʊm/ ❶ egyszínű, monokróm ❷ szürke, egyhangú, egyszínű
**monocle** /ˈmɒnəkəl/ monokli
**monogamous** /məˈnɒgəməs/ egynejű, monogám
**monogamy** /məˈnɒgəmɪ/ egynejűség
**monokini** /ˈmɒnəʊkiːnɪ/ monokini
**monolingual** /ˌmɒnəʊˈlɪŋgwəl/ egynyelvű
**monologue** VAGY **monolog** *US* /ˈmɒnəlɒg/ monológ
**monopolist** /məˈnɒpəlɪst/ monopolista
**monopolistic** /məˌnɒpəˈlɪstɪk/ monopolisztikus
**monopolization** /məˌnɒpəlaɪˈzeɪʃən/ monopolizálás
**monopolize** /məˈnɒpəlaɪz/ monopolizál, kisajátít
**monopoly** /məˈnɒpəlɪ/ monopólium
**monotheism** /ˈmɒnəθiːɪzəm/ egyistenhit, monoteizmus
**monotheist** /ˈmɒnəθiːɪst/ egyistenhívő, monoteista
**monotonous** /məˈnɒtənəs/ egyhangú, monoton
**monotony** /məˈnɒtənɪ/ egyhangúság, monotónia
**Monsignor** /mɒnˈsiːnjə/ monsignore [katolikus főpap megszólítása] névvel/önmagában
**monsoon** /ˌmɒnˈsuːn/ monszun
**monster** /ˈmɒnstə/ ❶ szörny, szörnyeteg ❷ hatalmas/óriási dolog, monstrum ❸ hatalmas/óriási
**monstrance** /ˈmɒnstrəns/ szentségtartó, szentségmutató
**monstrosity** /mɒnˈstrɒsətɪ/ éktelen nagy/csúf dolog
**monstrous** /ˈmɒnstrəs/ ❶ éktelen nagy ❷ felháborító, rettenetes ⓘ *NEM* ~~monstre~~
**montage** /mɒnˈtɑːʒ/ montázs
**month** /mʌnθ/ hónap, hó *last/next month* a múlt/jövő hónap(ban) *this day month* mához egy hónapra
**monthly** /ˈmʌnθlɪ/ *FNÉV*
havi folyóirat, havilap
**monthly** *MNÉV/HAT.SZÓ*
havonként(i)
**monument** /ˈmɒnjʊmənt/ ❶ emlékmű ❷ műemlék
**monumental** /ˌmɒnjʊˈmentəl/ ❶ emlékműnek épült, emlékmű- ❷ hatalmas, nagyszabású, monumentális
**mood** /muːd/ ❶ hangulat, kedély(állapot) *put smb in a good mood* ❷ rosszkedv, elégedetlenség *she's in a mood today* morgós/harapós ma ❸ (ige)mód
**moody** /ˈmuːdɪ/ ❶ szeszélyes ❷ rosszkedvű, lehangolt
**moon** /muːn/ *FNÉV*
❶ hold, Hold *crescent moon* félhold *full moon* telihold, holdtölte ❷ hold [bolygóé]
KIFEJEZÉSEKBEN: *cry for the moon* lehetetlen dolgot kíván *be over the moon about smth* nagyon örül vminek
**moon** *IGE*
**moon about** VAGY **moon around** ábrándozik
**moon over** *moon over smb/smth* vkiről (reménytelenül) ábrándozik
**moon flight** holdutazás
**moonflower** /ˈmuːnflaʊə/ százszorszép
**moonlight** /ˈmuːnlaɪt/ *FNÉV*
holdfény, holdvilág
**moonlight** *IGE*
❶ (bejelentetlenül/illegálisan) másodállásban dolgozik ❷ dolgozik és munkanélküli segélyt vesz föl
**moonlighter** /ˈmuːnlaɪtə/ ❶ (bejelentetlenül/illegálisan) másodállásban dolgozó ember ❷ mun-

M

kanélküli segélyt fölvéve dolgozó ember
**moonlit** /ˈmuːnlɪt/ holdvilágos, holdsütötte
**moonshine** /ˈmuːnʃaɪn/ ❶ holdfény ❷ blabla, zagyvaság ❸ zugpálinka
**moonwalk** *FNÉV*
holdséta
**moonwalk** *IGE*
holdsétát tesz
**moony** /ˈmuːnɪ/ ábrándozó, ábrándos
**moor** /mɔː/ VAGY **moors** /mɔːz/ *FNÉV*
mocsár, láp, ingovány
**moor** *IGE*
lehorgonyoz
**mooring** /ˈmɔːrɪŋ/ ❶ kikötőbója ❷ kikötőkötél ❸ kikötőhely
**mooring bitt** kikötőbak
**moorish** /ˈmɔːrɪʃ/ mocsaras, ingoványos
**moose** /muːs/ *TBSZ* **moose** jávorszarvas
**mop** /mɒp/ *FNÉV*
❶ felmosószivacs, mop ❷ hajcsomó
**mop** *IGE*
❶ feltöröl, felmos ❷ törölget, szárítgat ❸ feltörölget, felszárít
**mop up** *mop smth up* ❶ feltöröl ❷ felszámol, megsemmisít ❸ felszív, magába szív
**moped** /ˈməuped/ moped
**moral** /ˈmɒrəl/ *FNÉV*
tanulság
**moral** *MNÉV*
❶ erkölcsi *moral obligation* erkölcsi kötelesség ❷ erkölcsös
**morale** /məˈrɑːl/ (harci) szellem/kedv, lelkesedés, tettvágy
**moralist** /ˈmɒrəlɪst/ ❶ erkölcstanító, moralista ❷ erkölcscsősz
**morality** /məˈrælɪtɪ/ erkölcs(iség), moralitás
**moralize** /ˈmɒrəlaɪz/ moralizál
**morals** /ˈmɒrəlz/ (nemi) erkölcs(ök), morál
**moratorium** /ˌmɒrəˈtɔːrɪəm/ *TBSZ* **moratoriums** VAGY **moratoria** /ˌmɒrəˈtɔːrɪə/ moratórium, vmi felfüggesztése
**morbid** /ˈmɔːbɪd/ beteges, kóros
**more** /mɔː/ *HAT.SZÓ*
❶ [középfok] *(much) more difficult* (sokkal) nehezebb *more simply* egyszerűbben *the more (MNÉV), the more (MNÉV)* minél ...bb, annál ...bb *the more (HAT.SZÓ), the more (HAT.SZÓ)* minél ...bban, annál ...bban *more and more (MNÉV)* egyre ...bb ❷ jobban *more than my life* életemnél is jobban *more or less* többé–kevésbé ❸ többet, gyakrabban *they use it more* többet használják ❹ inkább *she was more lazy than stupid* inkább lusta volt, mint buta *more and more* egyre inkább ❺ már *not any more / no more* már nem *they don't love each other any more* már nem szeretik egymást ❻ még *once more* még egyszer
**more** *NÉVMÁS*
több *more wine* (még) több bor *more glasses* több pohár *cost more* többe kerül *what is more, (MONDAT)* mi több, (MONDAT) *is there any more?* van még? *one more* még egy(et)
**morello** /məˈreləu/ morello-meggy
**moreover** /mɔːˈrəuvə/ sőt, ezenfelül, ezenkívül, ráadásul
**morgue** /mɔːg/ hullaház
**morning** /ˈmɔːnɪŋ/ ❶ délelőtt, reggel *this morning* ma délelőtt/reggel *in the morning* holnap délelőtt/reggel *good morning!* jó napot/reggelt! ❷ délelőtti, reggeli
**morning after** másnaposság
**morning-after pill** esemény-utáni [fogamzásgátló] tabletta
**morning dress** ❶ *US* pongyola, háziruha ❷ frakk keménykalappal
**morning coat** délelőtti/nappali frakk
**morning sickness** terhességi hányinger, reggeli rosszullét
**morning star** hajnalcsillag
**morning suit** alkalmi öltöny
**morocco** /məˈrɒkəu/ szattyánbőr
**moron** /ˈmɔːrɒn/ hülye, tökfej
**morose** /məˈrəus/ morózus, mogorva
**morpheme** /ˈmɔːfiːm/ morféma
**morphia** /ˈmɔːfɪə/ VAGY **morphine** /ˈmɔːfiːn/ morfin
**morphinist** /ˈmɔːfɪnɪst/ morfinista
**morphological** /ˌmɔːfəˈlɒdʒɪkəl/ morfológiai
**morphology** /mɔːˈfɒlədʒɪ/ morfológia
**Morse code** /ˌmɔːs ˈkəud/ VAGY **Morse** morze
**mortal** /ˈmɔːtəl/ *FNÉV*
halandó
**mortal** *MNÉV*
❶ halandó ❷ halálos, végzetes, halállal kapcsolatos
**mortal danger** életveszély
**mortal fear** halálfélelem
**mortality** /mɔːˈtælɪtɪ/ ❶ halandóság, mortalitás, halálozási arány ❷ halandóság
**mortality rate** halálozási arány
**mortally** /ˈmɔːtəlɪ/ ❶ halálosan ❷ nagyon, halálosan
**mortal remains** *smb's mortal remains* vki földi maradványai
**mortar** /ˈmɔːtə/ ❶ mozsár ❷ mozsárágyú ❸ habarcs, malter
**mortgage** /ˈmɔːgɪdʒ/ *FNÉV*
❶ jelzálog, jelzálogkölcsön *take out a mortgage* jelzálogkölcsönt vesz fel ❷ jelzálogkölcsön összege
**mortgage** *IGE*
jelzáloggal (meg)terhel
**mortgagee** /ˌmɔːgɪˈdʒiː/ jelzálog-hitelező
**mortgagor** /ˈmɔːgɪdʒə/ jelzálogos adós, jelzálog-fölvevő
**mortician** /mɔːˈtɪʃən/ *US* temetkezési vállalkozó
**mortuary** /ˈmɔːtjuərɪ/ ❶ halottasház ❷ ravatalozó
**mosaic** /məuˈzeɪɪk/ mozaik

**Moses basket** /ˈməʊzɪz bɑːskət/ mózeskosár
**Moslem** /ˈmɒzləm/ muszlim, mohamedán
**mosque** /mɒsk/ mecset
**mosquito** /məˈskiːtəʊ/ ❶ moszkitó ❷ szúnyog
**mosquito control** szúnyogirtás, szúnyogmentesítés
**mosquito net** VAGY **mosquito netting** ❶ moszkitóháló ❷ szúnyogháló
**moss** /mɒs/ moha
KIFEJEZÉSEKBEN: *a rolling stone gathers no moss* vándorló ember nem kötődik sehová
**mossy** /ˈmɒsɪ/ ❶ (be)mohás(odott) ❷ mohaszerű ❸ mohazöld
**most** /məʊst/ HAT.SZÓ
❶ [felsőfok] a leg ...bb *the most beautiful* a legszebb ❷ leginkább, legjobban, legfőképpen *most of all* leginkább ❸ rendkívül, roppantul *most likely* igen valószínű ❹ majd(nem)
**most** NÉVMÁS
legtöbb, a legnagyobb *most newspapers* a legtöbb újság *most music* a legtöbb zene *most of them* legtöbbjük *(the) most damage* a legnagyobb kár
KIFEJEZÉSEKBEN: *at (the) most* legföljebb *make the most of smth* jól kihasznál/hasznosít vmit *for the most part* legnagyobbrészt, legtöbbnyire
**mostly** /ˈməʊstlɪ/ főleg, legtöbbnyire, javarészt, legnagyobbrészt
**MOT** /ˌem əʊ ˈtiː/ FNÉV
műszaki vizsga *the car's failed its MOT* a kocsi nem ment át a műszakin
**MOT** IGE
*have ꞉one's꞉ car MOT'd* levizsgáztatja a kocsiját
**motel** /məʊˈtel/ motel
**motet** /məʊˈtet/ motetta
**moth** /mɒθ/ ❶ pille, éjjeli lepke ❷ (clothes) moth (ruha)moly
**mothball** /ˈmɒθbɔːl/ molyirtó(szer)
**mother** /ˈmʌðə/ ❶ anya, mama, édesanya ❷ néni(ke) [megszólítás]
**motherboard** /ˈmʌðəbɔːd/ alaplap
**mother country** ❶ szülőhaza, szülőföld ❷ anyaország
**mothercraft** csecsemőápolás, gyerekgondozás
**motherhood** /ˈmʌðəhʊd/ anyaság
**Mothering Sunday** anyák napja
**mother-in-law** /ˈmʌðərɪnlɔː/ TBSZ **mothers-in-law** VAGY **mother-in-laws** anyós
**motherland** ❶ szülőhaza, szülőföld ❷ anyaország
**motherless** /ˈmʌðələs/ anyátlan
**mother-of-pearl** gyöngyház
**Mothers' Day** anyák napja
**mother's help** kisgyerekre vigyázó bejárónő/gyerekfelügyelő
**mother's son** *every mother's son* minden emberfia
**mother-to-be** leendő anya, kismama, várandós anya
**mother tongue** anyanyelv
**motif** /məʊˈtiːf/ motívum, minta, elem
**motion** /ˈməʊʃən/ FNÉV
❶ mozgás, helyváltoztatás *set smth in motion* mozgásba hoz *in slow motion* lassított felvétellel ❷ mozdulat *with a motion of ꞉one's꞉ hand* egy(etlen) kézmozdulatával ❸ indítvány, javaslat *make a motion* indítványt tesz *pass a motion* megszavaz egy javaslatot ❹ székelés, széklet, bélmozgás
**motion** IGE
❶ jelt ad/int vkinek ❷ int vkinek (hogy tegyen vmit) *motion smb to come in* beinvitál vkit ❸ indítványoz, javasol
**motionless** /ˈməʊʃənləs/ mozdulatlan, rezzenéstelen
**motion picture** mozgókép, film
**motion picture camera** filmfelvevő (gép)
**motivate** /ˈməʊtɪveɪt/ ❶ motivál, ösztönöz ❷ megindokol, megokol
**motivation** /ˌməʊtɪˈveɪʃən/ ❶ motiváció, motiválás, ösztönzés, ösztönzőerő ❷ indokolás, megokolás
**motive** /ˈməʊtɪv/ ❶ ok, indíték, motívum ❷ motívum, minta
**motley** /ˈmɒtlɪ/ tarka(barka), vegyes
**motor** /ˈməʊtə/ ❶ motor *electric motor* villanymotor ❷ motoros ❸ autós, autó-, gépkocsi- ❹ ⓘ NEM ~~motor~~ [jármű]
**motor accident** autóbaleset
**motor-assisted bicycle** segédmotoros kerékpár
**motorbike** /ˈməʊtəbaɪk/ ❶ motorbicikli ❷ kis/könnyű motorbicikli
**motor boat** motorcsónak
**motorcade** /ˈməʊtəkeɪd/ gépkocsioszlop, gépkocsikíséret
**motorcar** /ˈməʊtəkɑː/ (gép)kocsi
**motor caravan** lakóautó
**motor car mechanic** autószerelő
**motorcycle** /ˈməʊtəsaɪkəl/ motorkerékpár, motorbicikli
**motorcyclist** /ˈməʊtəsaɪklɪst/ motorkerékpáros
**motor ferry** ❶ komphajó ❷ motoros komp
**motor home** US lakóautó
**motor industry** autóipar
**motoring** /ˈməʊtərɪŋ/ kocsikázás, autókázás
**motorist** /ˈməʊtərɪst/ gépkocsizó, autós ⓘ NEM ~~motoros~~ [= motorbiciklista]
**motor lodge** US motel
**motor scooter** robogó
**motor trade** gépkocsi-kereskedelem
**motor vehicle** gépjármű
**motorway** (autó)sztráda, autópálya
**motorway toll** autópályadíj
**motto** /ˈmɒtəʊ/ jelmondat, mottó
**moufflon** VAGY **mouflon** /ˈmuːflɒn/ muflon

M

**mould** /məʊld/ *FNÉV*
❶ penész(folt) [kenyéren/sajton] ❷ (öntő)forma, öntőminta *candle mould* gyertyaöntő-forma

**mould** *IGE*
❶ (meg)mintáz, (meg)formál ❷ formál, alakít [jellemet] ❸ dagaszt

**moulder** /ˈməʊldə/ (el)porlad, (szét)mállik

**mouldy** /ˈməʊldɪ/ ❶ penészes ❷ ósdi, vacak, ősrégi

**mound** /maʊnd/ ❶ domb(ocska), bucka, halom ❷ kupac, halom ❸ sírhant ❹ országalma

**mount** /maʊnt/ *FNÉV*
❶ hátasló, szamár ❷ állvány, alap, talapzat, foglalat, keret, tartó ❸ hegy

**mount** *IGE*
❶ (fel)ül [lóra/biciklire] ❷ lóra ültet, nyeregbe segít ❸ emelkedik, nő ❹ kezd, indít *mount an attack* támadást indít ❺ felmegy, felmászik [hegyre/létrára] *mount the throne* trónra lép ❻ felállít, felszerel ❼ ráerősít, (rá)montíroz, felkasíroz ❽ befoglal [drágakövet]

**mountain** /ˈmaʊntɪn/ ❶ hegy, hegység ❷ halom/rakás
KIFEJEZÉSEKBEN: *make a mountain out of a molehill* bolhából elefántot csinál

**mountain chain** hegylánc, masszívum

**mountaineer** /ˌmaʊntɪˈnɪə/ hegymászó, alpinista

**mountaineering** /ˌmaʊntɪˈnɪərɪŋ/ hegymászás, alpinizmus

**mountain lion** puma

**mountain range** hegylánc, masszívum

**mountain rescue** hegyimentő-szolgálat

**mountebank** szélhámos, csaló

**mounted police** lovasrendőrség, lovasrendőrök

**mounting** /ˈmaʊntɪŋ/ alap, talapzat, állvány, foglalat

**mourn** /mɔːn/ (meg)gyászol, (meg)sirat *mourn for smb* gyászol vkit

**mourner** /ˈmɔːnə/ gyászoló

**mourning** /ˈmɔːnɪŋ/ ❶ gyász *be in mourning for smb* gyászol vkit ❷ gyászruha *go into mourning* gyász(ruhá)t ölt dressed

**mourning band** gyászszalag

**mourning veil** özvegyi fátyol

**mouse** /maʊs/ *TBSZ* **mice** /maɪs/ *FNÉV*
❶ egér *field mouse* mezei egér *house mouse* háziegér ❷ számítógép-egér

**mouse** /maʊz/ *IGE*
❶ egerészik ❷ egerez, egerész [számítógépnél]

**mousetrap** ❶ egérfogó ❷ vacak sajt

**mousey** VAGY **mousey** /ˈmaʊsɪ/ ❶ egérszürke, jellegtelen ❷ fakó szürkésbarna [haj] ❸ egérszerű

**moustache** /məˈstɑːʃ/ *GB*, /ˈmʌstæʃ/ *US* bajusz

**mouth** /maʊθ/ *TBSZ* **mouths** /maʊðz/ *FNÉV*
❶ száj ❷ nyílás, lyuk, száj *the mouth of a cave* a barlang szája ❸ torkolat [folyóé]
KIFEJEZÉSEKBEN: *it makes ≥one's≤ mouth water* összefut tőle az ember nyála *have a big mouth* be nem áll a szája *stop smb's mouth* befogja/betömi a száját vkinek *shut your mouth* fogd be a szád *live from hand to mouth* tengődik *put ≥one's≤ foot in ≥one's≤ mouth* ostobán elszólja magát

**mouth** /maʊð/ *IGE*
❶ szájmozgással [hang nélkül] mond ❷ szajkóz, hajtogat

**mouthful** /ˈmaʊθfʊl/ ❶ egy falás(nyi)/harapás(nyi), falat(nyi), korty ❷ hosszú/kimondhatatlan név

**mouth organ** szájharmonika

**mouthpiece** /ˈmaʊθpiːs/ ❶ szájrész, fúvóka [hangszeren] ❷ (pipa)szopóka ❸ szócső, szószóló *the mouthpiece of the government* a kormány szócsöve

**mouth-to-mouth resuscitation** szájon át lélegeztetés/élesztés

**mouthwash** /ˈmaʊθwɒʃ/ szájvíz

**mouthwatering** /ˈmaʊθwɔːtərɪŋ/ ínycsiklandó, étvágygerjesztő

**movable** /ˈmuːvəbəl/ ❶ mozgatható, mozdítható ❷ ingó [vagyon] ❸ változó (dátumra eső) [ünnep]

**movables** /ˈmuːvəbəlz/ ingóságok, ingó vagyon

**move** /muːv/ *FNÉV*
❶ mozdulat, lépés *make a move* megmozdul, megmoccan ❷ lépés [sakkban] *it's your move* ön lép ❸ költöz(köd)és ❹ húzás, lépés, eljárás *a smart move* okos húzás/lépés ❺ mozgás, utazás *be always on the move* folyton jön-megy ❻ *get a move on!* mozgás! / gyerünk! / igyekezz!

**move** *IGE*
❶ (meg)mozgat, (el)mozdít, megmozdít *I can't move my legs* nem tudom mozgatni/megmozdítani a lábam *move your car* vigye arrébb a kocsiját ❷ (meg)mozdul, (el)mozdul, mozog, mozgásba jön, megy, jár *don't move!* ne moccanj! *keep moving!* haladjanak tovább! ❸ megy, halad [pl. események] *get things moving* felgyorsítja a dolgokat, belegyorsít ❹ költöz(köd)ik *move into a new flat* új lakásba költözik *move house* (el)költözik ❺ (el)költöztet ❻ lép [játékban] ❼ megindít, meghat, megrendít *move smb to tears* könnyekig meghat ❽ mozdul, lép, intézkedik ❾ javasol, indítványoz *I move that the session be adjourned* indítványozom, hogy halasszuk el az ülést
KIFEJEZÉSEKBEN: *move heaven and earth* eget–földet megmozgat

**move along** ❶ továbbhalad, arrébb húzódik ❷ *move smb along* arrébbküld, továbbküld, elküld

**move away** elköltözik

**move in** beköltözik *move in with smb* összeköltözik vkivel

**move on** ❶ halad, továbbmegy, fejlődik ❷ továbbmegy, odébbáll, odébbhalad *move on!* tessék továbbmenni!
**move out** kiköltözik
**moveable** /ˈmuːvəbəl/ ❶ mozgatható, mozdítható ❷ ingó [vagyon] ❸ változó (dátumra eső) [ünnep]
**movement** /ˈmuːvmənt/ ❶ mozgás, mozdulat, megmozdulás ❷ mozgatás, szállítás *movement of goods* árumozgatás ❸ mozgalom ❹ tétel [zenei] ❺ bélmozgás, székelés
**mover and shaker** befolyásos ember
**movie** /ˈmuːvɪ/ (mozi)film
**movie camera** filmfelvevő (gép), mozigép
**movie fan** filmbarát, filmrajongó
**movie film** mozifilm
**movie goer** ❶ mozilátogató, néző ❷ filmrajongó, mozirajongó
**movies** /ˈmuːvɪz/ ❶ mozi *at the movies* a moziban ❷ filmipar, a film
**movie set** [filmes] díszlet
**movie star** mozisztár
**moving** /ˈmuːvɪŋ/ ❶ mozgó ❷ mozgató, mozgásba hozó *the moving spirit* lelke/mozgatója vminek ❸ megható, megindító
**moving man** költöztető/szállító szakember
**moving pavement** mozgójárda
**moving picture** mozgófilm, mozi
**moving sidewalk** mozgójárda
**moving staircase** mozgólépcső
**moving van** költöztető kamion
**mow** /məʊ/, **mowed** /məʊd/, **mowed** /məʊd/ VAGY **mown** /məʊn/ (le)kaszál, lenyír, levág *mow the lawn* gyepet nyír
**mow down** *mow smth* down lekaszál, lekaszabol [tűzfegyverrel]
**mower** /ˈməʊə/ FNÉV ❶ kaszáló, arató ❷ fűnyíró(gép)
**mown** ☞ mow
**MP** = Military Police; Military Policeman; Mounted Police; Member of Parliament; Metropolitan Police
**mpg** = miles per gallon
**mph** = miles per hour
**Mr** VAGY **Mr.** /ˈmɪstə/ úr *Mr Jasper* J. úr *Mr President* elnök úr
**Mr Fixit** /ˌmɪstə ˈfɪksɪt/ barkácsoló, ezermester
**Mrs** VAGY **Mrs.** /ˈmɪsɪz/ [férjes asszony címzése] *Mrs Jasper* J. asszony, J.-né
**Mrs Grundy** /ˌmɪsɪz ˈɡrʌndɪ/ *what will Mrs Grundy say?* mit szólnak az emberek?
**ms.** = millisecond; milliseconds
**ms** = manuscript
**m/s** = metre per second
**MS** = manuscript; Master of Science
**Ms** VAGY **Ms.** /mɪz/ VAGY /məz/ [nők családi állapotot nem jelölő címzése] *Ms Jasper* J.-né VAGY J. kiasszony
**MSc** = Master of Science
**m/sec** = metre(s) per second
**msg.** = message
**MSS** = manuscripts
**mt** VAGY **mt.** = mount; mountain

**much** /mʌtʃ/ HAT.SZÓ
❶ sokkal *much longer* sokkal hosszabb *much more easily* sokkal könnyebben *so much the better* annál jobb ❷ nagyon *thank you very much / thanks very much* köszönöm szépen *like smth very much* nagyon szereti/tetszik *how much?* mennyire? *too much* túl(ságosan *much as you'd like to go* bármennyire szeretnél is menni ❸ igencsak, messze *much too small* túl kicsi ❹ körülbelül, nagyjából ❺ sokat *talk much* sokat beszél *watch TV much* sokat néz tévét ❻ meglehetősen, igencsak ❼ *so much so that* olyannyira, hogy *not so much... as...* nem annyira…, mint …
KIFEJEZÉSEKBEN: *much less* nemhogy

**much** NÉVMÁS
❶ sok *how much?* mennyi? *this much* ennyi *too much* túl sok *so/as much as…* annyi, mint… *see much of smb* gyakran találkozik vkivel, sokszor lát vkit ❷ *not much* nem túl/valami különleges *it's not much to look at* nem valami nagy látvány ❸ *not much of a* nem nagy, nem sokat ér mint *I'm not much of a musician* nem sokat értek a zenéhez
KIFEJEZÉSEKBEN: *(but) that's not saying much* (dehát) ezzel nem mondtunk sokat *so much for...* na, ennyit …-ról

**muck** /mʌk/ FNÉV
❶ trágya ❷ piszok, kosz

**muck** IGE
(meg)trágyáz
**muck up** *muck smth up* ❶ bepiszkít, bekoszol, összerondít ❷ eltol, elcsesz
**muckraking** /ˈmʌkreɪkɪŋ/ botránykeltés
**muckslinging** /ˈmʌkslɪŋɪŋ/ sárdobálás
**mud** /mʌd/ ❶ sár ❷ iszap
KIFEJEZÉSEKBEN: *fling/throw mud at smb* megrágalmaz/bemocskol *here's mud in your eye!* egészségére!

**muddle** /ˈmʌdəl/ FNÉV
zűrzavar, rendetlenség

**muddle** IGE
❶ összezavar, összekever, összezagyvál ❷ megzavar, összezavar *get muddled* összezavarodik
**muddle along** vhogy elvergődik/eltengődik
**muddle through** *muddle through smth* átevickél/átvergődik vmin
**muddle up** *muck smth up* összezavar, összekever, összezagyvál *get muddled up* összezavarodik
**muddy** /ˈmʌdɪ/ ❶ sáros ❷ iszapos ❸ halvány, tompa ❹ zavaros, zavarodott
**mudguard** sárhányó, sárvédő [biciklin]
**mud pie** homokpogácsa, homoktorta

M

**mudslinging** /ˈmʌdslɪŋɪŋ/ sárdobálás, mocskolódás, rágalmazás
**mud-wrestling** iszapbirkózás
**muesli** /ˈmjuːzlɪ/ müzli
**muezzin** /muːˈezɪn/ müezzin
**muff** /mʌf/ FNÉV
muff, karmantyú
**muff** IGE
❶ elhibáz, elvét [sportban] ❷ elront, eltol, elügyetlenkedik
**muffin** /ˈmʌfɪn/ apró teasütemény
**muffle** /ˈmʌfəl/ FNÉV
❶ orr, száj [marháé]
**muffle** IGE
❶ [hangot] tompít ❷ bebugyolál *muffled up* bebugyolálva
**muffler** /ˈmʌflə/ ❶ kipufogó(dob) ❷ [vastag] sál ❸ hangtompító [fegyveren]
**mug** /mʌg/ FNÉV
❶ bögre, csésze ❷ pofa, arc
**mug** IGE
megtámad/kirabol
**mug up** *mug smth up* (be)magol/(be)bifláz vmit
**mugger** /ˈmʌgə/ rabló [rablótámadás elkövetője]
**mulberry** /ˈmʌlbərɪ/ faeper
**mule** /mjuːl/ ❶ öszvér ❷ saru ❸ kábítószerszállító, „öszvér”
**mule driver** öszvérhajcsár
**mull** /mʌl/ FNÉV
hegyfok
**mull** /mʌl/ IGE
fűszerez és forral [bort/sört]
**mull over** *mull over smth* töpreng, rágódik (amin: *over*)
**mulled wine** forralt [fűszerezett] bor
**multi-** /ˌmʌltɪ/ sok-, több-
**multi** /ˈmʌltɪ/ multi
**multimillion** /ˌmʌltɪˈbɪlɪən/ sokmilliós
**multibillionaire** /ˌmʌltɪˌbɪlɪəˈneə/ multimilliárdos
**multicoloured** /ˌmʌltɪˈkʌləd/ sokszínű, tarka
**multicultural** /ˌmʌltɪˈkʌltʃərəl/ multikulturális
**multiculturality** /ˌmʌltɪˌkʌltʃəˈrælətɪ/ multikulturalitás
**multidimensional** /ˌmʌltɪdaɪˈmenʃənəl/ többdimenziós
**multifaith** /ˌmʌltɪˈfeɪθ/ több vallású, ökumenikus
**multi-function** /ˌmʌltɪˈfʌŋkʃən/ többfunkciós
**multi-gym** /ˌmʌltɪˈdʒɪm/ ❶ sokféle eszközös konditerem/edzőterem ❷ többfunkciós edzőgép/edzőpad
**multilateral** /ˌmʌltɪˈlætrəl/ multilaterális, többoldalú
**multilevel marketing** többszintű/piramis-jellegű marketing
**multilevel system** többszintű árusítói/ügynöki rendszer
**multilingual** /ˌmʌltɪˈlɪŋgwəl/ többnyelvű, soknyelvű
**multimedia** /ˌmʌltɪˈmiːdɪə/ ❶ multimédia ❷ multimédiás
**multimillionaire** /ˌmʌltɪˌmɪlɪəˈneə/ multimilliomos, többszörös milliomos
**multinational** /ˌmʌltɪˈnæʃənəl/ FNÉV
multinacionális cég, világcég, multinacionális vállalat
**multinational** MNÉV
multinacionális
**multipack** nagy kiszerelés(ű)
**multi-party** többpárti
**multiple** /ˈmʌltɪpəl/ FNÉV
(számtani) többszörös *common multiple* közös többszörös *least/lowest common multiple* legkisebb közös többszörös
**multiple** MNÉV
sokszoros, összetett
**multiple choice exam** választásos/feleletválasztós vizsga
**multiple choice test** választásos/feleletválasztós feladatlap/teszt
**multiple store** üzletlánc
**multiplex** /ˈmʌltɪpleks/ FNÉV
multiplex [mozi]
**multiplex** MNÉV
❶ összetett *multiplex eye* összetett szem ❷ többtermes, multiplex [mozi]
**multiplicand** /ˌmʌltɪplɪˈkænd/ szorzandó
**multiplication** /ˌmʌltɪplɪˈkeɪʃən/ szorzás
**multiplication table** egyszeregy, szorzótábla
**multiplier** /ˈmʌltɪplaɪə/ ❶ sokszorosító ❷ szorzó ❸ elektron-sokszorozó
**multiply** /ˈmʌltɪplaɪ/ ❶ (meg)szoroz, összeszoroz *multiply three by five* a hármat megszorozza öttel ❷ (meg)sokszorozódik ❸ szaporodik
**multipurpose** kombinált, többfunkciós, többcélú
**multiracial** /ˌmʌltɪˈreɪʃəl/ sokfajú
**multiscreen** többtermes [mozi]
**multistage** többlépcsős, többfokozatú
**multi-storey** FNÉV
parkolóház
**multi-storey** MNÉV
sokemeletes, többemeletes
**multi-storey car park** parkolóház
**multitude** /ˌmʌltɪtjuːd/ ❶ nagy mennyiség ❷ tömeg, sokaság
**mum** /mʌm/ mama
KIFEJEZÉSEKBEN: *mum's the word!* pszt! titok! egy szót se!
**mumble** /ˈmʌmbəl/ ❶ motyog, dörmög ❷ majszol
**mummification** /ˌmʌmɪfɪˈkeɪʃən/ bebalzsamozás
**mummify** /ˈmʌmɪfaɪ/ ❶ bebalzsamoz ❷ mumifikálódik
**mummy** /ˈmʌmɪ/ ❶ anyu, mami ❷ múmia
**mumps** /mʌmps/ mumpsz *have (the) mumps* mumpszos
**munch** /mʌntʃ/ rágcsál, eszeget *munch (on) smth* eszeget vmit *munch away at smth* rágcsál vmit
**munchies** /ˈmʌntʃɪz/ ❶ *the munchies* enyhe éhség ❷ rágcsálnivaló, snack
**mundane** /ˈmʌndeɪn/ VAGY /mʌnˈdeɪn/ ❶ közön-

séges, banális ❷ földi, evilági ⓘ *NEM* ~~mondén~~
**municipal** /mju:ˈnɪsɪpəl/ városi
**municipal cleanup** lomtalanítás
**municipality** /mjuˌnɪsɪˈpæləti/ ❶ önkormányzat ❷ [közigazgatásilag önálló] város
**mural** /ˈmjʊərəl/ falfestmény
**murder** /ˈmɜːdə/ *FNÉV*
❶ gyilkosság, emberölés *commit murder* gyilkosságot követ el *murder first degree* előre megfontolt szándékkal elkövetett emberölés, gyilkosság ❷ gyilkos *murder weapon* gyilkos fegyver
KIFEJEZÉSEKBEN: *cry blue murder* eszeveszetten kiabál
**murder** *IGE*
❶ meggyilkol, megöl ❷ tönkretesz [művet rossz előadással]
**murderer** /ˈmɜːdərə/ gyilkos
**murderess** /ˈmɜːdərəs/ gyilkos nő
**murderous** /ˈmɜːdərəs/ gyilkos (szándékú)
**murmur** /ˈmɜːmə/ *FNÉV*
❶ moraj(lás), mormolás ❷ morgás, zúgolódás
**murmur** *IGE*
❶ mormol, morajlik ❷ morog, zúgolódik (ami miatt: *at/against*)
**muscatel** /ˌmʌskəˈtel/ muskotály(os bor)
**muscle** /ˈmʌsəl/ ❶ izom ❷ erő *military muscle* katonai erő
**muscular** /ˈmʌskjʊlə/ ❶ izom- ❷ izmos
**muse** /mju:z/ *FNÉV*
múzsa
**muse** /mju:z/ *IGE*
(el)tűnődik, elmélkedik, (el)mereng, méláz (amin: *on*)
**museum** /mju:ˈzi:əm/ múzeum
**mush** /mʌʃ/ ❶ pép ❷ kukoricakása ❸ érzelgősség, csöpögősség
**mushroom** /ˈmʌʃru:m/ VAGY /ˈmʌʃrʊm/ *FNÉV*
[ehető] gomba *like mushrooms* gombamód
**mushroom** *IGE*
❶ gombaszerűen szétlapul/szétterjed ❷ gomba módra szaporodik, gyorsan terjed/nő
**mushy** /ˈmʌʃi/ ❶ pépszerű, puha ❷ érzelgős, szirupos, csöpögős
**music** /ˈmju:zɪk/ ❶ zene, muzsika *put/set smth to music* megzenésít ❷ zene, zenetudomány, zeneszerzés ❸ kotta *a sheet of music* kottalap
**musical** /ˈmju:zɪkəl/ *FNÉV*
zenés játék/film, musical
**musical** *MNÉV*
❶ zenei, zenés ❷ jól hangzó, dallamos ❸ muzikális, zenekedvelő, zeneértő
**musical clown** zenebohóc
**musical director** zeneigazgató
**musical instrument** hangszer
**musicality** /ˌmju:zɪˈkælɪti/ zenei érzék, hallás, muzikalitás
**musically** /ˈmju:zɪkli/ ❶ dallamosan ❷ zeneileg
**musicassette** /ˌmju:zɪkəˈset/ gyári/műsoros (zene)kazetta
**music centre** sztereóberendezés, hifi-torony
**music hall** ❶ zenés kabaré, orfeum, varieté ❷ mulató
**musician** /mju:ˈzɪʃən/ zenész, muzsikus
**musicology** /ˌmju:zɪˈkɒlədʒi/ zenetudomány
**music rest** kottatartó
**music shop** zeneműbolt
**music stand** kottatartó
**music stool** zongoraszék
**musk** /mʌsk/ ❶ pézsma ❷ *(white) musk* mósusz, moschus [illat]
**musk ox** *TBSZ* **musk oxen** pézsmatulok
**musk rat** pézsmapatkány
**musky** /ˈmʌski/ pézsmaszagú, pézsmaillatú
**Muslim** /ˈmuzləm/ VAGY /ˈmʌzləm/ VAGY /ˈmusləm/ *FNÉV/MNÉV* muzulmán, muszlim
**muslin** /ˈmʌzlɪn/ muszlin
**mussel** /ˈmʌsəl/ [ehető] kagyló
**must** /mʌst/ *FNÉV*
❶ [feltétlenül megveendő/megteendő dolog] *that film is a must* azt a filmet muszáj látni ❷ must ❸ penészesség, dohosság
**must** *SEGÉDIGE*
❶ [kötelesség] kell, muszáj *I must go now* (most már) mennem kell ❷ [valószínűség] biztosan *this must be the postman* ez a postás lesz *they must have gone home* biztosan hazamentek ❸ *must not* nem szabad *she must not touch it* nem szabad hozzányúlnia
**mustache** /məˈstɑ:ʃ/ VAGY /ˈmʌstæʃ/ *US* bajusz
**mustachio** /məˈstɑ:ʃɪəʊ/ pödrött/kackiás bajusz
**mustang** /ˈmʌstæŋ/ musztáng
**mustard** /ˈmʌstəd/ mustár
**mustard gas** mustárgáz
**mustard seed** mustármag
**muster** /ˈmʌstə/ *FNÉV*
szemle, felvonulás
**muster** *IGE*
❶ megszemlél, felvonultat [csapatot] ❷ felsorakozik [szemlére], gyülekezik
**muster out** *US* *muster smb out* leszerel [katonaságtól]
**muster up** *muster smth up* összeszed, összegyűjt *muster up* ⸗one's⸗ *courage* összeszedi a bátorságát
**musth** /mʌst/ musth, kandüh [pl. elefánté]
**mustn't** /mʌsənt/ [= must not] *she mustn't touch it* nem szabad hozzányúlnia *we must go, mustn't we?* mennünk kell, ugye?
**musty** /ˈmʌsti/ ❶ dohos, penészes ❷ idejétmúlt
**mutant** /ˈmju:tənt/ mutáns
**mutation** /mju:ˈteɪʃən/ ❶ mutáció ❷ umlaut
**mute** /mju:t/ *FNÉV*
❶ néma ember ❷ hangfogó, szordinó
**mute** *MNÉV*
❶ néma *mute astonishment* néma döbbenet ❷ nem ejtett, néma
**mute** *IGE*
❶ elnémít ❷ hangfogót tesz vmire

M

**muted** /mju:tɪd/ ➊ elfojtott, tompított [hang/szín] ➋ visszafojtott, visszafogott
**mutilate** /ˈmju:tɪleɪt/ ➊ megcsonkít ➋ tönkretesz, megcsonkít
**mutilation** /ˌmju:tɪˈleɪʃən/ (meg)csonkítás
**mutineer** /ˌmju:tɪˈnɪə/ lázadó, zendülő
**mutiny** /ˈmju:tɪnɪ/ *FNÉV*
lázadás, zendülés
**mutiny** *IGE*
(fel)lázad, zendül
**mutt** /mʌt/ korcs (kutya)
**mutter** /ˈmʌtə/ motyog, morog, dünnyög, dörmög
**mutton** /ˈmʌtən/ *NEM MEGSZÁML.* birka(hús), ürühús
**mutton stew** birkagulyás
**mutual** /ˈmju:tʃuəl/ kölcsönös *mutual deterrence* kölcsönös elrettentés
**mutuality** /ˌmju:tʃuˈælɪtɪ/ kölcsönösség, viszonosság
**mutually** /ˈmju:tʃuəlɪ/ kölcsönösen *mutually exclusive* egymást (kölcsönösen) kizáró
**muzak** /ˈmju:zæk/ ➊ üzletekben/reptéren szóló könnyűzene ➋ kommersz könnyűzene
**muzzle** /ˈmʌzəl/ *FNÉV*
➊ pofa [állaté] ➋ szájkosár ➌ száj, csőtorkolat, csőszájfék
**muzzle** *IGE*
➊ szájkosarat rak fel vmire ➋ elnémít, elhallgattat *the papers were muzzled by the censorship laws* az újságokat a cenzúra törvényei elhallgattatták
**muzzle fire** torkolattűz
**muzzy** /ˈmʌzɪ/ ➊ elmosódott, maszatos, zavaros ➋ zavaros, kábult [italtól/betegségtől]
**my** /maɪ/ ➊ a(z én) *my pen* a(z én) tollam *one of my friends* egy barátom ➋ *my, (my)!* a mindenit!
**myopia** /maɪˈəupɪə/ rövidlátás
**myopic** /maɪˈɒpɪk/ ➊ rövidlátó ➋ rövidlátó, korlátolt
**myrrh** /mɜ:/ mirha
**myself** /maɪˈself/ ➊ (én/saját) magam, (engem/saját) magamat *(all) by myself* egyedül, magam ➋ én *as for myself* ami engem illet *my husband and myself* a férjem és én
**mysterious** /mɪsˈtɪərɪəs/ ➊ rejtélyes, titokzatos ➋ titokzatoskodó, titkolózó
**mystery** /ˈmɪstərɪ/ ➊ rejtély, rejtelem ➋ krimi, bűnügyi regény ➌ titokzatosság
**mystic** /ˈmɪstɪk/ látó, médium
**mystical** /ˈmɪstɪkəl/ titokzatos, misztikus
**mystification** /ˌmɪstɪfɪˈkeɪʃən/ ➊ zavarba ejtés ➋ megtévesztés, ködösítés, félrevezetés
**mystify** /ˈmɪstɪfaɪ/ ➊ zavarba ejt ➋ ködösít
**myth** /mɪθ/ ➊ mítosz, monda ➋ mitológia, mondavilág ➌ képzelt/kitalált dolog/ember ➍ vminek a mítosza/tévhite
**mythical** /ˈmɪθɪkəl/ ➊ mítoszbeli, mondabeli, mitológiai ➋ képzelt, mitikus
**mythological** /ˌmɪθəˈlɒdʒɪkəl/ mitológiai, mondabeli
**mythology** /mɪˈθɒlədʒɪ/ mitológia, mondavilág

# N, n /en/

**n.** = name; net; noon; north(ern); noun; number
**N** = north(ern); noon; normal; November
**'n'** [= and] *rock'n'roll* rock and roll
**NA** VAGY **N/A** = not applicable; not available
**nag** /næg/ ❶ *nag (at) smb* gyötör/nyaggat *nag smb for smth* vmiért nyaggat vkit ❷ gyötör, kínoz *headache nagged me* fejfájás kínzott
**nail** /neɪl/ *FNÉV*
❶ szeg *hit the nail on the head* fején találja a szeget *a nail in smb's coffin* szög vki koporsójába ❷ köröm *on the nail* azonnal/készpénzben *tooth and nail* foggal-körömmel ❸ karom
**nail** *IGE*
❶ (rá)szegez, odaszögez ❷ elcsíp/elkap vkit
**nail down** *nail smb/smth down* ❶ leszögez ❷ színvallásra kényszerít *nail them down to a price* kérj tőlük árajánlatot
**nail up** *nail smth up* beszegez
**nail brush** körömkefe
**nail claw** szeghúzó, harapófogó
**nail clippers** körömcsipesz
**nail file** körömreszelő, körömráspoly
**nail polish** körömlakk
**nail remover** körömlakk-lemosó
**nail varnish** körömlakk
**naive** VAGY **naïve** /naɪ'i:v/ naiv
**naivety** /naɪ'i:vətɪ/ VAGY **naiveté** /nɑ:'i:vəteɪ/ naivitás
**naked** /'neɪkɪd/ ❶ meztelen, csupasz *naked to the waist* derékig meztelen ❷ puszta *with the naked eye* puszta szemmel ❸ fedetlen *naked hillside* kopár hegytető *naked light* nyílt láng
**nakedness** /'neɪkɪdnəs/ meztelenség, pőreség
**namby-pamby** /ˌnæmbɪ'pæmbɪ/ *MNÉV* ijedős, anyámasszony katonája
**name** /neɪm/ *FNÉV*
❶ név, elnevezés, megnevezés *by the name of B.* B. nevű *put down ⁝one's⁝ name for smth* feliratkozik vmire ❷ gorombaság *call smb names* sérteget vkit ❸ hír(név) *make a name (for ⁝oneself⁝ )* hírnévre tesz szert ❹ híresség *big/famous names* nagy nevek
KIFEJEZÉSEKBEN: *the name of the game* a dolog lényege
**name** *IGE*
❶ nevet ad, (el)nevez, keresztel *name smb after/for smb* vkiről elnevez ❷ megnevez, nevesít *name names* nevesíti az érintetteket ❸ megállapít, megjelöl, megszab ❹ ajánl, javasol, jelöl *name smb for smth* vkit vmire jelöl
KIFEJEZÉSEKBEN: *you name it* ami(t) csak tetszik
**namecalling** szid(almaz)ás, gorombáskodás
**nameless** /'neɪmləs/ ❶ névtelen ❷ ismeretlen, névtelen ❸ nehezen megfogható ❹ leírhatatlan, borzasztó ❺ jeltelen [sír]
**namely** /'neɪmlɪ/ tudniillik, mégpedig
**namesake** /'neɪmseɪk/ névrokon
**nanny** /'nænɪ/ dada, dadus
**nap** /næp/ *FNÉV*
❶ bolyhosság [szöveten/bőrön] ❷ szundikálás *take/have a nap* szundít egyet
**nap** *IGE*
szundít, szundikál
**napalm** /'neɪpɑ:m/ napalm
**nape** /neɪp/ nyakszirt, tarkó
**napkin** /'næpkɪn/ ❶ szalvéta, asztalkendő, tálalókendő ❷ babapelenka
**napkin ring** szalvétagyűrű
**nappy** /'næpɪ/ pelenka, pelus
**narcotic** /nɑ:'kɒtɪk/ *FNÉV*
narkotikum
**narcotic** *MNÉV*
❶ bódító, altató ❷ kábítószeres
**narrate** /nə'reɪt/ elbeszél, elmond
**narration** /nə'reɪʃən/ elbeszélés, narráció
**narrative** /'nærətɪv/ *FNÉV*
elbeszélés, beszámoló
**narrative** *MNÉV*
elbeszélő
**narrative poem** elbeszélő költemény
**narrator** /nə'reɪtə/ ❶ elbeszélő, narrátor, mesélő ❷ mesemondó
**narrow** /'nærəʊ/ *MNÉV*
❶ keskeny, szűk ❷ szűk látókörű, korlátolt ❸ szűk, korlátozott, csekély ❹ alapos, beható, figyelmes ❺ hajszálon múló
**narrow** *IGE*
❶ (össze)szűkül, (el)keskenyedik ❷ (le)szűkít, korlátoz
**narrow-gauge** keskeny nyomtáv(ú)

**narrowly** /ˈnærəʊlɪ/ ❶ épp hogy, alig, hajszálon múlik, hogy... ❷ behatóan, gondosan
**narrowminded** szűklátókörű, korlátolt
**nasal** /ˈneɪzəl/ nazális, orral képzett
**nasty** /ˈnɑːstɪ/ ❶ kellemetlen, undok, komisz, utálatos ❷ ízléstelen, gusztustalan, ronda ❸ csúnya, veszélyes *nasty shock* csúnya sokk
**nation** /ˈneɪʃən/ ❶ nemzet, ország ❷ nemzet
**national** /ˈnæʃənəl/ *FNÉV*
állampolgár *foreign national* külföldi illetőségű
**national** *MNÉV*
❶ nemzeti ❷ állami, állam- ❸ országos ❹ belföldi *national news* hazai hírek
**national anthem** (nemzeti) himnusz
**national costume** VAGY **national dress** népviselet, nemzeti viselet
**national economy** nemzetgazdaság
**national income** nemzeti jövedelem
**nationalism** /ˈnæʃənəlɪzəm/ ❶ nacionalizmus, nemzeti érzés ❷ (nemzeti) önállósági törekvés
**nationalist** /ˈnæʃənəlɪst/ ❶ nacionalista, nemzeti érzelmű ❷ nemzeti önállóságra törekvő
**nationality** /ˌnæʃəˈnælətɪ/ ❶ nemzetiség ❷ állampolgárság *dual nationality* kettős állampolgárság
**nationalization** /ˌnæʃənəlaɪˈzeɪʃən/ ❶ államosítás ❷ honosítás
**nationalize** /ˈnæʃənəlaɪz/ ❶ államosít ❷ honosít
**national park** nemzeti park
**national security** nemzetbiztonság
**national service** (kötelező) katonai szolgálat
**national socialism** nemzeti szocializmus
**nation state** nemzetállam
**nationwide** *MNÉV/HAT.SZÓ* országos(an)
**native** /ˈneɪtɪv/ *FNÉV*
❶ szülött *a native of Germany* németországi születésű (ember) ❷ helyi lakos ❸ bennszülött, őslakó ❹ honos állat/növény
**native** *MNÉV*
❶ születési, hazai, szülő-, anya- ❷ ott született, bennszülött *native to Britain* honos Angliában ❸ bennszülött(eké)
**Native American** indián [= amerikai őslakos]
**Native Australian** ausztrál őslakos
**Native Canadian** kanadai indián
**native land** szülőföld, haza
**native language** anyanyelv
**native speaker** anyanyelvi beszélő
**Nativity** *the Nativity* Jézus születése
**nativity play** karácsonyi misztérium(játék)
**NATO** /ˈneɪtəʊ/ North Atlantic Treaty Organization
**natural** /ˈnætʃərəl/ *FNÉV*
❶ [zenei] feloldójel [módosítójel] ❷ törzshang ❸ előjegyzés nélküli hang
**natural** *MNÉV*
❶ természetes ❷ természeti, természet- ❸ veleszületett, természetes ❹ vér szerinti ❺ előjegyzés nélküli [hang]
**natural element** lételem
**natural gas** földgáz
**natural history** természetrajz
**naturalism** /ˈnætʃərəlɪzəm/ naturalizmus
**naturalist** /ˈnætʃərəlɪst/ *FNÉV*
❶ természettudós ❷ naturalista
**naturalist** *MNÉV*
naturalista
**naturalization** /ˌnætʃərəlaɪˈzeɪʃən/ ❶ honosítás, állampolgárság megszerzése/megadása ❷ meghonosítás [növényé/állaté] ❸ meghonosodás, polgárjogot nyerés
**naturalize** /ˈnætʃərəlaɪz/ ❶ honosít ❷ meghonosít *be naturalized* meghonosodik
**natural law** természeti törvény
**naturally** /ˈnætʃərəlɪ/ ❶ természettől fogva, természetes módon *come naturally to smb* könnyen tanul vmit, jól/könnyen megy neki vmi ❷ természetesen, természetes módon ❸ természetesen, persze
**natural resources** természeti kincsek/források
**natural science** természettudomány
**natural selection** természetes kiválasztódás
**nature** /ˈneɪtʃə/ ❶ természet *draw from nature* természet után rajzol ❷ természet, jelleg, minőség *of this nature* ilyen fajtájú ❸ természet, jellem *by nature* természeténél fogva
**nature conservation** környezetvédelem
**-natured** /ˈneɪtʃəd/ -természetű, -indulatú
**nature reserve** tájvédelmi körzet
**nature study** természetrajz
**naturism** /ˈneɪtʃərɪzəm/ naturizmus, nudizmus
**naturist** /ˈneɪtʃərɪst/ naturista, nudista
**naughty** /ˈnɔːtɪ/ ❶ pajkos, csintalan, rossz ❷ illetlen, pikáns
**nausea** /ˈnɔːsɪə/ émelygés, hányinger
**nauseate** /ˈnɔːsɪeɪt/ ❶ émelyít, hányingert okoz ❷ undort/hányingert kelt
**nautical** /ˈnɔːtɪkəl/ hajózási, tengerészeti
**nautical mile** tengeri mérföld [= kb. 1,85 km]
**naval** /ˈneɪvəl/ (hadi)tengerészeti
**naval academy** tengerészeti akadémia
**naval base** flottabázis, tengeri támaszpont
**naval battle** tengeri csata
**naval officer** tengerésztiszt
**naval port** hadikikötő
**nave** /neɪv/ ❶ (templom)hajó ❷ kerékagy
**navel** /ˈneɪvəl/ köldök
**navigability** /ˌnævɪgəˈbɪlətɪ/ hajózhatóság
**navigable** /ˈnævɪgəbəl/ ❶ hajózható ❷ kormányozható, irányítható, navigálható
**navigate** /ˈnævɪgeɪt/ ❶ hajózik, kormányoz ❷ irányít, navigál [kocsiban]
**navigation** /ˌnævɪˈgeɪʃən/ ❶ kormányzás, navigálás, irányítás, navigáció ❷ hajóforgalom
**navigator** /ˈnævɪgeɪtə/ navigációs tiszt
**navvy** /ˈnævɪ/ földmunkás, kubikos
**navy** /ˈneɪvɪ/ ❶ haditengerészet ❷ hajóraj, flotta
**navy blue** sötétkék, matrózkék

**nay** /neɪ/ *FNÉV*
❶ nemmel szavazó ❷ „nem" szavazat
**nay** *KÖTŐSZÓ*
❶ sőt *a bright, nay blinding light* éles, vakító fény ❷ nem [hangos szavazásnál]
**Nazi** /ˈnɑːtsɪ/ *FNÉV/MNÉV* náci
**Nazism** /ˈnɑːtsɪzəm/ nácizmus
**NB** = nota bene
**NBA** = National Basketball Association
**NCO** = non-commissioned officer
**NC-17** tizenhét éven felülieknek szóló
**n.e.** = northeast; northeastern
**near** /nɪə/ *MNÉV*
❶ közeli *the nearest town* a legközelebbi város ❷ közelebbi, innenső *near bank* innenső part ❸ [párból] bal oldali *near horse* bal oldali ló ❹ közeli, szoros *nearest relation* legközelebbi rokon ❺ hajszálon múló *have a near escape* épp hogy megúszta
**near** *HAT.SZÓ*
❶ közel *near by* közel *near and far* közel s távol ❷ közel, majdnem *near impossible* majdnem lehetetlen
**near on** *near on smth* majdnem, közel
**near to** *near to smth* közel vmihez
**near** *ELÖLJ.*
közel vkihez, vmi közelében *near the castle* közel a várhoz *near here* közel ide
**near** *IGE*
(meg)közelít, közelít/közeledik vkihez/vmihez *near completion* befejezéshez közeledik
**nearby** /nɪəˈbaɪ/ *MNÉV*
közeli, szomszédos
**nearby** *HAT.SZÓ*
a közelben, a szomszédban
**nearly** /ˈnɪəlɪ/ ❶ majdnem, csaknem, közel *not nearly* közel/távolról sem ❷ közelről
**nearside** bal oldali, bal felől lévő
**near-sighted** rövidlátó
**near thing** ❶ hajszálon múló dolog *it was a near thing* épp csak megúszta, hajszálon múlt, hogy megmenekült ❷ szoros verseny/állás
**neat** /niːt/ ❶ takaros, csinos, rendes, szép ❷ ügyes, hatásos, egyszerű ❸ tiszta, higítatlan *neat whisky* whisky tisztán
**necessarily** /ˈnesəsərɪlɪ/ szükségszerűen, feltétlen(ül), okvetlen(ül), szükségképpen
**necessary** /ˈnesəsərɪ/ ❶ szükséges, szükségszerű, nélkülözhetetlen (amihez: *for*) ❷ kell *is it necessary for me to go?* mennem kell?
**necessitate** /nəˈsesɪteɪt/ szükségessé tesz, (meg)kíván, (meg)követel
**necessity** /nəˈsesətɪ/ ❶ szükségesség, kényszerűség, szükségszerűség *there's no necessity to do it* nem szükséges megtenni *of/by necessity* szükségképpen, természetszerűen ❷ szükséges dolog, szükséglet *bare necessities* alapszükségletek ❸ szükség *necessity forced me* a szükség rávitt
**neck** /nek/ ❶ nyak *be up to ⸗one's⸗ neck in smth* nyakig van/ül/merül vmiben ❷ nyak [állaté] ❸ (ruha)nyak, kivágás *low neck* mély kivágás ❹ nyak (alakú rész) *the neck of a violin* hegedű nyaka
KIFEJEZÉSEKBEN: *save ⸗one's⸗ neck* menti a bőrét *breathe down smb's neck* vkinek fenyegetően a nyomában van *stick ⸗one's⸗ neck out* kockáztat
**necklace** /ˈnekləs/ nyaklánc, nyakék
**neckline** nyak, kivágás, dekoltázs
**necktie** nyakkendő
**nectar** /ˈnektə/ ❶ nektár ❷ virágméz ❸ édes ital ❹ (gyümölcs)nektár *apricot nectar* baracknektár
**nectarine** /ˈnektəriːn/ nektarin, kopaszbarack
**née** /neɪ/ született, sz. [lánynév megadásakor]
**need** /niːd/ *FNÉV*
❶ szükség vmire, igény vmire *be in need of smth* szüksége van / vmire szorul *a growing need for housing* egyre nagyobb igény a lakásépítésre *there's no need to do smth* nincs szükség vmire / vmit (meg)tenni ❷ szükséglet, igények *meet all smb's needs* minden igényét kielégíti vkinek ❸ szükség, ínség *be in need* szűkölködik
**need** *IGE*
FŐIGEKÉNT: ❶ szüksége van vkire/vmire, megkíván/megkövetel/igényel vmit *this needs more salt* ebbe több só kell *badly need a rest* nagyon ráférne egy kis pihenés ❷ kell csinálni vele vmit *it needs mending / to be mended* meg kéne csináltatni ❸ szükséges, kell *you don't need to come* nem kell jönnöd
SEGÉDIGEKÉNT: kell, szükséges *you needn't apply* nem szükséges pályáznod *I needn't have said it* nem kellett volna mondanom
**needle** /ˈniːdəl/ ❶ (varró)tű, horgolótű, kötőtű *darning needle* stoppolótű *knitting needle* kötőtű *crotcheting needle* horgolótű *a needle in a haystack* tű a szénakazalban ❷ fenyőtű ❸ injekciós tű
**needlecord** mikrokord
**needlepoint** színes műhímzés
**needless** /ˈniːdləs/ szükségtelen, fölösleges
**needlework** ↯ *NEM MEGSZÁML.* varrás, kézimunka
**needn't** /ˈniːdənt/ nem kell, nem szükséges *you needn't apply* nem kell jelentkezned *I needn't have said it* nem kellett volna mondanom
**needn't've** /ˈniːdəntəv/ [= need not have]
**needs analysis** igényfelmérés
**needs-based** szociális (alapon nyújtott)
**needy** /ˈniːdɪ/ szűkölködő
**negate** /nəˈgeɪt/ ❶ semlegesít ❷ tagad, cáfol
**negation** /nəˈgeɪʃən/ tagadás
**negative** /ˈnegətɪv/ *FNÉV*
❶ tagadás *answer in the negative* tagadó választ ad ❷ negatív [kép/film] ❸ negatív mennyiség
**negative** *MNÉV*
❶ tagadó, nemleges, elutasító, negatív ❷ tagadó (értelmű) ❸ negatív, nem konstruktív ❹

N

negatív *negative sign* mínuszjel ❺ eredménytelen *the tests are negative* a vizsgálatok negatívak ❻ [elektromosan] negatív

**neglect** /nɪ'glekt/ FNÉV
❶ elhanyagolás ❷ elhanyagoltság

**neglect** IGE
❶ elhanyagol ❷ elmulaszt ❸ mellőz vkit

**neglectful** /nɪ'glektfəl/ ❶ hanyag, gondatlan, nemtörődöm ❷ *be neglectful of smb* elhanyagol vkit, vkivel nem törődik

**negligence** /'neglɪdʒəns/ gondatlanság, hanyagság, nemtörődömség

**negligent** /'neglɪdʒənt/ gondatlan, hanyag

**negligible** /'neglɪdʒəbəl/ elhanyagolható, jelentéktelen

**negotiable** /nɪ'gəʊʃɪəbəl/ ❶ (tárgyalással) rendezhető, alku tárgya, megegyezés kérdése *salary negotiable* fizetés megegyezés szerint ❷ forgatható [pl. csekk]

**negotiate** /nɪ'gəʊʃɪeɪt/ ❶ tárgyal, tárgyalás(oka)t folytat, egyeztet (ami érdekében: *for*, akivel: *with*) ❷ (tárgyalással) elér, tető alá hoz

**negotiating table** tárgyalóasztal

**negotiation** /nɪˌgəʊʃɪ'eɪʃən/ ❶ tárgyalás, megbeszélés, egyeztetés ❷ vmi tető alá hozása [tárgyalással]

**negotiator** /nɪ'gəʊʃɪeɪtə/ tárgyaló fél, közvetítő

**neigh** /neɪ/ FNÉV/IGE nyerít(és)

**neighbour** /'neɪbə/ ❶ szomszéd *our next door neighbour* a szomszédunk ❷ felebarát

**neighbourhood** /'neɪbəhʊd/ ❶ szomszédság, tájék, környék ❷ *in the neighbourhood of £800* nyolcszáz font körül

**neighbourhood watch** környékfigyelés

**neighbouring** /'neɪbərɪŋ/ szomszédos, közeli

**neither** /'naɪðə/ VAGY /'niːðə/ NÉVMÁS
[kettő közül] egyik sem *neither of the roads / neither road* egyik út sem

**neither** HAT.SZÓ
sem, se *neither do I* én sem *me neither* én sem

**neither** KÖTŐSZÓ
*neither... nor...* sem..., sem... *neither I, nor John smoke* se én, se John nem dohányzik

**neolithic** /ˌniːəʊ'lɪθɪk/ neolit (kori)

**neon** /'niːɒn/ neongáz ⓘ NEM ~~neon~~ [izzó]

**neon light** ❶ neonlámpa ❷ neon(fény)reklám

**neon sign** neonfény-reklám

**nephew** /'nefjuː/ unokaöcs [testvér fia ill. házastárs testvérének a fia]

**nerve** /nɜːv/ ❶ ideg *be all nerves* csupa ideg *strain every nerve* minden idegszálát megfeszíti *get on smb's nerves* idegeire megy vkinek ❷ magabiztosság, elszántság *lose one's nerve* elszáll a bátorsága ❸ szemtelenség *have the nerve* van mersze/képe *what nerve!* micsoda arcátlanság!

**nerve gas** ideggáz

**nervous** /'nɜːvəs/ ❶ ideges vmi miatt, fél vmitől, tart vmitől (amitől: *about*) ❷ idegrendszeri, ideg-

**nervous breakdown** idegösszeomlás

**nervous system** idegrendszer

**nervy** /'nɜːvɪ/ ❶ ideges ❷ izgulós

**nest** /nest/ FNÉV
❶ fészek ❷ búvóhely

**nest** IGE
❶ fészkel, fészket rak ❷ egymás közepébe helyez/tesz

**nestle** /'nesəl/ ❶ fészkel, fészket rak ❷ befészkeli magát, letelepedik

**net** /net/ FNÉV
❶ háló *butterfly net* lepkefogóháló ❷ kelepce, csapda, háló ❸ hálózat ❹ *the net* a háló [internet] ❺ nettó

**net** MNÉV
nettó, tiszta *weigh 500 g net* nettó 500 grammot nyom *the net result* a végeredmény

**net** IGE
❶ hálóval kifog ❷ (ki)fog, szerez ❸ hálóval borít/befed ❹ hálóba juttat/lő/dob ❺ tisztán/nettó keres, tiszta/nettó hasznot hajt/hoz

**netiquette** /'netɪket/ internetes etikett

**netsurf** (inter)neten böngészik, netszörföl

**nettle** /'netəl/ csalán

**nettle rash** csalánkiütés

**network** /'netwɜːk/ FNÉV
❶ hálózat ❷ rádió-/tévéállomások hálózata

**network** IGE
számítógépekből hálózatot épít ki

**neurological** /ˌnjʊərə'lɒdʒɪkəl/ neurológiai

**neurologist** /njʊə'rɒlədʒɪst/ neurológus

**neurology** /njʊə'rɒlədʒɪ/ neurológia

**neuron** VAGY **neurone** /'njʊərɒn/ neuron

**neurosis** /njʊə'rəʊsɪs/ neurózis

**neurotic** /njʊə'rɒtɪk/ neurotikus

**neuter** /'njuːtə/ FNÉV
❶ semlegesnem ❷ kasztrált élőlény

**neuter** MNÉV
semleges(nemű)

**neuter** IGE
kasztrál, herél

**neutral** /'njuːtrəl/ FNÉV
üresjárat, üres *be in neutral* üresben van

**neutral** MNÉV
semleges, pártatlan, neutrális

**neutral gear** üresjárat *in neutral gear* üresben

**neutrality** /njʊ'trælətɪ/ semlegesség

**neutralization** /ˌnjuːtrəlaɪ'zeɪʃən/ semlegesítés

**neutralize** /'njuːtrəlaɪz/ ❶ semlegesít, közömbösít ❷ hatástalanít ❸ semlegessé nyilvánít

**neutron** /'njuːtrɒn/ neutron

**neutron bomb** neutronbomba

**never** /'nevə/ soha(sem), soha nem *I've never been to Rome* sosem jártam Rómában

**nevertheless** /ˌnevəðə'les/ mindazonáltal

**new** /njuː/ ❶ új, újszerű, mai *the newest fashions* a legújabb divat ❷ nemrég/friss(en előkerült) *new evidence* friss bizonyíték ❸ másik, új *he has a new job* új munkahelye van

**newborn** /'njuːbɔːn/ FNÉV/MNÉV újszülött

**newcomer** *FNÉV* ❶ újonnan érkezett ❷ újonc, kezdő
**new cuisine** nouvelle cuisine, reformkonyha
**new-fangled** /nju: ˈfæŋgəld/ újmódi, újdivatú
**newly** /ˈnju:lɪ/ ❶ újonnan, frissen, nemrég ❷ újból
**newlywed** /ˈnju:lɪwed/ *FNÉV/MNÉV* fiatal házas
**new money** *US* az újgazdagok
**newness** /ˈnju:nəs/ ❶ új(don)ság, vminek új volta ❷ gyakorlatlanság, tapasztalatlanság, éretlenség
**new potato** újkrumpli
**new rich** *the new rich* az újgazdagok *new rich behaviour* újgazdag-viselkedés
**news** /nju:z/ *NEM MEGSZÁML.* ❶ hír, újság, *a piece/item of news has arrived* egy hír érkezett *what's the news?* mi újság? ❷ hírek, tudósítás, hírműsor, híradó *here is the news* híreket mondunk
**news agency** hírügynökség
**newsagent** újságos, újságárus
**newsagent's** újságos(stand), újságüzlet *at the newsagent's* az újságosnál
**news analyst** hírmagyarázó
**news blackout** hírzárlat
**news boy** újságárus, rikkancs
**news bulletin** gyorshír, hírösszefoglaló
**newscaster** hírolvasó (bemondó)
**newsletter** tájékoztató, hírlevél
**news magazine** hírmagazin
**newspaper** /ˈnju:speɪpə/ ❶ újság, hírlap, napilap ❷ újságpapír
**newspaper man** ❶ újságárus ❷ újságíró
**newspaper report** lapértesülés, lapjelentés
**newsreader** hírolvasó (bemondó)
**newsroom** hírszoba, szerkesztőségi szoba
**news stand** újságárusbódé, újságosbódé
**news vendor** újságárus
**newt** /nju:t/ tarajos gőte
**New Testament** Újtestamentum
**new wave** *FNÉV/MNÉV* újhullám(os)
**New Year** újév, szilveszter (este/éjszaka) *see the New Year in* szilveszterezik *New Year's Eve* szilveszter (este)
**new year's resolution** újévi fogadalom

**next** /nekst/ *MNÉV*
❶ legközelebbi, következő, szomszédos *take the next left turn* a következő utcánál forduljon balra ❷ második *the next biggest market* a második legnagyobb piac ❸ következő, jövő *next day* másnap *next time* legközelebb *next year* jövőre *this day next year* mához egy évre ❹ *next (please)!* kérem a következőt!

**next** *HAT.SZÓ*
❶ azután *what's going to happen next?* és aztán mi következik? *who comes next?* ki jön sorra? ❷ legközelebb
**next to** ❶ mellett [térben] ❷ után, mellett *next to German I like history best* a német mellett/után a történelmet szeretem a legjobban ❸ majdnem *next to nothing* szinte semmi
**next-best** a második/majdnem legjobb
**next door** a szomszédban, mellettü(n)k
**next door to** *next door to smb/smth* ❶ a szomszédban *next door to an eatery* egy étkezde mellett ❷ majdnem ugyanaz, mint *driving at 160 mph is next door to suicide* 160 mérfölddel menni öngyilkossággal fölér
**next-door** szomszédos *next-door neighbours* szomszédok
**next of kin** legközelebbi rokonok/rokonság
**NGO** = nongovernmental organization
**NHS** társadalom-biztosítás *get* ⁝*one's*⁝ *glasses on the NHS* a biztosító állja a szemüvegét
**nib** /nɪb/ ❶ tollhegy ❷ hegy, csúcs [szerszámé]
**nibble** /ˈnɪbəl/ ❶ majszol, rágcsál ❷ felemészt, felesz, elvisz *rent nibbled away (at) their savings* a lakbér elvitte a megtakarított pénzüket ❸ rág(csál) *nibble a hole* lyukat rág
**nice** /naɪs/ ❶ kedves, kellemes, barátságos, helyes *nice person* rendes/kedves ember *it's nice of you to help us* rendes tőled, hogy segítesz ❷ kellemes, finom, szép *a nice soup* finom leves *have a nice day!* *US* viszontlátásra! ❸ szép kis *nice mess* szép kis helyzet ❹ apró, finom *nice distinction* finom különbség ❺ rendes, jóravaló *nice girls* rendes lányok ❻ *nice and...* jó... *nice and warm* jó meleg
**nicely** /ˈnaɪslɪ/ ❶ kedvesen, barátságosan ❷ pontosan ❸ jól, rendesen
**nicety** /ˈnaɪsətɪ/ ❶ finom különbség, finomság *we don't have time for the niceties* nincs időnk a részletekre ❷ *to a nicety* hajszálra, hajszálpontosan
**niche** /ni:ʃ/ ❶ (fal)fülke, falmélyedés ❷ sírfülke ❸ megfelelő állás/munkahely ❹ rés a piacon, piaci rés ❺ egy bizonyos (vásárlói) célcsoportot megcélzó ❻ élőlény helye a rendszerben

**nick** /nɪk/ *FNÉV*
❶ karcolás, csorba ❷ *the nick* sitt, börtön ❸ *in the nick of time* épp jókor, utolsó pillanatban

**nick** *IGE*
megkarcol, felsért
**nickel** /ˈnɪkəl/ ❶ nikkel ❷ *US* ötcentes
**nick-nack** /ˈnɪknæk/ dísztárgy, mütyűr

**nickname** *FNÉV*
❶ becenév ❷ gúnynév, csúfnév

**nickname** *IGE*
❶ gúnynevet ad vkinek ❷ becenéven szólít
**nicotine** /ˈnɪkəti:n/ nikotin
**niece** /ni:s/ unokahúg [testvér lánya ill. házastárs testvérének a lánya]
**niggard** /ˈnɪgəd/ *FNÉV* fösvény, zsugori
**niggardly** /ˈnɪgədlɪ/ *MNÉV* ❶ fukar, zsugori ❷ (szégyenletesen) kevés
**night** /naɪt/ ❶ éjszaka, éjjel, este *at/by night* éjjel, éjszaka *work nights* éjszakánként dolgozik *the other night* valamelyik [elmúlt] este *good*



N

*night!* jó estét/éjszakát! *last night* tegnap este, múlt éjjel/éjszaka *the night before* előző este/éjjel ❷ est, este, esti alkalom/műsor
**nightcap** ❶ lefekvés előtti pohár (szeszes)ital ❷ hálósapka
**nightclub** (éjszakai) mulató
**nightdress** [női] hálóing
**nightfall** alkony, szürkület
**night-gown** *US* [női] hálóing
**nightie** /ˈnaɪtɪ/ [női] hálóing
**nightingale** /ˈnaɪtɪŋgeɪl/ fülemüle
**nightlight** éjjeli lámpa [gyerekszobában]
**nightlong** *MNÉV/HAT.SZÓ* egész éjszakán át (tartó)
**nightly** /ˈnaɪtlɪ/ *MNÉV*
éjjeli, éjszakai, éjszakánkénti
**nightly** *HAT.SZÓ*
éjjelenként, éjszakánként, éjjelente
**nightmare** /ˈnaɪtmeə/ ❶ rossz álom ❷ rémkép, lidérc(nyomás)
**night owl** éjjeli bagoly [ember]
**night school** esti iskola, dolgozók iskolája
**night shift** ❶ éjszakai műszak ❷ az éjszakai műszakban dolgozók
**nightshirt** [férfi] hálóing
**night soil** trágya
**night time** *FNÉV* éjszaka, éjjel
**night watch** éjszakai őrség, éjjeli őrjárat
**night watchman** *TBSZ* **night watchmen** éjjeliőr
**nighty** /ˈnaɪtɪ/ [női] hálóing
**nihilism** /ˈnaɪɪlɪzəm/ nihilizmus
**nihilist** /ˈnaɪɪlɪst/ *FNÉV* nihilista
**nil** /nɪl/ ❶ semmi, nulla ❷ null *3–0* [kiejtve: three–nil] három–null *win by three goals to nil* három–nullra nyer
**nimble** /ˈnɪmbəl/ ❶ fürge, ügyes(en mozgó) ❷ gyors észjárású, jó felfogású
**nimby** VAGY **NIMBY** = not in my back yard
**nine** /naɪn/ kilenc
**nine days' wonder** rövid életű csoda
**ninefold** *MNÉV/HAT.SZÓ* kilencszeres(en), kilencszeresére
**nine men's morris** malom [játék]
**ninepins** [kilencbábos] teke(játék) *play at ninepins* tekézik
**nineteen** /naɪnˈtiːn/ tizenkilenc *nineteen to the dozen* egyfolytában, szünet nélkül
**nineteenth** /naɪnˈtiːnθ/ ❶ tizenkilencedik ❷ tizenkilenced
**ninetieth** /ˈnaɪntɪəθ/ kilencvenedik
**nine to five** kilenctől ötig *nine-to-five job* nyolcórás, „bentülős" hivatali munka *work nine to five* nyolcórás állása van
**nine-to-fiver** /ˌnaɪntəˈfaɪvə/ nyolcórás munkaidőben, hivatalban dolgozó ember
**ninety** /ˈnaɪntɪ/ kilencven *the nineties* a kilencvenes évek *be in ⁝one's⁝ nineties* kilencvenes éveiben jár *reach the nineties* 90 [Fahrenheit] fok fölé emelkedik
**ninety-nine** kilencvenkilenc
**ninja** /ˈnɪndʒə/ nindzsa
**ninth** /naɪnθ/ ❶ kilencedik [rövidítve 9th ill. 9th] ❷ kilenced *two ninths* két kilenced
**nip** /nɪp/ *FNÉV*
❶ enyhe fagy ❷ lecsípés, levágás ❸ korty, kortyocska, csöpp
**nip** *IGE*
❶ becsíp, megcsíp, beszorít, megszorít ❷ *nip ⁝one's⁝ finger in the door* becsípi az ujját az ajtó ❸ lecsippent, lecsíp, levág ❹ megcsíp [fagy] ❺ korty(ol)
**nipple** /ˈnɪpəl/ ❶ mellbimbó ❷ cumi, cucli [üvegen]
**nirvana** /nɪəˈvɑːnə/ VAGY /nɜːˈvɑːnə/ nirvána
**nitpicking** /ˈnɪtpɪkɪŋ/ *FNÉV*
szőrszálhasogatás, szőrözés
**nitpicking** *MNÉV*
szőrszálhasogató, szőröző
**nitrate** /ˈnaɪtreɪt/ nitrát
**nitre** /ˈnaɪtə/ salétrom
**nitric acid** /ˌnaɪtrɪk ˈæsɪd/ salétromsav
**nitrogen** /ˈnaɪtrədʒən/ nitrogén
**nitroglycerine** /ˌnaɪtrəʊˈglɪsərɪn/ nitroglicerin
**NNE** = north-northeast
**NNW** = north-northwest
**no.** = north(ern); number
**no** /nəʊ/ *FNÉV*
❶ tagadás, visszautasítás, „nem" ❷ a nemmel szavazók *the noes have it* le van/lett szavazva ❸ a nemleges szavazatok
**no** /nəʊ/ *NÉVMÁS*
❶ semmiféle, semmi, semennyi *no sugar* semmi/semennyi cukor ❷ nagyon kevés *in no time* azonnal *it's no distance* nem távolság ❸ nem *I'm no fool* nem vagyok én hülye *it* ❹ [feliratok] tilis *no smoking* tilos a dohányzás *no parking* parkolni tilos ❺ lehetetlen *there's no saying/knowing/telling* nem lehet / lehetetlen megmondani/tudni
**no** *IND.SZÓ*
❶ nem *no, we never go* nem, sose megyünk ❷ nem *no fewer than 10* nem kevesebb, mint tíz *no longer* már nem
**nobility** /nəʊˈbɪlətɪ/ ❶ nemesség ❷ vmi/vki nemes volta
**noble** /ˈnəʊbəl/ *FNÉV*
nemes(ember)
**noble** /ˈnəʊbəl/ *MNÉV*
❶ nemes (gondolkozású), nagylelkű ❷ nemes, nemesi származású ❸ csodálatos, fennkölt ❹ nemes [fém]
**nobleman** /ˈnəʊbəlmən/ *TBSZ* **noblemen** /ˈnəʊbəlmən/ nemes(ember)
**nobody** /ˈnəʊbədɪ/ senki *nobody else* más nem
**nocturnal** /nɒkˈtɜːnəl/ éjjeli, éji
**nod** /nɒd/ *FNÉV*
❶ bólintás, biccentés *nod of the head* fejbólintás ❷ beleegyezés, rábólintás vmire *give the bill a nod* beleegyezését adja a törvényre

**nod** *IGE*
❶ bólint, biccent *nod to smb* (oda)biccent vkinek *nod ~one's~ head* biccent, bólint ❷ fejbólintással jelez ❸ bólogat ❹ *nod to smth* rábólint vmire, beleegyezik vmibe
**nod off** elbóbiskol, elszundikál
**nodding acquaintance** futó ismeretség
**no-fly zone** repülési tilalmi zóna
**noise** /nɔɪz/ *NEM MEGSZÁML.* zaj, lárma *make a noise* zajong, lármáz, zajt csap
**noise emission** zajkibocsátás
**noiseless** /ˈnɔɪzləs/ zajtalan, nesztelen
**noise level** zajszint
**noise pollution** zajártalom
**noiseproof** /ˈnɔɪzpruːf/ hangszigetelt
**noisily** /ˈnɔɪzɪlɪ/ hangosan, zajosan
**noisy** /ˈnɔɪzɪ/ zajos, lármás, hangos, zajt keltő
**nomad** /ˈnəʊmæd/ *FNÉV* nomád
**nomadic** /nəʊˈmædɪk/ *MNÉV* nomád
**no-man's-land** senkiföldje
**nominal** /ˈnɒmɪnəl/ ❶ főnévi, névszói ❷ névleges, nominális, nominál- ❸ névleges, elhanyagolható
**nominal wages** nominálbér
**nominal yield** névleges hozam
**nominate** /ˈnɒmɪneɪt/ ❶ jelöl, ajánl, javasol (amire: *for/as*) ❷ kinevez (aminek: *as*)
**nomination** /ˌnɒmɪˈneɪʃən/ ❶ jelölés, ajánlás, jelöltállítás (amire: *for/as*) ❷ kinevezés
**nominations committee** jelölőbizottság
**nominations meeting** jelölőgyűlés
**nominative** /ˈnɒmənətɪv/ alanyeset
**nominee** /ˌnɒmɪˈniː/ jelölt
**non-** /nɒn/ nem- [tagadó/„fosztó" előtag]
**non-aggression pact** meg-nemtámadási szerződés
**non-alcoholic** alkoholmentes
**nonchalance** /ˈnɒnʃələns/ közöny(össég), érzéketlenség, egykedvűség
**nonchalant** /ˈnɒnʃələnt/ közönyös, érzéketlen, egykedvű
**noncom.** = non-commissioned
**non-commissioned officer** tiszthelyettes
**noncount noun** megszámlálhatatlan főnév
**non-dairy** *MNÉV* tejet nem tartalmazó
**nondescript** /ˈnɒndɪskrɪpt/ jellegtelen, nehezen leírható
**none** /nʌn/ *NÉVMÁS*
❶ semennyi, semmi *we have none* semennyi(nk) nincs *it's none of his business* semmi köze hozzá ❷ [kettőnél több] egyik sem *none of the phones is/are working* egyik telefon se működik *second to none* senki nem előzi meg / nem jobb nála
**none** *HAT.SZÓ*
❶ egyáltalán nem, semennyire *I'm none the wiser* semmivel sem lettem okosabb ❷ *none the less* mindazonáltal, ennek ellenére ❸ *none too* nem túlságosan
**nonentity** /nɒˈnentətɪ/ (jelentéktelen) senki
**nonetheless** /ˌnʌnðəˈles/ mindazonáltal
**non-existent** nem létező *be practically non-existent* gyakorlatilag nincs
**non-feepaying** tandíjmentes
**nonfiction** tényirodalom
**non-figurative** nonfiguratív, absztrakt
**non-flammable** /nɒnˈflæməbəl/ nem gyúlékony/éghető, éghetetlen
**nongovernmental organization** nem-kormányzati szervezet
**noninterference** /ˌnɒnɪntəˈfɪərəns/ VAGY **non-intervention** /ˌnɒnɪntəˈvenʃən/ be nem avatkozás
**non-iron** nem vasalandó
**non-partisan** /ˌnɒnpɑːtɪˈzæn/ *FNÉV/MNÉV* nem pártérdektől vezérelt / pártsemleges / pártkötődés nélküli (ember)
**non-paying** nemfizető
**non-pc** /nɒnˈpiːsɪ/ politikailag inkorrekt, politikai korrektségnek nem híve
**nonplus** /ˌnɒnˈplʌs/ meghökkent, elképeszt
**non-professional** nem-hivatásos
**non-profit** VAGY **nonprofit** non-profit, nem haszonra dolgozó, nem nyereség-orientált
**non-profit-making** ❶ nem nyereség-orientált, non-profit ❷ nem nyereséges
**non-renewable energy** nem-megújuló energia(forrás)
**non-resident** ❶ nem helyben lakó ❷ nem szállóvendég ❸ külföldi
**non-residential** nem helyben lakó
**non-restrictive relative clause** nem korlátozó/szűkítő vonatkozó mellékmondat
**nonsense** /ˈnɒnsəns/ ❶ ostobaság, képtelenség ❷ idétlen viselkedés, idétlenkedés ❸ nonszensz, halandzsa
**nonsense verse** halandzsa vers
**nonsensical** /nɒnˈsensɪkəl/ képtelen, nonszensz
**non-skid** VAGY **nonskidding** /nɒnˈskɪdɪŋ/ csúszásgátló, csúszásmentes
**non-smoker** ❶ nemdohányzó (ember) ❷ nemdohányzó [pl. fülke]
**non-smoking** *MNÉV* nemdohányzó
**non-standard** /nɒnˈstændəd/ ❶ nem szabványos ❷ nem-sztenderd, nem irodalmi nyelvi
**non-stick** teflon *non-stick coating* teflonbevonat
**non-stop** *MNÉV/HAT.SZÓ* megszakítás nélkül(i)
**non-taxable** adó alá nem eső
**non-transferable** át nem ruházható
**non-violence** erőszakmentesség
**noodle** /ˈnuːdəl/ (hosszú)metélt, cérnametélt
**nook** /nuːk/ zug, sarok, szöglet *chimney nook* sut *search every nook and cranny* minden zugot átkutat
**noon** /nuːn/ dél *at noon* délben *at twelve o'clock noon* déli tizenkettőkor
**no one** VAGY **no-one** senki *no one answered, have they?* senki nem felelt, ugye?
**noplace** VAGY **no place** *US* sehol
**Nor.** = North(ern)

N

**nor** /nɔː/ ❶ sem *neither... nor...* sem ..., sem... ❷ se(m) *it can't be seen by them – nor by anyone else* nem látják – és más sem ❸ se(m) *they can't see it, and nor can I* nem látják és én se

**norm** /nɔːm/ norma, normatíva

**normal** /ˈnɔːməl/ FNÉV
merőleges (vonal)

**normal** MNÉV
normális, normál, szabályos, szabályszerű, rendes *get back to normal* normalizálódik

**normalcy** /ˈnɔːməlsɪ/ VAGY **normality** /nɔːˈmælətɪ/ normalitás, normálisság

**normalization** /ˌnɔːməlaɪˈzeɪʃən/ ❶ normalizálás ❷ normalizálódás

**normalize** /ˈnɔːməlaɪz/ ❶ normalizál ❷ normalizálódik

**normally** /ˈnɔːməlɪ/ ❶ normálisan, normális módon ❷ rendes körülmények között ❸ rendesen, rendszerint

**north** /nɔːθ/ FNÉV
❶ észak *in the north* északon *a kilometre (to the) north of Vienna* Bécstől egy kilométerre északra ❷ északi rész *up north* északon/északra, az ország északi részén/részére

**north** MNÉV
észak(i), észak- *the north side of the building* az épület északi fele *north wind* északi szél

**north** HAT.SZÓ
észak felé, északra, északi irányba(n)

**northbound** /ˈnɔːθbaʊnd/ északnak tartó, északi irányban húzódó

**northeast** /ˌnɔːθˈiːst/ FNÉV/HAT.SZÓ északkelet (felé), északkelet(re)

**northeasterly** /ˌnɔːθˈiːstəlɪ/ VAGY **northeastern** /ˌnɔːθˈiːstən/ északkeleti

**northerly** /ˈnɔːðəlɪ/ MNÉV
északi

**northerly** HAT.SZÓ
❶ észak felől ❷ észak felé

**northern** /ˈnɔːðən/ északi

**northernmost** /ˈnɔːðənməʊst/ legészakibb, legészakabbra fekvő

**northward** /ˈnɔːθwəd/ MNÉV/HAT.SZÓ észak felé (tartó)

**northwest** /nɔːθˈwest/ FNÉV
❶ északnyugat ❷ ország északnyugati része

**northwest** MNÉV
északnyugati

**northwest** HAT.SZÓ
északnyugat felé, északnyugatra

**northwesterly** /nɔːθˈwestəlɪ/ **northwestern** /nɔːθˈwestən/ északnyugati

**nos.** VAGY **Nos.** = numbers

**nose** /nəʊz/ FNÉV
❶ orr *blow one's nose* orrot fúj *runny nose* csöpögő/taknyos orr *under smb's nose* vki orra előtt *by a nose* orrhosszal *run smb's nose in smth* orra alá dörgöl vkinek vmit *turn up one's nose* felhúzza az orrát *poke/stick one's nose into smth* beleüti vmibe az orrát ❷ orr [tárgyé] ❸ szaglás, szimat
KIFEJEZÉSEKBEN: *follow one's nose* megy az orra után *keep one's nose to the grindstone* megállás nélkül gürcöl *pay through the nose* borsos árat fizet *nose to tail* egymás nyakán, szorosan egymás mögött [járművek]

**nose** IGE

**nose about** szaglász, fürkész, nyomoz

**nose into** *nose into smth* beleüti az orrát vmibe

**nose out** *nose smth out* kiszimatol, kiderít

**nosh** /nɒʃ/ FNÉV/IGE kajál(ás)

**no-show** ❶ helyét lefoglaló, de a reptéren/színházban/étteremben meg nem jelenő ember ❷ meg nem jelenés [helyfoglalás után]

**nostalgia** /nɒˈstældʒə/ nosztalgia (ami iránt: *for*)

**nostalgic** /nɒˈstældʒɪk/ nosztalgikus, nosztalgiázó

**nostril** /ˈnɒstrɪl/ orrlyuk

**not** /nɒt/ ❶ nem *it's a cow, not a bull* tehén az, nem bika *not me!* én (ugyan) nem! *not at all* egyáltalán nem ❷ *not a...* egyetlen ... se *not a penny* egy(etlen) fillér se
KIFEJEZÉSEKBEN: *not at all* szóra se érdemes!

**notability** /ˌnəʊtəˈbɪlətɪ/ ❶ híres ember, híresség, notabilitás ❷ vmi figyelemre méltó volta

**notable** /ˈnəʊtəbəl/ FNÉV
neves/híres/fontos ember

**notable** MNÉV
figyelemreméltó, nevezetes, kiemelkedő

**notably** /ˈnəʊtəblɪ/ ❶ kivált, főleg, konkrétan ❷ észrevehetően, érzékelhetően

**notary** /ˈnəʊtərɪ/ VAGY **notary public** közjegyző

**notch** /nɒtʃ/ FNÉV
❶ rovátka, bemetszés ❷ fok *several notches above the other* pár fokkal jobb a másiknál ❸ nézőke [irányzékon]

**notch** IGE
❶ bevág, bemetsz, rovátkol ❷ felír, feljegyez

**note** /nəʊt/ FNÉV
❶ jegyzet, feljegyzés, megjegyzés *take note of smth* megjegyez vmit ❷ széljegyzet, lábjegyzet ❸ pár soros üzenet/levél *thank you note* köszönőlevél ❹ feljegyzés ❺ jegyzék *diplomatic note* diplomáciai jegyzék ❻ bankjegy *a £20 note* húszfontos bankjegy ❼ hangjegy ❽ hangnem *on an optimistic note* derűlátó hangon ❾ figyelem *worthy of note* figyelemre méltó *nothing of note* semmi figyelemre méltó

**note** IGE
❶ megjegyez, megfigyel ❷ megjegyez [szóban]

**notebook** ❶ notebook (számítógép) ❷ notesz, jegyzetfüzet

**noted** /ˈnəʊtɪd/ nevezetes, híres (amiről: *for*)

**notepad** ❶ notesztömb, jegyzettömb ❷ jegyzettömb [szövegszerk.]

**noteworthy** /ˈnəʊtwɜːðɪ/ figyelemre/említésre méltó

**nothing** /ˈnʌθɪŋ/ FNÉV
❶ semmi *nothing but* nem egyéb, mint *nothing*

*less than* nem keevsebb/csekélyebb, mint *nothing much* nem sok ❷ nulla, zéró *beat smb ten to nothing* tíz nullra legyőz
KIFEJEZÉSEKBEN: *think nothing of smth/smb* lebecsül, semmibe vesz *for nothing* ingyen *come to nothing* füstbe megy, meghiúsul *nothing doing* szó se (lehet) róla, kizárt dolog *go/be for nothing* meghiúsul, tönkremegy

**nothing** *HATÁROZÓSZÓ*
egyáltalán nem, cseppet sem *it's nothing like yours* egyáltalán nem hasonlít a tiédre

**notice** /ˈnəʊtɪs/ *FNÉV*
❶ értesítés, bejelentés, közlemény *put a notice in the papers* értesítést/közleményt tetet be az újságokba ❷ felirat, tábla *the notice said 'closed'* a táblán az állt: „zárva" ❸ értesítés, felszólítás, figyelmeztetés *subject to change without notice* a változtatás joga fenntartva *at short notice* rövid időn belül *give a few days' notice* pár nappal előbb szól *until further notice* további értesítésig ❹ felmondás, felmondólevél *give smb notice* felmond vkinek *give in one's notice* beadja a felmondását ❺ értesítés *give smb notice of smth* vkit vmiről értesít ❻ tudomás *take notice of smth* tudomást vesz vmiről *come to smb's notice* tudomására jut vkinek

**notice** *IGE*
észrevesz, feltűnik vkinek

**noticeable** /ˈnəʊtɪsəbəl/ ❶ észrevehető ❷ figyelemreméltó
**notice board** hirdetőtábla
**notification** /ˌnəʊtɪfɪˈkeɪʃən/ értesítés, közlés
**notify** /ˈnəʊtɪfaɪ/ közöl, értesít (amiről: *of*)
**notion** /ˈnəʊʃən/ fogalom, gondolat, elképzelés *the faintest notion* a leghalványabb fogalom
**notoriety** /ˌnəʊtəˈraɪətɪ/ hírhedtség
**notorious** /nəˈtɔːrɪəs/ hírhedt *notorious for bad security* híresen rossz a biztonsági rendszere
**notoriously** /nəˈtɔːrɪəslɪ/ notórius módon

**notwithstanding** /ˌnɒtwɪðˈstændɪŋ/ *ELÖLJ.*
ellenére, dacára *notwithstanding the opposition* / *opposition notwithstanding* az ellenállás dacára

**notwithstanding** *KÖTŐSZÓ*
mégis, mindamellett, mindazonáltal

**nougat** /ˈnuːgɑː/ nugát
**nought** /nɔːt/ ❶ nulla, zérus, zéró ❷ semmi *come to nought* nem sikerül
**noughts and crosses** /ˌnɔːtsəndˈkrɒsɪz/ amőba(játék)
**noun** /naʊn/ főnév
**nourish** /ˈnʌrɪʃ/ ❶ táplál ❷ táplál, fenntart, dédelget [tervet/reményt]
**nourishing** /ˈnʌrɪʃɪŋ/ tápláló
**nouveau riche** /ˌnuːvəʊ ˈriːʃ/ *TBSZ* **nouveaux riches** /ˌnuːvəʊ ˈriːʃ/ újgazdag
**Nov.** = November

**novel** /ˈnɒvəl/ *FNÉV*
regény ⓘ *NEM* ~~novella~~

**novel** *MNÉV*
újszerű, újfajta, eredeti

**novelist** /ˈnɒvəlɪst/ regényíró ⓘ *NEM* ~~novellista~~
**novelty** /ˈnɒvəltɪ/ ❶ újdonság ❷ vmi újdonsága/újszerűsége ❸ olcsó ajándéktárgy
**November** /nəˈvembə/ ❶ november ❷ telefonill. rádió-összeköttetésnél és betűzésnél az N betű szava
**novice** /ˈnɒvɪs/ ❶ kezdő, újonc ❷ novícius, papnövendék
**now** /naʊ/ ❶ most, jelenleg, ma, manapság *not now* most nem *even now* még most is *by now* mostanra *just now* épp most, az imént *from now on* mostantól *as of now* mostantól (fogva) *up to now* mostanáig, máig *bye for now!* akkor viszlát! ❷ már *now I see!* értem már! *not now* már nem ❸ hát, pedig *now*! *now*! na-na! ugyan már! ugyan-ugyan! ❹ egyszer–másszor, hol–hol *now hot, now cold* egyszer meleg, másszor hideg ❺ na, nos, tehát, namost *now then* na(már)most
**now that** VAGY **now** most hogy *now (that) he's arrived* most, hogy megjött
**nowadays** /ˈnaʊədeɪz/ ma(napság), mostanában
**now and again** VAGY **now and then** időnként, olykor, néha *every now and again/then* hébehóba, olykor
**nowhere** /ˈnəʊweə/ ❶ sehol *I have nowehere to sleep* nincs hol aludnom ❷ sehová ❸ *nowhere near* közel se
**noxious** /ˈnɒkʃəs/ ártékony, ártalmas
**nozzle** /ˈnɒzəl/ szórófej
**NSPCA** = National Society for the Prevention of Cruelty to Animals
**nt. wt.** = net weight
**n't** [= not] *I wasn't here* nem voltam itt
**nth** VAGY **nth** /enθ/ n-edik *raise smth to the nth power/degree* n-edik hatványra emel *for the nth time* n-szer, n-edszer, sokszor
**nuclear** /ˈnjuːklɪə/ nukleáris, mag-, atom-
**nuclear bomb** atombomba
**nuclear family** atomi család, szűk(ebb) család
**nuclear fission** maghasadás
**nuclear fusion** nukleáris fúzió, magfúzió
**nuclear physicist** magfizikus, atomtudós
**nuclear physics** magfizika, atomfizika
**nuclear power** ❶ atomenergia ❷ atomhatalom
**nuclear-powered** atommeghajtású
**nuclear power plant** atomerőmű
**nuclear reaction** nukleáris reakció
**nuclear reactor** atomreaktor
**nuclear strike** atomcsapás
**nuclear superpower** atomnagyhatalom
**nuclear test** kísérleti atomrobbantás
**nuclear war** atomháború, nukleráris háború
**nuclear warfare** nukleáris hadviselés
**nuclear waste** atomhulladék
**nuclear weapon** atomfegyver
**nucleus** /ˈnjuːklɪəs/ *TBSZ* **nucleuses** VAGY **nuclei** /ˈnjuːklɪaɪ/ ❶ középpont, mag ❷ atommag ❸ mag [idegrendszerben] ❹ sejtmag

N

**nude** /nju:d/ *FNÉV*
❶ akt ❷ *in the nude* pucéran, meztelen(ül)
**nude** *MNÉV*
meztelen, pucér
**nude beach** nudista strand
**nudeness** /ˈnju:dnəs/ meztelenség
**nudge** /nʌdʒ/ *FNÉV*
❶ oldalba bökés ❷ taszigálás, noszogatás
**nudge** *IGE*
❶ (könyökkel) oldalba bök, megbök ❷ taszigál, noszogat
**nudism** /ˈnju:dɪzəm/ nudizmus
**nudist** /ˈnju:dɪst/ nudista
**nudity** /ˈnju:dətɪ/ meztelenség, meztelenkedés
**nugget** /ˈnʌgɪt/ aranyrög
**nuisance** /ˈnju:səns/ ❶ kellemetlenség, alkalmatlankodás ❷ kellemetlen alak *make a nuisance of ≈oneself≈* lehetetlenül viselkedik ❸ (köz)botrányokozás *commit nuisance* közbotrányt okoz
**nuisance call** telefonbetyár telefonja
**null** /nʌl/ nulla, zéró
**null and void** semmis, érvénytelen, hatálytalan
**num.** = number; numeral(s)
**numb** /nʌm/ *MNÉV*
dermedt, zsibbadt *numb with cold* a hidegtől elgémberedett
**numb** *IGE*
megdermeszt, érzéketlenné tesz, elzsibbaszt
**number** /ˈnʌmbə/ *FNÉV*
❶ szám, sorszám *question number two* a kettes (számú) kérdés ❷ (ház)szám *at no. 4 Church Street* a Church Street 4-ben ❸ nagyság, méret *number 9 shoes* 9-es cipő ❹ szám [folyóiraté] ❺ [nyelvtani] szám ❻ zeneszám ❼ *a (large) number of cars* számos autó *be beyond number* megszámlálhatatlanul sok ❽ csoport *two of our number* ketten közülünk
**number** *IGE*
❶ (meg/be)számoz ❷ [vmennyit] kitesz *the people numbered several thousand* több ezren voltak ❸ vkik közé számít/sorol *be numbered among the best poets* a legjobb költők közé számít
**numberless** /ˈnʌmbələs/ számtalan
**number one** ❶ első (ember) ❷ az ember maga *only think of number one* csak magára gondol ❸ kisdolog, pisilés
**numberplate** rendszámtábla
**number sign** kettőskereszt, # jel
**numbness** /ˈnʌmnəs/ zsibbadtság, dermedtség
**numeral** /ˈnju:mərəl/ ❶ szám(jegy) ❷ számnév
**numerator** /ˈnju:məreɪtə/ számláló [törté]
**numerical** /njuˈmerɪkəl/ ❶ számszerű, numerikus ❷ számbeli
**numerically** /njuˈmerɪklɪ/ számszerűleg, számbelileg, számszakilag
**numerical pad** számbillentyűzet
**numerous** /ˈnju:mərəs/ számos, számtalan
**numismatic** /ˌnju:mɪzˈmætɪk/ éremtani
**numismatics** /ˌnju:mɪzˈmætɪks/ éremtan
**numismatist** /nju:ˈmɪzmətɪst/ éremgyűjtő, éremszakértő
**nun** /nʌn/ apáca
**nurse** /nɜ:s/ *FNÉV*
❶ nővér, ápolónő *male nurse* betegápoló ❷ dajka, dada *wet nurse* szoptatós dajka
**nurse** *IGE*
❶ ápol ❷ kúrál, gyógyít ❸ nővérkedik, nővérként dolgozik ❹ szopik ❺ szoptat ❻ dédelget, ölel(get) *nurse a kitten* cicát dédelget ❼ kézében tart, őrizget ❽ ápol, gondoz [pl. növényt] ❾ táplál, dédelget [érzést]
**nursery** /ˈnɜ:sərɪ/ ❶ bölcsöde ❷ gyerekszoba ❸ faiskola
**nursery garden** faiskola
**nursery nurse** óvónő
**nursery rhyme** gyermekvers, gyermekdal
**nursery school** óvoda
**nursing bottle** cumisüveg, cuclisüveg
**nurture** /ˈnɜ:tʃə/ *FNÉV*
❶ táplálkozás ❷ gondozás, nevelés ❸ szerzett/nevelt tulajdonságok
**nurture** *IGE*
❶ táplál, nevel ❷ táplál [r.szerint negatív érzést]
**nut** /nʌt/ ❶ csonthéjas (gyümölcs), dióféle *cashew nut* kesudió *hazelnut* mogyoró *peanut* földimogyoró *walnut* dió ❷ dió ❸ anya(csavar) ❹ dilis/buggyant alak
KIFEJEZÉSEKBEN: *a hard/tough nut to crack* kemény dió, nehéz ügy *off ≈one's≈ nut* elment az esze
**nutcracker** VAGY **nutcrackers** diótörő
**nutgall** /ˈnʌtgɔ:l/ gubacs
**nutmeg** /ˈnʌtmeg/ szerecsendió
**nutria** /ˈnju:trɪə/ hódpatkány, nutria
**nutrient** /ˈnju:trɪənt/ tápanyag
**nutrition** /nju:ˈtrɪʃən/ ❶ táplálás, élelmezés ❷ táplálkozás ❸ táplálék, élelem
**nutritional** /nju:ˈtrɪʃənəl/ táplálkozási, táp-
**nutritionist** /nju:ˈtrɪʃənɪst/ táplálkozásszakértő
**nutritious** /nju:ˈtrɪʃəs/ tápláló, magas tápértékű
**nuts** /nʌts/ *FNÉV*
❶ buggyant, dilis ❷ *be nuts about smth* él-hal vmiért ❸ *be nuts on smb* bele van esve vkibe
**nuts!** *IND.SZÓ*
fenét! a fenébe!
**nutshell** /ˈnʌtʃel/ dióhéj *in a nutshell* dióhéjban
**nutty** /ˈnʌtɪ/ ❶ dióízű/mogyoróízű ❷ diós/mogyorós ❸ dilis, buggyant
**NW** = north-west(ern)
**n. wt.** = net weight
**NY** = New York City; New York State
**NYC** = New York City
**nylon** /ˈnaɪlɒn/ nylon, nejlon
**nylons** /ˈnaɪlɒnz/ nylonharisnya *a pair of nylons* egy nejlonharisnya
**nymph** /nɪmf/ ❶ nimfa, sellő ❷ fiatal lány
**NYSE** = New York Stock Exchange
**NZ** = New Zealand

# O, o /əʊ/

**o.** = off; old; only; order
**O** = object; oxygen; Ocean; October
**o** /əʊ/ ó, óh
**oak** /əʊk/ tölgy(fa)
**oaken** /ˈəʊkən/ MNÉV tölgyfa-, tölgy-
**OAP** = old age pension; old age pensioner
**oar** /ɔː/ evezőlapát
**oarsman** /ˈɔːzmən/ TBSZ **oarsmen** /ˈɔːzmən/ evezős
**oarsman's bench** evezőpad
**oasis** /əʊˈeɪsɪs/ TBSZ **oases** /əʊˈeɪsiːz/ oázis
**oath** /əʊθ/ TBSZ /əʊðz/ eskü, fogadalom *swear an oath* esküt tesz, (meg)esküszik *on/under oath* eskü alatt
**oatmeal** /ˈəʊtmiːl/ ❶ zabliszt ❷ zabkása
**oats** /əʊts/ ❶ zab ❷ zabliszt ❸ zabkása
**OBE** = Order of the British Empire
**obedience** /əˈbiːdɪəns/ ❶ engedelmesség ❷ szófogadás
**obedient** /əˈbiːdɪənt/ ❶ engedelmes ❷ szófogadó
**obelisk** /ˈɒbəlɪsk/ ❶ obeliszk ❷ † jel
**obese** /əʊˈbiːs/ elhízott, túlsúlyos
**obesity** /əʊˈbiːsətɪ/ túlsúlyosság, elhízás
**obey** /əʊˈbeɪ/ VAGY /əˈbeɪ/ engedelmeskedik *obey the law* betartja a törvényt
**obfuscate** /ˈɒbfʌskeɪt/ összemos, csúsztat
**obfuscation** /ˌɒbfʌˈskeɪʃən/ csúsztatás, összemosás, elkenés
**obituary** /əˈbɪtʃʊərɪ/ gyászjelentés, nekrológ
**obj.** = object; objection; objective
**object** /ˈɒbdʒɪkt/ FNÉV
❶ tárgy, dolog, objektum ❷ vmi tárgya *the object of her admiration* imádata tárgya ❸ cél, célkitűzés, feladat ❹ akadály *money is no object* a pénz nem számít ❺ tárgy [nyelvtani] *direct object* közvetlen tárgy *indirect object* közvetett tárgy, részestárgy ❻ elöljárós „tárgy"
**object** /əbˈdʒekt/ IGE
❶ kifogásol, ellenez, tiltakozik *I object to being treated like this* tiltakozom ellene, hogy így bánjanak velem ❷ ellenvet vmit
**object complement** VAGY **objective complement** tárgykiegészítő, tárgyhatározó
**objection** /əbˈdʒekʃən/ ❶ kifogás, ellenvetés, ellenzés (amivel szemben: *to*) *raise/voice an objection* kifogást emel *objection!* tiltakozom! ❷ ellenérv
**objectionable** /əbˈdʒekʃənəbəl/ kifogásolható, nemkívánatos
**objective** /əbˈdʒektɪv/ FNÉV
❶ cél, célkitűzés ❷ célpont ❸ tárgylencse, objektív
**objective** MNÉV
❶ tárgyilagos, objektív, elfogulatlan ❷ tárgyas, tárgy-
**objective case** tárgyeset
**objectively** /əbˈdʒektɪvlɪ/ tárgyilagosan, objektíven, elfogulatlanul *objectively speaking* ha tárgyilagosan nézzük
**objectivity** /ˌɒbdʒekˈtɪvətɪ/ tárgyilagosság, objektivitás
**objectless** /ˈɒbdʒɪktləs/ ❶ céltalan, tárgytalan ❷ tárgyatlan
**obligation** /ˌɒblɪˈgeɪʃən/ ❶ kötelezettség, kötelesség *with no obligation to buy* vásárlási kötelezettség nélkül *meet* ‹*one's*› *obligations* teljesíti a kötelességeit ❷ lekötelezés *be under an obligation to smb* le van kötelezve vkinek
**obligatory** /əˈblɪgətərɪ/ kötelező
**oblige** /əˈblaɪdʒ/ ❶ kényszerít *be obliged to do smth* kénytelen vmit megtenni ❷ *oblige smb with smth* vmivel lekötelez *I'd be obliged if you...* lekötelezne, ha...
**obliging** /əˈblaɪdʒɪŋ/ udvarias, előzékeny
**oblique** /əˈbliːk/ FNÉV
„per" jel, / jel
**oblique** MNÉV
❶ burkolt, közvetett, indirekt ❷ ferde ❸ *oblique angle* ferdeszög
**oblique stroke** „per" jel, / jel
**obliterate** /əˈblɪtəreɪt/ kipusztít, kiirt
**oblivion** /əˈblɪvɪən/ (el)feledés, (el)felejtés *sink/fall into oblivion* feledésbe merül
**oblong** /ˈɒblɒŋ/ FNÉV/MNÉV téglalap (alakú)
**o.b.o.** US vagy a legjobb ajánlat [= or best offer] *for sale £40 o.b.o.* eladó: 40 font vagy a legjobb ajánlat
**oboe** /ˈəʊbəʊ/ oboa
**oboist** /ˈəʊbəʊɪst/ oboajátékos, oboaművész

**obscene** /əb'si:n/ ❶ obszcén, trágár, illetlen ❷ felháborító
**obscenity** /əb'senətɪ/ ❶ trágárság, obszcenitás, ocsmányság ❷ trágár beszéd/szavak
**obscure** /əb'skjuə/ *MNÉ*
❶ sötét, homályos, értehetetlen ❷ ismeretlen, jelentéktelen
**obscure** *IGE*
elfed, elfed, elködösít, elleplez
**observable** /əb'zɜ:vəbəl/ észlelhető, észrevehető, megfigyelhető
**observance** /əb'zɜ:vəns/ ❶ vmi megtartása/betartása/figyelembevétele ❷ szertartás, rítus, előírás
**observation** /ˌɒbzə'veɪʃən/ ❶ megfigyelés, észrevétel ❷ megjegyzés, észrevétel
**observation balloon** megfigyelő léggömb
**observation terrace** kilátóterasz
**observatory** /əb'zɜ:vətrɪ/ csillagvizsgáló, obszervatórium
**observe** /əb'zɜ:v/ ❶ megfigyel ❷ észlel, észrevesz ❸ betart, megtart *observe the speed limit / ceasefire* betartja a sebesség-korlátozást/tűzszünetet ❹ megtart, megül *observe Christmas* megünnepli a karácsonyt ❺ megjegyez *observe that it is strange* megjegyzi, hogy különös
**observer** /əb'zɜ:və/ megfigyelő
**obsess** /əb'ses/ eltölti az elméjét *be obsessed by a thought* nem hagyja nyugodni egy gondolat
**obsession** /əb'seʃən/ rögeszme, mánia
**obsolescence** /ˌɒbsə'lesəns/ elavulás *built-in obsolescence* [termékbe] beépített elavulás
**obsolescent** /ˌɒbsə'lesənt/ elavuló(ban lévő)
**obsolete** /'ɒbsəli:t/ régies, idejétmúlt, ósdi
**obstacle** /'ɒbstəkəl/ akadály, gát
**obstacle race** akadályverseny
**obstetric** /əb'stetrɪk/ /ɒb'stetrɪkəl/ szülész(et)i
**obstetrical ward** szülészet [kórházi osztály]
**obstetrician** /ˌɒbstə'trɪʃən/ szülész
**obstetrics** /əb'stetrɪks/ szülészet
**obstinacy** /'ɒbstɪnəsɪ/ önfejűség, konokság
**obstinate** /'ɒbstɪnət/ önfejű, konok
**obstruct** /əb'strʌkt/ ❶ eláll/eltorlaszol vmit ❷ akadályoz, gátol
**obstruction** /əb'strʌkʃən/ ❶ akadályozás ❷ akadály, torlódás
**obtain** /əb'teɪn/ ❶ megkap, megszerez, hozzájut vmihez ❷ fennáll, érvényben van *these conditions obtain* ezek a feltételek érvényesek
**obtainable** /əb'teɪnəbəl/ kapható, megszerezhető
**obtrusive** /əb'tru:sɪv/ ❶ erőszakos, szembeötlő, tolakodó ❷ átható, penetráns [szag]
**obverse** /'ɒbvɜ:s/ ❶ „fej" oldal [érméé] ❷ ellentéte vminek
**obvious** /'ɒbvɪəs/ nyilvánvaló, kézenfekvő, magától értetődő, triviális
**obviously** /'ɒbvɪəslɪ/ nyilván(valóan), nyilvánvaló módon, magától értetődően
**ocarina** /ˌɒkə'ri:nə/ okarina
**occasion** /ə'keɪʒən/ ❶ alkalom *on the occasion of smth* vmi alkalmából ❷ esemény *a great occasion* nagy alkalom/esemény ❸ *on occasion* alkalmanként, hébe-hóba
**occasional** /ə'keɪʒənəl/ ❶ véletlen(szerű), esetenkénti ❷ alkalmi, különleges eseményhez kapcsolódó/kötött
**occasionally** /ə'keɪʒənəlɪ/ alkalmilag, néha, esetenként
**occidental** /ˌɒksɪ'dentəl/ nyugati
**occult** /'ɒkʌlt/ VAGY /ə'kʌlt/ *FNÉV/MNÉV* okkult
**occultism** /'ɒkʌltɪzəm/ VAGY /ə'kʌltɪzəm/ okkult(izmus)
**occupant** /'ɒkjʊpənt/ lakó
**occupation** /ˌɒkjʊ'peɪʃən/ ❶ foglalkozás, szakma ❷ megszállás, elfoglalás ❸ elfoglaltság, foglalatosság
**occupational** /ˌɒkjʊ'peɪʃənəl/ foglalkozási, foglalkozással járó
**occupational hazard** foglalkozási ártalom
**occupational therapy** munkaterápia
**occupier** /'ɒkjʊpaɪə/ lakó, bérlő
**occupy** /'ɒkjʊpaɪ/ ❶ elfoglal, megszáll ❷ elfoglal *this seat is occupied* ez a hely foglalt ❸ lefoglal, leköt, kitölt *reading occupies most of her time* az olvasás a legtöbb idejét kitölti ❹ betölt [állást] ❺ *be occupied* el van foglalva *occupy ⸗oneself⸗* elfoglalja magát *keep the kids occupied* leköti/elfoglalja a gyerekeket
**occur** /ə'kɜ:/ ❶ előfordul, megtörténik, megesik ❷ előfordul, megtalálható, létezik
**occur to** *occur to smb* eszébe jut, felmerül vkiben *it occurred to me that he might be late* felmerült bennem, hogy késhet
**occurrence** /ə'kʌrəns/ ❶ esemény, eset ❷ vmi előfordulása/megtörténése
**ocean** /'əʊʃən/ óceán
**oceanarium** /ˌəʊʃə'neərɪəm/ oceanárium
**ocean-going** óceánjáró *ocean-going cruiser* tengeri yacht
**oceanic** /ˌəʊʃɪ'ænɪk/ óceáni
**ocean liner** óceánjáró/tengerjáró (hajó)
**ocelot** /'ɒsəlɒt/ ocelot, párducmacska
**ochre** VAGY **ocher** *US* /'əʊkə/ okker(sárga)
**o'clock** /ə'klɒk/ óra(kor) *at six o'clock* hat órakor
**OCR** = optical character recognition
**Oct.** = October
**octagon** /'ɒktəgən/ nyolcszög
**octagonal** /ɒk'tægənəl/ nyolcszög(let)ű
**octane** /'ɒkteɪn/ oktán *100-octane* 100-oktános *high-octane fuel* magas oktánszámú üzemanyag
**octane number** VAGY **octane rating** oktánszám
**octave** /'ɒktɪv/ oktáv
**octet** VAGY **octette** /ɒk'tet/ oktett
**October** /ɒk'təʊbə/ október
**octogon** /'ɒktəgən/ nyolcszög

**octogonal** /ɒk'tɒgənəl/ nyolcszög(let)ű
**octopus** /'ɒktəpəs/ polip
**oculist** /'ɒkjulɪst/ szemész, szemorvos
**-odd** /ɒd/ [összetételben] -egynéhány *fifty-odd years* ötven-egynéhány év
**odd** /ɒd/ ❶ szokatlan, furcsa, különös ❷ kilógó, fölösleges, számfeletti ❸ páratlan *odd number* páratlan szám ❹ fél pár *an odd glove* fél pár kesztyű ❺ alkalmi, alkalmanként *do odd jobs* alkalmi munkákat végez *we get the odd complaint* akad néhány reklamációnk
**oddity** /'ɒdətɪ/ ❶ furcsaság, különlegesség ❷ különc, furcsa ember, csodabogár
**oddly** /'ɒdlɪ/ ❶ furcsán, különösen ❷ különösképp(en), furcsán *oddly enough* különös módon
**odd man out** VAGY **odd one out** kakukktojás
**odds** /ɒdz/ ❶ valószínűség, esély *the odds are that {MONDAT}* annak van esélye, hogy {MONDAT} *against all the odds* váratlanul ❷ számszerű esély *the odds are ten to one that she will win* tíz az egyhez az esélye, hogy győz ❸ különbség *it/that makes no odds* nem számít, mindegy
KIFEJEZÉSEKBEN: *be at odds with smb* hadilábon/haragban áll vkivel
**odds and ends** ❶ apróságok, apró/értéktelen holmik ❷ kisebb/alkalmi munkák
**ode** /əud/ óda
**odour** /'əudə/ (rossz) szag
KIFEJEZÉSEKBEN: *be in bad odour with smb* rossz viszonyban van vkivel
**odourless** /'əudələs/ szagtalan
**oecumenical** /ˌiːkjuˈmenɪkəl/ ökumenikus
**oedema** /ɪ'diːmə/ vizenyő, ödéma
**of** /ɒv, əv/ ❶ [birtok] *the colour of her dress* a ruhája színe *the members of the team* a csapat tagjai ❷ [vmiből való] *a dress of silk* selyemruha ❸ [rész] *a piece of bread* egy darab kenyér *a litre of wine* egy liter bor *two of them* kettejük ❹ [idő] *the 2nd of March* március másodika *it's five (minutes) of three US* öt perc múlva három ❺ [vonzatok] *speak of smth* beszél vmiről *die of hunger* éhenhal *cure smb of a disease* kigyógyít vkit egy betegségből *be afraid of smth* fél vmitől *fond of smth* szeret vmit ❻ [azonosítás] *the problem of drugs* a drogok problémája ❼ [tulajdonság] *a person of rare intellect* kivételes intellektusú ember ❽ [cselekvő kifejezője] *it is very kind of him to help* rendes tőle, hogy segített ❾ [irány, távolság] *within a mile of the capital* egy mérföldre a fővárostól ❿ [ok] *of itself* magától *of her own free will* saját szabad akaratából
KIFEJEZÉSEKBEN: *what of it?* (na) és aztán? hát aztán?
**off.** = office; officer; official
**off** /ɒf/ *MNÉV*
❶ [párból] jobboldali *the off wheel* a jobb kerék ❷ gyenge/gyengébb, rossz *this is one of his off days* rossz napja van
**off** *HAT.SZÓ*
❶ el, félre, le, távol *be off* elmegy *get off* leszáll *off we go!* induljunk! *take smth off* levesz vmit *fall off* leesik ❷ lezárva, elzárva, kikapcsolva *in "off" position* „ki(kapcsolva)" helyzetben *the gas is off* el van zárva a gáz ❸ *be off* elmarad *the party's off* a parti elmarad ❹ [nyomatékosító] *finish smth off* befejez *kill off* elpusztít ❺ (meg)romlott *the milk is off* megsavanyodott a tej ❻ *be off* elfogyott ❼ vhogyan áll *be badly off* rossz sorban él *how're you off for clean shirts?* hogy állsz tiszta inggel? ❽ szabadnapos *have a day off* szabadnapja van ❾ rossz(abb a szokásosnál) *her written work has gone off lately* az utóbbi időben leromlott az írásbeli munkája
KIFEJEZÉSEKBEN: *off and on / on and off* időnként, hébe-hóba
**off** *ELÖLJ.*
❶ távol/félre/messze/le vmitől/vmiről *take it off the hook* leveszi a horogról *this button has come off my shirt* lejött az ingemről ez a gomb *get off my foot!* szállj le a lábamról! *we're going off the subject* eltérünk a tárgytól *be off duty* nincs szolgálatban ❷ vhonnan nyíló, vmi melletti *a street off Morgan Road* a Morgan Roadról nyíló utca *an island off the French coast* egy sziget a francia tengerparttól nem messze ❸ -ból/-ből, -ról/-ről *eat off wooden plates* fa tányérból eszik ❹ *be off smth* megun/abbahagy vmit *be off {one's} food* nincs étvágya *I'm off these pills now* nem szedem már ezeket a pirulákat
**offbeat** szokatlan, nem szokványos, formabontó
**off-chance** halvány valószínűség *on the off-chance* vmi halvány reményében
**off-colour** ❶ gyengélkedő, rossz színben levő ❷ sikamlós, malac
**offence** /ə'fens/ VAGY **offense** *US* ❶ kihágás ❷ vétek, bűn ❸ sértés, sérelem *offence against smth* vminek a megsértése *give offence to smb* megsért *take offence at smth* megbántódik/megsértődik vmin *(I meant) no offence* nem akartam megbántani *no offence taken* semmi baj [nem sértett meg]
**offend** /ə'fend/ ❶ megbánt, megsért *be offended* megsértődik ❷ sért, bánt [ízlést/érzékenységet]
**offender** /ə'fendə/ bűnöző
**offensive** /ə'fensɪv/ *FNÉV*
támadás, offenzíva
**offensive** *MNÉV*
❶ sértő, durva, goromba ❷ támadó, offenzív *offensive weapons* támadófegyverek ❸ támadó [játék] ❹ visszataszító [pl. szag]
**offer** /'ɒfə/ *FNÉV*
ajánlat, kínálat *make an offer* ajánlatot tesz
**offer** *IGE*

O

❶ (fel)ajánl, (fel)kínál *offer coffee to the guests* kávét kínál a vendégeknek ❷ ajánlkozik *offer to do smth* felajánlja, hogy megtesz vmit ❸ *offer (itself)* adódik, kínálkozik *as occasion offers* amint alkalom adódik ❹ nyújt, ad, szolgál vmivel *offer practical advice* hasznos tanácsokkal szolgál ❺ *offer (up)* [áldozatul] felajánl

**offering** /'ɒfərɪŋ/ ❶ felajánlás ❷ áldozat

**offer price** ajánlati ár

**off guard** óvatlan *be off guard* nem figyel/ügyel

**off-hand** VAGY **off-handed** *MNÉV*

❶ rögtönzött ❷ meggondolatlan ❸ pökhendi, fölényes

**off-hand** VAGY **off-hand** *HAT.SZÓ*

❶ kapásból, rögtönözve ❷ meggondolatlanul ❸ pökhendien, fölényesen

**office** /'ɒfɪs/ ❶ iroda, hivatal, munkahely *head office* központ(i iroda) ❷ iroda, titkárság, hivatal *ticket office* jegyiroda, pénztár *box office* jegypénztár ❸ minisztérium ❹ hivatal, tisztség *hold office* hivatalt tölt be *take office* hivatalba lép ❺ hatalom *come into office* hatalomra kerül *be in office* hatalmon van ❻ *US* rendelő [orvosé]

KIFEJEZÉSEKBEN: *through smb's good offices* vki szívességéből/jóvoltából/segítségével

**office block** irodaház, irodaépület

**office centre** irodaház, irodaépület

**office-holder** hivatal betöltője, (kormány)tisztviselő

**office hours** félfogadási/hivatalos idő

**office park** irodaegyüttes (kiszolgálóépületekkel)

**officer** /'ɒfɪsə/ ❶ tiszt ❷ tisztviselő, tisztségviselő ❸ közrendőr *officer!* biztos úr! [megszólítás]

**officer in charge** VAGY **officer of the day** ügyeletes tiszt

**officers' mess** tiszti étkezde

**office space** irodaterület

**official** /ə'fɪʃəl/ *FNÉV*

hivatalnok, tisztviselő, tisztségviselő

**official** *MNÉV*

❶ hivatalos, hivatali, szolgálati ❷ nyilvános

**officially** /ə'fɪʃəlɪ/ ❶ hivatalosan ❷ hivatalosan, elvileg, a hivatalos verzió szerint

**offing** /'ɒfɪŋ/ *be in the offing* készülőben van, várható

**off-key** *MNÉV/HAT.SZÓ* hamis(an) [zeneileg]

**off-licence** italbolt

**off limits** ❶ tiltott/elzárt övezetben/területen lévő ❷ tabu, tiltott

**off-line** /'ɒflaɪn/ off line, öszeköttetésen kívül

**off-peak** ❶ csúcsidő(szako)n kívüli ❷ szezonon kívüli, előszezoni/utószezoni

**offputting** elkedvetlenítő, csalódást keltő, taszító

**off-season** előszezon, utószezon, holtidény

**offset** /ɒf'set/, **offset** /ɒf'set/, **offset** /ɒf'set/

ellensúlyoz, kiegyenlít, ellentételez, kárpótol

**offshore** /ɒf'ʃɔ:/ ❶ külföldön bejegyzett [kedvezőbb adózású], offshore ❷ parti, part menti

**offside** /ɒf'saɪd/ *FNÉV*

❶ les(állás/helyzet) ❷ jobb oldal

**offside** *HAT.SZÓ*

*be offside* lesen van

**offspring** /'ɒfsprɪŋ/ ivadék, sarj

**off-stage** a színpad mögött, nem a színpadon, takarásban

**off-the-record** *MNÉV/HAT.SZÓ* nemhivatalos(an), bizalmas(an)

**off-white** szürkésfehér, piszkosfehér

**off-year** [politikailag] eseménytelen év

**often** /'ɒfən/ VAGY /'ɒftən/ ❶ gyakran, sokszor, sűrűn *how often?* milyen gyakran/sűrűn? *as often as not* / *more often than not* (igen) gyakran, rendszerint *every so often* időről időre ❷ sok esetben, sokszor

**ogre** /'əʊgə/ óriás

**OHP** = overhead projector

**oil** /ɔɪl/ *FNÉV*

olaj *hair oil* hajolaj *paint in oil* olajjal fest

KIFEJEZÉSEKBEN: *pour oil on troubled waters* csillapítani próbálja a kedélyeket *burn the midnight oil* késő éjszakáig dolgozik

**oil** *IGE*

(meg/be)olajoz, (meg/be)ken

KIFEJEZÉSEKBEN: *oil smb's palm* megken/megveszteget vkit

**oil cloth** viasz(k)osvászon

**oil colours** olajfesték

**oil drilling rig** olajfúrótorony

**oiler** /'ɔɪlə/ ❶ olajozókanna ❷ olajkút ❸ olajszállító hajó

**oil explosion** olajárrobbanás

**oil-fired** olajfűtéses

**oil paint** olajfesték

**oil painting** ❶ olajfestmény ❷ olajjal festés

KIFEJEZÉSEKBEN: *be no oil painting* nem (éppen) egy matyó hímzés

**oil product** (kő)olajszármazék

**oil refinery** (kő)olajfinomító

**oil rig** (olaj)fúrósziget

**oil slick** [katasztrófa nyomán] olajfolt

**oil tanker** olajszállító hajó, tankhajó

**oily** /'ɔɪlɪ/ ❶ olajos, zsíros ❷ kenetteljes, sima modorú

**oink** /ɔɪŋk/ *FNÉV/IGE/IND.SZÓ* röf(ög)(és)

**ointment** /'ɔɪntmənt/ kenőcs, balzsam

**OK** *MNÉV*

❶ rendben/rendesen/normálisan működő/kinéző *is my hair OK?* jól áll a hajam? *is it OK with you if...* nem bánod, ha...? ❷ megfelelő, közepes, kielégítő *how was the film? – it was OK* milyen volt a film? – meg lehet nézni

**OK** *HAT.SZÓ*

❶ rendben, rendesen, jól ❷ rendben, helyes, oké, jól van *let's go, OK?* menjünk, jó?

**OK** *IGE*
helybenhagy, jóváhagy, beleegyezik

**old** /əʊld/ *FNÉV*
az öregek *the old understand the young* az öregek megértik a fiatalokat

**old** *MNÉV*
❶ öreg, idős *how old is he?* hány éves? *eight weeks old* nyolch etes *grow old* megöregszik ❷ régi, öreg *an old friend* régi barát *this bread is a bit old* ez a kenyér kicsit öreg ❸ korábbi, előbbi, (meg)előző *he got his old job back* visszakapta a régi állását

**old-age** öregkori, öregségi
**old age pension** (öregségi) nyugdíj
**old age pensioner** *FNÉV* nyugdíjas
**old country** *the old country* az óhaza
**old-fashioned** /ˌəʊld ˈfæʃənd/ régies, régimódi, ódivatú, divatjamúlt, idejétmúlt
**old folk's home** idősek otthona
**Old Glory** az amerikai zászló
**old-hat** elkop(tat)ott, elcsépelt, idejétmúlt
**oldie** /ˈəʊldɪ/ régi/kedvenc sláger/film
**old maid** vénkisasszony, öreglány
**old people's home** idősek otthona
**Old Testament** Ótestamentum
**old-timer** ❶ veterán [munkahelyen/szakmában] ❷ régi autó
**old wives' tale** mesebeszéd, mese, babona(ság)
**old-world** óvilági, ódivatú, békebeli
**O level** [1988 előtt brit középiskolai záróvizsga alsó szintje]
**olive** /ˈɒlɪv/ ❶ olajfa ❷ olajbogyó, oliva ❸ olivazöld, olajzöld
**olive branch** olajág, békeág
**olive oil** olivaolaj
**Olympic games** /əˌlɪmpɪk ˈgeɪmz/ VAGY **Olympics** /əˈlɪmpɪks/ olimpia(i játékok)
**ombudsman** /ˈɒmbudzmən/ *TBSZ* **ombudsmen** /ˈɒmbudzmən/ ombudsman
**ombudsmanship** /ˈɒmbudzmənʃɪp/ ombudsmanság, ombudsmani tisztség
**omelette** VAGY **omelet** /ˈɒmlət/ [töltött] omlett KIFEJEZÉSEKBEN: *you can't make an omelette without breaking eggs* ahol fát vágnak, ott hull a forgács
**omen** /ˈəʊmen/ ómen, (elő)jel
**ominous** /ˈɒmɪnəs/ baljós(latú)
**omission** /əˈmɪʃən/ ❶ kihagyás, elhagyás ❷ kihagyott dolog, mulasztás, hiány
**omit** /əˈmɪt/ ❶ elhagy, kihagy, kifelejt ❷ *omit to do smth* elmulaszt, elfelejt vmit megtenni
**omnipotence** /ɒmˈnɪpətəns/ mindenhatóság
**omnipotent** /ɒmˈnɪpətənt/ mindenható
**omniscience** /ɒmˈnɪsɪəns/ mindentudóság
**omniscient** /ɒmˈnɪsɪənt/ mindentudó
**omnivorous** /ɒmˈnɪvərəs/ mindenevő

**on** /ɒn/ *ELÖLJ.*
❶ -on/-en/-ön *on the desk* az asztalon *on the road* az úton *on the street US* az utcán *on the telephone* telefonon ❷ -ra/-re *on the desk* az asztalra *on the horse* a lóra *hit smb on the head* fejbeüt vkit ❸ -nál/-nél *on the river* a folyó mellett ❹ [idő] *on 15th March* március tizenötödikén *on July 23rd* július 23-ikán *on Christmas eve* karácsony este *on the hour* minden (egész) órában ❺ -ról/-ről *a book on K* egy K-ról szóló könyv ❻ után *on arriving* megérkezve, ahogy megérkezett ❼ nyomán, vmit követve *on smb's advice* vki tanácsát követve ❽ [vmi révén/eszközével, vmit használva] *on the nine o'clock train* a kilenc órás vonattal *run on petrol* benzinnel megy *on this money* ezen a pénzen, ebből a pénzből *live on hamburgers* hamburgeren él ❾ -nál/-nél *have you got a pencil on you?* van nálad ceruza? ❿ [vonzatok] *on the committee* a bizottságban *tax on cigarettes* cigarettára kivetett adó *curse on them* átok rájuk *be keen on films* szereti a filmeket KIFEJEZÉSEKBEN: *these drinks are on me* ezeket az italokat én fizetem *have something on smb* felhasználható információja van vki ellen

**on** *HAT.SZÓ*
❶ tovább, előrébb *work on (and on)* (egyre csak) tovább dolgozik *send the letter on* továbbküldi a levelet ❷ rajta [ruha] *she's got nothing on* semmi nincs rajta ❸ fel, vmire rá *get on* felszáll *put smth on* felvesz vmit ❹ föl, be [kapcsol], ki [nyit] *turn/switch the light on* meggyújtja a lámpát *the light is on* ég / meg van gyújtva a lámpa *the tap is on* nyitva a csap ❺ műsoron *be on* játsszák/adják *what's on?* mit adnak? ❻ *be on* következik, színpadra lép, adásban van *you're on!* adásban vagy! *be not on* nem illik, nem helyes viselkedés *this is just not on!* így nem viselkedünk! KIFEJEZÉSEKBEN: *later on* később *on and on* folyvást, egyre csak *on and off / off and on* időnként, időről időre, hébe-hóba

**once** /wʌns/ *FNÉV*
❶ egyszeri alkalom *(just) for once* most az egyszer ❷ ugyanaz az alkalom *at once* egyszerre, ugyanakkor, egy időben ❸ *at once*, rögtön, nyomban *all at once* egyszerre csak, hirtelen

**once** *HAT.SZÓ*
❶ egyszer, egy ízben *once again* mégegyszer, újra *once and for all* egyszer s mindenkorra *once in a while* (nagy)néha, ritkán ❷ egykor, valaha *he was* black-haired *once* fekete haja volt egykor *once upon a time* valamikor réges-régen

**once** *KÖTŐSZÓ*
mihelyt, amint (egyszer) *once you go over* ha már/egyszer átmentél

**oncological** /ˌɒŋkəˈlɒdʒɪkəl/ onkológiai
**oncologist** /ɒŋˈkɒlədʒɪst/ onkológus
**oncology** /ɒŋˈkɒlədʒɪ/ onkológia
**oncoming** /ˈɒnkʌmɪŋ/ szembejövő *oncoming traffic* szembejövő forgalom
**one-** /wʌn/ egy-, fél- *one-man boat* egyszemélyes csónak *one-eyed* félszemű

O

**one** /wʌn/ *SZNÉV/MNÉV*

❶ egy *one person* egy ember *one (of them)* (az) egy(ik) *one or two* egy-két *come again one day* gyere megint egyszer *one by one* egyenként *become one* egyesül ❷ egy bizonyos *one A. Horrocks* egy bizonyos A. Horrocks ❸ ugyanaz *they're of one mind* ugyanúgy gondolkodnak ❹ az egyik *tell one from the other* megkülönbözteti egyiket a másiktól ❺ az egyetlen *the one person I trust* az egyetlen ember, akiben bízom *one and only* egyetlen, páratlan ❻ egyes (számú), első *Chapter One* első fejezet ❼ *a one* szép kis alak *oh, you are a one!* te aztán megéred a pénzedet! ❽ pohár ital *one for the road* igyunk egyet még búcsúzásul ❾ tag, vkihez tartozó *doggie is one of the family* a kutyusunk családtag ❿ egy [személy] *(all) in one* egyszerre / egy személyben *she's president and secretary (all) in one* elnök és titkár egy személyben

KIFEJEZÉSEKBEN: *for one* például *one and all* egytől egyig, mind kivétel nélkül, mindenki

**one** *NÉVMÁS*

❶ [élettelen főnév helyett:] *the small one* a kisebb *which one?* melyiket? *I'd like to have one* kérek (egyet) ❷ [élő főnév helyett:] *he is the one who (MONDAT)* ő az, aki (MONDAT) ❸ *the little/young ones* a kicsik, a gyerekek ❹ [általános alany] az ember *one never knows* az ember sose tudhatja ❺ [viccben] *do you know the one about the...?* azt ismered, hogy/amikor a...?

**one-act** egyfelvonásos

**one another** egymás *for/to one another* egymásnak *at one another's place* egymásnál, egymás lakásán

**one-armed** félkarú, félkezű

**one-armed bandit** félkarú rabló, nyerőgép, nyerőautomata

**one-celled** *MNÉV* egysejtű

**one-day return ticket** egy napig érvényes retúrjegy / menettérti jegy

**one-day pass** napijegy

**one-digit** egyszámjegyű

**one-egg** egypetéjű

**one-eyed** egyszemű, félszemű

**one-legged** ❶ egylábú ❷ féllábú

**one-man** ❶ egyszemélyes ❷ egy ember által kezelt/irányított

**one-man show** egyszemélyes műsor

**one-off** ❶ egyszeri, egy alkalommal való ❷ egyedi (gyártású)

**one-on-one** *MNÉV/HAT.SZÓ* egyéni(leg) *one-on-one tuition* egyéni (magán)oktatás/tanítás

**one-parent family** csonka család, egyszülős család

**one-person** egyszemélyes

**one-piece** egyrészes

**one's** /wʌnz/ az ember saját magáé *›one‹ is supposed to look after ›one's‹ children* az embernek gondoskodnia kell a gyermekeiről

**oneself** /wʌn'self/ az ember saját maga, (ön)maga *›one‹ sees ›oneself‹ differently* az ember másként látja magát *all (by) ›oneself‹* magában, egyedül *to ›oneself‹* magának, saját célra

**one-sided** egyoldalú, féloldalas, elfogult

**one-star** egycsillagos [pl. szálloda]

**one-time** ❶ egyszeri ❷ egyszeres ❸ egykori, korábbi

**one-to-one** *MNÉV/HAT.SZÓ* ❶ egyéni(leg) *one-to-one tuition* egyéni (magán)oktatás/tanítás ❷ kölcsönös(en), egyértelmű(en), egy az egyben(i)

**one-way** ❶ egyirányú ❷ *US* egyszeri/oda utazásra, egy útra szóló

**one-way street** egyirányú utca

**one-way ticket** egyszeri/oda utazásra, egy útra szóló jegy

**one-way traffic** egyirányú forgalom

**ongoing** /'ɒngəʊɪŋ/ folyó, zajló, folyamatban levő

**onion** /'ʌnjən/ (vörös)hagyma

**on-line** /ɒn'laɪn/ összekapcsolt, csatlakoztatott, on-line

**onlooker** /'ɒnlʊkə/ néző, bámészkodó, nézelődő

**only** /'əʊnlɪ/ *MNÉV*

egyetlen, egyedüli *the only problem* az egyetlen gond *an only child* egyetlen gyerek

**only** *HAT.SZÓ*

❶ csak, csupán *I only heard the postman yesterday* csak a postást hallottam tegnap / csak tegnap hallottam a postást / csak hallottam tegnap a postást ❷ *if only* bár(csak) *if only he were richer* bár gazdagabb volna *if only he would learn to eat quietly!* bár megtanulna csendesen enni! ❸ *only just* éppen csak *they've only just arrived* éppen csak megérkeztek ❹ *only too* nagyon is, teljesen

**only** *KÖTŐSZÓ*

csak, de, csakhogy *only I don't have enough money* menni szeretnék, csak nincs elég pénzem

**o.n.o.** vagy a legközelebbi ajánlat *bike for sale: £40 o.n.o.* bicikli eladó 40 font vagy a legjobb ajánlat

**on-screen** *MNÉV/HAT.SZÓ* képernyőn (lévő/látható/megjelenő)

**onside** /ɒn'saɪd/ *be onside* nincs lesen/leshelyzetben

**onslaught** /'ɒnslɔ:t/ támadás

**onto** /'ɒntə/ [mássalh. előtt] VAGY /'ɒntu/ [magánh. előtt] ❶ -ra/-re *onto the desk* az asztalra ❷ *be onto smb* nyomára bukkan vkinek

**onward** /'ɒnwəd/ *MNÉV*

előre tartó/haladó

**onward** *HAT.SZÓ*

előre, tovább

**onwards** /'ɒnwədz/ előre, tovább *from now onwards* mostantól fogva

**oops** /ʊps/ hoppá! / hopplá!

**ooze** /uːz/ *FNÉV*
❶ iszap ❷ lepedék
**ooze** *IGE*
❶ szivárog, ömlik, csorog ❷ ereszt, áraszt
**opacity** /əʊ'pæsətɪ/ ❶ átlátszatlanság, homályosság ❷ érthetetlenség, homályosság
**opaque** /ə'peɪk/ ❶ átlátszatlan ❷ érthetetlen, ködös, homályos
**op. cit.** az idézett műben [kiejtve r.szerint: *in the work cited*]
**open** /'əupən/ *FNÉV*
❶ *in the open* a szabadban ❷ nyílt (sport)verseny ❸ nyilvánosság *come out into the open* nyilvánosságra jut
**open** *MNÉV*
❶ nyitott, nyílt *the door is open* az ajtó nyitva van *push smth open* kilök/belök vmit *keep one's eyes open* nyitva tartja a szemét ❷ szabad, nyílt, tág, nyíltszíni *open country* nyílt terep *in the open air a* szabad levegőn ❸ nyilvános *in open trial* nyilvános/nyílt tárgyaláson ❹ egyenes, őszinte, nyílt *be open with smb* őszinte vkivel ❺ függőben lévő, eldöntetlen *leave the issue open* függőben hagyja a dolgot ❻ vminek kitéve *open to question* kérdéses, megkérdőjelezhető, vitatható ❼ nyitott, fedetlen ❽ betöltetlen [állás] ❾ *open to smth* nyitott vmi iránt, nyitott vmivel szemben
**open** *IGE*
❶ (fel/ki)nyit, megnyit, (fel/ki)bont, kitár, kitát ❷ (fel/ki)nyílik, megnyílik *open inwards* befelé nyílik *the shop opens at 9* a bolt 9-kor nyit ❸ (meg)kezd, indít, bevezet, megnyit *open a debate* megnyit egy vitát *open fire at/on smb/smth* tüzet nyit vkire/vmire ❹ kezdődik, indul, (meg)nyílik ❺ fakad, rügyezik
**open into** VAGY **open onto** *open into/onto smth* vhová/vmire nyílik *the window opens onto the garden* az ablak a kertre nyílik
**open out** kinyílik, kitárulkozik, felszabadult(abb)an beszél
**open up** ❶ kinyílik, kitárulkozik, felszabadult(abb)an beszél ❷ nyitottabbá/szabadabbá / kevésbé korlátozottá válik ❸ *open smth up* kinyit *open up!* nyissák ki!
**open-air** szabadtéri, szabad ég alatti, nyitott
**open-air museum** skanzen
**open-air swimming pool** strand(fürdő)
**open day** [látogatók számára] nyílt nap
**open-ended** ❶ nem lezárt, előre el nem döntött ❷ többféle megoldást/választ lehetővé tevő, nyitott, nyitvahagyott
**opener** /'əupənə/ ❶ nyitó, bontó *bottle opener* sörnyitó ❷ nyitójátékos [röplabdában]
**open-handed** bőkezű, jószívű
**openhearted** nemes szívű, bőkezű, jószívű
**open house** *US* [látogatók számára] nyílt nap
**opening** /'əupənɪŋ/ *FNÉV*
❶ nyílás, rés, hasadék ❷ kezdés, nyitás ❸ alkalom, esély ❹ üresedés, álláslehetőség ❺ tisztás
**opening** *MNÉV*
(meg)nyitó
**opening ceremony** nyitóünnepség
**opening hours** nyitvatartás(i idő)
**opening night** bemutató (előadás), premier
**opening price** nyitóár, bevezető ár
**open letter** nyílt levél
**openly** /'əupənlɪ/ nyíltan, szabadon
**open-minded** nyitott (gondolkodású), az újra fogékony
**openness** /'əupənnəs/ nyíltság
**open sandwich** „extra" szendvics
**open season** vadászidény, halászidény
**open sesame** /ˌəupən 'sesəmɪ/ „szezám, tárulj"
**opera** /'ɒpərə/ ❶ opera ❷ opera, dalmű
**operable** /'ɒpərəbəl/ műthető, operálható
**opera glasses** színházi látcső
**operate** /'ɒpəreɪt/ ❶ működtet, üzemben tart *operated by power* villanymeghajtású ❷ dolgozik, működik, tevékenységet folytat *operate in several countries* több országban folytat tevékenységet ❸ működik, üzemel ❹ operál
**operate on** *operate on smb for smth* megoperál/megműt vkit vmivel
**-operated** /'ɒpəreɪtɪd/ működésű, irányítású, vezérlésű
**operating costs** VAGY **operating expenses** működési/fenntartási/üzemi költségek
**operating room** műtő
**operating table** műtőasztal
**operating theatre** (demonstrációs) műtő
**operation** /ˌɒpə'reɪʃən/ ❶ működés, működtetés, üzemelés *be in operation* működik, üzemben van, üzemel *put in operation* működésbe hoz, üzembe helyez ❷ tevékenység, üzlet *overseas operations* tengerentúli (üzleti) tevékenységek *hotels operation* szállodalánc ❸ műtét, operáció *undergo/have an operation* megoperálják ❹ eljárás, művelet ❺ hadművelet ❻ érvény, hatály *come into operation* hatályba lép ❼ cég, vállalat
**operational** /ˌɒpə'reɪʃənəl/ ❶ működőképes, üzemképes ❷ operatív ❸ hadműveleti
**operational costs** üzemeltetési/üzemi költségek
**operative** /'ɒpərətɪv/ ❶ hatásos, működő, hatékony, alkalmas ❷ hatályos, érvényes *become operative* érvénybe/hatályba lép
**operator** /'ɒpəreɪtə/ ❶ üzemeltető, üzembentartó ❷ telefonos(kisasszony) ❸ sebész KIFEJEZÉSEKBEN: *a clever/smooth operator* ügyeskedő
**operetta** /ˌɒpə'retə/ operett
**ophthalmic** /ɒf'θælmɪk/ szem-
**ophthalmic surgeon** szemsebész
**ophthalmological** /ɒfˌθælməʊ'lɒdʒɪkəl/ szemészeti
**ophthalmologist** /ˌɒfθæl'mɒlədʒɪst/ szemész

O

**ophthalmology** /ˌɒfθæl'mɒlədʒɪ/ szemészet
**opine** /əʊ'paɪn/ ❶ gondol, vél, gyanít ❷ (vmilyen) véleményen van, véleményt nyilvánít (vmiről)
**opinion** /ə'pɪnjən/ vélemény (akiről/amiről: *about/of*) *be of the opinion that* (MONDAT) azon a véleményen van, hogy (MONDAT) *in my opinion* véleményem szerint *have a high opinion of smb* nagyra becsül vkit
**opinionated** /ə'pɪnjəneɪtɪd/ dogmatikus
**opinion poll** közvéleménykutatás
**opium** /'əʊpɪəm/ ópium
**opossum** /ə'pɒsəm/ oposszum
**opponent** /ə'pəʊnənt/ ❶ ellenfél, versenytárs ❷ vminek az ellenzője
**opportunism** /ˌɒpə'tju:nɪzəm/ karrierizmus, törtetés ⓘ NEM ~~opportunizmus~~
**opportunist** /ˌɒpə'tju:nɪst/ FNÉV karrierista, törtető ⓘ NEM ~~opportunista~~
**opportunity** /ˌɒpə'tju:nətɪ/ alkalom *a good opportunity for doing smth / to do smth* jó alkalom / alkalmas idő vmi megtételére / vmit tenni *seize/take an opportunity* megragadja az alkalmat
**oppose** /ə'pəʊz/ ❶ ellenez, szembehelyezkedik vmivel ❷ szembeállít, szembefordít
**opposed** /ə'pəʊzd/ ellentétes, szemben álló *be opposed to smth* ellenez vmit *diametrically opposed* szöges ellentétben *as opposed to smth* vmivel szemben/ellentétben/összehasonlítva
**opposite** /'ɒpəzɪt/ VAGY /'ɒpəsɪt/ FNÉV
ellentéte/ellenkezője vkinek/vminek
**opposite** MNÉV
ellentétes, ellenkező
**opposite** HAT.SZÓ
szemben, átellenben *the houses opposite* a szemközti házak
**opposite** ELÖLJ.
szemben/átellenben vmivel *opposite the house* a házzal szemben
**opposite number** politikus külföldi „kollégája" [= megfelelője]
**opposition** /ˌɒpə'zɪʃən/ ❶ oppozíció, szembenállás, ellenállás (amivel szemben: *to*) ❷ [politikai] ellenzék ❸ ellenfél [sportban]
**oppress** /ə'pres/ ❶ elnyom, nyomorgat, lábbal tipor ❷ lehangol, elszomorít *oppressed by/with worry* gondok nyomasztják
**oppression** /ə'preʃən/ elnyomás, lábbal tiprás
**oppressive** /ə'presɪv/ ❶ elnyomó, zsarnoki ❷ nyomasztó, lehangoló ❸ tikkasztó [hőség]
**oppressor** /ə'presə/ zsarnok, elnyomó
**opt.** = optical; optician; optics; optional
**opt** /ɒpt/ választ, dönt
  **opt for** *opt for smth* vmit választ, vmi mellett dönt
  **opt out** *opt out (of smth)* kilép/kiszáll/kimarad/kivonul (vmiből/vhonan), visszakozik
**optic** /'ɒptɪk/ látási, látó-, szem-
**optic nerve** látóideg
**optical** /'ɒptɪkəl/ látási, optikai, fény-
**optical character reader** optikai karakter-felismerő
**optical character recognition** optikai karakter-felismerés
**optical disk** optikai diszk/lemez, lézerdiszk, lézerlemez
**optical fibre** optikai szál
**optical illusion** optikai csalódás
**optical sight** irányzék
**optician** /ɒp'tɪʃən/ látszerész, optikus
**optics** /'ɒptɪks/ fénytan, optika
**optimal** /'ɒptɪməl/ legjobb, legelőnyösebb, optimális
**optimism** /'ɒptɪmɪzəm/ derűlátás, optimizmus
**optimist** /'ɒptɪmɪst/ FNÉV derűlátó, optimista
**optimistic** /ˌɒptɪ'mɪstɪk/ MNÉV derűlátó, optimista
**optimize** /'ɒptɪmaɪz/ optimalizál, optimizál
**optimum** /'ɒptɪməm/ legjobb, legelőnyösebb, optimális
**option** /'ɒpʃən/ ❶ választás(i lehetőség) *have two options* két dolog között választhat *have no option* nincs más választása *soft option* könnyebbik megoldás ❷ extrafelszerelés, külön (megvásárolható) alkatrész ❸ elővételi jog, opció *take an option on smth* opciója van vmire
**optional** /'ɒpʃənəl/ ❶ szabadon választható, nem kötelező, fakultatív, tetszőleges ❷ extra, külön megvásárolható, opcionális
**opus** /'əʊpəs/ TBSZ **opera** /'ɒpərə/ ❶ (számozott) zenemű ❷ opusz, mű
**OR** = operating room
**or** /ɔ:/ ❶ vagy *coffee or tea?* kávét vagy teát? *either... or...* vagy... vagy... ❷ és (nem) *he never smokes or drinks* soha nem dohányzik és (nem) iszik ❸ *or (else)* vagy (különben) ❹ azaz, vagy inkább, helyesebben *Blackwell is, or was, a great writer* Blackwell nagy író, vagy inkább nagy író volt ❺ *or so* körülbelül, mintegy *ten dollars or so* tíz-egynéhány dollár ❻ *or two* néhány, pár *a dollar or two* egy-két dollár
**oracle** /'ɒrəkəl/ ❶ [ókori görög] jós ❷ bölcs, orákulum
**oral** /'ɔ:rəl/ FNÉV
szóbeli vizsga
**oral** MNÉV
❶ szóbeli ❷ szájon át történő, orális ❸ szájban képzett
**oral contraceptive** fogamzásgátló tabletta
**oral examination** szóbeli (vizsga)
**oral history** tanúk elbeszéléséből megismert történelem, oral history
**orally** /'ɔ:rəl/ ❶ szóban, szóbelileg ❷ szájon át, orálisan
**oral surgeon** szájsebész
**orange** /'ɒrɪndʒ/ FNÉV
narancs
**orange** MNÉV
narancssárga, narancsszínű

**orange drink** narancsszörp, narancsital
**orange juice** narancslé
**orange peel** narancshéj
**orange pekoe** /ˌɒrəndʒ ˈpiːkəʊ/ kitűnő minőségű indiai fekete tea
**orangery** /ˈɒrɪndʒərɪ/ melegház, növényház (narancsfáknak)
**orangutang** VAGY **orangutan** /ɔːˈræŋətæn/ orángután
**oration** /əˈreɪʃən/ szónoklat
**orator** /ˈɒrətə/ szónok
**oratorio** /ˌɒrəˈtɔːrɪəʊ/ oratórium [zenemű]
**oratory** /ˈɒrətərɪ/ ❶ imaház, imaterem, oratórium ❷ ékesszólás, szónoklástan ❸ cifra/cirkalmas beszéd/stílus
**orb** /ɔːb/ országalma
**orbit** /ˈɔːbɪt/ *FNÉV*
❶ (Föld körüli) pálya ❷ befolyási övezet
**orbit** *IGE*
kering [a Föld körül]
**orbital road** körgyűrű [város körül]
**orchard** /ˈɔːtʃəd/ gyümölcsös
**orchestra** /ˈɔːkɪstrə/ zenekar
**orchestral** /ɔːˈkestrəl/ zenekari
**orchestra pit** zenekari árok
**orchestrate** /ˈɔːkəstreɪt/ hangszerel, zenekarra dolgoz/ír át
**orchestration** /ˌɔːkəˈstreɪʃən/ hangszerelés
**orchid** /ˈɔːkɪd/ VAGY **orchis** /ˈɔːkɪs/ orchidea
**ord.** = order; ordinal; ordinary
**ordain** /ɔːˈdeɪn/ ❶ pappá szentel, felszentel ❷ elrendel, rendel [Isten/törvény]
**ordeal** /ɔːˈdiːl/ megpróbáltatás
**ordeal by fire** tűzpróba
**order** /ˈɔːdə/
❶ rend, sorrend, nagyságrend *alphabetical order* ABC-(sor)rend *order of magnitude* nagyságrend ❷ rend *put smth in order* rendbe tesz ❸ (rendben) működés, használhatóság *be in good working order* rendben működik *be out of order* nem működik ❹ rend, rendes viselkedés *keep order* rendet tart *call smb to order* rendreutasít vkit *public order* közrend *law and order* a jog uralma ❺ rendelet, parancs, utasítás *I have orders to search your room* utasításom van a szobája átkutatására *by order of smb* vki utasítására ❻ (meg)rendelés *place/make an order with smb for smth* rendelést ad vkinek vmire *fill/meet an order* rendelést teljesít *be on order* már megrendelték ❼ rend, rang, szerzetesrend, lovagrend *holy orders* papi rend ❽ érdemrend, rendjel *Order of the Garter* térdszalagrend ❾ fajta, természet, osztály *of the highest order* legmagasbbrendű *of another order* más természetű ❿ [biológia/rendszertan] rend
KIFEJEZÉSEKBEN: *put ‹one's› house in order* a saját háza táján söpör
**in order to** (azért) hogy *in order to buy the Ford* hogy megvehesse a Fordot
**in order that** azért, hogy *in order that we might live* azért, hogy élhessünk
**order** *IGE*
❶ (meg)parancsol, (el)rendel, vezényel *order an attack* támadást rendel el ❷ rendel [étteremben/üzletben/taxit] *I've ordered you a beer* rendeltem neked egy sört ❸ (el)rendez, (el/meg)igazgat
**order about** VAGY **order around** *order smb about/around* parancsolgat vkinek, rángat/küldözget vkit
**order form** megrendelőlap, rendelési űrlap, kérőlap
**orderly** /ˈɔːdəlɪ/ *FNÉV*
❶ tisztiszolga ❷ beteghordozó, műtős
**orderly** *MNÉV*
❶ szabályos, szépen elrendezett, rendes ❷ rendszerető ❸ békés
**orderly officer** napos/ügyeletes tiszt
**ordinal** /ˈɔːdɪnəl/ *FNÉV*
sorszámnév
**ordinal** *MNÉV*
sorrendi, rend-, sor-
**ordinal number** sorszámnév
**ordinarily** /ˈɔːdənərəlɪ/ ❶ szokásos módon, szokásosan, rendesen ❷ rendszerint, általában
**ordinary** /ˈɔːdənərɪ/ *FNÉV*
❶ menü ❷ rendes/szokásos dolog *out of the ordinary* szokatlan, rendkívüli
**ordinary** *MNÉV*
❶ rendes, szokásos, általános, közönséges ❷ közepes, közönséges ⓘ *NEM* ~~ordenáré~~
**ordinate** /ˈɔːdənət/ ordináta, y-tengely
**ore** /ɔː/ érc *iron ore* vasérc
**oregano** /ˌɒrɪˈgɑːnəʊ/ oregánó
**org.** = organic; organization; organized
**organ** /ˈɔːgən/ ❶ szerv ❷ szerv, szervezet *organ of government* kormányzati szerv ❸ orgánum [szervé/párté] ❹ orgona [hangszer] *electric organ* elektromos orgona ⓘ *NEM* ~~orgona~~ [virág], *NEM* ~~orgánum~~ [emberé]
**organic** /ɔːˈgænɪk/ ❶ bio-, természetes *organic vegetables* biozöldség ❷ szervi *organic diseases* szervi megbetegedések ❸ szerves, organikus
**organically** /ɔːˈgænɪklɪ/ ❶ szervesen, szerves módon ❷ szervileg
**organic chemistry** szerves kémia
**organism** /ˈɔːgənɪzəm/ szervezet, organizmus
**organist** /ˈɔːgənɪst/ orgonista
**organization** /ˌɔːgənaɪˈzeɪʃən/ ❶ szervezet ❷ (meg)szervezés
**organizational** /ˌɔːgənaɪˈzeɪʃənəl/ ❶ szervezeti ❷ szervezési
**organize** /ˈɔːgənaɪz/ ❶ (meg)szervez, (meg/el)rendez ❷ (el)intéz, rendez ❸ szervezkedik
**organized** /ˈɔːgənaɪzd/ (meg)szervezett
**organizer** /ˈɔːgənaɪzə/ ❶ szervező, rendező

❷ -rendező *file organizer* iratrendező
**organizing principle** rendezőelv
**organ recital** orgonahangverseny
**orgasm** /ˈɔːgæzəm/ orgazmus
**orgy** /ˈɔːdʒɪ/ orgia
**orient** /ˈɔːrɪənt/ VAGY /ˈɒrɪənt/ *FNÉV*
❶ napkelet ❷ hajnal, napkelte
**orient** *IGE*
eligazít, orientál, tájékoztat, útbaigazít
**oriental** /ˌɔːrɪˈentəl/ VAGY /ˌɒrɪˈentəl/ *MNÉV* keleti
**orientalist** /ˌɔːrɪˈentəlɪst/ VAGY /ˌɒrɪˈentəlɪst/ orientalista
**orientate** /ˈɔːrɪənteɪt/ VAGY /ˈɒrɪənteɪt/ ❶ eligazít, orientál, tájékoztat, útbaigazít *orientate oneself* tájékozódik, orientálódik ❷ vmi felé irányul/orientálódik, vmire specializálódik *export-orientated company* export-orientált vállalat
**orientation** /ˌɔːrɪənˈteɪʃən/ VAGY /ˌɒrɪənˈteɪʃən/ ❶ eligazodás ❷ tájékoztatás, útbaigazítás, eligazítás ❸ irány(ultság), orientáció
**orienteering** /ˌɔːrɪənˈtɪərɪŋ/ VAGY /ˌɒrɪənˈtɪərɪŋ/ tájékozódási futás
**orig.** = origin; original; originally
**origin** /ˈɒrɪdʒɪn/ ❶ eredet, forrás, származás, kiindulás
**original** /əˈrɪdʒənəl/ *FNÉV*
eredeti [példány], vmi eredetije
**original** *MNÉV*
❶ eredeti, ősi ❷ eredeti, originális ❸ eredeti [példány]
**originality** /əˌrɪdʒəˈnælətɪ/ eredetiség, originalitás
**originally** /əˈrɪdʒənəlɪ/ ❶ eredetileg, valaha, a kezdetben ❷ eredetien, eredeti módon
**original sin** eredendő bűn
**originate** /əˈrɪdʒəneɪt/ ❶ ered, származik (amiből: *from*) ❷ eredeztet (amiből: *from*) ❸ teremt, létrehoz, létesít
**oriole** /ˈɔːrɪəʊl/ *(golden) oriole* sárgarigó
**ornament** /ˈɔːnəmənt/ *FNÉV*
❶ dísz, díszítmény, díszítés ❷ dísztárgy, dekoráció ❸ díszpinty [emberről]
**ornament** /ˈɔːnəment/ *IGE*
(fel)díszít
**ornamentation** /ˌɔːnəmenˈteɪʃən/ díszítés, díszítmény, dekoráció
**ornithologist** /ˌɔːnɪˈθɒlədʒɪst/ madártudós, ornitológus
**ornithology** /ˌɔːnɪˈθɒlədʒɪ/ madártan, ornitológia
**orphan** /ˈɔːfən/ *FNÉV*
árva
**orphan** *IGE*
*be orphaned* árvaságra jut
**orphanage** /ˈɔːfənɪdʒ/ árvaház
**orthodontics** /ˌɔːθəʊˈdɒntɪks/ fogszabályozás
**orthodontist** /ˌɔːθəʊˈdɒntɪst/ fogszabályozó fogszakorvos
**orthodox** /ˈɔːθədɒks/ ❶ bevett, hagyományos, ortodox ❷ ortodox, hithű, óhitű
**orthodoxy** /ˈɔːθədɒksɪ/ ❶ merevség, merev ragaszkodás a hagyományokhoz ❷ óhitűség, igazhitűség, ortodoxia
**orthogonal** /ɔːˈθɒgənəl/ derékszögű, merőleges
**orthographic** /ˌɔːθəˈgræfɪk/ (helyes)írási
**orthography** /ɔːˈθɒgrəfɪ/ (helyes)írás
**orthopaedic** /ˌɔːθəˈpiːdɪk/ ortopéd(iai)
**orthopaedics** /ˌɔːθəˈpiːdɪks/ ortopédia
**ortolan** /ˈɔːtələn/ VAGY **ortolan bunting** sármány
**o/s** = out of stock; outstanding
**OS** = operating system
**Oscar** /ˈɒskə/ ❶ Oscar-díj ❷ telefon- ill. rádió-összeköttetésnél és betűzésnél az S betű szava
**osmosis** /ɒzˈməʊsɪs/ ❶ ozmózis ❷ *by osmosis* „telepatikusan", telepátiával
**ossification** /ˌɒsɪfɪˈkeɪʃən/ (el)csontosodás
**ossify** /ˈɒsɪfaɪ/ ❶ elcsontosodik, csonttá válik ❷ megkeményedik [meggyőződésében] ❸ megkeményít, megszilárdít [meggyőződésében]
**ostensible** /ɒˈstensəbəl/ állítólagos, látszólagos
**ostensibly** /ɒˈstensəblɪ/ állítólag, látszólag
**ostrich** /ˈɒʃtrɪtʃ/ ❶ strucc ❷ fejét a homokba dugó ember, strucc *play ostrich* struccpolitikát folytat
**OT** = Old Testament; overnight telegram; overtime
**other** /ˈʌðə/ ❶ másik *one after the other* egyik a másik után, egymás után ❷ más, egyéb, különböző, többi, további *other people* mások *in other words* más szavakkal, más szóval *some other time* máskor, más alkalommal ❸ *every other* minden második *every other day* minden másnap ❹ *other than* mint (hogy) *other than wait* mint várni ❺ egyik megelőző/korábbi *the other day* a minap, a napokban *the other evening* valamelyik este ❻ *something/somebody or other* valami/valaki *some way or other* valahogyan (csak)
**others** /ˈʌðəz/ a többi(ek) *where are the others?* hol vannak a többiek?
**otherwise** ❶ másként, másképpen, más módon ❷ másképp, (más)különben, egyébként *otherwise you'll be late* különben elkésel ❸ ettől eltekintve, amúgy, különben, egyébként ❹ *or otherwise* akár nem *all our policemen, whether armed or otherwise* valamennyi rendőrünk, akár fegyveres, akár nem
**other world** *the other world* a másvilág
**otologist** /əʊˈtɒlədʒɪst/ fülész
**otology** /əʊˈtɒlədʒɪ/ fülészet
**oto-rhino-laryngology** /ˌəʊtəʊˌ rɪnəʊˌ lærɪŋˈgɒlədʒɪ/ fül-orr-gégészet
**otter** /ˈɒtə/ vidra
**ouch** /aʊtʃ/ jaj! / juj! [fájdalomkor]
**ought** /ɔːt/, tagadása **oughtn't** /ˈɔːtənt/ ❶ [kötelesség/tanács] kellene *you ought to hear her sing!* hallanod kellene, ahogy énekel! *oughtn't he to see a doctor about this?* nem kellene ezt orvosnak megmutatnia? ❷ [tiltás] nem volna

szabad *she oughtn't to say this* nem lenne szabad ezt mondania ❸ [valószínűség] biztosan *prices ought to come down now* az áraknak most már lejjebb kell menniük ❹ (nem) kellett volna *he ought to have consulted a doctor* orvoshoz kellett volna fordulnia

**oughtn't** /'ɔːtənt/ [= ought not]

**oughtn't've** /'ɔːtəntəv/ [= ought not to have]

**ounce** /aʊns/ *(avoirdupois) ounce* uncia [= kb. 28,5 g] *troy ounce* kb. 31 g

**our** /aʊə/ a mi *our old school* a régi iskolánk

**ours** /aʊəz/ a miénk/mieink *it was ours* a miénk volt *these were ours* ezek a mieink voltak

**ourselves** /aʊə'selvz/ (mi/saját) magunk *we saw ourselves in the mirror* láttam magunkat a tükörben *(all) by ourselves* (teljesen) egyedül, magunk

**out** *FNÉV*

*the ins and outs of smth* vmi csínja-bínja

**out** /aʊt/ *MNÉV/HAT.SZÓ*

❶ ki, kifelé, ki-, szét-, kinn, kint *take it out* kiveszi *pick out the best* a legjobbat választja ki *share the profits out* szétosztja a hasznot *it's rather cold out* elég hideg van (oda)kint *stay out late* későig elmarad *have an evening out* elmegy vhová este (szórakozni) *a day out* szabadnap ❷ tilos *smoking is out* a dohányzás tilos ❸ elmarad *the plan is out because of the weather* a terv lefújva ❹ kiderült, nyilvános *the secret is out* kiderült/kiszivárgott a titok ❺ vmi a szándéka/célja *careful: he's out to get/harm you* vigyázz, ártani akar neked ❻ sztrájkol *postal workers are out* sztrájkolnak a postások ❼ nem divatos ❽ hibás, hibázik, hibádzik *he is out in his calculations* téved a számításaiban *the bill is fourteen pounds out* a számla tizennégy fonttal több ❾ letelik, elmúlik *before the month is out* a hónap vége előtt ❿ kikerül a hatalomból *the Republicans are out* a republikánusok megbuktak

KIFEJEZÉSEKBEN: *out and out* teljes(en), kimondott(an) *be out and about* meggyógyult és újra (ki/el)jár *be out to lunch* buggyant, dilis *out and away* messze, összehasonlíthatatlanul

**out of** ❶ -ból/-ből (ki) *come/walk out of the room* kijön a szobából ❷ kinn/kívül vmin *be out of sight* nem látszik ❸ közül *three out of five people* öt emberből három ❹ nélkül *be out of smth* kifogyott vmiből / elfogyott vmije *be out of work* nincs munkája ❺ vmi okból *out of interest* érdeklődésből ❻ vmi anyagból *be made out of wood* fából készül

**out** *ELÖLJ.*

ki vmiből *come out the room* kijön a szobából

**out** *IGE*

kidob, kivet

**outage** /'aʊtɪdʒ/ hiány, zavar *power outage* áramkimaradás

**outbid** /aʊt'bɪd/, **outbid** /aʊt'bɪd/, **outbid** /aʊt'bɪd/ túllicitál

**outbound** /'aʊtbaʊnd/ kifelé/elfelé tartó

**outbreak** /'aʊtbreɪk/ kitörés

**outbuilding** /'aʊtbɪldɪŋ/ melléképület

**outburst** /'aʊtbɜːst/ kitörés, kirobbanás

**outcast** /'aʊtkɑːst/ *FNÉV/MNÉV* kiközösített, kitaszított, számkivetett

**outcome** /'aʊtkʌm/ eredmény, kimenetel

**outcry** /'aʊtkraɪ/ felzúdulás, felháborodás

**outdated** /aʊt'deɪtɪd/ elavult, ósdi, divatjamúlt

**outdo** /aʊt'duː/, **outdid** /aʊt'dɪd/, **outdone** /aʊt'dʌn/ felülmúl, túltesz vkin (amiben: *in*)

**outdoor** /aʊt'dɔː/ ❶ szabadtéri, külső ❷ utcai *outdoor clothes/shoes* utcai ruha/cipő

**outdoors** /aʊt'dɔːz/ a szabadban, a szabad ég alatt, a szabad levegőn

**outdraw** /aʊt'drɔː/, **outdrew** /aʊt'druː/, **outdrawn** /aʊt'drɔːn/ ❶ *outdraw smb* gyorsabban rántja elő a pisztolyát vkinél ❷ *outdraw smth* több nézőt vonz vminél

**outer** /'aʊtə/ külső

**outermost** /'aʊtəməʊst/ ❶ legkülső ❷ legtávolabbi, legtávolabb levő

**outer space** világűr

**outerwear** /'aʊtəweə/ *NEM MEGSZÁML.* felsőruha, felsőruházat

**outfight** /aʊt'faɪt/, **outfought** /aʊt'fɔːt/, **outfought** /aʊt'fɔːt/ *outfight smb* jobban/sikeresebben harcol/küzd vkinél

**outfit** /'aʊtfɪt/ *FNÉV*

❶ felszerelés, készlet ❷ ruha, szerelés ❸ csapat ❹ szervezet, cég

**outfit** *IGE*

felszereléssel/ruházattal ellát

**outflow** /'aʊtfləʊ/ kiáramlás *outflow of wages* bérkiáramlás

**outgoing** /aʊt'gəʊɪŋ/ ❶ kifelé tartó/menő ❷ társaságkedvelő, barátkozós ❸ távozó [kormány/miniszter]

**outgrow** /aʊt'grəʊ/, **outgrew** /aʊt'gruː/ **outgrown** /aʊt'grəʊn/ ❶ kinő vmit/vmiből *outgrow one's clothes* kinövi a ruháit ❷ gyorsabban nő vkinél/vminél *a population outgrowing its resources* forrásait/lehetőségeit felélő népesség

**outgrowth** /'aʊtgrəʊθ/ ❶ kinövés ❷ [r.szerint nemkívánatos] következmény, folyomány

**outing** /'aʊtɪŋ/ kirándulás *school outing* iskolai kirándulás

**outlandish** /aʊt'lændɪʃ/ szokatlan, furcsa

**outlast** /aʊt'lɑːst/ túlél vmit, tovább tart vminél

**outlaw** /'aʊtlɔː/ *FNÉV*

❶ törvényenkívüli ❷ zsivány, betyár

**outlaw** *IGE*

❶ törvényen kívül helyez ❷ megtilt, betilt

**outlay** /'aʊtleɪ/ *FNÉV*

kiadás, költség

**outlay** /aʊt'leɪ/, **outlaid** /aʊt'leɪd/, **outlaid** /aʊt'leɪd/ *IGE*

vmennyit fordít/szán/költ vmire

O

**outlet** /'aʊtlet/ ❶ kivezető nyílás, kivezetés ❷ levezető lehetőség *an outlet for ⁝one's⁝ feelings* érzelmek levezetési lehetősége/módja ❸ piac *a new outlet for their products* termékeik új piaca ❹ (márka)bolt *factory outlet* [olcsóbb] gyári üzlet

**outline** /'aʊtlaɪn/ FNÉV
❶ körvonal, kontúr, sziluett ❷ áttekintés

**outline** /aʊt'laɪn/ IGE
körvonalaz, felvázol

**outlive** /aʊt'lɪv/ túlél

**outlook** /'aʊtlʊk/ ❶ kilátás *pleasing outlook* szép kilátás ❷ remény, kilátás *the weather outlook is bad* rossz időjárás várható ❸ szemlélet, világnézet *outlook on life* életszemlélet, világlátás

**outlying** /'aʊtlaɪɪŋ/ távol fekvő, távoli, félreeső

**outmoded** /aʊt'məʊdɪd/ idejétmúlt, divatjamúlt

**outnumber** /aʊt'nʌmbə/ (lét)számban felülmúl, létszámfölénye van vkivel szemben

**out-of-court** MNÉV/HAT.SZÓ peren kívül(i)

**out-of-date** /ˌaʊt əv 'deɪt/ elavult, divatjamúlt

**out-of-doors** /ˌaʊt əv 'dɔːz/ MNÉV
a szabadban / szabad ég alatt történő/végzett

**out-of-doors** HAT.SZÓ
a szabadban, a szabad ég alatt

**out-of-the-way** /ˌaʊtəvðə'weɪ/ ❶ félreeső, távoli ❷ ismeretlen, szokatlan, furcsa

**outpace** /aʊt'peɪs/ *outpace smb* lehagy vkit

**outpatient** /'aʊtpeɪʃənt/ járóbeteg

**outpatients' department** VAGY **outpatients' surgery** járóbeteg-rendelő

**outpost** /'aʊtpəʊst/ előretolt állás/helyőrség

**output** /'aʊtpʊt/ ❶ termelés(i eredmény), teljesítmény ❷ (kimenő) teljesítmény, motorteljesítmény ❸ kimenet, (adat-)output

**outrage** /'aʊtreɪdʒ/ FNÉV
❶ gyalázat, gaztett ❷ (köz)felháborodás

**outrage** IGE
felháborít

**outrageous** /aʊt'reɪdʒəs/ gyalázatos, felháborító, szörnyűséges

**outran** ☞ outrun

**outrider** /'aʊtraɪdə/ motoros kísérő [gépkocsi mellett/mögött]

**outright** /'aʊtraɪt/ MNÉV
őszinte, nyílt, leplezetlen, egyenes

**outright** /aʊt'raɪt/ HAT.SZÓ
❶ egyben, készpénzért *buy a house outright* készpénzért vesz házat ❷ nyíltan, egyenesen ❸ rögtön, azon nyomban

**outrun** /aʊt'rʌn/, **outran** /aʊt'ræn/, **outrun** /aʊt'rʌn/ ❶ elhagy, lehagy, leelőz ❷ túlfut az időn, kifut az idejéből *the programme outran its time* a műsor kifutott az idejéből

**outsell** /aʊt'sel/, **outsold** /aʊt'səʊld/, **outsold** /aʊt'səʊld/ ❶ jobban fogy vminél ❷ többet ad el vmiből vkinél

**outset** /'aʊtset/ kezdet *at the outset* az elején

**outshine** /aʊt'ʃaɪn/, **outshone** /aʊt'ʃɒn/, **outshone** /aʊt'ʃɒn/ ❶ *outshine smth* ragyogóbb vminél ❷ *outshine smb* elhomályosít/felülmúl vkit

**outside** /aʊt'saɪd/ VAGY /'aʊtsaɪd/ FNÉV
❶ vminek a külseje, külső felülete *from the outside* kívülről ❷ út belső [= járdától távolabbi] oldala *cars pass on the outside* a kocsik a belső oldalon előznek ❸ *at the (very) outside* legfeljebb, maximum

**outside** MNÉV
❶ külső, kinti *outside repairs* külső javítások *outside help* külső segítség ❷ legnagyobb, maximális *an outside figure of £5,000* legfeljebb ötezer font ❸ csekély, kicsi *outside chance* halvány esély

**outside** HAT.SZÓ
❶ kint *wait outside* odakint vár ❷ ki *come outside for a minute* kijön egy percre

**outside of** US ❶ vmin kívül *outside of the building* az épületen kívül ❷ vkin/vmin kívül *outside of Bill* Billen kívül

**outside** ELÖLJ.
vmin kívül *outside the building* az épületen kívül *outside hours* munkaidőn kívül

**outsider** /aʊt'saɪdə/ ❶ kívülálló, külső (ember), nem bennfentes ❷ esélytelen ember/versenyző ❸ esélytelen ló

**outsize** /aʊt'saɪz/ különleges/nagy/extra méretű

**outskirts** /'aʊtskɜːts/ ❶ külváros, peremkerületek ❷ vmi pereme

**outsmart** /aʊt'smɑːt/ túljár vki eszén

**outsold** ☞ outsell

**outsource** /'aʊtsɔːs/ alvállalkozásba kiad

**outspoken** /aʊt'spəʊkən/ szókimondó, nyílt, egyenes

**outspread** /aʊt'spred/ kiterjesztett, széttárt *with wings outspread* széttárt szárnyakkal

**outstanding** /aʊt'stændɪŋ/ ❶ kiemelkedő, kimagasló ❷ rendezetlen, megoldatlan, elintézetlen ❸ kifizetetlen

**outstay** /aʊt'steɪ/ *outstay smb* tovább marad vkinél *outstay ⁝one's⁝ welcome* tovább vendégeskedik a kelleténél, visszaél vki vendégszeretetével

**out tray** kimenő posta/iratok (tálcája/dossziéja)

**outvote** /aʊt'vəʊt/ *outvote smb* leszavaz

**outward** /'aʊtwəd/ MNÉV
❶ külső, látszólagos, felszínen mutatkozó/látszó ❷ kifelé tartó *outward bound* kifelé tartó, induló

**outward** HAT.SZÓ
kifelé, ki-

**outwardly** /'aʊtwədlɪ/ kívülről, látszólag

**outwards** /'aʊtwədz/ kifelé, ki-

**outweigh** /aʊt'weɪ/ nagyobb súllyal esik latba

**outwit** /aʊt'wɪt/ *outwit smb* túljár vki eszén

**outwork** /'aʊtwɜːk/ bedolgozás

**outworker** /'aʊtwɜːkə/ bedolgozó

**outworn** /aʊt'wɔːn/ idejétmúlt, avítt, elavult

**ova** ☞ ovum
**oval** /ˈəʊvəl/ tojásdad (alakú), ovális
**ovary** /ˈəʊvərɪ/ ❶ petefészek ❷ magház
**ovation** /əʊˈveɪʃən/ éljenzés, ünneplés, ováció *give smb a standing ovation* felállva éljenez vkit
**oven** /ˈʌvən/ ❶ sütő *cook in a slow oven* lassú tűzön süt ❷ kemence *it's like an oven here* elviselhetetlen a forróság
**oven cloth** edényfogó
**ovenproof** /ˈʌvənpruːf/ sütőálló, tűzálló
**oven-ready** konyhakész
**ovenware** NEM MEGSZÁML. tűzálló edények
**over-** /ˈəʊvə/ túlságosan, túl- *over-anxious* vmit túl-izguló *over-enthusiastic* túl lelkes
**over** /ˈəʊvə/ MNÉV
❶ elmúlt, vége *the party is over* a bulinak vége ❷ *get it over (with)* letud vmit, megszabadul, túljut vmin
**over** HAT.SZÓ
❶ át *sit over* átül *ask smb over* áthív vkit *come over* átjön ❷ ismételten, megint *ten times over* tízszer egymás után *do it over again* megcsinálja újra *over and over again* újra és újra ❸ több, felül, túl *children of 6 and over* 6 éves és nagyobb gyerekek *run two minutes over* két perccel túlszalad *three into seven goes twice and one over* három a hétben megvan kétszer, marad egy ❹ alaposan, végig *think it over carefully* alaposan végiggondolja
KIFEJEZÉSEKBEN: *over here* erre(felé) *over there* (am)ott, odaát *over (to you)!* átadom a szót! / öné a szó! *over!* vétel [rádióüzenetben] *over and out!* vége [rádióüzenetben]
**over** ELÖLJ.
❶ vmi fölött, vmin fölül *over the desk* az asztal fölött ❷ vmi/vki fölé, rá *put the paper over his face* arcára helyezi az újságot ❸ vmi fölött, vmin át/keresztül, vmin túlra *jump over the hedge* átugrik a sövény fölött *fly over the ocean* átrepül az óceánon ❹ túl, odaát *over the street* az utca túloldalán ❺ felül, túl *over £30* harminc fonton felül *for over two days* több mint két napon át ❻ alatt, közben, idején *over the Easter break* a húsvéti szünetben *stay over the night* itt marad éjszakára *over dinner* ebéd közben ❼ vmivel (kapcsolatban) *problems over the new contract* gondok az új szerződés
KIFEJEZÉSEKBEN: *over and above* vmin túl(menően)
**overact** /ˌəʊvərˈækt/ eltúloz, túljátszik
**overage** /ˌəʊvərˈeɪdʒ/ túlkoros
**overall** /ˈəʊvərɔːl/ FNÉV
❶ munkaköpeny ❷ US overáll, kezeslábas
**overall** /ˌəʊvərˈɔːl/ MNÉV
átfogó, általános, össz-
**overall** /ˌəʊvərˈɔːl/ HAT.SZÓ
❶ átfogóan, általánosságban, összesen ❷ általában, mindent egybevéve
**overalls** /ˈəʊvərɔːlz/ overáll, kezeslábas
**overbearing** /ˌəʊvəˈbeərɪŋ/ lehengerlő, erőszakos(kodó)
**overbid** /ˈəʊvəbɪd/ FNÉV
túllicitálás, vkinél/vminél többet ígérés
**overbid** /ˌəʊvəˈbɪd/, **overbid** /ˌəʊvəˈbɪd/, **overbid** VAGY **overbidden** /ˌəʊvəˈbɪdən/ IGE
túllicitál, többet ígér vkinél/vminél
**overboard** /ˈəʊvəbɔːd/ hajó oldalán át / a hajóból ki(nt) *man overboard!* ember a vízben! *fall overboard* a tengerbe esik
KIFEJEZÉSEKBEN: *throw smth overboard* elvet, kidob, kihajít [felesleges dolgot] *throw smb overboard* elvet, elutasít, ejt vkit
**overbook** /ˌəʊvəˈbʊk/ a helyek számánál több jegyet ad el, túlkönyvel
**overburden** /ˌəʊvəˈbɜːdən/ túlterhel *overburdened student* túlterhelt diák
**overcame** ☞ overcome
**overcast** /ˌəʊvəˈkɑːst/ felhős, borult
**overcast stitch** zsinóröltés
**overcharge** /ˈəʊvətʃɑːdʒ/ FNÉV
❶ túlzott ár/követelés ❷ túlterhelés
**overcharge** /ˌəʊvəˈtʃɑːdʒ/ IGE
❶ túlszámláz, túl sokat kér vmiért *they overcharged me for the wine* többet kértek tőlem a borért ❷ túlterhel, túltölt
**overcoat** /ˈəʊvəkəʊt/ nagykabát, felöltő
**overcome** /ˌəʊvəˈkʌm/, **overcame** /ˌəʊvəˈkeɪm/ **overcome** /ˌəʊvəˈkʌm/ ❶ legyőz, úrrá lesz vmin ❷ *be overcome with smth* erőt vesz vkin vmi, hatalmába kerít vkit vmi
**overcompensate** /ˌəʊvəˈkɒmpənseɪt/ túlkompenzál (amit: *for*)
**overcompensation** /ˌəʊvəkɒmpənˈseɪʃən/ túlkompenzálás (amié: *for*)
**overcrowd** /ˌəʊvəˈkraʊd/ túlzsúfol, túlnépesít
**overcrowded** /ˌəʊvəˈkraʊdɪd/ túlzsúfolt, túlnépesedett, agyonzsúfolt
**overdevelop** /ˌəʊvədɪˈveləp/ ❶ túlfejleszt ❷ túlfejlődik
**overdo** /ˌəʊvəˈduː/, **overdid** /ˌəʊvəˈdɪd/, **overdone** /ˌəʊvəˈdʌn/ ❶ eltúloz, túlzásba visz ❷ túl sokat használ vmit *don't overdo the salt* ne sózd túl ❸ túlfőz, túlsüt
**overdose** /ˈəʊvədəʊs/ FNÉV
halálos adag, túladagolás [drogból]
**overdose** /ˌəʊvəˈdəʊs/ IGE
❶ túladagol ❷ túladagolja magát [droggal]
**overdraft** /ˈəʊvədrɑːft/ hitel(keret)túllépés
**overdraw** /ˌəʊvəˈdrɔː/, **overdrew** /ˌəʊvəˈdruː/, **overdrawn** /ˌəʊvəˈdrɔːn/ *overdraw ⟨one's⟩ account* túllépi a hitelkeretét *my account is £400 overdrawn* négyszáz fonttal túlléptem a hitelemet
**overdrive** /ˌəʊvəˈdraɪv/ túlhajszol
**overdue** /ˌəʊvəˈdjuː/ ❶ rég esedékes *an overdue bill* kifizetetlen számla ❷ *be overdue* késik *her baby is a week overdue* egy hetet késik a baba ❸ rég rászorul vmire *overdue for a ser-*

O

*vice* rég szervizelni kellene ❹ lejárt, késedelmes *a charge of 5p per day is made on all overdue books* a késve visszahozott könyvek után napi öt penny pótdíjat kell fizetni
**overeasy** /ˌəʊvərˈiːzɪ/ [tükörtojás] enyhén megsütve
**overeat** /ˌəʊvərˈiːt/, **overate** /ˌəʊvərˈeɪt/, **overeaten** /ˌəʊvərˈiːtən/ *overeat ☞oneself☜* teleeszi magát
**overemphasize** /ˌəʊvərˈemfəsaɪz/ túlhangsúlyoz
**overemployment** /ˌəʊvərɪmˈplɔɪmənt/ túlfoglalkoztatás
**overestimate** /ˌəʊvərˈestɪmət/ *FNÉV*
túlbecsült / túl magasra becsült érték
**overestimate** /ˌəʊvərˈestɪmeɪt/ *IGE*
túlbecsül, túlértékel, túl magasra értékel
**overfeed** /ˌəʊvəˈfiːd/, **overfed** /ˌəʊvəˈfed/, **overfed** /ˌəʊvəˈfed/ túltáplál
**overflow** /ˈəʊvəfləʊ/ *FNÉV*
❶ túlcsordulás, túlfolyás, kifolyás ❷ túlfolyó/kifolyó/túlcsorduló folyadék ❸ felesleg
**overflow** /ˌəʊvəˈfləʊ/, **overflowed** /ˌəʊvəˈfləʊd/, **overflown** /ˌəʊvəˈfləʊn/ *IGE*
❶ túlcsordul/túlfolyik (vmin) *the bath is overflowing* mindjárt kiömlik a víz a kádból ❷ eláraszt [tömeg] ❸ *overflow with smth* túlcsordul, csordultig van vmivel
**overgrow** /ˌəʊvəˈgrəʊ/, **overgrew** /ˌəʊvəˈgruː/, **overgrown** /ˌəʊvəˈgrəʊn/ benő vmit
**overgrowth** /ˌəʊvəˈgrəʊθ/ (sűrű) bozót(os)
**overhaul** /ˈəʊvəhɔːl/ *FNÉV*
generáljavítás, megvizsgálás *give the car a overhaul* átvizsgálja a kocsit
**overhaul** /ˌəʊvəˈhɔːl/
alaposan átvizsgál/kijavít
**overhead** /ˈəʊvəhed/ *FNÉV US*
❶ rezsiköltség, általános/fenntartási költség ❷ fej felől indított ütés [pl. teniszben]
**overhead** /ˌəʊvəˈhed/ *MNÉV*
❶ felső ❷ fej fölötti [ütés] ❸ mindent magába foglaló [pl. ár]
**overhead** /ˌəʊvəˈhed/ *HAT.SZÓ*
fent, felül, a magasban *works overhead!* a tetőn dolgoznak!
**overhead expenses** rezsi(költségek)
**overhead projector** írásvetítő
**overheads** /ˈəʊvəhedz/ rezsi(költségek)
**overhear** /ˌəʊvəˈhɪə/, **overheard** /ˌəʊvəˈhɜːd/, **overheard** /ˌəʊvəˈhɜːd/ véletlenül meghall
**overheat** /ˌəʊvəˈhiːt/ túlfűt, túlhevít
**overindulge** /ˌəʊvərɪnˈdʌldʒ/ ❶ *overindulge in smth* túl sokat enged vmiből, túlzásba visz vmit ❷ *overindulge smb* túlságosan elkényeztet
**overjoyed** /ˌəʊvərənˈdʒɔɪd/ *be overjoyed* igen boldog, rendkívül örül
**overkill** /ˈəʊvərkɪl/ ❶ vmi elpusztításánál többre elegendő erő ❷ szükségesnél nagyobb erővel végzett dolog
**overland** /ˈəʊvəlænd/ *MNÉV/HAT.SZÓ* szárazföldi (úton)
**overlap** /ˈəʊvəlæp/ *FNÉV*
átfedés (nagysága)
**overlap** /ˌəʊvəˈlæp/ *IGE*
részben fed, átfed, egymást átfedi
**overlapping** /ˌəʊvəˈlæpɪŋ/ (egymást) (részben) átfedő
**overlay** /ˈəʊvəleɪ/ *FNÉV*
borítás, rátét, fedőlap, burkolat, réteg
**overlay** /ˌəʊvəˈleɪ/ *IGE*
(vékonyan) befed/betakar/beborít
**overleaf** /ˌəʊvəˈliːf/ a hátlapon/túloldalon
**overlie** /ˌəʊvəˈlaɪ/, **overlay** /ˌəʊvəˈleɪ/, **overlain** /ˌəʊvəˈleɪn/ agyonnyom
**overload** /ˈəʊvələʊd/ *FNÉV*
túlterhelés
**overload** /ˌəʊvəˈləʊd/ *IGE*
túlterhel
**overlong** /ˌəʊvəˈlɒŋ/ túl hosszú(ra nyúlt)
**overlook** /ˌəʊvəˈlʊk/ ❶ vmire néz/nyílik *the room overlooked the sea* a tengerre nézett a szobánk ❷ elkerüli a figyelmét vmi *overlook a detail* egy részlet felett elsiklik a figyelme ❸ szemet huny vmi fölött
**overlord** /ˈəʊvəlɔːd/ legfőbb úr
**overly** /ˈəʊvəlɪ/ túlságosan, túlzottan
**overman** /ˌəʊvəˈmæn/ túl sok főt alkalmaz
**overmaster** /ˌəʊvəˈmɑːstə/ legyőz, lebír, fölébe kerekedik vkinek
**overmuch** /ˌəʊvəˈmʌtʃ/ *NÉVMÁS*
túl sok *overmuch work* túl sok munka
**overmuch** *HAT.SZÓ*
túlságosan, szerfölött *he doesn't like you overmuch* nem imád éppen/túlzottan
**overnight** /ˌəʊvəˈnaɪt/ *MNÉV*
éjszaka történő, éjszakai
**overnight** *HAT.SZÓ*
❶ hirtelen, máról holnapra, egyik napról a másikra ❷ éjszakára *stay overnight* marad éjszakára
**overnight letter** [másnapi] expresszlevél
**overpass** /ˈəʊvəpɑːs/ *US* felüljáró
**overpay** /ˌəʊvəˈpeɪ/ túlfizet (vkit)
**overpayment** /ˌəʊvəˈpeɪmənt/ túlfizetés
**over-politicized** /ˌəʊvəpəˈlɪtɪsaɪzd/ túlpolitizált
**overpopulated** /ˌəʊvəˈpɒpjʊleɪtɪd/ túlnépesedett, túlzsúfolt
**overpopulation** /ˌəʊvəpɒpjʊˈleɪʃən/ túlnépesedés
**overpower** /ˌəʊvəˈpaʊə/ ❶ legyőz, lebír ❷ erőt vesz vkin, hatalmába kerít vkit
**overran** ☞ overrun
**overrate** /ˌəʊvəˈreɪt/ túlbecsül, túlértékel, felülértékel
**overreact** /ˌəʊvərɪˈækt/ túlreagál (amit: *to*)
**overregulate** /ˌəʊvəˈregjʊleɪt/ túlszabályoz
**overregulation** /ˌəʊvəregjʊˈleɪʃən/ túlszabályozás, túlszabályozottság
**override** /ˌəʊvəˈraɪd/, **overrode** /ˌəʊvəˈrəʊd/, **overridden** /ˌəʊvəˈrɪdən/ hatálytalanít, felülbírál
**overrule** /ˌəʊvəˈruːl/ érvénytelenít, megvétóz
**overrun** /ˌəʊvəˈrʌn/ **overran** /ˌəʊvəˈræn/, **over-**

run /ˌəʊvəˈrʌn/ ❶ eláraszt, elözönöl, lerohan ❷ túllép, áthág *the meeting overran* tovább tartott az értekezlet

**overseas** /ˌəʊvəˈsiːz/ MNÉV
❶ tengerentúli ❷ külföldi

**overseas** HAT.SZÓ
❶ a tengerentúlon ❷ külföldön

**oversee** /ˌəʊvəˈsiː/, **oversaw** /ˌəʊvəˈsɔː/ **overseen** /ˌəʊvəˈsiːn/ felügyel, ellenőriz

**overseer** /ˈəʊvəsɪə/ felügyelő, felvigyázó

**overshadow** /ˌəʊvəˈʃædəʊ/ ❶ árnyékba borít, árnyékot vet vmire ❷ felülmúl, elhomályosít

**overshoe** /ˈəʊvəʃuː/ gumicipő, sárcipő, hócipő

**overshoot** /ˌəʊvəˈʃuːt/, **overshot** /ˌəʊvəˈʃɒt/, **overshot** /ˌəʊvəˈʃɒt/ ❶ vmi fölött ellő ❷ túlfut, túlszalad vmin
KIFEJEZÉSEKBEN: *overshoot the mark* túllő a célon

**oversight** /ˈəʊvəsaɪt/ vigyázatlanság, tévedés, elnézés, figyelmetlenség

**oversimplification** /ˌəʊvəsɪmplɪfəˈkeɪʃən/ túlzott leegyszerűsítés

**oversimplify** /ˌəʊvəˈsɪmplɪfaɪ/ túlzottan (le)egyszerűsít

**over-sixties** hatvanon túliak

**oversize** /ˌəʊvəˈsaɪz/ VAGY **oversized** /ˌəʊvəˈsaɪzd/ túlméretezett, extra méretű

**oversleep** /ˌəʊvəˈsliːp/, **overslept** /ˌəʊvə ˈslept/, **overslept** /ˌəʊvəˈslept/ elalussza az időt, későn ébred, elalszik

**overspend** /ˌəʊvəˈspend/, **overspent** /ˌəʊvəˈspent/, **overspent** /ˌəʊvəˈspent/ túlköltekezik

**overstaff** /ˌəʊvəˈstɑːf/ túl sok embert alkalmaz

**overstay** /ˌəʊvəˈsteɪ/ tovább marad vminél *overstay ⸢one's⸣ welcome* visszaél a vendégszeretettel

**overstep** /ˌəʊvəˈstep/ túllép/túlmegy vmin *overstep ⸢one's⸣ authority* túllépi a hatáskörét

**overstrain** /ˌəʊvəˈstreɪn/ túlerőltet *overstrain ⸢oneself⸣* agyondolgozza magát

**overt** /əʊˈvɜːt/ nyilvánvaló, nyílt, látható

**overtake** /ˌəʊvəˈteɪk/, **overtook** /ˌəʊvəˈtʊk/, **overtaken** /ˌəʊvəˈteɪkən/ ❶ (meg)előz ❷ rátör *be overtaken by smth* erőt vesz vkin / rátör vkire ❸ megdönt [rekordot]

**overtax** /ˌəʊvəˈtæks/ ❶ túladóztat ❷ túlságosan igénybe vesz

**overtaxation** /ˌəʊvətækˈseɪʃən/ túladóztatás

**over-the-counter** ❶ recept nélkül kapható ❷ tőzsdén kívüli [részvény]

**over the top** túlzott, túlzásba vitt *go over the top* túlzásokba esik

**overthrow** /ˈəʊvəθrəʊ/ FNÉV
megbuktatás, megdöntés

**overthrow** /ˌəʊvəˈθrəʊ/, **overthrew** /ˌəʊvə ˈθruː/, **overthrown** /ˌəʊvəˈθrəʊn/ IGE
megbuktat, megdönt

**overtime** /ˈəʊvətaɪm/ ❶ túlóra *work overtime / be on overtime* túlórázik ❷ túlórapénz ❸ hosszabbítás [meccs végén]

**overtly** /əʊˈvɜːtlɪ/ nyilvánvalóan, nyíltan, láthatóan

**overtone** /ˈəʊvətəʊn/ ❶ felhang ❷ mellékzönge, felhang

**overtook** ☞overtake

**overture** /ˈəʊvətʃʊə/ nyitány

**overturn** /ˌəʊvəˈtɜːn/ ❶ felborít, feldönt, felfordít ❷ felborul, feldől, felfordul ❸ megdönt, megbuktat ❹ megsemmisít, felülbírál

**overview** /ˈəʊvəvjuː/ összefoglalás, áttekintés

**overweight** /ˈəʊvəweɪt/ FNÉV
túlsúly, súlytöbblet

**overweight** /ˌəʊvəˈweɪt/ MNÉV
túlsúlyos, engedélyezettnél nehezebb

**overweight** /ˌəʊvəˈweɪt/ IGE
túlterhel

**overwhelm** /ˌəʊvəˈwelm/ ❶ megsemmisít, legyőz ❷ erőt vesz rajta vmi, hatalmába keríti vmi ❸ elborít, eláraszt

**overwhelming** /ˌəʊvəˈwelmɪŋ/ ❶ ellenállhatatlan, nyomasztó [fölény] ❷ elsöprő/túlnyomó [győzelem/többség]

**overwork** /ˌəʊvəˈwɜːk/ FNÉV
túlterhelés, túlfeszített munka

**overwork** IGE
❶ agyondolgoztat ❷ agyondolgozza magát

**overwrite** /ˌəʊvəˈraɪt/ felülír

**overzealous** /ˌəʊvəˈzeləs/ túlbuzgó

**oviduct** /ˈəʊvɪdʌkt/ petevezeték

**ovoid** /ˈəʊvɔɪd/ tojás alakú

**ovulation** /ˌɒvjʊˈleɪʃən/ peteérés

**ovum** /ˈəʊvʊm/ TBSZ **ova** /ˈəʊvə/ pete

**owe** /əʊ/ ❶ tartozik *owe smb money* pénzzel tartozik vkinek ❷ köszön(het) vmit vkinek, tartozik vkinek

**owing** /ˈəʊɪŋ/ fizetendő, jár *there's another £60 owing to me* még hatvan font jár nekem
**owing to** *owing to smth* köszönhetően, következtében

**owl** /aʊl/ bagoly

**own** /əʊn/ MNÉV
saját, tulajdon *it was her own idea* saját ötlete volt *I have a car of my own* saját kocsim van *mind your own business* törődj a magad dolgával
KIFEJEZÉSEKBEN: *get ⸢one's⸣ own back on smb* boszút áll vkin *on ⸢one's⸣ own* egyedül/egymaga *come into ⸢one's⸣ own* megkapja jogos tulajdonát

**own** IGE
❶ bír, van vkinek *they own this house* övék ez a ház ❷ elismer, beismer, bevall
**own to** *own to smth* beismer *own to a feeling of envy* beismeri, hogy irigységet érez

**own brand** forgalmazó [pl. áruház] neve alatt árusított termék

**owner** /ˈəʊnə/ tulajdonos, gazda

**owner-occupied** társasházi, tulajdonosa által lakott

O

**owner-occupier** lakástulajdonos
**ownership** /ˈəʊnəʃɪp/ tulajdon(jog)
**owner's manual** felhasználói kézikönyv
**own goal** öngól *score an own goal* öngólt lő
**own risk** önrész
**ox** /ɒks/ *TBSZ* **oxen** /ɒksən/ ökör
**Oxford English** „király(nő)i angolság"
**oxidation** /ˌɒksɪˈdeɪʃən/ oxidá(ló)dás
**oxide** /ˈɒksaɪd/ oxid
**oxidization** /ˌɒksɪdaɪˈzeɪʃən/ ❶ oxidálás ❷ oxidálódás
**oxidize** /ˈɒksɪdaɪz/ ❶ oxidál ❷ oxidálódik
**oxtail soup** ököruszályleves
**oxygen** /ˈɒksɪdʒən/ oxigén
**oyster** /ˈɔɪstə/ osztriga
**oyster sauce** osztrigamártás
**oyster shell** osztrigahéj
**oz.** = ounce(s)
**oz. av.** = ounce avoirdupois
**ozone** /ˈəʊzəʊn/ ózon
**ozone-friendly** VAGY **ozone-safe** ózonkímélő, ózonbarát
**ozone hole** ózonlyuk
**ozone layer** ózonréteg
**ozone shield** ózonpajzs
**ozs.** = ounces

# P, p /piː/

**p** = page; part; past; penny; pence; person
**P** = Parking; Protestant; phosphorus
**p.a.** = per annum
**p-a** = public-address system
**Pa** = Pennsylvania
**PA** = personal assistant; Pennsylvania; public-address system
**pa** /pɑː/ papa
**pace** /peɪs/ *FNÉV*
❶ iram, tempó ❷ lépés *keep pace with smb* lépést tart vkivel ❸ járás(mód) [pl. lóé]
**pace** /peɪs/ *IGE*
❶ lépked, nagy léptekkel ró [pl. utcát] ❷ tempót/iramot diktál ❸ lelép [távolságot]
**-paced** /peɪst/ -léptű, -járású
**pacemaker** /ˈpeɪsmeɪkə/ ❶ szívritmus-szabályoÜzó, pacemaker ❷ iramot diktáló versenyző [sportban]
**pacific** /pəˈsɪfɪk/ ❶ békés, csendes ❷ békítő ❸ *the Pacific* a Csendes-óceán
**pacification** /ˌpæsɪfɪˈkeɪʃən/ ❶ lecsillapodás, megbékélés ❷ lecsillapítás
**pacifier** /ˈpæsɪfaɪə/ *FNÉV* ❶ megnyugtató (ember) ❷ *US* cumi, cucli
**pacifism** /ˈpæsɪfɪzəm/ pacifizmus
**pacifist** /ˈpæsɪfɪst/ *FNÉV* pacifista
**pacify** /ˈpæsɪfaɪ/ ❶ lecsendesít ❷ kibékít
**pack** /pæk/ *FNÉV*
❶ csomag, poggyász ❷ készlet, csomag ❸ csomag, pakli [pl. cigaretta, kártya] ❹ falka [r.szerint vadállatoké] ❺ borogatás, pakolás ❻ málha, (háti)zsák
**pack** *IGE*
❶ (be)csomagol, összepakol ❷ összecsődül, be-/kicsődül ❸ beletöm, belezsúfol ❹ fölhalmozódik ❺ tömít ❻ konzervál, dobozol
**pack up** ❶ bedöglik [gép] ❷ *pack smth up* abbahagy/befejez vmit
**package** /ˈpækɪdʒ/ *FNÉV*
❶ csomag ❷ fizetés, járandóság [minden juttatással együtt]
**package** *IGE*
❶ csomagol [terméket] ❷ egy csomagba összerak, egyben értékesít
**package deal** ❶ csomagban/együtt megvásárolható áruk/szolgáltatások, árukapcsolás ❷ csomagterv
**package holiday** VAGY **package tour** mindent magába foglaló szervezett út/nyaralás
**packaging** /ˈpækɪdʒɪŋ/ ❶ csomagolás ❷ csomagolóanyag ❸ csomagolástechnika
**pack animal** teherhordó állat, málhásállat
**packed** /pækt/ tele, tömött (amivel: *with*)
**packet** /ˈpækɪt/ ❶ (kis) csomag ❷ egy csomó pénz *cost smb a packet* egy csomó pénzébe kerül ❸ postahajó
**packing** /ˈpækɪŋ/ ❶ (be)csomagolás, bepakolás ❷ tömítés ❸ (orvosi) pakolás
**pact** /pækt/ paktum, szerződés
**pad** /pæd/ *FNÉV*
❶ tömött anyag, párna [pl. vatta, válltömés] ❷ jegyzettömb, blokk ❸ pecsétpárna ❹ mancs, láb [állaté] ❺ ujjbegy ❻ intimbetét
**pad** *IGE*
❶ kibélel, kipárnáz, kitöm ❷ terjengőssé tesz, kibélel [pl. történetet]
**padding** /ˈpædɪŋ/ bélés, tömés
**paddle** /ˈpædəl/ *FNÉV*
evezőlapát [kenué, kajaké]
**paddle** *IGE*
❶ evezővel evez, hajt [kenut, kajakot] ❷ úszik, lapátol [állat] ❸ gázol, tocsog [sekély vízben]
**paddle boat** lapátkerekes hajó
**paddock** /ˈpædək/ ❶ kifutó [lovaké] ❷ nyergelő [lóversenypályán]
**paddy** /ˈpædɪ/ ❶ hántolatlan rizs ❷ rizsföld ❸ dühroham
**padlock** /ˈpædlɒk/ *FNÉV/IGE* ❶ lakat ❷ (le)lakatol
**paediatrician** /ˌpiːdɪəˈtrɪʃən/ gyermekorvos
**paediatrics** /ˌpiːdɪˈætrɪks/ gyermekgyógyászat
**paedophile** /ˈpiːdəʊfaɪl/ *FNÉV* pedofil
**paedophilia** /ˌpiːdəʊˈfɪlɪə/ pedofília
**paedophiliac** /ˌpiːdəʊˈfɪlɪæk/ *FNÉV/MNÉV* pedofil
**pagan** /ˈpeɪgən/ pogány
**paganism** /ˈpeɪgənɪzəm/ pogányság
**page** /peɪdʒ/ *FNÉV*
❶ lap, oldal, pagina ❷ szakasz, fejezet [történelmi] ❸ apród ❹ boy [szállodában]

**page** *IGE*
❶ kerestet, hangosbemondón hív ❷ személyhívón hív, pédzsel ❸ lapszámoz
**pageant** /ˈpædʒənt/ ❶ látványos felvonulás, bemutató ❷ üres pompa, külsőség
**pageantry** /ˈpædʒəntrɪ/ pompa, fény, látványos felvonulás/kivonulás
**pager** /ˈpeɪdʒə/ személyhívó, pédzser, pager
**pagination** /ˌpædʒɪˈneɪʃən/ lapszámozás
**pagoda** /pəˈgəʊdə/ pagoda
**paid** ❶ ☞pay ❷ fizetve [pecsét/felirat]
**pail** /peɪl/ vödör, sajtár
**pain** /peɪn/ *FNÉV*
❶ fájdalom *be in pain* fájdalmai vannak *have a pain ‹one's› back/stomach* fáj a háta/gyomra ❷ szenvedés, kín ❸ kellemetlenség, bosszúság *be a pain in the neck* púp vki hátára
**pain** *IGE*
❶ fájdalmat okoz, kínoz ❷ bánt, fájdalmat okoz
**painful** /ˈpeɪnfəl/ ❶ fájdalmas, fájós ❷ kínos, kellemetlen [pl. csend]
**painkiller** VAGY **pain reliever** fájdalomcsillapító
**painless** /ˈpeɪnləs/ ❶ fájdalommentes ❷ könnyű, fájdalommentes
**pains** /peɪnz/ ❶ fáradozás, fáradság *go to / take great pains* nem sajnálja a fáradságot, fáradozik (amiben: *with*) ❷ vajúdás
**painstaking** /ˈpeɪnzteɪkɪŋ/ gondos, lelkismeretes
**paint** /peɪnt/ *FNÉV*
❶ festék *wet paint* frissen festve [felirat] ❷ arcfesték, kozmetikum
**paint** *IGE*
❶ (be)fest, mázol *paint the wall white* fehérre festi a falat *the doors need painting* az ajtók másolásra szorulnak ❷ (meg)fest [pl. képet] ❸ (be)fest, (be)vakol [arcot] ❹ (szavakkal) leír, lefest
**paintball** VAGY **paintballing** festékharc
**painter** /ˈpeɪntə/ ❶ szobafestő, mázoló ❷ festő(művész) ❸ hajókötél [kikötéshez]
**painting** /ˈpeɪntɪŋ/ ❶ festmény ❷ festészet
**paint stripper** VAGY **paint remover** *FNÉV* kromofág, festékeltávolító (folyadék)
**paintwork** festett felület, festés
**pair** /peə/ *FNÉV*
❶ (egy) pár [két darabból/félből álló dologé] *a pair of trousers* nadrág *a pair of scissors* olló ❷ két darabból álló dolog egyik darabja, vmi párja ❸ két ember, (ember)pár *walk in pairs* párosával/kettesével sétálnak
**pair** *IGE*
❶ (össze)párosít ❷ párosodik, párzik ❸ párost képez/alkot [pl. teniszben]
**pajamas** /pəˈdʒɑːməz/ *US* pizsama
**pal** /pæl/ ❶ haver, koma ❷ szövetséges
**palace** /ˈpæləs/ palota, kastély
**Palace of Westminster** a brit parlament [hivatalosan]
**palatable** /ˈpælətəbəl/ ❶ ízletes, kellemes ❷ elfogadható, kellemes
**palatal** /ˈpælətəl/ *FNÉV/MNÉV* kemény szájpadlási, palatális (hang)
**palatalize** /ˈpælətəlaɪz/ palatalizál
**palate** /ˈpælət/ ❶ szájpadlás, íny ❷ érzék, ízlés, gusztus
**palaver** /pəˈlɑːvə/ ❶ üres beszéd, fecsegés ❷ nyüzsgés, hangoskodás
**pale** /peɪl/ *FNÉV*
❶ karó, hegyes léc ❷ palánk
**pale** *MNÉV*
❶ sápadt, halvány, fakó [pl. szín, arc] *turn pale* elsápad ❷ erőtlen, halvány [pl. kísérlet]
**pale** *IGE*
❶ elsápad, elhalványodik ❷ elhalványul
**paleface** *FNÉV* sápadtarcú
**palette** /ˈpælət/ ❶ (festő)paletta ❷ spatula
**palimony** /ˈpælɪmənɪ/ „élettárs-tartás", tartásdíj
**palindrome** /ˈpælɪndrəʊm/ tükörszó, tükörmondat, palindrom
**paling** /ˈpeɪlɪŋ/ ❶ palánk, karó ❷ (hegyes) léckerítés
**palisade** VAGY **pallisade** /ˌpælɪˈseɪd/ ❶ palánk(kerítés) ❷ cölöpfal, cölöpgát
**palisades** VAGY **pallisades** /ˌpælɪˈseɪdz/ meredek sziklafal [folyó mellett]
**pall** /pɔːl/ *FNÉV*
❶ lepel, takaró *a pall of smoke* füstfátyol ❷ szemfedél [koporsón]
**pall** *IGE*
❶ lepellel betakar ❷ unalmassá válik, ellaposodik
**pallbearer** /ˈpɔːlbeərə/ koporsóvivő
**pallet** /ˈpælət/ raklap
**pallet truck** emelővillás targonca
**palm** /pɑːm/ *FNÉV*
❶ tenyér ❷ pálma(fa) *bear/carry off the palm* elviszi a pálmát, győz
**palm** *IGE*
tenyerébe rejt
**palm oil** ❶ pálmaolaj ❷ csúszópénz
**Palm Sunday** virágvasárnap
**palmtop** kézi számítógép, palmtop
**palmy** /ˈpɑːmɪ/ virágzó, sikeres
**palpability** /ˌpælpəˈbɪlətɪ/ ❶ érzékelhetőség, tapinthatóság ❷ vmi nyilvánvaló volta
**palpable** /ˈpælpəbəl/ ❶ érzékelhető, tapintható ❷ kézzelfogható, nyilvánvaló
**palpitate** /ˈpælpɪteɪt/ ❶ (hevesen) dobog, lüktet [szív] ❷ remeg, reszket (amitől: *with*)
**palpitation** /ˌpælpɪˈteɪʃən/ ❶ (szív)dobogás ❷ remegés, reszketés
**palsy** /ˈpɔːlzɪ/ szélütés, bénulás *cerebral palsy* gutaütés
**pamper** /ˈpæmpə/ (el)kényeztet
**pamphlet** /ˈpæmflət/ ❶ könyvecske, füzet ❷ röpirat ⓘ *NEM* ~~pamflet~~
**pamphleteer** /ˌpæmfləˈtɪə/ pamfletíró, röpiratíró

**pan** /pæn/ *FNÉV*
❶ serpenyő, tepsi, lábas *frying pan* sütőedény, serpenyő ❷ mérleg serpenyője
**pan** *IGE*
❶ megbírál, lehúz ❷ pásztáz, svenkel [filmfelvevővel]
**panacea** /ˌpænəˈsɪə/ csodaszer, panacea
**panama** VAGY **panama hat** panamakalap ⓘ *NEM* ~~panama~~ [= botrány]
**pancake** /ˈpænkeɪk/ palacsinta
**Pancake Day** húshagyó kedd
**pancreas** /ˈpæŋkrɪəs/ hasnyálmirigy
**panda** /ˈpændə/ *TBSZ* **panda** /ˈpændə/ VAGY **pandas** ❶ (óriás) panda ❷ vörös panda
**panda car** rendőrautó, járőrautó
**panda crossing** [egy fajta] gyalogátkelőhely
**p & p** = postage and packing
**pane** /peɪn/ üvegtábla, táblaüveg
**panel** /ˈpænəl/ *FNÉV*
❶ tábla, mező [pl. falon] ❷ ablaktábla, ajtótábla ❸ műszerfal ❹ bizottság ❺ esküdtnévsor, esküdtszék ❻ nyelvi klisé, panel ⓘ *NEM* ~~panel~~ [= házé]
**panel** *IGE*
❶ burkolattal ellát, burkol [falat] ❷ mezőkre oszt
**panel discussion** fórum, vita
**panelling** /ˈpænəlɪŋ/ fa(l)burkolat, lambéria
**pang** /pæŋ/ ❶ kínzó fájdalom ❷ kín, fájdalom
**panic** /ˈpænɪk/ *FNÉV*
pánik
**panic** *IGE*
pánikba esik, pánikol, kapkod
**panicky** /ˈpænɪkɪ/ pánikra hajlamos
**panic-stricken** pánikba esett, pánikoló
**panorama** /ˌpænəˈrɑːmə/ ❶ körkép, látkép, panoráma ❷ teljes/átfogó kép/jellemzés
**panoramic** /ˌpænəˈræmɪk/ panorámaszerű
**panpipes** /ˈpænpaɪps/ pánsíp
**pansy** /ˈpænzɪ/ árvácska
**pant** /pænt/ *FNÉV*
ziháló lélegzet
**pant** *IGE*
❶ liheg, zihál ❷ lihegve mond ❸ vágyódik (ami után: *for/after*)
**pantaloons** /ˌpæntəˈluːnz/ pantalló, hosszúnadrág [férfié]
**panther** /ˈpænθə/ ❶ párduc, leopárd ❷ *US* puma
**panties** /ˈpæntɪz/ ❶ bugyi, női alsó ❷ gyerekalsó
**pantihose** /ˈpæntɪhəʊz/ harisnyanadrág
**panto** /ˈpæntəʊ/ pantomim
**pantograph** /ˈpæntəgrɑːf/ ❶ pantográf, rajzmásoló ❷ áramszedő [pl. villanymozdonyé]
**pantomime** /ˈpæntəmaɪm/ pantomim
**pantry** /ˈpæntrɪ/ ❶ éléskamra ❷ tálaló(helyiség) [pl. szállodában]
**pants** /pænts/ ❶ nadrág, pantalló ❷ alsónadrág, bugyi
**pantsuit** VAGY **pants suit** /ˈpæntsuːt/ nadrágkosztüm
**panty hose** /ˈpæntɪhəʊz/ harisnyanadrág
**pantyliner** /ˈpæntɪlaɪnə/ intimbetét
**pap** /pæp/ pép, kása
**papa** /pəˈpɑː/ papa, apuka
**papacy** /ˈpeɪpəsɪ/ pápaság
**papal** /ˈpeɪpəl/ pápai
**paparazzo** /ˌpæpəˈrætsəʊ/ *TBSZ* **paparazzi** /ˌpæpəˈrætsɪ/ paparazzo, lesipuskás fotós
**papaya** /pəˈpaɪə/ VAGY **papaw** /ˈpɔːpɔː/ papaya, papaja
**paper** /ˈpeɪpə/ *FNÉV*
❶ ↯ *NEM MEGSZÁML.* papír *a piece/sheet of paper* egy darab papír *on paper* papíron, elméletben ❷ újság, (hír)lap *daily paper* napilap ❸ dolgozat, írásbeli vizsga ❹ tanulmány ❺ korreferátum, előadás *present/read a paper* előad(ást tart) [pl. konferencián]
**paper** *MNÉV*
(csak) papíron lévő, nem létező, nem igazi [pl. haszon, ígéret]
**paper** *IGE*
❶ tapétáz (amivel: *in/with*) ❷ (papírba) csomagol
**paperback** puhafedelű könyv, paperback
**paper clip** gemkapocs, iratkapocs
**papermill** papírgyár
**paperweight** levélnehezék
**paperwork** papírmunka, adminisztráció
**papery** /ˈpeɪpərɪ/ ❶ papírszerű ❷ papírvékonyságú
**papilloma** /ˌpæpɪˈləʊmə/ *TBSZ* **papillomata** /ˌpæpɪˈləʊmətə/ VAGY **papillomas** szemölcs
**paprika** /ˈpæprɪkə/ fűszerpaprika, (piros)paprika
**par.** = paragraph; parallel; parenthesis; parish
**par** /pɑː/ ❶ szint, színvonal *be on a par* azonos szintű, azonos szintet képvisel (amivel/akivel: *with*) *be below/under par* színvonal alatti, nem üti meg a kívánt szintet ❷ névérték *above/below par* névérték felett/alatt *at par* névértéken
**para** /ˈpærə/ bekezdés
**parable** /ˈpærəbəl/ példabeszéd, példázat
**parabola** /pəˈræbələ/ parabola [geometriai]
**parabolic** /ˌpærəˈbɒlɪk/ ❶ példabeszédbe burkolt ❷ parabolikus
**paracetamol** /ˌpærəˈsiːtəmɒl/ ❶ paracetamol ❷ lázcsillapító
**parachute** /ˈpærəʃuːt/ *FNÉV*
ejtőernyő
**parachute** *IGE*
❶ ejtőernyővel leereszkedik ❷ ejtőernyővel ledob
**parachutist** /ˈpærəʃuːtɪst/ *FNÉV* ejtőernyős
**parade** /pəˈreɪd/ *FNÉV*
❶ dísz, pompa, parádé ❷ (dísz)szemle ❸ boltsor, sétány
**parade** *IGE*
❶ parádézik, vonul ❷ (dísz)szemlén (fel)vonul ❸ fitogtat, kérkedik (vmivel)

P

**paradigm** /ˈpærədaɪm/ paradigma
**paradise** /ˈpærədaɪs/ paradicsom, menny
**paradisiac** /ˌpærəˈdɪsɪæk/ VAGY **paradisiacal** /ˌpærədɪˈsaɪəkəl/ VAGY **paradisaical** /ˌpærədɪˈseɪəkəl/ paradicsomi, mennyei
**paradox** /ˈpærədɒks/ *FNÉV* paradoxon ⓘ *NEM* ~~paradox~~
**paradoxical** /ˌpærəˈdɒksɪkəl/ *MNÉV* paradox
**paradrop** /ˈpærədrɒp/ ejtőernyővel ledob
**paraffin** VAGY **paraffine** /ˈpærəfɪn/ ❶ paraffin, petróleum ❷ olaj ❸ kerozin
**paraffin oil** /ˈpærəfɪn ɔɪl/ kerozin
**paragraph** /ˈpærəgrɑːf/ *FNÉV*
❶ bekezdés ❷ bekezdésjel, ¶ jel ❸ újsághír, (rövid) cikk ⓘ *NEM* ~~paragrafus~~ [jogban]
**paragraph** *IGE*
bekezdésekre oszt/szerkeszt
**parallel** /ˈpærəlel/ *FNÉV*
❶ párhuzamos (vonal) ❷ hasonlóság, párhuzam (amivel: *with*, amik között: *between*) *draw a parallel* párhuzamot von (amik között: *between*) ❸ szélesség [földrajzi] ❹ *in parallel* párhuzamosan kapcsolt
**parallel** *MNÉV*
❶ párhuzamos (amivel: *with/to*) ❷ megfelelő, hasonló (aminek/amihez: *to*)
**parallel** *IGE*
❶ párhuzamba állít, egybevet [két dolgot] ❷ vminek megfelel, vmivel megegyezik
**parallel bars** korlát [tornaszer]
**parallelism** /ˈpærəlelɪzəm/ ❶ párhuzam(osság) ❷ hasonlóság, párhuzamosság
**parallelogram** /ˌpærəˈleləgræm/ paralelogramma
**Paralympic Games** paralimpia(i játékok)
**paralysis** /pəˈræləsɪs/ *TBSZ* **paralyses** /pəˈræləsiːz/ ❶ (meg)bénulás, paralízis ❷ tehetetlenség
**paralytic** /ˌpærəˈlɪtɪk/ ❶ bénult, béna ❷ tehetetlen ❸ merevrészeg
**paralyze** /ˈpærəlaɪz/ ❶ (meg)bénít *get/be paralysed* lebénul, megbénul ❷ leblokkol, megbénít [pl. forgalmat]
**paramedic** /ˌpærəˈmedɪk/ VAGY **paramedical** /ˌpærəˈmedɪkəl/ ❶ segédorvos ❷ orvosi kisegítő [pl. laboráns]
**parameter** /pəˈræmɪtə/ paraméter
**paramilitary** /ˌpærəˈmɪlɪtərɪ/ félkatonai
**paranoia** /ˌpærəˈnɔɪə/ ❶ paranoia ❷ túlzott gyanakvás/félelem
**paranoid** /ˈpærənɔɪd/ *FNÉV/MNÉV* paranoiás
**parapet** /ˈpærəpɪt/ ❶ korlát [erkélyé] ❷ mellvéd
**paraphernalia** /ˌpærəfəˈneɪlɪə/ ❶ felszerelés, kellék(ek) ❷ holmi, cókmók
**paraphrase** /ˈpærəfreɪz/ *FNÉV*
körülírás, parafrázis
**paraphrase** *IGE*
körülír, más szavakkal elmond
**parasite** /ˈpærəsaɪt/ élősdi, parazita
**parasitic** /ˌpærəˈsɪtɪk/ ❶ élősködő ❷ élősködők által kiváltott [pl. betegség]
**parasol** /ˈpærəsɒl/ ❶ napernyő ❷ kerti ernyő
**paratrooper** /ˈpærətruːpə/ ejtőernyős egység tagja, ejtőernyős, légideszantos
**paratroops** /ˈpærətruːps/ ejtőernyős egység/deszant
**parboil** /ˈpɑːbɔɪl/ ❶ előfőz ❷ túlságosan felhevít
**parcel** /ˈpɑːsəl/ *FNÉV*
❶ (posta)csomag ❷ telek(rész), parcella ⓘ *NEM* ~~parcella~~ [temetőben]
**parcel** *IGE*
**parcel out** *parcel smth out* feloszt, kiporcióz
**parch** /pɑːtʃ/ ❶ elszárad, elfonnyad ❷ (ki)szárít, fonnyaszt, aszal *be parched* nagyon szomjas, ki van száradva
**parchment** /ˈpɑːtʃmənt/ ❶ pergamen ❷ régi irat, pergamen
**pardon** /ˈpɑːdən/ *FNÉV*
❶ bocsánat *ask smb's pardon* vki bocsánatát kéri ❷ bűnbocsánat, kegyelem
KIFEJEZÉSEKBEN: *I beg your pardon* ❶ (pardon) bocsánat! ❷ már elnézést! ❸ [kérdő hanglejtéssel] tessék? / nem értettem!
**pardon** *IGE*
❶ megbocsát, elnéz *pardon smb (for) smth* megbocsát vkinek vmit ❷ megkegyelmez / kegyelmet ad vkinek
KIFEJEZÉSEKBEN: *pardon me* ❶ (pardon) bocsánat! ❷ már elnézést! ❸ [kérdő hanglejtéssel] tessék? / nem értettem!
**pare** /peə/ ❶ (le)nyes, (le)vág [pl. körmöt] ❷ (meg)hámoz [pl. gyümölcsöt] ❸ lecsökkent
**pare down** *pare smth down* csökkent, lefarag [pl. kiadásokat]
**parent** /ˈpeərənt/ ❶ szülő ❷ gondviselő ❸ ős, előd ❹ anyacég, anyaszervezet
**parentage** /ˈpeərəntɪdʒ/ származás *of dubious parentage* kétséges származású
**parental** /pəˈrentəl/ szülői
**parental guidance, PG** csak szülői kísérettel megnézhető [film]
**parent company** anyacég, anyavállalat
**parenthesis** /pəˈrenθəsɪs/ *TBSZ* **parentheses** /pəˈrenθəsiːz/ (kerek) zárójel
**parenthesize** /pəˈrenθəsaɪz/ zárójelbe tesz
**parenthetic** /ˌpærənˈθetɪk/ VAGY **parenthetical** /ˌpærənˈθetɪkəl/ zárójeles, zárójelbe tett
**parfait** /pɑːˈfeɪ/ parfé
**paring knife** *TBSZ* **paring knives** ❶ dikics, fejtőkés ❷ hámozókés
**parings** /ˈpeərɪŋz/ ❶ levágott héj ❷ nyesedék
**parish** /ˈpærɪʃ/ plébánia, parókia
**parish clerk** sekrestyés, templomszolga
**parish priest** plébános
**parity** /ˈpærətɪ/ ❶ egyenértékűség, paritás ❷ megfelelés, egyezés ❸ valutaparitás
**park** /pɑːk/ *FNÉV*
❶ park ❷ raktár, tárolóhely *car park* parkoló [autóknak] ❸ *the park* futballpálya

**park** *IGE*
❶ parkol, beáll [pl. autóval] ❷ lerak, elhelyez [r.szerint ideiglenesen]
**parka** /ˈpɑːkə/ VAGY **parka coat** parka, viharkabát, csuklyás anorák
**park and ride, P&R** park and ride rendszer, P&R, P+R
**parking** /ˈpɑːkɪŋ/ ❶ parkolás *no parking* várakozni tilos ❷ parkolóhely
**parking garage** parkoló(ház)
**parking lot** *US* (autó)parkoló
**parking meter** parkolóautomata, parkolóóra
**parking ticket** bírságcédula tilos parkolásért ⓘ *NEM* ~~parkolójegy~~
**parkway** *US* autópálya, osztottpályás út
**parliament** /ˈpɑːləmənt/ országgyűlés, parlament *act of parliament* törvény
**parliamentarian** /ˌpɑːləmenˈteərɪən/ országgyűlési/parlamenti képviselő
**parliamentary** /ˌpɑːləˈmentərɪ/ parlamenti, országgyűlési
**parlour** /ˈpɑːlə/ ❶ nappali, szalon, társalgó ❷ üzlethelyiség, szalon, butik
**parochial** /pəˈrəukɪəl/ ❶ egyházközségi ❷ szűk, szűklátókörű, beszűkült [pl. érdek]
**parochialism** /pəˈrəukɪəlɪzəm/ helyi elfogultság, lokálpatriotizmus, szűklátókörűség
**parodist** /ˈpærədɪst/ paródiaíró
**parody** /ˈpærədɪ/ ❶ paródia ❷ (silány/gyenge) utánzat
**parole** /pəˈrəul/ feltételes szabadlábra helyezés *be on parole* feltételesen szabadlábon van ⓘ *NEM* ~~parola~~, *NEM* ~~paroli~~
**parquet** /ˈpɑːkeɪ/ VAGY /ˈpɑːkɪ/ ❶ parketta ❷ *US* földszint(i ülések), zsöllye ❸ börze, tőzsde
**parrot** /ˈpærət/ ❶ papagáj ❷ vmit szajkózó/ismételő ember
**parry** /ˈpærɪ/ *FNÉV*
elhajlás, kitérés [pl. ütés/kérdés elől]
**parry** *IGE*
elhajol, kitér [pl. ütés/kérdés elől]
**parse** /pɑːz/ elemez [nyelvileg]
**parsimonious** /ˌpɑːsɪˈməunɪəs/ zsugori
**parsimony** /ˈpɑːsɪmənɪ/ zsugoriság
**parsley** /ˈpɑːslɪ/ petrezselyem
**parsnip** /ˈpɑːsnɪp/ paszternák
**parson** /ˈpɑːsən/ ❶ plébános ❷ pap, lelkész
**parsonage** /ˈpɑːsənɪdʒ/ plébánia, paplak
**parson's nose** püspökfalat
**part** /pɑːt/ *FNÉV*
❶ rész *in part* részben ❷ alkatrész, tartalékalkatrész ❸ alkotórész, rész ❹ rész, felelősség, szerep *take part in smth* részt vesz/ vállal vmiben *play a part* szerepet játszik ❺ szerep, szöveg [színészé] ❻ oldal, párt [pl. vitában, szerződésben] ❼ vidék, tájék *I'm a stranger in these parts* nem vagyok ismerős ezen a vidéken / errefelé ❽ szólam [zenei] ❾ testrész, testtáj *private parts* intim testtájak
KIFEJEZÉSEKBEN: *for the most part* javarészt
**part** *MNÉV*
részbeni, részletekben történő [pl. fizetség]
**part** *HAT.SZÓ*
részint, egyrészt, részben *it's part theory, part practice* az egyik része/fele elmélet, a másik gyakorlat
**part** *IGE*
❶ szétválik, elválik, leválasztódik (akitől/ amitől: *from*) ❷ elválaszt, (szét)választ (akitől/amitől: *from*) ❸ feloszlik, szétoszlik [pl. felhő] ❹ széthúz, szétválaszt, elválaszt [pl. függönyt, hajat] ❺ elbúcsúzik, elválik, megválik vmitől/vkitől (akitől/amitől: *with*) *part company with smb/smth* megválik vmitől/ vkitől, eltér a véleménye vkiétől
**parterre** /pɑːˈteə/ ❶ virágos (kert)rész ❷ zenekari árok
**partial** /ˈpɑːʃəl/ ❶ részleges ❷ elfogult, részrehajló (akivel/amivel szemben: *to*)
**partiality** /ˌpɑːʃɪˈælətɪ/ ❶ elfogultság, részrehajlás (akivel/amivel szemben: *to*) ❷ előszeretet, különös szeretet (aki/ami iránt: *for*)
**participant** /pɑːˈtɪsɪpənt/ résztvevő (ahol/amiben: *in*)
**participate** /pɑːˈtɪsɪpeɪt/ részt vesz, közreműködik (amiben: *in*)
**participation** /pɑːˌtɪsɪˈpeɪʃən/ részvétel, részesedés (amiben: *in*)
**participial** /ˌpɑːtɪˈsɪpɪəl/ (melléknévi) igenévi, participiális
**participle** /ˈpɑːtɪsɪpəl/ participium, melléknévi/ határozói igenév
**particle** /ˈpɑːtɪkəl/ ❶ részecske, parányi darab ❷ viszonyszó, szócska
**particular** /pəˈtɪkjulə/ *FNÉV*
részlet, az egész része *in particular* különösen, különösképpen
**particular** *MNÉV*
❶ különös, különleges *be of particular interest* különös figyelmet érdemel ❷ konkrét, egyedi, saját(ság)os *in this particular case* ebben az egyedi/konkrét esetben ❸ aprólékos, válogatós ❹ részletes, pontos
**particularity** /pəˌtɪkjuˈlærətɪ/ ❶ pontosság, szabatosság aprólékosság ❷ saját(os)ság, különlegesség, egyedi jellemző
**particularly** /pəˈtɪkjuləlɪ/ ❶ főleg, különösképpen ❷ részletesen
**particulars** /pəˈtɪkjuləz/ ❶ (közelebbi) adat, részlet *give (smb) full particulars* megadja (vkinek) az összes részletet, részletesen ismertet (vkivel) ❷ személyi adatok *take down smb's particulars* fölveszi vki személyi adatait
**parting** /ˈpɑːtɪŋ/ *FNÉV*
❶ elválás, búcsú ❷ választék [hajban] ❸ útelágazás *parting of the ways* válaszút, elválás
**parting** *MNÉV*
búcsúzó, búcsú- [pl. csók]

P

**partisan** VAGY **partizan** /ˌpɑːtɪˈzæn/ VAGY /ˈpɑːtɪzæn/ *FNÉV*
➊ vki/vmi fanatikus híve ➋ partizán
**partisan** VAGY **partizan** *MNÉV*
➊ részrehajló ➋ párthű, pártos
**partisanship** VAGY **partizanship** /ˌpɑːtɪˈzænʃɪp/ ➊ pártosság, részrehajlás ➋ párthűség
**partition** /pɑːˈtɪʃən/ *FNÉV*
➊ felosztás, szétválasztás, megosztás ➋ válaszfal ➌ fülke, rekesz
**partition** *IGE*
feloszt, szétválaszt, megoszt
**partly** /ˈpɑːtlɪ/ részben
**partner** /ˈpɑːtnə/ ➊ társ(nő), partner, élettárs ➋ üzlettárs, társtulajdonos *sleeping partner* csendestárs ➌ tárgyalópartner
**partnership** /ˈpɑːtnəʃɪp/ ➊ párkapcsolat, partnerkapcsolat ➋ társi szerep, társas viszony ➌ társas vállalkozás, társaság
**part of speech** szófaj
**partridge** /ˈpɑːtrɪdʒ/ *TBSZ* **partridge** /ˈpɑːtrɪdʒ/ VAGY **partridges** fogoly [madár]
**part-time** *MNÉV/HAT.SZÓ* részállású(ként), részmunkaidős(ként)
**parturition** /ˌpɑːtjʊəˈrɪʃən/ vajúdás, szülés
**party** /ˈpɑːtɪ/ *FNÉV*
➊ párt ➋ összejövetel, parti ➌ csapat, brigád, (turista)csoport *search party* keresőosztag ➍ fél, érdekelt, peres/szerződéses fél *the parties* a felek
**party** *IGE*
bulizik, partit rendez, szórakozik
**party line** ➊ osztott (telefon)vonal ➋ pártvonal, a párt irányvonala *follow the party line* követi a párt irányvonalát
**party liner** pártkatona, lojális párttag
**pasha** /ˈpɑːʃə/ pasa, basa
**pass** /pɑːs/ *FNÉV*
➊ elhaladás ➋ igazolvány, engedély, belépő *show/produce ⸗one's⸗ pass* bemutatja az igazolványát ➌ sikeres vizsga, elégséges (osztályzat), megfelelt fokozat ➍ labdaátadás, passz [pl. futballban] ➎ (hegy)szoros, hágó ➏ passz [pl. kártyában]
**pass** *IGE*
➊ (el)halad vmi mellett, továbbhalad, előz [pl. járművet] ➋ áthalad, átmegy vmin ➌ elmegy, eltűnik, odébb áll [pl. vihar, érzelem] ➍ átad, továbbad, passzol [tárgyat, labdát] ➎ múlik, múlat [idő(t)] ➏ átmegy, elfogad, jóváhagy [pl. törvény(t)] ➐ átmegy, átenged [vizsgán/vizsgázót] ➑ passzol [pl. kártyában]
**pass away** meghal, elhuny
**pass by** ➊ *pass smth by* elhalad vmi mellett, figyelmen kívül hagy vmit ➋ *pass smb by* túlhalad vkin, elmegy vki mellett
**pass down** *pass smth down* örökül hagy (akire: *to*)
**pass off** ➊ lezajlik, lefolyik [pl. per] ➋ *pass smth off* elsóz, elsüt
**pass on** ➊ meghal, elhuny ➋ továbbmegy, továbbhalad (ahova: *to*) ➌ *pass smth on* örökül hagy (akire: *to*) ➍ *pass smth/smb on* továbbad, továbbít (ahova: *to*)
**pass out** ➊ elájul ➋ végez [iskolában] ➌ *pass smth out* kiad, kioszt
**pass over** ➊ *pass over smth* átmegy/átsiklik (vmin) ➋ *pass smb over* mellőz vkit [pl. előléptetésnél]
**pass round** ➊ *pass round smth* körbejár/megkerül vmit ➋ terjed, körbejár ➌ *pass smth round* körbead
**pass up** *pass smth up* ➊ lemond vmiről, felad (vmit) ➋ elszalaszt [lehetőséget]
**passable** /ˈpɑːsəbəl/ ➊ elfogadható, tűrhető ➋ járható [pl. út], hajózható [pl. folyó]
**passage** /ˈpæsɪdʒ/ ➊ átjáró, passzázs [épületben] ➋ átkelés, áthaladás *right of passage* áthaladási jog ➌ utazás, átkelés [pl. hajóval] ➍ utazási díj, menetdíj ➎ elfogadás [jogszabályé] ➏ vmi múlása *passage of time* az idő elmúlása ➐ szakasz, rész [pl. könyvben]
**passageway** /ˈpæsɪdʒweɪ/ átjáró, folyosó
**passenger** /ˈpæsɪndʒə/ utas
**passenger train** személyszállító vonat ⓘ *NEM* ~~személyvonat~~
**passer-by** /ˌpɑːsəˈbaɪ/ *TBSZ* **passers-by** járókelő
**passing** /ˈpɑːsɪŋ/ *FNÉV*
➊ elhaladás, elvonulás ➋ elmúlás, halál
**passing** *MNÉV*
➊ elhaladó, elmenő, arra járó ➋ rövid, röpke [pl. gondolat]
**passion** /ˈpæʃən/ ➊ szenvedély, érzelem (aki/ami iránt: *for*) ➋ indulat, düh(kitörés) *get/fly into a passion* dühbe gurul ➌ passió
**passionate** /ˈpæʃənət/ szenvedélyes, heves
**passionless** /ˈpæʃənləs/ szenvtelen
**passive** ➊ tétlen, passzív ➋ szenvedő/passzív [szerkezet] ➌ kamatot nem hozó
**passivity** /pæˈsɪvətɪ/ VAGY **passiveness** /ˈpæsɪvnəs/ tétlenség, passzivitás
**passivize** /ˈpæsɪvaɪz/ passzívvá alakít
**passkey** ➊ kulcs [akinek jár] ➋ tolvajkulcs
**Passover** /ˈpɑːsəʊvə/ pészah, zsidó húsvét
**passport** /ˈpɑːspɔːt/ útlevél
**password** /ˈpɑːswɜːd/ jelszó, kód, password
**past** /pɑːst/ *FNÉV*
➊ a múlt, történelem ➋ előélet, múlt [r.szerint elítélendő] ➌ múlt (idő)
**past** *MNÉV*
➊ (el)múlt, régi ➋ az elmúlt, a mostanáig eltelt *for/over the past week* az elmúlt egy hét során ➌ korábbi, előző ➍ múlt (idejű)
**past** *HAT.SZÓ*
el, mellett(e), tova *go/walk past* elmegy, elhalad
**past** *ELÖLJ.*
➊ túl vmin, vmi után ➋ vmi mellett (el) *they ran past me* elfutottak mellettem ➌ után, túl [időben, korban] *it's half past five* fél hat van

*the bus leaves at ten past* a busz óra tízkor indul ❹ túl [a lehetőségeken] *be past hope* reménytelen (az állapota)

**pasta** /ˈpæstə/ ❶ száraztészta ❷ tésztaétel ⓘ *NEM* ~~paszta~~

**paste** /peɪst/ *FNÉV*
❶ massza ❷ csiriz ❸ pástétom, krém *meat paste* húspástétom ❹ beillesztés [szövegszerk.]

**paste** *IGE*
❶ ragaszt, odaragaszt, kiragaszt ❷ beilleszt [szövegszerk.]

**pastel** /ˈpæstəl/ *FNÉV*
❶ pasztellkréta *draw in pastel* pasztellképet fest ❷ pasztellkép ❸ pasztell szín

**pastel** *MNÉV*
❶ pasztell színű ❷ pasztell (jellegű) [kép]

**pasteurization** /ˌpɑːstʃəraɪˈzeɪʃən/ pasztőrözés

**pasteurize** /ˈpɑːstʃəraɪz/ pasztőröz

**pastille** /ˈpæstəl/ pasztilla

**pastime** /ˈpɑːstaɪm/ időtöltés, szórakozás

**pastor** /ˈpɑːstə/ lelkész, lelkipásztor ⓘ *NEM* ~~pásztor~~ [birkáké/marháké]

**pastoral** /ˈpɑːstərəl/ *FNÉV*
❶ pásztorlevél ❷ pásztorköltemény, pasztorál

**pastoral** *MNÉV*
❶ lelkészi, (lelki)pásztori ❷ pásztori

**past participle** múltidejű participium, harmadik alak

**pastry** /ˈpeɪstrɪ/ ❶ édes tészta ❷ cukrászsütemény *Danish pastry* töltött csiga

**past tense** múlt idő

**pasture** /ˈpɑːstʃə/ legelő

**PA system** hangosítóberendezés

**pat** /pæt/ *FNÉV*
gyengéd ütés, veregetés *give smb a pat* megpaskol

**pat** *MNÉV*
azonnali, készen lévő, prompt

**pat** *HAT.SZÓ*
azonnal, prompt

**pat** *IGE*
(meg)vereget, megpaskol [kézzel / lapos tárggyal] *pat smb on the back* vállát vereget, megdicsér

**patch** /pætʃ/ *FNÉV*
❶ folt, petty [pl. állaton] ❷ folt, toldás [pl. ruhán] ❸ kis darab föld, parcella *cabbage patch* kis káposztaföld ❹ időszak, periódus [r.szerint rossz]

**patch** *IGE*
❶ (meg)foltoz, befoltoz, kijavít ❷ ideiglenesen összekapcsol [elektromosan]

**patch up** *patch smth up* ❶ gyorsan kijavít, összetákol ❷ elsimít [nézeteltérést]

**patchouli** VAGY **patchouly** /pəˈtʃuːlɪ/ VAGY /ˈpætʃʊlɪ/ pacsuli [= szagos indiai növény] olaja ⓘ *NEM* pacsuli [= olcsó kölni]

**patchwork** kis darabokból összeállított dolog [pl. takaró, elmélet]

**patchy** /ˈpætʃɪ/ ❶ foltozott, foltszerű ❷ hiányos [pl. tudás]

**pâté** /ˈpæteɪ/ húspástétom

**pâté de foie gras** /ˌpæteɪ də fwɑː ˈgrɑː/ libamájpástétom

**patent** /ˈpeɪtənt/ *FNÉV*
❶ találmány, szabadalom *take out a patent on smth* szabadalmaztat vmit *patent pending* szabadalmi eljárástól függően ❷ szabadalmi oltalom ⓘ *NEM* ~~patent~~ [= kapocs]

**patent** *MNÉV*
❶ nyilvánvaló, kétségtelen ❷ szabadalmazott ❸ újszerű, különleges ❹ kiváltságot adó *letter patent* kiváltságlevél, pátens

**patent** *IGE*
levéd, szabadalmaztat

**patent attorney** szabadalmi ügyvivő

**patently** /ˈpeɪtəntlɪ/ világosan, nyilvánvalóan

**paternal** /pəˈtɜːnəl/ ❶ apai, atyai ❷ gyámkodó, atyáskodó, paternalisztikus ❸ apai ági

**paternalism** /pəˈtɜːnəlɪzəm/ paternalizmus, gyámkodás, atyáskodás

**paternalistic** /pəˌtɜːnəˈlɪstɪk/ paternalista, gyámkodó

**paternity** /pəˈtɜːnətɪ/ ❶ apaság, apai szerep ❷ apaság, származás

**Paternoster** /ˌpætəˈnɒstə/ Miatyánk

**paternoster** /ˌpætəˈnɒstə/ páternoszter

**path** /pɑːθ/ *TBSZ* **paths** /pɑːðz/ ❶ ösvény, (gyalog)út ❷ útvonal, vmi elérésének az útja *it's the path to success* ez a siker elérésének útja/módja ❸ útvonal, út [pl. viharé] *be in smb's path* vki útjában áll

**pathetic** /pəˈθetɪk/ ❶ szánalmas ❷ szánalomraméltó(an gyenge/rossz) ⓘ *NEM* ~~patetikus~~

**pathfinder** /ˈpɑːθfaɪndə/ *FNÉV* úttörő, útkereső

**pathol.** = pathological; pathology

**pathological** /ˌpæθəˈlɒdʒɪkəl/ beteges, kóros

**pathologist** /pəˈθɒlədʒɪst/ patológus

**pathology** /pəˈθɒlədʒɪ/ patológia

**pathos** /ˈpeɪθɒs/ indulat, hév, pátosz

**pathway** /ˈpɑːθweɪ/ ❶ ösvény, (gyalog)út ❷ vmi elérésének az útja

**patience** /ˈpeɪʃəns/ ❶ türelem *have no patience with smb* nincs türelme vkihez *try smb's patience* próbára teszi vki idegeit ❷ kitartás, türelem ❸ pasziánsz [kártyajáték]

**patient** /ˈpeɪʃənt/ *FNÉV*
páciens, beteg

**patient** *MNÉV*
türelmes

**patio** /ˈpætɪəʊ/ ❶ nyitott belső udvar ❷ ház melletti kövezett kertrész

**patisserie** /pəˈtiːsərɪ/ ❶ finom édesség ❷ finom édességek boltja

**patriarch** /ˈpeɪtrɪɑːk/ pátriárka

**patriarchal** /ˌpeɪtrɪˈɑːkəl/ patriarkális

**patriarchal cross** érseki kereszt

**patriarchy** /ˈpeɪtrɪɑːkɪ/ patriarkátus

P

**patrician** /pəˈtrɪʃən/ *FNÉV/MNÉV* patrícius(i), nemes(i)
**patrimonial** /ˌpætrɪˈməʊnɪəl/ apától öröklött
**patrimony** /ˈpætrɪmənɪ/ apai örökség
**patriot** /ˈpætrɪət/ VAGY /ˈpeɪtrɪət/ *FNÉV* hazafi
**patriotic** /ˌpætrɪˈɒtɪk/ VAGY /ˌpeɪtrɪˈɒtɪk/ hazafias
**patriotism** /ˈpætrɪətɪzəm/ VAGY /ˈpeɪtrɪətɪzəm/ hazafiasság, hazaszeretet
**patrol** /pəˈtrəʊl/ *FNÉV*
❶ járőr ❷ őrjárat, járőrszolgálat *be on patrol* járőrszolgálatban van ❸ *US* rendőrség
**patrol** *IGE*
❶ járőröz, őrjáratot tart ❷ föl–alá jár
**patrol car** járőrkocsi, rendőrautó, „URH"
**patron** /ˈpeɪtrən/ ❶ pártfogó, védnök, patrónus ❷ vendég, látogató, vevő, kuncsaft [r.szerint visszatérő] *patrons only* csak látogatók/vásárlók részére [felirat] ❸ mecénás ❹ művészetpártoló ⓘ *NEM* ~~patron~~ [szifon], *NEM* ~~patron~~ [= sablon/séma], *NEM* ~~patron~~ [tollban]
**patronage** /ˈpætrənɪdʒ/ ❶ pártfogás, védnökség ❷ (állandó) vevőkör ❸ kegyúri magatartás ❹ leereszkedő magatartás
**patroness** /ˌpeɪtrəˈnes/ védnöknő
**patronize** /ˈpætrənaɪz/ ❶ leereszkedő magatartást tanusít vkivel szemben ❷ rendszeresen ügyfele/vásárlója vminek, törzsvendég
**patronizing** /ˈpætrənaɪzɪŋ/ leereszkedő, fölényeskedő [magatartás, modor]
**patron saint** védőszent
**patronymic** /ˌpætrəˈnɪmɪk/ *FNÉV/MNÉV* apai név (-ből képzett) [családnév]
**patter** /ˈpætə/ *FNÉV*
❶ (halk) kopogás/dobogás ❷ halandzsa, (elterelő) gyors szöveg ❸ tolvajnyelv
**patter** *IGE*
❶ gyors léptekkel (el)halad ❷ kopog, dobol ❸ elhadar ❹ fecseg, locsog
**pattern** /ˈpætən/ *FNÉV*
❶ minta, sablon, séma [pl. anyagon] ❷ rendszer, minta, mintázat [pl. eseményeké] ❸ kis darab, minta [pl. szöveté] ❹ szabásminta
**pattern** *IGE*
❶ mintát tesz vmire, mintáz *be patterned with smth* vmivel van mintázva/kirakva ❷ mintát vesz vmiről, megmintáz
**pauper** /ˈpɔːpə/ *FNÉV* szegény, nincstelen
**pauperism** /ˈpɔːpərɪzəm/ nincstelenség
**pause** /pɔːz/ *FNÉV*
❶ szünet, megszakítás, megállás *without a pause* megszakítás nélkül ❷ szünet-gomb, pause-gomb [pl. magnón]
**pause** *IGE*
❶ megáll, (egy kis) szünetet tart ❷ megállít
**pave** /peɪv/ ❶ kikövez, burkol [utat] ❷ előkészít, megágyaz *pave the way for smth* előkészít vmit, vminek útját egyengeti
**pavement** /ˈpeɪvmənt/ ❶ járda ❷ *US* útburkolat, követet ❸ kövezett felület
**pavilion** /pəˈvɪlɪən/ pavilon [pl. kiállítási]
**paving** /ˈpeɪvɪŋ/ ❶ burkolókő ❷ kövezés ❸ kövezett felület, kövezet
**paw** /pɔː/ ❶ mancs [állaté] ❷ pracli, mancs
**pawn** /pɔːn/ *FNÉV*
❶ zálog, biztosíték *be in pawn* el van zálogosítva, zaciban van ❷ vki eszköze/játékszere ❸ politikai játszmában feláldozott ember ❹ gyalog, paraszt [sakkban]
**pawn** *IGE*
❶ elzálogosít, zálog(ház)ba ad, zaciba tesz ❷ kockáztat, kockára tesz
**pawnbroker** zálogkölcsönző (személy)
**pawnshop** /ˈpɔːnʃɒp/ zálogház
**pawpaw** /ˈpɔːpɔː/ papaya
**pay** /peɪ/ *FNÉV*
fizetés, bér
**pay** /peɪ/, **paid** /peɪd/, **paid** /peɪd/ *IGE*
❶ fizet (amiért: *for*) ❷ kifizet vkit/vmit *pay the bill* rendezi/kifizeti a számlát *pay ☺one's☺ dues* kifizeti, ami jár / rendezi a tartozását ❸ kifizetődik *make smth pay* kifizetődővé tesz vmit ❹ hogyan fizet [munka] *my job pays well* jól fizető állásom van
SEGÉDIGESZERŰEN: *pay smb a visit* meglátogat vkit/vmit *pay attention to smb/smth* figyel vkire/vmire
**pay back** ❶ *pay smth back to smb* visszafizet vmit vkinek ❷ *pay smb back* megfizet vmiért, visszaadja a kölcsönt
**pay for** *pay for smth* (meg)lakol, bűnhődik vmiért
**pay in** *pay smth in* befizet
**pay off** ❶ beválik, kifizetődik ❷ *pay smth off* kifizet, kiegyenlít, rendez [pl. adósságot] ❸ *pay smb off* kifizet és elbocsát ❹ *pay smb off* lefizet, megveszteget
**pay out** ❶ *pay smb out* kifizet vkit, megfizeti a tartozását vkinek ❷ *pay smth out* kifizet [r.szerint nagyobb összeget] ❸ *pay smth out* kiereszt, utánaenged [kötelet]
**pay up** kifizeti tartozását [r.szerint késve]
**payable** /ˈpeɪəbəl/ fizetendő, esedékes
**payday** fizetésnap
**payload** ❶ hasznos súly/teher [pl. teherautón] ❷ robbanótöltet mennyisége [rakétán] ❸ felszerelés, anyag [űrhajón]
**payment** /ˈpeɪmənt/ ❶ fizetés, fizetség *down payment* első részlet [amit részletfizetéskor le kell tenni] ❷ kifizetés, befizetés
**payoff** /ˈpeɪɒf/ ❶ elszámolás leszámolás, kifizetés ❷ ellentételezés, jutalom *get a payoff for smth* elnyeri jutalmát ❸ (vég)eredmény, végkifejlet
**pay package** fizetés [prémiumokkal/juttatásokkal együtt]
**pay parking** fizető parkoló
**pay phone** nyilvános telefon
**payroll** bérlista, fizetési jegyzék

**payslip** /ˈpeɪslɪp/ fizetési szalag, elszámolás
**pay television** fizetős/kódolt televízió
**Pb** = lead
**pc** = percent; petty cash; postcard
**pc.** = piece
**PC** = Peace Corps; personal computer; politically correct; political correctness
**pcs.** = pieces
**PD** = per diem; Police Department
**PDA** = personal digital assistant
**PE** = physical education; printer's error
**pea** /piː/ borsó *green peas* zöldborsó
**peace** /piːs/ ❶ béke ❷ közrend ❸ nyugalom, békesség *do smth in peace* nyugalomban tesz vmit *be at peace with smb/smth* meg van békélve vkivel/vmivel
KIFEJEZÉSEKBEN: *be at peace* halott, elhalálozott *rest in peace* nyugodjék békében
**peaceable** /ˈpiːsəbəl/ ❶ békés, nyugodt ❷ békeszerető
**Peace Corps** /ˈpiːs kɔː/ Békeszolgálat
**peaceful** /ˈpiːsfəl/ ❶ békés, csendes, nyugodt ❷ békeszerető
**peacekeeping** békefenntartó *peacekeeping force* békealakulat, békefenntartó erő(k)
**peacemaker** *FNÉV* békéltető, békeszerző
**peacetime** *FNÉV/MNÉV* békeidő(ben történő)
**peach** /piːtʃ/ ❶ őszibarack ❷ őszibarackszín
**peacock** /ˈpiːkɒk/ páva
**peahen** /ˈpiːhen/ pávatyúk
**peak** /piːk/ ❶ (hegy)csúcs, orom ❷ vmi hegye ❸ tetőfok, csúcs ❹ ellenző [sapkán]
**peaky** /ˈpiːkɪ/ hegyes, csúcsos
**peal** /piːl/ *FNÉV*
❶ dörej, zengés *peal of thunder* égzengés *peal of laughter* nagy hahota ❷ harangzúgás
**peal** *IGE*
❶ megkondul [harang] ❷ zeng, dörög ❸ meghúz [harangot]
**peanut** /ˈpiːnʌt/ amerikai mogyoró, földimogyoró
**peanuts** /ˈpiːnʌts/ kis/pimfli összeg
**pear** /peə/ ❶ körte ❷ körtefa
**pearl** /pɜːl/ ❶ gyöngy, gyöngyszem ❷ gyöngyházszín
**pearly** /ˈpɜːlɪ/ ❶ gyöngyszerű ❷ gyöngyszínű ❸ gyöngyökkel díszített
**peasant** /ˈpezənt/ paraszt, földműves
**peasantry** /ˈpezəntrɪ/ ❶ *the peasantry* parasztság ❷ paraszti viselkedés
**peat** /piːt/ tőzeg
**pebble** /ˈpebəl/ ❶ kavics ❷ hegyikristály
**pebbly** /ˈpeblɪ/ kavicsos
**peccable** /ˈpekəbəl/ bűnre hajlamos, gyarló
**peccadillo** /ˌpekəˈdɪləʊ/ apró félrelépés
**peck** /pek/ *FNÉV*
❶ csípés [csőrrel] ❷ gyors puszi
**peck** *IGE*
❶ csíp, csipked [csőrrel] ❷ csipeget, szemelget (amiből: *at*) ❸ megpuszil
**pecker** /ˈpekə/ ❶ kedély *keep {one's} pecker up* nem veszti el a jókedvét *keep your pecker up* fel a fejjel! ❷ harkály
**peckish** /ˈpekɪʃ/ (kissé) éhes
**pectoral** /ˈpektərəl/ *FNÉV*
❶ melldísz ❷ mellkereszt ❸ mellizom ❹ melluszony
**pectoral** *MNÉV*
❶ mellső, mellen lévő, mell- ❷ mellen viselt
**peculiar** /pɪˈkjuːlɪə/ ❶ különös, furcsa ❷ sajátos, egyedi (akire/amire jellemző: *to*) ❸ különc ❹ beteg, furcsa
**peculiarity** /pɪˌkjuːlɪˈærətɪ/ ❶ vmi különös/furcsa jellege/volta ❷ sajátosság, egyedi jellemző ❸ különcség
**peculiarly** /pɪˈkjuːlɪəlɪ/ ❶ különösen, különösképpen ❷ furcsán [pl. viselkedik] ❸ rendkívüli módon, nagyon
**pecuniary** /pɪˈkjuːnɪərɪ/ pénzügyi, anyagi
**pedagogic** /ˌpedəˈgɒdʒɪk/ VAGY **pedagogical** /ˌpedəˈgɒdʒɪkəl/ ❶ pedagógiai ❷ pedagógusi
**pedagogue** /ˈpedəgɒg/ vaskalapos/szőrszálhasogató tanár ⓘ *NEM* ~~pedagógus~~
**pedagogy** /ˈpedəgɒdʒɪ/ neveléstudomány
**pedal** /ˈpedəl/ *FNÉV*
pedál [pl. biciklié, autóé]
**pedal** *IGE*
❶ tapossa a pedált ❷ biciklizik ⓘ *NEM* ~~pedálozik~~ [= igyekszik bevágódni]
**pedal bin** pedálos szemétláda
**pedal boat** VAGY **pedalo** /ˈpedələʊ/ vízibicikli
**pedantic** /pɪˈdæntɪk/ (túl) pedáns
**pedantry** /ˈpedəntrɪ/ ❶ tudálékosság ❷ pedantéria ❸ kicsinyesség
**peddle** /ˈpedəl/ ❶ házal ❷ elterjeszt [pletykát], házal vmivel ❸ árusít [kábítószert]
**peddler** VAGY **pedler** VAGY **pedlar** /ˈpedlə/ ❶ vándor árus ❷ terjesztő [pl. pletykáké] ❸ kábítószerárus
**pedestal** /ˈpedɪstəl/ talapzat, piedesztál [pl. szoboré]
**pedestrian** /pəˈdestrɪən/ *FNÉV*
gyalogos
**pedestrian** *MNÉV*
❶ gyalogos, gyalog- ❷ szürke, unalmas
**pediatrician** /ˌpiːdɪəˈtrɪʃən/ gyermekorvos
**pediatrics** /ˌpiːdɪˈætrɪks/ gyermekgyógyászat
**pedicure** /ˈpedɪkjʊə/ pedikűr, lábápolás
**pedigree** /ˈpedɪgriː/ *FNÉV*
❶ családfa, pedigré ❷ eredet, származás
**pedigree** *MNÉV*
pedigrés, pedigrével rendelkező [pl. kutya]
**pedophile** /ˈpiːdəʊfaɪl/ *FNÉV* pedofil
**pedophilia** /ˌpiːdəʊˈfɪlɪə/ pedofília
**pedophiliac** /ˌpiːdəʊˈfɪlɪæk/ *FNÉV/MNÉV* pedofil
**pee** /piː/ *FNÉV*
❶ pisilés *have a pee* pisilni megy ❷ pisi
**pee** *IGE*
pisil

**peek** /piːk/ kukucskál, leskelődik

**peel** /piːl/ *FNÉV*
❶ héj [pl. gyümölcsé] ❷ péklapát

**peel** *IGE*
❶ (meg)hámoz ❷ levet, leveszi a burkolatot vmiről ❸ levetkőzik ❹ (le)hámlik [bőr] ❺ leválik, lepattogzik [pl. vakolat]
**peel off** ❶ lehámlik ❷ leválik

**peeler** /ˈpiːlə/ ❶ hámozókés ❷ rendőr

**peelings** /ˈpiːlɪŋz/ héj, hulladék, nyesedék

**peep** /piːp/ *FNÉV*
kukucskálás *take a peep at smth* rápillant vmire

**peep** *IGE*
❶ kukucskál, les [r.szerint titkokban] (akit/amit: *at*) ❷ lassan megjelenik, kidugja a fejét [pl. virág] ❸ kikandikál, kilóg

**peephole** kémlelőnyílás

**peep show** peep-show

**peer** /pɪə/ *FNÉV*
❶ főnemes, főrend *life peer* nem öröklődő rangú brit főrend ❷ egyenrangú ember, társ

**peer** *IGE*
mereven néz, bámul (amit: *at*)

**peerage** /ˈpɪərɪdʒ/ ❶ főnemesség, főrendi rang *be raised to the peerage* főnemesi rangot kap ❷ főnemesi évkönyv

**peeress** /ˌpɪəˈres/ ❶ főrangú nő ❷ főrend felesége

**peerless** /ˈpɪələs/ páratlan, egyedülálló

**peeve** /piːv/ *FNÉV*
idegesítő/bosszantó dolog, bosszúság(forrás)

**peeve** *IGE*
idegesít, bosszant

**peevish** /ˈpiːvɪʃ/ nyűgös, ingerlékeny

**peg** /peg/ *FNÉV*
❶ pöcök, kampó, cövek [pl. ruhának, sátoré] ❷ csap, ék [pl. hegymászásnál] ❸ (ruha)csipesz *buy smth off the peg* készen vesz [ruhát] ❹ kulcs, húrfeszítő [húros hangszeré]

**peg** *IGE*
❶ faszeggel megakaszt, kiékel, rögzít ❷ odacsipeszel, kicsipeszel [ruhát száradni] ❸ rögzít, vmihez köt [pl. árat, árfolyamot]
**peg down** ❶ lecövekel ❷ *peg smb down to smth* vmi melletti állásfoglalásra késztet
**peg out** ❶ kicövekel, kijelöl [területet] ❷ kinyiffan ❸ krokettjátékban nyer

**pejoration** /ˌpiːdʒəˈreɪʃən/ rosszalló/elítélő/pejoratív értelművé válás

**pejorative** /pɪˈdʒɒrətɪv/ elítélő, pejoratív

**pekinese** /ˌpiːkɪˈniːz/ VAGY **pekingese** /ˌpiːkɪŋˈiːz/ ❶ pekingi pincsi ❷ pekingi nyelvjárás

**pelerine** /ˈpeləriːn/ körgallér, pelerin

**pelican** /ˈpelɪkən/ pelikán, gödény

**pelican crossing** (gyalogos által vezérelt) lámpás gyalogátkelőhely

**pellet** /ˈpelɪt/ *FNÉV*
❶ galacsin, kicsi golyó ❷ sörét

**pellet** *IGE*
megdobál, megszór [pl. galacsinnal]

**pelt** /pelt/ *FNÉV*
❶ irha [lenyúzott állaté] ❷ nyersbőr [lenyúzott állaté] ❸ szőr [élő állaté]

**pelt** *IGE*
❶ (meg)hajigál, eláraszt (amivel: *with*) *pelt smb with questions* eláraszt vkit kérdésekkel ❷ zuhog [eső] *it's pelting with rain* zuhog az eső ❸ *pelt (along)* fut, rohan

**pelvic** /ˈpelvɪk/ medence- [gerincesben]

**pelvis** /ˈpelvɪs/ medence [gerincesé]

**pen** /pen/ *FNÉV*
❶ toll [íróeszköz] ❷ stílus [írásé] ❸ *the pen* toll, írás ❹ ketrec, karám ❺ járóka ❻ börtön

**pen** *IGE*
❶ (meg)ír ❷ **pen** /pen/, **pent** /pent/ VAGY **penned**, **pent** /pent/ VAGY **penned** *pen smth/smb (up/in)* bekerít, karámba zár, bezár, elrekeszt [állatot, embert] *be pent up* be van zárva/rekesztve

**penal** /ˈpiːnəl/ ❶ büntető(jogi) ❷ büntethető, büntetendő ❸ rendkívül súlyos/kemény [pl. adóteher]

**penalize** /ˈpiːnəlaɪz/ ❶ (meg)büntet, büntetéssel sújt ❷ ellene ítél [sportban]

**penalty** /ˈpenəltɪ/ ❶ büntetés, elítélés ❷ bírság, kötbér [pl. szerződéses kitétel] ❸ hátrány ❹ hibapont [sportban] ❺ büntetés [pl. kiállítás, sportban] ❻ büntetőrúgás, büntetődobás

**pence** ☞penny

**penchant** /ˈpɒnʃɒn/ (erős) hajlam, (túlzott) vonzalom (ami iránt: *for*)

**pencil** /ˈpensəl/ *FNÉV*
❶ ceruza *write in pencil* ceruzával ír ❷ keskeny fénynyaláb ❸ stílus [rajzé]

**pencil** *IGE*
ceruzával rajzol/ír/jelöl

**pendant** /ˈpendənt/ ❶ függő, lógó, medál [r.szerint nyakláncon] ❷ csillár ❸ lelógó díszítés [pl. plafonról, tetőről] ❹ vminek párja/kiegészítője/pandantja

**pendent** /ˈpendənt/ ❶ függő, lógó, felfüggesztett [pl. lámpa] ❷ kinyúló, kiálló [pl. szikla] ❸ függőben levő

**pending** /ˈpendɪŋ/ *MNÉV*
❶ a függőben levő, el nem döntött ❷ rövidesen bekövetkező

**pending** *ELÖLJ.*
❶ amíg (valami be nem következik) *pending smb's return* visszajöveteléig ❷ vmitől függően *pending the negotiations a* tárgyalások kimenetelétől függően

**pendulous** /ˈpendjʊləs/ ❶ lelógó ❷ lengő, ingó

**pendulum** /ˈpendjʊləm/ ❶ inga ❷ ide–oda változó / ingadozó dolog *the pendulum of public opinion* a közvélemény ingadozása

**penetrable** /ˈpenətrəbəl/ áthatolható, átjárható

**penetrate** /ˈpenətreɪt/ ❶ behatol, benyomul, áthatol (amibe/amin át: *into/through*) ❷ áthat, átjár [pl. szag]

**penetrating** /ˈpenətreɪtɪŋ/ ❶ (mindent) átható [pl. nedvesség] ❷ metsző, éles [pl. fájdalom, hang] ❸ éles [elme]
**penetration** /ˌpenəˈtreɪʃən/ ❶ behatolás, benyomulás *market penetration* piaci részesedés (szerzése) ❷ éleslátás, éleselméjűség
**pen friend** levelezőtárs
**penguin** /ˈpeŋgwɪn/ pingvin
**penicillin** /ˌpenəˈsɪlɪn/ penicillin
**peninsula** /pəˈnɪnsjulə/ félsziget
**penis** /ˈpiːnɪs/ hímvessző, pénisz
**penitence** /ˈpenɪtənt/ bűnbánat, vezeklés
**penitentiary** /ˌpenɪˈtenʃərɪ/ ❶ gyóntató pap ❷ fegyház, fegyintézet
**penknife** *TBSZ* **penknives** zsebkés, bicska
**penman** /ˈpenmən/ *TBSZ* **penmen** /ˈpenmən/ ❶ író, szerző
**Penn.** = Pennsylvania
**pen name** írói álnév
**penniless** /ˈpenɪləs/ nincstelen, szegény
**penny** /ˈpenɪ/ ❶ *TBSZ* **pence** penny [összeg] *two pounds (and) thirty pence, please* két font harminc lesz ❷ *TBSZ* **pennies** /ˈpenɪz/ penny, egypennys (pénzérme) [1971-ig] ❸ egycentes [USA-ban, Kanadában]
KIFEJEZÉSEKBEN: *a penny for your thoughts* mi jár a fejedben? / mondd el, amit gondolsz [tréfás felszólítás] *the penny (has) dropped* leesett a tantusz
**penny-farthing** velocipéd
**penny whistle** síp, furulya [hatlyukú, fém]
**pen pal** levelezőtárs
**pension** /ˈpenʃən/ *FNÉV*
❶ nyugdíj *retire on pension* nyugdíjba megy ❷ panzió, penzió
**pension** *IGE*
nyugdíjban részesít
**pension off** *pension smb off* ❶ nyugdíjaz, nyugdíjba küld ❷ *pension smth off* megszabadul vmitől [pl. öreg bútortól]
**pensionable** /ˈpenʃənəbəl/ ❶ nyugdíjra jogosító [pl. jövedelem, kor] *be of pensionable age* eléri a nyugdíjkorhatárt ❷ nyugdíjjogosult ❸ nyugdíjazható
**pensionary** /ˈpenʃənərɪ/ *FNÉV/MNÉV* nyugdíjas
**pensioner** /ˈpenʃənə/ *FNÉV* nyugdíjas
**pension fund** nyugdíjbiztosítási alap, nyugdíjpénztár
**pension plan** nyugdíjbiztosítás(i rendszer)
**pension scheme** nyugdíjpénztár(i rendszer)
**pensive** /ˈpensɪv/ elgondolkodó, töprengő
**pent** ☞pen
**pentagon** /ˈpentəgən/ ötszög
**pentagonal** /penˈtægənəl/ ötszögű
**pentameter** /penˈtæmɪtə/ pentameter
**pentathlete** /penˈtæθliːt/ öttusázó
**pentathlon** /penˈtæθlən/ öttusa
**pentatonic** /ˌpentəˈtɒnɪk/ pentaton *pentatonic scale* pentaton/ötfokú hangsor
**Pentecost** /ˈpentɪkɒst/ pünkösd
**penthouse** /ˈpenthaus/ *TBSZ* **penthouses** /ˈpenthauzɪz/ ❶ ráépített szoba/lakás, tetőteraszlakás ❷ toldaléképület
**penthouse suite** szálloda drága tető alatti lakosztálya
**pent roof** félnyeregtető [házon]
**penultimate** /pəˈnʌltɪmət/ utolsó előtti
**penurious** /pəˈnjuərɪəs/ ❶ fösvény ❷ szegényes, silány ❸ terméketlen, sovány [pl. talaj]
**penury** /ˈpenjərɪ/ szegénység, ínség
**peony** /ˈpiːənɪ/ bazsarózsa
**people** /ˈpiːpəl/ *FNÉV*
❶ nép *the peoples of Asia* Ázsia népei *a hardworking people* szorgalmas nép ❷ emberek *how many people were there?* hányan voltak ott? *the company employs 300 people* a cég 300 főt foglalkoztat ❸ az emberek [általában] *what will people say?* mit fognak szólni hozzá (az emberek)? ❹ nép(esség), lakosság, a köz ❺ rokonok, család *my people* az enyéim ❻ cég *delivery people* házhozszállító cég
**people** *IGE*
❶ lakik, benépesít *be peopled by smb* vkikkel be van népesítve ❷ tele van (akivel: *with*) *this place is peopled with fools* ez a hely hülyékkel van tele
**people's republic** népköztársaság
**pep** /pep/ *FNÉV*
energia, élet, rámenősség *put some pep into smth* egy kis élettel tölt meg vmit
**pep** *IGE*
**pep up** *pep smth/smb up* felélénkít, feldob
**pepper** /ˈpepə/ ❶ bors ❷ paprika [növény, őrlemény]
**peppermill** VAGY **pepper grinder** borsdaráló
**peppermint** ❶ borsmenta (íz) ❷ mentacukorka
**pepper pot** VAGY **pepper shaker** borsszóró
**pepperoni** /ˌpepəˈrəunɪ/ pepperoni, fűszeres szalámi ⓘ *NEM* ~~peperóni~~ [paprika]
**peppery** /ˈpepərɪ/ ❶ borsos (ízű) ❷ ingerlékeny, lobbanékony
**pepsin** /ˈpepsɪn/ pepszin
**peptic** /ˈpeptɪk/ emésztési
**peptic ulcer** gyomorfekély
**per.** = period; person
**per** /pɜː/ ❶ -ként *per head* fejenként ❷ *as per* szerint, alapján
**perambulator** /pəˈræmbjuleɪtə/ [nagy/hagyományos] gyermekkocsi
**per annum** /pər ˈænəm/ évenként
**per capita** /pəˈkæpɪtə/ *MNÉV/HAT.SZÓ* fejenként (-i), egy főre eső
**perceive** /pəˈsiːv/ ❶ meglát, észlel ❷ felfog, megért
**per cent** VAGY **percent** /pəˈsent/ *TBSZ* **per cent** százalék
**percentage** /pəˈsentɪdʒ/ ❶ százalék(arány) *in percentage terms* százalékosan/százalékban kifejezve ❷ részesedés, százalék

P

**percentage point** százalékpont
**perceptible** /pəˈseptəbəl/ érezhető, érzékelhető
**perception** /pəˈsepʃən/ ❶ érzékelés, észlelés, ❷ felfogóképesség *a person of perception* jó felfogóképességű / intelligens ember
**perceptive** /pəˈseptɪv/ ❶ jó/éles ítélőképességű/ felfogóképességű [ember] ❷ jó felfogóképességről tanúskodó [pl. megjegyzés]
**perceptual** /pəˈseptʃuəl/ érzékelés(beli)i, észlelés(bel)i
**perch** /pɜːtʃ/ *FNÉV*
❶ ág, (ülő)rúd [madaraknak] ❷ jó/magas elhelyezkedés [épületé/emberé] ❸ hosszmérték [= kb. 5 méter] ❹ *TBSZ* **perches** VAGY **perch** sügér
**perch** *IGE*
❶ leszáll [madár] (amire: *on*) ❷ letelepszik, leül [pl. székre] (amire: *on*) ❸ vhol elterül, található, ráépül *the house perched on the hilltop* a ház a hegytetőre épült
**perchance** /pəˈtʃɑːns/ ❶ netalán, netántán ❷ véletlenül
**percolate** /ˈpɜːkəleɪt/ ❶ átszűrődik, átszivárog ❷ kicsepeg, kijön [kávé kávéfőzőből] ❸ kávét főz [kávéfőzőn] ⓘ *NEM* ~~pörköl~~
**percolation** /ˌpɜːkəˈleɪʃən/ ❶ átszűrődés, átszivárgás ❷ kávéfőzés ⓘ *NEM* ~~pörkölés~~
**percolator** /ˈpɜːkəleɪtə/ ❶ folyadékszűrő ❷ kávéfőző ⓘ *NEM* ~~pörkölő~~
**percussion** /pəˈkʌʃən/ ❶ (össze)ütés ❷ ütőhangszer ❸ kopogtatás [orvosi]
**percussion drill** ütvefúrógép
**percussion instrument** ütőhangszer
**percussionist** /pəˈkʌʃənɪst/ ütős (zenész)
**per diem** /pəˈdiːem/ napidíj
**peremptory** /pəˈremptərɪ/ ❶ sürgető, parancsoló, ellentmondást nem tűrő [pl. ember, hang] ❷ önkényes
**perestroika** /ˌperəˈstrɔɪkə/ peresztrojka
**perf.** = perfect; performance
**perfect** /ˈpɜːfɪkt/ *MNÉV*
❶ tökéletes, kifogástalan, hibátlan ❷ tökéletesen megfelelő (aminek/akinek: *for*) ❸ hiánytalan, teljes ❹ teljes, abszolút *be a perfect stranger* teljesen idegen [vhol] ❺ befejezett, perfekt(ív) [nyelvtanilag]
**perfect** /pəˈfekt/ *IGE*
❶ tökéletesít ❷ bevégez, befejez
**perfection** /pəˈfekʃən/ ❶ tökéletesség, tökély *do smth to perfection* tökélyre visz vmit ❷ tökéletesítés *bring smth to perfection* tökéletesít
**perfectionist** /pəˈfekʃənɪst/ maximalista
**perfectly** /ˈpɜːfɪktlɪ/ teljesen, tökéletesen
**perfidious** /pəˈfɪdɪəs/ álnok, áruló
**perfidy** /ˈpɜːfɪdɪ/ VAGY **perfidiousness** /pəˈfɪdɪəsnəs/ álnokság, árulás
**perforate** /ˈpɜːfəreɪt/ ❶ átlyukaszt, kilyukaszt ❷ kilyuggat, fogaz, perforál [pl. papírt]
**perforation** /ˌpɜːfəˈreɪʃən/ ❶ átlyukasztás, kilyukasztás ❷ átfúródás, perforáció ❸ fogazás, perforáció [pl. bélyegen]
**perform** /pəˈfɔːm/ ❶ megtesz, véghezvisz ❷ végrehajt, teljesít, (el)végez ❸ előad [pl. színművet] ❹ játszik, szerepel ❺ vmilyen teljesítményt nyújt *my car performs well* az autóm jól működik
**performance** /pəˈfɔːməns/ ❶ előadás [műé] ❷ eljátszás [szerepé] ❸ véghezvitel, teljesítés ❹ teljesítmény ❺ dolog, teljesítmény ❻ nyelvhasználat, performancia
**performer** /pəˈfɔːmə/ ❶ (előadó)művész ❷ szereplő
**performing arts** előadóművészet
**perfume** /ˈpɜːfjuːm/ ❶ illat, szag ❷ illatszer, parfüm
**perfumery** /pəˈfjuːmərɪ/ ❶ drogéria ❷ illatszergyár ❸ ↳ *NEM MEGSZÁML* illatszerek
**pergola** /ˈpɜːgələ/ pergola, [nyitott] lugas
**perhaps** /pəˈhæps/ talán, tán, esetleg
**per head** VAGY **per capita** fejenként
**pericardium** /ˌperɪˈkɑːdɪəm/ *TBSZ* **pericardia** /ˌperɪˈkɑːdɪə/ szívburok, perikardium
**peril** /ˈperəl/ veszély, kockázat *at ≈one's≈ peril* saját felelősségére/kockázatára
**perilous** /ˈperələs/ veszélyes, kockázatos
**perimeter** /pəˈrɪmətə/ ❶ területhatár [pl. tábor körül] ❷ kerület [geometriai]
**perinatal** /ˌperɪˈneɪtəl/ születés körüli, perinatális
**period** /ˈpɪərɪəd/ *FNÉV*
❶ (idő)tartam, (idő)szak ❷ kor(szak), periódus ❸ fázis, ciklus, periódus ❹ körmondat ❺ *US* pont [írásjel] ❻ menstruáció ❼ szakasz [mértanban] ❽ *US* (tan)óra ❾ periódusos sor [kémiai]
**period** *MNÉV*
❶ korabeli, korhű [pl. jelmez] ❷ történelmi, antik
**period** *IND.SZÓ*
*(MONDAT)* és kész! *I'm not going, period* nem megyek és kész!
**periodic** /ˌpɪərɪˈɒdɪk/ ❶ időszaki, időszakos, periodikus ❷ ismétlődő, visszatérő
**periodical** /ˌpɪərɪˈɒdɪkəl/ *FNÉV*
folyóirat, periodika
**periodical** *MNÉV*
időszaki, időnkénti, periodikus
**periodic table** (az elemek) periódusos rendszer(e)
**peripheral** VAGY **peripheric** ❶ külső, periferikus ❷ nem kulcsfontosságú, mellékes
**periphery** /pəˈrɪfərɪ/ ❶ külső szél ❷ külterület, periféria
**periphrasis** /pəˈrɪfrəsɪs/ *TBSZ* **periphrases** /pəˈrɪfrəsiːz/ ❶ körülírás, perifrázis ❷ a „do" segédigével történő mondatszerkesztés
**periscope** /ˈperɪskəup/ periszkóp
**perish** /ˈperɪʃ/ ❶ elpusztul, elvész ❷ lebomlik, elpusztul [anyag] ❸ elpusztít, tönkretesz [anyagot]
**perishable** /ˈperɪʃəbəl/ romlandó

**perjure** /ˈpɜːdʒə/ *perjure ◊oneself◊* hamisan esküszik, hamis esküt tesz
**perjurer** /ˈpɜːdʒərə/ hamis esküt tevő ember
**perjury** /ˈpɜːdʒərɪ/ hamis eskü/tanúskodás
**perk** /pɜːk/ nem pénzjellegű juttatás [fizetésen felül]
**perlite** /ˈpɜːlaɪt/ perlit
**perm** /pɜːm/ FNÉV
dauer, tartóshullám
**perm** IGE
❶ dauerol, daueroz ❷ daueroltat, daueroztat
**permanency** /ˈpɜːmənənsɪ/ ❶ tartósság, állandóság ❷ állandó dolog ❸ állandó ember
**permanent** /ˈpɜːmənənt/ állandó, tartós
**permanent secretary** közigazgatási államtitkár
**permeable** /ˈpɜːmɪəbəl/ átjárható, áteresztőképes
**permeate** /ˈpɜːmɪeɪt/ ❶ keresztülhatol, áthatol (amin: *through*) ❷ behatol (amibe: *into*) ❸ átjár, beleng, áthat
**permeation** /ˌpɜːmɪˈeɪʃən/ ❶ áthatolás ❷ behatolás ❸ átjárás, szétterjedés
**permissible** /pəˈmɪsəbəl/ megengedhető
**permission** /pəˈmɪʃən/ NEM MEGSZÁML ❶ engedély ❷ beleegyezés, hozzájárulás
**permissive** /pəˈmɪsɪv/ ❶ megengedő ❷ engedékeny *permissive society* elnéző / mindent megengedő társadalom
**permit** /ˈpɜːmɪt/ FNÉV
engedély *work permit* munkavállalási engedély
**permit** /pəˈmɪt/ IGE
❶ (meg)enged, engedélyez ❷ (be)enged *dogs are not permitted on the premises* kutyát behozni tilos ❸ lehetővé tesz, megenged *weather permitting* ha az idő megengedi
**permutation** /ˌpɜːmjʊˈteɪʃən/ sorrendváltoztatás, felcserélés, permutáció
**permute** /pəˈmjuːt/ felcserél, permutál
**peroxide** /pəˈrɒksaɪd/ hidrogénperoxid
**perpendicular** /ˌpɜːpənˈdɪkjʊlə/ FNÉV
❶ függőleges/merőleges vonal/sík *out of the perpendicular* nem függőleges ❷ mérőón
**perpendicular** MNÉV
függőleges, merőleges
**perpetrate** /ˈpɜːpətreɪt/ ❶ elkövet [bűnt] ❷ űz [tréfát] ❸ alkot, elkövet
**perpetration** /ˌpɜːpəˈtreɪʃən/ elkövetés
**perpetrator** /ˈpɜːpətreɪtə/ elkövető
**perpetual** /pəˈpetʃʊəl/ ❶ örök(ké tartó) ❷ örökös, állandó, szakadatlan
**perpetuum mobile** /pəˌpetʃʊəm ˈməʊbaɪl/ örökmozgó
**perpetuate** /pəˈpetʃʊeɪt/ állandósít, állandóvá tesz
**perpetuation** /pəˌpetʃʊˈeɪʃən/ állandósítás
**perpetuity** /ˌpɜːpəˈtjuːətɪ/ ❶ folytonosság ❷ elidegeníthetetlenség ❸ életjáradék
**perplex** /pəˈpleks/ ❶ zavarba hoz, összezavar ❷ komplikál, bonyolulttá tesz
**perplexity** /pəˈpleksətɪ/ zavar(odottság), értetlenség, tanácstalanság
**per pro, pp.** /ˌpɜː ˈprəʊ/ megbízásából, helyett [levél aláírásában]
**perquisite** /ˈpɜːkwɪzɪt/ nem pénzjellegű juttatás [fizetésen felül]
**persecute** /ˈpɜːsəkjuːt/ ❶ üldöz ❷ zaklat, gyötör
**persecution** /ˌpɜːsəˈkjuːʃən/ ❶ üldözés ❷ zaklatás
**perseverance** /ˌpɜːsəˈvɪərəns/ állhatatosság, kitartás
**persevere** /ˌpɜːsəˈvɪə/ kitart vmi mellett, kitartóan végez (ami mellett/amit: *at/in/with*)
**persevering** /ˌpɜːsəˈvɪərɪŋ/ állhatatos, kitartó
**Persian** /ˈpɜːʃən/ FNÉV/MNÉV ❶ perzsa/iráni (ember) ❷ perzsa (nyelv)
**persiflage** /ˈpɜːsɪflɑːʒ/ ❶ kigúnyolás, csipkelődés ❷ persziflázs
**persist** /pəˈsɪst/ ❶ kitart vmi mellett, állhatatos vmiben (ami mellett/amiben: *in/with*) ❷ folytatódik, megmarad [pl. vmilyen időjárás]
**persistence** /pəˈsɪstəns/ VAGY **persistency** /pəˈsɪstənsɪ/ ❶ kitartás, szívósság ❷ konokság, makacsság [pl. köhögésé]
**persistent** /pəˈsɪstənt/ ❶ állhatatos, kitartó ❷ folytatódó, ismétlődő ❸ konok, makacs
**person** /ˈpɜːsən/ ❶ TBSZ **people** ember *Phil is a difficult person* Phil nehéz ember *they're all difficult people* mind nehéz ember ❷ TBSZ **persons** egyén, ember, személy *in person* személyesen ❸ személy [nyelvtani] *3rd person singular* egyes szám harmadik személy
**personal** ❶ személyes, személyhez kötődő/tartozó [pl. vélemény, testőr] ❷ egyéni, személyes, saját [pl. érdek] ❸ magánjellegű, személyes(kedő) ❹ személy-, személyi, testi [pl. higiénia] ❺ magán(jellegű) [pl. levél]
**personal assistant, PA** személyi titkár(nő)
**personal computer, PC** személyi számítógép
**personal digital assistant, PDA** menedzserkalkulátor, kis számítógép
**personal identification number, PIN** személyi azonosítószám
**personal income tax** személyi jövedelemadó
**personality** /ˌpɜːsəˈnælətɪ/ ❶ személyiség, egyéniség ❷ ismert személyiség, közszereplő
**personalize** /ˈpɜːsənəlaɪz/ ❶ egyénivé tesz [pl. monogrammal ellát] ❷ személyes síkra terel
**personally** /ˈpɜːsənəlɪ/ ❶ személy szerint, személyesen ❷ vki részéről, ami vkit illet *personally I believe that* {MONDAT} személy szerint azt gondolom, hogy {MONDAT} ❸ emberileg, emberi tulajdonságait illetően, mint ember ❹ személyes sértésként véve *take smth personally* magára vesz vmit ❺ egymás között, kettesben, személyesen
**personal organizer** ❶ menedzserkalkulátor ❷ határidőnapló [r.szerint gyűrűs], filofax
**personal pronoun** személyes névmás
**personate** /ˈpɜːsəneɪt/ ❶ megszemélyesít, eljátszik [szerepet] ❷ kiadja magát vkinek/ vminek [megtévesztésből]

P

**personation** /ˌpɜːsəˈneɪʃən/ ❶ alakítás, megszemélyesítés ❷ névbitorlás
**personification** /pəˌsɒnɪfɪˈkeɪʃən/ ❶ megszemélyesítés ❷ megtestesülés
**personify** /pəˈsɒnɪfaɪ/ ❶ megszemélyesít ❷ megtestesít
**personnel** /ˌpɜːsəˈnel/ személyzet, alkalmazottak
**personnel management** személyügyi vezetés
**personnel manager** személyügyi vezető, személyzetis
**perspective** /pəˈspektɪv/ ❶ térszerű ábrázolás, perspektíva ❷ távlat, perspektíva *look at smth in its perspective* perspektívájában tekint vmire ❸ látvány ⓘ *NEM* ~~perspektíva~~ [= lehetőség]
**perspiration** /ˌpɜːspəˈreɪʃən/ ❶ izzadás ❷ izzadság, veríték
**perspire** /pəˈspaɪə/ izzad, verejtékezik
**persuade** /pəˈsweɪd/ ❶ rábeszél (amire: *into*) ❷ lebeszél (amiről: *out of*) ❸ meggyőz *be persuaded of smth* meg van győződve vmiről
**persuasion** /pəˈsweɪʒən/ ❶ rábeszélés, meggyőzés ❷ meggyőződés, erős vélemény ❸ hit, meggyőződés [pl. vallási, politikai]
**persuasive** /pəˈsweɪsɪv/ ❶ meggyőző [pl. érv] ❷ meggyőzőerővel rendelkező
**pert** /pɜːt/ ❶ szemtelen, pökhendi ❷ hetyke, vidám [pl. ruhadarab]
**pertain** /pəˈteɪn/ ❶ tartozik (ahová: *to*) ❷ vonatkozik (amire: *to*)
**pertinence** /ˈpɜːtɪnəns/ odaillés, vhova tartozás
**pertinent** /ˈpɜːtɪnənt/ odaillő, helyénvaló, vhova tartozó
**perturb** /pəˈtɜːb/ (meg)zavar, nyugtalanít
**perturbation** /ˌpɜːtəˈbeɪʃən/ zavar, izgalom, zavarodottság
**pertussis** /pəˈtʌsɪs/ szamárköhögés
**perusal** /pəˈruːzəl/ (gondos) átolvasás/megvizsgálás
**peruse** /pəˈruːz/ gondosan elolvas/átolvas
**pervade** /pəˈveɪd/ áthat, átjár
**pervasive** /pəˈveɪsɪv/ mindent átható, mindenre kiterjedő
**perverse** /pəˈvɜːs/ ❶ természetellenes ❷ perverz ❸ önfejű
**perversion** /pəˈvɜːʃən/ ❶ elferdítés [pl. tényeké] ❷ eltévelyedés, perverzió
**perversity** /pəˈvɜːsətɪ/ VAGY **perverseness** /pəˈvɜːsnəs/ ❶ természetellenesség ❷ perverzitás, perverz cselekmény ❸ önfejűség
**pervert** /ˈpɜːvɜːt/ *FNÉV*
szatír, perverz, cukrosbácsi
**pervert** /pəˈvɜːt/ *IGE*
❶ megront, rossz irányban befolyásol [r.szerint szexualitásról szóló gondolkodást] ❷ elferdít, eltorzít [pl. tényeket]
**Pesach** /ˈpeɪsɑːk/ pészach, zsidó húsvét
**pessary** /ˈpesərɪ/ pesszárium
**pessimism** /ˈpesəmɪzəm/ borúlátás, pesszimizmus
**pessimist** /ˈpesəmɪst/ pesszimista ember
**pessimistic** /ˌpesəˈmɪstɪk/ borúlátó, pesszimista
**pest** /pest/ ❶ kártevő [állat] ❷ idegesítő ember, istencsapása ⓘ *NEM* ~~pestis~~
**pester** /ˈpestə/ zaklat, háborgat
**pesticide** /ˈpestɪsaɪd/ rovarirtó (szer)
**pet** /pet/ *FNÉV*
❶ kisállat ❷ dédelgetett kis háziállat ❸ kedvence vkinek [r.szerint túlzottan] ❹ vki játékszere [ember]
**pet** *IGE*
❶ dédelget, cirógat ❷ csókolgat, szexuális játékot játszik, pettingel
**petal** /ˈpetəl/ szirom [virágé]
**petalous** /ˈpetələs/ szirmos
**petard** /peˈtɑːd/ petárda
**peter** /ˈpiːtə/
**peter out** fokozatosan/lassan elfogy/elmúlik/megszűnik
**petition** /pəˈtɪʃən/ *FNÉV*
❶ (engedély)kérelem, kérvény ❷ beadvány, folyamodvány, petíció ❸ kereset [bírósági]
**petition** *IGE*
❶ kér(elmez), kérvényt benyújt (amiért: *for*) ❷ kérelemmel fordul *petition smb to do smth* kérelemmel fordul vkihez vmiért
**petitioner** /pəˈtɪʃənə/ ❶ kérvényező ❷ felperes [válóperben]
**petrel** /ˈpetrəl/ *(storm) petrel* viharmadár
**petrify** /ˈpetrɪfaɪ/ ❶ kővé mered, megdöbben ❷ megkövesedik, megkövül ❸ megdermeszt, megdöbbent ❹ megkövesít, elkövesít
**petrochemical** /ˌpetrəʊˈkemɪkəl/ petrokémiai
**petrol** /ˈpetrəl/ autóbenzin, motorbenzin ⓘ *NEM* ~~petróleum~~
**petrol bomb** benzinespalack, Molotov-koktél
**petroleum** /pəˈtrəʊlɪəm/ kőolaj, nyersolaj
**petroleum jelly** vazelin
**petrol station** benzinkút
**petticoat** /ˈpetɪkəʊt/ (alsó)szoknya
**petting** /ˈpetɪŋ/ ❶ ölelgetés, cirógatás ❷ szexuális játék, petting(elés)
**petty** /ˈpetɪ/ ❶ jelentéktelen, bagatell ❷ kisstílű, kisszerű
**petty bourgeois** nyárspolgár, kispolgár
**petty cash** házipénztár/kézipénztár
**petulance** /ˈpetjʊləns/ ingerültség, türelmetlenkedés
**petulant** /ˈpetjʊlənt/ ingerlékeny, sértődős
**petunia** /pəˈtjuːnɪə/ petúnia
**pew** /pjuː/ ❶ (templomi) pad ❷ ülőhely *take a pew* csüccs, foglalj helyet
**PG** = Postgraduate; parental guidance
**phalanstery** /ˈfælənstərɪ/ falanszter
**phalanx** /ˈfælæŋks/ *TBSZ* **phalanxes** VAGY **phalanges** /fæˈlændʒiːz/ ❶ falanx ❷ zárt sor/tömeg [pl. rendőröké] ❸ ujjper(e)c
**phallic** /ˈfælɪk/ fallikus
**phantasm** /ˈfæntæzəm/ ❶ agyrém, fantazmagória ❷ fantom

**phantasmagoria** /ˌfæntæzməˈgɔːrɪə/ fantazmagória
**phantasmagoric** /ˌfæntæzməˈgɒrɪk/ VAGY **phantasmagorical** /ˌfæntæzməˈgɒrɪkəl/ csalóka, képzelet szülte
**phantom** /ˈfæntəm/ ❶ kísértet, fantom ❷ ábrándkép, agyrém
**pharaoh** /ˈfeərəʊ/ fáraó
**pharisaic** /ˌfærɪˈseɪɪk/ VAGY **pharisaical** /ˌfærɪˈseɪɪkəl/ farizeusi, szenteskedő, álszent
**pharisee** /ˈfærɪsiː/ *FNÉV* farizeus, álszent
**pharmaceutical** /ˌfɑːməˈsjuːtɪkəl/ VAGY **pharmaceutic** /ˌfɑːməˈsjuːtɪk/ gyógyszerészeti, gyógyszer-
**pharmacist** /ˈfɑːməsɪst/ gyógyszerész
**pharmacologist** /ˌfɑːməˈkɒlədʒɪst/ farmakológus
**pharmacology** /ˌfɑːməˈkɒlədʒɪ/ gyógyszertan
**pharmacy** /ˈfɑːməsɪ/ ❶ gyógyszerészet ❷ gyógyszertár, patika
**pharyngitis** /ˌfærɪnˈdʒaɪtɪs/ torokgyulladás
**pharynx** /ˈfærɪŋks/ *TBSZ* **pharynges** /fæˈrɪndʒiːz/ VAGY **pharynxes** garat

**phase** /feɪz/ *FNÉV*
❶ fok, szakasz, fázis ❷ holdfázis

**phase** *IGE*
❶ fokozatosan tesz vmit ❷ szakaszol, fázisokat határoz meg
**phase in** *phase smth in* fokozatosan bevezet
**phase out** *phase smth/smb out* ❶ fokozatosan megszüntet, kivon (a forgalomból) ❷ leépít [pl. munkaerőt] ❸ megsemmisít [pl. ellenséget]

**PhD** = Doctor of Philosophy
**pheasant** /ˈfezənt/ *TBSZ* **pheasant** /ˈfezənt/ VAGY **pheasants** fácán
**phenol** /ˈfiːnɒl/ karbolsav, fenol
**phenomena** ☞ phenomenon
**phenomenal** /fəˈnɒmənəl/ ❶ érzékelhető jelenségek körébe tartozó ❷ rendkívüli, fenomenális
**phenomenon** /fəˈnɒmənə/ *TBSZ* **phenomena** /fəˈnɒmənə/ ❶ jelenség ❷ rendkívüli dolog/ember, fenomén
**phew** /fjuː/ ❶ hű(ha) [hitetlenkedés/meglepetés/megkönnyebbülés] ❷ pfuj
**phial** /ˈfaɪəl/ fiola, üvegcse
**phil.** = philosophical; philosophy
**philanthropic** /ˌfɪlənˈθrɒpɪk/ emberbaráti
**philanthropist** /fɪˈlænθrəpɪst/ *FNÉV* emberbarát
**philanthropy** /fɪˈlænθrəpɪ/ emberbarátiság
**philatelist** /fɪˈlætəlɪst/ bélyeggyűjtő, filatelista
**philately** /fɪˈlætəlɪ/ bélyeggyűjtés

**philharmonic** /ˌfɪlɑːˈmɒnɪk/ *FNÉV*
zenekar, filharmónikusok

**philharmonic** *MNÉV*
filharmonikus, zenekedvelő

**philological** /ˌfɪləˈlɒdʒɪkəl/ filológiai
**philologist** /fɪˈlɒlədʒɪst/ filológus
**philology** /fɪˈlɒlədʒɪ/ filológia
**philosopher** /fɪˈlɒsəfə/ ❶ filozófus ❷ bölcs/higgadt ember
**philosophic** /ˌfɪləˈsɒfɪk/ VAGY **philosophical** /ˌfɪləˈsɒfɪkəl/ ❶ bölcseleti, filozófiai ❷ filozofikus ❸ higgadt, bölcs
**philosophize** /fɪˈlɒsəfaɪz/ ❶ bölcselkedik, filozofál ❷ filozófiailag (meg)magyaráz
**philosophy** /fɪˈlɒsəfɪ/ ❶ bölcselet, filozófia ❷ életfelfogás, életszemlélet, életfilozófia
**phlegm** /flem/ ❶ nyálka, váladék ❷ közöny
**phlegmatic** /flegˈmætɪk/ közönyös, flegma
**phobia** /ˈfəʊbɪə/ beteges félelem, fóbia
**phobic** /ˈfəʊbɪk/ *FNÉV/MNÉV* fóbiás
**phoenix** /ˈfiːnɪks/ főnix
**phon.** = phonetics

**phone** /fəʊn/ *FNÉV*
❶ telefon *are you on the phone?* van telefonod? *speak to smb by phone / on the phone* telefonon beszél vkivel ❷ beszédhang

**phone** *IGE*
telefonál, felhív
**phone up** ❶ odatelefonál ❷ *phone smb up* felhív vkit

**phone book** telefonkönyv
**phone box** VAGY **phone booth** telefonfülke
**phone call** telefonhívás
**phonecard** telefonkártya
**phoneme** /ˈfəʊniːm/ fonéma
**phonemic** /fəʊˈniːmɪk/ fonémikus
**phonetic** /fəˈnetɪk/ ❶ fonetikai, hangtani ❷ fonetikus ❸ kiejtési
**phonetician** /ˌfəʊnəˈtɪʃən/ *FNÉV* fonetikus
**phonetics** /fəˈnetɪks/ fonetika
**phoney** /ˈfəʊnɪ/ *FNÉV/MNÉV* hamis (dolog/ember)
**phonograph** /ˈfəʊnəgrɑːf/ ❶ fonográf ❷ *US* gramofon, lemezjátszó
**phonological** /ˌfɒnəˈlɒdʒɪkəl/ VAGY /ˌfəʊnəˈlɒdʒɪkəl/ ❶ fonológiai ❷ fonologikus, fonémikus
**phonologist** /fəˈnɒlədʒɪst/ fonológus
**phonology** /fəˈnɒlədʒɪ/ fonológia
**phooey** /fuːɪ/ pfuj [hihetetlenség/meglepettség kifejezésére]
**phosphate** /ˈfɒsfeɪt/ foszfát
**phosphoresce** /ˌfɒsfəˈres/ foszforeszkál
**phosphorus** /ˈfɒsfərəs/ foszfor
**photo** /ˈfəʊtəʊ/ fénykép, fotó
**photocell** /ˈfəʊtəʊsel/ fotocella
**photocopier** fénymásoló(gép)

**photocopy** *FNÉV*
fénymásolat, fotokópia

**photocopy** *IGE*
(fény)másolatot készít, fénymásol

**photo finish** ❶ célfotó ❷ nagyon kis különbség [versenyen]
**photogenic** /ˌfəʊtəʊˈdʒenɪk/ fotogén

**photograph** /ˈfəʊtəgrɑːf/ *FNÉV*
fénykép *take a photograph* fotót készít

**photograph** *IGE*
❶ (le)fényképez ❷ vhogyan mutat [fényképen]

P

*they photograph well* jó fényképarcuk van
**photographer** /fəˈtɒgrəfə/ fényképész
**photographic** /ˌfəutəˈgræfɪk/ fényképészeti, fénykép-
**photography** /fəˈtɒgrəfɪ/ fényképészet
**photon** /ˈfəutɒn/ foton
**photosensitive** /ˌfəutəuˈsensɪtɪv/ fényérzékeny
**phrasal verb** határozós és/vagy elöljárós ige
**phrase** /freɪz/ FNÉV
❶ mondás, szólás ❷ állandósult szókapcsolat, kifejezés ❸ frázis, csoport, szerkezet *noun phrase* főnévi csoport ❹ zenei frázis ❺ [táncban] frázis ⓘ NEM ~~frázis~~ [üres szólam]
**phrase** IGE
❶ kifejez ❷ zenei frázisokra oszt
**phrasebook** szólásgyűjtemény
**phraseological** /ˌfreɪzɪəˈlɒdʒɪkəl/ frazeológiai
**phraseology** /ˌfreɪzɪˈɒlədʒɪ/ frazeológia
**phrenetic** /frəˈnetɪk/ vad, eszeveszett
**phut** /fʌt/ fuccs, kaput *go phut* bedöglik, befuccsol, tönkremegy
**physic** /ˈfɪzɪk/ FNÉV ❶ orvosság ❷ gyógyítás, gyógyászat ⓘ NEM ~~fizika~~
**physical** /ˈfɪzɪkəl/ FNÉV
kivizsgálás *complete physical* teljes kivizsgálás
**physical** MNÉV
❶ fizikai ❷ fizikai, testi ❸ erőszakos, testi *go physical* erőszakot alkalmaz
**physical education** ❶ testnevelés, testedzés ❷ testnevelés, torna [tantárgy]
**physical exercise** tornagyakorlat, testgyakorlat, edzés
**physical training** testnevelés
**physician** /fɪˈzɪʃən/ orvos ⓘ NEM ~~fizikus~~
**physicist** /ˈfɪzɪsɪst/ FNÉV fizikus
**physics** /ˈfɪzɪks/ ❶ fizika ❷ fizikai jellemzők
**physiognomy** /ˌfɪzɪˈɒnəmɪ/ ❶ (arc)kifejezés ❷ külső megjelenés, jelleg ❸ következtetések levonása fizikai jellemzőkből, fiziognómia
**physiological** /ˌfɪzɪəˈlɒdʒɪkəl/ élettani, fiziológiai
**physiologist** /ˌfɪzɪˈɒlədʒɪst/ fiziológus
**physiology** /ˌfɪzɪˈɒlədʒɪ/ élettan, fiziológia
**physiotherapy** /ˌfɪzɪəuˈθerəpɪ/ fizikoterápia
**physique** /fɪˈziːk/ testalkat, fizikum [r.szerint férfié] ⓘ NEM ~~fizika~~
**pi** /paɪ/ ❶ pi betű, a görög ábécé 16. betűje, π ❷ Ludolf-féle szám, π
**pianissimo** /ˌpɪəˈnɪsɪməu/ MNÉV/HAT.SZÓ nagyon halk(an), pianissimo
**pianist** /ˈpɪənɪst/ zongorista
**piano** /pɪˈænəu/ FNÉV
zongora *grand piano* nagyzongora, hangversenyzongora *upright piano* pianínó
**piano** /ˈpɪɑːnəu/ HAT.SZÓ
halkan, piano
**piano accordion** (tangó)harmonika
**pic** /pɪk/ TBSZ **pix** /pɪks/ VAGY **pics** kép
**picador** /ˈpɪkədɔː/ pikador
**picaresque** /ˌpɪkəˈresk/ pikareszk
**piccolo** /ˈpɪkələu/ VAGY **piccolo flute** kisfuvola, pikoló [hangszer] ⓘ NEM ~~pikoló~~ [űrmérték]
**pick** /pɪk/ FNÉV
❶ választás, kiválogatás *take your pick* válassz (magadnak), amelyiket akarod, amit akarsz ❷ vmi java/legjobbika *this week's pick is ...*a hét legjobbja ... [pl. film] ❸ fogpiszkáló ❹ csákány ❺ pengető ⓘ NEM ~~pikk~~, ~~pique~~ [kártya]
**pick** IGE
❶ (ki)választ *pick and choose* aprólékos gonddal (ki)válogat ❷ (le)szed, (le)tép [pl. virágot, gyümölcsöt] ❸ hegyes eszközzel kiszed, kicsákányoz ❹ csipked, váj [pl. madár] ❺ (ki)szed, (ki)piszkál *pick ⁝one's⁝ teeth/ nose* fogát/orrát piszkálja ❻ provokál, szándékosan okoz, kivált *pick quarrels/fights with smb* beleköt vkibe ❼ ellop *have ⁝one's⁝ pocket picked* meglopják ❽ feltör [zárat] ❾ penget [húros hangszert]
**pick at** ❶ *pick at ⁝one's⁝ food* (csak) csipeget [ételből] ❷ *pick at smb* beleköt vkibe piszkál vkit
**pick off** *pick smb/smth off* egyenként lelő/leszed
**pick on** *pick on smb* utazik/pikkel vkire
**pick out** *pick smb/smth out* ❶ kiválaszt, kiszemel ❷ felismer, kiszúr ❸ kivesz, észlel
**pick up** ❶ javul, erősödik ❷ *pick smb/smth up* összeszed, összegyűjt, felszed, újrakezd *pick ⁝oneself⁝ up* összeszedi magát ❸ *pick smth up* megszerez, szert tesz vmire [pl. tudásra, betegségre] ❹ *pick smb/smth up* felvesz, megfog, értemegy ❺ *pick smb up* fölszed, felcsíp, megismerkedik vkivel ❻ *pick smb up* elcsíp, megfog [pl. bűnözőt] ❼ *pick smth up* vesz, érzékel [pl. rádiójeleket] ❽ gyorsít *pick up speed* (fel-) gyor sul ❾ fizet, hajlandó fizetni *pick up the bill* fizeti a cehhet ❿ egészségesebbé tesz *this will pick you up* ettől jobban leszel / rendbe jössz
**pick up on** *pick up on smth* ❶ érzékeny/ fogékony vmire *she didn't pick up on the idea* nem vette a lapot, nem indult be a gondolattól ❷ észrevesz [r.szerint kellemetlenséget] ❸ reagál vmire
**pick-ax** VAGY **pick-axe** /ˈpɪkæks/ csákány
**picker** /ˈpɪkə/ ❶ szedő, gyűjtő, válogató ❷ osztályozógép ❸ gitáros
**picket** /ˈpɪkɪt/ FNÉV
❶ sztrájkőr(ség) ❷ őrszem, járőr [katonai] ❸ karó, cövek
**picket** IGE
❶ sztrájkőrként körbevesz és nem enged működni [gyárat/munkásokat] ❷ őrszemet/őrséget állít ❸ körülkerít
**picket line** sztrájkoló munkások fala
**pickle** /ˈpɪkəl/ FNÉV
❶ ecetes/sós lé, pác ❷ ecetes savanyúság, savanyú uborka ❸ kínos helyzet, pác *be in a (pretty) pickle* benne van a pácban, bajban van ❹ kópé, rossz gyerek

**pickle** *IGE*
ecetben / sós lében eltesz, pácol, savanyít
**picklock** ❶ betörő ❷ betörőszerszám
**pickpocket** zsebtolvaj
**pick-up** ❶ hangszedő, piköp ❷ kisteherautó, pikap ❸ alkalmi/futó ismeretség ❹ gyorsulás [járműé] ❺ fogás, vétel [rádióadásé] ❻ fuvar, autóstop ❼ erősítő [hangszeren]
**pickup truck** kisteherautó
**picky** /ˈpɪkɪ/ ❶ válogatós ❷ aprólékos, szőrszálhasogató
**„pick your own", PYO** „szedd magad"
**picnic** /ˈpɪknɪk/ *FNÉV*
❶ piknik, kirándulás ❷ kirándulásra vitt étel/ital ❸ sétagalopp, gyerekjáték
**picnic** *IGE*
piknikel, kirándul
**picnic basket** piknikkosár, kirándulókosár
**picnicker** /ˈpɪknɪkə/ kiránduló
**pictogram** /ˈpɪktəugræm/ VAGY **pictograph** /ˈpɪktəugrɑːf/ piktogram
**pictorial** /pɪkˈtɔːrɪəl/ *FNÉV*
képes újság/folyóirat
**pictorial** *MNÉV*
❶ képi, képes ❷ képszerű
**picture** /ˈpɪktʃə/ *FNÉV*
❶ kép [festmény, rajz, fénykép] *take smb's picture* lefényképez vkit *take a picture of smb/smth* lefényképez vkit/vmit ❷ (tévé)kép ❸ film ❹ leírás, kép [múltról, jövőről] ❺ helyzet, állapotok [pl. politikai]
KIFEJEZÉSEKBEN: *be in the picture* érti a dolgot, ismeri a tényeket, képben van *put smb in the picture* tájékoztat vkit, képbe rak vkit
**picture** *IGE*
❶ elképzel *picture ⸗oneself⸗ as smth* vminek elképzeli magát ❷ ábrázol, lefest ❸ leír, érzékeltet
**picture postcard** képeslap
**pictures** /ˈpɪktʃəz/ ❶ mozi *at the pictures* (a) moziban ❷ filmipar
**picturesque** /ˌpɪktʃəˈresk/ ❶ festői ❷ színes, különös
**picture tube** képcső
**piddle** /ˈpɪdəl/ ❶ pisil ❷ *piddle (away)* vacakol, tököl
**pidgin** /ˈpɪdʒɪn/ keveréknyelv, pidgin, pidzsin
**pidginization** /ˌpɪdʒɪnaɪˈzeɪʃən/ pidginesedés, pidzsinesedés
**pie** /paɪ/ ❶ (vajas)tészta, béles *apple pie* almás sütemény ❷ sós tészta, hasé *meat pie* húsos hasé ❸ szarka [madár]
**-piece** -részes, -darabos *three-piece suit* háromrészes [= mellényes] öltöny
**piece** /piːs/ *FNÉV*
❶ darab *a piece of smth* egy darab vmi [nem megszámolható dolog, pl. kréta, sajt, bútor] ❷ (alkat)rész, darab [pl. kirakós játéké] *be in pieces* darabokban van, össze van törve *fall to pieces* szétesik, darabokra hullik *take smth to pieces* szétszed ❸ figura [pl. sakkban] ❹ műtárgy, mű, darab [pl. szobor, színmű] ❺ hír(adás), cikk [újságban] ❻ pénzdarab, pénzérme ❼ munkadarab, áru
KIFEJEZÉSEKBEN: *be (all) in one piece* egy darabban van, megúszik vmit [pl. balesetet] *give smb a piece of ⸗one's⸗ mind* jól megmondja vkinek a magáét
**piece** *IGE*
(meg)foltoz [szövetet]
**piece out** *piece smth out* ❶ fokozatosan hozzátesz ❷ apránként adagol
**piece together** *piece smth together* darabokból összerak, kiegészít [pl. nyomozó a tényeket]
**piecemeal** /ˈpiːsmiːl/ *MNÉV/HAT.SZÓ* darabonként(i), apránként(i), töredékes(en)
**pie chart** VAGY **pie graph** „torta"-diagram
**pier** /pɪə/ ❶ móló, rakpart, hullámtörő gát ❷ hídpillér ❸ pilaszter, támpillér
**pierce** /pɪəs/ ❶ átszúródik, átfúródik ❷ (át-)szúr, (ki)lyukaszt *have ⸗one's⸗ ears pierced* kilyukasztatja a fülét ❸ keresztüldöf ❹ behatol ❺ hasogat [fület]
**piercing** /ˈpɪəsɪŋ/ ❶ metsző, hideg [szél] ❷ éles, fülsértő [hang] ❸ lényegi, lényegretörő [pl. kérdés]
**piety** /ˈpaɪətɪ/ ❶ jámborság, áhitatosság ❷ kegyelet
**piezoelectric** /ˌpaɪiːzəuɪˈlektrɪk/ piezo-elektromos
**pig** /pɪg/ *FNÉV*
❶ disznó, sertés, malac ❷ disznó alak
**pig** *IGE*
❶ fal, habzsol, disznó módra eszik ❷ ellik, malacozik [disznó] ❸ *pig it* mocsokban él
**pigeon** /ˈpɪdʒən/ *TBSZ* **pigeon** VAGY **pigeons** galamb *homing pigeon* postagalamb
**pigeonhole** ❶ galambdúc, fészkelőhely ❷ (levél)rekesz, fach
**pigeonry** /ˈpɪdʒənrɪ/ galambdúc
**pig-eyed** apró szemű, disznószemű
**piggy** /ˈpɪgɪ/ *FNÉV*
kismalac
**piggy** *MNÉV*
❶ falánk, malac ❷ disznószerű [pl. szem]
**piggyback** *FNÉV*
❶ vki hátán/vállán utazás/lovaglás *give me a piggyback* vegyél föl (a hátadra)! ❷ jármű szállítása a másik hátán
**piggyback** *HAT.SZÓ*
❶ vki hátán/vállán ❷ másik járművön
**piggyback** *IGE*
❶ hátán/vállán utaztat/lovagoltat ❷ egyik jármű a másikat szállítja
**pigkilling** disznóvágás, disznóölés
**piglet** /ˈpɪglət/ kismalac
**pigment** /ˈpɪgmənt/ színezőanyag, pigment
**pigmentation** /ˌpɪgmenˈteɪʃən/ pigmentálás, pigmentáció

P

**pigmy** /ˈpɪgmɪ/ FNÉV/MNÉV pigmeus, törpe
**pigsticker** ❶ vaddisznóvadász ❷ böllér ❸ disznóölő kés
**pigsticking** ❶ vaddisznóvadászat ❷ disznóvágás, disznóölés
**pigsty** /ˈpɪgstaɪ/ ❶ disznóól ❷ rendetlenség
**pigswill** /ˈpɪgswɪl/ VAGY **pig's wash** VAGY **pigwash** moslék
**pigtail** copf, varkocs
**pike** /paɪk/ ❶ lándzsa, dárda ❷ lándzsahegy ❸ süveg alakú hegycsúcs ❹ forgóajtó, forgókorlát ❺ TBSZ **pikes** VAGY **pike** csuka [hal]
**pikeperch** TBSZ **pikeperches** VAGY **pikeperch** fogas [hal]
**pikestaff** dárdanyél *(as) plain as a pikestaff* nyilvánvaló, világos mint a nap
**pile** /paɪl/ FNÉV
❶ halom, rakás, köteg ❷ máglya ❸ vmiből sok *piles of smth* egész csomó (vmiből) ❹ nagy épület ❺ nagy vagyon *make a pile* megszedi magát, megtollasodik
**pile** /paɪl/ IGE
❶ felhalmozódik ❷ felhalmoz, halomba rak ❸ özönlik [embertömeg]
**pile up** ❶ felhalmozódik, összegyűlik, felszaporodik ❷ egymásnak ütközik [több autó, r.szerint ráfutásos balesetben] ❸ *pile smth up* (fel)halmoz, összegyűjt ❹ *pile smth up* megrak [pl. tányért]
**piles** /paɪlz/ aranyér
**pile-up** ráfutásos/tömeges karambol
**pilfer** /ˈpɪlfə/ megfúj, elcsen
**pilgrim** /ˈpɪlgrɪm/ zarándok
**pilgrimage** /ˈpɪlgrɪmɪdʒ/ zarándoklat *go on / make a pilgrimage* zarándokútra megy
**pill** /pɪl/ ❶ pirula ❷ *the pill* fogamzásgátló tabletta *be on the pill* fogamzásgátlót szed
**pillage** /ˈpɪlɪdʒ/ FNÉV
❶ fosztogatás ❷ zsákmány
**pillage** IGE
rabol, fosztogat
**pillar** /ˈpɪlə/ ❶ oszlop, pillér ❷ oszlop(szerű dolog) *a pillar of smoke* füstoszlop
**pillar box** [utcai] postaláda
**pillion** /ˈpɪlɪən/ FNÉV
pótülés, hátsó ülés [motoron] *ride pillion* a hátsó ülésen / a vezető/hajtó mögött utazik
**pillion** IGE
pótülésen / hátsó ülésen / a vezető/hajtó mögött utazik
**pillow** /ˈpɪləʊ/ párna, vánkos
**pillowcase** VAGY **pillowslip** párnahuzat
**pilot** /ˈpaɪlət/ FNÉV
❶ pilóta [repülőé, űrhajóé] ❷ kormányos, révkalauz
**pilot** MNÉV
kísérleti, próba-
**pilot** IGE
❶ kormányoz, vezet, irányít [repülőgépet, (űr)hajót] ❷ (el)kalauzol ❸ végigvisz, irányít [pl. tervet] ❹ tesztel, kipróbál
**piloting** /ˈpaɪlətɪŋ/ ❶ kalauzolás ❷ kipróbálás
**pilot lamp** (áramellenőrző) jelzőlámpa
**pilotless** /ˈpaɪlətləs/ pilóta nélküli, távirányítású [pl. repülőgép]
**pilot light** ❶ őrláng [gázkészüléken] ❷ (áramellenőrző) jelzőlámpa
**pilot study** kísérlet(ezés) [projekt teljeskörű bevezetése előtt], előtanulmány
**pimento** /pɪˈmentəʊ/ spanyol paprika, pimento
**pimp** /pɪmp/ strici, lányfuttató
**pimple** /ˈpɪmpəl/ pattanás, kiütés
**PIN** /pɪn/ pin-kód, személyi azonosító (kód/szám) [= personal identification number]
**pin** /pɪn/ FNÉV
❶ (gombos)tű *safety pin* biztosítótű *drawing pin* rajzszög ❷ dísztű ❸ szeg, szegecs ❹ csapszeg ❺ tekebábu ❻ kétváll(ra fektetés) [birkózásban] ❼ *rolling pin* nyújtófa, sodrófa
KIFEJEZÉSEKBEN: *pins and needles* zsibbadás utáni bizsergő érzés *be on pins and needles* tűkön ül, alig vár vmit
**pin** IGE
❶ (meg)tűz, odatűz ❷ odaszegez, megszegez ❸ leszorít, kétvállra fektet [pl. birkózó]
**pin back** *pin smth back* hátratűz
**pin down** ❶ *pin smth down* lezár, leszorít ❷ *pin smb down to smth* határozott/világos döntésre kényszerít vkit *pin smb down to his word* szaván fog vkit ❸ *pin smth down* rájön vmi lényegére/okára
**pin on** *pin smth on smb* ❶ rátűz, feltűz, kitűz ❷ vkire tol/hárít [pl. felelősséget]
**pinball** flipper, tivoli
**pincer** /ˈpɪnsə/ csáp, olló [pl. ráké]
**pincers** /ˈpɪnsəz/ *(a pair of) pincers* csipesz
**pinch** /pɪntʃ/ FNÉV
❶ (meg)csípés *give smb a pinch* megcsíp ❷ csipet(nyi) *a pinch of salt* egy csipetnyi só ❸ szorongatott helyzet, szegénység ❹ pajszer, feszítővas
KIFEJEZÉSEKBEN: *take smth with a pinch of salt* fenntartással kezel vmit
**pinch** IGE
❶ csíp ❷ szorít [pl. cipő] ❸ (el)lop, (el)csen ❹ fájdalmat okoz, (meg)kínoz [r.szerint szenvedő szerkezetben] *be pinched with horror* kínozza a gyötrelem ❺ elfog, nyakoncsíp *get pinched* elkapják
**pinchbar** bontórúd, feszítőrúd, pajszer
**pinched** /pɪntʃt/ szűkös, szegény
**PIN code** pin-kód, személyi azonosító
**pine** /paɪn/ FNÉV
fenyő(fa)
**pine** IGE
❶ *pine away* emészti magát, emésztődik ❷ epekedik sóvárog (ami után: *for*) *pine to do smth* ég a vágytól, hogy tegyen vmit

**pineapple** /ˈpaɪnæpəl/ ananász
**pinewood** ❶ ↯ *NEM MEGSZÁML.* fenyőfa [faanyag] ❷ fenyőerdő
**ping** /pɪŋ/ *FNÉV/IGE* fütyül(és), sivít(ás) [pl. puskagolyó]
**pinger** /ˈpɪŋə/ tévé-távkapcsoló
**ping-pong** /ˈpɪŋ pɒŋ/ asztalitenisz, pingpong
**pin head** ❶ gombostűfej ❷ ostoba alak
**pinhole** ❶ tű által szúrt lyuk ❷ tűhegynyi lyuk ❸ célközép [íjászatban]
**pinion** /ˈpɪnɪən/ *FNÉV*
❶ szárnytoll ❷ szárny ❸ (kis) hajtófogaskerék
**pinion** *IGE*
❶ megkötöz [állatot/embert] ❷ mozdulatlanságra kényszerít
**pink** /pɪŋk/ *FNÉV*
❶ rózsaszín ❷ szegfű ❸ tökéletesség, legmagasabb fok *the pink of perfection* a megtestesült tökéletesség *be in the pink (of health)* majd kicsattan az egészségtől
**pink** *MNÉV*
❶ rózsaszín(ű) ❷ mérsékelten baloldali, balos
**pink slip** felmondólevél *give smb the pink slip* elbocsát, lapátra tesz
**pinnacle** /ˈpɪnəkəl/ ❶ orom, csúcs ❷ tetőpont [pl. sikereké] ❸ dísztornyocska
**pinny** /ˈpɪnɪ/ ❶ kötény(ke) ❷ kötényruha
**pinpoint** *FNÉV*
❶ tűhegy ❷ apró/mellékes részlet
**pinpoint** *MNÉV*
❶ hajszálpontos [pl. bombázás] ❷ nagy gondosságot/pontosságot igénylő
**pinpoint** *IGE*
❶ hajszálpontosan eltalál ❷ pontosan megmutat/kijelöl/aláhúz
**pins and needles** zsibbadás utáni bizsergő érzés
KIFEJEZÉSEKBEN: *be on pins and needles* tűkön ül, alig vár vmit
**pint** /paɪnt/ ❶ pint [= *GB* kb. 0,57 liter, *US* kb. 0,47 liter] ❷ korsó (sör)
**pinup** /ˈpɪnʌp/ ❶ (akt)modell képe [falra/ szekrényajtóra tűzve] ❷ aktmodell
**pinwheel** ❶ csaposkerék, tűkerék ❷ színes papírforgó
**piny** /ˈpaɪnɪ/ ❶ fenyőszerű ❷ fenyőillatú
**pioneer** /ˌpaɪəˈnɪə/ *FNÉV*
❶ első letelepedő, úttörő ❷ felfedező, újító ❸ utász ❹ úttörő
**pioneer** *IGE*
❶ úttörő/újszerű munkát végez ❷ felfedez
**pious** /ˈpaɪəs/ ❶ jámbor, istenfélő ❷ hiú [ábránd, remény]
**pip** /pɪp/ *FNÉV*
❶ gyümölcsmag [aprómagú gyümölcsé] ❷ sípjel [időjelzéskor] ❸ pont [pl. kártyafigurán, dominón] ❹ csillag [tiszti rangjelzés]
**pip** *IGE*
❶ csiripel ❷ sípol(ó hangot ad)
**pipe** /paɪp/ *FNÉV*
❶ cső(vezeték) *lay pipes* csővezetéket fektet ❷ pipa *pipe of peace* békepipa, kalumet ❸ síp, duda [hangszer] ❹ orgonasíp
**pipe** *IGE*
❶ csövön/csővezetéken szállít/továbbít ❷ sípol, furulyázik ❸ magas/gyerekes hangon beszél
**pipe down** lecsendesedik *pipe down!* csönd (legyen)!
**pipe up** rázendít, megszólal
**piped music** (halk) áruházi/bolti zene
**pipe fitter** ❶ csőszerelő ❷ gázszerelő, gázos
**pipeline** *FNÉV*
csővezeték *be in the pipeline* folyamatban/ előkészületben van
**pipeline** *IGE*
❶ csővezetéken szállít ❷ csővezetékkel ellát
**piper** /ˈpaɪpə/ sípos, dudás
**pipes** /paɪps/ duda [hangszer]
**pipette** /pɪˈpet/ pipetta
**piping** /ˈpaɪpɪŋ/ *FNÉV*
❶ csővezeték, csövezés ❷ sípolás, dudaszó
**piping** *MNÉV*
éles, magas, sipító [hang]
**piquancy** /ˈpiːkənsɪ/ pikantéria
**piquant** /ˈpiːkənt/ pikáns [pl. íz]
**pique** /piːk/ *FNÉV*
neheztelés, sértődés *leave in a pique* sértődötten távozik ⓘ *NEM* ~~pikk~~, ~~pique~~ [kártya]
**pique** *IGE*
❶ (meg)sérti vki büszkeségét *be piqued by smth* neheztel vmi miatt ❷ (fel)kelt [érdeklődést, izgalmat]
**piqué** /ˈpiːkeɪ/ piké [anyag]
**piquet** /pɪˈket/ pikét [kártyajáték]
**piracy** /ˈpaɪrəsɪ/ ❶ kalózság, kalózkodás ❷ szerzőijog-bitorlás, kalózkodás
**piranha** VAGY **piraña** /pɪˈrɑːnjə/ piranha
**pirate** /ˈpaɪrət/ *FNÉV*
❶ kalóz ❷ jogbitorló, kalóz
**pirate** *IGE*
kalózkiadásban/illegálisan megjelentet
**piratic** /paɪˈrætɪk/ VAGY **piratical** /paɪˈrætɪkəl/ kalózkodó, kalóz-
**pirog** /pɪˈrəʊg/ [orosz] pirog
**pirogue** /pɪˈrəʊg/ piroga, fatörzs-csónak
**pirouette** /ˌpɪrʊˈet/ *FNÉV/IGE* perdül(és), piruett(ezik)
**piss** /pɪs/ *FNÉV*
❶ húgy, vizelet ❷ pisálás
**piss** *IGE*
pisál
**piss about** VAGY **piss around** szarakodik, tököl(ődik)
**piss off** ❶ eltűnik, eltakarodik [r.szerint felszólításban] ❷ *piss smb off* bosszant vkit ❸ *be pissed off with smth/smb* tele van a töke vmivel/vkivel
**pissed** /pɪst/ ❶ dühös, mérges ❷ részeg
**pissed off** zabos, mérges, dühös

P

**piss-poor** /ˈpɪspɔː/ ❶ silány minőségű, fos ❷ gyenge, olcsó [pl. kifogás]
**pisspants** /ˈpɪspænts/ (kis) pisis, ovis
**pistachio** /pɪˈstɑːʃɪəʊ/ pisztácia
**piste** /piːst/ ❶ sípálya ❷ pást [vívásban]
**pistol** /ˈpɪstəl/ pisztoly *hold a pistol to smb's head* pisztolyt szegez vki fejének
**piston** /ˈpɪstən/ dugattyú
**pit** /pɪt/ FNÉV
❶ gödör, üreg, árok *pit of the stomach* gyomorszáj ❷ szénbánya ❸ (zenekari) árok ❹ földszinti zsöllye [nézőtéren] ❺ himlőhely, ragya ❻ boksz, box, depó [autóversenyen] ❼ ágy ❽ *the pit* pokol ❾ mag [csonthéjas gyümölcsé]
**pit** IGE
❶ himlőhelyessé tesz, bepettyez ❷ kimagoz [gyümölcsöt] ❸ (el)vermel
**pit against** *pit smb/smth against smb/smth* szembeállít vkit/vmit vkivel/vmivel, egymás ellen uszít
**pita** /ˈpɪtə/ VAGY **pita bread** zsebes zsömle, pita (kenyér)
**pit bull terrier** VAGY **pit bull** pitbull (terrier)
**pitch** /pɪtʃ/ FNÉV
❶ sportpálya [pl. futball-, jégkorong-] ❷ lejtésszög, dőlésszög ❸ csúcs(pont), tetőfok *be at fever pitch* tetőfokára hág [pl. izgalom] ❹ hangmagasság, frekvencia ❺ dobás, hajítás [baseballban] ❻ elárusítóhely, bódé [utcai] ❼ szurok *(as) black as pitch* szurokfekete, koromsötét
**pitch** IGE
❶ (fel)állít [sátrat, tábort] ❷ hangmagasságot meghatároz *be pitched too high/low* túl magasan/alacsonyan kezd [dallamot] ❸ mércét/szintet meghatároz/belő *pitch smth too high* túl magasra teszi a mércét, túl magas szintet feltételez ❹ esik, előre bukik [ember, állat] ❺ bukdácsol, hányódik [hajó] ❻ hajít, (oda)vág [r.szerint mérgesen] ❼ dob [baseballban] ❽ bekátrányoz, (be)szurkoz ❾ lejt [tető]
**pitch in** ❶ nekifog, hozzálát [munkához, evéshez] ❷ beszáll vmivel, hozzátesz vmit [pl. segítséget] (amit/amivel: *with*)
**pitch into** *pitch into smb/smth* nekitámad, rátont [testileg, szavakkal]
**pitch on** *pitch on smth* dönt vmi mellett, elhatároz
**pitch-black** VAGY **pitch-dark** koromfekete, szurokfekete
**pitched** /pɪtʃt/ ❶ kikövezett ❷ lejtős [tető]
**pitched roof** nyeregtető
**pitcher** /ˈpɪtʃə/ ❶ korsó, kancsó ❷ adogatójátékos, dobójátékos [baseballban]
**pitchfork** ❶ vasvilla ❷ hangvilla
**pitchy** /ˈpɪtʃɪ/ szurkos, koromfekete
**piteous** /ˈpɪtɪəs/ szánalmas, sajnálatra méltó
**pitfall** csapda, kelepce
**pitiable** /ˈpɪtɪəbəl/ szánalomra méltó, szánalmas
**pitiful** /ˈpɪtɪfəl/ ❶ könyörületes ❷ szánalomra méltó, szánalmas
**pitiless** /ˈpɪtɪləs/ könyörtelen
**pit lane** boxutca [autóversenyen]
**pitman** /ˈpɪtmən/ TBSZ **pitmen** /ˈpɪtmən/ bányász, vájár
**pits** /pɪts/ ❶ *the pits* box, boksz [autóversenyen] ❷ *the pits* a legrosszabb ember/dolog/helyzet, mélypont
**pit stop** ❶ rövid beállás a boxutcába [autóversenyen] ❷ hosszú autóút rövid megszakítása [pl. pihenésre]
**pittance** /ˈpɪtəns/ éhbér, alamizsna *be paid a pittance* éhbérért dolgozik
**pitted** /ˈpɪtɪd/ ❶ himlőhelyes ❷ kimagozott [pl. datolya] ❸ gödrös ❹ üreges lyukacsos
**pity** /ˈpɪtɪ/ FNÉV
❶ szánalom, sajnálat *have/take pity on smb* megkönyörül vkin *do smth out of pity* könyörületből tesz vmit ❷ kár *what a pity!* milyen kár! *what a pity* {MONDAT} milyen kár, hogy {MONDAT} ⓘ NEM ~~piti~~
**pity** IGE
(meg)szán, (meg)sajnál
**pivot** /ˈpɪvət/ FNÉV
❶ forgócsap, csukló ❷ sarkalatos pont
**pivot** IGE
❶ (meg)fordul vmin (amin: *on*) ❷ forgócsappal lát el
**pivot on** *pivot on smth* vmin áll/múlik, vmitől függ
**pivotal** /ˈpɪvətəl/ ❶ forgócsapos ❷ sarkalatos, kulcsfontosságú, kulcs-
**pix** /pɪks/ ❶ szentségtartó, ostyatartó (szelence) ❷ képek
**pixel** /ˈpɪksəl/ pixel, képelem, képpont
**pixie** VAGY **pixy** /ˈpɪksɪ/ manó, tündér
**pizza** /ˈpiːtsə/ pizza
**pizzazz** /pəˈzæz/ életerő, stílus, ragyogás
**pizzeria** /ˌpiːtsəˈriːə/ pizzéria
**pizzicato** /ˌpɪtsɪˈkɑːtəʊ/ pizzicato
**pl.** = place; plate
**placard** /ˈplækɑːd/ FNÉV
hirdetmény, falragasz, transzparens
**placard** IGE
(falragaszon) hirdet, transzparensen mutat
**placate** /pləˈkeɪt/ kiengesztel, kibékít ⓘ NEM ~~plakát(oz)~~
**placatory** /pləˈkeɪtərɪ/ engesztelő, békítő
**place** /pleɪs/ FNÉV
❶ hely *in smb's place* vki helyében *if you were in my place* ha az én hely(zet)emben lennél *all over the place* mindenütt, mindenfelé ❷ hely(ség), város, földterület *this is a nice place to live* itt jó lakni ❸ hely [pl. egyetemen], ülés [pl. moziban], állás [munkahelyen] ❹ megfelelő hely/környezet/alkalom *be out of place* nem helyénvaló, nem (oda)illő ❺ helyezés, hely [versenyen] *finish in the second*

*place* második helyen végez ❻ otthon, lakás ház *come to my place* gyere föl hozzám ❼ társadalmi hely/rang, vkit megillető hely *in high places* előkelő körökben ❽ tizedes(jegy) *three decimal places* három tizedes

KIFEJEZÉSEKBEN: *take place* megtörténik, lezajlik *put smth in place* üzembehelyez, rendszeresít, bevezet

**place** IGE

❶ (el)helyez, tesz vhova *place ;one's; trust in smb/smth* vkibe/vmibe helyezi a bizalmát ❷ felad, eszközöl, megtesz [rendelést] *place an order* (meg)rendel [árut] (akinél: *with*) ❸ elhelyez [árut piacon], piacot talál vminek ❹ vki helyezését megállapítja [versenyen] *be placed third* harmadik lesz ❺ rábíz vmit/vkit vkire *place smb/smth with smb* vkit/vmit rábíz vkire *place smb/smth in the care of smb* vkit/vmit vikinek a gondjaira bíz ❻ felismer, emlékszik a részletekre, tesz vhova *I can't place him* nem tudom, hová tegyem ❼ alkalmaz/elhelyez vkit [állásba, házba] ❽ elhelyez, betesz [hirdetést újságba]

**placebo** /plə'si:bəu/ placebo

**placement** /'pleɪsmənt/ ❶ elhelyezés, kinevezés [állásba] ❷ állás ❸ állásközvetítés ❹ szintfelmérés

**placenta** /plə'sentə/ TBSZ **placentae** /plə'senti:/ VAGY **placentas** méhlepény, placenta

**placental** /plə'sentəl/ méhlepényes [pl. állat]

**place of birth** születési hely

**placid** /'plæsɪd/ békés, higgadt, nyugodt

**placidity** /plə'sɪdətɪ/ higgadtság, nyugodtság

**plafond** /plæ'fɒn/ díszes mennyezet ⓘ NEM ~~plafon~~

**plage** /plɑ:ʒ/ (természetes) strand, vízpart

**plagiarism** /'pleɪdʒərɪzəm/ ❶ plágium, plagizálás ❷ plagizált dolog/gondolat, plágium

**plagiarist** /'pleɪdʒərɪst/ plagizátor

**plagiarize** /'pleɪdʒəraɪz/ plagizál, plágiumot követ el

**plague** /pleɪg/ FNÉV

❶ pestis, dögvész ❷ rengeteg kellemetlen dolog *we've had a plague of insects* elárasztottak minket a rovarok ❸ (sors)csapás, szerencsétlenség

**plague** IGE

❶ gyötör [betegség] ❷ bosszant, gyötör (amivel: *with*)

**plaice** /pleɪs/ lepényhal

**plaid** /plæd/ VAGY /pleɪd/ skótkockás kendő ⓘ NEM ~~pléd~~

**plain** /pleɪn/ FNÉV

síkság, alföld, lapály

**plain** MNÉV

❶ sima, natúr, nem kevert/díszes/vonalkázott [pl. étel, ruhaszín, papír] ❷ világos, érthető *as plain as day* napnál is világosabb ❸ egyenes, világos, őszinte *be plain with smb* őszinte/nyílt valakivel ❹ egyszerű, köznapi

**plain** HAT.SZÓ

(egészen) egyszerűen *I'm just plain tired* egyszerűen fáradt vagyok

**plainclothes** civilruhás *plainclothes policeman* civilruhás rendőr

**plain infinitive** pőreigenév, *„to"* nélküli igenév

**plainly** /'pleɪnlɪ/ ❶ világosan, nyilvánvalóan ❷ őszintén ❸ egyszerűen

**plaintiff** /'pleɪntɪf/ FNÉV felperes, panaszos

**plaintive** /'pleɪntɪv/ panaszos, szomorú

**plait** /plæt/ FNÉV

❶ copf, hajfonat ❷ fonott cipó/kalács

**plait** IGE

❶ sodor, összefon ❷ befon

**plan** /plæn/ FNÉV

❶ terv *keep to the plan* tartja magát a tervhez *go according to plan* tervszerűen / terv szerint halad ❷ elgondolás, tervezet ❸ elrendezés *seating plan* ülésrend ❹ (utca)térkép *street plan* utcatérkép ❺ terv(rajz), felülnézeti kép *floor plan* alaprajz ❻ konstrukció, módozat [pl. biztosítási]

**plan** IGE

❶ (meg)tervez *plan ahead* előre tervez *plan for smth* tervez/számol vmivel *plan on doing smth* tervez/számol vmivel ❷ *plan to do smth* szándékában áll / készül/tervez vmit tenni ❸ tervez, tervrajzot készít

**Plan B** tartalékterv, vészforgatókönyv

**plane** /pleɪn/ FNÉV

❶ repülőgép ❷ szint, sík ❸ sík(felület), [geometriában] ❹ gyalu ❺ platán(fa)

**plane** MNÉV

❶ sík, sima ❷ kétdimenziós, sík-

**plane** IGE

❶ (le)gyalul ❷ planíroz, kiegyenget ❸ siklórepüléssel száll ❹ repülőgéppel utazik

**planer** /'pleɪnə/ ❶ gyalugép ❷ gyalus

**planet** /'plænɪt/ bolygó

**planetarium** /ˌplænə'teərɪəm/ TBSZ **planetariums** VAGY **planetaria** /ˌplænə'teərɪə/ planetárium

**plane tree** platán(fa)

**planish** /'plænɪʃ/ simára kalapál/hengerel [fémet]

**plank** /plæŋk/ FNÉV

deszka, palánk, palló

**plank** IGE

❶ (be)deszkáz, pallóz ❷ kiklopfol, kiver [húst]

**plank bed** priccs, tábori ágy

**planking** /'plæŋkɪŋ/ padlózat, deszkázat

**plankton** /'plæŋktən/ plankton

**planner** /'plænə/ ❶ tervező ❷ (előjegyzési) naptár [r.szerint fali]

**plant** /plɑ:nt/ FNÉV

❶ növény ❷ üzem, gyár(telep) *power plant* erőmű ❸ (gépi) felszerelés/berendezés ❹ vkinél titokban elrejtett dolog [lebuktatásra]

**plant** IGE

❶ (el)ültet, vet ❷ elültet, plántál [gondolatot] ❸ beüt, bever, megüt ❹ (le)telepít, elhelyez [pl.

P

bombát, nyomozót] ❺ titokban elrejt vkinél [hogy az lebukjon] ❻ nyom, (oda)szorít *plant a kiss on smb's cheek* puszit nyom vki arcára

**plantation** /plæn'teɪʃən/ ültetvény

**plant eater** növényevő

**planter** /'plɑːntə/ ❶ növénytartó cserép, kaspó ❷ virágállvány ❸ ültetőgép ❹ ültetvényes, telepes

**plaque** /plæk/ ❶ emléktábla, dísztábla ❷ fogkő(lerakódás), plakk, lepedék [fogon]

**plash** /plæʃ/ FNÉV

❶ pocsolya ❷ csobbanás

**plash** IGE

sövényt készít/javít [ágak összefonásával]

**plasm** /'plæzəm/ ❶ protoplazma ❷ vérplazma

**plasma** /'plæzmə/ ❶ (vér)plazma, vérsavó ❷ protoplazma ❸ ionizált gáz, plazma

**plasmic** /'plæzmɪk/ plazmás, plazma-

**plaster** /'plɑːstə/ FNÉV

❶ vakolat ❷ sebtapasz, ragtapasz ❸ gipszkötés *be in plaster* gipszben van, be van gipszelve

**plaster** IGE

❶ (be)vakol ❷ kikészít, kozmetikumot visz föl ❸ (vastagon) beborít (amivel: *with*) ❹ begipszel, gipszbe rak

**plaster over** *plaster smth over* vmit elfed, elsimít [pl. problémát]

**plasterboard** (préselt) burkolólemez/fedőlap, gipszkarton

**plastered** /'plɑːstəd/ ❶ bevakolt ❷ betapasztott ❸ beszívott, elázott, részeg

**plaster of Paris** /ˌplaːstərəv'pærɪs/ gipsz [sebészeti, ill. szoboranyag]

**plastic** /'plæstɪk/ FNÉV

❶ műanyag ❷ bankkártya

**plastic** MNÉV

❶ képlékeny, formálható ❷ plasztikai [pl. sebészet] ❸ mesterséges (anyagokkal/adalékokkal teli) [pl. étel]

**plasticine** /'plæstəsiːn/ gyurma, plasztilin

**plastics** /'plæstɪks/ műanyaggyártás, műanyagipar

**plastic wrap** US fólia, folpakk

**plate** /pleɪt/ FNÉV

❶ tányér ❷ egy tányérnyi mennyiség ❸ étel, tál *cold plate* hidegtál ❹ lemez, réteg [pl. növényi, sebészeti, föld-, nyomdai, fogászati, fényképészeti] ❺ nemesfém, értékes fémtárgy ❻ tábla [felirattal] *number plate* rendszámtábla ❼ bevonat [pl. arany]

**plate** IGE

❶ (nemes)fémmel befuttat/bevon, galvanizál ❷ fémlapokkal (be)fed, lemezel

**plate armour** páncéllemez

**plateau** /'plætəʊ/ TBSZ **plateaus** VAGY **plateaux** /'plætəʊz/ ❶ fennsík, felföld ❷ tetőpont

**plated** /'pleɪtɪd/ ❶ lemezelt ❷ (nemes)fémmel bevont/befuttatott, galvanizált

**plateful** /'pleɪtfʊl/ tányérnyi, tányérra való

**platelayer** vasúti pályamunkás

**platemark** FNÉV/IGE fémjel(lel ellát) [nemesfémet]

**platen** /'plætən/ ❶ nyomólemez [nyomdai] ❷ tárgyasztal [szerszámgépé] ❸ henger [írógépen/printeren]

**plater** /'pleɪtə/ ❶ galvanizáló (munkás) ❷ patkolókovács [versenylovaké]

**platform** /'plætfɔːm/ ❶ emelvény, dobogó ❷ peron [vágányok között] ❸ fúrósziget, olajfúrótorony fedélzete ❹ jármű nyitott hátsó része, peron ❺ platform, színtér [nézeteké] ❻ politikai program, alapelvek, platform [párté] ❼ [számítógépes] platform

**platform shoes** vastag/megemelt talpú / teletalpas cipő

**plating** /'pleɪtɪŋ/ ❶ lemezzel történő burkolás, lemezelés ❷ galvanizálás, befuttatás

**platinum** /'plætɪnəm/ ❶ platina ❷ platinaszín ❸ platinalemez *go platinum* eléri az egymillió eladott lemezpéldányt

**platonic** /plə'tɒnɪk/ plátói

**platoon** /plə'tuːn/ ❶ szakasz (katonáké) ❷ embercsoport, csapat

**platter** /'plætə/ ❶ nagy tál/tányér ❷ vegyestál

**platypus** /'plætɪpəs/ kacsacsőrű emlős

**plausibility** /ˌplɔːzə'bɪlətɪ/ hihetőség, valószerűség

**plausible** /'plɔːzəbəl/ ❶ valószerű, hihető ❷ megnyerő modorú, de megbízhatatlan/link

**play** /pleɪ/ FNÉV

❶ (szín)darab *TV play* tévéjáték ❷ ↯ NEM MEGSZÁML. játék, szórakozás, móka *play on words* szójáték ❸ ↯ NEM MEGSZÁML. játék, mozgás ❹ ↯ NEM MEGSZÁML. működés, hatás *come into play* működésbe lép, belejátszik a képbe, szerephez jut ❺ cselekvésmód, magatartás *fair play* tisztességes/szabályos játék, tisztesség *foul play* erőszak, tisztességtelen játék, szabálytalanság ❻ szabad mozgás, (holt)játék [pl. alkatrészé]

**play** IGE

❶ játszik *play fair* / *play the game* tisztességes játékot / egyenes eszközökkel játszik *play false* tisztességtelen eszközökkel játszik *play with fire* tűzzel játszik ❷ szerepel, alakít, játszik [színész] *play Hamlet* Hamletet alakítja *play a part* szerepet játszik ❸ sportversenyen szerepel, játszik (amelyik csapatban: *for*, amelyik csapat ellen: *against*) ❹ játszik vmit/vmivel/vmin *play basketball* kosárlabdázik *play the guitar* gitározik, gitáron játszik *play smth by ear* kotta nélkül / hallás után játszik ❺ ad, (meg)játszik *play the fool* adja a hülyét ❻ továbbít, ad, játszik [pl. labdát] ❼ kijátszik, kiterít [kártyát]

KIFEJEZÉSEKBEN: *play for time* megpróbál időt nyerni, késleltet *play it by ear* a körülményeknek/helyzetnek megfelelően cselekszik

**play about** VAGY **play around** ❶ játszadozik, eljátszik vmivel (amivel: *with*) ❷ flörtöl, eljátszadozik vkivel (akivel: *with*)

**play at** ❶ *play at smth* [szerepjátékot] játszik,

azt játssza, hogy vki *play at soldiers* katonásdit játszik ❷ nem túl komolyan csinál vmit *play at business* üzletemberkedik
**play back** *play smth back* visszajátszik, lejátszik [felvételt]
**play down** *play smth down* csekély jelentőségűnek tüntet fel, (el)bagatellizál
**play off** ❶ *play smb off against smb* vkit kijátszik vki ellen ❷ *play smth off* újrajátszik [mérkőzést a végső győzelemért]
**play on** *play on smth* kihasznál vmit, rájátszik vmire
**play out** *play smth out* végigjátszik vmit, döntésre visz vmit
**play up** ❶ *play smth up* (túl) nagy fontosságot tulajdonít vminek, túlhangsúlyoz vmit, minden erejét beveti ❷ rendetlenkedik, rakoncátlankodik, bosszúságot okoz
**play with** *play with smb/smth* ❶ eljátszik [gondolattal], megfontol vmit ❷ *play with ⁝oneself⁝* magához nyúl
**playback** ❶ visszajátszás [pl. gólé] ❷ playback, tátogás
**playbill** ❶ színházi műsorfüzet ❷ színházi plakát
**playboy** playboy, aranyifjú
**playdough** VAGY **playdoh** /ˈpleɪdəʊ/ gyurma
**played-out** ❶ eljátszott, elmúlt [pl. hatalom, dicsőség] ❷ régimódi, divatjamúlt
**player** /ˈpleɪə/ ❶ játékos [játékban, sportban] ❷ előadó [zeneműé], zenész ❸ a gazdaság(i élet) résztvevő(je)/szereplője/„játékos(a)"
**playful** /ˈpleɪfəl/ játékos, bohó, pajkos
**playgoer** /ˈpleɪgəʊə/ (rendszeres) színházlátogató
**playground** ❶ játszótér ❷ kedvelt tartózkodási hely
**playgroup** bölcsőde, óvoda [2–5 éves gyerekeknek]
**playhouse** ❶ színház ❷ játékház
**playing card** (játék)kártya
**playmaker** irányító, játékmester [pl. labdajátékban]
**playmate** játszópajtás, játszótárs
**playoff** ❶ újrajátszott mérkőzés ❷ rájátszás [a végső győzelemért]
**playpen** hempergő, járóka
**playschool** bölcsőde, óvoda, játszóház [2–5 éves gyerekeknek]
**playstreet** játszóutca
**playsuit** rudgalózó, játszóruha
**plaything** játékszer
**playtime** iskolai szünet
**playwright** /ˈpleɪraɪt/ drámaíró
**plaza** /ˈplɑːzə/ ❶ (köz)tér ❷ bevásárlóközpont
**plc** VAGY **PLC** = public limited company
**plea** /pliː/ ❶ kérelem, előterjesztés [r.szerint sürgős] (aminek az érdekében: *for*) ❷ jognyilatkozat, folyamodvány *enter a plea* folyamodványt nyújt be ❸ perbeli előadás
**plea bargaining** vádalku
**plead** /pliːd/, **pled** /pled/ VAGY **pleaded**, **pled** /pled/ VAGY **pleaded** ❶ esedezik vmiért (amiért: *for*) ❷ vmire hivatkozik, vmit felhoz mentségére ❸ vádról nyilatkozik, perbeli előadást tesz [bíróság előtt] *plead guilty* elismeri bűnösségét *plead not guilty* ártatlannak vallja magát ❹ szót emel vki/vmi mellett (aki/ami mellett: *for*)
**pleading** /ˈpliːdɪŋ/ ❶ védekezés ❷ perbeszéd, védőbeszéd ❸ közbenjárás (akiért: *for*)
**pleasant** /ˈplezənt/ ❶ kellemes [dolog] ❷ szeretetreméltó, kellemes, kedves [ember] ❸ jó, kellemes [időjárás]
**pleasantry** /ˈplezəntrɪ/ ❶ vidámság, jókedv ❷ kötelező udvariaskodás *exchange pleasantries* udvariassági köröket futnak
**please** /pliːz/ IND.SZÓ
❶ kérem, kérlek, legyen szíves, légy szíves *please don't go* kérlek, ne menj el ❷ kérek, köszönöm *yes, please!* igen, kérek [kínáláskor]
**please** IGE
❶ örömet szerez / kedvére van vkinek *they are hard to please* nehéz a kedvükre tenni ❷ (ahogy) tetszik vkinek, ahogy akarja *as you please* ahogy akarod
**pleased** /pliːzd/ ❶ (meg)elégedett *be pleased* meg van elégedve (amivel/akivel: *with/about*) *(I'm) pleased to meet you* örvendek a szerencsének [első találkozáskor] ❷ *be pleased to do smth* örömmel/szívesen megtesz vmit
**pleasing** /ˈpliːzɪŋ/ ❶ kellemes, megnyerő ❷ megelégedésre okot adó
**pleasurable** /ˈpleʒərəbəl/ kellemes, élvezetes
**pleasure** /ˈpleʒə/ FNÉV
❶ öröm, élvezet *with pleasure!* szívesen, boldogan, örömmel *take pleasure in (doing) smth* örömét leli vmiben *we request the pleasure of your company* tisztelettel meghívjuk [hivatalos meghívóban] ❷ szórakozás, kedvtelés ❸ gyönyör, kéj
**pleasure** IGE
élvezetet/kielégülést szerez
**pleasure boat** kirándulóhajó, sétahajó
**pleat** /pliːt/ FNÉV
❶ ránc, redő ❷ berakás, pliszírozás
**pleat** IGE
berak, redőz, pliszíroz
**plebeian** /pləˈbiːən/ FNÉV/MNÉV ❶ plebejus, köznépből való (ember) ❷ közönséges, vulgáris (ember)
**plectrum** /ˈplektrəm/ (TBSZ **plectra** /ˈplektrə/ VAGY **plectrums**) VAGY **plectron** /ˈplektrən/ (TBSZ **plectra** VAGY **plectrons**) pengető
**pled** ☞ plead
**pledge** /pledʒ/ FNÉV
❶ biztosíték, fedezet, zálog *pledge of good faith* jóhiszeműség bizonysága ❷ fogadalom, ígéret *make a pledge* ígéretet tesz ❸ vmi jele/ záloga ❹ túszt [vki sikerére] ❺ kötelezettség-vállalás

P

**pledge** IGE
❶ elzálogosít, zálogba ad ❷ elkötelez, megígér *pledge ⁞one's⁞ word* (becsület)szavát adja *be pledged to secrecy* titoktartásra van kötelezve ❸ (vki) egészségére iszik

**plenary** /'pli:nərɪ/ FNÉV
plenáris ülés

**plenary** MNÉV
❶ teljes, összes ❷ plenáris *plenary session* plenáris ülés

**plentiful** /'plentɪfəl/ ❶ bő, bőséges ❷ gazdag, dús, termékeny

**plenty** /'plentɪ/ FNÉV
❶ bőség ❷ jólét, gazdagság *age of plenty* tej-jel–mézzel folyó kánaán ❸ *in plenty* HÁTRAVETVE: bőviben

**plenty** HAT.SZÓ
eléggé, meglehetősen *it is plenty hot* jó forró

**plenty** MENNYISÉGSZÓ
*plenty of smth* sok/csomó/rengeteg, (bőven) elég *we have plenty of money* bőven van pénzünk

**plenum** /'pli:nəm/ TBSZ **plenums** VAGY **plena** /'pli:nə/ teljes ülés, plénum [r.szerint jogi]

**plethora** /'pleθərə/ bőség, túltengés

**plexiglass** /'pleksɪglɑ:s/ plexiüveg

**pliability** /ˌplaɪə'bɪlətɪ/ ❶ hajlékonyság, rugalmasság ❷ simulékonyság

**pliable** /'plaɪəbəl/ VAGY **pliant** /'plaɪənt/ ❶ hajlékony, rugalmas ❷ befolyásolható, simulékony

**pliers** /plaɪəz/ (lapos)fogó

**plight** /plaɪt/ FNÉV
(nehéz) állapot, helyzet *be in a sorry plight* nehéz helyzetben van

**plight** IGE
megígér, szavát adja *plight ⁞one's⁞ word to do smth* szavát adja, hogy megtesz vmit

**plimsolls** VAGY **plimsoles** /'plɪmsəlz/ teniszcipő, vékony tornacipő

**pliocene** /'plaɪəsi:n/ pliocén [kor]

**PLO** = Palestine Liberation Organization

**plod** /plɒd/
**plod along** cammog, vánszorog
**plod on** VAGY **pod away** vesződik, küszködik

**plonk** /plɒŋk/ FNÉV
❶ koppanás ❷ olcsó bor, kannásbor

**plonk** IGE
❶ kipenget, leszurkol [pénzt] ❷ *plonk ⁞oneself⁞ down* ledobja magát, leroskad ❸ lecsap, levág vmit

**plop** /plɒp/ FNÉV/IGE pottyan(ás), huppan(ás)

**plosion** /'pləʊʒən/ felpattanás [zárhangé]

**plosive** /'pləʊsɪv/ zárhang, pattanó hang

**plot** /plɒt/ FNÉV
❶ cselekmény, tartalom [regényé, drámáé] ❷ összeesküvés ❸ földdarab, telek ❹ tervrajz

**plot** IGE
❶ összeesküszik vki ellen (aki ellen: *against*) ❷ térképen jelez [pl. útvonalat] ❸ (meg)szerkeszt, ábrázol [pl. grafikont] ❹ cselekményt fölvázol

**plotter** /'plɒtə/ ❶ összeesküvő ❷ térképszerkesztő ❸ plotter, rajznyomtató

**plotting** /'plɒtə/ ❶ cselszövés, összeesküvés, ármány(kodás) ❷ grafikus ábrázolás

**plotting paper** milliméterpapír

**plough** /plaʊ/ FNÉV
❶ eke ❷ szántás ❸ *the Plough* Göncöl(szekér)

**plough** IGE
❶ (fel)szánt ❷ erőszakkal behatol/áthatol *plough across the sea* átszeli a tengert ❸ megbukik/megbuktat [vizsgán]
**plough in** *plough smth in* beszánt, beforgat
**plough through** *plough through smth* áthatol, átvergődik vmin

**ploughman** /'plaʊmən/ TBSZ **ploughmen** /'plaʊmən/ szántóvető, földműves

**plow** /plaʊ/ FNÉV
❶ eke ❷ szántás

**plow** IGE
❶ (fel)szánt ❷ erőszakkal behatol/áthatol *plow across the sea* átszeli a tengert

**ploy** /plɒɪ/ ❶ húzás, trükk ❷ huncutság, trükk

**pluck** /plʌk/ FNÉV
❶ bátorság, mersz ❷ tépés, rántás ❸ zsiger, belsőség [állaté]

**pluck** IGE
❶ húz, ránt, (le)tép ❷ (meg)kopaszt [baromfit főzéshez] ❸ penget [húros hangszert] ❹ átver, kifoszt
**pluck at** *pluck at smth* megránt, rángat
**pluck up** *pluck up ( ⁞one's⁞ ) courage* összeszedi a bátorságát, nekibátorodik

**plug** /plʌg/ FNÉV
❶ dugó [pl. mosdóban] ❷ (villás)dugó, csatlakozó ❸ árut dicsérő szöveg [rádióadás/tévéadás közben] ❹ gyertya [autóban]

**plug** IGE
❶ bedug(aszol) ❷ beledug [pl. ujját vhová] ❸ agyonreklámoz, állandóan emleget [rádióban/tévében] ❹ lepuffant ❺ behúz (vkinek)
**plug in** *plug smth in* bedug [csatlakozót]
**plug into** *plug into smth* rácsatlakozik vmire [pl. hálózatra]

**plug hole** lefolyónyílás

**plum** /plʌm/ ❶ szilva ❷ szilvafa ❸ szilvaszín

**plumage** /'plu:mɪdʒ/ tollazat

**plumb** /plʌm/ FNÉV
❶ függőón ❷ függőlegesség *be off / out of plumb* nem függőleges

**plumb** MNÉV
❶ függőleges ❷ merő, tökéletes *plumb nonsense* teljes képtelenség

**plumb** HAT.SZÓ
❶ függőlegesen ❷ egész(en), teljesen, tisztára ❸ pont(osan) *hit smb plumb between the eyes* pont a szeme közt talál el

**plumb** IGE
❶ mérőónnal/függőlegest mér ❷ mélyére lát, kivizsgál ❸ vízvezetéket szerel

**plumber** /ˈplʌmə/ ❶ vízvezeték-szerelő, gázszerelő ❷ titkos hírek/információ kiszivárogtatást vizsgáló/megakadályozó (magas szintű) biztonsági szolgálat embere
**plumbing** /ˈplʌmɪŋ/ ❶ víz- és gázszerelés, vizesmunka ❷ csőhálózat, csővezetékrendszer ❸ kiszivárogtatás (magas szintű) kivizsgálása/megakadályozása
**plume** /pluːm/ *FNÉV*
❶ toll, tollazat ❷ csóvaszerű dolog *a plume of smoke* füstcsóva ❸ szőrcsomó, hajcsomó
**plume** *IGE*
❶ tollakkal díszít ❷ tisztogatja magát, tollászkodik [madár]
**plummet** /ˈplʌmɪt/ *FNÉV*
❶ függőón ❷ ólom, nehezék [horgászzsinóron]
**plummet** *IGE*
(le)zuhan, (le)esik
**plump** /plʌmp/ *FNÉV*
❶ hirtelen leesés, huppanás ❷ puffanás
**plump** *MNÉV*
❶ telt, dundi ❷ vastag [pénztárca] ❸ nagylelkű [pl. adomány] ❹ egyenes, határozott
**plump** *IGE*
❶ pottyan, zuhan ❷ kikerekedik, kövérkéssé válik ❸ hízlal, puffaszt
**plump down** ❶ lepottyan, lezuhan [pl. székbe] ❷ *plump smth down* odavág vmit
**plump up** *plump smth up* felráz [pl. párnát]
**plumy** /ˈpluːmɪ/ ❶ tollas ❷ tollszerű
**plunder** /ˈplʌndə/ *FNÉV*
❶ kifosztás, (ki)rablás, fosztogatás ❷ zsákmány
**plunder** *IGE*
zsákmányol, fosztogat, rabol
**plunderage** /ˈplʌndərɪdʒ/ ❶ fosztogatás, dézsmálás ❷ hajórakomány elsikkasztása/megdézsmálása
**plunderer** /ˈplʌndərə/ fosztogató, rabló
**plunge** /plʌndʒ/ *FNÉV*
❶ fejesugrás ❷ elhatározás, döntés *take the plunge* rászánja magát vmire *he took the plunge (and got married)* (végül) nősülésre adta a fejét ❸ bemerülés ❹ bemerítés
**plunge** *IGE*
❶ dől, vetődik [előre/hátra/le] ❷ leugrik, leveti magát *plunge to* ⁝*one's*⁝ *death* leveti magát [öngyilkos lesz] ❸ zuhan *prices have plunged* az árak a mélybe zuhantak ❹ taszít, dönt ❺ bukdácsol, föl–le mozog [hajó]
**plunge into** ❶ *plunge smth into smth* belemárt, beledöf [pl. kést] *plunge smb into war* háborúba sodor/taszít vkit ❷ *plunge into smth* hirtelen belefog/belevág vmibe
**plunk** /plʌŋk/ *FNÉV*
❶ pengetés ❷ erős/kemény ütés
**plunk** *IGE*
❶ penget [húros hangszert] ❷ lepottyan ❸ lelök, lezúdít ❹ keményen megüt

**plural** /ˈplʊərəl/ *FNÉV*
többesszám
**plural** *MNÉV*
❶ többes, plurális [pl. társadalom] ❷ többes számú
**pluralism** /ˈplʊərəlɪzəm/ pluralizmus
**pluralistic** /ˌplʊərəˈlɪstɪk/ többelvű(séget megengedő), pluralisztikus
**plurality** /plʊəˈrælətɪ/ ❶ többes szám ❷ relatív többség [szavazásnál] ❸ pluralizmus
**plus** /plʌs/ *FNÉV*
❶ összeadásjel, pluszjel ❷ többlet, előny, vki/vmi mellett szóló körülmény
**plus** *MNÉV*
❶ pozitív, 0-nál nagyobb ❷ többlet-, plusz- [pl. szempont] ❸ -valamennyi, -egynéhány *he's sixty plus* hatvanegynéhány, hatvan fölött jár
**plus** *KÖTŐSZÓ*
meg, és, plusz *plus go to the bank* ezenkívül/meg a bankba is menni
**plus** *ELÖLJ.*
plusz, meg *three plus two* három meg kettő
**plus** *IGE*
növel, fokoz
**plush** /plʌʃ/ *FNÉV*
plüss
**plush** *MNÉV*
osztályon felüli, drága
**plushy** /ˈplʌʃɪ/ ❶ testes, gömbölyű ❷ osztályon felüli, drága
**plus sign** VAGY **plus** összeadásjel, pluszjel
**plutonium** /pluːˈtəʊnɪəm/ plutónium
**ply** /plaɪ/ *FNÉV*
❶ redőzet, rétegezés *four-ply* négyrétegű ❷ fonat, sodrat ❸ hajlás, görbület
**ply** *IGE*
❶ fuvarra/munkára vár [pl. taxis] *ply for hire* járja az utcákat fuvarra várva [taxis] ❷ (rendszeresen) közlekedik [hajó, taxi, busz] (amik között: *between*)
**plywood** /ˈplaɪwʊd/ furnérlemez, rétegelt fa
**p.m.** = post meridiem
**PM** = Postmaster; Prime Minister
**pneumatic** ❶ sűrített levegővel működő, pneumatikus, lég- ❷ felfújt, levegővel teli
**pneumatic drill** légkalapács
**pneumonia** /njuːˈməʊnɪə/ tüdőgyulladás
**Po** = polonium
**PO** = postal (money) order; post office
**poach** /pəʊtʃ/ ❶ orvvadászik, orvhalászik ❷ elhalász, eloroz [pl. gondolatot] (akitől: *from*) ❸ elszipkáz, levadász [munkaerőt] ❹ buggyant, bever [tojást, halat]
**poacher** /ˈpəʊtʃə/ ❶ vadorzó, orvvadász, orvhalász ❷ tojásbuggyantó lábas
**POB** VAGY **POBox** = post-office box
**pock** /pɒk/ himlőhólyag
**pocket** /ˈpɒkɪt/ *FNÉV*
❶ zseb *have smth in* ⁝*one's*⁝ *pocket* a zsebé-

P

ben tud/érez vmit ❷ pénz, zseb *pay out of ⁝one's⁝ own pocket* saját zsebéből fizet *put ⁝one's⁝ hand in ⁝one's⁝ pocket* pénzt költ, zsebébe nyúl ❸ tartó, zseb [pl. ülésen] ❹ csoport, csapat [pl. felhő-, katona-] ❺ lyuk, zseb [biliárdasztalon] ❻ (pofa)zacskó

**pocket** *MNÉV*
zsebméretű, zsebbe való, zseb-

**pocket** *IGE*
❶ zsebre vág/tesz ❷ bezsebel, zsebretesz, zsebrevág [r.szerint törvénytelenül] ❸ lyukba/ zsebbe üt [labdát, pl. biliárdban] ❹ „zsebrevág" [pl. sértést]

**pocketbook** ❶ notesz ❷ kis (női) táska ⓘ *NEM* ~~zsebkönyv~~

**pocket bread** zsebes zsömle, pita

**pocketful** /ˈpɒkɪtfʊl/ ❶ zsebnyi, egy zsebet kitöltő ❷ rengeteg *it cost me a pocketful of money* rengeteg pénzembe került

**pocketknife** *TBSZ* **pocketknives** zsebkés

**pocket money** ❶ zsebpénz ❷ apró(pénz), ellátmány [kisebb eseti kiadásokra]

**pocket-sized** zseb- [méretű]

**pockmark** /ˈpɒkmɑːk/ ❶ himlőhely ❷ himlőhelyhez hasonló vágás/mélyedés

**pockmarked** himlőhelyes

**pod** /pɒd/ *FNÉV*
❶ hüvely, tok [pl. borsóé] ❷ gubó ❸ kis állatcsoport [r.szerint fókáké/bálnáké]

**pod** *IGE*
hüvelyez, tisztít [borsót, babot]

**podgy** /ˈpɒdʒɪ/ köpcös, tömzsi

**podium** /ˈpəʊdɪəm/ emelvény, dobogó, pódium

**poem** /ˈpəʊəm/ vers, költemény

**poet** /ˈpəʊət/ költő

**poetess** /ˌpəʊəˈtes/ költőnő

**poetic** /pəʊˈetɪk/ költői

**poetical** /pəʊˈetɪkəl/ ❶ verses formában írt ❷ költői

**poetic licence** költői/művészi szabadság

**poetry** /ˈpəʊətrɪ/ ⚘ *NEM MEGSZÁML* ❶ költészet, költemények ❷ költészeti mesterség, költői fogás ❸ költői(es)ség

**pogrom** /ˈpɒgrəm/ pogrom

**poignancy** /ˈpɔɪnjənsɪ/ ❶ él, csípősség [pl. megjegyzésé] ❷ csípősség, élesség [pl. fűszeré, fájdalomé] ❸ hevesség [pl. érzelemé]

**poignant** /ˈpɔɪnjənt/ ❶ csípős, éles [pl. megjegyzés] ❷ megrendítő, szívbemarkoló [pl. érzelem]

**point** /pɔɪnt/ *FNÉV*
❶ hegy, vég, csúcs ❷ hely, pont [pl. megálló] ❸ (jellem)vonás, tulajdonság *strong/weak point* erős/gyenge oldala/pontja vminek/vkinek ❹ (idő)pont, helyzet, fokozat *freezing point* fagyáspont *melting point* olvadáspont *be on the point of doing smth* (már majdnem) azon a ponton van, hogy megtegyen vmit ❺ pont (-eredmény) *win by eight points* nyolc ponttal győz ❻ kérdés, gondolat *you've got a point there* ebben igazad van / ebben van valami ❼ értelem, lényeg *come/get to the point* rátér a lényegre *miss the point* nem érti meg a lényeget *that's beside the point* ennek semmi köze a dologhoz ❽ (tizedes)pont, tizedesvessző, százalék, növekmény/csökkenés mértéke *ten point seven* tíz egész hét tized *percentage point* százalékpont ❾ konnektor, csatlakozás, kapocs [elektromos] ❿ pont [betűnagyság]
KIFEJEZÉSEKBEN: *case in point* példa [az említett dologra] *make a point of (doing) smth* elvi kérdést csinál vmiből / vmi megtételéből

**point** *IGE*
❶ (meg)mutat [pl. ujjával] (amit/amire: *at/to*) ❷ ráirányít, ráfog [pl. puskát] (akire/amire: *at/towards*) ❸ vmennyit / vmilyen irányba mutat [óra, iránytű] *the arrow pointed south* a nyíl déli irányt mutatott ❹ (ki)hézagol [falat] ❺ hegyez [pl. ceruzát]

**point out** *point smth out* rámutat vmire, vmit megmutat (akinek: *to*)

**point-blank** *MNÉV*
❶ közvetlen közelből leadott [lövés] ❷ egyenes, félreérthetetlen, kerek perec

**point-blank** *HAT.SZÓ*
❶ közvetlen közelből ❷ egyenesen, félreérthetetlenül, kereken

**point duty** őrszolgálat, poszt [rendőri]

**pointed** /ˈpɔɪntɪd/ ❶ hegyes, éles, csúcsos [pl. köröm, épületrész] ❷ félreérthetetlen, nyílt [pl. megjegyzés]

**pointedly** /ˈpɔɪntɪdlɪ/ ❶ csípősen, nyomatékosan ❷ félreérthetetlenül

**pointer** /ˈpɔɪntə/ ❶ mutató(eszköz), nyelv [pl. óráé, műszeré] ❷ mutatópálca ❸ figyelmeztetés, jótanács, tipp ❹ angol (vadász)vizsla, pointer ❺ váltókar [vasúti] ❻ kurzort mozgató eszköz [pl. egér]

**pointless** /ˈpɔɪntləs/ ❶ céltalan, értelmetlen, hiábavaló ❷ pont nélküli ❸ eredmény/pont nélküli [pl. sportban]

**point of view** szempont, szemszög

**points** /pɔɪnts/ ❶ (vasúti) váltó ❷ többletpont [pl. boxban] *win on points* pontozással győz

**pointsman** /ˈpɔɪntsmən/ *TBSZ* **pointsmen** /ˈpɔɪntsmən/ ❶ váltóőr, váltókezelő ❷ posztos rendőr

**pointy** /ˈpɔɪntɪ/ éles, hegyes, csúcsos

**poise** /pɔɪz/ *FNÉV*
❶ higgadtság, kiegyensúlyozottság, józan megítélés ❷ egyensúly(ozás) ❸ lebegés ❹ függőben levés, eldöntetlenség

**poise** *IGE*
❶ (ki)egyensúlyoz ❷ lebeg [pl. madár] ❸ készenlétben tart
KIFEJEZÉSEKBEN: *be poised to do smth* arra készül, hogy vmit tegyen

**poison** /ˈpɔɪzən/ *FNÉV*
❶ méreg ❷ kár(os hatás) ❸ alkohol *what's your poison?* mit iszol?

**poison** *IGE*
❶ megmérgez vkit/vmit ❷ káros hatást fejt ki, károsít [levegőt, viszonyt] ❸ megfertőz

**poisoning** /ˈpɔɪzənɪŋ/ (meg)mérgezés

**poisonous** /ˈpɔɪzənəs/ ❶ mérges, mérgező, ártalmas ❷ szúrós, átható [pl. tekintet]

**poke** /pəʊk/ *FNÉV*
❶ lökés, döfés *give smb a poke in the ribs* oldalbavág ❷ lajhár, lassú ember ❸ zsák *pig in a poke* zsákbamacska ❹ dugás, kefélés

**poke** *IGE*
❶ (ki)nyúlik, (ki)lóg, (ki)látszik ❷ kinyújt, kidug *poke (one's) head* előredugja a fejét ❸ döf, szurkál *poke smb in the eye* kiszúrja vki szemét (amivel: *with*) ❹ piszkál *poke the fire* megpiszkálja a tüzet

**poker** /ˈpəʊkə/ ❶ piszkavas ❷ póker

**poker-faced** /ˈpəʊkəfeɪst/ rezzenéstelen, pókerarcú

**polar** /ˈpəʊlə/ ❶ sark(vidék)i, poláris, sark- ❷ (homlokegyenest) ellenkező

**polar bear** jegesmedve

**polar circle** sarkkör

**polarity** /pəˈlærətɪ/ ❶ polaritás, sarkosság ❷ polaritás [elektromos, mágneses]

**polarization** /ˌpəʊləraɪˈzeɪʃən/ polarizál(ód)ás

**polarize** /ˈpəʊləraɪz/ polarizál, sarkít, (ki)élez

**Pole** /pəʊl/ *FNÉV* lengyel

**pole** /pəʊl/ *FNÉV*
❶ rúd, pózna ❷ belső pálya/kör [lóversenyen] ❸ sark(pont), pólus *North/South Pole* Északi/Déli Sark ❹ sarok, pólus [elektromos, mágneses]

**pole** *IGE*
❶ rúddal/bottal (meg)üt/(meg)szúr ❷ kicövekel, kijelöl [területet] ❸ rúddal/bottal hajtja magát [csónakban, síeléskor]

**polemic** /pəˈlemɪk/ *FNÉV*
❶ vita, ellentét, polémia ❷ vitatkozó/polemizáló ember

**polemic** *MNÉV*
vitatkozó, vitázó, polemikus

**polemical** /pəˈlemɪkəl/ vitázó, polemikus

**polemics** /pəˈlemɪks/ vita, polémia, polemizálás

**pole position** kedvező/előnyös starthelyzet [pl. autóversenyen első sorban belül]

**pole star** sarkcsillag

**pole vault** /ˌpəʊl ˈvɔːlt/ *FNÉV/IGE* ❶ rúdugrás ❷ rúddal ugrik, rúdugrik

**pole vaulter** rúdugró

**police** /pəˈliːs/ *FNÉV*
*the police* rendőrség *the police have caught them* elfogta őket a rendőrség

**police** *IGE*
❶ rendőrként/rendőrökkel járőröz(tet)/bejár ❷ fenntartja/ellenőrzi a rendet

**police constable** (köz)rendőr

**police department** *US* rendőrség

**police force** *the police force* rendőrség, a rendőri erők

**policeman** /pəˈliːsmən/ *TBSZ* **policemen** /pəˈliːsmən/ rendőr [férfi]

**police officer** rendőr(tiszt)

**police station** rendőrőrszoba, rendőrőrs

**policewoman** /pəˈliːswʊmən/ *TBSZ* **policewomen** /pəˈliːswɪmɪn/ rendőrnő

**policy** /ˈpɒləsɪ/ ❶ politika, irányvonal [pl. párté] ❷ (vezér)elv, cél(kitűzés) *adopt a policy* állláspontot kialakít ❸ *(insurance) policy* biztosítás(i kötvény) *take out a policy* biztosítást köt

**poliomyelitis** /ˌpəʊlɪəʊmaɪəˈlaɪtɪs/ VAGY **polio** /ˈpəʊlɪəʊ/ gyermekbénulás, gyermekparalízis

**Polish** /ˈpəʊlɪʃ/ *MNÉV/FNÉV* lengyel

**polish** /ˈpɒlɪʃ/ *FNÉV*
❶ fény, ragyogás ❷ fényezőanyag, fényesítő *shoe polish* cipőpaszta *floor polish* padlófényesítő ❸ fényesítés, tisztítás, csiszolás ❹ csiszoltság, kifinomultság [pl. stílusé]

**polish** /ˈpɒlɪʃ/ *IGE*
❶ (ki)fényesít, (ki)tisztít ❷ fényez, csiszol, políroz ❸ (ki)csiszol, kifinomít
**polish up** *polish smth up* ❶ kifényesít ❷ felfrissít [pl. tudást]

**polished** /ˈpɒlɪʃt/ ❶ csiszolt, fényes ❷ csiszolt, alapos ❸ udvarias, választékos

**politbureau** /ˈpɒlɪtbjʊərəʊ/ politikai bizottság, politbüro [kommunista párté]

**polite** /pəˈlaɪt/ ❶ udvarias, előzékeny ❷ művelt, finom

**political** /pəˈlɪtɪkəl/ ❶ politikai ❷ politika iránt érdeklődő ❸ politikailag aktív ❹ vmilyen érdek által vezérelt, politikai

**political science** politikatudomány, politológia

**political scientist** politikatudós, politológus

**politician** /ˌpɒləˈtɪʃən/ *FNÉV* politikus

**politicization** /pəˌlɪtɪsaɪˈzeɪʃən/ átpolitizálás, politikai síkra terelés

**politicize** /pəˈlɪtɪsaɪz/ átpolitizál, politikai síkra terel, politikával átitat

**politicized** /pəˈlɪtɪsaɪzd/ átpolitizált *highly politicized issue* politikával átitatott kérdés

**politicking** /ˈpɒlətɪkɪŋ/ ❶ aktuálpolitika ❷ kampányolás, korteskedés, részvétel a politikában [r.szerint saját előny érdekében]

**politics** /ˈpɒlətɪks/ ❶ politika [jelenség, tudomány] *go into politics* politikai pályára megy ❷ politikai meggyőződés/elv ❸ belső helyezkedés/politizálás [pl. vállalatnál]

**polka** /ˈpɒlkə/ polka [tánc, zene]

**poll** /pəʊl/ *FNÉV*
❶ közvéleménykutatás ❷ közvéleménykutatás eredménye ❸ szavazás *go to the polls* szavaz, urnához járul ❹ szavazatok/szavazók száma ❺ *US* szavazóhelyiség

**poll** *IGE*
❶ közvéleménykutatóként kérdés(eke)t tesz föl / megkérdez ❷ elnyer, kap [szavazatot] *he polled 17 votes* 17 szavazatot kapott ❸ szavaz ❹ levág, megrövidít [hajat, szarvat]

iː tea ɪ it e bed æ cat ɜː bird ə ago eɪ way əʊ go aɪ my aʊ how eə air
ɑː car ɒ got ɔː war ʊ put uː too ʌ but ɪə here ʊə pure ɔɪ boy
θ thing ð this tʃ chip dʒ Joe ʃ ship ʒ measure s sit ŋ ring j you w win

**polled** /pəuld/ ❶ szarvatlan, szarv nélküli ❷ megnyírt, kopasz
**pollen** /ˈpɒlən/ virágpor, pollen
**pollen count** pollenkoncentráció
**polling** /ˈpəuɪlɪŋ/ ❶ közvéleménykutatás ❷ szavazók / szavazatot leadók száma
**polling booth** szavazófülke
**polling station** szavazóhely(iség)
**pollster** /ˈpəulstə/ közvéleménykutató
**poll tax** fejadó
**pollutant** /pəˈluːtənt/ szennyezőanyag, káros anyag [r.szerint ipari]
**pollute** /pəˈluːt/ ❶ (be)szennyez [pl. vizet], szennyeződést okoz ❷ bemocskol, megszentségtelenít ❸ megfertőz [erkölcsileg]
**pollution** /pəˈluːʃən/ ❶ (be)szennyezés, környezetszennyezés *air pollution* levegőszennyezés ❷ szennyeződés
**pollywog** /ˈpɒlɪwɒg/ ebihal
**polo** /ˈpəuləu/ ❶ gyeplabda ❷ jégkorong ❸ lovaspóló ❹ vízipóló ⓘ NEM ~~póló~~ [trikó]
**polonaise** /ˌpɒləˈneɪz/ polonéz
**polo neck** garbónyak *polo neck jumper* garbópulóver
**polonium** /pəˈləunɪəm/ polónium
**poly-** sok-, több-, poli-
**poly** /ˈpɒlɪ/ ❶ polietilén ❷ (műszaki) főiskola
**polyamide** /ˌpɒlɪˈæmaɪd/ poliamid
**polyclinic** /ˌpɒlɪˈklɪnɪk/ poliklinika
**polyester** /ˌpɒlɪˈestə/ poliészter
**polyethene** /ˌpɒlɪˈeθiːn/ polietilén
**polygamous** /pəˈlɪgəməs/ poligám, több házastárssal rendelkező
**polygamy** /pəˈlɪgəmɪ/ többnejűség, többférjűség, poligámia
**polyglot** /ˈpɒlɪglɒt/ FNÉV/MNÉV soknyelvű, több nyelvet beszélő (ember)
**polygon** /ˈpɒlɪgən/ sokszög, poligon
**polygonal** /pəˈlɪgənəl/ sokszögű
**polygraph** /ˈpɒlɪgrɑːf/ hazugságvizsgáló (gép)
**polyp** /ˈpɒlɪp/ polip, daganat
**polyphone** /ˈpɒlɪfəun/ FNÉV többejtésű / többféle kiejtésű betű
**polyphonic** /ˌpɒlɪˈfɒnɪk/ ❶ többszólamú, polifón(ikus) ❷ többejtésű / többféle kiejtésű
**polyphony** /pəˈlɪfənɪ/ többszólamúság, polifónia
**polypropylene** /ˌpɒlɪˈprəupəliːn/ polipropilén
**polypus** /ˈpɒlɪpəs/ TBSZ **polipi** /ˈpɒlɪpaɪ/ polip, daganat
**polysemous** /pəˈlɪsɪməs/ VAGY **polysemantic** /ˌpɒlɪsəˈmæntɪk/ poliszém, több jelentésű
**polysemy** /pəˈlɪsɪmɪ/ poliszémia, többjelentésűség
**polystyrene** /ˌpɒlɪˈstaɪəriːn/ ❶ polisztirol ❷ Hungarocell
**polytechnic** /ˌpɒlɪˈteknɪk/ FNÉV
(műszaki) főiskola, technikum ⓘ NEM ~~politechnika~~
**polytechnic** MNÉV
műszaki
**polytheism** /ˈpɒlɪθɪɪzəm/ többistenhit, politeizmus
**polytheistic** /ˌpɒlɪθɪˈɪstɪk/ politeista, a politeizmus híve
**polythene** /ˈpɒlɪθiːn/ polietilén *polythene greenhouse* fóliasátor
**polyurethane** /ˌpɒlɪˈjuərəθeɪn/ poliuretán
**pomade** /pəˈmɑːd/ VAGY /pəˈmeɪd/ FNÉV/IGE ❶ hajkenőcs, pomádé ❷ pomádéval beken
**pomelo** /ˈpɒmələu/ ❶ US grapefruit, grepp ❷ pomelo
**pommel** /ˈpɒməl/ VAGY /ˈpʌməl/ FNÉV
❶ kardmarkolatgomb ❷ nyeregkápa-gomb
**pommel** IGE
püföl, ököllel ver
**pommel horse** kápásló
**pomp** /pɒmp/ pompa, fény, ragyogás
**pompom** /ˈpɒmpɒm/ légvédelmi gépágyú [II. világháborúban]
**pompon** /ˈpɒmpɒn/ VAGY **pompom** /ˈpɒmpɒm/ pompon
**pomposity** /pɒmˈpɒsətɪ/ ❶ nagyképű magatartás ❷ dagályosság, fellengzősség
**pompous** /ˈpɒmpəs/ ❶ nagyképű ❷ dagályos, fellengzős
**ponce** /pɒns/ ❶ strici, selyemfiú ❷ nőies, feltűnősködő férfi ❸ hímringyó
**poncho** /ˈpɒntʃəu/ poncsó
**pond** /pɒnd/ tó [r.szerint mesterséges]
**ponder** /ˈpɒndə/ ❶ (el)tűnődik, (el)mereng (amin: *on/over*) ❷ fontolgat, latolgat vmit
**ponderous** /ˈpɒndərəs/ ❶ nehéz(kes), ormótlan ❷ nehézkes [stílus]
**Pontiff** /ˈpɒntɪf/ *the Pontiff* a Szentatya
**pontifical** /pɒnˈtɪfɪkəl/ FNÉV
szertartáskönyv
**pontifical** MNÉV
❶ főpapi ❷ pápai ❸ (túlzottan) kenetteljes
**pontificate** /pɒnˈtɪfɪkət/ FNÉV
főpapi méltóság
**pontificate** /pɒnˈtɪfɪkeɪt/ IGE
❶ misét pontifikál ❷ nagyképűsködik
**pontoon** /pɒnˈtuːn/ ❶ ponton, hídtag ❷ huszonegy(ezés)
**pontoon bridge** pontonhíd
**pony** /ˈpəunɪ/ ❶ póni(ló) ❷ kis üveg/pohár ital
**ponytail** lófarok [hajviselet]
**poo** VAGY **pooh** /puː/ FNÉV/IGE kaki(l) *do a poo* kakil *poo ‹one's› pants* bekakil
**poodle** /ˈpuːdəl/ ❶ uszkár ❷ szolgai módon viselkedő ember, pincsikutya
**pooh!** /puː/ pfuj!
**pooh-pooh** /puːˈpuː/ (le)fitymál
**pool** /puːl/ FNÉV
❶ tó, tavacska *swimming pool* uszoda ❷ medence [pl. uszodában] ❸ tócsa, pocsolya *pool of blood* vértócsa ❹ közös alap/készlet ❺ tétek összessége [pl. kártyában] ❻ közös dolog *car pool* közös/csoportos autóhasználat ❼ konzorcium, egyesülés ❽ pool [biliárdfajta]

**pool** *IGE*
❶ összegyűjt, összead [pénzt, gondolatokat] ❷ *pool it* felváltva egymás gépkocsiját használják [jobb kihasználtság érdekében]
**pools** /puːlz/ *the pools* totó *win the pools* telitalálata van a totón
**poop** /puːp/ *FNÉV*
❶ kaka ❷ hajófar, tat ❸ nem hivatalos / félhivatalos információ
**poop** *IGE*
❶ kakál ❷ hajófaron átcsap [hullám] ❸ kidögleszt, kifáraszt
**poor** /pɔː/ VAGY /puə/ *FNÉV*
*the poor* a szegények
**poor** *MNÉV*
❶ szegény ❷ gyenge, rossz, silány [pl. áru, tudás, előadás, osztályzat] *his French is poor* gyengén beszél franciául *have a poor opinion of smb* nem jó véleménnyel van vkiről *piss poor* gyenge, olcsó [pl. kifogás] *take a poor view of smth* helytelenít vmit ❸ nem jó, gyenge [egészségileg] *be in poor health* rossz bőrben van ❹ szerencsétlen, szegény *poor thing* szegényke
**poorly** /ˈpuəlɪ/ *MNÉV*
*be/feel poorly* rosszul érzi magát
**poorly** *HAT.SZÓ*
❶ gyengén, rosszul *be poorly paid/dressed* rosszul van fizetve/öltözve *do poorly* rosszul/gyengén szerepel [pl. vizsgán] ❷ *think poorly of smb* nincs nagy véleménye vkiről
**poorly off** *be poorly off* szegény, nincs pénze
**poorness** /ˈpuənəs/ ❶ szegénység ❷ silányság, szegényesség
**POP** VAGY **P.O.P.** VAGY **p.o.p.** = post office protocol; point-of-purchase; point-to-point
**pop** /pɒp/ *FNÉV*
❶ pukkanás, durranás *open/go pop* pukkan, pukkanva nyílik ❷ szénsavas üdítő(ital) ❸ pop(zene) ❹ zálog *be in pop* zaciban van ❺ papa
**pop** *HAT.SZÓ*
hirtelen, váratlanul
**pop** *IND.SZÓ*
puff, pukk
**pop** *IGE*
❶ pukkan, pattan ❷ pukkant, durrant, pattint ❸ fölpattan, kinyílik *his eyes popped with amazement* a meghökkenéstől tágra nyílt a szeme ❹ gyorsan/hirtelen megy/jön vhová/vhonnan *pop down to the pub* beugrik a kocsmába ❺ gyorsan betesz/kivesz vhova/vhonnan *I popped it in my case* becsaptam a táskámba ❻ zaciba csap ❼ kapkod, gyakran bevesz *pop pill after pill* egymás után kapkodja be az orvosságokat ❽ elsüt [fegyvert]
**pop in** ❶ bekukkant, benéz vkihez/vhová ❷ *pop smth in* bedug, betesz
**pop off** ❶ elszalad, elkotródik ❷ kikel magából ❸ feldobja a talpát
**pop up** ❶ fölmerül, fölbukkan [kérdés] ❷ megjelenik, fölbukkan [ember, dolog]
**popcorn** pattogatott kukorica
**pope** /pəʊp/ ❶ pápa ❷ pópa
**popedom** /ˈpəʊpdəm/ ❶ pápaság ❷ pápai hatalom
**pope's nose** püspökfalat
**pop-eyed** (ki)dülledt szemű
**pop gun** játékpuska
**popinjay** /ˈpɒpɪndʒeɪ/ ❶ papagáj ❷ üresfejű piperkőc, papagáj, bohóc
**poplar** /ˈpɒplə/ nyárfa
**poplin** /ˈpɒplɪn/ puplin(ból készült)
**popover** /ˈpɒpəuvə/ ❶ Yorkshire pudding ❷ *US* linzer(szerű sütemény) ❸ laza női felső, trikó
**poppa** /pəˈpɑː/ papa
**popper** /ˈpɒpə/ ❶ patent(kapocs) ❷ kukoricapattogtató-edény
**poppy** /ˈpɒpɪ/ ❶ pipacs ❷ mák ❸ pipacsszín(ű)
**poppyhead** mákgubó
**poppyseed** mákszem
**pop shop** zaci, zálogház
**popsicle** /ˈpɒpsɪkəl/ pálcikás jégkrém
**populace** /ˈpɒpjuləs/ ❶ lakosság ❷ (nép)tömeg, a tömegek
**popular** /ˈpɒpjulə/ ❶ népszerű, közkedvelt, populáris (akik körében: *with*) ❷ gyakori, elterjedt *popular fallacy* közkeletű tévedés ❸ mindenki számára érthető, népszerű [pl. újság] ❹ nép-, köz- [pl. vélekedés]
**popularity** /ˌpɒpjuˈlærətɪ/ népszerűség
**popularization** /ˌpɒpjuləraɪˈzeɪʃən/ népszerűsítés
**popularize** /ˈpɒpjuləraɪz/ ❶ népszerűsít ❷ érthetővé tesz, népszerűsít
**populate** /ˈpɒpjuleɪt/ benépesít
**population** /ˌpɒpjuˈleɪʃən/ ❶ lakosság, népesség ❷ lakosság/népesség száma ❸ népességcsoport, állatcsoport, populáció *elephant population* elefántnépesség
**populism** /ˈpɒpjulɪzəm/ populizmus
**populist** /ˈpɒpjulɪst/ populista
**populous** /ˈpɒpjuləs/ népes, sűrűn lakott
**pop-up** rugós, fölnyíló, kidobós [pl. kenyérpirító, mesekönyv]
**porcelain** /ˈpɔːsəlɪn/ porcelán
**porch** /pɔːtʃ/ ❶ tornác ❷ veranda
**pore** /pɔː/ *FNÉV*
pórus
**pore** *IGE*
**pore over** *pore over smth* elmélyül vmiben [r.szerint írott dologban]
**pork** /pɔːk/ *NEM MEGSZÁML.* disznó(hús), sertés(-hús)
**porker** /ˈpɔːkə/ ❶ hízott disznó, hízó ❷ disznó [emberre]
**pork pie** ❶ (sertés)húsos hasé ❷ hanta, vaker, hazugság
**pork pig** hússertés
**pork scratchings** töpörtyű, pörc
**porky** /ˈpɔːkɪ/ ❶ disznószerű, disznóra jellemző, disznó- ❷ dagadt, kövér

P

**porky pie** hanta, vaker, hazugság
**porn** /pɔːn/ VAGY **porno** /ˈpɔːnəʊ/ pornó
**pornographic** /ˌpɔːnəˈgræfɪk/ pornográf
**pornography** /pɔːˈnɒgrəfɪ/ pornográfia
**porosity** /pɔːˈrɒsətɪ/ lyukacsosság, porozitás
**porous** /ˈpɔːrəs/ lyukacsos, porózus
**porousness** /ˈpɔːrəsnəs/ lyukacsosság, porozitás
**porridge** /ˈpɒrɪdʒ/ ❶ zabkása ❷ sitt [börtön] *do porridge* sitten van
**Port.** = Portugal; Portuguese
**port** /pɔːt/ *FNÉV*
❶ kikötő, teherkikötő *naval port* hadikikötő ❷ kikötőváros ❸ számítógépes port/kapu kapu ❹ (rakodó)nyílás ❺ bal oldal [hajóé, repülőgépé] ❻ portói [bor] ⓘ *NEM* ~~porta~~
**port** *IGE*
❶ visel, hord ❷ balra fordul [hajó] ❸ *port arms* fegyvert vizsgára [vezényszó]
**portability** /ˌpɔːtəˈbɪlətɪ/ szállíthatóság
**portable** /ˈpɔːtəbəl/ hordozható [pl. gép]
**portacrib** /ˈpɔːtəkrɪb/ mózeskosár
**portal** portál-site, portál
**portals** /ˈpɔːtəlz/ ❶ bejárat, portál ❷ vmi kezdete, küszöb *on the portals of happiness* a boldogság küszöbén
**portend** /pɔːˈtend/ előre jelez, előreveti vminek az árnyékát
**portent** /ˈpɔːtent/ ❶ (baljós) előjel, ómen ❷ ominózus jelentőségű dolog ❸ csodaszámba menő esemény
**portentous** /pɔːˈtentəs/ ❶ baljós(latú), vészjósló ❷ nagyképű ❸ csodálatos, rendkívüli
**porter** /ˈpɔːtə/ ❶ hordár ❷ londíner ❸ portás, kapus *night porter* éjszakai portás ❹ porter sör [barna] ❺ *US* hálókocsi-kalauz
**portfolio** /pɔːtˈfəʊlɪəʊ/ ❶ irattáska, mappa ❷ egy mappányi rajz/festmény ❸ befektetésállomány, portfólió ❹ miniszteri feladatkör/tárca *minister without portfolio* tárca nélküli miniszter
**porthole** ❶ kis ablak [hajón, repülőn] ❷ lőrés
**portico** /ˈpɔːtɪkəʊ/ ❶ előtető ❷ oszlopcsarnok, porticus ❸ fedett sétány
**portion** /ˈpɔːʃən/ *FNÉV*
❶ vminek része/részlete ❷ vkire jutó rész [pl. felelősségből] ❸ adag, porció [ételből] ❹ osztályrész, sors
**portion** *IGE*
*portion smth out* kioszt, szétoszt, kiporcióz (akik között: *among/between*)
**portly** /ˈpɔːtlɪ/ ❶ pocakos, tekintélyes ❷ méltóságteljes, tekintélyes
**portmanteau** /pɔːtˈmæntəʊ/ *TBSZ* **portmanteaus** VAGY **portmanteaux** /pɔːtˈmæntəʊz/ ❶ bőrönd, útitáska ❷ vegyülékszó [pl. csatorna + alagút = csalagút]
**portrait** /ˈpɔːtrət/ VAGY /ˈpɔːtreɪt/ ❶ arckép, portré ❷ leírás [emberé, dologé] ❸ portréfilm ❹ portréműsor ❺ álló helyzetű oldalbeállítás
**portraitist** /ˈpɔːtrətɪst/ VAGY /ˈpɔːtreɪtɪst/ portréista, portrét készítő művész
**portraiture** /ˈpɔːtrɪtʃə/ ❶ arcképfestés ❷ arckép, portré ❸ leírás, jellemzés [szóban]
**portray** /pɔːˈtreɪ/ ❶ művészileg ábrázol vkit/vmit [pl. képen, szobron] ❷ leír, ábrázol, bemutat ❸ alakít, játszik [szerepet]
**portrayal** /pɔːˈtreɪəl/ ❶ ábrázolás, leírás, bemutatás ❷ alakítás, eljátszás [szerepé]
**pos.** = position; positive; possessive
**POS** = point-of-sale; point-of-sales
**pose** /pəʊz/ *FNÉV*
❶ testtartás, póz ❷ tettetés, póz(olás)
**pose** *IGE*
❶ modellt ül/áll ❷ beállít [modellt] ❸ felvet, feltesz [kérdést, problémát] ❹ pózol, színlel, vminek kiadja magát (aminek: *as*)
**posh** /pɒʃ/ elegáns, előkelő, flancos
**posit** /ˈpɒzɪt/ ❶ posztulál, feltesz ❷ rögzít
**position** /pəˈzɪʃən/ *FNÉV*
❶ helyzet, állás *be in position* megfelelő helyen/helyzetben van *hold smth in position* megtart [pl. csavar polcot] ❷ testtartás, pozitúra ❸ szituáció, helyzet *put ⁝oneself⁝ into smb's position* vki helyébe képzeli magát ❹ helyezés [pl. versenyen] *be in second position* második helyen áll ❺ rang, helyzet *in my position* az én helyzetemben / rangomból adódóan ❻ állás, munkakör *apply for a position* állásra jelentkezik ❼ álláspont, vélemény
**position** *IGE*
❶ elhelyez ❷ helyet meghatároz
**positive** /ˈpɒzətɪv/ *FNÉV*
❶ pozitív (fény)kép ❷ alapfokú alak [pl. melléknévé] ❸ igenlés, pozitív válasz *answer in the positive* igenlő választ ad
**positive** *MNÉV*
❶ biztos vmiben, meg van győződve vmiről (amiben/amiről: *of/about*) ❷ konstruktív, pozitív [pl. gondolkodás] ❸ önbizalommal teli, pozitív [pl. hozzáállás] ❹ tényleges, valós, tényeken alapuló [pl. bizonyíték] ❺ alapfokú [pl. melléknév] ❻ pozitív (előjelű) [szám] ❼ pozitív [pl. elektromosan, kép] ❽ pozitív, a keresett jelenséget mutató [orvosi lelet] ❾ igenlő, helyeslő [válasz]
**positively** /ˈpɒzətɪvlɪ/ ❶ határozottan, kifejezetten ❷ tényleg, valóban *they're positively clever* valóban okosak
**positive vetting** átvilágítás [fontos állásba helyezés előtt]
**positivism** /ˈpɒzətɪvɪzəm/ pozitivizmus
**positivist** /ˈpɒzətɪvɪst/ *FNÉV/MNÉV* pozitivista
**positivistic** /ˌpɒzətɪˈvɪstɪk/ *MNÉV* pozitivista
**poss.** = possessive; possible; possibly
**posse** /ˈpɒsɪ/ ❶ (feketék/jamaikaiak alkotta) utcai banda ❷ a haverok/banda/brancs ❸ banda, egy csomó ember
**possess** /pəˈzes/ ❶ birtokol vmit, rendelkezik vmivel [dologgal, tulajdonsággal] ❷ hatal-

mába kerít, megszáll [pl. indulat] ❸ megszerez magának [szexuálisan]

**possessed** /pəˈzest/ ❶ megszállott ❷ vmivel rendelkező *he's always been possessed of much sense* mindig sok esze volt

**possession** /pəˈzeʃən/ ❶ birtoklás *be in possession of smth* birtokában van vminek *take possession of smth* birtokába vesz / megszerez vmit ❷ labdabirtoklás ❸ tényleges használat, birtokbavétel [pl. lakásé] *take possession of smth* birtokba vesz vmit ❹ *possessions* vagyon, javak ❺ birtok, gyarmat ❻ megszállottság, őrültség

**possessive** /pəˈzesɪv/ *FNÉV*
birtokos eset, genitivus

**possessive** *MNÉV*
❶ birtoklási vággyal rendelkező, birtokolni vágyó ❷ kisajátító [érzelmileg] ❸ birtokos [eset]

**possibility** /ˌpɒsəˈbɪlətɪ/ ❶ lehetőség, kilátás ❷ vmi lehetséges volta *be within the realms of possibility* lehetséges ❸ eshetőség, lehetőség

**possible** /ˈpɒsəbəl/ *FNÉV*
*the possible* ❶ lehetséges dolog *be beyond the bounds of the possible* lehetetlen ❷ lehetséges jelölt [pl. állásra]

**possible** *MNÉV*
lehetséges, lehető *the best possible* a lehető legjobb *as far as possible* amennyire csak lehet *as soon as possible* amilyen hamar csak lehet

**possibly** /ˈpɒsɪblɪ/ ❶ talán *do all ≈one≈ possibly can* mindent tőle telhetőt megtesz *cannot possibly do smth* sehogy sem tud megtenni vmit *as soon as I possibly can* mihelyt tudok ❷ esetleg, talán

**possum** /ˈpɒsəm/ *TBSZ* **possum** VAGY **possums**
oposszum
KIFEJEZÉSEKBEN: *play possum* ❶ halottnak tetteti magát ❷ úgy tesz, mintha nem figyelne ❸ lapít

**post-** /pəust/ (-)utáni

**post** /pəust/ *FNÉV*
❶ posta [intézmény, hivatal, küldemény] *send smth by post* postán küld vmit ❷ cölöp, karó, oszlop ❸ kapufa [labdajátékban] ❹ őrhely *be on post* őrségen van ❺ cél(oszlop) [r.szerint lóversenyen] ❻ állás, hivatal *take up ≈one's≈ post* elfoglalja állását/hivatalát

**post** *IGE*
❶ felad, postán (el)küld ❷ értesít *keep smb posted* vkit rendszeresen tájékoztat ❸ közzétesz, kifüggeszt, kitűz *results will be posted on Tuesday* az eredmények kedden lesznek kifüggesztve ❹ nyilvánosságra hoz, közzétesz *the plane was posted missing* a repülőgépet eltűntnek nyilvánították ❺ elkönyvel, felmutat *post gains/losses* nyereséget/veszteséget mutat föl / könyvel el ❻ (fel)állít [őrszemet] ❼ kirendel, vezényel vhova

**postage** /ˈpəustɪdʒ/ bérmentesítés, postai díj

**postal** /ˈpəustəl/ ❶ postai, posta- ❷ postai úton küldött ❸ buggyant, dilis *go/get postal* megbuggyan, bedilizik

**postal order** postai pénzutalvány

**postal vote** postai úton leadott szavazat

**postbag** ❶ postazsák ❷ bejövő posta

**postbox** postaláda [pl. utcán]

**postcard** ❶ levelezőlap ❷ képeslap *picture postcard* képes levelezőlap, képeslap

**postcode** VAGY **postal code** (postai) irányítószám

**post-date** ❶ későbbre keltez ❷ később történik vminél

**poster** /ˈpəustə/ ❶ poszter ❷ plakát, falragasz

**poste restante** /pəust ˈrestɒnt/ postán maradó

**posterior** /pɒˈstɪərɪə/ *FNÉV*
fenék, hátsó

**posterior** *MNÉV*
❶ hát(ul)só ❷ későbbi, utólagos

**posterity** /pɒˈsterətɪ/ ⇞ *NEM MEGSZÁML* ❶ utókor ❷ leszármazottak

**postgraduate** /pəustˈgrædjuət/ egyetemi tanulmányok befejezése utáni, posztgraduális

**post-haste** /ˌpəustˈheɪst/ lóhalálában

**posthumous** /ˈpɒstjuməs/ ❶ halál utáni, posztumusz, hátrahagyott [mű] ❷ az apa halála után született [gyermek]

**postilion** VAGY **postillion** /pɒˈstɪlɪən/ (lovon ülő) postakocsis

**post-impressionism** /ˌpəustɪmˈpreʃənɪzəm/ posztimpresszionizmus

**post-industrial** /ˌpəustɪnˈdʌstrɪəl/ posztindusztriális

**posting** /ˈpəustɪŋ/ kinevezés

**post-it** öntapadós jegyzetlap [üzeneteknek]

**postman** /ˈpəustmən/ *TBSZ* **postmen** /ˈpəustmən/ postás, kézbesítő

**postmark** *FNÉV/IGE* postabélyegző(vel ellát)

**postmaster** postamester

**post meridiem, p.m.** /ˌpəustməˈrɪdɪəm/ délután

**postmistress** postamesternő

**postmodern** /pəustˈmɒdən/ posztmodern

**postmodernism** /pəustˈmɒdənɪzəm/ posztmodern(izmus)

**post-mortem** /pəustˈmɔːtəm/ ❶ halottszemle, boncolás ❷ utólagos elemzés/vizsgálat, utóelemzés

**post office** posta(hivatal)

**post office box, POB** postafiók

**post-operative** műtét utáni

**postpone** /pəustˈpəun/ elhalaszt, kitol [dátumot], későbbre halaszt/tesz

**postponement** /pəustˈpəunmənt/ (el)halasztás

**postposition** /ˌpəustpəˈzɪʃən/ ❶ névutó ❷ hátrahelyezés, hátravetés [pl. szóé]

**postscript** /ˈpəustskrɪpt/ ❶ utóirat ❷ utószó

**postsecondary** /ˌpəustˈsekəndərɪ/ posztszekunder, postsecondary, középiskola utáni

**postulate** /ˈpɒstjulət/ *FNÉV*
kindulási feltétel, posztulátum

P

**postulate** /'pɒstjuleɪt/ *IGE*
❶ alapul tekint, (posztulátumként) feltesz, posztulál

**posture** /'pɒstʃə/ *FNÉV*
❶ testtartás, (test)helyzet ❷ magatartás, hozzáállás

**posture** *IGE*
❶ beállít, elhelyez ❷ vmilyen magatartást/pózt vesz fel

**postwar** /'pəustwɔː/ a háború utáni, a háborút követő

**postwoman** /'pəustwumən/ *TBSZ* **postwomen** /'pəustwɪmɪn/ postás(nő), postáskisasszony

**pot** /pɒt/ *FNÉV*
❶ edény [cserép-, főző-] ❷ bili ❸ nagy mennyiség *have pots of money* rengeteg pénze van ❹ tét [kártyában] ❺ pocak ❻ sikeres lökés [pl. biliárdban] ❼ kupa, serleg [versenyen] ❽ marihuána
KIFEJEZÉSEKBEN: *the pot calling/calls the kettle black* bagoly mondja verébnek, hogy nagyfejű

**pot** *IGE*
❶ lövöldöz, rálő (amire: *at*) ❷ cserépbe tesz/ültet ❸ fazékba tesz ❹ befőz ❺ lyukba lök [biliárdgolyót] ❻ (meg)biliztet

**potable** /'pəutəbəl/ iható

**potash** /'pɒtæʃ/ hamuzsír, káliumkarbonát

**potassium** /pə'tæsɪəm/ kálium

**potation** /pə'teɪʃən/ ❶ ivászat ❷ ital

**potato** /pə'teɪtəu/ ❶ burgonya, krumpli ❷ krumplibokor
KIFEJEZÉSEKBEN: *couch potato* képernyő előtt heverő / ki nem mozduló ember *mouse potato* folyton a számítógép előtt ülő ember

**potato chip** ❶ hasábburgonya ❷ burgonyaszirom

**potato crisp** burgonyaszirom

**pot-bellied** /pɒt'belɪd/ pocakos, nagyhasú

**potbelly** pocak

**potency** /'pəutənsɪ/ ❶ erő, hatékonyság ❷ befolyás ❸ potencia

**potent** /'pəutənt/ ❶ erős hatásos, hathatós ❷ hatékony, meggyőző ❸ potens, merevedésre képes

**potentate** /'pəutənteɪt/ nagyúr, uralkodó ⓘ *NEM* ~~potentát~~

**potential** /pə'tenʃəl/ *FNÉV*
❶ lehetőség, potenciál *have enormous potential* óriási lehetőség van benne ❷ villamos potenciál, feszültség

**potential** *MNÉV*
❶ lappangó, rejtett ❷ helyzeti, potenciális ❸ lehetőséget kifejező [nyelvtani alak]

**potentiality** /pəˌtenʃɪ'ælətɪ/ ❶ lappangó lehetőség ❷ potenciál

**potentially** /pə'tenʃəlɪ/ ❶ lehetőség szerint ❷ potenciálisan

**potentiometer** /pəˌtenʃɪ'ɒmɪtə/ potenciométer

**potful** /'pɒtful/ lábosnyi, fazéknyi, egy lábosra/fazékra való

**pothole** /'pɒthəul/ ❶ sziklaüreg ❷ gödör, kátyú

**pothook** /'pɒthuk/ ❶ edényakasztó kampó ❷ kampó, hurok [gyerek írásgyakorlataiban]

**potion** /'pəuʃən/ ital, korty [r.szerint varázsital/méreg]

**potluck** *take potluck* ❶ vaktában választ, a szerencsére bízza a választást ❷ azt az ételt kapja, ami éppen jut [váratlan vendég]

**potpourri** /puə'purɪ/ ❶ illatos szárított virággal teli kosárka, potpuri ❷ egyveleg [r.szerint zenei] ❸ keverék, egyveleg, sokféleség

**potted** /'pɒtɪd/ ❶ konzervált, pástétom-alakú [hús, hal] ❷ cserépbe ültetett ❸ rövidített, zanzásított [pl. könyv]

**potter** /'pɒtə/ *FNÉV*
fazekas

**potter** *IGE*
❶ ténykedik, sertepertél ❷ *potter (about)* (el)pepecsel, (el)piszmog

**pottery** /'pɒtərɪ/ ❶ cserépedény, agyagáru *two pieces of pottery* két agyagedény ❷ fazekasmesterség ❸ fazekasműhely

**potty** /'pɒtɪ/ *FNÉV*
❶ bili ❷ vécé [gyereknyelvben]

**potty** *MNÉV*
❶ dilis ❷ jelentéktelen

**potty-train** szobatisztaságra/bilire szoktat

**pouch** /pautʃ/ *FNÉV*
❶ zacskó, tasak, erszény [pl. pénz/dohány/puskapor tárolására] ❷ erszény [erszényes állaté] ❸ pofazacskó [állaté]
KIFEJEZÉSEKBEN: *diplomatic pouch* diplomáciai posta

**pouch** *IGE*
❶ zacskóba/tasakba tesz ❷ zacskószerűre kiképez/alakít ❸ nyel [madár, hal]

**pouf** VAGY **pouffe** /puf/ puff [ülőke]

**poulterer** /'pəultərə/ baromfikereskedő

**poultry** /'pəultrɪ/ ❶ baromfi, szárnyas ❷ baromfihús

**pounce** /pauns/ *FNÉV*
❶ (hirtelen) lecsapás [pl. madár a zsákmányára] ❷ karom [ragadozó madáré]

**pounce** *IGE*
**pounce on** *pounce on smth* lecsap vmire, megragad vmit

**pound** /paund/ *FNÉV*
❶ font [súlymérték: kb. 45 dkg] *sell by the pound* fontra/fontonként árulják ❷ *pound (sterling)* font (sterling) [pénzegység, £] ❸ ól, karám

**pound** *IGE*
❶ apróra tör, zúz [pl. jeget] ❷ dobog, üt, ver *his heart was pounding* kalapált a szíve ❸ ököllel ver, üt [pl. asztalt] ❹ súlyos léptekkel megy ❺ karámba zár, bezár

**pound cake** kuglóf formájú gyümölcstorta

**-pounder** /paundə/ ❶ -súlyú *quarter-pounder* negyed font súlyú ❷ -súlyú lövedéket használó [pl. ágyú] ❸ -fontos, vmennyi fontot érő

**pounding** /ˈpaʊndɪŋ/ ❶ ütés/püfölés (hangja) ❷ súlyos vereség [pl. sportban]
**pound sign** # jel, kettős kereszt
**pour** /pɔː/ ❶ ömlik, folyik, árad [folyadék, füst] ❷ özönlik [embertömeg] ❸ önt, tölt [folyadékot] ❹ áraszt, ont [pl. füstöt] ❺ pumpál [vmibe pénzt] ❻ zuhog *it's pouring (with rain)* zuhog/szakad (az eső)
KIFEJEZÉSEKBEN: *pour oil on troubled waters* megpróbálja lecsillapítani a kedélyeket *it never rains but it pours* a baj nem jár egyedül
**pour away** *pour smth away* kiönt
**pour out** ❶ *pour smth out* kiönt, kitölt [pl. teát] ❷ kiönt, vkire rázúdít [érzéseket] ❸ kiözönlik
**pout** /paʊt/ *FNÉV*
❶ ajakbiggyesztés ❷ duzzogás, durcáskodás
**pout** *IGE*
❶ ajkat biggyeszt ❷ duzzog ❸ felfújja magát
**poverty** /ˈpɒvətɪ/ ❶ szegénység, nyomor ❷ vmi hiánya/szegénysége
**poverty line** szegénységi küszöb, létminimum
**poverty-stricken** nyomorgó, nincstelen
**POW** = prisoner of war
**pow** /paʊ/ durr, puff [ütközéskor, robbanáskor]
**powder** /ˈpaʊdə/ *FNÉV*
❶ por *milk powder* tejpor ❷ púder *face powder* (arc)púder *baby powder* babapúder ❸ lőpor, puskapor ❹ porhó
**powder** *IGE*
❶ porrá tör, porít ❷ behint, megszór, bepúderez (amivel: *with*)
**powder keg** ❶ puskaporos hordó ❷ veszélyes dolog/helyzet, puskaporos hordó
**powder puff** púdervatta, púderpamacs
**powder room** (női) mosdó, fürdőszoba
**powdery** /ˈpaʊdərɪ/ ❶ porszerű, porhanyó(s) [pl. hó] ❷ poros
**power** /paʊə/ *FNÉV*
❶ hatalom *be in power* hatalmon/uralmon van *come into power* hatalomra jut *the powers that be* a mindenkori (fennálló) hatalom ❷ ráruházott hatalom, jog(osítvány) *have the power to do smth* joga van vmit megtenni ❸ képesség *do everything in ‹one's› power* minden tőle telhetőt megtesz ❹ erő, energia *air power* légierő *industrial power* ipari erő/hatalom ❺ (elektromos) áram *turn on/off the power* bekapcsolja/kikapcsolja az áramot ❻ teljesítmény [gépé], nagyítás [lencséé] ❼ ország, hatalom ❽ hatvány, kitevő *raise smth to the power of n* n-edik hatványra emel
**power** *MNÉV*
elektromos, motoros, motor-
**power** *IGE*
áramot ad [gépnek], árammal ellát
**power down** *power smth down* kikapcsol [számítógépet]
**power up** *power smth up* bekapcsol [számítógépet]

**powerboat** motorcsónak
**power cut** VAGY **power failure** áramszünet
**power-down** kikapcsolás [számítógépé]
**power drill** villanyfúró
**power-driven** gépi hajtású, motoros
**powerful** /ˈpaʊəfəl/ ❶ erős, erőteljes ❷ hatalmas, hathatós ❸ nagy hatalommal rendelkező
**powerhouse** ❶ nagyon erős ember ❷ gondolatok/erő forrása, kútfő *intellectual powerhouse* intellektuális energiaforrás/ötletforrás
**power-intensive** energiaigényes
**powerless** /ˈpaʊələs/ ❶ erőtlen ❷ tehetetlen
**powerlessness** /ˈpaʊələsnəs/ tehetetlenség, gyengeség
**power line** felsővezeték, távvezeték
**power outage** /ˈpaʊərautɪdʒ/ áramszünet
**power plant** erőmű
**powerplay** emberelőnyös/emberhátrányos helyzet [pl. jégkorongban]
**power point** konnektor
**power station** erőmű
**power steering** szervókormány
**power supply** energiaellátás, áramellátás
**power-up** bekapcsolás [számítógépé]
**power window** elektromos ablakemelő
**pox** /pɒks/ ❶ vérbaj, szifilisz ❷ himlő
**pp.** = pages; past participle; pianissimo
**p.p.** = past participle; per person
**p & p** = postage and packing
**PPI** = producer price index
**PPS** = post post scriptum
**p.r.** public relations
**pr.** = pair(s); preferred; present
**PR** = public relations; press release
**practicability** /ˌpræktɪkəˈbɪlətɪ/ ❶ használhatóság, hasznosság ❷ megvalósíthatóság, kivihetőség, járhatóság
**practicable** /ˈpræktɪkəbəl/ ❶ használható, hasznos, gyakorlati ❷ megvalósítható, keresztülvihető, kivihető
**practical** /ˈpræktɪkəl/ ❶ gyakorlati(as), tapasztalati ❷ célszerű, ügyes, praktikus [dolog] ❸ észnél lévő, okos *be practical* légy eszednél
**practical joke** ugratás, durva/otromba tréfa
**practically** ❶ /ˈpræktɪklɪ/ tulajdonképpen, szinte, úgyszólván ❷ gyakorlatilag
**practicals** /ˈpræktɪkəlz/ VAGY **practical classes** gyakorlat [egyetemi/főiskolai]
**practice** /ˈpræktɪs/ *FNÉV* ❶ gyakorlat, gyakorlás *you need more practice* még gyakorlásra van szükséged ❷ edzés *be out of practice* nincs edzésben ❸ valóság, gyakorlat *in practice* a valóságban, ténylegesen *put smth into practice* megvalósít / gyakorlatba átültet vmit ❹ praxis, gyakorlat [pl. orvosi, ügyvédi] ❺ szokás, praxis, gyakorlat *make a practice of (doing) smth* szokássá/gyakorlattá tesz vmit *unfair business practices* tisztességtelen üzleti gyakorlat ⓘ *NEM* ~~praktika~~

**practice match** edzőmérkőzés
**practise** VAGY **practice** *US* /ˈpræktɪs/ ❶ gyakorol, próbál [pl. zeneművet] ❷ edz, gyakorol ❸ vmilyen gyakorlatot folytat (amilyet: *as*) *he's practising as a lawyer* ügyvédi gyakorlatot folytat ❹ vmilyen vallást követ/gyakorol *practise Christianity* a kereszténységet gyakorolja ❺ vmire rászoktatja magát, vmilyen gyakorlatot folytat *practise economy* takarékoskodik
**practitioner** /prækˈtɪʃənə/ vmely hivatást gyakorló ember [pl. orvos/ügyvéd] *general practitioner* általános orvos
**praesidium** /prɪˈsɪdɪəm/ *TBSZ* **praesidia** /prɪˈsɪdɪə/ VAGY **praesidiums** vezető testület, elnökség [r.szerint párté]
**pragmatic** /prægˈmætɪk/ VAGY **pragmatical** /prəgˈmætɪkəl/ ❶ gyakorlati(as), pragmatikus
**pragmatics** /prægˈmætɪks/ pragmatika
**pragmatism** /ˈprægmətɪzəm/ pragmatizmus
**prairie** /ˈpreərɪ/ préri
**praise** /preɪz/ *FNÉV*
❶ dicséret, dicsérés *sing the praises of smth* dicshimnuszokat zeng vmiről ❷ hála, dicséret *give praise to God* dicséri istent
**praise** *IGE*
❶ dicsér, magasztal, dicsőít *praise smb/smth to the skies* az egekig magasztal vkit/vmit ❷ dicsőít, dicsér [Istent]
**praiseworthy** /ˈpreɪzwɜːdɪ/ dicséretre méltó, dicséretes
**praline** /ˈprɑːliːn/ praliné
**pram** /præm/ gyerekkocsi, babakocsi
**prance** /prɑːns/ ❶ ágaskodik [ló] ❷ büszkén/boldogan jár–kel
**prank** /præŋk/ *FNÉV*
tréfa, csíny
**prank** *IGE*
hivalkodóan öltözik
**prattle** /ˈprætəl/ VAGY **prate** /preɪt/ *FNÉV/IGE* csacsog(ás), fecseg(és), locsog(ás)
**prawn** /prɔːn/ garnélarák
**prawn cocktail** ráksaláta [előétel]
**praxis** /ˈpræksɪs/ *TBSZ* **praxises** VAGY **praxes** /ˈpræksiːz/ praxis, gyakorlat
**pray** /preɪ/ ❶ imádkozik (akihez: *to*, amiért: *for*) ❷ reménykedik, könyörög ❸ kérlel (vkit) *pray be seated* légy oly szíves, foglalj helyet
**prayer** /preə/ ❶ imádság, ima, könyörgés *say (one's) prayers* imádkozik *put up a prayer* imádkozik ❷ kérés, kérelem, könyörgés *his prayers were answered* könyörgése/ imádsága meghallgatásra talált
**prayer book** imakönyv
**pre-** /priː/, /prɪ/, /prə/ előtti, (vmit) megelőző, elő-, pre-
**preach** /priːtʃ/ ❶ prédikál, szentbeszédet mond ❷ korteskedik, prédikál ❸ kéretlenül osztogat tanácsokat, prédikál (akinek: *at/to*, amiről: *about*) *preach to smb* „prédikál" vkinek, leckéztet vkit *preach up* feldicsér
KIFEJEZÉSEKBEN: *preach to the converted* nyitott kapukat dönget
**preamble** /prɪˈæmbəl/ ❶ előszó, preambulum ❷ indokolás, preambulum [törvénycikké]
**prearrange** /ˌpriːəˈreɪndʒ/ előre elrendez/megbeszél
**prearrangement** /ˌpriːəˈreɪndʒmənt/ előzetes elrendezés/megbeszélés
**precarious** /prɪˈkeərɪəs/ bizonytalan, ingatag [pl. helyzet, egyensúly]
**precaution** /prɪˈkɔːʃən/ ❶ elővigyázat, óvatosság ❷ óvintézkedés, elővigyázatossági intézkedés
**precautionary** /prɪˈkɔːʃənərɪ/ elővigyázatból/ óvatosságból tett
**precede** /prɪˈsiːd/ ❶ megelőz, előtte megy/van ❷ bevezet [tevékenységet, beszédet]
**precedence** /ˈpresədəns/ első(bb)ség *give precedence to smth* elsőbbséget ad vminek *have/take precedence over smb/smth* elsőbbsége van vkivel/vmivel szemben *in order of precedence* fontossági sorrendben ⓘ *NEM* ~~precedens~~
**precedent** /ˈpresədənt/ irányadó eset, precedens *break precedent* megtöri a hagyományokat *create/set a precedent* precedenst képez
**precedential** /ˌpresəˈdenʃəl/ ❶ precendest teremtő ❷ precedensértékű
**preceding** /prɪˈsiːdɪŋ/ (meg)előző, előbbi
**precept** /ˈpriːsept/ ❶ szabály, alapelv [r.szerint erkölcsi] ❷ utasítás [pl. használati]
**precinct** /ˈpriːsɪŋkt/ ❶ terület, kerület, negyed *shopping precinct* bevásárlónegyed *pedestrian precinct* gyalogosoknak fenntartott terület, sétálóutca ❷ *US* választókerület, választókörzet
**precincts** /ˈpriːsɪŋkts/ ❶ bekerített rész [pl. iskoláé] ❷ (közvetlen) környék [pl. városé]
**precious** /ˈpreʃəs/ *MNÉV*
❶ értékes, drága ❷ becses, értékes ❸ értéktelen, ócska *take your precious book* fogd csak azt az ócska könyvedet
**precious** *HAT.SZÓ*
nagyon, rettentően *precious little* édeskevés
**precipice** /ˈpresɪpɪs/ szakadék, meredély
**precipitance** /prɪˈsɪpɪtəns/ sietség, meggondolatlanság, hirtelenség
**precipitant** meggondolatlan, elhamarkodott
**precipitate** /prɪˈsɪpɪtət/ *MNÉV*
meggondolatlan, elhamarkodott, impulzív
**precipitate** /prɪˈsɪpɪteɪt/ *IGE*
❶ siettet, sürget, felgyorsít [eseményt] ❷ letaszít, levet [mélységbe] ❸ beletaszít, belesodor [pl. háborúba] ❹ kicsapódik, leülepedik ❺ kicsap, leülepít
**precipitation** /prɪˌsɪpɪˈteɪʃən/ ❶ siettetés, sürgetés ❷ csapadék [pl. hó, eső] *without precipitation* csapadékmentes ❸ kapkodás, meggondolatlanság ❹ üledék, csapadék
**precipitous** /prɪˈsɪpɪtəs/ ❶ hirtelen esésű, meredek ❷ meggondolatlan, impulzív

**précis** /ˈpreɪsiː/ TBSZ **précis** /ˈpreɪsiːz/ tartalmi kivonat, összefoglaló
**precise** /prɪˈsaɪs/ ❶ pontos, precíz ❷ éppen az/akkor ❸ (túl) pedáns
**precisely** /prɪˈsaɪslɪ/ ❶ pontosan, pontban ❷ úgy van / így van / pontosan
**precision** /prɪˈsɪʒən/ VAGY **preciseness** /prɪˈsaɪs nəs/ pontosság, precizitás
**preclude** /prɪˈkluːd/ eleve kizár / lehetetlenné tesz *preclude the possibility of (doing) smth* eleve kizárja vmi (megtételének a) lehetőségét
**precocious** /prɪˈkəʊʃəs/ koraérett
**precocity** /prɪˈkɒsətɪ/ VAGY **precociousness** /prɪˈkəʊʃəsnəs/ koraérettség
**preconceive** /ˌpriːkənˈsiːv/ előre kialakít [véleményt]
**preconception** /ˌpriːkənˈsepʃən/ előre kialakult vélemény, előítélet, prekoncepció
**precondition** /ˌpriːkənˈdɪʃən/ előfeltétel
**precook** /priːˈkʊk/ előfőz
**precursor** /prɪˈkɜːsə/ előfutár, előd (amié: *to/ of*)
**precursory** /prɪˈkɜːsərɪ/ VAGY **precursive** /prɪˈkɜːsɪv/ ❶ előzetes ❷ előre jelző
**pred.** = predicate
**predacious** VAGY **predaceous** /prɪˈdeɪʃəs/ ❶ ragadozó, zsákmányra vadászó ❷ rabló, zsákmányszerző
**predate** /priːˈdeɪt/ antedatál, előre keltez
**predator** /ˈpredətə/ ❶ ragadozó [állat] ❷ szerzési vágyban szenvedő ember, harácsoló
**predatory** /ˈpredətərɪ/ ❶ ragadozó, zsákmányra vadászó ❷ rabló, zsákmányszerző
**predecessor** /ˈpriːdɪsesə/ ❶ előd ❷ ős
**predestinate** /priːˈdestɪnət/ MNÉV
eleve elrendelt, predesztinált
**predestinate** /priːˈdestɪneɪt/ IGE
eleve elrendel, predesztinál (amire: *to*)
**predestination** /priːˌdestɪˈneɪʃən/ ❶ eleve elrendelés, predesztináció ❷ sors, rendelés
**predestine** /priːˈdestɪn/ eleve elrendel, predesztinál (amire: *to*)
**predeterminate** /ˌpriːdɪˈtɜːmɪnət/ előre meghatározott, prederminált
**predetermination** /ˌpriːdɪtɜːmɪˈneɪʃən/ ❶ előre meghatározottság, predetermináció ❷ fontolt szándék ❸ befolyásolás
**predetermine** /ˌpriːdɪˈtɜːmɪn/ ❶ előre meghatároz *be predetermined by smb/smth* eleve meg van határozva vki/vmi által [pl. szem színe] ❷ előre megszervez
**predeterminer** /ˌpriːdɪˈtɜːmɪnə/ predetermináns, névelő előtti névelőféle [pl. „*all* the boys"]
**predicament** /prɪˈdɪkəmənt/ ❶ kellemetlen/kínos helyzet ❷ kategória [logikában]
**predicate** /ˈpredɪkət/ FNÉV
❶ állítás, predikátum ❷ állítmány
**predicate** /ˈpredɪkeɪt/ IGE
❶ állít, kimond ❷ alapoz (amire: *on*) ⓘ NEM ~~prédikál~~ [= papol]
**predication** /ˌpredɪˈkeɪʃən/ állítmányi rész
**predicative** /prɪˈdɪkətɪv/ ❶ állító ❷ állítmányi (használatú)
**predicator** /ˈpredɪkeɪtə/ állítmányi rész ⓘ NEM ~~prédikátor~~
**predicatory** /ˈpredɪkeɪtərɪ/ VAGY /ˌpredɪˈkeɪtərɪ/ prédikátori
**predict** /prɪˈdɪkt/ megjósol, előre megmond/jelez ⓘ NEM ~~prédikál~~ [= papol, szentbeszédet mond]
**predictability** /prɪˌdɪktəˈbɪlətɪ/ ❶ előreláthatóság, megjósolhatóság ❷ kiszámíthatóság
**predictable** /prɪˈdɪktəbəl/ ❶ előre látható, megjósolható ❷ kiszámítható
**prediction** /prɪˈdɪkʃən/ ❶ jóslás, jövendölés ❷ jóslat, jövendölés
**predictive** /prɪˈdɪktɪv/ jósló, jövendölő
**predispose** /ˌpriːdɪˈspəʊz/ ❶ hajlamossá/fogékonnyá tesz vmire *be predisposed to smth* eleve hajlamos/fogékony vmire ❷ rátestál vkire, előre odaad vkinek
**predisposition** /ˌpriːdɪspəˈzɪʃən/ fogékonyság, prediszpozíció, hajlam (amire: *to/towards*)
**predominance** /prɪˈdɒmɪnəns/ túlsúly, fölény (amivel/akivel szemben: *over*)
**predominant** /prɪˈdɒmɪnənt/ túlsúlyban levő, túlnyomó
**predominate** /prɪˈdɒmɪneɪt/ ❶ túlsúlyban van ❷ érvényesül (amivel/akivel szemben: *over*)
**pre-eminence** /prɪˈemɪnəns/ kiemelkedés, kiválóság
**pre-eminent** /prɪˈemɪnənt/ kimagasló, kiemelkedő
**pre-empt** /prɪˈempt/ ❶ megelőz, megelőző lépést tesz ❷ elővételi jogát gyakorolva földet megszerez ❸ földet elfoglal
**pre-emption** /prɪˈempʃən/ ❶ megelőző lépés, megelőzés ❷ elővétel, elővételi jog gyakorlása ❸ földfoglalás
**pre-emptive** /prɪˈemptɪv/ ❶ elővételi [jog] ❷ megelőző *pre-emptive strike* megelőző csapás
**pref.** = preface; preference; preferred; prefix
**prefab** /ˈpriːfæb/ VAGY **prefabricated** /priːˈfæbrɪkeɪtɪd/ előregyártott (elemekből álló/épült)
**prefabricate** /priːˈfæbrɪkeɪt/ előre gyárt
**prefabrication** /ˌpriːfæbrɪˈkeɪʃən/ előregyártás
**preface** /ˈprefəs/ FNÉV
❶ előszó, bevezetés ❷ bevezetés, bevezető esemény/cselekvés
**preface** IGE
❶ bevezetőként/bevezetésként szolgál ❷ vhogyan/vmivel bevezet
**prefect** /ˈpriːfekt/ ❶ elöljáró, prefektus ❷ felügyelő, idősebb diák [brit iskolában]
**prefer** /prɪˈfɜː/ jobban szeret vminél, előnyben részesít, preferál (amivel szemben / aminél: *to*) *prefer tea to coffee* jobban szereti a teát, mint a kávét *prefer singing to dancing* jobban szeret énekelni, mint táncolni *prefer to do smth* szívesebben csinálna vmit

P

**preferable** /ˈprefərəbəl/ kívánatosabb, preferálandó, előnyben részesítendő (amihez képest: *to*)
**preferably** /ˈprefərəblɪ/ ❶ inkább ❷ szívesebben
**preference** /ˈprefərəns/ ❶ előnyben részesítés, jobban kedvelés, preferencia *give smb preference over smb* előnyben részesít vkit vkivel szemben ❷ kedvezmény *trade preference* kereskedelmi kedvezmény ❸ részrehajlás ❹ előjog, elsőbbség
**preferential** /ˌprefəˈrenʃəl/ kedvezményes
**prefix** /ˈpriːfɪks/ *FNÉV*
❶ előképző, prefixum ❷ előtag ❸ megszólítás, cím [pl. dr.] ❹ körzetszám, elő-hívószám [telefonszámban]
**prefix** /priːˈfɪks/ *IGE*
vmi elé tesz/told, beszúr
**preggers** /ˈpregəz/ VAGY **preggo** /ˈpregəʊ/ terhes, állapotos
**pregnancy** /ˈpregnənsɪ/ ❶ terhesség ❷ vmi súlya/hordereje
**pregnant** /ˈpregnənt/ ❶ terhes, állapotos *be six months pregnant* hathónapos terhes ❷ vemhes, hasas [állat] ❸ jelentőségteljes, sokatmondó [pl. csönd] ⓘ *NEM* ~~pregnáns~~
**pregnantly** /ˈpregnəntlɪ/ ❶ terhesen, állapotosan ❷ vemhesen ❸ sokatmondóan, jelentőségteljesen ⓘ *NEM* ~~pregnánsan~~
**preheat** /priːˈhiːt/ előmelegít
**prehistoric** /ˌpriːhɪˈstɒrɪk/ VAGY **prehistorical** /ˌpriːhɪsˈtɒrɪkəl/ történelem előtti
**prehistory** /priːˈhɪstrɪ/ ❶ őstörténet ❷ előtörténet
**prejudge** /priːˈdʒʌdʒ/ eleve megítél, előzetesen véleményt alkot
**prejudice** /ˈpredʒʊdɪs/ *FNÉV*
❶ előítélet, elfogultság (aki/ami ellen: *against/for*, aki/ami iránt: *in favour of*) *be free from prejudice* előítéletektől mentes ❷ (jog)hátrány, sérelem
**prejudice** *IGE*
❶ elfogulttá tesz, befolyásol (aki/ami ellen: *against/for* aki/ami iránt: *in favour of*) ❷ károsan befolyásol [pl. esélyt]
**prejudiced** /ˈpredʒʊdɪst/ elfogult, előítéletes *be prejudiced against / in favour of smb/smth* előítélettel van vki/vmi iránt / vkivel/vmivel szemben
**prejudicial** /ˌpredʒʊˈdɪʃəl/ ❶ hátrányos, káros [pl. egészségre] (amire: *to*) ❷ előítéletet/elfogultságot keltő
**prelate** /ˈprelət/ főpap, prelátus
**preliminaries** /prɪˈlɪmɪnərɪz/ ❶ selejtező [pl. versenyen] ❷ felvételi (vizsga)
**preliminary** /prɪˈlɪmɪnərɪ/ *FNÉV*
❶ bevezetés, bevezető ❷ előzetes intézkedések/tárgyalások ❸ selejtező, válogató [pl. verseny] ❹ előválasztás
**preliminary** *MNÉV*
előzetes, bevezető, első
**prelims** /ˈpriːlɪmz/ ❶ cím(negyed)ív ❷ felvételi (vizsga) ❸ selejtező, válogató [pl. versenyen]
**pre-loaded** /priːˈləʊdɪd/ előre telepített [szoftver]
**prelude** /ˈpreljuːd/ *FNÉV*
❶ előjáték, prelúdium [zenei] ❷ bevezetés, előzmény, prelűd (amihez: *to*)
**prelude** *IGE*
❶ bevezetőként/előzményként szolgál ❷ bevezetőt fűz vmi elé
**premarital** /priːˈmærɪtəl/ házasság előtti, házasságot megelőző
**premature** /ˈpremətʃə/ idő előtti, (túl) korai [pl. születés, halál, következtetés]
**premeditate** /priːˈmedɪteɪt/ előre megfontol/ elhatároz
**premeditated** /priːˈmedɪteɪtɪd/ előre megfontolt, szándékos [pl. gyilkosság]
**premeditation** /priːˌmedɪˈteɪʃən/ előre megfontolt szándék
**premenstrual** /priːˈmenstrʊəl/ menstruáció előtti
**premier** /ˈpremɪə/ *FNÉV*
miniszterelnök ⓘ *NEM* ~~premier~~
**premier** *MNÉV*
elsőszámú, legfontosabb
**premiere** /ˈpremɪeə/ bemutató, premier
**premiership** /ˈpremɪəʃɪp/ miniszterelnökség, miniszterelnöki tisztség
**premise** /ˈpremɪs/ *FNÉV*
❶ előtétel, premissza ❷ (elő)feltevés, alap, premissza
**premise** /prɪˈmaɪz/ VAGY /ˈpremɪs/ *IGE*
premisszaként feltesz/feltételez
**premises** /ˈpremɪsɪz/ *TBSZ* (hivatali) helyiség, helyszín, épület, terület *on the premises* a helyszínen, a területen *off premises* (csak) utcán át (fogyasztható) [étel, ital]
**premium** /ˈpriːmɪəm/ ❶ prémium, jutalom ❷ biztosítási díj ❸ felár *sell smth at a premium* felárral értékesít
KIFEJEZÉSEKBEN: *be at a premium* nagy a keletje, értékes
**premonition** /ˌpreməˈnɪʃən/ ❶ előérzet ❷ előzetes figyelmeztetés
**premonitory** /prɪˈmɒnɪtərɪ/ előzetesen jelentkező, figyelmeztető [pl. tünet]
**preoccupation** /prɪˌɒkjʊˈpeɪʃən/ ❶ belefeledkezés, (túlzott) belemélyedés (amibe: *with*) ❷ vkit foglalkoztató gondolat, dolog
**preoccupied** /prɪˈɒkjʊpaɪd/ vmibe belefeledkezett, (túlzottan) belemélyedt (amibe: *with*)
**preoccupy** /prɪˈɒkjʊpaɪ/ vki figyelmét teljesen leköti leköti
**prep** ❶ előkészítő iskolába jár ❷ készül, házi feladatot készít ❸ fölkészül (amire: *for*) ❹ fölkészít (amire: *for*)
**prepack** /priːˈpæk/ VAGY **prepackage** /priːˈpækɪdʒ/ előre csomagol
**prepackaging** /ˌpriːˈpækɪdʒɪŋ/ elő(re)csomagolás
**prepaid** /priːˈpeɪd/ ❶ előre kifizetett, bérmentesített ❷ bérmentesítve [felirat]

**preparation** /ˌprepəˈreɪʃən/ ❶ (fel)készülés, készítés *be in preparation* készül, előkészítés alatt áll *make preparations for smth* készülődik / előkészületeket tesz vmire ❷ készítmény
**preparatory** /prɪˈpærətərɪ/ előkészítő, felkészítő
**preparatory to** ELÖLJ. vmit megelőzően
**prepare** /prɪˈpeə/ ❶ felkészül / előkészületeket tesz (amire: *for*) ❷ felkészíti magát, felkészül *prepare ( ⁝oneself⁝ ) to do smth* fölkészül arra, hogy {MONDAT} ❸ (el)készít [pl. ételt]
**prepared** /prɪˈpeəd/ ❶ előre elkészített ❷ felkészült, kész *be prepared to do smth* kész megtenni vmit *be prepared for smth* föl van készülve vmire *be prepared!* légy résen!
**preparedness** /prɪˈpeərɪdnəs/ felkészültség
**prepay** /prɪˈpeɪ/, **prepaid** /prɪˈpeɪd/, **prepaid** /prɪˈpeɪd/ ❶ előre fizet ❷ bérmentesít
**prepayment** /prɪˈpeɪmənt/ ❶ előrefizetés ❷ bérmentesítés
**preponderance** /prɪˈpɒndərəns/ túlsúly, nagyobb jelenlét
**preposition** /ˌprepəˈzɪʃən/ elöljáró, prepozíció
**prepositional** /ˌprepəˈzɪʃənəl/ elöljárós, elöljárói, prepozíciós
**prepossess** /ˌpriːpəˈzes/ ❶ elfogulttá tesz, befolyásol ❷ áthat, teljesen elfoglal *be prepossessed by smth* megnyerőnek talál vmit
**prepossessing** /ˌpriːpəˈzesɪŋ/ rokonszenves
**prepossession** /ˌpriːpəˈzeʃən/ elfogultság, részrehajlás
**preposterous** /prɪˈpɒstərəs/ ❶ ostoba ❷ nevetséges, abszurd
**pre-printed** /ˌpriːˈprɪntɪd/ előrenyomtatott
**prepuce** /ˈpriːpjuːs/ fityma
**pre-qualifier** /ˌpriːˈkwɒlɪfaɪə/ előselejtező
**prerequisite** /priːˈrekwəzɪt/ előfeltétel, minimális követelmény
**prerogative** /prɪˈrɒgətɪv/ FNÉV
előjog, kiváltság
**prerogative** MNÉV
előjoggal/kiváltsággal rendelkező
**pres.** = present; presidency; president
**Pres.** = Presbyterian; President
**presage** /ˈpresɪdʒ/ FNÉV
❶ előérzet, (bal)sejtelem ❷ előjel, ómen
**presage** /ˈpresɪdʒ/ VAGY /prɪˈseɪdʒ/ IGE
❶ előre jelez, megjövendöl ❷ megérez
**Presb.** VAGY **Presbyt.** = Presbyterian
**presbyter** /ˈprezbɪtə/ presbiter
**Presbyterian** /ˌprezbɪˈtɪərɪən/ presbiteriánus
**presbytery** /ˈprezbɪtərɪ/ ❶ szentély ❷ plébánia, paplak ❸ presbitérium
**preschool** /ˈpriːskuːl/ FNÉV
óvoda
**preschool** MNÉV
iskoláskor előtti
**prescribe** /prɪˈskraɪb/ ❶ kezelést/orvosságot ír elő [orvos] ❷ felír, receptre felír [orvosságot] ❸ előír, elrendel, utasít
**prescription** /prɪˈskrɪpʃən/ ❶ recept, vény [orvosi] ❷ biztos módszer, recept (amire: *for*) ❸ gyógyszer ❹ előírás ❺ elévülés
**prescription medicine** csak receptre kapható orvosság
**prescriptive** /prɪˈskrɪptɪv/ ❶ előíró, normatív [nyelvtan] ❷ szokáson alapuló
**presell** /priːˈsel/, **presold** /priːˈsəʊld/, **presold** /priːˈsəʊld/ ❶ reklámmal előkészít, megalapoz ❷ előre értékesít [még el nem készült terméket]
**presence** /ˈprezəns/ ❶ jelenlét, megjelenés, előfordulás *your presence is requested* szíves megjelenését kérjük *in smb's presence* vki jelenlétében ❷ vmi megléte/előfordulása [pl. anyagé] ❸ készültség, jelenlét *military presence* katonai jelenlét *police presence* rendőri készütség ❹ viselkedés, megjelenés *a person of great presence* jó fellépésű ember
**presence of mind** lélekjelenlét
**present** /ˈprezənt/ FNÉV
❶ ajándék *make smb a present of smth* megajándékoz vkit vmivel, ölébe hullat vkinek vmit ❷ jelen (pillanat, idő) *at present* jelenleg, most *for the present* egyelőre ❸ jelen(idő)
**present** /ˈprezənt/ MNÉV
❶ jelenlegi, mostani *at the present time* jelenleg ❷ jelenidejű, jelenidőben lévő [pl. ige] ❸ jelenlevő, itt lévő *be present* jelen van, megjelenik *present company (always) excepted* a jelenlévők természetesen kivételek HÁTRAVETVE: *the members present* a jelenlevő tagok
**present** /prɪˈzent/ IGE
❶ átad, átnyújt, megajándékoz *present smb with smth* vkinek átnyújt / vkit megajándékoz vmivel ❷ jelent, mutat *this presents enormous problems* ez óriási problémákat jelent ❸ benyújt, bemutat [pl. számlát, jelentést] ❹ vmilyen látványt nyújt / benyomást tesz *present a fine appearance* jól mutat ❺ előad, bemutat [pl. színdarabot,] ❻ bemutat [embert] (akinek: *to*) ❼ küld, hivatkozik vmire *present ⁝one's⁝ apologies* kimenti magát
**presentable** /prɪˈzentəbəl/ szalonképes *make ⁝oneself⁝ presentable* rendbeszedi / szalonképessé teszi magát
**presentation** /ˌprezənˈteɪʃən/ ❶ bemutatás, bemutató, prezentáció ❷ átnyújtás, átadás ❸ „tálalás", beállítás
**presenter** /prɪˈzentə/ műsorvezető
**presently** /ˈprezəntlɪ/ ❶ hamarosan, azonnal ❷ jelenleg
**presentment** /prɪˈzentmənt/ ❶ bemutatás ❷ előadás ❸ benyújtás [pl. számláé]
**preservation** /ˌprezəˈveɪʃən/ ❶ megőrzés ❷ kondíció, állapot, konzerváltság ❸ tartósítás, konzerválás
**preservative** /prɪˈzɜːvətɪv/ FNÉV/MNÉV tartósító (-szer)
**preserve** /prɪˈzɜːv/ FNÉV
❶ befőtt *raspberry preserve* málnabefőtt ❷



iː tea ɪ it e bed æ cat ɜː bird ə ago eɪ way əʊ go aɪ my aʊ how eə air
ɑː car ɒ got ɔː war ʊ put uː too ʌ but ɪə here ʊə pure ɔɪ boy
θ thing ð this tʃ chip dʒ Joe ʃ ship ʒ measure s sit ŋ ring j you w win

kizárólagos (vadász)terület ❸ (szak)terület

**preserve** *IGE*

❶ megőriz, megvéd (amitől: *from*) *the Lord preserve us from smth* Isten óvjon minket vmitől ❷ megment, jó állapotban tart, fenntart [pl. állapotot] ❸ tartósít, konzervál

**preset** /priːˈset/, **preset** /priːˈset/, **preset** /priːˈset/ előre beállít [pl. videót]

**preshrink** /priːˈʃrɪŋk/, **preshrank** /priːˈʃræŋk/, **preshrunk** /priːˈʃrʌŋk/ beavat, előmos

**preshrunk** /priːˈʃrʌŋk/ beavatott, előmosott

**preside** /prɪˈzaɪd/ ❶ elnököl (ami fölött: *over/ at*) ❷ hatalmat/jogot gyakorol

**presidency** /ˈprezɪdənsɪ/ elnöklés, elnökség [méltóság, idő]

**president** /ˈprezɪdənt/ ❶ elnök [országé, vállalaté] ❷ *US* rektor

**president-elect** megválasztott [de még hivatalba nem lépett] elnök

**presidential** /ˌprezɪˈdenʃəl/ ❶ elnöki, prezidenciális [pl. kormányzás] ❷ elnök- [pl. választás]

**presidium** /prɪˈsɪdɪəm/ *TBSZ* **presidia** /prɪˈsɪdɪə/ VAGY **presidiums** vezető testület, elnökség [r.szerint párté]

**pres. part.** = present participle

**press** /pres/ *FNÉV*

❶ nyomás *give smth a press* megnyom vmit [pl. gombot] ❷ prés, nyomóeszköz *garlic press* fokhagymanyomó ❸ feszítő, prés [pl. teniszütőé] ❹ vasalás *give smth a press* kivasal vmit ❺ sajtó *invite the press* meghívja a sajtót / a sajtó képviselőit ❻ sajtó által történő kezelés, sajtó *have a good press* jó sajtója van ❼ nyomtatás, nyomda(gép) *printing press* nyomda *be in (the) press* nyomás alatt áll *go to press* nyomdába kerül ❽ kiadó(vállalat), könyvkiadó *Z University Press, ZUP* a Z Egyetem Kiadója

**press** *IGE*

❶ (meg)nyom [pl. gombot], odanyom (amihez: *against*) ❷ összenyom, (ki)sajtol, (ki-) présel [pl. gyümölcsöt] ❸ (meg)szorít [pl. kezet] *press the flesh* sok kezet megszorít, sok emberrel kezet fog ❹ (ki)vasal ❺ vhová nyomul, tolong ❻ kényszerít, sürget *press smb to do smth* sürget vkit vmi megtételére ❼ forszíroz, erőszakkal behajt [pl. követelést, igényt] ❽ sürgőssé/sürgetővé tesz *time presses* sürget az idő ❾ nyom, készít [pl. hanglemezt]

**press for** *press for smth* erőteljesen sürget, követel

**press on** ❶ (eltökélten) folytat, kitart (ami mellett: *with*) ❷ *press smth on smb* ráerőltet vkire vmit

**press box** sajtópáholy

**press button** patentgomb

**press clipping** VAGY **press cutting** újságkivágás

**press conference** sajtókonferencia

**press corps** *TBSZ* **press corps** újságírói testület

**pressed** /prest/ ❶ sajtolt ❷ préselt ❸ vasalt [ruha] ❹ nyomás/szorítás alatt álló, szorongatott *be pressed for smth* szűkében van vminek [pl. pénznek] *be hard pressed* szorongatott/ nyomasztó helyzetben van

**press gallery** sajtókarzat [pl. parlamentben]

**pressing** /ˈpresɪŋ/ *FNÉV*

❶ nyomás, préselés ❷ nyomat, préselés [pl. hanglemezé]

**pressing** *MNÉV*

❶ sürgős, halasztást nem tűrő ❷ kitartó

**pressman** /ˈpresmən/ *TBSZ* **pressmen** /ˈpresmən/ ❶ nyomómester, nyomdász ❷ újságíró

**press office** sajtóiroda

**press officer** sajtóreferens

**press release** sajtóközlemény

**press secretary** sajtószóvivő, sajtótitkár

**press-stud** nyomókapocs, patent

**press-up** fekvőtámasz

**pressure** /ˈpreʃə/ *FNÉV*

❶ (tömeg)nyomás *high/low pressure* nagy/ alacsony nyomás ❷ befolyás, nyomás *do smth under pressure* nyomás alatt / kényszer hatása alatt tesz vmit *put pressure on smb/smth* nyomást gyakorol vkire/vmire

**pressure** *IGE*

❶ nyomást gyakorol vkire/vmire ❷ kényszerít vkit (amire: *into*)

**pressure cooker** kukta(fazék)

**pressure suit** túlnyomásos öltözet, szkafander

**pressurization** /ˌpreʃəraɪˈzeɪʃən/ ❶ túlnyomás létesítése [pl. repülőgépen] ❷ nyomásgyakorlás

**pressurize** /ˈpreʃəraɪz/ ❶ túlnyomást létesít [pl. repülőgépen] ❷ nyomást gyakorol vkire/vmire

**prestige** /preˈstiːʒ/ *FNÉV*

tekintély, presztízs *matter of prestige* presztízskérdés

**prestige** *MNÉV*

tekintélyes, presztízzsel bíró, presztízs-

**prestigious** /preˈstɪdʒəs/ tekintélyes, presztízzsel bíró, rangos

**presto** /ˈprestəʊ/ *FNÉV/MNÉV/HAT.SZÓ* gyors(an) (játszott zene) *hey presto!* csiribí–csiribá, íme

**presumable** /prɪˈzjuːməbəl/ feltételezhető

**presumably** /prɪˈzjuːməblɪ/ minden bizonnyal, feltehetőleg

**presume** /prɪˈzjuːm/ ❶ feltételez, feltesz, gyanít ❷ vélelmez *presume innocence* ártatlanságot vélelmez *be presumed dead* halottnak vélik ❸ bátorkodik, merészel *presume too much* sokat enged meg magának ❹ előfeltételez [pl. válasz kérdést]

**presumption** /prɪˈzʌmpʃən/ ❶ feltevés, vélelem ❷ vélelmezés ❸ tapintatlanság

**presumptive** /prɪˈzʌmptɪv/ valószínű, vélelmezett

**presumptuous** /prɪˈzʌmptʃʊəs/ ❶ merész ❷ önhitt, szemtelen

**presuppose** /ˌpriːsəˈpəʊz/ ❶ előre feltesz/feltételez, vélelmez ❷ előfeltételez [pl. válasz kérdést]

**pre-tax** /priːˈtæks/ bruttó, adó előtti
**pre-teenager** /priːˈtiːneɪdʒə/ [13 év alatti] kiskamasz
**pretence** /prɪˈtens/ ❶ ürügy, színlelés ❷ hamis állítás, ámítás ❸ fondorlat ❹ hivalkodás, kérkedés
**pretend** /prɪˈtend/ *MNÉV*
képzeletbeli, elképzelt
**pretend** *IGE*
❶ tettet, színlel, úgy tesz, mintha *pretend blindness* vaknak adja ki magát ❷ elképzel, úgy csinál, mintha *let's pretend we are in America* játsszuk azt, hogy Amerikában vagyunk ❸ igényel, igényt tart vmire
**pretend to** *pretend to smth* jogot formál vmire *I don't pretend to much expertise in this* nem mondom, hogy túl sokat tudok erről
**pretender** /prɪˈtendə/ ❶ igényt tartó, jogot formáló (amire: *to*) ❷ trónkövetelő
**pretension** /prɪˈtenʃən/ ❶ igény, követelés ❷ önhitt vélekedés ❸ önhittség
**pretentious** /prɪˈtenʃəs/ ❶ követelőző, nagyratörő ❷ elbizakodott, önhitt
**pretext** /ˈpriːtekst/ ürügy, kifogás *do smth on/under the pretext of smth* vmilyen ürüggyel tesz vmit
**pretty** /ˈprɪtɪ/ *MNÉV*
❶ csinos, szép [r.szerint nő, gyerek, kicsi dolog] ❷ férfiatlan, nőies [férfi] ❸ szép kis *a pretty mess* szép kis rendetlenség ❹ szép, nagy, csinos *pretty penny* szép/csinos (kis) summa
**pretty** *HAT.SZÓ*
❶ eléggé, meglehetősen *pretty good* egész jó ❷ majdhogynem, egészen *it's pretty well impossible* ez szinte lehetetlen
**pretzel** /ˈpretsəl/ perec
**prev.** = previous; previously
**prevail** /prɪˈveɪl/ ❶ uralkodik, dominál, győzedelmeskedik (aki/ami fölött: *over/against*) ❷ eluralkodik, széles körben el van terjedve *the belief still prevails that* {MONDAT} még tartja magát a hiedelem, hogy {MONDAT}
**prevailing** /prɪˈveɪlɪŋ/ ❶ uralkodó [pl. széljárás] ❷ meglévő, fennálló [pl. körülmények]
**prevalence** /ˈprevələns/ túlsúly, gyakoriság, elterjedtség
**prevalent** /ˈprevələnt/ uralkodó, túlsúlyban levő, elterjedt (akik/amik körében: *among*)
**prevaricate** /prɪˈværɪkeɪt/ mellébeszél, csúsztat
**prevarication** /prɪˌværɪˈkeɪʃən/ kertelés, mellébeszélés, csúsztatás
**prevent** /prɪˈvent/ (meg)akadályoz, meghiúsít, meggátol *prevent smb from doing smth* megakadályoz vkit vmi megtételében / abban, hogy {MONDAT}
**prevention** /prɪˈvenʃən/ ❶ megakadályozás ❷ (betegség)megelőzés, prevenció
**preventive** /prɪˈventɪv/ VAGY **preventative** /prɪˈventətɪv/ ❶ megakadályozó, meggátló ❷ megelőző, preventív [pl. intézkedés]
**preview** /ˈpriːvjuː/ *FNÉV*
❶ előzetes bemutató, előbemutató [pl. filmé] ❷ előzetes bemutatás, bevezető *print preview* nyomtatási kép [szövegszerk.] ❸ előzetes [pl. később vetítendő filmé]
**preview** *IGE*
előre bemutat, előbemutatót tart
**previous** /ˈpriːvɪəs/ ❶ (meg)előző, előbbi, korábbi *on the previous day* az előző napon ❷ túl korai, elsietett
**previous to** vmi előtt, vmit megelőzően
**previously** /ˈpriːvɪəslɪ/ azelőtt, korábban
**prevision** /priːˈvɪʒən/ előrelátás
**pre-war** /priːˈwɔː/ háború előtti, háborút megelőző
**prey** /preɪ/ *FNÉV*
❶ préda, zsákmány *be/fall prey to smb/smth* áldozatul esik vkinek/vminek ❷ zsákmányszerzés *bird of prey* ragadozó madár *beast of prey* vadállat, ragadozó
**prey** *IGE*
*prey on smth/smb* ❶ zsákmányul ejt / elejt vmit ❷ bánt/emészt vkit *be preying on* ⫶one's⫶ *mind* egyre emészti ❸ élősködik vkin
**price** /praɪs/ *FNÉV*
❶ ár *at a price* magas áron, nem akármilyen áron *what price is it?* mennyibe kerül? *sell at a high/low price* magas/alacsony áron árulják *it's a high price to pay* (túl) magas árat kell fizetni (amiért: *for*) ❷ jutalom, díj *set/put a price on smb's head* (vér)díjat tűz ki vki fejére ❸ esély, sansz
**price** *IGE*
❶ árat megállapít, (be)áraz *be priced* vmire be van árazva (amire: *at*) *be priced competitively* versenyképes ára van ❷ [árat] (meg)becsül
**price fixing** ❶ árkartell ❷ hatósági ármegállapítás
**priceless** /ˈpraɪsləs/ megfizethetetlen, felbecsülhetetlen értékű
**price list** árjegyzék, árlista
**price range** árfekvés, árkategória
**price tag** ❶ árcédula ❷ ár [átvitt értelemben] *carry a high price tag* magas az ára
**pricey** VAGY **pricy** /ˈpraɪsɪ/ (túl) drága
**prick** /prɪk/ *FNÉV*
❶ (tű)szúrás ❷ (tű)szúrás helye ❸ tüske tövis ❹ fasz, farok ❺ faszfej, farok [ember]
**prick** *IGE*
❶ (meg)szúr (amivel: *with/on*) *prick* ⫶*one's*⫶ *finger* megszúrja az ujját ❷ szúrást érez, szúró érzése van ❸ kilyuggat, pontoz
KIFEJEZÉSEKBEN: *prick* ⫶*one's*⫶ *conscience* bántja a lelkiismeretét *prick up* ⫶*one's*⫶ *ears* fülét hegyezi, figyel [ember, állat]
**prick out** *prick smth out* kiültet [palántát]
**prick-eared** hegyes fülű
**prickle** /ˈprɪkəl/ *FNÉV*
❶ tüske, tövis ❷ bizsergés, szúró érzés

P

**prickle** *IGE*
❶ szúr ❷ bizsereg
**prickly** /ˈprɪklɪ/ ❶ tövises, szúrós ❷ szúró érzést keltő, szúrós [pl. ruha] ❸ kényes [kérdés] ❹ bizserg(et)ő ❺ ingerlékeny, tüskés [ember]
**prickly heat** hőkiütés, köleshimlő
**pride** /praɪd/ *FNÉV*
❶ büszkeség *take pride in smb/smth* büszke vkire/vmire ❷ önérzet, büszkeség ❸ gőg, dölyf ❹ gyöngyszem, büszkeség *be a pride of smb's collection* gyűjteményének ékessége *that garden is my pride and joy* az a kert a büszkeségem ❺ tetőpont, legjobb rész, vmi virágja ❻ csapat, falka [oroszlánoké]
**pride** *IGE*
**pride on** *pride ⸗oneself⸗ on smth* büszkélkedik/kérkedik vmivel
**priest** /priːst/ pap, lelkész
**priestcraft** /ˈpriːstkrɑːft/ ❶ papi hivatás, papság ❷ papi fortély, a papság összefonódása a politikával
**priestess** /ˈpriːstəs/ papnő
**priesthood** /ˈpriːsthʊd/ papi hivatás, papság
**priestly** /ˈpriːstlɪ/ papi, paphoz illő
**prim** /prɪm/ ❶ mesterkélt, pedáns ❷ prűd, szemérmes *prim and proper* prűd, szemérmes (kedő) ❸ csinos ⓘ *NEM* ~~príma~~
**primacy** /ˈpraɪməsɪ/ ❶ elsőbbség, felsőbbség, előbbrevalóság ❷ érsekség, prímásság
**prima donna** /ˌpriːmə ˈdɒnə/ (operett)primadonna
**primaeval** VAGY **primeval** /praɪˈmiːvəl/ ősi, eredeti, kezdeti
**primal** /ˈpraɪməl/ ❶ eredeti, ősidőkből való, ős- ❷ első, legfőbb
**primarily** /ˈpraɪmərɪlɪ/ ❶ elsősorban ❷ eredendően, eredetileg
**primary** /ˈpraɪmərɪ/ *FNÉV*
❶ legfontosabb ember/dolog ❷ *US* (elnök-) jelölő előválasztás, jelölőgyűlés
**primary** *MNÉV*
❶ első(dleges), eredeti *be of primary importance* alapvető fontosságú ❷ elemi, alsófokú [pl. oktatás]
**primary school** általános iskola
**primary stress** főhangsúly [szóé/mondaté]
**primate** /ˈpraɪmeɪt/ ❶ főemlős ❷ prímás [egyházban]
**prime** /praɪm/ *FNÉV*
❶ vminek legjobb kora/csúcsa *in the prime of ⸗one's⸗ life* élete virágjában *in ⸗one's⸗ prime* élete virágjában *be past ⸗one's⸗ prime* élete delén már túl van, kenyere javát megette ❷ vmi tetőfoka ❸ prímszám, törzsszám
**prime** *MNÉV*
❶ első(rendű), legfőbb ❷ legjobb, legkiválóbb ❸ eredeti, ős- ❹ prím-, törzs- [szám] ⓘ *NEM* ~~príma~~
**prime** *IGE*
❶ alapoz, alapozó réteget visz föl [festékből] ❷ kitanít, fölkészít [pl. vádlottat] ❸ feltölt [lőporral] ❹ megtölt, feltölt [vízzel] (amivel: *with*)
**prime minister** miniszterelnök
**prime number** prímszám, törzsszám
**primer** /ˈpraɪmə/ ❶ olvasókönyv, tankönyv [kezdőknek] ❷ gyutacs ❸ alapozó ❹ alapréteg [festék] ⓘ *NEM* ~~primőr~~
**prime rate** irányadó kamatláb
**prime time** *FNÉV/MNÉV* főműsoridő(ben adott/ sugárzott) *prime time programme* főműsor
**primeval** VAGY **primaeval** /praɪˈmiːvəl/ ősi, eredeti, kezdeti
**primitive** /ˈprɪmətɪv/ *FNÉV*
primitív festő/szobrász
**primitive** *MNÉV*
❶ ősi, eredeti, ős- ❷ kezdetleges, egyszerű, primitív ❸ kényelmetlen, primitív [pl. lakás]
**primrose** /ˈprɪmrəʊz/ kankalin(szín)
**prince** /prɪns/ ❶ herceg [= uralkodó fia / közeli férfirokona] ❷ uralkodó, herceg [= kisebb ország uralkodója] ❸ sikeres ember, fejedelem
**Prince Charming** királyfi hófehér paripán
**prince consort** (az angol) királynő férje
**princedom** /ˈprɪnsdəm/ hercegség
**princely** /ˈprɪnslɪ/ ❶ fejedelmi, hercegi ❷ nagyszerű, fejedelmi
**Prince Regent** régensherceg
**Prince Royal** angol uralkodó legidősebb fia
**princess** /prɪnˈses/ ❶ hercegnő [= uralkodó lánya / közeli nőrokona] ❷ hercegné
**Princess Royal** angol uralkodó legidősebb lánya
**principal** /ˈprɪnsəpəl/ *FNÉV*
❶ igazgató [r.szerint oktatási intézményé] ❷ felettes [vállalatnál] ❸ (kölcsön)tőke
**principal** *MNÉV*
fő, legfontosabb
**principality** /ˌprɪnsəˈpælətɪ/ fejedelemség *the Principality* Wales
**principally** /ˈprɪnsəpəlɪ/ (leg)főként, leginkább
**principle** /ˈprɪnsəpəl/ ❶ (alap)elv *in principle* általában, elvben, elvileg *do smth on principle* elvből tesz vmit ❷ erkölcsi tartás *a person of principle* erős erkölcsi tartású ember ❸ elv, törvény [r.szerint vki nevével] *Archimedes' principle* Archimédesz törvénye
**principled** /ˈprɪnsəpəld/ ❶ elvekkel rendelkező ❷ elvi alapon álló, elvszerű
**print** /prɪnt/ *FNÉV*
❶ nyomás, nyomott szöveg ❷ nyomtatás [szövegszerk.] ❸ betűtípus, betűméret *fine/ small print* apróbetűs szöveg *see smth in print* nyomtatásban lát vmit ❹ nyomtatás, kiadás *the book is in / out of print* a könyvet még kiadják / már nem adják ki, kifogyott ❺ lenyomat, nyom [pl. talpé, lábé] ❻ fénykép, pozitív kép, nagyítás
**print** *IGE*
❶ *print* VAGY *print smth off* (ki)nyomtat, (ki-)

printel ❷ fény(kép)másolatot készít ❸ megír, kinyom [pl. hírt] ❹ nyom [pl. szövetet] ❺ nyomtatott betűkkel ír *please print* kérjük, nyomtatott betűkkel írjon [nyomtatványon felirat] ❻ (rá)nyom, belenyom
**print out** *print smth out* kinyomtat
**printable** /ˈprɪntəbəl/ ❶ (ki)nyomható ❷ nyomdafestéket elbíró/tűrő
**printed circuit** nyomtatott áramkör
**printed matter** „nyomtatvány" [postai jelzés]
**printer** /ˈprɪntə/ ❶ nyomdász ❷ nyomdagép ❸ printer, nyomtató
**printer's error** sajtóhiba
**printing** /ˈprɪntɪŋ/ ❶ nyom(tat)ás ❷ utánnyomás ❸ nyomtatott betűs kézírás
**printing house** nyomda
**printing press** VAGY **printing machine** nyomdagép
**printout** /ˈprɪntaʊt/ nyomtatott anyag, printout
**print preview** nyomtatási kép [szövegszerk.]
**print run** [nyomtatási] példányszám
**print shop** nyomda
**prior** /praɪə/ FNÉV
rendházfőnök, perjel
**prior** MNÉV
❶ előbbi, korábbi *have prior engagements* korábban lekötött elfoglaltsága van ❷ fontosabb, prioritással rendelkező
**prior to** ELÖLJ. (vmit) megelőzően
**prioress** /ˌpraɪəˈres/ főnöknő, főnökasszony [zárdában]
**prioritize** /praɪˈɒrɪtaɪz/ ❶ prioritást ad vminek, előnyben részesít ❷ fontossági sorrendet állapít meg
**priority** /praɪˈɒrəti/ ❶ ↯ NEM MEGSZÁML. elsőbbség, prioritás *have/take priority over smth* elsőbbséget élvez vmivel szemben *have low priority* nem sürgős/fontos ❷ előnyben részesítendő dolog, prioritás *this is a top priority* ez a legfontosabb/legsürgősebb ❸ ↯ NEM MEGSZÁML. (áthaladási) elsőbbség *have priority* elsőbbsége van
**priority mail** expresszküldemény
**priority sign** „főútvonal" tábla
**priory** /ˈpraɪəri/ kolostor, rendház
**prise** /praɪz/ ❶ (fel)feszít *prise smth open* felfeszít vmit ❷ feszítőeszközzel emel/mozgat
**prism** /ˈprɪzəm/ hasáb, prizma
**prismatic** /prɪzˈmætɪk/ ❶ hasáb alakú, prizmás ❷ prizmát használó, prizmás [pl. távcső]
**prison** /ˈprɪzən/ börtön, fogház, fegyház *go to prison* börtönbe vonul
**prisoner** /ˈprɪzənə/ rab, fogoly *take smb prisoner* foglyul ejt vkit
**prisoner of war, POW** hadifogoly
**privacy** /ˈprɪvəsi/ VAGY /ˈpraɪvəsi/ ❶ magánélet, privát szféra ❷ titok(tartás), titkolózás
**private** /ˈpraɪvət/ FNÉV
❶ közlegény, közkatona ❷ egyedüllét, bizalmas magány *talk to smb in private* négyszemközt/bizalmasan beszél vkivel
**private** MNÉV
❶ bizalmas, titkos, magántermészetű [pl. levél] *keep smth private* titokban tart vmit ❷ magán-, zártkörű [pl. előadás, temetés, repülőgép] ❸ nem állami/nyilvános [pl. kórház] ❹ magántermészetű, magán-, nem hivatalos [pl. látogatás] ❺ nyugodt, csendes, félreeső [hely] ❻ „magánterület", „belépni tilos", „különjárat" [feliratok]
**privately** /ˈpraɪvətli/ ❶ titkosan, bizalmasan ❷ személyesen
**privation** /praɪˈveɪʃən/ ❶ nyomor, nélkülözés ❷ megfosztás
**privatization** /ˌpraɪvətaɪˈzeɪʃən/ magánosítás, privatizáció
**privatizational** /ˌpraɪvətaɪˈzeɪʃənəl/ privatizációs, magánosítási
**privatize** /ˈpraɪvətaɪz/ magánosít, privatizál
**privatizer** /ˈpraɪvətaɪzə/ ❶ a privatizáció híve ❷ privatizátor, privatizáló [ember/cég]
**privilege** /ˈprɪvəlɪdʒ/ FNÉV
❶ előjog, kiváltság, privilégium ❷ megtiszteltetés ❸ jogosítvány, felhatalmazás
**privilege** IGE
kiváltsággal felruház, előjogot biztosít
**privileged** /ˈprɪvəlɪdʒd/ ❶ kiváltságos ❷ megtisztelt *be privileged to do smth* megtiszteltetés számára, hogy tehet vmit
**privy** /ˈprɪvi/ FNÉV
❶ érdektárs ❷ árnyékszék, vécé
**privy** MNÉV
❶ *be privy to smth* részese vminekben, tudomása van vmiről ❷ titkos, magán- ❸ vkivel érdekközösségben lévő (akivel: *to*)
**prize** /praɪz/ FNÉV
❶ díj, nyeremény, jutalom ❷ hadizsákmány, kalózzsákmány ❸ zsákmány [pl. állaté]
**prize** MNÉV
❶ díjazott, díjnyertes [pl. állat] ❷ díjként adományozott [pl. pénz]
**prize** IGE
❶ (fel)feszít *prize smth open* felfeszít vmit ❷ feszítőeszközzel emel/mozgat ❸ zsákmányul ejt ❹ nagyra becsül/értékel *smb's prized possession* vki nagybecsű / nagyra értékelt tulajdona
**prizefight** hivatásos bokszmérkőzés
**prizefighter** hivatásos bokszoló
**pro-** /prəʊ/ -támogató, -barát *pro-Slovak* szlovákbarát
**pro** /prəʊ/ FNÉV
❶ profi *be a real pro* igazi profi ❷ vmi mellett kiálló / vmit támogató ember ❸ prosti ❹ vmi melletti érv/szempont *the pros and cons* a mellette és ellene szóló érvek, érvek és ellenérvek
**pro** MNÉV
❶ profi ❷ vmi mellett kiálló / vmit támogató *he is very pro* nagyon támogatja, mellette van ❸ prosti

P

**probability** /ˌprɒbəˈbɪlətɪ/ valószínűség, esély

**probable** /ˈprɒbəbəl/ FNÉV
esélyes [pl. jelölt, tag]

**probable** MNÉV
valószínű *it's highly probable that* {MONDAT} igen valószínű, hogy {MONDAT}

**probably** /ˈprɒbəblɪ/ valószínűleg, alighanem

**probation** /prəˈbeɪʃən/ ❶ feltételes szabadlábra helyezés *release smb on probation* próbára bocsát, feltételesen szabadlábra helyez ❷ próbaidő [állásban] *be on probation* próbaidejét tölti

**probational** /prəˈbeɪʃənəl/ VAGY **probationary** /prəˈbeɪʃənərɪ/ próbaidős, próbaidejét töltő, gyakorlóéves

**probationer** /prəˈbeɪʃənə/ ❶ novícius ❷ gyakorlóidejét töltő nővér/ápoló [kórházban] ❸ próbaidőre szabadlábra helyezett ember

**probation officer** nevelőtiszt

**probe** /prəub/ FNÉV
❶ szonda [orvosi, űr-] ❷ vizsgálat, nyomozás [pl. parlamenti] ⓘ NEM ~~próba~~

**probe** IGE
❶ szondával megvizsgál [orvos] ❷ szondával keres [tárgyat] ❸ (alaposan) megvizsgál, kivizsgál ⓘ NEM ~~próbál~~ [= megkísérel, színdarabot]

**problem** /ˈprɒbləm/ ❶ probléma, gond *no problem* semmi baj, nem baj, nem gond *face a problem* problémával kell szembenéznie ❷ feladat, példa, feladvány [pl. számtani]

**problematic** /ˌprɒbləˈmætɪk/ VAGY **problematical** /ˌprɒbləˈmætɪkəl/ ❶ problematikus ❷ kérdéses, kétséges

**problem-free** aggálytalan, problémamentes

**problem solving** problémamegoldás

**proboscis** /prəʊˈbɒsɪs/ TBSZ **proboscises** VAGY **proboscides** /prəʊˈbɒsɪdiːz/ ❶ ormány ❷ orr, ormány [tréfásan] ❸ szívószerv [rovaré]

**procedural** /prəˈsiːdʒərəl/ ügyrendi

**procedure** /prəˈsiːdʒə/ ❶ eljárás(i rend) [vállalatnál, megbeszélésen, bíróságon] ❷ folyamat ❸ ügy

**proceed** /prəˈsiːd/ ❶ halad, folytatódik, tovább megy *proceed to do smth* nekifog vminek *proceed with smth* vmivel folytat ❷ megy, halad

**proceeding** /prəˈsiːdɪŋ/ ❶ eljárás, módszer ❷ esemény

**proceedings** /prəˈsiːdɪŋz/ ❶ bírósági eljárás *start/take legal proceedings* bírósági eljárást kezd(eményez), perel ❷ jegyzőkönyv, közlemény [gyűlésé, konferenciáé]

**proceeds** /ˈprəusiːdz/ bevétel, haszon

**process** /ˈprəuses/ FNÉV
❶ folyamat, fejlődés *be in process* folyamatban van ❷ eljárás, módszer [pl. termelési] ❸ per, kereset

**process** /ˈprəuses/ IGE
❶ feldolgoz, vmilyen eljárással kezel [pl. textilt, sajtot] ❷ kidolgoz [filmet] ❸ számítógéppel feldolgoz, számítógépbe betáplál [adatokat] ❹ feldolgoz, folyamatba tesz [pl. kérelmet] ❺ /prəˈses/ (fel)vonul

**processing** /ˈprəusesɪŋ/ feldolgozás

**procession** /prəˈseʃən/ felvonulás, (kör)menet *march in procession* felvonul, menetel

**processional** /prəˈseʃənəl/ körmeneti

**processor** /ˈprəusesə/ ❶ processzor [számítógépes] ❷ feldolgozóeszköz, gép *food processor* (konyhai) robotgép *word processor* szövegszerkesztő

**proclaim** /prəˈkleɪm/ ❶ kihirdet, kikiált ❷ világosan megmutat, árulkodik vmiről ❸ (fel-) dicsér

**proclamation** /ˌprɒkləˈmeɪʃən/ kiáltvány, nyilatkozat

**proclamation of war** hadüzenet

**proconsul** /prəʊˈkɒnsəl/ prokonzul, gyarmati kormányzó

**procrastinate** /prəʊˈkræstɪneɪt/ halogat, elodáz

**procrastination** /prəʊˌkræstɪˈneɪʃən/ halogatás, elodázás

**procreate** /ˈprəʊkrɪeɪt/ nemz, létrehoz, teremt

**procreation** /ˌprəʊkrɪˈeɪʃən/ nemzés, létrehozás, teremtés

**proctor** /ˈprɒktə/ FNÉV
❶ egyetemi fegyelmi felügyelő ❷ US írásbelivizsga-felügyelő

**proctor** IGE US
felügyel [írásbeli vizsgán]

**procure** /prəˈkjuə/ ❶ (meg)szerez, beszerez, szert tesz vmire ❷ kerít(ési tevékenységet folytat)

**procurement** /prəˈkjuəmənt/ ❶ megszerzés, (eszköz)beszerzés ❷ kerítés(i tevékenység)

**prod** /prɒd/ FNÉV
❶ szúrószerszám ❷ emlékeztető *give smb a prod* emlékeztet vkit ❸ döfés, lökés

**prod** IGE
❶ döf, szúr ❷ ösztökél, sarkall, nógat

**prodigal** /ˈprɒdɪgəl/ FNÉV
tékozló ember

**prodigal** MNÉV
bőkezű, pazarló [ember, életmód] *be prodigal of smth* bőkezűen bánik vmivel

**prodigious** /prəˈdɪdʒəs/ óriási, bámulatos

**prodigy** /ˈprɒdədʒɪ/ ❶ csodálatos tehetség *child prodigy* csodagyerek ❷ természeti csoda

**produce** /ˈprɒdjuːs/ FNÉV
termény, termék [r.szerint mezőgazdasági]

**produce** /prəˈdjuːs/ IGE
❶ okoz, előidéz ❷ termel, létrehoz, előállít, gyárt ❸ összehoz, kigondol [r.szerint nagy képzelőerővel] ❹ szül, létrehoz [ivadékot] ❺ előhúz, elővesz, előhalász ❻ elővesz, felmutat [pl. bérletet] ❼ színre visz, bemutat [pl. színdarabot] ❽ terem, létrehoz [pl. fa gyümölcsöt]

**producer** /prəˈdjuːsə/ ❶ termelő [ember, cég, ország] *oil producer* olajtermelő (ország) ❷ producer

**product** /ˈprɒdʌkt/ ❶ termék, gyártmány ❷ eredmény, termék [pl. erőfeszítésé] ❸ szorzat
**production** /prəˈdʌkʃən/ ❶ termelés, előállítás, gyártás ❷ gyártásteljesítmény, termelés ❸ előhúzás, előhalászás ❹ felmutatás, bemutatás [pl. útlevélé] ❺ mű, alkotás ❻ színrevitel, rendezés
**production line** szerelőszalag, gyártósor
**productive** /prəˈdʌktɪv/ ❶ termékeny, sokat termelő [pl. föld, író] ❷ eredményes, gyümölcsöző [pl. tárgyalás] ❸ termelési ❹ produktív [nyelvi folyamat]
**productivity** /ˌprɒdʌkˈtɪvətɪ/ ❶ termelékenység, termőképesség ❷ termékenység ❸ produktivitás [pl. nyelvi folyamaté]
**product line** ❶ gyártmánystruktúra ❷ termékcsalád ❸ termékválaszték
**product manager** termékmenedzser
**profanation** /ˌprɒfəˈneɪʃən/ megszentségtelenítés
**profane** /prəˈfeɪn/ MNÉV
❶ szentségtörő ❷ istenkáromló, szentségtörő [pl. nyelvezet] ❸ világi(as), profán
**profane** IGE
megszentségtelenít, meggyaláz
**profanity** /prəˈfænətɪ/ szentségtörés, istenkáromlás
**profess** /prəˈfes/ ❶ vall, kijelent, állít [r.szerint hamisan] ❷ vminek/vmilyennek vallja magát ❸ szerzetesi fogadalmat tesz ❹ szerzetesrendbe befogad
**professed** /prəˈfest/ ❶ meggyőződéses, kifejezett *be a professed man-hater* bevallottan/nyíltan férfigyűlölő ❷ tettetett, állítólagos ❸ szerzetesi fogadalmat tett, felkent
**professedly** /prəˈfesɪdlɪ/ ❶ nyíltan, bevallottan ❷ állítólag(osan)
**profession** /prəˈfeʃən/ ❶ foglalkozás, hivatás, szakma [r.szerint szellemi] *be a teacher by profession* foglalkozására nézve tanár ❷ a szakma(beliek) *the teaching profession* a tanárok ❸ hitvallás, kinyilvánítás (amié: *of*)
**professional** /prəˈfeʃənəl/ FNÉV
❶ hivatásos/profi ember [pl. sportoló] ❷ tapasztalt/profi ember *a real professional* igazi profi ❸ szakember, szakértő [pl. edző] ❹ diplomás szakember
**professional** MNÉV
❶ szakmai, szakmabeli *take professional advice* szaktanácsot kér [pl. ügyvédtől, orvostól] ❷ szakszerű, profi ❸ hivatásos, profi *turn professional* hivatásos lesz
**professionalism** /prəˈfeʃənəlɪzəm/ ❶ szakszerűség, profizmus ❷ profirendszer, profizmus
**professor** /prəˈfesə/ ❶ egyetemi/főiskolai tanár, professzor ❷ US kinevezett tanár/előadó [egyetemen/főiskolán]
**professorial** /ˌprɒfəˈsɔːrɪəl/ ❶ tanári, professzori ❷ tanáros, professzoros
**professorship** /prəˈfesəʃɪp/ ❶ professzori/egyetemi tanári rang ❷ egyetemi tanszék, katedra
**proffer** /ˈprɒfə/ FNÉV/IGE ❶ felajánlás, ajánlat ❷ (fel)ajánl
**proficiency** /prəˈfɪʃənsɪ/ ❶ szakértelem, jártasság (amiben: *in/at*) ❷ előmenetel, tudás
**proficient** /prəˈfɪʃənt/ jártas, gyakorlott (amiben: *in/at*)
**profile** /ˈprəʊfaɪl/ FNÉV
❶ oldalnézet, profil *photograph smb in profile* profilból fényképez le vkit ❷ körvonal, kontúr ❸ idom, profil ❹ jellemtanulmány ❺ életrajzvázlat, portré ❻ észrevehetőség, jelleg
**profile** IGE
❶ oldalnézetben ábrázol ❷ fölvázol, vázlatot/tanulmányt készít
**profit** /ˈprɒfɪt/ FNÉV
❶ haszon, nyereség, profit *make a profit* hasznot/profitot termel *sell smth at a profit* haszonnal ad el vmit ❷ előny, profit
**profit** IGE
❶ hasznára van/válik ❷ tanul, hasznot húz (amiből: *from/by*)
**profitability** /ˌprɒfɪtəˈbɪlətɪ/ nyereségesség
**profitable** /ˈprɒfɪtəbəl/ ❶ kifizetődő, rentábilis ❷ hasznos
**profit centre** profitközpont, profitcenter
**profiteer** /ˌprɒfɪˈtɪə/ FNÉV
konjunktúralovag, nyerészkedő
**profiteer** IGE
❶ nyerészkedik, meglovagolja a konjunktúrát ❷ feketézik
**profit margin** haszonkulcs
**profit-taking** részvények tőzsdei értékesítése haszonnal, tőkekivonás
**pro forma** /prəʊ ˈfɔːmə/ MNÉV/HAT.SZÓ ❶ előírt módon (zajló/történő) ❷ látszat kedvéért (való)
**profound** /prəˈfaʊnd/ ❶ mély, erős [pl. hatás] ❷ alapos, mélyre ható [pl. tudás]
**profundity** /prəˈfʌndətɪ/ mélység [pl. érzésé]
**profuse** /prəˈfjuːs/ ❶ bőséges, bőven áradó [pl. könny] ❷ bőkezű(en osztogató), (túl) nagylelkű [pl. köszönetben, dicséretben] (amiben: *in*)
**profusely** /prəˈfjuːslɪ/ bőségesen, alaposan
**profusion** /prəˈfjuːʒən/ bőség, gazdagság, pazarság (amié: *in*)
**progenitor** /prəʊˈdʒenɪtə/ ❶ ős, előd ❷ vmi értelmi szerzője / atyja
**progeny** /ˈprɒdʒənɪ/ ❶ ivadék, utód, leszármazott ❷ következmény, folyomány
**prognosis** /prɒgˈnəʊsɪs/ TBSZ **prognoses** /prɒgˈnəʊsiːz/ ❶ előrejelzés, prognózis [eseményeké, időjárásé] ❷ kórjóslat, prognózis [orvosi]
**prognostic** /prɒgˈnɒstɪk/ FNÉV
előjel [pl. betegségé]
**prognostic** MNÉV
előrejelző, előrejelzéshez kapcsolódó
**prognosticate** /prɒgˈnɒstɪkeɪt/ előrejelez, prognosztizál
**program** /ˈprəʊgræm/ FNÉV
❶ számítógépes program ❷ műsor(füzet),

P

program ❸ (program)tervezet, program [pl. fejlesztési] ❹ program [pl. mosógépé] ⓘ *NEM* ~~program~~ [= csatorna], *NEM* ~~program~~ [= elfoglaltság]

**program** *IGE*
❶ (be)programoz [számítógépet, videót] ❷ [számítógépes] programot ír

**programmability** /prəʊˌgræmə'bɪlətɪ/ programozhatóság

**programmable** /prəʊ'græməbəl/ programozható

**programme** /'prəʊgræm/ *FNÉV*
❶ számítógépes program ❷ műsor(füzet), program ❸ (program)tervezet, program [pl. fejlesztési] ❹ program [pl. mosógépé] ⓘ *NEM* program [= csatorna], *NEM* program [= elfoglaltság]

**programme** *IGE*
(be)programoz [pl. videót]

**programmer** VAGY **programer** /'prəʊgræmə/ programozó

**programming** /'prəʊgræmɪŋ/ (számítógép)-programozás

**progress** /'prəʊgres/ *FNÉV*
❶ előrehaladás [pl. járműé] ❷ haladás, előmenetel, javulás [pl. iskolai, egészségi] *make progress* fejlődik, javul ❸ folyamat *be in progress* folyik, épp folyamatban van

**progress** /prə'gres/ *IGE*
❶ halad, múlik [idő] ❷ halad, fejlődik ❸ továbbmegy, előrehalad (ami felé: *to*)

**progression** /prə'greʃən/ ❶ haladás, előmenetel ❷ sor, haladvány *arithmetic/geometric progression* számtani/mértani haladvány

**progressive** /prə'gresɪv/ *FNÉV*
haladó szellemű ember

**progressive** *MNÉV*
❶ folyamatos, szakaszos [pl. fejlődés, hanyatlás] ❷ előremutató, haladó, progresszív ❸ súlyosbodó [betegség] ❹ progresszív [pl. adózás] ❺ folyamatos *past progressive (tense)* folyamatos múlt (idő)

**prohibit** /prə'hɪbɪt/ ❶ (meg)tilt *smoking is strictly prohibited* a dohányzás szigorúan tilos ❷ eltilt (amitől: *from*)

**prohibition** /ˌprəʊɪ'bɪʃən/ ❶ tilalom ❷ *US The Prohibition* szesztilalom, alkoholtilalom

**prohibitionist** /ˌprəʊɪ'bɪʃənɪst/ *US* szesztilalom híve

**prohibitive** /prə'hɪbətɪv/ ❶ tiltó, korlátozó ❷ elriasztó, megfizethetetlen [pl. ár]

**prohibitory** /prə'hɪbɪtərɪ/ tiltó (jellegű)

**project** /'prɒdʒekt/ *FNÉV*
❶ terv, projekt, program ❷ (nagyobb/önállóbb) iskolai feladat ❸ beruházás, munka ❸ (kutatási) téma/feladat/projekt

**project** /prə'dʒekt/ *IGE*
❶ kinyúlik, kilóg, kiáll ❷ kidug, kilógat ❸ tervez, előrevetít ❹ vetít [pl. képet] ❺ kivetít [pl. tulajdonságot másra] (akire: *on/to*)

**projection** /prə'dʒekʃən/ ❶ kinyúlás, kiugrás ❷ kivetítés, előrevetítés [pl. tervé időben] ❸ vetítés, vetület [képé, hangé] ❹ hajítás kilövés [lövedéké] ❺ vetület, projekció

**projectionist** /prə'dʒekʃənɪst/ mozigépész

**project manager** projektmenedzser, programigazgató

**projector** /prə'dʒektə/ vetítőgép

**proletarian** /ˌprəʊlə'teərɪən/ *MNÉV* proletár

**proletariat** /ˌprəʊlə'teərɪət/ proletariátus

**proliferate** /prə'lɪfəreɪt/ ❶ (osztódással) szaporodik ❷ elburjánzik, túlteng

**proliferation** /prəˌlɪfə'reɪʃən/ ❶ (osztódásos) szaporodás ❷ (el)burjánzás, túltengés

**prolific** /prə'lɪfɪk/ szapora, termékeny

**prologue** VAGY **prolog** /'prəʊlɒg/ ❶ prológus, előszó, előjáték ❷ vmi kezdete/bevezetője

**prolong** /prəʊ'lɒŋ/ meghosszabbít, prolongál

**prolongation** /ˌprəʊlɒŋ'geɪʃən/ meghosszabbítás, prolongálás

**prom** /prɒm/ ❶ sétány ❷ sétahangverseny ❸ *US* iskolai bál

**promenade** /ˌprɒmə'nɑːd/ ❶ sétány ❷ séta, korzózás, sétalovaglás sétakocsikázás ❸ *US* iskolai bál

**prominence** /'prɒmɪnəns/ ❶ kiemelkedés, feltűnés ❷ nyúlvány, kiemelkedés

**prominent** /'prɒmɪnənt/ ❶ kiemelkedő, feltűnő, kiváló ❷ kiálló, feltűnő [pl. fogazat]

**promiscuity** /ˌprɒmɪ'skjuːətɪ/ ❶ promiszkuitás, partnerek cserélgetése ❷ összevisszaság, rendezetlenség

**promiscuous** /prə'mɪskjʊəs/ ❶ partnereit cserélgető ❷ összevissza, rendezetlen

**promise** /'prɒmɪs/ *FNÉV*
❶ ígéret *make a promise* megígér vmit ❷ remény, kilátás (amire: *of*)

**promise** *IGE*
❶ (meg)ígér *(do you) promise?* ígéred? becsszóra? *promise!* ígérem! becsszóra! *promise smb smth / promise smth to smb* (meg)ígér vkinek vmit *promise to do smth* ígéri, hogy vmit megtesz ❷ figyelmeztet ❸ előrevetít, ígér *the early sun promises good weather* a korai napsütés jó időt ígér ❹ vmilyennek ígérkezik *the weather promises good* az idő jónak ígérkezik

**Promised Land** *the Promised Land* az Ígéret földje

**promising** /'prɒmɪsɪŋ/ biztató, sokat ígérő

**promontory** /'prɒməntərɪ/ hegyfok

**promote** /prə'məʊt/ ❶ előléptet [rangban, munkahelyen] ❷ segít, támogat, szponzorál ❸ reklámoz vmit, hírverést csinál vminek ❹ (elő)segít támogat [ügyet, egészséget] ❺ cserél [gyalogot]

**promoter** /prə'məʊtə/ ❶ támogató, szponzor ❷ hirdető, támogató

**promotion** /prə'məʊʃən/ ❶ előléptetés [rangban, munkahelyen] ❷ hírverés, reklám(ozás)

---

*sales promotion* értékesítési kampány ❸ reklámozott dolog ❹ csere [gyalogé sakkban]

**prompt** /prɒmpt/ *FNÉV*

❶ emlékeztető ❷ súgás [pl. színházban] ❸ súgó [pl. színházban] ❹ fizetési határidő ❺ fizetési felszólítás ❻ prompt [számítógépes]

**prompt** *MNÉV*

❶ gyors haladéktalan [pl. fizetés, válasz] ❷ pontos [ember] ❸ gyorsan cselekvő/reagáló [ember]

**prompt** *HAT.SZÓ*

pontosan *at eleven o'clock prompt* pontban tizenegykor

**prompt** *IGE*

❶ okoz, kivált *his reaction prompted me to leave* reakciója arra késztetett, hogy elmenjek ❷ buzdít, sarkall ❸ súg [pl. színházban]

**prompter** /ˈprɒmptə/ ❶ súgó [pl. színházban] ❷ felbujtó, ösztökélő

**prompter's box** súgólyuk

**promptness** /ˈprɒmptnəs/ ❶ gyorsaság ❷ pontosság ❸ szolgálatkészség

**promulgate** /ˈprɒməlgeɪt/ ❶ életbe léptet, kihirdet [pl. törvényt, egyházi rendeletet] ❷ elterjeszt [pl. gondolatot]

**promulgation** /ˌprɒməlˈgeɪʃən/ ❶ életbe léptetés, kihirdetés [pl. törvényé, egyházi rendeleté] ❷ elterjesztés [pl. gondolaté]

**pron.** = pronoun; pronunciation

**-prone** /prəʊn/ vmire hajlamos *accident-prone* gyakran balesetet szenvedő

**prone** /prəʊn/ ❶ *be prone to (do) smth* hajlamos vmire ❷ hason fekvő, kiterült

**pronominal** /prəʊˈnɒmɪnəl/ névmási

**pronominalization** /prəʊˌnɒmɪnəlaɪzˈeɪʃən/ pronominalizáció, névmással való helyettesítés

**pronoun** /ˈprəʊnaʊn/ névmás

**pronounce** /prəˈnaʊns/ ❶ (ki)ejt, kimond [pl. hangot, szót] ❷ (vminek) nyilvánít *pronounce smb dead* halottnak nyilvánít vkit ❸ kijelent, ítél (aki mellett: *in favour of*, aki ellen: *against*)

**pronounceable** /prəˈnaʊnsəbəl/ (ki)ejthető

**pronounced** /prəˈnaʊnst/ kifejezett, hangsúlyos, nyilvánvaló

**pronouncement** /prəˈnaʊnsmənt/ kijelentés, kinyilatkozatatás

**pronunciation** /prəˌnʌnsɪˈeɪʃən/ ❶ kiejtés [pl. szóé] ❷ kiejtés [emberé]

**-proof** /pruːf/ -biztos, -álló *bullet-proof* golyóálló *waterproof* vízálló, vízhatlan

**proof** /pruːf/ *FNÉV*

❶ bizonyíték *burden of proof* bizonyítási teher ❷ bizonyság, tanújel *in proof of smth* vminek bizonyságaként ❸ próba, kísérlet ❹ levonat, korrektúra ❺ szeszfok, alkoholfok

KIFEJEZÉSEKBEN: *the proof of the pudding is in the eating* a puding próbája az evés

**proof** *MNÉV*

❶ *proof against smth* ellenálló, védő (aminek / amivel szemben: *against*) ❷ vmilyen szeszfokú/alkoholfokú

**proof** *IGE*

❶ vízhatlanít, impregnál ❷ korrektúráz, korrigál, megolvas

**proofing** /ˈpruːfɪŋ/ ❶ vízhatlanítás, impregnálás *damp proofing* szigetelés [nedvesedés ellen] ❷ mentesítés *pigeon proofing* galambmentesítés ❸ korrektúrázás, korrigálás

**proofread** /ˈpruːfriːd/, **proofread** /ˈpruːfred/, **proofread** /ˈpruːfred/ korrektúrát olvas, korrektúrázik

**proofreader** /ˈpruːfriːdə/ korrektor

**prop** /prɒp/ *FNÉV*

❶ támasz [fizikai, lelki] ❷ dúc, oszlop ❸ (színházi) kellék ❹ propeller, légcsavar

**prop** *IGE*

*prop the ladder against the wall* falnak támasztja a létrát

**prop up** *prop smth up* feltámaszt, megsegít [pl. gyenge céget]

**propaganda** /ˌprɒpəˈgændə/ (állami/politikai) propaganda ⓘ *NEM* ~~propaganda~~ [= reklám]

**propagandist** /ˌprɒpəˈgændɪst/ propagandista [politikai]

**propagandistic** /ˌprɒpəgænˈdɪstɪk/ propagandisztikus

**propagandize** /ˌprɒpəˈgændaɪz/ propagál, propagandát csinál vminek

**propagate** /ˈprɒpəgeɪt/ ❶ szaporodik ❷ elterjed ❸ szaporít ❹ elterjeszt

**propagation** /ˌprɒpəˈgeɪʃən/ ❶ terjesztés, propagálás, népszerűsítés ❷ szaporítás ❸ szaporodás

**propane** /ˈprəʊpeɪn/ propán(gáz)

**propel** /prəˈpel/ (előre)hajt, mozgat

**propellant** VAGY **propellent** /prəˈpelənt/ ❶ hajtóanyag, üzemanyag ❷ hajtótöltet, indítótöltet

**-propelled** /prəˈpeld/ hajtott, hajtású *rocket-propelled* rakétahajtású

**propeller** /prəˈpelə/ ❶ hajócsavar ❷ légcsavar, propeller

**propensity** /prəˈpensətɪ/ ❶ hajlam(osság) (amire: *for/to/towards*) ❷ hajlandóság (amire: *for/to/towards*)

**proper** /ˈprɒpə/ *MNÉV*

❶ helyes, megfelelő, illő [pl. hely, idő, kifejezés, magatartás] *in the proper sense of the word* a szó valódi értelmében ❷ igazi, tényleges [= nem játék] ❸ sajátos, jellemző (amire: *to*) ❹ *HÁTRAVETVE:* a szó szoros/szűkebb értelmében vett, tulajdonképpeni *in the contract proper* magában a szerződésben ❺ szép kis, komplett [pl. rendetlenség]

**proper** *HAT.SZÓ*

nagyon, teljesen *he was beaten (good and) proper* nagyon elverték/megverték

**properly** /ˈprɒpəlɪ/ ❶ illően, megfelelően *speak a language properly* megfelelően/jól beszél egy nyelvet ❷ pontosan, megfelelően *properly speaking* hogy pontos legyek, tulajdonképpen ❸ alaposan, teljesen

**proper noun** VAGY **proper name** tulajdonnév

**property** /ˈprɒpətɪ/ ❶ tulajdon, vagyon *lost property* talált tárgy ❷ ingatlan ❸ tulajdonság, sajátság ❹ (színpadi) kellék

**prophecy** /ˈprɒfəsɪ/ ❶ jóslat, jövendölés ❷ jós(o)lás

**prophesy** /ˈprɒfəsaɪ/ (meg)jövendöl, (meg)jósol

**prophet** /ˈprɒfɪt/ ❶ próféta ❷ jövendőmondó, látnok ❸ látnoki képességű ember

**prophetess** /ˌprɒfɪˈtes/ ❶ jósnő ❷ prófétanő

**prophetic** /prəˈfetɪk/ VAGY **prophetical** /prəˈfetɪkəl/ ❶ látnoki, prófétikus ❷ prófétai

**prophylactic** /ˌprɒfɪˈlæktɪk/ *FNÉV*
❶ betegséget megelőző szer, profilaktikum ❷ óvszer, kondom

**prophylactic** *MNÉV*
betegséget megelőző, profilaktikus

**prop jet** ❶ turbólégcsavaros repülőgép ❷ turbólégcsavaros motor

**proponent** /prəˈpəunənt/ *FNÉV* indítványozó, javas(o)ló, javaslattevő

**proportion** /prəˈpɔːʃən/ *FNÉV*
❶ arány(osság), viszony *be in proportion* arányban van, arányos (amivel: *to*) *be out of proportion* nem áll arányban, aránytalan (amivel / amihez képest: *to*) ❷ rész, hányad, részarány ❸ arány (-pár) [matematikai] ❹ méret

**proportion** *IGE*
arányosít, arányba állít (amivel: *to*)

**proportional** /prəˈpɔːʃənəl/ VAGY **proportionate** /prəˈpɔːʃənət/ ❶ arányos, megfelelő *be (directly) proportional to smth* (egyenes) arányban van vmivel *inversely proportional to smth* fordítottan arányos vmivel ❷ létszámarányos

**proposal** /prəˈpəuzəl/ ❶ indítványozás, előterjesztés, javaslattétel ❷ javaslat, indítvány ❸ házassági ajánlat, leánykérés

**propose** /prəˈpəuz/ ❶ indítványoz, javasol, ajánl ❷ tervez, szándékozik *propose to do smth* szándékozik/akar vmit tenni ❸ házassági ajánlatot tesz (akinek: *to*) ❹ ajánl, mond [pohárköszöntőt] *propose a toast* pohárköszöntőt mond

**proposer** /prəˈpəuzə/ ❶ ajánló, javaslattevő ❷ ajánlattevő

**proposition** /ˌprɒpəˈzɪʃən/ *FNÉV*
❶ tétel, állítás, propozíció ❷ előterjesztés, javaslat, indítvány ❸ ügy, vállalkozás, eset [dolog, ember] *it's quite an attractive proposition* igen vonzó/kecsegtető vállalkozás ❹ ajánlattétel [nemi kapcsolatra]

**proposition** *IGE*
(tisztességtelen) ajánlatot tesz (akinek: *to*)

**proprietary** *MNÉV* ❶ szabadalmazott, bejegyzett [pl. árucikk, eljárás] ❷ tulajdonosi ❸ magántulajdonban lévő, magán-

**proprietor** /prəˈpraɪətə/ tulajdonos [vállalkozásé]

**propriety** /prəˈpraɪətɪ/ ❶ illem, illendőség, helyes viselkedés ❷ jogosság, helyesség [pl. kijelentésé] ❸ tulajdon, birtok *marriage of propriety* érdekházasság

**propulsion** /prəˈpʌlʃən/ (előre)hajtás, hajtóerő *jet propulsion* lökhajtás

**propulsive** /prəˈpʌlsɪv/ ❶ (előre)hajtó, mozgató [pl. erő] ❷ serkentő

**propylene** /ˈprəupɪliːn/ propilén

**pro rata** /prəu ˈrɑːtə/ *MNÉV/HAT.SZÓ* arányos(an) *on a pro rata basis* arányosan

**prorate** /prəuˈreɪt/ arányosít, arányosan megállapít [pl. díjat időarányosan]

**prosaic** /prəˈzeɪɪk/ ❶ prózai, prózára jellemző ❷ unalmas, prózai ❸ képzelőerő nélküli, unalmas

**proscenium** /prəˈsiːnɪəm/ *TBSZ* **proscenium** VAGY **proscenia** /prəˈsiːnɪə/ előszín(pad), proszcénium

**prose** /prəuz/ *FNÉV*
❶ próza ❷ prózaiság, unalmasság

**prose** *IGE*
❶ prózában ír/beszél ❷ unalmasan beszél

**prosector** /ˈprɒsəktə/ boncnok, proszektor

**prosecute** /ˈprɒsəkjuːt/ ❶ vádat emel vki ellen ❷ a vád képviseletében vádol vkit (amiért: *for*) ❸ kitartóan folytat [pl. vizsgálatot, tanulmányokat]

**prosecution** /ˌprɒsəˈkjuːʃən/ ❶ bűnvádi eljárás, vád ❷ *the Prosecution* ügyész, a vád képviselője/képviselői *witness for the prosecution* terhelő tanú, a vád tanúja ❸ folytatás, elvégzés [r.szerint nagyobb feladaté]

**prosecutor** /ˈprɒsəkjuːtə/ vádló, ügyész *Public Prosecutor* (állam)ügyész

**prosodic** /prəˈsɒdɪk/ ❶ verstani, prozódiai, metrikai ❷ szupraszegmentális, prozódiai

**prosody** /ˈprɒsədɪ/ prozódia

**prospect** /ˈprɒspekt/ *FNÉV*
❶ kilátás, lehetőség ❷ távlat, lehetőség *the job offers excellent prospects* az állás sok további lehetőséget kínál ❸ kilátás, látvány

**prospect** /prəˈspekt/ *IGE*
kutat, feltár [terepet nemesfémért, olajért] (amit keresve: *for*)

**prospective** /prəˈspektɪv/ ❶ leendő, jövendőbeli, reménybeli [pl. vásárló] ❷ jövőbe tekintő

**prospectus** /prəˈspektəs/ tájékoztató, ismertető (füzet) [r.szerint iskoláé]

**prosper** /ˈprɒspə/ ❶ virágzik, prosperál [üzlet] ❷ fejlődik, prosperál [pl. gyerek]

**prosperity** /prɒˈsperətɪ/ ❶ jólét, boldogulás ❷ fölvirágzás, konjunktúra

**prosperous** /ˈprɒspərəs/ ❶ jól menő, sikeres, virágzó ❷ ígéretes, kedvező

**prostaglandin** /ˌprɒstəˈglændɪn/ prosztaglandin

**prostate** /ˈprɒsteɪt/ VAGY **prostate gland** prosztata

**prosthesis** /prɒsˈθiːsɪs/ protézis, pótlás [fog/végtag-]

**prostitute** /ˈprɒstɪtjuːt/ *FNÉV*
prostituált
**prostitute** *IGE*
prostituál, áruba bocsát [testet, tehetséget]
**prostitution** /ˌprɒstɪˈtjuːʃən/ ❶ prostitúció ❷ áruba bocsátás
**prostrate** /ˈprɒstreɪt/ *MNÉV*
❶ elterült, leborult ❷ kimerült, tehetetlen ❸ lesújtott, megsemmisített
**prostrate** /prɒˈstreɪt/ *IGE*
❶ földre terít, leterít *prostrate ⸗oneself⸗* földre borul (aki előtt: *before*) ❷ kimerít *be prostrated* ki van merülve, el van gyengülve
**prostration** /prɒˈstreɪʃən/ ❶ földre borulás [pl. vallási] ❷ megalázkodás ❸ levertség, kimerültség
**Prot.** = Protestant
**protagonist** /prəˈtægənɪst/ ❶ főszereplő, főhős [színdarabé] ❷ vezető erő, fő támogató
**protect** /prəˈtekt/ ❶ (meg)véd, oltalmaz, megóv (amitől: *against/from*) ❷ védővámmal véd [hazai ipart] ❸ biztosítást köt, biztosítással véd, biztosít [pl. ingatlant]
**protection** /prəˈtekʃən/ ❶ megvédés ❷ védekezés ❸ védelem, oltalom *provide protection against smth* védelmet ad/jelent vmivel szemben ❹ menedék ❺ védelmi pénz ⓘ *NEM* ~~protekció~~
**protectionism** /prəˈtekʃənɪzəm/ védővámrendszer, protekcionizmus
**protective** /prəˈtektɪv/ védő, védelmező, oltalmazó (akit/amit: *towards*)
**protector** /prəˈtektə/ ❶ védő, oltalmazó, pártfogó ❷ védő(berendezés) ❸ kormányzó, régens ❹ *(Lord) Protector* Lord Protektor
**protectorate** /prəˈtektərət/ védnökség, protektorátus
**protégé** /ˈprɒtəʒeɪ/ védenc, pártfogolt
**protein** /ˈprəʊtiːn/ fehérje, protein
**protest** /ˈprəʊtest/ *FNÉV*
tiltakozás, ellenkezés
**protest** /prəˈtest/ *IGE*
❶ tiltakozik, protestál, kifogással él (ami ellen: *against*, akinél: *to*) ❷ hangoztat, ünnepélyesen kijelent *protest ⸗one's⸗ innocence* ártatlanságát hangoztatja ❸ tiltakozik vmi ellen *they protested the war* tiltakoztak a háború ellen
**Protestant** /ˈprɒtəstənt/ *MNÉV* protestáns
**Protestantism** /ˈprɒtəstəntɪzəm/ protestantizmus
**protestation** /ˌprɒtəˈsteɪʃən/ ❶ tiltakozás, kifogás ❷ (ünnepélyes) kijelentés
**protocol** /ˈprəʊtəkɒl/ ❶ jegyzőkönyv [diplomáciai tárgyalásokról] ❷ diplomáciai formaságok, protokoll *breach of protocol* a diplomáciai szokások/formaságok megsértése ❸ protokoll [számítógépes]
**proton** /ˈprəʊtɒn/ proton
**protoplasm** /ˈprəʊtəʊplæzəm/ protoplazma
**prototype** /ˈprəʊtəʊtaɪp/ ősalak, prototípus
**prototypical** /ˌprəʊtəʊˈtɪpɪkəl/ prototipikus
**protract** /prəˈtrækt/ elnyújt, halaszt, késleltet
**protraction** /prəˈtrækʃən/ ❶ kihúzás ❷ elnyújtás, húzás-halasztás
**protrude** /prəˈtruːd/ ❶ kinyúlik, kiáll [pl. zsebből fegyver, fogak] ❷ kinyújt, előretol
**protrusion** /prəˈtruːʒən/ ❶ kiugrás, kiállás ❷ kiálló rész, kitüremkedés
**protuberance** /prəˈtjuːbərəns/ kidudorodás, kiugrás
**protuberant** /prəˈtjuːbərənt/ kidudorodó, kiugró
**proud** /praʊd/ ❶ büszke (amire: *of*) *be proud of smth* büszke vmire *be proud to do smth* megtisztelőnek tartja, hogy vmit tehet ❷ öntelt, önhitt, túl büszke
**provable** /ˈpruːvəbəl/ bizonyítható
**prove** /pruːv/, **proved** /pruːvd/, **proven** /pruːvən/ VAGY **proved** /pruːvd/ ❶ (be)bizonyít, igazol *prove ⸗one's⸗ innocence* bebizonyítja ártatlanságát *prove smb (to be) guilty* bebizonyítja vki bűnösségét ❷ vmilyennek/vminek bizonyul *prove (to be) false* hamisnak bizonyul
**proven** /ˈpruːvən/ (be)bizonyított, igazolt
**provenance** /ˈprɒvənəns/ származás(i hely), eredet
**proverb** /ˈprɒvɜːb/ közmondás
**proverbial** /prəˈvɜːbɪəl/ ❶ közmondásbeli ❷ közmondásos, közismert
**provide** /prəˈvaɪd/ ❶ (be)szerez, nyújt (aki számára: *for*) ❷ ellát, felszerel (amivel: *with*) *provide smb with smb* vkit ellát vmivel ❸ gondoskodik vmiről, nyújt vmit ❹ intézkedik, rendelkezik [pl. törvény] *the law provides that {MONDAT}* a törvény úgy rendelkezik, hogy {MONDAT}
**provide against** *provide against smth* ❶ fölkészül vmivel szemben / vmire ❷ megtilt [pl. törvényileg]
**provide for** *provide for smb/smth* ❶ ellát, etet [pl. gyereket], gondoskodik vkiről *be provided for* megvan a biztos megélhetése, el van látva ❷ lehetővé tesz, megenged
**provided** /prəˈvaɪdɪd/ VAGY **provided that** ha / feltéve, hogy / amennyiben *provided you're paying, I'll be there* amennyiben te fizetsz, ott leszek
**providence** /ˈprɒvɪdəns/ ❶ gondviselés *divine providence* isteni gondviselés ❷ előrelátás, óvatosság ❸ takarékosság
**provident** /ˈprɒvɪdənt/ ❶ előrelátó, óvatos ❷ takarékos
**providential** /ˌprɒvɪˈdenʃəl/ gondviselésszerű, a legjobb pillanatban történő/érkező
**provider** /prəˈvaɪdə/ ❶ gondoskodó, ellátó [ember] ❷ családfenntartó ❸ szolgáltató [vállalat]
**providing** /prəˈvaɪdɪŋ/ VAGY **providing that** ha / feltéve, hogy / amennyiben *providing you're paying, I'll be there* amennyiben te fizetsz, ott leszek
**province** /ˈprɒvɪns/ ❶ tartomány, vidék ❷ terület, működési kör; vki „asztala" *it's my husband's province* ez a férjem dolga

P

**provinces** /ˈprɒvɪnsɪz/ vidék, (nagy)várostól távolabb eső terület *in the provinces* vidéken
**provincial** /prəˈvɪnʃəl/ FNÉV
tartományfőnök
**provincial** MNÉV
❶ vidéki(es), helyi (jellegű) ❷ tartományi ❸ szűk látókörű [pl. gondolkodás]
**provincialism** /prəˈvɪnʃəlɪzəm/ ❶ vidékiesség, provincializmus ❷ szűk látókörűség
**provision** /prəˈvɪʒən/ FNÉV
❶ vmi ellátása ❷ gondoskodás (amiről: *for*) ❸ tartalékképzés (amire: *for/against*) ❹ ellátás (amivel: *with*) ❺ intézkedés, rendelkezés [pl. törvényé] ❻ (elő)feltétel
**provision** IGE
élelmiszerrel ellát [pl. hajót]
**provisional** /prəˈvɪʒənəl/ ❶ feltételes ❷ ideiglenes, átmeneti
**provisions** /prəˈvɪʒənz/ ❶ élelmiszerek ❷ tartalék
**proviso** /prəˈvaɪzəʊ/ kikötés, (elő)feltétel
**provocation** /ˌprɒvəˈkeɪʃən/ ❶ kihívás, provokáció ❷ próbára tétel, kihívás
**provocative** /prəˈvɒkətɪv/ kihívó, provokatív
**provoke** /prəˈvəʊk/ ❶ kihív, bosszant, provokál *provoke smb into (doing) smth* belekerget vkit vmi megtételébe ❷ előidéz, okoz, kivált
**provost** /ˈprɒvəst/ ❶ főiskolai igazgató ❷ polgármester [Skóciában] ❸ perjel, prépost
**prowl** /praʊl/ FNÉV
portyázás, kószálás *be on the prowl* portyázik [pl. ragadozó]
**prowl** IGE
portyázik [ragadozó, bűnöző]
**proximity** /prɒkˈsɪmətɪ/ közelség, szomszédság
**proxy** /ˈprɒksɪ/ ❶ megbízott, meghatalmazott, helyettesítő ❷ meghatalmazás *vote by proxy* meghatalmazottként szavaz
**proxy marriage** távházasság
**prude** /pruːd/ álszemérmes, prűd
**prudence** /ˈpruːdəns/ gondosság, óvatosság
**prudent** /ˈpruːdənt/ ❶ óvatos, körültekintő, gondos ❷ tisztességes, decens
**prudential** /pruːˈdenʃəl/ okos, megfontolt
**prudery** /ˈpruːdərɪ/ VAGY **prudishness** /ˈpruːdɪʃnəs/ álszemérem, prüdéria
**prune** /pruːn/ FNÉV
❶ aszalt szilva ❷ tökfej, ostoba alak
**prune** IGE
(meg)nyes, (meg)metsz [pl. fát]
**prune away** VAGY **prune back** *prune smth away/back* ❶ levág, lenyír [pl. gallyakat] ❷ eltávolít ❸ (meg)tisztít
**prune down** VAGY **prune away** *prune smth down/away* ❶ visszavesz vmiből, rövidebbé/kisebbre alakít vmit ❷ csökkent [pl. veszteséget] ❸ eltávolít ❹ (meg)tisztít
**Prussian** /ˈprʌʃən/ porosz
**pry** ❶ kíváncsiskodik, orrát beleüti (amibe: *into*), vájkál ❷ (emelővel) emel ❸ *pry smth open* felfeszít vmit
**p.s.** = postscript
**PS** = permanent secretary; postscript
**psalm** /sɑːm/ zsoltár
**psalmist** /ˈsɑːmɪst/ zsoltáríró
**psalter** /ˈsɔːltə/ zsoltároskönyv
**pseudo-** /ˈsjuːdəʊ/ hamis, ál-, pszeudo
**pseudonym** /ˈsjuːdənɪm/ (írói) álnév
**pshaw** /pʃɔː/ (p)fúj
**psht** /pʃt/ pszt!
**psoriasis** /səˈraɪəsɪs/ pszoriázis
**psst** /pst/ pszt!
**psych** /saɪk/ lelkileg befolyásol
**psych out** ❶ kiborul, bepörög ❷ pszichológiai/pszichikai előnyre tesz szert ❸ *psych smb out* kiborít vkit, kibillent vkit lelki egyensúlyából ❹ *psych smb out* kiismer vkit, kiismeri vki gondolkodását
**psych up** ❶ lelkileg előkészül / fölkészíti magát ❷ *psych smb up* lelkileg fölkészít vkit
**psyche** /ˈsaɪkiː/ lélek, psziché
**psychiatric** /ˌsaɪkɪˈætrɪk/ elmegyógyászati, pszichiátriai
**psychiatrist** /saɪˈkaɪətrɪst/ elmeorvos, pszichiáter
**psychiatry** /saɪˈkaɪətrɪ/ elmegyógyászat, pszichiátria
**psychical** /ˈsaɪkɪkəl/ VAGY **psychic** /ˈsaɪkɪk/ MNÉV pszichikai, szellemi, lelki
**psychoanalysis** /ˌsaɪkəʊəˈnæləsɪs/ pszichoanalízis
**psychoanalyst** /ˌsaɪkəʊˈænəlɪst/ FNÉV pszichoanalitikus
**psychol.** = psychologist; psychology
**psychological** /ˌsaɪkəʊˈlɒdʒɪkəl/ lélektani, pszichológiai
**psychologist** /saɪˈkɒlədʒɪst/ pszichológus
**psychology** /saɪˈkɒlədʒɪ/ lélektan, pszichológia
**psychopath** /ˈsaɪkəʊpæθ/ FNÉV pszichopata
**psychosis** /saɪˈkəʊsɪs/ TBSZ **psychoses** /saɪˈkəʊsiːz/ pszichózis, elmezavar
**psychosomatic** /ˌsaɪkəʊsəˈmætɪk/ pszichoszomatikus
**psychotherapist** /ˌsaɪkəʊˈθerəpɪst/ pszichoterapeuta
**psychotherapeutic** /ˌsaɪkəʊθerəˈpjuːtɪk/ pszichoterápiai
**psychotherapy** /ˌsaɪkəʊˈθerəpɪ/ pszichoterápia
**p.t.** = Pacific Time; past tense
**pt.** = part; payment; pint(s); point; port
**pt** = pint(s)
**Pt** = platinum
**PT** = physical training; post town
**PTA** = Parent–Teacher Association
**PTO** = please turn over [the page]; Parent–Teacher Organization
**pub.** = public; publication; publish
**pub** /pʌb/ FNÉV
söröző, kocsma, pub
**pub** IGE
kocsmázik *go pubbing* sörözni megy

**puberty** /ˈpjuːbətɪ/ serdülőkor, pubertás
**pubes** /ˈpjuːbiːz/ *TBSZ* **pubes** /ˈpjuːbiːz/ ❶ ágyék, szeméremtáj ❷ szeméremszőrzet, fanszőrzet ❸ szeméremcsontozat
**pubescent** /pjuːˈbesənt/ ❶ serdülő ❷ serdüléshez közeli ❸ bolyhos [növény]
**pubic** /ˈpjuːbɪk/ ágyéki, szeméremؚ
**pubic hair** szeméremszőrzet, fanszőrzet
**pubis** /ˈpjuːbɪs/ *TBSZ* **pubes** /ˈpjuːbiːz/ szeméremcsont
**publ.** = public; publication; publish
**public** /ˈpʌblɪk/ *FNÉV*
❶ nyilvánosság, nagyközönség *the general public* nagyközönség, széles nyilvánosság *in public* nyilvánosan, nyilvánosság előtt ❷ közönség
**public** *MNÉV*
❶ nyilvános, általános, köz- *be in the public eye* nyilvánosság előtt van, közszereplő ❷ általánosan ismert, nyilvános, publikus *make smth public* nyilvánosságra hoz vmit ❸ állami, költségvetési
KIFEJEZÉSEKBEN: *go public* tőzsdére megy, tőzsdei rt-vé alakul
**public address system, PA** kihangosítóberendezés
**publican** /ˈpʌblɪkən/ kocsmáros, vendéglős
**publication** /ˌpʌblɪˈkeɪʃən/ ❶ közzététel ❷ kiadás [könyvé] ❸ kiadvány
**public bar** pub/söröző egyszerűbb és olcsóbb terme
**public employee** közalkalmazott
**public holiday** állami ünnep, hivatalos munkaszüneti nap
**public house** kocsma, söröző
**publicist** /ˈpʌblɪsɪst/ ❶ újságíró, közíró, publicista ❷ közjogász
**publicity** /pʌbˈlɪsətɪ/ ❶ nyilvánosság ❷ reklám(ozás), hirdetés
**publicize** /ˈpʌblɪsaɪz/ nyilvánosságra hoz, közhírré tesz
**public limited company, plc** részvénytársaság [tőzsdére bevezetett]
**publicly** /ˈpʌblɪklɪ/ nyilvánosan, nyilvánosság előtt, publikusan
**public relations, PR** kapcsolattartás, sajtókapcsolatok, PR
**public school** ❶ magán-középiskola ❷ *US* ingyenes/nyilvános iskola
**public sector** *the public sector* közszféra
**public servant** köztisztviselő
**public service** közszolgálat
**public-service corporation** közszolgálatot teljesítő/ellátó vállalat [pl. közlekedési]
**public telephone** nyilvános telefon(állomás)
**public transport** tömegközlekedés
**public utility** ❶ közmű ❷ (köz)szolgáltatás [pl. áram-, víz-]
**publish** /ˈpʌblɪʃ/ ❶ közzétesz ❷ kiad, megjelentet [könyvet] ❸ nyilvánosság elé megy ❹ nyilvánosság elé tár [r.szerint botrányt]
**publisher** /ˈpʌblɪʃə/ VAGY **publishers** /ˈpʌblɪʃəz/ (könyv)kiadó
**puck** /pʌk/ korong, pakk [jégkorongban]
**pucker** /ˈpʌkə/ *FNÉV*
ránc, redő
**pucker** *IGE*
❶ (össze)ráncol [arcot, ruhát] ❷ összegyűr ❸ biggyeszt [szájat]
**pudding** /ˈpʊdɪŋ/ ❶ desszert, édesség *what's for pudding?* mi a harmadik fogás? ❷ felfújt, kása ❸ húsos / hússal töltött tésztaétel ❹ hurka ⓘ *NEM* ~~puding~~
KIFEJEZÉSEKBEN: *the proof of the pudding is in the eating* a puding próbája az evés
**puddle** /ˈpʌdəl/ ❶ tócsa, pocsolya ❷ zűrzavar, összevisszaság ❸ evezőlapát által kavart víz
**pudendum** /pjuːˈdendəm/ *TBSZ* **pudenda** /pjuːˈdendə/ szeméremdomb
**pudgy** /ˈpʌdʒɪ/ köpcös, tömzsi
**puff** /pʌf/ *FNÉV*
❶ lehelet, fuvallat *there was a puff of wind* könnyű szél támadt ❷ pöfékelés *take a puff at ⁝one's⁝ cigarette* szív (és fúj) egyet a cigarettájából ❸ zihálás, lélegzet *be out of puff* kifullad, liheg ❹ puffos/buggyos ruhaujj ❺ púderpamacs ⓘ *NEM* ~~puff~~ [ülőke]
**puff** *IGE*
❶ zihál(va lélegzik) ❷ pöfékel, cigarettát szív és fúj *puff at ⁝one's⁝ cigarette* szív (és fúj) egyet a cigarettájából ❸ fúj, kiereszt [pl. füstöt] ❹ pöfög(ve mozog) [pl. mozdony] ❺ felpuffad, dagad ❻ felfúj, kidagaszt ❼ bepamacsol, pamacsot használ
**puff out** *puff smth out* ❶ fölfúj, kidülleszt [tollakat, mellet] ❷ elfúj [pl. gyertyát]
**puff up** ❶ felfúvódik, felpuffad ❷ *puff smth up* felfúj *be puffed up (with pride)* felfuvalkodik, pöffeszkedik
**puffball** pöfeteg(gomba)
**puffer** /ˈpʌfə/ ❶ vmit agyonreklámozó ember ❷ mozdony, töf–töf [gyereknyelvben]
**puff–puff** mozdony, töf–töf [gyereknyelvben]
**puffy** /ˈpʌfɪ/ ❶ dagadt, puffadt ❷ kifulladt ❸ felfuvalkodott, beképzelt ❹ rohamokban kitörő [szél]
**pugnacious** /pʌgˈneɪʃəs/ harcias [ember, magatartás]
**pugnacity** /pʌgˈnæsətɪ/ harciasság
**pug-nosed** pisze orrú
**puke** /pjuːk/ *FNÉV/IGE* ❶ hányás ❷ hány, okádik
**pull** /pʊl/ *FNÉV*
❶ húzás, rántás *give smth a pull* meghúz/megránt vmit ❷ húzóerő, vonóerő ❸ meredek emelkedő ❹ korty, slukk [italból, cigarettából] *take a pull at smth* nagyot húz/szív vmin
**pull** *IGE*
❶ húz, von(tat) [pl. ló, mozdony] *pull* húzni

P

[felirat ajtón] ❷ (meg)húz [dolgot, italt, cigarettát], (meg)ránt [izmot] *pull smth open* (erős) rántással kinyit ❸ kihúz, kiránt [pl. fogat] ❹ vonz [pl. közönséget] *the match pulled a huge crowd* a meccs nagy tömegeket vonzott ❺ előhúz, előránt [pl. pisztolyt]
KIFEJEZÉSEKBEN: *pull ⸗one's⸗ weight* kiveszi a részét a munkából *pull smb's leg* ugrat vkit
**pull ahead** előremegy, megelőz (amit: *of*) *the taxi pulled ahead of my car* a taxi elém vágott
**pull at** *pull at smth* ❶ húz, rángat ❷ húz, szippant vmiből [pl. italból, cigarettából]
**pull away** távolabb húzódik/hajt/evez
**pull back** ❶ visszahúzódik, visszavonul ❷ *pull smth back* visszahúz, visszatart
**pull down** *pull smth/smb down* ❶ lebont [épületet] ❷ legyengít [betegség] ❸ leenged, lehúz [pl. függönyt]
**pull in** ❶ behúz, befut [vonat az állomásra] ❷ lehúzódik, kiáll [autó] ❸ *pull smb in* bevisz, letartóztat [rendőrség] ❹ *pull smth in* szakít, keres [pénzt] *how much is she pulling in?* mennyit szakít/keres?
**pull off** *pull smth off* ❶ lehúz, levesz [ruhát] ❷ elvégez, sikerre visz vmit ❸ sikerrel túljut vmin
**pull on** ❶ *pull on smth* húz/ránt egyet [pl. kötélen] ❷ *pull smth on* felhúz [pl. zoknit]
**pull out** ❶ kigördül, kihúz [állomásról vonat] ❷ behúzódik, elindul [autó út széléről] ❸ elhúz [autó másik elől] ❹ *pull smth out* kivon [pl. csapatokat] ❺ kihúz [fogat] ❻ kinyújt [pl. kezet]
**pull over** ❶ áthúz, áthajt [autóval a másik oldalra] ❷ az út szélére hajt, áthajt (a másik oldalra) ❸ átevez (máshová)
**pull through** ❶ meggyógyul, talpraáll ❷ megállja a helyét, győz ❸ *pull smb through* átsegít vkit vmin
**pull together** ❶ szorosabbra vonja erőit, összébbhúzódik ❷ *pull ⸗oneself⸗ together* összeszedi magát ❸ *pull smth together* jobban megszervez
**pull up** ❶ (hirtelen) megáll *pull up short* hirtelen megáll ❷ *pull up with/to smb* utolér vkit, egy szintbe ér vkivel ❸ *pull smth/smb up* felhúz ❹ kitép [pl. növényt]

**pullback** ❶ visszahúzás, akadály, visszahúzó szerkezet ❷ visszavonulás
**puller** /ˈpʊlə/ ❶ húzó [ember, állat, gép] ❷ evezős [ember] ❸ látványosság, vonzó esemény
**pulley** /ˈpʊlɪ/ (emelő)csiga
**pull-in** útmenti kávézó/büfé
**Pullman** /ˈpʊlmən/ vasúti hálókocsi, szalonkocsi
**pull-off** *US* sztráda menti pihenő

**pullout** /ˈpʊlaʊt/ *FNÉV*
❶ kivehető melléklet [pl. újságé] ❷ kihajtható melléklet, leporelló ❸ kivonás [katonai alakulatoké]

**pullout** *MNÉV*
kihúzható

**pullover** /ˈpʊləʊvə/ ❶ pulóver ❷ átemelő szerkezet
**pull ring** húzókarika, nyitógyűrű [pl. dobozos italon]
**pull switch** zsinóros kapcsoló
**pull-up** ❶ hirtelen megáll(ít)ás ❷ felhúzódzkodás [tornagyakorlat] ❸ útmenti kávézó/büfé

**pulp** /pʌlp/ *FNÉV*
❶ pép, kása *beat smb to (a) pulp* laposra/péppé ver vkit ❷ gyümölcspép, gyümölcshús ❸ zúzalék, pép [papírgyártásban]
KIFEJEZÉSEKBEN: *reduce smb to (a) pulp* megfélemlít / cselekvésképtelenné tesz vkit

**pulp** *IGE*
❶ péppé zúz, pépesít ❷ kinyeri a pépet/húst [gyümölcsből] ❸ bezúz [pl. könyvet]

**pulpit** /ˈpʌlpɪt/ ❶ szószék, pulpitus ❷ prédikálás, papi hivatás
**pulpy** /ˈpʌlpɪ/ pépes, pépszerű
**pulsate** /pʌlˈseɪt/ ❶ lüktet, ver, pulzál [pl. ér] ❷ változik, pulzál [feszültség] ❸ vibrál
**pulsation** /pʌlˈseɪʃən/ ❶ lüktetés, dobogás (ér)verés ❷ változás, pulzálás [feszültségé] ❸ vibrálás

**pulse** /pʌls/ *FNÉV*
❶ ütőér, pulzus *feel/take smb's pulse* kitapintja/megméri vki pulzusát ❷ erős ritmus, dobverés üteme ❸ impulzus üzemmód [pl. telefonnál] ❹ hüvelyesek (ehető magja)

**pulse** *IGE*
❶ lüktet, dobog, pulzál ❷ impulzusokat bocsát ki

**pulverize** /ˈpʌlvəraɪz/ ❶ porrá tör, porít ❷ szétzúz, megsemmisít [pl. ellenséget]
**puma** /ˈpju:mə/ *TBSZ* **puma** VAGY **pumas** puma
**pummel** /ˈpʌməl/ püföl, ököllel ver

**pump** /pʌmp/ *FNÉV*
❶ szivattyú, pumpa *foot pump* lábpumpa ❷ (benzin)kút *petrol pump* kútoszlop [benzinkútnál] ❸ egy pumpálás/szívás

**pump** *IGE*
❶ szivattyúz, pumpál [ki/be] *pump money into smth* pénzt pumpál vmibe ❷ szivattyúval dolgozik, pumpál ❸ hajt, pumpál [pl. pedált] ❹ erősen zakatol/működik [pl. szív] ❺ ömlik, özönlik [pl. vér]

**pumpkin** /ˈpʌmpkɪn/ ❶ tök ❷ fajankó, tökfej

**pun** /pʌn/ *FNÉV*
szójáték

**pun** *IGE*
❶ szójátékot gyárt/csinál ❷ döngöl [földet]

**punch** /pʌntʃ/ *FNÉV*
❶ puncs ❷ ökölcsapás, ütés ❸ energia, (ütő)erő *lack punch* nincs benne elég átütő erő ❹ lyukasztó(gép) ❺ pontozóvas, ár

**punch** *IGE*
❶ megüt, behúz [ököllel] *punch smb on the*

*nose* orrbaver vkit ❷ (ki)lyukaszt, átüt [pl. kalauz jegyet] ❸ *US* terel [marhát]
**punch in** ❶ bélyegez, blokkol [munkába érkezéskor] ❷ *punch smth in* begépel, beír, beüt [számítógépbe] ❸ *punch smth in* árral lyukaszt, beüt
**punch out** bélyegez, blokkol [munkából távozáskor]
**punch up** *punch smb up* püföl/ütlegel vkit
**Punch and Judy show** vásári bábjáték
**punch bag** VAGY **punching bag** VAGY **punch ball** homokzsák, körtelabda [ökölvívóé]
**punch box** (jegy)lyukasztó gép
**punch card** VAGY **punched card** /ˈpʌntʃt kɑːd/ lyukkártya
**punch line** csattanó, (slussz)poén
**punch-up** ❶ püfölés, ütlegelés ❷ verekedés
**punctilious** /pʌŋkˈtɪlɪəs/ ❶ részletekre odafigyelő, aprólékos ❷ szertartásos
**punctual** /ˈpʌŋktʃʊəl/ pontos
**punctuality** /ˌpʌŋktʃʊˈæləti/ pontosság
**punctuate** /ˈpʌŋktʃʊeɪt/ ❶ írásjeleket használ, vmit írásjelekkel ellát, központoz ❷ megmegszakít ❸ hangsúlyoz
**punctuation** /ˌpʌŋktʃʊˈeɪʃən/ központozás, írásjelek használata
**punctuation mark** írásjel
**puncture** /ˈpʌŋktʃə/ FNÉV
❶ szúrás, lyukasztás, lyuk ❷ defekt *have a puncture* defektet kap
**puncture** IGE
❶ kilyukad, kipukkad ❷ kilyukaszt, kipukkaszt ❸ lelohaszt [pl. önteltséget]
**pungency** /ˈpʌndʒənsɪ/ ❶ csípősség, pikánsság [ízé, szagé] ❷ élesség [fájdalomé] ❸ éles/ maró gúny
**pungent** /ˈpʌndʒənt/ ❶ csípős pikáns [íz, szag] ❷ metsző, éles [fájdalom] ❸ éles, maró [gúny] ❹ hegyes végű, szúrós [levél]
**punish** /ˈpʌnɪʃ/ ❶ (meg)büntet ❷ bántalmaz, durván bánik vkivel ❸ nekilát, nekiesik [ételnek/italnak]
**punishable** /ˈpʌnɪʃəbəl/ ❶ büntethető ❷ büntetendő
**punishment** /ˈpʌnɪʃmənt/ ❶ (meg)büntetés (amiért: *for*) ❷ megverés, bántalmazás ❸ kár *take a lot of punishment* sok kárt szenved
**punitive** /ˈpjuːnətɪv/ büntető, fenyítő
**punitive damages** büntető kártérítés
**punk** /pʌŋk/ FNÉV
❶ korhadt fa, tapló ❷ értéktelen/vacak dolog ❸ punk ❹ punk zene ❺ szajha
**punk** MNÉV
vacak, pocsék
**punt** /pʌnt/ FNÉV
❶ lapos fenekű csónak ❷ kézből földre pattintott labda rúgása [futballban] ❸ hazardírozás, a bank ellen tevés [szerencsejátékban] ❹ ír font [pénzegység]
**punt** IGE
❶ lapos fenekű csónakon utazik ❷ lapos fenekű csónakon szállít ❸ rúddal hajt [csónakot] ❹ földre pattintott labdát kirúg [futballban] ❺ hazardíroz, bank ellen tesz
**punter** /ˈpʌntə/ ❶ [lapos fenekű csónakot hajtó] csónakos ❷ hazardőr ❸ ügyfél, vevő ❹ pubi, prostituált ügyfele ❺ balek ❻ pasas, pofa
**pup** /pʌp/ FNÉV
❶ kölyökkutya *be in pup* vemhes [szuka] ❷ fiatal fóka/rozmár ❸ mopsz(li) ❹ öntelt fiatalember
KIFEJEZÉSEKBEN: *sell smb a pup* becsap vkit
**pup** IGE
(meg)kölykezik [kutya]
**pupa** /ˈpjuːpə/ TBSZ **pupae** /ˈpjuːpiː/ VAGY **pupas** lárva
**pupil** /ˈpjuːpəl/ ❶ tanítvány, növendék ❷ pupilla, szembogár
**pupillage** VAGY **pupilage** /ˈpjuːpəlɪdʒ/ kiskorúság, növendékkorúság
**puppet** /ˈpʌpɪt/ ❶ báb(u), baba ❷ báb [vki bábja]
**puppetry** /ˈpʌpɪtrɪ/ bábozás
**puppet show** bábszínház, bábjáték
**puppy** /ˈpʌpɪ/ ❶ kölyökkutya ❷ öntelt fiatalember
**purchase** /ˈpɜːtʃəs/ FNÉV
❶ (meg)vásárlás, vétel *make purchases* bevásárol ❷ megvásárolt dolog/holmi/áru
**purchase** IGE
❶ (meg)vásárol, (meg)vesz ❷ beszerez, megszerez
**purchaser** /ˈpɜːtʃəsə/ ❶ felvásárló ❷ vásárló ❸ vevő
**pure** /pjʊə/ ❶ tiszta, finom [pl. szesz, gyapjú, származás] ❷ tiszta, pormentes, károsanyagtól mentes [pl. víz] ❸ tiszta, szeplőtlen, szűzies ❹ teljes, merő, semmi más [pl. véletlen] *it was pure hypocrisy* tiszta képmutatás volt ❺ elméleti, színtiszta [pl. tudomány]
**purebred** VAGY **pure-blooded** fajtatiszta
**purée** VAGY **puree** /ˈpjʊəreɪ/ FNÉV
pép, püré
**purée** VAGY **puree** IGE
pépesít, pürét készít
**purely** /ˈpjʊəlɪ/ ❶ tisztán, teljesen ❷ pusztán
**purgation** /pɜːˈgeɪʃən/ ❶ megtisztítás ❷ megtisztulás ❸ hashajtás, purgálás
**purgative** /ˈpɜːgətɪv/ FNÉV/MNÉV ❶ (meg)tisztító ❷ hashajtó
**purgatory** /ˈpɜːgətrɪ/ ❶ purgatórium, tisztítótűz ❷ pokol, szenvedés [r.szerint tréfásan]
**purge** /pɜːdʒ/ FNÉV
❶ hashajtó ❷ tisztogatás [pl. elbocsátások] ❸ [politikai] tisztogatás
**purge** IGE
❶ kitisztít, (meg)tisztít ❷ tisztogatást végez [pl. elbocsát, elüldöz] *purge smth of smb/ smth* megtisztít vmit vkitől/vmitől ❸ [politikai] tisztogatást végez ❹ könnyít [lelkiismereten] ❺ kiürít [beleket]

P

**purification** /ˌpjʊərɪfɪˈkeɪʃən/ ❶ (meg)tisztulás ❷ tisztítás [pl. folyadéké]
**purify** /ˈpjʊərɪfaɪ/ ❶ (meg)tisztít ❷ föloldoz, megtisztít
**purism** /ˈpjʊərɪzəm/ purizmus [nyelvi, művészeti]
**purist** /ˈpjʊərɪst/ purista [nyelvben, művészetben]
**Puritan** VAGY **puritan** /ˈpjʊərɪtən/ *FNÉV/MNÉV* puritán
**puritanic** /ˌpjʊərɪˈtænɪk/ VAGY **puritanical** /ˌpjʊərɪˈtænɪkəl/ szigorú erkölcsiségű, puritán
**puritanism** /ˈpjʊərɪtənɪzəm/ ❶ puritanizmus ❷ szigorú erkölcsiség, puritánság
**purity** /ˈpjʊərətɪ/ tisztaság
**purple** /ˈpɜːpəl/ *FNÉV*
❶ bíbor(szín) ❷ bíbor(palást) *be born to the purple* uralkodói családban született ❸ *the purple* püspöki kar
**purple** *MNÉV*
bordó, bíbor(vörös), lila
**purples** /ˈpɜːpəlz/ vörheny
**purport** /ˈpɜːpɔːt/ *FNÉV*
❶ értelem, jelentés, lényeg ❷ szándék, cél
**purport** /pɜːˈpɔːt/ *IGE*
❶ állít ❷ vmi(lyen)nek beállít
**purpose** /ˈpɜːpəs/ *FNÉV*
❶ szándék, cél *do smth on purpose* szándékosan/céltudatosan csinál vmit *serve the same purpose* ugyanazt a célt szolgálja ❷ céltudatosság *have a sense of purpose* céltudatos
**purpose** *IGE*
szándékol, tervez
**purpose-built** az adott célra épült [pl. épület]
**purposeful** /ˈpɜːpəsfəl/ ❶ szándékos, céltudatos ❷ tervszerű
**purposeless** /ˈpɜːpəsləs/ céltalan, hiábavaló
**purposely** /ˈpɜːpəslɪ/ szándékosan, készakarva
**purr** /pɜː/ *FNÉV/IGE* ❶ dorombol(ás) [macska/macskáé] ❷ duruzsol(ás) [motor(é), ember(é)]
**purse** /pɜːs/ *FNÉV*
❶ erszény, pénztárca ❷ *US* női táska ❸ anyagi lehetőségek, pénztárca *live within ⸗one's⸗ purse* kijön/megél a fizetéséből/jövedelméből
**purse** *IGE*
összehúz, összeráncol *purse (up) ⸗one's⸗ lips* ajkát biggyeszti
**purser** /ˈpɜːsə/ pénztáros, ellátótiszt [hajón/repülőgépen]
**pursuant** /pəˈsjuːənt/ vminek értelmében (aminek: *to*)
**pursue** /pəˈsjuː/ ❶ üldöz, űz [pl. bűnözőt, vadat] ❷ követ, folytat, űz *pursue ⸗one's⸗ studies* tanulmányokat folytat ❸ kísért, nyomában jár *ill health pursued him* folyton betegség üldözte ❹ tovább/kitartóan foglalkozik vmivel
**pursuit** /pəˈsjuːt/ ❶ üldözés, űzés, keresés *in pursuit of smth* vmi keresésében ❷ törekvés (amire: *of*) *in pursuit of happiness* a boldogság keresésében ❸ tevékenység, elfoglaltság [munka, szórakozás]
**purvey** /pəˈveɪ/ ❶ szállít(óként működik) [élelmiszert, más árut] ❷ terjeszt [r.szerint hazugságot, rágalmat]
**purveyor** /pəˈveɪə/ ❶ (be)szállító *purveyor by appointment* udvari/kamarai szállító ❷ terjesztő [r.szerint hazugságé, rágalomé]
**purview** /ˈpɜːvjuː/ ❶ hatáskör, működési kör ❷ rendelkező rész, törvényszöveg
**pus** /pʌs/ genny
**push** /pʊʃ/ *FNÉV*
❶ lökés, taszítás, tolás *give smth a push* megtol/meglök vmit ❷ előrenyomulás, igyekezet, kampány *advertising push* reklámkampány
KIFEJEZÉSEKBEN: *at the push of a button* gombnyomásra, egycsapásra
**push** *IGE*
❶ tol, lök, taszít *push* tolni [felirat ajtón] *push the door shut/to* bevágja az ajtót ❷ nyomul *push ⸗one's⸗ way past smb* előretolakszik ❸ nyomást gyakorol, kényszerít *push smb into doing smth* belekerget/belekényszerít vkit vmibe ❹ előtérbe tol, nyom [pl. ismerőst] *push ⸗oneself⸗* önmagát tolja előtérbe ❺ reklámoz, nyom [pl. árut, gondolatot] ❻ drogot árul/terjeszt
KIFEJEZÉSEKBEN: *be pushed for time* szűkében van az időnek *if pushed* ha nagyon muszáj
**push about** *push smb about* rángat vkit, erőszakoskodik vkivel
**push ahead** kitartóan folytatja útját/tevékenységét
**push around** *push smb around* rángat vkit, erőszakoskodik vkivel
**push aside** *push smth/smb aside* félrelök
**push back** ❶ visszanyomul ❷ *push smth back* visszatol, visszalök
**push for** *push for smth* forszíroz/erőltet/nyom(at) vmit
**push forward** ❶ kitartóan folytatja útját/ tevékenységét ❷ tolakszik, nyomul ❸ *push smb/smth forward* előtérbe tol
**push in** ❶ benyomul, befurakszik ❷ közbevág, közbeszól ❸ *push smth in* benyom, belök
**push on** kitartóan folytatja útját/tevékenységét
**push out** ❶ rügyezik, kibújik ❷ kidug, kihajt ❸ *push smb out* kirak, kirúg [állásból]
**push through** ❶ előbújik, átbújik ❷ *push smth through* véghezvisz/végigcsinál vmit ❸ *push smth through* átver, átnyom [(törvény-)javaslatot, ötletet] ❹ *push smb through* átver, átvág, becsap
**push up** ❶ *push smth up* feltol, följebb nyom [pl. árakat] ❷ *push up (the) daisies* alulról szagolja az ibolyát
**pushbike** bicikli, bicaj
**pushboat** tolóhajó
**pushbutton** nyomógomb, kapcsoló
**pushchair** sport babakocsi, [összecsukható] gyerekkocsi
**pushed** /pʊʃt/ *be pushed for smth* szorult helyzetben lévő, megszorult

**pusher** /ˈpʊʃə/ ❶ törtető ❷ kábítószerárus, pusher ❸ összecsukható babakocsi
**push-off** ellökés, elrugaszkodás [parttól]
**push-start** FNÉV/IGE betolás(sal beindít)
**push-up** fekvőtámasz
**pushy** /ˈpʊʃɪ/ VAGY **pushing** /ˈpʊʃɪŋ/ rámenős, törtető
**puss** /pʊs/ ❶ cica ❷ (kis)lány, nő ❸ nyuszi
**pussy** /ˈpʊsɪ/ FNÉV
❶ cica, cicus ❷ punci ❸ maca, nő
**pussy** /ˈpʌsɪ/ MNÉV
gennyes
**pussycat** cica(mica)
**pussyfoot** TBSZ **pussyfoots** FNÉV
kertelő/kétszínű alak
**pussyfoot** IGE
❶ macskamód jár/megy, lopódzik ❷ kertel, kerülget vmit
**put** /pʊt/ FNÉV
dobás, lökés, vetés [súly]
**put** /pʊt/, **put** /pʊt/, **put** /pʊt/ IGE
❶ tesz, helyez vhova *put smth in order* helyre rak vmit ❷ (rá)tol, (rá)helyez ❸ kifejez / szavakba önt vmit ❹ (elé) tár *put a proposal before the board* az igazgatóság elé tár egy javaslatot ❺ (le)ír, (meg-) jelöl *put a tick against every noun* pipálj ki minden főnevet ❻ elfoglal vkit, ráállít vkit vmire, munkát ad vkinek ❼ irányít, vezet vhová [hajót, lovat] ❽ becsül (vmennyire) ❾ fedeztet, pároztat ❿ lök [súlyt mint sporteszközt] *put the shot* súlyt lök, súlylökést végez
KIFEJEZÉSEKBEN: *put ›oneself‹ into smb's place/position* vki helyébe képzeli magát *stay put* nyugton marad
**put about** ❶ irányt változtat [hajó] ❷ *put smth about* hajó irányát megváltoztatja
**put across** ❶ *put smth across* keresztbe tesz vmit ❷ *put smth across* nyélbe üt vmit, sikerre visz vmit ❸ *put smth across to smb* elhitet, elfogadtat (vkivel vmit) ❹ *put smth across* megértet vmit vkivel (akivel: *to*)
**put aside** *put smth aside* ❶ félretesz vmit ❷ mellőz vmit
**put away** *put smb/smth away* ❶ félretesz/ eltesz vmit ❷ megtakarít [pénzt] ❸ bepakol, megeszik ❹ bedug vkit vhova [pl. kórházba, bolondok házába] ❺ eltesz láb alól, elpusztít, elaltat [pl. állatot]
**put back** ❶ *put smth back* akadályoz, hátráltat ❷ *put smth back* visszairányít/visszaküld a kikötőbe [hajót] ❸ *put smth back* visszatesz ❹ *put smth back* késleltet, későbbi időpontra halaszt ❺ visszaigazít [órát] *put the clock back in October* októberben visszaállítja az órát
**put by** *put smb/smth by* ❶ félretesz, tartalékol [pénzt] ❷ félretol, mellőz vkit/vmit
**put down** *put smth down* ❶ letesz vmit ❷ földre tesz, letesz [repülőgépet] ❸ lever, elnyom [pl. lázadást] ❹ elhallgattat, megaláz ❺ leír, lejegyez *I'll put you down for 12 am* 12 órára jegyezlek elő ❻ előre lefizet, letesz [pl. részletet] ❼ elaltat [pl. öreg állatot] ❽ gondol/vél/tulajdonít vminek *put smth down to negligence* hanyagságnak tud be / tulajdonít vmit
**put forth** ❶ kicsírázik, kihajt [növény] ❷ *put smth forth* javasol/előterjeszt ❸ *put smth forth* (ki)hajt [ágat] ❹ elindul [hajó]
**put forward** *put smth forward* ❶ előretesz, előretol *put ›oneself‹ forward* magát túlságosan előtérbe tolja *put ›one's‹ best foot forward* legjobb oldaláról mutatja magát ❷ javasol, előterjeszt [pl. embert, dolgot] ❸ előre igazít *put ›one's‹ watch forward by two hours* két órával előre igazítja az óráját
**put in** ❶ *put smb in* megválaszt ❷ *put smth in* bead, beterjeszt, előterjeszt [pl. kérést, iratot] ❸ beletesz, ráfordít [időt, munkát] *put in a day's work* egy napi munkával száll be ❹ befut, beérkezik [hajó]
**put in for** bejelenti igényét vmire, megpályáz vmit *put in for a post* megpályáz egy állást
**put off** *put smb/smth off* elhalaszt, elnapol
**put on** *put smb/smth on* ❶ felvesz [pl. ruhát] ❷ bekapcsol, működésbe helyez [gépet] ❸ fölszed [súlyt] *put on five kilos* öt kilót szed föl ❹ hozzáad, növel ❺ pluszként beállít/ üzemeltet [pl. vonatot] ❻ megbecsül [árat] ❼ fogad, pénzét teszi vmire *put all ›one's‹ money on a horse* minden pénzét felteszi egy lóra ❽ tettet, színlel *she's only putting it on* csak tetteti/megjátssza ❾ színre visz, bemutat [színdarabot] ❿ rászed, becsap
**put out** ❶ *put smth out* termel, kibocsát ❷ (föl)ajánlkozik [r.szerint szexuálisan] ❸ *put smth out* kiolt, elolt, kikapcsol [tüzet/áramot] ❹ bosszant, felizgat *put ›oneself‹ out to do smth* veszi a fáradságot, hogy {MONDAT} ❺ *put smth out* kiad, közzétesz ❻ kihajózik, kifut
**put through** *put smb/smth through* ❶ kapcsol vkit [telefonon] (akihez: *to*) ❷ befejez, véghajt, megvalósít
**put to** ❶ föltesz vkinek [kérdést] *put a question to smb* kérdést intéz vkihez ❷ *put smth to the vote* szavazásra bocsát vmit ❸ (óvatosan) kérdez *I put it to you whether {MONDAT}* azt kérdem öntől, vajon {MONDAT}-e ❹ *put smb to silence* elhallgattat *put smb to sleep* elaltat ❺ *put smth to good use* jól használ vmit
**put together** *put smt together* ❶ összetesz, összerak *let's put our heads together* dugjuk össze a fejünket ❷ összeállít [pl. menüt, javaslatot] ❸ *put two and two together* összerakja a képet/dolgokat, levonja a nyilvánvaló következtetést

P

**put up** ❶ *put smth up* fölépít, fölállít [pl. épületet, sátrat] ❷ *put smth up* kitesz, kifüggeszt [pl. hirdetményt] ❸ *put smth up* emel [árat] ❹ *put smb up* elszállásol vkit, szállást ad vkinek, elhelyez vkit ❺ kifejt, mutat [pl. ellenállást] *put up a good fight* derekasan küzd ❻ fölkínál, eladásra ajánl *they're putting their house up (for sale)* árulják a házukat ❼ *put smth up* előteremt [pénzt] ❽ *put smb up* javasol, ajánl [pl. tagnak, állásra]

**put up with** ❶ *put up with smb/smth* elvisel vkit/vmit ❷ *put up with smth* beletörődik/belenyugszik vmibe

**put-on** ❶ színlelés, tettetés ❷ fölültetés, gúnyolódás

**putrid** /ˈpjuːtrɪd/ ❶ rothadt, bűzös [pl. hús] ❷ korrupt, omlott ❸ értéktelen, ócska

**putsch** /pʊtʃ/ puccs *stage a putsch* puccsot szervez

**putt** /pʌt/ FNÉV/IGE gurít(ás) [pl. golflabdát/golflabdáé]

**puttee** VAGY **putty** /ˈpʌtɪ/ lábszárvédő, lábtekercs

**putty** /ˈpʌtɪ/ FNÉV

❶ gitt, kitt, tapasz ❷ lábszárvédő

**putty** IGE

betapaszt, betöm [gittel], begittel

**puzzle** /ˈpʌzəl/ FNÉV

❶ kirakó/összerakó játék, rejtvény *crossword puzzle* keresztrejtvény ❷ rejtély, talány *be in a puzzle* zavarban van

**puzzle** IGE

❶ zavarba hoz, nyugtalanít ❷ töri a fejét vmin, dolgozik vmin (amin: *over/about*)

**puzzle out** *puzzle smth out* kibogoz, megfejt [pl. rejtélyt]

**puzzlement** /ˈpʌzəlmənt/ zavar(odottság) *look at smth/smb in puzzlement* zavartan néz vmire/vkire

**puzzler** /ˈpʌzlə/ fogas kérdés

**puzzling** /ˈpʌzlɪŋ/ rejtélyes, talányos

**PVC** = polyvinyl chloride

**Pvt.** VAGY **pvt.** = Private

**pygmy** /ˈpɪgmɪ/ FNÉV/MNÉV törpe, pigmeus

**pyjamas** /pəˈdʒɑːməz/ pizsama

**pylon** /ˈpaɪlən/ ❶ pülon, pilon, pylon ❷ (távvezeték)oszlop

**pyramid** /ˈpɪrəmɪd/ FNÉV

❶ gúla ❷ piramis ❸ piramisszerű építmény/szerkezet ❹ piramiselven fölépülő vállalatcsoport

**pyramid** IGE

piramisszerűen fölépít

**pyramidal** /pɪˈræmɪdəl/ gúla alakú

**pyrite** /ˈpaɪraɪt/ VAGY **pyrites** /paɪˈraɪtiːz/ pirit

**pyroelectric** /ˌpaɪrəʊɪˈlektrɪk/ piroelektromos

**pyromania** /ˌpaɪrəʊˈmeɪnɪə/ pirománia

**pyromaniac** /ˌpaɪrəʊˈmeɪnɪæk/ FNÉV piromániás

**pyrotechnical** /ˌpaɪrəʊˈteknɪkəl/ pirotechnikai

**pyrotechnics** /ˌpaɪrəʊˈteknɪks/ pirotechnika

**Pythagoras' theorem** /paɪˌθægərəs ˈθɪərəm/ Pitagorasz-tétel

**Pythagorean** /paɪˌθægəˈriːən/ pitagoraszi

**python** /ˈpaɪθən/ TBSZ **python** /ˈpaɪθən/ VAGY **pythons** óriáskígyó, piton

**pyx** VAGY **pix** /pɪks/ ❶ szentségtartó ❷ ostyatartó (szelence)

# Q, q /kju:/

**q.** = query; question
**Q** = quarterly; queen; question
**Q and A** VAGY **Q&A** = questions and answers
**qlty.** = quality
**qq.** = questions
**qt.** = quantity
**qtr.** = quarter; quarterly
**qu.** = quarter(ly); queen; query; question
**quack** /kwæk/ *FNÉV*
❶ hápogás ❷ kuruzsló, sarlatán
**quack** *IGE*
hápog
**quad** /kwɒd/ négyes iker
**quadrangle** /ˈkwɒdræŋgəl/ négyszög
**quadrangular** /kwɒˈdræŋgjulə/ négyszögű
**quadratic** /kwɒˈdrætɪk/ másodfokú
**quadratic equation** másodfokú egyenlet
**quadruped** /ˈkwɒdruped/ *FNÉV* négylábú
**quadruple** /ˈkwɒdrupəl/ *MNÉV*
négyszeres(e vminek)
**quadruple** *IGE*
❶ négyszerez ❷ négyszeresére nő
**quadruplet** /ˈkwɒdruplət/ négyes iker
**quagmire** /ˈkwægmaɪə/ ingovány, mocsár
**quail** /kweɪl/ *TBSZ* **quail** VAGY **quails** *FNÉV*
fürj
**quail** /kweɪl/ *IGE*
remeg, reszket
**quake** /kweɪk/ beleborzong vmibe (amibe: *at*)
**qualification** /ˌkwɒlɪfɪˈkeɪʃən/ ❶ képesítés, képzettség, végzettség ❷ (elő)feltétel *previous experience is a qualification* hasonló munkatapasztalat szükséges ❸ módosítás, árnyalás, korlátozás, fenntartás *with certain qualifications* bizonyos fenntartásokkal
**qualified** /ˈkwɒlɪfaɪd/ ❶ képesített, képzett ❷ fenntartásokkal/korlátozásokkal érvényes
**qualifier** /ˈkwɒlɪfaɪə/ ❶ képesítésért versengő/vizsgázó ember ❷ elődöntős versenyző
**qualify** /ˈkwɒləfaɪ/ ❶ képesítést szerez vmire *qualified as a doctor* megszerzi az orvosi képesítést ❷ képesít *her experience qualifies her for the job* tapasztalata alkalmassá teszi az állásra ❸ jogosult vmire *qualify for an allowance* kedvezményre jogosult ❹ tovább jut *qualify for the second round* bejut a következő fordulóba ❺ feljogosít vkit vmire ❻ árnyal, módosít, finomít *qualify a statement* árnyal egy kijelentésen
**qualifying heat** VAGY **qualifying round** előfutam
**qualifying match** selejtező mérkőzés
**qualitative** /ˈkwɒlɪtətɪv/ minőségi, kvalitatív
**quality** /ˈkwɒlətɪ/ ❶ minőség, kvalitás *of good quality* jó minőségű ❷ tulajdonság, képesség ❸ „minőségi" újság ❹ minőségi
**quality control** minőségellenőrzés
**qualm** /kwɑːm/ bizonytalanság, aggály
**quantifier** /ˈkwɒntɪfaɪə/ mennyiségszó
**quantitative** /ˈkwɒntɪtətɪv/ mennyiségi
**quantity** /ˈkwɒntətɪ/ mennyiség
**quarantine** /ˈkwɒrəntiːn/ *FNÉV*
vesztegzár, karantén (ideje/helye)
**quarantine** *IGE*
vesztegzár alá helyez, elkülönít
**quark** /kwɑːk/ ❶ kvark ❷ túró, száraz krémsajt
**quarrel** /ˈkwɒrəl/ *FNÉV*
veszekedés, vita (akivel: *with*, amin: *about*)
**quarrel** *IGE*
❶ veszekedik, vitázik, vitatkozik (akivel: *with*, amin: *about/over*) ❷ *quarrel with smth* kifogásol vmit, baja van vmivel
**quarrelsome** /ˈkwɒrəlsəm/ veszekedős
**quarry** /ˈkwɒrɪ/ ❶ [nyílt] kőbánya/homokbánya, fejtés ❷ (vadász)zsákmány, üldözés tárgya
**quart** /kwɔːt/ negyed gallon, két pint [*GB* kb. 1,1 liter *US* kb. 0,9 liter]
**quarter** /ˈkwɔːtə/ *FNÉV*
❶ negyed(rész) *a quarter of a mile* negyed mérföld ❷ negyedóra *a quarter past ten* negyed tizenegy *three quarters of an hour* háromnegyed óra ❸ negyedév ❹ 25 centes, negyeddollár(os) ❺ *US* negyedév [egyetemen] ❻ (város)negyed ❼ negyed (játékrész) [sportban] ❽ (világ)táj, irány ❾ [mértékegységek] *GB* 28 font, ill. *US* 25 font [súlymérték], 0.25 font [súlymérték], 0,25 tonna [súlymérték], 0,25 yard [hosszmérték], 0,25 mérföld [hosszmérték]
**quarter** *IGE*
❶ elszállásol ❷ négy részre/felé oszt/vág

**quarterfinal** /ˌkwɔːtəˈfaɪnəl/ negyeddöntő
**quarterly** /ˈkwɔːtəlɪ/ *FNÉV*
negyedévenként megjelenő folyóirat
**quarterly** *MNÉV/HAT.SZÓ*
negyedévenként(i)
**quarters** /ˈkwɔːtəz/ szállás, lakóhely, szálláshely
**quartet** /kwɔːˈtet/ ❶ kvartett, négyes ❷ kvartett [zenedarab]
**quartz** /kwɔːts/ kvarc
**quash** /kwɒʃ/ ❶ semmisnek nyilvánít, hatálytalanít ❷ lever, elfojt [lázadást]
**quasi-** /ˈkweɪzaɪ/ VAGY /ˈkweɪsaɪ/ VAGY /ˈkwɑːzɪ/ látszólagos, kvázi-, ál-
**quaver** /ˈkweɪvə/ *FNÉV*
reszketés, remegés [hangé]
**quaver** *IGE*
❶ reszket [hang] ❷ reszkető hangon mond
**quavery** /ˈkweɪvərɪ/ reszkető/remegő hangú
**quay** /kiː/ rakpart, rakodópart
**Quebec** /kwɪˈbek/ VAGY /kəˈbek/ VAGY /keˈbek/ telefon- ill. rádió-összeköttetésnél és betűzésnél a Q betű szava
**queen** /kwiːn/ ❶ királynő ❷ királyné ❸ királynő [versenyben] *beauty queen* szépségkirálynő ❹ [sakkban] vezér ❺ [kártyában] dáma
**queen bee** méhkirálynő
**queen consort** a király felesége, királyné
**queenly** /ˈkwiːnlɪ/ királynői, királynőhöz méltó
**queen mother** anyakirályné
**queen's evidence** tettestársak elleni vallomás *turn Queen's evidence* társai ellen vall
**queen-size** *US* nagyméretű
**queer** /kwɪə/ ❶ furcsa, fura ❷ gyengélkedő *I feel very queer* furán/gyengének érzem magam ❸ részeg
KIFEJEZÉSEKBEN: *be a bit queer in the head* kissé dilis
**quell** /kwel/ ❶ elnyom, elfojt, lever [lázadást] ❷ megszüntet, szertefoszlat [kételyt]
**quench** /kwentʃ/ ❶ csillapít, olt [szomjúságot] ❷ elolt [tüzet] ❸ elnyom, elfojt, lever [lázadást]
**query** /ˈkwɪərɪ/ *FNÉV*
❶ kétség, aggály *raise a query* kétséget fogalmaz meg ❷ kérdés ❸ kérdőjel
**query** *IGE*
megkérdőjelez
**quest** /kwest/ keresés, kutatás *in quest of smth* vmit keresve
**question** /ˈkwestʃən/ *FNÉV*
❶ kérdés *ask smb a question* kérdez vkitől vmit ❷ (vitás) kérdés, probléma, téma ❸ téma, tárgy *that's beside the question* nem erről van szó *smb in question* a kérdéses vki *a question of time* idő kérdése ❹ kétség, kétely *beyond question* vitathatatlanul *call smth in question* kétségbe von ❺ tétel [vizsgán]
KIFEJEZÉSEKBEN: *be out of the question* szóba se jöhet *pop the question* feleségül kér vkit
**question** *IGE*
❶ (meg/ki)kérdez, faggat, kihallgat, kérdéseket tesz fel vkinek ❷ megkérdőjelez, kétségbe von
**questionable** /ˈkwestʃənəbəl/ ❶ kérdéses, vitatható ❷ aggályos, problematikus, kétes
**questioning** /ˈkwestʃənɪŋ/ kérdő *give smb a questioning look* kérdőn néz vkire
**question mark** kérdőjel
**question master** vetélkedő vezetője, játékvezető
**questionnaire** /ˌkwestʃəˈneə/ kérdőív
**question tag** utókérdés, „ugye-kérdés"
**question time** interpellációs idő
**queue** /kjuː/ *FNÉV*
sor *long queue* hosszú sor *form a queue* sorba áll *jump the queue* előretolakszik *stand in a queue* sort áll
**queue** *IGE*
**queue up** VAGY **queue** ❶ sorba áll, sort áll ❷ sorba állít, beállít a sorba
**quick** /kwɪk/ *FNÉV*
*cut smb to the quick* húsbavágóan megbánt/megsért vkit
**quick** *MNÉV*
❶ gyors *be a quick worker* gyorsan dolgozik ❷ hirtelen *quick temper* hirtelen haragra lobbanás ❸ jó felfogású
**quick** *HAT.SZÓ*
gyorsan *come quick!* gyere gyorsan!
**quicken** /ˈkwɪkən/ ❶ meggyorsul, felgyorsul, megélénkül ❷ felgyorsít, megélénkít
**quickfreeze** /ˈkwɪkfriːz/, **quickfroze** /ˈkwɪkfrəʊz/, **quickfrozen** /ˈkwɪkfrəʊzən/ gyorsfagyaszt
**quickie** VAGY **quicky** /ˈkwɪkɪ/ ❶ gyors ital/ivás ❷ sebtében készített mű
**quicklime** oltatlan mész
**quickly** /ˈkwɪklɪ/ gyorsan
**quicksand** VAGY **quicksands** futóhomok
**quick-setting** gyorsan kötő
**quicksilver** /ˈkwɪksɪlvə/ higany
**quick-tempered** hirtelen haragú, lobbanékony
**quid** /kwɪd/ *TBSZ* **quid** /kwɪd/ font *a hundred quid* száz font
**quiet** /ˈkwaɪət/ *FNÉV*
nyugalom, béke, csönd *peace and quiet* béke és nyugalom *on the quiet* titokban, titkon
**quiet** *MNÉV*
❶ csendes, halk *quiet voice* halk hang *be quiet!* (maradj) csönd(ben)! *keep smb quiet* elhallgattat vkit ❷ nyugodt, békés, nyugalmas ❸ *keep smth quiet* hallgat vmiről, elhallgat vmit
**quiet** *IGE*
❶ megnyugtat, lecsendesít ❷ megnyugszik, lecsendesül ❸ enyhít [félelmet/aggodalmat]
**quieten** /ˈkwaɪətən/ ❶ megnyugtat, lecsendesít ❷ megnyugszik, lecsendesül ❸ enyhít [félelmet/aggodalmat]
**quietly** /ˈkwaɪətlɪ/ ❶ halkan, csendesen ❷ nyugodtan, békésen
**quill** /kwɪl/ ❶ tollszár [madáré] ❷ lúdtoll ❸ tüske [pl. tarajos sülé]

**quilt** /kwɪlt/ FNÉV
➊ (pihe)paplan ➋ dunyha

**quilt** IGE
tüzdel, steppel

**quince** /kwɪns/ birsalma

**quince jelly** birsalmasajt

**quinine** /kwɪˈniːn/ kinin

**quinsy** /ˈkwɪnzɪ/ tüszős mandulagyulladás

**quintet** VAGY **quintette** /kwɪnˈtet/ ➊ kvintett [énekesek/zenészek] ➋ kvintett [zenedarab]

**quintuple** /ˈkwɪntjʊpəl/ VAGY /kwɪnˈtjuːpəl/ ötszörös(e vminek)

**quintuplet** /ˈkwɪntjʊplət/ VAGY /kwɪnˈtjuːplət/ ötösiker

**quit** /kwɪt/, **quitted** VAGY **quit** /kwɪt/, **quitted** VAGY **quit** /kwɪt/ IGE
➊ otthagy, elhagy, abbahagy, felhagy vmivel *quit ‹one's› job* otthagyja az állását *quit smoking* abbahagyja a dohányzást ➋ kiszáll

**quite** /kwaɪt/ ➊ egész, egészen, teljesen *she's quite right* teljesen igaza van ➋ elég, eléggé *quite small* elég kicsi ➌ *quite a(n)* nem akármilyen *quite a party* nem akármilyen buli

**quits** /ˈkwɪts/ kiegyenlítve *be quits with smb* rendezte a tartozását vkivel kvittek

**quiver** /ˈkwɪvə/ FNÉV
➊ reszketés, remegés *voice quivering with anger* haragtól reszkető hang ➋ tegez

**quiver** IGE
remeg, reszket

**quiz** /kwɪz/ ➊ kvíz, vetélkedő *TV quiz show* tévés vetélkedő ➋ rövid teszt, röpdolgozat

**quizmaster** vetélkedő vezetője, játékvezető

**quorate** /ˈkwɔːrət/ határozatképes(séghez szükséges létszámmal rendelkező)

**quorum** /ˈkwɔːrəm/ határozatképesség(hez szükséges létszám)

**quota** /ˈkwəʊtə/ irányszám, kvóta, fejkvóta, keretszám

**quotation** /kwəʊˈteɪʃən/ ➊ idézet ➋ idézés [szövegé] ➌ árajánlat *give a quotation* árajánlatot ad ➍ árfolyamjegyzés, tőzsdei ár(folyam)

**quotation mark** idézőjel *single quotation mark* szimpla idézőjel [ʻ]

**quote** /kwəʊt/ FNÉV
➊ idézőjel *in quotes* macskakörmök között, idézőjelben, idézőjelesen ➋ idézet ➌ árajánlat *give them a quote* árajánlatot tesz nekik

**quote** IGE
➊ idéz [írásműből] ➋ idéz vkit *the President was quoted as saying that* (MONDAT) az elnököt idézték, hogy azt mondta, (MONDAT) ➌ hivatkozik vmire ➍ említ ➎ árajánlatot tesz *quote £200 for mending the roof* 200 fontért vállalja a tetőjavítást ➏ *be quoted* jegyzik [tőzsdén]

**quotient** /ˈkwəʊʃənt/ hányados

Q

# R, r /ɑː/

**r.** = railroad; railway; received; recipe; right; river; road; royal; radius; registered
**R** = ratio; radius; railway; Réaumur; Republican; rex; river; road; royal; regular
**rabbi** /ˈræbaɪ/ rabbi
**rabbit** /ˈræbɪt/ *FNÉV*
üregi nyúl
**rabbit** *IGE*
❶ szüntelenül fecseg vmiről ❷ nyúlra vadászik
**rabbit hutch** nyúlketrec
**rabble** /ˈræbəl/ ❶ csőcselék ❷ a plebsz, a tömegek
**rabble-rouser** /ˈræbəlraʊzə/ népvezér, demagóg, uszító
**rabble-rousing** lázító, (gyűlöletre) uszító
**rabid** /ˈræbɪd/ ❶ veszett ❷ fanatikus, elvakult
**rabies** /ˈreɪbiːz/ veszettség
**raccoon** /rəˈkuːn/ mosómedve
**race** /reɪs/ *FNÉV*
❶ verseny *race against time* versenyfutás az idővel ❷ zuhatag, zúgó, patak ❸ faj, fajta *improved race of cattle* tenyészmarha-faj
**race** *IGE*
❶ versenyez, versenyen vesz részt ❷ versenyez *I'll race you to the end of the road* fussunk versenyt az út végéig ❸ rohan, száguld, siet, lohol ❹ sietve (be)szállít/(be)visz ❺ futtat/indít [lovat] ❻ járat, túráztat [motort]
**race car** versenyautó
**racecourse** ❶ lóversenytér, lóversenypálya ❷ versenypálya
**racehorse** versenyló
**race meeting** lóversenynap
**race riot** etnikai/faji zavargás, összetűzés színesbőrűek és fehérek között
**races** /ˈreɪsɪz/ *the races* lóverseny
**racetrack** versenypálya
**racial** /ˈreɪʃəl/ faji
**racial discrimination** faji megkülönböztetés
**racialism** /ˈreɪʃəlɪzəm/ rasszizmus, fajvédelem, fajgyűlölet, faji előítélet(esség)
**racialist** /ˈreɪʃəlɪst/ rasszista, fajvédő
**racially** /ˈreɪʃəlɪ/ faji szempontból
**racial segregation** faji megkülönböztetés
**racial violence** faji zavargás(ok)
**racing** /ˈreɪsɪŋ/ verseny-
**racing skate** gyorskorcsolya
**racing stable** versenyistálló
**racism** /ˈreɪsɪzəm/ rasszizmus, faji előítélet
**racist** /ˈreɪsɪst/ *FNÉV*
fajgyűlölő, rasszista
**racist** *MNÉV*
fajgyűlölő, fajüldöző, fajvédő, fajvédelmi
**rack** /ræk/ *FNÉV*
❶ állvány, tartó *magazine rack* újságtartó *plate rack* tányérszárító ❷ poggyásztartó, poggyászháló *luggage rack* poggyásztartó KIFEJEZÉSEKBEN: *be on the rack* kínokat áll ki / kínok kínját állja ki
**rack** *IGE*
❶ kínoz, gyötör *be racked with pain* fájdalom gyötri ❷ *rack ≥one's≤ brains* töri a fejét
**racket** /ˈrækət/ ❶ teniszütő, squash-ütő ❷ lárma, zsivaj ❸ csalás, csempészés, zsarolás, megfélemlítés
**racket buster** gengszterizmus / szervezett bűnözés ellen küzdő rendőr
**racketeer** /ˌrækəˈtɪə/ gengszter [zsaroló, csaló, csempész, feketéző]
**racoon** /rəˈkuːn/ VAGY /ræˈkuːn/ mosómedve
**racquet** /ˈrækət/ (tenisz)ütő
**racy** /ˈreɪsɪ/ (pikánsan) lendületes/érdekfeszítő
**rad.** = radical; radix
**radar** /ˈreɪdɑː/ radar(készülék)
**radar trap** gyorshajtást mérő radar
**radial** /ˈreɪdɪəl/ ❶ sugaras, sugárirányú ❷ radiálgumi
**radially** /ˈreɪdɪəlɪ/ sugárirányban, sugarasan
**radial tyre** radiálgumi
**radiance** /ˈreɪdɪəns/ fényesség, ragyogás, sugárzás
**radiant** /ˈreɪdɪənt/ fényes, ragyogó, sugárzó
**radiate** /ˈreɪdɪeɪt/ ❶ sugárzik, (ki)sugároz ❷ (sugárban) (szét)árad/szétterül
**radiation** /ˌreɪdɪˈeɪʃən/ ❶ sugárzás ❷ radioaktivitás
**radiation therapy** VAGY **radiation treatment** sugárkezelés, sugárterápia

**radiator** /ˈreɪdɪeɪtə/ ❶ fűtőtest, radiátor ❷ (motor)hűtő

**radical** /ˈrædɪkəl/ *FNÉV*
❶ radikális ❷ gyök ❸ gyökjel

**radical** *MNÉV*
❶ gyökeres, radikális, drasztikus ❷ radikális [politikailag]

**radicalism** /ˈrædɪkəlɪzəm/ radikalizmus

**radicalization** /ˌrædɪkəlaɪˈzeɪʃən/ radikalizá(ló)dás

**radicalize** /ˈrædɪkəlaɪz/ radikalizál(ódik)

**radically** /ˈrædɪklɪ/ gyökeresen, alaposan, radikálisan

**radical sign** gyökjel

**radii** ☞ radius

**radio** /ˈreɪdɪəʊ/ *FNÉV*
❶ rádió *on the radio* a rádióban ❷ rádiókészülék *in radio contact* rádió-összeköttetésben

**radio** *IGE*
rádión hív/közöl/továbbít

**radioactive** /ˌreɪdɪəʊˈæktɪv/ radioaktív

**radioactive waste** radioaktív hulladék

**radioactivity** /ˌreɪdɪəʊækˈtɪvətɪ/ radioaktivitás

**radio alarm** ébresztős rádió, rádiós ébresztőóra

**radio car** rendőrautó, URH-s kocsi

**radiogram** /ˈreɪdɪəʊgræm/ ❶ rádióüzenet ❷ röntgenfelvétel, röntgenkép

**radiology** /ˌreɪdɪˈɒlədʒɪ/ radiológia

**radio news** rádióújság

**radio play** rádiójáték

**radish** /ˈrædɪʃ/ retek

**radium** /ˈreɪdɪəm/ rádium

**radius** /ˈreɪdɪəs/ *TBSZ* **radii** /ˈreɪdɪaɪ/ ❶ sugár, rádiusz ❷ kör *within a two-mile radius* két mérföldes távolságon belül ❸ orsócsont

**RAF** = Royal Air Force

**raffia** /ˈræfɪə/ rafia

**raffle** /ˈræfəl/ *FNÉV*
[jótékony célú] tombola, sorsjáték

**raffle** *IGE*
*raffle smth (off)* [tombolán díjként] kisorsol

**raffle ticket** tombolajegy

**raft** /rɑːft/ ❶ tutaj *life raft* életmentő gumicsónak ❷ úsztatott fa

**rag** /ræg/ *FNÉV*
❶ rongy *feel like a wet rag* úgy érzi magát, mint a mosogatórongy *dressed in rags* rongyokban jár ❷ újság, lap ❸ heccelés, kitolás *for/as a rag* heccből

**rag** *IGE*
ugrat, heccel

**ragbag** vegyes limlomos/kacatos zsák, összevisszaság

**rage** /reɪdʒ/ *FNÉV*
❶ düh(kitörés) *fly/get into a rage* dühbe gurul ❷ vmi dühe/haragja *the rage of the storm* a vihar dühe ❸ divat, hóbort, divatőrület

**rage** *IGE*
dühöng, tombol [betegség/vihar]

**ragged** /ˈrægɪd/ ❶ rongyos, kopott ❷ rongyos/kopott ruhájú ❸ egyenetlen, megbízhatatlan [teljesítmény]

**raglan** /ˈræglən/ raglán *raglan sleeves* raglánujj

**ragout** /ræˈguː/ VAGY /ˈræguː/ ragu, [zöldséges] pörkölt

**rag picker** guberáló

**ragweed** /ˈrægwiːd/ vadkender, parlagfű

**raid** /reɪd/ *FNÉV*
❶ támadás, rajtaütés *bombing raid* bombatámadás ❷ rendőri razzia, házkutatás

**raid** *IGE*
❶ megtámad, rajtaüt ❷ razziázik

**rail** /reɪl/ *FNÉV*
❶ sín *by rail* vasúton ❷ fémrúd *(towel) rail* törülközőtartó ❸ korlát, karfa ❹ szárcsa

**rail** *IGE*
**rail against** VAGY **rail at** *rail against/at smb* szitkozódva kikel vki ellen

**railcar** ❶ motorvonat ❷ sínautó

**railing** /ˈreɪlɪŋ/ VAGY **railings** /ˈreɪlɪŋz/ korlát, kerítés

**railman** /ˈreɪlmən/ *TBSZ* **railmen** /ˈreɪlmən/ vasutas

**rail rapid-transit system** elővárosi vasút

**railroad** *US* vasút, vasútvonal

**railroad crossing** *US* sorompó, sorompós átkelőhely

**railroadman** /ˈreɪlrəʊdmən/ *TBSZ* **railroadmen** /ˈreɪlrəʊdmən/ *US* vasutas

**railroad station** *US* vasútállomás, pályaudvar

**railway** vasút, vasútvonal

**railway carriage** vasúti kocsi

**railway embankment** vasúti töltés

**railway guide** vasúti menetrend

**railwayman** /ˈreɪlweɪmən/ *TBSZ* **railwaymen** /ˈreɪlweɪmən/ vasutas

**railway siding** iparvágány

**railway track** vasútvonal

**rain** /reɪn/ *FNÉV*
❶ eső *it looks like rain* esőre áll *pour with rain* zuhog ❷ zápor, özön *a rain of questions* kérdésözön
KIFEJEZÉSEKBEN: *(come) rain or shine* akár esik, akár fúj / ha esik, ha fúj

**rain** *IGE*
❶ esik *rain hard* nagyon esik, zuhog *rain cats and dogs / stair rods / like anything* mintha dézsából öntenék ❷ záporozik, dől, folyik *tears rain down her cheeks* záporoznak a könnyei ❸ eláraszt vmivel *rain gifts on smb* elhalmoz vkit ajándékokkal *rain insults on smb* szitkokat szór vkire
KIFEJEZÉSEKBEN: *it never rains but it pours* a baj nem jár egyedül
**rain off** VAGY **rain out** elmos *the match was rained off/out* az eső elmosta a mérkőzést

**rainbow** /ˈreɪnbəʊ/ szivárvány

**rain check** [eső miatt] elmaradt rendezvényen kiadott jegy
KIFEJEZÉSEKBEN: *take a raincheck* ajánlatot

R

elfogad, de későbbre halasztását javasolja *can I take a raincheck?* majd máskor/legközelebb
**raincoat** ballon(kabát), esőköpeny, esőkabát
**raindrop** esőcsepp
**rainfall** eső(mennyiség), csapadék(menynyiség)
**rain forest** esőerdő, (trópusi) őserdő
**rainproof** /'reɪnpru:f/ esőálló, vízhatlan
**rainwater** esővíz
**rainy** /'reɪnɪ/ esős
KIFEJEZÉSEKBEN: *for a rainy day* rossz(abb) napokra, nehéz időkre
**raise** /reɪz/ FNÉV US
fizetésemelés *salary raise* fizetésemelés
**raise** IGE
❶ (fel/meg)emel, feljebb emel *raises its head* felüti fejét *raise smb to their feet* talpra segít vkit *raise ›one's‹ hand* [kézfeltartva] jelentkezik *raise the dough* megkeleszti a tésztát *raise a monument* emlékművet emel *raise to the nth power* n-edik hatványra emel *raise ›one's‹ glass to smb* emeli poharát vki egészségére ❷ összegyűjt, előteremt *raise money/ funds* pénzt szerez/felhajt/előteremt ❸ (fel)nevel *be raised* nevelkedik ❹ tenyészt ❺ termeszt ❻ felvet, felhoz, említ, előhoz *raise a question* felvet egy kérdést ❼ előléptet *raise smb to the rank of captain* kapitánnyá léptet elő ❽ felold, megszüntet [embargót/tilalmat] *raise the siege* beszünteti az ostromot ❾ rálicitál vkire *I'll raise you two dollars* egy dollárral emelek
KIFEJEZÉSEKBEN: *raise hell/devil / the roof* pokoli balhét csap *raise smb from the dead* feltámaszt vkit *raise hope* reményt ébreszt *raise a laugh* nevetséget kelt, nevetést vált ki *raise doubts/fears* reményeket/félelmeket kelt
**-raiser** /'reɪzə/ ❶ vmi okozója *fire-raiser* gyújtogató ❷ -tenyésztő, -termelő, -nevelő ❸ vmi összegyűjtője, előteremtője *fund-raiser* pénzkijáró, pénz-előteremtő ember
**raisin** /'reɪzɪn/ mazsola
**rake** /reɪk/ FNÉV
❶ gereblye ❷ piszkavas, salakkaparó ❸ élvhajhász, kujon
**rake** IGE
❶ gereblyéz ❷ átkutat, átnéz, átfésül ❸ végigpásztáz [látcsővel/gépfegyvertűzzel] ❹ kutat, fürkész
**rake in** *rake smth in* leszakít, zsebrevág, keres
**rake out** *rake smth out* előkotor/talál vmit
**rake up** *rake smth up* ❶ előkotor, előás, újra elővesz/említ ❷ összegereblyéz ❸ összegyűjt, összeszed, összekotor
**rally** /'rælɪ/ FNÉV
❶ nagygyűlés, tömeggyűlés ❷ túraverseny, rally, rali ❸ hosszú labdamenet [teniszben]
**rally** IGE
❶ összegyűlik, gyülekezik, összesereglik ❷ összegyűjt, összeszed *rally support* támogatást/támogatókat szerez *rally ›one's‹ strength* összeszedi minden erejét ❸ heccel, cukkol
**Ram** /ræm/ ❶ Kos [állatövi jegy] ❷ Kos [jegyű ember]
**ram** /ræm/ FNÉV
❶ kos ❷ faltörő kos ❸ cölöpverő kos
**ram** IGE
❶ beleütközik *her car rammed mine* a kocsija nekiütközött az enyémnek ❷ döngöl ❸ (bele)töm, (bele)gyömöszöl ❹ *ram smth home* világosan/drasztikusan megértet vmit
KIFEJEZÉSEKBEN: *ram smth down smb's throat* ráerőltet/rátukmál vkire vmit, lenyom vmit vkinek a torkán
**ram through** *ram smth through* keresztülhajt, keresztülerőszakol
**ramble** /'ræmbəl/ FNÉV
❶ kószálás, barangolás ❷ fecsegés, csapongás, elkalandozás
**ramble** IGE
❶ kószál, barangol, kóborol ❷ *ramble (on) about smth* hosszan fecseg vmiről
**rambler** /'ræmblə/ ❶ kószáló/vándorló ❷ fecsegő / elkalandozva beszélő ember
**ramify** /'ræmɪfaɪ/ elágazik, szétágazik, hálózatot alkot
**ramp** /ræmp/ FNÉV
❶ felhajtó, rámpa ❷ fekvőrendőr ❸ forgalomlassító teknő
**ramp** IGE
dühöng, őrjöng, tombol
**rampage** /'ræmpeɪdʒ/ FNÉV
dühöngés, tombolás, őrjöngés, törás-zúzás
**rampage** IGE
tombol, dühöng
**rampant** /'ræmpənt/ ❶ buja, burjánzó ❷ erősen terjedő, túltengő, egyre nagyobb méreteket öltő *rampant capitalism* vadkapitalizmus
**rampart** /'ræmpɑ:t/ bástya
**ramshackle** /'ræmʃækəl/ rozoga, rozzant, düledező
**ran** ☞run
**ranch** /rɑ:ntʃ/ ❶ (óriás)farm ❷ US telep, farm, üzem *a chicken ranch* „csirkegyár"
**rancher** /'rɑ:ntʃə/ farmer, állattenyésztő
**rancid** /'rænsɪd/ avas *go rancid* megavasodik
**R and B** VAGY **R&B** = rhythm and blues
**R and D** VAGY **R&D** = research and development
**R and D intensive** VAGY **R&D-intensive** kutatás/fejlesztés-igényes, sok K+F-et igénylő
**R&I** = king and emperor; queen and empress
**random** /'rændəm/ találomra/vaktában tett/történő, véletlen(szerű) *at random* találomra
**randomly** /'rændəmlɪ/ találomra, vaktában, véletlenszerűen
**random sample** véletlen minta
**R and R** VAGY **R&R** = rest and recreation; rest and recuperation; rock 'n' roll
**rang** ☞ring
**range** /reɪndʒ/ FNÉV

❶ tartomány, skála, kategória *within this price range* ebben az árkategóriában *range of voice* hangterjedelem *range of interests* érdeklődési kör ❷ sor, lánc(olat) *range of mountains / mountain range* hegylánc ❸ ható-/lő-/halló-/látótávolság *in/within range of his gun* fegyvere lőtávolságán belül *out of range of his gun* fegyvere lőtávolságán kívül *at short/close/pointblank range* közvetlen közelről ❹ kiterjedés, kör, hatáskör, kompetencia ❺ választék, áruválaszték, áruskála, termékcsalád *a complete range of gardening tools* kerti szerszámok széles választéka ❻ US hatalmas legelőterület ❼ lőtér ❽ konyhai tűzhely, vaskályha

**range** IGE
❶ terjed, kiterjed, felölel *range from A to K* A-tól K-ig terjed ❷ sorbaállít, rendez, sorba/rendbe rak ❸ (be)barangol ❹ ráirányít, rászegez [fegyvert]

**range finder** távolságmérő [fegyveren/fényképezőgépen]

**range card** lőlap

**ranger** /ˈreɪndʒə/ ❶ erdőőr ❷ US lovasrendőr ❸ US kommandós

**rank** /ræŋk/ FNÉV
❶ [katonai] rang, sarzsi ❷ rang *of the first/front/top rank* elsőrangú / a legjobbak közé számító ❸ rang, (társadalmi) osztály *people of all ranks* mindenféle rangú ember *pull rank (on smb)* visszaél hivatali rangjával ❹ sor *close ranks* szorosabbra zárják a soraikat

**rank** MNÉV
❶ sűrű, buja [fű/növényzet] ❷ orrfacsaró szagú, bűzös ❸ romlott ❹ teljes, tökéletes *rank injustice* égbekiáltó igazságtalanság

**rank** IGE
❶ számít vmilyennek *rank as the best result* a legjobb eredménynek számít *rank among the biggest* a legnagyobbak közé sorolják *rank third* harmadik helyen áll ❷ sorba állít/rendez ❸ (be)sorol, minősít, rangsorol *rank smb third* harmadik helyre sorol

**rank and file** ❶ az egyszerű tagok ❷ a közrendűek, közlegények, legénység

**rank-and-filer** FNÉV közrendű

**ranks** /ræŋks/ ❶ legénység, közkatonák *reduce smb to the ranks* lefokoz ❷ vkik sorai/tábora

**ransack** /ˈrænsæk/ ❶ felforgat, tűvé tesz ❷ kifoszt, kirabol, feldúl

**ransom** /ˈrænsəm/ FNÉV
váltságdíj *hold smb to ransom* váltságdíjért fogva tart

**ransom** IGE
váltságdíjat fizet

**rap** /ræp/ FNÉV
❶ kopogás, koppintás, kopogtatás *give smb a rap on the head* megkocogtatja vki fejét ❷ rap zene ❸ leszidás, büntetés *take the rap* elviszi a balhét, szembesül a következményekkel *beat the rap* megússza a felelősségrevonást ❹ duma, dumálás

**rap** IGE
❶ kopog(tat), megkoppint ❷ élesen bírál/kritizál ❸ elvakkant/kibök ❹ dumál ❺ rap zenét játszik ❻ rap-el, reppel

**rape** /reɪp/ FNÉV
❶ nemi erőszak *commit rape* nemi erőszakot követ el, megerőszakol *rape and murder* kéjgyilkosság ❷ megrontás, elcsúfítás ❸ repce ❹ törköly

**rape** IGE
megerőszakol, megbecstelenít

**rape oil** VAGY **rapeseed oil** repceolaj

**rapid** /ˈræpɪd/ sebes, gyors, hirtelen *in rapid succession* gyors egymásutánban

**rapid-fire** ❶ gyorstüzelő ❷ (egymás után) záporozó

**rapidity** /rəˈpɪdətɪ/ sebesség, gyorsaság, hirtelenség

**rapids** /ˈræpɪdz/ zúgó, zuhatag

**rapid transit** nagyvárosi metró/gyorsvasúti hálózat

**rapist** /ˈreɪpɪst/ nemi erőszak elkövetője

**rapper** /ˈræpə/ rapper

**rapport** /ræˈpɔː/ jó kapcsolat, egyetértés *develop a good rapport with smb* jó kapcsolatot alakít ki vkivel

**rapt** /ræpt/ elmélyült, feszült [figyelem]

**rapture** /ˈræptʃə/ VAGY **raptures** elragadtatás *go into / be in raptures at smth* el van ragadtatva vmitől

**rare** /reə/ ❶ ritka, kivételes ❷ ritka [levegő] ❸ kiváló, jó (kis) *have a rare old time* igen jól mulat ❹ félig sült, „angolos"

**rarebit** /ˈreəbɪt/ sajtos melegszendvics (Worcester-öntettel)

**rarely** /ˈreəlɪ/ ritkán *I rarely talk to them* ritkán beszélek velük

**rarity** /ˈreərɪtɪ/ ❶ ritkaság, vmi ritka volta ❷ ritkaság, ritka dolog

**rascal** /ˈræskəl/ gazember, csirkefogó

**rash** /ræʃ/ FNÉV
❶ kiütés, pörsenés *come out in a rash* kijön rajta egy kiütés ❷ *a rash of smth* vmi hirtelen megnövekedett száma

**rash** MNÉV
elhamarkodott, meggondolatlan, hirtelen

**rasher** /ˈræʃə/ (vékony) szalonnaszelet

**rasp** /rɑːsp/ FNÉV
❶ ráspoly, reszelő ❷ csikorgás

**rasp** IGE
❶ ráspolyoz, reszel ❷ dörzsöl ❸ fület sért ❹ *rasp (on) smb's nerves* idegesít vkit [hang] ❺ csikorog, nyikorog, recseg

**raspberry** /ˈrɑːzbərɪ/ ❶ málna ❷ fújoló gusztustalan prüszkölő hang

**raster** /ˈræstə/ raszter

**rasterize** /ˈræstəraɪz/ raszteresít

**rat** /ræt/ *FNÉV*
❶ patkány ❷ áruló, rongyember
KIFEJEZÉSEKBEN: *smell a rat* gyanúsat sejt

**rat** *IGE*
elárul *rat on smb* cserbenhagy, egyezséget felrúg

**rate** /reɪt/ *FNÉV*
❶ szám, mérték, szint, ráta *birth rate* születések száma *rate of inflation* inflációs ráta ❷ tempó, ütem, gyorsaság *at a steady rate* egyenletes sebességgel ❸ díj, tarifa *an hourly rate of $12* tizenkét dolláros órabér ❹ helyi (ingatlan)adó ❺ osztály, rang, minőség *first-rate* elsőrendű
KIFEJEZÉSEKBEN: *at any rate* mindenesetre *at this/that rate* ha ez így megy, ha a dolgok így mennek

**rate** *IGE*
❶ vmi(lyen)nek tekint/besorol/értékel *rate smb highly* sokra tart ❷ érdemel *it didn't even rate a mention* említésre se méltatták ❸ megadóztat ❹ filmet korhatár-kategóriába sorol

**rate of exchange** valuta-átváltási árfolyam

**rate of interest** kamatláb

**ratepayer** adófizető [helyi adóé]

**rather** /ˈrɑːðə/ ❶ meglehetősen, elég(gé) *it's rather cold* elég hideg van ❷ inkább, jobban *the boy is to be blamed rather than his sister* a fiú a hibás inkább, nem a húga ❸ azaz(hogy), helyesebben, illetve *last night, or rather early this morning* késő éjjel, azaz/vagy inkább korán hajnalban ❹ *would rather do smth* szívesebben tenne vmit *I'd rather not play now* most inkább nem játszanék

**ratification** /ˌrætɪfɪˈkeɪʃən/ ratifikálás, megerősítés

**ratify** /ˈrætɪfaɪ/ ratifikál, megerősít

**rating** /ˈreɪtɪŋ/ ❶ minősítés, értékelés, besorolás ❷ adókivetés, adóbecslés ❸ osztály, kategória ❹ nézettség, nézőszám *do well/badly in the ratings* jó/rossz a nézettsége ❺ film korhatár-kategóriába sorolása

**ratio** /ˈreɪʃɪəʊ/ arány(szám), viszony(szám) *the ratio of ten to five is two to one* tíz az öthöz úgy aránylik, mint kettő az egyhez ⓘ *NEM* ~~ráció~~

**ration** /ˈræʃən/ *FNÉV*
(fej)adag, élelmiszeradag ⓘ *NEM* ~~ráció~~

**ration** *IGE*
❶ jegyre ad, adagol, fejadagot megszab ❷ kioszt [adagokat]

**rational** /ˈræʃənəl/ racionális, ésszerű, értelmes

**rationalization** /ˌræʃənəlaɪˈzeɪʃən/ ❶ magyarázat, indoklás, racionalizálás, megideologizálás ❷ racionalizálás, ésszerűsítés

**rationalize** /ˈræʃənəlaɪz/ ❶ magyaráz, indokol, racionalizál, megideologizál ❷ ésszerűsít, racionalizál

**ration card** élelmiszerjegy

**rat race** /ˈrætreɪs/ ❶ az anyagi jólét fokozásáért folyó versengés, a „mókuskerék" ❷ verseny, vetélkedés

**rats!** /ræts/ ostobaság! / a fenét!

**rattle** /ˈrætəl/ *FNÉV*
❶ kereplő ❷ csörgő ❸ csörgés, zörgés

**rattle** *IGE*
❶ csörög, zörög, ropog ❷ csörget, zörget ❸ csörögve/zörögve megy
**rattle off** *rattle smth off* elhadar/eldarál vmit
**rattle through** *rattle through smth* gyorsan elvégez / letud/ledarál vmit

**rattler** /ˈrætlə/ VAGY **rattlesnake** csörgőkígyó

**ratty** /ˈrætɪ/ ❶ vacak, koszos ❷ dühös, rosszkedvű ❸ patkánnyal teli

**raunchy** /ˈrɔːntʃɪ/ obszcén, sikamlós

**ravage** /ˈrævɪdʒ/ (el)pusztít, feldúl, tönkretesz

**rave** /reɪv/ *MNÉV*
lelkesedő *a rave review* lelkes hangú kritika

**rave** *IGE*
❶ félrebeszél ❷ tombol, dühöng [tenger/szél]
**rave against** VAGY **rave at** *rave against/at smth/smb* dühödten/szidalmazva beszél vmiről/vkiről

**ravel** /ˈrævəl/ ❶ felfejt, felbont, kibogoz ❷ összebonyolít, összekuszál, összegubancol

**raven** /ˈreɪvən/ holló

**ravening** /ˈrævənɪŋ/ kiéhezett, vad

**ravenous** /ˈrævənəs/ kiéhezett, farkaséhes

**ravine** /rəˈviːn/ (vízmosásos) szakadék

**raving** /ˈreɪvɪŋ/ ❶ vad, őrjöngő *stark raving mad* dühöngő őrült ❷ őrült (nagy) *a raving success* őrült siker

**ravish** /ˈrævɪʃ/ ❶ elragadtat, rabul ejt, elbűvöl ❷ elragad ❸ megerőszakol

**raw** /rɔː/ ❶ nyers *raw vegetables* nyers zöldség ❷ természetes, feldolgozatlan, kikészítetlen *raw cotton* nyersgyapot ❸ tapasztalatlan, zöldfülű ❹ nyirkos, komisz, zord [idő]

**Rawlplug** /ˈrɔːlplʌg/ tipli

**raw material** nyersanyag

**ray** /reɪ/ ❶ (fény)sugár *a ray of hope* reménysugár ❷ „ré" hang ❸ rája ❹ félegyenes

**raze** /reɪz/ lerombol

**razor** /ˈreɪzə/ borotva *electric razor* villanyborotva

**razor blade** zsilettpenge, borotvapenge

**razor edge** VAGY **razor's edge** borotvaél *be on a razor edge* borotvaélen táncol/jár

**RBC** = red blood cell

**RC** = Red Cross; Roman Catholic

**rcd.** = received

**rcpt.** = receipt

**Rct** = receipt; recruit

**rd.** = road; round

**Rd.** = Road

**'re** [= are] *you're here* itt vagy

**RE** = religious education

**R/E** = real estate

**re-** /riː/ ❶ újra-, újból, ismét ❷ vissza-

**re** /reɪ/ *FNÉV*
„ré" hang

**re** /riː/ *ELÖLJ.*
vmi ügyében, vmit illetően *re your letter* levelükre hivatkozással

**reach** /riːtʃ/ *FNÉV*
❶ távolság, elérés, hatótávolság *be within reach* hozzáférhető, elérhető *be out of reach* nem hozzáférhető, nem elérhető ❷ kinyújtott kéz/kar hossza ❸ folyószakasz

**reach** *IGE*
❶ megérkezik vhová, odajut vhová *reach Peking* elérkezik Pekingbe *the news reached me this morning* ma délelőtt jutott el hozzám a hír *reach ninety* kilencven éves lesz ❷ elér, megfog, elvesz ❸ elér vmeddig/vmit *can reach the bell yet* föléri a csengőt *the ladder won't reach the window* a létra nem ér föl az ablakig *as far as the eye can reach* ameddig a szem ellát ❹ terjed, ér vhová *the garden reaches as far as the lake* a kert egészen a tóig tart ❺ átad, átnyújt, lenyújt, levesz *reach down that cap, please* leadnád azt a sapkát? ❻ elér vkit *reach smb by phone* telefonon elér vkit ❼ elér vmit, vmire jut *reach an agreement* megegyezésre jut

**reach for** *reach for smth* nyúl vmiért

**reach out for** *reach out for smth* kinyújtja a kezét vmiért, vmiért nyúl

**react** /rɪˈækt/ reagál (amire: *to*) *react to the news* reagál a hírre

**reaction** /rɪˈækʃən/ ❶ reakció, válasz, reagálás ❷ ellenhatás ❸ [politikai] reakció

**reactionary** /rɪˈækʃənərɪ/ *FNÉV/MNÉV* reakciós

**reactivate** /rɪˈæktɪveɪt/ reaktivál

**reactor** /rɪˈæktə/ reaktor

**-read** /red/ ❶ olvasott *well-read / widely-read person* (sokat) olvasott ember ❷ olvasott, ismert *little-read* keveset/kevésbé olvasott

**read** /riːd/ *FNÉV*
olvasás, olvasnivaló *it's a good read* jó olvasnivaló, olvasmányos

**read** /riːd/, **read** /red/, **read** /red/ *IGE*
❶ olvas, elolvas, felolvas *read about smth* olvas vmiről *read a poem aloud to the children* verset olvas fel a gyerekeknek ❷ olvasandó, vhogyan írva van / íródik *the letter reads as follows:* a levélben ez áll: ❸ vmilyen benyomást tesz olvasáskor *read well* olvasmányos ❹ jelez, mutat *the thermometer reads 30 degrees* a hőmérő 30 fokot mutat ❺ leolvas [műszert] ❻ beolvas *read into memory* a memóriába olvas ❼ tanulmányokat folytat, vmit hallgat ❽ magyaráz, értelmez, megfejt, kiigazodik vmin *read the reply as refusal* tagadásként értelmezi a választ *read smb* kiigazodik vkin *read smb's palm* tenyérből jósol ❾ megért, vesz, hall [rádióüzenetet] *you reading me?* hallasz? értesz? ❿ „értsd" [helyesbítése] *for £50 read £15* az 50 font helyett 15 font értendő

**read into** *read smth into smth* belemagyaráz vmit vmibe

**read out** *read smth out* hangosan felolvas vmit

**read through** *read smth through* végigolvas, kiolvas

**read up** *read up (on) smth* vmihez hozzáolvas, tanulmányoz vmit [tárgyat/témát]

**readable** /ˈriːdəbəl/ ❶ olvasható ❷ érdekes, olvasmányos

**readdress** /ˌriːəˈdres/ továbbküld, átirányít, átcímez

**reader** /ˈriːdə/ ❶ olvasó *be a fast reader* gyorsan olvas *be a great reader* rengeteget olvas ❷ (kiadói) lektor ❸ korrektor ❹ docens ❺ olvasókönyv ❻ szöveggyűjtemény ❼ antológia

**readily** /ˈredɪlɪ/ szívesen, készségesen

**readiness** /ˈredɪnəs/ ❶ készenlét(i állapot), készültség ❷ készségesség

**reading** /ˈriːdɪŋ/ ❶ olvasás ❷ értelmezés, kiértékelés, olvasat ❸ állás, érték [műszeré] ❹ olvasmány *make interesting reading* érdekes olvasmány ❺ felolvasás, felolvasóest ❻ olvasottság *a person of little reading* keveset olvasott ember ❼ olvasat *second reading of a bill* törvényjavaslat második olvasata

**reading lamp** olvasólámpa

**reading matter** olvasnivaló

**reading room** olvasóterem

**readjust** /ˌriːəˈdʒʌst/ ❶ megigazít, rendbehoz ❷ *readjust ›oneself‹ to smth* újra hozzászokik/alkalmazkodik vmihez

**readjustment** /ˌriːəˈdʒʌstmənt/ ❶ (újra)igazítás ❷ (újra)alkalmazkodás

**Read Only Memory** csak olvasható memória

**ready** /ˈredɪ/ *FNÉV*
készpénz
KIFEJEZÉSEKBEN: *have smth at the ready* készenlétben / a keze ügyében tart vmit

**ready** *MNÉV*
❶ (vmire) kész *be ready for the trip* útra kész *get ready* felkészül *make ready for smth* felkészül vmire*be* ❷ hajlandó/kész vmire *he'll be ready to give you advice* szívesen ad tanácsot ❸ készen áll vmivel *he's always ready with advice* mindig szívesen szolgál tanáccsal ❹ hajlamos vmire *he's ready to criticize* hajlamos kritizálni

**ready** *HAT.SZÓ*
előre, elő-, készre *ready cut* előreszeletelve

**ready cash** készpénz

**ready-cooked** kész, előfőzve/előfőzött [étel]

**ready-made** ❶ konfekciós, konfekció-, kész- ❷ kész, kényelmes, előre elkészített

**ready-made clothing** konfekció, készruha

**ready meal** konyhakész étel

**ready money** készpénz

**ready–steady–go!** elkészülni–vigyázz–rajt!

**ready-to-eat** mélyhűtött, konyhakész

**ready-to-wear** konfekció, konfekciós

**reaffirm** /ˌriːəˈfɜːm/ (újra) megerősít



R

**reaffirmation** /ˌriːæfəˈmeɪʃən/ (újra) megerősítés
**real** /riːl/ ❶ igazi, valódi, valóságos *real gold* valódi arany *the real reason* a valódi ok ❷ reális, reál- ① NEM ~~reál~~ [tárgyak]
**real economy** reálgazdaság
**real estate** ingatlan(tulajdon)
**real estate agent** ingatlanügynök
**real estate market** ingatlanpiac
**real estate price** telekár, ingatlanár
**real interest** reálkamat
**realism** /ˈrɪəlɪzəm/ ❶ realizmus, realista szemlélet ❷ [művészeti] realizmus
**realist** /ˈrɪəlɪst/ FNÉV ❶ realista ❷ realista [művész]
**realistic** /ˌrɪəˈlɪstɪk/ ❶ realisztikus, realista ❷ valószerű, életszerű
**realistically** /ˌrɪəˈlɪstɪklɪ/ ❶ valószerűen, életszerűen ❷ realisztikusan nézve/szemlélve a dolgot
**reality** /rɪˈælətɪ/ ❶ valódiság ❷ realitás, valóság, tény(ek) *become a reality* megvalósul, valóra válik
**realizable** /ˈrɪəlaɪzəbəl/ ❶ megvalósítható ❷ értékesíthető, realizálható, eladható
**realization** /ˌrɪəlaɪˈzeɪʃən/ ❶ megvalósítás ❷ megvalósulás ❸ értékesítés, realizálás ❹ vmire ráébredés/rájövés *the realization that he'd been wrong all along* annak a felismerése, hogy mindvégig tévedett
**realize** /ˈrɪəlaɪz/ ❶ felfog, észrevesz, rájön/ráébred vmire *I never realized she was French* soha nem vettem észre, hogy francia ❷ megért, tudatában vminek, tisztában van vmivel *I realize it's late* tudom, hogy késő ❸ megvalósít, véghezvisz ❹ értékesít, realizál ❺ vmilyen árat elér *the house realized £48,000* a ház 48 000 fontért kelt el
**reallocate** /riːˈæləkeɪt/ átcsoportosít
**reallocation** /ˌriːæləˈkeɪʃən/ átcsoportosítás *reallocation of funds* forrás-átcsoportosítás
**really** /ˈrɪəlɪ/ ❶ igazán, valóban *did she really say so?* tényleg ezt mondta? *really?* igazán? tényleg? komolyan? *not really* nem igazán ❷ valójában, a valóságban, igazából
**realm** /relm/ birodalom, királyság *the realm of science* a tudomány birodalma
**real property** ingatlan(tulajdon)
**real terms** reálérték *in real terms* reálértékben
**realtor** /ˈrɪəltə/ VAGY /ˈrɪəltɔː/ US ingatlanügynök
**realty** /ˈrɪəltɪ/ US ingatlan
**real value** reálérték
**real wage** reálkereset
**ream** /riːm/ FNÉV
*write reams (of notes)* egész lepedőket összeír/teleír a jegyzeteivel
**ream** IGE
tágít [lyukat]
**reanimate** /riːˈænɪmeɪt/ új életre kelt
**reap** /riːp/ (le)arat
**reaper** /ˈriːpə/ ❶ arató(munkás) ❷ *the grim reaper* a kaszás [= a halál]
**reappear** /ˌriːəˈpɪə/ újra/újból megjelenik/feltűnik
**reappearance** /ˌriːəˈpɪərəns/ újra/újbóli megjelenés/feltűnés
**rear** /rɪə/ FNÉV
❶ vmi hátsó része/vége *a garden at/in the rear of the house* kert a ház végében ❷ hátsó, ülep, far
KIFEJEZÉSEKBEN: *bring up the rear* sereghajtó
**rear** MNÉV
hátsó *rear light* hátsó lámpa
**rear** IGE
❶ (fel)nevel *rear a large family* nagy családot nevel ❷ (fel)ágaskodik [állat]
KIFEJEZÉSEKBEN: *rear its head* megjelenik, felüti a fejét
**rear admiral** ellentengernagy
**rear drive** hátsókerék-meghajtás
**rear engine** farmotor
**re-arm** /rɪˈɑːm/ ❶ újrafelfegyverez ❷ újrafegyverkezik
**rearmament** /rɪˈɑːməmənt/ ❶ újrafelfegyverezés ❷ újrafegyverkezés
**rearmost** /ˈrɪəməʊst/ leghát(ul)só
**rearrange** /ˌriːəˈreɪndʒ/ átrendez, újrarendez, átcsoportosít
**rearrangement** /ˌriːəˈreɪndʒmənt/ ❶ átrendezés, újrarendezés, átcsoportosítás ❷ átrendeződés
**rearsight** /ˈrɪəsaɪt/ nézőke [irányzékon]
**rearview mirror** visszapillantó tükör
**reason** /ˈriːzən/ FNÉV
❶ ok, indíték, indok, indoklás *the reason for the flood* az áradás oka *the reason (why) the flood came* az áradás oka *with (good) reason* (jó) okkal ❷ ész, értelem *the power of reason* a gondolkodás képessége ❸ józan ész, ésszerű magatartás/viselkedés *within reason* ésszerű határokon belül
KIFEJEZÉSEKBEN: *stand to reason* nyilvánvaló, logikus, érthető
**by reason of** *by reason of smth* vmi miatt
**reason** IGE
❶ gondolkodik ❷ okoskodik/gondolkodik vhogyan, vél, érvel *we reasoned othwerwise* mi másként gondolkodtunk/okoskodtunk ❸ indokol, vmi mellett érvel
**reason with** *reason with smb* vitatkozik vkivel, meggyőzni próbál *there's no reasoning with her* nem hallgat a jó szóra
**reasonable** /ˈriːzənəbəl/ ❶ ésszerű, értelmes *within reasonable limits* ésszerű határokon belül ❷ nem túl sok/nagy ❸ méltányos, elfogadható *reasonable prices* jutányos/reális árak
**reasonably** /ˈriːzənəblɪ/ ❶ ésszerűen, értelmesen ❷ meglehetősen, eléggé
**reasoned** /ˈriːzənd/ ésszerűen kifejtett/indokolt
**reasoning** /ˈriːzənɪŋ/ FNÉV
érvelés, okoskodás
**reasoning** MNÉV
gondolkodó, intelligens

**reassurance** /ˌriːəˈʃʊərəns/ ❶ megnyugtatás ❷ viszontbiztosítás

**reassure** /ˌriːəˈʃʊə/ ❶ megnyugtat (ami felől: *about*) ❷ viszontbiztosít

**rebate** /ˈriːbeɪt/ kedvezmény, engedmény

**rebel** /ˈrebəl/ FNÉV
lázadó, zendülő, rebellis

**rebel** /rɪˈbel/ IGE
(fel)lázad, lázong, lázadozik

**rebellion** /rɪˈbelɪən/ (fel)lázadás, zendülés

**rebellious** /rɪˈbelɪəs/ ❶ lázadó, zendülő ❷ engedetlen, ellenszegülő

**rebind** /rɪːˈbaɪnd/, **rebound** /riːˈbaʊnd/, **rebound** /riːˈbaʊnd/ újra beköt, újraköt [könyvet]

**rebirth** /riːˈbɜːθ/ újjászületés

**reboot** /ˈriːbuːt/ FNÉV
számítógép újraindítása

**reboot** /riːˈbuːt/ IGE
[számítógépet] újraindít

**reborn** /riːˈbɔːn/ *be reborn* újjászületik

**rebuff** /rɪˈbʌf/ FNÉV
visszautasítás, elutasítás

**rebuff** IGE
visszautasít, elutasít

**rebuild** /riːˈbɪld/, **rebuilt** /riːˈbɪlt/, **rebuilt** /riːˈbɪlt/ újjáépít, újra felépít/megépít/kiépít

**rebuke** /rɪˈbjuːk/ FNÉV
dorgálás, korholás, feddés

**rebuke** IGE
megdorgál, korhol, megfedd

**rebus** /ˈriːbəs/ (kép/betű)rejtvény

**rebut** /rɪˈbʌt/ (meg)cáfol

**rebuttal** /rɪˈbʌtəl/ cáfolat

**rec.** = receipt; recipe; record; recorder

**recall** /rɪˈkɔːl/ FNÉV
❶ visszahívás *the recall of ther ambassador* a nagykövetet visszahívása ❷ bevonás ❸ visszavonás *beyond/past recall* visszavonhatatlan(ul) ❹ emlékezőtehetség *have total recall* fényképmemóriája van ❺ kitapsolás [színészé]

**recall** IGE
❶ felelevenít, felidéz, emlékszik vmire ❷ emlékeztet vmire/vkire, idéz vmit/vkit *the ilm recalls Hitchcock* Hitchcockot idézi a film ❸ visszahív *recall an ambassador* nagykövetet visszahív ❹ visszahív, bevon ❺ visszavon *valid until recalled* visszavonásig érvényes

**recap** /riːˈkæp/ FNÉV US
újrafelnizés [abroncsé]

**recap** /ˈriːkæp/ IGE
❶ ismétel, röviden összefoglal ❷ US újrafelniz [abroncsot]

**recapitulate** /ˌriːkəˈpɪtʃuleɪt/ ismétel, röviden összefoglal

**recapitulation** /ˌriːkəpɪtʃuˈleɪʃən/ (ismétlő/rövid) összefoglalás

**recapture** /riːˈkæptʃə/ ❶ visszafoglal ❷ ismét elfog ❸ megidéz, felidéz, visszaidéz

**recast** /riːˈkɑːst/, **recast** /riːˈkɑːst/, **recast** /riːˈkɑːst/ ❶ átdolgoz, átalakít ❷ újraosztja a szerepeket, új szereposztásban ad elő ❸ újraönt

**recd** = received

**recede** /rɪˈsiːd/ ❶ visszahúzódik, hátrahúzódik ❷ csökken, fogy [érték/remény]

**receipt** /rɪˈsiːt/ ❶ nyugta, átvételi elismervény ❷ blokk, számla ❸ átvétel, kézhezvétel *acknowledge receipt of smth* vmi átvételét igazolja ⓘ NEM recept [főzési], NEM recept [orvosi]

**receive** /rɪˈsiːv/ ❶ (meg)kap, átvesz, kézhez vesz *receive unemployment benefit* munkanélküli segélyt kap ❷ kap, átél, részesül vmiben *receive a shock/blow* sokkot/ütést kap ❸ (el/be)fogad, vendégül lát, fogadtatásban részesít ❹ vhogy fogad, reagál vmire *how did he receive the suggestion?* hogy fogadta az ötletet? ❺ vesz, fog [adást]

**receiver** /rɪˈsiːvə/ ❶ telefonkagyló ❷ vevőkészülék ❸ csődgondnok, felszámoló ❹ orgazda ❺ fogadójátékos, elkapójátékos

**receivership** /rɪˈsiːvəʃɪp/ ❶ csődgondnokság ❷ orgazdaság

**recent** /ˈriːsənt/ új(abb), (leg)újabb, mostanában/nemrég(iben) történt

**recently** /ˈriːsəntlɪ/ mostanában, utóbbi időben, nemrég, múltkor *his recently published book* nemrég kiadott könyve *until (quite) recently* (egész) mostanáig, még nemrég (is), a legutóbbi időkig

**reception** /rɪˈsepʃən/ ❶ fogadtatás *get a warm reception* meleg fogadtatásban részesül ❷ fogadás [vendégeké] *give a reception* fogadást ad ❸ recepció, porta *leave the key at reception* a recepcióban hagyja a kulcsot ❹ felvétel, befogadás, recepció, fogadtatás [műé] ❺ vétel(i minőség)

**reception clerk** portás, recepciós

**reception desk** recepció, porta

**receptionist** /rɪˈsepʃənɪst/ ❶ recepciós, portás ❷ [rendelői] asszisztens(nő)

**reception service** portaszolgálat

**recess** /rɪˈses/ ❶ szünet [nap/év során] ❷ US [általános] iskolai [óraközi] szünet ❸ falfülke, alkóv

**recession** /rɪˈseʃən/ recesszió

**recharge** /riːˈtʃɑːdʒ/ ❶ újratölt [elemet] ❷ újra támad

**rechargeable** /riːˈtʃɑːdʒəbəl/ újra tölthető

**recipe** /ˈresəpɪ/ (konyhai) recept

**recipe book** szakácskönyv

**recipient** /rɪˈsɪpɪənt/ ❶ átvevő, befogadó, elfogadó ❷ címzett ❸ kedvezményezett

**reciprocal** /rɪˈsɪprəkəl/ ❶ kölcsönös ❷ reciprok, (meg)fordított

**reciprocal pronoun** kölcsönös névmás

**reciprocate** /rɪˈsɪprəkeɪt/ viszonoz

**reciprocity** /ˌresɪˈprɒsətɪ/ kölcsönösség, reciprok/kölcsönös viszony

**recital** /rɪˈsaɪtəl/ ❶ szólóest *piano recital* zongo-

R

raest *poetry recital* költői (felolvasó)est ❷ beszámoló, elbeszélés

**recitation** /ˌresɪˈteɪʃən/ ❶ vmi előadása ❷ előadott részlet ❸ *US* felelés [iskolában]

**recite** /rɪˈsaɪt/ ❶ előad *recite a poem* verset szaval ❷ elmond, elsorol, felsorol ❸ *US* felel [iskolában]

**reckless** /ˈrekləs/ ❶ vakmerő, féktelen, meggondolatlan *it's* ❷ gondatlan, vigyázatlan *reckless driving* gondatlan vezetés ❸ vmivel nem törődő *be reckless of danger* mit sem törődik a veszéllyel

**reckon** /ˈrekən/ ❶ (ki)számít, számol *I reckon that one thousand is needed* úgy számolom, ezer kell ❷ *reckon smb/smth as smth / (to be) smth* vminek tekint vkit/vmit ❸ gondol, vél *I reckon* {MONDAT} úgy vélem, (hogy) {MONDAT}

**reckon with** *reckon with smb/smth* ❶ *smb* szembekerül / meggyűlik a baja vkivel ❷ számol vmivel/vkivel, számít vmire/vkire ❸ számol vmivel, tekintetbe/számításba vesz vmit/vkit

**reckoning** /ˈrekənɪŋ/ ❶ számolás, becslés *by my reckoning* az én számításaim szerint ❷ leszámolás

**reclaim** /rɪˈkleɪm/ ❶ visszaigényel, visszakövetel *reclaim tax* adót igényel vissza ❷ visszahódít, művelésre alkalmassá tesz ❸ újrahasznosít [hulladékot] ❹ megtérít, jó útra térít ⓘ *NEM* reklamál, *NEM* reklám(oz)

**reclamation** /ˌrekləˈmeɪʃən/ ❶ visszahódítás, művelésre alkalmassá tétel ❷ újrahasznosítás [hulladéké] ⓘ *NEM* ~~reklamáció~~, *NEM* ~~reklámozás~~

**reclining** /rɪˈklaɪnɪŋ/ állítható (dőlésszögű/támlájú)

**recognition** /ˌrekəgˈnɪʃən/ ❶ megismerés, felismerés *beyond recognition* felismerhetetlen(ül), felismerhetetlenségig ❷ elismerés *receive recognition* elismerik

**recognition vocabulary** passzív szókincs

**recognizable** /ˈrekəgnaɪzəbəl/ ❶ felismerhető ❷ megérthető, látható, belátható

**recognizably** /ˈrekəgnaɪzəblɪ/ felismerhetően

**recognize** /ˈrekəgnaɪz/ ❶ felismer, megismer, ráismer vmire ❷ elismer [jogot/tekintélyt] ❸ megért, elismer, világosan lát, belát ❹ megbecsül, elismer, méltányol

**recognized** /ˈrekəgnaɪzd/ elismert, bevett

**recoil** /rɪˈkɔɪl/ VAGY /ˈriːkɔɪl/ *FNÉV*

❶ visszahőkölés, hátrahőkölés ❷ visszarúgás [lőfegyveré]

**recoil** /rɪˈkɔɪl/ *IGE*

❶ visszahőköl, hátrahőköl ❷ meghátrál (amitől: *from*) ❸ visszarúg [lőfegyver]

**recoil on** *recoil on smb* visszaüt vkire *her lies recoiled on her* a hazugságai visszaütöttek

**recollect** /ˌrekəˈlekt/ visszagondol, emlékszik vmire/vkire *recollect smb's name* emlékszik a nevére

**recollection** /ˌrekəˈlekʃən/ ❶ emlékezés, emlékezet *have no recollection of smth* nem emlékszik vmire *to the best of my recollection* legjobb emlékezetem szerint ❷ emlék *my happiest recollection* legboldogabb emlékem

**recommend** /ˌrekəˈmend/ ❶ ajánl, javasol, tanácsol ❷ mellette szól *this hotel has nothing to recommend it* ennek a szállodának semmiféle előnye nincsen

**recommendable** /ˌrekəˈmendəbəl/ ❶ ajánlatos ❷ ajánlható

**recommendation** /ˌrekəmenˈdeɪʃən/ ❶ ajánlás, javaslat *on his recommendation* javaslatára ❷ ajánlólevél

**recompense** /ˈrekəmpəns/ *FNÉV*

kárpótlás, kártalanítás (amiért: *for*)

**recompense** *IGE*

kárpótol, kártalanít (amiért: *for*)

**reconcile** /ˈrekənsaɪl/ ❶ *reconcile smth with smth* összeegyeztet vmit vmivel ❷ kibékít

**reconciliation** /ˌrekənsɪlɪˈeɪʃən/ VAGY **reconcilement** /ˈrekənsaɪlmənt/ ❶ kibékülés ❷ kibékítés ❸ összeegyeztetés *reconciliation of interests* érdekegyeztetés

**reconnaissance** /rɪˈkɒnəsəns/ felderítés

**reconnoitre** /ˌrekəˈnɔɪtə/ felderít, felderítést végez

**reconsider** /ˌriːkənˈsɪdə/ újra megfontol/meggondol/megvizsgál/elbírál

**reconsideration** /ˌriːkənsɪdəˈreɪʃən/ ismételt meggondolás/megfontolás/elbírálás

**reconstitute** /riːˈkɒnstɪtjuːt/ visszaállít, újra létrehoz/bevezet

**reconstruct** /ˌriːkənˈstrʌkt/ ❶ újjáépít, helyreállít ❷ rekonstruál

**reconstruction** /ˌriːkənˈstrʌkʃən/ ❶ újjáépítés, helyreállítás ❷ rekonstrukció *the reconstruction of a crime* bűntény rekonstrukciója

**record** /ˈrekɔːd/ *FNÉV*

❶ feljegyzés, nyilvántartás *keep a record of smth* feljegyez *go on record* feljegyzik *for the record* hogy (hivatalos) nyoma legyen *off the record* nem hivatalos(an) *the worst flooding on record* a valaha feljegyzett legpusztítóbb árvíz ❷ múlt, előélet, karrier *excellent track record as manager* kitűnő igazgatói múlt/karrier *have a record* büntetett előéletű, priusza van *have a clean record* büntetlen előéletű ❸ lemez *put on record* feltesz egy lemezt ❹ csúcs, rekord *hold/set/break a record for the long jump* távolugrórekordot tart / állít föl / javít ❺ emlék *records of a civilization* egy civilizáció nyomai/emlékei ❻ rekord- *reach record levels* rekordértékeket ér el

**record** /rɪˈkɔːd/ *IGE*

❶ feljegyez, regisztrál, felír ❷ vmiről felvételt készít, felvesz/rögzít ❸ jelez, mutat, mér *the thermometer records 4 degrees* 4 fokot mutat a hőmérő

**record-breaking** rekord-döntő

**recorded delivery** ajánlott kézbesítés *(by) recorded delivery* ajánlva

---

organiSe ☞ organiZe realiSation ☞ realiZation hiT–hiTTing loG–loGGed thiN– thiNNer–thiNNest
make–making baby–babies cry–cries–cried happy–happier–happiest
*GB* colour, centre, dialogue = *US* color, center, dialog

**recorder** /rɪˈkɔːdə/ ❶ blockflőte, furulya ❷ hangfelvevő készülék ⓘ *NEM* ~~rekorder~~
**recording** /rɪˈkɔːdɪŋ/ hang(lemez)felvétel
**recording engineer** hangmérnök
**record player** lemezjátszó
**recount** /ˈriːkaʊnt/ *FNÉV*
újraszámolás, újraszámlálás [pl. szavazatoké]
**recount** *IGE*
❶ /rɪˈkaʊnt/ elbeszél, elmesél ❷ /riːˈkaʊnt/ újraszámol
**recoup** /rɪˈkuːp/ visszakap, visszaszerez *recoup the travelling expenses* megtérítik neki az utazási költségeket
**recover** /rɪˈkʌvə/ ❶ visszanyer, visszaszerez, visszakap, (újra) megtalál *recover the costs* megtérülnek a költségei *recover consciousness* visszanyeri az eszméletét *recover a debt* adósságot behajt ❷ magához tér, meggyógyul, felépül, talpraáll, fellendül *the economy is recovering* a gazdaság fellendülőben van
**recoverable** /rɪˈkʌvərəbəl/ visszaszerezhető, visszanyerhető
**recovery** /rɪˈkʌvərɪ/ ❶ visszaszerzés, visszanyerés ❷ (fel)gyógyulás, felépülés *make a speedy/quick recovery* gyorsan felgyógyul ❸ talpraállás, fellendülés
**re-create** /ˌriːkrɪˈeɪt/ ❶ felidéz, megidéz [hangulatot] ❷ újjáteremt, újjáalkot
**re-creation** /ˌriːkrɪˈeɪʃən/ újjáteremtés, újjáalkotás
**recreation** /ˌrekrɪˈeɪʃən/ kikapcsolódás, pihenés, rekreáció
**recreational** /ˌrekrɪˈeɪʃənəl/ rekreatív, rekreációs, pihenési
**recreational facilities** sportolási/szórakozási lehetőségek
**recruit** /rɪˈkruːt/ *FNÉV*
❶ újonc ❷ új tag
**recruit** *IGE*
❶ toboroz, verbuvál ❷ munkaerőt keres/felvesz/toboroz ❸ új tagokat keres/toboroz
**recruitment** /rɪˈkruːtmənt/ ❶ toborzás, verbuválás ❷ munkaerő-toborzás
**recruitment agency** munkaerő-közvetítő iroda
**recruitment manager** személyzeti igazgató
**rectangular** /rekˈtæŋgjʊlə/ négyszög alakú
**rector** /ˈrektə/ ❶ anglikán plébános ❷ rektor ❸ igazgató
**rectory** /ˈrektərɪ/ plébánia, paplak
**rectum** /ˈrektəm/ *TBSZ* **rectums** *VAGY* **recta** /ˈrektə/ végbél
**recuperate** /rɪˈkjuːpəreɪt/ meggyógyul, felépül
**recuperation** /rɪˌkjuːpəˈreɪʃən/ felépülés
**recur** /rɪˈkɜː/ ❶ visszatér, újból jelentkezik ❷ vissza(–vissza)tér, (ismét) előkerül, ismétlődik, ismét eszébe jut ❸ szakaszosan ismétlődik *in 2.575757, the figures 57 recur* a 2,575757-ben az 57 szakaszosan ismétlődik
**recurrence** /rɪˈkʌrəns/ vissza(–vissza)térés, ismétlődés
**recurrent** /rɪˈkʌrənt/ vissza(–vissza)térő, felújuló, ismétlődő
**recurring decimal** szakaszos tizedestört
**recyclable** /riːˈsaɪkələbəl/ *FNÉV*
újrahasznosítható/visszaforgatható anyag/hulladék
**recyclable** *MNÉV*
újrahasznosítható, visszaforgatható
**recycle** /riːˈsaɪkəl/ újrahasznosít, visszaforgat
**recycling** /riːˈsaɪklɪŋ/ ❶ újrafeldolgozás, újrahasznosítás, visszaforgatás, hulladékhasznosítás ❷ szelektív szemétgyűjtés
**recycling centre** szelektív szemétgyűjtő(hely)
**red** /red/ *FNÉV*
kommunista, vörös
KIFEJEZÉSEKBEN: *be in the red* deficites, veszteséges, mínuszban van, tartozik
**red** *MNÉV*
❶ piros, vörös ❷ kommunista, „vörös"
KIFEJEZÉSEKBEN: *paint the town red* görbe estét csap
**red alert** riadókészültség *put smb on a red alert* riadókészültségbe helyez vkit
**red blood cell** vörös vérsejt
**redbreast** vörösbegy
**redcap** *US* ❶ hordár ❷ tábori csendőr
**red card** piros lap *be shown a red card* piros lapot kap [futballban]
KIFEJEZÉSEKBEN: *be shown a red card* figyelmeztetik, leléptetik
**red cell** vörösvérsejt
**red corpuscle** vörös vérsejt
**Red Crescent** Vörös Félhold
**Red Cross** Vöröskereszt
**redcurrant** /redˈkʌrənt/ ribizli, ribiszke
**red deer** *TBSZ* **red deer** gímszarvas, rőtvad
**redden** /ˈredən/ ❶ elvörösödik, elpirul ❷ (meg/be)pirosít, bevörösít
**reddish** /ˈredɪʃ/ vöröses
**redecorate** /riːˈdekəreɪt/ újrafest(et)/tapétáz(tat), lakásfelújítást végez(tet)
**redeem** /rɪˈdiːm/ ❶ bevált [ígéretet] ❷ jóvátesz, helyrehoz, enyhít, szépít ❸ kivált, visszaszerez, visszavesz [pl. zálogházból] ❹ megvált [kárhozattól] ❺ bevált, pénzzé tesz *redeem a coupon* beváltja/levásárolja a kupont
**redeemable** /rɪˈdiːməbəl/ beváltható, levásárolható
**Redeemer** /rɪˈdiːmə/ Megváltó
**redefine** /ˌriːdɪˈfaɪn/ újradefiniál, újra meghatároz/fogalmaz
**redemption** /rɪˈdempʃən/ megváltás [kárhozattól]
**redeploy** /ˌriːdɪˈplɔɪ/ átcsoportosít, átrendez
**redeployment** /ˌriːdɪˈplɔɪmənt/ átcsoportosítás, átrendezés
**redevelop** /ˌriːdɪˈveləp/ újjáépít, felújít [épületet/területet]
**redeye** /ˈredaɪ/ ❶ vörösszem [vakus fényképen] ❷ hosszú éjszakai repülés

R

**red flag** *US be like a red flag to a bull* vörös posztó neki
**red-handed** *catch smb red-handed* tettenér/rajtakap vkit
**redhead** vöröshajú ember [r.szerint nő]
**red herring** figyelemelterelő művelet/tárgy
**red-hot** vörösen izzó
**redirect** /ˌriːdəˈrekt/ továbbküld, átirányít, átcímez
**rediscover** /ˌriːdɪsˈkʌvə/ újra felfedez
**redistribute** /ˌriːdɪˈstrɪbjuːt/ újra kioszt/szétoszt/feloszt
**redistribution** /ˌriːdɪstrɪˈbjuːʃən/ újra kiosztás/szétosztás/felosztás
**red-letter day** jeles nap, „pirosbetűs ünnep"
**red light** ❶ piros/vörös (jelző)fény ❷ jelzés vmi abbahagyására/megtiltására
**red-light district** piros lámpás negyed, bordélynegyed
**red meat** vörös hús [marha, borjú]
**redneck** /ˈrednek/ faragatlan bunkó/tahó
**redo** /riːˈduː/, **redid** /riːˈdɪd/, **redone** /riːˈdʌn/ ❶ újrakészít, átalakít ❷ újrafest
**redolent** /ˈredələnt/ ❶ illatot/szagot árasztó ❷ *redolent of smth* vmire emlékeztető
**redouble** /riːˈdʌbəl/ megkettőz, kétszeresére (meg)növel
**red pepper** pirospaprika
**redraft** /riːˈdrɑːft/ újrafogalmaz
**red rag** vörös posztó *be like a red rag to a bull* vörös posztó neki
**redraw** /riːˈdrɔː/ **redrew** /riːˈdruː/, **redrawn** /riːˈdrɔːn/ ❶ újrarajzol ❷ kihúz [rajzot]
**redress** /rɪˈdres/ *FNÉV*
orvoslás, jóvátétel *seek redress* jogorvoslatért folyamodik
**redress** *IGE*
jóvátesz, helyreállít, helyrehoz, orvosol
**red route** parkolásmentes út/utca
**red tape** bürokrácia *cut through the red tape* átverekszi magát a bürokrácia útvesztőin
**red triangle** elakadásjelző háromszög
**reduce** /rɪˈdjuːs/ ❶ csökkent, leszállít, redukál, mérsékel *reduced from £34 to £24* leszállítva 34 fontról 24 fontra ❷ (le)kicsinyít [másolatot]
**reduce to** ❶ *reduce smth to smth* egyszerűsít, összegez, összefoglal ❷ *reduce smth to smth* vmilyen állapotba hoz *reduce smth to rubble* porig rombol ❸ *be reduced to do smth* vmit tenni kénytelen
**reduction** /rɪˈdʌkʃən/ ❶ redukálás, csökkentés, leszállítás *price reduction* / *reduction in prices* árleszállítás, árengedmény *reduction in earnings* keresetcsökkenés *grant a reduction* engedményt ad *reduction of tax* adócsökkentés ❷ (le)kicsinyítés [másolaté] ❸ (le)kicsinyített másolat
**redundancy** /rɪˈdʌndənsɪ/ ❶ fölöslegesség, szükségtelenség ❷ létszámfelettiség, elbocsátások ❸ redundancia
**redundancy payment** végkielégítés
**redundant** /rɪˈdʌndənt/ ❶ szükségtelen, fölösleges ❷ létszámfeletti *make smb redundant* elbocsát ❸ redundáns
**reduplicate** /rɪˈdjuːplɪkeɪt/ megdupláz, megismétel
**reduplication** /rɪˌdjuːplɪˈkeɪʃən/ (meg)kettőzés
**red wine** vörösbor
**redwood** óriási [kaliforniai] vörösfa
**reed** /riːd/ ❶ nád ❷ nádas ❸ síp ❹ pásztorsíp
**reed instrument** fafúvós
**reed mace** buzogány [gyékényen]
**reeducate** /riːˈedjukeɪt/ átnevel, újra megnevel
**reef** /riːf/ (korall)zátony
**reek** /riːk/ *FNÉV*
❶ bűz, rossz szag ❷ füst
**reek** *IGE*
❶ szaglik, bűzlik *reek of onions* dől belőle a hagymaszag ❷ füstöl(ög)
**reel** /riːl/ *FNÉV*
❶ tekercs, orsó ❷ tekercsnyi/orsónyi vmiből ❸ filmtekercs ❹ gyors skót/ír tánc(zene)
**reel** *IGE*
❶ gombolyít, teker(csel) ❷ tántorog ❸ *reel (back)* megtántorodik ❹ forog *the room reeled before my eyes* forgott körülöttem a szoba
**reel off** *reel smth off* hadar/darál vmit
**reelect** /ˌriːɪˈlekt/ újraválaszt, újra/újból megválaszt
**reelection** /ˌriːɪˈlekʃən/ újraválasztás, újra/újbóli megválasztás
**reenter** /rɪˈentə/ ❶ újra belép/bemegy ❷ újra bejegyez
**reentry** /rɪˈentrɪ/ űrjármű visszatérése a Föld légkörébe
**re-establish** /ˌriːɪˈstæblɪʃ/ ❶ visszahelyez, visszaállít ❷ újra megállapít ❸ helyreállít
**reeve** /riːv/ ispán
**reexamination** /ˌriːɪgzæmɪˈneɪʃən/ ❶ felülvizsgálat ❷ másodszori tanúkihallgatás ❸ újbóli vizsgáztatás
**reexamine** /ˌriːɪgˈzæmɪn/ ❶ újra (meg)vizsgál ❷ újból (le)vizsgáztat
**reexport** /rɪˈekspɔːt/ *FNÉV*
újrakivitel, reexportálás
**reexport** /ˌriːɪkˈspɔːt/ *IGE*
újraexportál, reexportál
**refectory** /rɪˈfektərɪ/ [iskolai] ebédlő, étkezde
**refer** /rɪˈfɜː/ ismétlésre/felülvizsgálatra kötelez, visszautasít ❷ vizsgaismétlésre kötelez
**refer to** ❶ *refer to smth* utal/hivatkozik vmire ❷ *refer to smth/smb* folyamodik/fordul vkihez/vmihez *refer to his notes* jegyzeteihez fordul ❸ *refer to smth* vonatkozik vmire *the figures refer to sales* a számok az eladásokra vonatkoznak ❹ *refer smb to smb* küld/utasít/utal vkit vkihez *refer smb to another article* egy másik cikket ajánl vki figyelmébe ❺ [szakorvoshoz] (be)utal
**referee** /ˌrefəˈriː/ *FNÉV*
❶ döntőbíró ❷ játékvezető, bíró ❸ bíráló, ér-

tékelő [tudományos munkáé] ❹ ajánló

**referee** *IGE*
❶ vezet [mérkőzést/játékot] ❷ bírál, értékel [tudományos munkát]

**reference** /ˈrefərəns/ ❶ utalás, hivatkozás, vonatkozás, célzás *passing reference to smth* futólagos utalás vmire *with reference to your letter* hivatkozással levelükre ❷ információforrás, referencia ❸ referencia, ajánlólevél ❹ referenciamunka ❺ ajánló ❻ utalás, hivatkozás *list of references* hivatkozások listája

**reference book** VAGY **reference work** kézikönyv, segédkönyv

**reference number** hivatkozási szám

**referendum** /ˌrefəˈrendəm/ *TBSZ* **referendums** VAGY **referenda** /ˌrefəˈrendə/ referendum, népszavazás *hold a referendum* népszavazást tart

**refill** /ˈriːfɪl/ *FNÉV*
❶ utántöltő [zacskó, anyag], betét ❷ utántöltés, rátöltés ❸ medervisszatöltés

**refill** /riːˈfɪl/ *IGE*
újratölt, feltölt, utánatölt

**refillable** /riːˈfɪləbəl/ újratölthető, utánatölthető

**refine** /rɪˈfaɪn/ ❶ finomít, tisztít *refine oil* olajat finomít ❷ csiszol, javít, finomít

**refined** /rɪˈfaɪnd/ ❶ finomított, tisztított ❷ kifinomult, választékos ⓘ *NEM* ~~rafinált~~

**refinement** /rɪˈfaɪnmənt/ ❶ kifinomultság, finom/jó modor ❷ finomítás, tisztítás

**refinery** /rɪˈfaɪnərɪ/ finomító *oil refinery* olajfinomító

**reflect** /rɪˈflekt/ ❶ visszaver, visszasugároz, visszatükröz *be reflected* visszaverődik, tükröződik ❷ tükröz, jelez, kifejez ❸ töpreng/elmélkedik vmin (amin: *on*)

**reflect on** *reflect on smb* ❶ vmilyen fényt vet vkire *reflect badly on smb* rossz fényt vet vkire ❷ rossz fényt vet vkire

**reflection** /rɪˈflekʃən/ ❶ tükörkép ❷ visszaverődés, visszatükröz(őd)és ❸ elmélkedés, gondolkodás *on reflection* jobban belegondolva/meggondolva ❹ gondolat, észrevétel ❺ jel, tükröződés, lenyomat, kifejeződés

**reflective** /rɪˈflektɪv/ ❶ töprengő, elmélkedő ❷ világító, fényvisszaverő *reflective waistcoat* fényvisszaverő mellény

**reflector** /rɪˈflektə/ macskaszem, prizma ⓘ *NEM* ~~reflektor~~

**reflex** /ˈriːfleks/ reflex

**reflexive** /rɪˈfleksɪv/ visszaható

**reforest** /riːˈfɒrɪst/ újra/újból fásít/erdősít

**reform** /rɪˈfɔːm/ *FNÉV*
reform *sweeping reform* átfogó reform

**reform** *IGE*
❶ megreformál ❷ megjavul [ember]

**re-format** /riːˈfɔːmæt/ ❶ újra formáz/megformál ❷ újraformat(t)ál

**re-formatted** /riːˈfɔːmætɪd/ ❶ újra formázott/megformált, átalakított formájú ❷ újraformázott, újraformat(t)ált [lemez]

**Reformation** /ˌrefəˈmeɪʃən/ Reformáció

**reformation** ❶ megreformálás ❷ megjavulás

**reformatory** /rɪˈfɔːmətərɪ/ javító–nevelő intézet

**reformed** /rɪˈfɔːmd/ református, kálvinista

**reformer** /rɪˈfɔːmə/ *FNÉV* reformer

**reformist** /rɪˈfɔːmɪst/ *FNÉV*
reformer

**reformist** *MNÉV*
reformer, reformpárti

**reform school** javító–nevelő intézet

**refraction** /rɪˈfrækʃən/ fénytörés

**refractive** /rɪˈfræktɪv/ fénytörő

**refractory** /rɪˈfræktərɪ/ ❶ makacs, engedetlen ❷ tűzálló, hőálló

**refrain** /rɪˈfreɪn/ *FNÉV*
❶ refrén ❷ szokásos/unt szöveg/„lemez"

**refrain** *IGE*

**refrain from** *refrain from smth* tartózkodik vmitől, visszatartja magát vmitől

**refresh** /rɪˈfreʃ/ ❶ (fel)üdít, (fel)frissít ❷ frissít [képet kijelzőn] ❸ frissül [kijelző adatai/képe] ❹ felfrissít [emlékezetet] *refresh smb's memory* felfrissíti vki memóriáját

**refreshing** /rɪˈfreʃɪŋ/ ❶ (fel)üdítő, (fel)frissítő, pihentető ❷ üdítő(en új/izgalmas)

**refreshment** /rɪˈfreʃmənt/ ❶ felüdülés ❷ frissítő hideg étel ill. ital

**refrigerate** /rɪˈfrɪdʒəreɪt/ (le/be)hűt, (meg)fagyaszt

**refrigeration** /rɪˌfrɪdʒəˈreɪʃən/ (le/be)hűt, (meg)fagyaszt

**refrigerator** /rɪˈfrɪdʒəreɪtə/ hűtő(szekrény), fridzsider

**refrigerator car** VAGY **refrigerator wagon** hűtőkocsi

**refrigerator–freezer** mélyhűtős fridzsider

**refuel** /riːˈfjuːəl/ ❶ üzemanyagot vesz fel, (meg/fel)tankol ❷ feltankol *refuell the aircraft* feltankolják a gépet

**refuge** /ˈrefjuːdʒ/ ❶ menedék ❷ menedékház ❸ bántalmazott nőket/feleségeket befogadó menhely ❹ oltalom, menedék *seek/take refuge from smth* menedéket keres/talál vmi elől

**refugee** /ˌrefjʊˈdʒiː/ *FNÉV* menekült

**refugee camp** menekülttábor

**refugee shelter** menekültszállás

**refund** /ˈriːfʌnd/ *FNÉV*
visszatérítés, visszaadott pénz *refund for the faulty bicycle* pénzvisszatérítés a hibás bicikliért

**refund** /rɪˈfʌnd/ *IGE*
visszatérít, megtérít, visszafizet

**refundable** /rɪˈfʌndəbəl/ betétdíjas, visszaváltható

**refurbish** /riːˈfɜːbɪʃ/ felújít, rendbehoz

**refusal** /rɪˈfjuːzəl/ ❶ visszautasítás, elutasítás ❷ *(right of) first refusal* elővételi jog, opció

**refuse** /ˈrefjuːs/ *FNÉV*
hulladék, szemét *kitchen refuse* konyhai szemét

R

**refuse** /rɪˈfjuːz/ *IGE*
visszautasít, elutasít, megtagad *refuse smb's offer* elutasítja vki ajánlatát *refuse to answer smb question* megtagadja a választ vki kérdésére
**refuse bin** /ˈrefjuːs bɪn/ szemétláda
**refuse collection vehicle** kukásautó, szemeteskocsi
**refuse container** szemétgyűjtő konténer
**refuse dump** szemétdomb, szemétlerakóhely
**refuse incinerator** /ˈrefjuːs ɪnsɪnəreɪtə/ szemétégető
**refuse water** szennyvíz
**refuse worker** /ˈrefjuːs wɜːkə/ szemetes(ember)
**refutation** /ˌrefjuˈteɪʃən/ ❶ (meg)cáfolás ❷ cáfolat
**refute** /rɪˈfjuːt/ ❶ megcáfol ❷ cáfol, tagad
**reg.** = regiment; region; register(ed); registrar; registry; regular(ly); regulation
**Reg.** = regiment; queen
**regain** /rɪˈgeɪn/ ❶ visszanyer, visszaszerez *regain ‹one's› strength/confidence/balance* visszanyeri az erejét/önbizalmát/egyensúlyát ❷ újra elér/eljut vhová
**regale** /rɪˈgeɪl/ szórakoztat *she regaled us with stories* történetekkel szórakoztatott
**regalia** /rɪˈgeɪlɪə/ koronázási jelvények
**regard** /rɪˈgɑːd/ *FNÉV*
❶ megbecsülés, tisztelet, elismerés *hold smb in the highest regard* a legnagyobb tisztelettel viseltetik vki iránt ❷ figyelem, tekintet *pay regard to smth* tekintettel/figyelemmel van vmire ❸ szempont, vonatkozás, tekintet *in this regard* e tekintetben/vonatkozásban *with regard to smth* vmi dolgában / vmit illetően *with regard to your application* pályázatát illetően
**regard** *IGE*
❶ vminek/vmilyennek tart/tekint vkit/vmit *regard her highly* sokra tartja *regard them with the greatest admiration* a legnagyobb csodálattal tekint rájuk *regard him as the best writer* a legjobb írónak tartja ❷ hallgat vmire, figyelembe vesz *regard smb's warning* hallgat vki figyelmeztetésére ❸ néz *regard smb thoughtfully* figyelmesen néz vkit
KIFEJEZÉSEKBEN: *as regards smth* vmire vonatkozóan, vmit illetően
**regardful** /rɪˈgɑːdfəl/ (tiszteletteljesen) figyelmes
**regarding** /rɪˈgɑːdɪŋ/ *regarding smth* vmire vonatkozóan, vmi dolgában, vmit illetően
**regardless** /rɪˈgɑːdləs/ (mind)ettől/mindentől függetlenül, mindez(ek) ellenére *they went regardless* de azért mentek
**regardless of** *regardless of smth* tekintet nélkül vmire, függetlenül vmitől, vmit nem nézve, vmire tekintet nélkül
**regards** /rɪˈgɑːdz/ üdvözlet, jókívánság *he sends you his kind regards* szívélyes üdvözletét küldi *give her my (best) regards* add át neki az üdvözletemet *with kind/best/warm regards* szívélyes üdvözlettel [levél végén]
**regd.** = registered
**regency** /ˈriːdʒənsɪ/ ❶ kormányzóság, régensség ❷ régens/kormányzó országlása
**regenerate** /rɪˈdʒenəreɪt/ ❶ megújít, újjászül ❷ megújul, újjászületik ❸ regenerálódik ❹ visszanő, regenerálódik
**regeneration** /rɪˌdʒenəˈreɪʃən/ ❶ megújítás ❷ megújulás, újjászületés ❸ regenerálódás
**regent** /ˈriːdʒənt/ kormányzó, régens *Prince Regent* régensherceg
**regicide** /ˈredʒɪsaɪd/ ❶ királygyilkos ❷ királygyilkosság
**regime** VAGY **régime** /reɪˈʒiːm/ ❶ rendszer, rezsim ❷ napirend, étrend
**regiment** /ˈredʒɪmənt/ *FNÉV*
❶ ezred ❷ tömeg, sereg
**regiment** *IGE*
fegyelmez, reguláz, parancsolgat vkinek
**regimental** /ˌredʒɪˈmentəl/ ezred- *regimental colours* ezredzászló
**Regina** /rɪˈdʒaɪnə/ ❶ [nevekben] királynő *Elizabeth Regina* Erzsébet királynő ❷ [perekben] a brit állam *action Regina vs Taylor* az állam Taylor elleni keresete
**region** /ˈriːdʒən/ ❶ régió, vidék, környék, körzet ❷ megye [skóciai közigazgatási egység]
KIFEJEZÉSEKBEN: *in the region of smth* körülbelül *(somewhere) in the region of £8,000* nyolcezer font körül
**regional** /ˈriːdʒənəl/ regionális, körzeti, területi, helyi
**regionally** /ˈriːdʒənəlɪ/ regionálisan, körzetileg, területileg
**register** /ˈredʒɪstə/ *FNÉV*
❶ névjegyzék, nyilvántartás, napló, (házassági/születési) anyakönyv *electoral register* választói névjegyzék ❷ regiszter, hangterjedelem ❸ regiszter [orgonán] ❹ (nyelvi) regiszter, stílus ❺ vendégkönyv [hotelben]
**register** *IGE*
❶ beír(at), bejegyez(tet), (név)jegyzékbe/nyilvántartásba vesz/vetet, bejelent *register at reception* bejelentkezik a recepcióban *register the car in smb's name* vki nevére jegyezteti/jelenti be a kocsit ❷ mutat, jelez *the thermometer registers 4 degrees* 4 fokot jelez/mutat a hőmérő ❸ kifejez *her face registered surprise* arcán meglepetés látszott ❹ hivatalosan bejelent *I'd like to register my total opposition* szeretném leszögezni, hogy teljességgel ellenzem ❺ ajánlva ad fel ❻ megmarad *she said her name but it didn't register (with me)* mondta a nevét, de nem maradt/jegyeztem meg
**registered** /ˈredʒɪstəd/ ❶ ajánlott [küldemény] ❷ bejegyzett, nyilvántartott
**registered letter** ajánlott levél
**registered post** VAGY **registered mail** *US* ajánlott (postai) küldemény

**registered trade mark** bejegyzett (áru)védjegy
**register office** anyakönyvi hivatal
**registrar** /ˌredʒɪˈstrɑː/ ❶ anyakönyvvezető ❷ nyilvántartási csoportvezető [pl. egyetemen] ❸ kórházi alorvos
**Registrar's Office** ❶ anyakönyvi hivatal ❷ nyilvántartási csoport [pl. egyetemen]
**registration** /ˌredʒɪˈstreɪʃən/ ❶ beírás, beiratkozás, bejegyzés, nyilvántartás(ba vétel), (be)jelentkezés ❷ ajánlottként feladás [levélé] ❸ *US* forgalmi (engedély)
**registration document** forgalmi (engedély)
**registration fee** ❶ ajánlási díj [postai] ❷ beirat(koz)ási díj
**registration number** ❶ nyilvántartási/regisztrációs szám ❷ (forgalmi) rendszám
**registration plate** rendszámtábla
**registry** /ˈredʒɪstrɪ/ iktató, nyilvántartó
**registry court** cégbíróság
**registry office** anyakönyvi hivatal
**regress** /rɪˈgres/ visszafejlődik, visszaesik
**regression** /rɪˈgreʃən/ visszafejlődés, visszaesés, regresszió
**regret** /rɪˈgret/ *FNÉV*
sajnálat, sajnálkozás, megbánás, bánkódás *much to my regret* legnagyobb sajnálatomra *feel no regret at smth* nem érez sajnálatot vmi miatt
**regret** *IGE*
❶ sajnál, fájlal, sajnálkozik vmin *regret doing smth* sajnálja, hogy tesz vmit *regret to do smth* sajnálja, hogy tenni kénytelen vmit ❷ megbán *you'll regret it* megbánod ❸ hiányol vmit *I regret our dogs* a kutyáink hiányoznak
**regretful** /rɪˈgretfəl/ sajnálkozó, bánkódó, fájdalmas
**regretfully** /rɪˈgretfəlɪ/ ❶ sajnálkozva, bánkódva ❷ sajnálatos módon, sajnos
**regrets** /rɪˈgrets/ ❶ lemondás, visszamondás [meghívásé] *give them my regrets* mondd meg nekik, hogy nem tudok jönni *regrets only* választ csak nemleges válasz esetén kérünk ❷ megbánás/bűntudat
**regrettable** /rɪˈgretəbəl/ sajnálatos, elítélendő, elítélhető
**regrettably** /rɪˈgretəblɪ/ ❶ elítélendő/elítélhető módon ❷ sajnálatos módon, sajnos
**regroup** /riːˈgruːp/ átcsoportosít, átrendez
**regular** /ˈregjulə/ *FNÉV*
❶ törzsvendég ❷ hivatásos/tényleges katona(tiszt) ❸ ólmozott benzin ❹ normálbenzin
**regular** *MNÉV*
❶ szabályos, rendes, szabályszerű ❷ szabályos(an képzett) *"work" is regular verb* az angol „work" szabályos ige ❸ rendszeres, rendes, szokásos, állandó, megszokott *on a regular basis* rendszeresen *regular army* állandó hadsereg ❹ tökéletes, szabályos *regular dictator* szabályos diktátor ❺ becsületes, rendes *regular guy* rendes ember/fickó ❻ kisméretű, normál(méretű) [termék] ❼ belső, állandó, teljes állású [munkatárs] *regular staff* állandó/belső munkatársak *regular student* nappali (tagozatos) hallgató ❽ hivatásos, tényleges *regular officer* tényleges tiszt
**regular grade petrol** normálbenzin
**regularity** /ˌregjuˈlærətɪ/ rendszeresség, szabályszerűség, szabályosság
**regularly** /ˈregjuləlɪ/ ❶ rendszeresen, szabályos időközönként ❷ sokszor, rendszeresen ❸ szabályosan, pontosan
**regulate** /ˈregjuleɪt/ ❶ szabályoz, irányít ❷ beállít, (be)igazít
**regulation** /ˌregjuˈleɪʃən/ ❶ szabály(zat), előírás, rendszabály, rendelkezés, rendelet ❷ szabályozás, irányítás ❸ beállítás, beigazítás
**rehab** /ˈriːhæb/ *FNÉV*
❶ rehabilitáció *a rehab program* rehabilitációs program ❷ felújított ház
**rehab** *IGE*
❶ rehabilitál [pl. beteget/drogost] ❷ épületet/lakást/háztömböt felújít, , rehabilitál
**rehabilitate** /ˌriːəˈbɪlɪteɪt/ ❶ rehabilitál [pl. beteget/drogost] ❷ épületet/lakást/háztömböt felújít, rehabilitál ❸ visszaállít [pl. elvesztett tekintélyt]
**rehabilitation** /ˌriːəbɪlɪˈteɪʃən/ rehabilitáció
**rehear** /riːˈhɪə/, **reheard** /riːˈhɜːd/, **reheard** /riːˈhɜːd/ újratárgyal, újra meghallgat, újra (meg)vizsgál
**rehearsal** /rɪˈhɜːsəl/ [színházi/zenei] próba *dress rehearsal* kosztümös (fő)próba
**rehearse** /rɪˈhɜːs/ ❶ próbát tart, (el)próbál ❷ próbál vkivel *rehearse the musicians* próbát tart a zenészekkel
**reign** /reɪn/ *FNÉV*
uralkodás, uralom *reign of terror* a terror (rém)uralma
**reign** *IGE*
❶ uralkodik [uralkodó] ❷ uralkodik *silence reigned once again* ismét csönd uralkodott
**reimburse** /ˌriːɪmˈbɜːs/ visszatérít, megtérít *reimburse smb for his/her travelling expenses* megtérítik vki utazási költségeit
**reimbursement** /ˌriːɪmˈbɜːsmənt/ visszatérítés, megtérítés
**reimport** /ˌriːɪmˈpɔːt/ reimportál
**rein** /reɪn/ *FNÉV*
gyeplő, kantár
KIFEJEZÉSEKBEN: *give free rein to smth* szabad folyást enged vminek, szabadjára enged *keep a tight rein on smb* szorosan fog/ellenőriz vkit
**rein** *IGE*
**rein in** *rein smth in* ❶ lépésre fog [lovat] ❷ lassít, lassabb ütemre fog
**reincarnate** /ˌriːɪnˈkɑːneɪt/ *be reincarnated as a fish* halként reinkarnálódik
**reincarnation** /ˌriːɪnkɑːˈneɪʃən/ ❶ reinkarnáció, reinkarnálódás ❷ reinkarnáció *the reincarnation of Lucrezia Borgia* L. B. reinkarnációja
**reindeer** /ˈreɪndɪə/ *TBSZ* **reindeer** rénszarvas

R

**reinforce** /ˌriːɪnˈfɔːs/ ❶ erősítést küld, megerősít [hadsereget] ❷ megerősít [szerkezetet/anyagot] ❸ alátámaszt, megerősít, felerősít
**reinforced concrete** vasbeton
**reinforcement** /ˌriːɪnˈfɔːsmənt/ ❶ (meg)erősítés ❷ megerősítés, felerősítés
**reinforcements** /ˌriːɪnˈfɔːsmənts/ utánpótlás, erősítés [hadseregé]
**reinstall** /ˌriːɪnˈstɔːl/ ❶ újrainstallál ❷ visszahelyez, újra behelyez
**reinvest** /ˌriːɪnˈvest/ újból befektet/invesztál
**reinvestment** /ˌriːɪnˈvestmənt/ újbóli befektetés/invesztálás
**reiterate** /rɪˈɪtəreɪt/ ismétel, ismételten hangoztat
**reiteration** /rɪˌɪtəˈreɪʃən/ ismétlés, ismételt hangoztatás
**reject** /ˈriːdʒekt/ *FNÉV*
❶ selejt ❷ szervezet kivetette idegen szövet/szerv
**reject** /rɪˈdʒekt/ *IGE*
❶ visszautasít, elutasít, elvet *reject the suggestion* elveti az ötletet ❷ kivet [átültetett szövetet/szervet] ❸ kidob, eldob
**rejection** /rɪˈdʒekʃən/ ❶ visszautasítás, elutasítás, elvetés ❷ kilökődés/kivetés [szervé]
**rejoice** /rɪˈdʒɔɪs/ örvendezik *rejoice at/over smth* örvend(ezik) vmi miatt
**rejoin** /riːˈdʒɔɪn/ ❶ újra összeilleszt ❷ válaszol, visszavág
**rejoinder** /rɪˈdʒɔɪndə/ visszavágás, válasz
**rel.** = relative(ly); religion; religious
**relaid** ☞relay
**relapse** /rɪˈlæps/ *FNÉV*
visszaesés, rosszabbodás
**relapse** *IGE*
visszaesik, rosszabbodik
**relate** /rɪˈleɪt/ ❶ elmond, elbeszél ❷ összefüggést talál *relate the two things* összefüggést talál a két dolog között
**relate to** ❶ *relate to smb/smth* vonatkozik vkire/vmire ❷ *relate to smth* összefügg, összefüggésben van *this relates to time* ez az idővel van összefüggésben ❸ összefüggést talál, összefüggésbe hoz ❹ vmilyen viszonyban van vkivel *relate very well to smb* jó a kapcsolata vkivel
**related** /rɪˈleɪtɪd/ ❶ vmivel összefüggő/kapcsolódó *be related to smth* összefügg vmivel ❷ rokon(ságban lévő) *be related to smb* rokonságban van vkivel
**relation** /rɪˈleɪʃən/ ❶ kapcsolat, viszony *bear a relation to smth* kapcsolatban/összefüggésben van vmivel *break off (diplomatic) relations with smb* megszakítja a (diplomáciai) kapcsolatot vkivel ❷ *in relation to smth* vmire vonatkozóan ❸ rokon *close/distant relation* közeli/távoli rokon
**relationship** /rɪˈleɪʃənʃɪp/ ❶ rokonság(i kapcsolat/viszony) ❷ kapcsolat, nexus ❸ összefüggés, kapcsolat, viszony
**relative** /ˈrelətɪv/ *FNÉV*
rokon *close/distant relative* közeli/távoli rokon
**relative** *MNÉV*
❶ viszonylagos, relatív ❷ egymáshoz képesti/viszonyított ❸ *be relative to smth* vmire vonatkozó, vmihez tartozó
**relative clause** vonatkozói/jelzői mellékmondat
**relative humidity** relatív nedvességtartalom
**relatively** /ˈrelətɪvlɪ/ aránylag, viszonylag, relatíve
**relative pronoun** vonatkozó névmás
**relativity** /ˌreləˈtɪvətɪ/ viszonylagosság, relativitás
**relax** /rɪˈlæks/ ❶ kipiheni magát, pihen, lazít, ellazul ❷ meglazul, ellazul, elernyed, gyengül, lankad, alábbhagy *his hold on the handle relaxed* gyengült a szorítása a kormányon ❸ meglazít, ellazít, elernyeszt *relax ⁝one's⁝ hold on the handle* kevésbé szorosan fogja a kormányt ❹ enyhít *relax controls* enyhít az ellenőrzésen
**relaxation** /ˌriːlækˈseɪʃən/ ❶ pihenés, relaxáció, kikapcsolódás, lazítás ❷ meglazítás, ellazítás, elernyesztés ❸ (meg)lazulás, (el)ernyedés, (el)lankadás ❹ enyhítés
**relaxed** /rɪˈlækst/ ❶ kényelmes, gondtalan ❷ kellemes, informális, kényelmes
**relay** /ˈriːleɪ/ *FNÉV*
❶ váltás, egymást váltó csoport/brigád *work in relays* egymást váltva dolgozik ❷ váltóverseny [úszás] ❸ váltófutás, staféta
**relay** /riːˈleɪ/, **relaid** /riːˈleɪd/, **relaid** /riːˈleɪd/ *IGE*
❶ [adást] továbbít, sugároz ❷ továbbít, továbbad [üzenetet]
**relay race** ❶ váltóverseny [úszás] ❷ váltófutás, staféta
**release** /rɪˈliːs/ *FNÉV*
❶ szabadon bocsátás/engedés, eleresztés, elengedés ❷ frissen forgalomba hozott film/lemez ❸ felszabadulás [energiáé] ❹ forgalomba hozatal ❺ kioldás [bombáé] ❻ kiengedés [féké]
**release** *IGE*
❶ szabadon bocsát/enged, elereszt, elenged ❷ kiold, ledob [bombát] ❸ kienged *release the brake* kiengedi a féket ❹ enyhít *release ⁝one's⁝ hold on smth* enged a szorításból ❺ forgalomba hoz, bemutat, kihoz ❻ közzétesz [hírt]
**relegate** /ˈrelɪgeɪt/ ❶ áttesz, áthelyez, átküld ❷ leminősít, lejjebb sorol
**relentless** /rɪˈlentləs/ könyörtelen, (ki)engesztelhetetlen
**relevance** /ˈreləvəns/ tárgyhoz tartozás, relevancia, fontosság
**relevant** /ˈreləvənt/ fontos, lényeges, tárgyhoz tartozó
**reliability** /rɪˌlaɪəˈbɪlətɪ/ megbízhatóság
**reliable** /rɪˈlaɪəbəl/ megbízható
**reliance** /rɪˈlaɪəns/ ❶ bizalom *place reliance on smth* bizalmat helyez vmibe ❷ vmire épí-

tés/számítás, vmitől függés (amitől: *on*)
**relic** /ˈrelɪk/ ❶ emlék, relikvia ❷ ereklye
**relief** /rɪˈliːf/ ❶ megkönnyebbülés *much to my relief* nagy megkönnyebbülésemre ❷ enyhítés, könnyítés *relief of pain* a fájdalom enyhítése ❸ segítség, segély ❹ könnyítés, enyhítés *tax relief* adókönnyítés ❺ felmentő csapat/hadsereg ❻ dombormű *high/low relief* dombormű/síkdombormű
**relief driver** váltó/váltótárs sofőr
**relief fund** segélyalap
**relief map** domborzati térkép
**relief road** tehermentesítő út, terelőút
**relieve** /rɪˈliːv/ ❶ könnyít, enyhít *relieve headaches* fejfájást enyhít ❷ felvált [őrséget] ❸ old, enyhít *relieve the boredom* oldja az unalmat ❹ felment, felszabadít [várat]
**relieve of** *relieve smb of smth* ❶ felment vkit vmi alól ❷ felment, elbocsát *be relieved of his duties* felmentik a kötelességei alól
**religion** /rɪˈlɪdʒən/ vallás
**religious** /rɪˈlɪdʒəs/ ❶ vallásos ❷ vallási, vallás-
**religious education** VAGY **religious instruction** VAGY **religious studies** hittan, hitoktatás
**religiously** /rɪˈlɪdʒəslɪ/ ❶ vallásosan, vallásilag ❷ lelkiismeretesen
**religiousness** /rɪˈlɪdʒəsnəs/ vallásosság
**relish** /ˈrelɪʃ/ FNÉV
❶ étvágy, gusztus *eat with relish* jó étvággyal eszik ❷ fűszer, ételízesítő [mártás/öntet/savanyú(ság)]
**relish** IGE
ínyére van vmi *I didn't relish the prospect of going back again* nem volt ínyemre visszamenni
**relive** /riːˈlɪv/ újra átél/megél
**reload** /riːˈləud/ ❶ újra megtölt/megrak ❷ újratölt [fájlt/programot]
**relocate** /ˌriːləˈkeɪt/ ❶ áthelyez, áttelepít ❷ áthelyezi a székhelyét, áttelepül
**reluctance** /rɪˈlʌktəns/ húzódozás, vonakodás
**reluctant** /rɪˈlʌktənt/ húzódozó, vonakodó *be reluctant to do smth* vonakodik vmit tenni, nem szívesen [de] tesz vmit
**reluctantly** /rɪˈlʌktəntlɪ/ húzódozva, vonakodva
**rely** /rɪˈlaɪ/ ❶ *rely on smb/smth* (meg)bízik vkiben/vmiben, épít/számít vkire/vmire ❷ *rely on smth for smth* vmije vmitől függ *they rely on the river for water* vízellátásukat a folyó biztosítja
**remade** ☞ remake
**remain** /rɪˈmeɪn/ ❶ (meg)marad *remain at home* otthon marad ❷ vmilyen marad *remain calm* nyugodt marad
KIFEJEZÉSEKBEN: *it remains to be seen* az még majd kiderül/elválik
**remainder** /rɪˈmeɪndə/ ❶ a maradék, a maradvány ❷ a többi, a többiek ❸ maradék *17 divided by 5 is 3, with a remainder of 2* a 17-ben háromszor van meg az 5, a maradék 2
**remaining** /rɪˈmeɪnɪŋ/ (fenn/meg)maradó, hátralévő
**remains** /rɪˈmeɪnz/ ❶ maradvány(ok), maradék ❷ földi maradványok
**remake** /ˈriːmeɪk/ FNÉV
film új verziója, remake
**remake** /riːˈmeɪk/, **remade** /riːˈmeɪd/, **remade** /riːˈmeɪd/ IGE
újra/újból (meg)csinál, átalakít
**remand** /rɪˈmɑːnd/ vizsgálati fogság *be on remand* vizsgálati fogságban tartják
**remark** /rɪˈmɑːk/ FNÉV
❶ megjegyzés, észrevétel *make/pass rude remarks about smth* udvariatlan megjegyzéseket tesz vmire ❷ figyelem *be worthy of remark* figyelemre érdemes
**remark** IGE
❶ megjegyez *remark that it's a great idea* megjegyzi, hogy kitűnő ötlet ❷ észrevesz
**remarkable** /rɪˈmɑːkəbəl/ rendkívüli, figyelemreméltó (ami miatt: *for*)
**remarkably** /rɪˈmɑːkəblɪ/ ❶ rendkívül, figyelemreméltóan ❷ *remarkably,* {MONDAT} különös, hogy/de {MONDAT}
**remarry** /riːˈmærɪ/ ❶ újból megházasodik, újraházasodik ❷ újból elvesz ❸ újból hozzámegy vkihez
**remedial** /rɪˈmiːdɪəl/ gyógyító, gyógy-
**remedial class** lassúbb / nehezebben haladó gyerekek speciális osztálya
**remedial exercises** gyógytorna
**remedy** /ˈremədɪ/ FNÉV
orvosság, gyógyszer, ellenszer (ami ellen: *for*)
**remedy** IGE
orvosol, helyrehoz, kijavít
**remember** /rɪˈmembə/ ❶ emlékszik, emlékezik vkire/vmire, nem felejt el *remember doing smth* nem felejti el, hogy tett vmit ❷ eszébe jut vmi, gondol vmire, nem felejti el *remember to water the flowers* nem felejti el meglocsolni a virágokat
**remember to** *remember smb to smb* átadja vki üdvözletét *remember me to your mother* add át üdvözletemet a mamádnak
**remembrance** /rɪˈmembrəns/ ❶ emlékezés, emlék ❷ emlék(tárgy)
KIFEJEZÉSEKBEN: *garden of remembrance* szórópareella
**remind** /rɪˈmaɪnd/ *remind smb of smth* ❶ emlékeztet vkit vmire, eszébe juttat vkinek vmit *remind smb to do smth* emlékeztet/figyelmeztet vkit, hogy tennie kell vmit ❷ emlékeztet vkit vmire, eszébe juttat vkinek vmit *this hotel reminds me of Switzerland* ez a hotel Svájcra emlékeztet
KIFEJEZÉSEKBEN: *that reminds me!* (erről) jut eszembe! / apropó!
**reminder** /rɪˈmaɪndə/ ❶ emlékeztető ❷ figyelmeztetés, felszólítás
**remit** /rɪˈmɪt/ ❶ elenged [büntetést/adósságot]

R

❷ megbocsát ❸ átutal, utalványoz [összeget] *remit by cheque* kérjük csekken utalni ❹ átküld/megküld/visszaküld [továbbtárgyalásra]
**remittance** /rɪˈmɪtəns/ ❶ folyósítás, (pénz)átutalás, utalványozás ❷ átutalt/folyósított összeg
**remnant** /ˈremnənt/ ❶ maradvány, maradék ❷ textilmaradék, vég
**remonstrate** /ˈremənstreɪt/ panaszkodik, tiltakozik (ami ellen: *against*)
**remorse** /rɪˈmɔːs/ lelkifurdalás, lelkiismeretfurdalás, bűntudat
**remorseful** /rɪˈmɔːsfəl/ lelkifurdalásos, bűntudatos
**remote** /rɪˈməut/ ❶ távoli, messzi *remote village* távoli falu *remote future* távoli jövő ❷ enyhe, halvány *remote chance* halvány esély ❸ zárkózott
**remote control** távirányító
**remote-controlled** távirányítású
**remount** /riːˈmaunt/ ❶ újra felül [kerékpárra/lóra] ❷ újból felragaszt/kasíroz/montíroz
**removable** /rɪˈmuːvəbəl/ eltávolítható, levehető, leszerelhető
**removal** /rɪˈmuːvəl/ ❶ költözködés ❷ költöztetés ❸ eltávolítás, elmozdítás, leszedés, levétel ❹ elvitel, elszállítás
**removal van** bútorszállító kocsi
**remove** /rɪˈmuːv/ ❶ levesz, leszed, leszerel, eltávolít, elmozdít, elvisz, elhoz *do not remove* kérem ne vigyék el *remove the tumour* eltávolítja a daganatot *remove from operation* működésen kívül helyez ❷ kitöröl, eltávolít, eltüntet ❸ elmozdít [állásból] ❹ elköltözik ❺ megszüntet, kiküszöböl ❻ *be far removed from smth* gyökeresen eltér vmitől
**remover** /rɪˈmuːvə/ ❶ eltávolító *hair remover* szőrtelenítő *stain remover* folttisztító *fingernail polish remover* körömlakk-lemosó ❷ bútorszállító, költöztető
**Renaissance** /rɪˈneɪsəns/ reneszánsz
**rename** /riːˈneɪm/ átnevez, új nevet ad vminek
**renationalization** /riːˌnæʃənəlaɪˈzeɪʃən/ újraállamosítás
**renationalize** /riːˈnæʃənəlaɪz/ újraállamosít
**rend** /rend/, **rent** /rent/, **rent** /rent/ hasít, tép, szakít, szaggat *he was rending his hair out in anger* a haját tépte mérgében
**render** /ˈrendə/ ❶ vmilyenné tesz *fatness renders him unable to tie his shoelaces* kövérsége miatt nem tudja befűzni a cipőjét ❷ nyújt, ad *render smb a service* szolgálatot tesz vkinek ❸ tolmácsol, előad [művet] ❹ vakol
**render down** *render smth down* (ki)olvaszt, (ki)süt [zsírt]
**rendering** /ˈrendərɪŋ/ ❶ tolmácsolás, interpretáció [műé] ❷ fordítás ❸ vakolat
**rendezvous** /ˈrɒndɪvuː/ VAGY /ˈrɒndeɪvuː/ FNÉV
találkozó, randevú
**rendezvous** IGE
találkozik
**rendition** /renˈdɪʃən/ ❶ fordítás ❷ tolmácsolás, interpretáció [műé]
**renegade** /ˈrenɪgeɪd/ áruló, renegát
**renegotiate** /ˌriːnɪˈgəuʃɪeɪt/ újratárgyal
**renew** /rɪˈnjuː/ ❶ megújít, felújít ❷ kicserél, megújít [pl. igazolványt] ❸ meghosszabbít [könyvtári könyvet]
**renewable** /rɪˈnjuːəbəl/ ❶ megújítható, felújítható ❷ kicserélendő, megújítandó
**renewal** /rɪˈnjuːəl/ ❶ megújítás, felújítás ❷ kicserélés, csere, megújítás ❸ meghosszabbítás [könyvtári könyvé]
**renounce** /rɪˈnauns/ ❶ felad, lemond vmiről *renounce ⁝one's⁝ claim to smth* lemond vmi jogáról ❷ megtagad
**renovate** /ˈrenəveɪt/ helyreállít, renovál
**renovation** /ˌrenəˈveɪʃən/ helyreállítás, renoválás
**renown** /rɪˈnaun/ hírnév, ismertség
**renowned** /rɪˈnaund/ (hír)neves, nagyhírű *get renowned* hírnévre tesz szert
**rent** /rent/ FNÉV
❶ lakbér ❷ *for rent* kiadó [lakás/szoba] ❸ bérleti díj ❹ (nagy) szakadás/repedés
**rent** IGE
❶ bérel, kivesz *rent a room from Mrs Robinsontól* szobát bérel Mrs R.-tól ❷ kiad, bérbe ad *Mrs R. rents (out) rooms* Mrs R. szobákat ad ki ❸ vmennyi a bérleti díja / lakbére *Mrs R's. rooms rent at £70 a month* Mrs R szobáinak havi 70 font a bérleti díja ❹ (ki)bérel, bérbe vesz *rent a car* kocsit bérel ❺ ☞rend
**rent-a-bike** biciklikölcsönző
**rentable** /ˈrentəbəl/ (ki)bérelhető, bérbevehető
ⓘ NEM ~~rentábilis~~
**rent-a-car** gépkocsikölcsönző
**rental** /ˈrentəl/ ❶ bérleti/kölcsönzési díj ❷ helyiségbérlet ❸ kölcsönzés *bicycle rental* biciklikölcsönzés/biciklikölcsönző
**rental car** bérautó, bérelt gépkocsi
**rent-free** MNÉV/HAT.SZÓ lakbérmentes(en), lakbért nem fizető/fizetve
**renunciation** /rɪˌnʌnsɪˈeɪʃən/ ❶ vmiről lemondás, feladás ❷ megtagadás
**reopen** /rɪˈəupən/ ❶ újra kinyit/megnyit ❷ újra (ki/meg)nyílik/(el/meg)kezdődik
**reorder** /riːˈɔːdə/ átrendez
**reorganization** /rɪˌɔːgənaɪˈzeɪʃən/ átszervezés, átrendezés, reorganizáció
**reorganize** /rɪˈɔːgənaɪz/ átszervez, átrendez, reorganizál
**rep.** = representative; repeat; report(ed); reporter
**Rep.** = Representative; Republic; Republican
**repaint** /riːˈpeɪnt/ újra (be)fest/(be)mázol
**repair** /rɪˈpeə/ FNÉV
❶ (ki/meg)javítás, rendbehozás *be under repair* javítás alatt áll *be beyond repair* helyrehozhatatlan, megjavíthatatlan ❷ állapot *in (a) bad (state of) repair* rossz állapotban van
**repair** IGE

❶ kijavít, megjavít, rendbe hoz *repair a road* utat javít ❷ helyrehoz, jóvátesz
**repair to** *repair to smth* vhova beveszi magát [r.szerint tömegesen]
**repairman** /rɪ'peəmən/ *TBSZ* **repairmen** /rɪ'peəmən/ javító, szerelő, karbantartó
**repair shop** (javító)műhely, szerviz
**reparable** /'repərəbəl/ ❶ helyrehozható, jóvátehető ❷ kijavítható
**reparation** /ˌrepə'reɪʃən/ jóvátétel *make reparation for a damage* kárt rendez/jóvátesz
**reparations** /ˌrepə'reɪʃənz/ háborús jóvátétel
**repartition** /ˌri:pɑ:'tɪʃən/ ❶ újra feloszt, újra szétoszt ❷ újra feloszt [országot/területet]
**repat** /ri:'pæt/ hazatelepült/repatriált ember
**repatriate** /ri:'pætrɪət/ *FNÉV*
hazatelepített/hazatelepült/repatriált
**repatriate** /ri:'pætrɪeɪt/ *IGE*
❶ hazatelepít, repatriál ❷ hazatelepül, repatriál
**repatriation** /ˌri:pætrɪ'eɪʃən/ ❶ hazatelepítés, repatriálás ❷ hazatelepülés, repatriálás
**repay** /rɪ'peɪ/, **repaid** /rɪ'peɪd/, **repaid** /rɪ'peɪd/ ❶ visszafizet *repay smb £30* visszafizet vkinek 30 fontot ❷ *repay smb for smth by/with smth* viszonoz vkinek vmivel vmit
**repayable** /rɪ'peɪəbəl/ visszafizetendő
**repayment** /rɪ'peɪmənt/ ❶ visszafizetés ❷ visszafizetendő/visszafizetett összeg ❸ részlet [kölcsöné]
**repeat** /rɪ'pi:t/ *FNÉV*
❶ (meg)ismétlés ❷ ismétlés [műsoré]
**repeat** *IGE*
(meg)ismétel, újra (el)mond, újra megtesz/elvégez *repeat after me* mondjátok utánam!
**repeatedly** /rɪ'pi:tɪdlɪ/ ismételten, többször, sorozatosan
**repeater** /rɪ'pi:tə/ ❶ ismétlőfegyver ❷ osztályismétlő, évismétlő
**repeating decimal** /rɪˌpi:tɪŋ 'desɪməl/ szakaszos (végtelen) tizedestört
**repeat mark** ismétlőjel
**repel** /rɪ'pel/ ❶ (vissza)taszít, undorít ❷ visszaver
**repellent** /rɪ'pelənt/ rovarriasztó szer
**repent** /rɪ'pent/ *repent (of) smth* megbán [bűnt]
**repentance** /rɪ'pentəns/ bűnbánat, megbánás
**repentant** /rɪ'pentənt/ bűnbánó
**repercussion** /ˌri:pə'kʌʃən/ utóhatás, visszahatás, továbbgyűrűző hatás
**repertoire** /'repətwɑ:/ repertoár
**repertory** /'repətərɪ/ ❶ gyűjtemény, tárház ❷ repertoár
**repetition** /ˌrepə'tɪʃən/ (meg)ismétlés, (meg)ismétlődés
**repetitive** /rɪ'petətɪv/ ismétlődő, unalmas, monoton
**rephrase** /ri:'freɪz/ újrafogalmaz
**replace** /rɪ'pleɪs/ ❶ helyébe lép vkinek ❷ kicserél, felvált (akivel/vmivel: *by/with*) *replace the letters with numbers* a betűket számokkal cseréli/váltja föl ❸ pótol ❹ visszatesz, visszarak
**replacement** /rɪ'pleɪsmənt/ ❶ kicserélés, csere, pótlás ❷ utód *replacement for the secretary* utód a titkárnő helyére ❸ tartalékalkatrész
**replant** /rɪ'plɑ:nt/ átültet
**replay** /'ri:pleɪ/ *FNÉV*
❶ újrajátszott meccs ❷ visszajátszás, ismétlés *action/instant replay of the goal* a gól visszajátszása/ismétlése
**replay** *IGE* /ri:'pleɪ/
❶ újra (le)játszik ❷ visszajátszik, lejátszik
**replenish** /rɪ'plenɪʃ/ ❶ újra megtölt/feltölt [készletet] ❷ teletölt, feltölt [poharat]
**replenishment** /rɪ'plenɪʃmənt/ újratöltés, feltöltés
**replica** /'replɪkə/ ❶ másolat, kópia, utánzat ❷ modell ⓘ *NEM* ~~replika~~
**reply** /rɪ'plaɪ/ *FNÉV*
válasz, felelet *in reply to smth* feleletül/válaszul vmire
**reply** *IGE*
válaszol, felel *reply to smb* válaszol vkinek
**report** /rɪ'pɔ:t/ *FNÉV*
❶ jelentés, beszámoló, tudósítás, riport ❷ (kósza) hír, szóbeszéd, pletyka ❸ bizonyítvány ❹ puska/ágyú hangja, robbanás
**report** *IGE*
❶ hírül ad, tudósít *report the speech for a newspaper* tudósít a beszédről egy újságnak *be reported to have been seen in Paris* jelentik, hogy Párizsban látták ❷ beszámol, jelent *report progress* helyzetjelentést ad *report sick* beteget jelent ❸ feljelent, bepanaszol *they reported him to the head for smoking* dohányzás miatt bepanaszolták az igazgatónál ❹ jelentkezik, megjelenik *report to the police* jelentkezik a rendőrségen *report at the airport at 4.30* 4.30-kor megjelenik/bejelentkezik a reptéren
**reportage** /rɪ'pɔ:tɪdʒ/ VAGY /ˌrepɔ:'tɑ:ʒ/ ❶ tudósítás, riportkészítés ❷ tudósítás, riport
**report card** bizonyítvány, értesítő
**reportedly** /rɪ'pɔ:tɪdlɪ/ állítólag, a hírek/jelentések szerint
**reported speech** függő beszéd
**reporter** /rɪ'pɔ:tə/ tudósító, riporter
**repository** /rɪ'pɒzɪtərɪ/ raktár, tárház, tár
**repossess** /ˌri:pə'zes/ visszavesz [kifizetetlen árut]
**repossession** /ˌri:pə'zeʃən/ kifizetetlen áru visszavétele
**represent** /ˌreprɪ'zent/ ❶ képvisel *different nationalities were represented* valamennyi nemzetiség képviseltette magát ❷ [képviselőként] képvisel ❸ ábrázol, mutat, bemutat ❹ jelöl, jelent ❺ jelent *represent a considerable improvement on smth* jelentős előrelépést jelent vmihez képest ❻ feltüntet/lefest/beállít vmilyennek ❼ [panaszként] előad vkinek (akinek: *to*)
**representation** /ˌreprɪzen'teɪʃən/ ❶ [politikai] képviselet ❷ jogi képviselet, védelem ❸ ábrázolás ❹ ábrázolás, lejegyzés, ábrázolásmód

R

**representative** /ˌreprɪˈzentətɪv/ *FNÉV*
❶ képviselő ❷ (utazó) képviselő, ügynök
**representative** *MNÉV*
❶ jellemző, reprezentatív (amire: *of*) *representative sample* reprezentatív minta ❷ képviseleti *representative government* képviseleti kormányzat ❸ ábrázoló, figuratív ⓘ *NEM* ~~reprezentatív~~ [= elegáns]
**repress** /rɪˈpres/ elnyom, elfojt
**repression** /rɪˈpreʃən/ elnyomás, elfojtás, represszió
**repressive** /rɪˈpresɪv/ elnyomó, elfojtó, represszív
**reprimand** /ˈreprɪmɑːnd/ *FNÉV/IGE* dorgál(ás), fedd(és), elmarasztal(ás)
**reprisal** /rɪˈpraɪzəl/ VAGY **reprisals** /rɪˈpraɪzəlz/ megtorlás
**reproach** /rɪˈprəʊtʃ/ *FNÉV*
❶ szemrehányás *be above reproach* kifogástalan, kifogásolhatatlan ❷ szidalom, szidás
**reproach** *IGE*
szemrehányással illet, megdorgál (amiért: *for/with*)
**reproduce** /ˌriːprəˈdjuːs/ ❶ szaporodik, reprodukálódik ❷ másol, reprodukál, visszaad
**reproducible** /ˌriːprəˈdjuːsəbəl/ ❶ szaporítható, reprodukálható ❷ másolható, reprodukálható
**reproduction** /ˌriːprəˈdʌkʃən/ ❶ szaporodás ❷ reprodukálás, lemásolás, visszaadás ❸ másolat, reprodukció, kópia
**reproductive** /ˌriːprəˈdʌktɪv/ nemző, szaporodási *female reproductive organs* női nemzőszervek
**reptile** /ˈreptaɪl/ hüllő, csúszómászó
**republic** /rɪˈpʌblɪk/ köztársaság *people's republic* népköztársaság
**republican** /rɪˈpʌblɪkən/ ❶ köztársasági érzelmű, köztársaságpárti ❷ *Republican* Republikánus (Párt tagja)
**repulsion** /rɪˈpʌlʃən/ ❶ irtózás, iszonyodás ❷ taszítás
**repulsive** /rɪˈpʌlsɪv/ visszataszító, taszító
**repurchase** /riːˈpɜːtʃɪs/ *FNÉV*
visszavásárlás
**repurchase** *IGE*
visszavásárol
**reputable** /ˈrepjʊtəbəl/ jó hírű, megbízható
**reputation** /ˌrepjʊˈteɪʃən/ hír(név), jóhír *gain/win/acquire a bad reputation* rossz hírre tesz szert
**repute** /rɪˈpjuːt/ hír(név), reputáció, jó hír
**reputed** /rɪˈpjuːtɪd/ ❶ (hír)neves, híres ❷ *be reputed to be smth* vmilyen hírben áll ❸ állítólagos
**reputedly** /rɪˈpjuːtɪdlɪ/ állítólag(osan)
**request** /rɪˈkwest/ *FNÉV*
❶ kérés, kívánság *make a request for smth* kér vmit *at smb's request* vki kérésére *on request* kívánság/igény esetén ❷ kívánságra játszott műsorszám
**request** *IGE*
❶ kér vmit vkitől *your presence is requested* feltétlen megjelenését kérjük ❷ megkér, felkér, felhív ❸ kívánságműsorban kér
**request stop** feltételes megálló
**requiem** /ˈrekwɪəm/ VAGY /ˈrekwɪem/ gyászmise, rekviem
**require** /rɪˈkwaɪə/ ❶ (meg)követel, igényel, (meg)kíván, feltételez *require careful thought* alapos megfontolást kíván ❷ kér, kíván *anything else you require?* kíván még valamit? ❸ megkíván, megkövetel, elvár *require smb to do smth* megköveteli vkitől, hogy {MONDAT} ⓘ *NEM* ~~rekvirál~~
**requirement** /rɪˈkwaɪəmənt/ ❶ kívánalom, követelmény *meet a requirement* megfelel egy követelménynek ❷ igény
**requisite** /ˈrekwɪzɪt/ kellék *toilet requisites* tisztálkodási kellékek
**requisition** /ˌrekwɪˈzɪʃən/ *FNÉV*
[hadi célokra] igénybevétel, lefoglalás, rekvirálás
**requisition** *IGE*
[hadi célokra] igénybe vesz, lefoglal, rekvirál
**reread** /riːˈriːd/, **reread** /riːˈred/, **reread** /riːˈred/ újraolvas, újra beolvas/felolvas/átolvas
**reroute** /riːˈruːt/ másfelé irányít/terel, átirányít, elterel
**rerun** /ˈriːrʌn/, **reran** /ˈriːræn/, **rerun** /ˈriːrʌn/ ❶ újrajátszik, felújít [filmet] ❷ megismétel, újra játszik, újra rendez, újra megtart
**reschedule** /riːˈʃedjuːl/ *GB*, /riːˈskedʒəl/ *US* átütemez [visszafizetést]
**rescue** /ˈreskjuː/ *FNÉV*
(meg/ki)mentés, kimenekítés, kiszabadítás, megszabadítás
**rescue** *IGE*
(meg/ki)ment, kimenekít, kiszabadít, megszabadít
**rescue party** mentőcsapat, mentőegység
**rescuer** /ˈreskjuːə/ megmentő, (ki/meg)szabadító
**rescue team** mentőalakulat, mentőegység
**research** /rɪˈsɜːtʃ/ *FNÉV* ↯ *NEM MEGSZÁML.*
kutatás, kutatómunka *do / carry out research on/into smth* kutatást végez vmilyen területen
**research** *IGE*
kutat *well-researched* alapos kutatáson alapuló
**research and development** kutatás és fejlesztés, K&F, K+F
**researcher** /rɪˈsɜːtʃə/ (tudományos) kutató
**research fellow** tudományos munkatárs
**research-intensive** kutatás-igényes, sok kutatást igénylő
**research library** szakkönyvtár
**research team** kutatógárda
**research worker** (tudományos) kutató
**resell** /riːˈsel/, **resold** /riːˈsəʊld/, **resold** /riːˈsəʊld/ továbbad, viszontelad
**resemblance** /rɪˈzembləns/ hasonlatosság, ha-

sonlóság *bear a resemblance to smth* hasonlít vmihez

**resemble** /rɪˈzembəl/ hasonlít vkire/vmire *Joe resembles his father* Joe hasonlít az apjára

**resent** /rɪˈzent/ neheztel vmiért, zokon vesz

**resentment** /rɪˈzentmənt/ neheztelés, sérelem

**reservation** /ˌrezəˈveɪʃən/ ❶ fenntartás, kikötés *without reservation* fenntartás nélkül ❷ helyfoglalás, előrerendelés, helyjegyváltás ❸ helyjegy ❹ [indián] rezervátum ❺ vadrezervátum ❻ *central reservation* elválasztó sáv [autópályán]

**reserve** /rɪˈzɜːv/ FNÉV

❶ tartalék *keep smth in reserve* tartalékol, készenlétben tart ❷ vadrezervátum, nemzeti park *nature reserve* természetvédelmi körzet ❸ tartózkodás, távolságtartás ❹ tartalék(játékos) ❺ tartalékos állomány *call up the reserve(s)* behívja a tartalékosokat

**reserve** IGE

❶ tartalékol, félretesz, fenntart, tartogat *all rights reserved* minden jog fenntartva ❷ (le)foglal, félretetet, előrerendel

**reserved** /rɪˈzɜːvd/ ❶ fenntartott, foglalt *reserved seat* foglalt hely ❷ tartózkodó, távolságtartó

**reserve price** kikiáltási ár, kikötött legalacsonyabb ár [árverésen]

**reservist** /rɪˈzɜːvɪst/ tartalékos (állományú katona)

**reservoir** /ˈrezəvwɑː/ ❶ (víz)tároló, víztározó ❷ készlet *untapped reservoirs* kihasználatlan készletek

**reset** /riːˈset/, **reset** /riːˈset/, **reset** /riːˈset/ ❶ (át/utána)igazít, (át/utána)állít *reset the dial at zero* nullára állítja a mutatót ❷ hely(é)re tesz [csontot] ❸ újraindít [számítógépet „reset"-tel]

**reshuffle** /ˈriːʃʌfəl/ FNÉV

kabinetátalakítás, kormányátalakítás

**reshuffle** /riːˈʃʌfəl/ IGE

❶ újra (meg)kever [kártyát] ❷ átalakít [kabinetet, kormányt]

**reside** /rɪˈzaɪd/ lakik, tartózkodik

**reside in** *reside in smb/smth* [jog] vhová van telepítve

**residence** /ˈrezɪdəns/ ❶ rezidencia, lakhely ❷ tartózkodás *take up residence* letelepül/letelepedik ❸ lakóhely, hajlék

**residence permit** tartózkodási engedély

**resident** /ˈrezɪdənt/ FNÉV

❶ szállodavendég *serve meals to residents* vendégeknek szolgál fel ételt ❷ [szakorvosi képzés/gyakorlat idejére] bennlakó orvos ❸ bennlakó alorvos

**resident** MNÉV

❶ rezidens, állandó ❷ [számítógépes] memóriában lévő ❸ vhol lakó/tartózkodó ❹ bennlakó ❺ házi *resident expert on races* házi lóversenyszakértő

**residential** /ˌrezɪˈdenʃəl/ ❶ bentlakásos ❷ vhol élő/lakó ❸ tartózkodási, lakó- *residential district* lakónegyed

**residual** /rɪˈzɪdjuəl/ visszamaradt, maradék, (meg/fenn)maradó *residual income* [adó utáni] fennmaradó jövedelem

**residue** /ˈrezɪdjuː/ ❶ maradék, maradvány ❷ üledék

**resign** /rɪˈzaɪn/ ❶ lemond, leköszön *resign from the committee* lemond a bizottsági tagságról ❷ *resign ›oneself‹ to smth* belenyugszik/beletörődik vmibe

**resignation** /ˌrezɪgˈneɪʃən/ ❶ lemondás, leköszönés *hand ›one's‹ resignation* beadja/benyújtja a lemondását ❷ megnyugvás, beletörődés

**resin** /ˈrezɪn/ gyanta

**resist** /rɪˈzɪst/ ❶ ellenáll vminek *resist disease* ellenáll a betegségnek *resist choc* ellenáll a csokinak ❷ megáll vmit *resist telling us the secret* megállja, hogy elmondja a titkot

**resistance** /rɪˈzɪstəns/ ❶ ellenállás *put up (a) resistance* ellenállást fejt ki *offer resistance* ellenállást tanúsít ❷ *resistance (movement)* ellenállás(i mozgalom) ❸ [elektromos] ellenállás ❹ rezisztor, ellenállás

**resistant** /rɪˈzɪstənt/ ellenálló, rezisztens (amivel szemben: *to*)

**resit** /riːˈsɪt/, **resat** /riːˈsæt/, **resat** /riːˈsæt/ újra/ismételten megpróbál letenni [vizsgát]

**reskill** /ˈriːskɪl/ átképez [munkaerőt]

**resold** ☞resell

**resolute** /ˈrezəluːt/ határozott, eltökélt, elszánt

**resolution** /ˌrezəˈluːʃən/ ❶ határozat, döntés *pass/carry/adopt a resolution* határozatot hoz ❷ elhatározás, szándék *make a New Year's resolution to do smth* újévkor megfogadja, hogy {MONDAT} ❸ határozottság, eltökéltség, elszántság ❹ megoldás, feloldás [problémáé] ❺ felbontás [képé] ❻ [kémiai] feloldás, felbomlás

**resolve** /rɪˈzɒlv/ FNÉV

❶ elhatározás ❷ elszántság, eltökéltség, határozottság

**resolve** IGE

❶ megold, felold [problémát] ❷ elrendez [vitát/vitás pontot] ❸ elhatároz, eltökél, eldönt ❹ határoz, dönt *resolve on smth* valami mellett dönt

**resonance** /ˈrezənəns/ ❶ zengés, rezgés, harsogás ❷ rezonancia

**resonant** /ˈrezənənt/ ❶ zengő, tiszta, csengő, harsogó ❷ rezonáns

**resonate** /ˈrezəneɪt/ rezonál, zeng

**resort** /rɪˈzɔːt/ FNÉV

❶ üdülőkörzet, üdülőövezet, nyaralóhely *summer resort* nyaralóhely ❷ eszköz, megoldás *have resort to smth* vmit igénybe vesz, vmihez folyamodik *as a last resort* végső megoldásként ⓘ NEM ~~reszort~~

**resort** IGE

**resort to** *resort to smth* igénybe vesz vmit, folyamodik vmihez

R

**resounding** /rɪˈzaʊndɪŋ/ ❶ messzehangzó, harsogó ❷ *resounding victory/failure* óriási győzelem/kudarc

**resource** /rɪˈzɔːs/ VAGY /rɪˈsɔːs/ ❶ (erő)forrás, eszköz *natural resource* természeti kincs *human resource* emberi erőforrás ❷ eszköz, megoldás, segítség, mentsvár *last resource* utolsó menedék ❸ találékonyság, leleményesség

**resource allocation** forráselosztás

**resourceful** /rɪˈzɔːsfəl/ VAGY /rɪˈsɔːsfəl/ leleményes, ötletes, találékony

**resp.** = respective(ly)

**respect** /rɪˈspekt/ *FNÉV*

❶ tisztelet, megbecsülés *command respect* tiszteletet parancsol ❷ tekintet, figyelem, tekintetbe/figyelembe vétel *without respect to smth* vmire való tekintet nélkül ❸ tekintet, szempont, vonatkozás *in every respect* minden szempontból *with respect to smth* ami vmit illet, vmit illetően

**respect** *IGE*

❶ tisztel, respektál ❷ tekintetbe vesz, tiszteletben tart, méltányol

**respectability** /rɪˌspektəˈbɪlɪtɪ/ jó hír(név), tekintély

**respectable** /rɪˈspektəbəl/ ❶ tekintélyes, tiszteletre méltó ❷ tisztességes, rendes ❸ meglehetős, tisztességes [pl. összeg]

**respecter** /rɪˈspektə/ vmit tisztelő / figyelembe vevő *be no respecter of authority* nem tiszteli a tekintélyt

**respectful** /rɪˈspektfəl/ tiszteletteljes, tisztelettudó

**respectfully** /rɪˈspektfəlɪ/ tiszteletteljesen, tisztelettudóan *(I remain) respectfully yours / yours respectfully* (maradok) tisztelettel / az Ön híve

**respective** /rɪˈspektɪv/ a saját, kinek–kinek a (saját) maga *they're both highly successful in their respective fields* mindketten igen sikeresek a maguk területén

**respectively** /rɪˈspektɪvlɪ/ külön–külön, illetve *the teachers and nurses got pay rises of 7 and 9 pc respectively* a tanárok és a nővérek 7 illetve 9 százalék fizetésemelést kaptak

**respects** /rɪˈspekts/ ❶ üdvözlet *give my respects to your wife* tiszteletem a feleségednek ❷ *pay ≥one's≤ respects to smb* tiszteletét teszi vkinél

**respiration** /ˌrespəˈreɪʃən/ lélegzés, légzés

**respiratory** /rɪˈspɪrətərɪ/ VAGY /ˈrespɪreɪtrɪ/ VAGY /rɪˈspaɪrətrɪ/ légzőszervi, légző-

**respire** /rɪˈspaɪə/ lélegzik

**respite** /ˈrespɪt/ VAGY /ˈrespaɪt/ ❶ pihenő, pihenés, szünet ❷ szünet *without respite* megállás/szünet nélkül

**respond** /rɪˈspɒnd/ ❶ válaszol, felel (amire: *to*) ❷ válaszol, reagál

**response** /rɪˈspɒns/ ❶ válasz, felelet ❷ reagálás, reakció, válasz

**responsibility** /rɪˌspɒnsəˈbɪlətɪ/ ❶ felelősség *take responsibility for smth* felelősséget vállal vmiért *claim responsibility for the bombing* vállalja a felelősséget a merényletért ❷ kötelezettség, kötelesség, feladat ❸ felelősségérzet, kötelességtudat

**responsible** /rɪˈspɒnsəbəl/ ❶ felelős *be responsible for smth* felel(ős) vmiért, oka vminek, tehet vmiről *hold smb responsible for smth* okol / felelőssé tesz vkit vmiért *make smb responsible for smth* megbíz vkit vmivel ❷ megbízható, kötelességtudó ❸ felelős(ségteljes), felelősséggel járó

**responsive** /rɪˈspɒnsɪv/ ❶ érzékenyen/rugalmasan/gyorsan reagáló (amire: *to*) ❷ szívesen/készségesen felelő/válaszoló/együttműködő

**responsively** /rɪˈspɒnsɪvlɪ/ készségesen (reagálva)

**rest** /rest/ *FNÉV*

❶ pihenés *have a rest* (meg/le)pihen *day of rest* pihenőnap ❷ [fizikai/lelki] nyugalom, *come to rest* megáll *at rest* nyugalomban, nyugton *set smb's mind at rest* megnyugtat ❸ örök nyugalom *be laid to rest* eltemetik ❹ támasz(ték), támla, állvány *arm rest* kartámasz ❺ *the rest* a többi(ek), a maradék/maradvány *the rest of us* a többiek közülünk ❻ szünetjel [zenében]

KIFEJEZÉSEKBEN: *be laid to rest* fátylat borítanak rá, elfeledik

**rest** *IGE*

❶ pihen *rest after lunch* ebéd után pihen ❷ pihentet *rest ≥one's≤ feet* pihenteti a lábát ❸ támaszt, dönt, hajt *rest the bike against the wall* a falnak támasztja/dönti a biciklit ❹ támaszkodik, dől *the bike rests against the wall* a bicikli a falnak támaszkodik ❺ *not rest* nem nyugszik ❻ [örök nyugalommal] nyugszik *rest in peace* nyugodjék/nyugodjanak békében

KIFEJEZÉSEKBEN: *God rest his soul* Isten nyugosztalja *rest assured that* (MONDAT) legyen nyugodt, hogy (MONDAT) *let the matter rest* nem feszegeti tovább a dolgot

**rest on** *rest on smth* ❶ nyugszik/támaszkodik vmire ❷ alapul/alapszik vmin, függ vmitől/vkitől ❸ megállapodik *his eyes rested on a seat* pillantása egy széken állapodott meg ❹ *rest on ≥one's≤ laurels* ül/pihen a babérjain

**rest with** *rest with smb* függ vkitől, vki kezében van

**restart** /riːˈstɑːt/ ❶ újra (meg/el)indul, újra (meg/el)kezdődik ❷ újra (meg/el)indít, újra (meg/el)kezd

**restaurant** /ˈrestərɒnt/ étterem, vendéglő

**restaurant car** étkezőkocsi

**restaurateur** /ˌrestərəˈtɜː/ vendéglős

**restful** /ˈrestfəl/ ❶ pihentető ❷ nyugalmas, nyugodalmas, csendes

**rest home** öregek otthona, szociális otthon

**resting place** pihenőhely, nyugvóhely
**restitute** /ˈrestɪtjuːt/ kárpótol
**restitution** /ˌrestɪˈtjuːʃən/ jóvátétel, kárpótlás
**restless** /ˈrestləs/ nyugtalan, nyughatatlan
**restlessness** /ˈrestləsnəs/ nyughatatlanság, nyugtalanság
**restoration** /ˌrestəˈreɪʃən/ ❶ vmi helyreállítása ❷ újjáépítés, restaurálás ❸ (politikai) restauráció
**restorative** /rɪˈstɔːrətɪv/ FNÉV/MNÉV erősítő(szer) [étel/orvosság]
**restore** /rɪˈstɔː/ ❶ visszaállít, helyreállít ❷ meggyógyít, helyreállít ❸ helyreállít, újjáépít, restaurál ❹ visszaad *restore smth to smb* visszaad vmit vkinek
**restorer** /rɪˈstɔːrə/ ❶ restaurátor ❷ regenerálószer *hair restorer* hajregeneráló
**restrain** /rɪˈstreɪn/ ❶ megfékez, fékentart, visszatart (amitől: *from*) ❷ fogva tart
**restraint** /rɪˈstreɪnt/ ❶ mérséklet, önuralom ❷ korlátozás, rnegszorítás, mérséklés *put restraints on smth* korlátoz vmit ❸ bezárás [elmeintézetbe]
**restrict** /rɪˈstrɪkt/ korlátoz, megszorít, leszűkít
**restricted** /rɪˈstrɪktɪd/ ❶ korlátozott *be restricted* korlátozódik ❷ tiltott *restricted area* tiltott körzet ❸ bizalmas, titkos
**restriction** /rɪˈstrɪkʃən/ korlátozás, megszorítás *impose restrictions on smth* megszorítást alkalmaz vmivel kapcsolatban
**restrictive** /rɪˈstrɪktɪv/ korlátozó, restrikciós, restriktív
**restrictive relative clause** korlátozó/szűkítő értelmű vonatkozó/jelzői mellékmondat
**rest room** US mosdó, illemhely
**restructure** /riːˈstrʌktʃə/ ❶ átstrukturál ❷ újjáalakít, átszervez
**restructuring** /riːˈstrʌktʃərɪŋ/ ❶ struktúra-átalakítás, átstrukturálás ❷ újjáalakítás, átszervezés
**rest stop** US autópálya melletti pihenő
**result** /rɪˈzʌlt/ FNÉV
❶ eredmény, következmény *the net result* a végső eredmény *as a result of smth* vmi következtében/eredményeként ❷ eredmény [vizsgán/sportban stb.] ❸ eredmény [számolásnál]
**result** IGE
származik, ered (amiből: *from*)
**result in** *result in smth* eredményez, vezet vmire
**resume** /rɪˈzjuːm/ újrakezd, folytat
**résumé** ❶ /ˈrezjumeɪ/ összefoglalás, rezümé ❷ /ˌrezʊˈmeɪ/ US (szakmai) önéletrajz
**resumption** /rɪˈzʌmpʃən/ újrakezdés, folytatás
**resurface** /riːˈsɜːfɪs/ ❶ újra felszínre jön [pl. tengeralattjáró] ❷ [utat] újra burkol ❸ újra előjön/megjelenik / felszínre bukkan
**resurrect** /ˌrezəˈrekt/ ❶ feltámaszt, feléleszt ❷ felújít, feléleszt
**resurrection** /ˌrezəˈrekʃən/ ❶ feltámadás ❷ felújítás, felélesztés
**resuscitate** /rɪˈsʌsɪteɪt/ újraéleszt, életre kelt
**resuscitation** /rɪˌsʌsɪˈteɪʃən/ újraélesztés
**resuscitator** /rɪˈsʌsɪteɪtə/ újraélesztő készülék
**retail** /ˈriːteɪl/ kiskereskedelem *sell by retail* kicsiben árul
**retail bank** lakossági bank
**retail dealer** kiskereskedő
**retailer** /ˈriːteɪlə/ kiskereskedő
**retail price** kiskereskedelmi ár, fogyasztói ár
**retain** /rɪˈteɪn/ ❶ megtart, megőriz ❷ tart *lead retains heat well* az ólom jó hőtartó / jól tartja a hőt
**retake** /ˈriːteɪk/ FNÉV
❶ ismételt vizsga, utóvizsga ❷ megismételt felvétel, újrafelvétel [filmrészleté]
**retake** /riːˈteɪk/, **retook** /riːˈtʊk/, **retaken** /riːˈteɪkən/ IGE
❶ visszafoglal, visszavesz [várost] ❷ újra felvesz [hangot/filmet]
**retaliate** /rɪˈtælieɪt/ megtorol/megbosszul, visszavág
**retaliation** /rɪˌtæliˈeɪʃən/ megtorlás, visszavágás, válaszlépés
**retaliatory** /rɪˈtæliətrɪ/ megtorló, bosszú-
**retard** /rɪˈtɑːd/ késleltet, lassít, gátol, feltart
**retarded** /rɪˈtɑːdɪd/ visszamaradt, értelmi fogyatékos
**retell** /riːˈtel/, **retold** /riːˈtəʊld/, **retold** /riːˈtəʊld/ újra elmond/elmesél/elbeszél
**retention** /rɪˈtenʃən/ megtartás, megőrzés
**rethink** /riːˈθɪŋk/, **rethought** /riːˈθɔːt/, **rethought** /riːˈθɔːt/ újra átgondol, újragondol
**reticence** /ˈretɪsəns/ hallgatagság
**reticent** /ˈretɪsənt/ hallgatag
**retina** /ˈretɪnə/ TBSZ **retinas** VAGY **retinae** /ˈretɪniː/ recehártya, retina
**retinue** /ˈretɪnjuː/ kíséret *the president's retinue* az elnök kísérete
**retire** /rɪˈtaɪə/ ❶ nyugdíjba megy, nyugalomba vonul ❷ nyugdíjba küld ❸ visszavonul vhová ❹ visszavonul, nyugovóra tér
**retired** /rɪˈtaɪəd/ nyugalmazott, nyugdíjas, nyugalomba vonult
**retiree** /rɪˌtaɪəˈriː/ FNÉV nyugdíjba vonuló
**retirement** /rɪˈtaɪəmənt/ ❶ nyugdíjaztatás, nyugalomba vonulás ❷ nyugdíjas élet *retirement years* nyugdíjasévek
**retirement home** nyugdíjasotthon
**retirement pension** (öregségi) nyugdíj
**retirement plan** US nyugdíjpénztári rendszer
**retiring age** nyugdíjkorhatár
**retold** ☞ retell
**retook** ☞ retake
**retort** /rɪˈtɔːt/ FNÉV
❶ visszavágás, riposzt ❷ lombik
**retort** IGE
visszavág, riposztoz
**retouch** /riːˈtʌtʃ/ FNÉV/IGE retus(ál)
**retract** /rɪˈtrækt/ ❶ visszahúz, behúz [futóművet/karmot] ❷ visszahúzódik, behúzódik [futómű/karom]

**retrain** /riːˈtreɪn/ átképez
**retrainee** /ˌriːtreɪˈniː/ átképzett / átképzés alatt álló [ember]
**retraining** /riːˈtreɪnɪŋ/ átképzés
**retread** /riːˈtred/ IGE újrafutóz [kereket]
**retreat** /rɪˈtriːt/ FNÉV
❶ visszavonulás *beat a retreat* megfutamodik ❷ visszavonulást jelző kürtszó *sound the retreat* visszavonulót fúj ❸ visszakozás, (meg)hátrálás ❹ menedék, pihenő
**retreat** IGE
❶ visszavonul, (meg)hátrál ❷ visszakozik, (meg)hátrál, lehátrál vmiről
**retrial** /riːˈtraɪəl/ perújrafelvétel, újratárgyalás
**retribution** /ˌretrɪˈbjuːʃən/ megtorlás
**retributive** /rɪˈtrɪbjʊtɪv/ büntető, megtorló
**retrieval** /rɪˈtriːvəl/ ❶ visszakeresés, kikeresés, előkeresés ❷ jóvátétel *be past retrieval* menthetetlen, jóvátehetetlen ❸ visszaszerzés, visszanyerés, visszahozatal, előhozatal
**retrieve** /rɪˈtriːv/ ❶ visszakeres, kikeres, előkeres ❷ visszaszerez, visszahoz, előkeres, előhoz ❸ jóvátesz, megment, helyrehoz
**retriever** /rɪˈtriːvə/ kotorékeb, retriever
**retroactive** /ˌretrəʊˈæktɪv/ visszamenőleges (érvényű/hatályú)
**retrograde** /ˈretrəgreɪd/ hátrafelé/visszafelé haladó/irányuló
**retrospect** /ˈretrəspekt/ visszatekintés, visszapillantás *in retrospect* visszatekintve, visszagondolva
**retrospection** /ˌretrəˈspekʃən/ visszagondolás, visszapillantás
**retrospective** /ˌretrəˈspektɪv/ ❶ visszatekintő, visszapillantó, retrospektív ❷ visszamenőleges (érvényű/hatályú)
**retry** /riːˈtraɪ/ ❶ újra (meg)próbál ❷ újratárgyal [ügyet]
**return** /rɪˈtɜːn/ FNÉV
❶ visszatérés *the return of the epidemic* a járvány visszatérte ❷ visszaadás, visszaszolgáltatás, visszavitel *return of library books* könyvtári könyvek visszavitele *return of bottles* üvegvisszavitel ❸ nyereség, haszon, profit ❹ megismétlődés, visszatérés ❺ viszonzás, ellenszolgáltatás *in return for smth* vmi fejében/ellenében, vmi ellenszolgáltatásaképpen ❻ retúrjegy ❼ *election returns* választási eredmények ❽ bevallás *tax return* adóbevallás
KIFEJEZÉSEKBEN: *many happy returns (of the day)!* Isten éltessen!
**return** IGE
❶ visszatér, visszajön, visszaérkezik ❷ újból/ismét jelentkezik, (meg)ismétlődik ❸ visszatér *return to work* visszamegy dolgozni [gyereknevelés után] *return to the main point* visszatér a lényeghez ❹ visszaad, visszaküld, visszavisz, visszajuttat *return smb his/her keys* visszaadja vkinek a kulcsait ❺ viszonoz, viszszafizet, visszaad *return a compliment* bókot viszonoz ❻ megválaszt, a parlamentbe küld/juttat ❼ ítéletet/döntést hoz *return a verdict of "guilty"* „bűnös" döntést hoz ❽ hasznot hajt/hoz, jövedelmez, hoz ❾ bevall *return* ⁓*one's income* (adóköteles) jövedelmet bevall
KIFEJEZÉSEKBEN: *return thanks* asztali áldást/imát mond
**returnable** /rɪˈtɜːnəbəl/ ❶ visszaküldendő ❷ viszonozható ❸ visszaváltható [üveg]
**return address** feladó címe
**return journey** visszautazás, visszaút
**return match** visszavágó (mérkőzés)
**return of income** jövedelem-bevallás, adóbevallás
**return of mail** VAGY **return of post** *by return of mail/post* postafordultával
**return receipt requested** tértivevény
**return ticket** menettérti jegy, retúrjegy
**reunification** /ˌriːjuːnɪfɪˈkeɪʃən/ újraegyesítés
**reunify** /riːˈjuːnɪfaɪ/ újraegyesít
**reunion** /riːˈjuːnɪən/ ❶ [baráti/családi] összejövetel *school reunion* osztálytalálkozó ❷ (újra)egyesülés ❸ újraegyesítés
**reunite** /ˌriːjʊˈnaɪt/ ❶ újraegyesít ❷ újraegyesül ❸ újra összejön/találkozik
**reusable** /riːˈjuːzəbəl/ ❶ újból (fel)használható ❷ újrafeldolgozható, újrahasznosítható
**reuse** /riːˈjuːs/ FNÉV
újbóli/ismételt használat/felhasználás
**reuse** /riːˈjuːz/ IGE
❶ újból (fel)használ ❷ újrafeldolgoz, újrahasznosít [pl. hulladékot]
**rev.** = review(ed); revise(d); revision; revolution
**revaluation** /ˌriːvæljʊˈeɪʃən/ ❶ átértékelés ❷ újra felbecsültetés ❸ felértékelés [valutáé]
**revalue** /riːˈvæljuː/ ❶ felértékel [valutát] ❷ [értéket] újra felbecsültet
**reveal** /rɪˈviːl/ ❶ feltár, felfed, szem elé tár, (meg)mutat, felszínre hoz ❷ felfed, feltár, elárul, leleplez
**reveille** /rɪˈvælɪ/ katonai ébresztő
**revel** /ˈrevəl/ mulat, mulatozik, dáridózik
**revelation** /ˌrevəˈleɪʃən/ ❶ jelenés, kinyilatkoztatás ❷ felfedezés, reveláció ❸ feltárás
**revelry** /ˈrevəlrɪ/ mulat(oz)ás, dáridó
**revenge** /rɪˈvendʒ/ FNÉV
megtorlás, bosszú(állás) *take revenge on smb* bosszút áll vkin
**revenge** IGE
megtorol, megbosszul
**revengeful** /rɪˈvendʒfəl/ bosszúvágyó
**revenue** /ˈrevənjuː/ állami jövedelem/bevétel
**revenue office** adóhivatal
**revenue officer** adótisztviselő
**revenue stamp** zárjegy
**Reverend** *the Reverend* tisztelendő
**reverie** /ˈrevərɪ/ álmodozás, ábrándozás
**revers** /rɪˈvɪə/ TBSZ **revers** /rɪˈvɪəz/ kabáthajtóka

**reversal** /rɪ'vɜ:səl/ ❶ megfordítás, visszafordítás ❷ megfordulás, visszafordulás ❸ szerencsétlenség, baj ❹ érvénytelenítés, megváltoztatás [ítéleté]

**reverse** /rɪ'vɜ:s/ FNÉV
❶ vmi ellenkezője/fordítottja *quite the reverse!* épp fordítva! ❷ hátlap, hátoldal ❸ vmi visszája ❹ hátlap, „írás" oldal [érméé] *obverse and reverse* „fej" és „írás" oldal ❺ hátramenet *put the car into reverse* rükvercbe teszi az autót

**reverse** MNÉV
❶ (meg)fordított, ellenkező, ellentétes ❷ hátsó [lap]

**reverse** IGE
❶ tolat, hátrafelé megy ❷ megfordít, felfordít, megcserél, felcserél ❸ érvénytelenít, megsemmisít, megmásít [ítéletet] ❹ megváltoztat [irányt/trendet] ❺ átkapcsol, irányt vált ❻ *reverse the charges* a hívott féllel fizetteti a hívást

**reverse discrimination** pozitív diszkrimináció

**reverse gear** hátramenet *put the car into reverse* rükvercbe teszi a kocsit

**reversing light** tolatólámpa

**revert** /rɪ'vɜ:t/ ❶ visszatér [korábbi állapothoz] (amihez: *to*) ❷ visszatér [beszélgetésben] (amihez: *to*) ❸ visszaszáll [tulajdon]

**review** /rɪ'vju:/ FNÉV
❶ áttekintés, felülvizsgálat, számbavétel ❷ (dísz)szemle *naval review* flottaszemle ❸ bírálat, kritika ❹ ismertetés, recenzió, bírálat *get favourable reviews* kedvező kritikákat kap ❺ változtatás *prices are subject to review* az árváltoztatás jogát fenntartjuk ❻ kabaré, revü(műsor)

**review** IGE
❶ áttekint, átvizsgál, felülvizsgál, számba vesz ❷ bírálatot/kritikát/ismertetőt közöl ❸ díszszemlét tart

**reviewer** /rɪ'vju:ə/ bíráló, recenzens, kritikus

**revise** /rɪ'vaɪz/ ❶ átnéz, átvizsgál, felülvizsgál ❷ kijavít, felülvizsgál, korrigál, módosít, revideál ❸ korrigál, szerkeszt, átolvas ❹ ismétel, tanul [tananyagot]

**revised** /rɪ'vaɪzd/ átdolgozott, javított [kiadás]

**revision** /rɪ'vɪʒən/ ❶ átvizsgálás, átdolgozás ❷ javított/átdolgozott mű ❸ (át)ismétlés [tananyagé] *do some revision for the exam* átnézi a jegyzeteit a vizsgára ⓘ NEM ~~revízió~~

**revisit** /ri:'vɪzɪt/ újra felkeres/(meg)látogat

**revitalization** /ˌri:vaɪtəlaɪ'zeɪʃən/ ❶ új életre keltés, újjáélesztés ❷ (város)rehabilitáció

**revitalize** /ri:'vaɪtəlaɪz/ ❶ új életre kelt, újjáéleszt, új erőt önt vmibe ❷ rehabilitál [városrészt]

**revival** /rɪ'vaɪvəl/ ❶ feléledés, megújulás *religious revival* vallási megújulás ❷ felújítás [színdarabé]

**revive** /rɪ'vaɪv/ ❶ feléled, magához tér, felfrissül, (új) erőre kap ❷ feléleszt, magához térít, felfrissít ❸ megújul ❹ felújít, megújít, felelevenít

**revocation** /ˌrevə'keɪʃən/ visszavonás

**revoke** /rɪ'vəʊk/ ❶ visszavon [rendeletet/döntést], megvon [pl. beleegyezést]

**revolt** /rɪ'vəʊlt/ FNÉV
❶ lázadás, zendülés, felkelés ❷ felháborodás, megdöbbenés

**revolt** IGE
❶ (fel)lázad, zendül, felkel ❷ *revolt against/at/from smth* felháborodik/elborzad

**revolting** /rɪ'vəʊltɪŋ/ (vissza)taszító

**revolution** /ˌrevə'lu:ʃən/ ❶ forradalom, gyökeres átalakulás ❷ fordulat *100 revolutions per minute* percenként 100 fordulat

**revolutionary** /ˌrevə'lu:ʃənərɪ/ FNÉV
forradalmár

**revolutionary** MNÉV
❶ forradalmi ❷ gyökeresen új, forradalmi

**revolutionize** /ˌrevə'lu:ʃənaɪz/ forradalmasít

**revolve** /rɪ'vɒlv/ ❶ forog, fordul ❷ forgat ❸ kering, kereng
**revolve around** *revolve around smth* vmi körül forog/jár

**revolver** /rɪ'vɒlvə/ revolver, forgópisztoly

**revolving door** forgóajtó

**revolving stage** forgószínpad

**revue** /rɪ'vju:/ kabaré(műsor), revü

**revulsion** /rɪ'vʌlʃən/ ❶ felháborodás, megdöbbenés ❷ elborzadás

**reward** /rɪ'wɔ:d/ FNÉV
❶ jutalom, fizetség, ellenszolgáltatás *in reward* fizetségül, jutalmul ❷ haszon, előny, jó oldal ❸ díj, jutalom *offer a reward for information* jutalmat kínál információért

**reward** IGE
megjutalmaz

**rewarding** /rɪ'wɔ:dɪŋ/ érdekes, vonzó

**rewind** /'ri:waɪnd/ FNÉV
❶ hátra/visszatekercselés ❷ vissza/hátratekercselődés

**rewind** /ri:'waɪnd/, **rewound** /ri:'waʊnd/, **rewound** /ri:'waʊnd/ IGE
❶ visszatekercsel ❷ visszatekercselődik

**rewrite** /ri:'raɪt/, **rewrote** /ri:'rəʊt/, **rewritten** /ri:'rɪtən/ átír, újra (meg)ír

**re-zoning** /ri:'zəʊnɪŋ/ övezet-átsorolás

**rhapsody** /'ræpsədɪ/ ❶ rapszódia ❷ eksztázis, lelkendezés, elragadtatás

**rhetoric** /'retərɪk/ ❶ szónoklattan, retorika ❷ ékesszólás ❸ stílus/modor, hangnem

**rhetorical** /rɪ'tɒrɪkəl/ ❶ szónoklattani, retorikai ❷ szónoki *rhetorical question* szónoki/költői kérdés

**rheumatic** /ru:'mætɪk/ reumás

**rheumatism** /'ru:mətɪzəm/ reuma, csúz

**rhino** /'raɪnəʊ/ orrszarvú

**rhinoceros** /raɪ'nɒsərəs/ orrszarvú, rinocérosz

**rhododendron** /ˌrəʊdə'dendrən/ rododendron

**rhomboid** /'rɒmbɔɪd/ romboid, parallelogramma

**rhombus** /'rɒmbəs/ VAGY **rhomb** /rɒm/ rombusz

R

**rhubarb** /ˈruːbɑːb/ rebarbara

**rhyme** /raɪm/ *FNÉV*

❶ rím ❷ vers *in rhyme* versben ❸ versike

**rhyme** *IGE*

rímel

**rhythm** /ˈrɪðəm/ ❶ ritmus, ütem, taktus ❷ versmérték, méter

**rhythmic** /ˈrɪðmɪk/ VAGY **rhythmical** /ˈrɪðmɪkəl/ ritmikus, ütemes

**rhythmic gymnastics** ritmikus sportgimnasztika

**rhythmic method** naptár-módszer [fogamzásgátlás]

**RI** = religious instruction; Queen and Empress [= Regina et Imperatrix]; King and Emperor [= Rex et Imperator]

**rib** /rɪb/ ❶ borda *spare ribs* sertés oldalas ❷ borda, bordázat

**ribbed** /rɪbd/ bordázott, bordás

**ribbon** /ˈrɪbən/ ❶ szalag, pántlika ❷ rendjelszalag ❸ (rongy)csík *tear smth to ribbons* rongygyá tép

**ribwort** /ˈrɪbwɜːt/ lándzsás útifű

**rice** /raɪs/ rizs *boiled rice* főtt rizs

**rice paddy** rizsföld

**rice paper** rizspapír

**ricer** /ˈraɪsə/ *US* krumplinyomó

**-rich** /rɪtʃ/ vmiben gazdag *nitrogen-rich* nitrogéndús

**rich** /rɪtʃ/ *FNÉV*

gazdagok *the newly rich* az újgazdagok

**rich** *MNÉV*

❶ gazdag ❷ gazdag, bővelkedő (amiben: *in*) *rich in oil* olajban gazdag ❸ dús, termékeny ❹ tápláló/nehéz [étel] ❺ telt, erős [szín/hang]

**rick** /rɪk/ *FNÉV*

❶ boglya, kazal *hay rick* szénaboglya ❷ megrándítás, kificamítás

**rick** *IGE*

megrándít, kificamít

**rickets** /ˈrɪkɪts/ angolkór

**rickety** /ˈrɪkətɪ/ rozoga, roskadozó, billegő

**rid** /rɪd/, **ridded** VAGY **rid** /rɪd/, **ridded** VAGY **rid** /rɪd/ ❶ megszabadít *rid the world of this disease* megszabadítja a világot ettől a betegségtől ❷ *get rid of smth/smb* megszabadul vmitől/vkitől

**-ridden** /ˈrɪdən/ vmi által sújtott/nyomorított *disease-ridden* betegségek sújtotta

**ridden** ☞ride

**riddle** /ˈrɪdəl/ *FNÉV*

❶ találós kérdés ❷ rejtvény, rejtély, talány ❸ rosta, (nagy/durva) szita

**riddle** *IGE*

❶ (át)rostál, megrostál ❷ *be riddled with smth* telistele van vmivel

**ride** /raɪd/ *FNÉV*

❶ utazás [járművön/állaton]*bus ride* autóbuszozás ❷ út, menet *bumpy ride* bonyolult menet/munka *give smb a rough ride* jól megdolgoztat/megizzaszt ❸ lovaglás *go for a ride* lovagolni megy ❹ ösvény

KIFEJEZÉSEKBEN: *take smb for a ride* felültet, bevisz az erdőbe, átver

**ride** /raɪd/, **rode** /rəʊd/, **ridden** /rɪdən/ *IGE*

❶ utazik, megy [járművön] *ride a bicycle* kerékpározik *ride (in) a bus* busszal megy ❷ utazik, megy [állaton, emberen] *ever ride a camel* teveháton utazik *dad rode me on his knees* papa a térdén lovagoltatott ❸ lovagol ❹ megy [autó] ❺ lebeg, úszik, siklik *ride the waves* siklik a hullámokon ❻ nyaggat, szekíroz, gyötör

KIFEJEZÉSEKBEN: *ride for a fall* kihívja maga ellen a sorsot

**ride on** *ride on smth* múlik vmin

**ride out** *ride smth out* átvészel, kivár

**ride up** felcsúszik *the shirt rides up when I sit down* felcsúszik az ing, ha leülök

**rider** /ˈraɪdə/ ❶ lovas ❷ vmin utazó ember ❸ függelék, kiegészítő záradék

**ridge** /rɪdʒ/ ❶ (hegy)gerinc, hegyhát ❷ hullám, vonulat

**ridicule** /ˈrɪdɪkjuːl/ *FNÉV*

nevetség, gúny *hold smth/smb up to ridicule* (ki)gúnyol, nevetség tárgyává tesz *public ridicule* köznevetség

**ridicule** *IGE*

kinevet, kigúnyol

**ridiculous** /rɪˈdɪkjʊləs/ nevetséges

**riding** /ˈraɪdɪŋ/ ❶ lovaglóösvény ❷ horgonyzás

**riding boots** lovaglócsizma

**riding breeches** lovaglónadrág

**riding cap** lovaglósapka

**riding school** lovarda, lovasiskola

**riff-raff** /ˈrɪfræf/ csürhe, csőcselék

**rifle** /ˈraɪfəl/ karabély, puska

**rifleman** /ˈraɪfəlmən/ *TBSZ* **riflemen** /ˈraɪfəlmən/ lövész

**rift** /rɪft/ ❶ repedés, hasadás ❷ szakadás, jó viszony megromlása

**rig** /rɪg/ *FNÉV*

❶ kötélzet, árbocozat ❷ öltözet, „szerelés" ❸ berendezés, felszerelés ❹ fúróállvány, fúrótorony

**rig** *IGE*

❶ (árboc)kötélzettel ellát/felszerel ❷ felszerel ❸ manipulál, megkártyáz *rig the election* manipulálja a választást ❹ megbundáz [meccset]

**rigging** /ˈrɪgɪŋ/ kötélzet

**rigging loft** zsinórpadlás

**right** /raɪt/ *FNÉV*

❶ jobb oldal *to the right* jobbra ❷ [politikai] jobboldal ❸ jobbkezes (ütés) ❹ a helyes/jó (dolog) ❺ jog, jogosítvány *have a/the right to smth* joga van vmihez *give smb the right to do smth* feljogosít vkit, hogy tegyen vmit

KIFEJEZÉSEKBEN: *by right(s)* voltaképp(en), igazából, igazság szerint

**right** /raɪt/ *MNÉV*
❶ jobb (oldali) *right hand* jobb kéz *take a right turn* jobbra fordul/kanyarodik *right turn!* jobbra át! ❷ [politikailag] jobboldali ❸ rendes, becsületes, jó, helyes, helyénvaló, illő ❹ jó, megfelelő, alkalmas, igazi, helyes *the right place* a megfelelő hely *all right!* helyes! / jó! / rendben! *that's right!* helyes! / úgy van! ❺ *be right* igaza van *he's quite right* teljesen igaza van ❻ jó(l működő), jó állapotú, rendben lévő, egészséges *the picture isn't right* a kép nem jó *put/set smth right* helyrehoz, kijavít, megigazít, rendbe hoz/tesz *right as rain* makkegészséges *feel all right* jól érzi magát ❼ valóságos, kész *a right idiot!* kész hülye ❽ *right!* rendben! / jó! *right oh!* igenis! ❾ *right?* igaz? nem igaz? / nem? / ugye? *you're new here, right?* maga új itt, ugye?/igaz?

**right** *HAT.SZÓ*
❶ jobbra *turn right* jobbra kanyarodik/fordul ❷ helyesen, jól, megfelelően ❸ egész(en), pont(osan) *right now* azonnal *right in the middle* pont középen *right at the beginning* egész az elején *right away / right off* azonnal, rögtön, máris

**right** *IGE*
❶ felegyenesít, felállít ❷ helyreállít, kijavít *right the wrongs* helyrehozza a bűnöket

**right-about turn** VAGY **right-about face** hátraarc, hátra arc!

**right angle** derékszög

**righteous** /ˈraɪtʃəs/ ❶ becsületes, igaz ❷ jogos *righteous indignation* érthető felháborodás

**rightful** /ˈraɪtfəl/ törvényes, jogos, törvényadta

**right-hand** ❶ jobb oldali, jobb felőli *right-hand side* jobb oldal ❷ jobb kézre való, jobkezes [kesztyű]

**right-hand-drive** jobbkormányos

**right-handed** ❶ jobbkezes [ember/ütés] ❷ jobbkezeseknek való ❸ jobbmenetes

**Right Honourable** méltóságos, kegyelmes [miniszter/lord címében]

**rightist** /ˈraɪtɪst/ jobboldali [politikailag]

**rightly** /ˈraɪtlɪ/ ❶ helyesen, jól ❷ jogosan, méltán, igazságosan ❸ teljes bizonyossággal

**right of appeal** fellebbezési jog

**right of asylum** menedékjog

**right of centre** jobbközép [politikailag]

**right of way** áthaladási elsőbbség *have right of way over smb* elsőbbsége van vkivel szemben

**Right Reverend** főtiszteletű, főtisztelendő

**rightsize** leépít, racionalizál

**right to life** az élethez való jog [= abortuszellenes mozgalom kifejezése]

**right-to-life** *MNÉV* abortuszellenes

**rightward** /ˈraɪtwəd/ jobb felé fekvő/tartó

**right wing** ❶ jobboldal [politikai] ❷ jobbszárny

**right-winger** /raɪtˈwɪŋə/ *FNÉV* jobboldali

**righty** /ˈraɪtɪ/ jobbkezes ember

**rigid** /ˈrɪdʒɪd/ ❶ merev, rideg ❷ szigorú, hajthatatlan *rigid discipline* szigorú fegyelem

**rigorous** /ˈrɪgərəs/ szigorú, rideg, pontos

**rigour** /ˈrɪgə/ ❶ szigorúság, merevség, hajthatatlanság, kérlelhetetlenség ❷ zordság [elemeké]

**rim** /rɪm/ *FNÉV*
❶ szegély, karima, káva, szél, perem ❷ szemüvegkeret ❸ (kerék)abroncs

**rim** *IGE*
szegélyez

**rime** /raɪm/ zúzmara, dér

**rimy** /ˈraɪmɪ/ zúzmarás, deres

**rind** /raɪnd/ héj, kéreg *lemon rind* citromhéj

**ring** /rɪŋ/ *FNÉV*
❶ gyűrű *gold ring* aranygyűrű ❷ karika, gyűrű, évgyűrű, kör *sit in a ring* körben ül *rings around ⸗one's⸗ eyes* karikás a szeme ❸ porond, aréna, manézs ❹ szorító, ring [ökölvívásban] ❺ ökölvívás ❻ banda, szervezet, hálózat *a drug ring* drogcsempész-banda ❼ csengő, csengetés, csengés, zengés, kongás *give a ring at the door* csönget *ring of the bell* harangkongás ❽ telefon(álás) *give smb a ring* hív vkit, odacsönget vkinek ❾ csengés, vmilyen hang/hatás *have a familiar ring (about it)* ismerősen cseng

**ring** /rɪŋ/, **rang** /ræŋ/, **rung** /rʌŋ/ *IGE*
❶ [csengőt] megszólaltat, csenget *ring the alarm* megnyomja a vészcsengőt *ring the doorbell* becsönget *ring the bell* harangoz ❷ szól, cseng, hangzik csendül, csilingel, kong, kondul *the phone's ringing!* szól a telefon! *the glass rang* csilingelt a pohár *my ears are ringing* csöng a fülem ❸ (telefonon) felhív *father will ring (up) tonight* apám fog este telefonálni ❹ vmilyennek hat/hangzik *ring true* igaznak hangzik *ring hollow* őszintétlenül cseng ❺ visszhangzik (amitől: *with/to*) ❻ [múlt: **ringed**] körülfog, körbezár, körbevesz, bekerít *the police ringed the school* a rendőrség körülvette az iskolát ❼ [múlt: **ringed**] bekarikáz *ring the mistakes* bekarikázza a hibákat ❽ [múlt: **ringed**] gyűrűvel/karikával lát
KIFEJEZÉSEKBEN: *ring a bell* emlékeztet *her name rang a bell with him* a neve mintha rémlett volna

**ring back** *ring (smb) back* újrahív, megint telefonál/keres

**ring in** ❶ betelefonál ❷ *ring smth in* harangzúgással fogad, üdvözöl

**ring off** befejezi a telefont/beszélgetést

**ring out** ❶ szól, cseng, zeng ❷ *ring smth out* harangzúgással búcsúztat vmit

**ring round** *ring (smb) round* körbetelefonál (vkiknek)

**ring up** ❶ odatelefonál ❷ *ring smb up* felhív

**ring binder** gyűrűs dosszié/iratrendező/füzet

**ringer** /ˈrɪŋə/ ❶ harangozó ❷ csengető készülék, csengő ❸ szélsőjátékos

R

KIFEJEZÉSEKBEN: *be a (dead) ringer for smb* kiköpött (olyan), mint vki

**ring finger** gyűrűsujj

**ringlet** /'rɪŋlət/ hajfürt, lokni

**ring-pull** /'rɪŋpʊl/ nyitógyűrű [konzerven]

**ring road** VAGY **ringway** (autópálya)körgyűrű, elkerülő út

**rink** /rɪŋk/ ❶ (mű)jégpálya, korcsolyapálya ❷ görkorcsolyapálya

**rinse** /rɪns/ *FNÉV*

❶ öblítés, öblögetés *give it three rinses* háromszor kiöblíti ❷ bemosás [hajé]

**rinse** *IGE*

(ki)öblít, öblöget *rinse the shirts/soap* kiöblíti az inget/szappant

**riot** /'raɪət/ *FNÉV*

❶ lázadás, lázongás, zendülés *bread riots* kenyér-áremelés miatti lázadás ❷ óriási/tomboló siker ❸ huliganizmus, zavargás, garázdaság, garázdálkodás *run riot* garázdálkodik

**riot** *IGE*

lázad, lázong, zendül

**riot control** tömegoszlatás

**riot duty** rohamkészültség

**rioter** /'raɪətə/ ❶ lázadó, zendülő, lázadás/lázongás/zendülés résztvevője ❷ garázda, huligán

**riot gas** tömegoszlató gáz

**riot gear** tömegoszlató felszerelés

**riot helmet** rohamrendőr-sisak

**riot police** rohamrendőrség

**RIP** = rest in peace [= requiescat/requiescant in pace]

**rip** /rɪp/ ❶ (fel/szét)hasad, felszakad, (f)eltépődik, (el/fel)reped ❷ (fel/szét)hasít, felszakít, (f)eltép, (el/fel)repeszt *rip smth to pieces* darabokra szaggat/tép vmit ❸ *rip smth open* felhasít, feltép [pl. levelet] ❹ „repeszt", „tép" *let it rip!* hadd szóljon! / húzzunk bele!

**rip off** *rip smth off* ❶ letép [tetőt] ❷ *rip smb off* megvág [becsap] ❸ megfúj, meglovasít

**ripe** /raɪp/ ❶ érett *ripe apples/cheese* érett alma/sajt ❷ (meg)érett vmire (amire: *for*)

**ripen** /'raɪpən/ ❶ (meg)érlel ❷ (meg)érik

**rip-off** ❶ lehetetlenül drága termék ❷ „rablás" (fényes nappal)

**ripple** /'rɪpəl/ *FNÉV*

❶ fodrozódás ❷ csobogás, mormolás ❸ halk moraj ❹ csavart/„gépi" fagylalt

**ripple** *IGE*

❶ fodrozódik ❷ fodroz ❸ hullámzik [gabona] ❹ mormol, csobog [víz]

**rise** /raɪz/ *FNÉV*

❶ (fel)emelkedés, növekedés, növelés, nagyobbodás, szaporodás *rise in prices* áremel(ked)és ❷ (fel)emelkedés, előretörés *rise of the Empire* a Birodalom felemelkedése ❸ előmenetel, felemelkedés ❹ emelkedés [úté] ❺ magaslat, domb(ocska) ❻ fizetésemelés, béremelés *get a rise of $170* százhetven dolláros béremelést kap

KIFEJEZÉSEKBEN: *give rise to smth* előidéz/okoz

**rise** /raɪz/, **rose** /rəuz/, **risen** /rɪzən/ *IGE*

❶ (fel)emelkedik, nagyobbodik, nő, növekszik, erősödik *prices are rising* emelkednek az árak *the smoke rose* felszállt a füst *rise to a high position* magas beosztásig viszi *the sea is rising* dagály van ❷ felkel, feláll *rise and start to speak* feláll és beszélni kezd ❸ felkel ❹ emelkedik [lejtő] ❺ (fel)kel [nap] ❻ keletkezik, ered *rise from / out of smth* ered/származik/keletkezik vmiből ❼ feljön, (meg)kel [tészta]

KIFEJEZÉSEKBEN: *rise from the dead* feltámad (halottaiból) *rise to the occasion* a helyzet magaslatára emelkedik

**rising** /'raɪzɪŋ/ *MNÉV*

❶ emelkedő ❷ felvirradó, felkelő ❸ feljövő, feltörekvő *the rising generation* a feltörekvő nemzedék

**rising** *HAT.SZÓ*

közel, majdnem *my son's rising fourteen* a fiam tizennégy [éves kor] felé közeledik

**risk** /rɪsk/ *FNÉV*

kockázat, rizikó, veszély *security risk* biztonsági kockázat *there was a/some risk of smth* fennállt vmi veszélye *run/take the risk of going* megkockáztatja, hogy megy *at ≀one's≀ own risk* saját felelősségére

**risk** *IGE*

(meg)kockáztat *risk ≀one's≀ life* életét teszi kockára

**risk-free** kockázatmentes

**risky** /'rɪskɪ/ kockázatos, veszélyes, rizikós, merész

**risqué** /'rɪskeɪ/ sikamlós, pikáns [vicc/sztori]

**rite** /raɪt/ szertartás, rítus *funeral rite* temetési szertartás *last rites* utolsó kenet

**ritual** /'rɪtʃʊəl/ *FNÉV*

szertartás, rituálé

**ritual** *MNÉV*

rituális

**rival** /'raɪvəl/ *FNÉV*

versenytárs, vetélytárs, riválís, konkurens *rival company* konkurens cég

**rival** *IGE*

verseng, vetélkedik, vetekedik vkivel/vmivel *rival London for attractions* fölveheti a versenyt Londonnal látnivalók dolgában

**rivalry** /'raɪvəlrɪ/ versengés, verseny, vetélkedés, konkurenciaharc

**river** /'rɪvə/ ❶ folyó, folyam ❷ áradat, folyam

KIFEJEZÉSEKBEN: *sell smb down the river* becsap/cserbenhagy vkit

**riverfront** *FNÉV/MNÉV* folyópart(i)

**river watcher** folyami halőr

**rivet** /'rɪvɪt/ *FNÉV*

szegecs

**rivet** *IGE*

❶ (meg)szegecsel ❷ (oda)vonz, magára von [figyelmet]

KIFEJEZÉSEKBEN: *be riveted to the spot* a földbe gyökerezve áll
**rivet on** *rivet ›one's‹ eyes on smb/smth* vkire/vmire szegezi a tekintetét
**riveting** /ˈrɪvɪtɪŋ/ izgalmas, letehetelen
**rly** = railway
**rm.** = ream; room
**RM** = Royal Mail
**R-man** /ˈɑːmæn/ *TBSZ* **R-men** /ˈɑːmen/ adóellenőr
**RMS** = Royal Mail Service
**RNA** = ribonucleic acid
**rnd.** = round
**roach** /rəʊtʃ/ ❶ csikk ❷ marihuánás csikk ❸ csótány, svábbogár
**road** /rəʊd/ ❶ út, közút, országút *by road* közúton, autóval *take the road* útra kel ❷ út vhová *be on the road to success* úton van a sikerhez
KIFEJEZÉSEKBEN: *one for the road* (igyunk) egyet búcsúzóul/útravalóul *be in smb's road* útjában van vkinek
**road accident** közúti baleset
**road atlas** autótérkép
**road block** ❶ úttorlasz, útakadály ❷ akadály
**road closure** útlezárás
**road house** útmenti vendéglő, autóscsárda
**road hump** fekvőrendőr
**road map** autótérkép
**road metal** zúzott kő
**road repairs** útjavítás
**road roller** úthenger
**road show** ❶ politikai turné ❷ utazó show, vándorshow
**roadside** ❶ út széle, (út)padka ❷ út menti, országúti *roadside pub* országúti vendéglő
**road sign** (közúti) jelzőtábla
**road tax** gépjárműadó, útadó
**road test** közlekedés-biztonsági vizsgálat
**road toll** útdíj
**road works** útfelbontás, útjavítás
**roadworthiness** /ˈrəʊdwɜːðɪnəs/ műszaki alkalmasság
**roadworthy** /ˈrəʊdwɜːðɪ/ műszakilag alkalmas
**roam** /rəʊm/ (be)barangol, (be)kóborol
**roar** /rɔː/ *FNÉV*
❶ üvöltés, ordítás, bömbölés, bőgés ❷ zúgás, morajlás, dübörgés ❸ *roars of laughter* kitörő nevetés/hahota
**roar** *IGE*
❶ ordít, kiabál, bőg, üvölt ❷ zúg, morajlik, dübörög ❸ hahotázik
**roaring** /ˈrɔːrɪŋ/ ❶ ordító, bőgő, üvöltő ❷ zúgó, morajló ❸ *roaring drunk* hullarészeg *a roaring success* átütő siker
**roast** /rəʊst/ *FNÉV*
(marha)sült
**roast** *MNÉV*
sült *roast lamb* báránysült
**roast** *IGE*
❶ (ki/meg)süt [húst] ❷ sül [hús] ❸ pörköl [kávét] ❹ sütkérezik *roast ›oneself‹* sütkérezik ❺ megsül *I'm roasting* megsülök
**roast beef** marhasült
**roasting** /ˈrəʊstɪŋ/ perzselő, tűzforró
**rob** /rɒb/ ❶ kirabol ❷ elrabol, ellop *rob smb of smth* elrabol vkitől vmit ❸ megfoszt vmitől, elvesz
**robber** /ˈrɒbə/ rabló ⓘ *NEM* ~~robber~~ [bridzsben]
**robbery** /ˈrɒbərɪ/ rablás *murder and robbery* rablógyilkosság
**robe** /rəʊb/ *FNÉV*
❶ díszruha, talár, palást ❷ (házi)köntös
**robe** *IGE*
❶ díszruhába öltöztet ❷ díszruhába öltözik
**robin** /ˈrɒbɪn/ *robin (redbreast)* vörösbegy
**robot** /ˈrəʊbɒt/ robot
**robust** /rəʊˈbʌst/ ❶ erős, robusztus ❷ intenzív, erő(telje)s, hatásos [fellépés/kritika]
**rock** /rɒk/ *FNÉV*
❶ szikla ❷ kőzet, kő(darab), kavics ❸ nyalóka, cukorka ❹ *US* gyémánt ❺ rock (zene) ❻ rock-and-roll ❼ zátony ❽ jégkocka *on the rocks* jéggel ❾ ringatás *give the baby a rock* ringatja a babát
KIFEJEZÉSEKBEN: *be on the rocks* zátonyra fut(ott), bajba jut(ott), tönkrement
**rock** *IGE*
❶ ring, himbálózik, hintázik ❷ ringat, himbál *rock the baby to sleep* álomba ringatja a picit ❸ megrenget, megráz *rock the house* megrázza a házat
**rock and roll** /ˌrɒkənˈrəʊl/ ❶ rock and roll, rock'n'roll ❷ rock
**rocker** /ˈrɒkə/ ❶ rocker ❷ hintaszék
KIFEJEZÉSEKBEN: *be off ›one's‹ rocker* bugygyant, dilis
**rockery** /ˈrɒkərɪ/ sziklakert
**rocket** /ˈrɒkɪt/ *FNÉV*
❶ rakéta ❷ röppentyű [tűzijáték] ❸ lebaltázás, letolás
**rocket** *IGE*
❶ égbe szökik, égnek emelkedik [mennyiség] ❷ suhan, vágtat, robog ❸ rakétákkal lő
**rockface** sziklafal
**rock garden** sziklakert
**rocking** /ˈrɒkɪŋ/ hinta- *rocking chair* hintaszék *rocking horse* hintaló
**rock'n'roll** /ˌrɒkənˈrəʊl/ ❶ rock and roll, rock'n'roll ❷ rock
**rock painting** sziklarajz
**rock salt** kősó
**rock tomb** sziklasír
**rocky** /ˈrɒkɪ/ ❶ sziklás, köves, kavicsos ❷ sziklaszilárd, kőkemény ❸ ingatag, imbolygó, bizonytalan
**rococo** /rəˈkəʊkəʊ/ rokokó
**rod** /rɒd/ vessző, pálca, rúd *fishing rod* horgászbot *rod and line* horgászbot zsinórral
**rode** ☞ride

**rodent** /ˈrəʊdənt/ *FNÉV* rágcsáló
**rod of iron** *rule with a rod of iron* vaskézzel kormányoz
**roe** /rəʊ/ (hal)ikra *hard roe* ikra *soft roe* haltej
**roebuck** /ˈrəʊbʌk/ őzbak
**roe deer** őz
**roger** /ˈrɒdʒə/ vettem/értettem! [rádió-beszélgetés végén] *roger, over and out!* értettem, enynyi/vége!
**rogue** /rəʊg/ gazember, szélhámos, zsivány
**role** /rəʊl/ szerep *the role of Hamlet* Hamlet szerepe *play/have a role in smth* szerepet játszik
**role model** példakép
**role reversal** (nemi/társadalmi) szerepcsere
**roll** /rəʊl/ *FNÉV*
❶ tekercs *roll of film* tekercs film ❷ vég [szövet] ❸ *(bread) roll* zsömle, kifli ❹ gördítés, gurítás ❺ henger, görgő ❻ ringás, himbálódzás, görgés ❼ (név)jegyzék, névsor *call the roll* névsort olvas ❽ gurítás, dobás [kockával]
**roll** *IGE*
❶ gördül, forog, hempereg, gurul *roll into the hole* begurul a lyukba *roll on the floor* a padlón hempereg *tears roll down his cheeks* könny(csepp)ek gördülnek le az arcán ❷ gördít, gurít, görget, teker *roll the ball into the hole* begurítja a golyót a lyukba ❸ (fel)göngyöl(ít), feltűr, felcsavar *roll up the carpet* felcsavarja a szőnyeget *the cat rolls itself into a ball* a macska összegömbölyödik *roll up* ⁝one's⁝ *sleeve* feltűri az ingét ❹ forgat *roll* ⁝one's⁝ *eyes* a szemét forgatja ❺ *(the dice)* dob, gurít ❻ dülöngél, himbálózik, ring(atózik) ❼ pereg, dübög, dübörög, dörög [ég/dob/ ágyú] ❽ /r/-t pergeti ❾ kinyújt, sodor [tésztát] ❿ (meg)markecol
KIFEJEZÉSEKBEN: *heads will roll* fejek fognak hullani
**roll in** ❶ beözönlik, beárad ❷ *be rolling in it* majd felveti a pénz
**roll into** *roll smth into one* egybegyúr vmit
**roll out** *roll smth out* ❶ kisodor/kinyújt [tésztát] ❷ *roll out the red carpet for smb* előkelő bánásmódban részesít vkit ❸ [terméket] fokozatosan bemutat
**roll over** ❶ félrehúzódik ❷ *roll smth over* felbillent, felborít ❸ hempergőzik [kutya]
**roll up** ❶ összecsavar, összehajt, felcsavar, becsavar ❷ *roll up, roll up!* tessék, csak folyvást!
**roll call** névsorolvasás *take the roll call* névsorolvasást tart
**roller** /ˈrəʊlə/ ❶ görgő, henger ❷ úthenger ❸ *hair roller* hajcsavaró ❹ tekercs ⓘ *NEM* ~~roller~~
**roller bearing** görgőscsapágy
**roller blade** egysoros görkorcsolya
**roller blind** roló, redőny
**roller coaster** hullámvasút
**roller skate** *FNÉV*
görkorcsolya
**roller skate** *IGE*
görkorcsolyázik
**rolling pin** sodrófa, nyújtófa
**rolling shutter** redőny
**rolling stone** nyughatatlan/vándor természetű ember
**roll of honour** hősi halottak névsora
**roll-on** golyós dezodor
**rollover** átvitt nyeremény [lottó]
**roly-poly** /ˌrəʊlɪ ˈpəʊlɪ/ gömbölyded, pufi
**ROM** = Read Only Memory
**Roman** /ˈrəʊmən/ *FNÉV/MNÉV* ❶ római ❷ római katolikus ⓘ *NEM* ~~román~~ [nyelv, stílus]
**Roman Catholic** római katolikus
**Romance** /rəʊˈmæns/ román/újlatin
**romance** /rəʊˈmæns ❶ romantikus kaland, románc ❷ romantika ❸ lovagregény *age of romance* lovagkor
**Romanesque** /ˌrəʊməˈnesk/ román stílus(ú)
**Roman numeral** római szám
**romantic** /rəʊˈmæntɪk/ *FNÉV*
romantikus (ember/romantikus művész)
**romantic** *MNÉV*
❶ romantikus, regényes ❷ romantikával/romanticizmussal kapcsolatos
**romanticism** /rəʊˈmæntɪsɪzəm/ ❶ romantika ❷ romanticizmus
**Romeo** /ˈrəʊmɪəʊ/ ❶ Don Juan, Casanova ❷ telefon- ill. rádió-összeköttetésnél és betűzésnél az R betű szava
**romper suit** /ˈrɒmpə suːt/ VAGY **rompers** /ˈrɒmpəz/ játszónadrág, játszóruha, kezeslábas
**rood** /ruːd/ VAGY **rood tree** kereszt, feszület
**roof** /ruːf/ *FNÉV*
tető, fedél, mennyezet
KIFEJEZÉSEKBEN: *hit the roof* balhét csap, nagyon begurul *raise the roof* botrányt csap, kiveri a balhét
**roof** *IGE*
(be)fed, tetővel ellát
**roof in** VAGY **roof over** *roof smth in/over* tetővel befed/ellát
**roofing felt** kátránypapír
**roof light** tetővilágítás
**roof rack** tetőcsomagtartó
**roof tile** (tető)cserép
**rook** /rʊk/ ❶ bástya [sakkban] ❷ vetési varjú
**rookie** /ˈrʊkɪ/ ❶ kopasz, újonc ❷ kezdő sportoló
**room** /ruːm/ *FNÉV*
❶ szoba, terem *single/double room with a bath* egyágyas/kétágyas fürdőszobás szoba ❷ ⁝ *NEM MEGSZÁML* (férő)hely *room for three people* hely három embernek *make room for smth* helyet csinál vminek ❸ hely, lehetőség *have little room for manoeuvre* kevés mozgástere van *plenty of room for improvement* sok kívánnivaló
**room** *IGE*
albérletben/vkinél lakik

**room and board** szállás és étkezés/ellátás, koszt–kvártély
**roommate** /ˈru:mmeɪt/ szobatárs, lakótárs
**room temperature** szobahőmérséklet
**roomy** /ˈru:mɪ/ tágas, nagy
**rooster** /ˈru:stə/ *US* kakas
**root** /ru:t/ *FNÉV*
❶ gyökér *pull it up by the/its roots* a gyökerénél fogva húzza ki *take root* gyökeret ereszt *put down (new) roots* új ismerősökre tesz szert, megbarátkozik a hellyel ❷ (fog)gyökér, hajgyökér ❸ eredet, forrás, alapja vminek ❹ *roots* (etnikai) gyökerek *her roots in Scotland* skóciai gyökerei ❺ (szó)tő, gyök ❻ gyök *8 is the square root of 64* a 8 a 64 négyzetgyöke *3 is the cube root of 27* a 3 a 27 köbgyöke
KIFEJEZÉSEKBEN: *root and branch* szőröstül–bőröstül
**root** *IGE*
❶ (meg)gyökeresedik, gyökeret ver *root easily* könnyen ver gyökeret *stand rooted to the spot* földbe gyökerezett ❷ meggyökereztet ❸ ered, gyökerezik ❹ keresgél, túr [disznó] ❺ turkál, (össze)túr
**root for** *root for smb* szurkol, drukkol
**root out** *root smth out* ❶ kitép/kiirt gyökerestül ❷ előkotor, előás
**root up** *root smth up* gyökerestül kitép/kiirt
**root canal therapy** gyökérkezelés
**root filling** gyökértömés
**root sign** gyökjel
**root treatment** gyökérkezelés
**rope** /rəʊp/ *FNÉV*
❶ kötél, zsineg ❷ kötél, akasztófakötél ❸ gyöngysor *rope of pearl* gyöngysor ❹ koszorú, füzér ❺ mozgástér *give smb plenty of rope* nagy mozgásteret ad/hagy vkinek
**rope** *IGE*
❶ összeköt(öz) ❷ odaköt(öz) vmihez
**rope up** kötéllel biztosít [hegymászó]
**rope bridge** kötélhíd
**rope dancer** kötéltáncos
**rope ladder** kötélhágcsó, kötéllétra
**ropes** /rəʊps/ ❶ ring kötele ❷ *the ropes* a dörgés/dürgés, vmi csínja–bínja *know the ropes* ismeri a viszonyokat
**ropewalker** kötéltáncos
**rosary** /ˈrəʊzərɪ/ rózsafüzér, olvasó
**rose** /rəʊz/ *FNÉV*
❶ rózsa ❷ rózsaszín ❸ kannarózsa ❹ szélrózsa [iránytűn] ❺ rozetta [hangrés]
KIFEJEZÉSEKBEN: *be not all roses* nem fenékig tejföl *be coming up roses* csodásan alakul/sikerül
**rose** *MNÉV*
rózsaszín(ű)
**rose** *IGE*
☞rise
**rose-coloured** *see the world through rose-coloured glasses* rózsaszín szemüvegen át látja a világot
**rose garden** rózsakert
**rose hip** csipkebogyó
**rose leaf** *TBSZ* **rose leaves** rózsaszirom, rózsalevél
**rosemary** /ˈrəʊzmərɪ/ rozmaring
**rosery** /ˈrəʊzərɪ/ rózsakert
**rosette** /rəʊˈzet/ ❶ rózsadísz, rozetta ❷ ablakrózsa, rózsaablak ❸ kokárda
**rose water** rózsavíz
**rosin** /ˈrɒzɪn/ (hegedű)gyanta
**roster** /ˈrɒstə/ *(duty) roster* (szolgálati) beosztás
**rostrum** /ˈrɒstrəm/ szónoki/karmesteri emelvény/dobogó
**rosy** /ˈrəʊzɪ/ ❶ rózsaszínű, rózsás ❷ pirospozsgás ❸ rózsás, (túl/alaptalanul) optimista
**rot** /rɒt/ *FNÉV*
❶ rothadás, korhadás ❷ bomlás, hanyatlás, züllés, pusztulás
**rot** *IGE*
❶ (meg)rohad, rothad *rot in prison for ten years* tíz évig börtönben rohad ❷ (meg)rohaszt ❸ (el)korhad ❹ (el)korhaszt
**rota** /ˈrəʊtə/ beosztás, sorrendi lista *work on a rota basis* rotálva dolgozik
**rotary** /ˈrəʊtərɪ/ körforgó, körben forgó
**rotary clothes line** forgó szárítóállvány
**rotate** /rəʊˈteɪt/ ❶ (körben) forog, fordul, pörög *rotate once every 24 hours* 24 óránként fordul egyet ❷ (körben) forgat, (el)fordít, pörget ❸ váltogat *rotate the crops* vetésforgót alkalmaz ❹ váltakozik, egymást vált(ogat)ja, rotál
**rotation** /rəʊˈteɪʃən/ ❶ forgás, fordulás, pörgés ❷ forgatás, fordítás, pörgetés ❸ váltakozás, váltás, rotáció
**rotation of crops** vetésforgó, váltógazdaság
**rote** /rəʊt/ *rote (learning)* magolás, biflázás *learn by rote* kívülről tanul
**rotisserie** /rəʊˈtɪsərɪ/ ❶ hússütő nyárs ❷ hússütő ❸ nyársonsülteket kínáló étterem
**rotor** /ˈrəʊtə/ forgószárny, rotor
**rotten** /ˈrɒtən/ ❶ rothadt, rohadt, korhadt ❷ rohadt, vacak, pocsék *rotten weather* randa idő *feel rotten* pocsékul érzi magát
**rottweiler** /ˈrɒtvaɪlə/ rottweiler
**rouge** /ru:ʒ/ *FNÉV/IGE* rúzs(oz)
**rough** /rʌf/ *FNÉV*
❶ egyenetlen/hepehupás terep ❷ rough, magas fű [golfban] ❸ piszkozat *in rough* piszkozatban ❹ vagány, huligán
KIFEJEZÉSEKBEN: *take the rough with the smooth* rosszat–jót egyaránt elfogadja
**rough** *MNÉV*
❶ egyenetlen/hepehupás ❷ durva, egyenetlen, érdes ❸ viharos, zord, kegyetlen *rough weather* zord idő *have a rough time* rossz sora van, rájár a rúd *give smb a rough ride* jól megdolgoztat/megizzaszt vkit ❹ goromba, durva, faragat-

R

lan ❺ megmunkálatlan, nyers ❻ vázlatos, hevenyészett, nyers *rough drawing* piszkozat-rajz *rough translation* nyersfordítás *rough and ready* hevenyészett, összecsapott ❼ hozzávetőleges, megközelítő *rough idea* hozzávetőleges elképzelés ❽ kezdetleges, nomád

**roughage** /ˈrʌfɪdʒ/ növényi rost(anyag)

**rough-and-ready** /ˌrʌfənˈredɪ/ elnagyolt, összecsapott, hevenyészett

**rough diamond** ❶ csiszolatlan gyémánt ❷ nyers, de jólelkű ember

**roughen** /ˈrʌfən/ ❶ eldurvít ❷ érdessé tesz, érdesít ❸ eldurvul

**rough-looking** rosszarcú, gyanús *rough-looking character* rosszarcú alak

**roughly** /ˈrʌflɪ/ ❶ durván ❷ durván, nagyjából *roughly speaking* hozzávetőleg

**roulette** /ruːˈlet/ rulett

**round** /raʊnd/ FNÉV

❶ forduló, kör, futam, menet ❷ rund, kör *buy a round* fizet egy kört/rundot ❸ napi út/kör *do a paper round* újságot hord ki *the milk round* a tejesember napi útja ❹ egy lövés/lövedék *fire a round* lövést lead ❺ *big round of applause* nagy taps, tapsvihar ❻ [teljes] karéj *a round of bread* egy karéj kenyér ❼ karika, kerek tárgy ❽ (kórházi) vizit *the grand round* a nagyvizit ❾ kánon

**round** MNÉV

❶ kerek, kör alakú *his eyes grew round with surprise* kerekre nyílt a szeme a csodálkozástól ❷ gömbölyű, kerek ❸ kerek, egész *in round figures* kerekítve

**round** HAT.SZÓ

❶ körbe *have a look round* körülnéz *walk round* körbe / kerülőúton megy ❷ körben, körös–körül *it has a fence all round* körös–körül kerítés van ❸ *all (the) year round* egész évben ❹ mindenfelé ❺ át *invite smb round* áthív, elhív *come round* átjön

KIFEJEZÉSEKBEN: *the wrong way round* rosszul, fordítva, színével befelé, fejjel lefelé, fordított/rossz sorrendben *the other way round* fordítva, ellenkezőleg *there's not enough to go round* nincs elég / nem jut mindenkinek

**round about** *round about smth* tájban, tájt, körül *round about midday* déltájban

**round** ELÖLJ.

❶ körül *round the Sun* a Nap körül *sit round the table* az asztal körül ül *show smb round the building* körbevezet vkit az épületben ❷ túl *disappear round the corner* a sarkon túl eltűnik *round the corner* nem messze (ide) ❸ közel *live round here* errefelé lakik ❹ tájban, körül *somewhere round £100* száz font körül

**round** IGE

❶ megkerül [sarkot], bevesz [kanyart] ❷ kerekít, (le)gömbölyít ❸ körbevesz

**round off** ❶ *round smth off* lekerekít ❷ [szépen/elegánsan] befejez *round off the talk with a quotation* idézettel fejezi be az előadást

**round up** ❶ *round smth up* felkerekít vmit (amennyire: *to*) ❷ összegyűjt, összeszed, összeterel, összefogdos

**roundabout** /ˈraʊndəbaʊt/ FNÉV

❶ körforgalom ❷ körhinta, ringlispíl

**roundabout** MNÉV

❶ kerülő *in a roundabout way* kerülő úton/módon ❷ körülíró

**roundly** /ˈraʊndlɪ/ ❶ teljesen, tökéletesen, alaposan *be roundly defeated* teljes vereséget szenved ❷ erőteljesen, határozottan

**rounds** /raʊndz/ ❶ napi út/kör *the doctor is doing his rounds* a doktor úr kint van a betegeinél ❷ *go/do the rounds* körbejár [hír/betegség]

**round table** kerekasztal-

**round the bend** VAGY **round the twist** dilis, buggyant

**round the clock** MNÉV/HAT.SZÓ éjjel-nappal / huszonnégy órában (nyitvatartó/történő)

**round trip** US

oda-vissza út

**round trip** MNÉV US

oda–vissza, menettérti [út/jegy], retúrjegy

**roundup** ❶ összefogdosás, összeterelés ❷ szemle, áttekintés, szemlézés *news roundup* hírösszefoglaló

**rouse** /raʊz/ ❶ (fel)ébreszt, (fel)kelt ❷ serkent, buzdít, felráz [apátiából/érdektelenségből]

**route** /ruːt/ FNÉV

❶ útvonal, útirány ❷ járat, viszonylat *bus route* buszvonal ❸ *en route* úton, útban, útközben

**route** IGE

irányít, küld vmit/vkit vmerre

**routine** /ruːˈtiːn/ FNÉV

vmi szokásos/megszokott rendje/menete

**routine** MNÉV

megszokott, rutinjellegű, rutinszerű, szokásos, rutin- *routine examination* rutinvizsgálat

**routinely** /ruːˈtiːnlɪ/ rutinszerűen

**roux** /ruː/ TBSZ **roux** /ruːz/ rántás

**rove** /rəʊv/ kóborol, barangol,

**rover** /ˈrəʊvə/ kóborló, országjáró, világjáró

**row** FNÉV

❶ /rəʊ/ sor *a row of houses* házsor ❷ /rəʊ/ csónakázás, evezés ❸ /raʊ/ veszekedés, vita ❹ /raʊ/ lárma, ricsaj *make a row* lármát/zajt csap

KIFEJEZÉSEKBEN: *four times in a row* négyszer egymás után

**row** IGE

❶ /rəʊ/ evez *row a boat* csónakban evez ❷ /raʊ/ veszekszik

**rowdy** /ˈraʊdɪ/ lármázó, hangos, verekedő(s)

**rowlock** /ˈrɒlək/ VAGY /ˈrəʊlɒk/ (evező)villa

**royal** /ˈrɔɪəl/ FNÉV

királyi család tagja

**royal** MNÉV

❶ királyi ❷ fenséges, pompás, királyhoz illő

**royal blue** királykék, bordós/lilás kék
**royal flush** rojálflöss, royál flush
**royalism** /ˈrɔɪəlɪzəm/ királypártiság
**royalist** /ˈrɔɪəlɪst/ ❶ királypárti ❷ rojalista
**royalty** /ˈrɔɪəltɪ/ ❶ a királyi család tagjai *royalty is/are present* a királyi családból jelen van valaki ❷ százalékos honorárium, royalty *get ten per cent royalty on each copy* tíz százalék minden példány után
**RP** = Received Pronunciation
**rpm** = revolutions per minute
**rps** = revolutions per second
**rpt.** = repeat; report
**R.R.** = railroad
**RRR** = return receipt requested
**rs** = right side
**RS** = religious studies
**RSPCA** = Royal Society for the Prevention of Cruelty to Animals
**RSVP** /ˌɑːr es viː ˈpiː/ választ kérünk [meghívón]
**rt.** = right
**rte.** = route
**rub** /rʌb/ FNÉV
❶ dörzsölés, törlés, törölgetés *give smth a rub* átdörzsöl/megtöröl vmit ❷ bökkenő
**rub** IGE
❶ (meg)dörgöl, (meg)dörzsöl, megtöröl, bedörzsöl *rub one's hands* kezét dörzsöl(get)i ❷ dörzsöl, tör *my shoe's rubbing* töri a lábam a cipő
KIFEJEZÉSEKBEN: *rub shoulders with smb* egyenlőként érintkezik vkivel
**rub along** ❶ (valahogy) eltengődik/boldogul ❷ *rub along together with each other* jól kijönnek/elvannak egymással
**rub in** ❶ *rub smth in* bedörzsöl, bedörgöl ❷ *rub smb's nose in the dirt* az orra alá dörgöl vkinek vmit ❸ *rub it in* felemlít, felemleget
**rub off** ❶ *rub smth off* ledörzsöl, letöröl ❷ lejön [dörzsölve] ❸ *rub off onto smb* ráragad vkire *some of her good qualities will rub off onto you* valami rád is ragad a jó tulajdonságaiból
**rub out** ❶ *rub smth out* kitöröl, kiradíroz ❷ jól kitörölhető/kijön
**rubber** /ˈrʌbə/ ❶ radír ❷ koton, kondom ❸ gumi ❹ törlőrongy *board rubber* táblatörlőrongy ❺ robber
**rubber boot** gumicsizma
**rubberneck** ❶ baleset színhelyén bámészkodik ❷ turistáskodik, várost néz
**rubbers** /ˈrʌbəz/ gumicipő, hócipő, sárcipő
**rubber stamp** FNÉV
❶ bélyegző ❷ vmire gépiesen rábólintó hivatalnok
**rubber stamp** IGE
(gépiesen) rábólint vmire, hozzájárul vmihez
**rubbery** /ˈrʌbərɪ/ rágós, szívós [hús]
**rubbish** /ˈrʌbɪʃ/ ❶ szemét, hulladék *collect the rubbish* elviszi a szemetet *household rubbish* háztartási hulladék ❷ butaság, szamárság
**rubbish bag** szemeteszsák, szemeteszacskó
**rubbish bin** ❶ szemétláda ❷ szemétkonténer
**rubbish heap** szemétdomb
**rubbishy** /ˈrʌbɪʃɪ/ ostoba, pocsék, vacak
**rubella** /ruːˈbelə/ rubeola
**ruble** /ˈruːbəl/ rubel
**ruby** /ˈruːbɪ/ FNÉV
❶ rubin ❷ rubinvörös szín
**ruby** MNÉV
rubinvörös
**rucksack** /ˈrʌksæk/ hátizsák
**rudder** /ˈrʌdə/ ❶ kormánylapát [hajón] ❷ oldalkormány [repülőn]
**ruddy** /ˈrʌdɪ/ ❶ pirospozsgás ❷ vörös, vöröses ❸ rohadt, francos
**ruddy** IGE
(ki)pirosít, kipirosodik, megpirosodik
**rude** /ruːd/ ❶ udvariatlan, goromba, durva *be rude to smb* gorombáskodik vkivel ❷ disznó [vicc] ❸ hirtelen/kellemetlen *rude shock* csúnya sokk ❹ kezdetleges, primitív
**rudimentary** /ˌruːdɪˈmentərɪ/ elemi, alapvető, kezdetleges
**ruffle** /ˈrʌfəl/ FNÉV
fodor, zsabó
**ruffle** IGE
❶ összeborzol, összekuszál ❷ elbizonytalanít, megzavar, kihoz a sodrából
KIFEJEZÉSEKBEN: *ruffle smb's feathers* felingerel, kihoz a béketűrésből
**rug** /rʌg/ ❶ szőnyeg ❷ pokróc, takaró pléd
**rugby** /ˈrʌgbɪ/ VAGY **rugby football** rögbi
**rugged** /ˈrʌgɪd/ ❶ egyenetlen ❷ szaggatott [part] ❸ markáns *rugged features* markáns vonások ❹ erős, tartós
**ruin** /ˈruːɪn/ FNÉV
❶ romlás, tönkremenetel *go to ruin* tönkremegy ❷ rom *in ruins* romokban
**ruin** IGE
tönkretesz, elront
**rule** /ruːl/ FNÉV
❶ szabály *against the rules* szabályellenes *break a rule* szabályt szeg ❷ uralom *under his rule* uralkodása alatt ❸ vonalzó
KIFEJEZÉSEKBEN: *as a rule* rendszerint, általában
**rule** IGE
❶ *rule (over) smth* uralkodik vmi fölött ❷ irányít, vezet, igazgat *be ruled by smth* vmi vezérli (a tetteit) ❸ dönt [bíróság] *rule in favour of smb* vki javára dönt ❹ (meg)vonalaz [papírt] ❺ *rules (OK)* a legjobb/csúcs/király ❻ *work to rule* munkalassítással sztrájkol
**rule out** *rule smb/smth out* ❶ kizár, elvet [lehetőséget] ❷ kizár, meghiúsít *an injury ruled him out for the big match* egy sebesülés lehetetlenné tette, hogy részt vegyen a nagy versenyben

R

**ruled** /ru:ld/ vonalkás, vonalkázott
**rule of law** jogrend, a jog uralma, jogállam
**rule of thumb** egyszerű(sítő) szabály
**ruler** /ˈru:lə/ ❶ uralkodó ❷ vonalzó
**rulez** /ru:lz/ VAGY **rulez OK** legjobb/csúcs/király
**ruling** /ˈru:lɪŋ/ *FNÉV*
[bírói] döntés, határozat *give a ruling* rendelkezik
**ruling** *MNÉV*
uralkodó *ruling party* uralkodó párt
**rum** /rʌm/ rum
**rumba** /ˈrʌmbə/ rumba
**rumble** /ˈrʌmbəl/ *FNÉV*
❶ dörgés, dübörgés, moraj, zörgés ❷ korgás
**rumble** *IGE*
❶ dörög, dübörög, morajlik, zörög ❷ korog
**ruminant** /ˈru:mɪnənt/ *FNÉV/MNÉV* kérődző
**ruminate** /ˈru:mɪneɪt/ ❶ kérődzik ❷ tűnődik, töpreng (amin: *on/over*)
**rumination** /ˌru:mɪˈneɪʃən/ ❶ kérődzés ❷ tűnődés, töprengés (amin: *on/over*)
**rummage** /ˈrʌmɪdʒ/ *FNÉV*
❶ turkálás, kotorászás ❷ limlom, kacat
**rummage** *IGE*
❶ kotorászik, turkál ❷ *rummage (around) smth* felforgat/feltúr vmit
**rummy** /ˈrʌmɪ/ römi
**rumour** /ˈru:mə/ *FNÉV*
híresztelés, szóbeszéd *rumour has it that {MONDAT}* rebesgetik, hogy {MONDAT}
**rumour** *IGE*
híresztel *it is rumoured that {MONDAT}* úgy hírlik, hogy {MONDAT}
**rump** /rʌmp/ ❶ hátszín, fartő ❷ töredék, csonk
**rump steak** /rʌmp/ (marha)hátszín(szelet)
**run** /rʌn/ *FNÉV*
❶ futás, szaladás, menekülés *be on the run* menekül ❷ táv, vonal, járat *55-minute run from London to Brighton* 55-perces út London és Brighton között ❸ sorozat *have a run of four months* négy hónapig játsszák *run of the cards* lapjárás ❹ fajta, típus *the common/general run* az átlag ❺ sor(ozat) [kártyában] ❻ kereslet, igény *a big run on ice cream* nagy fagylaltkereslet ❼ kifutó, udvar [baromfiaknak] ❽ felszaladt szem ❾ pálya *ski run* sípálya ❿ futam [zenében]
KIFEJEZÉSEKBEN: *in the long run* hosszú távra/távon *in the short run* rövid távra/távon
**run** /rʌn/, **ran** /ræn/, **run** /rʌn/ *IGE*
❶ fut, szalad, rohan, (le)fut, (be)fut [távot], menekül *come running* futva jön *run for it!* menekülj! *also ran* futottak még *run through smb's mind* átfut vki agyán *my stockings are running* szalad a szem a harisnyámon ❷ működik, megy, halad, üzemel, közlekedik, jár, érvényben van *everything is running smoothly* minden simán halad *run on/by electricity* villannyal működik *trains don't run on Sundays* vasárnap nem járnak vonatok *the licence runs for a year* az engedély egy évig érvényes ❸ működtet, járat, indít, közlekedtet, üzemeltet, futtat, végez *an expensive car to run* drágán üzemeltethető kocsi *run buses on Sundays* vasárnap járatnak buszokat *run smb home* hazavisz vkit *run a horse* futtat/indít egy lovat *run me ten copies* csinálj nekem tíz példányt ❹ közöl, (le)hoz, ír vmiről ❺ szól, hangzik *it runs as follows:* így szól: ❻ folyik, csöpög, olvad, ereszt, fog *the tap is running* csöpög a csap *his eyes are running* elönti a szemét a könny *the colours ran* ereszti a színét ❼ *run smb a bath* fürdőt enged/folyat vkinek *run the water* folyatja a vizet ❽ tart, folyik, húzódik, halad *the border runs to the south* a határ délnek húzódik *the play ran for two years* két évig ment a darab ❾ vezet, irányít, igazgat *run a small hotel* kis szállodája van ❿ indul [versenyen/jelöltként] *Johnson won't run for President* J. nem indul az elnökségért
KIFEJEZÉSEKBEN: *be hard run* szorongatott/szorult helyzetben van *it runs in the family* az egész családban így van, ez náluk családi vonás *run a temperature* láza van
SEGÉDIGESZERŰEN: *supplies are running low/short* a készletek fogyóban vannak *run dry* kiszáradóban van *run wild* elvadul, elengedi magát *feeling run high* magasra hágnak az érzelmek
**run across** *run across smb* összeszalad/összetalálkozik vkivel, beleütközik vkibe
**run after** *run after smb* ❶ fut/szalad vki után, kerget vkit ❷ [nő/férfi] után fut ❸ szaladgál [és rendet csinál] vki után
**run around** ❶ (ide-oda) szaladgál/futkos ❷ [más nővel/férfival] mászkál/lfut
**run away** elmenekül, elszökik
**run away with** ❶ *run away with smb* megszökik vkivel ❷ *run away with smth* meglép vmivel, megfúj vmit ❸ *smth runs away with {one}* elragadja vmi ❹ belelovalja magát vmibe
**run down** ❶ *run smb down* elgázol vkit ❷ lejár, leáll, kimerül ❸ leállít, csökkent, (fokozatosan) megszüntet ❹ *run smb down* felhajt, megtalál
**run in** *run smb/smth in* ❶ bejárat [járművet] ❷ bekísér/előállít vkit
**run into** *run into smb/smth* ❶ beleszalad vmibe/vkibe *we ran into a tree* beleszaladtunk egy fába ❷ beleszalad vkibe, összefut vkivel ❸ *run into debt* adósságba keveredik ❹ rúg vmennyire, elér vmennyit
**run off** ❶ elfut, elszökik ❷ *run smth off* lezavar, gyorsan elmond/elszaval/eljátszik vmit ❸ *run smth off* lehúz, lemásol ❹ lefut, futással lead
**run off with** ❶ *run off with smb* megszökik vkivel ❷ *run off with smth* meglép vmivel

---

**run on** ❶ (tovább) tart *run on till eleven* tizenegyig folytatódik ❷ bekezdés/beütés nélkül ír/nyomtat
**run out** ❶ visszamegy, visszahúzódik *the tide is running out* visszahúzódik a tenger ❷ elfogy, kifogy ❸ lejár, (le)telik, fogy
**run out of** ❶ *run out of smth* kifogy/kifut vmiből, elfogy vmije *run out of time* kiszalad/kifogy az időből
**run over** ❶ kifut, túlcsordul ❷ *run over smb* elüt vkit ❸ *run over smth* átnéz vmit, átfut/átszalad vmin ❹ *run over smth* elpróbál/átpróbál/átvesz vmit
**run through** ❶ *run through smth* átfut/átnéz vmit ❷ *run through smth* elpróbál/átpróbál/átvesz vmit ❸ *run through smth* nyakára hág vminek ❹ *run through smth* átvonul, végigvonul, végighúzódik vhol ❺ *run smb through* keresztülszúr
**run to** *run to smth* ❶ kitesz, vmennyire rúg ❷ kijön/telik belőle, futja vmire *won't run to a car* nem telik autóra
**run up** *run smth up* ❶ felvon, felhúz [zászlót] ❷ összehoz *run up a huge bill* nagy számlát csinál ❸ sebtiben összeüt/összetákol
**run up against** *run up against smb* ❶ összeakad vkivel, belebotlik vkibe ❷ beleütközik vmibe, szembetalálja magát vmivel [nehézséggel]
**run-around** *give smb the run-around* ❶ játszik/szórakozik vkivel, hiteget vkit ❷ megcsal
**runaway** /ˈrʌnəweɪ/ elszökött, elszabadult, elszökött *runaway inflation* elszabadult infláció
**run-down** *FNÉV*
❶ leállítás, csökkentés, megszüntetés ❷ részletes beszámoló
**run-down** *MNÉV*
❶ lepusztult, leromlott ❷ kimerült, fáradt
**rung** /rʌŋ/ *FNÉV*
❶ létrafok ❷ széküláb-összekötő rúd/léc
**rung** *IGE*
☞ring
**runner** /ˈrʌnə/ ❶ futó ❷ küldönc ❸ futószőnyeg ❹ csempész ❺ korcsolyaél ❻ szántalp ❼ asztali futó, keskeny asztalterítő ❽ futónövény
**runner bean** futóbab
**runners** /ˈrʌnəz/ tornacipő, edzőcipő
**runner-up** második helyezett
**running** /ˈrʌnɪŋ/ *MNÉV*
❶ futó ❷ folyamatos *running total* folyamatos kimutatás ❸ folyó ❹ gennye(d)ző, gennyes
**running** *HAT.SZÓ*
egymás után *five days running* egymást követő öt napon
**running costs** működ(tet)ési költségek
**running mate** alelnökjelölt
**running repairs** kisebb javítások
**running shoes** tornacipő, edzőcipő
**running step** futólépés
**running water** folyó víz
**runny** /ˈrʌnɪ/ ❶ taknyos, folyós ❷ folyós, (túl) híg/folyékony ❸ (túl)érett [sajt]
**run-of-the-mill** hétköznapi, átlagos
**runs** /rʌnz/ hasmenés
**runway** /ˈrʌnweɪ/ kifutópálya
**rupture** /ˈrʌptʃə/ *FNÉV*
❶ repedés, szakadás ❷ repesztés, szakítás ❸ sérv
**rupture** *IGE*
❶ megreped, kireped ❷ megrepeszt, elszakít ❸ megszakít [kapcsolatot] ❹ sérvet okoz *you'll rupture yourself* sérvet kapsz
**rural** /ˈrʊərəl/ vidéki, falusi
**rush** /rʌʃ/ *FNÉV*
❶ rohanás, tolongás, tülekedés *rush for the exits* a kijáratok felé tülekedés ❷ sietség ❸ igény, kereslet, tolongás (amiért: *on/for*) ❹ hirtelen izgalom ❺ elkapkodott, sietős, elsietett *rush job* hamar munka
**rush** *IGE*
❶ rohan, siet, rohan, tódul *rush towards the door* az ajtó felé siet/rohan ❷ sietve/sürgősen szállít/küld vhová *rush me your catalogue* küldjenek katalógust ❸ siet, kapkod ❹ elsiet, elkapkod ❺ sürget, hajszol, siettet *don't rush me!* ne siettess! ❻ rajtaüt vkin, meglep
**rush into** *rush smb into smth* belehajszol vkit vmibe
**rush to** *rush to a conclusion* elhamarkodottan/elhamarkodva von le egy következtetést
**rush hour** csúcsforgalom
**Russian** /ˈrʌʃən/ *FNÉV*
❶ orosz ember ❷ orosz nyelv ❸ orosztudás
**Russian** *MNÉV*
orosz
**Russian dolls** matrjoska-baba
**rust** /rʌst/ *FNÉV*
❶ rozsda ❷ gabonaüszög
**rust** *IGE*
❶ (meg/be)rozsdásodik ❷ megrozsdásít
**rustic** /ˈrʌstɪk/ ❶ falusias, rusztikus ❷ rusztikus *rustic garden seat* rusztikus kerti pad
**rustle** /ˈrʌsəl/ ❶ suhog, susog, ropog ❷ zörget, ropogtat
**rustproof** *MNÉV/IGE* rozsdamentes(ít)
**rusty** /ˈrʌstɪ/ ❶ rozsdás, elrozsdált ❷ rozsdaszín(ű)
**rut** /rʌt/ *FNÉV*
❶ bőgés [szarvasbikáé] ❷ kerékvágás ❸ taposómalom, mókuskerék
**rut** *IGE*
bőg [szarvasbika]
**ruthless** /ˈruːθləs/ könyörtelen, irgalmatlan
**rye** /raɪ/ ❶ rozs ❷ rozs(ból készült) whisky

R

# S, s /es/

**s** = see; shilling; singular; south; southern
**S** = sentence; South; Southern; subject; sulfur/ sulphur; Saturday; Sunday
**$** = dollar
**'s** ❶ [= is] *it's here* itt van ❷ [= has] *he's been here* járt itt ❸ birtokos jel *Peter's hat* Peter kalapja *it was John's* Johné volt ❹ [= us] *let's go* menjünk
**SA** = Salvation Army; South Africa(n)
**sabbath** /ˈsæbəθ/ ❶ szombat [zsidó] ❷ vasárnap [protestáns]
**sabbatical** /səˈbætɪkəl/ kutatói szabadság/ (fél-) év, alkotói szabadság [egyetemen]
**sabotage** /ˈsæbətɑːʒ/ FNÉV/IGE szabotázs(t hajt végre)
**saboteur** /ˌsæbəˈtɜː/ szabotáló, szabotőr
**sabre** /ˈseɪbə/ FNÉV
❶ kard, szablya ❷ kard [sportban]
**sabre** IGE
(le)kaszabol
**saccharin** /ˈsækərɪn/ szaharin
**saccharine** /ˈsækəriːn/ VAGY /ˈsækəraɪn/ ❶ cukortartalmú, édes ❷ negédes, édeskés [pl. történet] ⓘ NEM ~~szaharin~~
**sachet** /ˈsætʃət/ kis zacskó, tasak [pl. samponos, illatosító]
**sack** /sæk/ FNÉV
❶ zsák ❷ elbocsátás *get the sack* kirúgják, elbocsátják *give smb the sack* kirúg, elbocsát
**sack** IGE
❶ kirúg, elbocsát *be sacked* elbocsátják ❷ zsákba rak ❸ sarcol, fosztogat
**sackcloth** zsákvászon
**sacral** /ˈseɪkrəl/ VAGY /ˈsækrəl/ ❶ szakrális ❷ keresztcsonti
**Sacrament** /ˈsækrəmənt/ szentség, szakramentum *receive the Sacrament* áldozik, úrvacsorához járul
**sacramental** /ˌsækrəˈmentəl/ szentségi
**sacred** /ˈseɪkrɪd/ szent
**sacrifice** /ˈsækrɪfaɪs/ FNÉV
❶ (fel)áldozás [pl. állaté] ❷ áldozat(vállalás), áldozás *make a sacrifice* áldozatot vállal *make the final sacrifice* életét áldozza
**sacrifice** IGE
feláldoz
**sacrosanct** /ˈsækrəʊsæŋkt/ szent és sérthetetlen, érinthetetlen
**sad** /sæd/ ❶ szomorú, bús ❷ sajnálatos, szerencsétlen [pl. esemény]
**sadden** /ˈsædən/ elszomorít
**saddle** /ˈsædəl/ FNÉV
❶ nyereg [lovon, biciklin] *be in the saddle* nyeregben/lóháton van, kormányoz ❷ hegynyereg [hágó] ❸ gerinc, hátrész [hús]
**saddle** IGE
❶ felnyergel, megnyergel ❷ megterhel vkit (amivel: *with*)
**saddle bag** ❶ nyeregtáska ❷ szerszámtáska [biciklin]
**saddle horse** hátasló
**saddler** /ˈsædlə/ szíjgyártó
**sadism** /ˈseɪdɪzəm/ szadizmus
**sadist** /ˈseɪdɪst/ FNÉV szadista
**sadistic** /səˈdɪstɪk/ MNÉV szadista
**sadly** /ˈsædlɪ/ ❶ szomorúan ❷ sajnos, sajnálatos módon ❸ szörnyen, nagyon *it's sadly missing* sajnos nagyon hiányzik
**SAE** = self-addressed envelope; stamped addressed envelope
**safari** /səˈfɑːrɪ/ vadászexpedíció, szafári
**safari park** vadpark, szafáripark
**safe** /seɪf/ FNÉV
páncélszekrény, széf, mackó
**safe** MNÉV
❶ biztos, biztonságos, veszélytelen [pl. hely, téma, befektetés] (amitől: *from*) ❷ megbízható, biztos *be in safe hands* biztos kezekben van KIFEJEZÉSEKBEN: *be on the safe side* óvatosan cselekszik, biztosra megy *play safe* biztosra megy
**safeguard** FNÉV
❶ biztosíték, garancia (amivel szemben: *against*) ❷ védelem, oltalom
**safeguard** IGE
oltalmaz, megvéd
**safety** /ˈseɪftɪ/ biztonság, épség *road safety* közúti biztonság *play for safety* óvatos, nem kockáztat

**safety belt** biztonsági öv
**safety curtain** vasfüggöny
**safety pin** biztosítótű
**safety razor** zsilett
**saffron** /ˈsæfrən/ ❶ sáfrány ❷ sáfrányszín
**sag** /sæg/ *FNÉV*
❶ megereszkedés, lelógás ❷ süllyedés [pl. áraké]
**sag** *IGE*
❶ megereszkedik, petyhüdtté válik ❷ esik, süllyed [ár]
**saga** /ˈsɑːgə/ ❶ monda, saga *family saga* családregény ❷ történet
**sage** /ˈseɪdʒ/ ❶ bölcs ❷ zsálya
**saggy** /ˈsægɪ/ megereszkedett, lelógó, petyhüdt
**said** /sed/ *MNÉV*
nevezett, (fent) említett
**said** *IGE*
☞ say
**sail** /seɪl/ *FNÉV*
❶ vitorla *set sail* vitorlát bont ❷ vitorlázás, utazás ❸ lapát, vitorla [szélmalomé]
**sail** *IGE*
❶ vitorlázik, hajóval utazik ❷ (el)indul, kifut, vitorlát bont [hajó] ❸ kormányoz, navigál [hajót] ❹ akadálytalanul áthalad, könnyen vesz [akadályt] ❺ élesen megtámad vkit/vmit, nekiront vkinek/vminek (akinek/aminek: *into*)
**sailboard** szörfdeszka
**sailboarding** szörfözés
**sailcloth** vitorlavászon
**sailing** /ˈseɪlɪŋ/ ❶ vitorlázás ❷ járat, komp *when's the next sailing to Dover?* mikor indul a következő járat Doverbe?
KIFEJEZÉSEKBEN: *it's plain sailing* sima ügy, gyerekjáték
**sailor** /ˈseɪlə/ ❶ tengerész, matróz, hajós ❷ közlegény, matróz [haditengerészetnél] ❸ tengeri utas, hajó utasa
**sailplane** vitorlázó repülőgép
**saint** /seɪnt/ *FNÉV*
❶ szent *All Saints Day* Mindenszentek napja ❷ nagy tűrőképességű / szent ember
**saint** *IGE*
szentté avat, kanonizál
**Saint Bernard** bernáthegyi (kutya)
**sainthood** /ˈseɪnthud/ szentség (vkié), szent volta (vkinek, vminek)
**saintly** /ˈseɪntlɪ/ ❶ szent, jámbor ❷ szenthez illő
**sake** ❶ /seɪk/ kedv, üdv *for my/your sake* a kedvemért/kedvedért *for God's/goodness's sake* az Isten szerelmére *for heaven's sake* az ég szerelmére ❷ /sɑːkɪ/ száki [japán ital]
**salad** /ˈsæləd/ saláta ⓘ *NEM* ~~fejes saláta~~
**salad bowl** salátástál
**salad dressing** salátaöntet, salátadresszing
**salad oil** salátaolaj
**salamander** /ˈsæləmændə/ szalamandra
**salami** /səˈlɑːmɪ/ szalámi
**salary** /ˈsælərɪ/ *FNÉV* fizetés, illetmény [r.szerint szellemi foglalkozásúé]
**sale** /seɪl/ ❶ eladás, árusítás, értékesítés *on/for sale* eladó *their house is up for sale* eladó a házuk *it's not for sale* nem eladó ❷ (engedményes) vásár kiárusítás *buy smth on sale* akciósan/engedménnyel vesz vmit
**sales** /seɪlz/ ❶ értékesítés ❷ értékesítési részleg/osztály
**salesgirl** /ˈseɪlzgɜːl/ eladólány, eladó
**saleslady** /ˈseɪlzleɪdɪ/ ❶ elárusítónő, eladónő ❷ ügynöknő, üzletszerzőnő
**salesman** /ˈseɪlzmən/ *TBSZ* **salesmen** /ˈseɪlzmən/ ❶ elárusító, eladó ❷ ügynök, kereskedő
**sales manager** értékesítési igazgató
**salesmanship** /ˈseɪlzmənʃɪp/ ❶ az értékesítés tudománya/technikája ❷ kereskedői szakma
**salesperson** ❶ kereskedelmi képviselő, ügynök ❷ eladó, kereskedő
**sales tax** forgalmi adó
**saleswoman** /ˈseɪlzwumən/ *TBSZ* **saleswomen** /ˈseɪlzwɪmɪn/ ❶ elárusítónő, eladónő ❷ ügynöknő, üzletszerzőnő
**salience** /ˈseɪlɪəns/ VAGY **saliency** /ˈseɪlɪənsɪ/ ❶ vmi kiugró/kiszögellő volta ❷ szembeszökő/szembeötlő jelleg
**salient** ❶ kiugró, kiszögellő ❷ szembeötlő
**saline** /ˈseɪlaɪn/ *FNÉV*
sóoldat
**saline** *MNÉV*
❶ sótartalmú ❷ sóízű, sótartalmú
**salinity** /səˈlɪnɪtɪ/ sósság, sótartalom
**saliva** /səˈlaɪvə/ nyál
**salivate** /ˈsælɪveɪt/ nyáladzik
**salivation** /ˌsælɪˈveɪʃən/ nyálképződés, nyáladzás
**sally** /ˈsælɪ/ *FNÉV*
❶ kirohanás, kitörés [hadseregé] ❷ (érzelem)kitörés ❸ kirándulás
**sally** *IGE*
**sally forth** kirándul, kimozdul
**sally out** kitör, kiront
**salmon** /ˈsæmən/ *TBSZ* **salmon** VAGY **salmons** ❶ lazac ❷ lazac(rózsa)szín
**salmonella** /ˌsælməˈnelə/ szalmonella
**salmonellosis** /ˌsælmənəˈləusɪs/ szalmonellózis
**salon** /ˈsælən/ ❶ szalon *beauty salon* szépségszalon ❷ fogadás [r.szerint művészek számára]
**saloon** /səˈluːn/ ❶ nagy négyajtós személyautó, szedán ❷ pub/söröző szebben berendezett és drágább terme ❸ *US* [vadnyugati] kocsma, italbolt ❹ díszterem, szalon [r.szerint hajón] ❺ tiszti étkezde/társalgó
**saloon bar** pub/söröző szebben berendezett és drágább terme
**saloon car** ❶ nagy négyajtós személyautó, szedán ❷ *US* (vasúti) termes kocsi
**salsa** /ˈsælsə/ ❶ salsa [tánc, zene] ❷ csípős szósz
**salt** /sɔːlt/ *FNÉV*
❶ só ❷ íz, szellemesség, pikantéria *add salt*

S

*to smth* egy kis ízt/szellemességet visz vmibe ❸ (vén) tengeri medve, régi motoros
KIFEJEZÉSEKBEN: *take smth with a pinch/ grain of salt* fenntartással kezel/fogad vmit

**salt** *MNÉV*
❶ sós(vízi), tengeri ❷ sótartalmú ❷ sóban eltett/tartósított

**salt** *IGE*
❶ (be)sóz, megsóz ❷ síkosságtól mentesít, sóz [utat]

**saltcellar** ❶ sótartó, sószóró ❷ gödröcske, „sótartó" [sovány ember kulcscsontján]
**salted** /ˈsɔːltɪd/ ❶ (be)sózott, sós ❷ tapasztalt
**salt of life** *the salt of life* az élet sava–borsa
**saltpetre** /ˈsɔːltpiːtə/ salétrom
**salt shaker** *US* sószóró, sótartó
**saltwater** sósvízi, tenger(víz)i
**salty** /ˈsɔːltɪ/ ❶ sós (ízű) ❷ szellemes, pikáns ❸ tengeri
**salubrious** /səˈluːbrɪəs/ ❶ egészséget adó, egészséges ❷ tiszteletreméltó, kívánatos
**salubrity** /səˈluːbrɪtɪ/ VAGY **salubriousness** /səˈluːbrɪəsnəs/ ❶ egészség(esség) ❷ tiszteletreméltóság
**salutary** /ˈsæljutərɪ/ ❶ tisztelgő ❷ egészséges, hasznos ❸ tanulságos
**salutation** /ˌsæljuˈteɪʃən/ üdvözlés, köszöntés, megszólítás [levélben, beszédben]

**salute** /səˈluːt/ *FNÉV*
❶ tisztelgés ❷ üdvözlés, köszöntés ❸ díszlövés, díszsortűz

**salute** *IGE*
❶ tiszteleg ❷ köszönt, üdvözöl ❸ tiszteleg vmi előtt, üdvözöl

**salvage** /ˈsælvɪdʒ/ *FNÉV*
❶ (meg)mentés [hajóé, rakományé] ❷ megmentett dolog [hajóról] ❸ mentési jutalom [pénz] ❹ megmentett holmiból befolyt pénz

**salvage** *IGE*
megment [pl. rakományt, hírnevet]

**salvation** /sælˈveɪʃən/ ❶ megmentés ❷ üdvözülés ❸ megmentő
**Salvation Army** Üdvhadsereg

**salve** /sælv/ VAGY /sɑːv/ *FNÉV*
kenőcs, (gyógy)ír

**salve** *IGE*
enyhít, csillapít, gyógyít *salve* ⁝*one's*⁝ *conscience* megnyugtatja lelkiismeretét

**salvo** /ˈsælvəʊ/ ❶ díszsortűz ❷ kitörés, heves érzelemnyilvánítás
**Samaritan** szamaritánus *good Samaritan* irgalmas szamaritánus
**samarium** /səˈmeərɪəm/ szamárium

**samba** /ˈsæmbə/ *FNÉV*
szamba [zene, tánc]

**samba** *IGE*
szambázik, szambát jár

**same** /seɪm/ *MNÉV*
*the same* ❶ ugyanaz, azonos (amivel: *as*) *the same old story* ugyanaz a régi történet/kifogás ❷ nagyon hasonló, szinte ugyanaz/azonos *several people wore the same dress at the party* sokakon volt ugyanolyan a ruha a partin *by the same token* hasonló módon, az előzőekhez hasonlóan *in the same way* ugyanúgy, hasonlóan
KIFEJEZÉSEKBEN: *be in the same boat* egy hajóban evez, hasonló/azonos nehézségekkel küzd *at the same time* ugyanakkor, ennek ellenére *just/all the same* mégis, mindezeknek ellenére

**same** *NÉVMÁS*
*the same* ugyanaz [az ember, dolog] (amivel: *as*) *one and the same* egy és ugyanaz *look the same* ugyanannak látszik *be more of the same* ugyanolyan, ugyanaz
KIFEJEZÉSEKBEN: *it's all the same to me* nekem mindegy *the same to you!* hasonlóképpen! viszont!

**same** *HAT.SZÓ*
*the same* ugyanúgy (mint: *as*)

**sameness** /ˈseɪmnəs/ ❶ azonosság ❷ hasonlóság ❸ unalmasság
**samovar** /ˈsæməvɑː/ szamovár

**sample** /ˈsɑːmpəl/ *FNÉV*
❶ minta [pl. orvosi, statisztikai] ❷ ételminta, kóstoló, mutató

**sample** *IGE*
❶ mintát vesz vmiből ❷ megkóstol ❸ kipróbál

**sampler** /ˈsɑːmplə/ ❶ mintahímzés ❷ digitális kódoló, szempler [zenei]
**sampling** /ˈsɑːmpəlɪŋ/ ❶ mintavétel [pl. statisztikai] ❷ kóstolgatás ❸ digitálisan kódolt hang kreatív újrafelhasználása elektronikus zenében
**samurai** /ˈsæmʊraɪ/ szamuráj
**sanatorium** /ˌsænəˈtɔːrɪəm/ *TBSZ* **sanatoria** /ˌsænəˈtɔːrɪə/ VAGY **sanatoriums** szanatórium
**sanctification** /ˌsæŋktɪfɪˈkeɪʃən/ megszentelés
**sanctify** /ˈsæŋktɪfaɪ/ ❶ megszentel ❷ szentesít
**sanctimonious** /ˌsæŋktɪˈməʊnɪəs/ képmutató, álszent

**sanction** /ˈsæŋkʃən/ *FNÉV*
❶ szentesítés, jóváhagyás ❷ szankció, büntetés, megtorló intézkedés ❸ kényszerítő erő, kényszerítőeszköz

**sanction** *IGE*
❶ megerősít, szentesít, jóváhagy ❷ elfogadhatóvá/elfogadottá tesz ⓘ *NEM* ~~szankcionál~~

**sanctity** /ˈsæŋktɪtɪ/ szentség, sérthetetlenség
**sanctuary** /ˈsæŋktʃʊərɪ/ ❶ szentély ❷ menedék(hely)

**sand** /sænd/ *FNÉV*
❶ homok ❷ homokszem ❸ föveny, homok(os tengerpart) ❹ homokszín

**sand** *IGE*
❶ homokkal felszór/beszór ❷ csiszolópapírral dörzsöl/simít, smirgliz

**sandal** /ˈsændəl/ szandál

**sandbag** *FNÉV*
homokzsák

**sandbag** *IGE*
❶ homokzsákkal megerősít/eltorlaszol ❷ megüt, odacsap ❸ *US* erőszakkal kényszerít vkit (amire: *into*)
**sandbank** homokpad, homokzátony
**sandboy** *happy as a sandboy* nagyon boldog
**sandcastle** homokvár
**sander** csiszoló(gép)
**sandglass** homokóra
**sand martin** parti fecske
**sandpaper** *FNÉV/IGE* dörzspapír(ral csiszol), smirgli(z)
**sandpit** ❶ homokbánya ❷ homokozó
**sandshoal** homokzátony
**sandshoes** tornacipő, gumitalpú vászoncipő
**sandstone** homokkő
**sandstorm** homokvihar, számum
**sand viper** homoki vipera
**sandwich** /ˈsænwɪdʒ/ VAGY /ˈsænwɪtʃ/ *FNÉV*
❶ szendvics ❷ piskótatorta
**sandwich** *IGE*
beékel, közbeiktat *be sandwiched* be van szorítva/ékelve (amik közé: *between*)
**sandwich bar** szendvicsbüfé
**sandwich junction** többszintes útkereszteződés, autópálya-csomópont
**sandwich man** /ˈsænwɪdʒmən/ *TBSZ* **sandwich men** /ˈsænwɪdʒmən/ szendvicsember
**sandy** /ˈsændɪ/ ❶ homokos, fövenyes ❷ vörösesszőke
**sane** /seɪn/ ❶ épelméjű ❷ józan, megalapozott
**sang** ☞ sing
**sang-froid** /ˌsɒŋˈfrwɑː/ hidegvér, lélekjelenlét
**sangria** /ˈsæŋgrɪə/ könnyű spanyol vörösbor gyümölccsel, szangria
**sanguinary** /ˈsæŋgwɪnərɪ/ ❶ vérszomjas, kegyetlen ❷ véres
**sanguine** /ˈsæŋgwɪn/ ❶ bizakodó, derűlátó ❷ vérvörös ❸ vérszomjas
**sanitarium** /ˌsænɪˈteərɪəm/ *TBSZ* **sanitariums** VAGY **sanitaria** /ˌsænɪˈteərɪə/ *US* szanatórium
**sanitary** /ˈsænɪtərɪ/ ❶ egészség(ügy)i ❷ egészséges, egészséget hozó
**sanitary towel** VAGY **sanitary napkin** VAGY **sanitary pad** egészségügyi betét, intimbetét
**sanitation** /ˌsænɪˈteɪʃən/ közegészségügy, higiénia
**sanitize** /ˈsænɪtaɪz/ higiénikussá tesz
**sanity** /ˈsænɪtɪ/ ❶ épelméjűség ❷ józan ész, józanság
**sank** ☞ sink
**Sanskrit** /ˈsænskrɪt/ szanszkrit
**Santa Claus** /ˈsæntə klɔːz/ Mikulás, Télapó
**sap** /ˈsæp/ *FNÉV*
❶ nedv [fáé, növényé], életnedv ❷ életerő ❸ gumibot, bunkó ❹ ostoba alak ❺ balek
**sap** *IGE*
❶ életerőt kiszív (vkiből) ❷ alapjaiban meggyengít ❸ a gyökereket/alapokat kezdi ki, árkokkal aláás
**sapling** /ˈsæplɪŋ/ (fa)csemete
**sapphire** /ˈsæfaɪə/ *FNÉV/MNÉV* zafír(kék)
**sappy** /ˈsæpɪ/ ❶ nedvdús ❷ életerős
**Saracen** /ˈsærəsən/ szaracén
**saran wrap** /səˈrænræp/ *US* fólia, folpakk
**sarcasm** /ˈsɑːkəzəm/ ❶ gúny, szarkazmus ❷ gúnyos/szarkasztikus megjegyzés
**sarcastic** /ˈsɑːkæstɪk/ gúnyos, szarkasztikus
**sarcoma** /sɑːˈkəumə/ *TBSZ* **sarcomas** VAGY **sarcomata** /sɑːˈkəumətə/ szarkóma
**sarcophagus** /sɑːˈkɒfəgəs/ *TBSZ* **sarcophagi** /sɑːˈkɒfəgaɪ/ VAGY **sarcophaguses** szarkofág, díszkoporsó
**sardine** /ˌsɑːˈdiːn/ szardínia [hal, konzerv] *like sardines* mint a heringek
**sardonic** /sɑːˈdɒnɪk/ gúnyos, kaján
**sash** /ˈsæʃ/ ❶ tolóablakkeret ❷ ablakszárny ❸ tolóablak [függőlegesen mozgó] ❹ széles selyemöv
**sashay** /ˈsæʃeɪ/ lépdel, sasszézik
**sash window** tolóablak [függőleges]
**Sat.** = Saturday; Saturn
**sat** ☞ sit
**Satan** /ˈseɪtən/ sátán
**Satanic** /səˈtænɪk/ sátáni, ördögi
**satanism** /ˈseɪtənɪzəm/ sátánizmus, sátánimádat
**satanist** /ˈseɪtənɪst/ sátánista
**satchel** /ˈsætʃəl/ ❶ iskolatáska ❷ iskolai hátizsák
**sate** /seɪt/ kielégít, jóllakat
**sateen** /səˈtiːn/ selyemfényű/szaténszerű anyag ⓘ *NEM* ~~szatén~~
**satellite** /ˈsætəlaɪt/ ❶ mellékbolygó, hold [bolygóé] ❷ műhold, mesterséges hold ❸ szolgáló, csatlós [pl. ország, ember]
**satellite dish** műholdvevő, parabolaantenna
**satiable** /ˈseɪʃɪəbəl/ kielégíthető
**satiate** /ˈseɪʃɪeɪt/ jóllakat, eltölt, kielégít [r.szerint túlságosan]
**satiety** /səˈtaɪətɪ/ kielégültség, jóllakottság [r.szerint túlságosan]
**satin** /ˈsætɪn/ szatén, atlaszselyem
**satiny** /ˈsætɪnɪ/ fényes, atlaszfényű
**satire** /ˈsætaɪə/ szatíra, gúnyirat
**satirical** /səˈtɪrɪkəl/ VAGY **satiric** /səˈtɪrɪk/ szatirikus, gúnyos
**satirist** /ˈsætɪrɪst/ szatíraszerző
**satirize** /ˈsætəraɪz/ kigúnyol
**satisfaction** /ˌsætɪsˈfækʃən/ ❶ megelégedés, elégedettség (amivel: *with/at*) ❷ megnyugvás, megelégedés *to smb's satisfaction* vki megelégedésére ❸ elégtétel
**satisfactory** /ˌsætɪsˈfæktərɪ/ ❶ megfelelő, kielégítő, megelégedésre okot adó ❷ elégséges, kettes
**satisfy** /ˈsætɪsfaɪ/ ❶ kielégít, megnyugtat *be safisfied* meg van elégedve *be satisfied with smth* megelégszik vmivel ❷ eleget tesz [pl. követelésnek, követelménynek] ❸ eloszlat [kétséget], meggyőz vmiről

| | | | | | | | | | |
|---|---|---|---|---|---|---|---|---|---|
| iː tea | ɪ it | e bed | æ cat | ɜː bird | ə ago | eɪ way | əʊ go | aɪ my | aʊ how | eə air |
| ɑː car | ɒ got | ɔː war | ʊ put | uː too | ʌ but | ɪə here | ʊə pure | ɔɪ boy |
| θ thing | ð this | tʃ chip | dʒ Joe | ʃ ship | ʒ measure | s sit | ŋ ring | j you | w win |

R

**saturate** /ˈsætʃəreɪt/ telít
**saturated** /ˈsætʃəreɪtɪd/ telített, átázott
**saturation** /ˌsætʃəˈreɪʃən/ ❶ telítés ❷ telítettség, telítődés ❸ rendkívül erős támadás
**Saturday** /ˈsætədeɪ/ szombat
**satyr** /ˈsætə/ ❶ [mitológiai] szatír ❷ kielégíthetetlen nemi vágyú férfi ⓘ NEM ~~szatír~~ [= mutogatós]
**satyric** /səˈtɪrɪk/ VAGY **satyrical** /səˈtɪrɪkəl/ szatírszerű, szatír-
**sauce** /ˈsɔːs/ FNÉV
❶ mártás, szósz ❷ fűszer, ízesítő ❸ US párolt gyümölcs ❹ szemtelenség, feleselés
**sauce** IGE
❶ szósszal leönt, ízesít ❷ szemtelenkedik, felesel
**saucepan** /ˈsɔːspən/ nyeles lábas, serpenyő
**saucer** /ˈsɔːsə/ csészealj
**saucy** /ˈsɔːsɪ/ ❶ pimasz, szemtelen ❷ csintalan, pajkos
**sauerkraut** /ˈsaʊəkraʊt/ savanyú káposzta
**sauna** /ˈsɔːnə/ VAGY /ˈsaʊnə/ szauna
**saunter** /ˈsɔːntə/ FNÉV
bandukolás, bóklászás
**saunter** IGE
bandukol, bóklászik
**sausage** /ˈsɒsɪdʒ/ kolbász, virsli, hurka
**sauté** /ˈsəʊteɪ/ MNÉV
kevés zsíron sült, alig pirított
**sauté** IGE
hirtelen kisüt, megpirít
**savage** /ˈsævɪdʒ/ FNÉV
vadember, bennszülött
**savage** MNÉV
❶ vad, dühödt [pl. kutya, támadás] ❷ barbár, műveletlen
**savage** IGE
❶ vadul rátámad, megharap [pl. kutya] ❷ vadul megkritizál, leránt
**savagery** /ˈsævɪdʒrɪ/ vadság, kegyetlenség, barbarizmus
**savanna** VAGY **savannah** /səˈvænə/ szavanna
**savant** /ˈsævənt/ FNÉV bölcs, tudós
**save** /seɪv/ FNÉV
védés, mentés [pl. futballban]
**save** ELÖLJ.
kivéve *agree, save that* (MONDAT) egyetért, attól eltekintve, hogy (MONDAT)
**save** IGE
❶ megment, megóv, megvéd (amitől: *from*) *save* ⌐*one's*⌐ *neck/skin/bacon* menti az irháját ❷ félretesz, megtakarít *they're saving (up) for a new house* új házra gyűjtenek ❸ megtakarít, beoszt, takarékoskodik [pl. pénzzel, idővel, munkával] ❹ megkímél vkit vmitől (amitől: *from/Ø*) *it'll save me (from) having to go to the shop* ez megkímél attól, hogy el kelljen mennem a boltba save ❺ véd [pl. futballban] ❻ (el)ment, kiment [fájlt]

**saver** /ˈseɪvə/ ❶ megmentő, megszabadító ❷ anyagmegtakarító készülék/eszköz ❸ takarékoskodó
**saving** /ˈseɪvɪŋ/ ELÖLJ. kivéve, hacsak nem
**savings** /ˈseɪvɪŋz/ ❶ megtakarítás ❷ megtakarított pénz
**savings bank** takarékpénztár
**saviour** /ˈseɪvjə/ megmentő *the Saviour* a Megváltó
**savour** /ˈseɪvə/ FNÉV
❶ íz, zamat, aroma ❷ nyoma vminek
**savour** IGE
❶ ízesít ❷ ízét/zamatát érzi, megízlel
**savoury** /ˈseɪvərɪ/ ❶ jóízű, íz(let)es ❷ kellemes/jó, morális [r.szerint tagadásban] ❸ sós, nem édes [ízű]
**saw** /sɔː/ FNÉV
❶ fűrész ❷ bölcsesség, mondás
**saw** /sɔː/, **sawed** /sɔːd/, **sawed** /sɔːd/ VAGY **sawn** /sɔːn/ IGE
❶ ☞ see ❷ fűrészel *saw the air* kapálódzik, hadonászik
**sawdust** fűrészpor
**sawfish** fűrészhal
**sawframe** fűrészkeret
**sawhorse** fűrészbak
**sawn** ☞saw
**sax** /sæks/ ❶ tetőfedő kalapács ❷ szaxofon
**Saxon** /ˈsæksən/ FNÉV/MNÉV szász
**saxophone** /ˈsæksəfəʊn/ szaxofon
**saxophonist** /sækˈsɒfənɪst/ szakszofonos, szakszofonista
**say** /seɪ/ FNÉV
mondanivaló, beleszólás *have/say* ⌐*one's*⌐ *say* elmondja a mondandóját
**say** HAT.SZÓ
❶ körülbelül, mondjuk *there were, say, 30 people at the party* a partin kb. 30 ember volt jelen ❷ például, mondjuk *let's meet at, say, eleven* találkozzunk mondjuk 11-kor
**say** IND.SZÓ
hűha! [meglepettség kifejezésére]
**say** /seɪ/, **said** /sed/, **said** /sed/ e.sz. 3.sz. **says** /sez/ IGE
❶ (el)mond, szól *he says/said that* (MONDAT) azt mondja/mondta, hogy (MONDAT) *what did you say?* hogy mondtad? / tessék? *they say that* (MONDAT) azt mondják/tartják, hogy (MONDAT) *she's said to be the cleverest person* azt mondják, ő a legokosabb ❷ mutat, mond, elárul *it says a lot about him* ez sokat elárul róla ❸ ír, mond *what does the paper say?* mit ír az újság? ❹ feltesz, feltételez *let's say that* (MONDAT) tegyük föl, hogy (MONDAT) ❺ utasít, mond *he said to open the window* azt mondta, nyissam ki az ablakot ❻ rábeszél, belehajszol ❼ hisz, gondol, vél *what I say is that* (MONDAT) szerintem (MONDAT) ❽ példát mond *should I say* hogy példát mondjak / hogy azt ne mondjam ❾ kifejez, mond, mondani akar

*here the artist says that* {MONDAT} itt a művész azt akarja kifejezni, hogy {MONDAT}
KIFEJEZÉSEKBEN: *you don't say!* na ne mondd! *that is to say* azaz *having said that* mindezeknek ellenére *say the word* egyezz bele, mondd, hogy igen

**saying** /ˈseɪɪŋ/ mondás, szólás, szólásmondás *as the saying goes/is* ahogy mondani szokták

**Sc.** = Scotch; Scotland; Scots; Scottish

**SC** = Security Council; South Carolina

**scab** /skæb/ FNÉV
❶ heg, var(asodás) ❷ rüh(esség), ótvar

**scab** IGE
❶ varasodik ❷ kátyúsodik [út] ❸ sztrájkolót helyettesít, sztrájkot tör

**scabrous** /ˈskæbrəs/ ❶ érdes, reszelős ❷ nehezen kezelhető ❸ sikamlós, illetlen

**scaffold** /ˈskefəuld/ VAGY /ˈskefəld/ FNÉV
❶ állvány(zat) [építési] ❷ emelvény, dobogó [pl. színjátszáshoz] ❸ vesztőhely, vérpad

**scaffold** IGE
❶ állványoz ❷ állvánnyal megtámaszt

**scaffolding** /ˈskefəuldɪŋ/ VAGY /ˈskefəldɪŋ/ ❶ állványzat ❷ állványozás [építési]

**scalable** /ˈskeɪləbəl/ ❶ megmászható ❷ állítható méretű [betű]

**scald** /skɔːld/ FNÉV
❶ (le)forrázás ❷ barnulás, égés [növényen] ❸ forrázott seb ❹ skandináv dalnok, skald

**scald** IGE
❶ (le)forráz ❷ majdnem felforral, melegít [pl. tejet]

**scalding** /ˈskɔːldɪŋ/ MNÉV forró, maró [pl. hőmérséklet, kritika] *it's scalding hot* perzselően/nagyon forró

**scale** /skeɪl/ FNÉV
❶ (fok)beosztás, skála [pl. műszeren] *decimal scale* tízes beosztású skála ❷ méretarány, lépték [pl. térképen] *draw smth to scale* méretarányosan rajzol vmit ❸ keretek, lépték *on a large scale* nagy léptékben/méretekben ❹ lépcső, grádics *social scale* társadalmi ranglétra *pay scale* bérskála ❺ skála, hangsor ❻ pikkely [pl. halé] ❼ korpa, hám [bőrön] ❽ fogkő, vízkő, kazánkő ❾ oxidréteg [pl. vason] ❿ mérleg (serpenyője)

**scale** IGE
❶ megmászik (vmit) ❷ (mérték szerint) fokozatokra oszt ❸ arányosít ❹ lekapar, levakar, meghámoz [pl. halat] ❺ vízkőtől/kazánkőtől megtisztít ❻ fogkövet eltávolít
**scale off** lehámlik, lepattogzik, leválik

**scaled** /skeɪld/ ❶ pikkelyes ❷ lepikkelyezett

**scalene** /ˈskeɪliːn/ nem egyenlő oldalú [háromszög, gúla]

**scales** /skeɪlz/ mérleg *a (pair of) scales* mérleg *bathroom scales* fürdőszobamérleg

**scallop** /ˈskæləp/ FNÉV
❶ fésűkagyló ❷ kagylóhéj

**scallop** IGE
❶ kagylót gyűjt ❷ kagylóban/csőben süt

**scalp** /skælp/ FNÉV
❶ skalp, fejtető ❷ áldozat, skalp *be out for scalps* skalpra vadászik ❸ vki skalpja/legyőzése

**scalp** IGE
❶ (meg)skalpol ❷ extraprofittal értékesít ❸ megszerzi vki skalpját, legyőz vkit

**scalpel** /ˈskælpəl/ sebészkés, szike

**scalper** /ˈskælpə/ jegyüzér

**scaly** /ˈskeɪlɪ/ ❶ pikkelyes ❷ hámló [pl. fejbőr] ❸ vízköves

**scamper** /ˈskæmpə/ FNÉV/IGE szökdécsel(és), szökell(és)

**scampi** /ˈskæmpɪ/ garnélarák [étel]

**scan** /skæn/ FNÉV
❶ szűrés, vizsgálat *brain scan* agyröntgen ❷ pillantás, fürkészés

**scan** IGE
❶ (meg)vizsgál, (át)kutat, keres (amit: *for*) ❷ átfut [pl. újságot] ❸ skandálódik, skandálható [vers] ❹ ütemez, skandál [verset] ❺ szkennel, leolvas/letapogat

**scandal** /ˈskændəl/ ❶ botrány, skandalum ❷ borzasztó dolog, botrány ❸ rágalom, pletyka, botránytörténet (akiről: *about*)

**scandalize** /ˈskændelaɪz/ ❶ megbotránkoztat *be scandalized to hear smth* megbotránkozva értesül vmiről ❷ gyaláz, rágalmaz

**scandalmonger** FNÉV pletykás, pletykafészek

**scandalous** /ˈskændələs/ ❶ botrányos, megbotránkoztató ❷ pletykás

**scanner** /ˈskænə/ leolvasó készülék, szkenner, scanner

**scant** /skænt/ MNÉV
szűkös, csekély, kevés *a scant 20 metres* alig/szűk 20 méter

**scant** IGE
❶ szűken mér ❷ csökkent ❸ lekicsinyel, nem megfelelően bánik vmivel

**scantly** /ˈskæntlɪ/ VAGY **scantily** /ˈskæntɪlɪ/ ❶ gyéren, hiányosan, szűk(ös)en *be scantly dressed/clad* hiányos öltözékű ❷ alig

**scanty** /ˈskæntɪ/ gyér, szegényes, szűk [pl. ellátás, öltözék]

**scape** /skeɪp/ ❶ nyél, szár [növényé] ❷ csáp első íze [rovaré]

**scapegoat** /ˈskeɪpgəut/ bűnbak

**scar** /skɑː/ FNÉV
❶ forradás, heg, sebhely ❷ kőszirt [r.szerint tengerben]

**scar** IGE
❶ (be)heged, hegesedik ❷ forradást/sebhelyet hagy ❸ mély nyomot hagy *the tragedy scarred him for life* a tragédia egész életre szóló nyomot hagyott benne
**scar over** beheged

**scarab** /ˈskærəb/ VAGY **scarab beetle** VAGY **scarabaeus** /ˌskærəˈbiːəs/ TBSZ **scarabaeuses**

S

VAGY **scarabaei** /ˌskærəˈbiːaɪ/ szkarabeusz, ganajtúró bogár

**scarce** /skeəs/ ❶ ritka, gyér ❷ ritkán kapható KIFEJEZÉSEKBEN: *make oneself scarce* eltűnik, lelép [r.szerint baj elől]

**scarcely** /ˈskeəslɪ/ ❶ alig, szinte nem is *scarcely ever* szinte soha ❷ bajosan, aligha

**scarcity** /ˈskeəsɪtɪ/ hiány, vmi szűke (amié: *of*)

**scare** /skeə/ *FNÉV*

❶ ijedelem, rémület ❷ fenyegetés *bomb scare* bombariadó

**scare** *MNÉV*

elrémisztő [pl. történet]

**scare** *IGE*

❶ megrémül *she doesn't scare easily* nem könynyen ijed meg ❷ megijeszt, megrémiszt *scare the hell/shit out of smb* halálra rémiszt vkit

**scare away** VAGY **scare off** *scare smb/smth away/off* elrémiszt, elijeszt

**scarecrow** madárijesztő

**scared** /skeəd/ ijedt, begyulladt *be scared to do smth* fél vmit megtenni *be scared stiff* nagyon meg van rémülve

**scarf** /skɑːf/ *TBSZ* **scarfs** VAGY **scarves** /skɑːvz/ *FNÉV*

❶ sál ❷ kendő ❸ ferde lapolás/illesztés

**scarf** *IGE*

❶ ferdén lapol/illeszt ❷ mohón eszik, zabál

**scarlet** /ˈskɑːlət/ ❶ skarlát(piros), élénkvörös ❷ tisztátalan, bűnös

**scarlet fever** VAGY **scarlatina** /ˌskɑːləˈtiːnə/ vörheny, skarlát

**scarlet letter** skarlát/vörös betű [házasságtörés miatti megbélyegzésként viselt]

**scarred** /skɑːd/ ❶ forradásos, sebhelyes ❷ ráncos, redős

**scarry** /ˈskɑːrɪ/ ❶ sebhelyes, heges ❷ barázdált, felszántott

**scarves** ☞ scarf

**scary** /ˈskeərɪ/ ❶ ijesztő, rémisztő ❷ ijedős

**scatter** /ˈskætə/ *FNÉV*

❶ hébe–hóba előforduló dolog ❷ szórás [lövedéké] ❸ szétforgácsolás

**scatter** *IGE*

❶ (szét)szóródik, szétszéled ❷ eloszlik, szétoszlik ❸ (szét)szór, elszór ❹ eloszlat, szétoszlat ❺ szertefoszlat, meghiúsít ❻ (el)terjeszt

**scatterbrain** hebehurgya alak

**scatterbrained** kelekótya, hebehurgya

**scattered** /ˈskætəd/ elszórt, szétszórt [pl. lakosság, felhőzet]

**scenario** /səˈnɑːrɪəʊ/ ❶ szövegkönyv, forgatókönyv ❷ események tervezett/elképzelt menete, szóba jöhető lehetőség, „forgatókönyv"

**scenarist** /ˈsiːnərɪst/ VAGY /səˈnɑːrɪst/ szövegkönyvíró, forgatókönyvíró

**scene** /siːn/ ❶ szín, jelenet [színházban, filmen] ❷ jelenet, botrány *make a scene* jelenetet csinál/rendez ❸ vmi helye/helyszíne ❹ porond, színtér, vminek a frontja/tere KIFEJEZÉSEKBEN: *behind the scenes* titokban, a kulisszák mögött *set the scene* megalapoz, előkészít (amit: *for*)

**scenery** /ˈsiːnərɪ/ ❶ látvány, táj ❷ díszlet(ek), színfalak

**scenic** /ˈsiːnɪk/ *FNÉV*

❶ szcenika ❷ természetfilm

**scenic** *MNÉV*

❶ színpadi(as) ❷ festői, látványos

**scenic railway** ❶ kisvasút [pl. vidámparkban] ❷ hullámvasút

**scent** /sent/ *FNÉV* ❶ illat, szag [kellemes] ❷ illatszer, parfüm ❸ szaglás, szimat ❹ szag [vad nyomában] ❺ nyom *be on the scent* nyomon van

**scent** *IGE* ❶ szagol [állat] ❷ kiszagol, (meg-) szimatol *scent foul play* tisztességtelenséget sejt ❸ (be)illatosít (amivel: *with*)

**-scented** /sentɪd/ -illatú

**sceptic** /ˈskeptɪk/ *FNÉV* kételkedő, szkeptikus

**sceptical** /ˈskeptɪkəl/ *MNÉV* kételkedő, szkeptikus

**scepticism** /ˈskeptɪsɪzəm/ két(el)kedés, szkepticizmus

**sceptre** /ˈseptə/ ❶ jogar ❷ királyi hatalom/ kormánypálca

**schedule** /ˈʃedjuːl/ VAGY /ˈskedʒuːl/ *FNÉV*

❶ (munka)terv, ütem, ütemezés *on schedule* menetrend/terv szerint, határidőre, pontosan ❷ menetrend, órarend *ahead of schedule* a menetrendnél/tervezettnél előbb *behind schedule* a menetrendnél/tervezettnél később

**schedule** *IGE*

❶ (be)tervez, beütemez *the plane is scheduled to land at 2.30* a gép a menetrend szerint 2.30-kor száll le *as scheduled* menetrend/terv szerint ❷ beállít, menetrendbe állít

**scheduled** /ˈʃedjuːld/ VAGY /ˈskedʒuːld/ ❶ menetrendszerű ❷ betervezett, előre tervezett/látott

**schema** /ˈskiːmə/ *TBSZ* **schemata** /ˈskiːmətə/ vázlat, séma, tervezet

**schematic** /skiːˈmætɪk/ vázlatos ⓘ *NEM* ~~sematikus~~

**schematize** /ˈskiːmətaɪz/ sematizál, vázlatosan ábrázol

**scheme** /skiːm/ *FNÉV*

❶ terv(ezet) ❷ rend(szer), elrendezés *the scheme of things* a dolgok rendje *colour scheme* színelrendezés ❸ cselszövés, ⓘ *NEM* ~~séma~~

**scheme** *IGE*

❶ tervez, tervbe vesz ❷ mesterkedik, ármánykodik (ami/aki ellen: against)

**schism** /ˈskɪzəm/ (hit)szakadás

**schismatic** /skɪzˈmætɪk/ szakadár

**schizophrenia** /ˌskɪtsəʊˈfriːnɪə/ tudathasadás, skizofrénia

**schizophrenic** /ˌskɪtsəʊˈfrenɪk/ *FNÉV/MNÉV* tudathasadásos, skizofrén

**schmaltz** /ʃmɔːlts/ ❶ émelygősség, giccsesség ❷ szirupos/giccses dolog/mű

**schmaltzy** /ˈʃmɔːltsɪ/ szirupos, nyálas
**schmooze** /ʃmuːz/ bájolog, smúzol
**schnapps** /ʃnæps/ snapsz
**schnitzel** /ˈʃnɪtsəl/ rántott hússzelet, rántotthús
**schnorkel** VAGY **schnorkle** /ˈʃnɔːkəl/ ❶ légzőpipa, légzőkészülék pipája, légzőcső [könnyűbúváré] ❷ lélegzőperiszkóp [tengeralattjáróé]
**scholar** /ˈskɒlə/ ❶ tudós ❷ ösztöndíjas ❸ tanuló, diák
**scholarly** /ˈskɒləlɪ/ ❶ tudós, tudományos ❷ tudománnyal kapcsolatos, tudós
**scholarship** /ˈskɒləʃɪp/ ❶ ösztöndíj [pályázható] ❷ bölcsészet(tudomány), humán tudományok *a fine piece of scholarship* nagyszerű/pontos mű
**scholastic** /skəˈlæstɪk/ ❶ skolasztikus ❷ tudós ❸ tudálékos
**scholasticism** /skəˈlæstɪsɪzəm/ skolasztika
**school** /skuːl/ FNÉV
❶ iskola *go to school* iskolába jár *be at school* iskolás, iskolába jár *driving school* járművezető-képző ❷ tanítás, oktatás ❸ kar, intézet, fakultás [egyetemen/főiskolán] *medical school* orvosi egyetem/fakultás/kar ❹ iskola, irányzat ❺ halraj
**school** IGE
❶ iskoláztat, taníttat ❷ (ki)képez [pl. kutyát]
**schoolboy** iskolás (fiú)
**school bus** iskolabusz
**schoolchild** TBSZ **schoolchildren** iskolásgyerek
**school district** iskolai körzet
**schoolgirl** iskolás (lány)
**schooling** /ˈskuːlɪŋ/ ❶ iskoláz(tat)ás, tanít(tat)ás ❷ tandíj
**school leaver** végzős (diák)
**schoolmaster** ❶ iskolaigazgató [férfi] ❷ iskolai tanár [magániskolában]
**schoolmistress** ❶ iskolaigazgató [nő] ❷ tanárnő, tanítónő
**schoolteacher** tanár
**schoolyear** tanév
**schooner** /ˈskuːnə/ ❶ szkúner, gyors kétárbocos hajó ❷ US söröskorsó ❸ nagy sherrys pohár
**schwa** /ʃwɑː/ schwa, svá [az /ə/ hang neve]
**science** /ˈsaɪəns/ ❶ NEM MEGSZÁML. tudomány ❷ (természet)tudomány *the hard sciences* a „kemény"/egzakt tudományok ❸ természettudomány óra [iskolában]
**science fiction** tudományos fantasztikus irodalom
**scientific** /ˌsaɪənˈtɪfɪk/ ❶ természettudományi ❷ tudományos
**scientifically** ❶ tudományosan ❷ a tudomány szempontjából
**scientist** /ˈsaɪəntɪst/ (természet)tudós
**scientology** /ˌsaɪənˈtɒlədʒɪ/ szcientológia
**sci-fi** /ˌsaɪˈfaɪ/ science fiction, sci-fi, tudományos fantasztikus irodalom
**scissor** /ˈsɪzə/ ollóval vág
**scissors** /ˈsɪzəz/ ❶ olló *a pair of scissors* olló ❷ ollózó mozdulat [pl. birkózásban, magasugrásban]
**sclerosis** /skləˈrəʊsɪs/ szklerózis, (el)meszesedés *multiple sclerosis, MS* sclerosis multiplex
**sclerotic** /skləˈrɒtɪk/ szklerotikus, elmeszesedett
**scoff** /skɒf/ FNÉV
❶ gúnyolódás, kötekedés ❷ gúny/nevetség tárgya ❸ kaja
**scoff** IGE
❶ gúnyolódik, kötekedik, kigúnyol (akit: *at*) ❷ bedob, befal
**scold** /skəʊld/ FNÉV
házsártos/zsémbes nő
**scold** IGE
(meg)szid, lehord
**scolding** /ˈskəʊldɪŋ/ fejmosás, (össze)szidás *give smb a scolding* összeszid/lehord vkit
**scone** /skəʊn/ VAGY /skɒn/ ❶ pogácsa ❷ /skɒn/ fej
**scoop** /skuːp/ FNÉV
❶ merítőkanál, merítővödör *ice cream scoop* fagylaltoskanál *kitchen scoop* konyhai merítőedény ❷ (szedő)lapát *poop scoop* kutyaürülékfelszedő lapát ❸ kaparókanál [orvosé] ❹ egy kanálnyi/lapátnyi mennyiség ❺ lapátolás, merítés *at one scoop* egy lapáttal/kanállal ❻ üreg
**scoop** IGE
❶ *scoop smth (out/up)* kimer, kilapátol ❷ kikotor, kiváj, fölnyalábol ❸ elsőnek közöl, elkaparint [szenzációs hírt] ❹ jó fogást csinál, megkaparint vki elől [üzletet]
**scooper** /ˈskuːpə/ ❶ kotró/vájó szerszám/eszköz *pooper scooper* kutyaürülék-felszedő lapát ❷ homorú véső
**scooter** /ˈskuːtə/ ❶ roller ❷ robogó
**scope** /skəʊp/ FNÉV ❶ terület, tér [pl. tudományé, működésé] ❷ érvény, hatály [pl. térben, időben] ❸ működési lehetőség, tér
**scorbutic** /skɔːˈbjuːtɪk/ skorbutos
**scorch** /skɔːtʃ/ FNÉV
❶ felperzselt terület/földdarab ❷ perzselődés [növényen]
**scorch** IGE
❶ megperzselődik, megpörkölődik, kiszárad ❷ *it's scorching* nagyon/perzselő forróság van ❸ megperzsel, megpörköl, kiszárít
**score** /skɔː/ FNÉV
❶ (pont)eredmény, állás [pl. mérkőzésé] *what's the score?* mennyi az eredmény? ❷ gól(szerzés), pont(szerzés) [sportban] ❸ *the score* a helyzet, a dolgok állása *what's the score?* hogyan állnak a dolgok? ❹ partitúra, átirat [zenei] *film score* filmzene ❺ indíték, ok *don't worry on that score* efelől ne aggódj ❻ rovás, rovátka, bemetszés ❼ húsz *four score and ten* kilencven
**score** IGE
❶ szerez, elér [pl. pontot, gólt], vmilyen eredményt elér *score an own goal* öngólt lő ❷

S

pontot (meg)ad [pl. játékvezető] ❸ jegyez, számol [pontokat, eredményt] ❹ hangszerel
**score out** *score smth out* kihúz, áthúz [pl. szót]
**scoreboard** /ˈskɔːbɔːd/ eredményjelző tábla
**scorecard** ❶ nyomtatott program [sporteseményen] ❷ eredmény felírására szolgáló papír [sporteseményen]
**scorekeeper** /ˈskɔːkiːpə/ jegyzőkönyvvezető, pontozó
**scoreless** /ˈskɔːləs/ pont/gól nélküli [állás, mérkőzés]
**scorer** /ˈskɔːrə/ ❶ pontozó, jegyzőkönyvvezető ❷ pontszerző, góllövő, gólszerző
**scores** /skɔːz/ rengeteg, sok *have scores of things to do* rengeteg dolga van
**scorn** /skɔːn/ FNÉV
megvetés, lenézés *pour scorn on smth* megvetéssel kezel vmit
**scorn** IGE
megvet, lenéz *scorn to do smth* méltóságán alulinak talál vmit tenni, elutasít vmit
**scornful** /ˈskɔːnfəl/ megvető, lekezelő *be scornful of smth* megvet, lenéz vmit
**scorpion** /ˈskɔːpɪən/ skorpió
**Scot** /skɒt/ FNÉV skót
**scotch** /skɒtʃ/ ❶ *Scotch* skót viszki ❷ skót (nyelvjárás)
**Scotchman** /ˈskɒtʃmən/ TBSZ **Scotchmen** /ˈskɒtʃmən/ skót (férfi)
**Scotch tape** átlátszó ragasztó, cellux
**Scotchwoman** /ˈskɒtʃwʊmən/ TBSZ **Scotchwomen** /ˈskɒtʃwɪmɪn/ skót nő
**Scots** /skɒts/ skót [ember/nyelv]
**Scotsman** /ˈskɒtsmən/ TBSZ **Scotsmen** /ˈskɒtsmən/ skót (férfi)
**Scotswoman** /ˈskɒtswʊmən/ TBSZ **Scotswomen** /ˈskɒtswɪmɪn/ skót nő
**Scottish** /ˈskɒtɪʃ/ skót *the Scottish* a skótok
**scoundrel** /ˈskaʊndrəl/ FNÉV gazember, csirkefogó, csibész
**scour** /skaʊə/ FNÉV
❶ súrolás, tisztítás ❷ letisztított terület/rész ❸ súrolószer
**scour** IGE
❶ (le)súrol, sikál ❷ leöblít, letisztít ❸ kimos [víz területet] ❹ átkutat, átfésül [területet] (amit keresve: *for*)
**scourge** /skɜːdʒ/ FNÉV
❶ istencsapás, veszedelem ❷ ostor, korbács
**scourge** IGE
❶ ostoroz, korbácsol ❷ sújt [pl. baj]
**scout** /skaut/ FNÉV
❶ cserkész ❷ felderítő, járőr ❸ felderítés, járőrözés *take a scout round* körülnéz, felderíti a terepet ❹ tehetségkutató ❺ mozgó javító, sárga angyal [országúton] ❻ inas [az oxfordi egyetemen]
**scout** IGE
❶ keres, kutat (amit: *for*) ❷ *scout* VAGY *scout out* felderít, megfigyel ❸ (le)fitymál, elutasít
**scouting** /ˈskautɪŋ/ ❶ cserkészet, cserkészkedés ❷ felderítés
**scoutmaster** cserkészparancsnok, cserkésztiszt
**scowl** /skaul/ FNÉV
haragos tekintet, felvont szemöldök
**scowl** IGE
összevonja szemöldökét
**scrabble** /ˈskræbəl/ FNÉV
❶ tapogatva keresés ❷ marakodás, civakodás ❸ firkálás ❹ scrabble [játék]
**scrabble** IGE
❶ tapogat(óz)va keres ❷ verekszik, marakodik ❸ firkál
**scraggy** /ˈskrægɪ/ vézna, sovány, csontos
**scram** ❶ elsiet, meglóg ❷ *scram!* tűnj el! / menj a fenébe! ❸ atomreaktort vészleállít
**scramble** /ˈskræmbəl/ FNÉV
❶ mászás, kúszás ❷ tülekedés, tolongás ❸ motorcross verseny
**scramble** IGE
❶ mászik, kúszik ❷ tülekedik/küzd/tolong (amiért: *for*) ❸ rádiójeleket összezavar, kódol
**scrambled egg** (tojás)rántotta
**scrambler** /ˈskræmblə/ kódolóberendezés
**scrap** /skræp/ FNÉV
❶ darabka, törmelék ❷ hulladék, ócskavas *sell one's car for scrap* ócskavasnak adja el az autóját ❸ írott dolog részlete, kivágás ❹ verekedés, bunyó
**scrap** IGE
❶ kidob, szemétre vet, kiselejtez [pl. régi tárgyat] ❷ elvet, felad [pl. tervet] ❸ verekszik, marakodik [pl. kutya] (amin: *over*)
**scrapbook** album (lapkivágások/kivágott képek beragasztására)
**scrape** /skreɪp/ FNÉV
❶ kaparás, karcolás (hangja) ❷ sérülés, horzsolás (nyoma) ❸ nyekerg(et)és, kellemetlen hang ❹ leheletnyi/vékony réteg [pl. vaj kenyéren] ❺ kellemetlenség, kellemetlen helyzet *get into a scrape* kínos helyzetbe / bajba kerül ❻ konfliktus, harc
**scrape** IGE
❶ levakar, lekapar ❷ lesimít, levakar [pl. festés előtt] ❸ vmihez odadörzsölődik, megkarcolódik (amihez: *on/against*) ❹ vmihez odadörzsöl, megkarcol (amihez: *on/against*) ❺ felsért, megkarcol [pl. bőrt]
**scrape along** VAGY **scrape by** (el)tengődik (amiből: *on*)
**scrape out** *scrape smth out* ❶ kikapar [edényt] ❷ kiváj [lyukat]
**scrape through** átcsusszan, átmegy [vizsgán]
**scrape together** VAGY **scrape up** *scrape smth together/up* összekuporgat, összekapar
**scraper** /ˈskreɪpə/ ❶ vakaró, kaparó [eszköz, pl. festékkaparó] ❷ zsugori
**scrapheap** ócskavastelep, szemétdomb

---

**scraping** /ˈskreɪpɪŋ/ ❶ kaparás, vakarás ❷ kaparék, hulladék ❸ megtakarított pénzecske
**scrap iron** ócskavas, fémhulladék
**scrap paper** firkapapír, használt papír
**scrappy** /ˈskræpɪ/ ❶ szedett–vedett, rendezetlen ❷ verekedős, civakodó, kötekedő
**scraps** /skræps/ (konyhai) maradék, ételmaradék
**scratch** /skrætʃ/ *FNÉV*
❶ karcolás, apró sérülés *without a scratch* karcolás nélkül ❷ karcolás hangja, sercegés ❸ vakaró(d)zás *have a scratch* vakaró(d)zik
KIFEJEZÉSEKBEN: *come up to scratch* kiállja a próbát, megüti a mértéket *start smth from scratch* az elejéről/nulláról kezd vmit
**scratch** *IGE*
❶ (meg)karcol, megkarmol ❷ kapar ❸ (meg-) vakar ❹ töröl, visszavon [pl. nevezést, gondolatot] ❺ firkál, csúnyán (le)ír, (le)firkant ❻ nehezen él, tengődik
KIFEJEZÉSEKBEN: *scratch the surface* felületes, csak a felszínt kapargatja
**scratch along** eléldegél, eltengődik
**scratch out** *scratch smth out* ❶ kikapar ❷ kivakar [írást]
**scratch together** VAGY **scratch up** *scratch smth together/up* összekuporgat, összekapar
**scratchcard** VAGY **scratch-off ticket** VAGY **scratchies** /ˈskrætʃɪz/ kaparós sorsjegy
**scratchings** /ˈskrætʃɪŋz/ pörc, töpörtyű
**scratch paper** *US* firkapapír, használt papír
**scratchy** /ˈskrætʃɪ/ ❶ karcos, megkarcolt [pl. hanglemez] ❷ durva felületű, kényelmetlen [pl. ruha] ❸ szálkás, macskakaparásszerű [írás] ❹ felületes, összecsapott [munka]
**scream** /skriːm/ *FNÉV*
❶ visítás, üvöltés, rikoltás ❷ sivítás, sivító hang ❸ csuda dolog/ember
**scream** *IGE*
❶ visít, üvölt *scream with laughter* majd megpukkad a nevetéstől ❷ sivít(ó hangot ad) ❸ kiált/ordít vmiért *it screams to be remedied* lerí róla, hogy ki kell javítani
**screaming** /ˈskriːmɪŋ/ ❶ visító, sikító ❷ nevettető, mulatságos ❸ nyilvánvaló, ordító, égbekiáltó [pl. ellentét]
**screech** /skriːtʃ/ *FNÉV*
❶ rikoltás, visítás ❷ csikorgás, sivítás
**screech** *IGE*
❶ rikolt, visít ❷ csikorog, sivít
**screen** /skriːn/ *FNÉV*
❶ ellenző, (védő)ernyő *folding screen* spanyolfal ❷ fedővállalat, fedőcég ❸ vetítővászon *the screen* mozi/film, filmművészet *the big screen* film [nem televíziós] ❹ (tévé-) képernyő ❺ (szúnyog)háló ❻ rosta, szűrő
**screen** *IGE*
❶ elfed, eltakar [pl. szemet] ❷ elfog, eltakar [pl. kilátást] ❸ oltalmaz, megvéd ❹ (meg-) rostál, szűr ❺ szűr, előválogat ❻ vetít

**screening** /skriːnɪŋ/ ❶ oltalmazás, megvédés ❷ rostálás, szitálás ❸ vetítés ❹ szűrés, előválogatás
**screenplay** mozidarab *screenplay by X* a forgatókönyvet írta: X
**screen saver** képernyővédő
**screw** /skruː/ *FNÉV*
❶ csavar ❷ hajócsavar, propeller ❸ csavarás *give it another screw* még egyet húz rajta ❹ kefélés, dugás
KIFEJEZÉSEKBEN: *have a screw loose* hiányzik egy kereke, nincs ki a négy kereke
**screw** /skruː/ *IGE*
❶ fordul, csavarodik ❷ (be)csavar ❸ odacsavar, rácsavar, rögzít ❹ (meg)szorongat, kényszerít *screw a promise out of smb* ígéretet csikar ki vkiből ❺ becsap, átver ❻ (meg-)kefél
KIFEJEZÉSEKBEN: *have ‹one's› head screwed on (the right way)* helyén van a feje/esze, józan
**screw in** *screw smth in* behajt [csavart]
**screw up** *screw smth up* ❶ felcsavar, felhúz ❷ elcsesz, elszúr ❸ összezavar
**screwdriver** csavarhúzó
**screwed** /skruːd/ ❶ csavart ❷ csavaros, csavarmenetes ❸ elcsavarodott, eltorzult ❹ beszívott, elázott
**scribal** /ˈskraɪbəl/ ❶ írnoki ❷ írásos, írásbeli
**scribble** /ˈskrɪbəl/ *FNÉV*
❶ firkálás, firkálmány ❷ iromány
**scribble** *IGE*
❶ firkál, irkál ❷ [irományokat / irodalminak gondolt művet] ír
**scribbler** /ˈskrɪblə/ firkász
**scribe** /skraɪb/ *FNÉV*
írnok, írástudó, deák
**scribe** *IGE*
megvonalaz, berajzol
**scrimmage** /ˈskrɪmɪdʒ/ dulakodás, csetepaté
**scrimp** /skrɪmp/ ❶ takarékosan bánik vmivel (amivel: *on*) *scrimp and save* takarékoskodik ❷ fukarkodik vkivel/vmivel *she's scrimping her children* fukarul bánik a gyerekeivel ❸ apróra vagdal
**script** /skrɪpt/ *FNÉV*
❶ kézírás ❷ írás(rendszer) *Arabic/Roman/Cyrillic script* arab/latin betűs / cirill írás ❸ forgatókönyv, szövegkönyv, szkript ❹ írásbeli (vizsga)dolgozat ❺ eredeti okmány
**script** *IGE*
forgatókönyvet ír, forgatókönyvvé ír át vmit
**scripter** /ˈskrɪptə/ VAGY **scripteur** /skrɪpˈtɜː/ forgatókönyvíró
**scriptural** /ˈskrɪptʃərəl/ szentírási, bibliai
**scripture** /ˈskrɪptʃə/ VAGY **the scriptures** a Szentírás
**scriptwriter** forgatókönyvíró
**scroll** /skrəʊl/ *FNÉV*
❶ kézirattekercs ❷ papírtekercs ❸ kacskaringó, csigadísz

S

**scroll** *IGE*
görget [= monitoron mozgat]
**scrollbar** görgetősáv [képernyőn]
**scrollsaw** lombfűrész
**scrotum** /ˈskrəutəm/ *TBSZ* **scrota** /ˈskrəutə/ VAGY **scrotums** herezacskó
**scrounge** /skraundʒ/ ❶ elcsen, szerez ❷ potyázik, lejmol
**scrounger** /ˈskraundʒə/ ❶ tolvaj ❷ potyázó
**scrub** /skrʌb/ *FNÉV*
❶ sikálás, súrolás ❷ tartalékjátékos ❸ második csapat, tartalékcsapat ❹ cserjés, bozótos ❺ kopott / rövid szőrű kefe ❻ többnapos szakáll, borosta ❼ tüskés bajusz
**scrub** *IGE*
❶ sikál, súrol ❷ (el)töröl, megszüntet [pl. tervet]
**scrubber** /ˈskrʌbə/ súrolókefe
**scrubby** /ˈskrʌbɪ/ ❶ borotválatlan ❷ bozótos ❸ törpe, jelentéktelen
**scruff** /skrʌf/ ❶ tarkó(bőr) *the scruff of the neck* tarkó ❷ ápolatlan ember
**scruffy** /ˈskrʌfɪ/ ápolatlan, elhanyagolt
**scrunch** /ˈskrʌntʃ/ *FNÉV*
❶ csikorgás ❷ szétmorzsolás, összegyűrés
**scrunch** *IGE*
❶ csikorog ❷ szétmorzsol, összegyűr
**scruple** /ˈskruːpəl/ *FNÉV*
kétség, lelki(ismeret)furdalás, skrupulus *have no scruples* nincsenek erkölcsi gátjai
**scruple** *IGE*
nem szívesen tesz meg vmit, habozik *he won't scruple to kill you* habozás nélkül fog megölni
**scrupulous** /ˈskruːpjuləs/ ❶ kínosan pontos, aprólékos ❷ lelkiismeretes, aggályoskodó
**scrutinize** /ˈskruːtɪnaɪz/ alaposan megvizsgál, fürkész
**scrutiny** /ˈskruːtɪnɪ/ alapos/részletes vizsgálat
**scuba** /ˈskuːbə/ ❶ könnyűbúvárkodás ❷ légzőkészülék [búváré] [= self-contained underwater breathing apparatus]
**scuba diving** könnyűbúvárkodás
**scuffle** /ˈskʌfəl/ *FNÉV*
❶ dulakodás ❷ dulakodás zaja ❸ saraboló
**scuffle** *IGE*
dulakodik
**scull** /skʌl/ *FNÉV*
❶ páros lapát, rövid szárú evező ❷ farevező
**scull** *IGE*
❶ párevezővel evez ❷ farevezővel evez
**sculler** /ˈskʌlə/ ❶ párevezős, kétevezős (csónak) ❷ farevezős ❸ révész, csónakos
**sculpt** /skʌlpt/ ❶ farag [szobrot, követ] ❷ szobrászkodik
**sculptor** /ˈskʌlptə/ szobrász
**sculptural** /ˈskʌlptʃərəl/ szobrász(at)i
**sculpture** /ˈskʌlptʃə/ *FNÉV*
❶ szobor ❷ szobrászat
**sculpture** /ˈskʌlptʃə/ VAGY **sculpt** /skʌlpt/ *IGE*
❶ farag [szobrot, követ] ❷ szobrászkodik

**scum** /skʌm/ *FNÉV*
❶ tajték, hab ❷ salak, szemét ❸ söpredék, hordalék, lepedék ❹ söpredék *the scum of the earth* a föld hordaléka, a világ szemete ❺ aljas/szemét alak
**scum** *IGE*
❶ habját leszedi vminek ❷ tajtékzik
**scumbag** /ˈskʌmbæg/ antipatikus alak
**scummy** /ˈskʌmɪ/ habzó, tajtékozó
**scurrility** /skəˈrɪlɪtɪ/ trágár beszéd, trágárság
**scurrilous** /ˈskʌrələs/ ❶ trágár, obszcén ❷ sértő, durva
**scurvy** /ˈskɜːvɪ/ *FNÉV*
skorbut
**scurvy** *MNÉV*
aljas, hitvány [pl. trükk]
**scuttle** /ˈskʌtəl/ *FNÉV*
❶ fedélzeti lejáró, csapóajtó ❷ futólépés, menekülés ❸ szenesvödör
**scuttle** *IGE*
❶ elszalad, elmenekül ❷ megfúr, elsüllyeszt [hajót]
**scythe** /saɪð/ *FNÉV/IGE* kasza/kaszál
**scythestone** /ˈsaɪðstəun/ fenőkő
**SE** = southeast; southeastern; Standard English
**sea** /siː/ ❶ tenger, óceán *by sea* tengeri úton, hajóval *by the sea* a tenger mellett *be at sea* tengeren van *the open/high seas* a nyílt tenger ❷ tó *Caspian Sea* Kaszpi-tenger ❸ holdbéli sík terület, tenger ❹ hullámzás *rough/heavy sea(s)* erős hullámzás ❺ vmi (végtelen) sokasága KIFEJEZÉSEKBEN: *go to sea* tengerésznek áll
**seabed** tengerfenék
**seabird** tengeri madár
**seabound** ❶ tengertől körülzárt ❷ tengerre menő/irányuló
**sea calf** *TBSZ* **sea calves** borjúfóka
**sea captain** tengerészkapitány [r.szerint kereskedelmi]
**sea chest** tengerészláda
**sea dog** ❶ borjúfóka ❷ (vén) tengeri medve
**sea elephant** ormányos fóka
**seafarer** /ˈsiːfeərə/ ❶ tengeri utazó ❷ tengerész
**seafaring** /ˈsiːfeərɪŋ/ hajós-, tengerész-
**seafood** tenger gyümölcsei, (tengeri) hal/ rák/ kagyló [étel]
**seafront** város tengerparti része
**seagoing** *MNÉV* tengerjáró
**seagull** sirály
**sea horse** ❶ csikóhal ❷ rozmár
**seal** /siːl/ *FNÉV*
❶ pecsét, hitelesítő jegy [viasz/dombor] ❷ plomba, pecsét [pl. ajtón, üvegen] ❸ szigetelés, tömítés ❹ vmi biztosítéka/záloga ❺ *TBSZ* **seals** VAGY **seal** fóka(prém)
**seal** *IGE*
❶ lepecsétel, pecséttel hitelesít/megerősít ❷ szorosan lezár [pl. borítékot] ❸ megpecsétel, hivatalosan befejez, szentesít [pl. aláírással]

*his fate/doom is sealed* sorsa meg van pecsételve ❹ szigetel, tömít
KIFEJEZÉSEKBEN: *my lips are sealed* megfogadtam, hogy nem mondom el
**seal off** *seal smth off* lezár, körbezár [pl. területet]
**sealant** /ˈsiːlənt/ szigetelőanyag, tömítés
**sealer** /ˈsiːlə/ ❶ szigetelőanyag, tömítés ❷ fókavadász(hajó)
**sea level** tengerszint
**sealine** láthatár [tengeren]
**sealing** /ˈsiːlɪŋ/ ❶ pecsételés, bélyegzés ❷ tömítés ❸ fókavadászat
**sealing wax** pecsétviasz
**sea lion** *TBSZ* **sea lions** VAGY **sea lion** oroszlánfóka
**seal ring** pecsétgyűrű
**sealskin** ❶ fókabőr ❷ fókabőrből készült ruha
**seam** /siːm/ *FNÉV*
❶ varrás, szegély [ruhán] ❷ illeszték, illesztés *fill the seams* szigetel, kitölti a rést/illesztést ❸ heg, forradás
**seam** *IGE*
❶ összeilleszt, összeereszt ❷ beszeg
**seaman** /ˈsiːmən/ *TBSZ* **seamen** /ˈsiːmən/ tengerész, matróz
**seamless** /ˈsiːmləs/ ❶ varrás/varrat nélküli egy darabban szőtt ❷ nyomtalan, nyom nélküli
**seamstress** /ˈsemstrəs/ VAGY /ˈsiːmstrəs/ varrónő
**seamy** /ˈsiːmɪ/ ❶ varrásos, belső oldali [ruha] ❷ árnyoldalt mutató, árnyékos
**seance** VAGY **séance** /ˈseɪɒns/ ❶ ülés ❷ (spiritiszta) szeánsz
**sea otter** tengeri vidra
**seaplane** hidroplán, vízi repülógép
**seaport** tengeri kikötővel rendelkező város
**sear** /sɪə/ *MNÉV*
fonnyadt, száraz, hervadt
**sear** *IGE*
❶ kiéget, kiszárít [növényt] ❷ kiéget [sebet] ❸ hirtelen megsüt [húst] ❹ beleéget
**search** /sɜːtʃ/ *FNÉV*
❶ kutatás, keresés *computer search* számítógépes keresés ❷ motozás, vizsgálat, keresés ❸ házkutatás
**search** *IGE*
❶ (át)kutat, megvizsgál, átvizsgál (amit keresve: *for*) *search ⸗one's⸗ conscience* magába néz, megvizsgálja a lelkiismeretét ❷ (meg-) motoz ❸ fürkész, megpróbál meglátni (amit: *for*)
**search engine** (internetes) kereső(program)
**searching** /ˈsɜːtʃɪŋ/ ❶ gondos, aprólékos [vizsgálat] ❷ fürkésző [pillantás]
**searchlight** fényszóró, keresőlámpa
**search party** mentőosztag, mentőexpedíció
**search warrant** házkutatási engedély/parancs
**searing** /ˈsɪərɪŋ/ égető, perzselő [hőség]
**sea shell** tengeri kagyló
**seashore** tengerpart
**seasick** tengeribeteg
**seasickness** tengeribetegség
**seaside** tenger(part) *at/by the seaside* a tengernél
**season** /ˈsiːzən/ *FNÉV*
❶ évszak ❷ időszak, idény, szezon *high season* csúcsidőszak, az időszak közepe *low season* előszezon/utószezon *off season* holt szezon *in season* érés idején, szezonban, a legelfoglaltabb időszakban *be in season* tüzel [állat] *out of season* időszerűtlen, alkalmatlan (időben)
**season** *IGE*
❶ fűszerez, ízesít ❷ hozzászoktat, akklimatizál ❸ (ki)érlel, fokozatosan szárít [pl. fát]
**seasonable** /ˈsiːzənəbəl/ ❶ évszaknak megfelelő [időjárás] ❷ időszerű, alkalmas
**seasonal** /ˈsiːzənəl/ évszakfüggő, idényjellegű
**seasoned** /ˈsiːzənd/ ❶ fűszeres, pikáns ❷ érett, tapasztalt
**seasoning** /ˈsiːzənɪŋ/ ❶ fűszer(ezés), ízesítés ❷ megérés, megfelelő kiszáradás [fáé]
**season's greetings** kellemes/boldog ünnepeket [karácsonyi lapon]
**season ticket** bérlet [közlekedési]
**sea star** tengeri csillag
**seat** /siːt/ *FNÉV*
❶ ülés, ülőhely *take a seat* helyet foglal, leül *book/reserve a seat* megrendel/lefoglal helyet [pl. vonaton, színházban], jegyet vált [előre] ❷ ülőrész [széké], fenékrész [nadrágé/szoknyáé] ❸ képviselői hely, mandátum ❹ székhely, központ [pl. cégé, kormányzásé] ❺ perem, felfekvési felület ❻ testtartás, ülés [pl. lóháton, kerékpáron] *have a good seat* jól megül [pl. lovat] ❼ vidéki kastély, családi székhely
**seat** *IGE*
❶ leültet, elhelyez *please be seated* tessék helyet foglalni *seat ⸗oneself⸗* helyet foglal, leül ❷ üléssel rendelkezik *the room seats 400* a teremben fő foglalhat helyet ❸ helyére tesz/ illeszt [alkatrészt]
**seat belt** biztonsági öv
**-seated** /ˈsiːtɪd/ -ülő, -fekvő *deep-seated* mélyen ülő
**-seater** /ˈsiːtə/ -üléses *five-seater* ötüléses
**seating** /ˈsiːtɪŋ/ ❶ (le)ültetés ❷ ültetési rend
**seating capacity** ülőhelyek száma
**seaward** /ˈsiːwəd/ *MNÉV/HAT.SZÓ* tenger felé (tartó)
**sea water** tengervíz
**seaway** ❶ kijelölt hajózási útvonal ❷ (hajózható) víziút [pl. folyón tengerjárók számára]
**seaweed** hínár, tengeri moszat
**sec** = secondary; secretary; section; sector
**sec** /sek/ *FNÉV*
másodperc *just a sec!* egy pillanat! rögtön!
**sec** *MNÉV*
száraz [pl. pezsgő]
**secede** /sɪˈsiːd/ elszakad (vmitől), kiválik [pl. szövetségből] (ahonnan/amiből: *from*)

S

**seceder** /sɪˈsiːdə/ *FNÉV* szakadár
**secession** /sɪˈseʃən/ kiválás, kilépés, elszakadás ⓘ *NEM* ~~szecesszió~~
**secessionist** /sɪˈseʃənɪst/ *FNÉV/MNÉV* kilépő, elszakadó, szakadár ⓘ *NEM* ~~szecessziós~~
**seclude** /sɪˈkluːd/ elkülönít, elzár
**secluded** /sɪˈkluːdɪd/ félreeső, csendes [hely]
**seclusion** /sɪˈkluːʒən/ ❶ elkülönítés [pl. nőké és férfiaké] ❷ elvonultság, magányossá

**second** /ˈsekənd/ *FNÉV*
❶ másodperc [idő, fok] ❷ rövid idő, másodperc *just a second* várj egy másodpercet, egy pillanat ❸ második osztály, jó [diploma minősítése] ❹ szekund [zenében] ❺ másodedző, szorítósegéd [ökölvívásban] ❻ párbajsegéd ❼ sérült/másodosztályú termék ❽ második fogás ❾ újabb/második adag étel, repeta

**second** *SZNÉV*
❶ második [rövidítve 2nd ill. 2nd] *every second* minden második *the second of December* december második ❷ másodrendű, másodrangú *be second in command* helyettes KIFEJEZÉSEKBEN: *be second to none* felülmúlhatatlan

**second** *HAT.SZÓ*
❶ másodikként *come in second* másodikként ér be ❷ később

**second** /ˈsekənd/ *IGE*
❶ támogat, mellette szólal fel ❷ (párbajban) segédkezik ❸ /sɪˈkɒnd/ kirendel, átmenetileg vhová helyez (ahová: *to*) ❹ /sɪˈkɒnd/ vezényel [katonát] (ahová: *to*)

**secondary** /ˈsekəndərɪ/ *FNÉV*
szekunder ember/dolog

**secondary** *MNÉV*
❶ másodlagos, másodfokú ❷ alárendelt, másodlagos ❸ másodikként/később jelentkező, másodlagos

**secondary education** középfokú oktatás
**secondary modern** VAGY **secondary modern school** középiskola [16 éves korig]
**secondary school** középiskola

**second class** *FNÉV*
❶ normál postai kézbesítés *send smth second class* normál kézbesítéssel küld ❷ *US second class mail/matter* nyomtatvány ❸ másodosztály [pl. vonaton]

**second class** *MNÉV*
❶ másodrendű, másodosztályú ❷ másodosztályra szóló

**second degree** másodfokú [égési sérülés]
**second degree murder** szándékos emberölés
**seconder** /ˈsekəndə/ támogató [javaslaté]
**second finger** mutatóujj
**second floor** *GB* második emelet, *US* első emelet

**second hand** *FNÉV*
másodpercmutató

**second hand** *MNÉV/HAT.SZÓ*
❶ használt(an), másodkézből (való) *buy smth second hand* használtan vesz vmit ❷ hallomásból (származó), közvetett [pl. információ]

**secondly** /ˈsekəndlɪ/ másodszor, másodsorban
**secondment** /sɪˈkɒndmənt/ kirendelés, ideiglenes áthelyezés *be on secondment* ki van rendelve
**second name** vezetéknév
**seconds** /ˈsekəndz/ ❶ második/újabb adag, repeta ❷ második fogás ❸ gyenge minőségű áru
**second thought** újragondolás *have second thoughts about smth* jobban meggondol vmit *on second thought(s)* jobban meggondolva (a dolgot)
**Second World War** II. világháború
**secrecy** /ˈsiːkrəsɪ/ ❶ titoktartás, diszkréció *be sworn to secrecy* titoktartási fogadalmat tesz ❷ titkosság, vmi titkos volta

**secret** /ˈsiːkrət/ *FNÉV*
❶ titok *in secret* titokban *be in the secret* be van avatva a titokba *open secret* nyílt titok ❷ rejtély, titok [pl. a jövő] ❸ vmi nyitja/titka

**secret** *MNÉV*
❶ titkos, titokban tartott *keep smth secret* titokban tart vmit ❷ rejtett, titkos [pl. zseb, átjáró] ❸ csendes, ismeretlen, titkos [pl. imádó]

**secretarial** /ˌsekrəˈteərɪəl/ titkári
**secretariat** /ˌsekrəˈteərɪət/ titkárság
**secretary** /ˈsekrətərɪ/ ❶ titkár *private/personal secretary* magántitkár ❷ miniszter ❸ államtitkár ❹ ügyintéző titkár ❺ íróasztalka, szekreter
**Secretary General** főtitkár
**Secretary of State** ❶ *US* miniszter ❷ [brit] külügyminiszter
**secrete** /sɪˈkriːt/ ❶ kiválaszt [váladékot, pl. könnyet] ❷ elrejt, eldug
**secretion** /sɪˈkriːʃən/ ❶ kiválasztás [biológiai] ❷ váladék ❸ elrejtés
**secretive** /ˈsiːkrətɪv/ titkolózó, titokzatoskodó
**secret service** titkosszolgálat
**sect** /sekt/ szekta
**sectarian** /sekˈteərɪən/ szektariánus, szektás
**sectarianism** /sekˈteərɪənɪzəm/ szektarianizmus

**section** /ˈsekʃən/ *FNÉV*
❶ szakasz, rész ❷ részleg, szekció ❸ gerezd, cikk [pl. gyümölcsé] ❹ (kereszt)metszet, szelet ❺ (be)metszés [pl. orvosi] *Caesarian section* császármetszés ❻ metszet, preparátum [mikroszkópos vizsgálathoz] ❼ szakasz, paragrafus, cikkely [jogszabályban] ❽ paragrafusjel, § ill. ¶ jel

**section** *IGE*
részekre/szakaszokra oszt

**sectional** /ˈsekʃənəl/ ❶ (kereszt)metszeti ❷ helyi, csoportra vonatkozó, partikuláris [pl. érdek] ❸ részekből álló, szétszedhető [pl. bútor]
**section mark** paragrafusjel, , § ill. ¶ jel
**sector** /ˈsektə/ ❶ körcikk, körszektor ❷ körzet, szektor ❸ szektor, ágazat [gazdaságé] ❹ kiosztási egység, szektor [számítógépes diszken]
**secular** /ˈsekjulə/ világi, szekuláris

**secularization** /ˌsekjulərarˈzeɪʃən/ államosítás [egyházi tulajdoné], szekularizácó
**secularize** /ˌsekjuləraɪz/ ❶ világiasít, szekularizál ❷ államosít, [egyházi intézményt]
**secure** /sɪˈkjuə/ *MNÉV*
❶ biztos, biztonságos (amitől: *from/against*) ❷ szoros(an zárt) [pl. ablak] ❸ biztos (jövőjű) [pl. állás] ❹ biztos (alapokon álló), szilárd [pl. háttér]
**secure** *IGE*
❶ (gondosan) lezár, bezár [pl. ajtót] ❷ biztosít, megvéd (ami/aki elől: *from/against*) ❸ elér, kieszközöl ❹ lefoglal, (előre) biztosít ❺ garanciát ad, biztosít [pl. kölcsönt]
**security** /sɪˈkjuərətɪ/ ❶ biztonság(osság) ❷ biztonsági szolgálat ❸ biztosíték, fedezet ❹ (adat)biztonság ❺ értékpapír ❻ jótálló, kezes
**Security Council** Biztonsági Tanács
**security guard** biztonsági őr
**security service** elhárítás [biztonságpolitikai]
**sedan** /sɪˈdæn/ ❶ nagy autó, szedán ❷ *sedan (chair)* gyaloghintó
**sedate** /sɪˈdeɪt/ *FNÉV*
nyugodt, higgadt
**sedate** *IGE*
nyugtatóz, nyugtatóval megnyugtat, szedál
**sedation** /sɪˈdeɪʃən/ ❶ nyugtatózás, szedálás *put smb under sedation* nyugtatóz, nyugtatót ad vkinek ❷ nyugodtság, nyugodt állapot
**sedative** /sɪˈdeɪtɪv/ nyugtató(szer)
**sedentary** /ˈsedəntərɪ/ ❶ ülő- [pl. foglalkozás] ❷ egy helyben maradó, nem mozgó
**sediment** /ˈsedɪmənt/ ❶ üledék ❷ hordalék
**sedimentary** /ˌsedɪˈmentərɪ/ üledékes
**sedimentation** /ˌsedɪmenˈteɪʃən/ ❶ ülepedés, lerakódás ❷ üledékesedés
**seduce** /sɪˈdjuːs/ ❶ elcsábít ❷ eltérít, elcsábít (amitől: *from*)
**seducer** /sɪˈdjuːsə/ csábító
**seduction** /sɪˈdʌkʃən/ ❶ (el)csábítás ❷ vonzerő, varázs
**seductive** /sɪˈdʌkʃən/ ❶ csábító, csábos ❷ megtévesztő
**see** /siː/ *FNÉV*
püspökség, érsekség, egyházmegye *The Holy See* a Szentszék
**see** /siː/, **saw** /sɔː/, **seen** /siːn/ *IGE*
❶ (meg)lát, megnéz, észrevesz *I can't see you* nem látlak *let me see* hadd lássam *see page 17* lásd a 17. oldalt/oldalon ❷ tapasztal, lát *my car has seen better days* látott az autóm szebb napokat is ❸ (meg)ért, felfog, lát *I see!* értem! *you see ...* látod…, nézd…, tudod… *do you see what I mean?* érted, mire gondolok? *see smth for ⸗oneself⸗* maga győződik meg vmiről ❹ vmilyennek/vhogyan lát, vminek elképzel (amilyennek: *as*) *see smth differently* máshogy lát vmit ❺ majd meglát, utánanéz vminek, gondoskodik/megbizonyosodik vmiről *let me see* lássuk csak, hadd gondolkodjak *I'll see what I can do for you* majd meglátom, mit tehetek önért *see (to it) that* {MONDAT} gondoskodik róla, hogy {MONDAT}/ tesz arról, hogy {MONDAT} ❻ meglátogat vkit, beszél vkivel *why don't you see the doctor?* menj el az orvoshoz *can I see you now?* beszélhetünk most? ❼ látogatóként fogad vkit *the minister will be able see you now* a miniszter úr most tudja fogadni önt ❽ elkísér vhova *see smb home* hazakísér vkit ❾ történik vmi vmikor *the early 1990s saw the fall of communism* a kilencvenes évek elején történt a kommunizmus bukása ❿ elképzel, maga elé képzel *can you see yourself climbing those stairs?* el tudod képzelni magadat, amint azokat a lépcsőket mászod?
KIFEJEZÉSEKBEN: *see stars* csillagokat lát [r.szerint fájdalomtól] *seeing is believing* hiszem, ha látom *(I'll) see you later* viszlát *see you on Monday* a hétfői viszontlátásra *as far as I can see* legjobb tudomásom szerint
**see about** *see about smth* ❶ vminek nekifog/nekilát ❷ intézkedik vmi ügyében *I'll see about breakfast* majd megcsinálom a reggelit
**see of** *see of smb* vmennyit lát vkit *I don't see much of them these days* nem sokat látom őket mostanában
**see off** *see smb off* kikísér vkit vhová
**see out** *see smb/smth out* ❶ kikísér *see ⸗oneself⸗ out* maga is kitalál ❷ kivár/kiül ❸ kitart/eltart/kihúzza vmeddig *will our supplies see the week out?* kitartanak a készleteink a hét végéig?
**see through** ❶ *see through smb/smth* átlát, keresztüllát vkin/vmin) ❷ *see smb through* végig támogatást nyújt vkinek, végig kitart vki mellett ❸ *see smth through* végigcsinál/végigvisz vmit
**see to** *see to smb/smth* gondoskodik vkiről/vmiről, vigyáz/ügyel vkire/vmire *I'll see to it that* {MONDAT} majd gondoskodom arról, hogy {MONDAT}
**seed** /siːd/ *FNÉV*
❶ mag, csíra *sow the seeds of smth* elveti vmi magját ❷ szem [pl. búzáé] ❸ kiemelt játékos [pl. teniszben] *top seed* első helyen kiemelt játékos ❹ ivadék, leszármazott ❺ vmi kezdete/magva ❻ mag, sperma
**seed** *MNÉV*
vetési, ültetési, vető- [pl. burgonya]
**seed** *IGE*
❶ megérik, szemesedik, magot hoz ❷ ültet, bevet (amivel: *with*) ❸ kimagoz [gyümölcsöt] ❹ kiemel [pl. teniszezőt]
**seeded** /ˈsiːdɪd/ kiemelt [játékos]
**seeder** /ˈsiːdə/ ❶ vetőgép ❷ magozó
**seedling** /ˈsiːdlɪŋ/ magról nevelt növény
**seedling box** palántaláda
**seed potato** vetőburgonya

S

**seedsman** /ˈsiːdzmən/ *TBSZ* **seedsmen** /ˈsiːdzmən/ ❶ magvető ❷ magkereskedő

**seedy** /ˈsiːdɪ/ ❶ magvas, sokmagú ❷ lepusztult, (ágról)szakadt ❸ beteges(kedő), gyengélkedő

**seeing eye dog** vakvezető kutya

**seek** /siːk/, **sought** /sɔːt/, **sought** /sɔːt/ ❶ keres, kutat *what are they seeking (after/for)?* mit keresnek? ❷ megkísérel, törekszik vmire *he seeks reelection* újra akarja választatni magát *seek to do smth* megkísérel vmit megtenni ❸ kér, igénybe vesz [pl. tanácsot] *seek medical advice* orvosi tanácsot kér

**seek out** *seek smb/smth out* fölkutat, megtalál

**seem** /siːm/ látszik, tűnik *she seems (to be) convinced that* {MONDAT} úgy tűnik, meg van győződve arról, hogy {MONDAT} *it seems (to me) that* {MONDAT} úgy tűnik, hogy {MONDAT} *I seem to have seen it* mintha láttam volna

**seeming** /ˈsiːmɪŋ/ látszólagos

**seemingly** /ˈsiːmɪŋlɪ/ ❶ látszólag, úgy tűnik ❷ szemlátomást

**seemly** /ˈsiːmlɪ/ ❶ ill(end)ő, helyes ❷ szemrevaló

**seen** ☞ see

**seep** /siːp/ *FNÉV*

❶ apró szivárgás/forrás ❷ szivárgás

**seep** *IGE*

szivárog, szűrődik

**seepage** /ˈsiːpɪdʒ/ szivárgás

**seer** /sɪə/ ❶ látnok, próféta ❷ látó

**seeress** /ˈsɪərəs/ látnok [nő]

**seesaw** /ˈsiːsɔː/ *FNÉV*

❶ libikóka, mérleghinta ❷ himbálódzás, hintázás

**seesaw** *IGE*

❶ libikókázik, mérleghintázik ❷ föl–le/jobbra–balra mozog ❸ ingadozik, fluktuál [pl. ár]

**seethe** /siːð/ ❶ forr(ong), kavarog (amitől: *with*) ❷ kavarog, tajtékzik [folyadék]

**see-through** átlátszó, áttetsző

**segment** /ˈsegmənt/ *FNÉV*

(kör)szelet, szegmens, szakasz

**segment** /segˈment/ *IGE*

❶ feloszlik, osztódik ❷ feloszt [részekre]

**segmental** /segˈmentəl/ ❶ részekre osztott ❷ izolált [(beszéd)hang]

**segmentation** /ˌsegmənˈteɪʃən/ szelvényekre/szegmensekre osztás/oszlás

**segregate** /ˈsegrəgeɪt/ ❶ különválik, elkülönül ❷ különválaszt, elkülönít

**segregation** /ˌsegrəˈgeɪʃən/ ❶ különválasztás *racial segregation* faji megkülönböztetés, szegregáció ❷ különválás

**segregationist** /ˌsegrəˈgeɪʃənɪst/ faji megkülönböztetés híve

**seismic** /ˈsaɪzmɪk/ földrengési, szeizmikus

**seismograph** /ˈsaɪzməgrɑːf/ szeizmográf

**seismology** /saɪzˈmɒlədʒɪ/ földrengéstan

**seize** /siːz/ ❶ megragad, megfog [tárgyat, lehetőséget] ❷ megszerez, birtokba vesz [erőszakkal] ❸ lefoglal, elkoboz [utasításra] ❹ megért, felfog ❺ berágódik, megakad, megszorul [alkatrész]

**seize on** *seize on smth* megragad, kihasznál [pl. ajánlatot]

**seizure** /ˈsiːʒə/ ❶ megragadás ❷ lefoglalás, elkobzás ❸ elkobzott dolog/áru ❹ (betegség-)roham *heart seizure* szívroham

**seldom** /ˈseldəm/ ritkán

**select** /sɪˈlekt/ *MNÉV*

❶ válogatott, kiszemelt ❷ zárt körű, kiválasztottaknak való, exkluzív

**select** *IGE*

(ki)választ, (ki)válogat, szelektál (amiből/ahonnan: *from*) *be selected to do smth* kiválasztják arra, hogy vmit tegyen

**selection** /sɪˈlekʃən/ ❶ kiválasztódás, kiválogatódás *natural selection* természetes kiválasztódás ❷ kiválasztás, (ki)válogatás ❸ választék [pl. üzletben, étteremben] ❹ kiválasztott/esélyes versenyző ❺ szemelvény

**selective** /sɪˈlektɪv/ ❶ gondosan válogató, szelektív ❷ kiválasztó, szelektív [pl. hatóanyag]

**selectivity** /sɪˌlekˈtɪvɪtɪ/ szelektivitás

**selector** /sɪˈlektə/ ❶ válogató, választó ❷ átkapcsoló *band selector* sávváltó

**selenium** /səˈliːnɪəm/ szelén

**self** /self/ *TBSZ* **selves** /selvz/ ❶ (saját) maga, önmaga, egész valója/énje vkinek *put {one's} whole self into smth* egész valóját teszi vmibe / adja vmihez *he's still not his own self* még nem a régi önmaga [pl. betegség után] ❷ személyes/egyéni érdek ❸ *the self* én, egyén, egó

**self-abuse** ❶ önbecsmérlés ❷ önfertőzés, maszturbálás

**self-acting** önműködő, automata

**self-addressed envelope, SAE** saját címre megcímzett válaszboríték

**self-adhesive** öntapadós

**self-analysis** önelemzés

**self-appointed** önjelölt, magát vminek kikiáltó

**self-assembly** összerakható, elemes [pl. bútor]

**self-assurance** magabiztosság

**self-assured** magabiztos

**self-catering** önellátó, ellátás nélküli [pl. üdülés]

**self-certification** betegség igazolása saját nyilatkozattal [munkáltató részére]

**self-centred** ❶ önző, egocentrikus ❷ független, önálló

**self-closing** önműködő(en csukódó/záródó)

**self-complacency** VAGY **self-complacence** önelégültség

**self-complacent** önelégült

**self-composed** nyugodt, higgadt

**self-confessed** magát nyíltan vminek/vmilyennek valló

**self-confidence** önbizalom, magabiztos attitűd

**self-confident** magabiztos

**self-conscious** ❶ zavart, elfogódott [mások figyelme miatt] ❷ öntudatos

**self-contained** ❶ önálló, független, önmagában is egész [pl. lakrész] ❷ tartózkodó, zárkózott ❸ nyugodt, higgadt
**self-contradiction** önellentmondás
**self-contradictory** önellentmondást tartalmazó, önellentmondásos
**self-control** önuralom, önkontroll
**self-critical** önkritikus
**self-deception** VAGY **self-deceit** önbecsapás, önáltatás
**self-defence** önvédelem *in self-defence* önvédelemből
**self-delusion** öncsalás, önámítás
**self-denial** önmegtagadás, vmiről lemondás
**self-denying** ❶ önmegtagadó ❷ önzetlen
**self-destruct** önmagát megsemmisíti [pl. rakéta]
**self-destruction** ❶ öngyilkosság ❷ önpusztítás
**self-destructive** önpusztító
**self-determination** ❶ önállóság, szabad akarat ❷ önrendelkezés, szabad akarat [népé]
**self-discipline** önfegyelem
**self-drive** sofőr nélküli [autóbérlés]
**self-educated** autodidakta
**self-employed** MNÉV magánvállalkozó
**self-esteem** önbecsülés, önérzet
**self-evident** magától értetődő, nyilvánvaló
**self-explanatory** magától értetődő, nyilvánvaló
**self-expression** önkifejezés [pl. művészi]
**self-governing** autonóm, független [pl. terület, szervezet]
**self-government** VAGY **self-rule** önkormányzat, autonómia ⓘ NEM ~~önkormányzat~~ [= városi testület]
**self-healing** öngyógyító
**self-help** FNÉV/MNÉV önsegély(ező), önsegítő
**selfhood** ❶ személyiség ❷ egyéni élet, egyéniség ❸ énközpontúság
**self-ignite** önmagtól begyullad/meggyullad
**self-ignition** ❶ öngyulladás ❷ automatikus gyújtás
**self-image** önmagáról alkotott kép
**self-importance** önteltség, gőg, beképzeltség
**self-important** öntelt, gőgös, beképzelt
**self-imposed** önként vállalt, önkorlátozó
**self-inflicted** önmagának okozott [pl. sérülés]
**self-interest** önzés, önérdek, önös érdek
**selfish** /ˈselfɪʃ/ önző
**selfishness** /ˈselfɪʃnəs/ önzés
**self-justification** önigazolás
**self-justify** önmagát igazolja, önigazolóan viselkedik
**selfless** /ˈselfləs/ önzetlen
**self-loader** automata puska
**self-locking** önmagától záródó [r.szerint ajtó]
**self-love** önzés, önimádat, önszeretet
**self-made** ❶ maga erejéből lett, mindent önmagának köszönhető ❷ maga készítette
**self-operating** VAGY **self-operative** automata, önműködő
**self-organization** önszerveződés
**self-pity** önsajnálat
**self-portrait** ❶ önarckép ❷ saját magának leírása/jellemzése, önarckép
**self-possessed** higgadt, önuralommal rendelkező
**self-possession** higgadtság, önuralom *regain ⁑one's⁑ self-possession* összeszedi önuralmát
**self-pride** önbecsülés, büszkeség
**self-proclaimed** saját maga által felkent/kinevezett, önjelölt
**self-propelled** VAGY **self-propelling** önműködő, önjáró
**self-realization** önmegvalósítás, az egyéniség kiteljesítése
**self-regulation** önszabályozás
**self-regulatory** önszabályozó
**self-respect** önbecsülés, önérzet
**self-restraint** önkorlátozás, önuralom, önmérséklet
**self-sacrifice** önfeláldozás
**self-sacrificing** önfeláldozó
**selfsame** (pontosan) ugyanaz
**self-sealing** ❶ önműködően vulkanizálódó [pl. gumi] ❷ öntapadós [boríték]
**self-service** VAGY **self-serve** FNÉV/MNÉV ❶ önkiszolgálás ❷ önkiszolgáló
**self-serving** öncélú
**self-standing** önálló, magában használható
**self-starter** ❶ önindító ❷ önálló(an) kezdeményező (munkaerő)
**self-study** FNÉV/MNÉV önálló tanulás(ra alkalmas/készített)
**self-sufficiency** ❶ önellátás, önellátóképesség ❷ önelégültség, önteltség
**self-sufficient** ❶ önellátó, önálló *the country is self-sufficient in food* élelmiszerekből az ország önellátó ❷ önelégült, öntelt
**self-supported** önhordó
**self-supporting** VAGY **self-sustaining** önmagát fenntartani képes, önálló
**self-taught** autodidakta (módon tanuló)
**selfward** MNÉV/HAT.SZÓ önmaga felé (ható/irányuló)
**self-winding** önfelhúzós, automata [óra]

**sell** /sel/ FNÉV
❶ eladás ❷ becsapás, csalás

**sell** /sel/, **sold** /səuld/, **sold** /səuld/ IGE
❶ elad, árul, értékesít (akinek: *to*, amiért: *for*) *I sold him my house* eladtam neki a házamat *she sold her house to me* eladta nekem a házamat ❷ segít eladni, kelendővé tesz [pl. hirdetés] ❸ (vmilyen áron) forog/adják *this CD sells for $7* ezt a CD-t hét dollárért adják *this record has sold 50,000 copies* ebből a lemezből 50000-t sikerült eladni ❹ elfogadhatóvá/hihetővé tesz [pl. gondolatot] *sell ⁑oneself⁑* elfogadtatja/eladja magát ❺ elárul, becsap *I've been sold* engem bepaliztak/átvertek

**sell off** *sell smth off* kiárusít, olcsó áron megszabadul vmitől

**sell out** ❶ elkel, elfogy *all tickets sold out fast* minden jegy elfogyott/elkelt ❷ mindent elad *all tickets were sold out* az összes jegyet eladták/megvették ❸ eladja részvényeit (akinek: *to*) *she had to sell out to the market leader* el kellett adnia részvényeit a piacvezetőnek ❹ eladja magát, aprópénzre váltja a tehetségét

**sell up** *sell smth up* ❶ mindent értékesít/elad *he sold up (his business) and {MONDAT}* mindenét eladta és {MONDAT} ❷ elárverez, mident értékesít

**sell by date** ❶ szavatossági idő ❷ ideális/kívánt korhatár *he's past his sell by date* [pl. álláskeresőről] az ideális koron túl van

**seller** /ˈselə/ ❶ eladó, árus ❷ kelendő áru, jól menő cikk

**seller's market** eladói piac, nagy kereslet

**sellotape** /ˈseləteɪp/ cellux, ragasztószalag

**sellout** ❶ végeladás, kiárusítás ❷ telt ház, „minden jegy elkelt" ❸ elárulás, becsapás

**selves** ☞ self

**semantic** /səˈmæntɪk/ jelentéstani, szemantikai

**semantically** /səˈmæntɪklɪ/ jelentéstanilag, szemantikailag

**semantician** /ˌsemənˈtɪʃən/ szemantikus, jelentéstan-kutató

**semantics** /səˈmæntɪks/ ❶ jelentéstan, szemantika ❷ csűrés–csavarás, mellébeszélés

**semaphore** /ˈseməfɔː/ ❶ (zászlós/táblás) jelzőrendszer ❷ szemafor

**semblance** /ˈsembləns/ ❶ hasonlóság ❷ látszat, külszín ❸ másolat

**semen** /ˈsiːmən/ ❶ ondó ❷ *TBSZ* **semena** /ˈsemɪnə/ ondósejt, sperma

**semester** /sɪˈmestə/ (tanulmányi) félév, szemeszter

**semi** /ˈsemɪ/ ❶ ikerház ❷ elődöntő ❸ nyergesvontató(s kamion)

**semi-** /semɪ/ félig, fél-

**semiannual** félévi, félévenkénti

**semiautomatic** félautomata [r.szerint fegyver]

**semicircle** ❶ félkör ❷ félkör alak, félkör [pl. ülésrend]

**semicircular** félkör alakú

**semicolon** pontosvessző

**semiconductor** félvezető

**semi-detached house** ikerház

**semifinal** ❶ középdöntő ❷ elődöntő

**semifinalist** középdöntős, elődöntőt játszó

**seminal** /ˈsemɪnəl/ ❶ mag-, ondó- ❷ jelentékeny, eredeti, termékenyítő

**seminar** /ˈsemɪnɑː/ szeminárium

**seminary** /ˈsemɪnerɪ/ ❶ papnövelde, szeminárium ❷ leánynevelő intézet

**Semite** /ˈsiːmaɪt/ *FNÉV/MNÉV* sémita, szemita

**Semitic** /səˈmɪtɪk/ *MNÉV* sémi, szemita

**semolina** /ˌseməˈliːnə/ gríz, búzadara

**semolina pudding** tejbegríz

**sen.** = senate; senator; senior

**senate** /ˈsenət/ ❶ felsőház, szenátus ❷ (egyetemi) tanács

**senator** /ˈsenətə/ ❶ tanácsos, szenátor ❷ felsőházi tag, szenátor

**senatorial** /ˌsenəˈtɔːrɪəl/ szenátori

**senatorship** /ˈsenətəʃɪp/ szenátorság

**send** /send/, **sent** /sent/, **sent** /sent/ ❶ (el-) küld *send word* üzenetet küld ❷ vhová irányít/küld *they sent their children to the best school* gyerekeiket a legjobb iskolába küldték/iratták be ❸ vkit elküld vmiért (amiért: *for*) *we'll have to send to Holland for tulips* Hollandiából kell tulipánt hozatnunk ❹ vet, hajít, repít *the explosion sent debris flying everywhere* a robbanástól szanaszét repült a törmelék ❺ vmilyenné tesz *send smb mad / into a rage* őrületbe kerget / megőrjít vkit

**send away** ❶ elküldet *they sent away for the parts* elküldették az alkatrészeket ❷ *send smb/smth away* elküld vmit, elbocsát vkit

**send down** *send smb/smth down* ❶ lecsökkent [pl. kereslet árakat] ❷ vmit leküld [alacsonyabb helyre] ❸ eltanácsol, elbocsát [egyetemről] ❹ börtönbe küld

**send for** *send for smb* érte küld, hívat *they sent for the doctor* hívatták az orvost

**send in** *send smth in* beküld, benyújt [pl. megvizsgálásra]

**send off** ❶ elküldet *they sent off for the shirts* elküldettek az ingekért ❷ *send smth off* elküld vmit [postán] ❸ *send smb off* leküld, kiállít [játékost] ❹ elbúcsúztat

**send on** *send smth on* ❶ továbbít, utánaküld ❷ előreküld / maga elé küld vmit

**send out** *send smb/smth out* ❶ szétküld, mindenhová elküld ❷ kibocsát [pl. jeleket]

**send round** *send smth/smb round* ❶ köröz, körbead ❷ szétküld ❸ érte küld

**send up** *send smb/smth up* ❶ felküld, felhajít ❷ felhajt, növel, emel [pl. árat, hőmérsékletet] ❸ utánoz, parodizál, gúnyol

**sender** /ˈsendə/ küldő, feladó [pl. levélé]

**sendoff** ❶ búcsú, búcsúztató *give smb a send-off* elbúcsúztat vkit ❷ útnak indítás ❸ kiállítás [játékosé]

**sendup** parodizálás, utánzás

**senile** /ˈsiːnaɪl/ szenilis

**senility** /səˈnɪlɪtɪ/ vénség, szenilitás

**senior** /ˈsiːnɪə/ *FNÉV*

❶ idősebb ember [vkinél] *be (two years) smb's senior* (két évvel) idősebb vkinél ❷ rangelső, feljebbvaló ❸ negyedéves/végzős diák

**senior** *MNÉV*

❶ idősebb, öregebb *be senior to smb* vkinél idősebb ❷ magasabb rangú, rangidős

**senior citizen** nyugdíjas

---

organiSe ☞ organiZe realiSation ☞ realiZation hiT–hiTTing loG–loGGed thiN– thiNNer–thiNNest make–making baby–babies cry–cries–cried happy–happier–happiest

*GB* **colour**, **centre**, **dialogue** = *US* **color**, **center**, **dialog**

**seniority** /ˌsiːnɪˈɒrɪtɪ/ ❶ idősebb kor ❷ magasabb rang
**senior management** felső vezetés, top menedzsment
**senior officer** rangidős tiszt
**sensation** /senˈseɪʃən/ ❶ érzés, érzet, érzékelés ❷ feltűnés, szenzáció
**sensational** /senˈseɪʃənəl/ ❶ szenzációs, feltűnést keltő ❷ szenzációhajhász
**sensationalism** /senˈseɪʃənəlɪzəm/ szenzációhajhászás, feltűnéskeltés
**sensationalist** /senˈseɪʃənəlɪst/ hatásvadász
**sense** /sens/ FNÉV
❶ érzék *have a keen sense of taste* jó az ízlelőképessége ❷ gyakorlati érzék, józan ész *have the (good) sense to do smth* jó érzékkel tesz vmit *there's no sense in (doing) smth* semmi értelme (vmit megtenni) ❸ érzet, tudat, értelem, belátás *make sense (out) of smth* vmit megért *it doesn't make sense* nincs (semmi) értelme *in a sense* bizonyos értelemben ❹ egy bizonyos [r.szerint nem pontosan meghatározható] érzés *in a sense* bizonyos szempontból *I felt a sense of urgency* valamiféle sietséget éreztem ❺ jelentés, értelem [szóé] *in every sense of the word* a szó(nak) minden értelmében ❻ közfelfogás, közvélekedés
**sense** IGE
❶ (ösztönösen) megérez, érzékel *I could sense that* {MONDAT} éreztem, hogy {MONDAT} ❷ érzékel, észlel [r.szerint gép]
**senseless** /ˈsensləs/ ❶ értelmetlen ❷ öntudatlan, eszméletlen *knock smb senseless* úgy megüt vkit, hogy eszméletét veszti
**sense of humour** humorérzék
**sense organ** érzékszerv
**senses** TBSZ (józan) ész, értelem, tudat *bring smb to their senses* észhez térít vkit *come to {one's} senses* észhez/észre tér
**sensibility** /ˌsensɪˈbɪlɪtɪ/ VAGY **sensibilities** /ˌsensɪˈbɪlɪtɪz/ ❶ érzékenység ❷ fogékonyság (amire: *to*)
**sensible** /ˈsensɪbəl/ ❶ okos, értelmes, ésszerű ❷ érezhető, érzékelhető [pl. különbség] ❸ tudatában lévő *be sensible of smth* tudatában van vminek
**sensibly** /ˈsensɪblɪ/ ❶ észrevehetően ❷ okosan, értelmesen
**sensitive** /ˈsensɪtɪv/ ❶ érzékeny, fogékony (amire: *to*) ❷ kényes, érzékeny (amire: *about*) ❸ kifinomult érzékű ❹ érzékenyen reagáló, pontosan érzékelő, érzékeny [műszer] ❺ bizalmas, titkos [információ] ❻ érzékenységet kiváltó, kényes [pl. kérdés]
**sensitivity** /ˌsensɪˈtɪvɪtɪ/ VAGY **sensitiveness** /ˈsensɪtɪvnəs/ érzékenység
**sensitize** /ˈsensətaɪz/ érzékennyé tesz (amire: *to*)
**sensor** /ˈsensə/ FNÉV szenzor, érzékelő
**sensory** /ˈsensərɪ/ érzékekre vonatkozó, érzékelési, érzék-
**sensory organs** érzékszervek
**sensual** /ˈsenʃuəl/ ❶ érzéki, testi ❷ buja, kéjes
**sensualism** /ˈsenʃuəlɪzəm/ érzékiség
**sensualist** /ˈsenʃuəlɪst/ érzéki ember
**sensuality** /ˌsenʃuˈælɪtɪ/ érzékiség
**sensuous** /ˈsenʃuəs/ ❶ érzékszervekre ható, érzékszervi örömöt nyújtó ❷ érzékeny ❸ érzéki
**sent** ☞ send
**sentence** /ˈsentəns/ FNÉV
❶ mondat ❷ ítélet *death sentence* halálos ítélet *life sentence* életfogytiglan *pass/pronounce sentence* ítéletet hirdet/mond (akiről/amiről: *on*) ⓘ NEM ~~szentencia~~
**sentence** IGE
elítél, marasztal *be sentenced to x years* x évre ítélik
**sentiment** /ˈsentɪmənt/ ❶ érzelem, érzés *do smth for sentiment* érzelmi okokból tesz vmit ❷ érzékenység ❸ vélemény, nézet *share smb's sentiments* osztja vki felfogását
**sentimental** /ˌsentɪˈmentəl/ érzelmes, érzelmi, szentimentális
**sentimentalism** /ˌsentɪˈmentəlɪzəm/ érzelmesség, érzelgősség, szentimentalizmus
**sentimentality** /ˌsentɪmenˈtælɪtɪ/ érzelmesség, érzelgősség
**sentinel** /ˈsentɪnəl/ őrszem, őr *stand sentinel* őrködik (ami fölött: *over*)
**sentry** /ˈsentrɪ/ őr, őrszem
**sentry box** őrbódé, fakabát
**separable** /ˈsepərəbəl/ elválasztható, levehető
**separate** /ˈseprət/ MNÉV
külön(álló), önálló, elkülönülő *go their separate ways* elválnak útjaik
**separate** /ˈsepəreɪt/ IGE
❶ elválik, különválik *they separated in June* júniusban elváltak útjaik / különváltak ❷ kettéválik, szétválik [anyag] ❸ elválaszt, elkülönít (akitől/amitől: *from*) *they couldn't be separated* el sem lehetett választani őket egymástól ❹ szétválaszt, szeparál
**separately** /ˈseprətlɪ/ elválasztva, külön–külön
**separation** /ˌsepəˈreɪʃən/ ❶ szétválás, elkülönülés ❷ különélés, az életközösség megszüntetése ❸ elválasztás, elkülönítés
**separatist** /ˈsepərətɪst/ szakadár, szeparatista
**sepia** /ˈsiːpɪə/ ❶ szépia(szín), szépiafesték ❷ szépiaszínű kép ❸ tintahal, szépia
**seppuku** hasfelmetszéses öngyilkosság, harakiri, szeppuku
**sepsis** /ˈsepsɪs/ vérmérgezés, szepszis
**September** /sepˈtembə/ szeptember
**septet** /sepˈtet/ ❶ hetes (csoport) ❷ szeptett
**septic** /ˈseptɪk/ fertőző, szeptikus
**septic tank** szennyvízülepítő, derítő
**septillion** /sepˈtɪlɪən/ US kvadrillió [$10^{24}$]
**septum** /ˈseptəm/ TBSZ **septa** /ˈseptə/ válaszfal, rekeszfal, sövény [orvosilag]

S

**septuplet** /'septju:plət/ ❶ szeptuplet [zenei] ❷ hetesiker
**sepulchral** /sə'pʌlkrəl/ síri
**sepulchre** /'sepəlkə/ sír(emlék)
**sequel** /'si:kwəl/ ❶ folytatás, fejlemény ❷ következő rész, folytatás [pl. filmé]
**sequence** /'si:kwəns/ ❶ (egymás után) következés ❷ sor(rend) *keep smth in sequence* sorban egymás után tart vmit ❸ (film)jelenet, képsor ❹ szekvencia, hangsor ❺ három egymás után következő kártya, sor
**sequential** /sɪ'kwenʃəl/ szekvenciális
**sequester** /sɪ'kwestə/ ❶ félrevonul, elzárkózik ❷ elkülönít, különválaszt ❸ zár alá vesz, lefoglal
**seraglio** /sə'rɑ:ljəu/ VAGY **serail** /se'raɪ/ VAGY /sə'raɪl/ ❶ hárem, szeráj ❷ szultáni palota ❸ muzulmán feleségei/ágyasai
**seraph** /'serəf/ *TBSZ* **seraphs** VAGY **seraphim** /'serəfɪm/ szeráf
**seraphic** /sə'ræfɪk/ angyali, szeráfi
**Serbian** /'sɜ:bɪən/ szerb [nyelv/ember]
**serenade** /ˌserə'neɪd/ *FNÉV*
szerenád
**serenade** *IGE*
szerenádot ad
**serendipity** /ˌserən'dɪpɪtɪ/ érdekes/értékes dolgok véletlen/váratlan felfedézésének képessége
**serene** /sə'ri:n/ ❶ nyugodt, higgadt, békés ❷ [megszólításban:] *His Serene Highness* Őfensége, Őfőméltósága
**serenity** /sə'renɪtɪ/ ❶ nyugalom, higgadtság, békésség ❷ hercegi cím/megszólítás
**serf** /sɜ:f/ ❶ jobbágy ❷ szolgáló [vki elvtelen híve]
**serfdom** /'sɜ:fdəm/ jobbágyság, jobbágyi lét
**sergeant** /'sɑ:dʒənt/ őrmester
**sergeant-at-arms** teremőr [törvényszéken, parlamentben]
**sergeant major** törzsőrmester
**serial** /'sɪərɪəl/ *FNÉV*
❶ füzetekben megjelenő / folytatásos könyv/regény ❷ filmsorozat
**serial** *MNÉV*
❶ sorozat-, sor-, sorozatos ❷ időszakos ❸ soros [számítástechnikában]
**serialize** /'sɪərɪəlaɪz/ történetet sorozatként ad ki / sugároz [könyvben, televízióban]
**series** /'sɪəri:z/ VAGY /'sɪərɪz/ *TBSZ* **series** /'sɪəri:z/ VAGY /'sɪərɪz/ ❶ sor, sorozat ❷ hasonló jellegű/című könyvek/filmek, sorozat ❸ sorozatmérkőzés, versenysorozat ❹ sor, haladvány [számtani, mértani] ❺ *in series* sorba/sorosan kapcsolt
**series-wound** /'sɪəri:zwaund/ sorosan kapcsolt
**serious** /'sɪərɪəs/ ❶ komoly *be serious* komolyan beszél, nem viccel (amivel kapcsolatban: *about*) *be serious!* ne viccelj! / ne izélj! / te viccelsz! ❷ fontos, komoly [pl. figyelem] ❸ súlyos, komoly [pl. probléma, sérülés]
**seriously** /'sɪərɪəslɪ/ ❶ komolyan *take smth seriously* komolyan vesz vmit ❷ súlyosan [pl. megsérül]
**seriousness** /'sɪərɪəsnəss/ komolyság, súlyosság *in all seriousness* halálkomolyan
**serjeant-at-arms** /'sɑ:dʒəntətɑ:mz/ teremőr, terembiztos [törvényszéken, parlamentben]
**sermon** /'sɜ:mən/ ❶ szentbeszéd, prédikáció ❷ hegyibeszéd, lelki fröccs, prédikáció
**serous** /'sɪərəs/ vérnedvet tartalmazó/termelő, savós
**serpent** /'sɜ:pənt/ ❶ kígyó ❷ lelkiismeretlen ember, kígyó ❸ kígyószerűen mozgó tűzijáték
**serpentine** /'sɜ:pəntaɪn/ *FNÉV*
❶ szerpentin, antigonit ❷ dupla nyolcas, szerpentin [műkorcsolyában] ⓘ *NEM* ~~szerpentin~~ [dísz], *NEM* ~~szerpentin~~ [út]
**serpentine** *MNÉV*
❶ kígyószerű ❷ kígyózó, kanyargó ❸ aljas, ravasz
**serpentine** *IGE*
kígyózik, kanyarog
**serum** /'sɪərəm/ *TBSZ* **serums** VAGY **sera** /'sɪərə/ szérum
**servant** /'sɜ:vənt/ ❶ szolga ❷ (ki)szolgáló, vki szolgálója
**serve** /sɜ:v/ *FNÉV*
adogatás, szerva
**serve** *IGE*
❶ (ki)szolgál, szolgáltatást nyújt *serve in the forces* a fegyveres erőknél szolgál *are you being served?* kap/kiszolgálják már? [kérdés üzletben] ❷ ellát, kiszolgál (amivel: *with*) ❸ felszolgál, tálal, felad, kínál *breakfast is served from 6.30 to 9.30* a reggelit 6.30-tól 9.30-ig szolgálják föl *serve smb smth* vmit fölszolgál vkinek *serve smth to smb* fölszolgál vkinek vmit ❹ elegendő/megfelelő lesz, elégnek bizonyul, megfelel, szolgál (aminek/amiként: *as/for*) *this dish will serve eight* ez az étel nyolc embernek elég *our sitting room also serves as a bedroom* a nappalink hálóként is szolgál ❺ letölt, leszolgál, leül [időt, pl. munkahelyen/börtönben] ❻ adogat, szervál [pl. teniszben] ❼ kézbesít [idézést] *serve summons on smb* idézést kézbesít vkinek ❽ ministrál ❾ fedez [állat]
KIFEJEZÉSEKBEN: *if my memory serves me* ha emlékezetem nem csal (meg) / ha jól emlékszem *serves him right!* úgy kell neki! megérdemli!
**serve up** *serve smth up* felszolgál, tálal, kínál, felad
**server** /'sɜ:və/ ❶ adogatójátékos ❷ ministráns ❸ rendszerszámítógép, szerver ❹ felszolgáló ❺ tálca
**service** /'sɜ:vɪs/ *FNÉV*
❶ kiszolgálás, szolgáltatás *aftersale service* értékesítés utáni szolgáltatás, szervizszolgáltatás *room service* szobaszolgálat [szállodában] ❷

(köz)szolgáltatás *health service* egészségügyi szolgáltatás, betegellátás *postal service* postai szolgáltatás *motorway services* pihenőhely/szolgáltatóközpont autópályán [benzinkúttal, étteremmel] ❸ szolgálás, szolgálat *debt service* adósságszolgálat *foreign service* külszolgálat ❹ szolgálat, szívesség *use smb's services* igénybe veszi vki szolgálatait [r.szerint szakemberét] *do smb a (great) service* (nagy) szolgálatot tesz vkinek *be at smb's service* vkinek rendelkezésére áll *be of service to smb* szolgálatára van vkinek ❺ szolgálat [fegyveres testületnél] *join the services* katonának/rendőrnek áll/szegődik *go into service* ❻ szertartás, istentisztelet ❼ karbantartás, szerviz ❽ szerva, adogatás ❾ kiszolgálás, felszolgálás *service is included* a felszolgálási díj az árakban benne van ❿ (ét-)készlet, szerviz ⓘ NEM ~~szerviz~~ [= műhely]

**service** IGE

❶ szervizel *have smth serviced* szervizeltet vmit ❷ (folyamatosan) visszafizet [adósságot, kamatokat] ❸ fedez [állat]

**serviceable** /ˈsɜːvɪsəbəl/ ❶ használható, alkalmas ❷ javítható *my car is no longer serviceable* az autóm többé nem javítható

**service area** ❶ pihenőhely/szolgáltatóközpont autópályán [benzinkúttal, étteremmel] ❷ lefedettség [pl. mobiltelefóniában]

**service charge** kiszolgálási díj

**service department** szervizszolgálat, vevőszolgálat

**service industry** szolgáltatóipar

**serviceman** /ˈsɜːvɪsmən/ TBSZ **servicemen** /ˈsɜːvɪsmən/ ❶ katona ❷ szerelő

**service provider** szolgáltató

**service station** üzemanyagtöltő állomás

**servicewoman** /ˈsɜːvɪswʊmən/ TBSZ **servicewomen** /ˈsɜːvɪswɪmɪn/ katonanő

**serviette** /ˌsɜːvɪˈet/ szalvéta, asztalkendő

**servile** /ˈsɜːvaɪl/ GB, /ˈsɜːrvəl/ US alázatos, szolgalelkű, szervilis

**servility** /ˌsɜːˈvɪlɪtɪ/ szolgalelkűség, szervilizmus

**serving** /ˈsɜːvɪŋ/ adag [étel]

**serving hatch** átadóablak

**serving trolley** zsúrkocsi

**servitude** /ˈsɜːvɪtjuːd/ (rab)szolgaság

**servo** /ˈsɜːvəʊ/ VAGY **servomotor** szervó(motor)

**sesame** /ˈsesəmɪ/ szezámfű

**session** /ˈseʃən/ ❶ ülés, ülésszak *be in session* ülésezik ❷ [egyetemi] harmadév ❸ összejövetel, alkalom *question and answer session* kérdések és válaszok órája ❹ tanóra ❺ nyitvatartás

**set** /set/ FNÉV

❶ készlet, garnitúra, szett *chess set* sakk-készlet *six-piece set* hat darabból álló készlet ❷ készülék *television set* televíziókészülék ❸ játszma [teniszben] ❹ beállítás [pl. színházi], beigazítás, berakás [pl. hajé] *a shampoo and set, please* mosást és igazítást/berakást kérek ❺ beállítottság, hasonló beállítottságúak *jet set* elegáns/világjáró gazdagok ❻ állás, elhelyezkedés [pl. testrészé] ❼ napnyugta ❽ megkeményedés, beállás [pl. folyadéké, puha anyagé] ❾ dugvány, palánta ❿ halmaz

**set** MNÉV

❶ fix, szabott, szilárd, megváltoztathatatlan, megállapított *set price* kötött/szabott ár ❷ menüben lévő, menü- [étel] ❸ előírt, kötelező, előírt [pl. olvasmány] *set book/reading* kijelölt könyv, kötelező olvasmány [vizsgára] *set figure* kötelező gyakorlat ❹ kész(en álló) *I'm all set* kész vagyok *be set for smth* készen áll vmire ❺ merev, erőltetett [pl. mosoly] ❻ valószínű *be set to do smth* valószínűleg / minden bizonnyal megtesz vmit

**set** /set/, **set** /set/, **set** /set/ IGE

❶ (le)tesz, (el)helyez *set a ladder against the wall* létrát falnak támaszt ❷ időben/térben helyet foglal / elhelyezkedik *the city is set on the Danube* a város a Duna partján helyezkedik el ❸ vmire késztet *set smb thinking* gondolkodásra késztet ❹ beállít, beigazít, elrendez, helyre rak *she set the alarm to 5.45* 5.45-re állította be a vekkert *the doctor set my broken bone* az orvos helyre rakta a törött csontomat *set the table* megterít ❺ nyomtatásra előkészít, (ki-) szed ❻ megszab, megállapít, kitűz, megmutat, előír [pl. időpontot, feladatot, példát, árat] *set a limit to smth* határt szab vminek *set an example* példát mutat *set a record* rekordot állít fel ❼ befoglal, kirak, berak [pl. drágakövet] *the sky is set with stars* az ég tele van csillagokkal ❽ átír, átigazít *set smth to music* megzenésít vmit ❾ megköt, megszilárdul [pl. beton] ❿ lemegy, lenyugszik [pl. nap]

KIFEJEZÉSEKBEN: *set eyes on smb/smth* meglát vkit/vmit *set pen to paper* papírra vet vmit, elkezd írni *set smb/smth free* kiszabadít vkit/vmit *set smth on fire* meggyújt vmit *set smth right* kijavít vmit

**set about** *set about smb/smth* ❶ hozzáfog/nekikezd vminek *set about doing smth* nekifog vminek ❷ megtámad/nekimegy vkinek ❸ elterjeszt vmit

**set against** ❶ *set smb against smb/smth* vki/vmi ellen uszít ellen uszít vkit ❷ *set smth against smth* összehasonlít/szembeállít vmit vmivel

**set apart** ❶ *set smb/smth apart* (el)különít ❷ *set smth/smb apart from smth/smb* vmit/vkit megkülönböztet vmitől/vkitől

**set aside** *set smb/smth aside* ❶ félretesz, félrerak, tartalékol ❷ eltekint vmitől ❸ érvénytelenít, megsemmisít [ítéletet]

**set back** *set smb/smth back* ❶ hátratesz, hátrébb tesz ❷ visszaállít, visszaigazít [pl. órát] ❸ akadályoz, hátráltat *the rain set back construction by several weeks* az eső he-

S

tekkel visszavetette az építkezést ❹ sokba kerül vkinek, anyagilag visszavet vkit *their new car has set them back quite a bit* az új autó sokba van nekik

**set down** *set smb/smth down* ❶ letesz, kirak [pl. autóból] ❷ leír, írásba foglal ❸ meghatároz

**set down to** *set smth down to smth* vminek tulajdonít (aminek: *to*) *his poor performance was set down to illness* gyenge teljesítményét betegségének tudták be / tulajdonították

**set forth** ❶ elindul, nekivág vminek *the expedition set forth on the 15th* az expedíció 15-én indult ❷ *set smth forth* kifejt, előad [pl. érveket, tényeket]

**set in** kezdődik, beáll, előadódik, fellép [pl. évszak, betegség] *winter set in early* korán köszöntött be a tél

**set off** ❶ elindul, útnak indul ❷ *set smth off* felrobbant, elsüt ❸ *set smth off* vmilyen hatást kivált ❹ *set smth off* kiemel, hangsúlyoz, érvényre juttat ❺ *set smth off* ellensúlyoz

**set on** ❶ *set smb/smth on smb/smth* ráuszít vkit/vmit vkire/vmire ❷ *set on smb/smth* rátámad vkire/vmire ❸ *be set on smth* el van tökélve vmire *be dead set against smth* el van tökélve vmi ellen

**set out** ❶ elindul, útnak indul ❷ nekikezd vminek *set out to do smth* nekifog vminek ❸ *set smth out* kifejt, előad, részletez [pl. érveket, tényeket] ❹ *set smth out* kiállít, elrendez ❺ készakarva tesz vmit *set out to annoy smb* szándékosan bosszant vkit

**set to** ❶ összeverekedik, összekap ❷ nekifog, nekigyürkőzik, hozzálát *we should set to now* fogjunk/gyürkőzzünk neki

**set up** ❶ üzlettel/vállalkozással elindul ❷ *set smth up* (fel)állít, felépít [pl. sátrat, épületet] *the police set up roadblocks* a rendőrség útakadályokat emelt ❸ *set smth up* alapít, létesít [pl. céget] ❹ *set smth up* felállít [pl. csúcsot, elméletet] ❺ *set smth up* felszerel, beállít [pl. berendezést] ❻ *set smth up* helyrehoz, rendbehoz, elindít *all this money will set you up for life* ez a sok pénz rendbehoz majd ❼ *set smb up* tőrbe csal, csapdát állít vkinek

**set up as** *set ⸗oneself⸗ up as smb/smth* ❶ tevékenységet elkezd, üzletet/vállalkozást indít *set ⸗oneself⸗ up as a wine merchant* borkereskedést nyitott ❷ vkinek/vminek kiadja magát

**setback** /ˈsetbæk/ ❶ visszaesés, hanyatlás, kedvezőtlen fordulat ❷ hátrány, hátulütő

**setdown** elutasítás, visszautasítás

**set-off** ❶ beszámítás, ellenkövetelés ❷ ellentétel ❸ ellentét, kontraszt

**set point** játszmalabda [teniszben]

**setsquare** derékszögű háromszögvonalzó

**sett** /set/ kőlap, járdakő

**settee** /seˈtiː/ pamlag, heverő, kanapé

**setter** /ˈsetə/ ❶ hosszúszőrű vizsla, szetter ❷ vmi [pl. csapda, trend] fölállítója

**set theory** halmazelmélet

**setting** /ˈsetɪŋ/ ❶ lenyugvás [égitesté] ❷ szabályozás, beállítás [műszeré, számítógépé] ❸ elrendezés, környezet, háttér ❹ cselekmény színtere/ideje [pl. regényé] ❺ foglalat [drágakőé] ❻ (betű)szedés ❼ kötés, szilárdulás [pl. betoné]

**settle** ❶ letelepedik, elhelyezkedik, leszáll *dust has settled on the sofa* a kanapét belepte a por ❷ megállapodik [életvitelét tekintve] ❸ leülepszik, süllyed [pl. folyadék, épület] ❹ lecsendesül, lecsillapodik [pl. időjárás, hangulat] ❺ letelepít, elhelyez ❻ megszilárdít, leülepít ❼ elszámol, kifizet, rendez, elintéz [pl. számlát, véleménykülönbséget] *that settles it* ez eldönti/eldöntötte a kérdést/dolgot *settle smth out of court* peren kívüli egyezséget köt, peren kívül rendez vmit ❽ benépesít ❾ szabályoz

KIFEJEZÉSEKBEN: *when the dust has settled* amikor elült a vihar/botrány

**settle down** ❶ letelepedik, elhelyezkedik ❷ megállapodik lehiggad *get married and settle down* megházasodik és higgadt életet kezd, családot alapít ❸ hozzászokik vmihez [pl. munkahelyhez] ❹ nekifog/nekilát vminek (aminek: *to*) ❺ *settle smb down* letelepít/leültet

**settle for** *settle for smth* megelégszik/beéri vmivel *settle for less* kevesebbel is beéri

**settle in** ❶ berendezkedik, megszokik [pl. munkahelyet] ❷ *settle smb in* hozzászoktat

**settle into** *settle into smth* beleszokik vmibe, hozzászokik vmihez

**settle on** ❶ *settle on smb/smth* vki/vmi mellett dönt ❷ *settle smth on smb* átruház/ ráruház vkire vmit

**settled** /ˈsetəld/ ❶ változatlan, tartós [pl. időjárás] ❷ eldöntött, elintézett, elhatározott *that's settled* ez el van intézve, megállapodtunk ❸ kiegyenlített, kifizetett, „fizetve" [számlán]

**settlement** /ˈsetəlmənt/ ❶ rendezés, egyezség, megállapodás ❷ kiegyenlítés, kifizetés [pl. számláé] *in settlement of smth* vmi kiegyenlítésére ❸ település ❹ letelepülés, betelepülés ❺ letelepedés ❻ hozomány *make a settlement on smb* hozományt ad vkinek ❼ süllyedés [pl. épületé]

**settler** /ˈsetlə/ betelepülő, telepes, letelepülő

**set-to** hajbakapás, összeveszés

**setup** ❶ rendszer, felépítés, szerkezet [pl. vállalaté] ❷ kelepce, csapda

**seven** /ˈsevən/ hét

**sevens** /ˈsevənz/ *be at sixes and sevens* ❶ összevisszaságban van ❷ bizonytalan vmit illetően (amit: *about*) ❸ haragban van (akivel: *with*)

**seventeen** /ˌsevənˈtiːn/ tizenhét

**seventeenth** /ˌsevənˈtiːnθ/ tizenhetedik
**seventh** /ˈsevənθ/ ❶ hetedik [rövidítve 7th ill. $7^{th}$] ❷ heted *two sevenths* két heted
**seventieth** /ˈsevəntɪəθ/ hetvenedik
**seventy** /ˈsevəntɪ/ hetven *the seventies* a hetvenes évek *be in ‹one's› seventies* hetvenes éveiben jár
**seventy-eight** hetvennyolcas fordulatszámú (hang)lemez
**sever** /sɪˈvɪə/ ❶ elszakad, kettészakad [pl. kötél] ❷ levág, elvág, kettémetsz, elválaszt [pl. testrészt] ❸ megszakít [kapcsolatot]
**several** /ˈsevrəl/ ❶ több, számos *several times* többször ❷ különálló, többféle ❸ különböző, különféle ❹ saját, egyéni, önálló *they went their several ways* mindenki ment a saját útjára
**severally** /ˈsevrəlɪ/ ❶ egyenként, külön–külön, egyénileg ❷ halmozottan
**severance** /ˈsevrəns/ ❶ kettéválás, különválás, elszakadás ❷ elvágás, elválasztás, megszakítás [pl. kapcsolaté]
**severance pay** végkielégítés
**severe** /sɪˈvɪə/ ❶ kemény, szigorú, súlyos [pl. téli hideg, helyzet] ❷ szigorú, rideg [pl. arc, viselkedés] ❸ erős, szigorú [pl. kritika]
**severity** /sɪˈverɪtɪ/ szigorúság, komolyság, keménység, ridegség
**sew** /səʊ/, **sewed** /səʊd/, **sewn** /səʊn/ VAGY **sewed** ❶ (meg)varr ❷ fűz [könyvet]
**sew up** *sew smth up* ❶ bevarr ❷ sikeresen befejez [pl. tárgyalást] ❸ elintéz, rendez
**sewage** /ˈsuːɪdʒ/ VAGY **sewerage** /ˈsuːərɪdʒ/ szennyvíz
**sewage system** VAGY **sewerage system** csatornahálózat, szennycsatornarendszer
**sewer** /ˈsuːə/ (szennyvíz)csatorna, kanális
**sewing kit** varrókészlet, varródoboz
**sewing machine** varrógép
**sewn** ☞ sew
**sex** /seks/ *FNÉV*
❶ nemi hovatartozás, nem *what sex is it?* milyen nemű ❷ az egyik nem *the female sex* a női nem *the fair sex* a gyengébb nem *the male sex* a férfi nem *person of the opposite sex* másik nemű ember *both sexes* mindkét nem ❸ nemi/szexuális élet *have sex* szeretkezik (akivel: *with*) ❹ nemiség, szex
**sex** *IGE*
nemi hovatartozást megállapít [állatét]
**sex up** *sex smb/smth up* ❶ (nemileg) felizgat, felajz ❷ földob, izgalmassá/izgalmassabá tesz
**sex act** nemi kapcsolat, közösülés
**sex appeal** nemi vonzóerő, csáberő
**-sexed** /sekst/ vmilyen nemiségű, vmennyire a szex iránt érdeklődő *oversexed/undersexed* szex iránt túlzottan/kevéssé érdeklődő *highly sexed* szex iránt túlzottan/nagyon érdeklődő, szexualitással teli
**sexed-up** ❶ felizgatott, felajzott ❷ feldobott, feltuningolt (amivel: *with*)
**sexism** /ˈseksɪzəm/ nemek közötti diszkrimináció, diszkrimináció/előítélet nemi alapon, szexizmus
**sexist** /ˈseksɪst/ a nemek közötti diszkrimináció híve, szexista
**sex kitten** szexbomba, cica(baba)
**sexless** /ˈseksləs/ ❶ nem nélküli ❷ nemileg nem vonzó
**sexologist** /sekˈsɒlədʒɪst/ szexológus
**sexology** /sekˈsɒlədʒɪ/ szexológia
**sex organ** nemi szerv
**sextant** /ˈsekstənt/ szextáns
**sex test** szexvizsgálat, szexpróba
**sextet** VAGY **sextette** /seksˈtet/ hatos, szextett
**sextillion** /sekˈstɪlɪən/ ❶ *GB* szextillió [$10^{36}$] ❷ *US* ezer trillió [$10^{21}$]
**sextuple** /sekˈstjuːpəl/ *MNÉV*
hatszoros
**sextuple** *IGE*
(meg)hatszoroz
**sextuplet** /sekˈstjuːplət/ hatosiker
**sexual** /ˈsekʃʊəl/ nemi, szexuális
**sexual harassment** szexuális zaklatás
**sexual intercourse** (nemi) közösülés
**sexuality** /ˌsekʃʊˈælɪtɪ/ nemiség, szexualitás
**sexually** /ˈsekʃʊəlɪ/ nemileg, szexuálisan
**sexually transmitted disease, STD** nemi úton terjedő betegség
**sexy** /ˈseksɪ/ ❶ szexi(s) ❷ izgalmas, vonzó
**SFOR** = Strategic Force; Strategic Forces
**SGML** = Standard Generalized Markup Language
**Sgt.** = Sergeant
**Sgt. Maj.** = Sergeant Major
**sh.** = share; sheep; sheet; shilling(s)
**sh** VAGY **shh** /ʃʃʃ/ pszt! csend!
**Shabbat** /ʃɑːˈbɑːt/ VAGY **Shabbos** VAGY **Shabbes** /ˈʃɑːbəs/ sábesz
**shabby** /ˈʃæbɪ/ ❶ kopott, ócska [pl. ruha] ❷ kopott/ócska ruhát viselő [ember] ❸ komisz, aljas ❹ gyenge, ócska
**shack** /ʃæk/ *FNÉV*
kunyhó, kaliba, tákolmány
**shack** *IGE*
**shack up** [élettársnak] összebútorozik/összeköltözik (akivel: *with*)
**shackle** /ˈʃækəl/ *FNÉV*
❶ bilincs, béklyó ❷ gát, béklyó *shackles of slavery* rabiga, a rabszolgaság béklyója
**shackle** *IGE*
megbilincsel, (meg)béklyóz
**shade** /ʃeɪd/ *FNÉV*
❶ árnyék, árny, (fél)homály *the temperature is 28 degrees in the shade* a hőmérséklet árnyékban 28 fok *put smth in(to) the shade* elhomályosít, háttérbe szorít ❷ ernyő, árnyékolószerkezet, redőny ❸ sötét rész(ek), árny [képen] *light and shade* fény és árnyék ❹ árnyalat [pl. színé, szó jelentéséé] ❺ egy kis mennyiség *a shade better* egy kicsivel jobb(an)

S

**shade** *IGE*
❶ megvéd [pl. szemet nap ellen], tompít [fényt] ❷ (be)árnyékol, satíroz ❸ átmegy [egyik szín a másikba] (amibe: *into*)
**shades** /ʃeɪdz/ ❶ napszemüveg ❷ sötétség ❸ redőny, roló
**shading** (be)árnyékolás
**shadow** /ˈʃædəʊ/ *FNÉV*
❶ árnyék [fény takarása miatti sötétség] *the corner of the room was in shadow* a szoba sarka árnyékban volt *cast a shadow* árnyékot vet (amire: *on*) ❷ sötét folt, karika, árnyék [pl. szem alatt] ❸ követője/árnyéka vkinek *she is just a shadow of her former self* csak árnyéka korábbi önmagának ❹ egy kis mennyiség *without a shadow of a doubt* a legkisebb kétség nélkül
**shadow** *IGE*
❶ beárnyékol ❷ (nyomon) követ, megfigyel
**shadow cabinet** árnyékkormány
**shadowing** /ˈʃædəʊɪŋ/ nyomonkövetés, rendőri megfigyelés
**shadowy** /ˈʃædəʊɪ/ ❶ árnyékos, árnyas ❷ homályos, sötét [pl. ember]
**shady** /ˈʃeɪdɪ/ ❶ árnyékos, árnyas ❷ gyanús, sötét, kétes jellemű
**shaft** /ʃɑːft/ *FNÉV*
❶ nyél, szár, rúd ❷ tengely ❸ kocsirúd ❹ oszloptörzs ❺ tárna, akna [pl. bányáé, lifté] ❻ fénysugár, fénynyaláb
**shaft** *IGE*
❶ átver, becsap ❷ (meg)kefél, (meg)dug
**shag** /ʃæg/ *FNÉV*
❶ gubanc, bozont ❷ kapadohány ❸ bóbitás kormorán ❹ kefélés, dugás
**shag** *IGE*
❶ kefél, dug ❷ kimerít, kifáraszt
**shaggy** /ˈʃægɪ/ bozontos, gubancos
**shah** /ʃɑː/ sah
**shake** /ʃeɪk/ *FNÉV*
❶ (meg)rázás ❷ rázkódás, vibrálás ❸ turmix, shake ❹ pillanat *in a shake* egy pillanat alatt ❺ shake [tánc] ❻ földrengés
**shake** /ʃeɪk/, **shook** /ʃʊk/, **shaken** /ʃeɪkən/ *IGE*
❶ reszket, remeg, (meg)rázkódik *shake with laughter* hasát fogja a nevetéstől *shake all over* minden ízében remeg/reszket ❷ (meg-) ráz *shake hands* kezet fog/ráz, paroláz (akivel: *with*) ❸ idegessé tesz, megráz *they were shaken by the news* a hír megrázta őket ❹ megrendít, megingat [pl. hitet] ❺ trillázik
KIFEJEZÉSEKBEN: *shake a leg* siet, igyekszik *shake on it!* kezet rá!
**shake down** ❶ megalszik/elalszik valahogy ❷ beleszokik/belerázódik a dolgokba [pl. munkahelyen] ❸ *shake smb/smth down* leráz, öszszeráz
**shake off** *shake smb/smth off* leráz vkit/vmit, megszabadul vkitől/vmitől
**shake out** *shake smth out* kiráz vmiből vmit
**shake up** *shake smth up* ❶ felráz, fellazít ❷ átszervez, nagy változásokat csinál
**shaken** ☞ shake
**shakeout** létszámcsökkentés, leépítés
**shaker** /ˈʃeɪkə/ ❶ keverő, rázó [ember] ❷ keverő(edény) *salt shaker* sószóró
KIFEJEZÉSEKBEN: *mover and shaker* befolyásos ember
**shakes** /ʃeɪks/ remegés, izgalom [pl. betegségtől, félelemtől, italtól] *get shakes* rájön a félsz, kirázza a hideg
**shakeup** ❶ átszervezés ❷ zendülés, izgalom
**shako** /ˈʃækəʊ/ csákó
**shaky** /ˈʃeɪkɪ/ ❶ remegő, reszkető, ingatag [pl. létra] ❷ bizonytalan, gyenge, vacak *get off to a shaky start* rosszul kezd/indul
**shale** /ʃeɪl/ (agyag)pala
**shale tracks** salakpálya
**shall** /ʃəl/ *SEGÉDIGE* ❶ [e.sz./t.sz. 1.sz. jövő kifejezésére:] *we shall retreat* vissza fogunk vonulni *I shall not / I shan't stay* nem maradok *I shall have done it by the time* addigra már végeztem (majd) ❷ [tanács/utasítás kérése e.sz./ t.sz. 1.sz.:] *shall I open the window?* kinyissam az ablakot? *what shall we do?* mit tegyünk? *I'll print it, shall I?* kinyomtatom, jó? *shall I go or shan't I* menjek vagy ne menjek? ❸ /ʃæl/ [kötelezettség, ígéret, tiltás, kényszer kifejezésére minden személyben:] *he shall pay for this* ezért megfizet *payment shall be made within 30 days* a fizetés 30 napon belül történik
**shallow** /ˈʃæləʊ/ *FNÉV*
sekély (hely), zátony, gázló
**shallow** *MNÉV*
❶ sekély, lapos ❷ felszínes, sekélyes, felületes ❸ nem mélyről jövő, felszínes [pl. légzés]
**shallow** *IGE*
ellaposodik, elsekélyesedik [pl. folyó]
**shalom** /ʃæˈlɒm/ békesség! [zsidó köszönés]
**sham** /ʃæm/ *FNÉV*
❶ csalás, ámítás, színlelés ❷ utánzat ❸ sarlatán
**sham** *MNÉV*
hamis, ál- [pl. ékszer]
**sham** *IGE*
színlel, tettet, ámít
**shaman** /ˈʃæmən/ VAGY /ˈʃɑːmən/ sámán
**shamanism** /ˈʃæmənɪzəm/ VAGY /ˈʃɑːmənɪzəm/ sámánizmus
**shamble** /ˈʃæmbəl/ *FNÉV/IGE* csoszog(ás), cammog(ás)
**shambles** /ˈʃæmbəlz/ romhalmaz, rendetlenség, összevisszaság *the room was (in) a shambles* a szoba egy nagy romhalmaz volt
**shame** /ʃeɪm/ *FNÉV*
❶ szégyen(kezés), szégyenérzet *put smb to shame* megszégyenít vkit *shame on you* szégyelld magad ❷ gyalázat, szégyen *bring shame on smb/smth* szégyent hoz vkire/vmire ❸ szerencsétlen dolog, kár *what a shame!* jaj de kár!

**shame** *IGE*
❶ megszégyenít, szégyenbe hoz ❷ elhomályosít, szégyenbe hoz [pl. teljesítményt] ❸ szégyent okoz / szégyenére van vkinek *it shames me to say this, but* {MONDAT} szégyellem, de azt kell mondanom, hogy {MONDAT}

**shamefaced** /ˈʃeɪmfeɪst/ ❶ szégyenkező ❷ szemérmes

**shamefacedly** /ʃeɪmˈfeɪstlɪ/ VAGY /ʃeɪm ˈfeɪsɪdlɪ/ ❶ zavarban, szégyenlősen ❷ szemérmesen

**shameful** /ˈʃeɪmfəl/ szégyenletes, becstelen

**shameless** /ˈʃeɪmləs/ ❶ szégyentelen, arcátlan ❷ szemérmetlen

**shammy** /ˈʃæmɪ/ ❶ zerge ❷ zergeszín

**shampoo** /ʃæmˈpuː/ *FNÉV*
❶ sampon ❷ hajmosás, fejmosás

**shampoo** *IGE*
hajat/fejet mos

**shamrock** /ˈʃæmrɒk/ lóhere

**shandy** /ˈʃændɪ/ sörből és gyömbérből/citromléből készült ital

**Shangri-la** /ˌʃæŋgrɪ ˈlɑː/ eldorádó

**shank** /ʃæŋk/ ❶ szár, törzs [pl. csavar/fúró sima része] ❷ lábszár [húsrész]

**shan't** /ʃɑːnt/ [= shall not]

**shantung** /ˌʃænˈtʌŋ/ santungselyem

**shape** /ʃeɪp/ *FNÉV*
❶ alak, forma *take shape* alakul, formát ölt ❷ jelleg, forma [pl. írásműé] ❸ fajta, forma, kép *help arrived in the shape of Jim* a segítség Jim képében érkezett ❹ erőnlét, állapot, forma *be in good shape* jó formában/állapotban van *be out of shape* nincs jó formában/állapotban

**shape** *IGE*
❶ (ki)alakul, formálódik ❷ alakít, (meg-) formál ❸ hozzáigazít, passzít [pl. ruhát]
**shape up** ❶ fejlődik, alakul ❷ összeszedi magát, jobban viselkedik

**-shaped** /ʃeɪpt/ vmilyen alakú

**shapeless** /ˈʃeɪpləs/ alaktalan, formátlan

**shapely** /ˈʃeɪplɪ/ formás, jó alakú

**share** /ʃeə/ *FNÉV*
❶ rész, osztályrész, részesedés *have a share in/of smth* része van vmiben ❷ részvény ❸ ekevas

**share** *IGE*
❶ osztozik vmin [pl. szobán] *share (in) the responsibility of smth* osztozkodik vmi felelősségén ❷ megoszt, feloszt, szétoszt [pl. költséget, gondolatokat, örökséget]

**shareholder** részvénytulajdonos, részvényes

**sharer** /ˈʃeərə/ rész(t)vevő

**shareware** /ˈʃeəweə/ ⚘ *NEM MEGSZÁML.* ingyen kipróbálható, majd megrendelhető szoftver, shareware

**shark** /ʃɑːk/ *FNÉV*
❶ *TBSZ* **shark** VAGY **sharks** cápa ❷ kapzsi, harácsoló, nyerészkedő *loan shark* uzsorás

**shark** *IGE*
szélhámoskodik

**sharp** /ʃɑːp/ *FNÉV*
❶ kereszt [zenei módosítójel] ❷ félhanggal/ kereszttel felemelt hangjegy ❸ éles/hegyes dolog ❹ finom hegyű varrótű ❺ csaló, szélhámos

**sharp** *MNÉV*
❶ éles, hegyes ❷ erős, meredek, éles [pl. kanyar, esés] ❸ szöges, éles [pl. ellentét] ❹ okos, éles szemű *keep a sharp watch on smb/ smth* gondosan figyel vkit/vmit ❺ csípős, metsző, erős [pl. fájdalom, fagy] ❻ sürgető, gyors ❼ durva, sértő [pl. kritika] *have a sharp tongue* éles/kemény hangon beszél ❽ magas, hamis [zenei hang] ❾ fél hanggal felemelt *G sharp* gisz

**sharp** *HAT.SZÓ*
❶ pontosan *at two o'clock sharp* pontosan/ pontban négykor ❷ hirtelen, hevesen, élesen *turn sharp left* élesen balra fordul ❸ hamisan [pl. énekel]

**sharp** *IGE*
❶ becsap, hamisan játszik ❷ fél hanggal fölemel

**sharpen** /ˈʃɑːpən/ ❶ élesebbé válik, megélesedik [pl. hang] ❷ (meg)élesít, élez ❸ (ki-) hegyez ❹ fokoz [pl. fájdalmat] *sharpen* ⩴*one's*⩴ *appetite* fokozza étvágyát ❺ fél hanggal fölemel

**sharpener** /ˈʃɑːpənə/ *FNÉV* hegyező, élesítő

**sharper** /ˈʃɑːpə/ szélhámos, csaló

**sharp-eyed** éles szemű

**sharp-pointed** hegyes

**sharpshooter** ❶ mesterlövész ❷ gyors profitot realizáló üzletember

**shat** ☞ shit

**shatter** /ˈʃætə/ ❶ összetörik ❷ megrázkódik ❸ betör, bezúz ❹ megráz *be shattered by smth* megrázza vmi [pl. hír] ❺ elfáraszt, kifáraszt ❻ meghiúsít

**shatterproof** törhetetlen, szilánkmentes [pl. üveg]

**shave** /ʃeɪv/ *FNÉV*
❶ borotválás borotválkozás *have a shave* megborotválkozik, megborotváltatja magát *close shave* simára borotválás ❷ hántolókés

**shave** *IGE*
❶ (meg)borotválkozik ❷ (meg)borotvál, leborotvál ❸ vékony réteget levág, legyalul [pl. ajtóból] ❹ levág, lefarag [árból, költségből] ❺ érint, súrol

**shaveling** /ˈʃeɪvlɪŋ/ ❶ kopaszra nyírt, tar [r.szerint szerzetes] ❷ tejfölösszájú, zöldfülű

**shaven** /ˈʃeɪvən/ ❶ borotvált, tar *clean-shaven* kopaszra nyírt ❷ gyalult, sima

**shaver** /ˈʃeɪvə/ ❶ borotva *electric shaver* villanyborotva ❷ suhanc, ifjonc

**shaving** /ˈʃeɪvɪŋ/ forgácsdarab

**shaving horse** gyalupad

**shaving lotion** arcszesz

**shavings** /ˈʃeɪvɪŋz/ esztergaforgács, faforgács

**shawl** /ˈʃɔːl/ (váll)kendő, sál

S

**s/he** a *he or she* írásváltozata [olvasva: "he or she" vagy "she or he"]

**she-** nőstény állat, nőstény- [pl. medve, kecske]

**she** /ʃiː/ FNÉV

❶ nő(nemű egyed), nő(stény) *is it a he or a she?* fiú vagy lány? [gyerekről], hím vagy nőstény? [állatról]

**she** NÉVMÁS

❶ ő [nőnemű] ❷ vki szívéhez közel álló dolog [ország/jármű] *she's a fine ship* nagyon jó hajó

**sheaf** /ʃiːf/ TBSZ **sheaves** /ʃiːvz/ ❶ kéve ❷ nyaláb, köteg

**shear** /ʃɪe/ FNÉV

❶ nyírás ❷ elnyíródás ❸ deformálódás ❹ nyíróolló/nyesőolló pengéje ❺ vágógép, lemezvágó ❻ emelőbak

**shear** /ʃɪe/, **shore** /ʃɔː/ VAGY **sheared**, **shorn** /ʃɔːn/ VAGY **sheared** IGE

❶ nyír [birkát] ❷ levág, nyír [hajat] ❸ elnyíródik, eltörik [vékony alkatrészt] ❹ elnyír, eltör [vékony alkatrészt] ❺ deformálódik ❻ megfoszt *be shorn of smth* meg van fosztva vmitől

**shears** /ʃɪəz/ ❶ nyesőolló, nyíróolló *a pair of shears* nyíróolló, nyesőolló ❷ nyírás ❸ emelőbak

**sheath** /ʃiːθ/ TBSZ **sheaths** /ʃiːðz/ ❶ hüvely, tok [pl. kardé] ❷ borítás, borító ❸ burok, hüvely [pl. növényé] ❹ óvszer, kondom

**sheathe** /ʃiːð/ ❶ hüvely(é)be dug *sheathe the sword* abbahagyja a háborúskodást ❷ bevon, (be)borít, páncélzattal burkol be

**sheathing** /ˈʃiːðɪŋ/ ❶ borítás, burkolás ❷ burkolat, bevonat ❸ hüvely, tok ❹ páncélzat, (lemez)borítás [pl. hajóé]

**sheave** kévébe köt, kévéz

**sheaves** ☞ sheaf

**she-bear** nőstény medve, anyamedve

**shebeen** VAGY **shebean** /ʃɪˈbiːn/ zugkocsma, bögrecsárda

**she'd** /ʃɪd/ VAGY /ʃiːd/ ❶ [= she had] ❷ [= she would]

**shed** /ʃed/ FNÉV

❶ fészer, pajta, csűr *garden shed* kerti kunyhó ❷ vízválasztó

**shed** /ʃed/, **shed** /ʃed/, **shed** /ʃed/ IGE

❶ (el)hullat, elejt, vedlik [pl. levelet, bőrt, szőrt] ❷ ont, (ki)önt, hullat [pl. könnyet, vért] ❸ (el)áraszt ❹ megszabadul vmitől [pl. pénztől, munkaerőtől]

**sheep** /ʃiːp/ TBSZ **sheep** /ʃiːp/ ❶ juh, birka ❷ juhbőr, birkabőr ❸ málészájú alak

**sheepdog** juhászkutya

**sheep farming** juhtenyésztés

**sheepfold** juhakol, karám

**sheepish** /ˈʃiːpɪʃ/ ❶ félénk, mafla, ügyetlen ❷ zavarban lévő

**sheep pen** juhistálló, juhakol, karám

**sheep's eyes** *make sheep's eyes at smb* szerelmes pillantásokat vet vkire

**sheepskin** ❶ birkabőr, nyers juhbőr [szőrrel együtt] ❷ diploma, okmány

**sheer** MNÉV

❶ merő, puszta [pl. szerencse, erő, méret] ❷ meredek, függőleges ❸ vékony, finom, áttetsző

**sheer** HAT.SZÓ

❶ teljesen, tisztára ❷ meredeken, függőlegesen

**sheer** IGE

**sheer away/off** iránytól eltér, elfordul [hajó]

**sheet** /ʃiːt/ ❶ lepedő *how often do you change sheets?* milyen gyakran váltotok ágyneműt ❷ ív, lap, lemez [papír-, fém-, üveg] ❸ nagy kiterjedésű vékony dolog [pl. jégtábla] ❹ nagytömegű mozgó réteg, esőfüggöny, tűzfüggöny ❺ nagyalakú újság ❻ bélyegblokk

**sheet glass** táblaüveg

**sheeting** /ˈʃiːtɪŋ/ ❶ lepedő(vászon), lepedőanyag ❷ (deszka)borítás, zsaluzás, deszkázás ❸ (lemez)hengerlés

**sheet iron** vaslemez

**she-goat** nősténykecske

**sheik** VAGY **sheikh** /ʃeɪk/ sejk

**sheikdom** VAGY **sheikhdom** /ˈʃeɪkdəm/ sejkség

**shekel** /ˈʃekəl/ sékel [pénzegység]

**shelf** /ʃelf/ TBSZ **shelves** /ʃelvz/ ❶ polc ❷ szél, perem, párkány ❸ talapzat ❹ homokpad, zátony

KIFEJEZÉSEKBEN: *off the shelf* azonnal megvásárolható [= nem rendelésre szállított] *on the shelf* pártában maradt, félretett

**she'll** /ʃɪl/ VAGY /ʃiːl/ [= she will]

**shell** /ʃel/ FNÉV

❶ kagyló ❷ héj, kéreg ❸ páncél, teknő [teknősbékáé], ház [csigáé] ❹ vázszerkezet [pl. épületé] ❺ gránát, akna, lövedék ❻ keskeny versenycsónak ❼ keretprogram

**shell** IGE

❶ héjából kivesz [pl. páncélos állatot] ❷ hámoz, kihüvelyez, fejt [pl. borsót] ❸ lő, ágyúz, gránáttal megszór

**shell out** *shell smth out* leszurkol, kicsenget [pénzt]

**shellac** /ʃəˈlæk/ FNÉV

❶ sellak ❷ sellak gramofonlemez

**shellac** IGE

❶ sellakoz, lakkoz ❷ nagyon megver/legyőz, nagy zakót ad vkinek

**shelled** /ʃeld/ ❶ kagylós, héjas ❷ kifejtett [borsó], tisztított [pl. dió]

**shellfire** ágyútűz

**shellfish** TBSZ **shellfish** ❶ mészhéjú/kagylós állat ❷ rákféle

**shellproof** bombabiztos

**shell shock** harctéri sokk/neurózis

**shell-shocked** ❶ harctéri sokktól szenvedő ❷ szellemileg fáradt, zavarodott

**shell suit** vízhatlan melegítő, „dzsogging"

**shelter** /ˈʃeltə/ FNÉV

❶ menedékhely, biztos hely *air raid shelter*

légópince, óvóhely *bus shelter* fedett buszváró ❷ menedék, oltalom, védelem *take shelter* menedéket talál ❸ hajléktalanszálló

**shelter** IGE
❶ menedéket talál, menedékre lel (ami elől: *from*) ❷ (meg)véd, elrejt, oltalmaz

**shelve** /ʃelv/ ❶ polcra tesz [pl. könyvet] ❷ bepolcoz, polcokkal ellát ❸ elnapol, félretesz, későbbre halaszt ❹ lejt/emelkedik

**shelves** ☞shelf

**shelving** /ˈʃelvɪŋ/ polc(anyag), polclap

**shepherd** /ˈʃepəd/ FNÉV
❶ pásztor, juhász ❷ (lelki)pásztor ❸ juhászkutya

**shepherd** IGE
❶ őriz, gondját viseli vkinek ❷ terel(get), irányít, kísér

**shepherd dog** juhászkutya

**shepherdess** /ˌʃepəˈdes/ pásztorlányka

**sherbet** /ˈʃɜːbət/ ❶ szörbet, serbet ❷ vizes fagylalt

**sheriff** /ˈʃerɪf/ ❶ régi megyei főtisztviselő ❷ US megyei rendőrfőnök, seriff

**Sherpa** /ˈsɜːpə/ serpa

**sherry** /ˈʃerɪ/ sherry

**she's** /ʃɪz/ VAGY /ʃiːz/ ❶ [= she is] ❷ [= she has]

**shh** /ʃ/ psszt

**shield** /ʃiːld/ FNÉV
❶ pajzs *riot shield* rendőrpajzs ❷ címerpajzs ❸ rendőrjelvény ❹ pártfogó, védelmező ❺ védőlemez, burkolólap *heat shield* hővédő pajzs [pl. űrhajón] ❻ árnyékolás

**shield** IGE
❶ (meg)véd, védelmez, oltalmaz (amitől: *from*) ❷ árnyékol, eltakar

**shift** /ʃɪft/ FNÉV
❶ változ(tat)ás [helyé, jellegé], elmozdulás, irányváltás ❷ váltakozás ❸ műszak, turnus, váltás *day shift* nappali műszak *night shift* VAGY *graveyard shift* éjszakai műszak ❹ laza női ruha, ingruha ❺ kibúvó, fortély

**shift** IGE
❶ elmozdul, mocorog [pl. székén] ❷ változik ❸ elmozdít, megmozdít ❹ eltol, elhárít *shift responsibility on smb* áthárítja a felelősséget vkire ❺ megszabadul vmitől, elpasszol vmit [r.szerint lopott dolgot] ❻ eltávolít [foltot] ❼ gyorsan halad ❽ (sebességet) vált, kapcsol *shift into top gear* legmagasabb sebességbe kapcsol

**shiftless** /ˈʃɪftləs/ ❶ élhetetlen, ambíció nélküli ❷ ügyetlen, lusta

**shift stick** kézi sebességváltó

**shift work** többműszakos munka *do shift work* több műszakban dolgozik

**shifty** /ˈʃɪftɪ/ ❶ ravasz, sunyi ❷ ötletes

**shilling** /ˈʃɪlɪŋ/ shilling, a font huszadrésze [pénzérme 1971-ig]

**shilly–shally** /ˈʃɪlɪ ʃælɪ/ habozik, bizonytalankodik

**shin** /ʃɪn/ FNÉV
lábszár elülső része, sípcsont

**shin** IGE
mászik, kúszik [le/föl] *he shinned up a tree* fölmászott egy fára

**shinbone** sípcsont

**shindig** /ˈʃɪndɪg/ VAGY **shindy** /ˈʃɪndɪ/ ❶ táncmulatság, muri ❷ ricsaj, lárma, veszekedés

**shine** /ʃaɪn/ FNÉV
❶ ragyogás, fény(esség) ❷ fényesítés, tisztítás [pl. cipőé] ❸ nigger, bokszos

**shine** /ʃaɪn/, **shone** /ʃɒn/, **shone** /ʃɒn/ VAGY US /ʃəʊn/ IGE
❶ ragyog, fénylik *the sun is shining* süt a nap *her face shone with happiness* arca sugárzott a boldogságtól ❷ visszatükröződik, csillog ❸ belevilágít, ráirányít *they shone a light into his face* arcába világítottak ❹ **shine**, **shined**, **shined** (ki)tisztít, (ki)fényesít

**shingle** /ˈʃɪŋgəl/ FNÉV
❶ zsindely [r.szerint fából] ❷ bubifrizura ❸ névtábla [orvosé, ügyvédé] *hang up ⸗one's⸗ shingle* kiteszi a névtábláját, praxist kezd ❹ nagy tengerparti kavics

**shingle** IGE
❶ zsindelyez ❷ bubifrizurára/rövidre nyír

**shingles** /ˈʃɪŋgəlz/ övsömör

**shin guard** lábszárvédő, sípcsontvédő

**shiny** /ˈʃaɪnɪ/ ragyogó, fénylő, csillogó

**ship** /ʃɪp/ FNÉV
❶ hajó *by ship* hajóval, hajón ❷ hajó legénysége ❸ nagy repülőgép/űrhajó

**ship** IGE
❶ (el)szállít [pl. kereskedő] ❷ hajón szállít ❸ beutal, elküld [pl. kórházba] ❹ beereszt [hajó vizet] *the boat shipped water* a hajóba becsapott a víz ❺ beállít [árbocot] ❻ hajóra száll ❼ hajón szolgál

**shipbuilder** ❶ hajóépítő munkás ❷ hajógyártó cég

**shipbuilding** hajóépítés, hajógyártás

**shipload** hajórakomány

**shipment** /ˈʃɪpmənt/ ❶ hajóba rakás, behajózás ❷ szállítás, elküldés ❸ rakomány, szállítmány

**shipper** /ˈʃɪpə/ ❶ fuvarozó, szállító ❷ hajós

**shipping** /ˈʃɪpɪŋ/ ❶ hajózás, hajóforgalom ❷ kereskedelmi tengerészet ❸ szállítás

**shipshape** MNÉV/HAT.SZÓ rendes(en), kifogástalan(ul), tiptop (módon)

**shipwreck** FNÉV
❶ hajótörés ❷ hajóroncs ❸ pusztulás, megsemmisülés *make shipwreck of smth/smb* elpusztít/megsemmisít vmit/vkit *the shipwreck of ⸗one's⸗ hopes* reményei meghiúsulása

**shipwreck** IGE
❶ hajótörést okoz *be shipwrecked* hajótörést szenved ❷ elpusztít, tönkretesz

**shipyard** /ˈʃɪpjɑːd/ ❶ hajógyár, hajóépítő üzem/műhely ❷ hajójavító (üzem)

S

**shire** /ˈʃaɪə/ megye [Angliában]
**shirk** /ʃɜːk/ kitér vmi elől, kihúzza magát / kibújik vmi alól [pl. felelősség alól]
**shirker** /ˈʃɜːkə/ VAGY **shirk** munkát/felelősséget kerülő ember
**shirt** /ʃɜːt/ ing *keep your shirt on* nyugi
**shirt front** ingmell
**shirtless** /ˈʃɜːtləs/ ❶ ing nélküli ❷ igen szegény
**shirtsleeves** ingujj
**shirty** /ˈʃɜːtɪ/ rosszkedvű, morcos, pokróc
**shit** /ʃɪt/ *FNÉV*
❶ szar *be in the shit* szarban/bajban van ❷ szarás *have a shit* szarik ❸ baromság, rakás szar *that's a load of shit* ez baromság ❹ szar alak ❺ semmi, szar se *not care/give a shit* tojik/szarik rá, nem érdekli
KIFEJEZÉSEKBEN: *the shit will hit the fan* ki fog törni a botrány, ki fog borulni a bili
**shit** /ʃɪt/ *IND.SZÓ*
a francba! / az Istenit!
**shit** /ʃɪt/, **shit** VAGY **shat** /ʃæt/ VAGY **shitted**, **shit** VAGY **shat** VAGY **shitted** /ʃæt/ *IGE*
❶ szarik ❷ összeszar, bepiszkít *shit ⁝oneself⁝* beszarik, (majd) összeszarja magát
**shite** /ʃaɪt/ ssz…ahara! / ssz…ameg!
**shithouse** /ˈʃɪthaus/ budi, árnyékszék
**shits** /ʃɪts/ hasmenés, fosás *have the shits* hasmenése van, fosik
**shitty** /ˈʃɪtɪ/ szar, pocsék
**shiver** /ˈʃɪvə/ *FNÉV*
❶ didergés, borzongás *the shivers* remegés, hideglelés [betegségtől] *send shivers (up and) down smb's spine* megijeszt, didergést okoz ❷ szilánk, forgács
**shiver** *IGE*
❶ didereg, borzong, reszket *be shivering with cold/terror* vacog a foga a hidegtől/félelemtől ❷ darabokra törik ❸ összetör, darabokra tör
**shivery** /ˈʃɪvərɪ/ ❶ reszkető, didergő ❷ didergős, borzongós
**Shoah** /ʃəʊˈɑː/ a Holocaust, vészkorszak
**shoal** /ʃəʊl/ *FNÉV*
❶ zátony, homokpad ❷ sekély víz ❸ halraj ❹ egy csomó, rengeteg
**shoal** *MNÉV*
sekély [víz]
**shoal** *IGE*
❶ elsekélyesedik, elzátonyosodik ❷ sekély vízbe hajózik ❸ rajzik, vonul [pl. halraj] ❹ összegyűjt, csokorba gyűjt
**shock** /ʃɒk/ *FNÉV*
❶ rázkódás, üt(őd)és *electric shock* áramütés ❷ megrázkódtatás, ijedtség, sokk ❸ sokkos állapot, sokk [orvosilag] ❹ kepe, (gabona)kereszt ❺ kócos hajfürt
**shock** *MNÉV*
❶ sokkoló ❷ lökésszerű
**shock** *IGE*
❶ megdöbbent, megbotránkoztat, sokkol *be shocked at smth* megbotránkozik/felháborodik vmi miatt ❷ keresztekbe/kepékbe rak
**shock absorber** lengéscsillapító
**shocker** /ˈʃɒkə/ ❶ megrázó/megdöbbentő dolog/ember ❷ olcsó rémregény
**shocking** /ˈʃɒkɪŋ/ ❶ ijesztő, döbbenetet keltő ❷ visszataszító, felháborító, undorító ❸ szörnyű, rettentő [pl. pazarlás]
**shockproof** VAGY **shock resistant** ❶ rázkódásálló ❷ szilárd, rendíthetetlen
**shod** ☞ shoe
**shoddy** /ˈʃɒdɪ/ *FNÉV*
❶ tépett gyapjú ❷ vásári/csicsás áru, bóvli
**shoddy** *MNÉV*
❶ vacak, hitvány ❷ aljas
**shoe** /ʃuː/ *FNÉV*
❶ cipő *a pair of shoes* egy pár cipő *where are my shoes?* hol van a cipőm? ❷ patkó *cast a shoe* lerúgja a patkót ❸ fékpofa ❹ (kábel)saru
KIFEJEZÉSEKBEN: *be in smb's shoes* vki helyzetében van
**shoe** /ʃuː/, **shod** /ʃɒd/, **shod** /ʃɒd/ *IGE*
❶ cipővel ellát ❷ (meg)patkol
**shoebox** /ˈʃuːbɒks/ ❶ panelház, kockaház, „doboz" ❷ cipősdoboz
**shoelace** cipőfűző, cipőpertli
**shoemaker** cipész, suszter
**shoe polish** cipőpaszta
**shoeshine** cipőtisztítás
**shoestring** ❶ cipőfűző ❷ nagyon kevés pénz *on a shoestring* fillérekből
**shone** ☞ shine
**shook** ☞ shake
**shoot** /ʃuːt/ *FNÉV*
❶ vadászat ❷ vadásztársaság ❸ vadászterület ❹ hajtás [növényé] ❺ csúszda, leeresztőakna
**shoot** /ʃuːt/, **shot** /ʃɒt/, **shot** /ʃɒt/ *IGE*
❶ lő, tüzel [fegyverből, sportban] *shoot smb/smth* lelő vkit/vmit *shoot smb in the head* főbe lő *shoot at smb/smth* rálő vkire/vmire *be shot dead* lelövik, agyonlövik ❷ vadászik ❸ lövedékként záporoztat/vet [pl. pillantást, kérdéseket] ❹ (tova)rohan, (el-) szá guld *shoot past smb/smth* elszáguld vki/vmi mellett ❺ felvételt csinál [fényképre/filmre] ❻ bimbót/rügyet hajt ❼ belő, befecskendez [drogot] ❽ egyenesre gyalul ❾ kibök *shoot!* beszélj! / mondd! ki vele! ❿ szaggat [fájdalom]
KIFEJEZÉSEKBEN: *shoot ⁝oneself⁝ in the foot* öngólt rúg, magának okoz kárt *shoot ⁝one's⁝ mouth off* sok badarságot beszél
**shoot across** átvillan [pl. gondolat]
**shoot ahead** előrerohan, előretör
**shoot at** *shoot at smb/smth* rálő vkire/vmire
**shoot down** *shoot smb/smth down* ❶ lelő ❷ elutasít, lelő
**shoot off** ❶ eliramodik, lelép ❷ elmegy, elélvez
**shoot out** ❶ *shoot smth out* kinyújt/kiölt [pl.

*the show?* ki a főnök/igazgató? ❻ teljesítmény *put up a good/poor show* szép/gyenge teljesítményt nyújt

KIFEJEZÉSEKBEN: *steal the show* magának sajátítja ki az elismerést / a sikert

**show** /ʃəʊ/, **showed** /ʃəʊd/, **shown** /ʃəʊn/ VAGY **showed** /ʃəʊd/ *IGE*

❶ (meg)mutatkozik, (meg)látszik ❷ (meg-) mutat, felmutat, bemutat *show smb smth* megmutat vkinek vmit *show smth to smb* megmutat vmit vkinek *show smb the door* ajtót mutat vkinek ❸ jelez, megmutat [helyet, irányt, módszert] *show smb the way to smth* útbaigazít vkit vmi felé ❹ kísér, vezet *may I show you to your seat, Sir?* a helyére kísérhetem, uram? ❺ jelez, megmutat, tanúskodik vmiről *the clock shows 12* az óra 12-t mutat ❻ bizonyít, kimutat ❼ vetít, ad [pl. filmet, műsort] ❽ éreztet, érzékeltet, tanúsít *can you show more understanding?* tudnál megértőbb lenni?

KIFEJEZÉSEKBEN: *show ‹one's› face* odatolja a képét vhova *show ‹one's› teeth* kimutatja foga fehérjét, fenyegetőleg lép föl

**show around** *show smb around* körülvezet, körbemutogat

**show in** *show smb in* bevezet vkit vhová

**show off** ❶ henceg, hivalkodik ❷ *show smb/smth off* fitogtat vmit, kérkedik/felvág vkivel/vmivel

**show out** *show smb out* kikísér vkit [kijáratig]

**show round** *show smb round smth* körülvezet, körbemutogat

**show up** ❶ mutatkozik, megjelenik *fail to show up* nem jelenik meg ❷ *show smth/smb up* felmutat, kimutat, leleplez [pl. hiányosságot, csalást]

**show business** showbiznisz, szórakoztatóipar

**showcase** /ˈʃəʊkeɪs/ *FNÉV*

❶ tárló, üvegszekrény ❷ példa

**showcase** *IGE*

❶ bemutat, közszemlére tesz ❷ példának állít, példaként felmutat

**showdown** ❶ kártyák kiterítése/felfedése ❷ döntő ütközet, leszámolás ❸ összecsapás, nagy mérkőzés

**shower** /ˈʃaʊə/ *FNÉV*

❶ zápor, zivatar ❷ záporozás, özön [pl. kérdéseké, köveké] ❸ zuhany *have/take a shower* zuhanyozik

**shower** *IGE*

❶ zuhog, sűrűn esik ❷ potyog, nagyon hullik [pl. gyümölcs] ❸ eláraszt (amivel: *with*) *shower smth on smb* eláraszt/elhalmoz vkit vmivel ❹ zuhanyozik

**shower gel** tusfürdő

**shower head** VAGY **shower nozzle** zuhanyrózsa

**showery** /ˈʃaʊəri/ zivataros, (zápor)esős

**showing** /ˈʃəʊɪŋ/ ❶ teljesítmény ❷ bemutatás, vetítés

**show jumping** díjugratás

**showman** /ˈʃəʊmən/ *TBSZ* **showmen** /ˈʃəʊmən/ ❶ látványos műsor vezetője, showman ❷ mutatványos ❸ hatékony közszereplő

**shown** ☞ show

**show-off** ❶ hencegés, felvágás ❷ hencegő/felvágós alak

**showpiece** (látványos) példány/darab, vmin ék(esség)e

**showplace** (látványos) hely, látványosság vmi ék(esség)e

**showroom** mintaterem, bemutatóterem

**showy** /ˈʃəʊɪ/ ❶ mutatós, tetszetős ❷ kirívó, rikító, kérkedő

**shrank** ☞ shrink

**shrapnel** /ˈʃræpnəl/ repeszdarab, srapnel

**shred** /ʃred/ *FNÉV*

❶ foszlány *be in shreds* darabokban/cafatokban van ❷ kis darab/mennyiség

**shred** *IGE*

❶ darabokra szaggat/tép/vág ❷ ledarál vkit ❸ iratmegsemmisítőbe tesz, ledarál

**shredder** /ˈʃredə/ ❶ aprító(gép), szeletelő [konyhai] ❷ iratmegsemmisítő

**shrew** /ʃruː/ ❶ zsémbes nő, hárpia ❷ cickány

**shrewd** /ˈʃruːd/ ❶ éles elméjű, okos ❷ agyafúrt, ravasz

**shriek** /ʃriːk/ *FNÉV/IGE* rikít(ás), sikolt(ás), sivít(ás)

**shrift** /ʃrɪft/ ❶ gyón(tat)ás ❷ feloldozás

KIFEJEZÉSEKBEN: *give short shrift to smb/smth* rövid úton / kurtán elintéz vkit/vmit *make short shrift of smb/smth* hamar megszabadul vkitől, kurtán elintéz vmit/vkit

**shrill** /ʃrɪl/ *MNÉV*

❶ éles, metsző, visító [hang] ❷ erőszakos, harsány

**shrill** *IGE*

visít, sikít, sivít

**shrimp** /ʃrɪmp/ *FNÉV*

❶ garnélarák ❷ apró ember, tökmag

**shrimp** *IGE*

garnélarákra halászik

**shrine** /ʃraɪn/ ❶ szentély, oltár ❷ (díszes) síremlék ❸ szent hely, kegyhely

**shrink** /ʃrɪŋk/ *FNÉV*

pszichiáter

**shrink** /ʃrɪŋk/, **shrank** /ʃræŋk/ VAGY **shrunk** /ʃrʌŋk/, **shrunk** VAGY **shrunken** /ˈʃrʌŋkən/ *IGE*

❶ összezsugorodik, összemegy ❷ (össze-) zsugorít, (be)avat [ruhaanyagot] ❸ visszariad, meghátrál (amitől: *from*)

**shrinkage** /ˈʃrɪŋkɪdʒ/ ❶ (össze)zsugorodás, összemenés [anyagé], apadás ❷ beavatás [ruhaanyagé] ❸ veszteség, káló

**shrinkproof** zsugorodásmentes

**shrink-wrap** zsugorfóliába csomagol, fóliáz

**shrive** /ʃraɪv/, **shrived** VAGY **shrove** /ʃrəʊv/, **shrived** VAGY **shriven** /ʃrɪvən/ ❶ meggyón ❷ meggyóntat ❸ feloldoz

**shrivel** /'ʃrɪvəl/ ❶ összezsugorodik, összeszárad, összeaszik ❷ összeszárít, összezsugorít
**shriven** ☞shrive
**shroud** /'ʃraud/ FNÉV
❶ halotti lepel, szemfedő ❷ lepel, takaró ❸ árbocmerevítő kötél ❹ ejtőernyőkötél
**shroud** IGE
befed, (be)árnyékol, (be)borít *be shrouded in mistery* titokzatosság veszi körül
**shrove** ☞shrive
**Shrove Tuesday** /ʃrəuv 'tju:zdɪ/ húshagyó kedd
**shrub** /ʃrʌb/ ❶ bokor, cserje ❷ rumos, fűszerezett és cukrozott gyümölcslé ❸ cukrozott és fűszerezett gyümölcslé-eszencia
**shrubbery** /'ʃrʌbərɪ/ bozót(os), rekettyés
**shrubby** /'ʃrʌbɪ/ bozótszerű, bozótos, bokros
**shrug** /ʃrʌg/ FNÉV
rándítás, vonás *answer with a shrug (of ⁝one's⁝ shoulders)* vállrándítva válaszol
**shrug** IGE
vállat von *shrug ⁝one's⁝ shoulders* vállat von
**shrug off** *shrug smb/smth off* ❶ vállrándítással elintéz (vmit) ❷ leráz, megszabadul vmitől
**shrunk** ☞shrink
**shrunken** /'ʃrʌŋkən/ MNÉV
összeaszott, összezsugorodott, összement
**shrunken** IGE
☞shrink
**shudder** /'ʃʌdə/ FNÉV
borzongás, (el)borzadás, iszonyodás
**shudder** IGE
borzong, elborzad, iszonyodik
**shuffle** /'ʃʌfəl/ FNÉV
❶ csoszogás ❷ sasszé(zás) ❸ keverés [kártyáé] ❹ kibúvó, kertelés
**shuffle** IGE
❶ csoszog ❷ kibúvót keres, kertel ❸ (meg-) kever [kártyát]
**shuffle off** *shuffle smth off* ❶ lehány magáról [pl. ruhát] ❷ leráz magáról [pl. felelősséget]
**'shun** /ʃʌn/ [= attention] vigyázz! [vezényszó]
**shun** /ʃʌn/ (el)kerül *shun smb* kerül vkit
**shunt** /ʃʌnt/ FNÉV
❶ tolatás, mellékvágányra terelés ❷ kitérő, mellékvágány ❸ mellékáramkör, sönt
**shunt** IGE
❶ (mellékvágányra) tol(at), áttol ❷ elektromosan összeköt, söntöl ❸ félretol, elmozdít [alkalmazottat]
**shunter** /'ʃʌntə/ VAGY **shunting engine** tolatómozdony
**shunting yard** rendező pályaudvar
**shunt-wound** /'ʃʌntwaund/ párhuzamosan kapcsolt
**shut** /ʃʌt/, **shut** /ʃʌt/, **shut** /ʃʌt/ ❶ (be)csukódik, (be)záródik *the window won't shut* az ablak nem csukódik ❷ becsuk [pl. ajtót, könyvet], lecsuk [pl. szemet] *keep smth shut* csukva tart ❸ bezár ❹ zár, becsuk, lehúzza a rolót [üzlet, vállalat] ❺ felszámol, bezár [vállalatot] KIFEJEZÉSEKBEN: *shut ⁝one's⁝ eyes to smth* szemet huny vmi fölött
**shut down** ❶ bezáródik, lezárul, becsukódik ❷ bezár [üzem] ❸ *shut smth down* bezárat
**shut in** *shut smth in* ❶ bezár, körülzár, elzár ❷ odacsuk, becsuk [pl. ujját ajtóba]
**shut off** ❶ elzáródik, kikapcsolódik ❷ *shut smth off* elzár, kikapcsol ❸ *be shut off from smth* el van zárva vmitől
**shut out** *shut smb/smth ott* ❶ kizár, elzár *I shut myself out* kizártam magam [pl. lakásból] ❷ megver [úgy, hogy a másik (csapat) nem szerez pontot]
**shut up** ❶ elhallgat *shut up!* hallgass el! ❷ *shut smb up* becsuk, bebörtönöz ❸ *shut smb up* elhallgattat, hallgatásra bír ❹ *shut smb up* bezár *shut ⁝oneself⁝ up* bezárkózik ❺ *shut smth up* lezár, bezár [pl. boltot, vállalkozást] *shut up shop* feladja üzletét/vállalkozását, becsuk
**shutdown** ❶ lezárás, kikapcsolás ❷ bezárás
**shutoff** ❶ ideiglenes bezárás [pl. üzemé] ❷ kikapcsolás, kikapcsoló mechanizmus
**shutout** verés [sportban, a másik (csapat) nem ér el pontot]
**shutter** /'ʃʌtə/ FNÉV
❶ zsalu(gáter), spaletta, redőny *folding shutter* zsalugáter *put up the shutters* lehúzza a rolót, bezár [nap végén / végleg] ❷ zár [fényképezőgépen]
**shutter** IGE
bezár, lehúzza a rolót *shutter a company* céget felszámol
**shuttle** /'ʃʌtəl/ FNÉV
❶ vetélő [szövőszéken] ❷ ingajárat [vonat/busz/repülő] ❸ űrsikló, űrrepülőgép ❹ tollaslabda
**shuttle** IGE
❶ ide–oda/oda–vissza jár, ingajáratban közlekedik ❷ elszállít, elvisz [utast rövid úton]
**shuttlecock** tollaslabda
**shuttle service** ingajárat [vonat, busz, repülő]
**shy** /ʃaɪ/ FNÉV
❶ dobás, hajítás ❷ megbokrosodás, kitörés [lóé] ❸ (hirtelen) félreugrás ❹ letámadás [szavakkal]
**shy** /ʃaɪ/, **shyer** VAGY **shier** /ʃaɪə/, **shyest** VAGY **shiest** /ʃaɪəst/ MNÉV
❶ félénk, bátortalan, önbizalom nélküli *be shy to do smth* fél vmit megtenni *be shy of smth* tart vmitől ❷ ijedős, közel jönni nem merő [pl. állat] ❸ rövid, vminek híjával lévő *be a thousand shy* ezerrel kevesebbje van [a kelleténél]
**shy** IGE
❶ visszaretten, megijed, (amitől: *at*) ❷ oldalvást dob/hajít
**shy away from** *shy away from (doing) smth* megretten/visszaretten vmi megtételétől
**si** /si:/ [zenei] szi [= ti]
**sibling** /'sɪblɪŋ/ testvér

**siphon bottle** szódásszifon
**sir** /sɜː/ ❶ uram [pl. üzletben, iskolában, hadseregben] *yes, sir!* igen(is), (uram) ❷ *Sir* lovag/báró címe keresztnév előtt [pl. Sir Paul] ❸ *Sir,* [hivatalos levélben] *Dear Sir(s),* Tisztelt Ura(i)m!
**sire** /saɪə/ *FNÉV*
❶ apamén, apaállat ❷ felséges úr/uram
**sire** *IGE*
nemz [apamén]
**siren** /ˈsaɪrən/ ❶ szirén, hableány ❷ csábító ❸ sziréna
**sirloin** /ˈsɜːlɔɪn/ hátszín, vesepecsenye
**sirocco** /sɪˈrɒkəʊ/ sirokkó
**sirup** /ˈsɪrəp/ *US* szirup
**sister** /ˈsɪstə/ ❶ lánytestvér, húg, nővér ❷ apáca, nővér ❸ ápolónő, nővér *night sister* éjszakás nővér ❹ testvércég
**sisterhood** /ˈsɪstəhʊd/ ❶ testvériség, nőszövetség ❷ apácarend
**sisterly** /ˈsɪstəlɪ/ testvéri(es), szerető (szívű)
**sister-in-law** *TBSZ* **sisters-in-law** *VAGY* **sister-in-laws** sógornő
**sit** /sɪt/, **sat** /sæt/, **sat** /sæt/ ❶ ül ❷ vhova ül *sit beside smb* vki mellé ül ❸ leültet [pl. gyereket] ❹ fekszik, nyugszik [pl. könyv polcon] ❺ ülésezik, ülést tart [testület] ❻ tagja vminek, bent ül vmiben [pl. bizottságban] (amiben: *on*) ❼ modellt ül ❽ vizsgázik ❾ költ, kotlik [tojó]
**sit back** ❶ hátradől, kényelembe helyezi magát ❷ ölbe tett kezekkel ül, semmit sem csinál
**sit down** leül, letelepszik
**sit for** ❶ *sit for a portrait* modellt ül ❷ *sit for an exam(ination)* vizsgázik
**sit in** ❶ helyettesít (akit: *for*) ❷ bent ül, beül, látogat (ahol/ahova/amit: *on*)
**sit on** ❶ *sit on smth* feltart, késleltet, rajta ül vmin [pl. levélen] ❷ *sit on smth/smb* ránehezedik/rátelepszik vmire/vkire
**sit out** *sit smth out* ❶ kihagy [táncot] ❷ végigvár, kivárja vmi végét
**sit up** ❶ felül, egyenesen ül ❷ fennmarad, ébren marad
**sitar** /sɪˈtɑː/ szitár
**sitcom** /ˈsɪtkɒm/ helyzetkomikumra épülő (tévé)komédia, szituációs vígjáték
**sit-down** ❶ leülés ❷ ülősztrájk
**site** /saɪt/ *FNÉV*
❶ telek, házhely ❷ vmi helyszíne *on the site* a helyszínen fekvés, helyzet ❸ [hálózaton elérhető] számítógép(es hely), (web)site
**site** *IGE*
elhelyez, épít vhová [épületet] *the theatre will be sited near a park* a színházat egy park mellé tervezik
**sit-in** ülősztrájk [pl. gyár, egyetem területén]
**sitter** /ˈsɪtə/ ❶ ülő ❷ kotlós ❸ modell [festőé]
**sitting** /ˈsɪtɪŋ/ *FNÉV*
❶ turnus [pl. étkezésnél] ❷ ülés(ezés) ❸ egy helyben ülés *do smth at/in a (single) sitting* együltében/egyvégtében megcsinál vmit ❹ modellt ülés ❺ kotlás ❻ fészekalja tojás
**sitting** *MNÉV*
❶ ülő ❷ jelenlegi [tag, pl. bizottságé]
**sitting room** nappali (szoba)
**situate** /ˈsɪtʃʊeɪt/ helyet kijelöl, elhelyez *be situated* fekszik, elterül (vhol)
**situated** /ˈsɪtʃʊeɪtɪd/ ❶ vhol elhelyezett/tartózkodó, vmilyen fekvésű, vhol fekvő ❷ vmilyen helyzetben levő van *be well situated* kedvező helyzetben van
**situation** /ˌsɪtʃʊˈeɪʃən/ ❶ helyzet, állapot ❷ állás, elhelyezkedés ❸ fekvés [pl. házé]
**situation comedy** helyzetkomikumra épülő tévékomédia, szituációs vígjáték
**situp** /ˈsɪtʌp/ felülés [tornagyakorlat]
**six** /sɪks/ hat
**six-digit** hatjegyű
**sixes and sevens** *be at sixes and sevens* ❶ összevisszaságban van ❷ bizonytalan vmit illetően (amit: *about*) ❸ haragban van (akivel: *with*)
**sixpack** hat(darab)os karton/csomagolás/kiszerelés
**sixpence** /ˈsɪkspəns/ ❶ hatpennys (érme) ❷ hat penny
**sixteen** /sɪkˈstiːn/ tizenhat
**sixteenth** /sɪkˈstiːnθ/ tizenhatodik
**sixth** /sɪksθ/ ❶ hatodik [rövidítve 6th ill. $6^{th}$] ❷ hatod *two sixths* két hatod
**sixth form** angol középiskola érettségit megelőző felső, hatodik osztálya [16–18 éveseknek]
**sixth form college** főiskola (különösen a középiskola felső, hatodik osztályát nem járt) 16–18 éveseknek
**sixties** /ˈsɪkstɪz/ ❶ *the sixties* a hatvanas évek ❷ *be in one's sixties* hatvanas éveiben jár
**sixtieth** /ˈsɪkstɪəθ/ hatvanadik
**sixty** /ˈsɪkstɪ/ hatvan
**sizable** /ˈsaɪzəbəl/ jókora, meglehetős, nagy
**size** /saɪz/ *FNÉV*
❶ méret, nagyság, terjedelem ❷ szám, méret [pl. ruháé, cipőé] *what size are you?* mi a mérete? ❸ enyv, ragasztó
**size** *IGE*
❶ vmilyen nagyságúra/méretűre csinál vmit ❷ nagyság szerint osztályoz ❸ megállapítja vmi méretét ❹ (be)enyvez
**size up** *size smb/smth up* felmér, felbecsül, véleményt/képet alkot vkiről/vmiről
**sizeable** /ˈsaɪzəbəl/ jókora, meglehetős
**-sized** /saɪzd/ -méretű, -nagyságú
**sizzle** /ˈsɪzəl/ *FNÉV*
sistergés
**sizzle** *IGE*
❶ sistereg ❷ melege van, (majd) megsül
**sizzler** /ˈsɪzlə/ nagyon forró / perzselő nap *Sunday was a sizzler* vasárnap nagyon meleg volt

S

**skate** /skeɪt/ *FNÉV*
❶ korcsolya ❷ görkorcsolya ❸ *TBSZ* **skate** VAGY **skates** rája [hal]
**skate** *IGE*
korcsolyázik
**skateboard** /ˈskeɪtbɔːd/ gördeszka
**skateboarding** /ˈskeɪtbɔːdɪŋ/ gördeszkázás
**skater** /ˈskeɪtə/ korcsolyázó
**skating** /ˈskeɪtɪŋ/ korcsolyázás
**skating rink** ❶ korcsolyapálya, jégpálya ❷ görkorcsolyapálya
**skedaddle** /skɪˈdædəl/ megfutamodik, elinal
**skeet** /skiːt/ VAGY **skeet shooting** agyaggalamb-lövészet, skeet lövészet
**skeletal** /ˈskelətəl/ ❶ csontvázszerű, csontváz- ❷ vázlatos
**skeleton** /ˈskelətən/ ❶ csontváz ❷ váz, keret [pl. épületé, jelentésé] ❸ soványság, csontváz KIFEJEZÉSEKBEN: *skeleton in the cupboard/closet* titkolt családi szégyenfolt
**skeleton key** álkulcs
**skeptic** /ˈskeptɪk/ *FNÉV* kételkedő, szkeptikus
**skeptic** /ˈskeptɪkəl/ *MNÉV* kételkedő, szkeptikus
**skepticism** /ˈskeptɪsɪzəm/ szkepticizmus
**sketch** /sketʃ/ *FNÉV*
❶ vázlat, skicc ❷ rövid leírás ❸ karcolat, kroki
**sketch** *IGE*
(fel)vázol, vázlatot készít vmiről, körvonalaz
**sketch in** VAGY **sketch out** *sketch smth in/out* felvázol, nagy vonalakban berajzol, vázlatosan ismertet
**sketch block** VAGY **sketch book** VAGY **sketch pad** vázlattömb vázlatkönyv, vázlatfüzet
**sketchy** /ˈsketʃɪ/ vázlatos, hiányos
**skew** *FNÉV*
ferdeség, rézsútosság *on the skew* ferdén, rézsútosan
**skew** /skjuː/ *MNÉV*
ferde, rézsútos
**skew** *IGE*
❶ ferdén/rézsútosan helyez el ❷ ferdén néz, kacsint ❸ eltorzít, elferdít, torz/ferde megvilágításba helyez
**skewer** /ˈskjuːə/ *FNÉV*
❶ nyárs ❷ kard
**skewer** *IGE*
nyársra tűz [húst]
**ski** /skiː/ *FNÉV*
sí(léc), sítalp
**ski** /skiː/, **skied** VAGY **ski'd** /skiːd/, **skied** VAGY **ski'd** /skiːd/ *IGE*
sízik, síel *go skiing* síelni megy
**skid** /skɪd/ *FNÉV*
❶ farolás, megcsúszás *go into a skid* megfarol [pl. autó] ❷ csúszótalp [repülőgép/helikopter landolásához] ❸ ék, alátétpalló
**skid** *IGE*
(meg)farol, megcsúszik [pl. autó]
**skid chain** hólánc
**skier** /ˈskiːə/ *FNÉV* síelő, síző
**skiff** /skɪf/ könnyű csónak, szkiff
**skiing** /ˈskiːɪŋ/ sízés, síelés, sísport
**ski jump** ❶ síugrás ❷ síugró sánc, ugrósánc
**ski jumping** síugrás
**ski lift** sífelvonó, sílift
**skilful** VAGY **skillful** /ˈskɪlfəl/ ügyes, gyakorlott, jártas
**skill** /skɪl/ ügyesség, jártasság, gyakorlottság
**skilled** /skɪld/ gyakorlott, jártas, ügyes (amiben: *in*)
**skilled labour** ❶ szakmunkások ❷ szakmunka
**skilled worker** szakmunkás
**skillet** /ˈskɪlət/ ❶ lábos, serpenyő ❷ *US* tepsi
**skim** /skɪm/ ❶ lefölöz, leszed [pl. zsírt] ❷ (könnyedén) érint, (szinte) súrol
**skim off** *skim smth off* lefölöz vmit, leszedi vmi javát
**skim through** *skim through smth* (futólag) átnéz/átlapoz
**skimmed milk** VAGY **skim milk** lefölözött tej
**skimmer** /ˈskɪmə/ ❶ fölözőkanál, habszedőkanál ❷ széles karimájú szalmakalap
**skimp** /skɪmp/ ❶ fukarkodik, spórol (amivel: *on*), elspórol vmit ❷ összecsap, gyenge anyagokat használva végez [munkát]
**skimpy** /ˈskɪmpɪ/ ❶ hiányos, szegényes ❷ szűk, kicsi [pl. ruha]
**skin** /skɪn/ *FNÉV*
❶ bőr *be skin and bones* csont és bőr, sovány *save one's skin* menekül, menti a bőrét ❷ héj, bőr [pl. gyümölcsé, kolbászé] ❸ föl, bőr [pl. tejen] ❹ külső borítás, héj [pl. repülőgépé] ❺ skinhead
KIFEJEZÉSEKBEN: *get under smb's skin* irritál/bosszant vkit
**skin** *IGE*
❶ (meg)nyúz, lenyúz, lehúz [bőrt, héjat], *skin smb alive* elevenen megnyúz, nagyon megbüntet ❷ lehorzsol, megsért [pl. térdet] ❸ visszanő [bőr], beheged ❹ bőrrel/héjazattal bevon ❺ kifoszt, becsap skin
**skin-deep** *MNÉV/HAT.SZÓ* felszínes(en), felületes(en)
**skin diver** könnyűbúvár
**skin diving** könnyűbúvársport
**skin graft** ❶ átültetetett/átültetendő bőrdarab ❷ bőrátültetés
**skin grafting** bőrátültető műtét, bőrátültetés
**skinhead** /ˈskɪnhed/ ❶ bőrfejű, skinhead, szkinhed ❷ bőrfejű, (amerikai) tengerészgyalogos (jelölt) ❸ kopasz
**skink** /skɪŋk/ gyík
**-skinned** /skɪnd/ -bőrű
**skinner** /ˈskɪnə/ ❶ nyúzó ❷ tímár ❸ szűcs
**skinny** /ˈskɪnɪ/ ❶ sovány, szikár ❷ fösvény
**skin-tight** testhez simuló/tapadó
**skip** /skɪp/ *FNÉV*
❶ szökdécselés, ugrándozás ❷ óriáskonténer [pl. törmelék szállítására] ❸ billenőkocsi

**slot** /slɒt/ *FNÉV*
❶ nyílás, rés [pl. automatán pénzbedobásra] ❷ horony, vájat ❸ hely, rész, kitöltendő idő
**slot** *IGE*
❶ résbe/helyre befér ❷ résbe/helyre betesz ❸ helyet talál vminek/magának
**slot in** *slot smb in* időt szakít vkinek, beszorít vkit a programjába
**sloth** /slɒθ/ ❶ lajhár ❷ lustaság, tunyaság
**slothful** /ˈslɒθfəl/ lusta, tunya
**slot machine** ❶ pénzbedobós automata ❷ nyerőgép, nyerőautomata, játékgép
**slouch** /slaʊtʃ/ *FNÉV*
❶ nehézkes mozgás, lomha járás ❷ eltehénkedés, elterpeszkedő ülés ❸ lusta/esetlen melák
**slouch** *IGE*
❶ esetlenül mozog/áll *he slouched around the house all morning* egész délelőtt a házban lófrált/tétlenkedett ❷ elterpeszkedve ül, rátehénkedik vmire (amire: *over*)
**slough** /slaʊ/ *FNÉV*
❶ mocsaras terület, ingovány ❷ pocsolya ❸ kétségbeesés, ingovány ❹ /slʌf/ levedlett bőr [pl. kígyóé] ❺ /slʌf/ hámló bőr
**slough** /slʌf/ *IGE*
vedlik, hámlik
**slough off** *slough smth off* ❶ levedlik [bőrt] ❷ megszabadul vmitől, leráz [pl. régi ruhát, gondot]
**slough over** *slough over smth* elsiklik vmi [r.szerint probléma] fölött, lekicsinyel [gondot]
**sloughy** ❶ /slaʊɪ/ mocsaras, ingoványos ❷ /slʌfɪ/ hámló, vedlő, pörkös
**sloven** /ˈslɒvən/ lompos/ápolatlan ember
**slovenly** /ˈslɒvənlɪ/ ❶ lompos, ápolatlan, slampos ❷ rendetlen, slendrián pl. [munka]
**slow** /sləʊ/ *MNÉV*
❶ lassú, sokáig tartó ❷ *be slow* késik [óra] *my watch is five minutes slow* az órám öt percet késik ❸ vontatott, nehézkes *business is slow* nehezen megy az üzlet ❹ nehézkes, lassú felfogású *be slow on the uptake* nehéz felfogású
**slow** *HAT.SZÓ*
lassan *go slow* lassan hajt
**slow** *IGE*
lassít, késleltet
**slow down** ❶ (le)lassul ❷ *slow smth down* (le)lassít
**slowdown** /ˈsləʊdaʊn/ ❶ lassulás ❷ lassítás ❸ munkalassítás, munkalassító sztrájk
**slub** /slʌb/ *FNÉV*
laza csomó, vastagodás [fonálon]
**slub** *IGE*
sodor [fonalat]
**sludge** /slʌdʒ/ ❶ iszap, leülepedett sár ❷ csatornaiszap ❸ üledék, lerakódás [pl. olajé] ❹ jégdarab [tengeren] ❺ dzsuva, trutyi
**sludgy** /slʌdʒɪ/ ❶ sáros ❷ üledékes, iszapos ❸ jeges
**slue** /sluː/ ❶ csavarodás, (el)fordulás, tekeredés ❷ himbál(ódz)ás, ring(at)ás ❸ mocsaras terület, ingovány ❹ pocsolya
**slug** /slʌg/ *FNÉV*
❶ házatlan/meztelen csiga ❷ (puska)golyó ❸ hamis pénzérme/fémlapka [automatához]
**slug** *IGE*
❶ megüt, odacsap ❷ (át)gázol, átverekszi magát [pl. havon]
**sluggish** /ˈslʌgɪʃ/ lomha, renyhe [pl. folyó, üzletmenet, szerv]
**sluice** /sluːs/ *FNÉV*
zsilip
**sluice** *IGE*
❶ kimosódik, kiürül ❷ kimos, vízzel kiöblít ❸ leereszt [vizet/rönköt zsilipen] ❹ zsilippel ellát/elzár
**slum** /slʌm/ *FNÉV*
szegénynegyed, nyomornegyed
**slum** *IGE*
❶ szegénynegyedet látogat [r.szerint érdeklődésből] ❷ *slum it* átmenetileg meghúzza magát / szerényebb körülmények között él
**slumber** /ˈslʌmbə/ *FNÉV*
szendergés, szundítás
**slumber** *IGE*
szendereg, szunyókál
**slummy** /ˈslʌmɪ/ nyomortanya jellegű, szegényes [pl. városrész]
**slump** /ˈslʌmp/ *FNÉV*
❶ pangás, áresés, bessz [pl. tőzsdén] ❷ gazdasági válság, depresszió
**slump** *IGE*
❶ hirtelen lepottyan/leroskad ❷ (hirtelen) nagyot esik [pl. árfolyam]
**slung** ☞ sling
**slunk** ☞ slink
**slur** /slɜː/ *FNÉV*
❶ összefolyó/hadaró beszéd, nem tiszta (ki)ejtés ❷ lekicsinylő/becsmérlő beszéd ❸ gyalázat, szégyenfolt, stigma *cast a slur on smb/smth* megbélyegez
**slur** *IGE*
❶ elmosódik, egybefolyik [pl. beszéd, ének] ❷ elmosódottan/hadarva beszél/ejt ❸ átsiklik, elsiklik (amin / ami fölött: *over*) ❹ lebecsül, becsmérel
**slush** /slʌʃ/ *FNÉV*
❶ latyak, locspocs, hókása ❷ kenőanyag, zsiradék ❸ limonádé, giccs [pl. könyv] ❹ édes ital apró jégdarabokkal, jégkása
**slush** *IGE*
❶ latyakon/locspocson átgázol ❷ ken, zsíroz [pl. kenőanyaggal] ❸ tocsogó hangot ad ❹ bepucol, cementlével kiönt [pl. falat]
**slushy** /ˈslʌʃɪ/ ❶ latyakos, kásás ❷ érzelgős, giccses
**slut** /slʌt/ ❶ lompos/rendetlen nő ❷ ribanc, kurva
**sluttish** /ˈslʌtɪʃ/ lompos, rendetlen

S

**sly** /slaɪ/ ravasz, sunyi, alattomos *on the sly* alattomban, stikában

**smack** /smæk/ *FNÉV*

❶ csattanás ❷ cuppanós/hangos csók *give smb a smack on the cheek* cuppanós puszit ad vki arcára ❸ csattanó pofon *give smb a smack on the jaw* állon vág, behúz vkinek egyet ❹ próbálkozás *have a smack at smth* (meg)próbálkozik vmivel ❺ halászbárka ❻ *a smack of smth* egy kevés/csipetnyi vmiből

**smack** *IND.SZÓ/HAT.SZÓ*

zsupsz, puff neki *the car ran smack into the gate* az autó telibe kapta a kaput

**smack** *IGE*

❶ cuppan ❷ csattan ❸ cuppant ❹ csattant, csettint ❺ ráver, rácsap

**smack of** *smack of smth* vmilyen szaga/íze/látszata van, vmi érzik rajta *it smacks of scandal* botrányszagú

**small** /smɔːl/ *FNÉV*

vmi apraja/véknya *she had a pain in the small of the back* fáj a háta vék(o)nya

**small** *MNÉV*

❶ kis, kicsi, apró [pl. méretben, erőben, jelentőségben] *cut smth small* apróra (fel)vág vmit ❷ fiatal, kicsi [pl. gyerek] ❸ kis mértékben tevékenykedő [pl. vállalkozás] *in a small way* szerény keretek között, kicsiben ❹ kisbetűs, kicsi *be written with a small "t"* kis t-vel van írva ❺ halk ❻ *feel/look small* szégyenkező(s), magát jelentéktelennek érző

**small** *HAT.SZÓ*

❶ apró betűkkel [ír] ❷ szűk keretek között *live small* szerényen él ❸ halkan

**small ad** apróhirdetés

**small arms** kézifegyverek, kézifegyverzet

**small business** kisvállalkozás

**small change** aprópénz

**small enterprise** kisvállalkozás, kisvállalat

**smallholder** kisgazda

**small hours** *in the small hours* a kora hajnali órákban

**small intestine** vékonybél

**smallness** /ˈsmɔːlnəs/ ❶ kicsi(ny)ség, vminek kis volta ❷ kicsinyesség

**smallpox** /ˈsmɔːlpɒks/ himlő

**small print** dokumentum [pl. szerződés] szándékosan kisbetűs/apróbetűs részei

**smalls** /smɔːlz/ női fehérnemű, alsónemű

**small scale** ❶ kisipari ❷ kicsiben történő/végzett, kis léptékű

**small talk** társalgás, csevegés

**smart** /smɑːt/ *FNÉV*

❶ éles/szúró/metsző fájdalom ❷ szúrás, sajgás, szúrósság

**smart** *MNÉV*

❶ elegáns, sikkes, jó megjelenésű *look smart* jól néz ki ❷ divatos, előkelő [pl. étterem] ❸ ötletes, okos, szellemes ❹ tiszteletlen, szemtelen *get smart with smb* tiszteletlenkedik vkivel ❺ jókora, erőteljes, szép kis ❻ elektronikus alkatrészeket is tartalmazó, intelligens

**smart** *IGE*

❶ fáj, sajog, csíp ❷ fájdalmat okoz, csíp ❷ duzzog, meg van sértődve/bántódva

**smarten** /ˈsmɑːtən/

**smarten up** ❶ *smarten smth/smb up* feldíszít, kicsinosít vmit/vkit ❷ *smarten up ⁝one's⁝ act* összeszedi magát [= erőfeszítést tesz]

**smash** /smæʃ/ *FNÉV*

❶ törés/összezúzódás (hangja) ❷ nagy ütés ❸ lecsapás [labdáé, pl. teniszben] ❹ bombasiker ❺ összeütközés, szerencsétlenség

**smash** *IGE*

❶ összezúzódik, összetörik *smash into pieces* darabokra törik ❷ szétzúz, összetör *smash smth into pieces* darabokra tör ❸ beleütközik, nekiütközik (amibe/aminek: *into/against*) ❹ nekicsap, odavág (amibe/aminek: *into/against*) ❺ elfojt [pl. lázadást] ❻ megdönt [pl. rekordot] ❼ lecsap [pl. labdát] ❽ megver [= legyőz]

**smash up** *smash smth up* teljesen összetör, porrá zúz

**smashing** /ˈsmæʃɪŋ/ klassz, nagyszerű, pompás

**smashup** ❶ tömeges összeütközés/karambol ❷ összeomlás

**smear** /smɪə/ *FNÉV*

❶ (zsír)folt, maszat *paint smear* elkenődött festék ❷ kenet [orvosi] ❸ befeketítő állítás, rágalom

**smear** *IGE*

❶ szétkenődik, bemaszatolódik ❷ elken, bemaszatol, bepiszkít *be smeared with smth* szét van rajta kenődve vmi ❸ bemocskol, rágalmaz

**smeary** /ˈsmɪərɪ/ ❶ elkenődő ❷ mocskolódó

**smell** /smel/ *FNÉV*

❶ szag *have a strong smell* erős szaga/illata van [pl. virágnak] ❷ kellemetlen szag, bűz ❸ szaglás [képesség] ❹ megszagolás *have a smell of smth* megszagol

**smell** /smel/, **smelt** /smelt/ *VAGY* **smelled**, **smelt** /smelt/ *VAGY* **smelled** *IGE*

❶ érzi vmi szagát, érez szagokat ❷ megszimatol, megszagol *I (can) smell gas* itt gázszag van ❸ kiszagol, előre megérez *smell trouble/danger* bajt/veszélyt szimatol ❹ vmilyen szagot áraszt *the room smells of smoke* a szoba füstszagot áraszt *the meat smells bad* a húsnak rossz a szaga ❺ rossz szagú / szaga van *your breath smells* rossz szagú a leheleted/szád ❻ vmilyennek tűnik [r.szerint rossznak/gyanúsnak] *smell fishy* gyanúsnak tűnik, valami bűzlik

**smell out** *smell smb/smth out* ❶ kiszimatol/kifürkész vmit, rátalál vmire [pl. állat, újságíró] ❷ bebüdösít vmit, vmilyen szagot áraszt

**smelly** /ˈsmelɪ/ rossz szagú, büdös

nyelvet] ❷ kilövell, előtör ❸ kiront, kicsap ❹ *shoot it out* lövésekkel eldönt vmit

**shoot up** ❶ felszáll, feltör [pl. láng] ❷ felnő, megnő [pl. gyerek] ❸ *shoot smb/smth up* sok lövéssel megsebesít/megsért ❹ *shoot oneself up* belövi magát

**shooter** /ˈʃuːtə/ ❶ vadász, lövő ❷ lőfegyver ❸ amatőr fotós

**shooting** /ˈʃuːtɪŋ/ ❶ lövés, lövészet ❷ lövöldözés ❸ vadászat ❹ vadászterület ❺ vadászati jog ❻ filmforgatás, filmfelvétel ❼ nyilallás, szaggató fájdalom ❽ kihajtás [növényé] ❾ száguldás

**shootout** ❶ pisztolypárbaj/lövöldözés leszámolási céllal ❷ eredményt eldöntő tizenegyesek [futballban]

**shop** /ʃɒp/ *FNÉV*

❶ üzlet, bolt *go to the shops* vásárolni megy ❷ műhely *paint shop* festőműhely, festöde ❸ műhelyfoglalkozás, gyakorlati foglalkozás [tantárgy] ❹ üzlet(i tevékenység), vállalkozás *set up shop* vállalkozást indít/nyit *shut up shop* vállalkozást abbahagy, becsuk, (ideiglenesen) bezár KIFEJEZÉSEKBEN: *talk shop* szakmai dolgokról/ügyekről beszél(get)

**shop** *IGE*

❶ (be)vásárol *go shopping* vásárolni megy (amit: *for*) ❷ befúj, beköp [rendőrségnek]

**shop around** körülnéz a piacon, összehasonlítja az árakat [mielőtt dönt]

**shop assistant** (bolti) eladó, elárusító, segéd

**shop floor** ❶ a műhely, az üzem ❷ a munkások, a kétkezi dolgozók

**shop front** portál

**shopkeeper** boltos, kereskedő

**shoplift** boltból lop, fizetés nélkül távozik

**shoplifter** bolti tolvaj/szarka

**shopper** /ˈʃɒpə/ ❶ (be)vásárló ❷ *US* bevásárlókocsi

**shopping** /ˈʃɒpɪŋ/ ❶ bevásárlás *do the/ one's shopping* bevásárol ❷ bevásárolt dolgok/holmi *carry smb's shopping* viszi vki szatyrát

**shopping arcade** bevásárlóközpont

**shopping bag** bevásárlószatyor

**shopping cart** bevásárlókocsi [bolti]

**shopping centre** bevásárlóközpont

**shopping list** vásárlási lista

**shopping mall** bevásárlóközpont

**shopping precinct** bevásárlónegyed [autóforgalom nélkül]

**shopping trolley** bevásárlókocsi [bolti]

**shop steward** üzemi/szakszervezeti bizalmi/ megbízott

**shopwindow** kirakat

**shore** /ʃɔː/ *FNÉV*

❶ tengerpart, (tó)part ❷ föld, part [tengerről nézve] *go on shore* partra száll

**shore** /ʃɔː/ *IGE*

❶ ☞shear ❷ partra visz/vontat

**shore up** *shore smth up* alátámaszt, (alá-) dúcol

**shoreline** tengerpart vonala

**shorn** ☞shear

**short** /ʃɔːt/ *FNÉV*

❶ rövidfilm, kisfilm ❷ rövid ital ❸ rövidítés, rövid összefoglalás, lényeg ❹ rövid hangzó/ szótag ❺ rövidzárlat ❻ rövidített (bece)név

**short** *MNÉV*

❶ rövid [térben/időben] *at short notice* rövid határidőre, rövid idő alatt *to cut a long story short* röviden szólva / száz szónak is egy a vége ❷ alacsony [pl. ember, épület] ❸ rövidített [rövidítés] (amié: *for*) *MP is short for Member of Parliament* az MP a Member of Parliament rövidítése ❹ nem elegendő, hiányos, rövid, fogyóban lévő *be short of smth* szűkében van vminek, nincs elég vmije *be in short supply* nincs elég vmiből, nem megfelelő a készlet ❺ türelmetlen, kurta [pl. természet] (akivel: *with*) *make short work of smb/smth* gyorsan / rövid úton elintéz vmit, gyorsan elpusztít vmit [pl. ételt] ❻ röviden ejtett, rövid [pl. hang/szótag] KIFEJEZÉSEKBEN: *for short* röviden, egyszerűen *be nothing short of a miracle/disaster* csodával/katasztrófával határos *cut smth short* megszakít, félbeszakít

**short** *HAT.SZÓ*

❶ hirtelen, gyorsan *stop short* hirtelen megáll ❷ vmi előtt (ami előtt: *of*) *we ran out of petrol 500 metres short of the garage* 500 méterrel a benzinkút előtt kifogyott a benzinünk

**short** *IGE*

❶ rövidzárlatot okoz ❷ rövidre zár

**shortage** /ˈʃɔːtɪdʒ/ hiány *food shortage* élelmiszerhiány

**shortbread** omlós (édes) teasütemény

**shortcake** linzer

**shortchange** ❶ kevesebbet ad vissza ❷ becsap, átver

**short circuit** *FNÉV*

rövidzárlat

**short circuit** *IGE*

❶ rövidzárlatot okoz, rövidre zár ❷ kerülők nélkül tesz vmit

**shortcoming** tökéletlenség, hiba, hiányosság

**short cut** ❶ lerövidítés [úté] *take a short cut* levágja az utat ❷ egyszerűbb/egyszerűsített módszer/eljárás

**shortcut** ❶ lerövidít, levág ❷ egyszerűbb/egyszerűsített eljárást alkalmaz

**shortcut key** gyorsbillentyű [számítógépen]

**shorten** /ˈʃɔːtən/ ❶ (meg)rövidül ❷ (meg)rövidít, levág *shorten one's steps* szaporábban lépked ❸ porhanyóssá tesz [tésztát zsiradékkal]

**shortfall** hiány, deficit (amiben: *of/in*)

**shorthand** gyorsírás *make notes in shorthand* gyorsírással ír/jegyzetel *take shorthand* gyorsír(ással jegyzetel)

S

**shorthand typist** gyors- és gépíró

**shortlist** *FNÉV*

szűk lista, toplista [jövőbeli munkatársaké]

**shortlist** *IGE*

szűk listára / toplistára fölvesz [jövőbeli munkatársakat]

**short-lived** kérészéletű, rövid ideig tartó, mulandó

**shortly** /ˈʃɔːtlɪ/ ❶ rövidesen, hamarosan *shortly before/after smth* röviddel vmi előtt/után ❷ kurtán, türelmetlenül

**short message system, SMS** rövid szöveges üzenet, SMS

**short pastry** omlós tészta, vajastészta

**short-range** ❶ rövid távú [pl. előrejelzés] ❷ rövid hatótávolságú [pl. rakéta]

**shorts** /ʃɔːts/ ❶ rövidnadrág, sort ❷ alsónadrág ❸ rövidtávú kötvények

**shortsighted** /ʃɔːtˈsaɪtɪd/ ❶ rövidlátó ❷ beszűkült/korlátolt, rövidlátó

**short-sleeved** /ʃɔːtˈsliːvd/ rövidujjú

**short story** novella, elbeszélés

**short-tempered** /ʃɔːtˈtempəd/ indulatos, hirtelen haragú

**short term** *FNÉV/MNÉV* rövid lejárat(ú), rövid táv(ú) *in the short term* rövid távon

**short wave** rövidhullám

**shot** /ʃɒt/ *FNÉV*

❶ lövés [fegyverrel, sportban] *fire a shot* lövést ad le ❷ lövő *be a good/poor shot* jól/rosszul lő ❸ kísérlet, próbálkozás *have a shot at smth* megpróbál vmit ❹ lövedék, golyó ❺ súly(golyó) [súlylökésben] *put the shot* súlyt lök ❻ (fénykép)felvétel, filmfelvétel ❼ injekció [vakcinával], belövés [kábítószerrel]

KIFEJEZÉSEKBEN: *call the shots* hatalma/szava van, rendelkezik, parancs(nok)ol

**shot** *IGE*

❶ ☞ shoot ❷ megtölt [fegyvert]

**shotgun** vadászpuska

**shotproof** golyóálló

**shot put** /ˈʃɒtpʊt/ súlylökés

**shot putter** /ˈʃɒtpʊt/ súlylökő

**should** /ʃəd/ VAGY /ʃʊd/ ❶ [kötelesség/elvárás:] kell(ene) *you should call the doctor* hívnod kellene az orvost *I shouldn't have done it* nem kellett volna megtennem *you* ❷ [valószínűség:] *the car should be ready by now* már kész kell lennie az autónak ❸ [szubjektív vélemény:] *it's strange that he should say that* különös, hogy ezt mondja ❹ [„kívánó" igék/melléknevek után:] *I suggest they should go now* javaslom, hogy most menjenek *it's essential that they should arrive before noon* igen fontos, hogy dél előtt megérkezzenenek ❺ [feltételes mondatokban:] *if they should come, tell them to wait* ha (mégis) jönnének, mondd meg nekik, hogy várjanak *should you want more details* amennyiben további részleteket szeretne megtudni ❻ [meglepettség:] *and who should I see there* és kit is (nem) láttam meg ❼ [függő beszédben:] *we promised we should return soon* megígértük, hogy hamar visszajövünk ❽ [udvarias kérésben:] *I should like to ask you a few questions* szeretnék néhány kérdést föltenni ❾ [a *think* igével:] *I should think so* azt hiszem, igen, természetesen *I should think not* természetesen nem

**shoulder** /ˈʃəʊldə/ *FNÉV*

❶ váll *shoulder to shoulder* vállvetve, egyesült erővel *shrug ‹one's› shoulders* vállat von ❷ vállrész, váll [ruháé] ❸ sziklahát, hegynyúlvány ❹ padka, perem *hard shoulder* útpadka, leállósáv ❺ lapocka [állaté] *shoulder of mutton* ürülapocka ❻ támasz, (alá)támasztás *a shoulder to cry on* támasz, aki együttérez

KIFEJEZÉSEKBEN: *give smb the cold shoulder* hűvösen/barátságtalanul kezel vkit

**shoulder** *IGE*

❶ vállal, vállára vesz [pl. felelősséget, költséget] ❷ vállal (meg)lök, tolakszik *shoulder arms!* vállra! [vezényszó]

**shoulder blade** lapocka(csont)

**-shouldered** /ʃəʊldəd/ -vállú

**shoulder-length** vállig érő [pl. haj]

**shoulder pad** válltömés [ruhában]

**shouldn't** /ˈʃʊdənt/ [= should not]

**should've** /ˈʃʊdəv/ [= should have]

**shout** /ʃaʊt/ *FNÉV*

kiáltás, kiabálás

**shout** *IGE*

kiabál, (rá)kiált (akire: *at*) *shout for help* segítségért kiált *shout smth from the rooftops* nagy nyilvánosság elé tár, kikiált, elhíresztel

**shout down** *shout smb down* lehurrog, túlkiabál, nem enged szóhoz jutni

**shout out** *shout smth out* (fel)kiált, nagyot kiált

**shove** /ʃʌv/ *FNÉV*

lökés, tolás, taszítás *give smth a shove* meglök/megtol vmit

KIFEJEZÉSEKBEN: *when/if push comes to shove* amikor/ha valóban döntésre kerül sor

**shove** *IGE*

❶ lökdösődik, furakszik *there was a lot of pushing and shoving at the station* az állomáson nagy volt a tülekedés ❷ lök, taszít, tol ❸ (be)tesz, bedob, bevág (vmit vhova) ❹ mozdul, megy (már)

**shove aside** *shove smb aside* félretol, félrelök

**shovel** /ʃʌvəl/ *FNÉV/IGE* lapát(ol)

**shovelful** /ˈʃʌvəlfʊl/ lapátnyi, egy lapátra való

**show** /ʃəʊ/ *FNÉV*

❶ előadás, műsor ❷ bemutató, kiállítás, bemutatás *be on show* látható, megtekinthető ❸ fitogtatás, bemutatás *show of strength* erődemonstráció ❹ látszat, külszín, pompa *for show* a látszat/pompa kedvéért *put on a show* megjátssza magát ❺ intézmény, cég *who's runing*

**sigh** *IGE*
❶ sóhajt (egyet), elsóhajtja magát ❷ sóhajtásszerű hangot ad ❸ visszasír, sóhajtozik (amit/amiért: *for*)

**sight** /saɪt/ *FNÉV*
❶ látás [képesség] *lose ⁝one's⁝ sight* elveszti a szeme világát ❷ látvány, (meg)látás *at first sight* első látásra *at the sight of smth* vmi láttára/láttán *be out of sight* nem látható *be within sight* látótávolságon belül van, látható *catch sight of smth* észrevesz, megpillant *lose sight of smth* elveszt vmit szeme elől, szem elől téveszt vmit ❸ szörnyű/nevetséges látvány *what a sight she was* nevetségesen nézett ki ❹ (turista)látványosság, néznivaló *see the sights* megnézi a nevezetességeket ❺ irányzék, nézőke [műszeren, fegyveren] *have smth in ⁝one's⁝ sights* rajta van, célkeresztben van KIFEJEZÉSEKBEN: *be in sight* elérhető közelségben van, látótávolságon belül van *there is no end in sight* nincs elérhető közelségben a cél/vég *shoot smb on/at sight* azonnal / figyelmeztetés nélkül lelő

**sight** *IGE*
❶ meglát, megpillant ❷ megcéloz, beirányoz [távcsövet, fegyvert]

**-sighted** /saɪtɪd/ -látású, -látó

**sighted** látó, nem vak

**sighting** /ˈsaɪtɪŋ/ ❶ megpillantás ❷ észlelés [pl. ritka állaté/jelenségé/UFÓ-é] ❸ célzás

**sightless** /ˈsaɪtləs/ ❶ világtalan, vak ❷ láthatatlan

**sightly** /ˈsaɪtlɪ/ látványos, tetszetős, mutatós

**sightread** /ˈsaɪtriːd/, **sightread** /ˈsaɪtred/, **sightread** /ˈsaɪtred/ lapról olvas/játszik, blattol

**sightsee** /ˈsaɪtsiː/, **sightsaw** /ˈsaɪtsɔː/, **sightseen** /ˈsaɪtsiːn/ városnézésen vesz részt, várost néz

**sightseeing** /ˈsaɪtsiːɪŋ/ városnézés

**sightseeing tour** városnéző séta

**sightseer** városnéző, turista

**sigma** /ˈsɪgmə/ ❶ [görög] szigma, Σ ❷ összesen, szumma [matematikában]

**sign** /saɪn/ *FNÉV*
❶ jel *show signs of smth* vmi jeleit mutatja *show no sign of life* nem ad életjelt ❷ jelzés *give a sign* jelt/jelzést ad ❸ (információs) tábla, jelzőtábla *traffic sign* közlekedési tábla ❹ matematikai jel *plus/minus sign* pluszjel/mínuszjel ❺ tünet, szimptóma ❻ jegy, csillagkép *what sign are you?* melyik jegyben születtél?

**sign** *IGE*
❶ aláír *sign smth on the dotted line* feltétel nélkül aláír/elfogad ❷ aláírással igazolja vmi átvételét (amiét: *for*) ❸ leszerződik, aláír (akinek: *for/with*) ❹ szerződtet ❺ jelt ad, jelez

**sign in** ❶ érkezéskor aláír [pl. vendégkönyvet], bejelentkezik ❷ bejelentkezik, megkezdi az adást [pl. rádióban]

**sign off** ❶ levelet befejez ❷ befejezi az adást [rádióban] ❸ *sign smb off* betegállományba vesz [orvos]

**sign on** ❶ (le)szerződik ❷ munkanélküliként regisztráltatja magát ❸ *sign smb on* (le-) szerződtet

**sign out** ❶ távozáskor aláír, kijelentkezik ❷ *sign smth out* kölcsönvesz, kivesz [pl. könyvet könyvtárból]

**sign up** ❶ jelentkezik [pl. vizsgára/tanfolyamra] ❷ *sign smb up* besoroz, bevonultat ❸ katonának áll

**signal** /ˈsɪgnəl/ *FNÉV*
❶ jel, jelzés *danger signal* veszélyjelzés *smoke signal* füstjel ❷ jeladás, jelzés *give/make a signal* jelez ❸ jelzőberendezés, szemafor ❹ (rádió)jel *pick up a signal* rádiójelet vesz

**signal** *MNÉV*
feltűnő, emlékezetes

**signal** *IGE*
❶ jelez, jelt ad, jeladással közöl ❷ álláspontját kifejezi/megmutatja, jelez

**signalize** /ˈsɪgnəlaɪz/ ❶ emlékezetessé tesz, jelez ❷ jelzőtáblával ellát, kitábláz

**signalman** /ˈsɪgnəlmən/ *TBSZ* **signalmen** /ˈsɪgnəlmən/ ❶ (vasúti) váltó- és szemaforkezelő ❷ jelzőőr ❸ híradós [pl. katona]

**signatory** /ˈsɪgnətrɪ/ aláíró/szerződő fél (amié: *of/to*)

**signature** /ˈsɪgnɪtʃə/ ❶ aláírás, szignó ❷ láttamozás, pecsét ❸ ívjelzés [nyomdai]

**signet** /ˈsɪgnɪt/ pecsét

**signet ring** pecsétgyűrű

**significance** /sɪˈnɪfɪkəns/ ❶ jelentőség, fontosság *be of little/great significance* kis/nagy jelentősége van ❷ értelem *take on a new significance* új értelmet nyer/kap

**significant** /sɪgˈnɪfɪkənt/ ❶ jelentős, lényeges, szignifikáns ❷ jelentőségteljes

**signification** /ˌsɪgnɪfɪˈkeɪʃən/ ❶ jelentés, értelem ❷ jelzés

**signify** /ˈsɪgnɪfaɪ/ jelent, jelez, kifejez

**sign language** jelelés [süketnémáké]

**signpost** *FNÉV*
útjelző/(út)irányjelző tábla

**signpost** *IGE*
kitábláz, táblával jelez *the shopping centre is signposted* a bevásárlóközpont [az út mentén] ki van táblázva

**sile** /saɪl/ *it's siling* zuhog

**silence** /ˈsaɪləns/ *FNÉV*
❶ csend, hallgatás *in silence* szótlanul ❷ nem jelentkezés, hallgatás *break ⁝one's⁝ silence* megtöri a hallgatást ❸ elhallgatás, agyonhallgatás ❹ nyugalom

**silence** *IGE*
❶ elnémít, elhallgattat ❷ elfojt

**silencer** /ˈsaɪlənsə/ ❶ kipufogódob ❷ hangtompító, hangfogó ❸ vitát eldöntő ember/érv

**sic** /sɪk/ *HAT.SZÓ*
sic, így [hiba szándékos kiemelésére]

**sic** *IGE*
❶ megtámad [kutya] *sic!* fogd meg! ❷ ráuszít *sic* ⁅one's⁆ *dog on smb* ráuszítja vkire a kutyáját

**sick** *FNÉV*
❶ *the sick a* betegek ❷ hányás, hányadék

**sick** /sɪk/ *MNÉV*
❶ beteg *be on the sick list* betegállományban van *call in sick* betelefonál, hogy beteg *get sick* megbetegszik ❷ émelygős, felfordult gyomrú *feel sick* émelyeg, hányingere van ❸ *be sick* hány ❹ magát rosszul érző, torkig lévő *be sick with fear/anger* félelemtől/dühtől alig lát ❺ *be sick (and tired) of smth* torkig van vmivel, utál vmit ❻ dühös, mérges *make smb sick* dühbe hoz, földühít

**sick** *IGE*
❶ megtámad [kutya] *sick!* fogd meg! ❷ ráuszít *sick* ⁅one's⁆ *dog on smb* ráuszítja vkire a kutyáját
**sick up** rókázik, hány

**sickbay** betegszoba, gyengélkedő [pl. iskolában]
**sickbed** betegágy *visit smb in his sickbed* meglátogat vkit a betegágyánál
**sicken** /ˈsɪkən/ ❶ megbetegszik ❷ émelyeg, undorodik (amitől: *of*) ❸ émelyít, undort kelt
**sickle** /ˈsɪkəl/ sarló
**sick leave** betegszabadság
**sick list** betegállományban lévők *be on the sick list* betegállományban van
**sickly** /ˈsɪklɪ/ ❶ beteges, gyenge ❷ bágyadt ❸ émelyítő ❹ érzelgős
**sickness** /ˈsɪknəs/ ❶ betegség, megbetegedés ❷ gyengélkedés, rosszullét *morning sickness* reggeli rosszullét [terhes nőé] ❸ hányás ❹ hányinger
**sick pay** táppénz, betegségi pénz [munkáltató által fizetett]
**sick room** betegszoba

**side** /saɪd/ *FNÉV*
❶ oldal, széle/oldala vminek *side by side* egymás mellett *right/left hand side* jobboldal/baloldal *at/by smb's side* vki mellett ❷ felsőtest oldala *a pain in smb's right/left side* fájdalom a jobb/bal oldalán ❸ szempont, oldal *both sides of the story* a történet mindkét oldala ❹ ellentétes oldal, fél, párt *take sides* állást foglal az egyik oldal mellett (aki mellett: *with*) ❺ csapat *the British side* a brit csapat ❻ (származási) ág, oldal *on his father's side* apai ágon ❼ flekk, oldal
KIFEJEZÉSEKBEN: *be a bit on the* ⁅MNÉV⁆ *side* egy kicsit ⁅MNÉV⁆ [pl. időjárás] *be on the wrong/right side of the law* sérti / nem sérti a törvényt *be on the right/wrong side of thirty* innen/túl van a harmincon *be on the safe side* óvatosan cselekszik, biztosra megy *on the side* mellékesen [r.szerint illegálisan]

**side** *MNÉV*
oldalsó, oldal-

**side** *IGE*
**side with** *side with smb* vki/vmi oldalára/pártjára/mellé/mellett áll

**sidearm** oldalfegyver(ek)
**sideboard** tálaló(szekrény), pohárszék
**sideburns** VAGY **sideboards** oldalszakáll, barkó
**sidecar** oldalkocsi [motorkerékpáré]
**-sided** /saɪdɪd/ -oldalú
**side deal** különalku
**side dish** mellékfogás [étkezésnél]
**side effect** mellékhatás
**sidelight** ❶ helyzetjelző lámpa, oldallámpa ❷ oldalablak ❸ mellékinformáció

**sideline** *FNÉV*
❶ szárnyvonal ❷ mellékfoglalkozás ❸ melléküzemág, másodlagos tevékenység ❹ oldalvonal, partvonal [sportpályán]

**sideline** *IGE*
mellékszereplővé tesz, partvonalon kívülre helyez

**sidelong** oldalsó, oldalra irányuló, oldalról jövő
**side mirror** *US* visszapillantó tükör
**sidenote** széljegyzet
**side road** bekötőút, mellékút
**sideslip** *FNÉV/IGE* oldalra csúszás/csúszik [pl. autóval, sível]
**side split** oldalspárga

**sidetrack** *FNÉV*
mellékvágány

**sidetrack** *IGE*
eltérít, kitér a válasz elől *get sidetracked* vmi elvonja a figyelmét (ami: *into*)

**sidewalk** *US* járda
**sidewall** ❶ oldalfal ❷ gumiabroncs oldala ❸ cipőfelsőrész
**sideways** oldalvást, oldalt
**siding** /ˈsaɪdɪŋ/ ❶ mellékvágány, tolatóvágány ❷ *US* épületszigetelés [külső]
**sidle** /ˈsaɪdəl/ oldalazva megy, oldalog
**siege** /siːdʒ/ ostrom
**sienna** /sɪˈenə/ vörösesbarna festék/szín
**sierra** /sɪˈerə/ ❶ csipkés hegylánc ❷ rádióösszeköttetésnél és betűzésnél az S betű szava
**siesta** /sɪˈestə/ ebéd utáni pihenő, sziesta

**sieve** /siːv/ *FNÉV*
❶ szita, rosta, szűrő *put smth through a sieve* megszűr, átrostál ❷ titkot tartani nem tudó ember

**sieve** *IGE*
(át)szitál, (le)szűr

**sift** /sɪft/ ❶ (át)szűrődik ❷ szitál [eső] ❸ (meg-)szitál, (át)rostál [nem folyadékot] ❹ alaposan megvizsgál ❺ alapos vizsgálattal megkülönböztet/elválaszt (amitől: *from*)
**sifter** /ˈsɪftə/ rosta, szűrő, szita

**sigh** /saɪ/ *FNÉV*
sóhaj(tás) *heave / let out a sigh* sóhajt

S

**silent** /ˈsaɪlənt/ ❶ csöndes, hangtalan, zajtalan ❷ néma, nem beszélő, csöndes [pl. ima, olvasás] ❸ vmit elhallgató, néma *keep silent* hallgat, nem szól *remain silent* nem beszél vmiről ❹ néma, nem ejtett [pl. betű]
**silent partner** csendestárs [vállalkozásban]
**silhouette** /ˌsɪluˈet/ FNÉV
sziluett, körvonal
**silhouette** IGE
sziluettként kirajzol *be silhouetted* kirajzolódik, látszik a körvonala
**silicon** /ˈsɪlɪkən/ szilícium, szilikon
**silicone** /ˈsɪlɪkəun/ szilikon
**silicosis** /ˌsɪlɪˈkəusɪs/ szilikózis
**silk** /sɪlk/ FNÉV
❶ selyem ❷ királyi tanácsos *take silk* „királyi tanácsos" címet kap ❸ kukoricahaj ❹ ejtőernyő
**silk** IGE
hajasodik [kukorica]
**silken** /ˈsɪlkən/ ❶ selyemből való, selyem- ❷ selymes, sima ❸ behízelgő, lágy
**silkworm** selyemhernyó
**silky** /ˈsɪlkɪ/ ❶ selymes, lágy, bársonyos ❷ selyem- ❸ mézesmázos, behízelgő
**sill** /sɪl/ (ablak)párkány
**silliness** /ˈsɪlɪnəs/ ostobaság, butaság, botorság
**silly** /ˈsɪlɪ/ MNÉV
❶ ostoba, buta, botor *don't be silly* ne butáskodj ❷ gondolkodásképtelen, hülye
**silly** HAT.SZÓ hülyén, bután
*behave silly* hülyén viselkedik
**silo** /ˈsɪləu/ FNÉV/IGE siló(z)
**silt** /sɪlt/
iszap, hordalék
**silt** IGE
**silt up** ❶ eliszaposodik ❷ *silt smth up* eliszaposít
**silver** /ˈsɪlvə/ FNÉV
❶ ezüst ❷ evőeszköz ❸ fémpénz, ezüstpénz ❹ ezüst medál/érme
**silver** MNÉV
❶ ezüstből készült, ezüst- *be born with a silver spoon in the mouth* ezüstkanállal a szájában [= jólétben] született ❷ ezüstszínű, ezüst-
**silver** IGE
❶ beezüstöz, ezüsttel bevon ❷ foncsoroz ❸ (meg)őszül
**silver anniversary** ❶ ezüstlakodalom ❷ 25 éves évforduló
**silver medal** ezüstérem, második helyezés
**silver-mounted** ezüst foglalatú/veretű
**silver plated** ezüstözött, ezüstlemezzel bevont
**silversmith** ezüstműves
**silverware** VAGY **silverwork** ↯ NEM MEGSZÁML. ezüstnemű
**silver wedding** ezüstlakodalom
**silvery** /ˈsɪlvərɪ/ ❶ ezüstös ❷ ezüst csengésű
**silviculture** /ˈsɪlvɪkʌltʃə/ erdészet, erdőgazdálkodás, erdőművelés
**silviculturist** /ˈsɪlvɪkʌltʃərɪst/ erdész
**simian** /ˈsɪmɪən/ FNÉV/MNÉV majom(szerű)
**similar** /ˈsɪmələ/ ❶ hasonló (amihez/akihez: *to*) ❷ egy tulajdonságban azonos
**similarity** /ˌsɪməˈlærɪtɪ/ hasonlóság
**similarly** /ˈsɪmələlɪ/ ❶ hasonlóan ❷ hasonlóképpen
**simile** /ˈsɪməlɪ/ hasonlat
**similitude** /sɪˈmɪlɪtjuːd/ ❶ hasonlóság, hasonlatosság ❷ hasonló alak/dolog
**simmer** /ˈsɪmə/ FNÉV
lassú tűzön fővés/főzés *bring smth to a simmer* lassú tűzön főz
**simmer** IGE
❶ lassú tűzön főz, párol ❷ fokozódik vmilyen érzelmi állapota *simmer with anger/excitement* forr benne a méreg / fokozódik benne az izgalom
**simmer down** megnyugszik, lenyugszik
**simple** /ˈsɪmpəl/ ❶ egyszerű ❷ érthető, világos ❸ egy részből/alkotóelemből álló, egyszerű [pl. mondat] ❹ együgyű, tuskó
**simple-minded** ❶ naiv, hiszékeny ❷ együgyű, egyszerű gondolkodású
**simpleton** /ˈsɪmpəltən/ naiv/ostoba/hiszékeny alak
**simplex** /ˈsɪmpleks/ ❶ egyszerű ❷ (egyszerre csak) egy irányban működő, szimplex
**simplicity** /sɪmˈplɪsɪtɪ/ ❶ egyszerűség *for the sake of simplicity* az egyszerűség kedvéért ❷ őszinteség, naivitás [gyerekkori] ❸ bambaság
**simplification** /ˌsɪmplɪfɪˈkeɪʃən/ (le)egyszerűsítés
**simplify** /ˈsɪmplɪfaɪ/ (le)egyszerűsít
**simplistic** /sɪmˈplɪstɪk/ túlzottan leegyszerűsített, primitív
**simply** /ˈsɪmplɪ/ egyszerűen csak, csupán
**simulate** /ˈsɪmjuleɪt/ tettet, színlel, szimulál
**simulated** /ˈsɪmjuleɪtɪd/ nem igazi, mű-, ál-
**simulation** /ˌsɪmjuˈleɪʃən/ ❶ tettetés, színlelés, szimulálás ❷ szimuláció
**simulator** /ˈsɪmjuleɪtə/ ❶ alakoskodó, szimuláns ❷ szimulátor *flight simulator* repülőgép-szimulátor
**simultaneity** /ˌsɪməltəˈneɪɪtɪ/ VAGY /ˌsaɪməltəˈniːɪtɪ/ US egyidejűség
**simultaneous** /ˌsɪməlˈteɪnɪəs/ VAGY /ˌsaɪməlˈteɪnɪəs/ US FNÉV
(sakk)szimultán
**simultaneous** MNÉV
egyidejű, egyszerre történő, szimultán
**sin** /sɪn/ FNÉV
bűn, vétek
**sin** IGE
vétkezik, bűnözik (ami/aki ellen: *against*)
**since** /sɪns/ HAT.SZÓ
azóta *I haven't seen him since* azóta sem láttam
**since** ELÖLJ.
óta, -tól, -től *since 12 o'clock* 12 óra óta *since last year* tavaly óta
**since** KÖTŐSZÓ
❶ azóta, hogy *since I last saw him* amióta utoljá-

S

ra láttam ❷ mivel, miután *since I'm the last, (MONDAT)* mivel én vagyok az utolsó, (MONDAT)

**sincere** /sɪn'sɪə/ őszinte, nyílt

**sincerely** /sɪn'sɪəlɪ/ őszintén, nyíltan *yours sincerely / sincerely yours / sincerely* szívélyes üdvözlettel [levél végén]

**sincerity** /sɪn'serɪtɪ/ őszinteség, nyíltság *in all sincerity* egészen nyíltan/őszintén

**sine** /saɪn/ szinusz

**sinecure** /'saɪnɪkjuə/ kényelmes állás/hivatal, szinekúra

**sine curve** szinuszgörbe

**sinew** /'sɪnju:/ ❶ ín ❷ mozgatóereje, lelke vminek

**sine wave** szinuszhullám

**sinewy** /'sɪnju:ɪ/ ❶ inas ❷ izmos, erős ❸ erőteljes

**sinful** /'sɪnfəl/ ❶ bűnös, vétkes ❷ pazarló, bűnös

**sing** /sɪŋ/ *FNÉV*

❶ éneklés ❷ csengő/zúgó hang

**sing** /sɪŋ/, **sang** /sæŋ/, **sung** /sʌŋ/ *IGE*

❶ (el)énekel, dalol *sing smb to sleep* dallal elaltat ❷ cseng, fütyül [fül] ❸ elzúg, elsivít [pl. lövedék] ❹ megénekel [versben, dalban] *sing smb's praises* versben/dalban dicsőít

**singe** /sɪndʒ/ megperzsel, megpörköl

**singer** /'sɪŋə/ énekes, dalos

**singer–song writer** énekes–szerző

**single** /'sɪŋgəl/ *FNÉV*

❶ kislemez ❷ egyedülálló, nem házas ❸ csak oda/csak vissza szóló jegy ❹ egyágyas szoba [szállodában] ❺ egydolláros

**single** *MNÉV*

❶ egyes, egyetlen, egyedüli ❷ egyszerű, magában álló, szóló *not a single* egyetlenegy sem *every single* minden egyes ❸ egyedülálló, nem házas, egyedül élő *lead a single life* a nőtlenek/hajadonok életét éli ❹ egyszemélyes [pl. szoba] ❺ csak oda/csak vissza szóló [jegy]

**single** *IGE*

egyel [pl. répát]

**single out** *single smb/smth out* kiválaszt, kiszemel

**single-barrel** /ˌsɪŋgəl'bærəl/ VAGY **single-barrelled** /ˌsɪŋgəl'bærəld/ egycsövű [pl. puska]

**single-breasted** /ˌsɪŋgəl 'brestɪd/ egysoros (gombolású)

**single-digit** egyszámjegyű

**single file** *FNÉV/HAT.SZÓ* libasor(ban)

**single-handed** /ˌsɪŋgəl 'hændɪd/ *HAT.SZÓ/MNÉV* segítség nélkül(i), egy ember által / félkézzel) kezelhető(en)

**single journey** egyszeri út/utazás

**single-lane** egysávos [út]

**single parent** egyedülálló szülő

**single room** egyágyas szoba

**singles** /'sɪŋgəlz/ *TBSZ* **singles** egyes [mérkőzés] *mens's/women's singles* férfi/női egyes

**single-seater** együléses autó/repülőgép

**single-space** egyes sorközzel gépel/ír

**single-storey** egyszintes

**singlet** /'sɪŋglət/ alsótrikó, trikó, atléta

**single ticket** csak oda/vissza szóló jegy

**single-track** ❶ egyvágányú [vasút] ❷ egysávos [út] ❸ szűk látókörű [ember]

**single yellow line** folyamatos sárga vonal [„várakozni tilos" jelölésére]

**singly** /'sɪŋglɪ/ ❶ egyedül, magányosan ❷ egyenként, egyesével

**singsong** /'sɪŋsɒŋ/ *FNÉV*

❶ társasági éneklés ❷ éneklő beszéd

**singsong** *MNÉV*

éneklő [beszéd]

**singular** /'sɪŋgjulə/ *FNÉV*

egyes szám

**singular** *MNÉV*

❶ egyetlen, egyes ❷ egyes számú ❸ rendkívüli, egyedülálló ❹ különös, furcsa

**singularity** /ˌsɪŋgju'lærɪtɪ/ ❶ különösség, rendkívüliség, egyedülállóság ❷ fekete lyuk

**singularize** /'sɪŋgjuləraɪz/ ❶ egyes számba tesz ❷ különössé/rendkívülivé tesz

**sinister** /'sɪnɪstə/ baljós(latú), vészjósló

**sink** /sɪŋk/ *FNÉV*

❶ (konyhai) mosogató ❷ lefolyólyuk ❸ mocsár, fertő ❹ süllyesztő [színházi]

**sink** /sɪŋk/, **sank** /sæŋk/ VAGY **sunk** /sʌŋk/, **sunk** /sʌŋk/ VAGY **sunken** /'sʌŋkən/ *IGE*

❶ (el)süllyed, (el)merül, lesüllyed ❷ elsüllyeszt, lesüllyeszt ❸ eltűnik, elsüllyed ❹ lejjebb süllyed/száll, csökken ❺ belesüllyed, belesüpped [pl. fotelbe], lesüllyed, merül ❻ elgyöngül, leromlik, zuhan, rosszabb állapotba kerül ❼ elcsügged, elveszti a reményt ❽ kiváj, bemélyít, beás ❾ megszüntet, elás *they decided to sink their differences* fátylat borítottak nézeteltéréseikre

**sink in** ❶ beivódik [pl. tinta] ❷ [közlés] hatása megmutatkozik, „átmegy"

**sink into** *sink smth into smth* belemélyeszt

**sinker** /'sɪŋkə/ ❶ ólomnehezék [horgászé] ❷ kútásó

**sinner** /'sɪnə/ bűnös, vétkező

**sinus** /'saɪnəs/ ❶ melléküreg, arcüreg ❷ öböl, hajlat ⓘ *NEM* ~~szinusz~~

**sinusitis** /ˌsaɪnə'saɪtɪs/ arcüreggyulladás

**Sioux** /su:/ *TBSZ* **Sioux** /su:/ VAGY /su:z/ sziú

**sip** /sɪp/ *FNÉV*

korty, hörpintés *take a sip* kortyol egyet

**sip** *IGE*

szív, kortyol(gat), szürcsöl(get) *sip (at) smth* kortyol(gat)/szürcsöl(get) vmit

**siphon** /'saɪfən/ *FNÉV*

❶ szívócső, szifon ❷ szifon, szódásüveg ❸ bűzelzáró, szifon

**siphon** *IGE*

**siphon off** VAGY **siphon out** *siphon smth off/out* ❶ szívócsővel elvezet/kiszív ❷ levezet, elvezet [pl. forgalmat]

**slander** *IGE*
(meg)rágalmaz
**slanderous** /ˈslɑːndərəs/ rágalmazó, becsületsértő
**slang** /slæŋ/ szleng
**slangy** /ˈslæŋɪ/ szleng szavakkal/kifejezésekkel teletüzdelt, szlenges
**slant** /slɑːnt/ *FNÉV*
❶ lejtő(sség), dőlés *at/on a slant* ferdén ❷ szemszög, beállítás, beütés ❸ torz álláspont ❹ ferde vonal, virgula, „per" jel
**slant** *MNÉV*
ferde, dőlt [pl. tető]
**slant** *IGE*
❶ lejt, dől [pl. tető, írás] ❷ lejtőssé tesz, dönt ❸ vmilyen beállítást ad vminek, elferdít, eltorzít
**slap** /slæp/ *FNÉV*
ütés *slap on the cheek* pofon *slap in the face* váratlan visszautasítás, pofon
**slap** *HAT.SZÓ*
hirtelen, egyenesen
**slap** *IGE*
❶ megüt, (meg)csap *slap smb's face* pofon üt *slap smb on the back* megveregeti vki vállát ❷ nekiütödik, nekivágódik (aminek: *against*) ❸ lecsap, levág (amire: *on*)
**slapdash** *MNÉV/HAT.SZÓ* hirtelen, felületes(en)
**slapjack** palacsinta
**slapper** /ˈslæpə/ ❶ ütő ❷ klassz dolog ❸ ribanc, kurva
**slash** /slæʃ/ *FNÉV*
❶ vágás, hasítás ❷ hasíték, forradás ❸ pössentés, pisilés *have a slash* pössent egyet ❹ ferde vonal, virgula, „per" jel
**slash** *IGE*
❶ (fel)hasít, felmetsz ❷ megvág, végigvág vkin ❸ leránt, lehúz [művet kritikus] ❹ mélyen leszállít [pl. árat] ❺ keményen nekiverődik [pl. eső] ❻ pisil, pössent egyet
**slashing** /ˈslæʃə/ ❶ éles, kemény [kritika] ❷ klassz, nagy(szerű)
**slash mark** ferde vonal, virgula, „per" jel
**slat** /slæt/ *FNÉV*
redőnyléc, lap, zsalugáterléc
**slat** *IGE*
csapkod, csapdos [pl. vitorla]
**slate** /sleɪt/ *FNÉV*
❶ pala [anyag, tetőfedő] ❷ palatábla ❸ (választási) jelölőlista
KIFEJEZÉSEKBEN: *clean slate* tiszta lap
**slate** *IGE*
❶ palával fed ❷ jelöl, kiszemel vmire ❸ vmi megtörténtét vmikorra várja *be slated to do smth* úgy állnak a dolgok, hogy (vmikor) megtesz vmit ❹ levág, leránt [kritika]
**slater** /ˈsleɪtə/ ❶ palafedő munkás, tetőfedő ❷ ászka [rovar] ❸ éles/támadó kritikus
**slate roof** VAGY **slated roof** palatető
**slattern** /ˈslætən/ ❶ ápolatlan/lompos nő ❷ ribanc, repedtsarkú
**slatternly** /ˈslætənlɪ/ *MNÉV* ápolatlan/lompos [nő]
**slaughter** /ˈslɔːtə/ *FNÉV*
❶ (le)vágás [állatoké] ❷ lemészárlás, kegyetlen megölés, tömegmészárlás [állatoké, embereké] ❸ heves bírálat, lerántás ❹ nagy verés/vereség, zakó
**slaughter** *IGE*
❶ levág, leöl [állatot] ❷ kegyetlenül megöl, lemészárol ❸ nagyon megver [sportban]
**slaughterhouse** vágóhíd
**slaughterous** /ˈslɔːtərəs/ *MNÉV* gyilkos, pusztító
**Slav** /slɑːv/ szláv
**slave** /ˈsleɪv/ *FNÉV*
❶ rabszolga *treat smb like a slave* rabszolgaként bánik vkivel ❷ vmi rabja/rabszolgája (aminek: *to*)
**slave** *IGE*
*slave (away)* agyondolgozza magát
**slaveholder** rabszolgatartó
**slaver** /ˈsleɪvə/ *FNÉV*
❶ rabszolga-kereskedő ❷ rabszolgaszállító hajó ❸ /ˈslævə/ elcsorduló/kicsorgó nyál ❹ /ˈslævə/ üres fecsegés
**slaver** /ˈslævə/ *IGE*
❶ nyáladzik, folyik a nyála ❷ csorog a nyála vmitől, izgalomba jön (amitől: *at*)
**slavery** /ˈsleɪvərɪ/ ❶ rabszolgaság ❷ rabszolgamunka, kulimunka
**Slavic** /ˈslɑːvɪk/ *MNÉV* szláv
**slavish** /ˈsleɪvɪʃ/ ❶ szolgai ❷ módon történő ❸ szolgai módra utánzó
**Slavonic** /sləˈvɒnɪk/ szláv (nyelv)
**slaw** /slɔː/ *US* majonézes káposztasaláta [sárgarépával, hagymával]
**slay** /sleɪ/, **slew** /sluː/, **slain** /sleɪn/ megöl, leöl, meggyilkol, legyilkol
**slayer** /ˈsleɪə/ gyilkos
**sleaze** /sliːz/ ❶ mocskosság, elhanyagoltság ❷ mocsok, lepusztultság ❸ rossz hír
**sleazebag** /ˈsliːzbæg/ VAGY **sleazeball** /ˈsliːzbɔːl/ gusztustalan/antipatikus alak
**sleazy** /ˈsliːzɪ/ ❶ mocskos, gusztustalan, lepusztult ❷ kétes, zűrös, rosszhírű
**sled** /sled/ *FNÉV*
❶ szánkó, ródli ❷ szán
**sled** *IGE*
❶ szánkózik, ródlizik ❷ szánon visz
**sledge** /sledʒ/ ❶ szánkó, ródli ❷ szán
**sledge** ❶ szánkózik, ródlizik ❷ szánon visz
**sledgehammer** pöröly, ékverőkalapács
**sleek** /sleek/ *MNÉV*
❶ sima, fényes, csillogó [pl. haj] ❷ simulékony ❸ kecses, egszerűségében mutatós
**sleek** *IGE*
❶ lesimít, simára fésül/kefél ❷ elsiklik/átsiklik vmi fölött (ami fölött: *over*)
**sleep** /sliːp/ *FNÉV*
alvás *get to sleep* elalszik *go to sleep* elzsibbad *put smb/smth to sleep* elaltat

**skip** *IGE*
❶ ugrándozik, szökdécsel ❷ ide–oda kapkod, ugrál [pl. beszéd közben] ❸ kihagy, átugrik vmin *skip breakfast* kihagyja a reggelit ❹ kihagy [pl. emlékezet, figyelem] ❺ ugrókötélen ugrik/ugrál, ugrókötelezik

**skiplane** sítalpas repülőgép

**ski pole** VAGY **ski stick** síbot

**skipper** /'skɪpə/ ❶ (hajós)kapitány, hajóvezető ❷ csapatkapitány [sportban]

**skipping rope** ugrókötél

**skirmish** /'skɜːmɪʃ/ *FNÉV*
csetepaté, csatározás

**skirmish** *IGE*
csetepatézik, csatározik (akivel: *with*)

**skirt** /skɜːt/ *FNÉV*
❶ szoknya ❷ körkörös (védő)szegély [pl. járműé] ❸ lány, nő

**skirt** *IGE*
❶ szegélyez, körülvesz, körülötte vezet [pl. út] ❷ körüljár ❸ elkerül, körbejár [pl. kérdést]

**skirting** /'skɜːtɪŋ/ ❶ szoknyaanyag ❷ szegély (-léc) [lábmagasságban]

**skirting board** szegély(léc) [pl. parkettáé]

**skirts** /skɜːts/ perem, szél [városé]

**skirt suit** kosztüm

**skit** /skɪt/ ❶ tréfás jelenet, paródia ❷ szatirikus írás, skicc ❸ tréfa, megtréfálás

**skitter** /'skɪtə/ ❶ szárnycsattogtatva felszáll/ leszáll [madár vízről/vízre] ❷ siet, szedi a lábát ❸ csalit a vízen ide–oda mozgat

**skittle** /'skɪtəl/ tekebábu, tekefa

**skittles** /'skɪtəlz/ teke, kugli
KIFEJEZÉSEKBEN: *life is not all beer and skittles* az élet nem mindig habostorta / fenékig tejfel

**ski wax** VAGY **skis wax** sívaksz, síviasz

**skol** /skəʊl/ egészségünkre/egészségedre! [iváskor]

**skulk** /skʌlk/ *FNÉV*
❶ semmittevő, lógó(s) ❷ leselkedő, ólálkodó (állat)

**skulk** *IGE*
❶ leselkedik, ólálkodik ❷ lapul, lapít, kihúzza magát vmiből, lóg

**skull** /skʌl/ ❶ koponya ❷ fej *have a thick skull* nehéz fejű, nehéz feje van

**skull and crossbones** halálfej [csontokkal, méreg/kalózhajó jele]

**skullcap** ❶ kis papi sapka ❷ fejfedő ❸ sábeszdekli, kipa

**skunk** /skʌŋk/ ❶ bűzösborz, szkunk ❷ gazember

**sky** /skaɪ/ ❶ ég(bolt) ❷ űr, légkör külső része

**skybridge** két épület közötti átjáró [utca fölött]

**sky high** *MNÉV/HAT.SZÓ* égig érő(en)

**skyjack** repülőgépet eltérít

**skyjacking** repülőgép-eltérítés

**skylark** pacsirta

**skylight** tetőablak, padlásablak

**skyline** égvonal, magas épületek sziluettje

**skyrocket** *FNÉV*
rakéta

**skyrocket** *IGE*
felszökik, ugrásszerűen emelkedik [pl. ár]

**skyscape** ❶ az égbolt [látvány] ❷ felhőtanulmány, ég [festményen]

**skyscraper** /'skaɪskreɪpə/ felhőkarcoló

**skytrooper** ejtőernyős

**skytroops** ejtőernyős csapatok

**skyward** /'skaɪwəd/ VAGY **skywards** /'skaɪwədz/ *MNÉV/HAT.SZÓ* az ég felé (mutató)

**slab** /slæb/ *FNÉV*
❶ lap, lemez, darab [kő-, fa-, fém-] ❷ darab, szelet [pl. sütemény, sajt] ❸ széldeszka

**slab** *IGE*
❶ lapokkal kirak ❷ lapot levág ❸ széldeszkát vág

**slack** /slæk/ *FNÉV*
❶ pangás ❷ laza/lötyögő rész, lelógás [pl. kötélé] *take up the slack* kötelet meghúz ❸ széntörmelék

**slack** *MNÉV*
❶ laza [pl. kötél] ❷ petyhüdt, ernyedt [izom] ❸ gyenge, bágyadt ❹ lanyha, pangó [pl. piac] *business is slack* az üzlet pang ❺ hanyag

**slack** *HAT.SZÓ*
lazán *hang slack* nincs meghúzva, belóg [pl. távvezeték]

**slack** *IGE*
hanyagul/felelőtlenül viselkedik/dolgozik
**slack off** VAGY **slack up** ❶ lazít ❷ lanyhul [pl. kereslet] ❸ lelassít [megállás előtt]

**slacken** /'slækən/ ❶ (meg)lazul, ereszkedik ❷ meglazít, tágít ❸ lassít, késleltet ❹ gyengül, (el)ernyed ❺ gyengít, enyhít

**slacks** /slæks/ *TBSZ* nadrág, pantalló

**slack suit** nadrágkösztüm

**slag** /slæg/ ❶ salak ❷ salakhányó ❸ prosti

**slain** ☞ slay

**slalom** /'slɑːləm/ *FNÉV*
szlalom, műlesiklás *giant slalom* óriásműlesiklás

**slalom** *IGE*
szlalomozik

**slam** /slæm/ *FNÉV*
❶ becsap(ód)ás [ajtóé] ❷ levágás, lecsapás [telefoné] ❸ kemény/éles bírálat, lerántás

**slam** *IGE*
❶ becsapódik, bevágódik [ajtó] ❷ becsap, bevág [ajtót] ❸ lecsap, levág [telefont, tárgyat] *she slammed down the phone* levágta a telefont ❹ erősen megüt/megnyom *she slammed on the brakes* rátaposott a fékre ❺ (könnyen) legyőz [sportban] ❻ keményen (meg)bírál, leránt

**slammer** /'slæmə/ börtön, sitt *be thrown in the slammer* sittre vágják, bevarrják

**slander** /'slɑːndə/ *FNÉV*
rágalmazás, becsületsértés, rágalom [szóbeli]

S

**sleep** /sliːp/, **slept** /slept/, **slept** /slept/ *IGE*
❶ alszik *sleep late* sokáig alszik *not sleep a wink* egy szemernyit sem alszik *sleep rough* a szabadban / rossz körülmények között alszik ❷ vmennyi fő elhelyezésére alkalmas [pl. szoba, szálloda] *this room sleeps five* ebben a szobában öt fő alhat
**sleep around** fűvel–fával lefekszik
**sleep in** ❶ tovább alszik, kialussza magát [pl. hétvégén] ❷ munkahelyén lakik/alszik
**sleep off** *sleep smth off* kialszik vmit
**sleep on** *sleep on smth* alszik vmire egyet, még meggondol vmit
**sleep out** nem otthon alszik
**sleep through** *sleep through smth* ❶ elalszik [pl. vekkert, vonatot] ❷ végigalszik [pl. előadást]
**sleep with** *sleep with smb* lefekszik vkivel
**sleep disorder** alvászavar
**sleeper** /ˈsliːpə/ ❶ vmilyen alvó *heavy/sound sleeper* mélyen alvó ember *light sleeper* nem jó / éber alvó ❷ talpfa [vasúti] ❸ párnafa ❹ hálókocsi
**sleeper seat** hátrahajtható ülés [pl. repülőgépen]
**sleeping bag** hálózsák
**Sleeping Beauty** Csipkerózsika
**sleeping car** hálókocsi
**sleeping dogs** *let sleeping dogs lie* ne bántsd az alvó oroszlánt
**sleeping partner** csendestárs
**sleeping pill** VAGY **sleeping tablet** altató(szer)
**sleeping policeman** fekvőrendőr
**sleeping suit** kezeslábas [gyereknek alvásra]
**sleepless** /ˈsliːpləs/ ❶ álmatlan ❷ ébren töltött [pl. éjszaka] ❸ fáradhatatlan, éber
**sleepwalk** alvajár
**sleepwalker** alvajáró
**sleepwalking** alvajárás
**sleepy** /ˈsliːpɪ/ ❶ álmos ❷ unalmas, csöndes [pl. város] ❸ töpörödött [pl. gyümölcs]
**sleepyhead** álomszuszék, hétalvó
**sleet** /sliːt/ *FNÉV/IGE* havaseső, ónoseső (esik)
**sleeve** /sliːv/ ❶ (ruha)ujj ❷ hüvely, persely [gépé] ❸ (hang)lemezborító
KIFEJEZÉSEKBEN: *have smth up ≥one's≤ sleeve* van még valami ütőkártyája/aduja, valamit forgat a fejében *roll up ≥one's≤ sleeves* nekigyürkőzik
**-sleeved** /sliːvd/ -ujjú, -ujjas
**sleeveless** /ˈsliːvləs/ ujjatlan [ruha]
**sleigh** /sleɪ/ *FNÉV*
szán(kó)
**sleigh** *IGE*
❶ szánon utazik ❷ szánon szállít
**slender** /ˈslendə/ ❶ karcsú ❷ vékony, gyenge
**slept** ☞ sleep
**sleuth** /sluːθ/ ❶ kopó, véreb ❷ detektív, kopó
**slew** /sluː/ *FNÉV*
❶ csavarodás, (el)fordulás, tekeredés ❷ himbál(ódz)ás, ring(at)ás ❸ mocsaras terület, ingovány ❹ pocsolya
**slew** *IGE*
❶ ☞ slay ❷ csavarodik, (el)fordul, tekeredik ❸ himbálódzik, ring ❹ (el)fordít, (ki)teker ❺ himbál, ringat
**slice** /slaɪs/ *FNÉV*
❶ szelet, darab ❷ szeletelőlapát ❸ rész(esedés) [piaci, profit-] *have a slice of the cake* részesedik vmiből ❹ nyesés, nyesett labda
**slice** *IGE*
❶ szel(etel), (le)vág ❷ megvág [pl. ujját késsel] ❸ nyes [labdát]
**slice up** *slice smth up* fölszeletel/felvág vmit
**slicer** /ˈslaɪsə/ szeletelő(gép)
**slick** /slɪk/ *FNÉV*
❶ olajréteg [pl. víz felületén] ❷ simító ❸ sima/sík felület
**slick** *MNÉV*
❶ sima, egyenletes [pl. felület] ❷ hatékony, ügyes ❸ ravasz, ügyes, dörzsölt [pl. kereskedő] ❹ *US* klassz, nagyon jó
**slick** *IGE*
**slick down** *slick smth down* lesimít, fényessé tesz [pl. hajat]
**slicker** /ˈslɪkə/ ❶ jól öltözött, de megbízhatatlan ember ❷ esőköpeny ❸ simítókanál, simítólapát
**slid** ☞ slide
**slide** /slaɪd/ *FNÉV*
❶ csúszás, siklás *go into a slide* megcsúszik [pl. autó] ❷ lejjebb csúszás, esés [pl. áraké] ❸ csúszda, csúszka ❹ dia(kép), vetített kép ❺ (tárgy)lemez [mikroszkópé]
**slide** /slaɪd/, **slid** /slɪd/, **slid** /slɪd/ *IGE*
❶ (meg)csúszik, csúszkál, siklik ❷ észrevétlenül elmegy, slisszol ❸ lejjebb ereszkedik, csúszik [pl. ár] ❹ (el)csúsztat, belecsúsztat [pl. zsebbe]
**slide projector** diavetítő
**slide rule** logarléc
**slight** /slaɪt/ *FNÉV*
megalázás, sértés
**slight** *MNÉV*
❶ csekély, jelentéktelen, kis mértékű *I haven't the slightest idea* halvány fogalmam sincs ❷ vékony, karcsú, törékeny [alkat]
**slight** *IGE*
becsmérel, megbánt, lefitymál
**slightly** /ˈslaɪtlɪ/ némileg, enyhén, egy kicsit
**slim** /slɪm/ *MNÉV*
❶ karcsú, vékony ❷ csekély, kevés [pl. remény, esély]
**slim** *IGE*
❶ (le)soványodik, fogyókúrázik ❷ soványít, fogyaszt ❸ kisebbre vesz, összébb húz, csökkent [pl. munkaerőt]
**slime** /slaɪm/ *FNÉV*
❶ iszap ❷ nyálka ❸ undorító alak ⓘ *NEM* ~~slájm~~

S

**slime** *IGE*
❶ összeken, benyálkáz ❷ eltávolítja a nyálkás részt [pl. halról]
**slimline** /ˈslɪmlaɪn/ ❶ karcsú ❷ karcsúsító
**slimming cure** VAGY **slimming diet** fogyókúra
**slimy** /ˈslaɪmɪ/ ❶ iszapos ❷ nyálkás ❸ csúszó–mászó, talpnyaló ❹ undorító
**sling** /slɪŋ/ *FNÉV*
❶ parittya ❷ dobás ❸ karfelkötő kendő ❹ heveder, szállító/tartó anyag ❺ hordszíj ❻ kenguru [kisgyerek hordására]
**sling** /slɪŋ/, **slung** /slʌŋ/, **slung** /slʌŋ/ *IGE*
❶ (el)hajít, dob *be slung out of smth* kidobják vhonnan ❷ parittyából kilő ❸ felakaszt, feldob, vállára vet ringó/lendületes járással jár/megy
**slingshot** /ˈslɪŋʃɒt/ parittya, csúzli
**slink** /slɪŋk/, **slunk** /slʌŋk/, **slunk** /slʌŋk/ ❶ ólálkodik, (el)settenkedik, lopakodik ❷ sumákol, sunnyog ❸ elvetél [állat]
**slip** /slɪp/ *FNÉV*
❶ (el)csúszás, megcsúszás ❷ botlás, tévedés, apró hiba *make a slip* hibát ejt *slip of the pen* elírás *slip of the tongue* nyelvbotlás ❸ cetli, cédula ❹ kombiné ❺ (párna)huzat ❻ oldalra csúszás ❼ elszólás
KIFEJEZÉSEKBEN: *give smb the pink slip* elbocsát, lapátra tesz
**slip** *IGE*
❶ elcsúszik, megcsúszik *slip out of ⩤one's⩥ hand* kicsúszik a kezéből ❷ oson, (át-)csusszan, lopózik ❸ kicsúsztat, becsúsztat, vhova csúsztat ❹ kibújik vmiből, belebújik vmibe [pl. ruhából/ruhába] (amiből/amibe: *out of / into*) ❺ megszökik, kiszabadul [pl. megkötözött állat] ❻ elkerül [pl. figyelmet] *slip ⩤one's⩥ memory* kiesik az emlékezetéből, elfelejt ❼ (meg)téved, botlik
**slip away** ❶ angolosan távozik, meglép ❷ elmúlik, elszáll [idő]
**slip by** elmúlik, elszáll, eltelik [idő]
**slip through** ❶ átcsúszik, keresztülcsúszik *let smth slip through ⩤one's⩥ fingers* veszni hagy vmit / hagyja, hogy vmi kicsússzon a kezei közül [pl. lehetőség]
**slip up** ❶ baklövést követ el, bakizik ❷ *US* megbukik, zátonyra fut [terv]
**slip cover** ❶ védőhuzat [bútoron] ❷ könyvborító
**slipped disc** porckorongsérv
**slipper** /ˈslɪpəz/ ❶ *a pair of slippers* papucs, házicipő ❷ *a pair of slippers* női báli cipő / tánccipő ❸ fékpofa, féksaru
**slipper brake** féksaru
**slippery** /ˈslɪpərɪ/ ❶ csúszós, síkos ❷ sikamlós, kényes [ügy] ❸ megbízhatatlan, nehezen megfogható, minden hájjal megkent
**slip road** ❶ bekötőút, ráhajtó út ❷ felhajtó [autópályára]
**slipshod** /ˈslɪpʃɒd/ ❶ hanyag, slendrián [pl. munka] ❷ letaposott cipős/cipőjű
**slipstick** *US* logarléc
**slip-up** baki, kisebb hiba
**slit** /slɪt/ *FNÉV*
hasíték, rés, nyílás, horony
**slit** /slɪt/, **slit** /slɪt/, **slit** /slɪt/ *IGE*
❶ (be)reped, (el)hasad ❷ felvág, hasít *be slit up* föl van hasítva/vágva [pl. szoknya] ❸ (be-)metsz, nyisszant *slit smb's throat* elmetszi vki torkát
**sliver** /ˈslɪvə/ *FNÉV*
forgács, szilánk, szálka [pl. fa-, üveg-]
**sliver** *IGE*
❶ leszakad, lehasad ❷ leszakít, lehasít
**slivovitz** /ˈslɪvəvɪts/ slivovica, szilvapálinka
**slob** /slɒb/ ❶ lompos ember ❷ durva/udvariatlan alak
**slobber** /ˈslɒbə/ *FNÉV*
❶ csorgó nyál ❷ csöpögő/könnyes érzelgősség, érzelgős beszéd
**slobber** *IGE*
nyáladzik, nyálát csorgatja *slobber over smb/smth* érzelgős rajongással beszél vkiről/vmiről
**sloe** /sləu/ kökény
**slog** /slɒg/ *FNÉV*
❶ erős ütés ❷ robot, gürcölés
**slog** *IGE*
❶ erősen üt, püföl ❷ robotol, unalmas/nehéz munkát végez
**slogan** /ˈsləugən/ ❶ jelmondat, szlogen, lózung ❷ csatakiáltás [skót harcosoké]
**slo-mo** /ˈsləuməu/ lassított film/felvétel
**sloop** /slu:p/ naszád, őrhajó
**slop** /slɒp/ *FNÉV*
❶ mosogatólé, szennyvíz ❷ moslékszerű ital/étel, moslék ❸ moslék ❹ maradék ital [pl. pohár fenekén]
**slop** *IGE*
❶ kilottyan, kiloccsan ❷ kilottyant, kiloccsant ❸ kifolyik, kicsordul (amin: *over*) ❹ sárban gázol, cuppog ❺ ömleng, érzeleg ❻ moslékot ad a disznóknak, moslékoltat
**slop about** VAGY **slop around** lófrál, ténfereg
**slope** /sləup/ *FNÉV*
❶ lejtő, emelkedő ❷ lejtés, dőlés(szög) ❸ rézsű ❹ differenciálhányados
**slope** *IGE*
❶ lejt, dől ❷ lejtőssé tesz
**slope off** elmegy, meglóg
**slop jar** VAGY **slop pail** moslékosvödör
**sloppy** /ˈslɒpɪ/ ❶ felületes, slendrián [pl. munka] ❷ lompos, loncsos [pl. ruha] ❸ lucskos, felázott [pl. talaj] ❹ ömlengő, érzelgős, csöpögő
**slosh** /slɒʃ/ ❶ lötykölődik, lötyög ❷ lötyögtet ❸ cuppog, caplat [sárban] ❹ behúz/bepancsol egyet vkinek
**sloshed** /slɒʃt/ piás, bepiált, elázott
**slosh-up** ivászat, piálás

*shirt on the branch* inge beleakadt az ágba ❸ elkap, megszerez ❹ akadályoktól megtisztít

**snail** /sneɪl/ ❶ csiga ❷ csiga [lassú ember]

**snailmail** /ˈsneɪlmeɪl/ csigaposta [= nem elektronikus] posta(i út)

**snail's pace** csigalassúság *at a snail's pace* csigalassúsággal

**snake** /sneɪk/ FNÉV

kígyó

**snake** IGE

kígyózik, tekereg

**snakebite** kígyómarás

**snake charmer** kígyóbűvölő

**snakeskin** kígyóbőr

**snaky** /ˈsneɪkɪ/ ❶ kígyószerű(en mozgó) ❷ kanyargó, kígyózó ❸ alattomos, csúszómászó

**snap** /snæp/ FNÉV

❶ csattanás, pattanás *break with a snap* csattanva/csattanással eltörik *make a snap at smb/smth* vki/vmi után kap [kutya] ❷ csettintés, pattintás [pl. ujjal] ❸ fényképfelvétel, fotó ❹ ropogós gyömbérsütemény ❺ snapszli ❻ energia, erő

**snap** MNÉV

❶ meglepetésszerű, váratlan ❷ elhamarkodott, elsietett

**snap** IND.SZÓ

*snap!* hoppá! [két egyforma dolog/kártya észlelésekor]

**snap** IGE

❶ (ketté)törik, elpattan, roppan ❷ kattan, csattan *the door snapped shut* az ajtó [kattanással] becsukódott ❸ (ketté)tör, eltör, elpattant ❹ bekattint, pattint *snap ⟨one's⟩ fingers* ujjával pattint/csettint *whenever the boss snaps his fingers* amikor csak a főnök csettint ❺ hirtelen mond, odamond, felcsattan ❻ odakap, megpróbál megharapni [állat] (amit: *at*)

**snap off** ❶ *snap smth off* leharap, lenyisszant ❷ *snap smb's head off* nekiront / dühösen felel vkinek

**snap out** *snap smth out* türelmetlenül/kurtán odamond

**snap out of** *snap out of it* kivágja magát / kiszáll vmiből, leráz vmit [pl. betegségből/betegséget]

**snap to** ❶ vigyázzba vágja magát ❷ jobban odafigyel/tanul

**snap up** *snap smth/smb up* ❶ (mohón) felkap(kod) ❷ két kézzel kap vmi után, gyorsan megvásárol

**snap fastener** US patent(kapocs), nyomókapocs

**snappy** /ˈsnæpɪ/ ❶ divatos(an öltözködő) ❷ csípős megjegyzéseket tevő, modortalan ❸ pattogó [pl. tűz] ❹ hideg, csípős

KIFEJEZÉSEKBEN: *make it snappy!* siess! mozogj!

**snapshot** pillanatkép, felvétel

**snare** /sneə/ FNÉV

kelepce, csapda

**snare** IGE

❶ csapdával fog ❷ kelepcébe csal

**snarl** /snɑːl/ FNÉV

❶ morgás, vicsorgás *give a snarl* elvicsorítja magát ❷ bonyodalom, zavar ❸ hurok, csomó [kötélen] ❹ csomó [fában]

**snarl** IGE

❶ fogát vicsorgatva morog, mordul (akire/amire: *at*) ❷ mogorván/dühödten mond ❸ összekuszál, összagubancol

**snarl-up** (közlekedési) dugó

**snatch** /snætʃ/ FNÉV

❶ odakapás, vmi után kapás *make snatch at smth* vmi után kap ❷ kis idő(köz) *sleep in snatches* megszakításokkal alszik ❸ foszlány, töredék [pl. beszélgetésből] ❹ punci

**snatch** IGE

❶ megragad, kiragad [pl. kézből tolvaj] ❷ elkap, megragad [pl. alkalmat]

**snatch at** *snatch at smth* ❶ kap(kod) vmi után ❷ kapva kap, megpróbál megragadni [alkalmat]

**snatcher** /ˈsnætʃə/ rabló *bag snatcher* táskát kézből kitépő tolvaj, táskarabló

**sneak** /sniːk/ FNÉV

❶ alattomos / hátulról jövő alak ❷ alattomos cselekedet ❸ besúgó, spicli

**sneak** MNÉV

gyors, váratlan [pl. támadás]

**sneak** IGE

❶ settenkedik, oson ❷ spicliskedik, besúg ❸ elemel, megfújj

**sneak away** VAGY **sneak off** VAGY **sneak out** (észrevétlen) lelép/meglóg

**sneakers** /ˈsniːkəz/ teniszcipő, gumitalpú tornacipő

**sneer** /snɪə/ FNÉV

gúnyos mosoly

**sneer** IGE

❶ gúnyosan (meg)mosolyog (amin/amit: *at*) ❷ (le)fitymál (amit: *at*)

**sneeze** /sniːz/ FNÉV

tüsszentés (hangja)

**sneeze** IGE

tüsszent

**sniff** /snɪf/ FNÉV

szimatolás, szag(o)lás

**sniff** IGE

❶ szimatol (amit: *at*) ❷ szipákol ❸ szippant, beszív [pl. levegőt] ❹ orron át kábítószert szív

**sniff at** *sniff at smth* fintorog vmi miatt, elutasít vmit

**sniff out** *sniff smth out* megszimatol, kiszimatol, megtud

**sniffing car** szippantókocsi

**sniffle** /ˈsnɪfəl/ FNÉV

❶ szipogás, szipákolás

**sniffle** IGE

szipákol, szuszog, szipog

**smelt** /smelt/ ❶ ☞ smell ❷ (meg)olvaszt, kiolvaszt [fémet]

**smeltery** /ˈsmeltərɪ/ VAGY **smelter** /ˈsmeltər/ olvasztóműhely, öntöde

**smile** /smaɪl/ FNÉV

mosoly *wear a smile* mosolyog

**smile** IGE

❶ mosolyog ❷ elmosolyodik, rámosolyog (akire: *at*) ❸ mosollyal kifejez *smile a greeting* mosollyal üdvözöl ❹ rámosolyog vkire, kegyes vkihez *the weather smiled on us* az időjárás kegyes volt hozzánk, jó idő volt ❺ rábólint, áldását adja (amihez/amire: *on*)

**smiley** /ˈsmaɪlɪ/ „mosoly": ☺ illetve :) rajzocska

**smirch** /smɜːtʃ/ FNÉV

folt, piszok

**smirch** IGE

❶ bepiszkít, bemocskol ❷ megrágalmaz

**smite** /smaɪt/, **smote** /sməʊt/, **smitten** /ˈsmɪtən/ ❶ lesújt, lecsap ❷ sújt, pusztít, büntet ❸ *be smitten by/with smth* hirtelen vmilyen hatással van vmire

**smith** /smɪθ/ kovács

**smithereens** /ˈsmɪthəriːnz/ apró darabok *smash smth into smithereens* apróra/ripityára tör

**smithy** /ˈsmɪðɪ/ kovácsműhely

**smitten** ☞ smite

**smock** /smɒk/ ❶ laza köpeny, munkaruha [r.szerint női] ❷ terhesruha

**smog** /smɒg/ füstköd, szmog

**smoke** /sməʊk/ FNÉV

❶ füst ❷ dohányzás, füstölés *have a smoke* elszív egy cigarettát ❸ cigi, szívnivaló

**smoke** IGE

❶ füstöl, gőzölög [pl. kémény] ❷ dohányzik, szív [dohányt, kábítószert] ❸ füstöléssel tartósít, (meg)füstöl [pl. kolbászt] ❹ befüstöl, bekormoz [pl. üveget]

**smoke out** *smoke smb/smth out* ❶ kifüstöl (ahonnan: *of*) ❷ nyilvánosságra hoz, kiszivárogtat [pl. hírt]

**smoker** /ˈsməʊkə/ ❶ dohányzó, dohányos *be a heavy smoker* erős dohányos ❷ dohányzó [pl. ülés, kocsi] ❸ baráti találkozó [r.szerint férfiaké], kanbuli ❹ füstölő [pl. hús füstöléséhez]

**smokestack** kémény [gyáré, hajóé, mozdonyé]

**smokey** /ˈsməʊkɪ/ hekus, zsernyák

**smoking** /ˈsməʊkɪŋ/ dohányzás *no smoking* tilos a dohányzás [felirat] ⓘ NEM ~~szmoking~~

**smoky** /ˈsməʊkɪ/ ❶ füstös, befüstölt ❷ füstölgő ❸ füstszerű, füstszínű, füstízű

**smooch** /smuːtʃ/ FNÉV

❶ smárolás, smacizás ❷ lassú/összebújós szerelmes szám

**smooch** IGE

❶ smacizik, smárol ❷ lassú számra összebújva táncol

**smooth** /smuːð/ MNÉV

❶ sima, sík, egyenletes ❷ egyenletes(en mozgó), nem göröngyös, sima ❸ zavartalan, problémamentes [pl. karrier] ❹ kellemes ízű, zamatos [pl. bor]

**smooth** IGE

❶ lesimul, elsimul ❷ (le)simít [pl. hajat] ❸ egyenget, (simára) csiszol, legyalul ❹ (le-) csillapodik ❺ lecsillapít ❻ elsimít [pl. nézeteltérést]

**smooth away** *smooth smth away* elsimít, elrendez [pl. nézeteltérést]

**smoothly** /ˈsmuːðlɪ/ simán, egyenletesen, szabályosan

**smorgasbord** /ˈsmɔːgəsbɔːd/ ❶ svédasztal, hideg büfé ❷ „vegyestál", „bőségtál", vegyes ízelítő [pl. ételből, műsorból]

**smote** ☞ smite

**smother** /ˈsmʌðə/ FNÉV

❶ sűrű füst/pára porfelhő füstgomolyag ❷ zavar

**smother** IGE

❶ megfullad, fulladozik ❷ füstölög, parázslik ❸ megfojt ❹ elolt, elfojt [tüzet, érzelmet] ❺ eltussol ❻ eláraszt, elhalmoz (amivel: *with*) *be smothered in/with smth* vmivel el van árasztva

**smothered mate** fojtott matt [sakkban]

**smoulder** /ˈsməʊldə/ FNÉV

❶ lappangó tűz ❷ gomolygó füst

**smoulder** IGE

❶ parázslik, izzik, láng nélkül ég ❷ lappang *be smouldering with smth* forrong/lappang benne vmi [pl. indulat]

**SMS** = short message system

**smudge** /smʌdʒ/ FNÉV

❶ piszok, folt, paca ❷ US sűrű füst, füstölés [fagy/kártevők ellen]

**smudge** IGE

❶ elmaszatolódik ❷ bepiszkít, foltot ejt ❸ összeken, összemaszatol

**smudgy** /ˈsmʌdʒɪ/ foltos, piszkos, elmaszatolódott

**smug** /smʌg/ önelégült

**smuggle** /ˈsmʌgel/ csempészik

**smuggler** /ˈsmʌglə/ csempész

**smuggling** /ˈsmʌglɪŋ/ csempészés, csempészet

**snack** /snæk/ FNÉV

könnyű/gyors étkezés, falatozás *have a snack* eszik vmit

**snack** IGE

bekap pár falatot, nassol (amit: *on*)

**snack bar** falatozó, ételbár

**snack food** csipegetésre/nassolásra való étel

**snaffle** /ˈsnæfəl/ VAGY **snaffle bit** zabla(fajta)

**snafu** /snæˈfuː/ káosz, zűrzavar [= situation normal, all fucked up]

**snag** /snæg/ FNÉV

❶ kiálló dolog, kidudorodás, akadály, bütyök ❷ rejtett akadály, bökkenő

**snag** IGE

❶ akadályoz ❷ beleakaszt *he snagged his*

S

**sniffy** /ˈsnɪfɪ/ lenéző, fanyalgó

**snip** /snɪp/ *FNÉV*
❶ lemetszett darab/rész ❷ (le)nyisszantás ❸ előnyös üzlet, jó vétel

**snip** *IGE*
(le)nyisszant, lecsíp [pl. ollóval]

**snipe** /snaɪp/ *FNÉV*
❶ *TBSZ* **snipe** VAGY **snipes** szalonka ❷ lesből leadott lövés ❸ mitugrász, megvetendő alak

**snipe** *IGE*
❶ szalonkázik, szalonkára vadászik ❷ lesből lő/lövöldöz orvlövészkedik ❸ rosszindulatú megjegyzéseket tesz

**sniper** /ˈsnaɪpə/ orvlövész

**snippet** /ˈsnɪpɪt/ ❶ töredék, apró darabka ❷ információfoszlány, pletyka

**snippety** /ˈsnɪpətɪ/ apró, töredékes, foszlányszerű [pl. hír]

**snivel** /ˈsnɪvəl/ *FNÉV*
❶ nyafogás, nyavalygás ❷ folyó/csöpögő orr

**snivel** *IGE*
❶ nyafog, nyavalyog ❷ szipákol, taknyos, folyik az orra

**snob** /snɒb/ *FNÉV* sznob

**snobbery** /ˈsnɒbərɪ/ sznobéria, sznobizmus

**snobbish** /ˈsnɒbɪʃ/ *MNÉV* sznob

**snog** /snɒg/ *FNÉV*
❶ smárolás, smacizás ❷ nyak

**snog** *IGE*
smárol, smacizik

**snooker** /ˈsnu:kə/ snooker [biliárdhoz hasonló játék]

**snoop** /snu:p/ *FNÉV*
❶ szaglászó/kutakodó ember ❷ szaglászás, kutakodás

**snoop** *IGE*
szaglászik, szimatol, kutakodik

**snoot** ❶ orr, ormány ❷ sznob alak

**snooty** /ˈsnu:tɪ/ ❶ felvágós, gőgös ❷ sznob

**snooze** /snu:z/ *FNÉV*
❶ szundikálás ❷ alvó/készenléti üzemmód

**snooze** *IGE*
szundít

**snore** /snɔ:/ *FNÉV/IGE* horkol(ás), hortyog(ás)

**snorkel** /ˈsnɔ:kəl/ ❶ légzőpipa, légzőkészülék pipája, légzőcső [könnyűbúváré] ❷ lélegzőperiszkóp [tengeralattjáróé]

**snort** /snɔ:t/ *FNÉV*
❶ prüszkölés, horkantás ❷ felhorkanás

**snort** *IGE*
❶ prüszköl, horkant ❷ haragosan/bosszúsan mond, felhorkan ❸ beszív, szipózik [drogot]

**snot** /snɒt/ ❶ takony ❷ erőszakos/arrogáns alak

**snotty** /ˈsnɒtɪ/ ❶ taknyos ❷ arrogáns, erőszakos ❸ rongy/szemét alak

**snout** /snaʊt/ ❶ ormány, orr [pl. disznóé] ❷ orrszerű/csőrös nyílás

**snow** /snəʊ/ *FNÉV*
❶ hó ❷ hóesés ❸ kokain(por)

**snow** *IGE*
❶ havazik *it's snowing* esik a hó ❷ megszédít, elámít ❸ özönszerűen/lavinaszerűen jön [pl. levelek]
**snow in** VAGY **snow up** *snow smb/smth in/up* behavaz *be snowed in/up* a nagy hótól nem tud mozdulni/elmenni
**snow under** *be snowed under (with work)* ki se látszik a munkából, el van havazva

**snowball** *FNÉV*
❶ hógolyó, hólabda ❷ hólabdarendszerű / egyre növekvő rendszer [pl. levelezés]

**snowball** *IGE*
❶ hógolyóval (meg)dobál, meghógolyóz ❷ lavinaszerűen növekszik, egyre nő

**snowbank** hóbucka, félredobott hótorlasz

**snowboard** sídeszka, snowboard

**snowboarding** sídeszkázás, snowboardozás

**snowbound** behavazva, a hó fogságában

**snowcap** hósüveg, hóborította hegycsúcs

**snowdrift** ❶ hótorlasz ❷ hó(át)fúvás

**snowdrop** hóvirág

**snowfall** ❶ hóesés, havazás ❷ leesett hómennyiség

**snow guard** hófogórács [hátetőn]

**snowline** az örök hó határa

**snowman** /ˈsnəʊmæn/ *TBSZ* **snowmen** /ˈsnəʊ men/ hóember

**snowplough** hóeke, hómaró gép

**snowstorm** hóvihar

**Snow White** Hófehérke

**snowy** /ˈsnəʊɪ/ ❶ havas ❷ hófehér

**snub** /snʌb/ *FNÉV*
visszautasítás, kikosarazás, oda se figyelés

**snub** *IGE*
visszautasít, kikosaraz, rá se hederít

**snuff** /snʌf/ *FNÉV*
❶ tubák, burnót ❷ szippantás ❸ szag ❹ gyertya elporladt kanóca

**snuff** *IGE*
❶ tubákol, burnótozik ❷ szipog, szuszog, felszív ❸ gyertyát kiolt/elkoppant [ujjal/koppantóval]
KIFEJEZÉSEKBEN: *snuff it* fűbe harap, meghal
**snuff out** *snuff smth out* kiolt [gyertyát, életet]



**snuff box** burnótos/tubákos szelence

**snuffle** /ˈsnʌfəl/ *FNÉV*
❶ szörtyögés, nátha, orrdugulás ❷ nyavalygás ❸ orrhang

**snuffle** *IGE*
❶ szörtyög, szipákol ❷ nyavalyog ❸ orrhangon beszél

**snuffler** /ˈsnʌflə/ ❶ orrhangon beszélő ❷ képmutató

**snuffy** /ˈsnʌfɪ/ ❶ tubákos, burnótos ❷ rendetlen, mocskos ❸ mogorva

**snug** /snʌg/ *FNÉV*
kényelmes/eldugott szoba, barátságos zug

**snug** *MNÉV*
❶ kényelmes, meghitt, barátságos ❷ kényel-

mesen feszes/rásimuló [ruha] ❸ túl feszes/ szoros [ruha]

**snug** *IGE*
❶ kényelmesen elhelyezkedik, kényelembe helyezi magát ❷ rendbe rak, elrendez

**snuggery** /ˈsnʌgərɪ/ ❶ kényelmes/eldugott szoba, barátságos zug ❷ kényelmes elhelyezkedés

**snuggle** /ˈsnʌgəl/ *snuggle up to smb* odabújik/odahúzódik vkihez

**so** /səʊ/ *FNÉV*
[zenei] „szó"

**so** *HAT.SZÓ*
❶ (oly)annyira, ennyire, olyan, ilyen *don't be so rude* ne legyél olyan durva *I've never seen so exciting a film* sose láttam ilyen izgalmas filmet *so much so that* {MONDAT} olyannyira, hogy {MONDAT} *not so fast* lassan a testtel, haladjunk lassabban ❷ így, ilyen módon ❸ nagyon, annyira *Dorothy's so beautiful* Dorothy nagyon/annyira szép ❹ így (állunk), ez a helyzet *so there* hát ez a helyzet ❺ or so körülbelül *in a month or so* kb. egy hónap múlva

**so** *KÖTŐSZÓ*
❶ ezért (aztán), így ❷ abból a célból, hogy … *he went home early so as to watch the football* hamar hazament, hogy nézhesse a meccset *so as not to do smth* hogy ne tegyen vmit *he did the shopping so that his family could have lunch* bevásárolt, hogy a családja ebédelhessen ❸ hát aztán, és (akkor mi van)? *so I lost $15* elvesztettem 15 dollárt, hát aztán? *(and) so what?* és akkor mi van?
KIFEJEZÉSEKBEN: *so far* eddig (még), ezidáig *so long!* viszlát! *so much for today/now* mára/mostanra ennyi, elég volt *and so on / and so forth* és így tovább *(in) so far as* amennyiben már amennyire *so far as smth is concerned* ami vmit illet
HELYETTESÍTŐ KIFEJEZÉSEKBEN: [különféle szavak/mondatrészek helyettesítésére] *so do/did/can/will I* én is [teszem, tettem, tudom, fogom] *I think so* azt hiszem [válaszként] *I don't think so* nem hinném *quite so!* úgy van! / helyes! *I'm afraid so* attól tartok, igaz *if you want to go, do so quickly* ha menni akarsz, gyorsan/hamar tedd *so she has/does/will* tényleg így tett / ezt szokta/fogja tenni [amit mondtál]

**soak** /səʊk/ *FNÉV*
❶ ázás ❷ áztatás ❸ áztatólé ❹ nagy eső

**soak** *IGE*
❶ ázik, átitatódik ❷ áztat, átitat *get soaked* bőrig ázik ❸ áztatással eltávolít [pl. foltot] (amiből: *out of*) ❹ felszív, magába szív
**soak in** beivódik, behatol [vki tudatába]
**soak up** *soak smth up* ❶ felszív, felitat ❷ felszed, megszerez [információt]

**soakage** /ˈsəʊkɪdʒ/ ❶ átitatás, telítés ❷ telítődés, átázás ❸ áztatólé

**soaked** /səʊkt/ ❶ átázott, átitatott, beáztatott *be soaked to the skin* bőrig van ázva ❷ tele (amivel: *in/with*)

**soaking** /ˈsəʊkɪŋ/ *MNÉV* csuromvizes, elázott *soaking wet* bőrig ázott, csuromvizes

**so-and-so** /səʊ ən ˈsəʊ/ iksz ipszilon, egy illető/valaki

**soap** /səʊp/ *FNÉV*
❶ ⮧ *NEM MEGSZÁML.* szappan *a cake/bar/tablet of soap* egy darab szappan *toilet soap* parfümszappan ❷ szappanopera

**soap** *IGE*
(be/meg)szappanoz

**soap box** ❶ szappanosdoboz ❷ hordó [szónoké]

**soap box speaker** hordószónok, demagóg

**soap dish** szappantartó

**soaper** /ˈsəʊpə/ rádiós szappanopera

**soap opera** szappanopera

**soapy** /ˈsəʊpɪ/ ❶ szappanos ❷ szappanszerű ❸ hízelgő, mézesmázos

**soar** /sɔː/ *FNÉV*
❶ szárnyalás ❷ magasság

**soar** *IGE*
❶ magasban száll, szárnyal ❷ gyorsan emelkedik, (fel)szárnyal [pl. rakéta, hőmérséklet, árfolyam] ❸ magasban van, kiemelkedik

**SOB** = son of a bitch

**sob** /sɒb/ *IGE/FNÉV* zokog(ás), sír(ás)

**sober** /ˈsəʊbə/ *MNÉV*
❶ alkoholt nem fogyasztott, józan ❷ mértékletes, higgadt, józan ❸ visszafogott

**sober** *IGE*
❶ leszáll a földre, lehiggad ❷ lehiggaszt, kijózanít
**sober up** ❶ kijózanodik ❷ *sober smb up* kijózanít

**sobriety** /səʊˈbraɪətɪ/ ❶ józanság ❷ higgadtság, józanság

**so-called** /ˌsəʊˈkɔːld/ ❶ állítólagos ❷ úgynevezett

**soccer** /ˈsɒkə/ futball [európai]

**sociability** /ˌsəʊʃəˈbɪlɪtɪ/ társaságkedvelő természet, társas hajlam

**sociable** /ˈsəʊʃəbəl/ társaságkedvelő, barátságos

**social** /ˈsəʊʃəl/ ❶ társadalmi, szociális [pl. kérdés, folyamat] ❷ társasági, társas ❸ társas [lény stb] ❹ társaságkedvelő, barátságos ⓘ *NEM* ~~szociális~~ [= jóléti], *NEM* ~~szociális~~ [pl. segély]

**social democrat** szociáldemokrata

**social history** társadalomtörténet

**socialism** /ˈsəʊʃəlɪzəm/ szocializmus

**socialist** /ˈsəʊʃəlɪst/ *FNÉV/MNÉV* ❶ szocialista ❷ szocialista párti

**socialization** /ˌsəʊʃəlaɪˈzeɪʃən/ szocializáció

**socialize** /ˈsəʊʃəlaɪz/ ❶ barátkozik, társaságba jár ❷ társadalmi életre/érintkezésre nevel

**social psychology** szociálpszichichológia, társadalomlélektan

**social science** VAGY **social studies** társadalomtudomány

**social security** társadalom-biztosítás, tébé

**solar** /ˈsəʊlə/ ❶ nappal kapcsolatos, nap- ❷ napból jövő, naptól származó ❸ a nap sugarait/melegét fölhasználó
**solar eclipse** napfogyatkozás
**solarium** /səˈleərɪəm/ *TBSZ* **solariums** VAGY **solaria** /səˈleərɪə/ szolárium
**solarize** /ˈsəʊləraɪz/ ❶ napsütéssel/nappal kezel ❷ túlexponál, eléget [fényképet]
**solar system** naprendszer
**sold** ☞ sell
**solder** /ˈsɒldə/ *FNÉV*
forrasz(tóanyag)
**solder** *IGE*
(össze)forraszt
**soldering iron** forrasztópáka
**soldier** /ˈsəʊldʒə/ *FNÉV*
❶ katona *play at soldiers* katonásdit játszik ❷ közlegény, (kis)katona ❸ vmely ügy szolgálója/katonája ❹ apróra vágott falat, katona ❺ harcos, katona [hangya] ❻ lógós
**soldier** *IGE*
❶ katonáskodik ❷ lóg, henyél
**soldierly** /ˈsəʊldʒəlɪ/ katonás, katonához illő
**sole** /səʊl/ *FNÉV*
❶ talp ❷ taprész [pl. cipőé] ❸ *TBSZ* **sole** VAGY **soles** nyelvhal, szól
**sole** *MNÉV*
❶ magányos, egyedüli, egyetlen ❷ kizárólagos [pl. képviselő] ❸ hajadon, nőtlen
**sole** *IGE*
megtalpal
**solely** /ˈsəʊllɪ/ kizárólag, egyedül
**solemn** /ˈsɒləm/ ❶ ünnepélyes ❷ komoly ❸ ceremóniális, formális
**solemnity** /səˈlemnətɪ/ ❶ formalitás ❷ ünnepélyesség, komolyság
**solemnly** /ˈsɒləmlɪ/ ❶ ünnepélyesen ❷ komolyan ❸ ceremóniálisan, formálisan
**sol-fa** /sɒl ˈfɑː/ *IGE/NÉV* szolmizál(ás)
**solfège** VAGY **solfege** /sɒlˈfeʒ/ VAGY **solfeggio** /sɒlˈfedʒɪəʊ/ szolfézs, szolmizálás, szolmizáció
**solicit** /səˈlɪsɪt/ ❶ kér, kérlel, folyamodik vmiért *solicit smb's advice on smth* kikéri vki tanácsát vmiről ❷ leszólít, kínálja magát [prostituált] ❸ ügynökösködik, házal
**solicitation** /səˌlɪsɪˈteɪʃən/ ❶ kérelmezés, kérelem ❷ leszólítás [prostituált által] ❸ ügynökösködés, házalás ❹ vki rávétele illegális dologra
**soliciting** /səˈlɪsɪtɪŋ/ üzletszerű kéjelgés
**solicitor** /səˈlɪsɪtə/ ❶ ügyvéd [Angliában, 1992-ig magasabb bíróság előtti felszólalási jog nélkül], jogtanácsos ❷ *US* városi tiszti ügyész ❸ üzletszerző, ügynök
**solicitor general** *TBSZ* **solicitors general** ❶ a [brit] legfőbb államügyész helyettese ❷ *US* városi/kerületi ügyész
**solicitous** /səˈlɪsɪtəs/ ❶ gondos, törődő, figyelmes ❷ buzgó
**solicitude** /səˈlɪsɪtjuːd/ ❶ féltő gondosság, aggodalom ❷ buzgóság ❸ aggodalomra okot adó dolog
**solid** /ˈsɒlɪd/ *FNÉV*
❶ szilárd test ❷ szilárd [= nem folyékony] élelem ❸ geometriai/mértani test
**solid** *MNÉV*
❶ szilárd (halmazállapotú) ❷ kemény, tömör ❸ sűrű, tömör [pl. talajréteg] ❹ jól megépített, szilárd [pl. fal] ❺ bizonyított, szilárd [pl. érv] ❻ háromdimenziójú, térbeli ❼ erős, biztos, megbízható ❽ egyetértő, egységes ❾ egyhuzamban lévő, folyamatos *for two solid hours* két álló órán át ⓘ *NEM* ~~szolid~~ [= mértéktartó]
**solidarity** /ˌsɒlɪˈdærətɪ/ összetartás, szolidaritás
**solidification** /səˌlɪdɪfɪˈkeɪʃən/ ❶ megszilárdulás, dermedés ❷ megszilárdítás
**solidify** /səˈlɪdɪfaɪ/ ❶ megszilárdul, besűrűsödik ❷ (meg)szilárdít, (be)sűrít
**solidity** /səˈlɪdətɪ/ ❶ szilárdság, tömörség, masszívság [pl. építményé] ❷ megbízhatóság, valódiság ❸ alaposság
**solid state** tranzisztorokat/félvezetőket tartalmazó/alkalmazó
**soliloquy** /səˈlɪləkwɪ/ monológ
**solitaire** /ˌsɒlɪˈteə/ ❶ egyedül befoglalt drágakő, szoliter ❷ egyedül játszható játék ❸ *US* pasziánsz
**solitary** /ˈsɒlətərɪ/ ❶ magányos ❷ egyedül élő [pl. állat] ❸ távoli, elhagyatott ❹ akár csak egyetlen [pl. bizonyíték]
**solitude** /ˈsɒlɪtjuːd/ magány(osság), egyedüllét
**solmization** /ˌsɒlmɪˈzeɪʃən/ szolmizálás, szolmizáció
**solo** /ˈsəʊləʊ/ *FNÉV*
❶ (ének)szóló, szólójáték ❷ szóló motorkerékpár ❸ egyes/egyedüli / szólóban előadott/végzett mű/munka ❹ egyéni játék, szóló
**solo** *MNÉV/HAT.SZÓ*
egyedül(i), magában/szólóban (előadott) *go solo* önálló pályára lép
**soloist** /ˈsəʊləʊɪst/ szólót előadó művész, szólista [pl. énekes, táncos, zenész]
**so long** minden jót, viszontlátásra
**solstice** /ˈsɒlstɪs/ napforduló, napéjegyenlőség
**solubility** /ˌsɒljʊˈbɪlətɪ/ ❶ (fel)oldhatóság ❷ megoldhatóság, megfejthetőség
**soluble** /ˈsɒljʊbəl/ ❶ (fel)oldható, oldódó ❷ megfejthető, megoldható
**solution** /səˈluːʃən/ ❶ megoldás, megfejtés *final solution* holocaust ❷ (fel)oldás ❸ oldat
**solvability** /ˌsɒlvəˈbɪlətɪ/ ❶ oldhatóság ❷ megoldhatóság, megfejthetőség
**solvable** /ˈsɒlvəbəl/ ❶ (fel)oldható, oldódó ❷ megfejthető, megoldható
**solve** /sɒlv/ ❶ megfejt, megold ❷ kibont, kibogoz [pl. rejtélyt]
**solvency** /ˈsɒlvənsɪ/ fizetőképesség
**solvent** /ˈsɒlvənt/ *FNÉV*
oldószer

**social work** szociális munka
**social worker** szociális munkás
**societal** /sə'saɪətəl/ társadalomhoz tartozó, társadalmi
**society** /sə'saɪətɪ/ ❶ társadalom *consumer society* fogyasztói társadalom ❷ társaság *high society* előkelő világ, felső tízezer ❸ társulat, egylet *building society* lakóházépítő/lakásépítő szövetkezet(i bank), lakásszövetkezet ❹ vkinek a társasága
**socio-** /'səʊʃɪəʊ/ társadalom-
**socio–economic** /ˌsəʊʃɪəʊiːkə'nɒmɪk/ társadalmi–gazdasági
**sociogram** /'səʊʃɪəʊgræm/ szociogram
**sociolinguistics** /ˌsəʊʃɪəʊlɪŋ'gwɪstɪks/ szociolingvisztika
**sociological** /ˌsəʊʃɪəʊ'lɒdʒɪkəl/ szociológiai
**sociologist** /ˌsəʊʃɪ'ɒlədʒɪst/ társadalomkutató, társadalomtudós, szociológus
**sociology** /ˌsəʊʃɪ'ɒlədʒɪ/ szociológia
**sociometry** /ˌsəʊʃɪ'ɒmɪtrɪ/ szociometria
**sociopolitical** /ˌsəʊʃɪəʊpə'lɪtɪkəl/ szociopolitikai
**sock** /sɒk/ *FNÉV*
❶ zokni *a pair of socks* egy pár zokni ❷ nagy ütés [r.szerint ököllel]
**sock** *IGE*
behúz egyet vkinek *sock smb on the jaw* állon vág
**socket** /'sɒkɪt/ *FNÉV*
❶ konnektor, dugalj ❷ üreg, gödör ❸ foglalat
**socket** *IGE*
belehelyez, beleilleszt [pl. foglalatba]
**sod** /sɒd/ *FNÉV*
❶ szörnyű ember/dolog *it's a sod of a job* szörnyű munka ❷ homokos, buzi
**sod** *IGE*
a francba vmivel! *sod this cooker!* a francba ezzel a sütővel!
**sod off** tűnj/húzz el / takarodj (a francba)
**soda** /'səʊdə/ ❶ szóda *baking soda* sütőpor ❷ szódavíz ❸ *US* szénsavas üdítőital
**soda cracker** kréker, sós keksz
**soda fountain** ❶ szódavízgép ❷ hűsítős és snackes pult
**soda pop** szénsavas üdítő
**soda siphon** szódásüveg, szódásszifon
**soda water** szódavíz
**sodden** /'sɒdən/ átitatott, elázott
**sodium** /'səʊdɪəm/ nátrium
**sodium chloride** /ˌsəʊdɪəm 'klɔːraɪd/ nátriumklorid, konyhasó
**sodomite** /'sɒdəmaɪt/ szodomita
**sodomy** /'sɒdəmɪ/ szodómia
**sod's law** Murphy törvénye(i)
**sofa** /'səʊfə/ pamlag, kanapé
**sofa bed** fekvőhellyé alakítható pamlag, kihúzható heverő
**soft** /sɒft/ *FNÉV*
❶ vmi lágy része ❷ puhaság
**soft** /sɒft/ *MNÉV*
❶ puha, lágy ❷ sima, finom ❸ halk, csendes ❹ nyugodt, megnyugtató [pl. fény, szín] ❺ finom, gyenge, gyengéd [pl. kopogás] ❻ kellemes, laza, sok munkát nem adó [pl. állás] ❼ nem elég kemény, gyenge(kezű) [pl. ítélet] *take a soft line with smb/smth* nem elég kemény vkivel/vmivel szemben ❽ ernyedt, erőtlen, gyenge ❾ puha [pornográfia]
**soft** *HAT.SZÓ*
lágyan, halkan *speak soft* halkan beszél
**softball** ❶ baseballhoz hasonló sport ❷ baseballhoz hasonló sport labdája
**soft boiled egg** lágytojás
**soft cover** paperback, puhafedelű könyv
**softcover** puhafedelű, paperback
**soft drink** alkoholmentes ital, üdítőital
**soften** /'sɒfən/ ❶ (meg)lágyul, (meg)puhul ❷ enyhül, csillapul ❸ (meg)lágyít, (meg)puhít ❹ (le)halkít, tompít ❺ enyhít, mérsékel
**soften up** ❶ gyengül ❷ *soften smth up* gyengíti az ellenség állásait
**softie** /'sɒftɪ/ ❶ mamlasz ❷ szentimentális alak ❸ puhány
**soft key** programozható/„puha" billentyű
**soft palate** puha szájpadlás, szájpadlás hátsó/puha része
**soft-spoken** halkszavú, csendes
**soft spot** gyenge/sebezhető pont *have a soft spot for smb* elfogult vkivel szemben
**soft top** ❶ vászontetejű autó ❷ autó lehajtható vászon teteje
**software** /'sɒftweə/ *NEM MEGSZÁML.* software, szoftver, számítógépes program
**soft-witted** együgyű
**softwood** puhafa
**softy** /'sɒftɪ/ ❶ mamlasz ❷ szentimentális alak ❸ puhány
**soggy** /'sɒgɪ/ átázott, vizenyős
**soh** /səʊ/ [zenei] „szó"
**soil** /sɔɪl/ *FNÉV*
❶ talaj, (termő)föld ❷ ország, haza *native soil* szülőföld ❸ piszok, folt ❹ szenny, trágya
**soil** *IGE*
❶ bepiszkít, beszennyez *soil ‹one's› hands on/with smth* vmivel beszennyezi a kezét, vmi rosszal kapcsolatba kerül ❷ becsinál, bepiszkít [pl. gyerek] ❸ meggyaláz
**sojourn** /'sɒdʒən/ *FNÉV*
tartózkodás, időzés
**sojourn** *IGE*
tartózkodik, időzik
**sol** /sɒl/ [zenei] „szó"
**solace** /'sɒləs/ *FNÉV*
❶ vigasz(talás), megnyugvás *take ‹one's› solace in drinking* italba fojtja bánatát ❷ megnyugtató támasz, vigasz
**solace** *IGE*
(meg)vigasztal, megnyugtat

S

**solvent** *MNÉV*
❶ fizetőképes, hitelképes ❷ oldható ❸ oldásra képes, (fel)oldó

**sombre** /ˈsɒmbə/ ❶ komor, sötét [pl. szín] ❷ zord, komor [pl. hangulat]

**sombrero** /sɒmˈbreərəʊ/ szombréró

**some** /səm/ VAGY /sʌm/ *NÉVELŐFÉLE*
❶ [nem megszámolható főnevek előtt] egy kevés/kis, némi *some wine/time/money* (egy kis) bor/idő/pénz ❷ [megszámolható főnevek előtt] néhány *some people/books* néhány ember/könyv ❸ némely, valamelyik, egyes *some politicians* bizonyos/némely/egyes politikusok ❹ jó sok, nagy adag *it went on for some time* jó ideig folytatódott ❺ nem akármilyen, nagyszerű *that's some building!* micsoda épület! ❻ valamiféle, egy *some book or other* valami könyv

**some** *HAT.SZÓ*
❶ mintegy, körülbelül *there were some twenty of them* körülbelül/úgy húszan voltak ❷ meglehetősen, egy kicsit *I like him some* kicsit kedvelem

**some** *NÉVMÁS*
❶ egy kevés/kis, némi némely *have/take some* vegyél belőle ❷ néhány *some of the toys* némelyik játékszer

**somebody** /ˈsʌmbədɪ/ *FNÉV*
fontos ember *he's really somebody now* most tényleg fontos ember lett

**somebody** *NÉVMÁS*
valaki *let's find somebody wiser* keressünk valaki okosabbat

**someday** /ˈsʌmdeɪ/ majd egyszer/valamikor, (majd) egy napon

**somehow** /ˈsʌmhaʊ/ ❶ valahogy(an), így vagy úgy ❷ isten tudja, hogyan/miért

**someone** /ˈsʌmwʌn/ valaki *let's find someone wiser* keressünk valaki okosabbat

**someplace** /ˈsʌmpleɪs/ ❶ valahol ❷ valahova

**somersault** /ˈsʌməsɔːlt/ *FNÉV/IGE* bukfenc(ezik)

**-something** ❶ [a megnevezettnél több] *40-something years* negyven-egynéhány év *five thousand something dollars* ötezer-valahány dollár ❷ [életkor jelölésében:] X-egynéhány éves ember *sixtysomething* hatvan-egynéhány éves ember

**something** /ˈsʌmθɪŋ/ *FNÉV*
valami, ajándék *I've got a little something for you* van itt valami a számodra

**something** *NÉVELŐFÉLE*
valamennyi *something less than a thousand* valam(enny)ivel kevesebb mint ezer

**something** *NÉVMÁS*
❶ valami *let's have something to eat* együnk valamit *have something to do with it* van valami köze hozzá, kapcsolatban/összefüggésben van vele ❷ egy kis értékű valami *that's quite something* ez nem semmi ❸ vagy valami ilyesmi *he's gone to Paris or something* Párizsba ment, vagy hová ❹ valami(féle) *some X rang* valami X telefonált

**something** *HAT.SZÓ*
❶ egy kissé, némileg *it cost something over/under ten thousand* egy kicsit többe/kevesebbe került tízezernél *it looked something like a pear* olyan körte formája volt ❷ körülbelül *he earns something like two million* vagy kétmilliót keres

**sometime** /ˈsʌmtaɪm/ *MNÉV/HAT.SZÓ* egykor(i), valamikor(i) *I'll return sometime next week* valamikor a jövő héten jövök vissza

**sometimes** /ˈsʌmtaɪmz/ néha, olykor

**somewhat** /ˈsʌmwɒt/ némileg, egy kissé *it's somewhat cheaper than yesterday* egy kicsit olcsóbb, mint tegnap

**somewhere** /ˈsʌmweə/ ❶ valahol ❷ valahova ❸ valahogy úgy, olyasmi *somewhere in the region of ten thousand* tízezer körül

**somnambulism** /sɒmˈnæbjʊlɪzəm/ alvajárás, holdkórosság

**somnambulist** /sɒmˈnæbjʊlɪst/ alvajáró, holdkóros

**son** /sʌn/ ❶ fiú, vki fia ❷ férfi leszármazott/utód ❸ fiacskám, fiam [megszólításban]

**sonar** /ˈsəʊnɑː/ szonár, (ultra)hangradar

**sonata** /səˈnɑːtə/ szonáta

**song** /sɒŋ/ ❶ dal, ének *sing a song* énekel (egy dalt) ❷ éneklés, dalolás ❸ csicsergés, ének [madáré] költemény, dal, song

**songbird** énekesmadár

**songbook** daloskönyv

**songful** /ˈsɒŋfəl/ dallamos, melodikus

**songwriter** slágerszerző

**sonic** /ˈsɒnɪk/ hanggal kapcsolatos, hang-

**sonic barrier** VAGY **sonic wall** hanghatár, hangsebességi határ

**sonic boom** VAGY **sonic bang** VAGY **sonic explosion** hangrobbanás

**son-in-law** /ˈsʌnɪnlɔː/ *TBSZ* **sons-in-law** /ˈsʌnzɪnlɔː/ VAGY **son-in-laws** /ˈsʌnɪnlɔːz/ vő, vki veje

**sonnet** /ˈsɒnɪt/ szonett

**sonny** /ˈsʌnɪ/ fiacskám

**son of a bitch** *TBSZ* **sons of bitches** ❶ hitvány/szarházi alak ❷ faszi, faszinger

**sonority** /səˈnɒrətɪ/ zengzetesség, hangzatosság

**sonorous** /ˈsɒnərəs/ VAGY /səˈnɔːrəs/ hangzatos, zengzetes, telt [hang]

**soon** /suːn/ ❶ nemsokára, hamar(osan) *I'll be with you soon* mindjárt foglalkozom veled *it was soon after lunch* röviddel ebéd után volt ❷ korán, hamar *as soon as* amint, mihelyt *as soon as possible* amint csak lehet ❸ inkább, mint *would just as soon do smth else* inkább vmi mást csinálna

**sooner** /suːnə/ ❶ hamarabb, előbb, korábban *the sooner the better* minél előbb, annál jobb *no sooner had he sat down than the telephone rang* amint/mihelyt leült, megszólalt a telefon

❷ inkább *I'd sooner die than write another dictionary* inkább haljak meg, mint sem hogy még egy szótárt írjak
**sooner or later** előbb–utóbb
**soot** /sʊt/ FNÉV/IGE ❶ korom ❷ bekormoz
**soothe** /suːð/ ❶ lecsillapít, megnyugtat, lecsendesít ❷ enyhít, tompít [fájdalmat]
**soothing** /ˈsuːðɪŋ/ ❶ (meg)nyugtató [pl. szavak] ❷ enyhítő, csillapító [pl. köhögést]
**soothsayer** /ˈsuːθseɪə/ jövendőmondó, jós
**soothsaying** /ˈsuːθseɪɪŋ/ jövendőmondás, jóslás
**sooty** /ˈsuːtɪ/ ❶ kormos ❷ koromfekete
**sop** /sɒp/ FNÉV
❶ folyadékba mártott ételdarab ❷ lekenyerezés, engedmény ❸ gyenge/buta ember
**sop** IGE
mártogat, (be)áztat
**sop up** *sop smth up* ❶ kimártogat ❷ fölitat
**sophism** /ˈsɒfɪzəm/ hamis érvelés, álokoskodás, szofizma
**sophist** /ˈsɒfɪst/ hamisan érvelő, álokoskodó, szofista
**sophistic** /səˈfɪstɪk/ VAGY **sophistical** /səˈfɪstɪkəl/ hamisan/szofista módon érvelő, csűrő-csavaró
**sophisticated** /səˈfɪstɪkeɪtɪd/ ❶ kifinomult, különleges, finom ❷ tapasztalt, érzékeny ❸ bonyolult, fejlett ❹ mesterkélt
**sophistication** /səˌfɪstɪˈkeɪʃən/ ❶ szofisztikáltság, kifinomultság ❷ tapasztaltság ❸ bonyolultság, fejlettség ❹ mesterkéltség
**sophistry** /ˈsɒfɪstrɪ/ hamis érvelés, álokoskodás, szofizma
**sophomore** /ˈsɒfəmɔː/ US másodéves hallgató [egyetemen/főisikolán/középiskolában]
**sopping** /ˈsɒpɪŋ/ átázott, nedves *it's sopping wet* teljesen át van ázva
**soppy** /ˈsɒpɪ/ ❶ átázott, nedves ❷ érzelgős, szentimentális ❸ buta
**soprano** /səˈprɑːnəʊ/ TBSZ **sopranos** VAGY **soprani** /səˈprɑːnɪ/ FNÉV
❶ szoprán [ember] ❷ szoprán szólam, szoprán ❸ szoprán hangszer
**soprano** MNÉV
szoprán (hang, szólam)
**sorbet** /ˈsɔːbeɪ/ szörbet
**sorcerer** /ˈsɔːsərə/ varázsló [férfi]
**sorcery** /ˈsɔːsərɪ/ varázslat, boszorkányság
**sordid** /ˈsɔːdɪd/ ❶ piszkos, mocskos ❷ hitvány, aljas ❸ zsugori, önző
**sordino** /sɔːˈdiːnəʊ/ TBSZ **sordini** /sɔːˈdiːnɪ/ hangtompító, szordínó [hangszeren]
**sore** /sɔː/ FNÉV
❶ seb(hely), sérülés, gyulladás ❷ baj
**sore** MNÉV
❶ fájó, fájdalmas, gyulladt *my legs are sore* fáj a lábam *have a sore throat* torokfájása/torokgyulladása van ❷ sértő, fájó ❸ dühös, mérges *get sore at smb* megharagszik vkire
**sorely** /ˈsɔːlɪ/ nagyon, súlyosan *be sorely needed* égetően szükséges
**sorrel** /ˈsɒrəl/ ❶ sóska ❷ vörösesbarna ló ❸ vörösesbarna szín
**sorrow** /ˈsɒrəʊ/ FNÉV
szomorúság, bánat (ami miatt: *at/for/over*) *to ⁝one's⁝ sorrow* sajnálatára, bánatára
**sorrow** IGE
szomorkodik, bánkódik (ami miatt: *at/for/over*)
**sorrowful** /ˈsɒrəʊfəl/ szomorú, bánatos
**sorry** /ˈsɒrɪ/ ❶ szomorú, bús *be/feel sorry* sajnál (akit/amit: *for/about*) *I'm sorry* sajnálom, bocsánat, elnézést *(I'm) sorry* tessék? mit is mondtál? nem értettem *be sorry to hear smth* sajnálattal értesül vmiről *be sorry to say smth* sajnos el kell mondania, hogy {MONDAT} ❷ megbán vmit, sajnálattal gondol vissza vmire *I'm sorry I ever met you* bárcsak sose találkoztunk volna *you'll be sorry for this* ezt még megbánod ❸ [elutasítás kifejezésére:] *be sorry, but {MONDAT}* legnagyobb sajnálatomra {MONDAT} ❹ siralmas, szánalmas *cut a sorry figure* szánalmas/siralmas kinézete van
**sort** /sɔːt/ FNÉV
❶ fajta, féle *all sorts of* mindenféle *what sort of (a) person is he?* miféle/milyen ember? *nothing of the sort* szó sincs róla, egyáltalán nem ❷ mód *in this sort* ily módon, így ❸ szöveg rendezése [szövegszerk.]
**sort** IGE
❶ kiválaszt, válogat, szortíroz ❷ megjavít, rendbe hoz
**sort out** *sort smb/smth out* ❶ kiválaszt, kiválogat *sort out smth from smth* elválaszt vmi(ke)t vmi(k)től ❷ megold, rájön, kitalál ❸ rendbe hoz *sort out the garden* rendbehozza a kertet ❹ segít (jobban lenni) *the pills will sort you out* a gyógyszerektől jobban leszel ❺ elrendez, elintéz, megbüntet *I'll sort him out* majd én elintézem
**sorter** /ˈsɔːtə/ ❶ osztályozó, szortírozó, csoportosító ❷ szorter [pl. fénymásolóé]
**sortie** /ˈsɔːtɪ/ ❶ kitörés [védelmi helyzetből] ❷ bevetés, felszállás [bombázóé] ❸ kitekintés, kirándulás [r.szerint ellenséges helyre]
**sort of** ❶ valahogy *I sort of think that {MONDAT}* valahogy úgy gondolom, hogy {MONDAT} ❷ valamilyen, olyan ...féle *it's sort of blue* (olyan) sötétkék(es)
**SOS** /esəʊˈes/ ❶ SOS, segélykérő morzejel ❷ segélykiáltás, vészkiáltás
**so-so** MNÉV/HAT.SZÓ tűrhető(en), se nem jó(l), se nem rossz(ul), úgy–ahogy
**soubrette** /suːˈbret/ szubrett
**souffle** /ˈsuːfleɪ/ felfújt, szuflé
**sought** ☞ seek
**sought-after** keresett, kapós
**soul** /səʊl/ FNÉV
❶ lélek, szellem *with all ⁝one's⁝ soul* teljes szívéből, szívvel–lélekkel ❷ ember, lélek

*poor soul* szegény feje ❸ vmi legfontosabb része / lelke *he's the life and soul of the company* ő a társaság lelke ❹ vmi tökéletes példája *be the soul of discretion* a titoktartás példaképe ❺ soul zene

**soul** *MNÉV*
a feketékkel/négerséggel kapcsolatos

**soulless** /ˈsəʊlləs/ lélektelen, érzéketlen

**sound** /saʊnd/ *FNÉV*
❶ hang, zaj ❷ hangulat, tónus ❸ hangerő *turn the sound down/up* halkítsd le / hangosítsd föl ❹ közvetített hang [pl. rádióban] *be on sound only* csak hanggal közvetít [= elment a kép] ❺ hangminőség ❻ hangzás(világ) *the sound of the 1970s* az 1970-es évek hangzásvilága

**sound** *MNÉV*
❶ egészséges, ép, sértetlen [ember, tárgy] *a sound mind in a sound body* ép testben ép lélek ❷ okos, józan [pl. ember, tanács] ❸ intenzív, alapos [pl. képzés, alvás] *give smb a sound beating* kiadós verést ad vkinek

**sound** *HAT.SZÓ*
mélyen [alszik] *be sound asleep* mélyen alszik

**sound** *IGE*
❶ hangzik, vmilyennek tűnik *it sounds excellent* nagyszerűen hangzik ❷ (vmilyen) hangot ad, megszólal *the bells sounded* megszólaltak a harangok ❸ megszólaltat [pl. hangszert, harangot, dudát], vmilyen hangjelzést ad ❹ kimond, hangoztat, hirdet [véleményt] *sound the praises of smb* vki dicséretét zengi ❺ meghallgat, megkopogtat [orvos beteget]
**sound out** *sound smb out* kipuhatolja vmi véleményét/szándékait (amiről: *about/on*)

**sound barrier** hanghatár, a hangsebesség határa *break the sound barrier* átlépi a hangsebességet

**sound card** VAGY **sound board** hangkártya

**sound effect** hanghatás, effektus, effekt

**sound film** hangosfilm

**sounding** /ˈsaʊndɪŋ/ *FNÉV*
❶ hangzás ❷ kopogtatás, hallgatózás [orvosé betegen] ❸ mélységmérés ❹ szondázás

**sounding** *MNÉV*
❶ hangzó ❷ hangzatos

**soundless** /ˈsaʊndləs/ ❶ hangtalan, zajtalan ❷ feneketlen(ül mély)

**soundly** /ˈsaʊndlɪ/ ❶ alaposan [pl. megver] ❷ józanul, okosan [pl. ítél] ❸ mélyen [pl. alszik] ❹ épen

**soundproof** *MNÉV*
hangszigetelt, zajszigetelt

**soundproof** *IGE*
hangszigetel, zajszigetel

**sound system** ❶ hangrendszer [pl. nyelvé] ❷ (hang)erősítés, hangosítás

**soundtrack** ❶ filmzene ❷ hangsáv [hangosfilmen]

**soup** /suːp/ *FNÉV*
❶ leves ❷ (film)előhívó ❸ sűrű köd

**soup** *IGE*
**soup up** *soup smth up* ❶ megnöveli vmi teljesítményét, felturbóz ❷ nagyobbá/hangzatosabbá/látványosabbá tesz vmit

**soup tureen** levesestál

**soupy** /ˈsuːpɪ/ ❶ levesszerű ❷ érzelgős, szentimentális

**sour** /saʊə/ *FNÉV*
❶ limonádéval készült alkoholos ital *whisky sour* whisky citrommal ❷ híg sav

**sour** *MNÉV*
❶ savanyú, fanyar *have a sour taste* savanyú íze van *go/turn sour* megsavanyodik [pl. tej] ❷ mogorva, barátságtalan *give smb a sour look* savanyú képpel néz vkire

**sour** *IGE*
❶ megsavanyodik ❷ megkeseredik, besavanyodik ❸ (meg)savanyít ❹ elkeserít, megkeserít [pl. kedvet]

**source** /sɔːs/ *FNÉV*
❶ forrás, eredet [pl. folyóé, feszültségé] *information source* információforrás ❷ ok, eredet *what's the source of the problem?* mi a hiba oka? ❸ forrás(munka), forrásmű, felhasznált mű

**source** *IGE*
fölkutat, megszerez

**sour cherry** ❶ meggy ❷ meggyfa

**sour cream** VAGY **soured cream** tejföl

**sour grapes** savanyú a szőlő *I guess it's just sour grapes* szóval savanyú a szőlő

**sour salt** keserűsó

**souse** /saʊs/ *FNÉV*
❶ sós lé/pác, páclé ❷ pácolás, marinírozás ❸ bemártás, áztatás ❹ részeges alak

**south** /saʊθ/ *FNÉV*
❶ dél [égtáj] *the airport is to the south (of the city)* a repülőtér (a várostól) délre van ❷ ország déli része ❸ *the South* a déli államok [az USA-ban] ❹ *the south* a világ fejletlen(ebb) országai

**south** *MNÉV*
❶ déli, délszaki [pl. szél] ❷ délre néző, déli (fekvésű) *the south side of the house* a ház délre néző oldala

**south** *HAT.SZÓ*
délre, déli irányba/irányban *the station is south of the centre* az állomás a központtól délre van

**southbound** /saʊθˈbaʊnd/ *MNÉV/HAT.SZÓ* déli irányba (haladó)

**southeast** /saʊθˈiːst/ *FNÉV/MNÉV/HAT.SZÓ* ❶ délkelet ❷ délkeleti ❸ délkelet felé

**southeasterly** /saʊθˈiːstəlɪ/ délkeleti [pl. szél]

**southeastern** /saʊθˈiːstən/ délkeleti

**southerly** /ˈsʌðəlɪ/ ❶ déli, dél felől jövő ❷ déli irányba fújó/tartó

**southern** /ˈsʌðən/ déli *he lives in southern England* Anglia déli részén lakik

**southerner** /ˈsʌðənə/ dél(vidék)i lakos

S

iː tea ɪ it e bed æ cat ɜː bird ə ago eɪ way əʊ go aɪ my aʊ how eə air
ɑː car ɒ got ɔː war ʊ put uː too ʌ but ɪə here ʊə pure ɔɪ boy
θ thing ð this tʃ chip dʒ Joe ʃ ship ʒ measure s sit ŋ ring j you w win

**southernmost** /ˈsʌðənməust/ legdélebbi
**South Pole** *the South Pole* a Déli Sark
**southward** /ˈsauθwəd/ délen levő/fekvő, dél felé néző
**southwest** /sauθˈwest/ FNÉV/MNÉV/HAT.SZÓ ❶ délnyugat ❷ délnyugati ❸ délnyugat felé
**southwesterly** /sauθˈwestəlɪ/ délnyugati [pl. szél]
**southwestern** /sauθˈwestən/ délnyugati
**souvenir** /ˌsuːvəˈnɪə/ szuvenír, emlék(tárgy), ajándék(tárgy)
**sovereign** /ˈsɒvrɪn/ FNÉV
❶ uralkodó ❷ egyfontos aranypénz
**sovereign** MNÉV
❶ legfőbb, legfelső ❷ független, szuverén
**sovereignty** /ˈsɒvrəntɪ/ ❶ népfelség ❷ korlátlan uralom ❸ szuverenitás
**soviet** /ˈsɒvɪət/ VAGY /ˈsəuvɪət/ szovjet, munkástanács, tanács
**Soviet** szovjet
**Soviet Union** *the (former) Soviet Union* a(z egykori) Szovjetunió
**sow** /sau/ FNÉV
koca, anyadisznó
**sow** /səu/, **sowed** /səud/, **sown** /səun/ VAGY **sowed** IGE
❶ vet [magot] ❷ behint (amivel: *with*)
KIFEJEZÉSEKBEN: *sow the seeds of suspicion* elülteti a gyanakvást *sow ≥one's≤ (wild) oats* fiatalon kitombolja magát
**sowing machine** /ˌsəuɪŋməˈʃiːn/ vetőgép
**sown** ☞ sow
**sox** /sɒks/ zokni
**soy** /sɔɪ/ VAGY **soya** /ˈsɔɪə/ szója
**sozzled** /ˈsɒzəld/ elázott, részeg
**sp.** = special; specific; specimen
**Sp.** = Spain; Spaniard; Spanish
**SP** = Specialist; Socialist party
**spa** /spɑː/ ❶ gyógyvízforrás, ásványvízforrás ❷ gyógyfürdő ❸ US vízmasszázs(os fürdőkád) ❹ fitness klub [medencével]
**space** /speɪs/ FNÉV
❶ NEM MEGSZÁML. tér, hely, kiterjedés *there isn't enough space* nincs elég hely *lack of space* helyszűke ❷ vmire szolgáló hely *parking space* parkolóhely *air space* légtér [pl. országé] ❸ beépítetlen terület *open space(s)* szabad terület ❹ NEM MEGSZÁML. (világ)űr, üresség, semmi *outer space* világűr ❺ NEM MEGSZÁML. időszak, időköz *breathing space* lélegzetvételnyi idő ❻ betűköz, szóköz ❼ sortávolság ❽ üresen hagyott hely [pl. nyomtatványon] *enter your name in the space provided* a nevét írja az üresen hagyott helyre
**space** IGE
❶ elhelyez, eloszt, feloszt [pl. egyenletesen] ❷ sorközöket/betűközöket tesz be
**space out** *space smth out* egyenletesen eloszt [időben/térben]
**space bar** betűközbillentyű, szóközbillentyű, space billentyű
**space capsule** űrkabin
**spacecraft** TBSZ **spacecraft** űrhajó
**space flight** űrrepülés
**spaceman** /ˈspeɪsmən/ TBSZ **spacemen** /ˈspeɪsmən/ űrhajós [férfi]
**space mark** szóköz jelölése/betoldása [korrektúrajel]
**space probe** űrszonda
**spaceship** /ˈspeɪsʃɪp/ (idegen) űrhajó
**space shuttle** űrsikló, űrrepülőgép
**space station** VAGY **space platform** űrállomás
**spacesuit** űrruha, szkafander
**spacewalk** FNÉV/IGE űrséta, űrsétát tesz
**spacing** /ˈspeɪsɪŋ/ sortáv(olság), sorköz
**spacious** /ˈspeɪʃəs/ tágas, nagy kiterjedésű
**spade** /speɪd/ FNÉV
❶ ásó ❷ egy ásónyi anyag ❸ pikk *ace of spades* pikk ász ❹ nigger, bokszos
KIFEJEZÉSEKBEN: *call a spade a spade* nevén nevezi a gyereket/dolgot
**spade** IGE
ás, forgatja az ásót
**spadeful** /ˈspeɪdful/ egy ásónyi
**spaghetti** /spəˈgetɪ/ ❶ spagetti ❷ szigetelés (vezetéken)
**spaghetti junction** sokszoros többszintes kereszteződés, autópálya-csomópont
**spam** /spæm/ elektronikus reklám, elektronikus „junk mail"
**span** /spæn/ FNÉV
❶ időbeli/térbeli kiterjedés *attention span* koncentrálóképesség (időtartama) ❷ fesztáv, ívnyílás [hídé] ❸ fesztávolság, szárnytávolság [repülőgépé] ❹ arasz [= kb. 23 cm]
**span** IGE
❶ átível [pl. patakot] ❷ felölel [pl. időt] ❸ arasszal átfog/(meg)mér ❹ ☞ spin
**spangle** /ˈspæŋgəl/ FNÉV
apró fém/műanyag díszítés ruhán, flitter
**spangle** IGE
apró díszekkel / flitterrel díszít (amivel: *with*)
**Spaniard** /ˈspænɪəd/ FNÉV spanyol ember
**spaniel** /ˈspænɪəl/ FNÉV ❶ spániel ❷ hízelgő, talpnyaló
**Spanish** /ˈspænɪʃ/ spanyol [ember/nyelv]
**spank** /spæŋk/ FNÉV
ütés, paskolás [tenyérrel]
**spank** IGE
❶ elfenekel, elnáspángol ❷ gyorsan halad/vitorlázik
**spanking** /ˈspæŋkɪŋ/ FNÉV
elnáspángolás, elverés *get a spanking* verést kap
**spanking** MNÉV
❶ gyors, sebes [ügetés] ❷ pompás, klassz
**spanking** HAT.SZÓ
nagyon, teljesen *a spanking new car* vadonatúj autó
**spanner** /ˈspænə/ csavarkulcs, franciakulcs

**speak to** *speak to smb* ❶ beszél vkinek a fejével, letol vkit ❷ hozzászól [kérdéshez] ❸ tanúsít/igazol vmit

**speak up** ❶ hangosabban/érthetőbben beszél, felemeli a hangját ❷ *speak up for smb/smth* vkit/vmit támogat, vki/vmi érdekében felszólal

**speaker** /ˈspiːkə/ ❶ beszélő, szónok ❷ vmilyen nyelv beszélője *a fluent speaker of German* németül folyékonyan beszélő ember ❸ hangszóró ❹ *the Speaker* a brit képviselőház elnöke ⓘ NEM ~~szpíker~~ [= bemondó]

**speaking clock** pontos idő [telefonos szolgáltatás]

**spear** /spɪə/ FNÉV

❶ lándzsa, dárda ❷ lándzsás (katona) ❸ szigony ❹ hajtás [növényé]

**spear** IGE

❶ lándzsával / hegyes eszközzel átdöf/átszúr ❷ szárba szökken, sarjad

**spearhead** /ˈspɪəhed/ FNÉV

❶ lándzsahegy ❷ támadás/mozgalom vezetője

**spearhead** IGE

vezet vmit, élén jár vminek [támadásnak, mozgalomnak, újításnak]

**spearmint** /ˈspɪəmɪnt/ fodormenta

**spec.** = special; specially; specification

**special** /ˈspeʃəl/ FNÉV

❶ különkiadás, műsor *television special* tévéshow ❷ különjárat [pl. vonat] *football special* futballmeccsre közlekedő különvonat ❸ árleszállítás, akció *be on special* le van szállítva az ára, akciósan árulják

**special** MNÉV

❶ különleges, saját(ság)os, speciális ❷ rendkívüli, alkalmi ❸ kitűnő, spéci ❹ szakmai, szak-

**special branch** [brit] nemzetbiztonsági ügyosztály

**special delivery** expressz kézbesítés

**special issue** különszám

**specialist** /ˈspeʃəlɪst/ ❶ szakember ❷ szakorvos, specialista *send smb to a specialist* további (szak)vizsgálatokra küld vkit

**speciality** /ˌspeʃɪˈæləti/ ❶ sajátosság, különlegesség, specialitás ❷ szakterület

**specialization** /ˌspeʃəlaɪˈzeɪʃən/ ❶ részletezés ❷ szakosodás, specializáció, specializálódás

**specialize** /ˈspeʃəlaɪz/ ❶ specializálódik, szakosodik, specializálja magát (amire: *in*) ❷ részletez, specifikál

**specialized** /ˈspeʃəlaɪzd/ szakosított, szak-

**specially** /ˈspeʃəli/ különösen, külön(legesen)

**special needs** különleges odafigyelést igénylő tényező, hátrányos helyzet *children with special needs* hátrányos helyzetű gyerekek

**special offer** engedményes áru

**special school** kisegítő iskola

**specialty** /ˈspeʃəlti/ ❶ különleges megállapodás ❷ sajátosság, különlegesség, specialitás ❸ szakterület, specializáció

**specie** /ˈspiːʃiː/ fémpénz *in specie* fémpénzben, készpénzben

**species** /ˈspiːʃiːz/ TBSZ **species** /ˈspiːʃiːz/ ❶ faj (-ta) [állat/növény] *endangered species* veszélyeztetett fajta ❷ típus, fajta [pl. autó-]

**specific** /spəˈsɪfɪk/ FNÉV

közvetlen/különleges hatású gyógyszer

**specific** MNÉV

❶ konrét, specifikus *could you be more specific?* részletezanéd? kifejtenéd bővebben? ❷ külön(leges), saját(ság)os, speciális [pl. szerszám] ❸ jellegzetes, jellemző *be specific to smb/smth* vkire/vmire speciálisan jellemző

**specifically** /spəˈsɪfɪkli/ ❶ kimondottan, kifejezetten *be designed specifically for children* kifejezetten gyerekek számára tervezték ❷ külön, direkt *I told you specifically not to go there* külön megmondtam, hogy ne menj oda

**specification** /ˌspesɪfɪˈkeɪʃən/ ❶ részletes leírás/előírás/kikötés ❷ részletezés, felsorolás

**specificity** /ˌspesəˈfɪsəti/ ❶ specifikusság ❷ specifikus hatás [orvosi]

**specifics** /spəˈsɪfɪks/ pontos részletek *get down to specifics* megvizsgálja a részleteket

**specify** /ˈspesəfaɪ/ ❶ pontosabban/közelebbről meghatároz ❷ kiköt, meghatároz, előír *unless otherwise specified* más kikötés híján

**specimen** /ˈspesɪmən/ ❶ példány ❷ minta(darab) [pl. pénzből] ❸ minta [pl. orvosi] ❹ emberpéldány, alak [r.szerint lenézően]

**speck** /spek/ folt, petty, csepp

**specked** /spekt/ pettyes

**speckle** /ˈspekəl/ folt, petty [r.szerint több és összevissza]

**speckled** /ˈspekəld/ foltos, pettyes

**specs** /speks/ TBSZ szemüveg *a new pair of specs* új szemüveg

**spectacle** /ˈspektəkəl/ ❶ látvány(osság) ❷ jelenség, látvány ❸ furcsa/nevetséges látvány *make a spectacle of ⁞oneself⁞* kinevetteti magát [= olyan nevetséges]

**spectacled** /ˈspektəkəld/ ❶ szemüveges ❷ pápaszemes [pl. kígyó]

**spectacles** /ˈspektəkəlz/ TBSZ szemüveg *a new pair of spectacles* új szemüveg

**spectacular** /spekˈtækjulə/ FNÉV

látványos showműsor

**spectacular** MNÉV

❶ vmilyen látványt nyújtó, látványos ❷ feltűnő, kiemelkedő, látványos

**spectator** /spekˈteɪtə/ néző

**spectra** ☞ spectrum

**spectral** /ˈspektrəl/ ❶ kísérteti(es) ❷ színképi, színkép-

**spectre** /ˈspektə/ ❶ kísértet, szellem ❷ vmi fenyegető rémképe/kísértete

**spectrum** /ˈspektrəm/ TBSZ **spectra** /ˈspektrə/ VAGY **spectrums** ❶ színkép, spektrum ❷ ki-

KIFEJEZÉSEKBEN: *throw a spanner in the works* beleköp a levesbe, felborítja a tervet

**spar** /spɑː/ FNÉV
❶ rúd, pózna ❷ árboc(fa) ❸ bokszmérkőzés ❹ szócsata ❺ pát ⓘ NEM ~~spórolás~~

**spar** IGE
❶ póznál/árbócot készít/állít ❷ öklöz, szurkál, bokszol ❸ sarkantyúval küzd [kakas] ❹ szócsatát vív, vitázik ⓘ NEM ~~spórol~~

**spare** /speə/ FNÉV
❶ tartalék/második dolog ❷ (pót)alkatrész ❸ pótkerék ⓘ NEM ~~spórolás~~

**spare** MNÉV
❶ tartalék, pót- [pl. szoba, alkatrész] ❷ szabad, megspórolt [pl. idő] ❸ sovány, cingár ❹ szűkös

**spare** IGE
❶ kész odaadni, rászán vkire *can you spare me a minute?* volna egy perced? / tudnál szánni rám egy percet? *can you spare a pound?* volna egy fontod kölcsön? ❷ (meg)kímél *no expense was spared* sokat költöttek ❸ nem mond meg, megkímél *spare smb the details* megkímél vkit a részletektől ❹ nem tesz meg / megspórol/megtakarít vmit ⓘ NEM spórol

**spare man** söprögető [futballban]
**spare part** pótalkatrész
**spare ribs** oldalas, sertésborda
**spare room** vendégszoba
**spare time** szabadidő
**spare tyre** VAGY **spare wheel** VAGY **spare tire** US pótkerék
**sparing** /ˈspeərɪŋ/ takarékos (amivel: *with*)
**sparingly** /ˈspeərɪŋlɪ/ takarékosan, óvatosan

**spark** /spɑːk/ FNÉV
❶ szikra ❷ vmi apró nyoma / szikrája *not show a spark of interest* az érdeklődésnek szikráját sem mutatja ❸ vidámság, élénkség

**spark** IGE
❶ szikrázik, szikrát vet ❷ kivált, kirobbant, előidéz ❸ bátorít, előhoz [pl. érdeklődést] ❹ csapja a szelet vkinek, flörtöl vkivel
**spark off** *spark smth off* kivált, előidéz

**sparking plug** VAGY **spark plug** US gyújtógyertya

**sparkle** /ˈspɑːkəl/ FNÉV
❶ szikrázás, ragyogás, csillogás ❷ szellemesség, sziporkázás

**sparkle** IGE
❶ szikrázik, csillog, ragyog ❷ sziporkázik, szellemeskedik

**sparkler** /ˈspɑːklə/ csillagszóró
**sparkling** /ˈspɑːklɪŋ/ ❶ ragyogó, nagyszerű, sziporkázó ❷ gyöngyöző, habzó
**sparkling wine** habzóbor, pezsgő
**sparky** /ˈspɑːkɪ/ vidám/élénk [ember]
**sparrow** /ˈspærəʊ/ veréb
**sparse** /spɑːs/ ritka, szórványos
**sparsely** /ˈspɑːslɪ/ elszórtan, szórványosan
**spartan** /ˈspɑːtən/ egyszerű, szigorú, spártai
**spasm** /ˈspæzəm/ ❶ görcs *muscle spasm* izomgörcs *go into spasm* begörcsöl ❷ kitörés, roham, görcs [pl. nevetésé, köhögésé]
**spasmodic** /spæzˈmɒdɪk/ ❶ görcsös ❷ szaggatott, lökésszerű [pl. érdeklődés]
**spastic** /ˈspæstɪk/ FNÉV ❶ spasticus, Little-kóros, agysérült ❷ görcsös, bénult ember
**spasticity** /spæsˈtɪsətɪ/ görcsösség, bénultság

**spat** /spæt/ FNÉV
❶ enyhe veszekedés, szóváltás ❷ bokavédő, kamásli ❸ kisebb ütés

**spat** IGE
❶ ☞ spit ❷ meglegyint, odacsap ❸ civakodik, veszekszik

**spate** /speɪt/ ❶ rengeteg dolog, áradat ❷ elárasztás [pl. szavakkal] ❸ víz, áradás [vízé] *in full spate* áradó, elárasztó
**spatial** /ˈspeɪʃəl/ térbeli, tér-

**spatter** /ˈspætə/ FNÉV
❶ (be)fröcskölés, fröcskölt folt, (sár)folt ❷ egy kis mennyiség, egy csöpp [pl. eső]

**spatter** IGE
❶ ráfröccsen, rácsöppen (amire: *on*) ❷ befröcsköl (amivel: *with*), ráfröccsent ❸ (meg)rágalmaz, bemocskol

**spatula** /ˈspætjʊlə/ ❶ simítólapát, spatula ❷ nyelvkanál, spatula

**spawn** /spɔːn/ FNÉV
❶ (hal)ikra ❷ békapete, békatojás ❸ poronty, ivadék, termék [r.szerint megvetően]

**spawn** IGE
❶ ívik [hal] ❷ petéket rak [béka] ❸ származtat, eredeztet

**spay** /speɪ/ ivartalanít [nőstény állatot]
**-speak** szaknyelv, (szak)zsargon *computer-speak* komputeres szakzsargon
**speak** /spiːk/, **spoke** /spəʊk/, **spoken** /ˈspəʊkən/ ❶ beszél(get) (akivel: *with/to*, amiről: *about/of*) ❷ (ki)mond, kifejez *speak the truth* igazat mond *speak ‹one's› mind* kimondja, amit gondol, őszintén beszél ❸ tud, beszél [nyelvet] *speak French* beszél franciául ❹ beszédet mond, beszél (akinek: *to*, amiről: *about/on*) *rise to speak* szólásra emelkedik ❺ kifejez, mutat *eveything spoke of cheating* minden arra mutatott, hogy csalás történt ❻ [jelen idejű melléknévi igeneves alakkal:] vhogyan szólva/kifejezve *legally speaking* jogi nyelven szólva, jogi szempontból
**speak for** *speak for smb/smth* ❶ vki nevében/képviseletében/helyett beszél *speak for the prosecution* a vád képviseletében beszél ❷ vki mellett szól, vkit igazol [tény] *speak for itself/themselves* önmagáért/önmagukért beszél(nek), magától értetődő
**speak of** *speak of smb/smth* beszél vkiről/vmiről *not to speak of smth* vmit nem is említve
**speak out** felemeli a szavát (aki/ami ellen: *against*)

S

terjedés, mezőny, spektrum, paletta *political spectrum* politikai paletta/spektrum
**speculate** /ˈspekjʊleɪt/ ❶ (el)morfondírozik, töpreng, tűnődik (amiről: *about/on*) *they are speculating that* {MONDAT} eljátszanak azzal a gondolattal, hogy {MONDAT} ❷ spekulatív célból vásárol/elad, spekulál
**speculation** /ˌspekjʊˈleɪʃən/ ❶ fejtörés, töprengés, spekuláció *rumors about the minister are pure speculation* a miniszterről szóló pletykák nem többek spekulációnál ❷ spekulációs célú vásárlás/eladás, spekuláció
**speculative** /ˈspekjʊlətɪv/ ❶ elméleti, spekulatív ❷ spekulációs
**speculator** /ˈspekjʊleɪtə/ spekuláns
**sped** ☞speed
**speech** /spiːtʃ/ ❶ beszélés, beszéd *figure of speech* szókép, metafora, beszédfordulat *part of speech* szófaj ❷ beszédmód, beszéd ❸ szónoklat, beszéd *give/make/deliver a speech* beszédet mond/tart ❹ mondandó, szerep [színészé] ❺ nyelvjárás, tájszólás
**speech defect** VAGY **speech disorder** VAGY **speech impediment** beszédhiba, beszédzavar
**speechless** /ˈspiːtʃləs/ szótlan, néma, elnémult
**speech organ** beszédszerv, hangképző szerv
**speechwriter** beszédíró [pl. politikusé]
**speed** /spiːd/ *FNÉV*
❶ sebesség, gyorsaság *at speed* gyorsan *at full/top speed* teljes sebességgel *at breakneck speed* hajmeresztő sebességgel *pick up / gather speed* felgyorsul ❷ (fény)érzékenység [filmé] ❸ fényerő [pl. lencséé] ❹ sebesség(fokozat) [pl. autóé] *five-speed gearbox* ötsebességes váltó ❺ speed [drog]
**speed** /spiːd/, **speeded** VAGY **sped** /sped/, **speeded** VAGY **sped** /sped/ *IGE*
❶ (tova)siet, (el)halad ❷ oda(siettet), gyorsan odaterel ❸ száguld, túllépi a megengedett sebességet ❹ elősegít, megsegít ❺ speedet használ, drogozik
**speed off** sietve távozik, elmenekül [járművel]
**speed up** ❶ felgyorsul, nagyobb sebességbe kapcsol ❷ *speed smth up* felgyorsít, meggyorsít
**speedboat** gyors(asági) motorcsónak
**speed bump** VAGY **speed hump** fekvőrendőr
**speed camera** gyorshajtást rögzítő kamera
**speeding** /ˈspiːdɪŋ/ gyorshajtás
**speed limit** megengedett sebesség, sebességkorlátozás
**speedometer** /spɪˈdɒmɪtə/ sebességmérő műszer
**speedreading** gyorsolvasás
**speed skater** gyorskorcsolyázó
**speed skating** gyorskorcsolyázás
**speedup** ❶ gyorsulás ❷ gyorsítás
**speedwalk** mozgójárda
**speedway** ❶ (zárt) autóversenypálya, motorversenypálya ❷ autóversenyzés, motorversenyzés
**speedy** /ˈspiːdɪ/ gyors, azonnali *wish smb a speedy recovery* mielőbbi gyógyulást kíván
**spell** /spel/ *FNÉV*
❶ (megszakítás nélküli) időszak *sunny spell* napsütéses időszak ❷ átmeneti betegség(gel töltött időszak) *dizzy spell* szédülős időszak ❸ varázslat, bűbáj *cast a spell on smb* elvarázsol, megigéz
**spell** /spel/, **spelled** VAGY **spelt** /spelt/, **spelled** VAGY **spelt** /spelt/ *IGE*
❶ betűz, betűnként mond/ír *how do you spell your name?* hogy írod a neved? *how is it spelt?* hogyan írják? ❷ vhogyan íródik *it spells C-O-U-G-H* így kell írni: C-O-U-G-H ❸ vmilyen következménnyel jár *spell disaster for smb* katasztrófát jelent vki számára
**spell out** *spell smth out* ❶ kibetűz, betűnként kimond/kiír ❷ kifejt, részletez, világosan megindokol ❸ kiír [= nem rövidít]
**spellbind** /ˈspelbaɪnd/ lenyűgöz, elvarázsol
**spellbound** /ˈspelbaʊnd/ elbűvölt, lenyűgözött
**spellcheck** /ˈspeltʃek/ *FNÉV*
[elektronikus] helyesírás-ellenőrzés
**spellcheck** *IGE*
helyesírást ellenőriz [elektronikusan]
**spellchecker** VAGY **spelling checker** [elektronikus] helyesírás-ellenőrző (rendszer)
**speller** /ˈspelə/ ❶ helyesírási/helyesíró könyv ❷ (vmilyen) helyesíró
**spelling** /ˈspelɪŋ/ helyesírás
**spelt** ☞spell
**spencer** /ˈspensə/ zubbony, zeke
**spend** *FNÉV*
összeg, elkölthető pénz
**spend** /spend/, **spent** /spent/, **spent** /spent/ *IGE*
❶ kiad, (el)költ [pénzt] (amire: *on*) *it was money well spent* ésszel/jól elköltött pénz volt ❷ (el)tölt [időt] *she spent all her life raising children* egész életét gyerekneveléssel töltöttel ❸ (el)használ, kiad [pl. energiát] *the tornado has spent its force* a tornádó kiadta erejét
**spender** /ˈspendə/ költekező, pazarló
**spending** ❶ költés, költekezés ❷ pénz *public/government spending* közpénz
**spending money** költőpénz
**spending power** vásárlóerő
**spent** /spent/ *MNÉV*
❶ (el)használt, fáradt [pl. olaj, töltény] ❷ fáradt, kimerült [ember]
**spent** *IGE*
☞spend
**sperm** /spɜːm/ *TBSZ* **sperm** VAGY **sperms** /spɜːmz/ ❶ ondó(sejt), sperma ❷ ámbráscet
**sperm whale** ámbráscet
**spew** /spjuː/ ❶ (ki)lövell [pl. láva] ❷ (ki-)okád, (ki)hány [pl. vulkán]
**spheral** /ˈsfɪərəl/ ❶ gömb alakú ❷ teljesen szimmetrikus

S

**sphere** /sfɪə/ ❶ gömb, golyó ❷ (működési) kör, terület, szféra ❸ égbolt ❹ égitest ❺ társadalmi réteg/osztály

**spherical** /ˈsferɪkəl/ ❶ gömbölyű, gömbalakú, gömb- ❷ égitestekhez tartozó

**spheroid** /ˈsfɪərɔɪd/ gömbszerű, szferoid

**sphinx** /sfɪŋks/ TBSZ **sphinxes** VAGY **sphinges** /ˈsfɪndʒiːz/ szfinx

**sphygmomanometer** /ˌsfɪgməʊməˈnɒmɪtə/ vérnyomásmérő

**spice** /spaɪs/ FNÉV

❶ fűszer ❷ zamat, (pikáns) íz *add spice to smth* zamatot/izgalmat visz be vmibe

KIFEJEZÉSEKBEN: *variety is the spice of life* a változatosság gyönyörködtet

**spice** IGE

❶ fűszerez, ízesít ❷ izgalmassá/érdekessé tesz vmit, fűszerez

**spice cake** püspökkenyér, fűszeres sütemény

**spick-and-span** tip-top, tiszta, elegáns *get/make smth spick and span* kiglancol

**spicy** /ˈspaɪsɪ/ ❶ fűszeres, csípős ❷ izgalmas, pikáns

**spider** /ˈspaɪdə/ ❶ pók ❷ lábostartó [r.szerint többlábú] ❸ csomagleszorító, pók

**spiderman** /ˈspaɪdəmæn/ TBSZ **spidermen** /ˈspaɪdəmen/ ❶ állványozó (munkás) ❷ pókember

**spiderweb** /ˈspaɪdəweb/ pókháló

**spidery** /ˈspaɪdərɪ/ pókszerű, hosszúkás, vékony [pl. kézírás]

**spigot** /ˈspɪgət/ ❶ (hordó)csap ❷ kerti csap ❸ (másikba illeszthető) csővég

**spike** /spaɪk/ FNÉV

❶ szeg, pecek, cövek ❷ tüske, vashegy [kerítésen] ❸ tű, szeg [pl. atléta cipőjén] ❹ kalász

**spike** IGE

❶ (be)szegez, cövekel ❷ szögekkel kiver ❸ erős alkoholt önt [alkoholmentes italba] ❹ leállít, meghiúsít *spike smb's guns* meghiúsítja vki terveit

**spikes** /spaɪks/ szeges cipő

**spiky** /spaɪkɪ/ ❶ hegyes, tüskés, szúrós ❷ sértődős, tüskés, harapós

**spill** /spɪl/ FNÉV

❶ kiömlés, kiömlött dolog *oil spill* kiömlött olaj ❷ bukás, (le)esés [pl. lóról, kerékpárról]

**spill** /spɪl/ **spilled** VAGY **spilt** /spɪlt/, **spilled** VAGY **spilt** /spɪlt/ IGE

❶ kiömlik, kilöttyen ❷ kiönt, kilöttyent ❸ túlcsordul, nem fér be, tovagyűrűzik ❹ ont [vért] *a lot of blood was spilled* sok vér folyt ❺ leesik [pl. lóról] ❻ levet, ledob [pl. ló]

KIFEJEZÉSEKBEN: *spill the beans* elárul egy titkot *it's no use crying over spilt milk* késő bánat, eb gondolat

**spill over** túlcsordul

**spillage** /ˈspɪlɪdʒ/ ❶ kiömlés, kiömlött dolog ❷ bukás, (le)esés [pl. lóról, kerékpárról]

**spill-over** ❶ túlcsordulás ❷ túlcsordult/kiömlött dolog

**spilt** ☞ spill

**spin** /spɪn/ FNÉV

❶ pörg(et)és [pl. labdáé] *give smth a spin* megpörget, nyes [pl. labdát] ❷ dugóhúzó, orsó [műrepülő figura] ❸ zuhanás, meredek esés [pl. áraké]

**spin** /spɪn/, **span** /spæn/ VAGY **spun** /spʌn/, **spun** /spʌn/ IGE

❶ forog, pörög *my head is spinning* forog velem a világ ❷ (meg)perdül, (meg)fordul ❸ pörget, (meg)forgat, (meg)perdít *spin a coin* pénzt feldob ❹ fon, sodor [szálat] ❺ sző [hálót pók]

KIFEJEZÉSEKBEN: *spin a yarn* hosszú mesét sző, fantasztikus/hihetetlen történetet ad elő

**spinach** /ˈspɪnɪdʒ/ spenót, paraj

**spinal** /ˈspaɪnəl/ gerinc-

**spinal column** gerincoszlop

**spindle** /ˈspɪndəl/ ❶ orsó, cséve ❷ tengely ❸ víznyomásmérő

**spindle file** lefűzős irattartó

**spindle oil** orsóolaj

**spin-drier** VAGY **spin-dryer** centrifuga

**spin-dry** (ki)centrifugáz

**spine** /spaɪn/ ❶ (hát)gerinc ❷ tüske, tövis ❸ könyvgerinc ❹ fizetésbesorolási rendszer

**spine-chilling** hátborzongató

**spineless** /ˈspaɪnləs/ ❶ gerinc nélküli [pl. állat] ❷ jellemtelen, gyáva, gerinctelen

**spinet** /spɪˈnet/ spinet

**spinnaker** /ˈspɪnəkə/ versenyvitorla, spinakker

**spinner** /ˈspɪnə/ ❶ fonó(munkás) ❷ fonógép ❸ légcsavarkúp ❹ villantókanál [horgászé] ❺ centrifuga ❻ pörgetett labda [baseballban] ❼ pörgettyű

**spinning machine** fonógép

**spinning top** játékcsiga, búgócsiga

**spinning wheel** rokka

**spinoff** /ˈspɪnɒf/ mellékesen létrejövő/kialakuló fejlemény/következmény, közvetett hatás

**spinster** /ˈspɪnstə/ ❶ hajadon ❷ vénkisasszony, vénlány, aggszűz

**spiny** /ˈspaɪnɪ/ tüskés

**spiral** /ˈspaɪərəl/ FNÉV

❶ csigavonal, spirál ❷ meredek/állandó emelkedés/csökkenés *inflationary spiral* inflációs spirál

**spiral** MNÉV

csigavonalú, spirál(is)

**spiral** IGE

❶ csigavonalat alkot ❷ csigavonalban mozog ❸ kígyózik ❹ meredeken nő/emelkedik [pl. ár]

**spire** /spaɪə/ ❶ csúcsos templomtorony, toronysisak ❷ vminek csúcsa, orom ❸ csigavonal, spirál

**spirit** /ˈspɪrɪt/ FNÉV

❶ szellem, lélek *I'll be there in spirit* lélekben ott leszek ❷ vmi lényege/szelleme *obey the spirit of the law* a tiszteli a törvény szellemét ❸ hozzáállás, szándék, szellem ❹ kedély, kedv, hangulat *be in high/low spirits* jókedvű/rosszkedvű ❺ lojalitás, hűség ❻ vmilyen személy(iség) *leading spirit* vezető személyiség ❼ szesz, alkohol ❽ spiritusz

**spirit** IGE
fellelkesít

**spirited** /ˈspɪrɪtɪd/ ❶ élénk, szellemes ❷ határozott, erőteljes

**spiritism** /ˈspɪrɪtɪzəm/ spiritizmus

**spiritist** /ˈspɪrɪtɪst/ spiritiszta

**spirit lamp** borszesz lámpa, spirituszlámpa

**spiritless** /ˈspɪrɪtləs/ levert, kedvetlen

**spirit level** vízmérték, vízszintező

**spirits** /ˈspɪrɪts/ ❶ szesz(esital), alkohol ❷ alkohol(tartalmú oldószer) ❸ kedv, kedély, hangulat *be in high/low spirits* jókedvű/rosszkedvű

**spiritual** /ˈspɪrɪtʃuəl/ FNÉV
spirituálé

**spiritual** MNÉV
❶ szellemi, lelki ❷ egyházi *lord spiritual* [brit] püspök felsőházi tag ❸ lélekben közeli

**spiritualism** /ˈspɪrɪtʃuəlɪzəm/ ❶ spiritizmus ❷ spiritualizmus, idealizmus

**spiritualist** /ˈspɪrɪtʃuəlɪst/ FNÉV spiritiszta

**spirituality** /ˌspɪrɪtʃuˈæləti/ szellemiség, lelkiség

**spirt** /spɜːt/ FNÉV
❶ kilövellés [folyadéké] ❷ kitörés [indulaté]

**spirt** IGE
**spirt out** ❶ (ki)lövell [pl. láva] ❷ (ki)okád, (ki)hány [pl. vulkán]

**spit** /spɪt/ FNÉV
❶ köpet, nyál ❷ vki kiköpött mása *she's the spit of her mother* kiköpött anyja ❸ nyárs ❻ vízbe nyúló földnyelv

**spit** /spɪt/, **spat** /spæt/ VAGY **spit** /spɪt/, **spat** /spæt/ VAGY **spit** /spɪt/ IGE
❶ (ki)köp, leköp (akit/amit: *at/on*) ❷ kimond, dühödten kifejez *spit it out!* nyögd/bökd már ki! ❸ szemerkél, csep(er)eg [eső] ❹ fröcsköl, köpköd [tűz/étel]

**spite** /spaɪt/ FNÉV
❶ rosszindulat, harag *do smth out of / from spite* gyűlöletből tesz vmit ❷ *in spite of* vminek ellenére/dacára

**spite** IGE
bosszant

**spitfire** /ˈspɪtfaɪə/ méregzsák, hamar felfortyanó ember

**spitting image** *be the spitting image of smb* kiköpött mása vkinek

**spittle** /ˈspɪtəl/ köpés, köpet, nyál

**spittoon** /spɪˈtuːn/ köpőcsésze

**splash** /splæʃ/ FNÉV
❶ csobbanás, loccsanás ❷ kifröcskölt/kiloccsantott folyadék ❸ kifröcskölt/kiloccsantott folyadék nyoma, folt ❹ erőteljes/nagy hatás *make a splash* nagy szenzációt/hatást kelt ❺ kis mennyiség, löket (szóda)

**splash** IGE
❶ fröccsen, loccsan, csobban ❷ (rá-)fröcsent, spriccel [pl. vizet, kölnit] ❸ befröcsköl [pl. arcot] (amivel: *with*) ❹ fröcsköl, lubickol ❺ szór, pazarol [pénzt]
**splash down** vízre száll, leszáll [r.szerint űrhajó]
**splash out** *splash smth out* (el)szór, elpazarol [pénzt]

**splashdown** űrjármű leszállása a tengeren

**splashy** /ˈsplæʃɪ/ ❶ fröcskölő ❷ feltűnő

**splatter** /ˈsplætə/ beszór, befröcsköl (amivel: *with*)

**splayfoot** lúdtalp, gacsos láb

**splayfooted** /ˌspleɪˈfutɪd/ lúdtalpas, gacsos lábú

**spleen** /spliːn/ ❶ lép [szerv] ❷ harag, nyűgösség, durcásság *vent ⸗one's⸗ spleen on smb* vkin kitölti a haragját ❸ rosszkedv, méla undor

**splendid** /ˈsplendɪd/ pompás, nagyszerű

**splendid isolation** elszigetelődés(i politika)

**splendour** /ˈsplendə/ fény, pompa, ragyogás

**splenectomy** /spləˈnektəmɪ/ lépeltávolítás [műtét]

**splice** /splaɪs/ FNÉV
összekötés, összeillesztés, csatlakoztatás

**splice** IGE
❶ összeköt, összefon, összeilleszt ❷ összeragaszt [pl. szalagot] ❸ *get spliced* házasságot köt, összeköti az életét vkivel

**splicer** /ˈsplaɪsə/ ragasztóprés [szalaghoz]

**splint** /splɪnt/ FNÉV
❶ sín [törött csönt rögzítéséhez] ❷ szálka, szilánk forgács

**splint** IGE
sínbe tesz [törött végtagot]

**splint bone** szárkapocscsont

**splinter** /ˈsplɪntə/ FNÉV
❶ szilánk, szálka [r.szerint fa/üveg] ❷ (kis) szakadár csoport

**splinter** IGE
❶ darabokra/szilánkokra tör(ik) ❷ leválik, leszakad [nagyobb szervezetből]

**splinter group** szakadár csoport

**split** /splɪt/ FNÉV
❶ (el)hasadás, (el)repedés ❷ rés, repedés ❸ szakadás [pl. pártban] ❹ harántspárga, spárga [ülés] ❺ kettévágott gyümölcs fagylalttal *banana split* banánhajó

**split** /splɪt/, **split** /splɪt/, **split** /splɪt/ IGE
❶ (el)hasad, (el)reped ❷ kettészakad, megbomlik ❸ (el)hasít, széthasít, szétrepeszt *split smth open* felhasít, felrepeszt ❹ feloszt, megoszt, szétoszt (akik között: *between*, ahány részre: *into*) *be split on smth* megosztott vmivel kapcsolatban *split the difference* elfelezik a különbséget [pl. alkuban] ❺ szétválik, megszakítja a kapcsolatot (akivel: *with*)
KIFEJEZÉSEKBEN: *split hairs* lényegtelen különbségekkel törődik *split ⸗one's⸗ sides* majd megpukkad a nevetéstől

S

iː tea ɪ it e bed æ cat ɜː bird ə ago eɪ way əʊ go aɪ my aʊ how eə air
ɑː car ɒ got ɔː war ʊ put uː too ʌ but ɪə here ʊə pure ɔɪ boy
θ thing ð this tʃ chip dʒ Joe ʃ ship ʒ measure s sit ŋ ring j you w win

**split up** ❶ szétválik, megszakítja a kapcsolatot (akivel: *with*) ❷ *split smth up* szétdarabol, részekre szakít
**splits** /splɪts/ harántspárga, spárga [ülés] *do the splits* lemegy spárgába, spárgázik
**split second** pillanat törtrésze *split second decision* villámgyors döntés
**splitup** szétválás, elválás
**splodge** /splɒdʒ/ VAGY **splotch** /splɒtʃ/ FNÉV
folt, paca, maszat
**splodge** VAGY **splotch** IGE
bemaszatol, bepacáz, összefoltoz
**splodgy** /splɒdʒɪ/ VAGY **splotchy** /splɒtʃɪ/ foltos, maszatos, pacás
**splosh** /splɒʃ/ FNÉV
lubickolás
**splosh** IGE
lubickol
**splutter** /ˈsplʌtə/ FNÉV
fröcskölés, köpködés [r.szerint tűzé]
**splutter** IGE
fröcsköl, köpköd, serceg
**spoil** /spɔɪl/ FNÉV
❶ zsákmány, préda ❷ zsákmányolás ❸ felszínre került dolog, lelet ❹ selejt, káló
**spoil** /spɔɪl/, **spoiled** VAGY **spoilt** /spɔɪlt/, **spoiled** VAGY **spoilt** /spɔɪlt/ IGE
❶ megromlik, tönkremegy ❷ elront, tönkretesz ❸ rosszul nevel, elkényeztet *spoilt child* elkényeztetett gyerek ❹ (el)kényeztet *spoil ⸗oneself⸗* (el)kényezteti magát
KIFEJEZÉSEKBEN: *be spoiling for (doing) smth* ég a vágytól [hogy vmit megtegyen]
**spoilage** /ˈspɔɪlɪdʒ/ hulladék, káló, selejt
**spoiler** /ˈspɔɪlə/ ❶ légterelő, szpojler ❷ vmi elrontója ❸ figyelemelterelő/zavaró dolog
**spoils** /spɔɪlz/ zsákmány, préda *divide the spoils* elosztja a zsákmányt
**spoilsport** FNÉV ünneprontó
**spoilt** /spɔɪlt/ ☞ spoil
**spoke** /spəʊk/ FNÉV
❶ küllő ❷ küllőszerű dolog ❸ kormánykerékfogantyú [pl. hajón] ❹ létrafok
**spoke** IGE
❶ ☞ speak ❷ (meg)akaszt [kereket] ❸ küllővel ellát, küllőz
**spoken** /ˈspəʊkən/ MNÉV
❶ beszélt [pl. nyelv] ❷ kimondott
**spoken** IGE
☞ speak
**spoken for** ❶ félretett *that bike is already spoken for* az a bicikli valakinek félre van téve ❷ vkinél már elkötelezett, foglalt *I'm afraid Jill is already spoken for* Jill már foglalt
**spokesman** /ˈspəʊksmən/ TBSZ **spokesmen** /ˈspəʊksmən/ szóvivő [férfi]
**spokesperson** /ˈspəʊkspɜːsən/ szóvivő
**spokeswoman** /ˈspəʊkswʊmən/ TBSZ **spokeswomen** /ˈspəʊkswɪmɪn/ szóvivő [nő]

**spondaic** /spɒnˈdeɪɪk/ spondeusi
**spondee** /ˈspɒndiː/ spondeus
**sponge** /spʌndʒ/ FNÉV
❶ (tengeri) szivacs ❷ szivacs, spongya ❸ nagyivó ❹ piskótatészta ❺ potyaleső
**sponge** IGE
❶ szivaccsal / nedvszívó anyaggal (le)töröl/felitat ❷ potyázik, tarhál
**sponge bag** neszeszer, piperetáska
**sponge cake** piskóta(tészta)
**sponger** /ˈspʌndʒə/ potyázó, potyaleső
**sponge rubber** habgumi, laticel
**spongiform** szivacsos, szivacsszerű *bovine spongiform encephalopathy* szivacsos agyvelőgyulladás, kergemarhakór
**spongy** /ˈspʌndʒɪ/ ❶ szivacsos, likacsos, levegős ❷ átázott, puha, szivacsszerű
**sponsor** /ˈspɒnsə/ FNÉV
❶ szponzor, patrónus ❷ jótálló, kezes, ajánló ❸ keresztszülő
**sponsor** IGE
❶ szponzorál ❷ patronál, támogat ❸ kezeskedik/jótáll vkiért
**sponsorship** /ˈspɒnsəʃɪp/ ❶ szponzorálás ❷ támogatási összeg, szponzoráció
**spontaneity** /ˌspɒntəˈniːɪətɪ/ VAGY **spontaneousness** /spɒnˈteɪnɪəsnəs/ spontaneitás, spontán jelleg
**spontaneous** /spɒnˈteɪnɪəs/ spontán
**spoof** /spuːf/ FNÉV
paródia, szatíra (amié: *of/on*)
**spoof** IGE
parodizál
**spooky** /ˈspuːkɪ/ ijesztő, rémisztő, kísérteties
**spool** /spuːl/ FNÉV
❶ orsó, cséve, tekercs [pl. szalag/film] ❷ kerék, orsó [pl. fonál]
**spool** IGE
tekercsel, csévéz, gombolyít
**spoon** /spuːn/ FNÉV
❶ kanál *soup spoon* leveseskanál ❷ egy kanálnyi mennyiség ❸ homorú evezőlapát
KIFEJEZÉSEKBEN: *be born with a silver spoon in the mouth* ezüstkanállal a szájában [= jólétben] született *greasy spoon* olcsó, kétes tisztaságú étkezde
**spoon** IGE
❶ kanalaz, mer ❷ nyalja–falja egymást, csókolózik ❸ kivájkikanalaz
**spoonbill** kanalas gém
**spoonfeed** /ˈspuːnfiːd/, **spoonfed** /ˈspuːn fed/, **spoonfed** /ˈspuːnfed/ ❶ kanállal etet ❷ megrág vkinek vmit, könnyen érthetően/készen ad vkinek [pl. információt] (akinek: *to*, amivel: *with*) ❸ elkényeztet, mindent készen ad vkinek
**spoonful** /ˈspuːnfʊl/ TBSZ **spoonfuls** VAGY **spoonsful** kanálnyi
**sporadic** /spəˈrædɪk/ szórványos
**sporadically** /spəˈrædɪklɪ/ szórványosan, elszórtan

tez, (be)porlaszt, beszór [pl. növényvédőszerrel, festékkel] (amivel: *with*)

**spray can** aeroszolos palack

**sprayer** /ˈspreɪə/ porlasztó, fecskendő, permetező [ember/szerkezet] *paint sprayer* festékszóró

**spray gun** szórópisztoly [pl. festékszóráshoz]

**spread** /spred/ FNÉV

❶ (ki)terjesztés, elterjesztés ❷ elterjedés, terjeszkedés [pl. betegségé] ❸ kiterjedés, terjedelem [pl. növényé, áraké] ❹ fesztávolság [szárnyaké] ❺ hosszú újságcikk [r.szerint több oldalas] ❻ ömlesztett/kenhető étel *cheese spread* ömlesztett sajt ❼ takaró, terítő

**spread** /spred/, **spread** /spred/, **spread** /spred/ IGE

❶ (ki)terjed, elterül ❷ (el)terjed [pl. betegség, hír] ❸ szétszóródik, szétszéled ❹ kiterjeszt, szétterjeszt ❺ (el)terjeszt [pl. betegséget, hírt] ❻ szétszór, szétterít, kihajt [pl. újságot] ❼ (meg)ken [pl. kenyeret] (amivel: *with*) ❽ eloszt, szétterít *the company spread the cost over five years* a cég öt évre osztotta el a költségeket ❾ megterít, leterít

**spread eagle** szétterjesztett szárnyú sas [az USA jelképe]

**spread-eagle** széttár, szétterít [testet, testrészt] *lie spread-eagled on the floor* elterülve fekszik a földön

**spreader** /ˈspredə/ ❶ szórógép ❷ kenőkés, spatula ❸ távtartó [pl. vezetékek között]

**spreadsheet** ❶ táblázatkezelő (program) ❷ táblázatkezelő programmal készült táblázat, spreadsheet

**spree** /spriː/ muri, dáridó *go out on a spree* kirúg a hámból *shopping/spending spree* pénzszórás, költekezés

**sprig** /sprɪg/ ❶ ág(acska), hajtás ❷ fejetlen (drót)szög ❸ sarj

**sprightly** /ˈspraɪtlɪ/ vidám, élénk

**spring** /sprɪŋ/ FNÉV

❶ tavasz *in (the) spring* tavasszal ❷ természetes forrás *hot spring* melegvízforrás ❸ rugó *leaf spring* laprugó ❹ rugalmasság, rugózás ❺ mozgatórugó, indíték ❻ ugrás

**spring** /sprɪŋ/, **sprang** /spræŋ/ VAGY **sprung** /sprʌŋ/, **sprung** /sprʌŋ/ IGE

❶ ugrik, szökell *spring to ⸗one's⸗ feet* talpra ugrik ❷ ugrik, pattan *the door sprung open* kivágódott az ajtó ❸ megélénkül, életre kel *the engine sprang into life* a motor életre kelt / beindult ❹ (váratlanul/hirtelen) előidéz, kitalál *spring a surprise on smb* váratlanul meglep vkit ❺ előkészít [szökést] ❻ felver, felriaszt [pl. vadat, madarat] ❼ rugóz, rugóval ellát

**spring back** hátrahőköl, visszapattan

**spring from** *spring from smth* fakad/származik vhonnan, ered vmiből

**spring up** ❶ felugrik, felpattan ❷ keletkezik, támad ❸ kibújik [növény]

**spring balance** rugós mérleg

**springboard** ugródeszka

**spring chicken** ❶ rántani való / fiatal csirke ❷ fiatal ember *she's no spring chicken* nem mai csirke

**spring clean** FNÉV/IGE tavaszi nagytakarítás(t végez)

**spring cleaning** tavaszi nagytakarítás

**springhead** forrás, kútfő

**springlet** kis forrás/vízfolyás

**springlike** /ˈsprɪŋlaɪk/ tavaszias

**spring mattress** rugózott matrac/ágybetét

**spring onion** mogyoróhagyma, újhagyma

**spring roll** tavaszi tekercs

**springtide** VAGY **springtime** kikelet, tavasz

**springy** /ˈsprɪŋɪ/ ruganyos, rugalmas

**sprinkle** /ˈsprɪŋkəl/ FNÉV

❶ szemerkélés, pár csepp eső ❷ kis mennyiség, csipet

**sprinkle** IGE

❶ (meg)hint, (be)szór (amivel: *with*) ❷ permetez (amivel: *with*) ❸ ellát, megszór [pl. beszédet hasonlatokkal] ❹ *it's sprinkling* szemerkél

**sprinkler** /ˈsprɪŋklə/ ❶ locsoló *garden sprinkler* kerti locsoló ❷ automata tűzoltókészülék [épületben]

**sprinkling** /ˈsprɪŋklɪŋ/ ❶ hintés, szórás, permetezés ❷ kis mennyiség *a sprinkling of snow* alig egy kis hó

**sprint** /sprɪnt/ FNÉV

❶ gyors futás, vágta *put on / make a sprint* rohan [pl. hogy elérje a buszt] ❷ rövidtávfutás

**sprint** IGE

vágtázik, sprintel

**sprinter** /ˈsprɪntə/ rövidtávfutó

**sprite** /spraɪt/ tündér, manó, kobold

**spritzer** /ˈsprɪtsə/ fröccs

**sprout** /spraut/ FNÉV

❶ (fiatal) hajtás, sarj ❷ kelbimbó

**sprout** IGE

❶ sarjadzik, nő, (ki)hajt ❷ növeszt [pl. szakállat] ❸ előszökken, előugrik [tömegesen]

**spruce** /spruːs/ FNÉV

lucfenyő

**spruce** MNÉV

csinos, elegáns

**spruce** IGE

**spruce up** *spruce smb/smth up* kicsinosít, kiglancol

**spruce-up** kicsinosítás, kiglancolás

**sprung** /sprʌŋ/ MNÉV

❶ rugós, rugózott ❷ repedt

**sprung** IGE

☞ spring

**spry** /spraɪ/ virgonc, fürge

**spud** /spʌd/ FNÉV

❶ gyomirtó kapa ❷ krumpli ❸ képernyő előtt heverő / ki nem mozduló ember

**spore** /spɔː/ spóra, csíra

**sport** /spɔːt/ *FNÉV*
❶ sport(ág) *what's your favourite sport?* mi a kedvenc sportágad? ❷ nagylelkű/nagyvonalú ember, haver *be a sport* ne spórolj (ezen) ❸ komám, öreg(em) ❹ mutáns állat/növény ❺ játék, tréfa *in sport* tréfából *make sport of smb* tréfát űz vkiből *have good sport* jó eredménnyel járt [a vadászat/halászat] ❻ mulatság, szórakozás

**sport** *IGE*
❶ (feltűnően) visel/hord [pl. ruhát], felvág vmivel *arrive sporting a new hat* új kalapját (feltűnően) mutogatva érkezik meg ❷ mulat, szórakozik ❸ játszik, sportol ❹ tréfál, gúnyolódik

**sporting** /ˈspɔːtɪŋ/ ❶ tisztességes, sportszerű *give smb a sporting chance of (doing) smth* megadja vkinek a lehetőséget vmire ❷ sporttal kapcsolatos, sport- [pl. áru] ❸ vadászatot/halászatot kedvelő

**sporting dog** vadászkutya

**sportive** /ˈspɔːtɪv/ ❶ játékos, mókás ❷ sporttal kapcsolatos, sport- ⓘ *NEM* ~~sportos~~ [pl. ruha]

**sports** /spɔːts/ *FNÉV*
❶ sport(olás) ❷ sportesemény, sportverseny

**sports** *MNÉV*
❶ sporttal kapcsolatos, sport- ❷ sportos, sport- [pl. ruha]

**sports car** sportkocsi

**sports ground** sportpálya

**sportsman** /ˈspɔːtsmən/ *TBSZ* **sportsmen** /ˈspɔːtsmən/ ❶ sportember, sportoló ❷ sportszerű/nagylelkű ember

**sportsmanlike** /ˈspɔːtsmənlaɪk/ sportszerű, tisztességes

**sportsmanship** /ˈspɔːtsmənʃɪp/ sportszerűség, tisztesség

**sportswear** ⧫ *NEM MEGSZÁML.* sportöltözet, sportöltözék

**sportswoman** /ˈspɔːtswʊmən/ *TBSZ* **sportswomen** /ˈspɔːtswɪmɪn/ sportolónő

**sporty** /ˈspɔːtɪ/ ❶ sportot kedvelő ❷ sportos [r.szerint ruha]

**spot** /spɒt/ *FNÉV*
❶ folt ❷ kiütés, pattanás, folt [bőrön] *beauty spot* szépségtapasz ❸ (szégyen)folt, hiba ❹ hely(szín) *holiday spot* üdülőhely *on the spot* azonnal, a helyszínen ❺ körülmény, oldal, tulajdonság *touch a tender spot* érzékeny pontra tapint ❻ egy kis mennyiség *we have a spot of bother* van egy kis problémánk/gondunk ❼ nehéz helyzet, probléma *be in a spot* bajban/pácban van

**spot** *MNÉV*
❶ azonnali fizetést igénylő ❷ azonnali [pl. ügylet]

**spot** *HAT.SZÓ*
pontosan *arrive spot on time* hajszálpontosan érkezik

**spot** *IGE*
❶ bepiszkít, foltot ejt vmin ❷ foltot tesz vmire *this shirt is spotted with blue* ezen az ingen kék foltok/pöttyök vannak ❸ észrevesz, meglát *spot the difference* észreveszi/kiszúrja a különbséget ❹ csöpög, szemerkél [eső] *it's spotting (with rain)* szitál az eső

**spotcheck** *FNÉV*
véletlenszerű/szúrópróbaszerű mintavétel/ellenőrzés/, villámellenőrzés

**spotcheck** *IGE*
szúrópróbaszerűen/véletlenszerűen/találomra ellenőriz / mintát vesz

**spot lamp** szpotlámpa

**spotless** /ˈspɒtləs/ szeplőtlen, makulátlan

**spotlight** ❶ reflektorfény ❷ fényszóró ❸ pontfény

**spot-on** *MNÉV/HAT.SZÓ* teljesen igaz (módon), abszolút precíz(en)

**spotted** /ˈspɒtɪd/ ❶ foltos, pecsétes ❷ tarka, pettyes

**spotter** /ˈspɒtə/ ❶ felderítő ❷ besúgó ❸ figyelő *bird spotter* madárfigyelő *train spotter* vonatfigyelő ❹ folttisztító [ember]

**spotty** /ˈspɒtɪ/ ❶ szeplős ❷ foltos, pettyes ❸ mocskos, piszkos ❹ egyenetlen [pl. teljesítmény]

**spot welding** ponthegesztés

**spousal** /ˈspaʊzəl/ *FNÉV*
házasságkötés(i ceremónia)

**spousal** *MNÉV*
házastársi

**spouse** /spaʊs/ házastárs, hitves

**spout** /spaʊt/ *FNÉV*
❶ kifolyó(cső), edény szája/csőre, kiömlőnyílás ❷ vízköpő ❸ (víz)sugár, lövellés ❹ bálna kilövellte víz

**spout** *IGE*
❶ kilövell, sugárban ömlik ❷ (ki)lövell, kiköp ❸ szavakkal eláraszt *splut platitudes* közhelyeket/frázisokat puffogtat

**sprain** /spreɪn/ *FNÉV*
ficam, rándulás

**sprain** *IGE*
kificamít, megrándít

**sprang** ☞ spring

**sprat** /spræt/ ❶ sprotni ❷ kis/fiatal herring

**sprawl** /sprɔːl/ *FNÉV*
❶ terpeszkedés ❷ szétterjedés, elterpeszkedés [pl. városé]

**sprawl** *IGE*
❶ (el)terpeszkedik ❷ szétterjed, elterpeszkedik [pl. város] ❸ burjánzik [pl. növény]

**spray** /spreɪ/ *FNÉV*
❶ permet ❷ aeroszol(os palack), spray *insect spray* rovarirtó spray *hair spray* aeroszolos hajlakk

**spray** *IGE*
❶ szóródik, fröcskölődik [pl. víz] ❷ perme-

S

**spud** *IGE*
❶ gyomlál ❷ kérget lehánt
**spume** /spju:m/ hab, tajték [tengeren]
**spumy** /ˈspju:mɪ/ VAGY **spumous** /ˈspju:məs/ habos, habzó, tajtékos
**spun** ☞spin
**spunk** /spʌŋk/ ❶ bátorság, mersz *have plenty of spunk* van vér a pucájában ❷ geci
**spunky** /ˈspʌŋkɪ/ tökös, belevaló, vonzó
**spur** /spɜ:/ *FNÉV*
❶ sarkantyú ❷ ösztökélés, ösztönzés ❸ kiszögellés, hegynyúlvány ❹ leágazás [pl. úté] KIFEJEZÉSEKBEN: *on the spur of the moment* a pillanat hevében
**spur** *IGE*
❶ (meg)sarkantyúz ❷ sarkall, ösztökél
**spurious** /ˈspjuərɪəs/ ❶ hamis, ál ❷ utánzott, hamis [pl. dalszöveg]
**spur-of-the-moment** a pillanat hevében történő
**spurt** /spɜ:t/ *FNÉV*
❶ kilövellés, sugár [folyadéké] ❷ hirtelen erőfeszítés, hajrázás
**spurt** *IGE*
❶ kilövell, spriccel ❷ kilő, kilövell, fecskendez [vmit] ❸ nagy hajrát vág ki, hajrázik
**sputter** /ˈspʌtə/ *FNÉV*
❶ hadaró beszéd, hadarás ❷ köhögés [motoré]
**sputter** *IGE*
❶ fröcsög, köpköd ❷ köpködve beszél ❸ hadar ❹ serceg ❺ köhög [motor]
**spy** /spaɪ/ *FNÉV*
kém
**spy** *IGE*
❶ kémkedik (aki/ami után: *on*) ❷ vizsgálódik, kutakodik *spy into smb else's business* beleüti az orrát másnak az ügyeibe ❸ megpillant, észrevesz
**spy out** *spy smth out* kikémlel *spy out the land* felméri a terepet
**spyglass** messzelátó, távcső
**spyhole** kémlelőnyílás
**sq.** = squadron; square
**squad** /skwɒd/ ❶ szakasz, osztag [katonáké] ❷ osztag, csapat [vmire kiképzetteké] *bomb squad* tűzszerész-különítmény *firing squad* kivégzőosztag ❸ (tágabb) keret [csapaté]
**squad car** rendőrautó, „URH"
**squadron** /ˈskwɒdrən/ ❶ hajóraj ❷ repülőszázad
**squall** /skwɒˈlɪdətɪ/ *FNÉV*
❶ szélroham [r.szerint hóval/esővel] ❷ ordítozás, veszekedés
**squall** *IGE*
sikolt, ordít
**squalor** /ˈskwɒlə/ nyomor, piszok, szenny
**squander** /ˈskwɒndə/ elpazarol, elherdál (amire: *on*)
**squanderer** /ˈskwɒndərə/ pazarló, tékozló
**square** /skweə/ *FNÉV*
❶ négyszög, négyzet ❷ tér [közterület] ❸ négyzet [számé] ❹ mező, négyzet [táblajátékban] ❺ derékszögmérő, szögvonalzó
**square** *MNÉV*
❶ négyszögletes, négyzetes ❷ derékszögű ❸ négyzet- [területmértékben] ❹ egyenes, szintben lévő (amivel: *with*) ❺ tisztességes, becsületes *square meal* kiadós étkezés ❻ kiegyenlített [pl. eredmény, elszámolás] *we're all square* kvittek vagyunk *get square with smb* elszámol vkivel, leszámol vkivel
**square** *HAT.SZÓ*
❶ derékszögben ❷ tisztességesen, alaposan *hit smb fair and square* jól/alaposan megüt
**square** *IGE*
❶ derékszöget alkot, merőlegesen áll vmire (amire/amivel: *with*) ❷ kiegyenesít, négyszögletesre/derékszögűre alakít *square the circle* a kört négyszögesíti ❸ négyzetekre oszt ❹ négyzetre emel [számot] ❺ (meg)egyezik, egybevág, összegyeztethető (amivel: *with*) *it doesn't square with the facts* nem fedi a tényeket
**square away** *square smth away* ❶ befejez, letud ❷ rendberak, elrendez
**square up** ❶ *square up (with smb)* elszámol (vkivel) ❷ támadóállásba helyezkedik
**square up to** *square up to smb/smth* bátran szembeszegül vkivel/vmivel
**square brackets** szögletes zárójel
**squarely** /ˈskweəlɪ/ ❶ derékszögben ❷ szembe(n), közvetlenül ❸ nyíltan, egyenesen
**square one** kezdőpont, kiindulási pont *be back to square one* megint ott van, ahol elkezdte
**square root** négyzetgyök
**square rule** derékszögű vonalzó
**squash** /skwɒʃ/ *FNÉV*
❶ tök ❷ fallabda, squash [játék] ❸ tolongás, tumultus ❹ pép, kása ❺ préselt gyümölcslé *lemon/orange squash* citromlé/narancslé
**squash** *IGE*
❶ összeprésel, összenyom, szétlapít ❷ kiprésel, kifacsar [pl. gyümölcsből levet] ❸ összeprésel(ődik), tolong ❹ péppé zúz
**squat** ❶ guggol, kucorog ❷ [üres épületbe] engedély nélkül beköltözik/lakik
**squatter** /ˈskwɒtə/ illegális beköltöző/lakásfoglaló
**squatting** /ˈskwɒtɪŋ/ illegális házfoglalás/lakásfoglalás
**squawk** /skwɔ:k/ *FNÉV/IGE* vijjog(ás), rikolt(ás), jajveszékel(és)
**squeak** /skwi:k/ *FNÉV*
❶ nyikorgás ❷ cincogás ❸ megmenekülés, megúszás
**squeak** *IGE*
❶ nyikorog, csikordul ❷ cincog ❸ megmenekül, átcsusszan ❹ besúg (akit: *on*)
**squeaky** /ˈskwi:kɪ/ nyikorgó, csikorgó

S

**squeal** /skwiːl/ *FNÉV*
❶ rikoltás, sikítás ❷ rendőrségi bejelentés
**squeal** *IGE*
❶ sikít, visít, rikolt(ozik) *squeal with delight* visít örömében ❷ nyafog, rinyál ❸ (be)köp, befúj (akit: *on*)
**squeamish** /ˈskwiːmɪʃ/ ❶ ijedős ❷ finnyás, fanyalgó ❸ émelygő
**squeegee** /ˈskwiːdʒiː/ *FNÉV/IGE* gumiélű ablaktörlő(vel lehúz)
**squeeze** /skwiːz/ *FNÉV*
❶ (össze)nyomás, szorítás *put a squeeze on smb/smth* nyomást gyakorol vkire/vmire *give smb/smth a squeeze* kezet szorít vkivel, megszorít [kezet] ❷ kipréselt (gyümölcs)lé *a squeeze of lemon* pár csepp citrom(lé) ❸ tolongás, zsúfoltság ❹ nehéz/szorult helyzet, szorongatottság
**squeeze** *IGE*
❶ (ki)sajtol, (ki)présel, (ki)nyom (amiből: *from, out of*) ❷ (meg)szorít, összenyom *squeeze smb's arm* karon ragad ❸ szorongat vkit, nyomást gyakorol vkire *squeeze smth out of smb* kipréssel/kicsikar vkiből vmit
**squeeze in** ❶ bepréselődik, befér ❷ *squeeze smb/smth in* be(le)présel
**squeeze through** *squeeze through smth* keresztültör(tet), átfurakodik
**squeezer** /ˈskwiːzə/ gyümölcsprés, gyümölcsfacsaró
**squelch** /skweltʃ/ *FNÉV*
cuppogás
**squelch** *IGE*
❶ cuppog ❷ elhallgattat, ledorongol
**squelchy** /ˈskweltʃɪ/ cuppogó, tocsogó, nedves
**squid** /skwɪd/ *TBSZ* **squid** /skwɪd/ *VAGY* **squids** szépia, tintahal
**squidgy** /ˈskwɪdʒɪ/ cuppogó, tocsogó, nedves
**squilgee** /ˈskwɪldʒiː/ *FNÉV/IGE* gumiélű ablaktörlő(vel lehúz)
**squillion** /ˈskwɪljən/ kismillió, milliárd
**squint** /skwɪnt/ *FNÉV*
❶ kancsalság, bandzsítás ❷ szemet összehúzva nézés, hunyorítás ❸ (futó) pillantás *take a squint at smth* rápillant vmire
**squint** *MNÉV*
❶ kancsal, bandzsa ❷ hunyorító ❸ ferde, elhajló ❹ sanda
**squint** *IGE*
❶ bandzsít, kancsalít ❷ hunyorít ❸ ferdén néz
**squint-eyed** ❶ kancsal ❷ ferdén néző
**squire** /skwaɪə/ ❶ földesúr ❷ fegyverhordozó ❸ uraságod [tréfás megszólításban]
**squirrel** /ˈskwɪrəl/ *FNÉV*
❶ mókus ❷ kuporgató, gyűjtögető
**squirrel** *IGE*
kuporgat, gyűjtöget
**squirt** /skwɜːt/ *FNÉV*
❶ fecskendő ❷ kilövellő folyadék ❸ löket [folyadéké] *give smth a squirt* lök neki egy kicsit [pl. olajat] ❹ arcátlan/pimasz alak
**squirt** *IGE*
❶ (ki)fröccsen ❷ fecskendez, spriccel
**squirt gun** vízipisztoly
**Sr.** = Senior; Señor; Sir; Sister
**Sra.** = Senora
**st.** = stone; strait; street
**St.** = Saint; statute; Strait; Street
**stab** /stæb/ *FNÉV*
❶ szúrás, döfés ❷ szúrt seb ❸ szúró/éles fájdalom ❹ kísérlet, próba *make a stab at smth* próbálkozik vmivel ⓘ *NEM* ~~stáb~~
**stab** *IGE*
❶ (át)szúr, (le)döf *stab smb in the back* hátbaszúr *be stabbed to death* leszúrják ❷ bök, szúr (aki/ami felé: *at*)
**stability** /stəˈbɪlətɪ/ ❶ szilárdság, állandóság, stabilitás ❷ állékonyság, stabilitás
**stabilization** /ˌsteɪbəlaɪˈzeɪʃən/ ❶ állandósulás, megszilárdulás, stabilizálódás ❷ állandósítás, stabilizáció ❸ rögzítés
**stabilize** /ˈsteɪbəlaɪz/ ❶ állandósul, stabilizálódik ❷ állandósít, stabilizál ❸ rögzít
**stabilizer** /ˈsteɪbəlaɪzə/ ❶ stabilizátor, kiegyenlítő/megszilárdító dolog ❷ segédkerék, támasztókerék [biciklin] ❸ élelmiszer-stabilizátor ❹ vezérsík [repülőgépen]
**stable** /ˈsteɪbəl/ *FNÉV*
❶ istálló ❷ lóállomány, istálló
**stable** *MNÉV*
❶ állandó, tartós, stabil ❷ nyugodt, stabil ❸ állékony, nehezen bomló [pl. anyag]
**stable boy** *VAGY* **stable lad** lovászfiú, lovászinas
**stable door** kettéosztott kapu, istállóajtó
**stableman** /ˈsteɪbəlmən/ *TBSZ* **stablemen** /ˈsteɪbəl mən/ lovász(fiú)
**stably** /ˈsteɪblɪ/ szilárdan, stabilan
**stack** /stæk/ *FNÉV*
❶ boglya, kazal ❷ rakás, halom ❸ öl [szén/fa, 108 köbláb] ❹ nagy mennyiség ❺ gúla [puskáké] ❻ kémény
**stack** *IGE*
❶ halomban/rakásban van, feltornyosul ❷ halomba/gúlába rak, feltornyoz
**stadium** /ˈsteɪdɪəm/ *TBSZ* **stadiums** *VAGY* **stadia** /ˈsteɪdɪə/ ❶ stadion ❷ (betegség) stádium(a)/szakasz(a)
**staff** /stɑːf/ *FNÉV*
❶ személyzet *teaching staff* oktatószemélyzet, tanári kar *be on the staff* állománybeli/tag *have smb on the staff* állománybeliként/tagként tisztel vkit ❷ személyzet/kar tagja *our school has 35 staff* iskolánkban 35 tanár van ❸ törzs(kar), vezérkar *general staff* vezérkar ❹ *TBSZ* **staffs** *VAGY* **staves** /steɪvz/ bot, pálca, (zászló)rúd
**staff** *IGE*
❶ személyzetet állít/küld vhová ❷ munkaerőt

rí, rikít ❸ nyilvánvaló, elkerülhetetlen ❹ égnek áll, fölborzolódik [állat szőre/tolla]

**stare down** VAGY **stare out** *stare smb down/out* farkasszemet néz vkivel / addig néz vkit, amíg az el nem fordítja tekintetét

**starfish** /ˈstɑːfɪʃ/ *TBSZ* **starfish** VAGY **starfishes** tengeri csillag

**stargazer** /ˈstɑːgeɪzə/ ❶ csillagász ❷ asztrológus ❸ ábrándozó

**stargazing** /ˈstɑːgeɪzɪŋ/ ❶ csillagvizsgálás ❷ asztrológia ❸ ábrándozás, szórakozottság

**stark** /stɑːk/ *MNÉV*

❶ teljes, abszolút [pl. igazság] *be in stark contrast to smth* szöges ellentétben áll vmivel ❷ üres, puszta [pl. táj] ❸ puszta, tiszta [pl. tények, számok] ❹ teljes meztelen

**stark** *HAT.SZÓ*

teljesen, egészen, tisztára *stark naked* anyaszült meztelen(ül)

**starlet** /ˈstɑːlət/ ❶ fiatal mozisztár, sztárocska ❷ kis csillag

**starlight** *FNÉV/MNÉV* csillagfény(es)

**starlit** /ˈstɑːlɪt/ csillagos, csillagfényes

**Star of David** /ˌstɑːr əv ˈdeɪvɪd/ dávidcsillag, hatágú csillag

**starry** /ˈstɑːrɪ/ csillagos

**starry-eyed** /ˈstɑːrɪaɪd/ ábrándos, ábrándozó

**stars** /stɑːz/ *TBSZ* horoszkóp, csillagzat

**Stars and Stripes** *the Stars and Stripes* csillagos–sávos [USA] zászló

**star sign** csillagzat *what's your star sign?* milyen jegyben születtél?

**Star-Spangled Banner** ❶ az amerikai himnusz ❷ az amerikai nemzeti zászló

**star-studded** csillagokkal/hírességekkel teli [pl. szereposztás]

**START** = Strategic Arms Reduction Talks

**start** /stɑːt/ *FNÉV*

❶ (el)indulás, rajt, start, kezdet *from start to finish* elejétől végéig *get off to a good/bad start* jól/rosszul indul/rajtol ❷ vmi eleje / kezdeti szakasza ❸ rajt(vonal), start(vonal), indulási hely ❹ rajtjel [pl. síp, pisztolylövés] ❺ megriadás, hirtelen mozdulat, összerezzenés *wake up with a start* álmából felriad

**start** *IGE*

❶ (el)indul, elkezd(ődik) *start to do smth* belekezd vmibe, elkezd vmit *start doing smth* belekezd vmibe, elkezd vmit *it's started raining / to rain* eleredt az eső *to start with* először is ❷ beindul/beindít, elindul/elindít [pl. motort] ❸ alapít [pl. céget] *start a family* családot alapít ❹ kezd [munkát] *when can you start?* mikor tudsz kezdeni / munkába állni? ❺ vhol/vhonnan indul/kezd(ődik) ❻ kinyit, megvág, megkezd [pl. üveget, ételt] ❼ rajthoz áll, indul ❽ megriad, megijed *start at the noise* összerezzen a zajtól ❾ megijeszt, felver [pl. vadat] ❿ elugrik, megugrik [ló]

**start off** ❶ elindul, nekiindul ❷ *start smb/smth off* útjára indít vkit/vmit

**start on** ❶ *start on smth* megkezd vmit, hozzáfog vmihez, belefog vmibe ❷ *start on smb* veszekedni kezd vkivel

**start out** ❶ elindul, útjára indul *he started out as an assistant* segédként/asszisztensként kezdte ❷ *start out doing smth* vhogyan kezd vmit

**start up** ❶ felpattan ❷ keletkezik, támad ❸ megindul, beindul [pl. motor] ❹ begyújt, beindít [pl. motort]

**starter** /ˈstɑːtə/ ❶ indító(bíró) ❷ induló [versenyen] ❸ előétel ❹ első fogás ❺ önindító

**starter home** fiatalok első lakása

**starter machine** rajtgép

**starters** /ˈstɑːtəz/ *for starters* először is

**starter's pistol** startpisztoly

**starting block** ❶ rajtkő ❷ rajtgép

**starting grid** indulóállás, rajtkocka [autóversenyen]

**starting line** startvonal, rajtvonal

**starting pistol** startpisztoly

**starting point** kiindulópont, alapállás

**startle** /ˈstɑːtəl/ megijeszt, felriaszt *be startled by smth* megijed vmitől

**startling** /ˈstɑːtlɪŋ/ meglepő, megdöbbentő

**starvation** /stɑːˈveɪʃən/ éhezés, éhínség *die of starvation* éhen hal

**starve** /stɑːv/ ❶ éhezik, koplal ❷ éhenhal *be starving* nagyon éhes, farkaséhes ❸ vágyódik vmire (amire: *for*) ❹ (agyon)éheztet, koplaltat ❺ nagy hiányt éreztet/szenvedtet el vkivel *be starved for smth* nagyon kevés van neki vmiből, nagy hiányt szenved vmiből

**Star Wars** Csillagháború(s program), Stratégiai Védelmi Kezdeményezés

**stash** /stæʃ/ *FNÉV*

titkos raktár

**stash** *IGE*

elrejt, biztos helyre tesz, „elspájzol"

**state** /steɪt/ *FNÉV*

❶ állapot, helyzet *be in a sorry state* siralmas állapotban van ❷ halmazállapot *liquid/gaseous/solid state* folyékony/gáznemű/szilárd halmazállapot ❸ állam *matters of state* államügyek *police state* rendőrállam *welfare state* jóléti állam ❹ ország, állam *member state* tagország, tagállam ❺ (szövetségi) állam [pl. az Egyesült Államokban] ❻ dísz, pompa *in state* nagy pompával *lie in state* fel van ravatalozva ❼ ideges/aggódó állapot *be in a state* ideges *get in/into a state* ideges lesz ❽ *State* Külügy [az Egyesült Államok külügyminisztériuma]

**state** *IGE*

❶ kijelent, megállapít, állít *state that* {MONDAT} azt állítja, hogy {MONDAT} *as stated above* mint már említettük [pl. cikkben] ❷ nyilatkozik vmiről *state* {*one's*} *innocence* nyilatkozik

lett/ellen: *for/against)*, szembeszáll, ellenáll (akivel/akinek: *against*) ❻ bátran szembeszáll (akivel/amivel: *to*) ❼ *stand smb up* átver, cserbenhagy, nem megy el a találkozóra

**standalone** /ˈstændələun/ különálló, önálló [számítógép, program]

**standard** /ˈstændəd/ FNÉV
❶ mérték, színvonal, követelmény *be of high standard* magas színvonalú *set high standards for smb* magas követelményt állít vki elé *be below / up to standard* megfelel / nem felel meg a követelményeknek ❷ szabvány, sztenderd, standard ❸ mértékadó dolog *this make has become a standard* ez a gyártmány mértékadóvá vált ❹ (hivatalos) zászló, lobogó *royal standard* királyi lobogó ❺ zászlórúd, zászló [csatában] ❻ finomság [nemesfémé] ❼ egyenérték, alap *gold standard* arany alapú pénzügyi rendszer

**standard** MNÉV
❶ szériagyártású, sztenderd ❷ mértékadó, sztenderd ❸ átlagos, szabályos, sztenderd ❹ szabványos, szabvány- ❺ művelt köznyelvi, sztenderd ❻ álló

**standard bearer** zászlóvivő

**Standard Generalized Markup Language, SGML** szöveget számítógép számára előkészítő formanyelv

**standardization** /ˌstændədaɪˈzeɪʃən/ szabványosításás, sztenderdizálás, standardizálás

**standardize** /ˈstændədaɪz/ szabványosít, sztenderdizál, standardizál

**standard lamp** állólámpa

**standby** /ˈstændbaɪ/ FNÉV ❶ tartalék ❷ támasz, segítség ❸ készenlét *be on standby* készenlétben van/áll

**standby passenger** (hely felszabadulására váró) standby utas [r.szerint repülőjegyre]

**standby system** ❶ standby rendszer, várakozási rendszer [r.szerint repülőre] ❷ helyettesítési rendszer [r.szerint iskolában]

**standdown** ❶ átmeneti tűzszünet ❷ átmeneti munkabeszüntetés

**stand-in** ❶ dublőr, dublőz [filmszínészé] ❷ helyettes

**standing** /ˈstændɪŋ/ FNÉV
❶ állás, rang, pozíció *be of high standing* magas rangú ❷ megítélés *what's our standing in the eyes of the public?* milyen rólunk a közvélekedés? ❸ (idő)tartam *of several months' standing* több hónapja fennálló

**standing** MNÉV
❶ állandó ❷ álló

**standing order** ❶ rendszeres átutalási megbízás ❷ ügyrendi szabály, házszabály [Parlamentben] ❸ állandó/folyamatos utasítás

**standing ovation** (fel)állva éljenzés *give smb a standing ovation* (fel)állva éljenez/üdvözöl

**standing room** állóhely

**standoff** ❶ zsákutca, holtpont ❷ tartózkodás, távolmaradás ❸ döntetlen [mérkőzés] ❹ kiegyenlítő/kiegyensúlyozó tényező

**stand-offish** /ˌstænd ˈɒfɪʃ/ tartózkodó, kimért, zárkózott

**standpoint** álláspont, szempont

**standstill** megállás, mozdulatlanság *be at a standstill* álló helyzetben van, le van állva *come to a standstill* teljesen leáll/megáll, holtpontra jut

**standup** ❶ álló ❷ kabaré- ❸ merev, álló [gallér]

**standup comedian** humorista, kabaréjelenet előadója

**standup comedy** humoros jelenet, kabaré(jelenet)

**stank** ☞ stink

**stanza** /ˈstænzə/ strófa, versszak

**staple** /ˈsteɪpəl/ FNÉV
❶ tűzőkapocs, iratkapocs ❷ vaskapocs, zárószem

**staple** MNÉV
❶ legfontosabb, legfőbb ❷ állandó(an használt), megszokott

**staple** IGE
❶ összekapcsol, összefűz ❷ osztályoz [gyapjút, pamutot]

**stapler** /ˈsteɪplə/ tűzőgép, fűzőgép

**staple gun** nagyerejű tűzőgép [pl. kárpitosé]

**star** /stɑː/ FNÉV
❶ csillag *falling/shooting star* hullócsillag *see stars* csillagokat lát [ütéstől] ❷ csillag alakú dolog, csillag *three-star general* háromcsillagos tábornok *four-star hotel* négycsillagos szálloda ❸ híres előadó/színész, sztár *film star* filmsztár ❹ csillagzat, jegy ❺ hírnév, csillag

**star** IGE
❶ csillaggal megjelöl/díszít ❷ főszerepet/sztárszerepet játszik *starring Orson Welles* Orson Welles főszereplésével ❸ főszereplőként szerepeltet *the film starred Richard Burton* a filmnek Richard Burton volt a főszereplője ❹ kiemelkedik, remekel

**starch** /stɑːtʃ/ FNÉV
❶ keményítő ❷ keményítőt tartalmazó étel, keményítő ❸ feszesség, merevség [magatartás]

**starch** MNÉV
feszes, merev [ember]

**starch** IGE
keményít [keményítővel]

**starchy** /ˈstɑːtʃɪ/ ❶ (magas) keményítőtartalmú ❷ keményített

**stardom** /ˈstɑːdəm/ sztárok világa *shoot to startdom* hirtelen befut

**stardust** csillagpor

**stare** /steə/ FNÉV
❶ bámulás *give smb a stare* rábámul vkire ❷ nézés [módja]

**stare** IGE
❶ mereven néz, bámul (akire/amire: *at*) ❷ ki-

S

**stalking** /ˈstɔːkɪŋ/ ❶ cserkészés ❷ vki [r.szerint híresség] követése/zaklatása

**stall** /stɔːl/ FNÉV

❶ (árusító)asztal, stand ❷ árusítóbódé, stand ❸ állás, boksz [istállóban] ❹ motorleállás, motorkihagyás

**stall** IGE

❶ istállóban elhelyez, istállóba tesz ❷ elakad, megreked, akadozik ❸ akadályoz ❹ halogat *why don't you stop stalling?* hagyd abba az időhúzást ❺ leáll, kihagy [motor] ❻ leállít [motort]

**stallion** /ˈstælɪən/ csődör, fedezőmén

**stalls** /stɔːlz/ földszint, zsöllye [színházban]

**stamina** /ˈstæmɪnə/ kitartás, állóképesség

**stammer** /ˈstæmə/ FNÉV/IGE dadog(ás), hebeg(és)

**stamp** /stæmp/ FNÉV

❶ (posta)bélyeg *postage stamp* postabélyeg ❷ illetékbélyeg ❸ bélyegző, pecsét *rubber stamp* (gumi-) bélyegző ❹ lenyomat, pecsét [pecsété] ❺ felülbélyegzés [pl. pénzé, értékpapíré] ❻ dobogás, dobbantás [r.szerint lábbal] ❼ jellem, alak, jelleg *bear the stamp of smth* vmilyen jelleget visel

**stamp** IGE

❶ (le)bélyegez, lepecsétel ❷ bélyeggel ellát, bérmentesít ❸ tapos (amire: *on*) ❹ dobbant *stamp ⁝one's⁝ foot* odacsapja a lábát ❺ beüt, ráüt [jelet] ❻ döngöl ❼ (meg)bélyegez, vmilyen bélyeggel ellát

**stamp out** *stamp smth out* ❶ elpusztít, széttapos ❷ megszüntet, elfojt [pl. bűnözést]

**stamp duty** (bélyeg)illeték

**stamped addressed envelope, SAE** felbélyegzett, megcímzett válaszboríték

**stampede** /stæmˈpiːd/ FNÉV

eszeveszett rohanás/menekülés, pánik

**stampede** IGE

fejvesztve/pánikszerűen rohan/menekül

**stance** /stæns/ ❶ állás, hely(zet) ❷ vélemény, hozzáállás

**stand** /stænd/ FNÉV

❶ (árusító)asztal, stand ❷ árusítóbódé, stand ❸ kiállítóhely, stand ❹ állvány, tartó *umbrella stand* esernyőtartó ❺ lelátó, tribün ❻ állásfoglalás, álláspont *take a stand* állást foglal ❼ állomás *taxi stand* taxiállomás

KIFEJEZÉSEKBEN: *one-night stand* csak egyetlen előadás [egy bizonyos helyen] VAGY egy éjszakára szóló kaland/partner

**stand** /stænd/, **stood** /stud/, **stood** /stud/ IGE

❶ (meg)áll, vhol/vhogyan áll *stand to attention* vigyázzban áll [pl. katona] *stand trial* bíróság elé áll ❷ (meg)állít, vhova/vhogyan állít *she stood us by the door* az ajtó mellé állított minket ❸ változatlanulmozdulatlanul áll/hagy *stand idle* mozdulatlanul / használaton kívül áll/van ❹ van, áll, vmilyen állapotban/helyzetben van *as it stands / as things stand* a dolgok jelenlegi állása szerint *know how/where ⁝one⁝ stands (with smb)* tudja, hányadán áll (vkivel) *stand firm/fast* szilárdan kitart ❺ vmilyen kilátása van, vhogyan/vmire áll *stand to win/lose* nyerésre/vesztésre áll ❻ fennáll, érvényben van, érvényes *the invitation still stands* a meghívás még érvényes *the court order stands* a bírósági ítélet érvényben van/fennáll/megáll ❼ vmilyen nagyságú/magasságú *stand 80 metres* 80 méter magas(an van/áll) ❽ *can't stand smb/smth* ki nem áll(hat) vkit/vmit ❾ kiáll, megfelel *stand ⁝one's⁝ ground* megállja a helyét, állja a sarat *stand the test of time* kiállja az idő próbáját

KIFEJEZÉSEKBEN: *stand on ⁝one's⁝ own (two) feet* megáll a saját lábán, eltartja magát *it stands to reason that* {MONDAT} nyilvánvaló/világos, hogy {MONDAT}

**stand aside** félreáll [az útból]

**stand by** ❶ (csak) áll [és (tétlenül) szemlél vmit] *stand idly by* csak áll és tétlenül szemlél/bámul ❷ készen(létben) áll (amire: *for*) *stand by to do smth* készenlétben áll, hogy {MONDAT} ❸ *stand by smb/smth* kitart/kiáll vki/vmi mellett, megvéd

**stand down** ❶ lemond [pl. beosztásról] ❷ visszalép [jelölt] ❸ lelép, távozik [a tanúk padjáról] ❹ szolgálatból távozik/lelép [katona]

**stand for** *stand for smth* ❶ vmit jelent *LA stands for Los Angeles* LA a Los Angeles rövidítése ❷ indul [választáson, posztért] *stand for President* jelölteti magát elnöknek, indul az elnökségért

**stand in** ❶ vmibe kerül [pénzbe] ❷ együttműködik vkivel, csatlakozik vkihez (akivel/akihez: *with*) ❸ helyettesít [pl. szereplőt, tanárt] (akit: *for*)

**stand off** ❶ nyílt tengerre kifut [hajó] ❷ félreáll, távolságot tart ❸ kiáll, kimagaslik ❹ patthelyzetet ér el

**stand out** ❶ kiáll, kiugrik [pl. bútor] ❷ élesen kirajzolódik/kivehető ❸ kimagaslik [pl. eredményeivel] ❹ szilárdan ellenáll, nem enged (aminek: *against*)

**stand over** ❶ függőben marad, elhalasztódik ❷ *stand over smb* (folyton) figyel/ellenőriz vkit

**stand to** ❶ támadásra/készen áll [katonaság] *stand to!* fegyverbe! ❷ *stand smb to* fegyverbe szólít [katonát] ❸ *stand to smb/smth* kitart vki/vmi mellett *stand to ⁝one's⁝ word* megtartja a szavát

**stand up** ❶ feláll ❷ álló helyzetben van, egyenesen áll ❸ kibír *this machine will stand up well to a lot of use* ez a gép jól fogja bírni a sok használatot ❹ megáll, igaznak bizonyul *your charges won't stand up before the court* vádaid nem fognak megállni a bíróság előtt ❺ kiáll (aki/ami mel-

vesz föl / állít be *be staffed with smb* vkivel van(nak) betöltve az állás(ok)

**staffer** /ˈstɑːfə/ beosztott személy [r.szerint újságíró]

**stag** /stæg/ ❶ TBSZ **stag** VAGY **stags** szarvas(bika) ❷ tőzsdespekuláns

**stag beetle** szarvasbogár

**stage** /steɪdʒ/ FNÉV

❶ színpad *be on stage* színpadon/színen van *enter the stage* színre lép ❷ színház(művészet), színpad *go on the stage* színésznek áll *adapt smth for the stage* színpadra alkalmaz ❸ szakasz, fejlődési fokozat *at this stage* ezen a ponton *go through a* {MNÉV} *stage* {MNÉV} szakaszon megy át / {MNÉV} időszaka van ❺ (út-)szakasz *travel by (easy) stages* útját gyakran megszakítva utazik ❻ lépcső, fokozat [rakétáé] ❼ postakocsi

KIFEJEZÉSEKBEN: *set the stage for smth* előkészíti a talajt vmi számára

**stage** IGE

❶ színpadra alkalmaz, színre visz ❷ előad, megrendez ❸ véghezvisz, (meg)rendez [pl. sztrájkot]

**stagecoach** postakocsi

**stage fright** lámpaláz

**stagehand** /ˈsteɪdʒhænd/ díszletező(munkás), kellékes

**stage lights** rivaldafény, színpadi világítás

**stage name** színészi álnév, művésznév

**stagey** /ˈsteɪdʒɪ/ VAGY **stagey** színpadias, megrendezett, nem őszinte

**stagger** /ˈstægə/ FNÉV

dülöngélés, támolygás

**stagger** IGE

❶ tántorog, támolyog *stagger to* {one's} *feet* feltápászkodik ❷ habozik, tétovázik, ingadózik ❸ megtántorít, megingat ❹ meghökkent, megdöbbent *be staggered* meghökken, megdöbben

**staggering** /ˈstægərɪŋ/ megrendítő, megrázó [pl. összeg, ütés]

**staghound** /ˈstæghaʊnd/ kopó, vadászkutya

**stagnancy** /ˈstægnənsɪ/ ❶ megállás, befülledés, pangás [pl. tóé] ❷ stagnálás, pangás [pl. gazdasági]

**stagnant** /ˈstægnənt/ ❶ megálló, befülledt, pangó [pl. tó] ❷ stagnáló, mozdulatlan, pangó [pl. üzletmenet]

**stagnate** /ˈstægneɪt/ VAGY /stægˈneɪt/ stagnál, megreked

**stagnation** /stægˈneɪʃən/ stagnálás, pangás, megrekedés

**stag party** VAGY **stag night** ❶ kanmuri ❷ legénybúcsú

**staid** /steɪd/ megállapodott, higgadt, megfontolt

**stain** /steɪn/ FNÉV

❶ folt, pecsét *blood stain* vérfolt ❷ mocsok, piszok, folt ❸ szégyen(folt), gyalázat *without a stain on* {one's} *character* becsületén esett folt nélkül ❹ festék, festőanyag, pác

**stain** IGE

❶ foltot ejt/csinál ❷ foltos lesz, befoltosodik ❸ bemocskol, bepiszkít ❹ (be)piszkolódik, piszkos lesz ❺ színez pácol [fát] *stain smth dark brown* sötétbarnára pácol

**stained glass** katedrálüveg, színes üveg [r.szerint templomban]

**stainless** /ˈsteɪnləs/ ❶ folttalan, szeplőtlen ❷ nem foltosodó, nem rozsdáló *stainless steel* rozsdamentes acél

**stain remover** folttisztító(szer)

**stair** /steə/ lépcső(fok)

**staircase** lépcsőház, lépcső

**stairs** /steəz/ lépcső *go up/down the stairs* lépcsőn fölmegy/lemegy *flight of stairs* lépcsősor [két lépcsőforduló/emelet között]

**stairway** lépcsőház, lépcső

**stake** /steɪk/ FNÉV

❶ karó, pózna, cölöp ❷ karó [fa mellett] ❸ máglya, máglyahalál ❹ érdekeltség, üzletrész, részvénypakett *have a stake in smth* érdekelve van vmiben ❺ díj, tét [pl. fogadásban]

KIFEJEZÉSEKBEN: *be at stake* kockán forog

**stake** IGE

❶ karóz, karóhoz köt ❷ átszúr (karóval) ❸ tesz, fogad *(on* vmire) (meg)kockáztat, kockára tesz

**stake off** VAGY **stake out** *stake smth out/off* kijelöli vmi határait

**stake out** *stake smth out* titkosan megfigyel

**stakes** /steɪks/ ❶ díj [pl. versenyen] *high stakes* magas/nagy díj ❷ lóverseny

**stalactite** /ˈstæləktaɪt/ sztalaktit, függő cseppkő

**stalagmite** /ˈstæləgmaɪt/ sztalagmit, álló cseppkő

**stale** /steɪl/ FNÉV

húgy, vizelet [lóé/marháé]

**stale** MNÉV

❶ állott, áporodott [pl. levegő, kenyér] ❷ elcsépelt, ósdi [pl. történet] *stale joke* szakállas vicc ❸ enervált, érdeklődését elvesztett ❹ elévült, lejárt [pl. csekk, követelés]

**stale** IGE

❶ (meg)poshad, megáporodik ❷ megkopik a varázsa ❸ vizel [ló/marha]

**stalemate** /ˈsteɪlmeɪt/ FNÉV

❶ patt [sakkban] ❷ holtpont, patthelyzet [pl. tárgyalásokon]

**stalemate** IGE

patthelyzetet idéz elő

**stalk** /stɔːk/ FNÉV

❶ szár [virágé], nyél [levélé], kocsány, inda ❷ vékony függőleges dolog, nyúlvány

**stalk** IGE

❶ cserkészik [vadra] ❷ peckesen jár ❸ kísértetként követ/bejár ❹ követ, zaklat [r.szerint hírességet, utcán]

**stalker** /ˈstɔːkə/ ❶ cserkésző vadász ❷ vki [r.szerint híresség] követője/zaklatója

S

ártatlanságáról ❸ meghatároz *on the stated date* az adott napon
**state attorney** államügyész
**stated** /ˈsteɪtɪd/ ❶ megállapított, meghatározott [pl. összeg] ❷ kifejtett
**State Department** az USA külügyminisztériuma
**statehood** /ˈsteɪthʊd/ ❶ államiság ❷ tagállamiság, vmi tagállam mivolta
**statehouse** helyi törvényhozás épülete [USA államaiban]
**stately** /ˈsteɪtlɪ/ méltóságteljes, tekintélyes, impozáns
**stately home** főúri kastély
**statement** /ˈsteɪtmənt/ ❶ állítás, kijelentés ❷ közlemény, nyilatkozat *issue a statement* nyilatkozatot/közleményt ad ki *make a statement* nyilatkozatot tesz ❸ vallomás *false statement* hamis nyilatkozat/vallomás ❹ számlakivonat, egyenlegértesítő *bank statement* bankszámlakivonat
**statement of account** számlakivonat
**state of affairs** helyzet, a dolgok állása
**state of mind** lelkiállapot
**state of emergency** szükségállapot
**state-of-the-art** MNÉV a legújabb/legkorszerűbb, legjobb
**state of war** hadiállapot
**state-owned** /steɪtˈəʊnd/ állami tulajdonban lévő
**States** *the States* „az Államok", az USA
**statesman** /ˈsteɪtsmən/ TBSZ **statesmen** /ˈsteɪtsmən/ államférfi, politikus *elder statesman* idős/tapasztalt [r.szerint visszavonult] tanácsadó politikus
**statesmanlike** VAGY **statesmanly** államférfiúi, államférfihoz/politikushoz illő
**statesmanship** államférfiúi képesség/adottságok
**state trooper** szövetségi államon belüli hatáskörű rendőr [USÁ-ban]
**state visit** állam(fő)i látogatás

**static** /ˈstætɪk/ FNÉV
légköri/rádiófrekvenciás zavarok

**static** MNÉV
❶ nyugvó, szilárd ❷ állandó, statikus ❸ elektrosztatikus
**statics** /ˈstætɪks/ ❶ statika, szilárdságtan ❷ légköri zavarokkal foglalkozó tudomány

**station** /ˈsteɪʃən/ FNÉV
❶ állomás, pályaudvar *railway station* vasútállomás, pályaudvar *railroad station* US vasútállomás, pályaudvar ❷ vmilyen tevékenység központja/helye *petrol station* benzinkút *police station* rendőrkapitányság ❸ rádióállomás, televízióállomás, csatorna ❹ állomáshely [katonai] ❺ társadalmi helyzet, rang, stáció *he got married below his station* rangján alul nősült

**station** IGE
❶ kirendel, (ki)helyez [r.szerint fegyverest] ❷ állomásoztat *be stationed* állomásozik
**stationary** /ˈsteɪʃənərɪ/ mozdulatlan, stacionárius
**stationer** /ˈsteɪʃənə/ papírkereskedő
**stationer's** *the stationer's* papírkereskedés, papírárubolt
**stationery** /ˈsteɪʃənərɪ/ ❶ írószer, papíráru ❷ levélpapír
**station wagon** US kombi(gépkocsi)
**statistical** /stəˈtɪstɪkəl/ statisztikai
**statistically** /stəˈtɪstɪklɪ/ statisztikailag
**statistician** /ˌstætɪˈstɪʃən/ statisztikus
**statistics** /stəˈtɪstɪks/ ❶ statisztika *the statistics show that {MONDAT}* a statisztikai mérések szerint {MONDAT} ❷ ⚡ NEM MEGSZÁML. statisztika [tudomány]
**statue** /ˈstætʃuː/ szobor
**statuesque** /ˌstætʃʊˈesk/ szoborszerű, plasztikus
**statuette** /ˌstætʃʊˈet/ kis szobor, kisplasztika
**stature** /ˈstætʃə/ ❶ termet, alak ❷ (szellemi) kaliber, formátum ❸ fejlődési szakasz
**status** /ˈsteɪtəs/ állapot, helyzet, státus *marital status* családi állapot NEM ~~státusz~~ [= álláshely]
**status quo** /ˌsteɪtəs ˈkwəʊ/ meglévő állapot, status quo
**status symbol** státusszimbólum
**statute** /ˈstætʃuːt/ törvény, statútum, rendelet
**statute mile** angol mérföld
**statutory** /ˈstætʃʊtərɪ/ törvényen alapuló, törvényi
**staunch** /stɔːntʃ/ ❶ hűséges, lojális, megbízható ❷ rendületlen, rendíthetetlen

**stave** /steɪv/ FNÉV
❶ (hordó)donga léc ❷ létrafok ❸ versszak, strófa ❹ kotta(vonal)

**stave** /steɪv/, **staved** VAGY **stove** /stəʊv/, **staved** VAGY **stove** /stəʊv/ IGE
❶ (be)üt, bever, kilyukaszt [pl. hordót, hajót] ❷ dongával ellát
**stave in** *stave smth in* beüt, bever, betör
**stave off** *stave smth off* távoltart, elhárít

**stay** /steɪ/ FNÉV
❶ tartózkodás, vhol maradás ❷ tartóztatás ❸ elhalasztás, felfüggesztés [pl. ítéleté]

**stay** IGE
❶ marad, tartózkodik *stay to/for dinner* marad vacsorára *stay in bed* ágyban marad *stay put* nem mozdul, egy helyben / nyugton marad ❷ tartózkodik, lakik, tölti az éjszakát *stay at a hotel* szállodában száll meg ❸ megáll, szünetet tart [r.szerint felszólításban] ❹ késleltet, akadályoz ❺ felfüggeszt, leállít ❻ visszatart, visszafog [pl. dühöt]
KIFEJEZÉSEKBEN: *to stay or to go?* itt fogyasztja vagy elviszi?
**stay away** távol marad (akitől/amitől: *from*)
**stay in** ❶ benn marad [házban, munkahelyen] ❷ bezárják [diákot iskolában]
**stay on** tovább marad
**stay out** ❶ nem jön haza, nem alszik otthon ❷ nem jön be [dolgozni], sztrájkol ❸ kinn marad ❹ *stay it out* kitart, végig marad

S

**stay up** fenn marad, nem fekszik le
**stay-at-home** *MNÉV/FNÉV* otthonülő
**staying power** kitartás, állóképesség
**stays** /steɪz/ fűző
**std.** = standard
**steadfast** /'stedfɑ:st/ ❶ állhatatos, rendíthetetlen, kitartó ❷ hűséges
**steady** /'stedɪ/ *FNÉV*
❶ állandó vendég ❷ barát, barátnő, partner *smb's steady* vki partnere [akivel jár]
**steady** *MNÉV*
❶ szilárd, biztos *steady hand* biztos kéz ❷ állandó, folyamatos, változatlan [pl. sebesség, fejlődés] ❸ hosszú távra szóló, állandó [pl. állás] ❹ józan, kiegyensúlyozott
**steady** *HAT.SZÓ*
❶ szilárdan, egyenletesen ❷ *go steady* együtt járnak [partnerek]
**steady** *IND.SZÓ*
❶ *steady (on)!* vigyázz! ❷ *ready, steady, go!* vigyázz, kész, rajt!
**steady** *IGE*
❶ megszilárdul ❷ megnyugszik ❸ (meg-) erősít, megszilárdít
**steak** /steɪk/ ❶ (marha)hússzelet ❷ sült *salmon stake* lazacszelet *minute steak* hirtelensült [hús] ❸ sült vagdalthússzelet
**steakhouse** steak-étterem, grill-étterem
**steal** /sti:l/ *FNÉV*
❶ lopás ❷ olcsó ár, bagó *at this price this dictionary is a steal* ezért a pénzért ez a szótár a bolondnak is megéri
**steal** /sti:l/, **stole** /stəul/, **stolen** /'stəulən/ *IGE*
❶ (el)lop (akitől: *from*) *have smth stolen* ellopják vmiét ❷ gyorsan kap/szerez, lop *steal a kiss* csókot lop ❸ lopózik, lopakodik
KIFEJEZÉSEKBEN: *steal the show* magának sajátítja ki az elismerést / a sikert
**stealth** /stelθ/ lopakodás, lopózás *by stealth* lopva, titokban
**stealth bomber** lopakodó bombázó
**stealthy** /'stelθɪ/ titkos, rejtett, lopva tett [pl. pillantás]
**steam** /sti:m/ *FNÉV*
❶ gőz, pára *be driven by steam* gőz hajtja *full steam ahead* teljes gőzzel előre! ❷ energia, gőz *go full steam ahead with smth* teljes gőzzel halad előre vmiben ❸ kicsapódás, pára [pl. ablakon] ❹ erős érzelem, düh, gőz *let off steam* kiereszti a gőzt, levezeti fölösleges energiáit / idegességét
KIFEJEZÉSEKBEN: *run out of steam* kifogy a (kezdeti) lendülete
**steam** *MNÉV*
❶ gőzzel működő, gőzhajtású [pl. motor] ❷ ósdi, özönvíz előtti, elavult [pl. rádió]
**steam** *IGE*
❶ gőzölög, párolog ❷ a gőz erejével halad *the train steamed into the station* a vonat bepöfögött az állomásra ❸ gőzöl, párol
**steam up** bepárásodik
**steamboat** gőzhajó, gőzös
**steam engine** ❶ gőzgép ❷ (gőz)mozdony
**steamer** /'sti:mə/ ❶ gőzös, gőzhajó ❷ gőzölő [edény]
**steaming** ❶ gőzölgő, párolgó, forró ❷ dühös, mérges
**steam iron** gőzvasaló
**steamroller** VAGY **steamroll** *FNÉV*
❶ gőzhenger ❷ gőzhengerszerű erő
**steamroller** VAGY **steamroll** *IGE*
keresztülprésel, átnyom, keresztülnyom, keresztülvisz
**steamship** gőzhajó
**steamy** /'sti:mɪ/ ❶ gőzös, párás, ködös ❷ erotikus, pikáns
**steed** /sti:d/ paripa
**steel** /sti:l/ *FNÉV*
❶ acél ❷ acélból készült dolog ❸ acélból készült fegyver ❹ fenőacél
**steel** *IGE*
❶ (meg)acéloz, erősít, (meg)edz *steel ⁝oneself⁝ / ⁝one's⁝ heart* megacélozza akaratát, felvértezi magát ❷ acéllal bevon/borít
**steel wool** acélgyapot
**steel works** acélöntőmű, acélmű(vek)
**steely** /'sti:lɪ/ acélos, kemény, hideg
**steep** /sti:p/ *FNÉV*
meredek, meredély
**steep** *MNÉV*
❶ meredek ❷ túl drága, meredek [pl. ár]
**steep** *IGE*
❶ (be)áztat ❷ *be steeped in smth* mélyen vmiben gyökerezik [pl. hagyományokban]
**steepen** /'sti:pən/ ❶ meredekebbé válik ❷ meredekebbé tesz
**steeple** /'sti:pəl/ templomtorony
**steeplechase** /'sti:pəltʃeɪs/ ❶ lovas akadályverseny ❷ akadályfutás [r.szerint 3000 méteres]
**steeplejack** /'sti:pəldʒæk/ ipari alpinista
**steer** /stɪə/ *FNÉV*
fiatal ökör
**steer** *IGE*
❶ kormányoz, irányít ❷ vmi felé veszi az irányt / fordul ❸ kormányozható, kormányozódik *my car steers well* az autóm jól kormányozható
KIFEJEZÉSEKBEN: *steer clear of smth* (nagy ívben) elkerül
**steering** /'stɪərɪŋ/ kormányzás [autóé] *power steering* szervókormány
**steering wheel** volán, kormány
**steinbock** /'staɪnbɒk/ kőszáli kecske, vadkecske
**stellar** /'stelə/ csillagos, csillagszerű, csillag-
**stem** /stem/ *FNÉV*
❶ szár, nyél, kocsány [növényé] ❷ tő ❸ pipaszár ❹ (szó)tő ❺ nemzetség, ág [családi] ❻

**steward** /ˈstjuːəd/ ❶ utaskísérő, steward [férfi, pl. repülőgépen] ❷ pincér, steward [pl. klubban] ❸ rendező, versenybíró [pl. lóversenyen, autóversenyen] ❹ üzemi/szakszervezeti bizalmi/megbízott ❺ intéző [pl. farmon]

**stewardess** /ˌstjuːəˈdes/ utaskísérő [nő], légikisasszony, stewardess

**stewardship** /ˈstjuədʃɪp/ gondnokság, gondoskodás, sáfárkodás

**stewed** /ˈstjuːd/ ❶ állott, túl sokáig ázott [tea] ❷ párolt, főtt, kompótnak elkészített ❸ beszívott, részeg

**stick** /stɪk/ FNÉV

❶ vessző, faág, fadarab [pl. tűzgyújtáshoz] ❷ (séta)bot *walking stick* sétapálca, sétabot ❸ pálcika [pl. evéshez] ❹ ütő, bot [pl. hokiban] ❺ (vékony) rúd, kis darab [pl. dezodor] *a stick of chalk* egy darab kréta ❻ kemény bánásmód *give smb (the) stick* keményen bánik vkivel, letol vkit *give it some stick* lökd/üsd meg jól, alkalmazz egy kis erőszakot

KIFEJEZÉSEKBEN: *get the wrong end of the stick* teljesen félreérti / rossz oldalról közelíti meg

**stick** /stɪk/, **stuck** /stʌk/, **stuck** /stʌk/ IGE

❶ szúr, döf (amibe: *into*) *stick a pig* disznót öl ❷ ragad, tapad *stick to* ⁝one's⁝ *hand* hozzáragad a kezéhez ❸ (hozzá)ragaszt, megragaszt, fölragaszt, hozzáerősít *stick no bills* plakát felragasztása tilos [felirat] ❹ (meg)akad, elakad, megreked, marad ❺ nehéz helyzet elé állít, megakaszt *be/get stuck* elakad, megreked *get stuck with smth* megragad vminél ❻ tesz, rak, dug *just stick it on the table* tedd csak az asztalra ❼ (ki)bír, elvisel *I can't stick him* nem tudom elviselni *I can't stick waiting* nem bírok várni ❽ rátestál, rálőcsöl [r.szerint kellemetlen dolgot] *stick smb with smth* rálőcsöl vkire vmit *be stuck with smb/smth* rajta marad, rá van lőcsölve vmi/vki

**stick around** ❶ ott/itt marad, nem megy el ❷ cselleng, őgyeleg

**stick at** *stick at smth* ❶ odatapad ❷ kitartóan dolgozik vmin

**stick by** *stick by smb/smth* nem hagy cserben, támogat, kitart vki mellett

**stick out** ❶ kiugrik, kiáll *it sticks out a mile* majd kiszúrja az ember szemét ❷ *stick smth out* kidug *stick* ⁝one's⁝ *neck out* (nagyot) kockáztat ❸ *stick smth out* végig kibír *stick it out* tarts ki, bírd ki

**stick to** *stick to smb/smth* ❶ ragaszkodik vkihez/vmihez *stick to the point* a tárgynál marad, ragaszkodik a napirendhez ❷ vmi mellett marad, kitart vmi mellett ❸ ragad vmihez *stick to smb's fingers* ragad a kezéhez, ellopja az enyves kezével

**stick up** ❶ *stick up smth* kirabol, fegyverrel fenyeget *stick up a bank* bankot (ki)rabol ❷ *stick smth up* feltesz, felrak *stick your hands up* VAGY *stick 'em up* fel a kezekkel!

**stick with** *stick with smb/smth* ❶ közel marad vkihez ❷ hűséges marad vkihez/vmihez ❸ megmarad [emlékezetben] ❹ kitart vmi mellett ❺ *stick with it* kitart, nem enged

**sticker** /ˈstɪkə/ címke, matrica *bumper sticker* (humoros) matrica a kocsi hátsó lökhárítóján

**sticking plaster** ragtapasz

**stickle** /ˈstɪkəl/ ❶ vitázik [apró dolgokon] ❷ kötözködik, kifogást keres

**stickler** /ˈstɪklə/ ❶ semmiségeken lovagoló / vmi mellett makacsul kitartó ember *be a stickler for smth* makacsul ragaszkodik vmihez, semmiségeken lovagol ❷ nehéz eset/probléma

**stick-on** felragasztható, felragasztós [pl. címke]

**stick pin** dísztű, nyakkendőtű

**stick shift** ❶ botváltó, kézi sebességváltó ❷ botváltós / kézi sebváltós autó

**stickup** (fegyveres) rablótámadás

**sticky** ❶ ragadós, ragacsos *be sticky with smth* ragad/ragacsos vmitől ❷ kínos, bajos, nehéz [pl. helyzet/ember]

KIFEJEZÉSEKBEN: *have sticky fingers* enyves a keze, lopós

**sticky-back** Post-it, öntapadós cédula

**sticky-fingered** enyveskezű, lopós

**sticky tape** cellux, átlátszó ragasztó(szalag)

**stiff** ❶ merev, feszes, szoros ❷ fájó, merev *my fingers are stiff* fájnak/merevek az ujjaim ❸ kimért, hűvös, merev [ember/modor] ❹ kemény, szigorú [ítélet] ❺ nehéz, megerőltető [pl. feladat] ❻ makacs, erős, kitartó [pl. ellenállás] ❼ drága, borsos, meredek [ár]

KIFEJEZÉSEKBEN: *be scared stiff* halálra van rémülve *keep a stiff upper lip* nem mutatja ki érzelmeit, uralkodik magán

**stiffen** /ˈstɪfən/ ❶ megmerevedik, megszilárdul ❷ megkeményedik, hűvössé válik [modor] ❸ (meg)merevít, (meg)keményít

**stiffener** /ˈstɪfənə/ FNÉV merevítő

**stiff-necked** /stɪfˈnekt/ makacs, vastagnyakú

**stifle** ❶ fulladozik ❷ fullaszt ❸ elnyom, elfojt [pl. ásítást, versenyt] ❹ fojtogat

**stigma** /ˈstɪgmə/ TBSZ **stigmata** /ˈstɪgmətə/ VAGY /ˈstɪgmɑːtə/ VAGY **stigmas** ❶ (szégyen-) bélyeg, stigma ❷ tünet [betegségé] ❸ bibe

**stigmatize** /ˈstɪgmətaɪz/ stigmatizál, megbélyegez

**stile** /staɪl/ ❶ lépcsős átjáró [kerítés fölött] ❷ forgókereszt

**stiletto** /stɪˈletəu/ ❶ gyilok, rövid tőr ❷ ár [lyukasztásra] ❸ tűsarok [női cipőn]

**stiletto heel** tűsarok [cipőn]

**still** /stɪl/ FNÉV

❶ kimerevített kép, állókép [r.szerint filmből] ❷ nyugalom, csend(esség) ❸ lepárlókészülék, szeszfőző készülék

**still** MNÉV

❶ nyugodt, mozdulatlan ❷ szélmentes, csendes ❸ halk, csendes ❹ szénsavmentes

hajóorr *from stem to stern* orrától faráig [r.szerint hajóról]

**stem** IGE

❶ eláll ít, leállít [folyást] ❷ megakaszt, meggátol

**stem from** *stem from somewhere/smth* ered/származik vhonnan/vmiből

**-stemmed** /stemd/ -szárú

**stench** /stentʃ/ ❶ bűz, rossz szag ❷ rossz minőség

**stenchful** /ˈstentʃfəl/ bűzös, büdös

**stench trap** bűzelzáró

**stencil** /ˈstensəl/ FNÉV

(betű)sablon, betűrajzoló minta ⓘ NEM ~~stencil~~

**stencil** IGE

sablonnal fest/átrajzol ⓘ NEM ~~stencilez~~

**stenographer** /stəˈnɒgrəfə/ gyorsíró

**stenography** /stəˈnɒgrəfɪ/ gyorsírás

**stentorian** /stenˈtɔːrɪən/ sztentori, harsogó

**step** /step/ FNÉV

❶ lépés *take a step* lépést tesz ❷ lépésnyi távolság, lépés *be in step / out of step with smb/smth* lépést tart / nem tart lépést vkivel/vmivel ❸ rövid távolság *the post office is just a step from here* a posta csak pár lépésre van innen ❹ lépés hangja ❺ lépcsőfok, létrafok ❻ eljárás, lépés *take steps* lépéseket tesz, cselekszik ❼ fokozat, lépcsőfok, grádics [pl. vmilyen skálán] *be one step ahead of smb* egy lépéssel/fokozattal vki előtt jár ❽ tánclépés ❾ járás(mód)

**step** IGE

❶ jár, lép(ked) *step this way* jöjjön erre, erre tessék ❷ rálép (amire: *on*) *step on the gas / step on it* lépj oda neki, menj gyorsabban ❸ (táncot) lejt, lép ❹ lépéssel kimér, lelép [távolságot]

**step down** VAGY **step aside** félreáll, viszszavonul

**step forward** előáll, előlép, jelentkezik

**step in** ❶ belép, beszáll ❷ közbelép, közbeavatkozik

**step out** ❶ siet, kilép ❷ kiszalad, kilép [kis időre] ❸ szórakozni megy

**step up** ❶ *step up smth* felmegy [pl. lépcsőn] ❷ *step smth up* növel, fokoz [pl. erőfeszítéseket]

**stepbrother** /ˈstepbrʌðə/ mostohatestvér [fiú]

**step by step** MNÉV/HAT.SZÓ lépésről lépésre (történő/való)

**stepchild** /ˈsteptʃaɪld/ TBSZ **stepchildren** /ˈstep tʃɪldrən/ mostohagyer(m)ek

**stepdance** FNÉV

sztepptánc, szteppelés

**stepdance** IGE

szteppel

**stepdancer** sztepptánc(os)

**stepdaughter** /ˈstepdɔːtə/ mostohalány

**stepfather** /ˈstepfɑːðə/ mostohaapa

**stepladder** /ˈsteplædə/ háztartási létra

**stepmother** /ˈstepmʌðə/ mostohaanya

**stepparent** /ˈsteppeərənt/ mostahaszülő

**steppe** /step/ sztyepp, pusztaság

**stepper** /ˈstepə/ FNÉV ❶ lépő ❷ táncos

**stepping stone** ❶ lépcsőfok, vmihez vezető út, ugródeszka ❷ felhágókő [pl. lóhátra] ❸ gázlókő [pl. patakban]

**steps** /steps/ lépcső(sor)

**stepsister** /ˈstepsɪstə/ mostohatestvér [lány]

**stepson** /ˈstepsʌn/ mostohafiú

**step-up** fokozás, emelés

**stereo** /ˈsterɪəu/ FNÉV

hifi-berendezés

**stereo** MNÉV

sztereó

**stereophonic** /ˌsterɪəˈfɒnɪk/ tér(hang)hatású, sztereó

**stereo system** hifi-berendezés

**stereotype** /ˈsterɪətaɪp/ FNÉV

sztereotípia, sablon

**stereotype** IGE

sablonossá/szterotíppá tesz, beskatulyáz

**stereotypical** /ˌsterɪəˈtɪpɪkəl/ VAGY **stereotyped** /ˈsterɪətaɪpt/ sztereotíp, sablonos

**sterile** /ˈsteraɪl/ ❶ meddő, steril ❷ tiszta, steril ❸ terméketlen, meddő, steril [pl. föld] ❹ haszontalan, meddő [pl. gondolat]

**sterility** /stəˈrɪlətɪ/ sterilitás, meddőség, terméketlenség

**sterilization** /ˌsterəlaɪˈzeɪʃən/ csíramentesítés, fertőtlenítés, sterilizálás

**sterilize** /ˈsterəlaɪz/ csíramentesít, sterilizál, fertőtlenít

**sterling** /ˈstɜːlɪŋ/ FNÉV

font sterling

**sterling** MNÉV

❶ előírásos finomságú [nemesfém] ❷ kitűnő, kiváló, megbízható

**stern** /stɜːn/ FNÉV

❶ far, tat, farokrész [r.szerint hajóé] *from stem to stern* orrától faráig [r.szerint hajóról] ❷ farok [kopóé]

**stern** MNÉV

❶ szigorú, kemény, zord ❷ farhoz/tathoz kapcsolódó

**steroid** /ˈstɪərɔɪd/ szteroid

**stet** /stet/ „áll", „(mégis) marad" [szedőnek adott utasítás]

**stethoscope** /ˈsteθəskəup/ sztetoszkóp

**stetson** /ˈstetsən/ (széles karimájú) kalap, cowboykalap

**stevedore** /ˈstiːvədɔː/ rakodómunkás, dokkmunkás

**stew** /stjuː/ FNÉV

❶ ragu, pörkölt ❷ zűrzavar, izgalom *get in a stew* izgalomba jön *be in a stew* izgul, pácban/bajban van

**stew** IGE

❶ párolódik, fő *stew in* ⁝one's⁝ *own juice* saját levében fő ❷ párol, főz ❸ izgul, izgalomba jön

S

**still** *HAT.SZÓ*
❶ még (mindig) *are you still in the bathroom?* még mindig a fürdőben vagy? ❷ mégis, mindazonáltal, ennek ellenére ❸ még [vmilyenebb] *tomorrow it will be still colder / colder still* holnap még hidegebb lesz ❹ további, még *she gave still another explanation / another explanation still* újabb magyarázatot adott

**still** *IGE*
❶ lecsendesedik, megnyugszik ❷ lecsendesít, elcsendesít, megnyugtat ❸ enyhít vmit, véget vet vminek ❹ lepárol

**stillbirth** /ˈstɪlbɜːθ/ ❶ halva szül(et)és ❷ halva született magzat

**stillborn** /ˈstɪbɔːn/ ❶ halva született ❷ meg nem valósult, eleve halálra ítélt, halva született [pl. terv, ötlet]

**still life** *TBSZ* **still lifes** csendélet

**stilt** /stɪlt/ ❶ gólyaláb [pl. bohócé] *on stilts* gólyalábon ❷ cölöp, dúc

**stilted** /ˈstɪltɪd/ erőszakolt, mesterkélt [stílus]

**stimulant** /ˈstɪmjʊlənt/ ❶ izgatószer, élénkítőszer, stimuláns ❷ ösztönzés [pl. tevékenységre]

**stimulate** /ˈstɪmjʊleɪt/ serkent, sarkall

**stimulation** /ˌstɪmjʊˈleɪʃən/ serkentés, ösztönzés, stimulálás

**stimulus** /ˈstɪmjʊləs/ *TBSZ* **stimuli** /ˈstɪmjʊlaɪ/ ❶ inger ❷ ösztönzés, ösztönző(erő) (aminek: *to*)

**sting** /stɪŋ/ *FNÉV*
❶ fullánk ❷ méregfog ❸ csípés, szúrás, harapás [méregfoggal] ❹ fájdalom [csípés/szúrás/harapás miatt]

**sting** /stɪŋ/, **stung** /stʌŋ/, **stung** /stʌŋ/ *IGE*
❶ (meg)csíp, (meg)szúr [pl. méh] ❷ (meg-) mar [pl. kígyó] ❸ mar, fájdalmat okoz, éget ❹ szúr, csíp [pl. szem, sebhely]

**stingy** /ˈstɪndʒɪ/ ❶ zsugori, fukar (amivel: *with*) ❷ szegényes, olcsó, ócska [pl. étkezés]

**stink** /stɪŋk/ *FNÉV*
bűz, büdösség

**stink** /stɪŋk/, **stank** /stæŋk/ VAGY **stunk** /stʌŋk/, **stunk** /stʌŋk/ *IGE*
❶ bűzlik, szaglik, büdös ❷ szar(t se ér) ❸ rossz híre van *his name stinks* senki sem szereti, rossz híre van

KIFEJEZÉSEKBEN: *stink with money* bőre alatt is pénz van

**stinking** /ˈstɪŋkɪŋ/ ❶ büdös ❷ pocsék, rohadt, szaros *have a stinking cold* piszokul meg van fázva ❸ francos, büdös *take your stinking money away* vidd innen a büdös pénzedet ❹ elázott, mólés, bepiált

**stint** /stɪnt/ *FNÉV*
❶ munkafeladat (ideje) *do one's stint* elvégzi a munkáját, letudja a feladatát ❷ korlátozás *without stint* korlátlanul, bőven

**stint** *IGE*
❶ fukarkodik (amivel: *on*) ❷ fukar/zsugori módra él

**stipend** /ˈstaɪpend/ ❶ illetmény, fizetés [r.szerint papé] ❷ ösztöndíj [rendszeres]

**stipulate** /ˈstɪpjʊleɪt/ (szerződésben) kiköt, meghatároz

**stipulation** /ˌstɪpjʊˈleɪʃən/ kikötés, feltétel, megszorítás

**stir** /stɜː/ *FNÉV*
❶ kavarás, keverés *give smth a stir* megkavar ❷ felbolydulás, izgalom ❸ mozgolódás, kavarodás

**stir** *IGE*
❶ (meg)mozdul, (meg)moccan *never stir before half seven* fél nyolc előtt meg se moccan ❷ elmozdul, arrébb megy (ahonnan/amitől: from) ❸ keletkezik, (fel)támad [pl. izgalom] ❹ (meg)kever, (meg)kavar [pl. teát, ételt] ❺ (meg)mozdít, (meg)mozgat ❻ kivált, kelt [pl. izgalmat] *stir smb into action* cselekvésre késztet vkit

**stir up** *stir smth/smb up* ❶ okoz, kivált ❷ felkever, felkavar, izgalomba hoz *stir up trouble* bajt kever

**stir-fry** *IGE/FNÉV* dobva–rázva süt(ött étel), rázva süt(ött étel)

**stitch** /stɪtʃ/ *FNÉV*
❶ öltés, tűzés [tűvel] ❷ öltésfajta ❸ szem [kötésben] ❹ varrat, öltés [seben] ❺ nyilallás [pl. futás után] ❻ ruha, öltözék

KIFEJEZÉSEKBEN: *a stitch in time saves nine* az idejében tett kis erőfeszítés megóv a későbbi bonyodalmaktól

**stitch** *IGE*
❶ ölt, tűz, (össze)varr *could you stitch this button for me?* fölvarrnád ezt a gombomat? ❷ fűz [könyvet]

**stock** /stɒk/ *FNÉV*
❶ (áru)készlet, raktárkészlet, állomány *be out of stock* nincs raktáron *have smth in stock* raktáron tart *take stock* leltároz ❷ értékpapír, részvény, (alap)tőke ❸ állatállomány ❹ húslevessűrítmény ❺ népszerűség (foka), kedvező megítélés ❻ tő [dugványozásra] ❼ származás, eredet, törzs *come of (a) noble stock* nemesi származású ❽ nyél, tus [puskáé] ❾ (fa)törzs, tuskó

KIFEJEZÉSEKBEN: *laughing stock* nevetséges dolog

**stock** *MNÉV*
❶ raktáron/készleten levő, raktári ❷ megszokott, szabvány-, sablonos [pl. mentegetőzés] *stock joke* alapvicc *stock phrase* közhely, klisé

**stock** *IGE*
❶ raktáron/készleten tart ❷ eltesz, elraktároz [későbbre] ❸ felszerel, áruval ellát *be well stocked (up)* nagy raktárral/készlettel rendelkezik (amivel: *with*)

**stock up** felszereli/ellátja magát, bespájzol (amivel: *with/on*)

**stockade** /stɒˈkeɪd/ *FNÉV*

S

iː tea ɪ it e bed æ cat ɜː bird ə ago eɪ way əʊ go aɪ my aʊ how eə air
ɑː car ɒ got ɔː war ʊ put uː too ʌ but ɪə here ʊə pure ɔɪ boy
θ thing ð this tʃ chip dʒ Joe ʃ ship ʒ measure s sit ŋ ring j you w win

❶ cölöpkerítés [erődítményé] ❷ *US* katonai börtön, futkosó

**stockade** *IGE*

cölöpkerítéssel körbevesz/megerősít

**stockbook** raktárkönyv

**stockbreeder** törzstenyésztő, fajtenyésztő

**stockbroker** bróker, (tőzsde)alkusz, tőzsdeügynök

**stock car** roncsautó

**stock car racing** roncsderbi

**stock company** ❶ részvénytársaság ❷ repertoárszínház

**stock exchange** (értékpapír)tőzsde

**stockholder** részvényes

**stocking** /ˈstɒkɪŋ/ (hosszú) harisnya, zokni

**stockist** /ˈstɒkɪst/ egy bizonyos gyártó árucikkeit tartó/forgalmazó képviselő/üzlet

**stockman** /ˈstɒkmən/ *TBSZ* **stockmen** /ˈstɒkmən/ ❶ állattenyésztő, marhatenyésztő [férfi] ❷ raktári munkás [férfi]

**stock market** értékpiac, értéktőzsde

**stockpile** *FNÉV*

felhalmozott készlet [pl. áruké, fegyvereké]

**stockpile** *IGE*

készletet felhalmoz, bespájzol [pl. árukból, fegyverzetből]

**stockroom** raktár [r.szerint üzletben]

**stocks** /stɒks/ ❶ kaloda *put smb in the stocks* kalodába zár ❷ hajóépítő állvány, sólya

**stocktaking** ❶ leltározás ❷ mérlegkészítés, áttekintés [pl. életé]

**stocky** /ˈstɒkɪ/ zömök, köpcös

**stockyard** /ˈstɒkjɑːd/ ❶ istálló, marhaállás ❷ istállótelep [vágóhíddal, vasúttal, piaccal]

**stodgy** /ˈstɒdʒɪ/ ❶ nehéz, laktató ❷ nehézkes, unalmas [pl. könyv] ❸ unalmas, kimért [ember]

**stoic** /ˈstəʊɪk/ *FNÉV* sztoikus

**stoical** /ˈstəʊɪkəl/ VAGY **stoic** /ˈstəʊɪk/ *MNÉV* sztoikus

**stoicism** /ˈstəʊɪsɪzəm/ sztoicizmus

**stole** /stəʊl/ *FNÉV*

stóla

**stole** *IGE*

☞ steal

**stolen** ☞ steal

**stoma** /ˈstəʊmə/ *TBSZ* **stomata** /ˈstəʊmətə/ ❶ légrés, gázcserenyílás ❷ szájadék, sztóma

**stomach** /ˈstʌmək/ *FNÉV*

❶ gyomor *on a full stomach* tele gyomorra(l), étkezés után *on an empty stomach* üres gyomorral, éhgyomorra ❷ has *lie on one's stomach* hasán/hason fekszik ❸ étvágy ❹ kedv, hajlam, mersz *have no stomach for smth* nincs kedve / nem fűlik a foga vmihez

**stomach** *IGE*

❶ elfogad, lenyel, megemészt *can't stomach smth* nem veszi be vmit a gyomra ❷ (jó étvággyal) eszik, nyel

**stomachache** gyomorfájás, hasfájás

**stomachy** /ˈstʌməkɪ/ hasas, kövér

**stomatology** /ˌstəʊməˈtɒlədʒɪ/ sztomatológia

**stomp** /stɒmp/ *FNÉV*

ritmikus jazz-tánc

**stomp** *IGE*

❶ dobog, dobbant, veri a padlót [lábával] ❷ hangos dobogással vonul

**stone** /stəʊn/ *FNÉV*

❶ kő *have a heart of stone* kőből van a szíve, kőszívű *leave no stone unturned* minden követ megmozgat *be a stone's throw from smth* (csak) egy kőhajításnyira van vhonnan ❷ (gyümölcs)mag ❸ (drága)kő *precious stone* drágakő ❹ (kocka)kő *paving stone* járdakő, kockakő ❺ epekő, vesekő ❻ súlymérték [= kb. 6,3 kg] KIFEJEZÉSEKBEN: *kill two birds with one stone* egy csapással két legyet üt

**stone** *IGE*

❶ megkövez, kővel megdobál ❷ kikövez, kővel burkol ❸ kimagoz

**stoned** /stəʊnd/ ❶ kikövezett ❷ kimagozott ❸ merevrészeg ❹ belőtt, drog hatása alatt álló

**stone fruit** csonthéjas gyümölcs

**stonewall** húzza az időt, obstruál

**stonewalling** ❶ időhúzó játék [sportmérkőzésen] ❷ obstrukció(s politika)

**stoneware** ⧫ *NEM MEGSZÁML* kőedény

**stonewashed** kőmosott [farmer]

**stonework** ❶ kőfaragó munka, kőfaragás ❷ kőfalazat, kőből készült részek [házon]

**stony** /ˈstəʊnɪ/ ❶ köves ❷ kőkemény, kegyetlen ❸ kőszívű, elutasító *fall on stony ground* elutasítják, kőszívű reakcióra lelt ❹ le van égve, fillérje sincs, „leégett"

**stood** ☞ stand

**stooge** /stuːdʒ/ *FNÉV*

❶ színész alámondó partnere ❷ stróman, cinkostárs ❸ bólogató jános ❹ fullajtár

**stooge** *IGE*

❶ alámondóként szerepel ❷ strómankodik

**stool** /stuːl/ *FNÉV*

❶ támla nélküli szék, zsámoly *kitchen stool* hokedli ❷ széklet ❸ tő, szár [növényé] ❹ (fa)törzs [melyből új hajtás nő] ❺ csalimadár KIFEJEZÉSEKBEN: *fall between two stools* két szék közt a pad alá esik

**stool** *IGE*

❶ kihajt [növény gyökérről] ❷ székel, ürít ❸ spicliskedik

**stoop** /stuːp/ *FNÉV*

❶ (meg)görnyedés, görnyedtség *develop a stoop* görnyedtté válik, meggörnyed ❷ (lépcsős) tornác

**stoop** *IGE*

❶ lehajol, előrehajol ❷ (meg)görnyed, görnyedten tartja magát ❸ (le)alacsonyodik (amire/ameddig: *to*)

**stop** /stɒp/ *FNÉV*

❶ megállás, leállás *come to a stop* megáll/leáll ❷ megálló(hely) *bus stop* buszmegálló ❸ megállás/megálló [pl. utazás közben] ❹ pont [írásjel] *full stop* pont ❺ dugó

**stop** IGE

❶ megáll, leáll, megszűnik *what time did your watch stop?* mikor állt meg az órád? ❷ megállít [pl. járművet, embert], elállít [pl. vérzést], leállít, letilt [pl. hitelkártyát] ❸ megakadályoz *stop smb (from) doing smth* megakadályoz vkit vmiben, nem engedi meg vkinek, hogy vmit csináljon ❹ abbahagy, beszüntet *stop it!* hagyd abba! elég! *she stopped looking at the shop window* nem nézte tovább a kirakatot ❺ megszakít, felfüggeszt [cselekvést], megáll *we stopped for lunch* megáll ebédelni [útján] *she stopped to look at the shop window* megállt, hogy megnézze a kirakatot ❻ tartózkodik, marad *they stopped for dinner* vacsorára (is) itt maradtak ❼ eldugaszol(ódik), eltöm(ődik) [pl. lefolyót/lefolyó] ❽ (le)fog [húros hangszeren húrt, fuvola nyílását] ⓘ NEM ~~stoppol~~ [autót], NEM ~~stoppol~~ [harisnyát], NEM ~~stopp(er)ol~~ [időt]

KIFEJEZÉSEKBEN: *stop short of (doing) smth* végül nem tesz meg vmit

**stop by** VAGY **stop around** kis időre megáll vhol, benéz vhova

**stop off** rövid időre megáll / megszakítja az útját

**stop over** megszakítja az útját, rövid időre megáll

**stop up** ❶ fennmarad, nem fekszik le *we stopped up until three a.m.* hajnali háromig fönn voltunk ❷ eldugaszolódik, eltömődik ❸ *stop smth up* betöm, eldugaszol

**stopcock** szelep, elzárócsap

**stopclock** stopperóra

**stopgap** FNÉV/MNÉV kisegítő/átmeneti (megoldás)

**stoplight** ❶ féklámpa, stoplámpa ❷ közlekedési lámpa

**stopoff** útmegszakítás

**stopover** ❶ útmegszakítás ❷ útmegszakítás helye

**stoppage** /ˈstɒpɪdʒ/ ❶ megállás, leállás, szünet *work stoppage* sztrájk, munkaleállás ❷ megállítás, leállítás, szüneteltetés, megszüntetés ❸ levonás [fizetésből] ❹ (el)dugulás ❺ székrekedés

**stoppage time** sérülések miatti hosszabbítás [pl. futballban]

**stopper** /ˈstɒpə/ FNÉV

❶ dugó, dugaszoló, zárófedél ❷ megállító ⓘ NEM ~~stopper~~, NEM ~~stoppos~~

**stopper** IGE

bedug(aszol), lezár

**stopping** /ˈstɒpɪŋ/ ❶ (fog)tömés ❷ akadály, zár [pl. bányában]

**stopping distance** féktáv(olság)

**stopping train** személyvonat

**stopple** /ˈstɒpəl/ FNÉV

dugó, dugaszoló, zárófedél

**stopple** IGE

bedug(aszol), lezár

**stop sign** kötelelező megállást jelző tábla

**stop signal** szemafor

**stop valve** zárószelep

**stopwatch** stopper(óra)

**storage** /ˈstɔːrɪdʒ/ ❶ (el)raktározás, tárolás ❷ raktár *be in storage* raktárban/raktározva van ❸ tárolási díj

**storage heater** hőtárolós kályha

**store** /stɔː/ FNÉV

❶ készlet, tartalék ❷ raktár *be in store* el van raktározva, raktárban van ❸ bolt, üzlet, áruház *department store* áruház

KIFEJEZÉSEKBEN: *be in store* készenlétben van, meg fog történni *have smth in store for smb* vmit tartogat vki számára [r.szerint meglepetést]

**store** IGE

❶ felszerel, készlettel ellát *be stored with smth* feltöltik vmivel [pl. hajót élelemmel] ❷ tárol, (el)raktároz ❸ felhalmoz, bespájzol

**storefront** utcafronton üzlethelyiséggel rendelkező épület

**storehouse** ❶ raktár ❷ tárház *he's a storehouse of information* rengeteget tud

**storekeeper** boltos, kereskedő

**storeroom** ❶ raktár(helyiség) ❷ éléskamra, tároló(helyiség)

**stores** /stɔːz/ TBSZ **stores** /stɔːz/ állomány, ellátmány, muníció [pl. hadianyagból]

**storey** /ˈstɔːrɪ/ szint, emelet *three-storey building* háromszintes épület

**storied** /ˈstɔːrɪd/ ❶ díszes, díszített ❷ legendás, híres, történetekben megénekelt ❸ -emeletes, -szintes *three-storied* háromszintes

**stork** /stɔːk/ gólya

**storm** /stɔːm/ FNÉV

❶ vihar ❷ viharzás, zápor(ozás) [pl. golyózápor, kritika] ❸ viharos/hangos érzelemnyilvánulás/érzelemnyilvánítás *storm in a teacup* vihar egy pohár vízben ❹ roham, megrohanás *take smth by storm* rohammal vesz be [pl. várat], egy csapásra meghódít [pl. színház közönségét]

**storm** IGE

❶ vihar van, viharos az idő *it storms* vihar van ❷ dühödt, tombol, dühödten tesz vmit, viharzik *she stormed out of the room* kiviharzott a teremből ❸ megrohamoz, rohammal bevesz

**stormcoat** viharkabát

**storm lamp** VAGY **storm lantern** viharlámpa

**storm petrel** viharmadár

**stormproof** ❶ viharálló ❷ bevehetetlen

**stormy** /ˈstɔːmɪ/ ❶ viharos ❷ hangos, viharos [pl. vita]

**stormy petrel** viharmadár

**story** /ˈstɔːrɪ/ ❶ történet, elbeszélés, mese *short story* novella *tell a story* történetet (el)mond, mesél ❷ cselekmény [pl. könyvé] ❸ pletyka *the story goes that* {MONDAT} azt beszélik, hogy {MONDAT} ❹ cikk, híradás, tudósítás [újságban,

S

televízióban] *cover story* címlapsztori ❺ anekdota, vicc, (tréfás) történet ❻ hazugság, mese *tell stories* lódít, füllent ❼ szint, emelet KIFEJEZÉSEKBEN: *it's the same story* ugyanaz a helyzet [vhol] *it's the same old story* (ugyanaz a) régi nóta *tall story* túlzás

**storybook** meséskönyv

**story line** cselekmény [pl. könyvé]

**storyteller** ❶ mesemondó, elbeszélő ❷ füllentő, hazudozó

**storywriter** ❶ meseíró, novellista ❷ tudósítás/híradás szerzője [pl. televízióban]

**stout** /staut/ FNÉV

stout (sör) [erős barnasör]

**stout** MNÉV

❶ vaskos, kövér ❷ vastag, kemény [tárgy] ❸ szilárd, szívós, kitartó [pl. ellenállás]

**stove** /stəuv/ FNÉV

❶ kályha ❷ tűzhely, kemence ❸ égető (kemence) [pl. cserép égetésére]

**stove** IGE

❶ (ki)éget, szárít [pl. cserepet] ❷ ☞stave

**stow** /stəu/ ❶ elrak, elhelyez, eltesz [r.szerint gondosan] ❷ megrak/megtölt [rakománnyal]

**stow away** ❶ [potyautasként] elrejtőzik ❷ *stow smth away* gondosan elrak/elrejt ❸ *stow smth away* megeszik, bepakol

**stowage** /ˈstəuɪdʒ/ ❶ berakás, (el)rakodás ❷ rakodótér ❸ rakodási díj, raktárdíj

**stowaway** /ˈstəuəweɪ/ potyautas [hajón, repülőgépen]

**straddle** /ˈstrædəl/ FNÉV

terpesz(állás), szétterpesztett lábbal ülés/állás

**straddle** IGE

❶ terpeszállásba(n) áll ❷ szétvetett lábbal / lovaglóülésben ül vmin [pl. lovon, falon] ❸ vminek mindkét oldalán / közepén van, közre van fogva vmi által [pl. város]

**straight** /streɪt/ FNÉV

❶ egyenes rész/szakasz *finishing straight* célegyenes ❷ számsor [pókerben] ❸ heteró ❹ drogot nem használó

**straight** MNÉV

❶ egyenes [pl. vonal], sima [haj] ❷ rendben lévő *put/get smth straight* megigazít, rendbehoz, kitakarít [pl. hajat, lakást] ❸ nyílt, őszinte, becsületes, egyenes ❹ tiszta, világos [pl. érvelés] *get/have smth straight* világosan/ egyenesen beszél ❺ egyszerű, sima [pl. választás, ügy] ❻ megszakítás nélküli *win in straight sets* játszmaveszteség nélkül nyer [teniszben] ❼ tiszta, tömény, sima [nem kevert/hígított] [pl. whisky] *whisky straight up* whisky tisztán ❽ rendes, megbízható, komoly ❾ heteró ❿ droggal nem élő, nem anyagozó

**straight** HAT.SZÓ

❶ egyenesen, egyenes vonalban *keep straight on* menjen egyenesen tovább ❷ azonnal, késlekedés nélkül *get straight to the point* azonnal a tárgyra tér ❸ világosan, nyíltan, egyenesen

**straightaway** azonnal, rögtön, nyomban

**straighten** /ˈstreɪtən/ ❶ kiegyenesedik ❷ kiegyenesít, kiegyenlít ❸ rendbe hoz, helyrehoz, megigazít [pl. ruházatot]

**straighten out** ❶ rendbe jön *things will straighten out a* dolgok majd rendbe jönnek ❷ *straighten smth out* helyrehoz, rendbe rak [dolgot], megmutatja vkinek a helyes utat, helyre tesz

**straighten up** ❶ kiegyenesedik ❷ *straighten smth up* rendbe hoz, rendbe rak, kitakarít

**straightface** pókerarc, pléhpofa

**straightfaced** /ˈstreɪtfeɪst/ pléhpofát vágó, pókerarcú

**straightforward** ❶ őszinte, nyílt, egyenes, becsületes ❷ világos, érthető

**straightjacket** kényszerzubbony

**straight off** azonnal, késlekedés nélkül

**strain** /streɪn/ FNÉV

❶ feszültség, feszülés *break under (the) strain* elpattan, túlfeszül ❷ terhelés, igénybevétel, megerőltetés *strains* fáradalmak *be under a lot of strain* nagy igénybevételnek van kitéve ❸ feszültség, ellentét [pl. hatalmak között] ❹ húzódás, rándulás

**strain** IGE

❶ (meg)feszít, meghúz ❷ megrándít, meghúz [izmot] *strain ⸗oneself⸗* megrántja magát ❸ túlterhel, túlfeszít, próbára tesz [pl. türelmet] ❹ (meg)erőltet, mindent elkövet *strain ⸗one's⸗ eyes* nagyon néz, dülleszti a szemét ❺ átszivárog, átszűrődik ❻ megszűr, átszűr, leszűr [folyadékot]

**strained** /streɪnd/ ❶ erőltetett [pl. mosoly] ❷ fáradt, kimerült

**strainer** /ˈstreɪnə/ szűrő, szita *tea strainer* teaszűrő

**strait** /streɪt/ FNÉV

(tenger)szoros *the Strait of Gibraltar* a Gibraltári szoros

KIFEJEZÉSEKBEN: *be in dire/desperate straits* szorult helyzetben van

**strait** MNÉV

keskeny, szoros, szűk

**straitjacket** /ˈstreɪtdʒækɪt/ ❶ kényszerzubbony ❷ szorult helyzet, kényszer

**strand** /strænd/ FNÉV

❶ szál, fonal, fonat [pl. drótó, hajé] ❷ vonal, szál [pl. érvelésé, történeté] ⓘ NEM ~~strand~~

**strand** IGE

❶ megfeneklik, zátonyra fut [hajó/érvelés] ❷ partra/zátonyra vet [hajót] *be stranded* megfeneklik, vesztegel

**strange** /streɪndʒ/ ❶ különös, furcsa *find smth strange* furcsának talál vmit ❷ idegen(szerű), ismeretlen (aki számára: *to*) ❸ tapasztalatlan, tudatlan *be strange to smth* ismeretlen számára vmi

**stranger** /ˈstreɪndʒə/ ❶ idegen, ismeretlen *don't talk to strangers* ne állj szóba idegenekkel *he's a complete stranger* egyáltalán nem ismerem ❷ *be a stranger to smth* járatlan vmiben, nem ismer vmit
**strangle** /ˈstræŋgəl/ ❶ megfojt ❷ elfojt, elnyom [pl. sírást] ❸ lehetetlenné tesz, megakadályoz, megfojt [pl. fejlődést]
**strap** /stræp/ FNÉV
❶ szíj, heveder ❷ kapaszkodó [pl. buszon] ❸ *the strap* verés [szíjjal]
**strap** IGE
❶ szíjjal rögzít/megköt/átköt ❷ szíjjal (el)ver ❸ ragtapasszal beragaszt/beköt
**strapless** /ˈstræpləs/ vállpánt nélküli
**strapped** /stræpt/ szűkölködő *be strapped for cash* meg van szorulva
**strata** ☞ stratum
**stratagem** /ˈstrætədʒəm/ ❶ fortély, hadicsel ❷ propagandafogás
**strategic** /strəˈtiːdʒɪk/ VAGY **strategical** /strəˈtiːdʒɪkəl/ ❶ hadászati, stratégiai ❷ kulcsfontosságú, stratégiai fontosságú
**Strategic Defence Initiative, SDI** Stratégiai Védelmi Kezdeményezés, Csillagháború(s program)
**strategist** /ˈstrætədʒɪst/ ❶ stratéga, hadvezér ❷ tervező, stratéga
**strategy** /ˈstrætədʒɪ/ ❶ hadászat, stratégia ❷ tervezés, stratégia
**stratosphere** /ˈstrætəsfɪə/ sztratoszféra
**stratum** /ˈstrɑːtəm/ VAGY /ˈstreɪtəm/ TBSZ **strata** /ˈstrɑːtə/ VAGY /ˈstreɪtə/ réteg
**straw** /strɔː/ ❶ szalma ❷ szalmaszál ❸ szívószál, szalmaszál ❹ szalmakalap
KIFEJEZÉSEKBEN: *draw straws* sorsot húz
**strawberry** /ˈstrɔːbərɪ/ ❶ (földi)eper, szamóca ❷ eperszín ❸ anyajegy
**stray** /streɪ/ FNÉV
❶ kóbor állat ❷ kóborló gyerek *waifs and strays* kóborló gyerekek ❸ magányos/kóbor dolog ❹ véletlenszerű/kóbor előfordulás
**stray** MNÉV
❶ eltévedt, kóbor [pl. állat] ❷ kóbor, éppen valahol lévő [pl. golyó] ❸ elszórt, szórványos ❹ alkalmi, véletlenszerű
**stray** IGE
❶ elkóborol, elcsatangol, elbitangol ❷ elkalandozik, eltér a tárgytól ❸ letér a jó útról, eltévelyedik
**streak** /striːk/ FNÉV
❶ csík, sáv ❷ másodlagos tulajdonság, beütés ❸ időszak *winning/losing streak* siker/kudarc időszaka *have a lucky streak* szerencsés időszaka van
**streak** IGE
❶ oson, rohan ❷ csíkokkal befed/beborít *be streaked with smth* be van borítva vmivel
**streaker** /ˈstriːkə/ nyilvános helyen meztelen rohangáló
**streaky** /ˈstriːkɪ/ csíkos, sávos, erezett
**stream** /striːm/ FNÉV
❶ patak, folyócska *mountain stream* hegyi patak ❷ ár(adat), áram(lás), folyás, özön (-lés) (iránya) *go with/against the stream* árral / árral szemben úszik/halad ❸ szintek szerinti tanulócsoport
**stream** IGE
❶ özönlik, ömlik, áramlik [víz, tömeg] *be streaming with sweat* folyik róla az izzadság ❷ önt, zúdít, (el)áraszt ❸ leng, lobog ❹ lobogtat, lenget ❺ csíkot húz maga után [repülőgép] ❻ besorol, szintekbe sorol [képesség/tudásszint szerint]
**streamer** /ˈstriːmə/ ❶ szalaglobogó, zászlócska, árbocszalag ❷ papírszalag, szerpentin ❸ szalagcím [újságban] ❹ streamer [számítógépes háttértárolására]
**streaming** /ˈstriːmɪŋ/ FNÉV
besorolás, szintekbe sorolás [képesség/tudásszint szerint]
**streaming** MNÉV
folyó, patakzó, áramló, ömlő, özönlő
**streamline** /ˈstriːmlaɪn/ FNÉV
❶ áramvonal ❷ akadálytalan/sima áramlás [vízé, levegőé]
**streamline** IGE
❶ áramvonalasít [pl. autót] ❷ korszerűsít, egyszerűsít [pl. cég működését]
**streamy** /ˈstriːmɪ/ ❶ folyókban gazdag ❷ ömlő, áramló, patakzó
**street** /striːt/ ❶ utca, út *in the street* az utcán ❷ úttest ❸ az adott utca lakói *the whole street is talking about it* az egész utca erről beszél
**streetcar** US villamos(kocsi)
**street island** járdasziget
**street map** várostérkép
**streetwalker** utcalány, prosti, aszfalttündér
**strength** /streŋθ/ ❶ erő, erősség ❷ vmi erős oldala / fő ereje ❸ létszám *in (great) strength* nagy létszámban *be below strength* nincs elég embere
KIFEJEZÉSEKBEN: *on the strength of smth* vmi alapján
**strengthen** /ˈstreŋθən/ ❶ megerősödik, felerősödik ❷ megerősít, felerősít
**strenuous** /ˈstrenjʊəs/ ❶ fáradhatatlan, kitartó ❷ fárasztó, kimerítő, fáradságos
**stress** /stres/ FNÉV
❶ nyomás, feszültség, stressz ❷ nyomás, erő, igénybevétel ❸ fontosság, hangsúly, nyomaték *lay stress on smth* hangsúlyoz vmit ❹ (szó)hangsúly ❺ hangsúlyos szótag
**stress** IGE
❶ hangsúlyoz, kiemel, aláhúz ❷ feszít, szorít, nyom ❸ hangsúlyoz [szótagot, mondatot]
**stressed** /strest/ ❶ stressznek kitett, stressz alatt élő, stresszes ❷ hangsúlyos, hangsúly alatti

S

**stressful** /ˈstresfəl/ megterhelő, stresszes

**stretch** /stretʃ/ *FNÉV*

❶ (ki)nyújtózkodás, kinyújtás *have a stretch* nyújtózkodik egyet ❷ rugalmasság, nyúlás [pl. textilé] ❸ szakasz, terület, sáv [pl. földön, vízen] *final/finishing/home stretch* célegyenes ❹ (idő)tartam *do a stretch* valamennyi időt eltölt [vhol] *at a stretch* egyhuzamban ❺ börtönben töltött idő

**stretch** *IGE*

❶ (ki)nyúlik [pl. ruhadarab] ❷ (ki)nyújtózik ❸ (ki)nyújt, (ki)feszít [pl. kart, kötelet] ❹ kiterjed [időben/térben] ❺ túlfeszít, (túl)erőltet, próbára tesz *stretch smb's patience* próbára teszi vki türelmét ❻ liberálisan értelmez [pl. szabályt] *stretch the deadline* megnyújtja a határidőt ❼ kiterít [vkit ravatalon], felravataloz

KIFEJEZÉSEKBEN: *stretch ⟨one's⟩ legs* sétál/jár egyet [r.szerint ülés után]

**stretcher** /ˈstretʃə/ hordágy

**stretch limo** /ˈstretʃ lɪməu/ különösen hosszú limuzin

**stretchy** /ˈstretʃɪ/ nyúlékony, rugalmas

**strew** /struː/, **strewed** /struːd/, **strewn** /struːn/ VAGY **strewed** ❶ (be)hint, (be)szór (amivel: *with*) ❷ terjeszt, szór

**stricken** /ˈstrɪkən/ *MNÉV*

❶ vmi által sújtott *panic-stricken* pánikba esett *poverty-stricken* nincstelen, szegény ❷ sebzett [pl. vad]

**stricken** *IGE*

☞ strike

**strict** /strɪkt/ ❶ szigorú, sokat követelő *be strict with smb* szigorú vkivel (szemben) ❷ szigorúan betartandó, szigorú [pl. utasítás] ❸ pontos, szabatos, merev *in the strict sense of the word* a szó szoros értelmében ❹ teljes, abszolút *in strict secrecy* a legteljesebb titokban / titoktartás mellett

**strictly** /ˈstrɪktlɪ/ ❶ szigorúan, pontosan *be strictly prohibited* szigorúan tilos *this is strictly between ourselves* ez a legszigorúbban csak a kettőnkre tartozik ❷ *strictly speaking* szigorúan véve, igazából

**stridden** ☞ stride

**stride** /straɪd/ *FNÉV*

❶ (nagy) lépés (távolsága) ❷ fejlődés, haladás *make rapid/great strides* nagy léptekkel halad előre

KIFEJEZÉSEKBEN: *take smth in ⟨one's⟩ stride* könnyedén elvégez / (fel)vállal vmit [nehézségek ellenére]

**stride** /straɪd/, **strode** /strəud/, **stridden** /ˈstrɪdən/ *IGE*

❶ lép(ked), lép(del) [nagyo(ka)t] ❷ átlép, keresztüllép [egyetlen lépéssel] ❸ megül, lovaglóülésben (rá)ül

**strident** /ˈstraɪdənt/ ❶ csikorgó, metsző [hang] ❷ sürgető, erőteljes [pl. követelés]

**strife** /straɪf/ küzdelem, harc, viszály *family strife* családi viszály

**strike** /straɪk/ *FNÉV*

❶ ütés, csapás ❷ sztrájk, munkabeszüntetés *be on strike* sztrájkol *go (out) on strike* sztrájkolni kezd, sztrájkba lép ❸ csapás, támadás [r.szerint légi] ❹ lelet, rábukkanás *lucky strike* szerencsés lelet

**strike** /straɪk/, **struck** /strʌk/, **struck** VAGY **stricken** /strɪkən/ *IGE*

❶ (meg)üt *be struck on the head* fejbe verik, fejbe veri vmi *be struck by lightning* villám csap bele *his hour has struck* ütött az órája *the clock struck eleven* tizenegyet ütött az óra ❷ nekiütődik/nekivágódik vminek *the ship struck a rock* a hajó sziklának csapódott ❸ támad [pl. állat], becsap, lesújt *lightning struck the building* az épületbe villám csapott ❹ vmilyen hatással van vkire, vhogyan/vmilyennek tűnik vki számára, eszébe jut *be struck dumb with amazement* eláll a szava a csodálkozástól *how does it strike you?* mi a benyomásod róla? ❺ sztrájkol ❻ meggyújt *strike a match* gyufát gyújt ❼ rábukkan (vmire), hirtelen szert tesz vmire *strike oil* olajra bukkan *strike it rich* megüti a főnyereményt ❽ elér, eltalál *strike a balance* megtalálja az egyensúlyt *strike a bargain* jó egyezséget köt, megfogja az isten lábát

KIFEJEZÉSEKBEN: *strike home* eléri a kívánt hatást, nagyot üt *strike a chord with smb* ismerős húrokat penget vkinél

**strike off** *strike smb/smth off* ❶ kihúz, (ki)töröl [nevet jegyzékből] ❷ örökségből hirtelen kizár ❸ kinyomtat, lehúz

**strike on** *strike on smth* (rá)bukkan (vmire)

**strike out** ❶ elindul *strike out on ⟨one's⟩ own* a maga lábán kezd járni, elindul saját útján ❷ *strike smth out* kitöröl, kihúz

**strike through** *strike smth through* áthúz, (ki)töröl

**strike up** *strike up smth* ❶ rázendít, rákezd ❷ vmibe kezd, vmit elindít

**strikebreaker** sztrájktörő

**striker** /ˈstraɪkə/ ❶ sztrájkoló ❷ ütőszerkezet [órában] ❸ ütőszeg [fegyverben] ❹ támadójátékos [labdarúgásban] ❺ szolga ❻ szigonyozó [bálnavadászatban] ❼ szigony

**striking** /ˈstraɪkɪŋ/ ❶ mutatós, vonzó ❷ meglepő, feltűnő

**strikingly** /ˈstraɪkɪŋlɪ/ meglepően, feltűnően

**strimmer** /ˈstrɪmə/ szegélynyíró, (műanyagszállal vágó) fűnyíró

**string** /strɪŋ/ *FNÉV*

❶ zsinór, madzag, spárga *a piece of string* spárgadarab ❷ húr [hangszeré, íjé] ❸ sor, füzér [pl. gyöngyökből, eseményekből] ❹ cipőfűző ❺ hangsor ❻ rost, szál [növényi]

KIFEJEZÉSEKBEN: *have/keep smb on a string* dróton rángat vkit *no strings attached* minden kikötés/feltétel nélkül *pull strings* befolyást gyakorol, protekciót vesz igénybe [összeköttetéssel]

**string** /strɪŋ/, **strung** /strʌŋ/, **strung** /strʌŋ/ *IGE*
❶ (zsineggel/kötéllel) megköt ❷ (fel)fűz [pl. gyöngyöt, mondatot] ❸ (fel)húroz [hangszert ❹ (meg)tisztít [zöldbabot] ❺ felhangol

**string bean** ❶ zöldbab ❷ magas/vékony ember

**stringed instrument** húros hangszer

**stringency** /ˈstrɪndʒənsɪ/ ❶ szigorúság, keménység ❷ szűkölködés

**stringent** /ˈstrɪndʒənt/ ❶ szigorú, kemény [pl. szabály, intézkedés] ❷ szűkölködő

**string quartet** vonósnégyes

**strings** /strɪŋz/ *TBSZ* vonósok

**stringy** /ˈstrɪŋɪ/ ❶ rostos, szálkás ❷ inas [ember] ❸ rágós, inas [pl. hús]

**strip** /strɪp/ *FNÉV*
❶ szalag, csík, sáv ❷ csíkozás [pl. sportoló mezén] ❸ vetkőzés *do a strip* (le)vetkőzik, sztriptízt mutat be ❹ fel- és leszállópálya

**strip** *IGE*
❶ levetkőzik [r.szerint teljesen] ❷ sztriptízt mutat be ❸ lecsupaszít, megkopaszt, eltávolít [pl. falat, régi festéket/tapétát] ❹ levetkőztet ❺ megfoszt *strip smb of smth* megfoszt vkit vmitől *be stripped of ⸗one's⸗ pride* megfosztják büszkeségétől ❻ szétszed [pl. motort] ❼ kirabol, kifoszt, megkopaszt

**strip cartoon** képregény

**stripe** /straɪp/ *FNÉV*
❶ csík, sáv, szalag ❷ sujtás, sáv [rangjelzés]

**stripe** *IGE*
(be)csíkoz

**stripper** /ˈstrɪpə/ ❶ sztriptíztáncos ❷ eltávolító anyag *paint stripper* festékeltávolító, kromofág

**stripping knife** spakli

**striptease** /ˈstrɪpti:z/ sztriptíz *striptease act/ number* vetkőzőszám, sztriptízszám

**stripteaser** /ˈstrɪpti:zə/ sztriptíztáncos

**strive** /straɪv/, **strove** /strəʊv/, **striven** /ˈstrɪvən/
❶ igyekszik, törekszik (amire: *after/for*) ❷ küzd, verseng (ami/aki ellen: *with/against*)

**strode** ☞ stride

**stroke** /strəʊk/ *FNÉV*
❶ ütés, csapás [pl. villám-/korbács-, labdasportban] *at a stroke* egy csapással, egy csapásra, azonnal ❷ tempó, csapás [pl. úszásban, evezésben] ❸ (ecset)vonás, tollvonás *with a stroke of the pen* egyetlen tollvonással ❹ cselekedet, tett *he never does a stroke (of work)* egy szalmaszálat sem tenne arrébb ❺ (óra)ütés *on the stroke of 12* pontban 12-kor ❻ löket, ütem [dugattyúé motorban] ❼ szélütés, stroke ❽ simogatás, cirógatás ❾ ferde vonal, virgula, „per” jel

**stroke** *IGE*
❶ cirógat, simogat, végigsimít ❷ kedvesen bánik vkivel, hízeleg

**stroll** /strəʊl/ *FNÉV*
séta, kószálás, kóborlás *go for / take a stroll* jár egyet, sétálni megy

**stroll** *IGE*
sétál, kószál, kóborol

**stroller** /ˈstrəʊlə/ ❶ sétáló/kószáló ❷ *US* sport babakocsi, könnyű/összecsukható gyerekkocsi

**-strong** -tagú, -fős, -főnyi *100-strong* száztagú, száz fős

**strong** /strɒŋ/ ❶ erős, izmos [pl. ember, állat] ❷ befolyásos, erős [pl. ország] ❸ szilárd, ellenálló, erős [pl. cipő, egészség] *have a strong stomach* erős gyomra van, nem könnyen lesz rosszul ❹ kemény, határozott, markáns [pl. vonás, hit] ❺ jó, erős vmiben *he's strong in geometry* jó geometriából ❻ heves, gyors, határozott, erős [pl. szél, intézkedés] *with a strong hand* erélyesen ❼ sok (ható)anyagot tartalmazó, tömény [pl. tea, alkohol, gyógyszer] ❽ esélyes, erős [jelölt] ❾ rendhagyó, erős [ige]

**strongarm** *MNÉV*
erőszakos, agresszív

**strongarm** *IGE*
kényszerít vhová

**strongbox** páncélszekrény

**stronghold** ❶ erőd(ítmény) ❷ fellegvár, erősség

**strongly** /ˈstrɒŋlɪ/ ❶ erősen, határozottan, nyomatékosan ❷ határozottan, markánsan

**strongman** ❶ erőművész ❷ hatalmát/erejét kihasználó ember, diktátor [pl. politikában/cégnél]

**strong room** páncélterem, trezor

**strong-willed** erős akaratú, határozott

**strontium** /ˈstrɒntɪəm/ stroncium

**strop** /strɒp/ *FNÉV*
borotvaszíj, fenőszíj

**strop** *IGE*
fen, élesít [borotvát fenőszíjjal]

**strophe** /ˈstrəʊfɪ/ ❶ strófa, versszak ❷ kísérő ének [görög színdarabban]

**strove** ☞ strive

**struck** ☞ strike

**structural** /ˈstrʌktʃərəl/ ❶ szerkezeti, strukturális ❷ szerkesztési

**structuralism** /ˈstrʌktʃərəlɪzəm/ strukturalizmus

**structuralist** /ˈstrʌktʃərəlɪst/ strukturalista

**structure** /ˈstrʌktʃə/ *FNÉV*
❶ szerkezet, struktúra ❷ szervezet, felépítés *social structure* társadalomszerkezet ❸ építmény, szerkezet

**structure** *IGE*
(meg)szerkeszt, felépít [pl. beszédet, érvelést]

**structured** /ˈstrʌktʃəd/ strukturált, vmilyen szerkezettel/felépítéssel rendelkező

**strudel** /ˈstru:dəl/ rétes

**struggle** /ˈstrʌgəl/ *FNÉV*
❶ küzdelem, harc ❷ igyekezet, erőfeszítés

**struggle** *IGE*
❶ küzd, harcol (akivel: *against/with,* amiért: *for*) ❷ erőlködik, igyekszik, erejét megfeszítve küzdi *struggle to ⸗one's⸗ feet* nagy nehezen lábra áll ❸ vesztésre áll

S

**struma** /'stru:mə/ *TBSZ* **strumae** /'stru:mi:/ strúma, golyva

**strung** /strʌŋ/ *MNÉV*
(ki)feszített, feszült *highly strung* ideges, (túl) érzékeny

**strung** *IGE*
☞ string

**strut** /strʌt/ *FNÉV*
❶ kevély/büszke járás/lépdelés ❷ támasztógerenda, keresztmerevítő

**strut** *IGE*
❶ peckesen lépdel ❷ alátámaszt, merevít

**stub** /stʌb/ *FNÉV*
❶ csonk, maradék [pl. ceruzáé] ❷ (cigaretta)csikk ❸ fatönk, törzs, tuskó ❹ igazolószelvény [pl. csekkfüzeté]

**stub** *IGE*
❶ kiás [fagyökereket] ❷ tuskóktól megtisztít ❷ beleüt, belerúg [r.szerint lábujjal]

**stubble** /'stʌbəl/ ❶ tarló ❷ borostás áll, többnapos szakáll

**stubborn** /'stʌbən/ ❶ makacs, konok ❷ kitartó ❸ szűnni nem akaró [pl. fájdalom] ❹ (el)mozdíthatatlan, megváltoztathatatlan

**stubby** /'stʌbɪ/ ❶ zömök, köpcös ❷ kicsi, vaskos [pl. ujj]

**stucco** /'stʌkəʊ/ stukkó, díszvakolat

**stuck** *MNÉV*
❶ megragadt, megakadt ❷ *be stuck on smb/smth* bele van zúgva/habarodva vkibe/vmibe

**stuck** *IGE*
☞ stick

**stud** /stʌd/ *FNÉV*
❶ inggomb, kézelőgomb, kapocs *press stud* patent(kapocs) ❷ szegecs [pl. autógumin, úton] ❸ stopli, szegecs [sportcipőn] ❹ gombfejű/díszes szög ❺ oszlopfa, rúdfa [építészeti] ❻ pecek, csap [r.szerint menetes]

**stud** *IGE*
szegekkel/szegecsekkel díszít/kiver

**student** /'stju:dənt/ ❶ hallgató, főiskolás, egyetemista ❷ diák, tanuló *fellow student* diáktárs, tanulótárs ❸ vki tanítványa

**student driver** *US* tanulóvezető

**students' union** VAGY **student union** diákszervezet, hallgatói önkormányzat

**student teacher** tanárjelölt, tanítási gyakorlatot végző hallgató

**studhorse** apamén, tenyészmén

**studied** /'stʌdɪd/ ❶ kiszámított, szándékolt, mesterkélt ❷ tanult, tudós, olvasott

**studio** /'stju:dɪəʊ/ ❶ stúdió ❷ filmstúdió ❸ műterem ❹ műteremlakás

**studio flat** VAGY **studio apartment** ❶ egyszobás lakás, garzon ❷ műteremlakás

**studious** /'stju:dɪəs/ ❶ szorgalmas, iparkodó, igyekvő ❷ megfontolt, kiszámított

**study** /'stʌdɪ/ *FNÉV*
❶ tanulmány(ok), tanulás *how are your studies?* hogy állsz tanulmányaiddal? ❷ tanulmány(ozás) *case study* esettanulmány ❸ dolgozószoba ❹ etűd [zenei] ❺ tanulmánydarab, előtanulmány [pl. szobor]

**study** *IGE*
❶ tanul, tanulmányokat folytat *study law* jogot tanul ❷ tanulmányoz, vizsgál

**stuff** /stʌf/ *FNÉV*
❶ anyag, nyersanyag ❷ dolog *it's pretty boring stuff* elég unalmas dolog *hot stuff* izgalmas/jó dolog ❸ alkohol *hard stuff* tömény alkohol ❹ cucc, holmi, gönc

**stuff** *IGE*
❶ (meg)töm, teletölt (amivel: *with*) *be stuffed full of smth* vmivel tele van tömve ❷ kitöm [állatot] ❸ beledug, beletölt *stuff smth into ‹one's› pocket* beletöm vmit a zsebébe ❹ tölteléket tesz vmibe, tölt [ételt] ❺ túletet *stuff ‹oneself›* (be)zabál, fal *stuff ‹one's› face* tömi a pofáját ❻ kipárnáz, kárpitoz ❼ megkefél, megdug

**stuffed** /stʌft/ ❶ megtömött, kitömött ❷ töltött [húsétel] ❸ eltömődött, eldugult [pl. orr]

**stuffing** /'stʌfɪŋ/ ❶ tömés, töltelék [pl. toll] ❷ töltelék [ételben] ❸ (ki)párnázás

**stuffy** /'stʌfɪ/ ❶ dohos, fülledt [levegő, szoba] ❷ begyöpösödött, régimódi ❸ unalmas ❹ durcás, mérges ❺ bedugult [orr]

**stum** /stʌm/ ❶ must ❷ murci

**stumble** /'stʌmbəl/ *FNÉV*
❶ (meg)botlás ❷ botladozás ❸ botorkálás

**stumble** *IGE*
❶ megbotlik, átesik (amiben/amin: *on/over*) ❷ botorkál, mászik *I stumbled into bed* bevánszorogtam az ágyba ❸ botlik, botladozik, hibásan csinál vmit *I stumbled through my exams* valahogy átbotladoztam a vizsgáimon

**stumble across** VAGY **stumble on** *stumble across/on smth/smb* (véletlenül) rábukkan vmire/vkire

**stumbling block** akadály, gát(ló tényező)

**stump** /stʌmp/ *FNÉV*
❶ (fa)tönk, tuskó ❷ csonk [pl. fogé, ceruzáé] ❸ csonkolt végtag, csonk ❹ dobogás (hangja) ❺ hordó, szónoki emelvény
KIFEJEZÉSEKBEN: *stir ‹one's› stump* siet, gyorsan cselekszik

**stump** *IGE*
❶ nehéz léptekkel jár ❷ zavarba ejt, nehezet kérdez vkitől *that question's got me stumped* ez a kérdés zavarba ejtett

**stumpy** /'stʌmpɪ/ ❶ zömök, tömzsi ❷ csonka, levágott

**stun** /stʌn/ ❶ elkábít, elbódít ❷ megijeszt, megdöbbent *be stunned* meg van döbbenve

**stung** ☞ sting

**stunk** ☞ stink

**stunner** /'stʌnə/ ❶ kábítókészülék ❷ nagyszerű/klassz dolog/nő

**stunning** /ˈstʌnɪŋ/ ❶ nagyon szép, gyönyörű ❷ meglepő, megdöbbentő

**stunt** /stʌnt/ *FNÉV*
❶ veszélyes mutatvány, attrakció ❷ meglepő/figyelemfelhívó dolog [r.szerint hirdetés] *publicity stunt* nagyszabású/feltűnő hirdetési kampány

**stunt** *IGE*
❶ veszélyes dolgot művel, veszélyes mutatványt ad elő ❷ mutatványban [pl. műrepülésben] használ, műrepülést végez

**stunt man** dublőr, kaszkadőr [férfi]

**stunt woman** dublőz, kaszkadőr [nő]

**stupefaction** /ˌstju:pəˈfækʃən/ ❶ megdöbbenés ❷ elkábulás, kábultság ❸ elkábítás

**stupefy** /ˈstju:pɪfaɪ/ ❶ elképeszt, megdöbbent ❷ elkábít

**stupendous** /stjuˈpendəs/ elképesztő, nagyszerű, óriási

**stupid** /ˈstju:pɪd/ ❶ ostoba, buta, hülye *don't be stupid!* legyen eszed! ❷ (el)kábult ❸ átkozott, bosszantó, hülye

**stupidity** /stju:ˈpɪdətɪ/ ❶ butaság, hülyeség ❷ buta/hülye dolog/viselkedés

**stupor** /ˈstju:pə/ kábulat, bódultság

**sturdy** ❶ vaskos, erős, tartós ❷ határozott, szilárd, eltökélt

**stutter** /ˈstʌtə/ *IGE/FNÉV* dadog(ás), hebeg(és)

**stutterer** /ˈstʌtərə/ *FNÉV* dadogó, hebegő

**sty** /staɪ/ *FNÉV*
❶ disznóól ❷ rendetlenség, disznóól ❸ árpa (szemen)

**sty** *IGE*
disznóólba zár/rekeszt

**style** /staɪl/ *FNÉV*
❶ stílus ❷ beszédmód, írásmód, stílus ❸ szokásos írásmód [pl. cégen belül] ❹ fajta, típus *they come in all styles* minden fajtája létezik ❺ ízlés, elegancia, sikk *have style* van stílusérzéke *do smth in style* stílusosan/elegánsan tesz vmit *live in style* előkelően él ❻ cselekvési mód, stílus *style of living* életmód, életvitel

**style** *IGE*
❶ tervez, készít [pl. ruhát, frizurát] ❷ címez/nevez vkit vminek

**stylebook** stíluskönyv

**style sheet** stíluslap [szövegszerk.]

**stylish** /ˈstaɪlɪʃ/ elegáns, divatos

**stylist** /ˈstaɪlɪst/ ❶ fodrász ❷ ruhatervező ❸ stiliszta

**stylistic** /staɪˈlɪstɪk/ stilisztikai, stiláris, stílus-

**stylistically** /staɪˈlɪstɪklɪ/ stilisztikailag, stilárisan

**stylistics** /staɪˈlɪstɪks/ stilisztika

**stylize** /ˈstaɪlaɪz/ stilizál

**stylus** /ˈstaɪləs/ *TBSZ* **styli** /ˈstaɪlaɪ/ VAGY **styluses** ❶ gramofontű ❷ karcolótű, írótű, íróvessző ⓘ *NEM* ~~stílus~~

**stymie** /ˈstaɪmɪ/ (meg)akadályoz, meggátol

**suable** /ˈsju:əbəl/ perelhető

**suasion** /ˈsweɪʒən/ rábeszélés, meggyőzés

**suave** /swɑ:v/ (túl) barátságos, nyájas

**suavity** /ˈswɑ:vətɪ/ nyájasság, behízelgő modor

**sub-** /sʌb/ vminél kisebb, vmi alatti, szub-

**sub** /sʌb/ *FNÉV*
❶ tengeralattjáró ❷ segédszerkesztő ❸ fizetési előleg ❹ helyettes, beosztott ❺ csere (játékos) ❻ alvállalkozó ❼ nagy, hosszúkás szendvics

**sub** *IGE*
❶ lemerül, alábukik [tengeralattjáró] ❷ előleget folyósít/ad ❸ helyettesít (akit: *for*) ❹ segédszerkesztői munkát végez

**subalpine** /sʌbˈælpaɪn/ szubalpin [pl. klíma, növény]

**subantarctic** /ˌsʌbənˈtɑ:ktɪk/ a déli sarkvidék és a mérsékelt égöv közötti

**subaqua** /sʌbˈækwə/ víz alatti [pl. sport, pl. búvárkodás]

**subaquatic** /ˌsʌbəˈkwætɪk/ ❶ részben vízben termő [növény] ❷ víz alatti

**subarctic** /sʌbˈɑ:ktɪk/ az északi sarkvidék és a mérsékelt égöv közötti

**subcategory** /sʌbˈkætəgərɪ/ alcsoport

**subclass** /ˈsʌbklɑ:s/ alosztály

**subcommittee** /ˌsʌbkəˈmɪtɪ/ albizottság

**subcompact** /sʌbˈkɒmpækt/ kiskategóriájú autó

**subconscious** /sʌbˈkɒnʃəs/ *FNÉV/MNÉV* tudatalatti

**subcontinent** /sʌbˈkɒntɪnənt/ nagy kontinensrész, szubkontinens

**subcontract** /sʌbˈkɒntrækt/ *FNÉV*
alvállalkozási/alvállalkozói szerződés

**subcontract** /ˌsʌbkənˈtrækt/ *IGE*
alvállalkozásba ad/vesz

**subcontractor** /ˌsʌbkənˈtræktə/ alvállalkozó

**subcutaneous** /ˌsʌbkju:ˈteɪnɪəs/ bőr alá adott, szubkután

**subdirectory** /ˌsʌbdɪˈrektərɪ/ alkönyvtár [számítógépes]

**subdivide** /ˌsʌbdɪˈvaɪd/ alosztályokra (fel)oszlik/(fel)oszt

**subdivision** /ˌsʌbdɪˈvɪʒən/ ❶ alosztály ❷ (alosztályokra) felosztás ❸ parcellázás [földterületé]

**subdue** /səbˈdju:/ ❶ legyőz, leigáz ❷ megfékez ❸ elfojt, mérsékel, letompít

**subdued** /səbˈdju:d/ ❶ csökkentett, (le)tompított ❷ szelíd, visszafogott

**subgroup** /ˈsʌbgru:p/ alcsoport

**subheading** /ˈsʌbhedɪŋ/ VAGY **subhead** /ˈsʌbhed/ alcím

**subj.** = subject; subjective

**subject** /ˈsʌbdʒɪkt/ *FNÉV*
❶ téma, tárgy [pl. könyvé, beszélgetésé] *on the subject of smth* vmiről, vminek a témájában *change the subject* témát vált ❷ tantárgy ❸ alany [nyelvtani] ❹ állampolgár, alattvaló *British subject* brit állampolgár

**subject** /ˈsʌbdʒɪkt/ *MNÉV*
*be subject to smth* ❶ vminek ki van téve, vmi

S

történhet vele *the programme is subject to change* a program változhat ❷ vmi függvénye [pl. engedélynek] *the development is subject to approval* a fejlesztés az engedély függvényében valósulhat meg

**subject** /səb'dʒekt/ IGE
❶ legyőz, leigáz ❷ alávet, kitesz (aminek: *to*)

**subjection** /səb'dʒekʃən/ ❶ alávetés leigázás elnyomás ❷ alávetettség, hódoltság

**subjective** /səb'dʒektɪv/ ❶ alanyi, alany- ❷ egyéni, szubjektív

**subjectivism** /səb'dʒektɪvɪzəm/ szubjektivizmus

**subject matter** tárgy, téma, tartalom, témakör

**subjugate** /'sʌbdʒʊgeɪt/ alávet, legyőz, leigáz

**subjugation** /ˌsʌbdʒʊ'geɪʃən/ alávetettség, leigázás

**subjunctive** /səb'dʒʌŋktɪv/ FNÉV/MNÉV kötőmód (-ban lévő)

**sublet** /sʌb'let/ FNÉV
albérlet(be tovább adás)

**sublet** IGE
albérletbe (tovább)ad

**sublimation** /ˌsʌblɪ'meɪʃən/ ❶ szublimálás ❷ nemesítés

**sublime** /səb'laɪm/ ❶ fennkölt, magasztos ❷ abszolút, teljes [pl. figyelmetlen(ség)]

**sublimity** /səb'lɪmətɪ/ fenségesség, magasztosság

**submachine gun** géppisztoly

**submarine** /'sʌbməriːn/ VAGY /ˌsʌbmə'riːn/ FNÉV
❶ tengeralattjáró ❷ nagy, hosszúkás szendvics

**submarine** MNÉV
tenger alatti

**submerge** /səb'mɜːdʒ/ ❶ elmerül, elsüllyed, alámerül ❷ elmerít, lesüllyeszt ❸ eláraszt *be submerged in work* el van árasztva munkával ❹ elrejt

**submersion** /səb'mɜːʃən/ alámerülés, elmerülés

**submission** /səb'mɪʃən/ ❶ meghódolás, behódolás ❷ benyújtás [pl. kérelemé] ❸ benyújtott dolog [pl. beküldött cikk] ❹ vélemény, megítélés *in my submission* megítélésem szerint ❺ engedelmesség *in submission to smth* engedve vminek ❻ előterjesztés [pl. ügyvédi]

**submissive** /səb'mɪsɪv/ engedelmes, alázatos

**submit** /səb'mɪt/ ❶ elismeri vereségét *he wouldn't submit* nem akarta elismerni vereségét ❷ bead, benyújt, beterjeszt [pl. javaslatot, dolgozatot] ❸ előterjeszt, javasol ❹ alávet *submit ⟨oneself⟩ to smth* aláveti magát vminek

**subnormal** /sʌb'nɔːməl/ normálisnál/átlagosnál csekélyebb/alacsonyabb

**subordinate** /səb'ɔːdɪnət/ FNÉV
❶ alárendelt dolog ❷ alárendelt (személy), beosztott

**subordinate** MNÉV
❶ alárendelt, beosztott ❷ alsóbbrendű, alárendelt

**subordinate** /səb'ɔːdɪneɪt/ IGE
alárendel (aminek: *to*)

**subordination** /səˌbɔːdɪ'neɪʃən/ ❶ alárendelés ❷ alárendeltség ❸ engedelmesség

**subpoena** /sə'piːnə/ FNÉV/IGE (be)idéz(és)

**subroutine** /'sʌbruːtiːn/ szubrutin

**subscribe** /səb'skraɪb/ aláír

**subscribe for** *subscribe for smth* vmilyen értékben részvényt jegyez

**subscribe to** *subscribe to smth* ❶ előfizet [újságra] (amire: *to*) ❷ támogat, (rendszeres) pénzadománnyal lát el (akit/amit: *to*) ❸ egyetért vmivel, nevét adja vmihez *I do not subscribe to this* ezzel nem tudok azonosulni

**subscriber** /səb'skraɪbə/ ❶ előfizető [újságra, szolgáltatásra] ❷ adakozó ❸ részvényjegyző ❹ aláíró

**subscript** /'sʌbskrɪpt/ alsó index

**subscription** /səb'skrɪpʃən/ ❶ előfizetés *take out a subscription* előfizet [újságra] ❷ [színházi/zenei] bérlet ❸ adakozás *by public subscription* közadakozásból ❹ részvényjegyzés ❺ aláírás

**subsection** /'sʌbsekʃən/ alfejezet [könyvben, törvényben]

**subsequent** /'sʌbsəkwənt/ (rá)következő, későbbi [pl. esemény(ek), fejezet(ek)] *be subsequent to smth* vmi után következik

**subsequently** /'sʌbsəkwəntlɪ/ azután, ezután, azt/ezt követően követően

**subservience** /səb'sɜːvɪəns/ ❶ szolgai magatartás, alázat ❷ másodlagosság, vmi másodlagos volta ❸ célszerűség

**subservient** /səb'sɜːvɪənt/ ❶ szolgai, alázatos ❷ másodlagos ❸ célszerű

**subset** /'sʌbset/ részhalmaz

**subside** /səb'saɪd/ ❶ lesüllyed, megsüllyed [épület, út] ❷ apad, alább száll [víz] ❸ leroskad [pl. székre] (amire/amibe: *into*) ❹ lecsillapodik, elül [pl. szél, düh, érdeklődés]

**subsidence** /səb'saɪdəns/ ❶ (le)süppedés, megereszkedés [pl. épületé] ❷ (le)ülepedés, lerakódás ❸ lelohadás [daganaté] ❹ lecsendesedés, csillapodás

**subsidiary** /səb'sɪdɪərɪ/ FNÉV
leányvállalat

**subsidiary** MNÉV
kisegítő, járulékos, kiegészítő [pl. kérdés, részlet] (amihez: *to*)

**subsidize** /'sʌbsɪdaɪz/ támogat, szubvencionál, dotál

**subsidy** /'sʌbsədɪ/ támogatás, szubvenció, dotáció

**subsist** /səb'sɪst/ él, megél (amiből: *on*)

**subsistence** /səb'sɪstəns/ megélhetés, létfenntartás [r.szerint nehezen]

**subsistence level** létminimum *live at subsistence level* létminimumon él

**subsoil** /'sʌbsɔɪl/ altalaj

**subsonic** /sʌb'sɒnɪk/ hangsebesség alatti, szubszonikus

**substance** /'sʌbstəns/ ❶ anyag ❷ lényeg, vmi veleje *in substance* lényegében, lényegileg *matter of substance* lényeges/lényegi dolog ❸ igazság *be without substance* nem igaz, alaptalan

**substandard** /səb'stænʃəl/ ❶ színvonaltalan ❷ nem-sztenderd, nem irodalmi nyelvi

**substantial** /səb'stænʃəl/ ❶ szilárd, erős ❷ tekintélyes mennyiségű, kiadós [pl. étkezés] ❸ lényeges, alapvető ❹ lényeget érintő, lényegi ❺ vagyonos, tehetős

**substantially** /səb'stænʃəlɪ/ ❶ lényegileg, alapjaiban ❷ alaposan, kiadósan ❸ szilárdan

**substantiate** /səb'stænʃɪeɪt/ (be)bizonyít, igazol, megalapoz

**substantive** /'sʌbstəntɪv/ *FNÉV*

főnév

**substantive** /səb'stæntɪv/ *MNÉV*

❶ lényegi, érdemi ❷ létezést kifejező [pl. ige] ❸ tényleges, valódi ❹ független, önálló ❺ szilárd

**substitute** /'sʌbstɪtju:t/ *FNÉV*

❶ helyettes, helyettesítő (ember/dolog) ❷ cserejátékos, tartalék(játékos) ❸ pótszer, pótlék, pótanyag *sugar substitute* cukorpótló

**substitute** *IGE*

❶ helyettesít (akit: *for*) ❷ pótol (amit: *for*)

**substitution** /ˌsʌbstɪ'tju:ʃən/ ❶ helyettesítés ❷ pótlás ❸ csere [sportban]

**subsume** /səb'sju:m/ ❶ magába foglal ❷ alárendel (ami alá: *under*) *subsume smth under smth* vmi alá sorol be, vmi alá tartozónak / alfajának/alcsoportjának tekint vmit

**subsystem** /'sʌbsɪstəm/ alrendszer

**subtenant** /sʌb'tenənt/ albérlő

**subterfuge** /'sʌbtəfju:dʒ/ ravaszság, fortély, ügyes trükk *resort to subterfuge* fortélyhoz folyamodik

**subterranean** /ˌsʌbtə'reɪnɪən/ föld alatti

**subtext** /'sʌbtekst/ rejtett/mögöttes jelentés, valódi mondanivaló

**subtitle** /'sʌbtaɪtəl/ *FNÉV*

❶ alcím ❷ (film)felirat *with subtitles* feliratos ❸ magyarázó szöveg

**subtitle** *IGE*

❶ alcímet ad vminek ❷ feliratoz

**subtitled** /'sʌbtaɪtəld/ feliratos [film]

**subtle** /'sʌtəl/ ❶ finom, árnyalt, kényes ❷ szövevényes, kimódolt ❸ éleseszű

**subtlety** /'sʌtəltɪ/ VAGY **subtility** /sʌb'tɪlətɪ/ VAGY **subtleness** /'sʌtəlnəs/ ❶ finomság, bonyolultság ❷ finom/árnyalt megkülönböztetés *with great subtlety* árnyaltan

**subtotal** /'sʌbtəutəl/ *FNÉV/IGE* részösszeg(et kiszámol)

**subtract** /səb'trækt/ kivon, levon (amiből: *from*)

**subtraction** /səb'trækʃən/ kivonás

**subtropical** /sʌb'trɒpɪkəl/ szubtrópusi

**suburb** /'sʌbɜ:b/ külváros, előváros

**suburban** /sə'bɜ:bən/ ❶ külvárosi, elővárosi, kertvárosi ❷ szűk látókörű [hozzáállás]

**suburban railway** VAGY **suburban train** elővárosi/helyiérdekű vasút

**suburbia** /sə'bɜ:bɪə/ ❶ külvárosok, elővárosok ❷ külvárosi szemlélet

**subvention** /səb'venʃən/ támogatás, szubvenció

**subversion** /səb'vɜ:ʃən/ ❶ felforgatás ❷ felfordulás

**subversive** felforgató, romboló, bomlasztó

**subvert** /səb'vɜ:t/ felforgat, megkísérel megdönteni [pl. kormányt]

**subway** /'sʌbweɪ/ ❶ aluljáró ❷ *US* földalatti (vasút), metró

**subzero** /sʌb'zɪərəu/ nulla fok alatti [hőmérséklet]

**succeed** /sək'si:d/ ❶ sikerül vkinek vmi *succeed in (doing) smth* sikerül vmi(t megtennie) ❷ sikert arat, sikerül *my plan suceeded* tervem sikerült ❸ jól mennek a dolgai, sikeres *he always succeeds* neki mindig kijönnek a dolgok ❹ vki/vmi után következik ❺ vmi/vki örökébe lép

**success** /sək'ses/ ❶ siker (amiben: *in*) *have success* sikert ér el, sikerül vmit megtennie (amit: *in*) ❷ sikeres ember/dolog *be a success* sikere van *make a success of smth* sikeresen old meg vmit, sikerre visz vmit

**successful** /sək'sesfəl/ ❶ sikeres (amiben: *in*) ❷ (jól) menő, sikeres

**succession** /sək'seʃən/ ❶ sorrend, sorozat, következés *in (quick/close) succession* egymás után, gyors egymásutánban *there was a succession of examinations in June* júniusban egymást követték a vizsgák ❷ követés, öröklés, utódlás [rangban, pozícióban] *succession to the throne* trónöröklés

**successive** /sək'sesɪv/ egymást követő

**successor** /sək'sesə/ ❶ utód (amiként: *as*) ❷ (jog)utód, örökös (akié/amié: *to*)

**succinct** /sək'sɪŋkt/ tömör, szűkszavú

**succulence** /'sʌkjuləns/ levesesség, nedvbőség

**succulent** /'sʌkjulənt/ ❶ pozsgás ❷ leveses, nedvdús ❸ ízes, tápláló

**succumb** /sə'kʌm/ ❶ megadja magát (aminek: *to*) ❷ meghal, vmibe belehal *succumb to one's illness* belehal betegségébe

**such** /sʌtʃ/ *MNÉV*

olyan, ilyen, olyan/ilyen fajta, *such a clever boy* (egy) ilyen okos fiú *such good food* (az) ilyen finom étel

**such** *HAT.SZÓ*

olyan nagy/kicsi/jó/rossz/stb. *he's such a nice person* nagyon kedves ember

**such** *NÉVMÁS*

ilyesmi, olyasmi *and such was the outcome* és az eredmény (valóban) ez/ilyen *as such* mint olyan

**such as** ❶ (mint) például ❷ ehhez hasonló, például

**suchlike** /'sʌtʃlaɪk/ ilyesféle, hasonló *tennis, golf and suchlike* tenisz, golf, meg ilyesmik/ efélék

S

**suck** /sʌk/ *FNÉV*
❶ szívás ❷ szopás *give suck to smb/smth* megszoptat ❸ szopott anyag, tej ❹ szívóerő, szívó hatás [pl. tornádóé] ❺ szopás hangja, cuppogás

**suck** *IGE*
❶ (ki)szív [pl. szívószállal] ❷ szop [pl. csecsemő] szopogat [pl. cukrot, ujjat] (amit: *at*) ❸ (be)szippant [pl. szívó hatás] ❹ becsalogat, behoz [pl. tőkét]
**suck up** ❶ *suck smth* felszív, felitat ❷ *suck up to smb* (be)nyal vkinek, behízelgi magát vkinél

**sucker** /ˈsʌkə/ ❶ szívó, szopó ❷ szopós [r.szerint állat] ❸ szívószerv [állaté] ❹ tapadókorong

**suckle** /ˈsʌkəl/ ❶ (meg)szoptat ❷ szopik

**suckling** /ˈsʌklɪŋ/ szopós csecsemő/állat

**sucks** /sʌks/ francba! / 'szameg!

**suction** /ˈsʌkʃən/ ❶ szívás ❷ szívó hatás ❸ szivattyúzás

**sudden** /ˈsʌdən/ *FNÉV*
*all of a sudden* hirtelen, váratlanul

**sudden** *MNÉV*
❶ hirtelen, váratlan, azonnali ❷ hirtelen haragú

**sudden death** hirtelen halál [futballban/jégkorongban]

**suddenly** /ˈsʌdənlɪ/ hirtelen, egyszerre csak

**suds** /sʌdz/ *FNÉV*
❶ szappanlé, szappanosvíz ❷ szappanhab

**suds** *IGE*
szappanos/habzó lében mos

**sudsy** /ˈsʌdzɪ/ habzó, szappanos

**sue** /suː/ VAGY /sjuː/ ❶ (be)perel, perbe fog, pert indít vki ellen *sue smb for smth* vmiért [vmi eléréséért/vmilyen okból] pert indít vki ellen ❷ kér, könyörög (amit/amiért: *for*) *sue for peace* békét kér, békéért esedezik

**suede** VAGY **suède** /sweɪd/ antilopbőr, szarvasbőr

**suffer** /ˈsʌfə/ ❶ (el)szenved (amitől: *from*) *he didn't suffer much* nem szenvedett sokat *suffer (heavy) losses* (súlyos) veszteségeket szenved ❷ vmilyen betegségben szenved (amiben: *from*) ❸ kárát látja vminek, megsínyli *his results suffered* az eredményei látták kárát ❹ lakol, bűnhődik

**suffering** /ˈsʌfərɪŋ/ szenvedés, fájdalom

**suffice** /səˈfaɪs/ elég, elegendő (akinek: *for*) *suffice it to say that* (MONDAT) legyen elég annyit mondani, hogy (MONDAT)

**sufficiency** /səˈfɪʃənsɪ/ elegendő mennyiség, vmi elegendő volta

**sufficient** /səˈfɪʃənt/ elegendő, elég(séges)

**suffix** /ˈsʌfɪks/ *FNÉV*
végződés, szuffixum

**suffix** *IGE*
[szuffixumot] hozzátold, hozzátesz

**suffocate** /ˈsʌfəkeɪt/ ❶ megfullad ❷ fuldoklik ❸ megfojt

**suffocation** /ˌsʌfəˈkeɪʃən/ ❶ megfulladás ❷ fuldoklás ❸ megfojtás

**suffrage** /ˈsʌfrɪdʒ/ választójog, szavazati jog *universal suffrage* általános választójog

**suffragette** /ˌsʌfrəˈdʒet/ szüfrazsett

**sugar** /ˈʃʊgə/ *FNÉV*
❶ cukor ❷ szivecském, kedvesem

**sugar** *IGE*
❶ megcukroz, megédesít *sugar the pill/medicine* megédesíti a keserű pirulát ❷ cukorral beszór/meghint

**sugar bowl** VAGY **sugar basin** cukortartó

**sugar beet** cukorrépa

**sugar daddy** fiatal nőt kitartó idősebb férfi

**sugar maple** (amerikai/édes) juharfa

**sugar pea** cukorborsó, zöldborsó

**sugary** /ˈʃʊgərɪ/ ❶ cukros, édes ❷ édeskés, mézesmázos [pl. beszéd]

**suggest** /səˈdʒest/, *US* /səgˈdʒest/ ❶ javasol, ajánl, tanácsol *suggest smth* ajánl/javasol vmit *suggest doing smth* azt javasolja, hogy tegyenek vmit *I suggest that we (should) leave immediately* azt javaslom, azonnal menjünk el / induljunk *can you you suggest what we should do?* meg tudod mondani, mit tegyünk? ❷ sugalmaz, sugall (akinek: *to*) ❸ vmiről árulkodik/tanúskodik, vmi látszatát kelti *her face suggested happiness* arca boldogságról tanúskodott

**suggestible** /səˈdʒestəbəl/, ❶ befolyásolható ❷ javasolható

**suggestion** /səˈdʒestʃən/, *US* /səgˈdʒestʃən/ ❶ javaslat, tanács, ajánlat *make/offer a suggestion* javaslatot tesz, javasol vmit ❷ javasolás, javaslat *at smb's suggestion* vki javaslatára ❸ apró jel, nyom

**suggestive** /səˈdʒestɪv/, ❶ vmire emlékeztető/utaló (amire: *of*) ❷ szuggesztív, sokatmondó ❸ szexuális tartalmú, kétértelmű

**suicidal** /ˌsuːɪˈsaɪdəl/ ❶ öngyilkos, öngyilkossági ❷ végzetes (hatású), öngyilkos

**suicide** /ˈsuːɪsaɪd/ ❶ öngyilkosság *commit suicide* öngyilkosságot követ el ❷ öngyilkos ❸ önpusztítás, öngyilkosság

**suit** /suːt/ *FNÉV*
❶ öltöny *three-piece suit* mellényes öltöny ❷ kosztüm ❸ öltözet *wet suit* gumiruha [vízisporthoz] ❹ per, kereset ❺ (kártya)szín *follow suit* színre színt tesz/rak ❻ garnitúra, készlet KIFEJEZÉSEKBEN: *follow suit* utánoz/követ vkit, vkihez hasonlóan tesz

**suit** *IGE*
❶ alkalmas/megfelel vkinek *it doesn't suit me* nem felel meg nekem *suit smb fine* tökéletesen megfelel vkinek *be suited for/to smb/smth* illik vkihez, alkalmas vmire ❷ jól áll vkinek, illik vkihez [pl. ruha, szín] ❸ (hozzá)alkalmaz, (hozzá)illeszt (amihez: *to*)

**suitability** /ˌsuːtəˈbɪlətɪ/ alkalmasság, megfelelőség, rátermettség

**suitable** /ˈsuːtəbəl/ alkalmas, megfelelő (amire: *for/to*)
**suitcase** bőrönd
**suite** /swiːt/ ❶ készlet, garnitúra [pl. bútorból] *three-piece suite* kanapé és két fotel *bathroom suite* fürdőszobai garnitúra ❷ lakosztály [szállodában] ❸ kíséret [r.szerint fontos emberé] ❹ [számítógépes] programcsomag ❺ [zenei] szvit
**suitor** /ˈsuːtə/ ❶ kérő, udvarló ❷ felperes, panaszos
**sulk** /sʌlk/ *FNÉV*
❶ duzzogó, durcás ember ❷ duzzogás, durcásság *be in a sulk* duzzog
**sulk** *IGE*
durcáskodik, duzzog
**sulks** /sʌlks/ durcásság, duzzogás *have the sulks* duzzog
**sulky** /ˈsʌlkɪ/ *FNÉV*
hajtókocsi [ügetőversenyen]
**sulky** *MNÉV*
❶ duzzogó, durcás ❷ komor [időjárás]
**sullen** /ˈsʌlən/ mogorva, komor [ember, időjárás]
**sulphate** /ˈsʌlfeɪt/ szulfát
**sulphur** /ˈsʌlfə/ *FNÉV/IGE* kén(ez)
**sulphurous** /ˈsʌlfərəs/ ❶ kénes ❷ kénköves, tüzes, pokoli ❸ izgatott, heves
**sultan** /ˈsʌltən/ ❶ szultán
**sultana** /sʌlˈtɑːnə/ ❶ damaszkuszi mazsola, szultanina ❷ szultán felesége/ágyasa/anyja/lánya
**sultanate** /ˈsʌltəneɪt/ ❶ szultanátus, szultánság ❷ szultáni rang
**sultaness** /ˈsʌltənes/ szultán felesége/ágyasa/anyja/lánya
**sultanic** /sʌlˈtænɪk/ szultáni
**sultry** /ˈsʌltrɪ/ ❶ tikkasztó, rekkenő, perzselő ❷ szexualitással teli, vonzó, szexis
**sum** /sʌm/ *FNÉV*
❶ összeg, pénz ❷ számtanpélda *do sums* számtani (alap)műveletet végez *be good at sums* jó (fej)számoló ❸ összeadás eredménye, összeg KIFEJEZÉSEKBEN: *in sum* mindent összevéve/összefoglalva
**sum** *IGE*
**sum up** *sum smth up* ❶ összead, összegez, összefoglal *to sum up* összefoglalva, hogy összefoglaljam ❷ véleményt alkot, felmér, felbecsül *sum up the situation* felméri a helyzetet
**summarily** /ˈsʌmərɪlɪ/ ❶ sommásan, röviden ❷ gyorsított eljárásban/eljárással
**summarize** /ˈsʌməraɪz/ összegez, összefoglal
**summary** /ˈsʌmərɪ/ *FNÉV*
összefoglalás, summázat, összefoglaló
**summary** *MNÉV*
❶ rövidre fogott, sommás ❷ gyorsított eljárásbeli, formaságok nélküli
**summary jurisdiction** gyorsított bíráskodás/ítélkezés
**summation** /sʌˈmeɪʃən/ ❶ összefoglalás ❷ záróbeszéd ❸ összeg
**summer** /ˈsʌmə/ *FNÉV*
❶ nyár *in (the) summer* nyáron *in high summer* a nyár derekán ❷ vmi csúcsa / legszebb része
**summer** *IGE*
❶ nyaral ❷ legeltet [nyáron]
**summerhouse** nyári lak, árnyékot adó kerti házikó
**summerly** /ˈsʌməlɪ/ nyárias
**summer school** nyári egyetem
**summer solstice** nyári napforduló
**summertime** ❶ nyár(idő) ❷ nyári időszámítás
**summery** /ˈsʌmərɪ/ nyárias
**summit** /ˈsʌmɪt/ ❶ (hegy)csúcs, orom ❷ csúcs (-pont), tetőpont ❸ csúcsértekezlet, csúcstalálkozó
**summiteer** /ˌsʌməˈtɪə/ csúcstalálkozó résztvevője
**summit talks** VAGY **summit meeting** csúcsértekezlet, csúcstalálkozó
**summon** /ˈsʌmən/ ❶ behív(at), beidéz, bekéret ❷ összehív [pl. találkozót]
**summon up** *summon smth up* összeszed [erőt, bátorságot] *summon up all ⸗one's⸗ courage* minden bátorságát összeszedi
**summoner** /ˈsʌmənə/ törvényszéki szolga
**summons** /ˈsʌmənz/ *TBSZ* **summonses** *FNÉV*
❶ (be)idézés *serve a summons on smb* beidéz vkit ❷ felszólítás [gyűlésre]
**summons** *IGE*
törvény elé idéz, beidéz
**sumo** /ˈsuːməʊ/ VAGY **sumo wrestling** szumóbirkózás
**sump** /sʌmp/ ❶ ciszterna ❷ olajteknő [autóé] ❸ vízgyűjtő (gödör)
**sumptuous** /ˈsʌmptʃʊəs/ pazar, fényűző, pompázatos
**sum total** végösszeg
**Sun.** = Sunday
**sun** /sʌn/ *FNÉV*
❶ *the sun* nap ❷ napfény, nap *in the sun* napon *have too much sun* napszúrást kap *catch the sun* megkapja a nap, egy kicsit megég ❸ dicsőség, fény
**sun** *IGE*
❶ *sun ⸗oneself⸗* napozik, sütkérezik ❷ a napra kitesz
**sunbaked** /ˈsʌnbeɪkt/ napégette, megkeményedett, repedezett
**sunbathe** /ˈsʌnbeɪð/ napfürdőzik, napozik
**sunbeam** napsugár(zás) [r.szerint belső térben]
**sunbed** napágy [szoláriumban]
**sunburn** lesülés, leégés [bőré]
**sunburnt** napbarnított, lesült
**sundae** /ˈsʌndɪ/ VAGY /ˈsʌndeɪ/ fagylaltkehely
**Sunday** /ˈsʌndeɪ/ vasárnap *on Sundays* vasárnap(onként) *last Sunday* múlt vasárnap
**Sunday best** *in ⸗one's⸗ Sunday best* kimenő/ünneplő ruhában *put on ⸗one's⸗ Sunday best* fölveszi legszebb ruháját
**sundew** /ˈsʌndjuː/ harmatfű

S

**sundial** /ˈsʌndaɪəl/ napóra
**sundown** naplemente
**sundries** /ˈsʌndrɪz/ különféle cikkek, vegyes tételek [pl. számlán]
**sundry** /ˈsʌndrɪ/ különböző, különféle *all and sundry* boldog–boldogtalan, fű–fa
**sunflower** napraforgó
**sunflower seed** szotyola
**sung** ☞ sing
**sunglasses** napszemüveg *two pairs of sunglasses* két napszemüveg
**sunk** /sʌŋk/ *MNÉV*
❶ mélyített, süllyesztett ❷ *be sunk* el van veszve
**sunk** /sʌŋk/ *IGE*
☞ sink
**sunken** /sʌŋkən/ *MNÉV*
❶ elmerült, elsüllyedt ❷ beesett [arc] ❸ mélyített, süllyesztett
**sunken** *IGE*
☞ sink
**sunlight** napfény, napvilág
**sunlit** /ˈsʌnlɪt/ napsütötte, napos
**sunny** /ˈsʌnɪ/ ❶ napos, napfényes, napsütötte *it's sunny* süt a nap ❷ vidámságot/derűt sugárzó, derűs
**sunny side** ❶ az élet pozitív/derűs oldala *look on the sunny side of things* pozitív gondolkodású ❷ *be on the sunny side of 40* innen van a negyvenen
**sunny-side up** *US eggs sunny-side up* tükörtojás
**sun protection factor** fényvédő faktor
**sunrise** napkelte
**sun roof** ❶ tetőablak [autón] ❷ tetőterasz, napozóterasz
**sunset** naplemente, alkony
**sunshade** ❶ napernyő, napvédő (ernyő) ❷ napellenző
**sunshine** napfény, napsütés *bring sunshine into smth* fényt/vidámságot visz bele vmibe
**sunspot** ❶ napfolt ❷ szeplő
**sunstroke** napszúrás, hőguta
**sunstruck** napszúrásos
**sunsuit** napozó(ruha) [r.szerint gyereké]
**suntan** lesülés, barnaság
**sunup** /ˈsʌnʌp/ *US* napkelte
**sun visor** napellenző [pl. autóban]
**sup** ❶ hörpint, kortyol(gat) ❷ (meg)vacsorál *we supped on salad* salátát vacsoráltunk ❸ megvacsoráztat, vacsorát ad vkinek
**super** /ˈsuːpə/ *FNÉV*
❶ néma szereplő, segédszínész ❷ fölösleges/jelentéktelen ember ❸ (fő)felügyelő, rendőrfőnök ❹ magas oktánszámú benzin, szuper
**super** *MNÉV*
nagyszerű, óriási, szuper
**super-** ❶ vminél nagyobb/felsőbb, vmi fölötti, vmin túli, szuper- ❷ szuper-, csúcs-
**superable** /ˈsuːpərəbəl/ legyőzhető, áthidalható [nehézség]
**superannuate** /ˌsuːpərˈænjueɪt/ ❶ nyugdíjaz, nyugdíjba küld ❷ elavulttá nyilvánít, kidob ❸ kiszolgálttá válik, kiérdemesül
**superannuation** /ˌsuːpərænjuˈeɪʃən/ ❶ nyugdíj [r.szerint volt munkáltató által fizetett] ❷ nyugdíjjárulék ❸ nyugdíjazás
**superannuation allowance** nyugdíj
**superb** /sʊˈpɜːb/ kitűnő, nagyszerű, remek
**supercharge** /ˈsuːpətʃɑːdʒ/ ❶ turbóra vált, bekapcsolja a turbót [pl. autóban] ❷ túlfűt, túlfeszít [pl. hangulatot]
**supercharger** /ˈsuːpətʃɑːdʒə/ turbófeltöltő
**superconductivity** /ˌsuːpəkɒndʌkˈtɪvətɪ/ szupravezetés
**superconductor** /ˌsuːpəkənˈdʌktə/ szupravezető
**superficial** /ˌsuːpəˈfɪʃəl/ ❶ felületi, felszíni [pl. sérülés] ❷ felületes, felszínes [pl. tudás, érzelem]
**superficiality** /ˌsuːpəfɪʃɪˈælətɪ/ felületesség, felszínesség
**superfluity** /ˌsuːpəˈfluːətɪ/ ❶ fölösleges dolog ❷ vmi fölösleges/nélkülözhető volta
**superfluous** /sʊˈpɜːfluəs/ fölösleges, nélkülözhető, a szükségesnél több
**super G** VAGY **super giant slalom** óriásműlesiklás
**superglue** /ˈsuːpəgluː/ *FNÉV/IGE* pillanatragasztó (-val megragaszt)
**superhighway** /ˌsuːpəˈhaɪweɪ/ autópálya, sztráda, autósztráda *information superhighway* információs szupersztráda
**superhuman** /ˌsuːpəˈhjuːmən/ emberfölötti
**superimpose** /ˌsuːpərɪmˈpəuz/ ❶ egymásra helyez, rátesz, tetejére/fölé tesz ❷ rávetít [pl. feliratot képre]
**superintend** /ˌsuːpərɪnˈtend/ ❶ felügyel, ellenőriz ❷ igazgat, irányít, felügyeletet gyakorol vmi fölött
**superintendent** /ˌsuːpərɪnˈtendənt/ ❶ szaktanácsadó, felügyelő [pl. iskolában] ❷ (fő)felügyelő [rendőr] ❸ házfelügyelő, gondnok
**superior** /sʊˈpɪərɪə/ *FNÉV*
❶ feljebbvaló, felettes ❷ felsőindex
**superior** *MNÉV*
❶ magasabb (rangú), felette álló/lévő ❷ kiválóbb, értékesebb ❸ kiváló, minőségi ❹ fölényes, felsőbbrendűségét kimutató ❺ felső, feljebb/felül lévő [pl. végtagok] ❻ ellenálló, érzéketlen (aminek/amire: *to*)
**superiority** /suˌpɪərɪˈɒrɪtɪ/ ❶ felsőbb(rendű)ség, fölény ❷ fölérendeltség, vmi magasabb rendű volta
**superlative** /sʊˈpɜːlətɪv/ *FNÉV*
felsőfok, szuperlatívusz
**superlative** *MNÉV*
❶ felsőfokú [nyelvtani alak] ❷ felülmúlhatatlan, páratlan, nagyszerű
**superman** /ˈsuːpəmæn/ *TBSZ* **supermen** /ˈsuːpəmen/ ❶ emberfölötti/ritka képességű ember [férfi] ❷ Übermensch

**supermarket** /ˈsuːpəmɑːkɪt/ (élelmiszer)áruház, szupermarket
**supermodel** /ˈsuːpəmɒdəl/ híres manöken, szupermodell
**supernatural** /ˌsuːpəˈnætʃərəl/ *FNÉV*
*the supernatural* a természetfölötti
**supernatural** *MNÉV*
❶ természetfölötti ❷ isteni
**supernova** /ˌsuːpəˈnəʊvə/ *TBSZ* **supernovae** /ˌsuːpəˈnəʊviː/ VAGY **supernovas** szupernova
**superordinate** /ˌsuːpərˈɔːdɪnət/ *FNÉV*
❶ fölérendelt, elöljáró, feljebbvaló ❷ fölérendelt fogalom
**superordinate** /ˌsuːpərˈɔːdɪnət/ *MNÉV*
fölérendelt, magasabb rangú
**superordinate** /ˌsuːpərˈɔːdɪneɪt/ *IGE*
fölérendel
**superscribe** /ˌsuːpəˈskraɪb/ ❶ fölé ír, ráír ❷ felirattal ellát
**superscript** /ˈsuːpəskrɪpt/ ❶ felsőindex ❷ kitevő
**superscription** /ˌsuːpəˈskrɪpʃən/ ❶ felirat, cím (-zés), fej [levélen] ❷ [‘vegyen be’ értelmű] „℞” jel [recepten]
**supersede** /ˌsuːpəˈsiːd/ ❶ vmi/vki helyébe lép / helyére kerül ❷ hatálytalanít, tárgytalanná tesz [pl. új rendelkezés régit]
**supersonic** /ˌsuːpəˈsɒnɪk/ szuperszonikus, hangsebesség feletti
**superstar** /ˈsuːpəstɑː/ (nemzetközi) szupersztár
**superstition** /ˌsuːpəˈstɪʃən/ babona
**superstitious** /ˌsuːpəˈstɪʃəs/ babonás
**superstore** /ˈsuːpəstɔː/ óriás szupermarket
**superstructure** /ˈsuːpəstrʌktʃə/ ❶ felépítmény [szerkezeté, ideológiáé] ❷ felső fedélzet feletti rész [hajóé]
**supertanker** /ˈsuːpətæŋkə/ szuper/óriás tankhajó
**supervise** /ˈsuːpəvaɪz/ felügyel, irányít, vezet
**supervision** /ˌsuːpəˈvɪʒən/ ❶ ellenőrzés, felügyelet ❷ felügyelőség, felügyelet
**supervisor** /ˈsuːpəvaɪzə/ ❶ ellenőr, felügyelő ❷ témavezető [diplomamunkánál] ❸ felettes, főnök
**supervisory** /ˌsuːpəˈvaɪzərɪ/ felügyeleti
**supervisory board** VAGY **supervisory committee** felügyelőbizottság
**supper** /ˈsʌpə/ vacsora *have supper* vacsorázik
**supple** /ˈsʌpəl/ *MNÉV*
❶ hajlékony, rugalmas ❷ rugalmas, alkalmazkodó ❸ simulékony, szervilis
**supple** *IGE*
❶ hajlékonnyá válik ❷ hajlékonnyá tesz ❸ megtör, betör [embert, állatot]
**supplement** /ˈsʌpləmənt/ *FNÉV*
❶ pótlás, kiegészítés, melléklet ❷ pótkötet ❸ kiegészítő szög
**supplement** /ˈsʌpləment/ *IGE*
kiegészít, kipótol (amivel: *with*)
**supplemental** /ˌsʌpləˈmentəl/ kiegészítő, pótlólagos
**supplementary** /ˌsʌpləˈmentərɪ/ kiegészítő, pót-, mellék-
**supplementation** /ˌsʌplɪmenˈteɪʃən/ kipótolás, kiegészítés
**supplier** /səˈplaɪə/ ellátó, (be)szállító
**supplies** /səˈplaɪz/ ❶ ellátmány *office supplies* irodaszerek, irodai ellátmány ❷ élelem [vásárlandó/vásárolt]
**supply** /səˈplaɪ/ *FNÉV*
❶ ellátás (amiből: *of*) *electricity supply* áramellátás *be in short supply* kevés/hiány van belőle ❷ kínálat *excess supply* túlkínálat *supply and demand* kereslet–kínálat ❸ (be)szállítás ❹ utánpótlás ❺ szállítmány
**supply** *MNÉV*
ellátást szolgáló, ellátó
**supply** /ˈsʌplɪ/ *HAT.SZÓ*
❶ hajlékonyan, ruganyosan ❷ simulékonyan
**supply** /səˈplaɪ/ *IGE*
❶ ellát, felszerel (amivel: *with*) *keep smb supplied with smth* folyamatosan ellát vkit vmivel ❷ szállít, szolgáltat ❸ kielégít [szükségletet, igényt] ❹ (be)pótol [hiányt]
**supply teacher** (távollevő helyett alkalmazott) helyettesítő tanár
**support** /səˈpɔːt/ *FNÉV*
❶ támasztás ❷ támaszték, tartó(szerkezet) ❸ támogatás [pl. elvi] *drum up support for smb/smth* támogatást/támogatókat szerez vkinek/vminek *have smb's support* élvezi/bírja vki támogatását ❹ segély, támogatás ❺ eltartóképesség *have no means of support* nem tudja eltartani magát ❻ fenntartás, tartásdíj ❼ tartó, felkötő [pl. törött végtag fölkötésére] ❽ támogatottság
**support** *IGE*
❶ (alá)támaszt, (meg)tart ❷ megtámogat, szinten tart [pl. pénzt] ❸ támogat, segít [pl. pénzzel] ❹ eltart, megadja vkinek/vminek a legszükségesebbet ❺ fenntart, eltart [családot] *have a family to support* családot tart fenn ❻ drukkol/szurkol vkinek *which team do you support?* melyik csapatnak drukkolsz? ❼ igazol, alátámaszt [pl. elméletet] ❽ eltűr, elvisel
**supportable** /səˈpɔːtəbəl/ ❶ elviselhető, kibírható ❷ alátámasztható, igazolható
**supporter** /səˈpɔːtə/ ❶ vki/vmi híve/támasza ❷ szurkoló
**supporting** /səˈpɔːtɪŋ/ ❶ támogató, segítő ❷ támasztó, tám-
**supporting actor** epizódszínész
**supporting band** előzenekar
**supporting wall** támfal
**supportive** *MNÉV* támogató, bátorító
**suppose** /səˈpəʊz/ ❶ feltételez, feltesz képzel, gondol *suppose/supposing it rains* tegyük fel, hogy esik, ha esik *I suppose so* azt hiszem, úgy vélem ❷ állítólag, azt mondják [passzív szerkezetben] *he's supposed to be rich* azt mondják, gazdag ❸ előfeltételez *a pay rise supposes profits* a fizetésemelés előfeltétele a

S

nyereség ❹ *be supposed to do smth* köteles vmit megtenni, elvárják tőle, hogy megtegyen vmit *you are supposed to submit your essays by week eight* a nyolcadik hétig be kell adniuk a dolgozatokat *you are not supposed to smoke in here* idebent nem szabad dohányozni

**supposedly** /sə'pəʊzɪdlɪ/ állítólag, vélhetően, feltehetően

**supposition** /ˌsʌpə'zɪʃən/ feltevés, feltételezés, vélekedés *act on the supposition that* {MONDAT} azt feltételezve cselekszik, hogy {MONDAT}

**suppository** /sə'pɒzɪtərɪ/ kúp [gyógyszer]

**suppress** /sə'pres/ ❶ elfojt [pl. lázadást] ❷ elnyom, visszafojt [pl. érzelmet] ❸ eltitkol, elhallgat ❹ betilt [pl. sajtóterméket]

**suppression** /sə'preʃən/ ❶ elnyomás, elfojtás ❷ elhallgatás, eltussolás

**suppressive** /sə'presɪv/ elnyomó, elfojtó

**supraconductor** /ˌsuːprəkən'dʌktə/ szupravezető

**supranational** /ˌsuːprə'næʃnəl/ nemzetek feletti, szupranacionális

**supremacy** /sʊ'preməsɪ/ felsőbbség, fennhatóság

**supreme** /sʊ'priːm/ ❶ legfőbb, legfelső ❷ nagyfokú, magasfokú ❸ páratlan, végső ❹ mindenek fölött való

**Supreme Court** Legfelsőbb Bíróság

**supremely** /sʊ'priːmlɪ/ a legteljesebb mértékben, legjobban

**surcharge** /'sɜːtʃɑːdʒ/ *FNÉV*

❶ felár, pótdíj ❷ pótadó, pótdíj, pótilleték *import surcharge* vámpótlék ❸ túlzott díj/ár ❹ túlterhelés ❺ felülnyomás [bélyegé]

**surcharge** /'sɜːtʃɑːdʒ/ VAGY /sɜː'tʃɑːdʒ/ *IGE*

❶ pótdíjat fizettet/számol föl ❷ túl sokat / túlzó árat kér ❸ túlzottan megterhel, túltölt ❹ felülnyom [bélyeget]

**sure** /ʃɔː/ VAGY /ʃʊə/ *MNÉV*

❶ biztos, bizonyos *I'm not sure* nem vagyok biztos benne *be/feel sure of smth* biztos vmiben ❷ biztosan / minden bizonnyal igaz ❸ minden bizonnyal bekövetkező, biztos

KIFEJEZÉSEKBEN: *sure!* persze! hogyne! *be sure to tell her* ne felejtsd el megmondani neki *to be sure* persze, (kétségtelen) *make sure of smth* megbizonyosodik/meggyőződik vmiről

**sure** *HAT.SZÓ*

❶ biztosan, természetesen *he will sure come* biztos eljön *that's for sure* ez egészen biztos ❷ *sure enough* egész biztos, feltétlen

**surefire** biztosan bejövő/megvalósuló, biztos

**surefooted** /'ʃɔːfʊtɪd/ ❶ biztos járású ❷ józanul gondolkodó, jól eligazodó

**sure-handed** /'ʃɔːhændɪd/ ❶ ügyeskezű, biztoskezű ❷ ügyes

**surely** /'ʃɔːlɪ/ VAGY /'ʃʊəlɪ/ biztosan, bizonyára *she will surely come* biztosan eljön

**surety** /'ʃʊərətɪ/ VAGY /'ʃɔːrətɪ/ ❶ kezes, jótálló *stand surety for smb* kezességet vállal / jótáll vkiért ❷ kezesség, jótállás (akiért: *for*)

**surf** /sɜːf/ *FNÉV*

tajtékzó/habzó hullám [part felé tartó] ⓘ *NEM* ~~szörf~~

**surf** *IGE*

❶ hullámlovagol, szörföl ❷ kapcsolgat, (tévé)csatornáról csatornára vált ❸ barangol/nézelődik a weben, böngészik, szörföl

**surface** /'sɜːfəs/ *FNÉV*

❶ felület, felszín [tárgyé] ❷ felszín [pl. vízé] *break the surface* felbukkan [pl. tengeralattjáró] ❸ látszat, külszín *on the surface* látszólag, külsőleg

**surface** *MNÉV*

❶ felszíni, felszínen lévő ❷ felszínen szállított, nem légi [posta]

**surface** *IGE*

❶ felszínre emelkedik/jön, felmerül [pl. hal, tengeralattjáró] ❷ felbukkan, felszínre kerül ❸ (be)burkol [r.szerint utat] ❹ előbújik, fölkel

**surface mail** földi/vízi úton szállított [= nem légi] posta

**surfboard** szörfdeszka

**surfboarder** szörfdeszkás, szörfdeszkázó

**surfeit** /'sɜːfɪt/ *FNÉV*

❶ bőség ❷ csömör, undor [vmi túlzott bőségétől] *have a surfeit of smth* megcsömörlik vmitől, torkig van vele

**surfeit** *IGE*

túltelíti magát [pl. étellel], megcsömörlik (amivel/amitől: *with*)

**surfer** /'sɜːfə/ hullámlovas, szörfös, szörföző

**surfing** /'sɜːfɪŋ/ ❶ szörfözés, hullámlovaglás ❷ keresés a világhálón, (net)szörfözés

**surge** /sɜːdʒ/ *FNÉV*

❶ nekilódulás, előrelendülés ❷ nagy hullám (ereje) ❸ roham [pl. düh-] ❹ fellendülés [pl. forgalomé] ❺ hullámzás [pl. mozgásé] ❻ hirtelen megemelkedés [pl. feszültségé]

**surge** *IGE*

❶ hullámzik ❷ dagad, árad ❸ meglódul, nekilódul ❹ megugrik [ár] ❺ hirtelen megemelkedik [pl. villamos feszültség]

**surgeon** /'sɜːdʒən/ ❶ sebész ❷ hajóorvos [haditengerészetnél]

**Surgeon General** *US* egészségügyi miniszter

**surgery** /'sɜːdʒərɪ/ ❶ műtét, sebészeti beavatkozás *undergo surgery* megoperálják ❷ műtő ❸ (orvosi) rendelő, szakambulancia

**surgical** /'sɜːdʒɪkəl/ ❶ sebészi, sebészeti (célú), műtéti ❷ villámgyors, hajszálpontos, r.szerint levegőből intézett [katonai akció]

**surgically** /'sɜːdʒɪklɪ/ műtéti úton, műtétileg

**surly** /'sɜːlɪ/ mogorva, barátságtalan, goromba

**surmise** /sə'maɪz/ VAGY /'sɜːmaɪz/ *FNÉV*

feltevés, vélekedés, bizonyíték nélküli feltételezés

**surmise** *IGE*

vél, gyanít, bizonyíték nélkül feltételez

**surmount** /sə'maʊnt/ ❶ felülkerekedik vmin, legyőz, leküzd ❷ fölmegy és lejön, keresztez [pl. hegyen/hegyet] ❸ vmi felett van, vmi fölé emelkedik [pl. kémény házon] ❹ vmi fölé/vmire odaerősít ❺ uralkodik (vmin), ural (vmit)

**surmountable** /sə'mauntəbəl/ leküzdhető, legyőzhető

**surname** /'sɜːneɪm/ ❶ vezetéknév, családnév *use surnames with smb* magázódnak vkivel ❷ ragadványnév, becenév

**surpass** /sə'pɑːs/ felülmúl vkit/vmit, túltesz vkin/vmin

**surplus** /'sɜːpləs/ *FNÉV*

❶ felesleg, többlet ❷ nyereség, szufficit, maradvány

**surplus** *MNÉV*

többlet- *be surplus to smth* többletet jelent vmihez képest

**surprise** /sə'praɪz/ *FNÉV*

❶ meglepetés, meglepettség, váratlan dolog *(much) to my surprise* (nagy) meglepetésemre *take smb by surprise* meglep, meglepetésszerűen érint ❷ ajándék, meglepetés ❸ rajtaütés(szerű támadás)

**surprise** *MNÉV*

❶ meglepetésszerű, meglepetésként ható ❷ rajtaütésszerű

**surprise** *IGE*

❶ meglep, meghökkent ❷ rajtakap, meglep *surprise smb in the act* tettenér

**surprised** /sə'praɪzd/ meglepett, meghökkent *be surprised at/by smth* meglepi/meghökkenti vmi *be surprised that* {MONDAT} meglepi/meghökkenti, hogy {MONDAT}

**surprise surprise** (és) micsoda meglepetés! / és lőn/valóban / és mit ád Isten?

**surprising** /sə'praɪzɪŋ/ meglepő, meghökkentő, váratlan

**surreal** /sə'rɪəl/ ❶ szürreális ❷ furcsa, bizarr

**surrealism** /sə'rɪəlɪzəm/ szürrealizmus

**surrealist** /sə'rɪəlɪst/ *FNÉV* szürrealista

**surrender** /sə'rendə/ *FNÉV*

❶ megadás, feladás [pl. erődé], kapituláció ❷ átadás, kiadás [pl. fogolyé] ❸ kiszolgáltatás [pl. lefoglalt dologé]

**surrender** *IGE*

❶ megadja magát (aminek/akinek: *to*) *surrender (oneself) to the police* feladja magát ❷ átadja magát [pl. szenvedélynek] (aminek: *to*) ❸ lemond vmiről [pl. posztról, követelésről] ❹ beszolgáltat, átad [pl. bevont útlevelet]

**surreptitious** /ˌsʌrəp'tɪʃəs/ titkos, lopva/titokban tett, alattomos

**surrogate** /'sʌrəgeɪt/ ❶ helyettes ❷ pótlék, pótszer

**surrogate court** hagyatéki és gyámügyi bíróság

**surrogate mother** béranya, dajkaterhes

**surround** /sə'raund/ *FNÉV*

❶ díszes szél/perem/keret ❷ „surround" hang

**surround** *IGE*

❶ körülvesz, körülfog [pl. kerítés] *be surrounded by controversy* ellentmondásosság lengi/veszi körül ❷ körülzár, bekerít

**surrounding** /sə'raundɪŋ/ körülvevő, környező

**surroundings** /sə'raundɪŋz/ környék, vidék, környezet

**surtax** /'sɜːtæks/ *FNÉV*

pótadó, adópótlék

**surtax** *IGE*

pótadót vet ki vkire/vmire

**surtitles** /'sɜːtaɪtəl/ felcím

**surtitles** /'sɜːtaɪtəlz/ operalibrettó színpad fölé vetített fordítása

**surveillance** /sə'veɪləns/ megfigyelés, felügyelet *keep smb under surveillance* megfigyelés alatt tart vkit

**survey** /'sɜːveɪ/ *FNÉV*

❶ felmérés, megvizsgálás [r.szerint kikérdezéssel] *do/make / carry out a survey of smth* felmér vmit ❷ áttekintés, átfogó tanulmány ❸ (felül-)vizsgálat szemle, állapotfelmérés ❹ földmérés ❺ véletlenszerű minta [statisztikában]

**survey** *IGE* /sɜː'veɪ/ VAGY /'sɜːveɪ/

❶ áttekint, felmér, szemrevételez [pl. helyzetet] ❷ felmér [területet] ❸ ellenőriz, felülvizsgál

**surveyor** /sə'veɪə/ ❶ felügyelő, ellenőr(ző mérnök) ❷ földmérő, geodéta ❸ vámtisztviselő

**survival** /sə'vaɪvəl/ ❶ életben maradás, túlélés ❷ átöröklődés, megmaradás

**survival kit** túlélőcsomag

**survive** /sə'vaɪv/ ❶ tovább él, fennmarad, életben marad ❷ életben tartja magát, életben marad (amin: *on*) ❸ túlél vkit/vmit [pl. betegséget, rokont, választást], kihever vmit

**survivor** /sə'vaɪvə/ *FNÉV* ❶ túlélő, életben maradt, hátramaradott ❷ túlélő típus/fajta

**susceptibility** /səˌseptə'bɪlətɪ/ fogékonyság, érzékenység, hajlamosság

**susceptible** /sə'septəbəl/ fogékony, érzékeny, hajlamos [pl. betegségre] (amire: *to*)

**sushi** /'suːʃɪ/ szusi [japán halétel]

**suspect** /'sʌspekt/ *FNÉV*

gyanúsított

**suspect** /'sʌspekt/ *MNÉV*

gyanús, gyanúra okot adó

**suspect** /səs'pekt/ *IGE*

❶ gyanít, gyanakodik *I suspect that* {MONDAT} gyanítom, hogy {MONDAT} ❷ gyanúsít *be suspected* gyanúsítják *suspect smb of murder / stealing valuables* gyilkossággal / értékek eltulajdonításával gyanúsít vkit

**suspend** /sə'spend/ ❶ félbeszakít, megszakít, felfüggeszt [pl. ülést, értékesítést] ❷ felakaszt, felfüggeszt [tárgyat] ❸ ideiglenesen megakadályoz, felfüggeszt [pl. hivatás gyakorlásában] ❹ kitart [zenei hangot]

**suspenders** /sə'spendəz/ ❶ harisnyakötő ❷ *US* nadrágtartó

**suspense** /sə'spens/ bizonytalanság, izgatott várakozás, kétség *keep smb in suspense* bizonytalanságban tart vkit *wait in suspense* izgatottan várakozik

**suspension** /sə'spenʃən/ ❶ függés, lógás ❷ (kerék)felfüggesztés, rugózás [autóé] ❸ leállítás, felfüggesztés [pl. szolgáltatásé] ❹ felfüggesztés [pl. állásból] ❺ szuszpenzió

**suspicion** /sə'spɪʃən/ ❶ gyanú *on suspicion of smth* vmi gyanújával *be under suspicion of smth* vmivel gyanúsítják *be above suspicion* minden gyanún felül áll ❷ gyanakvás *talk to smb with suspicion* gyanakvóan beszél vkivel ❸ sejtelem, gyanítás *have a suspicion that {MONDAT}* azt gyanítja, hogy {MONDAT}

**suspicious** /sə'spɪʃəs/ ❶ gyanakvó, bizalmatlan *be suspicious* gyanakszik (akire/amire: *of*) ❷ gyanús, gyanúra okot adó

**suss** VAGY **sus** /sʌs/ *FNÉV/MNÉV* gyanú(s)

**suss** *IGE*
rájön, kiszagol
**suss out** *suss smth out* ❶ kiszagol, kifigyel, kinéz, kiderít ❷ kiismer

**sustain** /sə'steɪn/ ❶ (fenn)tart, jó erőben tart ❷ hosszan megtart, fenntart [pl. érdeklődést] ❸ eltart, fenntart [pl. családot] ❹ (el)szenved *sustain an injury* sérülést szenved ❺ megtart [pl. oszlop plafont]

**sustainable** /sə'steɪnəbəl/ fenntartható *sustainable growth* fenntartható [gazdasági] növekedés

**sustained** /sə'steɪnd/ ❶ kitartó ❷ hosszan tartó ❸ kitartott [hang]

**sustenance** /'sʌstənəns/ ❶ fenntartás, ellátás, élelmezés ❷ táplálék

**suture** /'su:tʃə/ *FNÉV*
varrat, összevarrás [seben/sebé]

**suture** *IGE*
összevarr, összekapcsol [sebet]

**SW** = southwest; southwestern; short wave

**swab** /swɒb/ *FNÉV*
❶ tampon ❷ kenet *take a swab* kenetet vesz

**swab** *IGE*
❶ felmos, (fel)súrol [padlót] ❷ tamponál, tisztít [pl. sebet]

**Swabian** /'sweɪbɪən/ *FNÉV/MNÉV* sváb [= bajorországi német (nyelv)]

**swaddle** /'swɒdəl/ bepólyáz

**swaddling clothes** pólya

**swag** /swæg/ *FNÉV*
❶ batyu, cucc ❷ ingadozás, imbolygás ❸ virágfüzérdísz

**swag** *IGE*
❶ himbálódzik, lóg, leng ❷ virágfüzérrel díszít

**swagger** /'swægə/ *FNÉV*
❶ hencegés, felvágás *walk with a swagger* peckesen sétál ❷ vándormunkás

**swagger** *MNÉV*
elegáns, jólöltözött

**swagger** *IGE*
❶ büszkélkedik ❷ henceg ❸ peckesen/gőgösen vonul

**Swahili** /swə'hi:lɪ/ *FNÉV/MNÉV* szuahéli

**swallow** /'swɒləu/ *FNÉV*
❶ fecske *one swallow does not make a summer* egy fecske nem csinál nyarat ❷ (le)nyelés ❸ korty(olás) ❹ falat

**swallow** *IGE*
❶ (le)nyel *swallow hard* nagyot nyel *swallow the wrong way* félrenyel ❷ elfogad, lenyel ❸ elfojt, visszafojt

**swallowtail** ❶ fecskefarok ❷ frakk

**swam** ☞ swim

**swamp** /swɒmp/ *FNÉV*
mocsár, ingovány

**swamp** *IGE*
❶ eláraszt [vízzel] ❷ elönt, elhalmoz, eláraszt [pl. feladatokkal]

**swampland** mocsárvidék

**swampy** /'swɒmpɪ/ mocsaras, ingoványos

**swan** /swɒn/ *FNÉV*
hattyú

**swan** *IGE*
céltalanul utazgat, kóborol

**swanker** /'swæŋkə/ hetvenkedő

**swanky** /'swæŋkɪ/ ❶ felvágós, nagyképű ❷ drága, elegáns, menő

**swan song** hattyúdal

**swap** /swɒp/ *FNÉV*
❶ csere, cserebere *do a swap* elcserél vmit ❷ cserélt/cserélendő dolog

**swap** *IGE*
❶ elcserél, becserél (akivel: *with*, amire: *for*) *shall we swap places?* helyet cseréljünk? ❷ csereberél

**swap shop** használtcikkbörze

**sward** /swɔ:d/ gyep, pázsit

**swarm** /swɔ:m/ *FNÉV*
❶ rajzás [rovaroké] ❷ tömeg, sokaság, rajzás [embereké]

**swarm** *IGE*
❶ rajzik *they swarmed out of the stadium* kiözönlöttek a stadionból ❷ nyüzsög, hemzseg (amitől: *with*)

**swash** /swɒʃ/ *FNÉV*
❶ vízcsobbanás [pl. hullámé parton] ❷ csobbanó hang ❸ fövenytorlódás, homokzátony ❹ kérkedés, hetvenkedés

**swash** *IGE*
❶ csobog, csobban [víz] ❷ nekiütődik a homokzátonynak [hullám] ❸ kérkedik

**swastika** /'swɒstɪkə/ horogkereszt

**swat** /swɒt/ *FNÉV*
légycsapó

**swat** *IGE*
agyoncsap [pl. legyet]

**swath** /swɒθ/ VAGY **swathe** /sweɪð/ *FNÉV* ❶ lekaszált rend ❷ keskeny terület *cut a swath through smth* kis területen nagy pusztítást végez, rendet vág vmiben

**swathe** /sweɪð/ *FNÉV*
kötés, bugyolálás
**swathe** *IGE*
beköt, beburkol, bebugyolál
**swatter** /ˈswɒtə/ légycsapó
**sway** /sweɪ/ *FNÉV*
❶ lengés, ingás [pl. jobbra–balra] ❷ billegés, himbálózás [pl. hajóé]
**sway** *IGE*
❶ (ki)leng, inog [pl. jobbra–balra] ❷ ingat, himbál, lóbál ❸ billeg, himbálózik [pl. hajó] ❹ befolyásol, irányít *be swayed* eltérítik szándékától
**swear** /sweə/, **swore**, /swɔː/, **sworn** /swɔːn/ ❶ káromkodik, szitkozódik (akire/amire: *at*) ❷ (meg)esküszik, esküt tesz (amire: *on*) *swear on the Bible* esküszik a Bibliára *swear allegiance to smb/smth* hűségesküt tesz vkihez/vmihez *swear to do smth* esküszik, hogy vmit (meg-) tesz ❸ esküvel fogad *swear an oath* esküt tesz ❹ megesket, felesket *swear a witness* tanút felesket
**swear in** *swear smb in* fölesket *the president was sworn in on the 20th* az elnököt huszadikán eskették föl
**swear to** *swear to smth* esküszik vmire *I wouldn't swear to it* nem esküdnék meg rá
**swearword** káromkodás, szitokszó
**sweat** /swet/ *FNÉV*
❶ izzadság, veríték *be covered in / dripping with sweat* nagyon izzad, csupa verejték ❷ izgalom *get in a sweat* izgalomba jön, fölizgatja magát (ami miatt: *about*) ❸ strapás munka ❹ öreg csont, vén bajtárs
**sweat** *IGE*
❶ izzad, verítékezik ❷ kicsapódik rajta [pl. pára] ❸ izgul, szenved ❹ fonnyaszt, süt [amíg a leve/zsírja el nem távozik] ❺ (meg)izzaszt ❻ forraszt ❼ leizzaszt, lefogyaszt *jogging has sweated two kilos off him* a futástól két kilót leadott
**sweater** /ˈswetə/ ❶ kötött pulóver [bebújós] ❷ éhbérért dolgoztató ember
**sweats** /swets/ melegítő, tréningruha
**sweatshirt** vastag trikó, sweatshirt
**sweat suit** melegítő, tréningruha
**sweaty** /ˈswetɪ/ ❶ izzadó, (át)izzadt ❷ izzasztó ❸ fárasztó
**sweep** /swiːp/ *FNÉV*
❶ söprés ❷ seprő mozdulat, suhintás [pl. karddal] ❸ (nagy) kanyar(ulat)/ív [pl. domborulaté, folyóé] ❹ átfogóképesség, ív [gondolkodásé] *broad sweep of smb's arguments* érveinek széles íve / mindenre kiterjedése ❺ pásztázás, keresés [pl. távcsővel, keresővel] ❻ lehallgatókészülék keresése ❼ kéményseprő ❽ sorsjáték
KIFEJEZÉSEKBEN: *make a clean sweep of smth* tabula rasát csinál
**sweep** /swiːp/, **swept** /swept/, **swept** /swept/ *IGE*
❶ (össze)söpör, felsöpör *sweep the floor clean* tisztára söpri / fölsöpri a padlót *sweep smth under the carpet* szőnyeg alá söpör [pl. érvet] ❷ elsodor, elsöpör ❸ végigsöpör/végigszáguld/átözönlik vmin [pl. vihar, pánik] ❹ (végig-) száguld, végigrohan, viharzik *he swept out of the room* kiviharzott a szobából ❺ elterül, végigvonul [pl. hegy, vasútvonal] ❻ pásztáz, tekintetét végigjáratja vmin *his eyes swept the horizon* tekintetét körbejáratta a látóhatáron ❼ átfésül vmit ❽ lehallgatókészüléket keres/eltávolít ❾ fölényesen/elsöprően nyer/legyőz
**sweep aside** *sweep smth/smb away* félresöpör
**sweep away** *sweep smth away* ❶ félresöpör/elsöpör vmit ❷ *be swept away by smth* levészi/ledönti a lábáról [pl. érv]
**sweep up** *sweep smth/smb up* ❶ összesöpör vmit ❷ lendületes mozdulattal fölkap
**sweeper** /ˈswiːpə/ ❶ utcaseprő [ember/gép] ❷ szőnyegseprű ❸ gondnok, házfelügyelő ❹ söprögető [futballban]
**sweeping** /ˈswiːpɪŋ/ ❶ átfogó, mélyreható, elsöprő [pl. változás, terv] ❷ túlzottan általánosító/nagyvonalú [pl. állítás]
**sweepstake** /ˈswiːpsteɪk/ ❶ sorsjáték ❷ sorsjáték nyereménye
**sweet** /swiːt/ *FNÉV*
❶ desszert, utolsó fogás [étkezésnél] ❷ édesség ❸ cukorka ❹ kellemes dolog ❺ édes [megszólításban]
**sweet** *MNÉV*
❶ édes ❷ illatos, friss, kellemes, üde [pl. lehelet] ❸ aranyos [ember/dolog] ❹ kedves, kellemes [pl. ember, modor] *it was sweet of you to do smth* nagyon kedves volt tőled, hogy {MONDAT} ❺ nem sós, édes [víz] ❻ nem száraz, édes [bor]
**sweeten** /ˈswiːtən/ ❶ megédesedik ❷ (meg)édesít, megcukroz ❸ kellemessé/kedvesebbé tesz ❹ megveszteget, lekötelez [pl. pénzzel, ajándékkal]
**sweetener** /ˈswiːtənə/ ❶ édesítő(szer) ❷ (meg-) vesztegetés [pénz, ajándék] ❸ hangulatjavító intézkedés
**sweetheart** /ˈswiːthɑːt/ ❶ szerető, kedves *childhood sweetheart* vki gyerekkori szerelme ❷ édes(em), drágám
**sweetie** /ˈswiːtɪ/ ❶ szívem, édesem ❷ édes/kedves ember/állat/dolog ❸ szerető, kedves
**sweet shop** édességbolt
**sweet talk** *FNÉV*
hízelgés
**sweet talk** *IGE*
hízelgéssel rávesz vkit vmire (amire: *into*)
**sweet-tempered** kellemes modorú, szelíd
**sweet tooth** *have a sweet tooth* édesszájú
**sweetwater** édesvízi
**swell** /swel/ *FNÉV*
❶ hullámzás, hullámverés ❷ domb(orulat), kiemelkedés, kidudorodás ❸ növekedés [hangerőéé], crescendo

S

**swell** /swel/ *MNÉV*
❶ (túl) elegáns, divatos, előkelő ❷ remek, klassz, dögös

**swell** /swel/, **swelled** /sweld/, **swelled** VAGY **swollen** /ˈswəulən/ *IGE*
❶ (meg)dagad, (meg)duzzad [pl. boka, vitorla] *her heart swelled with pride* dagadt a szíve/keble a büszkeségtől ❷ megnövel [mennyiséget, számot] *swell the numbers* felduzzasztja a létszámot ❸ (fel)dagaszt, (fel-) duzzaszt [pl. vitorlát]

**swelling** /ˈswelɪŋ/ ❶ daganat, duzzanat, dudor ❷ (meg)dagadás, (meg)duzzadás

**swelter** /ˈsweltə/ *FNÉV*
❶ tikkasztó/izzasztó hőség ❷ izzadás *be in a swelter* izzad, csorog róla a verejték

**swelter** *IGE*
❶ (el)tikkad, izzad ❷ kókadozik

**sweltering** /ˈsweltərɪŋ/ tikkasztó [hőség]

**swept** ☞ sweep

**swerve** /swɜːv/ *FNÉV*
❶ (hirtelen) kanyarodás, fordulás ❷ nyesés, fals [pl. teniszlabdáé]

**swerve** *IGE*
❶ (hirtelen) elkanyarodik, elfordul ❷ eltérít [pl. szándéktól]

**swift** /swɪft/ *MNÉV*
❶ gyors, sebes, fürge ❷ azonnali, gyors [pl. válasz, cselekvés]

**swift** *HAT.SZÓ*
gyorsan

**swig** /swɪg/ *FNÉV*
nagy húzás/korty [italból]

**swig** *IGE*
nagyo(ka)t húz, [italból] vedel

**swill** /swɪl/ *FNÉV*
❶ öblítés, lemosás ❷ moslék ❸ lötty, vacak ital ❹ vedelés, nyakalás ❺ zabálás

**swill** *IGE*
❶ (le)öblít, lemos ❷ vedel, nyakal ❸ zabál

**swim** /swɪm/ *FNÉV*
❶ úszás *go for / have a swim* úszik egyet, úszni megy ❷ lebegés ❸ szédülés

**swim** /swɪm/, **swam** /swæm/, **swum** /swʌm/ *IGE*
❶ úszik *go swimming* úszni megy/jár, úszik egyet ❷ átúszik vmit [pl. folyót] ❸ megúszik, leúszik [távolságot] ❹ vmilyen úszásnemben úszik *swim the breastroke* mellúszik ❺ lebeg, fennmarad a vízen, úszik *swim with the tide/stream* úszik az árral *swim against the tide/stream* szemben úszik az árral ❻ úsztat ❼ szédül *my head is swimming* szédülök, úszik velem a világ

**swimmer** /ˈswɪmə/ úszó

**swimming** /ˈswɪmɪŋ/ ❶ úszás ❷ úsztatás

**swimming costume** fürdőruha

**swimming pool** uszoda

**swimming trunks** VAGY **swim shorts** fürdőnadrág

**swimsuit** fürdőruha

**swimwear** fürdőruha, fürdőszerelés

**swindle** /ˈswɪndəl/ *FNÉV*
szélhámosság, csalás, svindli

**swindle** *IGE*
rászed, becsap *swindle smth out of smb* vkitől kicsal vmit

**swindler** /ˈswɪndlə/ csaló, szélhámos, svindler

**swine** /swaɪn/ ❶ *TBSZ* **swine** disznó, sertés ❷ *TBSZ* **swine** VAGY **swines** mocsok alak *you filthy swine* te piszok disznó

**swineherd** kondás, disznópásztor

**swing** /swɪŋ/ *FNÉV*
❶ lengő/lengető mozdulat ❷ hinta ❸ lengő ütés [pl. golfban] ❹ (ki)lengés, ingás *swing of the pendulum* az inga lengése ❺ kilengés(i távolság) ❻ lendület *be in full swing* javában / teljes lendülettel folyik ❼ változás, kilengés, ellenkező irányba fordulás [pl. véleményé] *swing of the pendulum* [nézetek] ellenkezőre fordulása ❽ szving [zene, tánc]

**swing** /swɪŋ/, **swung** /swʌŋ/, **swung** /swʌŋ/ *IGE*
❶ leng, ing, hintázik, himbálózik *smb will swing for this* ezért vki lógni fog ❷ lenget, ingat, lóbál ❸ ringó/ruganyos léptekkel megy, ruganyos mozdulatot végez *swing past smb* ruganyos léptekkel elmegy vki mellett *swing into the room* belibben/besasszézik a szobába ❹ lendít, ruganyosan megmozdít *he swung his car past the pedestrians* autójával elhajtott a gyalogosok mellett ❺ hintáztat, himbál ❻ (el)fordul, forog *swing open* kivágódik [ajtó] ❼ forgat, mozgat

**swing boat** hajóhinta

**swing door** lengőajtó

**swinging** /ˈswɪŋɪŋ/ ❶ lengő, himbálódzó, ruganyos ❷ lendületes, erőteljes ❸ mozgalmas/élénk életet élő ❹ szexuális partnert cserélő ❹ szabados nemi életet élő

**swingy** /ˈswɪŋɪ/ ❶ lengő [pl. szoknya] ❷ élénk

**swipe** /swaɪp/ *FNÉV*
❶ erős ütés, suhintás *make a swipe at smth* odasóz vminek ❷ támadás [szavakkal] *take a swipe at smb* megtámad vkit, rátámad vkire [pl. újságban] ❸ kútgém ❹ elektronikus kártyaleolvasó

**swipe** *IGE*
❶ erős lendülettel üt [labdába] ❷ megfúj, elcsen, elemel ❸ lehúz [elektronikus kártyát]

**swirl** /swɜːl/ *FNÉV*
❶ örvény, forgatag, kavargás [pl. víz-, por-] ❷ forgás, forgó mozgás ❸ forgó [hajban]

**swirl** *IGE*
örvénylik, kavarog

**swish** /swɪʃ/ *FNÉV*
❶ suhogás, zizegés, sziszegés ❷ suhintás, (ostor)csapás

**swish** *MNÉV*
elegáns, sikkes

**swish** *IGE*
❶ suhog ❷ (meg)suhint, megcsap

**tail** *IGE*
(nyomon) követ, megfigyel
**tail back** dugó miatt áll [kocsisor]
**tailback** dugó (miatt álló kocsisor)
**tailcoat** /ˈteɪlkəʊt/ frakk
**tail lamp** VAGY **tail light** [vörös] hátsólámpa
**tailor** /ˈteɪlə/ *FNÉV*
szabó
**tailor** *IGE*
❶ szab, varr ❷ [célnak megfelelően] alakít/szab
**tailor-made** ❶ mérték után készült, mértékutáni ❷ egyéni igényekhez igazított
**tailor seat** törökülés
**tailor's dummy** próbababa
**tails** /teɪlz/ ❶ frakk ❷ írás(os oldal) *heads or tails?* fej vagy írás?
**taint** /teɪnt/ *FNÉV*
folt *taint on smb's reputation* folt vki jóhírén
**taint** *IGE*
❶ beszennyez, bemocskol ❷ foltot ejt *taint smb's reputation* foltot ejt vki jóhírén
**take** /teɪk/ *FNÉV*
❶ beállítás, (egybefüggő) (film)felvétel ❷ bevétel, nyereség ❸ látásmód, szemlélet, vélemény *have a different take on the situation* eltérően értékeli a helyzetet
**take** /teɪk/, **took** /tʊk/, **taken** /ˈteɪkən/ *IGE*
FŐIGEKÉNT: ❶ (el)vesz, (el)visz, (meg)fog, foglal *take an umbrella* vigyél esernyőt *take me home* vigyél haza *take the kid to school* iskolába viszi a gyereket *take my lighter* vidd az öngyújtóm *take a seat* helyet foglal *take smb by the arm* karon fog *take smb by the throat* torkon ragad vkit *take the medicine* beveszi az orvosságot *take sugar* cukorral issza a teát *take smb's temperature* lázat mér vkinek ❷ készít [fényképet/jegyzetet] *I took photos of them* lefotóztam őket *take notes* jegyzetel *take (down) smb's address* felírják vki címét ❸ bevesz, foglyul ejt *take the fort* beveszi az erődöt *take smb prisoner* foglyul ejt ❹ elfogad, befogad, bevesz *they take cheques* elfogadnak csekket *take smb's advice* megfogadja vki tanácsát *take smb's point* érti/elfogadja vki érvelését *take my word for it* bízz a szavamban *it takes 20p coins* húszpennyseket fogad el *the bus takes 60 passengers* a buszba 60 utas fér ❺ tart vmeddig, időt vesz igénybe *the flight will take (you) two hours* két órát vesz igénybe a repülőút ❻ igénybe vesz, (le)foglal, (ki)bérel, vmire száll *take a taxi* taxiba száll ❼ igényel, vmire szorul, kell hozzá *it took three men to open it* a kinyitásához három férfi kellett *that takes some believing* ezt nem könnyű elhinni *"devour" takes an object* a „devour" mindig tárgyat vesz maga mellé *it takes all sorts to make a world* [szerencsére] nem vagyunk egyformák ❽ eltűr, elvisel, bír *I can't take more of this nagging* nem tudom ezt a nyaggatást tovább elviselni ❾ tart, tekint, vesz *take the suggestion seriously* komolyan veszi a javaslatot *what do you take me for?* minek nézel engem? ❿ megfogan, hat [oltás]
KIFEJEZÉSEKBEN: *take it easy* ne izgulj *take it or leave it* tetszik–nem tetszik
SEGÉDIGESZERŰEN: *take a bath* fürdik *take a break* szünetet tart *take a shower* zuhanyozik *take a walk* sétál tesz *take steps* lépéseket tesz *take a breath* lélegzetet vesz *take an oath* esküszik *take risks* kockáztat
**take after** *take after smb* hasonlít vkire *she takes after her mother* anyjára üt
**take apart** ❶ *take smth apart* szétszed ❷ *take smb apart* hevesen bírál vkit
**take away** *take smth away* ❶ elvesz vmit ❷ elvisz, hazavisz [ételt étteremből]
**take away from** csökkent/elvesz vmiből
**take back** ❶ *take smth back* visszavesz vmit ❷ *take smb back* visszavisz/visszarepít [múltba] ❸ *take smth back* visszavon vmit
**take down** *take smth down* ❶ leír, lejegyez ❷ szétszed/szétbont [gépet] ❸ lejjebb vesz
**take in** *take smth in* ❶ bevesz, bevisz ❷ befogad ❸ magába foglal, bevesz ❹ vállal [munkát] ❺ felfog, megért, áttekint ❻ szűkebbre vesz, bevesz
**take off** ❶ felszáll [repülő] ❷ levesz vmit vhonnan *take* ›one's‹ *eyes off smb* leveszi a szemét vkiről ❸ *take smth off* levet [ruhát] ❹ *take Saturday off* szombatot szabadnapnak veszi ki ❺ *take smth off* megszüntet *take off a service* megszüntet egy járatot ❻ *take smb off* utánoz/parodizál vkit ❼ sikeressé/ismertté lesz
**take on** ❶ *take smb on* felvesz vkit [munkára] ❷ *take smth on* felvesz, ölt [kifejezést/jelleget] ❸ *take smth on* magára vállal, (el)vállal ❹ felvesz *take on a course* kurzust felvesz
**take out** ❶ *take smb out* elvisz vkit vhová [pl. moziba] ❷ *take smth out* hivatalosan (meg)köt *take out an insurance* biztosítást köt ❸ *take smth out* elpusztít, lerombol [célpontot] ❹ *take it out of smb* kimerít/elcsigáz vkit, kiveszi az erejét ❺ elvisz/hazavisz [étteremből] ❻ felvesz [kölcsönt]
**take out on** *take it out on smb* kitölti vkin a haragját
**take over** *take smth over* átvesz vmit
**take to** ❶ *take to smb* megszeret/megkedvel vkit ❷ rászokik/rákap vmire *take to drink* ivásra adja magát
**take up** *take smth up* ❶ felvesz, felemel ❷ [hivatásról/hobbiról] belekezd vmibe, elkezd vmit ❸ foglalkozni kezd vmivel ❹ elfoglal, kitölt [helyet/időt] ❺ felhajt, rövidebbre vesz [szoknyát/nadrágot]
**take up with** *be taken up with smth* (teljesen) leköti/elfoglalja/lefoglalja vmi

T

**take up on** *take smb up on smth* szaván fog vkit vmivel kapcsolatban
**takeaway** /ˈteɪkəweɪ/ ❶ elvitelre árusító étterem ❷ elvitelre árult étel
**take away** mínusz, -ból *nine take away four is five* kilencből négy az öt
**take-home** nettó [levonások utáni]
**take-in** beugratás, becsapás, megtévesztés
**taken** ☞take
**take-off** ❶ utánzás, parodizálás ❷ felszállás ❸ elugrás [távolugrásnál]
**takeout** /ˈteɪkaʊt/ *US* ❶ elvitelre árusító étterem ❷ elvitelre árult étel
**takeover** /ˈteɪkəʊvə/ ❶ átvétel ❷ cég megvétele másik által
**taking** /ˈteɪkɪŋ/ elbűvölő, megnyerő
**takings** /ˈteɪkɪŋz/ *the takings* bevétel
**talc** /tælk/ ❶ zsírkő ❷ hintőpor
**talcum powder** /ˈtælkəm paʊdə/ hintőpor
**tale** /teɪl/ ❶ mese, elbeszélés, történet *a tall tale* valószerűtlen történet ❷ hazugság *tell tales* hazudozik ❸ *old wives' tale* dajkamese, babonaság KIFEJEZÉSEKBEN: *tell tales* árulkodik
**talent** /ˈtælənt/ ❶ képesség, tehetség *talent for drawing* rajztehetség ❷ tehetség(es emberek) *young talent* fiatal tehetségek
**talented** /ˈtæləntɪd/ tehetséges
**talisman** /ˈtælɪzmən/ talizmán

**talk** /tɔːk/ *FNÉV*

❶ beszélgetés, társalgás ❷ előadás *give a talk on smth* előad vmiről ❸ fecsegés, üres beszéd ❹ beszédtárgy, beszédtéma *talk of the town* amiről az egész város beszél

**talk** *IGE*

❶ beszél *talk English* angolul beszél *talk nonsense* zagyvaságokat beszél *talk business* munkáról / üzleti ügyekről beszél *talk shop* munkáról / munkahelyi ügyekről beszél(get) [társaságban] ❷ beszél(get) vmiről *I don't know what you're talking about* nem értem, miről beszélsz ❸ beszél vkivel (akivel: *to/ with*) *I want to talk to you* beszélni szeretnék veled ❹ beszél, „köp" ❺ fecseg, pletykál(kodik) *people will talk* ebből pletyka lesz
KIFEJEZÉSEKBEN: *talking of inflation* apropó infláció, ha már az inflációról beszélünk *talk tough* keménykedik, határozottan beszél beszél *talk big* nagyzol, nagyot mond *talk turkey* komolyan/nyíltan beszél *look who's talking! / you're a fine one to talk! / you can talk!* te mondod/beszélsz? *now you're talking!* na ez az! miért nem ezzel kezdted?
**talk back** felesel, visszabeszél
**talk down** *talk smb down* beszéddel megnyugtat/lecsillapít vkit
**talk down to** ❶ *talk down to smb* vki színvonalához alkalmazkodva beszél ❷ *talk down to smb* lekezelően beszél vkihez
**talk into** *talk smb into smth* vkit vmire rábeszél
**talk out of** ❶ *talk smb out of smth* lebeszél vkit vmiről ❷ *talk* ⟨*one's*⟩ *way out of smth* kibeszéli magát vmiből
**talk over** ❶ *talk smth over* átbeszél/megbeszél/megvitat vmit ❷ *talk smb over* meggyőz vkit vmiről (amiről: *to*)
**talk round** *talk smb round* meggyőz vkit vmiről (amiről: *to*)
**talkative** /ˈtɔːkətɪv/ beszédes, bőbeszédű
**talking picture** hangosfilm
**talking-to** feddés, dorgálás, (le)szidás
**talks** /ˈtɔːks/ tárgyalások, megbeszélések *peace talks* béketárgyalás(ok)
**talk show** beszélgetőműsor, talk/chat show
**tall** /tɔːl/ ❶ magas (termetű) *tall woman/tree* magas nő/fa ❷ valószerűtlen/túlzó *tall story* hihetetlen sztori
**tallow** /ˈtæləʊ/ faggyú

**tally** /ˈtælɪ/ *FNÉV*

*keep a careful tally of smth* pontosan követ/jegyez / számon tart vmit

**tally** *IGE*

❶ jegyzékbe/lajstromba vesz ❷ egyeztet ❸ egyezik, egybevág *your accounts tally with mine* az adataid egyeznek az enyéimmel
**talon** /ˈtælən/ karom [madáré] ⓘ *NEM* talon

**tame** /teɪm/ *MNÉV*

megszelídített, szelíd

**tame** *IGE*

❶ megszelídít ❷ uralma alá hajt, megzaboláz
**tampax** /ˈtæmpæks/ [egy fajta] tampon
**tamper** /ˈtæmpə/
**tamper with** ❶ *tamper with smth* babrál vmivel, megbabrál/piszkál vmit ❷ *tamper with smb* befolyásol, megdolgoz [pl. tanút/esküdtet]
**tampon** /ˈtæmpɒn/ tampon

**tan** /tæn/ *FNÉV*

❶ lesülés, lebarnulás ❷ sárgásbarna (szín)

**tan** *MNÉV*

sárgásbarna

**tan** *IGE*

❶ lebarnít *get tanned* lesül ❷ lesül *tan quickly* gyorsan barnul ❸ cserez [bőrt]

**tandem** /ˈtændəm/ *FNÉV*

❶ tandem(bicikli) egymás előtti/mögötti páros *in tandem* párosban, párban

**tandem** *HAT.SZÓ*

tandemben, párban
**tandoori** /tænˈdʊərɪ/ agyagkemencében/nyárson készült indiai hús/zöldség
**tangent** /ˈtændʒənt/ tangens
**tangerine** /ˌtændʒəriːn/ mandarin
**tangible** /ˈtændʒəbəl/ ❶ (meg)tapintható, megfogható, kézzelfogható ❷ jól érzékelhető
**tangle** /ˈtæŋgəl/ ❶ összegubancol, összekuszál ❷ összegubancolódik, összekuszálódik
**tango** /ˈtæŋgəʊ/ ❶ tangó ❷ telefon- ill. rádió-összeköttetésnél és betűzésnél a T betű szava

**tank** /tæŋk/ *FNÉV*

**systems analyst** rendszerelemző
**systems engineer** rendszerszervező mérnök
**systems integration** rendszerintegráció
**systems integrator** rendszerintegrátor
**systems organizer** rendszerszervező
**system-specific** rendszerspecifikus
**systems software** ↳ *NEM MEGSZÁML.* rendszerszoftver
**systole** /ˈsɪstəlɪ/ szívösszehúzódás, szisztolé
**systolic** /sɪˈstɒlɪk/ szisztolés

S

# T, t /tiː/

**t.** = teaspoon(ful); temperature; tense; territory; time; tome; ton; town; transitive

**T** = tablespoon(ful); temperature; territory; township; Tuesday

**t's** *cross* ⁒*one's*⁒ *t's and dot* ⁒*one's*⁒ *i's* akkurátus(an/pedánsan végez vmit)

**tab** /tæb/ ❶ fül, fülecske ❷ lovas [kartotékon] ❸ címke ❹ élregiszter [könyv oldalán] ❺ számla *pick up the tab* állja/fizeti a számlát, fizet ❻ *keep tabs on smb* vkit megfigyel ❼ tabulátor ❽ tabletta

**tabby** /ˈtæbɪ/ cirmos/nőstény macska

**table** /ˈteɪbəl/ FNÉV

❶ asztal *at table* étkezéskor, asztalnál ❷ *(multiplication) table* szorzótábla ❸ asztaltársaság ❹ konyha *keep an excellent table* kitűnő konyhát vezet ❺ táblázat *periodic table* periódusos rendszer ❻ lista, jegyzék ❼ napirend *be on the table* napirenden van

KIFEJEZÉSEKBEN: *turn the tables on smb* hirtelen felülkerekedik vkivel szemben *under the table* titokban, zsebbe

**table** IGE

❶ asztalra tesz/helyez ❷ benyújt, előterjeszt ❸ *US* elnapol, későbbre halaszt

**tablecloth** /ˈteɪbəlklɒθ/ abrosz

**table cover** asztalterítő

**table knife** *TBSZ* **table knives** nagykés

**table linen** asztalnemű

**table mat** alátét, szett

**table napkin** asztalkendő

**table of contents** tartalomjegyzék

**table runner** futó, (keskeny) asztalterítő

**tablespoon** leveseskanál

**tablespoonful** leveseskanálnyi

**tablet** /ˈtæblɪt/ ❶ tabletta ❷ *tablet of soap* darab szappan ❸ emléktábla

**table tennis** asztalitenisz, ping-pong

**table turning** asztaltáncoltatás

**tableware** ♮ NEM MEGSZÁML asztali edények/evőeszközök

**tabloid** /ˈtæblɔɪd/ bulvárlap

**tabloid press** bulvársajtó

**taboo** VAGY **tabu** /təˈbuː/ tabu

**taboo word** illetlenség, szitokszó

**tabulate** /ˈtæbjʊleɪt/ táblázatba foglal/rendez

**tabulator** /ˈtæbjʊleɪtə/ tabulátor

**tacit** /ˈtæsɪt/ hallgatólagos

**tack** /tæk/ FNÉV

❶ rövid/szélesfejű szög ❷ rajzszög ❸ étel, táplálék *hard tack* [tengerész] kétszersült ❹ fércelés

**tack** IGE

❶ odaerősít, oda(rajz)szögez ❷ (össze)fércel

**tack on** *tack smth on to smth* hozzátold/hozzáragaszt vmit vmihez

**tackiness** /ˈtækɪnəs/ ízléstelenség, silányság

**tackle** /ˈtækəl/ FNÉV

❶ vmivel megbirkózás ❷ szerelés [sportban] ❸ hajókötélzet ❹ csigasor

**tackle** IGE

❶ megbirkózik vmivel ❷ szerel [sportban]

**tacky** /ˈtækɪ/ ❶ ragadós ❷ ízléstelen, vacak

**tact** /tækt/ tapintat ⓘ NEM ~~taktus~~

**tactful** /ˈtæktfəl/ tapintatos

**tactic** /ˈtæktɪk/ taktika, eljárásmód

**tactical** /ˈtæktɪkəl/ ❶ taktikai ❷ harcászati

**tactics** /ˈtæktɪks/ harcászat

**tactless** /ˈtæktləs/ tapintatlan

**tadpole** /ˈtædpəʊl/ ebihal

**tag** /tæg/ FNÉV

❶ címke, cédula ❷ árcédula ❸ azonosító [jel/szám] ❹ fűzővég [cipőfűzőn] ❺ utókérdés ❻ mondás, szólás, idézet ❼ fogócska

**tag** IGE

❶ (fel/meg)címkéz, címkét/cédulát tesz vmire ❷ vmilyennek bélyegez ❸ nyomon követ ❹ megfog [fogócskában] ❺ fűzővéggel ellát

**tag on** *tag on smth to smth* hozzáfűz, hozzátold

**tail** /teɪl/ FNÉV

❶ farok ❷ hátsó rész, far *close on smb's tail* közvetlenül vki mögött ❸ követő, megfigyelő *put a tail on smb* ráállít vkire egy embert ❹ uszály [ruháé]

KIFEJEZÉSEKBEN: *can't make head or tail of smth* nem igazodik el vmin *turn tail* megfutamodik

**Swiss roll** lekváros tekercs, piskótatolád, lekváros/vaníliás piskóta

**switch** /swɪtʃ/ *FNÉV*

❶ kapcsoló *light switch* villanykapcsoló ❷ változás, áttérés, átállás ❸ csere ❹ hajlékony ág, pálca [verésre] ❺ lovaglópálca ❻ *US* vasúti váltó ❼ *US* tolatóvágány, kitérővágány, iparvágány

**switch** *IGE*

❶ megváltozik, átváltozik, kicserélődik ❷ megváltoztat, kicserél *switch positions* helyet cserél ❸ (át)kapcsol ❹ megüt [pálcával]

**switch off** ❶ kizárja a külvilágot, kikapcsol ❷ *switch smth off* kikapcsol, elolt, elzár

**switch on** ❶ bekapcsolódik ❷ felpörög [pl. drogtól] ❸ *switch smth on* bekapcsol [pl. gépet, villanyt] ❹ rákezd, rákapcsol ❺ (fel)izgat [nemileg]

**switch over** ❶ átkapcsol, átvált [pl. nézeteiben] ❷ *switch smth over* csatornát vált [pl. televízióban]

**switchblade** VAGY **switchblade knife** rugós kés

**switchboard** házi telefonközpont

**switchboard operator** telefonközpontos

**switchman** /ˈswɪtʃmən/ *TBSZ* **switchmen** /ˈswɪtʃmən/ *US* váltóőr, váltókezelő

**switch-off** ❶ kikapcsolódás ❷ kikapcsolás

**switch-on** ❶ bekapcsolódás ❷ bekapcsolás

**switchyard** /ˌswɪtʃjɑːd/ *US* rendezőpályaudvar

**swivel** /ˈswɪvəl/ *FNÉV*

❶ forgórész, forgószerkezet, forgattyú ❷ forgótalpas löveg ❸ csapszeg

**swivel** *IGE*

elfordul, körbe fordul, forog

**swivel chair** forgószék

**swollen** /ˈswəʊlən/ *MNÉV*

❶ (meg)dagadt, (meg)duzzadt felduzzadt [pl. testrész, folyó] ❷ bombasztikus

**swollen** *IGE*

☞ swell

**swoop** /swuːp/ *FNÉV*

❶ lecsapás vmire [ragadozó madáré] ❷ rajtaütés [pl. rendőrségi]

**swoop** *IGE*

❶ lecsap [ragadozó madár] ❷ rajtaüt, lecsap [rendőrség]

**sword** /sɔːd/ kard *draw (one's) sword* kardot ránt *put smb to the sword* kardélre hány, levág *the sword* harc, erőszak

**swordfish** *TBSZ* **swordfish** VAGY **swordfishes** kardhal

**swordplay** kardforgatás, kardozás

**swordsman** /ˈsɔːdzmən/ *TBSZ* **swordsmen** /ˈsɔːdzmən/ *FNÉV* kardforgató

**swordsmanship** /ˈsɔːdzmənʃɪp/ kardforgatás tudománya

**swore** ☞ swear

**sworn** /swɔːn/ *MNÉV*

esküt tett, hites *they're sworn enemies* esküdt ellenségek

**sworn** *IGE*

☞ swear

**swot** /swɒt/ *FNÉV*

❶ erős szellemi munka ❷ magolás ❸ magoló ❹ stréber

**swot** *IGE*

❶ magol ❷ stréberkedik ❷ hajt, gürcöl

**swot up** *swot smth up* (be)magol

**swotter** /ˈswɒtə/ *FNÉV* magoló

**swum** ☞ swim

**swung** ☞ swing

**swung dash** tilde, hullám-jel [~]

**sycamore** /ˈsɪkəmɔː/ ❶ *US* nyugati platán ❷ hegyi jávor ❸ fáradt fügefa, szikomor

**sycamore fig** fáradt fügefa, szikomor

**sycamore maple** hegyi jávor

**syll.**= syllable; syllabus

**syllabic** /sɪˈlæbɪk/ ❶ szótag- ❷ szótagképző, szótagalkotó, szillabikus

**syllabification** /sɪˌlæbɪfɪˈkeɪʃən/ szótagolás, szótagokra bontás ⓘ *NEM* ~~silabizálás~~

**syllabify** /sɪˈlæbɪfaɪ/ szótagol, szótagokra bont ⓘ *NEM* ~~sil(l)abizál~~

**syllable** /ˈsɪləbəl/ szótag ⓘ *NEM* ~~sillabusz~~

**syllabus** /ˈsɪləbəs/ *TBSZ* **syllabi** /ˈsɪləbaɪ/ VAGY **syllabuses** ❶ összefoglalás, sillabusz ❷ tanmenet ❸ tanterv

**sylviculture** /ˈsɪlvɪkʌltʃə/ erdészet, erdőgazdálkodás, erdőművelés

**sylviculturist** /ˈsɪlvɪkʌltʃərɪst/ erdész

**symbiosis** /ˌsɪmbaɪˈəʊsɪs/ szimbiózis

**symbiotic** /ˌsɪmbaɪˈɒtɪk/ szimbiózisszerű, szimbiotikus

**symbol** /ˈsɪmbəl/ ❶ jelkép, szimbólum (amié: *of*) ❷ jel (amié: *for*)

**symbolic** /sɪmˈbɒlɪk/ VAGY **symbolical** /sɪmˈbɒlɪkəl/ jelképes, képletes, szimbolikus

**symbolically** /sɪmˈbɒlɪklɪ/ jelképesen, szimbolikusan

**symbolic logic** szimbolikus/matematikai/formális logika

**symbolism** /ˈsɪmbəlɪzəm/ ❶ jelképrendszer, szimbolika ❷ szimbolizmus

**symbolize** /ˈsɪmbəlaɪz/ jelképez, szimbolizál

**symmetrical** /sɪˈmetrɪkəl/ VAGY **symmetric** /sɪˈmetrɪk/ szimmetrikus

**symmetry** /ˈsɪmətrɪ/ szimmetria

**sympathetic** /ˌsɪmpəˈθetɪk/ ❶ együttérző, rokonszenvező, empatikus ❷ egyetértő, egyetértésre hajló (amiben: *to/towards*) ❸ kellemes, vki kedvére való, vki hangulatának megfelelő, hasonló ízlésű ⓘ *NEM* ~~szimpatikus~~

**sympathize** /ˈsɪmpəθaɪz/ együttérez (akivel: *with*), megért vkit

**sympathizer** /ˈsɪmpəθaɪzə/ ❶ együttérző, rokonszenvező ❷ szimpatizáns

**sympathy** /ˈsɪmpəθɪ/ ❶ együttérzés, részvét ❷ rokonszenv, egyetértés, szimpátia *have sym-*

*pathy for smb/smth* rokonszenvez vkivel/vmivel *public sympathy* általános rokonszenv ❸ egyetértés, megértés *be in sympathy with smth* rokonszenvez vmivel, osztozik (vkivel) vmiben ❹ szolidaritás *come out in sympathy with smb* vki mellett szolidaritási sztrájkot tart
**symphonic** /sɪmˈfɒnɪk/ szimfonikus
**symphony** /ˈsɪmfənɪ/ ❶ szimfónia ❷ harmónia ❸ szimfonikus zenekar
**symphony orchestra** VAGY **symphonic orchestra** szimfonikus zenekar
**symposium** /sɪmˈpəuzɪəm/ *TBSZ* **symposiums** VAGY **symposia** /sɪmˈpəuzɪə/ szimpozion [tudományos tanácskozás]
**symptom** /ˈsɪmptəm/ ❶ (betegség)tünet, kórtünet, szimptóma ❷ vmi rossznak a jele/jelzése, tünet
**symptomatic** /ˌsɪmptəˈmætɪk/ ❶ tüneti ❷ szimptomatikus, jelzésértékű
**synagogue** /ˈsɪnəgɒg/ ❶ zsinagóga ❷ zsidó egyházközség
**sync** /sɪŋk/ *FNÉV*
❶ szinkron(izálás) ❷ szinkron *in sync with smth* szinkronban/összhangban vmivel *be out of sync with smth* nincs összhangban/szinkronban vmivel
**sync** *IGE*
szinkronizál
**synching** /ˈsɪŋkɪŋ/ szinkronizálás
**synchronic** /sɪnˈkrɒnɪk/ egyidejű, szinkronikus, szinkrón
**synchronization** /ˌsɪŋkrənaɪˈzeɪʃən/ ❶ szinkronizálás, összehangolás ❷ egyeztetés, összeigazítás [óráké]
**synchronize** /ˈsɪŋkrənaɪz/ ❶ egyidejűvé tesz, összehangol, összeigazít [órákat] ❷ szinkronban van ❸ utószinkronizál ⓘ *NEM* ~~szinkronizál~~
**synchronized swimmer** szinkronúszó
**synchronized swimming** szinkronúszás
**synchronous** /ˈsɪŋkrənəs/ egyidejű, szinkrón
**synchronous motor** szinkronmotor
**synchrony** /ˈsɪŋkrənɪ/ egyidejűség, szinkrónia
**syndicate** /ˈsɪndɪkət/ *FNÉV*
❶ szindikátus, konszern ❷ intézőség ❸ hírügynökség, sajtóügynökség
**syndicate** /ˈsɪndɪkeɪt/ *IGE*
❶ egyidejűleg több újságnak/társaságnak ad el [újságíró anyagot] ❷ szindikátust alakít
**syndicated** /ˈsɪndɪkeɪtɪd/ szindikált
**syndrome** /ˈsɪndrəum/ szindróma, tünetcsoport
**synergic** /sɪˈnɜːdʒɪk/ szinergikus
**synergy** /ˈsɪnədʒɪ/ ❶ együtt(es) hatás ❷ összeolvadt cégek együttes hatékonysága
**synesthesia** /ˌsɪniːsˈθiːzɪə/ szinesztézia
**synod** /ˈsɪnəd/ szinódus, zsinat
**synonym** /ˈsɪnənɪm/ rokon értelmű szó, szinonima
**synonymous** /sɪˈnɒnɪməs/ rokon értelmű, szinonim (amivel: *with*)
**synonymy** /sɪˈnɒnɪmɪ/ rokonértelműség, szinonímia
**synopsis** /sɪˈnɒpsɪs/ *TBSZ* **synopses** /sɪˈnɒpsiːs/ szinopszis, összegzés, áttekintés
**syntactic** /sɪnˈtæktɪk/ mondattani, szintaktikai
**syntactically** /sɪnˈtæktɪklɪ/ mondattanilag, szintaktikailag
**syntax** /ˈsɪntæks/ mondattan, szintaxis
**synthesis** /ˈsɪnθəsɪs/ *TBSZ* **syntheses** /ˈsɪnθəsiːz/ ❶ összefoglalás, szintézis ❷ magasabb egység, szintézis
**synthesize** /ˈsɪnθəsaɪz/ ❶ összefoglal, szintetizál ❷ szintézist készít ❸ szintetikus úton előállít
**synthesizer** /ˈsɪnθəsaɪzə/ ❶ szintetizátor [zenei] ❷ szintézis készítője, szintetizáló
**synthetic** /sɪnˈθetɪk/ *FNÉV*
szintetikus úton előállított anyag, műanyag
**synthetic** *MNÉV*
❶ összefoglaló, szintetikus ❷ szintetikus úton előállított
**syphilis** /ˈsɪfɪlɪs/ vérbaj, szifilisz
**syphilitic** /ˌsɪfɪˈlɪtɪk/ vérbajos, szifiliszes
**syphon** /ˈsaɪfən/ *FNÉV*
❶ szívócső, szifon ❷ szifon, szódásüveg ❸ bűzelzáró, szifon
**syphon** *IGE*
**syphon off** VAGY **syphon out** *syphon smth off* ❶ szívócsővel elvezet/kiszív ❷ levezet, elvezet [pl. forgalmat]
**syringe** /ˈsɪrɪndʒ/ VAGY /sɪˈrɪndʒ/ *FNÉV*
❶ (injekciós) fecskendő ❷ fecskendező eszköz [folyadék bejuttatására kis lukon át]
**syringe** *IGE*
(be)fecskendez, fecskendővel megtisztít
**syrup** /ˈsɪrəp/ ❶ szirup, tömény szörp *maple syrup* juharszörp *simple syrup* szörp [sűrítmény] ❷ szirup [orvosság] ❸ szentimentalizmus, szirup(osság)
**syrupy** /ˈsɪrəpɪ/ ❶ szirupos, túl édes ❷ túl szentimentális, szirupos
**system** /ˈsɪstəm/ ❶ rendszer, szisztéma, módszer ❷ szerkezet, szervezet, hálózat *computer system* számítógépes rendszer/hálózat *operating system* operációs rendszer ❸ rendszeresség, rendszer, rend [pl. munkában] ❹ szervezet [emberi]
**systematic** /ˌsɪstəˈmætɪk/ rendszeres, módszeres, szisztematikus
**systematically** /ˌsɪstəˈmætɪklɪ/ módszeresen, szisztematikusan
**systematization** /ˌsɪstəmətaɪˈzeɪʃən/ rendszerezés
**systematize** /ˈsɪstəmətaɪz/ rendszerbe foglal, rendszerez, szisztematizál
**system building** panelház, házgyári épület
**system-built** panelből épült, panel-
**systemic** /sɪˈstemɪk/ ❶ rendszeres, rendszerszerű ❷ szervezeti, általános
**systemize** /ˈsɪstəmaɪz/ rendszerez, szisztematizál
**system operator** rendszergazda
**systems analysis** rendszerelemzés

❶ tartály, tank *fish tank* akvárium ❷ halastó ❸ tank

**tank** IGE

**tank up** ❶ (fel/meg)tankol ❷ feltankol, bepiál

**tankard** /ˈtæŋkəd/ (fém) söröskupa

**tanker** /ˈtæŋkə/ ❶ tartályhajó ❷ olajszállító jármű ❸ olajszállító repülő

**tanner** /ˈtænə/ tímár

**tannic acid** /ˌtænɪk ˈæsɪd/ VAGY **tannin** /ˈtænɪn/ csersav

**tantamount** /ˈtæntəmaunt/ *be tantamount to smth* felér vmivel

**tap** /tæp/ FNÉV

❶ (víz/gáz)csap *on tap* csapolt [sör] ❷ lehallgatás [telefoné] ❸ dugó, dugasz ❹ kopogás, kopogtatás, koppantás, ütögetés ❺ *be on tap* kéznél van / rendelkezésre áll

**tap** IGE

❶ megcsapol ❷ csapra ver ❸ kihasznál, kiaknáz [erőforrást] ❹ [telefont] lehallgat ❺ megvág, megpumpol *tap smb for a thousand* egy ezresre megvág ❻ kopog, megkopogtat, kopog

**tap in** *tap smth in* begépel, beír, beüt

**tap into** *tap into smth* kiaknáz [erőforrást]

**tape** /teɪp/ FNÉV

❶ szalag *sticky tape* átlátszó ragasztó ❷ mérőszalag, centi(méter) ❸ célszalag ❹ (magnó)szalag, hangszalag, videószalag

**tape** IGE

❶ [magnóra] felvesz ❷ szalaggal összefűz ❸ ragasztószalaggal (meg/le)ragaszt

**tape measure** mérőszalag, centi(méter)

**taper** /ˈteɪpə/

*taper (off)* ❶ fokozatosan csúcsosodik/elvékonyodik ❷ (el)halványul [pl. érdeklődés]

**tape-record** magnóra felvesz, magnófelvételt készít vmiről

**tape recorder** magnetofon, magnó

**tape recording** magnófelvétel

**tapestry** /ˈteɪpɪstrɪ/ ❶ faliszőnyeg ❷ gobelin

**tapestry wallpaper** posztertapéta

**tapeworm** /ˈteɪpwɜːm/ galandféreg

**tapir** /ˈteɪpə/ tapír

**tar** /tɑː/ FNÉV

kátrány

**tar** IGE

bekátrányoz

KIFEJEZÉSEKBEN: *be tarred with the same brush* egyik tizenkilenc, másik egy híján húsz

**tare** /teə/ ❶ tára ❷ [járműnél] önsúly

**target** /ˈtɑːgət/ FNÉV

❶ céltábla, célpont, céltárgy *miss the target* elvéti a célt ❷ cél [támadásé] ❸ cél, terv *set a target* célt tűz ki *meet the target* teljesíti a kitűzött célt ❹ megcélzott, cél- *target readership* megcélzott olvasók

**target** IGE

❶ irányít, irányoz, céloz ❷ (meg)céloz, tervbevesz, irányul

**target audience** célközönség

**target cross** célkereszt

**target figure** tervszám

**target practice** céllövészet, lőgyakorlat

**tariff** /ˈtærɪf/ ❶ vám, vámtétel ❷ árlista, tarifa

**tarmac** /ˈtɑːmək/ ❶ aszfalt(burkolat) ❷ [reptéri] fel- és leszállópálya

**tarnish** /ˈtɑːnɪʃ/ FNÉV

❶ megfakulás ❷ patina, bevonat

**tarnish** IGE

❶ megfakul ❷ foltosodik, színeződik

**tarragon** /ˈtærəgən/ tárkony

**tarry** /ˈtærɪ/ késlekedik, lemarad(ozik)

**tart** /tɑːt/ FNÉV

(nyílt) gyümölcstorta

**tart** MNÉV

❶ fanyar, savanykás ❷ csípős, maró, szarkasztikus

**tart** IGE

**tart up** ❶ *tart smb/smth up* kicsinosít, kitataroz vkit/vmit ❷ *tart ⸢oneself⸣ up* kicsinosítja/kirittyenti magát

**tartan** /ˈtɑːtən/ skótkockás gyapjúszövet(minta)

**Tartar** /ˈtɑːtə/ FNÉV/MNÉV tatár (ember/nyelv)

**tartar** /ˈtɑːtə/ ❶ fogkő ❷ borkő

**tartare** /ˈtɑːtə/ tartármártás

**tartar sauce** VAGY **tartare sauce** tartármártás

**tartar steak** VAGY **tartare steak** tatárbifsztek

**task** /tɑːsk/ ❶ feladat, feladvány *set/give smb a task* megbíz vkit egy feladattal *perform a task* teljesít egy feladatot ❷ *take smb to task* felelősségre von

**task force** ❶ csapat/team ❷ különleges egység/különítmény

**tassel** /ˈtæsəl/ ❶ bojt, rojt ❷ kukoricahaj

**tasselled** /ˈtæsəld/ bojtos, rojtos

**taste** /teɪst/ FNÉV

❶ ízlelés, ízlelőképesség *sense of taste* ízérzék ❷ íz *have little taste* nem sok íze van ❸ megízlelés, kóstolás *have a taste of the soup* megkóstolja a levest ❹ ízlés, tetszés *to taste* ízlés szerint *find smth to ⸢one's⸣ taste* vmit kedvére valónak talál ❺ (jó)ízlés *it's bad taste* rossz ízlésre vall *be in bad/poor taste* ízléstelen ❻ *a taste of smth* ízelítő vmiből

**taste** IGE

❶ megízlel, megkóstol ❷ érzi az ízét *I can't taste it* nem érzem az ízét ❸ belekóstol vmibe ❹ vmilyen ízű *taste awful* rémes íze van *what does a coconut taste like?* milyen íze van a kókusznak?

**taste bud** ízlelőbimbó

**tasteful** /ˈteɪstfəl/ ízléses

**tasteless** /ˈteɪstləs/ ❶ ízetlen, ízetlen ❷ ízléstelen, ízlés nélküli ❸ ízetlen *tasteless remark* ízléstelen megjegyzés

**tastelessly** /ˈteɪstləslɪ/ ❶ ízléstelenül, ízlés nélkül ❷ ízetlenül

**taster** /ˈteɪstə/ ❶ kóstoló *wine taster* borkóstoló

T

[szakember] ❷ ízelítő *a taster of the poem* ízelítő a versből

**tasty** /ˈteɪstɪ/ ❶ ízletes, ízes, finom ❷ szaftos [pl. pletyka]

**tattle** /ˈtætəl/ *FNÉV*

pletyka, pletykálkodás

**tattle** *IGE*

❶ pletykál ❷ *tattle on smb* árulkodik vkire

**tattoo** /təˈtuː/ VAGY /tæˈtuː/ *FNÉV*

❶ tetoválás ❷ zenés/éjszakai katonai parádé ❸ dobolás, dobpergés

**tattoo** *IGE*

tetovál

**tattoist** /təˈtuːɪst/ VAGY /tæˈtuːɪst/ tetováló

**taught** ☞teach

**Taurus** /ˈtɔːrəs/ ❶ Bika [állatövi jegy] ❷ Bika [jegyű ember]

**taut** /tɔːt/ ❶ feszes, szoros, kifeszített ❷ feszült, aggódó

**tavern** /ˈtævən/ kocsma, ivó

**tax** /tæks/ *FNÉV*

❶ adó *tax on interest* kamatadó *pay gains tax on smth* adót fizet vmi után *impose/levy a tax on smth* adót vet ki vmire ❷ igénybevétel, próbatétel, teher

**tax** *IGE*

❶ (meg)adóztat ❷ igénybe vesz *tax smb's patience* próbára teszi vki türelmét

**taxable** /ˈtæksəbəl/ adóköteles *taxable income* adóköteles jövedelem

**taxation** /tækˈseɪʃən/ adózás, adórendszer

**tax advisor** adótanácsadó

**tax arrears** adóhátralék, adóhiány

**tax at source** forrásadó

**tax audit** adóellenőrzés, adóvizsgálat

**tax avoidance** adókikerülés, adómegkerülés

**tax bracket** adósáv

**tax break** adókedvezmény, adóelengedés

**tax credit** adóhitel, adójóváírás

**tax-deductible** (adóköteles) jövedelemből leírható

**tax evasion** adócsalás, adókijátszás

**tax fraud** adócsalás

**tax-free** adómentes

**tax holiday** adókedvezmény, adóelengedés

**taxi** /ˈtæksɪ/ *FNÉV*

taxi *by taxi* taxival

**taxi** *IGE*

[repülő a földön] gurul

**tax inspector** adóellenőr, adófelügyelő

**taxi rank** VAGY **taxi stand** taxiállomás, droszt

**taxiway** /ˈtæksɪweɪ/ gurulóút

**taxman** adóhivatalnok, adóbeszedő

**taxpayer** adózó, adófizető

**tax rate** adókulcs

**tax refund** adóvisszatérítés

**tax waiver** adókedvezmény, adóelengedés

**tax write-off** ❶ adóköteles jövedelemből leírható dolog ❷ adóleírás

**tbs** VAGY **tbsp** = tablespoon(ful)

**te** /tiː/ [zenei] ti

**tea** /tiː/ ❶ tea *cup of tea* csésze tea *have tea* teázik *mint tea* mentatea *beef tea* erőleves ❷ tea, teázás ❸ uzsonna *have sandwiches for tea* szendvicset eszik uzsonnára

**tea bag** teafilter

**tea ball** teatojás [tealeveleknek]

**tea biscuit** teasütemény

**tea break** tízóraiszünet, uzsonnaszünet

**tea cart** zsúrkocsi

**teach** /tiːtʃ/, **taught** /tɔːt/, **taught** /tɔːt/ tanít, oktat *teach them Chinese* kínaira tanítja őket *teach smb (how) to paint* megtanít vkit festeni KIFEJEZÉSEKBEN: *teach smb a lesson* megleckéztet vkit

**teacher** /ˈtiːtʃə/ ❶ tanító(nő), tanár(nő), oktató, pedagógus ❷ mester, tanár

**teacher trainee** ❶ tanárjelölt ❷ tanárszakos

**teacher training** tanárképzés

**teacher training college** tanárképző/tanítóképző főiskola

**teaching** /ˈtiːtʃɪŋ/ ❶ tanítás, tanári pálya ❷ tanítás, tan, doktrína

**teaching assistant** demonstrátor, gyakornok

**teaching hospital** (egyetemi) klinika

**tea cloth** ❶ törlőruha, konyharuha ❷ kis asztalterítő, abrosz

**tea cup** teáscsésze

**teacupful** teáscsészényi

**teak** /tiːk/ indiai tölgyfa, tikfa

**tea kettle** teáskanna [vízforralásra]

**teal** /tiːl/ ❶ réce ❷ sötét zöldeskék

**team** /tiːm/ *FNÉV*

❶ csapat, csoport, team, brigád *team of researchers* kutatócsoport ❷ sportcsapat ❸ fogat *team of four horses* négy lóból álló fogat *team of oxen* ökrösfogat

**team** *IGE*

**team up with** *team up with smb* [munkavégzésre] vkivel összefog/összeáll

**team game** csapatjáték

**team handball** kézilabda

**tea maker** teatojás

**team spirit** csapatszellem

**tea plant** teacserje

**tea pocket** teafilter

**tea pot** teáskanna [teakészítésre/kínálásra]

**tear** *FNÉV*

❶ /tɪə/ könny *burst into tears* elsírja magát *reduce smb to tears* megríkat vkit ❷ /teə/ szakadás, repedés, hasadás

**tear** /teə/, **tore** /tɔː/, **torn** /tɔːn/ *IGE*

❶ (el/le/szét)szakít, (fel/le/ki/el/szét)tép, (el/meg)szaggat, szétszaggat *tear smth into pieces* darabokra tép vmit *they tore his novel to shreds* kíméletlenül megbírálták a regényét *tear a hole in smth* kiszakít vmit *tear smth open* vmit feltép ❷ *tear smb from smb* elszakít vkit vkitől ❸

szakad, hasad *tear easily* könnyen szakad ❹ *be torn* vívódik
KIFEJEZÉSEKBEN: *tear smb off a strip* / *tear a strip off smb* lehord/legorombít vkit *tear smb's heart out* nagyon elszomorít vkit
**tear into** *tear into smb/smth* nekitámad/nekiesik vkinek/vminek
**tear up** *tear smth up* elszakít, összetép
**teardrop** /ˈtɪədrɒp/ könnycsepp
**tearful** /ˈtɪəfəl/ ❶ könnyes, könnyező, síró ❷ *be tearful* sírhatnékja van
**tear gas** /ˈtɪəgæs/ könnygáz
**tea room** /ˈtiːruːm/ teázó, szalon
**tearose** /ˈtiːrəʊz/ tearózsa
**tease** /tiːz/ ❶ csúfol, ugrat, incselkedik ❷ gyötör, kínoz ❸ kártol
**tease out** kicsomóz, kibogoz, kiegyenesít, kilazít
**tea service** VAGY **tea set** teáskészlet
**tea shop** teázó, szalon
**teaspoon** teáskanál, kiskanál
**teaspoonful** kávéskanálnyi
**tea strainer** teaszűrő
**teat** /tiːt/ ❶ cumi, cucli [üvegen] ❷ mellbimbó
**tea towel** törlőruha, konyharuha
**tea trolley** VAGY **tea wagon** zsúrkocsi
**tech** /tek/ ❶ technika, technológia ❷ gyakorlat képzést adó főiskola, szakfőiskola
**technical** /ˈteknɪkəl/ ❶ műszaki, technikai ❷ szakmai, szak- *too technical* túl bonyolult ❸ technikai, mesterségbeli
**technical college** szakfőiskola
**technical drawing** műszaki rajz
**technically** /ˈteknɪklɪ/ ❶ technikát illetően ❷ elvileg *technically speaking* valójában, szigorúan véve
**technical term** szakkifejezés, terminus
**technician** /tekˈnɪʃən/ ❶ szerelő ❷ technikus
**technique** /tekˈniːk/ módszer, technika, eljárás, fogás ⓘ NEM ~~technika~~ [= technológia]
**technological** /ˌteknəˈlɒdʒɪkəl/ ❶ technológiai ❷ műszaki, technikai
**technology** /tekˈnɒlədʒɪ/ ❶ technológia, technika ❷ műszaki tudományok
**technology-intensive** technológia-igényes
**teddy bear** /ˈtedɪ beə/ (játék) mackó/maci
**tedious** /ˈtiːdɪəs/ unalmas, untató
**teem** /tiːm/ ömlik, szakad [eső]
**teem with** *teem with smth* hemzseg vmitől
**teen** /tiːn/ FNÉV/MNÉV tinédzser(korú)
**teenage** /ˈtiːneɪdʒ/ VAGY **teenaged** /ˈtiːneɪdʒd/ ❶ tinédzserkorú, tinédzser- [13–19] ❷ tizenéveseknek való
**teenager** /ˈtiːneɪdʒə/ tizenéves [13–19]
**teens** /tiːn/ 13–19 éves kor
**tee shirt** /ˈtiː ʃɜːt/ ❶ melegítőfelső, T-shirt ❷ vastag trikó, póló
**teeth** /tiːθ/ FNÉV
☞ tooth
KIFEJEZÉSEKBEN: *it set my teeth on edge* végigfutott tőle a hátamon a hideg *armed to the teeth* állig felfegyverkezve *escape by the skin of one's teeth* egy hajszálon múlik a menekülése
**teethe** /tiːð/ fogzik
**teething troubles** gyermekbetegség, kezdeti nehézség(ek)
**teetotalism** /tiːˈtəʊtəlɪzəm/ absztinencia
**teetotaller** /tiːˈtəʊtələ/ FNÉV absztinens
**tele-** /ˈtelə/ VAGY /ˈtelɪ/ ❶ táv- ❷ televíziós, televízió-, tévé- ❸ tele-
**telecast** /ˈtelɪkɑːst/ FNÉV
televíziós közvetítés, tévéadás
**telecast, telecast, telecast** IGE
tévén ad/közvetít
**telecom** /ˈtelɪkɒm/ távközlési cég/vállalat
**telecommunications** /ˌtelɪkəmjuːnɪˈkeɪʃənz/ távközlés, híradástechnika
**telecommuting** /ˌtelɪkəˈmjuːtɪŋ/ számítógépes otthoni távmunka
**telecottage** /ˌtelɪˈkɒtɪdʒ/ teleház
**tele-education** /ˌtelɪedjʊˈkeɪʃən/ távoktatás
**telefax machine** /ˈtelɪfæks/ fax(gép)
**telefilm** /ˈtelɪfɪlm/ tévéfilm
**telegram** /ˈtelɪgræm/ távirat
**telehouse** /ˈtelɪhaʊs/ teleház
**telelens** /ˈtelɪlenz/ teleobjektív
**telepathy** /təˈlepəθɪ/ telepátia
**telephone** /ˈtelɪfəʊn/ FNÉV
telefon *answer the telephone* felveszi a telefont *speak by telephone* telefonon beszél *be on the telephone* van telefonja
**telephone** IGE
telefonál vkinek *he telephoned to say he wasn't coming* telefonált, hogy nem jön
**telephone book** telefonkönyv
**telephone booth** VAGY **telephone box** telefonfülke
**telephone call** telefon(hívás) *make a telephone call* egyet telefonál
**telephone directory** telefonkönyv
**telephone exchange** telefonközpont
**telephone kiosk** telefonfülke
**telephone number** telefonszám
**telephone operator** telefonos, telefonkezelő
**telephone rates** telefontarifa
**telephoto lens** /ˌteləfəʊtəʊ ˈlenz/ teleobjektív
**telephoto zoom** gumiobjektív, zoom
**teleplay** /ˈtelɪpleɪ/ tévéjáték
**teleprompter** /ˈtelɪprɒmptə/ súgógép
**telescope** /ˈtelɪskəʊp/ FNÉV
❶ távcső, látcső ❷ teleszkóp
**telescope** IGE
❶ egymásba tol ❷ összetolódik, egymásba tol(ódik) ❸ összesűrít ❹ egymásba fúródik/torlódik [ütközéskor]
**telescopic** /ˌtelɪˈskɒpɪk/ ❶ távcsöves ❷ összetolható, összecsukható, kihúzható

T

**telescopic lens** teleobjektív
**telescopic sight** céltávcső
**teletext** /ˈtelɪtekst/ teletext, képújság
**televise** /ˈtelɪvaɪz/ televízión közvetít/ad
**television** /ˈtelɪvɪʒən/ televízió *watch television* tévét néz
**television set** televíziókészülék, tévékészülék
**telework** /ˈtelɪwɜːk/ *FNÉV*
számítógépes otthoni munka, távmunka
**telework** *IGE*
[számítógépen otthon] távmunkát végez
**telex** /ˈteleks/ *FNÉV*
telex
**telex** *IGE*
telexezik
**tell** /tel/, **told** /təʊld/, **told** /təʊld/ ❶ mond, elmond, megmond, beszél, mesél *tell smb smth* elmond vkinek vmit *tell the truth* igazat beszél *to tell (you) the truth,* {MONDAT} az igazat megvallva / az igazság az, hogy {MONDAT} ❷ *tell smb to do smth* megmondja vkinek, hogy tegyen vmit *do as you're told* tedd, amit mondanak ❸ elbeszél, elmesél, elmond *tell jokes* viccet mesél *tell me about your job* mesélj a munkádról ❹ megismer, megkülönböztet, megállapít *can tell which is which* meg tudja mondani, melyik melyik *I couldn't tell it was her* nem tudtam megállapítani, hogy ő az *you can tell by its mane* a sörényéről lehet tudni *I can never tell Sarah from Sue* sose tudom Sarah-t Sue-tól megkülönböztetni ❺ tud *you can never tell* sose lehet tudni, az ember nem tudhatja *there's no telling* nem lehet tudni ❻ jelez, mutat, tudat ❼ hat, hatása van *every shot told* minden lövés talált ❽ megmutatkozik, meglátszik *those late nights are beginning to tell (on her performance)* az éjszakázás kezd meglátszani (a teljesítményén)
KIFEJEZÉSEKBEN: *I'll tell you what* mondok én neked valamit *you are telling me?* mi az, hogy! / nekem mondod? *all told* mindent egybevéve/figyelembevéve *tell me another* na ne / (ezt) nem hiszem *tell tales* árulkodik, pletykálkodik *tell fortunes* jövendőt mond, jósol
**tell against** *tell against smb* ellene szól vkinek
**tell apart** *tell smb/smth and smb/smth apart* megkülönböztet *I can never tell Sarah and Sue apart* sose tudom Sarah-t és Sue-t megkülönböztetni
**tell of** ❶ *tell of smth* szól/mesél vmiről ❷ árulkodik vmiről *her look told of embarassment* tekintete zavarról árulkodott
**tell off** *tell smb off* lehord/legorombít vkit
**tell on** *tell on smb* beárul vkit
**teller** /ˈtelə/ (bank)pénztáros
**telling** /ˈtelɪŋ/ ❶ beszédes, sokatmondó ❷ hatásos, súlyos, nyomós
**telltale** *FNÉV*
árulkodó
**telltale** /ˈtelteɪl/ *MNÉV*
beszédes, sokat mondó, árulkodó
**telly** /ˈtelɪ/ tévé
**temp** /temp/ ideiglenes/kisegítő titkárnő
**temper** /ˈtempə/ *FNÉV*
❶ természet *naturally sweet temper* kellemes természet ❷ kedv, kedélyállapot, hangulat *bad temper* rosszkedv ❸ jó kedv/hangulat *keep ⸗one's⸗ temper* megőrzi a nyugalmát *lose ⸗one's⸗ temper* kijön a sodrából ❹ rossz hangulat/kedv *be in a temper* rossz kedvében van *fly into a temper* dühbe gurul
**temper** *IGE*
❶ temperál [fémet] ❷ mérsékel, enyhít
**temperament** /ˈtempərəmənt/ temperamentum, vérmérséklet
**temperamental** /ˌtempərəˈmentəl/ ❶ alkati, vérmérsékleti ❷ heves, temperamentumos
**temperate** /ˈtempərət/ ❶ mértékletes, megfontolt, józan ❷ mérsékelt *temperate zone* mérsékelt égöv
**temperature** /ˈtemprətʃə/ ❶ hőmérséklet ❷ láz, hőemelkedés *run a temperature* láza van *take smb's temperature* megméri vkinek a lázát
**temperature chart** lázlap
**tempest** /ˈtempəst/ vihar
**tempestuous** /temˈpestʃuəs/ viharos, fergeteges
**template** /ˈtempleɪt/ VAGY /ˈtemplət/ sablon
**temple** /ˈtempəl/ ❶ szentély, [nem keresztény] templom ❷ halánték
**tempo** /tempəʊ/ tempó *at a fast tempo* gyors tempóban
**temporal** /ˈtempərəl/ ❶ világi, evilági ❷ idő-, időt kifejező, időbeli
**temporarily** /ˈtempərərɪlɪ/ ideiglenesen, átmenetileg, ideiglenes/átmeneti jelleggel
**temporary** /ˈtempərərɪ/ ideiglenes, átmeneti
**tempt** /tempt/ csábít, (meg)kísért *tempt smb into stealing* lopásra csábít vkit
**temptation** /tempˈteɪʃən/ csábítás, kísértés *resist the temptation* ellenáll a kísértésnek
**tempting** /ˈtemptɪŋ/ csábító, vonzó, kísértő
**ten** /ten/ ❶ tíz *tens of people* több tucat ember ❷ tízes [bankjegy/érme]
KIFEJEZÉSEKBEN: *be ten a penny* tucatdarab, közönséges
**tenancy** /ˈtenənsɪ/ ❶ bérlés, bérlemény használata ❷ bérleti viszony
**tenant** /ˈtenənt/ lakó, bérlő
**tend** /tend/ ❶ *tend to do smth* hajlamos vmit tenni ❷ halad, tendál, hajlik vmi felé ❸ irányul, tart vmerre *tend to the south* délnek tart ❹ ellát, gondoz
**tendency** /ˈtendənsɪ/ ❶ irányzat, tendencia, trend *there's a tendency for women to go out to work* egyre több nő jár el dolgozni ❷ hajlam
**tender** /ˈtendə/ *FNÉV*
❶ tender, (ár)ajánlat *invite tenders* pályázatot

amit vettem *the man that sold the car* a férfi, aki eladta a kocsit *the shop that I bought it in* a bolt, amelyikben vettem *the day that I bought the car* az a nap, amikor/amelyiken vettem a kocsit

**that** /ðət/ (erős alakja /ðæt/) *KÖTŐSZÓ*
❶ (az,) hogy *she said that she can't come* azt mondta, hogy nem tud jönni ❷ [eredmény] hogy *he was so rude that I didn't answer* olyan udvariatlan volt, hogy nem feleltem ❸ [cél kifejezésére] azért, hogy *sit it closer so that I can hear you* ülj közelebb, hogy hallja-lak ❹ *not that* nem mintha ❺ *now that (MONDAT)* most hogy (MONDAT)

**that** /ðæt/ *HAT.SZÓ*
ennyire/ilyen, annyira/olyan *that high* ilyen magas *it wasn't* that *good* annyira azért nem volt jó

**thatch** /θætʃ/ *FNÉV*
zsúptető, nádtető

**thatch** *IGE*
zsúppal fed [tetőt]

**that'd** /ˈðætəd/ ❶ [= that would] ❷ [= that had]

**that'll** /ˈðætəl/ [= that will]

**that's** /ðæts/ ❶ [= that is] ❷ [= that has]

**thaw** /θɔː/ *FNÉV*
olvadás, enyhülő idő

**thaw** *IGE*
❶ (meg/fel)olvad, felenged ❷ (meg/fel)ol-vaszt ❸ (meg)enyhül [idő] ❹ megenyhül, ki-enged [kapcsolatban]

**the** /ðə/, /ðɪ/, erős alak /ðiː/ ❶ a, az *the world* a világ ❷ [birt. névmás helyett] *hit smb on the ear* fülön csap vkit ❸ [melléknév előtt] *ask smb to do the impossible* lehetetlent kér vkitől ❹ [melléknév előtt] *the poor* a szegények ❺ [hang-szerrel] *play the violin* hegedül ❻ [hangsúlyoz-va] az egyetlen, az a bizonyos *OTP were* the *bank* az OTP az egyetlen bank volt ❼ [elosztó értelemben] *be paid by the hour* órabért kap, órában fizetik ❽ [párhuzamos összevetésben] *the ..., the ...* minél ..., annál ... *the less I eat, the fatter I get* minél kevesebbet eszem, annál kövérebb leszek ❾ [uralkodók neveivel] *Henry II / Henry the Second* II. Henrik

**theatre** /ˈθɪətə/ ❶ színház *at the theatre* a szín-házban ❷ színművészet, színjátszás ❸ elő-adó(terem) [lépcsőzetes padsorokkal] ❹ műtő ❺ hadszíntér

**theatre nurse** műtősnővér

**theatregoer** *FNÉV* színházkedvelő

**theatre of operations** hadszíntér

**theatrical** /θɪˈætrɪkəl/ ❶ színházi, színi, színpadi ❷ színpadias, teátrális

**theatrical company** színtársulat

**theatrical director** színidirektor

**theft** /θeft/ lopás, tolvajlás

**their** /ðeə/ ❶ az ő *their boat* a(z ő) hajójuk ❷ [vmely névmásé] *someone's lost their watch* valaki elvesztette az óráját

**theirs** /ðeəz/ ❶ az övék/övéik *the flat is theirs* a lakás az övék *a friend of theirs* egy barátjuk ❷ [vmely alanyé] az övé *everyone wants what is theirs* mindenki követeli, ami az övé

**them** /ðəm/, (erős alak: /ðem/) ❶ őket, azokat ❷ nekik, azoknak *give them water* adj nekik vizet ❸ [elöljáróval] nekik/azoknak stb. *about them* róluk/azokról ❹ ők, azok *is it them?* ők azok? ❺ [vmely névmáshoz tartozóan] *every-one did what we asked them to do* mindenki azt tette, amit kértünk tőle

**theme** /θiːm/ ❶ tárgy, téma, tematika ❷ [zenei] téma, motívum

**theme park** [vmely motívum köré épülő] vi-dámpark

**theme song** VAGY **theme tune** film címdala

**themselves** /ðəmˈselvz/ ❶ (ők/saját) maguk *by themselves* ők egyedül ❷ (ön)magukat ❸ (ön)maguknak, (ön)magukhoz [stb.] *buy themselves a house* vesznek maguknak egy há-zat ❹ [vmely névmáshoz tartozóan] *no one hurt themselves* senki nem ütötte meg magát

**then** /ðen/ *MNÉV*
akkori *the then director* az akkori igazgató

**then** *HAT.SZÓ*
❶ akkor, az(u)tán, majd *by then* addigra *from then on* attól kezdve *since then* azóta *till then* addig ❷ utána *then came the speech* aztán kö-vetkezett a beszéd ❸ akkor *if you want to, then go* ha akarsz, akkor menj ❹ tehát, akkor *the result, then, was that he became popular* az eredmény tehát az lett, hogy népszerűvé vált ❺ *but then (again)* másfelől, viszont, ugyanakkor

**theologian** /θɪəˈləʊdʒɪən/ teológus, hittudós

**theological** /θɪəˈlɒdʒɪkəl/ teológiai

**theology** /θɪˈɒlədʒɪ/ teológia, hittudomány

**theoretical** /θɪəˈretɪkəl/ ❶ elméleti, teoretikus ❷ hipotetikus, feltételezett

**theoretically** /θɪəˈretɪklɪ/ ❶ elméletileg, elmé-letben ❷ elvileg, elvben, elméletileg

**theory** /ˈθɪərɪ/ ❶ elmélet, teória *musical theory* zeneelmélet ❷ elképzelés, nézet

**therapeutical** /ˌθerəˈpjuːtɪkəl/ gyógyászati

**therapeutist** /ˌθerəˈpjuːtɪst/ ❶ terapeuta ❷ gyógyászati szakember

**therapist** /ˈθerəpɪ/ ❶ terapeuta ❷ pszichoanali-tikus

**therapy** /ˈθerəpɪ/ ❶ terápia, gyógymód, gyó-gyászat ❷ pszichoanalízis

**there** /ðeə/ *HAT.SZÓ*
❶ ott *right there* épp ott *from there* onnan *(right) then and there* akkor és ott ❷ oda *there and back* oda-vissza ❸ ezen a ponton, ebben a kérdésben *you're wrong there* ebben tévedsz *you've got me there* most/ezzel megfogtál KIFEJEZÉSEKBEN: *there you are!* (na) tessék! nem megmondtam? *there's a good dog!* (légy) jó kutyus! *there's a love!* légyszíves! *hello*

T

*there!* szia(sztok)! *he's not at all there* nincs ki minden kereke, nem teljesen normális *there you go!* (na) tessék, már megint! / látod, így van/megy ez

**there** NÉVMÁS

[létezés kifejezésénél] *are there better shops?* vannak jobb boltok? *there's some doubt about this* van ekörül némi kétely

**there** IND.SZÓ

❶ *there* na / jól van / jól van, na *there, there!* na, ugyan (már), ugyan-ugyan [nyugtatgatva] ❷ *there!* na ugye, na látod

**thereabouts** /ˌðeərəˈbaʊts/ k'b; *at six p.m. or thereabouts* úgy hat körül, hatkor vagy akörül

**thereby** /ðeəˈbaɪ/ ezáltal/azáltal, ennélfogva

**there'd** /ðeəd/ ❶ [= there had] ❷ [= there would]

**therefore** /ˈðeəfɔː/ ezért/azért (azután)

**there'll** /ˈðerəl/ [= there will]

**there's** /ðəz/, erős alakja: /ðeəz/ ❶ [= there is] ❷ [ = there has]

**thermal** /ˈθɜːməl/ termál, meleg-, hő-

**thermal insulation** hőszigetelés

**thermal power station** hőerőmű

**thermal spring** VAGY **thermal springs** hőforrás, hévíz, meleg forrás

**thermo-** /ˈθɜːməʊ/ termo-, hő-

**thermometer** /θəˈmɒmɪtə/ hőmérő

**thermos** /ˈθɜːməs/ termosz

**thermostat** /ˈθɜːməstæt/ hőszabályozó

**thesaurus** /θɪˈsɔːrəs/ ❶ tezaurusz ❷ szinoníma- ill. antonímaszótár

**these** /ðiːz/ MUTATÓSZÓ

ezek *who're these?* kik ezek?

**these** /ðiːz/ MUTATÓ NÉVMÁS

❶ ezek a *these pens are mine* ezek a tollak az enyéim *these days* manapság ❷ [mesélésnél] *these two guys come up to him and...* odajön hozzá két pofa, és...

**thesis** /ˈθiːsɪs/ TBSZ **theses** /ˈθiːsiːz/ ❶ tétel ❷ szakdolgozat, diplomamunka ❸ disszertáció

**they** /ðeɪ/ ❶ ők ❷ az emberek *they say Christmas will be white* azt mondják, fehér lesz a karácsony ❸ [vmely névmáshoz tartozóan] *everyone says what they want* mindenki azt mondja, amit akar

**they'd** /ðeɪd/ ❶ [= they had] ❷ [= they would]

**they'd've** /ˈðeɪdəv/ [= they would have]

**they'll** /ðeɪl/ [= they will]

**they're** /ðeə/ [= they are]

**they've** /ðeɪv/ [= they have]

**thick** /θɪk/ FNÉV

❶ vmi (kellős) közepe / a sűrűje *in the thick of the battle* a csata sűrűjében ❷ *through thick and thin* jóban–rosszban

**thick** MNÉV

❶ vastag *a thick book/wall* vastag könyv/fal ❷ sűrű *thick soup* sűrű leves *thick mist* sűrű pára *be thick on the ground* sűrűn terem ❸ *be thick with smth* (sűrűn) tele van vmivel ❹ erőteljes, vaskos [tájszólás] ❺ tompa, zúgó [fej, ivástól] ❻ buta, lassú felfogású *thick as a brick* buta, mint a tök ❼ bizalmas, közeli *they're as thick as thieves* bizalmas jóbarátok KIFEJEZÉSEKBEN: *that's a bit thick!* ez (azért) mégis túlzás! *the thick end of smth* majdnem vmennyi [összeg]

**thick** HAT.SZÓ

❶ vastagon ❷ sűrűn

KIFEJEZÉSEKBEN: *lay it on thick* szemérmetlenül hízeleg / erősen túloz

**thicken** /ˈθɪkən/ ❶ sűrűsödik ❷ (be)sűrít, (be)habar ❸ (meg)vastagodik ❹ (meg)vastagít ❺ bonyolódik, sűrűsödik

**thickener** /ˈθɪkənə/ VAGY **thickening** /ˈθɪkənɪŋ/ habaró, sűrítő (anyag)

**thicket** /ˈθɪkət/ sűrű, sűrű bozót(os)

**thickly** /ˈθɪklɪ/ ❶ vastagon ❷ sűrűn

**thickness** /ˈθɪknəs/ ❶ vastagság ❷ sűrűség ❸ réteg

**thief** /θiːf/ TBSZ **thieves** /θiːvz/ tolvaj *car thief* autótolvaj *horse thief* lótolvaj

KIFEJEZÉSEKBEN: *be thick as thieves* szoros barátságban vannak

**thigh** /θaɪ/ comb

**thimble** /ˈθɪmbəl/ gyűszű

**thimblerig** /ˈθɪmbəlrɪg/ itt a piros, hol a piros

**thin** /θɪn/ MNÉV

❶ vékony *thin board* vékony lap *wear thin* elvékonyodik ❷ sovány ❸ híg, vizes ❹ ritka, ritkás, gyér *thin audience* gyér hallgatóság *be thin on the ground* nem sűrűn terem ❺ halvány, gyenge, sovány

**thin** IGE

❶ gyérül, (meg)ritkul ❷ ritkít ❸ (fel)hígít ❹ ritkít, irt

**thing** /θɪŋ/ ❶ dolog, valami, izé *what's that thing on the desk?* mi az (a dolog/izé) az asztalon? *I can't find the stupid thing* sehol nincs az a vacak *do the right thing* helyesen cselekszik ❷ *a thing* semmi(se) *don't understand a thing* semmit se ért ❸ tárgy, holmi, dolog ❹ holmi, ruha, cucc *haven't got a thing to wear* nincs egy rongya, amit felvegyen ❺ teremtés *poor thing* szegényke, szegény feje ❻ illő dolog *it's not the (done) thing* ilyet nem illik KIFEJEZÉSEKBEN: *for one thing* először is *a thing or two* egy s más, ez-az *the thing is,* {MONDAT} arról van szó / az az igazság, hogy {MONDAT} *of all things!* éppen/pont *too much of a good thing* sok a jóból *have a thing about smth* nagyon imád/utál vmit *make a thing of smth* (nagy) ügyet csinál vmiből

**thingamy** /ˈθɪŋəmɪ/ VAGY **thingie** /ˈθɪŋɪ/ izé, bigyó, micsoda, hogyhívják

**think** /θɪŋk/ FNÉV

gondolkodás *have a (fresh) think about smth* (újra) elgondolkozik vmiről

**think** /θɪŋk/, **thought** /θɔːt/, **thought** /θɔːt/ IGE

❶ gondolkodik, gondolkozik *think hard* erősen gondolkodik, *think for* ⁝*oneself*⁝ saját fejével gondolkodik *think aloud* hangosan gondolkodik ❷ gondol vmire *I thought of blue walls for the kids' room* kék falat gondoltam a gyerekszobába *think of doing smth* szándékozik vmit tenni ❸ gondol, hisz *I think it was Monday* azt hiszem, hétfőn volt *I think so* azt hiszem, igen *who'd have thought?* ki hitte volna? *I thought to myself* gondoltam magamban ❹ (el)képzel, (el)gondol *I can't think* el nem tudom képzelni *to think that* {MONDAT}*!* ha belegondolunk, hogy {MONDAT}! ❺ vmilyennek gondol/vél/hisz *I think it advisable* célszerűnek tartom ❻ belegondol, elgondol *think how big it is* gondolj bele, milyen hatalmas

KIFEJEZÉSEKBEN: *let me think!* lássuk csak! *think big* nagy terveket forgat a fejében

**think of** ❶ *think smth of smth* vmilyen véleménye van vmiről *think highly of smb* nagyra becsül vkit *think poorly of smb* nem jó a véleménye vkiről ❷ *think of smth* eszébe jut, emlékszik *I couldn't think of it* nem jutott eszembe ❸ *not think of doing smth* eszébe sem jut(na) *I wouldn't think of letting them out* eszembe se jutna kiengedni őket ❹ *think better of smth* meggondolja magát ❺ *think nothing of smth* semmiségnek tart vmit

**think out** *think smth out* kigondol/kitervel vmit

**think over** *think smth over* átgondol/megfontol vmit

**think through** *think smth through* végiggondol vmit

**think up** *think smth up* kitalál/kisüt vmit

**thinker** /ˈθɪŋkə/ gondolkodó, filozófus

**thinking** /ˈθɪŋkɪŋ/ ❶ gondolkodás ❷ gondolkodásmód, vélemény *to my way of thinking* véleményem szerint

**think tank** agytröszt

**thinly** /ˈθɪnlɪ/ ❶ vékonyan, vékonyra *cut/spread smth thinly* vékonyan vág/ken vmit ❷ ritká(sa)n, gyéren

**thinner** /ˈθɪnə/ oldószer, hígító(szer)

**third** /θɜːd/ FNÉV

[zenei] terc

**third** SZNÉV

❶ harmadik [rövidítve 3rd ill. $3^{rd}$] ❷ harmad *two thirds* két harmad

**third-class** harmadosztályú, harmadrangú

**third degree** kényszervallatás

**third-degree burn** harmadfokú égés(i seb)

**third finger** középső ujj

**third-generation** harmadgenerációs

**third-hand** harmadkézből származó

**thirdly** /ˈθɜːdlɪ/ harmadszor, harmadsorban

**third party** harmadik személy/oldal/fél

**third party insurance** VAGY **third party liability** (gépjármű-)felelősségbiztosítás

**third person** harmadik személy

**third-rate** harmadrangú

**Third World** harmadik világ

**thirst** /θɜːst/ FNÉV

szomjúság, szomj *quench* ⁝*one's*⁝ *thirst with smth* szomját oltja vmivel ❷ vágy *thirst for knowledge* tudásvágy, tudásszomj

**thirst** IGE

**thirst for** VAGY **thirst after** *thirst for/after smth* vágyik/eped vmi után

**thirsty** /ˈθɜːstɪ/ ❶ szomjas ❷ kiszáradt, kiszikkadt ❸ szomjassá tevő ❹ vmi után vágyó/epedő (ami után: *for*)

**thirteen** /θɜːˈtiːn/ tizenhárom

**thirteenth** /θɜːˈtiːnθ/ ❶ tizenharmadik ❷ tizenharmad

**thirtieth** /ˈθɜːtɪəθ/ ❶ harmincadik ❷ harmincad

**thirty** /ˈθɜːtɪ/ harminc *the thirties* a harmincas évek *be in* ⁝*one's*⁝ *thirties* harmincas éveiben jár

**this** /ðɪs/ MUTATÓSZÓ

❶ ez *who's this?* ki ez? *like this* így *this and that* ez-az ❷ [bemutatásnál] *this is Mr Carlson* ez itt C. úr / bemutatom C. urat ❸ [telefonban] *this is Robert speaking* Robert beszél

**this** MUTATÓ NÉVMÁS

❶ ez a, ezen, e *this pen is mine* ez a toll az enyém *by this time* ekkorra *this (coming) Friday* most pénteken ❷ mai *this morning* ma délelőtt/reggel *this day last year* ma egy éve ❸ ennyi, ilyen *this far* mindezideig ❹ [mesélésben] egy *this guy comes up to him...* odamegy hozzá egy pofa, és elkezd kiabálni

**this** HAT.SZÓ

ennyire *this big* ekkora, ilyen nagy

**this'll** /ˈðɪsəl/ [= this will]

**thistle** /ˈθɪsəl/ bogáncs

**thongs** /θɒŋ/ saru

**thorn** /θɔːn/ ❶ tüske, tövis ❷ csipkebokor

**thorny** /ˈθɔːnɪ/ ❶ tüskés, tövises ❷ bonyolult, nehéz *thorny problem* fogas kérdés

**thorough** /ˈθʌrə/ ❶ alapos, gondos, mélyreható ❷ teljes, tökéletes *thorough waste of time* tökéletes időpocsékolás

**thoroughbred** /ˈθʌrəbred/ FNÉV/MNÉV telivér

**thoroughfare** /ˈθʌrəfeə/ ❶ főútvonal ❷ *no thoroughfare* „tilos az átjárás/behajtás"

**thoroughgoing** /ˌθʌrəˈgəʊɪŋ/ ❶ alapos, gondos ❷ teljes, tökéletes *thoroughgoing fool* komplett őrült

**thoroughly** /ˈθʌrəlɪ/ ❶ alaposan, gondosan, mélyrehatóan ❷ teljesen, tökéletesen

**those** /ðəʊz/ MUTATÓSZÓ

❶ azok *those are your pens* azok a te tollaid ❷ [főnévpótló] *the costs of maintenance are higher that those of installation* a karbantartás költségei magasabbak, mint a beállításei

**those** /ðəʊz/ MUTATÓ NÉVMÁS

❶ (ezek/azok) a *who were those girls I saw*

T

*with you?* kik voltak (azok) a lányok, akiket láttam veled? ❷ az, amaz *those pens are yours* azok a tollak a tiéid

**though** /ðəʊ/ ❶ (ám)bár, habár, noha *(even) though it's a long way* bár/noha messze van ❷ [mondat közepén/végén] de, azonban, azért *firmly though fairly* határozottan, de igazságosan *we'll try it, though* megpróbáljuk azért ❸ bármilyen/akármilyen… is *hardworking though he was* bármilyen szorgalmas volt is ❹ *as though* mintha *he looks as though he has a fever* úgy néz ki, mintha láza volna

**thought** /θɔːt/ FNÉV
❶ gondolkodás, gondolat *give smth some thought* elgondolkodik vmin *his thoughts are elsewhere* gondolatai máshol járnak ❷ ötlet *that's a thought!* jó ötlet! ❸ gondolkodás, filozófia *ancient Greek thought* az ókori görög gondolkodás ❹ szándék *I had no thought of annoying them* nem állt szándékomban bosszantani őket ❺ vmivel gondolás *with no thought for his own safety* tulajdon biztonságával mit sem törődve ❻ valamicske, gondolatnyi *a thought more enthusiastic* egy gondolattal lelkesebb
KIFEJEZÉSEKBEN: *perish the thought!* Isten őrizz!

**thought** IGE
☞ think

**thoughtful** /ˈθɔːtfəl/ ❶ elgondolkodó, (vmin) gondterhelt ❷ figyelmes *how thoughtful of them!* milyen figyelmes tőlük!

**thougthless** /ˈθɔːtləs/ figyelmetlen, önző

**thought-provoking** elgondolkoztató, gondolatébresztő

**thousand** /ˈθaʊzənd/ FNÉV/SZNÉV ezer *five thousand people* ötezer ember *thousands of people* többezer ember

**thousandfold** /ˈθaʊzəndfəʊld/ MNÉV/HAT.SZÓ ezerszeres(en)

**thousandth** /ˈθaʊzəndθ/ FNÉV
ezred, ezredrész

**thousandth** SZNÉV
ezredik

**thrash** /θræʃ/ ❶ üt, elpáhol, elver ❷ legyőz, tönkrever [sportban]
**thrash about** dobálja magát, csapkod
**thrash out** *thrash smth out* ❶ megvitat, megrág, kitárgyal ❷ [tárgyalással] tető alá hoz

**thread** /θred/ FNÉV
❶ fonál, cérna ❷ sugár ❸ fonal, menet ❹ visszatérő elem/motívum ❺ csavarmenet
KIFEJEZÉSEKBEN: *hang by a thread* hajszálon múlik/függ

**thread** IGE
❶ befűz *thread a needle* tűbe fonalat fűz ❷ átsző *threaded with gold* arannyal átszőve ❸ felfűz, befűz, összefűz ❹ (csavar)menetet vág

**threadbare** /ˈθredbeə/ kopott, feslett, foszlott

**threat** /θret/ ❶ fenyegetés *under threat of punishment* a büntetéstől való félelmében ❷ veszély, fenyegetés, veszedelem *pose a threat to smth* fenyegetést jelent vmire

**threaten** /ˈθretən/ ❶ fenyeget *threaten smb with dismissal* elbocsátással fenyeget meg vkit *threaten a terrible vengeance* szörnyű bosszúval fenyeget ❷ vmivel fenyeget *the clouds threatened rain* a felhők esőt ígértek

**three** /θriː/ három

**three-act** három felvonásos

**three-cornered** ❶ háromszögletű ❷ három fél/oldal között történő [pl. verseny]

**three-cylinder** háromhengeres

**three-D** VAGY **3-D** háromdimenziós, térhatású

**three-day event** lovastusa, military

**three-digit** három számjegyű

**three-dimensional** ❶ háromdimenziós, térhatású ❷ valós, valószerű, hús-vér, életszerű

**three-door** háromajtós

**threefold** /ˈθriːfəʊld/ MNÉV/HAT.SZÓ háromszoros(an)

**three-legged** háromlábú

**three-masted** háromárbocos

**threepence** /ˈθrepəns/ három penny (érték)

**three-piece** háromrészes, három darabból álló *three-piece suite* háromrészes garnitúra

**three-ply** /ˈθriːplaɪ/ ❶ háromrétegű [pl. papírzsebkendő] ❷ háromszálú [kötél/fonat]

**three-quarter** háromnegyedes, háromnegyednyi

**threescore** /ˌθriː ˈskɔː/ hatvan *threescore years and ten* hetven esztendő

**threesome** /ˈθriːsəm/ hármas, három ember

**three-storey** VAGY **three-storeyed** VAGY **three-storied** háromszintes, háromemeletes

**three-way** háromirányú

**three-wheeled** háromkerekű

**threshold** /ˈθreʃhəʊld/ ❶ küszöb ❷ küszöb, küszöbérték *low pain threshold* alacsony fájdalomküszöb

**threw** ☞ throw

**thrice** /θraɪs/ három ízben, háromszor

**thrifty** /ˈθrɪftɪ/ takarékos, beosztó

**thrill** /θrɪl/ FNÉV
❶ izgalom, élmény ❷ izgalom, izgatottság, borzongás

**thrill** IGE
❶ izgalmat/izgatottságot érez, megborzong ❷ megborzongat, felvillanyoz *be thrilled to hear smth* élvezettel/örömmel hall vmit

**thriller** /ˈθrɪlə/ krimi, thriller [könyv/film/darab]

**thrive** /θraɪv/, **thrived** VAGY **throve** /θrəʊv/, **thrived** VAGY **thriven** /ˈθrɪvən/ gyarapodik, virágzik *thriving business* sikeres vállalkozás

**throat** /θrəʊt/ ❶ torok ❷ nyílás, torok
KIFEJEZÉSEKBEN: *stick in one's throat* a torkán akad *be at each other's throats* egymás torkának ugranak *force/ram smth down smb's throat* ráerőszakol vmit vkire

**throat microphone** gégemikrofon
**throb** /θrɒb/ lüktet, dobog, ver *throb with life* élettől lüktet
**throne** /θrəʊn/ trónus, trón *come to the throne* trónra lép
**throng** /θrɒŋ/ *FNÉV*
tömeg, tolongás
**throng** *IGE*
(össze/oda)csődül, tolong, (oda)tódul *people thronged to see the film* tömegek csődültek a filmre
**through** *MNÉV*
közvetlen
**through** /θru:/ *ELÖLJ.*
❶ át/keresztül vmin *through the door* az ajtón át *through the shouts of the crowd* a tömeg kiabálásán át ❷ vmi által/útján/révén *through an advertisement* hirdetés révén ❸ vmi miatt *through bad organization* rossz szervezés következtében ❹ túl *be through smth* túl van vmin, elkészül/megvan vmivel ❺ *US* -ig [időben] *Monday through Friday* hétfőtől péntekig [bezárólag]
**through** *HAT.SZÓ*
❶ át, keresztül *let me through* engedjen át ❷ végig, át *read it through* végigolvassa ❸ átszállás nélkül *right through to Boston* egészen Bostonig ❹ (be)kapcsolva [telefonon] *put smb through to smb* bekapcsol vkit vkihez *you're through* máris kapcsolom ❺ végzett, lebeszélt *are you through?* befejezték a beszélgetést? ❻ teljesen *get wet through* teljesen elázik *through and through* teljességgel, keresztül–kasul ❼ *be through with smth* végzett/elkészült vmivel
KIFEJEZÉSEKBEN: *be through with smth* elég volt neki vmiből
**throughout** /θru:ˈaʊt/ *HAT.SZÓ*
❶ mindenhol, mindenütt ❷ egész idő alatt
**throughout** /θru:ˈaʊt/ *ELÖLJ.*
❶ vmi minden részén *throughout the capital* fővárosszerte ❷ [vmi egész ideje] alatt *throughout the night* egész éjszaka
**through train** közvetlen vonat
**throughway** /ˈθru:weɪ/ *US* (fizető) autópálya, (autó)sztráda
**throve** ☞ thrive
**throw** /θrəʊ/ *FNÉV*
❶ dobás, vetés, hajítás ❷ kockadobás eredménye ❸ próbálkozás, dobás
**throw** /θrəʊ/, **threw** /θru:/, **thrown** /θrəʊn/ *IGE*
❶ dob, vet, hajít, hány *throw the ball 5 metres* öt méterre dobja a labdát *throw smth at smb* hozzávág vkihez vmit *throw smth out* kidob vmit *she threw off her clothes* lehajigálta a ruháit *she threw herself on the bed* levetette magát az ágyra ❷ vet, szór *the sun throws shadows on the pavement* a nap árnyékot vet a járdára ❸ hullat [tollat/bőrt], vedlik ❹ elképeszt, megdöbbent ❺ korongoz, formál ❻ rendez, csap *throw a party* bulit rendez *throw a scene* jelenetet rendez ❼ megbundáz
KIFEJEZÉSEKBEN: *throw smb off balance* kibillent vkit az egyensúlyából *throw light on smth* fényt derít vmire *throw doubt on smth* kétségeket kelt vmivel kapcsolatban *throw cold water on smth* leszól vmit *throw good money after bad* fut a pénze után
**throw about** ❶ *throw smth about* szétdobál ❷ *throw* ⁝*one's*⁝ *weight about* parancsolgat, fölényeskedik
**throw away** *throw smth away* eldob, elvet, kidob
**throw back on** *be thrown back on smth* rá van utalva / ráfanyalodik vmire
**throw in** *throw smth in* ❶ ráadásul/ajándékba ad vmit ❷ hozzászól vmihez vmivel ❸ *throw in the towel/sponge* bedobja a törülközőt
**throw off** ❶ *throw smth off* megszabadul vkitől/vmitől ❷ *throw smb off* leráz [üldözőt]
**throw over** *throw smb over* elhagy/otthagy [partnert]
**throw together** *throw smth together* összetákol, összedob
**throw up** *throw smth up* ❶ otthagy [állást] ❷ (ki)hány/okád ❸ felvet, előhoz [témának]
**throwing the hammer** kalapácsvetés
**throwing the javelin** gerelyhajítás
**throwing wheel** fazekaskorong
**thrown** ☞ throw
**thrush** /θrʌʃ/ ❶ rigó ❷ szájpenész, afta
**thrust** /θrʌst/ *FNÉV*
❶ (heves) lökés ❷ döfés, szúrás ❸ (lendületes) támadás ❹ lényegi tétel/pont [érvelésé]
**thrust** /θrʌst/, **thrust** /θrʌst/, **thrust** /θrʌst/ *IGE*
❶ lök, taszít, vet *he thrust his gun in his pocket* zsebrevágta a pisztolyát ❷ (előre)szúr/döf
**Thu** = Thursday
**thumb** /θʌm/ *FNÉV*
hüvelykujj
KIFEJEZÉSEKBEN: *be under smb's thumb* vki uralma/befolyása alatt áll *be all thumbs* kétbalkezes *get the thumbs down* elvetik, elutasítják *give smth the tumbs up* elfogad vmit
**thumb** *IGE*
❶ *thumb* ⁝*one's*⁝ *nose at smb* fittyet hány vkire ❷ *thumb a lift* autóstoppol *thumb a ride US* autóstoppol
**thumb index** él-regiszter
**thumbnail** /ˈθʌmneɪl/ ❶ hüvelykujj-köröm ❷ bélyegnagyságú fénykép ❸ rövid, tömör
**thumbtack** /ˈθʌmtæk/ *US* rajzszög
**thump** /θʌmp/ ❶ (ököllel) üt/ver/megcsap, (el)püföl ❷ dörömböl, kalapál [szív]
**thunder** /ˈθʌndə/ *FNÉV*
❶ mennydörgés *thunder and lightning* dörgés–villámlás ❷ dörgés, dörgő hang *thunder of applause* tapsvihar, tapsorkán

T

**thunder** *IGE*
❶ (menny)dörög ❷ dörög [ágyú/gép] ❸ dörögve mond, mennydörög
**thundering** /ˈθʌndərɪŋ/ óriási, hatalmas
**thunderous** /ˈθʌndərəs/ mennydörgő
**Thur** VAGY **Thurs** = Thursday
**Thursday** /ˈθɜːzdeɪ/ csütörtök
**thus** /ðʌs/ ❶ eképp ❷ *thus far* eleddig
**thwart** /θwɔːt/ meghiúsít, (meg)akadályoz
**thyme** /taɪm/ kakukkfű
**thyroid** /ˈθaɪrɔɪd/ pajzsmirigy
**ti** /tiː/ [zenei] ti, szi
**tibia** /ˈtɪbɪə/ sípcsont
**tic** /tɪk/ arcrángás, tik
**tick** /tɪk/ *FNÉV*
❶ ketyegés ❷ pillanat *in a tick* egy pillanat alatt ❸ pipa, ✓ jel ❹ ciha [matracé/párnáé] ❺ angin ❻ kullancs
**tick** *IGE*
❶ ketyeg ❷ ✓ jellel megjelöl, kipipál
**tick off** *tick smth off* kipipál
**tick bite** kullancscsípés
**ticker tape** szerpentin [papírból]
**ticket** /ˈtɪkət/ *FNÉV*
❶ jegy *entrance is by ticket* belépés (belépő)jeggyel *season ticket* bérlet *single ticket* vonaljegy *return ticket* retúrjegy ❷ tikett, jegy *lunch ticket* ebédjegy ❸ árcédula ❹ képviselőjelöltek névsora ❺ *(parking) ticket* bírságcédula
**ticket** *IGE*
❶ címkével ellát ❷ megbírságol, megbüntet
**ticket agent** (jegy)ellenőr
**ticket clerk** jegypénztáros
**ticket collector** jegyvizsgáló
**ticket holder** bérlettulajdonos, jegytulajdonos
**ticket inspector** kalauz, ellenőr
**ticket machine** jegyautomata, jegykezelő készülék
**ticket office** jegypénztár
**ticket tout** jegyüzér
**ticking** /ˈtɪkɪŋ/ ❶ ciha [matracé/párnáé] ❷ angin
**tickle** /ˈtɪkəl/ *FNÉV*
❶ (meg)csiklandozás ❷ csiklandó/bizsergő érzés, viszketés
**tickle** *IGE*
❶ (meg)csiklandoz ❷ csiklandozó/bizsergő érzést kelt ❸ csiklandó/bizsergő érzést érez ❹ (meg)nevettet, mulattat
**tick-tack** /ˈtɪktæk/ tiktak
**tick-tack-toe** /tɪktækˈtəʊ/ VAGY **tick-tack-too** /tɪktækˈtuː/ amőba(játék)
**ticky tacky** /ˌtɪkɪ ˈtækɪ/ vacak, hitvány
**tidal** /ˈtaɪdəl/ ár–apállyal kapcsolatos, ár–apály-
**tidal wave** ❶ szökőár, tsunami ❷ vmi óriási hulláma *tidal wave of public disapproval* közfelháborodási hullám
**tidbit** /ˈtɪdbɪt/ ❶ (ínyenc)falat, finom falat ❷ kis érdekesség, pletyka
**tide** /taɪd/ *FNÉV*
❶ ár–apály *the tide is in* dagály van *the tide is rising/falling* dagály/apály van *high/rising tide* dagály *low tide* apály ❷ irány, menet, tendencia *the tide of public opinion* közvélemény ❸ hullám, ár(adat) *stem the tide of protest* megfékezi a tiltakozási hullámot
KIFEJEZÉSEKBEN: *turn the tide* megfordítja az események menetét/irányát *swim with the tide* úszik az árral, a többséggel tart
**tide** *IGE*
**tide over** *tide smb over smth* átsegít vkit vmin, segít vkinek átvészelni vmit
**tidily** /ˈtaɪdɪlɪ/ rendesen, takarosan
**tidy** /ˈtaɪdɪ/ *FNÉV*
❶ *US* bútorvédő ❷ kacatos doboz
**tidy** *MNÉV*
❶ rendes, takaros ❷ rendes, rendszerető ❸ csinos [összeg]
**tidy** *IGE*
❶ rendbetesz ❷ (ki)takarít, rendet csinál
**tie** /taɪ/ *FNÉV*
❶ nyakkendő ❷ zsineg, kötelék *plastic tie* műanyag zsinór ❸ kötelék, kapcsolat *family ties* családi kötelékek ❹ lekötöttség, megkötöttség ❺ döntetlen [mérkőzés] ❻ *US* (vasúti) talpfa, betonalj
**tie** *IGE*
❶ (meg/át)köt, (meg)kötöz, (össze/oda)köt vmihez *tie the parcel* összekötözi a csomagot *tie a horse to a tree* fához köt ki egy lovat ❷ leköt, akadályoz *I'm tied to my desk* íróasztalhoz vagyok kötve ❸ megköt, csomóra köt, megcsomóz *tie a knot* csomót köt ❹ (csomóra/csomóba) kötődik/köthető *tie at the back* hátulkötős ❺ vmihez köt vmit *be tied to the retail price index* a fogyasztói árindexhez van kötve ❻ döntetlenre játszik vkivel *the score is tied* döntetlen az eredmény
KIFEJEZÉSEKBEN: *my hands are tied* meg van kötve a kezem *tie smb (up) in knots* [nehéz kérdésekkel] kínos/nehéz helyzetbe hoz
**tie down** *tie smb down* ❶ leköt/akadályoz vkit, kötöttségeket ró vkire ❷ *tie smb down to smth* vmi mellett elkötelez vkit
**tie in** megfelel *tie in with smth* egybevág/egybeesik vmivel, megfelel vminek
**tie up** ❶ *tie smb/smth up* összekötöz vmit/vkit ❷ beköt, bebugyolál [kendőbe] ❸ leköt [pénzt/tőkét] ❹ *tie smth up* korlátoz, limitál [jogilag] ❺ megbénít [forgalmat] ❻ elfoglal *be tied up* el van foglalva
**tie up with** *tie smth up with smth* kapcsolatba hoz vmit vmivel *try to tie up the escape with the killings* összefüggést próbál találni a szökés és a gyilkosságok között
**tie clasp** nyakkendőtű
**tie-dye** /ˈtaɪdaɪ/ VAGY **tie-and-dye** /ˈtaɪ ən daɪ/ batikol
**tie pin** nyakkendőtű

ír ki, versenytárgyalást hirdet ❷ *legal tender* törvényes fizetőeszköz ❸ gondozó, kiszolgáló, ellátó ❹ fűtőanyag-tartály, szerkocsi

**tender** *MNÉV*
❶ porhanyós, puha ❷ érzékeny, kényes [seb/téma] ❸ gyengéd, tapintatos ❹ zsenge, éretlen [kor]

**tender** *IGE*
❶ árajánlatot tesz *tender for the contract* pályázatot nyújt/ad be a munkára ❷ (fel)ajánl, felkínál *tender {one's} resignation* felajánlja a lemondását ❸ fizet, átad [pénzt] *tender exact fare* pontos viteldíjat kérünk

**tenderer** /ˈtendərə/ ajánlattevő
**tenderize** /ˈtendəraɪz/ puhít [húst]
**tenderizer** /ˈtendəraɪzə/ húspuhító szer/por
**tenderness** /ˈtendənəs/ ❶ porhanyósság, puhaság ❷ gyengédség ❸ zsengeség, éretlenség
**tendon** /ˈtendən/ ín
**tenement** /ˈtenəmənt/ ❶ bérlakás ❷ bérház
**tenfold** *MNÉV/HAT.SZÓ* tízszeres(en), tízszeresére
**tenner** /ˈtenə/ tízes [bankjegy/érme]
**tennis** /ˈtenɪs/ tenisz *play tennis* teniszezik
**tennis court** teniszpálya
**tennis elbow** teniszkönyök
**tennis match** teniszjátszma
**tenor** /ˈtenə/ ❶ tenor [hang] ❷ tenorista ❸ *the tenor of smth* vmi jellege ❹ hangnem, tónus
**tenor saxophone** tenorszaxofon

**tense** /tens/ *FNÉV*
(ige)idő

**tense** *MNÉV*
❶ feszes, szoros ❷ feszült, ideges

**tense** *IGE*
❶ megfeszít ❷ (meg)feszül

**tension** /ˈtenʃən/ ❶ feszültség, idegesség ❷ feszültség, feszült helyzet *tension mounts* nő a feszültség ❸ (villamos) feszültség
**tent** /tent/ sátor
**tentacle** /ˈtentəkəl/ csáp, tapogató, kar
**tentative** /ˈtentətɪv/ óvatos, bizonytalan, tétova
**tenth** /tenθ/ ❶ tizedik ❷ tized
**tenure** /ˈtenjə/ ❶ hivatali idő ❷ véglegesítés, kinevezés
**tenured** /ˈtenjəd/ kinevezett, véglegesített
**tepid** /ˈtepɪd/ ❶ langyos ❷ lagymatag, langyos
**tercentenary** /ˌtɜːsenˈtiːnərɪ/ *FNÉV/MNÉV* háromszáz éves (évforduló)
**term** /tɜːm/ ❶ hivatali idő(szak) *his term as prime minister* miniszterelnöksége ❷ [egyetemi/iskolai] félév, szemeszter ❸ trimeszter, harmadév ❹ ülésszak [parlamenté/bíróságé] ❺ lejárati idő, terminus *get near its term* hamarosan lejár ❻ szülés várható időpontja ❼ szakszó, szakkifejezés ❽ tag, kifejezés [pl. egyenleté] ❾ börtönbüntetés
KIFEJEZÉSEKBEN: *in the long term* hosszú távon *in the medium term* középtávon

**terminal** /ˈtɜːmɪnəl/ *FNÉV*
❶ reptéri terminál ❷ [számítógépes] terminál ❸ kikötői terminál ❹ autóbusz-terminál, autóbusz-végállomás

**terminal** *MNÉV*
❶ végső, utolsó ❷ halállal végződő, halálos

**terminally** /ˈtɜːmɪnəlɪ/ halálosan, végzetesen
**terminal ward** elfekvő (kórterem)
**terminate** /ˈtɜːmɪneɪt/ ❶ megszüntet, befejez *be terminated* elbocsátják, felmondanak neki *terminate a contract* szerződést felbont ❷ véget ér, befejeződik
**termination** /ˌtɜːmɪˈneɪʃən/ ❶ befejezés, megszüntetés ❷ befejeződés, véget érés
**terminological** /ˌtɜːmɪnəˈlɒdʒɪkəl/ terminológiai
**terminology** /ˌtɜːmɪˈnɒlədʒɪ/ szaknyelv, szakkifejezések, terminológia
**terminus** /ˈtɜːmɪnəs/ *TBSZ* **terminuses** VAGY **termini** /ˈtɜːmɪnaɪ/ végállomás
**termite** /ˈtɜːmaɪt/ termesz, fehér hangya
**terms** /tɜːmz/ ❶ feltételek [szerződésé] *under the terms of the agreement* az egyezmény értelmében ❷ kondíció, feltétel *at reasonable terms* kedvező feltételekkel *terms of payment* fizetési feltételek ❸ stílus, szavak, (meg)fogalmazás *speak in positive terms* elismerően nyilatkozik *in no uncertain terms* félreérthetetlenül ❹ viszony *be on good terms with smb* jó viszonyban van vkivel ❺ *in terms of smth* vmi szempontjából, vmiben (kifejezve) *in terms of money* pénzben (kifejezve)
KIFEJEZÉSEKBEN: *come to terms with smth* belenyugszik vmibe, megtanul élni vmivel *think in terms of smth* fontolgat vmit
**terms of trade** cserearány
**terrace** /ˈterəs/ ❶ sorházak előkerttel ❷ *US* erkély, tornác ❸ [állóhelyes] futball-lelátó ❹ terasz ❺ tetőterasz ❻ terasz, tábla [földművelésre]
**terraced** /ˈterəst/ teraszos, lépcsős
**terraced house** sorház
**terrain** /teˈreɪn/ VAGY /təˈreɪn/ terep, talaj
**terrestrial** /təˈrestrɪəl/ ❶ földi ❷ szárazföldi *terrestrial animal* szárazföldi állat
**terrible** /ˈterəbəl/ ❶ borzasztó, rettenetes, szörnyű ❷ ijesztő, rémes
**terribly** /ˈterəblɪ/ borzasztóan, rettenetesen, rémesen, szörnyen
**terrific** /təˈrɪfɪk/ ❶ óriási, klassz, haláli ❷ rém/haláli nagy
**terrifically** /təˈrɪfɪklɪ/ halálian, halálosan
**terrify** /ˈterɪfaɪ/ ❶ megijeszt, megrémít ❷ *be terrified of smth* fél/retteg vmitől
**territorial** /ˌterɪˈtɔːrɪəl/ ❶ területi ❷ körzeti
**territorial waters** felségvizek
**territory** /ˈterɪtərɪ/ ❶ terület, körzet, vidék ❷ téma, terület ❸ körzet, terület [cég részlegéé/ügynöké] ❹ élettér, terület [állaté]
**terror** /ˈterə/ ❶ rettegés, rettenet *have a terror of smth* retteg vmitől *to my terror* rémületem-

T

re ❷ terrorizmus *campaign of terror* megfélemlítési hadjárat ❸ rém *the terror of the neighbourhood* a környék réme
**terrorism** /'terərɪzəm/ terrorizmus
**terrorist** /'terərɪst/ terrorista
**terrorist assault** VAGY **terrorist attack** terrormerénylet, terrortámadás
**terrorize** /'terəraɪz/ ❶ rettegésben tart, terrorizál ❷ megfenyeget *terrorize smb into doing smth* vkit vmi megtételére kényszerít
**terry** /'terɪ/ VAGY **terry cloth** frottír(anyag)
**terry towel** frottírtörülköző
**terse** /tɜːs/ tömör, velős, magvas
**test** /test/ *FNÉV*
❶ teszt, dolgozat, zárthelyi *intelligence test* intelligencia-teszt ❷ vizsga *driving test* vezetői vizsga ❸ vizsgálat *eye test* szemvizsgálat ❹ kipróbálás, tesztelés ❺ próba, megmérettetés *test of character* jellempróba *put smb to the test* próbára tesz vkit ❻ mérték, mérce ❼ kísérlet ❽ kísértés
**test** *IGE*
❶ dolgozatot írat *test students on their Latin* latintesztet írat a diákokkal ❷ vizsgáztat *test smb in philosophy* filozófiából vizsgáztat vkit ❸ vmilyen vizsgateljesítményt nyújt *people test better in relaxed environments* az ember jobban vizsgázik nyugodt körülmények között ❹ vizsálati eredményt ad *test negative for AIDS* AIDS-re negatív ❺ vizsgál, ellenőriz, tesztel ❻ kipróbál, kipuhatol, megszondáz *test public opinion* kipuhatolja/megszondázza a közvéleményt ❼ próbára tesz *test smb's patience* próbára teszi vki türelmét
**testament** /'testəmənt/ testamentum, végakarat ❷ vmi melletti tanúság, vmi jele/bizonyítéka/bizonysága ❸ *Old Testament* Ószövetség *New Testament* Újszövetség
**test card** [tévés] monoszkóp
**test case** próbaper
**test drive** próbajárat, próbaüzem, próbaút
**test flight** próbarepülés, berepülés
**testicle** /'testɪkəl/ here
**testify** /'testɪfaɪ/ ❶ tanúskodik *testify under oath* eskü alatt vall ❷ bizonyít, tanúsít, jelez
**testimony** /'testɪmənɪ/ ❶ tanúvallomás *false testimony* hamis tanúzás ❷ vmi melletti tanúság, vmi jele/bizonysága
**test paper** ❶ dolgozat, teszt ❷ lakmuszpapír
**test pilot** berepülő pilóta
**test run** próbajárat, próbaüzem
**test tube** kémcső
**test tube baby** lombikbébi
**text** /tekst/ szöveg
**textbook** *FNÉV*
tankönyv
**textbook** *MNÉV*
tipikus *textbook example* tipikus példa
**textile** /'tekstaɪl/ szövet(anyag), textil
**textual** /'tekstʃuəl/ szövegbeli, szöveg-
**texture** /'tekstʃə/ szövet, textúra, állag, anyag
**TGIF** = Thank God It's Friday
**Th.** = Thursday
**Thai** /taɪ/ *FNÉV*
thai(földi) (ember/nyelv)
**Thai** *MNÉV*
thai(földi)
**than** /ðən/ erős alakja /ðæn/ *ELÖLJ.*
mint, -nál *taller than me* magasabb, mint én
**than** *KÖTŐSZÓ*
❶ mint *taller than I am* magasabb, mint én vagyok ❷ vmin kívül *have no option than* {MONDAT} nincs más választása azon kívül, hogy {MONDAT} ❸ *rather than* {MONDAT} inkább, mint hogy {MONDAT} *I'd rather watch TV than go out* inkább tévéznék, mint hogy elmenjek
**thank** /θæŋk/ ❶ megköszön *thank smb for smth* megköszön vkinek vmit *no, thank you* köszönöm, nem kérek ❷ hibáztat, köszön vkinek vmit *you only have yourself to thank* csak magadnak köszönheted
KIFEJEZÉSEKBEN: *thank God/goodness!* hála Isten!
**thankful** /'θæŋkfəl/ hálás (amiért: *for*)
**thankfully** /'θæŋkfəlɪ/ ❶ hálásan, hálával telve ❷ szerencsére, hál' Isten(nek)
**thankless** /'θæŋkləs/ ❶ hálátlan *thankless task* hálátlan feladat ❷ hálátlan, háládatlan
**thanks** /θæŋks/ *FNÉV*
❶ köszönet *give thanks to smb for smth* vkinek vmit megköszön ❷ hála *return thanks* asztali áldást mond
**thanks to** köszönhető(en) *thanks to his presence of mind* lélekjelenlétének köszönhetően
**thanksgiving** /'θæŋksgɪvɪŋ/ hálaadás
**thank you** *FNÉV*
köszönet, hála *we owe him a thank you* köszönettel tartozunk neki
**thank you** *IND.SZÓ*
*thank you (very much) for the help* köszönöm (szépen) a segítséget *no, thank you* köszönöm, nem
**that** /ðæt/ (*TBSZ* **those**) *MUTATÓSZÓ*
❶ az *who was that?* ki volt az? *that's why we're here* azért vagyunk itt *like that* úgy ❷ (lám) ilyen, ilyenek *that's life!* ilyen az élet! ❸ [főnévpótló] *the price of beer is higher than that of petrol* a sör ára magasabb, mint a benziné
KIFEJEZÉSEKBEN: *that's right!* úgy van! *that's it!* az/ez az! *that is* azaz, vagyis *at that* sőt, ráadásul *and all that* meg minden *that's all!* (és) kész! ennyi! *and that's that* és kész
**that** /ðæt/ (*TBSZ* **those**) *MUTATÓ NÉVMÁS*
❶ ez a / az a *at that moment* ebben/abban a pillanatban ❷ az, amaz *that pen is yours* az a toll a tiéd
**that** /ðət/ (erős alakja /ðæt/) *VONATKOZÓ NÉVMÁS*
aki, ami, amely(ik) *the car that I bought* a kocsi,

**time bomb** ❶ időzített bomba, pokolgép ❷ [bombaként ketyegő] veszélyes helyzet
**time card** bélyegzőkártya blokkoló-órához
**time clock** bélyegzőóra
**time-consuming** időigényes, időrabló
**time-honoured** (jól) bevált, régi, tradicionális
**time-intensive** időigényes
**time lag** időeltérés, időeltolódás
**time lapse** gyorsított felvétel
**time limit** (szabott) időhatár/időkorlát
**timely** /ˈtaɪmlɪ/ jókor történő
**time of day** napszak
**time-out** ❶ rövid szünet [sportban] ❷ időkérés [sportban] ❸ munkahelyi szünet ❹ online kapcsolat megszakadása
**timer** /ˈtaɪmə/ időzítő(szerkezet), óra
**time server** köpönyegforgató, helyezkedő
**time share** megosztott ingatlanbérlet(i)/üdülőbérlet(i jog)
**time sharing** ❶ megosztott ingatlanbérleti jog ❷ számítógépes rendszer többfelhasználós használata
**timesheet** /ˈtaɪmʃiːt/ ❶ munkaidő-kimutatás ❷ bélyegzőkártya blokkoló-órához
**time signal** pontosidő-jelzés (szignálja)

**timetable** FNÉV
❶ menetrend ❷ órarend, időbeosztás

**timetable** IGE
menetrend/órarend/időbeosztás szerint tervez/beír *timetable the meeting for 11 am* délelőtt 11-re teszi a megbeszélést

**timework** órabéres munka
**timeworker** FNÉV órabéres dolgozó
**time zone** időzóna
**timid** /ˈtɪmɪd/ félénk
**timidity** /tɪˈmɪdətɪ/ félénkség

**tin** /tɪn/ FNÉV
❶ konzervdoboz *tin of beans* babkonzerv *sardine tin* szardíniásdoboz ❷ bádogdoboz, fémdoboz ❸ tepsi ❹ ón, cin, bádog

**tin** IGE
konzervál, eltesz *tinned fruit/meat* gyümölcskonzerv/húskonzerv

**tin can** konzervdoboz
**tincture** /ˈtɪŋktʃə/ ❶ oldat, tinktúra
**tinder** /ˈtɪndə/ (alá)gyújtós, aprófa
**tin ear** botfül *have a tin ear* botfüle van
**tin foil** alufólia
**ting** /tɪŋ/ FNÉV/IGE cseng(és), csilingel(és)

**tinge** /tɪndʒ/ FNÉV
árnyalat *tinge of irony* leheletnyi irónia

**tinge** IGE
❶ árnyal, színez *tinged with grey* ősz tincsekkel tarkítva ❷ kever *it was tinged with jealousy* irigység keveredett bele

**tingle** /ˈtɪŋgəl/ FNÉV
bizsergés, enyhe viszketés

**tingle** IGE
bizsereg, viszket

**tinker** /ˈtɪŋkə/ FNÉV
❶ üstfoltozó/bádogos ❷ kontárkodás

**tinker** IGE
❶ összeeszkábál, helyrepofoz ❷ barkácsol
**tinker with** *tinker with smth* piszmog/szöszmötöl vmivel

**tinkle** /ˈtɪŋkəl/ FNÉV
❶ csengés(–bongás), csilingelés ❷ kongás ❸ *give smb a tinkle* (oda)csörög vkinek

**tinkle** IGE
❶ csilingel, csendül ❷ kong, cseng

**tin opener** konzervnyitó
**tin soldier** ólomkatona

**tint** /tɪnt/ FNÉV
szín, (szín)árnyalat

**tint** IGE
árnyal, színez, fest

**tiny** /ˈtaɪnɪ/ apró(cska), pici

**tip** /tɪp/ FNÉV
❶ borravaló *give a tip of 15 per cent* 15 százalék borravalót ad ❷ vmi csúcsa/hegye/csücske *tip of the iceberg* jéghegy csúcsa ❸ szemétlerakó *rubbish tip* szeméttelep ❹ kupleráj *your room's a real tip* tiszta szemétdomb a szobád ❺ tanács, tipp, ötlet
KIFEJEZÉSEKBEN: *be on the tip of ⸗one's⸗ tongue* a nyelve hegyén van

**tip** IGE
❶ borravalót ad *tip the waiter* borravalót ad a pincérnek ❷ csúcscsal/heggyel felszerel/ellát ❸ vmi csúcsát/véggel/hegyét beborítja/bekeni ❹ (ki/be)borít, (meg/ki)billent, felborít, (ki/át)önt *tip the salt into the bowl* beborítja/beönti a sót a tálba ❺ feldönt, felbillent, felborít, megdönt *tip the table* megdönti az asztalt ❻ feldől, (fel)billen, (fel)borul, megdől ❼ tippel ❽ *tip ⸗one's⸗ hat* megbiccenti a kalapját
**tip off** *tip smb off about smth* tippet ad vkinek vmiről
**tip over** VAGY **tip up** ❶ felbillent, felborít ❷ felbillen, fölborul

**tip-off** füles, tipp
**-tipped** /tɪpt/ -végű, -hegyű
**tipper lorry** VAGY **tipper truck** US billenőplatós teherautó
**Tippex** /ˈtɪpeks/ javítófolyadékkal kifest
**tipsy** /ˈtɪpsɪ/ becsípett, pityókos

**tiptoe** /ˈtɪptəʊ/ FNÉV
*on tiptoe* lábujjhegyen

**tiptoe** IGE
lábujjhegyen jár

**tip-up** felcsapható/felhajtható [ülés/szék]

**tire** /taɪə/ FNÉV US
gumiabroncs, autógumi

**tire** IGE
❶ *tire smb (out)* (ki)fáraszt, kimerít ❷ *tire (out)* elfárad, kifárad, kimerül ❸ *tire of smth* beleun vmibe, ráun vmire

**tier** /tɪə/ szint, réteg
**tiffin** /ˈtɪfɪn/ könnyű ebéd / tízórai
**tig** /tɪg/ FNÉV
fogócska
**tig** IGE
[fogócskában] megfog
**tiger** /ˈtaɪgə/ tigris
KIFEJEZÉSEKBEN: *have a tiger by the tail* törököt fog *get off the tiger's back* kínos/nehéz helyzettől megszabadul
**tight** /taɪt/ MNÉV
❶ szoros, feszes *pack the suitcase tight* megtömi a bőröndöt *pull the cord tight* megfeszíti a zsinórt ❷ szűk, testhezálló, szorít, szoros ❸ szigorú, szoros, szűk *in tight formation* szoros alakzatban *within tight limits* szigorú határok között *tight security* szigorú (biztonsági) ellenőrzés ❹ feszes, szoros, szűkös *tight schedule* feszes időbeosztás *money is tight* pénzszűke van ❺ éles [kanyar] ❻ éles, heves, feszes *tight competition* erős konkurencia ❼ légmentes, vízhatlan ❽ fukar, fösvény ❾ nehéz, szorult *in a tight corner* szorult helyzetben
**tight** HAT.SZÓ
❶ szorosan, feszesen *hold smth tight* szorosan fog *hold me tight* ölelj (át) erősen
KIFEJEZÉSEKBEN: *sleep tight!* szép álmokat!
**tighten** /ˈtaɪtən/ ❶ megszorít, meghúz, feszesebbé tesz *tighten a screw* csavart meghúz ❷ korlátoz, megszorít *tighten conditions* szigorít a feltételeken ❸ (meg)feszül, (meg)szorul, feszesebbé válik
KIFEJEZÉSEKBEN: *tighten ‹one's› belt* szorosabbra/összébb húzza az övét/nadrágszíját
**tight-fisted** szűkmarkú, fösvény
**tight-fitting** testhezálló, szoros(an rásimuló/záródó)
**tightly** /ˈtaɪtlɪ/ szorosan, szilárdan, keményen, feszesen
**tightrope** [kifeszített/cirkuszi] kötél
KIFEJEZÉSEKBEN: *walk the tightrope* borotvaélen táncol
**tightrope dancer** VAGY **tightrope walker** kötéltáncos
**tights** /taɪts/ ❶ harisnyanadrág ❷ trikóruha, balett-trikó
**tigress** /ˈtaɪgrəs/ nősténytigris
**tilde** /ˈtɪldə/ ❶ hullámjel, tilde, ~ jel
**tile** /taɪl/ FNÉV
❶ csempe ❷ tetőcserép ❸ burkolóanyag, burkolólap ❹ zseton, dominó, lap [játékban]
**tile** IGE
(csempével/cseréppel) burkol, csempéz
**till** /tɪl/ FNÉV
bolti pénztárfiók, kassza
**till** ELÖLJ.
-ig [időpontig] *from morning till night* reggeltől estig
**till** KÖTŐSZÓ
amíg, míg, ameddig *till he comes back* amíg vissza nem jön
**till** IGE
(meg)művel [földet]
**tilt** /tɪlt/ FNÉV
❶ hajlás, dőlés, lejtés ❷ billenés, billentés ❸ bajvívás, lándzsatörés, lovagi torna ❹ *(at) full tilt* teljes gőzzel/sebességgel
**tilt** IGE
❶ hajlik, dől, lejt ❷ (meg)billent ❸ (meg)billen ❹ kivet a nyeregből
**timber** /ˈtɪmbə/ fa(anyag), épületfa
**time** /taɪm/
❶ idő [általában] *time will tell* (idővel) kiderül *play for time* húzza az időt *I haven't got (the) time* nincs (rá) időm *I don't get much time to read* nem sok időm van/jut olvasásra *spend a lot of time doing smth* sok időt tölt vmivel *once upon a time* egyszer volt, hol nem volt ❷ [időpont, óra] *what time is it? / what's the time?* hány óra? *(at) what time?* hány órakor? *in due/good time* kellő időben *at times* néha, időnként, olykor *by that time* addigra *at the time* akkor *from time to time / time after time / time and (time) again* időről időre, időnként *on time* pontosan, jókor, időben *and about time too!* ideje (is)! ❸ [alkalom] *now is the time* most van itt az ideje *it's time for bed* ideje lefeküdni *it's time you did it* ideje, hogy megcsináld *every time I go* ahányszor (csak) elmegyek *this time* ezúttal *for the first time* először, első ízben *one at a time* egyesével, egyenként *two/three at a time* kettesével/hármasával *some time or other* egyszer majd *next time* legközelebb *another time* máskor, más alkalommal *at no time* soha, semmikor ❹ idő [időtartam, időmennyiség] *a long time ago* régen *for a time* egy ideig *for the time being* egyelőre *in ten years' time* tíz év múlva *in time* idővel (majd) *in no time* pillanatok alatt *all the time* mind(vég)ig, folyton, mindig ❺ időtöltés *have a good time* jól mulat *give smb a hard time* jól megtáncoltat vkit *have an easy time (of it)* aranyélete van ❻ időszámítás *British Summer Time* nagy-britanniai nyári időszámítás ❼ időszak, korszak, idő(k) *for this time of year* az évszakhoz képest *hard times* nehéz idők *move with the time* halad a korral ❽ (börtön)büntetés, katonaidő *do/serve time for burglary* betörésért ül ❾ -szor *one time* egyszer *four times four is/are/equals sixteen* négyszer négy az tizenhat *many times* sokszor *how many times?* hányszor? *three times as big* háromszor olyan nagy ❿ ütem, taktus *beat time* veri az ütemet *keep time* tartja az ütemet
KIFEJEZÉSEKBEN: *take ‹one's› time over smth* lassan/kényelmesen csinál vmit
**time** IGE
❶ időzít, ütemez ❷ időt kiszámít/megállapít ❸ időt (le)mér

T

**tired** /ˈtaɪəd/ ❶ (ki)fáradt, kimerült ❷ *be/get tired of smth* ráun vmire, beleun vmibe ❸ szürke, (meg)kopott
**tireless** /ˈtaɪələs/ fáradhatatlan
**tire repairer** *US* saller, bicikligumi-foltozó
**tiresome** /ˈtaɪəsəm/ idegesítő, fárasztó
**tire track** *US* keréknyom
**tire tread** *US* futófelület [gumié]
**tiring** /ˈtaɪərɪŋ/ fárasztó
**tissue** /ˈtɪʃuː/ ❶ szövet [biológiai] ❷ selyempapír ❸ *(paper) tissue* papírzsebkendő
**tissue paper** selyempapír
**tit** /tɪt/ ❶ mellbimbó ❷ cici, didi ❸ cinege, (kék)cinke
**tit for tat** szemet szemért / amilyen az adjonisten, olyan a fogadjisten
**titan** /ˈtaɪtən/ titán
**titanic** /taɪˈtænɪk/ óriási, titáni
**titbit** /ˈtɪtbɪt/ ❶ (ínyenc)falat, finom falat ❷ kis érdekesség, pletyka
**title** /ˈtaɪtəl/ ❶ cím [műé] ❷ könyv, mű ❸ [társadalmi] cím ❹ bajnoki cím *title fight* bajnoki küzdelem ❺ jogcím, jogosultság (amire: *to*)
**titled** /ˈtaɪtəld/ nemes(i rangú)
**title page** címlap
**title part** VAGY **title role** címszerep
**titmouse** /ˈtɪtmaus/ *TBSZ* **titmice** /ˈtɪtmaɪs/ cinege, cinke, kékcinke
**tkt.** = ticket
**TM** = trademark; transcendental meditation
**tn.** = ton; town; train
**to** /tə/ (mássh. előtt), /tu/ (magh. előtt) *ELÖLJ.*
❶ -hoz, felé, -nak, -ba, -ra *to Pest* Pestre *to the window* az ablakhoz *give a present to smb* ajándékot ad vkinek *a mile to the north* egy mérföldre északra *secretary to a doctor* egy orvos titkára *the key to the lock* a zár kulcsa *to my surprise* csodálkozásomra *the answer to that* a válasz erre *drink to smb's health* vki egészségére iszik *monument to the war dead* emlékmű a háború áldozatainak ❷ vmilyen állapotba *change to green* zöldre vált(ozik) ❸ -ig *count to twenty* húszik számol *to Friday* péntekig *to this day* a mai napig ❹ vmivel összevetve *2 is to 8 as 4 is to 16* a 2 úgy aránylik a 8-hoz, mint a 4 a 16-hoz *beat them two goals to one* 2:1-re megveri őket ❺ számára *to most people* a legtöbb embernek ❻ előtt *five to four* öt perc múlva négy ❼ [arány kifejezésére] *there are 100 pence to a pound* egy font száz penny ❽ -val/-vel *do smth to smth* csinál/tesz vmit vmivel
**to** *FŐNÉVI IGENÉV SZÓCSKÁJA*
❶ [igével] *I want to go* menni akarok *she doesn't want to* nem akar ❷ [melléknévvel] *he was kind to help* volt szíves segíteni ❸ [főnévvel] *my reason to leave* okom a távozásra ❹ [alanyban] *it'd be safe to wear boots* ajánlatos lenne csizmát viselni ❺ [határozóként] *to catch the train* hogy elérje a vonatot ❻ [állítmányban] *her job is to understand them* az a feladata, hogy megértse őket
**toad** /təud/ varangy, varangyosbéka
**toadstool** /ˈtəudstuːl/ bolondgomba
**to and fro** /ˌtuː ən ˈfrəu/ ide-oda, oda-vissza
**toast** /təust/ *FNÉV*
❶ pirítós *slice of toast* szelet pirítós ❷ kétszersült ❸ tószt *drink a toast to smb* iszik vki egészségére
**toast** *IGE*
❶ pirít [kenyeret] ❷ *toast smb* (fel)köszönt, iszik vki egészségére
**toaster** /ˈtəustə/ kenyérpirító
**tobacco** /təˈbækəu/ dohány
**tobacconist** /təˈbækənɪst/ trafikos *at the tobacconist's* a trafikban/dohányboltban
**-to-be** /təˈbiː/ jövendő(beli), leendő *mother-to-be* leendő anya
**toboggan** /təˈbɒgən/ *FNÉV/IGE* szánkó(zik)
**toboggan run** szánkópálya, ródlipálya
**today** /təˈdeɪ/ *FNÉV*
❶ a mai nap *today's her birthday* ma van a születésnapja ❷ a jelen(kor), a ma
**today** *HAT.SZÓ*
❶ ma *today week / a week today* mához egy hétre ❷ manapság, mostanában
**today's** (a) mai *today's paper* a mai újság
**toddle** /ˈtɒdəl/ tipeg, totyog
**toddler** /ˈtɒdlə/ (totyogó/tipegő) kisgyerek
**toe** /təu/ *FNÉV*
❶ lábujj ❷ cipő/harisnya orra *sandals with open toes* nyitott szandál
**toe** *IGE*
*toe the line* alkalmazkodik, beáll a sorba
**toenail** /ˈtəuneɪl/ lábujjköröm
**toffee** VAGY **toffy** /ˈtɒfɪ/ (tej)karamella
**together** /təˈgeðə/ ❶ együtt *we were at school together* együtt jártunk iskolába ❷ egybe, össze *tie them together* összeköti őket ❸ egyidejűleg, egyszerre, egy időben
**together with** *together with smb/smth* együtt/egyszerre vkivel/vmivel
**togetherness** /təˈgeðənəs/ összetartozás érzése
**toggle** /ˈtɒgəl/ ❶ ki/be kapcsoló billentyű/gomb ❷ bújtató gomb, sujtás-gomb, pecek
**toilet** /ˈtɔɪlət/ ❶ illemhely, vécé ❷ vécétartály ❸ toalett ⓘ *NEM* ~~toalett~~ [= öltözék]
**toilet bag** VAGY **toilet case** piperetáska
**toilet cistern** WC-öblítőtartály
**toilet paper** vécépapír
**toiletries** /ˈtɔɪlətrɪz/ piperecikkek
**toilet roll** vécépapírtekercs
**toilet soap** pipereszappan
**toilet table** öltözőasztal
**toilet tissue** vécépapír
**toilet training** bilire szoktatás, szobatisztaságra nevelés
**toilet water** kölnivíz

T

**token** /ˈtəʊkən/ *FNÉV*

❶ jelzés, jel *as a token of gratitude* a hála jeleként ❷ zálog *as a token of smth* vmi zálogául/jeléül ❸ emlék(tárgy), szuvenír ❹ ajándékutalvány *book token* könyvutalvány *gift token* ajándékutalvány ❺ zseton, tantusz

KIFEJEZÉSEKBEN: *by the same token* ugyanezen okoskodással, ugyanabból a meggondolásból

**token** *MNÉV*

❶ jelképes, névleges, nominális ❷ látszólagos, a látszat kedvéért való, látszat- *token gesture* látszatgesztus

**token money** zseton, játékpénz

**told** ☞tell

**tolerable** /ˈtɒlərəbəl/ eltűrhető, elviselhető, tolerálható

**tolerably** /ˈtɒlərəblɪ/ tűrhetően, elviselhetően

**tolerance** /ˈtɒlərəns/ ❶ türelem, tűrés, tolerancia, tűrőképesség (aki iránt: *of/towards*) ❷ tűrés, ráhagyás, tolerancia

**tolerant** /ˈtɒlərənt/ toleráns, türelmes, elnéző (aki iránt: *of/towards*)

**tolerate** /ˈtɒləreɪt/ elvisel, (el/meg)tűr, tolerál

**to let** bérbeadó, kiadó [ház/ingatlan]

**toll** /təʊl/ *FNÉV*

❶ autópályadíj ❷ kikötővám ❸ áldozat *take toll* áldozatokat szed *death toll on the roads* közúti balesetek (áldozatai) ❹ harangszó

**toll** *IGE*

❶ kongatja a harangot ❷ kong, zúg, szól

**tollbooth** fizetőkapu (bódéja) autópályán

**toll-free** ❶ vámmentes ❷ *US* ingyenes, ingyen hívható

**tollgate** VAGY **toll plaza** fizetőkapu autópályán

**toll road** fizető autópálya

**toll sticker** autópálya-matrica

**tollway** fizető autópálya

**tomato** /təˈmɑːtəʊ/ *GB*, /təˈmeɪtəʊ/ *US* paradicsom

**tomb** /tuːm/ síremlék, sírbolt, sírkő

**tombola** /tɒmˈbəʊlə/ tombola

**tombstone** /ˈtuːmstəʊn/ sírkő

**tomcat** /ˈtɒmkæt/ kandúr

**Tom, Dick and Harry** boldog–boldogtalan

**tommy gun** /ˈtɒmɪgʌn/ géppisztoly

**tomorrow** /təˈmɒrəʊ/ ❶ holnap *be back tomorrow* holnapra legyél itt ❷ jövő, a holnap

**tomorrow's** /təˈmɒrəʊz/ holnapi

**ton** /tʌn/ *(metric) ton* (metrikus) tonna *long/gross ton* [= kb. 1016 kg] *short/net ton* [= kb. 900 kg] *by the ton* tonnaszám ⓘ *NEM* ~~ton(hal)~~

**tone** /təʊn/ *FNÉV*

❶ hangszín, tónus ❷ hangnem, hang, tónus [emberé] ❸ hangvétel, hangulat *set the tone for smth* meghatározza vmi hangulatát ❹ jó hír, hírnév *lower the tone of the neighbourhood* elrontja a környék jó hírét ❺ hangsúly ❻ egész hang ❼ színárnyalat, tónus ❽ tónus [izomé] ❾ *dialling tone* „vonal” [telefonban] ❿ sípszó, jel [üzenetrögzítőn]

**tone** *IGE*

színez, árnyal

**tone down** *tone smth down* tompít, mérsékel, csökkent

**toner** /ˈtəʊnə/ toner, festék

**tongs** /tɒŋz/ fogó, csipesz

**tongue** /tʌŋ/ ❶ [testrész] nyelv *slip of the tongue* nyelvbotlás ❷ nyelv [élelmiszer] *tongue sandwich* (marha)nyelves szendvics ❸ nyelv [cipőé/harangé/lángé/területé] *tongues of flame* lángnyelvek ❹ [beszélt] nyelv *native tongue* anyanyelv

KIFEJEZÉSEKBEN: *have a sharp tongue* fel van vágva a nyelve *hold your tongue* (el)hallgass *find* ⸗*one's*⸗ *tongue* megoldódik a nyelve *tongue in cheek* gúnnyal, gúnyosan *set tongues wagging* szóbeszédre ad okot

**tongue depressor** spatula, nyelvleszorító

**tongue-twister** *FNÉV* nyelvtörő

**tonic** /ˈtɒnɪk/ *FNÉV*

❶ tonik *a gin and tonic* egy gin-tonik ❷ erősítő (gyógy)szer

**tonic** *MNÉV*

erősítő, (fel)frissítő

**tonic water** tonik, tonic

**tonight** /təˈnaɪt/ ❶ ma este ❷ ma éjjel

**tonight's** (a) ma esti/éjszakai

**tonnage** /ˈtʌnɪdʒ/ ❶ tonnatartalom, (hajó)űrtartalom ❷ vmely nemzet össz-hajóraksúlya/össz-hajótere

**tonne** /tʌn/ (metrikus) tonna

**tonsil** /ˈtɒnsəl/ mandula

**tonsillectomy** /ˌtɒnsəˈlektəmɪ/ mandulaműtét

**tonsillitis** /ˌtɒnsəˈlaɪtɪs/ mandulagyulladás

**too** /tuː/ ❶ túl, túlságosan, nagyon *this is too much* ez nagyon sok *much too expensive* túl drága *far too little* túlontúl kevés *all too well* nagyon is jól ❷ nagyon *you're too kind* ön igen kedves *be only too happy to do smth* nagyon örül, hogy tehet vmit ❸ szintén, is *I was there too* én is ott voltam / ott is voltam

**took** ☞take

**tool** /tuːl/ *FNÉV*

❶ szerszám, (segéd)eszköz *set of tools* szerszámkészlet ❷ eszköz, báb *the tool of the military* a hadsereg bábja

**tool** *IGE*

alakít, (meg)munkál, készít

**tool box** barkácsdoboz, szerszámos láda

**tools cabinet** barkácsszekrény

**tool chest** szerszámosláda

**tool bag** szerszámostáska

**tool kit** szerszámosláda, szerszámkészlet

**'toon** /tuːn/ ❶ rajzfilm ❷ karikatúra

**toot** /tuːt/ *FNÉV*

dudálás, sípolás *give a toot* dudál (egyet)

**toot** *IGE*

kürtöl, sípol, dudál *toot* ⸗*one's*⸗ *horn* dudál

**tooth** /tuːθ/ *TBSZ* **teeth** /tiːθ/ ❶ fog *brush your*

**total** *MNÉV*
❶ teljes, egész *total silence* teljes csönd ❷ összes, össz- *total population* össznépesség

**total** *IGE*
❶ összegként/eredményül kijön/kitesz *debts totalling forty million* negyven milliót kitevő adósságaink ❷ összegez, összead ❸ totálkárosra tör

**total eclipse** teljes napfogyatkozás/holdfogyatkozás

**totalitarian** /təʊˌtælɪ'teərɪən/ totalitariánius

**totalitarianism** /təʊˌtælɪ'teərɪənɪzəm/ totalitarizmus, parancsuralmi rendszer

**totally** /'təʊtəlɪ/ teljesen, egészen

**tote bag** /'təʊt bæg/ [nagy] bevásárlószatyor, bevásárlótáska

**totter** /'tɒtə/ ❶ tántorog, támolyog ❷ (meg)inog, düledezik

**tottery** /'tɒtərɪ/ ❶ tántorgó, bizonytalan ❷ ingó, düledező

**touch** /tʌtʃ/ *FNÉV*
❶ tapintóérzék ❷ tapintás, érzet *it's cold to the touch* (tapintásra) hideg/puha ❸ érintés *feel smb's touch* érzi, hogy vki hozzáér *at the touch of a button* gombnyomásra ❹ kapcsolat *get in touch with smb* felveszi a kapcsolatot vkivel *keep in touch* tartja a kapcsolatot ❺ eljárásmód, vki keze nyoma *this needs a woman's touch* jót tenne ennek egy női kéz ❻ ecsetkezelés, technika ❼ (kéz)ügyesség, tehetség ❽ roham, támadás [betegségé] *touch of the sun* (enyhe) napszúrás ❾ csöppnyi *a touch of garlic* egy csöppnyi fokhagyma *a touch too expensive* kissé túl drága ❿ partvonal [labdarúgásban]
KIFEJEZÉSEKBEN: *be out of touch* nem ismeri a való világot *put the finishing touches to smth* az utolsó simításokat végzi vmin

**touch** *IGE*
❶ (meg)érint, ér vmeddig *touch smb's hand* megérinti vki kezét *the branches touch the water* az ágak a vízre érnek *touch bottom* mélypontot ér el ❷ összeér, érintkezik ❸ hozzányúl *do not touch* érintése tilos *swear never to touch a drink again* megfogadja, hogy soha nem nyúl italhoz ❹ felér vkihez, nyomába ér vkinek ❺ érint, vonatkozik vkire/vmire *touches our future* a jövőnket érinti ❻ (halványan) megrajzol ❼ érint, (meg)említ ❽ meghat, megindít *be touched* meghatódik
KIFEJEZÉSEKBEN: *touch wood* lekopog vmit / „lekopogom"

**touch down** leszáll, földet ér

**touch off** *touch smth off* ❶ elsüt/felrobbant vmit ❷ kirobbant/kivált vmit

**touch on** *touch on smth* (röviden) érint vmit, kitér vmire

**touch up** feljavít, kijavít, felfrissít

**touch-and-go** /ˌtʌtʃən'gəʊ/ bizonytalan kimenetelű

**touch dance** lassú/simulós tánc

**touchdown** földet érés [repülőé]

**touchline** oldalvonal, partvonal, taccsvonal

**touch-me-not** /tʌtʃmi:'nɒt/ nebáncsvirág

**touch screen** /'tʌtʃ skri:n/ érintőképernyő

**touchstone** /'tʌtʃstəʊn/ próbakő

**touch-tone** nyomógombos [telefon]

**touch-type** vakon ír [billentyűzeten]

**touchy** /'tʌtʃɪ/ ❶ érzékeny, sértődékeny, sértődős ❷ kényes [dolog/ügy]

**tough** /tʌf/ *FNÉV*
huligán, gengszter

**tough** *MNÉV*
❶ szívós, erős, edzett, kitartó *tough customer* nehéz ember ❷ kemény, rágós ❸ nehéz, szívós, fáradságos *tough competition* kemény konkurencia ❹ állhatatos, szilárd ❺ durva, erőszakos, rámenős *get tough with smb* bekeményít vkivel szemben ❻ balszerencsés, nehéz *this is very tough on her* ez igazán rosszul érinti *tough luck!* pech! *(that's) tough!* kínos!/pech!

**tough** *IGE*
**tough it out** átvészel vmit

**toughen** /'tʌfən/ ❶ megkeményít ❷ szívóssá/kitartóvá válik ❸ megkeményedik ❹ szívóssá/kitartóvá tesz

**tour** /tʊə/ *FNÉV*
❶ utazás, út, körút, körutazás, túra *tour round Europe* európai körút *walking tour* gyalogtúra *sightseeing tour* városnéző túra ❷ vendégszereplés, vendégturné *be on tour in India* Indiában turnézik/vendégszerepel

**tour** *IGE*
körutat/körutazást tesz *tour (round) Britain* körutazást tesz Nagy-Britanniában

**tourism** /'tʊərɪzəm/ ❶ turisztika, természetjárás ❷ turizmus, idegenforgalom *depend on tourism* az idegenforgalomból él

**tourist** /'tʊərɪst/ ❶ turista, természetjáró ❷ turista, külföldi vendég, idegen ❸ idegenforgalmi, turista-

**tourist agency** idegenforgalmi hivatal

**tourist class** turistaosztály *travel tourist class* turistaosztályon utazik

**tourist industry** idegenforgalom, turizmus

**tourist season** idegenforgalmi szezon

**touristy** /'tʊərɪstɪ/ ❶ turistákkal/idegenekkel teli ❷ turistáknak való

**tournament** /'tʊənəmənt/ ❶ verseny, mérkőzés, torna *chess tournament* sakkverseny ❷ bajvívás, lovagi torna, harcjáték

**tour of duty** [munkahelyi] kiküldetés

**tour operator** [csoportos utakat szervező] utazási iroda

**tout** /taʊt/ *FNÉV*
jegyüzér *ticket tout* jegyüzér

**tout** *IGE*
❶ házal, ügynökösködik ❷ (fel)dicsér

**tow** /təʊ/ *FNÉV*

*teeth* mosd meg a fogad *have a tooth out* kihúzatja egy fogát *cut a tooth* fogzik ❷ fog [fésűn/fűrészen/fogaskereken]
KIFEJEZÉSEKBEN: *tooth and nail* foggal–körömmel *have a sweet tooth* édes szájú
**toothache** /ˈtuːθeɪk/ fogfájás
**toothbrush** fogkefe
**tooth glass** fogmosópohár
**toothless** /ˈtuːθləs/ fogatlan
**tooth mug** fogmosópohár
**tooth paste** fogkrém
**tooth pick** fogpiszkáló
**tooth powder** fogpor

**top** /tɒp/ *FNÉV*
❶ tető, legmagasabb pont *from top to toe* tetőtől talpig *on top of it all* mindennek tetejében ❷ legjobb rang/hely *at the top of the class* az osztályelsők/évfolyamelsők között ❸ fedél, tető, (fedő)lap ❹ top, felsőrész *shirt with matching top* szoknya hozzá illő mellénnyel ❺ csiga, pörgettyű *spin a top* csigát pörget
KIFEJEZÉSEKBEN: *at the top of ≤one's≥ voice* torkaszakadtából *over the top* túlzott, túlzásba vitt, arányérzék nélküli *go over the top* túlzásba visz vmit, túlzásokba esik *be on top of the world* halálosan boldog *get on top of smb* kifog vkin

**top** *MNÉV*
❶ legfelső, legmagasabb *top shelf* legfelső polc ❷ legjobb, legkiválóbb, csúcs- *top mark* jó osztályzat *be on top form* csúcsformában van

**top** *IGE*
❶ befed, borít, (meg)tetéz ❷ túltesz vmin, felülmúl, túlszárnyal ❸ vmi fölé megy/emelkedik, több vminél/vmennyinél *their profits top 1 mn* egymillió fölött van a profitjuk ❹ *top the bill* főszereplőként/sztárként szerepel
**top off** *top smth off* felteszi a koronát vmire (amivel: *with*)
**top up** ❶ feltölt, megtölt, rátölt *let me top up your glass* hadd töltsem tele a poharad ❷ kipótol

**top coat** felöltő
**top dog** ❶ győztes ❷ nagykutya, fejes
**topee** /ˈtəʊpiː/ trópusi sisak
**top-flight** első osztályú, (leg)kiváló(bb)
**top gear** ❶ legnagyobb sebességfokozat ❷ *be in top gear* teljes gőzzel dolgozik/működik, aktív
**top hat** cilinder
**topi** /ˈtəʊpiː/ trópusi sisak
**topic** /ˈtɒpɪk/ tárgy, téma *topic for discussion* vitatéma
**topical** /ˈtɒpɪkəl/ aktuális, időszerű
**topicality** /ˌtɒpɪˈkælɪtɪ/ aktualitás, időszerűség
**top-level** csúcsszintű, felsőszintű
**topmost** /ˈtɒpməʊst/ legmagasabb, legfelső
**top-notch** csúcsszínvonalú, kiváló
**topographic** /ˌtɒpəˈgræfɪk/ VAGY **topographical** /ˌtɒpəˈgræfɪkəl/ térképészeti, topográfiai
**topography** /təˈpɒgrəfɪ/ térképészet, topográfia
**topping** /ˈtɒpɪŋ/ öntet, töltelék, kiegészítő
**topple** /ˈtɒpəl/ ❶ ledől, feldől, felbukik ❷ ledönt, feldönt ❸ megdönt [kormányt]
**top priority** ❶ különleges fontosság ❷ különleges fontosságú dolog
**top-ranking** ❶ magasrangú ❷ csúcskategóriás
**top secret** szigorúan bizalmas titok(kként kezelendő)
**topsy-turvy** /ˌtɒpsɪˈtɜːvɪ/ *MNÉV/HAT.SZÓ* összevissza
**torch** /tɔːtʃ/ ❶ zseblámpa ❷ fáklya ❸ hegesztőpisztoly ❹ forrasztópisztoly ❺ festékégető pisztoly ❻ *pass on the torch* továbbadja a lángot/fáklyát
**tore** ☞ tear

**torment** /ˈtɔːment/ *FNÉV*
kín, gyötrelem

**torment** /tɔːˈment/ *IGE*
(meg)kínoz, (meg)gyötör *be tormented by hunger* mardossa az éhség

**tormenter** VAGY **tormentor** /tɔːˈmentə/ *FNÉV* kínzó
**torn** ☞ tear
**tornado** /tɔːˈneɪdəʊ/ tornádó

**torpedo** /tɔːˈpiːdəʊ/ *FNÉV*
torpedó

**torpedo** *IGE*
❶ megtorpedóz, torpedóval megsemmisít ❷ megvétóz, megtorpedóz

**torrent** /ˈtɒrənt/ áradat, zuhatag *the rain fell in torrents* zuhogott az eső
**torrential** /təˈrenʃəl/ szakadó, zuhogó, ömlő
**torso** /ˈtɔːsəʊ/ ❶ felsőtest, torzó ❷ torzó [szobor]
**tortilla** /tɔːˈtiːjə/ tortilla [kukoricalepény]
**tortoise** /ˈtɔːtəs/ teknős(béka), teknőc
**tortoiseshell** /ˈtɔːtəsʃel/ teknősbékapáncél

**torture** /ˈtɔːtʃə/ *FNÉV*
❶ kínzás, kínvallatás, gyötrés ❷ kín, kínlódás, kínszenvedés, gyötrelem

**torture** *IGE*
kínoz, gyötör

**torturer** /ˈtɔːtʃərə/ kínzó, kínvallató
**Tory** /ˈtɔːrɪ/ konzervatív, (brit) tory

**toss** /tɒs/ *FNÉV*
❶ dobás, hajítás ❷ lökés ❸ pénzfeldobás, „fej vagy írás"

**toss** *IGE*
❶ (fel)dob, hajít, lök *she tossed her head angrily* dühödten felvetette a fejét *toss a coin* feldob egy pénzt *I'll toss you for it – heads or tails?* feldobok egy pénzt – fej vagy írás? ❷ hányódik [hajó] ❸ dobál, megforgat, összekever, összeráz
**toss about** hánykolódik
**toss off** ❶ *toss smth off* összecsap/összeüt/odaken vmit ❷ *toss smth off* bedob, felhajt [italt]
**toss up** feldob egy pénzt

**toss-up** ❶ „fej vagy írás" ❷ kétesélyes dolog
**tot** /tɒt/ csöpp [ital]

**total** /ˈtəʊtəl/ *FNÉV*
(vég)összeg *grand total* végösszeg

T

vontatás *give smb a tow* elvontat vkit *be on tow* vontatják

**tow** *IGE*

vontat *tow the car to a garage* szervizbe vontatja a kocsit

**towards** /tə'wɔ:dz/ VAGY **toward** /tə'wɔ:d/ ❶ felé, irányába(n) ❷ felé, vmi felé nézve *stand with your back toward(s) us* háttal áll nekünk ❸ felé *toward(s) midnight* éjfél felé ❹ irányában *attitude toward(s) sex* szexszel szembeni attitűd ❺ vmilyen célra *save £80 each month toward(s) the holidays* havi 80 fontot tesz félre nyaralásra

**towaway zone** övezet/zóna, ahonnan elvontatják a [tilosban parkoló] autókat

**towel** /'tauəl/ törülköző *bath towel* fürdőtörülköző *hand towel* kéztörlő

KIFEJEZÉSEKBEN: *throw in the towel* bedobja a törülközőt

**towelette** *US* [eldobható] arctörlő, törlőkendő

**towel rack** VAGY **towel rail** törülközőtartó

**tower** /'tauə/ *FNÉV*

torony, bástya

**tower** *IGE*

❶ fölébe emelkedik vminek, tornyosul vmi fölé ❷ vki fölébe tornyosul

**tower block** toronyház

**tower crane** toronydaru

**tow line** vontatókötél

**town** /taun/ ❶ város, település, község *be out of town* nincs a városban ❷ központ, belváros, „a város" *go to (the) town* bemegy a városba

KIFEJEZÉSEKBEN: *go to town on smth* alaposan/részletesen foglalkozik vmivel *be (out) on the town* mulat, kicsapong, szórakozik

**town hall** városháza

**town planning** városépítés, várostervezés

**town rehabbing** VAGY **town rehabilitation** városrehabilitáció

**townscape** /'taunskeɪp/ városkép

**townsfolk** /'taunzfəuk/ városiak, városlakók

**township** /'taunʃɪp/ *US* település

**townsman** /'taunzmən/ *TBSZ* **townsmen** /'taunzmən/ városlakó

**townswoman** /'taunzwumən/ *TBSZ* **townswomen** /'taunzwɪmɪn/ városlakó [nő]

**tow rope** vontatókötél

**tow truck** segélykocsi, autómentő vontató

**toxic** /'tɒksɪk/ mérgező

**toxicological** /ˌtɒksɪkə'lɒdʒɪkəl/ méregtani

**toxicologist** /ˌtɒksɪ'kɒlədʒɪst/ toxikológus

**toxicology** /ˌtɒksɪ'kɒlədʒɪ/ méregtan

**toxic waste** mérgező hulladékanyag(ok)

**toxin** /'tɒksɪn/ toxin, méreg, méreganyag

**toy** /tɔɪ/ *FNÉV*

❶ játék(szer) ❷ játék-, gyerek- *a toy truck* játékteherautó

**toy** *IGE*

**toy with** *toy with smth* ❶ eljátszik vmivel *toy with an idea* eljátszik egy gondolattal ❷ babrál/játszik vmivel

**toy shop** játékbolt

**tr.** = train; transitive; translated; translation; translator

**trace** /treɪs/ *FNÉV*

❶ nyom, maradék, maradvány *find no trace of it* nyomát se találják ❷ istráng

**trace** *IGE*

❶ megtalálja/felkutatja nyomait vminek *trace him to Washington* W.-ig követik ❷ megtalál ❸ kopíroz, átrajzol

**trace element** nyomelem

**trachea** /trə'ki:ə/ *TBSZ* **tracheas** VAGY **tracheae** /trə'ki:i:/ légcső

**tracing** /'treɪsɪŋ/ kopírozás, (át)rajzolás

**tracing paper** pausz, pauszpapír

**track** /træk/ *FNÉV*

❶ (láb)nyom, keréknyom, nyomvonal, nyomdok *fox's tracks* rókanyomok *tyre tracks* keréknyomok *be on smb's track* nyomában van vkinek *cover ⸗one's⸗ tracks* eltünteti a nyomokat maga után ❷ (haladási) irány, nyom *be on the right track* jó nyomon jár *keep track of smb* nyomon követ vkit *lose track of smb* nyomát veszíti vkinek *put smb on the right track* nyomra vezet vkit ❸ csapás, ösvény, út(vonal) *cycle track* bicikliút, biciklisáv ❹ (futó)versenypálya ❺ (vasút)vágány ❻ lánctalp, hernyótalp ❼ futófelület [abroncsé] ❽ sáv [szalagon] ❾ barázda [lemezen]

KIFEJEZÉSEKBEN: *stop dead in ⸗one's⸗ tracks* megdermed, dermedten megáll

**track** *IGE*

❶ (nyomon) követ ❷ jó állásban van/halad [felvevő műszer] ❸ nyomot hagy *track mud all over the floor* összesározza a padlót ❹ követ [kamerával]

**track down** ❶ *track smb down* vkit (nyomát/nyomon követve) megtalál/felkutat ❷ *track smth down* megtalál, kinyomoz *track down the photo in a shop* egy boltban nyomára bukkan a képnek

**track and field** atlétika

**trackball** /'trækbɔ:l/ trackball, hanyattegér

**track event** futószám, futóverseny

**trackhound** /'trækhaund/ véreb

**tracklaying** lánctalpas, hernyótalpas

**track record** statisztika, (eddigi) teljesítmény

**tracksuit** /'træksu:t/ melegítő, tréningruha

**tract** /trækt/ szerv(ek), pálya, traktus *digestive tract* emésztőszervek ⓘ *NEM* ~~traktus~~ [épületrész]

**tractor** /'træktə/ traktor, nyergesvontató

**trade** /treɪd/ *FNÉV*

❶ kereskedelem ❷ üzletág, ipar(ág) *tourist trade* idegenforgalom ❸ mesterség, foglalkozás, szakma *by trade* foglalkozására nézve ❹ üzlet *do a good trade* jól megy a boltja

**trade** *IGE*

T

❶ kereskedik, üzletet köt, üzletel ❷ cserél *trade smth for smth* vmit cserél/becserél/elcserél vmire
**trade on** *trade on smth* kihasznál vmit
**trade up** *trade up to smth* jobbra/drágábbra cserél
**trade deficit** (kül)kereskedelmi mérleghiány
**trade fair** (termék)bemutató, szakkiállítás, szakvásár
**trade-in** vásárláskor beszámított árucikk
**trademark** márkanév, áruvédjegy
**trade name** márkavédjegy, márkanév
**trade-off** kompromisszum
**trader** /ˈtreɪdə/ kereskedő
**trade secret** gyártási titok
**tradesman** /ˈtreɪdzmən/ TBSZ **tradesmen** /ˈtreɪdzmən/ ❶ kereskedő, boltos ❷ iparos, szakember
**trades union** VAGY **trade union** szakszervezet
**trade unionist** ❶ szakszervezeti tag ❷ szakszervezetek híve
**trading house** kereskedőház
**trading stamp** prémium-kupon [vásárláskor]
**tradition** /trəˈdɪʃən/ hagyomány *by tradition* hagyományosan
**traditional** /trəˈdɪʃənəl/ hagyományos
**traditionally** /trəˈdɪʃənəlɪ/ hagyományosan

**traffic** /ˈtræfɪk/ FNÉV
❶ (autó)közlekedés, (autó)forgalom *heavy/busy traffic* nagy/erős forgalom ❷ forgalom *passenger traffic* utasforgalom ❸ illegális kereskedés *drug traffic* kábítószer-kereskedelem ⓘ NEM ~~trafik~~

**traffic** IGE
**traffic in** *traffic in smth* [illegálisan] kereskedik *traffic in drugs* kábítószerrel kereskedik
**traffic calmer** forgalomlassító/forgalom-csillapító eszköz [pl. fekvőrendőr]
**traffic circle** US körforgalom
**traffic island** járdasziget
**traffic jam** (közlekedési) dugó
**traffic lights** VAGY **traffic signal** forgalmi jelzőlámpa
**traffic sign** közúti jelzőtábla
**tragedy** /ˈtrædʒədɪ/ ❶ tragédia [darab] ❷ tragédia [műfaj] ❸ tragédia, szörnyűség *end in tragedy* tragédiába torkollik
**tragic** /ˈtrædʒɪk/ ❶ tragikus, végzetes ❷ tragédiai *tragic actress* tragika
**tragically** /ˈtrædʒɪklɪ/ tragikusan, végzetesen
**tragicomedy** /ˌtrædʒɪˈkɒmədɪ/ tragikomédia
**tragicomic** /ˌtrædʒɪˈkɒmɪk/ tragikomikus

**trail** /treɪl/ FNÉV
❶ nyom *be hot on smb's trail* szorosan vki nyomában van ❷ szag *follow the trail* követi a szagot ❸ ösvény, csapás
KIFEJEZÉSEKBEN: *blaze the trail* utat vág, úttörő munkát végez

**trail** IGE
❶ lógat *trail ›one's‹ feet in the water* a vízbe lógatja a lábát ❷ lóg, a földet sepri ❸ nyomon követ, üldöz ❹ vánszorog, vonszolja magát, cammog ❺ maga után húz/hurcol/vonszol ❻ kullog, lemarad [versenyben] ❼ filmelőzetessel hirdet/reklámoz
**trailblazer** úttörő *trailblazer in medicine* az orvostudomány úttörője
**trailer** /ˈtreɪlə/ ❶ pótkocsi, utánfutó, tréler ❷ filmelőzetes ❸ US lakókocsi, tréler
**trailer park** VAGY **trailer court** lakókocsi-telep, lakókocsi-park

**train** /treɪn/ FNÉV
❶ vonat, szerelvény *by train* vonattal *on the 9:20 train* a 9.20-as vonaton/vonattal ❷ menet, karaván *camel train* tevekaraván ❸ sor, sorozat, menet *train of thought* gondolatmenet ❹ kíséret [magasrangú személyé]

**train** IGE
❶ tanít, kitanít, oktat, képez *train smb for smth* vmire felkészít vkit ❷ edz, gyakorlatoz, tréningez ❸ tanul, képzést kap *train under a famous professor* híres professzornál tanul ❹ gyakorlatoztat, kiképez
**train on** *train smth on smth* (rá)irányít vmire [fegyvert/látcsövet/fecskendőt]
**traincard** metróbérlet
**trained** /treɪnd/ gyakorlott, szakképzett
**trainee** /treɪˈniː/ ❶ gyakornok, inas *trainee cook* szakácsinas ❷ (szakmunkás)tanuló ❸ újonc [kiképzésen]
**trainer** /ˈtreɪnə/ ❶ edző, tréner ❷ oktató ❸ idomár, idomító ❹ edzőcipő, tornacipő
**train ferry** vonatszállító/vasúti komp(hajó)
**training** /ˈtreɪnɪŋ/ ❶ oktatás, (ki)tanítás, képzés, betanítás *on-the-job training* munkahelyi továbbképzés ❷ (katonai) kiképzés ❸ gyakorlat, edzés, tréning *be out of training* nincs gyakorlatban/tréningben ⓘ NEM ~~tréning(ruha)~~
**training college** VAGY **training school** ❶ tanítóképző ❷ tanárképző főiskola
**training shoe** tornacipő, edzőcipő
**train set** játékvonat, modellvasút
**train station** (vasút)állomás
**trait** /treɪt/ jellemző (vonás), jellegzetesség
**traitor** /ˈtreɪtə/ áruló *turn traitor* árulóvá lesz
**trajectory** /trəˈdʒektərɪ/ röppálya
**tram** /træm/ villamos *by tram* villamossal
**tramp** /træmp/ ❶ csavargó, hajléktalan ❷ lábdübörgés ❸ gyaloglás, barangolás
**trample** /ˈtræmpəl/ (rá/el)tapos *trample smb (down)* eltapos vkit
**trampoline** /ˈtræmpəliːn/ VAGY /ˈtræmpəlɪn/ ugrószőnyeg ⓘ NEM ~~trambulin~~ [ugródeszka]
**trance** /trɑːns/ révület, transz
**tranquillize** /ˈtræŋkwɪlaɪz/ lecsillapít, lenyugtat
**tranquillizer** /ˈtræŋkwəlaɪzə/ nyugtató(szer)
**trans.** = transfer(red); transit; transitive; translated; translation; translator

**transaction** /trænz'ækʃən/ tranzakció, ügylet
**transatlantic** /ˌtrænzət'læntɪk/ ❶ az Atlanti-óceánon túli ❷ az Atlanti-óceánt átszelő ❸ transzatlanti, az Atlanti-óceán két partját érintő
**transcendental** /ˌtrænsen'dentəl/ transzcendentális
**transcendental meditation** transzcendentális meditáció
**transcontinental** /ˌtrænzkɒntɪ'nentəl/ transzkontinentális, kontinensen átvezető/átívelő
**transcribe** /træn'skraɪb/ [kiejtést] átír
**transcript** /'trænskrɪpt/ ❶ [hangszalag] átírása ❷ *US* leckekönyv-kivonat
**transcription** /træn'skrɪpʃən/ kiejtési átírás
**transfer** /'trænsfɜː/ *FNÉV*
❶ áthelyezés, vezénylés ❷ átutalás [pénzé] ❸ átvitel, átszállítás ❹ átigazolás, átszerződés ❺ átruházás, átengedés ❻ átszállás [járműre] ❼ [ragasztható] matrica ❽ transzfer [szállodai]
**transfer** /træns'fɜː/ *IGE*
❶ áthelyez, vezényel ❷ utalványoz, átutal ❸ átvisz, átszállít ❹ átszerződik, átigazol ❺ átruház, átenged ❻ átszáll [járműre]
**transferable** /træns'fɜːrəbəl/ átruházható
**transfer passenger** transzferutas [repülőn]
**transfer ticket** átszálló(jegy)
**transform** /træns'fɔːm/ ❶ átváltoztat, átalakít (amivé: *into*) ❷ átváltozik, átalakul (amivé: *into*) ❸ [áramot] transzformál
**transformation** /ˌtrænsfə'meɪʃən/ ❶ átváltoztatás, átalakítás (amivé: *into*) ❷ átalakulás, átváltozás
**transformer** /træns'fɔːmə/ transzformátor
**transfuse** /træns'fjuːz/ átömleszt [vért]
**transfusion** /træns'fjuːʒən/ *(blood) transfusion* vérátömlesztés
**transience** /'trænzɪəns/ VAGY **transiency** /'trænzɪənsɪ/ mulandóság, átmenetiség
**transient** /'trænzɪənt/ mulandó, átmeneti
**transistor** /træn'zɪstə/ ❶ tranzisztor ❷ tranzisztoros rádió
**transit** /'trænsɪt/ ❶ áthaladás, átutazás *in transit* átutazóban ❷ közlekedés ❸ tranzitforgalom ❹ szállítás *in transit* szállítás közben ❺ átmenő, átutazó, tranzit-
**transit camp** átmeneti menekültszállás/menekülttábor
**transition** /træn'zɪʃən/ átmenet (amiből: *from*, ahová/amibe: *to*)
**transitional** /træn'zɪʃənəl/ átmeneti
**transitive** /'trænsɪtɪv/ tárgyas
**transit lounge** tranzitváró(terem)
**transitory** /'trænsətərɪ/ mulandó, átmeneti
**transit visa** tranzitvízum, átutazóvízum
**translatable** /træns'leɪtəbəl/ (jól) (le)fordítható
**translate** /træns'leɪt/ ❶ (le)fordít *translate from English into Hungarian* angolról fordít magyarra ❷ fordítható *translates well* jól fordítható ❸ átültet [gyakorlatba]
**translation** /træns'leɪʃən/ (le)fordítás
**translator** /træns'leɪtə/ ❶ fordító ❷ *(oral) translator* tolmács
**transmigrate** /ˌtrænzmaɪ'greɪt/ [lélek] vándorol
**transmission** /trænz'mɪʃən/ ❶ átadás, továbbítás, közlés, közvetítés ❷ áttétel [járműben] ❸ adás [tévé/rádió]
**transmit** /trænz'mɪt/ ❶ ad, sugároz, közvetít [jeleket] ❷ átad, továbbít, közöl, közvetít ❸ átereszt *glass transmits light* az üveg átereszti a fényt
**transmitter** /trænz'mɪtə/ ❶ átadó, továbbító, közvetítő ❷ adó, transzmitter
**transnational** /trænz'næʃənəl/ transznacionális
**transonic barrier** /træn'sɒnɪk/ hanghatár
**transparency** /træns'pærənsɪ/ ❶ áttetszőség, átláthatóság, átlátszóság ❷ írásvetítő fólia
**transparent** /træns'peərənt/ VAGY /træns'pærənt/ ❶ átlátszó, áttetsző, átlátható ❷ tiszta, világos, felfogható ❸ nyilvánvaló, szembeszökő ⓘ *NEM* ~~transzparens~~
**transplant** /'trænsplɑːnt/ *FNÉV*
❶ transzplantáció, (szerv)átültetés *kidney transplant* veseátültetés ❷ átültetett szerv
**transplant** /træns'plɑːnt/ *IGE*
❶ átültet [növényt] ❷ átültet [szervet/hajat/bőrt] ❸ áttelepít [lakosságot/ipart]
**transplantation** /ˌtrænsplɑːn'teɪʃən/ ❶ átültetés ❷ átültetés ❸ áttelepítés
**transport** /'trænspɔːt/ *FNÉV*
❶ szállítás, fuvarozás *road transport* közúti szállítás ❷ utasszállítás *public transport* tömegközlekedés ❸ (szállító)jármű
**transport** /træns'pɔːt/ *IGE*
❶ szállít, fuvaroz, visz ❷ deportál
**transportation** /ˌtrænspɔː'teɪʃən/ ❶ szállítás, fuvarozás ❷ utasszállítás ❸ deportálás
**transporter** /træns'pɔːtə/ járműszállító
**transport hub** közlekedési csomópont
**transpose** /træns'pəʊz/ ❶ áthelyez, felcserél [két dolgot] ❷ transzponál
**transvestite** /trænz'vestaɪt/ transzvesztita
**trap** /træp/ *FNÉV*
❶ csapda, kelepce *lay/set a trap* csapdát állít ❷ bűzelzáró ❸ kordé
**trap** *IGE*
❶ csapdába ejt, tőrbe csal, csapdával fog ❷ *be trapped* vmi fogságába kerül ❸ *trap smb into smth* vmibe belekényszerít vkit
**trapdoor** /'træpdɔː/ csapóajtó
**trapeze** /trə'piːz/ trapéz [tornaszer]
**trapezium** /trə'piːzɪəm/ ❶ trapéz ❷ *US* trapezoid
**trapezoid** /'træpɪzɔɪd/ ❶ trapezoid ❷ *US* trapéz
**trapper** /'træpə/ (csapdavető) prémvadász
**trapshooting** /'træpʃuːtɪŋ/ agyaggalamb-lövészet
**trash** /træʃ/ *FNÉV*
❶ szemét, hulladék ❷ csürhe, söpredék ❸ vacak, hitvány ❹ oktalan/buta beszéd

T

**trash** /træʃ/ *IGE*
szemétbe dob

**trash bag** szemeteszsák, szemeteszacskó

**trash can** szemetes, szemétgyűjtő, kuka, hulladékgyűjtő

**trashman** /ˈtræʃmən/ *TBSZ* **trashmen**/ˈtræʃ mən/ kukás, szemetes(ember)

**trashy** /ˈtræʃɪ/ hitvány, vacak, gyatra

**trauma** /ˈtrɔːmə/ VAGY /ˈtraumə/ *TBSZ* **traumas** VAGY **traumata** /ˈtrɔːmətə/ VAGY /ˈtraumətə/ ❶ trauma ❷ seb, sérülés, trauma

**traumatologist** /ˌtrɔːməˈtɒlədʒɪst/ traumatológus

**trauma unit** traumatológia

**travel** /ˈtrævəl/ *FNÉV*
❶ utaz(gat)ás ❷ járás, menet [alkatrészé]

**travel** *IGE*
❶ utazik, utazgat *he has travelled widely* sokfelé járt ❷ beutazik, bejár ❸ jár, megy ❹ kalandozik, téved *his mind travelled back to his youth* gondolatai fiatalságába kalandoztak vissza ❺ terjed *light travels at an incredible speed* a fény hihetetlen sebességgel terjed ❻ megtesz *travel 90 miles* 90 mérföldet tesz meg ❼ (romlás nélkül) szállítható *it travels well* jól szállítható

**travel in** *travel in smth* utazik vmiben

**travel agency** VAGY **travel agent's** VAGY **travel bureau** utazási iroda

**travelator** /ˈtrævəleɪtə/ mozgójárda

**travel book** útleírás

**travel documents** útiokmány

**travel insurance** utasbiztosítás

**traveller** /ˈtrævələ/ ❶ utazó, utas ❷ kereskedelmi utazó, ügynök ❸ [brit] cigány

**traveller's cheque** utazási csekk

**travelling** /ˈtrævəlɪŋ/ ❶ utazáskor használatos ❷ mozgó-, vándor-

**travelling bag** útitáska, utazótáska

**travelling clock** utazóóra

**travelling expenses** útiköltség

**travesty** /ˈtrævəstɪ/ parodizál, kifiguráz

**travolator** /ˈtrævəleɪtə/ mozgójárda

**trawl** /trɔːl/ *FNÉV*
fenékháló, vonóháló

**trawl** *IGE*
❶ fenékhálóval/vonóhálóval halászik vmire ❷ átfésül [keresve]

**tray** /treɪ/ ❶ tálca *breakfast tray* reggeliző tálca *in tray* bejövő iratok tartója/tálcája ❷ tepsi

**treacherous** /ˈtretʃərəs/ ❶ áruló, hűtlen ❷ csalóka, alattomos

**treachery** /ˈtretʃərɪ/ árulás, hűtlenség

**treacle** /triːkəl/ melasz

**tread** /tred/ *FNÉV*
❶ lépés, léptek *his heavy tread* nehéz léptei ❷ járófelület ❸ [cipőn] futófelület [gumin]

**tread** /tred/, **trod** /trɒd/, **trodden** /ˈtrɒdən/ *IGE*
❶ tapos, tipor, lép *tread on smbs foot* vki lábára lép ❷ megy, jár, lépked, lépdel *tread carefully* óvatosan lép ❸ tapos, döngöl *tread water* tapossa a vizet *tread mud into the carpet* beletapossa sarat a szőnyegbe ❹ jár, ró [utat] ❺ meghág [madár]

**treadle** /ˈtredəl/ pedál

**treadmill** /ˈtredmɪl/ ❶ taposómalom ❷ favágás, taposómalom *the treadmill of office life* irodai favágás

**treason** /ˈtriːzən/ ❶ *(high) treason* hazaárulás ❷ *(high) treason* felségárulás, felségsértés

**treasure** /ˈtreʒə/ *FNÉV*
❶ kincs ❷ kincs(et érő ember)

**treasurer** /ˈtreʒərə/ pénztáros

**treasure trove** ❶ kincs(estár), lelet ❷ gazdátlan kincs-lelet

**treasury** /ˈtreʒərɪ/ ❶ (állam)kincstár ❷ pénzügyminisztérium ❸ tárház, kincsesház

**Treasury bill** *US* kincstárjegy

**Treasury bond** *US* kincstári kötvény, kincstárjegy

**treat** /triːt/ *FNÉV*
❶ (ritka/különleges) élvezet, trakta *as a birthday treat* születésnapi ajándékképpen ❷ megvendégelés *the drinks are my treat* az italokra a vendégeim vagytok

**treat** *IGE*
❶ bánik vkivel/vmivel vhogyan, kezel/tekint vmit/vkit vmilyennek/vhogyan *treat smb well* jól bánnak vkivel ❷ kezel *be treated for a heart condition* szívproblémával kezelik ❸ meghív/megvendégel vkit vmire *I'll treat you* hadd hívjalak meg ❹ kezel [vegyileg] ❺ feldolgoz, tárgyal [témát]

**treatise** /ˈtriːtɪs/ VAGY /ˈtriːtɪz/ értekezés, tanulmány

**treatment** /ˈtriːtmənt/ ❶ bánásmód, kezelés ❷ kezelés, feldolgozás, tárgyalás ❸ (gyógy)kezelés

**treaty** /ˈtriːtɪ/ (államközi/nemzetközi) szerződés/egyezmény

**treble** /ˈtrebəl/ *FNÉV*
magas hangok/hangtartomány

**treble** *MNÉV*
❶ háromszoros ❷ magas hangtartományba eső

**treble** *NÉVMÁS*
háromszoros *treble the amount that I paid* háromszorosa annak, amit fizettem

**treble** *IGE*
❶ megháromszoroz ❷ megháromszorozódik

**treble clef** violinkulcs, G kulcs

**treble control** magashangszín-szabályozó

**tree** /triː/ ❶ [élő] fa ❷ fa alakú diagram/ábra *family tree* családfa ❸ [nyelvészet] ágrajz KIFEJEZÉSEKBEN: *at the top of the tree* [szakmailag] a csúcson *bark up the wrong tree* rossz helyen kereskedik, téved

**tree of knowledge** VAGY **tree of knowledge of good and evil** a tudás fája, a jó és a rossz tudásának a fája

**tree stub** VAGY **tree stump** fatönk

**tree trunk** fatörzs
**trefoil** /'tri:fɔɪl/ VAGY /'trefɔɪl/ lóhere
**trek** /trek/ *FNÉV*
(nagy) út, gyaloglás, (gyalog)túra
**trek** *IGE*
gyalogol, (gyalog)túrázik *go trekking* gyalogtúrára megy
**tremble** /'trembəl/ *FNÉV*
reszketés, remegés
**tremble** *IGE*
reszket, (meg)remeg *tremble with fear* reszket a félelemtől
**trembling poplar** rezgő nyár(fa)
**tremendous** /trə'mendəs/ ❶ óriási, hatalmas ❷ klassz, óriási
**tremor** /'tremə/ ❶ remegés *earth tremor* földrengés ❷ remegés, reszketés
**trench** /trentʃ/ ❶ árok ❷ futóárok, lövészárok
**trenchcoat** /'trentʃkəut/ öves ballonkabát
**trend** /trend/ irányzat, tendencia, trend
**trendsetter** /'trendsetə/ divatteremtő ember/dolog
**trendsetting** /'trendsetɪŋ/ divatot teremtő
**trendy** /'trendɪ/ divatos, menő, felkapott
**trespass** /'trespəs/ *FNÉV*
❶ birtokháborítás ❷ bűn, vétek *forgive us our trespasses* bocsásd meg vétkeinket
**trespass** *IGE*
❶ birtokháborítást követ el, engedély nélkül (át)jár ❷ vétkezik (ami ellen: *against*)
**trespasser** /'trespəsə/ ❶ birtokháborító *trespassers will be prosecuted* átjárni büntetés terhe mellett tilos ❷ vétkes, bűnös
**trespassing** /'trespəsɪŋ/ birtokháborítás *no trespassing* átjárni tilos
**trestle** /'tresəl/ bak [állvány]
**trestle table** kecskelábú asztal
**trial** /traɪəl/ ❶ (bírósági) tárgyalás, per *go on trial for smth* bíróság elé kerül vmiért *put smb on trial* bíróság elé állít vkit ❷ próba, kísérlet *clinical trials* klinikai próbák ❸ megpróbáltatás
**trial and error** próbálgatásos módszer/megközelítés
**trial balloon** [közvélemény reakcióját szondázó] „kísérleti léggömb"
**trial run** próbajárat, próbamenet
**triangle** /'traɪæŋgəl/ ❶ háromszög *equilateral/isosceles* egyenlő oldalú/szárú háromszög *right-angled triangle* derékszögű háromszög ❷ triangulum, háromszög ❸ *US* háromszögvonalzó
**triathlon** /traɪ'æθlən/ triatlon, háromtusa
**triathlete** /traɪ'æθli:t/ triatlonista
**tribal** /'traɪbəl/ törzsi
**tribal warfare** törzsi háború(skodás)
**tribe** /traɪb/ ❶ (nép)törzs ❷ fajta [rendszertanban]
**tribulation** /ˌtrɪbju'leɪʃən/ hányattatás, megpróbáltatás
**tribunal** /traɪ'bju:nəl/ (döntő)bíróság *industrial relations tribunal* munkaügyi döntőbíróság
**tributary** /'trɪbjutərɪ/ mellékfolyó
**tribute** /'trɪbju:t/ tisztelet *pay tribute to smb* elismeréssel/köszönettel/hálával említ vkit
**trick** /trɪk/ *FNÉV*
❶ mutatvány, bűvészmutatvány, trükk *perform a card trick* kártyatrükköt mutat be ❷ becsapás, csel, trükk, fogás *by a trick* csellel ❸ csalóka látszat *trick of the light* fény csalóka játéka ❹ tréfa, csíny *mean trick* gonosz tréfa *play tricks on smb* megtréfál vkit ❺ fortély, fogás, vmi csínja-bínja/nyitja *do the trick* meglesz a hatása ❻ egyéni/jellegzetes szokás ❼ ütés [kártyában] ❽ prosti ügyfele
**trick** *MNÉV*
❶ becsapós, varázs-, bűvész- ❷ trükkös, fogós, beugratós *trick question* beugratós kérdés ❸ erőtlen, rendetlenkedő [testrész]
**trick** *IGE*
**trick into** *trick smb into smth* (csellel) rávesz vkit vmire
**trickle** /'trɪkəl/ *FNÉV*
szivárgás, csörgedezés
**trickle** *IGE*
szivárog, csöpög, csurog, csordogál
**trickle-down effect** „csurran-cseppen" effektus [vagyon fentről „lecsorgásának" elmélete]
**trick or treat** „ajándékot vagy megtréfálunk!" [gyerekek kérdése Halloweenkor]
**trick-track** VAGY **tric-trac** /'trɪk træk/ ostáblajáték, backgammon
**tricky** /'trɪkɪ/ ❶ húzós, nehéz ❷ ravasz, cseles
**tricycle** /'traɪsɪkəl/ ❶ háromkerekű (gyerek)bicikli ❷ tricikli
**trident** /'traɪdənt/ háromágú szigony
**tried** /traɪd/ kipróbált, bevált, megbízható
**trifle** /'traɪfəl/ *FNÉV*
❶ apróság, csekélység ❷ tejszínnel/öntettel leöntött gyümölcsös sütemény ❸ *a trifle* kissé, egy csöppet
**trifle** *IGE*
**trifle with** *trifle with smb* szórakozik/játszik/viccel vkivel
**trigger** /'trɪgə/ *FNÉV*
ravasz, elsütőbillentyű *pull the trigger* meghúzza a ravaszt
**trigger** /'trɪgə/ *IGE*
*trigger (off)* előidéz, kivált, kelt
**trigonometric** /ˌtrɪgɒnə'metrɪk/ VAGY **trigonometrical** /ˌtrɪgɒnə'metrɪkəl/ trigonometriai
**trigonometrically** /ˌtrɪgɒnə'metrɪklɪ/ trigonometriailag
**trigonometry** /ˌtrɪgə'nɒmətrɪ/ háromszögtan, trigonometria
**trigraph** /'traɪgrɑ:f/ háromjegyű betű
**trilateral** /traɪ'lætərəl/ háromoldalú
**trilby** VAGY **trilby hat** /'trɪlbɪ/ puha férfi nemezkalap, puhakalap
**trilingual** /traɪ'lɪŋgwəl/ háromnyelvű

T

**trill** /trɪl/ ❶ trillázik ❷ perget [hangot]
**trillion** /ˈtrɪlɪən/ ❶ trillió [$10^{18}$] ❷ *US* billió [$10^{12}$] ❸ *trillions of people* sokmillióan
**trilogy** /ˈtrɪlədʒɪ/ trilógia
**trim** /trɪm/ *FNÉV*
nyírás, trimmelés, igazítás
**trim** *MNÉV*
takaros, rendes, rendezett
**trim** *IGE*
❶ (le/meg)nyes, (le/meg)nyír *trim a beard* szakállat vág/igazít ❷ (fel)díszít, szegélyez *trim smth with fur* prémmel szegélyez vmit
**trimester** /traɪˈmestə/ (iskolai) harmadév
**trimonthly** /traɪˈmʌnθlɪ/ *MNÉV/HAT.SZÓ* három havonta (történő/megjelenő)
**trinity** /ˈtrɪnətɪ/ szentháromság
**trinket** /ˈtrɪŋkət/ csecsebecse, bizsu
**trio** /ˈtriːəʊ/ ❶ trió ❷ trió, hármas ❸ tercett
**trip** /trɪp/ *FNÉV*
❶ kirándulás, utazás, út *go on a bus trip* buszkirándulásra megy *business trip* kiküldetés, üzleti/hivatalos út ❷ (meg/el)botlás ❸ drogélmény, „utazás" ❹ stimuláló élmény ❺ *trip of the tongue* nyelvbotlás
**trip** *IGE*
❶ megbotlik, elbotlik *trip over smth* elbotlik vmiben ❷ *trip smb (up)* elgáncsol ❸ beugrat, felültet ❹ beugrik, lépre megy ❺ szökdécsel, szökell ❻ kicsatol, kiold ❼ *trip (out)* kábítószerrel „utazik"
**tripe** /traɪp/ ❶ pacal ❷ ócskaság, vacak
**triphthong** /ˈtrɪfθɒŋ/ hármashangzó
**triple** /ˈtrɪpəl/ *MNÉV*
hármas, háromszoros, háromrészes
**triple** *IGE*
❶ megháromszoroz ❷ megháromszorozódik
**triplet** /ˈtrɪplət/ hármasiker
**triplex** /ˈtrɪpleks/ *FNÉV*
❶ háromszintes lakás/ház ❷ háromrétegű biztonsági üveg
**triplex** *MNÉV*
❶ háromszoros ❷ háromszintes
**triply** /ˈtrɪplɪ/ háromszorosan, triplán
**tripod** /ˈtraɪpɒd/ háromlábú (fotó)állvány/asztal, tripod
**tripper** /ˈtrɪpə/ kiránduló, turista
**triptych** /ˈtrɪptɪk/ szárnyas oltárkép, triptichon
**trisyllabic** /ˌtraɪsɪˈlæbɪk/ háromszótagú
**trite** /traɪt/ közhelyszerű, sablonos, elcsépelt
**triumph** /ˈtraɪʌmf/ *FNÉV*
❶ győzelem, diadal (akin/amin: *over*) ❷ diadalmámor ❸ diadalmenet
**triumph** *IGE*
győzedelmeskedik (akin/amin: *over*)
**triumphal arch** diadalív, diadalkapu
**trivia** /ˈtrɪvɪə/ ❶ csip-csup dolgok, apróságok ❷ tények/adatok [hírességekről/eseményekről] *trivia question* vetélkedőkérdés
**trivial** /ˈtrɪvɪəl/ triviális, jelentéktelen, hétköznapi
**trivialize** /ˈtrɪvɪəlaɪz/ bagatellizál
**triweekly** /traɪˈwiːklɪ/ ❶ háromhetenkénti ❷ hetenként háromszori
**TRM** = trademark
**trod, trodden** ☞ tread
**troika** /ˈtrɔɪkə/ ❶ trojka ❷ trojka, hármas
**trolley** /ˈtrɒlɪ/ ❶ *(shopping) trolley* [húzható] bevásárlókocsi *(supermarket) trolley* bolti vásárlókocsi ❷ *(tea) trolley* zsúrkocsi ❸ kézikocsi ❹ kofferkuli ❺ troli(busz) ❻ kézikocsi [golfban]
KIFEJEZÉSEKBEN: *be off ‹one's› trolley* dilis, nincs ki minden kereke
**trolley bus** troli(busz)
**trombone** /trɒmˈbəʊn/ pozaun, tolóharsona
**troop** /truːp/ *FNÉV*
❶ csapat, sereg, falka ❷ csapat *troops* csapatok, katonaság ❸ cserkészcsapat
**troop** *IGE*
❶ bevonul/beözönlik ❷ *troop the colour* díszszemlén zászlót hordoz
**trooper** /ˈtruːpə/ ❶ lovas/gyalogos *swear like a trooper* káromkodik, mint egy kocsis ❷ *US* lovas rendőr ❸ rendőr [amerikai államban]
**trophy** /ˈtrəʊfɪ/ ❶ trófea, nagydíj ❷ hadizsákmány, trófea, vadászzsákmány
**tropic** /ˈtrɒpɪk/ *the tropic of Cancer* a Ráktérítő *the tropic of Capricorn* a Baktérítő
**tropical** /ˈtrɒpɪkəl/ forró égövi, trópusi
**tropical fruit** déligyümölcs
**tropics** /ˈtrɒpɪks/ a trópusok, a forró égöv
**trot** /trɒt/ *FNÉV*
❶ ügetés *at a trot* ügetésben ❷ sietős járás ❸ *US* puska [iskolai]
**trot** *IGE*
❶ üget ❷ ügetésre fog [lovat] ❸ siet, rohan
**trot out** *trot smth out* előhozakodik/előjön vmivel
**trotter** /ˈtrɒtə/ sertésláb, csülök
**trouble** /ˈtrʌbəl/ *FNÉV*
❶ baj, gond, nehézség, zavar *have a bit of trouble with smth* gondjai vannak vmivel *it's the least of my troubles* a legkisebb gondom is nagyobb ❷ baj, szorult helyzet *get into trouble* bajba keveredik *get smb into trouble* bajba kever vkit *ask for trouble* keresi a bajt ❸ fáradság, fáradozás, fáradalom, kényelmetlenség *it was no trouble at all* szóra se érdemes ❹ betegség, panasz *heart troubles* szívpanaszok ❺ hiba, meghibásodás
**trouble** *IGE*
❶ aggaszt, nyugtalanít *look troubled* nyugtalannak tűnik ❷ fáraszt, zavar *may I trouble you to close the window?* megkérhetem, hogy csukja be az ablakot?
**troubled** /ˈtrʌbəld/ zavaros *fish in troubled waters* zavarosban halászik
**troubleshooter** /ˈtrʌbəlʃuːtə/ ❶ hibakereső [szerelő] ❷ hibakereső/hibamegoldó lista

**troubleshooting** /ˈtrʌbəlʃuːtɪŋ/ hibakeresés, problémamegoldás
**troublesome** /ˈtrʌbəlsəm/ gondot okozó, kellemetlen
**trough** /trɒf/ ❶ vályú ❷ hullámvölgy
**troupe** /truːp/ (vándor) színtársulat
**trouser clip** nadrágcsíptető [biciklizéshez]
**trouser leg** nadrágszár
**trouser pocket** nadrágzseb
**trousers** /ˈtraʊzəz/ *a pair of trousers* nadrág
**trouser suit** nadrágkosztüm
**trousseau** /ˈtruːsəʊ/ TBSZ **trousseaus** VAGY **trousseaux** /ˈtruːsəʊz/ kelengye, stafírung
**trout** /traʊt/ TBSZ **trouts** VAGY **trout** pisztráng
**trowel** /ˈtraʊəl/ ❶ vakolókanál ❷ ültetőkanál
**troy ounce** /trɔɪˈaʊns/ súlymérték [= kb. 3 dkg]
**troy pound** /trɔɪˈpaʊnd/ súlymérték [= kb. 0,37 kg]
**truant** /ˈtruːənt/ iskolakerülő *play truant* lóg
**truce** /truːs/ fegyvernyugvás, fegyverszünet

**truck** /trʌk/ FNÉV
❶ teherautó, kamion ❷ (nyitott) teherkocsi ❸ targonca ❹ US eladásra termelt zöldség/gyümölcs

**truck** IGE
❶ teherautón szállít ❷ igyekszik, siet *we'd better get trucking* ideje szedni a lábunkat
**trucker** /ˈtrʌkə/ US teherautósofőr, kamionos
**truck farm** US piacra termelő kert(észet)
**truck man** TBSZ **truck men** US teherautósofőr, kamionos
**truck terminal** kamionterminál
**truckload** teherkocsi-rakomány, kamionrakomány
**true** /truː/ ❶ igaz, valódi *true story* igaz történet *too good to be true* túl szép, hogy igaz legyen *true to life* élethű *come true* megvalósul *hold true* áll/igaz/érvényes (amire: *of*) ❷ hű(séges) *true friend* hű barát *be true to ⸗one's⸗ principles* hű az elveihez
**true blue** állhatatos/elvhű konzervatív
**true-life** valódi, életből való/ellesett
**truffle** /ˈtrʌfəl/ ❶ szarvasgomba ❷ *truffle* rumos/csokoládés desszert
**truism** /ˈtruːɪzəm/ közhely(szerű igazság), trivialitás, klisé
**truly** /ˈtruːlɪ/ ❶ igazán, valóban ❷ őszintén, igazán ❸ *yours truly* őszinte tisztelettel [hivatalos levélben]
**trump** /trʌmp/ ütőkártya, adu *hearts are trumps / hearts is trump* kőr az adu
**trump card** ütőkártya, adu, tromf
KIFEJEZÉSEKBEN: *hold a trump card* adu van a kezében *play ⸗one's⸗ trump card* kijátssza az aduját
**trumped-up** koholt *trumped-up charges* koholt vádak

**trumpet** /ˈtrʌmpət/ FNÉV
❶ trombita ❷ elefánt-trombitálás

**trumpet** IGE
❶ trombitál ❷ trombitál [elefánt] ❸ szétkürtöl, széttrombitál
**trumpeter** /ˈtrʌmpətə/ trombitás
**truncate** /trʌŋˈkeɪt/ ❶ levág, lerövidít ❷ levág [szám végét] ❸ csonkol [szó elejét/végét kereséskor]
**truncated cone** csonkakúp
**truncheon** /ˈtrʌntʃən/ gumibot
**trunk** /trʌŋk/ ❶ (fa)törzs, (fa)tuskó ❷ útibőrönd, utazóbőrönd ❸ ormány ❹ törzs [testrész] ❺ US csomagtartó [autóban]
**trunk call** távolsági hívás/beszélgetés
**trunk road** fő/elsőrendű közlekedési út
**trunks** /trʌŋks/ ❶ száras férfi alsó ❷ fürdőnadrág

**trust** /trʌst/ FNÉV
❶ bizalom *place/put trust in smb* bizalmat helyez vkibe ❷ megőrzés, letét, gondoskodás *place smb in smb's trust* rábíz vkit vkire ❸ tröszt

**trust** IGE
❶ megbízik vkiben/vmiben ❷ rábíz vmit vkire *trust smb to do smth* megbíztam vkit vmivel ❸ remél *I trust* remélem
**trust in** *trust in smb* (meg)bízik vkiben
**trustee** /trʌˈstiː/ ❶ vagyonkezelő, gondnok, meghatalmazott ❷ kurátor, gondnok [pl. múzeumé]
**trustee in bankruptcy** csődbiztos, csőd(tömeg)gondnok
**trustworthy** /ˈtrʌstwɜːðɪ/ megbízható, hitelt érdemlő, hiteles
**truth** /truːθ/ TBSZ **truths** /truːθs/ VAGY /truːðz/ igazság *a grain of truth* egy szemernyi igazság *to tell the truth* az igazat megvallva *in truth* valóban, ténylegesen
**truth drug** VAGY **truth serum** igazságszérum
**truthful** /ˈtruːθfəl/ ❶ igaz, hihető, hiteles ❷ igaz(mondó), szavahihető

**try** /traɪ/ FNÉV
kísérlet, próbálkozás *have a try* megpróbál

**try** IGE
❶ kipróbál, megpróbál, megkísérel *try and come* próbálj meg eljönni *he tried to stand on his head* megpróbált fejen állni *he tried pushing it* megpróbálta megtolni ❷ próbára tesz *it would try the patience of a saint* egy szent türelmét is próbára tenné ❸ bíróság elé állít, tárgyal *try smb for murder* gyilkosság vádjával állítják bíróság elé *he tried my case* ő tárgyalta az ügyemet
KIFEJEZÉSEKBEN: *try ⸗one's⸗ best* megteszi, amire képes *try ⸗one's⸗ hand at smth* kipróbálja a tehetségét/ügyességét vmiben
**try on** *try smth on* felpróbál [ruhát]
**try out** *try smth out* kipróbál vmit
**trying** /ˈtraɪɪŋ/ fárasztó, megerőltető
**t's** *cross ⸗one's⸗ t's and dot ⸗one's⸗ i's* (túl) pedáns, akkurátusan végez vmit
**tsar** /zɑː/ VAGY /tsɑː/ cár

T

**tsarina** /zɑːˈriːnə/ VAGY /tsɑːˈriːnə/ ❶ cárné ❷ cárnő
**tsarism** /ˈzɑːrɪzəm/ VAGY /ˈtsɑːrɪzəm/ cárizmus
**tsarist** /ˈzɑːrɪst/ VAGY /ˈtsɑːrɪst/ cári
**T-shirt** /ˈtiː ʃɜːt/ ❶ trikó, póló ❷ melegítőfelső, T-shirt
**tsp.** = teaspoon; teaspoonful
**T-square** /ˈtiː skweə/ fejesvonalzó
**t.u.** = trade union
**Tu.** = Tuesday
**TU** = Trade Union
**tub** /tʌb/ ❶ kád, dézsa, teknő ❷ doboz, láda ❸ doboz *a tub of margarine* egy doboz margarin ❹ fürdőkád
**tuba** /ˈtjuːbə/ tuba [hangszer]
**tube** /tjuːb/ ❶ cső, csővezeték ❷ tubus ❸ (elektron)cső, katódcső ❹ belső [gumitömlő] ❺ lámpaüveg, cilinder ❻ *the tube* tévé ❼ földalatti, metró
**tuberculosis** /tjuˌbɜːkjuˈləʊsɪs/ tuberkulózis
**tubular** /ˈtjuːbjʊlə/ cső alakú, csőszerű, cső- *tubular furniture* csőbútor, csővázas bútor

**tuck** /tʌk/ *FNÉV*
❶ behajtás, felhajtás, szegély [ruhán] ❷ édesség, nyalánkság ❸ kaja

**tuck** *IGE*
❶ betűr, begyűr *tuck your shirt in* tűrd be az inged ❷ betöm(köd), bedug *he had a book tucked under his arm* egy könyv volt a hóna alá dugva
**tuck away** *tuck smth away* eldug/elrejt vmit
**tuck up** *tuck smb up* betakar/bebugyolál

**Tue** VAGY **Tues.** = Tuesday
**Tuesday** /ˈtjuːzdɪ/ kedd *on Tuesday morning* kedd délelőtt *on Tuesdays* keddenként
**tuft** /tʌft/ ❶ (haj)csomó, tincs ❷ tollcsomó ❸ fűcsomó

**tug** /tʌg/ *FNÉV*
❶ (meg)rántás, (meg)húzás *give it tug* ránt egyet rajta ❷ vontatóhajó

**tug** *IGE*
❶ (meg)ránt, (meg)húz ❷ ráncigál, húzogat, rángat ❸ vontat [hajót]

**tug boat** vontatóhajó
**tug of war** ❶ kötélhúzás ❷ huzavona
**tuition** /tjuˈɪʃən/ ❶ oktatás, tanítás, óraadás *private tuition* magántanítás, magánórák ❷ tandíj
**tuition fee** tandíj
**tulip** /ˈtjuːlɪp/ tulipán
**tulle** /tjuːl/ tüll

**tumble** /ˈtʌmbəl/ *FNÉV*
(le)zuhanás, lebukfencezés

**tumble** *IGE*
❶ lezuhan, lebukfencezik ❷ esik, zuhan [ár] ❸ *tumble (down)* összeomlik, ledől ❹ ledönt, feldönt, felborít ❺ hanyatt-homlok rohan, bukdácsol *tumble into the room* beesik a szobába ❻ (összevissza) forgolódik/hánykolódik ❼ *tumble (to smth)* kapcsol, hirtelen megért *it was a long time before he tumbled* csak sokára kapcsolt

**tumble drier** VAGY **tumbler drier** szárítóautomata, szárítógép
**tumble dry** szárítóautomatában/szárítógépben szárít
**tumbler** /ˈtʌmblə/ ivópohár/vizespohár
**tummy** /ˈtʌmɪ/ pocak, has(ika)
**tumorous** /ˈtjuːmərəs/ tumoros, daganatos
**tumour** /ˈtjuːmə/ tumor *benign/malignant tumour* jóindulatú/rosszindulatú daganat
**tuna** VAGY **tuna fish** /ˈtjuːnə/ tonhal

**tune** /tjuːn/ *FNÉV*
❶ dallam ❷ összhang, jóhangzás *be out of tune* hamis ❸ összhang *be in tune with smth* összhangban van vmivel

**tune** *IGE*
❶ *tune smth (up)* (fel/be)hangol vmit ❷ (fel)tunningol [motort] ❸ behoz, beállít *tune in to Radio 100* behozza a Radio 100-at *stay tuned* maradjanak velünk
**tune up** *tune smth up* (fel/be)hangol [hanszert]

**tuner** /ˈtjuːnə/ ❶ tuner, rádió ❷ állomáskereső ❸ (hangszer)hangoló
**tunic** /ˈtjuːnɪk/ ❶ tunika ❷ [katonai] zubbony
**tuning control** VAGY **tuning dial** állomáskereső
**tuning fork** hangvilla
**tuning peg** (hangoló)kulcs, kulcs, húrfeszítő
**tunnel** /ˈtʌnəl/ alagút
**tuppence** /ˈtʌpəns/ két penny
**turban** /ˈtɜːbən/ turbán
**turbine** /ˈtɜːbaɪn/ turbina
**tureen** /tjʊəˈriːn/ leveses tál
**turf** /tɜːf/ ❶ gyep ❷ gyeptégla ❸ turf, lóverseny(zés)
**turkey** /ˈtɜːkɪ/ ❶ pulyka ❷ *cold turkey* elvonási tünetek [drogosnál]
**Turkey carpet** perzsaszőnyeg
**Turkish** /ˈtɜːkɪʃ/ *FNÉV/MNÉV* török (nyelv)
**Turkish bath** VAGY **Turkish baths** gőzfürdő, török fürdő
**Turkish delight** törökméz
**turmoil** /ˈtɜːmɔɪl/ kavarodás, felfordulás

**turn** /tɜːn/ *FNÉV*
❶ (meg)fordítás, (meg)fordulás *give smth a turn* elforgat vmit ❷ fordulat, forduló *take a turn to the left* balra fordul *turn of the century* századforduló ❸ sor, váltás, turnus *it's my turn to drive now* most rajtam van a sor a vezetésben *miss one turn* egyszer kimarad *take turns (at doing smth)* felváltva végeznek vmit ❹ fordulat *turn for the better* kedvező fordulat ❺ hajlam, beállítottság, észjárás, gondolkodásmód ❻ ijedtség *give smb a turn* ráijeszt vkire ❼ *in turn* pedig, ezután *I gave it to Bob and he in (his) turn passed it on to Ed* Bobnak adtam, ő pedig továbbadta Ednek ❾ megsavanyodás [tejé] *be on the turn* savanyodik
KIFEJEZÉSEKBEN: *at every turn* minduntalan *do smb a good turn* jót tesz vkivel *one good turn deserves another* jótett helyébe jót várj

*out of turn* rosszkor, alkalmatlan/rossz pillanatban

**turn** IGE

FŐIGEKÉNT: ❶ (meg)fordul, forog, forgolódik, fordul vkihez/vmihez/vhova *turn away* elfordul *turn (round)* megfordul *turn onto the motorway* ráfordul a sztrádára *turn left* balra fordul ❷ (meg)fordít, (meg)forgat *turn smth inside out* kifordít vmit *turn smth upside down* lefordít / fejtetőre állít vmit ❸ kanyarodik, befordul *turn the corner* befordul a sarkon ❹ fordít, irányít ❺ alakít, végez *turn a somersault* bukfencet vet *turn a circle on the ice* kört csinál / ír le a jégen ❻ esztergál *turn wood* fát munkál meg ❼ elmúlik *he must be turned eighty* nyolcvannál is több kell legyen ❽ megsavanyodik *the milk has turned* megsavanyodott a tej

SEGÉDIGESZERŰEN: ❶ lesz/válik vmivé/vmilyenné *turn pale* elsápad *turn grey* őszül *turn brown* megbarnul *turn sour* megsavanyodik *turn traitor* árulóvá válik ❷ vmilyenné tesz *the sun has turned the grass brown* a nap megbarnította a füvet

KIFEJEZÉSEKBEN: *he didn't turn a hair* a szempillája sem rezdült *my luck has turned* rám ragyogott a szerencse *success has turned his head* a siker a fejébe szállt *turn smb's stomach* felkavarja a gyomrát vkinek

**turn about** ❶ megfordul ❷ megfordít

**turn against** *turn against smb* ❶ szembefordul vkivel ❷ *turn smb against smb* szembefordít vkit vkivel, vkit vki ellen hangol

**turn aside** ❶ félrefordul, elfordul ❷ *turn smth aside* félrefordít, elfordít

**turn away** ❶ elfordul ❷ *turn smth away* elfordít, félrefordít ❸ *turn smb away* elutasít/elküld vkit

**turn back** ❶ visszafordul ❷ visszafordít, visszaküld

**turn down** ❶ *turn smth down* lecsavar, lehalkít, tompít, lejjebb vesz ❷ *turn smb down* elutasít ❸ *turn smb down* kikosaraz ❹ *turn upside down* felfordul ❺ *turn something upside down* a feje tetejére állít

**turn in** ❶ bead, beszolgáltat, visszaszolgáltat ❷ elér [bevételt/hasznot] ❸ bead, lead [munkát] ❹ *turn oneself in* feladja magát [rendőrségen] ❺ lefekszik [aludni]

**turn into** ❶ vmivé (át)változtat *turn the frog into a prince* a békát herceggé változtatja ❷ válik vmivé *turn into a large town* várossá válik

**turn off** ❶ *turn smth off* elzár, elolt ❷ *turn smth off* lecsavar, lekapcsol, kikapcsol ❸ *turn off smth* letér/lekanyarodik [(fő)útról]

**turn on** ❶ *turn smth on* kinyit, felolt *turn the gas on* kinyitja a gázt *turn the hot water on* a melegvizet kinyitja ❷ *turn smth on* fölcsavar, fölkapcsol, bekapcsol ❸ *turn on the charm* bedobja magát / a bájait ❹ *turn on smth* múlik vmin, függ vmitől *the success turns on the agreement of the Belgians* a siker a belgák beleegyezésén áll vagy bukik ❺ *turn on smb* nekitámad/nekiesik vkinek

**turn out** ❶ *turn smth out* elolt, elzár ❷ *turn smb out* kikerget, kidob, elkerget a háztól ❸ megjelenik, előkerül, mutatkozik *a huge crowd turned out* hatalmas tömeg jelent meg ❹ *turn smth out* előállít, gyárt, készít, produkál ❺ kiürít *turn out one's pockets* kiüríti a zsebét ❻ kiderül, vmi(lyen)nek bizonyul *as it turned out,* (MONDAT) mint kiderült, (MONDAT) *he turned out to be an old friend* kiderült róla, hogy régi barátunk

**turn over** ❶ meghány-vet [gondolatot] *turn a problem over in one's mind* átgondol egy problémát ❷ *turn smb over to smb* átad vkit vkinek ❸ *turn the page (over)* lapoz ❹ forgalmaz vmennyit, vmekkora forgalmat csinál

**turn to** *turn to smb (for smth)* vkihez (vmiért) fordul

**turn up** ❶ felfelé fordul, felhajlik ❷ felhajt, feltűr [ruhát] ❸ *turn smth up* felhangosít, fölcsavar *turn the volume up* feltekeri a hangerőt ❹ előkerül, megkerül ❺ megjelenik, beállít vhova, megérkezik ❻ adódik, történik *something will turn up* valami majd csak adódik ❼ kifordít/előás vmit [földből] ❽ előkapar, felhajt, előkerít

**turncoat** köpönyegforgató

**turner** /ˈtɜːnə/ esztergályos

**turn indicator** VAGY **turn indicator light** index, irányjelző

**turning** /ˈtɜːnɪŋ/ forduló, kanyar, útelágazás

**turning point** fordulópont

**turnip** /ˈtɜːnɪp/ fehérrépa

**turnkey** /ˈtɜːnkiː/ FNÉV

porkoláb, fogdaőr

**turnkey** MNÉV

kulcsátadásos, kulcsrakész

**turn lights** index, irányjelző

**turnout** /ˈtɜːnaut/ ❶ nézőközönség, a nézők/megjelentek ❷ szavazáson megjelentek száma *high turnout* magas szavazószám ❸ termelés [volumene]

**turnover** /ˈtɜːnəuvə/ ❶ (áru)forgalom ❷ forgalom, bevétel ❸ munkaerő-cserélődés, fluktuáció ❹ gyümölcsös kosár/táska/papucs

**turnover tax** forgalmi adó

**turnpike** VAGY **turnpike road** fizető autósztráda

**turn signal** index, irányjelző

**turnstile** /ˈtɜːnstaɪl/ forgókorlát, forgósorompó [fizető/számoló berendezéssel]

**turnup** felhajtás, hajtóka [nadrágon]

**turpentine** /ˈtɜːpəntaɪn/ terpentin

**turpitude** /ˈtɜːpɪtjuːd/ erkölcstelenség *gross moral turpitude* súlyos erkölcsi vétség

**turquoise** /ˈtɜːkwɔɪz/ FNÉV/MNÉV türkiz(kék)

T

iː tea ɪ it e bed æ cat ɜː bird ə ago eɪ way əʊ go aɪ my aʊ how eə air
ɑː car ɒ got ɔː war ʊ put uː too ʌ but ɪə here ʊə pure ɔɪ boy
θ thing ð this tʃ chip dʒ Joe ʃ ship ʒ measure s sit ŋ ring j you w win

**turtle** /ˈtɜːtəl/ teknős(béka), teknőc
**turtle dove** gerle, vadgalamb
**tusk** /tʌsk/ agyar
**tutor** /ˈtjuːtə/ *FNÉV*
❶ házitanító, magántanár, magánórákat adó tanár *piano tutor* zongoratanár ❷ tanulmányvezető tanár, tutor [brit egyetemen]
**tutor** *IGE*
magánórákat ad, felkészít
**tutorial** /tjuˈtɔːrɪəl/ ❶ óra a „tutor"-ral [brit egyetemen] ❷ „tankönyv" [tanító segédprogram]
**tuxedo** /tʌkˈsiːdəu/ *US* szmoking
**TV** /tiːˈviː/ tévé *on TV* a tévében
**twang** /twæŋ/ *FNÉV*
❶ pengő hang ❷ *twang* orrhangú ejtés
**twang** *IGE*
❶ peng ❷ penget
**tweed** /twiːd/ gyapjúszövet, tweed
**tweeds** /twiːdz/ tweedöltöny
**tweet** /twiːt/ *FNÉV/IGE* csipog(ás), csiripel(és)
**tweezers** /ˈtwiːzəz/ csipesz
**twelfth** /twelfθ/ ❶ tizenkettedik ❷ tizenketted
**Twelfth Day** Vízkereszt
**Twelfth night** Vízkereszt előestéje
**twelve** /twelv/ tizenkét, tizenkettő
**twentieth** /ˈtwentɪəθ/ ❶ huszadik ❷ huszad
**twenty** /ˈtwentɪ/ ❶ húsz *the twenties* a húszas évek *be in* ⁒*one's*⁒ *twenties* húszas éveiben jár ❷ húszas [bankjegy/érme]
**twenty-one** ❶ huszonegy [kártya] ❷ huszonegyezés
**twenty questions** barkochba(játék)
**twenty-twenty** százszázalékos látás
**twice** /twaɪs/ kétszer *twice a day / twice daily* naponta kétszer *twice as much* kétszer annyi
**twig** /twɪg/ gally, ág(acska)
**twilight** /ˈtwaɪlaɪt/ szürkület, alkony
**twin** /twɪn/ *FNÉV*
iker, iker(testvér) *identical/fraternal twins* kétpetéjű/egypetéjű ikrek
**twin** *IGE*
❶ (össze)párosít ❷ testvérvárosi kapcsolatokat alakít ki
**twin bed** ❶ ikerágy (pár tagja) ❷ egyszemélyes ágy
**twin bedroom** két (külön) fekvőhelyes szoba
**twinkle** /ˈtwɪŋkəl/ *FNÉV*
csillogás, ragyogás, csillámlás
**twinkle** *IGE*
csillog, ragyog, csillámlik
**twinkling** *in a twinkling* egy szempillantás alatt
**Twins** /twɪnz/ ❶ Ikrek [állatövi jegy] ❷ Ikrek/Iker [jegyű ember]
**twirl** /twɜːl/ *FNÉV*
❶ forgatás, pörgetés ❷ forgás, pörgés
**twirl** *IGE*
❶ forog, pörög ❷ forgat, pörget ❸ csihol [tüzet], dörzsöl [faágat tűzcsiholáshoz]
**twist** /twɪst/ *FNÉV*
❶ sodrás, csavarás, fonás, tekerés ❷ kanyar, kanyarulat ❸ csavarodás, tekeredés ❹ elferdítés, kiforgatás [jelentésé] ❺ (váratlan) fordulat *a double twist at the end* dupla csavar a végén ❻ tekercs *twist of tobacco* dohánytekercs ❼ twist, tviszt ❽ citromszelet [szeszesitalba]
**twist** *IGE*
❶ sodor, csavar, fon, teker *twist the ends of the wire together* összesodorja a drót végeit *twist the knob* elfordítja a gombot *twist the cap off the bottle* lecsavarja a tetőt az üvegről *twist smb's arm* kicsavarja vkinek a kezét ❷ forgolódik, tekereg, vonaglik ❸ kanyarog, kígyózik [út] ❹ kiforgat, elferdít *twist smb's words* kiforgatja vki szavait ❺ megrándít *twist* ⁒*one's*⁒ *ankle* megrándítja a bokáját ❻ tvisztel
KIFEJEZÉSEKBEN: *twist smb's arm* erőszakkal kényszerít vkit
**twister** /ˈtwɪstə/ ❶ csaló ❷ tornádó, ciklon
**twist grip** ❶ gázkar [motoron] ❷ sebességváltó kar [motoron]
**twitch** /ˈtwɪtʃ/ *FNÉV*
rángatódzás, rándulás, vonaglás
**twitch** *IGE*
❶ (meg)ránt, rángat ❷ rángatódzik, megrándul
**twitter** /ˈtwɪtə/ *FNÉV*
❶ csicsergés, csiripelés ❷ izgatottság, idegesség
**twitter** *IGE*
❶ csicsereg, csiripel ❷ izgatottan/kapkodva fecseg
**two** /tuː/ kettő, két, kettes *cut smth in two* kettévág vmit *in twos / two by two* kettesével, párosával *one or two* (egy)pár, néhány
KIFEJEZÉSEKBEN: *put two and two together* összerakja a mozaikokat (és levonja a következtetést) *put two and two together and make five* összerakja a mozaikokat és helytelen következtetést von le
**two-bit piece** negyeddolláros, huszonötcentes
**two-chamber** kétkamarás [törvényhozás]
**two-column** kéthasábos [oldal/szedés]
**two-digit** kétszámjegyű
**two-dimensional** kétdimenziós
**two-edged** kétélű
**two-engined** kétmotoros
**two-faced** képmutató, kétszínű
**twofold** /ˈtuːfəuld/ *MNÉV*
kétszeres, dupla, kettős
**twofold** *HAT.SZÓ*
kétszeresen
**two-footed** kétlábú
**two-handed** ❶ kétkezes, két kézzel használandó ❷ két ember által működtetett ❸ kétszemélyes [kártyajáték]
**two-humped camel** kétpúpú teve
**two-party system** kétpártrendszer
**twopence** /ˈtʌpəns/ két penny

**twopenny** /tʌpənɪ/ vacak, silány, ízléstelen
**twopenny-halfpenny** /ˌtʌpnɪˈheɪpnɪ/ vacak
**two-piece** kétrészes *two-piece dress* kétrészes ruha
**two-ply** ❶ duplaszálas ❷ kétrétegű
**twosome** /ˈtuːsəm/ pár *Bob and Helen make a nice twosome* Bob és Helen szép pár
**two-speed** kétsebességű, kétsebességes
**two-star** kétcsillagos
**two-storey** VAGY **two-storeyed** VAGY **two-storied** kétszintes, kétemeletes
**two-stroke** kétütemű
**two-time** megcsal [r.szerint nem házastársat]
**two-way** kétirányú
**two-way mirror** detektívtükör, hátulról átlátszó tükör
**two-way speaker** kétutas hangfal
**two-year-old** kétéves
**tycoon** /taɪˈkuːn/ ❶ iparmágnás ❷ sógun
**tympanum** /ˈtɪmpənəm/ ❶ timpanon, háromszögű oromfal ❷ középfül
**typ.** = typographic(al); typography
**type** /taɪp/ FNÉV
❶ jelleg, fajta, típus *wines of all types* mindenféle borok ❷ (nyomda)betű, betűtest ❸ betűtípus *in bold(face) type* (fél)kövér/fett betűvel ❹ szedés ❺ alak, figura *odd type* fura alak
**type** IGE
klaviatúrán (le)ír, legépel
**typeface** betűtípus
**typescript** gépelt kézirat, gépirat
**typewrite** írógéppel ír, gépel
**typewriter** írógép
**typewritten** /ˈtaɪprɪtən/ géppel írt, gépelt
**typhoid** /ˈtaɪfɔɪd/ VAGY **typhoid fever** (has)tífusz
**typhoon** /taɪˈfuːn/ tájfun, forgószél
**typhus** /ˈtaɪfəs/ tífusz
**typical** /ˈtɪpɪkəl/ jellemző, tipikus (amire: *of*)
**typically** /ˈtɪpɪklɪ/ ❶ jellemzően, jellegzetesen ❷ rendes körülmények között, rendszerint
**typist** /ˈtaɪpɪst/ gépíró(nő)
**typo** /ˈtaɪpəʊ/ elütés, sajtóhiba
**typographical** /ˌtaɪpəˈgræfɪkəl/ tipográfiai
**typographic error** sajtóhiba, nyomdahiba
**typography** /taɪˈpɒgrəfɪ/ tipográfia
**tyrannical** /tɪˈrænɪkəl/ zsarnoki, kegyetlen
**tyranny** /ˈtɪrənɪ/ zsarnokság, önkény(uralom)
**tyrant** /ˈtaɪrənt/ zsarnok, kényúr
**tyre** US **tire** /taɪə/ gumiabroncs, autógumi
**tyre track** keréknyom
**tyre tread** futófelület [gumié]
**tzar** /zɑː/ VAGY /tsɑː/ cár
**tzarina** /zɑːˈriːnə/ VAGY /tsɑːˈriːnə/ ❶ cárné ❷ cárnő

# U, u /juː/

**u** = unit; unsatisfactory; upper
**U** = unit; unsatisfactory; uniform; union
**udder** /ˈʌdə/ tőgy
**UFO** /ˈjuːfəʊ/ VAGY /juː ef ˈəʊ/ ufó
**ugh** /ʊh/ VAGY /ʌg/ fuj! / au! / jaj! / brr!
**ugly** /ˈʌglɪ/ ❶ csúnya, csúf, rút, ronda ❷ kellemetlen, csúnya *ugly scene* csúnya jelenet ❸ súlyos, csúnya *ugly wound* csúnya seb
**Ugric** /ˈjuːgrɪk/ *FNÉV/MNÉV* ugor (nyelv)
**UHF** = ultrahigh frequency
**UHT milk** /ˌjuːeɪtʃtiː ˈmɪlk/ ultrapasztőrözött tej
**U.K.** = United Kingdom (of Great Britain and Northern Ireland)
**ulcer** /ˈʌlsə/ fekély
**ulcerous** /ˈʌlsərəs/ fekélyes
**ultimate** /ˈʌltɪmət/ *FNÉV*
a végső/maximum/csúcs ⓘ *NEM* ~~ultimátum~~
**ultimate** *MNÉV*
❶ végső, utolsó ❷ alapvető, végső ❸ legjobb, legtökéletesebb
**ultimately** /ˈʌltɪmətlɪ/ végtére (is), végső fokon
**ultimatum** /ˌʌltɪˈmeɪtəm/ ultimátum
**ultramarine** /ˌʌltrəməˈriːn/ ultramarin(kék)
**ultrasonic** /ˌʌltrəˈsɒnɪk/ ultraszonikus, emberi füllel nem hallható
**ultrasound** /ˈʌltrəsaʊnd/ ultrahang
**ultrasound scanner** ultrahangkészülék
**ultraviolet** /ˌʌltrəˈvaɪələt/ ibolyántúli, ultraibolya, ultraviola
**umbilical** /ʌmˈbɪlɪkəl/ köldökzsinór
**umbrella** /ʌmˈbrelə/ ❶ ernyő, esernyő ❷ védelem, oltalom, védernyő
**umbrella organization** ernyőszervezet, keretszervezet
**umbrella stand** (es)ernyőtartó
**umpire** /ˈʌmpaɪə/ VAGY **ump** /ʌmp/ bíró, játékvezető, mérkőzésvezető bíró
**UN** = United Nations
**unabated** /ˌʌnəˈbeɪtɪd/ nem csökkenő/enyhülő
**unable** /ʌnˈeɪbəl/ képtelen, nem képes/tud *I've been unable to talk to him for weeks* hetek óta nem tudok vele beszélni
**unabridged** /ˌʌnəˈbrɪdʒd/ rövidítetlen, eredeti (terjedelmű)
**unacceptable** /ˌʌnəkˈseptəbəl/ elfogadhatatlan
**unaccompanied** /ˌʌnəˈkʌmpənɪd/ ❶ kíséret nélküli ❷ kísérő nélküli
**unaccountable** /ˌʌnəˈkaʊntəbəl/ ❶ megmagyarázhatatlan, rejtélyes ❷ felelősségre nem vonható
**unaccustomed** /ˌʌnəˈkʌstəmd/ *unaccustomed to smth* vmihez nem szokott, vmiben járatlan
**unadvisable** /ˌʌnədˈvaɪzəbəl/ nem ajánlatos/tanácsos
**unaided** /ʌnˈeɪdɪd/ *MNÉV/HAT.SZÓ* segítség nélkül(i)
**unalienable** /ʌnˈeɪlɪənəbəl/ elidegeníthetetlen
**unambiguous** /ˌʌnæmˈbɪgjʊəs/ félreérthetetlen
**un-American** /ˌʌnəˈmerɪkən/ Amerika-ellenes
**unanimity** /ˌjuːnəˈnɪmətɪ/ egyhangú egyetértés
**unanimous** /juːˈnænɪməs/ egyhangú
**unanimously** /juːˈnænɪməslɪ/ egyhangúan
**unarmed** /ʌnˈɑːmd/ fegyvertelen
**unashamed** /ˌʌnəˈʃeɪmd/ szégyentelen
**unasked** /ʌnˈɑːskt/ *MNÉV/HAT.SZÓ* kéretlen(ül)
**unassuming** /ˌʌnəˈsjuːmɪŋ/ igénytelen, szerény
**unattended** /ˌʌnəˈtendɪd/ kíséret/őrizet nélküli
**unauthorized** /ʌnˈɔːθəraɪzd/ illetéktelen
**unavoidable** /ˌʌnəˈvɔɪdəbəl/ elkerülhetetlen
**unaware** /ˌʌnəˈweə/ *be unaware of smth* nincs tudomása vmiről, nincs tudatában vminek
**unbearable** /ʌnˈbeərəbəl/ kibírhatatlan, elviselhetetlen, tűrhetetlen
**unbeatable** /ʌnˈbiːtəbəl/ legyőzhetetlen
**unbeaten** /ʌnˈbiːtən/ ❶ veretlen, legyőzetlen ❷ felveretlen [tojás] ❸ járatlan [út]
**unbelief** /ˌʌnbɪˈliːf/ hitetlenkedés, kétkedés
**unbelievable** /ˌʌnbɪˈliːvəbəl/ ❶ hihetetlen, nem hihető ❷ hihetetlen, meglepő
**unbelievably** /ˌʌnbɪˈliːvəblɪ/ hihetetlenül
**unbend** /ʌnˈbend/, **unbent** /ʌnˈbent/, **unbent** /ʌnˈbent/ ❶ kiegyenesedik ❷ kiegyenesít ❸ felenged, kienged, lazít
**unbending** /ʌnˈbendɪŋ/ hajthatatlan, makacs
**unbiassed** /ʌnˈbaɪəst/ elfogulatlan, objektív
**unblushing** /ʌnˈblʌʃɪŋ/ szemtelen, arcátlan
**unbone** /ʌnˈbəʊn/ ❶ kicsontoz ❷ (ki)filéz
**unborn** /ʌnˈbɔːn/ (még) meg nem/se született
**unbound** /ʌnˈbaʊnd/ eloldozott, kioldozott *come unbound* kibomlik, kioldódik

**unbreakable** /ʌnˈbreɪkəbəl/ törhetetlen
**unbridled** /ʌnˈbraɪdəld/ zabolátlan, féktelen
**unbroken** /ʌnˈbrəʊkən/ ❶ töretlen, ép ❷ megdöntetlen [csúcs] ❸ megszakítatlan, folytatólagos ❹ szűz [talaj]
**unbuckle** /ʌnˈbʌkəl/ kiold [csatot]
**unbutton** /ʌnˈbʌtən/ kigombol *come unbuttoned* kigombolódik
**uncap** /ʌnˈkæp/ fedelet/tetőt eltávolít/levesz
**unceremonious** /ˌʌnserɪˈməʊnɪəs/ kötetlen, (minden) ceremónia/teketória nélküli
**uncertain** /ʌnˈsɜːtən/ ❶ *be uncertain of smth* nem biztos vmiben ❷ bizonytalan, kétséges
**uncertainty** /ʌnˈsɜːtəntɪ/ bizonytalanság, ingadozás, kétség
**uncertified** /ʌnˈsɜːtɪfaɪd/ ❶ nem bizonyított/garantált/hitelesített ❷ képesítés nélküli
**unchain** /ʌnˈtʃeɪn/ (bilincseitől/láncaitól) megszabadít, szabadon enged
**unchangeable** /ʌnˈtʃeɪndʒəbəl/ ❶ megváltoztathatatlan ❷ változatlan, nem változékony
**uncharitable** /ʌnˈtʃærɪtəbəl/ könyörtelen, kíméletlen, tapintatlan
**uncharted** /ʌnˈtʃɑːtɪd/ (fel)térképezetlen
**uncivil** /ʌnˈsɪvəl/ bárdolatlan, modortalan
**uncivilized** /ʌnˈsɪvəlaɪzd/ civilizálatlan
**unclassified** /ʌnˈklæsɪfaɪd/ ❶ osztályozatlan, csoportosítatlan ❷ nem titkos(ított)
**uncle** /ˈʌŋkəl/ ❶ nagybácsi ❷ bácsi
**unclean** /ʌnˈkliːn/ tisztátalan
**unclear** /ʌnˈklɪə/ ❶ nem tiszta/világos, nehezen érthető ❷ vmit nem értő *be unclear about smth* nem világos számára vmi
**Uncle Sam** az Egyesült Államok [beceneve]
**unclouded** /ʌnˈklaʊdɪd/ ❶ felhőtlen, derült, tiszta [ég] ❷ felhőtlen, problémamentes
**uncoil** /ʌnˈkɔɪl/ ❶ legombolyít, letekercsel ❷ legombolyodik, letekeredik
**uncomfortable** /ʌnˈkʌmftəbəl/ ❶ kényelmetlen ❷ kellemetlen, nyugtalanító, kínos
**uncommitted** /ˌʌnkəˈmɪtɪd/ állást nem foglaló, magát el nem kötelező
**uncommon** /ʌnˈkɒmən/ rendkívüli, szokatlan, nem közönséges
**uncompromising** /ʌnˈkɒmprəmaɪzɪŋ/ meg nem alkuvó, hajthatatlan, tántoríthatatlan
**unconcerned** /ˌʌnkənˈsɜːnd/ közönyös, közömbös
**unconditional** /ˌʌnkənˈdɪʃənəl/ feltétlen, feltétel nélküli
**unconscious** /ʌnˈkɒnʃəs/ *FNÉV*
tudatalatti
**unconscious** *MNÉV*
❶ nem tudatos/szándékos ❷ *be unconscious of smth* nincs tudatában vminek ❸ eszméletlen ❹ tudat alatti
**unconstitutional** /ˌʌnkɒnstɪˈtjuːʃənəl/ alkotmánysértő, alkotmányellenes
**uncontested** /ˌʌnkənˈtestɪd/ kétségtelen, nem vitatott, kétségbe nem vont
**uncontrollable** /ˌʌnkənˈtrəʊləbəl/ ❶ irányíthatatlan, kormányozhatatlan ❷ fékezhetetlen
**unconventional** /ˌʌnkənˈvenʃənəl/ ❶ nem konvencionális, konvenciókhoz nem ragaszkodó ❷ nem szokványos
**unconvincing** /ˌʌnkənˈvɪnsɪŋ/ nem meggyőző/hiteles
**uncooperative** /ˌʌnkəʊˈɒpərətɪv/ nem segítőkész, segíteni/együttműködni nem akaró
**uncork** /ʌnˈkɔːk/ ❶ dugót kihúz ❷ felszabadít, szabadjára enged [pl. érzelmeket]
**uncountable** /ʌnˈkaʊntəbəl/ megszámlálhatatlan/nemszámszerű [főnév]
**uncover** /ʌnˈkʌvə/ ❶ kitakar, fedőt/tetőt/fedelet levesz vmiről ❷ leleplez
**uncreditworthy** /ʌnˈkredɪtwɜːðɪ/ hitelképtelen
**uncritical** /ʌnˈkrɪtɪkəl/ kritikátlan
**uncrowned** /ʌnˈkraʊnd/ koronázatlan
**unction** /ˈʌŋkʃən/ *receive the last unction* megkapja az utolsó kenetet
**uncut** /ʌnˈkʌt/ ❶ csiszolatlan [gyémánt] ❷ megvágatlan, cenzúrázatlan
**undamaged** /ʌnˈdæmɪdʒd/ sértetlen, ép
**undated** /ʌnˈdeɪtɪd/ keltezés nélküli
**undecided** /ˌʌndɪˈsaɪdɪd/ ❶ határozatlan, bizonytalan ❷ eldöntetlen, döntetlen
**undecipherable** /ˌʌndɪˈsaɪfərəbəl/ kibetűzhetetlen, kivehetetlen, megfejthetetlen
**undeclared** /ˌʌndɪˈkleəd/ be nem jelentett *undeclared war* hadüzenet nélküli háború
**undelivered** /ˌʌndɪˈlɪvəd/ kézbesítetlen
**undemanding** /ˌʌndɪˈmɑːndɪŋ/ igénytelen
**undeniable** /ˌʌndɪˈnaɪəbəl/ tagadhatatlan, cáfolhatatlan
**under** /ˈʌndə/ *ELÖLJ.*
❶ alatt *under the bed* az ágy alatt ❷ vki (irányítása) alatt ❸ alá ❹ között *under the circumstances* ilyen körülmények között ❺ kevesebb, mint *under 50 years* 50 év alatt ❻ szerint, értelmében *under the agreement* az egyezmény szerint ❼ alatt, vmilyen állapotban *under construction* építés alatt
KIFEJEZÉSEKBEN: *under way* mozgásban
**under** *HAT.SZÓ*
❶ alul, alatta, (oda)lenn/lent ❷ kevesebb
**underachieve** /ˌʌndərəˈtʃiːv/ lemarad(oz)ik, alulteljesít
**underage** /ˈʌndəreɪdʒ/ kiskorú, vmihez még nem megfelelő korú
**underarm** /ˈʌndərɑːm/ *FNÉV*
hónalj
**underarm** *MNÉV/HAT.SZÓ*
alulról adogatott/adogatva, alulról ütött/ütve
**underbid** /ˌʌndəˈbɪd/, **underbid** /ˌʌndəˈbɪd/, **underbid** /ˌʌndəˈbɪd/ *underbid smb* olcsóbban kínál vkinél, alákínál vkinek
**underbody** /ˈʌndəbɒdɪ/ alváz [járműé]
**underbush** /ˈʌndəbʊʃ/ aljnövényzet
**undercarriage** /ˈʌndəkærɪdʒ/ futómű

U

**underclothes** /ˈʌndəkləʊðz/ alsónemű, alsóruha
**undercover** /ˌʌndəˈkʌvə/ titkos
**undercurrent** /ˈʌndəkʌrənt/ rejtett / mélyen húzódó áramlat/áramlás
**undercut** /ˌʌndəˈkʌt/, **undercut** /ˌʌndəˈkʌt/, **undercut** /ˌʌndəˈkʌt/ alákínál vkinek
**underdeveloped** /ˌʌndədɪˈveləpt/ fejletlen, alulfejlett, elmaradt
**underdone** /ˌʌndəˈdʌn/ véres, angolos [hús]
**underestimate** /ˌʌndərˈestɪmeɪt/ ❶ alábecsül ❷ lebecsül
**underfeed** /ˌʌndəˈfiːd/, **underfed** /ˌʌndəˈfed/, **underfed** /ˌʌndəˈfed/ alultáplál
**underfoot** /ˌʌndəˈfʊt/ ❶ lent, alul ❷ láb alatt *the kids are always getting underfoot* a gyerekek folyton láb alatt vannak
**undergo** /ˌʌndəˈgəʊ/, **underwent** /ˌʌndəˈwent/, **undergone** /ˌʌndəˈgɒn/ keresztülmegy/átmegy/átesik vmin, kiáll vmit
**undergraduate** /ˌʌndəˈgrædʒʊət/ VAGY **undergrad** /ˈʌndəgræd/ bachelori fokozatot még el nem nyert egyetemista
**underground** /ˈʌndəgraʊnd/ *FNÉV*
❶ metró, földalatti *by underground* földalattival ❷ illegalitás, földalatti szervezet
**underground** /ˌʌndəˈgraʊnd/ *MNÉV*
❶ föld alatti ❷ alternatív ❸ földalatti, illegális
**underground** /ˌʌndəˈgraʊnd/ *HAT.SZÓ*
❶ a föld alatt ❷ titokban, titkos eszközökkel *go underground* illegalitásba vonul
**underground construction** mélyépítőipar
**underground parking garage** VAGY **underground parking lot** mélygarázs, földalatti parkoló
**underground station** metróállomás
**underhand** /ˌʌndəˈhænd/ ❶ alulról adogatott/ütött [labda] ❷ alattomos, sanda
**underhanded** /ˌʌndəˈhændɪd/ ❶ alattomos, sanda ❷ munkaerőhiánnyal küzdő
**underinformed** /ˌʌndərɪnˈfɔːmd/ alulinformált
**underlay** ☞ underlie
**underlie** /ˌʌndəˈlaɪ/, **underlay** /ˌʌndəˈleɪ/, **underlain** /ˌʌndəˈleɪn/ vmi alapjául szolgál / mélyén húzódik
**underline** /ˌʌndəˈlaɪn/ ❶ aláhúz ❷ kiemel, hangsúlyoz, aláhúz
**undermine** /ˌʌndəˈmaɪn/ aláás, alámos, meggyengít, tönkretesz
**underneath** /ˌʌndəˈniːθ/
❶ alatt *underneath the door* az ajtó alatt ❷ alá
**underneath** *HAT.SZÓ*
alul, alatta, lenn
**underpaid** /ˌʌndəˈpeɪd/ rosszul fizetett
**underpants** /ˈʌndəpænts/ alsónadrág
**underpass** /ˈʌndəpɑːs/ (vasúti/közúti) aluljáró
**underpay** /ˌʌndəˈpeɪ/, **underpaid** /ˌʌndəˈpeɪd/, **underpaid** /ˌʌndəˈpeɪd/ alulfizet, rosszul fizet
**underpin** /ˌʌndəˈpɪn/ ❶ megerősít, alátámaszt ❷ alátámaszt [érvet]
**underplay** /ˌʌndəˈpleɪ/ ❶ lekicsinyel, bagatellizál, lekezel ❷ túl kevés erővel/lendülettel játszik [szerepet]
**underpopulated** /ˌʌndəˈpɒpjʊleɪtɪd/ alacsony népességű/lélekszámú, gyéren lakott
**underprivileged** /ˌʌndəˈprɪvəlɪdʒd/ hátrányos helyzetű
**underrate** /ˌʌndəˈreɪt/ alábecsül, lebecsül
**underscore** /ˌʌndəˈskɔː/ ❶ aláhúz ❷ kiemel, hangsúlyoz, aláhúz
**undersecretary** /ˌʌndəˈsekrətərɪ/ miniszterhelyettes, államtitkár
**undershirt** /ˈʌndəʃɜːt/ (alsó)trikó, atlétatrikó
**underside** /ˈʌndəsaɪd/ vmi alsó oldala / alja
**undersigned** /ˌʌndəˈsaɪnd/ alulírott
**undersized** /ˌʌndəˈsaɪzd/ méreten aluli, túl kicsi
**underskirt** /ˈʌndəskɜːt/ alsószoknya
**understaffed** /ˌʌndəˈstɑːft/ munkaerőhiánnyal küzdő
**understand** /ˌʌndəˈstænd/, **understood** /ˌʌndəˈstʊd/, **understood** /ˌʌndəˈstʊd/ ❶ (meg)ért, felfog *make* ⁝*oneself*⁝ *understood* megérteti magát *give smb to understand smth* értésére ad vkinek vmit ❷ megért, ért [idegen nyelven] ❸ (meg)ítél, lát, ért vmit vhogy *as I understand it* ahogy én látom (a dolgot) ❹ ért vmit vhogy/vminek *I understood it as encouragement* biztatásnak értettem ❺ odaért/odagondol vmit vhová ❻ értesül(t), tudomása van vmiről *I understand you're going back* úgy tudom/értesültem, vissza megy
**understand about** *understand about smth* ért vmihez
**understandable** /ˌʌndəˈstændəbəl/ ❶ (meg)érthető ❷ (jól) érthető, követhető
**understanding** /ˌʌndəˈstændɪŋ/ *FNÉV*
❶ értelmi képesség ❷ értesülés *it is my understanding that* {MONDAT} úgy tudom, hogy {MONDAT} ❸ egyezség, megállapodás, egyetértés ❹ feltétel *on the understanding that* {MONDAT} azzal a föltétellel, hogy {MONDAT} ❺ vhogy történő értése/értelmezése vminek *according to my understanding* az én értelmezésem szerint ❻ megértés, empátia
**understanding** *MNÉV*
megértő, együttérző
**understate** /ˌʌndəˈsteɪt/ alulértékel, lebecsül
**understatement** /ˌʌndəˈsteɪtmənt/ (le)tompított kifejezés/állítás
**understood** ☞ understand
**undertake** /ˌʌndəˈteɪk/, **undertook** /ˌʌndəˈtʊk/, **undertaken** /ˌʌndəˈteɪkən/ ❶ magára vállal ❷ (el)vállal, válalkozik vmire
**undertaker** /ˈʌndəteɪkə/ temetkezési vállalkozó
**undertaking** /ˌʌndəˈteɪkɪŋ/ vállalkozás
**under-the-counter** illegálisan árult/vásárolt
**undertook** ☞ undertake
**underwater** /ˌʌndəˈwɔːtə/ *MNÉV/HAT.SZÓ* víz alatt(i)
**underwear** /ˈʌndəweə/ ⚷ *NEM MEGSZÁML.* fehérnemű, alsóruha
**underwent** ☞ undergo

**underworld** /ˈʌndəwɜːld/ ❶ alvilág ❷ [bűnözői] alvilág
**underwrite** /ˌʌndəˈraɪt/, **underwrote** /ˌʌndəˈraɪt/, **underwritten** /ˌʌndəˈrɪtən/ jótáll, kezeskedik, garanciát vállal
**undeserved** /ˌʌndɪˈzɜːvd/ meg/ki nem érdemelt
**undesirable** /ˌʌndɪˈzaɪərəbəl/ nemkívánatos
**undeveloped** /ˌʌndɪˈveləpt/ ❶ be/ki nem épített, természetes állapotú [terület] ❷ előhívatlan
**undid** ☞ undo
**undies** /ˈʌndiːz/ (női) bugyi/fehérnemű
**undisciplined** /ʌnˈdɪsəplɪnd/ fegyelmezetlen
**undiscriminating** /ˌʌndɪˈskrɪmɪneɪtɪŋ/ válogatás nélküli, kritikátlan(ul végzett)
**undisputed** /ˌʌndɪˈspjuːtɪd/ vitathatatlan
**undistinguishable** /ˌʌndɪˈstɪŋgwɪʃəbəl/ megkülönböztethetetlen, kivehetetlen
**undisturbed** /ˌʌndɪˈstɜːbd/ zavartalan
**undo** /ʌnˈduː/, **undid** /ʌnˈdɪd/, **undone** /ʌnˈdʌn/ ❶ kibont, kigombol, meglazít, kikapcsol ❷ megsemmisít, tönkretesz ❸ meg nem történtté tesz, visszacsinál
**undoing** /ʌnˈduːɪŋ/ vki romlása/veszte
**undone** /ʌnˈdʌn/ kibontott, kibomlott, kigombolt, meglazult *come undone* kibomlik, kigombolódik, meglazul
**undoubted** /ʌnˈdaʊtɪd/ kétségtelen, tagadhatatlan, kétségbe nem vont
**undress** /ʌnˈdres/ ❶ levetkőzik ❷ levetkőztet
**undressed** /ʌnˈdrest/ ❶ öltözetlen *get undressed* levetkőzik ❷ bekötözetlen [seb]
**undrinkable** /ʌnˈdrɪŋkəbəl/ ihatatlan
**undue** /ʌnˈdjuː/ (el)túlzott, indokolatlan
**undying** /ʌnˈdaɪɪŋ/ soha meg nem szűnő, örökké tartó
**unearned** /ʌnˈɜːnd/ meg/ki nem érdemelt
**unearth** /ʌnˈɜːθ/ ❶ előás, kiás ❷ felfedez, előás, napvilágra hoz
**unearthly** /ʌnˈɜːθlɪ/ ❶ nem földi/evilági, földöntúli ❷ lehetetlen, kényelmetlen *unearthly time* lehetetlen idő(pont)
**unease** /ʌnˈiːz/ nyugtalanság, aggodalom, aggódás
**uneasy** /ʌnˈiːzɪ/ nyugtalan, aggódó, aggodalmaskodó, szorongó
**uneconomical** /ˌʌniːkəˈnɒmɪkəl/ veszteséges, gazdaságtalan, ráfizetéses
**uneducated** /ʌnˈedjʊkeɪtɪd/ tanulatlan, műveletlen
**unemployed** /ˌʌnɪmˈplɔɪd/ *FNÉV* *the unemployed* a munkanélküliek
**unemployed** *MNÉV* munkanélküli
**unemployment** /ˌʌnɪmˈplɔɪmənt/ munkanélküliség
**unemployment benefit** VAGY **unemployment compensation** munkanélküli segély
**unending** /ʌnˈendɪŋ/ véget nem érő, végtelen, szűnni nem akaró
**unequivocal** /ˌʌnɪˈkwɪvəkəl/ egyértelmű, kétségtelen, kézenfekvő, vitathatatlan
**unethical** /ʌnˈeθɪkəl/ etikátlan
**uneven** /ʌnˈiːvən/ ❶ egyenetlen, egyenlőtlen ❷ szabálytalan ❸ egyenetlen, rapszodikus, kiegyensúlyozatlan ❹ páratlan [szám]
**uneven bars** felemás korlát
**uneventful** /ˌʌnɪˈventfəl/ eseménytelen
**unexampled** /ˌʌnɪgˈzɑːmpəld/ páratlan, egyedülálló, párját ritkító
**unexhaustible** /ˌʌnɪgˈzɔːstəbəl/ kimeríthetetlen
**unexpected** /ˌʌnɪkˈspektɪd/ váratlan, meglepetésszerű, nem várt
**unexplained** /ˌʌnɪkˈspleɪnd/ megmagyarázatlan, tisztázatlan
**unfading** /ʌnˈfeɪdɪŋ/ nem halványuló/hervadó
**unfair** /ʌnˈfeə/ igazságtalan, méltánytalan, nem jogos/fair/korrekt
**unfaithful** /ʌnˈfeɪθfəl/ hűtlen
**unfamiliar** /ˌʌnfəˈmɪlɪə/ ❶ ismeretlen, kevéssé/alig ismert ❷ *be unfamiliar with smth/smb* nem ismer vmit/vkit
**unfasten** /ʌnˈfɑːsən/ kiold, kioldoz, kinyit, kilazít, kikapcsol
**unfavourable** /ʌnˈfeɪvərəbəl/ kedvezőtlen
**unfeasible** /ʌnˈfiːzəbəl/ megvalósíthatatlan, kivihetetlen, célszerűtlen
**unfeeling** /ʌnˈfiːlɪŋ/ érzéketlen, szívtelen
**unfertile** /ʌnˈfɜːtaɪl/ terméketlen
**unfinished** /ʌnˈfɪnɪʃt/ ❶ befejezetlen ❷ kidolgozatlan
**unfit** /ʌnˈfɪt/ alkalmatlan (amire: *for*)
**unflattering** /ʌnˈflætərɪŋ/ nem (túl) hízelgő
**unfold** /ʌnˈfəʊld/ ❶ szétbont, szétnyit, felbont, kibont ❷ kiterít, kitár ❸ feltár, előad ❹ kitárul, kibontakozik, kifejlődik
**unforeseen** /ˌʌnfɔːˈsiːn/ előre nem látható
**unforgettable** /ˌʌnfəˈgetəbəl/ (el)felejthetetlen, feledhetetlen
**unforgivable** /ˌʌnfəˈgɪvəbəl/ megbocsáthatatlan, menthetetlen
**unforgiving** /ˌʌnfəˈgɪvɪŋ/ engesztelhetetlen
**unformatted** /ʌnˈfɔːmætɪd/ ❶ formázatlan [szöveg] ❷ format(t)álatlan [lemez]
**unfortunate** /ʌnˈfɔːtʃənət/ ❶ szerencsétlen ❷ sajnálatos
**unfortunately** /ʌnˈfɔːtʃənətlɪ/ sajnos, sajnálatos módon
**unfounded** /ʌnˈfaʊndɪd/ alaptalan, megalapozatlan
**unfriendliness** /ʌnˈfrendlɪnəs/ ❶ barátságtalanság ❷ ellenségesség
**-unfriendly** /ʌnˈfrendlɪ/ ártalmas/káros vmire *environment-unfriendly* környezetre káros
**unfriendly** /ʌnˈfrendlɪ/ ❶ barátságtalan ❷ ellenséges
**unfruitful** /ʌnˈfruːtfəl/ nem gyümölcsöző
**unfurl** /ʌnˈfɜːl/ kibont, szétbont, szétnyit, kinyit
**unfurnished** /ʌnˈfɜːnɪʃt/ bútorozatlan
**ungodly** /ʌnˈgɒdlɪ/ ❶ istentelen, pogány ❷ lehetetlen *ungodly time* lehetetlen idő(pont)
**ungrammatical** /ˌʌngrəˈmætɪkəl/ nyelvtanilag/nyelvileg lehetetlen

U

**ungrateful** /ʌn'greɪtfəl/ ❶ hálátlan ❷ hálátlan, kellemetlen [pl. feladat]
**unguarded** /ʌn'gɑːdɪd/ ❶ őrizetlen ❷ óvatlan, könnyelmű, elővigyázatlan
**unhappily** /ʌn'hæpɪlɪ/ ❶ sajnálatos módon, sajnos ❷ szerencsétlenül, boldogtalanul
**unhappy** /ʌn'hæpɪ/ ❶ boldogtalan, szerencsétlen ❷ *be unhappy about smth* nem örül vminek ❸ sajnálatos
**unharmed** /ʌn'hɑːmd/ sértetlen, bántatlan
**unhealthy** /ʌn'helθɪ/ egészségtelen
**unheard-of** /ʌn'hɜːdɒv/ ❶ hallatlan, hihetetlen ❷ szokatlan, precedens nélküli
**unhelpful** /ʌn'helpfəl/ ❶ nem sokat érő/mondó ❷ nem készséges
**unhesitating** /ʌn'hezɪteɪtɪŋ/ nem habozó/tétovázó
**unhindered** /ʌn'hɪndəd/ akadálymentes
**unholy** /ʌn'həʊlɪ/ ❶ istentelen, pogány, elvetemült ❷ rettenetes, istentelen, borzalmas
**unhoped-for** /ʌn'həʊpt fɔː/ nem remélt/várt
**unhurt** /ʌn'hɜːt/ ép, sértetlen
**unicellular** /ˌjuːnɪ'seljʊlə/ MNÉV egysejtű
**unicorn** /'juːnɪkɔːn/ egyszarvú, unikornis
**unidentified** /ˌʌnaɪ'dentɪfaɪd/ fel nem ismert, ismeretlen
**unidentified flying object** azonosítatlan repülő tárgy
**unification** /ˌjuːnɪfɪ'keɪʃən/ egyesítés

**uniform** /'juːnɪfɔːm/ FNÉV
❶ egyenruha, uniformis, formaruha ❷ telefonill. rádió-összeköttetésnél és betűzésnél az U betű szava

**uniform** /'juːnɪfɔːm/ MNÉV
egyforma, egynemű, egységes, egyöntetű

**uniformity** /ˌjuːnɪ'fɔːmətɪ/ egyformaság, egyneműség, egységesség, egyöntetűség
**unify** /'juːnɪfaɪ/ egyesít
**unilateral** /ˌjuːnɪ'lætərəl/ egyoldalú
**unimaginable** /ˌʌnɪ'mædʒɪnəbəl/ elképzelhetetlen, elgondolhatatlan
**unimaginative** /ˌʌnɪ'mædʒɪnətɪv/ fantáziátlan, képzeletszegény
**unimportant** /ˌʌnɪm'pɔːtənt/ jelentéktelen, nem fontos
**uninhabitable** /ˌʌnɪn'hæbɪtəbəl/ lakhatatlan
**uninhabited** /ˌʌnɪn'hæbɪtɪd/ lakatlan
**uninhibited** /ˌʌnɪn'hɪbɪtɪd/ gátlásoktól mentes, gátlás nélküli, felszabadult
**uninspired** /ˌʌnɪn'spaɪəd/ lélektelen, ihlettelen, fantáziátlan
**unintelligent** /ˌʌnɪn'telɪdʒənt/ unintelligens
**unintelligible** /ˌʌnɪn'telɪdʒəbəl/ érthetetlen
**unintentional** /ˌʌnɪn'tenʃənəl/ akaratlan
**uninteresting** /ʌn'ɪntrəstɪŋ/ érdektelen, nem érdekes, unalmas
**uninterrupted** /ˌʌnɪntə'rʌptɪd/ félbeszakítatlan, szünetmentes, folyamatos, zavartalan
**uninvited** /ˌʌnɪn'vaɪtɪd/ hívatlan, kéretlen
**uninviting** /ˌʌnɪn'vaɪtɪŋ/ nem vonzó/bizalomgerjesztő/étvágygerjesztő
**union** /'juːnɪən/ ❶ szövetség, unió ❷ egyesülés, egyesület ❸ egyesítés, egyesülés ❹ szakszervezet
**Union Flag** a brit zászló/lobogó
**unionist** /'juːnɪənɪst/ ❶ egyesülés/unió híve ❷ (erős) szakszervezeti mozgalom híve
**Union Jack** *the Union Jack* a brit zászló
**unique** /juː'niːk/ egyedülálló, egyedi, páratlan
**unisex** /'juːnɪseks/ ❶ uniszex ❷ mindkét nem által használt
**unit** /'juːnɪt/ ❶ egység ❷ részleg, osztály ❸ (mérték)egység *per unit* fajlagos(an) ❹ pénzegység ❺ dózis ❻ bútorelem ❼ lecke, egység [tankönyben] ❽ egyes *tens and units* tízesek és egyesek
**Unitarian** /ˌjuːnɪ'teərɪən/ unitárius
**unite** /juː'naɪt/ ❶ egyesít, egybeolvaszt ❷ házasságban egyesít ❸ egyesül, összeolvad, egybeolvad ❹ egységbe tömörül/forr
**united** /juː'naɪtɪd/ egyesített, egyesült egységben / egyesített erővel végzett
**United Kingdom** Egyesült Királyság
**United Nations** Egyesült Nemzetek
**United States** VAGY **United States of America** (Amerikai) Egyesült Államok
**unit noun** megszámlálható/számszerű főnév
**unit price** egységár
**unity** /'juːnətɪ/ egység
**universal** /ˌjuːnɪ'vɜːsəl/ egyetemes, általános, univerzális
**universally** /ˌjuːnɪ'vɜːsəlɪ/ egyetemes/általános/univerzális módon, mindenre kiterjedően
**universe** /'juːnɪvɜːs/ világegyetem, világmindenség
**university** /ˌjuːnɪ'vɜːsətɪ/ egyetem
**unjust** /ʌn'dʒʌst/ igazságtalan, méltánytalan
**unjustifiable** /ʌn'dʒʌstɪfaɪəbəl/ (semmivel) nem igazolható/indokolható/menthető
**unjustified** /ʌn'dʒʌstɪfaɪd/ ❶ igazolhatatlan, indokolatlan ❷ nem sorkizárással szedett/írt
**unkind** /ʌn'kaɪnd/ durva, barátságtalan, kellemetlen

**unknown** /ʌn'nəʊn/ FNÉV
❶ az ismeretlen ❷ ismeretlen [matematikai]

**unknown** MNÉV
ismeretlen

**unknown soldier** ismeretlen katona
**unlatch** /ʌn'lætʃ/ kinyit, kireteszel
**unlawful** /ʌn'lɔːfəl/ törvénytelen, törvénysértő, törvényellenes
**unleaded** /ˌʌn'ledɪd/ FNÉV/MNÉV ólommentes/ólmozatlan (benzin)
**unlearn** /ʌn'lɜːn/ **unlearned** VAGY **unlearnt** /ʌn'lɜːnt/, **unlearned** VAGY **unlearnt** /ʌn 'lɜːnt/ [tudatosan] elfelejt, kitanul vmiből
**unless** /ən'les/ ha(csak) nem *unless they agree* hacsak bele nem egyeznek, csak ha beleegyeznek
**unlicensed** /ʌn'laɪsənst/ engedély nélküli

**unlike** /ʌn'laɪk/ MNÉV

nem hasonló *they're quite unlike* nem hasonlók/hasonlítanak

**unlike** *ELÖLJ.*

❶ ellentétben vmivel *unlike Sarah, Helen's lazy* Sarah-val ellentétben Helen lusta ❷ más *he's unlike Sam* egész más, mint Sam ❸ nem tipikus, nem vall rá *it's unlike him to do such a thing* nem vall rá, hogy ilyesmit tegyen

**unlikelihood** /ʌnˈlaɪklɪhʊd/ VAGY **unlikeliness** /ʌnˈlaɪklɪnəs/ valószínűtlenség

**unlikely** /ʌnˈlaɪklɪ/ valószínűtlen

**unlimited** /ʌnˈlɪmɪtɪd/ korlátlan, határtalan

**unlimited partnership** ❶ betéti társaság ❷ közkereseti társaság

**unlisted** /ʌnˈlɪstɪd/ ❶ felsorolatlan, listában nem szereplő ❷ tőzsdén (hivatalosan) nem jegyzett ❸ titkos *unlisted number* titkos szám

**unlit** /ʌnˈlɪt/ (ki)világítatlan

**unload** /ʌnˈləʊd/ ❶ kirak, lerak ❷ lerakodik, kirakodik ❸ ürít [fegyvert/fényképezőgépet]

**unlock** /ʌnˈlɒk/ kinyit [zárat]

**unloosen** /ʌnˈluːsən/ kiold, meglazít

**unlucky** /ʌnˈlʌkɪ/ ❶ szerencsétlen, peches ❷ szerencsétlen(séget hozó) *walking under a ladder is considered unlucky* létra alatt átmenni szerencsétlenséget jelent ❸ nem szerencsés, rosszul (meg)választott

**unmanageable** /ʌnˈmænɪdʒəbəl/ kezelhetetlen, irányíthatatlan, zabolátlan

**unmanned** /ʌnˈmænd/ pilóta/személyzet nélküli

**unmarked** /ʌnˈmɑːkt/ ❶ (meg)jelöletlen ❷ észre nem vett

**unmarketable** /ʌnˈmɑːkɪtəbəl/ eladhatatlan, piacképtelen

**unmarried** /ʌnˈmærɪd/ ❶ nőtlen ❷ hajadon

**unmarried mother** leányanya

**unmatched** /ʌnˈmætʃt/ páratlan, egyedülálló

**unmistakable** /ˌʌnmɪˈsteɪkəbəl/ félreérthetetlen, összetéveszthetetlen

**unmixed** /ʌnˈmɪkst/ ❶ keveretlen, nem kevert ❷ fenntartás nélküli *unmixed blessing* egyértelmű áldás

**unmoved** /ʌnˈmuːvd/ ❶ rezzenéstelen, mozdulatlan ❷ meghathatatlan, megindíthatatlan

**unnatural** /ʌnˈnætʃərəl/ nem természetes, természetellenes

**unnaturalized** /ʌnˈnætʃərəlaɪzd/ honosítatlan

**unnavigable** /ʌnˈnævɪgəbəl/ hajózhatatlan

**unnecessary** /ʌnˈnesəsərɪ/ fölösleges, szükségtelen, nem szükséges, értelmetlen

**unnoticed** /ʌnˈnəʊtɪst/ ❶ észrevétlen *go unnoticed* nem veszik észre ❷ mellőzött

**unnumbered** /ʌnˈnʌmbəd/ ❶ (meg)számozatlan ❷ számtalan, megszámlálhatatlan, rengeteg

**UNO** = United Nations Organization

**unobtainable** /ˌʌnəbˈteɪnəbəl/ ❶ beszerezhetetlen, megszerezhetetlen ❷ nem elérhető/kapható

**unofficial** /ˌʌnəˈfɪʃəl/ ❶ nemhivatalos, félhivatalos ❷ meg nem erősített

**unorganized** /ʌnˈɔːgənaɪzd/ (meg)szervezetlen

**unpack** /ʌnˈpæk/ ❶ kicsomagol ❷ kicsomagol, kibont [tömör(ített) fájlt] ❸ kibont, taglal, részletez

**unpaid** /ʌnˈpeɪd/ ❶ kifizetetlen, ki nem fizetett ❷ díjazás/fizetség nélkül végzett, nem díjazott

**unpaid public dues** köztartozás

**unpaid tax** adótartozás

**unparalleled** /ʌnˈpærəleld/ példátlan, (össze)hasonlíthatatlan, párját ritkító

**unpaved** /ʌnˈpeɪvd/ kövezetlen

**unperceivable** /ˌʌnpəˈsiːvəbəl/ észrevehetetlen

**unplaced** /ʌnˈpleɪst/ helyezetlen, helyezést el nem ért

**unpleasant** /ʌnˈplezənt/ kellemetlen

**unplug** /ʌnˈplʌg/ kihúz [konnektorból/készülékből]

**unplugged** /ʌnˈplʌgd/ *MNÉV/HAT.SZÓ* erősítés nélkül (játszott) [popzene]

**unpopular** /ʌnˈpɒpjʊlə/ népszerűtlen

**unpopularity** /ˌʌnpɒpjʊˈlærətɪ/ népszerűtlenség

**unpractical** /ʌnˈpræktɪkəl/ nem praktikus

**unprecedented** /ʌnˈpresɪdentɪd/ példa nélkül álló, precedens/példa nélküli

**unpredictable** /ˌʌnprɪˈdɪktəbəl/ ❶ előre meg nem mondható/jósolható ❷ kiszámíthatatlan, szeszélyes

**unprejudiced** /ʌnˈpredʒʊdɪst/ előítéletmentes

**unpremeditated** /ˌʌnpriːˈmedɪteɪtɪd/ nem előre megfontolt

**unprepared** /ˌʌnprɪˈpeəd/ ❶ (fel)készületlen ❷ rögtönzött

**unprincipled** /ʌnˈprɪnsɪpəld/ elvtelen

**unprintable** /ʌnˈprɪntəbəl/ nyomdafestéket nem tűrő

**unproductive** /ˌʌnprəˈdʌktɪv/ terméketlen, nem produktív

**unprofessional** /ˌʌnprəˈfeʃənəl/ ❶ nem szakszerű, szakmailag elfogadhatatlan ❷ nem hivatásos/professzionális

**unprofitable** /ʌnˈprɒfɪtəbəl/ hasznot/profitot nem hozó, nem jövedelmező

**unpromising** /ʌnˈprɒmɪsɪŋ/ nem sokat ígérő, keveset ígérő, nem biztató

**unpunished** /ʌnˈpʌnɪʃt/ büntetlen

**unqualified** /ʌnˈkwɒlɪfaɪd/ ❶ képesítetlen, vmire nem felkészített ❷ fenntartás nélküli, teljes

**unquestionable** /ʌnˈkwestʃənəbəl/ kétségbevonhatatlan, kétségtelen

**unquestionably** /ʌnˈkwestʃənəblɪ/ kétségbevonhatatlanul, kétségtelenül

**unquestioning** /ʌnˈkwestʃənɪŋ/ feltétlen, vak

**unquote** /ʌnˈkwəʊt/ „idézet vége", „idézőjel bezárva"

**unquoted** /ʌnˈkwəʊtɪd/ [tőzsdén] nem jegyzett

**unravel** /ʌnˈrævəl/ ❶ kibont, felfejt ❷ kibomlik, felfeslik ❸ megfejt, megold

**unread** /ʌnˈred/ ❶ (el)olvasatlan ❷ műveletlen [ember]

**unreadable** /ʌnˈriːdəbəl/ ❶ olvashatatlan, kivehetetlen ❷ unalmas, nem olvasmányos
**unreal** /ʌnˈrɪəl/ nem valódi/reális/igazi
**unrealistic** /ʌnˌrɪəˈlɪstɪk/ nem reális, irreális
**unreasonable** /ʌnˈriːzənəbəl/ ❶ ésszerűtlen ❷ túlzott, túl magas/nagy
**unrecognizable** /ʌnˈrekəgnaɪzəbəl/ felismerhetetlen
**unrecognized** /ʌnˈrekəgnaɪzd/ el nem ismert
**unrecorded** /ˌʌnrɪˈkɔːdɪd/ feljegyzetlen
**unrelated** /ˌʌnrɪˈleɪtɪd/ nem egybetartozó
**unreliable** /ˌʌnrɪˈlaɪəbəl/ megbízhatatlan
**unrequited** /ˌʌnrɪˈkwaɪtɪd/ viszonzatlan
**unreserved** /ˌʌnrɪˈzɜːvd/ ❶ feltétel/fenntartás nélküli ❷ (le) nem foglalt
**unresponsive** /ˌʌnrɪˈspɒnsɪv/ nem reagáló/fogékony
**unrest** /ʌnˈrest/ zavargás, nyugtalanság, elégedetlenség
**unrestricted** /ˌʌnrɪˈstrɪktɪd/ korlátozatlan
**unrewarded** /ˌʌnrɪˈwɔːdɪd/ jutalomban/elismerésben nem részesülő
**unrivalled** /ʌnˈraɪvəld/ páratlan, párját ritkító
**unroll** /ʌnˈrəʊl/ ❶ kigöngyöl, kiteker, leteker ❷ kitekeredik, letekeredik
**unruly** /ʌnˈruːlɪ/ engedetlen, féktelen, rakoncátlan
**unsafe** /ʌnˈseɪf/ nem biztonságos, veszélyes
**unsaid** /ʌnˈsed/ kimondatlan, ki nem mondott *leave smth unsaid* kimondatlanul hagy
**unsatisfactory** /ˌʌnsætɪsˈfæktərɪ/ nem kielégítő/megfelelő, elégtelen
**unsatisfied** /ʌnˈsætɪsfaɪd/ ❶ kielégítetlen, elégedetlen ❷ kielégületlen
**unsatisfying** /ʌnˈsatɪsfaɪɪŋ/ nem kielégítő
**unsaturated** /ʌnˈsætʃəreɪtɪd/ telítetlen
**unsavoury** /ʌnˈseɪvərɪ/ ❶ kellemetlen ❷ íztelen ❸ elfogadhatatlan, kifogásolható
**unscheduled** /ʌnˈʃedjuːld/ be nem tervezett, tervbe nem vett
**unscientific** /ˌʌnsaɪənˈtɪfɪk/ tudománytalan
**unscrew** /ʌnˈskruː/ lecsavar(oz)/kicsavar(oz) [csavart/kupakot]
**unscrupulous** /ʌnˈskruːpjʊləs/ lelkiismeretlen, gátlástalan
**unseen** /ʌnˈsiːn/ ❶ láthatatlan, látatlan *sight unseen* látatlanban ❷ kapásból való [fordítás/olvasás]
**unselfconscious** /ˌʌnselfˈkɒnʃəs/ fesztelen, magát nem feszélyező
**unselfish** /ʌnˈselfɪʃ/ önzetlen
**unserviceable** /ʌnˈsɜːvɪsəbəl/ javíthatatlan, többé nem javítható
**unsettled** /ʌnˈsetəld/ ❶ rendezetlen, elintézetlen [vita/tartozás] ❷ bizonytalan, határozatlan [időjárás / politikai helyzet] ❸ felkavarodott [gyomor]
**unshapely** /ʌnˈʃeɪplɪ/ alaktalan, idomtalan
**unshaven** /ʌnˈʃeɪvən/ borotválatlan
**unshrinkable** /ʌnˈʃrɪŋkəbəl/ nem zsugorodó/összemenő
**unsightly** /ʌnˈsaɪtlɪ/ csúnya, csúf, rút
**unskilled** /ʌnˈskɪld/ ❶ (szak)képzetlen *unskilled labour* szakképzetlen munkaerő ❷ szakképzettséget nem igénylő
**unsociable** /ʌnˈsəʊʃəbəl/ emberkerülő, nem barátkozó
**unsolicited** /ˌʌnsəˈlɪsɪtɪd/ kéretlen, hívatlan
**unsophisticated** /ˌʌnsəˈfɪstɪkeɪtɪd/ ❶ egyszerű, nem (túl) bonyolult ❷ naiv, természetes, mesterkéletlen
**unsound** /ʌnˈsaʊnd/ ❶ nem egészséges ❷ hibás, helytelen, téves, járhatatlan ❸ bizonytalan/ingatag alapokon nyugvó [érvelés]
**unspecified** /ʌnˈspesɪfaɪd/ (közelebbről) meg nem határozott
**unspoiled** /ʌnˈspɔɪld/ VAGY **unspoilt** /ʌnˈspɔɪlt/ ❶ el nem kényeztetett, el nem rontott, elrontatlan ❷ el nem csúfított [táj]
**unspoken** /ʌnˈspəʊkən/ ki nem mondott, hallgatólagos
**unstable** /ʌnˈsteɪbəl/ ❶ bizonytalan, ingadozó, labilis, ingatag ❷ könnyen lebomló [anyag]
**unsteady** /ʌnˈstedɪ/ ❶ bizonytalan, ingatag, ingadozó ❷ változékony
**unstressed** /ʌnˈstrest/ hangsúlytalan, hangsúlyozatlan
**unstuck** /ʌnˈstʌk/ *come unstuck* lejön vmiről [odaerősített dolog]
**unsubscribe** /ˌʌnsəbˈskraɪb/ leiratkozik (ahonnan: *from*)
**unsubstantial** /ˌʌnsəbˈstænʃəl/ lényegtelen, nem lényegi
**unsuccessful** /ˌʌnsəkˈsesfəl/ sikertelen, hiábavaló, hasztalan
**unsuitable** /ʌnˈsuːtəbəl/ alkalmatlan, célszerűtlen, nem megfelelő
**unsupported** /ˌʌnsəˈpɔːtɪd/ alá nem támasztott, meg nem erősített
**unsurpassable** /ˌʌnsəˈpɑːsəbəl/ felülmúlhatatlan
**unsuspecting** /ˌʌnsəsˈpektɪŋ/ gyanútlan
**unsuspicious** /ˌʌnsəsˈpɪʃəs/ ❶ gyanútlan ❷ gyanún felül álló
**unsymmetrical** /ˌʌnsɪˈmetrɪkəl/ aszimmetrikus
**unsympathetic** /ˌʌnsɪmpəˈθetɪk/ részvétlen, közönyös ⓘ *NEM* ~~unszimpatikus~~
**unsystematic** /ˌʌnsɪstəˈmætɪk/ nem rendszeres/szisztematikus
**untangle** /ʌnˈtæŋgəl/ ❶ kibogoz, szétbogoz, szétbont ❷ felfejt, megért, kiigazodik vmin
**untidy** /ʌnˈtaɪdɪ/ rendetlen, ápolatlan
**untie** /ʌnˈtaɪ/ kibont, kibogoz, megold, kiold *come untied* kibomlik, kioldódik

**until** /ənˈtɪl/ *ELÖLJ.*
-ig *until Friday* péntekig *until when?* meddig? *up until last week* múlt hétig

**until** *KÖTŐSZÓ*
(a)míg, ameddig *until I go* míg el nem megyek

**untimely** /ʌnˈtaɪmlɪ/ ❶ korai, idő előtti ❷ rosszul időzített, rosszkor mondott/tett

**untiring** /ʌnˈtaɪərɪŋ/ lankadatlan
**untitled** /ʌnˈtaɪtəld/ ❶ cím/név nélküli ❷ (nemesi) címmel nem rendelkező
**unto** /ˈʌntu/ a **to** régies formája
**untouchable** /ʌnˈtʌtʃəbəl/ érinthetetlen, pária
**untrained** /ʌnˈtreɪnd/ ❶ képzetlen, gyakorlatlan ❷ idomítatlan
**untransferable** /ˌʌntrænsˈfɜːrəbəl/ átruházhatatlan, át nem ruházható
**untranslatable** /ˌʌntrænsˈleɪtəbəl/ lefordíthatatlan
**untried** /ʌnˈtraɪd/ ❶ kipróbálatlan ❷ [bíróság által] még nem tárgyalt
**untrue** /ʌnˈtruː/ ❶ hamis, hazug ❷ hűtlen (akihez: *to*)
**untruth** /ʌnˈtruːθ/ valótlanság
**untruthful** /ʌnˈtruːθfəl/ valótlant állító
**unusable** /ʌnˈjuːzəbəl/ használhatatlan
**unused** ❶ /ʌnˈjuːzd/ használatlan ❷ /ʌnˈjuːst/ *be unused to smth* nincs hozzászokva vmihez
**unusual** /ʌnˈjuːʒʊəl/ szokatlan, rendkívüli, különös
**unusually** /ʌnˈjuːʒʊəlɪ/ ❶ szokatlanul, szokatlan módon ❷ nagyon, szokatlanul, rendkívül
**unvarnished** /ʌnˈvɑːnɪʃt/ ❶ fényezetlen, matt ❷ szépítetlen, kozmetikázatlan
**unveil** /ʌnˈveɪl/ leleplez [pl. emlékművet]
**unversed** /ʌnˈvɜːst/ járatlan (amiben: *in*)
**unvoiced** /ʌnˈvɔɪst/ ❶ zöngétlen ❷ ki nem fejezett/mondott
**unwanted** /ʌnˈwɒntɪd/ felesleges, nem kívánt/kívánatos
**unwary** /ʌnˈweərɪ/ (elő)vigyázatlan, könnyelmű
**unwavering** /ʌnˈweɪvərɪŋ/ rendületlen, tántoríthatatlan, megingathatatlan
**unwed mother** leányanya
**unwelcome** /ʌnˈwelkəm/ nem szívesen látott, alkalmatlan, kellemetlen
**unwell** /ʌnˈwel/ *be unwell* gyengélkedik, betegeskedik
**unwieldy** /ʌnˈwiːldɪ/ esetlen, ormótlan
**unwilling** /ʌnˈwɪlɪŋ/ ❶ *be unwilling to do smth* vonakodik vmit megtenni ❷ nem hajlandó [vmit megtenni]
**unwillingly** /ʌnˈwɪlɪŋlɪ/ vonakodva, kényszeredetten
**unwind** /ʌnˈwaɪnd/, **unwound** /ʌnˈwaʊnd/, **unwound** /ʌnˈwaʊnd/ ❶ lecsavar, letekercsel, legombolyít ❷ lecsavarodik, letekeredik, letekercselődik ❸ lazít, pihen, relaxál, kikapcsolódik
**unwise** /ʌnˈwaɪz/ nem okos/bölcs, oktalan
**unworkable** /ʌnˈwɜːkəbəl/ megvalósíthatatlan, kivihetetlen, járhatatlan
**unworthy** /ʌnˈwɜːðɪ/ méltatlan (amire: *of*)
**unwound** ☞unwind
**unwrap** /ʌnˈræp/ kibont, kicsomagol
**unwritten** /ʌnˈrɪtən/ íratlan
**unwrought** /ʌnˈrɔːt/ megmunkálatlan, nyers
**unzip** /ʌnˈzɪp/ cipzárat kinyit/lehúz
**up** /ʌp/ ❶ fel, felfelé *climb up* föl(jebb) mászik *stand up* feláll *right side up* jobb oldalával felfelé ❷ fent, fenn, feljebb *up in Scotland* fent Skóciában *inflation is up two percent* az infláció két százalékkal nőtt ❸ hangosabbra *turn the volume up* felhangosítja a rádiót ❹ [tökéletesen/végig] *use smth up* elhasznál vmit *time is up* az idő lejárt / záróra *tear smth up* összetép/széttép vmit ❺ fent, ébren, talpon *be up* fent/fenn/ébren van *be up and about* felkelt, járkál, jól van ❻ működik *the server is up* a szerver működik ❼ *be/come up against smth* vmivel szemközt találja magát ❽ készül(őben van), folyik *what's up?* mi készül/van itt? / mi (baj) van? ❾ terveznek vele vmit *be up for sale* eladó *be up for discussion* terítéken van ❿ bíróság előtt *be up before the judge* a bíróság előtt áll
**up to** ❶ oda *he came up (to me)* odajött (hozzám) ❷ -ig [térben] *up to ≥one's≤ knees* térdig ❸ [időben] *up to now* (mind)eddig, mostanáig ❹ [mennyiségben] *up to ten* tízig ❺ *be up to smth* felér vmihez, megfelel vminek *my French isn't up to this* a franciatudásom nem elég ehhez ❻ *feel up to (doing) smth* kedve van vmihez ❼ *be up to smb* vkire van bízva, vkitől függ vmi ❽ *be up to smth* sántikál vmiben ❾ *be well up in/on smth* jól tájékozott vmiben
**up with** *up with anarchy!* éljen az anarchia!

**up** *ELÖLJ.*
❶ fenn vmin, rajta *up the tree* a fán *up the road* az úton ❷ fel vmire, rá *climb up the tree* felmászik a fára ❸ folyással szemben, felfelé

**up** *IGE*
❶ emel, fokoz *up the ante* emeli a tétet ❷ *up and...* fogja magát és... / egyszercsak
**up-and-coming** nagy jövőjű, feltörekvő
**up and down** ❶ fel–le, le–fel, föl–alá ❷ előre–hátra, ide–oda *walk up and down* ide–oda sétál/lépdel, fel s alá járkál

**upbeat** /ˈʌpbiːt/ *FNÉV*
felütés, beintés

**upbeat** /ˈʌpbiːt/ *MNÉV*
vidám, jókedvű, optimista
**upbringing** /ˈʌpbrɪŋɪŋ/ ❶ nevelés ❷ neveltetés
**upcoming** /ˈʌpkʌmɪŋ/ közelgő, hamarosan elkövetkező
**up-country** /ʌpˈkʌntrɪ/ ❶ az ország belsejében levő ❷ várostól távol eső

**update** /ˈʌpdeɪt/ *FNÉV*
❶ friss értesülés/információ, információfrissítés ❷ (fel)frissítés [pl. adatbázisé]

**update** /ʌpˈdeɪt/ *IGE*
❶ (fel)frissít, korszerűsít [pl. adatbázist] ❷ korszerűsít, modernizál

**upgrade** /ˈʌpgreɪd/ *FNÉV*
❶ újabb/jobb alkatrészre/elemre/programra cserélés ❷ előléptetés, előresorolás ❸ javítás, minőségi bővítés/javulás

**upgrade** /ʌpˈgreɪd/ *IGE*

U

❶ újabb/jobb alkatrészre/elemre/programra cserél, frissít, upgrade-ol ❷ előléptet, előresorol ❸ minőségileg feljebb/előbbre sorol ❹ (minőségben) feljavít ❺ felértékel [valutát]

**upheaval** /ʌpˈhiːvəl/ felfordulás, zűrzavar

**upheld** ☞ uphold

**uphill** /ʌpˈhɪl/ *MNÉV*

❶ emelkedő, felfelé haladó ❷ kemény, kimerítő *uphill task* kemény feladat

**uphill** *HAT.SZÓ*

dombra/hegynek fel, felfelé, hegymenetben

**uphold** /ʌpˈhəʊld/ **upheld** /ʌpˈheld/, **upheld** /ʌpˈheld/ ❶ megvéd, védelmez, fenntart ❷ jóváhagy, megerősít

**upholstery** /ʌpˈhəʊlstərɪ/ kárpit(ozás)

**upkeep** /ˈʌpkiːp/ ❶ üzemben tartás, fenntartás ❷ fenntartási/üzemeltetési költség

**upload** /ʌpˈləʊd/ feltölt, adatot saját gépből távoliba küld, uploadol

**up-market** /ˈʌpmɑːkət/ drágább, minőségi(bb), jobb, elegánsabb

**upmost** /ˈʌpməʊst/ *MNÉV*

❶ legfelső, legmagasabb ❷ legelső, legfontosabb

**upmost** *HAT.SZÓ*

❶ legfelül ❷ legelöl ❸ legelsőnek, legfontosabbként

**upon** /əˈpɒn/ az *on* elöljáró régies/irodalmi változata

**upper** /ˈʌpə/ *FNÉV*

❶ cipőfelsőrész ❷ serkentő, élénkítő szer

**upper** *MNÉV*

felső, felsőbb

**upper class** VAGY **upper classes** felsőbb osztályok, a felső tízezer

**upper clothes** felsőruházat

**upper hand** *get/gain the upper hand of smb* fölébe kerekedik vkinek

**Upper House** Felsőház

**upper middle class** *FNÉV/MNÉV* felső középosztály(beli)

**uppish** /ˈʌpɪʃ/ VAGY **uppity** /ˈʌpətɪ/ felvágós, öntelt, beképzelt, fölényes

**upright** /ˈʌpraɪt/

❶ egyenes(en álló/ülő) *sit upright* egyenesen ül ❷ függőleges, álló ❷ egyenes, becsületes

**upright** *HAT.SZÓ*

egyenesen

**uprising** /ˈʌpraɪzɪŋ/ felkelés

**upriver** /ʌpˈrɪvə/ *MNÉV/HAT.SZÓ* folyón felfelé

**upsadaisy** /ˌʌpsəˈdeɪzɪ/ zsupsz! / hoppá!

**ups and downs** az élet viszontagságai, egyszer fenn, másszor lenn

**upscale** /ʌpˈskeɪl/ drágább, minőségi(bb), jobb, elegánsabb

**upset** /ʌpˈset/ *MNÉV*

❶ felbillent, felfordított, felborított, feldöntött ❷ izgatott, felindult, indulatos ❸ összezavarodott, megzavarodott

**upset** /ʌpˈset/, **upset** /ʌpˈset/, **upset** /ʌpˈset/ *IGE*

❶ felbillent, felfordít, felborít ❷ meghiúsít ❸ felborít [egyensúlyt] ❹ felizgat, kiborít ❺ megárt, elront *upset ≈one's≈ stomach* elrontja a gyomrát

**upshot** /ˈʌpʃɒt/ következmény, eredmény

**upside** /ˈʌpsaɪd/ *FNÉV*

❶ vmi felső része ❷ vmi jó/pozitív oldala

**upside** *MNÉV*

reményteli, sikerrel kecsegtető

**upside down** ❶ felfordítva, fejjel lefelé ❷ összevissza ❸ *turn smth upside down to find smth* tűvé tesz vmit, hogy megtaláljon vmit

**upstairs** /ʌpˈsteəz/

emeleti, felső szinti, fenti

**upstairs** *HAT.SZÓ*

❶ fel (az emeletre) ❷ fent (az emeleten)

**uptake** /ˈʌpteɪk/ ❶ felfogás *be slow on the uptake* lassú felfogású ❷ felvétel [anyagé szervezetbe]

**uptight** /ˈʌptaɪt/ ❶ prűd ❷ sértődékeny

**up-to-date** /ˌʌptəˈdeɪt/ ❶ modern, korszerű ❷ friss, legújabb ❸ *bring smb up-to-date on smth* vmi legújabb fejleményeiről tájékoztat

**up-to-the-minute** ❶ legmodernebb, legkorszerűbb ❷ naprakész, legfrissebb, legkorszerűbb

**uptown** /ʌpˈtaʊn/ *MNÉV*

város felső részén / a lakónegyedekben lévő

**uptown** *HAT.SZÓ*

város felső részén/részébe(n), a lakónegyedekbe(n)

**upturned** /ʌpˈtɜːnd/ ❶ fel(felé) fordított ❷ turcsi/pisze/fitos

**upward** /ˈʌpwəd/ *MNÉV*

emelkedő, felfelé tartó/irányuló

**upward** *HAT.SZÓ*

fel(felé)

**upwards** /ˈʌpwədz/ fel(felé)

**upwards of** VAGY **upward of** több mint

**uranium** /jʊˈreɪnɪəm/ urán(ium)

**urban** /ˈɜːbən/ városi

**urbanization** /ˌɜːbənaɪˈzeɪʃən/ urbanizáció

**urbanize** /ˈɜːbənaɪz/ urbanizál

**urban renewal** ❶ városrehabilitáció ❷ tömbrehabilitáció

**urge** /ɜːdʒ/ *FNÉV*

vágy, késztetés, belső kényszer

**urge** *IGE*

❶ unszol, siettet, sürget ❷ serkent, buzdít, ösztönöz, ösztökél ❸ szorgalmaz

**urgency** /ˈɜːdʒənsɪ/ sürgősség

**urgent** /ˈɜːdʒənt/ ❶ sürgős, fontos ❷ vmit nyomatékosan követelő/sürgető

**urinal** /jʊˈraɪnəl/ VAGY /ˈjʊərɪnəl/ ❶ piszoár ❷ vizelde

**urinate** /ˈjʊərɪneɪt/ vizel

**urine** /ˈjʊərɪn/ húgy, vizelet

**urn** /ɜːn/ urna, hamvveder ① *NEM* ~~(szavazó)urna~~

**urological** /ˌjʊərəˈlɒdʒɪkəl/ urológiai

**urologist** /jʊˈrɒlədʒɪst/ urológus

**urology** /jʊˈrɒlədʒɪ/ urológia
**US** = United States; Uncle Sam
**us** /əs/, (erős alak: /ʌs/) ❶ bennünket ❷ nekünk ❸ [elöljáróval] velünk, nekünk stb. *about us* rólunk ❹ mi *it was us* mi voltunk
**USA** = United States of America
**usable** /ˈjuːzəbəl/ (fel)használható
**usage** /ˈjuːsɪdʒ/ ❶ nyelvhasználat ❷ használat, bánásmód *rough usage* komoly igénybevétel
**use** /juːs/ *FNÉV*
❶ használat, (fel)használás, alkalmazás *put smth to (good) use* jó hasznát veszi vminek *be in use* használatos ❷ használati jog ❸ használati képesség *lose the use of both legs* mindkét lábát elveszíti ❹ haszon, cél, hasznosság *be of use to smb* hasznos vkinek ❺ *it's no use their doing smth* értelmetlen/felesleges vmit csinálniuk
**use** /juːz/ *IGE*
❶ használ, igénybe vesz, alkalmaz *use the lift* a liftet használja *use force* erőszakot alkalmaz ❷ felhasznál, elhasznál, kimerít, felél ❸ *could use* jólesne *I could use a drink* jólesne / elkelne egy ital ❹ fogyaszt *the car uses lots of petrol* sok benzint fogyaszt ez a kocsi ❺ kihasznál vkit
**use by date** szavatossági idő
**used to** /ˈjuːstə/ VAGY /ˈjuːstʊ/, tagadva **didn't use(d) to** VAGY **use(d)n't to** /ˈjuːsəntə/ ❶ *we used to walk here a lot* valaha sokat sétáltunk errefelé *there used to be a cottage here* itt valaha egy ház állt ❷ hozzászokott *be used to smth* hozzászokott vmihez, szokva van vmihez
**useful** /ˈjuːsfəl/ hasznos
**usefulness** /ˈjuːsfəlnəs/ hasznosság, hasznavehetőség
**useless** /ˈjuːsləs/ hasznavehetetlen, felesleges, hiábavaló, hasztalan
**user** /ˈjuːzə/ használó, felhasználó
**user-friendly** felhasználóbarát
**user-hostile** nem felhasználóbarát, nehezen használható
**username** felhasználói név
**usher** /ˈʌʃə/ *FNÉV*
❶ jegyszedő(nő) ❷ [bírósági] teremszolga
**usher** *IGE*
bevezet, helyére vezet, helyére kísér
**usherette** /ˌʌʃəˈret/ jegyszedőnő
**usual** /ˈjuːʒʊəl/ szokásos, (meg)szokott, rendes *as usual* mint rendesen/szokásosan
**usually** /ˈjuːʒʊəlɪ/ rendszerint, többnyire, általában, rendesen
**usurer** /ˈjuːʒərə/ uzsorás
**usury** /ˈjuːʒərɪ/ uzsorakamat
**utensil** /juːˈtensəl/ ❶ szerszám, eszköz *kitchen utensil* konyhaeszköz ❷ edény *household utensil* konyhaedény
**uterus** /ˈjuːtərəs/ [női] méh
**utilitarian** /juːˌtɪlɪˈteərɪən/ ❶ haszonelvű, utilitarista ❷ hasznosságáért tartott/készült
**utility** /juːˈtɪlətɪ/ ❶ hasznosság, haszon ❷ *(public) utility* közszolgáltatás, közszolgáltató, közmű ❸ utility (program)
**utility room** lomtár, raktárhelyiség, kamra
**utilization** /ˌjuːtɪlaɪˈzeɪʃən/ ❶ hasznosítás, felhasználás, kihasználás ❷ kihasználtság *utilization of beds* ágykihasználás
**utilize** /ˈjuːtɪlaɪz/ hasznosít, felhasznál, kihasznál, kiaknáz
**utmost** /ˈʌtməʊst/ *FNÉV*
a lehető legtöbb, a legvégső *at the utmost* legfeljebb
**utmost** *MNÉV*
(a lehető) legnagyobb, legtöbb
**utopia** /juːˈtəʊpɪə/ utópia
**utopian** /juːˈtəʊpɪən/ utópisztikus, utópista
**utter** /ˈʌtə/ *MNÉV*
(leg)teljes(ebb), tökéletes
**utter** *IGE*
kimond, kiejt, szól
**utterance** /ˈʌtərəns/ vmi kifejezése/kimondása *give utterance to smth* hangot/kifejezést ad vminek
**utterly** /ˈʌtəlɪ/ tökéletesen, teljesen

U

# V, v /viː/

**v** = verb; verse; version; versus; violin; vision; voice; volt(s); volume

**V** = velocity; verb; verse; version; versus; victory; volt(s); vowel; violin; volume

**vacancy** /ˈveɪkənsɪ/ ❶ üresedés, betöltetlen állás ❷ kiadó szoba ❸ üresség, űr

**vacant** /ˈveɪkənt/ ❶ üres, szabad ❷ kiadó, szabad, kiadatlan ❸ betöltetlen [állás] ❹ kifejezéstelen, üres [tekintet]

**vacate** /vəˈkeɪt/ VAGY /veɪˈkeɪt/ kiürít, szabaddá tesz *vacate the rooms by 12 am* 12-ig elhagyja a szobát

**vacation** /vəˈkeɪʃən/ VAGY /veɪˈkeɪʃən/ szünidő, vakáció, szünet

**vaccinate** /ˈvæksɪneɪt/ beolt

**vaccination** /ˌvæksɪˈneɪʃən/ oltás

**vaccine** /ˈvæksiːn/ vakcina, oltóanyag

**vacillate** /ˈvæsɪleɪt/ habozik, ingadozik, vacillál, tétovázik

**vacillation** /ˌvæsɪˈleɪʃən/ habozás, ingadozás, vacillálás, tétovázás

**vacuum** /ˈvækjuəm/ VAGY /ˈvækjum/ ❶ légüres tér, vákuum ❷ porszívó

**vacuum bottle** VAGY **vacuum flask** hőpalack, termosz

**vacuum clean** (ki)porszívóz

**vacuum cleaner** porszívó

**vacuum-packed** vákuum-csomagolású

**vagabond** /ˈvægəbɒnd/ csavargó, vándor, kóborló

**vagina** /vəˈdʒaɪnə/ vagina, hüvely

**vague** /veɪg/ bizonytalan, homályos, határozatlan

**vaguely** /ˈveɪglɪ/ határozatlanul, bizonytalanul, homályosan

**vain** /veɪn/ *FNÉV*

*in vain* hiába

**vain** *MNÉV*

❶ hiú, öntelt ❷ hiábavaló, fölösleges ❸ üres *vain threat* üres fenyegetés

**valentine** /ˈvæləntaɪn/ ❶ Bálint-napi (képeslap)üzenet ❷ Bálint-napkor választott kedves

**valet** /ˈvælɪt/ VAGY /ˈvæleɪ/ ❶ inas, komornyik ❷ szállodai ruhatisztító

**valet parking** személyzeti parkolás

**valid** /ˈvælɪd/ érvényes

**validity** /vəˈlɪdətɪ/ érvényesség

**valise** /vəˈliːz/ *GB*, /vəˈliːs/ *US* kézitáska, útitáska

**valley** /ˈvælɪ/ völgy

**valuable** /ˈvæljubəl/ értékes, becses

**valuables** /ˈvæljubəlz/ értéktárgyak, értékek

**valuation** /ˌvæljuˈeɪʃən/ ❶ (fel)becslés, értékelés, értékbecslés ❷ becsérték

**valuator** /ˈvæljueɪtə/ becsüs

**value** /ˈvæljuː/ *FNÉV*

❶ érték *market value* piaci érték *offer the best value* a legtöbbet nyújtja (az ember pénzéért) ❷ *values* (szellemi/erkölcsi) értékek/értékrend, eszmeiség

**value** *IGE*

❶ értékel, (meg)becsül ❷ tisztel, (meg)becsül, értékel

**value added tax** többletérték-adó, forgalmi adó, áfa *subject to VAT* áfa-köteles

**value judgement** értékítélet

**valueless** /ˈvæljuːləs/ értéktelen

**valuer** /ˈvæljuə/ értékbecslő, becsüs

**valve** /vælv/ szelep

**vampire** /ˈvæmpaɪə/ vámpír

**van** /væn/ furgon, kisáruszállító

**vandal** /ˈvændəl/ vandál

**vandalism** /ˈvændəlɪzəm/ vandalizmus

**vandalize** /ˈvændəlaɪz/ vandál módon tönkretesz/elpusztít

**vane** /veɪn/ *(weather/wind) vane* szélkakas

**vanguard** /ˈvængɑːd/ ❶ élcsapat, előörs ❷ élvonal

**vanilla** /vəˈnɪlə/ *FNÉV*

vanília *vanilla ice cream* vaníliafagylalt

**vanilla** *MNÉV*

❶ vaníliás ❷ sima, közönséges

**vanish** /ˈvænɪʃ/ eltűnik, elvész, semmibe vész

**vanishing cream** (alapozó) arckrém

**vanity** /ˈvænətɪ/ ❶ hiúság ❷ hiábavalóság

**vanity bag** VAGY **vanity case** piperetáska

**vantage** /ˈvɑːntɪdʒ/ előnyös helyzet, előny

**vantage point** VAGY **vantage ground** ❶ jó kilátást nyújtó hely/pont [megfigyeléshez/támadáshoz] ❷ látószög, nézőpont

**vapour** /ˈveɪpə/ pára, gőz
**vapour trail** kondenzcsík
**variable** /ˈveərɪəbəl/ FNÉV
változó
**variable** /ˈveərɪəbəl/ MNÉV
❶ változó, változatos ❷ változtatható, állítható, szabályozható ❸ változó, egyenetlen
**variably** /ˈveərɪəblɪ/ változóan, változatosan, változékonyan, egyenetlenül
**variance** /ˈveərɪəns/ ellentét, eltérés, ellentmondás *be at variance with smth* ellentmondásban van vmivel
**variant** /ˈveərɪənt/ változat, variáns, variáció
**variation** /ˌveərɪˈeɪʃən/ ❶ variáció, változat ❷ változás, változatosság
**varicella** /ˌværɪˈselə/ bárányhimlő
**varicose** /ˈværɪkəus/ visszeres *varicose vein* visszér
**varied** /ˈveərɪd/ változatos, sokféle, különféle, sokszínű
**variety** /vəˈraɪətɪ/ ❶ változatosság, választék ❷ egy sor *for a variety of reasons* egy sor oknál fogva ❸ változat, fajta ❹ varieté(műsor)
**variety artiste** revüszínész, varietészínész
**variety meat** US belsőség
**variety show** VAGY **variety theatre** revü, varieté
**various** /ˈveərɪəs/ különféle, különböző, sokféle, változatos
**variously** /ˈveərɪəslɪ/ különféleképp(en), különbözőképp(en), eltérően
**varnish** /ˈvɑːnɪʃ/ FNÉV
❶ lakk, politúr, kence ❷ lakkozás, politúrozás
**varnish** IGE
❶ lakkoz, politúroz ❷ szépítget, kozmetikáz
**vary** /ˈveərɪ/ ❶ eltér, váltakozik, változatos *prices vary according to season* az árak az évszaktól függően változnak ❷ változtat, módosít, variál ❸ vmilyenről vmilyenre változik
**varying** /ˈveərɪɪŋ/ változó, változékony *to varying degrees* különböző/eltérő mértékben
**vase** /vɑːz/ váza
**Vaseline** /ˈvæsəliːn/ vazelin
**vassal** /ˈvæsəl/ hűbéres, vazallus
**vast** /vɑːst/ óriási, roppant
**vastly** /ˈvɑːstlɪ/ mérhetetlenül, roppantul
**VAT** = value added tax
**vat** /væt/ dézsa, hordó, kád
**VAT-able** forgalmiadó-köteles, áfaköteles
**VAT rate** forgalmiadó-kulcs, áfa-kulcs
**vault** /vɔːlt/ FNÉV
❶ páncélterem ❷ pince *wine vault* borpince ❸ boltozat, bolthajtás, boltív ❹ *(pole) vault* rúdugrás
**vault** IGE
lendülettel/rúddal (át)ugrik (vmit)
**vaulted** /ˈvɔːltɪd/ boltozatos, boltíves, bolthajtásos
**vaulting horse** [tornatermi] ló, ugróló
**VC** = venture capital; Vice-Chancellor; Vice-Consul; Victoria Cross
**V-chip** /ˈviː tʃɪp/ erőszak-chip, V-chip
**VCR** = video cassette recorder
**VD** = venereal disease
**VDU** = visual display unit
**'ve** [= have] *I've been here* jártam itt
**veal** /viːl/ ↯ NEM MEGSZÁML. borjú(hús)
**vector** /ˈvektə/ vektor
**vedgie** /ˈvedʒɪ/ vegetáriánus
**veejay** /viː ˈdʒeɪ/ videólemez-lovas, zenei tévé(adó) műsorvezetője
**vee-neck** /ˈviː nek/ V alakú nyakkivágás
**veer** /vɪə/ megfordul, irányt vált(oztat)
**veg** /vedʒ/ (főtt) zöldség *meat and two veg* hús kétféle zöldséggel
**vegan** /ˈviːgən/ [szigorú] vegetariánus
**vegetable** /ˈvedʒtəbəl/ ❶ zöldség(féle) ❷ öntudatánál nem lévő beteg
**vegetable butter** növényi zsiradék
**vegetable kingdom** növényvilág, a növények világa
**vegetable marrow** tök
**vegetable oil** növényi olaj
**vegetable protein** növényi fehérje
**vegetarian** /ˌvedʒəˈteərɪən/ vegetáriánus, vegetárius
**vegetate** /ˈvedʒəteɪt/ vegetál, tengődik
**vegetation** /ˌvedʒəˈteɪʃən/ növényzet, vegetáció, növényvilág
**vegetative** /ˈvedʒətətɪv/ vegetatív
**veggie** /ˈvedʒɪ/ vegetáriánus
**vehemence** /ˈviːəməns/ hév, vehemencia
**vehement** /ˈviːəmənt/ heves, vehemens
**vehicle** /ˈviːɪkəl/ ❶ jármű ❷ hordozó/közvetítő közeg/eszköz ❸ vivőanyag [gyógyszeré]
**veil** /veɪl/ FNÉV
❶ fátyol ❷ vmi leple/fátyla
**veil** IGE
❶ lefátyoloz, fátyollal borít ❷ leplez, takar(gat)
**vein** /veɪn/ ❶ ér, véna ❷ erezet, erezés, rajzolat ⓘ NEM ~~véna~~ [= tehetség]
**velcro** /ˈvelkrəu/ tépőzár
**velvet** /ˈvelvɪt/ bársony
**velveteen** /ˌvelvəˈtiːn/ pamutbársony
**velvety** /ˈvelvətɪ/ bársonyos
**vending machine** [árusító] automata
**vendor** VAGY **vender** /ˈvendə/ ❶ mozgóárus ❷ ingatlan eladója [szerződésben]
**veneer** /vəˈnɪə/ felszín, látszat, máz
**venerable** /ˈvenərəbəl/ ❶ tiszteletreméltó, tisztelet parancsoló ❷ nagytiszteletű [anglikán főesperes címe]
**venereal disease** /vəˌnɪərɪəl dɪˈziːz/ nemibetegség
**venetian blind** /vəˌniːʃən ˈblaɪnd/ roletta, reluxa, redőny
**vengeance** /ˈvendʒəns/ ❶ bosszú *take vengeance on smb* bosszút áll vkin ❷ *with a vengeance* vadul, hevesen

**vengeful** /vendʒfəl/ bosszúvágyó, bosszúszomjas
**venison** /venɪsən/ *NEM MEGSZÁML* szarvashús, őzhús
**venom** /ˈvenəm/ méreg [kígyóé/rovaré]
**venomous** /ˈvenəməs/ ❶ mérges [kígyó/rovar] ❷ epés, dühös
**vent** /vent/ szellőzőnyílás, szellőzőlyuk KIFEJEZÉSEKBEN: *give vent to ⟨one's⟩ anger* szabad folyást enged a haragjának
**ventilate** /ˈventɪleɪt/ ❶ szellőztet ❷ megszellőztet, nyilvánosság elé tár/visz
**ventilation** /ˌventɪˈleɪʃən/ szellőzés, szellőztetés
**ventilator** /ˈventɪleɪtə/ ❶ szellőző ❷ ventilátor
**ventriloquism** /venˈtrɪləkwɪzəm/ hasbeszélés
**ventriloquist** /venˈtrɪləkwɪst/ hasbeszélő
**venture** /ˈventʃə/ *FNÉV*
vállalkozás *business venture* üzleti vállalkozás
**venture** *IGE*
merészel, merészkedik *venture out of doors* kimerészkedik a levegőre *venture to speak* merészel megszólalni
**venture capital** kockázati tőke
**venue** /ˈvenjuː/ hely, helyszín
**veranda** VAGY **verandah** /vəˈrændə/ veranda, tornác
**verb** /vɜːb/ ige
**verbal** /ˈvɜːbəl/ ❶ szóbeli ❷ szó szerinti ❸ igei
**verbally** /ˈvɜːbəlɪ/ szóban, élőszóban
**verbal prefix** igekötő
**verbatim** /vɜːˈbeɪtɪm/ *MNÉV/HAT.SZÓ* szó/betű szerint(i)
**verdict** /ˈvɜːdɪkt/ ❶ ítélet, döntés *return a verdict of guilty* bűnösnek mondja ki a vádlottat ❷ vélemény
**verge** /vɜːdʒ/ ❶ szél, szegély, perem ❷ *be on the verge of smth* vmihez közel van *be on the verge of tears* sírás környékezi
**verifiable** /ˈverɪfaɪəbəl/ ellenőrizhető, bizonyítható, verifikálható
**verification** /ˌverɪfɪˈkeɪʃən/ ellenőrzés, bizonyítás, hitelesség ellenőrzése
**verify** /ˈverɪfaɪ/ ❶ igazol, hitelesít, bizonyít ❷ ellenőriz, megvizsgál
**veritable** /ˈverɪtəbəl/ valóságos, igazi, kész *veritable feast* valóságos lakoma
**vermicelli** /ˌvɜːmɪˈtʃelɪ/ cérnametélt
**vermin** /ˈvɜːmɪn/ ❶ férgek, kártékony állatkák ❷ élősdiek ❸ söpredék, csőcselék
**vermouth** /ˈvɜːməθ/ vermut
**vernacular** /vəˈnækjulə/ ❶ nemzeti *vernacular languages* nemzeti nyelvek ❷ helyi
**vernal equinox** /ˌvɜːnəl ˈiːkwɪnɒks/ tavaszi napéjegyenlőség
**versatile** /ˈvɜːsətaɪl/ sokoldalú, rugalmas, sokirányú, többfunkciós
**versatility** /ˌvɜːsəˈtɪlətɪ/ sokoldalúság, rugalmasság, sokirányúság
**verse** /vɜːs/ ❶ költészet ❷ versszak, strófa ❸ vers [Bibliában] ⓘ *NEM* ~~vers~~
**version** /ˈvɜːʃən/ ❶ változat, verzió ❷ változat [irodalmi/zenei műé]
**versus** /ˈvɜːsəs/ ❶ ellen, kontra [versenynél/pernél] ❷ vmivel szembeállítva *weigh the benefits versus the disadvantages*
**vertical** /ˈvɜːtɪkəl/ *FNÉV/MNÉV* függőleges
**vertical piano** pianínó
**very** /ˈverɪ/ *MNÉV*
épp(en), pont(osan), ugyan *the very beginning* a legeleje *in this very place* ezen a szent helyen *at this very instant* ugyanebben a pillanatban
**very** *HAT.SZÓ*
❶ nagyon, igen(csak) *very slow/slowly* nagyon lassú/lassan *thanks very much* köszönöm szépen *not very exciting* nem túl izgalmas ❷ [igével] nagyon, igen(csak) *very much* nagyon ❸ *the very* [nyomatékosítás] *the very best a* legeslegjobb *the very same person* ugyanaz az ember
**very much** [igével] nagyon, igen(csak) *like birds very much* nagyon szereti a madarakat
**vessel** /ˈvesəl/ ❶ hajó *fishing vessel* halászhajó ❷ edény ❸ véredény, ér
**vest** /vest/ ❶ trikó, atléta(trikó) ❷ *US* mellény ❸ *bulletproof vest* golyóálló mellény
**vested interest** ❶ (anyagi) érdekeltség vmiben *have a vested interest in smth* érdekében áll vmi ❷ érdekkörök, érdekszférák *the vested interests that own tobacco companies* a dohánygyár-tulajdonosi érdekkörök
**vestige** /ˈvestɪdʒ/ ❶ vmi nyoma/maradványa ❷ csepp/kevés vmiből
**vestry** /ˈvestrɪ/ sekrestye
**vet** /vet/ *FNÉV*
❶ állatorvos ❷ veterán (katona)
**vet** *IGE*
megvizsgál, felülvizsgál, ellenőriz, átvilágít
**veteran** /ˈvetərən/ ❶ veterán (katona) ❷ *US* katonaviselt ember
**veterinary** /ˈvetərənərɪ/ *MNÉV* állatorvosi, állatorvos-
**veterinary medicine** állatorvos-tudomány
**veto** /ˈviːtəu/ *FNÉV*
vétó *put a veto on smth* vétót emel vmi ellen
**veto** *IGE*
megvétóz vmit, vétót mond vmire
**vex** /veks/ ❶ bosszant, dühít ❷ zaklat, nyaggat, nyugtalanít
**vexation** /vekˈseɪʃən/ ❶ bosszantás ❷ zaklatás, nyaggatás, nyugtalanítás
**vexing** /ˈveksɪŋ/ aggasztó, nyugtalanító
**VHF** = very high frequency
**via** /vaɪə/ *GB*, /viːə/ *US* ❶ vmin át, vmin keresztül ❷ vki révén, vkin keresztül
**viability** /ˌvaɪəˈbɪlətɪ/ vmi járható/megvalósítható/használható volta
**viable** /ˈvaɪəbəl/ járható, megvalósítható, használható
**viaduct** /ˈvaɪədʌkt/ völgyhíd, viadukt
**vial** /ˈvaɪəl/ üvegcse, fiola

**vibes** /vaɪbz/ ❶ vibrafon ❷ hangulat, [érzelmi] kisugárzás, vibrálás
**vibrant** /ˈvaɪbrənt/ ❶ erős, erőteljes [fény/szín] ❷ rezgő, vibráló, rezonáló ❸ életteli, izgalmas, vibráló, lüktető
**vibraphone** /ˈvaɪbrəfəʊn/ [fém] vibrafon
**vibrate** /vaɪˈbreɪt/ ❶ rezeg, lüktet, vibrál ❷ rezget, (meg)reszkettet, megrezegtet
**vibration** /vaɪˈbreɪʃən/ ❶ rezgés, remegés, lüktetés ❷ hangulat, kisugárzás, vibrálás
**vibrator** /vaɪˈbreɪtə/ vibrátor
**vicar** /ˈvɪkə/ [anglikán] lelkész, plébános
**vicarage** /ˈvɪkərɪdʒ/ parókia, paplak
**vice** /vaɪs/ ❶ bűn, vétek ❷ satu
**vice-** /vaɪs/ al-
**vice-admiral** altengernagy
**vice-chairman** *TBSZ* **vice chairmen** alelnök
**vice-chancellor** ❶ alkancellár ❷ rektor(helyettes)
**vice-presidency** ❶ alelnökség, alelnöki rang/hivatal ❷ elnökhelyettesség, elnökhelyettesi rang/hivatal ❸ rektorhelyettesség
**vice-president** ❶ alelnök ❷ elnökhelyettes ❸ rektorhelyettes ❹ vállalatigazgató-(helyettes)
**vice-presidential** ❶ alelnöki ❷ elnökhelyettesi ❸ rektorhelyettesi ❹ vállalatigazgató-(helyettes)i
**vice-principal** [iskolai] igazgatóhelyettes
**viceroy** /ˈvaɪsrɔɪ/ alkirály
**vice versa** /ˌvaɪs ˈvɜːsə/ VAGY /ˌvaɪsɪ ˈvɜːsə/ és fordítva/viszont
**vicinity** /vəˈsɪnətɪ/ ❶ szomszédság, környék ❷ vmi közelsége/körzete ❸ *in the vicinity of smth* körülbelül vmennyi
**vicious** /ˈvɪʃəs/ gonosz, kegyetlen
**vicious circle** ❶ ördögi kör, circulus vitiosus ❷ körben forgó, hibás okoskodás
**victim** /ˈvɪktɪm/ ❶ áldozat *fall victim to smth* vmi áldozatává válik ❷ áldozat, feláldozott ember/állat
**Victor** /ˈvɪktə/ telefon- ill. rádió-összeköttetésnél és betűzésnél a V betű szava
**victor** /ˈvɪktə/ győztes, győző
**Victorian** /ˌvɪkˈtɔːrɪən/ ❶ viktoriánus ❷ Victoria-királynő korabeli
**victorious** /vɪkˈtɔːrɪəs/ győz(ed)elmes
**victory** /ˈvɪktərɪ/ győzelem, diadal
**video-** ❶ video-, kép- ❷ videó-
**video** /ˈvɪdɪəʊ/ *FNÉV*
❶ videó(film), videókazetta *on video* videón ❷ videó, videófelvevő, videórekorder
**video** *IGE*
❶ levideóz, videóval levesz ❷ videómagnóra vesz
**video camera** videókamera
**video card** videókártya, képkártya
**video cassette** videókazetta
**video cassette player** videó-lejátszó
**video cassette recorder** videómagnó, videórekorder
**video clip** videóklip
**video disc** videódiszk
**video game** videójáték
**video head** képfej, videófej
**videorecord** videóra, képmagnóra vesz
**videorecorder** képmagnó, videómagnó
**videorecording** képmagnófelvétel, videófelvétel
**video rental shop** videókölcsönző
**video shop** VAGY **video store** ❶ videófilmbolt, videófilm-üzlet ❷ videókölcsönző
**videotape** videószalag, képmagnó-szalag
**video telephone** videótelefon, képtelefon
**view** /vjuː/ *FNÉV*
❶ kilátás, látvány *single room with a view* egyágyas szoba szép kilátással ❷ (lát)kép *sea views* tengeri látképek ❸ láthatóság, kilátás, látókör *within view* látható *be hidden from view* nem látszik, eltakarja vmi *get an inside view of the problem* belülről ismerkedik meg a problémával ❹ nézet, vélemény, szemlélet *in my view* szerintem, véleményem szerint *point of view* szempont *have strong views about smth* erőteljes/határozott véleménye van vmiről *take a poor view of smth* helytelenít vmit *hold the view that {MONDAT}* osztja a véleményt, hogy {MONDAT}❺ látás, (meg)nézés, megtekintés *be on view* ki van állítva ❻ nézőpont, perspektíva *bird's eye view* madártávlat *worm's eye view* békaperspektíva
KIFEJEZÉSEKBEN: *in view of smth* tekintettel vmire, figyelembe véve vmit *with a view to smth* vmilyen céllal, vmit szem előtt tartva
**view** *IGE*
❶ vmilyennek/vminek tekint ❷ néz, tekint, szemlél *viewed from this standpoint* innen nézve ❸ megvizsgál, megszemlél ❹ néz [tévéadást]
**viewer** /ˈvjuːə/ ❶ tévénéző, néző ❷ dianéző
**viewfinder** VAGY **viewfinder eyepiece** kereső [kamerában]
**viewing** /ˈvjuːɪŋ/ ❶ megtekintés, megnézés ❷ elhunyt megszemlélése ravatalozóban
**viewpoint** ❶ kilátó ❷ szempont
**vigilance** /ˈvɪdʒələns/ ❶ éberség, elővigyázat ❷ álmatlanság
**vigilance committee** (önkéntes) polgárőrség
**vigilant** /ˈvɪdʒələnt/ éber, őrködő, elővigyázatos
**vigilante** /ˌvɪdʒɪˈlæntɪ/ polgárőr
**vigorous** /ˈvɪgərəs/ élénk, életerős, erőteljes
**vigour** /ˈvɪgə/ erő, életerő, energia, élénkség
**Viking** /ˈvaɪkɪŋ/ viking
**vile** /vaɪl/ ❶ aljas, utálatos, hitvány, gonosz ❷ kellemetlen, borzalmas, szörnyű
**villa** /ˈvɪlə/ ❶ villa, nyaraló ❷ családi ház, villa
**village** /ˈvɪlɪdʒ/ (kis)település, falu, község *village life* falusi/kisvárosi élet
**village crafts** népi mesterségek
**village green** falu közös zöldterülete
**villager** /ˈvɪlɪdʒə/ *FNÉV* falusi, falubeli

V

**villain** /'vɪlən/ ❶ negatív hős/szereplő ❷ gazember ❸ cselszövő, intrikus ❹ jobbágy
**villein** /'vɪleɪn/ jobbágy
**vindicate** /'vɪndɪkeɪt/ ❶ megvéd, tisztáz, felment ❷ érvényesít, fenntart *vindicate one's rights* érvényesíti a jogait
**vindication** /ˌvɪndɪ'keɪʃən/ ❶ megvédés, tisztázás, felmentés ❷ érvényesítés, fenntartás
**vine** /vaɪn/ ❶ szőlő, szőlőtő ❷ kúszónövény
**vinegar** /'vɪnɪgə/ ecet
**vine growing** szőlészet, szőlőtermelés
**vine stock** szőlőtőke
**vineyard** /'vɪnjəd/ szőlő, szőlőskert
**viniculture** /'vɪnɪkʌltʃə/ szőlőművelés, szőlészet

**vintage** /'vɪntɪdʒ/ *FNÉV*
❶ évjárat, bortermés *(wine of) 1995 vintage* 1995-ös évjárat(ú bor) ❷ régi klasszikus márkájú tárgy/dolog

**vintage** *MNÉV*
❶ egyugyanazon évben szüretelt ❷ klasszikus, régi, emlékezetes *vintage silent film* klasszikus némafilm ❸ sikeres, kiváló *a vintage year for Broadway* ritka jó év a Broadway-n ❹ a legjobb „évjáratú" vmiből *vintage Rolling Stones* igazi / a legjobb Rolling Stones
**vintage car** régi [r.szerint 1930 előtti] autó
**vintage wine** fajbor
**vinyl** /vaɪnəl/ ❶ vinil ❷ hagyományos hanglemez
**viola** /vɪ'əulə/ brácsa, mélyhegedű
**violate** /'vaɪəleɪt/ ❶ megsért, áthág, megszeg [egyezséget/szabályt] ❷ megszentségtelenít ❸ meggyaláz *violate graves* sírokat meggyaláz ❹ megerőszakol, megbecstelenít
**violation** /ˌvaɪə'leɪʃən/ megsértés, megszegés *violation of human rights* emberi jogok megsértése *violation of the constitution* alkotmánysértés
**violence** /'vaɪələns/ ❶ erőszak *robbery with violence* rablótámadás ❷ hevesség, hév, erő
**violence chip** erőszak-chip, V-chip
**violent** /'vaɪələnt/ ❶ erőszakos, brutális, durva *violent death/crime* erőszakos halál/bűncselekmény ❷ heves, erős, erőteljes
**violet** /'vaɪələt/ ❶ ibolya ❷ ibolyaszín, kékeslila
**violin** /ˌvaɪə'lɪn/ hegedű
**violin clef** violinkulcs
**violin concerto** hegedűverseny
**violinist** /ˌvaɪə'lɪnɪst/ hegedűművész
**violoncellist** /ˌvaɪələn'tʃelɪst/ csellista, gordonkaművész
**violoncello** /ˌvaɪələn'tʃeləu/ gordonka, cselló
**VIP** /ˌvi: aɪ 'pi:/ különleges bánásmódot kapó személy [= very important person]
**viper** /'vaɪpə/ vipera
**VIP lounge** VIP-váró [repülőtéren]
**Virgin** /'vɜ:dʒɪn/ ❶ Szűz [állatövi jegy] ❷ Szűz [jegyű ember]

**virgin** /'vɜ:dʒɪn/ *FNÉV*
szűz

**virgin** *MNÉV*
❶ szűz ❷ érintetlen *virgin snow* szűz hó
**virginal** /'vɜ:dʒɪnəl/ szűzi, szűz-
**virginia creeper** borostyánszőlő, vadszőlő
**virginity** /və'dʒɪnətɪ/ szűzesség
**Virgin Mary** *the Virgin Mary* Szűz Mária
**Virgo** /'vɜ:gəu/ ❶ Szűz [állatövi jegy] ❷ Szűz [jegyű ember]
**virgule** /'vɜ:gju:l/ „per" jel, ferde vonal
**virtual** /'vɜ:tʃuəl/ ❶ tulajdonképpeni, voltaképpeni, tényleges ❷ látszólagos, virtuális ❸ szoftverrel szimulált, virtuális
**virtually** /'vɜ:tʃuəlɪ/ gyakorlatilag, úgyszólván, jóformán
**virtue** /'vɜ:tʃu:/ ❶ erény, jellem(esség), erkölcsösség ❷ érték, erény ❸ *by/in virtue of smth* vmi révén/folytán, vminél fogva
**virtuoso** /ˌvɜ:tju'əuzəu/ *TBSZ* **virtuosos** VAGY **virtuosi** /ˌvɜ:tju'əuzi:/ mester, virtuóz
**virtuous** /'vɜ:tʃuəs/ ❶ erényes, erkölcsös ❷ önelégült
**virus** /'vaɪrəs/ ❶ vírus ❷ számítógépvírus
**virus carrier** vírushordozó
**visa** /'vi:zə/ vízum *apply for an entry/transit visa* beutazó/átutazó vízumot igényel
**viscount** /'vaɪkaunt/ vicomte, vikomt
**viscountess** /ˌvaɪkaun'tes/ ❶ vikomtné ❷ vikomtessz
**viscous** /'vɪskəs/ nyálkás, ragadós, nyúlós, viszkózus
**vise** /vaɪs/ *US* satu
**visibility** /ˌvɪzə'bɪlətɪ/ ❶ láthatóság, látási viszonyok *poor visibility* rossz látási viszonyok ❷ kilátás, kilátási lehetőség
**visible** /'vɪzəbəl/ ❶ látható, feltűnő ❷ sokat/szokszor szereplő / a nyilvánosság elé álló
**visibly** /'vɪzəblɪ/ szemmel láthatólag, szemlátomást, láthatóan
**vision** /'vɪʒən/ ❶ látás ❷ látomás, vízió, vizionálás *vision of the future* jövőkép ❸ előrelátás, éleslátás, elgondolás

**visionary** /'vɪʒənərɪ/ *FNÉV*
látnok

**visionary** *MNÉV*
képzeletbeli, vízióbeli

**visit** /'vɪzɪt/ *FNÉV*
látogatás *come on/for a visit* látogatóba jön *pay a visit to smb* meglátogat/felkeres vkit ⓘ *NEM* [orvosi] ~~vizit~~

**visit** *IGE*
❶ meglátogat, megtekint ❷ *US* tartózkodik, vendégeskedik ❸ sújt, megpróbáltatásokat hoz
**visit on** *visit smth on smb* lesújt vkire vmivel
**visitation** /ˌvɪzɪ'teɪʃən/ ❶ ítélet, csapás ❷ iskolalátogatás, nyílt nap ❸ *visitation (rights)* láthatás, kapcsolattartás
**visiting card** névjegykártya
**visiting fireman** ❶ nagy csinnadrattával látott vendég ❷ feltűnő(sködő)/költekező látogató

**visiting hours** (beteg)látogatási idő
**visiting nurse** *US* védőnő
**visitor** /ˈvɪzɪtə/ ❶ látogató, vendég *unwelcome visitor* hívatlan vendég ❷ múzeumlátogató ❸ vándormadár, költöző madár
**visitor centre** turista/idegenforgalmi információs központ
**visitors' book** vendégkönyv
**visor** /ˈvaɪzə/ ❶ ellenző [sapkán] ❷ napellenző [autóban] ❸ sisakrostély
**vista** /ˈvɪstə/ távlat, kilátás *open up new vistas* új távlatokat nyit
**visual** /ˈvɪʒuəl/ látási, látó- vizuális
**visual aid** szemléltetőeszköz
**visual field** látótér, látómező
**visualize** /ˈvɪʒuəlaɪz/ elképzel, képként/képszerűen megjelenít
**visually** /ˈvɪʒuəlɪ/ ❶ vizuálisan, látványnak, szemre ❷ szemléltetőeszköz segítségével
**visually handicapped** *MNÉV* csökkentlátó, látáskárosult
**visually impaired** rossz szemű, rosszul látó
**vita** /ˈviːtə/ VAGY /ˈvaɪtə/ *TBSZ* **vitae** /ˈviːtaɪ/ VAGY /ˈvaɪtiː/ *US* életrajz
**vital** /ˈvaɪtəl/ ❶ alapvető, kulcsfontosságú, létfontosságú ❷ erővel/élettel teli
**vitality** /vaɪˈtæləti/ életerő, vitalitás
**vitally** /ˈvaɪtəlɪ/ ❶ életbevágóan ❷ rettentően, nagyon, lényegesen
**vital statistics** ❶ népesedési/demográfiai statisztika(i adatok) ❷ (női) [mell/derék/csípő] méretek
**vitamin** /ˈvɪtəmɪn/ VAGY /ˈvaɪtəmɪn/ vitamin *vitamin B6* B6 vitamin
**viticulture** /ˈvɪtɪkʌltʃə/ szőlőművelés, szőlészet
**vitrine** /ˈvɪtriːn/ tárló, üvegszekrény
**vitriol** /ˈvɪtrɪəl/ vitriol, (tömény) kénsav
**vitriolic** /ˌvɪtrɪˈɒlɪk/ ❶ vitriolos ❷ vitriolos, maróan gúnyos
**viva** /ˈviːvə/ *FNÉV*
szóbeli vizsga
**viva** *IND.SZÓ*
éljen!
**vivid** /ˈvɪvɪd/ ❶ élénk, eleven ❷ erőteljes, színes, friss, élénk
**vivisect** /ˈvɪvɪsekt/ élveboncol
**vivisection** /ˌvɪvɪˈsekʃən/ élveboncolás
**vixen** /ˈvɪksən/ nőstényróka
**vizor** /ˈvaɪzə/ ❶ ellenző [sapkán] ❷ napellenző [autóban] ❸ sisakrostély
**vocabulary** /vəˈkæbjulərɪ/ ❶ szókincs, szókészlet ❷ szójegyzék, glosszárium ❸ iskolai [írott] szótár
**vocal** /ˈvəukəl/ *FNÉV*
❶ ének(hang) ❷ magánhangzó
**vocal** *MNÉV*
❶ hangképző, hang- ❷ vokális, énekelt *vocal music* vokális zene ❸ magánhangzós, magánhangzói ❹ zengő hangú, zengzetes
**vocal cords** VAGY **vocal folds** hangszálak
**vocalist** /ˈvəukəlɪst/ [pop/jazz] énekes(nő)
**vocation** /vəˈkeɪʃən/ hivatás *sense of vocation* hivatástudat
**vocational** /vəˈkeɪʃənəl/ szakmai, szak-
**vocational guidance** pályaválasztási tanácsadás/tanácsadó
**vocational education** szakoktatás
**vocational school** szak(közép)iskola
**vocational training** szakképzés, szakmai gyakorlat(i képzés)
**vocative** /ˈvɒkətɪv/ ❶ *vocative (case)* megszólító eset ❷ megszólítás
**vodka** /ˈvɒdkə/ vodka *vodka and tonic* vodka tonikkal
**vogue** /vəug/ divat(hullám) *be in vogue* divatos, felkapott
**voice** /vɔɪs/ *FNÉV*
❶ [beszéd/ének] hang *deep/low voice* mély hang *tone of voice* hang(nem) ❷ (ének)hang *be in good voice* jó a hangja ❸ vélemény, (vélemény)kifejezés *give voice to smth* hangot ad vminek ❹ igenem, igealak *passive voice* szenvedő igealak ❺ zönge, zöngésség ❻ szólam *in five voices* öt szólamban
**voice** *IGE*
❶ kifejez, kimond, hangot ad vminek ❷ zöngésít, zöngésen ejt
**voiced** /vɔɪst/ zöngés
**voiceless** /ˈvɔɪsləs/ ❶ zöngétlen ❷ hangtalan
**voicemail** hangposta(fiók)
**voice-over** narrátorhang, háttérhang
**void** /vɔɪd/ *FNÉV*
❶ világűr ❷ üresség, űr
**void** *MNÉV*
❶ *be void* nélkülöz vmit, mentes (amitől: *of*) ❷ érvénytelen, semmis *null and void* teljességgel érvénytelen
**volatile** /ˈvɒlətaɪl/ elpárolgó, elillanó, illékony
**volatile oil** illóolaj
**volatile salt** repülősó
**volcanic** /vɒlˈkænɪk/ ❶ vulkáni, vulkanikus ❷ tomboló, elemi
**volcano** /vɒlˈkeɪnəu/ vulkán, tűzhányó
**vole** /vəul/ mezei egér/pocok
**volley** /ˈvɒlɪ/ *FNÉV*
❶ sortűz ❷ zápor, áradat, özön
**volley** *IGE*
❶ sortüzet ad le ❷ zúdít [sértéseket vkire] ❸ levegőből/kapásból üt/lő/rúg [labdát] ❹ röptét/levegőből üt
**volleyball** /ˈvɒlɪbɔːl/ röplabda
**volt** /vəult/ volt
**voltage** /ˈvəultɪdʒ/ (táp)feszültség
**volt-ampere** /vəult ˈæmpeə/ volt-amper
**voltmeter** /ˈvəultmiːtə/ feszültségmérő
**volume** /ˈvɒljuːm/ ❶ hangerő *turn the volume down* lejjebb veszi a hangot ❷ kötet ❸ kötet, könyv *rare old volume* ritka régi kötet ❹ vo-

lumen, nagyságrend *in large volumes* nagy mennyiségben ❺ térfogat

**volume control** hangerőszabályozó

**volume label** kötetcímke [diszké]

**voluntarily** /ˈvɒləntərɪlɪ/ ❶ önként ❷ akaratlagosan

**voluntary** /ˈvɒləntərɪ/ ❶ önként/önszántából tett ❷ önkéntes, fizetetlen ❸ akaratlagos

**volunteer** /ˌvɒlənˈtɪə/ FNÉV

❶ önkéntes, önként jelentkező ❷ vmi önkéntes/fizetetlen végzője

**volunteer** IGE

❶ (önként) jelentkezik (amire: *for*) ❷ önként(esnek) jelentkezik [hadseregbe] ❸ önként (el)mond *volunteer a statement* önként tesz vallomást

**voluptuous** /vəˈlʌptʃʊəs/ ❶ érzéki, vonzó ❷ telt, dús idomú

**vomit** /ˈvɒmɪt/ FNÉV

hányadék, okádék

**vomit** IGE

❶ (ki)hány, (ki)okád ❷ ont, okád [pl. vulkán]

**voodoo** /ˈvuːduː/ FNÉV

❶ voodoo (varázslás) ❷ voodoo varázsló

**voodoo** MNÉV

csodarecepteket kínáló *voodoo politics* csodaszereket kínáló / populista politika

**voracious** /vəˈreɪʃəs/ falánk, telhetetlen, mohó

**vortex** /ˈvɔːteks/ TBSZ **vortexes** VAGY **vortices** /ˈvɔːtɪsiːz/ ❶ örvény ❷ örvény(lés), forgatag

**vote** /vəʊt/ FNÉV

❶ szavazás, voksolás *open vote* nyílt szavazás *put smth to the vote* szavazásra bocsát vmit *take a vote on smth* szavaz(ást rendez) vmiről ❷ szavazás eredménye *the vote was 45 against, 21 for the motion* 45–21 arányban leszavazták a javaslatot ❸ szavazat, voks ❹ szavazólap ❺ szavazatok, voksok, szavazók *the women's vote* a női szavazók *the Christian vote* a keresztény szavazatai ❻ szavazati jog

**vote** IGE

❶ szavaz, voksol *vote for smth* vmire szavaz *vote against smth* vmi ellen szavaz, vmit leszavaz ❷ megszavaz *vote the city a large sum* nagyobb összeget szavaz meg a városnak

**vote down** *vote smb/smth down* leszavaz vkit/vmit

**vote in** *vote smb in* beválaszt vkit vhová, megválaszt vkit vminek

**vote out** *vote smb out of office* szavazás/választás útján hivatalából/hatalomból levált

**vote of no confidence** bizalmatlansági szavazás

**voter** /ˈvəʊtə/ választó, szavazó, választópolgár

**voting** /ˈvəʊtɪŋ/ szavazás, voksolás, választás

**voting booth** szavazófülke

**voucher** /ˈvaʊtʃə/ ❶ tikett, utalvány, voucher *luncheon voucher* ebédjegy ❷ elismervény

**vow** /vaʊ/ FNÉV

fogadalom, eskü

**vow** IGE

❶ megfogad, megesküszik ❷ szentel, áldoz (aminek: *to*)

**vowel** /ˈvaʊəl/ magánhangzó

**voyage** /ˈvɔɪɪdʒ/ FNÉV

tengeri utazás, hajóút

**voyage** IGE

utazik [tengeren], hajózik

**voyager** /ˈvɔɪɪdʒə/ hajós, tengeri utazó

**voyeur** /vwɑːˈjɜː/ leselkedő, kukkoló

**vs.** = verse; versus

**vulgar** /ˈvʌlgə/ vulgáris, alpári, közönséges

**vulgar fraction** közönséges tört

**vulnerability** /ˌvʌlnərəˈbɪlətɪ/ sebezhetőség, sebezhető/gyenge pont

**vulnerable** /ˈvʌlnərəbəl/ sebezhető, (meg)támadható

**vulture** /ˈvʌltʃə/ keselyű

**v.v.** = vice versa

# W, w /ˌdʌbəlˈjuː/

**w** = watt(s); week(s); weight; west; western; wide; width; with

**W** = watt(s); Wednesday; weight; west; western; white; wide; width

**w/** VAGY **W/** = with

**wad** /wɒd/ *FNÉV*

❶ csomó, gombóc, labdacs ❷ töm(ít)őanyag ❸ tömés [lőfegyverben] ❹ köteg [pl. pénz, papír] ❺ *US* csomó/rakás

**wad** *IGE*

❶ összegöngyöl, gombóccá gyúr ❷ tömítőanyaggal megtölt ❸ töméssel megtölt [lőfegyvert] ❹ (össze)csomósodik, gombóccá lesz

**wade** /weɪd/ [vízben] gázol

**wader** /ˈweɪdə/ gázlómadár

**wafer** /ˈweɪfə/ ❶ félvezető lapocska ❷ vafli, holipni, roletti ❸ (szent)ostya

**wag** /wæg/ ❶ csóvál, ide–oda mozgat ❷ ide–oda mozog

KIFEJEZÉSEKBEN: *tongues are beginning to wag* az emberek kezdenek pletykálni

**wage** /weɪdʒ/ *FNÉV*

(munka)bér, kereset

**wage** *IGE*

kezd/folytat [háborút] *wage (a) war against/on smb* hadat visel vki ellen, háborút indít vki ellen

**wage earner** *FNÉV* ❶ bérből és fizetésből élő ❷ kereső

**wage freeze** bérstop, bérbefagyasztás

**wage gap** bérolló

**wage incentive** bérprémium

**wage income** bérjövedelem

**wage negotiations** bértárgyalás, béralku

**wage packet** (fizetéses) boríték

**wage policy** bérpolitika

**wager** /ˈweɪdʒə/ *FNÉV*

fogadás *place a wager on smth* fogad vmire

**wager** *IGE*

fogad, lefogad

**wage review** bérfejlesztés

**wage rise** béremelés, fizetésemelés

**wages** /ˈweɪdʒɪz/ (munka)bér [napi/heti]

**wage scale** bértábla, bérskála

**wage sheet** bérlista, bérfizetési jegyzék

**wage supplement** fizetéskiegészítés

**waggon** VAGY **wagon** /ˈwægən/ ❶ szekér ❷ [nyitott] teherkocsi *flat wagon* pőrekocsi ❸ tálalókocsi, zsúrkocsi ❹ árukihordó (gép)kocsi [fedett] ❺ *US* rabszállító kocsi ⓘ *NEM* ~~vagon~~

**wagtail** /ˈwægteɪl/ barázdabillegető

**wail** /weɪl/ *FNÉV/IGE* jajgat(ás), nyafog(ás), jajveszékel(és)

**wainscot** /ˈweɪnskɒt/ VAGY **wainscotting** /ˈweɪnskɒtɪŋ/ ❶ szegélyléc ❷ faburkolat

**waist** /weɪst/ derék [emberé/ruháé/hangszeré] *waist measurement* derékbőség

**waistbelt** derékszíj

**waistcloth** ágyékkötő

**waistcoat** /ˈweskɪt/ VAGY /ˈweɪskəʊt/ mellény

**waistline** ❶ derékbőség ❷ derékvonal

**wait** /weɪt/ *FNÉV*

❶ várakozás ❷ les(ben)állás *lie in wait for smb* lesben áll vkire

**wait** *IGE*

vár vkit/vmit, vár(akozik) vkire/vmire *wait (for) 35 minutes for the bus* 35 percet vár a buszra *wait for me* várj meg *wait for smb to arrive* várja, hogy megérkezzen vki *keep smb waiting* megvárakoztat vkit

**wait on** *wait on smb/smth* felszolgál vkinek

**wait up** ❶ *wait up for smb* ébren vár vkit ❷ *wait smb up US* megvár, bevár vkit

**waiter** /ˈweɪtə/ pincér

**waiting list** vár(akoz)ólista

**waiting room** ❶ váróterem ❷ váró, várószoba

**waitperson** pincér(nő)

**waitress** /ˈweɪtrɪs/ pincérnő

**waive** /weɪv/ ❶ eltekint vmitől ❷ lemond vmiről, felad vmit

**wake** /weɪk/ *FNÉV*

❶ halottvirrasztás ❷ templomi búcsú ❸ *in the wake of smth* vmi nyomában / vmit követően

**wake** /weɪk/, **waked** VAGY **woke** /wəʊk/, **waked** VAGY **woken** /ˈwəʊkən/ *IGE*

❶ (fel)ébred ❷ *wake smb (up)* felébreszt vkit

**wake to** ❶ *wake (up) to smth* ráébred/rádöbben vmire ❷ *wake smb (up) to smth* ráébreszt/rádöbbent vmire

**waken** /ˈweɪkən/ ❶ felébreszt ❷ felébred

**walk** /wɔːk/ *FNÉV*

❶ séta, járás *go for a walk* sétálni megy ❷ gyaloglás, távolság *it's a few kilometres' walk* pár kilométer séta innét ❸ járás(mód) ❹ gyalogút, ösvény ❺ sétány

**walk** *IGE*

❶ jár, (gyalog) megy, gyalogol, sétál *walk home* gyalog megy haza ❷ bejár vmit ❸ sétáltat ❹ kísér *walk smb home* hazavisz vkit
KIFEJEZÉSEKBEN: *walk on air* madarat lehet vele fogatni

**walk away from** *walk away from smb/smth* ❶ megúszik vmit ❷ könnyen/simán legyőz/lehagy vkit

**walk away with** *walk away with smth* ❶ meglép vmivel ❷ könnyen elnyer/megszerez

**walk into** *walk into smth* belép/be(le)sétál vmibe

**walk off** ❶ elmegy, elsétál ❷ lejár, legyalogol [étkezést] ❸ *walk smth off* sétával elmulaszt/megszüntet

**walk off with** *walk off with smth* ❶ meglép vmivel ❷ játszva elnyer/megszerez vmit

**walk out** ❶ sztrájkba lép ❷ kivonul, kimegy [pl. tiltakozásul]

**walk out on** *walk out on smb* faképnél hagy

**walk over** *walk over smb* ❶ rosszul bánik vkivel ❷ könnyűszerrel legyőz vkit

**walker** /'wɔːkə/ ❶ járókeret ❷ gyalogoló, túrázó, kiránduló ❸ járóka

**walkie-talkie** /ˌwɔːkɪ'tɔːkɪ/ kézi adó-vevő

**walking** /'wɔːkɪŋ/ ❶ gyalogló, séta- *walking boots* túracipő ❷ legyalogolható *be within walking distance* pár percnyire van gyalog

**walking stick** sétabot, sétapálca

**walkman** /'wɔːkmən/ *TBSZ* **walkmans** VAGY **walkmen** /'wɔːkmən/ walkman, sétálómagnó

**walk of life** társadalmi helyzet, foglalkozás *people from all walks of life* mindenféle rendű és rangú ember

**walk-on** néma szereplő, epizódszereplő

**walkout** sztrájk(ra lépés)

**walkover** ❶ könnyű győzelem ❷ ellenfél/játék nélküli továbbjutás

**walkway** /'wɔːkweɪ/ gyalogút

**wall** /wɔːl/ ❶ fal ❷ sorfal [büntetőrúgáshoz]
KIFEJEZÉSEKBEN: *go up the wall* falramászik, megdühödik *go to the wall* tönkremegy, alulmarad

**wallaby** /'wɒləbɪ/ wallaby

**wall bars** bordásfal

**wall chart** fali ábra/grafikon

**wallet** /'wɒlɪt/ ❶ pénztárca, levéltárca ❷ bőr aktatáska, irattáska

**wallflower** ❶ „petrezselymet áruló" nő ❷ félrehúzódó ember [partin]

**wall-hung** fali, falra akasztható

**wallow** /'wɒləʊ/ *FNÉV*

❶ sárban hentergés, dagonyázás ❷ dagonya, dagonyázó

**wallow** *IGE*

❶ sárban hentereg, dagonyázik ❷ belemerül vmibe *wallow in self-pity* elmerül az önsajnálatba
KIFEJEZÉSEKBEN: *wallow in money* felveti a pénz

**wall painting** falfestmény, freskó

**wallpaper** tapéta

**wallpaper music** igénytelen, kommersz könnyűzene

**wall socket** fali csatlakozó(aljzat), konnektor

**wall-to-wall** ❶ faltól falig terjedő ❷ kikerülhetetlen, mindenütt jelenlévő

**wall-to-wall carpet** padlószőnyeg, szőnyegpadló

**walnut** /'wɔːlnʌt/ ❶ dió ❷ diófa

**walrus** /'wɔːlrəs/ rozmár

**waltz** /wɔːls/ VAGY /wɔːlts/ *FNÉV*

keringő, valcer

**waltz** *IGE*

❶ keringőzik, valcerezik ❷ odalibben/odasétál vhová ❸ könnyen átmegy/átsétál *waltz through the exam* játszva átmegy a vizsgán

**wand** /wɒnd/ pálca, vessző *conjurer's (magic) wand* varázspálca

**wander** /'wɒndə/ ❶ barangol, kószál, kóborol ❷ kanyarog [folyó] ❸ eltér, elkalandozik

**wander off** elkószál *wander off the point* eltér/elkalandozik a tárgytól

**wanderer** /'wɒndərə/ vándor

**wane** /weɪn/ *FNÉV*

apadás, fogy(atkoz)ás *be on the wane* csökkenőben/apadóban van

**wane** *IGE*

❶ fogy(atkozik), le/el)apad *the moon waxes and wanes* a hold megnő/megdagad és fogyatkozik ❷ hanyatlik, leáldozik

**wanna** /'wɒnə/ gyorsan ejtett *want to / want a*

**want** /wɒnt/ *FNÉV*

❶ hiány, szükséglet *for/from want of smth* vminek hiányában ❷ szűkölködés, nélkülözés ❸ *be in want of smth* híjával van vminek

**want** *IGE*

❶ akar, kíván, óhajt, kér *I want a bigger one* nagyobbat akarok ❷ keres, kér vkit *your mother wants you upstairs* anyád keres odafönt *you're wanted* önt keresik/kérik ❸ igényel vmit, szüksége van vmire *this wants doing immediately* ezt azonnal el kell végezni ❹ köröz, keres *be wanted for murder* gyilkosságért körözik ❺ nélkülöz

**want ad** apróhirdetés

**wanton** /'wɒntən/ ❶ szeszélyes, értelmetlen ❷ buja [növényzet] ❸ ledér, kihívó

**WAP** = Wireless Application Protocol

**war** /wɔː/ *FNÉV*

háború, harc, küzdelem, csata *go to war against smb* harcba száll vkivel *be at war with smb* hadban áll vkivel

**war** *IGE*

harcol, küzd, háborúzik

**war correspondent** haditudósító

**war crime** háborús bűn
**war criminal** háborús bűnös
**war cry** csatakiáltás
**-ward** /wəd/ -felé
**ward** /wɔːd/ *FNÉV*
❶ kórterem ❷ [kórházi] osztály *maternity ward* szülészet ❸ (városi) kerület ❹ védenc, gyám ❺ börtönrészleg
**ward** *IGE*
**ward off** *ward smth off* elhárít/kivéd vmit
**war dance** harci tánc
**warden** /ˈwɔːdən/ ❶ felügyelő, gondnok *air-raid warden* légóparancsnok ❷ börtönigazgató
**warder** /ˈwɔːdə/ börtönőr, fegyőr
**wardrobe** /ˈwɔːdrəʊb/ ❶ ruhásszekrény ❷ ruhatár, gardrób [emberé]
**wardrobe mistress** kosztümös, kellékes
**-wards** /wədz/ -felé
**warehouse** /ˈweəhaʊs/ raktár(épület)
**warez** /weəz/ internetes kalóz-szoftver
**warfare** /ˈwɔːfeə/ hadviselés, háború *chemical warfare* vegyi hadviselés
**war game** hadgyakorlat
**warhead** robbanófej
**warlord** /ˈwɔːlɔːd/ hadúr
**warm** /wɔːm/ *MNÉV*
❶ meleg *nice and warm* jó meleg *warm colours* meleg színek ❷ *be warm* melege van ❸ szívélyes *warm welcome* szívélyes fogadtatás ❹ mérges, heves *exchange warm words* (hangos) szóváltás van köztük ❺ meleg [játékban] *you're getting warmer* egyre melegszik
**warm** *IGE*
❶ (meg/fel)melegít ❷ melegszik, melegedik
**warm up** ❶ felmelegszik, bemelegszik ❷ *warm smb/smth up* felmelegít, megmelegít ❸ bemelegít [versenyző] ❹ *warm smb up* előkészít/ráhangol vkit vmire
**warm-blooded** /ˌwɔːmˈblʌdɪd/ ❶ melegvérű ❷ forróvérű
**war machine** hadigépezet
**warmhouse** melegház
**warmly** /ˈwɔːmlɪ/ ❶ melegen ❷ szívélyesen
**warmonger** /ˈwɔːmʌŋgə/ a háború híve, héja
**warmth** /wɔːmθ/ meleg(ség)
**warn** /wɔːn/ figyelmeztet, int, óv
**warning** /ˈwɔːnɪŋ/ *FNÉV*
❶ figyelmeztetés, jelzés *air raid warning* légiriadó ❷ felszólítás, (előre) értesítés *shoot without warning* felszólítás nélkül lő *give smb one month's warning* egy hónapos felmondással felmond vkinek ❸ intés, intő példa
**warning** *MNÉV*
figyelmeztető, riasztó *warning cross* andráskereszt [sorompó előtt] *warning light* fénysorompó
**warning triangle** elakadásjelző háromszög
**war orphan** hadiárva
**warp** /wɔːp/ *FNÉV*
elgörbülés, elhajlás, vetemedés, elferdülés
**warp** *IGE*
❶ elgörbül, meghajlik, vetemedik ❷ elgörbít, meghajlít
**war paint** harci festék/festés/színek/dísz
**war path** *be on the war path* hadiösvényre lép
**war plane** harci repülőgép
**warrant** /ˈwɒrənt/ *FNÉV*
❶ parancs, végzés *(search) warrant* házkutatási parancs ❷ jótállás, kezesség ❸ meghatalmazás *warrant for payment* fizetési meghagyás
**warrant** *IGE*
❶ igazol, indokol(ttá tesz) ❷ szavatol, garantál *the manufacturer warrants them (to be) errorfree* a gyártó szavatolja, hogy hibátlanok ❸ garantál *I'll warrant (you) we won't see it* garantálom, hogy nem látjuk
**warrant officer** tiszthelyettes
**warrantor** /ˈwɒrəntə/ jótálló, szavatoló, kezes
**warranty** /ˈwɒrəntɪ/ ❶ jótállás, szavatosság, garancia ❷ meghatalmazás, felhatalmazás
**warren** /ˈwɒrən/ ❶ üreg, járat, lyuk [nyúlé] ❷ bérkaszárnya
**warrior** /ˈwɒrɪə/ harcos, vitéz, bajnok
**warship** /ˈwɔːʃɪp/ sorhajó, hadihajó
**wart** /wɔːt/ szemölcs, bibircsók
**wartime** háború(s időszak)
**war widow** hadiözvegy
**wary** /ˈweərɪ/ elővigyázatos, körültekintő (amivel kapcsolatban: *of*)
**was** /wɒz/ ❶ voltam, volt *I was here* itt voltam ❷ lenne *if Joe was here* ha Joe itt volna
**wash** /wɒʃ/ *FNÉV*
❶ (meg)mosás, lemosás *give smth a wash* lemos vmit ❷ mosakodás *have a wash* megmosakodik ❸ *US* mosás, szennyes (ruha) ❹ *US* kimosott/tiszta ruha ❺ mosás, tisztítás *be in the wash* mosásban van ❻ mosó, tisztító *car wash* kocsimosó, autómosó ❼ *(pig) wash* moslék
**wash** *IGE*
❶ (meg)mos, lemos, megmos, kimos *wash it in water / with soap* vízzel/szappannal megmos ❷ mosdik, mosakodik ❸ mosható, mosódik *washes well* (jól) mosható ❹ mos, áztat [partot víz] ❺ sodor, vet, dob *wash smb ashore* partra vet vkit ❻ hihető *it won't wash (with them)* ezt nem lehet (nekik) beadni
KIFEJEZÉSEKBEN: *wash ›one's‹ hands* kimegy a mosdóba [illemhelyre megy] *wash your mouth out!* hogy beszélsz! de csúnya szád van! *wash ›one's‹ dirty line (in public)* kiteregeti a szennyesét
**wash away** *wash smth away* kimos, elmos, elsodor
**wash down** *wash smth down* ❶ lemos *wash the car down* lemossa a kocsit ❷ leöblít [pl. ételt]
**wash off** *wash smth off* lemos vmit
**wash out** *wash smth out* ❶ kimos vmit ❷ elmos vmit *the match was washed out by the rain* az eső elmosta a meccset

W

**wash up** ❶ *wash smth up* (el)mosogat, elmos ❷ *US* (meg)mosakodik
**washable** /ˈwɒʃəbəl/ (jól/könnyen) mosható
**wash-and-wear** nem vasalandó / könnyen mosható
**wash basin** mosdókagyló
**washbowl** /ˈwɒʃbəʊl/ ❶ mosdókagyló ❷ mosdótál
**washcloth** /ˈwɒʃklɒθ/ ❶ *US* arctörlő/kéztörlő törülköző ❷ konyharuha
**washday** nagymosás napja
**washed-out** /ˌwɒʃtˈaʊt/ ❶ (el)színtelen(edett), fakó, kifakult ❷ hullafáradt
**washer** /ˈwɒʃə/ ❶ mosó, ablakmosó ❷ csavaralátét, alátétgyűrű ❸ tömítőgyűrű
**washer-drier** mosó–szárítógép
**washing** /ˈwɒʃɪŋ/ ❶ szennyes ❷ tiszta ruha
**washing drum** forgódob [mosógépé]
**washing line** (ruha)szárítókötél
**washing machine** mosógép
**washing powder** mosópor, mosószer
**washing-up bowl** [mosogatóba tett] lavór
**washline** ruhaszárító kötél
**washroom** *US* illemhely, mosdó
**washup** ❶ (el)mosogatás ❷ *US* mosdás
**washy** /ˈwɒʃɪ/ híg, vizes
**wasn't** /ˈwɒzənt/ [= was not]
**WASP** VAGY **Wasp** /wɒsp/ fehér, angolszász, protestáns [= white Anglo-Saxon Protestant]
**wasp** /wɒsp/ darázs
**wastage** /ˈweɪstɪdʒ/ ❶ hulladék, veszteség ❷ pazarlás, tékozlás

**waste** /weɪst/ *FNÉV*

❶ pocsékolás, pazarlás *a waste of money* pénzpocsékolás ❷ hulladék

**waste** *MNÉV*

❶ puszta, kietlen *lay smth waste* lerombol/feldúl/letarol vmit ❷ hulladék, elhasznált

**waste** *IGE*

(el)pazarol, (el)pocsékol, (el)veszteget *waste ⸗one's⸗ breath* feleslegesen beszél, falra borsót hány
**waste away** (el)sorvad, (el)emésztődik
**waste basket** papírkosár
**waste bin** szemetes(láda), hulladékgyűjtő
**wasted** /ˈweɪstɪd/ merevrészeg
**waste disposal** ❶ szemételtakarítás, hulladékhasznosítás ❷ konyhamalac [szemétaprító]
**wasteful** /ˈweɪstfəl/ pazarló, pocsékoló
**waste paper basket** papírkosár, szemétkosár

**watch** /wɒtʃ/ *FNÉV*

❶ (zseb)óra, (kar)óra ❷ őrség, őrködés, figyelem *keep watch* őrt áll *be on the watch for pickpockets* ügyel a zsebtolvajokra ❸ járőr, őrjárat *call out the (night) watch* kihívja az (éjszakai) járőrt ❹ ébrenlét, virrasztás ❺ figyelés *bird watch* madármegfigyelés

**watch** *IGE*

❶ néz, (meg)figyel *watch less TV* kevesebb tévét néz *watch how I do it / watch me do it* figyeld, hogy csinálom ❷ szemmel tart vkit/vmit *we're being watched* figyelnek ❸ vigyáz, figyel, ügyel *watch how you use it* vigyázz azzal! *watch it!* vigyázz! óvatosan!
KIFEJEZÉSEKBEN: *watch ⸗one's⸗ weight/figure* vigyáz az alakjára
**watch out** *watch out!* vigyázz!
**watch out for** *watch out for smb/smth* ❶ megpróbál megtalálni vkit/vmit ❷ vigyáz vmivel/vkivel
**watch over** *watch over smb/smth* őriz vkit/vmit, vigyáz vkire/vmire
**watchband** óraszíj
**watchdog** ❶ házőrzőkutya, őrkutya ❷ visszaélésekre figyelmeztető ember/szervezet
**watchful** /ˈwɒtʃfəl/ éber, szemfüles
**watchman** /ˈwɒtʃmən/ *TBSZ* **watchmen** /ˈwɒtʃmən/ őr(szem) *night watchman* éjjeliőr
**watch pocket** órazseb
**watch strap** óraszíj
**watchtower** őrtorony

**water** /ˈwɔːtə/ *FNÉV*

❶ víz *fresh water* édesvíz *hot running water* meleg folyó víz ❷ víz(iút) *by water* vízi úton ❸ vízállás *at high water* magas vízállásnál ❹ vizelet *pass water* vizel
KIFEJEZÉSEKBEN: *a lot of water has passed under the bridge* sok víz lefolyt azóta a Dunán *be above water* kint van a vízből/bajból/adósságból *like water off a duck's back* mint falra hányt borsó *of the first water* elsőrendű, hamisítatlan *it won't hold water* tarthatatlan, nem áll meg [állítás] *test the water* kipróbálja a reakciót vmire

**water** *IGE*

❶ (meg)öntöz, meglocsol ❷ könnyez *his eyes watered* benedvesedett a szeme ❸ (majd) elcsordul a nyála *it made his mouth water* majd elcsordult tőle a nyála ❹ (meg)itat [állatot]
**water down** *water smth down* ❶ felvizez/hígít vmit ❷ tompít/enyhít vmit
**Water Bearer** ❶ Vízöntő [állatövi jegy] ❷ Vízöntő [jegyű ember]
**water bird** vízimadár
**water birth** vizes/vízben szülés
**water biscuit** keksz
**water blister** vízhólyag
**waterborne** /ˈwɔːtəbɔːn/ vízen / vízi úton szállított
**water bottle** (meleg)vizespalack, ágymelegítő
**water cannon** vízágyú
**Water Carrier** ❶ Vízöntő [állatövi jegy] ❷ Vízöntő [jegyű ember]
**water closet** angolvécé, vécé, WC
**watercolour** ❶ vízfesték ❷ vízfestmény
**watercress** vízitorma [salátadíszítésre]
**waterfall** vízesés
**waterfowl** /ˈwɔːtəfaʊl/ vízimadár
**watergate** zsilipkapu

**watering can** öntözőkanna, locsolókanna
**watering cart** locsolókocsi
**watering pot** öntözőkanna, locsolókanna
**water-intensive** vízigényes
**water lily** tavirózsa, vízililiom
**water main** ivóvízvezeték
**water mark** ❶ vízjel, vízjegy [papírpénzben] ❷ vízállás/vízszint jele, vízmagasság-jel
**watermelon** görögdinnye
**water meter** vízóra
**water mill** vízimalom
**water pistol** vízipisztoly
**water polo** vízilabda, vízipóló
**water power** vízienergia
**waterproof** *MNÉV*
vízhatlan, vízálló
**waterproof** *IGE*
vízhatlanít, impregnál
**water-repellent** víztaszító, vízhatlan
**waters** /ˈwɔːtəz/ ❶ ország vizei *in Icelandic waters* izlandi vizeken ❷ folyó/tó vize ❸ gyógyvíz
**watershed** vízválasztó, korszakhatár
**water ski** vízisízik, vízisíel
**water skier** vízisíző, vízisíelő
**water snake** vízisikló
**water softener** vízlágyító(szer)
**water supply** ❶ vízellátás ❷ vízvezeték
**water tank** öblítőtartály [vécé]
**watertight** ❶ vízhatlan, vízálló ❷ kifogástalan, tökéletes [pl. érv/terv]
**water tower** víztorony
**water vapour** vízgőz
**waterway** víziút
**waterwings** kar-úszó
**waterworks** vízellátó hálózat, vízművek
**watery** /ˈwɔːtərɪ/ ❶ híg, vizes, vízízű ❷ halovány ❸ vízi, tengeri
**watt** /wɒt/ watt
**wattage** /ˈwɒtɪdʒ/ watt-teljesítmény
**watt-hour** VAGY **watt hour** watt-óra
**wave** /weɪv/ *FNÉV*
❶ hullám ❷ hullám ❸ hajhullám *natural wave* természetes göndörség ❹ hullámosítás, ondolálás ❺ hullám, sorozat *wave of violence* erőszakhullám ❻ intés, ingetetés, lengetés *with a wave of the hand* kézlegyintéssel
**wave** *IGE*
❶ integet *wave to dad* integet apunak *wave smb goodbye* integetve búcsúzik vkitől ❷ lenget, lobogtat ❸ int, jelez ❹ ondolál, besüttet
**wave aside** *wave smb/smth aside* ❶ intéssel félrehív vkit ❷ elhesseget, egy intéssel elvet/elhárít
**waveband** hullámsáv
**wavelength** hullámhossz
**waver** /ˈweɪvə/ ❶ remeg, inog [fény] ❷ ingadozik, habozik ❸ meginog *waver in ⸗one's⸗ loyalty* meginog hűségében
**wavy** /ˈweɪvɪ/ ❶ hullámos, hullámzó ❷ fodrozódó, fodros
**wavy line** hullámvonal
**wax** /wæks/ *FNÉV*
❶ viasz ❷ fülzsír
**wax** *IGE*
❶ viasszal beken ❷ nő, növekedik *the moon waxes every month* a hold havonta megnő/megdagad
**waxed** /wækst/ vízhatlan
**waxed paper** VAGY **wax paper** zsírpapír
**waxwork** viaszbáb, viaszfigura
**waxworks** /ˈwækswɜːks/ *TBSZ* **waxworks** /ˈwæks wɜːks/ panoptikum
**waxy** /ˈwæksɪ/ halovány, viaszszerű
**way** /weɪ/ *FNÉV*
❶ út, útvonal, útirány, irány *ask smb the way* megkérdezi vkitől, merre kell menni *way out* kijárat *lose ⸗one's⸗ way* eltéved *that way* arra *this way* erre *know ⸗one's⸗ way around* jól kiismeri magát *by way of smth* vmin át/keresztül, vmilyen útvonalon ❷ utazás, út *along the way* útközben *on the way* útban, útközben ❸ haladás, előrejutás *make ⸗one's⸗ way in life* szépen boldogul *be under way* halad, folyamatban van ❹ út, távolság *all the way* végig, egész úton *it's a short way away* nem messze van *go a long way* sokáig elég lesz / kitart ❺ elsőbbség *give way to smb* enged vkinek, utat enged *make way!* utat! ❻ mód, módszer, vmi útja–módja *(in) this way* így, ily(en) módon *that way* úgy *either way* így vagy úgy *in no way* semmiképp(en), sehogyan ❼ szempont, tekintet *in a way* bizonyos értelemben *in some ways* több szempontból ❽ út, akadály *be in smb's way* út(já)ban van vkinek ❾ akarat *if I had my way* ha rajtam állna
KIFEJEZÉSEKBEN: *no way!* szó se (lehet) róla! *by the way* erről jut eszembe, mellesleg *by way of smth* vmi gyanánt, vmiképp(en) *give way* lesüllyed, beszakad, nem bírja tovább *in a small way* kis méretekben *want to have it both ways* azt akarja, hogy a kecske is jóllakjon, meg a káposzta is megmaradjon
**way** *HAT.SZÓ*
messze, távol *way below average* jóval az átlag alatt
**waybill** /ˈweɪbɪl/ fuvarlevél, szállítólevél
**way of life** életmód, életstílus
**way of thinking** gondolkodás(mód)
**ways** /weɪz/ szokások *we all have our little ways* mindenkinek megvannak a furcsaságai
**w.c.** = water closet; without charge
**WC** = water closet
**we** /wiː/ ❶ mi *we both know it* mindketten tudjuk ❷ [„királyi”] *we, Elizabeth II* mi, II. Erzsébet ❸ [„szerzői”] *as we saw earlier* mint korábban láttuk ❹ [gyerekhez/beteghez] *how are we feeling today?* hogy vagyunk ma? ❺ az emberek

**weak** /wiːk/ ❶ gyönge, gyenge ❷ gyenge (kezű) *weak teacher* gyenge kezű tanár *weak at German* gyenge németből ❸ híg, vizes, gyenge ❹ gyenge, rossz, hatástalan
**weaken** /ˈwiːkən/ ❶ (el/le/meg)gyengül ❷ (le)gyengít, meggyengít ❸ megenyhül
**weak-eyed** rosszul/gyengén látó
**weak form** gyönge (ejtésű) alak
**weakling** /ˈwiːklɪŋ/ puhány alak
**weakness** /ˈwiːknəs/ ❶ gyengeség ❷ vminek a gyenge oldala ❸ vki gyengéje
**wealth** /welθ/ ❶ gazdagság, jólét, vagyon, bőség ❷ temérdek/rengeteg sok *a wealth of examples* gazdag példanyag
**wealthy** /ˈwelθɪ/ vagyonos
**wean** /wiːn/ elválaszt [csecsemőt/borjút]
**weanling** /ˈwiːnlɪŋ/ ❶ elválasztott csecsemő ❷ választási malac/borjú
**weapon** /ˈwepən/ fegyver
**weaponry** /ˈwepənrɪ/ ↯ NEM MEGSZÁML. fegyverzet
**wear** /weə/ FNÉV
❶ használat, hordás, viselés ❷ használat, koptatás *show signs of wear* a használat nyomait mutatja ❸ használhatóság ❹ ↯ NEM MEGSZÁML. ruha *men's wear* férfiruházat
**wear** /weə/, **wore** /wɔː/, **worn** /wɔːn/ IGE
❶ visel, hord *wear a new coat / glasses* új ruhát / szemüveget visel ❷ van rajta *wear perfume* kölni van rajta ❸ az arcán látható/van *wear a smile* mosoly ül az arcán ❹ elkopik, elhasználódik *the collar has worn* a gallér elkopott ❺ elhord, (el)koptat, elnyű, elhasznál *wear smth thin* vékonyra koptat vmit ❻ *it wears well* jól bírja a hordást
KIFEJEZÉSEKBEN: *wear (≥one's≤ age) well* jól tartja magát *if the cap/shoe fits wear it* akinek nem inge, nem vegye magára
**wear away** ❶ elkopik, elhasználódik ❷ *wear smth away* elkoptat, elnyű
**wear off** enyhül, múlik
**wear out** ❶ elhasználódik, elkopik ❷ *wear smth out* elkoptat/elhasznál vmit ❸ *wear smb out* kimerít, kifáraszt
**wear and tear** /ˌweərənˈteə/ elhasználódás, kopás
**wearing apparel** /ˌweərɪŋ əˈpærəl/ ruházat, ruhanemű
**weary** /ˈwɪərɪ/ MNÉV
❶ fáradt, kimerült ❷ fárasztó, kimerítő
**weary** IGE
❶ kifáraszt, kimerít ❷ *weary of smth* belefárad/beleun vmibe
**weasel** /ˈwiːzəl/ menyét
**weather** /ˈweðə/ FNÉV ↯ NEM MEGSZÁML.
idő(járás) *nice/fine weather* szép idő
**weather** IGE
❶ átvészel, túlél, átél, kiáll ❷ időjárást bírja *wood weathers worse* a fa rosszabbul bírja az időjárást
**weather bureau** meteorológiai intézet
**weather chart** időjárási térkép
**weathercock** szélkakas
**weather forecast** időjárásjelentés
**weatherglass** /ˈweðəglɑːs/ barométer
**weatherman** /ˈweðəmən/ TBSZ **weathermen** /ˈweðəmən/ meteorológus
**weatherproof** MNÉV
viharálló, vízhatlan, szél ellen védő
**weatherproof** IGE
viharállóvá/vízhatlanná tesz
**weather report** időjárásjelentés
**weather station** meteorológiai állomás
**weather stripping** szigetelő csík ajtóra/ablakra
**weather vane** szélkakas
**weave** /wiːv/ FNÉV
szövés, szövésmód
**weave** /wiːv/, **wove** /wəuv/, **woven** /ˈwəuvən/ IGE
❶ sző, fon ❷ sző, készít *weave a story/plan* mesét/összeesküvést sző ❸ kígyózik, cikázik
**weaver** /ˈwiːvə/ takács
**weaving machine** szövőgép
**web** /web/ ❶ háló ❷ hálózat, háló *web of relationships* viszonyok hálózata ❸ *(world wide) web* (világ)háló ❹ úszóhártya
**webbing** /ˈwebɪŋ/ heveder, gurtni
**webmaster** /ˈwebmɑːstə/ webmester
**web page** weblap, web-oldal, website oldala
**web server** web-szerver
**website** webhely
**Wed.** = Wednesday
**we'd** /wɪd/ ❶ [= we would] ❷ [= we had]
**wed** /wed/ elvesz, hozzámegy, (meg)házasodik
**wedding** /ˈwedɪŋ/ esküvő, menyegző, lakodalom *silver wedding* ezüslakodalom [25] *golden wedding* aranylakodalom [40] *diamond wedding* gyémántlakodalom [50]
**wedding anniversary** házassági évforduló
**wedding breakfast** esküvői ebéd/vacsora
**wedding day** ❶ esküvő napja ❷ házassági évforduló
**wedding dress** esküvői ruha
**wedding march** nászinduló
**wedding night** nászéjszaka
**wedding party** esküvői ebéd/vacsora
**wedding present** nászajándék
**wedding ring** jegygyűrű
**wedge** /wedʒ/ FNÉV
❶ ék *put a wedge in the door* kiékeli az ajtót ❷ szelet *a wedge of cake* tortaszelet
**wedge** IGE
kiékel
**wedge in** *wedge smb/smth in* beékel, beszorít
**Wednesday** /ˈwenzdɪ/ VAGY /ˈwenzdeɪ/ szerda
**wee** /wiː/ FNÉV
pisilés *have/do a wee* pisil
**wee** IGE
pisil
**weed** /wiːd/ FNÉV
❶ gyom, gaz ❷ marihuána

**weed** *IGE*
gyomlál, (ki)gazol
**weed out** *weed smth out* ❶ (ki)gyomlál ❷ kiselejtez, kiszűr, kiszór
**weed killer** gyomirtó(szer)
**week** /wi:k/ hét *what day of the week is it?* milyen nap van? *last week* múlt héten *next week* jövő héten *this week* e héten *Tuesday week / a week on/this Tuesday* keddhez egy hétre *tomorrow week* holnaphoz egy hétre *(a) week next Tuesday* a most következő keddhez egy hétre
**weekday** hétköznap, munkanap
**weekend** /wi:k'end/ *FNÉV*
hétvége, hét vége *at weekends* a hétvégén *at/over/on the weekend* a hét végén
**weekend** /'wi:kend/ *IGE*
víkendezik
**weekend cottage** hétvégi ház, víkendház
**weekender** /ˌwi:k'endə/ hétvégi kiránduló
**weekly** /'wi:klɪ/ *FNÉV*
hetilap
**weekly** *MNÉV/HAT.SZÓ*
hetenként(i)
**weep** /wi:p/, **wept** /wept/, **wept** /wept/ ❶ zokog, sír *weep for/over smb/smth* megsirat vkit/vmit ❷ szivárog, könnyezik, nedvedzik
**weeping willow** szomorúfűz
**weevil** /'wi:vəl/ zsizsik
**weigh** /weɪ/ ❶ nyom vmennyit, vmilyen súlya van *weigh ten kilos less* tíz kilóval kevesebb ❷ (meg)mér ❸ mérlegel, latolgat ❹ [horgonyt] felszed
**weigh in** lemér(et)i magát [verseny előtt]
**weight** /weɪt/ *FNÉV*
❶ súly *put on weight* (meg)hízik *lose weight* (le)fogy ❷ súly, teher ❸ súly [sporteszköz] ❹ súly, nyomaték, fontosság *attach weight to smth* súlyt tulajdonít vminek
KIFEJEZÉSEKBEN: *throw ⸢one's⸣ weight about* hatalmát fitogtatja
**weight** *IGE*
❶ megterhel ❷ súlyoz, pontozást alakít
**weight bath** súlyfürdő
**weightless** /'weɪtləs/ súlytalan
**weightlifter** /'weɪtlɪftə/ ❶ súlyemelő ❷ súlyzózó
**weight tax** súlyadó
**weight train** súlyzózik, súlyt emel
**weightwatcher** *FNÉV* diétázó, fogyókúrázó
**weightwatching** diétázás, fogyókúrázás
**weighty** /'weɪtɪ/ ❶ súlyos ❷ nyomós, fontos
**weir** /wɪə/ duzzasztómű, gát
**weird** /wɪəd/ furcsa, különös, bizarr
**welcome** /'welkʌm/ *FNÉV*
fogadtatás, üdvözlés *give smb a warm welcome* meleg fogadtatásban részesít vkit *overstay ⸢one's⸣ welcome* visszaél a vendégszeretettel, túl soká marad
**welcome** *MNÉV*
❶ szívesen látott/fogadott/vett *all suggestions will be welcome* minden ötletet szívesen veszünk ❷ *be welcome to smth* rendelkezésére áll *she's welcome to that job* legyen az övé az az állás (ha kell neki) ❸ *you're welcome* [köszönöm-re:] szívesen
**welcome** *IND.SZÓ*
üdvözöljük! / Isten hozta!
**welcome** *IGE*
❶ üdvözöl ❷ szívesen lát/fogad/vesz *we welcome any suggestions* minden javaslatot szívesen fogadunk
**weld** /weld/ (meg)hegeszt
**welder** /'weldə/ *FNÉV* hegesztő
**welfare** /'welfeə/ ❶ jólét, boldogulás ❷ szociális segély/támogatás *live on welfare* szociális segélyből él
**welfare officer** szociális előadó
**welfare work** szociális gondozási munka
**welfare worker** szociális gondozó
**welfare state** gondoskodó/jóléti állam
**well** /wel/ *FNÉV*
❶ kút ❷ akna *lift well* liftakna
**well** /wel/, **better** /'betə/, **best** /best/ *MNÉV*
❶ egészséges *be well* jól érzi magát *get well* javul, jobban van ❷ szerencsés, megfelelő ❸ rendjén való, rendben lévő [ironikusan] *that's all very well, but* ⸢MONDAT⸣ ez mind (szép és) jó / rendben (is volna), de ⸢MONDAT⸣
**well, better, best** *HAT.SZÓ*
❶ jól, helyesen, sikeresen *do well at school* jól megy neki a tanulás *well done!* ügyes! / ez az! ❷ alaposan, jól ❸ meglehetősen, tökéletesen *be well aware of smth* tökéletesen tisztában van vmivel ❹ jóval, jócskán *well in advance* jó előre ❺ megfelelően *you may well ask* kérdezheted joggal ❻ *very well* hát rendben ❼ *as well* szintén, is, szintúgy *Jeff's coming as well* Jeff is jön *we may as well begin* akár kezdhetjük is ❽ *as well as* éppúgy mint *she's beautiful as well as intelligent* nemcsak okos, de szép is
KIFEJEZÉSEKBEN: *(it's) just as well* nem is baj
**well** *IND.SZÓ*
lám, hát, nos, na, szóval *well, I don't know* hát nem tudom
KIFEJEZÉSEKBEN: *well I never!* no de ilyet! / még ilyet!
**we'll** /wɪl/ erős alakja /wi:l/ [= we will]
**well-advised** /ˌwel əd'vaɪzd/ ❶ megfontolt, okos, bölcs ❷ *be well advised to do smth* okosan/jól tesz vmit
**well-appointed** /ˌwelə'pɔɪntɪd/ jól felszerelt/berendezett
**well-behaved** /ˌwel bɪ'heɪvd/ jól viselkedő
**well-being** jólét, komfort, kellemes érzés
**well-chosen** választékos, jól megválasztott
**well-considered** jól megfontolt
**well-disposed** jóindulatú
**well-done** ❶ jól (el)végzett ❷ jól átsütött

W

**well-dressed** jólöltözött
**well-earned** (jól) megérdemelt, kiérdemelt
**well-groomed** ápolt, jól öltözött, gondozott
**well-heeled** jómódú, pénzes
**wellies** /ˈwelɪz/ gumicsizma
**well-informed** jólértesült, tájékozott
**wellingtons** /ˈwelɪŋtənz/ gumicsizma
**well-intentioned** /ˌwel ɪnˈtenʃənd/ jószándékú
**well-kept** ápolt, gondozott [pl. kert]
**well-known, better-know, best-known** ❶ (jól)ismert, közismert, híres ❷ ismeretes *it is well-known that* {MONDAT} köztudomású, hogy {MONDAT}
**well-meaning** jószándékú
**well-off, better-off, best-off** ❶ jómódú ❷ jól el van látva (amivel: *for*)
KIFEJEZÉSEKBEN: *you don't know when you're well-off* nem (is) tudod, milyen jó dolgod van
**well-paid** jól fizetett/fizető
**well-read** olvasott, művelt
**well-rounded** ❶ kerekded [alakú] ❷ sokoldalú, széleskörű
**well-timed** jól időzített, jókor jövő
**well-to-do** jómódú, tehetős
**well-tried** kipróbált, bevált
**well water** kútvíz
**wellwisher** ❶ jóakaró ❷ gratuláló
**Welsh** /ˈwelʃ/ FNÉV/MNÉV walesi/velszi (nyelv)
**Welsh dresser** pohárszék, kredenc
**Welshman** /ˈwelʃmən/ TBSZ **Welshmen** /ˈwelʃmən/ walesi/velszi férfi
**Welsh rabbit** VAGY **Welsh rarebit** /ˌwelʃ ˈreəbɪt/ sajtos melegszendvics (Worcester-öntettel)
**Welshwoman** /ˈwelʃwʊmən/ TBSZ **Welshwomen** /ˈwelʃwɪmɪn/ walesi/velszi nő
**welterweight** /ˈweltəweɪt/ váltósúly
**went** ☞ go
**wept** ☞ weep
**we're** /wɪə/ [= we are]
**were** /wə/, erős alakja /wɜː/, tagadva **weren't** /wɜːnt/ ❶ voltál, voltunk, volta(to)k, Ön(ök) volt(ak) *they were here* itt voltak ❷ [feltételes] volnék, volnál, volna stb. *if I were taller* ha magasabb volnék
**weren't** /wɜːnt/ [= were not]
**werewolf** /ˈwɪəwʊlf/ VAGY /ˈweəwʊlf/ TBSZ **werewolves** /ˈwɪəwʊlvz/ VAGY /ˈweəwʊlvz/ emberfarkas, farkasember
**west** /west/ FNÉV
nyugat *two kilometres to the west of Vienna* két kilométerre Bécstől nyugatra
**west** MNÉV
❶ nyugati ❷ nyugati, nyugatról fújó [szél]
**west** HAT.SZÓ
nyugat felé, nyugatnak, nyugatra
KIFEJEZÉSEKBEN: *go west* elpusztul, meghal
**westbound** nyugat felé tartó/menő
**western** /ˈwestən/ FNÉV
western(film)
**western** MNÉV
nyugati
**westernize** /ˈwestənaɪz/ elnyugatiasít
**westward** /ˈwestwəd/ MNÉV
nyugatnak / nyugat felé tartó
**westward** VAGY **westwards** /ˈwestwədz/ HAT.SZÓ
nyugatra, nyugatnak, nyugat felé
**wet** /wet/ FNÉV
❶ nedvesség, eső ❷ nedves/vizes talaj
**wet** MNÉV
❶ nedves, vizes, átázott *get wet through* bőrig ázik ❷ esős, nedves ❸ puhány, nyámnyila
KIFEJEZÉSEKBEN: *be (still) wet behind the ears* zöldfülű
**wet** IGE
❶ megnedvesít, benedvesít, bevizez ❷ **wet** /wet/, **wet** /wet/, **wet** /wet/ összevizel vmit *wet the bed* ágybavizel
**wet bag** toalett-táska, neszeszer
**wet blanket** FNÉV ünneprontó
**wet nurse** szoptatós dajka
**wet paint** (vigyázat, frissen) mázolva [felirat]
**we've** /wɪv/ [= we have]
**WF** = white female
**whack** /wæk/ FNÉV
csapás, ütés
**whack** IGE
❶ elpáhol, elver ❷ megcsap, megüt
**whale** /weɪl/ bálna, cet(hal)
**whaler** /ˈweɪlə/ ❶ bálnavadász, cetvadász ❷ bálnavadászhajó
**wharf** /wɔːf/ TBSZ **wharfs** VAGY **wharves** /wɔːvz/ rakodópart, (rak)part
**what** /wɒt/ ❶ mi, micsoda *what is this?* mi ez? *what the hell?* mi az ördög? ❷ [összetett kérdőelemben] *what for?* miért? *what's this for?* mire való/szolgál ez? *what is it like?* milyen? ❸ (az,) ami *what he told me* amit mondott ❹ milyen? *what music?* milyen zenét? ❺ micsoda ...! *what an idea!* micsoda ötlet! *what weather!* micsoda idő! ❻ melyik *what page?* melyik oldal? ❼ ami, amennyi *I gave him what cigarettes I had* nekiadtam, ami cigarettám volt ❽ mennyit, mit *what does she care?* mit érdekli őt?
KIFEJEZÉSEKBEN: *so what?* na és (aztán)? *I'll tell you what* mondok én neked valamit *what of it?* na és akkor/aztán?
**whatchamacallit** /ˈwɒtʃəməkɔːlɪt/ VAGY **what-d'you-call-it** /ˈwɒdʒəkɔːlɪt/ hogy(is)hívják, izé
**whatd'youcallhim** /ˈwɒtʃjukɔːlɪm/ [*him* stb.] VAGY **whatshisname** /ˈwɒtsɪzneɪm/ [*his* stb.] hogyishívják
**whatever** /wɒtˈevə/ VAGY /wətˈevə/ ❶ akármi/bármi (is), ami csak *whatever she needs* amire csak szüksége van *whatever the cost* kerül, amibe kerül ❷ akármiféle, akármilyen *whatever price he says* bármilyen árat mond ❸ egyáltalá(ba)n *no money whatever* semeny-

nyi pénz ❹ mi (a csoda) *whatever is that thing?* mi a csuda az? ❺ bármelyik, mindegy

**whatnot** /ˈwɒtnɒt/ ❶ mindenféle, mittudommi ❷ stelázsi, polc

**whatsit** /ˈwɒtsɪt/ hogy(is)hívják, izé

**whatsoever** /ˌwɒtsəʊˈevə/ ❶ akármi/bármi (is), ami csak *whatsoever he needs* amire csak szüksége van ❷ akármiféle/bármiféle, akármilyen *whatsoever price he says* bármilyen árat mond ❸ egyáltalá(ba)n *no information whatsoever* semmiféle információ

**what-you-may-call-it** /ˈwɒtʃəməkɔːlɪt/ hogy(is)hívják, izé

**wheat** /wiːt/ búza

**wheat beer** búzasör

**wheat germ** búzacsíra

**wheat meal** durva búzaliszt

**wheat meal bread** félbarna búzakenyér

**wheel** /wiːl/ FNÉV

❶ kerék ❷ kormány, volán *at the wheel* a kormánynál ❸ kerék *break smb on the wheel* kerékbe tör vkit

**wheel** IGE

❶ gördít, gurít, tol ❷ *platoon, right wheel!!* szakasz, jobbra át!

**wheel and deal** ügyeskedik [üzletben/politikában]

**wheelbarrow** talicska, taliga

**wheelchair** tolókocsi

**wheelclamp** FNÉV

kerékbilincs

**wheelclamp** IGE

kerékbilinccsel lát el, kerékbilincset tesz fel

**-wheeler** /wiːlə/ [valahány] -kerekű *three-wheeler* háromkerekű kocsi

**wheel of fortune** szerencsekerék

**when** /wen/ ❶ mikor *when are you coming?* mikor jössz? *since when?* mióta? ❷ amikor, mikor ❸ mikor, ha egyszer *why are you going when you can stay?* miért mész, mikor maradhatsz? ❹ (mikor) pedig *he says he's eighteen when he's just sixteen* tizennyolcnak mondja magát, mikor csak tizenhat

KIFEJEZÉSEKBEN: *say when* szólj, ha elég / hogy meddig töltsek [kínálásnál]

**whence** /wens/ ❶ honnan, honnét ❷ ahonnan, ahonnét

**whenever** /wenˈevə/ ❶ akármikor/bármikor, amikor csak, valahányszor ❷ ugyan/mégis mikor

**where** /weə/ ❶ hol, merre *where did you get it from?* honnan vetted? ❷ hová *where to?* hová? ❸ ahol *from where* ahonnan ❹ ahová ❺ amiben, ahol *that's where you're wrong* itt/ebben tévedsz

**whereabouts** /ˈweərəbaʊts/ FNÉV

vmi holléte

**whereabouts** /ˈweərəbaʊts/ HAT.SZÓ

merre(felé), hol

**whereas** /weərˈæz/ ❶ (míg) ellenben/viszont, míg *whereas they like it hot...* míg ők forrón szeretik... *we prefer it cold, whereas...* mi hidegen szeretjük, míg ők... ❷ minthogy, mivelhogy

**wherever** /weərˈevə/ ❶ akárhol, bárhol, ahol csak *wherever it is* bárhol legyen is ❷ akárhova, bárhova ❸ hol/hová a csodába(n)

**whet** /wet/ ❶ (meg)köszörül, (meg)élesít, (meg)fen ❷ *whet smb's appetite* étvágyat csinál vkinek

**whether** /ˈweðə/ ❶ (vajon) …-e *I don't know whether I should go* nem tudom, menjek-e ❷ *whether… or…* akár…, akár… / ha…, ha… *whether you help or not* akár segítesz, akár nem

**whetstone** /ˈwetstəʊn/ fenőkő, köszörűkő

**whew** /hjuː/ hú! hű!

**whey** /weɪ/ (tej)savó

**which** /wɪtʃ/ ❶ melyik, melyek, melyikek ❷ amelyik/amely/ami / amelyek/amik *the building(s) which he designed* az épület(ek), amelye(ke)t tervezett ❸ ami *the building has been rebuilt, which is a promising sign* az épület újjáépült, ami / s ez biztató jel

**whichever** /wɪtʃˈevə/ akármelyik, bármelyik, amelyik csak *whichever you choose* bármelyiket választod

**whiff** /wɪf/ ❶ fuvallat, szellő ❷ szag, illat

**while** /waɪl/ FNÉV

❶ (rövid) idő *wait (for) a while* vár egy kicsit *a while ago* kis ideje *for a while* egy kis időre *in a little while* rövidesen *once in a while* időnként ❷ *be worth ‹one's› while* érdemes vmire időt szánnia

**while** KÖTŐSZÓ

❶ míg *while they work* amíg ők dolgoznak ❷ noha, bár *while this is true, ...* noha ez igaz, ... ❸ viszont, míg *they have money, while we have none* nekik van pénzük, nekünk viszont nincs

**whim** /wɪm/ szeszély

**whimper** /ˈwɪmpə/ FNÉV/IGE nyafog(ás), nyögdécsel(és)

**whimsical** /ˈwɪmzɪkəl/ szeszélyes, fur(cs)a, szertelen, bizarr

**whine** /waɪn/ FNÉV

❶ szűkölés, nyüszítés, vinnyogás ❷ nyafogás, siránkozás

**whine** IGE

❶ szűköl, nyüszít, vinnyog ❷ nyafog, siránkozik

**whip** /wɪp/ FNÉV

❶ ostor ❷ korbács ❸ parlamenti párt (szavazati) fegyelemért felelős vezetője

**whip** IGE

❶ ostorral (meg)üt/ver, megkorbácsol ❷ (fel)ver [habot/tojást] ❸ végigsöpör [szél] ❹ csapkod, ver [eső]

**whip up** ❶ szít, erősít [érzést/érzelmet] ❷ összecsap [munkát]

W

**whipped cream** [felvert] tejszínhab
**whipping cream** habtejszín
**whir** /wɜː/ FNÉV/IGE susog(ás), berreg(és), zümmög(és), búg(ás)
**whirl** /wɜːl/ FNÉV
❶ forgás, pörgés, kavargás ❷ forgatag, nyüzsgés ❸ *give smth a whirl* megpróbál/kipróbál vmit ❹ forgó [hajban]
**whirl** IGE
❶ forog, kavarog, örvénylik ❷ megfordul, megperdül ❸ forgat, pörget ❹ siet/robog vkivel ❺ magával ragad/sodor, megpörget
**whirlpool** /ˈwɜːlpuːl/ örvény
**whirlwind** /ˈwɜːlwɪnd/ ❶ tornádó, forgószél ❷ forgószél sebességű, forgószélszerű
**whirr** /wɜː/ FNÉV/IGE susog(ás), berreg(és), búg(ás), zümmög(és) [forgás közben]
**whisk** /wɪsk/ FNÉV
❶ suhintás, legyintés, csapás *whisk of the tail* farokiegyintés ❷ [kézi] habverő
**whisk** IGE
❶ suhint, csap ❷ ellegyint, elhessint ❸ eltüntet/elvisz ❹ elsöpör, lesöpör ❺ felver [habot]
**whisker** /ˈwɪskə/ bajusz [pl. macskáé]
KIFEJEZÉSEKBEN: *by a whisker* egy (paraszt)hajszállal
**whiskers** /ˈwɪskəz/ pofaszakáll
**whisky** VAGY **whiskey** US /ˈwɪskɪ/ ❶ whisky, whiskey ❷ telefon- ill. rádió-összeköttetésnél és betűzésnél a W betű szava
**whisper** /ˈwɪspə/ FNÉV
❶ suttogás, súgás *in a whisper* súgva ❷ pletyka *I've heard a whisper* hallottam valamit rebesgetni ❸ susogás
**whisper** IGE
❶ suttog, sugdos, sugdolózik, (meg)súg ❷ susog, zúg ❸ pletykál, rebesget
**whistle** /ˈwɪsəl/ FNÉV
❶ fütty(szó), fütyülés ❷ síp
**whistle** IGE
❶ fütyül, füttyent ❷ (el)fütyül vmit, fütyörész *whistle in the dark* bátorságot tettet ❸ sípol [bíró] ❹ sípol, sivít
**whistle for** *whistle for smth* elbúcsúzhat vmitől, keresztet vethet vmire
**whistle stop** ❶ feltételes megálló ❷ kisváros
**Whit** /ˈwɪt/ pünkösd *Whit Sunday* pünkösdvasárnap *Whit Monday* pünkösdhétfő
**white** /waɪt/ FNÉV
❶ fehér *dressed in white* fehérbe öltözve ❷ tojásfehérje *the white of egg* tojásfehérje ❸ fehér ember *whites and blacks* fehérek és feketék ❹ szem fehérje
**white** MNÉV
❶ fehér ❷ ősz *white hair* ősz haj ❸ sápadt, halvány *white as sheet* holtsápadt ❹ fehér [bőrű] ❺ fehérek lakta *white neighbourhood* fehérek lakta környék ❻ tejes/tejszínes *white coffee* tejeskávé
**White Anglo-Saxon Protestant** fehér angolszász protestáns
**white bear** jegesmedve
**white blood cell** fehérvérsejt
**whiteboard** fehértábla, whiteboard, műanyag írótábla
**white-collar** MNÉV/FNÉV irodai, szellemi (munka/dolgozó)
**white corpuscule** fehérvérsejt
**white goods** ❶ ágynemű, asztalnemű ❷ fehér áru, (nagy) háztartási gépek
**white horse** fehér tarajú hullám
**white-hot** fehéren izzó
**white knight** ❶ királyfi hófehér paripán ❷ cég megmentője kilátástalan helyzetben
**white lie** ártatlan füllentés, kegyes hazugság
**white line** záróvonal
**white meat** fehér hús [pl. borjú, pulykamell]
**whiten** /ˈwaɪtən/ ❶ (ki)fehérít ❷ (ki)fehéredik
**white pepper** fehérbors
**white pudding** májashurka
**white sauce** besamelmártás
**white slave** prostitúcióra kényszerített nő
**white slaver** leánykereskedő
**white smock** fehérköpenyes, irodai, szellemi [munka/dolgozó]
**white stick** fehér bot [vaké]
**white tie** ❶ fehér csokornyakkendő ❷ fehér csokornyakkendő frakkal [előírt viseletként]
**whitewash** /ˈwaɪtwɒʃ/ FNÉV
❶ meszelés ❷ mész(festék) ❸ ködösítés, figyelem-elterelés ❹ szerecsenmosdatás
**whitewash** IGE
❶ (be/ki)meszel ❷ ködösít, eltereli a figyelmet ❸ tisztára mos
**Whitsun** /ˈwɪtsən/ ❶ pünkösd ❷ pünkösdvasárnap
**Whitsuntide** /ˈwɪtsəntaɪd/ pünkösd
**whiz** VAGY **whizz** /wɪz/ FNÉV
❶ zúgás, sivítás, süvítés ❷ vmi boszorkányos művelője
**whiz** VAGY **whizz** IGE
sivítva/süvöltve repül/zúg
**whiz kid** VAGY **whizz kid** sikeres/jóeszű/találékony fiatal/gyerek
**who** /huː/ ❶ ki(csoda), ki(csodá)k *who did you talk to?* kivel beszéltél? ❷ aki, akik *the man who lives there* az a férfi, aki ott lakik
**who'd** /huːd/ ❶ [= who would] ❷ [= who had]
**whodunit** VAGY **whodunnit** /ˌhuːˈdʌnɪt/ krimi, bűnügyi történet [regény/film]
**whoever** /huːˈevə/ ❶ akárki, bárki, aki csak *whoever wants it* aki csak akarja ❷ ki a csoda
**whole** /həʊl/ FNÉV
❶ az egész *the whole of smth* vmi egésze *as a whole* egészében ❷ *on the whole* egészében/alapjában véve / nagyjából
**whole** MNÉV
egész, teljes *a whole week* egy teljes hét *swal-*

*low it whole* egészben nyeli le
**wholefood** tartósító nélküli élelmiszer
**wholegrain** teljes (ki)őrlésű
**wholehearted** /həʊl'hɑːtɪd/ ❶ őszinte, szívből jövő ❷ lelkes
**wholemeal** teljes kiőrlésű, korpával készült
**wholesale** *FNÉV*
nagybani kereskedelem, nagykereskedelem
**wholesale** *MNÉV*
❶ nagybani, nagykereskedelmi, nagykereskedői ❷ nagyszabású ❸ tömeges
**wholesale** *HAT.SZÓ*
❶ nagyban, nagykereskedelemben ❷ nagy méretekben, nagyban, nagy tételben ❸ tömegesen
**wholesome** /'həʊlsəm/ ❶ egészséges ❷ üdvös, jótékony, helyes, egészséges
**wholewheat** teljes kiőrlésű, korpával készült
**who'll** /huːl/ [= who will]
**wholly** /'həʊllɪ/ teljesen, egészen
**whom** /huːm/ ❶ kit/kiket *with whom?* kivel/kikkel? ❷ akit/akiket *with whom* akivel/akikkel
**whooping cough** /'huːpɪŋ kɒf/ szamárköhögés, pertussis
**whoops** /wʊps/ hoppá, hopplá
**whopper** /'wɒpə/ ❶ irtó/irdatlan nagy dolog/tárgy ❷ hatalmas hazugság
**whopping** /'wɒpɪŋ/ óriási, irdatlan, ménkű nagy
**whore** /hɔː/ szajha, kurva, ribanc
**who're** /'huːə/ [= who are]
**who's** /huːz/ ❶ [= who is] ❷ [= who has]
**whose** /huːz/ ❶ kié?/kiké? kinek a…/kiknek a…? *whose pen is this?* kinek a tolla ez? ❷ akié/akiké, akinek a... / akiknek a... *my colleague whose car's been stolen* a kolléga, akinek ellopták a kocsiját ❸ amelyiknek a... / amelyeknek a..., aminek a... / amiknek a...
**who've** /huːv/ [= who have]
**wh-word** /ˌdʌbəljuːeɪtʃ'wɜːd/ kérdőszó
**why** /waɪ/ *KÉRDŐSZÓ/NÉVMÁS*
❶ miért? mért? minek? ❷ amiért *that's why he left* ez az, amiatt eljött / ezért jött el
**why** *IND.SZÓ*
dehát, (de) hiszen
**WIA** = wounded in action
**wick** /wɪk/ gyertyabél, lámpabél, kanóc
**wicked** /'wɪkɪd/ ❶ bűnös, gonosz, rémes ❷ csintalan, pajkos ❸ rút, csúf ❹ klassz, haláli
**wicker** /'wɪkə/ vesszőből font, fonott *wicker basket* fonott kosár
**wickerwork furniture** nádbútor
**wicket** /'wɪkɪt/ krikettkapu
KIFEJEZÉSEKBEN: *sticky wicket* nehéz ügy/helyzet, kényes téma
**wicket keeper** krikettkapus
**wide** /waɪd/ *MNÉV*
❶ széles, tág *six inches wide* hat hüvelyk széles *wide selection* széles választék ❷ tág, bő, széleskörű *wide experience* széleskörű tapasztalat ❸ tágranyílt *with wide eyes* tágranyílt szemmel ❹ mellé (találó)
KIFEJEZÉSEKBEN: *be wide of the mark* el van hibázva, messze nem célbataláló/megfelelő
**wide** *HAT.SZÓ*
❶ messze, távol *with his legs wide apart* széles terpeszben *far and wide* közel s távol ❷ szélesen, szélesre *"open wide"* „nyissa nagyra" *wide open* szélesre tárva-nyitva
KIFEJEZÉSEKBEN: *wide awake* teljesen ébren
**widely** /'waɪdlɪ/ ❶ szélesen, széles körben *widely known* közismert ❷ erősen, nagyon *widely different* erősen eltérő
**widen** /'waɪdən/ ❶ (ki)tágít, (ki)szélesít, (ki)bővít ❷ (ki)tágul, (ki)szélesedik, kibővül
**wide-ranging** /'waɪdreɪndʒɪŋ/ kiterjedt, szerteágazó, széleskörű
**widespread** /'waɪdspred/ kiterjedt, általános
**widow** /'wɪdəʊ/ özvegy(asszony)
**widowed** /'wɪdəʊd/ megözvegyült
**widower** /'wɪdəʊə/ özvegy(ember)
**widowhood** /'wɪdəʊhʊd/ özvegység
**width** /wɪdθ/ ❶ szélesség, bőség *six metres in width* hat méter széles ❷ szélesség [textíliáé] *four widths* négyszer a szélessége
**wield** /wiːld/ ❶ rendelkezik vmivel ❷ kezel, forgat [kardot/eszközt]
**wife** /waɪf/ *TBSZ* **wives** /waɪvz/ feleség
**wife abuse** feleség verése/bántalmazása
**wig** /wɪg/ paróka
**wiggle** /'wɪgəl/ ❶ csóvál ❷ mozgat, ide-oda mozog ❸ riszál, ringat
**wild** /waɪld/ *FNÉV*
vadon *in the wild* vadon, a természetben
**wild** *MNÉV*
❶ vad, vadon élő/termő ❷ vad, féktelen, zabolátlan *run wild* megvadul *drive smb wild* megőrjít ❸ *be wild about smth* megőrül/él-hal vmiért *go wild over smth* halálra dicsér/szid ❹ találomra történő *wild guess* találgatás ❺ jokerértékű [kártya]
**wild boar** vaddisznó
**wild card** ❶ dzsóker, jolly ❷ dzsóker-jel, joker, [betű-helyettesítő] jokerként használt * illetve ?
**wild cat** vadmacska
**wilderness** /'wɪldənəs/ ❶ vadon, pusztaság ❷ tájvédelmi/természetvédelmi körzet
**wilderness area** *US* tájvédelmi/természetvédelmi körzet
**wildfire** futótűz
**wild flower** vadvirág
**wild fowl** (vad)szárnyas, vízi vad
**wild goose** *TBSZ* **wild geese** vadliba, vadlúd
**wild honey** vadméz
**wildlife** (vad) természet, vadon élő állatok/növények
**wildlife conserve** VAGY **wildlife park** vadvédelmi terület/körzet

W

**wildly** /ˈwaɪldlɪ/ ❶ vadul, féktelenül, zabolátlanul ❷ találomra ❸ erősen *wildly inaccurate* erősen pontatatlan
**wild oats** *sow ~one's~ wild oats* [fiatalkorában] kitombolja magát
**wild rose** vadrózsa
**wild strawberry** erdei szamóca
**wildwater** vadvízi *wildwater rafting* vadvízi evezés
**wilful** /ˈwɪlfʊl/ szándékos *wilful neglect* hűtlen elhagyás

**will** /wɪl/ *FNÉV*
❶ akarat, kívánság, szándék *iron will* vasakarat *will to live* életkedv ❷ végrendelet *make a will* végrendeletet készít
KIFEJEZÉSEKBEN: *at will* tetszés szerint

**will** *IGE*
FŐIGEKÉNT: ❶ ráhagy vkire *Grandpa willed me his watch* nagyapa rám hagyta az óráját ❷ rendel, óhajt, kíván *we willed him to win* szerettük volna, ha győz ❸ akar *say what you will* akármit is mondasz
SEGÉDIGEKÉNT: ❶ [jövőidő] *we will be there* ott leszünk *you won't be there* nem lesztek ott *I will have finished by 5* végzek 5-re ❷ [szándék/akarat] *who will do it?* ki lesz hajlandó megcsinálni? *the car won't start* a kocsi nem akar elindulni ❸ [kérés/kínálás] *will you come in?* fáradjon be! ❹ [kérés] *will you hold this for me?* tartanád ezt nekem? ❺ [elkerülhetetlenség] *accidents will happen* balesetek mindig lesznek ❻ [képesség] *the tank will hold 200 litres* a tartályban 200 liter fér el ❼ [valószínűség] *this will be Harry* ez biztos Harry lesz

**willing** /ˈwɪlɪŋ/ ❶ hajlandó, kész *she's willing to help* hajlandó segíteni ❷ készséges, szíves
**willingly** /ˈwɪlɪŋlɪ/ szívesen, készségesen
**will-o'-the-wisp** /ˌwɪl ə ðə ˈwɪsp/ ❶ lidércfény ❷ délibáb
**willow** /ˈwɪləʊ/ VAGY **willow tree** fűz(fa)
**willowy** /ˈwɪləʊɪ/ karcsú, hajlékony
**willpower** akaraterő
**willy** /ˈwɪlɪ/ fütyi
**willy-nilly** /ˌwɪlɪˈnɪlɪ/ ❶ kénytelen–kelletlen, akarva–akaratlan ❷ ha tetszik, ha nem
**wilt** /wɪlt/ ❶ (el)hervad, (el)kókad, kókadozik ❷ elhervaszt, lekókaszt ❸ elfárad, kókadozik

**win** /wɪn/ *FNÉV*
❶ győzelem ❷ nyeremény

**win** /wɪn/, **won** /wʌn/, **won** /wʌn/ *IGE*
❶ (meg)nyer *win at cards* kártyában nyer *OK, you win* na jó, nyertél ❷ (meg)szerez, elnyer *win second place* második helyet szerez ❸ elnyer, szert tesz vmire *win smb's friendship* elnyeri vkinek a barátságát *win recognition* elismerésre tesz szert
**win back** *win smth back* visszanyer/visszaszerez vmit
**win out** győz(edelmeskedik)
**win over** VAGY **win round** *win smb over/round (to ~one's~ point of view)* a maga oldalára állít, megnyer magának / a véleményének

**wince** /wɪns/ *FNÉV*
összerezzenés, megrezzenés, arcrándulás

**wince** *IGE*
megrezzen, összerezzen

**winch** /wɪntʃ/ ❶ csörlő, emelő ❷ orsó [horgászboton]

**wind** /wɪnd/ *FNÉV*
❶ szél *solar wind* napszél *high winds* erős szelek *something in the wind* valami a levegőben ❷ szélirány *down the wind* szélirányban ❸ lélegzet *get ~one's~ wind* visszanyeri a lélegzetét ❹ ijedség *get the wind up* be van gyulladva ❺ felfúvódás, szél
*give smb wind* vmitől felfúvódik *break wind* szellent ❻ fúvós hangszerek ❼ fúvós-szekció ❽ üres beszéd ❾ /waɪnd/ tekerés, csavarás, fordítás *give it a few winds* tekerj rajta párat
KIFEJEZÉSEKBEN: *take the wind out of smb's sails* kifogja a szelet vkinek a vitorlájából *be sound in wind and limb* minden porcikájában egészséges *get/have wind of smth* kiszagol/megszimatol vmit

**wind** /waɪnd/, **wound** /waʊnd/, **wound** /waʊnd/ *IGE*
❶ forgat, csavar, teker ❷ felhúz *wind the clock (up)* felhúzza a faliórát ❸ kanyarog, kígyózik ❹ teker, csavar, csévél ❺ **wind** /waɪnd/, **winded** /waɪndɪd/ VAGY **wound** /waʊnd/, **winded** VAGY **wound** /waʊnd/ megfúj, belefúj [kürtöt/kürtbe] ❻ /wɪnd/ megszimatol, szagot kap/vesz vmiről
**wind down** /waɪnd/, **wound** /waʊnd/, **wound** /waʊnd/ ❶ kipiheni magát, kienged, lazít ❷ *wind smth down* leteker *wind down the car window* letekeri a kocsiablakot ❸ [lassan] megszüntet vmit
**wind off** /waɪnd/, **wound** /waʊnd/, **wound** /waʊnd/ *wind smth off* leteker/lecsavar vmit
**wind up** /waɪnd/, **wound** /waʊnd/, **wound** /waʊnd/ ❶ *wind smth up* fölteker, fölhúz ❷ befejez ❸ megszüntet, felszámol ❹ vmilyen helyzetben találja magát, vhol kiköt *I wound up paying* végül nekem kellett fizetnem ❺ *wind smb up* felhúz/felhergel/feldühít vkit

**windbreaker** /ˈwɪndbreɪkə/ *US* viharkabát
**windcheater** /ˈwɪndtʃiːtə/ viharkabát
**wind cone** szélzsák
**winded** /ˈwɪndɪd/ *be winded* eláll a lélegzete
**windfall** /ˈwɪndfɔːl/ ❶ lehullott gyümölcs ❷ váratlan szerencse ❸ váratlan örökség
**wind farm** szélenergia-hasznosító, szélerőmű
**wind generator** szélerőmű, szélgenerátor
**winding** /ˈwaɪndɪŋ/ kanyargó, kanyargós
**winding sheet** /ˌwaɪndɪŋ ˈʃiːt/ szemfedő
**winding staircase** VAGY **winding stairs** csigalépcső

**wind instrument** /ˈwɪnd ɪnstrəmənt/ fúvós hangszer
**windmill** ❶ szélmalom *tilt at windmills* szélmalomharcot vív ❷ szélturbina ❸ [színes] (papír)forgó
**windmill farm** szélerőmű
**window** /ˈwɪndəʊ/ ❶ ablak *look out of the window* kinéz az ablakon ❷ [számítógépes] ablak ❸ boríték-ablak
**window box** virágláda
**window dresser** kirakatrendező
**window dressing** kirakatrendezés
**window frame** ablakkeret
**window ledge** ablakpárkány
**window pane** ablaküveglap, ablaktábla
**window screen** szúnyogháló
**window seat** ablak melletti hely/ülés
**window-shop** kirakatot nézeget
**window shutter** zsalu(gáter), spaletta
**window sill** ablakpárkány
**windpipe** /ˈwɪndpaɪp/ légcső
**windpower** szélenergia
**windpower plant** szélerőmű, szélgenerátor
**windscreen** szélvédő
**windscreen wiper** ablaktörlő [autón]
**windshield** ❶ szélvédő [motoron] ❷ *US* szélvédő
**windshield wiper** *US* ablaktörlő [autón]
**windsurf** *FNÉV/IGE* szörf(özik)
**windswept** szeles, szélfútta
**windy** /ˈwɪndɪ/ ❶ szeles, széljárta ❷ puffasztó ❸ semmitmondó, szószátyár ❹ ijedt, félénk
**wine** /waɪn/ bor *a glass of wine* egy pohár bor
**wine and dine** ❶ *wine and dine smb* megvendégel / jól tart vkit ❷ lakmározik
**wine cellar** bor(os)pince
**wine cooler** ❶ borból/gyümölcsléből/ásványvízből készült üdítőital ❷ jegesvödör
**wine grower** bortermelő, szőlősgazda
**wine-growing** bortermelés, borászat
**wine list** borlap, itallap
**winery** /ˈwaɪnərɪ/ borkombinát
**wine vault** borospince
**wine vinegar** borecet
**wing** /wɪŋ/ ❶ szárny *take wing* szárnyra kel, felszáll ❷ szárnya(húsa) ❸ repülőosztály [három század] ❹ (épület)szárny ❺ elülső elem, fender ❻ szélső [sportban] ❼ szárny [párté/szervezeté] ❽ *the wings* a kulisszák KIFEJEZÉSEKBEN: *be on the wing* repül, szárnyal *take smb under ⸗one's⸗ wings* szárnyai alá vesz vkit *get wings* megtáltosodik
**wing mirror** visszapillantó tükör
**wink** /wɪŋk/ *FNÉV*
❶ hunyorítás, kacsintás ❷ szempillantás *not sleep a wink* hunyásnyit sem alszik
**wink** *IGE*
*wink ( ⸗one's⸗ eye)* pislant, pislog, hunyorít, kacsint, pislog
**winner** /ˈwɪnə/ ❶ nyertes, győztes ❷ vmi elnyerője *Nobel Prize winner* Nobel-díjas ❸ nagy siker(re számító dolog)
**winning** /ˈwɪnɪŋ/ megnyerő, lefegyverző
**winnings** /ˈwɪnɪŋz/ nyereség [játékban]
**winter** /ˈwɪntə/ *FNÉV*
tél *in winter* télen
**winter** *IGE*
telel
**winterize** /ˈwɪntəraɪz/ ❶ téliesít [kocsit, házat] ❷ téliesre átalakít [ruhatárat]
**winter solstice** téli napforduló
**wintertime** tél, télidő
**wintry** /ˈwɪntrɪ/ VAGY **wintery** /ˈwɪntərɪ/ ❶ télies, téli, fagyos ❷ fagyos *wint(e)ry smile* fagyos mosoly
**wipe** /waɪp/ *FNÉV*
❶ (le)törlés, feltörlés ❷ törlőruha, törlőrongy
**wipe** *IGE*
(le)töröl, megtöröl *wipe ⸗one's⸗ shoes on the mat* cipőjét a lábtörlőbe törli
**wipe out** *wipe smb/smth out* ❶ elpusztít ❷ kidögleszt, kifáraszt
**wipe up** *wipe smth up* ❶ felitat, feltöröl ❷ eltörölget
**wire** /waɪə/ *FNÉV*
❶ drót, huzal, sodrony *wire fence* drótkerítés ❷ *US* drót, huzal, vezeték ❸ távirat
**wire** *IGE*
❶ vezetéket beköt/bevezet ❷ (össze)drótoz ❸ (meg)táviratoz ❹ táviratilag pénzt küld
**wire brush** drótkefe
**wire cutter** drótvágó
**wired** /ˈwaɪəd/ *be wired* ❶ be van „drótozva" [pl. kábeltévé/számítógépes rendszerbe] ❷ használja az Internetet
**wire haired terrier** drótszőrű terrier
**wire stripper** huzalcsupaszító
**wiretap** *IGE/FNÉV* lehallgat(ás) [telefonon]
**wire wool** dörzspárna, dörzskefe
**wiring** /ˈwaɪərɪŋ/ (elektromos) vezeték(ek)/huzalok
**wiry** /ˈwaɪərɪ/ szívós, izmos
**wisdom** /ˈwɪzdəm/ bölcsesség, tapasztalat
**wisdom tooth** *TBSZ* **wisdom teeth** bölcsességfog
**-wise** /waɪz/ ❶ -lag, -módon, -képpen *lengthwise* hosszában *clockwise* az óra járásával megegyezően ❷ dolgában, tekintetében *money-wise* anyagilag *timewise* idő tekintetében
**wise** /waɪz/ *MNÉV*
❶ bölcs, okos *it was wise of her to do it* okos dolog volt tőle, hogy megtette ❷ *get wise to smth/smb* kiismer vmit/vkit ❸ *put smb wise* felvilágosít vkit
**wise** *IGE*
**wise up** ❶ *wise up on smth/smb* kiismer vmit/vkit ❷ *wise smb up to smth* felvilágosít/kiokosít vkit vmiről
**wisecrack** /ˈwaɪzkræk/ aranyköpés, szellemesség

W

**wise guy** nagyokos, okostóni
**wisely** /ˈwaɪzlɪ/ ❶ bölcsen, okosan ❷ bölcsen [kommentárként] *wisely refrain from drinking* bölcsen teszi, hogy tartózkodik az ivástól
**wise men** *the (three) wise men of the East* a napkeleti bölcsek, a három királyok

**wish** /wɪʃ/ *FNÉV*
❶ kívánság, óhaj, akarat, vágy *his last wish* utolsó kívánsága *send ‹one's› best wishes to smb* jókívánságait küldi vkinek ❷ kívánás, kívánság *make a wish* kíván vmit *get a wish* teljesül a kívánsága

**wish** *IGE*
❶ kíván, óhajt, vágyik vmit/vmire *I wish I was/were a bird* bár madár lennék ❷ akar, kíván *whatever you wish* amit csak akarsz *if you (so) wish* ha (úgy) kívánod ❸ kíván [jókívánságot] *wish smb a merry Christmas* boldog karácsonyt kíván vkinek *wish smb well* jót kívánni vkinek
**wish for** *wish for smth* kíván *everything you could wish for* amit csak kívánsz
**wishbone** kívánócsont, húzócsont
**wishful thinking** vágyálom összekeverése a valósággal, „éhes disznó makkal álmodik"
**wish list** kívánságlista
**wishy-washy** /ˈwɪʃɪwɒʃɪ/ ❶ híg, vizes, gyenge ❷ határozatlan, gyenge akaratú
**wit** /wɪt/ ❶ szellemesség, elmésség ❷ szellemes ember/társalgó ❸ ész, felfogás *be beyond smb's wit* meghaladja vki észbeli képességeit KIFEJEZÉSEKBEN: *have ‹one's› wits about ‹one›* gyorsan jár az esze *be at ‹one's› wit's end* teljesen tanácstalan
**witch** /wɪtʃ/ ❶ boszorkány, boszorka ❷ (vén) banya/szipirtyó
**witchcraft** /ˈwɪtʃkrɑːft/ boszorkányság, varázslat
**witch doctor** javasember, kuruzsló, vajákos
**witch hunt** VAGY **witch hunting** politikai boszorkányüldözés

**with** /wɪð/ VAGY /wɪθ/ *ELÖLJ.*
❶ -val/-vel *with this pen* ezzel a tollal *the man I was with* az a férfi, akivel voltam *with the money* a pénzzel/pénzen *improve with age* a korral javul ❷ -nál/-nél, vki házában *stay with an aunt* egy nénikéjénél száll meg ❸ -nál/-nél, vkivel *I have no money with me* nincs nálam pénz ❹ -tól/-től, miatt *wet with rain* nedves az esőtől *green with envy* sárga az irigységtől ❺ ellenére *with all his faults* minden hibája ellenére ❻ ellen, -val/-vel *fight with smb* harcol vkivel ❼ [jelzős szerkezetben] *a book with a green cover* zöld borítójú könyv
KIFEJEZÉSEKBEN: *be with smb* követi/érti vki gondolatmenetét *be with it* korszerű, divatos, a dolgokat értő/követő *he's not with it today* ma nincs jó passzban

**with** *KÖTŐSZÓ*
minthogy / úgy, hogy *work with the kids shouting* úgy dolgozni, hogy a gyerekek kiabálnak
**withdraw** /wɪðˈdrɔː/, **withdrew** /wɪðˈdruː/, **withdrawn** /wɪðˈdrɔːn/ ❶ kivesz/felvesz [számláról] ❷ kivon/bevon [forgalomból] ❸ visszavon, visszaszív, visszavesz [rendeletet/ajánlatot/gyanúsítást/ígéretet] ❹ kivon, visszavon *withdraw troops* csapatokat von ki ❺ kivonul, kimegy vhonnan ❻ visszahúzódik/visszavonul/visszalép vhonnan
**withdrawal** /wɪðˈdrɔːəl/ ❶ kivonás *withdrawal of troops* csapatkivonás ❷ kivonás/bevonás [forgalomból] ❸ visszavonás, visszaszívás, visszavétel [rendeleté/ajánlaté/gyanúsításé/ígéreté] ❹ (készpénz)kivét, (kész)pénzfelvét ❺ visszahúzódás, visszavonulás, visszalépés
**withdrawal symptom** elvonási tünet
**wither** /ˈwɪðə/ ❶ elhervad, elsorvad, elfonnyad ❷ elhervaszt, elsorvaszt, elfonnyaszt ❸ meghiúsít [reményt]
**withering** /ˈwɪðərɪŋ/ lesújtó, megsemmisítő [pillantás]
**withhold** /wɪðˈhəʊld/, **withheld** /wɪðˈheld/, **withheld** /wɪðˈheld/ ❶ megtagad *withhold payment* visszatartja/megtagadja a kifizetést ❷ visszatart/elhallgat vmit

**within** /wɪˈðɪn/ *HAT.SZÓ*
benn, bent, belül *inquire within* érdeklődni bent (tessék)

**within** *ELÖLJ.*
❶ vmin belül, vmi belsejében *within the party* a párton belül *within an area of 10 sq km* 10 km$^2$-es területen belül ❷ vmin belül [idő] *within an hour* egy órán belül
KIFEJEZÉSEKBEN: *within an inch of smth* egy hajszálnyira vmitől

**without** /wɪˈðaʊt/ *HAT.SZÓ*
❶ kívül, kinn ❷ anélkül *you'll have to drink tea without* anélkül kell innod a teát

**without** *ELÖLJ.*
nélkül *without a coat* kabát nélkül

**without** *KÖTŐSZÓ*
anélkül, hogy *without opening her eyes* anélkül, hogy kinyitná a szemét
**withstand** /wɪðˈstænd/, **withstood** /wɪð ˈstʊd/, **withstood** /wɪðˈstʊd/ ellenáll vminek/vkinek *withstand an attack* ellenáll a támadásnak

**witness** /ˈwɪtnəs/ *FNÉV*
❶ (szem)tanú *witness for the defence* a védelem tanúja *be a witness to smth* szemtanúja vminek ❷ tanúvallomás, tanúságtétel, tanúbizonyság *bear witness to smth* tanúsít vmit, tanúbizonyságot tesz vmiről

**witness** *IGE*
❶ szemtanúja vminek, jelen van vminél ❷ észlel, megfigyel, tapasztal *the 2000's witnessed a big increase* az 2000-es években nagy növekedés történt ❸ tanúsít, tanúként igazol *witness smb's signature* tanúskodik vkinek ❹

tanúsít, mutat, bizonyít *his tears witnessed (to) his shame* könnyei mutatták szégyenét
**witness to** *witness to smth* tanúskodik, tanúként állít vmit
**witness box** VAGY **witness stand** tanúk padja
**-witted** /wɪtɪd/ -eszű, vmilyen észjárású
**witty** /ˈwɪtɪ/ szellemes, sziporkázó
**wives** ☞ wife
**wizard** /ˈwɪzəd/ ❶ varázsló ❷ ritka tehetség, fenomén *computer wizard* kompjúterfenomén ❸ „varázsló" [számítógépes]
**wizened** /ˈwɪzənd/ aszott, ráncos, fonnyadt
**wk.** = week; work
**wkly.** = weekly
**WM** = white male
**w/m** = weight and/or measurement
**W/O** VAGY **w/o** = without
**woe** /wəʊ/ ❶ szomorúság, bánat ❷ *woe betide smb* jaj vkinek *woe is me!* jaj nekem! ❸ baj, gond, csapás
**woeful** /ˈwəʊfəl/ ❶ szomorú, bús, szánalomra méltó ❷ irdatlan (nagy)
**wok** /wɒk/ wok, vok
**woke** ☞ wake
**woken** ☞ wake
**wolf** /wʊlf/ TBSZ **wolves** /wʊlvz/ ❶ farkas ❷ nagy nőcsábász
KIFEJEZÉSEKBEN: *cry wolf* vaklármát csap, farkast kiált *have/hold a wolf by the ears* törököt fog *keep the wolf from the door* éppen csak éhbérnyit keres
**wolves** ☞ wolf
**-woman** ❶ [vmely országbeli] nő *Frenchwoman* francia nő ❷ [vmely foglalkozású] nő *businesswoman* üzletasszony
**woman** /ˈwʊmən/ TBSZ **women** /ˈwɪmɪn/ ❶ nő, asszony *woman doctor* doktornő *single woman* egyedülálló nő ❷ bejárónő *a daily woman* bejárónő
**womankind** /ˈwʊmənkaɪnd/ a nők/asszonyok
**woman's** /ˈwʊmənz/ női, nő-
**womb** /wuːm/ (anya)méh
**women** ☞ woman
**women's** /ˈwɪmɪnz/ női, nő-
**won** ☞ win
**wonder** /ˈwʌndə/ FNÉV
❶ csodálkozás, csodálat ❷ csoda *work/do wonders* csodát tesz *no wonder that* {MONDAT} nem csoda, hogy {MONDAT}
**wonder** IGE
❶ szeretné tudni / kíváncsi *I wonder what happened* vajon mi történt? *I'm wondering if I could borrow it* szeretném elkérni, ha lehet ❷ csodálkozik/meglepődik vmin (amin: *at*) *I don't wonder* nem csodálkozom ❸ csodál vmit (amit: *at*)
**wonder drug** VAGY **wonder pill** csoda(gyógy)szer
**wonderful** /ˈwʌndəfəl/ csodá(lato)s, bámulatos *wonderful singer* csodálatos énekes
**won't** /wəʊnt/ [= will not]
**woo** /wuː/ ❶ udvarol ❷ megnyerni igyekszik
**wood** /wʊd/ ❶ ↯ NEM MEGSZÁML. fa, faanyag *made of wood* fából készült ❷ erdő
KIFEJEZÉSEKBEN: *can't see the wood for the trees* nem látja a fától az erdőt *be out of the wood* a nehezén túl van / kinn van a vízből *touch wood / knock on wood* lekopogom
**woodbine** /ˈwʊdbaɪn/ ❶ lonc ❷ borostyánszőlő, vadszőlő
**woodchuck** /ˈwʊdtʃʌk/ amerikai mormota
**woodcock** (erdei) szalonka
**wooden** /ˈwʊdən/ ❶ fából való, fa- ❷ ügyetlen, esetlen
**wood fibre** farost
**woodland** /ˈwʊdlænd/ VAGY **woodlands** /ˈwʊdlændz/ erdős vidék, erdőség
**wood louse** TBSZ **wood lice** fatetű
**woodman** /ˈwʊdmən/ TBSZ **woodmen** /ˈwʊdmən/ ❶ erdész ❷ favágó
**woodpecker** harkály, fakopá(n)cs
**wood rasp** fareszelő, ráspoly
**wood shed** fáskamra
**woodsman** /ˈwʊdzmən/ TBSZ **woodsmen** /ˈwʊdzmən/ ❶ erdész ❷ favágó
**wood tick** kullancs
**woodwind** /ˈwʊdwɪnd/ fafúvósok, fafúvósszekció
**woodwork** /ˈwʊdwɜːk/ ❶ famunka, famegmunkálás ❷ vmi faszerkezete ❸ kapufa
**woodworm** /ˈwʊdwɜːm/ szú
**woody** /ˈwʊdɪ/ ❶ fás *woody stem* fás szár ❷ erdős, fákkal borított
**woofer** /ˈwuːfə/ mély hangszóró
**wool** /wʊl/ ❶ [élő] gyapjú ❷ gyapjú(anyag)
KIFEJEZÉSEKBEN: *pull the wool over smb's eyes* vkinek a szemébe port hint
**woollen** VAGY **woolen** /ˈwʊlən/ gyapjú-
**woolly** /ˈwʊlɪ/ FNÉV
(kötött)gyapjúholmi
**woolly** MNÉV
❶ gyapjúszerű, gyapjúpuhaságú ❷ ködös, zavaros
**Worcester sauce** /ˈwʊstə sɔːs/ Worcester szósz/mártás
**word** /wɜːd/ FNÉV
❶ szó *can't think of the right word* nem jut eszébe a jó szó *word for/by word* szó szerint, szóról-szóra *in so many words* pont(osan) ezekkel a szavakkal *words fail* ⟨one⟩ nem talál szavakat *in a word* egy szóval *in other words* más szóval *have a word with smb* beszél vkivel *put in a word for smb* szól egy jó szót vki érdekében ❷ üzenet, hír *word of her success* a sikerének a híre *send word* üzen ❸ ígéret *give smb* ⟨one's⟩ *word* szavát adja vkinek *keep* ⟨one's⟩ *word* állja a szavát *go back on* ⟨one's⟩ *word* megszegi a szavát ❹ veszekedés, szóváltás *have/pass words* szóvál-

W

tásuk van ❺ jelszó ❻ *Word (of God)* Isten igéje ❼ (parancs)szó *on his word* (parancs)szavára ❽ *words* szöveg [dalé]

**word** IGE
(meg)fogalmaz, szavakba önt

**word blind** szóvak, diszlexiás

**word blindless** szóvakság, diszlexia

**word formation** szóképzés

**word of mouth** *by word of mouth* ❶ élőszóval, szóban ❷ szájhagyomány útján

**word order** szórend

**word perfect** ❶ szószerinti, betűhű ❷ szóról szóra megtanult

**wordplay** szójáték

**word processor** szövegszerkesztő

**wordy** /ˈwɜːdɪ/ ❶ szószátyár, bőbeszédű ❷ terjengős, bő lére eresztett

**wore** ☞ wear

**work** /wɜːk/ FNÉV
❶ ⌁ NEM MEGSZÁML. munka, dolog, feladat *hard work* nehéz munka *take work home* visz haza munkát *skilled work* szakmunka *unskilled work* betanított munka *danger: men at work* vigyázat: [pl. a tetőn] dolgoznak ❷ állás, munka *be out of work* munkanélküli ❸ munkahely *go to work by train* vonattal jár a munkahelyére *accident at work* munkahelyi baleset ❹ munka, mű, alkotás *my own work* saját művem *Byron's works* Byron művei ❺ működés *be out of work* nem működik ❻ munka [fizikában]
KIFEJEZÉSEKBEN: *it's all in a day's work* ez hozzátartozik a munkámhoz / ez a dolgom

**work** IGE
❶ dolgozik, működik, ténykedik *work for TBU* a TBU-nak/TBU-nál dolgozik *work like a horse* robotol ❷ működik, jár, beválik, hat *this won't work in practice* a gyakorlatban ez nem fog működni *work by electricity* villannyal működik ❸ (meg)dolgoztat vkit ❹ működtet, járat, kezel, üzemeltet ❺ utat tör, vhová jut *work* ⸗*one's*⸗ *way somewhere* utat tör vhová *work* ⸗*one's*⸗ *way up* felküzdi magát ❻ vmilyen állapotba kerül *work (itself) loose* kilazul, kioldódik ❼ vmilyen állapotba hoz *work smth loose* kilazít/meglazít/kiold vmit *work* ⸗*oneself*⸗ *into a temper* felbosszantja magát ❽ véghezvisz, létrehoz *work wonders* csodát tesz ❾ (meg)művel, megmunkál [anyagot]
KIFEJEZÉSEKBEN: *work to rule* munkalassítást / munkalassító sztrájkot folytat [a szabályok túlzott betartásával]

**work off** ❶ *work smth off* ledolgoz vmit, megszabadul vmitől, levezet vmit ❷ *work off* ⸗*one's*⸗ *debt* ledolgozza az adósságát

**work out** ❶ testgyakorlatokat végez, tornázik, edz ❷ kimerül [bánya] ❸ [végeredményül] kitesz, kijön *the cost works out at £50* a költségek 50 fontra jönnek ki ❹ beválik, jól működik, kialakul ❺ *work smth out* kidolgoz [tervet/részleteket] ❻ *work smth out* kiszámol, kiszámít ❼ *work smth out* rájön vmire, megold vmit

**work up** ❶ *work smb up* felizgat, fellelkesít ❷ *work smth up* kialakít, kifejleszt magában

**workable** /ˈwɜːkəbəl/ ❶ megvalósítható, járható ❷ (jól) megmunkálható/alakítható

**workaday** /ˈwɜːkədeɪ/ (hét)köznapi

**workaholic** /ˌwɜːkəˈhɒlɪk/ FNÉV/MNÉV munkamániás, munkafüggő

**workaholism** /ˈwɜːkəhɒlɪzəm/ munkamánia, munkafüggés, munkafüggőség

**workbench** munkapad

**workbook** munkafüzet

**workday** munkanap, hétköznap

**workdog** munkakutya

**worked up** /ˌwɜːkt ˈʌp/ izgatott, ideges, izguló

**worker** /ˈwɜːkə/ ❶ munkás, dolgozó *fellow worker* munkatárs, kolléga ❷ fizikai munkás ❸ keményen/jól dolgozó ember

**worker bee** dolgozó méh

**workforce** ❶ dolgozók, munkaerő ❷ dolgozói állomány/létszám

**workhouse** szegényház, dologház

**working** /ˈwɜːkɪŋ/ dolgozó, munkás-, munka-

**working capital** működőtőke, forgótőke

**working class** VAGY **working classes** a munkásosztály, a munkásság/munkások

**working-class** a munkásosztályból való, munkásosztálybeli, munkás-

**working clothes** munkaruha

**working day** munkanap, hétköznap

**working expenses** üzemeltetési költségek

**working girl** utcalány

**working hours** munkaidő

**working man** munkásember

**working order** üzemképes állapot

**working party** vizsgálóbizottság

**workings** /ˈwɜːkɪŋz/ vmi működése

**working top** [konyhai] előkészítő (munka)felület

**workload** munkaterhelés, munkahelyi teher

**workman** /ˈwɜːkmən/ TBSZ **workmen** /ˈwɜːkmən/ mester(ember), szakember

**workmanship** /ˈwɜːkmənʃɪp/ (szakszerű) kivitelezés/kivitel

**work of art** TBSZ **works of art** műalkotás, mű

**workout** /ˈwɜːkaʊt/ edzés, torna, testgyakorlat

**work permit** munkavállalási engedély

**workplace** munkahely

**works** /wɜːks/ ❶ gyár, üzem, -művek ❷ művek *works of Shakespeare* Shakespeare művei ❸ [mozgó] szerkezet
KIFEJEZÉSEKBEN: *the works* az egész mindenség *give me the works* mondj el mindent az elejétől *give smb the works* jól kioszt / móresre tanít *it's in the works* már készül/csinálják

**works canteen** üzemi étkezde

**works committee** VAGY **works council** üzemi bizottság, munkásbizottság
**worksheet** ❶ munkalap ❷ feladatlap
**workshop** ❶ műhely, csarnok ❷ (szellemi) műhely, műhely(munka), alkotóműhely
**workshy** /ˈwɜːkʃaɪ/ naplopó, dologkerülő
**workstation** [számítógépes] munkaállomás
**work-study** munkahelyi hatásfok-javítás (lehetőségeinek tanulmányozása)
**work surface** VAGY **work top** [konyhai] előkészítő (munka)felület
**work-to-rule** munkalassítás, munkalassító sztrájk
**workwear** ↯ NEM MEGSZÁML. munkaruha, munkaruházat
**world** /wɜːld/ ❶ világ, föld *in the world* a világon *all over the world* az egész világon ❷ bolygó, világ *from another world* egy másik világból ❸ a föld része *the developing world* a fejlődő világ ❹ vmi világa *the world of show business* a showbiznisz világa ❺ a föld, e [földi] világ
KIFEJEZÉSEKBEN: *the world to come* a másvilág, a túlvilág *there's a world of difference between them* óriási különbség van köztük *who/what in the world...?* ki/mi a csuda...? *not for (all) the world* a világért sem
**world-class** világklasszis, világszínvonalú
**world cup** világbajnokság
**world fair** világkiállítás
**world-famous** világhíres, világhírű
**world heritage** világörökség
**world heritage site** a világörökség része
**world language** ❶ világnyelv ❷ [mesterséges] világnyelv, segédnyelv
**world leader** világelső
**worldly** /ˈwɜːldlɪ/ evilági
**world music** világzene, world music
**world power** nagyhatalom, világhatalom
**world record** világcsúcs
**world view** világnézet, világszemlélet
**world war** világháború
**worldwide** MNÉV
világméretű, világ-
**worldwide** HAT.SZÓ
világszerte, az egész világon
**worm** /wɜːm/ FNÉV
❶ giliszta, kukac, hernyó, nyű ❷ [gyáva/hitvány] féreg ❸ csavarmenet
KIFEJEZÉSEKBEN: *even a worm will turn* egyszer a legbékésebb ember is megsokallja, ha rosszul bánnak vele *the worm has turned* (lám,) miből lesz a cserebogár!
**worm** IGE
❶ araszol ❷ furakodik, furakszik *worm through smth* átfurakodik vmin
**worm-eaten** ❶ szúette, féregrágta ❷ porlepte, ódon
**worm's-eye view** békaperspektíva
**wormy** /ˈwɜːmɪ/ ❶ kukacos, férges [pl. alma] ❷ szúette, féregrágta
**worn** /wɔːn/ MNÉV
viseltes, kopott, (el)nyűtt
**worn** IGE
☞ wear
**worn-out** /ˌwɔːnˈaʊt/ ❶ holtfáradt, kimerült ❷ agyonhasznált, elnyűtt, lepusztult
**worried** /ˈwʌrɪd/ aggódó, gondterhelt
**worrisome** /ˈwʌrɪsəm/ aggasztó, nyugtalanító
**worry** /ˈwʌrɪ/ FNÉV
aggodalom, gond, aggály *money worries* anyagi gondjai
**worry** IGE
❶ aggaszt, izgat, nyugtalanít ❷ aggódik, nyugtalankodik *worry about/over ⁝one's⁝ health too mch* aggódik az egészségéért
**worrying** /ˈwʌrɪɪŋ/ aggasztó, nyugtalanító
**worse** /wɜːs/ ❶ rosszabb *or worse still, he may have lost his way* sőt – ami még rosszabb – lehet, hogy eltévedt *so much the worse for him* annál rosszabb neki / úgy kell neki *to make matters worse* mindennek a tetejébe / ráadásul *change for the worse* rosszabbodik ❷ betegebb *be getting worse* egyre rosszabbul van ❸ súlyosabb, csúnyább ❹ *be none the worse* nincs/kutya baja, meg se kottyan neki vmi ❺ *worse luck* sajnos, sajna, pechemre
**worse** HAT.SZÓ
❶ rosszabbul ❷ csúnyábban, súlyosabban
**worsen** /ˈwɜːsən/ ❶ rosszabbít, (el)ront ❷ romlik, rosszabbodik, súlyos(b)odik
**Worship** *Your Worship* méltóságod [polgármesternek kijáró cím]
**worship** /ˈwɜːʃɪp/ FNÉV
❶ [vallásos] imádás, imádat ❷ *(divine) worship* istentisztelet
**worship** IGE
❶ imád *worship God* imádja Istent ❷ imádkozik, istentiszteletre jár
**worst** /wɜːst/ FNÉV
a legrosszabb *expect/fear the worst* a legrosszabbra számít *if the worst comes to the worst* ha a legrosszabbra kerül(ne) sor *at (the) worst* a legrosszabb esetben
**worst** MNÉV
❶ legrosszabb ❷ legbetegebb ❸ legcsúnyább, legsúlyosabb, legkomolyabb
**worst** HAT.SZÓ
❶ legrosszabbul ❷ legcsúnyábban, legsúlyosabban, legkomolyabban
**worst-case scenario** a legpesszimistább forgatókönyv
**worth** /wɜːθ/ FNÉV
érték *thousands pounds' worth of damage* sokezer font értékű kár
**worth** MNÉV
❶ vmennyi értékű, ér vmennyit, felér vmivel *be worth milliona* milliókat ér ❷ vmennyi va-

gyona van *she is worth billions* milliárdos ❸ érdemes, megéri *it's worth waiting for them* érdemes várni rájuk *was it worth his while?* megérte időt szánnia rá?
KIFEJEZÉSEKBEN: *for all ⁝one⁝ is worth* teljes erejéből
**worthless** /ˈwɜːθləs/ értéktelen, hitvány
**worthwhile** /ˈwɜːθwaɪl/ érdemes, [fáradságot/vmit] megérő
**worthy** /ˈwɜːðɪ/ ❶ érdemes, méltó *worthy opponent* méltó ellenfél ❷ vmit érdemlő *be worthy of admiration* méltó a csodálatra
**would** /ˈwʊd/ ❶ [jövő feltétel] *she would cry* elsírná magát ❷ [múlt feltétel] *she would have come* eljött volna ❸ [múltbeli szokás] *we would often have lunch together* gyakran ebédeltünk együtt ❹ [kívánság] *I would like to* szeretném/szeretnék ❺ [*will* helyett múlt környezetben] *he thought it would rain* azt hitte, esni fog ❻ [múltidejű hajlandóság] *he wouldn't go home* nem volt hajlandó hazamenni ❼ [kérés] *would you stop that noise / stop that noise, would you?* legyen olyan kedves, ne zajongjon
**would-be** leendő, jövendőbeli, -jelölt
**wouldn't** /ˈwʊdənt/ [= would not]
**wouldn't've** /ˈwʊdəntəv/ [= would not have]
**would rather** *would rather do smth* szívesebben tenne vmit *I'd rather play now* most inkább játszanék *I'd rather you went* jobban szeretném, ha mennél
**wound** /wuːnd/ FNÉV
❶ seb, sebesülés *bullet wound* lőtt seb ❷ sértés, sérelem
**wound** /wuːnd/ IGE
❶ megsebesít *be badly wounded* súlyosan megsebesül ❷ /waʊnd/ ☞wind
**wounded** /ˈwuːndɪd/ ❶ sebesült ❷ sértett *wounded pride* sértett büszkeség
**wove** ☞weave
**woven** ☞weave
**wow** /waʊ/ hú! / hű! / fú! / juj!
**wrangle** /ˈræŋgəl/ FNÉV
huzavona, civakodás, perpatvar (amin: *over*)
**wrangle** IGE
huzakodik, veszekedik (amin: *over*)
**wrangler** /ˈræŋglə/ ❶ veszekedő/civakodó ❷ csikós, cowboy
**wrap** /ræp/ FNÉV
sál, sálkendő, belépő
KIFEJEZÉSEKBEN: *under wraps* titokban
**wrap** IGE
❶ becsomagol ❷ betakar *wrap ⁝oneself⁝ up* bebugyolálja magát ❸ palástol, burkol, elrejt
**wrap up** ❶ jól felöltözik, jól bebugyolálja magát ❷ *wrap smth up* becsomagol vmit ❸ *wrap smth up* befejez, tető alá hoz ❹ *be wrapped up in smth* belemerül/beletemetkezik vmibe
**wrapping** /ˈræpɪŋ/ csomagolás, göngyöleg
**wrapping counter** csomagoló [áruházban]
**wrapping paper** [díszes] csomagolópapír
**wrath** /rɒθ/ GB, /ræθ/ US harag *the wrath of God* Isten haragja
**wreak** /riːk/ okoz, kelt *wreak havoc on smth* hatalmas pusztítást végez vmi(be)n
**wreath** /riːθ/ TBSZ **wreaths** /riːθs/ VAGY /riːðz/ koszorú *lay a wreath* koszorút helyez el
**wreathe** /riːð/ ❶ koszorúba köt ❷ koszorúval díszít
**wreck** /rek/ FNÉV
❶ hajóroncs ❷ (ideg)roncs
**wreck** IGE
❶ összeroncsol, összetör *be wrecked on the rocks* zátonyra fut ❷ tönkretesz
**wreckage** /ˈrekɪdʒ/ ❶ roncs ❷ vmi romjai/roncsai romjai
**wren** /ren/ ökörszem
**wrench** /rentʃ/ FNÉV
❶ *(monkey) wrench* csavarkulcs, franciakulcs ❷ megrántás, kiforgatás ❸ kificamítás, ficam
**wrench** IGE
❶ kiránt, megránt, elragad vmit vkitől *wrench smth out of smb's hand* kiránt/kicsavar vmit vki kezéből ❷ kicsavar, elgörbít ❸ kificamít ❹ tép, megrendít *heart-wrenching* szívet tépő, szívszorító
**wrest** /rest/ ❶ kiránt, megránt *wrest smth out of smb's hand* kiránt vmit vki kezéből ❷ kicsikar, kiprésel, kiszorít, kierőszakol
**wrestle** /ˈresəl/ birkózik, küzd
**wrestler** /ˈreslə/ birkózó
**wrestling** /ˈreslɪŋ/ birkózás
**wretched** /ˈretʃɪd/ ❶ boldogtalan, szerencsétlen ❷ vacak, pocsék, nyavalyás *wretched weather* ocsmány idő
**wriggle** /ˈrɪgəl/ FNÉV
❶ izgés-mozgás, fészkelődés ❷ tekergőzés
**wriggle** IGE
❶ izeg-mozog, fészkelődik ❷ tekereg
**wriggle out of** *wriggle out of smth* kikecmereg vmiből, megúsz vmit
**wring** /rɪŋ/ FNÉV
facsarás, csavarás, szorítás, tekerés
**wring** /rɪŋ/, **wrung** /rʌŋ/, **wrung** /rʌŋ/ IGE
❶ (ki)csavar, (ki)facsar *wring those wet things out* csavard ki azt a vizes holmit ❷ (ki)teker *wring smb's neck* kitekeri vki nyakát ❸ megszorít, megszorongat ❹ *wring ⁝one's⁝ hands* tördeli a kezét ❺ megrendít, szívébe markol, elszorítja a szívét ❻ vonaglik [pl. fájdalmában]
**wringing wet** /rɪŋɪŋ ˈwet/ csurom víz
**wrinkle** /ˈrɪŋkəl/ FNÉV
❶ ránc, redő ❷ gyűrődés ❸ trükk, fortély
**wrinkle** IGE
❶ ráncolódik, gyűrődik, ráncot vet ❷ ráncol, redőz, gyűr

**wrist** /rɪst/ csukló
**wristband** ❶ csuklószorító ❷ kézelő
**wristlet** /ˈrɪstlet/ karperec
**wristwatch** /ˈrɪstwɒtʃ/ karóra
**writ** /rɪt/ ❶ pecsétes/hivatalos (ok)irat/végzés ❷ *the Holy Writ* a Szentírás
**writable** /ˈraɪtəbəl/ írható [adathordozó]
**write** /raɪt/, **wrote** /rəʊt/, **written** /ˈrɪtən/ ❶ ír, megír, leír *write in ink* tintával ír *write for the stage* színpadi író *write smb a cheque for £200* csekket állít ki vkinek 200 fontról ❷ ír, átír, másol [adatot]
**write back** válaszol [levélben], visszaír
**write in** beír vhová
**write off** *write smb/smth off* ❶ leír [költséget] ❷ leír, sztorníroz ❸ lemond vmiről/vkiről, leír vmit/vkit
**write out** *write smb/smth out* ❶ lemásol, letisztáz, részletesen átír ❷ megír, kiállít *write out a prescription* receptet kiállít
**write-off** ❶ leírt érték ❷ leírás [veszteségé] ❸ totálkáros autó
**writer** /ˈraɪtə/ író, szerző *software writer* szoftver-szerző
**writhe** /raɪð/ vonaglik, vergődik, rángatózik
**writing** /ˈraɪtɪŋ/ ❶ írás *in writing* írásban *can I have that in writing?* írásba adná ezt? ❷ írás *a piece of writing* (írás)mű ❸ kézírás
**writing desk** íróasztal
**writing pad** mappa, jegyzettömb
**writing paper** jegyzetpapír, levélpapír
**written** /ˈrɪtən/ *MNÉV*
írott, írásos, írásbeli
**written** *IGE*
☞ write
**wrong** /rɒŋ/ *FNÉV*
❶ a helytelen/rossz *know right from wrong* megkülönbözteti a helyeset a helytelentől ❷ jogsértés, igazságtalanság
KIFEJEZÉSEKBEN: *be in the wrong* nincs igaza, téved, hibázik
**wrong** *MNÉV*
❶ rossz, téves, helytelen, nem (a) jó, nem megfelelő *be wrong* téved *get on the wrong bus* rossz buszra száll *get smth wrong* elhibáz/elvét/félreért vmit *what's wrong with you?* mi bajod? *go wrong* elromlik, félresiklik ❷ helytelen, erkölcstelen
KIFEJEZÉSEKBEN: *go (down) the wrong way* félremegy [falat] *get out of the bed on the wrong side* bal lábbal kel fel *bark up the wrong tree* rossz helyen kereskedik
**wrong** *IGE*
megkárosít, megsért, árt vkinek
**wrongdoing** /ˈrɒŋduːɪŋ/ gaztett, bűn, bűntett
**wrongly** /ˈrɒŋlɪ/ helytelenül, tévesen, jogtalanul
**wrong number** téves kapcsolás
**wrote** ☞ write
**wrought** /rɔːt/ megmunkált, kidolgozott *wrought by hand* kézimunkával készült
**wrought iron** kovácsoltvas
**wrung** /rʌŋ/ ☞ wring
**wry** /raɪ/ fanyar *a wry smile* fanyar/kényszeredett mosoly *wry humour* fanyar humor
**wt.** = weight
**W-2** VAGY **W-2 form** *US* alkalmazottak éves jövedelem- és adó-kimutatása
**W3** = World Wide Web
**WW** = World War; wall-to-wall
**WWW** = World Wide Web

W

# X, x /eks/

**x** = cross; excess; extra
**X** = cross; Christ; Christian; extra
**x** /eks/ ❶ kihúz, áthúz ❷ beikszel, bejelöl
**X-certificate** csak felnőtteknek való [film]
**xenon** /ˈzenɒn/ xenon
**xenophobe** /ˈzenəfəʊb/ *FNÉV* idegengyűlölő
**xenophobia** /zenəˈfəʊbɪə/ idegengyűlölet
**xenophobic** /zenəˈfəʊbɪk/ *MNÉV* idegengyűlölő
**xerox** /ˈzɪərɒks/ VAGY /ˈzerɒks/ *FNÉV*
fénymásoló(gép), xerox(gép)
**xerox** *IGE*
(le)másol, xeroxoz, xeroxol
**X-film** /ˈeks fɪlm/ felnőtteknek szóló film
**XL** = extra large; extra long
**Xmas** /ˈkrɪsməs/ VAGY /ˈeksməs/ karácsony
**XQ** = cross question
**X-rated** /ˈeksreɪtɪd/ felnőtteknek való [film]
**X-ray** /ˈeks reɪ/ *FNÉV*
❶ röntgen, röntgenezés ❷ telefon- ill. rádió-összeköttetésnél és betűzésnél az X szava
**X-ray** *IGE*
(meg)röntgenez, átvilágít
**XS** = extra small
**xylophone** /ˈzaɪləfəʊn/ xilofon

# Y, y /waɪ/

**y** = yard(s); year(s)
**yacht** /jɒt/ *FNÉV/IGE* jacht(ozik)
**yachting** /ˈjɒtɪŋ/ vitorlázás, vitorlássport
**yachtsman** /ˈjɒtsmən/ *TBSZ* **yachtsmen** /ˈjɒtsmən/ ❶ jachtozó ❷ jacht-tulajdonos
**yahoo** /jɑːˈhuː/ ❶ faragatlan alak ❷ hangos/modortalan yuppie
**yank** /jæŋk/ (meg)ránt, rángat
**Yankee** /ˈjæŋkɪ/ ❶ jenki ❷ telefon- ill. rádió-összeköttetésnél és betűzésnél az Y szava
**yard** /jɑːd/ ❶ yard [= 0,9 m] ❷ kert *back yard* hátsó kert *front yard* előkert ❸ telep *coal yard* széntelep ❹ *(marshalling) yard* rendezőpályaudvar
**yardage** /ˈjɑːdɪdʒ/ yardban megadott hosszúság
**yard sale** (használtcikk)árusítás [garázsban]
**yardstick** /ˈjɑːdstɪk/ mérce, zsinórmérték
**yarn** /jɑːn/ ❶ fonal, fonál ❷ (hosszú/fantasztikus) kaland, történet, mese
**yawn** /jɔːn/ *FNÉV*
❶ ásítás ❷ unalom, unalmas dolog ❸ unalmas ember
**yawn** *IGE*
❶ ásít ❷ tátong

**yd.** = yard(s)

**yea** /jeɪ/ *FNÉV*
„igen" szavazat

**yea** /jeɪ/ *IND.SZÓ*
[régies] igen

**yeah** /jeə/ igen

**year** /jɪə/ ❶ év *calendar year* naptári év *last year* tavaly *this year* idén *year after/by year* évről évre *all the year round* egész évben ❷ évfolyam *in/on the first year* első éven/évfolyamon

**yearbook, YB** ❶ évkönyv ❷ *US* érettségi fotóalbum/évkönyv

**yearly** /ˈjɪəlɪ/ *FNÉV*
évente megjelenő kiadvány

**yearly** *MNÉV*
❶ évenkénti, éves ❷ egy évre szóló ❸ -évenkénti

**yearly** *HAT.SZÓ*
évente, évenként, minden évben

**yearn** /jɜːn/ sóvárog, vágy(ód)ik, epekedik (ami után: *for*)

**yeast** /jiːst/ élesztő

**yell** /jel/ *FNÉV*
sikoltás, kiáltás, kiabálás, kurjantás

**yell** *IGE*
sikolt, üvölt, kiált, kurjant

**yellow** /ˈjeləʊ/ *FNÉV*
❶ sárga (szín) ❷ tojássárgája

**yellow** *MNÉV*
sárga

**yellow-bellied** gyáva

**yellow card** sárga lap [sportban]

**yellow fever** sárgaláz

**yellow jacket** darázs

**yellow journalism** bulvársajtó

**yellow line** (időszakos) parkolási tilalmat jelző sárga vonal *double yellow line* szigorú parkolási tilalmat jelző sárga vonal

**yellow pages** szakmai telefonkönyv

**yellow press** bulvársajtó

**yelp** /jelp/ *FNÉV/IGE* csahol(ás), ugat(ás)

**yen** /jen/ vágyódás

**yeoman** /ˈjəʊmən/ *TBSZ* **yeomen** /ˈjəʊmən/ testőr a Towerban

**yeoman of the guard** testőr a Towerban, Beefeater

**yes** /jes/ igen *yes and no* igen is meg nem is *yes, please* igen, kérek *yes, sir!* igenis, uram! / parancs!

**yes man** hízelgő/szolgalelkű ember

**yes/no question** eldöntendő kérdés

**yesterday** /ˈjestədeɪ/ tegnap *the day before yesterday* tegnapelőtt

**yet** /jet/ *HAT.SZÓ*
❶ még, eddig, már *has he arrived yet?* megjött már? *not yet* még nem *he is yet a child* gyerek még *as yet* ezidáig ❷ még, ezután *we have yet to hear their story* még meg kell hallgatnunk a történetüket ❸ még, másik *yet another reason* még egy ok

**yet** *KÖTŐSZÓ*
mégis, de azért *yet at the same time* de ugyanakkor

**yeti** /ˈjetɪ/ jeti

**yew** /juː/ tiszafa

**yield** /jiːld/ *FNÉV*
❶ (termés)hozam *give a high yield* magas hozamot ad ❷ hozam, reálhozam *yields on bonds* kötvények hozama ❸ *US* elsőbbségadás kötelező [tábla]

**yield** *IGE*
❶ hoz, ad, terem, jövedelmez ❷ megadja magát *be forced to yield* kénytelen megadni magát ❸ átad, átenged, felad, lemond vmiről ❹ megadja magát, behódol (akinek/aminek: *to*) ❺ meglazul, megereszkedik, meghajlik ❻ *US* elsőbbséget ad *yield to traffic from the left* a balról jövőknek elsőbbséget ad

**yippee!** /ˈjɪpiː/VAGY /jɪˈpiː/ hurrá! / hű de jó!

**YMCA** = Young Men's Christian Association

**yo** /jəʊ/ ❶ hé! he! helló! ❷ hű! ❸ jelen! [név szólításakor]

**y.o.b.** VAGY **YOB** = year of birth

**yodel** VAGY **yodle** /ˈjəʊdəl/ *FNÉV/IGE* jódli(zik)

**yoga** /ˈjəʊgə/ jóga

**yoghurt** VAGY **yogurt** /ˈjɒgət/ joghurt

**yogi** /ˈjəʊgɪ/ jógi

**yoke** /jəʊk/ ❶ iga, járom ❷ rabiga, uralom, szolgaság ❸ teherhordó iga [vállon]

**yokel** /ˈjəʊkəl/ *FNÉV* bunkó, suttyó

**yolk** /jəʊk/ tojássárgája

**Yorkshire pudding** marhasült-köret

**you** /jʊ/ VAGY /jə/, (erős alak: /juː/) ❶ te, téged, maga/ön, magát/önt ❷ ti, benneteket/titeket, maguk/önök, magukat/önöket ❸ neked, magának/önnek, nektek, maguknak/önöknek ❹ [elöljáróval] veled/önnel, neked/önnek stb. *about you* rólad/magáról/önről, rólatok/magukról/önökről ❺ [általános alany] az ember *you don't learn languages like that* így nem tanulunk nyelvet

**you'd** /jʊd/ VAGY /jəd/, erős alakja /juːd/ ❶ [= you had] ❷ [= you would]

**you'd've** /ˈjʊdəv/ [= you would have]

**you'll** /jʊl/ VAGY /jəl/, erős alakja /juːl/ [= you will]

**young** /jʌŋ/ *FNÉV*
❶ *the young* kölyökállatok, fiókák, kicsinyek ❷ *the young* a fiatalság/fiatalok

**young** *MNÉV*
❶ fiatal, ifjú *young people* fiatalok ❷ új, fiatal ❸ fiatalkori *my young days* az én fiatalkorom ❹ fiatalos

**young adult** tinédzser, serdülő

**young lady** ❶ kisasszony ❷ barátnő, kedves

**young man** ❶ fiatalember ❷ barát, udvarló, kedves

**young offender** fiatalkorú elkövető

**youngster** /ˈjʌŋstə/ ifjú

Y

**your** /jə/, erős alakja /jɔː/ ❶ a te... *your books* a könyveid ❷ a ti... *your books* a ti könyveitek ❸ az Ön(ök)... *your books* az ön(ök) könyvei ❹ az ember... *you don't use your fork like that* nem így használjuk a villát

**you're** /jə/, erős alakja /jɔː/ [= you are]

**yours** /jɔːz/ ❶ a tied/tieid *the pen is yours* a toll a tied *a friend/book of yours* egy barátod/könyved ❷ tietek, a tieitek *the pens are yours* a tollak a tieitek ❸ az öné/magáé, az önéi/magáéi ❹ az önöké/maguké, az önökéi/magukéi ❺ *Yours* üdvözlettel / tisztelettel *yours, J H* üdvözlettel, J H

**yourself** /jəˈself/ (te) (saját) magad / (ön) (saját) maga *you hurt yourself* megsebesíted magad *(all) by yourself* (egyedül) te (egy)magad *are you enjoying youself?* jól mulatsz?

**yourselves** /jəˈselvz/ (ti) magatok / (önök) (saját) maguk *you hurt yourselves* megsebesítitek magatokat *you yourselves said so* önök maguk mondták *by yourselves* ti magatok *are you enjoying youselves?* jól mulatnak?

**youth** /juːθ/ TBSZ **youths** /juːθs/ VAGY /juːðz/ ❶ ifjúság, fiatalság, fiatalkor *in his youth* fiatalkorában ❷ fiatal (ember) ❸ ifjúság, fiatalok

**youth custody** [15–21 éves] fiatalkorúak javító–nevelő büntetése

**youth custody centre** javító–nevelő intézet

**youthful** /ˈjuːθfəl/ ❶ fiatalos ❷ fiatal

**youth hostel** ifjúsági szálló, ifjúsági turistaház

**you've** /jəv/ VAGY /jʊv/, erős alakja /juːv/ [= you have]

**yoyo** /ˈjəʊjəʊ/ jojó

**yr.** = year(s); your(s)

**yuck** /jʌk/ FNÉV

trutyi, trutymó

**yuck** VAGY **yuk** /jʌk/ IND.SZÓ

fuj! / foj!

**yucky** /ˈjʌkɪ/ ❶ gusztustalan ❷ szentimentális

**yule** VAGY **Yule** /juːl/ karácsony

**yummy** /ˈjʌmɪ/ MNÉV

fincsi

**yummy** IND.SZÓ

nyám–nyám, nyamm-nyamm

**yuppie** VAGY **yuppy** /ˈjʌpɪ/ yuppie

**yuppification** /ˌjʌpɪfɪˈkeɪʃən/ (el)yuppie-sodás

**yuppify** /ˈjʌpɪfaɪ/ (el)yuppie-sodik

**yurt** /ˈjʊət/ VAGY **yurta** /ˈjʊətə/ jurta

# Z, z /zed/

**Z** = zenith; zone

**zap** /zæp/ *FNÉV*
energia, erő élénkség

**zap** *IGE*
❶ (számítógépes játékban) kinyír ❷ tévécsatornáról csatornára vált ❸ begyorsul, száguld, rohan ❹ mikróban (meg)melegít

**zeal** /ziːl/ buzgalom, lelkesedés, hév

**zealot** /ˈzelət/ *FNÉV* fanatikus, (vak)buzgó

**zealous** /ˈzeləs/ buzgó, lelkes, fanatikus

**zebra** /ˈziːbrə/ VAGY /ˈzebrə/ zebra

**zebra crossing** zebra, gyalogátkelőhely

**zed** /zed/ Z betű

**zee** /ziː/ *US* Z betű

**zenith** /ˈzenɪθ/ VAGY /ˈziːnɪθ/ csúcspont, tetőpont

**zeppelin** /ˈzepəlɪn/ zeppelin

**zero** /ˈzɪərəʊ/ *FNÉV*
zéró *5 degres below zero* mínusz öt fok

**zero** *IGE*
**zero in** ❶ *zero in on smth* ráközelít vmire, közelbe hoz ❷ *zero in on smth* becéloz, rááll vmire ❸ összepontosít, koncentrál vmire

**zero hour** akció/támadás kezdete/ideje

**zero rate** nulla-kulcs

**zeroth** /ˈzɪərəʊθ/ nulladik

**zest** /zest/ ❶ kedv, lendület, lelkesedés ❷ izgalmas íz/zamat

**zigzag** /ˈzɪgzæg/ *FNÉV*
❶ zegzug, cikcakk ❷ cikcakkos, kanyargó

**zigzag** *IGE*
cikcakkban halad, kanyarog, zegzugol

**zinc** /zɪŋk/ horgany, cink

**zip** /zɪp/ *FNÉV*
❶ cip(p)zár, zip(p)zár ❷ lendület, energia ❸ fütyülés, süvítés [golyóé]

**zip** *IGE*
❶ (be)cipzároz, behúz/felhúz ❷ vágtat, száguld *the minutes zip past* száguldanak a percek ❸ villámgyorsan eljuttat/küld vmit ❹ fütyül, süvít [golyó]

**zip code** *US* (postai) irányítószám

**zip fastener** cip(p)zár, zip(p)zár

**zipper** /ˈzɪpə/ cip(p)zár, zip(p)zár

**zither** /ˈzɪðə/ citera

**zodiac** /ˈzəʊdɪæk/ ❶ zodiákus, csillagkép ❷ állatkör, égkör, zodiákus

**zombie** VAGY **zombi** /ˈzɒmbɪ/ ❶ zombi ❷ lassú/élettelen ember, zombi

**zone** /zəʊn/ ❶ zóna, öv(ezet), sáv *time zone* időzóna ❷ éghajlati öv, égöv

**zone time** zónaidő

**zoning** /ˈzəʊnɪŋ/ övezetbe sorolás

**zoo** /zuː/ állatkert

**zoological** /ˌzəʊəˈlɒdʒɪkəl/ állattani, zoológiai

**zoological gardens** állatkert

**zoologist** /zəʊˈɒlədʒɪst/ zoológus

**zoology** /zəʊˈɒlədʒɪ/ zoológia, állattan

**zoom** /zuːm/ *FNÉV*
❶ dübörgés, búgás, zúgás ❷ zoom(objektív)

**zoom** *IGE*
❶ dübörög, búg, zúg ❷ hirtelen megnő
**zoom in** *zoom in on smth* ❶ kamerával közelebb hoz ❷ közelebbről megvizsgál
**zoom out** gumioptikával/kamerával eltávolodik/kizoomol

**zoom lens** gumiobjektív, zoom(objektív), gumioptika

**zucchini** /zʊˈkiːnɪ/ VAGY /tsuːˈkiːnɪ/ cukkini

**Zulu** /ˈzuːlʊ/ VAGY /ˈzuːluː/ telefon- ill. rádió-összeköttetésnél és betűzésnél a Z szava

## NÉHÁNY NAGY SZÁM MAGYAR MEGFELELŐJE

| BRIT ANGOL | AMERIKAI ANGOL | |
|---|---|---|
| **million** | **million** | millió [$10^6$] |
| **billion** | **billion** | milliárd [$10^9$] |
| **gillion** | | milliárd [$10^9$] |
| **(milliard)** | | milliárd [$10^9$] |
| | **trillion** | billió [$10^{12}$] |
| **(billion)** | | billió [$10^{12}$] |
| | **quadrillion** | billiárd [$10^{15}$] |
| **trillion** | **quintillion** | trillió [$10^{18}$] |
| | **sextillion** | szextillió [$10^{21}$] |
| **sextillion** | | szextillió [$10^{36}$] |
| **quadrillion** | **septillion** | kvadrillió [$10^{24}$] |
| | **quadrillion** | kvadrillió [$10^{15}$] |

A zárójelbe tett alakok ritkán fordulnak elő.

## NÉHÁNY NAGY SZÁM BRIT ÉS AMERIKAI MEGFELELŐJE

| | BRIT ANGOLBAN | AMERIKAI ANGOLBAN |
|---|---|---|
| **millió** [$10^6$] | million | million |
| **milliárd** [$10^9$] | billion<br>*one thousand million* | billion<br>*one thousand million* |
| **billió** [$10^{12}$] | *one million million* | trillion |
| **billiárd** [$10^{15}$] | *one thousand billion* | quadrillion |
| **trillió** [$10^{18}$] | trillion | quintillion |
| **szextillió** [$10^{21}$] | *one thousand trillion* | sextillion |
| **szextillió** [$10^{36}$] | sextillion | *one trillion septillion* |
| **szeptillió** [$10^{24}$] | *one million trillion* | septillion |
| **kvadrillió** [$10^{24}$] | quadrillion | septillion |
| **kvadrillió** [$10^{15}$] | *one million billion* | quadrillion |

A *dőlten* szedett szavak körülírt alakok – néha csak ilyenek léteznek.

## GYAKORIBB ANGOLSZÁSZ NŐI ÉS FÉRFI KERESZTNEVEK

A becenevektől és a változatoktól nyilak vezetnek a teljes, „hivatalos" alakokhoz. A női (♀) és férfi (♂) neveket vegyesen adtuk meg.

**Abe** ♂ eɪb ⇨ **Abraham**
**Abigail** ♀ ˈæbɪgeɪl
**Abraham** ♂ ˈeɪbrəhæm
**Ada** ♀ ˈeɪdə
**Adam** ♂ ˈædəm
**Adrian** ♂ ˈeɪdrɪən
**Agatha** ♀ ˈægəθə
**Aggie** ♀ ˈægɪ ⇨ **Agatha**
**Aggie** ♀ ˈægɪ ⇨ **Agnes**
**Agnes** ♀ ˈægnɪs
**Aileen** ♀ ˈaɪliːn ⇨ **Eileen**
**Al** ♂ æl ⇨ **Alan, Allan, Allen**
**Alan, Allan, Allen** ♂ ˈælən
**Albert** ♂ ˈælbət
**Alec** ♂ ˈælɪk
**Alex** ♂ ˈælɪks ⇨ **Alexander**
**Alex** ♀ ˈælɪks ⇨ **Alexandra**
**Alexander** ♂ ˌælɪgˈzɑːndə
**Alexandra** ♀ ˌælɪgˈzɑːndrə
**Alexis** ♀ əˈleksɪs
**Alf** ♂ ælf ⇨ **Alfred**
**Alfie** ♂ ˈælfɪ ⇨ **Alfred**
**Alfred** ♂ ˈælfrɪd
**Alice** ♀ ˈælɪs
**Alison** ♀ ˈælɪsən
**Alistair, Alasdair** ♂ ˈælɪstə
**Allan, Allen** ♂ ˈælən
**Alvin** ♂ ˈælvɪn
**Amanda** ♀ əˈmændə
**Amy** ♀ ˈeɪmɪ
**Andrew** ♂ ˈændruː
**Andy** ♂ ˈændɪ ⇨ **Andrew**
**Angela** ♀ ˈændʒələ
**Angie** ♀ ˈændʒɪ ⇨ **Angela**
**Angus** ♂ ˈæŋgəs
**Anita** ♀ əˈniːtə
**Ann, Anne** ♀ æn
**Anna** ♀ ˈænə
**Anne** ♀ æn ⇨ **Ann**
**Annabel(le)** ♀ ˈænəbel
**Annette** ♀ əˈnet
**Annie** ♀ ˈænɪ ⇨ **Ann, Anne**
**Anthea** ♀ ˈænθɪə
**Anthony, Antony** ♂ ˈæntənɪ
**Antonia** ♀ ænˈtəʊnɪə
**Archibald** ♂ ˈɑːtʃɪbəld
**Archie, Archy** ♂ ˈɑːtʃɪ ⇨ **Archibald**
**Arnold** ♂ ˈɑːnəld
**Arthur** ♂ ˈɑːθə
**Auberon** ♂ ˈɔːbərɒn
**Aubrey** ♂ ˈɔːbrɪ
**Audrey** ♀ ˈɔːdrɪ
**Ava** ♀ ˈeɪvə
**Babs** ♀ bæbz ⇨ **Barbara, Barbra**
**Barbara, Barbra** ♀ ˈbɑːbrə
**Barnaby** ♂ ˈbɑːnəbɪ
**Barry** ♂ ˈbærɪ
**Bartholomew** ♂ bɑːˈθɒləmjuː
**Basil** ♂ ˈbæzəl
**Beatrice** ♀ ˈbɪətrɪs
**Becky** ♀ bekɪ ⇨ **Rebecca**
**Belinda** ♀ bəˈlɪndə
**Ben** ♂ ben ⇨ **Benjamin**
**Benjamin** ♂ ˈbendʒəmɪn
**Bernadette** ♀ ˌbɜːnəˈdet
**Bernard** ♂ ˈbɜːnəd
**Bernie** ♂ ˈbɜːnɪ ⇨ **Bernard**
**Bert** ♂ bɜːt ⇨ **Albert, Gilbert, Herbert, Hubert**
**Beryl** ♀ ˈberəl
**Bess, Bessie** ♀ bes, ˈbesɪ ⇨ **Elizabeth**
**Beth** ♀ beθ ⇨ **Elizabeth**
**Betsy** ♀ ˈbetsɪ ⇨ **Elizabeth**
**Bett, Betty** ♀ bet, ˈbetɪ ⇨ **Elizabeth**
**Bid** ♀ bɪd ⇨ **Bridgit, Brigid**
**Bill** ♂ bɪl ⇨ **William**
**Billy** ♂ ˈbɪlɪ ⇨ **William**
**Bob** ♂ bɒb ⇨ **Robert**
**Bobby** ♂ ˈbɒbɪ ⇨ **Robert**
**Boris** ♂ ˈbɒrɪs
**Brad** ♂ bræd ⇨ **Bradford**
**Bradford** ♂ ˈbrædfəd
**Brenda** ♀ ˈbrendə
**Brendan** ♂ ˈbrendən
**Brian, Bryan** ♂ ˈbraɪən
**Bridget, Bridgit** ♀ ˈbrɪdʒɪt
**Brigid** ♀ ˈbrɪdʒɪd
**Bruce** ♂ bruːs
**Bud** ♂ bʌd
**Candice** ♀ ˈkændɪs
**Carl** ♂ kɑːl
**Carla** ♀ ˈkɑːlə
**Carol, Carole** ♀ ˈkærəl
**Caroline** ♀ ˈkærəlaɪn
**Carolyn** ♀ ˈkærəlɪn

Carrie ♀ ˈkærɪ ⇨ **Caroline, Carolyn**
**Catherine** ♀ ˈkæθrɪn ⇨ **Katherine**
**Cathy** ♀ ˈkæθɪ ⇨ **Katherine**
**Cecil** ♂ ˈsesəl VAGY ˈsiːsəl
**Cecilia** ♀ səˈsiːlɪə
**Cecily** ♀ ˈsesəlɪ
**Cedric** ♂ ˈsedrɪk
**Celia** ♀ ˈsiːlɪə
**Charlene** ♀ ˈʃɑːliːn
**Charles** ♂ tʃɑːlz
**Charley** ♂ ˈtʃɑːlɪ ⇨ **Charles**
**Charlie** ♂ ˈtʃɑːlɪ ⇨ **Charles**
**Charlotte** ♀ ˈʃɑːlət
**Chas** ♂ tʃæz ⇨ **Charles**
**Cheryl** ♀ ˈtʃerəl
**Chloe** ♀ ˈkləʊɪ
**Chris** ♀ krɪs ⇨ **Christina, Christine**
**Chris** ♂ krɪs ⇨ **Christopher**
**Chrissie** ♀ ˈkrɪsɪ ⇨ **Christina, Christine**
**Christina** ♀ krɪˈstiːnə
**Christine** ♀ ˈkrɪstiːn
**Christopher** ♂ ˈkrɪstəfə
**Chuck** ♂ tʃʌk ⇨ **Charles**
**Cicely** ♀ ˈsɪsəlɪ
**Cilla** ♀ ˈsɪlə ⇨ **Priscilla**
**Cindy** ♀ ˈsɪndɪ ⇨ **Cynthia, Lucinda**
**Clare, Claire** ♀ kleə
**Clarence** ♂ ˈklærəns
**Clark** ♂ klɑːk
**Claude, Claud** ♂ klɔːd
**Claudia** ♀ ˈklɔːdɪə
**Clement** ♂ ˈklemənt
**Cleo** ♀ ˈkliːəʊ
**Cliff** ♂ klɪf ⇨ **Clifford**
**Clifford** ♂ ˈklɪfəd
**Clint** ♂ klɪnt
**Clio** ♀ ˈkliːəʊ
**Clive** ♂ klaɪv
**Clyde** ♂ klaɪd
**Colin** ♂ ˈkɒlɪn
**Connie** ♀ ˈkɒnɪ ⇨ **Constance**
**Constance** ♀ ˈkɒnstəns
**Craig** ♂ kreɪg
**Curt** ♂ kɜːt
**Cynthia** ♀ ˈsɪnθɪə
**Cyril** ♂ ˈsɪrəl
**Daisy** ♀ ˈdeɪzɪ
**Dale** ♂ deɪl
**Dan** ♂ dæn ⇨ **Daniel**
**Daniel** ♂ ˈdænɪəl
**Danny** ♂ ˈdænɪ
**Daphne** ♀ ˈdæfnɪ
**Darrell** ♂ ˈdærəl
**Darren** ♂ ˈdærən
**Dave** ♂ deɪv ⇨ **David**
**David** ♂ ˈdeɪvɪd
**Dawn** ♀ dɔːn
**Dean** ♂ diːn
**Deb** ♀ deb ⇨ **Deborah**
**Debbie, Debby** ♀ ˈdebɪ ⇨ **Deborah**
**Deborah** ♀ ˈdebərə
**Deirdre** ♀ ˈdɪədrɪ
**Delia** ♀ ˈdiːlɪə
**Della** ♀ ˈdelə
**Denise** ♀ dəˈniːz
**Dennis, Denis** ♂ ˈdenɪs
**Derek** ♂ ˈderɪk
**Dermot** ♂ ˈdɜːmət
**Des** ♂ dez ⇨ **Desmond**
**Desmond** ♂ ˈdezmənd
**Di** ♀ daɪ ⇨ **Diana, Diane**
**Diana** ♀ daɪˈænə
**Diane** ♀ daɪˈæn
**Dick** ♂ dɪk ⇨ **Richard**
**Dickie, Dicky** ♂ ˈdɪkɪ ⇨ **Richard**
**Dirk** ♂ dɜːk
**Dolly** ♀ ˈdɒlɪ
**Dominic** ♀ ˈdɒmɪnɪk
**Don** ♂ dɒn ⇨ **Donald**
**Donald** ♂ ˈdɒnəld
**Dora** ♀ ˈdɔːrə
**Doreen** ♀ ˈdɔːriːn
**Dorene** ♀ ˈdɔːriːn
**Doris** ♀ ˈdɒrɪs
**Dorothy** ♀ ˈdɒrəθɪ
**Dot** ♀ dɒt ⇨ **Dorothy**
**Dottie** ♀ ˈdɒtɪ ⇨ **Dorothy**
**Doug** ♂ dʌg ⇨ **Douglas**
**Douglas** ♂ ˈdʌgləs
**Duane** ♂ duːˈeɪn
**Dud** ♂ dʌd ⇨ **Dudley**
**Dudley** ♂ ˈdʌdlɪ
**Duncan** ♂ ˈdʌŋkən
**Dustin** ♂ ˈdʌstɪn
**Dwayne** ♂ dweɪn
**Dwight** ♂ dwaɪt
**Eamonn, Eamon** ♂ ˈeɪmən
**Ed, Eddie, Eddy** ♂ ed, edɪ ⇨ **Edward**
**Edgar** ♂ ˈedgə
**Edith** ♀ ˈiːdɪθ
**Edmund, Edmond** ♂ ˈedmənd
**Edna** ♀ ˈednə
**Edward** ♂ ˈedwəd
**Edwin** ♂ ˈedwɪn
**Eileen** ♀ ˈaɪliːn
**Elaine** ♀ ɪˈleɪn
**Eleanor** ♀ ˈelənə
**Eleanora** ♀ ˌelɪəˈnɔːrə
**Eliza** ♀ ɪˈlaɪzə
**Elizabeth, Elisabeth** ♀ ɪˈlɪzəbəθ
**Ella** ♀ ˈelə
**Ellen** ♀ ˈelən

**Ellie** ♀ ˈelɪ ⇨ **Eleanor, Eleanora**
**Elmer** ♂ ˈelmə
**Elroy** ♂ ˈelrɔɪ
**Elsie** ♀ ˈelsɪ
**Elspeth** ♀ ˈelspəθ
**Emily** ♀ ˈeməlɪ
**Emlyn** ♀ ˈemlɪn
**Emma** ♀ ˈemə
**Enoch** ♂ ˈiːnɒk
**Eric** ♂ ˈerɪk
**Erica** ♀ ˈerɪkə
**Ernest** ♂ ˈɜːnɪst
**Errol** ♂ ˈerəl
**Ethel** ♀ ˈeθl
**Eugene** ♂ ˈjuːdʒiːn
**Eunice** ♀ ˈjuːnɪs
**Eva** ♀ ˈiːvə
**Eve** ♀ iːv
**Evelyn** ♀ ˈiːvlɪn VAGY ˈevlɪn
**Fay** ♀ feɪ
**Felicity** ♀ fəˈlɪsɪtɪ
**Felix** ♂ ˈfiːlɪks
**Ferdinand** ♂ ˈfɜːdɪnænd
**Fergus** ♂ ˈfɜːgəs
**Fiona** ♀ fɪˈəʊnə
**Flo** ♀ fləʊ ⇨ **Florence**
**Flora** ♀ ˈflɔːrə
**Florence** ♀ ˈflɒrəns
**Florrie** ♀ ˈflɒrɪ ⇨ **Florence**
**Floyd** ♂ flɔɪd
**Fran** ♀ fræn ⇨ **Frances**
**Frances** ♀ ˈfrɑːnsɪs
**Francis** ♂ ˈfrɑːnsɪs
**Frank** ♂ fræŋk ⇨ **Francis**
**Frankie** ♀ ˈfræŋkɪ ⇨ **Frances**
**Frankie** ♂ ˈfræŋkɪ ⇨ **Frank**
**Fred** ♂ fred ⇨ **Frederick**
**Freda** ♀ ˈfriːdə
**Freddie, Freddy** ♂ ˈfredɪ ⇨ **Frederick**
**Frederick** ♂ ˈfredrɪk
**Gabriel** ♂ ˈgeɪbrɪəl
**Gareth** ♂ ˈgærɪθ
**Gary** ♂ ˈgærɪ
**Gavin** ♂ ˈgævɪn
**Ged** ♂ dʒed ⇨ **Gerald**
**Gene** ♂ dʒiːn ⇨ **Eugene**
**Geoff, Jeff** ♂ dʒef ⇨ **Geoffrey, Jeffrey**
**Geoffrey, Jeffrey** ♂ ˈdʒefrɪ
**George** ♂ dʒɔːdʒ
**Georgia** ♀ ˈdʒɔːdʒə
**Georgie** ♀ ˈdʒɔːdʒɪ
**Georgina** ♀ dʒɔːˈdʒiːnə
**Gerald** ♂ ˈdʒerəld ⇨ **Gerry, Jerry**
**Geraldine** ♀ ˈdʒerəldiːn
**Gerard** ♂ ˈdʒerɑːd
**Germaine** ♀ dʒɜːˈmeɪn
**Gerry, Jerry** ♂ ˈdʒerɪ
**Gertie** ♀ ˈgɜːtɪ ⇨ **Gertrude**
**Gertrude** ♀ ˈgɜːtruːd
**Gilbert** ♂ ˈgɪlbət
**Giles** ♂ dʒaɪlz
**Gill** ♀ dʒɪl ⇨ **Gillian**
**Gillian** ♀ ˈdʒɪlɪən
**Ginny** ♀ dʒɪnɪ ⇨ **Virginia**
**Gladys** ♀ ˈglædɪs
**Glen** ♂ glen
**Glenda** ♀ ˈglendə
**Gloria** ♀ ˈglɔːrɪə
**Godfrey** ♂ ˈgɒdfrɪ
**Gordon** ♂ ˈgɔːdn
**Grace** ♀ greɪs
**Gracie** ♀ ˈgreɪsɪ
**Graham, Grahame** ♂ ˈgreɪəm
**Greg** ♂ greg ⇨ **Gregory**
**Gregory** ♂ ˈgregərɪ
**Guy** ♂ gaɪ
**Gwen** ♀ gwen ⇨ **Gwendoline**
**Gwendoline** ♀ ˈgwendəlɪn
**Hal** ♂ hæl ⇨ **Henry**
**Hank** ♂ hæŋk ⇨ **Henry**
**Hannah** ♀ ˈhænə
**Harold** ♂ ˈhærəld
**Harriet** ♀ ˈhærɪət
**Harry** ♂ ˈhærɪ
**Hazel** ♀ ˈheɪzəl
**Heather** ♀ ˈheðə
**Helen** ♀ ˈhelən
**Henrietta** ♀ ˌhenrɪˈetə
**Henry** ♂ ˈhenrɪ
**Herb** ♂ hɜːb
**Herbert** ♂ ˈhɜːbət
**Hilary** ♀ ˈhɪlərɪ
**Hilda** ♀ ˈhɪldə
**Hillary** ♂ ˈhɪlərɪ
**Horace** ♂ ˈhɒrɪs VAGY ˈhɔːrəs
**Howard** ♂ ˈhaʊəd
**Hubert** ♂ ˈhjuːbət
**Hugh** ♂ hjuː
**Hugo** ♂ ˈhjuːgəʊ
**Humphrey** ♂ ˈhʌmfrɪ
**Ian** ♂ ˈiːən
**Ida** ♀ ˈaɪdə
**Imogen** ♀ ˈɪmədʒən
**Ingrid** ♀ ˈɪŋgrɪd
**Irene** ♀ aɪˈriːnɪ VAGY ˈaɪriːn
**Iris** ♀ ˈaɪrɪs
**Isaac** ♂ ˈaɪzək
**Isabel** ♀ ˈɪzəbel
**Isabella** ♀ ˌɪzəˈbelə
**Isobel** ♀ ˈɪzəbel
**Ivan** ♂ ˈaɪvən
**Ivor** ♂ ˈaɪvə

Ivy ♀ ˈaɪvɪ
Jack ♂ dʒæk ⇨ **John**
Jackie ♀ ˈdʒækɪ ⇨ **Jacqueline**
Jacob ♂ ˈdʒeɪkəb
Jacqueline ♀ ˈdʒækəliːn
Jake ♂ dʒeɪk ⇨ **Jacob, John**
James ♂ dʒeɪmz
Jamie ♂ ˈdʒeɪmɪ
Jan ♀ dʒæn ⇨ **Janet, Janice**
Jane ♀ dʒeɪn
Janet ♀ ˈdʒænɪt
Janette ♀ dʒəˈnet
Janey ♀ ˈdʒeɪnɪ ⇨ **Jane**
Janice, Janis ♀ ˈdʒænɪs
Jason ♂ ˈdʒeɪsən
Jasper ♂ ˈdʒæspə
Jean ♀ dʒiːn
Jeanie ♀ ˈdʒiːnɪ ⇨ **Jean**
Jed ♂ dʒed
Jeff ♂ dʒef ⇨ **Geoffrey**
Jeffrey ♂ ˈdʒefrɪ ⇨ **Geoffrey**
Jennifer ♀ ˈdʒenɪfə
Jenny, Jennie ♀ ˈdʒenɪ ⇨ **Jennifer**
Jeremy ♂ ˈdʒerəmɪ
Jerome ♂ dʒəˈrəum
Jerry ♂ ˈdʒerɪ ⇨ **Gerald, Jeremy**
Jess ♀ dʒes ⇨ **Jessica**
Jesse ♂ ˈdʒesɪ
Jessica ♀ ˈdʒesɪkə
Jessie ♀ ˈdʒesɪ
Jill ♀ ˈdʒɪl ⇨ **Gillian**
Jilly ♀ ˈdʒɪlɪ ⇨ **Gillian**
Jim ♂ dʒɪm ⇨ **James**
Jimmy ♂ ˈdʒɪmɪ ⇨ **James**
Jo ♀ dʒəu ⇨ **Joanna, Josephine**
Joan ♀ dʒəun
Joanna ♀ dʒəuˈænə
Joanne ♀ dʒəuˈæn
Jocelyn ♀ ˈdʒɒslɪn
Jock ♂ dʒɒk ⇨ **John**
Jodie ♀ ˈdʒəudɪ
Joe ♂ dʒəu ⇨ **Joseph**
John ♂ dʒɒn
Johnny ♂ ˈdʒɒnɪ ⇨ **John**
Jon ♂ dʒɒn ⇨ **Jonathan**
Jonathan ♂ ˈdʒɒnəθən
Joseph ♂ ˈdʒəuzɪf
Josephine ♀ ˈdʒəuzəfiːn
Josie ♀ ˈdʒəusɪ
Joyce ♀ dʒɔɪs
Judith ♀ ˈdʒuːdɪθ
Judy ♀ ˈdʒuːdɪ ⇨ **Judith**
Julia ♀ ˈdʒuːlɪə
Julian ♂ ˈdʒuːlɪən
Julie ♀ ˈdʒuːlɪ
Juliet ♀ ˈdʒuːlɪet
June ♀ dʒuːn
Justin ♂ ˈdʒʌstɪn
Karen ♀ ˈkærən
Karin ♀ ˈkærən
Kate ♀ keɪt ⇨ **Catherine, Katherine**
Katherine, Katharine ♀ ˈkæθrɪn
Kathryn ♀ ˈkæθrɪn
Kathy, Cathy ♀ ˈkæθɪ ⇨ **Catherine, Katherine**
Katie, Katy ♀ ˈkeɪtɪ ⇨ **Catherine, Katherine**
Kay ♀ keɪ ⇨ **Catherine, Katherine**
Keith ♂ kiːθ
Ken ♂ ken ⇨ **Kenneth**
Kenneth ♂ ˈkenɪθ
Kenny ♂ ˈkenɪ ⇨ **Kenneth**
Kev ♂ kev ⇨ **Kevin**
Kevin ♂ ˈkevɪn
Kim ♀ kɪm
Kirk ♂ kɜːk
Kirsten ♀ ˈkɜːstɪn
Kit ♂ kɪt ⇨ **Christopher**
Kitty ♀ ˈkɪtɪ ⇨ **Catherine, Katherine**
Lance ♂ lɑːns
Larry ♂ ˈlærɪ ⇨ **Laurence, Lawrence**
Laura ♀ ˈlɔːrə
Laurence, Lawrence ♂ ˈlɒrəns
Lauretta, Loretta ♀ ləˈretə
Laurie ♂ ˈlɒrɪ VAGY ˈlɔːrɪ
Len ♂ len ⇨ **Leonard**
Len, Lenny ♂ len, ˈlenɪ ⇨ **Leonard**
Lenny ♂ ˈlenɪ ⇨ **Leonard**
Leo ♂ ˈliːəu
Leonard ♂ ˈlenəd
Les ♂ lez ⇨ **Leslie**
Lesley ♀ ˈlezlɪ
Leslie ♀♂ ˈlezlɪ
Lester ♂ ˈlestə
Lew ♂ luː ⇨ **Lewis**
Lewis ♂ ˈluːɪs
Liam ♂ ˈliːəm
Libby ♀ ˈlɪbɪ ⇨ **Elizabeth, Elisabeth**
Lilian, Lillian ♀ ˈlɪlɪən
Lily ♀ ˈlɪlɪ
Linda ♀ ˈlɪndə
Lionel ♂ ˈlaɪənl
Lisa ♀ ˈliːsə ⇨ **Eliza**
Livia ♀ ˈlɪvɪə
Liz ♀ lɪz ⇨ **Elizabeth, Elisabeth**
Liza ♀ ˈlaɪzə ⇨ **Eliza**
Lizzie, Lizzy ♀ ˈlɪzɪ ⇨ **Elizabeth, Elisabeth**
Lois ♀ ˈləuɪs
Lorna ♀ ˈlɔːnə
Lou ♀♂ luː ⇨ **Louis, Louisa, Louise**
Louis ♂ ˈluːɪ VAGY ˈluːis
Louisa ♀ luˈiːzə
Louise ♀ luˈiːz
Lucia ♀ ˈluːsɪə VAGY ˈluːʃə

**Lucinda** ♀ luːˈsɪndə
**Lucy** ♀ ˈluːsɪ
**Luke** ♂ luːk
**Lydia** ♀ ˈlɪdɪə
**Lyn(n)** ♀ lɪn
**Mabel** ♀ ˈmeɪbl
**Madeleine** ♀ ˈmædəlɪn
**Madge** ♀ mædʒ ⇨ **Margaret**
**Maggie** ♀ ˈmægɪ ⇨ **Margaret**
**Maisie** ♀ ˈmeɪzɪ
**Malcolm** ♂ ˈmælkəm
**Mandy** ♀ ˈmændɪ ⇨ **Amanda**
**Marcia** ♀ ˈmɑːsɪə VAGY ˈmɑːʃə
**Marcie** ♀ ˈmɑːsɪ ⇨ **Marcia**
**Margaret** ♀ ˈmɑːgrət
**Margery, Marjorie** ♀ ˈmɑːdʒərɪ
**Margie** ♀ ˈmɑːdʒɪ ⇨ **Margery, Marjorie**
**Maria** ♀ məˈriːə VAGY məˈraɪə
**Marian** ♀ ˈmærɪən
**Marie** ♀ məˈriː VAGY ˈmɑːrɪ
**Marilyn** ♀ ˈmærəlɪn
**Marion** ♀ ˈmærɪən
**Mark** ♂ mɑːk
**Marlene** ♀ ˈmɑːliːn
**Martha** ♀ ˈmɑːθə
**Martin** ♂ ˈmɑːtɪn
**Martina** ♀ mɑːˈtiːnə
**Marty** ♂ ˈmɑːtɪ
**Mary** ♀ ˈmeərɪ
**Matt** ♂ mæt ⇨ **Matthew**
**Matthew** ♂ ˈmæθjuː
**Maud** ♀ mɔːd
**Maureen** ♀ ˈmɔːriːn
**Maurice, Morris** ♂ ˈmɒrɪs, ˈmɔːrəs
**Mavis** ♀ ˈmeɪvɪs
**Max** ♂ mæks
**Meg** ♀ meg ⇨ **Margaret**
**Melanie** ♀ ˈmelənɪ
**Melinda** ♀ məˈlɪndə
**Mervyn** ♂ ˈmɜːvɪn
**Michael** ♂ ˈmaɪkl
**Michelle** ♀ mɪˈʃel
**Mick** ♂ mɪk ⇨ **Michael**
**Micky, Mickey** ♂ ˈmɪkɪ ⇨ **Michael**
**Mike** ♂ maɪk ⇨ **Michael**
**Mildred** ♀ ˈmɪldrəd
**Miles, Myles** ♂ maɪlz
**Millicent** ♀ ˈmɪlɪsənt
**Millie, Milly** ♀ ˈmɪlɪ ⇨ **Millicent**
**Miranda** ♀ məˈrændə
**Miriam** ♀ ˈmɪrɪəm
**Mitch** ♂ mɪtʃ ⇨ **Mitchell**
**Mitchell** ♂ ˈmɪtʃəl
**Moira** ♀ ˈmɔɪrə
**Molly** ♀ ˈmɒlɪ
**Monica** ♀ ˈmɒnɪkə
**Morris** ♂ ˈmɒrɪs ⇨ **Maurice**
**Mort** ♂ mɔːt ⇨ **Mortimer**
**Mortimer** ♂ ˈmɔːtɪmə
**Muriel** ♀ ˈmjuerɪəl
**Murray** ♂ ˈmʌrɪ
**Miles, Myles** ♂ maɪlz
**Nadia** ♀ ˈnɑːdɪə
**Nan** ♀ næn ⇨ **Nancy**
**Nancy** ♀ ˈnænsɪ
**Naomi** ♀ ˈneɪəmɪ
**Nat** ♂ næt ⇨ **Nathan, Nathaniel**
**Natalie** ♀ ˈnætəlɪ
**Natasha** ♀ nəˈtæʃə
**Nathan** ♂ ˈneɪθən
**Nathaniel** ♂ nəˈθænɪəl
**Neal, Neil** ♂ niːl
**Ned** ♂ ned ⇨ **Edward**
**Neddy** ♂ ˈnedɪ ⇨ **Edward**
**Neil, Neal** ♂ niːl
**Nell** ♀ nel
**Nellie, Nelly** ♀ ˈnelɪ ⇨ **Nell**
**Nicholas, Nicolas** ♂ ˈnɪkələs
**Nick** ♂ nɪk ⇨ **Nicholas, Nicolas**
**Nicky** ♂ ˈnɪkɪ ⇨ **Nicholas, Nicolas**
**Nicky** ♀ ˈnɪkɪ ⇨ **Nicola**
**Nicola** ♀ ˈnɪkələ
**Nigel** ♂ ˈnaɪdʒl
**Noel** ♂ ˈnəuəl
**Nora** ♀ ˈnɔːrə
**Norm** ♂ nɔːm ⇨ **Norman**
**Norma** ♀ ˈnɔːmə
**Norman** ♂ ˈnɔːmən
**Olive** ♀ ˈɒlɪv
**Oliver** ♂ ˈɒlɪvə
**Olivia** ♀ əˈlɪvɪə
**Ollie** ♂ ˈɒlɪ ⇨ **Oliver**
**Oscar** ♂ ˈɒskə
**Oswald** ♂ ˈɒzwəld
**Owen** ♂ ˈəuɪn
**Oz** ♂ ɒz ⇨ **Oswald**
**Ozzie** ♂ ɒzɪ ⇨ **Oswald**
**Paddy** ♂ ˈpædɪ ⇨ **Patrick**
**Pam** ♀ pæm ⇨ **Pamela**
**Pamela** ♀ ˈpæmələ
**Pat** ♀ pæt ⇨ **Patricia**
**Pat** ♂ pæt ⇨ **Patrick**
**Patience** ♀ ˈpeɪʃns
**Patricia** ♀ pəˈtrɪʃə
**Patrick** ♂ ˈpætrɪk
**Patti, Pattie, Patty** ♀ ˈpætɪ ⇨ **Patricia**
**Paul** ♂ pɔːl
**Paula** ♀ ˈpɔːlə
**Pauline** ♀ ˈpɔːliːn
**Peg** ♀ peg ⇨ **Margaret**
**Peggie, Peggy** ♀ ˈpegɪ ⇨ **Margaret**
**Penelope** ♀ pəˈneləpɪ

Penny ♀ ˈpenɪ ⇨ **Penelope**
**Percy** ♂ ˈpɜːsɪ
**Pete** ♂ piːt ⇨ **Peter**
**Peter** ♂ ˈpiːtə
**Phil** ♂ fɪl ⇨ **Philip**
**Philip** ♂ ˈfɪlɪp
**Philippa** ♀ ˈfɪlɪpə
**Phoebe** ♀ ˈfiːbɪ
**Phyllis** ♀ ˈfɪlɪs
**Poll** ♀ pɒl ⇨ **Polly**
**Polly** ♀ ˈpɒlɪ
**Priscilla** ♀ prɪˈsɪlə
**Pru, Prue** ♀ pruː ⇨ **Prudence**
**Prudence** ♀ ˈpruːdəns
**Quentin** ♂ ˈkwentɪn
**Quintin** ♂ ˈkwɪntɪn
**Rachel** ♀ ˈreɪtʃl
**Ralph** ♂ rælf VAGY reɪf
**Randolph, Randolf** ♂ ˈrændɒlf
**Randy** ♂ ˈrændɪ ⇨ **Randolph, Randolf**
**Raphael** ♂ ˈræfɪəl
**Ray** ♂ reɪ ⇨ **Raymond**
**Raymond** ♂ ˈreɪmənd
**Rebecca** ♀ rɪˈbekə
**Reg** ♂ redʒ ⇨ **Reginald**
**Reggie** ♂ ˈredʒɪ
**Reginald** ♂ ˈredʒɪnəld
**Rex** ♂ reks
**Rhoda** ♀ ˈrəʊdə
**Richard** ♂ ˈrɪtʃəd
**Richie, Ritchie** ♂ ˈrɪtʃɪ ⇨ **Richard**
**Rick** ♂ rɪk ⇨ **Richard**
**Ricky** ♂ ˈrɪkɪ ⇨ **Richard**
**Rita** ♀ ˈriːtə
**Rob** ♂ rɒb ⇨ **Robert**
**Robbie** ♂ ˈrɒbɪ ⇨ **Robert**
**Robert** ♂ ˈrɒbət
**Roberta** ♀ rəˈbɜːtə
**Robin** ♀♂ ˈrɒbɪn
**Rod** ♂ rɒd ⇨ **Roderick, Rodney**
**Roderick** ♂ ˈrɒdrɪk
**Rodge** ♂ rɒdʒ ⇨ **Roger**
**Rodney** ♂ ˈrɒdnɪ
**Roger** ♂ ˈrɒdʒə
**Ron** ♂ rɒn ⇨ **Ronald**
**Ronald** ♂ ˈrɒnəld
**Ronnie** ♂ ˈrɒnɪ ⇨ **Ronald**
**Rory** ♀♂ ˈrɔːrɪ
**Rosalie** ♀ ˈrəʊzəlɪ VAGY ˈrɒzəlɪ
**Rosalind** ♀ ˈrɒzəlɪnd
**Rosalyn** ♀ ˈrɒzəlɪn
**Rose** ♀ rəʊz
**Rosemary** ♀ ˈrəʊzmərɪ
**Rosie** ♀ ˈrəʊzɪ ⇨ **Rose, Rosemary**
**Roy** ♂ rɔɪ
**Rudolph, Rudolf** ♂ ˈruːdɒlf
**Rufus** ♂ ˈruːfəs
**Rupert** ♂ ˈruːpət
**Russ** ♂ rʌs ⇨ **Russell**
**Russell** ♂ ˈrʌsl
**Ruth** ♀ ruːθ
**Sadie** ♀ ˈseɪdɪ ⇨ **Sarah**
**Sal** ♀ sæl ⇨ **Sarah**
**Sally** ♀ ˈsælɪ ⇨ **Sarah**
**Sam** ♀ sæm ⇨ **Samantha**
**Sam** ♂ sæm ⇨ **Samuel**
**Samantha** ♀ səˈmænθə
**Sammy** ♂ ˈsæmɪ ⇨ **Samuel**
**Samuel** ♂ ˈsæmjuəl
**Sandra** ♀ ˈsɑːndrə
**Sandy** ♂ ˈsændɪ ⇨ **Alec, Alex, Alexander**
**Sandy** ♀ ˈsændɪ ⇨ **Alexandra, Sandra**
**Sarah, Sara** ♀ ˈseərə
**Scott** ♂ skɒt
**Seamas, Seamus** ♂ ˈʃeɪməs
**Sean** ♂ ʃɔːn
**Seb** ♂ seb ⇨ **Sebastian**
**Sebastian** ♂ səˈbæstɪən
**Sharon** ♀ ˈʃærən
**Sheila** ♀ ˈʃiːlə
**Shelagh** ♀ ˈʃiːlə
**Shirley** ♀ ˈʃɜːlɪ
**Sibyl, Sybil** ♀ ˈsɪbɪl
**Sid** ♂ sɪd ⇨ **Sidney, Sydney**
**Sidney, Sydney** ♂ ˈsɪdnɪ
**Silvia, Sylvia** ♀ ˈsɪlvɪə
**Simon** ♂ ˈsaɪmən
**Sonia** ♀ ˈsɒnɪə VAGY ˈsəʊnɪə
**Sophia** ♀ səˈfaɪə
**Sophie, Sophy** ♀ ˈsəʊfɪ
**Stan** ♂ stæn ⇨ **Stanley**
**Stanley** ♂ ˈstænlɪ
**Stella** ♀ ˈstelə
**Stephanie** ♀ ˈstefənɪ
**Stephen, Steven** ♂ ˈstiːvn
**Steve** ♂ stiːv ⇨ **Stephen, Steven**
**Stewart, Stuart** ♂ ˈstjuːət
**Sue** ♀ suː ⇨ **Susan**
**Susan** ♀ ˈsuːzn
**Susanna, Susannah** ♀ suːˈzænə
**Susie, Suzy** ♀ ˈsuːzɪ ⇨ **Susan**
**Suzanne** ♀ suːˈzæn
**Sybil, Sibyl** ♀ ˈsɪbəl
**Sylvia, Silvia** ♀ ˈsɪlvɪə
**Sylvie** ♀ ˈsɪlvɪ
**Ted** ♂ ted ⇨ **Edward**
**Teddy** ♂ ˈtedɪ ⇨ **Edward**
**Tel** ♂ tel ⇨ **Terence**
**Terence** ♂ ˈterəns
**Teresa, Theresa** ♀ təˈriːzə
**Terri** ♀ ˈterɪ ⇨ **Teresa, Theresa**
**Terry** ♂ ˈterɪ ⇨ **Terence**

**Tess** ♀ tes ⇨ **Teresa, Theresa**
**Tessa** ♀ ˈtesə ⇨ **Teresa, Theresa**
**Thelma** ♀ ˈθelmə
**Theo** ♂ ˈθiːəʊ ⇨ **Theodore**
**Theodore** ♂ ˈθiːədɔː
**Thomas** ♂ ˈtɒməs
**Tim** ♂ tɪm ⇨ **Timothy**
**Timmy** ♂ ˈtɪmɪ ⇨ **Timothy**
**Timothy** ♂ ˈtɪməθɪ
**Tina** ♀ ˈtiːnə ⇨ **Christina**
**Toby** ♂ ˈtəʊbɪ
**Tom** ♂ tɒm ⇨ **Thomas**
**Tommy** ♂ ˈtɒmɪ ⇨ **Thomas**
**Toni** ♀ ˈtəʊnɪ
**Tony** ♂ ˈtəʊnɪ ⇨ **Anthony, Antony**
**Tracy, Tracey** ♀ ˈtreɪsɪ
**Trevor** ♂ ˈtrevə
**Tricia** ♀ ˈtrɪʃə ⇨ **Patricia**
**Troy** ♂ trɔɪ
**Trudie, Trudy** ♀ ˈtruːdɪ
**Ursula** ♀ ˈɜːsjʊlə
**Val** ♀ væl ⇨ **Valerie**
**Valerie** ♀ ˈvælərɪ
**Vanessa** ♀ vəˈnesə
**Vera** ♀ ˈvɪərə
**Veronica** ♀ vəˈrɒnɪkə
**Vic** ♂ vɪk ⇨ **Victor**
**Vicki, Vickie, Vicky** ♀ ˈvɪkɪ ⇨ **Victoria**
**Victor** ♂ ˈvɪktə
**Victoria** ♀ vɪkˈtɔːrɪə
**Vikki** ♀ ˈvɪkɪ
**Vince** ♂ vɪns ⇨ **Vincent**
**Vincent** ♂ ˈvɪnsnt
**Viola** ♀ ˈvaɪələ
**Violet** ♀ ˈvaɪələt
**Virginia** ♀ vəˈdʒɪnɪə
**Viv** ♂ vɪv ⇨ **Vivian**
**Viv** ♀ vɪv ⇨ **Vivien, Vivienne**
**Vivian** ♂ ˈvɪvɪən
**Vivien, Vivienne** ♀ ˈvɪvɪən
**Walter** ♂ ˈwɔːltə VAGY ˈwɒltə
**Wally** ♂ ˈwɒlɪ ⇨ **Walter**
**Warren** ♂ ˈwɒrən VAGY ˈwɔːrən
**Wayne** ♂ weɪn
**Wendy** ♀ ˈwendɪ
**Wilbur** ♂ ˈwɪlbə
**Wilfrid, Wilfred** ♂ ˈwɪlfrɪd
**Will** ♂ wɪl ⇨ **William**
**William** ♂ ˈwɪljəm
**Willy** ♂ wɪlɪ ⇨ **William**
**Winifred** ♀ ˈwɪnɪfrɪd
**Winnie** ♀ ˈwɪnɪ ⇨ **Winifred**
**Yvonne** ♀ ɪˈvɒn
**Zoe** ♀ ˈzəʊɪ

# ORSZÁGOK NEVEI, A BELŐLÜK KÉPZETT MELLÉKNEVEK, ÉS KIEJTÉSÜK

| Ország | Ejtés | Magyarul | Melléknév | Ejtés | Magyarul |
|---|---|---|---|---|---|
| **Afghanistan** | æfˈgænɪstæn | Afganisztán | **Afghan** | ˈæfgæn | afgán |
| **Albania** | ælˈbeɪnɪə | Albánia | **Albanian** | ælˈbeɪnɪən | albán |
| **Algeria** | ælˈdʒɪərɪə | Algéria | **Algerian** | ælˈdʒɪərɪən | algériai |
| **America** | əˈmerɪkə | Amerika | **American** | əˈmerɪkən | amerikai |
| **Andorra** | ænˈdɔːrə | Andorra | **Andorran** | ænˈdɔːrən | andorrai |
| **Angola** | æŋˈgəʊlə | Angola | **Angolan** | æŋˈgəʊlən | angolai |
| **Argentina, Argentine** | ˌɑːdʒənˈtiːnə | Argentína | **Argentinian** | ˌɑːdʒənˈtɪnɪən | argentínai |
| **Armenia** | ɑːˈmiːnɪə | Örményország | **Armenian** | ɑːˈmiːnɪən | örmény |
| **Australia** | ɒˈstreɪlɪə | Ausztrália | **Australian** | ɒˈstreɪlɪən | ausztrál |
| **Austria** | ˈɒstrɪə | Ausztria | **Austrian** | ˈɒstrɪən | osztrák |
| **Azerbaijan** | ˌæzəbaɪˈdʒɑːn | Azerbajdzsán | **Azerbaijani** | ˌæzəbaɪˈdʒɑːnɪ | azerbajdzsán(i) |
| **Bahamas** | bəˈhɑːməz | Bahamák | **Bahamian** | bəˈheɪmɪən | Bahama-szigeteki |
| **Bahrain** | ˌbɑːˈreɪn | Bahrain | **Bahraini** | ˌbɑːˈreɪnɪ | bahraini |
| **Bangladesh** | ˌbæŋgləˈdeʃ | Banglades | **Bangladeshi** | ˌbæŋgləˈdeʃɪ | bangladesi |
| **Barbados** | bɑːˈbeɪdəs | Barbados | **Barbadian** | bɑːˈbeɪdɪən | barbadosi |
| **Belarus** | ˈbjelərʌs | Belarusz | **B(y)elorussian** | ˌbjeləʊˈrʌʃən | belorusz |
| **Belgium** | ˈbeldʒəm | Belgium | **Belgian** | ˈbeldʒən | belga |
| **Belize** | bɪˈliːz | Belize | **Belizian** | bɪˈliːzɪən | belizei |
| **Benin** | beˈniːn | Benin | **Beninese** | ˌbenɪˈniːz | benini |
| **Bermuda** | bəˈmjuːdə | Bermudák, Bermuda-szigetek | **Bermud(i)an** | bəˈmjuːdən bəˈmjuːdɪən | Bermuda-szigeteki |
| **Bhutan** | buːˈtɑːn | Bhutan | **Bhutanese** | ˌbuːtəˈniːz | bhutani |
| **Bolivia** | bəˈlɪvɪə | Bolívia | **Bolivian** | bəˈlɪvɪən | bolíviai |
| **Bosnia-Hercegovina** | ˌbɒznɪə ˌhɜːtsəgəʊˈviːnə | Bosznia-Hercegovina | **Bosnian** | ˈbɒznɪən | boszniai, bosnyák |
| **Botswana** | bɒtˈswɑːnə | Botswana | **Botswanan** | bɒtˈswɑːnən | botswanai |
| **Brazil** | brəˈzɪl | Brazília | **Brazilian** | brəˈzɪlɪən | brazil |
| **Brunei** | ˈbruːnaɪ, bruːˈnaɪ | Brunei | **Bruneian** | bruːˈnaɪən | brunei |
| **Bulgaria** | bʌlˈgeərɪə | Bulgária | **Bulgarian** | bʌlˈgeərɪən | bolgár |
| **Burkina Faso** | bɜːˌkiːnə ˈfæsəʊ | Burkina Faso | **Burkinese** | ˌbɜːkɪˈniːz | Burkina Faso-i |

| | | | | | |
|---|---|---|---|---|---|
| **Burma** | ˈbɜːmə | Burma | **Burmese** | ˌbɜːˈmiːz | burmai |
| **Burundi** | bʊˈrʊndɪ | Burundi | **Burundian** | bʊˈrʊndɪən | burundi |
| **Cambodia** | kæmˈbəʊdɪə | Kambodzsa | **Cambodian** | kæmˈbəʊdɪən | kambodzsai |
| **Cameroon** | ˌkæməˈruːn | Kamerun | **Cameroonian** | ˌkæməˈruːnɪən | kameruni |
| **Canada** | ˈkænədə | Kanada | **Canadian** | kəˈneɪdɪən | kanadai |
| **Ceylon** | sɪˈlɒn | Ceylon | **Ceylonese** | ˌseləˈniːz | ceyloni |
| **Chad** | tʃæd | Csád | **Chadian** | ˈtʃædɪən | csádi |
| **Chile** | ˈtʃɪlɪ | Chile | **Chilean** | ˈtʃɪlɪən | chilei |
| **China** | ˈtʃaɪnə | Kína | **Chinese** | ˌtʃaɪˈniːz | kínai |
| **Colombia** | kəˈlɒmbɪə | Kolumbia | **Colombian** | kəˈlɒmbɪən | kolumbiai |
| **Congo** | ˈkɒŋgəʊ | Congo | **Congolese** | ˌkɒŋgəˈliːz | congói |
| **Costa Rica** | ˌkɒstə ˈriːkə | Costa Rica | **Costa Rican** | ˌkɒstə ˈriːkən | Costa Rica-i |
| **Croatia** | krəʊˈeɪʃə | Horvátország | **Croatian** | krəʊˈeɪʃən | horvát |
| **Cuba** | ˈkjuːbə | Kuba | **Cuban** | ˈkjuːbən | kubai |
| **Cyprus** | ˈsaɪprəs | Ciprus | **Cyprian** | ˈsɪprɪən, ˈsɪprɪət | ciprusi |
| **Czech Republic** | ˌtʃek rɪˈpʌblɪk | Csehország, Cseh Köztársaság | **Czech** | tʃek | cseh |
| **Denmark** | ˈdenmɑːk | Dánia | **Danish** | ˈdeɪnɪʃ | dán |
| **Djibouti** | dʒɪˈbuːtɪ | Dzsibuti | **Djiboutian** | dʒɪˈbuːtɪən | dzsibuti |
| **Dominica** | ˌdɒmɪˈniːkə | Dominika | **Dominican** | ˌdɒmɪˈniːkən | dominikai |
| **Ecuador** | ˈekwədɔː | Ecuador | **Ecuadorean** | ˌekwəˈdɔːrɪən | ecuadori |
| **Egypt** | ˈiːdʒɪpt | Egyiptom | **Egyptian** | ɪˈdʒɪpʃən | egyiptomi |
| **El Salvador** | el ˈsælvədɔː | El Salvador | **Salvadorean** | ˌsælvəˈdɔːrɪən | El Salvador-i |
| **England** | ˈɪŋglənd | Anglia | **English** | ˈɪŋglɪʃ | angol, angliai |
| **Eritrea** | ˌerɪˈtreɪə | Eritrea | **Eritrean** | ˌerɪˈtreɪən | eritreai |
| **Estonia** | eˈstəʊnɪə | Észtország | **Estonian** | eˈstəʊnɪən | észt |
| **Ethiopia** | ˌiːθɪˈəʊpɪə | Etiópia | **Ethiopian** | ˌiːθɪˈəʊpɪən | etióp |
| **Faeroe Islands** | ˈfeərəʊ aɪləndz | Faröi- szigetek | **Fa(e)roese** | ˌfeərəʊˈiːz | Faröi- szigeteki |
| **Fiji** | ˈfiːdʒiː | Fizsi-szigetek | **Fijian** | fɪˈdʒiːən | Fizsi-szigeteki |
| **Finland** | ˈfɪnlənd | Finnország | **Finnish** | ˈfɪnɪʃ | finn |
| **France** | frɑːns | Franciaország | **French** | frentʃ | francia |
| **Gabon** | ˈgæbən | Gabon | **Gabonese** | ˌgæbəˈniːz | gaboni |
| **the Gambia** | ˈgæmbɪə | Gambia | **Gambian** | ˈgæmbɪən | gambiai |
| **Georgia** | ˈdʒɔːdʒə | Grúzia | **Georgian** | ˈdʒɔːdʒən | grúz |
| **Germany** | ˈdʒɜːmənɪ | Németország | **German** | ˈdʒɜːmən | német |
| **Ghana** | ˈgɑːnə | Ghána | **Ghanaian** | gɑːˈneɪən | ghánai |

| | | | | | |
|---|---|---|---|---|---|
| **Gibraltar** | dʒɪˈbrɔːltə | Gibraltár | **Gibraltarian** | ˌdʒɪbrɔːlˈteərɪən | gibraltári |
| **Great Britain** | ˌgreɪt ˈbrɪtən | Nagy-Britannia | **British** | ˈbrɪtɪʃ | nagy-britanniai |
| **Greece** | griːs | Görögország | **Greek** | griːk | görög |
| **Greenland** | ˈgriːnlənd | Grönland | **Greenlandic** | griːnˈlændɪk | grönlandi |
| **Grenada** | greˈneɪdə | Grenada | **Grenadian** | greˈneɪdɪən | grenadai |
| **Guatemala** | ˌgwɑːtəˈmɑːlə | Guatemala | **Guatemalan** | ˌgwɑːtəˈmɑːlən | guatemalai |
| **Guinea** | ˈgɪnɪ | Guinea | **Guinean** | ˈgɪnɪən | guineai |
| **Guinea-Bissau** | ˌgɪnɪbɪˈsaʊ | Guinea-Bissau | **Guinea-Bissau** | ˌgɪnɪbɪˈsaʊ | Bissau Guinea-i |
| **Guyana** | gaɪˈænə | Guyána | **Guyanese** | ˌgaɪəˈniːz | guyánai |
| **Haiti** | ˈheɪtɪ | Haiti | **Haitian** | ˈheɪʃən | haiti |
| **Holland,**<br>**the Netherlands** | ˈhɒlənd,<br>ðə ˈneðələndz | Hollandia | **Dutch** | dʌtʃ | holland |
| **Honduras** | hɒnˈdjʊərəs | Honduras | **Honduran** | hɒnˈdjʊərən | hondurasi |
| **Hong Kong** | ˌhɒŋ ˈkɒŋ | Hong-Kong | **Hong Kong** | hɒŋ ˈkɒŋ | hong-kongi |
| **Hungary** | ˈhʌŋgərɪ | Magyarország | **Hungarian** | hʌŋˈgeərɪən | magyar |
| **Iceland** | ˈaɪslənd | Izland | **Icelandic** | aɪsˈlændɪk | izlandi |
| **India** | ˈɪndɪə | India | **Indian** | ˈɪndɪən | indiai |
| **Indonesia** | ˌɪndəʊˈniːzɪə | Indonézia | **Indonesian** | ˌɪndəʊˈniːzɪən | indonéz |
| **Iran** | ɪˈrɑːn | Irán | **Iranian** | ɪˈreɪnɪən | iráni |
| **Iraq** | ɪˈrɑːk | Irak | **Iraqi** | ɪˈrɑːkɪ | iraki |
| **Ireland** | ˈaɪələnd | Írország | **Irish** | ˈaɪrɪʃ | ír |
| **Israel** | ˈɪzreɪl | Izrael | **Israeli** | ɪzˈreɪlɪ | izraeli |
| **Italy** | ˈɪtəlɪ | Olaszország | **Italian** | ɪˈtælɪən | olasz |
| **Ivory Coast** | ˌaɪvərɪ ˈkəʊst | Elefántcsontpart | **Ivory Coast** | ˌaɪvərɪ ˈkəʊst | elefántcsontparti |
| **Jamaica** | dʒəˈmeɪkə | Jamaica | **Jamaican** | dʒəˈmeɪkən | jamaicai |
| **Japan** | dʒəˈpæn | Japán | **Japanese** | ˌdʒæpəˈniːz | japán |
| **Jordan** | ˈdʒɔːdən | Jordánia | **Jordanian** | dʒɔːˈdeɪnɪən | jordán(iai) |
| **Kazakhstan** | ˌkæzækˈstɑːn | Kazahsztán | **Kazakh** | kəˈzæk | kazah |
| **Kenya** | ˈkenɪə | Kenya | **Kenyan** | ˈkenɪən | kenyai |
| **Kirg(h)izia,**<br>**Kyrgyzstan** | kɜːˈgɪzɪə,<br>ˈkɜːrgɪstɑːn | Kirgizia | **Kirghiz** | ˈkɜːgɪz | kirgiz |
| **Kosovo** | ˈkɒsəvəʊ | Koszovó | **Kosovo** | ˈkɒsəvəʊ | koszovói |
| **Kuwait** | kʊˈweɪt | Kuvait | **Kuwaiti** | kʊˈweɪtɪ | kuvaiti |
| **Laos** | laʊs, laʊz | Laosz | **Laotian** | ˈlaʊʃɪən | laoszi |
| **Latvia** | ˈlætvɪə | Lettország | **Latvian** | ˈlætvɪən | lett |
| **Lebanon** | ˈlebənən | Libanon | **Lebanese** | ˌlebəˈniːz | libanoni |

| | | | | | |
|---|---|---|---|---|---|
| **Lesotho** | ləˈsuːtuː | Lesotho | **Lesotho** | ləˈsuːtuː | lesothói |
| **Liberia** | laɪˈbɪərɪə | | **Liberian** | laɪˈbɪərɪən | libériai |
| **Libya** | ˈlɪbɪə | Líbia | **Libyan** | ˈlɪbɪən | líbiai |
| **Liechtenstein** | ˈlɪktənstaɪn | Liechtenstein | **Liechtenstein** | ˈlɪktənstaɪn | liechtensteini |
| **Lithuania** | ˌlɪθjuˈeɪnɪə | Litvánia | **Lithuanian** | ˌlɪθjuˈeɪnɪən | litván |
| **Luxembourg** | ˈlʌksəmbɜːg | Luxemburg | **Luxembourg** | ˈlʌksəmbɜːg | luxemburgi |
| **Macao** | məˈkaʊ | Makaó | **Macanese** | ˌmækəˈniːz | makaói |
| **Macedonia** | ˌmæsəˈdəʊnɪə | Macedónia | **Macedonian** | ˌmæsəˈdəʊnɪən | macedón |
| **Madagascar** | ˌmædəˈgæskə | Madagaszkár | **Malagasy, Madagascan** | ˌmæləˈgæzɪ, ˌmædəˈgæskən | madagaszkári |
| **Malawi** | məˈlɑːwɪ | Malawi | **Malawian** | məˈlɑːwɪən | malawi |
| **Malaysia** | məˈleɪzɪə | Malajzia | **Malaysian** | məˈleɪzɪən | malajziai |
| **Maldives** | ˈmɔːldiːvz | Maldív-szigetek | **Maldivian** | mɔːlˈdɪvɪən | Maldív-szigeteki |
| **Mali** | ˈmɑːlɪ | Mali | **Malian** | ˈmɑːlɪən | mali |
| **Malta** | ˈmɔːltə | Málta | **Maltese** | ˌmɔːlˈtiːz | máltai |
| **Mauritania** | ˌmɒrɪˈteɪnɪə | Mauritánia | **Mauritanian** | ˌmɒrɪˈteɪnɪən | mauritániai |
| **Mauritius** | məˈrɪʃəs | Mauritius | **Mauritian** | məˈrɪʃən | mauritiusi |
| **Mexico** | ˈmeksɪkəʊ | Mexikó | **Mexican** | ˈmeksɪkən | mexikói |
| **Moldavia** | mɒlˈdeɪvɪə | Moldávia, Mold(o)va | **Moldavian** | mɒlˈdeɪvɪən | moldáviai |
| **Monaco** | ˈmɒnəkəʊ, məˈnɑːkəʊ | Monaco | **Monacan** | ˈmɒnəkən, məˈnɑːkən | monacói |
| **Mongolia** | mɒŋˈgəʊlɪə | Mongólia | **Mongolian** | mɒŋˈgəʊlɪən | mongol |
| **Montenegro** | ˌmɒntɪˈniːgrəʊ | Montenegró | **Montenegrin** | ˌmɒntɪˈniːgrən | montenegrói |
| **Morocco** | məˈrɒkəʊ | Marokkó | **Moroccan** | məˈrɒkən | marokkói |
| **Mozambique** | ˌməʊzəmˈbiːk | Mozambik | **Mozambican** | ˌməʊzəmˈbiːkən | mozambiki |
| **Myanmar, Burma** | ˈmaɪænmɑː | Myanmar | **Myanmar, Burmese** | ˈmaɪænmɑː | myanmari, burmai |
| **Namibia** | nəˈmɪbɪə | Namíbia | **Namibian** | nəˈmɪbɪən | namíbiai |
| **Nauru** | naʊˈruː | Nauru | **Nauruan** | naʊˈruːən | naurui |
| **Nepal** | nɪˈpɔːl | Nepál | **Nepalese** | ˌnepəˈliːz | nepáli |
| **the Netherlands, Holland** | ˈneðələndz | Hollandia | **Dutch** | dʌtʃ | holland |
| **New Zealand** | njuː ˈziːlənd | Új-Zéland | **New Zealand** | njuː ˈziːlənd | új-zélandi |
| **Nicaragua** | ˌnɪkəˈrægjʊə | Nicaragua | **Nicaraguan** | ˌnɪkəˈrægjʊən | nicaraguai |
| **Niger** | niːˈʒeə, ˈnaɪdʒə | Niger | **Nigerien** | naɪˈdʒɪərɪən | nigeri |
| **Nigeria** | naɪˈdʒɪərɪə | Nigéria | **Nigerian** | naɪˈdʒɪərɪən | nigériai |

| | | | | | |
|---|---|---|---|---|---|
| **North Korea** | ˌnɔːθ kəˈrɪə | Észak-Korea | **North Korean** | ˌnɔːθ kəˈrɪən | koreai |
| **Norway** | ˈnɔːweɪ | Norvégia | **Norwegian** | nɔːˈwiːdʒən | norvég |
| **Oman** | əʊˈmɑːn | Omán | **Omani** | əʊˈmɑːnɪ | ománi |
| **Pakistan** | ˌpɑːkɪˈstɑːn | Pakisztán | **Pakistani** | ˌpɑːkɪˈstɑːnɪ | pakisztáni |
| **Panama** | ˈpænəmɑː | Panama | **Panamanian** | ˌpænəˈmeɪnɪən | panamai |
| **Papua New Guinea** | ˌpæpjʊə njuː ˈgɪnɪ | Pápua Új Guinea | **(Papua) New Guinean** | ˌpæpjʊə njuː ˈgɪnɪən | Pápua Új Guinea-i |
| **Paraguay** | ˈpærəgwaɪ | Paraguay | **Paraguayan** | ˌpærəˈgwaɪən | paraguayi |
| **Peru** | pəˈruː | Peru | **Peruvian** | pəˈruːvɪən | perui |
| **Philippines** | ˈfɪləpiːnz | Fülöp-szigetek | **Filipino** | ˌfɪlɪˈpiːnəʊ | Fülöp-szigeteki, filippinó |
| **Poland** | ˈpəʊlənd | Lengyelország | **Polish** | ˈpəʊlɪʃ | lengyel |
| **Portugal** | ˈpɔːtʃʊgəl | Portugália | **Portuguese** | ˌpɔːtʃʊˈgiːz | portugál |
| **Puerto Rico** | ˌpwɜːtəʊ ˈriːkəʊ | Puerto Rico | **Puerto Rican** | ˌpwɜːtəʊ ˈriːkən | puerto ricói |
| **Qatar** | ˈkætɑː | Katar | **Qatari** | kæˈtɑːrɪ | katari |
| **Romania** | rʊˈmeɪnɪə | Románia | **Romanian** | rʊˈmeɪnɪən | román |
| **Russia** | ˈrʌʃə | Oroszország | **Russian** | ˈrʌʃən | orosz |
| **Rwanda** | rʊˈændə | Ruanda | **Rwandan** | rʊˈændən | ruandai |
| **San Marino** | ˌsæn məˈriːnəʊ | San Marino | **San Marino** | ˌsæn məˈriːnəʊ | san marinói |
| **Saudi Arabia** | ˌsɔːdɪ əˈreɪbɪə, saudɪ əˈreɪbɪə | Szaúd-Arábia | **Saudi Arabian, Saudi** | ˌsɔːdɪ əˈreɪbɪən, saudɪ əˈreɪbɪən | szaúd-arábiai |
| **Scotland** | ˈskɒtlənd | Skócia | **Scottish** | ˈskɒtɪʃ | skót |
| **Senegal** | ˌsenɪˈgɔːl | Szenegál | **Senegalese** | ˌsenɪgəˈliːz | szenegáli |
| **Serbia** | ˈsɜːbɪə | Szerbia | **Serb, Serbian** | sɜːb, ˈsɜːbɪən | szerb |
| **the Seychelles** | seɪˈʃelz | Seychelles | **Seychellois** | ˌseɪʃelˈwɑː | Seychelles-i |
| **Siam** | saɪˈæm | Sziám | **Siamese** | ˌsaɪəˈmiːz | sziámi |
| **Sierra Leone** | sɪˌerə lɪˈəʊn | Sierra Leone | **Sierra Leonian** | sɪˌerə lɪˈəʊnɪən | Sierra Leone-i |
| **Singapore** | ˌsɪŋəˈpɔː | Szingapúr | **Singaporean** | ˌsɪŋəˈpɔːrɪən | szingapúri |
| **Slovakia** | sləʊˈvækɪə | Szlovákia | **Slovak** | ˈsləʊvæk | szlovák |
| **Slovenia** | sləʊˈviːnɪə | Szlovénia | **Slovene, Slovenian** | ˈsləʊviːn, sləʊˈviːnɪən | szlovén |
| **Somalia** | səˈmɑːlɪə | Szomália | **Somalian** | səˈmɑːlɪən | szomáliai |
| **South Africa** | sauθ ˈæfrɪkə | Dél Afrika | **South African** | sauθ ˈæfrɪkən | dél-afrikai |
| **South Korea** | sauθ kəˈrɪə | Dél Korea | **South Korean** | sauθ kəˈrɪən | dél-koreai |
| **Spain** | speɪn | Spanyolország | **Spanish** | ˈspænɪʃ | spanyol |
| **Sri Lanka** | srɪ ˈlæŋkə | Sri Lanka | **Sri Lankan** | srɪ ˈlæŋkən | sri lankai |

| | | | | | |
|---|---|---|---|---|---|
| **Sudan** | sʊˈdɑ:n | Szudán | **Sudanese** | ˌsu:dəˈni:z | szudáni |
| **Suriname** | ˌsʊərɪˈnæm | Surinam | **Surinamese** | ˌsʊərɪnæˈmi:z | surinami |
| **Swaziland** | ˈswɑ:zɪlænd | Szváziföld | **Swazi** | ˈswɑ:zɪ | szvázi(földi) |
| **Sweden** | ˈswi:dən | Svédország | **Swedish** | ˈswi:dɪʃ | svéd |
| **Switzerland** | ˈswɪtsələnd | Svájc | **Swiss** | swɪs | svájci |
| **Syria** | ˈsɪrɪə | Szíria | **Syrian** | ˈsɪrɪən | szíriai |
| **Taiwan** | ˌtaɪˈwɑ:n | Tajvan | **Taiwanese** | ˌtaɪwəˈni:z | tajvani |
| **Tadzhikistan** | tɑ:ˌdʒɪkɪˈstɑ:n | Tádzsikisztán | **Ta(d)jik, Tadzhik** | tɑ:ˈdʒɪk | tádzsik |
| **Tanzania** | ˌtænzəˈnɪə | Tanzánia | **Tanzanian** | ˌtænzəˈnɪən | tanzániai |
| **Thailand** | ˈtaɪlænd | Thaiföld | **Thai** | taɪ | thai(földi) |
| **Togo** | ˈtəʊgəʊ | Togó | **Togolese** | ˌtəʊgəʊˈli:z | togói |
| **Tonga** | ˈtɒŋgə | Tonga | **Tongan** | ˈtɒŋən | tongai |
| **Trinidad and Tobago** | ˈtrɪnɪdæd ənd təˈbeɪgəʊ | Trinidad és Tobago | **Trinidadian and Tobagan/Tobagonian** | ˌtrɪnɪˈdædɪən, ˌtəʊbəˈgəʊnɪən | Trinidad és Tobago-i |
| **Tunisia** | tju:ˈnɪzɪə | Tunézia | **Tunisian** | tju:ˈnɪzɪən | tunéziai |
| **Turkey** | ˈtɜ:kɪ | Törökország | **Turkish** | ˈtɜ:kɪʃ | török |
| **Turkmenistan** | tɜ:kˈmenɪstɑ:n | Türkmenisztán | **Turkmen** | ˈtɜ:kmen | türkmén |
| **Tuvalu** | tʊˈvɑ:lu: | Tuvalu | **Tuvaluan** | ˌtu:vəˈlu:ən | tuvalui |
| **Uganda** | ju:ˈgændə | Uganda | **Ugandan** | ju:ˈgændən | ugandai |
| **Ukraine** | ju:ˈkreɪn | Ukrajna | **Ukrainian** | ju:ˈkreɪnɪən | ukrán |
| **United Kingdom** | ju:ˌnaɪtɪd ˈkɪŋdəm | Egyesült Királyság | **British** | ˈbrɪtɪʃ | brit |
| **United States of America** | ju:ˌnaɪtɪd ˌsteɪts əv əˈmerɪkə | Amerikai Egyesült Államok | **American** | əˈmerɪkən | amerikai |
| **Uruguay** | ˈjʊərəgwaɪ | Uruguay | **Uruguayan** | ˌjʊərəˈgwaɪən | Uruguay-i |
| **Uzbekistan** | ˌuzbekɪˈstɑ:n | Üzbegisztán | **Uzbek** | ˈuzbek | üzbég |
| **Vanuatu** | ˌvænʊˈætu: | Vanuatu | **Vanuatu** | ˌvænʊˈætu: | vanuatui |
| **Vatican City** | ˈvætɪkən | Vatikán(város) | **Vatican** | ˈvætɪkən | vatikáni |
| **Venezuela** | ˌvenəˈzweɪlə | Venezuela | **Venezuelan** | ˌvenəˈzweɪlən | venezuelai |
| **Vietnam** | ˌvi:etˈnæm | Vietnám | **Vietnamese** | vɪˌetnəˈmi:z | vietnámi |
| **Wales** | ˈweɪlz | Wales | **Welsh** | welʃ | Wales-i |
| **Yemen** | ˈjemən | Jemen | **Yemeni** | ˈjemənɪ | jemeni |
| **Yugoslavia** | ˌju:gəʊˈslɑ:vɪə | Jugoszlávia | **Yugoslav(ian)** | ˌju:gəʊˈslɑ:vɪən | jugoszláv |
| **Zaire** | zaɪˈɪə | Zaire | **Zairean** | zaɪˈɪərɪən | Zaire-i |
| **Zambia** | ˈzæmbɪə | Zambia | **Zambian** | ˈzæmbɪən | zambiai |
| **Zimbabwe** | zɪmˈbɑ:bwɪ, zɪmˈbɑ:bweɪ | Zimbabwe | **Zimbabwean** | zɪmˈbɑ:bwɪən | zimbabwei |